D1755626

Bleistein/Thiel

Kommentar zur Rahmenordnung
für eine Mitarbeitervertretungsordnung
MAVO

4. vollständig überarbeitete Auflage

Kommentar zur Rahmenordnung für eine Mitarbeitervertretungsordnung
MAVO

4. vollständig überarbeitete Auflage

Von

Dr. Franzjosef Bleistein †
Vizepräsident des Landesarbeitsgerichts Köln a. D.

Adolf Thiel
Oberrechtsrat a. D.
Ehemals am
Erzbischöflichen Generalvikariat
Köln

Luchterhand

Bibliografische Information der Deutschen Bibliothek
Die Deutsche Bibliothek verzeichnet diese Publikation in der
Deutschen Nationalbibliografie; detaillierte bibliografische
Daten sind im Internet über **http://dnb.ddb.de** abrufbar.

www.luchterhand-fachverlag.de

Alle Rechte vorbehalten.
© 2004 by Wolters Kluwer Deutschland GmbH, München/Unterschleißheim.
Luchterhand – eine Marke von Wolters Kluwer Deutschland.
Das Werk einschließlich aller seiner Teile ist urheberrechtlich geschützt.
Jede Verwertung außerhalb der engen Grenzen des Urheberrechtsgesetzes
ist ohne Zustimmung des Verlages unzulässig und strafbar.
Das gilt insbesondere für Vervielfältigungen, Übersetzungen,
Mikroverfilmungen und die Einspeicherung und Verarbeitung in
elektronischen Systemen.
Umschlaggestaltung: Ute Weber GrafikDesign, Geretsried.
Satz: Communication EDV, H. Fanslau, Düsseldorf.
Druck, Verarbeitung: Betz-Druck, Darmstadt
Printed in Germany, Mai 2004

♾ Gedruckt auf säurefreiem, alterungsbeständigem und chlorfreiem Papier.

Vorwort zur vierten Auflage

Am 17. Februar 2000 ist Dr. Franzfosef Bleistein, Vizepräsident des Landesarbeitsgerichts a. D., in Köln gestorben. Die ersten drei Auflagen dieses Kommentars hat er zum Mitwirkungsteil der Mitarbeitervertretungsordnung (MAVO) verfasst. In seiner Tätigkeit als langjähriger Vorsitzender der Schlichtungsstelle-MAVO in Köln hat er wiederholt in Entscheidungen der Schlichtungsstelle notwendige Verbesserungen der MAVO angeregt.
Bedingt durch umfangreiche Änderungen und Ergänzungen der Rahmenordnung für eine Mitarbeitervertretungsordnung wurde eine Neuauflage dieses Kommentars erforderlich.
Die vierte Auflage dieses Kommentars, die in meine volle Zuständigkeit fällt, ist bedingt einerseits durch die Novelle der Rahmenordnung für eine Mitarbeitervertretungsordnung mit nun 65 Paragraphen gemäß Beschluss der Vollversammlung des Verbandes der Diözesen Deutschlands vom 23. Juni 2003 mit Umsetzungen in den Diözesen und andererseits durch die fortschreitende Rechtsentwicklung in Deutschland auf dem Gebiet des deutschen und europäischen Arbeitsrechts, durch die staatliche Rechtsprechung und Entscheidungen der Schlichtungsstellen im Sinne der MAVO. Rechtsprechung, Schrifttum und die Gesetzgebung sind nach dem Stand vom 27. Januar 2004 berücksichtigt. Es bleibt abzuwarten, wann Regelungen für eine kirchliche Arbeitsgerichtsordnung im Sinne von Art. 10 Abs. 2 und 3 Grundordnung des kirchlichen Dienstes im Rahmen kirchlicher Arbeitsverhältnisse (GrO) wirksam werden. Dann sollen Einigungsstellen für mitarbeitervertretungsrechtliche Regelungsstreitigkeiten und kirchliche Arbeitsgerichte mit zwei Instanzen für kollektivrechtliche Rechtsstreitigkeiten auf dem Gebiete der KODA-Ordnungen und des Mitarbeitervertretungsrechts errichtet werden, wodurch die Schlichtungsstellen abgelöst werden. Die Vorbereitungen dazu sind auf dem Wege ihres Abschlusses. Zur praktischen Nutzung dieses Kommentars wird empfohlen, die jeweilige diözesane MAVO in die Lektüre einzubeziehen, weil es in der Praxis auf deren Text ankommt.

Köln, April 2004   Adolf Thiel

Vorwort zur ersten Auflage

Als die erste Rahmenordnung für eine Mitarbeitervertretungsordnung im Bereich der Diözesen Deutschlands – endlich – am 3. 3. 1971 verabschiedet wurde, war das für die Katholische Kirche in Deutschland ein Sprung unmittelbar aus dem Mittelalter in die Neuzeit. Die auch auf dem Gebiet ihres Dienstrechtes streng hierarchisch gegliederte Kirche mit ihren vielfältigen sozialen, medizinischen und caritativen Einrichtungen räumte ihren Mitarbeitern zunächst zaghaft Mitwirkungs- und Mitbestimmungsrechte ein, die von einer nach demokratischen Grundsätzen frei gewählten Mitarbeitervertretung wahrzunehmen waren. Da gab es zu Beginn der Arbeit dieser Mitarbeitervertretungen, wie könnte es auch anders sein, vielfältigen »Sand im Getriebe«.
Die nun vorliegende, von den Verfassern kommentierte dritte Fassung der MAVO-Rahmenordnung vom 25. 11. 1985 ist mehr als nur eine Fortschreibung der vorhergehenden Fassungen. Sehr sorgfältig und in langen Beratungen suchte eine dazu berufene Kommission von Fachleuten eine der Praxis der kirchlichen Einrichtungen entsprechende Rahmenordnung vorzulegen, die auch in einzelnen Diözesen akzeptiert werden konnte. Bei allen aus der Kommentierung sichtbar werdenden Mängeln dieser Neufassung ist sie dennoch ein brauchbares Instrument der Zusammenarbeit zwischen den Dienstgebern und den Mitarbeitervertretungen. Unerläßlich ist dazu jedoch der ernste Wille zu einem ehrlichen fairen Miteinander. Dazu wollen diese Erläuterungen, mit denen sicher in dieser Form Neuland betreten wird, helfen.
Jeder Verfasser trägt für seine Kommentierung die wissenschaftliche Verantwortung. Der ständige Kontakt bei der Entstehung des Manuskriptes, aber auch die über zehn Jahre andauernde Zusammenarbeit der Verfasser in der Schlichtungsstelle – MAVO der Erzdiözese Köln gewährleisten, daß dieser Gemeinschaftskommentar aus einem Guß ist.
Gesetzgebung, Rechtsprechung und Schrifttum sind bis Juni 1987 berücksichtigt.

Köln, im September 1987   Die Verfasser

Inhaltsübersicht

		Seite
Abkürzungsverzeichnis		XI
Literaturverzeichnis		XVII
MAVO-Rahmenordnung		
Präambel		3

I. Allgemeine Vorschriften

§ 1	Geltungsbereich	28
§ 1 a	Bildung von Mitarbeitervertretungen	62
§ 1 b	Gemeinsame Mitarbeitervertretung	72
§ 2	Dienstgeber	78
§ 3	Mitarbeiterinnen und Mitarbeiter	85
§ 4	Mitarbeiterversammlung	122
§ 5	Mitarbeitervertretung	130

II. Die Mitarbeitervertretung

§ 6	Voraussetzung für die Bildung der Mitarbeitervertretung – Zusammensetzung der Mitarbeitervertretung	145
§ 7	Aktives Wahlrecht	160
§ 8	Passives Wahlrecht	176
§ 9	Vorbereitung der Wahl	188
§ 10	Dienstgeber – Vorbereitungen zur Bildung einer Mitarbeitervertretung	207
§ 11	Durchführung der Wahl	214
§§ 11 a–c	Vereinfachtes Wahlverfahren	222
§ 11 a	Voraussetzungen	222
§ 11 b	Vorbereitung der Wahl	225
§ 11 c	Durchführung der Wahl	227
§ 12	Anfechtung der Wahl	230
§ 13	Amtszeit der Mitarbeitervertretung	245
§ 13 a	Weiterführung der Geschäfte	258
§ 13 b	Ersatzmitglied, Verhinderung des ordentlichen Mitglieds und ruhende Mitgliedschaft	261
§ 13 c	Erlöschen der Mitgliedschaft	265
§ 13 d	Übergangsmandat	275
§ 13 e	Restmandat	284
§ 14	Tätigkeit der Mitarbeitervertretung	287
§ 15	Rechtsstellung der Mitarbeitervertretung	316

Inhaltsübersicht

§ 16	Schulung der Mitarbeitervertretung und des Wahlausschusses	346
§ 17	Kosten der Mitarbeitervertretung	383
§ 18	Schutz der Mitglieder der Mitarbeitervertretung	411
§ 19	Kündigungsschutz	432
§ 20	Schweigepflicht	479

III. Mitarbeiterversammlung

§ 21	Einberufung der Mitarbeiterversammlung	489
§ 22	Aufgaben und Verfahren der Mitarbeiterversammlung	501

III. a Sonderregelungen für gemeinsame Mitarbeitervertretungen

§ 22 a	Sonderregelungen für gemeinsame Mitarbeitervertretungen nach § 1 b	510

IV. Besondere Formen der Vertretung von Mitarbeiterinnen und Mitarbeitern

§ 23	Sondervertretung	514
§ 24	Gesamtmitarbeitervertretung und erweiterte Gesamtmitarbeitervertretung	522
§ 25	Arbeitsgemeinschaften der Mitarbeitervertretungen	534

V. Zusammenarbeit zwischen Dienstgeber und Mitarbeitervertretung

§ 26	Allgemeine Aufgaben der Mitarbeitervertretung	551
§ 27	Information	578
§ 27 a	Information in wirtschaftlichen Angelegenheiten	585
§ 28	Formen der Beteiligung, Dienstvereinbarung	598
§ 28 a	Aufgaben und Beteiligung der Mitarbeitervertretung zum Schutz schwer behinderter Menschen	604
§ 29	Anhörung und Mitberatung	608
§ 30	Anhörung und Mitberatung bei ordentlicher Kündigung	633
§ 30 a	Anhörung und Mithaftung bei Massenentlassungen	660
§ 31	Anhörung und Mitberatung bei außerordentlicher Kündigung	664
§ 32	Vorschlagsrecht	671
§ 33	Zustimmung	677
§ 34	Zustimmung bei Einstellung und Anstellung	689
§ 35	Zustimmung bei sonstigen persönlichen Angelegenheiten	706

§ 36	Zustimmung bei Angelegenheiten der Dienststelle	729
§ 37	Antragsrecht	759
§ 38	Dienstvereinbarungen	762
§ 39	Gemeinsame Sitzungen und Gespräche	793

VI. Schlichtungsverfahren

§ 40	Schlichtungsstelle	798
§ 41	Schlichtungsverfahren	815
§ 42	Entscheidung der Schlichtungsstelle	832

VII. Sprecherinnen und Sprecher der Jugendlichen und der Auszubildenden, Vertrauensperson der schwerbehinderten Mitarbeiterinnen und Mitarbeiter, Vertrauensmann der Zivildienstleistenden

§ 43	Wahl und Anzahl der Sprecherinnen und Sprecher der Jugendlichen und der Auszubildenden	840
§ 43 a	Versammlung der Jugendlichen und Auszubildenden	845
§ 44	Amtszeit der Sprecherinnen und Sprecher der Jugendlichen und Auszubildenden	848
§ 45	Mitwirkung der Sprecherinnen und Sprecher der Jugendlichen und Auszubildenden	850
§ 46	Mitwirkung der Vertrauensperson der schwerbehinderten Mitarbeiterinnen und Mitarbeiter	854
§ 46 a	Rechte des Vertrauensmannes der Zivildienstleistenden	861

VIII. Schulen, Hochschulen

| § 47 | | 864 |

IX. Schlussbestimmungen

| § 48 | | 868 |
| § 49 | | 870 |

Anhang
Ordnung für das Schlichtungsverfahren nach der Mitarbeitervertretungsordnung für den Bereich der Erzdiözese Köln   872

Stichwortverzeichnis   879

Abkürzungsverzeichnis

a. A.	andere Ansicht
AAS	Acta Apostolicae Sedis
a. a. O.	am angegebenen Ort
ABD	Arbeitsvertragsrecht der bayerischen (Erz-)Diözesen
Abs.	Absatz
AFG	Arbeitsförderungsgesetz
Afk.KR	Archiv für katholisches Kirchenrecht
A K	Arbeitsrechtliche Kommission des Deutschen Caritasverbandes
A & K	Arbeitsrecht und Kirche
Anm.	Anmerkung
AP	Arbeitsrechtliche Praxis (Nachschlagewerk des BAG)
ArbG	Arbeitsgericht
ArbGG	Arbeitsgerichtsgesetz
ArbPlSchG	Arbeitsplatzschutzgesetz
ArbSchG	Arbeitsschutzgesetz
ArbZG	Arbeitszeitgesetz
ASiG	Gesetz über Betriebsärzte, Sicherheitsingenieure und andere Fachkräfte für Arbeitssicherheit – Arbeitssicherheitsgesetz
Art.	Artikel
ATG	Altersteilzeitgesetz
AÜG	Arbeitnehmerüberlassungsgesetz
Aufl.	Auflage
AVR	Richtlinien für Arbeitsverträge in den Einrichtungen des Deutschen Caritasverbandes
AVVO	Arbeitsvertrags- und Vergütungsordnung für den kirchlichen Dienst in der Erzdiözese Freiburg
BAG	Bundesarbeitsgericht
BAGE	Amtliche Sammlung der Entscheidungen des Bundesarbeitsgerichts
BAT	Bundes-Angestelltentarifvertrag
BayPVG	Bayerisches Personalvertretungsgesetz
BaySchFG	Bayerisches Schulfinanzierungsgesetz
BB	Betriebsberater
Bd.	Band
BBG	Bundesbeamtengesetz
BBiG	Berufsbildungsgesetz
BDSG	Bundesdatenschutzgesetz
BErzGG	Bundeserziehungsgeldgesetz
BGH	Bundesgerichtshof
BeschSchG	Gesetz zum Schutz der Beschäftigten vor sexueller Belästigung am Arbeitsplatz (Beschäftigtenschutzgesetz)
BBG	Bundesbeamtengesetz
BGB	Bürgerliches Gesetzbuch
BGH	Bundesgerichtshof

Abkürzungsverzeichnis

BildscharbV	Bildschirmarbeitsverordnung
b+p	Betrieb + Personal
BPersVG	Bundespersonalvertretungsgesetz
BRAGO	Bundesgebührenordnung für Rechtsanwälte
BRRG	Beamtenrechtsrahmengesetz
BVerfG	Bundesverfassungsgericht
BVerfGE	Amtliche Sammlung der Entscheidungen des Bundesverfassungsgerichts
BVerwG	Bundesverwaltungsgericht
BVerwGE	Amtliche Sammlung der Entscheidungen des Bundesverwaltungsgerichts
can.	canon, canones des CIC 1983
CIC	Codex Juris Canonici 1983
CWMO	Caritas-Werkstätten-Mitwirkungsordnung
DB	Der Betrieb
DCV	Deutscher Caritasverband
DRK	Deutsches Rotes Kreuz
ders.	derselbe
dies.	dieselbe(n)
DStVS	Satzung für die gemeinschaftlichen kirchlichen Steuerverbände in den bayerischen (Erz-)Diözesen
DVO	Kirchliche Dienstvertragsordnung
EGBGB	Einführungsgesetz zum BGB
EG	Europäische Gemeinschaft
EGV	Vertrag zur Gründung der Europäischen Gemeinschaft
EKD	Evangelische Kirche in Deutschland
ErfK	Erfurter Kommentar zum Arbeitsrecht
EU	Europäische Union
EuGH	Europäischer Gerichtshof
EUV	Vertrag über die Europäische Union
EWG	Europäische Wirtschaftsgemeinschaft
EzA	Entscheidungssammlung zum Arbeitsrecht
f.	folgende
FC	Apostolisches Schreiben von Papst Johannes Paul II. über die Aufgaben der christlichen Familie in der Welt von heute »Familiaris consortio« (1981), Amtsblatt des Erzbistums Köln 1981 Nr. 322 S. 259
ff.	fortfolgende
FFG	Frauenfürsorgegesetz
FS	Festschrift
FS Heinemann	Ministerium Justitiae – Festschrift für Heribert Heinemann zur Vollendung des 60. Lebensjahres

Abkürzungsverzeichnis

GG	Grundgesetz für die Bundesrepublik Deutschland
GmbH	Gesellschaft mit beschränkter Haftung
GrO	Grundordnung des kirchlichen Dienstes im Rahmen kirchlicher Arbeitsverhältnisse
GrOKr	Grundordnung für katholische Krankenhäuser
GrOSch	Grundordnung für die Katholischen Freien Schulen im Erzbistum Köln
GStVS	Satzung für die gemeindlichen kirchlichen Steuerverbände in den bayerischen (Erz-)Diözesen
Hdb. kath. KR	Handbuch des katholischen Kirchenrechts
Hdb. StKR	Handbuch des Staatskirchenrechts
HzA	Handbuch zum Arbeitsrecht
i. V. m.	in Verbindung mit
JZ	Juristenzeitung
KAB	Katholische Arbeitnehmerbewegung
KAVO	Kirchliche Arbeits- und Vergütungsordnung
KDO	Anordnung über den kirchlichen Datenschutz
KirchE	Entscheidungen in Kirchensachen seit 1946
KiStiftO	Ordnung für kirchliche Stiftungen in den bayerischen (Erz)Diözesen
KJHG	Gesetz zur Neuordnung des Kinder- und Jugendhilferechts (Kinder- und Jugendhilfegesetz) – Sozialgesetzbuch, Achtes Buch (VIII)
KNA	Katholische Nachrichtenagentur
KODA	Kommission für die Ordnung diözesanen Arbeitsvertragsrechts
KR	Gemeinschaftskommentar zum Kündigungsschutzgesetz und sonstigen kündigungsschutzrechtlichen Vorschriften
KSchG	Kündigungsschutzgesetz
KuR	Kirche & Recht – Zeitschrift für die kirchliche und staatliche Praxis
KVVG	Kirchengesetz über die Verwaltung des katholischen Kirchenvermögens für den niedersächsischen Anteil der Diözese Fulda vom 15. 11. 1987, ABl. 1987 S. 93 ff.
KZVK	Kirchliche Zusatzversorgungskasse
LAG	Landesarbeitsgericht
LAGE	Sammlung der Entscheidungen der Landesarbeitsgerichte
LPVG NW	Landespersonalvertretungsgesetz Nordrhein-Westfalen
Ls./LS	Leitsatz

Abkürzungsverzeichnis

MAV	Mitarbeitervertretung
MAVO	Mitarbeitervertretungsordnung
m. N.	mit Nachweisen
MuSchG	Mutterschutzgesetz
MVG EKD	Kirchengesetz über Mitarbeitervertretungen in der Evangelischen Kirche in Deutschland (Mitarbeitervertretungsgesetz – MVG)
NachwG	Gesetz über den Nachweis der für ein Arbeitsverhältnis geltenden wesentlichen Bestimmungen (Nachweisgesetz)
NE	Nordelbien
NJW	Neue Juristische Wochenschrift
Nr.	Nummer
n. rkr.	nicht rechtskräftig
n. v.	nicht veröffentlicht
NW/NRW	Nordrhein-Westfalen
NVwZ	Neue Zeitschrift für Verwaltungsrecht
NZA	Neue Zeitschrift für Arbeitsrecht
ÖTV	Gewerkschaft Öffentliche Dienste, Transport und Verkehr
OK	Ordenskorrespondenz
OVG	Oberverwaltungsgericht
PersV	Die Personalvertretung
RdA	Recht der Arbeit
RiA	Recht im Amt, Zeitschrift
RK	Rotes Kreuz
rkr.	rechtskräftig
Rz	Randziffer
S.	Seite/Satz
SBG	Soldatenbeteiligungsgesetz
SchwbG	Schwerbehindertengesetz
SGB III	Sozialgesetzbuch. Drittes Buch – Arbeitsförderung –
SGB IV	Sozialgesetzbuch. Viertes Buch – Gemeinsame Vorschriften für die Sozialversicherung –
SGB V	Sozialgesetzbuch. Fünftes Buch – Gesetzliche Krankenversicherung –
SGB VI	Sozialgesetzbuch. Sechstes Buch – Gesetzliche Rentenversicherung –
SGB VII	Sozialgesetzbuch. Siebtes Buch – Gesetzliche Unfallversicherung –
SGB VIII	Sozialgesetzbuch. Achtes Buch – Kinder- und Jugendhilfe –

Abkürzungsverzeichnis

SGB IX	Sozialgesetzbuch. Neuntes Buch – Rehabilitation und Teilhabe behinderter Menschen –
Spr.Au.G	Sprecherausschussgesetz
StGB	Strafgesetzbuch
StiftGNW	Stiftungsgesetz für das Land Nordrhein-Westfalen
ThGl	Theologie und Glaube (Zeitschrift)
TzBfG	Teilzeit- und Befristungsgesetz
v.	vom
VDD	Verband der Diözesen Deutschlands
VG	Verwaltungsgericht
VGH	Verwaltungsgerichtshof
vgl.	vergleiche
WRV	Verfassung des Deutschen Reiches vom 18. 8. 1919 (Weimarer Reichsverfassung)
z. B.	zum Beispiel
ZBR	Zeitschrift für Beamtenrecht
ZDG	Zivildienstgesetz
ZDVG	Zivildienstvertrauensmann-Gesetz
ZevKR	Zeitschrift für evangelisches Kirchenrecht
ZfA	Zeitschrift für Arbeitsrecht
ZfSH	Zeitschrift für Sozialhilfe
ZIP	Zeitschrift für Gesellschaftsrecht und Insolvenzpraxis
ZMV	Die Mitarbeitervertretung, Zeitschrift für die Praxis der Mitarbeitervertretungen in Einrichtungen der katholischen und evangelischen Kirche
ZPO	Zivilprozessordnung
ZRP	Zeitschrift für Rechtspolitik
ZTR	Zeitschrift für Tarif-, Arbeits- und Sozialrecht des öffentlichen Dienstes

Literaturverzeichnis

Aigner, Tatjana: Rechtsschutz gegen Mobbing verstärkt – Eine Auswertung des Urteils des LAG Thüringen vom 10. April 2001, in: BB 2001 S. 1354.

Allmen, Jean-Jacques: Die Zugehörigkeit zur Kirche in reformierter Sicht, in: Das Problem der Kirchengliedschaft heute S. 412, Herausgeber: Peter Meinhold, Darmstadt 1979.

Arbeitsgruppe Fortbildung im Sprecherkreis der Hochschulkanzler, Herausgeber – Kanzler der Universität Essen-Gesamthochschule: Personalvertretungsrecht an Wissenschaftlichen Hochschulen – Fortbildungsprogramm für die Wissenschaftsverwaltung, Materialien Nr. 7, Essen 1982.

Auktor, Christian: Die individuelle Rechtsstellung der Betriebsratsmitglieder bei Wahrnehmung eines Restmandats, in: NZA 2003 S. 950–954.

Aymans, Winfried: Begriff, Aufgabe und Träger des Lehramts, in: Handbuch des katholischen Kirchenrechts S. 659, Herausgeber: Listl/Schmitz, Regensburg 1999.

ders.: Das konsoziative Element in der Kirche, in: AfkKR 1987 S. 337–366.

ders.: Der Leitungsdienst des Bischofs im Hinblick auf die Teilkirche. Über die bischöfliche Gewalt und ihre Ausübung aufgrund des Codex Juris Canonici, in: AfkKR 1984 S 35–55.

ders.: Die kanonistische Lehre von der Kirchengliedschaft im Lichte des II. Vatikanischen Konzils, in: AfkKR 1973 S. 397–417.

derc.: Die Träger kirchlicher Dienste, in: Handbuch des katholischen Kirchenrechts S. 242, Herausgeber: Listl/Schmitz, Regensburg 1999.

ders.: Gliederungs- und Organisationsprinzipien, in: Handbuch des katholischen Kirchenrechts S. 239–247, Herausgeber: Listl/Müller/Schmitz, Regensburg 1983.

ders.: Kirchliche Vereinigungen – Ein Kommentar zu den vereinigungsrechtlichen Bestimmungen des Codex Juris Canonici, Paderborn 1988.

ders.: Kirchliche Vereinigungen im Gebiet der deutschen Bischofskonferenz, in: AfkKR 1989 S. 369–386.

ders.: Oberhirtliche Gewalt, in: AfkKR 1988 S. 3–38.

ders.: Wesensverständnis und Zuständigkeiten der Bischofskonferenz im Codex Juris Canonici von 1983, in: AfkKR 1983 S. 46–61.

Aymans, Winfried/Mörsdorf, Klaus: Kanonisches Recht – Lehrbuch aufgrund des Codex Juris Canonici, Band I, Einleitende Grundfragen und Allgemeine Normen, Paderborn/München/Wien/Zürich 1991.

Aymans, Windfried/Mörsdorf, Klaus: Kanonisches Recht – Lehrbuch aufgrund des Codex Juris Canonici, Band II, Verfassungs- und Vereinigungsrecht, Paderborn, München, Wien, Zürich 1997.

Baldus, Manfred: Kirchliche Fachhochschulen und staatliches Hochschulrecht, in: Essener Gespräche zum Thema Staat und Kirche, Band 9 S. 112–142, Münster 1975.

Baumann-Czichon/Dembski/Germer/Kopp: Mitarbeitervertretungsgesetz der Evangelischen Kirche in Deutschland, 2. Aufl.Bremen, Boston 2002.

Becker, Friedrich: Abgrenzung der Arbeitnehmerüberlassung gegenüber Werk- und Dienstverträgen, in: DB 1988 S. 2561–2567.

Becker/Etzel/Bader/Fischermeier/Friedrich/Lipke/Pfeiffer/Rost/Spilger/Vogt/Weigand/Wolff: Gemeinschaftskommentar zum Kündigungsschutzgesetz und zu sonstigen kündigungsschutzrechtlichen Vorschriften, 6. Auflage, Neuwied/Kriftel 2002.

Literaturverzeichnis

Becker, Nikolaus, Herausgeber: Evangelisches Kirchenrecht im Rheinland. Die Kirchenordnung und andere Organisationsgesetze, nach dem Stand von Januar 1991, Neuwied.

Becker-Schaffner: Die Rechtsprechung zur Ausschlussfrist des § 626 Abs. 2 BGB, in: DB 1987 S. 2147–2154.

ders.: Die Rechtsprechung zu § 78 a BetrVG, in: DB 1987 S. 2647.

Bengelsdorf, Peter: Die erzwungene Weiterbeschäftigung: Kein Arbeitsverhältnis, in: DB 1989 S. 2020.

ders.: Freizeitausgleich für teilzeitbeschäftigte Betriebsratsmitglieder, in: NZA 1989 S. 905–915.

Berchtenbreiter, Angelika: Kündigungsschutzprobleme im kirchlichen Arbeitsverhältnis – Schriften zum Wirtschafts-, Arbeits- und Sozialrecht, Band 31, Heidelberg 1984.

Berger-Delhey, Ulf. »Problemzone« § 37 BetrVG: Aktuelle Fragen zur Teilnahme an Schulungs- und Bildungsveranstaltungen, in: ZTR 1995 S. 545–548.

ders.: Probezeit und Wartezeit, Synonyme oder Antinomie?, in: BB 1989 S. 977.

Berger-Delhey, Ulf/Alfmeier, Klaus: Freier Mitarbeiter oder Arbeitnehmer?, in: NZA 1991 S. 257–260.

Bernards, Kordula: Die Schlichtungsstelle im Mitarbeitervertretungsrecht der katholischen Kirche, Neuwied 1991.

Besgen, Dieter: Das Probearbeitsverhältnis, in: b + p 1995 S. 116–120.

Beyer, Norbert/Papenheim, Heinz-Gert: Arbeitsrecht der Caritas, Freiburg 2003.

Bielefeld, Ulrich: Befristete Probearbeitsverhältnisse, in: NJW 1976 S. 1139.

Bietmann, Rolf: Betriebliche Mitbestimmung im kirchlichen Dienst – Arbeitsrechtliche Probleme der kirchlichen Mitarbeitervertretungen – Schriften zum Wirtschafts-, Arbeits- und Sozialrecht, Band 18, Königstein/Ts. 1982.

ders.: Rahmenordnung für eine Mitarbeitervertretungsordnung der katholischen Kirche, Kurzkommentar, Herausgeber: Hauptvorstand der Gewerkschaft Öffentliche Dienste, Transport und Verkehr, Stuttgart 1982.

Bioly, Josef/Hintz, Cornelia/Wolf Franz J: Mitarbeitervertretungsgesetz für die Evangelische Kirche von Westfalen, die Evangelisch-Lippische Landeskirche und die Diakonischen Einrichtungen – Kommentar, Köln 1984.

Bischof, Michael: Die Arten der Betriebsversammlungen und ihre zeitliche Lage, in: BB 1993 S. 1937.

Bleistein, Franzjosef: Betriebsratsmitglieder: Teilnahme an Schulungs- und Bildungsveranstaltungen nach § 37 Abs. 6 und § 37 Abs. 7 BetrVG, in: b + p 1994 S. 310–312.

ders.: Das Mitwirkungsrecht der Mitarbeitervertretungen nach der Mitarbeitervertretungsordnung der katholischen Kirche bei Kündigungen, in: Farthmann/Hanau/Isenhardt/Preis (Hrsg.), Arbeitsgesetzgebung und Arbeitsrechtsprechung, Festschrift zum 70. Geburtstag von Eugen Stahlhacke, Neuwied/Kriftel/Berlin 1995, S. 69–82.

ders.: Die Geschäftsordnung des Betriebsrats: Rechtsfragen und Probleme, in: b + p 1996 S. 356–358.

ders.: Schlichtungsverfahren in Streitigkeiten nach der Mitarbeitervertretungsordnung der Katholischen Kirche, in: RdA 1998 S. 37–42.

ders.: Schulungs- und Bildungsveranstaltungen für Betriebsratsmitglieder (§ 37 Abs. 6 und 7 BetrVG), in: Beilage Nr. 1/75 S. 1 in BB Heft 5/1975.

Blens, Dirk: Schweigepflicht der Mitarbeitervertretungen, in: ZMV 2002 S. 214–217.

Boemke-Albrecht, Burkhard: Die Versetzung von Betriebsratsmitgliedern, in: BB 1991 S. 541–548.

Brenner, Günter: Rechtskunde für das Krankenpflegepersonal einschließlich des Altenpflegepersonals und anderer Berufe im Gesundheitswesen, Lehrbuch und Nachschlagewerk für die Praxis, 4. Auflage, Stuttgart/New York 1990.

Literaturverzeichnis

Brunotte, Heinz: Taufe und Kirchenmitgliedschaft, in: Das Problem der Kirchengliedschaft heute S. 173, Herausgeber: Peter Meinhold, Darmstadt 1979.

Busch, Wolfgang: Die Vermögensverwaltung und das Stiftungsrecht im Bereich der katholischen Kirche, in: Handbuch des Staatskirchenrechts der Bundesrepublik Deutschland, Band I, 2. Auflage, Herausgeber: Listl, Joseph/Pirson, Dietrich, Berlin 1994, § 34 S. 947–1008.

Busemann/Schäfer: Kündigung und Kündigungsschutz im Arbeitsverhältnis, 3. Auflage, Berlin 1997.

von Campenhausen, Axel: Der Austritt aus den Kirchen und Religionsgemeinschaften, in: HdbStKR, Band I, 2. Auflage, Herausgeber: List], Joseph/Pirson, Dietrich, Berlin 1994, § 27 S. 777–785.

ders.: Die Verantwortung der Kirche und des Staates für die Regelung von Arbeitsverhältnissen im kirchlichen Bereich, in: Essener Gespräche zum Thema Staat und Kirche, Band 18 S. 9, Münster 1984.

ders.: Entwicklungstendenzen im kirchlichen Gliedschaftsrecht, in: ZevKR 1996 S. 129–141.

ders.: Kircheneintritt – Kirchenaustritt – Kirchenmitgliedschaft, in: Das Problem der Kirchengliedschaft heute S. 257, Herausgeber: Peter Meinhold, Darmstadt 1979.

Christoph, Joachim E.: Rechtsnatur und Geltungsbereich des kirchlichen Mitarbeitervertretungsrechts, in: ZevKR 1987 S. 47–67.

Compensis, Ulrike: Sozialrechtliche Auswirkungen der stufenweisen Wiedereingliederung arbeitsunfähiger Arbeitnehmer nach § 74 SGB V, in: NZA 1992 S. 631–637.

Congar, Yves: Veränderung des Begriffs »Zugehörigkeit zur Kirche«, in: Das Problem der Kirchengliedschaft heute S. 279, Herausgeber: Peter Meinhold, Darmstadt 1979.

Damköhler, Horst Martin: Erläuterungen zur Mitarbeitervertretungs-Ordnung (MAVO), Herausgeber: Katholische Arbeitnehmerbewegung Süddeutschlands, München 1982.

Deutsche Bischofskonferenz, Herausgeber: Codex Iuris Canonici – Codex des kanonischen Rechtes, 5. Aufl., Kevelaer 2001.

dies.: Katholischer Erwachsenen-Katechismus – Das Glaubensbekenntnis der Kirche, Bonn 1985.

Dieterich, Thomas/Müller-Glöge, Rudi/Preis, Ulrich/Schaub, Günther, Herausgeber: Erfurter Kommentar zum Arbeitsrecht, 4. Aufl. München 2004.

Dietz, Rolf/Richardi, Reinhard: Betriebsverfassungsgesetz, Band 1, §§ 1–73 mit Wahlordnung, 6. Auflage, München 1981; Band 2, §§ 74–Schluss mit Betriebsverfassungsgesetz 1952, 6. Auflage, München 1982.

dies.: Bundespersonalvertretungsgesetz, 2 Bände, 2. Auflage, München 1978.

Diringer, Arnd: Der Chefarzt als leitender Angestellter, in: NZA 2003, S. 890–896.

*Dütz. Wilhelm:*Arbeitsgerichtliche Überprüfung von kollektiven kirchlichen Arbeitsrechtsregelungen, in: Dem Staate, was des Staates – der Kirche, was der Kirche ist – Festschrift für Joseph Listl zum 70. Geburtstag, Herausgeber: Josef Isensee/Wilhelm Rees/Wolfgang Rüfner, Berlin 1999, S. 573–585.

ders.: Aktuelle kollektivrechtliche Fragen des kirchlichen Dienstes, in: Essener Gespräche zum Thema Staat und Kirche, Band 18 S. 67, Münster 1984.

ders.: Anmerkung zum Urteil des BAG vom 11. 3.1986 – 1 ABR 26/84, AP Art. 140 GG Nr. 25 Bl. 345–349.

ders.: Besonderes Verhältnis – Die Loyalitätsanforderungen an Mitarbeiter im kirchlichen Dienst – in: Die Neue Ordnung, Heft 2/88 S. 127–138.

Literaturverzeichnis

ders.: Kirchliche Festlegung arbeitsvertraglicher Kündigungsgründe?, in: NJW 1990 S. 2025–2031.
ders.: Das Bundesverfassungsgericht zur Kündigung kirchlicher Arbeitsverhältnisse, in: NZA, Beilage Nr. 1/86 zu Heft 3/86 S. 11–15.
ders. Mitbestimmung in kirchlichen Wirtschaftsbetrieben, in: Farthmann/Hanau/Isenhardt/Preis (Hrsg.), Arbeitsgesetzgebung und Arbeitsrechtsprechung, Festschrift zum 70. Geburtstag von Eugen Stahlhacke, Neuwied/Kriftel/Berlin 1994 S. 101–114.
ders.: Neue Grundlagen im Arbeitsrecht der katholischen Kirche, in: NJW 1994 S. 1369–1375.
ders.: Kirchliche Vereine nach neuem Kirchenrecht – Zur Zuordnung nach den Typisierungen des CIC 1983 – in: Theologie und Glaube 1988 S. 352–365.
ders.: Staatskirchenrechtliche Gerichtsschutzfragen im Arbeitsrecht, in: Festschrift für Wolfram Henckel, Berlin 1995 S. 145–159.

Eberle, Susanne: Sozialstationen in kirchlicher Trägerschaft, Essen 1993.
Eder, Joachim: Tarifpartnerin Katholische Kirche? Der »Dritte Weg« der katholischen Kirche in der Bundesrepublik Deutschland aus kanonistischer Sicht, Schriften der Universität Passau, Reihe Katholische Theologie, Band 7, Passau 1991 (zitiert: Dissertation).
Ehlers, Dirk: Der staatliche Gerichtsschutz in kirchlichen Angelegenheiten – BVerwG, NJW 1983, 2580, und BVerwG NJW 1983, 2582, in: JuS 1989 S. 364–373.
ders.: Zur Arbeitnehmereigenschaft von Nichtsesshaften, die in Einrichtungen der freien Wohlfahrtspflege beschäftigt sind, in: NZA 1989 S. 832.
Ehmann, Horst: Datenschutz und Mitbestimmungsrechte bei der Arbeitnehmer-Datenverarbeitung, in: NZA 1993 S. 241–248.
Ehrich, Christian/Hoß, Axel: Die Kosten des Betriebsrats – Umfang und Grenzen der Kostentragungspflicht des Arbeitgebers, in: NZA 1996 S. 1075
Emeis, Dieter: Was ist ein christliches Krankenhaus?, in: Stimmen der Zeit, Band 196, 1978 S. 117–126.
Emsbach, Heribert: Rechte und Pflichten des Kirchenvorstandes, 8. Auflage, Köln 2000.
Engelhardt, Hanns: Einige Gedanken zur Kirchenmitgliedschaft im kirchlichen und staatlichen Recht, in: ZevKR 1996 S. 142–158.
Engels, Gerd/Natter, Eberhard: Wahl von betrieblichen Jugend- und Auszubildendenvertretungen im Herbst 1988, in: BB 1988 S. 1453.
Erzbischöfliches Generalvikariat in Köln, Herausgeber: Kölner Diözesan-Synode 1954, Köln 1954.
Etzel, Gerhard: Betriebsverfassungsrecht, in: Handbuch zum Arbeitsrecht (HzA), Gruppe 19, Stand: August 1995, Neuwied.

Fabricius/Kraft/Wiese/Kreutz: Betriebsverfassungsgesetz, Band II: §§ 74–132 mit Kommentierung des BetrVG 1952 und des Sozialplangesetzes, 5. Aufl.München 1995.
Fabricius/Kraft/Wiese/Kreutz/Oetker/Raab/Weber: Betriebsverfassungsgesetz – Gemeinschaftskommentar, Band I: §§ 1–73 b mit Wahlordnungen, 7. Aufl.Neuwied/Kriftel 2002
dies.: Betriebsverfassungsgesetz – Gemeinschaftskommentar, Band II §§ 74–132 mit Kommentierung des BetrVG 1952, 7. Aufl.Neuwied/Kriftel 2002.
Fachet, Siegfried: Datenschutz in der katholischen Kirche, Praxiskommentar zur Anordnung über den kirchlichen Datenschutz (KDO), Neuwied/Kriftel 1998.
Fahr, Friedrich/Weber, Helmut/Binder, Josef: Ordnung für kirchliche Stiftungen, 13. Auflage, München 1988.

Literaturverzeichnis

Farthmann, Friedhelm/Hanau, Peter/Isenhardt, Udo/Preis, Ulrich, Herausgeber: Arbeitsgesetzgebung und Arbeitsrechtsprechung. Festschrift zum 70. Geburtstag von Eugen Stahlhacke, Neuwied/Kriftel/Berlin 1995.

Fey, Detlev: Internet/Intranet und Mitarbeitervertretung, in: ZMV 2000 S. 17–20.

Fey, Detlev/Rehren, Olaf, Herausgeber: MVG – EKD Praxiskommentar, Stuttgart 1994 Stand: Juli 2003.

Fitting/Kaiser/Heither/Engels/Schmidt: Betriebsverfassungsgesetz, 21. Auflage, München 2002.

Frey, Hans-Günther: Novellierung der Rahmenordnung für eine Mitarbeitervertretungsordnung – MAVO, in: KuR 4/95 S. 11 = Nr. 350 S. 15–32.

Frey, Hans-Günther/Bahles Elmar, Herausgeber: Das Dienst- und Arbeitsrecht in der katholischen Kirche – Ergänzbare Rechtsquellensammlung, Neuwied.

Frey, Hans-Günther/Coutelle, Reinhold/Beyer, Norbert: MAVO – Kommentar zur Rahmenordnung für eine Mitarbeitervertretungsordnung 4. Aufl., Freiburg 2001, Stand: Oktober 2002.

Frey, Helmut/Pulte, Peter: Betriebsvereinbarungen in der Praxis, 2. Auflage, München 1997.

Friauf, Heinrich. Arbeitnehmerweiterbildung und gewerkschaftliche Schulung – Zur Anwendung des nordrhein-westfälischen Arbeitnehmerweiterbildungsgesetzes aus verfassungsrechtlicher Sicht, in: DB Beilage Nr. 2/89 zu Heft 3 vom 20. Januar 1989.

Friesenhahn, Ernst: Kirchen als Körperschaften des öffentlichen Rechts? Die Rechtslage in der Bundesrepublik Deutschland mit vergleichenden Ausblicken auf die Schweiz, in: Kirche und Staat in der neueren Entwicklung S. 352–384, Herausgeber: Paul Mikat, Darmstadt 1980.

Frost, Herbert: Die Gliedschaft in der Kirchengemeinde, in: Das Problem der Kirchengliedschaft heute S. 237, Herausgeber: Peter Meinhold, Darmstadt 1979.

Gabriels André/Reinhardt, Heinrich J. F, Herausgeber: Ministerium Justitiae, Festschrift für Heribert Heinemann zur Vollendung des 60. Lebensjahres, Essen 1985 zitiert: Verfasser, FS Heinemann.

Galperin, Hans/Löwisch, Manfred: Kommentar zum Betriebsverfassungsgesetz, 2 Bände, 6. Auflage, Heidelberg 1982.

Gaul, Dieter: Die Rechtsposition der vom Betriebsübergang betroffenen Betriebsratsmitglieder, in: ZTR 1990 S. 13–15.

Geiger, Willi: Die Rechtsprechung des Bundesverfassungsgerichts zum kirchlichen Selbstbestimmungsrecht, in: ZevKR 1981 S. 156–174.

Gerosa, Libero: Ist die Exkommunikation eine Strafe?, in: AfkKR 1985 S. 83–120.

Geulen, Reiner: Die Personalakte in Recht und Praxis, Neuwied/Darmstadt 1984.

Grabendorff/Windscheid/Ilbertz/Widmaier: Bundespersonalvertretungsgesetz mit Wahlordnung, 8. Auflage, Stuttgart/Berlin/Köln/Mainz 1995.

Grützner Winfried: Keine Betriebsratsfähigkeit von Betriebsteilen mit »kompetenzlosen Ansprechpartnern«, in: BB 1983 S. 200.

Grzeszick, Bernd: Die Kirchenerklärung zur Schlussakte des Vertrages von Amsterdam, Europäischer Text, völkerrechtliche Verbindlichkeit, staatskirchenrechtlicher Inhalt, in: ZevKR, 48. Band S. 284–300.

Hack, Hubert: Die Pfarrei, in: Handbuch des katholischen Kirchenrechts S. 384, Herausgeber: Listl/Müller/Schmitz, Regensburg 1983.

Haering, Stephan: Bischof, Ordensschulen und Arbeitsrecht, in: Adnotationes in Jus Canonicum, Herausgeber: Elmar Guthoff/Karl-Heinz Selge, Band 8, S. 363–376, Frankfurt M./Berlin/Bern/New York/Paris/Wien.

Literaturverzeichnis

ders.: Grundfragen der Lebensgemeinschaften der evangelischen Räte, in: Hdb. kath. KR, Herausgeber: Listl/Schmitz, 2. Aufl.Regensburg 1999, S. 591–603.

Hager, Johannes: Die Umdeutung der außerordentlichen in eine ordentliche Kündigung, in: BB 1989 S. 693–699.

Hallermann, Heribert: Die Vereinigungen im Verfassungsgefüge der lateinischen Kirche, Paderborn/München/Wien/Zürich 1999.

ders.: Strukturen kirchlicher Caritas im geltenden Recht, in: AfkKR 169. Band 1999, S. 443–457.

Hammer, Ulrich: Kirchliches Arbeitsrecht, Frankfurt am Main, 2002.

ders.: Neuere Entwicklungen der Normalität kirchlicher Arbeitsvertragsordnungen, in: ZTR 2002 S. 302–314.

Hanau, Peter: Die entsprechende Anwendung personalvertretungsrechtlicher Vorschriften auf die hochschulrechtliche Mitbestimmung, in: Personalvertretungsrecht an wissenschaftlichen Hochschulen – Fortbildungsprogramm für die Wissenschaftsverwaltung, Materialien Nr. 7 S. 46–70, Essen 1982.

ders.: Zum Verhältnis von Kirche und Arbeitsrecht, in: ZevKR 1980 S. 61–70.

Hanau, Peter/Thüsing, Gegor: Änderungen der Arbeitsbedingungen in Kirche und Diakonie, in: KuR 350 S. 55–77, 1999 S. 143–165.

dies.: Grenzen und Möglichkeiten des Outsourcings aus dem kirchlichen Dienst, in: KuR 2002 S. 9, Nr. 350 S. 119.

Harnack, Adolf: Entstehung und Entwicklung der Kirchenverfassung und des Kirchenrechts in den zwei ersten Jahrhunderten, Urchristentum und Katholizismus. Reprograf. Nachdruck d. Ausg. Leipzig 1910, Darmstadt 1980.

Heimerl, Hans/Pree, Helmuth: Handbuch des Vermögensrechts der katholischen Kirche, Regensburg 1993.

Heinemann, Heribert: Der Pfarrer, in: Handbuch des katholischen Kirchenrechts S. 496. Herausgeber: Listl/Schmitz, 2. Aufl., Regensburg 1999.

ders.: Die Bischofskonferenz – Überlegungen zu einer verfassungsrechtlich bedeutsamen Diskussion, in: AfkKR 1989 S. 91–121.

ders.: Die Mitarbeiter und Mitarbeiterinnen des Pfarrers, in: Listl/Schmitz, Hdb. kath.KR, 2. Aufl., Regensburg 1999 S. 515–528.

ders.: Die Rechtsstellung des Deutschen Caritasverbandes und der Diözesancaritasverbände und ihre Einordnung in das Gesetzbuch der Kirche, in: AfkKR 1989 S. 416–428.

ders.: Kirchen und kirchliche Gemeinschaften – Eine Anfrage an das neue Gesetzbuch der katholischen Kirche, in: ZevKR 1987 S. 378–386.

Hennecke, Rudolf: Bemessung von Arbeitsentgelt und allgemeinen Zuwendungen für freigestellte Betriebsräte, in: BB 1986 S. 936.

Henseler, Rudolf: Das Verhältnis des Diözesanbischofs zu den klösterlichen Verbänden unter besonderer Berücksichtigung des Exemtionsbegriffs und der Einordnung des Apostolats in die Gesamtpastoral des Bistums, in: Ordenskorrespondenz (OK) 25/ 1984 S. 276.

Herr, Theodor: Arbeitgeber Kirche – Dienst in der Kirche, Biblische und theologische Grundlagen, Paderborn 1985.

Herschel, Wilhelm: Schadensersatz bei Behinderung und Störung von Betriebsversammlungen, in: DB 1975 S. 690.

Hess/Schlochauer/Worzalla/Glock: Kommentar zum Betriebsverfassungsgesetz, 6. Aufl., München/Unterschleißheim 2003.

Hesse, Konrad: Das Selbstbestimmungsrecht der Kirchen und Religionsgemeinschaften, in: Hdb. St. KR Bd. I, 2. Aufl.Berlin 1994 S. 521–559.

Hierold, Alfred E.: Die Statuten für den Jurisdiktionsbereich des katholischen Militärbischofs für die deutsche Bundeswehr, in: AfkKR 1990 S. 94–116.

Literaturverzeichnis

ders.: Grundfragen karitativer Diakonie, in: Handbuch des katholischen Kirchenrechts S. 1028, Herausgeber: Listl/Schmitz, Regensburg 1999.

ders.: Organisation der Karitas, in: Handbuch des katholischen Kirchenrechts S. 1032, Herausgeber: Listl/Müller/Schmitz, 2. Aufl., Regensburg 1999.

Hoeren, Thomas: Kirchen und Datenschutz – Kanonistische und staatskirchenrechtliche Probleme der automatisierten Datenverarbeitung, Essen 1986.

Hoeren, Thomas: Normenkontrolle im kirchlichen Arbeitsrecht – Zum Beschluss der Kirchlichen Schlichtungsstelle Berlin vom 13. 3. 1984 (NJW 1985, 1857), in: NZA 1992 S. 1116–1119.

Homeyer, Josef Katholische Verbände – eine Lebensäußerung der Kirche, in: Arbeitshilfen 61 S. 5, Herausgeber: Sekretariat der deutschen Bischofskonferenz, Bonn 1988.

ders. als Sekretär der Gemeinsamen Synode der Bistümer in der Bundesrepublik Deutschland, Herausgeber: Verantwortung des ganzen Gottesvolkes für die Sendung der Kirche, Ein Beschluss der Gemeinsamen Synode, Heftreihe: Synodenbeschlüsse Nr. 2, Bonn 1975.

von Hoyningen-Huene, Gerrick: Der »freie Mitarbeiter« im Sozialversicherungsrecht, in: BB 1987 S. 1730–1736.

ders.: Das Rechtsverhältnis zur stufenweisen Wiedereingliederung arbeitsunfähiger Arbeitnehmer (§ 74 SGB V), in: NZA 1992 S. 49–55.

Hromadka, Wolfgang: Der Begriff des leitenden Angestellten, Zur Auslegung des § 5 Abs. 3, 4 BetrVG i. d. F. vom 23. Dezember 1988, in: BB 1990 S. 57–64.

Hueck/v. Hoyningen-Huene, Kündigungsschutzgesetz, 14. Auflage, München 1997.

Hunold, Wolf: Individual- und betriebsverfassungsrechtliche Probleme der Abmahnung, in: BB 1986 S. 2050–2055.

ders.: Anmerkung zu BAG, 26. 5. 1988 – 1 ABR 18/87, in: BB 1988 S. 2101 (Begriff der Versetzung).

Jankowski, Josef: Schulungsveranstaltungen für Mitarbeitervertreter, in: Caritas 82, Jahrbuch des Deutschen Caritasverbandes S. 285–288.

Jobs, Friedhelm: Das Werkstattverhältnis gemäß §§ 136 ff. SGB IX, in: ZTR 2002 S. 515–524.

Jurina, Josef: Das Dienst- und Arbeitsrecht im Bereich der Kirchen in der Bundesrepublik Deutschland, Staatskirchenrechtliche Abhandlungen, Band 10, Berlin 1979.

ders.: Der Rechtsstatus der Kirchen und Religionsgemeinschaften im Bereich ihrer eigenen Angelegenheiten, Berlin 1972.

ders.: Die Dienstgemeinschaft der Mitarbeiter des kirchlichen Dienstes, in: ZevKR 29, Band 1./2. Heft September 1984 S. 1–188.

ders.: Dienst- und Arbeitsrecht in der katholischen Kirche, in: Essener Gespräche zum Thema Staat und Kirche, Band 10 S. 57, Münster 1976.

ders.: Die Subsidiarität arbeitsrechtlicher Gesetze gegenüber kircheneigenen Regelungen, in: NZA, Beilage Nr. 1/86 zu Heft 3/86 S. 15–18.

ders.: Kirchenfreiheit und Arbeitsrecht, in: Festschrift für Johannes Broermann, S. 797 ff., Berlin 1982.

ders.: Zur Entwicklung des »Dritten Weges« in der Katholischen Kirche, in: Dem Staate, was des Staates – der Kirche, was der Kirche ist, Festschrift für Joseph Listl zum 70. Geburtstag, herausgegeben von Josef Isensee, Wilhelm Rees und Wolfgang Rüfner, Berlin 1999 S. 519–542.

Kaiser, Matthäus: Die Laien, in: Handbuch des katholischen Kirchenrechts S. 184, Herausgeber: Listl/Müller/Schmitz, Regensburg 1983.

Literaturverzeichnis

ders.: Die rechtliche Grundstellung der Christgläubigen, in: Handbuch des katholischen Kirchenrechts S. 171, Herausgeber: Listl/Müller/Schmitz, Regensburg 1983.

ders.: Zugehörigkeit zur Kirche, in: Das Problem der Kirchengliedschaft heute S. 292, Herausgeber: Peter Meinhold, Darmstadt 1979.

Kalb, Herbert: Kirchliches Dienst- und Arbeitsrecht in Deutschland und Österreich, in: Hdb. kath. KR, 2. Aufl., Regensburg 1999, S. 253–264.

Kappes, Karl-Heinz/Rath, Ralf: Betriebsversammlungen während der Arbeitszeit, in: DB 1987 S. 2645.

Karpen, Ulrich: Mitbestimmung in Körperschaftsorganen und im Personalrat – Ein Beitrag zum Problem der Inkompatibilität – in: Personalvertretungsrecht an wissenschaftlichen Hochschulen – Fortbildungsprogramm für die Wissenschaftsverwaltung, Materialien Nr. 7 S. 152–206, Essen 1982.

Kehl, Medard: Das neue kirchliche Dienstrecht, in: Stimmen der Zeit 1985 S. 255–266.

Keßler Rainer: Die Kirchen und das Arbeitsrecht, Darmstadt 1986.

Klebe, Thomas/Wedde, Peter: Elektronische Kommunikation des Betriebsrats – Zugleich eine Besprechung des BAG-Beschlusses vom 17. 2. 1993, in: DB 1993 S. 1426.

Klempt, W.: Rauchen am Arbeitsplatz – Änderung der Rechtslage, in: b + p 2002 S. 691–694.

Klein, Franz: Die Caritasdienstgemeinschaft – Fragwürdige Ideologie oder kirchliche Realität? Herausgeber: Katholischer Krankenhausverband Deutschlands e. V., Freiburg i. B. 1984.

Klevemann, Joachim: Das Arbeitnehmerweiterbildungsgesetz Nordrhein-Westfalen – Materielle und prozessuale Fragen der Anerkanntheit von Bildungsveranstaltungen, in: BB 1989 S. 209–218.

Kliemt, Michael: § 102 IV BetrVG – keine unentdeckte Formvorschrift, in: NZA 1993 S. 921.

Kopp, Barbara: »Datenklau« durch den Arbeitgeber – Strafrechtlicher Schutz von Arbeitnehmern, in A & K 2004 S. 4–6.

Korta, Stefan: Effektivierung des Rechtsschutzes im Mitarbeitervertretungsrecht? – Verfahren und Vollstreckung, in: ZMV – Sonderheft 2002 S. 56–61.

Kotzula, Stephan: Zur Exkommunikation im CIC/1983, in: AfkKR 1987 S. 432–459.

Krämer, Peter: Bischofskonferenz und Apostolischer Stuhl, in: AfkKR 1987 S. 127–139.

ders.: Das Verhältnis der Bischofskonferenz zum Apostolischen Stuhl, in: Müller/Pottmeyer, Herausgeber: Die Bischofskonferenz – Theologischer und juridischer Status S. 256–270, Düsseldorf 1989.

ders.: Die geistliche Vollmacht, in: Handbuch des katholischen Kirchenrechts S. 149, Herausgeber: Listl/Schmitz, 2. Aufl., Regensburg 1999.

ders.: Die katholische Universität – Kirchenrechtliche Perspektiven, in: AfkKR 160. Band, 1991 S. 25–47.

ders.: Die Zugehörigkeit zur Kirche, in: Handbuch des katholischen Kirchenrechts S. 200, Herausgeber: Listl/Schmitz, 2. Aufl., Regensburg 1999.

ders.: Kirchliche Dienstgemeinschaft, in: Stimmen der Zeit 1989 S. 123–132.

ders.: Theologisch-rechtliche Begründung der Bischofskonferenz, in: ZevKR 1987 S. 402–410.

ders.: Die katholische Universität, in: AfkKR 1991 S. 25–47.

Krämer, Rolf: Aktuelle kirchen- und wirtschaftsrechtliche Probleme einer diakonischen GmbH, in: ZevKR 1996 S. 66–84.

Kräßig, Stefan: Der Verband der Diözesen Deutschlands, Freibg. Univ., Dissertation 1994, Pfaffenweiler 1995.

Krichel, Ulrich: Zur EDV-Nutzung durch den Betriebsrat, in: NZA 1989 S. 668–671.

Krüger, Hartmut: Kirchenautonomie und gesetzlicher Kündigungsschutz, in: ZTR 1991 S. 11–16.

Literaturverzeichnis

Kuper, Bernd-Otto: Betriebliche und überbetriebliche Mitwirkung im kirchlichen Dienst, in: Recht der Arbeit (RdA) 1979 S. 93.

ders. Caritas und Vereinsrecht, in: Caritas '80, Jahrbuch des Deutschen Caritasverbandes S. 102, Freiburg 1980.

ders. Werte kirchlicher Dienstgemeinschaft – aus der Sicht der Caritas, in: Ordenskorrespondenz (OK) 27/1986, Heft 2, S. 170.

Lauterbach, Herbert: Unfallversicherung Sozialgesetzbuch VII, Bd. 1, 4. Aufl., Oktober 1998.

Lederer, Josef Pfarrgemeinderat und Pfarrverwaltungsrat, in: Handbuch des katholischen Kirchenrechts S. 425, Herausgeber: Listl/Müller/Schmitz, Regensburg 1983.

Lehmann, Karl: Zur Frage »Wer ist Glied der Kirche?«, in: Das Problem der Kirchengliedschaft heute S. 274, Herausgeber: Peter Meinhold, Darmstadt 1979.

Leisching, Peter: Die Bischofskonferenz in der kirchlichen Kodifikation von 1983, in: Müller/Pottmeyer, Die Bischofskonferenz S. 158–177, Düsseldorf 1989.

Leisner, Walter: Das kirchliche Krankenhaus im Staatskirchenrecht der Bundesrepublik Deutschland, in: Essener Gespräche zum Thema Staat und Kirche, Band 17 S. 9, Münster 1983.

Lenherr, Titus: Der Abfall von der katholischen Kirche durch einen formalen Akt, in: AfkKR 1983 S. 107–125.

Leser, Peter: Brauchen wir Bußgelder zur Durchsetzung von Schlichtungssprüchen?, in: ZMV 1996 S. 121–123.

Leuze, Dieter: Anmerkungen zum Recht des Personalrats auf Herausgabe eines Informationsblatts, in: ZTR 1989 S. 468–472.

ders.: Bemerkungen zu dem allgemeinen Persönlichkeitsrecht des Arbeitnehmers und zu seinen Einschränkungen, in: ZTR 1990 S. 267–277.

ders.: Betriebsversammlung und Personalversammlung; Gemeinsamkeiten und Unterschiede, in: ZTR 2000 S. 206 ff. und 247 ff.

ders.: Die Anforderungen an arbeitsrechtliche Maßnahmen gegen Betriebsrats- und Personalratsmitglieder, in: DB 1993 S. 2590–2598.

Lipke, Gert-Albert: Betriebsverfassungsrechtliche Probleme der Teilzeitarbeit, in: NZA 1990 S. 758–769.

Listl, Joseph: Das Grundrecht der Religionsfreiheit in der Rechtsprechung der Gerichte der Bundesrepublik Deutschland, Berlin 1971.

ders.: Die Lehre der Kirche über das Verhältnis von Kirche und Staat, in: Hdb. kath. KR, Herausgeber: Listl/Schmitz, 2. Aufl. S. 1239–1255, Regensburg 1999.

ders.: Die Aussagen des Codex Iuris Canonici vom 25. Januar 1983 zum Verhältnis von Kirche und Staat, in: Essener Gespräche zum Thema Staat und Kirche, Band 19 S. 9, Münster 1985.

ders.: Die Rechtsnormen, in: Hdb. kath. KR 2. Aufl., Herausgeber: Listl/Schmitz, S. 102–118, Regensburg 1999.

ders.: Der Religionsunterricht, in: Handbuch des katholischen Kirchenrechts S. 590–605, Herausgeber: Listl/Müller/Schmitz, Regensburg 1983.

ders.: Plenarkonzil und Bischofskonferenz, in: Handbuch des katholischen Kirchenrechts S. 396, Herausgeber: Listl/Schmitz, 2. Aufl., Regensburg 1999.

ders.: Die Ordensgemeinschaften und ihre Angehörigen in der staatlichen Rechtsordnung, in: HdbStKR, Band 1, 2. Aufl., Berlin 1994 S. 841–863.

Listl, Joseph/Hollerbach, Alexander: Das Verhältnis von Kirche und Staat in der Bundesrepublik Deutschland, in: Handbuch des katholischen Kirchenrechts S. 1268–1293, Herausgeber: Listl/ Schmitz, 2. Aufl., Regensburg 1999.

Literaturverzeichnis

Listl, Joseph/Müller, Hubert/Schmitz, Heribert, Herausgeber: Handbuch des katholischen Kirchenrechts, Regensburg 1983, abgekürzt: Hdb. kath. KR.
Listl, Joseph/Pirson, Dietrich, Herausgeber: Handbuch des Staatskirchenrechts der Bundesrepublik Deutschland, Erster Band, 2. Aufl., Berlin 1994.
dies.: Handbuch des Staatskirchenrechts der Bundesrepublik Deutschland, Zweiter Band, 2. Aufl., Berlin 1995.
Listl, Joseph/Schmitz, Heribert: Handbuch des katholischen Kirchenrechts, 2. Aufl., Regensburg 1999.
Löwisch, Manfred: Betriebsratsamt und Sprecherausschussamt bei Betriebsübergang und Unternehmensänderung, in: BB 1990 S. 1698–1700.
ders.: Betriebsverfassungsgesetz, 4. Auflage, Heidelberg 1996.
ders.: Kündigungsschutzgesetz, 7. Auflage, Heidelberg 1997.
Löwisch, Manfred/Schmidt-Kessel, Martin: Die gesetzliche Regelung von Übergangsmandat und Restmandat nach dem Betriebsverfassungsreformgesetz, in: DB 2001 S. 2162–2165.
Lorenz, Georg: Mobbing am Arbeitsplatz – Handlungsmöglichkeiten von Betroffenen, Dienstgeber und Mitarbeitervertretung, in: ZMV 2001 S. 261 und ZMV 2002 S. 15.
Loritz, Karl-Georg: Die Beendigung freiwilliger Betriebsvereinbarungen mit vereinbarter Nachwirkung, in: DB 1997 S. 2074–2077.
Lüdicke, Klaus, Herausgeber: Münsterischer Kommentar zum Codex Juris Canonici, Essen, nach dem Stande von November 1996.
Luf, Gerhard: Glaubensfreiheit und Glaubensbekenntnis, in: Handbuch des katholischen Kirchenrechts S. 700–708, Herausgeber: Listl/Schmitz, 2. Aufl., Regensburg 1999.
ders.: Rechtsphilosophische Grundlagen des Kirchenrechts, in: Handbuch des katholischen Kirchenrechts S. 33, Herausgeber: Listl/Schmitz, 2. Aufl., Regensburg 1999.

Marré, Heiner: Zur Loyalität im Dienst der Kirche – Das Staatskirchenrecht als Imperativ, in: Theologie und Glaube (ThGL) 4/88 S. 397–414.
Marx, Siegfried: Kirchenvermögens- und Stiftungsrecht – Staatskirchenrechtliche Bestimmungen zum Kirchenvermögens- und Stiftungsrecht im Bereich der katholischen Kirche, in: Handbuch des Staatskirchenrechts in der Bundesrepublik Deutschland, Band II, S. 117–160, Berlin 1975.
May, Georg: Bemerkungen zu der Kirchenrechtswissenschaft um das Jahr 1000, in: AfkKR 1989 S. 29–68.
ders.: Die Hochschulen, in: Handbuch des katholischen Kirchenrechts S. 749–777, Herausgeber: Listl/Schmitz, 2. Aufl., Regensburg 1999.
ders.: Das Kirchenamt, in: Handbuch des katholischen Kirchenrechts S. 175, Herausgeber: Listl/Schmitz, 2. Aufl., Regensburg 1999.
ders.: Grundfragen kirchlicher Gerichtsbarkeit, in: Hdb. kath. KR S. 1153, Herausgeber: Listl/Schmitz, 2. Aufl., Regensburg 1999.
Mayer-Maly, Theo: Das staatliche Arbeitsrecht und die Kirchen, in: Essener Gespräche zum Thema Staat und Kirche, Band 10 S. 127, Münster 1976.
ders.: Die arbeitsrechtliche Tragweite des kirchlichen Selbstbestimmungsrechts, in: BB, Beilage 3/1977 zu Heft 24/1977.
ders.: Die Risikohaftung des Arbeitgebers für Eigenschäden des Arbeitnehmers, in: NZA Beilage 3/1991 zu Heft 23/91 S. 5–16.
ders.: Gewerkschaftliche Zutrittsrechte, in: BB, Beilage 4/1979 zu Heft 9/1979.
Meier, Dominicus M.: Verwaltungsgerichte für die Kirche in Deutschland? Von der gemeinsamen Synode 1975 zum Codex Juris Canonici 1983, Essen 2001.

Literaturverzeichnis

Meinhold, Peter, Herausgeber: Das Problem der Kirchengliedschaft heute, Darmstadt 1979.

Menges, Evelyne Dominica: Die kirchliche Stiftung in der Bundesrepublik Deutschland – Eine Untersuchung zur rechtlichen Identität der kirchlichen Stiftung staatlichen Rechts mit der kanonischen Stiftung, Münchener theologische Studien, III. Kanonistische Abteilung, 48. Band, St. Ottilien 1995.

Mikat, Paul, Herausgeber: Kirche und Staat in der neueren Entwicklung, Darmstadt 1980.

Mörsdorf Klaus: Die Kirchengliedschaft, in: Das Problem der Kirchengliedschaft heute S. 95, Herausgeber: Peter Meinhold, Darmstadt 1979.

ders.: Kirchenrecht, Band I, 11. Aufl., München/Paderborn/Wien 1964.

Mösenfechtel Ludwig/Perwitz-Passan, Angelika/Wiertz, Marion: Rahmenordnung 85 für eine Mitarbeitervertretungsordnung (MAVO 85), Kommentar, Köln 1987.

Mosiek, Ulrich: Verfassungsrecht der Lateinischen Kirche, Band I, Grundfragen, Freiburg 1975.

ders.: Verfassungsrecht der Lateinischen Kirche, Band III, Der Bischof und die Teilkirche, Freiburg 1978.

Müller, Friedrich: Das Recht der Freien Schule nach dem Grundgesetz als Maßstab für Gesetzgebung und Exekutivpraxis der Länder, Staatskirchenrechtliche Abhandlungen, Band 12, Berlin 1980.

Müller, Gerhard: Kritische Bemerkungen zur neuen Bestimmung des leitenden Angestellten – Die jetzige Bestimmung des leitenden Angestellten in § 5 Abs. 3 BetrVG – in: DB 1989 S. 824–831.

Müller, Hans-Otto: Zur Abgrenzung der leitenden Angestellten de lege ferenda, in: DB 1987 S. 1684.

ders.: Zur Präzisierung der Abgrenzung der leitenden Angestellten, in: DB 1988 S. 1697.

Müller, Hubert: Die rechtliche Stellung des Diözesanbischofs gegenüber Generalvikar und Bischofsvikar, in: AfkKR 1984 S. 399–415.

ders.: Grundfragen der Lebensgemeinschaften der evangelischen Räte, in: Handbuch des katholischen Kirchenrechts S. 476, Herausgeber: Listl/Müller/Schmitz, Regensburg 1983.

ders.: Zur Frage nach der Stellung des Laien im CIC/1983, in: Ministerium Justitiae, Festschrift für Heribert Heinemann zur Vollendung des 60. Lebensjahres, herausgegeben von André Gabriels/Heinrich J. F. Reinhardt, Essen 1985.

ders.: Zur Rechtsstellung der Laien in der röm.-kath. Kirche, in: ZevKR 1987 S. 467–479.

ders.: Zum Verhältnis zwischen Bischofskonferenz und Diözesanbischof, in: Müller/Pottmeyer, Herausgeber: Die Bischofskonferenz – Theologischer und juridischer Status S. 236–255, Düsseldorf 1989.

Müller, Hubert/Pottmeyer, Hermann J., Herausgeber: Die Bischofskonferenz – Theologischer und juridischer Status, Düsseldorf 1989.

Müller-Vollbehr, Gerd: Europa und das Arbeitsrecht der Kirchen, Heidelberg 1999.

Mummenhoff Winfried: Loyalität im kirchlichen Arbeitsverhältnis, in: NZA 1990, S. 585–592.

von Nell-Breuning, Oswald: Kirche(n) als Arbeitgeber, in: Ötv-Magazin 3/80 S. 33.

ders.: Arbeitnehmer im kirchlichen Dienst, in: Stimmen der Zeit, Band 195 (1977) S. 302–310.

ders.: Kirchliche Dienstgemeinschaft, in: Stimmen der Zeit, Band 195 (1977) S. 705–710.

Niebler, Engelbert: Abgestufte Loyalität? Probleme bei der Kündigung kirchlicher Mitarbeiter, in: AfkKR 1990 S. 464–470.

Literaturverzeichnis

Niermann, Ernst: Zur Lage der katholischen Militärseelsorge, in: Essener Gespräche zum Thema Staat und Kirche, Band 23 S. 110–145, Münster 1989.

Nissiotis, Nikos A.: Die Zugehörigkeit zur Kirche nach orthodoxem Verständnis, in: Das Problem der Kirchengliedschaft heute S. 366, Herausgeber: Peter Meinhold, Darmstadt 1979.

Nuyken, Wessel: Die Kirchenmitgliedschaft im Kirchengesetz über die Kirchenmitgliedschaft vom 10. November 1976, in: Das Problem der Kirchengliedschaft heute S. 325, Herausgeber: Peter Meinhold, Darmstadt 1979.

Ollmann, Rainer: Loyalitätserfordernisse in der kirchlichen Sozialarbeit, in: ZfSH/SGB 1990 S. 571–578.

Oxenknecht, Renate: Freistellungen für Mitarbeitervertreterinnen und Mitarbeitervertreter, in: ZMV 1991 S. 3–7.

Pahlke, Armin: Der »Dritte Weg« der Kirchen im Arbeitsrecht, in: NJW 1986 S. 350.

Papenheim, Heinz-Gert: Arbeitsbedingungen der Berufspraktikantinnen/Berufspraktikanten, 14. Aufl., Frechen 2001.

Pirson, Dietrich: Die Mitgliedschaft in den deutschen evangelischen Landeskirchen als Rechtsverhältnis, in: Das Problem der Kirchengliedschaft heute S. 138, Herausgeber: Peter Meinhold, Darmstadt 1979.

ders.: Zum personellen Geltungsbereich kirchlicher Rechtsvorschriften, in: ZevKR 1982 S. 115–133.

Pompey, Heinrich: Dienstgemeinschaft und Entfremdung von der Kirche, in: Caritas in Nordrhein-Westfalen 4/90 S. 289–296.

Pottmeyer, Hermann J.: Das kirchliche Krankenhaus – Zeugnis kirchlicher Diakonie und ihres Auftrags, in: Essener Gespräche zum Thema Staat und Kirche, Band 17 S. 62, Münster 1983.

Potz, Richard: Der Erwerb von Kirchenvermögen, in: Handbuch des katholischen Kirchenrechts S. 1068, Herausgeber: Listl/Schmitz, 2. Aufl., Regensburg 1999.

Prader, Josef: Interrituelle, Interkonfessionelle und Interreligiöse Probleme im Eherecht des neuen CIC, in: AfkKR 1983 S. 408–464.

Pree, Helmuth: Die Ausübung der Leitungsvollmacht, in: Hdb. kath. KR, Herausgeber: Listl/Schmitz, 2. Aufl., S. 156–175, Regensburg 1999.

ders.: Zur Frage nach dem Proprium kirchlicher Einrichtungen: Eine kanonistische Perspektive, in: Essener Gespräche zum Thema Staat und Kirche, Band 34, S. 47–80, Münster 2000.

Primetshofer, Bruno: Die Religiosenverbände, in: Handbuch des katholischen Kirchenrechts S. 604, Herausgeber: Listl/Schmitz, 2. Aufl., Regensburg 1999.

Puza, Richard: Die Dom- und Stiftskapitel, in: Handbuch des kathlischen Kirchenrechts S. 475–479, Herausgeber: Listl/Schmitz, 2. Aufl., Regensburg 1999.

Rahner, Karl/Vorgrimler, Herbert: Kleines Konzilskompendium – Sämtliche Texte des Zweiten Vatikanums – 9. Auflage, Freiburg/Basel/Wien 1974.

Ratzinger, Joseph: Taufe, Glaube und Zugehörigkeit zur Kirche, in: Das Problem der Kirchengliedschaft heute S. 305, Herausgeber: Peter Meinhold, Darmstadt 1979.

Rauscher, Anton: Die Eigenart des kirchlichen Dienstes, Würzburg 1983.

Rees, Wilhelm: Der Religionsunterricht, in: *Listl/Schmitz*, Herausgeber, Hdb. kath. KR, 2. Aufl. S. 734–749, Regensburg 1999.

Literaturverzeichnis

Reichold, Hermann: Durchbruch zu einer europäischen Betriebsverfassung, in: NZA 2003 S. 289–299.
ders.: Europarechtliche Anforderungen an das Recht der Mitarbeitervertretung, in: Dabrowski/Wolf (Herausgeber), Europa und das deutsche kirchliche Arbeitsrecht, S. 45–56, Münster 2003.
ders.: Europa und das deutsche kirchliche Arbeitsrecht, in: NZA S. 1054–1060.
Richardi, Reinhard: AGB-Kontrolle kirchlicher Arbeitsverträge nach dem Schuldrechtsmodernisierungsgesetz, in: ZMV 2002 S. 161.
ders.: Arbeitsrecht in der Kirche – Staatliches Arbeitsrecht und kirchliches Dienstrecht. 4. Auflage, München 2003.
ders.: Betriebsverfassungsgesetz mit Wahlordnung, 8. Aufl., München 2002.
ders.: Das Selbstbestimmungsrecht der Kirchen im Arbeitsrecht, in: NZA, Beilage Nr. 1/86 zu Heft 3/86 S. 3–10.
ders.: Die Mitbestimmung bei Kündigungen im kirchlichen Arbeitsrecht, in: NZA 1998 S. 113.
ders.: Die Neuabgrenzung der leitenden Angestellten nach § 5 III und IV BetrVG, in: NZA Beilage 1/90 zu Heft 3/90 S. 2–10.
ders.: Gefahren beim Verlassen des »Dritten Weges«, in: neue caritas 4/2000 S. 33–37.
ders.: Kirchenautonomie und gesetzliche Betriebsverfassung, in: ZevKR 1978 S. 367–413.
ders.: Staatlicher und kirchlicher Gerichtsschutz für das Mitarbeitervertretungsrecht der Kirchen, in: NZA 2000 S. 1305–1311.
ders.: Das kollektive kirchliche Dienst- und Arbeitsrecht, in: Handbuch des Staatskirchenrechts der Bundesrepublik Deutschland, Band II, 2. Auflage, Berlin 1995, § 67 S. 927–958.
ders.: Die Grundordnung der katholischen Kirche für den kirchlichen Dienst im Rahmen kirchlicher Arbeitsverhältnisse, in: NZA 1994 S. 19–24.
ders.: Mitarbeitervertretungsrecht der Kirchen, in: Münchener Handbuch zum Arbeitsrecht, Band 2, Individualarbeitsrecht II, § 189 S. 1191–1209, München 1993.
Richardi, Reinhard/Wlotzke, Otfried: Münchener Handbuch zum Arbeitsrecht, Band 2, Individualarbeitsrecht II, München 1993.
Rieble, Volker: Betriebsverfassungsrechtliche Folgen der Betriebs- und Unternehmensumstrukturierung, in: Sonderbeilage zu NZA Heft 16/2003 S. 62–72.
ders.: Die befristete Übernahme von Auszubildenden als Rechtsproblem, in: DB 1995 S. 247.
Robbers, Gerhard: Kirchenrechtliche und staatskirchenrechtliche Fragen des Kirchenübertritts, in: ZevKR 1987 S. 19–46.
Roca, Maria José: Der Kirchenaustritt aus der Sicht von Staat, Kirche und Individuum, in: AfkKR 1990 S. 427–447.
Röder/Baeck:, Interessenausgleich und Sozialplan, 2. Auflage, München 1997.
Röder, Gerhard/Haußmann, Katrin: Die Geltendmachung von Gesamtbetriebsvereinbarungen nach einer Umwandlung, in: DB 1999 S. 1754–1759.
Rolfs, Christian/Paschke, Derk: Die Pflichten des Arbeitgebers und die Rechte schwerbehinderter Arbeitnehmer nach § 81 SGB IX, in: BB 2002 S. 1260–1264.
Roos, Lothar: Pastorale und organisatorische Überlegungen zum Ort und zum Wirken der katholischen Verbände in Kirche und Gesellschaft, in: Arbeitshilfen 61 S. 75, Herausgeber: Sekretariat der deutschen Bischofskonferenz, Bonn 1988.
Rüfner, Wolfgang: Individualrechtliche Aspekte des kirchlichen Dienst- und Arbeitsrechts, in: Handbuch des Staatskirchenrechts der Bundesrepublik Deutschland, Band II, Herausgeber: Listl, Joseph/Pirson, Dietrich, 2. Auflage, Berlin 1995, § 66 S. 901–925.

Literaturverzeichnis

ders.: ebenda: Das kirchlich rezipierte und adaptierte Dienst- und Arbeitsrecht der übrigen kirchlichen Bediensteten, § 66 S. 877–900.

Rüthers Bernd: Kirchenautonomie und gesetzlicher Kündigungsschutz, in: NJW 1976 S. 1918 und NJW 1977 S. 368.

ders.: Tendenzschutz und Kirchenautonomie im Arbeitsrecht, in NJW 1978 S. 2066.

ders.: Wie kirchentreu müssen kirchliche Arbeitnehmer sein?, in NJW 1986 S. 356.

Ruf Norbert: Das Recht der Katholischen Kirche nach dem neuen Codex Juris Canonici, Freiburg/Basel/Wien 1983.

Ruland, Franz: Die Sonderstellung der Religionsgemeinschaften im Kündigungsschutzrecht und in den staatlichen Mitbestimmungsordnungen, in: NJW 1980 S. 89.

Saier Oskar: Anmerkungen zu anstehenden partikularrechtlichen und pastoralpraktischen Entscheidungen der Deutschen Bischofskonferenz, in: Arbeitshilfen 61 S. 43, Herausgeber: Sekretariat der Deutschen Bischofskonferenz, Bonn 1988.

Schäfer, Detmar: Das kirchliche Arbeitsrecht in der europäischen Integration, Essen 1997.

Schaub, Günter: Arbeitsrechts-Handbuch, 10. Auflage, München 2002.

ders.: Das personalvertretungsrechtliche Beschlussverfahren, in: ZTR 2001, S. 97–103.

Scheuermann, Audomar: Auswirkungen des Codes Juris Canonici von 1983 auf die kirchlichen Stiftungen, in: Deutsche Stiftungen, 43. Jahrestagung der Arbeitsgemeinschaft Deutscher Stiftungen – Bundesverband – und des Verbandes Deutscher Wohltätigkeitsstiftungen e. V am 4. und 5. Juni 1987 in Aschaffenburg – Tagungsbericht S. 62–81.

ders.: Das Grundrecht der Autonomie im Ordensrecht, in: Ordenskorrespondenz (OK) 25/1984, S. 31.

ders.: Die Stellung der Ordensinstitute in der Diözese, in: Ministerium Justitiae, Festschrift für Heribert Heinemann zur Vollendung des 60. Lebensjahres S. 249–257, Essen 1985, zitiert: Verfasser, FS Heinemann.

Schiefer, Bernd: Schulungs- und Bildungsveranstaltungen gem. § 37 Abs. 7 BetrVG – Tatsächliche und rechtliche Aspekte, in: DB 1991 S. 1453–1464.

Schilberg, Arno: die Rechtsnormqualität kirchlicher Arbeitsrechtsregelungen im Rahmen des Dritten Weges, in: ZevKR 1996 S. 40–51.

Schleßmann, Hein: Das Arbeitszeugnis, in: BB 1988 S. 1320.

Schlief, Eugen: Die Organisationsstruktur der katholischen Kirche, in: Handbuch des Staatskirchenrechts der Bundesrepublik Deutschland, Herausgeber: Listl, Joseph/ Pirson, Dietrich, Band I, 2. Aufl., § 11 S. 347–382, Berlin 1994.

Schliemann, Harald: Europa und das deutsche kirchliche Arbeitsrecht – Kooperation oder Konfrontation, in: NZA 2003 S. 407–415.

Schlömp-Röder, Jürgen: Ausgrenzung der gewerkschaftlichen Bildungsveranstaltungen aus der Arbeitnehmerweiterbildung?, in: DB 1989 S. 276–278.

Schmidt, Klaus: Die Umdeutung der außerordentlichen Kündigung im Spannungsverhältnis zwischen materiellem und Prozessrecht, in: NZA 1989 S. 611–668.

Schmitz, Heribert: Bischofskonferenz und Partikularkonzil, in: Müller/Pottmeyer, Die Bischofskonferenz S. 178–195, Düsseldorf 1989.

ders.: Der Diözesanbischof, in: Handbuch des katholischen Kirchenrechts S. 425, Herausgeber: Listl/Schmitz, 2. Aufl., Regensburg 1999.

ders.: Die Konsultationsorgane des Diözesanbischofs, in: Handbuch des katholischen Kirchenrechts S. 447, Herausgeber: Listl/Schmitz, 2. Aufl., Regensburg 1999.

ders.: Fragen der Rechtsüberleitung der bestehenden kirchlichen Vereinigungen in das Recht des CIC, in: AfkKR 1987 S. 367–384.

Literaturverzeichnis

ders.: Die Personalprälaturen, in: Handbuch des katholischen Kirchenrechts S. 650, Herausgeber: Listl/Schmitz, 2. Aufl., Regensburg 1999.

ders.: Taufe, Firmung, Eucharistie. Die Sakramente der Initiation und ihre Rechtsfolgen in der Sicht des CIC von 1983, in: AfkKR 1983, S. 369–407.

Schnizer, Helmut: Allgemeine Fragen des kirchlichen Vereinsrechts, in: Handbuch des katholischen Kirchenrechts S. 563–578, Herausgeber: Listl/Schmitz, 2. Aufl., Regensburg 1999.

ders.: Das Vereinsrecht, seine Canones und die kanonische Praxis, in: AfkKR 1987 S. 385–411.

ders.: Die privaten und öffentlichen Vereine, in: Hdb. kath. KR, S. 578, Herausgeber: Listl/Schmitz, 2. Aufl., Regensburg 1999.

Schulz, Hans-Joachim: Was wurde aus den »Grundsätzen über kirchliche Vereinigungen« – Ein heißes Eisen, das die Bischofskonferenz fallen ließ?, in: Beilage zur Offertenzeitung für die katholische Geistlichkeit, 1989, S. 611–623.

Schulz, Winfried: Die bestehenden kirchlichen Vereinigungen im Ordnungsgefüge des neuen Codex, in: Kirchliches Vereinsrecht. Der neue Codex und die kirchlichen Vereine, Akademie-Vorträge 32, Katholische Akademie, Schwerte 1987.

ders.: Der neue Codex und die kirchlichen Vereine, Paderborn 1986.

Schwarz-Seeberber, Gaby: Erster Kirchlicher Tarifvertrag der Diakonie, in: ZMV 2002 S. 209–213.

Schwendenwein, Hugo: Das neue Kirchenrecht, Gesamtdarstellung, Graz/Wien/Köln 1983.

Schwerdtner, Peter: Das Weiterbeschäftigungsverhältnis als Arbeitsverhältnis »zweiter Klasse«, in: DB 1989 S. 878.

ders.: Nochmals: Das Weiterbeschäftigungsverhältnis als Arbeitsverhältnis »zweiter Klasse«, in: DB 1989 S. 2025.

Sebott, Reinhold: Die Berufung zur Kirche, in: Handbuch des katholischen Kirchenrechts S. 157, Herausgeber: Listl/Müller/Schmitz, Regensburg 1983.

Seifart, Werner, Herausgeber: Handbuch des Stiftungsrechts, München 1987.

Sekretariat der Deutschen Bischofskonferenz, Herausgeber: Für das Leben, Pastorales Wort zum Schutz der ungeborenen Kinder, Bonn 1986.

ders.: Grundordnung des kirchlichen Dienstes im Rahmen kirchlicher Arbeitsverhältnisse, in: Die Deutschen Bischöfe, Heft 51, Bonn 1993.

ders.: Katholische Verbände – Studientag der Vollversammlung der Deutschen Bischofskonferenz, in: Arbeitshilfen 61, Bonn 1988.

ders.: Mitarbeitervertretungsrecht der katholischen Kirche in den Diözesen der Bundesrepublik Deutschland und in der Diözese Berlin für Berlin (West), Arbeitshilfen 17, Bonn 1980.

ders.: Rahmenordnung für eine Mitarbeitervertretungs-Ordnung, Arbeitshilfen 47, Bonn 1985.

ders.: Rahmenordnung für eine Mitarbeitervertretungsordnung, Arbeitshilfen 128, Bonn 1995.

ders.: Rahmenstatuten und -ordnungen für Diakone und Laien im pastoralen Dienst 1978/79 – Heftreihe: Die deutschen Bischöfe, Heft 22, Bonn.

ders.: Rahmenstatuten und -ordnungen für Gemeinde- und Pastoral-Referenten/Referentinnen, Heftreihe: Die deutschen Bischöfe, Heft 41, Bonn 1987.

Siepen, Karl: Vermögensrecht der klösterlichen Verbände, Paderborn 1963.

Sibben, Ralf: Beteiligung des Betriebsrats bei Suspendierungen?, in: NZA 1998 S. 1266.

Sobánski, Remigiusz: Geist und Funktion des Kirchenrechts, in: AfkKR 1982 S. 369–394.

Socha, Hubert: Die Gesellschaften des apostolischen Lebens im neuen CIC, in: AfkKR 1983 S. 76–106.

Literaturverzeichnis

Sowka, Hans-Harald: Betriebsverfassungsrechtliche Probleme der Betriebsaufspaltung, in: DB 1988 S. 1318–1322.

ders: Teilzeitarbeit – ausgewählte Rechtsprobleme, in: DB 1994 S. 1873–1879.

Spengler, Erhard: Die Rechtsprechung zum Arbeitsrecht in kirchlichen Angelegenheiten – insbesondere zur Loyalitätspflicht der kirchlichen Mitarbeiter, in: NZA 1987 S. 833–839.

Stahlhacke, Eugen: Arbeitsgerichtsgesetz, in: Handbuch zum Arbeitsrecht (HzA), Gruppe 21, Neuwied.

Stahlhacke, Eugen/Bachmann, Bernward/Bleistein, Franzjosef/Berscheid, Ernst-Dieter: Gemeinschaftskommentar zum Bundesurlaubsgesetz (GK-BUrlG), 5. Auflage, Neuwied/Berlin/Kriftel 1992.

Stahlhacke, Eugen/Preis, Ulrich: Kündigung und Kündigungsschutz im Arbeitsverhältnis, 5. Auflage, München 1991.

Staudinger: Kommentar zum Bürgerlichen Gesetzbuch mit Einführungsgesetz und Nebengesetzen, Zweites Buch, Recht der Schuldverhältnisse §§ 823–832, erläutert von Dr. Karl Schäfer, 12. Auflage, Berlin 1986.

Stege, Dieter/Färber, Peter: Das nordrhein-westfälische Arbeitnehmerweiterbildungsgesetz (AWbG) – Verfassungsrechtliche Bedenken – Rechtliche und praktische Fragen, in: DB Beilage Nr. 2/85 zu Heft 4 v. 25. Januar 1985.

Stege, Dieter/Sowka, Hans-Harald: Das nordrhein-westfälische Arbeitnehmerweiterbildungsgesetz (AWbG) nach der Entscheidung aus Karlsruhe, in: DB 1988 zu Heft 33 v. 19 August 1988.

Steiner Udo: Nichts Neues zum Rechtsweg für Klagen von Geistlichen und Kirchenbeamten aus ihrem Amtsverhältnis, in: NJW 1983 S. 2560.

Strigl Richard A.: Die einzelnen Straftaten, in: Handbuch des katholischen Kirchenrechts S. 941, Herausgeber: Listl/Müller/Schmitz, Regensburg 1983.

ders.: – Straftat und Strafe, in: wie vor, S. 929.

Struck, Gerhard: Entwicklung und Kritik des Arbeitsrechts im kirchlichen Bereich, in: NZA 1991 S. 249–256.

Sykes, SW: Anglikanische Perspektiven zur Mitgliedschaft in der Kirche, in: Das Problem der Kirchengliedschaft heute S. 391, Herausgeber: Peter Meinhold, Darmstadt 1979.

Thiel, Adolf: Berufsgenossenschaft – Ansprechpartner der Mitarbeitervertretung, in: ZMV 1995, S. 106.

ders.: Das Wächteramt der Mitarbeitervertretung nach der Grundordnung, in: ZMV 1994 S. 4–9.

ders.: Die Eine-Person-Mitarbeitervertretung, in: ZMV 1998 S. 9.

ders.: Die Novelle der Rahmenordnung für eine Mitarbeitervertretungsordnung – MAVO – vom 20. November 1995, in: ZMV 1996 S. 3–7.

ders.: Dienst- und Disziplinarordnung für die kirchlichen Beamten in der Diözese Hildesheim, in: ZMV 2002 S. 12.

ders.: Die Zulässigkeit des Rechtsweges nach der MAVO in der Rechtsprechung von Schlichtungsstellen, in: ZMV 1996 S. 64–72.

ders.: Fehlende Entscheidungsgründe der MAVO-Schlichtungsstelle als wesentlicher Verfahrensmangel, in: ZMV 1999 S. 59–62.

ders.: Kosten der Mitarbeitervertretung wegen Inanspruchnahme rechtsanwaltlicher Beratung, in: ZMV 1998 S. 213–217.

ders.: Öffnungsklauseln für Dienstvereinbarungen durch Arbeitsvertragsordnungen – Änderung der MAVO und des Dritten Weges durch die AVR-Caritas, in: ZMV Sonderheft 1998 S. 15.

Literaturverzeichnis

ders.: Veränderungen im Arbeitsschutz für kirchliche Einrichtungen, in: ZMV 1996 S. 173.
ders.: Werkstätten-Mitwirkungsverordnung für Werkstätten für behinderte Menschen, in: ZMV 2001 S. 219–222.
ders.: Zur Rechtsstellung von Mitgliedern der Orden, diakonischen Gemeinschaften und DRK-Schwestern, in: ZMV 2000 S. 162–165.
Thiele, Christoph: Erste Änderung des Kirchenmitgliedschaftsgesetzes der EKD, in: ZevKR 47. Bd. (2002) S. 79.
Thieme, Werner: Praktische Probleme aus der Sicht eines Mitgliedes des Personalrats der Wissenschaftler, in: Personalvertretungsrecht an Wissenschaftlichen Hochschulen – Fortbildungsprogramm für die Wissenschaftsverwaltung, Materialien Nr. 7 S. 143–151, Essen 1982.
Thüsing, Gregor: Das Übergangsmandat und das Restmandat des Betriebsrats nach § 21 a und § 21 b BetrVG, in: DB 2002 S. 738–743.
ders.: Der Dritte Weg – seine Grundlagen und seine Zukunft, in: ZTR 1999 S. 298–302.
ders.: Die Kirchen als Tarifvertragsparteien, in: ZevKR 1996 S. 52–66.
ders.: Die Novellierung der MAVO und des MVG-EKD, in: KuR 2003 S. 23–47 = Nr. 350 S. 143–167.
Thüsing, Gregor/Lambrich, Thomas: Das Fragerecht des Arbeitgebers – aktuelle Probleme zu einem klassischen Thema, in: BB 2002 S. 1146–1153.
von Tiling, Peter: Zur Rechtsstellung der privatrechtlich angestellten Mitarbeiter der Kirche, in: ZevKR 1977 S. 322–345.
Tinnefeld, Marie-Theres/Viethen, Hans-Peter: Das Recht aus am eigenen Bild als besondere Form des allgemeinen Persönlichkeitsrechts, in: NZA 2003 S. 468–473.

Voll, Otto: Handbuch des Bayerischen Staatskirchenrechts (HdbBayStKirchR), München 1985.

de Wall, Heinrich: Neue Entwicklungen im Europäischen Staatskirchenrecht, in: ZevKR 47. Bd. (2002) S. 205.
Weber, Hermann: Geltungsbereich des primären und sekundären Europarechts für die Kirchen, in: ZevKR 47. Bd. (2002) S. 221.
ders.: Anmerkung zu BVerfG NJW 1986, 367, in: NJW 1986 S. 370.
ders.: Staatliche und kirchliche Gerichtsbarkeit, NJW 1989 S. 2217–2227.
Wegener, Roland: Staat und Verbände im Sachbereich Wohlfahrtspflege – Staatskirchenrechtliche Abhandlungen, Band 8, Berlin 1978.
Weiß, Andreas: Die Richtlinien über persönliche Anforderungen an Diakone und Laien im kirchlichen Dienst im Hinblick auf Ehe und Familie vom 18. September 1995, in: Dem Staate, was des Staates – der Kirche, was der Kirche ist, Festschrift für Joseph Listl zum 70. Geburtstag, herausgegeben von Josef Isensee, Wilhelm Rees, Wolfgang Rüfner, Berlin 1999 S. 543–571.
Wendt, Günther: Bemerkungen zur gliedkirchlichen Vereinbarung über das Mitgliedschaftsrecht in der EKD, in: Das Problem der Kirchengemeinschaft heute S. 221, Herausgeber: Peter Meinhold, Darmstadt 1979.
Weng, Rudolf: Der leitende Angestellte nach Änderung des Betriebsverfassungsgesetzes und Einführung von Sprecherausschüssen, in: DB 1989 S. 628–630.
Wertenbruch, Wilhelm/Freitag, Hans-Otto: Das Kirchenamt im Recht der gesetzlichen Unfallversicherung, Staatskirchenrechtliche Abhandlungen, Band 9, Berlin 1979.
Weth, Stephan/Wern, Sigurd: Vom weltlichen zum kirchlichen Betrieb – Probleme des Betriebsübergangs, in: NZA 1998 S. 118–122.

Literaturverzeichnis

Wieland, Joachim: Die verfassungsrechtliche Stellung der Kirche als Arbeitgeber, in: DB 1987 S. 1633.

Wilrich, Thomas: Prüfung, Betrieb und Überwachung von Arbeitsmitteln und Anlagen nach der Betriebssicherheitsverordnung, in: DB 2002 S. 1553–1560.

Zilles, Hans: Loyalität in Stufen – ein Verzicht auf verfassungsrechtlich zulässige Höchstforderungen, in: KuR 1999 S. 103–109 = Nr. 350 S. 47–53

Rahmenordnung für eine Mitarbeitervertretungsordnung – MAVO –

in der Fassung des einstimmigen Beschlusses der Vollversammlung
des Verbandes der Diözesen Deutschlands vom 20. 11. 1995
sowie der Änderungen gemäß Beschluss der Vollversammlung
des Verbandes der Diözesen Deutschlands vom 21. 06. 1999
sowie der Änderungen gemäß Beschluss der Vollversammlung
des Verbandes der Diözesen Deutschlands vom 23. 06. 2003

Präambel

Grundlage und Ausgangspunkt für den kirchlichen Dienst ist die Sendung der Kirche. Diese Sendung umfaßt die Verkündigung des Evangeliums, den Gottesdienst und die sakramentale Verbindung der Menschen mit Jesus Christus sowie den aus dem Glauben erwachsenden Dienst am Nächsten. Daraus ergibt sich als Eigenart des kirchlichen Dienstes seine religiöse Dimension.
Als Maßstab für ihre Tätigkeit ist sie Dienstgebern und Mitarbeiterinnen und Mitarbeitern vorgegeben, die als Dienstgemeinschaft den Auftrag der Einrichtung erfüllen und so an der Sendung der Kirche mitwirken.
Weil die Mitarbeiterinnen und Mitarbeiter den Dienst in der Kirche mitgestalten und mitverantworten und an seiner religiösen Grundlage und Zielsetzung teilhaben, sollen sie auch aktiv an der Gestaltung und Entscheidung über die sie betreffenden Angelegenheiten mitwirken unter Beachtung der Verfasstheit der Kirche, ihres Auftrages und der kirchlichen Dienstverfassung. Dies erfordert von Dienstgebern und Mitarbeiterinnen und Mitarbeitern die Bereitschaft zu gemeinsam getragener Verantwortung und vertrauensvoller Zusammenarbeit.
Deshalb wird aufgrund des Rechtes der katholischen Kirche, ihre Angelegenheiten selbst zu regeln, unter Bezugnahme auf die Grundordnung des kirchlichen Dienstes im Rahmen kirchlicher Arbeitsverhältnisse vom 22. September 1993 die folgende Ordnung für Mitarbeitervertretungen erlassen.

Inhaltsübersicht

		Rz
I.	Die Grundordnung	1
II.	Die Rahmenordnung für eine diözesane MAVO	2–4
III.	Diözesane Mitarbeitervertretungsordnungen	5–7
IV.	Wesen des kirchlichen Dienstes	8–20
	1. Präambel	8
	2. Heilsdienst	9–11
	3. Formen des Heilsdienstes	12–15
	4. Religiöse Dimension	16
	5. Kirchenrechtliche Stellung	17–20
V.	Die Dienstgemeinschaft	21–38
	1. Gesetzliche Definition	21
	2. Das Wesen der Dienstgemeinschaft	22–34
	a. Theologischer Begriff	23–28
	b. Rechtlicher Begriff	29–34
	3. Mitarbeiter und Dienstgeber	35–36
	a. Aufgaben	35
	b. Struktur der Dienstgemeinschaft	36–37
	4. Erwartungen an den Dienstgeber	38
VI.	Mitwirkung der Mitarbeiter an den sie betreffenden Angelegenheiten	39–42
	1. Bereitschaft zur gemeinsamen Verantwortung	40
	2. Vertrauensvolle Zusammenarbeit	41
	3. Beachtung der Verfasstheit der Kirche	42
VII.	Regelungsrecht der Kirche	43–65
	1. Kirchenrecht	45–51
	2. Staatskirchenrecht	52–55
	3. Europäisches Recht	56–59
	4. Die MAVO als Kirchenrecht	60–65

Präambel

I. Die Grundordnung

1 Die Grundordnung des kirchlichen Dienstes im Rahmen kirchlicher Arbeitsverhältnisse vom 22. September 1993 (GrO), ab 1. Januar 1994 in den Bistümern der Bundesrepublik Deutschland (für die Diözese Fulda ab 1. 1. 1995) von den Diözesanbischöfen für ihre jeweilige Diözese als partikulares Kirchengesetz in Kraft gesetzt und in den diözesanen Amtsblättern verkündet (Übersicht bei: *Richardi*, Das kollektive Dienst- und Arbeitsrecht, in.: Hdb. StKR Bd. 2, 2. Aufl.1995 § 67 S. 935), regelt in ihrem Artikel 8 das Mitarbeitervertretungsrecht als kirchliche Betriebsverfassung mit folgendem Wortlaut: »Zur Sicherung ihrer Selbstbestimmung in der Arbeitsorganisation kirchlicher Einrichtungen wählen die Mitarbeiterinnen und Mitarbeiter nach Maßgabe kirchengesetzlicher Regelung Mitarbeitervertretungen, die an Entscheidungen des Dienstgebers beteiligt werden. Das Nähere regelt die jeweils geltende Mitarbeitervertretungsordnung (MAVO). Die Gremien der Mitarbeitervertretungsordnung sind an diese Ordnung gebunden« (Die deutschen Bischöfe, Heft 51, Grundordnung des kirchlichen Dienstes im Rahmen kirchlicher Arbeitsverhältnisse, Herausgeber Sekretariat der Deutschen Bischofskonferenz, Bonn, 22. September 1993; vgl. Amtsblatt des Erzbistums Köln 1993 Nr. 198 S. 222). Mit der Bezugnahme auf die MAVO in der Grundordnung (GrO) wird zum Ausdruck gebracht, dass das **Mitarbeitervertretungsrecht als kirchliche Betriebsverfassung** kirchengesetzlich festgelegt wird und insbesondere nicht dem Beteiligungsrecht nach den KODA-Ordnungen unterliegt, was allerdings eine Mitwirkung der Mitarbeiter im kirchlichen Dienst an der Fortschreibung des Mitarbeitervertretungsrechts nicht ausschließt (*§ 25; Dütz*, Begründung zu Art. 8 GrO, in: Die deutschen Bischöfe, Heft 51 S. 34). Nach dem durch das Grundgesetz der Kirche garantierten Selbstbestimmungsrecht (Art. 140 GG i. V. m. Art. 137 Abs. 3 WRV) bestimmt sie für den ihr zugeordneten Bereich, »ob und in welcher Weise die Arbeitnehmer und ihre Vertretungsorgane in Angelegenheiten des Betriebs, die ihre Interessen berühren, mitwirken und mitbestimmen« (BVerfGE 46, 73, 94). Nach der Erklärung der deutschen Bischöfe zum Kirchlichen Dienst vom 22. September 1993 (Die deutschen Bischöfe, Heft 51 S. 7ff.; vgl. Amtsblatt des Erzbistums Köln 1993 Nr. 197 S. 219) heißt es unter Abschnitt V: »Die Mitbestimmung der Mitarbeiterinnen und Mitarbeiter ist geboten, weil sie den Dienst der Kirche verantwortlich mitgestalten. »Weil die Verwirklichung der Mitbestimmung nicht von der Verfasstheit der Kirche, ihrem Auftrag und der kirchlichen Dienstverfassung getrennt werden kann, wurde hierzu auf Grund des kirchlichen Selbstbestimmungsrechts die Ordnung für Mitarbeitervertretungen erlassen. »Damit füllen die Kirchen den vom Staat zu selbstbestimmter Gestaltung anerkannten Regelungsraum auch zur Wahrung einer Konkordanz mit der staatlichen Arbeitsrechtsordnung aus.« Der kircheneigene Weg im Mitarbeitervertretungsrecht schließt schon im Hinblick auf die kirchliche Soziallehre eine gleichwertige soziale Verantwortung ein.« Gleichwohl weist die Erklärung der Bischöfe darauf hin, dass der kircheneigene Weg Unterschiede zum weltlichen Betriebs- und Personalvertretungsrecht erfordert, die ihren Grund in der Sendung der Kirche haben. Kirchliches Arbeitsrecht in der Bundesrepublik Deutschland ist zum Zwecke seiner Funktionsfähigkeit nicht eine Angelegenheit einzelner kirchlicher Einrichtungen und Verbände, sondern prinzipiell Gestaltungsaufgabe der Kirche insgesamt im Verhältnis zum Staat.

Präambel

II. Die Rahmenordnung für eine diözesane MAVO

Die Rahmenordnung für eine Mitarbeitervertretungsordnung (MAVO) in der Fassung des Beschlusses der Vollversammlung des Verbandes der Diözesen Deutschlands (VDD) vom 23. Juni 2003 ist ein per Beschluss empfohlenes **Muster für eine diözesane MAVO**. Das wird unterstrichen durch die Sternchen-Zeichen mit den diesbezüglichen Anmerkungen zur zulässigen abweichenden Regelung durch den jeweiligen Diözesanbischof. Denn jeder Diözesanbischof ist der örtlich zuständige kirchliche Gesetzgeber (can. 391 § 2 CIC) entsprechend den Gegebenheiten in seiner Diözese, so dass schon deshalb bei der In-Kraft-Setzung einer MAVO Abweichungen vom Muster erfolgen können. Die Novelle ist bereits umgesetzt in diözesanes Recht für das Bistum Magdeburg (Amtliche Mitteilungen des Bistums Magdeburg Nr. 12 vom 1. 12. 2003, Nr. 187 S. 102), für das Bistum Osnabrück (Kirchliches Amtsblatt 2003 Art. 295 S. 329), für das Bistum Erfurt (Amtsblatt 2004, Nr. 17 S. 8) und für das Erzbistum Hamburg (Kirchliches Amtsblatt 2004 Art. 17 S. 19). Die Ordnungen sind zum 1. 1. 2004 in Kraft getreten. Die Rahmen-MAVO hat inzwischen vier Vorläuferinnen. Es handelt sich um die nachstehend genannten Fassungen:
- Mit der Rahmenordnung in der Fassung des Beschlusses der Vollversammlung des VDD vom **3. März 1971** wurde Neuland betreten. Gemäß der Beschlusslage traten mit Wirkung ab 1. Januar 1972 in den Diözesen und Erzdiözesen in den alten Bundesländern der Bundesrepublik Deutschland Mitarbeitervertretungsordnungen als diözesanes Kirchenrecht in Kraft (vgl. Kirchlicher Anzeiger für die Erzdiözese Köln 1971 Nr. 260 S. 277).
- Die **Novelle des Jahres 1977** durch Beschluss der Vollversammlung des VDD. Dazu erging am 24. 1. 1977 ein Beschluss, der für alle Dienststellen des VDD verbindlich war, während den Bistümern empfohlen wurde, in ihrem Bereich die Mitwirkung der Mitarbeiter entsprechend zu regeln. Die Novellierung der Rahmenordnung für eine Mitarbeitervertretungsordnung trat am 1. 3. 1977 in Kraft. Der Text wurde ergänzt um einen § 31 a (abgedruckt in: Mitarbeitervertretungsrecht der katholischen Kirche in den Diözesen der Bundesrepublik Deutschland und in der Diözese Berlin für Berlin (West), in: Arbeitshilfen, Band 17, herausgegeben vom Sekretariat der Deutschen Bischofskonferenz, Bonn 1980); der Novelle folgten diözesane Novellen der MAVO, so z. B. für den Bereich der Erzdiözese Köln vom 26. Juli 1977 (Kirchl. Anzeiger 1977 Nr. 211 S. 233) und für den Bereich anderer Diözesen (vgl. Fundstellenregister arbeitsrechtlich relevanter Regelungen der (Erz-) Bistümer in der Bundesrepublik Deutschland einschl. Berlin (West), Stand 31. 12. 1984);
- Die **Novelle der Rahmenordnung von 1985**, welche die Rahmenordnung vom 24. Januar 1977 abgelöst hat, enthielt Änderungen und Ergänzungen, die auf Erfahrungen aus der Praxis, der Rechtsanwendung der Schlichtungsstellen sowie der Entwicklung der Rechtsprechung der staatlichen Gerichte beruhten.

Völlig neu waren 1985 die Bestimmungen über die Gesamtmitarbeitervertretung, die Sondervertretung für bestimmte Mitarbeitergruppen und die diözesane Arbeitsgemeinschaft der Mitarbeitervertretungen. Dazu kam das erweiterte Recht zur Anrufung der Schlichtungsstelle. Erstmals wurde die Möglichkeit zu Dienstvereinbarungen geregelt.

Präambel

- **Die Novelle von 1995** (abgedruckt in: Arbeitshilfen, Heft 128 vom 20. 11. 1995, Herausgeber Sekretariat der Deutschen Bischofskonferenz, Bonn) war beeinflusst von der Grundordnung (GrO), der Einführung einer Vertretung der Auszubildenden im BetrVG und Personalvertretungsrecht zusammen mit der schon bekannten Vertretung der Jugendlichen und dem Streben nach Vereinfachung des Wahlverfahrens in kleineren Einrichtungen, der Idee zur Verlängerung der Amtszeit der Mitarbeitervertretung von drei auf vier Jahre und demzufolge von einer Verlängerung der Zeit für die Schulung ihrer Mitglieder unter Einführung eines Schulungsanspruchs für die Mitglieder von Wahlausschüssen. Erheblich verändert wurde das Wahlrecht durch die Neufassungen der §§ 7 und 8. Das besondere Kündigungsschutzrecht für Mitarbeitervertreter (§ 19) wurde den Vorschriften in Art. 5 Abs. 3, 4 und 5 GrO angepasst. Neu systematisiert wurden die Vorschriften über die Beteiligungsrechte der MAV gemäß §§ 29 ff. Aus dem Mitarbeiterbegriff ausgeklammert wurden u. a. berufliche und soziale Rehabilitanden (§ 3 Abs. 2 Nr. 6). Die Sonderstellung der Mitarbeiter in pastoralen Diensten wurde stärker durch Einschränkung von Beteiligungsrechten hervorgehoben (vgl. § 34 Abs. 1, § 29 Abs. l Nr. 10, § 36 Abs. 2), die Beteiligung der MAV an der Entscheidung, wer Mitarbeiter in leitender Stellung ist (§ 29 Abs. l Nr. 18 i. V. m. § 3 Abs. 2 S. 2 und 3), wurde mit dem Recht der Anhörung und Mitberatung ausgestattet. Neu war auch die Einführung von Rechten des Vertrauensmanns der Zivildienstleistenden (§ 46 a) und die Anerkennung des Rechts der diözesanen Arbeitsgemeinschaft der Mitarbeitervertretungen zum Zusammenschluss zu einer Bundesarbeitsgemeinschaft der Mitarbeitervertretungen (§ 25 Abs. 5). Infolge der Forderung der Grundordnung zur Einrichtung kirchlicher Arbeitsgerichte auf den Gebieten des Mitarbeitervertretungsrechts (Art. 10 Abs. 2 GrO) wurde die Vorschrift des § 41 zugunsten der Anrufung der Schlichtungsstelle in Fällen von Rechtsstreitigkeiten geändert. Die damals schon erwogene Einführung einer kirchlichen Arbeitsgerichtsbarkeit unter Ablösung der bisher noch bestehenden Schlichtungsstelle (§ 40) bleibt abzuwarten. Bei ihrer Einführung ist mit der Änderung der §§ 40–42 zu rechnen und mit einer entsprechenden Gerichtsordnung einschließlich Gerichtsverfassung. Einigungsstellen sollen dann für Regelungsstreitigkeiten zuständig sein.

3 Die Rahmenordnung von 1995 wurde **1999** zugunsten von Dienstvereinbarungen über Arbeitsentgelte und sonstige Arbeitsbedingungen **ergänzt**. Voraussetzung dazu ist, dass eine Rechtsnorm in der anzuwendenden kirchlichen Arbeitsvertragsordnung eine Öffnungsklausel für die Dienstvereinbarung enthält (§ 38 Abs. 2 n. F.).

4 Im Mittelpunkt der **Novelle von 2003** steht das Anliegen, die Mitverantwortung und die Teilhabe der Mitarbeiterschaft an der Gestaltung der wirtschaftlichen Rahmenbedingungen zu verwirklichen und die Beschäftigungssicherung stärker als eine Aufgabe auch der Mitarbeitervertretung zu etablieren (vgl. §§ 27 a, 30 a). Weitere Aufgabe der Novellierung ist schließlich die Harmonisierung des Mitarbeitervertretungsrechts mit Vorgaben des europäischen Rechts. Mit neuen Regelungen sollen außerdem erreicht werden
  – flexible und mitverantwortete Festlegung der Einrichtung (§§ 1 a, 1 b),
  – verbesserte Stellung der MAV mit Hilfe von Übergangs- und Restmandat wie nach Betriebsverfassungsrecht (§§ 13 d, 13 e),

Präambel

– Recht der Beteiligung von Vertretern der Diözesanen Arbeitsgemeinschaft der Mitarbeitervertretungen oder von Vertretern einer in der Einrichtung vertretenen Koalition bei der Vereinbarung von Arbeitsbedingungen mit dem Instrument der Dienstvereinbarung (§ 38 Abs. 2).

III. Diözesane Mitarbeitervertretungsordnungen

Die in den Diözesen seit der Novelle der Rahmenordnung im Jahre 1995 in der 5 Folgezeit erlassenen Mitarbeitervertretungsordnungen werden gegenwärtig infolge des Beschlusses der Vollversammlung des VDD vom 23. Juni 2003 von den Diözesanbischöfen als Gesetzgeber novelliert. Es handelt sich in alphabetischer Reihenfolge um die (Erz-) Diözesen Aachen, Augsburg, Bamberg, Berlin, Dresden-Meißen, Eichstätt, Erfurt, Essen, Freiburg, Fulda, Görlitz, Hamburg, Hildesheim, Köln, Limburg, Magdeburg (gültig ab 1. 1. 2004, vgl. Rz 2), Mainz, München und Freising, Münster, Osnabrück, Paderborn, Passau, Regensburg, Rottenburg-Stuttgart, Speyer, Trier und Würzburg.
Das Militärbischofsamt am Sitz der Bundesregierung ist die Kurie des Militär- 6 bischofs. Der Militärbischof (*Schlief*, die Organisationsstruktur der kath. Kirche, in: HdbStKR Bd. I, 2. Aufl. 1994 S. 347, 360 f.) steht dem Jurisdiktionsbereich des Katholischen Militärbischofs für die Deutsche Bundeswehr (Militärordinariat) vor (Art. 1 Päpstliche Statuten für den Juristdiktionsbereich des Katholischen Militärbischofs für die Deutsche Bundeswehr, Amtsblatt des Erzbistums Köln 1990 Nr. 56 S. 60 ff.). Mit seiner Ernennung besitzt der Militärbischof alle Rechte und Pflichten, wie sie den Diözesanbischöfen zukommen, sowohl für den äußeren wie für den inneren Bereich der ordentliche, persönliche und eigenberechtigte, von jener der übrigen Bischöfe nicht abhängige Jurisdiktion (Art. 3 Päpstl. Statuten; *Niermann*, Militärseelsorge, Essener Gespräche, Bd. 23 S. 110 ff.). Der Militärbischof hat das Recht, einen Generalvikar zu ernennen, der ihn in allem, was die Seelsorge betrifft, unterstützt und in Sinn entsprechender Anwendung mit allen Vollmachten ausgestattet ist, die das kirchliche Gesetzbuch für den Generalvikar vorsieht (Art. 6 Abs. 3 Päpstl. Statuten). Vorschriften und Richtlinien des Militärbischofs werden im Verordnungsblatt des Militärbischofs veröffentlicht (Art. 9 Päpstl. Statuten). Der Militärbischof ist in seinem Bereich zum Erlass einer MAVO befugt, die für die Dienststellen seines kirchlichen Jurisdiktionsbereiches gilt, also für die Mitarbeiter seiner Kurie (vgl. can. 469–471; Art. 6 Abs. 1 S. 1 Päpstl. Statuten).
Ordnungen für das Schlichtungsverfahren (§ 42 Abs. 1 S. 3) sind durch diöze- 7 sane Schlichtungsverfahrensordnungen vorhanden. Sie sind von den Diözesanbischöfen in ihren diözesanen Amtsblättern veröffentlicht worden. Keine Ordnung für das Schlichtungsverfahren ist die Ordnung für die Zentrale Gutachterstelle (vgl. Amtsblatt für das Bistum Trier 1995 Nr. 188 S. 271). Beim Verband der Diözesen Deutschlands ist eine Zentrale Gutachterstelle zu dessen Kosten eingerichtet, die auf Ersuchen einer diözesanen Schlichtungsstelle aus konkretem Anlass eines Schlichtungsverfahrens eine Rechtsfrage gutachtlich für die anfragende Schlichtungsstelle zu klären hat. Auf die Ausführungen zu § 42 Rz 30 ff. wird hingewiesen. Die Schlichtungsstellen sollen allerdings gemäß Art. 10 Abs. 2 und 2 GrO abgelöst werden durch Einigungsstellen für Regelungsstreitigkeiten und eine zweistufige Arbeitsgerichtsbarkeit für

Präambel

Rechtsstreitigkeiten. Das wird dann auch zur Auflösung der Zentralen Gutachterstelle führen.

IV. Wesen des kirchlichen Dienstes

1. Präambel

8 Die Präambel der MAVO-Rahmenordnung enthält für das Verständnis der gesamten Ordnung eine wichtige Funktion. Sie nimmt die Gedanken der Erklärung der deutschen Bischöfe zum kirchlichen Dienst vom 22. September 1993 (Amtsblatt des Erzbistums Köln 1993 Nr. 197 S. 219) auf, so wie das bereits bei der Präambel der Rahmenordnung von 1985 zur inzwischen abgelösten Erklärung zum kirchlichen Dienst vom 27. Juni 1983 (Amtsblatt des Erzbistums Köln 1983 Nr. 182 S. 1555; Würzburger Diözesanblatt 1993 S. 314) der Fall war. Die Erklärung von 1993 ist in die »Grundordnung des kirchlichen Dienstes im Rahmen kirchlicher Arbeitsverhältnisse« als kirchenrechtliche Verlautbarung umgesetzt worden, nachdem am 22. September 1994 die katholischen (Erz-) Bischöfe in der Bundesrepublik Deutschland den Beschluss gefasst hatten, sie für ihren jeweiligen Jurisdiktionsbereich zu erlassen (Präambel der Grundordnung, in: Die deutschen Bischöfe; Heft 51, Grundordnung des kirchlichen Dienstes im Rahmen kirchlicher Arbeitsverhältnisse, 22. September 1993; vgl. auch Kirchl. Amtsblatt Münster 1993 Art. 194 S. 123).

2. Heilsdienst

9 Der Auftrag der Kirche ist es, der Berufung aller Menschen zur Gemeinschaft mit Gott und untereinander zu dienen (Vaticanum II, LG 1, 5; GS 3, 19, 40, 45). Die spirituellen Wurzeln des kirchlichen Dienstes reichen in das Neue Testament (*Herr*, Arbeitgeber Kirche, S. 13), wie die Erklärung der Bischöfe zum kirchlichen Dienst klarstellt. Der Dienst der Kirche ist Heilsdienst.

10 In der dogmatischen Konstitution über die Kirche des Zweiten Vatikanischen Konzils »Lumen Gentium« (*Rahner/Vorgrimler*, Kleines Konzilskompendium S. 123) wird der Heilsdienst als Sendung verstanden, die das Volk Gottes in seiner Gesamtheit vermöge des allgemeinen Priestertums aller Gläubigen ausübt (Lumen Gentium 10, a. a. O. S. 40; *Rauscher*, Die Eigenart des kirchlichen Dienstes S. 41; can. 204 § 1 CIC).

11 »Kirchliche Einrichtungen dienen dem Sendungsauftrag des kirchlichen Dienstes, so dass auch die arbeitsrechtlichen Beziehungen zwischen den kirchlichen Anstellungsträgern und ihren Beschäftigten dem religiösen Charakter des kirchlichen Auftrags entsprechen müssen. In der Einrichtung selbst muss sichtbar und erfahrbar werden, dass sie sich dem Auftrag Christi verpflichtet und der Gemeinschaft der Kirche verbunden weiß« (Erklärung der deutschen Bischöfe zum kirchlichen Dienst 1993, Abschnitt I).

3. Formen des Heilsdienstes

12 Die drei Grunddienste des Heilsdienstes sind die Verkündigung des Evangeliums, der Gottesdienst sowie die sakramentale Verbindung der Menschen mit Jesus Christus und der Dienst am Nächsten.

Präambel

Die Teilhabe an der königlichen Sendung Christi verwirklicht sich durch den 13
Dienst der Nächstenliebe, der im persönlichen Zeugnis, in den verschiedenen
Formen des freiwilligen Einsatzes, im sozialen Handeln zum Ausdruck
kommt. »Beim Dienst der Nächstenliebe muss uns eine Haltung beseelen
und kennzeichnen: wir müssen uns des anderen als Person annehmen, die
von Gott unserer Verantwortung anvertraut worden ist. Als Jünger Jesu sind
wir berufen, uns zum Nächsten jedes Menschen zu machen« (Enzyklika Evangelium vitae 87). Deshalb erfordert die Mitarbeit im kirchlichen Dienst unter
Berücksichtigung der Gestaltungsformen des kirchlichen Dienstes, dass kirchliche Anstellungsträger und ihre Beschäftigten dem religiösen Charakter des
kirchlichen Auftrags entsprechen müssen. »Alle Beteiligten, Dienstgeber sowie leitende und ausführende Mitarbeiterinnen und Mitarbeiter, müssen bereit sein, an der Verwirklichung eines Stücks Auftrag der Kirche im Geist katholischer Religiosität, im Einklang mit dem Bekenntnis der katholischen
Kirche und in Verbindung mit den Amtsträgern der katholischen Kirche mitzuwirken (Erklärung der Bischöfe zum kirchlichen Dienst, I; Art. 1 Grundordnung). Die Mitarbeit im kirchlichen Dienst erfordert ein Mitdenken und Mithandeln mit der Kirche. Es sind nicht allein Arbeitskraft, Funktion und
Leistung gefragt, sondern wesentlich die Person selbst, die im Dienst der Kirche steht und anerkennt und ihrem Handeln zugrunde legt, dass Zielsetzung
und Tätigkeit, Organisationsstruktur und Leitung der Einrichtung, für die sie
tätig ist, sich an der Glaubens- und Sittenlehre und an der Rechtsordnung der
katholischen Kirche auszurichten hat (Art. 1, S. 2 GrO). Denn alle in einer
Einrichtung der katholischen Kirche Tätigen tragen durch ihre Arbeit ohne
Rücksicht auf die arbeitsvertragliche Stellung gemeinsam dazu bei, dass die
Einrichtung ihren Teil am Sendungsauftrag der Kirche erfüllen kann (Art. 1
S. 1 GrO). Die Glaubwürdigkeit der Kirche, ihrer Einrichtungen und der verschiedenen Dienste hängt davon ab, ob die Mitarbeiter zu solcher Zusammenarbeit bereit sind. Jede kirchliche Einrichtung muss folglich bei der Einstellung von Mitarbeitern darauf achten, dass diese die Eigenart des kirchlichen
Dienstes bejahen (Art. 3 Abs. 1 S. 1 GrO). Jeder Mitarbeiter muss ohne Rücksicht auf seine Konfession seinen Auftrag glaubwürdig erfüllen, indem er mit
den Zielen der Einrichtung, in der er seine Aufgaben gewissenhaft zu erfüllen
hat, übereinstimmt (Art. 3 Abs. 3 GrO; Art. 4 GrO). Jeder hat kirchenfeindliches Verhalten zu unterlassen. Niemand darf in seiner persönlichen Lebensführung und in seinem dienstlichen Verhalten die Glaubwürdigkeit der Kirche
und der Einrichtung, in der er beschäftigt wird, gefährden (Art. 4 Abs. 4 GrO).
»Die Kirche muss deshalb an ihre Mitarbeiterinnen und Mitarbeiter Anforde- 14
rungen stellen, die gewährleisten, dass sie ihren besonderen Auftrag glaubwürdig erfüllen können. Dazu gehören fachliche Tüchtigkeit, gewissenhafte
Erfüllung der übertragenen Aufgaben und eine Zustimmung zu den Zielen
der Einrichtung« (Erklärung III, 1).
Damit die Einrichtung ihre kirchliche Sendung erfüllen kann, muss der kirch- 15
liche Dienstgeber bei der Einstellung darauf achten, dass eine Mitarbeiterin
und ein Mitarbeiter die Eigenart des kirchlichen Dienstes bejahen (Erklärung
III, 2).

Präambel

4. Religiöse Dimension

16 Die Eigenart des kirchlichen Dienstes ist also seine religiöse Dimension (*Rauscher*, Die Eigenart des kirchlichen Dienstes S. 39). Wenn auch in der Kirche eine Verschiedenheit des Dienstes der Geistlichen und der Laien besteht, so ist doch eine Einheit in der Sendung aufgetragen. Alle Dienste, auch im sozialen und erzieherischen Bereich, sind auf das Evangelium und auf die Glaubens- und Sittenlehre der Kirche bezogen. Die Einrichtungen der Kirche sind an die Glaubenssubstanz gebunden (*Rauscher*, Die Eigenart des kirchlichen Dienstes S. 51).

5. Kirchenrechtliche Stellung

17 Nicht zu verwechseln mit der hier angesprochenen Indienstnahme ist die sich für die Laien ergebende kirchenrechtliche Stellung in einzelnen Bereichen. Auf der Grundlage der auch den Laien zuerkannten unmittelbaren Teilhabe an den drei munera Christi lässt sich eine Reihe von Tätigkeiten, die diesen drei munera zuzurechnen sind, aufzählen. Für den Bereich der Verkündigung und Lehre stellt can. 759 grundlegend fest, dass die Laien kraft der Taufe und der Firmung durch ihr Wort und das Beispiel christlichen Lebens grundsätzlich Zeugen des Evangeliums sind und zur Mitarbeit bei der Ausübung des Dienstes am Wort berufen werden können. Dazu gehören vor allem folgende Aufgaben: die Katechese in der Familie (can. 774 § 2), in der Pfarrei (can. 776, 843 § 2, 851, § 2, 1063 n. 1) und in den Missionen (can. 785), der Religionsunterricht in der Schule (can. 804 und 805); die Lehre in theologischen Wissenschaften (can. 766, 767 § 1). Anteil an dem so verstandenen Dienst der Kirche haben die Laien auch nicht nur durch Beteiligung an der Feier der Eucharistie (can. 835 § 4), sondern durch die Übernahme einzelner liturgischer Funktionen, die Laien ausüben dürfen, nämlich zeitlich begrenzter Dienst des Lektors, des Kommentators oder Kantors (can. 230 § 2); im Bedarfsfall sogar der Dienst am Wort, die Leitung liturgischer Gebete, die Spendung der Taufe, Austeilung der eucharistischen Kommunion (can. 230 § 3); die Taufpatenschaft (can. 874) und Firmpatenschaft (can. 893); Assistenz bei der Eucharistiefeier eines blinden oder behinderten Priesters (can. 930 § 2); Aussetzung des Allerheiligsten (can. 943); im Bedarfsfall die Trauung (can. 1112), die Spendung von Sakramentalien (can. 1168).

18 Für die Stellung der Laien im munus regendi schließlich ist das Prinzip des can. 129 maßgebend. Demnach ist zur Übernahme von Leitungsvollmacht in der Kirche das Weihesakrament Voraussetzung (can. 129 § 1); die Laien können aber bei der Ausübung dieser Vollmacht nach Maßgabe des Rechts mitwirken (can. 129 § 2). Dazu gehören also auch dotierte Stellen zur Wahrnehmung von Seelsorgeaufgaben unter Verantwortlichkeit eines Priesters (can. 517 § 2), die Zulassung zu allen Ämtern der bischöflichen Kurie mit Ausnahme der bischöflichen Vertretungsämter des Generalvikars, Bischofsvikars in der Verwaltung (can. 483 § 2) und des Offizials und Vizeoffizials in der diözesanen Gerichtsbarkeit (can. 1421 § 2, 1424, 1429, 1435).

19 Der CIC enthält zwar kein eigenes Dienstrecht für die Laien mit entsprechenden Funktionen. Aber der Katalog der Tätigkeitsmerkmale in kirchlichen Arbeitsvertragsordnungen liefert konkrete Beispiele. Was dort an Tätigkeiten genannt wird (vgl. Anlagen 2, 2 a bis 2 d der AVR; Anlage 1 zur KAVO), ist Feld umfangreicher hauptberuflicher Mitarbeit von Laien, ganz abgesehen

Präambel

von den Mitarbeitern in der Verwaltung (Kölner Diözesan-Synode 1954 Dekret 437 ff.; Anlage 1 zur KAVO) und im Kultbereich (Kölner Diözesan-Synode Dekret 427 ff.; Anlage 1 zur KAVO) für Männer und Frauen nach Maßgabe bischöflicher Regelungskompetenz, wenn man von den ministeria des Lektorats und Akolythats absieht (can. 230 § 1; *Müller, Hubert*, Zur Frage nach der Stellung des Laien im CIC/1983, Ministerium Justitiae S. 203, 207 f.).
Neben die kirchlichen Dienste tritt die Mitwirkung in verfassungsrechtlichen 20 Organen, wobei die Laien an der Leitungsgewalt mitwirken (can. 129 § 2; *Müller, Hubert* a. a. O. S. 209 f.), aber wegen fehlender Weihe und folglich fehlender Amtsstellung mit Leitungsgewalt diese nicht ausüben (can. 129 § 1).

V. Die Dienstgemeinschaft

1. Gesetzliche Definition

Die MAVO bezeichnet alle im Dienst der Kirche Stehenden als Dienst- 21 gemeinschaft, weil sie als Dienstgeber und Mitarbeiter den Auftrag der Einrichtung, in der sie tätig sind, erfüllen und so an der Sendung der Kirche mitwirken. Dazu gehören Kleriker (can. 207 § 1 CIC) in ihrem jeweiligen Weihegrad, Ordensleute – sie sind entweder Kleriker oder Laien (can. 207 § 2; 672 CIC) – und Laien (can. 207 § 1 CIC). In diesem Sinne definiert auch die Erklärung der deutschen Bischöfe zum kirchlichen Dienst die Dienstgemeinschaft (Präambel Ziff. 1, vgl. Amtsblatt des Erzbistums Köln 1993 Nr. 197 S. 219; Kirchliches Amtsblatt für die Diözese Fulda 1994 Nr. 198 S. 102). Dem Ziel der Sendung dienen auch die Einrichtungen, die die Kirche unterhält und anerkennt, um ihren Auftrag in der Gesellschaft wirksam wahrnehmen zu können. Wer in ihnen ehrenamtlich und hauptamtlich tätig ist, wirkt an der Erfüllung dieses Auftrags mit. »Alle, die in den Einrichtungen mitarbeiten, bilden – unbeschadet der Verschiedenheit der Dienste und ihrer rechtlichen Organisation – eine Dienstgemeinschaft.« Die arbeitsrechtliche Stellung ist für die Tätigen in der Einrichtung der katholischen Kirche unter dem Gesichtspunkt Dienstgemeinschaft unerheblich. Erheblich ist die gemeinsame Arbeit in der Einrichtung, in der es nach dem Verständnis der MAVO nicht nur Arbeitnehmer im arbeitsrechtlichen Sinn, sondern auch andere beruflich Beschäftigte gibt (vgl. § 3). Allerdings werden unentgeltlich und ehrenamtlich Tätige im Ergebnis von der MAVO nicht erfasst. Die Grundordnung des kirchlichen Dienstes im Rahmen kirchlicher Arbeitsverhältnisse gilt nur für Arbeitsverhältnisse von Mitarbeiterinnen und Mitarbeitern bei den Dienststellen, Einrichtungen und sonstigen selbständig geführten Stellen (Art. 2 GrO). Sie gilt nicht für Mitarbeiter, die auf Grund eines Klerikerdienstverhältnisses oder ihrer Ordenszugehörigkeit tätig sind (Art. 2 Abs. 3 GrO). Trotz dieser Ausnahmen von den gesetzlichen Geltungsbereichen gilt für alle in einer Einrichtung der Kirche Tätigen die Zugehörigkeit zur Dienstgemeinschaft (Art. 1 S. 1 GrO; Präambel der MAVO). Dabei kommt es insoweit auf die Zugehörigkeit zur katholischen Kirche nicht an (§§ 7 und 8 MAVO; vgl. auch Art. 4 GrO). Zu beachten bleibt aber für die Begründung eines Arbeitsverhältnisses, dass der Mitarbeiter geeignet und befähigt ist, die vorgesehene Aufgabe so zu erfüllen, dass er der Stellung der Einrichtung in der Kirche und der übertragenen Funktion gerecht wird (Art. 3

Präambel

GrO). In diesem Sinne ergibt sich eine nach der Funktion des Mitarbeiters zu beurteilende und vorzunehmende Bewerberauswahl bei der Einstellung, weil z. B. pastorale, katechetische sowie in der Regel erzieherische und leitende Aufgaben nur einer Person übertragen werden können, die der katholischen Kirche angehört (Art. 3 Abs. 2 GrO). Der Begriff der Dienstgemeinschaft bringt zum Ausdruck, dass jeder Mitarbeiter im kirchlichen Dienst dem Auftrag der Kirche verpflichtet ist (*von Campenhausen*, Essener Gespräche Bd. 18 S. 21). Deshalb ist der Kirchenaustritt des katholischen Mitarbeiters aus der katholischen Kirche als Grund zur Beendigung des Beschäftigungsverhältnisses normiert (Art. 5 Abs. 5 S. 1 GrO; BVerfGE 70, 138).

2. Das Wesen der Dienstgemeinschaft

22 Je nach dem Standort des Betrachters wird der Begriff der Dienstgemeinschaft in seinem Wesen unterschiedlich verstanden (*Eder*, Dissertation S. 119 ff.). Aus der Erklärung der Bischöfe zum kirchlichen Dienst vom 27. Juni 1983 ergeben sich theologische, juristische und soziologische Ansätze für das Verständnis des Wesens der Dienstgemeinschaft. Das ergibt sich auch aus der Erklärung der deutschen Bischöfe zum kirchlichen Dienst vom 22. September 1993.

a. Theologischer Begriff

23 Auftrag der Kirche ist es, der Berufung aller Menschen zur Gemeinschaft mit Gott und untereinander zu dienen (Präambel der Erklärung 1993 Ziffer 1 S. 1). Dem Auftrag will die Kirche durch Verkündigung des Evangeliums, die Feier der Eucharistie und der anderen Sakramente sowie durch den Dienst am Mitmenschen gerecht werden (vgl. Anmerkungen zur Präambel der Erklärung, a. a. O.). Gemäß can. 208 CIC werden die Gläubigen innerhalb der katholischen Kirche angesprochen (can. 205 CIC). Innerhalb der Kirche haben alle Gläubigen die Pflicht und das Recht, dazu beizutragen, dass die göttliche Heilsbotschaft immer mehr zu allen Menschen aller Zeiten auf der ganzen Welt gelangt (can. 211 CIC). Deshalb ist es den Gläubigen unbenommen, Vereinigungen für Zwecke der Caritas oder der Frömmigkeit oder zur Förderung der christlichen Berufung in der Welt frei zu gründen, um diese Zwecke gemeinsam zu verfolgen (can. 215 CIC). An der Sendung der Kirche haben die Gläubigen teil und somit das Recht, durch eigene Unternehmungen je nach ihrem Stand und ihrer Stellung eine apostolische Tätigkeit in Gang zu setzen oder zu unterhalten (can. 216 CIC). Damit kann man also die Kirche insgesamt als Dienstgemeinschaft sehen (*Krämer*, Kirchl. Dienstgemeinschaft, in: Stimmen der Zeit 1989, S. 123; Christifideles Laici, 1 ff.; 14; 18 ff.; 55 – Amtsblatt des Erzbistums Köln 1989 Nr. 59 S. 52 ff.), weil alle ihr Zugehörigen am Aufbau des Leibes Christi mitwirken (can. 208 CIC), da sie durch Taufe und Firmung verpflichtet und berechtigt sind, an der kirchlichen Heilsordnung mitzuwirken (can. 204 § 1, 211,759 CIC; Vaticanum II, LG 32; *Kehl*, Die Kirche S. 432).

24 Diese Dienstgemeinschaft ist entsprechend dem Aufbau der Kirche und ihrer Gliederung und den fachlichen Aufgaben in Dienststellen und Einrichtungen organisiert (Vaticanum II, Laienapostolat 2, 10, 12, 13, 15, 18, 19, 26), wie das zum Beispiel an Pfarreien und Verbänden, Schulen und Hochschulen, Krankenhäusern und Heimen, Ordensinstituten und geistlichen Gemeinschaften

Präambel

sichtbar wird. Konkret erfahrbar wird die Kirche als Dienstgemeinschaft in der Dienstgemeinschaft einer bestimmten Einrichtung (*Krämer*, a. a. O. S. 125; *Aymans*, Hdb. kath. KR. S. 251). Dabei muss bei aller Verschiedenheit der Ämter und Dienste, der Personen und Situationen in Gemeinde, Beruf und privatem Leben die Einheit des Glaubens und der Glaubenden im Blickfeld bleiben (*Herr*, a. a. O. S. 36; 41 f.; 47). Bereits unter der Geltung der MAVO 1971 wurde erklärt, dass es im Dienst der Kirche nicht nur um den sachgerechten Einsatz gehe, der aller menschlichen Arbeit eigen ist, sondern um die aus der Überzeugung und der Kraft des Glaubens erwachsende Arbeit in der Erfüllung des Auftrages Christi (*Krautscheid*, in: Essener Gespräche Bd. 10 S. 180; vgl. auch *von Campenhausen*, in: Essener Gespräche Bd. 18 S. 22). »Es ist Aufgabe der Hierarchie, das Apostolat der Laien zu fördern, Grundsätze und geistliche Hilfen zu geben, seine Ausübung auf das kirchliche Gemeinwohl hinzuordnen und darüber zu wachen, dass Lehre und Ordnung gewahrt bleiben« (Vaticanum II, Laienapostolat 24). Bereits der Apostel Paulus verwendet den Begriff der Dienstgemeinschaft im 2. Brief an die Korinther (8.4) mit dem griechischen Ausdruck Κοινωνία τῆς διακονίας, als er von den Gemeinden Mazedoniens berichtet. Bei all ihrer abgrundtiefen Armut gab es Reichtum an Gutherzigkeit. »Denn nach Kräften – ja ich bezeuge es: über die Kräfte, aus freien Stücken – haben sie uns mit viel Ermunterung um die Gnade und die Gemeinschaft des Dienstes für die Heiligen angefleht«. Dienstgemeinschaft ist Aktion mehrerer in Übereinstimmung mit der Kirche zur Ausübung des Heilsdienstes, sei es auf allen Gebieten schlechthin, sei es auf einzelnen Gebieten des Sendungsauftrages der Kirche, nämlich Verkündigung des Evangeliums, Feier der Eucharistie und der anderen Sakramente oder Diakonie als Dienst am Nächsten (Vaticanum II, Laienapostolat 19).
Die Dienstgemeinschaft gewinnt durch die Aufgabe und die in ihr Tätigen Struktur. Keineswegs ist die Struktur schon vorgegeben, sie wird von den Gliedern der Gemeinschaft oder von den der Gemeinschaft Beitretenden anerkannt und gegebenenfalls fortentwickelt. Das bedeutet aber Bejahung und Anerkennung des Sendungsauftrages der Kirche. Dabei geht es um Zeugnisgabe für Christus durch christliches Leben auf Grund der Eingliederung in den Leib Christi durch Taufe, Firmung und die Sendung des Herrn (Vaticanum II, Laienapostolat 3). Mit Erwerbsarbeit hat Dienstgemeinschaft allein nichts zu tun, weil sie wesensnotwendig Personen in sehr unterschiedlichen Funktionen zusammenführen kann, nämlich Kleriker, Ordensleute, haupt- und nebenberufliche, unentgeltlich und ehrenamtlich tätige Laien. Ob sich die Dienstgemeinschaft in Arbeitgeber und Arbeitnehmer zergliedern lässt, ist nicht wesentlich für ihren theologischen Aspekt (a. A. *Herr*, a. a. O. S. 68). In diesem Zusammenhang kann auf die **Apostolische Konstitution »Ex Corde Ecclesiae«** Papst Johannes Pauls II. über die katholischen Universitäten vom 15. August 1990 (Verlautbarungen des Apostolischen Stuhls, Heft 99) hingewiesen werden. In ihr wird die katholische Universität als Gemeinschaft beschrieben, die ihre Ziele auch verfolgt, wenn sie sich darum bemüht, eine wirklich menschliche und vom Geist Christi durchdrungene Gemeinschaft zu bilden. »Die Quelle ihrer Einheit entspringt der gemeinsamen Hingabe an die Wahrheit, der Hochschätzung der menschlichen Würde und letztlich der Person und Botschaft Christi, der dieser Institution die ihr eigene Qualität gibt. Auf Grund dieser Prägung wird die Universitätsgemeinschaft vom Geist der Freiheit und der Liebe durchdrungen und durch gegenseitige Achtung,

Präambel

durch ehrlichen Dialog und durch den Schutz der Rechte eines jeden einzelnen gekennzeichnet. Ihren Mitgliedern verhilft sie zur vollen Entfaltung ihrer Persönlichkeit« (Einleitung Abschnitt 21). »Die christlichen Dozenten sind aufgerufen, Zeugen und Lehrer echt christlichen Lebens zu sein, das die erreichte Verschmelzung von Glaube und Kultur, von entsprechender beruflicher Kompetenz und christlicher Weisheit offenbart. Alle Dozenten sollen durchdrungen sein von den hohen akademischen Zielen und von den Grundsätzen eines echt menschlichen Lebens« (Einleitung Abschnitt 22).

26 Wegen des religiösen Sinns der Dienstgemeinschaft ist die Frage gestellt worden, ob denn die Mitarbeiter überhaupt sich der religiösen Dimension kirchlichen Dienstes bewusst seien oder sein wollten (*Pompey*, Caritas NRW 4/90 S. 289,294 ff.). Denn nur der bewusste Dienst zur Erfüllung des Sendungsauftrages könne dem hohen Anspruch an den Dienst gerecht werden. Werden Mitarbeiter sich des Auftrages nicht bewusst, so sei das Idealbild der Dienstgemeinschaft nicht realistisch (*von Nell-Breuning*, Kirche(n) als Arbeitgeber, Ötv-Magazin 3/1980, S. 333). Mit diesem Problem hatte sich auch die Rechtsprechung zu befassen, als ein dem BetrVG zugeordneter Krankenhausträger im Wege eines Rechtsgeschäfts das Krankenhaus auf einen kirchlichen Träger übertragen hatte und darüber gestritten wurde, ob das BetrVG anwendbar geblieben sei oder kirchliches Mitarbeitervertretungsrecht auf dasselbe Personal Anwendung finde (*BAG*, 9. 2. 1982 – 1 ABR 36/80, EzA § 118 BetrVG 1972 Nr. 33; *LAG Düsseldorf*, 27. 5. 1980 – 19 Ta BV 20/79, EzA § 118 BetrVG 1972 Nr. 24). Es wurde die Frage erörtert, ob der unter der Geltung des BetrVG bestehende Gegensatz zwischen Arbeitgeber und Arbeitnehmerschaft einseitig vom neuen Dienstgeber aufgehoben werden könne. Das Zusammenfinden zu gemeinsamem, von christlicher Grundhaltung getragenem gleichgerichteten Dienst am Kranken setze eine Übereinstimmung zwischen Mitarbeitern und Arbeitgeber im sittlich-religiösen Bereich voraus (*LAG Düsseldorf*, a. a. O.). Hier zeigt sich die Problematik in der Praxis (vgl. dazu *von Nell-Breuning*, Arbeitnehmer im Kirchlichen Dienst, Stimmen der Zeit, Bd. 195, S. 302, 308). Ausdrücklich ist darauf hinzuweisen, dass katholische Krankenhäuser caritative Einrichtungen sind. Da Caritas eine Wesens- und Lebensäußerung der katholischen Kirche ist, sollen diese Krankenhäuser in Ausübung christlicher Nächstenliebe dem kranken Menschen umfassend dienen. Denn kirchliche Krankensorge wurzelt in dem Heilsauftrag Jesu Christi. »In Erfüllung dieser Zielsetzung bilden alle Mitarbeiter im katholischen Krankenhaus eine Dienstgemeinschaft, deren geistige Grundlage das Evangelium ist« (Präambel der Grundordnung für katholische Krankenhäuser in der Erzdiözese Freiburg und der Diözese Rottenburg-Stuttgart, ABl. Freiburg 1989, S. 97; KABl. Rottenburg-Stuttgart 1989 S. 463; Grundordnung für katholische Krankenhäuser in Nordrhein-Westfalen, Amtsblatt des Erzbistums Köln 1996 Nr. 256 S. 321).

27 Sicherlich darf für alle gelten, dass »der Mensch als Abbild Gottes geschaffen durch seine Arbeit am Werk des Schöpfers teilnimmt und es im Rahmen seiner menschlichen Möglichkeiten in gewissem Sinne weiterentwickelt und vollendet, indem er unaufhörlich voranschreitet in der Entdeckung der Schätze und Werte, welche die gesamte Schöpfung in sich birgt« (Enzyklika Laborem exercens, 25, in: Amtsbl. des Erzbistums Köln 1981, Nr. 245 S. 177, 205). »Männer und Frauen, die beim Erwerb des Lebensunterhalts für sich und ihre Familie ihre Tätigkeit so ausüben, dass sie ein sinnvoller Dienst für die Gesellschaft

Präambel

sind, dürfen mit Recht überzeugt sein, dass sie durch ihre Arbeit das Werk des Schöpfers weiter entwickeln, dass sie dem Wohl ihrer Brüder dienen und durch ihr persönliches Bemühen zur geschichtlichen Erfüllung des göttlichen Plans beitragen« (Gaudium et spes, 34, in: *Rahner/Vorgrimler S.* 480 f.).
Das Wesen der kirchlichen Dienstgemeinschaft erschließt sich durch die 28 Rückbesinnung auf das Handeln Christi, der sich bis zur Hingabe des Lebens zum Diener aller gemacht hat. Das Wesen des Dienstes soll ein durchhaltendes Strukturmerkmal des kirchlichen Lebens bleiben. Es geht um die Beteiligung am Tun Christi durch eigenes verantwortliches Handeln (*von Campenhaìlsen*, Die Verantwortung der Kirche und des Staates für die Regelung von Arbeitsverhältnissen im kirchlichen Bereich, in: Essener Gespräche Bd. 18, S. 9, *24; Kehl*, Das neue kirchliche Dienstrecht, Stimmen der Zeit, 4/85 S. 255, 257).

b. Rechtlicher Begriff

Zu prüfen ist, ob es neben dem theologischen Begriff der Dienstgemeinschaft 29 einen rechtlichen gibt (ablehnend: *Fabricius*, GK-BetrVG § 118 Rz 721 ff.), zumal er in der Präambel der MAVO, Art. 1 GrO, in den Präambeln der KODA-Ordnungen, in § 1 Abs. 1 AVR des Deutschen Caritasverbandes, § 1 Abs. 1 Kirchl. Dienstvertragsordnung Berlin (DVO) u. a. verwendet wird (vgl. auch: Präambel MVG-EKD) und durch den Dualismus Dienstgeber und Mitarbeiter gekennzeichnet ist (*Eder*, Tarifpartnerin S. 119).
Die Apostolische Konstitution »Ex Corde Ecclesiae« spricht in Art. 4 der Nor- 30 mae generales von der Universitätsgemeinschaft. Ihr wird aufgetragen, für den Schutz und die Stärkung des katholischen Charakters selbst Verantwortung zu übernehmen. »Daher ist es erforderlich, dass für die Universität geeignete Personen, hauptsächlich Professoren und Verwaltungsbedienstete, gewonnen werden, die bereit und in der Lage sind, diesen Charakter zu fördern.« Sie alle sind zum Zeitpunkt ihrer Ernennung über den katholischen Charakter der Institution und über dessen Folgen in Kenntnis zu setzen, ebenso über ihre Verpflichtung, diesen Charakter zu fördern oder wenigstens zu beachten (Art. 4 § 2 normae generales). Letzteres gilt mit Blick auf die der katholischen Kirche nicht angehörenden Dozenten (Art. 4 §§ 3, 4 normae generales).
Mit der Rechtsprechung des BVerfG ist festzuhalten, dass die bei der Rege- 31 lung ihrer Arbeitsverhältnisse eine **Sonderstellung wegen ihres Sendungsauftrages** hat und daher ihren Mitarbeitern das Leitbild einer kirchlichen Dienstgemeinschaft für die Ausgestaltung der kirchlichen Arbeitsverträge zur Grundlage machen kann (*BVerfG*, 4. 6. 1985 NJW 1986, 367 ff. [B II, 1 e] = BVerfGE 70, 138; vgl. *Emeis*, Was ist ein christliches Krankenhaus? Stimmen der Zeit, Bd. 196, 1978 S. 117–126 [122]). Dadurch ist der Begriff Dienstgemeinschaft zu einem Rechtsbegriff geworden (*Rüthers*, Wie kirchentreu müssen kirchliche Arbeitnehmer sein? NJW 1986, 356 f.). Es geht um die Verbundenheit aller Mitarbeiter mit Blick auf den Bezug zu den kirchlichen Grundpflichten. Diese ergeben sich aus der Kirchenmitgliedschaft allgemein und aus der Zugehörigkeit zum kirchlichen Dienst im Besonderen. Die Aufgabe des Dienstgebers, die einem Stück des Auftrages der Kirche verpflichtet ist, ist bestimmend für den Einsatz von Mitarbeitern für die damit verbundene Dienstleistung. Wer also unter dieser Voraussetzung in den Dienst der Kirche

Präambel

aufgenommen wird, der ist zugleich auf die religiöse Dimension des Dienstes in der Kirche oder in ihren ihr zugerechneten Einrichtungen und Dienststellen verwiesen. Damit wird erwartet, dass jeder Mitarbeiter als Glied der Kirche sich auch mit ihrer Lehre identifiziert, aus der heraus sie den Auftrag zu verwirklichen sucht. Das setzt eine Mitarbeiterschaft voraus, die sich nicht nur den Zielen verbunden weiß, sondern auch ihre persönliche Haltung nach der Lehre der Kirche ausrichtet. Daraus erwächst eine **Gemeinschaft der Glaubenden** in einer Dienststelle. Das führt zur Dienstgemeinschaft.

32 Diese einschränkende Betrachtung der kirchlichen Dienstgemeinschaft ist objektiv jedoch nicht vollständig. Im kirchlichen Dienst der katholischen und der evangelischen Kirche und ihrer Einrichtungen stehen nämlich nicht nur Angehörige der jeweiligen Kirche, sondern eben Christen anderer Kirchen und kirchlichen Gemeinschaften (Getaufte) und häufig auch Nichtchristen (Ungetaufte; *Jurina*, Die Dienstgemeinschaft, ZevKR 1984, 171, 176). Die MAVO geht auf diese Tatsache selbst ein und bezieht daher alle, auch die Nichtgetauften, in die Dienstgemeinschaft mit ein und gewährt ihnen das Wahlrecht. Insofern ist also der Begriff Dienstgemeinschaft praktisch nur gewichtig und für die Ausgestaltung des kirchlichen Dienstes nur tragfähig, wenn diejenigen Mitarbeiter, die nicht Kirchenangehörige sind, eben nicht aus dem Gedanken der Dienstgemeinschaft ausgeklammert werden, um im Kontext rechtlicher und auf praktische Lösungen ausgerichteter Fragestellungen Nachteile zu vermeiden. Die so verstanden praktizierte kirchliche Dienstgemeinschaft begründet eine natürliche Gemeinsamkeit und Gleichheit aller Mitarbeiter im Kirchendienst am Auftrag der Kirche gemessen an den Aufgaben der Einrichtung, gleich welcher Berufsgruppe sie angehören und welchen Dienst sie ausführen (Art. 1 GrO). Es kommt auf die prinzipielle Ausrichtung der Einrichtung auf den kirchlichen Auftrag an; das unterscheidet von profanen Tätigkeitsbereichen (*Jurina*, Dienstgemeinschaft, a. a. O. S. 177). Denn »unbeschadet ihrer Konfession sind alle Mitarbeiter verpflichtet, die katholische Grundrichtung des Krankenhauses in ihrem Aktiven Dienst aktiv mitzutragen« (Grundordnung für katholische Krankenhäuser, Rz 26; Art. 4 Abs. 3 GrO).

33 Wer also unter den Mitarbeitern nicht der Kirche zugerechnet wird, wird zumindest durch besonderen Vertrag, in der Regel durch Arbeitsvertrag, auf die Aufgaben der Dienstgemeinschaft und ihre Ziele verpflichtet (Grundordnung A Nr. 1 a. a. O.; Art. 3 Abs. 5 GrO). Er muss wenigstens in seinem Verhalten den Grundanliegen kirchlichen Dienstes entsprechen, darf sich also auch nicht in Gegensatz dazu stellen (Art. 4 Abs. 4 GrO). Daraus gewinnt die Dienstgemeinschaft einen rechtlichen Bezug zum Einzelarbeitsverhältnis (vgl. *Klein*, Die Caritasdienstgemeinschaft S. 13). Danach ist zu erwarten, dass jedes Mitglied und jeder Mitarbeiter das kirchliche Selbstverständnis der Einrichtung bzw. Dienststelle anerkennt und es sich in seinem dienstlichen Handeln zu eigen macht (BVerfGE 53, 366, 404; *Dütz*, Aktuelle kollektivrechtliche Fragen des kirchlichen Dienstes, in: Essener Gespräche Bd. 18 S. 67, 70; so auch: *Rauscher*, Die Eigenart des kirchlichen Dienstes S. 98).

34 Weil die Dienstgemeinschaft begrifflich keineswegs voraussetzt, dass alle ihr Zugehörigen auf der Grundlage des gleichen Rechtsverhältnisses (z. B. Arbeitsvertrag) zu ihr gehören, ergeben sich unterschiedliche Rechte und Pflichten im Einzelfall. Denn gerade die Pflichten der einzelnen Mitarbeiter aus ihrem jeweiligen Grundverhältnis fügen sich mit den Pflichten der anderen zu

einem Geflecht, durch das die Dienstgemeinschaft arbeitsteilig funktionstüchtig wird und damit den konkreten Auftrag der Einrichtung erst erfüllen kann. Dazu dient im Einzelfall die dienstliche Weisung des Dienstgebers oder des Vorgesetzten, der alle in der Einrichtung Tätigen zu folgen haben, also die – durch Gestellungsvertrag beschäftigten – Ordensleute, Kleriker und Laien. Für den Fall der Nichtbefolgung der Weisung sind je nach Rechtsverhältnis angemessene Sanktionen möglich bis hin zum Ausscheiden aus der Dienstgemeinschaft der Einrichtung (Art. 5 GrO). Innerhalb der Dienstgemeinschaft bestehen wegen des individuellen Rechtsverhältnisses natürliche und rechtliche Interessen des einzelnen Beschäftigten (Mitarbeiters), die durch die jeweilige Rechtsordnung geschützt werden. Die MAVO erweitert die Rechte des einzelnen zu kollektiven Rechten, welche die MAV innerhalb der Dienstgemeinschaft wahrzunehmen hat (vgl. § 26).

3. Mitarbeiter und Dienstgeber

a. Aufgaben

Dieser Dienstgemeinschaft fallen zwei Aufgabenbereiche zu, nämlich der **spezielle Auftrag** der Dienststelle oder Einrichtung und die sich daraus ergebende Mitwirkung an der **Sendung der Kirche.** Dies führt dazu, dass Unterscheidungen der Mitarbeiter nach dem jeweiligen unterschiedlichen rechtlichen Status als Auszubildender, Arbeiter, Angestellter, Beamter, Kleriker, Ordensmitglied insoweit nicht vorgenommen werden. Zur Dienstgemeinschaft zählen auch diejenigen, die für den Dienstgeber handeln. Auf eine spezifische rechtliche Stellung kommt es nicht an (vgl. § 1 Abs. 1 AVR), auch nicht auf die Konfession des Mitarbeiters (*Pahlke*, Der »Dritte Weg« der Kirche im Arbeitsrecht, NJW 1986, 350, 352; *Jurina*, Die Dienstgemeinschaft, S. 176f.), wenn man von leitenden Positionen absieht (vgl. Grundordnung für kath. Krankenhäuser in Nordrhein-Westfalen A Abs. 3 und 5, Amtsblatt des Erzbistums Köln 1996 Nr. 256, S. 321; Art 3 Abs. 2 GrO). 35

b. Struktur der Dienstgemeinschaft

Zur Dienstgemeinschaft zählen Vorgesetzte und Untergebene, die Vertreter des Dienstgebers in leitender Stellung ebenso wie die Auszubildenden oder solche Personen, die gar nicht durch Arbeitsvertrag oder Weihe, z. B. Ordensleute, in Dienst genommen wurden, sondern durch Gestellungsvertrag oder ordensrechtliche Weisung. Dabei kommt es nicht darauf an, ob die Mitwirkungsrechte nach MAVO einheitlich verliehen sind (*Kuper*, Betriebliche und überbetriebliche Mitwirkung im kirchlichen Dienst, RdA 1979, 93, 96); denn die MAVO geht von unterschiedlichen Dienststellungen mit infolgedessen sehr unterschiedlichen Befugnissen der Mitglieder der Dienstgemeinschaft aus (§§ 2, 3, 7, 8, 10, 15, 18, 19, 22, 23 Abs. 1, 39, 43, 46). Nicht zu übersehen sind auch die Vertretungsorgane der ortskirchlichen Rechtsträger (Kirchenvorstand, Kirchenverwaltung, Stiftungsrat), deren Mitglieder weitgehend Ehrenamtsträger sind (vgl. *Busch*, Die Vermögensverwaltung, Hdb. StKR I S. 947, 1006; *Emsbach*, Rechte und Pflichten des Kirchenvorstandes S. 26; *Lederer*, Pfarrgemeinderat und Pfarrverwaltungsrat, Hdb. kath. KR S. 425, 428; Art. 10 KiStiftO). Von der Dienstgemeinschaft nicht wegzudenken sind die unentgeltlich Tätigen (Erklärung der Bischöfe zum kirchlichen Dienst, 36

Präambel

Nr. 10, Rz 1), obwohl sie nicht beruflich oder nebenberuflich tätig sind. Sie wirken entsprechend ihren Fähigkeiten mit.

37 Die MAVO gibt der jeweiligen Dienstgemeinschaft ihre Verfassung. Dabei geht sie von strukturellen Vorgaben aus, die in der jeweiligen Einrichtung oder Dienststelle anzutreffen sind (*Krämer*, Kirchliche Dienstgemeinschaft, Stimmen der Zeit 1989 S. 130).

4. Erwartungen an den Dienstgeber

38 Das Proprium einer kirchlichen Einrichtung wird bestimmt durch ihre satzungsmäßige Unterstellung unter die Bestimmungen zu Inhalt und Zweck ihrer Tätigkeit mit Blick auf identitätsstiftende Kriterien einer Zuordnung zur Sendung der Kirche (*Pree*, Zur Frage des Propriums, Essener Gespräche Bd. 34 S. 47, 56 ff.). Dazu gehören religiöse Grundlage, Motivation und Zweckrichtung des Handelns. Der Träger der Einrichtung muss sich mit der katholischen Kirche, ihrem Sendungsauftrag und ihren Werten – jedenfalls in den Glaubens- und Sittenlehren eindeutig als verpflichtend vorgegebenen Werten – identifizieren wollen. Deshalb ist die Dienstgemeinschaft durch die Organisationszuständigkeit des Dienstgebers mit dessen Organen und bestellten Leitungen von diesem zu formen. Wohlmeinende, aber kritische Stimmen (vgl. *Leisner*, Das kirchliche Krankenhaus im Staatskirchenrecht, in: Essener Gespräche, Bd. 17, S. 9, 25 f.; *Pottmeyer*, Das kirchliche Krankenhaus – Zeugnis kirchlicher Diakonie und ihres Auftrags, in: Essener Gespräche, Bd. 17, S. 62, 70 ff.; und Diskussionsbeiträge ebenda von *Helbig*, S. 85, 888 f.; *Viefhues*, S. 90 f.; *Müller*, S. 93 f.) zeigen die vielschichtigen Probleme auf, die bestehen oder gar entstehen können, insbesondere durch die Rechtsprechung, wenn die Anbindung der Einrichtung an die Kirche nicht auch organisiert und kontrolliert verläuft (BVerfGE 46, 73 = NJW 1978, 581). Für das Gelingen der Dienstgemeinschaft gelten weitgehend **Personalauswahl** und Personalführung (Art. 3 und 4 GrO; *Pompey*, Caritas NRW 4/90 S. 294; *Rauscher*, Eigenart S. 77 ff.). Dazu ist die Mitwirkung der Mitarbeitervertretung dem Wesen der Dienstgemeinschaft angemessen. Es geht um die Gewinnung der loyalen Mitarbeiter für die Dienstgemeinschaft (Art. 3 und 4 GrO; Grundordnungen für katholische Krankenhäuser), um u. a. auch vor der Rechtsprechung im staatlichen Bereich zu bestehen (vgl. § 19 Rz 88).

VI. Mitwirkung der Mitarbeiter an den sie betreffenden Angelegenheiten

39 Schon die Erklärung der Bischöfe zum kirchlichen Dienst von 1983 sagt unter Ziffer 6 (Amtsblatt des Erzbistums Köln 1983 Nr. 182 S. 155) ausdrücklich: »Weil die Mitarbeiter die Erfüllung des kirchlichen Dienstes mitgestalten und mitverantworten und an seiner religiösen Zielbindung teilhaben, sollen sie auch aktiv an der Gestaltung und Entscheidung über die sie betreffenden Angelegenheiten mitwirken. Hierzu wurde für den kirchlichen Dienst die Mitarbeitervertretungsordnung (MAVO) erlassen. Die Mitarbeiter sollen die Möglichkeiten der MAVO nutzen und ihre Anliegen in der rechtlich vorgesehenen Weise zur Geltung bringen. Der Dienstgeber soll denjenigen, die ein Amt in der Mitarbeitervertretung übernehmen, Hilfen zur Wahrnehmung ihrer Aufgaben anbieten. Es ist das gute Recht der Mitarbeiter, über ihre Ver-

treter ihre Sorgen und Interessen vorzubringen. Pflicht des Dienstgebers ist es, die Mitarbeitervertretung hieran nicht zu hindern.« Dieses Anliegen ist in der Präambel ebenfalls formuliert (vgl. Abschnitt V Erklärung zum kirchl. Dienst 1993). Durch die in der MAVO genannten Mitwirkungsrechte wird das Individualarbeitsrecht des einzelnen Mitarbeiters um kollektive Rechte erweitert.

1. Die Bereitschaft zur gemeinsamen Verantwortung

Die Dienstgemeinschaft aus Dienstgeber und seinen leitenden Repräsentanten (Mitglieder der Organe, bestellte Leitung, leitende Mitarbeiter) sowie den Mitarbeitern im Sinne von § 3 MAVO muss sich als tragfähig erweisen durch die Bereitschaft zu gemeinsam getragener Verantwortung für die gemeinsam zu erfüllende Aufgabe. Aus dieser Sicht sind die Gegenstände, die der Mitarbeitervertretung (MAV) und der Gesamtheit der Mitarbeiter zugewiesen sind, zu behandeln. 40

2. Vertrauensvolle Zusammenarbeit

Damit die gemeinsam verantwortete Arbeit gelingt, ist vertrauensvolle Zusammenarbeit der Partner der MAVO erforderlich (vgl. dazu näher § 26 Rz 1 ff.). Dazu muss die Dienstgemeinschaft als solche in ihrer Gliederung nach Funktionen gegenseitige Information üben und Entscheidungen in gutem Einvernehmen erzielen. Die Dienstgemeinschaft schließt unterschiedliche Interessen zwischen Mitarbeitern und Dienstgebern nicht aus. Deshalb ist stets das Ziel der Einigung, gegebenenfalls mit Hilfe der Schlichtungsstelle (§ 41 Abs. 4 MAVO), anzustreben. 41

3. Beachtung der Verfasstheit der Kirche

Alle Seiten des Zusammenwirkens sind gehalten, der besonderen Verfasstheit der Kirche Rechnung zu tragen. Diese wird in ihrer hierarchischen Struktur einerseits (vgl. *Aymans*, Die Träger kirchlicher Dienste, Hdb. kath. KR S. 242) und in den Instituten des gottgeweihten Lebens (vgl. *Müller, Hubert*, Grundlagen der Lebensgemeinschaften der evangelischen Räte, Hdb. kath. KR S. 476, 485; *Henseler*, Münsterischer Kommentar can. 573 Rd. Nr. 1–14) andererseits deutlich (can. 207 CIC). In letzteren gilt die MAVO nicht, weil gemäß § 3 Abs. 3 die besondere Stellung der Ordensleute gegenüber dem Ordensoberen nicht berührt wird. Dies gilt auch für die Geistlichen im Verhältnis zu ihrem Diözesanbischof. Damit wird zugleich deutlich, dass das Mitarbeitervertretungsrecht unterschiedliche Stellungen in Beschäftigungsverhältnissen (vgl. *Richardi*, Arbeitsrecht in der Kirche; § 18 Rz 20 f., S. 274 f.) berücksichtigt. 42

VII. Regelungsrecht der Kirche

Die Kirche nimmt für sich seit jeher das Recht zum Erlass von Gesetzen in Anspruch (Vorrede zum Codex Juris Canonici 1983). Das Rechtsetzungsrecht folgt aus der Tatsache, dass die Kirche als Gemeinschaft von Menschen besteht. Denn sie ist nicht nur Glaubens- und Heils-, sondern auch untrennbar damit verbunden Rechtsgemeinschaft (*Listl*, Die Aussagen des Codex S. 13; Lumen Gentium, Art. 8, 20; Gaudium et Spes, Art. 40). Diese Gemeinschaft 43

Präambel

führt zur Ausbildung von kirchlichen Rechtsvorschriften (*Schwendenwein*, Das neue Kirchenrecht S. 27; *Listl*, Die Rechtsnormen S. 102; *May*, AfkKR 1989, 29; vgl. auch *Harnack*, Entstehung und Entwicklung S. 3, 163 ff.; *Sobánski*, Geist und Funktion des Kirchenrechts, AfkKR 1982, 369, 375 ff.).

44 Damit Gesetze der kirchlichen Lebensordnung der Heilssendung der Kirche in geeigneter Weise entsprechen, werden sie im Laufe der Zeit abgeändert und erneuert, wobei allerdings die »Treue gegenüber dem göttlichen Stifter« zu wahren ist (Apostolische Konstitution Papst Johannes Pauls II. zum CIC vom 25. Januar 1983).

1. Kirchenrecht

45 Das Kirchenrecht verleiht dem **Papst** oberste, volle, unmittelbare universale Vollmacht über die Kirche, die er immer frei ausüben kann (can. 331 CIC). Er ist damit **oberster Gesetzgeber**, der für die ganze Kirche und jeden einzelnen Gläubigen verpflichtende Gesetze erlassen oder, soweit sie nicht göttlichen Rechtes sind, ändern kann. Er besitzt **kraft** seines **Amtes** über alle Teilkirchen (z. B. Diözesen) und deren Verbände einen **Vorrang ordentlicher Gewalt** (can. 333 § 1).

46 Das **Konzil**, das **Kollegium der Bischöfe**, übt ebenfalls Leitungsgewalt aus; dazu zählt auch das **Recht der Gesetzgebung** (can. 337, 339 § 1, 135 § 1). Dasselbe gilt auch für das Partikularkonzil (can. 445 CIC; *Schmitz, Heribert*, Bischofskonferenz und Partikularkonzil S. 178, 187).

47 Gesetzgeber ihrer Teilkirchen sind die **Diözesanbischöfe** (can. 368, 369, 376, 391; dazu: *Schmitz*, Gesetzgebungsbefugnis und -kompetenz des Diözesanbischofs, AfkKR 1983 S. 62) und auch der **Militärbischof** (Rz 6), in der Sedisvakanz der Diözesanadministrator (can. 427 § 1; *Aymans*, Oberhirtliche Gewalt, AfkKR 1988, 3, 28, 31): Es ist **Praxis**, dass die Diözesanbischöfe einer Region oder eines Bundeslandes der Bundesrepublik Deutschland (z. B. Bayern, Nordrhein-Westfalen, Baden-Württemberg, Region Nord-Ost) in gemeinsamen Entschließungen übereinkommen, in ihren jeweiligen Diözesen durch koordiniertes Handeln (*Krämer*, Theologisch-rechtliche Begründung der Bischofskonferenz, ZevKR 1987, 402, 408) gleich lautende diözesane Ordnungen oder Gesetze zu erlassen, um auf diese Weise die Einheitlichkeit des Rechts und der Rechtspraxis zu wahren oder herzustellen (vgl. bei: *Fahr/Weber/Binder*, Ordnung für kirchliche Stiftungen, Satzungen und Wahlordnungen für die gemeindlichen und gemeinschaftlichen kirchlichen Steuerverbände in den bayerischen (Erz-) Diözesen; KODA-Ordnung der Diözesen in Nordrhein-Westfalen, Amtsblatt des Erzbistums Köln 1997 Nr. 224 S. 194; Grundordnung für katholische Krankenhäuser in NordrheinWestfalen, Amtsblatt Köln 1996 Nr. 256 S. 321; Grundordnung für katholische Krankenhäuser in der Erzdiözese Freiburg und der Diözese Rottenburg-Stuttgart, Kirchliches Amtsblatt für die Diözese Rottenburg-Stuttgart 1989 S. 463). Dieses Vorgehen empfiehlt sich auf den Gebieten des Kirchensteuerrechts, des Vermögensverwaltungsrechts, des Datenschutzes (Amtsblatt Köln 1995 Nrn. 284–294 S. 297–315; 2003 Nr. 263 S. 249, Nr. 264 S. 257) und des kirchlichen Arbeitsvertragsregelungsrechts, aber auch auf anderen Gebieten, z. B. der Seelsorge, mit gleichen Regelungsbedürfnissen (*Heinemann*, Die Bischofskonferenz, AfkKR 1989, 91, 118 f.). Davon zeugen bisweilen so genannte Rahmenordnungen, wenn diese in diözesanes Recht umgesetzt werden sollen.

Präambel

Dem Diözesanbischof sind gleichgestellt die Leiter von Gebietsprälaturen **48**
und Gebietsabteien (can. 370); Apostolische Vikariate, Apostolische Präfekturen sowie dauernd errichtete Apostolische Administraturen sind wie die Diözesen Teilkirchen (can. 368, 371). Äbte hingegen und andere Verbandsoberhirten sind auf ihren Aufgabenbereich für eine Abtei bzw. ihre Orden und Klöster verbandsrechtlich beschränkt (can. 134 § 1, 2. Halbsatz; can. 620, 734 CIC; *Aymans*, Oberhirtliche Gewalt, AfkKR 1988, 3, 33 ff.). Sie haben keine Gesetzgebungsgewalt hinsichtlich der ihnen ordensrechtlich nicht zurechenbaren Glieder der Kirche, sind also z. B. zum Erlass einer MAVO nicht befugt, falls nicht arbeitsvertragliche Inbezugnahme der MAVO für die Mitarbeiter einer Ordensgemeinschaft erfolgt. Dasselbe gilt auch für die Personalprälaten. Denn aus can. 134 § 1 ist nicht zu folgern, dass solche Verbandsoberhirten Träger von Gesetzgebungsgewalt sind (*Aymans*, a. a. O. S. 34 f.). In den Verbänden haben die Kapitel Satzungsrecht hervorzubringen, nicht aber Gesetze im strengen Sinne (*Henseler*, Münst. Kom. I zu can. 596 Rz 3; vgl. auch can. 631 § 1).
In einer Reihe von Materien kommt den **Bischofskonferenzen** (can. 447 ff. **49**
CIC) der Erlass von verbindlichen Dekreten zu, wenn die Kompetenz ausdrücklich durch das allgemeine Recht oder durch Einzelzuweisung von Seiten des Apostolischen Stuhls ihnen zuerkannt ist (Apostol. Schreiben Papst Johannes Pauls II. vom 21. 5. 1998, AAS 90 (1998) S. 641–658 = AfkathKR 1998, 158; *Listl*, Plenarkonzil und Bischofskonferenz, Hdb. Kath. KR S. 396 f., 407 ff.; *Müller, Hubert*, Zum Verhältnis zwischen Bischofskonferenz und Diözesanbischof, S. 236, 248; Art. 8 Abs. 1 Statut der Deutschen Bischofskonferenz, Kirchl. Amtsbl. Mainz 1999 S. 67). Allerdings bedürfen die Dekrete einer Bischofskonferenz zur Erlangung der Rechtsverbindlichkeit der Gutheißung des Papstes (can. 455 CIC; *Aymans*, Wesensverständnis und Zuständigkeit der Bischofskonferenz, AfkKR 1983 S. 46 ff.; *Krämer*, Theologisch-rechtliche Begründung der Bischofskonferenz, ZevKR 1987, 402, 407 f.; *ders.*, Das Verhältnis der Bischofskonferenz zum Apostolischen Stuhl, S. 256, 259).»In den Fällen, in denen weder das allgemeine Recht noch eine besondere Anordnung des Apostolischen Stuhls der Bischofskonferenz die Gesetzgebungsbefugnis einräumt, bleibt die Zuständigkeit des einzelnen Diözesanbischofs ungeschmälert erhalten, und weder die Konferenz noch ihr Vorsitzender kann im Namen aller Bischöfe handeln, wenn nicht alle Bischöfe einzeln ihre Zustimmung gegeben haben« (can. 455 § 4 CIC; *Krämer*, Bischofskonferenz und Apostolischer Stuhl, AfkKR 1987, 127, 130, 138). Und in Angelegenheiten, in denen Beschlüsse der Bischofskonferenz keine Rechtsverbindlichkeit beanspruchen können, gelten Beschlüsse als Empfehlungen der Konferenz zur Förderung eines gemeinsamen oder gleichmäßigen Vorgehens der einzelnen im eigenen Namen handelnden Diözesanbischöfe (*Leisching*, Die Bischofskonferenz, S. 158, 175), ohne dass für den einzelnen Bischof eine rechtsverbindliche Verpflichtung entsteht (Art. 14 Statut der Deutschen Bischofskonferenz, in: Kirchl. Amtsbl. Mainz 1999 S. 67; *Müller, Hubert*, a. a. O., S. 253). Keine Gesetzgebungskompetenz haben von der Kirche errichtete oder ihr zuzuordnende Verbände oder Vereine ohne Rücksicht auf ihre Rechtsform im Sinne kirchlichen oder staatlichen Rechts.
Die Vollversammlung des Verbandes der Diözesen Deutschlands (VDD) hat **50**
als Organ der Körperschaft des staatlichen öffentlichen Rechts keine Gesetzgebungsgewalt (§ 1). Der VDD erlangte den Status einer Körperschaft des öf-

Präambel

fentlichen Rechts ohne staatliche Mitwirkung automatisch gemäß Art. 140 GG i. V. m. Art. 137 Abs. 5 S. 3 WRV (*Kräßig*, Der Verband der Diözesen Deutschlands, S. 189 ff.), während der Bundesminister des Innern die Gründung und die Rechtsstellung des VDD im Bundesanzeiger vom 14.11.1968 unter der Überschrift »Wiedergabe des Wortlauts der Feststellung des Bayerischen Staatsministeriums für Kultus und Unterricht« bekannt gemacht hat. Am allgemeinen Rechtsverkehr nimmt der VDD ausschließlich in den Formen des Privatrechts teil, macht aber von den Rechten der Ernennung kirchlicher Beamter (Art. 137 Abs. 5 WRV) Gebrauch (*Kräßig*, a. a. O. S. 192). Die Vollversammlung des VDD kann Empfehlungen zum Erlass von Gesetzen in den Diözesen aussprechen. Das ist in der Vollversammlung am 23. 6. 2003 durch die Verabschiedung der Rahmenordnung für eine Mitarbeitervertretungsordnung geschehen. Diese Rahmenordnung ist also kein Gesetz, sondern eine Musterordnung und Empfehlung an die Gesetzgebungskompetenz der Diözesanbischöfe für ihre jeweilige Diözese. Deshalb ist es rechtlich möglich, dass der einzelne Diözesanbischof mit Blick auf seine Teilkirche die Rahmenordnung modifiziert übernimmt (vgl. Rz 5 in der Vorauflage).

51 Die Gestaltung eines Mitarbeitervertretungsrechts ist eine grundlegende Forderung der Enzyklika Mater et Magistra Nr. 91 (AAS 53 – 1961 – 401 ff.). Sie gehört folglich auch zur Hirtenaufgabe des Bischofs. Denn das Dekret Christus Dominus des Zweiten Vatikanischen Konzils lässt gemäß Art. 16 die Gestaltung eines Mitarbeitervertretungsrechts als Hirtenaufgabe des Bischofs zu. Dort heißt es: »Damit sie (die Bischöfe) für das Wohl der Gläubigen, deren jeweiliger Lage entsprechend, besser sorgen können, seien sie bemüht, deren Bedürfnisse in Anbetracht der sozialen Verhältnisse, in denen sie leben, gebührend kennen zu lernen. Dazu mögen sie geeignete Mittel, besonders das der soziologischen Untersuchung anwenden. Um alle sollen sie sich besorgt zeigen, gleich welchen Alters, welchen Standes, welcher Nationalität sie sind... Bei der Wahrnehmung dieser Hirtensorge mögen sie ihren Gläubigen in Angelegenheiten der Kirche den ihnen gebührenden Anteil belassen und deren Pflicht und Recht anerkennen, aktiv am Aufbau des mystischen Leibes Christi mitzuwirken« (*Rahner/Vorgrimler*, Kleines Konzilskompendium S. 266 f.). Die kirchenrechtliche Legitimation des Diözesanbischofs für den Erlass einer MAVO steht damit fest (*Richardi*, Arbeitsrecht § 17 Rz 16). Die MAVO ist als diözesanes Recht partikulares Kirchenrecht. Zum Geltungsbereich siehe § 1 Rz 1 ff.

2. Staatskirchenrecht

52 Nach dem Staatskirchenrecht ordnen und verwalten die Religionsgesellschaften (Religionsgemeinschaften) ihre Angelegenheiten selbständig innerhalb der Schranken des für alle geltenden Gesetzes. Sie verleihen ihre Ämter ohne Mitwirkung des Staates oder der bürgerlichen Gemeinde (Art. 140 GG i. V. m. Art. 137 Abs. 3 WRV). Infolge dieses Selbstbestimmungsrechts (dazu: Hesse, Das Selbstbestimmungsrecht der Kirchen und Religionsgemeinschaften, Hdb. St. KR Bd. I, 2. Aufl. § 17 S. 521 ff.) der Kirche ist sie befugt Kirchengesetze zu erlassen (*Listl/Hollerbach*, Das Verhältnis von Kirche und Staat in der Bundesrepublik Deutschland, Hdb. kath. KR S. 1268, 1289). Dabei entscheidet sie selbst, ob sie ein Gesetz erlassen will, wie sie es ausgestaltet und was es regelt (*Hanau*, Zum Verhältnis von Kirche und Arbeitsrecht, ZevKR 1980,

61, 67; *Voll*, Hdb. BayStKirchR S. 263). Das gilt auch für eine Mitarbeitervertretungsordnung (BVerfG, 25. 3. 1980 – 2 BvR 208/76, B VerfGE 53, 366 = NJW 1980, 1895, 1897; BVerfG, 11. 10. 1977 – 2 BvR 209/76, BVerfGE 46, 73 = NJW 1978, 581, 583 = ZevKR 1978, 414 ff.; *Listl*, a. a. O. m. w. N.; *Richardi*, Arbeitsrecht § 17 Rz 1; *ders.* Das, NZA, Beilage 1/1986 S. 3, 10; *ders.*, Kirchenautonomie, ZevKR 1978, 367, 382, 406). Folglich nehmen § 118 Abs. 2 BetrVG und § 112 BPersVG die Kirchen und ihre karitativen und erzieherischen Einrichtungen ohne Rücksicht auf ihre Rechtsform ausdrücklich aus mit der Möglichkeit der selbständigen kollektiven Ordnung ihres materiell eigenständigen, von staatlichen Vorgaben freien, kirchlich gesetzten Personal- bzw. Mitarbeitervertretungsrechtes (vgl. auch § 120 LPVG NW; § 92 Bay PVG), dessen Inhalt die Kirche selbst bestimmt (*Christoph*, Rechtsnatur und Geltungsbereich, ZevKR 1987, 52 m. N.). Dieser verfassungsbezogenen Rechtslage (vgl. bei *Keßler*, S. 94, Fußn. 365; S. 95 f. mit Hinweis auf unterschiedliche Ansichten) entspricht auch die Bereichsausnahme der Religionsgemeinschaften und ihrer karitativen und erzieherischen Einrichtungen unbeschadet ihrer Rechtsform aus dem Sprecherausschussgesetz (§ 1 Abs. 3 Nr. 2 SprAuG), das als solches keine Geltung für Körperschaften des öffentlichen Rechts hat (§ 1 Abs. 3 Nr. 1 SprAuG).

Der durch die staatliche Rechtsordnung eingeräumte Freiraum ist von der Kirche nämlich nach ihrer freien Entscheidung gestaltungsfähig. Es gibt also keinen vom Staat vorgegebenen Standard, auch nicht unter dem Gesichtspunkt der Sozialstaatlichkeit, weil die Kirche sogar in der Entscheidung zur Schaffung einer MAVO völlig frei ist. Denn das Sozialstaatsprinzip enthält keinen konkreten und verbindlichen Auftrag zur Einführung einer Mitbestimmung in kirchlichen Einrichtungen (*Richardi*, Arbeitsrecht in der Kirche § 16 Rz 35 f.; § 17 Rz 9 f.; *ders.* Kirchenautonomie, ZevKR 1978, 367, 406, 409). 53

Das *Bundesverfassungsgericht* (BVerfGE 46, 73, 95) hat anerkannt, dass die vorgenannten gesetzlichen Bestimmungen (§ 118 Abs. 2 BetrVG und § 112 BPersVG) durch das in **Art. 140 GG i. V. m. Art. 137 Abs. 3 WRV** gewährleistete **Selbstbestimmungsrecht der Kirchen** in ihren eigenen Angelegenheiten verfassungsrechtlich geboten sind (dazu *Jurina*, Kirchenfreiheit S. 797, 812 ff.). Diese verfassungsrechtliche Erkenntnis bindet gemäß § 31 Abs. 1 BVerfGG die Verfassungsorgane des Bundes, der Länder sowie alle Gerichte und Behörden (*Richardi*, Arbeitsrecht § 16 Rz 31; a. A. *Fabricius*, GK-BetrVG § 118 BetrVG R7 127 bis 740) wenn Arbeitsverträge abgeschlossen werden. Das Betriebsverfassungsgesetz gilt gemäß § 130 BetrVG nicht für Verwaltungen und Betriebe des Bundes, der Länder, der Gemeinden und sonstiger Körperschaften, Anstalten und Stiftungen des öffentlichen Rechts, also auch nicht für Religionsgemeinschaften, die Körperschaften des öffentlichen Rechts sind (*BAG*, 30. 7. 1987 – 6 ABR 78/85, NJW 1987, 933). Dazu gehört die verfasste Kirche. § 118 Abs. 2 erstreckt sich folglich auf alle privatrechtlich organisierten Religionsgemeinschaften und die privatrechtlich organisierten Einrichtungen mit erzieherischer und karitativer Tätigkeit der Religionsgemeinschaften und nimmt sie aus dem Geltungsbereich des BetrVG heraus (*Richardi*, a. a. O. § 16 Rz 37 ff.; *Fabricius*, GK-BetrVG § 118 BetrVG Rz 759). Das gilt auch für die Orden und Klöster, die selbständige Institutionen der Kirche sind (can. 573 § 2 CIC; *Hess/Schlochauer/Worzalla/Glock*, BetrVG § 118 Rz 69). § 112 BPersVG klammert die verfasste Kirche samt ihren erzieherischen und karitativen Einrichtungen ohne Rücksicht auf ihre Rechtsform aus 54

Präambel

dem Geltungsbereich des staatlichen Personalvertretungsrechts aus. Im LPersVG Bremen aus dem Jahre 1974 ist die Bereichsausnahme für die Religionsgemeinschaften ersatzlos gestrichen worden. Unter Berufung auf Art. 140 GG i. V. m. Art. 137 Abs. 3 WRV widersprechen *Fischer/Göres* (BPersVG, § 112 Anm. 21) und *Richardi* (BPersVG, 2. Aufl., § 112 Anm. 30) der Ansicht, dass Personalräte in kirchlichen Dienststellen gebildet werden können (a. A. *Grossmann/Mönch/Rohr*, Brem PersVG, § 1 Anm. 111 ff.). Dieser ablehnenden Meinung ist aufgrund der vorstehend erwähnten verfassungsrechtlichen Gegebenheit (Rz 52–54) zu folgen.

55 Die staatliche Ordnung (§ 112 BPersVG) geht jedoch von der Erwartung aus, dass die Kirchen die selbständige Ordnung eines Personalvertretungsrechts als ihnen zugewiesene Gestaltungsmöglichkeit erkennen und annehmen (*Richardi*, Kirchenautonomie, ZevKR 1978, 408). Es geht also nicht um die Schaffung eines rechtsfreien Raumes, sondern um die Bildung von Recht im kirchlichen Bereich im Sinne einer Konkordanz zwischen staatlicher und kirchlicher Ordnung (BVerfGE 42, 312, 340). Dabei wird keineswegs verlangt, dass in allen Bereichen des Gemeinwesens das gleiche Mitwirkungsmodell gilt, weil die Kirchen für ihren Bereich eine Mitwirkungsordnung geben können, die ihrem Selbstverständnis und Bekenntnis entspricht (*Richardi*, a. a. O. S. 409; Arbeitsrecht in der Kirche § 2 Rz 36 ff., § 17 Rz 9 f.; *von Campenhausen*, Essener Gespräche, Bd. 18 S. 31).

3. Europäisches Recht

56 Der Europäische Verfassungsentwurf enthält in Art. 51 einen Kirchenartikel mit folgendem Wortlaut:
»(1) Die Union achtet den Status, den Kirchen und religiöse Vereinigungen oder Gemeinschaften in den Mitgliedstaaten nach deren Rechtsvorschriften genießen, und beeinträchtigt ihn nicht.
(2) Die Union achtet den Status von weltanschaulichen Gemeinschaften in gleicher Weise.
(3) Die Union pflegt in Anerkennung der Identität und des besonderen Beitrages dieser Kirchen und Gemeinschaften einen offenen, transparenten und regelmäßigen Dialog mit ihnen.«

57 Mit den Absätzen 1 und 2 würde bei Übernahme des Entwurfs durch die Regierungskonferenz das europäische Verfassungsrecht eine Kompetenzausübungsgrenze enthalten, die sicherstellt, dass sich der rechtliche Status der Kirchen nach dem Recht der Mitgliedstaaten der EU bestimmt und weder direkt noch indirekt von europäischen Gesetzgebungsakten beeinträchtigt werden darf. Der unterschiedlichen Rechtslage des Verhältnisses von Staat und Kirchen in den einzelnen Mitgliedstaaten wird Rechnung getragen.

58 Der Wortlaut des Art. 51 Abs. 1 und 2 des Verfassungsentwurfs ist identisch mit dem Wortlaut der in der Schlussakte zum Amsterdamer Vertrag vom 2. 10. 1997 enthaltenen und von der Konferenz angenommenen Protokollerklärung Nr. 11: Erklärung zum Status der Kirchen und weltanschaulichen Gemeinschaften. Die Erklärung ist nicht Bestandteil des Amsterdamer Vertrages, aber Auslegungshilfe als Übereinkunft i. S. von Art. 31 Abs. 2 Buchstabe a Wiener Vertragskonvention. Die Kirchenerklärung stellt in Bezug auf Art. 6 Abs. 3 EUV klar, dass die nationalen Regelungen über Kirchen, Religions- und Weltanschauungsgemeinschaften Teil der nationalen Identität der Mit-

Präambel

gliedstaaten sind mit der Folge, dass die staatskirchenrechtlichen Eigenheiten der Nationalstaaten zu beachten sind. Bei der Auslegung des Primärrechts und des Sekundärrechts ist sie zu beachten. In Hinsicht auf Art. 13 EGV dient sie als Auslegungshinweis zugunsten kirchlicher Selbstbestimmung nach Maßgabe der Besonderheiten des nationalen Staatskirchenrechts. Die Erklärung schützt – unter ihrer Gesamtbewertung – den Bestand der in den Mitgliedstaaten der EU existierenden institutionellen Rechtsbeziehungen zwischen Staat und Kirche; sie begrenzt Eingriffe in den Bestand des nationalen Institutionenrechts und wirkt dadurch einer Vergemeinschaftung des Staatskirchenrechts entgegen, sie hat für das nationale Staatskirchenrecht Struktur sichernde Wirkung (*Grzeszick*, ZevKR 48. Bd. (2003) S. 284, 298 f.).

Mit Art. 51 würde beispielsweise geregelt, dass die wesentlichen Strukturelemente des deutschen Staatskirchenrechts von der Europäischen Union (EU) geachtet werden. Genau so bedeutsam ist aber auch die Wertegebundenheit der EU durch die Inkorporation der Charta der Grundrechte der EU in das Vertragswerk der Verfassung der EU und der damit gegebene Bezug auf das religiöse Erbe in der EU. Denn gemäß Art. 22 der am 7. 12. 2000 in Nizza proklamierten Charta der Grundrechte achtet die Union die Vielfalt der Kulturen, Religionen und Sprachen und stützt sich damit auf Art. 6 EU-Vertrag und Art. 151 Abs. 1 und 4 EG-Vertrag. Dieser Artikel 22 der Charta der Grundrechte lehnt sich ebenfalls an die Erklärung Nr. 11 zur Schlussakte des Vertrages von Amsterdam zum Status der Kirchen und weltanschaulichen Gemeinschaften an. **59**

4. Die MAVO als Kirchenrecht

Die Mitarbeitervertretungsordnung ist dem innerkirchlichen Bereich zuzurechnen. Denn sie ordnet die Mitwirkung der im kirchlichen Dienst Stehenden an Entscheidungen im Organisationsbereich des kirchlichen Dienstgebers und regelt infolgedessen die Voraussetzungen und die Bildung von Mitarbeitervertretungen sowie die Mitgliedschaft in ihnen, die Arbeitsweise im innerkirchlichen Bereich und die Rechtskontrolle durch eine besondere Schlichtungsstelle, deren Zusammensetzung und Arbeitsweise ebenfalls innerkirchlich geregelt ist (*Christoph*, Rechtsnatur und Geltungsbereich, ZevKR 1987, 47, 56 ff., § 1 Rz 56). Die MAVO wirkt auch in den staatlichen Bereich hinein, soweit arbeitsrechtliche Bestimmungen des staatlichen Rechtskreises in Bezug genommen werden. Der gemäß § 19 geregelte Kündigungsschutz zeigt, dass innerkirchliche Ordnung Vorrang vor dem Kündigungsschutz der MAVO haben soll. Die Regelung des besonderen Kündigungsschutzes gemäß § 19 hat eine unmittelbare Rechtswirkung im staatlichen Bereich. Die Vorschrift wirkt normativ auf das Arbeitsverhältnis ein; auch wenn sie arbeitsvertraglich nicht in Bezug genommen ist, hat sie Geltung. Spricht der Dienstgeber eine ordentliche Kündigung gegenüber einem durch § 19 geschützten Mitarbeiter (z. B. Mitglied der MAV) aus, obwohl keiner der in § 19 genannten Kündigungsgründe vorliegt, so kann der Betroffene Kündigungsschutzklage erheben (§ 13 Abs. 3 KSchG). Vor der Kündigung muss die MAV gehört worden sein, weil sonst die Kündigung unwirksam ist (§§ 30 Abs. 5; 31 Abs. 3; *Richardi*, Münch. HdbArbR Bd. 2, § 189 Rz 28 S. 1200; LAG Köln, 28. 10. 1992 – 7 Sa 692/92, KirchE 30,384 = LAGE § 611 BGB Kirchl. Arbeitnehmer Nr. 7). **60**

Präambel

61 Es gibt Stimmen, welche die These vertreten, dass das Mitarbeitervertretungsrecht wegen der mit ihm gewährten Mitbestimmungs- und Mitwirkungsrechte nicht in den geistig-religiös geprägten Bereich passe (so *Bietmann*, Betriebliche Mitbestimmung im kirchlichen Dienst S. 69). Das Mitarbeitervertretungsrecht sei mit dem Individualarbeitsrecht eng verknüpft und rage deshalb in den staatlichen Rechtskreis hinein. Deshalb wird gefolgert, dass die MAVO autonomes Recht auf der Grundlage von Art. 140 GG i. V. m. Art. 137 Abs. 5 WRV sei (*Bietmann*, a. a. O. S. 72f.), dass also die Rechtsqualität des vom Diözesanbischof gesetzten Mitarbeitervertretungsrechts im Bereich der korporierten Kirche autonomes kirchliches Recht im staatlichen Rechtskreis sei (*Biermann*, a. a. O. S. 74). Infolgedessen wird die Reichweite der Rechtssetzungsbefugnis des Diözesanbischofs auf den Bereich eingeengt, der nach staatlichem Recht einer Körperschaft des öffentlichen Rechts zuerkannt ist. Negiert wird also z. B. die Rechtsetzungsbefugnis für den privatrechtlich verfassten Bereich der Caritasverbände (*Bietmann*, a. a. O. S. 75f.). Denn die von einer Körperschaft des öffentlichen Rechts erlassene Satzung ist eine Rechtsvorschrift, die von einer dem Staate untergeordneten juristischen Person des öffentlichen Rechts im Rahmen der ihr gesetzlich verliehenen Autonomie mit Wirksamkeit für die ihr angehörigen und unterworfenen Personen erlassen wird (BVerwGE 10, 20 [49 f] = NJW 1959, 1531).

62 Damit wird allerdings zunächst deutlich, dass der vom staatlichen Recht geschaffene Freiraum vom Betriebsverfassungs- und Personalvertretungsrecht die eine und der innerkirchliche Bereich, für den die Kirchen ein eigenständiges Mitarbeitervertretungsrecht erlassen, die andere Seite ist. Deshalb muss kirchlicherseits darauf geachtet werden, dass der vom Staat den Kirchen überlassene Freiraum auch vollständig von allen betroffenen kirchlichen Einrichtungen ohne Rücksicht auf ihre Rechtsform (§ 1) ausgefüllt wird, also nicht nur im verfassten Bereich der Kirche, sondern auch in den karitativen und den anderen Tätigkeitsbereichen der – auch privatrechtlichen – Verbände der Kirche (vgl. § 1 Rz 1 ff., 12 ff., 20 ff., 27 ff.; *Richardi*, Kirchenautonomie, ZevKR 1978, 408). Denn es kann nicht befriedigen, wenn der Staat in gerichtlichen Entscheidungen entsprechend der Rechtslage die Zurechnung der Einrichtung zur Kirche und damit die Nichtanwendbarkeit des staatlichen Personalvertretungs- und Betriebsverfassungsrechts feststellt, kirchlicherseits aber entsprechendes kirchliches Recht nicht gelten soll (*Christoph*, Rechtsnatur und Geltungsbereich, ZevKR 1987, 47, 60; § 1 Rz 5 ff.).

63 Aus alledem folgt, dass allein die diözesane MAVO gelten muss, die der für eine bestimmte Diözese zuständige Bischof als partikulares Kirchenrecht erlassen hat. Soll für überdiözesane Einrichtungen gleiches Recht gelten, so bedarf es entsprechender Übereinkünfte der jeweils territorial zuständigen Gesetzgeber zur Regelung für die überdiözesanen Einrichtungen und zur gleichmäßigen Rechtslage in den jeweiligen diözesanen Territorien (vgl. § 1 Abs. 3 S. 1). Zeugnisse für solche Übereinkünfte sind die aus der Regional-KODA, z. B. in Nordrhein-Westfalen, mit fünf Diözesen, in der Region Nord-Ost mit sechs und in Bayern mit sieben Diözesen hervorgehenden Beschlüsse zur Arbeitsvertragsregelung. Sie enthalten für alle beteiligten Diözesen gleich lautende Beschlüsse, die der jeweilige Diözesanbischof in Kraft setzt. Grundlage ist die für die jeweils betroffenen Diözesen etwa gleich lautende Ordnung für die Regional-KODA (vgl. Amtsblatt des Erzbistums Köln 1997 Nr. 224

Präambel

S. 194, Amtsblatt des Erzbischöflichen Ordinariats Berlin 1997 Nr. 26 S. 13; Würburger Diözesanblatt 1999 S. 64).

Eine allein in Ausübung staatlich verliehener Autonomierechte gesetzte **64** MAVO schafft in dem Bereich, der dem mit Verfassungsrang ausgestatteten Selbstbestimmungsrecht der Kirche zugewiesen ist, eine aus dem staatlichen Recht abgeleitete, aber nicht dem Selbstbestimmungsrecht einer und derselben Kirche und ihren Einrichtungen entsprechende Rechtsordnung, die nicht Kirchenrecht ist. Doch die Rahmenordnung und mit ihr die nach diesem Entwurf zu erlassenden diözesanen Mitarbeitervertretungsordnungen (Rz 5) gehen in § 1 ganz selbstverständlich davon aus, dass der zuständige Gesetzgeber der Kirche für den Erlass der MAVO auf der Grundlage des Kirchenrechts und damit über alle in § 1 genannten Rechtsträger öffentlichen und privaten staatlichen Rechts, wenn sie der Kirche zuzurechnen sind, gesetzgebungskompetent ist (§ 1 Rz 27 ff.; *Richardi*, Münch Hdb. ArbR Band 2 § 189 Rz 11 S. 1196).

Setzen kirchliche Verbände auf der Grundlage der ihnen staatlich verliehenen **65** Autonomierechte Satzungsrecht, das arbeitsrechtliche Wirkung haben soll, so ist die Rechtsverbindlichkeit nur im Wege einzelarbeitsvertraglicher Inbezugnahme zu erreichen. Denn Arbeitsrecht können Verbände nicht schaffen, wenn sie es nicht arbeitsvertraglich vereinbaren. Das zeigt sich z. B. im Anwendungsbereich der AVR (*Jurina*, Dienst- und Arbeitsrecht, Essener Gespräche Bd. 10 S. 80). Auf die Inkraftsetzung durch den Bischof wird abgestellt, wenn die AVR den Rang eines Kirchengesetzes haben sollen (§ 38 Rz 15). Dies folgt aus den Richtlinien für die Inkraftsetzung der Beschlüsse der Arbeitsrechtlichen Kommission des Deutschen Caritasverbandes durch die Diözesanbischöfe (Amtsbl. München u. Freising 1997 S. 26).

§ 1

I. Allgemeine Vorschriften

§ 1 Geltungsbereich

(1) Diese Mitarbeitervertretungsordnung gilt für die Dienststellen, Einrichtungen und sonstigen selbständig geführten Stellen – nachfolgend als Einrichtung(en) bezeichnet –
1. der Diözese,
2. der Kirchengemeinden und Kirchenstiftungen,
3. der Verbände der Kirchengemeinden,
4. der Diözesancaritasverbände und deren Gliederungen, soweit sie öffentliche juristische Personen des kanonischen Rechts sind,
5. der sonstigen öffentlichen juristischen Personen des kanonischen Rechts.

(2) Diese Mitarbeitervertretungsordnung ist auch anzuwenden im Bereich der sonstigen kirchlichen Rechtsträger und ihrer Einrichtungen sowie des Verbandes der Diözesen Deutschlands, des Deutschen Caritasverbandes und der anderen mehrdiözesanen[1] und überdiözesanen[2] Rechtsträger, unbeschadet ihrer Rechtsform. Die vorgenannten Rechtsträger und ihre Einrichtungen sind gehalten, die Mitarbeitervertretungsordnung für ihren Bereich rechtsverbindlich zu übernehmen.

(3) In den Fällen des Abs. 2 ist in allen Einrichtungen eines mehrdiözesanen oder überdiözesanen Rechtsträgers die Mitarbeitervertretungsordnung der Diözese anzuwenden, in der sich der Sitz der Hauptniederlassung (Hauptsitz) befindet. Abweichend von Satz 1 kann auf Antrag eines mehrdiözesan oder überdiözesan tätigen Rechtsträgers der Diözesanbischof des Hauptsitzes im Einvernehmen mit den anderen Diözesanbischöfen, in deren Diözese der Rechtsträger tätig ist, bestimmen, dass in den Einrichtungen des Rechtsträgers die Mitarbeitervertretungsordnung der Diözese angewandt wird, in der die jeweilige Einrichtung ihren Sitz hat, oder eine Mitarbeitervertretungsordnung eigens für den Rechtsträger erlassen.

Inhaltsübersicht

	Rz
I. Geltung der MAVO	1–11
1. Sachlicher Geltungsbereich	2–6
2. Räumlicher Geltungsbereich	7–11
II. Persönlicher Geltungsbereich der MAVO	12–56
1. Die Dienstgeber des Bereichs der verfassten Kirche	12–15
2. Dienststellen des Bistums	16–17
3. Dienststellen der Kirchengemeinden, Kirchenstiftungen und Gemeindeverbände, § 1 Abs. 1 Nrn. 2 und 3	18–19
4. Einrichtungen des Diözesancaritasverbandes und seiner Gliederungen	20
5. Einrichtungen der sonstigen öffentlichen juristischen Personen des kanonischen Rechts	21–28
a. Vorbemerkung	21
b. Institute des geweihten Lebens (can. 573 ff. CIC)	22–28
aa. Autonomie	25
bb. Apostolatstätigkeit	26–28

---

1 das sind solche, die in mehreren, nicht jedoch in allen Diözesen im Gebiet der Deutschen Bischofskonferenz Einrichtungen unterhalten
2 das sind solche, die im gesamten Konferenzgebiet Einrichtungen unterhalten

6. Anwendung der MAVO auf die sonstigen kirchlichen Rechtsträger		29
a. Der Verband der Diözesen Deutschlands		30
b. Der Deutsche Caritasverband		31–34
c. Personalprälaturen		35–36
d. Juristische Personen des staatlichen Rechts		37–41
aa. Autonomie und Bezug zur Kirche		37–39
bb. Die GmbH		40–41
e. Kirchliche Vereine		42–57
aa. Vereinsfreiheit und Versammlungsfreiheit in der Kirche		42–43
bb. Die Vereinstypen des kanonischen Rechts nach dem CIC 1983		44–49
aaa. Privater Verein ohne Rechtspersönlichkeit		46
bbb. Privater Verein mit Rechtspersönlichkeit		47
ccc. Öffentlicher Verein		48–49
cc. Kirchliche Altvereine		50
dd. Verhältnis zur kirchlichen Autorität		51–52
ee. Verhältnis zur MAVO		53–57
f. Stiftungen		58–62
g. Natürliche Personen		63
III. Dienststellen, Einrichtungen und Betriebe im Verhältnis zum staatlichen Recht		64–80
1. Sozial-caritative und erzieherische Einrichtungen		65–66
2. Der Wissenschaft dienende Einrichtungen		67–68
3. Kirchliche Wirtschaftsbetriebe		69–76
a. Kirchliche Unternehmungen		70–72
b. Klösterliche Eigenbetriebe		73–76
4. Verfassungslage		77–80
IV. Ökumenische Trägerschaften?		81–82
V. Streitigkeiten		83–85
1. Arbeitsgerichtliches Beschlussverfahren		83
2. Verwaltungsgerichtliches Beschlussverfahren		84
3. Schlichtungsverfahren		85

I. Geltung der MAVO

Die Vorschrift des § 1 regelt den Geltungsbereich der MAVO. Zu unterscheiden ist zwischen dem sachlichen (auch gegenständlichen), räumlichen und persönlichen Geltungsbereich der Ordnung. **1**

1. Sachlicher Geltungsbereich

Gemäß Abs. 1 ist eine Dienststelle, Einrichtung oder sonstige selbständig geführte Stelle im Bereich der katholischen Kirche die maßgebliche organisatorische Einheit, in der eine Mitarbeitervertretung (MAV) zu bilden ist (§ 1 a), wenn die Mitarbeiterzahl ausreichend groß ist (§ 6). Bei den genannten Stellen handelt es sich um Sammelbegriffe, die durch Abs. 1 die Sammelbezeichnung »Einrichtung« erhalten. Eine Einrichtung steht unter einer einheitlichen Leitung und Verwaltung und ist abgrenzbar zu einer anderen Einrichtung, die ebenfalls unter einer Leitung, womöglich desselben Dienstgebers (§ 2) steht, sich aber organisatorisch gegenüber der anderen z. B. durch die räumliche Entfernung oder die Andersartigkeit ihres Aufgabenfeldes abgrenzen lässt. **2**
Dienststellen im Sinne der MAVO sind Kirchenbehörden, wie Generalvikariate, Ordinariate, Verwaltungsstellen und Betriebe, wie Friedhöfe, Nachrichtenagenturen; die Offizialate; Katholische Büros. **3**
Einrichtungen sind z. B. Krankenhäuser, Heime, Kindertageseinrichtungen, Pflegestationen, Bibliotheken, Museen, Bildungshäuser, Beratungsstellen, Schulen, Fachhochschulen, Hochschulen, Forschungsstätten. **Sonstige selbständig geführte Stellen** sind z. B. Priesterseminare, Hilfswerke, Zentralstel- **4**

§ 1

len, Kirchliche Zusatzversorgungskasse. Eine Definition der Begriffe Dienststelle, Einrichtung, sonstige selbstständig geführte Stelle gibt es in der MAVO nicht. Dafür aber kann der Rechtsträger regeln, was als Einrichtung gilt (§ 1 a Abs. 2). Dabei ist von solchen Einheiten auszugehen, die selbständig gegenüber anderen Einheiten organisatorisch abgegrenzt sind. Bisweilen regeln Gesetze, was als eine Einrichtung (Betrieb) gilt (vgl. § 31 Krankenhausgesetz NW). Je nach Organisation gehören zu einer Einrichtung im Sinne der MAVO die Pfarrei, der Gemeindeverband, das Generalvikariat, die Gesamtheit aller Schulen in der Trägerschaft eines und desselben Rechtsträgers, Werkstätten, Einrichtungen von Klöstern, Anstalten, Dienststellen von Domkirchen, Vereinen, Verbänden, Gesellschaften mit beschränkter Haftung. Zwei oder mehr Kindergärten können als eine Einrichtung im Sinne der MAVO angesehen werden, wenn sie unter der einheitlichen Verwaltung und Leitung des Kirchenvorstandes derselben Kirchengemeinde oder der Verwaltung der Kirchenstiftung oder eines Kirchengemeindeverbandes stehen.

5 Wird ein Teil der Mitarbeiterschaft aus der Organisation der Dienststelle ausgegliedert (vgl. § 23), so zählt er nicht mehr zur bisherigen Stelle. Werden selbständige Stellen anderen angegliedert, so werden sie Teil der aufnehmenden Stelle. Das führt in der Regel zum Wegfall der bisherigen Organisationseinheit in ihrer Identität, so dass eine neue Einheit entsteht. Dann ist für die neue Einheit auch eine neue MAV zu bilden (§ 10; § 13 d).

6 Wird entgegen dem Gebot zur Bildung einer MAV diese nicht eingerichtet, so findet aus Rechtsgründen weder Betriebsverfassungsrecht noch Personalvertretungsrecht Anwendung (§ 118 Abs. 2 BetrVG, § 112 BPersVG).

2. Räumlicher Geltungsbereich

7 Die MAVO gilt als diözesanes (partikulares) Kirchengesetz im gesamten Gebiet der Diözese des Bischofs, der die MAVO erlassen und in seinem Amtsblatt verkündet hat. Damit erfasst der räumliche Geltungsbereich der MAVO Dienststellen, Einrichtungen und sonstige selbständig geführte Stellen im Diözesangebiet. Die diözesane MAVO ist als Gesetz des Diözesanbischofs ein territorial geltendes Gesetz (can. 13 § 1 CIC). Denn dem Bischof steht nur innerhalb seiner Diözese Gesetzgebungsgewalt zu (can. 391 § 1 CIC, dazu: *Listi*, Hdb. kath. KR S. 83, 89). Das Gesetz wendet sich ganz ausdrücklich an mehrdiözesane Rechtsträger, die nämlich in mehreren, nicht aber in allen Diözesen im Gebiet der Deutschen Bischofskonferenz Einrichtungen unterhalten (Abs. 2 S. 1). Das Gesetz wendet sich auch an so genannte überdiözesane Rechtsträger, die im gesamten Konferenzgebiet Einrichtungen unterhalten. Das sind außer Ordensgemeinschaften inzwischen die im caritativen Bereich tätigen Gesellschaften mit beschränkter Haftung (GmbH), die über das Bundesgebiet mehrdiözesan oder überdiözesan verstreut Einrichtungen betreiben. Aktivitäten dieser Art können auch der Deutsche Caritasverband und seine Gliederungen entfalten. Geregelt wird in Abs. 3 S. 1, dass in allen **Einrichtungen eines mehrdiözesanen oder überdiözesanen Rechtsträgers die** MAVO der Diözese anzuwenden ist, in der sich der Sitz der Hauptniederlassung (Hauptsitz) befindet. Diese Bezeichnungen sind interpretationsfähig. Sprachlich wird nicht verlangt, dass es um den Sitz geht, der möglicherweise im Vereinsregister eingetragen ist, sondern es geht um den Sitz, an dem die zentrale Verwaltung des Rechtsträgers domiziliert. Die Bezeichnung Haupt-

§ 1

niederlassung kann sich ebenso wie das Wort Hauptsitz auf einen Orden beziehen, der in einer Stadt sein Mutterhaus oder Provinzialat hat, von wo aus die anderen Niederlassungen betreut werden.
Die **Orden** werden von der MAVO aber nur dann erreicht, wenn sie die Voraussetzung der Beschäftigung von Arbeitnehmern in ihren Einrichtungen erfüllen, also solche Personen im Sinne der Grundordnung des kirchlichen Dienstes im Rahmen kirchlicher Arbeitsverhältnisse beschäftigen, die nicht Mitglieder der Ordensgemeinschaft sind. Die MAVO regelt nicht den Ordensbereich, sondern gibt den vom Orden betriebenen Einrichtungen eine Betriebsverfassung, die zwar den Orden und dessen Organisation betrifft, wenn er zur Erfüllung seines Auftrages erzieherische oder caritative Einrichtungen betreibt (*Richardi*, Das kollektive kirchl. Dienst- und Arbeitsrecht, Hdb. StKR II. Bd. 2. Aufl.1995, S. 954), wie das bei Schulen, Krankenhäusern oder Tageseinrichtungen für Kinder der Fall ist (vgl. can. 678, 681 § 1, 806 C1C). 8

Die Bischöfe haben als diözesane Gesetzgeber einen Weg genommen, der vom reinen Territorialprinzip für den räumlichen Geltungsbereich der MAVO abweicht. Es wird durch **§ 1 Abs. 3 S. 1** zugelassen, dass auf dem Gebiet der Diözese das andere MAVO-Diözesanrecht gilt, wenn der Hauptsitz des mehr- oder überdiözesanen Rechtsträgers im Geltungsbereich einer anderen MAVO, also außerhalb des konkreten Diözesangebiets liegt. Die im konkreten Diözesangebiet liegende Einrichtung ist dann von der Geltung der diözesanen MAVO exemt, wenn sie die für den Träger geltende MAVO anwendet. Der Träger hat als Dienstgeber den Vorteil, sich nur mit einer Rechtsordnung in allen seinen Einrichtungen zu befassen. Er wird die Nachteile in Kauf nehmen müssen, die mit den Zuständigkeiten von Schlichtungsstellen, Gesamtmitarbeitervertretungen, Mitgliedschaften in diözesanen Arbeitsgemeinschaften wegen weiter Wege der jeweils beteiligten Mitarbeitervertretungen eine Rolle spielen. 9

Abweichend vom Prinzip der Geltung der MAVO des Ortes des Hauptsitzes kann gemäß **§ 1 Abs. 3 S. 2** auf Antrag des Rechtsträgers der Diözesanbischof des Hauptsitzes des Trägers im Einvernehmen mit den anderen Diözesanbischöfen, in deren Diözese der Rechtsträger tätig ist, bestimmen, dass in den Einrichtungen des Rechtsträgers die MAVO der jeweiligen Diözesen angewendet wird, in der die jeweilige Einrichtung ihren Sitz hat. Mehrdiözesane caritative Träger haben bereits Antrag zugunsten der Geltung der MAVO der Diözese gestellt, in deren Gebiet ihre jeweiligen Einrichtungen belegen sind. Daraus folgt, dass die diözesane MAVO die größere Akzeptanz findet (Territorialprinzip). Die Nähe zur Schlichtungsstelle, die Verbundenheit mit der diözesanen Arbeitsgemeinschaft, die Rechtseinheit in der Diözese wiegen höher als die Anwendung nur einer einzigen auf den Hauptsitz des Rechtsträgers bezogenen MAVO. In diesem Zusammenhang ist auf die **Grundordnung für die katholischen Krankenhäuser in Nordrhein-Westfalen** (Amtsblatt des Erzbistums Köln 1996, Nr. 256 S. 321) aller fünf Diözesanbischöfe im Lande Nordrhein-Westfalen (Aachen, Essen, Köln, Münster und Paderborn) hinzuweisen. Dort heißt es unter B IV: »Die vom Ortsbischof erlassene Mitarbeitervertretungsordnung, die Arbeitsvertragsrichtlinien des Deutschen Caritasverbandes und die vom Ortsbischof vorgeschriebenen Musterverträge finden Anwendung.« Es folgen weitere mitarbeitervertretungsrechtliche Bestimmungen über die Art und Weise der Zusammenarbeit zwischen Krankenhausbetriebsleitung und MAV als Ergänzung zur diözesanen MAVO. Die hier ge- 10

§ 1

nannte Grundordnung für katholische Krankenhäuser stellt also für die Krankenhäuser das Territorialitätsprinzip zur Geltung der MAVO des für die Einrichtung gesetzgeberisch zuständigen Diözesanbischofs her. Damit bedarf es innerhalb des Landes Nordrhein-Westfalen keiner Anträge im Sinne des § 1 Abs. 3 S. 2 MAVO, weil die beteiligten Diözesanbischöfe bereits gesetzlich entschieden haben, welche MAVO in den Krankenhäusern und in komplementären Einrichtungen und Diensten des Krankenhauses sowie für gesundheits- und sozialpflegerische Zentren zu gelten hat. Andererseits kann im begründeten Einzelfall von der Grundordnung für katholische Krankenhäuser mit Zustimmung des Ortsbischofs abgewichen werden (Schlussbestimmung der Grundordnung kath. Krankenhäuser).

Die jeweilige MAVO ist von den Diözesanbischöfen im Gebiet der Deutschen Bischofskonferenz beschlossen worden und daher in der Bundesrepublik Deutschland allgemeines und wegen der Rechtsquelle diözesanes Kirchenrecht.

11 Liegt die **Einrichtung im Ausland** oder in einem Gebiet, in dem die MAVO nicht erlassen worden ist, gilt die MAVO nicht, auch wenn sie sonst für den Rechtsträger verbindlich ist. Der Rechtsträger kann im anderen Territorium gegebenenfalls über sein Hausrecht verfügen (evtl. Satzungsrecht) im Falle eines rechtsfreien Raumes über arbeitsvertragliche Inbezugnahme seine MAVO oder die für ihn in seiner sonstigen Belegenheit geltende Rechtsordnung wirksam werden lassen. Das ist allerdings nur möglich, wenn es mit der Rechtslage in dem anderen Territorium (Diözese, Staat) verträglich ist.

II. Persönlicher Geltungsbereich der MAVO

1. Die Dienstgeber des Bereichs der verfassten Kirche

12 Gemäß **§ 1 Abs. 1** werden in den **Nummern 1 bis 5** folgende Gesetzesadressaten bestimmt
– die Diözese,
– die Kirchengemeinden und Kirchenstiftungen,
– die Verbände der Kirchengemeinden,
– die Diözesancaritasverbände und deren Gliederungen, die öffentliche juristische Personen des kanonischen Rechts sind,
– die sonstigen öffentlichen juristischen Personen.

13 Die Rechtsträger werden gemäß § 2 als Dienstgeber bezeichnet. Sie sind juristische Personen des kirchlichen und staatlichen Rechts, um im staatlichen Rechtsverkehr handeln zu können. Wer Mitarbeiter ist, regelt § 3. Mitarbeiter fallen ebenfalls unter den persönlichen Geltungsbereich der MAVO.

14 Es ist eine Frage des Einzelfalls, ob ein Diözesancaritasverband oder eine seiner Gliederungen öffentliche juristische Person des kanonischen Rechts ist. Das kommt in der einschränkenden Formulierung zu § 1 Abs. 1 Nr. 4 zum Ausdruck. Zu prüfen ist, ob entsprechende Dekrete der zuständigen Autorität, also des Diözesanbischofs ergangen sind, wodurch mit der Errichtung des Verbandes zugleich auch die Rechtsform der öffentlichen juristischen Person erworben wurde. Die daneben bestehende Rechtsform nach staatlichem Recht, etwa die des eingetragenen Vereins, hat mit Rücksicht auf die Bestimmung des Abs. 1 keine Bedeutung. Zu den sonstigen öffentlichen juristischen Personen gehören die Ordensgemeinschaften, weil sie mit ihrer Errichtung im Bereich

§ 1

des kanonischen Rechts automatisch Rechtspersönlichkeit haben und dies im Rang einer öffentlichen juristischen Person gemäß can. 116 § 1 CIC (*Listl*, Ordensgemeinschaften, Hdb. St. KR I. Bd. 2. Aufl., S. 841, 843; *Aymans-Mörsdorf* KanR II S. 597 ff.; *Henseler*, Münsterischer Kommentar zum CIC can. 634 Rz 2; *Primetshofer*, Die Religionsverbände, Hdb. kath. KR S. 604, 607). Eine nach staatlichem Recht ausgeprägte Rechtsform derselben ist durchaus zulässig, um im staatlichen Bereich Rechtsfähigkeit und Vermögensfähigkeit zu erlangen. Wesentlich ist die Autonomie und die kirchliche Einbindung.
In § 1 Abs. 1 Nr. 1 bis 3 werden die Strukturen eines Diözesangebietes berück- 15 sichtigt, wie sie als Gliederung der Teilkirche durch das allgemeine Kirchenrecht vorgegeben sind (can. 368 ff., 515 ff. CIC) und durch partikulares Kirchenrecht ausgebaut werden können. Dazu gehört u. a. auch die Schaffung von Kirchengemeindeverbänden (§§ 21 ff. KVVG Fulda, Amtsblatt 1987 S. 93) und Pfarreien. **In § 1 Abs. 1 Nr. 4 und 5** werden die sonstigen in der Diözese existierenden Konsoziationen mit Rücksicht auf ihre kirchenrechtlich geregelte Rechtsform in den Geltungsbereich der MAVO einbezogen.

2. Dienststellen des Bistums

Die Einrichtungen und Dienststellen des Bistums unterstehen dem Gesetz- 16 geber als Leiter der Diözese. Im Wege der Organisation bestimmt er oder sein Generalvikar oder eine andere von ihm bestellte Autorität die Durchführung des Gesetzes (can. 391 § 2 CIC; vgl. § 2 Rz 10 ff.).
Von der Vorschrift des **§ 1 Abs. 1 Nr. 1** werden alle Dienststellen und Einrich- 17 tungen des Bistums erfasst. Hierbei geht es um die Verwaltungsstellen der Diözese, die bischöflichen Anstalten, Bildungshäuser, Akademien, Schulen, Konvikte und gegebenenfalls Krankenhäuser in der Trägerschaft des Bistums. Was als Dienststelle im Sinne der MAVO gelten soll, bestimmt der Generalvikar gemäß § 1 a Abs. 2. Priesterseminar und Dienststellen des Domkapitels sind je nach Organisation unter § 1 Abs. 1 Nr. 1 oder Nr. 5 einzureihen. Es kommt auf die Trägerschaft der Dienststellen oder Einrichtungen an. Eigene kirchliche Rechtspersönlichkeit i. S. von can. 116 § 1 CIC führt zur Eingruppierung unter Nr. 5.

3. Dienststellen der Kirchengemeinden, Kirchenstiftungen und Kirchengemeindeverbände, § 1 Abs. 1 Nr. 2 und 3

Die Kirchengemeinden, Kirchenstiftungen und Kirchengemeindeverbände, 18 auch als Zweckverbände (Amtsblatt Köln 1990 Nr. 181 S. 136), tragen und unterhalten Dienststellen und Einrichtungen unterschiedlicher Art (vgl. Mustersatzung eines Katholischen Kirchengemeindeverbandes, Amtsblatt des Erzbistums Köln 1997 Nr. 2 S. 3; Musterurkunde über die Errichtung eines Katholischen Kirchengemeindeverbandes, Amtsblatt des Erzbistums Köln 2000 Nr. 151 S. 124). Es handelt sich um Verwaltungen und Einrichtungen (z. B. Pfarrbüro, Kindergarten, Erziehungsberatungsstelle, Krankenhaus, Altenheim, Offene Tür, Jugendamt, Pfarrbücherei, Sozialstation). Die vorgenannten Körperschaften sind in der MAVO als Rechtsträger im Sinne des Staatskirchenrechts genannt. Unter diesen Bezeichnungen nehmen sie als kirchliche Körperschaften des öffentlichen Rechts am Rechtsverkehr im staatlichen Bereich teil (z. B. Gesetz des Landes Preußen über die Verwaltung des katholischen Kirchenvermögens vom 24. Juli 1924 (KVG), abgedruckt bei *Emsbach*,

Thiel 33

§ 1

Rechte und Pflichten des Kirchenvorstandes S. 136 ff.). Die MAVO verwendet für die Begriffe Kirchengemeinde und Kirchenstiftung (Rz 58) nicht den Begriff Pfarrei im Sinne des canonischen Rechts (vgl. dazu: can. 515 ff. CIC), obwohl sie nach Kirchenrecht Rechtspersönlichkeit besitzt (can. 515 § 3 CIC). Das folgt aus der Tatsache, dass Arbeits-, Ausbildungs- und Gestellungsverträge mit den nach Staatskirchenrecht oder nach partikularem Kirchenrecht (z. B. KiStiftO bayerische Diözesen, in: *Fahr/Weber/Binder*, Ordnung für kirchl. Stiftungen S. 5 ff.) benannten, am Rechtsverkehr im weltlichen Bereich teilnehmenden Rechtsträgern abgeschlossen werden (vgl. § 1 Kirchengemeindeordnung, Kirchl. Amtsbl. Rottenburg-Stuttgart 2002 S. 113 ff.).

19 Nicht zu verwechseln mit den vorgenannten juristischen Körperschaften sind Seelsorgeeinheiten (vgl. Kirchliches Amtsblatt Münster 2001 Art. 146 S. 186) oder Seelsorgebereiche, Pfarreiengemeinschaften (Kirchliches Amtsblatt Münster 2001 Art. 79 S. 74), Pfarrverbände, bei denen die Kirchengemeinden als Rechtsträger bestehen bleiben. In solchen Seelsorgeeinheiten kann es jedoch gemäß § 1 b zur Bildung einer gemeinsamen Mitarbeitervertretung kommen, weil die Seelsorge in diesen Bezirken koordiniert wird.

4. Einrichtungen des Diözesancaritasverbandes und seiner Gliederungen

20 Mit **§ 1 Abs. 1 Nr. 4** wird der von den Diözesancaritasverbänden und ihren Gliederungen organisierte Bereich der katholischen Caritas erfasst, soweit sie **öffentliche juristische Personen des kanonischen Rechts** sind (can. 116 CIC). Einrichtungen solcher Rechtsträger fallen unmittelbar in den Geltungsbereich der MAVO. In Betracht kommt die dritte Stufe des kanonischen Vereins, nämlich der öffentliche kirchliche Verein mit kirchlicher Rechtspersönlichkeit (can. 301 § 3, 116 § 1 CIC). Öffentliche Vereine werden von den zuständigen kirchlichen Hoheitsträgern errichtet, damit sie eine bestimmte Aufgabe im Namen der Kirche verfolgen. Ihre Mitglieder sind berufen, auf dem durch den Zweck bezeichneten Teilgebiet an der geistlichen Verantwortung der Kirche in institutionalisierter Weise mitzutragen (can. 313 CIC). Zwei Kriterien unterscheiden die öffentliche Vereinigung von der privaten. Ihre Wirksamkeit geht von der Institution Kirche aus und ihre rechtliche Existenz beruht auf einem konstitutiven Hoheitsakt (*Schnizer*, Hdb. kath. KR S. 474 f.). Die öffentliche Vereinigung unterliegt bei aller Erledigung ihrer statutenmäßigen Aufgaben der übergeordneten Weisungsgewalt der zuständigen Autorität (can. 315 CIC), die sie mit der Zielsetzung, einen Sendungsauftrag, wie z. B. der Caritas, wahrzunehmen, errichtet hat.

5. Einrichtungen der sonstigen öffentlichen juristischen Personen des kanonischen Rechts

a. Vorbemerkung

21 Gemäß **§ 1 Abs. 1 Nr. 5** unterfallen alle sonstigen öffentlichen juristischen Personen des kanonischen Rechts i. S. von can. 116 CIC der MAVO. Außer den Ordensgemeinschaften (Rz 18) sind das z. B. die Domkapitel (vgl. Statuten des Metropolitankapitels Freiburg, § 1 Abs. 2, Amtsbl. d. Erzdiözese Freiburg 1995 S. 275; des Domkapitels zu Osnabrück, § 1 Abs. 2, Kirchl. Amtsbl. 1996 Art. 36 S. 54; *Puza*, Hdb. kath. KR S. 475) und die Priesterseminare (can. 238 CIC).

§ 1

b. **Institute des geweihten Lebens (can. 573 ff. CIC)**
Orden und im Bereich der katholischen Kirche sind selbst keine Religionsgemeinschaften. Sie sind selbständige Vereinigungen im Bereich der Kirche, nicht jedoch selbständige Teilkirchen (*Müller,* Hdb. kath. KR S. 484 ff.). Sie bilden im Verfassungsgefüge der Kirche einen eigenen kanonischen Stand (Vat II LG Art. 39 und 45). Ihre Institutionalisierung ist eine Schöpfung der Kirche (*Müller* a. a. O. m. N.). Die Institute sind Einrichtungen der Kirche (can. 576, 578, 583, 590 § 1, 592 CIC). Das kompetente hierarchische Organ ist entweder der Apostolische Stuhl oder der Diözesanbischof (can. 593 f. CIC; dazu: *Haering,* Hdb. kath. KR 2. Aufl. S. 591, 599). 22

Die Institute des geweihten Lebens (Orden) sind sowohl kirchenrechtlich als auch nach staatlichem Recht (z. B. e. V. oder Körperschaft des öffentlichen Rechts) organisiert; sie müssen allerdings **Dienstgeber im Sinne der MAVO** sein. In der Rechtsform des staatlichen Rechts nehmen sie als juristische Personen am Rechtsverkehr teil. 23

Die Institute des geweihten Lebens werden näherin unterschieden in Religioseninstitute (auch Ordensinstitute; can. 607 ff.), Säkularinstitute (can. 710 ff.) und Gesellschaften des Apostolischen Lebens (can. 731 ff.). Eine größere Gruppe unter ihnen sind die **Orden**. Es gibt Institute **päpstlichen Rechts**, die deswegen ausschließlich der Gewalt des Hl. Stuhles (can. 593) unterstehen, und solche, die als Institutionen diözesanen **(bischöflichen) Rechts** unter der besonderen Sorge des Diözesanbischofs stehen (can. 594). Dabei gilt für beide Arten das besondere Autonomierecht des can. 586 CIC. Es geht um die **Autonomie** im Ordensrecht. 24

aa. **Autonomie**
Wesen der Autonomie ist die **innere Ordnung** eines Ordensinstituts, die ihm eingeräumt wird, damit es das Erbgut des Instituts erhalten kann (ca. 578 CIC; *Scheuermann,* Das Grundrecht der Autonomie im Ordensrecht, OK 25/1984 S. 31, 34). Raum der Autonomie ist der Innenbereich des Ordensinstituts, vor allem sein inneres Regiment (can. 586 § 1, 732 CIC). Autonom ist das Leben der Institute, insbesondere ihre Leitung (vgl. § 3 Abs. 3), ihre kirchlich anerkannte Lebensordnung und jedwede Unternehmung und Bemühung zur Wahrung des überkommenen Erbgutes. Erbgut sind der Stifterwille, die kirchlich anerkannten Ziele, die Natur, die Spiritualität, die Weise des gemeinschaftlichen Lebens und der apostolischen Arbeit, sowie die gesunden Überlieferungen (*Scheuermann,* Die Stellung der Ordensinstitute in der Diözese, in: FS Heinemann, S. 249 f.). Diese Autonomie muss der Bischof wahren und schützen (can. 586 § 2 CIC). Deshalb gilt die MAVO insoweit für den Ordensbereich nicht. 25

bb. **Apostolatstätigkeit**
Anders ist es aber, wenn es um die **Einordnung des Apostolats in die Gesamtpastoral des Bistums** geht (vgl. *Scheuermann,* OK 25/1984 S. 36; *Henseler,* Das Verhältnis des Diözesanbischofs zu den klösterlichen Verbänden, OK 25/1984 S. 276, 286; nachsynodales apostol. Schreiben, Amtsbl. Köln 1996 Nr. 124 S. 107, 123 Nr. 49). In der Ausübung des Apostolats, nämlich der Seelsorge, dem Gottesdienst und den sonstigen Werken des schulischen (vgl. z. B. Art. 1 Grundordnung für die katholischen freien Schulen im Erzbistum Köln, Amtsblatt des Erzbistums Köln 1985 Nr. 150 S. 143; Erklärung der Kongregation für das katholische Bildungswesen zur katholischen Schule, Kirchl. Anzeiger 26

Thiel 35

§ 1

Köln 1977 Nr. 287 S. 377), erzieherischen, pflegenden und irgendwie sozial tätigen Apostolats überschreiten die Orden den Innenbereich ihres Instituts und unterstehen dem Diözesanbischof (can. 678 § 1 CIC), weil ihre apostolische Tätigkeit in die Diözese hineinstrahlt (*Henseler*, Münsterischer Kommentar, can. 738 § 2; *Scheuermann*, Die Stellung der Ordensinstitute, FS Heinemann, S. 249, 252; *Socha*, Die Gesellschaften des apostolischen Lebens im neuen CIC, AfkKR 1983 S. 76, 102).

27 Besonders deutlich wird dies durch can. 794 CIC. Die Kirche als solche nimmt für sich das Recht und die Pflicht in Anspruch, erzieherisch zu wirken, weil es ihr von Gott aufgetragen ist, den Menschen zu helfen, dass sie zur Fülle des christlichen Lebens zu gelangen vermögen. Gemäß can. 806 § 1 steht dem Diözesanbischof das Aufsichts- und Visitationsrecht über die in seiner Diözese befindlichen katholischen Schulen zu, auch über die von Mitgliedern von Ordensinstituten gegründeten oder geleiteten Schulen (vgl. auch can. 683); ihm steht es ferner zu, Vorschriften zur allgemeinen Ordnung der katholischen Schulen zu erlassen; diese Vorschriften gelten auch für die von den genannten Institutsmitgliedern geleiteten Schulen, unbeschadet der Autonomie hinsichtlich der inneren Leitung ihrer Schulen (Art. 1 Grundordnung für die Katholischen Freien Schulen im Erzbistum Köln Amtsblatt 1985, S. 143).

28 Arbeitsvertragliche Entscheidungen, wie die Anstellung von Lehrkräften, die nicht Ordensmitglieder sind, ragen in den Außenbereich des Ordens. Deshalb ist auch nach dem Grundsatz der einheitlichen Leitung der Diözese (can. 394 § 1 CIC) davon auszugehen, dass die MAVO da anzuwenden ist, wo sich die Orden in Ausübung des Apostolats der Mitarbeit von nicht ordensangehörigen Mitarbeitern durch Arbeitsverträge u. ä. bedienen (*Richardi*, Das kollektive kirchl. Dienst- u. Arbeitsrecht, Hdb. StKR II. Band § 67 S. 954). Das staatliche Recht ragt u. a. als Arbeitsrecht in die **Orden** hinein, wenn diese Arbeitnehmer beschäftigen. Deshalb gilt Arbeitsrecht auch z. B. in den von den Orden getragenen sozial-caritativen, erzieherischen und anderen Einrichtungen und Betrieben ohne Rücksicht auf deren Rechtsform. Die Rechtskontrolle hinsichtlich des Arbeits- und Sozialrechts üben staatliche Gerichte aus. Infolgedessen gehören die arbeitsrechtlichen Angelegenheiten nicht zu den inneren Angelegenheiten der Ordensautonomie. Da es aber neben der staatlichen **Rechtsetzungsgewalt** für den kirchlichen Bereich diejenige **des Diözesanbischofs** gibt, ist auch kollektives Arbeitsrecht des Bischofs für die inneren Angelegenheiten der Kirche und somit **für die Orden** geltendes Recht. Dasselbe gilt auch für Betriebe der Orden, in denen Arbeitnehmer beschäftigt werden (bestritten; Rz 73).

6. Anwendung der MAVO auf die sonstigen kirchlichen Rechtsträger

29 Der Geltungsbereich der MAVO wird gemäß **§ 1 Abs.** 2 ausgedehnt auf die sonstigen kirchlichen Rechtsträger und ihre Einrichtungen unbeschadet ihrer Rechtsform im kirchlichen wie auch im staatlichen Rechtsbereich. Denn die (diözesane) MAVO ist anzuwenden und rechtsverbindlich zu übernehmen. Wie in der Grundordnung des kirchlichen Dienstes im Rahmen kirchlicher Arbeitsverhältnisse (GrO) wird berücksichtigt, dass die Gesetzgebungsbefugnis des Diözesanbischofs kirchenrechtlich begrenzt sein kann und dass insbesondere bei verselbständigten Einrichtungen in privatrechtlicher Form eine Zuordnung zur Kirche durch die Satzung abgesichert sein muss. Mit Blick

§ 1

auf das Staatskirchenrecht beruht die Sonderstellung innerhalb der Arbeitsrechtsordnung nicht auf der Satzungsautonomie der Rechtsträger, sondern auf dem verfassungsrechtlich verbürgten Selbstbestimmungsrecht der Kirche (*BAG*, 10. 12. 1992 – 2 AZR 271/92, NZA 1993, 593). Deshalb sind die Rechtsträger, für die der Diözesanbischof die MAVO nicht unmittelbar in Kraft gesetzt hat, gehalten, sie für ihren Rechtsbereich rechtsverbindlich zu übernehmen (vgl. auch Art. 2 GrO). Auch der **Bereich der Dienststellenverfassung** gehört zur durch Art. 137 Abs. 3 WRV garantierten Regelungsbefugnis der Kirche (BVerfGE 46, 73 ff.). Sie bestimmt, ob und in welcher Weise die Mitarbeiter und ihre Vertretungsorgane in Angelegenheiten der Dienststelle, die ihre Interessen berühren, mitwirken und mitbestimmen. Das gilt auch, wenn ein kirchlicher Rechtsträger eine Einrichtung übernimmt, in der zuvor das BetrVG gegolten hatte (*BAG*, 9. 2. 1982 – 1 ABR 36/80, AP Nr. 10 zu § 118 BetrVG 1972 = EzA § 118 BetrVG 1972 Nr. 33). Dieses Gesetz findet in dem Augenblick keine Anwendung mehr, in dem die Einrichtung durch Übernahme zu einer Einrichtung der Kirche wird (hierzu näher *Jurina*, Kirchenfreiheit S. 814 f. mit Nachweisen über die streitige wissenschaftliche Diskussion; *Ruland*, Sonderstellung S. 97 f.; *Fabricius*, § 118 BetrVG Rz 700, 727; *Jurina*, Das Dienst- und Arbeitsrecht S. 151 ff.; § 13 d Abs. 4).

a. Der Verband der Diözesen Deutschlands

Durch die Neufassung der Rahmenordnung der MAVO durch die Vollversammlung des Verbandes der Diözesen Deutschlands (VDD) haben die Diözesanbischöfe zugleich für den VDD mitentschieden, dass er gehalten ist, die diözesane Mitarbeitervertretungsordnung anzuwenden. Als überdiözesaner Verband ist er nicht aus dem Geltungsbereich der MAVO ausgenommen, sondern gemäß § 1 Abs. 3 zur Anwendung der MAVO der Diözese verpflichtet, in der sich der Sitz der Hauptniederlassung befindet. Der VDD (dazu: *Listl*, Plenarkonzil und Bischofskonferenz, Hdb. kath. KR S. 304, 322 f.; *Schlief*, Hdb. StKR, 1. Bd., 2. Aufl. 1994 S. 365 ff.) mit Sitz in München und Dienststellen z. B. in Bonn ist **Körperschaft des deutschen öffentlichen Rechts,** nicht aber etwa auch öffentliche oder private Person des kanonischen Rechts (*Kräßig*, Der Verband der Diözesen Deutschlands, S. 173). Er ist mit Billigung des Apostolischen Stuhls der Zusammenschluss der Diözesen in der Bundesrepublik Deutschland (§ 1 der Satzung, Amtsblatt des Erzbistums Köln 2004 Nr. 118 S. 110). Er nimmt die Aufgaben wahr, die ihm von der Deutschen Bischofskonferenz im rechtlichen und wirtschaftlichen Bereich übertragen werden (§ 3 der Satzung). Die Diözesanbischöfe gehören der Vollversammlung des VDD als Mitglieder mit Stimmrecht an (§ 5 der Satzung). Der VDD ist Rechtsträger von Dienststellen und Einrichtungen der Deutschen Bischofskonferenz (§ 16 Abs. 1 S. 1). Die in seiner Rechtsträgerschaft stehenden Dienststellen und Einrichtungen sind im rechtlichen und wirtschaftlichen Bereich an Weisungen der Organe des VDD gebunden (§ 16 Abs. 2). Eigene Gesetzgebungsbefugnis hat der VDD nicht. Er hat **Satzungsautonomie**, ist nicht Gesetzgeber (Präambel Rz 50 f.). Als Verband der Kirche ist er dem Gesetzgebungsrecht der Kirche unterworfen; als Dienstgeber unterliegt er der MAVO der Diözese der Belegenheit seiner »Hauptniederlassung« oder seines »Hauptsitzes«, falls nicht eine Mitarbeitervertretungsordnung eigens für den VDD erlassen wird (§ 1 Abs. 3 S. 2).

§ 1

b. Der Deutsche Caritasverband

31 Zu den sonstigen Rechtsträgern im Sinne der MAVO zählt gemäß § 1 Abs. 2 der Deutsche Caritasverband als überdiözesaner Rechtsträger mit Sitz in Freiburg. Für ihn gilt folglich die MAVO der Erzdiözese Freiburg gemäß § 1 Abs. 3 S. 1). Nach seiner Satzung hat er die Rechtsform eines eingetragenen Vereins, ist also privatrechtlich verfasst. Er hat gemäß Satzung vom 16. 10. 2003 (neue caritas 5/2004 S. 32 ff.) die Doppelstellung als privater Verein von Gläubigen im Sinne der can. 299, 321–326 CIC einerseits und behält – wie bisher – die Rechtsstellung eines eingetragenen Vereins im Sinne des BGB andererseits; er wendet die Grundordnung des kirchlichen Dienstes im Rahmen kirchlicher Arbeitsverhältnisse in ihrer jeweiligen Fassung an (§ 2 der Satzung). Durch die Vorschrift des § 1 Abs. 2 S. 1 MAVO wird außerdem der gesamte Bereich der organisierten katholischen Caritas, wie er von den deutschen Bischöfen anerkannt und im Deutschen Caritasverband zusammengefasst ist (§ 2 Abs. 1, § 4 Satzung des DCV), erfasst.

32 Der **Deutsche Caritasverband** (*Hierold*, Organisation der Caritas, Hdb. kath. KR S. 1032) hat sich kraft seiner Satzung (§ 2) der Aufsicht der Deutschen Bischofskonferenz unterstellt und hält mit seinem Präsidenten Kontakt zu ihren Organen (§ 10 Abs. 2 Satzung; vgl. auch *Wegener*, Staat und Verbände § 171 f.). Das Beziehungsverhältnis zwischen Caritas und verfasster Kirche ist durch engen Kontakt auf der Diözesan- und Ortsebene verwirklicht, wie sich aus der Satzung des **Diözesan-Caritasverbandes** für das Erzbistum Köln e. V. vom 3. 2. 2000 (Amtsblatt des Erzbistums Köln 2000 Nr. 138, S. 112; vgl. auch: Mustersatzung für die Stadt- und Kreiscaritasverbände im Erzbistum Köln, Amtsblatt 1979, Nr. 49 S. 51) ergibt. Schon aus der Präambel, aber auch aus einzelnen Vorschriften der Satzung (§§ 20, 21, 23 Abs. 1) ergibt sich ein Aufsichtsrecht des Erzbischofs von Köln über den Verband einschließlich des Rechts der Genehmigung von Satzungsänderungen und das Recht zur Ernennung des Vorstandes (§ 9). Der Verband ist Gliederung und Mitglied des Deutschen Caritasverbandes sowie institutionelle und vom Erzbischof anerkannte Zusammenfassung aller der Caritas dienenden Einrichtungen und Dienste innerhalb des Erzbistums Köln (§ 2 Abs. 1 und 2 der Satzung). Auch nach dem Aufgabenkatalog ist eindeutig, dass dieser Verband auf dem Gebiet der kirchlichen Caritas zuständiger Rechtsträger ist (§ 3 der Satzung). Es steht aufgrund von § 5 Abs. 1 der Satzung fest, dass für diesen Verband auch die MAVO, die der Erzbischof von Köln erlässt, gilt, weil er die Anwendung der MAVO seinen korporativen Mitgliedern zur Bedingung macht. Zum Bereich des Deutschen Caritasverbandes gehören die Diözesan-Caritasverbände mit Dekanats-, Bezirks-, Orts- und Kreisverbänden (§ 4 Abs. 1 Satzung) und Zentrale Fachverbände (§ 4 Abs. 2 der Satzung).

33 Da die **Caritas** Lebensäußerung der katholischen Kirche ist (*Hierold*, Grundfragen caritativer Diakonie, Hdb. kath. KR S. 847; *Kuper*, Caritas und Vereinsrecht, Caritas '80 S. 102 f.; *Hallermann*, AfkKR 1999, 443), ist sie ebenso wie die Kirche selbst **von der Geltung des Betriebsverfassungsrechts ausgenommen** (*Jurina*, Dienst- und Arbeitsrecht S. 159), weil dieser Bereich ebenso wie einzelne karitative Einrichtungen unter § 118 Abs. 2 BetrVG fällt, wenn er nur der Kirche zugerechnet werden kann (BVerfGE 46, 73 = NW 1978, 581; dazu näher *Wegener*, Staat und Verbände S. 167 ff.). Maßgebend dafür ist die Satzung. Dazu gehören sowohl solche im Sinne des Kirchenrechts (z. B. Vereine,

§ 1

Stiftungen, Orden) als auch Träger im Sinne des staatlichen privaten Rechts (GmbH, eingetragener Verein, Gesellschaft des bürgerlichen Rechts, Stiftung) und des staatlichen öffentlichen Rechts (Körperschaften, Anstalten, Stiftungen; vgl. *von Campenhausen*, in: Seifart, Hdb. d. Stiftungsrechts, § 16). Für die Geltung des Mitarbeitervertretungsrechts ist die Zuordnung zur Kirche durch die Satzung nur eine Voraussetzung, nicht der Geltungsgrund; denn die Satzungsautonomie umfasst nicht die Kompetenz zum Erlass einer arbeitsrechtlichen Mitbestimmungsordnung. Rechtsgrundlage für das Mitarbeitervertretungsrecht ist vielmehr die Verfassungsgarantie des kirchlichen Selbstbestimmungsrechts in Art. 137 Abs. 3 WRV (*Richardi*, Arbeitsrecht in der Kirche, § 17 Rz 1; *Jurina*, a. a. O. S. 162).

Will sich ein Rechtsträger der Anwendung der verbindlich erlassenen Rechts- 34 ordnung entziehen, obwohl er in das Mitarbeitervertretungsrecht einbezogen ist, stellt sich die Frage nach der Zugehörigkeit dieses Trägers und seiner Einrichtung zur katholischen Kirche (*Richardi*, Arbeitsrecht in der Kirche § 18 Rz 7). Denn wollte man zwischen der verfassten Kirche einerseits und den privatrechtlich organisierten kirchlichen Rechtsträgern andererseits unterscheiden mit der Folge, dass das Mitarbeitervertretungsrecht bei letzteren nur auf der Grundlage der Satzungsautonomie Verbindlichkeit erlangen kann, würde der Rechtsetzungsgewalt des Bischofs eine Schranke errichtet, für die ausschließlich die staatliche Sicht maßgebend ist (Präambel Rz 60 ff.). Deshalb ist es maßgeblich, dass in der Kirche, ohne Rücksicht auf die Rechtsform des jeweiligen Trägers, der Diözesanbischof die Geltung der Mitarbeitervertretungsordnung festlegen kann (Rz 51 ff., 64 ff.). Will man ihm das bestreiten, weil man auf die Rechtsform abstellt, so gilt dennoch, dass die Satzungsautonomie rechtsgeschäftliche Autonomie ist. Diese vom Staat abgeleitete Autonomie eines privatrechtlich organisierten Verbandes gestattet es nicht, für Personen, die zum Verband in einem Arbeitsverhältnis stehen, ein Repräsentationsmandat zu schaffen (*Richardi*, a. a. O. § 18 Rz 6). Jenes üben der Betriebsrat nach Betriebsverfassungsgesetz und die MAV nach kirchlichem Mitarbeitervertretungsrecht aus. Ist eine Mitarbeitervertretungsordnung nicht durch kirchliches Gesetz erlassen, so ist sie im Falle ihrer Geltung bei einem privatrechtlichen oder öffentlich-rechtlich organisierten Dienstgeber durch Satzung erlassen. Die Satzung erfasst jedoch nicht das einzelne Arbeitsverhältnis. Geltung sie nur, wenn die Arbeitsverträge auf sie Bezug nehmen (*Fabricius*, GK-BetrVG § 118 Rz 792 m. N.). Die Kirche ist nach ihrem Verständnis, auch unter dem Gesichtspunkt des Vereinsrechts, als Einheit gebildet.

c. Personalprälaturen

Die MAVO gilt als Gesetz des Diözesanbischofs nicht für den Jurisdiktions- 35 bereich der Personalprälatur schlechthin. Denn die Personalprälatur ist begrifflich ein klerikaler Zweckverband weltgeistlichen Charakters, die zur Erfüllung besonderer Aufgaben unter eigener Leitung eines Personalprälaten und mit eigenen Statuten vom Papst errichtet wird und der auch Laien angehören können (can. 294–297; *Schmitz*, Die Personalprälaturen, Hdb. kath. KR S. 650 Die Personalprälatur besitzt keine Satzungsautonomie, sondern erhält ihre Statuten vom Apostolischen Stuhl. Der Personalprälat hat die Stellung eines eigenen Ordinarius. Dieser Zweckverband ist personell nicht dergestalt

§ 1

organisiert, dass die Mitglieder der Personalprälatur zu ihr in einem Beschäftigungsverhältnis stehen. Sie können dagegen Mitarbeiter im Sinne der MAVO sein, wenn sie in einer kirchlichen Dienststelle beschäftigt werden. Wegen der sehr weiten Fassung der Normen für die Rechtsfigur der Personalprälatur ist es vorstellbar, dass nach ihrer Zielsetzung und ihrem Vereinigungsrahmen die Mitglieder ihrerseits Vereine gründen, um besondere Zwecke (z. B. Schulträgerschaft und Leitung der Schule) zu verfolgen. Im Ergebnis ist nicht auszuschließen, dass eine Wirkstätte von Mitgliedern der Personalprälatur, die naturgemäß auf dem Territorium eines Diözesanbischofs liegt, je nach ihrer Zuordnung zur Kirche von der MAVO erfasst werden kann, insbesondere wenn die Statuten das Verhältnis zu dem Ortsordinarius bestimmen.

36 Dasselbe gilt, wenn die Prälatur ihre seelsorglichen oder missionarischen Werke nach vorausgehender Zustimmung des Diözesanbischofs ausübt oder auszuüben beabsichtigt (can. 297). Da die Personalprälatur vom Heiligen Kreuz und Opus Dei (vgl. *Schmitz*, a. a. O. S. 653) zunächst als Vereinigung anzusehen ist, sind ihre Mitglieder nicht als Mitarbeiter im Sinne der MAVO anzusehen, ebenso wenig wie die Ordensleute zu ihrem Orden. Leiten allerdings Priester des Opus Dei eine Pfarrei, so untersteht die Pfarrei als Teil der Diözese dem Diözesanbischof (can. 515) mit der Folge, dass die MAVO dort gilt und die dort beschäftigten Mitarbeiter (§ 3 Abs. 1) eine MAVO bilden können (§§ 1 und 6).

d. Juristische Personen des staatlichen Rechts

aa. Autonomie und Bezug zur Kirche

37 Ob die Kirche für die ihr zuzurechnenden juristischen Personen Gesetzgebungsbefugnis hat, die mit staatlich verliehener Rechtsform in Erscheinung treten, ist innerkirchlich und nach Maßgabe der Satzung zu beurteilen (vgl. z. B. Satzung der Stiftung »Erzbischöfliches Kinderheim Haus Nazareth« Sigmaringen, Amtsbl. d. Erzdiözese Freiburg 1995 Nr. 108 S. 245). Die nach staatlichem Recht organisierten Verbände, Vereine und Stiftungen der Kirche, die sich der Wahrnehmung kirchlicher Aufgaben im Auftrag der Kirche verschrieben haben und ihr innerkirchlich zuzuordnen sind (z. B. Träger von kirchlichen Krankenhäusern; Orden mit ihren Schulen, Betrieben und Heimen; Schulwerke), bleiben im Verband der Kirche (*Muckel*, Kirchliche Vereine, Hdb. StKR II. Band S. 828, 834). Sie bestimmt oder lässt zu, in welcher Weise die Aktivitäten der Kirche im Kleide bestimmter Rechtsformen wahrgenommen werden. Das folgt aus ihrem verfassungsrechtlich verbürgten selbstbestimmbaren Organisationsrecht. Würde die staatliche Rechtsform kirchlicher juristischer Personen dazu führen, dass diese der Kirche entfremdet würden, so läge darin die Beeinträchtigung der Selbstbestimmung der Kirche, die doch lediglich im Rechtskleid staatlicher Rechtsform, sei sie öffentlich-rechtlich oder privatrechtlich verfasst, ihre Rechts- und Vermögensfähigkeit zur Teilnahme am Rechtsverkehr im staatlichen Bereich behaupten will. Die erzieherische Einrichtung eines Rechtsträgers gehört dann zu einer Religionsgemeinschaft, wenn z. B. Kirche und Einrichtung die Erziehung nach Inhalt und Ziel identisch vornehmen und sichergestellt ist, dass die Kirche ihre Vorstellungen zur Gestaltung der Erziehung in der Einrichtung durchsetzen kann (vgl. z. B. Statut für die Kindergärten, Amtsblatt des Erzbistums Köln 1993, Nr. 4 S. 9). Im Einzelfall können personelle Verflechtungen zwischen den Führungsgremien

der Einrichtungen und Amtsträgern der Kirche genügen, ohne dass die Durchsetzungsmöglichkeiten statutenmäßig abgesichert sein müssten (*BAG*, 14. 4. 1988 – 6 ABR 36/86, AfkKR 1988, 299, 234 ff.). Dann gilt z. B. nicht das BetrVG (BAG, 31. 7. 2002 – 7 ABR 12/01, NZA 2002, 1409).

Das *BVerfG* (25. 3. 1980 – 2 BvR 208/76, BVerfGE 53, 366 = NJW 1980,1895) **38** hat entschieden, dass sich die Garantie freier Ordnung und Verwaltung der eigenen Angelegenheiten der Kirche (Art. 140 GG i. V. m. Art. 137 Abs. 3 WRV) als notwendige, wenngleich rechtlich selbständige Gewährleistung erweist, die der Freiheit des religiösen Lebens und Wirkens der Kirchen und Religionsgemeinschaften die zur Wahrnehmung dieser Aufgaben unerlässliche Freiheit der Bestimmung über Organisation, Normsetzung und Verwaltung hinzufügt. Nach Art. 140 GG i. V. m. Art. 137 Abs. 3 WRV sind nicht nur die organisierte Kirche und deren selbständige Teile, sondern alle der Kirche in bestimmter Weise zugeordneten Einrichtungen ohne Rücksicht auf ihre Rechtsform Objekte, bei deren Ordnung und Verwaltung die Kirche grundsätzlich frei ist, wenn die Einrichtungen nach kirchlichem Selbstverständnis ihrem Zweck oder ihrer Aufgabe entsprechend berufen sind, ein Stück Auftrag der Kirche wahrzunehmen und zu erfüllen (BVerfGE 46, 73, LS. 1, 85 ff. = NJW 1978, 581 m. w. N.). Die Regelungs- und Verwaltungsbefugnis stehen demnach der Kirche nicht nur hinsichtlich ihrer körperschaftlichen Organisation und ihrer Ämter zu, sondern auch hinsichtlich ihrer »Vereinigungen, die sich nicht die allseitige, sondern nur die partielle Pflege des religiösen oder weltanschaulichen Lebens ihrer Mitglieder zum Ziel gesetzt haben. Voraussetzung dafür ist aber, dass der Zweck der Vereinigung gerade auf die Erreichung eines solchen Ziels gerichtet ist. Das gilt ohne weiteres für organisatorisch oder institutionell mit Kirchen verbundene Vereinigungen wie kirchliche Orden, die im staatlichen Bereich auch als Körperschaften des privaten oder öffentlichen Rechts in Erscheinung treten. Ihr Daseinszweck enthält eine Intensivierung der gesamtkirchlichen Aufgaben« (can. 573 ff.; 298; 113 ff.). »Es gilt aber auch für andere selbständige oder unselbständige Vereinigungen, wenn und soweit ihr Zweck die Pflege oder Förderung eines religiösen Bekenntnisses oder die Verkündigung des Glaubens ihrer Mitglieder ist. Maßstab für das Vorliegen dieser Voraussetzungen kann das Ausmaß der institutionellen Verbindung mit einer Religionsgemeinschaft oder die Art der mit der Vereinigung verfolgten Ziele sein« (BVerfGE 24, 236, 246 f. = NJW 1969, 31; BVerfGE 46, 86 f.).

Maßgebendes Kriterium für die Zuordnung einer Einrichtung zur Kirche ist **39** danach nicht etwa die Zugehörigkeit zur Kirchenverwaltung. Vielmehr genügt, dass die in Frage stehende Einrichtung der Kirche so nahe steht, dass sie teilhat an der Verwirklichung eines Stücks Auftrags der Kirche im Geist christlicher Religiosität, im Einklang mit dem Bekenntnis der christlichen Kirche und in Verbindung mit den Amtsträgern der Kirche (BVerfGE 46, 87). Die so gewährleistete Freiheit der Kirche im Staat schließt ein, dass sich die Kirche zur Erfüllung ihres Auftrags auch der Organisationsformen des staatlichen Rechts bedienen kann, ohne dass dadurch die Zugehörigkeit der auf dieser Rechtsgrundlage gegründeten Einrichtung zur Kirche aufgehoben würde. In der Mitwirkung von Laien bei der Verwaltung solcher Einrichtungen kann keine Lockerung der Zuordnung zur Kirche gesehen werden (*Richardi*, Kirchenautonomie und gesetzliche Betriebsverfassung. ZevKR 1978, 367, 396,

§ 1

398 f.; Wort der Bischöfe zur Stellung der Verbände in der Kirche, Amtsblatt Köln 1990 Nr. 57 S. 62 ff.).

bb. Die GmbH

40 Zunehmende Bedeutung gewinnen im kirchlichen, vor allem im caritativen Bereich die **Gesellschaften mit beschränkter Haftung (GmbH)** mit recht unterschiedlichen Unternehmenszwecken wie Krankenpflege, Jugendhilfe. Nachrichtenverbreitung (z. B. KNA). Grundlage ist der Gesellschaftsvertrag gemäß § 2 GmbHG, der den gemäß § 3 GmbHG genannten Inhalt haben muss. Für die Zuordnung der GmbH zur Kirche sind besondere Bestimmungen erforderlich. Gesellschafter können ein Bistum, eine Kirchengemeinde, ein Diözesancaritasverband sein, um allein oder mit anderen Gesellschaftern einen bestimmten Gesellschaftszweck unter Angabe des Unternehmensgegenstandes zu verfolgen. Dabei kann in der Präambel, vor allem aber im Gesellschaftsvertrag die Verbindung zur Kirche und ihre aufsichtsrechtliche Berechtigung verankert werden. Aus der Formulierung »der Betrieb der Gesellschaft erfolgt aus dem Selbstverständnis der Caritas als einer Wesensfunktion der katholischen Kirche« kann auf die Unterstellung unter die Kirchenaufsicht nicht geschlossen werden. Auch auf die Zusammensetzung der Organe der Gesellschaft ist Bedacht zu nehmen, wodurch die Zuordnung zur Kirche auch personell zum Ausdruck kommt. Zu berücksichtigen ist wegen des mitarbeitenden Personals die Verbindlichkeit der Grundordnung, bei Krankenhäusern zusätzliche kirchliche Ordnungen für diesen Bereich und die MAVO sowie die Anwendung des Arbeitsvertragsrechts im Sinne der KODA-Ordnungen gemäß Art. 7 und 8 GrO, wobei sich die Gesellschaft der kirchlichen Aufsicht des Diözesanbischofs unterstellt. Das hat auch zu gelten, wenn z. B. ein Bistum Gesellschafter ist, weil es um die Kontrolle von außen geht, die der Bischof ausübt. Bedeutung hat die Aufsicht auch in den Fällen des § 1 a Abs. 2 MAVO bei der Regelung dessen, was die Gesellschaft (Rechtsträger) als Einrichtung im Sinne der MAVO bestimmen will, damit dort eine MAV gebildet werden kann. Denn die Regelung bedarf der Genehmigung des Ordinarius (§ 1 a Abs. 2 S. 2 MAVO). Die MAV hat mit Rücksicht auf ihre Rechte und Befugnisse das Recht auf Information, welche Handlungen der oder die Gesellschafter im Rahmen ihrer Geschäftsführung gegebenenfalls nur kontrolliert durch Dritte wirksam vornehmen dürfen, wie z. B. Einstellungen, Beförderungen, Kündigungen. Diese Anmerkungen haben auch für andere Rechtsträger anderer Rechtsform, die dem kirchlichen Bereich im Sinne der MAVO zugerechnet werden, entsprechende Bedeutung.

41 Dient die Gründung einer Service-Gesellschaft in der Rechtsform der GmbH der Organisation bestimmter Dienste, die z. B. zuvor in einem Krankenhaus integriert waren, die aber aus Personalkostengründen ausgegliedert werden (z. B. Reinigungs- und Küchendienste), geht es um die Frage der Zugehörigkeit der GmbH zum Bereich der von der Kirche anerkannten Caritas und das Kriterium caritativer Einrichtung (vgl. § 118 Abs. 2 BetrVG). Denn bei einem reinen Wirtschaftsbetrieb, den gemäß Gesellschaftsvertrag eine dem Caritasverband zugeordnete Krankenhaus-GmbH und eine freie Service-Gesellschaft als neue GmbH gemeinsam betreiben, ist das Kriterium einer caritativen Einrichtung mit entsprechender Zwecksetzung zu suchen. Es geht nicht um die jeweilige Höhe der Stammeinlage der GmbH-Gesellschafter an der

GmbH (§ 5 GmbHG). Es geht um das kirchliche Proprium und die Frage, ob das Proprium bestätigt wird, wenn die Leistungen der GmbH umfassen Lieferung von Speisen und Getränken an Patienten, Mitarbeiter und Besucher des Krankenhauses sowie Hauswirtschaftsleistungen, wobei weder vertiefte medizinische noch pflegerische Sachkenntnisse von den Mitarbeitern der GmbH gefordert werden und die Dienstleistungen auch gegenüber Dritten erbracht werden dürfen, während der Gesellschaftsvertrag zur Zuordnung zum kirchlichen Dienst bzw. Caritasverband schweigt. Weiteres Kriterium ist die Unterordnung unter geltendes kirchliches Arbeitsrecht (AVR, Grundordnung, Dritter Weg nach Maßgabe des bischöflich in Kraft gesetzten Arbeitsrechtsregelungsverfahrens, Anwendung der MAVO des zuständigen Diözesanbischofs) in seiner Gesamtheit, nicht selektiv. Die Verfassungsgarantie des Selbstbestimmungsrechts der Kirche behindert nicht die **Ausgliederung einer kirchlichen Einrichtung**, sie garantiert aber nicht, dass eine ausgegliederte Einrichtung der Kirche oder eines der Kirche zugeordneten caritativen Trägers dieser zugeordnet bleibt. Wer sich der Ordnung der Kirche ganz oder teilweise entzieht, wird nach staatlichem Recht beurteilt (*Richardi*, Gefahren beim Verlassen des »Dritten Weges«, in: neue caritas 4/2000 S. 33; Rz 66).

e. Kirchliche Vereine

aa. Vereinsfreiheit und Versammlungsfreiheit in der Kirche
Es gibt das den Christgläubigen verbürgte Grundrecht der Vereinigungs- und Versammlungsfreiheit, wie es can. 215 CIC/1983 artikuliert (*Schnizer*, Hdb. kath. KR S. 563, 571), ohne überhaupt auf die Vorgaben des kanonischen Vereinsrechts oder des Rechts der Lebensverbände zurückgreifen zu müssen (*Aymans-Mörsdorf*, KanR II, S. 474 f.). Die Ausrichtung auf die im CIC typisierten Kategorien der Vereine ist nicht erforderlich (*Schnizer*, Das Vereinsrecht, AfkKR 1987, 335), weil **die freien Zusammenschlüsse im Sinne von can. 215 CIC** in ihrer inneren Ordnung (Satzung) nicht an die Vorgaben des kanonischen Rechts gebunden sind. Die Ordnung hat dann auch nicht die Qualität eines Statuts im Sinne von can. 94 CIC sondern ist Konventionalordnung (*Aymans*, Das konsoziative Element in der Kirche AfkKR 1987, 337, 48 f.). Der freie Zusammenschluss organisiert sich womöglich nach Maßgabe des weltlichen Rechts; kirchlich ist er insoweit nicht existent (*Schmitz*, Fragen der Rechtsüberleitung, AfkKR 1987, 367, 368), als ihm kirchenamtliche Anerkennung, wie sie für die kanonischen Vereine gemäß can. 299 § 3 CIC erforderlich ist, fehlt. Der Kategorie einer »kirchlichen Vereinigung« wird der freie Zusammenschluss von Gläubigen zugerechnet, wenn er einer gemäß can. 215 CIC kanonisch umschriebenen Zielsetzung folgt, nämlich Förderung der Caritas, der Frömmigkeit oder der christlichen Berufung in der Welt, und in irgendeiner Form, etwa gemäß seiner inneren Ordnung, mit der kirchlichen Autorität verbunden ist (*Aymans-Mörsdorf*, a. a. O. S. 473 f.). Die Mitgliedschaft in dem Zusammenschluss ist nicht durch gemeinrechtliche Vorgaben auf katholische Christen beschränkt. Allerdings muss sich der freie Zusammenschluss in die Gesamtsendung der Kirche einfügen; die dort organisierten Gläubigen müssen all den Erfordernissen des kanonischen Rechts genügen, an die die einzelnen Gläubigen bei der Wahrnehmung ihrer Rechte gebunden sind. Sie unterliegen den Bestimmungen über die kirchliche Gemeinwohlverpflichtung gemäß can. 223 § 1 CIC und der Verpflichtung auf eventuelle nähe-

§ 1

re Regelungen für die Ausübung der im Gemeinstatut näher umschriebenen Rechte (can. 223 § 2 CIC), wozu der Zustimmungsvorbehalt des can. 216 CIC zählt; denn ohne Zustimmung der zuständigen kirchlichen Autorität darf sich keine Unternehmung »katholisch« nennen. Beruft sich ein solcher Zusammenschluss dem Staat gegenüber auf seine Eigenschaft als katholische Vereinigung und wird deshalb die zuständige kirchliche Autorität zur Bestätigung des kirchlichen Status dieser Vereinigung angefragt, kann die Autorität gemäß can. 215 CIC die Existenz eines freien Zusammenschlusses bestätigen. Diese Bestätigung weist den Zusammenschluss aber nicht als kirchlichen im Sinne eines kanonischen Vereins aus; er bleibt auf der Ebene einer Privatinitiative (*Pree*, Zur Frage nach dem Proprium kirchlicher Einrichtungen, in: Essener Gespräche 34. Band (2000) S. 47, 69). Allerdings ist es den so zusammengeschlossenen Gläubigen unbenommen, ihre Wirkungsmöglichkeit mit Blick auf die Kirche dadurch zu verbessern, dass der kirchlichen Autorität in der Satzung bestimmte Rechte eingeräumt sind (vgl. Beschluss der Bischofskonferenz v. 19. 1. 1981, AfkKR 1981, 182). Handelt es sich um eine Satzung im Sinne des staatlichen Rechts, so ist die Durchsetzung der der kirchlichen Autorität eingeräumten Rechte nur kraft staatlicher Rechtsordnung, nicht kraft kirchlicher Leitungsgewalt möglich (*Aymans*, a. a. O. S. 337, 350).

43 Gegenüber dem freien Zusammenschluss hat die kirchliche Autorität in der Regel nur die rechtlichen Möglichkeiten, die sie auch gegenüber nicht kirchlichen Vereinigungen hat. Dafür reicht eine breite Skala der Bewertung von Belobigung, Empfehlung bis hin zur Gestattung der Bezeichnung katholisch (can. 216), anderseits aber auch von der Warnung bis zu Sanktionen für den Fall des Beitritts (vgl. can. 1374). Vereine bedürfen, um sich zur Kirche rechnen zu können, der Anerkennung durch die Kirche (*Schnizer*, Allgemeine Fragen, Hdb. kath. KR S. 563, 568 f.; *Schulz*, Der neue Codex S. 47 ff.; *Schmitz, Heribert*, Fragen der Rechtsüberleitung, AfkKR 1987, 367, 379 ff.; *Schnizer*, Das Vereinsrecht AfkKR 1987, 385, 397 ff.; *Dütz*, Kirchl. Vereine, in: Theologie und Glaube 1988, 352; *Pree*, Essener Gespräche 34. Band (2000) S. 47, 68 f.).

bb. Die Vereinstypen des kanonischen Rechts nach dem CIC 1983

44 Eine kirchliche (kanonische) Vereinigung wird zu einer solchen, wenn ihre innere Ordnung an die Anforderungen, die der CIC für den jeweiligen kirchenrechtlichen Vereinigungstyp aufgestellt hat, angepasst wird und die Sanktionierung der kanonischen Rechtsordnung erhält, nämlich durch Überprüfung (recognitio) bzw. Genehmigung (approbatio) der inneren Ordnung (can. 299 § 3 und can. 314 CIC) durch die zuständige kirchliche Autorität (can. 312, 322 CIC). Über die Vorgänge werden bei der zuständigen kirchlichen Autorität diesbezügliche Akten geführt. Die innere Ordnung wird zum Statut i. S. von can. 94 §§ 1 und 2 CIC erhoben und erhält Rechtscharakter im Sinne des kanonischen Rechts (*Aymans*, Das konsoziative Element, AfkKR 1987, 337, 350). Das **Statut bleibt aber gegenüber dem Gesetzesrecht abgeleitetes Recht**, weil es seinen Rechtscharakter nur aus der primären Rechtsordnung gewinnt und rechtlich verpflichtend wirkt, weil die primäre gesetzliche Ordnung, z. B. des CIC, das so vorsieht (*Aymans*, a. a. O. S. 350 f.). Vorgaben im Sinne eines primären Rechts können sich auch aus speziellen und partikulären Normen ergeben (can. 223 § 2).

§ 1

Innerhalb der kanonischen Vereinigungen sind **drei Typen** geregelt. Wesentlich für die Bildung eines kanonischen Vereins sind mindestens drei natürliche oder juristische Personen, die den Verein durch Eintritt gründen (can. 115 § 2; *Schnizer*, Das Vereinsrecht, AfkKR 1987, 385, 407). 45

aaa. Privater Verein ohne Rechtspersönlichkeit
Die erste Grundstufe ist der private kanonische Verein ohne Rechtspersönlichkeit (can. 310). Seine Existenz beruht auf der freien Willensübereinkunft von Gläubigen, sich zur **Verfolgung kirchlicher Zielsetzung** zusammenzuschließen (can. 299 § 1; *Schnizer*, Die privaten und öffentlich kirchlichen Vereine, Hdb. kath. KR S. 579). Allerdings **bedarf** dieser **Verein** zu seiner kirchenrechtlichen Relevanz **kirchlicher Anerkennung.** Dazu müssen seine Statuten von der zuständigen kirchlichen Autorität gemäß can. 299 § 3 die »recognitio« erfahren haben (*Schnizer*, Allgemeine Fragen, Hdb. kath. KR S. 574; ders., Hdb. kath. KR S. 579). Die Überprüfung der Satzung kann auch ohne Belobigung oder Empfehlung im Sinne von can. 298 § 2 ausgehen (*Schulz*, Der neue Codex S. 51). Zuständige Autorität zur Überprüfung der Statuten ist diejenige, die auch bei anderen Vereinstypen wegen der Verleihung der Rechtspersönlichkeit zuständig ist (vgl. Rz 48). **Unabhängig von kirchlicher Regelung kann der nichtrechtsfähige private Verein durchaus Rechtspersönlichkeit im Sinne des staatlichen Rechts besitzen** (*Schnizer*, Das Vereinsrecht, AfkKR 1987, 385, 396 f. Rz 37). Das dürfte für die kirchlich anerkannten Vereine aus der Zeit vor dem Inkrafttreten des CIC 1983 gelten (*Dütz*, Kirchl. Vereine, ThGI 1988 S. 361; Rz 50; 31). 46

bbb. Privater Verein mit Rechtspersönlichkeit
Die nächst höhere Stufe des kanonischen Vereins ist der kanonische Verein mit kirchlicher Rechtspersönlichkeit, also der rechtsfähige private Verein. Der entstammt der Privatinitiative (can. 299 § 1; 298 § 1), die jedoch keinerlei Beeinträchtigung durch die Verleihung der Rechtspersönlichkeit im Wege des Dekrets erfährt (can. 322 § 1). Vorauszugehen haben die Überprüfung (recognitio; can. 299 § 3) und die Genehmigung (probatio) der Statuten (can. 117) durch die zuständige kirchliche Autorität (can. 322 § 2, 312 § 1). Der private Charakter des Vereins wird dadurch nicht verändert. Trotz der den Vereinen eingeräumten Autonomie (can. 321) unterliegen sie gleichwohl der Aufsicht der kirchlichen Autorität (can. 323 § 1, can. 305) und ihrer Leitung. Die **Verleihung der Rechtspersönlichkeit** erfolgt gemäß can. 114 § 1 an private juristische Personen **durch besonderes Dekret** der zuständigen Autorität, welche die Rechtspersönlichkeit ausdrücklich gewährt (can. 116 § 2, 2. Halbsatz). **Zusätzlich** zur Rechtsfähigkeit im Sinne des Kirchenrechts kann der Verein auch **Rechtspersönlichkeit im Sinne des staatlichen Rechts** besitzen (*Schmitz*, Heribert, Fragen der Rechtsüberleitung, AfkKR 1987, 367, 373; *Schnizer*, Die privaten kirchl. und öffentlichen Vereine, Hdb. kath. KR S. 581 Fußnote 14). 47

ccc. Öffentlicher Verein
Die dritte Stufe des kanonischen Vereins ist **der öffentliche kirchliche Verein mit kirchlicher Rechtspersönlichkeit** (can. 301 § 3). Er wird nur von der zuständigen kirchlichen Autorität errichtet (can. 116 § 1). Im deutschsprachigen Bereich werden die öffentlichen Vereine auch als »kirchenamtliche« Vereinigungen bezeichnet (*Dütz*, Kirchliche Vereine, ThGl 1988 S. 352, 353 m. N.). 48

§ 1

Ein öffentlicher Verein und ebenso der Zusammenschluss öffentlicher Vereine werden durch dasselbe Dekret, durch das sie von der nach Maßgabe des can. 312 zuständigen kirchlichen Autorität errichtet werden, als juristische Person begründet und erhalten, soweit erforderlich, einen Sendungsauftrag für die Ziele, die sie im Namen der Kirche selbst zu verwirklichen vorhaben (can. 313; 301 § 1, § 2; 116 *§ 1; Schnizer*, a. a. O. S. 584 ff.). Der öffentliche Verein muss, wie jeder private auch, **Statuten** haben, in denen Zweck bzw. soziales Programm, Sitz, Leitung und erforderliche Mitgliedschaftsbedingungen zu regeln sind (can. 304 § 1; 314; *Schnizer*, Allgemeine Fragen, Hdb. kath. KR S. 563, 574). Zuständige Autorität zur Errichtung von öffentlichen Vereinen sind der
– Heilige Stuhl für die gesamtkirchlichen und internationalen Vereine (can. 312 § 1 n. 1; *Aymans*, Kirchl. Vereinigungen, S. 70 Fußnote 135),
– die Bischofskonferenz für nationale Vereine, deren Tätigkeit auf das Gebiet der Bischofskonferenz bezogen ist (can. 312 § 1 n. 2),
– der Diözesanbischof in seinem Gebiet für diözesane Vereine (can. 312 § 1 n. 3) und für mehrdiözesane Vereine, wenn deren Hauptsitz in seiner Diözese liegt (*Aymans*, a. a. O. S. 71 Fußnote 138, S. 72 unter Einbeziehung von can.19 i. V. m. can. 595 § 1).

49 Dasselbe gilt auch für die Verleihung der Rechtspersönlichkeit an private Vereine (can. 322 § 1) durch Dekret (*Heinemann*, Die Rechtsstellung des Deutschen Caritasverbandes, AfkKR 1989, 416, 425). Dieselbe Autorität ist auch zuständig für die Genehmigung der Statuten, ihre Überarbeitung und Änderung (can. 314).

cc. Kirchliche Altvereine

50 Da es Vereine gibt, die kirchlich anerkannt waren, als der CIC 1983 in Kraft getreten ist, ist zunächst davon auszugehen, dass die rechtswirksam gegründeten Vereinigungen ohne kirchliche Rechtspersönlichkeit auch nach Inkrafttreten des CIC weiterbestehen (*Schnizer*, Allgemeine Fragen, Hdb. Kath. KR S. 563, 577). Dasselbe gilt aber auch für von der kirchlichen Autorität errichtete Vereine (*Heinemann*, AfkKR 1989, 416, 428), wenn ihnen kanonische Rechtspersönlichkeit verliehen worden war (*Schmitz, Heribert*, Fragen der Rechtsüberleitung, AfkKR 1987, 367, 369). Eine Überleitung auf die neue Rechtslage nach dem CIC 1983 ist jedoch erforderlich zur Zuordnung zu den neuen Vereinstypen und wegen der Klarheit und Rechtssicherheit (*Schmitz, Heribert*, a. a. O. S. 370; *Schulz*, Die bestehenden kirchl. Vereinigungen, in: Kirchliches Vereinsrecht, S. 24, 33 ff.). Der CIC 1983 legt für den Deutschen Caritasverband und auch für die Diözesancaritasverbände die Form des öffentlichen Vereins nahe; die Kriterien eines privaten Vereins sind beim DCV stärker vorhanden als bei den Diözesancaritasverbänden (*Heinemann*, AfkKR 1989, 416 ff.).

dd. Verhältnis zur kirchlichen Autorität

51 Für alle kirchlichen Vereine gilt, dass ihre Statuten der inneren Ordnung ihrer jeweiligen Körperschaft gelten und deshalb nur die Mitglieder erreichen und binden (*Schulz*, Münst. Komm. I can. 310 Rz 3), nicht dagegen Außenstehende. Auf der Seite des Hirtendienstes ist aber, vor allem im Falle des Dissenses, die höhere legitimierte Autorität zu erblicken, weil eine andere Konzeption des breit verstandenen konsoziativen Elements in der Kirche ekklesiologisch

nicht vertretbar sein dürfte (*Schnizer*, Das Vereinsrecht, AfkKR 1987, 385, 397). Das folgt schließlich aus der Rechtsordnung selbst, die ja der zuständigen Autorität zumindest Begutachtung der Statuten einräumt, wenn überhaupt die Anerkennung als kanonischer Verein erfolgen soll (can. 299 § 3), um u. a. auch zu klären, ob der Vereinszweck Ziele umschreibt, die womöglich der kirchlichen Autorität vorbehalten sind (can. 301; *Schnizer*, a. a. O. S. 398 f.). Der Statutengehalt wird wegen der Mindestanforderungen (can. 304) geprüft.

Schließlich hat die kirchliche Autorität (Rz 49) das Recht und die Pflicht dafür zu sorgen, dass in den Vereinen die Unversehrtheit von Glaube und Sitte bewahrt werden. Sie hat darüber zu wachen, dass sich keine Missbräuche in die kirchliche Disziplin einschleichen. Und deshalb hat sie die Pflicht und das Recht, diese nach Gesetz und Statuten zu beaufsichtigen (can. 305; Christifideles Laici, 30 f. Amtsblatt Köln 1989 Nr. 59, S. 52, 78 ff.; Wort der Bischöfe zur Stellung der Verbände in der Kirche, Amtsblatt Köln 1990 Nr. 57 S. 62 ff.).

Aus der staatlichen Rechtsordnung ergeben sich hierzu keine Bedenken, weil 52 dieser Bereich zu den eigenen Angelegenheiten der Kirche in ihrer verfassungsrechtlich gesicherten Organisationsautonomie zur Sicherstellung der religiösen Dimension des Wirkens im Sinne kirchlichen Selbstverständnisses zählt (Art. 140 GG i. V. m. Art. 137 Abs. 3 WRV; B VerfGE 53,366 = NJW 1980, 1895). Denn wer im kirchlichen Bereich wirken will, kann dies nur unter den Voraussetzungen, welche die Kirche hierfür regelt. Die Kirche ist berechtigt, das kirchliche Vereinsrecht gemäß ihren spezifischen Ordnungsgesichtspunkten, also auf der Grundlage ihres Selbstverständnisses rechtlich zu gestalten (*Aymans*, Kirchl. Vereinigungen, S. 69; *Schulz*, Die bestehenden kirchlichen Vereinigungen, in: Kirchliches Vereinsrecht, S. 24, 39 f.; Wort zur Stellung der Verbände in der Kirche, Amtsblatt Köln 1990, Nr. 57 S. 62 ff.; *Homeyer*, Katholische Verbände, Arbeitshilfen 61 S. 5, 38 ff.; *Saier*, Anmerkungen, Arbeitshilfen 61 S. 43 ff.). Die Vorschriften des CIC 1983 über »öffentliche« und »private« kirchliche Vereinigungen werden jedoch nicht als ausreichend angesehen, um die Probleme des katholischen Verbandswesens in Deutschland sinnvoll zu regeln.»Denn auch private Vereinigungen haben traditionell durch den Bischof oder die Bischofskonferenz einen pastoralen Auftrag erhalten« (Beschluss der Bischofskonferenz v. 19. 1. 1981, AfkKR 1981, 182).»Damit sind **Mischformen von Verbänden** entstanden, für die in Zukunft sichergestellt sein muss, dass bei ihrer pastoralen Aufgabenerfüllung im Namen des Bischofs oder der Deutschen Bischofskonferenz die dem pastoralen Amt verbandsrechtlich verbundene Autorität zur Verfügung gestellt wird« (*Roos*, Pastorale und organisatorische Überlegungen, Arbeitshilfen 61 S. 75, 89 f.).

ee. Verhältnis zur MAVO

Weil nun kirchliche Vereine in der Regel im Rechtskleid staatlich verliehener 53 Rechtspersönlichkeit auftreten und so mit Rechtsfähigkeit ausgestattet nach staatlichem Recht handeln können (*Schnizer*, Das Vereinsrecht, AfkKR 1987, 385, 409 f.), treten sie nach staatlichem Recht in Verfolgung ihrer Zwecke als Träger von Einrichtungen (z. B. Krankenhäuser, Schulen, Altenheime, Sozialstationen, Kindergärten, Behindertenwerkstätten) in Erscheinung und beschäftigen als Arbeitgeber (Dienstgeber) Arbeitnehmer (Mitarbeiter). Als der Kirche zugeordnete Vereine unterliegen sie neben der allgemeinen Rechtsaufsicht auch der gesetzlichen Aufsicht desjenigen Ordinarius, in des-

§ 1

sen Diözese sie tätig werden (can. 305 § 2). Das gilt auch für die privaten Vereine, die nicht als juristische Personen im Sinne des Kirchenrechts errichtet worden sind (can. 305 § 1; 310; *Aymans*, Kirchl. Vereinigungen S. 98).

54 Die gesetzliche Aufsicht beinhaltet mehrere Ebenen, nämlich hinsichtlich der Statuten und über die Statutenwahrung oder -änderung und die gemäß der allgemeinen und partikulären diözesanen Gesetzeslage, die durch die Gesetzgebung neue Rechtslagen erfährt. Folglich hat der Verein kirchliche Rechtsordnung als für ihn verbindliche Norm zu beachten, zumal er ja seine Existenz als kirchlich anerkannter Verein kirchlicher Norm verdankt. Diese Situation ist auch bei dem nach staatlichem Recht gebildeten rechtsfähigen Verein mit Blick auf das staatliche Recht anzutreffen (vgl. §§ 21 ff. BGB). Auch ein solcher Verein ist, wenn er Arbeitgeber ist, den Pflichten und Rechten unterworfen, die sich aus seinem rechtlichen Handeln ergeben, also auch als Arbeitgeber im Sinne von §§ 611 ff. BGB. Werden aber die Vereine aus der Sicht des staatlichen und kirchlichen Rechts der Kirche zugeordnet, so gelten in bestimmten Fällen Ausnahmen vom staatlichen Gesetz unbeschadet ihrer Rechtsform (vgl. § 118 Abs. 2 BetrVG, § 112 BPersVG). Umgekehrt bezieht die MAVO durch § 1 Abs. 2 die kirchlichen Rechtsträger unbeschadet ihrer Rechtsform in die Pflicht zur Bildung von Mitarbeitervertretungen ein. Das können also auch nach staatlichem Recht gebildete Rechtsträger sein, die kirchlich anerkannt, aber nicht mit kirchlich verliehener Rechtspersönlichkeit ausgestattet sind (*Schnizer*, Das Vereinsrecht, AfkKR 1987, 385, 409). Folglich ist es dem kirchlich anerkannten Verein, der sich um die Anerkennung durch die Kirche bemüht hat, und dem kirchlich errichteten Verein nicht möglich darüber zu befinden, ob sie das höhere kirchliche Gesetz anwenden oder nicht. Denn alle Vereinsmitglieder sind durch die geprüften Statuten und den Inhalt dieser Statuten, der zur Anerkennung des Vereins als kirchlich geführt hat, der Kirche und ihrer zuständigen Autorität in der Diözese angesichts der Gesetzesunterworfenheit unter das kirchliche Recht verpflichtet. Dasselbe gilt für die Vereine mit kirchlich verliehener Rechtspersönlichkeit. Das hat auch für die altrechtlichen Vereine zu gelten, die noch nicht auf die neuen Vereinstypen des CIC 1983 übergeleitet worden sind. Denn auch sie werden von der neuen Ordnung des CIC geschützt (*Schulz*, Der neue Codex, S. 20, 22 f.).

55 Die Statuten (Satzungen) geben Aufschluss über die Einbindung in die Kirche und die Einordnung als der Kirche zuzurechnende Vereinigung (*Schulz*, a. a. O. S. 70 f.). Das bezeugen auch die vom *BVerfG* (BVerfGE 46, 73 zu A II der Gründe = NJW 1978, 581; BVerfGE 70, 138 zu A II 1 der Gründe) genannten Tatbestände über kirchliche Stiftungen bei der Feststellung der Zuordnung zur Kirche, als es um Fragen der Geltung von Betriebsverfassungsrecht und besonderen Loyalitätspflichten innerhalb des kirchlichen Dienstes (vgl. BAG, 12. 12. 1984 – 7 AZR 418/83) und um die Zulässigkeit einer von der Kanzel verkündeten und durchgeführten Sammelaktion von Lumpen für Arme durch eine Vereinigung katholischer ländlicher Jugend Deutschlands in der Form eines nichtrechtsfähigen Vereins ging (BVerfGE 24, 236 = NJW 1969, 31 zu I 1 der Gründe).

56 Es besteht also kein Zweifel, dass kirchliche Vereine im Falle der Beschäftigung von Mitarbeitern (Arbeitnehmern) durch die Kirchenaufsicht angehalten werden können, die Bestimmungen der MAVO anzuwenden. Das gilt für die rechtsfähigen Vereine ebenso wie für die kirchlichen privaten nichtrechtsfähigen Vereine (can. 310), die nach staatlichem Recht Rechtspersönlichkeit besitzen und entsprechend ihren Statuten Einrichtungen betreiben, Mitarbeiter beschäftigen und die kirchlichen Gesetze statutenmäßig anerkennen. Umgekehrt gilt im Verhältnis zwischen den kirchlichen Vereinen und ihren nach staatlichem Recht beschäftigten Mitarbeitern das staatliche Recht, also auch das staatliche Arbeitsrecht, wenn Arbeitsverträge abgeschlossen sind (can. 1290 CIC). Dabei darf nicht übersehen werden, dass staatliches Recht dem kirchlichen Bereich eigene Regelungskompetenzen zuweist, wenn es die Kirchen aus dem Geltungsbereich eines Gesetzes mitsamt ihren erzieherischen und karitativen Einrichtungen ausnimmt.

Will man ohne Zweifel zu erwecken die Geltung der MAVO für die Vereine 57 behaupten, so sollten die zuständigen Autoritäten einschließlich des Diözesanbischofs bei der Statutenprüfung, -billigung oder -genehmigung jedenfalls darauf hinwirken, die Geltung der MAVO in den Statuten als verbindliches Recht zu erklären. Ohne Geltung der MAVO bei den Vereinen des kirchlichen Rechts wären die Mitarbeiter kirchlicher Vereine womöglich vom staatlichen Personalvertretungsrecht ausgeschaltet, ohne wenigstens das von der Kirche gesetzte Recht beanspruchen zu können. Das dürfte für die staatliche Rechtsprechung nicht ohne Folgen bleiben. Denn der Zuordnung der Vereine zur Kirche muss deren Akzeptanz der Rechtsordnung der Kirche oder Teilkirche (Diözese) auf dem Gebiete kollektiver arbeitsrechtlicher Regelungen entsprechen, wenn die Vereine als Teil kirchlicher Aktivität Arbeitnehmer beschäftigen (ArbG Mönchengladbach, 12. 7. 2001 – 4 BV 34/01, ZMV 2001, 244). Deshalb ist den Statuten besondere Beachtung zu widmen, wenn es um die Frage der Geltung der MAVO (§ 1), des Betriebsverfassungsrechts (§ 118 Abs. 1 BetrVG) oder des Personalvertretungsrechts bei öffentlich-rechtlichen Körperschaften geht. Dazu ist der zuständige Diözesanbischof in seiner Sorge für die Klärung der Ziele des Vereins, gleich welcher Rechtsform er sich zur Teilnahme am Rechtsverkehr im staatlichen Bereich oder kirchlichen Bereich bedient, entscheidungskompetent (can. 312 § 2 CIC). Daraus folgt, dass die MAVO wegen der Zuordnung des Rechtsträgers zur Kirche gilt, nicht infolge seiner Satzungsautonomie. Denn die Satzungsautonomie umfasst nicht das Recht zum Erlass einer Mitarbeitervertretungsordnung (*Richardi*, Arbeitsrecht in der Kirche, § 18 Rz 6). Durch die Satzung werden auch nur die Mitglieder des Rechtsträgers verpflichtet, nicht aber die Mitarbeiter, die zum Rechtsträger in arbeitsrechtlichen Beziehungen stehen. Die Kirche regelt auf der Grundlage ihres Selbstbestimmungsrechts, ob und welches Mitarbeitervertretungsrecht gelten soll, und kann dies mit Wirkung für den Außenbereich auf Grund der Verfassungsgarantie des kirchlichen Selbstbestimmungsrechts (Art. 137 Abs. 3 WRV) tun (BVerfGE 46, 73 = NJW 1978, 581).

f. Stiftungen

Außer den Vereinen sind die Stiftungen im kirchlichen Raum von Bedeutung 58 (vgl. z. B. can.1299 ff. CIC; KiStiftO bayer. Diözesen, in: *Fahr/Weber/Binder*, Ordnung für kirchl. Stiftungen, Amtsblatt Köln 1978 Nr. 111 S. 78). Man unterscheidet zwischen unselbständigen und selbständigen Stiftungen (*Seifart*, Hdb. d. Stiftungsrechts, § 2 S. 7). Bei den selbständigen (rechtsfähigen) Stiftungen wird allgemein zwischen privaten, öffentlichen, öffentlich-rechtlichen und kirchlichen Stiftungen unterschieden (vgl. can. 116 CIC; §§ 1, 36 bayStiftG; *von Campenhausen*, in: Seifart, Hbd. d. Stiftungsrechts, § 16 S. 299 ff.). Welt-

§ 1

liche und kirchliche Rechtsordnung stellen Stiftungen staatlichen und kirchlichen Rechts nebeneinander, wobei auch Überschneidungen anzutreffen sind. Denn auch **kirchliche Stiftungen** bedienen sich staatlicher Rechtsformen und nehmen am weltlichen Rechtsverkehr teil (Stiftung Katholische Schule in der Diözese Hildesheim, Kirchl. Anzeiger 1996 S. 93 ff., *von Campenhausen*, a. a. O. § 22 S. 323). Kirchliche Stiftungen sind nach staatlichem Recht solche, deren Zweck es ist, ausschließlich oder überwiegend kirchlichen Aufgaben zu dienen (z. B. § 2 Abs. 4 StiftG NW), und die eine besondere organisatorische Verbindung zu einer Kirche aufweisen, ohne unbedingt von der Kirche selbst errichtet zu sein (BVerfGE 46, 73 = NJW 1978, 581, 583; *Richardi*, Kirchenautonomie, ZevKR 1978, 367, 391 ff.; *von Campenhausen*, § 23 Rz 1 ff.). Die kirchliche Stiftung, die nicht durch die Kirche selbst errichtet worden ist, bedarf innerkirchlich der Anerkennung durch die zuständige kirchliche Behörde. Die kirchlich errichtete Stiftung bedarf zu ihrer Wirksamkeit im staatlichen Bereich der staatlichen Genehmigung der Stiftung (vgl. z. B. Art. 37 Abs. 1 bayStiftG; § 4 Abs. 3 S. 1 StiftGNW; § 42 Abs. 2, 3 StiftG RhPf). Der CIC 1983 sieht die Errichtung der kirchlichen Stiftung durch den Ordinarius vor (can. 1303 § 1 n. 1; 114 § 1; 116; *Scheuermann*, Auswirkungen des Codex) und geht als Rahmenordnung davon aus, dass weitere Bedingungen für die Errichtung und Annahme von Stiftungen partikularrechtlich festgelegt werden (can. 1304 § 2 CIC). Die Kirche kann privatrechtliche Stiftungen im Sinne des § 80 BGB nach näherer landesgesetzlicher Maßgabe errichten (*Hof*, Die Entstehung der Stiftung, in: Seifart, Hdb. d. Stiftungsr. § 7 Rz 5). Beispiel für eine kirchliche Stiftung öffentlichen Rechts ist das Schulwerk für die Diözese Augsburg (Amtsblatt für die Diözese Augsburg 1975, 85. Jahrgang, Nr. 22 vom 15. 10. 1975 S. 104 ff.). Die Errichtung erfolgte durch das als Stiftungsakt bezeichnete Dekret des Bischofs von Augsburg vom 28. 8. 1975. Die Satzung der kirchlichen Stiftung hat der Bischof am 28. 8. 1975 erlassen (vgl. jetzt: can. 116 §§ 1 und 2 erster Halbsatz; can. 115 § 3; can. 1303 § 1 n.1 i. V. m. can. 114 § 2 CIC 1983). Durch Genehmigung des Bayerischen Staatsministeriums für Unterricht und Kultus vom 15. 10. 1975 erlangte diese Stiftung nach staatlichem Recht ihre Rechtsfähigkeit als Stiftung öffentlichen Rechts in entsprechender Anwendung des § 80 BGB und gemäß Art. 4, 5, 6 und 37 bayer. StiftG vom 26. 11. 1954 (Bay BS II S. 661, zuletzt geändert durch Gesetz vom 4. 6. 1974 – GVBl. S. 245; siehe Amtsblatt Augsburg 1975 S. 426). Eine kirchliche Stiftung des öffentlichen Rechts ist auch die Katholische Universität Eichstätt-Ingolstadt. Sie wendet die MAVO nicht an (Pastoralblatt des Bistums Eichstätt 2001 Nr. 153 S. 251 f.).

59 **Alte Stiftungen** lassen sich erst mit Hilfe von Urkunden, Satzung, Dokumenten sonstiger Art und unter Berücksichtigung der Rechtsgeschichte richtig einordnen. Oft gibt es Fälle, in denen die Stiftungsorgane sich der kirchlichen Aufsicht entziehen und der weltlichen unterstellen wollen. Dann hat die staatliche Aufsichtsbehörde – im Einvernehmen mit der Kirche – darüber zu entscheiden, ob die von ihr als kirchliche Stiftung staatlichen Rechts eingestufte Stiftung wirklich von der Kirche gegründet wurde. Ist die Stiftung nicht solche des kirchlichen Rechts, ist immer noch zu prüfen, ob sie kirchliche Stiftung im Sinne des staatlichen Rechts ist. Es geht um die Frage, ob eine Stiftung der Kirche »in bestimmter Weise zugeordnet« ist (*Menges*, Die kirchliche Stiftung in der Bundesrepublik Deutschland, S. 252 f.), um als kirchliche Stiftung qualifiziert werden zu können. Innere Elemente sind etwa

§ 1

- religiöse Zwecke,
- kirchliche Zwecke,
- kirchliche Aufgaben,
- organisatorische Verbindung mit der Kirche,
- organisatorische Eingliederung in die kirchliche Verwaltung,
- Verwaltung durch die Kirche.

Äußere Elemente sind   60
- die Errichtung der Stiftung
  - durch die Kirche,
  - als ortskirchliche Stiftung und Pfründestiftung
- die satzungsmäßige kirchliche Aufsicht,
- sinnvolle Zweckerfüllung nur in Verbindung mit einer Kirche (*Menges*, a. a. O. S. 256 ff.; *VG Trier*, 27. 6. 2002 – 1 K 183/01 TR n. v.)

und schließlich die Anerkennung durch die kirchliche Autorität.
In vielen Stiftungsgesetzen findet sich als Definitionselement der kirchlichen   61
Stiftung das Erfordernis der satzungsrechtlichen Unterstellung unter die Aufsicht der kirchlichen Autorität. Das NWStiftG stellt auf das Faktum der kirchlichen Beaufsichtigung ab (§ 2 Abs. 4 NW StiftG). In diesem Punkt unterscheidet sich die kirchliche Stiftung nicht vom rechtsfähigen Verein staatlichen Rechts, bei welchem die ortsoberhirtliche Gewalt kraft Vereinssatzung begründet ist. Eine Stiftung kann erst dann als kirchlich qualifiziert werden, wenn der Stifter seiner Stiftung diesen rechtlichen Charakter bemessen möchte (*Menges*, a. a. O. S. 300), also etwa eine kirchliche Stiftung staatlichen Rechts. Eine rechtliche Identität der kirchlichen Stiftung setzt voraus, dass der Stifter nicht einer nach staatlichem Recht, sondern auch nach kanonischem Recht eine Stiftung gründen kann. Stifter und Stifterwille sind dann nach dem CIC-Recht zu untersuchen. Auch eine außerhalb der kanonischen Rechtsordnung stehende Person kann eine Stiftung gründen, wenn sie sich den Vorgaben des kanonischen Rechts unterwirft (*Menges*, a. a. O. S. 307). Dazu can. 1301 CIC.

Von der Errichtung einer Stiftung ist die **Annahme einer Stiftung** durch eine   62
juristische Person (unselbständige Stiftung) zu unterscheiden (can. 1304 § 1 CIC). Sie wird nur gültig, wenn der Ordinarius die schriftliche Erlaubnis zur Annahme erteilt hat (*Potz*, Der Erwerb von Kirchenvermögen, Hdb. kath. KR S. 1076; vgl. Art. 8 Ordnung für kirchliche Stiftungen in den bayer. (Erz-) Diözesen – KiStiftO v. 1. 7. 1988, in: *Fahr/Weber/Binder*, S. 1 ff.). Selbständige kirchliche Stiftungen sind wegen ihrer organisatorischen Verbundenheit mit der Kirche auch ihrem Ordnungsbereich zuzurechnen (can. 1276; vgl. z. B. Art. 42 bay. KiStiftO). Sind sie Dienstgeber, gilt über die kirchliche Stiftungsaufsicht (z. B. §§ 8 ff. Ordnung für kirchl. Stiftungen Köln, Abl. 1978 S. 78) auch die diözesane MAVO (BAG, 10. 12. 1992–2 AZR 271/92, NZA 1993 S. 593 = AR-Blattei ES 960 Kirchenbedienstete Nr. 48).

g. Natürliche Personen

Die kirchliche MAVO ist Kirchengesetz. Nach Kirchenrecht werden durch   63
rein kirchliche Gesetze grundsätzlich nur Angehörige der katholischen Kirche verpflichtet (can.11 CIC). Damit wird der Anspruch nichtkatholischer Mitarbeiter anerkannt, ihren Glauben in der Kirche ihres Bekenntnisses zu entfalten (Luf, Glaubensfreiheit und Glaubensbekenntnis, Hdb. kath. KR S. 700,

§ 1

705). Die MAVO lädt aber auch die Christen anderer Konfessionen und die Nichtgetauften zur Mitwirkung gemäß den Vorschriften der MAVO ein. Nach Maßgabe von § 3 Abs. 1 sind sie Mitarbeiter. Mitarbeiter wird, wer durch ein entsprechendes Rechtsverhältnis, das zur Mitarbeiterschaft führt, in die Einrichtung eingestellt worden ist. Dadurch wird der persönliche Geltungsbereich der MAVO berechtigend und verpflichtend auf die in der Dienststelle bzw. Einrichtung Tätigen ausgedehnt (*Bischöfl. Schlichtungsst.* Berlin, 13. 3. 1984 – 6/83 – MAVO, NJW 1985, 18581. Sp.). Die Tätigkeit im Kirchendienst haben der einzelne Mitarbeiter und die einzelne Mitarbeiterin durch freien Willen (Vertrag, einverständliche Ernennung, Weihe, Gelübde oder tatsächliche Eingliederung) angenommen. Infolgedessen gilt nicht allein das dem Grundverhältnis entspringende Geflecht aus Rechten und Pflichten, sondern auch die hierzu ergangene MAVO zur Regelung der kollektiven Rechte und Pflichten der durch das Grundverhältnis verpflichteten und berechtigten Mitarbeiter (vgl. Christoph, Rechtsnatur und Geltungsbereich, ZevKR 1987, 47, 62). Zu beachten ist, dass die MAVO die Mitarbeiter im Grundsatz begünstigt; es geht um Mitwirkungsrechte in der Dienststelle. Die Geltung der Normen der MAVO wird durch die MAVO selbst nicht relativiert, sondern die Berechtigung aus der MAVO ist unterschiedlich geregelt. Einer durch den Einzelarbeitsvertrag herbeizuführenden Einbeziehungsabrede bedarf die MAVO deshalb weder bei den kirchenangehörigen noch bei den ihr nicht zugehörenden Mitarbeitern (a. A. *Pirson*, ZevKR 1982,115, 116 f.). Wer nämlich eine durch die MAVO geregelte Funktion oder Rechtsstellung durch freien Willen erwirbt, der trägt folglich auch die damit verbundenen Pflichten.

III. Dienststellen, Einrichtungen und Betriebe im Verhältnis zum staatlichen Recht

64 Die **staatliche Rechtsprechung** hatte sich verschiedentlich mit Fragen zu befassen, inwieweit Einrichtungen, Institute, Nachrichtenagenturen und Betriebe, deren Träger eindeutig der Kirche zuzurechnen sind, dem staatlichen Betriebsverfassungs- bzw. Personalvertretungsrecht zuzuordnen seien. Dabei sind folgende Tendenzen deutlich geworden.

1. Sozial-caritative und erzieherische Einrichtungen

65 Das *BAG* (14. 4. 1988 – 6 ABR 36/86, NJW 1988, 3283 = AfkKR 1988 S. 229 ff. = ZevKR 1989 S. 74 ff.) hat unter Hinweis auf can. 794 § 1 CIC entschieden, dass die vom Kolping-Bildungswerk Diözesanverband Paderborn e. V. gegründete **GmbH**, die ein Berufsbildungswerk betreibt, in dem Lernbehinderte internatsmäßig weitergeschult und ausgebildet werden, nicht unter das BetrVG fällt. Denn die GmbH betreibt eine Einrichtung der katholischen Kirche. Durch die Statuten habe sich das Kolpingwerk mit der Kirche so verbunden, dass diese auf das Kolpingwerk und seine vereins- und gesellschaftsrechtlichen Gliederungen Einfluss nehmen kann (vgl. auch *BAG*, 30. 4. 1997 – 7 ABR 60/95, ZMV 1997, 291). Vorausgegangen war die grundlegende Entscheidung des *BVerfG* vom 11. 10. 1977 – 2 BvR 209/76 (NJW 1978, 581 = BVerfGE 46, 73), wonach ein Krankenhaus in der Trägerschaft einer **Stiftung** privaten staatlichen Rechts von der Anwendung des BetrVG ausgenommen ist, wenn es ein gemeinnütziges katholisches Krankenhaus und eine Stiftung nach dem katho-

§ 1

lischen Kirchenrecht ist. In diesem Sinne entschied das *BAG* (12. 12. 1984 – 7 AZR 418/83, NZA Beilage 1/1986 S. 32) wegen der Zuordnung einer römisch-katholischen Schwesternkongregation, die durch Erlass des Bischofs von Ermland vom 18. 3. 1583 als solche anerkannt wurde, am 12. 3. 1602 die päpstliche Approbation erhielt, außerdem eine **Körperschaft öffentlichen** (staatlichen) **Rechts** und in der Krankenpflege tätig ist. Eine Einrichtung aber, die unter dem Namen Adolf Kolping auftretend – aus welchen Gründen auch immer – nicht zur katholischen Kirche zugeordnet sein will und folglich die Grundordnung nicht anwendet, nimmt nicht teil an der Wesens- und Lebensäußerung der katholischen Kirche. Gegen den erklärten Willen des Rechtsträgers der Einrichtung ist die Verwirklichung des Auftrags der Kirche kaum vorstellbar (*LAG Baden-Württemberg*, 15. 12. 1999 – 2 Sa 7/99; weiter: Rz 42 f.).

Für die Zuordnung einer rechtlich selbständigen Einrichtung zur Kirche ist 66 erforderlich, dass die Einrichtung ihrem Zweck nach auf die **Verwirklichung eines kirchlichen Auftrags** gerichtet ist. Hinzukommen muss ein Mindestmaß an Einflussmöglichkeiten der Kirche, um auf Dauer eine Übereinstimmung der religiösen Betätigung der Einrichtung mit kirchlichen Vorstellung gewährleisten zu können. Der ordnende Einfluss der Kirche bedarf keiner satzungsmäßigen Absicherung. Die Kirche muss jedoch in der Lage sein, einen etwaigen Dissens in religiösen Angelegenheiten zwischen ihr und der Einrichtung unterbinden zu können (ständige Rechtsprechung; *BAG*, 31. 7. 2002 – 7 ABR 12/01, NZA 2002, 14 = EZA § 118 Abs. 2 BetrVG Nr. 74). Zum Leitbild der Krankenhausseelsorge: Amtsblatt für die Diözese Augsburg 2000 S. 147. Betreibt eine **Wohnungsbau-GmbH** als Einrichtung der katholischen Kirche Wohnungsversorgung breiter Schichten der Bevölkerung, kommt es darauf an, ob sie **karitativ im Sinne der Kirche tätig** ist und dem kirchlichen Selbstverständnis von Caritas entspricht, so dass der Begriff der »karitativen Einrichtung« i. S. von § 118 Abs. 2 BetrVG zutrifft. Deshalb ist im Einzelfall zu ermitteln, ob und gegebenenfalls unter welchen Voraussetzungen der Bau und die Verwaltung und Vermietung von Wohnungen und Eigenheimen nach den Grundsätzen der Kirche und ihrer Soziallehre deren Verständnis von Caritas entspricht. Das kann der Fall sein, wenn die Wohnungen bedürftigen Menschen zur Verfügung gestellt werden und mit dieser Tätigkeit keine Gewinnerzielungsabsicht verfolgt wird (*BAG*, 23. 10. 2002 – 7 ABR 59/01, ZTR 2003, 416, unter Hinweis auf das Dekret über das Laienpostolat Nr. 8, Vaticanum II).

2. Der Wissenschaft dienende Einrichtungen

Das *LAG Hamm* hat entschieden, dass ein Forschungsinstitut, getragen von 67 einer GmbH, deren Gesellschafter eine Diözese und der Verband der Diözesen Deutschlands sind, nicht vom Geltungsbereich der BetrVG ausgenommen (§ 118 Abs. 2 BetrVG) sei, sondern dem BetrVG gemäß § 118 Abs. 1 als Tendenzträger unterfalle (*LAG Hamm*, 5. 12. 1979 – 12 Ta BV 75/79 – DB 1980, 696). Das Gericht hat die Geltung des § 118 Abs. 2 BetrVG nur deshalb abgelehnt, weil nach Artikel 2 der Verfassung des Instituts für wissenschaftliche Pädagogik der Zweck des Instituts die Förderung der wissenschaftlichen Arbeit auf dem Gebiet des Erziehungs- und Bildungswesens allgemein sei, während die in § 2 Abs. 1 b des Gesellschaftsvertrages über die Gründung der genannten Gesellschaft vorgesehene Unterstützung der Erziehungs- und Bildungsarbeit der katholischen Diözesen, Verbände und Einrichtungen nicht in

§ 1

die Verfassung des Instituts übernommen worden sei und daher nicht zu seiner Aufgabenstellung gemäß der ihm selbst gegebenen Verfassung gehöre. Das *LAG* gelangte deshalb zu dem Ergebnis, dass sich die Kirche hieran festhalten lassen müsse, solange sie diese Zielsetzung nicht geändert habe. Lediglich deshalb, weil die kirchliche Zwecksetzung in der Verfassung des Instituts für wissenschaftliche Pädagogik nicht enthalten war, hat das *LAG* die Geltung des § 118 Abs. 2 BetrVG für das Institut verneint (Rz 78).

68 **Fachhochschulen** in kirchlicher Trägerschaft werden z. B. von Gemeinnützigen Gesellschaften mit beschränkter Haftung getragen. Gesellschafter sind, wie z. B. bei der Katholischen Fachhochschule Nordrhein-Westfalen, die fünf Bistümer Aachen, Essen, Köln, Münster, Paderborn (§ 4 des Gesellschaftsvertrages vom 12. 3. 1986). Gemäß § 47 gilt die MAVO auch für den Schul-, Fachschul-, Fachhochschul- und Hochschulbereich, wenn der Träger dem kirchlichen und karitativen Bereich zuzurechnen ist (§ 47 Abs. 1 i. V. m. § 1; Übersicht bei *Baldus*, Kirchl. Fachhochschulen, Essener Gespräche 1975 Bd. 9 S. 112) und keine Sonderregelung besteht (vgl. § 47 MAVO Köln, Münster, Essen, Aachen; § 47 Abs. 4 MAVO Paderborn). Die Katholische Fachhochschule für Sozialarbeit, Sozialpädagogik und Praktische Theologie Mainz steht als rechtlich unselbständige kirchliche Einrichtung der (Erz-) Diözesen Köln, Limburg, Mainz, Speyer und Trier in der Trägerschaft der Gemeinnützigen Gesellschaft zur Förderung von Wissenschaft und Bildung mbH (§ 1 Abs. 2 der Satzung; Amtsblatt des Erzbistums Köln 2003 Nr. 358 S. 376). Sie wendet die GrO an (§ 12 a der Satzung).

3. Kirchliche Wirtschaftsbetriebe

69 Im kirchlichen Bereich sind außer den karitativen und erzieherischen Einrichtungen auch Wirtschaftsbetriebe von Bedeutung. Es handelt sich dabei u. a. um Druckereien, Gartenbetriebe, landwirtschaftliche Betriebe, Werkstätten, Läden, Weingüter, Brauereien, Brennereien, Versicherungen, Banken, in denen Arbeitnehmer beschäftigt werden (*Dütz*, Mitbestimmung in kirchlichen Wirtschaftsbetrieben, in: FS Stahlhacke, S. 101). Umstritten ist, ob auf solche Betriebe staatliches Personalvertretungs- bzw. Betriebsverfassungsrecht Anwendung findet (*Däubler/Kittner/Klebe/Schneider*, Betriebsverfassungsgesetz, 4. Aufl. 1994 § 108; a. A. *Dütz*, a. a. O.). Zu unterscheiden ist, ob der Betrieb privatrechtlich oder öffentlich-rechtlich organisiert, der Kirche zugeordnet und rechtlich selbständig oder unselbständig geführt wird und ob Landesrecht Besonderheiten regelt (*Dütz*, a. a. O., S. 101 f.). Davon zu unterscheiden sind etwa Reiseunternehmen, die den Namen katholisch in der Firma führen, aber dies nur deshalb, weil sich das Unternehmen als Anbieter für katholische Gruppen versteht, um geschäftlich zum Zuge zu kommen, wie etwa eine »Katholische Reise GmbH«. Auch hier gilt der Namensschutz für das Wort katholisch gemäß can. 216 CIC; BGH, 24. 11. 1993 – XII ZR 51/92, NJW 1994, 245), wenn nicht einmal ein kirchlicher Rechtsträger an dem Unternehmen beteiligt ist.

a. Kirchliche Unternehmungen

70 Wirtschaftliche Tätigkeit der Kirchen ist nicht in jedem Falle vom staatlichen Mitbestimmungsrecht ausgenommen. Es kommt auf folgende Voraussetzungen für die Ausnahme an

§ 1

- religionsspezifische Zuordnung der Tätigkeit zur verfassten Kirche,
- nach Aufgabenstellung und Organisation (z. B. Satzung) der verfassten Kirche zugeordnete Tätigkeit,
- typische kirchliche Aufgabenwahrnehmung ohne Rücksicht auf die Rechtsform des Trägers.

In diesem Sinne hat das *BAG* (24. 7. 1991 – 7 ABR 34/90, NZA 1991, 977 = ZTR 1992, 41 = AR-Blattei ES Tendenzbetrieb Nr. 47) entschieden, dass nach dem Selbstverständnis der evangelischen Kirche die **Religionsausübung** nicht nur die Bereiche des Glaubens und des Gottesdienstes, sondern auch die Freiheit zur Entfaltung der Wirksamkeit in der Welt umfasst, wie es ihrer religiösen Aufgabe entspricht. Hierzu zählt auch die Öffentlichkeitsarbeit mit publizistischen Mitteln als Teil kirchlicher Mission. Diese Aufgabenerfüllung kann auch von einem rechtlich selbständigen Presseverband als Teil der evangelischen Kirche wahrgenommen werden, so dass das staatliche Betriebsverfassungsrecht keine Anwendung findet (*BAG*, a. a. O.; *Dütz*, a. a. O. S. 110 ff.). **71**

In diesem Sinne sind auch Unternehmungen vergleichbarer Art, wie die **Katholische Nachrichtenagentur** (KNA) in der Rechtsform einer **GmbH** einzuordnen (Amtsblatt des Erzbistums Köln 1992 Nr. 279 S. 344; 1993 Nr. 157 S. 156), speziell auch Versorgungseinrichtungen für die Altersversorgung von kirchlichen Mitarbeitern, wie z. B. kirchliche (Zusatz)versorgungskassen, Werke für Missionszwecke, Ausgleichskassen überdiözesaner Art zur Besorgung wirtschaftlicher Angelegenheiten der Kirchen oder Orden (*Dütz*, a. a. O.). Die **Kirchliche Zusatzversorgungskasse als Anstalt des öffentlichen Rechts** (Satzung in: Kirchl. Anzeiger für die Erzdiözese Köln 1976 Nr. 386 S. 667; zur Errichtung: Kirchl. Anzeiger Köln 1976 Nr. 385 S. 665, Gesetz betreffend die Errichtung der »Kirchlichen Zusatzversorgungskasse des Verbandes der Diözesen Deutschlands« als rechtsfähige Anstalt des öffentlichen Rechts, in: Kirchl. Anzeiger Köln 1976 Nr. 388 S. 721) ist ebenfalls vom staatlichen Betriebsverfassungsrecht (§ 130 BetrVG), aber auch vom Personalvertretungsrecht ausgenommen (§ 112 BPersVG). Neufassung der Satzung in: Amtsblatt des Erzbistums Köln 2002 Nr. 2535, 214. **72**

b. Klösterliche Eigenbetriebe

Werden, was nicht selten ist, Wirtschaftsbetriebe von Klöstern betrieben (z. B. Brauereien, Brennereien, Landgüter, Läden, Werkstätten, Weinbaubetriebe u. a.; *Siepen*, Vermögensrecht S. 114 ff.), so sind sie häufig unselbständige Betriebe dieser Körperschaften. Die Betriebe dienen zum Lebensunterhalt ihrer Mitglieder und der Erhaltung ihres Anwesens zur Erwirtschaftung von Gewinnen. Soweit die Betriebe von den Ordensangehörigen allein verwaltet und betrieben werden, ergibt sich wegen des Ordensrechts und der staatlichen Gesetzgebung (§ 1 PersVG, § 5 Abs. 2 Nr. 3 BetrVG) die **Unanwendbarkeit der staatlichen Gesetze.** Werden nichtordensangehörige Mitarbeiter tätig, so ist auf die verfassungsrechtliche Regelung abzustellen, wonach die Kirche ihre inneren Angelegenheiten selbständig regelt. Dazu gehört auch, in welcher Weise ihre Klöster ihren Unterhalt bestreiten. Das Ziel ist die Aufrechterhaltung der Ordensgemeinschaft bzw. des Klosters, die wirtschaftliche Unabhängigkeit und der Lebensunterhalt der Mitglieder des Ordens oder Klosters (vgl. can. 610, § 2 CIC; *Henseler*, Münsterischer Kommentar, can. 610 Rz 2 f.). Wegen der Ausstrahlung des Klosters und seines Betriebes auf das kirchliche Um- **73**

§ 1

feld und in die Arbeitswelt der nichtordensangehörigen Mitarbeiter gilt die MAVO, wenn sie der zuständige Bischof erlassen hat. Es gilt aber nicht das staatliche Betriebsverfassungs- oder Personalvertretungsrecht (§ 118 Abs. 2 BetrVG, § 112 BPersVG). Das ist z. B. der Fall bei einem kirchlichen Orden, der einen **Verlag mit angeschlossener Druckerei** betreibt, selbst wenn Verlag und Druckerei zur Sicherung der Wirtschaftlichkeit in erheblichem Umfang Fremdaufträge übernehmen. Ausschlaggebend ist eine erzieherische Zielsetzung des Gesamtbetriebs im Sinne des kirchlichen Selbstverständnisses; dazu gehören auch **Erwachsenenbildung** und **Medienarbeit** (*Bayer.VGH*, 16. 6. 1999 – 17 P 98. 1241, r.kr., ZTR 2000, 43).

74 Auch andere Rechtsträger (z. B. Pfarrgemeinden und andere Institute) betreiben Wirtschaftsbetriebe zur Unterhaltung von Bauwerken oder Personalstellen. Als Einrichtungen der Kirche unterfallen sie nicht dem BetrVG. Dasselbe gilt auch für Dombauhütten der Domkirchen oder Domkapitel zur Instandhaltung der Kirchengebäude. Es gilt die MAVO.

75 Im Falle der **Klosterbrauerei** Andechs hat das *LAG München* (30. 10. 1985, LAGE § 130 BetrVG Nr. 1 = NZA 1986, 540) entschieden, dass das BetrVG gemäß § 130 BetrVG nicht gelte, weil die Brauerei unselbständiger Betrieb eines Klosters sei, das selbst Körperschaft des öffentlichen Rechts ist. Das dem *LAG* folgende *BAG* (30. 7. 1987 – 6 ABR 78/85, NJW 1988, 933 = DB 1987, 2658) fügte ausdrücklich hinzu, § 130 BetrVG diene dazu, den Geltungsbereich des BetrVG gegenüber dem der Personalvertretungsgesetze des Bundes und der Länder abzugrenzen (m. N). Es hat die verfassungsrechtliche Frage (Rz 76) zugunsten der einfach gesetzlichen des § 130 BetrVG zurückgestellt und festgestellt, dass das BetrVG wegen der öffentlich-rechtlichen Rechtsform des Klosters auf seine Brauerei nicht anwendbar sei (vgl. dazu *Hess/Schlochauer/Worzalla/Glock*, BetrVG § 130 Rz 3). Wäre die Klosterbrauerei ein Betrieb in Form einer privatrechtlichen Körperschaft (z. B. GmbH), so würde im Falle der Geltung des BetrVG die Belegschaft je nach Zugehörigkeit oder Nichtzugehörigkeit zum Orden in Mitarbeiter mit den Rechten aus dem BetrVG und solchen ohne Rechte aus dem BetrVG (§ 5 BetrVG) unterteilt mit der Folge, dass die Ordensleute aus dem BetrVG ausgeklammert wären; sie würden in die gesetzliche Abseitsstellung bzw. entgegen ihrer persönlichen und ordensrechtlichen Lebensführung in die tatsächlich und rechtlich nicht vorhandene Stellung von Kapitaleignern gebracht (vgl. dazu *Henseler*, Münsterischer Kommentar, can. 668 Rz 6–9). Die gleiche Problematik wäre infolge von § 4 Abs. 5 Nr. 1 BPersVG bei der Geltung des BPersVG zu verzeichnen (vgl. Art. 4 Abs. 5 Buchst. c BayPVG).

76 Das *Bayerische Verwaltungsgericht München* (22. 7. 1988 – M 20 P 88 – 2212, PersR 1989, S. 235) entschied, dass in der Klosterbrauerei als Betrieb einer Körperschaft des öffentlichen Rechts eine Personalratswahl nach Landespersonalvertretungsrecht durchzuführen sei. Der *Bay. VGH München* hat das erstinstanzliche Urteil im Wesentlichen bestätigt (13. 9. 1989 – 17 P 89.00759 PersR 1990 S. 72 = BayVBl. 1990 S. 308) und festgestellt, dass bei der Benediktinerabtei St. Bonifaz in München und Andechs, Körperschaft des öffentlichen Rechts, in der Klosterbrauerei Andechs mit Nebenbetrieben (Gastronomie und Metzgerei) ein Personalrat zu wählen ist. Andere Nebenbetriebe, wie Landwirtschaft, Gartenbetrieb, Wäscherei und Konventküche waren nicht mehr Gegenstand der Entscheidung. Leitlinien der Entscheidung für die Anwendung des staatlichen Personalvertretungsrechts trotz der Ausnah-

§ 1

meklausel des Art. 92 BayPVG für den Bereich der Religionsgesellschaften und ihre karitativen und erzieherischen Einrichtungen waren
– Gewerbebetrieb als auf Gewinnerzielung ausgerichtetes Wirtschaftsunternehmen und als Handelsgewerbe in das Handelsregister nach den Bestimmungen des Handelsgesetzbuchs (§ 33 i. V. m. § 1 Abs. 2 Nr. 1 oder § 2 HGB) eingetragen,
– unselbständig geführter Wirtschaftsbetrieb einer nicht bundesunmittelbaren Körperschaft des öffentlichen Rechts i. S. von Art. 1 BayPVG,
– keine unzulässige Beschränkung des Selbstbestimmungsrechts der Religionsgemeinschaften angesichts der positiven Regelungen des Art. 92 BayPVG, wonach diese Vorschrift außer den Religionsgemeinschaften und den ihnen zuzuordnenden Untergliederungen (z. B. Abtei) lediglich deren karitative und erzieherische Einrichtungen von der Personalvertretungspflicht freistellt,
– keine Absicht, nur den eigenen Bedarf (anders etwa in der Wäscherei oder Landwirtschaft) zu decken,
– Unerheblichkeit fehlender personalvertretungsrechtlicher Einheit zwischen Mutterkörperschaft (Abtei) und den organisatorisch selbständigen Teilen (Brauerei mit Nebenbetrieben) im Hinblick auf Art. 92 BayPVG,
– Wirtschaftsbetrieb als religionsneutraler Vorgang, auch wenn er der Religionsausübung mittelbar dient, der sich nach Erscheinungsform und Struktur nicht von einem vergleichbaren Unternehmen der Privatwirtschaft unterscheidet,
– keine materielle Betroffenheit der mitarbeitenden Ordensleute hinsichtlich des Selbstbestimmungsrechts der Abtei in Ansehung des Mitbestimmungsrechts nach dem BayPVG (Art. 4 Abs. 5 c BayPVG) und des Mitwirkungsrechts wegen des Letztentscheidungsrechts der Abtei (Art. 72 Abs. 4 BayPVG),
– Wirtschaftsbetrieb ist nicht bloße Vermögensverwaltung, die zur Autonomie der Kirche zählt, sondern er ermöglicht sie erst; auf die Vermögensverwaltung (Verwendungsmittel) hat der Personalrat keinen Einfluss.

4. Verfassungslage

Ausgehend von den Entscheidungen des *LAG Hamm* (Rz 67), des *BAG* (Rz 75) und des *Bay. VGH München* (Rz 70) ist die Frage zu beurteilen, ob es bei der Geltung der MAVO oder des staatlichen Personalvertretungs- und Betriebsverfassungsrechts um eine verfassungsrechtliche oder um eine einfache gesetzliche Regelung geht. Geht man mit der Rechtsprechung davon aus, dass sowohl § 118 Abs. 2 BetrVG als auch § 112 BPersVG den Zweck haben, das verfassungsrechtlich garantierte Selbstordnungs- und Selbstverwaltungsrecht der Kirchen (Art. 140 GG i. V. m. Art. 137 Abs. 3 WRV) zur Geltung zu bringen (vgl. *Fabricius*, GK-BetrVG § 118 Rz 716 ff. mit Nachweisen; *Grabendorff/Windscheid/Ilbertz/Widmaier*, BPersVG § 112 Anm. l; a. A. *Altvater/Bacher/Sabottig/Schneider/Thiel*, BPersVG § 112 Rz 3), so kommt es auf den einschränkenden Wortlaut der beiden gesetzlichen Bestimmungen eigentlich nicht an (*Jurina*, Das Dienst- und Arbeitsrecht im Bereich der Kirchen S. 159), insbesondere, wenn man davon ausgeht, dass es sich bei § 118 Abs. 2 BetrVG um eine Zweckmäßigkeitsregel handelt (vgl. *Fabricius*, a. a. O. Rz 748, 718). Denn wenn die Betriebsverfassung zu den eigenen Angelegenheiten der Reli-

77

gionsgesellschaften rechnet und deshalb die staatlichen Gesetze hierzu nicht für alle geltende Gesetze sind (vgl. *Richardi*, Arbeitsrecht in der Kirche § 16 Rz 24), so genügt Art. 137 Abs. 3 WRV für die Ausnahme vom staatlichen Gesetz; das Gesetz nimmt auf das verfassungsrechtlich Gebotene (BVerfGE 42, 313, 331–335 = NJW 1976, 2123; BVerfGE 46, 73 = EzA § 118 BetrVG 1972 Nr. 15 = NJW 1978, 581, 583) Rücksicht. Die in § 118 Abs. 2 BetrVG und § 112 BPersVG gleich lautend anzutreffende Formulierung, wonach jedes der beiden Gesetze »keine Anwendung auf Religionsgemeinschaften und ihre karitativen und erzieherischen Einrichtungen« unbeschadet ihrer Rechtsform findet, erweist sich dann als zu eng. Denn wenn man mit *Fabricius*, (a. a. O. Rz 781 f.) davon ausgeht, dass die **Zuordnung einer Einrichtung zu einer Religionsgemeinschaft** nur bejaht werden kann, wenn die beiden Merkmale **»ideelle Bindung an die kirchliche Aufgabe«** sowie die **»organisatorische Zuordnung der Einrichtung zur Religionsgemeinschaft«** erfüllt seien, so folgt daraus, dass die Bereichsausnahme der staatlichen Gesetze nicht auf »karitative und erzieherische Einrichtungen« zu begrenzen, sondern auch auf andere Einrichtungen zu erstrecken ist, die sich als »Wesens- und Lebensäußerung der Kirche« darstellen (vgl. *Fabricius*, a. a. O. Rz 784; *Richardi*, a. a. O. § 3 Rz 16, unter Hinweis auf die Katholische Nachrichten-Agentur, KNA). Geht man von den Begriffen Zuordnung und Einwirkung sowie ideelle Bindung an die kirchliche Aufgabe aus, so kommt man nicht umhin, auch wissenschaftliche Institute und kirchliche Nachrichten-Agenturen oder Presseverbände vom Geltungsbereich des BetrVG auszunehmen. Denn schließlich dienen sie der Wirksamkeit der Aufgaben, die der Kirche gestellt sind (*Richardi*, § 3 Rz 16; *BAG*, 24. 7. 1991, ZTR 1992, 41 = NZA 1991, 977 = AR-Blattei ES Tendenzbetrieb Nr. 47). Dasselbe hat dann auch z. B. für die Kirchliche Zusatzversorgungskasse des Verbandes der Diözesen Deutschlands – Anstalt des öffentlichen Rechts – zu gelten (vgl. Satzung in: Amtsbl. d. Erzbistums Köln 1986; S. 47 ff; dazu: *Jurina*, a. a. O. S. 156 ff., S. 159).

78 Folgt man diesen Überlegungen, so hätte das *LAG Hamm* (DB 1980, 696) weniger auf den Wortlaut des § 118 Abs. 2 BetrVG abstellen können (a. A. *Fabricius*, GK-BetrVG Rz 786 f.) und mehr auf die Tatsache, dass die vom Verband der Diözesen Deutschlands und der Diözese Münster gebildete Gesellschaft zum Betrieb eines wissenschaftlichen Instituts für Pädagogik kirchliche Aufgaben zu erfüllen hat, nämlich die wissenschaftliche Arbeit auf dem Gebiet des Erziehungs- und Bildungswesens zu fördern (Verfassung des Instituts, Art. 2) und die auf Erziehung und Bildung gerichtete Tätigkeiten der deutschen Diözesen, der katholischen Verbände und der katholischen Einrichtungen zu unterstützen, wie sich aus dem weitergehenden Wortlaut des Gesellschaftsvertrages (§ 2 Abs. 1) ergibt. Dass die Gesellschaft kirchlich anerkannt ist, ergibt sich durch die Gesellschafter und ihre Verfassungen.

79 Würde man sich dem *LAG Hamm* und dem ihm folgenden Teil der Literatur anschließen, so wären praktisch die kirchlichen Hochschulen und Fachhochschulen, die der Wissenschaft zu dienen haben, betroffen, wenn man letztlich nicht doch auf das Wesen der kirchlichen Bildung abstellt: »ausgehend vom Evangelium Jesu Christi zur ganzheitlichen Entfaltung der menschlichen Person beizutragen und junge Menschen dahin zu führen, aus christlicher Überzeugung heraus in ihrem Beruf tätig zu sein« (aus: Präambel des Statuts der Katholischen Fachhochschule Nordrhein-Westfalen vom 12. 3. 1986). Das ist auch ein Erziehungsziel (vgl. auch Art. 2 der Verfassung der Stiftung Katho-

lische Universität Eichstätt-Ingolstadt). Deutlich heißt es in der Satzung für die Katholische Fachhochschule für Sozialarbeit, Sozialpädagogik und praktische Theologie Mainz vom 19. 9. 1988:»Die Fachhochschule ist eine Bildungseinrichtung der Katholischen Kirche. Sie dient der Erfüllung des kirchlichen Auftrages, freie Bildungseinrichtungen aus dem Geist des Evangeliums zu führen. Aufgrund ihrer Trägerschaft ist sie der verfassten Katholischen Kirche organisatorisch verbunden. Sie erfüllt die Aufgaben gemäß § 3 in der sich daraus ergebenden besonderen kirchlichen Prägung. Dementsprechend hat sie über eine praxisorientierte Ausbildung auf wissenschaftlicher Grundlage hinaus die Studenten zu befähigen, aus christlicher Verantwortung ihr Leben zu gestalten und ihren Dienst am Menschen zu leisten. Die an der Fachhochschule Tätigen und die Studenten haben diese besondere Prägung der Fachhochschule anzuerkennen und mitzutragen« (§ 2 Abs. 1 der Satzung; Amtsblatt des Erzbistums Köln 2003 Nr. 358 S. 376).

Die Entscheidungen der bayerischen Verwaltungsgerichte (Rz 76) stehen im Gegensatz zur Rechtsprechung des *BVerfG* (11. 10. 1977 – 2 BvR 209/76, BVerfGE 46, 73 = NJW 1978, 581). Ein **Kloster** gehört, auch wenn es Körperschaft des staatlichen öffentlichen Rechts ist, zur katholischen Kirche (can. 590 § 1 CIC; BVerfGE 24, 236, 247). Art. 92 BayPVG regelt wie § 112 BPersVG:»Dieses Gesetz findet keine Anwendung auf Religionsgemeinschaften und ihre karitativen und erzieherischen Einrichtungen ohne Rücksicht auf ihre Rechtsform; ihnen bleibt die selbständige Ordnung eines Personalvertretungsrechts überlassen.« Ein Kloster ist mit seinem Betrieb nicht in den staatlichen Organisationsbereich einzuordnen. Als Teil der Kirche ist ihm und seinen von der Kirche vorgegebenen Grundsätzen und durch die Leitbilder für den Orden die selbständige Ordnung und Verwaltung seiner Angelegenheiten von der Verfassung garantiert. Deshalb ragt nicht jedes staatliche Gesetz ohne weiteres in den den Kirchen und ihren Einrichtungen zustehenden Autonomiebereich hinein, auch wenn es aus weltlicher Sicht von der zu regelnden Materie her als vernünftig erscheint (*BVerfG*, 25. 3. 1980 – 2 BvR 208/76, BVerfGE 53, 366, 404 = NJW 1980, 1895). Andernfalls wäre die Erwartungsklausel in Art. 92 BayPVG und in § 112 BPersVG nicht garantiert, welche die Eigenständigkeit kirchlicher Personalverfassung respektiert.

IV. Ökumenische Trägerschaften?

Ein **Caritasverband** und ein **Diakonisches Werk** haben durch Gesellschaftsvertrag eine **gemeinsame GmbH** gegründet, um mit der Gesellschaft ein »christliches Krankenhaus« zu betreiben. Diese GmbH ist keiner Kirche zuzuordnen, so dass kirchliches Mitarbeitervertretungsrecht nicht gilt, also weder MAVO noch MVG. Voraussetzung für die Geltung kirchlichen Rechts ist eine klare Zuordnung zu einer verfassten Kirche im Sinne von Art. 140 GG i. V. m. Art. 137 Abs. 3 WRV (*Richardi*, § 16 Rz 62). Dazu bedarf es einer klaren kirchenrechtlichen Regelung. Bei der Bildung eines christlichen Krankenhauses als einem nicht mehr der katholischen Kirche zuordnungsfähigen Institut hat auch die Genehmigung der rechtsgeschäftlichen Erklärungen zum Abschluss des Gesellschaftsvertrages durch den dem Caritasverband vorsitzenden Weihbischof nicht die erforderliche Rechtsgrundlage ersetzt. Eine Erweiterung der Aktivitäten des Caritasverbandes im Rahmen seiner Statuten

§ 1

ist möglich. Aber durch die Gründung einer GmbH mit dem Diakonischen Werk wird die Zuordnung der GmbH zur einen oder anderen Kirche aufgehoben, falls der Gesellschaftsvertrag zur Verknüpfung mit einer Kirche nichts erklärt (*Krämer, Rolf,* Kirchenrechtliche Probleme einer diakonischen GmbH, ZevKR 1996, 66, 80 ff.). Das hat zur Folge, dass die so gebildete GmbH als Tendenbetrieb i. S. von § 118 Abs. 1 BetrVG dem staatlichen Betriebsverfassungsrecht (§ 1 a Rz 25; zur Problematik vgl. VGH der EKU, 19. 8. 1994 – VGH 2/91, RsprB Abl. EKD 1995) unterliegt. Was zur Kirche i. S. von Art. 137 Abs. 3 WRV gehört, bestimmt die Kirche nach ihrem Selbstverständnis (BVerfGE 24, 236, 246 f.; 46, 73, 85; 53, 366, 391). Zur Kirche gehört jede von ihr inkorporierte, zur Miterfüllung eines Stücks des kirchlichen Auftrags bestimmte, von ihr anerkannte und unter ihrem bestimmenden Einfluss stehende Einrichtung (*Geiger,* Die Rechtsprechung des Bundesverfassungsgerichts, ZevKR 1981, 156, 163). Die Entscheidung des *BVerfG* betreffend das Krankenhaus in Goch (BVerfGE 46, 73, 87 ff.) gibt Aufschluss, aus welchen Merkmalen der kirchliche Charakter der Einrichtung erschlossen werden kann und welche organisatorische Verzahnung mit der Kirchenorganisation zu verlangen ist, um unter dem Schutz des Art. 137 Abs. 3 WRV von den Vorschriften des BetrVG befreit zu sein (Rz 37 ff.). **Zu unterscheiden ist zwischen den Bestimmungen des Grundgesetzes**, wonach als Ausfluss der Religionsausübungsfreiheit auch die korporative Freiheit der Vereinigung von Gemeinschaften garantiert ist (Art. 4 Abs. 2 GG, Art. 140 GG i. V. m. Art. 137 Abs. 2 WRV), deren religiöses Daseins- und Betätigungsrecht auch hinsichtlich der Art der hierfür zu schaffenden Organisation im Rahmen der Grundauffassungen der heutigen Kulturstaaten geschützt ist (BVerfGE 24, 236), und dem kirchlichen Selbstverständnis zu Fragen der ökumenischen Zusammenarbeit im Bereich sozialer Einrichtungen und Maßnahmen (Kirchl. Anzeiger für die Erzdiözese Köln 1975 Nr. 213 S. 339 ff.). »Ziel ökumenischer Zusammenarbeit ist es, einen sichtbaren Dienst an der Einheit als gemeinsame Aufgabe der Christen im Dienst der Welt zu leisten.«

82 »**Ökumenisch** können nur solche Aktionen genannt werden, welche die Annäherung und Einigung der getrennten christlichen Kirchen und kirchlichen Gemeinschaften zum Ziel haben sowie der gemeinsamen Aufgabe der Christen gegenüber der Welt dienen« (Kirchl. Anzeiger Köln 1975 Nr. 213 S. 339, 342). »Praktische Formen der Zusammenarbeit sind Vereinigungen bekenntnisverschiedener Kirchen, die über die Zusammenarbeit in einer Einrichtung oder Maßnahme hinaus einen eigenen gemeinsamen und umfassenden Rechtsträger (z. B. e. V., GmbH, Stiftung) bilden, der Zuständigkeit und Verantwortung für Eigentum, Finanzierung, Personal, Geschäftsführung und Leitung übernimmt« (Kirchl. Anzeiger Köln a. a. O. S. 343). Diese Form erschwert die Zuordnung zum Deutschen Caritasverband als einem der Spitzenverbände der freien Wohlfahrtspflege; es entsteht das Problem der Doppelmitgliedschaft in mehreren Spitzenverbänden, die nicht gewollt ist (§ 5 Abs. 1 S. 2 Buchst. ii der Satzung des Diözesan-Caritasverbandes für das Erzbistum Köln, Amtsblatt des Erzbistums Köln 1996 Nr. 231 S. 264), und damit ganz selbstverständlich die Frage der Geltung der Grundordnung und der MAVO (§ 5 Abs. 1 S. 2 Buchst. bb und dd der Satzung a. a. O.). Denn Grundordnung und MAVO beanspruchen nur Geltung im Bereich der katholischen Kirche. Im Falle der Kooperation verschiedener Rechtsträger, z. B. aus den Bereichen des staatlichem Betriebsverfassungsrechts und Personalvertre-

§ 1

tungsrechts, des MVG – EKD und der MAVO in einem Krankenhausverbund (etwa GmbH) kommt es auf seine Struktur und die tatsächliche Leitungsmacht und die klare Zuordnung zu einem der genannten Rechtsbereiche an (vgl. § 118 Abs. 1 u 2, § 130 BetrVG).

V. Streitigkeiten

1. Arbeitsgerichtliches Beschlussverfahren

Streitigkeiten darüber, ob eine Dienststelle, Einrichtung oder sonstige selbständig geführte Stelle oder eben ein Betrieb nach § 118 Abs. 2 BetrVG aus dem Geltungsbereich des BetrVG herausfällt, sind im arbeitsrechtlichen Beschlussverfahren zu entscheiden (§ 2a Abs. 1 Nr. 1, Abs. 2 i. V. m. §§ 80 ff. ArbGG). Anlass für das Verfahren können sein: die Anfechtung einer Betriebsratswahl, die Feststellung der Nichtigkeit nach § 17 BetrVG (vgl. *BAG*, EzA § 118 BetrVG 1972 Nr. 16 und 33; *ArbG Bonn* 5. 9. 1979). In dem Verfahren hat das Arbeitsgericht von Amts wegen alle erheblichen Tatsachen zu ermitteln und aufzuklären (§ 83 ArbGG; *Fabricius*, GK-BetrVG § 118 Rz 794). Dabei ist der Dienstgeber regelmäßig eher in der Lage, die Umstände darzulegen, wie die institutionelle Zuordnung zwischen Einrichtungen und Kirche gegeben ist. Deshalb wird die Beibringungslast dem Dienstgeber aufgebürdet mit der Folge, dass bei einer offenen Frage von der Anwendbarkeit des Betriebsverfassungsrechts ausgegangen wird (*ArbG Mönchengladbach*, 12. 7. 2001 – 4 BV 34/01, ZMV 2001, 244).

83

2. Verwaltungsgerichtliches Beschlussverfahren

Wird darüber gestritten, ob das Bundespersonalvertretungsgesetz (oder ein anderes Personalvertretungsgesetz) anwendbar ist oder ob § 112 BPersVG die Dienststelle aus dem Geltungsbereich des BPersVG ausklammert, entscheidet das zuständige Verwaltungsgericht nach § 83 Abs. 1 Nr. 2 und 3 BPersVG. Denn hierbei geht es um Fragen im Zusammenhang mit der Wahl, Zuständigkeit und Geschäftsführung der Personalvertretung (*Grabendorff/Windscheid/Ilbertz/Widmaier*, BPersVG § 112 Rz 5). Das Verfahren wird entsprechend den Vorschriften des Arbeitsgerichtsgesetzes über das Beschlussverfahren abgewickelt (§ 83 Abs. 2 BPersVG). Dasselbe gilt bei Streitigkeiten über die Geltung von Landespersonalvertretungsrecht. Das Beschlussverfahren kennt Antragsteller und Beteiligte (*BVerwG*, 20. 6. 1958, NJW 1958, 1649); es ist der Disposition der Beteiligten weitgehend entzogen. Im Beschlussverfahren wird die dem Gesetz entsprechende Rechtslage hergestellt oder festgestellt (*OVG Berlin*, 12. 8. 1971, PersV 1972, 215). Im Verfahren gilt der Grundsatz der Aufklärung von Amts wegen durch das Gericht (§ 83 Abs. 2 BPersVG i. V. m. § 83 Abs. 1 ArbGG). Deshalb hat das Verwaltungsgericht den Sachverhalt unter allen erkenntlich werdenden Gesichtspunkten aufzuklären. Dazu kann es Zeugen und Sachverständige vernehmen, Augenschein einnehmen, Urkunden einsehen und Auskünfte einholen (§ 83 Abs. 2 BPersVG i. V. m. § 83 Abs. 2 ArbGG).

84

§ 1 a

3. Schlichtungsverfahren

85 Für Streitigkeiten über die Errichtung einer MAV bzw. die Geltung der MAVO ist die Schlichtungsstelle (§§ 40 ff.) zuständig (§ 41 Abs. 1 Nr. 1 i. V. m. § 10 Abs. 1, 1 a und 2).

§ 1 a Bildung von Mitarbeitervertretungen

(1) In den Einrichtungen der in § 1 genannten kirchlichen Rechtsträger sind Mitarbeitervertretungen nach Maßgabe der folgenden Vorschriften zu bilden.

(2) Unbeschadet des Abs. 1 kann der Rechtsträger nach Anhörung betroffener Mitarbeitervertretungen regeln, was als Einrichtung gilt. Die Regelung bedarf der Genehmigung durch den Ordinarius.

Inhaltsübersicht

	Rz
I. Die Pflicht zur Bildung einer Mitarbeitervertretung (MAV) in der Einrichtung	1–6
II. Das Verhältnis zwischen § 1 a und § 1 b	7–8
III. Die Mitarbeitervertretung (MAV)	9–11
1. Wesen	9
2. Bildung der MAV durch Wahl	10
3. Haftung	11
IV. Sonderregelungen für den sachlichen Geltungsbereich der MAVO	12–20
1. Rechte des Dienstgebers	12–13
2. Anhörung und Mitberatung der MAV	14
3. Genehmigung des Ordinarius	15–17
4. Streitigkeiten	18–20
a. Dienststellenleitung	18–19
b. Genehmigung des Ordinarius	20
V. Folgen der Veränderungen von Dienststellen	21–26
1. Zusammenlegung und Trennung	21–22
2. Dienststellenübergang auf einen anderen Träger	23
3. Abspaltung zum neuen Dienstgeber	24
4. Errichtung einer Dienststelle durch mehrere verschiedenen Rechtsbereichen zugehörende Rechtsträger	25
5. Stilllegung der Einrichtung	26
VI. Sondervertretungen	27–33
1. Die Sondervertretung gemäß § 23	27
2. Die Gesamtmitarbeitervertretung	28
3. Die erweiterte Gesamtmitarbeitervertretung	29
4. Der Sprecher der Jugendlichen und Auszubildenden	30
5. Die Vertrauensperson der Schwerbehinderten Menschen	31–32
6. Der Vertrauensmann der Zivildienstleistenden	33
VII. Die diözesane Arbeitsgemeinschaft der Mitarbeitervertretungen	34
VIII. Die Bundesarbeitsgemeinschaft der Mitarbeitervertretungen	35

I. Die Pflicht zur Bildung einer Mitarbeitervertretung (MAV) in der Einrichtung

1 Die Bildung von Mitarbeitervertretungen ist Pflicht (§ 1 a Abs. 1). Diese Verpflichtung ist zwingend und kann weder durch Vertrag noch durch Dienstvereinbarung oder Abstimmung der Mitarbeiter – etwa in einer Mitarbeiterver-

§ 1 a

sammlung – geändert werden (§ 48). Die Wahl einer MAV ist zuzulassen (§ 10 Abs. 1; § 11 b Abs. 2).
Die MAV ist in kirchlichen Einrichtungen, Dienststellen und sonstigen selbstständig geführten Stellen (§ 1 i. V. § 1 a Abs. 1) zu bilden. So wie es im Betriebsverfassungsrecht keine gesetzliche Definition des Begriffes Betrieb gibt (vgl. *LAG Baden-Württemberg*, 26. 3. 1996 – 7 Ta BV 1/96 rkr., DB 1996, 2084), fehlt eine Erläuterung für die in der MAVO verwendeten Begriffe. Die MAVO setzt den Begriff dessen, was Dienststelle, Einrichtung oder sonstige selbstständig geführte Stelle ist, voraus. Staatliche Rechtsprechung und Rechtslehre haben den Betriebsbegriff entwickelt. Danach ist ein Betrieb (z. B. Krankenhaus) eine organisatorische Einheit, innerhalb der der Unternehmer allein oder in Gemeinschaft mit Arbeitnehmern mit Hilfe von sächlichen und immateriellen Betriebsmitteln bestimmte arbeitstechnische Zwecke fortgesetzt verfolgt. Vom Vorliegen eines Betriebes i. S. des BetrVG ist demnach regelmäßig auszugehen, wenn die in einer Betriebsstätte vorhandenen materiellen und immateriellen Betriebsmittel für den oder die verfolgten arbeitstechnischen Zwecke zusammengefasst, geordnet und gezielt eingesetzt werden und der Einsatz der menschlichen Arbeitskraft von einem einheitlichen Leitungsapparat gesteuert wird. Werden diese Aufgaben von mehreren selbstständigen Leitungsapparaten erfüllt, ist regelmäßig vom Vorhandensein mehrerer Betriebe auszugehen (*Schlichtungsstelle Essen*, 9. 6. 2000 – 851245/1–2/00, ZMV 2000, 279; vgl. BAG, 19. 2. 2002 – 1 ABR 26/01, NZA 2002, 1300). Eine Betriebsstätte ist als selbstständiger Betrieb anzusehen, wenn seiner Leitung der Kern der Arbeitgeberfunktionen für die dort tätigen Mitarbeiter übertragen ist. Nicht entscheidend ist dagegen der Gesichtspunkt der örtlichen Einheit. Er bildet allenfalls einen Anhaltspunkt für das Vorliegen eines einheitlichen Betriebes, nicht aber ein Merkmal eines einheitlichen Betriebes (*BAG*, DB 1983, 1498 = AP Nr. 3 zu § 4 BetrVG 1972). Für das BPersVG existiert kein gesetzlicher Begriff des dort verwendeten Ausdrucks Dienststelle. Die MAVO trägt dem Rechnung und bestimmt in **Absatz 2**, dass **der Dienstgeber regelt, was Dienststelle, Einrichtung oder sonstige selbständig geführte Stelle ist.** Dazu hat er die MAV anzuhören und mitberaten zu lassen (§ 1 a Abs. 2 i. V. m. § 29 Abs. 1 Nr. 20).

Der Auftrag des Diözesanbischofs zur Bildung von Mitarbeitervertretungen wird durch Wahlen erfüllt. Da jedoch die MAVO eine Wahlpflicht ebenso wenig kennt wie das Personalvertretungs- und Betriebsverfassungsrecht, kann die Erfüllung der Pflicht zur Bildung von Mitarbeitervertretungen gegenüber den Mitarbeitern nicht erzwungen werden. Besteht keine MAV, obwohl die rechtlichen Voraussetzungen zu ihrer Bildung vorliegen, hat der Dienstgeber bzw. sein Beauftragter eine Mitarbeiterversammlung einzuberufen (§ 10 Abs. 1 und 2). Sollten die Mitarbeiter jedoch keinen Wahlausschuss wählen, nicht zur MAV kandidieren oder aber nicht zur Wahl gehen, so besteht keine Möglichkeit, die Bildung einer MAV für die Einrichtung zu erzwingen.

Kommt der Dienstgeber seiner **Rechtspflicht zur Förderung der Wahl einer** MAV nicht nach oder verhindert er sie, kann ein Zehntel der wahlberechtigten Mitarbeiter die Schlichtungsstelle gemäß § 41 Abs. 1 Nr. 1 anrufen. Ohne MAV können die kollektiven Arbeitsrechte der Mitarbeiter nicht wahrgenommen werden. Verzichten die Mitarbeiter auf die Bildung einer MAV, so begeben sie sich der Rechte, die sie und durch sie die MAV nach Maßgabe der MAVO haben.

§ 1 a

5 Der Gesamtheit der Mitarbeiter oder einzelnen von ihnen stehen die Rechte einer MAV nicht zu. In kleinen Einrichtungen oder Dienststellen wird häufig auf die Wahl einer MAV verzichtet, weil die Mitarbeiter davon ausgehen, ein gutes Einvernehmen auch ohne MAV mit dem Dienstgeber zu unterhalten. Das ist zwar wichtig und dient dem Gedanken der Dienstgemeinschaft (Art. l GrO), reicht aber nicht aus, um die Rechte der Mitwirkung und Mitbestimmung der MAV an Maßnahmen des Dienstgebers wahrzunehmen. Der Dienstgeber ist dann seinerseits nicht verpflichtet, die Zusammenarbeit mit den Mitarbeitern in der Weise zu betreiben, welche die MAVO in den §§ 26–39 vorschreibt. In den Fällen besonderer Vertraulichkeit dürfte er das auch gar nicht.

6 Um aber die Möglichkeiten zur Bildung von Mitarbeitervertretungen zu fördern, ist es nach **§ 1 b** möglich, für mehrere Rechtsträger (Dienstgeber) eine »gemeinsame Mitarbeitervertretung« zu bilden.

II. Das Verhältnis zwischen § 1 a und § 1 b

7 **Gemäß § 1 a** ist festgelegt, wo räumlich Mitarbeitervertretungen nach Maßgabe des Organisationsrechts eines kirchlichen Dienstgeber (Rechtsträgers) zu bilden sind. **Gemäß § 1 b** kann es eine Alternative geben. Ausgangspunkt sind gemeinsame Willensbildungen mehrerer verschiedener Rechtsträger unter Beteiligung bestehender Mitarbeitervertretungen und/oder betroffener Mitarbeiter zur Bildung bestehender Mitarbeitervertretungen und/oder betroffener Mitarbeiter zur Bildung einer nur noch einzigen gemeinsamen Mitarbeitervertretung als für jeden einzelnen Rechtsträger zuständige Interessenvertretung der Mitarbeiter der beteiligten Dienstgeber unter Aufgabe der MAV im Sinne von § 1 a, wobei die Interessen des jeweiligen Dienstgebers in der Zusammenarbeit mit der gemeinsamen Mitarbeitervertretung auf seine Sphäre beschränkt bleiben, andererseits gemeinsame Pflichten aller beteiligten Dienstgeber (Rechtsträger) gegenüber der gemeinsamen Mitarbeitervertretung wahrzunehmen sind (§ 22 a Abs. 1 S. 1 und 2, Abs. 2, 3 und 4). Die Bildung einer gemeinsamen Einrichtung mehrerer Rechtsträger ist mit § 1 b nicht geregelt, sondern eher das Ergebnis einer Betriebsabspaltung mit Gründung eines neuen Trägers für den Betrieb des abgespaltenen Betriebsteils oder näher benannter Funktionsbereiche der abgebenden Einrichtung.

8 Es bleibt für die gemäß § 1 b beteiligten Rechtsträger (Dienstgeber) bei getrennter Führung der von ihnen getragenen Einrichtungen (§ 22 a Abs. 1 S. 3 i. V. m. §§ 27 Abs. 1, 27 a, 29 bis 37), selbst wenn die beteiligten Rechtsträger (Dienstgeber) formal kooperieren (§ 22 a Abs. 1 S. 4).

III. Die Mitarbeitervertretung (MAV)

1. Wesen

9 Die MAV ist ein **Gebilde kirchlichen Rechts.** Sie ist nicht der Personalvertretung im Sinne des staatlichen öffentlichen Rechts, aber auch nicht dem Betriebsrat des staatlichen Betriebsverfassungsrechts zuzuordnen. Sie ist keine Rechtsperson. Die Mitarbeitervertretung ist Interessenvertretung der Mit-

§ 1 a

arbeiter sowie ihr Repräsentant innerhalb der Dienststelle und vertritt sie gegenüber der Leitung der Dienststelle, jedoch nur im Rahmen der von der MAVO gesetzten Aufgaben und Befugnisse (siehe § 5). Die MAV stellt das demokratisch gebildete Repräsentationsorgan der Mitarbeiterschaft dar, die durch die MAVO zu einer rechtlichen Einheit zusammengefasst wird und so handeln kann. Durch sie haben die Mitarbeiter auf kirchengesetzlicher Grundlage und in dem gesetzlich geregelten Umfang an den gesetzlich bestimmten Entscheidungen des Dienstgebers teil. Die MAV kann in ihrer Funktion im eigenen Namen kraft Amtes tätig werden, nämlich gegenüber dem Dienstgeber und den Mitarbeitern (vgl. § 5 Rz 31, 34, 35). Die MAV ist an Aufträge und Weisungen ihrer Wähler nicht gebunden, sondern hat ihre Aufgaben nach eigener pflichtgemäßer Überzeugung im Rahmen des Rechts wahrzunehmen. Sie ist an Beschlüsse und Erklärungen ihrer Vorgängerin gebunden.

2. Bildung der MAV durch Wahl

Die mehrgliedrige MAV ist aus Mitarbeitern (Frauen und Männer, § 6 Abs. 4 S. 2) zusammengesetzt, die in Dienststellen (§ 1 a) mit der erforderlichen Zahl von Mitarbeitern und Mitarbeiterinnen (§ 6), die aktiv und passiv (§§ 7 und 8) wahlberechtigt sind, beschäftigt werden. Zur Bildung der MAV ist eine Wahl unter Leitung eines Wahlausschusses (§ 9) oder Wahlleiters (§§ 11 a bis 11 c) erforderlich. Die MAV setzt sich aus einem oder mehreren Mitarbeitern zusammen. Sie wird von den Mitarbeitern (§ 3 Abs. 1) mit aktivem Wahlrecht einer Dienststelle, Einrichtung oder sonstigen selbständig geführten Stelle (§ 1) gewählt, wenn die Einrichtung mitarbeitervertretungsfähig ist. Zur Bildung der MAV sind die zwingenden Vorschriften des Wahlverfahrens einzuhalten.

10

3. Haftung

Die Haftung der MAV für die in Wahrnehmung ihrer Aufgaben vorgenommenen Handlungen und Unterlassungen ist in der MAVO nicht geregelt. Die MAVO kann die einzelnen Mitarbeiter nicht verpflichten. Bei der vermögensrechtlichen Haftung aus Rechtsgeschäft kommt nur eine Verpflichtung der im Einzelfall beteiligten Mitarbeitervertreter in Betracht. Dasselbe gilt für unerlaubte Handlungen (vgl. § 5 Rz 32).

11

IV. Sonderregelungen für den sachlichen Geltungsbereich der MAVO

1. Rechte des Dienstgebers

Gemäß § 1 a Abs. 2 S. 1 ist der Dienstgeber berechtigt zu regeln, was als Dienststelle, Einrichtung oder sonstige selbständig geführte Stelle gilt. Das folgt aus seinem Organisationsrecht. Er ist verpflichtet, für die Bildung von Mitarbeitervertretungen in seinen Einrichtungen zu sorgen (§ 1 a Abs. 1 i. V. m. § 1). Aber um die Bildung einer MAV zu ermöglichen, sind organisatorische Voraussetzungen zu schaffen. Die diesbezügliche Regelung hilft, mögliche Auseinandersetzungen über die Definition dessen, was Dienststelle ist, zu vermeiden. Somit darf der Dienstgeber z. B. in Fällen, in denen bei ihm

12

§ 1 a

mehrere Dienststellen vorhanden sind, die aber nicht selbständige Dienststellen oder Einrichtungen sind, diese zu einer einheitlichen Dienststelle zusammenfassen (Dienststellenprinzip). Jede Kirchengemeinde oder Kirchenstiftung bildet eine Dienststelle. Der Dienstgeber muss aber festlegen, welche seiner Arbeitsstellen er zur Dienststelle im Sinne dieser Ordnung fügt, damit z. B. die Mitarbeiter im Sakristan- und Organistendienst, die Kräfte im Pfarrbüro; die Mitarbeiterschaft der Friedhöfe, der Kindertageseinrichtungen, der Offenen Türen, Altentagesstätten etc. zu einer mitarbeitervertretungsfähigen Dienstgemeinschaft erstarken.

13 Trägt ein Dienstgeber (z. B. Verband von Kirchengemeinden) mehrere Einrichtungen, z. B. Jugendamt, Erziehungsberatungsstelle, Schulreferat, Telefonseelsorge, Verwaltung, so kann er zur Ermöglichung der Bildung einer MAV diese unselbständigen Dienststellen zum Zweck der Bildung oder Bildungsmöglichkeit einer MAV durchaus zu einer einzigen Dienststelle im Sinne von § 1 a Abs. 2 zusammenfügen. Diese Regelung kann auch der Träger mehrerer Schulen treffen (Amtsbl. Berlin 1996 S. 109). In den Bistümern Augsburg und Münster wird für jede Schule je eine MAV gebildet. Zur Regelung fasst das zuständige Organ des Dienstgebers Beschluss.

2. Anhörung und Mitberatung der MAV

14 Besteht beim Dienstgeber eine MAV, die von der gemäß § 1 a Abs. 2 S. 1 beabsichtigten Regelung betroffen sein wird, so ist dieser MAV zuvor Gelegenheit zur Stellungnahme zu geben (§ 1 a Abs. 2 S. 1 i. V. m. § 29 Abs. 1 Nr. 20). Die Beteiligung ist Teil des Verfahrens zur Regelung dessen, was als Einrichtung künftig gelten soll. Dazu hat der Dienstgeber genau anzugeben, welche Arbeitsstellen er zu einer Dienststelle zusammenfügen will. Es ist dann Sache der MAV, ob und wie sie reagiert. Eine Verhandlung mit dem Dienstgeber ist nicht vorgeschrieben, wenn Einwendungen geltend gemacht werden (§ 29 Abs. 3 S. 3). Bisweilen erlässt sogar der Diözesanbischof zur Ergänzung der diözesanen MAVO besondere Bestimmungen zur Regelung dessen, was als Dienststelle gelten soll und wo eine MAV zu bilden ist (vgl. Amtsblatt des Erzbistums Köln, 1996 Nr. 271 S. 345; Amtsblatt Münster 1996 Art. 230 S. 205). An diese Regelung ist die Schlichtungsstelle gebunden (*Schlichtungsstelle Köln*, 18. 6. 1996 – MAVO 10/96). Dazu besteht kein Beteiligungsrecht der MAV.

3. Genehmigung des Ordinarius

15 § 1 a Abs. 2 S. 2 bestimmt ausnahmslos für jede Einrichtung, dass die Regelung dessen, was als Einrichtung gilt, der Genehmigung des Ordinarius bedarf. Ordinarius ist der Generalvikar des Diözesanbischofs. Ihm kommt kraft Amtes in der ganzen Diözese ausführende Gewalt zu, die der Diözesanbischof von Rechts wegen hat, um alle Verwaltungsakte erlassen zu können (can. 479 § 1 CIC). Die erwähnte Genehmigung ist Verwaltungsakt. Er kann von dem erlassen werden, der ausführende Gewalt besitzt (can. 35 CIC). Der Antrag zur (Genehmigung ist schriftlich zu fassen, zu begründen und mit der Stellungnahme der MAV einzureichen. Im Geltungsbereich der MAVO unterliegen alle Dienstgeber als Anwender der MAVO der Pflicht zur Einholung der Genehmigung, gleichgültig in welcher Rechtsform sie als Träger der Einrichtung am

§ 1 a

Rechtsverkehr teilnehmen. Der Generalvikar hat ein Prüfungsrecht. Es geht im Einzelfall um das Schicksal der MAV (Rz 21).
Mit dem Genehmigungsvorbehalt soll die Einheitlichkeit und Kontrolle der 16 Durchführung der MAVO bei der Frage der Festlegung des Dienststellen- bzw. Einrichtungsbegriffs und die ordnungsgemäße Beschlussfassung beim Dienstgeber gewährleistet sein. Die Aufsicht übt die Verwaltungsbehörde des Diözesanbischofs nach Maßgabe seiner allgemeinen Rechtsaufsicht im Bistum aus (can. 392 § 1 CIC), also in der Regel der Generalvikar (can. 391 § 2 CIC). Dem Gesetzgebungsrecht des Diözesanbischofs folgt die Aufsicht über die Beachtung seiner Gesetze (zustimmend im Ergebnis *Mösenfechtel/ Perwitz-Passan/Wiertz*, MAVO § 1 Anm. 5; a. A. *Bietmann*, Kurzkommentar, § 1 Anm. 4 wegen der von ihm angenommenen eingeschränkten Gesetzgebungskompetenz des Diözesanischofs).
Die Genehmigung des Generalvikars ist schriftlich auszufertigen (can. 37 17 CIC).

4. Streitigkeiten

a. Dienststellenregelung

Bei Streitigkeiten ist zu unterscheiden. Zum einen kann es sich um eine solche 18 zwischen der MAV und dem Dienstgeber darüber handeln, was der Dienstgeber als eine Dienststelle oder Einrichtung bestimmen will oder mit Zustimmung des Ordinarius bestimmt hat. Zum anderen kann eine Streitigkeit über die Entscheidung des Ordinarius entstehen. Die Schlichtungsstelle ist sachlich zuständig für Rechtsstreitigkeiten gemäß § 41 Abs. 2, die sich aus der Sachentscheidung des Dienstgebers hinsichtlich seiner Dienststellenentscheidung gemäß § 1 a Abs. 2 S. 1 ergeben. Die Schlichtungsstelle überprüft auf Antrag den Sachgrund für die Entscheidung des Dienstgebers, ob die MAV ordnungsgemäß beteiligt worden ist (§ 29 Abs. 1 Nr. 20) und ob der Ordinarius die Genehmigung zur Regelung des Dienstgebers erteilt hat (§ 1 Abs. 2 S. 2).
Das sind Rechtsfragen. Die Entscheidung des Dienstgebers selbst ist eine Re- 19 gelungsangelegenheit, deren Rechtmäßigkeit durch die Schlichtungsstelle überprüfbar ist. Das gilt auch dann, wenn der Ordinarius den Beschluss (Entscheidung) des Dienstgebers genehmigt hat. Erweist sich der Beschluss des Dienstgebers über die Dienststellenregelung als rechtsfehlerhaft, geht die Genehmigung des Ordinarius ins Leere (*Schlichtungsstelle Köln*, 14. 1. 1997 – MAVO 17/96, ZM V 1997, 85), wenn die Schlichtungsstelle die Entscheidung des Dienstgebers wegen Rechtswidrigkeit für unwirksam erklärt.

b. Genehmigung des Ordinarius

Voraussetzung für die Zulässigkeit des Rechtsweges zur Schlichtungsstelle ist 20 eine sonstige Rechtsstreitigkeit mitarbeitervertretungsrechtlicher Art. (§ 41 Abs. 2). Die ist hinsichtlich des Genehmigungsverfahrens i. S. von § 1 a Abs. 2 S. 2 nicht gegeben. Die Schlichtungsstelle übt keine Verwaltungsgerichtsbarkeit aus. Hat der Ordinarius die Genehmigung der Dienststellenregelung versagt, ist dies zu begründen, damit gegebenenfalls ein berichtigter Antrag nachgeholt werden kann. Gegen die Versagung der Genehmigung oder gegen die Erteilung der Genehmigung ist nach der MAVO kein Rechtsbehelf vorgesehen. Die Schlichtungsstelle ist gemäß § 41 nicht zuständig, weil eine Genehmi-

§ 1 a

gungsstreitigkeit außerhalb des Kreises der nach der MAVO Beteiligten liegt. Das Genehmigungsverfahren ist durch die MAVO nicht geregelt. Dasselbe gilt auch für das Anerkennungsverfahren zur Eignung von Schulungsveranstaltungen i. S. von § 16 Abs. 1 S. 1 (§ 16 Rz 84 ff.).

V. Folgen der Veränderungen von Dienststellen

1. Zusammenlegung und Trennung

21 Die MAVO regelt die Folgen für die Mitarbeitervertretungen und die Mitarbeiter, die aus organisatorischen Veränderungen von Dienststellen, Einrichtungen oder sonstigen selbstständig geführten Stellen entstehen, wie
- Zusammenlegung von Einrichtungen,
- Spaltung, Abspaltung,
- Betriebsveräußerungen,
- Betriebsteilveräußerungen,
- Übernahme von Einrichtungen aus nicht der MAVO unterliegenden Rechtsbereichen,
- Stilllegung,
- Umwandlung.

22 Dazu wird auf §§ 13 d und 13 e verwiesen. Diese Vorschriften sind auch im Falle der Regelung gemäß § 1 a Abs. 2 von Bedeutung. Werden Betriebsteile ausgegliedert und unter neue Betriebsträgerschaft gestellt, so dass also wenigstens zwei (kooperierende) Rechtsträger bestehen, kann durch Abmachungen gemäß § 1 b bei den beteiligten Dienstgebern eine gemeinsame Mitarbeitervertretung gebildet werden, falls sie im Geltungsbereich der MAVO bleiben, also bei ihren Unternehmungen erzieherische oder caritative Einrichtungen betreiben und der Kirche durch ihren kirchlichen Sendungsauftrag und ihre Einflussnahme zugeordnet sind (*BVerfGE* 46, 73; *BAG*, 31. 7. 2002 – 7 ABR 12/01, NZA 2002, 1409; vgl. auch *BAG*, 14. 4. 1988 – 6 ABR 36/86, NJW 1988, 3283). **Reine Wirtschaftsbetriebe** werden nicht dazu gerechnet (§ 118 Abs. 2 BetrVG) ebenso konfessionell organisierte Jugendverbände, welche die Grundordnung des kirchlichen Dienstes im Rahmen kirchlicher Arbeitsverhältnisse (GrO) nicht anwenden (*ArbG Mönchengladbach*, 12. 7. 2001 – 4 BV 34/01, ZMV 2001, 244 n. rkr.).

2. Dienststellenübergang auf einen anderen Träger

23 Geht eine Dienststelle von dem bisherigen Träger auf einen anderen Träger **im Wege der Gesamtrechtsnachfolge** über (dazu: *BAG*, 31. 5. 1990 – 2 AZR 13/90, ZTR 1991, 33), rückt der neue Träger der Dienststelle mit allen Rechten und Pflichten in die Position des bisherigen Dienststellenträgers ein. Die MAV bleibt in diesem Falle im Amt, weil die Dienststelle mit ihrer Dienstgemeinschaft fortgeführt wird. Die bestehenden Arbeitsverhältnisse jedenfalls werden kraft Gesetzes vom bisherigen auf den neuen Dienststellenträger übergeleitet, so dass also auch die Mitarbeiter weiter vorhanden sind (vgl. auch: *Gaul*, Die Rechtsposition, ZTR 1990, 13). Das gilt nicht, **wenn der neue Dienststellenträger der MAVO nicht unterliegt.** In diesem Falle ist zu prüfen, welches andere Recht der betrieblichen Mitbestimmung gilt. Ein Dienststellenübergang liegt auch vor, wenn der bisherige Dienststellenträger mit einem anderen

§ 1 a

Träger eine Vereinbarung über die **gemeinsame Fortführung der Dienststelle** (z. B. Sozialstation) trifft. Das kann durch Bildung einer BGB-Gesellschaft (§ 705 BGB) geschehen. In diesem Falle muss geklärt werden, ob beide Partner (Gesellschafter) dem MAVO-Recht unterliegen. Anderenfalls wird die MAVO gegenstandslos, falls nicht durch den Gesellschaftsvertrag die Personalhoheit beim bisherigen Träger verbleibt. Dann besteht allerdings auch noch keine einheitliche Personalleitung der gemeinsamen Dienststelle (*BAG*, 14. 9. 1988 – 7 ABR 10/87, DB 1969, 127; *BAG*, 7. 8. 1986 – 6 ABR 57/85, DB 19879176 = NJW 1987, 2036). Das schließt eine planerische und organisatorische Zusammenarbeit der Gesellschafter aber nicht aus.

3. Abspaltung zum neuen Dienstgeber

Wird ein Betriebsteil (z. B. eine Spezialabteilung eines Krankenhauses) auf einen anderen Rechtsträger durch Rechtsträgergeschäft übertragen, so ist zu unterscheiden. Die Zuständigkeit der MAV der abgebenden MAV bleibt in Form eines Übergangsmandats (§ 13 d) erhalten, wenn der neue Rechtsträger der MAVO unterliegt und der abgespaltene Betriebsteil selbstständig weitergeführt wird. Wird der abgespaltene Betriebsteil beim neuen Rechtsträger mit der bei ihm vorhandenen Einrichtung zusammengelegt und besteht dort eine MAV, dann werden die Mitarbeiter des übertragenen Betriebsteils von der dortigen MAV repräsentiert. Mandatsträger in der Mitarbeiterschaft des abgespaltenen Betriebsteils verlieren ihr Amt als Mitglied der MAV (§ 13 c Nr. 4).   **24**

4. Errichtung einer Dienststelle durch mehrere verschiedenen Rechtsbereichen zugehörende Rechtsträger

Zwar wird die ökumenische Zusammenarbeit und die Zusammenarbeit mit anderen Trägern der freien Wohlfahrtspflege sowie freien Initiativen von der Kirche begrüßt, um durch die Zusammenarbeit die Verbesserung des Dienstes der Kirche am Menschen zu ermöglichen; doch wird die Grundorientierung der Träger und Mitarbeiter zentrales Kriterium für die Zusammenarbeit sein (Kirchl. Anzeiger für die Erzdiözese Köln 1975 Nr. 213 S. 339 ff.). Auch bei getrennter Trägerschaft sollten Kirchen und kirchliche Verbände überall, wo die Voraussetzungen und Möglichkeiten gegeben sind, gemeinsam planen und handeln, wenn dies nicht dem Eigenleben oder Gesichtspunkten der Zweckmäßigkeit und Sachlichkeit, fachlichen oder gesellschaftskritischen Gründen entgegensteht. Gerade aber die zur Kooperation oder sogar zu gemeinsamer Trägerschaft gebildete Körperschaft aus nach Bekenntnis verschiedenen Kirchen oder gar aus Kirchen und nichtkirchlichen Trägern gebildete Trägerschaft schafft wegen des bei ihnen angestellten Personals rechtliche Probleme, weil der Träger keiner Kirche eindeutig zugeordnet werden kann (*Eberle*, S. 153 unter Hinweis auf: Unser Standpunkt, Nr. 4 Gutachten des DCV über die ökumenische Zusammenarbeit u. Zusammenarbeit mit nichtkirchl. Trägern im Bereich sozialer Einrichtungen und Maßnahmen, Kap. 3, 4, 5, Herausgeber: Deutscher Caritasverband, Freiburg, 1975). Dann gilt staatliches Betriebsverfassungsrecht oder Personalvertretungsrecht. Mehrere Rechtsträger haben sich allerdings nicht schon dann zur Führung einer gemeinsamen Dienststelle miteinander verbunden, wenn sie lediglich planend und organisatorisch. zusammenarbeiten, aber keine einheitliche Personalleitung besteht   **25**

Thiel

§ 1 a

(*BAG*, 14. 9. 1988 – 7 ABR 10/87, DB 1989,127; *BAG*, 7. 8. 1986 – 6 ABR 57/85, DB 1987, 176 = NJW 1987, 2036). Schließen sich die verschiedenen Partner zu einer BGB-Gesellschaft (§ 705 BGB) zusammen, so werden sie allerdings gemeinsam Arbeitgeber (*BAG*, 6. 7. 1989 – 6 AZR 771/87, DB 1989, 1973). Weil aber die Zuordnung zu einer Kirche nicht möglich ist, fehlt die Voraussetzung für die Bereichsausnahme aus dem staatlichen Personalvertretungs- und Betriebsverfassungsrecht (§ 112 BPersVG, § 118 Abs. 2 BetrVG; *BVerfGE* 46, 73). Für die Zuordnung eines Trägers in der Rechtsform des privaten Rechts zur Kirche kommt es darauf an, dass durch Satzung oder Gesellschaftsvertrag die Einrichtung der Kirche so nahe steht, dass sie teilhat an der Verwirklichung eines Stücks Auftrag der Kirche im Geist christlicher Religiosität, im Einklang mit dem Bekenntnis der christlichen Kirche und in Verbindung mit den Amtsträgern der Kirche (*BVerfGE* 53, 366, 392; *BVerfGE* 46, 73, 87; § 1 Rz 81).

5. Stillegung der Einrichtung

26 Wird eine Einrichtung stillgelegt (§ 19 Rz 103 f.), so hat die MAV dieser Einrichtung gemäß § 13 e noch ein Restmandat zur Wahrnehmung der sich im Zusammenhang mit der Stillegung ergebenden Mitbestimmungs- und Mitwirkungsrechte. Das kann nur praktisch werden, wenn trotz der Stillegung noch nicht alle Arbeitsverhältnisse rechtlich beendet sind und einzelne Mitarbeiter mit Abwicklungsaufgaben beschäftigt werden (*BAG*, 23. 11. 1988 – 7 AZR 121/88 zu I 1 b, bb, DB 1989, 1194 f.) und mögliche Sozialpläne noch zu erfüllen sind.

VI. Sondervertretungen

1. Die Sondervertretung gemäß § 23

27 Unter den Voraussetzungen des § 23 können zur Gewährleistung der Mitwirkung an Maßnahmen, die vom Dienstgeber für besondere Mitarbeitergruppierungen getroffen werden, Sondervertretungen gebildet werden (Personalprinzip, vgl. zu § 23).

2. Die Gesamtmitarbeitervertretung

28 Die Gesamtmitarbeitervertretung besteht im Falle ihrer Bildung aus Mitgliedern der bei einem und demselben Dienstgeber gebildeten Mitarbeitervertretungen (§ 24 Abs. 1 und Abs. 3 S. 1). Außerdem wählen die Sprecher der Jugendlichen und Auszubildenden und die Vertrauenspersonen der schwerbehinderten Menschen aus je ihrer Mitte je einen Vertreter und Ersatzvertreter (Frau oder Mann) in die Gesamtmitarbeitervertretung (§ 24 Abs. 3 S. 2). Ihre Aufgaben, Rechte und Pflichten ergeben sich aus § 24 Abs. 4 S. 1. Gemäß § 24 Abs. 3 S. 3 kann die Zusammensetzung der Gesamtmitarbeitervertretung durch Dienstvereinbarung variiert werden.

3. Die erweiterte Gesamtmitarbeitervertretung

29 Mit der Vorschrift des § 24 Abs. 2 soll es ermöglicht werden, dass eine Gesamtmitarbeitervertretung auch für die Mitarbeitervertretungen mehrerer ver-

§ 1 a

schiedener Rechtsträger errichtet wird. Voraussetzung ist das Einvernehmen zwischen den beteiligten Dienstgebern und allen bei diesen Dienstgebern bestehenden Mitarbeitervertretungen. Diese so genannte »erweiterte Gesamtmitarbeitervertretung« hat kein Vorbild im staatlichen Recht. Es geht um einen zweistufigen Aufbau der Repräsentation der Mitarbeiter auf freiwilliger Basis. Die Vorschrift trägt dem gleichen Gedanken Rechnung, der Grundlage für § 1 b ist, wonach eine »gemeinsame Mitarbeitervertretung« für die Einrichtungen verschiedener Rechtsträger freiwillig gebildet werden kann. Die Forderung, dass Einvernehmen unter den Beteiligten auf der Dienstgeber – wie auf der Mitarbeiterseite vorhanden sein muss, vermeidet zweckwidrige Zusammenschlüsse. Allerdings hat eine einmal errichtete Gesamtmitarbeitervertretung bzw. erweiterte Gesamtmitarbeitervertretung einen festen Stand, weil sie nur aufgelöst werden kann, wenn dazu die Zustimmung aller beteiligten Mitarbeitervertretungen und aller beteiligten Dienstgeber (Rechtsträger) vorliegt. Abweichendes muss in der über die Bildung des Repräsentationsorgans bestehenden Abmachung geregelt worden sein.

4. Der Sprecher der Jugendlichen und Auszubildenden

Gemäß § 43 werden da, wo Mitarbeitervertretungen gebildet sind, unter den Voraussetzungen der Zusammensetzung der Mitarbeiter mit Jugendlichen und auch Auszubildenden unter 25 Jahre Sprecher der Jugendlichen und der Auszubildenden gewählt. Ihre Amtszeit beträgt zwei Jahre (§ 44). Sie nehmen an den Sitzungen der MAV teil und haben dort Antrags- und diesbezogenes Stimmrecht (§ 45 Abs. 1). Die Bestimmungen der §§ 7 bis 20 gelten sinngemäß (§ 45 Abs. 2). 30

5. Die Vertrauensperson der Schwerbehinderten

Soweit nach staatlichem Recht eine Schwerbehindertenvertretung in einer Dienststelle bzw. Einrichtung besteht (§ 94 SBG IX), hat diese gemäß § 46 MAVO das Recht zur Teilnahme an den Sitzungen der MAV. Sie hat zusätzliche Rechte gemäß § 28 a und § 46 MAVO, wenn es um Angelegenheiten der schwerbehinderten Menschen in der Einrichtung bzw. Dienststelle geht. Für die Vertrauensperson der schwerbehinderten Menschen gelten ergänzend die §§ 15 bis 20 entsprechend (§ 46 Abs. 2). Im Übrigen gelten die Bestimmungen des SGB IX). 31

Die **Schwerbehindertenvertretung** ist bei den Sondervertretungen (§ 23) entsprechend ihrer Struktur als dienststellenunabhängige Personalvertretungen nicht zu bilden. Denn das staatliche Schwerbehindertengesetz sieht Betriebe und Dienststellen als Betätigungsfeld der Vertretung der Schwerbehinderten an (§ 24 Abs. 1–4 SchwbG), nicht Personengruppen mit bestimmten Berufen an verschiedenen, voneinander getrennten Einsatzorten der Mitarbeiter. Soweit Schwerbehinderte ihre Anliegen vortragen möchten, ist die MAV trotz fehlender Schwerbehindertenvertretung gemäß § 26 Abs. 3 Nr. 2, 3, 5 MAVO zuständig (anders: § 2 Abs. 1 S. 2 Sonderbestimmungen für Gemeinde- und Pastoralreferenten, Amtsblatt Köln 1996 Nr. 273 S. 347). 32

§ 1 b

6. Der Vertrauensmann der Zivildienstleistenden

33 Der Vertrauensmann der Zivildienstleistenden kann an den Sitzungen der MAV dann beratend teilnehmen, wenn Angelegenheiten behandelt werden, die auch die Zivildienstleistenden betreffen (**§ 46 a Abs. 1**). Der Vertrauensmann der Zivildienstleistenden wird nach staatlichem Recht gewählt.

VII. Die diözesane Arbeitsgemeinschaft der Mitarbeitervertretungen

34 Gemäß diözesaner Ordnung ist die Bildung einer oder auch mehrerer diözesaner Arbeitsgemeinschaften der Mitarbeitervertretungen im Gebiet einer Diözese möglich (**§ 25 Abs. 1**). Diözesane Sonderbestimmungen regeln die Zusammensetzung der Mitgliederversammlung und die Wahl des Vorstandes (§ 25 Abs. 3). Die diözesanen Arbeitsgemeinschaften sind keine Sondervertretungen, sondern ein Zusammenschluss der vertretenen Mitarbeitervertretungen auf diözesaner Ebene mit den in § 25 Abs. 2 genannten Berechtigungen.

VIII. Die Bundesarbeitsgemeinschaft der Mitarbeitervertretungen

35 Die diözesanen Arbeitsgemeinschaften der Mitarbeitervertretungen können sich zu einer Bundesarbeitsgemeinschaft der Mitarbeitervertretungen zur Wahrung der in **§ 25 Abs. 5** näher bezeichneten Aufgaben zusammenschließen. Dieser Zusammenschluss ist freiwillig. Die zur Geschäftsführung erforderlichen Finanzmittel werden nach näherer Maßgabe durch Regelungen der Vollversammlung des Verbandes der Diözesen Deutschlands (VDD) durch den VDD zur Verfügung gestellt.

§ 1 b Gemeinsame Mitarbeitervertretung[1]

(1) Die Mitarbeitervertretungen und Dienstgeber mehrerer Einrichtungen verschiedener Rechtsträger können durch eine gemeinsame Dienstvereinbarung die Bildung einer gemeinsamen Mitarbeitervertretung vereinbaren, soweit dies der wirksamen und zweckmäßigen Interessenvertretung der Mitarbeiterinnen und Mitarbeiter dient. Dienstgeber und Mitarbeitervertretungen können nach vorheriger Stellungnahme der betroffenen Mitarbeiterinnen und Mitarbeiter Einrichtungen einbeziehen, in denen Mitarbeitervertretungen nicht gebildet sind. Die auf Grundlage dieser Dienstvereinbarung gewählte Mitarbeitervertretung tritt an die Stelle der bisher bestehenden Mitarbeitervertretungen. Sind in keiner der Einrichtungen Mitarbeitervertretungen gebildet, so können die Rechtsträger nach vorheriger Stellungnahme der betroffenen Mitarbeiterinnen und Mitarbeiter die Bildung einer gemeinsamen Mitarbeitervertretung vereinbaren, soweit die Gesamtheit der Einrichtungen die Voraussetzungen des § 6 Abs. 1 erfüllt.

---

1 Muster für eine diözesane Fassung

§ 1 b

(2) Die Dienstvereinbarung nach Abs. 1 Satz 1 und die Regelung nach Abs. 1 Satz 4 bedürfen der Genehmigung durch den Ordinarius. Sie sind, soweit sie keine andere Regelung treffen, für die folgende Wahl und die Amtszeit der aus ihr hervorgehenden Mitarbeitervertretung wirksam. Für die gemeinsamen Mitarbeitervertretungen gelten die Vorschriften dieser Ordnung nach Maßgabe des § 22 a.

Inhaltsübersicht

		Rz
I.	Zweck der Vorschrift	1–5
II.	Verfahren	6–15
	1. Bildung einer gemeinsamen MAV durch Dienstvereinbarung (Abs. 1 S. 1)	6–10
	2. Einbeziehung mitarbeitervertretungsloser Einrichtungen	11
	3. Die Neuwahl der Gemeinsamen MAV (Abs. 1 S. 3)	12–14
	a. Wahlausschuss	12
	b. Vereinfachtes Wahlverfahren	13
	c. Zeitpunkt der Neuwahl	14
	4. Die Bildung einer gemeinsamen MAV durch Vereinbarung der Dienstgeber (Abs. 1 S. 4)	15
III.	Kirchenaufsichtliche Genehmigung (Abs. 2 S. 1)	16
IV.	Wahlzeitraum und Amtszeit (Abs. 2 S. 2)	17
V.	Anwendung des § 22 a	18
VI.	Streitigkeiten	19

I. Zweck der Vorschrift

Die Vorschrift des § 1 b geht über § 1 a Abs. 2 hinaus. Ihr Zweck ist in § 22 a mittelbar umschrieben. Mehrere Dienstgeber (Rechtsträger) können freiwillig dazu beitragen, dass im Wege einer freiwilligen (Dienst-)Vereinbarung für ihre Einrichtungen eine gemeinsame Mitarbeitervertretung gebildet wird. Vorbild ist etwa § 1 a Abs. 3 und 4 MAVO Freiburg vom 8. 12. 1997 (Amtsblatt der Erzdiözese Freiburg 1997 Nr. 232 S. 227), wonach das Ziel verfolgt wird, für kleinere Einheiten eine MAV durch übergreifende Struktur im Wege eines Organisationsstatuts zu ermöglichen. **1**

Praktisch wird die Vorschrift u. a. im Falle von Ausgliederungen von Dienstbereichen einer Einrichtung und Gründung neuer juristischer Personen als Träger der ausgegliederten Bereiche oder Einrichtungsteile (Tochter-GmbH), wobei die Bildung einer einzigen gemeinsamen MAV für den Bereich mehrerer juristischer Personen (Dienstgeber), so etwa eine Konzern-MAV oder Holdinggesellschaft, möglich sein soll. § 3 Abs. 1 Nr. 3 BetrVG eröffnet im Prinzip eine vergleichbare Möglichkeit. Die Bildung der gemeinsamen MAV soll der wirksamen und zweckmäßigen Interessenvertretung der Mitarbeiterinnen und Mitarbeiter dienen; sie ist nur möglich für Einrichtungen, die ihrem Betriebszweck nach Aufgaben i. S. von § 118 Abs. 2 BetrVG bzw. § 112 BPersVG, wahrnehmen, also erzieherisch oder caritativ wirken und einen kirchlichen Auftrag erfüllen (*BVerfGE* 46, 73), also nicht reine Wirtschaftsbetriebe sind (§ 1 Rz 66). **2**

Kirchenpolitisch kommen vor allem so genannte Seelsorgeeinheiten, wie Pfarreien-Verbünde, Pfarrverbände, Pfarreiengemeinschaften, Pastoralverbünde für die Bildung einer gemeinsamen Mitarbeitervertretung in Betracht. Gemeint ist die Struktur, nach der mehrere Kirchengemeinden bzw. Pfarreien **3**

§ 1 b

bei Aufrechterhaltung ihrer rechtlichen Selbständigkeit in einem seelsorglichen Verbund für die Seelsorge unter eine pastorale Leitung gestellt werden, so dass für sie in der Regel ein (gemeinsamer) leitender Pfarrer bzw. Pfarrverbandsleiter zuständig ist (vgl. Pastoralblatt des Bistums Eichstätt 2003 S. 5 ff.; Amtsblatt des Erzbistums Berlin 2001 Nr. 66 S. 44; Amtsblatt des Erzbistums Köln 2002 Nr. 260 S. 237 f.; 2003 Nr. 58 S. 43). Die Seelsorgeeinheit errichtet der Diözesanbischof (vgl. can. 374 § 2, 517 § 1, 544 CIC; Kirchl. Amtsblatt Paderborn 2003 Nr. 28–31 S. 30 ff.; Amtsbl. d. Erzdiözese Freiburg 2003 Nr. 201 S. 182).

4 Vom Pfarrverband zu unterscheiden ist der Kirchengemeindeverband, der nach Anerkennung durch den örtlich zuständigen Regierungspräsidenten in der Rechtsform einer Körperschaft des öffentlichen Rechts (Amtsblatt des Erzbistums Köln 2003 Nr. 32 S. 29; Nr. 33 S. 30; Nr. 34 S. 31) u. a. als Betriebsträger von Einrichtungen der bei ihm zusammengeschlossenen Kirchengemeinden, als Anstellungsträger für das Personal dieser Kirchengemeinden und ihrer Einrichtungen (z. B. Tageseinrichtungen für Kinder) selbst Dienstgeber ist, während die bei ihm zusammengeschlossenen, aber rechtlich weiterhin rechtsfähigen Kirchengemeinden nicht mehr Dienstgeber sind. Daher wird beim Kirchengemeindeverband keine gemeinsame Mitarbeitervertretung i. S von § 1 b sondern eine MAV gemäß § 1 a gebildet.

5 Voraussetzung für die **Bildung einer gemeinsamen MAV** ist gemäß **§ 1 b Abs. 1 S. 1** die Mitwirkung der beteiligten Mitarbeitervertretungen. Der Kreis der Einrichtungen der beteiligten Dienstgeber kann gemäß **§ 1 b Abs. 1 S. 2** erweitert werden um Einrichtungen, in denen keine MAV besteht; dazu sind die betroffenen Mitarbeiterinnen und Mitarbeiter um ihre (wohl zustimmende) Stellungnahme zu bitten. Ziel ist es, die Mitarbeitervertretungen personell jedenfalls als mehrgliedriges Gremium zu ermöglichen, um auf diese Weise die Mitarbeiterinnen und Mitarbeiter mit der wünschbaren effektiven Interessenvertretung auszustatten. Das wird besonders durch § 1 b Abs. 1 S. 4 belegt, wonach die Rechtsträger durch freie Übereinkunft (Regelung) ohne Dienstvereinbarung die Möglichkeit haben sollen, auch da zur Bildung einer gemeinsamen Mitarbeitervertretung beizutragen, wo es sonst zur Bildung der MAV wegen zu geringer Mitarbeiterzahl gar nicht kommen kann (vgl. § 6 Abs. 1).

II. Verfahren

1. Bildung einer gemeinsamen MAV durch Dienstvereinbarung (Abs. 1 S. 1)

6 Die auf dem Prinzip der Freiwilligkeit fußende Möglichkeit der Bildung einer gemeinsamen Mitarbeitervertretung muss im Falle der Beteiligung von Mitarbeitervertretungen in jedem Falle auf dem Wege einer Dienstvereinbarung (§ 38) grundgelegt werden. Voraussetzung ist, dass sich mehrere Dienstgeber als Träger verschiedener Einrichtungen, in denen jeweils eine MAV besteht (§ 1 b Abs. 1 S. 1), darauf verständigen, eine »gemeinsame« MAV bilden zu lassen. Dazu fassen die jeweiligen Gremien der Rechtsträger den erforderlichen Beschluss und treffen so eine interne Willensbildung, um dann mit den Mitarbeitervertretungen in die Verhandlungen zum Abschluss der erforderlichen Dienstvereinbarung zu gehen.

7 Die Mitarbeitervertretungen müssen zustimmen. Sie können ihre Entscheidung frei treffen. Die anzustrebende Regelung soll erst für die folgende Wahl-

§ 1 b

periode, nicht für die schon laufende Amtszeit gelten. Dazu haben es Dienstgeber und Mitarbeitervertretungen zur Vorbereitung der Dienstvereinbarung in der Hand, in Mitarbeiterversammlungen (§§ 21, 22) die Absicht der Bildung einer gemeinsamen Mitarbeitervertretung diskutieren zu lassen. Dabei können Kriterien für den Einzugsbereich der gemeinsamen MAV zur Sprache kommen, um die späteren Mitglieder einer gemeinsamen MAV wegen der Entfernungen von einander nicht zu überfordern. Außerdem spielen Kosten eine Rolle (§ 17). Denn das Prinzip, wonach die Einrichtung der Ort der MAV sein soll (§ 1 a Abs. 1), wird durch § 1 b zu Gunsten einer gemeinsamen MAV für mehrere Rechtsträger und deren Einrichtungen verdrängt.

Voraussetzung für die Bildung der gemeinsamen MAV sind ferner Wirksamkeit und Zweckmäßigkeit für Mitarbeiterinnen und Mitarbeiter. Diese Voraussetzungen werden gemäß Abs. 2 S. 1 im kirchenaufsichtlichen Genehmigungsverfahren überprüft. Kriterien für die **Wirksamkeit** sind 8
– Stärkung der Interessen der Mitarbeiter,
– Bündelung der Themen einzelner Einrichtungen,
– Bündelung der Interessen mehrerer Dienstgeber (Rechtsträger),
– Gleichmäßigkeit der Entscheidungen bei verschiedenen Rechtsträgern,
– Schärfung des Blicks für verschiedene betriebliche Besonderheiten.

Der Begriff **Zweckmäßigkeit** ist mehrdeutig. In der Verwaltung besagt er etwa 9 Opportunität; in einem engeren Sinne besagt er, dass die Verwaltung von einem ihr eingeräumten Ermessen in einer dem Zweck der gesetzlichen Ermächtigung entsprechenden Weise Gebrauch zu machen hat, d. h. von mehreren Entscheidungsmöglichkeiten diejenige zu wählen hat, die dem Zweck des Gesetzes ein meisten entspricht. Ausgeschlossen ist eine Entscheidung, die gegen das **Willkürverbot** verstößt.

Kriterien für die Zweckmäßigkeit ergeben sich aus § 22 a; dazu gehören 10
– einrichtungsübergreifende Interessenwahrnehmung,
– Zeitersparnis bei der Behandlung der Beratungs- und Entscheidungsgegenstände,
– Bündelung der Gesprächspartnerschaft für mehrere Dienstgeber mit deren gemeinsamer Mitarbeitervertretung,
– Wahrnehmung spezifischer Probleme eines Dienstgebers oder einer Einrichtung, differenzierbare problemorientierte Entscheidungen,
– Informationsfluss zwischen mehreren Dienstgebern und einer MAV,
– eine Mitarbeiterversammlung für mehrere Dienstgeber,
– ein Wahlausschuss bzw. nur eine Wahlversammlung.

2. Einbeziehung mitarbeitervertretungsloser Einrichtungen, Abs. 1 S. 2

In Abs. 1 S. 2 wird die Möglichkeit zur Bildung der gemeinsamen MAV aus- 11 gehend von mehreren Dienstgebern und Mitarbeitervertretungen auf mitarbeitervertretungslose Einrichtungen ausgedehnt. Die Vorschrift ist nicht eindeutig hinsichtlich der Frage, ob Dienstgeber, bei denen keine MAV besteht, die Dienstvereinbarung als Beteiligte abschließen können. Das muss aber mit Blick auf die dritte Variante in Abs. 1 S. 4 angenommen werden, um eine gebietliche Ausklammerung zu vermeiden. Die Mitarbeiterinnen und Mitarbeiter der mitarbeitervertretungslosen Einrichtungen sind vor Abschluss der Dienstvereinbarung um ihre (wohl zustimmende) Stellungnahme zu bitten. Das geschieht entweder in einer vom Dienstgeber einberufenen

§ 1 b

Mitarbeiterversammlung in entsprechender Anwendung des § 10 Abs. 1 S. 1 und 2 oder in einer schriftlichen Umfrage.

3. Die Neuwahl der gemeinsamen MAV, Abs. 1 S. 3

a. Wahlausschuss

12 Die im Sinne von Abs. 1 S. 1 oder 2 geschlossene Dienstvereinbarung hat zur Folge, dass ein Wahlausschuss zur Neuwahl der gemeinsamen MAV zu bestellen ist. Nach § 22 a Abs. 1 S. 2 berufen die beteiligten Dienstgeber eine Mitarbeiterversammlung ein, damit diese gemäß § 10 Abs. 1 einen Wahlausschuss wählt, der aus drei oder fünf Mitgliedern besteht (§ 9 Abs. 2 S. 2). Die Wahlausschuss bestimmt den Wahltag (§ 10 Abs. 1 S. 3).

b. Vereinfachtes Wahlverfahren

13 Gemäß § 22 a Abs. 3 ist die Wahl einer gemeinsamen Mitarbeitervertretung im vereinfachten Wahlverfahren möglich, wenn die Voraussetzungen der §§ 11 a bis 11 c erfüllt sind. In diesem Falle berufen die beteiligten Mitarbeitervertretungen eine gemeinsame Wahlversammlung ein (§ 11 b Abs. 1).
Soll die gemeinsame Mitarbeitervertretung nach der Willensbildung gemäß § 1 b Abs. 1 S. 4 gewählt werden, berufen die beteiligten Dienstgeber unter den Voraussetzungen des § 11 a Abs. 1 die Wahlversammlung gemäß § 11 b Abs. 2 ein. Die betroffenen Dienstgeber können sich gegenseitig ermächtigen, diese Aufgabe für einander wahrzunehmen (§ 22 a Abs. 1 S. 3).

c. Zeitpunkt der Neuwahl

14 Gemäß § 1 b Abs. 2 S. 2 findet die Neuwahl der gemeinsamen MAV nicht während der Amtszeit betroffener Mitarbeitervertretungen statt sondern zu dem Zeitpunkt, zu dem die nächsten regelmäßigen Wahlen zur MAV gemäß § 13 Abs. 1 stattfinden. Davon gibt es eine Ausnahme, wenn die grundlegende Dienstvereinbarung eine andere Regelung über den Wahltermin enthält. Dabei ist allerdings auf die Bestimmungen des § 13 Abs. 2 zu achten, damit die Eingliederung in den Zeitraum der allgemeinen Wahlen (§ 13 Abs. 1), gegebenenfalls in Verbindung mit § 13 Abs. 5 ereicht wird.

4. Die Bildung einer gemeinsamen MAV durch Vereinbarung der Dienstgeber (Abs. 1 S. 4)

15 Für die Bildung einer gemeinsamen MAV gemäß Abs. 1 S. 4 ist folgende Vorgehensweise anzuraten. Ausgehend von den mit dem Votum der Mitarbeiterschaften getroffenen Entschließungen der Dienstgeber – in der Regel durch übereinstimmende Beschlüsse der zuständigen Gremien der beteiligten Dienstgeber – haben die Rechtsträger eine förmliche Vereinbarung zu unterzeichnen, für welche ihrer Bereiche die eine einzige gemeinsame MAV gebildet werden soll. Dabei muss feststehen, dass die Gesamtheit der Bereiche – hier als Einrichtungen bezeichnet – die Voraussetzungen erfüllt, die erforderlichen Mitarbeiterzahlen im Sinne des § 6 Abs. 1 zu haben, nämlich regelmäßig mindestens fünf aktiv wahlberechtigte (§ 7) und mindestens regelmäßig drei wählbare Mitarbeiterinnen bzw. Mitarbeiter. Die Vereinbarung kann in ihren Regelungen bestimmen, ab wann die neue gemeinsame MAV tätig werden

§ 1 b

soll und ob sie unverzüglich oder erst bei den nächsten allgemeinen Wahlen gewählt werden soll (vgl. § 13).

III. Kirchenaufsichtliche Genehmigung, Abs. 2 S. 1

Gemäß § 1 b Abs. 2 S. 1 bedürfen die Dienstvereinbarungen nach Abs. 1 S. 1 **16** und die Regelung nach Abs. 1 S. 4 der kirchenaufsichtlichen Genehmigung des Ordinarius. Zuständig ist der Generalvikar des Diözesanbischofs, der die MAVO erlassen hat. Denn der Generalvikar ist Beauftragter des Diözsanbischofs für die Akte der Verwaltung (can. 134 § 1; 391 § 2; 479 § 1 CIC). Das Genehmigungsverfahren betrifft formal die Verfahrensvorgänge und den Inhalt der Ordnungsmäßigkeit der Dienstvereinbarung bzw. der gemeinsamen Regelung zur Bildung der gemeinsamen MAV. Deshalb sind die einschlägigen Beschlussprotokolle der Gremien der beteiligten Rechtsträger und der Regelungstext vorzulegen. Wird die Genehmigung nicht erteilt, ist den Beteiligten eine Begründung zu geben, damit eventuelle Beanstandungen ausgeräumt werden können.

IV. Wahlzeitraum und Amtszeit, Abs. 2 S. 2

Die Vereinbarung über die Bildung einer gemeinsamen MAV hat ohne beson- **17** dere Regelung Wirksamkeit ab dem Zeitpunkt der nächsten allgemeinen Wahlen zu den Mitarbeitervertretungen. Das bedeutet für die bestehenden Mitarbeitervertretungen Weiterführung ihrer Amtsgeschäfte bis zur Wahl der gemeinsamen MAV. Den beteiligten Dienstgebern obliegt die gemeinschaftliche Einberufung der Mitarbeiterversammlung der beteiligten Einrichtungen zur Vorbereitung der Wahl einer gemeinsamen MAV (§ 22 a Abs. 1 S. 2 i. V. m. § 10).

V. Anwendung des § 22 a

Gemäß § 1 b Abs. 2 S. 3 gelten für die gemeinsame MAV die Vorschriften der **18** MAVO nach Maßgabe des § 22 a. Auf die Ausführungen zu § 22 a wird daher verwiesen. Zu den **Kosten** siehe § 17.

VI. Streitigkeiten

Streitigkeiten i. S. von § 1 b können Rechts- und Regelungsfragen betreffen. **19** Die Schlichtungsstelle entscheidet gemäß § 41 Abs. 1 S. 1 Nr. 2 über Wahlanfechtungen und gemäß § 41 Abs. 1 S. 2 über Anträge auf Feststellung der Nichtigkeit einer Wahl der gemeinsamen MAV, ferner gemäß § 41 Abs. 2 über sonstige Rechtsstreitigkeiten. Sie entscheidet nicht über Fragen der Regelung des Einzugsbereichs und Repräsentationsbereich der gemeinsamen MAV, ferner nicht darüber, dass überhaupt eine gemeinsame MAV gebildet wird. Das ist Angelegenheit einer freiwilligen Regelung, die nicht erzwingbar ist.

§ 2

Im Rahmen der Rechtskontrolle hat die Schlichtungsstelle aber die Grundsätze der Wirksamkeit und Zweckmäßigkeit und die Frage von Willkür und Missbrauch zu überprüfen (§ 42 Abs. 2).

§ 2 Dienstgeber

(1) Dienstgeber im Sinne dieser Ordnung ist der Rechtsträger der Einrichtung.

(2) Für den Dienstgeber handelt dessen vertretungsberechtigtes Organ oder die von ihm bestellte Leitung. Der Dienstgeber kann eine Mitarbeiterin oder einen Mitarbeiter in leitender Stellung schriftlich beauftragen, ihn zu vertreten.

Inhaltsübersicht

	Rz
I. Dienstgeber	1–3
II. Rechtsträger	4–6
III. Gesprächspartner der MAV	7–26
1. Der Bischof	8–9
a. Generalvikar	10
b. Diözesanbischofsvikar	11
c. Finanzdirektor	12
d. Offizial	13
2. Organe des Trägers	14–18
3. Die bestellte Leitung	19–22
4. Mitarbeiterin leitender Stellung	23–27
5. Sitzung mit dem Dienstgeber	28

I. Dienstgeber

1 Die MAVO kennt nicht wie das Betriebsverfassungsgesetz die Begriffe Arbeitgeber und Arbeitnehmer, die Parteien des Arbeitsvertrages sind. Sie berücksichtigt zwar, dass es einen Arbeitgeber im Sinne des Arbeitsrechts gibt, geht aber vom **Dienstgemeinschaftsgedanken** aus (vgl. auch Art. 1 und 8 GrO), der einen Gegensatz von Kapital und Arbeit nicht kennt. Die MAVO kennt auch **nicht** den **Unternehmensbegriff.** Deshalb sind insoweit nähere Bezüge zum Personalvertretungsrecht erkennbar.

2 Der Begriff Mitarbeiter im Sinne der MAVO ist kein Terminus im rechtlichen Sinn, weil unter Mitarbeitern die in § 3 Abs. 1 S. 1 genannten Tätigen verstanden werden. Unter dieser Gesamtheit von Mitarbeitern befinden sich jedoch außer Arbeitnehmern, nämlich Angestellten, Arbeitern und gegebenenfalls Kirchenbeamten, die Kleriker, Ordensleute, aufgrund von Gestellungsverträgen Tätigen und Auszubildenden. Deshalb ist es richtig, wenn der Partner der Mitarbeiterschaft die umfassende Bezeichnung Dienstgeber erfährt. **Dienstgeber** ist also derjenige, bei dem jemand beschäftigt oder tätig wird, in die Dienststelle integriert und in abhängiger Stellung als weisungsgebundener Mitarbeiter eingesetzt ist.

3 Für die MAV ist im Zusammenhang mit ihren Beteiligungs- und Informationsrechten gemäß §§ 26 ff. die Partnerschaft zum zutreffenden Dienstgeber we-

§ 2

sentlich. Zweifel können entstehen, wenn ein Rechtsträger Arbeitgeber ist, dessen Arbeitnehmer in einer Einrichtung eines anderen Rechtsträgers tätig ist, in der eine MAV gebildet ist. Das **Auseinanderfallen von Anstellungsträgerschaft und Beschäftigungsträgerschaft** wird in der MAVO in § 23 behandelt, aber auch in § 3 Abs. 1 im Zusammenhang mit Gestellungsverhältnissen erwähnt (*Schlichtungsstelle Limburg,* 10. 2. 1992 – 15/91). Ob und wie die Beteiligung der MAV bei persönlichen Angelegenheiten eines Mitarbeiters stattfindet, ist näheren Bestimmungen zur MAVO zu entnehmen (§ 23 Abs. 3), wenn z. B. **Sondervertretungen** gebildet sind (§ 23 Rz 16 ff.). Die Sondervertretung wirkt mit bei Maßnahmen, die vom Dienstgeber getroffen werden (§ 23 Abs. 2 S. 1; vgl. auch § 23 Abs. 3 S. 1 i. V. m. §§ 26 bis 39 MAVO Augsburg, Amtsblatt 1996 S. 318 ff.). Besteht **keine Sondervertretung**, erfolgen die Maßnahmen des rechtlichen Arbeitgebers bei Ausklammerung der Zuständigkeit der bei ihm gebildeten MAV ohne deren Beteiligung; die MAV beim Beschäftigungsträger ist nicht Partner des rechtlichen Arbeitgebers (vgl. auch § 7 Abs. 2 S. 1). Sind Mitarbeiter eines und desselben Arbeitgebers aus seiner Dienststelle ausgegliedert und einer anderen bei einem anderen Rechtsträger mit eigener MAV zugewiesen, ergibt sich die Frage, ob diese MAV für die Mitarbeiter beim Arbeitgeber informationsberechtigt i. S. des § 26 Abs. 2 ist und somit Unterlagen dort anfordern kann (*Schlichtungsstelle Limburg,* 5. 11. 1991 – 14/91). Informationspflicht besteht für den Dienstgeber, bei dem die MAV gebildet ist. Über ihn könnte die MAV erforderliche Unterlagen beantragen. Im Falle der arbeitgeberseitigen Kündigung taucht die Frage nach der für die Anhörung zuständigen MAV auf (§§ 30, 31). Infolge der Ausgliederung der Mitarbeiter aus ihrer Stammdienststelle ihres Arbeitgebers ist nicht die etwa in der Stammdienststelle bestehende MAV zuständig (§ 7 Abs. 2). Die MAV der beschäftigenden Dienststelle ist ebenfalls nicht zuständig, weil die Maßnahme nicht von dem für sie zuständigen Dienstgeber getroffen werden soll.

II. Rechtsträger

Die MAVO definiert den Begriff Dienstgeber nach dem Rechtsträger der 4
Dienststelle, Einrichtung oder sonstigen selbständig geführten Stelle.
Verantwortlich für die Wahrnehmung der Rechte und Pflichten des Dienst- 5
gebers im Sinne der MAVO ist der Rechtsträger, nicht eine zur Ausübung bestimmter Rechte zuständige Person. Die der Mitwirkung der MAV unterliegenden Maßnahmen des Rechtsträgers sind von ihm zu verantworten.
Da der Rechtsträger im kirchlichen Bereich weitgehend körperschaftlich ver- 6
fasst, also keine natürliche Person ist, wird er weitgehend durch Organe vertreten. Organe sind natürliche Personen, die für den Rechtsträger zu handeln bestimmt sind. Das verfassungsmäßige Organ des Trägers ist Vertreter des Trägers im Rechtsverkehr. Für den Rechtsträger oder sein Organ kann auch die bestellte Leitung handeln (**§ 2 Abs. 2 S. 1**; Rz 19). Die bestellte Leitung kann befugt sein, einen Mitarbeiter in leitender Stellung (§ 3 Rz 61 ff.) mit den Angelegenheiten, die die MAV betreffen, zu beauftragen und sich vertreten zu lassen (**§ 2 Abs. 2 S. 2**; Rz 23 ff.).

§ 2

III. Gesprächspartner der MAV

7 Je nach der Rechtsform und der jeweiligen Rechtsordnung, auch Verfassung genannt, handeln für den Dienstgeber die zuständigen Leitungen oder Organe, wenn der Dienstgeber juristische Person ist.

1. Der Diözesanbischof

8 Der Diözesanbischof ist der Vorsteher der Teilkirche, die Bistum oder Diözese heißt und Rechtspersönlichkeit besitzt (can. 373; Art. 140 GG i. V. m. Art. 137 Abs. 5 S. 1 WRV). Als Inhaber des Bischofsamtes ist er ihr Leiter (can. 375 § 1, 376) mit ganzer ordentlicher, eigenberechtigter (dazu: *Müller, Hubert:* Die rechtliche Stellung des Diözesanbischofs gegenüber Generalvikar und Bischofsvikar, AfkKR 1984, 399, 401 ff.) und unmittelbarer Gewalt (can. 381 § 1), nämlich mit gesetzgebender, ausführender und richterlicher Gewalt (can. 391, 135). Er vertritt die Diözese gesetzlich (can. 393). Die Vertretungsvollmacht erstreckt sich auf alle Rechtsgeschäfte (*Schmitz,* Hdb. kath. KR S. 336, 344), die Gesetzgebung und Leitungsvollmacht. Letztere kann mit Ausnahme der Gesetzgebung der Diözesanbischof auf den Generalvikar (Rz 10) übertragen (can. 479 § 1, 392 § 2 CIC; *Müller, Hubert:* Die Diözesankurie, Hdb. kath. KR S. 364; Die rechtliche Stellung, AfkKR 1984, 399, 412 ff.). Gemäß can. 477 § 2 kann der Bischof auch einen stellvertretenden Generalvikar ernennen. Vgl. ferner die Ausführungen zu Präambel Rz 6.

9 In der Sedisvakanz übt der Diözesanadministrator die Rechte des Bischofs und Generalvikars aus (can. 421 § 1, 427). Dazu kann er einen Vertreter mit fest umrissenen Aufgaben bestellen. Da aber weder der Bischof noch der Administrator eine Dienststelle im Sinne der MAVO leiten, sondern die Diözese, sind sie nicht Gesprächspartner der MAV, also nicht Dienstgeber (*Eder,* Dissertation, S. 118; *Bernards,* Die Schlichtungsstelle im Mitarbeitervertretungsrecht der katholischen Kirche S. 19).

a. Generalvikar

10 Dem Generalvikar kommt kraft Amtes in der ganzen Diözese die ausführende Gewalt zu, die der Diözesanbischof von Rechts wegen hat, um alle Verwaltungsakte erlassen zu können, jene aber ausgenommen, die sich der Bischof selbst vorbehalten hat oder die von Rechts wegen ein Spezialmandat des Bischofs erfordern (can. 475 § 1, 479 § 1). Das bedeutet, dass sich das Amt des Generalvikars auf den ganzen Bereich der Diözesanverwaltung im weiteren Sinn erstreckt, er also als Leiter des Ordinariats oder Generalvikariats die Dienstgeberfunktion der Diözese ausübt und folglich **Gesprächspartner der MAV seiner Behörde** ist (§ 2 Abs. 2 S. 1). Er kann jedoch gemäß § 2 Abs. 2 S. 2 die Gesprächsführung mit der MAV auf einen (Rz 25), evtl. mehrere Mitarbeiter in leitender Stellung (§ 3 Rz 61) übertragen, z. B. wenn durch die Gliederung der Verwaltung in mehrere Einrichtungen oder Dienststellen (§ 1 a Abs. 2) mehrere Mitarbeitervertretungen bestehen (vgl. auch § 24). Die Übertragung erfolgt durch den Generalvikar als Leiter seiner Behörde, die Generalvikariat oder Ordinariat heißt, mit schriftlicher, der MAV anzuzeigender **Vollmachterteilung** an den **Mitarbeiter in leitender Stellung** (§ 3 Abs. 2 Nr. 4). Das gilt auch für Fälle von Streitigkeiten vor der Schlichtungsstelle und Gerichten, wenn der Generalvikar Beteiligter des Verfahrens ist. **Der den Gene-**

§ 2

ralvikar vertretende Mitarbeiter** in leitender Stellung hat sich durch schriftlich erteilte Vollmacht auszuweisen. Das gilt auch in den Fällen der Beteiligungsrechte der MAV (§§ 28 ff.), über die sie aus Anlass geplanter Maßnahmen des Generalvikars als Dienstgeber informiert wird. Die Vollmacht führt dazu, dass der Vertreter – wie der Generalvikar – der vertretungsberechtigte **Gesprächspartner für die MAV** ist. Der Vertreter muss dabei in der Lage sein, alle Verhandlungen mit der MAV zu führen und Erklärungen der MAV gegenüber so abzugeben wie der Generalvikar (*Aymans-Mörsdorf*, Kanonisches Recht Bd. I § 33 S. 341 ff.). Die MAVO geht in ihrem Wortlaut davon aus, dass der Generalvikar nur einen einzigen Vertreter bestellen kann. Er kann also nicht für jeden denkbaren Zweck oder zu jeder denkbaren Zeit einen anderen Vertreter bestellen. Die diesbezügliche Vorschrift des § 2 Abs. 2 S. 2 entspricht im Übrigen auch den insoweit gleich lautenden Regelungen des staatlichen Personalvertretungsrechts (§ 7 BPersVG, § 8 LPersVG NW).

b. Bischofsvikar

Das Amt des Bischofsvikars ist formalrechtlich dem des Generalvikars nachgebildet, so dass neben letzterem dem Bischof ein weiterer Vertreter zur Seite steht, der die ihm zugewiesenen Aufgaben mit ordentlicher, stellvertretender, ausführender Vollmacht wahrnimmt (can. 134 § 1; can. 479 i. V. m. can. 135). Wie der Generalvikar ist auch der Bischofsvikar von Rechts wegen Ortsordinarius (can. 134 §§ 1 und 2), wobei dessen Vollmacht entweder territorial, funktional oder auch nur personal eingegrenzt sein kann (can. 476, 479 § 2). Gesprächspartner der MAV kann er jedoch nur dann sein, wenn er Leiter einer selbständigen Dienststelle mit besonderer MAV (§ 1) ist oder ihm ein besonderes Mandat zugewiesen ist. 11

c. Finanzdirektor

In den bayerischen Diözesanverwaltungen ist herkömmlich neben dem Generalvikar ein Finanzdirektor als Delegat des Diözesanbischofs im vermögensrechtlichen Bereich tätig (Müller, Hubert; Die rechtliche Stellung, AfkKR 1984, 399, 413 f.). Neuerdings steht dem Diözesanbischof persönlich der Vorsitz im Vermögensverwaltungsrat der Diözese zu, womit er auch eine andere Person beauftragen kann (can. 492 § 1). Deshalb ist je nach der Struktur der Verwaltung und der Dienststellenorganisation der Finanzdirektor der Gesprächspartner der MAV als Dienstgebervertreter (§ 2 Abs. 2, § 39 Abs. 1). 12

d. Offizial

Der Offizial ist als Gerichtsvikar Leiter des kirchlichen Gerichts (can. 391 § 2, 1420), das Offizialat genannt wird. Für seine Dienststelle kann eine besondere MAV bestellt werden, falls nicht Übereinkunft besteht, dass die Mitarbeiter dieser Behörde mit einer anderen (z. B. Generalvikariat) eine gemeinsame MAV wählen. Das ist insbesondere der Fall, wenn die Personalverwaltung vom Generalvikariat für das Offizialat mit ausgeübt wird (vgl. § 1 a Abs. 2; Amtsblatt des Erzbistums Köln 1996 Nr. 271 S. 345). Wegen der Repräsentanz durch einen Vertreter aus dem Mitarbeiterkreis des Offizialats bei den MAV-Wahlen wird auf § 6 Abs. 3 hingewiesen (§ 6 Rz 21 ff.). 13

§ 2

2. Organe des Trägers

14 Für die Kirchengemeinde handelt z. B. der Kirchenvorstand (§ 1 Abs. 1 S. 2 des Gesetzes über die Verwaltung des kath. Kirchenvermögens – KVG –). Er vertritt die Gemeinde und das Vermögen. Der Pfarrer (Rz 19) gehört dem Kirchenvorstand als Vorsitzender an (§ 2 Abs. 1 Buchst. a KVG). Die Kirchengemeinde ist, wie andernorts die Kirchenstiftung, der staatskirchenrechtliche oder kirchenrechtliche (§ 1 Kirchenvermögensverwaltungsgesetz – KVVG Fulda, Amtsblatt Fulda 1987, S. 93–96) Rechtsträger für das rechtsgeschäftliche Handeln der Pfarrei. Die **Pfarrei** ist nach kanonischem Recht **unterster selbständiger Teilverband** jeder Teilkirche (z. B. Diözese). Jede Teilkirche muss in Pfarreien aufgeteilt sein (can. 374 § 1). Die Pfarrei ist in der Regel der abgegrenzte Teil für das Pfarrvolk eines Gebietes (can. 518); sie ist Personengemeinschaft, während die Kirchengemeinde als Gebietskörperschaft auf der pfarrlichen Ebene bezeichnet wird, wenn sie mit Wirkung für das staatliche Recht konstituiert ist (Hack, Die Pfarrei, Hdb. kath. KR S. 384). Die Pfarrei im Sinne des Kirchenrechts ist juristische Person (can. 515 § 3). Die Vertretung der Pfarrei erfolgt durch den **Pfarrer** (can. 532). Ist eine Pfarrei einem Orden übertragen, so ist einer der Priester der Pfarrer (can. 520 § 1 CIC; dazu näher *Heinemann*, Der Pfarrer, Hdb. kath. KR S. 496). Der Pfarrer ist der eigene Hirte der ihm übertragenen Pfarrei (can. 519 CIC).

15 Die **vermögensrechtliche Vertretung** erfolgt in Deutschland nicht durch den Pfarrer der Pfarrei, sondern durch ein kollegiales Organ, das je nach Rechtsgebiet entweder Kirchenvorstand (der Kirchengemeinde), Kirchenverwaltung (Bayern, Speyer), Verwaltungsrat (Limburg, Fulda, Mainz, Trier) heißt (vgl. *Emsbach*, Rechte und Pflichten des Kirchenvorstandes S. 11 ff., 57 ff.; *Fahr/Weber Binder*, Ordnung für kirchliche Stiftungen – Rechtsquellen; KVVG Fulda; *Busch*, Die Vermögensverwaltung, in: Hdb. StKR Bd. I 2. Aufl. S. 947, 963, 970 ff.).

16 Die Angelegenheiten des Gemeindeverbandes (§ 22 KVG) werden von der Verbandsvertretung wahrgenommen (§ 25 KVG), die wiederum einen Ausschuss bestellen kann, der den Verband vertritt (§ 26 KVG; vgl. auch §§ 25, 26 Gesetz über die Verwaltung und Vertretung des Kirchenvermögens im Bistum Trier, Kirchliches Amtsblatt für das Bistum Trier 1978 Nr. 271).

17 Die juristischen Personen des staatlichen Rechts, seien es solche öffentlichen oder privaten Rechts, werden durch die Organe vertreten, die das staatliche Recht für sie bestimmt.

18 Organ des eingetragenen Vereins ist der Vorstand gemäß §§ 26 Abs. 1, 58 Nr. 3 BGB in Verbindung mit der Vereinssatzung; Organ der Stiftung ist der Vorstand gemäß §§ 86, 26 Abs. 1 BGB i. V. m. der Satzung; Organ der GmbH sind entweder einer oder mehrere Geschäftsführer gemäß § 35 GmbH-Gesetz. Die Geschäftsführer haben in der durch den Gesellschaftsvertrag bestimmten Form ihre Willenserklärungen kundzutun und für die Gesellschaft zu zeichnen. Ist nichts darüber bestimmt, so muss die Erklärung und Zeichnung durch sämtliche Geschäftsführer erfolgen. Dies ist u. a. für Dienstvereinbarungen beachtlich (§ 38 Abs. 4 MAVO). Ist der GmbH gegenüber eine Erklärung abzugeben, so genügt der Zugang an einen der Geschäftsführer.

3. Die bestellte Leitung

Der Rechtsträger bzw. sein Vertretungsorgan (Rz 14 ff.) ist berechtigt, für eine **19** Dienststelle, Einrichtung oder sonstige selbständig geführte Stelle eine Leitung zu bestellen (z. B. Grundordnung für katholische Krankenhäuser in Nordrhein-Westfalen B I, 4, Amtsblatt des Erzbistums Köln 1996 Nr. 256 S. 321). Das folgt aus seiner Organisationsgewalt, soweit nicht besondere Bestimmungen entgegenstehen. Der **Pfarrer** (Rz 14) einer Pfarrei bzw. Kirchengemeinde oder Kirchenstiftung ist nicht bestellte Leitung i. S. der MAVO, weil die Körperschaft (Dienstgeber) den Pfarrer nicht zur Leitung bestellt, sondern der gemäß can. 523 CIC zuständige Diözesanbischof. Der bestellten Leitung ist auf der Grundlage der MAVO die Verhandlungskompetenz mit der MAV übertragen (§ 2 Abs. 2 S. 1). Was bestellte Leitung ist, regelt die MAVO nicht. Nach can. 479 § 1 i. V. m. can. 475 § 1 ist der **Generalvikar** die vom Bischof bestellte Leitung der Diözese (Rz 10 ff.). Im Übrigen ist – u. a. durch das Organisations- und Satzungsrecht der Dienstgeber für ihre Dienststellen oder Einrichtungen – verbindlich geregelt, wer bestellte Leitung ist. Für die **Caritasdirektoren** folgt das aus der Satzung des jeweiligen Caritasverbandes (vgl. z. B. § 12 der Satzung des Diözesan-Caritasverbandes für das Erzbistum Köln e. V., Amtsblatt Köln 1996 Nr. 231 S. 264; § 12 Mustersatzung für die Stadt- und Kreiscaritasverbände im Erzbistum Köln, Amtsblatt Köln 1979 Nr. 49 S. 51 ff.). Für die katholischen Krankenhäuser in Nordrhein-Westfalen ist das die **Krankenhausbetriebsleitung;** sie besteht aus dem leitenden Arzt, dem Leiter des Pflegedienstes (zu Rechtsstellung und Aufgaben der leitenden Krankenschwester: *Brenner*, Rechtskunde S. 284 ff.) und dem Leiter des Wirtschafts- und Verwaltungsdienstes. Zusätzlich können in die Krankenhausbetriebsleitung sonstige Mitarbeiter berufen werden, wenn Größe und besondere Aufgabenstellung des Krankenhauses es sachdienlich erscheinen lassen (Grundordnung für kath. Krankenhäuser in NW, B II Nr. 1 Abs. a u. b).

Damit die Gesprächsführung mit dem Dienstgeber gewährleistet ist, schreibt **20** § 39 Abs. 1 vor, dass die MAV einmal jährlich mit dem Dienstgeber selbst oder der von ihm bestellten Leitung (§ 2 Abs. 2) zu einer gemeinsamen Sitzung zusammenkommt.

Besteht ein mehrköpfiges Organ, so muss dies festlegen, wer als Organmit- **21** glied oder bestellte Leitung die Sitzung bestreitet. Es reicht nicht, dass jemand bestellt wird, der keine Entscheidungskompetenz in den Angelegenheiten hat, die nach der MAVO verhandlungsfähig sind (so auch *Damköhler*, MAVO § 2). Ein Mitarbeiter in leitender Stellung (Rz 23) reicht für die gemäß § 39 Abs. 1 abzuhaltenden Gespräche aus (§ 2 Abs. 2, Rz 25).

Handelt für eine Dienststelle oder Einrichtung die bestellte Leitung, so muss **22** diese **Handlungsvollmacht** haben. Deshalb ist die MAV berechtigt, sich über die Befugnisse der bestellten Leitung informieren zu lassen. Denn die Frage nach dem kompetenten Gesprächspartner ist wichtig für die richtige Antwort auf das Anliegen der rechtlich richtigen Zusammenarbeit zwischen Dienstgeber und MAV und damit auf die Erfüllung der Rechte und Pflichten aus der MAVO (vgl. *Bietmann*, Kurzkommentar, § 2 Anm. 2.2; *Schlichtungsstelle Freiburg*, 2. 11. 1993 – Az.: 1993/8).

§ 2

4. Mitarbeiter in leitender Stellung

23 § 2 Abs. 2 S. 2 bestimmt, dass ein Mitarbeiter in leitender Stellung (§ 3 Rz 61) **beauftragt** werden kann, den Dienstgeber in gemeinsamen Sitzungen **zu vertreten** sowie Gespräche und Schriftwechsel mit der MAV zu führen. Die Beauftragung durch den Dienstgeber bedeutet, dass der leitende Mitarbeiter auch Verhandlungsvollmacht besitzt, die er nicht eigenmächtig delegieren kann.

24 Nach Betriebsverfassungsrecht kann sich der Arbeitgeber bei der Wahrnehmung seiner Rechte aus der Betriebsverfassung durch eine bei der Leitung des Betriebes verantwortlich beteiligte Person vertreten lassen (so *Hess/Schlochauer/Worzalla/Glock*, BetrVG § 2 Rz 7), während nach § 7 BPersVG der Dienststellenleiter der Gesprächspartner der Personalvertretung ist (vgl. hierzu *Meurer*, Bundespersonalvertretungsrecht S. 112). Insofern weicht also die MAVO vom staatlichen Recht ab, weil das Bundespersonalvertretungsgesetz die Vertretung des Dienststellenleiters nur bei dessen Verhinderung und dann nur durch seinen ständigen Vertreter – von obersten Dienstbehörden abgesehen – zulässt (*Grabendorff/Windscheid/Ilberts/Widmaier*, BPersVG § 7 Rz 1, 13, 15). Den Fall der Schlichtung bei Streitigkeiten über die Zulässigkeit der Vertretung kennt die MAVO infolge des § 41 Abs. 2.

25 Der Mitarbeiter in leitender Stellung wird in der Regel zum Zwecke einer zügigen Abwicklung, insbesondere der **Routinegeschäfte**, die Gespräche und den Schriftwechsel mit der MAV führen. Andererseits ist die Pflicht zur qualitativen, vertrauensvollen Zusammenarbeit zwischen Dienstgeber und MAV zu beachten, damit dem Gedanken der Dienstgemeinschaft Rechnung getragen wird. Der **Begriff Mitarbeiter in leitender Stellung** ist in der MAVO nicht näher konkretisiert. Es ist in das freie Ermessen des Dienstgebers gestellt, wen er zum leitenden Mitarbeiter bestellt (vgl. Ausführungen zu § 3 Rz 61 ff.). Die Bestellung muss der Dienstgeber, sein Organ bzw. die von ihm bestellte Leitung gegenüber dem Mitarbeiter in leitender Stellung verfügen und der MAV zur Einleitung des Anhörungsverfahrens (§ 29 Abs. 1 Nr. 18) bekannt geben. Die mit der schriftlichen Bestellung (Vollmachterteilung) verbundene Vertretung des Dienstgebers führt dazu, dass der Vertreter der vertretungsberechtigte Gesprächspartner für die MAV ist. Er muss in der Lage sein, alle Verhandlungen mit der MAV zu führen und Erklärungen der MAV gegenüber so abzugeben wie der Dienstgeber. Die MAVO geht nach ihrem Wortlaut davon aus, dass der Dienstgeber nur einen einzigen Vertreter bestellen kann. Er kann also nicht für jeden denkbaren Zweck und zu jeder denkbaren Zeit einen anderen Vertreter bestellen. Dies entspricht dem insoweit nicht auslegungsfähigen Wortlaut des § 2 Abs. 2 S. 2 und entspricht im übrigen auch den insoweit gleich lautenden Regelungen des staatlichen Personalvertretungsrechts (§ 7 BPersVG, § 7 Bayer. PVG, § 8 LPVG NW). Es sind keine Anhaltspunkte dafür erkennbar, dass die in Anlehnung an die Personalvertretungsgesetze geschaffene MAVO das Wort »ein« Mitarbeiter in § 2 Abs. 2 S. 2 anders ausdeuten lässt. Vor allem sind keine Anhaltspunkte – auch nicht in der Literatur zur MAVO – vorhanden, die es rechtfertigen könnten, eine Vielzahl von Vertretungsmöglichkeiten für den Dienstgeber zu schaffen.

26 Der Begriff Mitarbeiter in leitender Stellung ist nicht identisch mit dem des
– Mitarbeiters, der zu selbständigen Entscheidungen über Einstellungen, Anstellungen oder Kündigungen befugt ist (§ 3 Abs. 2 S. 1 Nr. 3; § 3 Rz 59), ob-

wohl die Funktionen auch einem Mitarbeiter in leitender Stellung übertragen sein können,
– leitenden Mitarbeiters, Mitarbeiters mit leitenden Aufgaben oder leitend tätigen Mitarbeitern i. S. der Art. 1 S. 2, Art. 3 Abs. 2, Art. 4 Abs. 1 S. 2, Art. 5 Abs. 3 S. 1 Grundordnung des kirchlichen Dienstes im Rahmen kirchlicher Arbeitsverhältnisse – GrO.

So ist z. B. die **Kindergartenleiterin** im Sinne der GrO als leitend einzustufen, **27** weil sie mit ihrer Aufgabe für den Inhalt der erzieherischen Tätigkeit verantwortlich, den anderen Kräften in der Einrichtung mit Weisungsbefugnis übergeordnet und für die Organisation der gesamten Kindergartenarbeit einschließlich der Zusammenarbeit mit den Erziehungsberechtigten der die Einrichtung besuchenden Kinder zuständig ist. Dennoch ist sie nicht leitende Mitarbeiterin im Sinne von § 3 Abs. 2 MAVO, weil sie keine selbständigen Entscheidungsbefugnisse hat (§ 3 Rz 4) und daher sogar zur MAV passiv wahlberechtigt ist (*ArbG Bonn*, 29. 5. 1996 – 5 Ca 3380/95).

5. Sitzung mit dem Dienstgeber

Um sicherzustellen, dass der Dienstgeber seine Pflichten gemäß MAVO **28** selbst, mit den durch die Trägerverfassung vorgesehenen Organen oder mit der bestellten Leitung erfüllt, ist ihm auferlegt, mit der MAV einmal **jährlich** eine Sitzung mit der MAV abzuhalten (§ 39 Abs. 1 S. 1). Für alle Sitzungen mit dem Dienstgeber gilt nunmehr ausnahmslos, dass er eine Mitarbeiterin oder einen Mitarbeiter in leitender Stellung schriftlich beauftragen kann, ihn zu vertreten. Demnach kann also auch das für den Dienstgeber je nach Verfassung handelnde Organ oder anstelle der von ihm bestellten Leitung eine Kraft in leitender Stellung die Sitzungen mit der MAV bestreiten. Voraussetzung ist allerdings, dass es sich bei dem Mitarbeiter rechtlich um einen in leitender Stellung handelt (vgl. § 3 Abs. 2 Nr. 4). Dieser **Mitarbeiter in leitender Stellung muss die Vertretungsmacht für den Dienstgeber zu handeln durch schriftliche Vollmacht des Dienstgebers nachweisen** (Rz 10; § 2 Abs. 2 S. 2). Wegen der Einzelheiten zu den gemeinsamen Sitzungen und Gesprächen des Dienstgebers mit der MAV wird auf die Ausführungen zu § 39 verwiesen.

§ 3 Mitarbeiterinnen und Mitarbeiter

(1) Mitarbeiterinnen und Mitarbeiter im Sinne dieser Ordnung sind alle Personen, die bei einem Dienstgeber (§ 2) aufgrund eines Beschäftigungsverhältnisses, aufgrund ihrer Ordenszugehörigkeit, aufgrund eines Gestellungsvertrages oder zu ihrer Ausbildung tätig sind. Mitarbeiterinnen oder Mitarbeiter, die dem Dienstgeber zur Arbeitsleistung überlassen werden im Sinne des Arbeitnehmerüberlassungsgesetzes, sind keine Mitarbeiterinnen und Mitarbeiter im Sinne dieser Ordnung.

(2) Als Mitarbeiterinnen und Mitarbeiter gelten nicht:
1. die Mitglieder eines Organs, das zur gesetzlichen Vertretung berufen ist,
2. Leiterinnen und Leiter von Einrichtungen im Sinne des § 1,

3. Mitarbeiterinnen und Mitarbeiter, die zur selbständigen Entscheidung über Einstellungen, Anstellungen oder Kündigungen befugt sind,
4. sonstige Mitarbeiterinnen und Mitarbeiter in leitender Stellung,
5. Geistliche einschließlich Ordensgeistliche im Bereich des § 1 Abs. 1 Nrn. 2 und 3,
6. Personen, deren Beschäftigung oder Ausbildung überwiegend ihrer Heilung, Wiedereingewöhnung, beruflichen und sozialen Rehabilitation oder Erziehung dient.

Die Entscheidung des Dienstgebers zu den Nrn. 3 und 4 bedarf der Beteiligung der Mitarbeitervertretung gem. § 29 Abs. 1 Nr. 18. Die Entscheidung bedarf bei den in § 1 Abs. 1 genannten Rechtsträgern der Genehmigung des Ordinarius. Die Entscheidung ist der Mitarbeitervertretung schriftlich mitzuteilen.

(3) Die besondere Stellung der Geistlichen gegenüber dem Diözesanbischof und die der Ordensleute gegenüber den Ordensoberen werden durch diese Ordnung nicht berührt. Eine Mitwirkung in den persönlichen Angelegenheiten findet nicht statt.

Inhaltsübersicht

	Rz
I. Vorbemerkung	1–7
1. Grundordnungen und MAVO zur Mitarbeiterschaft	1–4
2. Begriff Mitarbeiter im Sinne der MAVO	5–7
II. Mitarbeiter	8–51
1. Arbeitnehmer	9
a. Arbeiter, Angestellte	9–11
b. Mitarbeiter aufgrund von Arbeitsbeschaffungsmaßnahmen	12–13
c. Stufenweise Wiedereingliederung	14
d. Mitarbeiter aufgrund von Maßnahmen der Sozialhilfe	15–16
e. Arbeit auf Abruf	17–18
f. Mitarbeiter in Altersteilzeit	19–23
2. Telemitarbeiter, Heimarbeiter, Rendanten	24
3. Beamte	25
4. Gemeinde- und Pastoralreferenten	26
5. Geistliche	27
6. Ordensleute	28
7. Zur Ausbildung Tätige	29–38
a. Auszubildende	30
b. Praktikanten	31–32
c. Sonstige Beschäftigte	33–38
8. Aushilfskräfte	39
9. Freiwilliger Dienst im Rahmen eines freiwilligen sozialen Jahres	40
10. Freiwilliger Dienst im Rahmen eines freiwilligen ökologischen Jahres	41
11. Auf Grund von Gestellungsverträgen Tätige	42–44
12. Einsatz von Arbeitskräften über Dienst- und Werkvertrag	45–46
13. Abgeordnete Mitarbeiter	47
14. Zum Wehr- oder Zivildienst herangezogene Mitarbeiter	48
15. Freie Mitarbeiter, Lehrbeauftragte	49–50
16. Unentgeltlich (ehrenamtlich) Tätige	51
III. Leiharbeitnehmer	52–55
IV. Ausklammerung vom Mitarbeiterbegriff der MAVO gemäß § 3 Abs. 2	56–88
1. Die Mitglieder eines Organs	57
2. Leiter von Dienststellen, Einrichtungen und sonstigen selbständig geführten Stellen	58
3. Mitarbeiter, die zu selbständigen Entscheidungen befugt sind (§ 3 Abs. 2 S. 1 Nr. 3)	59–60
a. Vorbemerkung	59
b. Befugnisse	60
4. Mitarbeiter in leitender Stellung (§ 3 Abs. 2 S. 1 Nr. 4)	61–65
5. Das Exemtionsverfahren (§ 3 Abs. 2 S. 2 bis 4)	66–79
a. Entscheidung des Dienstgebers, Beteiligung der MAV	66

b. Genehmigung der Entscheidung des Dienstgebers durch den
　　　 Ordinarius　　　　　　　　　　　　　　　　　　　　　67–68
　　c. Begriff der Genehmigung　　　　　　　　　　　　　　　　69
　　d. Genehmigung durch Allgemeinverfügung　　　　　　　　　70
　　e. Die Einzelgenehmigung　　　　　　　　　　　　　　　　　71
　　f. Mitteilung an die MAV　　　　　　　　　　　　　　　　　　72
　　g. Ausnahmen von der Genehmigung des Ordinarius　　　　　73
　　h. Bekanntgabe der Entscheidung des Dienstgebers an den Mitarbeiter　74
　　i. Rechtsfolgen　　　　　　　　　　　　　　　　　　　　　75–79
　6. Geistliche, Ordensgeistliche im Bereich der Kirchengemeinden,
　　　Kirchenstiftungen, Kirchengemeindeverbände　　　　　　　　80
　7. Personen in Maßnahmen der Rehabilitation und Resozialisierung　81–88
　　a. Einführung　　　　　　　　　　　　　　　　　　　　　　81–83
　　b. Berufliche Rehabilitanden　　　　　　　　　　　　　　　　84
　　c. Werkstatt für behinderte Menschen　　　　　　　　　　　　85
　　d. Eingliederungsmaßnahmen　　　　　　　　　　　　　　　86–88
V. Sonderregelung für Geistliche und Ordensleute　　　　　　　　89–95
　1. Weltgeistliche　　　　　　　　　　　　　　　　　　　　　　90
　2. Ordensleute　　　　　　　　　　　　　　　　　　　　　　91–92
　3. Ausschluss der Mitwirkung in persönlichen Angelegenheiten　　93–95
　　a. Ordensleute, Weltgeistliche　　　　　　　　　　　　　　　93
　　b. Sonstige durch Gestellungsvertrag Beschäftigte　　　　　94–95
VI. Sonderfälle　　　　　　　　　　　　　　　　　　　　　　96–101
　1. Ehrenamtsträger　　　　　　　　　　　　　　　　　　　　　96
　2. Unentgeltlich Beschäftigte und ähnliche　　　　　　　　　97–98
　3. Personen in Dienstverhältnissen des Staates　　　　　　　　99
　　a. Abgeordnete Beamte　　　　　　　　　　　　　　　　　　99
　　b. Zivildienstleistende　　　　　　　　　　　　　　　　　　100
　4. Sonstige　　　　　　　　　　　　　　　　　　　　　　　　101
VII. Streitigkeiten　　　　　　　　　　　　　　　　　　　　　　102

I. Vorbemerkung

1. Grundordnungen und MAVO zur Mitarbeiterschaft

Die Vorschrift unterscheidet im Sinne des Artikels 1 GrO zwischen denen, die **1** in einer Einrichtung der katholischen Kirche tätig sind. Sie alle tragen durch ihre Arbeit ohne Rücksicht auf ihre Stellung gemeinsam dazu bei, dass die Einrichtung ihren Teil am Sendungsauftrag der Kirche erfüllen kann (Dienstgemeinschaft). Aber je nach Funktion innerhalb der Dienstgemeinschaft wird zwischen Dienstgeber, leitenden und ausführenden **Mitarbeiterinnen und Mitarbeitern (künftig: Mitarbeiter)** strukturell unterschieden (vgl. Art. 3 Abs. 2 GrO, §§ 2 und 3 MAVO). Während die »Grundordnung des kirchlichen Dienstes im Rahmen kirchlicher Arbeitsverhältnisse« nur Arbeitnehmer im Sinne des staatlichen Arbeitsrechts (Art. 2 Abs. 1 und 3 GrO) im Blick hat, erfasst die MAVO den Gesamtbereich derer, die in einer kirchlichen Einrichtung (§ 1 a) »tätig« sind. Grundlage sind nicht nur ein Arbeitsverhältnis, sondern auch jedes andere Beschäftigungsverhältnis, ein Gestellungsvertrag, ein Ausbildungsverhältnis oder die auf Grund einer Ordenszugehörigkeit ausgeübte Tätigkeit (§ 3 Abs. 1 S. 1 MAVO), wobei die besondere Stellung der Kleriker gegenüber dem Diözesanbischof und die der Ordensleute zu ihren Ordensoberen nicht eingeschränkt wird (§ 3 Abs. 3 MAVO).
Unterscheidungen spezifischer Art nimmt auch die Grundordnung für katho- **2** lische Krankenhäuser der fünf Diözesen in Nordrhein-Westfalen (Amtsblatt des Erzbistums Köln 1996 Nr. 256 S. 321) vor (vgl. Abschnitt A Ziffern 2, 3, 5; Abschnitt B Unterabschnitt II GrOKr), um dem Zusammenwirken zwischen Krankenhausbetriebsleitung und Mitarbeitervertretung (MAV) eine Struktur

§ 3

zu geben (Abschnitt B Unterabschnitt IV Abs. 2 und 3 GrOKr). Ähnliches ergibt sich auch hinsichtlich der Funktion des Schulleiters und den Lehrern an einer kirchlichen Schule (vgl. z. B. Grundordnung für die katholischen Schulen im Erzbistum Köln – GrOSch – Amtsblatt des Erzbistums Köln 1985 Nr. 150 S. 143) gemäß Art. 7 und 8 GrOSch.

3 Leitende Mitarbeiter i. S. der MAVO sind anders definierbar als die i. S. der Grundordnung (GrO). Wer in einer Einrichtung leitende Aufgaben erfüllt, nimmt Funktionen wahr, die besondere Bedeutung für den Bestand und die Entwicklung der Einrichtung haben. Nach der MAVO hängt die Entscheidung, wer Mitarbeiter in leitender Stellung ist, von der Entscheidung des Dienstgebers im Rahmen seines Organisationsrechts ab (§ 3 Abs. 2 Unterabsatz 2 i. V. mit Unterabsatz 1 Nrn. 3 und 4 MAVO), während sich aus der Verfassung für die Einrichtung ergibt, wer Organ der Leitung (§ 2 Abs. 2 MAVO) ist, wie dies hinsichtlich der Krankenhausbetriebsleitung geschehen ist. Der Krankenhausbetriebsleitung gehören an der Leitende Arzt des Krankenhauses, der Leiter des Pflegedienstes und der Leiter des Wirtschafts- und Verwaltungsdienstes (Abschnitt B Unterabschnitt II Ziffer 1 Buchst. a GrOKr).

4 Für die Tageseinrichtungen für Kinder ergeben sich durch landesrechtliche Bestimmungen Strukturvorgaben hinsichtlich des Personalstellenplans und der infolgedessen unterschiedlichen Befugnisse des Personals, so dass z. B. die Leiterin der Einrichtung leitende Aufgaben i. S. der GrO, nicht aber der MAVO wahrnimmt, weil sie dazu Entscheidungsbefugnisse auf personalrechtlichem Gebiet haben müsste, indem sie gemäß § 3 Abs. 2 Nr. 3 MAVO zur selbständigen Entscheidung über Einstellungen oder Kündigungen befugt wäre oder gemäß § 3 Abs. 2 Nr. 4 MAVO durch ihre Befugnisse eine entsprechende leitende Stellung einnähme. Solche Befugnisse stehen in Kirchengemeinden und Kirchenstiftungen den Kirchenvorständen bzw. den Kirchenverwaltungsvorständen oder anderen für die Verwaltung des Kirchenvermögens zuständigen Gremien des Anstellungsträgers zu (z. B. Kirchengemeindeverband).

2. Begriff Mitarbeiter im Sinne der MAVO

5 Durch § 3 MAVO wird der Kreis der Mitarbeiter und Mitarbeiterinnen im Sinne der MAVO definiert und der persönliche Geltungsbereich der MAVO eingegrenzt. Davon zu unterscheiden ist der in den AVR, in der KAVO und in anderen diözesanen Arbeitsvertragsordnungen verwendete Begriff des Mitarbeiters. Arbeitsvertragsordnungen sind Bestimmungen, nach denen der Dienstgeber (als Arbeitgeber) den Inhalt von Arbeitsverträgen auszugestalten und fortzuschreiben hat. Parteien des Arbeitsvertrages sind der Arbeitgeber (kirchlich: Dienstgeber) auf der einen und der Arbeitnehmer auf der anderen Seite (vgl. *Hess/Schlochauer/Worzalla/Glock*, BetrVG § 5 Rz 3). In den AVR und in der KAVO sowie in anderen kirchlichen Arbeitsvertragsordnungen wird anstelle des Begriffs Arbeitnehmer der des Mitarbeiters verwendet. Arbeitnehmer sind sowohl Angestellte als auch Arbeiter (§ 622 Abs. 1 BGB; Tätigkeitsmerkmale der Anlage 2 zu den AVR, Anlage 1 KAVO).

6 Dagegen ist der Begriff Mitarbeiter in der MAVO ein Sammelbegriff, wie § 3 Abs. 1 S. 1 zeigt (*Schlichtungsstelle Köln*, 22. 11. 1993 – MAVO 6/93, ZMV 1994, 34; *Schlichtungsstelle Münster*, 30. 5. 1994 – SchliV-MAVO 2/94, ZMV 1994, 203). Der Mitarbeiter wird als Beschäftigter bzw. Tätiger verstanden. Ein Arbeits- oder Dienstverhältnis ist nicht Voraussetzung, um Mitarbeiter zu sein. Auf den wöchentlichen zeitlichen Einsatz, Vollbeschäftigung oder Teilzeitbeschäftigung, Haupt- oder Nebentätigkeit, Haupt- oder Nebenberuf, Kurzzeitigkeit (siehe aber § 34 Abs. 1, 2. Halbsatz) kommt es nicht an, ebenfalls nicht darauf, ob es sich um eine sozialversicherungspflichtige Tätigkeit handelt.

Die Zuordnung zum Begriff Mitarbeiter ist wesentlich für die Zuständigkeit 7 der MAV bei ihren Mitwirkungsrechten und für die Rechte der Mitarbeiter selbst. Die Rechtsstellung des einzelnen Mitarbeiters ist eingeschränkt auf sein Recht zur Teilnahme an der Mitarbeiterversammlung (§§ 21, 22, 10 Abs. 1), sein aktives und passives Wahlrecht zur MAV (§§ 7, 8) und zum Wahlausschuss (§ 10 Abs. 1 S. 3), auf die Antragsrechte gemäß § 10 Abs. 2, § 41 Abs. 1 Nrn. 1–3, § 21 Abs. 3 S. 1 und Abs. 4, das Vorschlagsrecht gemäß § 9 Abs. 5 zur Kandidatur als MAV-Mitglied, das Anfechtungsrecht gemäß § 12 Abs. 1 und 3 sowie das Einspruchsrecht gemäß § 9 Abs. 4 S. 4; das individuelle Beschwerderecht und die Anregung von Maßnahmen im Sinne von § 26 Abs. 3 treten hinzu, gegebenenfalls Rechte zur Kandidatur im Sinne von §§ 24 und 25.

II. Mitarbeiter

Der Mitarbeiter im Sinne der MAVO steht in einem **Beschäftigungsverhältnis.** 8 Unterfälle dieses Verhältnisses sind solche aufgrund eines Dienst-, Arbeits-, Gestellungs-, Ausbildungs- und Praktikantenverhältnisses. Wegen der Lehrbeauftragten an Hochschulen siehe § 47.

1. Arbeitnehmer

a. Arbeiter, Angestellte

Zur Gruppe der Beschäftigten gehören die Arbeiter und Angestellten. Dabei 9 ist es unerheblich, ob sie hauptberuflich oder nebenberuflich tätig sind. Entscheidend ist das Arbeitsverhältnis aufgrund eines mündlichen oder schriftlichen (vgl. auch § 2 NachwG) Arbeitsvertrages mit dem Dienstgeber. Dadurch werden die Beschäftigten zu Arbeitnehmern. Das Kirchenrecht erkennt die berufliche Mitarbeit von Laien gegen Lohn ausdrücklich an (can. 231, 1286, 1290 CIC). Auf die Unterscheidung zwischen Arbeitern und Angestellten kommt es nach der MAVO anders als in § 5 BetrVG und § 4 BPersVG, der noch eine zusätzliche Unterscheidung nach Beamten und Richtern trifft, nicht an. Ist ein Arbeitnehmer Kirchenvorstandsmitglied der ihn beschäftigenden Kirchengemeinde, so ist er nicht Mitarbeiter im Sinne der MAVO (§ 3 Abs. 2). Diese Konstellation tritt in den Diözesen nicht auf, in denen Mitarbeiter der Kirchengemeinden oder Kirchenstiftungen von Gesetzes wegen gar nicht Organmitglied (§ 2 Rz 14 ff.) sein dürfen (vgl. Art. 9 Abs. 1 Nr. 5 GStVS). Mitarbeiter ist auch, **wer im Falle eines Kündigungsrechtsstreits weiter-** 10 **beschäftigt wird**, weil eben das gemäß MAVO erforderliche Beschäftigungsverhältnis fortgesetzt wird (*BAG*, 27. 2. 1985 – GS 1/84, DB 1985, 2197; *Bengelsdorf*, Die erzwungene Weiterbeschäftigung, DB 1989, 2020, 2023; *Schwerdtner*, Das Weiterbeschäftigungsverhältnis als Arbeitsverhältnis »zweiter Klasse«, DB 1989, 878; DB 1989, 2025 f.; § 30 Rz 71 ff.; *BAG*, 15. 1. 91, ZTR 1991, 346).

§ 3

Dasselbe gilt auch für die Weiterbeschäftigung während des Rechtsstreits über die Wirksamkeit eines befristeten Arbeitsverhältnisses (*LAG Hamm*, 11. 5. 1989 – 17 Sa 1879/88, DB 1989, 1577). Ein Arbeitgeber kann sogar verpflichtet sein, ein an sich wirksam befristetes Arbeitsverhältnis auf unbestimmte Zeit fortzusetzen, wenn er bei einem Arbeitnehmer die Erwartung geweckt und bestätigt hat, er werde bei Eignung und Bewährung unbefristet weiterbeschäftigt und wenn der Arbeitgeber sich dann doch mit einer Ablehnung der Weiterbeschäftigung zu seinem früheren Verhalten und dem von ihm geschaffenen Vertrauenstatbestand in Widerspruch setzt (*BAG*, 16. 3. 1989 – 2 AZR 325/88 BB 1989, 1823).

11 Mitarbeiter können auch solche Personen sein, die von einem Dienstgeber ohne Bezüge beurlaubt worden sind, damit sie bei einem anderen Dienstgeber befristet gegen Entgelt arbeiten. Sie sind dann Mitarbeiter in der beschäftigenden Einrichtung.

b. Mitarbeiter aufgrund von Arbeitsbeschaffungsmaßnahmen

12 Personen, die in Maßnahmen zur Arbeitsbeschaffung (ABM) beschäftigt sind (**§§ 260–271 SGB III**), gehören zum Kreis der Arbeitnehmer. Denn die Beziehungen zwischen dem vom Arbeitsamt zugewiesenen Arbeitnehmer und dem Dienstgeber, der sie beschäftigt, richten sich nach den Vorschriften des Arbeitsrechts (§ 260 Abs. 1 Nr. 2 SGB III; *Richardi*, Arbeitsrecht in der Kirche § 18 Rz 29). Die Geförderten sind also Mitarbeiter im Sinne von § 3 Abs. 1 (zustimmend *Frey/Coutelle/Beyer*, § 3 Rz 15).

13 Für das Arbeitsverhältnis ist nicht wesentlich, ob die Finanzierung des Arbeitsentgelts von Dritten oder aus Eigenmitteln des Dienstgebers aufgebracht wird. Gerade im kirchlichen Erziehungs- und Bildungsbereich, vor allem der Schule und der Tageseinrichtungen für Kinder, werden erhebliche Mittel für die Vergütung des Personals durch staatliche Stellen aufgebracht. Die staatlichen Zuschüsse sind durchgehend von einer staatlichen Anerkennung der Einrichtung oder der Maßnahme abhängig. Insofern ist also auch die Entscheidung des Arbeitsamtes (neu: Agentur für Arbeit) über die Anerkennung einer Arbeitsbeschaffungsmaßnahme nach § 264 SGB III im Zusammenhang mit anderen Anerkennungsvorschriften zu sehen, wonach staatliche Finanzierungen von Maßnahmen erst gewährt werden, wenn der Dienstgeber die in den Anerkennungsvorschriften genannten Bedingungen erfüllt. Die Finanzierung der AB-Maßnahmen durch die Agentur für Arbeit ist für den Mitarbeiterbegriff nach MAVO also unerheblich.

c. Stufenweise Wiedereingliederung

14 Mitarbeiter ist, wer als krankenversicherter Arbeitnehmer wegen Krankheit arbeitsunfähig ist und gemäß **§ 74 SGB V** stufenweise in das Erwerbsleben wieder eingegliedert wird. In diesem Falle bescheinigt der Arzt Arbeitsunfähigkeit des Arbeitnehmers und zusätzlich Art und Umfang der möglichen Tätigkeit des Arbeitnehmers bei dem Arbeitgeber (Dienstgeber). Voraussetzung für die Wiedereingliederung ist, dass der Arbeitnehmer seine bisherige Tätigkeit teilweise verrichten und durch eine stufenweise Wiederaufnahme seiner bisherigen Tätigkeit voraussichtlich wieder besser in das Erwerbsleben eingegliedert werden kann. Das arbeitsrechtliche Grundverhältnis bleibt ohnehin unangetastet. Deshalb ist es unerheblich, ob während der Eingliederungsmaß-

nahme Vergütung gezahlt wird oder nicht (*BAG*, 29. 1. 1992 – 5 AZR 37/91, NZA 1992, 643 = DB 1992,1478 = BB 1993,143; *Wanner*, DB 1992, 93; *von Hoyningen-Huene*, NZA 1992,49; *Compensis*, NZA 1992, 631). Das zwischen dem Dienstgeber (Arbeitgeber) und dem Mitarbeiter (Arbeitnehmer) zum Zwecke der stufenweisen Wiedereingliederung begründete Rechtsverhältnis ist eines eigener Art i. S. von § 311 Abs. 1 BGB. Denn es ist nicht auf eine Arbeitsleistung im üblichen Sinne gerichtet, sondern soll als Maßnahme der Rehabilitation dem Mitarbeiter ermöglichen, die Arbeitsfähigkeit wieder herzustellen. Deshalb vermag die Rehabilitation den Mitarbeiter für die Dauer der Maßnahme dennoch nicht aus dem Mitarbeiterkreis herauszudrängen (anders § 3 Abs. 2 S. 1 Nr. 6), weil der Mitarbeiterbegriff nicht auf dem Arbeitsvertrag aufbaut, sondern von dem weitergehenden Beschäftigungsbegriff ausgeht. Auch der arbeitsunfähige Mitarbeiter bleibt Mitarbeiter i. S. von § 3 Abs. 1 S. 1. Und im Falle der Wiedereingliederung werden Mitarbeiter nach Absprache mit dem Arbeitgeber häufig wieder auf ihren Arbeitsplätzen, wenn auch wegen des verringerten Beschäftigungsumfanges nur zur teilweisen Erfüllung ihre angestammten Arbeitsaufgaben eingesetzt (dazu: *Boemke*, Anmerkung zum BAG-Urteil vom 29. 1. 1992 – AZR 37/91, AR-Blattei ES 1000 Krankheit des Arbeitnehmers Nr. 186, Bl. 4ff.).

d. Mitarbeiter aufgrund von Maßnahmen der Sozialhilfe

Mitarbeiter ist auch, wem durch das Sozialamt Hilfe zur Arbeit durch Schaffung von Arbeitsgelegenheiten gemäß §§ **19f. BSHG** gewährt wird (*BAG*, 5. 4. 2000 – 7 ABR 20/99, ZTR 2001, 91; *Beyer/Papenheim*, Arbeitsrecht der Caritas, AT § 3 Rz 29 ff.). Aus § 19 Abs. 3 BSHG ergibt sich, dass in solchen Fällen die allgemeinen arbeits- und sozialversicherungsrechtlichen Vorschriften gelten sollen (§ 19 Abs. 2, 1. Alternative BSHG; *Ehlers*, Zur Arbeitnehmereigenschaft, NZA 1989, 832, 834). Das gilt auch für die Nichtsesshaften in Einrichtungen der Verbände der freien Wohlfahrtspflege, wenn der Beschäftigte durch seine Tätigkeit eine **Arbeitsleistung** zu erbringen hat. 15

Das kann anders sein, wenn zwischen dem Träger der Einrichtung und einem Nichtsesshaften kein Arbeitsvertrag über die Erbringung von Arbeitsleistungen abgeschlossen wird, weil eine rechtsgeschäftliche Bindung nicht Zweck der Beschäftigung ist (*Ehlers*, a. a. O.). Sofern **Personen zum Zwecke der Betreuung und Rehabilitation** beschäftigt werden (vgl. Rz 81 ff.), fehlt es sowohl an einem Leistungsaustausch als auch an dem das Arbeitsverhältnis prägenden Interessengegensatz zwischen Arbeitgebern und Arbeitnehmern. Den Einrichtungsträgern kommt es in solchen Fällen nicht primär darauf an, die Arbeitsleistung des Hilfesuchenden für sich zu verwerten. Die **Arbeit** ist nur ein **Element der Hilfe** neben der Gewährung von Unterkunft, Verpflegung und sozialer Betreuung. Es liegt dann ein Betreuungs-, **kein Arbeitsverhältnis** vor (*Ehlers*, a. a. O. S. 835 m. N.). Wird einem arbeitsentwöhnten Hilfesuchenden eine Tätigkeit von einem Sozialhilfeträger vermittelt, um ihn wieder an Arbeit zu gewöhnen, kommt nach § 20 Abs. 1 und 2 S. 2 i. V. m. § 19 Abs. 3 BSHG ein Arbeitsverhältnis nicht zustande. **Wer durch Arbeit therapiert werden soll, dem fehlen zwingende Arbeitnehmereigenschaften** (*Ehlers*, a. a. O.), weil er nicht beruflich tätig wird, was für den Mitarbeiterbegriff der MAVO wesentlich ist (§ 3 Abs. 1; *Mösenfechtel/Perwitz-Passan/Wiertz*, § 3 Anm. 1; Rz 98). 16

§ 3

e. Arbeit auf Abruf

17 Werden Mitarbeiter nach Bedarf, aber **auf Dauer** beschäftigt und macht der Dienstgeber von ihrer Bereitschaft zur Arbeit Jahre und Monate Gebrauch, so liegt ein Arbeitsverhältnis auf Abruf im Sinne von § 12 TzBfG vor (*LAG Köln*, 28. 6. 1989 – 2 Sa 1270/88, BB 19899 1760 – Leitsatz). **Ein Mitarbeiter mit Beschäftigung nach Bedarf ist Mitarbeiter i. S. von § 3 Abs. 1** (vgl. aber § 7 Rz 22).

18 **Studentische Hilfskräfte, die als Sitzwache** im Krankenhaus in Dienst genommen werden, stehen in einem dauernden Arbeitsverhältnis. Für den Abschluss eines Arbeitsverhältnisses ist es dabei unschädlich, dass die wöchentliche oder monatliche Arbeitsmenge und die Lage der Arbeitszeit nicht näher festgelegt worden ist (*BAG*, 19. 1. 1993 – 9 AZR 53/92, DB 1993,1781). Dasselbe gilt für einen Pool von 8 bis 12 Studentinnen und Studenten, die zu **Nachtwachen** in einem Wohnheim mit Wohngruppen für Mutter und Kind und in einer Übergangswohngruppe eingesetzt sind und die sich untereinander ihre Nachtwachen einteilen, während der Dienstgeber die tatsächliche Arbeitsleistung vergütet. Sie sind nicht freie Honorarkräfte, sondern Mitarbeiter i. S. von § 3 Abs. 1 S. 1, weil sie ihre Arbeitsleistung im Rahmen einer vom Dienstgeber bestimmten Arbeitsorganisation zu erbringen haben (*Schlichtungsstelle Köln*, 19. 1. 1995 – MAVO 9/95).

f. Mitarbeiter in Altersteilzeit

19 Mitarbeiter, die Altersteilzeitarbeit leisten, sind danach zu unterscheiden, ob sie echte Altersteilzeiter während der gesamten Dauer der Altersteilzeit sind oder Altersteilzeit in **Form des Blockmodells** (§ 2 Abs. 2 Nr. 1 ATG) leisten, um ihr Arbeitsverhältnis in der zweiten Hälfte mit der Freistellungsphase zu gestalten. Die MAVO geht in §§ 7 Abs. 4, 13 c Nr. 4 auf die **Freistellungsphase** ein. Sie sieht als Mitarbeiter nur diejenigen an, die aufgrund eines Beschäftigungsverhältnisses tätig sind (§ 3 Abs. 1 S. 1). Eine Tätigkeit wird in der Freistellungsphase nicht ausgeübt (*BVerwG*, 15. 5. 2002 – 6 P 8.01, ZTR 2002, 551). Die Angelegenheit hat Bedeutung für
– die Feststellung der Zahl der wahlberechtigten Mitarbeiter (§ 6 Abs. 1),
– das aktive Wahlrecht (§ 7 Abs. 1 und 4 Nr. 3),
– das passive Wahlrecht (§ 8 Abs. 1),
– den möglichen Verlust des Amtes als Mitglied der MAV (§ 13 c Nr. 4),
– den Freistellungsanspruch gemäß § 15 Abs. 3,
– das Recht zur Teilnahme an der Mitarbeiterversammlung (§§ 4, 21),
– die Beteiligung der MAV an der Kündigung des Arbeitsvertrages des Altersteilzeiters durch den Dienstgeber (§§ 30,31).

20 Solange das Altersteilzeitarbeitsverhältnis dauert, besteht das rechtliche Band des Arbeitsverhältnisses zwischen dem Mitarbeiter und seinem Dienstgeber weiter, auch wenn der Mitarbeiter im Blockmodell von der Arbeit freigestellt ist. Denn der Mitarbeiter muss während der Gesamtdauer des Altersteilzeitarbeitsverhältnisses, also sowohl während der Arbeitsphase als auch während der Freistellungsphase, durchgehend Bezüge erhalten (§ 2 Abs. 2 Nr. 2 ATG). Aus diesem Grunde ist der Altersteilzeiter auch in der Freistellungsphase des Blockmodells Arbeitnehmer gemäß § 611 BGB, gemäß § 3 Abs. 1 S. 1 MAVO auch **Mitarbeiter**, der allerdings nicht in der Einrichtung tätig ist und auch bis zum Ablauf der Freistellungsphase nicht in die Einrichtung zurückkehren

§ 3

wird. Nach der Rechtsprechung des *BVerwG* a. a. O. (und *BVerwG*, 15. 5. 2002–6 P. 18.01, ZTR 2002, 553 f.) entfällt mit Beginn der Freistellungsphase die Dienststellenzugehörigkeit (§ 13 c Nr. 4), weil die Eingliederung in die Dienststelle voraussetzt, dass der Arbeitnehmer nach Weisung des Dienststellenleiters an der Erfüllung der Aufgaben mitwirkt. Die bloße Entgegennahme von Bezügen bei jeglicher Freistellung von der Arbeitsleistung reiche für den Begriff der Eingliederung nicht aus, auch nicht wegen aus dem Altersteilzeitarbeitsverhältnis sich ergebenden Nebenpflichten während der Freistellungsphase, wie Loyalitätspflicht, Auskunftspflichten, weil die Arbeitspflicht als Kern der Eingliederung in die Dienststelle entfallen ist.

Der Eingliederungsgedanke ist auch bestimmend für das aktive Wahlrecht **21** (vgl. BAG, 16. 4. 2003 – 7 ABR 53/02, ZTR 2003, 633), zumal auch Beurlaubungen ohne Bezüge je nach Dauer zum Ausschluss vom aktiven Wahlrecht führen können (vgl. § 7 Abs. 4 Nr. 2). Während nach dem Ende der Beurlaubung die Rückkehr in die Dienststelle erfolge, sei das bei der Freistellungsphase der Altersteilzeit ganz anders; in diesem Falle sei nämlich die Rückkehr in die Dienststelle entweder gänzlich ausgeschlossen oder jedenfalls ein völlig atypischer Vorgang. Die Ausgliederung aus der Dienststellenzugehörigkeit, wie etwa bei der Versetzung, sei von vornherein als endgültig konzipiert. Von Beurlaubung könne keine Rede sein, weil ein Freizeitausgleich erfolge. Das Ausscheiden aus der Dienststelle ist ohne Zweifel als endgültig konzipiert, wenn sich unmittelbar an die Freistellungsphase der Übergang in Altersrente anschließen soll (*Fey/Rehren*, MVG-EKD, § 18 Rz 5). Deshalb die Vorschriften des § 7 Abs. 4 Nr. 3 und § 13 c Nr. 4.

Wird wegen der Freistellung das aktive Wahlrecht verneint, hat damit auch das **22** passive Wahlrecht zur MAV während der Freistellungsphase im Blockmodell der Altersteilzeitarbeit keinen Bestand (§ 8 Abs. 1). Hinsichtlich der Schwellenwerte gemäß § 6 für Bildung und Größe der MAV ist dieses Ergebnis ebenfalls von Bedeutung; Altersteilzeiter in der Freistellungsphase des Blockmodells werden nicht zu den wahlberechtigten Mitarbeitern gezählt. Das hat ebenfalls Auswirkungen auf die Freistellung von Mitgliedern der MAV gemäß § 15 Abs. 3. Ist ein Altersteilzeiter Mitglied der MAV, verliert er gemäß § 13 c Nr. 4 sein Amt mit Beginn der Freistellungsphase, weil er bereits in diesem Zeitpunkt aus der Einrichtung ausscheidet (vgl. *BVerwG*, 15. 5. 2002 – 6 P 8.01, ZTR 2002, 551); er verliert sein aktives und passives Wahlrecht. Der Verlust des passiven Wahlrechts ist allerdings gemäß § 13 c Nr. 2 auf Antrag durch Beschluss der Schlichtungsstelle feststellbar (§ 41 Abs. 1 S. 1 Nr. 3).

Da die MAVO zwischen Mitarbeitern und wahlberechtigten Mitarbeitern **23** unterscheidet (§ 7 Abs. 1 S. 1), die Mitarbeiterversammlung aber die Versammlung aller Mitarbeiterinnen und Mitarbeiter ist (§ 4 S. 1), können Altersteilzeiter in der Freistellungsphase des Blockmodells an der Mitarbeiterversammlung gemäß §§ 21 und 22 teilnehmen; sie sind zu der Versammlung einzuladen. Steht der Arbeitsvertrag eines Altersteilzeiters – auch in der Freistellungsphase – zur Kündigung an, ist die MAV gemäß §§ 30, 31 zu beteiligen. Betrifft die Kündigung ein – ausgeschiedenes – Mitglied der MAV, gilt der nachwirkende Kündigungsschutz gemäß § 19 Abs. 1 S. 3.

§ 3

2. Telemitarbeiter, Heimarbeiter, Rendanten

24 Anders als das BetrVG (§ 5 Abs. 1 BetrVG) erwähnt die MAVO Heimarbeiter und Mitarbeiter in Telearbeit nicht. Entscheidend kommt es auf die Zuordnung und die Anbindung zur Dienststelle an. Während der Heimarbeiter nach BetrVG nur dann unter den Arbeitnehmerbegriff i. S. des BetrVG fällt, wenn er in der Hauptsache für den Betrieb arbeitet, führt die Beschäftigung mit Telearbeit aufgrund Arbeitsvertrages zur Betriebszugehörigkeit. Ausgehend vom Gedanken der Dienstgemeinschaft (Art. 1 GrO) ist darauf abzustellen, wie das Televerhältnis rechtlich ausgestaltet ist. Es besteht echte Arbeitnehmerschaft, wenn der Telearbeiter gelegentlich außerhalb der Dienststelle arbeitet, aber dies weisungsgebunden tut und der Dienstgeber den Arbeitsplatz mit dem notwendigen Gerät der Informations- und Kommunikationstechnik ausstattet und die Kosten des Betriebs der Technik trägt. Obwohl Telearbeitsplätze außerhalb der Dienststelle des Dienstgebers liegen, ist bei organisatorischer Einbindung der Telearbeit in die Dienststelle dennoch von der Zuordnung zur Dienststelle auszugehen. Dann ist die Zuständigkeit der MAV der verbundenen Dienststelle mitarbeitervertretungsrechtlich festzustellen (*Thiel*, ZMV-Sonderheft 2002, 71, 76). Der Telearbeiter ist dann Mitarbeiter i. S. des § 3 Abs. 1 S. 1. Gewählte i. S. der Anweisung für die Vermögensverwaltung und Haushaltsführung der Kirchengemeinden und Kirchengemeindeverbände (z. B. in der Erzdiözese Köln, Amtsblatt 1985, 39) sind nicht Mitarbeiter i. S. der MAVO. Sind sie (als Geschäftsführer) arbeitsvertraglich angestellt, sind sie Mitarbeiter. Die Beschäftigten in den Rendanturen der Gemeindeverbände sind Mitarbeiter des Gemeindeverbandes.

3. Beamte

25 Soweit der kirchliche Dienstgeber Körperschaft des öffentlichen Rechts ist (vgl. Art. 140 GG i. V. m. Art. 137 Abs. 5 WRV), kann er Beamtenverhältnisse begründen. Die Beamten werden wie die staatlichen Beamten nicht in ein Arbeitsverhältnis, sondern in ein **Beamtenverhältnis** aufgenommen (vgl. *Jurina*, Das Dienst- und Arbeitsrecht S. 64 f.; *ders*. Dienst- und Arbeitsrecht, Essener Gespräche Bd. 10 S. 57, 69 ff.). Sie erhalten keinen Arbeitsvertrag, sondern eine Ernennungsurkunde. Sie sind **Mitarbeiter** im Sinne der MAVO. Unter den Diözesen, die Beamtenverhältnisse begründen, haben einige auf eine generelle Regelung ihrer Beamtenverhältnisse verzichtet. Sie begnügen sich statt dessen damit, in der Ernennungsurkunde oder in einem gesonderten Anstellungsschreiben das jeweilige Landesbeamtenrecht für anwendbar zu erklären, während andere Diözesen eigene Beamtengesetze erlassen haben (*Jurina*, a. a. O. 70 ff.; vgl. Kirchenbeamtenstatut Kirchl. Amtsblatt Rottenburg-Stuttgart 1987 S. 97; Disziplinarordnung, Kirchl. Amtsbl. Rottenburg-Stuttgart 1988 S. 105; Kirchl. Anzeiger Bistum Hildesheim 2001, S. 77).

4. Gemeinde- und Pastoralreferenten

26 Von der Ernennung zum Beamten ist zu unterscheiden die **Beauftragung** eines Mitarbeiters durch den Bischof zur Wahrnehmung einer besonderen Aufgabe. Durch sie wird weder ein Beamtenverhältnis noch ein Arbeitsverhältnis begründet (vgl. can. 230 § 1). Werden **Gemeindereferenten** und **Pastoralreferenten** zu ihrem Dienst durch den Bischof beauftragt, so ist die Beauftragung Vo-

raussetzung für den Abschluss des Arbeitsvertrages. Mitarbeiter für pastorale Dienste oder religiöse Unterweisung bedürfen zur Ausübung ihrer Tätigkeit der besonderen bischöflichen Sendung (can. 228 § 1; 759; Rahmenstatut für Gemeindereferenten(innen) in den Bistümern der Bundesrepublik Deutschland. Abschnitt 1.1, Amtsblatt des Erzbistums Köln 1984 Nr. 45 S. 69; Rahmenstatut für Pastoralreferenten(innen) in den Bistümern der Bundesrepublik Deutschland Abschnitt 1.1, Amtsblatt des Erzbistums Köln 1984 Nr. 47 S. 78; Statut für Gemeindereferentinnen und Gemeindereferenten im Bistum Fulda, Kirchl. Amtsbl. 1989, Nr. 52 Abschnitt 7 S. 25; Ordnung für den Dienst der Gemeindereferentinnen und Gemeindereferenten im Erzbistum Berlin, Amtsblatt Berlin 2002 Nr. 99 S. 57; Dienstordnung für Gemeindereferentinnen/Gemeindereferenten in den bayerischen Diözesen, Amtsblatt für das Erzbistum Bambert 2002 S. 59; Dienstordnung für Pastoralreferenten in der Diözese Rottenburg, Kirchliches Amtsblatt Rottenburg 1977 S. 98; *Aymans*, Hdb. kath. KR S. 659, 666). Die Einstellung dieser Mitarbeiter bedarf gemäß § 34 Abs. 1 nicht der Zustimmung der MAV (Dazu: Rahmenstatuten und -ordnungen für Diakone und Laien im pastoralen Dienst 1978/79, Die deutschen Bischöfe, Heft 22; Rahmenstatuten und -ordnungen für Gemeinde und Pastoral-Referenten/Referentinnen v. 10. 3. 1987, Die deutschen Bischöfe, Heft 41 S. 7, Abschnitt 1.1; S. 33, Abschnitt 1.1).

5. Geistliche

Geistliche (Kleriker) stehen als Diakone, auch als Ständige Diakone, oder Priester in einem besonderen Dienstverhältnis zu ihrem Bischof (can. 275 § 2 CIC). Kleriker wird man durch den Empfang der Diakonatsweihe (can. 266 § 1; vgl. Ordnung für die Ständigen Diakone im Bistum Mainz, Kirchl. Amtsblatt für die Diözese Mainz 1989 Nr. 84 S. 49–54). Der Weltgeistliche gehört in der Regel einer Diözese bzw. einer gleichgestellten teilkirchlichen Organisationsform an (can. 265, 266 § 1), der Ordensgeistliche einer Ordensgemeinschaft (can. 265, 266 § 2). Aufgrund des besonderen Dienstverhältnisses der Weltgeistlichen zum Bischof und des Verhältnisses der Ordensleute zum Orden und dem jeweiligen Oberen ergibt sich für diesen Kreis ein **Sonderstatus** in der Mitarbeiterschaft (§ 3 Abs. 3). Da Geistliche aufgrund der Weihe in Dienst genommen werden, hat die MAV hierbei auch kein Mitwirkungsrecht im Sinne von § 34, also kein Zustimmungsrecht, denn eine Einstellung oder Anstellung im Sinne der MAVO (§ 34 Rz 25 ff. und 37 f.) findet nicht statt. Im übrigen wird auf die diözesanen Statuten für den Priesterrat (can. 495 ff. CIC) und die für Ständige Diakone hingewiesen, wonach diese Gremien nicht dienststellenbezogen arbeiten, sondern auf der Ebene der Diözese zur Beratung des Diözesanbischofs berufen sind (vgl. auch Diakonenrat im Erzbistum Köln, Amtsbl. des Erzbistums Köln 1995 Nr. 18 S. 21). 27

6. Ordensleute

Ordensleute, also Ordensfrauen und Ordensmänner, können durch ihre Ordenszugehörigkeit in einer Einrichtung tätig sein (§ 3 Abs. 1 S. 1). Hierbei wird es sich um ordenseigene Einrichtungen handeln. Ein Beschäftigungsverhältnis ist nicht Voraussetzung, um Mitarbeiter zu sein, sondern lediglich die Mitgliedschaft im Orden und die aus ihr begründete, vom Ordensoberen zugewiesene Aufgabe (§ 3 Abs. 1 letzte Alternative; hierzu näher *Primetshofer*, 28

§ 3

Die Religiosenverbände, Hdb. kath. KR S. 604; can. 654, 671). Im Innenverhältnis zwischen dem Orden und dem Ordensmitglied gilt die MAVO nicht (§ 1 Rz 25; § 3 Abs. 3), weil kein Beschäftigungsverhältnis mit dem Orden besteht (*Siepen*, Vermögensrecht S. 109 ff.).

7. Zur Ausbildung Tätige

29 Zu den Mitarbeitern im Sinne von § 3 Abs. 1 MAVO gehören die zur Ausbildung Tätigen. Dabei spielt es keine Rolle, ob sie den Laien, Geistlichen oder Ordensleuten zuzuordnen sind. Der Begriff Ausbildung im Sinne der hier behandelten Vorschrift ist inhaltlich weiter als der im Berufsbildungsgesetz verwendete Begriff der Berufsausbildung. Zum Kreis der Personengruppe zählen folglich die in der vertraglichen Berufsausbildung stehenden **Auszubildenden, Anlernlinge, Praktikanten, Berufspraktikanten** (Anlage 7 zu den AVR – Caritas Abschnitt D) und **Krankenpflegeschüler** wegen ihrer praktischen Tätigkeit im Krankenhaus; aber auch **Volontäre** (*Uttlinger/Breier/Kiefer/Hoffmann*, BAT Bd. I § 3 Erl. 6) und **Vorpraktikanten**, auch wenn sie für ihre Tätigkeit kein Arbeitsentgelt erhalten, gehören zu den zur Ausbildung Tätigen, wenn **Arbeitspflicht** besteht (dazu Anlage 7 zu den AVR).

a. Auszubildende

30 Mitarbeiter i. S. von § 3 Abs. 1 sind zu ihrer **Berufsausbildung** Beschäftigte, wenn sich ihre Berufsausbildung im Rahmen des arbeitstechnischen Zwecks eines Dienstleistungsbetriebes oder Produktionsbetriebs vollzieht und sie deshalb in vergleichbarer Weise wie die sonstigen Mitarbeiter in die Einrichtung eingegliedert sind **(betriebliche Berufsbildung** i. S. von § 1 Abs. 5 BBiG). Findet die praktische Berufsausbildung dagegen in einem reinen Ausbildungsbetrieb statt (sonstige Berufsausbildungseinrichtung i. S. von § 1 Abs. 5 BBiG), so gehören diese Auszubildenden nicht zur Mitarbeiterschaft der Ausbildungseinrichtung und sind deshalb auch nicht dort zur MAV wahlberechtigt. Es kommt nach der Rechtsprechung des *BAG* (21. 7. 1993 – 7 ABR 35/92, BB 1994, 575) begrifflich darauf an, wo **für die Zwecke der Einrichtung ausgebildet** wird. Werden z. B. benachteiligte junge Menschen in einem überbetrieblichen und karitativen Ausbildungszentrum in größerer Zahl beruflich ausgebildet, so sind sie **in dem Berufsbildungszentrum nicht Mitarbeiter**. Es ist darauf abzustellen, wer dem Zweck der Einrichtung zu dienen hat. Das sind die Ausbilder eines Ausbildungszentrums, nicht aber die dort Auszubildenden (*BAG*, 20. 3. 1996 – 7 ABR 46/95; 7 ABR 34/95). Werden z. B. im Wege eines Ausbildungsvertrages Teilnehmer in der Altenpflegeausbildung bei einem Fachseminar angestellt, so haben sie dort nicht den Status eines Mitarbeiters. Denn Voraussetzung dafür ist die **berufspraktische Ausbildung im Rahmen der arbeitstechnischen Zwecksetzung der Einrichtung**, zu deren Erreichung die einrichtungsangehörigen Mitarbeiter zusammenarbeiten. Dazu muss die Berufsausbildung mit dem laufenden Produktions- oder Dienstleistungsprozess der Einrichtung verknüpft sein. Das ist der Fall, wenn der Auszubildende mit solchen Tätigkeiten beschäftigt wird, die zu den betrieblichen Aufgaben der Mitarbeiter des Seminars, also der Dozenten und Verwaltungskräfte gehören. Wenn aber der Einrichtungszweck eines Ausbildungsbetriebes allein auf die Vermittlung einer berufspraktischen oder gar nur theoretischen Ausbildung beschränkt ist, sind die dort tätigen Auszubildenden nicht in vergleich-

§ 3

barer Weise wie die übrigen Mitarbeiter in der Einrichtung integriert. Denn ihre Ausbildung vollzieht sich nicht im Rahmen der jeweiligen arbeitstechnischen Zwecksetzung eines Produktions- oder Dienstleistungsbetriebes, weil die Ausbildung selbst Gegenstand des Betriebszwecks ist (*BAG*, 20. 3. 1996 – 7 ABR 34/95). Die Tatsache, dass zur Bestreitung des Unterhalts eine Vergütung gezahlt wird, ist für die Beurteilung als Mitarbeiter in solchen Fällen unerheblich. Auszubildende sind Mitarbeiter, wenn die Ausbildung auf betrieblicher Ebene erfolgt, also betriebliche Ausbildung ist (*BAG*, 26. 1. 1994, EzA § 5 BetrVG 1972 Nr. 57). Das ist auch der Fall bei Ausbildungsteilnehmern in der Schule einer Einrichtung, die als private Berufsfach- oder Ersatzschule landesrechtlich genehmigt ist, soweit sie im Rahmen dieser Ausbildung eine praktische Unterweisung in der Einrichtung erhalten (*BAG*, 24. 9. 1981 AP Nr. 26 zu § 5 BetrVG 1972).

b. Praktikanten

Praktikanten sind in einem abhängigen, der Weisung des Dienstgebers unterliegenden Vertragsverhältnis tätig, das auf Ausbildung gerichtet ist. Von einem **Praktikanten** wird gesprochen, **wenn sich eine Person in einer betrieblichen Tätigkeit und Ausbildung befindet, die keine systematische Berufsausbildung darstellt.** Dabei kann es sich für das Praktikantenverhältnis im Rahmen einer Krankenpflegerausbildung auch darum handeln, dass in diesem Praktikum eine berufsbezogene Hinführung zu dieser erst noch zu erfolgenden Ausbildung vorgenommen wird (*LAG Rheinland-Pfalz*, 8. 6. 1984 – 6 Sa 51/84, NZA 1986, 293). Das gilt also auch für **Vorpraktikanten.** Von einem Arbeitsverhältnis unterscheidet sich das Praktikantenverhältnis dadurch, dass bei ihm die Ausbildung im Vordergrund der Vertragsbeziehungen steht, während das Arbeitsverhältnis den reinen Austausch von Arbeitsleistungen gegen Arbeitsvergütung zum Gegenstand hat. Das Berufsausbildungsverhältnis unterscheidet sich vom Praktikantenverhältnis dadurch, dass im Berufsausbildungsverhältnis die Ausbildung nach einer Berufsbildungsordnung für einen anerkannten Ausbildungsberuf bis zum Prüfungsabschluss erfolgt, während das beim Praktikantenverhältnis nicht der Fall ist. Deshalb handelt es sich bei dem Praktikantenverhältnis um ein Arbeitsverhältnis mit besonderer Art von Ausbildung (*Schlichtungsstelle Köln*, 22. 11. 1993 – MAVO 6/93, ZMV 1994, 34). Im Rahmen des Betriebsverfassungsrechts ist es nach der Entscheidung des *BAG* vom 8. 5. 1990 – 1 ABR 7/89 (DB 1990, 2124) außer Streit, dass Praktikanten Arbeitnehmer im Sinne des § 5 Abs. 1 BetrVG sind. Für den Geltungsbereich der MAVO kann folglich auch gelten, dass ein Praktikantenverhältnis ein arbeitsrechtliches Ausbildungsverhältnis ist. Das gilt auch dann, wenn die Anwendung der Bestimmungen der AVR-Caritas ausdrücklich ausgeschlossen wurde und ein für den kirchlichen Dienst typisches arbeitsvertragliches Regelwerk nicht gilt (*Schlichtungsstelle Köln*, wie vor). Zu den Praktikanten gehören auch solche **Studenten**, die **im Rahmen ihres Fachhochschulstudiums**, vergleichbar einer Lehrveranstaltung, das Praktikum absolvieren, obwohl sie an der Fachhochschule immatrikuliert bleiben. Denn sie werden nicht anders als andere Mitarbeiter beschäftigt, sind dem Dienstgeber weisungsunterworfen und voll in die Dienststelle eingegliedert, indem sie die tägliche Arbeitszeit einzuhalten haben, eine Arbeitsleistung erbringen und

31

§ 3

Vergütung erhalten (*Schlichtungsstelle Limburg,* 10. 5. 1993 – 2/93; *BAG,* 30. 10. 1991 – 7 ABR 11/ 91, DB 1992, 1635).

32 Keine Mitarbeiter sind **Studenten der wissenschaftlichen Hochschulen**, die im Rahmen eines vorgeschriebenen Praktikums von **sechs Wochen** praktische Kenntnisse in einer Einrichtung mit für ihre Fachrichtung geeigneter Tätigkeit erwerben sollen, ohne an die betrieblichen Arbeitszeiten gebunden zu sein und ohne Vergütung zu erhalten.

c. Sonstige Beschäftigte

33 **Umschüler und Teilnehmer an berufsvorbereitenden Maßnahmen für jugendliche Arbeitslose**, die in einer Dienststelle ausgebildet werden, die von der Arbeitsverwaltung hierfür Fördermittel erhält, sind zu ihrer Ausbildung oder Berufsausbildung Beschäftigte (*BAG*, 10. 2. 1981, EzA § 3 BetrVG 1972 Nr. 37).

34 **Priesteramtskandidaten**, die nach dem Abschluss des Hochschulstudiums, vor und nach dem Eintritt in das Priesterseminar ein Praktikum absolvieren, sind zu ihrer Ausbildung tätig. Das Gleiche gilt auch für den sich auf das Priesteramt vorbereitenden Diakon, der außerhalb des Priesterseminars in einer Pfarrei praktisch tätig wird (vgl. z. B. Nrn. 15 ff. der Ordnung für die Priesterbildung im Erzbistum Köln, Amtsblatt 1996 Nr. 199 S. 232).

35 **Werkstudenten** sind Mitarbeiter im Sinne der Ordnung, wenn sie während ihrer Studienzeit eine Tätigkeit gegen Entgelt ausüben; sie gelten hier nicht als Auszubildende, sondern als Aushilfskräfte (Rz 39).

36 Werden Mitarbeiter im Rahmen ihrer Ausbildung zu einer anderen Dienststelle versetzt oder abgeordnet, bleiben sie dennoch nur bei der Dienststelle wahlberechtigt, von der sie eingestellt worden sind (§ 7 Abs. 3).

37 **Nicht zum Kreis der Mitarbeiter** gehören in staatlichen Diensten stehende Beamte auf Widerruf während ihrer Ausbildung in der Wahlstation (z. B. **Referendare**); sie bleiben Bedienstete ihres öffentlich-rechtlichen Dienstherrn (Rz 99; vgl. auch Rz 100). **Schüler im Schulpraktikum**, die zur Orientierung über die Arbeitswelt einige Wochen Betriebe und Einrichtungen besuchen und dort unter Aufsicht der Schule praktische Tätigkeiten verrichten, sind nicht Mitarbeiter im Sinne der MAVO (Rz 98).

38 Dasselbe gilt für **Schüler der Klasse 11 FOS**, die in einer Einrichtung tätig werden, während sie Schüler sind.

8. Aushilfskräfte

39 Häufig werden zur kurzfristigen Mitarbeit so genannte Aushilfskräfte eingestellt, die auf Grund eines Arbeitsvertrages beschäftigt werden, wobei die Dauer der Beschäftigung einen Zeitraum von zwei Monaten im Jahr nicht überschreitet. Diese Personen sind Mitarbeiter i. S. von § 3 Abs. 1. Aber für sie gelten besondere Bestimmungen. Gemäß § 7 Abs. 1 sind sie vom aktiven und damit vom passiven Wahlrecht (§ 8 Abs. 1) ausgeschlossen. Zu ihrer Einstellung bedarf es nicht der Zustimmung der MAV gemäß § 34 Abs. 1, wohl aber zu ihrer Eingruppierung und zu anderen persönlichen Angelegenheiten i. S. von § 35. Voraussetzung ist allerdings für diese eingeschränkte Rechtsstellung, dass die Beschäftigung der Aushilfskräfte unter den Begriff der Geringfügigkeit im Sinne von § 8 Abs. 1 Nr. 2 SGB IV subsumiert werden kann. Das ist eine Beschäftigung, die innerhalb eines Jahres seit ihrem Beginn auf längstens zwei Monate oder fünfzig Arbeitstage nach ihrer Eigenart begrenzt zu

§ 3

sein pflegt oder im voraus vertraglich begrenzt ist. Wird z. B. ein Werkstudent wiederholt (z. B. immer während der Semesterferien) eingestellt und wird die Grenze der Geringfügigkeit dadurch überschritten, so entfallen die erwähnten Beschränkungen. Angelegenheiten von Aushilfskräften sind also nicht ohne weiteres den Beteiligungsrechten der MAV entzogen (*Schlichtungsstelle Münster*, 30. 5. 1994 – SchliV – MAVO 2/94, ZMV 1994, 203). Durch die Neufassung der genannten Bestimmungen der MAVO wird die Mitarbeitereigenschaft von Aushilfskräften bestätigt.

9. Freiwilliger Dienst im Rahmen eines freiwilligen sozialen Jahres

Der freiwillige Dienst im Rahmen eines freiwilligen sozialen Jahres wird ganztägig als überwiegend praktische Hilfstätigkeit in dem Gemeinwohl orientierten Einrichtungen, insbesondere in Einrichtungen der Wohlfahrtspflege, in Einrichtungen der Kinder- und Jugendhilfe, einschließlich der Einrichtungen für außerschulische Jugendbildung und Einrichtungen für Jugendarbeit oder in Einrichtungen für Jugendarbeit oder in Einrichtungen der Gesundheitspflege und kulturellen Einrichtungen (Einsatzstellen) geleistet (§ 2 Abs. 2 Gesetz zur Förderung eines freiwilligen sozialen Jahres). Der Dienst wird außerhalb einer Berufsausbildung auf Grund einer schriftlichen Vereinbarung mit einem gesetzlich anerkannten Träger, wie z. B. einer Religionsgemeinschaft mit dem Status einer öffentlich-rechtlichen Körperschaft oder bei einem in der Bundesarbeitsgemeinschaft der freien Wohlfahrtspflege zusammengeschlossenen Verband oder seiner Untergliederung (§ 5 Abs. 1 des Gesetzes) für eine ununterbrochene Zeit von mindestens sechs und höchstens 18 Monaten bei Gewährung von unentgeltlicher Unterkunft, Verpflegung und Arbeitskleidung sowie eines angemessenen Taschengeldes oder entsprechenden Geldersatzleistungen anstelle der Sachleistungen (§ 2 Abs. 1 des Gesetzes) geleistet. Für eine Tätigkeit im Rahmen eines freiwilligen sozialen Jahres sind die Arbeitsschutzbestimmungen und das Bundesurlaubsgesetz entsprechend anzuwenden (§ 8 des Gesetzes). Freiwillige im Sinne des Gesetzes zur Förderung eines freiwilligen sozialen Jahres sind Mitarbeiter im Sinne von § 3 Abs. 1 MAVO. Ihre Beschäftigung unterfällt nicht der Ausschlussbestimmung des § 3 Abs. 2 S. 1 Nr. 6 MAVO. Die MAVO stellt nämlich nicht auf ein Arbeitsverhältnis ab, wie etwa das BetrVG, zumal auch der Begriff Dienstgeber (§ 2) nicht mit dem Begriff Arbeitgeber identisch ist. Es reicht ein Beschäftigungsverhältnis aus, wie dies z. B. auch bei Vorpraktikanten der Fall ist, für die ihre Mitarbeitereigenschaft im Sinne von § 3 Abs. 1 S. 1 ebenfalls bejaht wird (Rz 31).

40

10. Freiwilliger Dienst im Rahmen eines freiwilligen ökologischen Jahres

Der freiwillige Dienst im Rahmen eines freiwilligen ökologischen Jahres wird ganztägig als überwiegend praktische Hilfstätigkeit in geeigneten Stellen und Einrichtungen (Einsatzstellen) geleistet, die im Bereich des Natur- und Umweltschutzes tätig sind (§ 2 Abs. 2 Gesetz zur Förderung eines freiwilligen ökologischen Jahres). Träger des freiwilligen ökologischen Jahres können Einrichtungen sein, die die Gewähr für eine dem Gesetz entsprechende Durchführung bieten und von der zuständigen Landesbehörde zugelassen sind (§ 5 Abs. 1 des Gesetzes). Freiwillige im Sinne des Gesetzes sind Personen, die einen freiwilligen Dienst ohne Gewinnerzielungsabsicht außerhalb einer Berufsausbildung und vergleichbar einer Vollzeitbeschäftigung leisten, nachdem

41

§ 3

sie sich aufgrund einer schriftlichen Vereinbarung mit einem anerkannten Träger zur Leistung dieses Dienstes für eine ununterbrochene Zeit von mindestens sechs Monaten und höchstens 18 Monaten verpflichtet haben. Sie erhalten für den Dienst nur unentgeltliche Unterkunft, Verpflegung und Arbeitskleidung sowie ein angemessenes Taschengeld oder anstelle von Unterkunft, Verpflegung und Arbeitskleidung entsprechende Geldersatzleistungen (§ 2 Abs. 1 des Gesetzes). Für die Tätigkeit eines freiwilligen ökologischen Jahres sind die Arbeitsschutzbestimmungen und das Bundesurlaubsgesetz entsprechend anzuwenden (§ 8 des Gesetzes). Freiwillige im Sinne des Gesetzes sind Mitarbeiter im Sinne von § 3 Abs. 1 MAVO aus denselben Gründen, aus denen die Mitarbeiterschaft im freiwilligen sozialen Jahr bejaht worden ist (Rz 40).

11. Auf Grund von Gestellungsverträgen Tätige

42 Im Gegensatz zum staatlichen Recht (vgl. *BVerwG*, 3. 9. 1990 – 6 P 20.88, ZTR 1991, 38) sind auf Grund von Gestellungsverträgen Beschäftigte Mitarbeiter i. S. von § 3 Abs. 1 MAVO (*Thiel*, ZMV 2000, 162). Eine Reihe von Beschäftigten in kirchlichen Einrichtungen wird aufgrund von Gestellungsverträgen tätig. Wesentlich daran ist, dass die Mitglieder eines Ordens oder einer weltlichen Körperschaft (z. B. DRK-Schwesternschaft e. V.) beim Träger der Einrichtung nicht in ein privatrechtliches Arbeitsverhältnis eintreten (*Siepen*, Vermögensrecht S. 112). Sie stehen auch nicht in einem solchen Verhältnis zum Orden oder, wie das *Bundesarbeitsgericht* für Rote-Kreuz-Schwestern entschieden hat, jedenfalls in der Regel in keinem solchen zur RK-Schwesternschaft (*BAG* – 3 AZR 67/54, JZ 1956, 377). Die Körperschaft schließt mit dem Dienstgeber einen Vertrag ab, durch den diese sich verpflichtet, für bestimmte Dienste in bestimmten Einrichtungen (z. B. Krankenhaus, Altenheim) aus ihren Reihen das erforderliche Personal zur Verfügung zu stellen (*Becker*, HzA Gruppe 16 Rz 18). Dafür erhält die gestellende Körperschaft als Gestellungsleistung vom Dienstgeber eine Vergütung, das so genannte Gestellungsgeld. Die Rechte und Pflichten ergeben sich im einzelnen, auch hinsichtlich des gestellten Personals, aus dem Gestellungsvertrag. Das Gestellungsverhältnis unterscheidet sich vom Leiharbeitsverhältnis (Rz 46 ff.) dadurch, dass die von der DRK-Schwesternschaft in die Dienste einer Dienststelle entsandten Mitglieder (DRK-Schwestern) zur Schwesternschaft nicht in einem Arbeitsverhältnis stehen, sondern dieser mitgliedschaftlich eingegliedert sind (*Dietz/Richardi*, BetrVG § 5 Rz 115; *BAG*, 6. 7. 1995 – 5 AZR 9/93, NZA 1996, 33 = ZTR 1995, 564).

43 Nach § 3 Abs. 1 S. 1 kommt es nicht darauf an, dass die nichtselbständige Arbeit des Personals in einem arbeits- oder kirchenrechtlich begründeten, beamtenähnlichen Rechtsverhältnis geleistet wird oder diese Arbeit im Rahmen eines Gestellungsvertrages erbracht wird. Auch **Entgeltlichkeit** der Dienstleistung ist **nicht Kriterium** für die Annahme eines Beschäftigungsverhältnisses; denn gerade bei der Tätigkeit von Ordensangehörigen kommt es den kirchlichen Orden in erster Linie auf religiöse und caritative Beweggründe, nicht aber auf Entgelt für ihre Arbeitsleistung an (vgl. hierzu auch die Entscheidung der *Schlichtungsstelle Köln* vom 14. 3. 1986 MAVO 1/85 hinsichtlich der durch Gestellungsvertrag beschäftigten Mitglieder einer DRK-Schwesternschaft, NZA 1986, 690).

§ 3

Andererseits ist aber hervorzuheben, dass die originären Rechte zur Gestel- **44** lungskörperschaft durch die Beschäftigung nicht in Frage gestellt sein dürfen. Das betont § 3 Abs. 3 hinsichtlich der Ordensleute, hat sinngemäß aber auch für Mitglieder weltlicher Körperschaften zu gelten (so auch *Schlichtungsstelle Köln* MAVO 1/85 und weiterführend MAVO 8/1987). Werden z. B. Mitglieder einer DRK-Schwesternschaft tätig, können in das Mitgliedsverhältnis die Mitwirkungs- und Mitbestimmungsrechte der MAV nicht eingreifen, weil sie damit die Stellung der jeweiligen DRK-Schwester zur Schwesternschaft in Frage stellen würden. Es ist ausschließlich Sache der Schwesternschaft, wie sie im Einzelnen die Rechtsverhältnisse eines Mitglieds ihrer Schwesternschaft ausgestaltet. Folglich kann die MAV in die Weisungsrechte der Schwesternschaft gegenüber einem Mitglied der Schwesternschaft nicht eingreifen, also auch nicht mit dem Blick auf die Zuweisung oder Abberufung von Arbeitsplätzen. Entscheidend für die Eigenschaft, Mitarbeiter im Sinne der MAVO zu sein, ist, dass der Mitarbeiter mit seiner Dienstleistung in die arbeitsteilige Organisation eingeordnet ist (*Schlichtungsstelle Köln*, 12. 1. 2000 – MAVO 8/99). Wie im Arbeitsrecht ist nicht die wirtschaftliche, sondern die persönliche Abhängigkeit maßgebend (*Richardi*, Arbeitsrecht in der Kirche § 18 Rz 24; *BAG*, a. a. O.). Ist eine Schwesternschaft vom Deutschen Roten Kreuz als Mitbetreiberin eines Krankenhauses anzusehen, so sind auch die bei der Schwesternschaft angestellten so genannten Gastschwestern, die in diesem Krankenhaus beschäftigt sind, Arbeitnehmerinnen (*BAG*, 14. 12. 1994 – 7 ABR 26/94).

12. Einsatz von Arbeitskräften über Dienst- und Werkvertrag

Zunehmend werden **Fremdfirmenarbeitnehmer** eingesetzt und im Rahmen **45** von Werk- und Dienstverträgen beschäftigt. **Beispiel:** Fensterreinigungsunternehmer entsenden ihre Arbeitnehmer zur Erledigung eines erteilten Reinigungsauftrages; Reinigungsunternehmen führen in eigener Regie mit eigenem Personal die Bürohausreinigung durch. Der Vertragsinhalt wird in der Regel durch allgemeine Geschäftsbedingungen oder entsprechende Formularverträge festgelegt. Der Hauptunterschied zwischen einem Arbeitnehmerüberlassungsvertrag (Rz 52 ff.) und einem Werkvertrag besteht in dem unterschiedlichen Leistungsgegenstand (*Becker*, Abgrenzung, DB 1988, 2561, 2565 III, 1). Gegenstand des Werkvertrages kann nach § 631, Abs. 2 BGB sowohl die Herstellung oder Veränderung einer Sache als auch ein anderer durch Arbeit oder Dienstleistung herbeizuführender Erfolg sein. Infolge obiger Beispiele werden also bestimmte Arbeitsergebnisse geschuldet, nämlich die Reinigung. Der Empfänger der Leistung hat gegenüber den Arbeitnehmern des Reinigungsunternehmens keine Weisungsbefugnis. Diese sind Erfüllungsgehilfen des Werkunternehmers (§ 278 BGB; *LAG Köln*, 17. 10. 1988 – 11 Sa 145/88, DB 1989,884; *BSG*, 11. 2. 1988 – 7 RAr 5/86, DB 1989, 930), für deren ordnungsgemäße Arbeitsleistung er einzustehen hat. Der Werkunternehmer muss den Ablauf der geschuldeten Arbeiten durch eigene Repräsentanten organisieren und die einzelnen Arbeitsvorgänge überwachen (*Becker*, wie vor, S. 2566; *BAG*, 28. 11. 1989 – 1 ABR 90/88, BB 1990, 1343 f.); er bleibt für die Erfüllung des geschuldeten Werkes gegenüber dem Besteller verantwortlich (*BAG*, 30. 1. 1991 – 7 AZR 497/89, BB 1991, 2375, 2377). Ist infolgedessen das auf werksvertraglicher Basis eingesetzte **Personal** des Werkunternehmers **nicht in die Arbeitsabläufe der Dienststelle organisatorisch eingegliedert**, so

§ 3

handelt es sich nicht um Mitarbeiter im Sinne der MAVO (vgl. *ArbG Passau*, BB 1990, 2335, *ArbG Hameln*, BB 1990, 2342).

46 Werden Arbeitnehmer von **Fremdunternehmen** zu Dienstleistungen entsandt, die z. B. im technischen oder kaufmännischen Bereich liegen und selbständig erledigt werden, so kann es sich um einen Dienstvertrag handeln (§ 611 BGB), durch den der Unternehmer sich verpflichtet hat, mit Hilfe von Spezialisten Dienste zu leisten (z. B. Betriebsberatung wegen Neuordnung von Abteilungen und Arbeitsabläufen). Auch solche Arbeitnehmer erfüllen Aufgaben des Dienstleistungsunternehmens. Deshalb sind sie ebenfalls nicht Mitarbeiter im Sinne der MAVO. Dasselbe gilt für die Abgesandten im Rahmen von Serviceverträgen mit Maschinen- und Anlagenlieferanten und den Arbeitnehmern eines Bewachungsunternehmens (*BAG*, 28. 11. 1989 – 1 ABR 90/88, BB 1990, 1343 m. N.). Von den vorgenannten Fällen sind die Mitarbeiter zu unterscheiden, die auf Grund von Gestellungsverträgen in den Einrichtungen tätig werden (Rz 42 ff.).

13. Abgeordnete Mitarbeiter

47 Werden Mitarbeiter zu einer anderen selbständigen Dienststelle eines anderen Rechtsträgers abgeordnet, z. B. Gemeinde- und Pastoralreferenten von der Diözese zur Kirchengemeinde oder zum Kirchengemeindeverband, werden sie **nach Ablauf von drei Monaten** in der zugewiesenen Dienststelle **wahlberechtigt**. Zum gleichen Zeitpunkt erlischt das Wahlrecht bei der früheren Dienststelle (§ 7 Abs. 2 S. 1). Um aber die Mitwirkung an Maßnahmen zu gewährleisten, die vom Dienstgeber als Arbeitgeber der vorgenannten Mitarbeiter getroffen werden, bilden diese Mitarbeiter eine Sondervertretung bei ihrem arbeitsvertraglichen Dienstgeber (Arbeitgeber). Vgl. dazu § 23; siehe auch § 7 Rz 30 ff.

14. Zum Wehr- oder Zivildienst herangezogene Mitarbeiter

48 Mitarbeiter, die als Arbeitnehmer zum Wehr- oder Zivildienst oder zum Dienst im Bundesgrenzschutz herangezogen werden, werden für die Dauer des Dienstes nicht aus dem Arbeitsverhältnis entlassen. Denn gemäß § 1 Abs. 1 ArbPlSchG ruht das Arbeitsverhältnis (vgl. auch § 78 Abs. 1 Nr. 1 ZDG, § 59 Abs. 1 BGSG; dazu: Pusch, Schutz des Arbeitsplatzes, HzA Gruppe 15 Rz 211 ff.); es ist nicht aufgelöst, sondern bleibt aufrechterhalten, wobei Arbeitsleistung und Lohnzahlung aufgehoben sind. Die Zugehörigkeit zur Dienststelle bleibt formal bestehen (Pusch, a. a. O., Rz 225 ff.); eine Beschäftigung als Mitarbeiter entfällt aber, so dass das Wahlrecht zur MAV (§ 7) ebenfalls wegfällt (§ 7 Rz 49 ff.; § 8 Rz 7). Sie erhalten Wahlberechtigung nach dem SGB bzw. ZDVG (BGBl. 1991 S. 47, 53).

15. Freie Mitarbeiter, Lehrbeauftragte

49 Personen, die aufgrund eines so genannten freien Dienstvertrages als freie Mitarbeiter Dienstleistungen für kirchliche Einrichtungen, z. B. Ehe- und Erziehungsberatungsstellen, nebenberuflich erbringen (z. B. Ärzte, Psychologen, Juristen, Geistliche), sind in der Regel keine Mitarbeiter im Sinne von § 3 Abs. 1 S. 1. Sie werden nicht von der MAV repräsentiert (*Schlichtungsstelle Köln*, 23. 3. 1995 – MAVO 1/95, ZMV 1995, 134). Wann ein Dienstverhältnis

als Arbeitsverhältnis (§ 622 BGB) anzusehen ist, ist gesetzlich nicht bestimmt, wenn man vom Sonderfall des § 84 Abs. 2 HGB absieht. So ist z. B. ein Programm gestaltender Rundfunkmitarbeiter – auch im kirchlichen Bereich – nicht deshalb Arbeitnehmer, weil er zur Herstellung seines Beitrags auf technische Einrichtungen und Personal der Rundfunkanstalt angewiesen ist und aus diesem Grunde in Dispositions- und Raumbelegungspläne aufgenommen wird (*BAG*, 19. 1. 2000 – 5 AZR 644/98, AR-Blattei ES 110 Arbeitnehmer Nr. 74). Arbeitnehmer ist derjenige, der seine vertraglich geschuldete Leistung im Rahmen einer von Dritten bestimmten Arbeitsorganisation erbringt. Die Eingliederung in die fremde Arbeitsorganisation zeigt sich insbesondere daran, dass der Beschäftigte einem Weisungsrecht seines Vertragspartners (Arbeitgebers) unterliegt. Das Weisungsrecht kann Inhalt, Durchführung, Zeit, Dauer und Ort der Tätigkeit betreffen. Für die Abgrenzung von Bedeutung sind demnach in erster Linie die Umstände, unter denen die Dienstleistung zu erbringen ist, nicht die Bezeichnung, welche die Parteien ihrem Rechtsverhältnis gegeben haben oder eine von ihnen gewünschte Rechtsfolge. Der jeweilige **Vertragstyp** ergibt sich aus dem wirklichen Geschäftsinhalt. Dieser wiederum folgt den getroffenen Vereinbarungen und aus der tatsächlichen Durchführung des Vertrages. Widersprechen sich Vereinbarung und **tatsächliche Durchführung**, so ist letztere maßgebend. Aus der praktischen Handhabung lassen sich Rückschlüsse darauf ziehen, von welchen Rechten und Pflichten die Parteien in Wirklichkeit ausgegangen sind (*BAG*, 11. 3. 1998 – 5 AZR 522/96, AR-Blattei ES 110 Arbeitnehmer Nr. 54). Wesentlich ist, ob »freie Mitarbeit« oder ein Arbeitsverhältnis gewollt ist mit z. B. bezahltem Jahresurlaub, Lohnfortzahlung im Krankheitsfall, festen Dienststunden, Weisungsgebundenheit, Eingliederung in die Dienststelle, Vergütung nach Vergütungsordnung für Mitarbeiter (z. B. AVR, KAVO, BAT), Benutzung der Arbeitsmittel der Dienststelle. In diesem Fall besteht ein Arbeitsverhältnis. Falls solche Abhängigkeit nicht besteht, sondern weitgehende eigene Entfaltung möglich ist, ist von freier Mitarbeit auszugehen (*Schlichtungsstelle Paderborn*, 29. 2. 1996 – X/95, ZMV 1997, 81), wie etwa bei der Programm gestaltenden Mitarbeit bei Rundfunksendungen, wenn die Mitarbeiter typischerweise ihre eigenen Auffassungen zu politischen, wirtschaftlichen, künstlerischen oder anderen Sachfragen, ihre Fachkenntnisse und Informationen, ihre individuelle künstlerische Befähigung und Aussagekraft in die Sendung einbringen, wie dies bei Regisseuren, Moderatoren, Kommentatoren, Wissenschaftlern und Künstlern der Fall ist und sie keinerlei inhaltlichen Weisungen unterliegen (*BAG*, 19. 1. 2000 – 5 AZR 644/98, NZA 2000, 1102). Die Bezeichnungen Honorarkraft, Honorarverhältnis, Honorar reichen dagegen nicht aus, um ein Arbeitsverhältnis und damit die Mitarbeiter-/Arbeitnehmereigenschaft zu verneinen (*LSG Baden-Württemberg*, 7. 6. 1991 – L 4 Kr 2123/89, ZMV 1991, 143). In der Regel ist der Einzelfall zu prüfen (*BAG*, 11. 3. 1998 – 5 AZR 522/96, AR-Blattei ES 110 Arbeitnehmer Nr. 54; *BVerfGE* 59, 281).

Lehrbeauftragte an Hochschulen und Fachhochschulen sind keine Mitarbeiter im Sinne der MAVO (§ 47 Abs. 3; dazu Thieme, Praktische Probleme S. 145). Auf spezielle Regelungen in der diözesanen MAVO ist zu achten. Dozenten an Familienbildungsstätten oder sonstigen **Einrichtungen der Weiterbildung**, die **außerhalb schulischer Lehrgänge** unterrichten, sind nur dann Arbeitnehmer, wenn die Parteien dies vereinbart haben oder im Einzelfall festzustellende Umstände vorliegen, aus denen sich ergibt, dass der für das

§ 3

Bestehen eines Arbeitsverhältnisses erforderliche Grad der persönlichen Abhängigkeit gegeben ist. Rahmenlehrpläne ohne konkrete inhaltliche Vorgaben, ohne Bezeichnung didaktischer oder methodischer Umsetzung, mit Grobeinteilung und einzelnen Schwerpunkten ohne nähere Hinweise und ohne Einengung der Unterrichtsgestaltung sind Indikatoren für freie Mitarbeit (*BAG*, 29. 5. 2002 – 5 AZR 161/01, ZTR 2003, 37).

16. Unentgeltlich (ehrenamtlich) Tätige

51 Im Bereich der verfassten Kirche und im Bereich ihrer privatrechtlich verfassten Rechtsträger (z. B. Vereine, Stiftungen) werden in deren Organen Personen ehrenamtlich tätig. Als Mitglieder von Organen sind sie gemäß § 3 Abs. 2 Nr. 1 keine Mitarbeiter im Sinne der MAVO. Unentgeltlich (**ehrenamtlich**) tätig sind dort aber auch Personen, die aus altruistischen, dem Gemeinwohl des Rechtsträgers dienlichen Motiven Aufgaben im Sinne des Zwecks des Rechtsträgers übernehmen. Das kann auch ein **Auftragsgeschäft** i. S. von § 662 BGB sein, wenn also **freiwillige Helfer** erklärtermaßen eine Dienstleistung unentgeltlich erbringen, eine Sache verwahren oder zur Verfügung stellen. **Gefälligkeiten** sind anzunehmen bei Abreden, die ausschließlich auf einem außerrechtlichen Geltungsgrund beruhen, wie Bekanntschaft oder Nachbarschaft und Hilfsbereitschaft. Diese Personen sind keine Mitarbeiter im Sinne der MAVO (vgl. *Schlichtungsstelle Köln*, 12. 9. 1996 – MAVO 12/96, ZMV 1997, 34).

III. Leiharbeitnehmer

52 Gemäß **§ 3 Abs. 1 S. 2** sind Mitarbeiterinnen und Mitarbeiter eines anderen Dienstgebers bzw. Arbeitgebers, die **im Sinne des AÜG** zur Arbeitsleistung einem Dritten überlassen werden, keine Mitarbeiterinnen bzw. Mitarbeiter im Sinne der MAVO. Mit der Regelung soll klar sein, dass Leiharbeitnehmer in der Einrichtung eines Dienstgebers im Geltungsbereich der MAVO nicht wahlberechtigt sind. Sie sind aber nach dem Wortlaut der Vorschrift auch nicht Mitarbeiter im Sinne der Grundordnung und damit nicht Teil der Dienstgemeinschaft (Art. 1 GrO). Die Vorschriften, der Grundordnung zur Einstellung, zu Loyalitätsobliegenheiten (Art. 3 bis 5 GrO) finden keine Anwendung, da sie nur auf Arbeitsverhältnisse mit kirchlichen Rechtsträgern abstellt (Art. 2 GrO), nicht aber auf Leiharbeitsverhältnisse. Der Wortlaut der Präambel zur MAVO geht ebenfalls vom Begriff der Dienstgemeinschaft aus und sieht im Kontext mit § 3 Abs. 1 S. 2 Leiharbeitnehmer in kirchlichen Einrichtungen nicht als Mitwirkende an der Sendung der Kirche; es fehlt die Teilhabe an der Mitgestaltung und Mitverantwortung des Dienstes in der Kirche sowie die Teilhabe an der religiösen Grundlage und Zielsetzung, so dass die Grundlage für die aktive Gestaltung und Entscheidung über die sie betreffenden Angelegenheiten beim kirchlichen Dienstgeber nicht vorhanden ist. Leiharbeitnehmer haben ihren arbeitsrechtlichen Standort beim Verleiher. Bei der gewerblichen **Arbeitnehmerüberlassung** stellt ein Unternehmer (Verleiher) bei ihm eingestellte Arbeitnehmer (Leiharbeitnehmer) einem anderen Unternehmer (Entleiher) gewerbsmäßig zur Arbeitsleistung zur Verfügung. Diese Arbeitnehmer haben einen Arbeitsvertrag nur mit dem Verleiher (Leiharbeitsvertrag) abgeschlossen. Daraus sind die Leiharbeitnehmer verpflichtet, ihre Arbeitsleistung von dem Verleiher bestimmten anderen Unternehmen (den Entleihern) zu erbringen. Ihren Lohn erhalten die Leiharbeitnehmer von ihrem Vertragspartner, dem Verleiher. Der Verleiher erhält von dem Entleiher, in dessen Betrieb die Leiharbeitnehmer ihre Arbeitsleistung nach seinen Weisungen erbringen, ein Entgelt für die Arbeitnehmerüberlassung auf der Grundlage des zwischen ihnen geschlossenen Arbeitnehmerüberlassungsvertrages. Vertraglicher Arbeitgeber der Leiharbeitnehmer ist nur der Verleiher. Vertragliche Beziehungen zwischen Entleiher und Leiharbeitnehmer bestehen grundsätzlich nicht. Dem Entleiher ist durch den Verleiher jedoch die Befugnis eingeräumt, die zur Verfügung gestellten Leiharbeitnehmer nach eigenen Weisungen zur Arbeitsleistung einzusetzen. Die Arbeitgeberbefugnisse und Arbeitgeberverpflichtungen, insbesondere das Direktions- oder Weisungsrecht sowie die Schutz- und Fürsorgepflichten des Arbeitgebers, sind dadurch zwischen dem Verleiher und dem Entleiher aufgespalten. Auch fallen der Betrieb des vertraglichen Arbeitgebers (Verleiherbetrieb) und der Betrieb der konkreten Beschäftigung (Entleiherbetrieb) bei der Arbeitnehmerüberlassung auseinander. Auf diese Besonderheiten geht die Vorschrift des § 3 Abs. 1 S. 2 ein, indem sie den Leiharbeitnehmer im kirchlichen Entleiherbetrieb aus dem Mitarbeiterbegriff ausklammert. Die Rechte und Pflichten zum Verleiherbetrieb bleiben davon unberührt.

Der dem AÜG zuzuordnende Leiharbeitnehmer hat in seinem Verleiherbetrieb an den Rechten teil, die durch Betriebsverfassungsrecht geregelt sind. Nach Art. 1 § 14 Abs. 2 AÜG sind Leiharbeitnehmer bei der Wahl der betriebsverfassungsrechtlichen Arbeitnehmervertretungen im Entleiherbetrieb nicht wählbar. Sie sind allerdings aktiv wahlberechtigt und berechtigt, die Sprechstunden dieser Arbeitnehmervertretungen aufzusuchen und an den Betriebsversammlungen im Entleiherbetrieb teilzunehmen (dazu: *Becker*, HzA Gruppe 16 Rz 146 ff., 251 ff.). Mit Rücksicht auf die Vorschrift des § 118 Abs. 2 BetrVG findet jedoch das **Betriebsverfassungsgesetz** im kirchlichen Bereich **keine Anwendung**, so dass insoweit die Verweisung des § 14 Abs. 2 S. 3 und Abs. 3 AÜG auf die Vorschriften der §§ 81, 82 Abs. 1 und §§ 84 bis 86 und § 99 BetrVG für die kirchlichen Entleihereinrichtungen in Bezug auf die dort tätigen Leiharbeitnehmer nicht gilt. Im übrigen gilt das AÜG jedoch auch für den kirchlichen Bereich schon wegen der dort genannten Rechte und Pflichten des Entleihers, die das AUG eigenständig regelt; es gilt nicht, soweit es auf Bestimmungen und Organe des Betriebsverfassungsgesetzes verweist, so dass also auch § 14 Abs. 3 AÜG nicht gilt, wonach der Betriebsrat des Entleihers vor der Übernahme eines Leiharbeitnehmers u. a. nach § 99 BetrVG zu beteiligen ist. Der kirchliche Dienstgeber hat entsprechende Maßnahmen im Rahmen seiner **Fürsorgepflicht** gegenüber dem Leiharbeitnehmer zu treffen, wie Unterrichtung über seine Aufgabe und Verantwortung in der Dienststelle sowie über die Art seiner Tätigkeit und ihre Einordnung in den Arbeitsablauf der Dienststelle, Belehrung über die Unfall- und Gesundheitsgefahren, denen dieser bei der Beschäftigung ausgesetzt ist, und über Maßnahmen und Einrichtungen zur Abwendung dieser Gefahren vor Beginn der Beschäftigung (§ 12 ArbSchG), Unterrichtung über Veränderungen in seinem Arbeitsbereich. Umgekehrt wird man dem Leiharbeitnehmer nicht verwehren dürfen, sich bei den zuständigen Stellen der Dienststelle des Betriebs zu beschweren, wenn er sich benachteiligt, ungerecht behandelt oder in sonstiger Weise beeinträchtigt fühlt. Dazu wird er auch ein Mitglied der MAV zur Unterstützung oder Vermittlung zumindest zu Rate ziehen oder die MAV einschalten. Die MAV wird dem nachgehen, weil sie dem Grundsatz der vertrauensvollen Zusammenarbeit mit dem Dienstgeber verpflichtet ist (§ 26).

54 Keiner besonderen gesetzlichen Regelung unterliegt die **nicht gewerbsmäßige Arbeitnehmerüberlassung** (sog. echtes Leiharbeitsverhältnis, *Kraft*, GKBetrVG § 5 Rz 15). Diese liegt vor, wenn der ausgeliehene Arbeitnehmer im Betrieb des Verleihers eingestellt ist, dort regelmäßig seine vertragliche Arbeitsleistung erbringt und **nur in besonderen Ausnahmefällen** von seinem Arbeitgeber (Verleiher) an einen anderen Unternehmer (Entleiher) **ausgeliehen** wird, um dort nach dessen Weisungen zu arbeiten (*Hess/Schlochauer/Worzalla/Glock*, BetrVG § 7 Rz 21, § 5 Rz 9; *Kraft*, GK-BetrVG § 5 Rz 13). So beschriebene Fälle sind selten anzutreffen. Häufiger sind dagegen die Fälle, in denen Arbeitnehmer nicht gewerbsmäßig, aber doch überwiegend auf Dauer, nicht nur gelegentlich oder vorübergehend, einem Dritten überlassen werden, wobei dem Dritten nicht einmal die Lohnkosten in Rechnung gestellt werden, wie das z. B. bei der Anstellung von Arbeitnehmern durch das Bistum einerseits und deren Beschäftigung bei anderen Trägern (z. B. Verbänden) andererseits der Fall ist (*Schlichtungsstelle Köln*, 18. 6. 1996 – MAVO 10/96). Jene setzen die Arbeitnehmer wie eigene voll in ihren Dienststellen ein und weisen sie zur Arbeit an. Dann liegt gemäß Art. 1 § 1 Abs. 2 AÜG nicht gewerbsmäßige Arbeitnehmerüberlassung vor (*BAG*, 21. 3. 1990 – 7 AZR 198/89, NZA 1991, 269; 1. 6. 1994 – 7 AZR 419/92, Pressemitteilung BB 1994, 1216).

55 Die MAVO regelt verschiedene Fälle des drittbezogenen Personaleinsatzes. Es geht zum einen um die auf Grund von Gestellungsverträgen Beschäftigten (§ 3 Abs. 1 S. 1) und zum anderen um die in § 23 genannten Personen, die sogar eine Sondervertretung bilden, weil sie zum Zwecke außerbetrieblichen Arbeitseinsatzes eingestellt werden. Dazu gehören z. B. Gemeinde- und Pastoralreferenten mit Tätigkeit in Pfarreien und Anstalten zur Wahrnehmung seelsorglicher Aufgaben infolge der bischöflichen Sendung. Auf die Ausführungen zu § 23 wird verwiesen. Wer betrieblich ausgegliedert ist, ist mangels Beschäftigung in der Stammdienststelle in dieser nicht als Mitarbeiter zu berücksichtigen; er ist weder aktiv noch passiv wahlberechtigt. Das ist diözesan anders regelbar, wie § 23 a MAVO München und Freising zeigt, wonach auch die betrieblich ausgegliederten Mitarbeiter in die Stammdienststelle zur Ausübung ihrer Rechte nach der MAVO eingegliedert bleiben. Bei allen Varianten des Wahlrechts zur MAV kommt zum Ausdruck, dass der Schwerpunkt des Arbeitsverhältnisses bei der Diözese als vertraglichem Arbeitgeber liegt (*BAG*, 14. 2. 1991 – 2 AZR 363/90; 1. 6. 1994 – 7 AZR 419/92). Es geht um die wahlrechtsbezogene Zuordnung zu einer Einrichtung, Dienststelle oder eben Sondervertretung im kirchlichen Bereich, womit die Eigenschaft als Mitarbeiter i. S. von § 3 Abs. 1 nicht in Frage steht, zumal sogar die mehrfache Zuordnung (§ 7 Abs. 2; § 23 Abs. 2) zu verschiedenen Dienststellen und Dienstgebern möglich ist.

IV. Ausklammerung vom Mitarbeiterbegriff der MAVO gemäß § 3 Abs. 2

56 § 3 Abs. 2 enthält den Katalog von Personen, die aus dem Mitarbeiterbegriff im Sinne der MAVO ausgenommen sind, also wegen ihrer Funktion als

§ 3

Dienstgeber, Dienstgebervertreter, als Organmitglied, Personalentscheidungsbefugte oder Vorgesetzte mit Leitungsaufgaben nicht als Mitarbeiter in dem Sinne anzusehen sind, die von der MAV repräsentiert werden. Diese Personengruppen sind aber auch nicht bei der Feststellung der zahlenmäßigen Voraussetzungen für die Errichtung und Bildung von Mitarbeitervertretungen in Anrechnung zu bringen. Sie sind weder aktiv noch passiv wahlberechtigt.

1. Die Mitglieder eines Organs

Nach § 3 Abs. 2 S. 1 Nr. 1 sind die Mitglieder des gesetzlichen Vertretungsorgans einer juristischen Person nicht Mitarbeiter: z. B. die Mitglieder des Kirchenvorstandes oder Vermögensverwaltungsrates; die Ordensmitglieder als Gesellschafter einer GmbH, welche ein Krankenhaus des Ordens betreibt. Dasselbe gilt für die »bestellte Leitung« (§ 2 Abs. 2 S. 1). Dazu gehört z. B. die Krankenhausbetriebsleitung (Grundordnung für katholische Krankenhäuser in NW, Amtsblatt des Erzbistums Köln 1996 Nr. 256 S. 321 f.; Grundordnung für katholische Krankenhäuser in der Erzdiözese Freiburg B Abs. 2 Nr. 1 S. 3, Amtsblatt 1989 S. 97 f.). Der von den deutschen Bischöfen in ihren Diözesen durch Satzung geregelte Pfarrgemeinderat ist kein Vertretungsorgan der Pfarrei, wie dies der Kirchenvorstand für die Kirchengemeinde ist (*Lederer*, Pfarrgemeinderat und Pfarrverwaltungsrat, Hdb. kath. KR S. 425 mit Quellennachweis der diözesanen Satzungen; Amtsbl. d. Erzbistums Köln 1997 S. 127). Deshalb sind die Mitglieder von Pfarrgemeinderäten, falls keine anderen Ausklammerungstatbestände vorliegen, nicht Organmitglieder im Sinne von § 3 Abs. 2 Nr. 1. Organ der GmbH sind die Geschäftsführer nach § 35 GmbHG; Organ des rechtsfähigen Vereins ist der Vorstand nach § 26 BGB. Im Bereich der Hochschulen ist deren Verfassung zur Beurteilung der Rechtslage von Bedeutung (vgl. dazu *Karpen*, Mitbestimmung S. 152, 152, 165 ff.). 57

2. Leiter von Dienststellen, Einrichtungen und sonstigen selbständig geführten Stellen

Die Leiter von Einrichtungen oder Dienststellen im Sinne von § 1 sind gemäß § 3 Abs. 2 S. 1 Nr. 2 nicht Mitarbeiter, auch wenn sie im arbeitsrechtlichen Sinne wegen des ihrer Aufgabe zugrundeliegenden Arbeitsvertrages Arbeitnehmer des Dienstgebers sind, für den sie tätig werden. Der Leiter der Einrichtung ist also derjenige, der unter Berücksichtigung der vom Dienstgeber entschiedenen Frage, was als selbständige Dienststelle zu gelten hat, die Leitung innehat. Grundsätzlich bestimmt der Dienstgeber, was als Dienststelle, Einrichtung und sonstige selbständig geführte Stelle gilt (§ 1 a Abs. 2 S. 1). Der in § 3 Abs. 2 S. 1 Nr. 2 gebrauchte Begriff **Einrichtung** ist aus § 1 a Abs. 1 als **Sammelbegriff** abgeleitet. Es geht also in dieser Vorschrift nicht um den Begriff Einrichtung schlechthin; das könnte z. B. ein Kindergarten sein. Es geht hier vielmehr um den in der MAVO verwendeten Sammelbegriff. Dort wird unter Einrichtung nur eine solche **Organisationseinheit** verstanden, **bei der eine MAV gebildet wird** (§ 1 a Abs. 1). Hat der Dienstgeber mehrere Teildienststellen zu einer Einrichtung zusammengefügt (§ 1 a Rz 12 ff.), so ist dies die Einrichtung im rechtstechnischen Sinn. Die **Leiter** dieser Gebilde, also der Einrichtungen oder Dienststellen im Sinne von **§ 1 a sind gemäß § 3 Abs. 2 S. 1 Nr. 2 nicht Mitarbeiter**, auch wenn sie rechtlich Arbeitnehmer sind. Bei meh- 58

§ 3

reren zu einer Dienststelle zusammengefassten Schulen, Krankenhäusern oder Kindergärten eines und desselben Trägers sind also nicht die Leiter der einzelnen unselbständigen Einrichtungen Leiter im Sinne der Ordnung, sondern diejenigen Personen, denen die **Gesamtzuständigkeit** für die zu einer Einheit zusammengefassten Dienststelle übertragen ist. **Leitung** einer Dienststelle, Einrichtung oder sonstigen selbständig geführten Stelle beinhaltet **Entscheidungsbefugnis für den Geschäftsbereich.** Bei den Verbänden sind es in der Regel die Geschäftsführer, denen personelle und wirtschaftliche Aufgaben mit Entscheidungsbefugnis verantwortlich übertragen sind. Dazu gehören Planung und Durchführung in Vollmacht des Rechtsträgers. Leiterinnen von Tageseinrichtungen für Kinder und von Offenen Türen, Pfarrbüchereien, Beratungsstellen fallen nicht unter den Begriff, da sie zwar Leitungsaufgaben mit Blick auf die Teilstelle, nicht aber die Gesamtleitung der Einrichtung i. S. von § 1 a innehaben. Entscheidungskompetenzen sind in der Regel auf laufende Geschäfte im Rahmen des vom Träger vorgegebenen Planes übertragen, während eine für den Bestand der Einrichtung verantwortliche Position fehlt. Zu prüfen ist, ob sie gegebenenfalls den Gruppen zu § 3 Abs. 2 S. 1 Nr. 3 oder 4 zuzuordnen sind (Rz 59 ff.). Nicht zu verwechseln ist der in § 3 Abs. 2 S. 1 Nr. 2 verwendete Begriff mit dem eines leitenden Mitarbeiters i. S. von Art. 4 Abs. 1 S. 3 GrO. Jeder ist im Rahmen seiner Loyalitätsobliegenheiten auf das persönliche Lebenszeugnis im Sinne der Grundsätze der katholischen Glaubens- und Sittenlehre verpflichtet (vgl. Amtsblatt des Bistums Würzburg 1996 S. 187). Der Begriff »Mitarbeiter mit leitenden Aufgaben« (Art. 3 GrO i. V. m. Art. 4 GrO) ist nicht identisch mit dem in der MAVO verwendeten Begriff des »Mitarbeiters in leitender Stellung« (§ 3 Abs. 2 Nr. 4 MAVO), weil nicht jeder Mitarbeiter mit leitenden Aufgaben im Sinne der GrO zugleich Mitarbeiter in leitender Stellung im Sinne der MAVO ist, während jeder Mitarbeiter in leitender Stellung im Sinne der MAVO zugleich auch leitende Aufgaben im Sinne der GrO wahrnimmt. Mitarbeiter mit »leitenden Aufgaben« im Sinne der GrO ist, wer Funktionen wahrnimmt, die besondere Bedeutung für den Bestand, die Entwicklung und für die Glaubwürdigkeit der Einrichtung hinsichtlich ihres kirchlichen Auftrages haben (Oberhirtliches Verordnungsblatt Speyer 1996 Nr. 8 S. 28 ff.).

3. Mitarbeiter, die zu selbständigen Entscheidungen befugt sind (§ 3 Abs. 2 S. 1 Nr. 3)

a. Vorbemerkung

59 Die unter § 3 Abs. 2 S. 1 Nr. 3 und Nr. 4 genannten Personengruppen sind nicht allein durch ihre Befugnisse bzw. Funktionen aus dem Mitarbeiterbegriff der MAVO ausgenommen; es bedarf zur Wirksamkeit ihrer Exemtion noch zusätzlicher Akte, nämlich
– der Exemtionsentscheidung des Dienstgebers,
– der Anhörung und Mitberatung der MAV zu der geplanten Exemtion gemäß § 29 Abs. 1 Nr. 18 (§ 3 Abs. 2 S. 2; so seit der Novelle von 1995),
– der Genehmigung der Exemtion bei den in § 1 Abs. 1 genannten Rechtsträgern durch den Ordinarius (§ 3 Abs. 2 S. 3) und
– der abschließenden schriftlichen Mitteilung des Dienstgebers an die MAV über die Entscheidung der Exemtion (§ 3 Abs. 2. 4). Dazu ferner Rz 66 ff.

§ 3

b. Befugnisse

Mitarbeiter, die zur selbständigen Entscheidung über Einstellungen, Anstellungen oder Kündigungen befugt sind, gehören gemäß **§ 3 Abs. 2 S. 1 Nr. 3** nicht zu den Mitarbeitern im Sinne der MAVO. Hierbei handelt es sich nicht um Mitarbeiter, die zugleich auch leitende Funktion auszuüben haben. Es geht lediglich um Einzelbefugnisse, wie aus den alternativen Aufzählungen der Bestimmung hervorgeht. Wer die Befugnisse erhält, entscheidet der Dienstgeber durch Erteilung einer Vollmacht nach Anhörung der MAV (§ 29 Abs. 1 Nr. 18; § 3 Abs. 2 S. 2). Allerdings muss die übertragene Entscheidungsbefugnis im Außenbereich Wirksamkeit entfalten. Von einer selbstständigen Einstellugns- oder Entlassungsbefugnis kann dann nicht die Rede sein, wenn diese dem Mitarbeiter (z. B. Chefarzt) nur intern, nicht aber auch im Außenverhältnis zusteht (*BAG*, 18. 11. 1999 – 2 AZR 903/98, DB 2000, 830 = NZA 2000, 427). Die Beurteilung der fachlichen Qualifikation eines Bewerbers ist nicht Einstellungsbefugnis, wenn zur Einstellung noch die Zustimmung der Einrichtungsleitung einzuholen ist oder sogar der Arbeitsvertrag vom Verwaltungsleiter der Einrichtung zu unterschreiben ist. 60

4. Mitarbeiter in leitender Stellung

Mit den zuvor genannten Personen dürfen die Mitarbeiter in leitender Stellung (**§ 3 Abs. 2 S. 1 Nr. 4**; vgl. auch § 2 Abs. 2 S. 2 und § 3 Abs. 2 Sätze 2 bis 5) nicht verwechselt werden. Es geht hier um eine Personengruppe, die ohne zum Organ oder zur bestellten Leitung zu gehören, durch das Maß ihrer Entscheidungsbefugnis als Mitarbeiter bei der Wahrnehmung ihrer Rechte nach der MAVO in Interessenkollision käme (*Frey/Coutelle/Beyer*, § 3 Rz 35). Denn gemäß § 2 Abs. 2 S. 2 kann sie vom Dienstgeber zu Gesprächsführungen mit der MAV und der Teilnahme an deren Sitzungen beauftragt werden. Praktisch bleibt es dem Dienstgeber überlassen, wen er zum leitenden Mitarbeiter bestimmt, zumal der MAV nur ein Anhörungs- und Mitberatungsrecht eingeräumt ist (§ 3 Abs. 2 S. 1 Nr. 4 und Satz 2 i. V. m. § 29 Abs. 1 Nr. 18). Der Mitarbeiter in leitender Stellung braucht allerdings nicht wesensnotwendig die Gespräche mit der MAV, den Schriftwechsel mit ihr zu führen oder an deren Sitzungen teilzunehmen. Der Dienstgeber kann auch unabhängig von diesen Aufgaben bestimmen, wer in leitender Stellung tätig ist. Welche **Kriterien** der Mitarbeiter zu erfüllen hat, um Mitarbeiter in leitender Stellung zu sein oder zu werden, lässt die MAVO im Ergebnis offen. Mit konstitutiver Wirkung sind in einigen Fällen zur MAVO ergänzende Bestimmungen erlassen worden, wer Mitarbeiter in leitender Stellung ist. Das sind z. B. im Erzbistum Köln die **Schulleiter** und deren ständige Vertreter (Amtsblatt 1996 Nr. 345 S. 347 f.). Für den Bereich der Krankenhäuser im Erzbistum Köln ist generelle Genehmigung erteilt worden, wenn die abteilungsleitenden **Chefärzte** (Abteilungsärzte, § 34 Abs. 1 S. 1 KHG NW) und in Heimen die Oberinnen und Verwaltungsleiter zu leitenden Mitarbeitern bestimmt werden (Kirchl. Anzeiger Köln 1972 Nr. 212 S. 234 f.; vgl. § 3 Abs. 2 S. 3; zur Krankenhausbetriebsleitung: § 2 Rz 19; vgl. auch: Ausführungsbestimmungen zur MAVO für den Bereich des Erzbistums Paderborn, in: Kirchl. Amtsbl. 1986 Nr. 193 S. 159). Chefärzte in Krankenhäusern (dazu: *Diringer*, Der Chefarzt als leitender Angestellter, in: NZA 2003, 891) erfüllen auf Grund ihrer Stellung und Funktion als Leiter ihrer Fachabteilung die Voraussetzung für die Qualifikation als Mitarbeiter in 61

§ 3

leitender Stellung, wenn die dazu erforderliche **Exemtionsentscheidung** vorliegt (Rz 55; *BAG*, 10. 12. 1992 – 2 AZR 281/92, AR-Blattei ES 960 Kirchenbedienstete Nr. 48 mit Anmerkung *Richardi*; NZA 1993, 593; *BAG*, 26. 7. 1995 – 2 AZR 578/94, AR-Blattei ES Kirchenbedienstete 960 Nr. 53; LAG Niedersachsen, 18. 12. 2001 – 12 Sa 694/01, ZMV 2002, 253). Von den »Mitarbeitern in leitender Stellung« sind zu unterscheiden die »leitenden Mitarbeiter« bzw. »Mitarbeiter mit leitenden Aufgaben« im Sinne der Art. 3 und 4 GrO (Rz 58).

62 Man kann den Begriff »Mitarbeiter in leitender Stellung« nicht in jedem Falle mit dem in § 5 Abs. 3 S. 2 Nr. 1 bis 3 BetrVG verwendeten Begriff des leitenden Angestellten gleichsetzen. Das *BAG* verlangte zur Zeit der Geltung des § 5 Abs. 3 BetrVG alter Fassung vor dem 1. 1. 1989, dass ein leitender Angestellter unternehmerische Aufgaben wahrnimmt, die für den Bestand und die Entwicklung des Unternehmens bedeutsam sind, und dass er insoweit einen Entscheidungsspielraum hat, so dass er durch die Tätigkeit unmittelbar Zielvorstellungen und Produktion des Gesamtunternehmens beeinflussen kann (BAGE 26, 36, 56 ff.; 26, 345, 352 ff.; 26, 358, 370; BAGE 27, 374, 382 ff.; 32, 381, 388 = NJW 1980, 2724 = DB 1980, 1545; *BAG* – 6 ABR 51/81, DB 1986, 1131). Die neue Regelung des § 5 Abs. 3 S. 2 Nr. 3 BetrVG übernimmt in bestimmter Hinsicht die frühere Rechtsprechung des *BAG* zum damaligen § 5 Abs. 3 S. 3 BetrVG, wie sie in der Entscheidung vom 29. 1. 1980 (BAGE 32, 381) aufgeführt worden ist (*Müller, Gerhard*, Kritische Bemerkungen, DB 1989, 824, 825 Ziff. 4 a; *Hromadka*, Der Begriff des leitenden Angestellten, BB 1990, 577 f.) Der leitende Angestellte muss nun mit einer Linien- und Stabsfunktion im Unternehmen oder Betrieb ausgestattet sein (*Müller, Gerhard*, a. a. O.). Die fragliche Tätigkeit des Angestellten hat seine Stellung schwerpunktmäßig zu bestimmen; durch sie charakterisiert sich die Funktion. Das muss im Arbeitsvertrag zum Ausdruck kommen (*Hromadka*, a. a. O.). Denn anderenfalls liegt gegenüber den anderen Mitarbeitern kein wesentlicher Unterschied vor (BAGE 26, 36, 53). Der Gesetzgeber hat in § 5 Abs. 4 BetrVG n. F. eine Norm geschaffen, um im Falle des § 5 Abs. 3 S. 2 Nr. 3 BetrVG die Zuordnung oder Nichtzuordnung zum Kreis der leitenden Angestellten durch Auslegung bestimmen zu können (*Richardi*, Die Neuabgrenzung der leitenden Angestellten S. 3 und 6).

63 In der MAVO geht es aber gar nicht um die Person mit unternehmerischer Entscheidungsautonomie, sondern darum, wer nach kirchlichem Selbstverständnis eine leitende Funktion ausübt, durch die er Aufgaben und Tätigkeit der kirchlichen Einrichtung beeinflussen kann (*BAG,* 10. 12. 1992 – 2 AZR 271/92, AP Art. 140 GG Nr. 41). Das ist der Fall, wenn der Mitarbeiter z. B. eine herausragende Stellung hat, indem ihm die Vertretung des Dezernenten eines Ordinariates und die Fachaufsicht über 200 Religionslehrer und selbstständige Verhandlungen mit staatlichen Stellen übertragen ist und er verantwortlich für die Auswahl der Mitarbeiter ist, weil er die Bewerbungsverfahren durchführt und den Einstellungsvorschlag präsentiert (*Schlichtungsstelle Limburg*, 16. 8. 1999 – 10/99, ZMV 2000, 56). Deshalb erscheint eine Heranziehung der Rechtsprechung des Bundesarbeitsgerichts zu § 5 Abs. 3 BetrVG a. E oder des Wortlauts des § 5 Abs. 4 BetrVG n. F. für die Interpretation des Begriffes Mitarbeiter in leitender Stellung gemäß § 3 Abs. 2 S. 1 Nr. 4 nicht angebracht. Denn die in § 5 Abs. 3 S. 2 Nr. 3 BetrVG genannten Tatbestände und die zu § 5 Abs. 3 BetrVG a. F entwickelten Kriterien werden dem Proprium der Kirche und auch ihrer Dienststellen mit Blick auf die Kompetenzen derer, die nicht

§ 3

die Leitungsgewalt (§ 2 Rz 8 ff.) haben, nicht gerecht (*Dütz*, Aktuelle kollektivrechtliche Fragen des kirchlichen Dienstes, Essener Gespräche Bd. 18 S. 67, 110). Dasselbe gilt in Ansehung von § 5 Abs. 4 BetrVG n. F. Wegen des Selbstbestimmungsrechts der Kirche empfiehlt es sich sogar, dass diese sich durch eigene Rechtsetzung da behauptet, wo in von ihr erlassenen Ordnungen Regelungslücken bestehen, die schnell dazu führen können, dass die staatliche Rechtsprechung oder Gesetzgebung in die leeren Stellen hineinrückt (*Dütz*, Essener Gespräche Bd. 18 S. 110).

Da im caritativen Bereich mehr und mehr **Gesellschaften mit beschränkter Haftung (GmbH)** als Träger für die verschiedensten Aktivitäten der kirchlichen Liebestätigkeit das Feld betreten, kann es nicht ausgeschlossen bleiben, die Kriterien des leitenden Angestellten i. S. des BetrVG bei vergleichbaren Organisationsstrukturen auf die MAVO zu übertragen. Besteht ein Unternehmen dieser Art, so sind die Kriterien für die Eigenschaft als leitender Mitarbeiter danach zu bestimmen, ob diesem neben formellen Vertretungsbefugnissen auch die damit verbundenen unternehmerischen Aufgaben zustehen. Diese dürfen nicht nur von einer untergeordneten Bedeutung sein. Es geht um Führungsaufgaben, die sich nicht bloß in der Wahrnehmung so genannter Stabsfunktionen erschöpfen. Eine unternehmerisch bedeutsame Aufgabe wird dadurch erfüllt, dass der Mitarbeiter planend und beratend tätig wird und kraft seines besonderen Sachverstandes unternehmerische Entscheidungen auf eine Weise vorbereitet, die es der eigentlichen Unternehmensführung nicht mehr gestattet, an seinen Vorschlägen vorbeizugehen (*BAG*, 11. 1. 1995 – 7 ABR 33/94 m. N., BB 1995, 1645). Denn durch Arbeitsteilung ist der eigentliche Arbeitgeber (Dienstgeber) nicht stets in der Lage, sämtliche Unternehmensfunktionen selbst auszuüben. Er bedarf der gezielten Vorbereitung durch besonders qualifizierte Personen, die Sachverhalte strukturieren, Probleme analysieren und darauf aufbauende Vorschläge unterbreiten und damit die unternehmerische Entscheidung maßgeblich bestimmen und auf diese Weise einen erheblichen Einfluss auf die Führung des Unternehmens erlangen. Das rechtfertigt die Zuordnung zum Kreis der Mitarbeiter in leitender Stellung (*BAG*, wie vor). Die rein arbeitstechnische Durchführung unternehmerischer Entscheidungen oder eine Tätigkeit, die sich darin erschöpft, vorgegebene Ziele zu erarbeiten, qualifiziert noch nicht zum leitenden Mitarbeiter, auch wenn die Arbeitsergebnisse das Schicksal der Einrichtung entscheidend prägen können und der Mitarbeiter auf Grund seines hohen Spezialisierungsgrades eine Monopolstellung in der Einrichtung einnimmt (z. B. EDV-Spezialist, der die Datenverarbeitung in der Einrichtung aufbauen und vorantreiben soll; *LAG Köln*, 20. 4. 2001 – 11 Sa 1396/00, MDR 2001, 1122). 64

Eine analoge Abgrenzung im Sinne der §§ 7 oder 77 Abs. 1 S. 2 BPersVG i. V. m. § 36 Abs. 1 BBG kann ebenfalls nicht erwogen werden. Denn die Befugnisse des staatlichen Dienstherrn sind nur dem Dienststellenleiter oder seinem ständigen Vertreter (§ 7 S. 1 BPersVG) übertragen. Im Übrigen kennt die Kirche keinen dem staatlichen entsprechenden Behördenaufbau, wie er in § 7 S. 2 BPersVG genannt ist. Auch spielen Besoldung oder Vergütungsgruppen als Abgrenzungskriterium zur Ausklammerung aus dem Begriff des Mitarbeiters in der MAVO keine Rolle. 65

5. Das Exemtionsverfahren (§ 3 Abs. 2 S. 2 bis 4)

a. Entscheidung des Dienstgebers, Beteiligung der MAV

66 Die MAVO regelt in den Fällen des § 3 Abs. 2 S. 1 Nr. 3 und 4 nicht die kraft Gesetzes entstehende Ausklammerung aus dem Mitarbeiterbegriff durch die Tatsache der herausgehobenen Stellung des Mitarbeiters aus dem Kreis der anderen Mitarbeiter. Verlangt wird ausdrücklich das vorgeschriebene Exemtionsverfahren (Rz 59), nach dessen Durchführung erst feststeht, wer Mitarbeiter bzw. Mitarbeiterin in leitender Stellung ist und dann nicht (mehr) Mitarbeiter i. S. von § 3 Abs. 1 S. 1 ist. Der Dienstgeber trifft die Entscheidung, wer bzw. welcher jeweilige Funktions- bzw. Stelleninhaber Mitarbeiter in leitender Stellung sein soll. Das folgt aus seinem Organisationsrecht. Die Exemtionsentscheidung ist nach außen deutlich zu machen. Dazu muss der Dienstgeber die **MAV** von seiner Entscheidungsabsicht informieren, um das **Anhörungs- und Mitberatungsverfahren** mit ihr gemäß § 29 in Gang zu setzen (§ 29 Abs. 1 Nr. 18 i. V. m. § 3 Abs. 2 S. 2). Er teilt seine Absicht der MAV mit (§ 29 Abs. 2). Erhebt die MAV nicht binnen einer Frist von einer Woche Einwendungen, gilt die geplante Entscheidung als nicht beanstandet (§ 29 Abs. 3 S. 1). Erhebt die MAV fristgerecht Einwendungen, erfolgt eine gemeinsame Sitzung des Dienstgebers mit der MAV zum Zwecke der Verständigung (§ 29 Abs. 3 S. 3). Wird keine Verständigung erreicht und will der Dienstgeber seinen Plan verwirklichen, teilt er dies der MAV schriftlich mit (§ 29 Abs. 4).

b. Genehmigung der Entscheidung des Dienstgebers durch den Ordinarius

67 Ist der Dienstgeber **Rechtsträger i. S. des § 1 Abs. 1,** hat er außerdem die **Genehmigung des zuständigen Bischöflichen Generalvikars** zur Wirksamkeit seiner Exemtionsentscheidung einzuholen (*Schlichtungsstelle Hildesheim*, 4. 8. 1994, ZMV 1994, 299; § 3 Abs. 2 S. 3). Dem Genehmigungsgesuch legt er die Stellungnahme der MAV bei. Der Generalvikar ist Ordinarius (can. 134 § 1 CIC) und hat Prüfungskompetenz unter allen rechtlichen Aspekten. Ohne Genehmigung ist die geplante Entscheidung im Falle des **§ 3 Abs. 2 S. 3** nicht durchführbar. Nach erteilter Genehmigung hat der Dienstgeber seine endgültige Entscheidung über die Exemtion der MAV schriftlich mitzuteilen; er legt die Genehmigungsentscheidung in Kopie bei. Im Falle der Beanstandung informiert der Dienstgeber die MAV und stellt fest, ob und in welcher Weise der Beanstandung abgeholfen werden kann.

68 Die Genehmigung dient der Wahrung der Einheitlichkeit bei den Maßnahmen zur Ausklammerung aus der Mitarbeiterschaft i. S. von § 3 Abs. 1 S. 1.

c. Begriff der Genehmigung

69 Unter Genehmigung wird die nachträgliche Zustimmung eines Dritten zu einem Rechtsgeschäft verstanden, während die vor Abschluss des Rechtsgeschäfts erteilte Zustimmung Einwilligung genannt wird (vgl. §§ 183, 184 BGB). Im kirchlichen Bereich wird unter Genehmigung verstanden, dass dem Beschluss eines Gremiums oder eines Organs zur Herbeiführung einer Rechtsänderung oder einer Willenserklärung zu einem Rechtsgeschäft zunächst die kirchenaufsichtliche Genehmigung zu folgen hat, ehe die entscheidende rechtsgeschäftliche Maßnahme oder Rechtshandlung vorgenommen

§ 3

werden darf (vgl. *Emsbach*, Rechte und Pflichten des Kirchenvorstandes, S. 107 ff.). Denn ohne die kirchenaufsichtliche Genehmigung ist bereits der grundlegende Beschluss zur Herbeiführung einer Willenserklärung oder eines Rechtsgeschäfts unwirksam, wenn Genehmigung des Beschlusses erforderlich ist (vgl. Art. 44 Abs. 4 KiStiftO, in: *Fahr/Weber/Binder*, Ordnung für kirchliche Stiftungen S. 33 und Fußnote 67, 68).

d. Genehmigung durch Allgemeinverfügung

Der Ordinarius kann durch allgemeine Verfügung aufsichtsbehördlich die Genehmigung generell für gleich gelagerte Fälle erteilen, so dass eine Einzelgenehmigung durch kirchenaufsichtlichen Verwaltungsakt nicht mehr erforderlich ist (Ausführungsbestimmungen zur MAVO: Rz 61 am Ende; *BAG*, 10. 12. 1992 – 2 AZR 271/92, NZA 1993, 593). Des kirchlichen Genehmigungsverfahrens bedarf es nicht, wenn in besonderen Bestimmungen geregelt ist, in welchen Fällen die kirchenaufsichtliche Genehmigung der Exemtion als erteilt gilt (Rz 61; *Schlichtungsstelle Köln*, 5. 11. 1996 – MAVO 11/96) bzw. nicht erforderlich ist, wie etwa seit der Novelle von 1995 bei den Rechtsträgern i. S. v. § 1 Abs. 2 (Rz 73). 70

e. Die Einzelgenehmigung

Der **Dienstgeber beantragt beim Generalvikar** (§ 2 Rz 10) **die Genehmigung seiner Ausklammerungsentscheidung** (§ 3 Abs. 2 S. 1 Nr. 3 und 4) schriftlich, nachdem er die MAV gemäß § 29 Abs. 1 Nr. 18 beteiligt hat (§ 3 Abs. 2 S. 2 u. 3). Die schriftliche Äußerung der MAV, gleichgültig ob zustimmend oder ablehnend, fügt er dem Genehmigungsantrag bei und ebenso den Beschluss des Entscheidungsgremiums und begründet seine Entscheidung, deren Genehmigung er beantragt. Dazu erläutert er die von dem Mitarbeiter zu verrichtenden Aufgaben, seine Befugnisse und Rechte in der Organisation des Dienstgebers, so dass Rückschlüsse auf die Stellung des Mitarbeiters möglich sind, die gegenüber den anderen Mitarbeitern eine herausragende und deswegen leitende Stellung im Sinne der MAVO beinhaltet (Rz 59 ff.). Hat die MAV nicht im Anhörungsverfahren mitgewirkt, hat der Dienstgeber die Gründe dazu ebenfalls mitzuteilen. Die unterbliebene Anhörung der MAV ist ein Verfahrensfehler, der die Genehmigung des Ordinarius hindert. In die Entscheidung über die Genehmigung hat der Ordinarius die Argumente der MAV und des Dienstgebers einzubeziehen. Dabei ist zu prüfen, ob die Fakten das Bild eines leitenden Mitarbeiters ausfüllen. Steht die Genehmigungsfähigkeit fest, teilt der Generalvikar dem Dienstgeber die Genehmigung zur Entscheidung des Dienstgebers schriftlich mit, oder er lehnt die Genehmigung ab. **Ein Rechtsbehelf gegen die Genehmigung oder deren Versagung ist nicht vorgesehen.** 71

f. Mitteilung an die MAV

Die vom Ordinarius (Generalvikar) schriftlich erteilte Genehmigung der Entscheidung des Dienstgebers hat der Dienstgeber der MAV nun seinerseits schriftlich mitzuteilen, nachdem er die Genehmigungsentscheidung vom Ordinarius erhalten hat (**§ 3 Abs. 2 S. 4**). Die MAV hat hinsichtlich der Entscheidung des Ordinarius kein Mitwirkungsrecht, weil ihre Anhörung durch den Dienstgeber stattfindet. Hat der Dienstgeber die Mitteilung über die erteilte 72

§ 3

Genehmigung unterlassen, so beeinträchtigt das die Maßnahme des Dienstgebers nicht. Denn die Ausgrenzungsregelung hat für die Festlegung, wer zu den Mitarbeitern in leitender Stellung gehört, konstitutive Wirkung (*Richardi*, Arbeitsrecht in der Kirche § 18 Rz 30). Die schriftliche Mitteilung kann der Dienstgeber nachholen. Die Vorschrift des § 3 Abs. 2 S. 4 ist eine Ordnungsvorschrift in Ergänzung zur vorangegangenen Mitteilung des Dienstgebers von seiner geplanten und mit der MAV gegebenenfalls bereits vor der kirchenaufsichtlichen Genehmigung erörterten Entscheidungsabsicht. Konstitutiv ist die kirchenaufsichtliche Genehmigung in den Fällen, in denen die Genehmigung des Ordinarius vorgeschrieben ist (§ 3 Abs. 2 S. 3; *Schlichtungsstelle Köln*, 5. 11. 1996 – MAVO 11/96).

g. Ausnahmen von der Genehmigung des Ordinarius

73 Das Genehmigungsverfahren zur Entscheidung des Dienstgebers über die Ausklammerung aus dem Mitarbeiterbegriff ist für die in **§ 1 Abs. 2** genannten Rechtsträger nicht mehr vorgeschrieben. Es geht hierbei um die sonstigen kirchlichen Rechtsträger sowie den Verband der Diözesen Deutschlands, den Deutschen Caritasverband und die anderen mehrdiözesanen und überdiözesanen Rechtsträger. Zu den Trägern gehören u. a. eingetragene Vereine, Gesellschaften mit beschränkter Haftung, Stiftungen des privaten Rechts.

h. Bekanntgabe der Entscheidung des Dienstgebers an den Mitarbeiter

74 Der Dienstgeber muss seine Entscheidung **im Falle des § 3 Abs. 2 S. 1 Nr. 3** dem betroffenen Mitarbeiter wegen der damit im Zusammenhang stehenden besonderen Befugnisse bekannt geben. Er beauftragt und bevollmächtigt (§ 167 BGB) den Mitarbeiter mit Befugnissen i. S. von § 3 Abs. 2 S. 1 Nr. 3. **Die Form der Bestellung zum Mitarbeiter in leitender Stellung (§ 3 Abs. 2 S. 1 Nr. 4)** ist nach der Ordnung gegenüber dem betroffenen Mitarbeiter **nicht geregelt.** Das BAG hat die Bekanntgabe der Entscheidung des Dienstgebers an den Mitarbeiter aus diesem Grund für nicht erforderlich gehalten, weil die Entscheidung des Dienstgebers auch ohne Mitteilung an den Mitarbeiter wirksam sei. Der systematische Zusammenhang und der Sinn und Zweck der Norm lassen nicht darauf schließen, dass eine ausdrückliche Mitteilung an den Mitarbeiter zu fordern sei. Zwar verlange § 3 Abs. 2 S. 2 die Mitwirkung der MAV, nicht aber eine Stellungnahme des Mitarbeiters, dessen Status sich ändern soll. § 3 Abs. 2 S. 4 schreibt ausdrücklich die schriftliche Mitteilung der Entscheidung an die MAV vor, während der Mitarbeiter in diesem Zusammenhang wiederum keine Erwähnung findet. Daraus ist mit dem *BAG* zu folgern, dass die MAVO offenbar die Ausklammerung aus der Mitarbeiterschaft vornehmlich als eine Entscheidung des Dienstgebers im Verhältnis zur MAV, nicht aber als eine solche im Verhältnis zu dem betroffenen Mitarbeiter sieht. Ein Mitarbeiter in leitender Stellung könne sich nicht auf die fehlende Mitteilung der Entscheidung berufen, wenn ihm z. B. die Kündigung des Arbeitsvertrages zugegangen ist und die MAV wegen seiner Stellung als leitender Mitarbeiter nicht zuvor zur beabsichtigten Kündigung angehört worden ist und für die betreffende Gruppe von Mitarbeitern (Chefärzte) eine lange Praxis bestand, an den MAV-Wahlen nicht teilzunehmen (*BAG*, 26. 7. 1995 – 2 AZR 578/98, EzA § 611 BGB Kirchliche Arbeitnehmer Nr. 41).

i. Rechtsfolgen

Mit der wirksamen – gegebenenfalls genehmigten – Entscheidung des Dienstgebers über die Stellung des Mitarbeiters scheidet der Mitarbeiter aus dem Mitarbeiterkreis i. S. von § 3 Abs. 1 aus, wenn die mit § 3 Abs. 2 S. 1 Nr. 3 oder 4 verknüpften Funktionen übertragen sind. Das hat zur Folge, dass die MAV im Falle von Maßnahmen des Dienstgebers gemäß §§ 30 Abs. 1, 31 Abs. 1, 34, 35 Abs. 1 nicht (mehr) zu beteiligen ist. Dasselbe gilt für künftige Maßnahmen persönlicher Art gemäß §§ 29, 36. Die Initiativrechte der MAV gemäß §§ 32 und 37 entfallen in Ansehung des Mitarbeiters in leitender Stellung. 75

Die eventuelle **Mitgliedschaft in der MAV** erlischt gemäß § 13 c Nr. 2 bei Verlust der Wählbarkeit zur MAV i. V. m. § 8 Abs. 1, § 7 Abs. 1, § 3 Abs. 2 S. 1 Nr. 3 oder 4; **der Verlust der Mitgliedschaft ist durch die Schlichtungsstelle festzustellen.** Antragsteller können der Dienstgeber, die MAV, das MAV-Mitglied (§ 41 Abs. 2 Nr. 1) oder ein Viertel der wahlberechtigten Mitarbeiter sein (§ 41 Abs. 1 Nr. 3). Durch die Entscheidung des Dienstgebers allein erlischt die Mitgliedschaft in der MAV nicht. Die Feststellung der Schlichtungsstelle – oder nach seiner Gründung des kirchlichen Arbeitsgerichts (Art. 10 Abs. 2 GrO) – über den Eintritt des Verlustes der Wählbarkeit ist konstitutiv. Solange der Verlust der Wählbarkeit des Mitglieds der MAV nicht festgestellt ist, bleibt es im Amt. 76

Hat der Dienstgeber unter Beteiligung der MAV generell für bestimmte Gruppen von Mitarbeitern entschieden, dass sie infolge ihrer Funktionen zu den leitenden Mitarbeitern i. S. von § 3 Abs. 2 Nr. 3 oder 4 gehören (und ist den gemäß § 3 Abs. 2 S. 3 i. V. m. § 1 Abs. 1 genannten Rechtsträgern die dazu erforderliche Genehmigung des Ordinarius erteilt worden), dann ist auch jede künftige Einstellung und Anstellung (§ 34) solcher Personen nicht mehr der Zustimmung der MAV zugeordnet. Fehlt es an der Genehmigung des Ordinarius und will der Dienstgeber eine Einstellung oder Anstellung vornehmen, so hat er dazu gleichwohl die Zustimmung der MAV einzuholen (§ 34 i. V. m. § 33; *Schlichtungsstelle Hildesheim*, 4. 8. 1994, ZMV 1994,299); im Falle einer beabsichtigten dienstgeberseitigen Kündigung ist das Anhörungsverfahren gemäß §§ 30, 31 einzuleiten (*BAG*, 10. 12. 1992 – 2 AZR 271/92, NZA 1993, 593). 77

Das fehlerhafte oder fehlende Exemtionsverfahren führt nicht zur Exemtion des Mitarbeiters aus der MAVO (*Schlichtungsstelle Köln*, wie vor; *Schlichtungsstelle Hildesheim*, wie vor; *Schlichtungsstelle Münster*, 11. 8. 1998 – SchliV – MAVO 12/97, ZMV 1998, 899). Das zeigen u. a. die Ergebnisse von Kündigungsschutzprozessen mit Chefärzten (Rz 61). Macht ein Mitarbeiter des kirchlichen Dienstes (Arbeitnehmer) im Kündigungsschutzprozess geltend, dass die MAV vor der dienstgeberseitigen Kündigung nicht gemäß §§ 30, 31 beteiligt worden ist, so hat das staatliche Arbeitsgericht dies zu überprüfen. Im Falle unterbliebener Beteiligung der MAV vor der Kündigung ist die dienstgeberseitige Kündigung unwirksam (vgl. etwa *LAG Niedersachsen*, 18. 12. 2001 – 12 Sa 694/01, ZMV 2001, 253). 78

Rechtsstreitigkeiten aus Anlass des Exemtionsverfahrens bei den in § 1 Abs. 1 und Abs. 2 genannten Rechtsträgern werden auf Antrag gemäß § 41 Abs. 2 S. 2 Nr. 1 von der Schlichtungsstelle entschieden (*Schlichtungsstelle Köln*, 5. 11. 1996 – MAVO 11/96). Die staatlichen Arbeitsgerichte haben im Rahmen von Kündigungsschutzklagen die Vorfragenkompetenz (*BAG*, 10. 12. 1992 – 2 AZR 271/92, AR-Battei ES Kirchenbedienstete 960 Nr. 48). 79

§ 3

6. Geistliche, Ordensgeistliche im Bereich der Kirchengemeinden, Kirchenstiftungen, Gemeindeverbände

80 Geistliche und Ordensgeistliche (Priester und Diakone) im Bereich der Kirchengemeinden, Kirchenstiftungen und Kirchengemeindeverbände sind deshalb aus dem Bereich der Mitarbeiter **ausgeklammert (§ 3 Abs. 2 S. 1 Nr. 5)**, weil diese Geistlichen durch ihre Funktion als Mitglied des Organs der vorgenannten Rechtsträger tätig werden oder werden können (vgl. z. B. § 2 und § 25 KVG). Von der Ausklammerung vom Begriff Mitarbeiter sind solche Diakone nicht betroffen, die zur Priesterausbildung praktisch tätig sind (Rz 34). Kein Kriterium für die Ausklammerung ist, dass sich Pfarrer als Dienstgeber und andere Geistliche als Mitarbeiter im Sinne der MAVO nicht gegenüberstehen sollen; denn in einem Generalvikariat oder Ordinariat ist diese Konstellation mit Blick auf den Generalvikar und seinen geistlichen Mitbruder, der Mitarbeiter ist, häufig. Domkapitulare sind Organmitglieder der Domkirche bzw. Mitglieder des Domkapitels, also nicht Mitarbeiter. Im Generalvikariat sind sie in der Praxis Mitarbeiter in leitender Stellung (*Puza*, Die Dom- und Stiftskapitel, Hdb. kath. KR 2. Aufl. S. 475 f. m. N.).

7. Personen in Maßnahmen der Rehabilitation und Resozialisierung

a. Einführung

81 Als Mitarbeiter gelten gemäß § 3 Abs. 2 Nr. 6 solche Personen nicht, deren Beschäftigung oder Ausbildung überwiegend ihrer Heilung, Wiedereingewöhnung, beruflichen und sozialen Rehabilitation oder Erziehung dient. Die Regelung ist der Vorschrift des § 5 Abs. 2 Nr. 4 BetrVG nachgebildet, aber mit ihr nicht identisch (vgl. auch § 4 Abs. 5 Nr. 2 BPersVG). Die Vorschrift umschreibt zwei Personengruppen, nämlich Beschäftigte und Auszubildende in besonderen Maßnahmen, die aus dem Kreis der Personen des § 3 Abs. 1 ausgegliedert werden. Die Maßnahmen müssen überwiegend der
– Rehabilitation oder
– Resozialisierung dienen. Dies gilt nicht nur für die Zwecke der Heilung oder Erziehung, sondern auch für die Wiedereingewöhnung. Es geht dabei um die Wiederherstellung eines normalen Verhältnisses der betroffenen Person zum allgemeinen Erwerbsleben. Die Wiedereingewöhnung ist darauf gerichtet, Personen, die jedweder geregelten Arbeit entwöhnt sind oder sich nicht an solche Arbeit gewöhnt haben, an geregelte Arbeit heranzuführen. Dazu gehören Personen, die vorwiegend aus arbeitstherapeutischen Gründen beschäftigt werden, wie z. B. Arbeitsscheue, Nichtsesshafte und Landstreicher (*BAG*, 25. 10. 1989–7 ABR 1/88, DB 1990, 1192).

82 Die Vorschrift stimmt nicht mit § 3 AVR-Caritas überein. Die AVR gelten u. a. nicht für
– Mitarbeiter, deren Leistungsfähigkeit infolge einer körperlichen, geistigen, seelischen oder sonstigen Behinderung beeinträchtigt ist und deren Rehabilitation oder Resozialisierung durch Beschäftigungs- und Arbeitstherapiemaßnahmen angestrebt wird,
– Mitarbeiter, die nicht in erster Linie aus Gründen der Erwerbstätigkeit beschäftigt werden, sondern vorwiegend zu ihrer Betreuung, sofern die Anwendung der AVR nicht ausdrücklich schriftlich vereinbart ist,
– Mitarbeiter, die Arbeiten nach den §§ 19 und 20 BSHG verrichten.

§ 3

Andererseits gelten die AVR im Umkehrschluss für Arbeitnehmer (§ 2 Abs. 2 **83** AVR), also auch für solche Personen in Rehabilitationsmaßnahmen, mit denen Arbeits- oder Ausbildungsverträge abgeschlossen worden sind. Das gilt insbesondere für berufliche Rehabilitanden, die sich nicht in Beschäftigungs- und Arbeitstherapiemaßnahmen befinden. Nach der MAVO gilt nicht der Grundsatz, dass der Arbeitnehmer stets Mitarbeiter i. S. der MAVO ist. Das zeigt § 3 Abs. 2 MAVO deutlich.

b. Berufliche Rehabilitanden

Werden Leistungen in Einrichtungen der beruflichen Rehabilitation aus- **84** geführt, werden die Teilnehmenden nicht in den Betrieb der betreffenden Einrichtungen eingegliedert. Sie sind keine Arbeitnehmer (z. B. im Sinne des BetrVG, § 36 SGB IX). Sie wählen zu ihrer Mitwirkung besondere Vertreter (§ 36 S. 2 SGB IX). Sind Rehabilitanden schwerbehindert, ist zusätzlich die Schwerbehindertenvertretung nach § 95 SGB IX auch für sie zuständig (*BAG*, 16. 4. 2003 – 7 ABR 27/02, NZA 2003, 1105 ff.). Die Ausbildung der Teilnehmenden ist Gegenstand des Betriebszwecks der Einrichtung (§ 35 SGB IX). Daher gehört diese Personengruppe nicht zu den Mitarbeitern im Sinne der MAVO (§ 3 Abs. 2 S. 1 Nr. 6). Die Vorschriften des SGB IX sind für den kirchlich-caritativen Bereich bedeutsam, weil auch dort z. B. durch Berufsbildungswerke, Berufsförderungswerke und vergleichbare Einrichtungen der beruflichen Rehabilitation Leistungen ausgeführt werden. Dort haben die Auszubildenden an Zahl erheblich größeres Gewicht als die Ausbilder, die aber der Einrichtung das ihr eigene Gepräge geben. Daher sind die beruflichen Rehabilitanden zur MAV-Wahl weder aktiv noch passiv wahlberechtigt. Das ist anders, wenn die Genannten ihrerseits innerhalb des laufenden Betriebs mit denselben Zwecksetzungen eingesetzt werden, die die dort beschäftigten Mitarbeiter verfolgen (*BAG*, 26. 1. 1994 – 7 ABR 13/92, NZA 1995, 120).

c. Werkstatt für behinderte Menschen

Die Werkstätten für behinderte Menschen haben die Aufgabe, die Betreuten **85** in das Arbeitsleben einzugliedern durch angemessene berufliche Bildung und eine Beschäftigung zu einem der Leistung angemessenen Entgelt. Es geht um die Förderung des Übergangs geeigneter Personen auf den allgemeinen Arbeitsmarkt durch geeignete Maßnahmen (§ 136 SGB IX). Behinderte Menschen im Arbeitsbereich anerkannter Werkstätten stehen, wenn sie nicht Arbeitnehmer sind, zu den Werkstätten in einem arbeitnehmerähnlichen Rechtsverhältnis (§ 138 Abs. 1 SGB IX; *Jobs*, ZTR 2002, 515 f.) Diese behinderten Menschen wirken unabhängig von ihrer Geschäftsfähigkeit durch Werkstatträte in den ihre Interessen berührenden Angelegenheiten der Werkstatt mit (§ 139 SGB IX). Werkstatträte sind in Einrichtungen der Religionsgemeinschaften zu bilden. Die Werkstätten-Mitwirkungsverordnung (WMVO) auf der Grundlage von § 144 Abs. 2 SGB IX findet auch Anwendung auf Religionsgemeinschaften und ihre Einrichtungen. Das gilt nicht, soweit sie eigene gleichwertige Regelungen getroffen haben (§ 144 Abs. 2 S. 2 SGB IX und § 1 Abs. 1 WMVO; dazu: *Thiel*, ZMV 2001, 219). Die in Werkstätten für behinderte Menschen Geförderten sind gemäß § 3 Abs. 2 S. 1 Nr. 6 vom Mitarbeiterbegriff der MAVO ausgeklammert. Dazu weiter: § 46 Rz 31 ff.

§ 3

d. Eingliederungsmaßnahmen

86 Zu den Personen, die gemäß § 3 Abs. 2 S. 1 Nr. 6 nicht unter den Mitarbeiterbegriff der MAVO fallen, gehören auch die gemäß §§ 48 ff. SGB III zur Verbesserung ihrer Eingliederungsaussichten in das Arbeitsleben Geförderten.

87 Davon zu unterscheiden ist der **Eingliederungsvertrag** gemäß §§ 229 ff. SGB III alter Fassung. Mit ihm wurde eine arbeitsrechtliche Sonderbeziehung zwischen einem förderungswürdigen Arbeitslosen und einem Arbeitgeber durch das Arbeitsamt gefördert, um nach erfolgreichem Abschluss der Eingliederung den Arbeitslosen in ein Arbeitsverhältnis zu übernehmen. Gemäß § 231 Abs. 2 SGB III a. F. waren – von Ausnahmen abgesehen – die Grundsätze des Arbeitsrechts auf den Eingliederungsvertrag anzuwenden. Durch die Änderung des SGB III sind die Vorschriften über den Eingliederungsvertrag entfallen. Gemäß §§ 229 ff. SGB III neuer Fassung können Arbeitgeber, die einem Arbeitnehmer die Teilnahme an einer beruflichen Weiterbildung ermöglichen, wegen dessen deshalb bedingter Abwesenheit einen Zuschuss zum Arbeitsentgelt für denjenigen Arbeitslosen erhalten, der für den weiterzubildenden Arbeitnehmer als **Vertreter** eingestellt wird (§ 229 S. 1 SGB III). Die **arbeitsrechtliche Stellung des zuvor arbeitslosen Arbeitnehmers** ist gegeben (§ 231 SGB III). Allerdings beträgt die Dauer der Förderung durch das Arbeitsamt (Agentur für Arbeit) für die Beschäftigung des Vertreters bei demselben Arbeitgeber längstens zwölf Monate (§ 230 SGB III). Deshalb ist die Befristung des Arbeitsvertrages mit dem Vertreter zulässig. Ein Arbeitnehmer dieser Personengruppe ist Mitarbeiter im Sinne des § 3 Abs. 1 S. 1 MAVO.

88 Ist ein Mitarbeiter arbeitsunfähig und kann er nach ärztlicher Feststellung seine bisherige Tätigkeit teilweise verrichten und kann er durch eine stufenweise Wiederaufnahme seiner Tätigkeit voraussichtlich besser wieder in das Erwerbsleben eingegliedert werden, so bleibt es für den Mitarbeiter bei dem Status, den er vor der Arbeitsunfähigkeit in der Einrichtung hatte; er bleibt im Falle des § 74 SGB V wahlberechtigt, weil er Mitarbeiter i. S. von § 3 Abs. 1 S. 1 ist (Rz 14).

V. Sonderregelung für Geistliche und Ordensleute

89 Nach **§ 3 Abs. 3** gehen die besonderen Vorschriften für die Geistlichen (Priester und Diakone) im Verhältnis zu ihrem Diözesanbischof und die für Ordensleute gegenüber dem Ordensoberen den Vorschriften der MAVO vor.

1. Weltgeistliche

90 Die Geistlichen des Diözesanbischofs sind Weltgeistliche. Sie stehen in einem besonderen Verhältnis, nämlich dem der **Inkardination**, das durch die Weihe zum Diakon entsteht (can. 266 § 1). Daraus entstehen für den Geistlichen (Kleriker) **besondere Rechte und Pflichten** (can. 273 ff.), auch für den Diözesanbischof (can. 384). Ist also ein Geistlicher Mitarbeiter im Sinne der MAVO, so untersteht er, auch wenn er Mitglied der MAV ist, dem besonderen Rechtsverhältnis zum Diözesanbischof. Das bedeutet, dass der Diözesanbischof den Geistlichen wegen Übertragung einer neuen Aufgabe aus der MAV abziehen kann. Weil die meisten Geistlichen Pfarrgeistliche sind und diese deshalb aus der Mitarbeiterschaft ohnehin ausgeklammert sind (vgl. § 3 Abs. 2 Nr. 5), tritt das Problem der Abberufung aus der MAV weitgehend nicht in Erscheinung. Eher können sich Probleme bei der Beteiligung zu Maßnahmen des Dienstgebers, also des Diözesanbischofs, ergeben, wenn ein Geistlicher Mitglied der MAV ist. Aber auch in diesen Fällen entscheidet nicht der Geistliche allein, sondern dieser lediglich im Zusammenwirken mit den übrigen Mitgliedern der MAV. Dabei wird er auf dem Gebiet einer vom Bischof selbst erlassenen Ordnung tätig, so dass er bei richtiger Wahrnehmung der von der MAVO vorgeschriebenen Aufgaben nicht in eine Konfliktlage geraten kann, zumal auch im Wege des Rechtsschutzes für Betroffene noch Wege offen sind, die zu beschreiten sind.

2. Ordensleute

Die Ordensleute (Ordensgeistliche, Ordensbrüder, Ordensschwestern) stehen zu ihrem Orden in einem besonderen Verhältnis. Sind es **Ordensgeistliche**, so sind sie durch die Diakonenweihe **dem Ordensinstitut inkardiniert** (can. 266 § 2). Andere Ordensleute, aber auch die Ordensgeistlichen, sind infolge der **Ordensprofess** in das Institut mit Rechten und Pflichten eingegliedert (can. 654). Daraus ergeben sich die besonderen Pflichten und Rechte der Institute und ihrer Mitglieder gemäß can. 662 ff., insbesondere can. 671, wonach ein Ordensangehöriger außerhalb des eigenen Instituts **keine Dienste und Ämter ohne Erlaubnis** des zuständigen Oberen übernehmen kann. Der Diözesanbischof hat ein besonderes Weisungsrecht gegenüber einem Ordensmitglied, wenn der Obere nicht Vorsorge trifft (can. 679). 91

In mehreren Fällen sind die Zuständigkeiten des Diözesanbischofs und des Ordensoberen auf Zusammenarbeit angelegt (vgl. can. 678, 680, 681, 682, 683), so dass also auch die besonderen Verhältnisse der Ordensleute zum Diözesanbischof vor der MAVO Vorrang haben (vgl. Amtsblatt des Bistums Trier 2000, 372). 92

3. Ausschluss der Mitwirkung in persönlichen Angelegenheiten

a. Ordensleute, Weltgeistliche

§ 3 Abs. 3 S. 2 unterstreicht die Bedeutung von Satz 1 und erklärt, dass der MAV in den persönlichen Angelegenheiten der Geistlichen und Ordensleute wegen der besonderen Verhältnisse zum Bischof bzw. dem Ordensoberen Rechte nicht zustehen. Deshalb hat die MAV **keine Beteiligungsrechte** an Maßnahmen, die **gegenüber Geistlichen und Ordensleuten** getroffen werden. Das betrifft insbesondere die in § 35 Abs. 1 genannten Maßnahmen, zu denen sonst grundsätzlich die Zustimmung der MAV erforderlich ist, damit die Maßnahme wirksam ist (§ 33 Abs. 1). Dazu gehören Angelegenheiten i. S. von § 3 Abs. 2 S. 2, § 18 Abs. 2 und 4, § 29 Abs. 1, §§ 34, 35; die Anhörung gemäß §§ 30, 31 ist in der Praxis gegenstandslos, weil Kündigungen nur Arbeitsverhältnisse betreffen, während die vorstehend genannten Mitarbeiter aus dem Klerus und dem Ordensstande in der Regel nicht in einem arbeitsvertraglichen Verhältnis zum Dienstgeber stehen. Selbst wenn das der Fall wäre, ist die Beteiligung der MAV durch die Ordnung ausgeschlossen. 93

§ 3

b. Sonstige durch Gestellungsvertrag Beschäftigte

94 Aufgrund eines Gestellungsvertrages werden nicht nur Ordensleute tätig, sondern z. B. auch Rote-Kreuz-Schwestern (Rz 42 ff.). Durch Gestellungsvertrag darf die Anwendung der MAVO nicht ausgeschlossen oder eingeschränkt werden. Denn das würde die MAVO als Kirchengesetz berühren und damit dem Willen des bischöflichen Gesetzgebers zuwiderlaufen. Deswegen wird in § 48 ausdrücklich bestimmt, dass durch anderweitige Regelungen oder Vereinbarung das Mitarbeitervertretungsrecht nicht abweichend von dieser Ordnung geregelt werden kann.

95 Die MAVO berücksichtigt in § 3 Abs. 3 S. 2 das höherrangige Gesetz des CIC (Rz 90). Sie hat andererseits besondere Regelungen für die Mitarbeiter, die zwar aufgrund von Gestellungsverträgen tätig werden, aber weder Geistliche noch Ordensleute sind, nicht getroffen. Insofern ist also die Mitwirkung der MAV in den persönlichen Angelegenheiten der DKR-Schwestern zulässig, soweit nicht mitgliedschaftliche Rechte aus der Mitgliedschaft bei der Schwesternschaft betroffen sind (*Schlichtungsstelle Köln* MAVO 1/85; 8/87; Rz 43 f.).

VI. Sonderfälle

1. Ehrenamtsträger

96 Die Kirche bedient sich zur Erfüllung ihrer Aufgaben einer großen Anzahl von Ehrenamtsträgern, die aus verschiedenen Gründen nicht Mitarbeiter im Sinne der MAVO sind. Allen voran sind das die Mitglieder von Organen (§ 3 Abs. 2 Nr. 1; Rz 57, § 2 Rz 14 ff.). Daneben sind aber auch die Mitglieder der **Pfarrgemeinderäte** (vgl. Satzung für die Pfarrgemeinderäte im Erzbistum Köln, Kirchl. Anzeiger Köln 1997 Nr. 132 S. 127; Wahlordnung für die Pfarrgemeinderäte im Erzbistum Köln, Kirch. Anzeiger Köln 1997 Nr. 133 S. 131), die Mitglieder der Kirchenchöre (Ordnung für die kirchenmusikalischen Gruppen im Erzbistum Köln, Amtsblatt Köln 1996 Nr. 134 S. 156), die **Ministranten**, sowie diejenigen, die nach den Bestimmungen des CIC als **Laien** eine Aufgabe in der Kirche wahrnehmen (can. 230), dafür aber keine Vergütung erhalten, zu nennen. Dennoch sind diese Gruppen in der gesetzlichen Unfallversicherung gemäß § 2 Abs. 1 Nr. 10 SGB VII versichert dazu ausführlich: *Wertenbruch/Freitag*, Das Kirchenamt im Recht der gesetzlichen Unfallversicherung, S. 86, 95; Rahmenrichtlinien für ehrenamtl. Dienste im Erzbistum Freiburg, Amtsbl. 1995 Nr. 40 S. 61).

2. Unentgeltlich Beschäftigte und ähnliche

97 Auch die unentgeltlich Beschäftigten gehören nicht zu den Mitarbeitern im Sinne von § 3 Abs. 1, weil sie ebenso wie die Ehrenamtsträger nicht beruflich tätig werden. Ihre Tätigkeit dient nicht dem Erwerb. Dasselbe gilt für solche Personen, deren Beschäftigung nicht in erster Linie ihrem Erwerb dient und die vorwiegend zu ihrer Heilung, Wiedereingewöhnung, sittlichen Besserung oder Erziehung beschäftigt werden; vgl. jetzt § 3 Abs. 2 S. 1 Nr. 6, Rz 81 ff.

98 Nicht zu den Mitarbeitern zählen solche Personen, die ein so genanntes **Einfühlungsverhältnis** ohne Vergütung und ohne Arbeitspflicht beim potentiellen Dienstgeber eingegangen sind, um den Betrieb erst kennen zu lernen und um

§ 3

die Voraussetzungen der Zusammenarbeit für das mögliche spätere Arbeitsverhältnis zu klären (*LAG Hamm*, 24. 5. 1989 – 15 Sa 18/89 rkr. BB 1989, 1759); sie sind noch keine Mitarbeiter im MAVO-Sinne, weil sie weder beruflich noch zur Ausbildung tätig sind, sondern dies eventuell später werden. Dasselbe gilt für solche, die zur Arbeit eingewöhnt werden sollen. **Schülerpraktikanten** werden weder zu ihrer Ausbildung, Berufsausbildung noch zu einer weisungsgebundenen Arbeitsleistung, die vom Dienstgeber eigens organisiert werden und ein Arbeitsergebnis bringen muss, tätig. Sie sollen eine schulische Unterweisung mit Hilfe eines Betriebes zu ihrer Information über die Arbeitswelt mit dem Einblick in die betriebliche Arbeitsleistung anderer Mitarbeiter in einer Einrichtung erhalten. Ihnen soll eine kritische Auseinandersetzung mit der Arbeits- und Berufswelt ermöglicht und eine damit verbundene Hilfestellung für die spätere Berufswahl geboten werden (*BAG*, 8. 5. 1990 – 1 ABR 7/89, DB 1990, 2124 f. = NZA 1990, 897). Arbeitspflicht besteht in der Regel nicht. Deshalb sind sie **keine Mitarbeiter im Sinne der MAVO** (vgl. Rz 37).

3. Personen in Dienstverhältnissen des Staates

a. Abgeordnete Beamte

Nicht zum Kreis der Mitarbeiter gehört, wer im Rahmen eines im staatlichen Bereich bestehenden öffentlich-rechtlichen Dienstverhältnisses in kirchlichen Einrichtungen tätig wird. Das betrifft insbesondere die **Referendare**, welche als Beamte auf Widerruf einen Teil ihrer Ausbildung in einer kirchlichen Einrichtung oder Dienststelle absolvieren, oder z. B. **Lehrer** in staatlichen Diensten, wenn sie für begrenzte Dauer einem kirchlichen Rechtsträger unentgeltlich zur Verfügung gestellt werden und ihre Bezüge weiterhin vom staatlichen Dienstherrn erhalten. 99

b. Zivildienstleistende

Ebenso sind Zivildienstleistende, deren Rechte und Pflichten das Zivildienstgesetz (ZDG) regelt, keine Mitarbeiter im Sinne der MAVO. Der Einsatz von Zivildienstleistenden liegt außerhalb des Bestimmungsbereichs des Trägers einer kirchlichen Einrichtung, also des Dienstgebers. Die Eingliederung des einzelnen Zivildienstleistenden ergibt sich aus der Zuweisung, also einem Verwaltungsakt, der auf § 4 ZDG beruht (*ArbG Hamburg*, 31. 1. 1989 – 10 BV 20/88, NZA 1989, 652). Gemäß § 37 ZDG i. V. m. § 2 ZDVG wählen sie in Dienststellen mit mindestens fünf Zivildienstleistenden als Vertretung Vertrauensleute, die mit der MAV gemäß § 46 a Abs. 1 zusammenarbeiten. Besteht keine Vertrauensvertretung, so können sich die Zivildienstleistenden mit ihren Anliegen an die MAV wenden (§ 46 a Abs. 2). Die Dienststellenleiter und andere Personen, die mit Aufgaben der Leitung und Aufsicht beauftragt sind, erhalten gemäß § 30 ZDG die Befugnis, als Vorgesetzte dienstliche Anweisungen gegenüber dem Zivildienstleistenden zu erteilen. Damit üben sie jedoch keine Dienstanweisungen im Sinne des arbeitsrechtlichen Direktionsrechts aus, sondern eine Rechtsmacht zur Ausübung einzelner hoheitlicher Befugnisse im eigenen Namen gegenüber dem Zivildienstleistenden. Diese Rechtsmacht wird im Wege der durch § 4 ZDG geregelten Anerkennung der Dienststelle für die Ableistung des Zivildienstes verliehen (*BGH*, NJW 1984, 118, 119; *BSG*, 20. 4. 1993 – 2 RU 35/92, NJW 1994, 77 f.). Zur Rechtsstellung und Haf- 100

§ 4

tung der Zivildienstleistenden vgl. auch Caritas-Korrespondenz 1988–9 S. 33 ff.; *BGH*, 4. 6. 1992 – III ZR 93/91, NJW 1992, 2822 zur Amtshaftung bei durch Zivildienstleistenden verursachten Schaden gemäß Art. 34 GG i. V. m. § 839 BGB.

4. Sonstige

101 Keine Mitarbeiter im Sinne der MAVO sind Personen,
– denen gemäß § 19 Abs. 2 BSHG lediglich Hilfe zum Lebensunterhalt zuzüglich einer angemessenen Entschädigung für Mehraufwendungen gewährt wird (§ 19 Abs. 3 BSHG),
– die an Arbeit gewöhnt werden und deren Bereitschaft zur Arbeit überprüft werden soll (§ 20 BSHG),
– die kraft öffentlichen Zwanges beschäftigt werden und folglich nicht in einem frei begründeten Arbeitsverhältnis stehen, wenn sie in Anstalten oder aus sonstigen therapeutischen Gründen beschäftigt werden (vgl. zum BetrVG; *Kraft*, GK-BetrVG § 5 Rz 48; vgl. Rz 16).
– Lehrbeauftragte an Hochschulen, § 47 Abs. 3.

VII. Streitigkeiten

102 § 41 (Schlichtungsverfahren) bestimmt, dass gemäß § 41 Abs. 2 die Schlichtungsstelle in allen sonstigen Rechtsstreitigkeiten mitarbeitervertretungsrechtlicher Art angerufen werden kann, soweit nicht bereits nach § 41 Abs. 1 deren Zuständigkeit gegeben ist. Ob eine Person Mitarbeiter i. S. von § 3 Abs. 1 ist oder dies gemäß § 3 Abs. 2 Nrn. 1 bis 6 nicht ist, hat rechtliche Konsequenzen hinsichtlich der Rechte als Mitarbeiter im Sinne der gesamten Ordnung.

§ 4 Mitarbeiterversammlung

Die Mitarbeiterversammlung ist die Versammlung aller Mitarbeiterinnen und Mitarbeiter. Kann nach den dienstlichen Verhältnissen eine gemeinsame Versammlung aller Mitarbeiterinnen und Mitarbeiter nicht stattfinden, so sind Teilversammlungen zulässig.

Inhaltsübersicht

	Rz
I. Vorbemerkung	1
II. Begriff und Zweck	2
III. Voraussetzungen	3
IV. Befugnisse	4–5
V. Teilnahmerecht	6–16
1. Mitarbeiter der Dienststelle	6–9
2. Nicht Teilnahmeberechtigte	10–12
3. Nichtöffentlichkeit	13–16
VI. Einberufung und Durchführung	17–19
VII. Teilversammlung	20–28
1. Vorbemerkung	20–21

	§4
2. Voraussetzungen	22–23
3. Zusammensetzung	24–25
4. Durchführung	26
5. Gruppenversammlungen	27
6. Parallelversammlungen	28
VIII. Andere Versammlungen	29–30

I. Vorbemerkung

Der Mitarbeiterversammlung gelten die §§ 4, 21, 22, 22 a Abs. 4 i. V. m. § 1 b, **1** aber auch § 10 Abs. 1, 1 a und 2. § 4 präsentiert die **Mitarbeiterversammlung als Institution** gemäß MAVO, § 10 Abs. 1 schreibt die Mitarbeiterversammlung vor, wenn die Voraussetzungen für die Bildung einer MAV vorliegen, eine MAV aber nicht besteht; die Mitarbeiterversammlung soll den Wahlausschuss für die Mitarbeitervertreterwahl wählen. Die Wahl des Wahlausschusses fällt in den Fällen des § 10 Abs. 1 a der Mitarbeiterversammlung auch dann zu, wenn unter den dort genannten Umständen ein Wahlausschuss nicht besteht, obwohl die Vorbereitung einer MAV-Wahl geboten ist. Die §§ 21 und 22 schließlich regeln Einberufung, Aufgaben und Verfahren der Mitarbeiterversammlung.

Der Mitarbeiterversammlung ist der Begriff der Mitarbeiterschaft gedanklich **2** voranzustellen. Dieser Begriff ist nicht mit dem der Dienstgemeinschaft (Präambel Rz 21 ff.) identisch. Unter Mitarbeiterschaft ist die Summe der Mitarbeiter im Sinne von § 3 Abs. 1 zu verstehen, die z. B. im Betriebsverfassungsrecht als Belegschaft bezeichnet wird (§ 80 Abs. 1 Nr. 2, § 111 BetrVG). Als rechtliche Einheit tritt die Mitarbeiterschaft einer Dienststelle, Einrichtung oder sonstigen selbständig geführten Stelle nach der MAVO nur in Form der Mitarbeiterversammlung (§ 4 S. 1) in Erscheinung; sie ist aber im Ergebnis mit Ausnahme des Falles gemäß § 10 nicht handlungsfähig, wenn die MAV fehlt. Deshalb müssen die wahlberechtigten Mitarbeiter die MAV wählen. Das setzt die Kandidatur von Mitarbeitern voraus. Daraus wird wiederum der Wille zur Gemeinschaftsbildung innerhalb der Mitarbeiterschaft erkennbar (vgl. ferner § 10). Die Mitarbeiterversammlung ist nicht mit der **Wahlversammlung** i. S. der §§ 11 a bis 11 c identisch, die dem vereinfachten Wahlverfahren zur Bildung einer MAV in kleinen Einrichtungen dienen soll.

II. Begriff und Zweck

Die Mitarbeiterversammlung ist die **Versammlung aller Mitarbeiter** im Sinne **3** von § 3 Abs. 1, die in der Dienststelle beschäftigt werden. Sie ist das Forum, vor dem die MAV Rechenschaft über ihre Tätigkeit abzulegen hat und auf dem die Mitarbeiterschaft zu den Beschlüssen der MAV Stellung nehmen und der MAV Anträge für ihre Tätigkeit unterbreiten kann (§§ 21, 22). Die Mitarbeiterversammlung dient also der Zusammenarbeit zwischen MAV und Mitarbeiterschaft, aber auch der mit dem Dienstgeber, insbesondere im Falle der erstmaligen Einberufung durch ihn, wenn noch keine MAV besteht (§ 10 Abs. 1). Zur Mitarbeiterschaft gehören diejenigen Personen nicht, die gemäß § 3 Abs. 1 S. 2 und Abs. 2 aus dem Kreis der Mitarbeiter ausgeklammert sind (siehe Erläuterungen zu § 3). Daraus folgt, dass die Mitarbeiterversammlung kein

Thiel

§ 4

Institut im Sinne kirchlicher Koalitionsfreiheit (can. 215) ist; sie ist eine Institution im Sinne der MAVO, kein Organ der Dienststelle.

III. Voraussetzungen

4 Die Mitarbeiterversammlung ist bis auf die Ausnahmen in den Fällen des § 10 Abs. 1, § 1 a und § 1 b ohne die Wahl einer MAV nicht möglich. Ebenso wenig kann in Dienststellen mit weniger als fünf wahlberechtigten Mitarbeitern (§§ 6, 7) eine Mitarbeiterversammlung im Sinne der MAVO abgehalten werden. Davon unberührt bleibt das Recht, sich wegen gemeinsam berührender Fragen zu versammeln; dies allerdings nur außerhalb der Arbeitszeit, falls der Dienstgeber nicht die Arbeitszeit für die Versammlung zur Verfügung stellt. Eine solche Versammlung ist keine Mitarbeiterversammlung gemäß §§ 21, 22, auch nicht, wenn der Dienstgeber dazu eingeladen hat (§ 21 Rz 28). Der Dienstgeber kann aber eine Belegschaftsversammlung einberufen und leiten (vgl. Art. 1 GrO).

IV. Befugnisse

5 Die Mitarbeiterversammlung ist die von der MAVO geschaffene Form, in der die Mitarbeiter zu einer gemeinsamen Willensbildung kommen können und sich die Mitarbeiterschaft unmittelbar präsentiert (*Richardi*, Arbeitsrecht in der Kirche § 18 Rz 92; *Hess/Schlochauer/Worzalla/Glock*, BetrVG § 42 Rz 8). Die MAV gewinnt so die **Möglichkeit**, die für ihre Arbeit nötigen **Informationen aus der Mitarbeiterschaft zu erhalten.** Damit sind nicht die Informationen gemeint, die der Dienstgeber der MAV zu geben hat.

6 Die Mitarbeiterversammlung hat **begrenzte Befugnisse.** Ihre Zuständigkeit erstreckt sich auf alle Angelegenheiten, die zur Zuständigkeit der MAV gehören (§ 22 Abs. 1). Sie kann sich deshalb mit allen Themen befassen, die in den Zuständigkeitsbereich fallen. Ein Weisungsrecht steht der Mitarbeiterversammlung zwar nicht zu, doch kann sie die MAV gemäß § 22 Abs. 2 im Wege des **Misstrauensvotums** abberufen (§ 13 Abs. 3 Nr. 5). Die Abberufung eines einzelnen Mitarbeitervertreters aus der MAV ist nicht durch die Mitarbeiterversammlung möglich. Das Bundespersonalvertretungsgesetz und das Betriebsverfassungsgesetz kennen das Misstrauensvotum nicht (*Richardi*, a. a. O. § 18 Rz 93; *Hess/ Schlochauer/Worzalla/Glock*, BetrVG § 42 Rz 10).

V. Teilnahmerecht

1. Mitarbeiter der Dienststelle

7 Die Mitarbeiterversammlung ist die Versammlung aller Mitarbeiter der Dienststelle. Wer zur Teilnahme an der Mitarbeitervertreterversammlung berechtigt ist, folgt aus § 4 S. 1 i. V. m. § 3 Abs. 1 (vgl. die Erläuterungen zu § 3 Rz 7 ff.) **Teilnahmeberechtigt** sind folglich **alle Mitarbeiter** im Sinne des § 3 Abs. 1 ohne Rücksicht auf ein aktives oder passives Wahlrecht und ihren Be-

§ 4

schäftigungsumfang. Dazu zählen also auch die in der Berufsausbildung Stehenden und Jugendlichen unter 18 Jahren (vgl. § 43).
Teilnahmeberechtigt sind Mitarbeiter im Außendienst sowie Mitarbeiter, die 8
am Tag der Mitarbeiterversammlung nicht zu arbeiten brauchen, weil sie eine Freischicht haben, in Erholungs- oder Sonderurlaub sind. Nehmen **beurlaubte Mitarbeiter** an der Mitarbeiterversammlung teil, haben sie Anspruch auf die nach § 21 Abs. 4 zu gewährende Fahrtkostenerstattung, nicht aber auf Vergütung für die Dauer der Teilnahme (§ 21 Rz 29, 43).
Der Mitarbeiter ist nicht verpflichtet, an der Mitgliederversammlung teil- 9
zunehmen; er hat jedoch dienstplanmäßig zu arbeiten, wenn die Mitarbeiterversammlung während der dienstplanmäßigen Arbeitszeit stattfindet.

2. Nicht Teilnahmeberechtigte

Die in § 3 Abs. 1 S. 2 und Abs. 2 aufgeführten Personen haben keinen Zutritt 10
zur Mitarbeiterversammlung, weil sie nicht Mitarbeiter im Sinne der MAVO sind. Wenn der **Dienstgeber** an der Versammlung teilnehmen darf, z. B. weil er die Versammlung einberufen hat (§ 21 Abs. 3 S. 2–4; § 10 Abs. 1 S. 1 und 2, Abs. 1 a) kann er **Mitarbeiter in leitender Stellung als Berater** hinzuziehen oder auch als seine **Vertreter** entsenden. Letzteres ist in § 10 Abs. 1 S. 2 ausdrücklich geregelt. Außerdem kann der Vorsitzende der MAV den Dienstgeber zur Teilnahme an der Mitarbeiterversammlung einladen, ebenso in § 3 Abs. 2 aufgeführte Personen (*Bietmann*, Kurzkommentar, § 16 Anm. 1.1; *Mösenfechtel/Perwitz-Passan/Wiertz*, § 21 Anm. 2).
Leiharbeitnehmer im Sinne des AÜG nehmen im Entleiherbetrieb an der 11
»Betriebsversammlung« teil (Art. 1 § 14 Abs. 2 S. 2 AÜG). Die staatliche Gesetzgebung regelt aber die Teilnahmeberechtigung der Leiharbeitnehmer an einer Mitarbeiterversammlung im Sinne der MAVO nicht. Andererseits werden die Leiharbeitnehmer im Sinne des AÜG in der MAVO aus dem Mitarbeiterbegriff ausgeklammert (§ 3 Abs. 1 S. 2). Sie sind während der Zeit ihrer Arbeitsleistung bei einem kirchlichen Entleiher Angehörige des entsendenden Betriebes des Verleihers (Art. 1 § 14 Abs. 1 AÜG). Deshalb dürfen Leiharbeitnehmer an den Mitarbeiterversammlungen nicht teilnehmen. Die betriebsverfassungsrechtlichen Bestimmungen, auf die Art. 1 § 14 AÜG verweist, gelten ebenso wie diejenigen des Bundespersonalvertretungsrechts nur für den Bereich, für den das Betriebsverfassungsgesetz und das Bundespersonalvertretungsgesetz gelten. Beide Gesetze gelten für die Kirchen und ihre karitativen Einrichtungen nicht (§ 118 Abs. 2 BetrVG; § 112 BPersVG). Daraus folgt, dass die **Leiharbeitnehmer im kirchlichen Entleiherbetrieb keine Mitwirkungsrechte im Sinne der MAVO** haben, also auch kein Recht zur Teilnahme an der Mitarbeiterversammlung (vgl. auch § 3 Rz 52 ff.).
Außerhalb der Dienststelle bestehende **Verbände oder Gewerkschaften ha-** 12
ben keine Zutrittsrechte, auch dann nicht, wenn Mitarbeiter bei ihnen Mitglieder sind (vgl. *Mayer-Maly*, Gewerkschaftliche Zutrittsrechte; *BVerfGE* 57, 220 ff.; dazu Jurina, Kirchenfreiheit S. 797, 817). Anders als nach § 80 Abs. 3 BetrVG ist die Hinzuziehung von Sachverständigen zur Sitzung der MAV oder der Mitarbeiterversammlung in der MAVO nicht geregelt. Deshalb ist wegen des Prinzips der Nichtöffentlichkeit ihre Hinzuziehung wegen des Verbots der Abänderbarkeit der MAVO nur eingeschränkt gestattet (vgl. Rz 15 f.; § 17 Abs. 1 S. 2 zweiter Spiegelstrich).

§ 4

3. Nichtöffentlichkeit

13 Die Mitarbeiterversammlung ist nach zwingender Vorschrift **nicht öffentlich** (§ 21 Abs. 1 S. 1). Es geht in erster Linie um die **Möglichkeit der freien und unbefangenen Aussprache** unter den Mitarbeitern, sodann um die Vermeidung dienststellenfremder Einflüsse und die Verhinderung der Erörterung von Angelegenheiten, die außerhalb der Dienststelle liegen. Deshalb sind Presse, Funk, Film und Fernsehen zur Mitarbeiterversammlung nicht zugelassen (vgl. dazu auch für den Bereich des BetrVG *Hess/Schlochauer/Worzalla/ Glock*, BetrVG § 42 Rz 24). Das ist wegen § 48 auch **nicht im Wege einhelliger Einigung** aller Versammelten einschließlich des Dienstgebers **abänderbar**.

14 Der Dienstgeber kann dienststellenfremden Personen den Zutritt zur Dienststelle verwehren. Nehmen solche Personen dennoch an der Mitarbeiterversammlung teil, kann die Versammlung stattfinden, schon deshalb, um sie nicht ausfallen zu lassen. Allerdings ist der Grundsatz der Nichtöffentlichkeit verletzt.

15 Zur Zulässigkeit der **Teilnahme von betriebsfremden Referenten** an Mitarbeiterversammlungen äußert sich die MAVO nicht. Dennoch kann hier und da das Interesse der Mitarbeiterversammlung gerade darin bestehen, über arbeitsrechtliche Fragen (z. B. die Zusatzversorgung), die die Einzelarbeitsverhältnisse der Versammelten betreffen, durch einen kompetenten Referenten. der nicht der Dienststelle angehört, informiert zu werden. In diesem Zusammenhang dürfen sogar die vom Mitarbeiterbegriff Ausgeklammerten (§ 3 Abs. 2) ein Informationsbedürfnis haben. Anders als in § 45 BetrVG, wonach Angelegenheiten tarifpolitischer, sozialpolitischer und wirtschaftlicher Art, die den Betrieb oder seine Arbeitnehmer unmittelbar betreffen, thematisiert § 22 Abs. 1 S. 1 solche Angelegenheiten nicht (vgl. § 22 Rz 4 ff.) Da aber der Vorsitzende der MAV die Tagesordnung bestimmt, folgt daraus, dass Referenten und Gäste auf seine Einladung hin an der Versammlung teilnehmen und zu den Versammelten zum gewünschten Thema sprechen. Deshalb wird der innerbetriebliche Charakter der Mitarbeiterversammlung dadurch nicht in Frage gestellt. Außerdem ist die MAV in der Entscheidung frei, welche Tagesordnung sie festlegt. Lediglich rechtsmissbräuchliche Maßnahmen sind unzulässig. Das **Einverständnis des Dienstgebers** zur Einladung und zum Thema des Referenten ist jedoch deshalb **erforderlich**, weil der Dienstgeber grundsätzlich darüber zu befinden hat, ob dienststellenfremde Personen zur Dienststelle Zutritt haben.

16 Das Gebot der Nichtöffentlichkeit von Mitarbeiterversammlungen bindet also die MAV, die Mitarbeiter und den Dienstgeber in gleicher Weise. **Unzulässig sind** jedenfalls **politische Veranstaltungen** aller Art (vgl. dazu *BAG*, 13. 9. 1977 – 1 ABR 67/75, EzA § 45 BetrVG 1972 Nr. 1 = DB 1977, 2452). Es sollen unsachliche Auseinandersetzungen, möglicherweise gerade durch Dienststellenfremde und ihr Vortragsthema hervorgerufen, vermieden werden. Diese Gefahr besteht also nicht, wenn die MAV aus gegebenem Anlass Personen die Teilnahme gestattet, die zwar nicht zu den Mitarbeitern der konkreten Dienststelle gehören, aber doch zu diesen Mitarbeitern kraft ihrer besonderen Funktion eine enge sachliche Verbindung haben. Das gilt z. B. für den Bischof, den Generalvikar oder den von ihnen Beauftragten, für Mitglieder von Pfarrgemeinderäten oder besonderen Ausschüssen. Dasselbe gilt dann auch für die Einladung Außenstehender, Sachverständiger oder Gäste,

§ 4

die zwar keine nähere funktionelle Beziehung zur Dienststelle haben, aber auf Einladung und unter Verantwortung der MAV und des Dienstgebers in der Mitarbeiterversammlung über ein für die Mitarbeiterschaft zulässiges Thema – und sei es unter dem Gesichtspunkt der Präambel – ein Kurzreferat halten sollen. Der Grundsatz der Nichtöffentlichkeit ist nicht verletzt, wenn aus sachlichen Gründen und bei voller Ausschöpfung des Rahmens der Zuständigkeit der Mitarbeiterversammlung auch andere Personen als die Mitarbeiter der Dienststelle und die ausdrücklich genannten Personen teilnehmen. Dies gilt insbesondere für Sachverständige oder sonstige Gäste und Referenten. Der Sinn der Vorschrift über die Nichtöffentlichkeit der Mitarbeiterversammlung gebietet es nicht, die Teilnahme solcher Personen auszuschließen, deren Anwesenheit im Rahmen der Zuständigkeit der Mitarbeiterversammlung sachdienlich ist (§ 22 Abs. 1 S. 1 und § 26 Abs. 1). Der innerbetriebliche Charakter der Mitarbeiterversammlung wird dadurch nicht in Frage gestellt. Schließlich sollen sich Dienstgeber und MAV bei der Erfüllung ihrer Aufgaben gegenseitig unterstützen (§ 26 Abs. 1 S. 1). Das kann in vielen Fällen nur durch dienststellenfremde Hilfe wirksam geschehen. Die Gäste haben allerdings kein originäres Teilnahmerecht wie die Mitarbeiter der Dienststelle und der Dienstgeber. Ihre **Teilnahme erfordert eine entsprechende Einladung.**

VI. Einberufung und Durchführung

Die Mitarbeiterversammlung hat mindestens einmal im Jahr stattzufinden (§ 21 Abs. 2 S. 1). Über die Einberufung der Mitarbeiterversammlung durch den Vorsitzenden der MAV entscheidet in der Regel die MAV, auch über die zeitliche Lage und den Versammlungsort. Sie entscheidet auch, ob die Zusammenkunft als **Vollversammlung** oder **Teilversammlung** (§ 4 S. 2) stattfindet (dazu weiter unter Rz 20ff.). Zur Einberufung sind die in § 21 genannten **Fristen und Formvorschriften einzuhalten** (vgl. dazu § 21). In der Gestaltung der Tagesordnung ist die MAV grundsätzlich frei. Im Falle der Einberufung der Mitarbeiterversammlung durch den Dienstgeber (§ 10 Abs. 1 u. 1 a), wenn keine MAV besteht, liegt die Leitung beim Dienstgeber (§ 10 Abs. 1 S. 2). Dasselbe gilt in den Fällen des § 10 Abs. 1 a. 17

Der **Dienstgeber hat** den für die Abhaltung der Mitarbeiterversammlung erforderlichen **Raum zur Verfügung zu stellen.** Dies folgt aus § 17 Abs. 2 (so auch *Frey/Coutelle/Beyer*, § 17 Rz 20; *Bietmann*, Kurzkommentar, § 13 Anm. 11), weil die Mitarbeiterversammlung eine Veranstaltung der MAV ist, zu der sie durch die Ordnung berechtigt und verpflichtet ist (§ 21 Abs. 2 und 3). Der MAV steht kein Verfügungsrecht über die Räume der Dienststelle zu. Ebenso kann die MAV nicht Räume außerhalb der Dienststelle anmieten. Hierzu ist zumindest mit dem Dienstgeber Einvernehmen herbeizuführen, damit auch aus seiner Sicht dem Gebot der Nichtöffentlichkeit der Mitarbeiterversammlung Rechnung getragen wird und die von ihm zu tragenden Kosten anerkannt werden. 18

Die Durchführung der Mitarbeiterversammlung, ihre Leitung, ihr Inhalt und Ablauf werden unter §§ 21, 22 behandelt. 19

§ 4

VII. Teilversammlung

1. Vorbemerkung

20 Gemäß § 4 S. 2 wird von dem Grundsatz, wonach für die Mitarbeiter nur eine einheitliche Mitarbeiterversammlung durchzuführen ist, in bestimmten Fällen zugunsten von Teilversammlungen abgewichen. Teilversammlungen sind zulässig, wenn nach den dienstlichen Verhältnissen eine gemeinsame Versammlung aller Mitarbeiter zum gleichen Zeitpunkt nicht stattfinden kann.

21 Liegen die Voraussetzungen für eine Teilversammlung vor, so besteht dennoch anders als gemäß § 42 Abs. 1 S. 3 BetrVG und § 48 Abs. 2 BPersVG keine Pflicht zur Durchführung einer Teilversammlung (*Mösenfechtel*, MAVO § 4 Anm. 2); sie ist mit Hilfe der Schlichtungsstelle **erzwingbar** (§ 41 Abs. 2), so dass es sich empfiehlt, eine Verständigung zwischen MAV und Dienstgeber herbeizuführen (*Damköhler*, MAVO § 4). Die Initiative zur Abhaltung von Teilversammlungen richtet sich nach dem Recht zur Einberufung von Mitarbeiterversammlungen entsprechend (§§ 10 Abs. 1, 21 Abs. 1 S. 2). Allerdings hat die MAV mit Ausnahme des in § 10 Abs. 1 geregelten Falles darüber Beschluss zu fassen. Besteht keine MAV, so trifft der Dienstgeber die Entscheidung zur Abhaltung von Teilversammlungen (siehe auch § 10 Abs. 1 a).

2. Voraussetzungen

22 Als Voraussetzungen für eine Teilversammlung kommen in Betracht die Größe der Mitarbeiterzahl, wenn durch sie eine sachgemäße Aussprache nicht sichergestellt ist, wenn die Mitarbeiter wegen der räumlichen Verhältnisse nicht gemeinsam an der einheitlichen Mitarbeitervollversammlung teilnehmen können, weil entsprechende Räumlichkeiten wegen der örtlichen Verhältnisse oder der Kostenbelastung für die Anmietung nicht in Betracht kommen (vgl. hierzu *Hess/Schlochauer/Worzalla/Glock*, BetrVG § 42 Rz 46; *Mösenfechtel*. MAVO § 4 Anm. 2).

23 Auch bei Dienststellen oder Einrichtungen mit mehreren Schichtzeiten können Teilversammlungen notwendig werden. Das betrifft z. B. Krankenhäuser. Dort ergeben sich jedoch aufgrund des Pflegedienstes und der ärztlichen Bereitschaftspflicht zusätzliche Einschränkungen, wenn ständige Besetzung der Abteilung notwendig ist (*Mösenfechtel*, MAVO § 4 Anm. 2). Teilversammlungen sind aber nicht zulässig, um den Mitarbeitern zur Vollversammlung weite Wege zu ersparen (vgl. auch § 21 Rz 34 ff.).

3. Zusammensetzung

24 Die Teilversammlung besteht nur **aus den Mitarbeitern, für die sie abgehalten wird.** Wer nicht zu dem Personenkreis gehört, ist weder teilnahme- noch stimmberechtigt. Eine Ausnahme gilt auch nicht für die Mitglieder der MAV. Ist der Personenkreis zur Teilnahmeberechtigung an den Teilversammlungen nicht jeweils abgegrenzt worden, so muss durch entsprechende Kontrolle über die Teilnehmerliste vorgesorgt werden, dass eine mehrfache Teilnahme an Teilversammlungen ausgeschlossen ist.

25 Werden auf Teilversammlungen Beschlüsse gefasst, so sind die abgegebenen Stimmen zusammenzuzählen, damit ein **einheitliches Ergebnis** der Teilversammlung festgestellt werden kann. Wahlen stehen Beschlüssen gleich.

§ 4

4. Durchführung

Teilversammlungen sind im **engen zeitlichen Zusammenhang** abzuhalten, damit sie möglichst dieselbe Wirkung wie eine Vollversammlung haben. Sicherzustellen ist dies auch durch die Tagesordnung in derselben Reihenfolge. Weil die Teilversammlung eine Mitarbeiterversammlung ist, gelten für die Durchführung dieselben Bestimmungen wie für die Vollversammlung der Mitarbeiter. Darum wird auch jede Teilversammlung vom Vorsitzenden der MAV, im Verhinderungsfall von seinem Stellvertreter geleitet. Der MAV-Vorsitzende hat jedoch bei der Durchführung mehrerer Teilversammlungen nur bei der ersten Stimmrecht. Dasselbe gilt für seinen Vertreter und jedes andere Mitglied der Versammlung, das an mehreren Teilversammlungen anwesend war. Über die Durchführung der Teilversammlung entscheidet die MAV durch Beschluss. Besteht keine MAV, so entscheidet der Dienstgeber, wenn er gemäß § 10 Abs. 1 oder Abs. 1 a zur **Wahl eines Wahlausschusses** die Mitarbeiterversammlung einberuft. Sind in der Teilversammlung Wahlen durchzuführen (§ 10 Abs. 1 S. 3), so muss zu jeder Teilversammlung die Kandidatenliste bekannt sein, nach der gewählt werden kann. Insofern sind im Falle der Bildung eines Wahlausschusses die Teilversammlungen nur im Wege zweier Abschnitte durchführbar, nämlich zunächst zur Kandidatenaufstellung und später für die Wahlen. 26

5. Gruppenversammlungen

Es ist unzulässig, Teilversammlungen für Berufsgruppen abzuhalten, wenn gruppenspezifische Probleme zu behandeln sind, die für eine andere Gruppe nicht relevant sind. So sind z. B. die dienstrechtlichen Angelegenheiten von Lehrern nicht zugleich auch für das nicht lehrende Personal an Schulen von unmittelbarer Bedeutung. Umgekehrt sind die Beschlüsse von Teilversammlungen **nur nach Maßgabe aller Teilversammlungen** zu beurteilen. Infolgedessen könnte die Teilversammlung einer Gruppenminderheit bei gutem Besuch die Beschlüsse einer schwach besuchten Teilversammlung einer Gruppenmehrheit zu Fall bringen. Auch vermeintlich gruppenspezifische Fragen können für eine andere Gruppe anregend sein. Der Gedanke der **Dienstgemeinschaft** verträgt sich nicht mit Teilversammlungen für bestimmte Berufsgruppen einer und derselben Dienststelle. 27

6. Parallelversammlungen

Unzulässig sind auch Teilversammlungen im Wege von zeitgleichen Parallelveranstaltungen, um unterschiedlich gelagerten Interessen gerecht zu werden, ohne jedoch die Gesamtheit der Tagesordnung zu berücksichtigen. Das folgt eindeutig aus der Vorschrift selbst, wonach die Mitarbeiterversammlung die Versammlung aller Mitarbeiter zu sein hat. Die Parallelversammlung hat den Nachteil, dass eine Berücksichtigung der Ergebnisse der einen und anderen Versammlung zur Reisekostenerstattung und zur Dienstbefreiung zur Ermöglichung der Teilnahme an solchen Veranstaltungen nicht verpflichtet. 28

§ 5

VIII. Andere Versammlungen

29 Jeder Dienstgeber kann unabhängig von den Bestimmungen der MAVO nach seinem Gutdünken eine **Versammlung aller Beschäftigten** einberufen, um auch diejenigen zu erreichen, die nach den Bestimmungen der MAVO vom Mitarbeiterbegriff ausgeklammert sind (§ 3 Abs. 1 S. 2 und Abs. 2). Eine Versammlung ist auch angezeigt, **wenn keine MAV** besteht.

30 Von der Mitarbeiterversammlung im Sinne von § 4 zu unterscheiden sind
- die Versammlung der Jugendlichen und Auszubildenden (§ 43 a),
- die Versammlung der schwerbehinderten Menschen (§ 95 Abs. 6 SGB IX),
- die Werkstattversammlung gemäß § 8 Caritas-Werkstätten-Mitwirkungsordnung (CWMO) bzw. gemäß § 9 Werkstätten-Mitwirkungsverordnung (WMVO).

§ 5 Mitarbeitervertretung

Die Mitarbeitervertretung ist das von den wahlberechtigten Mitarbeiterinnen und Mitarbeitern gewählte Organ, das die ihm nach dieser Ordnung zustehenden Aufgaben und Verantwortungen wahrnimmt.

Inhaltsübersicht

	Rz
I. Begriff und Wesen der MAV	1–16
1. Vergleich mit dem staatlichen Recht	1
2. Kirchenrecht	2–16
a. Die Grundordnung	2
b. Die Mitarbeiterschaft	3–5
c. Die Mitarbeitervertretung	6–14
d. Sprecher der Jugendlichen und Auszubildenden, Wahlausschuss, Vertrauensperson der schwerbehinderten Menschen	15–16
II. Arten der MAV	17–27
1. Dienststellen-MAV	17
2. Gruppen-MAV, Sondervertretung	18
3. Gesamtmitarbeitervertretung	19
4. Erweiterte Gesamtmitarbeitervertretung	20
5. Arbeitsgemeinschaften	21
6. Sprecher der Jugendlichen und Auszubildenden	22–23
7. Vertretung der schwerbehinderten Menschen	24
III. Rechtsstellung der Mitglieder der MAV	25
1. Ehrenamt	25
2. Sonderrechte	26–30
a. Grundverhältnis	27
b. Freistellung	28
c. Wehrdienst	29
d. Schutzrechte	30
3. Partei- und Handlungsfähigkeit	31
4. Haftung	32
5. Stellung zu anderen Organen	33
IV. Aufgaben	34–36
1. Allgemeines	34–35
2. Sprechstunden	36
V. Entstehung der MAV	37
VI. Ende der Amtszeit der MAV	38
VII. Ende des Amtes als MAV-Mitglied	39–40
VIII. Funktionen außerhalb der MAVO	41–45
1. Arbeitsschutz	41–42

2. Datenschutz	43
3. Beauftragte zur Wahrung der Würde von Frauen und Männern am Arbeitsplatz	44
4. Gleichstellungsbeauftragte/Frauenbeauftragte	45
5. Mobbing-Kommission	46

I. Begriff und Wesen der MAV

1. Vergleich mit dem staatlichen Recht

Die Bestimmungen der §§ 5 und 15 Abs. 1 enthalten Aussagen zur Stellung der MAV und zur Rechtsstellung ihrer Mitglieder. Ohne zunächst auf die Begriffe Organ (§ 5), Amt und Ehrenamt (§ 15 Abs. 1) einzugehen, die gewiss kirchenrechtlich zu beurteilen sind, ist festzustellen, dass die MAV dem Betriebsrat bzw. dem Personalrat im staatlichen Recht entspricht (*Richardi*, Arbeiterrecht in der Kirche § 17 Rz 11 ff.). Die MAVO verdankt ihre Entstehung den gesellschaftlichen und rechtlichen Entwicklungen im Lande (*Bietmann*, Betriebliche Mitbestimmung im kirchlichen Dienst S. 41 ff.; *Fabricius*, § 118 Rz 701 ff.; *Richardi*, a. a. O. § 16 Rz 1 ff.). Deshalb ist die Stellung der MAV den Vorbildern im staatlichen Rechtsbereich nachempfunden mit der Folge, dass die Mitglieder der MAV ihr »Amt« unentgeltlich als »Ehrenamt« führen (§ 15 Abs. 1). Damit stimmt der Wortlaut von § 15 Abs. 1 MAVO rein wörtlich mit § 46 Abs. 1 BPersVG und § 37 Abs. 1 BetrVG überein. Klarheit ist damit jedoch nicht hergestellt, zumal die im BetrVG verwendete Bezeichnung des Amtes des Betriebsratsmitgliedes als Ehrenamt als nicht korrekt eingestuft wird (*Wiese/Weber*, GK-BetrVG § 37 Rz 8). Die Rechtsnatur des Betriebsrats ist umstritten (*Hess/Schlochauer*, BetrVG vor § 1 Rz 16 ff. m. N.; *Kraft*, GK-BetrVG, § 1 Rz 48 ff. m. N.). Die einzelnen Mitglieder des Betriebsrats bleiben Arbeitnehmer, haben ihre Aufgabe als Betriebsrat jedoch unentgeltlich zu erfüllen und dürfen deshalb weder Nachteile noch Vorteile erfahren (*Wiese/Weber*, GK-BetrVG § 37 Rz 9 m. N.), um ihre Unabhängigkeit zu wahren. Ihre Amtstätigkeit ist vielmehr der nach dem Arbeitsvertrag geschuldeten Leistung gleichgestellt (*Fitting*, § 37 Rz 12; *Richardi/Thüsing*, BetrVG § 37 Rz 12; LAG Baden-Württemberg, 24. 7. 2002 – 2 Sa 20/02, ZMV 2003, 199). Die Rechtsnatur der Personalvertretungen wird auch nicht einheitlich definiert (vgl. *Dietz/Richardi*, BPersVG, § 1 Rz 50, 53; *Grabendorff/Windscheid/Ilbertz/Widmaier*, § 1 Rz 30, 39). Wegen des Vorbildcharakters der staatlichen Rechtsordnung für die MAVO, die MAV und ihre Mitglieder entstehen demnach auch Fragen, ob die MAV Vertretung, Organ oder Repräsentant der Mitarbeiterschaft ist oder gar wegen der Dienstgemeinschaft (Präambel Rz 21 ff.), die in einer Dienststelle oder Einrichtung durch die Gesamtheit der dort Tätigen gebildet wird, ein Amt ebenso ausübt wie der Dienstgeber innerhalb der Dienstgemeinschaft. Da der kirchliche Dienst in seiner Struktur dem öffentlichen Dienst vergleichbar ist, kann die MAV deshalb zunächst begrifflich wie der Personalrat im öffentlichen Dienst definiert werden, nämlich als Repräsentant (*Dietz/Richardi*, BPersVG § 1 Rz 53) der Mitarbeiter innerhalb einer Dienststelle oder Einrichtung. Sie vertritt Interessen der Mitarbeiter (z. B. § 26 Abs. 3) gegenüber dem Dienstgeber (§ 2), der Träger einer kirchlichen Dienststelle oder Einrichtung ist, auf die das staatliche Personalvertretungsrecht und das Betriebsverfassungsrecht keine Anwendung finden (§ 112

§ 5

BPersVG; § 118 Abs. 2 BetrVG). Wegen der Herkunft der MAVO als Kirchenrecht (vom Diözesanbischof gesetztes Recht) ist die Rechtsstellung der MAV jedoch weder privatrechtlich noch öffentlich-rechtlich einzuordnen.

2. Kirchenrecht

a. Die Grundordnung

2 Gemäß Art. 8 S. 1 GrO wird das Mitarbeitervertretungsrecht als kirchliche Betriebsverfassung definiert.»Zur Sicherung ihrer Selbstbestimmung in der Arbeitsorganisation kirchlicher Einrichtungen wählen Mitarbeiterinnen und Mitarbeiter nach Maßgabe kirchengesetzlicher Regelung Mitarbeitervertretungen, die an Entscheidungen des Dienstgebers beteiligt werden.« Die Mitwirkung der Mitarbeiter und Mitarbeiterinnen im kirchlichen Dienst an der Fortschreibung des Mitarbeitervertretungsrechts ist nach Maßgabe der MAVO möglich, wie in § 25 Abs. 2 Nr. 5 geregelt ist. Ein Beteiligungskonzept wie nach den KODA-Ordnungen ist nicht vorgesehen (Begründung der GrO, in: Die deutschen Bischöfe, Heft 51 S. 34 zu Art. 8 GrO).

b. Die Mitarbeiterschaft

3 In der Erklärung der deutschen Bischöfe zum kirchlichen Dienst vom 22. September 1993 (Heftreihe Die deutschen Bischöfe, Heft 51 S. 7; Amtsblatt des Erzbistums Köln 1993 Nr. 197 S. 219) wird die Mitbestimmung der Mitarbeiterinnen und Mitarbeiter als geboten anerkannt, weil sie den Dienst der Kirche verantwortlich mitgestalten. Allerdings kann die Verwirklichung der Mitbestimmung nicht von der Verfasstheit der Kirche, ihrem Auftrag und der kirchlichen Dienstverfassung getrennt werden. Die Mitarbeiterinnen und Mitarbeiter sollen die Möglichkeit des Mitarbeitervertretungsrechts nutzen, ihre Rechte und Interessen, ihre Anliegen und Sorgen »in der vorgesehenen Weise« zur Geltung bringen (Abschnitt V der Erklärung, a. a. O.).

4 Die MAVO geht zwar vom Dienstgemeinschaftsgedanken aus (Präambel Rz 21), anerkennt aber das Spannungsverhältnis zwischen Dienstgeber und Mitarbeitern (§ 26 Abs. 1 S. 2 und 3, Abs. 3). Eine ähnliche Konstellation ist auch im Schulwesen anzutreffen, wo Lehrer, Schüler, Eltern, Kirche ein gemeinsames Bildungsideal verwirklichen wollen und sollen (vgl. Art. 2 Grundordnung für die Katholischen freien Schulen im Erzbistum Köln, Amtsblatt 1985 S. 143) und dennoch mit den Mitteln der institutionalisierten Schulmitwirkung womögliche Interessendivergenzen ausgeglichen und Interessen abgestimmt werden (vgl. Schulmitwirkungsordnung für die Schulen des Erzbistums Köln, Amtsblatt 1978, S. 167). Zu erinnern ist auch an die Eltern(bei)räte der Kindergärten, die für die Interessen der Eltern der den Kindergarten besuchenden Kinder Mitwirkungsaufgaben wahrnehmen, um die Erziehungsgrundsätze des Kindergartens mit den Erziehern und dem Träger zu beraten (§ 4 Abs. 1 und 6 Statut für die Kindergärten, Amtsblatt des Erzbistums Köln 1993 Nr. 4 S. 9).

5 In allen bezeichneten Beziehungsebenen werden Spannungsmomente als möglich erachtet. Durch die genannten Rechtsordnungen werden die Mitarbeiterschaft und die Elternschaft als soziale Größe gewertet. Denn in Angelegenheiten, auf die der einzelne keinen Einfluss nehmen kann, soll der durch die jeweilige Ordnung gebildeten Gruppe die Mitwirkung am Gesamtgesche-

§ 5

hen ermöglicht werden. Diese Gruppen sind zwar keine Verbände im Rechtssinn. Gemeinsam ist ihnen aber das Recht zur Wahl von Akteuren zur Wahrnehmung ihrer Interessen und gegebenenfalls der wohlverstandenen Interessen ihrer zu vertretenden Minderjährigen (can. 98 § 2 CIC). Durch die Mitwirkungsordnungen für Dienststellen, Schulen und Tageseinrichtungen für Kinder werden die in ihnen genannten Gruppen, nämlich Mitarbeiterschaften und Elternschaften als Einheiten (Größen) gewertet und an den Ordnungsgegenständen in den Einrichtungen über Mittelsleute beteiligt, die Mitwirkungsrechte ausüben. Das aber ist erst möglich, wenn die genannten Gruppen sich durch ihre Wahlen als solche konstituiert haben und folglich als soziale Einheit in Erscheinung treten. Ausgehend von der sozialen Einheit, die also keine juristische Person ist, ist folglich das gewählte Mitwirkungsgremium oder der gewählte Vertreter nicht Vertreter einer rechtsfähigen Einheit im Rechtssinn, weder im staatlichen noch im kirchlichen Rechtsbereich.

c. Die Mitarbeitervertretung (MAV)

Obwohl die MAV dem allgemeinen Kirchenrecht unbekannt ist, ist ihre Stellung und die ihrer Mitglieder im Kontext mit den allgemeinen Bestimmungen des Kirchenrechts nach Begriff und Wesen zu definieren. Während der Priesterrat Repräsentanz des Presbyteriums der Diözese ist, dessen Aufgabe darin besteht, den Bischof bei der Leitung der Diözese nach Maßgabe des Rechts zu unterstützen (can. 495 § 1; *Aymans*, Der Leitungsdienst des Bischofs, AfkKR 1984 S. 35, 50ff.), ist die MAV grundsätzlich kein Konsultationsgremium des Bischofs zu dessen Amtsführung (*Schmitz*, Die Konsultationsorgane des Diözesanbischofs, Hdb. kath KR S. 352). Denn sie ist nur für eine bestimmte kirchliche Dienststelle oder Einrichtung (§§ 1 a, 1 b, 23) konzipiert und hat keinerlei Mitbestimmungs- oder Mitberatungsbefugnis bei der Kirchenleitung (vgl. §§ 26 ff.). 6

Die MAV übt keine Aufgabe mit Außenwirkung für und gegen den Dienstgeber aus. Infolgedessen vertritt sie weder Mitglieder der MAV, Mitarbeiter noch den Dienstgeber rechtsgeschäftlich. Letzteren vertreten dessen Organe, wie z. B. der Kirchenvorstand für die Kirchengemeinde (vgl. § 1 Abs. 1 S. 2 Preuß. Gesetz über die Verwaltung des kath. Kirchenvermögens vom 24. 7. 1924 – Pr. Ges. S. 1924 S. 585 ff. – abgedruckt bei *Emsbach*, Rechte und Pflichten des Kirchenvorstandes S. 136), weil er das Vermögen der Kirchengemeinde verwaltet, die Kirchengemeinde und das Vermögen vertritt. 7

Die Mitglieder des Kirchenvorstandes werden daher als Ehrenamtsträger im staatskirchenrechtlichen Sinn bezeichnet (§ 9 S. 1 Preuß. Gesetz über die Verwaltung des kath. Kirchenvermögens). Ehrenamtsträger im partikulären Kirchenrechtssinn sind auch die Kirchenverwaltungsmitglieder in den bayerischen Diözesen (Art. 10 Abs. 2 S. 1 KiStiftO, in: *Fahr/Weber/Binder*, Ordnung für kirchliche Stiftungen S. 1, 9; Art. 6 Abs. 3 S. 1 GStVS, wie vor S. 36, 40). Gemäß can. 537 CIC handelt es sich um Mitglieder des Vermögensverwaltungsrates der Pfarrei, die dem Pfarrer bei der Verwaltung des Pfarrvermögens helfen. Die Mitglieder der KODA nehmen in der KODA (Bistums- oder Regional-KODA) ein kirchliches Amt im Sinne von can. 145 CIC wahr, weil die Aufgabe bei der Mitwirkung zur Gestaltung kirchlicher arbeitsvertraglicher Normen (vgl. §§ 2 und 10 KODA-Ordnung der Diözesen in NW, Amtsblatt Köln 1998, Nr. 306 S. 325) auf kirchlicher Anordnung beruht, auf 8

§ 5

Dauer eingerichtet ist und der Wahrnehmung eines geistlichen Zwecks dient (*Eder*, Dissertation, S. 169 f.).

9 Zur Frage der Stellung des MAV-Mitgliedes ist zunächst Folgendes bedeutsam. Die Kirche unterscheidet bei ihren Ämtern. Die Leitungsgewalt (potestas regiminis), die auch Jurisdiktionsgewalt genannt wird, darf nur von solchen Personen übernommen werden, welche die heilige Weihe empfangen haben (can. 129 § 1). Laien können bei der Ausübung dieser Gewalt je nach Amtsstellung mitwirken, sie aber nicht ausüben (can. 129 § 2; *Socha*, Münsterischer Kommentar, can. 129 Rz 7 ff.; *Krämer*, Die geistliche Vollmacht, Hdb. kath. KR S. 149, 154).

10 Gemäß can. 228 § 1 können auch Laien Kirchenämter übernehmen, soweit das Recht es zulässt. Das Kirchenamt (officium ecclesiasticum) ist jedweder Dienst, der durch göttliche oder kirchliche Ordnung auf Dauer eingerichtet ist und der Wahrnehmung eines geistlichen Zweckes dient (can. 145 § 1). Das Kirchenamt kann auch nach partikulärem Recht geordnet sein. Für die Übertragung von kirchlichen Ämtern und Aufgaben an Laien ist gefordert die Eignung, d. h. die für das Amt geforderten persönlichen Qualifikationen, und die nach den Vorschriften des Rechts zulässige Ausübung (*Reinhardt*, Münsterischer Kommentar, can. 228 Rz 1 ff.). Innerhalb der Kirchenämter wird zwischen solchen im engeren (strengen) und weiteren Sinn unterschieden (*Mörsdorf*, Kirchenrecht I S. 273, *Mosiek*, Verfassungsrecht I S. 110; *Reinhardt*, a. a. O. Rz 3; *Aymans/Mörsdorf*, Bd. I S. 448). Der Begriff munus wird im CIC 1983 zur Bezeichnung jedweder Aufgabe und jedweden Dienstes in der Kirche verwendet, während der Begriff officium ecclesiasticum (can. 145 § 1) ein Kirchenamt im engeren Sinne meint (mit Aufzählung von Funktionen: *Reinhardt*, Rz 3 und 4; vgl. ferner *Müller, Hubert*, Zur Frage nach der Stellung des Laien im CIC 1983, FS Heinemann S. 203, 207 ff.; *Aymans*, Die Träger kirchlicher Dienste, Hdb. kath. KR S. 242, 246 ff.). Zu den Diensten im weiteren Sinn gehören z. B. die der Organisten, Küster/Mesner, Gemeinde- und Pastoralreferenten, der Mitarbeiter in kirchlichen Krankenhäusern und Heimen, in den Tageseinrichtungen für Kinder, in den kirchlichen Verwaltungen und in den Schulen in kirchlicher Trägerschaft. Die Dienste können hauptberuflich, nebenberuflich oder ehrenamtlich bzw. unentgeltlich ausgeübt werden. Bei beruflicher Wahrnehmung ist der Dienst zu vergüten (can. 231 CIC). Diesen Laien wird im Verein mit Klerikern, Ordensleute eingeschlossen, wenn sie in einer Dienststelle als Mitarbeiter i. S. von § 3 Abs. 1 tätig sind, das Recht zur Bildung einer MAV zuerkannt.

11 Der Begriff geistlicher Zweck als Voraussetzung für ein Kirchenamt wird als praktisch unverwendbar bezeichnet; unter Kirchenamt ist gedanklich die Repräsentation Christi zu verstehen (*May*, Das Kirchenamt, Hdb. kath. KR S. 175, 176). Folglich muss der Amtsträger in der Gemeinschaft der Kirche stehen (can. 149 § 1). Letzteres braucht gemäß MAVO aller Diözesen (Präambel Rz 5) beim MAV-Mitglied nicht der Fall zu sein. Die Mitarbeiter entscheiden auch selbst, ob sie eine MAV bilden (Abschnitt V. der Erklärung der Bischöfe zum kirchlichen Dienst, Amtsblatt des Erzbistums Köln 1993 Nr. 197 S. 219; § 1 a Rz 3), während für ein Kirchenamt seine Notwendigkeit wesentlich ist (*May*, a. a. O. S. 177), also keine Dispositionsfreiheit besteht.

12 »Grundlage des Kirchenamtes ist ein bestimmter Aufgabenkreis, der um des Lebens der Communio willen einer ständigen Betreuung bedarf«. Das Kirchenrecht hat Dauercharakter. Deshalb muss der betreffende Dienst seinem

§ 5

Inhalt nach unabhängig von dem jeweiligen Amtsinhaber rechtlichen Bestand haben (*Aymans/Mörsdorf*, Bd. I S. 447 f.). Die MAV hat, nur solange sie besteht, rechtliche und tatsächliche Bedeutung. Der Dienstgeber ist zur Wahrnehmung seiner Aufgaben auf ihre Existenz nicht angewiesen. Bei der Kündigung des Arbeitsverhältnisses durch den Dienstgeber gegenüber einem Mitarbeiter entfällt bei fehlender MAV z. B. die Anhörung zur Kündigung als Voraussetzung wirksamer Kündigung seitens des Dienstgebers. Dennoch ist die Stellung des MAV-Mitgliedes auf ein von der Kirche geschaffenes Gesetz gegründet. Die Funktion als Mitglied der MAV wird allein durch seine Annahme der Wahl, nicht durch Bestätigung einer kirchlichen Autorität übertragen. Zugang zum Amt, Amtsführung und Amtsverlust sind zwar kirchenrechtlich geregelt, aber damit ist lediglich geordnet, wie die Mitglieder der MAV und die MAV zu wirken haben. Ihre Wahl setzt eine gemäß § 3 Abs. 1 bezeichnete Stellung im kirchlichen Dienst voraus.

Diese Grundstellung in einer Tätigkeit im kirchlichen Dienst einer Einrichtung unabhängig vom Beschäftigungsumfang (§ 7 Abs. 1) ist also grundlegende Voraussetzung für die Fähigkeit zur Übernahme des Amtes als MAV-Mitglied, nicht also ihr Status als Kleriker, Laie oder Kirchenglied, auch nicht ein Weihegrad (vgl. can. 207 § 1 i. V. m. can..1008; *Müller, Hubert*, Zur Rechtsstellung der Laien, ZevKR 1987, 467, 473 ff.). Eine Leitungsaufgabe schließt vom Amt als MAV Mitglied sogar aus (§ 3 Abs. 2). Der MAV steht damit auch insgesamt weder eine Leitungsaufgabe noch die Mitwirkung an der Leitungsgewalt im kirchlichen Amt zu. Es geht lediglich um Mitwirkungsrechte im organisatorischen inneren Bereich einer Dienststelle oder Einrichtung. Durch die Mitgliedschaft in der MAV ändert sich für das Mitglied am Status als Mitarbeiter nichts (§ 18 Abs. 1, 1 a). Es treten zusätzliche Aufgaben hinzu. In das bischöfliche Sendungsrecht gegenüber Klerikern und Laien (Gemeinde- und Pastoralreferenten, Gemeinde- und Pastoralassistenten) und in die ordensinternen Weisungsbefugnisse der Ordensoberen gegenüber Ordensleuten kann die MAV nicht eingreifen (§ 3 Abs. 3, § 34 Abs. 1). 13

Deshalb lässt sich zum Begriff der MAV und ihrer Mitglieder feststellen, dass ihr Amt **kein Kirchenamt** (officium ecclesiasticum) ist (a. A. *Heimerl/Pree*, Hdb. Vermög. R kath. K S. 830 Rn 6/755, welche aus § 26 Abs. 1 MAVO die Teilhabe am geistlichen Ziel der kirchlichen Einrichtung zugunsten der MAV und ihrer Mitglieder ableiten). Es ist ein zusätzlicher kirchlicher Dienst im Rahmen einer vorhandenen Tätigkeit im kirchlichen Dienst und der damit jeweils verbundenen Rechtsstellung (vgl. auch § 17 Rz 34 ff.); er wird als von der Kirche eingerichtetes Wahlamt übernommen und ist dazu bestimmt, der **Repräsentanz der Mitarbeiter gegenüber einem kirchlichen Dienstgeber auf näher bestimmten Gebieten innerbetrieblicher Mitwirkung** zu dienen. Die MAV ist also das demokratisch gebildete Repräsentationsorgan der Mitarbeiterschaft, die durch die MAVO zu einer rechtlichen Einheit (§ 4 Abs. 1) zusammengefasst wird und durch die MAV nach Maßgabe gesetzlich geregelter Kompetenz handeln kann (z. B. § 38 Abs. 1 und 2). Durch die MAV werden die Mitarbeiter der Dienststelle oder Einrichtung an den von der MAVO bestimmten Entscheidungen des Dienstgebers mittelbar beteiligt (§ 28 Abs. 1; *Bischöfliche Schlichtungsstelle Berlin* 13. 3. 1984 – 6/83 – MAVO, NJW 1985, 1857, 1859). Da weder die Mitarbeiterschaft noch die Dienstgemeinschaft juristische Personen sind, ist die MAV nicht deren gesetzlicher Vertreter, auch nicht im Sinne des allgemeinen Kirchenrechts oder im Sinne der MAVO als 14

§ 5

partikuläres Kirchenrecht. Werden in staatlichen Gesetzen dem Betriebsrat oder Personalrat eine Kompetenz, Aufgabe oder Pflicht oder Rechte übertragen, so gilt das nicht schon für die MAV, weil betriebsverfassungsrechtliche Bestimmungen nur insoweit gelten, als die Gesetze unmittelbar für die Kirche gelten (z. B. SGB IX, welches die MAVO und die MAV nicht kennt; Kirchl. Amtsblatt Rottenburg-Stuttgart 1987 S. 354; § 46 Rz 13; vgl. auch § 3 Rz 12, § 14 AÜG; § 1 Abs. 4 ArbSchG).

d. Sprecher der Jugendlichen und Auszubildenden, Wahlausschuss, Vertrauensperson der Schwerbehinderten

15 Die vorstehenden Ausführungen (Rz 1–14) gelten sinngemäß auch für
– die Sprecher der Jugendlichen und der Auszubildenden (§ 45 Abs. 2 S. 1 i. V. m. § 15 Abs. 1) und
– die Mitglieder des Wahlausschusses (§ 9).

16 Die Vertretung der schwerbehinderten Menschen (§ 46 Abs. 2 i. V. m. § 15 Abs. 1), wie die Funktion nach staatlichem Recht genannt wird (§ 94 SGB IX), ist kein kirchliches Amt, weil die Kirche ihre Ämter und anderen kirchlichen Dienste nach eigener Ordnung selbst regelt und verleiht (Art. 140 GG i. V. m. Art. 137 Abs. 3 S. 2 WRV). Dabei kommt es auf den vom staatlichen Gesetzgeber verwendeten Ausdruck »Ämter« nicht an, weil er nicht kirchenspezifisch verstanden wird, wie die staatliche Rechtsprechung (§ 19 Rz 72 ff.) zeigt. Die MAVO setzt in ihren Regelungen eine Schwerbehindertenvertretung voraus, ordnet ihre Bildung jedoch nicht an.

II. Arten der MAV

1. Dienststellen-MAV

17 Die Repräsentanz der Mitarbeiter ist – von § 1 b abgesehen – grundsätzlich Dienststellen bezogen organisiert (§ 1 a). Die MAV wird aus allen Bereichen von Mitarbeitern einer Dienststelle gewählt, soweit sie aktiv wahlberechtigt sind (§ 7) und nicht gemäß § 3 Abs. 2 aus der Mitarbeiterschaft begrifflich ausgeklammert sind. Der Dienstgeber entscheidet, was als Dienststelle gilt (§ 1 a Abs. 2).

2. Gruppen-MAV, Sondervertretung

18 Eine besondere Funktion hat die Sondervertretung (§ 23), die für diejenigen Mitarbeiter zu bilden ist, die einen und denselben Dienstgeber haben, aber keiner einheitlichen Dienststelle angehören, sondern anderen Dienststellen zugewiesen sind und somit zu einer Dienststellen-MAV ihres Dienstgebers keine Anbindung haben. Für diese Gruppen oder Dienstbereiche von Mitarbeitern bestimmter gleicher Berufe (z. B. Gemeinde-, Pastoralreferenten, Lehrer) in den verschiedenen Dienststellen, Einrichtungen oder Positionen ist eine gruppenbezogene Personalvertretung zu wählen (vgl. zu § 23).

3. Gesamtmitarbeitervertretung

19 Die MAV hat grundsätzlich keine dienststellenübergreifende Zuständigkeit, wenn man einmal von der durch besondere Dienstvereinbarung gebildeten

§ 5

gemeinsamen Mitarbeitervertretung (§ 1 b) absieht. Weil es aber Dienstgeber gibt, die mehrere Dienststellen tragen, die organisatorisch und funktional voneinander getrennt sind und deshalb jeweils eine MAV haben, lässt die MAVO gemäß § 24 Abs. 1 die Bildung von Gesamtmitarbeitervertretungen zum Zwecke gleichgerichteter Maßnahmen bei einem und demselben Dienstgeber für die Mitarbeiter verschiedener Dienststellen zu, wenn mehrere Mitarbeitervertretungen beim Dienstgeber bestehen.

4. Erweiterte Gesamtmitarbeitervertretung

Abweichend von § 24 Abs. 1 ist gemäß § 24 Abs. 2 im Wege von Dienstvereinbarungen die Bildung einer erweiterten Gesamtmitarbeitervertretung für den Bereich mehrerer Dienstgeber möglich, wenn bei ihnen mehrere Mitarbeitervertretungen bzw. Gesamtmitarbeitervertretungen jeweils bestehen. Auf die Ausführungen zu § 24 Abs. 2 und 3 wird verwiesen. 20

5. Arbeitsgemeinschaften

Die gemäß § 25 (vgl. dort) zu entwickelnden Diözesanen Arbeitsgemeinschaften sind keine Mitarbeitervertretungen. Sie dienen der Information und Beratung nach Maßgabe der Vorschriften des § 25 und zusätzlicher diözesaner Regelungen. 21

6. Sprecher der Jugendlichen und Auszubildenden

Die Sprecher der Jugendlichen und Auszubildenden – so die Funktion – sind Repräsentanten 22
- der noch nicht zur MAV wahlberechtigten Mitarbeiter unter 18 Jahren (vgl. §§ 43 ff.) und
- der zu ihrer Berufsausbildung Beschäftigten, die das 25. Lebensjahr noch nicht vollendet haben (Auszubildende).

Sie sind nur wählbar, wenn überhaupt eine MAV in der Einrichtung gebildet ist und in der Einrichtung in der Regel fünf Mitarbeiter oder Mitarbeiterinnen den vorgenannten Gruppierungen angehören (§§ 43 ff.). Nach der Ordnung gibt es keine Sprecher für die Jugendlichen einerseits und die Auszubildenden andererseits (vgl. zum BetrVG §§ 60 ff.). 23

7. Vertretung der schwerbehinderten Menschen

Die Vertretung der schwerbehinderten Menschen ist nach staatlichem Recht zu bilden (§ 94 SGB IX) und mitwirkungsberechtigt (§ 95 SGB IX) unter Einschluss der Bestimmungen dieser Ordnung. Dabei kommt es auf die Existenz einer MAV nicht an. Die MAVO regelt aber den Bezug der Schwerbehindertenvertretung zur MAV (§§ 28 a, 46). 24

III. Rechtsstellung der Mitglieder der MAV

1. Ehrenamt

Die Mitglieder der MAV üben ihre Tätigkeit als Ehrenamt aus. Damit ist Unentgeltlichkeit gemeint (vgl. § 15 Rz 4, 5; vgl. auch hier Rz 1). Das Amt ist 25

§ 5

höchstpersönlich auszuüben, für Aufwendungen besteht gemäß § 17 Anspruch auf Kostenerstattung bzw. Freistellung von Kosten. Die Freistellung von der Arbeitspflicht führt nicht zu Entgelteinbußen (vgl. auch zu § 18 Abs. 1 und 1 a).

2. Sonderrechte

26 Zur Ermöglichung der Tätigkeit als Mitglied der MAV sind der MAV Sonderrechte (§ 15 Abs. 2, 3, 4; § 16 Abs. 1; § 17) und Schutzrechte (§§ 18, 19) eingeräumt.

a. Grundverhältnis

27 Das Amt als Mitglied der MAV setzt ein entgeltliches Beschäftigungsverhältnis beim Dienstgeber in dessen Einrichtung voraus (Rz 13).

b. Freistellung

28 Zu den Rechten gehören gemäß § 15 Abs. 2 bis 4 Freistellungen von der Arbeit bzw. Freizeitausgleich und die Ermöglichung der Teilnahme an Schulungen (§ 16).

c. Wehrdienst

29 Für die Dauer ihrer Amtsperiode können die Mitglieder der MAV und die Sprecher der Jugendlichen und der Auszubildenden entsprechend den Jugendvertretern, Betriebsräten und Personalvertretungsmitgliedern vom Grundwehrdienst freigestellt werden. Ausgenommen sind jedoch Wehrpflichtige, die während ihrer Amtszeit das 28. Lebensjahr überschreiten würden (Amtsblatt des Erzbistums Köln 1978 Nr. 66 S. 49).

d. Schutzrechte

30 Zur Gewährleistung ihrer Unabhängigkeit genießen die Mitglieder der MAV besonderen Kündigungsschutz (§ 19). Die Versetzbarkeit ist erschwert (§ 18 Abs. 2) und die Weiterbeschäftigung von Auszubildenden nach ihrer Ausbildung im Grundsatz nicht in das Alleinbestimmungsrecht des Dienstgebers gestellt, wenn er die Weiterbeschäftigung ablehnt (§ 18 Abs. 4).

3. Partei- und Handlungsfähigkeit

31 Der MAV kommt hinsichtlich der Dienstvereinbarung (§ 38) und im Schlichtungsverfahren (§§ 41, 42) Parteifähigkeit zu. Sie besitzt jedoch keine eigene Rechtspersönlichkeit und kann nicht Vermögensträger sein. Ihr gehören deshalb auch nicht die von ihr erstellten Akten. Diese gehören, wie auch im Bereich der Geltung des Personalvertretungsrechts, der Dienststelle, die jedoch kein Einsichtsrecht hat (vgl. *Grabendorff/Windscheid/Ilbertz/Widmaier.* BPersVG § 44 Rz 28). Im Rahmen des § 38 besitzt die MAV die Fähigkeit zum Abschluss von Dienstvereinbarungen. Dabei entfaltet die Dienstvereinbarung innerkirchliche Wirkung mit der Maßgabe, dass Streitigkeiten vor der Schlichtungsstelle zu behandeln sind (§ 41 Abs. 1 Nr. 8). Das ist aber anders, wenn die Dienstvereinbarung wegen ihres Normcharakters (vgl. § 38 Abs. 3 a) arbeitsvertragliche Regelungen enthält. Dann können infolge der Normen

§ 5

staatliche Gerichte vom Betroffenen in Anspruch genommen werden. Der MAV ist also **Teilrechtsfähigkeit** zuzuerkennen (vgl. auch §§ 15 Abs. 3, 16, 17).

4. Haftung

Die **MAV** ist als Kollegialgremium keine Rechtsperson (§ 1 a Rz 9) und kann grundsätzlich nicht Schuldner von Schadensersatzansprüchen sein. Die MAVO regelt die Haftung nicht. Deshalb scheidet eine Haftung der MAV aus, weil sie kein Vermögen haben kann (*Richardi/Thüsing,* BetrVG Vorbem. vor § 26 Rz 8 m. N.). Die MAV ist kein Organ des Dienstgebers, so dass ihr schädigendes Verhalten gegenüber Dritten nicht dem Dienstgeber zugerechnet werden kann. Der Dienstgeber trägt nur die Kosten rechtmäßiger, nicht aber rechtswidriger Tätigkeit der MAV (§ 17). **Die einzelnen Mitglieder der MAV** haften nach den allgemeinen Regeln des bürgerlichen Rechts (*Fitting,* § 1 Rz 225). Sie haften nicht für ein Fehlverhalten der MAV, allerdings sind sie verantwortlich für eine Verletzung der Pflichten der MAV als Gesamtheit, wenn und soweit sie an dem Beschluss der MAV positiv mitgewirkt haben. Hat das Fehlverhalten eines MAV-Mitgliedes den Tatbestand einer unerlaubten Handlung erfüllt, tritt die Haftungsbegrenzung auf Vorsatz und grobe Fahrlässigkeit nicht ein (§§ 823 ff. BGB). Entstehen infolge von Rechtsgeschäften der Mitglieder der MAV mit Dritten Verpflichtungen, so haften die am Rechtsgeschäft beteiligten Mitglieder der MAV persönlich (*Fitting,* § 1 Rz 225). Hat ein MAV-Mitglied für die Teilnahme an einer Schulungsveranstaltung Dienstbefreiung (§ 16) erhalten, hat die Veranstaltung aber nicht oder nicht unter den Voraussetzungen der Anerkennung stattgefunden (§ 16 Rz 70 ff.) oder hat das MAV-Mitglied nicht teilgenommen, hat es aus ungerechtfertigter Bereicherung (§§ 812 ff. BGB) für die Rückzahlung der für die Dauer der Abwesenheit vom Dienst gezahlten Vergütung einzustehen; der Dienstgeber haftet nicht für entstandene Schulungskostengebühren.

32

5. Stellung zu anderen Organen

Die MAV ist nicht weisungsgebunden, auch nicht gegenüber der **Mitarbeiterversammlung**. Diese ist der MAV durch die Einrichtung des Misstrauensvotunis und die damit verbundene Abberufungsfähigkeit der MAV übergeordnet (§ 22 Abs. 2; Bedenken hiergegen bereits zu § 17 Abs. 2 MAVO 1977 *Bietmann,* Kurzkommentar, § 17 Anm. 2; *ders.* Betriebliche Mitbestimmung S. 123 f.; vgl. auch *Richardi,* Arbeitsrecht in der Kirche § 18 Rz 94 mit Hinweis auf *BVerfGE* 51, 77, 94). Der **Sprecher der Jugendlichen und Auszubildenden** berät die MAV, er hat keine eigene, selbständige Zuständigkeit neben der MAV, weil die MAV für die Belange der Mitarbeiter in ihrer Gesamtheit zuständig ist (§ 43 Rz 1). Dagegen sind die Aufgaben der **Schwerbehindertenvertretung** besonders geregelt, die von der MAV zu beachten sind (§ 46 Rz 1 ff.). Mit Blick auf die **Gesamtmitarbeitervertretung** wird auf § 24 und zur **diözesanen Arbeitsgemeinschaft** der Mitarbeitervertretungen wird auf § 25 verwiesen.

33

§ 5

IV. Aufgaben

1. Allgemeines

34 Die MAV vertritt die Interessen der Mitarbeiter. Dazu ist sie berufen und verpflichtet. Das wird auch daran deutlich, dass sie mit dem Dienstgeber Dienstvereinbarungen (vgl. § 28 Rz 17–19) treffen kann (§ 38). Außerdem ergibt sich das Interessenvertretungsrecht aus der Bezeichnung als Mitarbeitervertretung und den ihr obliegenden Aufgaben (vgl. u. a. §§ 26 ff.). Als MAV kann sie in ihrer Funktion im eigenen Namen kraft Amtes tätig werden und zwar gegenüber dem Dienstgeber wie auch gegenüber den Mitarbeitern. Ihnen gegenüber ist sie berichtspflichtig (§ 21 Abs. 2 S. 2, § 22 Abs. 1) und zur Erörterung beantragter Beratungsgegenstände in einer Mitarbeiterversammlung verpflichtet (§ 22 Abs. 1).

35 Je nach der diözesanen MAVO kommen der MAV nicht nur **dienststellenbezogene** oder mit dem Dienstgeber zu behandelnde Aufgaben zu (§ 39), sondern auch solche, die **überbetrieblich** zu behandeln sind (§ 1 b, 24, 25).

2. Sprechstunden

36 Die MAVO regelt zwar nicht ausdrücklich, dass die **MAV** für die Mitarbeiter Sprechstunden abhalten darf. Dennoch ist der Bestimmung des § 26 Abs. 3 Nr. 2 zu entnehmen, dass die Mitarbeiter mit der MAV Kontakte aufnehmen können, um ihre Anregungen und Beschwerden vorzutragen. Gerade in großen Einrichtungen oder solchen Dienststellen, die aus mehreren Teildienststellen (z. B. mehrere Schulen eines Trägers, die zu einer Dienststelle zusammengefasst worden sind) wird ein besonderes Bedürfnis nach Gedanken- und Informationsaustausch bestehen, so dass auch ein Mitglied der MAV zu solchen Sprechstunden hinausfährt, um über die MAV-Arbeit und aktuelle Gegenstände, für die keine Mitarbeiterversammlung erforderlich ist, zu berichten und Anregungen entgegenzunehmen. In der Sprechstunde dürfen die Mitarbeiter in allen Angelegenheiten gehört und beraten werden, die mit ihrem Beschäftigungsverhältnis und ihrer Stellung in der Einrichtung bzw. Dienststelle zusammenhängen und in den Aufgabenbereich der MAV fallen. **Die MAV entscheidet nach Absprache mit dem Dienstgeber über die zeitliche Lage der Sprechstunden.** Ob die MAV Sprechstunden abhalten will, entscheidet sie allerdings selbst. Das gilt ebenso für Sprechstunden außerhalb und während der Arbeitszeit. Rücksichtnahme auf die betrieblichen Verhältnisse ist allerdings erforderlich. Der Dienstgeber hat für die Sprechstunden den erforderlichen **Raum** zur Verfügung zu stellen (§ 17 Abs. 2). Die MAV entscheidet allein darüber, in welcher Weise sie die Sprechstunden durchführt und welche MAV-Mitglieder hiermit betraut werden. In der Regel kann der Vorsitzende der MAV die Sprechstunden abhalten. Er muss die erforderlichen Auskünfte geben und die erforderliche **Diskretion** wahren. An den Sprechstunden kann auch ein Mitglied der **Schwerbehindertenvertretung** teilnehmen, gegebenenfalls auch der **Sprecher der Jugendlichen und Auszubildenden.** Soweit MAV-Mitglieder, die nicht freigestellt sind (§ 15 Abs. 3), Sprechstunden der MAV wahrzunehmen haben, sind sie nach Maßgabe des § 15 Abs. 2 von ihrer beruflichen Tätigkeit ohne Minderung des Arbeitsentgelts bzw. der Gestellungsleistung zu befreien. Entsprechend der Einrichtung der Sprechstunde haben die **Mitarbeiter** das Recht, die Sprechstunden der

§ 5

MAV aufzusuchen. Der Mitarbeiter muss sich vor dem Besuch der Sprechstunde hei seinem zuständigen Vorgesetzten ordnungsgemäß abmelden. Eine Entgeltminderung findet dann nicht statt. Die **Mitglieder der MAV** haften den einzelnen Mitarbeitern wegen der ihnen in oder außerhalb von Sprechstunden gegebenen **Auskünfte und Empfehlungen** wegen fehlender vertraglicher Beziehungen nur im Falle einer unerlaubten Handlung (*Wiese/Weber*, GK-BetrVG § 39 Rz 39 m. N.), allerdings regelmäßig nur in den Fällen des § 826 BGB, wenn Auskünfte gegeben worden sind, die zu Vermögensschäden geführt haben. Eine **Haftung** des Dienstgebers für Auskünfte der MAV-Mitglieder scheidet aus, weil die MAV insoweit in eigener Verantwortung und nicht als Erfüllungsgehilfe des Dienstgebers im Rahmen des Dienstverhältnisses tätig wird.

V. Entstehung der MAV

Die MAV entsteht nur durch die gesetzlich vorgeschriebene Wahl unter Wahrung der zwingenden Vorschriften der §§ 6 bis 12 i. V. m. § 48. Die Bestellung einer MAV durch den Dienstgeber, eine Selbsternennung oder eine Wahl ohne Wahlausschuss oder Wahlleiter führen erst gar nicht zu einer MAV, weil diese Vorgänge gegen zwingendes Recht verstoßen und daher nichtig sind (§ 12 Rz 1). Wesentlich sind die Annahme der Wahl (§ 11 Abs. 7 S. 2) und bei der mehrgliedrigen MAV die konstituierende Sitzung der neu gewählten MAV mit der Wahl des Vorsitzenden, seines Stellvertreters und des Schriftführers (§ 14 Abs. 1). 37

VI. Ende der Amtszeit der MAV

Das Ende der Amtszeit der MAV tritt in den nachstehend genannten Fällen ein, nämlich durch 38
– Zeitablauf (§ 13 Abs. 2 i. V. m. § 13 a),
– notwendige Neuwahlen außerhalb des einheitlichen Wahlzeitraums aus den in § 13 Abs. 3 Nrn. 1 bis 6 genannten Gründen,
– Neuwahl der MAV im Falle des § 13 Abs. 5,
– Entscheidung über eine begründete Wahlanfechtung (§ 12),
– Auflösung bzw. Stilllegung der Dienststelle, Zusammenlegung mehrerer Dienststellen oder Teilung einer Dienststelle oder Einrichtung in mehrere Dienststellen oder Einrichtungen, wobei die Vorschriften des § 13 d von Bedeutung sind,
– Übergang der Einrichtung an einen Rechtsträger außerhalb des Geltungsbereichs der MAVO.

VII. Ende des Amtes als MAV-Mitglied

Von den Gründen des Endes der Amtszeit der MAV (§ 13) zu unterscheiden ist das Erlöschen des Amts als MAV-Mitglied gemäß § 13 c. Außerdem endet das Amt durch begründete Wahlanfechtung nach Entscheidung des Wahlausschusses, des Wahlleiters oder der Schlichtungsstelle (§ 12), durch Beför- 39

§ 5

derung in eine Position, die aus dem Kreis der aktiv bzw. passiv wahlberechtigten Mitarbeiter (§§ 7 und 8) oder dem der Mitarbeiter überhaupt (§ 3 Abs. 2) ausschließen. Hervorzuheben ist, dass in den Fällen des § 13 c Nrn. 2, 3 und 5 der nachwirkende Kündigungsschutz (§ 19 Abs. 1 S. 3) mit dem Ende der Mitgliedschaft in der MAV erlischt, nämlich
- infolge des Beschlusses der Schlichtungsstelle über den Verlust der Wählbarkeit (§ 13 c Nr. 2),
- wegen Niederlegung des Amtes (§ 13 c Nr. 3),
- nach Beschluss der Schlichtungsstelle im Falle grober Vernachlässigung oder Verletzung der Befugnisse und Pflichten als Mitarbeitervertreter (§ 13 c Nr. 5).

40 Denkbar ist, dass ein Mitglied der MAV durch Umsetzung in die Personalabteilung Kenntnisse über Angelegenheiten erhält, die in eine **Konfliktlage** zwischen Interessenwahrnehmung zugunsten des Dienstgebers und Interesse der MAV führen können. Dazu bleibt dem Mitglied praktisch nur die Wahl zwischen Annahme der neuen Tätigkeit oder Beibehaltung des Amtes als MAV-Mitglied.

VIII. Funktionen außerhalb der MAVO

1. Arbeitsschutz

41 Infolge der Vorschriften über die Arbeitssicherheit und den Arbeitsschutz sind auch in kirchlichen Einrichtungen die erforderlichen Fachkräfte zu bestellen. Dazu gehören
- der Betriebsarzt, § 2 ASiG,
- die Fachkraft für Arbeitssicherheit, § 5 ASiG,
- der Sicherheitsbeauftragte, § 22 SGB VII,
- der Strahlenschutzbeauftragte, § 29 Abs. 1 StrlSchV, § 13 Abs. 1 RöV,
- der Hygienebeauftragte sowie die Fachkräfte für Hygiene in Krankenhäusern (vgl. z. B. Ordnung zur Sicherstellung der Hygiene in katholischen Krankenhäusern im Erzbistum Köln, Amtsblatt des Erzbistums Köln 1991 Nr. 51 S. 99).

42 Die MAV hat sich für die Durchführung der Vorschriften über den Arbeitsschutz, die Unfallverhütung und die Gesundheitsförderung in der Einrichtung einzusetzen (§ 26 Abs. 3 Nr. 7). Gemäß §§ 36 Abs. 1 Nr. 10, 37 Abs. 1 Nr. 10 und 38 Abs. 1 Nr. 10 hat sie ein Mitbestimmungsrecht zu Maßnahmen zur Verhütung von Dienst- und Arbeitsunfällen und sonstigen Gesundheitsschädigungen. Aus diesem Grund entsteht auch eine Zusammenarbeit mit den Trägern der gesetzlichen Unfallversicherung (Berufsgenossenschaften; *Thiel*, ZMV 1995, 106). Durch § 1 Abs. 4 ArbSchG ist geregelt, dass bei öffentlich-rechtlichen Religionsgemeinschaften an die Stelle der Betriebs- und Personalräte die Mitarbeitervertretungen entsprechend dem kirchlichen Recht treten. Die Mitwirkung der MAV im Arbeitsschutzausschuss gemäß § 11 ASiG dient infolge ihres Mitbestimmungsrechts bei Maßnahmen zur Verhütung von Unfällen und gesundheitlichen Gefahren (§ 36 Abs. 1 Nr. 10) der gebotenen Kooperation und Information (§ 27 Abs. 1; *Thiel*, ZMV 1996, 173, 176 r. Sp.). In Verwaltungen und Betrieben des Bundes, der Länder, der Gemeinden und der sonstigen Körperschaften, Anstalten und Stiftungen des öffentlichen Rechts

§ 5

ist ein den Grundsätzen des ASiG gleichwertiger arbeitsmedizinischer und sicherheitstechnischer Arbeitsschutz zu gewährleisten (§ 16 ASiG).

2. Datenschutz

Der **Diözesanbischof** bestellt **für den Bereich seines Bistums** einen **Beauftrag-** 43
ten für den Datenschutz (§ 16 KDO; Amtsblatt des Erzbistums Köln 1995 Nr. 290 S. 305; Caritas-Korrespondenz 1995 Heft 3 S. 3 ff.). Aufgabe der Datenverarbeitung im kirchlichen Bereich ist es, die Tätigkeit der Dienststellen und Einrichtungen der katholischen Kirche zu fördern. Dabei muss gewährleistet sein, dass der einzelne durch den Umgang mit seinen personenbezogenen Daten in seinem Persönlichkeitsrecht geschützt wird (§ 1 KDO). Die MAV kann sich an den Beauftragten für den Datenschutz wenden, wenn ihr nach ihrer Meinung zu Unrecht Unterlagen vorenthalten werden, die dem Datenschutz zwar unterliegen, das Einsichtsrecht der MAV jedoch nicht ausschließen (§ 26 Abs. 2 S. 1 MAVO, § 17 Abs. 1 KDO; *Schlichtungsstelle München und Freising*, 23. 5. 1996 – 6 AR 96). Zu Personalakten wird auf § 26 Abs. 2 S. 2 verwiesen. Gemäß § 18 a KDO (Neufassung 2003, Amtsblatt des Erzbistums Köln 2003 Nr. 263 S. 249) können kirchliche Stellen, die personenbezogene Daten automatisiert erheben, verarbeiten oder nutzen, einen **betrieblichen Datenschutzbeauftragten** schriftlich bestellen. Er kann auch von mehreren kirchlichen Stellen gemeinsam bestellt werden. Er ist dem Leiter der jeweiligen kirchlichen Stelle unmittelbar unterstellt. Mit der Vorschrift in der KDO wird Art. 18 Abs. 2 zweiter Spiegelstrich der EG-Datenschutzrichtlinie als Kann-Vorschrift umgesetzt. § 18 b KDO konkretisiert die Aufgaben des betrieblichen Datenschutzbeauftragten vergleichbar der Regelung in § 4 g BDSG. Hervorzuheben ist, dass dem betrieblichen Datenschutzbeauftragten die nach § 3 a KDO zu erstellenden Verzeichnisse zur Verfügung zu stellen sind.

3. Beauftragte zur Wahrung der Würde von Frauen und Männern am Arbeitsplatz

Im Bistum Limburg bestellt der Generalvikar im Einvernehmen mit der Ge- 44
samtmitarbeitervertretung wenigstens zwei Personen (eine Frau und einen Mann), bei denen sich Mitarbeiter beschweren können, wenn sie sich von anderen Beschäftigten oder von Dritten am Arbeitsplatz sexuell belästigt fühlen (§ 4 Ordnung zur Wahrung der Würde von Frauen und Männern im Bistum Limburg durch besonderen Schutz vor sexueller Belästigung am Arbeitsplatz, Amtsblatt Limburg 1996 Nr. 83 S. 43). Die genannte Ordnung ist Ausführungsbestimmung zu § 3 des Beschäftigtenschutzgesetzes vom 24. 6. 1994. Danach haben die betroffenen Beschäftigten das Recht, sich bei den zuständigen Stellen des Betriebes oder der Dienststelle zu beschweren, wenn sie sich von anderen am Arbeitsplatz sexuell belästigt im Sinne des § 2 Abs. 2 des Beschäftigtenschutzgesetzes fühlen. In diesem Sinne auch Kirchl. Amtsblatt Erzbistum Hamburg 2003 Art. 88 S. 108.

4. Gleichstellungsbeauftragte/Frauenbeauftragte

Zur Förderung der Gleichstellung von Männern und Frauen gibt es für be- 45
stimmte Dienststellen je nach diözesanem Recht Regelungen mit dem Ziel, die Frauen verstärkt gemäß der Sendung der Kirche an der Gestaltung und

§ 5

Mitverantwortung teilhaben zu lassen. Dies soll durch Verbesserung der Zugangs- und Aufstiegsmöglichkeiten sowie der Arbeitsbedingungen für Frauen und die Förderung der Vereinbarkeit der Aufgaben in Familie und Beruf für Frauen und Männer erreicht werden. Die **Beauftragte für** unterstützt die Leitungen der Dienststellen bei der Durchführung der Ziele **unabhängig von der MAV**. Sie erhält auf Verlangen Einsicht in alle Bewerbungsunterlagen und hat ein Beanstandungsrecht bei Maßnahmen, die mit dem Gleichstellungspostulat unvereinbar sind, mit der Folge, dass die Dienststellenleitung erneut über den Vorgang zu entscheiden hat (Amtsblatt des Bistums Limburg 2000 Nr. 1 S. 105; Kirchl. Anzeiger für die Diözese Aachen 2003 Nr. 51 S. 22; Amtsblatt für das Erzbistum Bamberg 2003 S. 351).

5. Mobbing-Kommission

46 Zur Klärung von Vorwürfen über Mobbing am Arbeitsplatz besteht im Bistum Rottenburg-Stuttgart eine Mobbing-Kommission. Sie klärt unter Berücksichtigung des Sachverhalts und der Stellungnahmen der Betroffenen Vorwürfe und empfiehlt Maßnahmen zu ihrer Behebung (Kirchl. Amtsbl. Rottenburg-Stuttgart 2003 S. 621).

II. Die Mitarbeitervertretung

§ 6 Voraussetzung für die Bildung der Mitarbeitervertretung – Zusammensetzung der Mitarbeitervertretung

(1) Die Bildung einer Mitarbeitervertretung setzt voraus, dass in der Einrichtung in der Regel mindestens fünf wahlberechtigte Mitarbeiterinnen und Mitarbeiter (§ 7) beschäftigt werden, von denen mindestens drei wählbar sind (§ 8).

(2) Die Mitarbeitervertretung besteht aus
1 Mitglied bei 5–15 wahlberechtigten Mitarbeiterinnen und Mitarbeitern,
3 Mitgliedern bei 16–50 wahlberechtigten Mitarbeiterinnen und Mitarbeitern,
5 Mitgliedern bei 51–100 wahlberechtigten Mitarbeiterinnen und Mitarbeitern,
7 Mitgliedern bei 101–200 wahlberechtigten Mitarbeiterinnen und Mitarbeitern,
9 Mitgliedern bei 201–300 wahlberechtigten Mitarbeiterinnen und Mitarbeitern,
11 Mitgliedern bei 301–600 wahlberechtigten Mitarbeiterinnen und Mitarbeitern,
13 Mitgliedern bei 601–1000 wahlberechtigten Mitarbeiterinnen und Mitarbeitern,
15 Mitgliedern bei 1001 und mehr wahlberechtigten Mitarbeiterinnen und Mitarbeitern.

(3) Für die Wahl einer Mitarbeitervertretung in einer Einrichtung mit einer oder mehreren nicht selbständig geführten Stellen kann der Dienstgeber eine Regelung treffen, die eine Vertretung auch der Mitarbeiterinnen und Mitarbeiter der nicht selbständig geführten Stellen in Abweichung von § 11 Abs. 6 durch einen Vertreter gewährleistet, und zwar nach der Maßgabe der jeweiligen Zahl der wahlberechtigten Mitarbeiterinnen und Mitarbeiter in den Einrichtungen. Eine solche Regelung bedarf der Zustimmung der Mitarbeitervertretung.

(4) Der Mitarbeitervertretung sollen jeweils Vertreter der Dienstbereiche und Gruppen angehören. Die Geschlechter sollen in der Mitarbeitervertretung entsprechend ihrem zahlenmäßigen Verhältnis in der Einrichtung vertreten sein.

(5) Maßgebend für die Zahl der Mitglieder ist der Tag, bis zu dem Wahlvorschläge eingereicht werden können (§ 9 Abs. 5 Satz 1).

Inhaltsübersicht

	Rz
I. Fähigkeit zur Bildung einer MAV	1–7
1. Fünf aktiv Wahlberechtigte	2
2. Drei passiv Wahlberechtigte	3
3. Regelmäßige Anzahl der wahlberechtigten Beschäftigten	4–7
a. Tatsächlich Beschäftigte	5–6
b. Feststellung durch den Dienstgeber	7
II. Zahl der Mitglieder der MAV	8–20

§ 6

	1. Zwingende Vorschrift	8–13
	2. Ermittlung der Anzahl der wahlberechtigten Mitarbeiter	14
	3. Stichtag, Abs. 5	15–16
	4. Veränderung der Anzahl der wahlberechtigten Mitarbeiter nach dem Stichtag	17–18
	5. Alleinvertreter	19
	6. Mehrgliedrige MAV	20
III.	Zusammensetzung der MAV bei mehreren unselbständigen Stellen	21–39
	1. Mehrere unselbständig geführte Stellen, Abs. 3	22–23
	2. Abweichung vom Mehrheitswahlprinzip	24
	3. Regelung des Dienstgebers	25–39
	a. Verteilung der Sitze in der MAV auf die einzelnen Stellen	26–30
	b. Zuteilung der Sitze an die Kandidaten	31
	c. Text für eine Regelung	32
	d. Alternative zu a. bis c.	33–36
	e. Zustimmung der MAV	37–39
IV.	Zusammensetzung der MAV nach Dienstbereichen und Gruppen, Frauen und Männern	40–44
	1. Dienstbereiche	40
	2. Gruppen	41–42
	3. Berücksichtigung von Frauen und Männern	43
	4. Berücksichtigung der Mitarbeiter unterschiedlicher Konfession	44
V.	Ersatzmitglieder	45

I. Fähigkeit zur Bildung einer Mitarbeitervertretung

1 Die Bildung einer MAV ist gemäß § 6 Abs. 1 an zwei wesentliche Voraussetzungen gebunden.

1. Fünf aktiv Wahlberechtigte

2 In der Dienststelle müssen in der Regel mindestens fünf aktiv wahlberechtigte Mitarbeiter im Sinne von § 7 beschäftigt werden. Die Dienststelle bzw. Einrichtung definiert sich nach § 1 a. Bei weniger Wahlberechtigten ist die Bildung einer MAV ungesetzlich und deshalb nichtig (a. A. *Mösenfechtel/Perwitz-Passan/Wiertz*, § 6 Anm. 1 S. 2). Durch die Bestimmungen zum aktiven Wahlrecht (§ 7) werden im Ergebnis alle gemäß § 3 Abs. 1 S. 1 als Mitarbeiter klassifizierten Personen der Einrichtung erfasst. Durch § 1 b wird die Bildung einer MAV sogar für mehrere Dienstgeber möglich, so dass Überlegungen zur Wahl eines »Sprechers« für kleinere Einrichtungen (vgl. *Frey/Coutelle/Beyer*, § 6, Rz 2) nicht mehr anzustellen sind. Die Dienststelle umfasst den Bereich, den der Dienstgeber gemäß § 1 a Abs. 2 durch Regelung oder gemäß § 1 b mit mehreren Dienstgebern durch Dienstvereinbarung bestimmt hat. In diesem Falle ist zu prüfen, ob die jeweilige Regelung kirchenaufsichtlich genehmigt worden ist.

2. Drei passiv Wahlberechtigte

3 Von den mindestens fünf aktiv wahlberechtigten Mitarbeitern müssen drei im Sinne von § 8 passiv wahlberechtigt (wählbar) sein. Es kommt nicht auf die Anzahl der Mitarbeiter überhaupt an. Denn die kann größer sein als die nach dieser Vorschrift maßgebliche Zahl wählbarer Mitarbeiter bzw. Mitarbeiterinnen. Wird die erforderliche Zahl nicht erreicht, kann die Wahl nicht stattfinden.

3. Regelmäßige Anzahl der wahlberechtigten Beschäftigten

Für die Bildung der MAV (immer durch Wahl) ist die regelmäßige Zahl der Mitarbeiter und Mitarbeiterinnen zu ermitteln, die wahlberechtigt sind. **4**

a. Tatsächlich Beschäftigte

Es ist daher auf die tatsächlich regelmäßig (»in der Regel«) vorhandenen Mitarbeiter abzustellen, nicht auf die Zahl nach dem Stellenplan. Nicht mitzuzählen sind diejenigen, die aus dem Mitarbeiterbegriff gemäß § 3 Abs. 1 S. 2 und Abs. 2 ausgeklammert sind. Leiharbeitnehmer im Sinne des AÜG zählen gemäß § 3 Abs. 1 S. 2 nicht zu den Mitarbeitern im Sinne der MAVO, sie haben kein aktives Wahlrecht zur MAV. Dasselbe gilt auch bei Leiharbeitnehmern, die nicht gewerbsmäßig überlassen werden (vgl. auch *BAG*, 18. 1. 1989 – 7 ABR 67/87, BB 1989, 1408). Denn sie gehören auch nicht zu der Zahl der regelmäßigen Mitarbeiter. Mitarbeiter aufgrund von Arbeitsbeschaffungsmaßnahmen zählen nicht zu den regelmäßig Beschäftigten. Das könnte anders sein, wenn AB-Maßnahmen sich über eine längere Zeit mit wechselnden Mitarbeitern hinziehen. Es kommt nicht auf die zufällige, tatsächliche Beschäftigtenzahl im Zeitpunkt des Wahlausschreibens an. Unerheblich ist auch die vorübergehende Mehr- oder Minderbeschäftigung von Mitarbeitern infolge von zusätzlichem Arbeitsanfall oder Arbeitsrückgang. Diese kurzfristigen Veränderungen fallen auch mit Rücksicht auf die dann fehlende Dauer der Dienststellenzugehörigkeit, die für das aktive Wahlrecht sechs Monate betragen muss (§ 7 Abs. 1), nicht ins Gewicht (so auch; *LAG Düsseldorf*, 26. 9. 1990 – 12 Ta BV 74/90, DB 1991, 238). Keine Berücksichtigung finden Arbeitnehmer von Fremdfirmen, die auf werkvertraglicher Basis tätig werden, z. B. Fensterputzer eines Reinigungsunternehmens (§ 3 Rz 40 f.; vgl. auch *BAG*, 18. 1. 1989–7 ABR 21/88, DB 1989, 1420). **5**

Mitarbeiter i. S. des § 7 Abs. 4 werden nicht mitgezählt und ferner diejenigen nicht, die gemäß § 7 Abs. 1 vorbehaltlich § 10 Abs. 3 noch nicht wahlberechtigt sind, die infolge Abordnung gemäß § 7 Abs. 2 nicht wahlberechtigt sind, und diejenigen, die in einem Ausbildungsverhältnis stehen, aber nicht in der Einrichtung tätig sind, von der sie eingestellt sind (§ 7 Abs. 3). Im Zweifel ist der Wahltermin zu verschieben. **6**

b. Feststellung durch den Dienstgeber

Die Zahl der aktiv wahlberechtigten Mitarbeiter hat der Dienstgeber festzustellen (§ 9 Abs. 4 S. 1). Denn er hat die Unterlagen, die Auskunft darüber geben, ob ein Mitarbeiter die Voraussetzungen für das aktive und auch passive Wahlrecht erfüllt. Die Unterlagen wertet der Wahlausschuss aus (§ 9 Abs. 4 S. 2, § 6 Abs. 5). **7**

II. Zahl der Mitglieder der MAV

1. Zwingende Vorschrift

Die Zahl der aktiv wahlberechtigten Mitarbeiter der Dienststelle ist für die Größe der MAV maßgeblich. Die diesbezügliche Vorschrift des § 6 Abs. 2 **ist zwingenden Rechts**. Sie kann nicht abgeändert werden (§ 12 Abs. 1; § 48). Die **8**

§ 6

nach der Dienststellengröße gestaffelte festgelegte Zahl der Mitglieder der MAV ist daher zu beachten. Fraglich ist, ob bei nicht ausreichender Kandidatenzahl eine zahlenmäßig **kleinere MAV** wählbar ist (vgl. *Frey/Coutelle/Beyer*, § 6 Rz 5; *Damköhler*, § 6 Anm. 2; *Bietmann*, Kurzkommentar, § 6 Anm. 2.2, welche für die Durchführung der Wahl eintreten; a. A. *Mösenfechtel*, MAVO § 6 Anm. 3).

9 Es gibt drei Ursachen dafür, dass die gemäß § 6 Abs. 2 festgelegte Zahl der Mitglieder der MAV nicht erreicht wird. Entweder kandidiert eine gerade ausreichende Zahl an Bewerbern, von denen nicht alle gewählt werden, oder schon vor der Wahl kandidieren weniger Bewerber als zur gesetzlichen Zahl der MAV-Mitglieder nötig sind, oder ein Gewählter nimmt die Wahl nicht an, während ein Ersatzmitglied nicht zur Verfügung steht.

10 Die **MAVO kennt** für diese Fälle **keine Regelung**, während z. B. § 11 BetrVG regelt, dass dann die Zahl der Betriebsratsmitglieder der nächst niedrigeren Betriebsgröße zugrunde zu legen ist. Damit wird jedenfalls erreicht, dass die Zahl der Betriebsratsmitglieder immer ungerade ist (vgl. hierzu *Hess/Schlochauer/Worzalla/Glock*, BetrVG § 11 Rz 1; § 9 Rz 1 f.).

11 Das Bundespersonalvertretungsgesetz kennt wie die MAVO keine dem BetrVG entsprechende Regelung, so dass auch die Ansichten in der Literatur über das dann bestehende Wahlergebnis unterschiedlich sind. Nach *Grabendorff/Windscheid/Ilbertz/Widmaier* (BPersVG, § 16 Rz 7) soll der Personalrat dann aus so vielen Mitgliedern bestehen wie möglich. Das Erfordernis einer ungeraden Zahl wird als bedeutungslos erachtet (*dieselben*, § 16 Rz 4).

12 Gemäß § 13 Abs. 3 Nr. 2 findet eine **Neuwahl** der MAV statt, wenn die Gesamtzahl der MAV-Mitglieder um mehr als die Hälfte der in § 6 Abs. 2 vorgeschriebenen Zahl gesunken ist. Mit dieser Vorschrift ist auch das Wahlergebnis zu beurteilen, wenn nicht die gesetzmäßige Anzahl an MAV-Mitgliedern erreicht worden ist. Wenn es also zulässig ist, dass eine MAV mit bemessen verringerter Zahl ihrer Mitglieder im Amt bleibt, dann ist es auch zulässig, in derselben Weise das Wahlergebnis zu tolerieren oder die Wahl durchzuführen (*Schlichtungsstelle Köln*, MAVO 6/91, ZMV 1991, 182, 184). Eine Verschiebung (so *Mösenfechtel*, MAVO § 6 Anm. 3) der Wahl ist dann nicht erforderlich. Anders wäre es, wenn die durch **§ 13 Abs. 3 Nr. 2 nicht mehr tolerierte Zahl** der MAV-Mitglieder erreicht wäre. Dann hätte der Wahl eine Neuwahl zu folgen, während eine bevorstehende Wahl mit weniger Kandidaten als von § 13 Abs. 3 Nr. 2 toleriert, zu verschieben wäre (§ 13 Rz 25 ff.).

13 Allerdings ist die Vorschrift des § 13 Abs. 3 Nr. 2 unklar zu der Frage, wann die Neuwahl bei gesunkener Gesamtzahl der Mitglieder der MAV zu erfolgen hat. Die Fassung des Textes spricht vom Absinken »um mehr als die Hälfte der ursprünglich vorhandenen Mitgliederzahl«, welches eine Neuwahl auslöst. Die frühere Fassung sprach von »der in § 6 Abs. 2 vorgeschriebenen Zahl«. Der Sinn der Vorschrift erschließt sich allein aus der gesetzlich vorgeschriebenen Mitgliederzahl der MAV i. S. von § 6 Abs. 2 und der daraus resultierenden gesetzlichen Gesamtzahl der Mitglieder der MAV. Die »ursprüngliche« Gesamtzahl gewählter Mitglieder kann bei einer Toleranz zugunsten einer kleineren Anzahl gewählter Mitglieder der MAV als nach der gesetzlich vorgeschriebenen Zahl bereits das Minimum dessen betragen haben, was für den Bestand der MAV gemäß § 13 Abs. 3 Nr. 2 von Bedeutung ist, nämlich wenigstens die Hälfte der gesetzlichen Mitgliederzahl. Aus diesem Grunde muss die

§ 6

Richtzahl die gesetzliche »Gesamtzahl« der Mitglieder der MAV sein, so dass zur Beurteilung dessen, was »mehr als die Hälfte der ursprünglich vorhandenen Mitgliederzahl« ist, nur von der gesetzlichen Zahl ausgegangen werden darf.

2. Ermittlung der Anzahl der wahlberechtigten Mitarbeiter

Bei der Feststellung der Zahl der Mitglieder der MAV durch den Wahlausschuss (§ 9 Abs. 4 und 6) oder den Wahlversammlungsleiter bei vereinfachtem Wahlverfahren gemäß §§ 11 a bis 11 c ist auszugehen von der Zahl der in der Dienststelle bzw. Einrichtung beschäftigten aktiv wahlberechtigten Mitarbeiter (vgl. § 7; § 3 Abs. 1 S. 1). Bei der Zählung ist von den regelmäßig (»in der Regel«) Beschäftigten auszugehen (§ 6 Abs. 1). Der Stellenplan ist zur Ermittlung zu abstrakt, weil er unterschiedliche Besetzungen mit Vollzeit- und Teilzeitkräften zulässt und Stellen führt, die mit Stelleninhabern auch der Kategorie des § 3 Abs. 2 besetzt sind. Personen, deren Beschäftigung oder Ausbildung überwiegend ihrer Heilung, Wiedereingewöhnung, beruflichen und sozialen Rehabilitation oder Erziehung dient, gelten nicht als Mitarbeiter (§ 3 Abs. 2 Nr. 6) und zählen daher nicht mit, wie etwa auch Leiharbeitnehmer (§ 3 Abs. 1 S. 2) oder zur Vertretung eines Stelleninhabers Beschäftigte (*LAG Düsseldorf*, 26. 7. 2000 – 12 Ta BV 35/00, rkr., BB 2001, 153). 14

3. Stichtag, Abs. 5

Maßgebender Zeitpunkt für die Feststellung der regelmäßig beschäftigten Mitarbeiterzahl der Dienststelle oder der Einrichtung ist der Tag, bis zu dem Wahlvorschläge für die Wahl der Mitarbeitervertreter eingereicht werden können (§ 6 Abs. 5 i. V. m. § 9 Abs. 5 S. 1). Mit dieser Regelung ist ein rechtzeitiges Datum für den Wahlausschuss gesetzt, um die Größe der zu wählenden MAV und die notwendige Zahl der Kandidaturen verbindlich feststellen zu können. 15

Ist vorhersehbar, dass die Zahl der wahlberechtigten Mitarbeiter ziemlich bald nach dem Wahltermin z. B. infolge einer Betriebsabspaltung so absinken wird, dass eine zahlenmäßig kleinere MAV zu bilden ist, bleibt es dennoch bei der am Stichtag gemäß § 6 Abs. 5 i. V. m. § 9 Abs. 5 S. 1 vom Wahlausschuss als maßgeblich bezifferten Zahl der Mitglieder der MAV. Hier unterscheidet sich die Vorschrift des § 6 Abs. 2 MAVO z. B. von der Vorschrift des § 9 BetrVG, wonach es auf die regelmäßige Anzahl der wahlberechtigten Arbeitnehmer ankommt. Die regelmäßige Zahl kann auch davon abhängig sein, wie gering etwa nach zwei bis vier Monaten nach der Betriebsratswahl infolge eines bereits verhandelten Sozialplans die Zahl der dann noch vorhandenen Arbeitnehmer sein wird (*LAG Schleswig-Holstein*, 27. 10. 1994 – 4 TaBV 23/94 rkr., BB 1995, 620). Nach der MAVO ist gegebenenfalls nach § 13 Abs. 3 Nr. 1 zu verfahren, wenn die Voraussetzungen erfüllt sind. 16

4. Veränderung der Anzahl der wahlberechtigten Mitarbeiter nach dem Stichtag

Veränderungen in der Zahl der wahlberechtigten Mitarbeiter, die nach dem Stichtag für die Wahlvorschläge eintreten, werden bei der Feststellung der Zahl der Mitarbeitervertreter nicht mehr berücksichtigt. Sinkt allerdings die 17

§ 6

Zahl z. B. wegen Aufgabe von Arbeitsplätzen unter fünf aktiv wahlberechtigte Mitarbeiter bis zur Durchführung der Wahl, ist die **Wahl abzusagen**. Denn dann sind die zwingenden Voraussetzungen für die Bildung einer MAV nicht mehr erfüllt. Im Übrigen wählt die gegenüber dem Stichtag für die Wahlvorschläge zahlenmäßig nach unten oder oben veränderte Mitarbeiterschaft die MAV in der Größe, die gemäß § 6 Abs. 2 zu wählen ist.

18 **Schwankungen** der Zahl der wahlberechtigten Mitarbeiter sind nach der Wahl im Grundsatz ohne Einfluss auf die Zahl der Mitglieder der MAV. Eine Ausnahme regelt § 13 Abs. 3 Nr. 1. Danach hat eine Neuwahl der MAV stattzufinden, wenn nach Ablauf der Hälfte der Amtszeit der MAV seit Amtsbeginn die Zahl der wahlberechtigten Mitarbeiter um die Hälfte, mindestens aber um 50, gestiegen oder gesunken ist. Sinkt im Laufe der Amtszeit die Zahl der regelmäßig wahlberechtigten Mitarbeiter unter 5 ab, so entfällt die Fähigkeit zur Bildung einer MAV, so dass die MAV ihre Tätigkeit einzustellen hat.

5. Alleinvertreter

19 In Dienststellen mit in der Regel 5 bis 15 wahlberechtigten Mitarbeitern wird eine **eingliedrige MAV**, häufig als **Betriebsobmann** bezeichnet, gewählt. Der oder die Gewählte ist Mitarbeitervertretung mit allen sich aus der MAVO ergebenden Rechten und Pflichten. Zum vereinfachten Wahlverfahren wird auf §§ 11 a, 11 b, 11 c hingewiesen.

6. Mehrgliedrige MAV

20 In Dienststellen ab 16 wahlberechtigten Mitarbeitern ist eine mehrköpfige MAV zu bilden, deren Größe sich aus der Staffel gemäß § 6 Abs. 2 ergibt. Die **Höchstzahl der Mitglieder** der MAV **beträgt 15**. Die maßgebende Zahl der Mitglieder der MAV legt der Wahlausschuss fest (vgl. Abs. 5, Rz 15, 16). Bei Streitigkeiten über die Größe und Zusammensetzung der MAV entscheidet im Falle der Wahlanfechtung zunächst der Wahlausschuss (§ 12 Abs. 1). Gegen die Entscheidung des Wahlausschusses ist die **Anrufung der Schlichtungsstelle** innerhalb von **zwei Wochen nach Zugang** der Entscheidung zulässig (§ 12 Abs. 3, § 41 Abs. 1 Nr. 2, § 11 c Abs. 4). Ist ein Wahlleiter bestellt, so hat er die Aufgaben des Wahlausschusses (§ 11 c).

III. Zusammensetzung der MAV bei mehreren unselbständigen Stellen

21 Die Zusammensetzung der MAV nach Vertretern der Dienstbereiche und Gruppen (§ 6 Abs. 4; Rz 40 ff.) einerseits und nach den einzelnen zur Dienststelle gehörenden nicht selbständigen Stellen (§ 6 Abs. 3) andererseits wird in der MAVO als Idealfall gesehen, verpflichtend vorgeschrieben ist sie nicht.

1. Mehrere unselbständig geführte Stellen, Abs. 3

22 Hat die Dienststelle mehrere unselbständige Einzel- oder Teilstellen, die vom Dienstgeber unter einheitliche Leitung gestellt sind (z. B. Schulen, Heime, Krankenhäuser, Kindergärten, vgl. § 1 a Abs. 2), so ist es vorstellbar, dass zur Wahl der MAV die Mitarbeiter der Teilstellen jeweils Kandidaten vorschlagen. Je nach Stärke der Mitarbeiterschaft der Teilstellen könnte jedoch das

§ 6

Wahlergebnis diejenigen Teilstellen begünstigen, die im Verhältnis zur gesamten Mitarbeiterschaft aller Teilstellen die meisten wahlberechtigten Mitarbeiter haben.
Das könnte dazu führen, dass die Teilstellen mit geringer Mitarbeiterzahl keinen Vertreter ihrer Stelle in die MAV entsenden könnten. Um dieses reine Mehrheitsrisiko des § 11 Abs. 6 auszugleichen, sieht § 6 Abs. 3 die Abwandlung des Mehrheitswahlrechts in ein **Verhältniswahlrecht** vor. 23

2. Abweichung vom Mehrheitswahlprinzip

Gemäß **§ 6 Abs. 3** ist es zulässig, die Mitarbeiterschaft aller nicht selbständig geführten Stellen einer Dienststelle in der MAV anteilig zu repräsentieren. Das geschieht im **Proporz** der wahlberechtigten Mitarbeiter zur Sollstärke der MAV und zu den Teilstellen. Zu berücksichtigen sind auch Verhältnisse auf der Grundlage der §§ 1 b und 22 a. 24
Beispiel: Eine GmbH ist Träger von vier Krankenhäusern an demselben Ort, die unter einheitlicher Leitung stehen bzw. gemäß § 1 a Abs. 2 zu einer einzigen Dienststelle bestimmt worden sind (vgl. auch Rz 33):

Krankenhaus	wahlberechtigte Mitarbeiter
A	100
B	300
C	200
D	400
= 4 Teildienststellen mit	1 000 Wahlberechtigten

Gemäß § 6 Abs. 2 beträgt die Zahl der Sitze in der MAV = 13.

3. Regelung des Dienstgebers

Sollen die Sitze gemäß § 6 Abs. 3 unter Berücksichtigung jeder einzelnen Teildienststelle auf jede Teilstelle anteilig aufgeteilt werden, so hat dies der Dienstgeber zu regeln. Dazu ist ein Schlüssel zur Verteilung der Sitze in der MAV zu entwickeln und festzulegen (vgl. auch § 32 Abs. 1 Nr. 11). 25

a. Verteilung der Sitze in der MAV auf die einzelnen Stellen

Die auf die einzelnen Stellen entfallende Zahl von MAV-Mitgliedern wird nach den Grundsätzen der Verhältniswahl nach Maßgabe des Höchstzahlensystems (d'Hondtsches System) errechnet. Die Zahlen der wahlberechtigten Mitarbeiter der einzelnen unselbständigen Teilstellen sind nebeneinander zu setzen und durch 1, 2, 3, 4 usw. zu teilen. Der Dienstgeber hat die Teilung so lange durchzuführen, bis für alle MAV-Sitze nach § 6 Abs. 3 die Höchstzahlen ermittelt sind. **Entsprechend den** auf sie entfallenden **Höchstzahlen** erhält jede Teildienststelle (unselbständige Stelle) MAV-Sitze. Das Beispiel von oben Rz 24 wird übertragen: 26
Für 1 000 wahlberechtigte Mitarbeiter, von denen
400 in Haus D
300 in Haus B
200 in Haus C
100 in Haus A
beschäftigt sind, stehen 13 MAV-Sitze zur Verfügung.

§ 6

27 aa. Deshalb werden die Zahlen der Teilmitarbeiterschaft der einzelnen Häuser je getrennt durch 1, 2, 3, 4 usw. geteilt und die jeweils hierbei ermittelten Teilzahlen, getrennt nach den Teildienststellen, aufgeführt und aus diesen Reihen die auf die vier Teildienststellen entfallenden Sitze ermittelt:

Haus D	MAV-Sitze	Haus B	MAV-Sitze	Haus C	MAV-Sitze	Haus A	MAV-Sitze
400:1 = 400	1	300:1 = 300	2	200:1 = 200	3	100:1 = 100	9
400:2 = 200	4	300:2 = 150	5	200:2 = 100	8	100:2 = 50	
400:3 = 133,33	6	300:3 = 100	7	200:3 = 66,33			
400:4 = 100	10	300:4 = 75	12	200:4 = 50			
400:5 = 80	11	300:5 = 60					
400:6 = 66,66	13	300:6 = 50					
400:7 = 57,14							

Die Zahlen der obigen und nachstehenden (Rz 28–29) MAV-Sitze sind Ordnungszahlen.

Damit hat	Haus D	6 Sitze
	Haus B	4 Sitze
	Haus C	2 Sitze
	Haus A	1 Sitz
insgesamt also		13 Sitze

28 bb. Aus der nachstehenden Tabelle ist leicht ersichtlich, dass Haus A nach dem vorgeschlagenen Zählverfahren dann keinen MAV-Sitz zugeteilt bekäme, wenn es z. B. nur 50 wahlberechtigte Mitarbeiter hätte, Haus D aber 450.

Errechnung	MAV-Sitze D	Errechnung	MAV-Sitze B	Errechnung	MAV-Sitze C	Errechnung	MAV-Sitze A
450:1 = 450	1	300:1 = 300	2	200:1 = 200	4	50:1 = 50	0
450:2 = 225	3	300:2 = 150	5	200:2 = 100	9	50:2 = 25	
450:3 = 150	6	300:3 = 100	6	200:3 = 66,66	13		
450:3 = 150	7	300:4 = 75	11				
450:4 = 118,50	10						
450:5 = 90	12						
450:6 = 75							
450:7 = 64,28							

29 Weil aber § 6 Abs. 3 vorschreibt, dass die Repräsentanz einer Teilstelle in der MAV durch einen Vertreter gewährleistet sein soll, so ist **vor Anwendung des Höchstzahlverfahrens** zunächst für jede Teildienststelle die **Vergabe eines MAV-Sitzes** vorzunehmen. Dadurch ergibt sich dann folgendes **Schema:**

	Haus D	Sitze	Haus B	Sitze	Haus C	Sitze	Haus A	Sitze
vorab	450:1 = 450	1	300:1 = 300	2	200:1 = 200	3	50:1 = 50	4
dann	450:2 = 225	5	300:2 = 150	7	200:2 = 100	10	50:2 = 25	
	450:3 = 150	6	300:3 = 100	9	200:3 = 66,66	13		
	450:4 = 118,50	8	300:4 = 75	12				
	450:5 = 90	11						
	Sitze	5	+	4	+	3	+	1=13

§ 6

Wenn die letzte für die Verteilung der Sitze maßgebliche Höchstzahl bei den Teildienststellen gleich ist, muss das **Los** entscheiden. **30**

b. Zuteilung an die Kandidaten

Nachdem pro Teilstelle die Zahl der Sitze feststeht, kann jetzt anhand des Wahlergebnisses die Zuteilung der Sitze der MAV an die Kandidaten der verschiedenen Teilstellen vorgenommen werden. Dabei kommen pro Teilstelle nur die Kandidaten derselben Stelle zum Zuge, diese allerdings in der Reihenfolge der auf sie abgegebenen Stimmen. **31**

Beispiel:
Es kandidierten und erhielten   Stimmen
im Krankenhaus A
Kandidat A   40

im Krankenhaus B
Kandidaten
B 1   100
B 2   200
B 3   300
B 4   250

im Krankenhaus C
Kandidaten
C 1   500
C 2   400
C 3   600
C 4   700

im Krankenhaus D
Kandidaten
D 1   150
D 2   250
D 3   350
D 4   450
D 5   550

Dann ist im Vergleich mit der reinen Mehrheitswahl folgendes Verhältniswahlergebnis feststellbar:

§ 11 Abs. 6	§ 6 Abs. 3
1. C4 = 700	entsprechend Beispiel
2. C3 = 600	Rz 29, 31 sind folgende
3. D5 = 550	Kandidaten gewählt:
4. C1 = 500	Haus D = 5 Sitze
5. D4 = 450	mit Kandidaten
6. C2 = 400	D5, D4, D3, D2, D1
7. D3 = 350	Haus B = 4 Sitze
8. B3 = 300	mit Kandidaten
9. B4 = 250	B3, B4, B2, B1
10. D2 = 250	Haus C = 3 Sitze

Thiel

§ 6

11. B2 = 200   mit Kandidaten
12. D1 = 150   C4, C3, C1
13. B1 = 100   Haus A=1 Sitz
14. A = 40   mit Kandidat A

Gewählt sind hiernach die Kandidaten C 4–B 1, während A aus der Teilstelle A nicht zum Zuge kam, so dass auch die Teilstelle A nicht repräsentiert ist.   Nicht gewählt ist Kandidat C 2 aus dem Haus C trotz 400 Stimmen.

c. Text für eine Regelung

32 Die vom Dienstgeber zu treffende Regelung könnte folgenden Wortlaut haben: Wahlordnung gemäß § 6 Abs. 3 MAVO zur Wahl der Mitarbeitervertretung am ....
Gemäß § 6 Abs. 3 MAVO wird **mit Zustimmung der Mitarbeitervertretung** folgende Regelung getroffen:

§ 1. Die nach genannten unselbständigen Stellen .... bilden eine Dienststelle. Für diese Dienststelle ist eine einzige Mitarbeitervertretung zu wählen.

§ 2. Zur Mitarbeitervertretung sind .... Mitarbeitervertreter zu wählen (§ 6 Abs. 2 MAVO).

§ 3. In Abweichung vom Mehrheitswahlprinzip des § 11 Abs. 6 MAVO wird angeordnet, dass jede unter § 1 genannte unselbständige Stelle in der Mitarbeitervertretung repräsentiert sein soll.

§ 4. Entsprechend der Gesamtzahl der wahlberechtigten Mitarbeiter im Verhältnis zu den wahlberechtigten Mitarbeitern der einzelnen Teilstellen und unter Berücksichtigung der Anzahl der Sitze in der MAV gemäß § 2 ergibt sich folgendes Schema für die Ermittlung der Sitzverteilung.

Haus	Mitarbeiter	MAV-Sitze
A		
B		
C		
D		

§ 5. Die Ermittlung des Wahlergebnisses durch den Wahlausschuss geschieht daher mit folgender Maßgabe:
    a) Aus jeder Stelle ist gewählt, wer in seiner Stelle die meisten Stimmen erhalten hat.
    b) Bei der Ermittlung der weiteren Sitzverteilung ist die nach § 4 gegebene Anordnung zu beachten. Dabei sind die Kandidaten der jeweiligen Stellen in der Reihenfolge ihrer Stimmenzahl nach der Anzahl der auf ihre Stelle entfallenden Sitze gewählt.
    c) Ist für eine Stelle kein Kandidat gewählt worden, obwohl ein Sitz vorhanden ist, wird der Sitz an die Stelle vergeben, die bei Wegfall der nicht berücksichtigten Stelle bei der Sitzverteilung nach dem Höchstzahlsystem (d'Hondt) als nächste zum Zuge gekommen wäre.

§ 6

d) Wechselt ein MAV-Mitglied von einer Stelle im Sinne von § 1 a in eine andere Stelle im Sinne von § 1 a, verbleibt es in der Mitarbeitervertretung bis zum Ablauf ihrer Amtszeit.

Ort der Dienststelle, den   Unterschrift des Dienstgebers

d. Alternative zu a. bis c.

Als Alternative zu der Annahme, dass mehr Kandidaten zur MAV wählbar sind als Teildienststellen vorhanden sind, ist auch denkbar, dass **mehr Teildienststellen bestehen als Kandidaten zur MAV wählbar sind**. Beispiel: Ein Schulträger hat im Gebiet einer Diözese 30 Schulen mit verschiedenen Schulformen (z. B. Grund-, Haupt-, Realschule, Gymnasium, Schule des 2. Bildungsweges, Berufskolleg). Diese hat er zu einer einzigen Dienststelle erklärt (§ 1 a Abs. 2 S. 1). Bedingt durch die Zahl der aktiv wahlberechtigten Mitarbeiter an den Schulen besteht die MAV aus 15 Mitgliedern. In diesem Fall ist vorstellbar, dass die Mitarbeiter jeder **Schule** (Teildienststelle) oder wenigstens jeder **Schulform** bei den Wahlen zur MAV Kandidaten aus ihren Reihen durchbringen wollen. Dementsprechend werden auch die Kandidaturen erfolgen. Eine echte Wahl im Sinne einer Auswahl ist möglich, wenn für jede Schule oder Schulform mehrere Kandidaten nominiert werden. Bei der gemäß § 6 Abs. 3 modifizierbaren Mehrheitswahl zu einer Verhältniswahl ergeben sich zwei Möglichkeiten.   33

aa. Für jede Teildienststelle wird derjenige Bewerber gewählt, der in seiner Teildienststelle die meisten Stimmen erhalten hat. Im Verhältnis der Wahlbewerber der einzelnen Teildienststellen sind diejenigen Kandidaten in die MAV gewählt, die in ihrer jeweiligen Teildienststelle die meisten Stimmen erhalten haben. Die Bewerber der Teildienststellen mit den jeweils zu geringen Stimmenzahlen sind dann nicht gewählt; sie können aber als Ersatzmitglieder der MAV gewählt werden mit der Folge, dass sie im Falle des Ausscheidens oder der Verhinderung eines ordentlichen Mitgliedes der MAV in die MAV nachrücken (§ 13 b). Unzulässig ist in jedem Fall der Ausschluss von Kandidaturen bezogen auf bestimmte Teildienststellen oder Gruppen. Denn das wäre ein rechtswidriger Eingriff in das aktive und passive Wahlrecht.   34

Die vom Dienstgeber zu treffende Regelung könnte dann folgenden Wortlaut haben (vgl. Amtsblatt Köln 1987, Nr. 138 S. 152); **Wahlordnung gemäß § 6 Abs. 3 MAVO** zur Wahl der Mitarbeitervertretung am ...   35
Gemäß § 6 Abs. 3 MAVO wird mit Zustimmung der Mitarbeitervertretung folgende Regelung getroffen:
§ 1 Die nachgenannten unselbständigen Dienststellen (z. B. Schulen) bilden eine einzige Dienststelle gemäß § 1 a Abs. 2 S. 1 MAVO. Für diese Dienststelle ist eine einzige Mitarbeitervertretung zu wählen. (Aufzählung der einzelnen unselbständigen Stellen)
§ 2 Zur Mitarbeitervertretung sind ... Mitarbeitervertreter zu wählen (§ 6 Abs. 2 MAVO).
§ 3 In Abweichung vom Mehrheitswahlprinzip des § 11 Abs. 6 MAVO wird angeordnet, dass im Grundsatz jede unter § 1 genannte unselbständige Teildienststelle in der Mitarbeitervertretung repräsentiert sein soll. Daher können aus jeder Teildienststelle Kandidaten für die Teildienststelle zur MAV kandidieren. Gewählt sind die Kandidaten einer jeden Teildienststelle, die dort

§ 6

die meisten Stimmen erhalten haben, und von diesen jene, die im Verhältnis zueinander die meisten Stimmen erhalten haben.
§ 4 Die nicht gewählten Kandidaten sind Ersatzmitglieder mit der Maßgabe, dass zunächst diejenigen berücksichtigt werden, deren Teildienststelle in der MAV nicht repräsentiert ist. Erst danach werden die übrigen Ersatzmitglieder in der Reihenfolge ihrer Stimmenzahl berücksichtigt. § 5 Wird ein MAV-Mitglied innerhalb der Dienststelle im Sinne von § 1 von einer Teildienststelle zu einer anderen Teildienststelle versetzt oder abgeordnet, bleibt es in der Mitarbeitervertretung bis zum Ablauf ihrer Amtszeit.

Ort der Dienststelle, den   Unterschrift des Dienstgebers

36 bb. Anstelle der Teildienststellen-Repräsentanz ist auch eine **Repräsentanz** der Lehrer **der verschiedenen Schulformen** (Gruppen) denkbar, gegebenenfalls unterschieden nach lehrendem und nicht lehrendem Personal (vgl. Amtsblatt Köln 1996 Nr. 272 S. 346). In diesem Falle kann auf das Modell für die Teilstellen zu Rz 24 ff. zurückgegriffen werden. Demnach ist für jede Gruppe festzulegen, in welchem Verhältnis ihre Repräsentanten als Mitglieder der MAV aufzuteilen sind. Denn unterschiedliche Personalstärken der einzelnen Gruppen (Schulformen) bewirken gegebenenfalls unter Berücksichtigung der Gruppe des nicht lehrenden Personals unterschiedliche Anteile an der Repräsentanz in der MAV. Deshalb ist festzulegen, wie die MAV zusammengesetzt sein soll. Hierzu bietet sich eine Sitzverteilung nach Maßgabe des Höchstzahlensystems nach d'Hondt (Rz 26 ff.) an.

Beispiel:
Schulformgruppe A   600 Lehrer
Schulformgruppe B   300 Lehrer
Schulformgruppe C   100 Lehrer
Nichtlehrendes Personal D   70 Mitarbeiter
Summe   1 070 Mitarbeiter

Gemäß § 6 Abs. 2 besteht die MAV aus 15 Mitgliedern. Wenn jede vorstehende Gruppe in der MAV repräsentiert sein soll, ist für jede ein Sitz zu reservieren, während die restlichen Sitze nach dem d'Hondtschen Höchstzahlensystem zu vergeben sind (nachstehend). Wegen des Regelungstextes kann auf Rz 32 entsprechend verwiesen werden, indem der Begriff unselbständige Stelle durch den Begriff Gruppe zu ersetzen ist.
Ergebnis der Sitzverteilung für die vier im vorstehenden Beispiel genannten Gruppen (ohne Vorab-Reservierung):

Gruppe A	MAV-Sitze	Gruppe B	MAV-Sitze	Gruppe C	MAV-Sitze	Gruppe D	MAV-Sitze
600:1 = 600	1	300:1 = 300	3	100:1 = 100	10	70:1 = 70	14
600:2 = 300	2	300:2 = 150	6	100:2 = 50		70:2 = 35	
600:3 = 200	4	300:3 = 100	9				
600:4 = 150	5	300:4 = 75	13				
600:5 = 120	7	300:5 = 60					
600:6 = 100	8						
600:7 = 95,7	11						
600:8 = 75	12						
600:9 = 66,6	15						

Die Sitzzahlen sind Ordnungszahlen, so dass also auf Gruppe A = 9, auf Gruppe B = 4 Sitze und auf Gruppe C und D je ein Sitz entfallen, also insgesamt 15 Sitze.

e. Zustimmung der MAV

Die Regelung des Dienstgebers bedarf der Zustimmung der MAV (§ 6 Abs. 3 **37**
S. 2). Besteht noch keine MAV oder keine mehr, so muss der Dienstgeber bei
der Regelung gemäß § 6 Abs. 3 S. 1 ohne Mitwirkung der MAV auskommen.
Er kann bei fehlender MAV in jedem Falle gemäß § 6 Abs. 3 eine Regelung
treffen. Besteht eine MAV, wird diese gemäß § 32 Abs. 1 Nr. 11 zur eventuellen
Umgestaltung der Sonderregelung die Initiative ergreifen können. Scheidet
ein Mitglied aus der MAV aus, so sollte selbstverständlich aus dem Bestand
der Ersatzmitglieder das ausgeschiedene Mitglied der MAV ersetzt werden.
Den Fall, dass ein Mitglied der MAV im Bereich der gemäß § 1 a Abs. 2 gebildeten Dienststelle an eine andere Teilstelle oder zu einer anderen Gruppe versetzt oder abgeordnet wird, sollte die Regelung berücksichtigen. In jedem
Falle sollte zur Vermeidung von Komplikationen das Mandat auch bei Umsetzung, Versetzung oder Abordnung an eine andere Teildienststelle oder Gruppe innerhalb des Zuständigkeitsbereichs der MAV erhalten bleiben (vgl. § 22 a
Abs. 2). Dadurch würde die Unabhängigkeit der MAV insgesamt und des betroffenen MAV-Mitgliedes am besten geschützt (vgl. § 18 Abs. 1). Bei dieser
Lösung wäre die Zustimmung gemäß § 33 i. V. m. § 18 Abs. 2 nicht erforderlich, weil der Verlust der MAV-Mitgliedschaft nicht auf dem Spiele stünde.
Fehlt bei bestehender MAV deren Zustimmung zur Regelung im Sinne des § 6 **38**
Abs. 3, ist dies ein Grund zur **Wahlanfechtung** gemäß § 12 Abs. 1. Die Nichtbeachtung der Regelung bei der Durchführung der Wahl und der Feststellung
des Wahlergebnisses führt zur Anfechtbarkeit der Wahl (*Schlichtungsstelle
Köln*, MAVO 5/90).
Die Schlichtungsstelle ist mit Rücksicht auf eine abschließende Regelung ih- **39**
rer Zuständigkeit (§ 41 Abs. 1) im Falle einer **Streitigkeit** über die Ablehnung
eines Regelungsvorschlags der MAV gemäß § 32 Abs. 1 Nr. 11 durch den
Dienstgeber nicht zuständig (§ 41 Abs. 2). Das in § 6 Abs. 3 S. 2 der MAV zuerkannte Zustimmungsrecht zur Regelung gemäß § 6 Abs. 3 S. 1 wird nicht in
§ 33 Abs. 1 erwähnt, so dass die dem Dienstgeber für den Fall der Zustimmungsverweigerung der MAV gemäß § 33 Abs. 4 sonst eröffnete Möglichkeit
der Anrufung der Schlichtungsstelle zur Ersetzung der Zustimmung verwehrt
ist. Die Lösung bietet § 41 Abs. 2, weil eine ohne die Zustimmung der MAV
i. S. von § 6 Abs. 3 S. 1 ergangene Regelung des Dienstgebers rechtswidrig ist.
Die Rechtswidrigkeit kann gemäß § 41 Abs. 2 auch die MAV geltend machen;
es wäre auch ein Wahlanfechtungsgrund gegeben (§ 12 Abs. 1). Folglich muss
der Dienstgeber auch Ersetzung der Zustimmung durch die Schlichtungsstelle
beantragen können, weil die MAV kein unkontrollierbares Vetorecht hat. Sie
hat aber ein eigenes Vorschlagsrecht gemäß § 32 Abs. 1 Nr. 11 (§ 32 Rz 17).

IV. Zusammensetzung der MAV nach Dienstbereichen und Gruppen

1. Dienstbereiche

Gemäß **§ 6 Abs. 4 S. 1** sollen der MAV jeweils Vertreter der Dienstbereiche **40**
angehören. Dies setzt voraus, dass aus den verschiedenen Bereichen Kandidaturen zur MAV angemeldet und auf den Stimmzetteln die Dienstbereiche der
Kandidaten genannt werden. Es ist letztendlich die Entscheidung der Wähler,
die das Wahlergebnis bestimmt. Deswegen ist die Sollvorschrift zur Berück-

§ 6

sichtigung von Kandidaten aus den verschiedenen Dienstbereichen auch nur eine Empfehlung. Wird für einen Dienstbereich eine Sondervertretung (§ 23) gebildet, so ist die Bestimmung des § 6 Abs. 4 S. 1 gegenstandslos. Als Dienstbereich ist eine Abteilung einer Einrichtung oder Dienststelle oder ein Sachgebiet innerhalb der Organsiationsstruktur zu verstehen (vgl. § 23 a MAVO München u. Freising 1996).

2. Gruppen

41 Abgesehen von den Dienstbereichen sollen auch die unterschiedlichen Mitarbeitergruppen berücksichtigt werden. Den Mitarbeitergruppen wird stärkere Beachtung zuteil werden, wenn die Dienststelle nicht nach Dienstbereichen, sondern eher nach Mitarbeitergruppen aufteilbar ist. Das könnte z. B. nach Geistlichen, Ordensleuten, Laien, nach Ärzten, Krankenschwestern, Lehrern, Erziehern, Verwaltungskräften, Schreibdiensten, sonstigen Kräften geschehen. Im Einzelfall wird es von der **Struktur der Dienststelle** abhängen, nach welchen Kriterien eine Gruppeneinteilung der Mitarbeiter vorgenommen werden kann, und die Kandidaturen geben den Ausschlag dafür, dass überhaupt die Gruppenangehörigkeit der Mitarbeiter bei der Wahl zum Zuge kommen kann. Das **Verhältnis der Gruppen** ist für die Zusammensetzung der MAV ebenso **unmaßgeblich** wie das der Dienstbereiche (*Bietmann*, Kurzkommentar, § 6 Anm. 4). Die Ordnung sieht nicht wie Abs. 3 eine Sonderregelung zugunsten von Minderheiten vor. Deshalb ist es unzulässig, nur Gruppenwahlen zuzulassen mit der Folge, dass die Ärzte nur einen Arzt, Krankenschwestern nur Krankenschwestern und Verwaltungsdienste nur Mitarbeiter aus dem Verwaltungsbereich wählen könnten. Denn jeder Mitarbeiter hat die freie Wahl unter den Kandidaten und nutzt sein volles Stimmrecht nur, wenn er so viele Kandidaten wählen kann, wie Mitarbeitervertreter gemäß der Staffel des Abs. 2 gewählt werden können. Deshalb ist es unzulässig, zur MAV-Wahl Gruppenstimmzettel auszugeben, auf denen nur jeweils Kandidaten einer einzigen Gruppe aufgeführt sind. Das wäre ein Verstoß gegen zwingende Vorschriften des Wahlrechts.

42 Möglich ist aber eine **gesetzgeberische Maßnahme** zur Unterstützung der Wahl von Vertretern einer Mitarbeitergruppe, die im Verhältnis zu einer anderen Gruppe zahlenmäßig unterlegen (Minderheit) ist. Das ist der Fall, wenn einerseits z. B. die Lehrer aller Schulen eines Schulträgers (Rz 33), andererseits das nicht lehrende Personal ihre Kandidaten in eine und dieselbe MAV bringen wollen und sollen. Vorstellbar ist dann eine Regelung, die das Prinzip des Absatzes 4 durch Gesetz, gegebenenfalls in abgewandelter Kombination mit dem Prinzip des Absatzes 3 (vgl. § 3 Wahlordnung gemäß § 6 Abs. 3 MAVO Köln, Amtsblatt Köln 1996 Nr. 272 S. 346) verbindlich macht (zum Problem der Majorisierung durch eine Berufsgruppe vgl. *ArbG Hanau*, 16. 8. 1990 – 1 BV 2/90, n. rkr., DB 1991, 51 f. mit Hinweis auf *ArbG Freiburg*, 13. 7. 1990- 3 BV 1/90, AfP 1990, Heft IV mit Anm. *Berger-Delhey*).

3. Berücksichtigung von Frauen und Männern

43 Die Ordnung gilt für Frauen und Männer gleichermaßen. Sprachlich hebt die Ordnung das neuerdings besonders hervor, indem sie die männliche und die weibliche Form zur Bezeichnung der Mitarbeiter, der Wahlbewerber, des Vorsitzenden der MAV oder der Schlichtungsstelle, der Beisitzer der Schlich-

tungsstelle, des Sprechers der Jugendlichen und Auszubildenden verwendet.
§ 6 Abs. 4 S. 2 verlangt, dass die »**Geschlechter**« in der MAV entsprechend ihrem zahlenmäßigen **Verhältnis** in der Einrichtung vertreten sein sollen, schreibt das aber **nicht zwingend** vor. Denn es kommt auf die Kandidaturen und die Wahl an, so dass jedem Wähler bzw. jeder Wählerin ihre Präferenz für einen Kandidaten oder eine Kandidatin gestattet bleibt. Ein Eingriff in die Entscheidung der Wähler und Wählerinnen ist unzulässig. Der Gedanke der Dienstgemeinschaft umfasst die Gleichberechtigung von Frauen und Männern in der Einrichtung (Art. 1 GrO) und das Recht zur Ausübung des Amtes in den Gremien im Sinne der MAVO. Bei der Bildung der MAV ist aber der Anteil der beschäftigten Frauen und Männer in der Einrichtung nicht Wahl entscheidend, wie dies etwa durch § 15 Abs. 2 BetrVG zum Ausdruck kommt.

4. Berücksichtigung der Mitarbeiter unterschiedlicher Konfession

Die Ordnung geht davon aus, dass Mitarbeiter unterschiedlicher Religion **44** oder Weltanschauung in der Einrichtung tätig sind (Präambel Abs. 4 i. V. m. Art. 4 GrO). Auf diese Tatsache geht die Vorschrift des § 14 Abs. 1 S. 2 ein, indem sie die Wahl eines Katholiken zum Vorsitzenden der MAV vorschreibt. Eine nach Konfessionen zusammengesetzte MAV ist jedoch nicht vorgeschrieben; das lässt sich der Vorschrift des § 6 Abs. 4 nicht entnehmen. Ein diesbezügliches Verhältniswahlrecht sieht die Ordnung nicht vor.

V. Ersatzmitglieder

Seit der MAVO-Rahmen-Novelle von 1985 wird nicht mehr verlangt, dass Er- **45** satzmitglieder zur MAV gewählt werden sollen, was nach der Rahmenordnung von 1977 noch der Fall war (vgl. § 6 Abs. 3 MAVO 1977). Gemäß § 9 Abs. 6 MAVO 1995 soll aber die Kandidatenliste mindestens doppelt so viele Wahlbewerber enthalten wie Mitglieder zur MAV gemäß § 6 Abs. 2 zu wählen sind. Es ist zum Zwecke der Auswahl unter den Bewerbern zu begrüßen, wenn mehr Bewerber zur MAV kandidieren, weil dann Ersatzmitglieder zur Verfügung stehen. Aber auch ohne zusätzliche Bewerber ist die Durchführung der Wahl möglich (Rz 8 ff.). Als Mitglieder der MAV sind diejenigen gewählt, die die meisten Stimmen erhalten haben (§ 11 Abs. 6 S. 1). Alle in der nach der Stimmenzahl entsprechenden Reihenfolge den gewählten Mitgliedern folgenden Kandidaten sind Ersatzmitglieder (§ 11 Abs. 6 S. 2). Das nächstberechtigte Ersatzmitglied rückt für ein verhindertes Mitglied in die MAV für die Dauer der Verhinderung ein (§ 13 b Abs. 2); das Ersatzmitglied rückt in die MAV nach, wenn ein Mitglied der MAV während der Amtszeit vorzeitig ausscheidet (§ 13 b Abs. 1; § 13 c Nr. 2, 3, 4 und 5). Für die Dauer des Ruhens der Mitgliedschaft in der MAV tritt das nächstberechtigte Ersatzmitglied in die MAV ein (§ 13 b Abs. 3).

§ 7 Aktives Wahlrecht

(1) Wahlberechtigt sind alle Mitarbeiterinnen und Mitarbeiter, die am Wahltag das 18. Lebensjahr vollendet haben und seit mindestens sechs Monaten ohne Unterbrechung in einer Einrichtung desselben Dienstgebers tätig sind.

(2) Wer zu einer Einrichtung abgeordnet ist, wird nach Ablauf von drei Monaten in ihr wahlberechtigt; im gleichen Zeitpunkt erlischt das Wahlrecht bei der früheren Einrichtung. Satz 1 gilt nicht, wenn feststeht, dass die Mitarbeiterin oder der Mitarbeiter binnen weiterer sechs Monate in die frühere Einrichtung zurückkehren wird.

(3) Mitarbeiterinnen und Mitarbeiter in einem Ausbildungsverhältnis sind nur bei der Einrichtung wahlberechtigt, von der sie eingestellt sind.

(4) Nicht wahlberechtigt sind Mitarbeiterinnen und Mitarbeiter,
   1. für die zur Besorgung aller ihrer Angelegenheiten ein Betreuer nicht nur vorübergehend bestellt ist,
   2. die am Wahltage für mindestens noch sechs Monate unter Wegfall der Bezüge beurlaubt sind,
   3. die sich am Wahltag in der Freistellungsphase eines nach dem Blockmodell vereinbarten Altersteilzeitarbeitsverhältnisses befinden.

Inhaltsübersicht

	Rz
I. Zwingendes Recht	1
II. Voraussetzungen der Wahlberechtigung	2–28
1. Mitarbeiter der Dienststelle	2–12
a. Geistliche	5
b. Ordensleute	6–9
aa. Beauftragung	7
bb. Gestellungsvertrag	8
cc. Arbeitsvertrag	9
c. Laien	10–12
2. Lebensalter	13
3. Beschäftigungszeit vor der Wahl	14–23
a. Sechsmonatsfrist	14–18
b. Ohne Unterbrechung	19–23
4. Abordnung	24–25
5. Mehrfaches Wahlrecht	26
6. Ausbildungsverhältnis	27
7. Eintragung in der Liste der aktiv Wahlberechtigten	28
III. Ausnahmen von der Wahlberechtigung	29–46
1. Abgeordnete Mitarbeiter	30–33
2. Mitarbeiter in Ausbildung in anderer Dienststelle	34
3. Mitarbeiter unter Betreuung	35–37
4. Beurlaubte Mitarbeiter	38
5. Altersteilzeiter	39
6. Geringfügig Beschäftigte	40
7. Gemäß § 3 Abs. 2 aus der Mitarbeiterschaft ausgeklammerte Personen	41
IV. Sonderfälle	42–61
1. Mitarbeiter in mehreren Dienststellen	42
2. Mitarbeiter in Diensten mehrerer Dienstgeber	43–45
3. Mitarbeiter eines Kirchengemeindeverbandes	46
4. Versetzung	47–48
5. Wehrdienst, Zivildienst	49–53
6. Zivildienstleistende u. a.	54
7. Dienstunfähigkeit, verminderte Erwerbsfähigkeit	55
8. Abwesenheit infolge des Mutterschutzes	56

9. Elternzeit	57
10. Kündigung des Arbeitsvertrages, Mängel des Arbeitsvertrages, andere Verträge	58–60
11. Sonstige	61
V. Stichtag für die Erfüllung der Voraussetzungen der Wahlberechtigung	62
VI. Bedeutung der Wahlberechtigung	63
VII. Streitigkeiten	64

I. Zwingendes Recht

Die Vorschrift über die aktive Wahlberechtigung ist zwingenden Rechts. Sie **1** kann nicht durch Vereinbarungen oder Regelungen erweitert oder eingeschränkt werden. Das folgt aus § 12 Abs. 1 und § 48. Die MAVO macht einen Unterschied zwischen aktiv wahlberechtigten und nicht wahlberechtigten Mitarbeitern in verschiedenen Bestimmungen. Wer nicht aktiv wahlberechtigt ist, der ist auch zugleich von weiteren Rechten ausgeschlossen (Rz 40), obwohl er zu den Mitarbeitern i. S. des § 3 Abs. 1 S. 1 zählt. Siehe auch § 22 a Abs. 2.

II. Voraussetzungen der Wahlberechtigung

1. Mitarbeiter der Dienststelle, § 7 Abs. 1

Aktiv wahlberechtigt sind Mitarbeiterinnen und Mitarbeiter im Sinne von § 3 **2** Abs. 1 S. 1 i. V. m. § 7. **Nicht** zum Kreis der aktiv Wahlberechtigten gehören die in § 3 Abs. 1 S. 2 und Abs. 2 genannten Personen (vgl. § 3 Rz 51, 56) sowie **Altersteilzeiter in der Freistellungsphase des Blockmodells nach ATG** (§ 3 Rz 19 ff.). Auf die Rechtsstellung des aktiv Wahlberechtigten als Arbeiter, Angestellter, Beamter, Auszubildender, Ordensmitglied, Kleriker kommt es nicht an.

Voraussetzung für die Ausübung des aktiven Wahlrechts ist weiter, dass die **3** Mitarbeiter **am Tag der Wahl** Mitarbeiter der Dienststelle sind, für die eine MAV gewählt werden soll. Mitarbeiter ist, wer zum Dienstgeber in einem Beschäftigungsverhältnis steht und diesem zur Erbringung unselbständiger, d. h. weisungsgebundener Dienste verpflichtet ist (*BAG*, 5. 4. 2000 – 7 ABR 20/99, ZTR 2001, 91). Daher sind freie Mitarbeiter keine Mitarbeiter der Dienststelle. So sind z. B. sog. Honorarkräfte, die in Erziehungs- oder Eheberatungsstellen tätig werden, ohne in einem abhängigen Arbeitsverhältnis zu stehen, keine Mitarbeiter der Dienststelle im Sinne von § 3 Abs. 1 S. 1. Dasselbe gilt auch für Rehabilitanden und anderen Personen in einer beruflichen Ausbildung oder sonstigen Maßnahme in reinen Bildungszentren, in denen praktische Ausbildung nicht im Rahmen der jeweiligen arbeitstechnischen Zwecksetzung des Betriebs sich vollzieht, zu dessen Erreichen die betriebsangehörigen Mitarbeiter zusammenwirken (vgl. § 3 Rz 84 ff.). Diese nicht in die Einrichtung Eingegliederten fallen aus dem Kreis der aktiv Wahlberechtigten heraus.

Das Beschäftigungsverhältnis im kirchlichen Dienst entsteht unter mehreren **4** rechtlichen Möglichkeiten.

a. Geistliche

Geistliche (Kleriker) erhalten in der Regel eine **Beauftragung** ihres Diözesan- **5** bischofs. Das Verhältnis zum Bischof beruht auf dem Inkardinationsverhältnis

§ 7

infolge der Diakonenweihe (can. 266 § 1 CIC). Ein nicht inkardinierter Geistlicher, der sich mit Erlaubnis seines Bischofs in einer anderen Diözese aufhält, untersteht dem Bischof der anderen Diözese für die Dauer seines Aufenthalts in der anderen Diözese (can. 271 CIC). Ordensgeistliche sind dem Institut ihres Ordens eingegliedert und diesem inkardiniert (can. 266 § 2 CIC). Werden sie mit Zustimmung ihres Ordens in den Dienst einer Dienststelle gestellt, auf die die MAVO Anwendung findet, so sind sie aktiv wahlberechtigt, falls sie nicht infolge ihrer Stellung in der Dienststelle aus der Mitarbeiterschaft im Sinne von § 3 Abs. 2 ausgeklammert sind.

b. Ordensleute

6 Ordensleute, auch die, welche nicht Geistliche sind, also nicht wenigstens durch die Diakonenweihe zu Klerikern geworden sind (can. 266 § 1), können auf zweierlei Weise in ein Beschäftigungsverhältnis eintreten.

aa. Beauftragung

7 Die erste Art ist die **Beauftragung durch ihren eigenen Orden**, in einer Dienststelle des Ordens tätig zu sein. Unterliegt die Dienststelle der MAVO, weil die Dienststelle dem Apostolat des Ordens dient und deshalb der Diözesanbischof Rechtssetzungsbefugnis auch gegenüber dem Orden hat (vgl. § 1 Rz 26), so ist das Ordensmitglied aufgrund seiner ordensrechtlichen Weisung Beschäftigter und infolgedessen aktiv wahlberechtigt.

bb. Gestellungsvertrag

8 Die zweite Art für die Begründung eines Beschäftigungsverhältnisses ist die **Tätigkeit aufgrund eines Gestellungsvertrages.** Dieser wird zwischen dem Dienstgeber und dem das Ordensmitglied stellenden Orden abgeschlossen. Infolge des Gestellungsvertrages treten die gestellten Ordensleute in ein besonderes Beschäftigungsverhältnis zu der ihre Dienste annehmenden Dienststelle. Sie werden in die Dienststelle eingegliedert und entsprechend den durch den Gestellungsvertrag bestimmten Funktionen eingesetzt und damit Mitarbeiter im Sinne der MAVO (§ 3 Abs. 1, anders die Regelungen nach staatlichem Personalvertretungsrecht, vgl. *BVerwG*, 3. 9. 1990 – 6 P 20.88, wonach ein Pfarrer, der aufgrund eines Gestellungsvertrages von seiner Landeskirche für eine Tätigkeit als Religionslehrer an einem staatlichen Gymnasium »bereitgestellt« wird, kein für die dortigen Personalratswahlen wahlberechtigter Mitarbeiter ist, weil die entscheidenden rechtlichen Befugnisse bei der Landeskirche verbleiben, die alleiniger Vertragspartner des Landes aufgrund des Gestellungsvertrages ist.). Denkbar ist, dass das gestellte Ordensmitglied auch in eine andere Arbeitsorganisation eingegliedert wird.
Beispiel: Eine Krankenschwester für die ambulante Krankenpflege in einem Pfarrgebiet wird von der Pfarrei bzw. Kirchengemeinde an eine Sozialstation in besonderer Trägerschaft (z. B. Caritasverband) überstellt. In diesem Falle der so genannten Überstellung wird eine Beschäftigung in der Sozialstation aufgenommen bei Ausgliederung aus dem Beschäftigungsverhältnis bei der Pfarrei. Es handelt sich in der Regel um eine Versetzung an eine andere Einrichtung.

cc. Arbeitsvertrag

Sollte eine Ordensperson ausnahmsweise auf Grund eines Arbeitsvertrages tätig werden, ist sie dennoch wie ein Ordensmitglied zu behandeln (§ 3 Abs. 3).

c. Laien

Laien werden in der Regel durch **Arbeitsvertrag** tätig. Wesentlich ist im Sinne der MAVO, dass sie haupt- und nebenberuflich oder zu ihrer Ausbildung beschäftigt werden. Sie erhalten Vergütung für ihre Arbeit bzw. eine Ausbildungsvergütung. Soweit Mitarbeiter nicht aufgrund eines Arbeitsvertrages, sondern aufgrund eines **Beamtenverhältnisses** zum kirchlichen Dienstgeber beschäftigt werden, besteht hinsichtlich der aktiven Wahlberechtigung kein Unterschied zu den Mitarbeitern mit Arbeitsvertrag. Werden Laien infolge Gestellungsvertrages, wie z. B. DRK-Schwestern einer DRK-Schwesternschaft, tätig, so gelten für die Gestellten die gleichen Bedingungen wie bei Ordensleuten hinsichtlich des aktiven Wahlrechts. Die Helfer im freiwilligen sozialen Jahr und die Teilnehmer am freiwilligen ökologischen Jahr (Freiwillige) sind Mitarbeiter im Sinne der MAVO, weil es entgegen dem BetrVG nicht auf den Arbeitnehmerbegriff (Mitarbeiter im Arbeitsverhältnis) nach der MAVO ankommt (vgl. deswegen die andre Ausgangsposition des *BAG*, 12. 2. 1992 – 7 ABR 42/91, AR-Blattei ES 530.5 Nr. 20).

Der **Beginn des Beschäftigungsverhältnisses** ist der Tag der vereinbarten Arbeitsaufnahme im Arbeitsvertrag. Das entspricht der sog. Vertragstheorie, wonach also auch derjenige schon als Mitarbeiter gilt, der trotz des vereinbarten Arbeitsbeginns wegen Krankheit die Arbeit nicht angetreten hat. Differenzierungen sind hinsichtlich der übrigen Grundverhältnisse, die nicht Arbeitsverhältnisse sind, nötig. So wird bei Geistlichen, Ordensleuten und gestellungsvertragsunterworfenen Beschäftigten erst dann die aktive Wahlberechtigung feststehen, wenn sie auch tatsächlich die Arbeit in der Dienststelle angetreten haben. Wegen der besonderen sechsmonatigen Karenzzeit gemäß § 7 Abs. 1 vgl. Rz 14 ff.

Nicht zum Kreis der Mitarbeiter gehören Arbeitnehmer eines anderen Betriebes, die vorübergehend in der Dienststelle oder Einrichtung des Dienstgebers tatsächlich arbeiten, ohne zu diesem in einem Arbeitsverhältnis zu stehen, wie Reparaturarbeiter oder Arbeiter einer Reinigungsfirma (vgl. *BVerwG*, 14. 9. 1995 – 6 P 32.93, ZTR 1996, 280), die im Rahmen von Werkverträgen tätig werden (§ 3 Rz 45 f.). Wegen der vom Bistum angestellten Gemeinde- und Pastoralreferenten wird auf § 23 verwiesen.

2. Lebensalter

Voraussetzung für das aktive Wahlrecht ist, dass der Mitarbeiter am Tage der Wahl, bei mehreren Wahltagen am letzten Tag der Stimmabgabe, das **18. Lebensjahr** vollendet hat (§ 7 Abs. 1). Das ist der Fall, wenn der Mitarbeiter in Anwendung des § 187 Abs. 2 S. 2 BGB spätestens an diesem Tage 18 Jahre alt wird (*Frey/ Coutelle/Beyer, § 7 Rz 6*), also am Tage vor seinem Geburtstagsfest.

§ 7

3. Beschäftigungsdauer vor dem Wahltag

a. Sechsmonatsfrist

14 Der Mitarbeiter wie auch die Mitarbeiterin ist erst wahlberechtigt, wen er am Wahltag **seit mindestens sechs Monaten** ohne Unterbrechung in irgendeiner Dienststelle, Einrichtung oder sonstigen selbständig geführten Stelle desselben Dienstgebers **tätig** ist (Abs. 1). Auf den Begriff der Einrichtung kommt es nicht an, wenn für mehrere Einrichtungen eine gemeinsame Mitarbeitervertretung räumlich zuständig ist. Dann reicht die Tätigkeit innerhalb des räumlichen Zuständigkeitsbereichs der MAV (vgl. § 23).
15 Weder im Betriebsverfassungsgesetz (vgl. § 7) noch im Bundespersonalvertretungsgesetz (vgl. § 13 Abs. 1) ist eine vergleichbare Karenzzeit für das aktive Wahlrecht vorgesehen.
16 Sowohl § 7 Abs. 1 als auch § 8 Abs. 1 MAVO machen für das aktive und das passive Wahlrecht zur Voraussetzung, dass der Mitarbeiter seit (mindestens) sechs Monaten ohne Unterbrechung in irgendeiner **Einrichtung desselben Dienstgebers** tätig ist. Deshalb sind die Vorschriften über die zeitlichen Voraussetzungen für das Wahlrecht wesentlich. Sie gelten nicht in den Fällen des § 10 Abs. 3. Im Falle des passiven Wahlrechts muss aber mit den sechs Monaten Tätigkeit bei demselben Dienstgeber eine insgesamt wenigstens zwölfmonatige Tätigkeit im kirchlichen Dienst im Bereich der katholischen Kirche zu verzeichnen sein. Die Gesamtzeit darf nicht rechtlich unterbrochen sein.
17 Das Betriebsverfassungsgesetz (§ 8 Abs. 1) und das Bundespersonalvertretungsgesetz (§ 14 Abs. 1 Nr. 1) stellen darauf ab, dass der Wahlbewerber am Wahltage seit mindestens sechs Monaten einem Betrieb desselben Unternehmens bzw. dem Geschäftsbereich seiner obersten Dienstbehörde angehört. Auf die Zugehörigkeit zu einem und demselben Betrieb kommt es hiernach nicht an (*Grabendorff/Windscheid/Ilbertz/Widmaier*, BPersVG § 14 Rz 2; *Hess/Schlochauer/Glaubitz*, BetrVG § 8 Rz 18). Demnach ist auch für die §§ 7 Abs. 1 und 8 Abs. 1 MAVO davon auszugehen, dass es nicht auf die Zugehörigkeit zu einer und derselben Einrichtung, sondern auf die zu irgendeiner Einrichtung »desselben Dienstgebers« für das aktive und passive Wahlrecht ankommt. Es kommt auf Betriebserfahrung bei demselben Dienstgeber, nicht aber zusätzlich auf eine solche in nur einer einzigen Einrichtung an. Das bedeutet, dass zu einer anderen Dienststelle versetzte Mitarbeiter, also solche, die für dauernd von ihrer früheren Dienststelle ohne Unterbrechung zur neuen übergewechselt sind, keine Beschränkung des aktiven Wahlrechts erfahren.
18 Die **Berechnung der Frist** richtet sich nach dem Termin der Arbeitsaufnahme, die im Arbeitsvertrag oder in einer anderen Urkunde bestimmt ist; er kann vorbehaltlich § 14 Abs. 4 TzBfG auch mündlich vereinbart sein. Infolgedessen wird beim Fristbeginn der Tag mitgerechnet (§ 187 Abs. 2 BGB). Die Wartefrist endet daher gemäß § 188 Abs. 2 BGB mit dem Ablauf desjenigen Tages des letzten Monats, welcher dem Tage vorhergeht, der durch seine Benennung oder seine Zahl dem Anfangstage der Frist entspricht. Wer also zum 15. November eingestellt worden ist, für den endet die Wartefrist am Tage vor dem 15. Mai des folgenden Jahres, so dass also am 15. Mai die Wahlberechtigung eintritt. Wäre Wahltag am 14. Mai, bestünde keine Wahlberechtigung.

b. Ohne Unterbrechung

Eine ununterbrochene Tätigkeit ist zur Wahlberechtigung nicht erforderlich (*Richardi*, Arbeitsrecht in der Kirche § 18 Rz 37; *Mösenfechtel/Perwitz-Passan/ Wiertz*, § 7 Anm. 4; *Damköhler*, MAVO § 7 Anm. 2; so auch: *Frey/Coutelle/Bayer*, § 7 Rz 9). Es reicht die **ununterbrochene Dauer des rechtlichen Bandes des Beschäftigungsverhältnisses** aus, aber auch der Wechsel von einem Rechtsverhältnis (z. B. als Auszubildender) in ein anderes (z. B. Arbeitnehmer im Angestelltenverhältnis). **19**

Die Formulierung des § 7 Abs. 1 deutet zunächst darauf hin, dass es auf die Dauer eines Beschäftigungsverhältnisses nicht ankommen soll, sondern nur auf die der tatsächlichen Tätigkeit. Abgesehen von dem in der Praxis der Wahlvorbereitung kaum vorstellbaren Arbeitsaufwand zur Feststellung evtl. Unterbrechungen der Tätigkeit, gegebenenfalls noch unterschieden nach Urlaub, unbezahltem Sonderurlaub, Krankheit, Fortbildung, Dienstbefreiung, ist auf die Besonderheit des Begriffes Tätigkeit in der MAVO hinzuweisen. In § 3 Abs. 1 wird der Begriff »tätig« als Sammelbegriff für alle Beschäftigten verwendet; er gilt also für Mitarbeiter in Arbeits- und Dienstverhältnissen ebenso wie für Auszubildende im Ausbildungsverhältnis und Mitarbeiter in Gestellungsverhältnissen. § 7 Abs. 1 nimmt den in § 3 Abs. 1 verwendeten Begriff »tätig« wieder auf und wendet ihn auf die Mitarbeiter im Sinne von § 3 Abs. 1 an. Infolgedessen ist es richtig, auf die **Dauer des Beschäftigungsverhältnisses, nicht auf die absolute Zahl von Tätigkeitstagen** abzustellen. Dies ergibt sich auch aus einem Vergleich mit § 7 Abs. 2, Satz 1, wonach es für die aktive Wahlberechtigung eines abgeordneten Mitarbeiters allein darauf ankommt, dass seine Abordnung schon drei Monate andauert. Hier ist also ganz eindeutig die Dauer des Beschäftigungsverhältnisses entscheidend, nicht dagegen die tatsächliche Tätigkeit innerhalb dieser Zeit. Folglich sind wahlberechtigt Mitarbeiter der Dienststelle, die arbeitsunfähig krank sind oder waren, unter Beschäftigungsverbote des Mutterschutzgesetzes fallende Mitarbeiterinnen und Beurlaubte (vgl. auch Rz 38) und Mitarbeiter, die für den Lauf der Kündigungsfrist von der Arbeit freigestellt sind (zur Briefwahl vgl. § 11 Abs. 4). Als Unterbrechung im Sinne der Vorschrift des § 7 Abs. 1 gelten ferner nicht zurückgelegte Zeiten des Grundwehr- und Zivildienstes, von Eignungs- und Wehrübungen und der Elternzeit (§ 15 BErzGG), in denen der Mitarbeiter zwar von der Dienststelle abwesend war und das Arbeits- oder Dienstverhältnis aufgrund gesetzlicher Bestimmungen ruhte, aber nicht aufgehoben war (vgl. aber auch: Rz 49 ff.; 56 f.). **20**

Eine **Unterbrechung** der Tätigkeit liegt jedoch vor, wenn z. B. infolge Ablaufs der Ausbildungszeit und der vertraglich geregelten Beendigung des damit verbundenen Beschäftigungs- bzw. Ausbildungsverhältnisses ein beschäftigungsloser Zeitraum bis zur Wiedereinstellung als ausgebildeter Mitarbeiter entsteht. **21**

Nimmt der Mitarbeiter seine **Arbeit** nur **auf Abruf** (vgl. § 3 Rz 17) auf, so dass also sein Arbeitsverhältnis jeweils erneut befristet wird, weil er nur im Notfall als Ersatzkraft zur Verfügung stehen soll, so wird die Beschäftigungsdauer unterbrochen. Diese Unterbrechung kann wahlrechtsschädlich sein, wenn der Mitarbeiter in der fraglichen Zeit vor dem Wahltermin nicht ununterbrochen tätig war. Die erforderlichen Auskünfte hat der Dienstgeber dem Wahlaus- **22**

§ 7

schuss zu erteilen. Dasselbe gilt entsprechend für die Feststellung des passiven Wahlrechts (§ 8 Rz 41).

23 Bei **Gestellungsverhältnissen** ist der Dienstantritt als Beginn für den Lauf der sechsmonatigen Tätigkeitsdauer anzusehen, auch wenn dann die Tätigkeit bei Fortbestand des Gestellungsverhältnisses, z. B. wegen Exerzitien, unterbrochen worden ist.

4. Abordnung

24 Bei **Abordnung** eines Mitarbeiters an eine andere Stelle, also bei nur vorübergehendem Einsatz an der anderen Stelle, regelt § 7 Abs. 2 in Anlehnung an § 13 Abs. 2 BPersVG, dass der abgeordnete Mitarbeiter im Grundsatz sein Wahlrecht bei der Stammdienststelle behält. Gehört er der aufnehmenden Stelle am Wahltage bereits seit drei Monaten an, wird er in ihr wahlberechtigt. Er verliert deshalb sein Wahlrecht an der abgebenden Stammdienststelle (§ 7 Abs. 2 S. 1), auch wenn in der aufnehmenden Stelle keine MAV gebildet werden kann (*Schlichtungsstelle Köln*, 16. 5. 2000 – MAVO 5/2000).

25 Das Wahlrecht bei der Stammdienststelle geht jedoch nicht verloren, wenn am Wahltage feststeht, dass der Mitarbeiter binnen weiterer sechs Monate in die frühere Einrichtung (Stammdienststelle) zurückkehren wird (§ 7 Abs. 2 S. 2). Dasselbe gilt, wenn ein lange Zeit an eine andere Dienststelle abgeordneter Mitarbeiter wieder an die Stammdienststelle zurückgekehrt ist. Dann ist er dort aktiv wahlberechtigt.

5. Mehrfaches Wahlrecht

26 Mehrere Teilzeitbeschäftigungen in verschiedenen Einrichtungen eines und desselben Dienstgebers bewirken für den Mitarbeiter in jeder Einrichtung, in der eine MAV gebildet wird, das aktive Wahlrecht. Dasselbe gilt für das aktive Wahlrecht bei verschiedenen Dienstgebern. Deshalb ist bei teilzeitbeschäftigten Mitarbeitern eine **mehrfache Wahlberechtigung** nicht auszuschließen (vgl. auch § 23 Rz 9 ff.).

6. Ausbildungsverhältnis

27 Mitarbeiter in einem Ausbildungsverhältnis sind nur bei der Dienststelle, Einrichtung oder sonstigen selbständig geführten Stelle wahlberechtigt, von der sie eingestellt sind **(Abs. 3)**. Es ist bei Ausbildungsverhältnissen häufig anzutreffen, dass die Auszubildenden verschiedene Dienststellen durchlaufen. Sie werden dann in diesen Ausbildungsstellen nicht wahlberechtigt, sondern nur dort, wo der Vertragspartner des Ausbildungsverhältnisses (Dienstgeber) seine Dienststelle hat (vgl. *BAG*, 21. 7. 1993 – 7 ABR 35/92, DB 1994, 842).

7. Eintragung in der Liste der aktiv Wahlberechtigten

28 Eine wichtige Voraussetzung für die Ausübung des aktiven Wahlrechts ist die Eintragung der Mitarbeiter in die Liste der wahlberechtigten Mitarbeiter (§ 9 Abs. 4 S. 2). Sind die Eintragungen in der Liste unrichtig, so kann **gegen die Eintragung** oder Nichteintragung eines Mitarbeiters **Einspruch** eingelegt werden (§ 9 Abs. 4 S. 4). Der Wahlausschuss entscheidet über den Einspruch (§ 9 Abs. 4 S. 5). Gegen die Entscheidung des Wahlausschusses ist das **Schlichtungsverfahren** zulässig (§ 41 Abs. 1 Nr. 2, § 12 Abs. 3), allerdings erst im

Wege der Wahlanfechtung, wenn der Wahlausschuss dem Einspruch nicht abgeholfen hatte. Ist jemand in der Liste der wahlberechtigten Mitarbeiter eingetragen, obwohl ihm am Wahltage das aktive Wahlrecht nicht zusteht, weil die materiellen Voraussetzungen der Wahlberechtigung nicht vorliegen, so hat der Eingetragene dennoch keine Wahlberechtigung.

III. Ausnahmen von der Wahlberechtigung

Neben Bestimmungen, die das aktive Wahlrecht von Mitarbeitern ausschließen, gibt es solche, welche zu **Besonderheiten im aktiven Wahlrecht** führen, nämlich entweder zur Beibehaltung des Wahlrechts bei der Dienststelle des Ersteinsatzes oder zur Gewinnung des Wahlrechts an einer anderen Dienststelle, so bei Abordnungen, während bei Ausbildungen an anderer Dienststelle außerhalb der Dienststelle des Dienstgebers im Sinne des Ausbildungsvertrages das aktive Wahlrecht nur bei letzterer besteht (§ 7 Abs. 2 und 3). 29

1. Abgeordnete Mitarbeiter, § 7 Abs. 2

Mitarbeiter, die vom Dienstgeber an eine andere Dienststelle abgeordnet werden, sind grundsätzlich bei der **Stammdienststelle** wahlberechtigt. Das ändert sich erst, wenn die Abordnung länger als neun Monate an eine und dieselbe Dienststelle erfolgt (§ 7 Abs. 2). Der abgeordnete Mitarbeiter wird allerdings schon nach drei Monaten der Dauer seiner Abordnung an der neuen Dienststelle wahlberechtigt. Das gilt jedoch nur, wenn die Abordnung seit Beginn der Wahlberechtigung noch sechs volle Monate andauern wird (§ 7 Abs. 2 S. 2). Dann verliert der Mitarbeiter mit dem Eintritt des aktiven Wahlrechts an der Dienststelle, zu der er abgeordnet ist, sein aktives und passives Wahlrecht zur früheren Dienststelle. Seine **Wahlberechtigung wandert** also, wenn auch zeitverzögert, mit (§ 7 Abs. S. 1). Dies geschieht jedoch nicht, wenn entweder bei der Abordnung oder aber zum Zeitpunkt des gesetzlichen Eintritts der neuen Wahlberechtigung feststeht, dass die Abordnung zur Dienststelle der Abordnung innerhalb eines Gesamtzeitraumes der Abordnung von neun Monaten beendet sein wird (§ 7 Abs. 2 S. 2). 30

Ist der Mitarbeiter jedoch nur teilweise an eine andere Dienststelle abgeordnet und bleibt er andererseits bei der Stammdienststelle seines Dienstgebers, so verliert er das Wahlrecht bei der Stammdienststelle des Dienstgebers nicht, gewinnt aber ein **zusätzliches Wahlrecht** bei der anderen Dienststelle nach drei Monaten der Dauer der Abordnung und entsprechender Verweildauer (§ 7 Abs. 2 S. 2) hinzu. **Es besteht dann ein mehrfaches Wahlrecht.** Der Begriff Abordnung ist dem Beamtenrecht entnommen. Er wird in § 13 Abs. 2 BPersVG als Tatbestandsmerkmal verwendet und ebenso in dieser Ordnung. Nach § 27 Abs. 1 BBG, § 17 Abs. 2 BRRG kann ein Beamter vorübergehend zu einer seinem Amt entsprechenden Tätigkeit an eine andere Dienststelle abgeordnet werden. Eine eigentliche Definition gibt das Gesetz nicht. Es hat sich folgende Begriffsbestimmung durchgesetzt: 31

Abordnung ist »die Weisung an einen Beamten, unter Aufrechterhaltung seiner beamtenrechtlichen Rechtsstellung unter Beibehaltung seines Amtes bei der Heimatbehörde bei einer anderen Dienststelle eines öffentlich-rechtlichen Dienstherrn tätig zu sein« (vgl. *Grabendorff/Windscheid/Ilbertz/Wid-* 32

§ 7

maier, BPersVG § 13 Rz 19 mit Nachweisen). Für die Abordnung von Angestellten im öffentlichen Dienst gilt entsprechendes. Nach § 12 BAT können Angestellte aus dienstlichen oder betrieblichen Gründen abgeordnet werden. Auch in diesem Zusammenhang ist unter Abordnung die vorübergehende Beschäftigung bei einer anderen Dienststelle oder bei einem anderen Betrieb zu verstehen (*Grabendorff/Windscheid/Ilbertz/Widmaier*, a. a. O. Rz 18). Bei einer Abordnung, die zu einer Beschäftigung des Mitarbeiters im pastoralen Dienst außerhalb des bisherigen Dienstortes führt, ist die **Anhörung** für den Fall vorgeschrieben, dass die Abordnung voraussichtlich länger als drei Monate dauert (§ 29 Abs. 1 Nr. 10). Soll ein sonstiger Mitarbeiter im kirchlichen Dienst für **länger als drei Monate** abgeordnet werden, so ist dazu gemäß § 35 Abs. 1 Nr. 5 die **Zustimmung der MAV** erforderlich.

33 Keine Abordnung sind angeordnete Besuche von Lehrgängen, Tagungen, Schulungen, da hiermit kein Dienststellenwechsel verbunden ist, auch wenn die Maßnahmen länger als drei Monate dauern. Die Betroffenen bleiben auch bei einer länger als dreimonatigen Entsendung bei ihrer Stammdienststelle wahlberechtigt.

2. Mitarbeiter in der Ausbildung in anderer Dienststelle

34 Die Mitarbeiter in Ausbildungsverhältnissen behalten ihre aktive Urwahlberechtigung zur Dienststelle ihres Dienstgebers; sie werden also in der Dienststelle ihres aktuellen Ausbildungsabschnitts, die nicht mit der des Dienstgebers (Vertragspartners des Ausbildungsverhältnisses) identisch ist, nicht aktiv wahlberechtigt (**§ 7 Abs. 3**). Deshalb ist das aktive **Wahlrecht von Mitarbeitern in Ausbildungsverhältnissen statisch.**

3. Mitarbeiter unter Betreuung

35 Früher war vom Wahlrecht ausgeschlossen, wer geschäftsunfähig war. Wer geschäftsunfähig ist, richtet sich nach § 104 BGB. Das ist gemäß § 104 Nr. 2 BGB eine Person, die sich in einem die freie Willensbestimmung ausschließenden Zustand krankhafter Störung der Geistestätigkeit befindet, sofern der Zustand seiner Natur nach nicht vorübergehend ist. Die frühere Bestimmung zum Ausschluss des Wahlrechts ist entfallen und durch eine dem Betreuungsgesetz angepasste ersetzt worden (**§ 7 Abs. 4 Nr. 1**).

36 Nach staatlichem Wahlrecht ist u. a. vom aktiven und passiven Wahlrecht ausgeschlossen, für den zur Besorgung aller seiner Angelegenheiten ein Betreuer nicht nur durch einstweilige Anordnung bestellt ist; dies gilt auch wenn der Aufgabenkreis des Betreuers die in § 1896 Abs. 4 und § 1905 des BGB bezeichneten Angelegenheiten nicht erfasst (§ 13 Nr. 2, § 15 Abs. 2 Nr. 1 BWG; vgl. auch § 5 Abs. 3 Gesetz über die Verwaltung und Vertretung des Kirchenvermögens in der Diözese Fulda, Amtsbl. 1996 Nr. 15 S. 15, Pr. Gesetz über die Verwaltung des katholischen Kirchenvermögens vom 24. 7. 1924 in d. F. vom 3. 4. 1992 – GV NW S. 1247 – zu § 4 Abs. 2 Buchstabe a für die Diözesen in NW).

37 Die Bestimmung des § 7 Abs. 4 Nr. 1 stellt ab auf die Bestellung eines Betreuers, dem die Besorgung aller Angelegenheiten für einen Mitarbeiter nicht nur vorübergehend übertragen ist. Dabei ist davon auszugehen, dass **das Wahlrecht auch dann ausgeschlossen ist, wenn der Aufgabenkreis des Betreuers die in § 1896 Abs. 4 und § 1905 BGB bezeichneten Angelegenheiten nicht er-**

fasst, wie dies dem staatlichen und auch partikularen (Kirchen-)Recht entspricht. Ein solcherart betroffener Mitarbeiter ist vom aktiven und passiven Wahlrecht ausgeschlossen (§ 7 Abs. 4 Nr. 1 und § 8 Abs. 1).

4. Beurlaubte Mitarbeiter

Mitarbeiter, die am Wahltag ohne Bezüge beurlaubt sind, sind gemäß § 7 **38** Abs. 4 Nr. 2 nicht wahlberechtigt, wenn die Beurlaubung vom Wahltag aus gerechnet mindestens noch weitere sechs Monate andauern wird. Es spielt keine Rolle, ob der Mitarbeiter bei einer anderen Dienststelle tätig ist und dort sogar Bezüge hat oder ob er gar nicht tätig ist, wie Z. B. im Sonderurlaub aus wichtigem Grund (vgl. § 50 BAT; § 10 Anlage 14 zu den AVR). Während eines Erholungs- oder Krankenhausurlaubs ist ein Mitarbeiter wahlberechtigt. Zur **Elternzeit** siehe Rz 57. Wird während der Beurlaubung Vergütung gezahlt, so ist der Beurlaubte als Mitarbeiter der Dienststelle wahlberechtigt.

5. Altersteilzeiter

Mitarbeiter in Altersteilzeitarbeitsverhältnissen im Sinne des Altersteilzeitge- **39** setzes sind weder aktiv noch passiv wahlberechtigt, wenn sie sich am Wahltag nach dem Blockmodell bereits in der **Freistellungsphase** (§ 2 Abs. 2 und 3 AltersteilzeitG) befinden (**§ 7 Abs. 4 Nr. 3**). Mit dieser Regelung ist die Streitfrage, ob Altersteilzeiter, die rechtlich noch im Arbeitsverhältnis stehen (§ 2 AltersteilzeitG), das Wahlrecht zur Wahl der MAV haben, wenn sie in die Freistellungsphase ohne Beschäftigung eingetreten sind (*Thiel*, ZMV 1999, 116; *BVerwG*, 15. 5. 2002 6 P 8.01, ZTR 2002, 553; ZMV 2003, 50 f.), entschieden (vgl. auch § 13 c Nr. 4). Diese Personengruppe hat aber wegen des aufrechten Bandes eines Beschäftigungsverhältnisses das Recht zur Teilnahme an der Mitarbeiterversammlung (§§ 4, 21). Gegenteiliges wäre in § 3 zu regeln gewesen.

6. Geringfügig Beschäftigte

Sowohl die geringfügig Beschäftigten (**§ 8 Abs. 1 Nr. 1 SGB IV**) als auch die **40** kurzzeitig Beschäftigten (**§ 8 Abs. 1 Nr. 2 SGB IV**) sind unter den Voraussetzungen des § 7 Abs. 1 aktiv wahlberechtigt. Im Falle des § 8 Abs. 1 Nr. 2 SGB IV kann es sich dabei allerdings nur um die zweite Alternative handeln, wenn der Zeitraum bis zu 50 Arbeitstage innerhalb eines Kalenderjahres sich über einen Zeitraum von wenigstens sechs Monaten erstreckt und dies bereits aus dem Arbeitsvertrag hervorgeht und damit keine Unterbrechungen des rechtlichen Bandes des Arbeitsvertrages verbunden sind. Andernfalls verhindert **Kurzzeitigkeit** das aktive Wahlrecht, falls nicht von der Bildung einer MAV gemäß § 10 in einer neuen Einrichtung auszugehen ist (§ 10 Abs. 3). Von Mitarbeiterschaft (Eingliederung in eine Dienststelle) kann ausgegangen werden, wenn Daueraufgaben der Dienststelle bzw. Einrichtung wahrgenommen werden, es sich insbesondere ihrer Art und Zielsetzung nach um Aufgaben handelt, die so auch den bereits in der Dienststelle tätigen Mitarbeitern obliegen, zumal dann, wenn dadurch räumliche und sachliche Berührungspunkte entstehen. Mit der Streichung der Vorschrift des § 7 Abs. 2 Nr. 4 MAVO a. F. durch die Novelle der MAVO des Jahres 2003 wird das Ziel des Gesetzgebers zur Vermeidung der Diskriminierung Teilzeitbeschäftigter und befristet Be-

§ 7

schäftigter (§ 4 TzBfG) unterstrichen. Bei einer Beschäftigung bis zu zwei Monaten (§ 8 Abs. 1 Nr. 2, erste Alternative SGB IV) kann das aktive Wahlrecht allenfalls im Falle des § 10 Abs. 3 gegeben sein, wenn eine neue Einrichtung entstanden ist. Denn dann kommt es für die erste Wahl einer MAV auf die in den §§ 7 Abs. 1 und 8 Abs. 1 festgelegten Vordienstzeiten nicht an.

7. Gemäß § 3 Abs. 2 aus der Mitarbeiterschaft ausgeklammerte Personen

41 Nicht aktiv wahlberechtigt sind diejenigen Personen, die gemäß § 3 Abs. 2 aus dem Begriff des Mitarbeiters ausgeklammert sind (vgl. zu § 3 Rz 52 ff.). Dazu gehören insbesondere auch die unter § 3 Abs. 2 Nr. 6 genannten Personen und Leiharbeitnehmer (§ 3 Abs. 1 S. 2).

IV. Sonderfälle

1. Mitarbeiter in mehreren Dienststellen

42 Es gibt Dienstgeber, die verschiedene Dienststellen und Einrichtungen mit unterschiedlichen Aufgaben unterhalten. In Betracht kommen Verwaltungen, Schulen, Heime, Krankenhäuser. Sind in den verschiedenen Dienststellen jeweils Mitarbeitervertretungen zu bilden bzw. gebildet (§ 1 a), dann ist ein in mehreren Dienststellen eines und desselben Dienstgebers beschäftigter Mitarbeiter, besonders dann, wenn er funktionsbezogene Arbeitsverträge mit demselben Dienstgeber abgeschlossen hat und er die sonst zum aktiven Wahlrecht geforderten Voraussetzungen erfüllt, in mehreren Dienststellen, in denen er beschäftigt wird, wahlberechtigt.

2. Mitarbeiter in Diensten mehrerer Dienstgeber

43 Steht ein Mitarbeiter jeweils arbeitsvertraglich in den Diensten mehrerer Dienstgeber und sind in deren Dienststellen bzw. Einrichtungen jeweils Mitarbeitervertretungen zu wählen, so hat der Mitarbeiter unter den übrigen Voraussetzungen für das aktive Wahlrecht ein mehrfaches Wahlrecht, weil er bei mehreren Dienstgebern beschäftigt wird.
Kooperiert ein Dienstgeber mit einem anderen kirchlichen Dienstgeber wegen des Einsatzes einer sonst nicht voll beschäftigten Fachkraft (z. B. Kirchenmusiker), so könnte ein Doppelwahlrecht anzunehmen sein, wenn bei beiden Dienstgebern je eine MAV zu wählen ist, obwohl nur ein Arbeitsvertragsverhältnis besteht, aber zum anderen kooperierenden Dienstgeber ein Beschäftigungsverhältnis. Das kann bei einem Kirchenmusiker der Fall sein, wenn er bei der Kirchengemeinde A arbeitsvertraglich angestellt ist, bei der Kirchengemeinde B aber im Wege des Kooperationsvertrages zwischen A und B auch bei B weisungsgebunden seinen Aufgaben als Mitarbeiter nachgeht. Dieses echte Leiharbeitsverhältnis entspricht nicht den Voraussetzungen des AÜG, so dass § 3 Abs. 1 S. 2 MAVO nicht anwendbar ist.

44 Aber das arbeitsvertragliche Grundverhältnis ist entscheidend für die Zuordnung zum Dienstgeber und für das aktive Wahlrecht, nicht dagegen die zusätzliche Beschäftigung beim Kooperationspartner des Dienstgebers. Ein Fall des § 23 liegt nicht vor, weil der Dienstgeber den Mitarbeiter nicht aus seinem Dienststellenbereich ausgliedert.

§ 7

Ist bei mehreren Dienstgebern eine **gemeinsame MAV** i. S. von § 1 b zu bilden, 45
besteht schon aus diesem Grunde nur ein Wahlrecht. Das kann der Fall sein,
wenn für das Gebiet eines Seelsorgebereichs mit mehreren Pfarreien (Kirchengemeinden oder eines Pfarrverbandes (Amtsblatt des Erzbistums Köln
2003 Nr. 7 S. 10) mit einem Moderator (can. 517 § 1 CIC) die Bildung einer
MAV gemäß § 1 b vereinbart ist. Denn dann findet auch § 7 Abs. 1 mit der
Maßgabe Anwendung, dass der Wechsel eines Mitarbeiters zu einem anderen
Dienstgebers innerhalb des Zuständigkeitsbereichs der gemeinsamen MAV
nicht den Verlust des Wahlrechts zur Folge hat (§ 22 a Abs. 2).
Sind mehrere rechtlich selbstständige Kirchengemeinden zu einem Kirchen- 46
gemeindeverband als Körperschaft des öffentlichen Rechts zusammengeschlossen, um von diesem zweckgerichtet die Betriebsträgerschaft der Einrichtungen, die Anstellungsträgerschaft für das bei den Kirchengemeinden
und ihren Einrichtungen zu beschäftigende Personal übernehmen zu lassen,
dann ist der Kirchengemeindeverband der Diensteber der beschäftigten Mitarbeiterinnen und Mitarbeiter (vgl. Amtsblatt des Erzbistums Köln 2003 Nrn.
32 bis 34, S. 29 bis 31). Er hat es in der Hand, gemäß § 1 a festzulegen, ob alle
Arbeitsbereiche nur eine einzige Dienststelle mit nur einer MAV bilden oder
mehrere Einrichtungen mit den jeweiligen Mitarbeitervertretungen zu bilden
sind.

4. Versetzung

Es ist zwischen verschiedenen Versetzungsbegriffen zu unterscheiden, näm- 47
lich dem hier gebräuchlichen Begriff der **Versetzung** von einer Dienststelle
zu einer anderen, dem arbeitsvertraglichen Versetzungsbegriff, wonach durch
einseitige, rechtsgeschäftliche Handlung der Arbeitgeber die Arbeitsbedingungen und den Arbeitsbereich des Arbeitnehmers innerhalb der vertraglich
vereinbarten Aufgaben oder des Einsatzbereichs des Arbeitnehmers ändert,
und dem betriebsverfassungsrechtlichen, wenn nämlich der Arbeitnehmer aus
seinem bisherigen Arbeitsbereich (vgl. dazu: *BAG*, 26. 5. 1988 -1 ABR 18/87,
DB 1988, 2158 = BB 1988, 2100 mit Anmerkung von *Hunold*, BB 1988, 2101)
herausgelöst und einem anderen Arbeitsbereich innerhalb der Dienststelle
zugeteilt wird (§ 95 Abs. 3 BetrVG). Nach Personalvertretungsrecht ist unter
Umsetzung die Zuweisung eines anderen Aufgabenbereichs auf Dauer innerhalb derselben Dienststelle zu verstehen (*Meurer*, Bundespersonalvertretungsrecht S. 188 m. w. N.). Die MAVO kennt den Begriff der Umsetzung
nicht. Wird ein Mitarbeiter an eine andere Dienststelle versetzt, weil ihm
dort auf Dauer die Zuweisung eines Arbeitsbereichs zuteil wird, wird er dort
wahlberechtigt. Das aktive Wahlrecht bei der bisherigen Dienststelle verliert
er mit Wirkung der Versetzung.
Die Versetzung unterscheidet sich von der **Abordnung** dadurch, dass erstere 48
nicht vorübergehend wie die Abordnung erfolgt, sondern auf Dauer. Die Abordnung kann eine Versetzung einleiten. Der Begriff ist nicht zu verwechseln
mit dem des § 95 Abs. 3 BetrVG. Letzterer bedeutet Zuweisung eines anderen
Arbeitsbereichs, nicht Zuweisung einer Arbeitsstelle in einer anderen Dienststelle (*BAG*, 26. 5. 1988 – 1 ABR 18/87, BB 1988, 2100; vgl. auch *BAG*, 15. 9.
1987 – 1 ABR 44/86, BB 1988, 482; *BAG*, 26. 1. 1988 – 1 AZR 531/ 86, BB 1988,
1327).

§ 7

5. Wehrdienst, Zivildienst

49 In der Zeit, in der Wehrpflichtige den Wehrdienst bzw. den Zivildienst ableisten (§ 3 Abs. 1 WehrpflG), ruht das **Arbeitsverhältnis zum Dienstgeber**, es wird aber nicht aufgehoben (vgl. § 1 Arbeitsplatzschutzgesetz und § 78 Abs. 1 Nr. 1 ZDG), sondern **besteht fort.** Deshalb ist die Frage nach dem aktiven Wahlrecht dieser Personengruppe zu stellen. Die MAVO gibt keine Auskunft. Würde man darauf abstellen, dass der Mitarbeiter in der Dienststelle tätig sein muss, so wäre die Frage bei dieser Personengruppe zu verneinen. Daher ist zu klären, was ein **ruhendes Arbeitsverhältnis** ist und welche Rechtsfolgen sich daraus ergeben.

50 Das Arbeitsverhältnis ruht nach herrschender Lehre, wenn aufgrund eines besonderen rechtlichen Gestaltungsaktes (Gesetz, Vereinbarung oder Entscheidung des Berechtigten – *BAG,* 10. 5. 1989 – 6 ARZ 660/87, DB 1989, 2127 f. B II 2) bestimmte Pflichten, insbesondere die Hauptpflicht der Vertragsparteien (Arbeitsleistung und Lohnzahlung) für eine längere Zeit aufgehoben sind (*BAG,* 10. 5. 1989 – 6 AZR 660/87, DB 1989, 2127 f. B II 1 f.), im Übrigen aber der Arbeitsvertrag und die Betriebszugehörigkeit des Arbeitnehmers fortbestehen (vgl. *Pusch,* Schutz des Arbeitsverhältnisses, HzA Gruppe 15, S. 325, 327 Rz 113 ff. m. N.).

51 Das Ruhen umfasst demnach nicht das gesamte Arbeitsverhältnis, sondern nur bestimmte Rechte und Pflichten daraus. Demnach ist die Frage, welche Pflichten im einzelnen aufgehoben sind, nicht beantwortet. In jedem Falle sind wegen des Ruhenszweckes die Hauptpflichten aufgehoben. Ob und gegebenenfalls in welchem Umfang die anderen Pflichten das Schicksal der Hauptpflichten teilen, richtet sich letztlich nach dem Zweck des Ruhens, wenn und soweit über die Frage keine ausdrücklichen Regelungen getroffen worden sind (vgl. *Pusch,* HzA Gruppe 15, Rz 133 ff.). Das ist dann nur im Wege der Auslegung zu beantworten (*Pusch,* a. a. O. Rz 215). Die Betriebszugehörigkeit und ihre Dauer können Grundlage und Maßstab für die verschiedensten Ansprüche und Rechtspositionen des Arbeitnehmers sein, nach herrschender Ansicht auch für das aktive und passive Wahlrecht zum Betriebsrat nach BetrVG (*Pusch,* a. a. O. Rz 229; *Hess/Schlochauer/Worzalla/Glock,* BetrVG § 7 Rz 27).

52 Für die Anwendung der MAVO gelten jedoch andere Grundsätze. **Normen des staatlichen Arbeitsrechts vermögen nicht die Ordnung der MAVO zu tangieren.** Denn die MAVO ist kirchlich selbstbestimmte Ordnung. Insofern ist also eine Analogie zur herrschenden Lehre und auch zur Rechtsprechung zur Frage des Wahlrechts zu den Personalvertretungen nach staatlichem Recht nicht zulässig. Die staatliche Rechtsprechung erfasst den gesamten Bereich staatlicher Gesetzgebung, sie erfasst nicht den Bereich eigenständiger kirchlicher Regelung zur Verwaltung kirchlicher innerer Angelegenheiten. Insofern besteht also ein Freiraum der Kirche zur Regelung eines Rechtsverhältnisses für den innerkirchlichen Bereich aufgrund eines Arbeitsverhältnisses. Die MAVO ist innerkirchliches Kirchenrecht, wenn und soweit sie die Frage der Wählbarkeit zur Mitarbeitervertretung regelt (BAG, 11. 3. 1986 – 1 ABR 26/84, AP Nr. 25 zu Art. 140 GG). Ist eine Frage innerkirchlich nicht geregelt, so besteht **keine Möglichkeit,** in Analogie zum staatlichen Recht und dann noch im Wege der Auslegung eine **ungeregelte innerbetriebliche Angelegenheit als staatlich gewollte Regelung zu bezeichnen.** Durch das Arbeitsplatzschutzgesetz regelt der Gesetzgeber das Ruhen des Arbeitsverhältnisses, nicht aber die Rechte, die nur durch kircheneigene Ordnung regelbar sind. Betriebsverfassungsrechtliche oder personalvertretungsrechtliche Regelungen des Staates, seien sie im Wege der Gesetzgebung, der Verwaltung oder der Rechtsprechung ergangen, gelten für den innerkirchlichen Bereich wegen des kirchlichen Selbstbestimmungsrechts zur Regelung ihrer eigenen Angelegenheiten nicht (Art. 140 GG i. V. m. Art. 137 Abs. 3 WRV).

Während das BPersVG und das BetrVG als Voraussetzung für das aktive Wahlrecht keine Mindestdauer für eine Beschäftigung festschreiben, ist das gemäß § 7 Abs. 1 jedoch der Fall. Insofern ist die in den Kommentierungen zu den genannten staatlichen Gesetzten anzutreffende Argumentation zugunsten des Wahlrechts der Wehr- und Zivildienstleistenden (vgl. *Grabendorff/ Windscheid/Ilbertz/Widmaier*, BPersVG § 13 Rz 15; *Hess/Schlochauer/Worzalla/Glock*, BetrVG § 7 Rz 27) spezifisch und daher wegen der anderen Bestimmungen des § 7 Abs. 1 zum aktiven Wahlrecht auf die MAVO nicht übertragbar. Weil die Wahlberechtigungsvoraussetzungen in der MAVO also anders geregelt sind als in den staatlichen Gesetzen, kann das Schweigen der MAVO nicht als positive Wahlberechtigungsnorm gedeutet werden. Deshalb ist das **Wahlrecht der Wehrdienst- und Zivildienstleistenden zu verneinen** (a. A. *Mösenfechtel/Perwitz-Passan/Wiertz*, § 7 Anm. 7 e s. 6; *Damköhler*, MAVO § 7 Anm. 1). *Frey/Coutelle/Beyer* (MAVO § 7 Rz 3) erklären, dass je nach Dauer des Wehr- oder Zivildienstes seit dem Wahltage das aktive Wahlrecht zu beurteilen sei. Bei noch mindestens sechsmonatiger Dauer des Wehr- oder Zivildienstes seit dem Wahltag wird das Wahlrecht verneint, bei kürzerer Dauer wird es bejaht. Dabei wird an eine Beurlaubung ohne Bezüge (§ 7 Abs. 4 Nr. 2) gedacht (vgl. *Bioly/Hintz/Wolf*, Mitarbeitervertretungsgesetz, § 7 Anm. 3 S. 111 f.). Hier darf nicht außer Acht bleiben, dass der Wehr- und Zivildienst nur für Beamte Beurlaubung ohne Bezüge ist (§ 9 Abs. 1 ArbPlSchG, § 78 ZDG). Die Beurlaubung ohne Bezüge ist wahlrechtshindernd, falls sie am Wahltag noch wenigstens sechs Monate dauert (§ 7 Abs. 4 Nr. 2). Trotz fortdauernden Arbeitsverhältnisses ist das Wahlrecht also im Prinzip versagt (vgl. auch § 13 Abs. 1 S. 2 BPersVG, wonach Beschäftigte, die am Wahltage seit mehr als sechs Monaten unter Wegfall der Bezüge beurlaubt sind, nicht wahlberechtigt sind). Dies muss dann auch für die Mitarbeiter im Sinne der MAVO gelten, wenn sie Wehr- oder Zivildienst leisten. Denn sie stehen in ihrer Eigenschaft als Wehr- oder Zivildienstleistende in einem besonderen Dienst- und Pflichtenverhältnis zum Staat, so dass ihre aktiven Arbeitnehmer- bzw. Mitarbeiterrechte bei ruhendem Arbeitsverhältnis ebenfalls wegen fehlender Tätigkeit in der Einrichtung ruhen (§§ 1, 10 ArbPlSchG, § 78 ZDG; a. A. *Schlochauer*, GK-BetrVG, § 7 Rz 27).

4. Zivildienstleistende u. a.

Zivildienstleistende in den Dienststellen sind **nicht aktiv wahlberechtigt**, weil sie nicht beim Dienstgeber der Dienststelle in einem Beschäftigungsverhältnis stehen, sondern im öffentlichen Dienst bei einem öffentlich-rechtlichen Dienstherrn (vgl. § 3 Rz 100). Sie sind daher nicht wahlberechtigt. Dasselbe gilt für **Referendare**, weil sie nicht in einem Arbeitsverhältnis zur Dienststelle und deren Dienstgeber stehen, sondern in einem Beamtenverhältnis zum Staat (*Frey/Coutelle/Beyer*, § 3 Rz 19). Sie sind als Beamte auf Widerruf im

§ 7

Vorbereitungsdienst nach Personalvertretungsrecht wahlberechtigt (§ 13 Abs. 3 BPersVG).

7. Dienstunfähigkeit, verminderte Erwerbsfähigkeit

55 Dienstunfähigkeit und verminderte Erwerbsfähigkeit führen zur Einstellung der Tätigkeit des Mitarbeiters in der Dienststelle. Solange das Dienst-, Arbeits-, Beschäftigungsverhältnis oder Ausbildungsverhältnis jedoch besteht, besteht auch das Wahlrecht. Wird dem Mitarbeiter eine befristete Rente auf Zeit wegen verminderter Erwerbsfähigkeit (§ 102 Abs. 2 SGB VI) gewährt, so bedeutet dies nicht ohne Weiteres das Ende des Arbeitsverhältnisses. Nach den angewandten Arbeitsvertragsregelungen (z. B. § 48 Abs. 1 S. 4 und 5 KAVO; § 18 Abs. 4 AVR-Caritas) ruht das Arbeitsverhältnis mit allen Rechten und Pflichten bis zum Ablauf des Tages, bis zu dem die Zeitrente bewilligt ist, längstens jedoch bis zum Ablauf des Tages, an dem das Arbeitsverhältnis endet (vgl. auch § 59 Abs. 1 Unterabsatz 1 S. 4 und 5 BAT; § 59 Abs. 1 Unterabs. 1 S. 4 und 5 ABD). Das mit »allen Rechten und Pflichten« eintretende Ruhen des Arbeitsverhältnisses geht in seinen Wirkungen über diejenigen eines unbezahlten Sonderurlaubs (z. B. § 50 Abs. 2 BAT; § 10 Anlage 14 zu den AVR; § 38 Abs. 2 KAVO; vgl. auch Rz 39) hinaus (*Uttlinger/Breier/Kiefer/Hoffmann*, BAT § 59 Erl. 1 a). Deshalb besteht während der Zeit des Ruhens des Arbeitsverhältnisses wegen Bezuges der Rente auf Zeit kein Wahlrecht. Dasselbe gilt auch, solange der Mitarbeiter nach Wiederherstellung der Erwerbsfähigkeit noch nicht wieder bei seinem früheren Dienstgeber eingestellt worden ist (vgl. § 59 Abs. 5 BAT; § 48 Abs. 5 KAVO).

8. Abwesenheit infolge des Mutterschutzes

56 Gesetzliche Arbeitsverbote im Sinne des Mutterschutzgesetzes setzen ein bestehendes Arbeitsverhältnis voraus (§ 1 Nr. 1 MuSchG). Daher besteht bei gesetzlichem Arbeitsverbot (§§ 3 und 6 Abs. 1 MuSchG) in diesem Sinne das Wahlrecht. Denn das Arbeitsverhältnis ruht nicht (*BAG*, 3. 6. 1987 – 5 AZR 153/86 n. v.; *BAG*, 10. 5. 1989 – 6 AZR 660/87, DB 1989, 2127, 2128 B II, 1 e). Dasselbe hat aber auch für die sonstigen Arbeitsverbote im Sinne des MuSchG zu gelten.

9. Elternzeit

57 Die Elternzeit (früher: der Erziehungsurlaub) gemäß § 15 BErzGG ist privatrechtlicher Sonderurlaub (*Berscheid*, GK-BUrlG, § 15 BErzGG Rz 3). Das Arbeitsverhältnis besteht rechtlich fort und unterliegt sogar besonderem Kündigungsschutz (§ 18 BErzGG). Allerdings ruhen kraft Gesetzes (*BAG*, 10. 2. 1993 – 10 AZR 450/ 91, BB 1993, 1083) die beiderseitigen Hauptpflichten (Arbeitsleistung und Vergütung), wenn bei dem Dienstgeber keine Teilzeitarbeit (§ 1 Abs. 1 Nr. 4 und § 2 Abs. 1 BErzGG) erbracht wird (*BAG*, 22. 6. 1988 – 5 AZR 526/87, DB 1988, 2365; *BAG*, 10. 5. 1989 – 6 AZR 660/871, DB 1989, 2127 f. B II 1. f.). Das aktive Wahlrecht wird deshalb gewährt. Allerdings ist es gemäß § 7 Abs. 4 Nr. 2 dann ausgeschlossen, wenn der Erziehungsurlaub bei entfallendem Arbeitsentgelt am Wahltage noch mindestens weitere sechs Monate andauert (Rz 39). Siehe auch § 8 Rz 7.

§ 7

10. Kündigung des Arbeitsvertrages, Mängel des Arbeitsvertrages, andere Verträge

Ein Mitarbeiter, der sich in einem gekündigten Arbeitsverhältnis befindet, ist 58 bis zum Ablauf der Kündigungsfrist wahlberechtigt und zwar auch dann, wenn er während des Laufes der Kündigungsfrist von der Arbeitsleistung freigestellt ist.
Wird der Mitarbeiter **nach Ablauf der Kündigungsfrist weiterbeschäftigt**, so 59 bedeutet dies wegen des Wortlauts des § 3 Abs. 1, dass ein Beschäftigungsverhältnis besteht. Dieses ist ausreichend für die Bejahung des Wahlrechts (vgl. *Grabendorff/Windscheid/Ilbertz/Widmaier*, BPersVG § 13 Rz 13; *Hess/Schlochauer/Worzalla/Glock*, BetrVG § 7 Rz 28–32; *LAG Berlin*, 2. 5. 1994 – 9 Ta BV 1/94 rkr., DB 1994, 2556 im Fall der Kündigungsschutzklage). Auch bei nichtigem oder anfechtbarem Arbeitsvertrag ist bei Beschäftigung die Wahlberechtigung gegeben.
Werden Personen wie Mitarbeiter beschäftigt, obwohl ein Gestellungsvertrag 60 noch nicht rechtswirksam abgeschlossen ist, so handelt es sich, wenn die Personen zu ihrer Berufsausübung tätig werden, um eine Tätigkeit im Sinne eines tatsächlichen Beschäftigungsverhältnisses. Diese Personen sind Mitarbeiter im Sinne von § 3 Abs. 1 S. 1, also aktiv wahlberechtigt (vgl. *Schlichtungsstelle Köln* MAVO 1/1985).

11. Sonstige

Für die Ausübung des Wahlrechts kommt es nicht auf die Staatsangehörigkeit 61 an, sondern nur auf die allgemeinen Voraussetzungen für die Wahlberechtigung. Wählbar sind neben den deutschen Wahlberechtigten sowohl **Staatenlose** als auch **Ausländer**.

V. Stichtag für die Erfüllung der Voraussetzungen der Wahlberechtigung

Alle Voraussetzungen für das aktive Wahlrecht müssen am Wahltag vorliegen. 62 Erstreckt sich die Wahl über mehrere Tage, so müssen die Voraussetzungen an dem Tag vorliegen, an dem der betreffende Mitarbeiter wählt. Dies gilt auch, wenn er erst am letzten Tag wählt. Sind am Wahltag trotz Eintragung in der Liste der Wahlberechtigten (vgl. Rz 28) Voraussetzungen für die Wahlberechtigung weggefallen, so ist der Mitarbeiter nicht wahlberechtigt.

VI. Bedeutung der Wahlberechtigung

Die Zahl der Wahlberechtigten ist bedeutsam für die Errichtung und Größe 63 von Mitarbeitervertretungen (§ 6 Abs. 1 und 2). Wer nicht aktiv wahlberechtigt ist, hat kein passives Wahlrecht (§ 8 Abs. 1 i. V. m. § 7).

VII. Streitigkeiten

Streitigkeiten über das aktive Wahlrecht werden gemäß § 9 Abs. 4 S. 5 vom 64 Wahlausschuss entschieden. **Wahlanfechtungen innerhalb einer Woche** seit

§ 8

Bekanntgabe des Wahlergebnisses wegen eines behaupteten oder bestrittenen aktiven Wahlrechts werden gemäß § 12 Abs. 1 **vom Wahlausschuss entschieden.** Gegen seine Entscheidung ist die **Anrufung der Schlichtungsstelle** innerhalb von zwei Wochen nach Zugang der Entscheidung zulässig (§ 12 Abs. 3; § 11 c Abs. 4; § 41 Abs. 1 Nr. 2).

§ 8 Passives Wahlrecht

(1) Wählbar sind die wahlberechtigten Mitarbeiterinnen und Mitarbeiter, die am Wahltag seit mindestens einem Jahr ohne Unterbrechung im kirchlichen Dienst stehen, davon mindestens seit sechs Monaten in einer Einrichtung desselben Dienstgebers tätig sind.

(2) Nicht wählbar sind Mitarbeiterinnen und Mitarbeiter, die zur selbstständigen Entscheidung in anderen als den in § 3 Abs. 2 Nr. 3 genannten Personalangelegenheiten befugt sind.

Inhaltsübersicht

	Rz
I. Vorbemerkung	1–4
II. Zwingendes Recht	5
III. Voraussetzungen der Wählbarkeit	6–36
1. Aktives Wahlrecht	7
2. Vollendung des 18. Lebensjahres	8
3. Gekündigte Mitarbeiter	9–15
4. Sonstige Fälle	16
5. Zugehörigkeit zum kirchlichen Dienst	17–21
a. Einjährige Dienstzeit vor dem Wahltag	18
b. Sechsmonatige Beschäftigungszeit vor dem Wahltag	19
c. Ohne Unterbrechung	20
d. Sonderfall des § 10 Abs. 3	21
6. Einfluss der Zugehörigkeit	22–26
a. Zu einer weiteren Dienststelle	22
b. Zu einer anderen Mitarbeitervertretung, Personalvertretung o. ä.	23–25
c. Zur Vertretung der schwerbehinderten Menschen	26
7. Zugehörigkeit eines Wahlbewerbers zur katholischen Kirche	27–35
8. Förmliche Voraussetzungen	36
IV. Stichtag für die Erfüllung der Voraussetzungen der Wahlberechtigung	37
V. Ausschluss der Wählbarkeit	38–53
1. Gemäß § 8 Abs. 1	39–41
a. Ausschluss vom aktiven Wahlrecht	39–40
b. Dienstzeit im Kirchendienst unter einem Jahr	41
2. Gemäß § 8 Abs. 2	42–47
3. Mitgliedschaft im Wahlausschuss	48
4. Ausschluss aus der MAV	49
5. Nichtaufnahme in den Wahlvorschlag	50
6. Einberufung zum Wehr- oder Zivildienst	51
7. Sprecher der Jugendlichen und Auszubildenden	52
8. Vertretung der schwerbehinderten Menschen	53
VI. Sonderregelung für die Wahl in einer neuen Einrichtung	54
VII. Kündigungsschutz für Wahlbewerber	55–56
VIII. Anfechtung der Wahl bei Verstößen gegen die Bestimmungen des § 8	57–59
1. Anfechtungsrecht	57
2. Einspruchsrecht	58
IX. Ausschluss staatlicher Rechtskontrolle	60–62

§ 8

I. Vorbemerkung

Die Grundordnung des kirchlichen Dienstes im Rahmen kirchlicher Arbeits- 1
verhältnisse (GrO) lässt gemäß Art. 4 GrO die Beschäftigung von katholischen, nicht katholischen christlichen und nichtchristlichen Mitarbeitern, von spezifischen Funktionen abgesehen (Art. 3 GrO), zu. Deshalb ist zur Wählbarkeit der Kandidaten über ihre Kirchenzugehörigkeit nichts gesagt, obwohl gemäß § 14 Abs. 1 S. 2 der Vorsitzende der MAV katholisch sein soll, in der Diözese Fulda und den bayerischen Diözesen sogar katholisch sein muss (vgl. z. B. § 14 Abs. 1 S. 2 MAVO München und Freising, Amtsblatt 1996 Nr. 103 S. 218 ff.; Rz 27 ff.).
Die Frage, ob ein katholischer Wahlbewerber für das Amt des Mitarbeiterver- 2
treters an der Ausübung seiner allgemeinen kirchlichen Gliedschaftsrechte gehindert ist, hat keine Bedeutung; sie ist erheblich für die Mitglieder der Schlichtungsstelle (§ 40 Abs. 3 und 4). Einem Mitglied der MAV kann dagegen außerordentlich (§ 19 Abs. 1 S. 1) und in den Fällen des Art. 5 Abs. 3 bis 5 GrO auch ordentlich gekündigt werden (§ 19 Abs. 1 S. 2), ebenso einem Wahlbewerber (§ 19 Abs. 2).
Ansonsten gibt es auch für geringfügig Beschäftigte (§ 8 Abs. 1 Nr. 1 SGB IV) 3
keine Zugangssperre in diesem Sinne zum Amt als Mitarbeitervertreter. Dasselbe gilt auch für die diesbezügliche Frage des Verlustes der Wählbarkeit zur MAV. Die gerechtfertigte Kündigung i. S. des § 1 KSchG und § 626 BGB und das damit verbundene Ausscheiden aus der Einrichtung vermögen das Amt als Mitglied der MAV aufzuheben (§ 13 c Nr. 4).
Wer aus der katholischen Kirche ausgetreten ist, hat einen schwerwiegenden 4
Verstoß gegen die Loyalitätsobliegenheit begangen (Art. 5 Abs. 2 GrO). Nach der GrO dürfen in diesem Falle Mitarbeiter nicht weiter beschäftigt werden (Art. 5 Abs. 5 Unterabsatz 1). Aus diesem Grunde wurde von einer Ausschlussregelung vom passiven Wahlrecht zur MAV abgesehen. Mitarbeiter, die in der Ausübung ihrer allgemeinen kirchlichen Gliedschaftsrechte gehindert sind, werden nach der Grundordnung unterschiedlich behandelt (Art. 5 Abs. 3, 4, 5 GrO) mit der Folge, dass ein genereller Ausschluss von der Wählbarkeit zur MAV nicht mehr vorgesehen ist. Damit erübrigt sich für den Wahlausschuss oder den Wahlleiter die Beurteilung womöglicher Wahlausschlussgründe im Sinne der Frage der Weiterbeschäftigung. Bleibt das Grundverhältnis des Mitarbeiters (z. B. Arbeitsverhältnis) aufrecht, ist und bleibt er wählbar unter den allgemeinen Voraussetzungen der MAVO (*Thiel*, ZMV 1996 S. 3, 4 r. Sp.), auch wenn er als Katholik in der Ausübung seiner allgemeinen kirchlichen Gliedschaftsrechte gehindert ist (*Frey*, Novellierung der MAVO, KuR 4/95, 11=350, S. 15, 19).

II. Zwingendes Recht

Die Vorschrift behandelt das passive Wahlrecht. Sie ist ebenso wie die Vor- 5
schriften über das aktive Wahlrecht des § 7 zwingenden Rechts und durch andere Regelungen, auch nicht im Wege von Verträgen oder Vereinbarungen, nicht abänderbar (§ 12 Abs. 1; § 48). Deshalb kann die Wählbarkeit weder eingeschränkt noch erweitert werden. § 8 enthält erschöpfend die Voraussetzungen für die Wählbarkeit zur MAV. Demzufolge darf der Wahlausschluss, der

§ 8

die Wählbarkeit zu prüfen und festzustellen hat (§ 9 Abs. 7; siehe § 9 Rz 41 f.), von den in § 8 genannten Bestimmungen über das passive Wahlrecht bei seinen Entscheidungen über die passive Wahlberechtigung von Wahlbewerbern ebenso wenig abweichen wie ein Dienstgeber oder eine Schlichtungsstelle im Sinne von § 40. Die Wählbarkeit ist nicht deshalb auszuschließen, weil ein Kandidat ehrenrührig oder gar strafbar gehandelt hat (z. B. Annahme von Geschenken für seine Arbeit, Diebstahl). In solchen Fällen sind Sanktionen nach Maßgabe des Dienstverhältnisses adäquat zu treffen. Der Ausschluss von der Wahl ist jedoch unzulässig. Siehe auch § 22 a Abs. 2.

III. Voraussetzungen der Wählbarkeit

6 Die Voraussetzungen der Wählbarkeit sind in § 8 abschließend geregelt. Hinzutreten als formelle Voraussetzungen die Eintragung in der Liste der Wahlberechtigten (§ 9 Abs. 4 S. 2) und in der Kandidatenliste (§ 9 Abs. 6 und 8).

1. Aktives Wahlrecht

7 Voraussetzung für das passive Wahlrecht ist zunächst das aktive Wahlrecht. Nicht jeder aktiv Wahlberechtigte ist grundsätzlich auch wählbar (vgl. Rz 38 ff.). Deshalb muss ein Bewerber für die Wahl in die MAV sowohl die materiellen als auch die formellen Voraussetzungen des § 7 (vgl. Anmerkungen zu § 7) und § 8 erfüllen. Ein Verlust der aktiven Wahlberechtigung führt zum Verlust der Wählbarkeit. Auch Teilzeitbeschäftigte (§ 2 TzBfG) sind bei aktivem Wahlrecht unter den Voraussetzungen des § 8 Abs. 1 wählbar.

2. Vollendung des 18. Lebensjahres

8 Der Wahlberechtigte muss am Wahltag mindestens 18 Jahre alt sein. Erstreckt sich die Wahl über mehrere Tage, so muss die Vollendung des 18. Lebensjahres wenigstens am letzten Wahltag eingetreten sein (vgl. § 7 Rz 62).

3. Gekündigte Mitarbeiter

9 **Wählbar sind auch Mitarbeiter**, denen ordentlich gekündigt wurde, **während des Laufs einer Kündigungsfrist** und im Falle der Weiterbeschäftigung auch nach **Ablauf der Kündigungsfrist.** Dies folgt unmittelbar aus dem Wortlaut des § 3 Abs. 1, der auf ein Beschäftigungsverhältnis abstellt. Wer beschäftigt wird, ist Mitarbeiter; das gilt auch für den fristlos gekündigten Mitarbeiter, solange er beschäftigt wird.

10 Die Wählbarkeit eines gekündigten Mitarbeiters bleibt auch erhalten, wenn seiner vor der MAV-Wahl erhobenen Kündigungsschutzklage nach Durchführung der Wahl stattgegeben wird (*BAG*, 14. 5. 1997 – 7 ABR 26/96, DB 1997, 2083); vgl. *Hess/Schlochauer/Glaubitz*, BetrVG § 8 Rz 4; *Grabendorff/Windscheid/Ilbertz/Widmaier*, BPersVG § 14 Rz 16). Das gilt auch im Falle einer außerordentlichen Kündigung, wenn der gekündigte Mitarbeiter nach § 13 KSchG Kündigungsschutzklage erhoben hat. Durch die Erhebung einer Feststellungsklage nach § 13 KSchG bleibt bis zum rechtskräftigen Abschluss des Verfahrens vor dem Arbeitsgericht die rechtswirksame Beendigung des Arbeitsverhältnisses durch die Kündigung und damit auch die Frage der Wähl-

§ 8

barkeit ungeklärt. Diese Ungewissheit berechtigt nicht nur Aberkennung des Wahlrechts. Vielmehr ist der Gekündigte hinsichtlich seiner Wählbarkeit wie ein der Einrichtung angehöriger Mitarbeiter zu behandeln. Andernfalls hätte der Dienstgeber die Möglichkeit, durch den Ausspruch unberechtigter – fristloser – Kündigungen gegenüber unliebsamen Wahlbewerbern Einfluss auf die Zusammensetzung der MAV zu nehmen. Nach dem Kündigungsschutzprozess steht fest, ob das Arbeitsverhältnis durch die Kündigung aufgelöst worden ist. Ist das Arbeitsverhältnis nicht aufgelöst worden, so war der Kandidat zum Zeitpunkt der Wahl Mitarbeiter im Sinne von § 3 Abs. 1 S. 1 und deshalb wahlberechtigt. Bis zur rechtskräftigen **Feststellung der Unwirksamkeit der Kündigung** durch das Arbeitsgericht ist der Gewählte zeitweilig **an der Ausübung seines Amtes gehindert;** denn die Rechtswirksamkeit der Wahl zum Mitglied der MAV ist in der Schwebe. Deshalb vertritt ihn das nächstberechtigte Ersatzmitglied (§ 13 b Abs. 2).

Ist die Kündigungsschutzlage des gekündigten Arbeitnehmers (Mitarbeiters) **abgewiesen**, so ist nach Rechtskraft des Urteils festgestellt, dass der Mitarbeiter am Wahltag nicht mehr im Beschäftigungsverhältnis stand. Dann war eine Voraussetzung für die Wählbarkeit nicht gegeben. Das gleiche gilt, wenn das Arbeitsgericht das Arbeitsverhältnis auf Antrag nach § 9 KSchG auflöst und hierfür einen Zeitpunkt festsetzt, der vor dem Wahltag liegt. In diesen Fällen ist die Wahl von Anfang an nichtig. Einer Anfechtung gemäß § 12 bedarf es nicht, weil gemäß § 13 c Nr. 4 die Mitgliedschaft in der MAV erloschen ist. 11

Nicht wählbar ist der gekündigte Mitarbeiter, wenn am Wahltag die **Kündigungsfrist abgelaufen** ist und er **keine Kündigungsschutzklage** erhoben hat. Dies gilt auch, wenn er zu diesem Zeitpunkt die Kündigungsschutzklage deshalb nicht erhoben hat, weil die Dreiwochenfrist zur Erhebung der Klage (§ 4 S. 1 KSchG) noch nicht abgelaufen ist (*Hess/Schlochauer/Worzalla/Glock*, BetrVG § 8 Rz 4). 12

Ein gekündigter Mitarbeiter hat nach Ablauf der Kündigungsfrist kein Zutrittsrecht zur Dienststelle, wenn er nicht weiterbeschäftigt wird. Dasselbe gilt für den **fristlos** Gekündigten. Ist der Mitarbeiter von der Weiterbeschäftigung entbunden, so hat er als Wahlbewerber kein Zutrittsrecht zum Betrieb. Das Zutrittsrecht ist aber zu bejahen, wenn die Kündigung wegen Gesetzesverstoßes, wie Nichtanhörung der MAV (§ 30 Abs. 5), Verstoß gegen § 9 MuSchG, § 85 SGB IX oder § 18 BErzGG offenbar nichtig ist. Die entsprechende Rechtsprechung des *BAG* (19. 7. 1977 – 1 AZR 376/74, EzA § 37 BetrVG 1972 Nr. 55 = DB 1977, 2181) zum Betriebsverfassungsrecht ist hier wegen der vergleichbaren Problematik im Bereich der MAVO zu berücksichtigen (vgl. auch *Hess/Schlochauer/Worzalla/Glock*, BetrVG § 8 Rz 8). 13

Hat der Dienstgeber die fristlose oder fristgemäße Kündigung erst nach dem Wahltag ausgesprochen oder läuft die Kündigungsfrist einer vor dem Wahltag erfolgten ordentlichen Kündigung erst nach dem Wahltag ab, so ist die Kündigung für die Zugehörigkeit zur Dienststelle und damit für die Wählbarkeit ohne Bedeutung. 14

Zum Kündigungsschutz von Wahlbewerbern und Mitgliedern der MAV vgl. § 19, zur Beendigung des Amtes als Mitglied der MAV vgl. § 13 c, zur Kündigung vgl. besonders § 13 c Nr. 4. 15

§ 8

4. Sonstige Fälle

16 Soweit in den Sonderfällen zu § 7 Rz 42 ff. das aktive Wahlrecht bejaht wurde, ist ein Mitarbeiter auch passiv wahlberechtigt. Davon bleiben die hinzutretenden Einschränkungen des passiven Wahlrechts gemäß § 8 unberührt. Demnach sind Mitarbeiter in mehreren Dienststellen, Mitarbeiter, deren Arbeitsvertrag anfechtbar ist, ohne Bezüge Beurlaubte (eingeschränkt) und Ausländer vorbehaltlich § 8 Abs. 2 wählbar, wenn sie aktiv wahlberechtigt sind. Wer nahe vor der Erreichung der **Altersgrenze** steht, ist aufgrund seiner **noch andauernden Beschäftigung aktiv und passiv wahlberechtigt.**

5. Zugehörigkeit zum kirchlichen Dienst

17 Der Wahlbewerber muss am Wahltag eine zusammenhängende Dienstzeit von mindestens **einem Jahr** im Kirchendienst verbracht haben (§ 8 Abs. 1). Als kirchlicher Dienst ist derjenige im Bereich der Geltung der MAVO im Sinne des § 1 anzusehen. In den Geltungsbereich der MAVO fallen nur Einrichtungen und Dienststellen, in denen die MAVO gilt. Damit wird also nur der Bereich der katholischen Kirche erfasst, nicht derjenige anderer Kirchen oder kirchlicher Gemeinschaften. Deshalb ist der Begriff kirchlicher Dienst im Sinne von § 8 Abs. 1 eng auf den im Geltungsbereich der MAVO zu beschränken. Vordienstzeiten bei einer anderen christlichen Kirche oder kirchlichen Gemeinschaft können also nicht berücksichtigt werden. Die **Zeiten als Leiharbeitnehmer** können auf die Wartezeit nicht angerechnet werden (*ArbG Berlin*, 23. 5. 1990 – 6 B V 7/90, BB 1990, 16).

a. Einjährige Dienstzeit vor dem Wahltag

18 Bei der einjährigen ununterbrochenen Dienstzeit kommt es lediglich auf lückenlos aneinander gereihte Beschäftigungszeiten bei einem oder mehreren Dienstgebern im Bereich der katholischen Kirche an. Das können also z. B. verschiedene Träger von Schulen und Krankenhäusern oder verschiedene Generalvikariate oder Kirchengemeinden/Kirchenstiftungen sein.

b. Sechsmonatige Beschäftigungszeit vor dem Wahltag

19 Als wesentliche Zusatzvoraussetzung tritt das Erfordernis eines Beschäftigungsverhältnisses bei einem und demselben Dienstgeber von mindestens sechs Monaten vor dem Wahltag hinzu. Auf die Zugehörigkeit zu derselben Dienststelle kommt es nicht an (vgl. § 7 Rz 14 ff.). Es reicht aus, wenn ohne Unterbrechung ein Beschäftigungs-, Ausbildungs- oder Gestellungsverhältnis bestanden hat.

c. Ohne Unterbrechung

20 Die Vorschrift des § 8 Abs. 1 stellt wesentlich darauf ab, dass die Mindestdienstzeiten und Mindestbeschäftigungszeiten am Wahltag ohne Unterbrechung zurückgelegt worden sind. **Unterbrechung** liegt z. B. vor, wenn ein Arbeitsverhältnis beendet worden ist und das folgende nicht kalendermäßig an das vorangegangene unmittelbar anknüpft. Dann liegt eine rechtliche Unterbrechung vor. Diese ist wahlrechtsschädlich, während die tatsächliche Unterbrechung der Beschäftigung bei Fortbestand des Grundverhältnisses (z. B.

§ 8

Gestellungsverhältnis, Zuweisungsverhältnis durch Ordensmitgliedschaft) wahlrechtsunschädlich ist (vgl. § 7 Rz 19 ff.)

d. Sonderfall des § 10 Abs. 3

Auf die in § 8 festgelegte Vordienstzeiten kommt es nicht an, wenn in einer 21 neuen Dienststelle bzw. Einrichtung oder selbstständig geführten Stelle erstmals eine Mitarbeitervertretung zu wählen ist (§ 10 Abs. 3).

6. Einfluss der Zugehörigkeit

a. Zu einer weiteren Dienststelle

Für das passive Wahlrecht ist ohne Bedeutung, wenn ein Mitarbeiter einer 22 weiteren Dienststelle angehört oder dort bereits das Amt des Mitarbeitervertreters bekleidet. § 23 lässt ein Doppelmandat zu (siehe dort). Durch Teilzeitbeschäftigung ist es möglich, dass ein Mitarbeiter bei verschiedenen Dienstgebern beschäftigt wird.

b. Zu einer anderen Mitarbeitervertretung, Personalvertretung o. ä.

Liegt das passive Wahlrecht bei zwei oder mehr Dienstgebern vor, ist, soweit 23 nicht besondere Vorschriften entgegen stehen, eine mehrfache Wählbarkeit für das Mitarbeitervertreteramt gegeben. Insofern kann ein Mandatsträger zu einer weiteren Mitarbeitervertretung kandidieren. Er darf an der Kandidatur nicht gehindert werden.

Es ist durchaus zulässig, dass ein Mandatsträger aus den Bereichen des Be- 24 triebsverfassungsgesetzes und des Bundespersonalvertretungsgesetzes für die MAV kandidiert, wenn er außerdem Mitarbeiter im kirchlichen Dienst ist und dort die MAVO gilt und er dort auch aktiv wahlberechtigt ist.

Eine Unvereinbarkeit zweier Mandate besteht lediglich bei der gleichzeitigen 25 Kandidatur zur MAV und zum Amt des Sprechers der Jugendlichen und Auszubildenden (Rz 52; § 45 Abs. 2 S. 2) bzw. bei doppelter angestrebter oder ausgeübter Amtsführung in diesen beiden Ämtern.

c. Zur Vertretung der Schwerbehinderten

Das Mitglied der Schwerbehindertenvertretung kann zur MAV kandidieren 26 und gewählt werden. Eine Vorschrift, die das passive Wahlrecht zur MAV insoweit einschränkt, besteht nicht. Denn die Wahl zur MAV erfolgt nach Kirchenrecht, die Wahl zur Schwerbehindertenvertretung nach staatlichem Recht (§ 94 SGB IX; § 46 Rz 1 ff.). Umgekehrt kann ein Mitglied der MAV zur Schwerbehindertenvertretung kandidieren. Ebenso ist auch eine gleichzeitige Kandidatur zu beiden Vertretungen und damit doppelte Amtsführung zulässig. Wer zum Amt des Sprechers der Jugendlichen und Auszubildenden kandidieren will oder das Amt bekleidet, kann zusätzlich zur Schwerbehindertenvertretung kandidieren und gewählt werden. Auch die Vertrauensfrau oder der Vertrauensmann der schwerbehinderten Menschen können für das Amt des Sprechers der Jugendlichen und Auszubildenden kandidieren und dieses ebenfalls ausüben. Denn auch insoweit bestehen keine gesetzlichen Hinderungs- oder Ausschlussgründe.

§ 8

7. Zugehörigkeit eines Wahlbewerbers zur katholischen Kirche

27 Die Vorschrift des § 8 schweigt zur Kirchenzugehörigkeit der Bewerber für das Amt des Mitarbeitervertreters. Aber nach § 14 Abs. 1 S. 1 hat die MAV bei ihrem ersten Zusammentreffen nach der Wahl, das innerhalb einer Woche nach der Wahl stattfinden soll und von dem Vorsitzenden des Wahlausschusses einzuberufen ist, mit einfacher Mehrheit aus den Mitgliedern ihren Vorsitzenden bzw. ihre Vorsitzende zu wählen. Diese Person soll katholisch sein (§ 14 Abs. 1 S. 2). Damit ist zugleich eine Frage des Propriums kirchlicher Einrichtungen (*Pree*, Hdb. St. KR 2. Aufl. S. 47, 73 ff.) angesprochen. Auf abweichende Vorschriften in diözesanen Ordnungen ist zu achten (vgl. Vorauflage, § 8 Rz 27).

28 Das hat für den Wahlausschuss oder den im vereinfachten Wahlverfahren handelnden Wahlleiter die Konsequenz, dass auch zu prüfen ist, ob Wahlbewerber der katholischen Kirche angehören. Denn die Sollvorschrift des § 14 Abs. 1 S. 2 und erst recht die zwingende Vorschrift in der Fassung der bayerischen Diözesen und der Diözese Fulda ist zu beachten und anzuwenden. Das kann nicht erst nach der Wahl geschehen, sondern muss bereits beim Wahlverfahren sichergestellt sein. Allerdings wird bei der Kandidatur je nach diözesanem Recht zu unterscheiden sein. Wenn der Vorsitzende der MAV katholisch sein muss, ist die Durchführung der Wahl nur möglich, wenn überhaupt ein katholischer Mitarbeiter kandidiert. Probleme ergeben sich dann ferner beim Wahlergebnis, wenn er nicht die erforderliche Stimmenzahl zur Mitgliedschaft in der MAV erhalten hat. Denn es gilt das Mehrheitswahlrecht (§ 11 Abs. 6 S. 1). Im Ergebnis ist beim Scheitern eines katholischen Wahlbewerbers die Wahl in den bayerischen Diözesen zu wiederholen (*Schlichtungsstelle Augsburg*, 21. 1. 2002 – 4 A 2001), wenn keine Ausnahme zulässig ist.

29 Muss die diözesane Sollvorschrift beachtet werden, so geht es bei fehlender Kandidatur eines katholischen Bewerbers ebenfalls um die Frage der Durchführbarkeit der Wahl. Aber wegen der Sollvorschrift des § 14 Abs. 1 S. 2 darf davon ausgegangen werden, dass bei mangelnder Bereitschaft eines katholischen Mitarbeiters zur Kandidatur die Wahl zur MAV dennoch durchführbar bleibt, weil dann die Wahl des Vorsitzenden der MAV in Abweichung von der Sollvorschrift des § 14 Abs. 1 S. 2 keinem katholischen Mitglied angetragen werden kann. Die Wahl eines Mitglieds anderer Konfession ist dann möglich und unvermeidbar. Praktizierbar ist die Sollvorschrift des § 14 Abs. 1 S. 2 also nur, wenn katholische Mitarbeiter der Einrichtung zum Amt als MAV-Mitglied kandidieren, so dass die Aussicht der Übernahme des Amtes als Vorsitzender der MAV durch ein katholische MAV-Mitglied begründet erscheint.

30 Die rechtliche Eingliederung in die katholische Kirche wird durch die Taufe bewirkt (can. 96 CIC), wobei die volle Gemeinschaft mit der katholischen Kirche durch die Bande des Glaubensbekenntnisses, der Sakramente und der kirchlichen Leitung erlangt wird (can. 205 CIC; vgl. u. a. *BayVerfGH*, 12. 3. 1968 – Vf. 127 – VII – 67, KirchE 10, 21 = ZevKR 1968/69, 175; siehe auch § 19 Rz 63).

31 Die Zugehörigkeit zur katholischen Kirche liegt gemäß can. 206 CIC bei denen noch nicht vor, die um die Aufnahme in die Kirche bitten, aber noch nicht getauft sind (vgl. auch can. 788). Die **Katechumenen** (vgl. *Sebott*, Die Berufung zur Kirche, Hdb. Kath. KR S. 157) erfüllen die Voraussetzung der Sollvorschrift des § 14 abs. 1 S. 2 noch nicht.

§ 8

Nach der MAVO-Rahmenordnung kann die einköpfige MAV im Ergebnis je 32
nach Kandidatur und Wahlausgang auch nicht katholisch sein.
Für die einköpfige MAV in den bayerischen und in den anderen Diözesen gilt 33
aber § 14 Abs. 1 S. 2 MAVO **rechtlich** nicht, weil ein Vorsitzender nicht zu wählen ist.
Mit der Zugehörigkeit des Wahlbewerbers zur katholischen Kirche wird die 34
Erwartung verbunden, dass er zur Übernahme des Amtes auch ernsthaft bereit ist und außerdem zur Kandidatur für den Vorsitz in der MAV zur Verfügung steht. Die Frage einer womöglichen Behinderung in der Ausübung
der allgemeinen kirchlichen Gliedschaftsrechte ist in diesem Zusammenhang
ohne Bedeutung. Das folgt aus der Grundordnung. Dort ist die Frage der Einstellung in den kirchlichen Dienst, der Aufrechterhaltung des Arbeitsverhältnisses und die Frage der Kündigung eines Arbeitsverhältnisses in den Artikeln
3, 4 und 5 behandelt. Dabei führt der Kirchenaustritt aus der katholischen
Kirche in jedem Fall ohne Rücksicht auf eine leitende oder ausführende Stellung des Mitarbeiters zur Beendigung des Arbeitsverhältnisses, auch durch
Kündigung (Art. 5 Abs. 5 Unterabsatz 1 GrO), wobei § 19 MAVO keinen
Kündigungsschutz gewährt, weder dem Gewählten noch dem Kandidaten
(§ 19 Abs. 1 und 2).
Selbst wenn mit dem Austritt aus der katholischen Kirche der Übertritt zu 35
einer anderen christlichen Kirche verbunden sein sollte, so bleibt dies für die
römisch-katholische Kirche Schisma und Häresie (ca. 1364 § 1 CIC i. V. m. can.
751 CIC; Art. 5 Abs. 2 GrO). Der betreffende kann am sakramentalen Leben
nicht teilnehmen (can. 1331 § 1). Das ist erst wieder möglich, wenn er bereit ist,
seine Austrittserklärung rückgängig zu machen (Erklärung der Diözesanbischöfe in der Bundesrepublik Deutschland vom 2. 12. 1969, zu Fragen des
kirchl. Finanzwesens, in: AfkKR 138 (1969) S. 557f.). Dazu muss er außerdem
seinen Pfarrer außerhalb der Beichte von der erhaltenen Absolution in Kenntnis setzen, damit dieser die Meldung an die kirchliche Meldestelle vollziehen
kann (Amtsblatt der Erzdiözese Freiburg 1985 S. 149, vgl. can. 1358 § 1 CIC).
Zur Liturgie der Feier der Wiederaufnahme in die volle Gemeinschaft der katholischen Kirche siehe Kirchl. Amtsblatt Rottenburg-Stuttgart 1995 S. 469
(siehe auch § 19 Rz 74 ff.).

8. Förmliche Voraussetzungen

Neben der **Eintragung in die Liste der wahlberechtigten Mitarbeiter** durch 36
den Wahlausschuss (§ 9 Abs. 4 S. 2; § 7 Rz 28) ist förmliche Voraussetzung für
die Wählbarkeit, dass der Mitarbeiter, der gewählt werden möchte, auf einem
schriftlichen Wahlvorschlag, der von mindestens drei wahlberechtigten Mitarbeitern unterzeichnet sein muss, **namentlich** enthalten ist (§ 9 Abs. 5), um
in die **Kandidatenliste** eingetragen zu werden (§ 9 Abs. 6). Er muss außerdem
vom Wahlausschuss für wählbar erklärt worden sein und im **Aushang** als Wahlkandidat bekannt gegeben werden (§ 9 Abs. 8).

IV. Stichtag für die Erfüllung der Voraussetzungen der Wahlberechtigung

Alle Voraussetzungen der Wählbarkeit müssen am Wahltag erfüllt sein. Er- 37
streckt sich die Wahl über mehrere Tage, so ist der letzte Wahltag maßgeblich.

§ 8

Falls der Mitarbeiter gewählt wird, müssen die Voraussetzungen während der ganzen Amtszeit vorliegen (vgl. § 13 c Nr. 2).

V. Ausschluss der Wählbarkeit

38 Die Vorschrift des § 8 nennt eine Reihe Gruppen von Mitarbeitern, die vom passiven Wahlrecht ausgeschlossen sind. Die Ausschlusstatbestände sind zwingenden Rechts (§ 12 Abs. 1, § 48).

1. Gemäß § 8 Abs. 1

a. Ausschluss vom aktiven Wahlrecht

39 Gemäß § 8 Abs. 1 ist nicht wählbar, wer nicht aktiv wahlberechtigt ist (vgl. § 7). Das ist der Fall, wenn der Wahlbewerber die in § 7 Abs. 1 und 2 genannten Voraussetzungen für das aktive Wahlrecht nicht erfüllt. Der Mitarbeiter in einem Ausbildungsverhältnis ist nicht wählbar, wenn er in einer Dienststelle tätig ist, die ihn nicht eingestellt hat (§ 7 Abs. 3). Nicht wählbar sind die unter § 7 Abs. 4 genannten Mitarbeiter (§ 8 Abs. 1 i. V. m. § 7).

40 Nicht wählbar sind Minderjährige (§ 8 Abs. 1 i. V. m. § 7 Abs. 1), also diejenigen Mitarbeiter bzw. Mitarbeiterinnen, die am Wahltag das 18. Lebensjahr noch nicht vollendet haben (§ 2 BGB). Ausgeschlossen sind ferner die in § 3 Abs. 1 S. 2 und Abs. 2 genannten Personen, weil sie vom Mitarbeiterbegriff ausgenommen sind.

b. Dienstzeit im Kirchendienst unter einem Jahr

41 Nicht wählbar ist ferner, wer die in § 8 Abs. 1 namentlich genannten Voraussetzungen nicht erfüllt. Das ist, wer am Wahltage noch nicht seit mindestens einem Jahr ohne Unterbrechung im kirchlichen Dienst steht (vgl. Rz 17 f.) und wer am Wahltag noch nicht seit mindesten sechs Monaten in einer Einrichtung eines und desselben Dienstgebers beschäftigt ist. Auf eine gleich bleibende Position kommt es nicht an. Werden Arbeitskräfte auf Abruf je nach Arbeitsanfall beschäftigt und folglich wiederholt aus betrieblichen Gründen befristet zur Aushilfe tätig, so sind sie nur dann passiv wahlberechtigt, wenn sie unmittelbar vor dem Wahltag ein Jahr ohne Unterbrechung eingestellt waren (vgl. § 7 Rz 22). **Bei neuen Einrichtungen gilt § 10 Abs. 3.**

2. Gemäß § 8 Abs. 2

42 Gemäß § 8 Abs. 2 sind gemäß § 7 Abs. 1 **aktiv wahlberechtigte** Mitarbeiter vom passiven Wahlrecht ausgeschlossen, nämlich **Mitarbeiter und Mitarbeiterinnen, die zur selbstständigen Entscheidung in anderen als den in § 3 Abs. 2 Nr. 3 genannten Personalangelegenheiten befugt sind.** Die Befugnisse gemäß § 3 Abs. 2 Nr. 3 lauten: selbstständige Entscheidungen über Einstellungen (§ 34 Abs. 1), Anstellungen (§ 34 Rz 37) oder Kündigungen (§§ 30, 30 a, 31). Wer die genannten Befugnisse zusammen oder einzeln hat, ist nicht Mitarbeiter.

43 Infolge dessen handelt es sich bei den in § 8 Abs. 2 genannten Mitarbeitern um solche, die das aktive Wahlrecht haben, wegen ihrer besonderen Befugnisse

§ 8

zur selbstständigen Entscheidung in Personalangelegenheiten aber Gesprächspartner der MAV sein können. Deshalb ist der Ausschluss vom passiven Wahlrecht wegen der möglichen Gefahr einer Interessenkollision richtig. Die Befugnis, selbstständige Entscheidungen zu treffen, liegt vor, wenn der Mitarbeiter wenigstens in einzelnen Personalangelegenheiten ohne Rückfrage beim Dienstgeber oder seinem Vorgesetzten Entscheidungen abschließend treffen kann, die einen Mitarbeiter und den Dienstgeber verpflichten oder berechtigen. Die Befugnis kann auf dienstlichen Geschäftsanweisungen oder Geschäftsverteilungsplänen beruhen. Entscheidungsvorbereitungen gehören nicht zu den selbständigen Entscheidungsbefugnissen. Auf die Einordnung als Mitarbeiter in leitender Stellung kommt es nicht an, weil dieser begrifflich bereits nach § 3 Abs. 2 Nr. 4 aus dem Kreis der Mitarbeiter ausgeklammert ist (*BAG*, 18. 11. 1999 – 2 AZR 903/98; DB 2000, 830).

Die Bestimmung des § 8 Abs. 2 ist derjenigen vergleichbar, die in § 14 Abs. 3 **44** BPersVG aufgenommen worden ist. Danach sind zu selbständigen Entscheidungen in Personalangelegenheiten diejenigen Personen befugt, die **in den Status des einzelnen eingreifende Entscheidungen** treffen können (*Grabendorff/Windscheid/Ilbertz/Widmaier*, BPersVG § 14 Rz 22).

Aus § 8 Abs. 2 kann also gefolgert werden, dass auch solche Mitarbeiter, die **45** nicht in eine leitende Stellung (§ 3 Abs. 2 S. 1 Nr. 4) berufen worden sind, selbstständige Personalentscheidungen treffen können. Dazu gehören die in § 35 Abs. 1 genannten Entscheidungen in persönlichen Angelegenheiten (§ 35 Rz 1 ff.), die vorzeitige Versetzung in den Ruhestand (§ 29 Abs. 1 Nr. 11) und die Entlassung aus einem Probe- oder Widerrufsverhältnis in Anwendung beamtenrechtlicher Bestimmungen (§ 29 Abs. 1 Nr. 12). Dies müssen aber nicht die einzigen Entscheidungsfälle i. S. des § 8 Abs. 2 sein, weil der Gesetzgeber das sonst ohne große Mühe hätte zum Ausdruck bringen müssen, wenn er eine klare Einschränkung gewollt hätte. Denn es kommt bei den Entscheidungsfällen nicht stets darauf an, dass die MAV beteiligungsbefugt ist. Das ist sie in den Fällen des § 29 Abs. 1 Nr. 11 und 12 auch nur dann, wenn der betroffene Mitarbeiter die Beteiligung der MAV überhaupt wünscht.

Folglich sind auch Disziplinarmaßnahmen (z. B. Suspendierung vom Dienst) **46** zu den Entscheidungen in persönlichen Angelegenheiten zu zählen, weil sie in den Status des Mitarbeiters einzugreifen vermögen. Diese Wirkung können auch Beförderungen, Abordnungen und Versetzungen entfalten, nicht dagegen Arbeitsbefreiungen, Gewährung von Urlaub, Abmahnungen und Zeugniserteilung. Die Gewährung von bezahltem und unbezahltem Sonderurlaub dagegen hat eingreifende Wirkung (strittig: *Mösenfechtel/Perwitz-Passan/ Wiertz*, M AVO § 8 Anm. 7 b S. 4; a. A. *Frey/Coutelle/Beyer*, § 8 Rz 26).

Nicht zu den eingreifenden Personalentscheidungen gehören Entscheidungen **47** im Rahmen der Durchführung des Arbeitsvertrages, wie Beihilfen, Fahrkostenerstattungen, die von Personalsachbearbeitern gewöhnlich nach geltendem Arbeitsvertragsrecht zu treffen sind (*Bietmann*, Kurzkommentar, § 8 Anm. 2.2).

3. Mitgliedschaft im Wahlausschuss

Mitglieder des Wahlausschusses sind bei Vorliegen der Wählbarkeitsvoraus- **48** setzungen wahlberechtigt. Sie scheiden jedoch im Fall einer Kandidatur zur MAV-Wahl gemäß § 9 Abs. 3 S. 2 aus dem Wahlausschuss aus. Wegen der

§ 8

Nachbestellung eines neuen Mitgliedes für den Wahlausschuss siehe § 9 Abs. 3 S. 1 und § 10 Abs. 1 S. 3 sowie § 9 Rz 20, § 10 Rz 17.

4. Ausschluss aus der MAV

49 Ist ein Wahlkandidat aus der MAV ausgeschlossen worden, so berührt dies die neue Kandidatur nicht. Denn dieser Tatbestand gehört nicht zu den abschließend aufgeführten, welche die Wählbarkeit hindern. Die **Rechtsfolgen des Ausschlusses** beschränken sich nach § 13 c ausschließlich auf das Erlöschen der Mitgliedschaft in der MAV, der das ausgeschlossene Mitglied zum Zeitpunkt seines Ausschlusses angehört. Insofern sind also die Wählbarkeitsvoraussetzungen bei der Kandidatur erneut zu prüfen.

5. Nichtaufnahme in den Wahlvorschlag

50 Wer nicht in die Kandidatenliste aufgenommen worden ist und nicht durch Aushang als vorgeschlagener Wahlbewerber bekannt gegeben worden ist (§ 9 Abs. 6 und 8), ist aus formellen Gründen nicht wählbar. Dasselbe gilt für den, der nicht in die Liste der aktiv Wahlberechtigten aufgenommen worden ist. Das aktive Wahlrecht ist Wählbarkeitserfordernis. Wer zu Unrecht nicht berücksichtigt worden ist, kann die Wahl gemäß § 12 anfechten.

6. Einberufung zum Wehr- oder Zivildienst

51 Die Einberufung zum Wehr- oder Zivildienst hat keinen Einfluss auf die Kandidatur. Davon zu unterscheiden ist die Frage der Aufrechterhaltung des Mandats nach erfolgter Wahl, wenn der Wehr- oder der Zivildienst abzuleisten ist. Ist der Kandidat bereits während der Kandidatur dem Wehr- oder Zivildienst eingegliedert, so schließt dies das aktive Wahlrecht (vgl. § 7 Rz 49 ff.) und damit die Wählbarkeit aus.

7. Sprecher der Jugendlichen und Auszubildenden

52 Wer als aktiv Wahlberechtigter für das Amt des Sprechers der Jugendlichen und Auszubildenden kandidiert, ist von der Kandidatur für das Amt des Mitarbeitervertreters ausgeschlossen (§ 45 Abs. 2 S. 2). Dasselbe gilt für den Sprecher der Jugendlichen und Auszubildenden. Will er dennoch kandidieren, muss er sein Amt als Sprecher der Jugendlichen und Auszubildenden niederlegen.

8. Vertretung der schwerbehinderten Menschen

53 Wer der Schwerbehindertenbertretung (§ 94 SGB IX) angehört oder sich darum bewirbt, ist von der Wählbarkeit zur MAV deshalb nicht ausgeschlossen (Rz 26).

VI. Sonderregelung für die Wahl in einer neuen Einrichtung

54 Die Dauer der Dienstzeit gemäß § 8 Abs. 1 wird in neuen Dienststellen nicht zur Wählbarkeitsvoraussetzung erhoben (§ 10 Abs. 3). Es reicht also aus, wenn die übrigen Wählbarkeitsvoraussetzungen vorliegen. Wer jedoch zu einer Dienststelle abgeordnet ist, erlangt das Wahlrecht dort erst, wenn er **seit min-**

destens drei Monaten vor der Wahl dort beschäftigt ist. Der Begriff **neue Einrichtung** ist eng auszulegen. Nicht gemeint sind solche Dienststellen, in denen trotz der Voraussetzungen für die Bildung einer MAV die Wahl längere Zeit unterblieben ist. Werden mehrere Dienststellen zu einer neuen zusammengeschlossen, so sind die Voraussetzungen für die Neuwahl einer MAV gegeben mit der Folge, dass die in § 8 Abs. 1 genannten Zeiten ebenfalls gemäß § 10 Abs. 3 unbeachtlich sind. Die Größe der MAV wird nach § 6 Abs. 5 bestimmt, also nach dem Tag, bis zu dem Wahlvorschläge gemacht werden können (§ 9 Abs. 5 S. 1).

VII. Kündigungsschutz für Wahlbewerber

Nach Ablauf seiner arbeitsvertraglichen Probezeit darf einem Wahlbewerber 55 vom Zeitpunkt der Aufstellung des Wahlvorschlags bis sechs Monate nach Bekanntgabe des Wahlergebnisses nur gekündigt werden, wenn ein Grund für eine außerordentliche Kündigung (§ 626 BGB) vorliegt. Für die ordentliche Kündigung gilt folgendes. In den Fällen des Art. 5 Abs. 3 bis 5 GrO kann eine ordentliche Kündigung ausgesprochen werden (§ 19 Abs. 2 i. V. m. Abs. 1 S. 2 MAVO). Wegen der Einzelheiten zu den Gründen für die Kündigung und zur personellen Abstufung zur Frage der Weiterbeschäftigung wird auf die Ausführungen zu § 19 Rz 64 ff. verwiesen. Während der arbeitsvertraglichen Probezeit ist eine Kandidatur regelmäßig ausgeschlossen, wenn die Probezeit sechs Monate beträgt. Wird einem Wahlbewerber gekündigt, ist das Beteiligungsrecht der MAV zu beachten (§§ 30–31).
Ist der Kündigungsschutz gemäß § 19 eingetreten, gilt im Übrigen, dass eine 56 ordentliche Kündigung aus anderen Gründen als denen des Art. 5 Abs. 3 bis 5 GrO ausgeschlossen ist.

VIII. Anfechtung der Wahl bei Verstößen gegen die Bestimmungen des § 8

1. Anfechtungsrecht

Die Nichtbeachtung der Bestimmungen des § 8 über die Wählbarkeit zur 57 MAV berechtigt jeden wahlberechtigten Mitarbeiter und den Dienstgeber zur Anfechtung der Wahl (§ 12 Abs. 1), allerdings erst nach der Wahl.

2. Einspruchsrecht

Von der Anfechtung zu unterscheiden ist das nach § 9 Abs. 4 S. 4 geregelte 58 Einspruchsrecht des Mitarbeiters gegen die Eintragung oder Nichteintragung eines Mitarbeiters in die Liste der Wahlberechtigten. Über den Einspruch entscheidet der Wahlausschuss. Ein Wahlbewerber, dem der Wahlausschuss die Wählbarkeit bestreitet, kann vor der Wahl die Feststellung seiner Wählbarkeit durch den Wahlausschuss herbeiführen. Weitergehende Rechte hat er gemäß § 41 Abs. 2.

3. Entscheidung

Über die Anfechtung der Wahl entscheidet der Wahlausschuss gemäß § 12 59 Abs. 1 S. 3. Gegen die Entscheidung des Wahlausschusses ist die **Anrufung**

§ 9

der **Schlichtungsstelle** innerhalb von zwei Wochen nach Eingang der Entscheidung zulässig (§ 12 Abs. 3 i. V. m. § 41 Abs. 1 Nr. 2). Im vereinfachten Wahlverfahren (§§ 11 a bis 11 c) tritt an die Stelle des Wahlausschusses der Wahlleiter (§ 11 c Abs. 4).

IX. Ausschluss staatlicher Rechtskontrolle

60 Streiten Dienstgeber und Mitarbeiter darüber, ob der Mitarbeiter zu der beim Dienstgeber zu bildenden oder gebildeten MAV wählbar ist, ist der **Rechtsweg** zu den staatlichen Gerichten ausgeschlossen (*BAG*, 11. 3. 1986 -1 ABR 26/84, AP Nr. 25 zu Art. 140 GG mit Anmerkung von *Dütz*). Von der staatlichen Gerichtsbarkeit ausgenommen sind nämlich innerkirchliche Maßnahmen, die im staatlichen Zuständigkeitsbereich keine unmittelbaren Rechtswirkungen entfalten. Hierzu gehören auch die Bestimmungen über die Erfordernisse zur Übernahme von Ämtern, Ehrenämtern und anderen Aufgaben in der Kirche und ihren Einrichtungen (Art. 140 GG i. V. m. Art. 137 Abs. 3 S. 2 WRV; vgl. *Jurina*, Rechtsstatus S. 63 ff. und 136 ff.). Das staatliche Recht erkennt der Kirche das Recht zu, den **Kernbereich** der eigenen Angelegenheiten einer rechtlichen Regelung zu unterwerfen, die sich nach dem religiösen Selbstverständnis der Kirche bestimmt (*Jurina*, a. a. O. S. 114; OVG Magdeburg, 24. 2. 1997 – B 2 S 30/96, NJW 1998, 3070). Das Mitarbeitervertretungsrecht ist kirchlich gesetztes Recht für den Kernbereich der eigenen Angelegenheiten.

61 Vor die staatlichen Arbeitsgerichte kann der Fall einer Streitigkeit aus dem Arbeitsverhältnis getragen werden, nicht jedoch die Frage, ob und welche Anforderungen die Kirche an Mitarbeiter stellen darf, die in eine von der Kirche geregelte Funktion treten wollen (*BAG*, 11. 3. 1986 – 1 ABR 26/84, AP Nr. 25 zu Art. 140 GG, ZevKR 1987, 88 = NJW 1986, 2591; dazu *Christoph*, Rechtsnatur und Geltungsbereich des kirchl. Mitarbeitervertretungsrechts, ZevKR 1987, 47, 60 ff.). Dafür sprechen neben Art. 137 Abs. 3 WRV auch die Regelungen des § 118 Abs. 2 BetrVG und des § 112 BPersVG, welche die Geltung dieser Gesetze im Bereich der Religionsgesellschaften und ihrer karitativen und erzieherischen Einrichtungen unbeschadet deren Rechtsform ausschließen.

62 Würden staatliche Gerichte die Voraussetzungen für die Wählbarkeit zur MAV anders beurteilen als die Kirche, so würde das Selbstbestimmungsrecht der Kirche in ihren eigenen, inneren Angelegenheiten beeinträchtigt (*BAG*, 11. 3. 1986 – 1 ABR 26/84; *Richardi*, Arbeitsrecht in der Kirche § 21 Rz 3 ff.; *Bietmann*, Betriebliche Mitbestimmung im kirchlichen Dienst S. 93).

§ 9 Vorbereitung der Wahl

(1) Spätestens acht Wochen vor Ablauf der Amtszeit der Mitarbeitervertretung bestimmt die Mitarbeitervertretung den Wahltag. Er soll spätestens zwei Wochen vor Ablauf der Amtszeit der Mitarbeitervertretung liegen.

(2) Die Mitarbeitervertretung bestellt spätestens acht Wochen vor Ablauf ihrer Amtszeit die Mitglieder des Wahlausschusses. Er besteht aus drei oder fünf Mitgliedern, die, wenn sie Mitarbeiterinnen oder Mitarbeiter sind, wahl-

§ 9

berechtigt sein müssen. Der Wahlausschuss wählt seine Vorsitzende oder seinen Vorsitzenden.

(3) Scheidet ein Mitglied des Wahlausschusses aus, so hat die Mitarbeitervertretung unverzüglich ein neues Mitglied zu bestellen. Kandidiert ein Mitglied des Wahlausschusses für die Mitarbeitervertretung, so scheidet es aus dem Wahlausschuss aus.

(4) Der Dienstgeber stellt dem Wahlausschuss zur Aufstellung des Wählerverzeichnisses spätestens sieben Wochen vor Ablauf der Amtszeit eine Liste aller Mitarbeiterinnen und Mitarbeiter mit den erforderlichen Angaben zur Verfügung. Der Wahlausschuss stellt die Liste der wahlberechtigten Mitarbeiterinnen und Mitarbeiter auf und legt sie mindestens vier Wochen vor der Wahl für die Dauer von einer Woche zur Einsicht aus. Die oder der Vorsitzende des Wahlausschusses gibt bekannt, an welchem Ort, für welche Dauer und von welchem Tage an die Listen zur Einsicht ausliegen. Jede Mitarbeiterin und jeder Mitarbeiter kann während der Auslegungsfrist gegen die Eintragung oder Nichteintragung einer Mitarbeiterin oder eines Mitarbeiters Einspruch einlegen. Der Wahlausschuss entscheidet über den Einspruch.

(5) Der Wahlausschuss hat sodann die wahlberechtigten Mitarbeiterinnen und Mitarbeiter aufzufordern, schriftliche Wahlvorschläge, die jeweils von mindestens drei wahlberechtigten Mitarbeiterinnen und Mitarbeitern unterzeichnet sein müssen, bis zu einem von ihm festzusetzenden Termin einzureichen. Der Wahlvorschlag muß die Erklärung der Kandidatin oder des Kandidaten enthalten, dass sie oder er der Benennung zustimmt. Der Wahlausschuß hat in ausreichender Zahl Formulare für Wahlvorschläge auszulegen.

(6) Die Kandidatenliste soll mindestens doppelt so viel Wahlbewerberinnen und Wahlbewerber enthalten wie Mitglieder nach § 6 Abs. 2 zu wählen sind.

(7) Der Wahlausschuss prüft die Wählbarkeit und läßt sich von der Wahlbewerberin oder dem Wahlbewerber bestätigen, daß kein Ausschlussgrund im Sinne des § 8 vorliegt.

(8) Spätestens eine Woche vor der Wahl sind die Namen der zur Wahl vorgeschlagenen und vom Wahlausschuss für wählbar erklärten Mitarbeiterinnen und Mitarbeiter in alphabetischer Reihenfolge durch Aushang bekannt zu geben. Danach ist die Kandidatur unwiderruflich.

Inhaltsübersicht

	Rz
I. Anwendungsbereich der Vorschrift	1–4
II. Bestimmung des Wahltages	5–8
1. Mitarbeitervertretung, § 9 Abs. 1	5–6
2. Diözesane Regelungen	7
3. Wahlausschuss	8
III. Bestellung des Wahlausschusses durch die MAV	9–21
1. Zeitpunkt	9–13
2. Größe und Zusammensetzung des Wahlausschusses	14–18
3. Vorsitzender des Wahlausschusses	19
4. Ersatzmitglieder	20–21
IV. Rechtsstellung des Wahlausschusses	22–28
1. Beginn und Ende des Amtes	22–23
2. Kündigungsschutz	24–26

§ 9

3. Ehrenamt	27–28
V. Aufgaben des Dienstgebers	29
VI. Aufgaben des Wahlausschusses	30–48
1. Listen der Wahlberechtigten	30–31
2. Einsicht in die Listen	32
3. Einsprüche	33–35
4. Wahlausschreiben mit Aufforderung zu Wahlvorschlägen	36
a. Form des Wahlvorschlages	37
b. Hinweise des Wahlausschusses	38
c. Keine Listenwahl	39
5. Kündigungsschutz der Wahlbewerber	40
6. Prüfung der Wählbarkeit	41–42
7. Kandidatenliste	43–48
a. Mindestzahl der Wahlbewerber	44–46
b. Aushang der Kandidatenliste	47
c. Unwiderruflichkeit der Kandidatur	48
VII. Willensbildung des Wahlausschusses	49–50
VIII. Kalender für die Mindestfristen zur Wahlvorbereitung	51–53
IX. Kosten	54
X. Streitigkeiten	55
XI. Formulare für das Wahlverfahren	56–62
1. Zur Bekanntgabe des Wahltermins	57
2. Für das Wahlausschreiben	58
3. Für den Wahlvorschlag	59
4. Bestätigung der Wählbarkeit	60
5. Vermerke des Wahlausschusses	61
6. Zur Bekanntgabe der zur Wahl der MAV vorgeschlagenen Mitarbeiter	62

I. Anwendungsbereich der Vorschrift

1 Die §§ 9 und 10 enthalten **Vorschriften über die Bestellung des Wahlausschusses**, der für die Durchführung der Wahl der MAV gemäß § 11 und die Überprüfung von etwaigen Wahlmängeln gemäß § 12 verantwortlich ist. § 9 regelt die Fälle, in denen in der Dienststelle bereits **eine MAV vorhanden** ist. Diese hat die gesetzliche Aufgabe, den Wahlausschuss für die Neuwahl der MAV zu bestellen. § 10 regelt die Wahl des Wahlausschusses in einer Dienststelle, in der **keine MAV oder kein Wahlausschuss (mehr) besteht.** Ursache dafür kann sein, dass zuvor noch keine MAV gebildet werden konnte oder die Amtszeit einer MAV durch Zeitablauf oder Rücktritt beendet war, ohne dass diese die Vorbereitung einer neuen MAV-Wahl eingeleitet hatte oder dass es nicht die zur Wahl einer MAV erforderlichen Kandidaturen gegeben hat.

2 Für die Wahl einer MAV und ihre Vorbereitung ist die Bestellung eines Wahlausschusses **zwingend vorgeschrieben.** Die Vorschrift des § 9 ist insgesamt und für alle Dienststellen zwingenden Rechts, soweit nicht im vereinfachten Verfahren gewählt wird (§§ 11 a–c). Eine ohne Wahlausschuss durchgeführte Wahl ist wegen der damit verbundenen Nichtbeachtung der Formvorschriften zur Ermittlung der Wahlberechtigung eine Nichtwahl und infolgedessen rechtlich ohne Bedeutung (in diesem Sinne auch die Kommentierung zum vergleichbaren § 16 Abs. 1 BetrVG bei *Hess/Schlochauer/Worzalla/Glock*, BetrVG § 16 Rz 2), also nichtig.

3 Auch für die Wahl des Sprechers der Jugendlichen und der Auszubildenden ist gemäß § 45 Abs. 2 S. 1 i. V. m. § 9 ein Wahlausschuss erforderlich, der von der MAV bestimmt wird (*Bietmann*, Kurzkommentar, § 28 Anm. 4), falls nicht im vereinfachten Verfahren (§§ 11 a bis 11 c) gewählt wird.

§ 9

Weder die MAV, der Dienstgeber noch der Wahlausschuss dürfen die Vorschriften des § 9 abändern (§ 12 Abs. 1, § 48). Verbindliche Normen sind ferner §§ 1 a, 1 b, 2, 3, 6, 7, 8, 13 und 15 (analog), 19 Abs. 2 und 3 sowie § 16 Abs. 2 und § 13 d Abs. 1, § 17 Abs. 1 S. 2. Ist eine Einrichtung aus dem Geltungsbereich eines anderen Arbeitnehmervertretungsrechts als der MAVO in den Geltungsbereich der MAVO übertragen worden, so hat die in der Einrichtung bestehende Arbeitnehmervertretung gemäß § 13 d Abs. 4 für die Bestellung des Wahlausschusses die Verantwortung (vgl. auch § 10 Rz 2). 4

II. Bestimmung des Wahltages

1. Mitarbeitervertretung, § 9 Abs. 1

Die amtierende MAV ist gemäß § 9 Abs. 1 gehalten, **spätestens acht Wochen vor Ablauf ihrer Amtszeit** (§ 13) den Wahltag zur Neuwahl der MAV zu bestimmen. Die Bestimmung darf also auch früher erfolgen. Damit beginnt die Wahlvorbereitung, die von der Wahldurchführung (§ 11) zu unterscheiden ist. Der **Termin der Neuwahl** der MAV **soll spätestens zwei Wochen vor Ablauf der gesetzlichen Amtszeit der amtierenden MAV liegen** (Rz 51–52). Aus betrieblichen Gründen kann die amtierende MAV gehalten sein, den Wahltermin so rechtzeitig anzusetzen, dass vor Ablauf ihrer Amtszeit die Wahl ordnungsgemäß abgeschlossen werden kann. Das ist nötig, um z. B. bei in die Wahlvorbereitungszeit fallender Betriebsschließung wegen Urlaubs die gesetzlichen Mindestfristen nicht zu verkürzen und die Wahl nicht anfechtbar werden zu lassen (Rz 51 ff.). Umgekehrt lässt die Sollvorschrift des § 9 Abs. 1 S. 2 auch einen weniger als zwei Wochen vor dem Ablauf der Amtszeit der MAV liegenden Wahltermin zu, weil durch die Sollvorschrift betriebliche Erfordernisse berücksichtigt werden dürfen. Ist die Wahl vor Ablauf der Amtszeit der amtierenden MAV nicht erfolgt, so führt die MAV die Geschäfte auch noch nach Ablauf ihrer gesetzlichen Amtszeit (§ 13 Abs. 2) bis längstens sechs Monate weiter (§ 13 a S. 1). Diese Situation kann auch eintreten, wenn die Wahl nach erfolgreicher Anfechtung zu wiederholen ist (§ 12 Abs. 2 S. 2). Deshalb wird der Ansicht nicht gefolgt, dass der Wahltag vor dem Ablauf der Amtszeit der amtierenden MAV liegen müsse (so aber: *Mösenfechtel/PerwitzParcsein/Wiertz,* § 9 Anm. 2 a S. 2, 3). Denn schließlich ist bei der Wahlvorbereitung denkbar, dass der Fristenkalender aus technischen Gründen nicht eingehalten werden kann, so dass schon aus diesem Grund die Verschiebung des Wahltermins erforderlich werden kann (*Frey/Coutelle/Beyer,* § 9 Rz 3). 5 6

2. Einheitlicher Wahltermin

Durch § 13 Abs. 1 ist bestimmt, dass die regelmäßigen Wahlen zur MAV alle vier Jahre in der Zeit vom 1. März bis 30. Juni einheitlich in der gesamten Diözese stattfinden. Dieser einheitliche Wahlzeitraum kann hinsichtlich Beginn und Ende durch diözesane Regelung abweichend festgelegt werden. Außerhalb des einheitlichen Wahlzeitraumes findet eine (Neu) Wahl in den gemäß § 13 Abs. 3 und 4 genannten Fällen statt. Durch die Festlegung eines für alle Dienststellen und Einrichtungen einheitlichen Wahlzeitraumes wird die Bildung und Zusammensetzung arbeitsfähiger Gesamtmitarbeitervertretungen 7

(§ 24) und diözesaner Arbeitsgemeinschaften der Mitarbeitervertretungen (§ 25) zeitlich erleichtert und begünstigt.

3. Der Wahlausschuss

8 Der Wahlausschuss bestimmt den Wahltag in dem gemäß § 10 Abs. 1 S. 3 vorgesehenen Fall (§ 10 Rz 19), der auch durch die Fälle des § 10 Abs. 1 a ausgelöst werden kann.

III. Bestellung des Wahlausschusses durch die MAV

1. Zeitpunkt

9 Spätestens **acht Wochen vor Ablauf ihrer Amtszeit** oder auch eher hat die MAV einen Wahlausschuss für die Neuwahl einer MAV zu bestellen (§ 9 Abs. 2). Das ist gesetzliche Pflicht (vgl. § 12 Rz 6, 15). Die Weigerung der MAV, den Wahltag zu bestimmen oder einen Wahlausschuss zu bestellen, ist eine Verletzung ihrer Pflichten. Auf Antrag eines Viertels der wahlberechtigten Mitarbeiter oder des Dienstgebers entscheidet die Schlichtungsstelle über die Pflichtverletzung mit der Folge, dass gegebenenfalls wegen grober Verletzung ihrer Verpflichtungen die MAV aufgelöst ist (§ 13 Abs. 3 Nr. 6 i. V. m. § 41 Abs. 1 Nr. 3).

10 Die **Bestellung der Mitglieder** des Wahlausschusses erfolgt nach einem Beschluss der MAV und nach Fühlungnahme mit solchen Personen, die für das Amt geeignet sind. Besteht **keine MAV**, so kann die Bestellung des Wahlausschusses nur durch die Wahl in der Mitarbeiterversammlung erfolgen (§ 10 Rz 8 ff.). Dasselbe gilt, wenn die Amtszeit der MAV abgelaufen ist (§ 13 Abs. 2).

11 Ist die Amtszeit der MAV vorzeitig beendet worden, weil ein Fall des § 13 Abs. 3 Nrn. 1–3 dazu geführt hat, so sind die Vorschriften des § 9 Abs. 1 und 2 auch anwendbar, weil gemäß § 13 a dafür gesorgt sein muss, dass die Neuwahl der MAV ordnungsgemäß vorbereitet wird, indem die geschäftsführende MAV (§ 13 a i. V. m. § 13 Abs. 3 Nrn. 1 bis 3) den Wahltag bestimmt und den Wahlausschuss bestellt; denn sie führt die Geschäfte bis zur Übernahme durch die neu gewählte MAV fort, längstens bis zur Dauer von sechs Monaten über den Ablauf der Amtszeit hinaus.

12 In den Fällen des § 13 Abs. 3 Nrn. 4 bis 6 führt die davon betroffene MAV die Geschäfte nicht weiter (§ 13 a S. 2), so dass der Dienstgeber gemäß § 10 Abs. 1 die Mitarbeiterversammlung einzuberufen hat, damit diese einen neuen Wahlausschuss wählt. Das gilt besonders in dem Falle der erfolgreich angefochtenen Wahl einer MAV, wenn kein ordnungsgemäß besetzter Wahlausschuss mehr besteht (§ 10 Abs. 1 a Nr. 5).

13 Ist zum Zeitpunkt der Entscheidung über die Anfechtung die alte MAV dagegen noch gemäß § 13 Abs. 2 im Amt, so bestimmt sie den Tag der Wiederholung der MAV-Wahl und bestellt auch den Wahlausschuss, falls derjenige, der über die Anfechtung der Wahl zu befinden hat, nicht mehr besteht.

2. Größe und Zusammensetzung des Wahlausschusses

Der Wahlausschuss besteht aus einer ungeraden Mitgliederzahl, die entweder **drei** oder **fünf** beträgt. In der Regel genügt ein dreiköpfiger Wahlausschuss; er ist aber auch erforderlich. Ein aus weniger als drei Personen bestehender Wahlausschuss ist kein Wahlausschuss im Sinne der MAVO und deshalb nicht zur Durchführung der MAV-Wahl berechtigt (vgl. Rz 3 f.). 14

Eine Vergrößerung des Wahlausschusses auf fünf Mitglieder ist zulässig, wenn dies zur ordnungsgemäßen Wahl erforderlich ist. Die **Mitglieder** des Wahlausschusses **brauchen nicht Mitarbeiter zu sein.** Soweit Mitarbeiter zum Mitglied des Wahlausschusses bestellt werden sollen, müssen sie wahlberechtigt sein (§ 9 Abs. 2 S. 2 i. V. m. § 7). Andererseits können aus dem Begriff der Mitarbeiter gemäß § 3 Abs. 2 ausgeklammerte Personen Mitglied des Wahlausschusses sein (*Mösenfechtel*, § 9 Anm. 2; *Bietmann*, Kurzkommentar, § 9 Anm. 1. 3). Dienststellenfremde Personen können nicht Mitglied des Wahlausschusses sein (*Frey/Coutelle/Beyer*, § 9 Rz 3; a. A. *Bietmann*, Kurzkommentar, § 9 Anm. 1.3, welcher auf jedweden Angehörigen des kirchlichen Dienstes die Möglichkeit zur Mitgliedschaft im Wahlausschuss einer bestimmten Dienststelle ausdehnen will). 15

Wer zur MAV-Wahl kandidiert, kann nicht Mitglied des Wahlausschusses sein (§ 9 Abs. 3 S. 2). 16

Im Übrigen ist die MAV in der Auswahl der Mitglieder des Wahlausschusses frei. Eine Zusammensetzung des Wahlausschusses nach Vertretern von Dienstbereichen oder Gruppen, etwa in Analogie zu § 6 Abs. 4 S. 1, ist nicht vorgesehen. Männer und Frauen sollten bei der Bestellung des Wahlausschusses berücksichtigt werden. 17

Eine zum Mitglied des Wahlausschusses bestellte Person hat keine Pflicht zur Annahme des Amtes. Lehnt sie ab, so hat die MAV eine andere Person zu bestellen (vgl. auch Rz 23). 18

3. Vorsitzender des Wahlausschusses

Der Wahlausschuss wählt in seiner konstituierenden Sitzung seinen Vorsitzenden – Frau oder Mann – (§ 9 Abs. 2 S. 3). Der Wahlausschuss besteht aus mehreren Mitgliedern, so dass deswegen eine Leitung erforderlich ist. Deshalb ist die Wahl des Vorsitzenden Pflicht der Mitglieder des Wahlausschusses. Der Wahlausschuss gibt seine Konstituierung und seine Zusammensetzung dem Dienstgeber und der Mitarbeiterschaft bekannt. 19

4. Ersatzmitglieder

Die MAVO sieht die Möglichkeit zur Bestellung von Ersatzmitgliedern für den Wahlausschuss nicht vor. Infolgedessen muss die MAV im Falle des Ausscheidens eines Mitgliedes aus dem Wahlausschuss ein neues Mitglied nachbestellen (§ 9 Abs. 3 S. 1). 20

Ungeregelt ist der **Fall der Verhinderung** eines Mitgliedes des Wahlausschusses an der Wahrnehmung seiner Aufgaben, z. B. durch Krankheit. Aus diesem Grunde ist eine vorsorgliche Praxis angezeigt, die z. B. in § 16 Abs. 1 S. 4 BetrVG ausdrücklich geregelt ist. Der Wahlausschuss wird zur Sicherstellung seiner Handlungsfähigkeit durch ein **Ersatzmitglied** verstärkt, das in den Wahlausschuss bei Verhinderung eines Mitgliedes nachrückt. Von diesem 21

§ 9

Zeitpunkt an erstarkt das Kündigungsschutzrecht des § 19 Abs. 2 auch für das Ersatzmitglied (Rz 24 ff.). Das Problem des Ersatzes spielt eine Rolle in den Fällen, in denen der Wahlausschuss nicht von der MAV, sondern von der Mitarbeiterversammlung (§ 10 Abs. 1 S. 3) gewählt worden ist. Deshalb sollte auch die Mitarbeiterversammlung gleich bei der Wahl Ersatzmitglieder mitwählen (§ 10 Rz 17), die sonst der Wahlausschuss in seiner Restbesetzung nachbestellt (§ 10 Abs. 1 S. 4).

IV. Rechtsstellung des Wahlausschusses

1. Beginn und Ende des Amtes

22 Das Amt des Wahlausschusses beginnt mit der Annahme der Bestellung bzw. Wahl (*Frey/Coutelle/Beyer,* § 19 Rz 20). Es endet in der Regel praktisch nach der Einberufung der neu gewählten MAV und der Wahl des bzw. der Vorsitzenden der MAV (§ 14 Abs. 1 S. 1) oder im Falle von Wahlanfechtungen nach der Entscheidung des Wahlausschusses (§ 12 Abs. 1 und 2). Die Ordnung geht jedoch gemäß § 12 Abs. 5 davon aus, dass der Wahlausschuss auch noch im Amt ist, solange nicht das Wahlanfechtungsverfahren abgeschlossen ist, so dass er bei erfolgreicher Anfechtung der Wahl bei der Schlichtungsstelle die Wiederholung des gesamten Wahlverfahrens durchführt, wenn er noch ordnungsgemäß besetzt ist. Durch den **Rücktritt** des Wahlausschusses endet das Amt. Werden zwei Einrichtungen während des Wahlverfahrens in einer Einrichtung miteinander zu einer einzigen Einrichtung verbunden, ist die Bestellung des Wahlausschusses hinfällig, weil durch die Zusammenlegung eine neue Einrichtung entstanden ist (§ 1 a Rz 21). Die Wahl ist auf die neue Einrichtung zu konzipieren. Deshalb muss das Wahlverfahren gemäß § 10 Abs. 1 über den Dienstgeber und die neue Mitarbeiterversammlung der neuen Einrichtung mit der Wahl eines neuen Wahlausschusses eingeleitet werden. Die Amtszeiten bestehender Mitarbeitervertretungen richten sich im Falle der **Zusammenlegung von Einrichtungen** nach § 13 d Abs. 2; die MAV der nach der Zahl der wahlberechtigten Mitarbeiterinnen und Mitarbeiter größten Einrichtung nimmt das Übergangsmandat wahr. Soll eine **gemeinsame Mitarbeitervertretung** (§ 1 b) gebildet werden, bleiben die amtierenden Mitarbeitervertretungen bis zur Wahl der gemeinsamen Mitarbeitervertretung im Amt.

23 Jedes einzelne Mitglied des Wahlausschusses kann sein Amt **jederzeit niederlegen.** Dies geschieht durch Erklärung gegenüber der MAV, die gemäß § 9 Abs. 3 S. 1 ein neues Mitglied zu bestellen hat. Dies gilt nicht, wenn die Mitarbeiterversammlung gemäß § 10 Abs. 1 den Wahlausschuss gewählt hat. In diesem Falle ist dem Wahlausschuss das Ausscheiden mitzuteilen, der dann unverzüglich ein neues Mitglied für den Wahlausschuss zu bestellen hat (§ 10 Abs. 1 S. 4). Das Amt des einzelnen Wahlausschussmitgliedes endet außerdem, wenn es Mitarbeiter gemäß § 3 Abs. 1 ist, durch Verlust des aktiven Wahlrechts (§ 9 Abs. 2 S. 2), infolge des Ausscheidens aus der Dienststelle sowie bei Kandidatur zur MAV. Dann hat die MAV den Wahlausschuss bzw. dieser sich selbst mit dem vorsorglich bestellten Ersatzmitglied (Rz 20) zu ergänzen. Die **Abberufung** als Mitglied des Wahlausschusses – durch wen auch immer – ist **unzulässig.**

§ 9

2. Kündigungsschutz

Den Mitgliedern des Wahlausschusses gilt ein **besonderer Kündigungsschutz** 24
vor der ordentlichen Kündigung gemäß § 19 Abs. 2. Der Kündigungsschutz
erstarkt allerdings erst nach Ablauf der arbeitsvertraglichen Probezeit. Da
die Probezeit eine Besonderheit des Arbeitsvertrages ist, beginnt also der
Kündigungsschutz bei fehlender Probezeit mit der Annahme der Bestellung
zum Mitglied des Wahlausschusses. Der besondere Kündigungsschutz gemäß
§ 15 Abs. 3 KSchG gilt nicht.

Der Kündigungsschutz gilt bis sechs Monate nach Bekanntgabe des Wahl- 25
ergebnisses (vgl. *BAG*, 14. 2. 2002 – 8 AZR 175/01, DB 2002, 2000). Er gilt
auch für solche Mitglieder des Wahlausschusses, die ihr Amt vorzeitig, gleich
aus welchem Grunde, niedergelegt haben (a. A. *Frey/Coutelle/Beyer*, § 19
Rz 20). Dieser nachwirkende Kündigungsschutz gilt uneingeschränkt, weil
§ 19 Abs. 2 auf die Einschränkung in § 19 Abs. 1 S. 3 nicht – entsprechend –
verweist (vgl. § 19 Rz 28 ff.) Schließlich ist dieses Ergebnis wegen der Ausführungen
zu § 19 Rz 28 angemessen.

Der Kündigungsschutz ist jedoch **in folgenden Fällen ausgeschlossen:** Es darf 26
einerseits dann gekündigt werden, wenn ein wichtiger Grund für eine außerordentliche
Kündigung im Sinne von § 626 BGB vorliegt. Andererseits darf
einem Mitglied des Wahlausschusses auch ordentlich, also fristgemäß gekündigt
werden in den Fällen des Artikels 5 Abs. 3 bis 5 der Grundordnung des
kirchlichen Dienstes im Rahmen kirchlicher Arbeitsverhältnisse. (Dazu näher
zu § 19). Der Kündigungsschutz ist ferner in den Fällen und nach Maßgabe des
§ 19 Abs. 3 ausgeschlossen. Kein besonderer Kündigungsschutz besteht für
Mitglieder des Wahlausschusses, deren Wahl oder Bestellung nichtig ist. Das
ist der Fall, wenn die Einladung zur Mitarbeiterversammlung nicht so bekannt
gemacht worden ist, dass alle Mitarbeiter der Einrichtung hiervon Kenntnis
nehmen konnten, diese auch nicht auf andere Weise tatsächlich davon erfahren
haben und durch das Fernbleiben der nicht unterrichteten Mitarbeiter das
Wahlergebnis beeinflusst werden konnte (§ 10 Rz 10) oder wenn die Bestellung
durch die nicht mehr im Amt befindliche MAV oder auf andere vom Gesetz
nicht geregelte Weise (z. B. durch den Dienstgeber) erfolgt ist.

3. Ehrenamt

Das Amt des Mitgliedes des Wahlausschusses ist ein nicht vergütetes Ehren- 27
amt. Der Wahlausschuss kann für seine Tätigkeit keine Vergütung verlangen.
Arbeitsversäumnis, die wegen der Tätigkeit als Wahlausschussmitglied notwendig
ist, berechtigt den Dienstgeber nicht zur Verkürzung der Bezüge oder
der Gestellungsleistung (Rz 54). Die Mitglieder des Wahlausschusses erhalten
für ihre Tätigkeit und für Schulungsmaßnahmen Arbeitsbefreiung im erforderlichen
Umfang (§ 16 Abs. 2, § 16 Rz 93 ff.). Wird die erforderliche Arbeitsbefreiung,
die beim Dienstgeber zu beantragen ist, verweigert, so kann hierin
eine Behinderung des Wahlverfahrens gesehen werden, die nach dem Sinn der
MAVO und ihrem Befehl zur Bildung von Mitarbeitervertretungen (§ 1 a
Abs. 1) unzulässig ist.

Passender wäre für die Mitglieder des Wahlausschusses eine Regelung zur 28
Freistellung im Sinne von § 15 Abs. 2 und zum Freizeitausgleich im Sinne von
§ 15 Abs. 4. Die Arbeitsbefreiung ist jeweils beim Dienstgeber zu beantragen
und von ihm zu gewähren. Außerdem kann sich auch für das eine oder andere

§ 9

Mitglied des Wahlausschusses die Notwendigkeit einer Tätigkeit außerhalb seiner dienstplanmäßigen Arbeitszeit ergeben, so dass aus diesem Grunde vergüteter Freizeitausgleich die Lösung bringt. Im Falle von Meinungsverschiedenheiten zwischen dem Wahlausschuss und dem Dienstgeber oder von einzelnen Mitgliedern des Wahlausschusses mit dem Dienstgeber kann die Schlichtungsstelle zur Gewährung des Freizeitausgleichs angerufen werden (§ 41 Abs. 2).

V. Aufgaben des Dienstgebers

29 Gemäß **§ 9 Abs. 4 S. 1** stellt der Dienstgeber dem Wahlausschuss zur Aufstellung des Wählerverzeichnisses spätestens sieben Wochen vor Ablauf der Amtszeit der MAV eine **Liste aller Mitarbeiter** mit den erforderlichen Angaben zur Verfügung. Die Liste hat demnach die Mitarbeiter gemäß § 3 Abs. 1 S. 1 namentlich zu erfassen. Dazu sind diejenigen Angaben nötig, denen zufolge der Wahlausschuss das aktive Wahlrecht feststellen kann. Deshalb muss die Liste Angaben enthalten, wer gemäß § 3 Abs. 2 aus dem Mitarbeiterbegriff ausgeklammert ist, wer gemäß § 7 wahlberechtigt oder vom aktiven Wahlrecht ausgeschlossen ist. Erst dadurch gerät der Wahlausschuss in die Lage, das von ihm zu erarbeitende Wählerverzeichnis anzufertigen.

VI. Aufgaben des Wahlausschusses

1. Listen der Wahlberechtigten

30 Gemäß **§ 9 Abs. 4 S. 2** muss der Wahlausschuss die Liste der wahlberechtigten Mitarbeiter selbst verbindlich aufstellen. Dabei ist er von den Daten des Dienstgebers abhängig, die er aber aufgrund seiner Aufgaben von ihm erhalten muss. Bei der Aufstellung geht es zunächst um die Aufstellung der Liste der aktiv Wahlberechtigten. Es ist ein Gebot der Zweckmäßigkeit, dass der Wahlausschuss auch eine Liste der passiv Wahlberechtigten aufstellt. Dazu ist er ebenfalls auf Angaben des Dienstgebers angewiesen, die es ermöglichen, das passive Wahlrecht festzustellen. Denn mit Hilfe dieser zweiten Liste wird es möglich, Wahlvorschläge zu machen oder wenigstens zu überprüfen.

31 Die Listen der aktiv Wahlberechtigten muss der Wahlausschuss mindestens **vier Wochen vor der Wahl** für die Dauer einer Woche **zur Einsicht auslegen** (§ 9 Abs. 4 S. 2).

2. Einsicht in die Listen

32 Hierzu muss der Vorsitzende des Wahlausschusses in geeigneter Weise, entweder durch Rundschreiben oder durch Aushang, bekannt geben, an welchem Ort, für welche Dauer und von welchem Tage an die Listen zur Einsicht ausliegen **(§ 9 Abs. 4 S. 3)**. In der Bekanntmachung ist darauf aufmerksam zu machen, dass jeder Mitarbeiter **innerhalb** einer Frist von **einer Woche** nach dem Ende der Auslegung der Listen gegen die Eintragung oder Nichteintragung eines Mitarbeiters **Einspruch** einlegen kann (vgl. § 9 Abs. 4 S. 4). **Unzulässig** ist der **Aushang der Listen am Schwarzen Brett**, wenn der für jedermann einsehbar ist. Hiergegen sprechen der Datenschutz, aber auch die Praxis, weil die

§ 9

Einsicht in die an einem bestimmten Ort ausgelegten Listen unter Beobachtung des Wahlausschusses möglich ist und der Einsichtnehmende unmittelbar dem Wahlausschuss sachdienliche Hinweise geben kann. Zur Aufforderung zu Wahlvorschlägen siehe Rz 36.

3. Einsprüche

Zur fehlerfreien Wahlvorbereitung kann jeder – auch nicht wahlberechtigte – **Mitarbeiter** gegen die Nichteintragung oder die – auch schreibfehlerhafte – Eintragung eines Mitarbeiters oder seiner eigenen Person in das Wählerverzeichnis Einspruch einlegen, wenn z. B. einer oder mehrere Wahlberechtigte nicht oder Nichtwahlberechtigte dagegen als wahlberechtigt aufgeführt sind. 33

Die **Frist zum Einspruch ist eine Ausschlussfrist** und läuft ab Beginn der Auslegung **bis eine Woche nach dem Ende der Auslegung des Wählerverzeichnisses** (vgl. Fristenkalender Rz 51). Die Wochenfrist bestimmt sich nach §§ 187, 188 BGB und verlängert sich, wenn der letzte Tag der Frist ein arbeitsfreier Tag (z. B. gesetzlicher Feiertag) ist, bis zum Ablauf des nächsten Arbeitstages (§ 193 BGB). **Bis zum Ablauf der Einspruchsfrist** hat der Wahlausschuss das Wählerverzeichnis jederzeit selbständig und uneingeschränkt auf Vollständigkeit und Richtigkeit zu überprüfen und Fehler auf Beschluss hin zu berichtigen, auch ohne Einspruch, weil die **Berichtigung Amtspflicht des Wahlausschusses** ist. Er hat laufend alle Änderungen, die auf das aktive Wahlrecht der Mitarbeiter Einfluss haben, in das Wählerverzeichnis aufzunehmen. Wird ein in das Wählerverzeichnis aufgenommener Mitarbeiter später gestrichen, ist er zu benachrichtigen. Der Wahlausschuss befindet über den Einspruch gemäß § 9 Abs. 4 S. 5 durch **Beschluss.** Erachtet er den Einspruch als begründet, ist das Wählerverzeichnis zu berichtigen. **Einspruch und Einspruchsentscheidung erfolgen schriftlich mit Begründung.** Der Dienstgeber hat gegen das vom Wahlausschuss aufgestellte Wählerverzeichnis **kein Einspruchsrecht.** Ihm bleibt allerdings ein Hinweisrecht, dem der Wahlausschuss kraft Amtspflicht nachzugehen hat. Das Wahlanfechtungsrecht wird durch **Unterlassung des Einspruchs** nicht berührt, auch wenn der Einspruch rechtsmissbräuchlich unterblieben ist, um vom Wahlanfechtungsrecht Gebrauch zu machen. Denn Verstöße gegen Wahlrechtsvorschriften werden nicht dadurch geheilt, dass ein Einspruch gegen die Richtigkeit der Wählerlisten unterblieben ist (*Richardi*, Arbeitsrecht in der Kirche § 18 Rz 47). Das Wahlanfechtungsrecht des Dienstgebers ist ohnehin wegen seines fehlenden Einspruchsrechts gegen die Richtigkeit der Listen der Wahlberechtigten vom unterlassenen Einspruch unabhängig (*Richardi*, a. a. O.). 34

Nach Ablauf der Einspruchsfrist hat der Wahlausschuss das Wählerverzeichnis nochmals auf seine Vollständigkeit hin zu überprüfen, weil davon die Ausübung des Wahlrechts der Mitarbeiter formal abhängt. Wenn die Wählerliste fehlerhaft ist, ist zur Vermeidung einer fehlerhaften Wahl mit davon beeinflusstem Wahlergebnis für die **Berichtigung von Amts wegen** unbeschränkt Sorge zu tragen. Wenn auch Einsprüche gegen das Wählerverzeichnis nicht mehr zulässig sind, so sind doch Berichtigungen durch den Wahlausschuss noch zulässig, um offenbare Unrichtigkeiten zu beseitigen. Wird die Wahl aufgrund eines fehlerhaften Wählerverzeichnisses durchgeführt, so ist sie wegen dieses Verstoßes anfechtbar, wenn dadurch das Wahlergebnis beeinflusst wer- 35

§ 9

den konnte (§ 12 Abs. 2 S. 2). Deshalb ist die Berichtigung des Wählerverzeichnisses praktisch noch am Wahltage vor der Stimmabgabe zulässig.

4. Wahlausschreiben mit Aufforderung zu Wahlvorschlägen

36 Gemäß **§ 9 Abs. 5 S. 1** hat der Wahlausschuss die aktiv wahlberechtigten Mitarbeiterinnen und Mitarbeiter aufzufordern, **schriftliche Wahlvorschläge** einzureichen (Rz 56 ff.). Dazu bestimmt er einen **Termin** mit Uhrzeit (vgl. auch Rz 44) und nennt die gesetzliche **Zahl der zur MAV zu wählenden Mitglieder** (§ 6 Abs. 2). Maßgeblich für die Zahl ist der Tag, bis zu dem Wahlvorschläge bei ihm vorliegen müssen (§ 6 Abs. 5 i. V. m. § 9 Abs. 5). Die Bestimmung des § 9 Abs. 5 S. 1 ist eine der entscheidenden zum Wahlverfahren. Die Mitarbeiter (Frauen und Männer), die Wahlvorschläge machen sollen oder sich zur Wahl stellen und zur Wahl vorgeschlagen werden sollen, müssen positiv aus dem Wahlausschreiben entnehmen können, bis zu welchem Termin ein gültiger Wahlvorschlag beim Wahlausschuss vorliegen muss. Daher ist in § 9 Abs. 5 S. 1 ausdrücklich festgelegt, dass im Wahlausschreiben dieser Termin vom Wahlausschuss festzusetzen und bekannt zu geben ist. Eine mündliche Mitteilung durch den Wahlausschuss bei der Abholung eines Wahlvorschlagsformulars verstößt gegen eine zwingende Wahlverfahrensbestimmung, die zur Anfechtung der Wahl berechtigt, wenn dadurch das Wahlergebnis beeinflusst sein kann (*Schlichtungsstelle Köln*, 23. 1. 1992–MAVO 5/91). Der Wahlausschuss ist an den von ihm festgesetzten Termin zur Einreichungsfrist für Wahlvorschläge gebunden (*Schlichtungsstelle Köln*, wie vor).

a. Form des Wahlvorschlags

37 Der Wahlausschuss hat in ausreichender Zahl einheitliche Formulare für die Wahlvorschläge anzufertigen und auszulegen (§ 9 Abs. 5 S. 3), die den Anforderungen des Absatzes 5 genügen und die notwendigen Eintragungen für den Wahlvorschlag kennzeichnen, nämlich die Bezeichnung als Wahlvorschlag für die Mitarbeitervertretungswahl mit dem Wahltag; den Raum für die Eintragung des Kandidaten mit Namen, Vornamen (nicht erforderlich: Geburtsdatum, Berufsbezeichnung); Konfession, wenn die diözesane Ordnung darauf im Wahlrecht abstellt (vgl. § 8 Rz 1); gegebenenfalls auch Teildienststelle, Gruppe und Dienstbereich der Tätigkeit; den Platz für **Stützunterschriften** mindestens dreier aktiv Wahlberechtigter, die den Wahlvorschlag unterzeichnen müssen; den Text der **Erklärung des Wahlkandidaten, dass er seiner Benennung als Kandidat zustimmt** (§ 9 Abs. 5 S. 2). Die Bestätigung, dass kein **Ausschlussgrund von der Wählbarkeit im Sinne des § 8 vorliegt (§ 9 Abs. 7)**, erfolgt gegenüber dem Wahlausschuss (Rz 41, Rz 59 ff.). Ist ein zur Kandidatur bereiter Mitarbeiter verhindert, innerhalb der Frist für die Einreichung der Wahlvorschläge (Rz 36) seine Kandidatur zu betreiben, so hat er die Möglichkeit, seine Bereitschaft zur Kandidatur auch früher mit den erforderlichen Angaben zu erklären. Diejenigen Mitarbeiter, die seine Kandidatur unterstützen, müssen sich in ihrem Wahlvorschlag auf die vorzuweisende Erklärung des Kandidaten beziehen und innerhalb der Frist den Wahlvorschlag beim Wahlausschuss einreichen. **Ein Mitarbeiter kann zugunsten mehrerer Kandidaten Stützunterschriften leisten.** Beispiel: In einer Einrichtung gibt es nur fünf aktiv wahlberechtigte Mitarbeiter. Nur ein Kandidat kann gewählt werden. Dennoch soll gemäß § 9 Abs. 6 die Kandidatenliste doppelt soviel Wahlbewerber

§ 9

enthalten, wie Mitglieder nach § 6 Abs. 2 zu wählen sind. Deshalb ist die Befolgung dieser Vorschrift nur möglich, wenn von den vorhandenen Mitarbeitern einige mehrfach Stützunterschriften leisten.

b. Hinweise des Wahlausschusses

In seiner Aufforderung zur Einreichung von Wahlvorschlägen muss der Wahlausschuss mit Rücksicht auf § 9 Abs. 6 auf die Zahl der gemäß § 6 Abs. 2 zu wählenden Mitglieder zur MAV hinweisen und hinzufügen, dass die Kandidatenliste nach Möglichkeit mindestens doppelt so viele Wahlbewerber enthalten soll wie Mitglieder zu wählen sind. Soweit die **Wahl gemäß § 6 Abs. 3** in Abweichung vom reinen Mehrheitswahlprinzip unter dem Gesichtspunkt der Repräsentation einzelner Teildienststellen in der MAV durchgeführt werden soll, ist dies mitzuteilen. In der Aufforderung zur Kandidatur ist aufmerksam zu machen auf die Vorschriften des § 6 Abs. 4 und den Tag, bis zu dem Wahlvorschläge gemacht werden können. Das ist der Tag, von dem ab noch mindestens eine volle Woche vor der Wahl die Namen der zur Wahl vorgeschlagenen und vom Wahlausschuss für wählbar erklärten Mitarbeiter in alphabetischer Reihenfolge durch Aushang bekannt gemacht werden können (§ 9 Abs. 8). 38

c. Keine Listenwahl

Weil die MAVO die Listenwahl nicht kennt, können auch keine Listenwahlvorschläge eingereicht werden. Wenn Mitarbeiter einer bestimmten innerbetrieblichen oder überbetrieblichen Koalition (z. B. Berufsverband, Art. 6 GrO) ihre Verbandsfreunde bei der Kandidatur unterstützen wollen, können sie das durch ihre Wahlvorschläge zum Ausdruck bringen. 39

5. Kündigungsschutz der Wahlbewerber

Die Wahlbewerber genießen gemäß **§ 19 Abs. 2** nach Ablauf der arbeitsvertraglichen Probezeit **besonderen Kündigungsschutz** vor der ordentlichen Kündigung. Dieser beginnt mit dem Zeitpunkt der Aufstellung des Wahlvorschlages und wirkt bis **sechs Monate** nach Bekanntgabe des Wahlergebnisses. Der Kündigungsschutz bleibt jedoch versagt, wenn der Wahlausschuss den Wahlvorschlag verwirft, weil der Wahlvorschlag ungültig ist oder der Wahlbewerber kein passives Wahlrecht hat. (Zu den übrigen Einschränkungen des besonderen Kündigungsschutzes vgl. § 19 Abs. 1 und 2). Die ordentliche Kündigung eines Wahlbewerbers ist auch in den Fällen und nach Maßgabe des **§ 19 Abs. 3 zulässig**. 40

6. Prüfung der Wählbarkeit

Wird ein Wahlvorschlag eingereicht, prüft ihn der Wahlausschuss ohne zeitliche Verzögerung, um bei Fehlern noch rechtzeitig innerhalb der Einreichungsfrist Korrekturen erfolgen zu lassen und so die Wahl des Kandidaten zu ermöglichen und eine erfolgreiche Anfechtung der Wahl zu vermeiden (*LAG Düsseldorf*, 25. 3. 2003 – 8 Ta BV 70/02, ZMV 2003, 134). Unverzichtbar ist gemäß **§ 9 Abs. 7** bei der Einreichung des Wahlvorschlags die Erklärung des vorgeschlagenen Wahlkandidaten, dass bei ihm keine Ausschlussgründe im Sinne des § 8 vorliegen. Ohne diese Erklärung des Wahlkandidaten kann er vom Wahlausschuss nicht zur Wahl zugelassen werden. Die Bestimmung ist 41

§ 9

zwingendes Recht, auf dessen Einhaltung zur Wirksamkeit eines eingereichten Wahlvorschlags nicht verzichtet werden kann (*Schlichtungsstelle Köln*, 23. 1. 1992 – MAVO 5/91). Obwohl der Wahlbewerber gemäß **§ 9 Abs. 7** zu erklären hat, dass ein Wahlausschlussgrund nicht vorliegt, hat der Wahlausschuss ein uneingeschränktes Recht, die Wählbarkeit (aktives und passives Wahlrecht) des Kandidaten zu prüfen. Er ist dazu von Amts wegen gesetzlich verpflichtet. Bei der Prüfung hat der Wahlkandidat wie der Dienstgeber mitzuwirken. Beide müssen dem Wahlausschuss die erforderlichen Informationen nach ihrem besten Wissen geben. Dabei kann sich ereignen, dass schwierige Fragen hinsichtlich der Wählbarkeit gemäß den Bestimmungen des § 8 entstehen. Diese darf der Wahlausschuss nicht als unbeachtlich und deshalb bei der Wahl als unerheblich bewerten. Er wird daher Bedenken, die ihm von Mitarbeiter- oder Dienstgeberseite vorgetragen werden, ebenso wie eigenen Bedenken nachgehen müssen, weil er für die ordnungsgemäße, fehlerfreie Durchführung der Wahl auch im Stadium der Wahlvorbereitung verantwortlich ist und Wahlanfechtungen nach Möglichkeit vermieden werden müssen. Im einzelnen wird auf die Erläuterungen zu § 8 verwiesen.

42 Ist ein **Wahlbewerber nicht wählbar**, so weist der Wahlausschuss dessen Kandidatur zurück. Gegen diese Entscheidung ist allenfalls die Wahlanfechtung zulässig. **Ungültige Wahlvorschläge** weist der Wahlausschuss mit Begründung zurück. Dabei weist er auf gegebenenfalls behebbare Mängel hin. Er hat Aufklärungspflicht. Gegebenenfalls kann der Wahlvorschlag fehlerfrei wiederholt werden, wenn die beanstandeten Mängel (z. B. fehlende Stützunterschriften) behoben sind und die Frist für die Wahlvorschläge noch nicht abgelaufen ist. Bei unbehebbaren Mängeln (z. B. fehlendes aktives – § 7 – oder passives Wahlrecht – § 8 –) verbleibt es bei der Zurückweisung des Wahlvorschlages, während im Falle behebbarer Mängel der Wahlausschuss eine Nachfrist zur Behebung des Mangels **innerhalb der Einreichungsfrist** für Wahlvorschläge setzen muss. Erst nach erfolglosem Ablauf der Nachfrist kann der Wahlausschuss den Wahlvorschlag zurückweisen. Ein Verstoß gegen diese Regel ist ein Wahlanfechtungsgrund. Denn die Zulassung oder die Versagung der Kandidatur können das Wahlergebnis beeinflussen (*Schlichtungsstelle Köln*, MAVO 6/83).

7. Kandidatenliste

43 Nach Einzug der Wahlvorschläge (siehe auch § 6 Abs. 4 S. 2) und der Prüfung der Wählbarkeit der Wahlbewerber durch den Wahlausschuss stellt dieser die Kandidatenliste nach Maßgabe der gültigen Kandidaturen in alphabetischer Reihenfolge auf (§ 9 Abs. 6 und 8). Listenkandidaturen sind unzulässig (Rz 39); die Kandidaturen sind deshalb als Einzelkandidaturen auszuweisen. Sind auf der Kandidatenliste überdurchschnittlich viele Kandidaturen – etwa mehr als 80% der Wahlberechtigten als Wahlbewerber – aufgeführt, so liegt darin kein Verstoß gegen Wahlvorschriften, auch wenn damit zahlreichen Wahlbewerbern ein besonderer Kündigungsschutz beschert wird (§ 9 Abs. 6, § 19 Abs. 2; *LAG Köln*, 29. 3. 2001 – 5 Ta BV 22/01, MDR 2001, 1176). In der Diözese Fulda und den bayerischen Diözesen ist die Konfession des Kandidaten anzugeben, wenn der Vorsitzende oder die Vorsitzende katholisch sein muss. Wegen der Vorschrift des § 6 Abs. 4 S. 1 ist hinter dem Namen des Kandidaten sein Dienstbereich und die Berufsgruppe dann anzugeben, wenn verschiedene Dienstbereiche oder Gruppen in der Dienststelle oder Einrichtung

bestehen (z. B. im Krankenhaus: Ärzte, Pfleger und Krankenschwestern, Verwaltungskräfte). Zum Aushang der Kandidatenliste wird auf Rz 47 verwiesen.

a. Mindestzahl der Wahlbewerber

Die Kandidatenliste verschafft einen Überblick über die Anzahl der Kandidaturen. Wird die für die gesetzliche Wahl der Mitglieder der MAV erforderliche Mindestzahl gemäß § 6 Abs. 2 nicht erreicht, kann die **Wahl** durchgeführt werden, wenn wenigstens **die Zahl** der Kandidaturen erreicht ist, die noch gemäß § 13 Abs. 3 Nr. 2 **für den Fortbestand** der MAV **ausreicht** (§ 6 Rz 8–13, *Schlichtungsstelle Köln*, 16. 7. 1991 – MAVO 6/91, ZMV 1991, 182 m. N.). Das ist der Fall, wenn die Zahl der Kandidaturen nicht unter 50 v. H. der gesetzlichen Mitgliederstärke der MAV beträgt. Diese Variante ist erst ab der gesetzlichen Zahl von drei MAV-Mitgliedern möglich. Die Mitarbeiter sollen immer dann eine MAV in ihrer Dienststelle erhalten, wenn sich Wahlkandidaten zur Verfügung stellen, auch wenn diese nicht die Mindestzahl der zu wählenden Mitglieder nach § 6 Abs. 2 erreichen. Es muss in diesen Fällen ohnehin eine Neuwahl nach § 13 Abs. 3 Nr. 2 stattfinden, wenn die gesetzliche Zahl der MAV-Mitglieder um mehr als die Hälfte der in § 6 Abs. 2 vorgeschriebenen Zahl gesunken ist (*Schlichtungsstelle Köln*, a. a. O. S. 184). Es ist also nicht erforderlich, dass die Kandidatenliste **die in § 9 Abs. 6 angegebene Soll-Zahl** von Wahlbewerbern aufweist. Diese Zahl ermöglicht jedoch eine echte Wahl unter den Bewerbern. Zur Vermeidung der womöglichen Absage des Wahltermins (Rz 45) kann der Wahlausschuss seine ursprünglich vorgesehene Frist für die Einreichung von Wahlvorschlägen (Rz 36) gegebenenfalls verlängern, wenn nämlich die Wahlvorbereitungen im Übrigen nicht gefährdet werden (z. B. die rechtzeitige Herstellung der Stimmzettel, Vorbereitung und Versand der Briefwahlunterlagen – § 11 Abs. 4 –). Denn **der Wahlausschuss hat ein eigenständiges Bestimmungsrecht für den Termin, bis zu dem die schriftlichen Wahlvorschläge bei ihm eingegangen sein müssen** (§ 9 Abs. 5 S. 1), also auch im Rahmen des Fristenkalenders (Rz 51) ein Recht zur Bestimmung einer **Nachfrist**. 44

Kandidiert niemand oder reicht die Zahl der Kandidaturen nicht aus, um den Erfordernissen für die gesetzliche Mindestzahl der Mitglieder der MAV zu genügen (§ 6 Rz 8 ff.), so hat der Wahlausschuss den **Wahltermin abzusagen** und durch Aushang oder auf andere geeignete Weise die Einstellung der Wahlvorbereitung bekannt zu geben. Mit der MAV ist ein neuer Wahltermin abzusprechen, wenn sie noch im Amt ist, damit in der Zwischenzeit – auch unter Einschluss einer Mitarbeiterversammlung – eine neue Kandidatenaufstellung mit der erforderlichen Anzahl an Kandidaturen angeregt wird. Ergeben sich keine ausreichenden Kandidaturen, wird mit Ablauf der Amtszeit bzw. Geschäftsführungszeit der bisherigen MAV (§ 13 a) die Dienststelle mitarbeitervertretungslos, so dass der Dienstgeber die Initiative zur Bildung einer MAV erhält, um zu gegebener Zeit gemäß § 10 Abs. 1 über eine von ihm einzuberufende Mitarbeiterversammlung einen Wahlausschuss wählen zu lassen, der dann den Wahltermin neu bestimmt. 45

Der Wahlausschuss kann vom Dienstgeber nicht angehalten oder gar gezwungen werden, die Wahl trotz rechtlicher Bedenken durchzuführen. Der Dienstgeber hat nur das Recht, Fehler zu rügen, die er im Rahmen seines Anfechtungsrechts gemäß § 12 geltend machen kann, falls der Wahlausschuss nicht 46

§ 9

einem vorherigen Einspruch von anderer Seite während der Wahlvorbereitung stattgegeben hat. Es entspricht der gesetzlichen Regelung, dass der Wahlausschuss die Wahl vorbereitet und leitet (§§ 9, 11) und der Dienstgeber insoweit in ein Wahlverfahren nicht eingreifen darf. Er hat deshalb auch den **Abbruch des Wahlverfahrens** hinzunehmen, wenn die Entscheidung des Wahlausschusses korrekt ist. Der Wahlausschuss muss die Möglichkeit haben, eigene Fehler zur Vermeidung einer ungültigen Wahl zu korrigieren. Dazu gehört auch die Berichtigung der gesetzlich geregelten Fristen, wenn diese falsch berechnet worden sind. In den **bayerischen Diözesen** und der **Diözese Fulda** muss der Wahlausschuss auch darauf achten, dass die Kandidaturen den persönlichen Anforderungen an den Vorsitzenden der MAV in konfessioneller Hinsicht gerecht werden (§ 14 Rz 10).

b. Aushang der Kandidatenliste

47 Die Kandidatenliste ist gemäß **§ 9 Abs. 8 S. 1** spätestens **eine Woche vor der Wahl** durch Aushang bekannt zu geben (Rz 62). Dabei ist zur Vermeidung von Benachteiligungen die alphabetische Reihenfolge der Namen der vorgeschlagenen Wahlbewerber einzuhalten. Es empfiehlt sich, in größeren Einrichtungen die Wahlbewerber mit einem Foto neben dem Namen und unter Angabe des Geburtsdatums, mit Arbeitsbereich und Beruf oder Gruppe sowie gegebenenfalls der Teildienststelle vorzustellen. Hierbei ist allerdings das Prinzip der Gleichbehandlung zu beachten, wonach jeder Wahlbewerber aufgefordert wird, sein Foto abzuliefern. Es ist dann Sache des Kandidaten, ob er ein Foto für den Aushang abgibt.

c. Unwiderruflichkeit der Kandidatur

48 Nach dem Aushang der Kandidatenliste darf der Wahlbewerber seine Kandidatur nicht mehr widerrufen (**§ 9 Abs. 8 S. 2**). Mit dieser Vorschrift wird gesichert, dass der Wahlausschuss feststellen kann, ob die Wahl bei ausreichenden Kandidaturen auch durchgeführt werden kann. Der Wahlausschuss darf jetzt keine Kandidatur mehr streichen (*Schlichtungsstelle Köln*, MAVO 3/87), selbst wenn er zu der Überzeugung gelangt ist, dass die Kandidatur wegen fehlender Wählbarkeitsvoraussetzungen gemäß § 8 unzulässig ist. Das ist insbesondere im Fall der schon angelaufenen Briefwahl von Bedeutung und einleuchtend. War die Kandidatur unzulässig, ist die Wahlanfechtung möglich (§ 12 Rz 10 ff.).

VII. Willensbildung des Wahlausschusses

49 Der Wahlausschuss ist ein mehrgliedriges Gremium. Er muss daher seine **Entscheidungen** durch Abstimmung der einzelnen Mitglieder des Wahlausschusses nach den Regeln der Mehrheit **durch Beschluss** herbeiführen. Hierbei kommt dem Vorsitzenden des Wahlausschusses die Leitung des Abstimmungsverfahrens zu. Er stellt das Ergebnis der Abstimmung fest. **Stimmenthaltungen** zählen als nicht abgegebene Stimme. Da der Wahlausschuss jedoch zu Entscheidungen verpflichtet ist, dürfen die Mitglieder des Wahlausschusses die notwendigen Entscheidungen nicht durch Stimmenthaltung blockieren.

§ 9

Die **Beschlüsse** und **Entscheidungen** des Wahlausschusses sind zu **protokollie-** 50
ren.

VIII. Kalender für die Mindestfristen zur Wahlvorbereitung

Die in § 9 genannten Mindestfristen für die Wahlvorbereitungshandlungen 51
sind im nachstehenden Schema enthalten. Beispiel:

1. Juni	–	Ablauf der Amtszeit der alten MAV
– 8 Wochen davor: = 6. April	–	MAV bestimmt den Wahltag = 18. Mai = 2 Wochen vor Ablauf der Amtszeit der alten MAV (§ 9 Abs. 1)
– ebenfalls 8 Wochen davor: = 6. April	–	Bestellung der Mitglieder des Wahl- ausschusses (§ 9 Abs. 2 S. 1)

Fällt der Tag auf einen arbeitsfreien Tag, einen Sonn- oder Feiertag, ist der vorgenannte Termin vorzuverlegen, um die Zeiten,der Wahlvorbereitung zu erhalten.

– 7 Wochen davor: = 13. April	– –	Dienstgeber gibt Daten für die Auf- stellung des Wählerverzeichnisses an Wahlausschuss (§ 9 Abs. 4 S. 1) Schulung des Wahlausschusses
– 4 Wochen vor dem Wahltag (18. Mai) = 20. April	– –	Wahlausschuss legt Listen der wahl- berechtigten Mitarbeiter zur Ein- sicht aus (§ 9 Abs. 4 S. 2) Der Vorsitzende gibt Ort, Dauer und Zeit der Listenauslage bekannt (§ 9 Abs. 4 S. 3)
– 3 Wochen vor dem Wahltag: = 27. April	–	Ende der Listenauslage (§ 9 Abs. 4 S. 2)
– 3 Wochen vor dem Wahltag: = 27. April	–	Ende der Einspruchsfrist gegen Ein- tragung oder Nichteintragung in der Liste (§ 9 Abs. 4 S. 4)
– Danach	– – –	Aufforderung zur Kandidatur (§ 9 Abs. 5) Einzug der Wahlvorschläge Prüfung der Wählbarkeit (§ 9 Abs. 7)
– 1. Woche vor dem Wahltag = 11. Mai	–	Aushang der Wahlbewerber (§ 9 Abs. 8 S. 1)
– Danach	–	Ausgabe der Briefwahlunterlagen (§ 11 Abs. 4 S. 1)
– 18. Mai	– – – –	Wahltag Stimmabgabe bis Ende der Wahlzeit (§ 11 Abs. 4 S. 4) Stimmenauszählung (§ 11 Abs. 5) Bekanntgabe des Wahlergebnisses

§ 9

Wird an mehreren Tagen gewählt, so gilt wegen der Fristen der erste Wahltag als Stichtag. Die Stimmabgabe ist bis zum Abschluss der Wahlzeit am letzten Wahltag zulässig. Danach erfolgen Stimmauszählung unter Berücksichtigung der Briefwähler und Bekanntgabe des Wahlergebnisses.

52 Der vorstehende Mindestfristenkalender zeigt deutlich sehr enge Zeiträume an. Unter Berücksichtigung von Entscheidungen über mögliche Einsprüche gegen Eintragungen oder Nichteintragungen in den Listen der Wahlberechtigten, wegen der Prüfung des passiven Wahlrechts der Wahlbewerber, der rechtzeitigen Ausgabe von Briefwahlunterlagen an die Briefwähler (vgl. § 11 Rz 7–10) zur rechtzeitigen Stimmabgabe unter Berücksichtigung des Postweges ist ein längerer Zeitraum für die Wahlvorbereitung möglich, damit sie ordnungsgemäß durchgeführt wird.

53 Besonders eng sind die Zeiträume an einigen Nahtstellen, wie Zeitpunkt der Bestellung der Mitglieder des Wahlausschusses, der Herausgabe der Unterlagen zur Aufstellung des Wählerverzeichnisses und die Auslage der Listen der wahlberechtigten Mitarbeiter. Hier sind Dehnungen hilfreich, damit ausreichende Zeit zur Entscheidung strittiger Fragen zur Verfügung steht. Auch der Zeitraum zwischen dem Aushang der Wahlbewerber bis zum Wahltag ist bei notwendiger Briefwahl ausreichend lang zu regeln (Rz 51).

IX. Kosten

54 Die notwendigen Kosten zur Vorbereitung und Durchführung der Wahl trägt der Dienstgeber (§ 11 Abs. 8 S. 2, vgl. § 11 Rz 21). Der Wahlausschuss ist nach der MAVO nicht berechtigt oder verpflichtet zu beschließen, einen eingereichten Wahlvorschlag um das Lichtbild des Kandidaten zu ergänzen. Er prüft lediglich die Gültigkeit des Wahlvorschlags. Ist der Wahlvorschlag gültig, ist beim Aushang der Kandidatenliste am Schwarzen Brett die Zufügung des Fotos Sache des Kandidaten, wenn der Wahlausschuss das gestattet. Die Kosten für Lichtbilder trägt der Dienstgeber nicht (vgl. auch: *BAG*, 3. 12. 1987 – 6 ABR 78/85, BB 1988, 1042).

XI. Streitigkeiten

55 Streitigkeiten über die Vorschriften zur Wahlvorbereitung sind im Wege der **Wahlanfechtung** durchzuführen. Mängel bei der Bestellung oder der Tätigkeit des Wahlausschusses machen die Wahl, wenn die Voraussetzungen des § 12 vorliegen (vgl. dort), anfechtbar. **Entscheidungen und Maßnahmen des Wahlausschusses**, die sich auf die Wahl beziehen, sowie die Bestellung des Wahlausschusses können nur angefochten werden, wenn durch sie das Wahlergebnis beeinflusst sein kann (Schlichtungsstelle Mainz, 29. 9. 1997 – Az. 1726, 3/11 – 1997).

XI. Formulare für das Wahlverfahren

56 Zur Durchführung der Wahlvorbereitung empfiehlt sich der Gebrauch von Mustern für die Benachrichtigung der Wahlberechtigten. Dazu werden einige Formularbeispiele vorgestellt.

§ 9

1. Zur Bekanntgabe des Wahltermins (§ 9 Abs. 1):

Die Mitarbeitervertretung   Datum **57**
in
                    Bekanntmachung
in ihrer Sitzung vom ... hat die Mitarbeitervertretung den ... als Wahltermin zur Wahl einer neuen Mitarbeitervertretung bestimmt (§ 9 Abs. 1 MAVO). Zu Mitgliedern des Wahlausschusses sind folgende Personen bestellt worden:

....
       Unterschrift des/der Vorsitzenden der MAV

2. Für das Wahlausschreiben (Rz 36 ff.):

Der Wahlausschuss   **58**
in   Datum
                 Wahlausschreiben
        für die Wahl der Mitarbeitervertretung
in
....
       Dienststelle, Einrichtung, sonstige Stelle
             am ....

Gemäß § 6 MAVO ist bei .... wahlberechtigten Mitarbeitern eine Mitarbeitervertretung (MAV) zu bilden, die aus .... Mitglied(ern) besteht. Gleichzeitig ist/sind .... Ersatzmitglied(er) zu wählen. Wählen kann nur, wer in die Liste der aktiv wahlberechtigten Mitarbeiter eingetragen ist. Diese Liste liegt für jeden zur Einsichtnahme in der Zeit vom .... bis ...., von .... Uhr bis .... Uhr in .... beim Wahlausschuss aus.

Jeder Mitarbeiter und jede Mitarbeiterin kann innerhalb einer Frist von einer Woche nach Auslegung der Liste, also spätestens bis zum .... gegen die Eintragung oder Nichteintragung Einspruch einlegen. Der Wahlausschuss entscheidet über den Einspruch endgültig.

Die Wahlberechtigten werden aufgefordert, schriftliche Wahlvorschläge, die jeweils von mindestens drei Wahlberechtigten unterzeichnet sein müssen, bis zum .... einzureichen. Die Wahlvorschläge sollen Vertreter der Dienstbereiche und Gruppen berücksichtigen. Jeder Wahlvorschlag muss die Erklärung des Kandidaten enthalten, dass er seiner Benennung zustimmt und ein Wahlausschlussgrund nicht vorliegt.

Formulare für die Wahlvorschläge liegen beim Wahlausschuss vor. Wahlvorschläge, die nicht die nötige Anzahl von Unterschriften enthalten oder verspätet eingehen, sind ungültig. Gewählt werden kann nur, wer in einen gültigen Wahlvorschlag aufgenommen ist.

....
      Unterschriften der Mitglieder des Wahlausschusses

§ 9

3. Für den Wahlvorschlag (Rz 36 ff., 41 f.):

59   Wahlvorschlag
zur Wahl der MAV in .... am ....
Der nachstehende Wahlvorschlag muss von drei wahlberechtigten Mitarbeitern unterschrieben sein, um gültig zu sein. Der Wahlvorschlag muss die vom vorgeschlagenen Kandidaten abzugebende Erklärung enthalten, dass er seiner Benennung zustimmt. Der Wahlvorschlag hat spätestens bis zum ....
dem Wahlausschuss in .... vorzuliegen.
Die nachstehend Unterzeichneten schlagen Herrn/Frau .... zur Wahl der Mitarbeitervertretung in .... vor.

....
        Unterschriften von mindestens drei wahlberechtigten Mitarbeitern

Datum ....
                               Erklärung
                        des Vorgeschlagenen
Ich, Name ...., erkläre mich hiermit in Kenntnis der Bestimmungen der §§ 7, 8 MAVO über die Wählbarkeit mit meiner Benennung zur MAV-Wahl einverstanden.
Datum ....   Unterschrift des/der Kandidaten/in

4. Bestätigung der Wählbarkeit

60 Der/die Vorgeschlagene bestätigt hiermit, dass gegen seine/ihre Wählbarkeit kein Ausschlussgrund im Sinne von §§ 7, 8 MAVO vorliegt.
Datum ....   Unterschrift
Die nachstehenden Vermerke zu 5. und die Erklärung zu 4. können auf der Rückseite des Wahlvorschlages eingetragen werden.

5. Vermerke des Wahlausschusses

61 Eingang:
Aktives   und   passives Wahlrecht
☐ ja   ☐ ja
☐ nein   ☐ nein
geprüft am: ....
Unterschrift   ....

6. Zur Bekanntgabe der zur Wahl der MAV vorgeschlagenen Mitarbeiter (Rz 43 ff.):

62   Bekanntgabe der Kandidaten
        und Kandidatinnen zur Wahl der Mitarbeitervertretung
                        in ....
Zur Wahl der Mitarbeitervertretung wurden folgende Mitarbeiterinnen und Mitarbeiter gültig vorgeschlagen, die in alphabetischer Reihenfolge aufgeführt sind. Es kandidieren:
Namen
Die Wahl findet am ...., in der Zeit von ....
bis .... Uhr in .... (Wahllokal) statt.

§ 10

Jede/r wahlberechtigte Mitarbeiter(in) hat .... Stimme(n) entsprechend der Zahl der zu wählenden Mitarbeitervertreter. Die Stimmabgabe erfolgt durch Ankreuzen von höchstens so vielen Namen wie Kandidaten bzw. Kandidatinnen zu wählen sind.
Zu wählen sind .... Kandidaten/Kandidatinnen. Das Ankreuzen von mehr als .... Namen und Zusätze machen den Stimmzettel ungültig. Mitarbeiter, die am Wahltag an der Wahl verhindert sind, können von der Briefwahl Gebrauch machen. Die Briefwahlunterlagen sind beim Wahlausschuss in der Zeit von .... Uhr bis .... Uhr in .... ab sofort erhältlich. Sie werden auf Wunsch zugeschickt. Der Wahlbrief muss bis zum Ende der Wahlzeit beim Wahlausschuss in .... eingegangen sein.

....
Datum   Der Wahlausschuss

§ 10 Dienstgeber – Vorbereitungen zur Bildung einer Mitarbeitervertretung

(1) Wenn in einer Einrichtung die Voraussetzungen für die Bildung einer Mitarbeitervertretung vorliegen, hat der Dienstgeber spätestens nach drei Monaten zu einer Mitarbeiterversammlung einzuladen. Er leitet sie und kann sich hierbei vertreten lassen. Die Mitarbeiterversammlung wählt den Wahlausschuss, der auch den Wahltag bestimmt. Im Falle des Ausscheidens eines Mitglieds bestellt der Wahlausschuss unverzüglich ein neues Mitglied.

(1 a) Absatz 1 gilt auch,
1. wenn die Mitarbeitervertretung ihrer Verpflichtung gem. § 9 Abs. 1 und 2 nicht nachkommt,
2. im Falle des § 12 Abs. 5 Satz 2,
3. im Falle des § 13 Abs. 2 Satz 3,
4. in den Fällen des § 13 a nach Ablauf des Zeitraumes, in dem die Mitarbeitervertretung die Geschäfte fortgeführt hat,
5. nach Feststellung der Nichtigkeit der Wahl der Mitarbeitervertretung durch die Schlichtungsstelle in anderen als den in § 12 genannten Fällen, wenn ein ordnungsgemäßer Wahlausschuss nicht mehr besteht.

(2) Kommt die Bildung eines Wahlausschusses nicht zustande, so hat auf Antrag mindestens eines Zehntels der wahlberechtigten Mitarbeiterinnen und Mitarbeiter und nach Ablauf eines Jahres der Dienstgeber erneut eine Mitarbeiterversammlung zur Bildung eines Wahlausschusses einzuberufen.

(3) In neuen Einrichtungen entfallen für die erste Wahl die in den §§ 7 Abs. 1 und 8 Abs. 1 festgelegten Zeiten.

Inhaltsübersicht

		Rz
I.	Anwendungsbereich der Vorschrift	1–7
II.	Wahl des Wahlausschusses	8–21
	1. Einberufung der Mitarbeiterversammlung durch den Dienstgeber	8–10

§ 10

2. Aufgabe der Mitarbeiterversammlung	11–13
3. Wahl des Wahlausschusses	14–18
4. Bestimmung des Wahltages	19
5. Ausscheiden eines Mitgliedes aus dem Wahlausschuss	20–21
III. Einberufung der Mitarbeiterversammlung in den Fällen des Absatzes 1 a	22–27
1. Absatz 1 a Nr. 1	23
2. Absatz 1 a Nr. 2	24
3. Absatz 1 a Nr. 3	25
4. Absatz 1 a Nr. 4	26
5. Absatz 1 a Nr. 5	27
IV. Scheitern der Bildung eines Wahlausschusses	28–30
1. Antrag von einem Zehntel der wahlberechtigten Mitarbeiter	28–29
2. Einladung des Dienstgebers zur Mitarbeiterversammlung	30
V. Folgen der Untätigkeit des Dienstgebers	31
VI. Keine Dienstzeiterfordernisse in neuen Einrichtungen	32–33

I. Anwendungsbereich der Vorschrift

1 Die Vorschrift ist zwingendes Recht. Sie behandelt die Wahl des Wahlausschusses in der mitarbeitervertretungslosen Dienststelle, in der die Voraussetzungen für die Bildung einer MAV (§ 6 Abs. 1) erfüllt sind. Die Vorschrift ergänzt § 9. Sie gilt entsprechend für die Dienststelle, in der kein Sprecher der Jugendlichen und Auszubildenden vorhanden ist, obwohl die Voraussetzungen des § 43 erfüllt sind (§ 45 Abs. 2 S. 1 i. V. m. § 10 Abs. 1).

2 Übernimmt z. B. ein kirchlicher Rechtsträger (vgl. § 1 Abs. 1) durch Rechtsgeschäft ein bisher von einem nichtkirchlichen Träger betriebenes Krankenhaus, um Krankenpflege zu betreiben und damit den Auftrag der Kirche in der Welt auf dem Gebiet der tätigen Nächstenliebe wahrzunehmen, so wird das Krankenhaus allein durch den **Trägerwechsel** zu einer kirchlichen Einrichtung (*BAG*, 9. 2. 1982 – I ABR 36/80, EzA § 118 BetrVG 1972 Nr. 33 = DB 1982, 1414 = BB 1982, 924; *Schaub*, Handbuch § 214 III 4 S. 1239; *Hess/Schlochauer/ Worzalla/Glock*, BetrVG § 118 Rz 67; a. A. *LAG Düsseldorf*, 27. 5. 1980 – EzA § 118 BetrVG 1972 Nr. 24). Besteht in der übernommenen Einrichtung eine Arbeitnehmervertretung nach anderem Recht als dem Mitarbeitervertretungsrecht im Sinne der MAVO (z. B. BetrVG, BPersBG, MVG-EKD), so handelt die in der übernommenen Einrichtung gebildete **Arbeitnehmervertretung**, die nicht nach der MAVO gebildet worden ist, ab der Übernahme in den Geltungsbereich der MAVO als **Mitarbeitervertretung im Sinne der MAVO** mit den sich aus dieser Ordnung ergebenden Rechten und Pflichten (§ 13 d Abs. 4). Die Arbeitnehmervertretung hat unverzüglich den **Wahlausschuss** gemäß § 13 d Abs. 1 S. 2 i. V. m. § 13 d Abs. 4 S. 1 (Übertragung einer Einrichtung) **zur Durchführung einer MAV-Wahl** zu bestellen. Die Bestellung erfolgt also in Anwendung der Bestimmungen des § 9. Eine mitarbeitervertretungslose (Zwischen-)Zeit wird mit der Vorschrift des § 13 d Abs. 4 also vermieden.

3 Werden mehrere bisher selbständig geführte Dienststellen zu einer einzigen Dienststelle vereinigt, entsteht eine neue Einrichtung, so dass in dieser die Wahl einer MAV vorzubereiten ist (vgl. § 13 d Abs. 2; § 1 a Rz 21 f.).

4 Dasselbe gilt auch in den Fällen des Absatzes 1 a Nrn. 1 bis 5 (Rz 22 ff.).

5 Die Vorschrift ist zu unterscheiden von den Vorschriften der §§ 11 a, 11 b, 11 c (siehe dort) über **das vereinfachte Wahlverfahren** in Einrichtungen mit je nach diözesaner Ordnung begrenzter Mitarbeiterzahl, in der Regel mit bis zu 20 aktiv Wahlberechtigten (§ 7). In den betreffenden kleineren Einrichtungen

§ 10

findet anstelle einer Mitarbeiterversammlung die Wahlversammlung, ohne einen Wahlausschuss zu wählen, zur Wahl der MAV statt. Zu der Wahlversammlung lädt der Dienstgeber ein (§ 11 b Abs. 2), wenn eine MAV nicht vorhanden ist.
Das vereinfachte Wahlverfahren findet jedoch nicht statt, wenn die Mitarbei- 6
terversammlung mit der Mehrheit der Anwesenden, mindestens jedoch mit einem Drittel aller aktiv Wahlberechtigten der Einrichtung oder Dienststelle (§ 1 a) die Durchführung der Wahl nach den §§ 9 bis 11 beschlossen hat (§ 11 a Abs. 2), also einen Wahlausschuss wählt. Praktisch muss also der Dienstgeber einer kleinen Einrichtung die Mitarbeiterversammlung einladen mit den Tagesordnungspunkten
– Beschluss über die Durchführung des vereinfachten Wahlverfahrens,
– Wahl des Wahlleiters zur MAV-Wahl,
– Wahl der MAV und hilfsweise
– Wahl eines Wahlausschusses zur Durchführung der MAV-Wahl.
Denn der Dienstgeber kann das Wahlverfahren durch die Art der Einladung 7
nicht allein bestimmen. Das Bestimmungsrecht hat die Mitarbeiterversammlung (§ 11 a Abs. 2). Sollte anderes gewollt sein, hätte die Entscheidungsbefugnis der Mitarbeiterversammlung keine praktische Bedeutung. Das Bestimmungsrecht der Mitarbeiterversammlung ist auch dann nicht aufgehoben, wenn die MAV-Wahl nicht in den gemeinsamen einheitlichen Wahltermin (§ 13 Abs. 1) fällt, weil die Mitarbeiterversammlung nicht rechtzeitig einberufen worden ist. Denn Wahlen können auf Grund der Gegebenheiten in der Dienststelle gerade auch außerhalb eines einheitlichen Wahltermins erfolgen (§ 13 Abs. 3, Abs. 4 i. V. m. § 10).

II. Wahl des Wahlausschusses

1. Einberufung der Mitarbeiterversammlung

§ 10 Abs. 1 schreibt vor, dass zur Wahl eines Wahlausschusses der **Dienstgeber** 8
die Mitarbeiterversammlung (§ 4) einzuladen hat. Für die Einladung sind nähere Regelungen nicht getroffen. Dennoch sind die Grundsätze für die Einberufung einer Mitarbeiterversammlung gemäß **§ 21 analog** anzuwenden. Auf § 22 a Abs. 1 wird hingewiesen.
Die Einladung hat **innerhalb von drei Monaten**, spätestens nach drei Monaten, 9
zu erfolgen, nachdem die Voraussetzungen für die Bildung einer MAV vorliegen (vgl. § 6 Abs. 1); eine spätere Einladung ist aber nicht unzulässig. Das folgt aus dem grundsätzlichen Gebot zur Bildung von Mitarbeitervertretungen (§ 1 a Abs. 1) und der Vorschrift des § 10 Abs. 2 zur Wiederholung der Einladung, wenn es bei der ersten Versammlung nicht zur Wahl des Wahlausschusses gekommen ist.
Die **Einladung** zur besonderen Mitarbeiterversammlung erfolgt **durch Aus-** 10
hang mit einer Frist von mindestens zwei Wochen (vgl. § 21 Abs. 1 S. 3 i. V. m. Abs. 3 S. 1 und 2) unter Angabe des Grundes und der Tagesordnung der Versammlung (vgl. § 21 Abs. 3 S. 3) sowie von Ort und Zeit. Wird die Einladung zur Mitarbeiterversammlung nicht ordnungsgemäß bekannt gegeben und wird sie deshalb von Mitarbeitern nicht zur Kenntnis genommen oder erfahren Mitarbeiter von der Versammlung tatsächlich nicht, so kann das die Nichtig-

§ 10

keit der Wahl des Wahlausschusses zur Folge haben. Das ist insbesondere der Fall, wenn infolge des Fernbleibens von Mitarbeitern das Wahlergebnis beeinflusst sein kann (vgl. *BAG*, 7. 5. 1986 – 2 AZR 349/85, DB 1986, 1883).

2. Aufgabe der Mitarbeiterversammlung

11 Unter Leitung des Dienstgebers oder seines Vertreters (§ 10 Abs. 1 S. 2) ist in der Mitarbeiterversammlung der **Wahlausschuss zu wählen** (§ 10 Abs. 1 S. 3). Eine Abweichung von dieser Verfahrensvorschrift ist unzulässig, macht die Wahl des Wahlausschusses aber nicht nichtig, wenn der Dienstgeber oder sein Vertreter trotz ordnungsgemäßer Einladung die Mitarbeiterversammlung nicht leitet, so dass die Mitarbeiter auch ohne die Anwesenheit des Dienstgebers bzw. seines Vertreters den Wahlausschuss wählen. Die Mitarbeiterversammlung ist allerdings auf den Zweck der Wahl des Wahlausschusses beschränkt. Zur Mitarbeiterversammlung gehören alle Mitarbeiter im Sinne von § 3 Abs. 1, also auch diejenigen, die gemäß § 7 nicht aktiv wahlberechtigt sind (§ 4 S. 1). Von der Teilnahme an der Mitarbeiterversammlung sind die vom Mitarbeiterbegriff gemäß § 3 Abs. 1 S. 2 und Abs. 2 Ausgeklammerten ausgeschlossen.

12 Die Mitarbeiterversammlung kann die Durchführung des vereinfachten Wahlverfahrens nur beschließen, wenn dies nach § 11 a Abs. 1 zulässig ist. Eine gegen die Vorschrift erfolgende Maßnahme ist unzulässig (§ 48). Voraussetzung für die Durchführung des vereinfachten Wahlverfahrens ist der entsprechende Hinweis in der Einladung (Rz 6). Andernfalls muss nach dem Beschluss zur Durchführung des vereinfachten Wahlverfahrens zu einer neuen Mitarbeiterversammlung als Wahlversammlung i. S. von § 11 b eingeladen werden.

13 Die Mitarbeiterversammlung findet in der Regel **während der Arbeitszeit** statt. In Einrichtungen mit Schichtdienst ist auf die besondere betriebliche Situation Rücksicht zu nehmen. In Einrichtungen mit Unterricht wird die Versammlung in der unterrichtsfreien Zeit stattfinden (vgl. § 21 Rz 38). Wegen der Einberufung von Teilversammlungen zur Wahl des Wahlausschusses wird auf § 4 Rz 26 verwiesen.

3. Wahl des Wahlausschusses

14 Die Bestellung des Wahlausschusses erfolgt durch Wahl. Es reicht die **Mehrheit der anwesenden Mitarbeiter** aus. Die Mehrheit aller Mitarbeiter der Dienststelle ist nicht erforderlich. Denn die Mitarbeiterversammlung ist gemäß § 22 Abs. 3 S. 1 ohne Rücksicht auf die Zahl der erschienenen Mitarbeiter beschlussfähig. Der Wahlausschuss kann also auch gewählt werden, wenn sich nur eine Minderheit der Mitarbeiter an der Mitarbeiterversammlung und an der Wahl beteiligt. Voraussetzung ist allerdings eine gültige Einberufung der Mitarbeiterversammlung durch den Dienstgeber.

15 Die Wahl des Wahlausschusses ist formlos möglich. Geheime oder schriftliche Wahl ist nicht erforderlich. Es findet **Mehrheitswahl** statt. Jedes Mitglied des Wahlausschusses muss von der Mehrheit der anwesenden Mitarbeiter gewählt werden. Die relative Mehrheit der abgegebenen Stimmen genügt nicht. Bei Stimmengleichheit sollte eine Stichwahl erfolgen. Im übrigen gilt für den Wahlausschuss § 9 Abs. 2 S. 2 und 3.

§ 10

Für das Wahlrecht in der Mitarbeiterversammlung gelten die allgemeinen Grundsätze für das Stimmrecht. Wer nicht gemäß § 7 wahlberechtigt ist, darf sich dennoch an der Wahl des Wahlausschusses beteiligen. 16

In der Mitarbeiterversammlung machen die Anwesenden Vorschläge zur Kandidatur für das Amt des Wahlausschussmitgliedes. Festzulegen ist auch die Größe des Wahlausschusses, der aus drei oder fünf Personen bestehen kann (§ 9 Abs. 2 S. 2). Weil jedoch ein Wahlausschussmitglied zur MAV-Wahl kandidieren kann und deshalb aus diesem Grunde oder durch andere Umstände an der Wahrnehmung seiner Aufgabe als Mitglied des Wahlausschusses gehindert sein kann, etwa durch Krankheit, empfiehlt sich die Wahl von Ersatzmitgliedern (vgl. § 9 Rz 20). 17

Über die Mitarbeiterversammlung ist gemäß § 22 Abs. 4 eine **Niederschrift** zu fertigen, die vom Dienstgeber und von einem in der Mitarbeiterversammlung zu bestellenden Schriftführer zu unterzeichnen ist. 18

4. Bestimmung des Wahltages

Der Wahlausschuss konstituiert sich durch die Wahl seines Vorsitzenden und bestimmt gemäß § 10 Abs. 1 S. 3 den Wahltag. 19

5. Ausscheiden eines Mitgliedes aus dem Wahlausschuss

Scheidet ein Mitglied aus dem Wahlausschuss aus, so bestellt der Wahlausschuss unverzüglich ein neues Mitglied (§ 10 Abs. 1 S. 4). Unverzüglich heißt, dass sofort und ohne schuldhaftes Zögern eine Person zu suchen und zur Mitarbeit im Wahlausschuss zu verpflichten ist (vgl. auch § 9 Abs. 3). 20

Ist ein Ersatzmitglied bereits in der Mitarbeiterversammlung gewählt worden, so wird dieses zum neuen Mitglied des Wahlausschusses bestellt. 21

III. Einberufung der Mitarbeiterversammlung in den Fällen des Absatzes 1 a

Der Dienstgeber hat auch dann im Sinne von § 10 Abs. 1 S. 1 und 2 tätig zu werden und einen Wahlausschuss wählen zu lassen (§ 10 Abs. 1 S. 3), wenn folgende Ereignisse das erforderlich machen, wie dies aus § 10 Abs. 1 a folgt. 22

1. Absatz 1 a Nr. 1

Die MAV kommt ihren Verpflichtungen gemäß § 9 Abs. 1 und 2 nicht nach. Gemäß § 9 Abs. 1 bestimmt die MAV spätestens acht Wochen vor Ablauf ihrer Amtszeit (§ 13) den Wahltag, der spätestens zwei Wochen vor Ablauf ihrer Amtszeit liegt. Und gemäß § 9 Abs. 2 S. 1 und 2 muss die MAV ebenfalls spätestens acht Wochen vor Ablauf ihrer Amtszeit die Mitglieder des Wahlausschusses bestellen. Hat die MAV nicht vor Ablauf der achtwöchigen Mindestfristen gehandelt, so muss der Dienstgeber selbst die Initiative ergreifen und zur Bildung eines Wahlausschusses die Mitarbeiterversammlung einberufen. In diesem Falle bestimmt der gewählte Wahlausschuss den Wahltag (§ 10 Abs. 1 a Nr. 1 i. V. m. § 10 Abs. 1 S. 3), nicht aber der Dienstgeber. 23

§ 10

2. Absatz 1 a Nr. 2

24 Ist nach der erfolgreichen Anfechtung einer MAV-Wahl, welche die Wiederholung der Wahl erforderlich macht (§ 12 Abs. 2 S. 2, 2. Halbsatz), kein ordnungsgemäß besetzter Wahlausschuss (vgl. § 9 Abs. 2 S. 2) mehr vorhanden, so ist ein neuer Wahlausschuss zu bestellen mit der Folge, dass der Dienstgeber zur Wahl des Wahlausschusses die Mitarbeiterversammlung einzuberufen hat.

3. Absatz 1 a Nr. 3

25 Gemäß § 13 Abs. 2 S. 3 endet die regelmäßige vierjährige Amtszeit der MAV am 30. Juni des Jahres, in dem nach § 13 Abs. 1 die regelmäßigen einheitlichen Mitarbeitervertretungswahlen stattfinden (abweichende diözesane Termine sind entsprechend zu berücksichtigen). Hat die Amtszeit der MAV ihr Ende gefunden, auch etwa im Falle des § 13 Abs. 5, so hat der Dienstgeber spätestens dann die Mitarbeiterversammlung zur Wahl des Wahlausschusses einzuladen. Dieser Fall ist denkbar, wenn z. B. trotz Initiativen der MAV kein Wahlausschuss bestellt worden ist.

4. Absatz 1 a Nr. 4

26 Gemäß § 13 a führt die alte MAV die Geschäfte weiter, wenn bei Ablauf ihrer Amtszeit noch keine neue MAV gewählt ist. Ist die neue MAV auch nach Ablauf der sechsmonatigen Dauer der verlängerten Geschäftsführung der (alten) MAV noch nicht gewählt, dann muss der Dienstgeber die Mitarbeiterversammlung zur Wahl des Wahlausschusses einberufen. Die Einberufung kann aber unterbleiben, wenn ein Wahlverfahren läuft und nur die Wahl der neuen MAV noch nicht abgeschlossen ist, während der Wahltag bereits feststeht.

5. Absatz 1 a Nr. 5

27 Es kann Gründe geben, welche die Nichtigkeit einer MAV-Wahl zur Folge haben (vgl. § 41 Abs. 1 S. 2). Ist die Nichtigkeit durch die Schlichtungsstelle (oder durch ein kirchliches Arbeitsgericht) festgestellt worden und besteht kein ordnungsgemäß besetzter Wahlausschuss mehr, hat der Dienstgeber die Mitarbeiterversammlung zur Wahl des Wahlausschusses einzuberufen. An dieser Stelle ist die Frage angebracht, wie lange denn der Wahlausschuss sich als im Amt befindlich zu erachten hat oder sich wenigstens ordnungsgemäß zusammenzuhalten hat. Nach § 12 Abs. 5 S. 1 darf davon ausgegangen werden, dass der Wahlausschuss, falls seine Mitglieder nicht zurückgetreten sind, schon deswegen im Amt bleibt, solange nach jeder Wahl noch ein Wahlanfechtungsverfahren zur Wiederholung der Wahl führt und infolgedessen wiederum die Zeit des Wahlverfahrens durchzustehen ist. Das hat auch Auswirkungen auf den Kündigungsschutz gemäß § 19 Abs. 2.

IV. Scheitern der Bildung eines Wahlausschusses

28 Für den Fall, dass in der Mitarbeiterversammlung kein Wahlausschuss – aus welchen Gründen auch immer – gebildet wird, oder der Wahlausschuss später zerfällt, weil infolge des Ausscheidens eines oder mehrerer Mitglieder nie-

mand nachbestellt werden kann, gibt es zwei Wege zur Wiederholung des Versuchs zur Wahl eines Wahlausschusses (§ 10 Abs. 2).

1. Antrag von einem Zehntel der wahlberechtigten Mitarbeiter

Auf Antrag mindestens eines Zehntels der wahlberechtigten Mitarbeiter hat der Dienstgeber erneut eine Mitarbeiterversammlung zur Bildung eines Wahlausschusses einzuberufen. Für das Verfahren gelten dieselben Vorschriften wie für die Einberufung der Mitarbeiterversammlung gemäß § 10 Abs. 1. Der Dienstgeber hat in diesem Falle auf die Initiative aus der Mitarbeiterschaft zu reagieren. 29

2. Einladung des Dienstgebers zur Mitarbeiterversammlung

Bei fehlendem Antrag der Mitarbeiterseite kann auch der Dienstgeber nach Ablauf eines Jahres seit der vorangegangenen Mitarbeiterversammlung von sich aus erneut eine Mitarbeiterversammlung zur Bildung eines Wahlausschusses gemäß § 10 Abs. 1 einberufen. 30

V. Folgen der Untätigkeit des Dienstgebers

Lädt der Dienstgeber die Mitarbeiterversammlung zur Wahl eines Wahlausschusses nicht ein, obwohl er selbst tätig werden muss oder ein Zehntel der Wahlberechtigten dies gemäß § 10 Abs. 2 verlangt hat, so kann ein Zehntel der wahlberechtigten Mitarbeiter gemäß § 41 Abs. 1 Nr. 1 das **Schlichtungsverfahren** beantragen, damit der Dienstgeber die Mitarbeiterversammlung einberuft. Die Entscheidung der Schlichtungsstelle hat für den Dienstgeber bindende Wirkung (§ 42 Abs. 2 S. 1). Er muss dem Spruch der Schlichtungsstelle Folge leisten. 31

VI. Keine Dienstzeiterfordernisse in neuen Einrichtungen

Gemäß § 10 Abs. 3 gilt für neue Einrichtungen eine Besonderheit. Die in §§ 7 und 8 festgelegten Dienstzeiten von Mitarbeitern, die zur Wahlberechtigung erforderlich sind, sind in neuen Einrichtungen nicht erforderlich. Das folgt aus der Vorschrift von § 10 Abs. 1, der vorschreibt, dass innerhalb von drei Monaten seit Vorliegen der Voraussetzung zur Bildung einer MAV die Vorbereitungen zur Bildung einer MAV einzuleiten sind. Das gilt auch in den Fällen, in denen Einrichtungen zu einer neuen Einrichtung zusammengefügt werden, so dass deshalb eine neue MAV zu wählen ist. Dabei spielt es keine Rolle, ob durch die Zusammenlegung überhaupt eine mitarbeitervertretungsfähige Einrichtung erstmals entsteht oder aus einer oder mehreren mitarbeitervertretungsfähigen Einrichtungen eine einheitliche neue Dienststelle bzw. Einrichtung entsteht (Rz 3). 32

Die Vorschrift des § 10 Abs. 3 gilt nicht für solche Einrichtungen oder Dienststellen, in denen z. B. aus den Gründen des § 13 Abs. 3 eine Neuwahl der MAV stattfinden muss. 33

§ 11 Durchführung der Wahl

(1) Die Wahl der Mitarbeitervertretung erfolgt unmittelbar und geheim. Für die Durchführung der Wahl ist der Wahlausschuss verantwortlich.

(2) Die Wahl erfolgt durch Abgabe eines Stimmzettels. Der Stimmzettel enthält in alphabetischer Reihenfolge die Namen aller zur Wahl stehenden Mitarbeiterinnen und Mitarbeiter (§ 9 Abs. 8 Satz 1). Die Abgabe der Stimme erfolgt durch Ankreuzen eines oder mehrerer Namen. Es können so viele Namen angekreuzt werden, wie Mitglieder zu wählen sind. Der Wahlzettel ist in Anwesenheit von mindestens zwei Mitgliedern des Wahlausschusses in die bereitgestellte Urne zu werfen. Die Stimmabgabe ist in der Liste der wahlberechtigten Mitarbeiterinnen und Mitarbeiter zu vermerken.

(3) Bemerkungen auf dem Wahlzettel und das Ankreuzen von Namen von mehr Personen, als zu wählen sind, machen den Stimmzettel ungültig.

(4) Im Falle der Verhinderung ist eine vorzeitige Stimmabgabe durch Briefwahl möglich. Der Stimmzettel ist in dem für die Wahl vorgesehenen Umschlag und zusammen mit dem persönlich unterzeichneten Wahlschein in einem weiteren verschlossenen Umschlag mit der Aufschrift »Briefwahl« und der Angabe des Absenders dem Wahlausschuss zuzuleiten. Diesen Umschlag hat der Wahlausschuß bis zum Wahltag aufzubewahren und am Wahltag die Stimmabgabe in der Liste der wahlberechtigten Mitarbeiterinnen und Mitarbeiter zu vermerken, den Umschlag zu öffnen und den für die Wahl bestimmten Umschlag in die Urne zu werfen. Die Briefwahl ist nur bis zum Abschluss der Wahl am Wahltag möglich.

(5) Nach Ablauf der festgesetzten Wahlzeit stellt der Wahlausschuss öffentlich fest, wie viel Stimmen auf die einzelnen Gewählten entfallen sind und ermittelt ihre Reihenfolge nach der Stimmenzahl. Das Ergebnis ist in einem Protokoll festzuhalten, das vom Wahlausschuss zu unterzeichnen ist.

(6) Als Mitglieder der Mitarbeitervertretung sind diejenigen gewählt, die die meisten Stimmen erhalten haben. Alle in der nach der Stimmenzahl entsprechenden Reihenfolge den gewählten Mitgliedern folgenden Mitarbeiterinnen und Mitarbeiter sind Ersatzmitglieder. Bei gleicher Stimmenzahl entscheidet das Los.

(7) Das Ergebnis der Wahl wird vom Wahlausschuss am Ende der Wahlhandlung bekanntgegeben. Der Wahlausschuss stellt fest, ob jede oder jeder Gewählte die Wahl annimmt. Bei Nichtannahme gilt an ihrer oder seiner Stelle die Mitarbeiterin oder der Mitarbeiter mit der nächstfolgenden Stimmenzahl als gewählt. Mitglieder und Ersatzmitglieder der Mitarbeitervertretung werden durch Aushang bekanntgegeben.

(8) Die gesamten Wahlunterlagen sind für die Dauer der Amtszeit der gewählten Mitarbeitervertretung aufzubewahren. Die Kosten der Wahl trägt der Dienstgeber.

§ 11

Inhaltsübersicht

	Rz
I. Verantwortlichkeit für die Durchführung der Wahl	1–2
II. Durchführung der Wahl	3–19
1. Stimmabgabe	3–6
2. Briefwahl	7–10
3. Feststellung des Wahlergebnisses	11–15
4. Bekanntgabe des Wahlergebnisses an die Wahlkandidaten	16
5. Annahme der Wahl	17
6. Aushang des Wahlergebnisses	18–19
III. Aufbewahrung der Wahlunterlagen	20
IV. Kosten der Wahl	21
V. Ende des Amtes des Wahlausschusses	22–24
VI. Beispiele für Wahlunterlagen	25–28
1. Stimmzettel	26
2. Wahlniederschrift	27
3. Bekanntgabe des Wahlergebnisses	28

I. Verantwortlichkeit für die Durchführung der Wahl

Der Wahlausschuss ist für die Durchführung der Wahl verantwortlich (Abs. 1). **1** Die Vorschrift gilt für jeden Wahlausschuss, unabhängig von der Art seiner Bestellung. Sie gilt auch für die Wahl von Sprechern der Jugendlichen und Auszubildenden, falls nicht im vereinfachten Wahlverfahren gewählt wird (§ 45 Abs. 2 i. V. m. § 11 bzw. §§ 11 a–11 c). Der Wahlausschuss darf die eingeleitete Wahl nicht abbrechen und keine Neuwahl einleiten. Seine Hauptaufgabe besteht darin, die Wahl ordnungsgemäß durchzuführen. Der **Abbruch der Wahl** kann allenfalls berechtigt sein, wenn irreparable Fehler vorliegen (z. B. eine Gruppe von Mitarbeitern einer Teildienststelle ist gar nicht bei den Wahlvorbereitungen berücksichtigt und folglich nicht zur Wahl eingeladen worden; siehe auch § 1 b). Der Wahlausschuss hat bei nicht korrigierbaren Mängeln nach den Rechtmäßigkeitskriterien vorzugehen, die er auch anzuwenden hätte, wenn die Wahl angefochten worden wäre. Danach kommt ein Abbruch der Wahl durch den Wahlausschuss nur in Betracht, wenn der festgestellte Rechtsmangel nicht korrigierbar und unheilbar ist und die Weiterführung der Wahl mit Sicherheit eine erfolgreiche Anfechtung der Wahl oder ihre Nichtigkeit zur Folge hätte. Ist der Wahlausschuss nach diesen Kriterien nicht befugt, die Wahl abzubrechen, stellt ein dennoch erfolgter Abbruch der Wahl eine Wahlbehinderung dar, die wegen des nach § 7 zugestandenen Wahlrechts nicht zulässig ist (in diesem Sinne: *LAG Bremen*, 27. 2. 1990 – 1 Ta BV 3/90, rkr., DB 1990, 1571).

Im vereinfachten Wahlverfahren (§§ 11 a–11 c) tritt an die Stelle des Wahlaus- **2** schusses der Wahlleiter (§ 11 c Abs. 4). Es gelten § 9 Abs. 7, § 11 Abs. 2 Sätze 3, 4 und 6, § 11 Abs. 6 bis 8 und § 12 entsprechend (§ 11 c Abs. 4).

II. Durchführung der Wahl

1. Stimmabgabe

Die Durchführung der Wahl schließt an die Vorbereitungen der Wahl an (vgl. **3** §§ 9 und 10). Es gilt der Grundsatz der **unmittelbaren** und **geheimen Wahl** (Abs. 1). Aus diesem Grunde muss für die Gewährleistung des Grundsatzes

Thiel

§ 11

durch besondere Vorkehrungen Sorge getragen werden. Dazu bedarf es eines Wahllokals mit den zur geheimen Stimmabgabe erforderlichen **Wahlkabinen**.

4 Jedem Wahlberechtigten ist ein Stimmzettel auszuhändigen (Abs. 2), auf dem die Namen der Wahlbewerber in alphabetischer Reihenfolge enthalten sind (vgl. § 9 Abs. 8 S. 1). Die Stimmzettel müssen in jeder Weise gleich sein. Jeder Wahlberechtigte muss selbst wählen. Lediglich ein stark körperlich behinderter Wahlberechtigter hat das Recht, eine Person seines Vertrauens hinzuzuziehen, damit er sein Wahlrecht ausüben kann (*Schlichtungsstelle Köln*, 16. 3. 1987 – MAVO 7/86). Die Vertrauensperson darf dem Wähler oder der Wählerin beim Ausfüllen des Stimmzettels und ggfs. beim Einwerfen des Wahlumschlags in die Wahlurne behilflich sein. Eine Beratung des Wählers oder der Wählerin durch die Vertrauensperson, für welchen Kandidaten zu stimmen sei, verletzt die Freiheit der Wahlentscheidung und das Wahlgeheimnis. Die Vertrauensperson ist zur Wahrung des Wahlgeheimnisses verpflichtet (vgl. § 16 Abs. 2 Wahlordnung zum BPersVG). Stimmrechtsübertragung ist unzulässig. Wer an der Wahl verhindert ist, macht gegebenenfalls von der **Briefwahl** Gebrauch (vgl. Rz 7 ff.). Es besteht kein Wahlzwang. Kein Wahlberechtigter darf zur Wahl genötigt oder daran gehindert werden.

5 Auf dem Stimmzettel kann jeder Wahlberechtigte nach Maßgabe der Zahl der zu wählenden Kandidaten durch Ankreuzen auf dem dafür vorgesehenen Feld wählen. Wer keinen Namen ankreuzt, wählt ungültig; ebenso derjenige, der mehr Namen ankreuzt als zur MAV Kandidaten wählbar sind, oder wer Zusätze oder besondere Kennzeichen auf dem Stimmzettel anbringt (Abs. 3). Der Stimmzettel ist nach dem Wahlvorgang in der Wahlkabine im Wahlumschlag vor dem Wahlausschuss, von dem zwei Mitglieder anwesend sein müssen, in die bereitgestellte **Urne** zu werfen (*Schlichtungsstelle Köln*, MAVO 7/86). Dabei wird geprüft, ob der Wähler wahlberechtigt ist. Seine Stimmabgabe ist in der Liste der Wahlberechtigten durch den Wahlausschuss zu vermerken, um Doppelwahlen zu vermeiden und die Wahlbeteiligung während der Wahlzeit zu ermitteln. **Wahlen ohne Stimmzettel sind ungültig**.

6 Der Wahlausschuss darf während der laufenden Mitarbeitervertretungswahl Dritten keine Einsichtnahme in die mit Stimmabgabevermerken versehene Wählerliste gestatten. Das gebietet der allgemeine Grundsatz der Freiheit der Wahl sowie der ungeschriebene Grundsatz der Chancengleichheit der Wahlbewerber, aber eben auch der Grundsatz der geheimen Wahl. Der Grundsatz der freien Wahl umfasst auch die Freiheit der Entscheidung nicht zu wählen. Es darf kein Druck ausgeübt werden, dass jemand zur Wahl geht. Das geschieht aber, wenn ein Wahlberechtigter unter Hinweis auf seine fehlende Stimmabgabe nach Maßgabe der mit Stimmabgabevermerken versehenen Wählerliste gezielt zur Stimmabgabe angesprochen wird. Um eine daraus resultierende Drucksituation zu verhindern, ist der Wahlausschuss auch unter dem Gesichtspunkt strikter Neutralität verpflichtet, das Wahlergebnis nicht zu beeinflussen (*BAG*, 6. 12. 2000 – 7 ABR 34/99, DB 2001, 1422).

2. Briefwahl

7 Ist ein Wahlberechtigter am Wahltag an der Stimmabgabe verhindert, so kann er vom Recht der Briefwahl Gebrauch machen (§ 11 Abs. 4 S. 1). Dazu muss der Wahlausschuss **rechtzeitig** vor dem Wahltage **Vorkehrungen treffen** und dies bekannt geben. Gerade in Dienststellen mit erfahrungsgemäß hoher

§ 11

Briefwahlbeteiligung oder geradezu notwendiger Briefwahl (vgl. § 23) erweist es sich als notwendig, mit den Wahlvorbereitungen gemäß § 9 so rechtzeitig zu beginnen, dass ein größerer Zeitraum zwischen dem Abschluss der Kandidatenliste (§ 9 Abs. 8 S. 1) und dem Wahltag vorhanden ist, als durch die Mindestwahlordnung nach § 9 vorgesehen ist. Denn es muss wegen der Briefwähler ein rechtzeitiger Termin zur Entgegennahme der Wahlunterlagen festgelegt werden, damit auch innerhalb des Zeitraumes zwischen der Ausgabe der Briefwahlunterlagen und der Aufgabe des Briefes mit der Stimmabgabe zur Post und dem Zugang des Briefes an den Wahlausschuss genügend Zeit zur Gewährleistung der rechtzeitigen Stimmabgabe liegt (vgl. zu § 9 Rz 51 ff.). Der Briefwähler beantragt beim Wahlausschuss rechtzeitig die **Briefwahlunterlagen** an die von ihm gewünschte Anschrift. Dazu gehört gemäß § 11 Abs. 4 S. 2 auch der **Wahlschein.** Dieser ist Ausweis für die Wahlberechtigung des Briefwählers und hat die eigenhändige Stimmabgabe des Briefwählers durch Unterzeichnung des entsprechenden Erklärungstextes zu bestätigen. Der persönlich unterzeichnete Wahlschein des Briefwählers ist in den äußeren Briefumschlag mit der Aufschrift »Briefwahl« zu legen; er dient der Ermittlung der Stimmabgabe durch den Briefwähler.

Der Stimmzettel für die Briefwahl wird in einem für alle Wähler gleichen Wahlumschlag gelegt. Dieser nicht gekennzeichnete Umschlag wird in einen besonders gekennzeichneten **Briefwahlbrief** gelegt. Er ist zur Beförderung durch die Post oder andere geeignete Weise bestimmt. Er trägt die Aufschrift »Briefwahl« und die Angabe des Absenders zur Ermittlung des Wählers auf der Liste der Wahlberechtigten. Auf der Vorderseite steht die Anschrift des Wahlausschusses. 8

Der Wahlausschuss hat den Briefumschlag bis zum Wahltag aufzubewahren und am Wahltage mit Hilfe des unterzeichneten Wahlscheins die Stimmabgabe des Absenders in der Liste der wahlberechtigten Mitarbeiter zu vermerken. Dazu öffnet er den Briefumschlag und wirft den darin enthaltenen Umschlag in die Wahlurne. 9

Briefe, die **nach dem Abschluss der Wahlzeit** eingehen, werden bei der Stimmabgabe wegen Verspätung nicht mehr berücksichtigt. 10

3. Feststellung des Wahlergebnisses

Nach Ablauf der festgesetzten Wahlzeit ist das Wahlergebnis öffentlich zu ermitteln und festzuhalten (§ 11 Abs. 5). Die Öffentlichkeit der Stimmauszählung erfordert, besonders bei der Briefwahl, dass Ort und Zeitpunkt der Stimmauszählung vorher in der Einrichtung öffentlich bekannt gemacht werden. Die Mitarbeiter müssen einen ungehinderten Zugang zum Ort der Stimmauszählung erhalten, um die Feststellung des Wahlergebnisses beobachten zu können. Ein Verstoß gegen das Gebot der öffentlichen Stimmauszählung schließt nicht aus, dass es während der Stimmauszählung zu Fehlern gekommen ist, die im Falle der öffentlichen Auszählung nicht unterlaufen wären (*BAG*, 15. 11. 2000 – 7 ABR 53/99, BB 2001, 1534). Der Wahlausschuss stellt gemäß § 11 Abs. 5 Folgendes öffentlich fest: 11
– Zahl der Wahlberechtigten,
– Zahl der Wähler, der Wahlumschläge, der Wahlscheine und Stimmzettel,
– Zahl der gültigen Stimmzettel,
– Zahl der ungültigen Stimmzettel,

§ 11

- Zahl der Stimmen für die einzelnen Wahlbewerber,
- Zahl der Mitglieder der MAV (§ 6 Abs. 2),
- Reihenfolge der Stimmen für die einzelnen Wahlbewerber gemäß § 11 Abs. 5 und 6,
- gegebenenfalls Reihenfolge der Stimmen für die einzelnen Wahlbewerber bei der Wahl gemäß besonderer Wahlordnung nach § 6 Abs. 3.

12 Die **Auszählung der Stimmen** ist **mittels EDV** grundsätzlich zulässig (*LAG Berlin*, 16. 11. 1987 – 12 Ta Bv 6/87, BB 1988, 1117). Allerdings muss die Verantwortlichkeit des Wahlausschusses für den Auszählvorgang gewahrt sein. Die Verantwortlichkeit des Wahlausschusses ist nicht gewährleistet, wenn sich während der im Rechenzentrum stattfindenden Datenerfassung der Stimmzettel nicht ständig Mitglieder des Wahlausschusses eben in dem Rechenzentrum aufhalten und den Verbleib der Stimmzettel beobachten. Eine Stimmenauszählung, die teilweise außerhalb des bekannt gemachten Auszählungsraumes in einem anderen Raum (Rechenzentrum) stattfindet, ist nicht öffentlich, wenn interessierte Beobachter in das Rechenzentrum nur auf Klingelzeichen Einlass finden.

13 Das festgestellte Wahlergebnis ist in einer **Wahlniederschrift** festzuhalten, die alle Mitglieder des Wahlausschusses unterschreiben müssen. Zum Mitglied der MAV ist gewählt, wer die meisten Stimmen erhalten hat (§ 11 Abs. 6 S. 1). Bei der mehrgliedrigen MAV sind diejenigen Wahlbewerber gewählt, die die meisten Stimmen erhalten haben. Alle in der nach der Stimmenzahl den gewählten Kandidaten folgenden Wahlbewerber sind Ersatzmitglieder. Bei gleicher Stimmenzahl entscheidet bei der Feststellung des Wahlergebnisses sowohl zur Ermittlung der Gewählten als auch wegen der Reihenfolge der Ersatzmitglieder das Los.

14 Hat der Dienstgeber in **Abweichung von § 11 Abs. 6** eine Regelung gemäß § 6 Abs. 3 getroffen, so ist das Wahlergebnis nach dieser besonderen Regelung festzustellen. Wer keine oder keine gültige Stimme erhalten hat, ist nicht gewählt.

15 Sind weniger Wahlbewerber gewählt worden als für die gesetzliche Stärke nach § 6 Abs. 2 vorgeschrieben, so ist die geringere Zahl von gewählten Kandidaten für die Stärke der MAV maßgeblich (§ 6 Rz 8 ff.). Dies gilt jedoch nicht, wenn die Zahl der Gewählten unter der gesetzlichen Mindeststärke (§ 13 Abs. 3 Nr. 2) liegt. Dann ist die Wahl zu wiederholen (§ 6 Rz 12). Zur Wiederholung einer MAV-Wahl siehe die Erläuterungen zu § 12, Rz 42 ff.).

4. Bekanntgabe des Wahlergebnisses an die Wahlkandidaten

16 Liegt das Wahlergebnis vor, gibt es der Wahlausschuss unverzüglich bekannt (**§ 11 Abs. 7 S. 1**), damit es die Wahlkandidaten zur Kenntnis nehmen können. Die Form für die Bekanntgabe an sie ist nicht vorgeschrieben. Es genügt der Aushang am Schwarzen Brett.

5. Annahme der Wahl

17 Der Wahlausschuss hat jeden Gewählten zu befragen, ob er die Wahl annimmt (**§ 11 Abs. 7 S. 2**). Wird die Wahl nicht angenommen, so rückt das stimmenstärkste Ersatzmitglied nach (**§ 11 Abs. 7 S. 3**).

§ 11

6. Aushang des Wahlergebnisses

Die Bekanntgabe des Wahlergebnisses erfolgt nach der Benachrichtigung der Gewählten, sobald die Namen der MAV-Mitglieder endgültig feststehen, d. h. wenn alle Gewählten die Wahl angenommen haben oder der nächste nicht gewählte Bewerber mit der nächst höchsten Stimmenzahl in die MAV eingetreten ist. Mit der Bekanntgabe durch Aushang (**§ 11 Abs. 7 S. 4**) beginnt die **Wahlanfechtungsfrist** (§ 12 Abs. 1 S. 1). 18

Als Zeitpunkt des Aushangs (z. B. am Schwarzen Brett) gilt der Tag, an dem alle Mitarbeiter erstmals das Wahlergebnis zur Kenntnis nehmen können (§ 12 Rz 28). Bei gleitender Arbeitszeit und Schichtzeiten können die Mitarbeiter das Wahlergebnis erst zur Kenntnis nehmen, wenn sie anwesend sind. Erfolgt der Aushang nach der Kernzeit oder der Schicht, so gilt erst der folgende Arbeitstag als Tag der Bekanntgabe des Wahlergebnisses (*Schlichtungsstelle Köln*, 29. 5. 1991 – MAVO 4/1991; § 12 Rz 27 f.). Bei mehreren Aushängen gilt als Zeitpunkt der Bekanntgabe derjenige des letzten Aushangs des Wahlergebnisses (*Kreutz*, GK-BetrVG § 18 Rz 39). 19

III. Aufbewahrung der Wahlunterlagen

Der weiter amtierende Wahlausschuss hat nach Abschluss der Wahlhandlungen, gegebenenfalls nach Abschluss der Wahlanfechtungsverfahren, sämtliche Wahlunterlagen einschließlich der Stimmzettel an die neu und rechtsgültig gewählte MAV auszuhändigen. Denn gemäß **§ 11 Abs. 8 S. 1** sind die Wahlunterlagen für die Dauer der Amtszeit der gewählten MAV aufzubewahren (*Frey/Coutelle/Beyer*, § 11, Rz 11; *Mösenfechtel/Perwitz-Passan/Wiertz*, § 11 Anm. 4). Die neue MAV muss die Wahlunterlagen verschlusssicher und nicht jedermann zugänglich aufbewahren. Der Dienstgeber hat die dazu erforderlichen Verschlussmöglichkeiten (§ 17 Abs. 2) bereitzustellen. 20

IV. Kosten der Wahl

In **§ 11 Abs. 8 S. 2** wird geregelt, dass der Dienstgeber die Kosten der Wahl zu tragen hat. Hierzu gehören die Zahlung von Bezügen an die Mitarbeiter im Wahlausschuss, an die Wähler und Kandidaten, die während der Dienststunden im Sinne der Wahlordnung tätig sind, eventuelle Reisekosten, die Herstellung der Wahlunterlagen, Schreibmaterial, Wahlraum, Mobiliar. Schulungsveranstaltungen sind für die Mitglieder des Wahlausschusses nach § 16 Abs. 2 vorgesehen, so dass insoweit auch Kosten zu erstatten sind (vgl. § 16 Rz 115 ff.; § 17 Abs. 1 S. 2 erster Spiegelstrich). Soweit den Mitgliedern des Wahlausschusses Mehrarbeit oder Überstunden entstehen, haben sie Anspruch auf Freizeitausgleich nach Maßgabe ihres Arbeits- oder Gestellungsvertrages. Sind den Mitgliedern des Wahlausschusses zur Durchführung ihrer Aufgaben Auslagen entstanden, so hat sie der Dienstgeber zu erstatten. Der Umfang der Kostenerstattung ist auf das Erforderliche zu beschränken (vgl. § 17 Rz 9). **Streitigkeiten wegen der Kostenerstattung** werden von der Schlichtungsstelle entschieden (§ 41 Abs. 2 Nr. 1). Der Wahlausschuss erledigt Aufgaben der Dienststelle infolge seiner Bestellung zur Durchführung der MAV-Wahl in 21

§ 11

der Dienststelle. Weil die Bildung von Mitarbeitervertretungen auch zum Pflichtenkreis des Dienstgebers gehört (§ 1 a und § 10 Abs. 1, 1 a, 2), erfüllt der Wahlausschuss also einen gesetzlichen Auftrag, wenn er ordnungsgemäß bestellt worden ist (§ 9 Abs. 2 S. 1 und 2, § 10 Abs. 1 S. 3) und ihm in Erfüllung seiner Auftragspflichten Auslagen entstehen (vgl. § 17 Rz 8 ff.). Bei der Wahl einer gemeinsamen MAV (§ 1 b) tragen die beteiligten Dienstgeber die Kosten anteilig (§ 22 a Abs. 3).

V. Ende des Amtes des Wahlausschusses

22 Der Wahlausschuss hat sein Amt nach der Bekanntgabe des Wahlergebnisses und nach dem Aushang der Mitglieder und Ersatzmitglieder der neu gewählten MAV weiterzuführen, weil noch folgende Aufgaben zu erfüllen sind.

23 Der **Vorsitzende des Wahlausschusses** hat die neu gewählte MAV zu ihrer konstituierenden Sitzung einzuberufen. Dies hat unabhängig vom Ende der Amtszeit der alten MAV so rechtzeitig zu geschehen, dass die neue MAV innerhalb einer Woche nach der Wahl zusammentritt (§ 14 Abs. 1 S. 1).

24 Im Übrigen hat der Wahlausschuss innerhalb desselben Zeitraumes gemäß § 12 Abs. 1 eventuelle Wahlanfechtungen entgegenzunehmen. In diesem Falle verlängert sich seine Amtszeit bis zu seiner Entscheidung über die Anfechtung. Wird die Entscheidung des Wahlausschusses bei der Schlichtungsstelle angefochten (§ 12 Abs. 3) und die Wahl für ungültig erklärt, so obliegt die Wiederholung der erfolgreich angefochtenen Wahl dem Wahlausschuss (§ 12 Abs. 5 S. 1). Wird die Wahl nicht angefochten, so endet das Amt des Wahlausschusses mit Ablauf der Wahlanfechtungsfrist (§ 12 Abs. 1 S. 1). Im Übrigen endet das Amt des Wahlausschusses, wenn er nicht mehr ordnungsgemäß besetzt ist (§ 12 Abs. 5 S. 2 i. V. m. § 9 Abs. 2 S. 2).

VI. Beispiele für Wahlunterlagen

25 Neben den zu § 9 (Rz 56 ff.) genannten Formularvorschlägen sind nachstehend Beispiele für in § 11 genannte Wahlunterlagen aufgeführt.

1. Stimmzettel

26 Der **Stimmzettel** ist in einheitlicher Form und Farbe zur Wahrung des Wahlgeheimnisses zu halten. Er kann zur Orientierung des Wählers aufgedruckte Zusätze enthalten. Beispiel:

Stimmzettel
zur Wahl der Mitarbeitervertretung
in ...., am ....

Jeder Wähler hat .... Stimme(n). Deshalb kann er bis zu .... Namen der nachstehend aufgeführten Kandidaten ankreuzen. Das Ankreuzen von mehr als .... Namen und das Anbringen von Bemerkungen machen den Stimmzettel ungültig.

Kandidaten

.... ☐   .... ☐   .... ☐
.... ☐   .... ☐   .... ☐

§ 11

2. Wahlniederschrift

Die **Wahlniederschrift** hat den Ablauf der Wahl, die Art und Weise der Stimmenauszählung sowie die Feststellung des Wahlergebnisses wiederzugeben (§ 11 Abs. 5). Beispiel: **27**

Niederschrift
über die Wahl zur Mitarbeitervertretung
in ...., am ....

Das Wahllokal wurde am .... um .... Uhr geöffnet und um .... Uhr geschlossen. Anschließend wurde das Wahlergebnis von den Mitgliedern des Wahlausschusses wie folgt öffentlich ermittelt:
1. Von den .... verteilten Briefwahlunterlagen waren bis zur Schließung des Wahllokals .... mit Absenderangabe beim Wahlausschuss eingegangen. Die .... Wahlumschläge wurden in die Wahlurne gegeben, nachdem die Absender in der Wählerliste vermerkt worden waren.
2. Dann wurden die Wahlurne geöffnet und die Wahlumschläge gezählt. Es befanden sich .... Wahlumschläge in der Wahlurne. Im Wählerverzeichnis waren .... Wähler und .... Briefwähler registriert. Es bestand also Übereinstimmung.
3. Die Stimmzettel wurden den Umschlägen entnommen, gezählt. Es wurde Übereinstimmung der Zahl der Wahlumschläge mit der Zahl der Stimmzettel festgestellt. Jeder Wahlumschlag enthielt nur einen Stimmzettel.
4. .... Stimmzettel wurden als ungültig bewertet.
5. Die für die einzelnen Kandidaten abgegebenen Stimmen auf den Stimmzetteln wurden gezählt und für das Wahlergebnis ausgewertet.
6. Zur Mitarbeitervertretung waren .... Kandidaten wählbar.
7. Das Wahlergebnis ist in der Anlage zu dieser Niederschrift enthalten. Die Gewählten sind entsprechend den auf sie entfallenden Stimmen aufgeführt und nach Mitgliedern und Ersatzmitgliedern unterschieden.
Anlage zu Ziffer 7

....
Datum   Unterschriften der Mitglieder
                                             des Wahlausschusses

3. Bekanntgabe des Wahlergebnisses

Die **Bekanntgabe des Wahlergebnisses durch Aushang** gemäß § 11 Abs. 7 S. 4 **28** kann beispielsweise folgenden Wortlaut haben:
Ergebnis der Wahl der Mitarbeitervertretung am .... in ....
Der Wahlausschuss gibt hiermit das amtliche Wahlergebnis bekannt.
Wahlberechtigte: ....
Wahlbeteiligte: ....
Ungültig wählten .... Wähler,
gültig wählten .... Wähler.
Zu(m) Mitglied(ern) der MAV wurde(n) gewählt:
1. .... mit .... Stimmen
2. .... mit .... Stimmen
3. .... mit .... Stimmen

§ 11 a

Zu(m) Ersatzmitglied(ern) wurde(n) gewählt:
1. .... mit .... Stimmen
2. .... mit .... Stimmen
3. .... mit .... Stimmen

Die Gewählten haben die Wahl angenommen.

Die Anfechtung der Wahl kann bis zum .... schriftlich beim Wahlausschuss mit Begründung eingereicht werden.

....
Datum   Der Wahlausschuss

§§ 11 a, 11 b und 11 c Vereinfachtes Wahlverfahren[1]

Zweck der Bestimmungen
Für kleine Einrichtungen mit bis zu zwanzig, aber mindestens fünf, oder diözesan abweichend sogar mehr als zwanzig wahlberechtigten Beschäftigten (bis zu fünfzig gemäß § 11 a MAVO Hamburg und MAVO Osnabrück 2003) ist ein weniger aufwendiges Wahlverfahren als nach den §§ 9 bis 11 vorgesehen, nämlich in einer Wahlversammlung (§ 11 c). Damit soll dem Bedarf nach einem verkürzten und vereinfachten Verfahren Rechnung getragen werden. Das Wahlgeheimnis wird dabei jedoch nicht in Frage gestellt (§ 11 c Abs. 3 S. 3). Die Vereinfachung ist vorgeschrieben (§ 11 a Abs. 1). Aber die Mitarbeiterversammlung (§ 4) kann mit wenigstens einem Drittel aller wahlberechtigten Mitarbeiterinnen und Mitarbeiter spätestens acht Wochen vor Beginn des einheitlichen Wahlzeitraums (§ 13 Abs. 1) die Durchführung der Wahl nach den §§ 9 bis 11 beschließen (§ 11 a Abs. 2). An die Stelle des Wahlausschusses tritt im vereinfachten Wahlverfahren die aus einer Person bestehende, in einer Wahlversammlung der Wahlberechtigten gewählte Wahlleitung (§ 11 b Abs. 1, § 11 c Abs. 1 und 4). Die Wahlleitung kann bei Bedarf durch Wahlhelfer unterstützt werden (§ 11 c Abs. 1 S. 2). Nach Abgabe von Wahlvorschlägen sind zur Ermöglichung der geheimen Wahl Stimmzettel herzustellen (§ 11 c Abs. 1 S. 1 und 2). Wahlanfechtungen sind an die Wahlleitung zu richten; sie muss auch darüber entscheiden (§ 11 c Abs. 4 i. V. m. § 12). Briefwahl ist nicht möglich (§ 11 c Abs. 4: § 11 Abs. 4 gilt nicht).

§ 11 a Voraussetzungen

(1) In Einrichtungen mit bis zu 20 wahlberechtigten Mitarbeiterinnen und Mitarbeitern ist die Mitarbeitervertretung anstelle des Verfahrens nach den §§ 9 his 11 im vereinfachten Wahlverfahren zu wählen.[2]

---

1 Muster für eine diözesane Wahlordnung
2 Die Zahl der wahlberechtigten Mitarbeiterinnen und Mitarbeiter kann abweichend hiervon durch diözesane Regelung festgelegt werden.

§ 11 a

(2) Absatz 1 findet keine Anwendung, wenn die Mitarbeiterversammlung mit der Mehrheit der Anwesenden, mindestens jedoch einem Drittel der wahlberechtigten Mitarbeiterinnen und Mitarbeiter, spätestens acht Wochen vor Beginn des einheitlichen Wahlzeitraums die Durchführung der Wahl nach den §§ 9 bis 11 beschließt.

Inhaltsübersicht

	Rz
I. Zahl der wahlberechtigten Mitarbeiter	1–2
II. Anzuwendende Verfahrensvorschriften	3
III. Entscheidung der Mitarbeiterversammlung	4–7
IV. Zeitpunkt der Entscheidung der Mitarbeiterversammlung	8

I. Zahl der Wahlberechtigten

Gemäß § 11 a Abs. 1 ist ein vereinfachtes Wahlverfahren zur Wahl einer Mitarbeitvertretung (MAV) nach der Rahmenordnung möglich. Voraussetzung ist einerseits eine für die Bildung einer Mitarbeitervertretung ausreichende Zahl aktiv (mindestens fünf) und passiv (mindestens drei) wahlberechtigter Mitarbeiter (§ 6 Abs. 1, §§ 7 und 8). Mitarbeiterinnen sind in den Zahlen jeweils eingeschlossen. Anderseits wird das vereinfachte Wahlverfahren nur in Einrichtungen mit bis zu zwanzig aktiv wahlberechtigten Mitarbeitern zugelassen, falls nicht eine diözesane Ordnung von einer niedrigeren oder höheren Begrenzung der Mitarbeiterzahl ausgeht (vgl. nach der Novelle der MAVO des Jahres 1995: MAVO Mainz mit bis zu 15 Wahlberechtigten, Erzbistum München und Freising mit bis zu 20 Wahlberechtigten, Erzbistum Köln mit bis zu 30 Wahlberechtigten, Bistum Osnabrück mit bis zu 50 Wahlberechtigten). 1

Das vereinfachte Wahlverfahren zur Bildung einer MAV geht bei den Zahlen der Mitarbeiterschaft von Regelzahlen aus. Das kann im konkreten Fall bei einer Stellenvakanz dazu führen, dass möglicherweise nicht die aktuelle Beschäftigtenzahl für das Wahlverfahren maßgeblich ist und daher das ordentliche Wahlverfahren gemäß §§ 9 bis 11 durchzuführen ist, weil nämlich die Zahl der regelmäßig Beschäftigten höher als die Zahl ist, die für das vereinfachte Wahlverfahren maßgeblich ist. Indikator für die Regelzahl der wahlberechtigten Mitarbeiterinnen und Mitarbeiter ist der Stellenplan der Einrichtung für ständig Beschäftigte am Wahltag. Die kurzfristig Beschäftigten, die gemäß § 7 Abs. 1 noch nicht aktiv wahlberechtigt sind, zählen nicht mit, falls die Wahl nicht in einer neuen Einrichtung stattfindet (§ 10 Abs. 3). 2

II. Anzuwendende Verfahrensvorschriften

Die Vorschriften über 3
– die Prüfung der Wählbarkeit der Wahlbewerber (§ 9 Abs. 7),
– die geheime Wahl mit Stimmzetteln und Vermerk der Stimmabgabe (§ 11 Abs. 2 Sätze 3, 4 und 6),
– die Ermittlung des Wahlergebnisses (§ 11 Abs. 7),

§ 11 a

- die Aufbewahrung der Wahlunterlagen einschließlich Stimmzetteln (§ 11 Abs. 8),
- die Anfechtung der Wahl (§ 12)

gelten auch entsprechend beim vereinfachten Wahlverfahren (§ 11 c Abs. 4). Sie müssen also bei der Durchführung des vereinfachten Wahlverfahrens beachtet und eingehalten werden. Eine davon abweichende Regelung ist gemäß § 48 unzulässig und kann zur Wahlanfechtung führen.

III. Entscheidung der Mitarbeiterversammlung

4 Gemäß § 11 a Abs. 2 ist die **Mitarbeiterversammlung (§ 4)** zuständig, um über die Art der Durchführung des (vereinfachten) Wahlverfahrens in der kleinen Einrichtung zu entscheiden. Das Gebot der vereinfachten Durchführung des Wahlverfahrens kann zugunsten des normalen Verfahrens gemäß §§ 9 bis 11 modifiziert werden. Voraussetzung dafür ist die Einberufung einer Mitarbeiterversammlung. Das Initiativrecht dazu ergibt sich aus § 10 Abs. 1 zugunsten des Dienstgebers, wenn die Voraussetzungen für die Bildung einer MAV vorliegen., aber keine MAV besteht. Besteht eine MAV, hat diese das Recht zur Einberufung einer Mitarbeiterversammlung (§ 21 Abs. 2) und die Pflicht dazu, wenn ein Drittel der wahlberechtigten Mitarbeiter (§ 21 Abs. 3 S. 1) oder der Dienstgeber dies verlangt (§ 21 Abs. 3 S. 2).

5 Findet keine Mitarbeiterversammlung statt, auf der über die Durchführung des Wahlverfahrens Beschluss gefasst wird, findet in der kleinen Einrichtung das vereinfachte Wahlverfahren statt.

6 Von der Mitarbeiterversammlung ist die in § 11 b Abs. 1 genannte **Wahlversammlung** zu unterscheiden. Die Zusammensetzung der Mitarbeiterversammlung richtet sich nach § 4, während die Wahlversammlung sich aus den zur MAV Wahlberechtigten zusammensetzt und nur aus Anlass des vereinfachten Wahlverfahrens einberufen wird (§ 11 b Abs. 1).

7 Die **Mitarbeiterversammlung** ist gewöhnlich gemäß § 22 Abs. 3 S. 1 ohne Rücksicht auf die Zahl der erschienenen Mitglieder beschlussfähig. Aber zur Beschlussfassung über die Durchführung der Wahl nach den §§ 9 bis 11 ist nicht allein die **Zahl der Anwesenden** entscheidend, sondern die für die Beschlussfassung erforderliche **Anzahl von Wahlberechtigten.** Denn wenigstens ein Drittel aller wahlberechtigten Mitarbeiterinnen und Mitarbeiter der Einrichtung muss sich gegen das vereinfachte Wahlverfahren entscheiden. Die Mehrheit für den Beschluss ist von zwei Faktoren abhängig, von der Mehrheit der Anwesenden und von dem qualifizierten Drittel aller Wahlberechtigten. Sind die Wahlberechtigten vollzählig erschienen, ist die Entscheidung der Mehrheit der anwesenden Wahlberechtigten, nicht nur ein Drittel der Wahlberechtigten entscheidend. Die nicht Wahlberechtigten haben nur Stimmrecht in der Mitarbeiterversammlung.

1. Beispiel: In der Einrichtung E gibt es 24 Mitarbeiter. Davon sind 20 aktiv wahlberechtigt. Über den Antrag auf Durchführung des Wahlverfahrens gemäß §§ 9 bis 11 wird abgestimmt mit 14 Nein-Stimmen und 10 Ja-Stimmen. Die Mehrheit hat also für das vereinfachte Verfahren gestimmt.

2. Beispiel: Von den 24 Mitarbeitern erscheinen 16 Mitarbeiter, darunter alle 4 nicht Wahlberechtigte. Die Abstimmung ergibt 7 Ja-Stimmen der Wahlberechtigten und 9 Nein-Stimmen der Übrigen. Zwar hat ein Drittel der Wahl-

berechtigten mit ja gestimmt, ist aber von der Mehrheit der Nein-Stimmen überstimmt worden, so dass das vereinfachte Wahlverfahren stattfindet.
3. Beispiel: Es erscheinen von den 24 Mitarbeitern nur 17 Wahlberechtigte. Acht stimmen für das Verfahren nach §§ 9 bis 11. Zwei Mitarbeiter enthalten sich der Stimme, der Rest stimmt dagegen. Mehr als ein Drittel aller Wahlberechtigten hat gegen das vereinfachte Wahlverfahren gestimmt. Die 8 Stimmen (= ein Drittel der Wahlberechtigten) bilden aber nicht die Mehrheit der Anwesenden. Damit findet das vereinfachte Wahlverfahren statt.

IV. Zeitpunkt der Entscheidung der Mitarbeiterversammlung

Die Entscheidung zugunsten der Durchführung des Wahlverfahrens gemäß **8** §§ 9 bis 11 hat spätestens 8 Wochen vor Beginn des einheitlichen Wahlzeitraums zu erfolgen. Gemäß § 13 Abs. 1 finden die regelmäßigen Wahlen zur MAV alle vier Jahre in der Zeit vom 1. März bis 30. Juni (einheitlicher Wahlzeitraum) statt. (Beginn und Ende des einheitlichen Wahlzeitraums können abweichend durch diözesane Regelung festgelegt werden). Bezogen auf die fragliche Entscheidung der Mitarbeiterversammlung hat diese also spätestens am 5. Januar stattzufinden. Die Frist ist einzuhalten, weil bei einer Entscheidung zugunsten des Wahlverfahrens gemäß §§ 9 bis 11 dem Fristenplan zur Vorbereitung der Wahl gemäß § 9 Rechnung zu tragen ist.

§ 11 b Vorbereitung der Wahl

(1) Spätestens drei Wochen vor Ablauf ihrer Amtszeit lädt die Mitarbeitervertretung die Wahlberechtigten durch Aushang oder in sonst geeigneter Weise, die den wahlberechtigten Mitarbeiterinnen und Mitarbeitern die Möglichkeit der Kenntnisnahme gibt, zur Wahlversammlung ein und legt gleichzeitig die Liste der wahlberechtigten Mitarbeiterinnen und Mitarbeiter aus.

(2) Ist in einer Einrichtung eine Mitarbeitervertretung nicht vorhanden, so handelt der Dienstgeber gemäß Abs. 1.

Inhaltsübersicht

	Rz
I. Wahlversammlung zum vereinfachten Wahlverfahren	1–5
1. Ort und Zeit	1
2. Frist zur Einladung	2–3
3. Form der Einladung	4
4. Auslage des Wählerverzeichnisses	5
II. Pflichten des Dienstgebers	6–7

§ 11 b

I. Wahlversammlung zum vereinfachten Wahlverfahren

1. Ort und Zeit

1 Gemäß § 11 b Abs. 1 hat die amtierende MAV zur Einleitung des vereinfachten Wahlverfahrens alle wahlberechtigten Mitarbeiterinnen und Mitarbeiter zur Wahlversammlung einzuladen, damit die Versammelten die MAV für ihre Einrichtung wählen. Dazu gibt sie in der Einladung den Ort und die Zeit der Versammlung an.

2. Frist zur Einladung

2 Die Einladung zur Wahlversammlung hat spätestens drei Wochen vor dem Ablauf der Amtszeit der MAV durch die amtierende MAV zu erfolgen. Der Ablauf der Amtszeit der MAV ist näher hin festzustellen. Die Amtszeit der MAV dauert vier Jahre und hat mit dem Tag der vorangegangenen Wahl begonnen, wenn zu diesem Zeitpunkt noch keine MAV bestanden hatte (§ 13 Abs. 2). Hatte aber schon eine MAV bestanden, begann die Amtszeit der amtierenden MAV erst mit Ablauf der Amtszeit der Vorgänger-MAV. Auf die Personengleichheit der jeweiligen MAV kommt es nicht an. In jedem Falle endet die Amtszeit der MAV beim einheitlichen Wahltermin am 30. Juni des Jahres, in dem nach § 13 Abs. 1 die regelmäßigen Mitarbeitervertretungswahlen stattfinden (§ 13 Abs. 2 S. 3).

3 Hatte aber außerhalb des einheitlichen Wahlzeitraumes eine einrichtungsbezogene MAV-Wahl stattgefunden (z. B. Neuwahl einer MAV nach Rücktritt einer MAV), so ist die Mitarbeitervertretung in dem auf die Wahl folgenden nächsten einheitlichen Wahlzeitraum neu zu wählen (§ 13 Abs. 5 S. 1). Hat die Amtszeit der zwischenzeitlich gewählten MAV jedoch zu Beginn des nächsten einheitlichen Wahlzeitraumes noch nicht ein Jahr betragen, so ist die neue MAV erst in dem übernächsten einheitlichen Wahlzeitraum neu zu wählen (§ 13 Abs. 5 S. 2). Davon sind also die Einladung und die Frist zur Wahlversammlung abhängig.

3. Form der Einladung

4 Die amtierende MAV hat die Einladung zur Wahlversammlung durch öffentlichen Aushang am Schwarzen Brett (oder Info-Kasten) oder in sonst geeigneter Weise bekannt zu geben (§ 11 b Abs. 1). Wenn die schriftliche oder mündliche Einladung rechtzeitig an jedermann ergehen kann, ist auch diese gültig. Aber in jedem Falle ist zusätzlich auf die Auslage der Liste der wahlberechtigten Mitarbeiterinnen und Mitarbeiter hinzuweisen.

4. Auslage des Wählerverzeichnisses

5 Mit dem Zeitpunkt der Bekanntgabe der Einladung zur Wahlversammlung muss die MAV auch mitteilen, wo das Wählerverzeichnis bzw. die Liste der aktiv Wahlberechtigten eingesehen werden kann (§ 11 b Abs. 1). Sie wird nicht öffentlich ausgehängt. Jeder Wahlberechtigte kann nur wählen, wenn er auch in die Wählerliste aufgenommen worden ist. Sie ist formaler Ausweis für die Wahlberechtigung. Deshalb prüfen mit Hilfe der ausgelegten Liste Mitarbeiter und Mitarbeiterinnen, ob sie selbst und andere Mitarbeiter dort richtig eingetragen sind, damit gegebenenfalls Korrekturen angemeldet werden können. Das Wählerverzeichnis bleibt bis zum Wahltag ausgelegt.

II. Pflichten des Dienstgebers

Der Dienstgeber ist der MAV bei der Aufstellung der **Liste der Wahlberech-** 6
tigten behilflich. Besteht in seiner Einrichtung keine MAV, so hat er die **Einladung zur Wahlversammlung** in der gemäß § 11 b Abs. 1 beschriebenen Weise vorzunehmen. Er weist den **Raum** zu, in dem die Wahlversammlung stattfinden soll. Er trägt die **Kosten** der Wahl.
Die Wahlversammlung ist für die Mitarbeiterinnen und Mitarbeiter, die zur 7
Teilnahme berechtigt sind, eine dienstliche Veranstaltung, wenn sie daran teilnehmen. Aus diesem Grunde ist dazu **Dienstbefreiung** von den arbeitsvertraglichen Pflichten durch den Dienstgeber geboten, um die Teilnahme an der Wahlversammlung zu ermöglichen. Wer außerhalb der Dienstzeit an der Wahlversammlung teilnimmt, hat keinen Vergütungsanspruch.

§ 11 c Durchführung der Wahl

(1) Die Wahlversammlung wird von einer Wahlleiterin oder einem Wahlleiter geleitet, die oder der mit einfacher Stimmenmehrheit gewählt wird. Im Bedarfsfall kann die Wahlversammlung zur Unterstützung der Wahlleiterin oder des Wahlleiters Wahlhelfer bestimmen.

(2) Mitarbeitervertreterinnen und Mitarbeitervertreter und Ersatzmitglieder werden in einem gemeinsamen Wahlgang gewählt. Jede wahlberechtigte Mitarbeiterin und jeder wahlberechtigte Mitarbeiter kann Kandidatinnen und Kandidaten zur Wahl vorschlagen.

(3) Die Wahl erfolgt durch Abgabe des Stimmzettels. Auf dem Stimmzettel sind von der Wahlleiterin oder dem Wahlleiter die Kandidatinnen und Kandidaten in alphabetischer Reihenfolge unter Angabe von Name und Vorname aufzuführen. Die Wahlleiterin oder der Wahlleiter trifft Vorkehrungen, dass die Wählerinnen und Wähler ihre Stimme geheim abgeben können. Unverzüglich nach Beendigung der Wahlhandlung zählt sie oder er öffentlich die Stimmen aus und gibt das Ergebnis bekannt.

(4) § 9 Abs. 7, § 11 Abs. 2 Sätze 3, 4 und 6, § 11 Abs. 6 bis 8 und § 12 gelten entsprechend; an die Stelle des Wahlausschusses tritt die Wahlleiterin oder der Wahlleiter.

Inhaltsübersicht

	Rz
I. Durchführung der Wahlversammlung	1–10
1. Wahl des Wahlleiters	1–3
2. Durchführung der MAV-Wahl	4–7
3. Stimmenauszählung und Bekanntgabe des Wahlergebnisses	8–10
II. Aufbewahrung der Wahlunterlagen	11
III. Kosten	12

§ 11 c

IV. Wahlanfechtung	13–16
1. Wahlleitung	13–14
2. Schlichtungsstelle	15–16

I. Durchführung der Wahlversammlung

1. Wahl des Wahlleiters

1 Die zur Wahlversammlung einladende MAV eröffnet die Versammlung. Hat der Dienstgeber eingeladen, eröffnet er die Wahlversammlung.
2 Erste Handlung ist die Wahl der Wahlleiterin oder des Wahlleiters (Wahlleitung, § 11 c Abs. 1 S. 1) zu Beginn der Versammlung. Im Bedarfsfall kann die Wahlversammlung zusätzlich zur Unterstützung der Wahlleitung **Wahlhelfer** bestimmen (§ 11 c Abs. 1 S. 2). Diese helfen bei den zur Durchführung der MAV-Wahl notwendigen organisatorischen und technischen Erfordernissen, z. B. bei der Herstellung der Stimmzettel, bei der Stimmabgabe und der Feststellung des Wahlergebnisses.
3 Wer zur MAV kandidiert, ist vom Amt des Wahlleiters nach demokratischen Gepflogenheiten ausgeschlossen. Die Ordnung schließt nicht aus, dass der Wahlleiter auch zur MAV kandidiert. Dagegen dürfen Mitglieder des Wahlausschusses nicht zur MAV kandidieren (§ 9 Abs. 3 S. 2). Es geht aber auch um die Unparteilichkeit der Wahlleitung. Denn diese muss über eine womögliche Wahlanfechtung entscheiden, wovon die gewählte MAV betroffen ist. Deshalb ist es richtig, dass die Wahlleitung zur Vermeidung von Interessenkonflikten nicht zur MAV kandidiert.

2. Durchführung der MAV-Wahl

4 Entsprechend den Bestimmungen des § 6 Abs. 1 bis 4 wird festgestellt, wie viele Mitglieder die MAV haben darf. Davon hängt ab, wie viele Kandidaten gewählt werden müssen. Außerdem ist festzustellen, welche Betriebsteile zur Bildung der MAV in Betracht kommen. Der Dienstgeber legt fest, was als Einrichtung gilt, für die eine MAV zu bilden ist (§ 1 a Abs. 2).
5 Dann holt die Wahlleitung Vorschläge zur Kandidatur ein. Jede wahlberechtigte Mitarbeiterin und jeder wahlberechtigte Mitarbeiter (§ 7) ist berechtigt, Kandidatinnen und Kandidaten zur Wahl vorzuschlagen (§ 11 Abs. 2 S. 2). Sämtliche Vorgeschlagenen werden notiert. Gemäß § 11 c Abs. 4 i. V. m. § 9 Abs. 7 prüft die Wahlleitung die Wählbarkeit der Vorgeschlagenen und lässt sich von jeder Wahlbewerberin und jedem Wahlbewerber bestätigen, dass kein Ausschlussgrund vom passiven Wahlrecht i. S. des § 8 vorliegt. Danach werden Kandidat und Kandidatin befragt, ob sie zur Kandidatur bereit sind. Verneinendenfalls entfällt die Kandidatur.
6 Sind die Kandidaten festgestellt, ist der Stimmzettel herzustellen und zu vervielfältigen. Das ist gemäß § 11 c Abs. 3 S. 2 Aufgabe der Wahlleitung. Auf dem Stimmzettel sind in alphabetischer Reihenfolge unter Angabe von Name und Vorname die Kandidatinnen und Kandidaten aufzuführen. Hierbei ist für eine ausreichende Zahl von Stimmzetteln nach Maßgabe der Zahl der Wahlberechtigten zu sorgen. Nach Austeilung der Stimmzettel an die Wahlberechtigten erfolgt in geheimer Wahl die Stimmabgabe.

§ 11 c

Die Abgabe der Stimmen erfolgt durch Ankreuzen eines oder mehrerer Namen (§ 11. c Abs. 4 i. V. m. § 11 Abs. 2 S. 3). Es können so viele Namen angekreuzt werden, wie Mitglieder zur MAV gemäß § 6 zu wählen sind (§ 11 c Abs. 4 i. V. m. § 11 Abs. 2 S. 4). Zu diesem Zweck sollte zur Sicherstellung geheimer Wahl eine Wahlkabine bereitstehen (§ 11 c Abs. 3 S. 3). Die Abgabe des Stimmzettels kann durch Einwurf in eine Wahlurne oder durch Einsammeln erfolgen. Die Vorschrift des §§ 11 c Abs. 3 S. 1 lässt die Einzelheiten offen. Aber die Stimmabgabe der Wähler und Wählerinnen ist von der Wahlleitung in der Liste der Wahlberechtigten zu vermerken (§ 11 c Abs. 4 i. V. m. § 11 Abs. 2 S. 6). 7

3. Stimmenauszählung und Bekanntgabe des Wahlergebnisses

Unverzüglich nach Beendigung der Wahlhandlung zählt die Wahlleitung öffentlich die Stimmen aus und gibt das Ergebnis bekannt (§ 11 c Abs. 3 S. 4). Als Mitglieder der MAV ist die Person oder sind die Personen gewählt, die die meisten Stimmen erhalten haben. 8

Alle in der nach der Stimmenzahl folgenden Kandidaten oder Kandidatinnen sind Ersatzmitglieder. Für die Reihenfolge der Ersatzposition ist die Zahl der abgegebenen Stimmen maßgeblich. Bei gleicher Stimmenzahl entscheidet das Los (§ 11 c Abs. 4 i. V. m. § 11 Abs. 6). 9

Im Zusammenhang mit der Bekanntgabe des Wahlergebnisses stellt die Wahlleitung fest, ob jeder Gewählte die Wahl annimmt (§ 11 c Abs. 4 i. V. m. § 11 Abs. 7 S. 2). Bei Nichtannahme der Wahl gilt der Kandidat mit den nächst meisten Stimmen als gewählt (§ 11 c Abs. 4 i. V. m. § 11 Abs. 7 S. 3). Mitglieder und Ersatzmitglieder der neuen MAV werden nach der mündlichen Bekanntgabe zusätzlich durch Aushang bekannt gegeben (§ 11 c Abs. 4 i. V. m. § 11 Abs. 7 S. 4). Denn von diesem Zeitpunkt läuft die Frist für womögliche Wahlanfechtungen (§ 11 c Abs. 4 i. V. m. § 12 Abs. 1). 10

II. Aufbewahrung der Wahlunterlagen

Die Wahlunterlagen aus der Wahlversammlung einschließlich der Stimmzettel sind für die Dauer der Amtszeit der gewählten MAV aufzubewahren. Die Aufbewahrung erfolgt durch die MAV (§ 11 c Abs. 4 i. V. m. § 11 Abs. 8 S. 1). 11

III. Kosten

Die Kosten jeder MAV-Wahl trägt der Dienstgeber (§ 11 c Abs. 4 i. V. m. § 11 Abs. 8 S. 2). 12

IV. Wahlanfechtung

1. Wahlleitung

Die im vereinfachten Wahlverfahren durchgeführte Wahl kann unter den Voraussetzungen der Vorschrift des § 12 angefochten werden (§ 11 c Abs. 4 i. V. m. § 12). 13

Thiel

§ 12

14 Die Wahlanfechtung kann nur innerhalb einer Frist von einer Woche nach Bekanntgabe des Wahlergebnisses auf schriftlichem Wege an die Wahlleitung erfolgen (§ 11 c Abs. 4 i. V. m. § 12 Abs. 1). Die Wahlleitung prüft, wie sonst der Wahlausschuss, gemäß § 12 Abs. 2 die Begründetheit der Anfechtung. Stellt die Wahlleitung fest, dass die Anfechtung unzulässig oder unbegründet ist, weist sie die Anfechtung zurück (§ 12 Abs. 2 S. 1). Stellt die Wahlleitung fest, dass die Anfechtung begründet ist und dadurch das Wahlergebnis beeinflusst sein kann, so erklärt sie die Wahl für ungültig. In diesem Falle ist die MAV-Wahl unverzüglich zu wiederholen. Im Falle einer sonstigen begründeten Wahlanfechtung berichtigt die Wahlleitung den durch den Verstoß verursachten Fehler. Wegen der Einzelheiten zu den Anfechtungsgründen wird auf die Ausführungen zu § 12 verwiesen.

2. Schlichtungsstelle

15 Gegen die Entscheidung der Wahlleitung ist die Anrufung der Schlichtungsstelle innerhalb von zwei Wochen nach Zugang der Entscheidung der Wahlleitung zulässig (§ 11 c Abs. 4 i. V. m. § 12 Abs. 3).
16 Die Wiederholung einer erfolgreich angefochtenen Wahl obliegt der bisherigen Wahlleitung (§ 11 c Abs. 4 i. V. m. § 12 Abs. 5 S. 1). Besteht die Wahlleitung nicht mehr, so beruft der Dienstgeber die Wahlversammlung ein (§ 11 b Abs. 2), damit dann unter einer neu zu wählenden Wahlleitung die Wahl der MAV im vereinfachten Verfahren (§§ 11 a bis 11 c) wiederholt wird.

§ 12 Anfechtung der Wahl

(1) Jede wahlberechtigte Mitarbeiterin und jeder wahlberechtigte Mitarbeiter oder der Dienstgeber hat das Recht, die Wahl wegen eines Verstoßes gegen die §§ 6 bis 11 c innerhalb einer Frist von einer Woche nach Bekanntgabe des Wahlergebnisses schriftlich anzufechten. Die Anfechtungserklärung ist dem Wahlausschuss zuzuleiten.

(2) Unzulässige oder unbegründete Anfechtungen weist der Wahlausschuss zurück. Stellt er fest, dass die Anfechtung begründet ist und dadurch das Wahlergebnis beeinflußt sein kann, so erklärt er die Wahl für ungültig; in diesem Falle ist die Wahl unverzüglich zu wiederholen. Im Falle einer sonstigen begründeten Wahlanfechtung berichtigt er den durch den Verstoß verursachten Fehler.

(3) Gegen die Entscheidung des Wahlausschusses ist die Anrufung der Schlichtungsstelle innerhalb von zwei Wochen nach Zugang der Entscheidung zulässig.

(4) Eine für ungültig erklärte Wahl läßt die Wirksamkeit der zwischenzeitlich durch die Mitarbeitervertretung getroffenen Entscheidungen unberührt.

(5) Die Wiederholung einer erfolgreich angefochtenen Wahl obliegt dem Wahlausschuss. Besteht kein ordnungsgemäß besetzter Wahlausschuss (§ 9 Abs. 2 Satz 2) mehr, so findet § 10 Anwendung.

§ 12

Inhaltsübersicht

	Rz
I. Vorbemerkung	1–4
II. Nichtigkeit der Wahl	5–9
1. Begriff	6–7
2. Geltendmachung	8
3. Folgen	9
III. Anfechtung der Wahl	10–41
1. Voraussetzung	10–20
a. Verstöße gegen das Wahlrecht, § 7	13
b. Verstöße gegen die Vorschriften zur Wählbarkeit, § 8	14
c. Verstöße gegen das Wahlverfahren	15–20
aa. Verstöße bei der Bestellung des Wahlausschusses bzw. Wahlleiters	16
bb. Andere Verstöße gegen das Wahlverfahren	17–20
2. Anfechtungsberechtigung	21–22
3. Verfahren	23–41
a. Antrag des Anfechtungsberechtigten	23
b. Anfechtungsgegner	24
c. Inhalt des Antrags	25–26
aa. Antragswortlaut	25
bb. Begründung	26
d. Antragsfrist	27–28
e. Wahlausschuss bzw. Wahlleiter	29–33
f. Beteiligte des Verfahrens	34
g. Entscheidung des Wahlausschusses bzw. Wahlleiters	35–38
h. Schlichtungsstelle	39–40
i. Rücktritt der MAV vor der Entscheidung	41
IV. Wirkung der Anfechtung	42–50
1. Wiederholung der Wahl	42
2. Korrektur eines Fehlers	43
3. Bildung eines neuen Wahlausschusses?	44–47
4. Keine Weiterführung der laufenden Geschäfte bis zur Neuwahl	48
5. Berichtigung des Wahlergebnisses	49
6. Zwischenzeitliche Entscheidungen der MAV	50
V. Kosten der Wahlanfechtung	51–54
VI. Keine Anwendbarkeit des § 12	55–58
1. Wahlen innerhalb der MAV	55–57
2. Wahlen innerhalb des Wahlausschusses	58

I. Vorbemerkung

Die Anfechtung nach dieser Vorschrift bezieht sich auf die Wahl der gesamten **1** Mitarbeitervertretung und kann auf eine Feststellung der Ungültigkeit der Wahl oder auf Berichtigung eines infolge Verstoßes gegen die Wahlvorschriften verursachten Fehlers gerichtet sein.

Die Vorschrift gilt für die Anfechtung der Wahl des Sprechers der Jugend- **2** lichen und Auszubildenden entsprechend (§ 45 Abs. 2 S. 1).

Die Voraussetzungen für die Anfechtung der Wahl zur MAV sind **in § 12 ab- 3 schließend** geregelt. Aus Gründen der Rechtssicherheit kann die Wahl nur innerhalb einer Woche seit Bekanntgabe des Wahlergebnisses schriftlich angefochten werden. Damit soll möglichst schnell festgestellt werden können, ob eine MAV ordnungsgemäß gewählt worden ist. Nach Fristablauf erhält die fehlerhaft gewählte MAV den Rechtsschein eines ohne Fehler gewählten Gremiums. Es besteht dann keine Möglichkeit zur Nachprüfung der Wahl, weder vor dem Wahlausschuss noch vor der Schlichtungsstelle.

Von der Wahlanfechtung zu unterscheiden ist der **Einspruch** gemäß § 9 Abs. 4 **4** S. 4 gegen die Eintragung oder Nichteintragung eines Mitarbeiters in die Wählerlisten. Über den Einspruch entscheidet der Wahlausschuss noch vor der

§ 12

Wahl (§ 9 Abs. 4 S. 5). Auch bei unterlassenem Einspruch ist die Wahlanfechtung möglich.

II. Nichtigkeit der Wahl

5 Von der Anfechtung der Wahl ist die Geltendmachung der Nichtigkeit der Wahl zu unterscheiden (vgl. § 12 Abs. 1 und § 41 Abs. 1 S. 2).

1. Begriff

6 Nichtigkeit liegt vor, wenn die Voraussetzungen für die Wahl nicht gegeben sind oder gegen Wahlrechtsvorschriften in so erheblichem Maße verstoßen wurde, dass nicht einmal der Anschein einer ordnungsgemäßen Wahl gewahrt ist (*Richardi*, Arbeitsrecht in der Kirche § 18 Rz 56; *Frey/Coutelle/Beyer*, § 12 Rz 20). Das ist der Fall, wenn die Grundlagen für eine Wahl oder für die Wählbarkeit eines Kandidaten nicht vorhanden waren, oder wenn von einem gesetzmäßigen Wahlverfahren überhaupt nicht gesprochen werden kann. (*BAG*, 22. 3. 1000 – 7 ABR 34/98, NZA 2000, 1119). In solchen Fällen liegt eine Nichtwahl vor; so z. B. bei einer Wahl ohne den vorgeschriebenen Wahlausschuss. Die Wahl ist nichtig, wenn
- die Einrichtung nach § 6 Abs. 1 nicht zur Wahl einer MAV fähig ist,
- eine Einrichtung nicht der MAVO, sondern z. B. dem BetrVG unterliegt (*Schlichtungsstelle Köln*, 18. 10. 2000 – MAVO 8/2000, ZMV 2001, 38),
- die Wahl oder Wiederwahl der MAV ohne Stimmzettel in der Mitarbeiterversammlung (§ 11 c Abs. 3) erfolgt,
- für eine Einrichtung eine MAV gewählt wird, obwohl für diese und andere Dienststellen gemeinsam eine MAV zu bilden ist oder bereits besteht,
- ohne Wahlausschuss oder unter einem unwirksam gewählten Wahlausschuss gewählt worden ist (vgl. *ArbG Bielefeld*, 20. 5. 1987 – 4 BV 9/87, BB 1987, 1458).

7 Dasselbe gilt für die **bayerischen Diözesen**, wenn überhaupt kein Katholik kandidiert hat und folglich von ihm der Vorsitz in der MAV nicht übernommen werden kann (§ 14 Abs. 1 S. 2 MAVO bayerische Diözesen). Auf die Nichtigkeit kann sich jedermann zu jeder Zeit und in jedem Stande des Anfechtungsverfahrens berufen (vgl. § 41 Abs. 1 S. 2).

2. Geltendmachung

8 Die Geltendmachung der Nichtigkeit ist an keine Frist gebunden. Dennoch ist es ratsam, mit der zur Feststellung der Nichtigkeit zu empfehlenden Anfechtung nicht zu zögern. § 12 sieht als Rechtsbehelf grundsätzlich die **Anfechtung** auch für Fälle der Nichtigkeit vor, so dass auch mit Rücksicht auf den allgemeinen Rechtsfrieden und die Rechtssicherheit die Frist zur Anfechtung beachtet werden sollte (Rz 29). Zu bedenken ist, dass bei einer **Wahl ohne Wahlausschuss** das Wahlanfechtungsverfahren gar nicht ordnungsgemäß beim Wahlausschuss beginnen kann (vgl. § 12 Abs. 1 S. 2 und 3). In diesem Falle kann nur die Anrufung der Schlichtungsstelle gemäß § 41 Abs. 1 S. 2 in Betracht kommen. Bei nichtigem Wahlverfahren und folglich nicht rechtlichem Bestand der MAV tritt der Fall ein, dass der Dienstgeber eine Mitarbeiterversammlung gemäß § 10 Abs. 1 einzuberufen hat, um für die Bildung einer MAV

§ 12

einen Wahlausschuss durch die Mitarbeiterversammlung wählen zu lassen. Tut der Dienstgeber das nicht, so kann ein Zehntel der wahlberechtigten Mitarbeiter (bei 10 Wahlberechtigten einer von ihnen, bei 11 Wahlberechtigten zwei von ihnen) die Schlichtungsstelle mit dem Begehren anrufen, dass der Dienstgeber verpflichtet wird, eine Mitarbeiterversammlung zum Zwecke der Wahl eines Wahlausschusses einzuberufen.

3. Folgen

Im Falle der Nichtigkeit hat die MAV nie rechtlich bestanden. Das bedeutet, 9 dass die Rechte der MAV einschließlich des Kündigungsschutzes der gewählten Mitarbeiter, der Ersatzmitglieder (§ 19) und der Mitwirkungsrechte der MAV (§§ 26 ff.) nicht wirksam ausgeübt werden können. Es bleibt allerdings der nachwirkende Kündigungsschutz für Wahlbewerber aufrecht (§ 19 Abs. 2). Die Nichtigerklärung der Wahl hat rückwirkende Kraft. Deshalb haben die Gewählten auch keine Kostenerstattungsansprüche gegen den Dienstgeber gemäß § 17 Abs. 1. Erteilte Arbeitsbefreiungen für die Tätigkeit in der MAV erfolgten grundlos, so dass Nachholung der ausgefallenen Arbeitszeit verlangt werden kann. Ist Nachholung nicht möglich, ist der während der Freistellung gezahlte Arbeitslohn zurückzuzahlen (§ 812 Abs. 1 S. 2 BGB). Diese Pflicht ist ausgeschlossen, wenn der Dienstgeber wusste, dass er die Arbeitsbefreiung nicht zu gewähren brauchte (§ 814 BGB). Es kommt vor, dass ein Dienstgeber zwar die Bildung einer MAV zugelassen hat, weil er sich außerhalb des Geltungsbereichs des staatlichen BetrVG wähnt, aber gleichzeitig die Anwendung der Grundordnung des kirchlichen Dienstes im Rahmen kirchlicher Arbeitsverhältnisse (GrO) negiert, weil er nicht alle Bestimmungen der GrO – z. B. Ablehnung des Dritten Weges gemäß Art. 7 GrO – als verbindlich erachtet oder die gesamte GrO gar nicht erst verbindlich übernommen hat (vgl. Art. 2 Abs. 2 GrO). Wird dann im Verfahren vor der Schlichtungsstelle wegen einer Streitigkeit auf dem Gebiete des KODA-Ordnungsrechts festgestellt, dass bei fehlender Anerkennung der Verbindlichkeit der GrO auch die MAVO (Art. 8 GrO) nicht anwendbar ist, hat der Dienstgeber gleichwohl die der MAV in der vorausgehenden Amtszeit entstandenen Kosten zu erstatten (vgl. für den Fall nicht offenkundiger Verkennung des Geltungsbereichs des BetrVG: *BAG*, 29. 4. 1998 – 7 ABR 42/97, NZA 1998, 1133 = ZMV 1998, 243).

III. Anfechtung der Wahl

1. Voraussetzung

Voraussetzung für die Zulässigkeit einer Wahlanfechtung ist, dass bei der 10 Wahl gegen **wesentliche** Vorschriften über das Wahlrecht (§ 6 Abs. 1, § 7), die Wählbarkeit (§ 8), das Wahlverfahren (§§ 9–11 oder §§ 11 a–11 c) oder die Zusammensetzung der MAV (§ 6 Abs. 2 und 5) verstoßen worden ist und die Möglichkeit einer Beeinflussung des Wahlergebnisses durch diesen Verstoß besteht (*Richardi*, Arbeitsrecht in der Kirche § 18 Rz 53; *Schlichtungsstelle Köln*, 23. 1. 1992 – MAVO 5/91).
Die Vorschriften der §§ 6–11 c enthalten **Mussvorschriften** einerseits und Soll- 11 sowie Kannvorschriften (vgl. § 6 Abs. 3 und 4) andererseits. Erstere sind **we-**

Thiel 233

§ 12

sentliche Vorschriften. Die Nichtbeachtung von Soll- oder Kannvorschriften rechtfertigt die Wahlanfechtung grundsätzlich nicht, falls nicht von einer Kannvorschrift zur Durchführung der Wahl ausdrücklich Gebrauch gemacht worden ist (vgl. § 6 Abs. 3).

12 Die Nichtbeteiligung Wahlberechtigter an der Wahl ist kein Verstoß gegen die Wahlvorschriften, weil nur ein Wahlrecht, nicht aber eine Wahlpflicht besteht. Ein Verstoß gegen das Wahlrecht wäre nur gegeben, wenn das Fernbleiben von der Wahl nicht auf freier Willensentscheidung, sondern auf einem Verstoß gegen wesentliche Wahlvorschriften beruht (vgl. *Grabendorff/Windscheid/Ilbertz/Widmaier*, BPersVG § 25 Rz 7; *OVG NRW*, 6. 5. 1998 – 1 A 4540/97 PVL; ZTR 1998, 526).

a. Verstöße gegen das Wahlrecht, § 7

13 Wesentliche Verstöße gegen die Vorschrift über die aktive Wahlberechtigung nach § 7 berechtigen zur Wahlanfechtung. Solche Verstöße sind:
– Zulassung von nicht wahlberechtigten Mitarbeitern zur Wahl,
– Nichtzulassung von wahlberechtigten Mitarbeitern zur Wahl.

b. Verstöße gegen die Vorschriften zur Wählbarkeit, § 8

14 Wesentliche Verstöße gegen die Vorschriften über die Wählbarkeit nach § 8 berechtigen zur Anfechtung der Wahl. Ist der Mangel der Wählbarkeit jedoch vor der Entscheidung des Wahlausschusses oder vor der Verhandlung der Schlichtungsstelle behoben, ist die Wahlanfechtung unbegründet. Nach Ablauf der Anfechtungsfrist kann ein Mangel der Wählbarkeit jedoch auf andere Weise geltend gemacht werden (vgl. § 13 c Nr. 2). Verstöße sind:
– Zulassung von nicht wahlberechtigten Mitarbeitern als Wahlkandidaten (*Schlichtungsstelle Freiburg*, 1989/2),
– Nichtzulassung eines wahlberechtigten Mitarbeiters zur Wahl (*Bischöfl. Schlichtungsstelle Berlin* 5/79) bzw. seine zu Unrecht erfolgte Streichung von der Vorschlagsliste (§ 9 Rz 48) oder die Zurückweisung eines gültigen Wahlvorschlags durch den Wahlausschuss.

c. Verstöße gegen das Wahlverfahren

15 Wesentliche Verstöße gegen das Wahlverfahren, also die §§ 6, 9 bis 11 c, berechtigen zur Wahlanfechtung.
Beispiele:

aa. Verstöße bei der Bestellung des Wahlausschusses bzw. Wahlleiters

16 Fehlerhaft sind die Bestellung eines Wahlausschusses durch eine nicht mehr im Amt befindliche MAV und die nicht ordnungsgemäße Besetzung des Wahlausschusses. Fehlerhaft ist die Bestellung des Wahlleiters durch den Dienstgeber (§ 11 c Abs. 1).

bb. Andere Verstöße gegen das Wahlverfahren

17 Als Verstöße gegen das Wahlverhalten sind ferner zu nennen
– fehlende oder unrichtige Bestimmung der Frist für die Einreichung von Wahlvorschlägen im Wahlausschreiben,
– Fehlen der erforderlichen Stützungsunterschriften im Wahlvorschlag,

§ 12

- fehlende schriftliche Einverständniserklärung des Kandidaten zur Kandidatur (§ 9 Abs. 5 S. 2)
- fehlende schriftliche Erklärung des Kandidaten, dass bei ihm keine Ausschlussgründe i. S. des § 8 vorliegen (§ 9 Abs. 7),
- verspätete Zulassung von Wahlvorschlägen (*Schlichtungsstelle Köln*, 23. 1. 1992 – MAVO 5/91, Caritas in NRW [Recht] 2/92, S. 37),
- Nichtbeachtung der im Wahlausschreiben genannten Zeit zur Stimmabgabe (*Schlichtungsstelle Freiburg*, 1989/2),
- ungenaue Benennung von Wahlbewerbern auf den Stimmzetteln,
- Ergänzung der Wählerliste während der Stimmabgabe,
- Annahme einer falschen Zahl von zu wählenden Mitgliedern der MAV durch den Wahlausschuss,
- falsche Einschätzung des Dienststellenbegriffs,
- Schließung des Wahllokals eine Stunde vor Ablauf der offiziellen Wahlzeit, obwohl noch nicht alle Mitarbeiter ihre Stimme abgegeben haben (*Schlichtungsstelle Freiburg*, 1989/2),
- fehlende Wahlkabine oder abgeschirmte Schreibgelegenheit (*Schlichtungsstelle Freiburg*, 1989/2),
- Wahl ohne Stimmzettel (§ 11 c Abs. 3).

In den **bayerischen Diözesen** ist die Wahl anfechtbar, wenn trotz Kandidatur 18 kein Katholik gewählt worden ist; denn gemäß § 14 Abs. 1 S. 2 MAVO bayerische Diözesen muss der Vorsitzende der MAV katholisch sein (vgl. auch Rz 7). Eine Anfechtung der Wahl ist nur zulässig, wenn eine Berichtigung des 19 Verstoßes nicht erfolgt ist. Andernfalls besteht kein Rechtsschutzinteresse an einer Wahlanfechtung (s. auch *Grabendorff/Windscheid/Ilbertz/Widmaier*, BPersVG § 25 Rz 13; *Hess/Schlochauer/Worzalla/Glock*, BetrVG, § 19 Rz 23). Normalerweise berichtigt der Wahlausschuss den Verstoß. Die Wahlanfechtung muss sich nicht ausschließlich auf die Ungültigkeitserklärung der Wahl richten, sondern kann auch eine Berichtigung des Wahlergebnisses (§ 12 Abs. 2 S. 2), z. B. eine andere Sitzverteilung (§ 6 Abs. 3) oder Feststellung der Stimmenzahl (§ 11 Abs. 6), insbesondere bei gleicher Stimmenzahl (§ 11 Abs. 6 S. 3), zum Ziele haben.
Eine Anfechtung ist darüber hinaus nur dann zulässig, wenn durch den Ver- 20 stoß gegen wesentliche Vorschriften das **Wahlergebnis beeinflusst** sein kann (§ 12 Abs. 2 S. 2). Die Ordnung geht davon aus, dass es nicht sinnvoll ist, in den Fällen die Wahl anzufechten, in denen das Wahlergebnis durch einen Verstoß nicht beeinflusst sein kann. Liegt ein erheblicher, nicht berichtigter Verstoß vor, dann ist davon auszugehen, dass durch den Verstoß das Wahlergebnis beeinflusst sein kann. Auf die tatsächliche Beeinflussung kommt es allerdings nicht an (*Bietmann*, Kurzkommentar, § 11 Anm. 2). Eine abstrakte Möglichkeit des Kausalzusammenhangs zwischen Verfahrensverstoß und Wahlergebnis genügt für die Anfechtung der Wahl nicht (a. A. *LAG Berlin*, § 11 Rz 12). Es kommt auf den konkreten Verstoß unter Berücksichtigung des konkreten Wahlergebnisses an (*Bietmann*, a. a. O. Anm. 1, 2). Dazu sind bei der Anfechtung die erheblichen Tatsachen vorzutragen (z. B. Stimmengleichheit mehrerer Kandidaten bei Nichtzulassung eines Wahlberechtigten zur Wahl; vgl. *Schlichtungsstelle Paderborn* 14. 4. 1994 – II/94). Zum Wahlergebnis i. S. des § 11 Abs. 6 S. 1 gehört nicht die Reihenfolge, in der die Ersatzmitglieder gemäß § 13 Abs. 1 nachrücken bzw. ein zeitweilig verhindertes MAV-Mitglied vertreten. Deshalb beeinflusst die falsche Reihenfolge der Zählung der Er-

§ 12

satzmitglieder das Wahlergebnis i. S. von § 12 Abs. 2 S. 2 nicht. Denn Ersatzmitglieder sind nicht zu MAV-Mitgliedern gewählt worden (§ 11 Abs. 6 S. 1), sie bestimmen das Wahlergebnis nicht (*BAG*, 21. 2. 2001 – 7 ABR 41/99, NZA 2002, 282).

2. Anfechtungsberechtigung

21 Anfechtungsberechtigt ist jeder am Wahltage **aktiv wahlberechtigte Mitarbeiter** (§ 7), selbst wenn er nach der Wahlanfechtung, aber noch vor der Entscheidung aus der Dienststelle ausgeschieden ist, weil der Fortbestand des für die Zulässigkeit des Antrages gebotenen Rechtsschutzinteresses durch das Ausscheiden des Antragstellers aus der Dienststelle nicht berührt wird. Es geht um die Kontrolle, ob kirchliches Recht beachtet oder verletzt worden ist. Auch Wahlberechtigte, die nicht kandidiert oder gewählt haben, sind anfechtungsberechtigt (§ 41 Abs. 1 Nr. 2). Denn die Anfechtung dient dem Interesse der Dienststelle an der Feststellung der Beachtung der Wahlvorschriften, damit nur eine ordnungsgemäß gewählte MAV ihre Arbeit aufnimmt (vgl. *BAG*, 4. 12. 1986 – 6 ABR 48/85, DB 1987, 232; einschränkend wegen des nur subjektiven Rechtsschutzinteresses: *BAG*, 15. 2. 1989 – 7 ABR 9/88, DB 1989, 2626 f.). Das **Rechtsschutzinteresse** für den Antrag, die Wahl für unwirksam zu erklären, entfällt mit Ablauf der Amtszeit des Gremiums, dessen Wahl angefochten wird (*BAG*, 13. 3. 1991 – 7 ABR 5/90, NZA 1991, 946; vgl. auch Rz 42). Der **Dienstgeber** ist ebenfalls anfechtungsberechtigt (§ 12 Abs. 1 S. 1). Der Wahlausschuss hat kein Wahlanfechtungsrecht, weil er über die Anfechtung zu entscheiden hat. Er kann daher auch nicht im Anfechtungsverfahren vor der Schlichtungsstelle Beteiligter sein. Jedoch ist jedes Mitglied der MAV und des Wahlausschusses berechtigt, als wahlberechtigter Mitarbeiter die Wahl anzufechten.

22 Der Dienstgeber hat grundsätzlich ein rechtliches Interesse an der Feststellung, ob die MAV ordnungsgemäß gewählt worden ist. Deshalb ist ihm ein Anfechtungsrecht im Falle des Verstoßes gegen die Vorschriften in den §§ 6 bis 11 c mit Recht zuzuerkennen (§ 41 Abs. 1 Nr. 2). Im vereinfachten Wahlverfahren tritt an die Stelle des Wahlausschusses der Wahlleiter (§ 11 c Abs. 4).

3. Verfahren

a. Antrag des Anfechtungsberechtigten

23 Das Anfechtungsverfahren erfolgt auf schriftlichen Antrag des Anfechtungsberechtigten an den **Wahlausschuss** (Abs. 1 S. 1 und 2). Der Antrag ist vom Anfechtenden selbst zu unterschreiben. Rechtswirksame Vertretung ist zulässig. Die Einreichung eines Antragsschriftentwurfs, den ein Mitarbeiter als Erklärungsbote »im Auftrag« für weitere Mitarbeiter unterschreibt, genügt nicht (vgl. *LAG Frankfurt a. M.*, 23. 2. 1989 – 12 Ta B V 157/88, BB 1989, 2041). Der Antrag muss beim Wahlausschuss eingehen (Abs. 1 S. 2). An die Stelle des Wahlausschusses tritt im vereinfachten Wahlverfahren der **Wahlleiter** (§ 11 c Abs. 4).

§ 12

b. Anfechtungsgegner

Die Anfechtung richtet sich gegen die neu gewählte MAV (*Schlichtungsstelle* 24 *Köln*, MAVO 7/86 und 3/87; a. A. *Bernards*, Die Schlichtungsstelle S. 124 f.), wenn die gesamte MAV-Wahl oder die eines einzelnen MAV-Mitgliedes angefochten wird. Denn im Ergebnis ist das Wahlergebnis auch nur durch einen nicht ordnungsgemäß gewählten Wahlkandidaten beeinflusst, so dass die gesamte neu gewählte MAV betroffen ist. Denn bei unterbliebener Kandidatur eines Kandidaten würden sich die Stimmen auf die anderen Wahlkandidaten möglicherweise anders verteilt haben (*Damköhler*, MAVO § 11 Anm. 3). Will ein Anfechtungsberechtigter die Anfechtung einer MAV-Wahl darauf stützen, dass unter Verkennung des Dienststellen- bzw. Einrichtungsbegriffs (§ 1 a Rz 9) in einer einheitlichen Einrichtung bzw. Dienststelle mehrere Mitarbeitervertretungen gewählt worden seien, so muss er die Wahl aller Mitarbeitervertretungen anfechten. Die Anfechtung der Wahl nur einer dieser Mitarbeitervertretungen ist unzulässig (vgl. zum BetrVG: *BAG*, 7. 12. 1988 – 7 ABR 10/88, BB 1989, 1619). Der Wahlausschuss ist nicht Anfechtungsgegner, weil er über die Wahlanfechtung zu entscheiden hat (*Schlichtungsstelle Köln*, MAVO 1/80; 5/91). Folglich ist er am Schlichtungsverfahren vor der Schlichtungsstelle nicht beteiligt. Die Mitglieder des Wahlausschusses können jedoch **Zeugen** im Schlichtungsverfahren sein (*Schlichtungsstelle Köln*, MAVO 7/86; MAVO 5/91). An die Stelle des Wahlausschusses tritt im vereinfachten Wahlverfahren der Wahlleiter (§ 11 c Abs. 4).

c. Inhalt des Antrags

aa. Antragswortlaut
Der Antrag kann sich entweder auf die Feststellung der Nichtigkeit oder Un- 25 gültigkeit der Wahl richten und damit eine Wiederholung der Wahl anstreben oder auf eine Korrektur des durch den Verstoß verursachten Fehlers. Ist beantragt worden, die Wahl für nichtig oder ungültig zu erklären, so ist der Antrag dahin auszulegen, dass die Wahl unter jedem rechtlichen Gesichtspunkt nachgeprüft werden soll.

bb. Begründung
Die Anfechtung hat innerhalb der Anfechtungsfrist konkrete Gründe dafür zu 26 nennen, welche die Anfechtung begründet erscheinen lassen. Es reicht nicht aus, den Wortlaut des Gesetzes zu wiederholen. Es ist der Sachverhalt darzulegen, der möglicherweise die Ungültigkeit der durchgeführten Wahl begründen konnte (BAGE 22, 38, 40; *Schlichtungsstelle Paderborn*, 14. 4. 1994 – 11/94). Es sind Tatsachen erforderlich; Rechtsbehauptungen reichen nicht aus. Wer z. B. am Wahltag nicht wählbar war, weil seine Dienstzeit im kirchlichen Dienst noch nicht die erforderliche Dauer von mindestens einem Jahr ohne Unterbrechung erreicht hatte, ist ungültig gewählt, selbst wenn zum Zeitpunkt der Anfechtung die Wahlberechtigung eingetreten sein sollte. Denn die fehlerhafte Wahl hat Auswirkung auf die Zusammensetzung der MAV, die dann ebenfalls fehlerhaft ist. Eine Heilung des Fehlers ist also nicht möglich (*Frey/Coutelle/Beyer*, § 12 Rz 7). Wegen der Anfechtungsgründe wird auf Rz 10 ff. verwiesen. Ein Anfechtungsantrag ohne Nennung des Anfechtungsgrundes ist als unzulässig zurückzuweisen.

§ 12

d. Anfechtungsfrist

27 Die **Frist von einer Woche**, innerhalb der die Anfechtung schriftlich erfolgen muss (Abs. 1 S. 1), ist eine **Ausschlussfrist**. Mit ihrem Ablauf erlischt das Anfechtungsrecht. Die Frist rechnet vom Tage der Bekanntgabe des Wahlergebnisses (§ 11 Abs. 7 S. 4; § 11 Rz 18 f.). Für die Berechnung von Fristen und Terminen (§§ 186 ff., insbesondere §§ 187 Abs. 1, 188 Abs. 2 BGB). Danach ist der Tag, an dem das Wahlergebnis veröffentlicht worden ist, nicht mitzurechnen. Die Frist endet mit dem Ablauf des 7. Tages. Spätestens am letzten Tag der Frist muss die Anfechtungserklärung beim Wahlausschuss eingegangen sein. Die Aufgabe zur Post oder eine sonstige Absendung am gleichen Tag reicht nicht aus. Eine Verlängerung der Anfechtungsfrist ist nicht zulässig. Fällt der letzte Tag der Frist auf einen Sonntag oder gesetzlichen Feiertag, so tritt an die Stelle des Sonntags oder Feiertags der nächstfolgende Werktag (§ 193 BGB).

28 Voraussetzung für den Beginn der Frist ist, dass das Wahlergebnis ordnungsgemäß bekannt gemacht worden ist. Das ist der Fall, wenn alle wahlberechtigten Mitarbeiter überhaupt die Möglichkeit hatten, von einem bestimmten Zeitpunkt an das Wahlergebnis zur Kenntnis zu nehmen. Dabei kommt es nur darauf an, ob sie objektiv in der Lage waren, von der Bekanntmachung Kenntnis zu erlangen. Nicht entscheidend ist, ob sie subjektiv davon Kenntnis nehmen wollten (*Schlichtungsstelle Köln*, 29. 5. 1991 – MAVO 4/91). Wer zum Beispiel am Nachmittag des Wahltages infolge seiner Teilzeitbeschäftigung in der Einrichtung nicht mehr anwesend ist, hat objektiv keine Möglichkeit, von einem zu dieser Zeit ausgehängten Wahlergebnis Kenntnis zu erlangen. Er kann es erst am folgenden Tag lesen, so dass dieser Tag, an dem alle Mitarbeiter objektiv die Möglichkeit haben, die Bekanntmachung des Wahlausschusses zur Kenntnis zu nehmen, als Tag der ordnungsgemäßen Bekanntmachung gilt (*Schlichtungsstelle Köln*, wie vor). Wird die Bekanntmachung berichtigt, so läuft von da an eine neue Anfechtungsfrist. Erfolgt keine ordnungsgemäße Bekanntmachung des Wahlergebnisses, so beginnt der Lauf der Ausschlussfrist nicht. Es besteht auch die Möglichkeit, die Anfechtung der Wahl schon vor Bekanntgabe des Wahlergebnisses vorzunehmen.

e. Wahlausschuss bzw. Wahlleiter

29 Innerhalb der Anfechtungsfrist muss ein schriftlicher **Anfechtungsantrag** beim Wahlausschuss eingegangen sein (§ 12 Abs. 1 S. 1 und 2). Ist im Antrag selbst keine ausreichende Begründung enthalten, so kann diese schriftlich noch innerhalb der Anfechtungsfrist nachgeholt werden. Das Nachschieben von weiteren Anfechtungsgründen ist zulässig, wenn nur der Anfechtungsantrag rechtzeitig begründet wurde (*Hess/Schlochauer/Worzalla/Glock*, BetrVG, § 19 Rz 33). Verspätet ist das Nachschieben von Anfechtungsgründen vor der Schlichtungsstelle, weil in diesem Falle die Anfechtung insoweit nicht rechtzeitig vor dem Wahlausschuss begründet worden ist. Denn nur die Anfechtungsgründe, die form- und fristgerecht, also schriftlich innerhalb einer Woche nach Bekanntgabe des Wahlergebnisses, beim Wahlausschuss genannt sind und deshalb von ihm geprüft werden können, sind durch die Schlichtungsstelle überprüfbar (*Schlichtungsstelle Köln*, MAVO 7/86; *Schlichtungsstelle Paderborn*, 14. 4. 1994 – II/94). Die Ausführungen zum Wahlausschuss gelten entsprechend für den **Wahlleiter (§ 11 c Abs. 4)**.

Eine nicht rechtzeitig angefochtene Wahl ist – von dem Ausnahmefall der **30** Wahlnichtigkeit (vgl. Rz 5 ff.) abgesehen – nach materiellem Recht von Anfang an gültig; die durch Verstöße verursachten Mängel gelten als geheilt.
Allerdings wird man den Mangel der Wählbarkeit eines einzelnen MAV-Mit- **31** glieds gemäß § 13 c Nr. 2 auch nach Ablauf der Anfechtungsfrist durch den Dienstgeber feststellen lassen dürfen, wenn der Mangel weiterhin besteht.
Das Anfechtungsverfahren ist zu beenden, wenn das Rechtsschutzinteresse **32** vor der Entscheidung des Wahlausschusses oder der Schlichtungsstelle entfällt. Das ist u. a. der Fall, wenn die gesamte neu gewählte MAV nach der Wahlanfechtung zurücktritt (§ 13 Abs. 3 Nr. 3; siehe aber Rz 41).
Richtet sich die Anfechtung gegen ein einzelnes oder gegen mehrere Mitglie- **33** der der MAV und treten diese daraufhin zurück (§ 13 Abs. 3 Nr. 3 bzw. § 13 c Nr. 3), so entfällt das Rechtsschutzinteresse für das Anfechtungsverfahren nicht ohne weiteres (Rz 41). Die Anfechtung ist bei fehlendem Rechtsschutzinteresse zurückzuweisen. Die Ersatzmitglieder rücken nach, oder es ist infolge des Rücktritts eine Neuwahl erforderlich (§ 13 Abs. 3 Nr. 2, Nr. 3).

f. Beteiligte des Verfahrens

Beteiligte am Wahlanfechtungsverfahren sind diejenigen, deren Rechtsstel- **34** lung durch das Anfechtungsverfahren unmittelbar berührt wird. Das ist neben dem Antragsteller und dem Antragsgegner (MAV) auch der Dienstgeber.

g. Entscheidung des Wahlausschusses bzw. des Wahlleiters

Gemäß Abs. 1 S. 3 hat der Wahlausschuss über den Antrag der Anfechtung, **35** nämlich über
– die Zulässigkeit der Anfechtung und
– ihre Begründetheit bzw. Unbegründetheit,
– die Wiederholung der Wahl (vgl. Rz 42) oder
– die Korrektur eines Fehlers
zu entscheiden.
Ist die Anfechtung unzulässig oder unbegründet, weist sie der Wahlausschuss **36** zurück (§ 12 Abs. 2 S. 1). Unzulässig ist die Anfechtung, wenn sie
– von einem nicht wahlberechtigten Mitarbeiter beantragt worden ist,
– verspätet eingereicht worden oder verspätet eingegangen ist.
Dasselbe gilt, wenn nicht ein Verstoß gegen die Vorschriften der §§ 6 bis 11 c gerügt worden ist.
Unbegründet ist die Anfechtung, wenn sich herausstellt, dass kein Verstoß ge- **37** gen die Vorschriften der §§ 6 bis 11 c vorliegt. Ist das Wahlergebnis durch einen Fehler nicht beeinflusst, wird aber ein Verstoß gegen Wahlordnungsvorschriften festgestellt, so ist der Fehler zu berichten. In diesem Falle ist die Anfechtung begründet. Die Ausführungen zum Wahlausschuss gelten entsprechend für den Wahlleiter (§ 11 c Abs. 4).
Die Wahlanfechtung ist begründet, wenn der Wahlausschuss oder der Wahl- **38** leiter feststellt, dass durch die vorgebrachten und festgestellten Gründe des Verstoßes gegen die zwingenden Wahlrechtsbestimmungen die Wahl beeinflusst wurde oder beeinflusst sein kann. In diesem Falle hat der Wahlausschuss oder der Wahlleiter die Wahl für ungültig zu erklären und außerdem festzustellen, dass die Wahl unverzüglich zu wiederholen ist (§ 12 Abs. 2 S. 2). Die Wiederholung des Wahlverfahrens obliegt dem Wahlausschuss (§ 12

§ 12

Abs. 5 S. 1) oder dem Wahlleiter (§ 11 c Abs. 4 i. V. m. § 12 Abs. 5 S. 1). Besteht kein ordnungsgemäß besetzter Wahlausschuss (§ 9 Abs. 2 S. 2) mehr, so richtet sich die Einleitung des zu wiederholenden Wahlverfahrens nach § 10 (§ 12 Abs. 5 S. 2). Das gilt entsprechend bei Wegfall des Wahlleiters (§ 11 c Abs. 4).

h. Schlichtungsstelle

39 Gegen die Entscheidung des Wahlausschusses oder des Wahlleiters ist die Anrufung der Schlichtungsstelle zulässig (§ 41 Abs. 1 Nr. 2 i. V. m. § 12 Abs. 3 oder § 11 c Abs. 4, wenn dem Anfechtungsantrag nicht entsprochen worden oder die Entscheidung sachlich fehlerhaft ist. **Antragsberechtigt** ist (Rz 21 f.), wessen Anfechtungsantrag vom Wahlausschuss oder Wahlleiter zurückgewiesen worden ist oder wer sonst ein Rechtsschutzinteresse an einer Entscheidung der Schlichtungsstelle zwecks Korrektur der Entscheidung des Wahlausschusses oder Wahlleiters hat. Die MAV ist – anders als ein MAV-Mitglied – nicht antragsberechtigt, weil sie Beteiligte des Anfechtungsverfahrens ist; denn sie ist von der Anfechtung und der Anfechtungsentscheidung betroffen und deshalb ohnehin Beteiligte des Verfahrens. **Die Ordnung legt nicht fest, dass nur die Schlichtungsstelle anrufen kann, wer bereits im Anfechtungsverfahren vor dem Wahlausschuss beteiligt war.** Denn es muss möglich sein, dass die Schlichtungsstelle die Entscheidung des Wahlausschusses oder Wahlleiters rechtlich überprüft (§ 12 Abs. 3 i. V. m. § 41 Abs. 1 Nr. 2). Für die Zulässigkeit eines originären Anfechtungsrechts vor der Schlichtungsstelle nach einem Wahlanfechtungsverfahren vor dem Wahlausschuss oder dem Wahlleiter spricht, dass der anfechtende Mitarbeiter oder der Dienstgeber, der mit dem Wahlergebnis und dem Wahlverfahren einverstanden und dies erst nach der Entscheidung des Wahlausschusses oder des Wahlleiters nicht ist (z. B. die Anfechtung vor dem Wahlausschuss ist verspätet geltend gemacht worden, während dieser dennoch die Anfechtung für zulässig und begründet erachtet hat; vgl. *Schlichtungsstelle Köln*, MAVO 4/1991), feststellen lassen können soll, ob eine das Wahlergebnis abändernde oder die Wahl für nichtig erklärende Entscheidung möglicherweise fehlerhaft getroffen worden ist. Damit wird das Schwergewicht der Anfechtung auf das Verfahren vor der Schlichtungsstelle verlagert, die deshalb mit völlig neuem Vorbringen konfrontiert werden kann, das der Wahlausschuss oder der Wahlleiter noch nicht geprüft hat. **Bedenken gegen das Überspringen des Wahlausschusses** oder des Wahlleiters durch einen Beteiligten bestehen nicht, wenn der Wahlausschuss oder der Wahlleiter überhaupt zuvor entschieden hat. Es kommt nicht darauf an, wer im Verfahren Beteiligter war oder wem die Entscheidung zugegangen ist. Ab Zugang der Entscheidung des Wahlausschusses oder des Wahlleiters an die Beteiligten des Anfechtungsverfahrens läuft allerdings die Frist von zwei Wochen zur Anrufung der Schlichtungsstelle (§ 12 Abs. 3). Gegen die Entscheidung des Wahlausschusses oder des Wahlleiters hat also auch der Antraggegner oder ein anderer zuvor nicht Beteiligter das Recht zur Anrufung der Schlichtungsstelle mit dem Ziel der Überprüfung der Anfechtungsentscheidungen des Wahlausschusses oder des Wahlleiters. Antragsgegner ist weder der Wahlausschuss (a. A. *Bernards*, Die Schlichtungsstelle, S. 124 f.; § 9 Rz 22) noch der Wahlleiter, sondern die MAV (*Schlichtungsstelle Köln*, MAVO 1/80; 6/83; 3/85; 7/86; 3/87; 4/91; 6/91; *Schlichtungsstelle Paderborn* 14. 4. 1994 – II/

94; a. A. *Schlichtungsstellen Aachen* 2/84 MAVO, *Berlin* 5/79 MAVO; *Essen* 637241 – 3/88; *Paderborn* I/1984; II/1984; *Regensburg* 2/84; 2/86 MAVO). Die Anrufung der Schlichtungsstelle hat schriftlich mit den Anfechtungsgründen **innerhalb von zwei Wochen** nach Zugang der Entscheidung des Wahlausschusses oder Wahlleiters zu erfolgen (§ 12 Abs. 3). Die Schlichtungsstelle entscheidet über die Wahlanfechtung noch abschließend und endgültig. Gegen die Entscheidung ist kein weiteres Verfahren vor staatlichen Gerichten zulässig (*BAG*, 11. 3. 1986 – 1 ABR 26/84, EzA § 611 BGB Nr. 25 Kirchliche Arbeitnehmer). Besteht ein kirchliches Arbeitsgericht, wird dieses zuständig sein. **40**

i. Rücktritt der MAV vor der Entscheidung

Tritt im Falle der Wahlanfechtung die MAV noch vor der Entscheidung über die Wahlanfechtung zurück, können sich zwei unterschiedliche Konstellationen ergeben. Ist noch die alte MAV im Amt, weil deren Amtszeit noch nicht abgelaufen ist, amtiert sie weiter bis zum Ende ihrer Amtszeit, gegebenenfalls darüber hinaus geschäftsführend gemäß § 13 a S. 1. Ist die Vorgänger-MAV nicht mehr im Amt oder hat eine MAV nicht bestanden, so ist gemäß § 13 a S. 2 geregelt, dass die zurückgetretene MAV die Geschäfte bis zur Übernahme durch die neu gewählte MAV fortführt, längstens für die Dauer von sechs Monaten vom Tag des Rücktritts an gerechnet (§ 13 a i. V. m. § 13 Abs. 3 Nr. 3). Infolgedessen wird der Rücktritt der von der Wahlanfechtung betroffenen MAV nicht sofort wirksam, weil die MAV die Amtsgeschäfte weiterführt. Das Rechtsschutzinteresse an der Durchführung des Anfechtungsverfahrens bleibt deshalb also bestehen. Nach der endgültigen Entscheidung über die Wahlanfechtung steht fest, ob die Wahl auch aus diesem Grunde unverzüglich zu wiederholen ist. In diesem Falle darf die zurückgetretene MAV die Amtsgeschäfte nicht mehr weiterführen (Umkehrschluss aus § 13 Abs. 3 Nr. 4; § 13 a S. 2). **41**

IV. Wirkung der Wahlanfechtung

1. Wiederholung der Wahl

Die Wirkung der Anfechtung tritt mit der endgültigen Entscheidung ein. Hält der Wahlausschuss oder der Wahlleiter die Anfechtung für begründet, so steht entweder fest, dass das Wahlergebnis zu korrigieren ist oder die gewählten Mitarbeiter keine MAV-Mitglieder mehr sind. Dasselbe gilt im Falle der Entscheidung der Schlichtungsstelle, die die Vorentscheidung des Wahlausschusses oder des Wahlleiters korrigieren kann. Allerdings kommt der Feststellung keine rückwirkende Kraft zu. Die vor der Feststellung von der MAV gefassten Beschlüsse bleiben daher wirksam (*Bietmann*, Kurzkommentar, § 11 Anm. 11, vgl. Abs. 4). Kostenerstattungsansprüche, die gemäß § 17 Abs. 1 entstanden sind, sind durch den Dienstgeber zu befriedigen. Stellt der Wahlausschuss, der Wahlleiter oder schließlich die Schlichtungsstelle fest, dass die Anfechtung der Wahl begründet ist und dadurch das Wahlergebnis beeinflusst sein kann, so ist die Wahl für ungültig zu erklären. Die Wahl ist dann unverzüglich zu wiederholen (§ 12 Abs. 2 S. 2), und zwar **in allen ihren Stadien**. Die zu wiederholende Wahl ist keine Neuwahl, sondern die fehlerfreie Nachholung der ungültigen Wahl. Aus diesem Grund bleibt es auch, soweit das möglich ist, bei **42**

§ 12

den früheren Voraussetzungen, wie Sitzverteilung (§ 6 Abs. 3) und Stärke der MAV (§ 6 Abs. 2).

2. Korrektur eines Fehlers

43 Stellt der Wahlausschuss einen korrigierbaren Fehler fest, so berichtigt er das Wahlergebnis. Denn nur bei einem unheilbaren Mangel ist die Wahl zu wiederholen (Rz 49).

3. Bildung eines neuen Wahlausschusses?

44 Gemäß § 12 Abs. 5 S. 1 obliegt dem bereits tätig gewesenen Wahlausschuss die Wiederholung der erfolgreich angefochtenen Wahl. Durch die Entscheidung über die Wahlanfechtung ist seine Amtszeit nicht beendet.

45 Im vereinfachten Wahlverfahren gilt das entsprechend für den gemäß § 11 c Abs. 1 gewählten Wahlleiter (§ 11 c Abs. 4 i. V. m. § 12 Abs. 5 S. 1).

46 Erst wenn der Wahlausschuss nicht mehr ordnungsgemäß besetzt ist (§ 9 Abs. 2 S. 2) oder der Wahlleiter zurückgetreten ist oder sonst nicht mehr das Amt ausüben kann, muss der Dienstgeber gemäß § 10 die Vorbereitungen zur Bildung einer MAV in Gang bringen (§ 10 Abs. 1 a Nr. 2 i. V. m. § 12 Abs. 5 S. 2), indem er zu einer Mitarbeiterversammlung einlädt (§ 10 Abs. 1), in der der Wahlausschuss oder gemäß §§ 11 a bis 11 c wegen der Durchführung des vereinfachten Wahlverfahrens in der Wahlversammlung (§ 11 b) der Wahlleiter gewählt wird (§ 11 c Abs. 1). Die Wahlversammlung besteht im Unterschied zur Mitarbeiterversammlung (§ 4) nur aus den wahlberechtigten Mitarbeitern (§ 11 b Abs. 1).

47 Der Wahlausschuss ist nicht mehr im Amt, wenn er nach Maßgabe seiner ursprünglichen Zahlenstärke (drei oder fünf Mitglieder, § 9 Abs. 2 S. 2) nicht mehr besteht. Auf die ursprünglich bestellten Mitglieder kommt es nicht an, weil unter dem ordnungsgemäß besetzten Wahlausschuss diejenige Zusammensetzung zu verstehen ist, die er durch die Vorgänger-MAV oder durch Bestellung von Ersatzmitgliedern erfahren hat (§ 9 Abs. 3 S. 1). Ist dagegen die erfolgreich angefochtene Wahl nicht gemäß § 9, sondern gemäß § 10 eingeleitet worden, so ist ordnungsgemäß der Wahlausschuss besetzt, der entweder seine Zusammensetzung auf die Wahl in der Mitarbeiterversammlung zurückführen kann (§ 10 Abs. 1 S. 3) oder der sich im Falle des Ausscheidens eines Mitgliedes wieder gemäß § 10 Abs. 1 S. 4 durch ein neues Mitglied ergänzt hat. Ein unterzähliger Wahlausschuss ist nicht mehr ordnungsgemäß besetzt. Aber die Vorschrift des § 10 Abs. 1 S. 4 lässt nach der Festlegung der Größe des Wahlausschusses dessen eigene Regeneration stets aufs Neue zu, so dass die Kette seiner ordnungsgemäßen Besetzung erst reißt, wenn alle Mitglieder oder wenigstens die Mehrheit seiner Mitglieder zugleich zurücktreten.

4. Keine Weiterführung der laufenden Geschäfte bis zur Neuwahl

48 Die ungültig gewählte MAV darf ab der abschließenden Entscheidung über die Wahlanfechtung bis zur Wiederholung der Wahl der MAV die laufenden Geschäfte nicht weiterführen (Umkehrschluss aus § 13 Abs. 3 Nr. 4 i. V. m. § 13 a S. 2).

5. Berichtigung des Wahlergebnisses

Richtet sich die Anfechtung der Wahl lediglich auf Berichtigung des Wahlergebnisses und ist eine solche Berichtigung durch den Wahlausschuss möglich, so stellt der Wahlausschuss durch Beschluss das richtige Wahlergebnis fest. Erkennt der Wahlausschuss, dass ein Mangel korrigiert werden kann, so darf er die Ungültigkeit der Wahl nicht aussprechen. 49

6. Zwischenzeitliche Entscheidungen der MAV

§ 12 Abs. 4 regelt eindeutig, dass trotz der für ungültig erklärten MAV-Wahl die von der gewählten MAV getroffenen Entscheidungen gültig bleiben. Das bedeutet aber auch, dass z. B. durch die Amtsführung entstandene Kosten gemäß § 17 Abs. 1 vom Dienstgeber zu tragen bzw. zu erstatten sind. Auch die der MAV gewährten sachlichen und persönlichen Hilfen (§ 17 Abs. 2), die erfolgte Freistellung zu den MAV-Sitzungen (§ 15 Abs. 2) und gewährter Freizeitausgleich (§ 15 Abs. 4) bleiben rechtmäßig, falls nicht andere Gründe ihre Berechtigung in Frage stellen. Die MAV verliert durch die erfolgreiche Anfechtung der Wahl ihr Mandat nicht rückwirkend, sondern erst ab endgültiger Feststellung der Ungültigkeit der Wahl. Die Anfechtung der Wahl hat auch gegenüber der gewählten MAV keine aufschiebende Wirkung, so dass die MAV nach der Wahl ihre Arbeit also aufnehmen kann. 50

V. Kosten der Wahlanfechtung

Die Kosten des Antragstellers eines Wahlanfechtungsverfahrens vor dem Wahlausschuss **trägt dieser selbst**. Denn sie gehören nicht zu den Kosten, die nach § 17 der Dienstgeber für die Wahrnehmung der Aufgaben der MAV zu tragen hat. Sie gehören aber auch nicht zu den Kosten für die Durchführung des Schlichtungsverfahrens gemäß § 42 Abs. 3, weil das Verfahren vor dem Wahlausschuss kein Schlichtungsverfahren ist. Auch wenn Mitglieder der MAV oder des Wahlausschusses die Anfechtung beantragen, ändert sich an der Kostenpflichtigkeit nichts. 51

MAV-Mitglieder üben bei der Wahlanfechtung keine MAV-Tätigkeit aus. Sie handeln nur als wahlberechtigte Mitarbeiter. **Kosten der Wahlanfechtung vor der Schlichtungsstelle trägt nach Maßgabe von § 42 Abs. 3 der Dienstgeber.** 52

Sind der MAV Kosten als Anfechtungsgegner entstanden, so sind es Kosten, die durch die Wahrnehmung der Aufgaben der MAV verursacht sind. Sie trägt daher der Dienstgeber (§ 17 Abs. 1 S. 1). 53

Der **Wert der anwaltlichen Tätigkeit** in einem Verfahren zur Anfechtung der MAV-Wahl dürfte sich grundsätzlich unter Anwendung einer typisierenden Betrachtungsweise an der Staffel des § 6 orientieren. Bei einer MAV mit einem Mitglied richtet sich der Gegenstandswert nach staatlichem Recht; für jedes weitere Mitglied erhöht sich der Gegenstandswert (*LAG Berlin*, 17. 12. 1991 – 1 Ta 50/91; *LAG Rheinland-Pfalz*, 30. 3. 1992 – 3 BV 19/91, NZA 1992, 667). Im Streitfall richtet sich die Festsetzung des Gegenstandswerts nach § 8 Abs. 2 BRAGO. Vorhandene Anhaltspunkte für die individuelle Wertfestsetzung sind zu berücksichtigen. Die staatliche Rechtsprechung hat in den Fällen, in denen es um die Anfechtung einer Betriebsratswahl geht, als Kriterien für die Wertbemessungsgrundlage insbesondere die Zahl der wahlberechtigten 54

§ 12

Arbeitnehmer bzw. die Zahl der zu wählenden Betriebsratsmitglieder angesehen (*LAG Rheinland-Pfalz* a. a. O. m. N.). Den möglichen Kosten für eine Wiederholung der Wahl kommt nach dieser Rechtsprechung keine entscheidende Bedeutung zu. Die entstehenden Kosten für eine erneute Wahl würden keine Indikation für die Bewertung des Streites um die Berechtigung des Betriebsrates zur Vertretung der Interessen der Arbeitnehmer eines Betriebes darstellen (vgl. *LAG Berlin*, wie vor). Als Ausgangswert könne nicht der damals geltende Hilfswert von 6000 DM herangezogen werden, weil dieser nach § 8 Abs. 2 BRAGO bezifferte Wert der Bedeutung dieses Beschlussverfahrens im Verhältnis zu anderen betriebsverfassungsrechtlichen Streitigkeiten nicht gerecht werde. Wenn schon für das Verfahren bei Ausschluss eines Mitgliedes aus dem Betriebsrat (§ 23 Abs. 1 BetrVG) mindestens der Hilfswert von 6000 DM maßgebend sei, müsse der Ausgangswert bei einem Wahlanfechtungsverfahren (§ 19 BetrVG) höher angesetzt werden, weil es im letzteren Verfahren um die Legitimation der Institution des Betriebsrats insgesamt als Interessenvertreter der Arbeitnehmerschaft gehe. Die eingangs genannte Bewertung könne für besonders einfach oder schwierig gelagerte Wahlanfechtungsverfahren gegebenenfalls reduziert oder erhöht werden. Diese Rechtsprechung lässt sich wegen der gleich gelagerten Problematik nach der MAVO auf das Wahlanfechtungsverfahren einer MAV-Wahl übertragen.

VI. Keine Anwendbarkeit des § 12

1. Wahlen innerhalb der MAV

55 Soweit Wahlen **innerhalb der MAV** Anlass zu **Meinungsverschiedenheiten** geben, ist § 12 nicht anwendbar. Denn diese Vorschrift bezieht sich nur auf die Wahlen einer MAV, nicht also z. B. auf die Wahl des Vorsitzenden der MAV, seines Stellvertreters und des Schriftführers. Dasselbe gilt für die Wahlen und Beschlüsse in der Mitarbeiterversammlung, in der Sondervertretung (§ 23), der Gesamtmitarbeitervertretung (§ 24) und in der Diözesanen Arbeitsgemeinschaft der Mitarbeitervertretungen (§ 25).

56 Die Schlichtungsstelle kann aber gemäß § 41 Abs. 2 S. 2 Nr. 2 in Angelegenheiten des Wahlverfahrensrechts angerufen werden, so dass auch ein Mitglied der MAV die eine oder andere Wahl innerhalb der MAV durch Antrag bei der Schlichtungsstelle anfechten kann. Dasselbe gilt für die Sondervertretung (§ 23), die Gesamtmitarbeitervertretung (§ 24), die DiAG-MAV (§ 25) und ebenso die Sprecher der Jugendlichen und Auszubildenden (§ 43).

57 Infolge der Vorschrift des § 41 Abs. 2 S. 2 Nr. 2 sind also Rechtsstreitigkeiten über die Wahl des Vorsitzenden in der MAV vor der Schlichtungsstelle austragbar.

2. Wahlen innerhalb des Wahlausschusses

58 Die fehlerhafte Wahl des Wahlausschusses kann zur Wahlanfechtung führen, insbesondere wenn er nicht ordnungsgemäß besetzt worden ist (vgl. § 12 Abs. 1 S. 1 i. V. m. § 9 Abs. 2 S. 2). Für Wahlen innerhalb des Wahlausschusses und daraus entstehende Streitigkeiten ist die Schlichtungsstelle gemäß § 41 Abs. 2 S. 2 Nr. 2 zuständig.

§ 13 Amtszeit der Mitarbeitervertretung

(1) Die regelmäßigen Wahlen zur Mitarbeitervertretung finden alle vier Jahre in der Zeit vom 1. März bis 30. Juni (einheitlicher Wahlzeitraum) statt.[1]

(2) Die Amtszeit beginnt mit dem Tag der Wahl oder, wenn zu diesem Zeitpunkt noch eine Mitarbeitervertretung besteht, mit Ablauf der Amtszeit dieser Mitarbeitervertretung. Sie beträgt vier Jahre. Sie endet jedoch vorbehaltlich der Regelung in Abs. 5 spätestens am 30. Juni des Jahres, in dem nach Abs. 1 die regelmäßigen Mitarbeitervertretungswahlen stattfinden.[2]

(3) Außerhalb des einheitlichen Wahlzeitraumes findet eine Neuwahl statt, wenn
1. an dem Tage, an dem die Hälfte der Amtszeit seit Amtsbeginn abgelaufen ist, die Zahl der wahlberechtigten Mitarbeiterinnen und Mitarbeiter um die Hälfte, mindestens aber um 50, gestiegen oder gesunken ist,
2. die Gesamtzahl der Mitglieder der Mitarbeitervertretung auch nach Eintreten sämtlicher Ersatzmitglieder um mehr als die Hälfte der ursprünglich vorhandenen Mitgliederzahl gesunken ist,
3. die Mitarbeitervertretung mit der Mehrheit ihrer Mitglieder ihren Rücktritt beschlossen hat,
4. die Wahl der Mitarbeitervertretung mit Erfolg angefochten worden ist,
5. die Mitarbeiterversammlung der Mitarbeitervertretung gemäß § 22 Abs. 2 das Misstrauen ausgesprochen hat,
6. die Mitarbeitervertretung im Falle grober Vernachlässigung oder Verletzung der Befugnisse und Verpflichtungen als Mitarbeitervertretung durch Beschluss der Schlichtungsstelle aufgelöst ist.

(4) Außerhalb des einheitlichen Wahlzeitraumes ist die Mitarbeitervertretung zu wählen, wenn in einer Einrichtung keine Mitarbeitervertretung besteht und die Voraussetzungen für die Bildung der Mitarbeitervertretung (§ 10) vorliegen.

(5) Hat außerhalb des einheitlichen Wahlzeitraumes eine Wahl stattgefunden, so ist die Mitarbeitervertretung in dem auf die Wahl folgenden nächsten einheitlichen Wahlzeitraum neu zu wählen. Hat die Amtszeit der Mitarbeitervertretung zu Beginn des nächsten einheitlichen Wahlzeitraumes noch nicht ein Jahr betragen, so ist die Mitarbeitervertretung in dem übernächsten einheitlichen Wahlzeitraum neu zu wählen.

Inhaltsübersicht

	Rz
I. Überblick zu den Vorschriften der §§ 13 bis 13 e	1–6
II. Einheitlicher Wahlzeitraum für die regelmäßigen Wahlen, Abs. 1	7–11
III. Regelmäßige Amtszeit der MAV	12–15
IV. Beginn der Amtszeit der MAV	16–17
V. Ende der Amtszeit der MAV	18–48
1. Regelmäßige Amtszeit	18

---

1 Beginn und Ende des einheitlichen Wahlzeitraumes können abweichend durch diözesane Regelung festgelegt werden.
2 Beginn und Ende des einheitlichen Wahlzeitraumes können abweichend durch diözesane Regelung festgelegt werden.

§ 13

2. Vorzeitige Neuwahl	19–45
a. Veränderung der Zahl der Wahlberechtigten (Abs. 3 Nr. 1)	20–24
b. Absinken der Zahl der Mitglieder der MAV um mehr als die Hälfte (Abs. 3 Nr. 2)	25–30
c. Rücktritt der MAV mit der Mehrheit ihrer Mitglieder (Abs. 3 Nr. 3)	31–34
d. Die erfolgreich angefochtene Mitarbeitervertretungswahl (Abs. 3 Nr. 4)	35
e. Misstrauensvotum (Abs. 3 Nr. 5)	36
f. Auflösung der MAV durch Beschluss der Schlichtungsstelle (Abs. 3 Nr. 6)	37–45
aa. Voraussetzung für die Neuwahl	37–38
bb. Antrag	39
cc. Grobe Pflichtverletzung	40–45
3. Besondere Fälle	46–48
4. Übergang in einen anderen Rechtsbereich/Betriebsübergang	49–50
VI. Wahl bei fehlender MAV	51
VII. Folgen der Neuwahl außerhalb des einheitlichen Wahlzeitraums	52–54
VIII. Sprecher der Jugendlichen und Auszubildenden	55
IX. Streitigkeiten	56–57

I. Überblick zu den Vorschriften der §§ 13 bis 13 e

1 Die Vorschriften der §§ 13 bis einschließlich 13 e beinhalten zum einen die Kontinuität der Repräsentation der Mitarbeiterinnen und Mitarbeiter einer Einrichtung durch die MAV bei Veränderungen im personellen und im betrieblichen Bereich, zum anderen das Ende des Amtes der MAV mit einem Vakuum bis zur Neuwahl der MAV (§ 13 Abs. 3 Nr. 4–6) bei
– einer erfolgreichen Anfechtung der MAV-Wahl,
– Misstrauensvotum gegen die MAV,
– Auflösung der MAV durch die Schlichtungsstelle im Falle grober Vernachlässigung ihrer Pflichten und Befugnisse.

2 § 13 enthält die Vorschriften über die Amtsdauer (Beginn und Ende der Amtszeit) der MAV als Gremium, während § 13 c die Beendigung des Amtes als Mitglied der MAV im Einzelfall regelt.

3 § 13 a regelt Fälle der Fortführung der Geschäfte der MAV nach Ablauf ihrer Amtszeit für eine begrenzte Übergangszeit, wenn noch keine neue MAV gewählt worden ist; das gilt auch in Fällen einer vorzeitig erforderlichen Neuwahl der MAV, nämlich bei
– quantifizierter Veränderung der Zahl der wahlberechtigten Mitarbeiter einer Einrichtung (§ 13 Abs. 3 Nr. 1),
– Absinken der gesetzlichen Mitgliederzahl der MAV um mehr als die Hälfte (§ 13 Abs. 3 Nr. 2),
– Rücktritt der MAV (§ 13 Abs. 3 Nr. 3).

4 § 13 b regelt Fälle für das Nachrücken von Ersatzmitgliedern in die MAV sowie das Ruhen der Mitgliedschaft in der MAV.

5 § 13 d regelt das Übergangsmandat der MAV im Falle der Spaltung einer Einrichtung (§ 13 d Abs. 1), der Zusammenlegung von Einrichtungen oder Teilen von Einrichtungen (§ 13 d Abs. 2), der Spaltung oder Zusammenlegung mit einer Betriebsveräußerung oder einer Umwandlung nach dem Umwandlungsgesetz (§ 13 d Abs. 3); in § 13 d Abs. 4 ist der Fall eines Einrichtungsübergangs aus dem Bereich außerhalb des Geltungsbereichs der MAVO in den Geltungsbereich der MAVO geregelt, um keine arbeitnehmervertretungslose Übergangszeit bis zur Wahl der Mitarbeitervertretung gemäß MAVO eintreten zu lassen. Zur Neuwahl der MAV siehe § 13 d als Spezialnorm.

§ 13 e schließlich regelt das Restmandat der MAV im Falle des Untergangs der 6
Einrichtung im Zusammenhang mit den bei Abwicklungsaufgaben bestehenden Beteiligungsrechten der MAV.

II. Einheitlicher Wahlzeitraum für die regelmäßigen Wahlen, Abs. 1

Ausgehend von einer vierjährigen Amtszeit einer MAV (Abs. 2) sieht Ab- 7
satz 1 für die nach dieser Ordnung zu wählenden Mitarbeitervertretungen einen einheitlichen turnusmäßig alle vier Jahre stattfindenden Wahltermin in der Zeit vom 1. März bis zum 30. Juni vor. Das ist ein Rahmenzeitraum. Die Rahmenordnung lässt diözesan abweichende Regelungen zu Beginn und Ende des einheitlichen Wahlzeitraums ausdrücklich zu, so dass der verbindliche Wahlzeitraum also diözesanen Vorschriften zu entnehmen ist.
In der Diözese Osnabrück ist der Zeitraum vom 1. März bis zum 31. Mai ein- 8
heitlich festgelegt (§ 13 Abs. 1 MAVO Osnabrück, Amtsblatt 1996 Art. 20 S. 19, 23). Sind bei Inkrafttreten der Novelle Mitarbeitervertretungen im Amt, richtet sich ihre Amtszeit noch nach der Ordnung, die vor dem Inkrafttreten die Dauer der Amtszeit der MAV bestimmt hat (§ 49 Abs. 2 S. 1). Auf diözesane gesetzliche Übergangsregelungen ist zu achten.
Der Zeitraum von vier Monaten (März bis Juni) dient der Flexibilität bei der 9
Vorbereitung und Durchführung der Wahlen und zugleich einer sinnvollen verwaltungsmäßigen Betreuung der Wahlen in diesem Zeitraum. Das kommt auch der Schulung der Mitglieder des Wahlausschusses zugute (§ 16 Abs. 2).
Trotz aller Einheitlichkeit können die in ihrer Struktur höchst unterschiedlichen kirchlichen und kirchlich-caritativen Einrichtungen innerhalb des vorgegebenen Zeitrahmens den jeweils für die Dienststelle oder Einrichtung günstigsten Wahltermin flexibel festlegen (vgl. § 9 Abs. 1), um etwa ungünstige Zeiten, die für die Durchführung der Wahl hinderlich sein könnten, zu vermeiden (*Fey/Rehren*, MVG.EKD § 15 Rz 2). Gemäß Abs. 2 S. 3 ist das Ende der Amtsperiode der MAV auf den 30. Juni festgesetzt. Diözesane Abweichungen sind zu beachten, wenn der zeitliche Rahmen für den einheitlichen Wahlzeitraum von der Rahmenordnung abweicht. Der Stichtag für das Ende der Amtsperiode der MAV bietet den Vorteil, dass der in Absatz 1 gesteckte Zeitrahmen unabhängig vom vorangehenden Wahldatum voll ausgeschöpft werden kann. Damit wird zumindest zu diesem Zeitpunkt ein kontinuierlicher Übergang zwischen der alten und neuen MAV ohne Terminzwang sichergestellt (*Fey/Rehren*, a. a. O. § 15 Rz 2). Sollte infolge der Wiederholung der Wahl infolge der erfolgreichen Wahlanfechtung nach dem 30. Juni die Wahl stattfinden, würde die Amtszeit der aus der wiederholten Wahl hervorgegangenen MAV spätestens am 30. Juni des folgenden einheitlichen Wahlzeitraums enden.
In der Vorschrift des Absatzes 1 wird der frühest mögliche vierjährig wieder- 10
kehrende Wahltermin auf den 1. März zwingend festgelegt. Eine Wahl, die vor dem gesetzlich festgesetzten Termin (l. März) stattfindet und nicht durch die gesetzlich genannten Sondertatbestände des § 13 Abs. 3 und § 13 d bedingt war, ist ungültig. Denn die nach Gesetz maßgebliche Voraussetzung der Einhaltung des einheitlichen Wahlzeitraums ist dann nicht beachtet worden. Dagegen ist ein Überziehen der MAV-Wahl über den 30. Juni hinaus zwar rechts-

§ 13

widrig (vgl. aber Rz 52), aber wirksam (*Fey/Rehren*, a. a. O. § 15 Rz 3), weil Wahlanfechtungen die Wiederholung der Wahl auslösen können.

11 Mit jenem 30. Juni endet zwar die ordentliche Amtszeit der bisherigen MAV; sie geht jedoch gemäß § 13 a S. 1 in der kommissarischen Weiterführung der Geschäfte durch die bisherige MAV auf. Das gilt längstens für die Dauer von sechs Monaten vom Tag der Beendigung der Amtszeit der alten MAV gerechnet. Tritt danach eine Vakanz ein, ist gemäß Abs. 4, der auf § 10 verweist, ohnehin eine neue MAV zu wählen. Wegen der außerhalb des einheitlichen Wahlzeitraums erfolgten Wahl wird auf die Ausführungen zu Absatz 5 verwiesen (Rz 47 ff.).

III. Regelmäßige Amtszeit der MAV

12 Gemäß **Absatz 2 S. 2** beträgt die reguläre Amtszeit der MAV vier Jahre. Abweichend von der gesetzlichen Regelung kann die Amtszeit durch Vereinbarung zur Abänderung der diözesanen Ordnung weder verkürzt noch verlängert werden (§ 48).
13 Die Amtszeit der MAV gilt für die Sprecher der Jugendlichen und Auszubildenden nicht; sie beträgt gemäß § 44 nur zwei Jahre. Die Amtszeit der Vertrauensperson der Schwerbehinderten und des Vertrauensmannes der Zivildienstleistenden richtet sich nach staatlichem Recht.
14 Die Vorschriften der §§ 13 bis 13 c gelten weder für die Gesamtmitarbeitervertretung i. S. von § 24 noch die Diözesane Arbeitsgemeinschaft der Mitarbeitervertretungen i. S. von § 25. Die Vorschriften gelten für die Sondervertretung gemäß § 23.
15 Von der Amtszeit der MAV als Gremium ist die Dauer der Mitgliedschaft des einzelnen Mitglieds der MAV zu unterscheiden (§ 13 c). Diese ist zwar in der Regel mit der Amtszeit der MAV identisch. Sie kann aber z. B. beim Nachrücken eines Ersatzmitgliedes nach § 13 b Abs. 1, Niederlegung des Amtes (§ 13 c Nr. 3), Ausschluss aus der MAV (§ 13 c Nr. 5) davon verschieden sein.

IV. Beginn der Amtszeit der MAV

16 Besteht in der Dienststelle keine MAV, so beginnt die Amtszeit der MAV mit dem Tag der Wahl (genauer: mit der Bekanntgabe des Wahlergebnisses). Eine Dienststelle ist ohne MAV, wenn die MAV-Wahl zum ersten Mal durchgeführt wird, aber auch dann, wenn bei der Neuwahl die Amtszeit der alten MAV abgelaufen ist. Die Amtszeit einer außerhalb der regelmäßigen Amtszeit gewählten MAV beginnt ebenfalls mit dem Tag ihrer Wahl (genauer: mit der Bekanntgabe des Wahlergebnisses). In der Ordnung steht, dass die Amtszeit »mit dem Tag der Wahl« beginnt (§ 13 Abs. 2 S. 1, erste Alternative). Ohne Bekanntgabe des Wahlergebnisses – diese kann ohne weiteres am Wahltage erfolgen – ist aber nicht klar, wer in die MAV gewählt ist, so dass die Amtsgeschäfte aufgenommen werden können, wenn das Wahlergebnis feststeht (§ 11 Rz 16).
17 Der förmliche Beginn der Amtszeit erfolgt unbeschadet der Amtszeit der bisherigen MAV mit der Konstituierung der MAV (§ 14 Abs. 1). Zur konstituierenden Sitzung hat der Vorsitzende des Wahlausschusses einzuladen. Die

§ 13

Amtszeit beginnt gesetzlich aber auch für die sich bereits konstituierende MAV erst mit Ablauf der Amtszeit der Vorgänger-MAV (**§ 13 Abs. 2 S. 1, zweite Alternative**). Im Zweifel ist zu prüfen, wann die Amtszeit der Vorgänger-MAV begonnen hat, weil zunächst diese MAV eine vierjährige Amtszeit zu durchlaufen hat (§ 13 Abs. 2 S. 1). Lag der Wahltermin für die Neuwahl der MAV verhältnismäßig früh (vgl. § 9 Abs. 1), so muss die neu gewählte MAV sich noch so lange ihrer Amtstätigkeit enthalten, wie die bisherige MAV ihre vierjährige Amtszeit noch durchläuft, längstens bis zum 30. Juni (§ 13 Abs. 2 S. 3). Vorzeitiger Rückzug oder Verdrängung der bisherigen MAV ist unzulässig, selbst wenn die bisherige MAV ganz oder weitgehend mit der neu gewählten MAV identisch ist.

V. Ende der Amtszeit der MAV

1. Regelmäßige Amtszeit

Das Ende der Amtszeit der MAV bedeutet das Ende der MAV als Gremium. 18
Die Amtszeit der MAV endet im regulären Turnus – vorbehaltlich der Regelung in Absatz 5 (Rz 52) – spätestens am 30. Juni des Jahres, in dem nach Absatz 1 die regelmäßigen Mitarbeitervertretungswahlen stattfinden. Diözesane Abweichungen von diesem Zeitpunkt sind möglich (§ 13 Abs. 2 MAVO Osnabrück 2003). Die regelmäßige, zwingend vorgeschriebene Amtszeit beträgt hingegen genau vier Jahre (§ 13 Abs. 2 S. 2). Zur Weiterführung der Amtsgeschäfte wird auf § 13 a Rz 1 ff. verwiesen. Siehe ferner: §§ 1 b, 13 d, 13 e.

2. Vorzeitige Neuwahl

Die Vorschrift regelt in **Absatz 3** das vorzeitige Ende der Amtszeit der Mit- 19 arbeitervertretung. Allerdings sind nicht alle Fälle aufgeführt, die zu einer Beendigung führen, sondern nur diejenigen, in denen eine vorzeitige Neuwahl der Mitarbeitervertretung gesetzlich vorgeschrieben ist. Nicht verhindert wird, dass die Amtszeiten in keinem anderen Fall vorzeitig abgebrochen werden. Vielmehr sind nur die häufiger zu einer vorzeitigen Beendigung der Amtszeit führenden Tatbestände aufgeführt. Die Fälle, in denen eine Neuwahl erforderlich wird, sind allerdings abschließend aufgezählt, wenn auch nicht allein in Absatz 3, weil auch Absatz 4 bei fehlender MAV die Wahl einer MAV außerhalb des einheitlichen Wahlzeitraums vorschreibt. Siehe weiter § 13 d.

a. Veränderung der Zahl der Wahlberechtigten (Abs. 3 Nr. 1)

Außerhalb des einheitlichen Wahlzeitraums (Abs. 1) findet eine Neuwahl 20 statt, wenn an dem Tage, an dem die Hälfte der Amtszeit seit Amtsbeginn der MAV abgelaufen ist, die Zahl der wahlberechtigten Mitarbeiterinnen und Mitarbeiter um die Hälfte, mindestens aber um fünfzig gestiegen oder gesunken ist.
Die Vorschrift ist § 13 Abs. 2 Nr. 1 BetrVG und § 27 Abs. 2 Nr. 1 BPersVG – al- 21 lerdings nicht vollständig – nachgebildet. Die staatlichen Bestimmungen stellen ab auf die Veränderung der Zahl der regelmäßig Beschäftigten mit Ablauf von 24 Monaten vom Tage der Wahl gerechnet.

§ 13

22 Wesentliches Moment für die Neuwahl ist nach dieser Vorschrift die erheblich veränderte Zahl der Wahlberechtigten, die ein Recht auf eine Neuwahl haben sollen. Entgegen den Bestimmungen in den genannten staatlichen Gesetzen kommt es bei der Änderung der maßgeblichen Zahl gemäß § 13 Abs. 3 Nr. 1 nicht auf die aller Mitarbeiter, sondern auf die der wahlberechtigten Mitarbeiter (Mitarbeiterinnen eingeschlossen) an. Die Neuwahl ist durch die amtierende MAV entsprechend § 9 Abs. 1 und 2 unverzüglich einzuleiten.

23 Die Änderung des Personalbestandes ist nur dann für die Neuwahl erheblich, wenn die Veränderung die zahlenmäßigen Voraussetzungen erfüllt.
1. Beispiel: Sind 70 wahlberechtigte Personen in einer Dienststelle oder Einrichtung beschäftigt und erhöht sich die Zahl der Wahlberechtigten um 40 Personen, so findet keine Neuwahl statt. Die Veränderung um mehr als die Hälfte liegt vor, nicht aber gleichzeitig die Steigerung um 50 wahlberechtigte Personen.
2. Beispiel: Sind 110 wahlberechtigte Personen in einer Dienststelle oder Einrichtung beschäftigt und erhöht sich die Zahl der Wahlberechtigten um 51 Personen, so findet ebenfalls keine Neuwahl statt. Die Veränderung beträgt zwar mehr als 50, nicht aber mehr als die Hälfte der Wahlberechtigten.
3. Beispiel: Sind 110 wahlberechtigte Personen in der Einrichtung beschäftigt und erhöht sich die Zahl der Wahlberechtigten um 60 Personen, so findet die Neuwahl statt, da eine Veränderung sowohl um mehr als 50 als auch um mehr als die Hälfte der Wahlberechtigten eingetreten ist.
4. Beispiel: Durch Entscheidung des Dienstgebers (e. V.) werden die Sozialstationen mit 200 Mitarbeiterinnen und Mitarbeitern aus der Einrichtung mit bisher insgesamt 398 Beschäftigten ausgegliedert. Träger der Sozialstationen wird eine GmbH. Damit sind sowohl mindestens die Hälfte der Wahlberechtigten als auch mehr als 50 Wahlberechtigte der gesamten Mitarbeiterschaft aus der abgebenden Einrichtung ausgeschieden. (Dazu weiter § 13 d Abs. 1).

24 Die zahlenmäßigen Veränderungen der Belegschaft reichen allein aber nicht aus, um Neuwahlen zur MAV auszulösen. Hinzutreten muss ein fixierter Zeitpunkt der Änderungen. Die maßgebliche Änderung der Zahl der Wahlberechtigten muss nach Ablauf von 24 Monaten (= Hälfte der gesetzlichen Amtszeit) seit Beginn der Amtszeit der MAV gerechnet gegeben sein. Daher muss die Zahl der Wahlberechtigten am Tage des Beginns der Amtszeit der MAV z. B. 27. Mai 2003 – mit derjenigen am 27. Mai des Jahres 2005 verglichen werden. Die Zahlen am Wahltag sind nach dem Wortlaut der Bestimmung nicht maßgeblich. Wenn sich erst nach dem 27. Mai 2005 die Zahl der Wahlberechtigten wesentlich ändert, so bleibt dies ohne Wirkung. Denn es geht um die Veränderung zu einem bestimmten Stichtag, nicht um die zahlenmäßigen Änderungen vor oder nach »dem Tage«, sondern »an dem Tage« (vgl. *Grabendorff/Windscheid/Ilbertz/Widmaier*, § 27 Rz 15), an dem die Hälfte der Amtszeit seit dem Anbeginn der MAV abgelaufen ist. Spätere Änderungen innerhalb der Amtszeit sollen also nicht mehr zu Neuwahlen führen.

b. Absinken der Zahl der Mitglieder der MAV um mehr als die Hälfte (Abs. 3 Nr. 2)

25 Die Ordnung schreibt ferner für den Fall eine vorzeitige Neuwahl der Mitarbeitervertretung vor, dass die Gesamtzahl der Mitglieder der MAV um

§ 13

mehr als die Hälfte gesunken ist. Vorher müssen allerdings sämtliche in Betracht kommenden Ersatzmitglieder in die MAV nachgerückt sein.
Vergleicht man die Vorschrift mit den früheren des § 13 Abs. 3 S. 2 MAVO **26**
a. F., so fällt eine wesentliche Änderung auf. Nach der früheren Vorschrift ging es um die gesetzliche Mitgliederzahl (vgl. § 6 Abs. 2), wie dies auch gemäß § 27 Abs. 1 Nr. 2 BPersVG zum Ausdruck kommt. Nach der seit 1995 neuen Fassung geht es nicht mehr um mehr als ein Viertel, sondern um mehr als die Hälfte »der ursprünglich vorhandenen Mitgliederzahl«, um die die Gesamtzahl der Mitglieder der MAV gesunken sein muss, um die Neuwahl auszulösen. Gemeint sein kann nur die nach § 6 Abs. 2 verbindliche Zahl, welche der Maßstab für die Veränderung ist. Denn die »ursprünglich vorhandene Mitgliederzahl« könnte kleiner als die gesetzliche Zahl der Mitglieder der MAV sein, nämlich dann, wenn die Wahl auch mit weniger Kandidaten durchgeführt wurde als nach § 6 Abs. 2 vorgeschrieben ist (gesetzliche Zahl; vgl. *Schlichtungsstelle Köln*, 14. 5. 1991 – MAVO 6/91). Gemeint sein kann aber nur die gesetzliche Zahl. Beträgt z. B. die gesetzliche Zahl einer MAV fünf Mitglieder und ist die Wahl mit nur vier Kandidaten durchgeführt worden, so ist das Absinken der ursprünglichen Zahl der vorhandenen Mitglieder um mehr als die Hälfte erst eingetreten, wenn nur noch ein Mitglied der MAV vorhanden ist. Deshalb ist trotz der ungenauen Formulierung als Richtzahl von der gesetzlich vorgeschriebenen Zahl der Mitglieder der MAV im Sinne von § 6 Abs. 2 auszugehen. Wenn also die gesetzliche Zahl von fünf Mitgliedern auf zwei noch vorhandene Mitglieder abgesunken ist, muss die Neuwahl durchgeführt werden.
Eine Neuwahl kommt nicht in Betracht, wenn die Mindeststärke der MAV **27** infolge vorübergehender Verhinderung eines oder mehrerer Mitglieder unterschritten wird. Beispiel: Aus einer fünfgliedrigen MAV (ohne Ersatzmitglieder) scheidet ein Mitglied aus. Ein weiteres Mitglied befindet sich gemäß Mutterschutzgesetz im gesetzlichen Arbeitsverbot und nimmt für sechs Monate Elternzeit, möchte aber während der Elternzeit die Tätigkeit in der MAV fortführen. Die MAV ist uneingeschränkt beschlussfähig, auch wenn noch ein weiteres Mitglied aus der MAV ausscheiden sollte.
Die Verhinderung eines MAV-Mitgliedes führt nicht zum Ende der Mitglied- **28** schaft in der MAV. Das Ausscheiden der Mitglieder führt dagegen zur Verringerung der Zahl der Mitglieder der MAV von fünf auf drei. Die so verkleinerte MAV bleibt im Amt, weil sie noch mit mehr als der Hälfte der gesetzlichen Zahl der MAV-Mitglieder handeln kann. Die zeitweilige Verhinderung von Mitgliedern der MAV wirkt nicht wie das Ausscheiden aus der MAV, so dass eine Neuwahl der MAV nicht erforderlich ist. Eine Neuwahl kommt nicht in Betracht, wenn die Mindeststärke der MAV infolge vorübergehender Verhinderung eines oder einzelner MAV-Mitglieder unterschritten wird. Gegebenenfalls wird auf die Beschlussfähigkeit der MAV zu achten sein (§ 14 Abs. 5 S. 1).
Die geschrumpfte MAV hat die gemäß § 13 Abs. 3 Nr. 2 erforderliche Neuwahl **29** **einzuleiten.** Denn sie ist gemäß § 13 a S. 2 geschäftsführend im Amt. Sie bestimmt deshalb den Neuwahltermin in entsprechender Anwendung des § 9 Abs. 1 und bestellt gemäß § 9 Abs. 2 die Mitglieder des Wahlausschusses. Die Geschäfte einschließlich der Beteiligungsrechte führt sie bis zur Bekanntgabe des Wahlergebnisses der neuen MAV fort, bis das letzte ordnungsgemäß gewählte MAV-Mitglied weggefallen ist (*LAG Düsseldorf/Köln*, DB 1975, 455 = EzA § 22 BetrVG 1972 Nr. 1), allerdings nicht länger als die gemäß § 13 a fest-

§ 13

gelegte verlängerte Amtszeit. Ist ein Wahlausschuss nicht zu finden, ergeben sich nicht genügende Kandidaturen für die Wahl zur MAV (§ 6 Abs. 2), sagt die MAV bzw. der Wahlausschuss die Neuwahl ab (§ 9 Rz 45). Besteht die MAV nicht mehr, hat der Dienstgeber gemäß § 10 Abs. 1 die Initiative zur Bestellung eines Wahlausschusses zu ergreifen (§ 10 Abs. 1 a Nr. 4). Dazu muss er die Mitarbeiterversammlung einberufen, die den Wahlausschuss wählt. Der Dienstgeber kann in keinem Fall den Wahlausschuss einsetzen. Der Wahlausschuss bestimmt dann den Wahltermin. Kommt die Bildung eines Wahlausschusses nicht zustande, so kann ein Zehntel der wahlberechtigten Mitarbeiter die Einberufung einer Mitarbeiterversammlung beim Dienstgeber beantragen (§ 10 Abs. 2). Wird die Mitarbeiterseite nicht tätig oder nicht in ausreichender Zahl, so kann der Dienstgeber nach Jahresfrist die Initiative zur Bildung eines Wahlausschusses erneut ergreifen (§ 10 Abs. 2, 2. Alternative i. V. m. Abs. 1; vgl. auch § 10 Rz 28 ff.).

30 Ist im vereinfachten Verfahren zu wählen (§§ 11 a, 11 b, 11 c), lädt die amtierende und geschrumpfte MAV gemäß § 11 b unverzüglich die Wahlberechtigten zur Wahlversammlung ein und legt gleichzeitig die Liste der wahlberechtigten Mitarbeiterinnen und Mitarbeiter aus (§ 11 b Abs. 1).

c. Rücktritt der MAV mit der Mehrheit ihrer Mitglieder (Abs. 3 Nr. 3)

31 Eine Neuwahl vor dem Ende der Amtszeit der MAV hat auch stattzufinden, wenn die MAV durch Mehrheitsbeschluss ihren Rücktritt beschlossen hat. Stimmenthaltung wirkt wie Ablehnung des Beschlusses über den Rücktritt. Erforderlich ist für den Beschluss die Mehrheit der in der MAV tatsächlich vorhandenen Mitglieder, nicht die Zahl der in der Sitzung der MAV anwesenden und abstimmenden Mitglieder. Einer Begründung bedarf der Rücktrittsbeschluss nicht (*BVerwG*, 26. 11. 1992 – 6 P 14.91, ZTR 1993, 129). Der MAV steht ein weiter Ermessensspielraum für ihre Entscheidung zur Verfügung. Infolgedessen könnte im Streitfall die Schlichtungsstelle den Rücktrittsbeschluss nur dann aufheben, wenn objektive Anhaltspunkte für ein offensichtliches Überschreiten der sich aus der MAVO oder anderem Recht ergebenden Ermessensgrenzen bestehen. Der Beschluss der MAV wirkt sowohl gegen die Gegner des Beschlusses als auch gegen die sich der Stimme enthaltenden und die nicht anwesenden Mitglieder der MAV und die Ersatzmitglieder (vgl. *Grabendorff/Windscheid/Ilbertz/Widmaier*, § 27 Rz 20). Der Rücktrittsbeschluss kann nicht widerrufen werden, da er eine rechtsgestaltende Erklärung ist, die als einseitige Willenserklärung nicht empfangsbedürftig ist. Die frühere Bestimmung, wonach die MAV ihren Rücktritt in der Mitgliederversammlung bekannt geben musste, ist entfallen. Vom Zeitpunkt des wirksamen Rücktrittsbeschlusses wird die MAV nur noch geschäftsführend tätig (§ 13 a S. 2).

32 Auch die nur aus einem Mitglied bestehende MAV hat ein Recht zum Rücktritt. In diesem Falle rückt nicht das Ersatzmitglied nach, so dass die Neuwahl durchzuführen ist. Ist die MAV aus Solidarität mit einem ausgeschlossenen Mitglied zurückgetreten, um eine Neuwahl zugunsten des ausgeschlossenen Mitgliedes in die MAV zu erreichen, ist auch dieses Vorgehen der MAV nicht angreifbar (*Grabendorff/Windscheid/Ilbertz/Widmaier*, § 27 Rz 23 m. N.).

33 Die durch den Rücktritt der MAV vor Ablauf ihrer gesetzlichen Amtszeit notwendig werdende Neuwahl ist keine Nachwahl für die restliche Dauer der

§ 13

Amtszeit. Wie in allen anderen Fällen einer außerplanmäßigen MAV-Wahl ist deshalb von den aktuellen Verhältnissen in der Einrichtung auszugehen. Deshalb ist z. B. von der Zahl der wahlberechtigten Mitarbeiter des Tages auszugehen, bis zu dem gemäß § 9 Abs. 5 S. 1 Wahlvorschläge eingereicht werden können (§ 6 Abs. 5).
Im vereinfachten Wahlverfahren ist die Zahl der Mitarbeiter maßgeblich, die 34
am Wahltage zur MAV wahlberechtigt sind, weil die Kandidatur und die Wahl in der Wahlversammlung erfolgen (§ 11 b Abs. 1, § 11 c).

d. Die erfolgreich angefochtene Mitarbeitervertretungswahl (Abs. 3 Nr. 4)

Es lag im Bestreben der Verfasser der Ordnung, sämtliche Tatbestände einer 35
vorzeitigen Beendigung der Amtszeit der MAV aufzuführen (*Frey*, Novellierung, KuR 1995, 350 S. 15, 21). Dennoch ist darauf hinzuweisen, dass die infolge einer Anfechtung der MAV-Wahl notwendig werdende MAV-Wahl die Wiederholung der erfolgreich angefochtenen, nämlich fehlerhaften Wahl ist (§ 12 Abs. 5). Der Unterschied zu den übrigen Bestimmungen zur Herbeiführung der vorzeitigen Neuwahl liegt darin, dass dort von einer gültig gewählten MAV ausgegangen wird, während die in Abs. 3 Nr. 4 genannte Voraussetzung für die Neuwahl gerade nicht von einer gültigen Wahl ausgeht. Insofern liegt ein Widerspruch zwischen den Bestimmungen des § 12 Abs. 5 und des § 13 Abs. 3 Nr. 4 vor. Denn die Wiederholung des Wahlverfahrens nach der erfolgreichen Anfechtung der MAV-Wahl obliegt zuerst dem zuvor mit der Durchführung der Wahl beauftragten Wahlausschuss (§ 12 Abs. 5 S. 1).

e. Misstrauensvotum (Abs. 3 Nr. 5)

Hat mindestens die Hälfte aller wahlberechtigten Mitarbeiter und Mitarbeite- 36
rinnen in einer ordnungsgemäß einberufenen Mitarbeiterversammlung der MAV das Misstrauen ausgesprochen, so findet gemäß § 22 Abs. 2 i. V. m. § 13 Abs. 3 Nr. 5 eine Neuwahl der MAV statt. **Die durch das Misstrauensvotum abberufene MAV besteht ab Feststellung des Abstimmungsergebnisses in der Mitarbeiterversammlung nicht mehr** und führt daher auch nicht die Geschäfte der MAV weiter. Das folgt aus der Vorschrift des § 13 a S. 2, die nicht auf § 13 Abs. 3 Nr. 5 verweist.

f. Auflösung der MAV durch Beschluss der Schlichtungsstelle (Abs. 3 Nr. 6)

aa. Voraussetzung für die Neuwahl

Die Neuwahl der MAV wird auch dann notwendig, wenn die MAV im Falle 37
grober Vernachlässigung oder Verletzung der Befugnisse und Verpflichtungen als MAV durch Beschluss der Schlichtungsstelle aufgelöst ist. Wird dagegen nur ein einzelnes Mitglied oder werden mehrere Mitglieder der MAV ausgeschlossen (§ 13 c Nr. 5), so findet nur dann eine Neuwahl der MAV statt, wenn dadurch die Gesamtzahl der Mitglieder der MAV nach Eintreten sämtlicher Ersatzmitglieder um mehr als die Hälfte der gesetzlichen Zahl (§ 6 Abs. 2) gesunken ist. Die Vorschrift ordnet aber nicht nur die infolge der Auflösung der MAV erforderliche Durchführung der Neuwahl der MAV an, sondern i. V. m. § 41 Abs. 1 Nr. 3 wird das Verfahren und der materielle Anspruch auf Auflösung der MAV geregelt.

§ 13

38 Das **Amtsenthebungsverfahren** ist unter den Voraussetzungen des § 13 Abs. 3 Nr. 6 auch zulässig gegen die gemeinsame MAV (§ 1 b), die Sondervertretung (§ 23, die Gesamtmitarbeitervertretung sowie die erweiterte Gesamtmitarbeitervertretung (§ 24 Abs. 6) und den Sprecher der Jugendlichen und Auszubildenden (§ 45 Abs. 2 S. 1). Der Ausschluss eines einzelnen Mitglieds aus der MAV oder aus einem der anderen Gremien ist in § 13 c Nr. 5 geregelt.

bb. Antrag

39 Im Falle des § 13 Abs. 3 Nr. 6 erfolgt das Verfahren zur Auflösung der MAV (Amtsenthebung) nur dann durch die Schlichtungsstelle, wenn einer der gemäß § 41 Abs. 1 Nr. 3 Antragsberechtigten dies bei der Schlichtungsstelle beantragt hat. **Antragsberechtigt** ist der Dienstgeber und ein Viertel der wahlberechtigten Mitarbeiter und Mitarbeiterinnen. Antragsgegnerin ist die MAV. Die Vorschriften des § 13 Abs. 3 Nr. 6 regeln eine Möglichkeit der Auflösung von Mitarbeitervertretungen gegen deren Willen zusätzlich neben der anderen Möglichkeit des Misstrauensvotums der Mitarbeiterversammlung (§ 22 Abs. 2). Zweck der Vorschrift ist es, das Vorhandensein einer gesetzmäßig und pflichtbewusst arbeitenden MAV zu gewährleisten. Für die Auflösung einer MAV reicht der Nachweis des objektiven Pflichtverstoßes aus, wobei von der Auflösung auch diejenigen Mitglieder der MAV betroffen werden, die für den Pflichtverstoß nicht verantwortlich sind.

cc. Grobe Pflichtverletzung

40 Voraussetzung für die Auflösung einer MAV ist
  – eine grobe Vernachlässigung oder
  – grobe Verletzung der Befugnisse und Verpflichtungen (grober Pflichtverstoß) als MAV. Der Verstoß muss verdeutlichen, dass die MAV die sich für die MAV-Arbeit ergebenden Pflichten grob verletzt hat. Hierbei verwendet die MAVO einen unbestimmten Rechtsbegriff, der einen Beurteilungsspielraum für die Schlichtungsstelle lässt (vgl. *BAG*, AP Nr. 1 zu § 74 BetrVG 1972). Entscheidend ist, ob vom Standpunkt eines Dritten aus betrachtet ein bestimmtes Verhalten bei vernünftiger Würdigung aller Umstände des Einzelfalles als grob missbräuchlich im Hinblick auf die Pflicht zur neutralen und objektiven Amtsführung zu werten ist oder ob eine bestimmte Vorgehensweise trotz angezeigter Bedenken ohne eine Rückversicherung bei sach- und rechtskundigen Personen (§ 17 Abs. 1 S. 2 zweiter Spiegelstrich) oder Institutionen gewählt worden ist. Auf ein Verschulden kommt es bei dem groben Pflichtenverstoß an.

41 Die Unterscheidung zwischen einer Vernachlässigung der gesetzlichen Befugnisse und der Verletzung der gesetzlichen Pflichten hat keine besondere Bedeutung. Eine Vernachlässigung der Befugnisse wird regelmäßig eine Untätigkeit sein, eine Verletzung der Pflichten dagegen ein positives Handeln. Als Vernachlässigung der Befugnisse als MAV wird man eine Verletzung der gegenüber den Mitarbeiterinnen und Mitarbeitern bestehenden Pflichten ansehen, während die Verletzung der Pflichten als MAV vor allem gegenüber der Einrichtung in Betracht kommt (*Grabendorff/Windscheid/Ilbertz/Widmaier*, § 28 Rz 6 m. N.). Auf § 20 wird hingewiesen.

42 Entscheidend ist, dass der Verstoß grob ist. Ein nicht grober Verstoß rechtfertigt die Auflösung der MAV nicht. Mit dem Pflichtverstoß müssen die rechtlichen Grenzen des Vertretbaren in grober Weise überschritten worden sein

§ 13

durch **grobe Verletzung der gesetzlichen Pflichten** oder durch Nichtkümmern infolge grober Nachlässigkeit (z. B. wegen Gleichgültigkeit, Bequemlichkeit, *VGH Baden-Württemberg*, 24. 3. 1981, ZBR 1982, 219). Eine grobe Verletzung der gesetzlichen Pflichten der MAV im Sinne von § 13 Abs. 3 Nr. 6 liegt nur vor, wenn die Pflichtverletzung objektiv erheblich und offensichtlich schwerwiegend ist. Danach kann eine grobe Verletzung der gesetzlichen Pflichten nur angenommen werden, wenn unter Berücksichtigung aller Umstände des Einzelfalles die weitere Amtsführung der MAV untragbar erscheint (vgl. *BAG*, 22. 6. 1993 – 1 ABR 62/92, NZA 1994, 184).

Zahlreiche Entscheidungen der staatlichen Gerichte zur Frage des groben Verstoßes im Bereich des staatlichen Betriebsverfassungs- und Personalvertretungsrechts sind auch für den Bereich des Mitarbeitervertretungsrechts bedeutsam (vgl. Nachweise in: *Grabendorff/Windscheid/Ilbertz/Widmaier*, § 28 Rz 8). Eine erschöpfende Aufzählung von Amtspflichtverletzungen der MAV die sich auf ihren gesamten Pflichtenkreis beziehen können, ist nicht möglich. 43

Als Einzelfälle von Amtspflichtverletzungen der MAV, die grob sein müssen, kommen in Betracht 44
- Verletzung des Gebots zur vertrauensvollen Zusammenarbeit entgegen § 26 Abs. 1,
- Unterlassung der Bestellung eines Wahlausschusses entgegen § 9 Abs. 2,
- Unterlassung der Weiterführung der Geschäfte gemäß § 13 a,
- Unterlassung der Wahl des Vorsitzenden der MAV und seines Stellvertreters entgegen § 14 Abs. 1,
- Duldung des Auftretens des Vorsitzenden der MAV ohne Vertretungsmacht der MAV (§ 14 Abs. 1 S. 5),
- Verstöße gegen § 14 Abs. 4, insbesondere die Unterlassung erforderlicher Sitzungen der MAV,
- Unterlassung der Unterrichtung des Dienstgebers über die Teilnahme und zeitliche Lage der Schulungsveranstaltungen entgegen § 16,
- Verletzung der Schweigepflicht (§ 20),
- Unterlassung der Einberufung notwendiger Mitarbeiterversammlungen und der Erstattung von Tätigkeitsberichten entgegen § 21 Abs. 2,
- Abschluss von Dienstvereinbarungen entgegen § 38 Abs. 2 (für den Bereich des BetrVG *ArbG Marburg*, 7. 8. 1996 – 1 BV 6/96, DB 1996, 1925),
- Nichtwahrnehmung der Beteiligungsrechte nach §§ 29 ff.,
- missbräuchliche Ausübung von Beteiligungsrechten zum Nachteil einzelner Mitarbeiter, der gesamten Mitarbeiterschaft oder des Dienstgebers entgegen § 26 Abs. 1.

Grobe und schuldhafte Pflichtverstöße des Vorsitzenden der MAV können nicht durch Mehrheitsbeschlüsse der MAV gedeckt werden (vgl. *OVG Lüneburg*, 5. 11. 1974, ZBR 1975, 155). Ein Verstoß gegen individuelle Dienstpflichten, der das Gebiet der MAVO nicht berührt, ist kein Ausschlussgrund. Denn die Verletzung mitarbeitervertretungsrechtlicher Pflichten ist der Verletzung dienstrechtlicher Pflichten nicht gleichzusetzen (vgl. für das BetrVG *BAG*, 5. 12. 1975, BAGE 27, 366 = BB 1976, 415 = DB 1976, 583). Besondere Dienstpflichten werden durch die Zugehörigkeit zur MAV nicht begründet. 45

§ 13

3. Besondere Fälle

46 Sinkt die **Zahl der Wahlberechtigten unter fünf**, ist die Dienststelle nicht mehr mitarbeitervertretungsfähig. Die Amtszeit der MAV ist gesetzlich beendet.

47 Wird eine Dienststelle mit einer anderen dergestalt vereinigt, dass eine neue Dienststelle entsteht, ist die Rechtslage nach § 13 d Abs. 2 zu beurteilen; die Amtszeit der MAV der kleineren Einrichtung erlischt mit dem Tage der Fusion. Die MAV der größeren Einrichtung übt bis zur Neuwahl der MAV ein Übergangsmandat in der neuen Einrichtung aus (siehe zu § 13 d Abs. 2).

48 Wird ein Teil der Einrichtung abgespalten, bleibt aber die abgebende Einrichtung mit ihrem Personal mitarbeitervertretungsfähig, bleibt die MAV mit allen ihren Mitgliedern im Amt, auch bei Übergang des Arbeitsverhältnisses, für die Dauer des auch für die Mitarbeiter des abgespaltenen Teils bestehenden Übergangsmandats (siehe § 13 d Abs. 1).

4. Übergang in einen anderen Rechtsbereich/Betriebsübergang

49 Wird die Dienststelle, Einrichtung oder sonstige selbstständig geführte Stelle von einem Träger übernommen, auf den die MAVO keine Anwendung findet, weil auf ihn Betriebsverfassungs- oder Personalvertretungsrecht oder das Mitarbeitervertretungsrecht einer anderen Kirche oder Religionsgemeinschaft Anwendung findet, erlischt das Amt der MAV mit der Wirksamkeit des Übergangs der Einrichtung auf den Erwerber (Betriebsinhaberwechsel). Denn die übernommene Einrichtung tritt infolge des Übergangs aus dem Rechtsbereich der MAVO heraus, wenn auch die bisherige Mitarbeiterschaft infolge der Übernahme in der Einrichtung verbleibt (§ 613 a BGB).

50 Dagegen bleibt die gewählte MAV im Amt, wenn bei einem Betriebsübergang und bei Bewahrung der Identität der übertragenen Einrichtung auf einen anderen Rechtsträger dieser im Geltungsbereich der MAVO (§ 1) steht. Dann beeinflusst der Betriebsübergang nach § 613 a BGB nicht die mitarbeitervertretungsrechtliche Rechtsstellung der für diese Einrichtung gewählten MAV (vgl. auch: *BAG*, 11. 11. 1995 – 7 ABR 178/95 für das BetrVG). Zu den besonderen Fragen des Übergangsmandats bei Abspaltung und Eingliederung eines Einrichtungsteils bei einem anderen Rechtsträger wird auf § 13 d und wegen des Restmandats der MAV bei Untergang der Einrichtung wird auf § 13 e verwiesen.

VI. Wahl bei fehlender MAV

51 Wenn in einer Einrichtung oder Dienststelle keine MAV besteht, sind Wahlen auch außerhalb des regelmäßigen Wahlzeitraumes durchzuführen (Abs. 4). Die Vorschrift des **Absatzes 4** stellt in einer Art Generalklausel sicher, dass bei Vorliegen der Voraussetzungen für eine mitarbeitervertretungsfähige Einrichtung oder Dienststelle Wahlen zur MAV außerhalb des einheitlichen Vierjahreszeitraums möglich sind. Dabei kommt es auf die Gründe nicht an, derentwegen eine MAV nicht besteht. Regelmäßig werden Fälle in Betracht kommen, in denen in einer Dienststelle oder Einrichtung die Voraussetzungen für die Wahl einer MAV erstmals vorliegen oder in denen fehlende Bereitschaft zur Wahl oder gar zur Kandidatur und zur Übernahme eines Mandats die Wahl verhindern. Möglich ist auch, dass eine MAV-Wahl nichtig war. In

§ 13

diesen Fällen ist der Wahlausschuss von der Mitarbeiterversammlung zu bestellen, die der Dienstgeber einzuberufen hat (§ 10).

VII. Folgen der Neuwahl außerhalb des einheitlichen Wahlzeitraums

Hat außerhalb des einheitlichen Wahlzeitraums gemäß Abs. 1 eine Wahl der MAV stattgefunden, so ist die MAV in dem auf die Wahl folgenden nächsten einheitlichen Wahlzeitraum neu zu wählen **(Abs. 5 S. 1)**. Davon gibt es jedoch eine **Ausnahme**. Hat nämlich die Amtszeit der neu gewählten MAV zu Beginn des nächsten einheitlichen Wahlzeitraumes noch nicht ein volles Jahr betragen, so ist die so bestehende MAV erst in dem übernächsten einheitlichen Wahlzeitraum neu zu wählen **(Abs. 5 S. 2)**. Ihre Amtszeit verlängert sich also, während die Amtszeit der MAV, die infolge einer zwischenzeitlichen Neuwahl schon länger als ein Jahr im Amt ist, eine Verkürzung der Amtszeit erfährt. Anliegen der Vorschrift des Absatzes 5 ist sicherzustellen, dass außerhalb des regelmäßigen Wahlzeitraums gewählte Mitarbeitervertretungen bei der Neuwahl wieder in den gleichmäßigen Vierjahresrhythmus eingegliedert werden. Deshalb sind die zwischenzeitlich neu gewählten Mitarbeitervertretungen in dem auf die Wahl folgenden nächsten Zeitraum der regelmäßigen MAV-Wahlen bis auf die erwähnte Ausnahme neu zu wählen. Die Amtszeit beträgt daher in diesen Fällen nicht vier Jahre. Sie endet spätestens am 30. Juni des Jahres, in dem regelmäßige MAV-Wahlen stattfinden. 52

Die Amtszeit der außerhalb des regelmäßigen Wahlzeitraums gewählten MAV endet mit der Bekanntgabe des Wahlergebnisses der neu gewählten MAV (vgl. für das BetrVG: *BAG*, 28. 9. 1983 – 7 AZR 266/82, DB 1984, 833), weil für diese MAV keine gesetzliche Amtsdauer geregelt ist, sondern eine von der Ordnung gewollte Zwischenamtszeit, die durch Neuwahl beendet wird. 53

Ob eine zwischenzeitlich gewählte MAV noch nicht ein Jahr im Amt ist, richtet sich nach dem Beginn des Zeitraums für die allgemeinen Wahlen (1. März). Denn entscheidend für die Übergehung dieser MAV beim nächstfolgenden regelmäßigen Wahlzeitraum ist in diesen Fällen, dass die Amtszeit der MAV zu Beginn dieses Zeitraums weniger als ein Jahr beträgt. Auf den wirklichen Wahltag in der Einrichtung kommt es nicht an; der kann auch später als am 1. März liegen. Der Wahltag, an dem die MAV zwischenzeitlich gewählt wurde, zählt bei der Fristberechnung entsprechend § 187 Abs. 1 i. V. m. § 188 Abs. 2 BGB mit. 54

VIII. Sprecher der Jugendlichen und Auszubildenden

Hinsichtlich der Anwendung des § 13 auf die Sprecher der Jugendlichen und Auszubildenden gelten die §§ 43 ff. Damit ist § 13 sinngemäß anwendbar (§ 45 Abs. 2 S. 1). 55

IX. Streitigkeiten

Streitigkeiten über Beginn und Ende der Amtszeit der MAV sind Rechtsstreitigkeiten; über sie entscheidet gemäß § 41 Abs. 2 die Schlichtungsstelle, solange keine kirchlichen Arbeitsgerichte gebildet sind. 56

§ 13 a

57 Beginn und Ende der Amtszeit der MAV können allerdings auch im Urteilsverfahren vor dem staatlichen Arbeitsgericht eine Rolle spielen, wenn es sich dort um einen Kündigungsschutzprozess handelt und Beginn oder Ende der Amtszeit der MAV als Vorfrage mitzuentscheiden ist (vgl. §§ 19, 30, 30 a, 31).

§ 13 a Weiterführung der Geschäfte

Ist bei Ablauf der Amtszeit (§ 13 Abs. 2) noch keine neue Mitarbeitervertretung gewählt, führt die Mitarbeitervertretung die Geschäfte bis zur Übernahme durch die neu gewählte Mitarbeitervertretung fort, längstens für die Dauer von sechs Monaten vom Tag der Beendigung der Amtszeit an gerechnet. Dies gilt auch in den Fällen des § 13 Abs. 3 Nrn. 1 bis 3.

Inhaltsübersicht

	Rz
I. Weiterführung der Geschäfte nach Ablauf der Amtszeit der MAV	1–4
1. Ablauf der Amtszeit gemäß § 13 Abs. 2	2
2. Ablauf der Amtszeit gemäß § 13 Abs. 3 Nrn. 1 bis 3	3–4
II. Wahltermin und Wahlausschuss	5–7
III. Dauer der Geschäftsführung	8
IV. Ausschluss der Weiterführung der Geschäfte	9
V. Restmandat der MAV nach Schließung einer Einrichtung	10

I. Weiterführung der Geschäfte nach Ablauf der Amtszeit der MAV

1 Die Vorschrift regelt in den Fällen des § 13 Abs. 2 und § 13 Abs. 3 Nrn. 1, 2 und 3 die **Weiterführung der Geschäfte** der MAV nach Ablauf ihrer Amtszeit und den **Ausschluss der Weiterführung der Geschäfte** der MAV in den Fällen des § 13 Abs. 3 Nrn. 4, 5 und 6.

1. Ablauf der Amtszeit der MAV gemäß § 13 Abs. 2

2 Zur Kontinuität der Arbeit der MAV ist die bisherige MAV nach Ablauf der regulären Amtszeit, wenn noch keine MAV gewählt ist (§ 13 Abs. 2 S. 2 und 3) bis zur Neuwahl einer anderen zur Geschäftsführung verpflichtet, und zwar bis zu dem Zeitpunkt, zu dem die neu gewählte MAV die Geschäfte übernimmt. Diese verlängerte Geschäftsführung erfolgt jedoch längstens für die Dauer von sechs Monaten vom Tag der Beendigung der Amtszeit der MAV an gerechnet (§ 13 a S. 1).

2. Ablauf der Amtszeit gemäß § 13 Abs. 3 Nrn. 1 bis 3

3 Ist die MAV in den Fällen des § 13 Abs. 3 Nrn. 1 bis 3 neu zu wählen, so ist die bisherige MAV ebenfalls bis zur Neuwahl einer anderen zur Geschäftsführung verpflichtet (§ 13 a S. 2). Dabei handelt es sich um die Fälle
– der zahlenmäßigen Veränderung des Mitarbeiterbestandes mit Wahlberechtigung (§ 13 Abs. 3 Nr. 1),
– des Absinkens der Mitgliederzahl der MAV unter das erforderliche Quorum (§ 13 Abs. 3 Nr. 2),
– des Rücktritts der MAV als Gremium (§ 13 Abs. 3 Nr. 3).

§ 13 a

Die Fortführung der Geschäfte durch die restlichen MAV-Mitglieder nach **4**
dem **Rücktritt einzelner Mitglieder der MAV** erfolgt auch dann, wenn es zu
einer Neuwahl wegen fehlender Wahlvorschläge nicht kommt (*Grabendorff/
Windscheid/Ilbertz/Widmaier*, § 27 Rz 28). Somit kann auch ein einziges
MAV-Mitglied die Geschäfte der MAV fortführen, weil ein Kollegium durch
die Ordnung nicht zur Bedingung gemacht ist (vgl. *LAG Düsseldorf*, 20. 9.
1974 – 16 Sa 24/74, DB 1975, 454). Wann die Voraussetzungen des § 13 Abs. 3
Nr. 2 vorliegen, ist gleichgültig. Dies kann bereits unmittelbar nach der Wahl
der Fall sein, wenn mehrere Gewählte nach der Wahlbenachrichtigung (§ 11
Abs. 7) die Annahme der Wahl ablehnen, ohne dass die MAV durch Ersatzmitglieder auf die gesetzlich vorgeschriebene Mindeststärke gebracht werden
kann. Die Weiterführung der Geschäfte durch die soeben beschriebene
Rumpf-MAV ist jedoch nicht erforderlich, wenn die bisherige MAV noch die
Weiterführung der Geschäfte betreiben kann.

II. Wahltermin und Wahlausschuss

Zur Geschäftsführung gehört in besonderer Hinsicht auf die erforderliche **5**
Neuwahl die Festsetzung des neuen Wahltermins und die Bestellung des
Wahlausschusses nach § 9 Abs. 2. Eine MAV, die ihren Rücktritt beschlossen
hat, weil ihre Wahl erfolgreich angefochten worden ist, kann jedoch keinen
Wahlausschuss bestellen, wenn während der Weiterführung der Geschäfte
die Entscheidung der Ungültigkeit der Wahl Rechtskraft erlangt (*BVerwG*,
10. 8. 1978, PersV 1979, 417). Denn die Entscheidung des Wahlausschusses
oder der Schlichtungsstelle über die erfolgreiche Wahlanfechtung hat zur Folge, dass die betroffene MAV von der Weiterführung der Geschäfte ausgeschlossen ist (§ 13 Abs. 3 Nr. 4 i. V. m. § 13 a S. 2).
Setzt die MAV keinen Wahltermin fest und bestellt sie keinen Wahlausschuss, **6**
so beruft der Dienstgeber eine Mitarbeiterversammlung ein, damit dort ein
Wahlausschuss gewählt wird (§ 10 Abs. 1 a Nr. 1), der dann seinerseits den
Wahltermin festsetzt (§ 10 Abs. 1). Der Dienstgeber soll aber eine Frist abwarten, ehe er tätig wird. Denn gemäß § 10 Abs. 1 hat er, wenn in einer Einrichtung die Voraussetzungen für die Bildung einer MAV vorliegen, spätestens
nach drei Monaten zu der Mitarbeiterversammlung einzuladen. Dieselbe Verpflichtung trifft den Dienstgeber auch, wenn der Zeitraum abgelaufen ist, in
dem die MAV die Geschäfte gemäß § 13 a fortgeführt hat (§ 10 Abs. 1 a Nr. 4).
Kommt keine Mitarbeiterversammlung zustande oder bestellt sie keinen **7**
Wahlausschuss, so gilt § 10 Abs. 2.

III. Dauer der Geschäftsführung

Die Dauer der Weiterführung der Geschäfte ist auf maximal sechs Monate, **8**
vom Tage der Beendigung der Amtszeit an gerechnet, ausgedehnt worden,
um eine Vakanz möglichst zu vermeiden. Die Geschäftsführung der MAV endet, wenn während der Zeit nach Ablauf ihrer gesetzlichen ordentlichen
Amtszeit eine neue MAV gewählt worden ist und die neu gewählte MAV die
Geschäftsführung übernommen hat (§ 13 a S. 1). Im Falle der Weiterführung
der Geschäfte kann der Fall eintreten, dass die MAV auf ein Mitglied ge-

§ 13 a

schrumpft ist. In einem solchen Fall ist die Neuwahl der MAV erforderlich, aber auch erst einzuleiten. In diesem Falle führt das verbleibende Mitglied der MAV die Geschäfte weiter. Die Beteiligungsrechte der MAV sind auch in einem solchen Fall durch den Dienstgeber zu beachten (*LAG Düsseldorf*, 20. 9. 1974 – 16 Sa 27/74, DB 1975, 454).

IV. Ausschluss der Weiterführung der Geschäfte

9   In den Fällen des § 13 Abs. 3 Nrn. 4, 5 und 6 ist die Weiterführung der Geschäfte der aus dem Amt geschiedenen MAV untersagt. Denn in diesen Fällen endet das Amt der MAV mit der Rechtskraft der Entscheidung in den Fällen des § 13 Abs. 3 Nrn. 4 und 6 und des Misstrauensvotums gemäß § 22 Abs. 2 (§ 13 Abs. 3 Nr. 5). In diesen Fällen trifft den Dienstgeber die Pflicht zur Einberufung der Mitarbeiterversammlung gemäß § 10 Abs. 1, falls nicht im Falle der erfolgreichen Wahlanfechtung der Wahlausschuss noch besteht (§ 12 Abs. 5). Letzerenfalls führt er die Wiederholung der MAV-Wahl durch.

V. Restmandat der MAV nach Schließung einer Einrichtung

10 Die Schließung einer Einrichtung führt zur Frage, ob diese zur vorzeitigen Beendigung der Amtszeit der MAV führt. Die geplante Schließung (Stilllegung) erfolgt zu einem künftigen Termin. Die Zeit wird genutzt, um die ordentlichen Kündigungen gegenüber den Mitarbeiterinnen und Mitarbeitern auszusprechen, wozu die MAV zu hören ist (§ 30, § 30 a).

11 Es bleibt aber dennoch zu unterscheiden zwischen der Stilllegung der Einrichtung und der danach noch erforderlichen Abwicklung bis zur vollständigen Auflösung der Einrichtung. Dabei kann es um die Abwicklung der Arbeitsverhältnisse und die Aufstellung eines Sozialplans gehen (vgl. §§ 36, 37, 38 Abs. 1 Nr. 11). Solange die Arbeitsverhältnisse (Beschäftigungsverhältnisse) der Mitarbeiter einschließlich derjenigen der MAV-Mitglieder nicht beendet sind, bleibt die MAV ungeachtet der Stilllegung im Amt und übt ihre vollen Rechte aus, also nicht ein Restmandat. Das Amt der MAV endet allerdings, wenn die wahlberechtigte Mitarbeiterschaft auf unter fünf wahlberechtigte Personen zurückgegangen ist (§ 6 Abs. 1) bzw. das Amt aller MAV-Mitglieder einschließlich der Ersatzmitglieder erloschen ist (§ 13 c). Das Ende der Amtszeit tritt mit dem Ausscheiden des letzten MAV-Mitgliedes sofort und endgültig ein. Für ein Restmandat danach ist z. B. bei noch anhängiger Rechtsstreitigkeit Raum. Auf § 13 e wird hingewiesen. Ein erloschenes Mandat lebt allerdings nicht wieder auf (*Thüsing*, DB 2002, 738, 742).

§ 13 b Ersatzmitglied, Verhinderung des ordentlichen Mitglieds und ruhende Mitgliedschaft

(1) Scheidet ein Mitglied der Mitarbeitervertretung während der Amtszeit vorzeitig aus, so tritt an seine Stelle das nächstberechtigte Ersatzmitglied (§ 11 Abs. 6 Satz 2).

(2) Im Falle einer zeitweiligen Verhinderung eines Mitglieds tritt für die Dauer der Verhinderung das nächstberechtigte Ersatzmitglied ein. Die Mitarbeitervertretung entscheidet darüber, ob eine zeitweilige Verhinderung vorliegt.

(3) Die Mitgliedschaft in der Mitarbeitervertretung ruht, solange dem Mitglied die Ausübung seines Dienstes untersagt ist. Für die Dauer des Ruhens tritt das nächstberechtigte Ersatzmitglied ein.

Inhaltsübersicht

	Rz
I. Ersatzmitglieder	1–11
1. Vorzeitiges Ausscheiden eines MAV-Mitgliedes	3
2. Zeitweilige Verhinderung eines MAV-Mitgliedes	4–8
a. Feststellung durch die MAV	5–6
b. Gründe zeitweiliger Verhinderung	7–9
3. Ruhen der Mitgliedschaft in der MAV	10–11
4. Altersteilzeit in der Freistellungsphase	12
II. Die Rechtsstellung der Ersatzmitglieder	13–18

I. Ersatzmitglieder

1 In drei Absätzen regelt § 13 b den Einzug von Ersatzmitgliedern in die MAV in drei verschiedenen Fällen. Es geht um die Wahrung der Kontinuität der Arbeit der MAV und ihre Beschlussfähigkeit. Das Nachrücken der Ersatzmitglieder in die MAV ist zwingend geregelt. Wahlbewerber für das Amt des Mitgliedes der MAV, die im Wahlvorschlag aufgeführt waren, aber nicht mit ausreichender Stimmenzahl zum Zuge gekommen sind, sind Ersatzmitglieder (§ 11 Abs. 6 S. 2). Besteht in der Einrichtung nur eine einköpfige MAV, so ist das mit den nächst meisten Stimmen gewählte Ersatzmitglied Nachrückender. Ist kein Ersatzmitglied vorhanden, ist Neuwahl gemäß § 10 Abs. 1 einzuleiten. Begrifflich ist ein Nachrücken von Ersatzmitgliedern in die MAV nicht möglich, wenn die – eingliedrige oder mehrgliedrige – MAV (mehrheitlich) ihren Rücktritt erklärt hat. Denn durch den Rücktritt wird zum Ausdruck gebracht, dass die MAV als Gremium zu bestehen aufhören und ihre Arbeit einstellen will. Für das Nachrücken von Ersatzmitgliedern ist aber der Fortbestand der MAV als Gremium Voraussetzung. Daran fehlt es, obwohl die zurückgetretene MAV gemäß § 13 a S. 2 i. V. m. § 13 Abs. 3 Nr. 3 die Geschäfte noch weiterzuführen hat.

2 Zu unterscheiden ist zwischen endgültigem Nachrücken eines Ersatzmitgliedes in den Fällen des Erlöschens einer bisherigen Mitgliedschaft im Sinne des § 13 c (§ 13 b Abs. 1) und dem vorübergehenden Eintritt eines Ersatzmitgliedes innerhalb
– der Dauer der Verhinderung eines Mitgliedes der MAV (§ 13 b Abs. 2) und
– der ruhenden Mitgliedschaft in der MAV (§ 13 b Abs. 3).

§ 13 b

1. Vorzeitiges Ausscheiden eines MAV-Mitgliedes

3 Scheidet ein MAV-Mitglied während der Amtszeit der MAV vorzeitig aus, rückt das Ersatzmitglied mit den meisten Stimmen (§ 11 Abs. 6 S. 2) in die MAV nach (**§ 13 b Abs. 1**). Das Nachrücken erfolgt gesetzlich. Der Vorsitzende der MAV oder sein Stellvertreter hat dem Ersatzmitglied die Nachricht über das Nachrücken in die MAV mitzuteilen. Verhindert die MAV das Nachrücken, begeht sie eine grobe Pflichtverletzung (§ 13 Abs. 3 Nr. 6). Denn sie ist im Wege der Beschlussfassung insgesamt für das Nachrücken des Ersatzmitgliedes verantwortlich. Das Ersatzmitglied wird neues Mitglied der MAV mit allen Rechten und Pflichten und nimmt bis zum Ende der Amtszeit der MAV die Stelle des bisherigen Mitgliedes vollgültig ein. Das Nachrücken bewirkt aber nicht zugleich die Übernahme solcher Positionen, die dem ausgeschiedenen Mitglied zusätzlich übertragen waren, wie z. B. Vorsitz der MAV oder Mitglied eines bestimmten Ausschusses.

2. Zeitweilige Verhinderung eines MAV-Mitgliedes

4 Bei zeitweiliger Verhinderung eines Mitgliedes der MAV an der Wahrnehmung seiner Aufgaben tritt für die Dauer der Verhinderung das nächstberechtigte Ersatzmitglied in die MAV ein (**§ 13 b Abs. 2 S. 1**).

a. Feststellung der Verhinderung durch die MAV

5 Die MAV entscheidet gemäß § 13 b Abs. 2 S. 2 darüber, ob eine zeitweilige Verhinderung des MAV-Mitgliedes vorliegt. Sie liegt vor, wenn das Mitglied der MAV tatsächlich oder rechtlich nicht in der Lage ist, sein Amt auszuüben. Dann hat die MAV die Pflicht, das nächstberechtigte Ersatzmitglied für die Dauer der Verhinderung des ausfallenden Mitglieds der MAV zu bestellen. Damit folgt die MAV dem Wahlergebnis der MAV-Wahl, aus dem die MAV durch das Wählervotum hervorgegangen ist. Die Unterlassung oder gar die **Verhinderung des Nachrückens** ist eine grobe Verletzung der Pflichten als MAV. Das Ersatzmitglied kann gemäß § 41 Abs. 2 durch die Schlichtungsstelle feststellen lassen, dass der Fall für sein Recht zum Einzug in die MAV entstanden ist. Bei größerer Zahl verhinderter oder ausgeschiedener Mitglieder der MAV ist die Verhinderung des Nachrückens ein grober Verstoß gegen die Pflichten der MAV i. S. von § 13 Abs. 6.

6 Eine Verhinderung liegt nicht vor, wenn ein Mitglied der MAV aus freien Stücken eine Weile keine Aufgabe in der MAV wahrnehmen möchte (vgl. § 5 Rz 40). In diesem Falle kann aber ein grober Verstoß gegen die Pflichten als Mitglied der MAV vorliegen, so dass die Frage der Amtsenthebung zu prüfen ist (§ 13 c Nr. 5).

b. Gründe zeitweiliger Verhinderung

7 Zeitweilige Verhinderung kann vor Allem eintreten durch Krankheit (*BAG*, 5. 9. 1986 – 7 AZR 175/85, BB 1987, 1319), Urlaub, Sonderurlaub, z. B. Elternzeit (§ 15 BErzGG), gesetzliches Arbeitsverbot (z. B. §§ 3 und 6 Abs. 1 MuSchG), Wehrdienst, Zivildienst, Dienstreise; Streit über die Wirksamkeit einer Kündigung, den Ausschluss als Mitglied der MAV oder das Erlöschen des Amtes. Auf die Dauer der Verhinderung kommt es nicht an (*Bietmann*, Kurzkommentar, § 12 Anm. 5). Die Verhinderung muss objektiv begründet

und unausweichlich sein. Denn das Mitglied der MAV kann sich nicht willkürlich nach freiem Ermessen vertreten lassen. Nach Beendigung der zeitweiligen Verhinderung des MAV-Mitgliedes tritt das Ersatzmitglied wieder in die Reihe der Ersatzmitglieder zurück. Zum Kündigungsschutz siehe § 19 Rz 12.

Die Elternzeit (§ 15 BerzGG) schließt ein Mitglied der MAV nicht aus der MAV aus, sondern lässt es Mitglied bleiben. Die MAV muss allenfalls die zeitweilige Verhinderung an der Ausübung der MAV-Tätigkeit feststellen. Weil die Tätigkeit der MAV ehrenamtlich ist (§ 15 Abs. 1), ist die MAV-Tätigkeit während der Elternzeit nicht unzulässig. Denn schließlich ist auch eine Teilzeitbeschäftigung während der Elternzeit möglich. Daher ist auch die Tätigkeit als MAV-Mitglied während der Elternzeit möglich. Die Elternzeit ist ein Sonderfall des Sonderurlaubs. Daher ist auch in dieser Zeit das Band des Arbeitsverhältnisses vorhanden. Die Wählbarkeit gemäß §§ 7 und 8 bleibt bestehen. Sie geht nur dann verloren, wenn zum Zeitpunkt einer MAV-Wahl eine Beurlaubung unter Wegfall der Bezüge für mindestens noch sechs Monate besteht (§ 7 Abs. 4 Nr. 2). Durch die Elternzeit oder einen anderen Sonderurlaub mit oder ohne Bezüge tritt also nicht der Verlust der Mitgliedschaft in der MAV ein (§ 7 Rz 62; § 8 Rz 44). **8**

Wird ein Mitglied der MAV im Rahmen der **Wiedereingliederung gemäß** § 74 **SGB V** tätig und kann es auch an Sitzungen der MAV teilnehmen, muss die MAV entscheiden, ob der Fall zeitweiliger Verhinderung behoben ist. Sollte das Mitglied den Vorsitz in der MAV innehaben, nimmt es auch diese Position nach Wegfall der Verhinderung ebenfalls wieder ein. **9**

3. Ruhen der Mitgliedschaft in der MAV

Wird einem Mitarbeitervertreter durch den Dienstgeber die **Ausübung des Dienstes untersagt**, so ruht deshalb die Mitgliedschaft in der MAV. In diesem Fall tritt für die Dauer der Untersagung des Dienstes das nächstberechtigte Ersatzmitglied in die MAV ein (**§ 13 b Abs. 3**). **10**

Die Suspendierung vom Dienst kann z. B. infolge fristgemäßer Kündigung erfolgen, weil der Dienstgeber die Zusammenarbeit mit dem MAV-Mitglied als Mitarbeiter bis zum Ablauf der Frist nicht hinnehmen will. Die Ausübung des Dienstes kann auch und gerade Beamten, Geistlichen und Ordensleuten untersagt werden (§ 3 Abs. 3 S. 1). Es ist jedoch nicht zulässig, die Suspendierung vom Dienst mit Rücksicht auf die Tätigkeit des MAV-Mitgliedes in der MAV auszusprechen. Das wäre ein Verstoß des Dienstgebers gegen das Behinderungsverbot des § 18 Abs. 1. Das sich zu Unrecht vom Dienst suspendiert sehende MAV-Mitglied kann, wenn es Arbeitnehmer ist, Klage auf Weiterbeschäftigung beim ArbG erheben und seine MAV-Mitgliedschaft von der Schlichtungsstelle klären lassen (§ 41 Abs. 2 Nr. 1). **11**

4. Altersteilzeit in der Freistellungsphase

Wer als Mitglied der MAV einen Vertrag zur Altersteilzeitarbeit nach dem ATG abgeschlossen hat und mit dem Blockmodell die Freistellungsphase wählt, scheidet bei Eintritt in die Freistellungsphase aus der Einrichtung verbunden mit dem Verlust der Mitgliedschaft in der MAV aus (§ 13 c Nr. 4; § 13 c Rz 15). **12**

§ 13 b

II. Die Rechtsstellung der Ersatzmitglieder

13 Das **Ersatzmitglied tritt an die Stelle** des ausgeschiedenen, verhinderten oder vom Ruhen seiner Mitgliedschaft betroffenen Mitgliedes der MAV **mit allen Rechten und Pflichten** des Amtes. Es erlangt die Stellung eines Mitgliedes der MAV mit dem erweiterten Kündigungsschutz des § 19 Abs. 1, während es ohne Nachrücken nur den kürzer nachwirkenden Kündigungsschutz nach § 19 Abs. 2 hat. Das Nachrücken erfolgt nicht in dieselbe Position des Mitgliedes der MAV, dessentwegen nachgerückt wird; es geht um einen numerischen Ersatz, wenn man von der eingliedrigen MAV einmal absieht.

14 Unklar ist für die **Fälle des vorübergehenden Eintritts in die MAV** die verlängerte Nachwirkung des Kündigungsschutzes im Sinne von § 19 Abs. 1 S. 3. Die Amtszeit als Mitglied der MAV erstreckt sich auf die Dauer der Amtszeit der MAV. Für das Ersatzmitglied gilt als Amtszeit der Rest der gesetzlichen Amtszeit. Das nur vorübergehend eintretende Ersatzmitglied hat aber nicht an der gesamten Amtszeit der MAV bis zu ihrem Ende teil (vgl. hierzu wegen der gleichen Rechtsproblematik *Hess/Schlochauer/Worzalla/Glock*, BetrVG § 25 Rz 19).

15 Das *Bundesarbeitsgericht* unterscheidet nicht, wie es § 15 Abs. 1 S. 2 KSchG für Mitglieder des Betriebsrates hinsichtlich des Kündigungsschutzes tut, zwischen Amtszeit und der Zeit der persönlichen Mitgliedschaft und kommt von diesem Ausgangspunkt zu dem Ergebnis, dass auch zeitweilig in den Betriebsrat einrückende Ersatzmitglieder den ein volles Jahr nachwirkenden Kündigungsschutz haben (*BAG* 6. 9. 1979 – 2 AZR 548/77, EzA § 15 KSchG n. F. Nr. 23 = BB 1980, 317 = DB 1980, 451; a. A. *Hess/Schlochauer/Worzalla/Glock*, BetrVG § 25 Rz 19 mit Hinweisen auf die dem BAG folgende herrschende Meinung).

16 Die Entscheidung über den nachwirkenden Kündigungsschutz ist für den kirchlichen Bereich deshalb von Bedeutung, weil die kirchenrechtliche Regelung des nachwirkenden Kündigungsschutzes im Sinne von **§ 19 Abs. 1 S. 3, Abs. 2 S. 2** dem nachwirkenden Kündigungsschutz des § 15 Abs. 1 S. 2, Abs. 2 S. 2 KSchG nachgebildet worden ist und **unmittelbare Rechtswirkung im staatlichen Bereich** hat. Sie wirkt als kirchengesetzliche Regelung und zwingendes Recht normativ auf das Arbeitsverhältnis ein und gilt auch gegen den Willen der Arbeitsvertragsparteien (*Richardi*, Arbeitsrecht in der Kirche S. 261 Rz 76). Damit unterliegen die kirchengesetzlichen Vorschriften über den nachwirkenden Kündigungsschutz des § 19 staatlicher Rechtskontrolle (vgl. dazu § 19 Rz 42). Deshalb ist die Rechtsprechung des *BAG* in diesem Falle von unmittelbarer Bedeutung.

17 Zeitweilig nachgerückte Ersatzmitglieder haben grundsätzlich keinen Anspruch auf Teilnahme an Schulungsveranstaltungen, während endgültig nachrückenden Ersatzmitgliedern ein anteiliger Zeitraum für die verbleibende Amtszeit zu Schulungsveranstaltungen zuzuerkennen ist (§ 16 Abs. 1).

18 Vor dem Nachrücken in die MAV finden die besonderen Schutzrechte für MAV-Mitglieder auf Ersatzmitglieder keine Anwendung. Sie haben aber den sechs Monate nachwirkenden Kündigungsschutz als Wahlbewerber gemäß § 19 Abs. 2.

§ 13 c Erlöschen der Mitgliedschaft

Die Mitgliedschaft in der Mitarbeitervertretung erlischt durch
1. Ablauf der Amtszeit der Mitarbeitervertretung,
2. Beschluss der Schlichtungsstelle bei Verlust der Wählbarkeit,
3. Niederlegung des Amtes,
4. Ausscheiden aus der Einrichtung oder Eintritt in die Freistellungsphase eines nach dem Blockmodell vereinbarten Altersteilzeitarbeitsverhältnisses,
5. Beschluß der Schlichtungsstelle im Falle grober Vernachlässigung oder Verletzung der Befugnisse und Pflichten als Mitarbeitervertreterin oder Mitarbeitervertreter.

Inhaltsübersicht

		Rz
I.	Ende der Mitgliedschaft in der MAV	1
	1. Ablauf der Amtszeit der MAV	2
	2. Verlust der Wählbarkeit	3–7
	3. Niederlegung des Amtes	8
	4. Ausscheiden aus der Einrichtung/Freistellungsphase bei Altersteilzeit	9–17
	5. Beschluss der Schlichtungsstelle über den Ausschluss eines Mitgliedes	18–33
	a. Antrag	19–20
	b. Ausschlussgründe	21–27
	c. Verteidigung	28
	d. Wirkung des Ausschlusses aus der MAV	29
	e. Erledigung des Ausschlussverfahrens	30–31
	f. Abmahnung des Mitgliedes der MAV	32
	g. Einstweilige Anordnung gegen die Ausübung des Amtes als MAV-Mitglied	33
II.	Pflichtenverstöße des Dienstgebers	34

I. Ende der Mitgliedschaft in der MAV

Von der Amtszeit der MAV (§ 13) ist die Beendigung der Mitgliedschaft des 1 einzelnen Mitgliedes in der MAV zu unterscheiden. Die Vorschrift des § 13 c gilt auch für die Mitglieder der gemeinsamen Mitarbeitervertretung (§ 1 b), der Sondervertretung (§ 23), der Gesamtmitarbeitervertretung und der erweiterten Gesamtmitarbeitervertretung (§ 24) und für die Sprecher der Jugendlichen und Auszubildenden sinngemäß (§ 45 Abs. 2 S. 1).

1. Ablauf der Amtszeit der MAV

Endet die Amtszeit der MAV (§ 13), so ist davon das einzelne Mitglied der 2 MAV ebenfalls zum gleichen Zeitpunkt betroffen (**§ 13 c Nr. 1**). Es hat aber in den gemäß § 13 a genannten Fällen bei der Weiterführung der Geschäfte der MAV mitzuwirken.

2. Verlust der Wählbarkeit

Gemäß **§ 13 c Nr. 2** erlischt die Mitgliedschaft in der MAV durch den Verlust 3 der Wählbarkeit gemäß § 8. Der Verlust der Wählbarkeit ist durch die Schlichtungsstelle festzustellen. Den Antrag dazu stellt der Dienstgeber, die MAV oder ein Viertel der Wahlberechtigten Mitarbeiterinnen und Mitarbeiter (§ 41 Abs. 1 Nr. 3). Die Feststellung durch den Dienstgeber oder andere Beteiligte reicht für den Mandatsverlust nicht aus.

§ 13 c

4 Die Gründe für den Verlust der Wählbarkeit ergeben sich aus § 8, wenn nämlich die Voraussetzungen für die Wählbarkeit während der Amtsdauer des MAV-Mitgliedes entfallen sind. Wird z. B. ein MAV-Mitglied mit einer Funktion i. S. von § 3 Abs. 2 Nrn. 2 bis 4 betraut oder wird es zur selbstständigen Entscheidung in anderen als den in § 3 Abs. 2 Nr. 3 genannten Personalangelegenheiten befugt (§ 8 Abs. 2) verliert es sein passives Wahlrecht i. S. von § 8.

5 Wird der Verlust der Wählbarkeit durch die **Schlichtungsstelle** (§ 41 Abs. 1 Nr. 3) festgestellt, verliert das betroffene MAV Mitglied die Rechte, die mit dem Amt des Mitarbeitervertreters verbunden sind, insbesondere den hier in Frage kommenden nachwirkenden Kündigungsschutz (§ 19 Abs. 1 S. 3 i. V. m. § 13 c Nr. 2; § 19 Rz 24). Der Verlust der Mitgliedschaft in der MAV tritt mit dem Zeitpunkt der Feststellung durch die Schlichtungsstelle ein.

6 Die Feststellung des Verlustes der Wählbarkeit gemäß § 13 c Nr. 2 und ebenso die fehlenden Wählbarkeitsvoraussetzungen gemäß § 8 ist ein **innerkirchlicher** Akt, der nicht der staatlichen Rechtskontrolle unterliegt (*BAG*, Beschluss vom 11. 3. 1986 – 1 ABR 26/84, EzA § 611 Nr. 25 Kirchl. Arbeitnehmer). Denn wenn die Kirche berechtigt ist, eine Mitarbeitervertretungsordnung zur Verwaltung ihrer eigenen Angelegenheiten im Sinne von Art. 140 GG i. V. m. Art. 137 Abs. 3 RWV zu erlassen (*BVerfGE* 46, 73 ff.; dazu *Jurina*, Kirchenfreiheit S. 812 f. mit Nachweisen zur wissenschaftl. Diskussion, S. 814 ff.) und demnach auch das Recht hat, selbst zu bestimmen, wer das Amt eines Mitgliedes der MAV bekleiden darf, kann ihr dieses Recht nicht im Wege staatlicher Rechtskontrolle wieder entzogen werden. Die Verfassungsgarantie des kirchlichen Selbstbestimmungsrechts gewährleistet der Kirche, darüber zu befinden, welche Dienste es in ihren Einrichtungen geben soll und in welchen Rechtsformen sie wahrzunehmen sind (*BVerfG*, 4. 6. 1985 – 2 BvR 1703/83 u. a., *BVerfGE* 70, 138 = BB 1985, 1600 = DB 1985, 2103 = Caritas in NW, Recht-Informationsdienst B II Heft 5/1985). Wegen der Einzelheiten über die Voraussetzungen der Aberkennung der Wählbarkeit vgl. § 8; siehe auch Rz 30 f.

7 Gemäß § 7 Abs. 4 Nr. 2 besteht für Mitarbeiter in der Elternzeit (§ 15 BErzGG) kein aktives Wahlrecht und damit kein passives Wahlrecht, wenn die Elternzeit bei Wegfall des Arbeitsentgelts am Wahltag noch mindestens sechs Monate andauert (§ 7 Rz 57). Der Tatbestand des Wahltages fehlt allerdings in der Regel dann, wenn sich das **Mitglied der MAV** zur **Inanspruchnahme der Elternzeit** entschlossen und diese angetreten hat. In diesem Fall hat das **Mandat Bestand**, während bei fehlender Teilzeitarbeit (§ 15 Abs. 4 BErzGG) das Arbeitsverhältnis ruht. Deshalb ist das MAV-Mitglied infolge seiner Entscheidung zugunsten der Elternzeit (§ 16 BErzGG) für die Dauer der Elternzeit an der Ausübung seiner Tätigkeit als Mitglied der MAV allenfalls verhindert (§ 13 b Abs. 2; § 13 b Rz 4), wenn die MAV das festgestellt hat und das Mitglied sein Amt während der Elternzeit nicht ausüben möchte.

3. Niederlegung des Amtes

8 Die Mitgliedschaft in der MAV erlischt gemäß **§ 13 c Nr. 3** durch Niederlegung des Amtes durch freien Entschluss des einzelnen MAV-Mitgliedes. Die Niederlegung ist weder form- noch fristgebunden und kann ohne Angabe von Gründen (*Bietmann*, Kurzkommentar, § 12 Anm. 4.3), sollte aber zu Beweiszwecken schriftlich erfolgen (*Mösenfechtel/Perwitz-Passan/Wiertz*, § 13

§ 13 c

Anm. 4 S. 5). Die Erklärung erfolgt gegenüber der MAV (§ 14 Abs. 1 S. 5). Sie wird wirksam mit dem Zugang bei dem Vorsitzenden, seinem Stellvertreter oder dem von der MAV benannten empfangsberechtigten Mitglied der MAV. Die Erklärung ist unwiderruflich und darf nicht bedingungsweise erfolgen. Die **Niederlegung des Mandats durch den Betriebsobmann** (einköpfige MAV) bedeutet **Rücktritt der MAV**. Die Rücktrittserklärung hat gegenüber dem Dienstgeber zu erfolgen. **Mit der Niederlegung des Amtes erlischt der besondere Kündigungsschutz (§ 19 Abs. 1 S. 3 i. V. m. § 13 c Nr. 3).** Es gibt dann keinen nachwirkenden Kündigungsschutz.

4. Ausscheiden aus der Einrichtung/Freistellungsphase bei Altersteilzeit

Mit dem Ausscheiden aus der Dienststelle, Einrichtung oder sonstigen selbst- 9
ständig geführten Stelle (**§ 13 c Nr. 4**) erlischt mit Ausnahme des § 22 a Abs. 2 die Mitgliedschaft in der MAV. Der Grund für das Ausscheiden ist unerheblich. Als Gründe kommen in Betracht:
– Ende des befristeten Arbeitsvertrages (vgl. auch *BAG*, 23. 1. 2002 – 7 ABR 611/00, NZA 2002, 986),
– Erreichen der Altersgrenze,
– Erwerbsminderung verbunden mit dem Ende des Arbeitsvertrages,
– Beendigung des Arbeitsverhältnisses durch Kündigung,
– Eintritt in den Ruhestand nach beamtenrechtlichen Grundsätzen,
– Ende des Ausbildungsverhältnisses bei fehlender Weiterbeschäftigung,
– Eintritt in die Freistellungsphase im Rahmen des Blockmodells bei Altersteilzeitarbeit,
– Aufhebung des Arbeitsvertrages,
– Versetzung oder Abordnung in eine andere Einrichtung.

Jede **Versetzung** und die **Abordnung** von mehr als drei Monaten mit Erlan- 10
gung des Wahlrechts an der neuen Dienststelle führen zum Erlöschen der Mitgliedschaft in der MAV der bisherigen Dienststelle (vgl. dazu auch § 18 Abs. 2). Der nachwirkende Kündigungsschutz gemäß § 19 Abs. 1 S. 3 geht in diesen Fällen jedoch nicht verloren (§ 19 Rz 24, 27). Für Mitarbeiter, die gemäß §§ 1 b und 23 der MAV angehören, wird in der Regel das Ausscheiden aus dem Bereich, für den die MAV gebildet ist, bedeutsam, nicht dagegen nur die Versetzung oder Abordnung an einen anderen Dienstort oder eine andere Dienststelle, die zum Bereich der Zuständigkeit der gemeinsamen MAV, der Sondervertretung bzw. der Bereichsvertretung gehört (*Schlichtungsstelle Paderborn*, 20. 3. 1996 – III/96).

Dasselbe gilt für den Zuständigkeitsbereich der gemeinsamen Mitarbeiterver- 11
tretung i. S. von § 1 b deshalb, weil der Bereich der gemeinsamen MAV sich notwendiger Weise über das Arbeitsgebiet verschiedener Dienstgeber erstreckt, für die aber die gemeinsame MAV ebenso wie für die dort beschäftigten Mitarbeiter und Mitarbeiterinnen gebildet ist (§ 22 a Abs. 2).

Das Arbeitsverhältnis der Mitglieder der MAV kann vom Dienstgeber durch 12
Kündigung (§ 19 Abs. 1 und 3) nach Anhörung der MAV beendet werden (§§ 30–31). Erhebt das MAV-Mitglied **Kündigungsschutzklage**, so steht bis zur rechtskräftigen Entscheidung des Arbeitsgerichts nicht fest, ob eine Beendigung des Arbeitsverhältnisses erfolgt ist. Deshalb ist das gekündigte MAV-Mitglied nach dem in der Kündigung genannten Zeitpunkt des Eintritts der Kündigung – fristlos oder fristgerecht – an der Ausübung seines Amtes **zeit-**

weilig verhindert. Dann muss ein Ersatzmitglied nach § 13 b Abs. 2 an seine Stelle treten (vgl. *Hess/Schlochauer/Worzalla/Glock*, BetrVG § 24 Rz 11 mit weiteren Nachweisen zur entsprechenden Vorschrift des BetrVG). Wird vom Gericht rechtskräftig festgestellt, dass die Kündigung zu Recht erfolgt ist, steht fest, dass das Mitglied der MAV durch die Kündigung und zu dem in der Kündigung genannten Zeitpunkt sein Amt als Mitarbeitervertreter verloren hat. Stellt das Gericht dagegen fest, dass das Arbeitsverhältnis durch die Kündigung nicht aufgelöst worden ist, so entfällt die zeitweilige Verhinderung des MAV-Mitgliedes an der Ausübung seines Amtes. Es ist weiter Mitglied der MAV, dies insbesondere auch bei noch nicht rechtskräftiger Entscheidung, wenn ein Weiterbeschäftigungsanspruch des Gekündigten besteht, dem Rechnung getragen wird (§ 30 Rz 100–107).

13 Zu beachten ist, dass das staatliche Gericht zur Entscheidung über die Ausübung der Rechte als Mitglied der MAV nicht zuständig ist, sondern nur die Wirksamkeit der Kündigung zu prüfen hat.

14 Kündigt das MAV-Mitglied den Arbeitsvertrag unter Einhaltung der Kündigungsfrist, so erlischt sein Amt mit Ablauf der Kündigungsfrist. Gleiches gilt für den im Aufhebungsvertrag festgesetzten Zeitpunkt der Beendigung des Arbeitsverhältnisses. Das befristete Arbeitsverhältnis endet mit Fristablauf. Erreicht das MAV-Mitglied die gemäß § 41 Abs. 4 S. 3 SGB VI wirksam vereinbarte **Altersgrenze**, der zu Folge es aus dem Arbeitsverhältnis ausscheiden muss, so endet die Mitgliedschaft in der MAV mit dem Datum des Zeitpunktes für das Ausscheiden. Das gilt nicht, wenn das Beschäftigungsverhältnis nahtlos – auch mit Teilzeitbeschäftigung – fortgesetzt wird. Dann bleibt die Mitgliedschaft bestehen. Auf die Dauer der Verlängerung kommt es nicht an (§ 7 Rz 40).

15 Bei der **Eingehung eines Altersteilzeitarbeitsverhältnisses** nach dem ATG wird die Absenkung des Beschäftigungsumfanges auf die Hälfte gern mit dem Blockmodell gewählt, so dass die zweite Hälfte der Dauer des Arbeitsverhältnisses in die **Freistellungsphase** führt. Damit erfolgt trotz Weiterzahlung der Arbeitsvergütung für vorgeleistete Arbeit die **Ausgliederung** aus der Dienststelle bzw. Einrichtung, weil in der Freistellungsphase in der Einrichtung keine Tätigkeit mehr ausgeübt wird (*BVerwG*, 15. 5. 2002 – 6 P 8.01, ZTR 2002, 551). Das führt in der Konsequenz für das Mitglied der MAV zum Ende seines Amtes (§ 13 c Nr. 4). Damit ist die Eingliederung in die Dienststelle entfallen, die vom Weisungsrecht des Dienstgebers und der entsprechenden Weisungsgebundenheit des Mitarbeiters geprägt ist. Wer ausgeschieden ist, ist damit weder aktiv (§ 7 Abs. 4 Nr. 3) noch passiv wahlberechtigt, weil er nicht mehr tätiger Mitarbeiter ist, wenn er auch noch Vergütung erhält (*BAG*, 25. 10. 2000 –7 ABR 18/00, NZA 2001, 461 = DB 2001, 706 mit Anmerkung von *Haag/Gräter/Dangelmaier*, DB 2001, 702). Ein ruhendes Arbeitsverhältnis (z. B. Elternzeit) erfüllt zwar die Voraussetzungen einer Beschäftigung auch nicht, aber nicht jede tatsächliche Unterbrechung der Arbeitsleistung führt dazu, dass eine Beschäftigung nicht mehr vorliegt. Als Beschäftigte sind solche Mitarbeiter anzusehen (§ 3 Abs. 1 S. 1), die zwar vorübergehend keine Arbeitsleistung erbringen, aber in die Dienststelle zurückkehren werden. Das ist nach dem Eintritt in die Freistellungsphase nicht der Fall, weil die Tätigkeit in der Einrichtung beendet wird. Die wegen des Altersteilzeitarbeitsvertrages auch in der Freistellungsphase bestehenden Nebenpflichten als Arbeitnehmer (vgl. *Thiel*, ZMV 1999 116; *Natzel*, NZA 1998, 1262) fallen nach der Recht-

sprechung nicht ins Gewicht, auch nicht der Gedanke, dass ein in der Freistellungsphase befindlicher Altersteilzeiter vergleichbar einem von der Arbeitspflicht freigestellten Arbeitnehmervertreter sich der Tätigkeit in der Arbeitnehmervertretung besonders widmen könnte (*Natzel*, a. a. O. S. 1266). Das wollte aber die Personalvertretung in dem vom *BVerwG* entschiedenen Fall nicht ohne Gegenleistung des Arbeitgebers; sie verlangte wegen der zu erwartenden Teilnahme an Sitzungen des Personalrats des wegen Altersteilzeit künftig freizustellenden Personalratsmitglieds bereits während dessen Arbeitsphase schon einen vorausgewährten Freizeitausgleich. Den hat der Arbeitgeber verweigert.

Der **Wiedereintritt** in das Beschäftigungs- bzw. Arbeitsverhältnis lässt die Mitgliedschaft in der MAV nach einmal erfolgtem Ausscheiden nicht wieder aufleben. 16

Das Arbeitsverhältnis ist in Fällen des Ruhens (z. B. unbezahlter Sonderurlaub; § 7 Rz 53) nicht beendet, so dass die Mitgliedschaft in der MAV nicht erlischt, sondern fortbesteht. Allerdings dürfte ein Fall der zeitweiligen Verhinderung des MAV-Mitglieds vorliegen (§ 13 b Abs. 2), so dass das nächstberechtigte Ersatzmitglied eintritt. Hierzu ist allerdings die Feststellung der MAV erforderlich. 17

5. Beschluss der Schlichtungsstelle über den Ausschluss eines MAV-Mitgliedes

Durch Beschluss der Schlichtungsstelle erlischt die Mitgliedschaft in der MAV, wenn sich das MAV-Mitglied grober Vernachlässigung oder Verletzung der Befugnisse und Pflichten als Mitarbeitervertreter schuldig gemacht hat (**§ 13 c Nr. 5**). Das betroffene MAV-Mitglied kann dem Beschluss der Schlichtungsstelle jedoch durch seinen nicht widerruflichen Rücktritt (§ 13 c Nr. 3) zuvorkommen. Das gilt auch für ein zeitweilig nachgerücktes Ersatzmitglied der MAV (§ 13 b), wenn es auf seinen Ersatzplatz verzichtet. 18

a. Antrag

Voraussetzung ist, dass gemäß § 41 Abs. 1 Nr. 3 i. V. m. § 13 c Nr. 5 ein Antrag auf Ausschluss des Mitarbeitervertreters aus der MAV gestellt wird. Den Ausschluss eines MAV-Mitgliedes beantragen der Dienstgeber, die MAV nach einem entsprechenden Beschluss (§ 14 Abs. 5) oder ein Viertel der Wahlberechtigten. Vom Ausschlussverfahren nach dieser Vorschrift ist das Misstrauensvotum der Hälfte aller wahlberechtigten Mitarbeiter gemäß § 22 Abs. 2 gegen die gesamte MAV zu unterscheiden (vgl. § 22). Der Antrag auf Ausschluss aus der MAV muss innerhalb derjenigen Wahlperiode gestellt werden, in der der Pflichtverstoß begangen wurde. Deshalb können frühere Verstöße aus früheren Amtsperioden nicht berücksichtigt werden, falls sich in der laufenden Amtsperiode keine Wiederholung ergeben hat. Sinn der Ordnung ist, dass eine Amtsenthebung nur während der laufenden Amtszeit möglich ist. Das **Antragsrecht** ist zwar an keine Frist gebunden, **kann** aber **verwirkt werden**, wenn der oder die Antragsberechtigten nicht innerhalb einer angemessenen Zeit nach Kenntnis von den Umständen den Antrag stellen. Dabei ist darauf zu achten, dass diözesane Verfahrensordnungen, die gemäß § 42 Abs. 1 S. 4 ergangen sind, Fristen für die Antragstellung vorschreiben können. 19

§ 13 c

Diese sind einzuhalten (vgl. z. B. SchliVerfO Köln § 6 Abs. 1 S. 3 in diesem Kommentar, Seiten 872 ff.).

20 Hat ein **Viertel der wahlberechtigten Mitarbeiterinnen und Mitarbeiter** den Ausschluss eines Mitgliedes der MAV aus der MAV beantragt, so ist dieser Antrag davon abhängig, dass der Bestand dieses Viertels bis zum Schluss des Verfahrens vor der Schlichtungsstelle aufrecht ist; ein Nachrücken eines anderen Mitarbeiters zur Auffüllung des eventuell abgesunkenen Bestandes des Viertels ist unzulässig.

b. Ausschlussgründe

21 Voraussetzung für den Ausschluss eines oder mehrerer Mitglieder aus der MAV ist eine **grobe Pflichtverletzung.** Es handelt sich um einen unbestimmten Rechtsbegriff. Deshalb ist der Schlichtungsstelle ein gewisser **Beurteilungsspielraum** einzuräumen. Dabei werden die Tatumstände des Einzelfalles zu beurteilen sein. Es muss sich um die Verletzung der Amtspflichten des Mitarbeitervertreters (*Richardi/Thüsing*, BetrVG § 23 Rz 12) handeln, nicht dagegen um arbeitsvertragliche Pflichten. Es kommen nur solche Pflichten in Betracht, die mit dem Amt als MAV-Mitglied in Zusammenhang stehen (*Bietmann*, Kurzkommentar, § 12 Anm. 4. 5. 2). Grobe Pflichtverletzung bedeutet handgreifliche und offensichtlich schwerwiegende objektiv erhebliche Pflichtverletzung, die geeignet ist, den Betriebsfrieden oder die Ordnung des Betriebs nachhaltig zu stören oder zu gefährden (*BAG*, 2. 11. 1955, BB 1956, 77 = DB 1956, 68; *LAG Berlin*, 17. 3. 1988 – 7 Ta BV 9/87, BB 1988, 1045 f.; *Hess/Schlochauer/Worzalla/Glock*, BetrVG § 23 Rz 16 mit Nachweisen). Infolgedessen reicht eine gewöhnliche Pflichtverletzung nicht aus, während ein einmaliger schwerer Verstoß, der als grobe Pflichtverletzung zu werten ist, ausreichen kann. Ein Problem hierbei ergibt sich aus der Pflicht zur guten Zusammenarbeit aller Mitglieder der MAV untereinander. So kann auch die Mitteilung eines einzelnen Mitgliedes der MAV über interne Beratungen der MAV, die vertraulich sind, eine grobe Pflichtverletzung sein, so dass die MAV ein eigenes Initiativrecht für ein Ausschlussverfahren hat (§ 41 Abs. 1 Nr. 3). Der Tatbestand der Vorschrift ist dem in § 28 Abs. 1 S. 1 BPersVG enthaltenen nachgebildet. Die Unterscheidung zwischen einer **Vernachlässigung der gesetzlichen Befugnisse** und der Verletzung der gesetzlichen Pflichten hat keine besondere Bedeutung. Denn eine Vernachlässigung der Befugnisse wird regelmäßig eine Art Untätigkeit sein, eine Verletzung der Pflichten dagegen ein positives Handeln (*Grabendorff/Windscheid/Ilbertz/Widmaier*, BPersVG § 28 Rz 6). Beide Arten können zusammentreffen oder ineinander übergehen (*dieselben*, wie vor).

22 **Pflichtwidrig** kann auch die **rechtsmissbräuchliche Ausübung von Befugnissen** sein (*Oetker*, GK-BetrVG § 23 Rz 18). Das folgt aus dem Grundsatz von Treu und Glauben (§ 242 BGB) und dem in § 26 Abs. 1 formulierten Gebot der vertrauensvollen Zusammenarbeit zwischen Dienstgeber und MAV. Rechtsmissbrauch ist Handeln ohne Recht. Allerdings ist nicht jede rechtsmissbräuchliche Ausübung von Befugnissen eine grobe Pflichtverletzung. Vielmehr ist diese erst gegeben, wenn Befugnisse im Widerspruch zu § 26 Abs. 1 und § 39 Abs. 1 S. 1 und 2 im Einzelfall gravierend missbraucht werden oder wenn ständig ohne Rücksicht auf die betrieblichen Belange einseitig und unangemessen versucht wird, die Interessen der Mitarbeiterschaft durchzusetzen. Anders ist

§ 13 c

die Lage, wenn die Befugnisse nach der MAVO konsequent ausgeschöpft werden (*Oetker*, a. a. O. m. N. zum BetrVG).
Der Pflichtverstoß muss **subjektiv schuldhaft** sein (*BVerwG*, 14. 2. 1969, PersV 23
1970, 40; *LAG Berlin*, 17. 3. 1988 – 7 Ta B V 9/87, BB 1988, 1045 f.). Schuld liegt vor bei Vorsatz oder Fahrlässigkeit (§ 276 BGB). Auch leichte Fahrlässigkeit genügt, wenn nur der Mitarbeitervertreter objektiv und subjektiv grob pflichtwidrig und schwerwiegend gegen seine Amtspflichten verstoßen hat (*Bietmann*, Kurzkommentar § 12 Anm. 4. 5. 4; § 14 Rz 61; *Schlichtungsausschuss der Evangelischen Landeskirche in Baden*, 26. 2. 1992 – 45/91, ZMV 1992, 120; *ErfK-Eisemann*, § 23 Rz 4; *Richardi/Thüsing*, BetrVG § 23 Rz 28; *Fitting*, § 23 Rz 16: nur bei Vorsatz und grober Fahrlässigkeit).
Auf die Entscheidung der Rechtsprechung zur Frage des groben Verstoßes 24
wird bei der Bewertung zurückzugreifen sein (vgl. *Grabendorff/Windscheid/Ilbertz/Widmaier*, BPersVG § 28 Rz 8–11).
Zu erwähnen ist vor allem: Angriff auf den Leiter der Dienststelle im Tätig- 25
keitsbericht; grobe, ehrverletzende Beleidigungen des Leiters der Dienststelle; Verrat betriebsinterner Informationen, Nichteinladung bestimmter Mitglieder der MAV zu ihren Sitzungen durch den Vorsitzenden der MAV, Verstoß gegen den Grundsatz der vertrauensvollen Zusammenarbeit (vgl. zu § 26 Rz 1–7); Verweigerung der Mitarbeit in der MAV (*Grabendorff/Windscheid/Ilbertz/Widmaier*, BPersVG § 28 Rz 8 mit Nachweisen). **Verstöße gegen zwingende Normen der MAVO** können ebenfalls grobe Pflichtverletzungen sein. Dies ist z. B. dann der Fall, wenn gegen die Vorschrift der MAVO bayerische Diözesen über den Vorsitz in der MAV durch die Wahl seitens der MAV-Mitglieder verstoßen wird. Eine grobe Pflichtverletzung begeht, wer als freigestelltes Mitglied der MAV (§ 15 Abs. 3) falsche Angaben über den Zweck seiner Tätigkeit während der Arbeitszeit außerhalb der Einrichtung macht (*BAG*, AP Nr. 1 zu § 74 BetrVG 1972 Bl. 9).
Gemäß § 20 S. 3 ist die **Verletzung der Schweigepflicht** regelmäßig »eine grobe 26
Pflichtverletzung« im Sinne von § 13 c Nr. 5. Das ist fast gleichbedeutend mit einem absoluten Grund für die Amtsenthebung des betroffenen Mitglieds der MAV, jedenfalls regelmäßig. Im Verfahren vor der Schlichtungsstelle hat diese also zu prüfen, ob eine Verletzung der Schweigepflicht überhaupt vorliegt (vgl. 20), ob sie wirklich als grober Verstoß einzuordnen ist, zumal das Gebot der Schweigepflicht sehr weitgehend auslegbar und unklar ist, ob die Verletzung der Schweigepflicht nur bei Vorsatz oder auch bei jeder Form der Fahrlässigkeit Sanktionen auslösen soll. In diesem Zusammenhang darf nicht das Problem der Güterabwägung zur Vermeidung von Nachteilen der Mitarbeiter übersehen werden, z. B. bei der Unfallprävention oder einem Dienstunfall, welcher der Berufsgenossenschaft zu melden ist. Die Schweigepflicht gilt nicht, wenn im Zusammenhang mit Dienstvereinbarungen die DiAG-MAV oder eine Mitarbeiterkoalition zu informieren ist (§ 38 Abs. 2 S. 2).
Umstritten war die Frage, ob ein Mitglied des Betriebsrats, das während seiner 27
Amtszeit ordentlich nicht gekündigt werden kann (§ 15 KSchG), deshalb **abgemahnt** werden kann, weil es **während der Arbeitszeit für die Mitgliedschaft in einer Gewerkschaft geworben** hat (*BAG*, 13. 11. 1991 – 5 AZR 74/91, DB 1992, 843). Das *Bundesverfassungsgericht* hat klargestellt, dass durch Art. 9 Abs. 3 GG die Koalitionsfreiheit auch eines einzelnen Mitglieds der Koalition geschützt wird, wenn es andere zum Beitritt zu gewinnen sucht, um die eigene Vereinigung durch Mitgliederzuwachs zu stärken (*BVerfG*, 14. 11. 1995 – 1

§ 13 c

BvR 601/92, DB 1996, 1627). Dabei hat das *BVerfG* zwischen der Frage der Vertragsverletzung und dem Zutrittsrecht betriebsfremder Gewerkschaftsbeauftragter zu einer kirchlichen Einrichtung (*BVerfGE* 57, 220) unterschieden. Es geht im Einzelfall um die Bestimmung der gegenseitigen Rechte und Pflichten des Arbeitnehmers und seines Arbeitgebers hinsichtlich der Werbung für eine Gewerkschaft im Betrieb; die grundrechtlich geschützten Positionen beider Vertragspartner sind zu berücksichtigen (*BVerfGE* 7, 198, 204 ff., 212). Ausdrücklich regelt **Art. 6 Abs. 1 S. 2 GrO**, dass **Mitarbeiterinnen und Mitarbeiter berechtigt** sind, **innerhalb ihrer Einrichtung für den Beitritt zu Koalitionen zu werben**, über deren Aufgaben und Tätigkeiten zu informieren sowie Koalitionsmitglieder zu betreuen. Denn die Mitarbeiterinnen und Mitarbeiter des kirchlichen Dienstes können sich in **Ausübung ihrer Koalitionsfreiheit** als kirchliche Arbeitnehmer zur Beeinflussung der Gestaltung ihrer Arbeits- und Wirtschaftsbedingungen in Vereinigungen (Koalitionen) zusammenschließen, diesen beitreten und sich in ihnen betätigen (Art. 6 Abs. 1 S. 1 GrO). Allerdings muss die Koalition wegen der Zielsetzung des kirchlichen Dienstes dessen Eigenart und die sich daraus für die Mitarbeiterinnen und Mitarbeiter ergebenden Loyalitätsobliegenheiten anerkennen (Art. 6 Abs. 2 GrO). Infolgedessen ist Mitgliedern der MAV im Rahmen des Art. 6 GrO die Werbung für eine Koalition in ihrer Einrichtung auch während der Arbeitszeit gestattet.

c. Verteidigung

28 Das vom Ausschlussantrag betroffene Mitglied der MAV kann sich anwaltlich vertreten lassen. Gemäß § 17 Abs. 1 S. 2 dritter Spiegelstrich gehören zu den vom Dienstgeber zu tragenden Kosten auch diejenigen zur Beauftragung eines Bevollmächtigten im Verfahren vor der Schlichtungsstelle, soweit der Vorsitzende der Schlichtungsstelle feststellt, dass die Bevollmächtigung zur Wahrnehmung der Rechte des bevollmächtigenden Mitglieds der MAV notwendig oder zweckmäßig erscheint. Wird die anwaltliche Vertretung zugelassen, hat der Dienstgeber die Kosten des Anwalts zu tragen. Denn zu den nach § 17 Abs. 1 vom Dienstgeber zu tragenden Kosten der Tätigkeit der MAV gehören auch solche Kosten, die zur sachgerechten Verteidigung eines MAV-Mitgliedes im Verfahren vor der Schlichtungsstelle mit dem Ziel seines Ausschlusses aus der MAV wegen grober Verletzung seiner gesetzlichen Pflichten als MAV-Mitglied erforderlich sind. Das gilt auch für die **Kosten** der Hinzuziehung **eines Rechtsanwalts**. Die Erforderlichkeit der Heranziehung ist nicht danach zu beurteilen, ob das MAV-Mitglied in dem Ausschlussverfahren schließlich obsiegt. Nicht erforderlich ist die Zulassung eines Rechtsanwalts, wenn eine Verteidigung gegen den Ausschlussantrag von vornherein als offensichtlich aussichtslos erscheinen muss. Das ist der Fall, wenn das dem MAV-Mitglied vorgeworfene Verhalten von ihm ernsthaft nicht bestritten werden kann und die rechtliche Würdigung dieses Verhaltens unzweifelhaft eine zum Ausschluss führende grobe Pflichtverletzung ergibt (vgl. auch *BAG*, 19. 4. 1989 – 7 ABR 6/88, NZA 1990, 233; § 17 Rz 19 ff.).

§ 13 c

d. Wirkung des Ausschlusses aus der MAV

Der Ausschluss aus der MAV führt sofort ebenso wie der Verlust des Amtes 29
zum Verlust des besonderen Kündigungsschutzes (§ 19 Abs. 1 S. 3 i. V. m.
§ 13 c Nr. 5) mit der Wirksamkeit der Entscheidung.

e. Erledigung des Ausschlussverfahrens

Das anhängige Verfahren über den Ausschluss eines MAV-Mitgliedes aus der 30
MAV endigt außer durch Beschluss der Schlichtungsstelle (§ 13 c Nr. 2 und 5)
bereits dann, wenn
- die Amtszeit der MAV abgelaufen ist (§ 13 Abs. 2),
- die Einrichtung aufgelöst oder mitarbeitervertretungsunfähig geworden ist
  (§ 6 Abs. 1),
- die MAV infolge der Entscheidung über die Wahlanfechtung aufgelöst (§ 12
  Abs. 2 S. 2; § 12 Rz 40) oder gemäß § 13 Abs. 3 Nr. 6 i. V. m. § 41 Abs. 1 Nr. 3
  aufgelöst ist,
- der MAV das Misstrauen in der Mitarbeiterversammlung ausgesprochen
  worden ist (§ 22 Abs. 2),
- das betroffene MAV-Mitglied sein Amt niederlegt
oder durch Ausscheiden aus der Dienststelle sein Amt als MAV-Mitglied verloren hat (§ 13 c Nr. 3 und 4; Rz 18); nicht aber wenn die MAV den Rücktritt
erklärt hat (§ 13 Abs. 3 Nr. 3 i. V. m. § 13 a S. 2).
In den einschlägigen Fällen besteht kein Rechtsschutzinteresse mehr für eine 31
förmliche Feststellung der Schlichtungsstelle über den Ausschluss aus der
MAV. Dasselbe gilt auch für ein Verfahren zur Feststellung des Verlustes der
Wählbarkeit (§ 41 Abs. 1 Nr. 3 in Verb. mit § 13 c Nr. 2) entsprechend. Der Ausschluss eines Mitgliedes aus der MAV erfolgt nur für die gegenwärtige Amtszeit, nicht aber für spätere Amtszeiten. Deshalb kann ein aus der MAV aus-
geschlossenes Mitglied bei der nächsten Wahl erneut zur MAV kandidieren.

f. Abmahnung des Mitgliedes der MAV

Im Zusammenhang mit der Frage des Ausschlusses eines Mitgliedes aus der 32
MAV ist die Möglichkeit einer Abmahnung durch den Dienstgeber vor Ausschluss aus der MAV zu behandeln. Es geht um eine Rüge und Verwarnung
vor dem schärferen Mittel des Ausschlusses (*Kania*, Die betriebsverfassungsrechtliche Abmahnung, DB 1996, 374). Die Abmahnung ist die Ausübung eines arbeitsvertraglichen Gläubigerrechts durch den Arbeitgeber (*BAG*, 15. 7.
1992 – 7 AZR 466/91, NZA 1993, 220; *BAG*, 10. 11. 1993 – 7 AZR 682/92, DB
1994, 2545). Die Abmahnung kommt vor der Kündigung in Betracht, wenn
eine Pflichtverletzung aus dem Arbeitsverhältnis durch den Arbeitnehmer erfolgt ist, wie z. B. eine Arbeitsverweigerung (*BAG*, 10. 11. 1993 – 7 AZR
682/92, DB 1994, 2554). In diesem Sinne ist auch Art. 5 Abs. 1 GrO zu beachten. Es kommt eine Pflichtverletzung durch ein Mitglied der MAV als Gegenstand einer Abmahnung in Betracht, wenn das MAV-Mitglied zumindest auch
seine arbeitsvertraglichen Pflichten verletzt hat. Deshalb ist, wenn das Verhalten eines Arbeitnehmers zugleich auch eine Verletzung seiner Pflicht als
MAV-Mitglied darstellt, einen Abmahnung wegen Verletzung seiner arbeitsvertraglichen Pflichten nicht ausgeschlossen (*BAG*, 15. 7. 1992 – 7 AZR
466/91, NZA 1993, 220 = DB 1993, 438). Aber umgekehrt ist eine Abmahnung

§ 13 c

bei reiner Pflichtverletzung in Ausübung der MAV-Tätigkeit vor Herbeiführung des Ausschlusses aus der MAV nicht erforderlich. Denn keiner der am Ausschlussverfahren möglicherweise Beteiligten (§ 41 Abs. 1 Nr. 3 i. V. m. § 13 c Nr. 5) steht zum MAV-Mitglied in einem Rechtsverhältnis mit Weisungsberechtigung. Da wo das MAV-Mitglied nicht Arbeitnehmer, sondern auf andere Weise Beschäftigter ist (vgl. § 3 Abs. 1), kommt die Abmahnung schon deswegen gedanklich nicht zum Zuge. Über den Ausschluss entscheidet nicht das staatliche Arbeitsgericht, sondern die kirchliche Schlichtungsstelle (§ 41 Abs. 1 Nr. 3 i. V. m. § 13 c Nr. 5), während über die Berechtigung der Abmahnung als Gläubigerrecht das staatliche Arbeitsgericht befindet (vgl. Art. 10 Abs. 1 GrO). Die MAVO kennt im Gegensatz zu Art. 5 Abs. 1 GrO die Abmahnung nicht.

g. Einstweilige Anordnung gegen die Ausübung des Amtes als MAV-Mitglied

33 Je nach näherer Ordnung für das Schlichtungsverfahren sind einstweilige Anordnungen möglich, wenn ein wichtiger Grund vorliegt. Die einstweilige Anordnung ergeht durch Beschluss der Schlichtungsstelle ohne mündliche Verhandlung (§ 9 SchliVerfO Köln). Eine einstweilige Anordnung setzt einen **Anordnungsgrund** und einen **Anordnungsanspruch** voraus. Die Schlichtungsstelle muss bei gegebener Veranlassung selbst untersuchen, ob die für den Anordnungsgrund und den Anordnungsanspruch entscheidungserheblichen Tatsachen vorliegen bzw. glaubhaft sind und daher präsente Zeugen vernehmen (*LAG München*, 26. 8. 1992 – 5 Ta BV 43/92, BB 1993, 2168 Ls.). Unter Abwägung der zu prüfenden Gründe zur Entscheidung im Wege einstweiliger Anordnung ist auch die Untersagung der Ausübung des Amtes als MAV-Mitglied bis zur Entscheidung nach mündlicher Verhandlung möglich.

II. Pflichtenverstöße des Dienstgebers

34 Während bei groben Pflichtverstößen eines Mitgliedes der MAV der Ausschluss des Mitgliedes aus der MAV verlangt werden kann (Rz 18 ff.), kommen bei Pflichtverstößen des Dienstgebers nur die in den Fällen des § 41 Abs. 1 Nrn. 5, 6 und 8 und Abs. 2 genannten Möglichkeiten der Anrufung der Schlichtungsstelle in Betracht. Allerdings kann arbeitsrechtlich wegen Verletzung von Dienstpflichten zur Verantwortung gezogen werden, wer als Beauftragter des Dienstgebers (§ 2 Abs. 2, § 3 Abs. 2 Nr. 2 bis 4) tätig ist. Andere Verantwortliche (§ 3 Abs. 2 Nr. 1 und 5) können aufsichtsrechtlich oder dienstrechtlich zur Beachtung ihrer Pflichten gemäß der MAVO angehalten werden. Auslöser dafür kann in jedem Falle das Verfahren vor der Schlichtungsstelle und ihre Entscheidung sein, wenn durch sie ein Pflichtenverstoß im Bereich des Dienstgebers zum Nachteil der MAV unter Verletzung der MAVO festgestellt worden ist (vgl. § 26 Abs. 1). Darüber kann die MAV unter Vorlage der Entscheidung den Dienstgeber unterrichten, der seinerseits durch seine Organe den Verantwortlichen zur Verantwortung ziehen und Abhilfe schaffen kann, um die Rechtsordnung zu bewahren. Leitende Mitarbeiter können also mit arbeitsrechtlichen Sanktionen belegt werden, wenn sie Arbeitnehmer sind, mit dienstrechtlichen, wenn sie Beamte oder Geistliche sind. Ordensmitglieder können von ihren Oberen zur Beachtung des Rechts angehalten werden, Mitarbeiter auf Grund von Gestellungsverträgen über den Dienstgeber durch

den Gestellungspartner des Dienstgebers unter Anmahnung einwandfreier Erfüllung der durch den Gestellungsvertrag zugesagten Leistungen. Verstöße des Dienstgebers gegen das Benachteiligungsverbot von Mitgliedern der MAV gemäß § 18 Abs. 1 sind zu § 18 Rz 12 behandelt.

§ 13 d Übergangsmandat

(1) Wird eine Einrichtung gespalten, so bleibt deren Mitarbeitervertretung im Amt und führt die Geschäfte für die ihr bislang zugeordneten Teile einer Einrichtung weiter, soweit sie die Voraussetzungen des § 6 Abs. 1 erfüllen und nicht in eine Einrichtung eingegliedert werden, in der eine Mitarbeitervertretung besteht (Übergangsmandat). Die Mitarbeitervertretung hat insbesondere unverzüglich Wahlausschüsse zu bestellen. Das Übergangsmandat endet, sobald in den Teilen einer Einrichtung eine neue Mitarbeitervertretung gewählt und das Wahlergebnis bekannt gegeben ist, spätestens jedoch sechs Monate nach Wirksamwerden der Spaltung. Durch Dienstvereinbarung kann das Übergangsmandat um bis zu weitere sechs Monate verlängert werden.

(2) Werden Einrichtungen oder Teile von Einrichtungen zu einer Einrichtung zusammengelegt, so nimmt die Mitarbeitervertretung der nach der Zahl der wahlberechtigten Mitarbeiterinnen und Mitarbeiter größten Einrichtung oder des größten Teils einer Einrichtung das Übergangsmandat wahr. Absatz 1 gilt entsprechend.

(3) Die Absätze 1 und 2 gelten auch, wenn die Spaltung oder Zusammenlegung von Einrichtungen und Teilen von Einrichtungen im Zusammenhang mit einer Betriebsveräußerung oder einer Umwandlung nach dem Umwandlungsgesetz erfolgt.

(4) Führt eine Spaltung, Zusammenlegung oder Übertragung dazu, dass eine ehemals nicht in den Geltungsbereich nach § 1 fallende Einrichtung oder ein Teil einer Einrichtung nunmehr in den Geltungsbereich dieser Ordnung fällt, so gelten Abs. 1 und 2 entsprechend. Die nicht nach dieser Ordnung gebildete Arbeitnehmervertretung handelt dann als Mitarbeitervertretung. Bestehende Vereinbarungen zwischen dem Dienstgeber und der nicht nach dieser Ordnung gebildeten Arbeitnehmervertretung erlöschen und zuvor eingeleitete Beteiligungsverfahren enden.

Inhaltsübersicht

	Rz
I. Zweck der Vorschrift	1–4
II. Geltungsbereich des Übergangsmandats	5–21
1. Spaltung der Einrichtung (Abs. 1)	6–8
2. Zusammenlegung von Einrichtungen (Abs. 2)	9–18
a. Zusammenlegung von Pfarreien/Kirchengemeinden	10–12
b. Spaltung einer Pfarrei (Kirchengemeinde)	13
c. Organisationsänderung bei anderen Rechtsträgern	14–18
3. Beteiligte Rechtsträger	19–21
4. Eingliederung in eine Einrichtung mit einer Mitarbeitervertretung	22–29
III. Die Ausübung des Übergangsmandats	22–29
1. Personelle Zusammensetzung der MAV	22–24
2. Inhalt des Übergangsmandats	25–26

§ 13 d

3. Dauer	27
4. Persönlicher Geltungsbereich	28
5. Kosten	29
IV. Übergang in den Geltungsbereich der MAVO	30–34
V. Ausgliederung in einen Rechtsbereich außerhalb der MAVO	35
VI. Streitigkeiten	36

I. Zweck der Vorschrift

1 Durch die Regelung eines allgemeinen Übergangsmandats für die MAV wird die Richtlinie 98/50/EG des Rates vom 29. 6. 1998 zur Änderung der Richtlinie 77/187/EWG zur Angleichung der Rechtsvorschriften der Mitgliedstaaten über die Wahrung von Ansprüchen der Arbeitnehmer beim Übergang von Unternehmen, Betrieben oder Betriebsteilen umgesetzt. Das **Übergangsmandat der MAV** soll ein Defizit ausgleichen, das **bei betrieblichen Organisationsänderungen** in der Übergangsphase entstehen kann, wenn nämlich eine Einrichtung gespalten wird mit der Folge, dass für den abgespaltenen Teil und sein Personal noch keine eigene MAV besteht. Dasselbe Problem kann bei einer Zusammenlegung entstehen, wenn dadurch eine neue Einrichtung entsteht und die bisherigen Mitarbeitervertretungen ihr Amt deshalb verlieren. Deshalb wird mit dem in § 13 d entwickelten Übergangsmandat eine Zwischenlösung angestrebt, um keine mitarbeitervertretungslose Zeit eintreten zu lassen. **Vorbild für die Regelung ist § 21 a BetrVG.**

2 Der MAV steht mit der Vorschrift bei jeder Form der **Spaltung** einer Einrichtung (Abs. 1) oder **Zusammenlegung** von Einrichtungen oder Teilen von Einrichtungen zu einer neuen Einrichtung (Abs. 2) ein Übergangsmandat zu, wenn die Organisationsänderung zum Wegfall der bisherigen MAV führt oder ein Teil der Mitarbeiterschaft aus dem Zuständigkeitsbereich ihrer bisherigen MAV herausfällt und dadurch der **Schutz der MAVO** verloren ginge. Dabei kommt es nicht darauf an, ob die Umorganisation im Zusammenhang mit einem Betriebsübergang im Wege der Einzel- oder Gesamtrechtsnachfolge oder ausschließlich auf Grund von Änderungen der Betriebsorganisation innerhalb eines Unternehmens erfolgt (Abs. 3).

3 Die Bestimmung des Abs. 4 gilt dem **Fall des Übergangs einer dem staatlichen Betriebsverfassungs- oder Personalvertretungsrecht oder dem Mitarbeitervertretungsrecht der evangelischen Kirche oder der Diakonie unterfallenden Einrichtung in den Geltungsbereich der MAVO.** Um eine lückenlose Umsetzung des europäischen Rechts zu ermöglichen, wird ein Übergangsmandat für die nicht nach der MAVO gebildeten Arbeitnehmervertretungen ermöglicht. Sie nehmen im Zeitpunkt der Überleitung die Stellung einer Mitarbeitervertretung ein und nehmen dieses Übergangsmandat nach den Bestimmungen der MAVO wahr, nicht nach dem vorher geltenden Betriebsvertretungsrecht.

4 **Kein Übergangsmandat** ist geregelt für den Fall, dass eine kirchliche Einrichtung aus dem Geltungsbereich der MAVO in den eines anderen betriebsverfassungsrechtlichen Rechtskreises übertragen wird.

II. Geltungsbereich des Übergangsmandats

5 Für das Übergangsmandat kommt es auf die Art der Umorganisation und damit verbundene rechtsgeschäftliche Übertragungen von Einrichtungen oder

§ 13 d

Teilen von Einrichtungen nicht an, auch nicht auf den Übergang von Arbeitsverhältnissen. Entscheidend ist die **Änderung der Identität der Einrichtung** auf Grund der in der Vorschrift genannten Umstrukturierungen in Form einer Spaltung oder Zusammenfassung von Einrichtungen und/oder Teilen von Einrichtungen. Zur Beurteilung ob sich die Identität einer Einrichtung geändert hat, ist der Einzelfall maßgebend. Ausgangspunkt für den Begriff Einrichtung ist § 1 a.

1. Spaltung einer Einrichtung (Abs. 1)

Der Begriff Spaltung ist nicht definiert. Sein Inhalt ist nach dem Zweck der 6
Vorschrift des § 13 d Abs. 1 zu bestimmen. Es geht um einen Umbau auf der Ebene der Einrichtung oder Dienststelle, die sich auf die bisherige organisatorische Einheit auswirkt. Zwei Möglichkeiten sind denkbar; entweder ist die arbeitstechnische Struktur betroffen oder es erfolgt eine Aufteilung eines bisher einheitlichen Leistungsapparats (*Löwisch/Schmidt-Kessel*, BB 2001, 2162 f.).

Beispiel: Ein Rechtsträger verwaltet und leitet in einer Stadt verschiedene 7
Dienste im sozialen Bereich, wie Verwaltung, Behinderteneinrichtung, betreutes Wohnen, Werkstatt für Behinderte, Alten- und Pflegeheim, Obdachlosenasyl, Tageseinrichtung für Kinder im sozialen Brennpunkt, Kleider- und Möbelkammer. Alle Dienste sind als eine Einrichtung mit den Mitarbeitern und mit einer MAV organisiert. Aus arbeitstechnischen und haushaltsrechtlichen Gründen u. a. mit Blick auf Drittmittel unterschiedlicher Leistungsträger teilt der Dienstgeber (Rechtsträger) die bisher geführte Einheit in fachlich strukturierte Einheiten auf. Das ist eine **Aufspaltung**.

Eine **Abspaltung** läge vor, wenn aus der organisatorischen Einheit des Ur- 8
sprungsbetriebs ein Teil ausgegliedert würde, wie etwa aus einem Krankenhaus der Küchen- und Reinigungsbereich. Die Aufspaltung in zwei oder mehrere Einrichtungen führt zum Verlust der Identität der bisherigen Einrichtungsorganisation, weil sie eigenständige Einrichtungen (sonstige selbstständig geführte Stellen, § 1 Abs. 1) werden. In ihnen muss je eine MAV neu gewählt werden, soweit die Fähigkeit zur Bildung einer MAV gemäß § 6 Abs. 1 besteht. Das gilt z. B. auch, wenn aus einer Kirchengemeinde ein Teil abgespalten wird (can. 122 CIC).

2. Zusammenlegung von Einrichtungen (Abs. 2)

Ein Übergangsmandat ordnet § 13 d Abs. 2 S. 1 bei der Zusammenlegung von 9
Einrichtungen und/oder Einrichtungsteilen zu einer neuen Einrichtung bzw. Dienststelle an. In Betracht kommen ganz unterschiedliche Fallgestaltungen. Eine Zusammenlegung von Einrichtungen i. S. des § 13 d Abs. 2 liegt vor, wenn zwei oder mehr bisher selbstständige organisatorische Einheiten von Arbeitsmitteln so zusammengefasst werden, dass eine einzige Organisationseinheit entsteht. Dazu müssen sowohl die arbeitstechnische Struktur als auch der Leitungsapparat vereinheitlicht werden. Ob auch die Rechtsträger, die Träger der Einrichtungen sind, zusammengeschlossen werden, spielt keine Rolle. Die Vorschrift soll gerade auch den Fall der Bildung einer gemeinsamen Einrichtung durch mehrere Träger erfassen. Wenn § 13 d Abs. 2 auch von der Zusammenfassung von Einrichtungsteilen spricht, so ist damit der Fall der nach § 1 a selbstständigen Teileinrichtung gemeint (vgl. *Löwisch/Schmidt-Kes-*

§ 13 d

sel zu § 4 Abs. 1 BetrVG, a. a. O. S. 2164). § 13 d Abs. 2 setzt voraus, dass durch die Zusammenlegung ein neuer Betrieb bzw. eine neue Einrichtung entsteht. Stellt sich die Zusammenlegung als Eingliederung einer Einrichtung in eine andere Einrichtung dar, die ihrerseits ihre Identität behält, ist ein Übergangsmandat nicht erforderlich. Die Zuständigkeit der MAV der aufnehmenden Einrichtung erstreckt sich vielmehr automatisch auf die Mitarbeiter der eingegliederten Einrichtung oder des Teils der Einrichtung. Besteht keine MAV bei dem aufnehmenden Träger, behält die MAV einer von der Zusammenlegung betroffenen Einrichtung jedenfalls ein Restmandat (§ 13 e). Die Entstehung des Übergangsmandats nach § 13 d Abs. 2 setzt nicht voraus, dass in allen bislang selbstständigen Einrichtungen eine MAV gewählt war. Dass die Mitarbeiter der mitarbeitervertretungslosen Einrichtungen die MAV, die das Übergangsmandat erhält, nicht legitimiert haben, steht dem nicht entgegen. Denn nach der Ordnung soll eine MAV das Übergangsmandat allein ausüben. Dieses Defizit ist vertretbar, weil die MAV des Übergangsmandats unverzüglich einen Wahlausschuss zur Wahl einer neuen MAV bestellen muss(§ 13 d Abs. 2 S. 2 i. V. m. § 13 d Abs. 1 S. 2).

a. Zusammenlegung von Pfarreien (Kirchengemeinden)

10   Die kirchenrechtliche Zusammenlegung von Pfarreien kann auf verschiedene Weise erfolgen. Entweder wird jede mit einer anderen Pfarrei zu verschmelzende Pfarrei aufgelöst, um sie zu einer neuen (größeren) Pfarrei zu vereinigen (vgl. z. B. Amtsblatt des Erzbistums Köln 2002 Nr. 12 S. 25, Nr. 13 S. 27; Kirchliches Amtsblatt Münster 2001 Art. 289 S. 30; Kirchliches Amtsblatt Essen 2001 Nr. 133 S. 126), oder es wird eine Pfarrei aufgelöst, um deren Pfarrgebiet und die Gläubigen dieses Territoriums einer anderen bestehenden Pfarrei anzugliedern (vgl. Kirchliches Amtsblatt Münster 2001 Art. 290 S. 301; Amtsblatt des Erzbistums Köln 2000 Nr. 2 S. 6, Nr. 3 S. 7; Amtsblatt Essen 2002 Nr. 70 S. 82). Jede Pfarrei besitzt Rechtsfähigkeit (can. 515 § 3 CIC). Sie ist nach staatlichem Recht öffentlich-rechtliche Person. Errichtung, Aufhebung oder Veränderung der Pfarreien ist allein Sache des Diözesanbischofs (can. 515 § 2 CIC), der das erforderliche Dekret erlässt. Damit die Veränderung nach staatlichem Recht wirksam wird, ist die staatliche Anerkennung erforderlich (vgl. etwa Kirchlicher Anzeiger für das Erzbistum Köln 1961 Nr. 118 S. 109; § 4 Vereinbarung über die staatliche Mitwirkung bei der Bildung und Veränderung katholischer Kirchengemeinden vom 8./18./20./22. und 25. Oktober 1960, GV NW 1960 S. 426). Die aufnehmende oder die neu errichtete Kirchengemeinde (Pfarrei) tritt in die Rechtsfolge der aufgelösten Kirchengemeinden (Pfarreien), can. 121 CIC, während die aufgelösten Pfarreien ihre Existenz verlieren, Kirchenvorstände und Pfarrgemeinderäte aufgelöst sind (Amtsblatt des Erzbistums Köln 2002 Nrn. 313 ff. S. 286 ff.; 2003 Nr. 11 S. 11 f.).

11   Besteht in der aufgelösten Pfarrei (Kirchengemeinde) eine MAV, ist zu unterscheiden, ob die MAV für eine bestimmte Einrichtung der Kirchengemeinde (z. B. Altenheim) oder für die gesamte Mitarbeiterschaft der Kirchengemeinde gebildet wurde. Im ersten Fall führt die Auflösung der Kirchengemeinde nicht gleichzeitig zur Auflösung der Einrichtung. Denn die Einrichtung geht auf die neue Kirchengemeinde über ohne Beschädigung der Identität der Einrichtung; die MAV z. B. des Altenheims bleibt im Amt. Neuer Dienstgeber ist

die das Altenheim nunmehr aufnehmende und tragende Kirchengemeinde im Rahmen der Gesamtrechtsnachfolge. War dagegen die MAV für die gesamte Mitarbeiterschaft einer Kirchengemeinde gebildet, führt die Auflösung der Kirchengemeinde zur Auflösung der MAV (*BAG*, 21. 1. 2003 – 1 ABR 9/02, NZA 2003, 1097) mit der Maßgabe, dass diejenige MAV im Amt bleibt, die nach der Zahl der wahlberechtigten Mitarbeiterinnen und Mitarbeiter die größte Einheit repräsentiert; sie hat das Übergangsmandat und muss einen Wahlausschuss bestellen, damit für die neue (vergrößerte) Kirchengemeinde eine neue MAV gewählt wird (§ 13 d Abs. 2 i. V. m. Abs. 1 S. 2). Bestand im Zeitpunkt der Zusammenlegung nur eine MAV, hat sie das Übergangsmandat. Bestand keine MAV, hat der neue Dienstgeber die Bildung einer MAV zu veranlassen (§ 10).

Da die **Zusammenlegung von Pfarreien** Sache des **Diözesanbischofs** ist, die Pfarrei die Anordnung über die Veränderung nicht selbst bestimmt, hat die MAV zur aufzuhebenden Pfarrei kein Anhörungs- und Mitberatungsrecht i. S. von § 29 Abs. 1 Nr. 17. Ein Beteiligungsrecht besteht an den womöglichen **Folgemaßnahmen**, die auf örtlicher Ebene durch die neue Pfarrei (Kirchengemeinde) getroffen werden sollen. Die Mitglieder der aufgelösten MAV genießen den nachwirkenden Kündigungsschutz gemäß § 19 Abs. 1 S. 3, wenn sie nicht aus dem Dienst ausscheiden. 12

b. Spaltung einer Pfarrei (Kirchengemeinde)

Ist eine Pfarrei durch neue Ansiedlungen bevölkerungsreicher geworden, kann wegen größerer Zahl der Gläubigen das Neubaugebiet von der Mutterpfarrei abgetrennt und zu einer neuen Pfarrei erhoben werden. Die Errichtung steht allein dem Diözesanbischof zu (can. 515 § 2 CIC). Für die bestehende MAV entsteht für den Fall, dass für von ihr bislang repräsentierte Mitarbeiter im Falle des Ausscheidens aus der Mutterpfarrei die Fortsetzung ihrer Tätigkeit im neuen Pfarrgebiet ein Übergangsmandat entsteht, wenn die Zahl der dortigen Mitarbeiter die Bildung einer MAV zulässt (§ 6 Abs. 1). Das gilt auch, wenn Mitglieder der MAV durch die Änderung nunmehr Mitarbeiter der neuen Pfarrei sind. 13

c. Organisationsänderung bei anderen Rechtsträgern

Die vorstehend genannten Veränderungen in der Rechtsperson einer juristischen Person sind entsprechend bei Veränderung anderer juristischer Personen des privaten Rechts zu behandeln. Fazit ist: die Neugründung einer Rechtsperson ist von Bedeutung für die Frage des Übergangsmandats mit Blick auf die Trägerschaft einer Einrichtung, für die bisher die MAV der ausgliedernden Rechtsperson zuständig war, wenn die Ausgliederung im Geltungsbereich der MAVO erfolgt. 14

Übernimmt die neu gegründete Rechtsperson eine Einrichtung mit bestehender MAV, bleibt die MAV im Amt. Es findet nämlich keine Organisationsänderung der übernommenen Einrichtung statt. 15

Wird ein Rechtsträger mit einem anderen Rechtsträger verbunden, ohne dass zugleich auch eine betriebliche Organisationsänderung der Einrichtungen erfolgt, bleiben die bestehenden Mitarbeitervertretungen im Amt. 16

Erfolgt der Zusammenschluss der Rechtsträger mit gleichzeitigem Zusammenschluss ihrer Einrichtungen zu einer einzigen, ist das Übergangsmandat 17

§ 13 d

bei der MAV, die die größere Zahl aktiv wahlberechtigter Mitarbeiter repräsentiert. Die andere MAV scheidet deshalb aus dem Amt.

18 Überträgt ein Rechtsträger seine Einrichtung, in der eine MAV besteht, bleibt diese im Amt, wenn nicht zusätzlich eine Eingliederung in die schon bestehende Einrichtung des anderen Rechtsträgers erfolgt und dessen Einrichtung die größere aktiv wahlberechtigter Mitarbeiter hat, die von der dort bestehenden MAV repräsentiert werden.

3. Beteiligte Rechtsträger

19 Für das Entstehen des Übergangsmandats ist nach Absatz 3 unerheblich, ob die Spaltung von Einrichtungen oder deren Zusammenlegung von Teilen von Einrichtungen im Zusammenhang mit einer Veräußerung (Betriebsübergang gemäß § 613 a BGB) oder einer Umwandlung i. S. d. 3. und 4. Buches des Umwandlungsgesetzes erfolgt (Abs. 3). Entscheidend ist allein die tatsächliche Änderung der Einrichtungsorganisation. Reiner Rechtsträgerwechsel ist im Bereich der MAVO ohne Bedeutung. Denn dann bleiben bestehende Mitarbeitervertretungen im Geltungsbereich der MAVO im Amt (*BAG*, 9. 2. 1982 – 1 ABR 36/80, EzA § 118 BetrVG 1972 Nr. 33).

20 Das Übergangsmandat entsteht nicht nur bei einer Änderung der Einrichtungsorganisation als Folge einer Spaltung nach § 123 UmwG. Es gilt auch bei einer Organisationsänderung nach einer Verschmelzung i. S. d. 1. Buches des UmwG.

4. Eingliederung in eine Einrichtung mit einer Mitarbeitervertretung

21 Die gesetzliche Definition des Übergansmandats des § 13 d Abs. 1 S. 1 enthält ein negatives Tatbestandsmerkmal. Das Übergangsmandat ist nämlich ausgeschlossen, wenn ein Teil der abgespaltenen Einrichtung in eine Einrichtung eingegliedert wird, in der bereits eine MAV besteht. Insofern werden die aufgenommenen Mitarbeiter Teil der Dienstgemeinschaft der aufnehmenden Einrichtung und deshalb von der dort gewählten MAV repräsentiert. Ein Nebeneinander zweier Mitarbeitervertretungen ist wegen des erreichten Schutzzwecks nicht erforderlich. Allerdings kann sowohl in der aufnehmenden als auch in der abgebenden Einrichtung wegen einer wesentlichen Änderung der Mitarbeiterzahl eine Neuwahl erforderlich werden (§ 13 Abs. 3 Nr. 1). Das **Restmandat** der MAV der abgebenden Einrichtung wird durch § 13 d Abs. 1 nicht ausgeschlossen. Das Restmandat (§ 13 e) richtet sich aber gegen den Ursprungsdienstgeber.

III. Die Ausübung des Übergangsmandats

1. Personelle Zusammensetzung der MAV

22 Während der Dauer des Übergangsmandats bleibt die MAV nicht nur als Organ sondern auch in ihrer bisherigen personellen Zusammensetzung bestehen und ist für die neue Organisationseinheit zuständig. Entscheidender Zeitpunkt dafür ist die Lage vor der Umstrukturierung und die Mitgliederzahl der MAV. Auf die danach bestehende Zugehörigkeit zur alten oder neuen Einrichtung kommt es nicht an. Das ist also eine Ausnahme von der Einrichtungsbezogenheit des Mandats und der Zuordnung zum selben Dienstgeber (*Fit-*

§ 13 d

ting, § 21 a Rz 16). Während der Dauer des Übergangsmandats bleibt die MAV in der personellen Zusammensetzung, wie sie vor der Umstrukturierung bestanden hat, sowohl für die Ursprungseinrichtung als auch für die neuen mitarbeitervertretungsfähigen Organisationseinheiten zuständig, für die erst noch eine MAV zu wählen ist (*Riehle*, Sonderbeilage zu NZA Heft 16/2003 S. 62, 64).

Von der Zusammensetzung gibt es aber eine Ausnahme, wenn das Arbeitsverhältnis eines MAV-Mitgliedes bzw. Ersatzmitgliedes im Zuge der betrieblichen Umstrukturierung mit dem bisherigen Dienstgeber endet und auch nicht mit einem Dienstgeber einer daraus gebildeten neuen Einheit fortgesetzt wird. In diesem Fall scheidet das MAV-Mitglied aus der Ursprungseinrichtung aus und gehört auch nicht mehr zur Mitarbeiterschaft der neu gebildeten Einheit (§ 13 Nr. 4). Für das ausgeschiedene MAV-Mitglied rückt, falls vorhanden, ein Ersatzmitglied nach. 23

Bei Zusammenlegung mehrerer Einrichtungen oder Teilen von Einrichtungen bestimmt § 13 d Abs. 2, dass von mehreren aktuell in Betracht kommenden Mitarbeitervertretungen diejenige im Amt bleibt, die bisher die größere Zahl wahlberechtigter Mitarbeiterinnen und Mitarbeiter repräsentiert hat. Ausschlaggebend sind die Verhältnisse der letzten Wahl zur MAV, um Manipulationen bei der Umstrukturierung zu vermeiden. Es kommt nämlich nicht auf die Zahl der Mitglieder der MAV an. Die zeitweise Verdrängung des Prinzips der Legitimation durch demokratische Wahl wird von der Funktion des Übergangsmandats bestimmt und ist mit Blick auf die zeitliche Befristung des Mandats (§ 13 d Abs. 2 S. 2 i. V. m. Abs. 1 S. 3 und 4) nicht zu beanstanden. 24

2. Inhalt des Übergansmandats

Die Rechte und Befugnisse aus dem Übergangsmandat sind inhaltlich nicht eingeschränkt (ErfK-Eisemann § 21 a BetrVG Rz 1). Der MAV obliegen aus dem Übergangsmandat 25
– die unverzügliche Bestellung des Wahlausschusses für die Neuwahl der Mitarbeitervertretungen einschließlich des Ursprungsbetriebes,
– die Wahrnehmung der Beteiligungsrechte, besonders die im personellen und wirtschaftlichen Bereich,
– der Abschluss von Dienstvereinbarungen.

Das Übergangsmandat berechtigt zu allen Befugnissen der MAV im organisatorischen Bereich, wie Durchführung von Mitarbeiterversammlungen, Sprechstunden, Entsendung von Mitgliedern der MAV in die Gremien gemäß MAVO (Gesamt-MAV; erweiterte Gesamt-MAV; DiAG-MAV), zu Anträgen an die Schlichtungsstelle mit Führung des Verfahrens. 26

3. Dauer

Das Übergangsmandat dauert bis zur Wahl der neuen Mitarbeitervertretungen in den neuen Teilen der Ursprungseinrichtung und bis zur Bekanntgabe des Wahlergebnisses (§ 13 d Abs. 1 S. 3). Es endet spätestens sechs Monate nach dem Wirksamwerden der Spaltung. Allerdings kann durch Dienstvereinbarung (§ 38 Abs. 1 Nr. 13) das Übergangsmandat um bis zu weitere sechs Monate verlängert werden (§ 13 d Abs. 1 S. 4). 27

§ 13 d

4. Persönlicher Geltungsbereich

28 Die MAV ist infolge des Übergangsmandats für die Mitarbeiter und Mitarbeiterinnen der Ursprungseinrichtung und für diejenigen der neu geschaffenen Einheit bzw. Einheiten zuständig, selbst wenn sie vor der Umstrukturierung ohne MAV bestanden hat. Das Übergangsmandat beruht auf Gesetz, nicht auf Wahl. Erreicht die Belegschaft der neuen Einrichtung nicht den für die Bildung einer MAV erforderlichen Schwellenwert (§ 6 Abs. 1), kann dort keine neue MAV gebildet werden. Das bedeutet für das Übergangsmandat aber auch eine Grenze mit der Folge, dass dann die abgegebenen Mitarbeiter und Mitarbeiterinnen nicht mehr repräsentiert sind (*Fitting*, § 21 a Rz 23). Der Gestellungsvertrag geht nicht nach § 613 a BGB auf einen Betriebserwerber über, weil § 613 a BGB nur Arbeitsverhältnisse erfasst (*BAG*, 13. 2. 2003 – 8 AZR 654/01, ZTR 2003, 358 LS.).

5. Kosten

29 Weil die MAV in Wahrnehmung des Übergangsmandats Aufwendungen hat, sind die damit verbundenen Kosten vom zuständigen Dienstgeber oder von mehreren zuständigen Dienstgebern anteilig zu tragen. Die zuständigen Dienstgeber haften als Gesamtschuldner. Damit fallen die Kosten der MAV in Wahrnehmung des Übergangsmandats nicht allein auf den Dienstgeber der Ursprungseinrichtung. Er hat es in der Hand, für den Fall der Spaltung der Einrichtung die notwendigen Absprachen mit dem anderen Dienstgeber zu treffen. Andernfalls kann die Belegschaftsgröße der vom Übergangsmandat betroffenen Einrichtungen taugliches Kriterium für die Kostenaufteilung sein (*Fitting*, § 21 a Rz 27). Der Freistellungsanspruch eines Mitglieds der MAV für die Wahrnehmung des Übergangsmandats nach § 15 Abs. 2 richtet sich an den jeweiligen Vertragsdienstgeber. Dieser ist auch zur Fortzahlung des Entgelts verpflichtet.

IV. Übergang in den Geltungsbereich der MAVO

30 In § 13 d Abs. 4 geht es um den Einzug von Einrichtungen in den Geltungsbereich der MAVO, deren Arbeitnehmervertretungen vorher anderen Rechtskreisen außerhalb der MAVO zugeordnet waren. Das gilt einerseits für das staatliche Betriebsverfassungsrecht und das Personalvertretungsrecht des Bundes und der Länder und andererseits für den Bereich des Mitarbeitervertretungsrechts der evangelischen Kirche und der diakonischen Einrichtungen. Der Übergang von Einrichtung und Personal aus jenen Bereichen in den der Mitarbeitervertretungsordnungen der römisch-katholischen Diözesen führt gemäß § 118 Abs. 2 BetrVG bzw. § 112 BPversVG zur Beendigung der bisherigen Geltung des Arbeitnehmervertretungsrechts (*BAG*, 9. 2. 1982 – 1 ABR 36/80, EzA § 118 BetrVG 1972 Nr. 33; *Weth/Wern*, NZA 1998, 118).

31 Wegen der Übergangsprobleme bei Spaltung, Zusammenlegung oder Übertragung von Einrichtungen oder Teilen davon soll im Falle des Übergangsmandats sicher gestellt sein, dass die Arbeitnehmervertretung des jeweiligen Ursprungsrechtskreises außerhalb der MAVO an Ort und Stelle im MAVO-Bereich aktiv für die übergehenden Arbeitnehmer tätig werden kann. Grundlage der Amtsausübung ist die jeweilige diözesane MAVO und das

§ 13 d

Übergangsmandat (§ 13 d Abs. 4 i. V. m. Abs. 1), mit dem die unverzügliche Bestellung eines Wahlausschusses im Sinne von § 9 verbunden ist (§ 13 d Abs. 4 i. V. m. Abs. 1 S. 2). Im Falle des Betriebsübergangs bleiben die einzelarbeitsvertraglichen Bestimmungen für die Mandatsträger unberührt (§ 613 a Abs. 1 S. 1 BGB; *Richardi*, Arbeitsrecht in der Kirche, § 5 Rz 10 ff.).

Soweit Einrichtungen außerhalb des Geltungsbereichs der MAVO oder Teile 32 davon zu einer Einrichtung mit einer Einrichtung im Geltungsbereich der MAVO zusammengelegt werden, nimmt die Arbeitnehmervertretung der nach Zahl der wahlberechtigten Mitarbeiterinnen und Mitarbeiter größeren Einrichtung oder des Teils der Einrichtung das Übergangsmandat auf der Basis der MAVO wahr. Voraussetzung ist, dass die neue Einrichtung nach ihrer Zusammenlegung mitarbeitervertretungsfähig ist. **In Wahrnehmung des Übergangsmandats hat die zuständige Arbeitnehmervertretung den Wahlausschuss nach MAVO zu bestellen.** Das Übergangsmandat endet, sobald eine neue MAV gewählt und das Wahlergebnis bekannt gegeben worden ist. Es endet spätestens sechs Monate nach Wirksamwerden der Zusammenlegung. Durch Dienstvereinbarung (§ 38) kann das Übergangsmandat um bis zu weitere sechs Monate verlängert werden (§ 13 d Abs. 4 S. 1 i. V. m. Abs. 1).

Die betrieblichen Maßnahmen i. S. des § 13 d Abs. 4 S. 1 führen dazu, dass die 33 von der Maßnahme betroffene Arbeitnehmervertretung als Mitarbeitervertretung im Sinne der MAVO zu handeln hat; sie ist an das Recht der MAVO gebunden (§ 13 d Abs. 4 S. 2). Denn bestehende Vereinbarungen zwischen dem Ursprungsarbeitgeber und der nicht nach der MAVO gebildeten Arbeitnehmervertretung erlöschen und zuvor eingeleitete Beteiligungsverfahren finden ohne Rucksicht auf ein – wünschbares – Ergebnis ein abruptes Ende (§ 13 d Abs. 4 S. 3).

Vereinbarungen über von der MAVO abweichende Regelungen für den Status 34 bestehender Arbeitnehmervertretungen im Zusammenhang mit der betriebsorganisatorischen Veränderung (z. B. Zusammenlegung zweier Einrichtungen) sind gemäß § 48 unzulässig und deshalb unwirksam (vgl. VerwG-EKD, 23. 8. 2001 – I – 0124/F 20–01, NZA 2002, 867). Das ist anders, wenn der Kooperationsvertrag zweier Gesellschafter (Rechtsträger) beim Zusammenschluss zu einer Krankenhausgemeinschaft keine Zusammenlegung der jeweiligen Krankenhäuser vorsieht sondern lediglich eine Aufteilung der Funktionen mit Spezialisierung auf bestimmten von einander abgegrenzten Gebieten der Behandlung und Pflege vorsieht. Dann bleibt es bei der Zuordnung zu den bisherigen Rechtskreisen mit unterschiedlichem Arbeitnehmervertretungsrecht, wie etwa bei Diakonie und Caritas. § 1 b ist nicht anwendbar, weil es sich um eine Vorschrift für den inneren Rechtskreis der MAVO handelt.

V. Ausgliederung in einen Rechtsbereich außerhalb der MAVO

Führt die Spaltung, die Zusammenlegung oder eine Übertragung einer Ein- 35 richtung zum Verlassen des Rechtskreises der MAVO, so kommt es darauf an, ob im anderen Rechtskreis entsprechende Übergangsregelungen getroffen sind. Soweit im Falle der Spaltung oder Zusammenlegung noch ein Restmandat der MAV gegen den Träger der Ursprungseinrichtung besteht, gilt § 13 e.

§ 13 e

VI. Streitigkeiten

36 Über Streitigkeiten zu Entstehung und Ausübung des Übergangsmandats, über das Verhältnis von Mitarbeitervertretung und Dienstgeber oder zwischen mehreren Mitarbeitervertretungen entscheidet die Schlichtungsstelle auf Antrag eines Beteiligten § 41 Abs. 2). Antragsberechtigt ist auch die Arbeitnehmervertretung als Übergangs-Mitarbeitervertretung im Sinne von § 13 d Abs. 4.

§ 13 e Restmandat

Geht eine Einrichtung durch Stilllegung, Spaltung oder Zusammenlegung unter, so bleibt deren Mitarbeitervertretung so lange im Amt, wie dies zur Wahrnehmung der damit im Zusammenhang stehenden Beteiligungsrechte erforderlich ist.

Inhaltsübersicht

	Rz
I. Zweck der Vorschrift	1–2
II. Geltungsbereich	3–8
1. Stilllegung	4
2. Spaltung	5–6
3. Zusammenlegung	7
4. Restmandat und Übergangsmandat	8
III. Ende der Amtszeit	9–13
1. Personelle Zusammensetzung der MAV	9–10
2. Inhalt des Restmandats	11
3. Dauer des Restmandats	12
4. Kosten	13
IV. Streitigkeiten	14

I. Zweck der Vorschrift

1 Die Amtszeit der MAV endet – abgesehen von § 13 Abs. 3 – vorzeitig, wenn eine Einrichtung oder Dienststelle, in der die MAV gewählt ist, stillgelegt, die Betriebsorganisation durch Spaltung oder Zusammenlegung mit anderen Einrichtungen oder Teilen von Einrichtungen aufgelöst wird. Der Wegfall der Betriebs- bzw. Einrichtungsorganisation der Ursprungseinrichtung bewirkt gemäß § 1 a das Ende der Einrichtung und damit das Ende der MAV. Aber im Zusammenhang mit der Stilllegung, Spaltung oder Zusammenlegung werden Beteiligungsrechte der MAV ausgelöst (§ 29 Abs. 1 Nr. 17, § 36 Abs. 1 Nr. 11), so dass die MAV u. U. einen Sozialplan gemäß § 37 Abs. 1 Nr. 11 erzwingen kann. Durch § 13 e ist zur Vermeidung des abrupten Endes des Amtes der MAV in Übereinstimmung mit § 21 b BetrVG die Rechtsfigur des Restmandats für die MAV geregelt.

2 Das Restmandat sichert das Recht der MAV, die mit der Auflösung der Einrichtungsorganisation zusammenhängenden mitarbeitervertretungsrechtlichen Befugnisse über das Ende der Amtszeit der MAV wahrzunehmen. Die Vorschrift ist zwingend und kann durch die Betriebspartner nicht abgeändert werden (vgl. *BAG*, 5. 10. 2000 – 1 AZR 48/00, NZA 2001, 849).

§ 13 e

II. Geltungsbereich

Die MAVO ordnet das Entstehen des Restmandats in allen Fällen an, in denen 3
die Auflösung der betrieblichen Organisation zur vorzeitigen Beendigung der
Amtszeit der MAV führt. Das Restmandat entsteht also als Folge der in § 13 e
genannten Auflösungstatbestände. Endet das Amt der MAV aus anderen
Gründen vorzeitig, weil etwa einer der Tatbestände des § 13 Abs. 3 erfüllt ist
oder ihre Mitglieder einschließlich der Ersatzmitglieder infolge der Auflösung
ihrer Arbeitsverhältnisse aus der Einrichtung oder Dienststelle ausscheiden
(§ 13 Nr. 4) und keine Neuwahl der MAV erfolgt, kommt ein Restmandat der
bisherigen MAV nicht in Frage. In den Fällen des § 13 Abs. 3 Nrn. 1 bis 3 führt
die betroffene MAV gemäß § 13 a S. 2 i. V. m. S. 1 die Geschäfte befristet weiter.

1. Stilllegung

Die Stilllegung einer Einrichtung bzw. Dienststelle ist die Aufhebung der 4
Dienstgemeinschaft zwischen Dienstgeber und Mitarbeitern für dauernd
oder einen unbestimmten Zeitraum (*BAG*, 21. 6. 2001 – 2 AZR 137/00, NZA
2002, 212; *BAG;* 10. 1. 2001 AP Nr. 115 zu § 1 KSchG 1969 Betriebsbedingte
Kündigung; *BAG*, 11. 3. 1998 AP Nr. 43 zu § 111 BetrVG 1972). Nicht jede Änderung der Einrichtung ist zugleich eine Stilllegung i. S. d. § 13 e. Die räumliche Verlegung einer Einrichtung lässt ebenso wie ein Betriebsübergang nach
§ 613 a BGB die betriebliche Organisation unberührt. Der Betriebsinhaberwechsel spielt keine Rolle, solange er im Geltungsbereich der MAVO stattfindet. Erforderlich für die Stilllegung ist, dass die Mitarbeiterschaft in rechtlicher Hinsicht aufgelöst worden ist. Das ist auch das Ende des Schutzes vor
der ordentlichen Kündigung für die Mitglieder der MAV (§ 19 Abs. 3).

2. Spaltung

Wird eine Einrichtung in zwei oder mehrere Einrichtungen aufgespalten, 5
kommt ein Restmandat der MAV ebenfalls in Betracht. Das gilt auch, wenn
mit der Spaltung ein Betriebsinhaberwechsel verbunden ist. Die Spaltung
muss die Auflösung der Betriebsorganisation zur Folge haben. Die dadurch
ausgelösten Beteiligungsrechte richten sich gegen den Dienstgeber der Ursprungseinrichtung.
Bei der Abspaltung eines Teils der Einrichtung endet die Amtszeit der MAV in 6
der verbleibenden Ursprungseinrichtung nicht. Die dortige MAV übt im Rahmen ihres Vollmandats die Beteiligungsrechte gemäß § 36 Abs. 1 Nr. 11 für
infolge der Abspaltung ausscheidende Mitarbeiter aus.

3. Zusammenlegung

Die Zusammenlegung von Einrichtungen ist immer auch eine Betriebsände- 7
rung. Deshalb kommt ein Restmandat der bisherigen MAV in Betracht. Die
Zusammenlegung von Einrichtungen kann so erfolgen, dass die eine in die
andere eingegliedert wird oder dass aus den zusammengelegten Einrichtungen eine neue Einrichtung entsteht. Im ersten Fall geht der eingegliederte
Teil als Einrichtung unter, im zweiten Fall gehen die zusammengelegten Einrichtungen unter. Aber wenn die betroffenen Mitarbeitervertretungen ihre

§ 13 e

Beteiligungsrechte nach § 36 Abs. 1 Nr. 11 nicht mehr rechtzeitig vor der Zusammenlegung wahrnehmen, bleiben sie insoweit auch nach der Zusammenlegung zur Wahrnehmung dieser Rechte im Amt (Restmandat).

4. Restmandat und Übergangsmandat

8 Bei Spaltung und Fortführung der abgespaltenen Einrichtungsteile als eigenständige Einrichtungen steht der MAV der Ursprungseinrichtung sowohl ein Restmandat als auch ein Übergangsmandat (§ 13 d) zu. Werden die durch Spaltung entstandenen Teile der Einrichtung in eine Einrichtung mit MAV eingegliedert, entsteht kein Übergangsmandat, aber eben ein Restmandat der MAV der Ursprungseinrichtung im Verhältnis zum Dienstgeber der Ursprungseinrichtung; die MAV der aufnehmenden Einrichtung ist nicht zuständig. Bei einer Zusammenlegung von Einrichtungen zu einer einheitlichen Einrichtung steht jeder MAV für die Einheit, für die sie gewählt worden war, ein Restmandat zu. Das Übergangsmandat übt die MAV der Einheit mit der größten Mitarbeiterzahl aus (§ 13 d Abs. 2).

III. Ende der Amtszeit

1. Personelle Zusammensetzung der MAV

9 Das Restmandat ist von der MAV auszuüben, die bei Beendigung der Amtszeit im Amt war. Für die Größe und die personelle Zusammensetzung der das Restmandat ausübenden MAV kommt es auf den Zeitpunkt der Stilllegung, Spaltung oder Zusammenlegung an. Wird die gesetzliche Mindestzahl der Mitglieder der MAV infolge vorherigen Ausscheidens und bei Fehlen eines Ersatzmitgliedes unterschritten (§ 13 Abs. 3 Nr. 2), führen die restlichen Mitglieder der MAV die Geschäfte gemäß § 13 a S. 2 i. V. m. § 13 Abs. 3 Nr. 2 weiter. Dazu gehört die Wahrnehmung des Restmandats.

10 Das schließt eine Amtsniederlegung (§ 13 c Nr. 3) nicht aus (*Hess/Schlochauer/Worzalla/Glock*, § 21 b Rz 12 m. N.).

2. Inhalt des Restmandats

11 Die Vorschrift enthält keine Umschreibung der Aufgaben für das Restmandat. Die MAV bleibt im Amt, aber ohne Vollmandat. Es geht nicht nur um die Abwicklung der Aufgaben sondern eben um die sich aus den Vorschriften der MAVO ergebenden Beteiligungsrechte einer MAV. Die Bestimmung sichert mit Hilfe des Restmandats den Schutz und Nutzen der Mitarbeiter über das Ende der Amtszeit der MAV hinaus. Dazu gehört auch die Pflicht, einen bereits abgeschlossenen, aber noch nicht erfüllten Sozialplan an veränderte Umstände anzupassen. Die Aufgaben des Restmandats erstrecken sich auf noch bestehende Arbeitsverhältnisse und einzelne Mitarbeiter in Abwicklungsaufgaben im Zusammenhang mit der Stilllegung. Die das Restmandat ausübende MAV ist daher nach §§ 30–31 vor einer.Kündigung der Arbeitsverhältnisse der mit Abwicklungsaufgaben betrauten Mitarbeiter zu hören.

3. Dauer des Restmandats

Die Ausübung des Restmandats kann so lange dauern, bis die ihm zugedach- 12
ten Aufgaben erledigt und die das Restmandat ausübenden Mitglieder der
MAV zur Ausübung bereit sind (vgl. *BAG*, 12. 1. 2000 AP Nr. 5 zu § 24 BetrVG
1972; 5. 10. 2000 AP Nr. 141 zu § 112 BetrVG 1972). Es kann daher auch nach
Abschluss der Stilllegung bzw. Spaltung oder Zusammenlegung wirksam sein,
wenn z. B. Sozialpläne abgeändert oder ergänzt werden.

4. Kosten

Die mit der Ausübung des Restmandats verbundenen Kosten hat der Dienst- 13
geber des Ursprungsbetriebs bzw. der Ursprungseinrichtung zu tragen (§ 17).
Dazu gehören auch Entgeltfortzahlungen für das ein Restmandat ausübende
MAV-Mitglied, das bei einem anderen Dienstgeber beschäftigt ist; der hat diese
Kosten nicht zu tragen. Deshalb würde der neue Dienstgeber im Falle eines
Freistellungsanspruchs des MAV-Mitgliedes für Restmandatstätigkeit nicht
die damit verbundene Weiterzahlung des Entgelts schulden. Das deshalb ausfallende
Entgelt muss der Dienstgeber der Ursprungseinrichtung zahlen. Sind
noch Kostenerstattungen aus der Zeit des Vollmandats offen, aber vor Eintritt
des Restmandats noch nicht geltend gemacht worden, ist bei entsprechender
Anwendung von § 13 a die MAV befugt, noch nicht erfüllte Kostenerstattungsansprüche
gegen den Ursprungsdienstgeber weiter zu verfolgen. Im Rahmen
einer Gesamtrechtsnachfolge können die Ansprüche nur gegen den Rechtsnachfolger
geltend gemacht werden. So etwa nach Zusammenlegung mehrerer
Kirchengemeinden zu einer neuen vergrößerten Kirchengemeinde.

IV. Streitigkeiten

Streitigkeiten zwischen dem Dienstgeber und der MAV über den Bestand ei- 14
nes Restmandats entscheidet auf Antrag gemäß § 41 Abs. 2 die Schlichtungsstelle.

§ 14 Tätigkeit der Mitarbeitervertretung

(1) Die Mitarbeitervertretung wählt bei ihrem ersten Zusammentreten, das innerhalb einer Woche nach der Wahl stattfinden soll und von der oder dem Vorsitzenden des Wahlausschusses einzuberufen ist, mit einfacher Mehrheit aus den Mitgliedern ihre Vorsitzende oder ihren Vorsitzenden. Die oder der Vorsitzende soll katholisch sein. Außerdem sollen eine stellvertretende Vorsitzende oder ein stellvertretender Vorsitzender und eine Schriftführerin oder ein Schriftführer gewählt werden. Die oder der Vorsitzende der Mitarbeitervertretung oder im Falle ihrer oder seiner Verhinderung deren Stellvertreterin oder Stellvertreter vertritt die Mitarbeitervertretung im Rahmen der von ihr gefassten Beschlüsse. Zur Entgegennahme von Erklärungen sind die oder der Vorsitzende, deren Stellvertreterin oder Stellvertreter oder ein von der Mitarbeitervertretung zu benennendes Mitglied berechtigt.

§ 14

(2) Die Mitarbeitervertretung kann ihrer oder ihrem Vorsitzenden mit Zweidrittelmehrheit der Mitglieder das Vertrauen entziehen. In diesem Fall hat eine Neuwahl der oder des Vorsitzenden stattzufinden.

(3) Die oder der Vorsitzende oder bei Verhinderung deren Stellvertreterin oder Stellvertreter beruft die Mitarbeitervertretung unter Angabe der Tagesordnung zu den Sitzungen ein und leitet sie. Sie oder er hat die Mitarbeitervertretung einzuberufen, wenn die Mehrheit der Mitglieder es verlangt.

(4) Die Sitzungen der Mitarbeitervertretung sind nicht öffentlich. Sie finden in der Regel während der Arbeitszeit in der Einrichtung statt. Bei Anberaumung und Dauer der Sitzung ist auf die dienstlichen Erfordernisse Rücksicht zu nehmen.

(5) Die Mitarbeitervertretung ist beschlußfähig, wenn mehr als die Hälfte ihrer Mitglieder anwesend ist. Die Mitarbeitervertretung beschließt mit Stimmenmehrheit der anwesenden Mitglieder. Bei Stimmengleichheit gilt ein Antrag als abgelehnt.

(6) Über die Sitzung der Mitarbeitervertretung ist eine Niederschrift zu fertigen, die die Namen der An- und Abwesenden, die Tagesordnung, den Wortlaut der Beschlüsse und das jeweilige Stimmenverhältnis enthalten muss. Die Niederschrift ist von der oder dem Vorsitzenden zu unterzeichnen. Soweit die Leiterin oder der Leiter der Dienststelle oder deren Beauftragte oder Beauftragter an der Sitzung teilgenommen haben, ist ihnen der entsprechende Teil der Niederschrift abschriftlich zuzuleiten.

(7) Der Dienstgeber hat dafür Sorge zu tragen, dass die Unterlagen der Mitarbeitervertretung in der Einrichtung verwahrt werden können.

(8) Die Mitarbeitervertretung kann sich eine Geschäftsordnung geben.

(9) Die Mitarbeitervertretung kann in ihrer Geschäftsordnung bestimmen, dass Beschlüsse im Umlaufverfahren gefasst werden können, sofern dabei Einstimmigkeit erzielt wird. Beschlüsse nach Satz 1 sind spätestens in der Niederschrift der nächsten Sitzung im Wortlaut festzuhalten.

(10) Die Mitarbeitervertretung kann aus ihrer Mitte Ausschüsse bilden, denen mindestens drei Mitglieder der Mitarbeitervertretung angehören müssen. Den Ausschüssen können Aufgaben zur selbständigen Erledigung übertragen werden; dies gilt nicht für die Beteiligung bei Kündigungen sowie für den Abschluss und die Kündigung von Dienstvereinbarungen. Die Übertragung von Aufgaben zur selbständigen Erledigung erfordert eine Dreiviertelmehrheit der Mitglieder. Die Mitarbeitervertretung kann die Übertragung von Aufgaben zur selbständigen Erledigung durch Beschluss mit Stimmenmehrheit ihrer Mitglieder widerrufen. Die Übertragung und der Widerruf sind dem Dienstgeber schriftlich anzuzeigen.

Inhaltsübersicht

	Rz
I. Konstituierende Sitzung der MAV	1–15
1. Vorbemerkung	1
2. Einberufung	2–5
a. durch den Vorsitzenden des Wahlausschusses	2–4
b. durch den Wahlleiter	5

§ 14

3. Einzuladende Personen	6–7
4. Wahlen	8–15
a. des Vorsitzenden der MAV	8–10
b. des stellvertretenden Vorsitzenden und des Schriftführers	11
c. Mängel der Wahl	12–14
d. Geschäftsführung der MAV ohne Vorsitzenden	15
II. Stellung und Aufgaben des Vorsitzenden der MAV	16–19
III. Der stellvertretende Vorsitzender der MAV	20–21
IV. Der Schriftführer	22–26
1. Aufgabe	22–23
2. Regelungen für Niederschriften	24–26
V. Abberufung durch Vertrauensentzug	27–30
1. des Vorsitzenden der MAV	27–29
2. des stellvertretenden Vorsitzenden und des Schriftführers	30
VI. Die Sitzungen der MAV	31–69
1. Zweck der Sitzungen	31–32
2. Einberufung	33–35
3. Tagesordnung	36–38
4. Einzuladende Personen	39–41
5. Nichtöffentlichkeit	42–44
6. Leitung	45
7. Zeitliche Lage	46–52
8. Beschlussfähigkeit und Beschlüsse der MAV	53–64
a. Beschlussfähigkeit	54–56
b. Beschlussfassung	57–63
c. Ausschluss von der Beschlussfassung in eigener Sache	64
9. Die Niederschrift	65–69
VII. Aufbewahrung der Unterlagen	70–73
VIII. Sprechstunden	74–76
IX. Geschäftsordnung der MAV	77–83
1. Zweck der Geschäftsordnung	77
2. Beschluss	78–80
3. Beschlüsse der MAV im Umlaufverfahren	81–82
4. Inhalt der Geschäftsordnung	83
X. Ausschüsse der MAV	84–92
1. Vorbemerkung	84
2. Mehrgliedrige MAV	85
3. Aufgaben	86–91
4. Streitigkeiten	92

I. Konstituierende Sitzung der MAV

1. Vorbemerkung

Die Vorschrift des § 14 enthält Kann-, Soll- und Mussvorschriften. Soweit **1** Kannvorschriften der MAV eine Berechtigung zusprechen, ist es ihre Angelegenheit, darüber frei zu befinden. An den Tatbestand der Wahl der MAV knüpft § 14 Abs. 1 mehrere Rechtsfolgen. Zwingend ist für die **mehrgliedrige MAV** die **Wahl eines Vorsitzenden** vorgeschrieben. Dazu muss der Vorsitzende des Wahlausschusses oder der Wahlleiter die gewählten Mitglieder der MAV einladen. Soweit es um die Terminfrage des Zusammentretens der MAV und die Frage der **Zugehörigkeit des Vorsitzenden der MAV zur katholischen Kirche** geht, ist die Rechtsfolge nicht zwingend. Es wird den jeweils Verpflichteten ein gebundenes Ermessen eingeräumt. Denn die diesbezüglichen Soll-Vorschriften verknüpfen die Rechtsfolgen mit dem Tatbestand der MAV-Wahl für alle typischen Fälle, gestatten aber den jeweiligen Handlungsverpflichteten in atypischen Fällen, also aus angebbaren, besonderen, überwiegenden Gründen von der Verwirklichung der gesetzlichen Rechtsfolge abzusehen. Die Erfüllung des Tatbestandes einer durchgeführten MAV-Wahl bleibt dann hinsichtlich des Termins des Zusammentretens der Gewählten

§ 14

und der Frage der Zugehörigkeit des zu wählenden Vorsitzenden der MAV zur katholischen Kirche rechtsfolgenlos, zumal das Gesetz Alternativen in der Rechtsfolge nicht formuliert hat, sondern diese den Verpflichteten an die Hand gibt (Rz 10). Dies ist im Falle einer zwingenden Vorschrift (vgl. § 14 Abs. 1 S. 2 MAVO Augsburg) anders; die Wahl eines nichtkatholischen MAV-Vorsitzenden ist ungültig (*Schlichtungsstelle Augsburg*, 21. 1. 2002 – 4 A 2001, ZMV 2004, 88).

2. Einberufung

a. durch den Vorsitzenden des Wahlausschusses

2 § 14 Abs. 1 S. 1 regelt die Einberufung der **konstituierenden Sitzung** der neu gewählten MAV. Vor ihrer Konstituierung kann die MAV keine rechtswirksamen Beschlüsse fassen. Der Dienstgeber ist auch nicht verpflichtet, mit einer noch nicht konstituierten MAV zu verhandeln (Rz 15). Die nach § 14 Abs. 1 S. 1 vorgeschriebene Wahl des Vorsitzenden (Frau oder Mann) konstituiert die MAV und macht sie handlungsfähig. Ohne die Wahl eines Vorsitzenden kann keine Sitzung der MAV ordnungsgemäß einberufen werden, was nach § 14 Abs. 3 aber gefordert wird.

3 Die Konstituierung hat zugleich auch **Signalwirkung für die bisherige MAV**. Durchläuft die Vorgänger-MAV noch ihre Amtszeit, führt sie auch die Amtsgeschäfte ordentlich weiter, selbst wenn sich die neue MAV konstituiert hat (§ 13 Abs. 2). Ist die ordentliche Amtszeit der Vorgänger-MAV bereits abgelaufen und führt sie die Amtsgeschäfte gemäß § 13 a über ihre gesetzliche Amtszeit hinaus befristet weiter, dann endet die Tätigkeit der bisherigen MAV mit der konstituierenden Sitzung der neu gewählten MAV (§ 13 a).

4 Die neu gewählte MAV soll innerhalb einer Woche nach der Wahl zum ersten Mal zusammentreffen. Dazu muss sie der **Vorsitzende des Wahlausschusses** nach Feststellung der gewählten Mitglieder rechtzeitig und ordnungsgemäß nach pflichtgemäßem Ermessen einberufen. Die Einberufung kann unabhängig davon erfolgen, ob die Wahl angefochten wird. Denn die **Einberufungsfrist** und die **Anfechtungsfrist** laufen zeitlich **nebeneinander** (§§ 12 Abs. 1 S. 1 und 14 Abs. 1 S. 1). Die konstituierende Sitzung der MAV erst nach Ablauf der Anfechtungsfrist (§ 12 Abs. 1 S. 1) anzuberaumen, um auf diese Weise abzuwarten, ob die Wahl überhaupt angefochten wird, ist nicht erforderlich. Denn es kommt nicht auf die Anfechtung der MAV-Wahl, sondern auf die abschließende Entscheidung im Wahlanfechtungsverfahren an. Das kann je nach Lage des Falles eine längere Zeit der Unsicherheit mit sich bringen, insbesondere solange bei Anrufung der Schlichtungsstelle deren Entscheidung noch nicht bekannt ist (§ 12 Abs. 3; § 12 Rz 39 f.). Selbst eine für ungültig erklärte Wahl lässt aber die Wirksamkeit der von der MAV getroffenen Entscheidungen unberührt (§ 12 Abs. 4; § 12 Rz 50). Mit der Einberufung legt die oder der Vorsitzende des Wahlausschusses die **Tagesordnung** fest, nämlich bei der mehrgliedrigen MAV die **Wahl des Vorsitzenden** der MAV, seines **Stellvertreters** und die des **Schriftführers** (§ 14 Abs. 1). Kommt der Vorsitzende des Wahlausschusses seiner Obliegenheit zur Einberufung der konstituierenden Sitzung nicht nach, wird man es den Mitgliedern der neu gewählten MAV überlassen müssen, von sich aus zusammenzutreten. Denn der Fall der Säumnis des Vorsitzenden des Wahlausschusses ist nicht geregelt.

§ 14

b. durch den Wahlleiter

Im Falle des vereinfachten Wahlverfahrens gemäß §§ 11 a bis 11 c hat der Wahlleiter zur konstituierenden Sitzung der MAV einzuladen, wenn eine mehrgliedrige MAV gewählt worden ist. Die Leitungsaufgabe wird wahrgenommen, bis die MAV über den Vorsitzenden durch Wahl entschieden hat. Was für die Aufgaben des Vorsitzenden des Wahlausschusses im Zusammenhang mit der Einladung zur konstituierenden Sitzung der MAV und ihrer Leitung gilt, trifft insoweit auf den Wahlleiter in gleicher Weise zu (§ 11 c Abs. 4). 5

3. Einzuladende Personen

Der Vorsitzende des Wahlausschusses muss alle gewählten Mitglieder der MAV zur konstituierenden Sitzung einladen. Hat ein Gewählter die Annahme der Wahl abgelehnt, wird der nächstberechtigte Wahlbewerber als Mitglied der MAV eingeladen (§ 11 Abs. 7 S. 3). Nicht einzuladen sind der Dienstgeber, der Sprecher der Jugendlichen und Auszubildenden sowie die Vertrauensperson der Schwerbehinderten. Sie werden erst zu den weiteren Sitzungen der MAV eingeladen. 6

Weil die Sitzungen der MAV **nicht öffentlich** sind (§ 14 Abs. 4 S. 1), nehmen an der konstituierenden Sitzung die übrigen Mitglieder des Wahlausschusses nicht teil. 7

4. Wahlen

a. des Vorsitzenden der MAV

In der konstituierenden Sitzung hat die mehrgliedrige MAV **unter der Leitung des Vorsitzenden des Wahlausschusses die Pflicht zur Wahl** eines MAV-Vorsitzenden oder einer Vorsitzenden aus den Mitgliedern der MAV (§ 14 Abs. 1 S. 1). Grundsätzlich soll kein Mitglied, das Amt des Vorsitzenden der MAV ablehnen, weil sonst die Gefahr besteht, dass keine Wahl möglich wird (siehe aber Rz 13). Zur Wahl stehen nicht die Ersatzmitglieder der MAV, solange sie nicht in die MAV nachgerückt sind. Ist ein Mitglied der MAV an der Teilnahme der konstituierenden Sitzung verhindert, so kann es durch das nächstberufene Ersatzmitglied vertreten werden (§ 13 b Abs. 2). Wer zum Vorsitz kandidiert, ist auch selbst wahlberechtigt. 8

Gemäß **§ 14 Abs. 1 S. 2** soll die oder der Vorsitzende der MAV katholisch sein. Diese Vorschrift ist als Ordnungsvorschrift zu verstehen; sie ist nicht zwingenden Rechts. Weil nach der Ordnung nicht nur katholische oder Christen einer anderen Kirche oder kirchlichen Gemeinschaft, sondern auch Nichtchristen zur MAV wählbar sind, kann es sogar hier oder da, je nach dem Wahlausgang der MAV-Wahl, zu einer Minderheit der Katholiken in der MAV kommen. Deshalb ist es vorstellbar, dass die Wahl eines Vorsitzenden nicht auf einen katholischen Bewerber fällt. Die MAV ist mangels zwingender Regelung über die Religionszugehörigkeit also auch dann gültig konstituiert, wenn kein katholisches Mitglied der MAV zum Vorsitzenden gewählt wurde. Wäre anderes gewollt, müsste dazu bereits in den Vorschriften über das passive Wahlrecht und zur Durchführung der MAV Wahl eine Regelung enthalten sein. Denn wäre der Vorsitz in der MAV durch ein katholisches Mitglied Bedingung, dürfte keine Wahl zur MAV stattfinden, wenn kein Mitglied der ka- 9

§ 14

tholischen Kirche zur MAV kandidiert (§ 8 Rz 28; *Thiel,* ZMV 1996, 3 f.). Eine so weit reichende Folge lässt sich der Ordnung nicht entnehmen. Zum Vorsitzenden ist also gewählt, wer die meisten Stimmen auf sich vereinigt (relative Mehrheit), weil eine »einfache Mehrheit« genügt. Geheime Wahl ist nicht vorgeschrieben.

10 In den **bayerischen Diözesen** und in der **Diözese Fulda** ist in der konstituierenden Sitzung ein katholisches Mitglied der MAV zum Vorsitzenden der MAV zu wählen. Es muss daher ein katholisches Mitglied der MAV zum Vorsitz kandidieren. Das folgt aus der zwingenden Mussvorschrift des § 14 Abs. 1 S. 2 in der Fassung der genannten Diözesen (§ 8 Rz 28; *Schlichtungsstelle Augsburg,* 21.1.2002 – 4 A 2001). Die Vorschrift gehört systematisch zu den Vorschriften über das Wahlrecht, nicht zur Geschäftsführung der MAV. Zwar hat die MAV ihren Vorsitzenden zu wählen und nicht die Mitarbeiter. Aber um ein Mitglied der MAVO, das katholisch ist, zum Vorsitzenden wählen zu können, ist seine erfolgreiche Kandidatur für die MAV Voraussetzung. Erforderlich ist die einfache Mehrheit aus den Mitgliedern für die Wahl zum Vorsitzenden der MAV. Dazu muss er zur Wahl für den Vorsitz als Kandidat angetreten sein. Also ist unabweisbare Bedingung zur Durchführung einer MAV-Wahl in den bayerischen Diözesen und der Diözese Fulda die Kandidatur von katholischen Wahlbewerbern; die Wahl in die MAV ist nur mit ausreichender Mehrheit zu schaffen (§ 11 Abs. 6 S. 1). Ein flankierendes Verhältniswahlrecht zugunsten katholischer Kandidaten gibt es nicht, wie dies z. B. die alte Fassung der MAVO München und Freising vom 25.3.1988 in ihrem § 8 Abs. 1 Unterabsatz 2 i. V. m. mit § 11 Abs. 1 vorsah (Amtsblatt München und Freising 1988 Nr. 98 S. 186). Der eventuell erforderliche **Antrag, die Wahl des gewählten Vorsitzenden für ungültig zu erklären,** ist gemäß § 41 Abs. 2 zulässig (*Schlichtungsstelle Augsburg,* wie vor). Er kann vom Dienstgeber, einem Mitglied der MAV oder auch von einem Mitarbeiter gestellt werden. Der Gewählte ist in dem Verfahren Beteiligter, die MAV als ganze deshalb Antragsgegnerin, weil sie zur Wahl des Vorsitzenden verpflichtet ist. Siehe auch Rz 14.

b. des stellvertretenden Vorsitzenden und des Schriftführers

11 In einem vom Wahlgang des Vorsitzenden der MAV getrennten Wahlgang soll, so die Ordnungsvorschrift des § 14 Abs. 1 S. 3, ein stellvertretender Vorsitzender (Frau oder Mann) gewählt werden. Wegen der vielfältigen Aufgaben des Vorsitzenden und für den Fall seiner Verhinderung empfiehlt sich die Befolgung der Vorschrift. Die **Wahl** des stellvertretenden Vorsitzenden **leitet** bereits **der Vorsitzende der MAV.** Dieser leitet dann auch die Wahl des Schriftführers (*Bietmann,* Kurzkommentar, § 13 Anm. 1.1). Während die Wahl des Vorsitzenden der MAV notwendig ist und im Falle einer Nichtwahl die Einberufung der MAV durch den Vorsitzenden des Wahlausschusses zu wiederholen ist (*Bietmann* a. a. O.; *Mösenfechtel/Perwitz-Passan/Wiertz,* § 14 Anm. 2), kann die Wahl des stellvertretenden Vorsitzenden in späteren Sitzungen der MAV unter Leitung des Vorsitzenden der MAV ebenso nachgeholt werden wie die des Schriftführers (*Mösenfechtel/Perwitz-Passan/Wiertz,* a. a. O.).

c. Mängel der Wahl

12 Für die nach § 14 Abs. 1 vorzunehmenden Wahlen bestehen abgesehen von Abs. 1 S. 2 keine besonderen Vorschriften. Demnach ist wie die bereits behan-

§ 14

delte Frage der Konfession des Vorsitzenden der MAV (Rz 9) die Frage der geheimen Wahl ohne wesentliche Bedeutung. Allerdings ist bei Streitigkeiten über die Wahl, insbesondere bei Wahlmängeln der Weg zur Schlichtungsstelle gemäß § 41 Abs. 2 Unterabsatz 2 Nr. 2 offen. Denn in Angelegenheiten des Wahlverfahrensrechts, zu denen auch die Wahlen innerhalb der MAV gehören, sind der Dienstgeber, die MAV und jeder Mitarbeiter antragsberechtigt (§ 41 Abs. 2 Unterabsatz 2 Nr. 2).

Nach allgemeinen Wahlgrundsätzen ist zu verfahren. Deshalb ist der Gewählte auch danach zu befragen, ob er die Wahl annimmt. Lehnt der Gewählte die Wahl ab, so ist eine erneute Wahl erforderlich. So wie ein Mitglied der MAV sein Amt niederlegen kann, wird man dem Vorsitzenden, seinem Stellvertreter und auch dem Schriftführer die Niederlegung ihrer Ämter zuzubilligen haben. Sie erklären die Niederlegung vor der MAV, bleiben aber Mitglieder der MAV. Dies ist in der MAVO nicht erwähnt; dennoch wird man wegen der Funktionsfähigkeit der MAV davon auszugehen haben, dass nur solche MAV-Mitglieder die besonderen Funktionen in der MAV wahrnehmen, die dazu bereit sind (vgl. hierzu wegen gleicher Probleme im BetrVG *Hess/Schlochauer/Worzalla/Glock*, BetrVG § 26 Rz 32). 13

Hat die MAV in einer **bayerischen Diözese** oder in der **Diözese Fulda** ein nichtkatholisches MAV-Mitglied zum Vorsitzenden gewählt, ist die Wahl wegen Verstoßes gegen eine zwingende Vorschrift der MAVO nichtig. Sie ist deshalb zu wiederholen. Bleibt es bei der Wahl, so ist sie gemäß § 41 Abs. 2 Unterabsatz 2 Nr. 2 anfechtbar. Außerdem ist die Wahl ein Verstoß gegen die Pflichten als Mitglied der MAV i. S. von § 13 c Nr. 5 oder als MAV i. S. von § 13 Abs. 3 Nr. 6, so dass gemäß § 41 Abs. 1 Nr. 3 der Dienstgeber oder ein Viertel der wahlberechtigten Mitarbeiter die Schlichtungsstelle anrufen kann, damit der Verstoß (§ 14 Abs. 1 S. 2 MAVO Fulda und bayerische Diözesen) festgestellt wird. Ist jedoch nach diözesaner MAVO vorgesehen, dass der Diözesanbischof die Wahl des Vorsitzenden der MAV für gültig erklären kann, hat die MAV die Pflicht, wegen des Wahlergebnisses unter Darlegung triftiger Gründe entsprechenden Antrag an den Diözesanbischof zu stellen. Die zwischenzeitliche Amtsführung der MAV ist bis zur Entscheidung über den Dispensantrag zulässig. Ein Verfahren vor der Schlichtungsstelle ist daher allenfalls nach der Entscheidung des Ordinarius zulässig. 14

d. Geschäftsführung der MAV ohne Vorsitzenden

Hat die gewählte MAV keinen Vorsitzenden gewählt, kann der Dienstgeber mit der MAV Verhandlungen führen (vgl. dazu den Meinungsstand zum BetrVG: *Wiese, Raab*, GK-BetrVG § 26 Rz 6), weil infolge der Wahl durch die Mitarbeiter alle mit dem Amt verbundenen Rechte und Pflichten entstehen. Eine Unterscheidung zwischen Amtsbeginn und Amtsausübungsbefugnis ist der MAVO nicht zu entnehmen. Der Dienstgeber kann dann ohne Rücksicht auf die eigentlich Empfangsberechtigten für Benachrichtigungen der MAV (§ 14 Abs. 1. S. 5) der gesamten MAV seine Informationen zur Wahrnehmung der Beteiligungsrechte zukommen lassen. Die MAV kann bei ihrem Zusammentreten auch die erforderlichen Beschlüsse wirksam fassen und mit dem Dienstgeber Vereinbarungen treffen (*BAG*, 28. 9. 1983 – 7 AZR 266/82, DB 1984, 833). Die konstituierende Sitzung der MAV ist ein interner Vorgang ihrer Geschäftsführung. Die Nachteile ihrer mangelhaften Konstituierung hat 15

§ 14

sie selbst zu verantworten, sogar mit der Folge, dass der Dienstgeber oder das Quorum der Mitarbeiter wegen grober Verletzung gesetzlicher Pflichten als MAV bei der Schlichtungsstelle die Auflösung der MAV beantragen kann (§ 13 Abs. 3 Nr. 6 i. V. m. § 41 Abs. 1 Nr. 3).

II. Stellung und Aufgaben des Vorsitzenden der MAV

16 Dem Vorsitzenden der MAV kommt durch die Ordnung eine hervorgehobene Stellung innerhalb der mehrgliedrigen MAV zu. Er hat die Tätigkeit und Geschäftsführung der MAV zu organisieren. Er vertritt gemäß § 14 Abs. 1 S. 4 die MAV im Rahmen der von ihr gefassten Beschlüsse. Er **beraumt die Sitzungen der MAV an, bestimmt die Tagesordnung der Sitzungen und leitet sie** (§ 14 Abs. 3 S. 1). Er leitet auch die Mitarbeiterversammlungen, zu denen er einberuft (§ 21 Abs. 1 S. 2, Abs. 3 S. 1 und 2) und die Tagesordnung festlegt (§ 21 Abs. 1 S. 3, Abs. 3 S. 1 bis 3). Er sorgt für die Niederschrift über die genannten Sitzungen und unterzeichnet sie (§ 14 Abs. 6 S. 2, § 22 Abs. 4 S. 1). In der Mitarbeiterversammlung hat er den Tätigkeitsbericht der MAV zu erstatten (§ 21 Abs. 2 S. 2). Zu den Sitzungen der MAV lädt der Vorsitzende die Mitglieder der MAV, den oder die Sprecher der Jugendlichen und Auszubildenden sowie die Vertrauensperson der schwerbehinderten Menschen und je nach der Tagesordnung den Dienstgeber ein. Der Vorsitzende der MAV ist nicht deren Vertreter sondern deren Sprecher (vgl. *BAG*, 16. 10. 1991 – 2 AZR 156/91, ZMV 1992, 247). Die Beteiligungsrechte übt die MAV als Kollegialorgan aus. Soll der Vorsitzende der MAV oder ein anderes Mitglied zu bestimmten Geschäften ermächtigt werden, so bedarf es dazu eines entsprechenden Beschlusses der MAV. Der darf aber nicht derart weit gehen, dass die MAV als solche aus ihrer Verantwortung in den ihr zugewiesenen Bereichen entlassen wird. Insofern sind nur Bevollmächtigungen im Einzelfalle denkbar. Die vom Vorsitzenden der MAV eigenmächtig abgegebenen Erklärungen vermögen die MAV nicht zu binden. Dennoch kann die MAV ein eigenmächtiges Handeln ihres Vorsitzenden nachträglich billigen. Dazu hat sie einen entsprechenden Beschluss zu fassen (vgl. hierzu auch die Ausführungen über den Betriebsratsvorsitzenden in: *Hess/Schlochauer/Worzalla/Glock*, BetrVG, § 26 Rz 38 ff.).

17 Der Vorsitzende ist zur **Entgegennahme von Erklärungen** berechtigt. Dazu gehören u. a. die an die MAV zum Zwecke ihrer Beteiligungsrechte gerichteten Mitteilungen und Anträge des Dienstgebers (§ 14 Abs. 1 S. 5). Die Ordnung des **§ 14 Abs. 1 S. 5** nennt in diesem Zusammenhang eine Gleichberechtigung zur Entgegennahme von Erklärungen zugunsten
– des Vorsitzenden der MAV,
– des stellvertretenden Vorsitzenden und
– des von der MAV dazu nach der Ordnung pflichtgemäß benannten Mitgliedes der MAV.

18 Die Regelung bezweckt eine größere Bandbreite für den Zugang von Erklärungen an die **mehrgliedrige MAV**. Denn durch den wirksamen Zugang der Erklärung des Dienstgebers an eines der drei vorgenannten Mitglieder der MAV werden Fristen in Gang gesetzt. Wichtig wird das z. B. im Falle der Mitteilung des Dienstgebers über eine Kündigungsabsicht gegenüber einem Mitarbeiter. Der Zeitpunkt des Zugangs der Mitteilung ist maßgeblich für den Lauf der nach der MAVO geregelten Fristen zu Einwendungen der MAV ge-

gen eine bevorstehende Kündigung (§§ 30, 31). Eine nicht ordnungsgemäß zugegangene Information des Dienstgebers zur Anhörung der MAV hat die Unwirksamkeit der Kündigung eines Arbeitsverhältnisses zur Folge (§ 30 Abs. 5, § 31 Abs. 3). Deshalb kommt es auf die Empfangsberechtigung solcher Informationen auf der Seite der MAV und damit zur wirksamen Entgegennahme von Erklärungen des Dienstgebers an (*BAG*, 16. 10. 1991 – 2 AZR 156/91, ZMV 1992, 247). Die Vorschrift des § 14 Abs. 1 S. 5 stellt klar, dass die Erklärung dem Vorsitzenden, seinem Stellvertreter oder einem von der MAV benannten Mitglied vorranglos vor einem anderen der drei wirksam zugehen kann. Es besteht also im Falle der Entgegennahme von Erklärungen an die MAV anders als gemäß § 26 Abs. 3 S. 2 BetrVG eine konkurrierende gleichrangige Empfangsberechtigung. Nach wie vor enthält § 14 keine Regelung dahin, dass zur Entgegennahme von Erklärungen, die der MAV gegenüber abzugeben sind, der Fall der Verhinderung des Vorsitzenden der MAV eingetreten sein muss, um an die beiden anderen genannten MAV-Mitglieder die Erklärung abgeben zu dürfen. Damit ist der Kreis der Empfangsberechtigten allerdings auch abschließend genannt. Zugang von Erklärungen an andere Mitglieder der MAV lässt den Fristenlauf zur Reaktion der MAV nicht eintreten. Das Anhörungsverfahren bei Kündigungen wird also eingehalten, wenn die dienstgeberseitige Information zur Einleitung der Anhörung einem der drei berechtigten Mitglieder der MAV abgegeben wird. Dann gilt die Erklärung als wirksam zugegangen mit der Folge, dass ein Anhörungsverfahren, z. B. zur dienstgeberseitigen Kündigungsabsicht (§§ 30, 30 a, 31), ordnungsgemäß eingeleitet ist und Fristen zur Stellungnahme der MAV in Gang gesetzt sind. Klar gestellt ist, dass die Entgegennahme von Erklärungen durch andere MAV-Mitglieder der MAV, die nicht zur Entgegennahme von Mitteilungen bzw. Erklärungen des Dienstgebers ermächtigt sind, das in Gang zu setzende Verfahren nicht einleitet (*BAG*, 16. 10. 1991 – 2 AZR 156/91 a. a. O.).

Die Reaktion der MAV auf die Mitteilung des Dienstgebers erfolgt allerdings nur wirksam im Rahmen der von der MAV gefassten Beschlüsse (§ 14 Abs. 1 S. 4). Solche Erklärungen gibt der Vorsitzende oder im Falle seiner Verhinderung nur sein Stellvertreter ab. Daraus wird ersichtlich, dass die Befugnis zur Entgegennahme von Erklärungen durch die MAV großzügiger geregelt ist als die Befugnis zur Abgabe von Erklärungen der MAV. Die MAV kann aber in ihrem Beschluss festlegen, wer gegebenenfalls den Dienstgeber von einem Beschluss der MAV in Kenntnis setzen soll. Mit Rücksicht auf womögliche Ausschüsse der MAV empfiehlt sich das geradezu (§ 14 Abs. 10). **19**

III. Der stellvertretende Vorsitzende der MAV

Der Stellvertreter des MAV-Vorsitzenden kann die Aufgaben als Vorsitzender nur wahrnehmen, wenn der **Vorsitzende selbst verhindert** ist (§ 14 Abs. 3 S. 1). Der Grund der Verhinderung spielt keine Rolle. Unerheblich ist, ob es sich um rechtliche oder tatsächliche Gründe, ob es sich um eine vorübergehende oder länger dauernde Verhinderung handelt. Sind von der MAV dem Vorsitzenden Aufgaben übertragen worden oder Ermächtigungen ausgesprochen worden, so kann sie der Stellvertreter nur wahrnehmen, wenn sich der Beschluss der MAV auch auf den Stellvertreter erstreckt. **20**

§ 14

21 Ist neben dem Vorsitzenden der MAV auch der Stellvertreter verhindert, seine Tätigkeit auszuüben, so ist zunächst zu prüfen, ob die MAV die Verhinderung des Vorsitzenden und des Stellvertreters festgestellt hat (§ 13 b Abs. 2). Dann würden zwei Ersatzmitglieder zeitweilig in die MAV nachrücken (§ 13 b Abs. 2 S. 1). Dennoch ist die Frage der Wahl eines weiteren stellvertretenden Vorsitzenden der MAV für diesen Fall nicht geregelt. Man wird aber wegen gleicher Problematik im Betriebsverfassungsgesetz in gleicher Weise die MAV handlungsfähig machen (*Hess/Schlochauer/Worzalla/Glock*, BetrVG § 26 Rz 58 ff.). Sollten der Vorsitzende und sein Stellvertreter aus der MAV ausgeschieden sein, so stehen ihre Ämter zur Neuwahl an. In diesem Falle ist es zulässig, dass die MAV in ihrer Gesamtheit die Sitzung zur Neuwahl festlegt (vgl. Rz 8–14), wobei ein MAV-Mitglied die Wahl leitet.

IV. Der Schriftführer

1. Aufgabe

22 Der nach Abs. 1 S. 3 gewählte oder wenigstens i. S. v. Abs. 6 wirksam bestellte Schriftführer nimmt die **schriftlichen Aufzeichnungen** über die Sitzung und die Beschlüsse der MAV, die Mitarbeiterversammlung und die Gespräche mit dem Dienstgeber (§ 14 Abs. 6, § 22 Abs. 4 S. 1, § 39 Abs. 1 S. 4) vor. Ist kein Schriftführer bestellt, muss der Vorsitzende die Niederschrift selbst anfertigen. Er ist für den Inhalt der Niederschrift verantwortlich, weil er sie zu unterschreiben hat (§ 14 Abs. 6 S. 7).

23 Besteht keine MAV, wird aber eine Mitarbeiterversammlung durch den Dienstgeber gemäß § 10 Abs. 1 S. 1 einberufen, so ist über die Mitarbeiterversammlung eine Niederschrift über die gefassten Beschlüsse entsprechend § 22 Abs. 4 anzufertigen. Deshalb empfiehlt sich die Bestellung eines Schriftführers für die Mitarbeiterversammlung.

2. Regelungen für Niederschriften

24 Niederschriftenregelungen befinden sich in der MAVO an verschiedenen Stellen. Sie gelten gemäß § 11 Abs. 5 S. 2 der Feststellung des Wahlergebnisses der MAV-Wahl, gemäß § 14 Abs. 6 S. 1 den Sitzungen der MAV zur **Dokumentierung der An- und Abwesenden, der Tagesordnung, des Wortlautes der Beschlüsse** und des jeweiligen **Stimmverhältnisses.** Der Vorsitzende der MAV hat die Niederschrift zu unterzeichnen und, wenn und soweit der Dienstgeber an der Sitzung teilgenommen hat, den diesbezüglichen Teil der Niederschrift schriftlich dem Dienstgeber oder dessen Beauftragten zuzuleiten (§ 14 Abs. 6 S. 3). Niederschriften sind auch über die Anträge und Beschlüsse der Mitarbeiterversammlung zu fertigen und in diesem Falle vom Vorsitzenden und dem Schriftführer zu unterzeichnen (§ 22 Abs. 4 S. 1). Nicht erforderlich ist die Anwesenheitsliste, weil gemäß § 22 Abs. 4 S. 2 lediglich der guten Ordnung halber die Anwesenheitsliste beigefügt sein soll. Die **Anwesenheitsliste** ist jedoch in zwei Fällen zwingend vorgeschrieben, bei Teilversammlungen der Mitarbeiter (§ 22 Abs. 4 S. 3 i. V. m. § 4 Abs. 2) und im Falle des § 22 Abs. 2, wenn nämlich die Mitarbeiterversammlung der MAV das Misstrauen ausspricht. Denn in diesem Falle ist die Ermittlung der Hälfte aller wahlberechtigten Mitarbeiter in der Mitarbeiterversammlung erforderlich.

§ 14

Besondere Bedeutung hat die **Niederschrift über Dienstvereinbarungen** im 25
Sinne von § 38 Abs. 4 S. 1. Sie ist vom Dienstgeber und von der gesamten
MAV zu unterschreiben. Über die gemeinsamen Sitzungen und Gespräche
zwischen Dienstgeber und MAV ist gemäß § 39 Abs. 1 S. 4 eine Niederschrift
zu fertigen, die vom Dienstgeber und vom Vorsitzenden der MAV zu unterzeichnen ist. In diesem Fall erhalten der Dienstgeber und die MAV je eine
Ausfertigung der Niederschrift in voller Länge (§ 39 Abs. 1 S. 5).
Über die in der MAVO geregelten Fälle von Niederschriften hinaus sind wei- 26
tere Niederschriften unverzichtbar. Das folgt aus den Wahlvorbereitungen
und Wahldurchführungen gemäß §§ 9 bis 11, 11 a bis 11 c und den erforderlichen Beschlussfassungen über Wahlanfechtungen gemäß § 12 Abs. 2.

V. Abberufung durch Vertrauensentzug

1. des Vorsitzenden der MAV

Der Vorsitzende der MAV wird **für die Dauer der Amtszeit** der MAV gewählt. 27
Ist die Wahl während der Amtszeit der MAV erfolgt, so gilt die Wahl für den
Rest der Amtszeit. Die MAV hat aber das Recht, ihren Vorsitzenden abzuberufen. Das tut sie gemäß **§ 14 Abs. 2 S. 1**, indem sie ihm mit der qualifizierten
Mehrheit von zwei Dritteln aller Mitglieder das Vertrauen entzieht. Die Angabe des Grundes ist nicht erforderlich. Genießt aber der Vorsitzende das Vertrauen der MAV nicht mehr, so ist die MAV berechtigt, einen neuen Vorsitzenden zu wählen. Sie muss dies aber auch tun (§ 14 Abs. 2 S. 2).
Bei der Abstimmung über den **Vertrauensentzug** ist der Vorsitzende ebenso 28
abstimmungsberechtigt wie alle anderen Mitglieder der MAV. Denn schließlich war der Vorsitzende auch bei seiner Wahl wahlberechtigt. Deshalb ist es
richtig, wenn in geheimer Wahl festgestellt wird, ob ihm das Vertrauen tatsächlich mit der notwendigen Mehrheit entzogen worden ist. Bei einer dreigliedrigen MAV müssen also die beiden anderen MAV-Mitglieder zur Erlangung
der Zweidrittelmehrheit geschlossen gegen den Vorsitzenden stimmen.
Stimmenthaltung auch nur eines der beiden würde nicht zur Abberufung des
Vorsitzenden führen.
Nicht geregelt ist, wer den **Vorsitz bei der Vertrauensabstimmung** führt. Infol- 29
gedessen obliegt die Leitung auch dieses Vorganges dem Vorsitzenden der
MAV. Sein Amt als Mitglied der MAV wird durch die Vertrauensabstimmung
nicht berührt. Wird nach dem Vertrauensentzug die Neuwahl eines Vorsitzenden der MAV vorgenommen, so leitet diese Wahl der stellvertretende Vorsitzende der MAV. Der stellvertretende Vorsitzende rückt im Falle des Vertrauensentzuges gegenüber dem Vorsitzenden der MAV nicht automatisch auf
dessen Stelle. Das folgt aus § 14 Abs. 2 S. 2, der zwingend die Neuwahl des
Vorsitzenden vorschreibt.

2. des stellvertretenden Vorsitzenden und des Schriftführers

So wie dem Vorsitzenden der MAV das Vertrauen entzogen werden kann, 30
dürfte auch gegenüber dem Stellvertreter der Vertrauensentzug, obwohl nicht
geregelt, in Analogie zu § 14 Abs. 2 S. 1 möglich sein (so *Mösenfechtel/Perwitz-Passan/Wiertz*, § 14 Anm. 3). Allerdings ist wegen des fehlenden zwingenden
Gebots einer Wahl von stellvertretenden Vorsitzenden und Schriftführern

Thiel 297

§ 14

nicht unbedingt die Neuwahl für diese beiden Funktionen erforderlich, aber ratsam (vgl. Rz 20, 22).

VI. Die Sitzungen der MAV

1. Zweck der Sitzungen

31 Die mehrgliedrige MAV ist zur **Herbeiführung ihrer Willensbildung** (§ 14 Abs. 5) auf Sitzungen angewiesen. Dasselbe gilt für einen Ausschuss der MAV, und zwar unabhängig davon, ob ihm Aufgaben zur selbständigen Erledigung oder zur Vorbereitung übertragen sind. Zu unterscheiden ist zwischen
– den Sitzungen der MAV im Sinne von § 14,
– den Sitzungen der MAV im Sinne der Mitwirkungsrechte (§§ 29 Abs. 3 S. 3, 30 Abs. 2 S. 3, 32 Abs. 2 S. 1, 33 Abs. 3 S. 1 und 2, § 37 Abs. 3 S. 2, 38 Abs. 3) mit dem Dienstgeber,
– den gemeinsamen Sitzungen und Gesprächen mit dem Dienstgeber im Sinne von § 39.

32 Auch das MAV-Mitglied, welches Alleinmitglied der MAV ist, hat seine Aufgaben in gemeinsamen Sitzungen mit dem Dienstgeber zu erledigen. Jede Sitzung muss ordnungsgemäß einberufen sein. Vor den Sitzungen sind informelle Gespräche der MAV-Mitglieder untereinander sowie Gespräche mit dem Dienstgeber zulässig und auch als Tätigkeit der MAV anzuerkennen, wenn dies der guten Zusammenarbeit und der Erfüllung der Aufgaben förderlich ist.

2. Einberufung

33 Die Sitzungen der MAV beruft in der Regel der **Vorsitzende** der MAV ein (**§ 14 Abs. 3**). Zu den gemeinsamen Sitzungen mit Dienstgeber und MAV gemäß § 39 Abs. 1 lädt der Dienstgeber ein (§ 39 Abs. 1 S. 3). Ist der Vorsitzende verhindert, so beruft sein Stellvertreter die Sitzung ein.

34 Die Sitzung muss einberufen werden, wenn die Mehrheit der MAV-Mitglieder (§ 14 Abs. 3 S. 2) oder der Dienstgeber (§ 39 Abs. 1 S. 2) sie verlangen. Dasselbe gilt, wenn der oder die Sprecher der Jugendlichen und Auszubildenden die Einberufung einer MAV-Sitzung mit einem bestimmten Beratungsgegenstand beantragen (§ 45 Abs. 1 S. 2 Nr. 1 S. 2). In gleicher Weise kann auch die Vertrauensperson der schwerbehinderten Menschen gemäß § 46 Abs. 1 S. 2 Nr. 1 S. 2 eine MAV-Sitzung beantragen.

35 Die Einberufung ist durch die MAVO nicht näher geregelt. Insofern kann die MAV selbst im Wege einer **Geschäftsordnung** (Rz 77 ff.) bestimmen, in welcher **Form** und mit welchen **Fristen** die Sitzungen einberufen werden sollen.

3. Tagesordnung

36 Die Teilnehmer an der MAV-Sitzung müssen sich auf die zu erörternden Themen vorbereiten können. Deshalb ist ihnen **rechtzeitig** vor der Sitzung **die Tagesordnung zuzuleiten**. Die Tagesordnung (§ 14 Abs. 3 S. 1, § 45 Abs. 1 S. 2 Nr. 1 S. 2, § 46 Abs. 1 S. 2 Nr. 1 S. 2) muss so formuliert sein, dass jeder Teilnehmer über die zur Behandlung anstehenden Fragen im Bilde ist. Es wird nicht zu umgehen sein, dass die Tagesordnung ergänzt oder geändert wird. Der Vorsitzende der MAV muss dann dafür sorgen, dass die eingeladenen Teilnehmer

Zeit zur Vorbereitung haben. Es geht um die Sicherstellung einer Beschlussfassung in der MAV, die mit ausreichender Vorbereitung zustande gekommen ist.

Der Vorsitzende legt die Tagesordnung fest. Allerdings wird die Thematik ihm 37 von den Mitgliedern der MAV, vom Dienstgeber oder von anderer Seite (vgl. Sprecher der Jugendlichen und Auszubildenden, Schwerbehindertenvertretung Rz 39) zugehen, damit er sie auf die Tagesordnung setzt. Der **Ergänzung der Tagesordnung** wird Rechnung zu tragen sein, wenn sich dieses als sinnvoll und zweckmäßig erweist.

Wird unter dem **Tagesordnungspunkt »Verschiedenes«** beraten, kann die 38 MAV nur dann wirksame Beschlüsse fassen, wenn sie vollständig und vollzählig versammelt ist und kein Mitglied der MAV der Beschlussfassung widerspricht. Die vorherige Mitteilung der Tagesordnung soll den Mitgliedern der MAV Gelegenheit geben, sich ein Bild über die in der Sitzung zu treffenden Entscheidungen zu machen und es ihnen ermöglichen, sich auf die Beratung der einzelnen Tagesordnungspunkte ordnungsgemäß vorzubereiten. Nur bei Kenntnis der Tagesordnung hat ein verhindertes Mitglied der MAV die Möglichkeit, seine MAV-Kollegen schon vorher über seine Auffassung zu unterrichten und sie zu überzeugen oder sie gegebenenfalls auch nur zu bitten, seine Argumente in der MAV-Sitzung zumindest vorzutragen. Im Hinblick auf den Zweck der Vorschrift des § 14 Abs. 3 leistet der Tagesordnungspunkt »Verschiedenes« nichts. Er unterrichtet die Mitglieder der MAV allenfalls davon, dass von der zeitlichen Planung der Sitzung her gesehen noch mit allgemeinen Erörterungen zu rechnen ist bzw. Zeit für weitere Anregungen zur Verfügung steht (*BAG*, 28. 10. 1992 – 7 ABR 14/92, NZA 1993, 466 f. = DB 1993, 840 = BB 1993, 580).

4. Einzuladende Personen

Gemäß § 45 Abs. 1 nehmen die Sprecher der Jugendlichen und Auszubilden- 39 den regelmäßig an der Sitzung der MAV teil. Sie sind daher ebenso zur MAV-Sitzung einzuladen wie die Vertrauensperson der schwerbehinderten Menschen gemäß § 46 Abs. 1 S. 1. In § 46 Abs. 1 S. 2 Nr. 1–3 wird das Teilnahmerecht jedoch näher geregelt, wenn Angelegenheiten der schwerbehinderten Menschen beraten werden, vgl. dort. Wegen Rechtsstreitigkeiten über die Rechte und Pflichten der Schwerbehindertenvertretung entscheiden die Arbeitsgerichte im Beschlussverfahren (*BAG*, 2. 9. 1989 – 1 AZR 465/88, DB 1990, 796), bei reinen MAVO-Streitigkeiten die Schlichtungsstelle (§ 41 Abs. 2).

Ist ein **Mitglied** der MAV an der Teilnahme der MAV-Sitzung **verhindert**, so ist 40 **das nächstberechtigte Ersatzmitglied** einzuladen, nachdem die MAV die zeitweilige Verhinderung eines Mitgliedes festgestellt hat (§ 13 b Abs. 2). Dasselbe gilt, wenn die Mitgliedschaft eines MAV-Mitgliedes in der MAV gemäß § 13 Abs. 3 ruht. Der Dienstgeber oder sein Beauftragter nehmen an den Sitzungen teil, zu denen er gemäß § 39 Abs. 1 S. 3 einlädt und die gemäß § 39 Abs. 2 den regelmäßigen Gesprächen dienen. Der Dienstgeber hat wegen des Grundsatzes der vertrauensvollen Zusammenarbeit mit der MAV (§ 26 Abs. 1 S. 1) den Einladungen der MAV zu ihren Sitzungen im Sinne von § 39 Abs. 2 ebenso zu folgen, wie die MAV die gemeinsame Sitzung gemäß § 39 Abs. 1 wahrzunehmen hat. Wegen des Grundsatzes der Nichtöffentlichkeit (Rz 42)

§ 14

ist er jedoch nicht berechtigt, unmittelbar eine mitarbeitervertretungsfremde Person (Mitarbeiter) zur Protokollführung hinzuzuziehen (*ArbG Bad Hersfeld*, 8. 1. 1987 – 1 BV 11/86, BB 1987, 2452).

41 Der **Dienstgeber** hat in der MAV-Sitzung **kein Stimmrecht**.

5. Nichtöffentlichkeit

42 Gemäß § 14 Abs. 4 S. 1 sind die **Sitzungen der MAV** nichtöffentlich. Dasselbe gilt für die **Sitzungen der anderen Gremien im Sinne der MAVO**. Zutritt zur Sitzung der MAV haben nur die Mitglieder der MAV, ein Ersatzmitglied im Falle der Verhinderung eines MAV-Mitgliedes, des Ruhens einer Mitgliedschaft in der MAV oder dann, wenn es für ein ausgeschiedenes Mitglied in die MAV nachgerückt ist (§ 13 b). Das Recht der Teilnahme an der Sitzung haben der Dienstgeber bei gemeinsamen Sitzungen (§ 39) und stets die Vertrauensperson der schwerbehinderten Menschen (§ 46 Abs. 1 S. 1); der Vertrauensmann der Zivildienstleistenden nur dann, wenn Angelegenheiten behandelt werden, die auch die Zivildienstleistenden betreffen (§ 46 a Abs. 1). Soll ein sachverständiger **Gast** aus Anlass der Sitzung der MAV bei ihr zu einem Beratungsgegenstand vortragen, wird die Sitzung der MAV förmlich unterbrochen. Nach Anhörung des Gastes wird die Sitzung ohne den Gast fortgesetzt. Kein Teilnahmerecht haben nach § 17 Abs. 2 zu stellende Hilfspersonen (z. B. Schreibkraft, vgl. § 17 Rz 49), denn sie unterliegen nicht der in § 20 geregelten Schweigepflicht. Deshalb hat der Schriftführer der MAV die Niederschrift zu fertigen, der **außerhalb der Sitzung** sich der **Schreibhilfe für die Reinschrift der Protokolle** über die Sitzung der MAV bedienen kann (vgl. auch *Fey/Rehren*, MVG-EKD § 24 Rz 17).

43 Ein Verstoß gegen die Nichtöffentlichkeit kann zur Unwirksamkeit der Beschlussfassung der MAV führen, wenn sie unter möglicher Beeinflussung durch nicht berechtigte Teilnehmer zustande gekommen ist (*Frey/Coutelle/Beyr*, § 14 Rz 74; *Bernards*, Die Schlichtungsstelle, S. 55). Die MAV übt deshalb das **Hausrecht** aus.

44 Hat die MAV aus ihrer Mitte **Ausschüsse im Sinne von § 14 Abs. 10** gebildet und diesen Aufgaben zur selbstständigen Erledigung übertragen, so gelten die vorstehenden Grundsätze der Nichtöffentlichkeit ebenfalls für die Sitzungen der Ausschüsse.

6. Leitung

45 Der Vorsitzende der MAV leitet mit Ausnahme der Verhinderung jede Sitzung der MAV (§ 14 Abs. 3 S. 1). Zu den gemeinsamen Sitzungen mit dem Dienstgeber siehe § 39. Zur Leitung gehören die **Eröffnung und Beendigung**, die Worterteilung und Wortentziehung, die Leitung in Abstimmungen sowie die Feststellung der Abstimmungsergebnisse. In einer **Geschäftsordnung** kann die MAV Regelungen zur Durchführung der Sitzungen erlassen (Rz 83). Dazu gehört dann auch die Ausübung des Hausrechts im Sitzungsraum, um Störungen der Sitzung zu vermeiden (vgl. hierzu *Hess/Schlochauer/Worzalla/Glock*, BetrVG § 29 Rz 55 wegen ähnlicher Fragen bei Sitzungen des Betriebsrates).

§ 14

7. Zeitliche Lage

Die Sitzungen der MAV finden in der Regel **während der Arbeitszeit** statt (§ 14 Abs. 4 S. 2; vgl. § 30 S. 1 BetrVG). Zur Klärung der zeitlichen Lage hat die MAV einen bestimmten Sitzungstag festzulegen (z. B. jeden ersten Dienstag im Monat, um 14 Uhr). Dabei haben jedoch die MAV und bei besonderer Sitzung der einladende Vorsitzende bei Anberaumung und Dauer der Sitzung auf die dienstlichen Erfordernisse Rücksicht zu nehmen (§ 14 Abs. 4 S. 3; vgl. auch § 30 S. 2 BetrVG). Deshalb ist der Dienstgeber von der Regelung der MAV zu unterrichten, damit u. a. auch die Freizeitgewährung richtig berechnet werden kann. In Einrichtungen mit **Schichtdienst**, auch **Nachtdienst**, ist nicht zu umgehen, dass das eine oder andere Mitglied der MAV außerhalb seiner Dienststunden an den MAV-Sitzungen teilnehmen muss. In solchen Fällen hat das betroffene MAV-Mitglied gemäß § 15 Abs. 4 einen Anspruch auf entsprechenden Freizeitausgleich (§ 15 Rz 61 ff.), der beim Dienstgeber zu beantragen ist. Kommt es mit dem Dienstgeber zu keiner Einigung, so entscheidet auf Antrag der MAV die Schlichtungsstelle (§ 15 Abs. 5 i. V. m. § 41 Abs. 1 Nr. 4). 46

Die MAV hat ihre Sitzungen nach pflichtgemäßem Ermessen aus eigenem Recht zu bestimmen. Sie wird daher die zeitliche Lage der Sitzungen so wählen. dass dem Grundsatz der Erforderlichkeit Rechnung getragen wird. Das bezieht sich auch auf die Häufigkeit der Sitzungen. Dabei muss dem Arbeitsanfall Rechnung getragen werden. Die Dauer der Sitzung wird von der abzuhandelnden Tagesordnung bestimmt. Insofern ist also eine doppelte Abwägung erforderlich. Denn neben den betrieblichen Erfordernissen sind die Belange der MAV zur rationellen Durchführung ihrer Aufgaben zu berücksichtigen. Die Mitglieder der MAV nehmen aus eigenem Recht an den Sitzungen der MAV teil und bedürfen daher zur Teilnahme keiner Erlaubnis des Dienstgebers, wenn die Sitzungen während der Arbeitszeit stattfinden. Sie müssen sich jedoch beim Vorgesetzten abmelden (Rz 52). Müssen Aufgaben der MAV außerhalb der Einrichtung wahrgenommen werden oder müssen auswärts beschäftigte MAV-Mitglieder zur Wahrnehmung von MAV-Aufgaben in die Dienststelle kommen, so sind auch die während der Arbeitszeit hiermit verbundenen **Reisezeiten** erforderliche MAV-Tätigkeit. Dies gilt insbesondere auch für die Tätigkeit der Gremien i. S. von §§ 1 b und 23, 24, 25. 47

MAV-Sitzungen, die erforderlich sind, dürfen nur in Ausnahmefällen außerhalb der Arbeitszeit stattfinden. Das wird in Dienststellen oder Einrichtungen der Fall sein, wenn die besonderen Verhältnisse der Einrichtung eine Freistellung der MAV-Mitglieder von der Arbeit nicht zulassen. Das ist der Fall bei Lehrern, Erziehern, die nur schwer zu vertreten sind. Dasselbe kann aber auch für andere Mitarbeiter gelten, die nicht abkömmlich sind, weil der Betriebsablauf der Einrichtung nicht gestört werden darf (vgl. § 15 Rz 61 ff.). 48

Die Sitzungen sind so anzuberaumen, dass auch die Teilnahme der teilweise freigestellten Mitglieder der MAV (§ 15 Abs. 3) an den regelmäßigen Sitzungen der MAV in der Zeit der jeweiligen teilweisen Freistellung erfolgt. Erst wenn der Umfang der Teilfreistellung durch die Teilnahme an den regelmäßigen Sitzungen und weiteren Routineaufgaben ausgeschöpft ist, hat das teilfreigestellte Mitglied der MAV Anspruch auf Arbeitsbefreiung. Die MAV ist gehalten, die Aufgabenverteilung für die Mitglieder der MAV sachgemäß vorzunehmen (zur klaren Bestimmung des § 20 Abs. 4 S. 2 MVG-EKD: VerwG 49

§ 14

für mitarbeitervertretungsrechtliche Streitigkeiten der EKD, 29. 10. 2002 – T – 0124/F – 40–01, ZMV 2003, 32). Die überobligatorische Freistellung ist zu vermeiden (vgl. dazu § 15 Rz. 33).

50 Halten sich die Mitglieder der MAV nicht an die Grundsätze der Erforderlichkeit und der betrieblichen Belange, so kann darin ein Verstoß gegen die Pflichten der MAV erblickt werden, den der Dienstgeber bei vergeblicher Abmahnung zum Anlass der Anrufung der Schlichtungsstelle machen kann, damit diese gegebenenfalls über das Erlöschen der Mitgliedschaft in der MAV wegen grober Verletzung der Befugnisse und Pflichten der MAV entscheidet (§ 14 Abs. 4 S. 3 i. V. m. § 13 Abs. 3 Nr. 6, § 41 Abs. 1 Nr. 3).

51 Gegebenenfalls wird der Dienstgeber den **Anspruch auf Freizeitausgleich** (vgl. § 15 Rz 62 ff., 68) nicht anders als durch Herabsetzung der regelmäßig zu leistenden Dienststunden gewähren, wie z. B. bei Lehrern durch Unterrichtsstundenermäßigung (vgl. Amtsblatt des Erzbistums Köln 1984 Nr. 125 S. 166; 1986 Nr. 239 S. 331 f.; 1996 Nr. 271 S. 345 f.).

52 Es entspricht dem Gebot der vertrauensvollen Zusammenarbeit zwischen Dienstgeber und MAV (§ 26 Abs. 1 S. 1), dass die MAV dem Dienstgeber rechtzeitig mitteilt, wann sie ihre Sitzungen abhält, falls nicht ohnehin ein fester Sitzungstermin allgemein bekannt ist. Die Sitzungen können jedoch nicht von der Genehmigung des Dienstgebers abhängig sein. Denn gegen den Missbrauch seitens der MAV kann sich der Dienstgeber durch Anrufung der Schlichtungsstelle wehren (vgl. § 13 Abs. 3 Nr. 6 i. V. m. § 41 Abs. 1 Nr. 3).

8. Beschlussfähigkeit und Beschlüsse der MAV

53 Die Vorschrift des **§ 14 Abs. 5** bestimmt, unter welchen Voraussetzungen die MAV wirksame Beschlüsse fassen kann. Sie ist zwingender Natur und kann vorbehaltlich der Bestimmung in § 14 Abs. 9 weder durch Geschäftsordnung (Rz 77 ff.) noch durch für den Einzelfall gefassten Beschluss abgeändert werden (§ 48).

a. Beschlussfähigkeit

54 Gemäß **§ 14 Abs. 5 S. 1** ist die MAV nur beschlussfähig, wenn **mehr als die Hälfte ihrer Mitglieder anwesend** ist. Auszugehen ist von der gesetzlich vorgeschriebenen Zahl ihrer Mitglieder, gegebenenfalls unter Beteiligung von Ersatzmitgliedern, wenn ordentliche Mitglieder aufgrund der Feststellung ihrer Verhinderung (§ 13 b Abs. 2) der Sitzung fernbleiben müssen. Ist die Zahl der Mitglieder unter die gesetzliche Zahl gesunken, obwohl Ersatzmitglieder in die MAV nachgerückt sind, so ist anstelle der gesetzlichen Sollzahl der Mitglieder der MAV von deren Istzahl zur Feststellung der Beschlussfähigkeit (nämlich mehr als deren Hälfte) auszugehen. Denn erst wenn die gesetzliche Zahl der Mitglieder der MAV auch nach Eintreten sämtlicher Ersatzmitglieder unter die Hälfte gesunken ist, wird eine Neuwahl der MAV erforderlich (§ 13 Abs. 3 Nr. 2), und die MAV bleibt noch geschäftsführend im Amt (§ 13 a S. 2). Ist eine **MAV** für die Dauer der Äußerungsfrist – z. B. des § 30 Abs. 2 S. 1 – **beschlussunfähig** i. S. des § 14 Abs. 5, weil in dieser Zeit mehr als die Hälfte der MAV-Mitglieder an der Amtsausübung verhindert ist und nicht durch Ersatzmitglieder vertreten werden kann, so nimmt die Rest-MAV in entsprechender Anwendung des § 13 a S. 2 i. V. m. § 13 Abs. 3 Nr. 2 z. B. die Beteiligungsrechte des § 30 Abs. 2 wahr. § 13 Abs. 3 regelt Fälle, in denen die

§ 14

Neuwahl der MAV außerhalb der regulären Amtszeit der MAV erfolgt, nämlich z. B. dann, wenn die Gesamtzahl der Mitglieder der MAV auch nach Eintreten sämtlicher Ersatzmitglieder um mehr als die Hälfte der ursprünglich vorhandenen Mitgliederzahl gesunken ist (§ 13 Abs. 3 Nr. 2). Bis zur Neuwahl aber führt die Rest-MAV gemäß § 13 a die Geschäfte weiter. Dann ist sie folglich auch noch beschlussfähig. Diese Rechtsregel zur vorübergehenden Geschäftsführung der MAV sollte deshalb auch zur Anwendung kommen, wenn die MAV wegen widriger Umstände (z. B. Erkrankungen, urlaubsbedingte Abwesenheiten) zu ihrer **Beschlussfassung nicht mit mehr als der Hälfte ihrer Mitglieder** zusammentreten kann, der Dienstgeber aber ihre Beteiligung in Anspruch nimmt, ehe er eine Maßnahme trifft, an der die MAV zu beteiligen ist (§§ 29, 30 bis 31, 34 bis 36). Die Verantwortung für die Wahrnehmung der Beteiligungsrechte liegt bei der MAV, wenn sie dem Dienstgeber die Zustimmung zu der beabsichtigten Maßnahme erteilt (vgl. *BAG*, 18. 8. 1982 – 7 AZR 437/80, NJW 1983, 2836). Die amtierende MAV darf nicht weniger Rechte haben als die gemäß § 13 a geschäftsführende Rest-MAV (vgl. auch can. 17 CIC).

Wirksame Beschlüsse können nur in einer unter Angabe der Tagesordnung 55 und rechtzeitiger Einladung (vgl. *BAG*, 28. 4. 1988 – 6 AZR 405/86, DB 1988, 2259) **mit den erforderlichen Beratungsunterlagen ordnungsgemäß einberufenen Sitzung der MAV** gefasst werden, zu der alle Mitglieder, gegebenenfalls Ersatzmitglieder eingeladen worden sind und wenn mehr als die Hälfte (Ausnahme: Rz 54) aller MAV-Mitglieder anwesend ist (§ 14 Abs. 5 S. 1). Die Abstimmung erfolgt nach gemeinsamer Beratung und Kenntnis der gegenseitigen Argumente. Eine Beschlussfassung aufgrund einer nicht ordnungsgemäß einberufenen Sitzung ist unwirksam (vgl. *Grabendorff/Windscheid/Ilbertz/ Widmaier*, BPersVG § 37 Rz 4). Eine Beschlussfassung im **Umlaufverfahren** ist nach Maßgabe der Geschäftsordnung der MAV zulässig (§ 14 Abs. 9).

In eigener Sache kann ein Mitglied der MAV nicht mitstimmen (vgl. aber 56 Rz 28). Wegen **Befangenheit** kann es nicht an der Beratung teilnehmen. Seine Anwesenheit würde die freie Meinungsäußerung und -bildung der übrigen Mitglieder der MAV beeinträchtigen (Rz 64). An die Stelle des Befangenen tritt das Ersatzmitglied (*Grabendorff/Windscheid/Ilbertz/Widmaier*, BPersVG § 37, Rz 7).

b. Beschlussfassung

Die MAV **beschließt mit der Mehrheit** ihrer anwesenden Mitglieder (§ 14 57 Abs. 5 S. 2). **Bei Stimmengleichheit** gilt ein Antrag als **abgelehnt** (§ 14 Abs. 5 S. 3) Stimmenthaltung hat in diesem Zusammenhang als Ablehnung zu gelten (*Biermann*, Kurzkommentar, § 13 Anm. 5; *Mösenfechtel/Perwitz/Passan/ Wiertz*, § 14 Anm. 7). Soweit an den Abstimmungen über die zu fassenden Beschlüsse der Sprecher der Jugendlichen und Auszubildenden oder die Vertrauensperson der schwerbehinderten Menschen (§ 45 Abs. 1 Nr. 2, § 46 Abs. 1 Nr. 2) beteiligt sind, werden auch deren Stimmen bei der Feststellung der Stimmenmehrheit berücksichtigt. Voraussetzung ist aber auch hier für die Beschlussfassung, dass mehr als die Hälfte der Mitglieder der MAV bei der Beschlussfassung anwesend ist. Beispiel: Die MAV hat sieben gesetzliche Mitglieder. An der Sitzung der MAV nehmen sechs Mitglieder teil. Ein Ersatzmitglied ist nicht bestellt. Die Abstimmung der MAV ergibt im Falle der vom

§ 14

Dienstgeber beantragten Zustimmung folgendes Stimmenverhältnis: 3 Ja-Stimmen, 1 Enthaltung, 2 Nein-Stimmen. Beschlussfähigkeit liegt gemäß § 14 Abs. 5 vor. Weil aber die MAV mit Stimmenmehrheit der anwesenden Mitglieder zu beschließen hat, ist der Antrag bei nur drei Ja-Stimmen im Verhältnis zu insgesamt sechs Anwesenden abgelehnt. Die Stimmenthaltung führt nicht zur Mehrheit der Anwesenden.

58 Die **Wirksamkeit der Beschlüsse der MAV** ist Voraussetzung für die Mitwirkung der MAV in den Formen der Beteiligung gemäß § 28. Fehlerhaft zustande gekommene Beschlüsse der MAV können bei Beanstandung zum Rechtsverlust der MAV oder des Dienstgebers führen. Auf das Anhörungsverfahren nach § 30 wirken sich Mängel, die in den Zuständigkeits- und Verantwortungsbereich der MAV fallen, grundsätzlich selbst dann nicht aus, wenn der Dienstgeber im Zeitpunkt der Kündigung weiß oder nach den Umständen vermuten kann, dass die Behandlung der Angelegenheit durch die MAV nicht fehlerfrei erfolgt ist (*BAG*, 16. 1. 2003 – 2 AZR 707/01, BB 2003, 1791). Das ist anders, wenn der Dienstgeber seinerseits für die Beschlussfassung der MAV fehlerhafte Ursache gesetzt hat.

1. Beispiel:
59 Der Dienstgeber teilt die Absicht der Kündigung eines Arbeitsverhältnisses (§ 30) dem Vorsitzenden der MAV nur mündlich mit und bittet ihn, in der MAV Beschluss fassen zu lassen. Wegen des Formfehlers der nicht schriftlichen Mitteilung ist die Anhörung der MAV nicht ordnungsgemäß, die Kündigung dann nicht wirksam.

2. Beispiel:
60 Die MAV berät den mündlichen Antrag des Dienstgebers und beschließt die Zustimmung zur Kündigung aufgrund der mündlich mitgeteilten Kündigungsgründe. Der Beschluss der MAV ist fehlerhaft, die Anhörung daher nicht wirksam erfolgt; die Kündigung ist unwirksam.

3. Beispiel:
61 Der Vorsitzende der MAV hat die schriftlichen Unterlagen zur Kündigungsbegründung in der Einladung zur Sitzung der MAV nicht mitgeschickt, so dass die Mitglieder der MAV sich nicht auf die Sitzung vorbereiten konnten, um Beschluss fassen zu können. In diesem Fall läuft bei Untätigkeit der MAV womöglich die Äußerungsfrist gemäß § 30 Abs. 2 S. 1 und 2 ab, so dass die beabsichtigte Kündigung als nicht beanstandet gilt.

62 Die vorstehenden Beispiele zeigen, dass es Mängel bei der Anhörung geben kann, die entweder in den Risikobereich des Dienstgebers oder der MAV fallen. Erfüllt der Dienstgeber die Voraussetzungen für die ordnungsgemäße Einleitung des Anhörungsverfahrens nicht, ist die Anhörung unwirksam. Mängel im Verantwortungsbereich der MAV führen nicht zur Unwirksamkeit der Anhörung. In den Risikobereich der MAV fällt es auch, wenn ein zum Empfang der Mitteilung des Dienstgebers bevollmächtigtes MAV-Mitglied eine Mitteilung des Dienstgebers im Anhörungsverfahren nicht rechtzeitig oder nicht ordnungsgemäß an die MAV weitergibt oder eine MAV-Sitzung gar nicht oder verspätet stattfindet. Von einem der MAV zuzurechnenden Risikobereich ist nicht zu reden, wenn der Dienstgeber die MAV irritiert und somit selbst einen Fehler veranlasst. Das ist der Fall, wenn der Dienstgeber nur mit dem Vorsitzenden oder einem Teil der MAV das Anhörungsverfahren

bestreitet (vgl. § 14 Abs. 10 S. 2) und damit keine Gelegenheit zur ordentlichen Beschlussfassung gibt (vgl. bei *Raab*, GK-BetrVG § 102 Rz 75).

Die **absichtliche Herbeiführung der Beschlussunfähigkeit** der MAV kann ein 63 grober Verstoß gegen die Pflichten als MAV-Mitglied sein, der zum Ausschluss aus der MAV führen kann. Jedes Mitglied der MAV ist verpflichtet, für eine konstruktive Arbeitsweise innerhalb der MAV zu sorgen (vgl. auch *Grabendorff/Windscheid/Ilbertz/Widmaier*, BPersVG § 37 Rz 12 mit Nachweisen). Über die Art und Weise der Abstimmung zur Beschlussfassung enthält die MAV keine Bestimmung. Die Form der Abstimmung ist daher einer Regelung in der Geschäftsordnung zu überlassen. Der Vorsitzende der MAV kann die Abstimmungsform nicht bestimmen, falls er hierzu nicht ausdrücklich berechtigt ist.

c. Ausschluss von der Beschlussfassung in eigener Sache

Ein von einer Maßnahme des Dienstgebers persönlich betroffenes Mitglied 64 der MAV darf in eigener Sache an der Beratung und Beschlussfassung der MAV (z. B. Ausschluss aus der MAV, Kündigung, Eingruppierung, Höhergruppierung, Rückgruppierung, Versetzung, Abordnung) wegen **Interessenkollision** nicht mitwirken (*BAG*, 3. 8. 1999 – 1 ABR 30/98, ZTR 2000, 238 = NZA 2000, 440). Für das wegen Interessenkollision verhinderte Mitglied ist das Ersatzmitglied zu laden. Ein ohne Beratung mit dem Ersatzmitglied der MAV gefasster Beschluss ist unwirksam. Das gilt auch für die schriftliche Mitteilung der MAV an den Dienstgeber. Bei Verletzung der Kollisionsfreiheit tritt die Fiktion der Zustimmung zu der vom Dienstgeber beabsichtigten Maßnahme ein. Denn die nicht ordnungsgemäße Reaktion der MAV zu einem Beteiligungsakt des Dienstgebers führt zum Rechtsverlust der MAV, weil die MAV bei fehlerhaftem Beratungsvorgang in der Regel ihr Beteiligungsrecht nicht mehr fristgerecht wahrnimmt (vgl. *LAG Düsseldorf*, 15. 11. 2001 – 11 Ta BV 48/01, BB 2002, 1704). Mit Ablauf der Wochenfrist des § 33 Abs. 2 S. 2 gilt die Zustimmung mangels wirksamer Verweigerung als erteilt (*BAG*, wie vor). Die Nichtbeteiligung von MAV-Mitgliedern bei Beratung und Abstimmung ist zwar nicht geregelt, doch handelt es sich um eine Selbstverständlichkeit, dass sich betroffene und interessierte Personen innerhalb eines objektiven und neutralen Gremiums jeder Tätigkeit in Bezug auf ihre persönliche Rechtsstellung enthalten. Das entspricht allgemein kirchlichen Grundsätzen (can. 1448 CIC, Art. 18 Abs. 1 KiStiftO bayerische Diözesen, § 13 Abs. 3 Preuß. Gesetz über die Verwaltung des katholischen Kirchenvermögens vom 24. 7. 1924). Im Einzelfall kommt es darauf an, ob eine bestimmte Angelegenheit einem MAV-Mitglied oder einem Angehörigen einen unmittelbaren Vorteil oder Nachteil bringen kann. Diese Grundsätze gelten auch für den Sprecher der Jugendlichen und Auszubildenden. Zu denken ist vor allem an personelle Einzelmaßnahmen (z. B. § 19, § 18 Abs. 2 und 4, §§ 30, 31, 35) und den Beschluss der MAV über die Einleitung des Amtsenthebungsverfahrens eines MAV-Mitgliedes (§ 13 c Nr. 5). **Besteht die MAV nur aus einem Mitglied, tritt an seine Stelle das Ersatzmitglied**, nachdem das MAV-Mitglied wegen seines Anspruches auf rechtliches Gehör beteiligt worden ist (*Wiese/Raab*, GK-BetrVG § 33 Rz 25).

§ 14

9. Die Niederschrift

65 Über jede Sitzung der MAV ist eine Niederschrift gemäß den Vorschriften von § 14 Abs. 6 anzufertigen (vgl. Rz 22 ff.). Die Aufnahme von Beschlüssen der MAV in die Niederschrift ist keine Wirksamkeitsvoraussetzung. Sie dient vielmehr dem Nachweis der Ordnungsmäßigkeit der Beschlussfassung und der Tatsache, dass die MAV mit der erforderlichen Mehrheit in einer bestimmten Sache entschieden hat.

66 Deshalb ist die Niederschrift (Protokoll) über die Sitzung der MAV ein wichtiges Dokument. Eine qualifizierte Mitarbeitervertretungstätigkeit soll sich daher in entsprechenden Protokollen niederschlagen. Die Niederschrift muss folgenden Mindestinhalt haben:
   – Ort und Zeitangabe der Sitzung,
   – die namentlich aufgeführten Anwesenden und Abwesenden
   (unter Berücksichtigung des Sprechers der Jugendlichen und Auszubildenden, § 45, der Vertrauensperson der schwerbehinderten Menschen, § 46, und des Vertrauensmannes der Zivildienstleistenden, § 46 a),
   – Beschlussfähigkeit,
   – evtl. Anwesenheit des Dienstgebers,
   – die Tagesordnung,
   – Wortlaut der Beschlüsse mit den Abstimmungsergebnissen,
   – Wahlergebnisse mit Stimmenverhältnissen,
   – Ort, Datum und Unterschrift des Sitzungsleiters.

67 Das Protokoll fertigt die Schriftführung (§ 14 Abs. 1 S. 3). Ist kein Schriftführer gewählt, ist für jede Sitzung ein Protokollführer zu bestellen (*Oxenknecht*, ZMV 1995, 169). Zu unterscheiden ist zwischen dem Protokollführer und der möglicherweise zur Reinschrift bestellten Schreibkraft (§ 17 Abs. 2). Die Schreibkraft hat keinen Zutritt zur Sitzung der MAV, weil das Gebot der Nichtöffentlichkeit der Sitzungen der MAV uneingeschränkt gilt (§ 14 Abs. 4 S. 1). Die mit Schreibarbeiten beauftragte Kraft ist in jedem Falle auf ihre Verschwiegenheitspflicht hinzuweisen (*Oxenknecht*, a. a. O.). Das Ergebnisprotokoll ist vorgeschrieben, das Verlaufsprotokoll kann sinnvoll sein, um die verschiedenen Diskussionsbeiträge zur Willensbildung darzustellen. In jedem Falle ist die Genehmigung des Protokolls über die vorangegangene Sitzung zu behandeln.

68 Die Niederschrift (Protokoll) über die MAV-Sitzung erhalten
   – der Dienstgeber, soweit er an der MAV-Sitzung teilgenommen hat, im Auszug (§ 14 Abs. 6 S. 3),
   – die Mitglieder der MAV wegen der Kritik der Niederschrift und zu ihrer Information bei Beachtung der Verschwiegenheitspflicht (§ 20).

69 Die Niederschrift erhält der Sprecher der Jugendlichen und Auszubildenden ebenfalls (§ 45 Abs. 2 i. V. m. § 14 Abs. 6). Soweit dem Dienstgeber das Recht auf einen Protokollauszug zugebilligt wird, muss ein entsprechendes Recht der Vertrauensperson der schwerbehinderten Menschen zuerkannt werden, soweit sie an Sitzungen der MAV teilgenommen, Anträge gestellt und Stimmrecht ausgeübt hat (§ 46 Abs. 1 Nr. 1 und 2), obwohl § 46 Abs. 2 die Vorschrift des § 14 nicht in Bezug nimmt. Ebenso ist gegebenenfalls dem Vertrauensmann der Zivildienstleistenden ein Protokollauszug in den Fällen des § 46 a Abs. 1 zuzugestehen.

VII. Aufbewahrung der Unterlagen

Die Unterlagen der MAV müssen in der Einrichtung bzw. Dienststelle verwahrt werden. Der Dienstgeber hat gemäß § 14 Abs. 7 dafür zu sorgen, dass der MAV der dafür notwendige Raum zum Verschluss der Sachen zur Verfügung steht. Die Unterlagen gehören dem Dienstgeber, der jedoch über sie keine Verfügungsgewalt hat. Ihm sind die Unterlagen nicht zugänglich. Zu den Unterlagen gehören insbesondere die **Sitzungsniederschriften** der MAV und auch die **Wahlunterlagen** (§ 11 Abs. 8 S. 1). 70

Es kommt vor, dass nach dem Verbleib von Unterlagen der MAV gefragt wird und wem diese eigentlich gehören, insbesondere nach dem Ausscheiden von Mitgliedern aus der MAV, die noch Protokolle aus der Zeit ihrer Tätigkeit in der MAV haben. Auch der Dienstgeber kann ein Interesse daran haben, dass die Unterlagen nicht in falsche Hände geraten. Die MAVO gibt dazu keine Auskunft. Deshalb ist unter Berücksichtigung der Rechtsprechung staatlicher Gerichte folgendes anzunehmen. Der **Dienstgeber ist Eigentümer** und mittelbarer Besitzer der der MAV zur Verfügung gestellten Sachen und damit auch der MAV-Akten. Der unmittelbare Besitz daran steht der MAV in ihrer Gesamtheit, nicht aber einem einzelnen Mitglied der MAV zu. Ein entlassenes Mitglied der MAV, welches im Besitz von MAV-Akten ist und ihre Herausgabe an die amtierende MAV verweigert, übt verbotene Eigenmacht aus, auch wenn die Rechtswirksamkeit der Entlassung streitig ist. Der Dienstgeber ist berechtigt, im eigenen Namen die Herausgabe der MAV-Akten an die MAV zu verlangen (*ArbG Paderborn*, 29. 12. 1954 – 1 Ca 566/54, AR-Blattei ES Betriebsverfassung X, Geschäftsführung des Betriebsrats 530.10 Nr. 6). Denn die MAV oder ihre Mitglieder sind nur für die Dauer ihres Amtes zum Besitz der Akten, auch von Kopien, berechtigt. Solange eine MAV besteht, kann der Dienstgeber keine Rechte aus seinem mittelbaren Besitz geltend machen, weil er sich damit in die autonome Geschäftsführungsbefugnis der MAV einmischen würde (*LAG Hamm*, 21. 3. 1955 – 2 Sa 2/55, AR-Blattei ES 530.10 Nr. 6 a). 71

Die aus dem Amt scheidende MAV hat die Akten an die nachfolgende neue MAV weiterzugeben. Das gilt für Akten mit Gegenwarts- und Zukunftsbezug. Folgt der alten MAV nicht unmittelbar nach ihrem Amtsende eine neue MAV, so sind die Akten dem Dienstgeber zur sorgfältigen Aufbewahrung zu überantworten, damit er sie einer später ins Amt getretenen MAV übergibt. Der Grundsatz der vertrauensvollen Zusammenarbeit zwischen MAV und Dienstgeber hat sich hier zu bewähren (§ 26 Abs. 1 S. 1). Verwahrt der Dienstgeber Akten der MAV, hat er sie auf Verlangen der MAV an diese herauszugeben (§ 26 Abs. 2 S. 1), nicht nur vorzulegen, weil er gemäß § 17 Abs. 2 die sachlichen Hilfen der MAV zur Verfügung stellen muss. Dazu gehören auch die MAV-Akten, die gemäß § 14 Abs. 7 von der MAV zu verwahren sind. Das sind u. a. Sitzungsprotokolle (§ 14 Abs. 6), Protokolle über Mitarbeiterversammlungen (§ 22 Abs. 4) und Dienstvereinbarungen (§ 38 Abs. 4). Ob Akten von der MAV vernichtet werden dürfen, hängt davon ab, wer über sie verfügungsberechtigt ist. Die der MAV vom Dienstgeber überlassenen Sachen verbleiben in seinem Eigentum, weil er Eigentümer ist. Das ist im Geltungsbereich des Betriebsverfassungsgesetzes (vgl. *Wiese/Weber*, GK-BetrVG § 40 Rz 178, 180 m. N.) und des Personalvertretungsrechts (*Grabendorff/Windscheid/Ilbertz/Widmaier*, BPersVG, § 44 Rz 22) dieselbe Rechtslage. 72

§ 14

73 Die MAV ist ermächtigt (§ 185 BGB), über die verbrauchbaren Sachen (z. B. Schreibpapier) im Rahmen einer ordnungsgemäßen Geschäftsführung zu verfügen. Die Eigentümerbefugnisse des Dienstgebers sind durch die Zweckbindung der überlassenen Sachen beschränkt. Folglich darf die MAV auch nach Erledigung Akten vernichten, wenn kein Aufbewahrungszweck mehr zu verfolgen ist, weil die Akten für die Arbeit der MAV ohne jegliches Interesse sind (*Wiese/Weber*, a. a. O., § 40 Rz 182). Für jede MAV ist aber von Interesse, wann der Dienstgeber z. B. Entscheidungen darüber getroffen hat, wer in seiner Einrichtung Mitarbeiter in leitender Stellung (§ 3 Abs. 2 Nr. 4) oder Mitarbeiter ist, der zur selbstständigen Entscheidung über Einstellungen, Anstellungen oder Kündigungen befugt ist (§ 3 Abs. 2 Nr. 3). Das gilt auch für Stellenpläne, Einstellungen, Eingruppierungen und Höhergruppierungen, die Mitteilung über die in der Einrichtung beschäftigten schwerbehinderten Menschen, Unterlagen über Arbeitsschutz und Unfallverhütung. Solche Akten haben Vergangenheits- und Zukunftsbezug. Akten über laufende Verhandlungen sind der nächsten MAV zu übergeben. Über Rechtsstreitigkeiten entscheidet die Schlichtungsstelle gemäß § 41 Abs. 2. Siehe auch § 17 Rz. 54 ff.

VIII. Sprechstunden

74 Die MAV kann zur Erfüllung ihrer Aufgaben (vgl. z. B. Abs. 3 Nr. 2) Sprechstunden **während der Arbeitszeit** einrichten. Dazu hat sie sich wegen Zeit und Ort mit dem Dienstgeber zu verständigen. Die MAV soll u. a. in den Sprechstunden die Sorgen und Anregungen der Mitarbeiter erfahren. Dazu gehören auch die persönlichen dienstlichen Angelegenheiten und Beschwerden. Durch den Kontakt mit den Mitarbeitern wird die MAV in die Lage versetzt, mit dem Dienstgeber auf Abhilfe hinzuwirken (§ 26 Abs. 3 Nr. 2). Der einzelne Mitarbeiter soll aber seinem **Vorgesetzten das Verlassen des Arbeitsplatzes anzeigen.**

75 Die MAV muss die **Häufigkeit** der Sprechstunden nach ihrem pflichtgemäßen Ermessen festsetzen. Wenn sie dies trotz sachlichen Bedürfnissen nicht tut, kann hierin ein Pflichtenverstoß liegen. Die Sprechstunden müssen durch kundige Mitglieder der MAV abgehalten werden. Die Mitarbeiter dürfen am Besuch der Sprechstunde nicht gehindert werden, weil sonst die MAV ihre Aufgaben nicht ungehindert erfüllen kann (§ 18 Abs. 1). Durch den Besuch und die Abhaltung der Sprechstunden dürfen Minderungen der Bezüge nicht entstehen.

76 Die **Kosten** für die Einrichtung und den Betrieb der Sprechstunden trägt der **Dienstgeber**, der Raum, Geschäftsbedarf und personelle Hilfen für die MAV zur Verfügung stellen muss (§ 17 Abs. 2).

IX. Geschäftsordnung der MAV

1. Zweck der Geschäftsordnung

77 Gemäß **§ 14 Abs. 8** ist die MAV berechtigt, sich eine Geschäftsordnung zu geben. Es handelt sich um die Feststellung eines Rechts, das bereits vor Einfügung in die Rahmen-MAVO für die MAV als selbstverständlich angesehen

wurde. Die Vorschrift eröffnet weder Kompetenz- noch Verfahrensregelungen über den Rahmen der Ordnung hinaus. In der Geschäftsordnung werden Einzelheiten der Geschäftsführung der MAV geregelt. Das gilt insbesondere auch für die Koordination der Arbeit der MAV und der von ihr gebildeten Ausschüsse (§ 14 Abs. 10). Nach wie vor besteht keine Pflicht zum Beschluss einer Geschäftsordnung, weil die Regelung als Kann-Bestimmung der mehrgliedrigen MAV ein Ermessen einräumt, sich eine Geschäftsordnung zu geben. Hat die MAV sich eine Geschäftsordnung mit ordnungsgemäßer Beschlussfassung gegeben, so bedeutet dies auch für den Dienstgeber wirksame Selbstbindung der MAV an die Regeln der Geschäftsordnung, auf die er sich verlassen kann (vgl. *Bleistein*, Die Geschäftsordnung des Betriebsrats, in: b + p 1996, 356).

2. Beschluss

Die Geschäftsordnung kommt durch einen Beschluss der MAV gemäß § 14 Abs. 5 zustande. Mangels besonderer Regelung über die Mehrheit zur Beschlussfassung über die Geschäftsordnung ist die absolute Mehrheit aller Mitglieder der MAV nicht erforderlich; es genügt bei Beschlussfähigkeit die Mehrheit der anwesenden MAV-Mitglieder (§ 14 Abs. 5 S. 2). Die Geschäftsordnung kann aber regeln, mit welchem Stimmenverhältnis sie geändert werden kann. Sie ist schriftlich abzufassen und vom Vorsitzenden der MAV zu unterschreiben und zum Bestandteil der diesbezüglichen Sitzungsniederschrift der MAV zu machen, wobei auch das Abstimmungsverhältnis zu nennen ist. Die Sitzungsniederschrift ist ebenfalls vom Vorsitzenden zu unterschreiben (§ 14 Abs. 6). Die Geschäftsordnung ist den Mitgliedern der MAV abschriftlich zur Kenntnisnahme zur Verfügung zu stellen und ebenso den Vertretungen gemäß §§ 43 ff., 46 und 46 a sowie dem Dienstgeber im Rahmen des Gebots der vertrauensvollen Zusammenarbeit (§ 26 Abs. 1), vor allem aber auch wegen der womöglich gebildeten Ausschüsse und deren Zuständigkeit. **78**

Die verabschiedete Geschäftsordnung gilt nur für die Dauer der Amtszeit der sie erlassenden MAV ohne Nachwirkung. Danach erlischt sie, so dass eine neu gewählte MAV sich eine neue Geschäftsordnung geben muss, wenn sie von der Bestimmung des § 14 Abs. 8 Gebrauch machen will. **79**

Der Dienstgeber kann den Inhalt der Geschäftsordnung nicht (mit-)bestimmen. Verstößt aber die Geschäftsordnung der MAV gegen zwingende Bestimmungen der MAVO, etwa gegen das Gebot der Nichtöffentlichkeit der Sitzungen der MAV und ihrer Ausschüsse (§ 14 Abs. 4 S. 1), kann der Dienstgeber dies – gegebenenfalls im Wege eines Antrages an die Schlichtungsstelle (§ 41 Abs. 2) – rügen. Denn durch die Geschäftsordnung dürfen zwingende Bestimmungen der MAVO nicht abgeändert werden (§ 48; vgl. auch: *BAG*, 28. 10. 1992 – 7 ABR 14/92, DB 1993, 840). Andererseits können Einzelheiten zum Ablauf einer MAV-Sitzung und Organisationsfragen geregelt werden. Das kann sich insbesondere auf die Zusammenarbeit der MAV insgesamt im Verhältnis zu ihren Ausschüssen und der Ausschüsse zum Dienstgeber beziehen (§ 14 Abs. 10). **80**

3. Beschlüsse der MAV im Umlaufverfahren

Die Regelung des § 14 Abs. 9 soll in Verbindung mit der Geschäftsordnung die Erledigung der Aufgaben der MAV erleichtern. Allerdings wird bei den erfor- **81**

§ 14

derlichen Stimmen zur Abstimmung im Umlaufverfahren abweichend von § 14 Abs. 5 Einstimmigkeit verlangt. Fraglich ist, ob gemäß § 14 Abs. 5 S. 1 Beschlussfähigkeit gegeben ist, wenn sich am Umlaufverfahren mehr als die Hälfte der Mitglieder der MAV beteiligt. Die von der Ordnung verlangte Einstimmigkeit bezieht sich auf alle Mitglieder der MAV. Danach aber könnte das Umlaufverfahren auch unpraktisch werden, weil es durch eine Nein-Stimme gegenstandslos wird. Es bleibt in das Belieben der MAV gestellt, ob sie sich überhaupt zur Beschlussfassung des Umlaufverfahrens bedienen will, einmal durch die Aufnahme in die Geschäftsordnung überhaupt und dann im Wege der Praxis. Offen ist, welche Voraussetzungen die Beschlussfassung im Umlaufverfahren ermöglichen sollen. Diese müssten in der Geschäftsordnung geregelt werden. Ohne Geschäftsordnung der MAV ist allerdings die Beschlussfassung der MAV im Umlaufverfahren nicht möglich **(§ 14 Abs. 9 S. 1)**.

82 Die im Umlaufverfahren erzielten Beschlüsse sind spätestens in der Niederschrift der nächsten Sitzung im Wortlaut festzuhalten **(§ 14 Abs. 9 S. 2)**.

4. Inhalt der Geschäftsordnung

83 Die Geschäftsordnung der MAV könnte den nachstehenden Wortlaut haben. Dabei ist allerdings zu beachten, dass es in jeder Einrichtung Besonderheiten zur Bewältigung des Betriebsablaufs gibt, auf die zusätzlich Rücksicht zu nehmen ist. Das gilt auch für die Mitarbeitervertretungen, die Ausschüsse bilden.

Muster für die Geschäftsordnung einer mehrgliedrigen MAV
Geschäftsordnung der Mitarbeitervertretung der/des .... (Einrichtung(Dienststelle) in .... gemäß Beschluss vom ....

§ 1 Geltung
Diese Geschäftsordnung beruht auf § 14 Abs. 8 MAVO des Bistums .... vom .... (Amtsblatt ....) und gilt für die Dauer der gegenwärtigen Amtszeit der Mitarbeitervertretung (MAV); zu ihrer Änderung bedarf es eines Beschlusses der Mehrheit der Mitglieder der MAV.

§ 2 Vorstand
(1) Die MAV hat einen Vorsitzenden, einen stellvertretenden Vorsitzenden und einen Schriftführer, deren Amtszeit bis zum Ende der Amtszeit der MAV gilt; sie beginnt mit der Annahme der Wahl zu der jeweiligen Funktion.
(2) Der Vorsitzende führt die laufenden Geschäfte der MAV, im Falle seiner Abwesenheit sein Stellvertreter. Er lädt zu den Sitzungen der MAV unter Angabe der Tagesordnung ein und leitet sie.
(3) Soweit keine Beschlüsse gefasst werden, können der Vorsitzende oder sein Stellvertreter keine für die MAV verbindlichen Erklärungen gegenüber Dritten abgeben. Dasselbe gilt für die anderen Mitglieder der MAV.
(4) Der Vorsitzende unterrichtet die MAV in ihrer Sitzung über die Gespräche mit dem Dienstgeber und seinen Beauftragten und über Zugänge von Erklärungen des Dienstgebers. Dasselbe gilt für den stellvertretenden Vorsitzenden und jedes einzelne Mitglied der MAV, die mit Dritten Gespräche in MAV-Angelegenheiten geführt oder Erklärungen entgegengenommen oder abgegeben haben.

§ 3 Sitzungen
(1) Die regelmäßigen Sitzungen der MAV finden am .... statt.
(2) Besondere Sitzungen werden mit einer Frist von mindestens ....
Tagen auf Verlangen der Mehrheit der Mitglieder der MAV unter Angabe der Tagesordnung einberufen oder in der vorangehenden Sitzung festgelegt.
(3) Eilbedürftige Sitzungen wegen Eilentscheidungen in den Fällen der §§ 30, 31, 33 Abs. 2, 34 MAVO werden ohne Frist einberufen.
(4) Zu jeder Sitzung ist schriftlich mit Angabe der Tagesordnung und Beifügung der Sitzungsunterlagen einzuladen (§§ 14 Abs. 3 MAVO).
(5) Zu als eilbedürftig einzustufenden Sitzungen kann mündlich unter Angabe des Grundes eingeladen werden. Die Unterlagen sind in der Sitzung bekannt zu geben.

§ 4 Teilnehmer
(1) An den Sitzungen der MAV nehmen außer den Mitgliedern teil
– der Dienstgeber je nach Tagesordnung,
– der Sprecher der Jugendlichen und Auszubildenden,
– die Vertrauensperson der schwerbehinderten Menschen,
– der Vertrauensmann der Zivildienstleistenden im Falle seines Antrages.
Sie sind zur Tagesordnung antragsberechtigt.
(2) Die Erschienenen tragen sich in die Anwesenheitsliste ein.
(3) Werden Dritte zu den Sitzungen der MAV eingeladen, so ist zur Wahrung der Nichtöffentlichkeit für die Dauer ihrer Anwesenheit die Sitzung förmlich zu unterbrechen und nach Verabschiedung des Gastes wieder aufzunehmen.

§ 5 Verhinderung
(1) Ist ein Mitglied der MAV an der Teilnahme der Sitzung ganz oder teilweise verhindert, unterrichtet es den Vorsitzenden unter Angabe des Grundes, damit gegebenenfalls das Ersatzmitglied eingeladen werden oder ggfls. nachrücken kann. Dasselbe gilt entsprechend für den Vorsitzenden der MAV im Verhältnis zu seinem Stellvertreter.
(2) Ist neben dem Vorsitzenden auch sein Stellvertreter an der Teilnahme der Sitzung verhindert, so leitet das älteste Mitglied der MAV die Sitzung und lädt erforderlichenfalls zur Sitzung unter Abgabe der Tagesordnung und mit Benachrichtigung der Ersatzmitglieder ein.

§ 6 Beschlussfähigkeit
(1) Die Sitzungen der MAV werden eröffnet mit der Feststellung
– Beschlussfähigkeit der MAV (§ 14 Abs. 5 S. 1 MAVO) und
– der ordnungsgemäßen Einladung,
– der Billigung der Tagesordnung, soweit sie noch nicht beschlossen worden war.
Ergänzungen der Tagesordnung erfolgen auf Antrag und auch in dringenden Fällen durch Beschluss aller Mitglieder der MAV in der Sitzung. Im Übrigen sind Anträge zur Tagesordnung bis spätestens zum Sitzungsbeginn einzureichen.
(2) Ist die MAV nicht beschlussfähig, wird die Sitzung vertagt.

§ 14

§ 7 Sitzungsverlauf
(1) Beantragt der Dienstgeber die Sitzung der MAV, bestimmt er die zu behandelnden Tagesordnungspunkte für die Einladung durch den Vorsitzenden der MAV.
(2) In die Tagesordnung führen die Antragsteller oder der Vorsitzende ein.
(3) Der Vorsitzende erteilt als Sitzungsleiter nach der Reihenfolge der Wortmeldungen mit Ausnahme bei Anträgen zur Geschäftsordnung das Wort; er entzieht es, wenn unsachliche Beiträge geleistet werden. Er kann die Sitzung nicht abbrechen, kein MAV-Mitglied von der Beratung ausschließen, Befangenheit ausgenommen. Sitzungen können jedoch durch Vertagung unterbrochen werden.

§ 8 Beschlüsse
(1) Beschlüsse sind zulässig über Tagesordnungspunkte, die beraten worden sind. Sie bedürfen zu ihrer Wirksamkeit der Mehrheit der anwesenden Mitglieder der MAV, bei Anträgen der Sprecher der Jugendlichen und Auszubildenden, der Vertrauensperson der schwerbehinderten Menschen oder des Vertrauensmannes der Zivildienstleistenden unter Einschluss dieser Vertreter.
(2) Bei fehlender Beschlussfähigkeit können Beschlüsse nicht gefasst werden (§ 14 Abs. 5 S. 1 MAVO).
(3) Bei Beschlussfassung sind stimmberechtigt
– die Mitglieder der MAV soweit nicht Befangenheit vorliegt,
– der Sprecher der Jugendlichen und Auszubildenden, wenn er einen Antrag gestellt hat (§ 45 Abs. 1 S. 2 Nr. 2 MAVO),
– die Vertrauensperson der schwerbehinderten Menschen, wenn sie einen Antrag gestellt hat (§ 46 Abs. 1 S. 2 Nr. 2 MAVO),
– der Vertrauensmann der Zivildienstleistenden, wenn er einen Antrag gestellt hat (§ 46 a Abs. 1 MAVO).
(4) Soll über einen Antrag Beschluss gefasst werden, der nicht auf der mit der Einladung zur Sitzung mitgeteilten Tagesordnung genannt war, ist die Anwesenheit aller Mitglieder der MAV erforderlich; kein Mitglied darf der Beschlussfassung widersprechen.
(5) Beschlüsse werden mit der Mehrheit der Stimmen der an der Beschlussfassung Beteiligten durch Handaufheben, auf Antrag in geheimer Abstimmung gefasst. Geheime Abstimmung erfolgt stets bei Anwesenheit eines betroffenen Mitgliedes der MAV, soweit es nicht ohnehin von der Beratung ausgeschlossen ist.
(6) Abstimmungen sind in der Weise durchzuführen, dass der Vorsitzende den Wortlaut des Antrags vorträgt, dann die dem Antrag zustimmenden Stimmen, dann die Enthaltungen und zum Schluss die Gegenstimmen ermittelt.

§ 9 Protokollführung
(1) Über die Sitzungen ist ein Protokoll zu führen. Beschlüsse sind wörtlich wiederzugeben. Das Abstimmungsergebnis ist festzuhalten.
(2) Die Niederschrift enthält folgenden förmlichen Aufbau zur Darstellung des äußeren Verlaufs der Sitzung
– Sitzungstag, Beginn, Ende, Ort der Sitzung,
– Anwesende (Anwesenheitsliste),
– Abwesende: entschuldigt, unentschuldigt,
– Ordnungsmäßigkeit der Einladung,

§ 14

- Beschlussfähigkeit,
- Tagesordnung,
- Wortlaut der Beschlüsse mit dem jeweiligen Stimmenverhältnis (§ 14 Abs. 6 S. 1 MAVO).

(3) Die Niederschrift ist vom Vorsitzenden (Leiter der Sitzung) zu unterzeichnen (§ 14 Abs. 6 S. 2 MAVO) und den Mitgliedern der MAV zuzuleiten, gegebenenfalls auszugsweise nach Maßgabe der Tagesordnung denen, die nicht Mitglieder der MAV sind, aber an der Sitzung teilgenommen haben.
(4) Ergebnisse der Verhandlungen mit dem Dienstgeber werden protokolliert und von diesem sowie dem Vorsitzenden unterschrieben.

§ 10 Aufbewahrung der Unterlagen
Die Sitzungsunterlagen, Protokolle, Erklärungen der MAV, des Dienstgebers und die Dienstvereinbarungen und sonstigen Materialien werden an näher bezeichneter Stelle verwahrt und können von jedem Mitglied der MAV eingesehen werden.

§ 11 Sprechstunden
(1) Die MAV hält für die Mitarbeiter Sprechstunden (z. B.:
- nach Maßgabe näherer Bekanntmachung,
- wöchentlich am .... in der Zeit von .... bis .... Uhr in ....,
- nach Vereinbarung).
(2) Mit der Abhaltung der Sprechstunden wird ein Mitglied der MAV beauftragt, welches den Sprecher der Jugendlichen und Auszubildenden, die Vertrauensperson der schwerbehinderten Menschen oder den Vertrauensmann der Zivildienstleistenden hinzuziehen kann.

§ 12 Ausschüsse
Die Aufgaben der MAV werden gemäß § 14 Abs. 10 MAVO nach Maßgabe ihrer Beschlüsse Ausschüssen übertragen. Die Ausschüsse können zu ihren Sitzungen den Sprecher der Jugendlichen und Auszubildenden, die Vertrauensperson der schwerbehinderten Menschen oder den Vertrauensmann der Zivildienstleistenden je nach sachlichem Zusammenhang zur Beratung hinzuziehen. Haben Ausschüsse abschließende Entscheidungskompetenz, sind die Mitglieder der vorgenannten Gremien je nach Tagesordnung zur Sitzung des Ausschusses einzuladen. Ausschüsse sollen mit anderen Gremien des Dienstgebers außerhalb der MAVO zusammenarbeiten.

§ 13 Mitarbeiterversammlung
(1) Die Mitarbeiterversammlung wird einberufen entweder
a) auf Beschluss der MAV,
b) auf Verlangen von einem Drittel der wahlberechtigten Mitarbeiter oder
c) auf Verlangen des Dienstgebers unter Angabe der Tagesordnung durch den Vorsitzenden (§ 21 Abs. 1 S. 2, Abs. 3 MAVO). Dasselbe gilt für Teilversammlungen (§ 4 S. 2 MAVO).
(2) Den Termin für die Mitarbeiterversammlung legt in der Regel die MAV fest. Die Einladung ergeht durch Aushang am Schwarzen Brett zwei Wochen vor der Mitarbeiterversammlung unter Angabe von Ort, Zeit und Tagesordnung.
(3) Mit dem Dienstgeber wird sichergestellt, dass die Versammlung stattfinden kann. Soll der Dienstgeber an der Versammlung teilnehmen, wird er ein-

§ 14

geladen; soweit er selbst die Mitarbeiterversammlung gewünscht hat, nimmt er an ihr teil (§ 21 Abs. 3 S. 2 und 4 MAVO).
(4) Leiter der Mitarbeiterversammlung ist der Vorsitzende der MAV, bei seiner Verhinderung sein Stellvertreter.
(5) Den mit der MAV rechtzeitig abgestimmten Tätigkeitsbericht trägt der Vorsitzende der MAV, das eine oder andere beauftragte Mitglied der MAV je nach Aufgabenverteilung, insbesondere in den Ausschüssen, der Mitarbeiterversammlung zur Beratung und Abstimmung vor. Die MAV berät den Tätigkeitsbericht vor dem Termin der Mitarbeiterversammlung in einer ihrer Sitzungen. Deshalb ist der Tätigkeitsbericht mit der Einladung zu der Sitzung der MAV an ihre Mitglieder zu verschicken.

§ 14 Teilversammlung
(1) Werden Teilversammlungen i. S. von § 4 S. 2 MAVO nach Genehmigung des Dienstgebers durchgeführt, führt den Vorsitz der Vorsitzende oder sein Stellvertreter. Stimmberechtigung gilt nur für eine Teilversammlung.
(2) Schließt die Teilversammlung an eine vorangegangene Teilversammlung an, so ist zu Beginn der Teilversammlung über den Verlauf der vorangegangenen Teilversammlung zu berichten.

§ 15 Eilfälle zur Beteiligung der MAV
Behandelt der Dienstgeber eine Maßnahme als eilbedürftig, wird die MAV unverzüglich durch den Vorsitzenden oder seinen Stellvertreter zur Sitzung einberufen. Besteht ein Eil-Ausschuss, so wird dieser nach Maßgabe der ihm von der MAV übertragenen Kompetenz vom Vorsitzenden einberufen. Der Eil-Ausschuss berichtet durch den Vorsitzenden oder den stellvertretenden Vorsitzenden der MAV über die getroffenen Entscheidungen.

§ 16 Gespräche mit dem Dienstgeber gemäß § 39 MAVO
(1) Lädt der Dienstgeber gemäß § 39 Abs. 1 MAVO zur gemeinsamen Sitzung ein, nimmt die MAV insgesamt teil.
(2) Verlangt die MAV eine gemeinsame Sitzung mit dem Dienstgeber aus besonderem Grund (§ 39 Abs. 1 S. 2 MAVO), ist dies nach Beratung der zu besprechenden Themen in der MAV, gegebenenfalls unter Berücksichtigung der Wünsche der Gremien i. S. von §§ 43, 46 und 46 a MAVO möglich.

§ 17 Gesamtmitarbeitervertretung
Besteht die Möglichkeit der Bildung einer Gesamtmitarbeitervertretung i. S. von § 24 Abs. 1 MAVO, ergreift die MAV die Initiative zu ihrer Bildung. Das in die Gesamtmitarbeitervertretung entsandte Mitglied ist der MAV berichtspflichtig. Ihm kann Weisung erteilt werden. Entsprechendes gilt im Falle des § 24 Abs. 2 MAVO.

§ 18 Arbeitsgemeinschaft der Mitarbeitervertretungen
Die MAV beteiligt sich nach Maßgabe diözesaner Ordnung an der Diözesanen Arbeitsgemeinschaft der Mitarbeitervertretungen (DiAG-MAV). Das in die DiAG-MAV entsandte Mitglied ist der MAV berichtspflichtig.

§ 19 Rechtsstreitigkeiten
(1) Im Falle von Rechtsstreitigkeiten stellt die MAV wenigstens ein Mitglied zur Wahrnehmung ihrer Interessen vor der streitentscheidenden Instanz.

§ 14

(2) Wird zur mündlichen Verhandlung geladen, wird geprüft, ob sich die MAV eines Rechtsbeistandes bedienen soll, wobei die Bestimmungen des Verfahrensrechts beachtet werden.

§ 20 Inkrafttreten

....
Ort, Datum   Unterschrift des Vorsitzenden

X. Ausschüsse der MAV

1. Vorbemerkung

Das BetrVG schreibt in seinem § 27 die Bildung eines Betriebsausschusses **84** vor, wenn der Betriebsrat neun oder mehr Mitglieder hat. Der Betriebsausschuss besteht stets aus dem Vorsitzenden des Betriebsrats, dessen Stellvertreter und zusätzlichen Ausschussmitgliedern, deren Anzahl abhängig von der Größe des Betriebsrats ist. Ist ein Betriebsausschuss gewählt, so können weitere Ausschüsse gebildet werden (§ 28 BetrVG). Die Regelung der MAVO ist § 23 Abs. 3 MVG.EKD nachgebildet. Danach ist die Bildung eines Hauptausschusses nicht die Voraussetzung für weitere Ausschüsse.

2. Mehrgliedrige MAV

Gemäß **§ 14 Abs. 10 S. 1** kann die mehrgliedrige MAV mit mehr als drei Mit- **85** gliedern aus ihrer Mitte Ausschüsse bilden. Der jeweils gebildete Ausschuss muss aus mindestens drei Mitgliedern bestehen. Das bedeutet praktisch, dass nur in großen Mitarbeitervertretungen von der Möglichkeit zur Bildung von Ausschüssen überhaupt Gebrauch gemacht werden kann. Der gemäß § 14 Abs. 10 S. 1 gebildete Ausschuss wird mit Aufgaben zur selbstständigen Erledigung betraut. Er ist nicht mit einem reinen Arbeitsausschuss zur Vorbereitung von Sitzungsthemen für die MAV zu verwechseln (*Schlichtungsstelle Köln*, 17. 12. 1998 – MAVO 3/98). Gemäß § 24 Abs. 6 gilt die Vorschrift zur Bildung von Ausschüssen auch für die Gesamtmitarbeitervertretung und die erweiterte Gesamtmitarbeitervertretung wie auch für die Sondervertretung (§ 23) und die gemeinsame Mitarbeitervertretung i. S. von § 1 b.

3. Aufgaben

Den Ausschüssen können gemäß **§ 14 Abs. 10 S. 2** Aufgaben zur selbststständi- **86** gen Erledigung übertragen werden. Ausgenommen davon sind allerdings näher bestimmte Beteiligungsfälle, wie
– die Anhörung und Mitberatung vor der dienstgeberseitigen Kündigung i. S. der §§ 30–31,
– der Abschluss einer Dienstvereinbarung,
– die Kündigung von Dienstvereinbarungen.
Die selbstständige Erledigung von Aufgaben gehört nicht zu den unverzicht- **87** baren Aufgaben eines Ausschusses. Ausreichend ist eine mitarbeitervertretungsrechtliche Aufgabe (*Schlichtungsstelle Köln*, wie vor).
Die MAV kann die Übertragung von Aufgaben zur selbständigen Erledigung **88** durch Beschluss wieder zurücknehmen. Der dazu erforderliche Widerruf an

§ 15

den Ausschuss bedarf des Beschlusses der Mehrheit der Mitglieder der MAV (§ 14 Abs. 10 S. 4). **Die Übertragung von Aufgaben zur selbstständigen Erledigung ist dagegen an die qualifizierte Mehrheit von drei Vierteln der Mitglieder der MAV gebunden** (§ 14 Abs. 10 S. 3). Die Form des Widerrufs ist nicht geregelt. Durch die Geschäftsordnung kann allerdings das Verfahren zur Bestellung und Abberufung von Ausschüssen und der Aufgabenzuteilung und Aufgabenwegnahme näher geregelt werden. Daher ist auch an geheime Abstimmung zur Bestellung der Mitglieder des Ausschusses zu denken.

89 Gemäß § 14 Abs. 10 S. 5 sind Übertragung und Widerruf von Aufgaben eines Ausschusses dem Dienstgeber schriftlich mitzuteilen. Dieser muss wissen, unter welchen Voraussetzungen er die MAV wirksam an seinen Maßnahmen beteiligen kann. Neue Mitarbeitervertretungen schreiten daher zur Aufgabenteilung und Ausschussbildung erst dann, wenn die Mitglieder des Ausschusses genügende Kenntnisse auf den Gebieten, die sie zu verantworten haben, besitzen, um in die Verhandlungen mit dem Dienstgeber in verantwortlicher Weise eintreten zu können.

90 Der Aufgabenkreis der Ausschüsse ist sorgfältig festzulegen, um Kompetenzüberschreitungen zu vermeiden. Meinungsverschiedenheiten über die Zuständigkeit eines Ausschusses sind mit Dreiviertelmehrheit der MAV zu entscheiden, weil die Bestellung des Ausschusses ebenfalls mit Dreiviertelmehrheit der Mitglieder der MAV erfolgt.

91 Als problematisch ist die Kompetenz von Ausschüssen zur selbständigen Erledigung von beteiligungspflichtigen Angelegenheiten (Anhörung, Mitberatung, Vorschlagsrecht, Zustimmung und Antrag) zu werten. In der mitarbeitervertretungsrechtlichen Praxis muss es sich zeigen, ob die Erledigung wesentlicher Aufgaben der MAV durch nur wenige Mitglieder sinnvoll ist. Der Konflikt ist nicht auszuschließen, wenn Entscheidungen des Ausschusses auf mehrheitliche Kritik der gesamten MAV stoßen (vgl. *Frey/Coutelle/Beyer*, § 14 Rz 57). An den vorangegangenen Entscheidungen des Ausschusses ist nichts mehr zu ändern, wenn er im Rahmen seiner Kompetenz gehandelt hat.

4. Streitigkeiten

92 Rechtsstreitigkeiten aus Anlass der Ausschussbildung, der Frage wirksamer Aufgabenübertragung oder des Widerrufs der Aufgabenübertragung sind gemäß § 41 Abs. 2 von der Schlichtungsstelle zu entscheiden. Allerdings sind nur die MAV und der Dienstgeber antragsberechtigt (§ 41 Abs. 2 Unterabsatz 2 Nr. 1). Macht die MAV geltend, durch den Dienstgeber deshalb in ihren Rechten verletzt zu sein, weil jener es ablehnt, den Ausschuss zu respektieren, ist der Antrag auf Schlichtung gemäß § 41 Abs. 2 S. 3 zulässig (*Schlichtungsstelle Köln*, wie vor).

§ 15 Rechtsstellung der Mitarbeitervertretung

(1) Die Mitglieder der Mitarbeitervertretung führen ihr Amt unentgeltlich als Ehrenamt.

(2) Die Mitglieder der Mitarbeitervertretung sind zur ordnungsgemäßen Durchführung ihrer Aufgaben im notwendigen Umfang von der dienstlichen

Tätigkeit freizustellen. Die Freistellung beinhaltet den Anspruch auf Reduzierung der übertragenen Aufgaben.

(3) ¹Auf Antrag der Mitarbeitervertretung sind von ihrer dienstlichen Tätigkeit jeweils für die Hälfte der durchschnittlichen regelmäßigen Arbeitszeit einer oder eines Vollbeschäftigten freizustellen in Einrichtungen mit – im Zeitpunkt der Wahl – mehr als
- 300 wahlberechtigten Mitarbeiterinnen und Mitarbeitern zwei Mitarbeitervertreterinnen oder Mitarbeitervertreter,
- 600 wahlberechtigten Mitarbeiterinnen und Mitarbeitern drei Mitarbeitervertreterinnen oder Mitarbeitervertreter,
- 1000 wahlberechtigten Mitarbeiterinnen und Mitarbeitern vier Mitarbeitervertreterinnen oder Mitarbeitervertreter.

Dienstgeber und Mitarbeitervertretung können sich für die Dauer der Amtszeit dahingehend einigen, dass das Freistellungskontingent auf mehr oder weniger Mitarbeitervertreterinnen oder Mitarbeitervertreter verteilt werden kann.

(4) Zum Ausgleich für die Tätigkeit als Mitglied der Mitarbeitervertretung, die aus einrichtungsbedingten Gründen außerhalb der Arbeitszeit durchzuführen ist, hat das Mitglied der Mitarbeitervertretung Anspruch auf entsprechende Arbeitsbefreiung unter Fortzahlung des Arbeitsentgelts. Kann ein Mitglied der Mitarbeitervertretung die Lage seiner Arbeitszeit ganz oder teilweise selbst bestimmen, hat es die Tätigkeit als Mitglied der Mitarbeitervertretung außerhalb seiner Arbeitszeit dem Dienstgeber zuvor mitzuteilen. Gibt dieser nach Mitteilung keine Möglichkeit zur Tätigkeit innerhalb der Arbeitszeit, liegt ein einrichtungsbedingter Grund vor. Einrichtungsbedingte Gründe liegen auch vor, wenn die Tätigkeit als Mitglied der Mitarbeitervertretung wegen der unterschiedlichen Arbeitszeiten der Mitglieder der Mitarbeitervertretung nicht innerhalb der persönlichen Arbeitszeit erfolgen kann. Die Arbeitsbefreiung soll vor Ablauf der nächsten sechs Kalendermonate gewährt werden. Ist dies aus einrichtungsbedingten Gründen nicht möglich, kann der Dienstgeber die aufgewendete Zeit wie Mehrarbeit vergüten.

(5) Kommt es in den Fällen nach den Absätzen 2 und 4 nicht zu einer Einigung, entscheidet auf Antrag der Mitarbeitervertretung die Schlichtungsstelle.

Inhaltsübersicht

	Rz
I. Geltungsbereich der Vorschrift	1–2
II. Zweck der Vorschrift	3
III. Die Rechtsstellung der Funktionsträger (§ 15 Abs. 1)	4–8
1. Ehrenamt	4
2. Unentgeltlichkeit	5
3. Unfallversicherungsschutz	6–8
IV. Freistellung von der Arbeitspflicht	9–47
1. Vorbemerkung	9–10
2. Der Freistellungsgrundsatz (§ 15 Abs. 2)	11–23
a. Freistellung im notwendigen Umfang	11–17
b. Abmahnung	18–21
c. Abmeldung	22–23
3. Freistellung von der dienstlichen Tätigkeit in großen Einrichtungen (§ 15 Abs. 3)	24–38

---

1 Muster für eine diözesane Fassung

§ 15

a. Sinn der Vorschrift	24–27
b. Die Zulässigkeit der Freistellung	28–29
c. Zahl der freizustellenden Mitglieder der MAV	30–31
d. Umfang der Freistellung	32–33
e. Freistellung von Teilzeitbeschäftigten	34
f. Sonderfälle	35–36
g. Verhinderung freigestellter Mitglieder der MAV	37–38
4. Verfahren zur Freistellung	39–45
a. Bestimmung der freizustellenden Mitglieder durch die MAV	39–42
b. Antrag der MAV	43–44
c. Streitigkeiten	45
5. Wechsel in der Freistellung	46–47
V. Rechtsstellung der freigestellten Mitglieder der MAV	48–52
1. Freistellung von der beruflichen Tätigkeit	49–51
2. Schulung	52
VI. Entgeltschutz, Tätigkeitsschutz	53–60
1. Entgeltschutz	54–59
2. Tätigkeitsschutz	60
VII. Freizeitausgleich für MAV-Tätigkeit außerhalb der Arbeitszeit, (§ 15 Abs. 4)	61–88
1. Zweck der Vorschrift	61–63
2. Voraussetzungen für den Zeitausgleich	64–72
a. Mitglied der MAV	65
b. MAV-Tätigkeit	66
c. Tätigkeit außerhalb der Arbeitszeit	67–69
d. Betriebsbedingte Gründe	70–72
3. Arbeitsbefreiung	73–81
a. Reduzierung der übertragenen Aufgaben	73–74
b. Freizeitausgleich	75–81
4. Abgeltung	82–83
5. Inhaber der Ansprüche nach § 15 Abs. 4	84–86
a. Das Mitglied der MAV	84
b. Reduzierung der übertragenen Aufgaben	85
c. Anzeige der MAV-Tätigkeit	86
6. Fristen	87–88
VIII. Zeugnis über die Tätigkeit als MAV-Mitglied	89–90
IX. Streitigkeiten	91–102
1. Schlichtungsstelle	91–94
2. Neuordnung kirchlicher Arbeitsgerichtsbarkeit	95–96
3. Staatliche Gerichte	97–101
4. Kosten	102

I. Geltungsbereich der Vorschrift

1 Die Vorschrift gilt für
– die Mitglieder der MAV, für die Ersatzmitglieder dann, wenn sie in die MAV vorübergehend oder endgültig eingetreten sind,
– die Mitglieder der gemeinsamen MAV (§ 1 b),
– die Mitglieder der Sondervertretung (§ 23),
– die Mitglieder der Gesamtmitarbeitervertretung mit Ausnahme von § 15 Abs. 3 (§ 24 Abs. 6),
– die Mitglieder der erweiterten Gesamtmitarbeitervertretung (§ 24 Abs. 2),
– die Sprecher der Jugendlichen und Auszubildenden entsprechend (§ 45 Abs. 2 S. 1),
– die Vertrauenspersonen der schwerbehinderten Menschen entsprechend (§ 46 Abs. 2),
– den Vertrauensmann der Zivildienstleistenden insoweit, als er an den Sitzungen der MAV beratend teilnimmt (§ 46 a Abs. 1 i. V. m. § 15 Abs. 2 und 4 analog).

§ 15

Die Mitglieder des Wahlausschusses (§ 9) erhalten für ihre Tätigkeit Arbeits- 2
befreiung gemäß § 16 Abs. 2 S. 1. Die Mitglieder der KODA erhalten Freistellung von der Arbeitspflicht nach besonderen Vorschriften der jeweiligen KODA-Ordnung. Ist ein Mitglied der MAV zugleich Mitglied der KODA, so richten sich seine Freistellungsansprüche unabhängig voneinander nach den jeweils für seine Aufgaben spezifischen gesetzlichen Regelungen, also nach MAVO und nach KODA-Ordnung.

II. Zweck der Vorschrift

Die Vorschrift regelt die **Rechtsstellung der Mitglieder der Mitarbeitervertre-** 3
tung und verdeutlicht, dass das Amt eines Mitgliedes der MAV ein **Ehrenamt** (Abs. 1) ist. Durch die Vorschrift des § 15 wird die **innere Unabhängigkeit der Mitglieder der MAV** geschützt, während die äußere Unabhängigkeit durch die §§ 18 und 19 geschützt wird. Schon durch die Bezeichnung Ehrenamt soll zum Ausdruck gebracht werden, dass das Mitglied der MAV für seine Tätigkeit keinerlei Entgelt oder Vergütung erhalten soll. Das wird durch die Vorschrift selbst ausdrücklich hervorgehoben. Danach ist die **Amtsführung unentgeltlich.** Einerseits sollen der MAV infolge der Amtstätigkeit keine Nachteile erwachsen, während sie andererseits durch die Amtstätigkeit keine Vorteile erlangen darf. Die durch die Tätigkeit in der MAV gegenüber dem vertraglich vereinbarten Aufgabengebiet vermehrte Verantwortung führt nicht zu einer höher vergüteten, etwa nach anderen Tätigkeitsmerkmalen zu beurteilenden höherwertigen Tätigkeit. Die **Mitarbeit in der MAV** ist nicht nach Tätigkeitsmerkmalen und Vergütungsgruppen zu beurteilen, sondern eben **unbezahlte Tätigkeit**, zu der freizustellen ist (Rz 9 ff.). Es ist den Mitgliedern der MAV untersagt, wirtschaftliche Vorteile oder sonstige Annehmlichkeiten aus ihrer Amtsführung zu ziehen. Andererseits darf einem Mitglied der MAV nicht die Übernahme finanzieller Nachteile zugemutet werden. Der Ersatz notwendiger und nachgewiesener Auslagen ist daher zulässig und durch § 17 Abs. 1 vorgeschrieben (§ 17 Rz 6).

III. Die Rechtsstellung der Funktionsträger (§ 15 Abs. 1)

1. Ehrenamt

Das Amt des Mitarbeitervertreters wird partikularkirchenrechtlich als Ehren- 4
amt bezeichnet. Es setzt Mitarbeitereigenschaft voraus, während z. B. der Dienst als Ministrant, Lektor oder Chorsänger, als Pfarrgemeinderatsmitglied, Kirchenvorstands- oder Kirchenverwaltungsratsmitglied unabhängig von einer Mitarbeiterstellung in der Kirche erworben werden kann. Es ist ein Wahlamt durch den Diözesanbischof geschaffen mit Bestimmungen über Zugang und Beendigung des Amtes. Mit dem Amt sind Mitwirkungsrechte (§ 28) verbunden, die sich auf besonders genannte Angelegenheiten und Maßnahmen in einer Dienststelle oder bei einem Dienstgeber erstrecken. Die Mitarbeitervertreter sind aufgerufen, für die Belange der Mitarbeiter beim Dienstgeber vorstellig zu werden (§ 26 Abs. 1 S. 2), in ihrer Mitverantwortung für die Aufgabe der Einrichtung oder Dienststelle das Verständnis für den

§ 15

Auftrag der Kirche zu stärken und für eine gute Zusammenarbeit innerhalb der Dienstgemeinschaft (Präambel Rz 21 ff.) einzutreten (§ 26 Abs. 1 S. 3).

2. Unentgeltlichkeit

5 Besonderes Merkmal der Amtsführung ist die Unentgeltlichkeit. Deshalb dürfen dem Mitglied der MAV wegen seiner Amtsführung weder vom Dienstgeber noch von anderen Personen eine Vergütung oder sonstige geldwerte Vorteile gewährt werden, soweit sie das Amt nicht durch die MAVO mit sich bringt (vgl. auch zu § 37 Abs. 1 BetrVG: *Wiese/Weber*, GK-BetrVG § 37 Rz 9 ff. m. N.). Dem tatsächlichen Gewähren von Vorteilen materieller Art steht das Versprechen einer Leistung gleich (*Wiese/Weber*, a. a. O.). Nach § 15 Abs. 1 verboten ist z. B. die Gewährung eines höheren Arbeitsentgelts als an vergleichbare Mitarbeiter, von Sitzungsgeldern, von Arbeitsentgelt trotz nicht erforderlicher Arbeitsversäumnis oder von Leistungen als angeblichen Ersatz für in Wirklichkeit nicht entstandene oder jedenfalls nicht erforderliche Aufwendungen (*Wiese/Weber*, a. a. O.). Fordert die MAV für ihre Mitglieder oder gar für den Vorsitzenden in Anlehnung an die Praxis für Mitarbeiter in leitender Stellung eine monatliche pauschale Aufwandsentschädigung, also eine Vergütung für nicht einzeln nachzuweisende Auslagen und die Mühen für die Arbeit als MAV-Mitglied schlechthin, verstößt das gegen das Gebot der Unentgeltlichkeit. Entspräche der Dienstgeber dem Wunsch der MAV, würde er gegen § 15 Abs. 1 und das Begünstigungsverbot des § 18 Abs. 1 verstoßen (§ 18 Rz 13; § 17 Rz 6).

3. Unfallversicherungsschutz

6 Für die Mitglieder der MAV besteht in der Regel Unfallversicherungsschutz. Sie sind Beschäftigte und werden aus dem Kreis der Mitarbeiter gewählt. Der für diese bestehende Versicherungsschutz erfasst auch ihre Tätigkeit als Mitglied der MAV, soweit es sich um einrichtungsbezogene Tätigkeit handelt (vgl. *Fitting*, § 37 Rz 14; *BSG* BB 1976, 980). Hat ein Mitglied der MAV auf Grund seines Dienstverhältnisses Anspruch auf Unfallfürsorge nach beamtenrechtlichen Vorschriften, so gelten diese auch in Ansehung der Tätigkeit als Mitglied der MAV (§ 18 Abs. 3). Aufgabe der MAV ist nach der MAVO, zum Wohle der Einrichtung und ihrer Mitarbeiter zusammenzuwirken, mit dem Dienstgeber über Angelegenheiten im Rahmen der Beteiligungsrechte zu verhandeln (§§ 26 ff.). Unter Versicherungsschutz steht die Tätigkeit der MAV im gesamten innerbetrieblichen Bereich. Dazu gehören z. B. die Teilnahme an Sitzungen der MAV, der Gesamtmitarbeitervertretung und der diözesanen Arbeitsgemeinschaft der Mitarbeitervertretungen, Teilnahme an Mitarbeiterversammlungen, Schulungen i. S. von § 16 Abs. 1.

7 Die Teilnahme der Mitarbeiter bei MAV-Wahlen ist in vollem Umfang, also bei Vorbereitung und Durchführung der Wahl, bei einer Tätigkeit als Kandidat oder als Mitglied des Wahlausschusses unfallversichert. Unter Versicherungsschutz steht auch die Tätigkeit der Sprecher der Jugendlichen und Auszubildenden (§§ 43 ff.), weil auch deren Aufgaben ebenso wie die Aufgaben der MAV einrichtungsbezogen sind. Ebenso wie die Tätigkeit der MAV steht auch die der Vertrauensperson der schwerbehinderten Menschen (§ 46) unter Versicherungsschutz. Die Aufgaben der Vertrauensperson der schwerbehinderten Menschen sind ausschließlich einrichtungsbezogen (§ 80 SGB IX).

§ 15

Der Versicherungsfall tritt infolge von Arbeitsunfällen und Berufskrankheiten ein (§ 7 SGB VII). Arbeitsunfälle sind Unfälle von Versicherten infolge einer den Versicherungsschutz nach §§ 2, 3 oder 6 SGB VII begründenden Tätigkeit. Zu den versicherten Tätigkeiten zählen auch Wegeunfälle i. S. von § 8 Abs. 2 SGB VII. Als Gesundheitsschaden gilt auch die Beschädigung oder der Verlust eines Hilfsmittels (§ 8 Abs. 3 SGB VII).

8

IV. Freistellung von der Arbeitspflicht

1. Vorbemerkung

Die Vorschriften der Absätze 2 und 3 regeln, dass die zur ordnungsgemäßen Ausübung des Ehrenamtes erforderliche Zeit durch Freistellung des einzelnen MAV-Mitgliedes von der dienstlichen Tätigkeit gewonnen wird, während in Abs. 4 der Freizeitausgleich für die regelmäßige Beanspruchung als MAV-Mitglied außerhalb der Arbeitszeit geregelt ist (Rz 61 ff.). Jedes Mitglied ist zur Tätigkeit nach Maßgabe der ihm durch seine Berechtigung auferlegten Pflichten gehalten, selbst tätig zu werden. **Delegation von Aufgaben auf Nichtmitglieder oder Ersatzmitglieder der MAV ist unzulässig.** Andererseits hat jedes Mitglied wegen seiner zusätzlichen Pflichten als Mitarbeiter begrenzten Anspruch auf Freistellung von seiner Arbeitspflicht und auf Aufgabenreduzierung (§ 15 Abs. 2 S. 2), u. a. auch um an Schulungsveranstaltungen (§ 16) teilnehmen zu können. Von Novellierung zu Novellierung hat der Freistellungsgedanke eine Weiterentwicklung erfahren. In § 13 Abs. 4 S. 2 MAVO 1971 war eine Kannvorschrift enthalten, nach der die MAV ihre Sitzungen während der Dienstzeit abhalten durfte, während in § 13 Abs. 4 S. 2 MAVO 1977 bereits davon die Rede war, dass die Sitzungen der MAV in der Regel während der Arbeitszeit stattfinden sollten, allerdings unter Rücksichtnahme auf die dienstlichen Erfordernisse (§ 13 Abs. 4 S. 3 MAVO 1977). Dazu gab es mit § 13 Abs. 9 MAVO 1977 eine Regelung zur Arbeitsbefreiung der Mitglieder der MAV nach Maßgabe des Umfangs und der Art der Dienststelle und der ordnungsgemäßen Durchführung der Aufgaben der MAV. Die Novelle von 1985 brachte mit § 14 Abs. 4 S. 2 die Klarstellung, dass die **Sitzungen der MAV regelmäßig während der Arbeitszeit in der Einrichtung** stattfinden. Bei Anberaumung und Dauer der Sitzung war auf die dienstlichen Erfordernisse Rücksicht zu nehmen (§ 14 Abs. 4 S. 3 a. F.). Diese Fassung ist in der Novelle 1995 unverändert erhalten geblieben (§ 14 Abs. 4 S. 2 und 3). Die Fassung der MAVO von 1985 führte mit § 15 Abs. 2 von der »Arbeitsbefreiung« (vgl. § 13 Abs. 9 MAVO 1977) zur »Freistellung« für die Durchführung erforderlicher MAV-Aufgaben (vgl. § 15 Abs. 2 a. F.). Der Wortlaut des § 15 Abs. 2 in der Fassung von 1985 ist identisch mit dem Wortlaut des § 15 Abs. 2 S. 1 der Novelle von 2003. Die Formulierung, wonach »von der dienstlichen Tätigkeit freizustellen« ist, bedeutet begrifflich Arbeitsbefreiung. Denn Befreiung und Freistellung von der dienstlichen Tätigkeit sind keine Gegensätze, weil sie beide die Entbindung von der etwa durch den Arbeitsvertrag festgelegten Funktion (Arbeitspflicht) regeln. Sie **unterscheiden** sich in ihren Voraussetzungen dadurch, dass nach **§ 15 Abs. 2** die Freistellung und Aufgabenreduzierung (Novelle 2003) nur zulässig ist, soweit dies der Umfang der ordnungsgemäßen Durchführung von MAV-Aufgaben »notwendig« macht, während

9

§ 15

nach § 15 Abs. 3 die Freistellung von der dienstlichen Tätigkeit von der Beschäftigtenzahl und einem diesbezüglichen Antrag der MAV abhängig ist, dass der Dienstgeber dann aber die Freistellung zu gewähren hat (§ 15 Abs. 3 S. 2). Im Kontext des Absatzes 3 mit Absatz 2 steht allerdings fest, dass bei weniger als 301 wahlberechtigten Mitarbeitern am Tage der Wahl eine Dauerfreistellung nicht einmal anteilig zulässig ist (*Schlichtungsstelle Köln*, MAVO 6/1987). § 15 Abs. 3 beinhaltet eine Obergrenze der Freistellung, keine Mindestgrenze. Die Freistellung gemäß § 15 Abs. 2 und die gemäß Absatz 3 unterscheiden sich ferner hinsichtlich der Rechtsfolgen in der Weise, dass die Freistellung nach Absatz 2 auf die Wahrnehmung einer konkreten Aufgabe beschränkt und damit vorübergehend ist, während die Freistellung nach Absatz 3 für die Dauer der Amtszeit der MAV erfolgt. Sie ist die ständige Entbindung von der beruflichen Tätigkeit zu einem Teil oder zur Gänze. Wird MAV-Tätigkeit betriebsbedingt außerhalb der Arbeitszeit des betroffenen Mitglieds der MAV ausgeübt, so ist dafür gemäß § 15 Abs. 4 ein Ausgleich vorgesehen (Rz 61 ff.). Mit der Novelle von 2003 ist zusätzlich ein die Freistellung flankierender Anspruch auf **Reduzierung der übertragenen Arbeitsaufgaben** eingeräumt (**§ 15 Abs. 2 S. 2**).

10 Die Freistellung von der dienstlichen Tätigkeit ist der gemeinsame Oberbegriff für zwei verschiedene Zwecke. Zum einen geht es um die jeweils notwendige Freistellung im Einzelfall, zum anderen geht es um die von der konkreten Notwendigkeit unabhängige Freistellung auf Dauer nach Maßgabe bestimmter Beschäftigtenzahlen. Insofern baut die Vorschrift des § 15 Abs. 3 auf der des § 15 Abs. 2 konkretisierend auf, lässt aber keine begünstigende Abweichung vom vorgegebenen Freistellungskontingent zu (§ 15 Abs. 3 S. 2). Wollte man die Möglichkeit der vollen Freistellung bereits auf § 15 Abs. 2 stützen, hätte die Freistellungsstaffel des § 15 Abs. 3 S. 1 eine dementsprechende ergänzende Fassung erhalten müssen, und die Dauerfreistellung auch unterhalb von 301 wahlberechtigten Mitarbeitern hätte ermöglicht werden müssen.

2. Der Freistellungsgrundsatz (§ 15 Abs. 2)

a. Freistellung im notwendigen Umfang

11 Die Mitglieder der MAV sind grundsätzlich von der dienstlichen Tätigkeit (Arbeit) freizustellen, wenn und soweit dies zur ordnungsgemäßen Durchführung ihrer Aufgaben erforderlich ist. Die Freistellung erfolgt im notwendigen Umfang (§ 15 Abs. 2 S. 1) und beinhaltet den Anspruch auf Reduzierung der übertragenen Aufgaben (§ 15 Abs. 2 S. 2). Damit es gemäß **§ 15 Abs. 2** der Freistellungsgrundsatz geschaffen und verdeutlicht, wonach die Mitglieder der MAV einen Anspruch darauf haben, wenigstens vorübergehend an bestimmten Tagen, zu bestimmten Zeiten oder gar von einer bestimmten Art der Tätigkeit (etwa Nachtschicht) zur Erfüllung der Amtstätigkeit freigestellt zu werden. Unter Freistellung ist jener Sonderfall der Arbeitsbefreiung zu verstehen, die nicht das MAV-Mitglied in eigener Verantwortung fallweise und kurzfristig in Anspruch nimmt, sondern der Dienstgeber generell gewährt (*Grabendorff/Windscheid/Ilbertz/Widmaier*, BPersVG § 46 Rz 13). Die Vorschrift entspricht § 37 Abs. 2 BetrVG und § 46 Abs. 3 S. 1 BPersVG (*Schlichtungsstelle Köln*, MAVO 4/1988). Die Freistellung i. S. des § 15 Abs. 2 S. 1 setzt keine Zustimmung des Dienstgebers voraus. Das Mitglied der MAV muss sich aller-

§ 15

dings vor Verlassen des Arbeitsplatzes ordnungsgemäß abmelden (*BAG*, 15. 7. 1992 – 7 AZR 466/91, BB 1992, 2512; *BAG*, 15. 3. 1995 – 7 AZR 643/94, BB 1995, 1744). Der Dienstgeber kann keine zusätzliche Begründung für die Abwesenheit verlangen. Angaben zur Art der Tätigkeit im Rahmen der Aufgaben der MAV können nicht verlangt werden (*BAG*, 14. 2. 1990 – 7 ABR 13/88, BB 1990, 1625). Zur Amtstätigkeit der MAV gehören alle ihr nach der MAVO auch unter Berücksichtigung anderer (auch staatlicher) Gesetze durch die MAVO übertragenen Aufgaben (vgl. § 1 Abs. 4 ArbSchG). Dazu gehören die Durchführung der Sitzungen der MAV und ihrer Ausschüsse (§ 14), die Sitzungen i. S. von § 45 Abs. 1 S. 2, § 46 Abs. 1 S. 2, § 39, die Mitarbeiterversammlung (§§ 21, 22), die Sprechstunden der MAV für die Mitarbeiter, die Zusammenarbeit mit dem Dienstgeber (§ 26 Abs. 3), die Verhandlungen mit ihm (§§ 28 ff.), die Teilnahme an Schulungsveranstaltungen (§ 16 Abs. 1), die Beteiligung an Verfahren vor der Schlichtungsstelle (§ 41), die Zusammenarbeit mit den Trägern der gesetzlichen Unfallversicherung, die infolge der Geschäftsverteilung einzelnen Mitgliedern der MAV oder im Einzelfalle zugewiesenen Aufgaben, wie z. B. die Arbeit in einem Ausschuss (§ 14 Abs. 10).

Wird ein MAV-Mitglied als **Zeuge vor Gericht** vernommen, so ist das keine 12 Tätigkeit als MAV-Mitglied. Vor dem staatlichen Gericht steht es jedem anderen Zeugen gleich. Die Teilnahme als Zuhörer, Beobachter oder gar Beistand in einem Gerichtsverfahren – z. B. wegen Kündigung und der damit verbundenen Frage des ordnungsgemäßen Anhörungsverfahrens vor der MAV – gehört nicht zu den Aufgaben der MAV (dazu näher: *Wiese/Weber*, GK-BetrVG § 37 Rz 27; *BAG*, 31. 8. 1994 – 7 AZR 893/93, DB 1994, 1235).

Mit der Zustimmung des Dienstgebers sind **Krankenbesuche**, die **Teilnahme** 13 **an Beisetzungen** von Mitarbeitern, die **Gratulationen bei Jubiläen** und **Geburtstagen** und anderen familiären Anlässen der Mitarbeiter während der Dienststunden möglich. Die Teilnahme am Geburtstagsempfang eines Behörden- oder Einrichtungsleiters des Dienstherrn gehört nicht zu den Amtsaufgaben der MAV. Es handelt sich um eine Ehren- oder Anstandspflicht, einer Einladung zu einem dafür vorgesehenen Empfang Folge zu leisten. Dazu tritt dann allerdings die Pflicht des MAV-Mitgliedes, ernsthaft zu prüfen, ob es einer Einladung während der Dienstzeit folgt (*Schlichtungsstelle Köln*, MAVO 10/1988).

Unerheblich ist, ob die **Tätigkeit in der Dienststelle oder außerhalb** zu verrich- 14 ten ist. Letzteres ist in der Regel einschließlich der Reisezeit (vgl. Rz 71) zur Wahrnehmung von Terminen bei Schulungsveranstaltungen (§ 16; *BAG* 29. 1. 1974 – 1 ABR 41/73, AR-Blattei ES 530. 8. 1 Nr. 15), Sitzungen der Sondervertretung (§ 23) und der Gesamtmitarbeitervertretung (§ 24), der Diözesanen Arbeitsgemeinschaft der Mitarbeitervertretungen (§ 25) und vor der **Schlichtungsstelle** (§§ 40 ff.) der Fall. Die Teilnahme eines Mitgliedes der MAV an seinem Termin in einem MAVO-Schlichtungsverfahren gehört zu den Amtsobliegenheiten dieses Mitgliedes, insbesondere dann, wenn die Anwesenheit des Mitgliedes zur Durchführung seiner Aufgaben erforderlich ist (*Schlichtungsstelle Köln*, MAVO 4/1988). Das ist z. B. der Fall, wenn es um die Rechte der MAV oder eines einzelnen Mitgliedes der MAV geht. Dann kann es auch am Verkündungstermin der Schlichtungsstelle teilnehmen, weil im Falle der Anwesenheit die die Entscheidung tragenden Gründe durch den Vorsitzenden der Schlichtungsstelle vorzutragen sind (*Schlichtungsstelle Köln*, MAVO 4/1988).

§ 15

15 Die nach Abs. 2 S. 1 erforderliche Arbeitsbefreiung kann nicht aus Richtwerten abgeleitet werden (*BAG*, 19. 6. 1979 – 6 AZR 638/77; vgl. *Hess/Schlochauer/Worzalla/Glock*, BetrVG, § 37 Rz 26 m. N.). Die Freistellungspflicht des Dienstgebers erschöpft sich aber auch nicht darin, den Mitgliedern der MAV die zur ordnungsgemäßen Durchführung ihrer Aufgaben erforderliche freie Zeit zu gewähren. Auch bei der Zuteilung des Arbeitspensums muss der Dienstgeber auf die Inanspruchnahme des Mitglieds der MAV durch MAV-Tätigkeit während der Arbeitszeit angemessen durch **Arbeitsentlastung**, so jetzt ausdrücklich § 15 Abs. 2 S. 2, bei Lehrern etwa durch Reduzierung der Pflichtstundenzahl (*LAG Berlin*, 25. 11. 1985 – 12 Ta BV 4/85, LAGE § 37 BetrVG Nr. 19; vgl. deshalb zu Abs. 4 Rz 73 f.) Rücksicht nehmen. Da aber die MAV-Tätigkeit nicht immer gleichmäßig anfällt, kann der Dienstgeber bei insgesamt schwankender Arbeitsbelastung nur eine nachträgliche Korrektur des Arbeitspensums vornehmen (*BAG*, 27. 6. 1990 – 7 ABR 43/89, BB 1991, 759). Infolgedessen haben die Mitglieder der MAV aus Absatz 2 **keinen Anspruch auf pauschalierte prozentuale Arbeitsbefreiung**, auch nicht die MAV insgesamt. Der Sonderfall der prozentualen Freistellung ist allein unter den Voraussetzungen des Abs. 3 geregelt (Rz 24 ff.). Zu prüfen ist stets, ob die konkrete Aufgabe durch ein Mitglied der MAV erledigt werden kann oder ob mehrere Mitglieder sie wahrnehmen müssen. Entscheidende Hilfe zur Beurteilung dieser Frage ist, durch welchen Beschluss die MAV die Aufgabenverteilung für die einzelnen Mitglieder vorgenommen hat. Rationelle Einteilung der Aufgaben ist unabweisbar nötig (*BAG*, 1. 3. 1963 – 1 ABR 3/ 62, BB 1963, 729 = DB 1963, 869 zu § 37 BetrVG 1952; *Hess/Schlochauer/Worzalla/Glock*, BetrVG § 37 Rz 27 f. m. N.). Jedes einzelne Mitglied der MAV muss darüber hinaus gewissenhaft überlegen und umsichtig prüfen, ob alle Belange seiner dienstlichen Pflichten im Verhältnis zu den Umständen der Erfüllung der Aufgaben als Mitarbeitervertreter die Arbeitsversäumnis notwendig machen (*BAG*, 6. 8. 1981 – 6 AZR 505/78, EzA § 37 BetrVG 1972 Nr. 73).

16 Der Schriftführer kann die Niederschrift über die Beschlüsse der MAV in der Sitzung abfassen, während die Reinschrift erforderlichenfalls später durch eine vom Dienstgeber zur Verfügung gestellte Schreibhilfe (§ 17 Abs. 2) angefertigt werden kann. Einen Freistellungsanspruch von der Arbeitspflicht im Rahmen der ordnungsgemäßen Durchführung seiner Aufgaben hat auch der Schriftführer der MAV gemäß § 15 Abs. 2 S. 1 im notwendigen Umfang. Es ist Sache der MAV festzulegen, wer das Sitzungsprotokoll zu führen hat, zumal Schriftführer gewählt werden sollen (§ 14 Abs. 1), weil u. a. über jede Sitzung der MAV eine Niederschrift anzufertigen ist (§ 14 Abs. 5). Die ordnungsgemäße Bestellung zum Schriftführer ist Voraussetzung für die nach § 15 Abs. 2 zu übernehmende Aufgabe. Das bedeutet aber auch, dass die Abwicklung der Schriftführung in der Sitzung der MAV keinen zusätzlichen Freistellungsanspruch auslösen kann. Soweit Aufgaben der Schriftführung nach der Sitzung der MAV zu erledigen sind, kann zusätzliche Freistellung nur im notwendigen Umfang erfolgen. Die Sitzungsniederschrift muss zwingend nur den in § 14 Abs. 6 S. 1 genannten Inhalt haben. Deshalb ist eine zusätzliche Freistellung nur berechtigt, wenn zusätzliche Aufgaben im Zusammenhang mit der Schriftführung als notwendig (§ 15 Abs. 2 S. 1) hinzukommen. Sind etwa Lehrer mit dem Amt des Schriftführers betraut, so sind die von ihnen zu fertigenden Niederschriften nach Maßgabe des vorgeschriebenen Inhalts in der Sitzung zu er-

§ 15

ledigen, so dass ein zusätzliches Freistellungsdeputat deshalb nicht in Erwägung zu ziehen ist.
Zur Rationalisierung der Arbeit der MAV empfiehlt sich die Einsetzung von **17**
Ausschüssen zur Entlastung der gesamten MAV (§ 14 Abs. 10). Vor allem wird zu berücksichtigen sein, wo eine Aufgabe mit Sachkenntnis ohne großen Zeitverlust erledigt werden kann. Das kann z. B. auch für Verhandlungen mit dem Dienstgeber gelten, wenn es um Routineangelegenheiten geht. Dabei wird dem Vorsitzenden der MAV eine besondere Belastung entstehen, so dass er vor allem von der Arbeit freizustellen sein wird.

b. Abmahnung

Ob eine MAV-Tätigkeit vorliegt, ist nach objektiven Merkmalen zu entschei- **18**
den. Die Freistellung muss zur ordnungsgemäßen Durchführung der Aufgaben der MAV erforderlich sein (*Schlichtungsstelle Köln*, MAVO 4/1988). Sie ist in ihrem Umfang abhängig vom konkreten Anlass (*Hess/Schlochauer/Worzalla/Glock*, BetrVG § 37 Rz 16 f. m. N.; *Grabendorff/Windscheid/Ilbertz/Widmaier*, BPersVG § 46 Rz 15). Was objektiv nicht zu den Aufgaben der MAV gehört, kann nicht berücksichtigt werden. Deswegen ist es gleichgültig, ob das MAV-Mitglied die Arbeitsversäumnis für erforderlich halten durfte. Sein guter Glaube wird insoweit nicht geschützt (*Wiese/Weber*, GK-BetrVG § 37 Rz 21 m. N.).
Wird ein Mitglied der MAV amtlich tätig, obwohl die Tätigkeit nach eigener **19**
Prüfung eigentlich nicht erforderlich war (z. B. Durchführung einer MAV-Sitzung, obwohl die MAV nicht beschlussfähig war – § 14 Abs. 5 S. 1), verletzt es seine arbeitsvertraglichen Pflichten. Deshalb kann der Dienstgeber das Fehlverhalten abmahnen (*BAG*, 6. 8. 1981 – 6 AZR 505/78, EzA § 37 BetrVG 1972 Nr. 73), gegebenenfalls kann er sogar die Entgeltfortzahlung verweigern (*Hess/Schlochauer/Worzalla/Glock*, BetrVG § 37 Rz 36, 51; *BAG*, 15. 3. 1995 – 7 AZR 643/94, DB 1995, 1514). Daher darf z. B. eine Gesamtmitarbeitervertretung oder ein Mitglied derselben (§ 24) nicht Aufgaben einer MAV wahrnehmen, weil die zuständige MAV ihre Aufgaben nicht delegieren darf. Das folgt aus § 1 a Abs. 1 und wird durch § 1 a Abs. 2 verdeutlicht. **Maßstab für die Freistellung ist der Aufgabenkatalog der zuständigen MAV.** Die Mitglieder der MAV sind nicht verpflichtet, die von ihnen jeweils aufgewendete MAV-Tätigkeit schriftlich aufzuzeichnen (vgl. *BAG*, 14. 2. 1990 – 7 ABR 13/88, BB 1990, 1625).
Eine Abmahnung des MAV-Mitgliedes kann für sein Verhalten allerdings nur **20**
dann wegen der dadurch unberechtigten Versäumnis der Arbeitszeit nicht in Betracht kommen, wenn es sich um die Verkennung schwieriger oder ungeklärter Rechtsfragen handelt (*BAG*, 31. 8. 1994 – 7 AZR 893/93, EzA § 611 BGB, Abmahnung Nr. 33 = DB 1995, 1235). Eine Abmahnung kommt aber in Betracht, wenn das MAV-Mitglied zumindest auch seine arbeitsvertraglichen Pflichten verletzt hat. Denn das MAV-Mitglied ist, abgesehen von der Arbeitsbefreiung wegen Durchführung von MAV-Aufgaben, in gleicher Weise wie andere Mitarbeiter zur Arbeitsleistung verpflichtet, so dass für eine Ungleichbehandlung der Abmahnungsbefugnis keine Veranlassung besteht (*BAG*, a. a. O. m. N.). Durch die Abmahnung wird dem Mitarbeiter vor Augen geführt, welches Verhalten von ihm künftig zur Vermeidung individualrecht-

§ 15

licher Konsequenzen verlangt wird (*BAG*, 10. 11. 1993 – 7 AZR 682/92, NZA 1994, 500).
21 Zur Prüfung des Entgeltfortzahlungsanspruchs (Rz 54 ff.) kann der Dienstgeber auch Angaben zur Art der durchgeführten Mitarbeitervertretungstätigkeit fordern, wenn anhand der betrieblichen Situation und des geltend gemachten Zeitaufwandes erhebliche Zweifel an der Erforderlichkeit der Mitarbeitervertretungstätigkeit bestehen (*BAG*, 15. 3. 1995 – 7 AZR 643/94, DB 1995, 1514).

c. Abmeldung

22 Liegen die Voraussetzungen des Freistellungsanspruchs vor, so ist das Mitglied der MAV in entsprechendem Umfang von der Arbeitspflicht befreit. Es darf sich nicht ohne Abmeldung beim Dienstgeber bzw. seinem zuständigen Vertreter vom Arbeitsplatz entfernen (*BAG*, 15. 3. 1995 – 7 AZR 643/94, DB 1995, 1514; 15. 7. 1992 – 7 AZR 466/91, MDR 1993, 883 = BB 1992, 2512) und muss sich nach Erledigung der Amtsgeschäfte wieder zurückmelden (*BAG*, 13. 5. 1997 –1 ABR 2/97, EzA Betriebsverfassungsgesetz 1972 § 37 Nr. 135; *Schaub*, Arbeitsrechts-Handbuch § 221 II 2). Angaben zur Art der Tätigkeit für die MAV können nicht verlangt werden, wohl aber zu Ort und voraussichtlicher Dauer der Tätigkeit (*BAG*, 15. 3. 1995 a. a. O.). Eine ausdrückliche Zustimmung des Dienstgebers ist nicht notwendig. Die Abmeldung dient dazu, dass der Dienstgeber wegen des Ausfalls der Arbeitsleistung betrieblich disponieren kann (*BAG*, 15. 7. 1992 a. a. O.). Wird die Freistellung von der Arbeit verweigert, so darf sich das Mitglied der MAV ohne Erlaubnis entfernen, soweit das zur Führung der Amtsgeschäfte notwendig ist (*Schaub*, a. a. O.). Eine Dienstanweisung über das Abmeldeverfahren bedarf gemäß § 29 Abs. 1 Nr. 3 der Anhörung und Mitberatung der MAV weil sie in der Einrichtung tätige Mitarbeiter betrifft. Nimmt ein Mitglied der MAV an der Gleitzeit teil, so ist es nicht verpflichtet, die Dauer der Tätigkeit für MAV-Aufgaben aufzuzeichnen, weil die Aufgaben während der Arbeitszeit zu erledigen sind.
23 Wird den Mitgliedern nicht die erforderliche Freistellung von der dienstlichen Tätigkeit zuteil, so liegt darin ein Verstoß des Dienstgebers gegen das **Behinderungsverbot** des § 18 Abs. 1. Gemäß § 41 Abs. 1 Nr. 4 i. V. m. § 15 Abs. 5 und Abs. 2 kann die MAV, nicht aber das einzelne MAV-Mitglied, bei ablehnender Haltung des Dienstgebers die Schlichtungsstelle anrufen. Denn der Freistellungsanspruch ist ein Anspruch der MAV.

3. Freistellung von der dienstlichen Tätigkeit in großen Einrichtungen (§ 15 Abs. 3)

a. Sinn der Vorschrift

24 Unter Freistellung im Sinne des **Absatzes 3** wird der Sonderfall der Freistellung vom Dienst verstanden, die nicht vom Mitglied der MAV in eigener Verantwortung fallweise und kurzfristig in Anspruch genommen wird, sondern **auf Antrag der MAV** generell vom Dienstgeber bzw. seinem Dienststellenleiter personenbezogen gewährt wird. Mit der Freistellung von Mitgliedern der MAV – teilweise oder auch ganz – soll sicher gestellt werden, dass die außerhalb von Sitzungen anfallenden Geschäfte der MAV ordnungsgemäß und sachgemäß wahrgenommen werden und die wirksame Erfüllung der der MAV

§ 15

zustehenden Aufgaben und Befugnisse garantiert wird. Durch § 15 Abs. 3 wird der MAV ein **Dauerfreistellungsanspruch** zugunsten der Freistellung einzelner ihrer Mitglieder von der dienstlichen Tätigkeit **für die Dauer einer Amtsperiode** zugestanden. Die Vorschrift ist eine Konkretisierung der Grundnorm des § 15 Abs. 2, ohne dass dies entsprechend den Vorschriften von § 46 Abs. 4 und Abs. 3 BPersVG zum Ausdruck gebracht wird. Es geht um das Verhältnis von fallweiser zu dauernder Freistellung von der Arbeitspflicht. Letztere ist ohne Zustimmung des Dienstgebers nicht möglich.

Die MAVO kennt die völlige Freistellung von der Arbeitspflicht im Ansatz 25 nicht. Aber gemäß **§ 15 Abs. 3 S. 2** können Dienstgeber und MAV sich für die Dauer der Amtszeit der MAV dahingehend einigen, dass das Freistellungskontingent auf mehr oder weniger Mitglieder der MAV als nach Satz 1 vorgesehen aufgeteilt werden kann. Das Freistellungskontingent muss nicht ausgeschöpft werden.

Die **Totalfreistellung** auch eines z. B. nur zu 50 v. H. des Beschäftigungsumfan- 26 ges eines Vollbeschäftigten angestellten MAV-Mitgliedes ist nicht ausgeschlossen (Rz 34).

Die betriebsübliche Arbeitszeit des freigestellten Mitgliedes der MAV ist von 27 diesem einzuhalten, weil es während der Arbeitszeit MAV-Aufgaben zu verrichten hat (*LAG Düsseldorf*, 26. 5. 1993 – 18 Sa 303/93, NZA 1994, 720). Ein von den Mitarbeitern zu bedienendes **Zeiterfassungsgerät** muss auch das freigestellte Mitglied der MAV bedienen.

b. Die Zulässigkeit der Freistellung

In Dienststellen mit weniger als 301 aktiv wahlberechtigten Mitarbeitern 28 **(§ 7) ist die Dauerfreistellung überhaupt nicht zugelassen.** Deshalb scheidet die etwa quotenmäßig verringerte Freistellung eines MAV-Mitgliedes bei geringerer Mitarbeiterzahl aus (*Schlichtungsstelle Köln*, MAVO 6/1987). Eine solche Freistellung wäre eine gemäß § 48 unzulässige Abweichung von der MAVO. Bei der Ermittlung der Zahl der wahlberechtigten Mitarbeiter kommt es nicht auf den Stellenplan, sondern auf die tatsächlich vorhandenen Mitarbeiter an, die am Wahltag aktiv wahlberechtigt sind. So kann z. B. die Zahl von 300 wahlberechtigten Mitarbeitern durch Arbeitsplatzteilung oder Stellenteilung auf 301 oder mehr Mitarbeiter vergrößert werden, während die Zahl der Mitarbeiter durch Zusammenlegung von mehreren Arbeitsplätzen auch schrumpfen kann. **Maßgeblich sind die Zahlen am Wahltag** (§ 15 Abs. 3 S. 1). *Auskunft gibt das Wählerverzeichnis (§ 9 Rz 30).*

§ 15 Abs. 3 MAVO setzt den Bestand einer Einrichtung voraus, wenn die Frei- 29 stellungsstaffel zur Anwendung kommen soll. Die **Sondervertretung** (§ 23) ist nicht einrichtungs- oder dienststellenbezogen, weil die Sondervertretung gerade unabhängig von einer Einrichtung oder Dienststelle besteht (§ 23 Rz 6). Es geht aber um die Zusammenfassung einer bestimmten Gruppe von Mitarbeitern (z. B. Berufsgruppe), die eine bestimmte Personalstärke hat. Wenn aber eine Sondervertretung die Rechte einer MAV hat (§ 23 Abs. 2 S. 1), dann sind ihr auch die Modalitäten der Freistellung nicht deshalb zu versagen, weil es sich nicht um eine Dienststellenvertretung, sondern um eine Berufsgruppen- oder Personenvertretung handelt. Denn bei 301 und mehr Mitarbeitern ist eine ebenso starke Belastung der Sondervertretung vorstellbar wie bei einer Dienststelle mit ebenso vielen Mitarbeitern; für die Angelegenheiten der

Thiel

§ 15

Berufsgruppenzugehörigkeit ist die Sondervertretung die Anlaufstelle der von ihr repräsentierten Mitarbeiter. Dann kann es nicht darauf ankommen, dass bei einer Sonder- oder Bereichsvertretung die Einrichtung oder Dienststelle begrifflich fehlt, in der die Repräsentierten arbeiten. Sie sind durch den Dienstgeber direktionsgemäß beschäftigt und zu einer Einheit als Mitarbeiterschaft gefügt. Das ist aus der Sicht des Gedankens der Sondervertretung ausreichend für die Anwendbarkeit des § 15 Abs. 3 MAVO, falls diözesane Bestimmungen nicht entgegenstehen (§ 23 Abs. 3).

c. Zahl der freizustellenden Mitglieder der MAV

30 Die Zahl der freizustellenden Mitglieder der MAV richtet sich nach der **Freistellungsstaffel**, wie sie in Abs. 3 normiert ist. Ausschlaggebend ist die Zahl der wahlberechtigten Mitarbeiter in der Dienststelle oder Einrichtung am **Wahltag**. Ändert sich nach dem Wahltag die Anzahl der wahlberechtigten Mitarbeiter in der Weise, dass davon die Freistellungsstaffel betroffen ist, so bleiben die Verhältnisse am Wahltage maßgeblich (a. A. *Frey/Coutelle/Beyer*, § 15 Rz 19), weil schon bei kleiner Veränderung der Zahl der Wahlberechtigten von 301 auf 300 trotz z. B. gleichen Stellenplans sofort die Rücknahme der Freistellung zu erfolgen hätte. Wäre die Rücknahme der Freistellung während der Dauer der Amtsperiode der MAV gewollt, hätte das in der Ordnung zum Ausdruck gebracht werden müssen. Die Freistellung des MAV-Mitgliedes kann aber auf seinen Wunsch hin aufgehoben werden. Die MAV kann dann ein anderes bereites MAV-Mitglied für die Freistellung benennen. Steigt die Zahl der wahlberechtigten Mitarbeiter nach der Freistellungsstaffel so an, dass ein weiteres Mitglied nach ihr freigestellt werden könnte, verbleibt es bis zum Ablauf der Amtszeit der MAV bei den für die Freistellungsstaffel maßgebenden Ausgangszahlen des Wahltages. Vorrangig ist die Prüfung, ob eine Neuwahl der MAV gemäß § 13 Abs. 3 stattzufinden hat. Dann ist sie durchzuführen und anschließend über die Freistellung neu zu entscheiden.

31 Das BetrVG regelt in § 38 Abs. 1 S. 1 die Zahl der freizustellenden Betriebsratsmitglieder nach den Zahlenverhältnissen am Tage ihrer Wahl durch den Betriebsrat (*Wiese/Weber*, GK-BetrVG § 38 Rz 12). Deshalb ist es auch konsequent, dem Betriebsrat neue Entscheidungen angesichts der Freistellungsstaffel zuzugestehen, wenn sich die maßgebliche Arbeitnehmerzahl geändert hat. Dies gilt auch für den Anwendungsbereich des BPersVG (§ 46 Abs. 4 S. 1; *Grabendorff/Windscheid/Ilbertz/Widmaier*, BPersVG § 46 Rz 27), wegen anderer Bestimmung in § 15 Abs. 3 MAVO jedoch nicht für Mitarbeitervertretungen. Eine dem Zahlenverhältnis gerecht werdende Freistellung bei gesunkener Mitarbeiterzahl nach Absprache mit dem Dienstgeber wäre sinnvoll.

d. Umfang der Freistellung

32 Weil eine völlige Freistellung von der Arbeitsleistung im Grundsatz nicht vorgesehen ist, sondern nur zur **Hälfte der durchschnittlichen regelmäßigen Arbeitszeit eines vergleichbaren Vollbeschäftigten**, bleibt das freigestellte MAV-Mitglied in der Regel mit seiner Arbeit vertraut. Im Falle der Erteilung eines Dienstzeugnisses wegen Beendigung der Tätigkeit beim Dienstgeber ist eine Beurteilung der Arbeitsleistung möglich. Je nach dem Grad der Freistellung erfolgt auch die Freistellung von Arbeitsbereitschaft, Bereitschaftsdienst und

§ 15

Rufbereitschaft entweder anteilig bei teilweiser Freistellung oder voll bei völliger Freistellung (Rz 34).

Die Vorschrift beginnt die Freistellungsstaffel mit 301 wahlberechtigten **33** Mitarbeitern am Wahltage der MAV. Die MAVO lässt die Freistellung zweier Mitglieder ab 301 wahlberechtigten Mitarbeitern jeweils zur Hälfte der durchschnittlichen regelmäßigen wöchentlichen Arbeitszeit eines Vollbeschäftigten zu, so dass das Freistellungskontingent bis zu einer vollen Freistellung erreicht wird. In dieser Konsequenz ist gemäß § 15 Abs. 3 S. 2 die Möglichkeit einer Modifikation eingeräumt, wonach der Dienstgeber und die MAV sich für die Dauer der Amtszeit der MAV einigen können, das Freistellungskontingent auf nur ein vollbeschäftigtes Mitglied mit voller Freistellung von der dienstlichen Tätigkeit zu beschränken, weil das Kontingent auf weniger als zwei (also eines) Mitglieder verteilt werden kann. Umgekehrt darf durch Vereinbarung das Freistellungskontingent auf mehr als zwei Mitglieder der MAV aufgeteilt werden mit der Folge, dass der Freistellungsumfang pro freigestelltes Mitglied der MAV geringer ausfällt.

Beispiel: 301 wahlberechtigte Mitarbeiter verhelfen zu zwei zur Hälfte der durchschnittlichen regelmäßigen Arbeitszeit eines Vollbeschäftigten freigestellten Mitgliedern der MAV. Diese Freistellungsmenge (Freistellungskontingent) in Höhe einer Vollbeschäftigung kann durch **Vereinbarung** einem Mitglied der MAV ganz oder mehr als zwei Mitgliedern anteilig zuerkannt werden, so dass z. B. ein MAV-Mitglied zu 50 v. H. und zwei weitere Mitglieder zu je 25 v. H. von ihrer Tätigkeit als Vollbeschäftigte freigestellt werden. Es kommt also auf die örtlichen Verhältnisse an, wie die Dauerfreistellung am sinnvollsten gestaltet wird. Muss ein freigestelltes MAV-Mitglied betriebsbedingt für die MAV-Tätigkeit Freizeit opfern, dann kann es einen Freizeitausgleich in der Weise vornehmen, dass es seine regelmäßige Anwesenheit in der Einrichtung zur üblichen Arbeitszeit entsprechend verkürzt (*Fitting*, BetrVG § 38 Rz 81); denn es ist sowieso von seiner beruflichen Tätigkeit befreit. Es kann daher seine Aufgabenerledigung zeitlich flexibel einteilen. Der Dienstgeber ist davon in Kenntnis zu setzen (*Fitting*, BetrVG § 38 Rz 82). Ist das Mitglied der MAV nur mit einem Teil seines vertraglichen Beschäftigungsumfangs von der Arbeitspflicht freigestellt, hat es seine MAV-Tätigkeit in die arbeitsfreie Zeit zu legen. So ist z. B. die Teilnahme der teilfreigestellten Mitglieder der MAV an den regelmäßigen Sitzungen der MAV in die Zeit der jeweiligen Teilfreistellung zu legen (*VerwG. EKD*, 29. 10. 2002 – I – 0124/F 40–01, NZA 2003, 1163). Aus ihrer Verantwortung für eine sachgerechte Erfüllung der ihr obliegenden Aufgaben kann die MAV auch nähere Regelungen über die zeitliche Lage der Teilfreistellungen treffen. Hierbei sind unterschiedliche Regelungen denkbar. So kann z. B. die **Teilfreistellung** vollbeschäftigter MAV-Mitglieder in der Weise erfolgen, dass sie an jedem Arbeitstag für bestimmte Stunden oder an bestimmten Arbeitstagen in vollem Umfang von der Arbeit freizustellen sind. Es ist ferner zulässig, die Lage der Teilfreistellung flexibel dahingehend zu gestalten, dass sie an die jeweiligen Erfordernisse sowohl der MAV-Arbeit, aber auch der beruflichen Tätigkeit des MAV-Mitglieds angepasst werden kann. In besonderer Weise sind dabei die Schulungsveranstaltungen für Mitglieder der MAV zu bedenken. Insgesamt darf auch bei Teilfreistellungen das Freistellungskontingent gemäß § 15 Abs. 3 S. 1 nicht überschritten werden. Deshalb ist die zu starke Aufteilung der Freistellungen zugunsten von Teilfreistellungen sehr sorgfältig von

§ 15

Dienstgeber und MAV zu prüfen, um den Nutzen der Freistellung nicht zu vergeuden.

e. Freistellung von Teilzeitbeschäftigten

34 Gemäß § 8 Abs. 1 sind zur MAV auch teilzeitbeschäftigte Mitarbeiterinnen und Mitarbeiter wählbar. Wer mit einem Beschäftigungsumfang von 50 v. H. eines Vollbeschäftigten beschäftigt wird, wäre bei Inanspruchnahme der Normalfreistellung von 50 v. H. eines Vollbeschäftigten also gänzlich von seiner Arbeitspflicht freigestellt (§ 15 Abs. 3 S. 1). Nach dem Wortlaut der Vorschrift des § 15 Abs. 3 S. 1 ist der Dienstgeber gehalten, dem Antrag stattzugeben. In § 15 Abs. 3 S. 2 ist allerdings die Möglichkeit abweichender Verständigung über den Umfang der Freistellung in der Weise eröffnet, dass sich Dienstgeber und MAV über die Verteilung der Freistellung auf mehrere Mitglieder der MAV mit einem Bruchteil der durchschnittlichen regelmäßigen Arbeitszeit eines vergleichbaren Vollbeschäftigten einigen. Diese Einigung ist anzuraten, weil die MAVO flankierende Bestimmungen für den Fall der völligen Freistellung von der Arbeitspflicht nicht normiert hat. Im Umfang der Freistellung ist auch anteilig von den regelmäßigen Bereitschaftsdiensten und Rufbereitschaften unter Beibehaltung der Bezüge freizustellen (*Schlichtungsstelle Freiburg,* 24. 11. 1998 – 3/1998, ZMV 1999, 38). Bei Teilfreistellungen ist darauf zu achten, dass das gemäß § 15 Abs. 3 S. 1 begrenzte Freistellungskontingent nicht überschritten wird (Rz 33).

f. Sonderfälle

35 Ist ein Mitglied der MAV im **Schichtdienst** eingesetzt, so ist es im Falle der völligen Freistellung ganz von der Arbeit freigestellt. Ist das Mitglied dagegen nur teilweise (z. B. 50 v. H.) dauernd freigestellt, so ist seine Schichtarbeit zu kürzen, damit es seinen Aufgaben in der dienstbefreiten Zeit nachgehen kann. **Beispiel:** Ein Arzt ist zur Hälfte des Beschäftigungsumfanges eines Vollbeschäftigten von der Arbeit freigestellt. Vormittags ist Sitzung der MAV, nachmittags hat der Arzt seine Dienste zu leisten. Durch die Freistellung von einem Teil der Schichtarbeitszeit ist dafür gesorgt, dass er seine MAV-Tätigkeit frei einteilen kann. Während seiner dienstplanmäßigen gekürzten Arbeitszeit darf er keine MAV-Tätigkeit ausüben, um seine Freistellung nicht auf Kosten seiner Dienstpflichten über die gesetzliche Höchstzeit hinaus auszudehnen. Die MAV muss bei der Planung ihrer Sitzungen darauf Rücksicht nehmen.

36 Werden **Lehrer** freigestellt, so ist der Maßstab für ihre Freistellung das Unterrichtsstundensoll eines vergleichbaren vollbeschäftigten Kollegen. Die Freistellung kann voll oder anteilig durch Entlastung von der Pflichtstundenzahl erfolgen, weil die durch § 15 Abs. 3 S. 1 und S. 2 genannten Alternativen auch im Bereich von Schulen ausgeschöpft werden können. Die Freistellungsregelungen sollten allerdings unter Berücksichtigung der jeweiligen staatlichen Bestimmungen für die Ersatz- und Privatschulen erfolgen, weil je nach Landesrecht für nicht erteilten Unterricht die staatlichen Mittel anteilig gekürzt werden können. So vergütet der Freistaat Bayern nur den von Religionslehrern der Kirchen tatsächlich erteilten Unterricht den Kirchen pauschal (Art. 7 Abs. 1 BaySchFG), während die Kirchen dem bei ihnen angestellten Religionslehrer die volle Vergütung schulden. Denn die Kirchen sind in Bay-

§ 15

ern die Arbeitgeber der Religionslehrer bestimmter Schulformen der öffentlichen Hand (Dienstordnung für Lehrer an staatlichen Schulen in Bayern – LDO – KM Bek. v. 3. 10. 1977 KMBl. I S. 537, ber. KMBl. I 1977 S. 666). Zur Stundenermäßigung siehe auch Rz 74 zu § 15 Abs. 4 MAVO).

g. Verhinderung freigestellter Mitglieder der MAV

Ist das freigestellte Mitglied der MAV **zeitweilig** an der Ausübung seines Amtes verhindert, was gemäß § 13 b Abs. 2 S. 2 die MAV durch Beschluss zu entscheiden hat, so rückt das nächstberechtigte Ersatzmitglied für die Dauer der Verhinderung in die MAV ein (§ 13 b Abs. 2 S. 1). Damit rückt das Ersatzmitglied jedoch nur in die Funktion als MAV-Mitglied ein, nicht dagegen auch in die Position der Freistellung. Denn das verhinderte Mitglied der MAV bleibt freigestellt. Dagegen hat das Ersatzmitglied aus konkretem Anlass, wie die übrigen Mitglieder der MAV, Anspruch auf Freistellung von der dienstlichen Tätigkeit gemäß § 15 Abs. 2, wenn dies zur ordnungsgemäßen Durchführung seiner Aufgaben erforderlich ist. 37

Ist der **Vorsitzende der MAV** freigestellt, so tritt bei seiner Verhinderung sein Stellvertreter nicht automatisch auch in diese Position (vgl. *Wiese/Raab*, GKBetrVG § 26 Rz 66; *Wiese/Weber*, § 38 Rz 37). Bei Verhinderung auf längere Zeit (z. B. Krankheit, Urlaub) kann die MAV die Freistellung eines anderen Mitgliedes der MAV mit Rücksicht auf die Freistellungsstaffel nicht beanspruchen, weil die Freistellungsstaffel nach der MAVO keine Mindestvorschrift enthält, während das z. B. gemäß § 38 Abs. 1 S. 1 BetrVG und § 46 Abs. 4 BPersVG der Fall ist. 38

4. Verfahren zur Freistellung

a. Bestimmung der freizustellenden Mitglieder durch die MAV

Der MAV steht der Anspruch auf Freistellung gemäß § 15 Abs. 3 S. 1 zu. Infolgedessen hat sie darüber zu beschließen (§ 14 Abs. 5), wer in welchem Umfang freigestellt werden soll. Eine Wahl ist nicht vorgeschrieben, um das freizustellende MAV-Mitglied zu bestimmen. Eine Prärogative für ein bestimmtes Mitglied der MAV zur Freistellung (Vorsitzender, Stellvertreter) gibt es nach der Ordnung nicht. Zu bedenken bleibt aber für jede MAV die Freistellungsstaffel (oder auch Zahlenkatalog) für die Anzahl der Freistellungen und dies auch im Zusammenhang mit der Kandidatur zur MAV. Denn wenn sich Kandidaten bei mehr als dreihundert Wahlberechtigten nicht grundsätzlich zur Freistellung bereit finden, sind sie nicht bereit, die ihnen durch die Wahl zufallenden Aufgaben zu erfüllen. Besonders dasjenige Mitglied der MAV, welches zum Vorsitz in der MAV kandidiert und gewählt wird, sollte vor seiner Wahl zur Bereitschaft zur Freistellung von der dienstlichen Tätigkeit befragt werden, weil die MAVO davon ausgeht, dass die Aufgaben der MAV nur voll und effektiv wahrgenommen werden, wenn bei einer bestimmten Personalstärke mit wahlberechtigten Mitarbeitern und Mitarbeiterinnen auch entsprechende Freistellungen erfolgt sind (*BVerwG*, 26. 10. 1977, ZBR 1978, 242). In diesem Zusammenhang wird gerade der oder die Vorsitzende und deren Stellvertreter in die Verantwortung gezogen, weil sie in besonderer Weise durch die Aufgaben in der MAV belastet sind. Eine klärende Vorschrift wie etwa § 46 Abs. 3 S. 2 BPersVG enthält die MAVO nicht. 39

§ 15

40 Die Beratung der Freistellung hat mit der gesamten MAV zu erfolgen, weil ihr insgesamt der Freistellungsanspruch zusteht. Das freizustellende Mitglied der MAV nimmt stimmberechtigt an der Beschlussfassung teil. Es hat ebenso wie bei der Wahl zum Vorsitzenden der MAV bei eigener Kandidatur ein eigenes Stimmrecht.

41 Die MAV muss die freizustellenden Mitglieder dem Dienstgeber präsentieren. Das gilt sowohl mit Blick auf Absatz 3 S. 1 als auch auf Absatz 3 S. 2. Infolge des Grundsatzes der vertrauensvollen Zusammenarbeit zwischen Dienstgeber und MAV gemäß § 26 Abs. 1 S. 1 stimmt die MAV ihre Vorschläge zur Freistellung mit dem Dienstgeber ab, nachdem die Bereitschaft und das Einverständnis zur Freistellung auf Seiten der MAV feststeht. Durch die Konsultation des Dienstgebers über die Freizustellenden wird es möglich, dass dem Antrag auf Freistellung auch personell entsprochen wird. Denn dem Dienstgeber ist Gelegenheit zu geben, vor der Freistellung auf die Beachtung der betrieblichen Belange hinzuwirken, damit die der Freistellung eines bestimmten Mitgliedes der MAV entgegenstehenden Gründe berücksichtigt werden.

42 Die MAV hat gemäß § 26 Abs. 1 S. 1 ihre Gründe für die in Aussicht genommene Entscheidung darzulegen, sich mit den Argumenten des Dienstgebers auseinander zu setzen und sich um eine für beide Seiten angemessene Lösung zu bemühen. Denn die Regelungsfrage, wer freigestellt wird und wie das Freistellungskontingent ausgeschöpft wird, ist eine Angelegenheit, die bei Streit nicht vor die Schlichtungsstelle (oder andere streitentscheidende Instanz) getragen werden kann (§ 15 Abs. 5; § 41 Abs. 2). Geht es aber um einen Streit über eine Rechtsfrage, kann die MAV die Schlichtungsstelle gemäß § 41 Abs. 2 Nr. 1 anrufen.

b. Antrag der MAV

43 Die MAV richtet nach Klärung der Vorfragen über die Modalitäten der Freistellung den entsprechenden Freistellungsantrag an den Dienstgeber. Der Antrag enthält die Namen der freizustellenden Mitglieder der MAV und den Umfang der begehrten Freistellung. Das jeweils betroffene Mitglied der MAV muss aus freien Stücken zur Freistellung bereit sein. Für Mitglieder der MAV, die nicht mit der Freistellung einverstanden sind, darf der Freistellungsantrag nicht gestellt werden; der Dienstgeber könnte dem Antrag nicht stattgeben. Die Bestimmung eines MAV-Mitgliedes zur Freistellung durch die Mehrheit der MAV ist nicht statthaft, weil es dazu keine Rechtsgrundlage gibt. Schließlich könnte das MAV-Mitglied dadurch zum Rücktritt veranlasst werden. Das wiederum wäre eine Behinderung seiner Amtsführung, die gemäß § 18 Abs. 1 verboten ist.

44 Gibt der Dienstgeber dem Antrag statt, so hat er die im Antrag genannten Mitglieder der MAV von der dienstlichen Tätigkeit entsprechend dem Umfang von ihrer Arbeitspflicht freizustellen. Eine diesbezügliche Dienstvereinbarung erfolgt nicht (§ 38 Abs. 1).

c. Streitigkeiten

45 Entspricht der Dienstgeber dem Antrag nicht, so hat er die Ablehnung des Antrages zu begründen. Aus der Begründung wird ersichtlich, ob es um eine Regelungsfrage oder eine Rechtsfrage geht. Entsteht Streit über die Rechtsfrage, z. B. infolge grundsätzlicher Ablehnung der Freistellung, kann die MAV

§ 15

gemäß § 41 Abs. 2 Nr. 1 die Schlichtungsstelle anrufen (Rz 94; *Schlichtungsstelle Köln*, 23. 3. 1995 – MAVO 1/95; 15. 2. 1995 – MAVO 9/94). Will der Dienstgeber z. B. das zur Freistellung präsentierte Mitglied der MAV nicht freistellen, weil es den einzigen exponierten Arbeitsplatz innehat, kann die Schlichtungsstelle etwa nach ihrer Anrufung durch die Beteiligten den Vorschlag unterbreiten, die Freistellung anteilig auf weitere Mitglieder der MAV aufzuteilen, um so den Dienstgeber vor dem Nachteil eines weitgehenden Ausfalls eines Spezialisten bewahren zu helfen; weitergehend *Schlichtungsstelle München und Freising*, 13. 12. 1999 – 25 AR 99, wonach die Schlichtungsstelle gemäß § 41 Abs. 2 MAVO auch Regelungsstreitigkeiten entscheiden könne.

5. Wechsel in der Freistellung

Gemäß § 15 Abs. 3 S. 2 können sich Dienstgeber und MAV für die Dauer einer 46 Amtszeit der MAV darüber einigen, dass die Freistellung abweichend von § 15 Abs. 3 S. 1 im Rahmen des Freistellungskontingents auf mehr oder weniger Mitglieder der MAV aufgeteilt wird, also z. B. auch auf nur ein einziges Mitglied bei voller Freistellung. **Nicht geregelt** ist, ob ein Wechsel der Freistellung der Mitarbeitervertreter während der Amtszeit der MAV möglich ist. Ein chronologischer Wechsel in der Person ist denkbar (*Frey/Coutelle/Beyer*, § 15 Rz 21), wenn auch nicht ein Wechsel im Umfang der Freistellung des einzelnen freigestellten Mitgliedes. Der **Wechsel in der Person** des freigestellten Mitgliedes der MAV ist deshalb zu kalkulieren, weil die Freistellung jedenfalls dann endet, wenn die Mitgliedschaft in der MAV vorzeitig endet (§ 13 c Nrn. 2 bis 5). In diesem Falle ist entsprechend der getroffenen Vereinbarung eine Nachbefreiung zugunsten eines anderen MAV-Mitgliedes möglich.

Dazu bedarf es eines **Antrags der MAV** an den Dienstgeber und seiner Zustim- 47 mung. Das gilt in gleicher Weise, wenn die Freistellung gemäß § 15 Abs. 3 S. 1 erfolgt ist. Einer Neubestimmung aller freigestellten Mitglieder der MAV bedarf es deswegen nicht (vgl. *BAG*, 28. 10. 1992 – 7 ABR 2/92, BB 1993, 1658).

V. Rechtsstellung der freigestellten Mitglieder der MAV

Die Problematik einer völligen Freistellung von der dienstlichen Tätigkeit 48 entsprechend den staatlichen Gesetzen (vgl. § 38 BetrVG und § 46 Abs. 4 und 5 BPersVG) ist umfangreich. Das gilt z. B. für die Bemessung von Arbeitsentgelt und allgemeine Zuwendungen, für Beförderungen und Höhergruppierungen (vgl. *Hennecke*, Bemessung von Arbeitsentgelt, BB 1986, 936 m. N.; *Hess/Schlochauer/Worzalla/Glock*, BetrVG § 38 Rz 43 ff. m. N.; *Grabendorff/Windscheid/Ilbertz/Widmaier*, BPersVG § 46 Rz 25 m. N.).

1. Freistellung von der beruflichen Tätigkeit

Das völlig freigestellte Mitglied der MAV ist nur von seiner dienstlichen (be- 49 ruflichen) Tätigkeit befreit, nicht dagegen von den sonstigen Pflichten aus dem Arbeitsverhältnis. Die Befreiung hat nur den Zweck, die Aufgaben der MAV zu erfüllen. Daher hat das freigestellte MAV-Mitglied **Beginn und Ende der täglichen Arbeitszeit einzuhalten** (*LAG Düsseldorf*, 26. 5. 1993 – 18 Sa 303/93, NZA 1994, 720). Bei **Schichtbetrieb** kann das freigestellte MAV-Mit-

§ 15

glied seine Anwesenheitszeit so legen, dass es z. B. die Besetzung zweier Schichten betreuen kann. Die Abweichung der Anwesenheitszeit von der persönlichen Arbeitszeit bedarf der Vereinbarung mit dem Dienstgeber.

50 **Freigestellte Mitglieder der MAV** haben sich am Sitz der MAV aufzuhalten. Sie unterliegen nicht dem Direktionsrecht des Dienstgebers (*Hess/Schlochauer/Worzalla/Glock*, BetrVG § 38 Rz 45; *Wiese/Weber*, GK-BetrVG § 38 Rz 77 ff.).

51 Für das freigestellte MAV-Mitglied gilt die betriebliche Ordnung einschließlich der **Benutzung einer Stechuhr** zur Kontrolle der Arbeitszeit. Wird in einer Einrichtung **Mehrarbeit** (auch Überstunden) geleistet, braucht ein völlig freigestelltes Mitglied der MAV während dieser Zeit nicht in der Einrichtung anwesend zu sein (*Wiese/Weber*, GK-BetrVG § 38 Rz 78). Bei Missachtung der **Anwesenheitspflicht** verletzt das MAV-Mitglied seine Amtspflicht und seinen Arbeitsvertrag mit der Folge, dass es entsprechend dem Umfang der Fehlzeit keinen Anspruch auf das Arbeitsentgelt hat (*BAG* AP Nr. 1 zu § 103 BetrVG 1972 Bl. 7). Entsprechendes gilt, wenn das MAV-Mitglied keine erforderliche MAV-Tätigkeit ausübt (*BAG*, 15. 3. 1995 – 7 AZR 643/94, DB 1995, 1514). Demnach kann der Dienstgeber die **Unterlassung einer anderen Tätigkeit während der Freistellung** verlangen (*Wiese/Weber*, GK-BetrVG § 38 Rz 83).

2. Schulung

52 Freigestellte Mitglieder der MAV können an **Schulungsveranstaltungen** unter den Voraussetzungen des § 16 Abs. 1 teilnehmen. Völlig freigestellte MAV-Mitglieder brauchen wegen ihrer bereits bestehenden Freistellung von ihrer dienstlichen Tätigkeit vom Dienstgeber nicht eigens von der Arbeitsleistung freigestellt zu werden. Der von der MAV zu fassende Beschluss über die Teilnahme an der Schulung (§ 16 Rz 54 ff.) ist dem Dienstgeber mitzuteilen, weil dieser das Recht hat, die Erfüllung der Voraussetzungen für die Teilnahme an der Schulung zu prüfen (§ 16 Abs. 1) insbesondere, ob die Anerkennung der Schulung als geeignet erfolgt ist und die Schulung für das Mitglied der MAV erforderlich ist. Denn davon hängt ab, ob der Dienstgeber die Kosten der Veranstaltung zu tragen hat (§ 17 Abs. 1 S. 2 erster Spiegelstrich).

VI. Entgeltschutz, Tätigkeitsschutz

53 Weder in § 15 Abs. 2 noch in § 15 Abs. 3 ist anders als in § 15 Abs. 4 und in staatlichen Gesetzen (vgl. §§ 37, 38 BetrVG und § 46 BPersVG) von einer Entgeltfortzahlung während der Freistellung von der dienstlichen Tätigkeit die Rede. Die fallweise, ständig teilweise und auch die vollständig von der dienstlichen Tätigkeit freigestellten Mitglieder der MAV i. S. von § 15 Abs. 2, Abs. 3 S. 1 und S. 2 stehen unter Entgelt- und Tätigkeitsschutz. Infolge der Vorschrift des § 18 Abs. 1 und 1 a ist sicherzustellen, dass die Mitglieder der MAV weder in wirtschaftlicher noch in beruflicher Hinsicht gegenüber vergleichbaren Mitarbeitern mit betrieblicher Entwicklung Nachteile erleiden (§ 18 Rz 6 ff.). Das gilt hinsichtlich der Beschäftigungszeit, der Dienstzeit, der Jubiläumsdienstzeit und der Bewährungszeiträume oder Tätigkeitsaufstiege in die höhere Vergütungsgruppe und des beruflichen Aufstiegs vergleichbarer Mitarbeiter derselben Einrichtung.

§ 15

1. Entgeltschutz

Sind die Voraussetzungen für die Freistellung gegeben, so besteht neben dem 54
Anspruch auf Freistellung auch der Anspruch darauf, dass keine Minderung
des Arbeitsentgelts, der Dienstbezüge oder der Gestellungsgelder eintritt (*Richardi*, Arbeitsrecht in der Kirche, § 18 Rz 63), weil den Mitgliedern der MAV
auf Grund ihrer Tätigkeit kein Nachteil entstehen darf (§ 18 Abs. 1 und 1 a).
Der Entgeltschutz kann auch aus § 15 Abs. 4 abgeleitet werden, weil für außerhalb der regelmäßigen Arbeitszeit geleistete MAV-Tätigkeit vergüteter Freizeitausgleich zu gewähren ist. Es ist das Entgelt zu zahlen, das der Dienstgeber
hätte aufwenden müssen, wenn das Mitglied der MAV während der Zeit der
Freistellung von der dienstlichen Tätigkeit gearbeitet hätte (*LAG Köln*, 21. 2.
2000 – 8 (13) Sa 907, 99, ZMV 2000, 234; *Oxenknecht*, Freistellungen, ZMW
1991, 3, 5). Es gilt das **Lohnausfallprinzip** (*Wiese/Weber*, GK-BetrVG § 37
Rz 53 ff. m. N.; § 38 Rz 84; *BAG* EzA § 37 BetrVG 1972 Nr. 109 S. 3). Dies ergibt sich aus dem fortbestehenden Arbeits-, Dienst- oder Gestellungsverhältnis. Arbeitsversäumnis ist also wie Arbeitszeit zu rechnen. Der Entgeltfortzahlungsanspruch folgt daher aus § 15 Abs. 2 oder 3 i. V. m. § 611 BGB.

Für die gesetzlichen Voraussetzungen des Entgeltfortzahlungsanspruches 55
nach § 15 Abs. 2 i. V. m. § 611 BGB ist das Mitglied der MAV darlegungs- und
beweispflichtig. Der Dienstgeber kann zur **Prüfung des Entgeltfortzahlungsanspruchs** auch Angaben zur Art der durchgeführten MAV-Tätigkeit fordern,
wenn anhand der betrieblichen Situation einerseits und des geltend gemachten Zeitaufwandes andererseits erhebliche Zweifel an der Erforderlichkeit
der MAV-Tätigkeit bestehen (*BAG*, 15. 3. 1995 – 7 AZR 643/94, DB 1995,
1514). Deshalb ist die Fortzahlung des Entgelts insoweit ausgeschlossen, als
ein Mitglied der MAV in der Zeit der Freistellung nicht mitarbeitervertretungsbezogene Tätigkeiten erledigt.

Das gilt auch für das auf Dauer gemäß § 15 Abs. 3 freigestellte Mitglied der 56
MAV. Denn so wie gemäß Absatz 2 das Mitglied zur ordnungsgemäßen
Durchführung seiner Aufgaben im notwendigen Umfang von der dienstlichen
Tätigkeit freizustellen ist, so darf das gemäß Abs. 3 freigestellte Mitglied der
MAV in der arbeitsfreien Zeit nur Mitarbeitervertretungsaufgaben erledigen.
Es kommt also nicht auf die Freistellung, sondern auf die **Art der in der Freistellungszeit erledigten Tätigkeit** an; es **muss Mitarbeitervertretungstätigkeit
sein** (vgl. *BAG*, 31. 5. 1989 – 7 AZR 277/88, BB 1990, 491; BAGE 42 S. 405 =
AP Nr. 44 zu § 37 BetrVG 1972). Das freigestellte MAV-Mitglied muss sich in
der Einrichtung zur MAV-Tätigkeit bereit halten, um als MAV-Mitglied in
Anspruch genommen zu werden. Denn damit werden andere MAV-Mitglieder, die sonst während der Arbeitszeit in Anspruch genommen werden
müssten, gerade der Arbeitsleistung erhalten. Deshalb ist bei Tätigkeiten außerhalb der Einrichtung nachprüfbar, ob erforderliche MAV-Tätigkeit verrichtet worden ist. So kann die Teilnahme als Zuhörer einer Gerichtsverhandlung dazu geeignet sein, der MAV nützliche Erkenntnisse für ihre konkrete
Tätigkeit zu vermitteln, wenn z. B. noch die Kündigung eines Mitarbeiters bevorsteht, weil ein anderer Rechtsstreit vorab zu entscheiden ist, der die Kündigung möglich machen soll (z. B. Zustimmung des Integrationsamts zur Kündigung eines Schwerbehinderten; *BAG*, VBB 1990, 491). Das *LAG Bremen*
(28. 6. 1989 – 2 Sa 39/89, rkr., BB 1990, 742) hat die Teilnahme eines Mitgliedes
des Betriebsrates an der Gerichtsverhandlung wegen Kündigungsschutzklage

§ 15

eines Betriebsratsmitgliedes als zulässige und erforderliche Betriebsratstätigkeit angesehen.

57 Die **Entgeltberechnung** erfolgt beim **Zeitlohn** (Vergütung nach Arbeitszeit) so, als ob die Arbeitsfreistellung nicht stattgefunden hätte, sondern das MAV-Mitglied gearbeitet hätte. Beim **Leistungslohn** ist eine hypothetische Berechnung anzustellen, deren Ziel es sein muss, das ohne Arbeitsfreistellung verdiente Entgelt zu ermitteln (*Wiese/Weber*, GK-BetrVG § 37 Rz 59; *Hess/Schlochauer/Worzella/Glock*, § 37 Rz 44).

58 Ungekürzt sind auch **Zusatzleistungen** des Dienstgebers zu zahlen. Dazu gehören u. a. vermögenswirksame Leistungen, Zuschläge für die durch die Tätigkeit in der MAV versäumten Überstunden und für die Nacht-, Sonn- und Feiertagsarbeit (vgl. *ArbG Oldenburg*, 5. 5. 1994 – 5 Ca 824/93, KirchE 32, 155), zusätzliches Urlaubsgeld, Weihnachtszuwendung; Zuschläge für Bereitschaftsdienste und Rufbereitschaften, auch wenn sie durch die Freistellung entfallen (*LAG Köln*, 21. 2. 2000 – 8 (13) Sa 907/99, ZMV 2000, 234). Das MAV-Mitglied hat dagegen keinen Anspruch auf solche Beträge, die nicht für die Arbeit selbst, sondern als Ersatz für Aufwendungen gezahlt werden (z. B. Kantinenessen, Wegegelder; *BAG*, 14. 9. 1988 – 7 AZR 753/87, NZA 1989, 856). Von dem unvermindert zu zahlenden Arbeitsentgelt sind die Lohnsteuer, Kirchensteuer, die Sozialversicherungsbeiträge und die Beiträge und ggfs. Sanierungsgelder zur Zusatzversorgungskasse abzuführen. Das **Job-Ticket** ist weiter zu gewähren, weil auch das voll freigestellte MAV-Mitglied zur Einhaltung der Arbeitszeit und damit zur Fahrt zur Dienststelle verpflichtet ist.

59 Freigestellte Mitglieder der MAV dürfen von inner- und außerbetrieblichen Maßnahmen der **Berufsbildung** nicht ausgeschlossen werden (Benachteiligungsverbot). Damit soll ihnen die spätere Wiederaufnahme der beruflichen Tätigkeit erleichtert und nach Möglichkeit gewährleistet werden.

2. Tätigkeitsschutz

60 Das Mitglied der MAV ist nach Ablauf seiner Freistellung wieder mit einer gleichwertigen Tätigkeit zu beschäftigen, die der Tätigkeit vor seiner Freistellung entsprach, oder die sogar derjenigen entspricht, die bei beruflicher Weiterentwicklung inzwischen erreicht worden wäre. Ist ein vergleichbarer Arbeitsplatz weggefallen, so gibt § 18 Abs. 1 einen Anspruch darauf, nicht mit geringer wertigen Tätigkeiten als vor der Freistellung beschäftigt zu werden. Ausnahmen bestehen nur bei zwingenden betrieblichen Notwendigkeiten, wobei allerdings der Kündigungsschutz des § 19 zu beachten ist. Gegebenenfalls ist bei zwingender Zuweisung eines geringer wertigen Arbeitsplatzes der Entgeltschutz zu beachten (§ 18 Abs. 1 a).

VII. Ausgleich für Tätigkeit als Mitglied der Mitarbeitervertretung außerhalb der Arbeitszeit (§ 15 Abs. 4)

1. Zweck der Vorschrift

61 Aus betriebsbedingten Gründen kann es unvermeidbar sein, dass ein Mitglied der MAV außerhalb der Arbeitszeit seine MAV-Aufgaben zu erfüllen hat. Das ist der Fall, wenn der Dienstgeber darauf Einfluss genommen hat, dass die MAV-Tätigkeit nicht während der Arbeitszeit verrichtet wurde (*BAG*, 26. 1.

§ 15

1994 –7 AZR 593/92, BB 1994, 1215) oder der Dienstgeber keine Möglichkeit zur Ausübung der MAV-Tätigkeit während der Arbeitszeit gegeben hat (*BAG*, 3. 12. 1987 – 6 AZR 569/85, BB 1988, 1461).
In § 14 Abs. 4 S. 2 und 3 ist geregelt, dass die Sitzungen der MAV in der Regel während der Arbeitszeit in der Einrichtung stattfinden, dass aber bei Anberaumung und Dauer der Sitzung auf die dienstlichen Erfordernisse Rücksicht zu nehmen ist. Es wird daher als unangemessen erachtet, wenn ein Mitglied der MAV seine Freizeit für Mitarbeitervertretungsaufgaben einsetzen müsste. Zur **Vermeidung eines Freizeitopfers** werden gemäß § 15 Abs. 4 entsprechende Ausgleichsansprüche gewährt. Die MAVO schreibt im Grundsatz vor, dass der Dienstgeber aufgrund des Gebots der vertrauensvollen Zusammenarbeit der Betriebspartner (§ 26 Abs. 1) für Vorkehrungen zu sorgen hat, dass Mitglieder der MAV in ihrer Amtseigenschaft regelmäßig nur während der Arbeitszeit in Anspruch genommen werden. Das gilt natürlich auch für teilzeitbeschäftigte Mitglieder der MAV. Wenn aus betriebsbedingten Gründen MAV-Tätigkeit während der Arbeitszeit nicht möglich ist, soll das MAV-Mitglied in Form einer Art **Entschädigung** einen Freizeitausgleich für die ihm auferlegte Belastung erhalten. Damit dient § 15 Abs. 4 in Ergänzung zu § 15 Abs. 2 zugleich dem Schutz der MAV-Mitglieder vor einer unentschädigten Inanspruchnahme außerhalb der Arbeitszeit. 62

Die Ausgleichsansprüche in § 15 Abs. 4 stellen also **keine Begünstigung** des MAV-Mitglieds (§ 18 Abs. 1) dar und stehen nicht im Widerspruch zum Grundsatz des § 15 Abs. 1, wonach die Mitglieder der MAV ihr Amt unentgeltlich als Ehrenamt führen (vgl. zum BetrVG: *Wiese/Weber*, GK-BetrVG § 37 Rz 68 m. N.). Ein Verstoß gegen § 15 Abs. 1 liegt aber vor, wenn die Tätigkeit als Mitglied der MAV – und davon abgeleitet in der DiAG-MAV – nicht aus betriebsbedingten Gründen außerhalb der Arbeitszeit durchgeführt werden müsste und gleichwohl ein Ausgleich gewährt wird. Gleiches gilt, wenn statt des primär nach § 15 Abs. 4 S. 1 vorgesehenen Anspruchs auf Arbeitsbefreiung unter Fortzahlung des Arbeitsentgelts ein finanzieller Ausgleich gewährt würde, ohne dass aus betriebsbedingten Gründen eine Arbeitsbefreiung ausgeschlossen ist. 63

2. Voraussetzungen für den Zeitausgleich

Ausgleichsansprüche nach § 15 Abs. 4 bestehen nur, wenn 64
– MAV-Mitglieder
– MAV-Tätigkeit
– aus betriebsbedingten Gründen
durchführen müssen, sie also nicht aus besonderer Vorliebe oder privaten Gründen in die arbeitsfreie Zeit legen oder dies mit Rücksicht auf ein ganz bestimmtes Mitglied der MAV tun.

a. Mitglied der MAV

Die Vorschrift gilt für sämtliche MAV-Mitglieder, auch für freigestellte. Sie gilt unabhängig von der vereinbarten Arbeitszeit, also unabhängig vom Beschäftigungsumfang für vollzeit- und für teilzeitbeschäftigte Mitglieder der MAV, sowie für in Bedarfsarbeit (Arbeit auf Abruf gemäß § 12 Abs. 1 TzBfG) oder in einem Job-Sharing-Arbeitsverhältnis (Arbeitsplatzteilung gemäß § 13 Abs. 1 TzBfG) stehende MAV-Mitglieder. 65

§ 15

b. MAV-Tätigkeit

66 Tätigkeit als Mitglied der MAV ist alles, was zur ordnungsgemäßen Durchführung der Aufgaben der MAV erforderlich ist. Es gelten die Grundsätze zu § 15 Abs. 2. Der Verhandlungstermin z. B. vor der Schlichtungsstelle wird von ihrem Vorsitzenden festgesetzt, so dass die MAV in diesem Fall nicht bestimmen kann, wann sie tätig werden will. Fällt der Verhandlungstermin in die arbeitsfreie Zeit, ist Freizeitausgleich geboten für den aus der MAV, der teilgenommen hat. Jedoch besteht dieses Recht zur Teilnahme regelmäßig nicht für alle Mitglieder der MAV; sie muss die Mitglieder auswählen, die nach ihrer Auffassung ihre Interessen am besten vertreten können und dabei sich auf das erforderliche Minimum beschränken (*Schlichtungsstelle Köln*, 10. 1. 1990 – MAVO 10/1989).

c. Tätigkeit außerhalb der Arbeitszeit

67 Es muss nicht nur objektive **MAV-Tätigkeit** vorgelegen haben, sondern ihre **Durchführung außerhalb der Arbeitszeit** muss **erforderlich** gewesen sein. Maßgebend ist die individuelle Arbeitszeit des Mitgliedes der MAV, das den Ausgleichsanspruch für von ihm ausgeübte MAV-Tätigkeit geltend macht. Das gilt auch in Fällen flexibler Arbeitsform (*Wiese/Weber*, GK-BetrVG § 37 Rz 74). Die MAV-Tätigkeit liegt nur insoweit außerhalb der Arbeitszeit, wie sie zusätzlich zu der durch Arbeit oder erforderliche MAV-Tätigkeit ausgefüllten vertraglichen Arbeitszeit des MAV-Mitgliedes geleistet wird.

68 Die MAV-Tätigkeit, die betriebsbedingt außerhalb der Arbeitszeit geleistet wird, ist dem **Dienstgeber rechtzeitig anzuzeigen,** damit er disponieren kann, um die Arbeitsbefreiung zu gewähren. In Betracht kommen MAV-Mitglieder, die z. B. als **Lehrer und Erzieher** den Unterricht und die Betreuung von Kindern und Jugendlichen nicht ausfallen lassen dürfen (*Fitting*, § 37 Rz 89). Kann ein Mitglied der MAV im Übrigen die Lage seiner Arbeitszeit zumindest teilweise selbst bestimmen, hat es die Tätigkeit als Mitglied der MAV außerhalb seiner Arbeitszeit dem Dienstgeber zuvor mitzuteilen (§ 15 Abs. 4 S. 3).

69 Ein Schulträger kann gegenüber einem Lehrer, der nach einzelarbeitsvertraglicher Vereinbarung berechtigt ist, einen Teil seiner Arbeit nach Zeit, Umfang und Ort selbst zu bestimmen, nicht einseitig anordnen, dieser habe die MAV-Tätigkeit anstelle der häuslichen Arbeit (für den Schuldienst) zu leisten (*BAG*, AP Nr. 62 zu § 37 BetrVG 1972 Bl. 3 R).

d. Betriebsbedingte Gründe

70 Ausgleichsansprüche nach § 15 Abs. 4 sind nur gegeben, wenn MAV-Tätigkeit aus betriebsbedingten Gründen außerhalb der Arbeitszeit durchzuführen ist. Die Inanspruchnahme von Freizeit muss auf den besonderen betrieblichen Verhältnissen der Gestaltung des Arbeitsablaufs oder der Beschäftigungslage beruhen. § 15 Abs. 4 S. 5 nennt als betriebsbedingte Gründe ausdrücklich auch **unterschiedliche Arbeitszeiten der Mitglieder der MAV.** In Betracht kommen MAV-Mitglieder mit
– Teilzeitbeschäftigung,
– Arbeit auf Abruf,
– Beschäftigung bei Arbeitsplatzteilung,
– Schichtarbeit/Wechselschichtarbeit,

§ 15

- Gleitzeit,
- Nachtarbeit.

Die unterschiedlichen Arbeitszeiten allein reichen nicht aus. Die Vorschrift 71
verlangt, dass die MAV-Tätigkeit **wegen** der unterschiedlichen Arbeitszeiten
der MAV-Mitglieder nicht innerhalb der persönlichen Arbeitszeit erfolgen
kann. Es muss also unmöglich sein, die Mitglieder der MAV zu einem bestimmten Zeitpunkt während ihrer persönlichen Arbeitszeit gemeinsam zur
MAV-Tätigkeit zu versammeln, Das muss auf Umstände zurückzuführen sein,
die vom Dienstgeber veranlasst werden und daher seiner Sphäre zuzuordnen
sind (*Richardi/Thüsing*, BetrVG § 37 Rz 44). Wer als Teilzeitbeschäftigter nur
vormittags arbeitet, kann mit einem vormittags und nachmittags arbeitenden
MAV-Mitglied am Vormittag die gemeinsame MAV-Sitzung abhalten. Ist das
wegen besonderer betrieblicher Gründe nicht möglich, dann liegt MAV-Tätigkeit außerhalb der persönlichen Arbeitszeit betriebsbedingt vor, um einen
Freizeitausgleich zu rechtfertigen (*Wiese/Weber*, GK-BetrVG § 37 Rz 83).
Reisezeiten oder zusätzliche **Wegezeiten** sind der MAV-Tätigkeit zuzuordnen
(Rz 14).
Gründe aus dem Bereich der MAV sind keine betriebsbedingten Gründe. Der 72
Anspruch auf Freizeitausgleich besteht nicht, wenn nur die Gestaltung der
MAV-Arbeit das Freizeitopfer eines Mitglieds der MAV erfordert, um sein
Amt auszuüben (*Richardi/Thüsing*, a. a. O. § 37 Rz 45 m. N.), wie z. B. bei Unterbrechung des Urlaubs. Dafür kann das Ersatzmitglied tätig werden (§ 13 b
Abs. 2).

3. Arbeitsbefreiung

a. Reduzierung der übertragenen Aufgaben

Die mit dem Freizeitausgleich verbundene Arbeitsbefreiung hat regelmäßig 73
nur dann Sinn, wenn das Mitglied der MAV trotz gewährten Freizeitausgleichs
die nicht erledigte Arbeit später – in der Regel mit Mehrarbeit – nicht auch
noch nachholen muss. Aus diesem Grunde ordnet § 15 Abs. 2 S. 2 Reduzierung
der übertragenen Aufgaben an. Die Reduzierung ist nicht erforderlich, wenn
durch die Freistellung das Arbeitspensum bereits reduziert ist, indem etwa andere Mitarbeiter die Aufgabe erledigen oder die ausgefallene Arbeit wegen
der Eigenart der Dienste gar nicht mehr nachholbar ist.
Für ein MAV-Mitglied, das **Lehrer** an einer Schule in kirchlicher Trägerschaft 74
ist, kann für die erforderliche MAV-Tätigkeit nur eine Freistellung in der Weise erfolgen, dass es in bestimmtem Umfang von der Unterrichtsverpflichtung
entbunden wird. Bei der Umrechnung von Unterrichtsstunden auf Zeitstunden/Minuten ist ein Vergleich anzustellen mit einem Mitarbeiter oder einer
Mitarbeiterin mit vollschichtiger Tätigkeit in der Einrichtung. Dabei ist zu berücksichtigen, dass Lehrer in der unterrichtsfreien Zeit tatsächlich weniger arbeiten, so dass ein Jahresvergleich erforderlich ist (*LAG Niedersachsen*, 13. 11.
2001 – 16 Sa 1995/00, ZTR 2002, 146).

b. Freizeitausgleich

Liegen die Voraussetzungen des § 15 Abs. 4 S. 1, 2, 3 und 4 vor, besteht ein 75
Anspruch auf Ausgleich, der **primär auf Arbeitsbefreiung unter Fortzahlung
des Entgelts** gerichtet ist. Nur wenn der Anspruch auf Arbeitsbefreiung aus

§ 15

betriebsbedingten Gründen nicht innerhalb der folgenden sechs Kalendermonate (§ 15 Abs. 4 S. 5) möglich ist, kann der Dienstgeber die aufgewendete Zeit wie Mehrarbeit vergüten (§ 15 Abs. 4 S. 6). Der **Abgeltungsanspruch** ist rein **subsidiär**, um eine Begrenzung der Arbeitsbelastung des MAV-Mitgliedes zu gewährleisten. Das MAV-Mitglied hat den Nachweis über in seiner Freizeit erforderliche MAV-Tätigkeit dem zeitlichen Umfang nach zu führen. Den Anspruch hat allerdings die MAV im Streitfall bei der Schlichtungsstelle feststellen zu lassen (§ 15 Abs. 5). Das MAV-Mitglied darf den Anspruch auf Arbeitsbefreiung nicht eigenmächtig durchsetzen und von sich aus der Arbeit fern bleiben. Das gilt auch im Falle der Gleitzeit. Andernfalls verstößt es gegen seinen Arbeitsvertrag.

76 Das MAV-Mitglied muss den Anspruch nach § 242 BGB unverzüglich geltend machen, damit der Dienstgeber sich darauf einstellen kann, die Arbeitsbefreiung innerhalb der Frist der nächsten sechs Kalendermonate zu gewähren (§ 15 Abs. 4 S. 5). Für die Geltendmachung des Anspruchs besteht allerdings keine eigens geregelte Ausschlussfrist (Rz 80). Andererseits enthält die Fristsetzung für die Arbeitsbefreiung eine Sollbestimmung. Daraus ist zu folgern, dass der Freizeitausgleich auch noch später erfolgen kann, wenn dies z. B. aus Gründen eines geordneten Unterrichtsbetriebs in einer Schule erst im folgenden Schuljahr bei Festlegung des Stundenplanes möglich ist.

77 Dem Dienstgeber steht es zu, die Arbeitsbefreiung nach billigem Ermessen zusammenhängend oder ratenweise zu gewähren und die zeitliche Lage festzusetzen (*Wiese/Weber*, GK-BetrVG § 37 Rz 94). Das *LAG Baden-Württemberg* (26. 8. 1988 – 1 Sa 14/88, NZA 1989, 567) hat entschieden, dass ein im Dreischichtenbetrieb tätiges Betriebsratsmitglied, das an ganztägigen Betriebsratssitzungen teilnimmt, nicht verpflichtet ist, an den dem Sitzungstag vorangehenden und den dem Sitzungstag nachfolgenden Nachtschichten zu arbeiten, aber seinen Vergütungsanspruch für die ausgefallenen Schichten behält.

78 Der zeitliche Aufwand für in der Freizeit (außerhalb der Arbeitszeit) aufgewendete MAV-Tätigkeit ist nicht wie Mehrarbeit zu behandeln, so dass keine über den tatsächlichen Zeitaufwand hinausgehende zusätzliche Arbeitsbefreiung zu gewähren ist (§ 15 Abs. 4 S. 1).

79 Die Arbeitsbefreiung ist unter Fortzahlung des Arbeitsentgelts zu gewähren, so dass ein Zuschlag für Mehrarbeit nicht in Betracht kommt.

80 Der Anspruch auf Arbeitsbefreiung ist innerhalb arbeitsvertraglicher **Ausschlussfristen** geltend zu machen (vgl. § 57 KAVO; § 23 AVR-Caritas). Bestehen keine Ausschlussfristen, gilt die Verjährungsvorschrift des § 195 BGB. Weiter zu Rz 87.

81 **Erkrankt** das MAV-Mitglied während des Freizeitausgleiches, ist der gewährte Ausgleich gleichwohl verbraucht (*BVerwG*, 23. 1. 1991 – 2 B 120, 90, ZTR 1991, 174).

4. Abgeltung

82 Konnte die Arbeitsbefreiung aus betriebsbedingten Gründen nicht vor Ablauf der Frist des § 15 Abs. 4 S. 6 gewährt werden und bestand auch keine Alternative zugunsten eines verlängerten Ausgleichszeitraumes, so ist die für MAV-Tätigkeit aufgewendete Zeit außerhalb der vertraglich geschuldeten Arbeitszeit gemäß § 15 Abs. 4 S. 6 **wie Mehrarbeit zu vergüten**. Der Anspruch auf

§ 15

Vergütung (Abgeltung) für außerhalb der Arbeitszeit aufgewendete Zeit für erforderliche Tätigkeit als Mitglied der MAV entsteht nur, wenn die vom Mitarbeiter verlangte Arbeitsbefreiung (Freizeitausgleich) vom Dienstgeber aus betriebsbedingten Gründen verweigert wird (*BAG,* 25. 8. 1999 – 7 AZR 713/97, EzA Betriebsverfassungsgesetz 1972 § 37 Nr. 140 = NZA 2000, 554 = ZTR 2000, 330 f.).

Die Art der Abgeltung lässt sich mit der ohne Freizeitausgleich zeitlich höheren Beanspruchung des Mitglieds der MAV begründen, jedenfalls bei vollbeschäftigten Mitgliedern der MAV (vgl. *Fitting,* § 37 Rz 110). Bei teilzeitbeschäftigten Mitgliedern der MAV entsteht ein Problem, weil diese bei außerhalb ihrer persönlichen verkürzten Arbeitszeit geleisteter MAV-Tätigkeit nicht ohne Weiteres über die Zeit eines vollbeschäftigten MAV-Mitgliedes hinaus beansprucht werden. Denn Mehrarbeitszuschläge gibt es nach den bekannten Arbeitsvertragsordnungen und dem BAT erst nach Überschreitung der Arbeitszeit für Vollbeschäftigte. Infolge dessen muss zur Vermeidung einer Begünstigung teilzeitbeschäftigter Mitglieder der MAV so verfahren werden, dass bei MAV-Tätigkeit im Rahmen der Vollzeitbeschäftigung so gezahlt wird wie für regelmäßige Arbeitszeit Teilzeitbeschäftigter und für Mehrarbeit erst oberhalb der Grenze der Vollbeschäftigten die Überstundenvergütung, also Vergütung mit Zeitzuschlag (*Fitting,* § 37 Rz 111). In welcher Höhe der Mehrarbeitszuschlag zu zahlen ist, richtet sich nach der für die Einrichtung geltenden Arbeitsvertragsordnung (vgl. z. B. § 3 Abs. 2 der Anlage 6 zu den AVR i. V. m. § 1 Abs. 3 Unterabsatz 2 der Anlage 6 a zu den AVR). 83

5. Inhaber der Ansprüche nach § 15 Abs. 4

a. Das Mitglied der MAV

Gemäß § 15 Abs. 4 S. 1 stehen der Anspruch auf Arbeitsbefreiung und der subsidiäre Anspruch auf Abgeltung nicht gewährter Arbeitsbefreiung (§ 15 Abs. 4 S. 6) dem betroffenen Mitglied der MAV persönlich zu, nicht der MAV. Das ergibt sich aus der persönlichen Pflicht zur Geltendmachung des Anspruchs und zum dazu erforderlichen Nachweis für betriebsbedingt außerhalb der Arbeitszeit geleistete erforderliche MAV-Tätigkeit allein oder mit der MAV (z. B. bei Sitzungen der MAV). Dennoch hat im Falle fehlender Einigung über die Ansprüche die MAV für das anspruchsberechtigte Mitglied der MAV den zutreffenden Anspruch durch die **Schlichtungsstelle** geltend zu machen (§ 15 Abs. 5). Das hat in der Weise zu geschehen, dass der auszugleichende Freizeitanspruch in seinem näher bezifferten Umfang geltend gemacht und die zeitliche Lage für den Freizeitausgleich, hilfsweise der entsprechende Abgeltungsbetrag für das betroffene MAV-Mitglied im Feststellungsantrag geltend gemacht wird. Der Dienstgeber ist Antragsgegner, das betroffene MAV-Mitglied Beteiligter des Schlichtungsverfahrens. 84

b. Reduzierung der übertragenen Aufgaben

Mit dem Antrag auf Feststellung des Umfangs der Arbeitsbefreiung ist erforderlichen Falls gleichzeitig der Anspruch auf Reduzierung der übertragenen Aufgaben ab einem bestimmten Zeitpunkt geltend zu machen (§ 15 Abs. 2 S. 2). 85

§ 15

c. Anzeige der MAV-Tätigkeit

86 Darf ein Mitglied der MAV ganz oder teilweise die Lage seiner Arbeitszeit selbst bestimmen, kann der Freizeitausgleich überhaupt nur dann erfolgreich geltend gemacht werden, wenn das betroffene Mitglied der MAV die außerhalb seiner beruflichen Arbeitszeit liegende MAV-Tätigkeit bereits vorher dem Dienstgeber mitgeteilt hat (§ 15 Abs. 4 S. 2) und der Dienstgeber keine Möglichkeit zur MAV-Tätigkeit innerhalb der Arbeitszeit dem MAV-Mitglied gegeben hat (§ 15 Abs. 4 S. 3).

6. Fristen

87 In § 15 Abs. 4 ist nicht geregelt, bis zu welchem Termin der jeweilige Ausgleichsanspruch geltend zu machen ist, damit er nicht verfällt. Ausgehend von vielfach bestehenden arbeitsvertraglichen Ausschlussfristen (Rz 80; § 70 Abs. 1 BAT) fallen die Ausgleichsansprüche i. S. von § 15 Abs. 4 unter die Ausschlussfristen (*BAG*, 26. 2. 1992 – 7 AZR 201/91, DB 1993, 1424 = NZA 1993, 423). Das Ende der Amtszeit der MAV kommt als Ausschlussfrist nicht in Betracht, weil dem Mitglied der MAV bis zum letzten Tage der Amtszeit bzw. Geschäftsführung der MAV (§§ 13, 13 a, 13 c, 13 d, 13 e) Ausgleichsansprüche entstehen können, die folglich erst nach Beendigung der Amtsgeschäfte geltend gemacht werden können. Der vom MAV-Mitglied geltend zu machende Anspruch auf den Ausgleich betrifft unmittelbar die Frage, inwieweit das MAV-Mitglied noch seine arbeitsvertragliche Arbeitsleistung schuldet. Entscheidend für die Anwendbarkeit vertraglicher oder tarifvertraglicher Ausschlussfristen, z. B. auf den Anspruch auf Freizeitausgleich, ist die enge Verknüpfung eines Lebensvorganges mit dem Arbeitsverhältnis. Arbeitsbefreiung kann nur noch gewährt werden, wenn sie bei noch bestehendem Arbeitsverhältnis durchführbar ist. Deshalb ist bei Ausscheiden des MAV-Mitgliedes aus dem Arbeitsverhältnis nur noch die Abgeltung nicht gewährter Arbeitsbefreiung möglich.

88 Macht die MAV gemäß § 15 Abs. 5 den Ausgleichsanspruch bei der Schlichtungsstelle geltend, hat der Antrag der MAV nicht die prozessuale Wirkung der Rechtshängigkeit wie im Zivilprozess die Klageerhebung, so dass z. B. die Verjährung des Anspruchs nicht gehemmt wird (§ 209 BGB).

VIII. Zeugnis über die Tätigkeit als MAV-Mitglied

89 In der Rechtsprechung (z. B. *ArbG Ludwigshafen*, 18. 3. 1987 – 2 Ca 281/87, DB 1987, 1364 m. N.) und in der Literatur (*Wiese/Weber*, GK-BetrVG § 37 Rz 14 m. N.) wird die Auffassung vertreten, dass eine Betriebsratstätigkeit **nur auf ausdrücklichen Wunsch des Arbeitnehmers** in das Arbeitszeugnis aufgenommen werden dürfe, weil diese Tätigkeit nichts mit der arbeitsvertraglich geschuldeten Tätigkeit zu tun hat (§ 109 Abs. 1 GewO). Das gelte sowohl für die konkrete Bezeichnung einer Betriebsratstätigkeit als auch für diesbezüglich umschreibende Wertungen, welche einen Rückschluss auf eine derartige Tätigkeit nahe legten (*ArbG Ludwigshafen* a. a. O.). Andererseits müsse der Arbeitgeber die Freistellung wohl erwähnen, wenn diese gemäß § 38 BetrVG über mehrere Jahre gedauert hat und der Arbeitgeber die Leistung nicht mehr verantwortlich beurteilen könne (*Hess/Schlochauer/Worzalla/Glock*, BetrVG § 37 Rz 8; *Schleßmann*, Das Arbeitszeugnis, BB 1988, 1320, 1322 III, 2 a). Die-

§ 15

se Grundsätze, die zum Zeugnisrecht vorgetragen werden, müssen folglich wegen fehlender kirchlicher Regelung auch für das qualifizierte Arbeitszeugnis des Mitarbeiters im kirchlichen Dienst beachtet werden, wenn er Mitglied der MAV war. Denn **das arbeitsrechtliche Zeugnisrecht gilt auch für Arbeitnehmer im kirchlichen Dienst**, weil die kirchlichen Arbeitsverhältnisse dem allgemeinen Individualarbeitsrecht unterliegen (*BVerfGE* 70, 138; *Jurina*, Das Dienst- und Arbeitsrecht S. 127).
Die vorstehenden Grundsätze sind auch im Hinblick auf **dienstliche Regelbeurteilungen** anzuwenden (vgl. *BAG*, 19. 8. 1992 – 7 AZR 262/91, NZA 1993, 222). Demnach darf eine ehrenamtliche Tätigkeit i. S. der MAVO im Regelfall in einer dienstlichen Regelbeurteilung nicht erwähnt werden. Nach § 18 Abs. 1 dürfen Personen, die Aufgaben oder Befugnisse nach der MAVO wahrnehmen, darin nicht behindert oder wegen ihrer Tätigkeit nicht benachteiligt oder begünstigt werden. Dies gilt auch für ihre berufliche Entwicklung (vgl. § 18 Rz 7). Ebenso wenig wie die nach Arbeitsvertrag geschuldete Leistung Bezug zur Tätigkeit als Mitglied der MAV hat (BAGE 38, 141, 146 f. = AP § 13 BAT Nr. 1 zu II 3, II 5), haben dienstliche Regelbeurteilungen bzw. dienstliche Beurteilungen den Bezug auf die MAV-Tätigkeit zu unterlassen. Die Beurteilung darf sich nur auf Eignung, Befähigung und fachliche Leistung des Beurteilten beziehen, weil ein mitarbeitervertretungsrechtliches Ehrenamt keinen der dienstlichen Beurteilung unterliegenden Bezug zur vom Mitarbeiter geschuldeten Dienst- oder Arbeitsleistung hat (*BAG*, 19. 8. 1992, NZA 1993, 222). 90

IX. Streitigkeiten

1. Schlichtungsstelle

§ 15 Abs. 5 regelt die Zuständigkeit der Schlichtungsstelle zur Entscheidung, 91
wenn entweder über den Umfang der notwendigen Entlastung bzw. Freistellung von der dienstlichen Tätigkeit gemäß Abs. 2 oder den Freizeitausgleich gemäß Abs. 4 zwischen MAV und Dienstgeber keine Einigung erzielt wird. Antragsberechtigt zur Eröffnung des Schlichtungsverfahrens ist die MAV (§ 15 Abs. 5 i. V. m. § 41 Abs. 1 Nr. 4) nach ihrem diesbezüglichen Beschluss (§ 14 Abs. 5). Die Antragsschrift der MAV an die Schlichtungsstelle muss darauf gerichtet sein festzustellen, dass die Freistellung eines bestimmten MAV-Mitgliedes wegen einer näher zu bezeichnenden Aufgabe als MAV-Mitglied berechtigt war (so *Schlichtungsstelle Köln*, MAVO 4/1988) oder der die Freistellung zurückweisende Bescheid des Dienstgebers unwirksam ist (so im Falle des Absatzes 2). Geht es um Freizeitausgleich (Absatz 4), so lautet der Antrag auf Feststellung, dass dem MAV-Mitglied ein Anspruch auf Freizeitausgleich mit einer näher bezeichneten Dauer zusteht (*Schlichtungsstelle Köln*, 14. 1. 1997 – MAVO 16/96).
Ist ungewiss, ob die Freistellung oder der Freizeitausgleich die adäquate Maß- 92
nahme ist, so sollte die MAV z. B. ihren Antrag auf Freistellung mit einem Hilfsantrag auf Freizeitausgleich verbinden. Damit bringt sie zugleich zum Ausdruck, dass sie auch einen Einigungsvorschlag der Schlichtungsstelle zugunsten einer von zwei Möglichkeiten annehmen will. Der Antrag der MAV ist zu begründen. Damit steht fest, dass im Schlichtungsverfahren die zur Frei-

§ 15

stellung führende Tätigkeit der MAV bzw. eines MAV-Mitgliedes kontrollierbar ist. Das hat allerdings auch zur Folge, dass der Spruch der Schlichtungsstelle in einem Verfahren vor staatlichen Gerichten bindende Wirkung hat, insbesondere wegen Zahlungsansprüchen.

93 Geht es um die streitige Frage der **Festsetzung der zeitlichen Lage der Sitzungen der MAV**, welche die MAV in eigener Zuständigkeit festlegen darf (§ 14 Rz 46 ff.), so entscheidet die Schlichtungsstelle auf Antrag der MAV (§ 15 Abs. 5 i. V. m. Abs. 2). Denn es geht um die konkrete Regelung der Freistellung von der Arbeitspflicht ihrer Mitglieder.

94 Gemäß § 15 Abs. 5 ist die Schlichtungsstelle bei **Regelungsstreitigkeiten** zur Frage der Dauerfreistellung eines oder mehrerer Mitglieder i. S. von § 15 Abs. 3 nicht zuständig, es sei denn, dass es um eine Rechtsstreitigkeit geht (Rz 42, 45). Die MAV hat in den Fällen des Abs. 3 einen Rechtsanspruch auf die Freistellung von Mitgliedern der MAV von der dienstlichen Tätigkeit für die Dauer einer Amtsperiode. Besteht Streit über die Freistellungspflicht des Dienstgebers, so ist die Schlichtungsstelle wegen der **Rechtsstreitigkeit** gemäß § 41 Abs. 2 sachlich zuständig. Antragsteller können die MAV und der Dienstgeber sein (§ 41 Abs. 2 S. 2 Nr. 1). Können sich dagegen MAV und Dienstgeber nicht über den Umfang der Freistellung einzelner Mitglieder der MAV i. S. von § 15 Abs. 3 S. 2 einigen, handelt es sich um eine Regelungsstreitigkeit, die von der Schlichtungsstelle nicht entschieden werden kann (Umkehrschluss aus § 15 Abs. 5, § 41 Abs. 1 Nr. 4, Abs. 2).

2. Neuordnung kirchlicher Arbeitsgerichtsbarkeit

95 Artikel 10 der Grundordnung des kirchlichen Dienstes im Rahmen kirchlicher Arbeitsverhältnisse (GrO) regelt folgendes:
»(1) Soweit die Arbeitsverhältnisse kirchlicher Mitarbeiterinnen und Mitarbeiter dem staatlichen Arbeitsrecht unterliegen, sind die staatlichen Arbeitsgerichte für den gerichtlichen Rechtsschutz zuständig.
(2) Für Rechtsstreitigkeiten auf den Gebieten der kirchlichen Ordnungen für ein Arbeitsvertrags- und des Mitarbeitervertretungsrechts werden für den gerichtlichen Rechtsschutz unabhängige kirchliche Gerichte gebildet.
(3) Die Richter sind von Weisungen unabhängig und nur an das kirchliche und staatliche Gesetz und Recht gebunden. Zum Richter kann berufen werden, wer katholisch ist und nicht durch kirchenbehördliche Entscheidung in der Ausübung der allen Kirchenmitgliedern zustehenden Rechte behindert ist sowie die Gewähr dafür besitzt, dass er jederzeit für das kirchliche Gemeinwohl eintritt. Ferner muss er die zur Rechtsprechung erforderliche Qualifikation haben.«

96 Für die Rechtsstreitigkeiten gemäß Art. 10 Abs. 2 GrO sind die kirchlichen Gerichte noch nicht gebildet, so dass die entsprechenden Aufgaben noch den Schlichtungsstellen (§§ 40 ff.) zukommen (§ 41). Soweit aus § 15 Rechtsstreitigkeiten erwachsen, die in den individualarbeitsrechtlichen Bereich hineinragen, wie etwa Freistellung oder Freizeitausgleich mit Vergütung oder gar zusätzliche Vergütung für nicht gewährten Freizeitausgleich, sind die staatlichen Arbeitsgerichte zuständig (Art. 10 Abs. 1 GrO).

§ 15

3. Staatliche Gerichte

Die Vorschriften über die Rechtsstellung der MAV haben auch für das einzelne MAV-Mitglied unmittelbare, das Arbeits-, Dienst-, Ausbildungs- oder Gestellungsverhältnis berührende Wirkung. Hierbei handelt es sich um Ansprüche auf Entgeltfortzahlung (§ 15 Abs. 2) für die Dauer der Arbeitszeitversäumnis und auf bezahlten Freizeitausgleich für außerhalb der Arbeitszeit ausgeführte Amtstätigkeit (§ 15 Abs. 4). Wegen dieser Ansprüche ist die kirchliche Schlichtungsstelle nicht zuständig (Art. 10 Abs. 1 GrO). 97

Soweit ein Mitarbeitervertreter im Sinne eines Arbeitsverhältnisses betroffen ist, hat er einen Anspruch aus dem Arbeitsverhältnis, so dass für die Klage der Rechtsweg zu den Arbeitsgerichten eröffnet ist (§ 2 Abs. 1 Nr. 3 Buchstabe a ArbGG; § 611 BGB – *BAG*, 19. 6. 1979 – 6 AZR 638/77). Die Ansprüche auf Entgeltfortzahlung und Freizeitausgleich fallen unter die vereinbarten Ausschlussfristen, insbesondere des § 70 Abs. 1 BAT (*BAG*, 26. 2. 1992 – 7 AZR 201 /91, DB 1993, 1424), aber auch unter die Ausschlussfristen i. S. v. § 57 KAVO der Diözesen NW und § 23 AVR-Caritas. Vom Streitgegenstand her geht es um eine bürgerliche Rechtsstreitigkeit zwischen Arbeitnehmer (Mitarbeiter) und Arbeitgeber (Dienstgeber) aus dem Arbeitsverhältnis. Es geht nicht um Tätigkeit in der MAV, sondern um den Umfang der Vergütung oder der Arbeitspflicht des Mitgliedes der MAV. Ansprüche der vorstehenden Art sind daher, wenn sie nicht verfallen sollen, innerhalb einer Ausschlussfrist von sechs Monaten nach Fälligkeit schriftlich geltend zu machen. 98

Beamte, deren Dienstverhältnisse öffentlich-rechtlich geregelt sind, können wegen ihrer Ansprüche das staatliche Verwaltungsgericht anrufen (§ 40 Abs. 1 VwGO; *Jurina*, Das Dienst- und Arbeitsrecht S. 175, vgl. auch § 17 Rz 26 ff.). 99

In Fällen zu zahlender Gestellungsgelder für eine gestellte Arbeitskraft (Mitarbeiter) ergeben sich wegen der Entgeltfortzahlung Ansprüche aus dem Gestellungsverhältnis für den, der den Mitarbeiter zur Arbeitsleistung zur Verfügung des Dienstgebers stellt. Denn die MAVO ragt in das Gestellungsverhältnis hinein (§ 3 Abs. 1). Der Anspruch ist vor dem ordentlichen Gericht geltend zu machen, weil der Gestellungsvertrag bürgerlich-rechtlicher, aber nicht arbeitsrechtlicher Natur ist. 100

Im Falle eines Anspruchs auf Freizeitausgleich steht dieser der gestellten Arbeitskraft zu (§ 15 Abs. 4). Der aus dem Gestellungsvertrag berechtigte Personalgeber kann den Freizeitausgleich nicht für sich, sondern nur für sein gestelltes Personal geltend machen. 101

4. Kosten

Klagt das MAV-Mitglied vor dem staatlichen Gericht (z. B. Arbeitsgericht) auf Vergütung für die für MAV-Tätigkeit aufgewendete Zeit und bedient es sich dazu anwaltlicher Hilfe, so hat es die Anwaltskosten für die Prozessführung vor dem Arbeitsgericht selbst zu tragen (*BAG*, 30. 6. 1993 – 7 ABR 45/92, BB 1993, 2449), weil § 12 a Abs. 1 ArbGG den Anspruch auf Erstattung erstinstanzlicher Rechtsanwaltskosten auch dann ausschließt, wenn sie einem Betriebsratsmitglied bei der auf § 37 Abs. 2 BetrVG gestützten Verfolgung seines Lohnanspruchs im Urteilsverfahren entstanden sind. Diese Rechtsfolge ist auf das Mitglied der MAV, welches Arbeitnehmer ist, in gleicher Weise übertragbar. Im Übrigen wird auf die Ausführungen zu § 17 (§ 17 Rz 69 ff.) verwiesen. 102

§ 16

§ 16 Schulung der Mitarbeitervertretung und des Wahlausschusses

(1) Den Mitgliedern der Mitarbeitervertretung ist auf Antrag der Mitarbeitervertretung während ihrer Amtszeit bis zu insgesamt drei Wochen Arbeitsbefreiung unter Fortzahlung der Bezüge für die Teilnahme an Schulungsveranstaltungen zu gewähren, wenn diese die für die Arbeit in der Mitarbeitervertretung erforderlichen Kenntnisse vermitteln, von der (Erz-) Diözese oder dem Diözesan-Caritasverband als geeignet anerkannt sind und dringende dienstliche oder betriebliche Erfordernisse einer Teilnahme nicht entgegenstehen. Bei Mitgliedschaft in mehreren Mitarbeitervertretungen kann der Anspruch nur einmal geltend gemacht werden.

(2) Die Mitglieder des Wahlausschusses erhalten für ihre Tätigkeit und für Schulungsmaßnahmen, die Kenntnisse für diese Tätigkeit vermitteln, Arbeitsbefreiung, soweit dies zur ordnungsgemäßen Durchführung der Aufgaben erforderlich ist. Abs. 1 Satz 2 gilt entsprechend.

Inhaltsübersicht

	Rz
I. Recht auf Schulung	1–7
1. Zweck der Vorschrift	1
2. Verhältnis zu staatlichen Bestimmungen	2–3
3. Geltungsbereich	4–6
4. Ersatzmitglieder	7
II. Der Anspruch auf Arbeitsbefreiung	8–69
1. Inhaber des Anspruchs	8
2. Veranstalter	9
3. Schulungsveranstaltungen	10
4. Erforderlichkeit der vermittelten Kenntnisse	11–28
a. Thematik	12
b. Eigenart des kirchlichen Dienstes	13–14
c. Grundkenntnisse	15–22
aa. Mitarbeitervertretungsrecht	21
bb. Kenntnisse im Arbeitsrecht	22
d. Spezialkenntnisse	23–28
5. Arbeitsbefreiung	29–47
a. Innerhalb der Amtsperiode	29–30
b. Fortzahlung der Bezüge	31
aa. Lohnausfallprinzip	32–34
bb. Teilzeitbeschäftigte	35–43
c. Zeitliche Lage der Arbeitsbefreiung	44–46
d. Dienstliches Hindernis	47
6. Die Gesamtdauer der Schulungen	48–51
7. Kein Freizeitausgleich	52–53
8. Verfahren zur Freistellung	54–60
a. Beschlussfassung der MAV	54–56
b. Antragstellung beim Dienstgeber	57–59
c. Geltendmachung des Anspruchs vor der Schlichtungsstelle	60
9. Kostentragung	61–63
10. Abgrenzung zum Bildungsurlaub	64–68
a. Landesrecht	64–65
b. Arbeitsvertragliche Regelungen	66
c. Kirchengesetzliche Bestimmungen	67–68
11. Aus- und Fortbildung gemäß SGB VII	69
III. Anerkennung der Schulungsveranstaltung als geeignet	70–92
1. Anerkennung	70–74
a. Antrag auf Anerkennung	73
b. Allgemeine Anerkennung	74
2. Kriterien für die Anerkennung als geeignet	75–79
3. Versagung der Anerkennung	80–82
4. Ersatzansprüche	83

5. Streitigkeiten	84
a. Der Veranstalter	84
b. Die Diözesane Arbeitsgemeinschaft der Mitarbeitervertretungen	85–90
c. Anfechtung der Anerkennung	91–92
IV. Die Mitglieder des Wahlausschusses	93–107
1. Arbeitsbefreiung für die Tätigkeit im Wahlausschuss	93–94
2. Arbeitsbefreiung zur Schulung	95–99
3. Antrag auf Arbeitsbefreiung	100–102
4. Vergütungsansprüche	103
5. Schulung anderer Gremienmitglieder?	104–107
a. Mitglieder der DiAG–MAV	104–105
b. KODA–Mitglieder	106–107
V. Unfallschutz	108
VI. Folgen unberechtigter Teilnahme an einer Schulungsveranstaltung	109
VII. Streitigkeiten	110–123
1. Streitigkeiten zwischen MAV–Mitglied und Dienstgeber	110–111
2. Streitigkeiten zwischen Dienstgeber und MAV	112–113
3. Streitigkeiten zwischen MAV und MAV–Mitglied	114
4. Streitigkeiten zwischen dem Wahlausschuss und dem Dienstgeber	115–119
a. Mögliche Streitfälle	115–117
b. Arbeitsbefreiung	118
c. Kostenerstattungsansprüche	119
5. Streitigkeiten zwischen einem Mitglied des Wahlausschusses und dem Dienstgeber	120
6. Streitigkeiten der Sprecher der Jugendlichen und der Auszubildenden und der Vertrauensperson der schwerbehinderten Menschen	121
7. Einstweilige Anordnung	122–123

I. Recht auf Schulung

1. Zweck der Vorschrift

Die Vorschrift berücksichtigt, dass eine Mitarbeitervertretung (MAV) ohne die für ihre Arbeit erforderlichen Kenntnisse ihre Befugnisse und Aufgaben nicht ordnungsgemäß wahrnehmen kann. Deshalb gibt sie zum einen der MAV einen kollektivrechtlichen Anspruch zugunsten jedes ihrer Mitglieder auf Arbeitsbefreiung bis zu insgesamt drei Wochen pro Amtsperiode unter Fortzahlung der Bezüge für die Teilnahme an geeigneten Schulungsveranstaltungen zu finanziellen Lasten des Dienstgebers. Hinzukommen muss die Anerkennung der Schulungsveranstaltung durch Diözese oder Diözesancaritasverband (§ 16 Abs. 1). Zum anderen werden in § 16 Abs. 2 Ansprüche der Mitglieder des Wahlausschusses auf Arbeitsbefreiung für ihre Tätigkeit und für Schulungsmaßnahmen geregelt. **1**

2. Verhältnis zu staatlichen Bestimmungen

Die Bestimmung des Absatzes 1 ist § 37 Abs. 6 und 7 BetrVG, aber auch § 46 Abs. 6 und 7 BPersVG nachgebildet, unterscheidet sich aber erheblich von den staatlichen Vorschriften, weil diese zwischen einem zeitlich nicht begrenzten kollektiven Anspruch auf Teilnahme an Schulungs- und Bildungsveranstaltungen zur Erlangung der für die Arbeit der Betriebsvertretungen erforderlichen Kenntnisse (§ 37 Abs. 6 BetrVG, § 46 Abs. 6 BPersVG) und einem Anspruch für jedes einzelne Mitglied der Betriebsvertretungen auf bezahlte Freistellung für insgesamt drei Wochen während seiner regelmäßigen Amtszeit zur Teilnahme an Schulungs- und Bildungsveranstaltungen, die als geeignet anerkannt sind, unterscheiden (§ 37 Abs. 7 BetrVG, § 46 Abs. 7 BPersVG). **2**

§ 16

Den zeitlich nicht begrenzten Anspruch haben Betriebsrat und Personalrat, wenn Kenntnisse unter Berücksichtigung der konkreten Situation sofort oder auf Grund typischer Fallgestaltung demnächst benötigt werden, um die Aufgaben sachgemäß wahrnehmen zu können. Für den zeitlich begrenzten Anspruch eines jeden einzelnen Mitglieds genügt es, dass die Schulungs- und Bildungsveranstaltung geeignet ist, für die Betriebsrats- oder Personalratstätigkeit nützliche Kenntnisse zu vermitteln, ohne dass es darauf ankommt, dass die erworbenen Kenntnisse im konkreten Fall benötigt werden (§ 37 Abs. 7 BetrVG, § 46 Abs. 7 BPersVG; *Richardi*, Arbeitsrecht in der Kirche § 18 Rz 68 m. N.; *Wiese/Weber*, GK-BetrVG § 37 Rz 218 ff.). Es genügt für die Schulungsveranstaltungen gemäß § 37 Abs. 7 BetrVG, wenn auf ihnen Kenntnisse vermittelt werden, die unabhängig von der konkreten betrieblichen Situation für die Tätigkeit des einzelnen Betriebsratsmitgliedes förderlich und nützlich sind (*Etzel*, Betriebsverfassungsrecht, HzA Gruppe 19 Rz 262; *BAG*, 11. 8. 1993 – 7 ABR 52/92, EzA § 37 BetrVG 1972 Nr. 117, *Bleistein*, b + p 1994, 310, 312). Die Eignung fehlt, wenn überwiegend gewerkschafts- und allgemeinpolitischen oder allgemeinbildenden Themen dienende Schulungs- und Bildungsveranstaltungen geboten werden; ihnen ist die Anerkennung als geeignet zu versagen, und dies schon dann, wenn einzelne Themen ungeeignet sind (*Berger-Delhey*, ZTR 1995, 545 f.), wie dies das *BAG* (15. 8. 1978 – 6 ABR 65/76 n. v.; vgl. *BAG*, 14. 9. 1994 – 7 ABR 27/94, NZA 1995, 381 f.) zu rhetorischen Schulungen entschieden hat. Schulungsveranstaltungen und Bildungsveranstaltungen sind nur dann geeignet im Sinne des § 37 Abs. 7 BetrVG, wenn die zu vermittelnden Kenntnisse nach Zielsetzung und Inhalt darauf angelegt sind, für sach- und fachgerechte Ausübung der Betriebsratstätigkeit zu sorgen. Im Zweifel hat also auch die MAV darzulegen, warum sie ihre gesetzlichen Aufgaben ohne Schulung (z. B. »Schriftliche Kommunikation im Betrieb«) gerade des zu entsendenden MAV-Mitgliedes nicht sachgerecht wahrnehmen kann (*BAG*, 15. 2. 1995 – 7 AZR 670/94, BB 1995, 1609).

3 Die Erläuterung der aktuellen Rechtsprechung des BAG zu betriebsverfassungsrechtlichen Fragen und deren Umsetzung in die betriebliche Praxis kann ein erforderlicher Schulungsinhalt sein (*BAG*, 20. 12. 1995 – 7 ABR 14/95, DB 1996, 1139), weil viele Streitfragen auch für den Bereich der MAVO von Interesse sind, so dass eine Aufbereitung für MAV-Mitglieder wichtig ist. Dazu muss sich die MAV nicht auf ein Studium anhand der ihr zur Verfügung stehenden Fachzeitschriften verweisen lassen (*BAG* a. a. O.).

3. Geltungsbereich

4 Die Vorschrift des § 16 Abs. 1 gilt außer den Mitgliedern der MAV auch zugunsten der gemeinsamen Mitarbeitervertretungen (§ 1 b i. V. m. § 17 Abs. 3), der Gesamtmitarbeitervertretung (§ 24 Abs. 6), der erweiterten Gesamtmitarbeitervertretung (§ 24 Abs. 2 i. V. m. § 17 Abs. 3), den Sprechern der Jugendlichen und Auszubildenden (§ 45 Abs. 2) und der Vertrauensperson der schwerbehinderten Menschen (§ 46 Abs. 2 mit Vorrang des § 96 Abs. 4 SGB IX) sowie für die Mitglieder der Sondervertretung (§ 23). Den für die Entsendung der Mitglieder der vorstehend genannten Vertretungen maßgeblichen Kollektivbeschluss zur Teilnahme an einer Schulung fassen jeweils für ihre Mitglieder die MAV, die gemeinsame MAV, die Sondervertretung. Die Gesamtmitarbeitervertretung muss berücksichtigen, dass gemäß § 16 Abs. 1

S. 2 der Anspruch auf Arbeitsbefreiung zu Schulungsveranstaltungen für ein Mitglied insgesamt nur einmal ausgeschöpft werden kann; dasselbe gilt für die erweiterte Gesamtmitarbeitervertretung und die Vertrauensperson der schwerbehinderten Menschen, die zugleich Mitglied der MAV ist.
Wenn auch in § **16 Abs. 1 S. 2** nur davon die Rede ist, dass bei Mitgliedschaft in mehreren Mitarbeitervertretungen der Anspruch auf Arbeitsbefreiung für Schulungszwecke nur einmal geltend gemacht werden kann, so darf aus der Verweisungsvorschrift des § 46 Abs. 2, wonach die §§ 15 bis 20 MAVO entsprechend gelten, gefolgert werden, dass das Anrechnungsprinzip auch für die Vertrauensperson der schwerbehinderten Menschen gilt, gleichgültig ob sie mehrfach in der Schwerbehindertenvertretung oder zusätzlich in einer MAV Mitglied ist. Die Anrechnungsvorschrift gilt insbesondere wegen des Vorrangs der Freistellung von ihrer beruflichen Tätigkeit gemäß § 96 Abs. 4 S. 3 SGB IX.
Die **Sprecher der Jugendlichen und der Auszubildenden** (§§ 43 ff.) nehmen gemäß § 45 Abs. 1 Nr. 1 an den Sitzungen der MAV teil. Deshalb ist in der Sitzung der MAV über die Teilnahme des Sprechers der Jugendlichen und der Auszubildenden an einer Schulungsveranstaltung zu entscheiden. Die Vertretung der Jugendlichen und der Auszubildenden hat keine selbstständigen Mitwirkungs- und Mitbestimmungsrechte, sondern kann sie nur durch und über die MAV geltend machen. Daher kann sie allein gegenüber dem Dienstgeber keine wirksamen Beschlüsse fassen. Das gilt auch für die Beschlüsse zur Teilnahme an Schulungsveranstaltungen gemäß § 16 Abs. 1. Bei der Beschlussfassung ist die Vertretung der Jugendlichen und der Auszubildenden stimmberechtigt (§ 45 Abs. 1 S. 2 Nr. 2). Die Beschlüsse werden dem Dienstgeber zugeleitet.

4. Ersatzmitglieder

Für Ersatzmitglieder der MAV und der anderen Vertretungen besteht solange kein Anspruch auf Schulung, als sie noch nicht für ein ausgeschiedenes Mitglied in das Gremium nachgerückt sind (vgl. *BAG*, 10. 5. 1974 – 1 ABR 47/73, DB 1974, 1020; 14. 12. 1994 – 7 ABR 31/94, ZTR 1995, 330) oder noch nie ein verhindertes Mitglied der MAV oder eines anderen Gremiums vertreten haben (vgl. *BAG*, 15. 5. 1986 – 6 ABR 64/83, DB 1986, 189; *BVerwG*, 7. 7. 1993 – 6 P 15.91, ZTR 1994, 39). Treten Ersatzmitglieder nur vorübergehend ein, so wird man einen Schulungsanspruch allenfalls dann zuerkennen können, wenn diese Vertretung mit einer gewissen Häufigkeit oder Regelmäßigkeit geschieht (*Bleistein*, DB 1975 Beilage Nr. 1/75 zu Heft 5 vom 31. 1. 1975, S. 1; *Wiese/Weber*, GK-BetrVG § 37 Rz 152) und geschehen wird (*BAG*, 19. 9. 2001, BB 2002, 256), wobei der Erwerb der zu vermittelnden Kenntnisse durch das Ersatzmitglied für die Gewährleistung der Arbeitsfähigkeit der MAV erforderlich sein muss (vgl. *BAG*, AP Nr. 53 zu § 37 BetrVG 1972 Bl. 2; *Schlichtungsstelle München und Freising*, 2. 10. 2002 – 4 AR 02, ZMV 2002, 289). Das gilt auch und gerade für das Ersatzmitglied einer eingliedrigen MAV (vgl. *Wiese/Weber*, GK-BetrVG § 37 Rz 152 m. N.). Dabei ist allerdings die noch verbleibende Amtszeit der MAV zu berücksichtigen (vgl. *BAG*, 15. 5. 1986 – 6 ABR 64/83, DB 1986, 189). Die Entscheidung der MAV sollte vorsorglich mit dem Dienstgeber besprochen werden, auch unter dem Gesichtspunkt wichtiger zu erwartender Mitwirkungsentscheidungen, an denen das Ersatz-

§ 16

mitglied beteiligt wird, weil das ordentliche Mitglied der MAV z. B. wegen Urlaubs zur fraglichen Zeit abwesend sein wird. Dabei hat die MAV zu prüfen, ob sie ihre Arbeitsfähigkeit nicht durch andere ihr zumutbare und den Dienstgeber finanziell weniger belastende Maßnahmen gewährleisten kann. So genügt allein die Erwartung von Vertretungsfällen auf Grund des Urlaubs oder der vorübergehenden Erkrankung ordentlicher MAV-Mitglieder zur Rechtfertigung der Schulung von Ersatzmitgliedern nicht (*BAG*, 19. 9. 2001 – 7 ABR 32/00, EzA § 37 BetrVG 1972 Nr. 142). Die Teilnahme des nicht endgültig nachgerückten Ersatzmitgliedes einer einköpfigen Jugend- und Auszubildendenvertretung an Schulungs- und Bildungsveranstaltungen ist im Regelfall für die Arbeit dieser Vertretung nicht erforderlich (*BAG*, 10. S. 1974 – 1 ABR 47/73, AR-Blattei ES 530. 8. 1 Nr. 18 Ls.).

II. Der Anspruch auf Arbeitsbefreiung

1. Inhaber des Anspruchs

8 Die Bestimmung des **§ 16 Abs. 1 S. 1** begründet keinen individuellen Anspruch des einzelnen Mitgliedes der MAV auf Arbeitsbefreiung zur Teilnahme an Schulungsveranstaltungen, sondern einen **Kollektivanspruch der MAV**. Das bedeutet, dass die MAV einen ordnungsgemäßen Beschluss (§ 14 Abs. 5) darüber fassen muss, wer von ihren Mitgliedern zu welchem Zeitpunkt und zu welchen Themen an welcher Schulung teilnimmt. Erst danach erwirbt das einzelne Mitglied der MAV den Anspruch gegen den Dienstgeber auf Arbeitsbefreiung. Schulungsberechtigt sind alle ordentlichen Mitglieder der MAV, wie die Vorschrift deutlich erklärt. Die MAV muss den Anspruch als Kollektivorgan für jedes Mitglied der MAV beim Dienstgeber geltend machen und realisieren. **Das einzelne MAV-Mitglied hat** anders als die Betriebsvertretungen nach staatlichem Betriebsverfassungs- und Personalvertretungsrecht (§ 37 Abs. 7 BetrVG und § 46 Abs. 7 BPersVG) **keinen individuellen Anspruch auf Bildungsurlaub**. Das MAV-Mitglied muss aber seinen Willen bekunden, an einer Schulung teilnehmen zu wollen.

2. Veranstalter

9 Als Veranstalter der Schulungen können sich verschiedene Träger bewerben. Ihr Angebot kann nur angenommen werden, wenn ihre **Veranstaltung diözesan oder vom Diözesancaritasverband anerkannt** ist. Die Anerkennung ist stets Voraussetzung für die Teilnahmeberechtigung (*Schlichtungsstelle Trier*, 25. 11. 1994 – 7/94 MAVO). Das gilt auch dann, wenn eine MAV, eine Gesamtmitarbeitervertretung, die DiAG-MAV, der Sprecher der Jugendlichen und der Auszubildenden oder die Vertrauensperson der schwerbehinderten Menschen glaubt, dass es sich nicht um eine Schulung i. S. des § 16 Abs. 1 S. 1 handele, sondern um eine notwendige Maßnahme im Rahmen der Wahrnehmung der Aufgaben der MAV mit der Folge, dass dann die Kostentragung des Dienstgebers unmittelbar aus § 17 Abs. 1 S. 1 zu erfolgen habe. Das Erfordernis der Anerkennung gilt auch, wenn die Veranstaltung in den Händen der Bundesarbeitsgemeinschaft der Mitarbeitervertretungen (§ 25 Abs. 5), der diözesanen Arbeitsgemeinschaften der Mitarbeitervertretungen (§ 25 Abs. 1), der Regional- und Bistumskommissionen zur Ordnung des diözesanen Ar-

§ 16

beitsvertragsrechts oder der Arbeitsrechtlichen Kommission des Deutschen Caritasverbandes liegt (*Schlichtungsstelle Trier*, wie vor).

3. Schulungsveranstaltungen

Nur Schulungsveranstaltungen können den Anspruch auf Arbeitsbefreiung auslösen. Deshalb muss die einzelne Veranstaltung didaktisch auf einen bestimmten Kreis der Teilnehmer abstellen, damit eine individuelle Beziehung zwischen Lehrpersonal und Teilnehmern möglich ist und bei den Teilnehmern ein bestimmter Wissensstand erzielt wird (*Hess/Schlochauer/Worzalla/Glock*, BetrVG § 37 Rz 102; *LAG Berlin*, 11. 12. 1989 – 9 Ta 2/89, DB 1990, 696). **10**

4. Erforderlichkeit der vermittelten Kenntnisse

Voraussetzung für die Erfüllung des Anspruchs auf Arbeitsbefreiung zur Teilnahme an der Schulung ist die Vermittlung erforderlicher Kenntnisse. Bei dem Begriff der Erforderlichkeit handelt es sich um einen unbestimmten Rechtsbegriff (*BAG*, 29. 4. 1992 – 7 ABR 61/91, NZA 1993, 375 f.). Es geht daher um solche Kenntnisse, die entsprechend der Situation in der Einrichtung einen unmittelbaren Bezug zur Tätigkeit der MAV dergestalt aufweisen, dass das betreffende Mitglied der MAV ohne diese Kenntnisse seine derzeitigen oder demnächst anfallenden Aufgaben mitarbeitervertretungsrechtlicher Art nicht sachgerecht ausüben könnte (*BAG*, wie vor; *BAG*, 14. 9. 1994 – 7 ABR 27/94, BB 1995, 201; *Wiese/Weber*, GK-BetrVG § 37 Rz 156 m. N. zur Rechtsprechung zum BetrVG; *Hess/Schlochauer/Worzalla/Glock*, § 37 Rz 106). Soll für ein Mitglied der MAV unmittelbar vor dem Ende seiner Amtszeit noch eine Schulung ermöglicht werden, so ist trotz der Anerkennung als geeignet darzulegen, auf Grund welcher besonderen Umstände des Einzelfalles die MAV die Maßnahme für erforderlich hält (*BAG*, 7. 6. 1989, DB 1990, 230 = EzA § 37 BetrVG 1972 Nr. 98). **11**

a. Thematik

Die Thematik der Veranstaltung muss deshalb einen Bezug zur gesetzlichen Tätigkeit der MAV i. S. der MAVO aufweisen. Die Schulung muss gegenwärtig zur Wahrnehmung von Aufgaben der MAV erforderlich und das entsandte Mitglied der MAV schulungsbedürftig sein. Beim vermittelten Wissen kann es sich sowohl um Grund- als auch um Spezialkenntnisse handeln, die das Mitglied der MAV für seine Tätigkeit in der MAV benötigt. Das kann sich auch auf die Arbeit in einem Ausschuss der MAV (vgl. § 14 Abs. 10) erstrecken. Besondere Berücksichtigung verdienen Themen, die der Ausübung der Beteiligungsrechte der MAV inhaltlich dienen (z. B. Probleme der Eingruppierung, des Kündigungsschutzes, des Arbeitsschutzes, der Arbeitssicherheit, der Leistungskontrolle mit technischen Einrichtungen; die Beurteilungsrichtlinien für Mitarbeiterinnen und Mitarbeiter, Anträge zum Sozialplan, Anträge zur Streitentscheidung). Die Arbeitsgemeinschaft der katholisch-sozialen Bildungswerke in der Bundesrepublik Deutschland (AKSB) hat einen Themenkatalog für Schulungsveranstaltungen nach dem Mitarbeitervertretungsrecht erarbeitet, dessen Wortlaut in der Fassung des Beschlusses der Kommission für Personalwesen des Verbandes der Diözesen Deutschland vom 12./13. September 1996 vom Verwaltungsrat des VDD, am 14./15. Oktober zustimmend **12**

§ 16

zur Kenntnis genommen worden ist (Bonn 1999 AKSB Dokumente – Manuskripte – Protokolle Heft 26).

b. Eigenart des kirchlichen Dienstes

13 Konkret muss die Schulung die Mitglieder der Mitarbeitervertretungen und der anderen Vertretungen im Sinne der MAVO (§§ 23, 45, 46) mit dem kirchlichen Dienst unter Berücksichtigung der Sendung der Kirche und der daraus entstehenden Eigenart ihres Dienstes (Präambel) vertraut machen, den Umgang mit Gesetzestexten lehren, die für die Aufgaben der MAV einschlägig sind. Dazu gehören die Grundordnung des kirchlichen Dienstes im Rahmen kirchlicher Arbeitsverhältnisse, die jeweils geltenden KODA-Ordnungen, staatliches Arbeitsrecht und kirchliche Arbeitsvertragsordnungen sowie gemäß kirchlicher Praxis in Bezug genommene Tarifverträge (z. B. BAT) und je nach Art der Einrichtung das für sie geltende spezielle Recht (z. B. Schulrecht, Recht für Tageseinrichtungen für Kinder, Krankenhausrecht). Dabei sind auch die in den repräsentierten Einrichtungen anstehenden konkreten Fragen und Aufgaben und die richtige Art der Mitwirkung an Maßnahmen des Dienstgebers oder Initiativen der MAV und anderer Vertretungen gegenüber dem Dienstgeber zu behandeln, insbesondere wenn Schließungen von Teilen der Einrichtung oder völlige Stilllegungen bevorstehen. Daraus folgt eindeutig, dass **Grundwissen** und **Spezialwissen** (vgl. § 27 a) durch die Schulungen zu vermitteln ist. Allerdings ist zu unterscheiden, ob die Themen für die Arbeit der MAV erforderlich oder nützlich sind. Letzteres Kriterium reicht nicht aus, weil nach der Neufassung der Vorschrift das einzelne MAV-Mitglied definitiv kein Individualantragsrecht auf Arbeitsbefreiung zur Teilnahme an einer Schulung mehr hat (*Frey*, KuR 4/95, 11, 19 = 350, S. 15, 23). Die Schwierigkeit der Feststellung darüber, was die für die Arbeit in der MAV erforderliche Maßnahme ist, wird durch die Anerkennung der Schulungsveranstaltung als geeignet nicht behoben. Denn die Eignung bezieht sich auf die Themen, während in der jeweiligen Einrichtung zusätzlich die Erforderlichkeit für die konkrete MAV zu prüfen ist.

14 Wünscht die MAV eines einzelnen Dienstgebers Schulung zu den bei dem Dienstgeber praktisch werdenden Entscheidungen und Praktiken, so sollte diesem Wunsch unter Berücksichtigung der Vermittlung spezieller Kenntnisse Rechnung getragen werden. Wenn der Dienstgeber z. B. den BAT einzelarbeitsvertraglich für die Mitarbeiter teilweise oder vollständig in Bezug nimmt, so ergeben sich gerade hinsichtlich der Eingruppierung und Höhergruppierung Probleme, die von der MAV im Rahmen ihrer Mitwirkungsrechte nur richtig beurteilt werden können, wenn sie mit dem BAT vertraut ist, wie anderswo eine MAV mit den AVR, der KAVO, DVO, ABD oder dem Beamtenrecht vertraut sein muss.

c. Grundkenntnisse

15 Erforderliche Kenntnisse sind jedenfalls Grundkenntnisse, die jedes MAV-Mitglied haben muss, um seinen Aufgaben in der Einrichtung als MAV-Mitglied überhaupt gerecht werden zu können. Demzufolge ist zwischen Grundkursen, Aufbaukursen und womöglich regelrechten Fachkursen oder entsprechenden Seminaren zu unterscheiden. Dafür trägt der Träger der Schu-

§ 16

lungsveranstaltung die Verantwortung, um den Bedürfnissen der jeweiligen Mitarbeitervertretungen gerecht zu werden.

Neu gewählten Mitgliedern der MAV sind daher Schulungen anzubieten, die 16 der **Einführung in das Mitarbeitervertretungsrecht** und in das für den kirchlichen Dienst geltende – auch staatliche – Arbeitsrecht einschließlich des Arbeitsvertragsrechts dienen und Kenntnisse und Hilfen für die Organisation der Arbeit der Mitarbeitervertretungen vermitteln. Weitere Angebote sind abzustellen auf den jeweils aktuellen Informationsbedarf, der z. B. durch Änderungen des geltenden Rechts ausgelöst wird. Die Schulung über Gesetzentwürfe vermittelt in der Regel noch keine für die MAV-Tätigkeit erforderlichen Kenntnisse, wenn nach dem Stande des Gesetzgebungsverfahrens nicht damit gerechnet werden kann, dass der Gesetzentwurf ohne wesentliche Änderungen verabschiedet werden wird (*BAG*, 16. 3. 1988 – 7 AZR 557/87, BB 1988 1326 = DB 1988, 1453).

In den Schulungen sind Grundfragen des kirchlichen Dienstes von besonderer 17 Bedeutung (vgl. Erklärung der deutschen Bischöfe zum kirchlichen Dienst vom 22. 9. 1993; Grundordnung). Schulungen zur **Soziallehre der katholischen Kirche** gehören zum Themenbereich, weil sowohl die Erklärung der deutschen Bischöfe zum kirchlichen Dienst als auch die Grundordnung die Verbindlichkeit der Prinzipien und Normen der Soziallehre für die kirchliche Arbeitsverfassung betonen.

Für die Vermittlung der so genannten Grundkenntnisse ist ein aktueller, be- 18 triebsbezogener Anlass nicht erforderlich (*BAG*, 15. 5. 1986 – 6 ABR 74/83, DB 1983, 2496; *BAG*, 16. 10. 1986 – 6 ABR 14/84, DB 1987, 891). Denn **Einführungen erstmals gewählter Mitglieder der MAV in das Recht der kirchlichen Betriebsverfassung sind unverzichtbar.** Umgekehrt wird die Teilnahme neu gewählter Mitglieder an Veranstaltungen für Fortgeschrittene, welche bereits Grundkurse besucht haben, nicht in Betracht kommen (*Berger-Delhey*, ZTR 1995, 545, 547 m. N.). Die Schulungsbedürftigkeit der MAV-Mitglieder ist nach deren Vorkenntnissen zu beurteilen, nach ihren Funktionen in der MAV und möglicherweise auch nach der noch verbleibenden Amtszeit. Schulungen sind dann überflüssig, wenn Mitglieder der MAV bereits über ausreichende Kenntnisse des Schulungsthemas verfügen (*LAG Schleswig-Holstein*, 23. 9. 1987 – Sa 409/87, DB 1988, 713 = BB 1988, 1389).

Die Vermittlung von Grundkenntnissen ist für alle Mitglieder der MAV erfor- 19 derlich. Deswegen können weder MAV noch Dienstgeber neu in die MAV eingetretenen Mitgliedern den Anspruch auf Arbeitsbefreiung für Schulungszwecke beschneiden oder gänzlich versagen. Grundkenntnisse sind ebenso wie Spezialkenntnisse schon deshalb zu vermitteln, weil im Gegensatz zum staatlichen Recht ein individueller Anspruch für Mitarbeitervertreter auf Arbeitsbefreiung zu Schulungen fehlt (Rz 2).

Die MAV hat die Frage nach der Erforderlichkeit nicht nach ihrem subjekti- 20 ven Ermessen zu beantworten, sondern sich auf den objektiven Standpunkt eines vernünftigen Dritten zu stellen, der die Interessen der Einrichtung einerseits, der MAV und der Mitarbeiterschaft andererseits abzuwägen hat (*LAG Schleswig Holstein*, 10. 12. 1998 – 2 Bv-Ta 29/98, LAGE § 37 BetrVG Nr. 52). Die Teilnahme eines Mitglieds der MAV an einer Schulungsveranstaltung zum Thema **Mobbing** kann dann erforderlich sein, wenn eine betriebliche Konfliktlage besteht, aus der sich für die MAV Handlungsbedarf zur Wahrnehmung einer gesetzlichen Aufgabenstellung ergibt und zu deren Erledigung die

§ 16

MAV das auf der Schulung vermittelte Wissen benötigt (*BAG*, 15. 1. 1997 – 7 ABR 14/96, EzA § 37 BetrVG 1972 Nr. 133 = NZA 1997, 781). Die Vermittlung allgemeiner Grundkenntnisse des Sozial- und Sozialversicherungsrechts ist ohne einen konkreten einrichtungsbezogenen Anlass nicht erforderlich im Sinne von § 16 Abs. 1 (*BAG*, 4. 6. 2003 –7 ABR 42/02, NZA 2003, 1284).

aa. Mitarbeitervertretungsrecht

21 Eine **einführende Unterrichtung über die MAVO** ist für jede MAV erforderlich. Denn die Kenntnis der MAVO als die gesetzliche Grundlage der Tätigkeit der MAV ist für ihre Arbeit unverzichtbar. Deshalb muss jedes Mitglied der MAV die Möglichkeit haben, sich die für seine Amtstätigkeit erforderlichen und bei ihm noch nicht vorhandenen **Grundinformationen** zu verschaffen. Die MAV kann nicht darauf verwiesen werden, dass ihre Mitglieder die notwendigen Kenntnisse im Selbststudium oder durch Information seitens anderer MAV-Mitglieder erhalten könnten (*Hess/Schlochauer/Worzalla/Glock*, BetrVG § 37 Rz 119 mit weiteren Nachweisen). Denn eine solche Wissensvermittlung ist nicht Aufgabe von MAV-Mitgliedern. Zur Vermittlung von Grundwissen gehören Themenfelder, in denen die Mitwirkung der MAV gefordert wird oder gemäß dieser Ordnung möglich ist. Dies betrifft die Zusammenarbeit mit dem Dienstgeber und dessen Informationspflichten, die Einführung zur Personalplanung, die grundlegenden Fragen von Interessenausgleich und Sozialplan, die Durchsetzung von Informationsrechten, die Mitbestimmung bei der Einführung technischer Kontrolleinrichtungen, die Fragen des Gesundheitsschutzes und der Arbeitssicherheit, den Einsatz von und die Zusammenarbeit mit Arbeitssicherheitspersonal, die Ausschreibung von Arbeitsplätzen, Personalfragebögen, Beurteilungsgrundsätze, Personalrichtlinien, Einstellungen und Versetzungen, Beteiligungsrechte der MAV bei betriebsbedingten, verhaltens- und personalbedingten Kündigungen sowie die Einführung in das Kündigungsschutzrecht (Rz 22), Dienstvereinbarungen.

bb. Kenntnisse im Arbeitsrecht

22 Grundkenntnisse des Arbeitsrechts durch Kurse (z. B. Arbeitsrecht I und Arbeitsrecht II) sind erforderlich (*BAG*, 16. 10. 1986 – 6 ABR 14/84, DB 1987, 891), weil das allgemeine Arbeitsrecht mit dem MAVO-Recht als der gesetzlichen Grundlage für die Tätigkeit der MAV eng verflochten ist. Das zeigt sich insbesondere im Bereich der personellen Mitbestimmung (§§ 34f. MAVO), Anhörung und Mitberatung (§§ 29, 30, 30 a, 31). Bei Einstellung, Versetzung und Kündigung ist eine ordnungsgemäße Ausübung der Beteiligungsrechte nicht vorstellbar, wenn das zur Mitentscheidung aufgerufene Mitglied der MAV keine Grundkenntnisse über Abschluss und Inhalt von Arbeitsverträgen unter Beachtung der geltenden Arbeitsvertragsordnung, womöglich in Bezug genommener Tarifverträge, die wechselseitigen Rechte und Pflichten des Mitarbeiters und Dienstgebers während des Beschäftigungsverhältnisses und über die Beendigungsmöglichkeiten hat. Das einzelne Mitglied der MAV kann seiner allgemeinen Überwachungspflicht gemäß § 26 Abs. 1 S. 2 ebenso wenig nachkommen wie den Unterstützungsaufgaben nach § 26 Abs. 3 Nrn. 2, 3, 4, 7, 8, wenn es nicht die dort angesprochenen Bereiche des Individualarbeitsrechts, wie z. B. das Arbeitsschutzrecht einschließlich Arbeitszeitschutzrecht in seinen Grundzügen kennt. Letztlich berühren auch Mitbestimmungsrechte in sozialen Angelegenheiten aus dem Katalog der §§ 36, 37, 38

Abs. 1 die arbeitsvertragliche Situation der Mitarbeiter. Deshalb sind **Grundkenntnisse des allgemeinen Arbeitsrechts für alle Mitglieder der MAV unerlässlich.** Einer näheren Darlegung der Erforderlichkeit einer Schulung mit Themen, die der Vermittlung dieses Grundwissens dienen, bedarf es daher im Regelfall ebenso wenig wie in Fällen, in denen es um die Vermittlung mitarbeitervertretungsrechtlicher Grundkenntnisse oder stets aktueller Aufgaben wie die der Unfallverhütung (Arbeitssicherheit) geht (*BAG*, 15. 5. 1986 – 6 ABR 74/83, DB 1986, 2496; vgl. *Wlotzke*, MünchArbR Band 2, § 201 Rz 19–24). Die Bewältigung arbeitsvertraglicher Probleme ist auch stets aktuell (*BAG*, DB 1987, 891). Erst bestehende Vorkenntnisse, die auch durch langjähriges Erfahrungswissen erworben sein können, vermögen die Entsendung zur Schulung als nicht erforderlich zu qualifizieren. Keinesfalls kann erwartet werden, dass sich Mitglieder der MAV das erforderliche Wissen durch Eigenstudium erwerben (*Hess/Schlochauer/Worzalla/Glock*, BetrVG § 17 Rz 119 m. N.; *BAG*, 9. 10. 1973 – 1 ABR 6/73, DB 1974, 146; *BAG*, 20.11995 – 7 ABR 14/95, EzA § 37 BetrVG 1972 Nr. 130).

d. Spezialkenntnisse

Die MAV kann gemäß § 14 Abs. 10 **Ausschüsse** bilden, um so die Arbeit besser 23 und spezialisiert zu organisieren. Weil die Ausschüsse mit Ausnahme der Beteiligung bei Kündigungen und des Abschlusses und der Kündigung von Dienstvereinbarungen ausschließlich zuständig sein können, werden gerade ihre Mitglieder auf Vermittlung von Spezialkenntnissen angewiesen sein, um ihren Aufgaben für die MAV gerecht zu werden. Auch deshalb hat sich die Vermittlung der für die Arbeit in der MAV erforderlichen Kenntnisse auf Spezialgebiete und besondere aktuelle Anlässe in der Einrichtung zu erstrecken. Hierbei geht es um die konkrete Situation der einzelnen Einrichtung und der MAV, damit die Mitglieder der MAV ihre derzeitigen und demnächst anfallenden Aufgaben ordnungsgemäß wahrnehmen können (*BAG*, 19. 7. 1995 – 7 ABR 49/94, NZA 1996, 442). Während Grundkenntnisse den Vertretern aus verschiedenen Mitarbeitervertretungen in derselben Schulung vermittelt werden können, kommt es mit Rücksicht auf die **besonderen Verhältnisse** in einer einzigen MAV auf die **konkrete Situation** an. Der Begriff der Erforderlichkeit der Vermittlung von Kenntnissen verengt sich also zugunsten des Aufgabenbereichs einer bestimmten MAV. Folglich bedarf es der **Einrichtungsbezogenheit der Inhalte für die Schulung** (*Hess/Schlochauer/Worzalla/Glock*, BetrVG § 37 Rz 125). Dabei ist es dann allerdings nicht auszuschließen, dass nicht alle Mitglieder der MAV an der Schulung teilnehmen, sondern diejenigen, welche von der MAV eine besondere Aufgabe bekommen haben. Aber gerade **fachspezifische Kenntnisse**, wie z. B. auf dem Gebiet des Schulrechts, des Gesundheitswesens oder des Jugendhilferechts können es erforderlich machen, den Mitarbeitervertretungen der jeweils betroffenen Einrichtungen die erforderlichen Kenntnisse zu Stellenplänen, Finanzierung und in der Regel einschlägigem Landesrecht unter Berücksichtigung kirchlicher Ordnungen zu vermitteln. Das setzt wiederum voraus, dass sich die MAV – mit Verständigung des Dienstgebers – an eine Schulungsstätte wendet, die erforderliche Schulung auch zu erhalten. Dies hat auch für die Themen von Dienstvereinbarungen (z. B. Sozialpläne) zu gelten, wenn diese nur einrichtungsbezogen sind (§ 38

§ 16

Abs. 1 Nr. 11) oder arbeitsvertragsrechtliche Öffnungsklauseln bestehen, welche gemäß § 38 Abs. 2 zur Dienstvereinbarung führen sollen.

24 Die Schulungsthemen »Diskussion, Versammlung und Verhandlungstechnik« sind nur dann als erforderlich anzusehen, wenn das entsandte MAV-Mitglied in der MAV eine derart herausgehobene Stellung einnimmt, dass gerade seine Schulung für die MAV notwendig ist (*BAG*, 24. 5. 1995 – 7 ABR 54/94, DB 1996, 145). Dazu ist **eingehende Darlegung** erforderlich. Die Teilnahme eines MAW-Mitgliedes zum Thema »Managementtechniken für Betriebs- und Personalräte« hat das BAG bei fehlender Darlegung eines betrieblichen Bezuges als nicht erforderlich bewertet (*BAG*, 14. 9. 1994 – 7 ABR 27/94, NZA 1995, 381), insbesondere weil trotz des Tagungsplans der Schwerpunkt der Veranstaltung in der rhetorischen Schulung der Betriebsratsmitglieder gelegen habe, sich also erkennbar nicht mit den gesetzlichen Aufgaben des Betriebsrates befasst habe. Gerade Seminare mit Themen wie »Sprechwirksamkeit – ich als Interessenvertreter in Rede und Gespräch« (*BAG*, NZA 1994, 190) oder »Rhetorik und Persönlichkeitsbildung« sind vom *BAG* nicht als erforderlich, im letzteren Fall nicht einmal als geeignet anerkannt worden (*BAG*, 15. 8. 1978 – 6 ABR 65/76 n. v.).

25 **Betriebsbezogene Schulung** liegt vor, wenn an von der MAVO eingeräumte Beteiligungsrechte der MAV angeknüpft wird (vgl. *Hunold*, NZA 1993, 723) und die erforderliche Aktualität zu bejahen ist (*Berger-Delhey*, ZTR 1995, 545 f.). Das gilt z. B. für **Beurteilungsrichtlinien für die Mitarbeiter** (§ 36 Abs. 1 Nr. 6, § 37 Abs. 1 Nr. 6, § 38 Abs. 1 Nr. 6), wobei dann auch zu **prüfen** ist, **ob die Gesamtmitarbeitervertretung zuständig ist,** wenn sie besteht (*Jedzig*, DB 1991, 753). Denn es geht um die Abfassung der Regelungen, in denen das Verfahren und die Kriterien für die Bewertung der Leistung und möglicherweise des Verhaltens der Mitarbeiter festgelegt werden, nämlich Gegenstand, Art und Umfang der Beurteilung, also die Gesichtspunkte, in welchem Verfahren Mitarbeiter insgesamt oder in Teilen ihrer Leistung oder ihres Verhaltens beurteilt werden sollen (*Jedzig*, a. a. O. S. 754). Sind die Grundsätze zur Leistungsbeurteilung in einer Dienstvereinbarung niedergelegt (§ 38), so hat die MAV ein Überwachungsrecht (§ 41 Abs. 1 S. 1 Nr. 8; *Jedzig*, DB 1991, 859). Von erheblicher Bedeutung sind auch die Kenntnisse zur **Abfassung von Personalfragebögen** (§ 36 Abs. 1 Nr. 5, § 37 Abs. 1 Nr. 5, § 38 Abs. 1 Nr. 5). Das Mitbestimmungsrecht der MAV erfasst nämlich auch standardisierte Erfassungen des Potenzials von Mitarbeitern (*Jedzig*, DB 1996, 1337). Das gilt unabhängig davon, auf welche Weise die Befragung des Mitarbeiters bzw. Bewerbers durchgeführt wird, ob vorformulierte Fragen in Worten ausgedrückt oder in Testform gestellt werden. Parallel zur Rechtslage bei den allgemeinen Beurteilungsgrundsätzen bezieht sich das Mitbestimmungsrecht der MAV nach § 36 Abs. 1 Nr. 5 auch auf den Verwendungszweck der mittels Personalfragebogen ermittelten Angaben (*Jedzig*, a. a. O. S. 1342). Dies hat auch Bedeutung im Falle von Neueinstellungen, weil die MAV gemäß § 34 Abs. 3 S. 2 auf ihren Wunsch im Einzelfall Einsicht in die Bewerbungsunterlagen des Einzustellenden erhält.

26 Zunehmenden Einfluss auf das gesamte **Personalaktenrecht** hat die Speicherung personenbezogener Daten in Dienst- und Beschäftigungsverhältnissen durch den Dienstgeber. Die **Speicherung von Daten** insbesondere im Wege der elektronischen Datenverarbeitung (EDV) wird auch in kirchlichen Einrichtungen und Dienststellen praktiziert. Dabei geht es um den Begriff der

§ 16

»Personalinformationssysteme«. Personenbezogene Daten werden gespeichert über Informationen aus Personalfragebögen, Arbeitsverträgen, Sozialdaten, Arbeitszeiterfassungsgeräten, über Ausbildungsgänge, Ausbildungsmaßnahmen, Bewertungen, Beurteilungen, Bewerbungsunterlagen, über Kontenverbindungen, steuerliche Vorgänge, Sozial- und Privatversicherung usw. (*Geulen*, Personalakte S. 75 f.).

Daher ist der Erwerb von Kenntnissen über den **Datenschutz** für die MAV von Bedeutung (vgl. § 36 Abs. 1 Nr. 9; *BAG*, NZA 1985, 28, 669, 671; 1986, 526, 643; *Ehmann*, NZA 1993, 244; *ArbG Berlin*, 24. 9. 1987 – 10 Ca 159/87, BB 1988, 70). Das gilt insbesondere dann, wenn die anfallenden Informationen umfassend durch **Personalinformationssysteme** gespeichert, ausgewertet und der Personalabteilung zur Verfügung gestellt werden (§ 36 Abs. 1 Nr. 9, § 37 Abs. 1 Nr. 9; vgl. *Wohlgemuth*, Datenschutz für Arbeitnehmer, HzA Gruppe 23 Rz 12 ff.; 108 ff.; 153 ff. Rz 666 ff.; vgl. auch die für den kirchlichen Bereich erlassenen Datenschutzordnungen, z. B. Amtsbl. des Erzbistums Köln vom 12. 12. 1995 Nr. 285 S. 299; Nr. 286 S. 300; Nr. 287 S. 302; Nr. 288 S. 303; Nr. 289 S. 304; Nr. 290 S. 305; Nr. 291 S. 310; Nr. 293 S. 312; Nr. 294 S. 315; Amtsblatt des Erzbistums Köln 2003 Nr. 263 S. 249; Nr. 264 S. 257). 27

Themen zu **Arbeitsschutz** und **Arbeitssicherheit** sind der MAV nahe zu bringen. In diesem Zusammenhang ist z. B. der **Umgang mit Gefahrstoffen** in Fragen des Gesundheitsschutzes (§ 26 Abs. 3 Nr. 7 MAYO i. V. m. der Gefahrstoffverordnung zu nennen (§ 36 Abs. 1 Nr. 10 MAVO). Soweit **Sozialfragen** behandelt werden, genügt aus einer MAV die Schulung eines ihrer Mitglieder. 28

5. Arbeitsbefreiung

a. Innerhalb der Amtsperiode

Mit der Vorschrift über die Arbeitsbefreiung ist nicht gemeint, dass die MAV insgesamt nur bis zu drei Wochen Schulung haben darf. **Jedes einzelne Mitglied** hat ein **Kontingent von drei Kalenderwochen** für die Schulung (Rz 48). Es ist aber nicht erforderlich, dass die MAV in ihrer Gesamtbesetzung an den Schulungen teilnimmt. Das Wort »insgesamt« bezieht sich auf die Häufigkeit der Teilnahme eines MAV-Mitgliedes, nicht auf die Gesamtzahl der Tage der Teilnahme aller Mitglieder der MAV. Denn wäre letzteres richtig, gäbe es bei mehrtägigen Veranstaltungen kaum Aussicht, dass alle Mitglieder einer größeren MAV (§ 6) je an einer Schulung innerhalb einer Amtsperiode teilnehmen könnten. Wird einem MAV-Mitglied Gelegenheit zur Schulung geboten, so kann es dennoch auf einen Termin verzichten, ohne seinen Gesamtanspruch zu verlieren, solange die Amtsperiode nicht abgelaufen ist. Die **Übertragbarkeit** des nicht verbrauchten Schulungskontingents **in die nächste Wahlperiode** ist **ausgeschlossen**. **Abgeltung** wegen unterbliebener Schulung **findet nicht statt**. Lehnt der Dienstgeber die Arbeitsbefreiung zur Teilnahme an der Schulung ab, hat nicht das einzelne Mitglied der MAV, sondern die MAV das Recht zur Anrufung der Schlichtungsstelle (§ 41 Abs. 1 Nr. 4 i. V. m. § 16 Abs. 1; Rz 110 ff.). 29

Dem Antragsrecht der MAV entspricht die Pflicht des Dienstgebers zur Erfüllung des Anspruchs unter den Voraussetzungen der Anerkennung der Schulung als geeignet zuzüglich der Priorität dringender dienstlicher oder betrieblicher Interessen. Außerdem erfolgt Klarstellung, dass im Falle der 30

§ 16

Mitgliedschaft in mehreren Mitarbeitervertretungen der Anspruch für das Mitglied nur einmal geltend gemacht werden kann (vgl. z. B. §§ 23 und 24 i. V. m. § 16 Abs. 1 S. 2).

b. Fortzahlung der Bezüge

31 Erhalten die Mitglieder der MAV Arbeitsbefreiung zur Teilnahme an der Schulungsveranstaltung, so erhalten sie dieselben Bezüge, die sie erhalten würden, wenn sie dienstplanmäßig gearbeitet hätten. Das bezieht sich auf das Grundgehalt, den Ortszuschlag bzw. Familienzuschlag, die allgemeinen und besonderen Zulagen, auf Überstundenvergütungen und gegebenenfalls weitere Bestandteile der Vergütung, wie Zeitzuschläge für Sonn- und Feiertagsarbeit. Im Falle von Gestellungsverträgen ist das Gestellungsgeld zu zahlen.

aa. Lohnausfallprinzip

32 Es gilt gemäß § 16 Abs. 1 S. 1 das Lohnausfallprinzip, wonach die Höhe der Vergütung für die schulungsbedingte Abwesenheit nach der individuellen Arbeitszeit zu bemessen ist (vgl. *BAG* AP Nr. 3 zu § 37 BetrVG 1972; *BAG*, 18. 9. 1973 – 1 AZR 102/73, DB 1974, 47; 23. 4. 1974 – 1 AZR 139/73, DB 1974, 1725). Denn es wird »unter Fortzahlung der Bezüge« Arbeitsbefreiung gewährt (*BAG*, 15. 1. 1991 – 1 AZR 178/90, DB 1991, 281= BB 1991, 205; *Schiefer*, Auswirkungen der Rechtsprechung des Europäischen Gerichtshofs auf das nationale Arbeitsrecht, DB 1993, 38, 41). Wird ein Mitglied der MAV regelmäßig über die vertraglich geschuldete Arbeitsleistung hinaus zu weiteren Arbeitseinsätzen herangezogen, ist während der Teilnahme an MAV-Schulungen das Entgelt auch für die ausgefallenen zusätzlichen Arbeitseinsätze fortzuzahlen (*BAG*, 3. 12. 1997 – 7 AZR 490/93, EzA § 37 BetrVG 1972 Nr. 138). Einen Ausgleichsanspruch für aufgewendete Freizeit sieht die MAVO – anders als § 37 Abs. 6 S. 1 und 2 BetrVG – nicht vor. Der Anspruch auf Entgelt richtet sich nach dem Arbeitsvertrag i. V. m. § 611 Abs. 1 BGB. § 16 Abs. 1 S. 1 ordnet an, dass der Vergütungsanspruch bei Abwesenheit von der Arbeit wegen Teilnahme an der Schulung erhalten bleibt. Für die MAV-Schulung ist dagegen kein Vergütungsanspruch gegeben, weil es sich während dieser Zeit nicht um Arbeitsleistung handelt. Es handelt sich um Ausübung einer Tätigkeit auf der Grundlage des Ehrenamtes, welches den Freistellungsanspruch von der Arbeitspflicht rechtfertigt (vgl. auch § 15). Für den Bereich des BetrVG alter Fassung ist der *Europäische Gerichtshof – EuGH –* (Rz 35 ff.) jedoch anderer Auffassung zugunsten teilzeitbeschäftigter Frauen.

33 Nicht zu zahlen sind Fahrtkostenerstattungen für die Fahrt zwischen Wohnung und Arbeitsstätte und sonstige Aufwendungen, die bei Wahrnehmung des Dienstes entstanden wären, also z. B. der Zuschuss zum verbilligten Mittagessen. Monatliche Pauschalen für Ausgaben der vorbezeichneten Art sind also zu reduzieren.

34 Die Fortzahlung der Bezüge erfolgt nur, soweit am Schulungstag Arbeit ausgefallen ist, nicht aber für die Dauer der Schulung und der An- und Abreisezeit. Wegen der Teilnahme an der Schulung besteht **kein Anspruch auf Freizeitausgleich** (Rz 52).

bb. Teilzeitbeschäftigte

Die Mitglieder der MAV können Vollbeschäftigte, aber auch gemäß §§ 7 und 8 **35** Teilzeitbeschäftigte sein. Das hat zur Folge, dass teilzeitbeschäftigte Mitarbeiter, die an einer ganztägigen Schulungsveranstaltung teilnehmen, während ihr Arbeitstag dienstplanmäßig nur einen Teil in Anspruch nimmt, länger als vergleichbare Vollbeschäftigte in Anspruch genommen sind. Der *EuGH* hat dazu folgendes festgestellt: Art. 119 EWG-Vertrag (jetzt Art. 141 EG-Vertrag) und die Richtlinie 75/117/EWG des Rates vom 10. 2. 1975 zur Angleichung der Rechtsvorschriften der Mitgliedstaaten über die Anwendung des Grundsatzes des gleichen Entgelts für Männer und Frauen **verbieten** die **mittelbare Diskriminierung beim Arbeitsentgelt**, sofern der Gruppe der Teilzeitbeschäftigten erheblich mehr Frauen als Männer angehören. Gegen das Verbot wird verstoßen, wenn teilzeitbeschäftigte Betriebsratsmitglieder von ihrem Arbeitgeber keinen Ausgleich dafür erhalten, dass sie an Schulungsveranstaltungen teilnehmen, die für die Betriebsratstätigkeit erforderliche Kenntnisse vermitteln und während der betrieblichen Vollarbeitszeit veranstaltet werden, die länger als die individuelle Arbeitszeit der Teilzeitbeschäftigten dauert. Der finanzielle Ausgleich für Vollzeitbeschäftigte und Teilzeitbeschäftigte muss bei Teilnahme an einer Schulungsveranstaltung bei gleicher Dauer gleich sein. Die Beschränkung des finanziellen Ausgleichs auf die individuelle Arbeitszeit der Teilzeitbeschäftigten, während vollzeitbeschäftigte Betriebsratsmitglieder bei Teilnahme an denselben Schulungsveranstaltungen einen Ausgleich nach Maßgabe ihrer Arbeitszeit erhalten, steht, auch wenn es eine nationale Regelung ist, dem Diskriminierungsverbot entgegen (*EuGH*, 6. 2. 1996 – Rs C – 457/93, DB 1996, 379 = NZA 1996, 319, nach Vorlagebeschluss des *BAG*, 20. 10. 1993 – 7 AZR 581/92, DB 1994, 334 = NZA 1994, 278 in Fortsetzung zu *EuGH*, 4. 6. 1992 – Rs C – 360/90, NZA 1992, 687; *EuGH*, 7. 3. 1996 – Rs C – 278/93, DB 1996, 887 = NZA 1996, 430, nach Vorlagebeschluss des *ArbG Bremen*, 5. 5. 1993 – EuZW 1993, 614).

Der *EuGH* erklärt, dass die Vergütung für die Fortbildungsstunden als Entgelt **36** i. S. des Art. 119 EWGV und der Richtlinie 75/117 EWG zu betrachten ist und folglich diese Normen Anwendung finden. Ferner stellt eine an der individuellen Arbeitszeit bemessene Vergütung eine Ungleichbehandlung zwischen teilzeit- und vollzeitbeschäftigten Betriebsratsmitgliedern dar. Dabei vermag der *EuGH* keine Umstände für die unterschiedliche Behandlung zu erkennen, die eine Diskriminierung auf Grund des Geschlechts ausschließen, überlässt jedoch dem Mitgliedstaat den Nachweis des Gegenteils. Es bleibt unbenommen nachzuweisen, dass die fragliche Regelung durch objektive Faktoren gerechtfertigt ist, die nichts mit einer Diskriminierung auf Grund des Geschlechts zu tun haben (vgl. Rz 53). Der *EuGH* hebt hervor, dass eine Vergütung, wie die im Ausgangsverfahren streitige, auch wenn sie sich als solche nicht aus dem Arbeitsvertrag ergibt, vom Arbeitgeber doch auf Grund von Rechtsvorschriften und auf Grund des Vorliegens von Arbeitsverhältnissen gewährt wird. Die Betriebsratsmitglieder müssen nämlich notwendigerweise Arbeitnehmer des Betriebs sein, um dessen Betriebsrat anzugehören. Eine Ungleichbehandlung liegt immer dann vor, wenn bei gleicher Zahl von Stunden, die auf Grund eines Arbeitsverhältnisses geleistet werden, das Vollbeschäftigten gezahlte Gesamtentgelt höher ist als das Teilzeitbeschäftigten gezahlte. Auch wenn der Zeitaufwand der Betriebsratsmitglieder für Schulungsveranstaltungen sich nicht unmittelbar aus dem Arbeitsvertrag ergibt,

§ 16

reicht es aus, dass die Zeit für die Schulung infolge eines Arbeitsverhältnisses aufgewandt wird. Der Ausgleich für die Einkommenseinbuße, die bei der Teilnahme an Schulungsveranstaltungen entsteht, bei denen für die Arbeit im Betriebsrat erforderliche Kenntnisse vermittelt werden, ist als Entgelt i. S. von Art. 141 EG-V anzusehen, da der Arbeitgeber es mittelbar auf Grund eines Arbeitsverhältnisses gewährt.

37 Zu prüfen ist aber stets, ob bei festgestellter Ungleichbehandlung der Teilzeitbeschäftigten bei Vergütungen ein erheblich geringerer Prozentsatz von Frauen als von Männern vollzeitbeschäftigt ist und diese Maßnahme – unter Berücksichtigung der für weibliche Arbeitnehmer bestehenden Schwierigkeiten, als Vollbeschäftigte zu arbeiten – nicht durch Faktoren zu erklären ist, die eine Diskriminierung auf Grund des Geschlechts ausschließen (*EuGH*, 31. 3. 1981 – Rs 96/80, *Jenkins*, EuGHE 1981, 911; 13. 5. 1986 – Rs 170/84, *Bilka*, EuGHE 1986, 1607).

38 Kann die festgestellte Ungleichbehandlung nicht durch objektive Faktoren gerechtfertigt werden, die nichts mit einer Diskriminierung auf Grund des Geschlechts zu tun haben, dann ist für die Teilnahme an der Schulung das Entgelt Teilzeitbeschäftigten und Vollzeitbeschäftigten bei gleicher Schulungsdauer in gleicher Höhe zu zahlen (vgl. auch *EuGH*, 4. 6. 1992 – Rs C – 360/90, *Bötel*, DB 1992, 1481= NZA 1992, 687 mit Anmerkung *Mauer*, NZA 1993, 56; ablehnend: *Schiefer*, DB 1993, 38, 41 f.; *Schiefer/Erasmy*, DB 1992, 1482). Damit ist **das nach der Rechtsprechung des *BAG* zu beachtende Lohnausfallprinzip nicht vorbehaltlos anwendbar**, wenn die Vergütung wegen Teilnahme von Teilzeitbeschäftigten im Verhältnis zu Vollzeitbeschäftigten an Schulungen i. S. von § 16 MAVO in Rede steht. Auf Rz 53 wird hingewiesen.

39 Wenn auch das Amt des Personalrats ein Ehrenamt ist, darf die Gruppe der Teilzeitbeschäftigten durch eine Regelung der streitigen Art nicht davon abgehalten werden, das Amt auszuüben oder die für die Ausübung dieses Amtes erforderlichen Kenntnisse zu erwerben. Die Qualifizierung dieser Mitarbeitergruppe als Personalratsmitglieder darf nicht erschwert werden (*EuGH*, 7. 3. 1996 – Rs C – 278/93, DB 1996, 887 f. = NZA 1996, 430).

40 Die Entscheidungen des EuGH dürfen allerdings nicht dazu verleiten, Teilzeitbeschäftigte schlechthin für ihr Freizeitopfer im Verhältnis zu Vollbeschäftigten besser zu stellen (*Sowka*, Teilzeitarbeit, DB 1994, 1873, 1876 f.). Es muss stets geprüft werden, ob mehr Frauen als Männer oder mehr Männer als Frauen durch die Regelung des Lohnausfallprinzips per Saldo benachteiligt werden. Trifft das nicht zu, so ist das **Lohnausfallprinzip anwendbar.** Dies hat bei Anwendung der MAVO zu gelten.

41 **1. Beispiel:** Aus einer Einrichtung nehmen die drei Mitglieder der MAV an einer ganztägigen Schulung teil. Eine der drei Teilnehmerinnen hat an einem der Schulungstage wegen Teilzeitbeschäftigung dienstfrei. Nach dem Lohnausfallprinzip bekommt sie am dienstfreien Tag keine Vergütung. Eine geschlechtsspezifische Diskriminierung liegt aus der Sicht der Einrichtung und objektiv nicht vor.

42 **2. Beispiel:** Alle drei Mitglieder der MAV sind vollzeitbeschäftigt. Aber durch den Dienstplan ist für eines der Mitglieder der MAV ein Tag ohnedies dienstfrei. Es gilt das Lohnausfallprinzip. Weil keine Vergütung für den freien Tag anfällt, wird keine Vergütung am Schulungstag gezahlt.

§ 16

3. Beispiel: Eine Gemeindereferentin ist Mitglied der MAV als Mitarbeiterin mit 50 v. H. des Beschäftigungsumfanges einer Vollbeschäftigten beim Bistum; zu weiteren 50 v. H. ist sie Arbeitnehmerin einer Kirchengemeinde. Freistellung vom Dienst erfolgt bei der Kirchengemeinde durch Gewährung eines unbezahlten Sonderurlaubs, weil sie dort nicht MAV-Mitglied ist. Nach dem Lohnausfallprinzip erhält sie vom Bistum Bezüge für die Dauer der Freistellung vom Dienst. Den Verdienstausfall wegen des unbezahlten Sonderurlaubs braucht das Bistum nicht zu erstatten, weil die Teilnahme an der Schulung nicht vom Bistum angeordnet worden ist.

c. Zeitliche Lage der Arbeitsbefreiung

Die MAV-Mitglieder, die regelmäßig **Nachtdienst** haben, erhalten pro Schulungstag Arbeitsbefreiung. Das bedeutet Freistellung von der Arbeit ab 0 Uhr bis 24 Uhr. Wer also zum Nachtdienst eingeteilt ist, ist ab 0 Uhr des Schulungstages von der Arbeit freizustellen. Rechnerisch ergibt sich am Schulungstag also zweimal die Freistellung. Zum ersten wird die Teilschicht des Vortages um 24 Uhr beendet, zum zweiten wird der Teil der Nachtschicht des Schulungstages bis 24 Uhr arbeitsfrei gestellt. Dauert die Schulung von Montag bis Donnerstag, so sind das gewöhnlich vier Arbeitstage. Die Freistellung erfolgt daher von Montag 0 Uhr bis Donnerstag 24 Uhr. Will das MAV-Mitglied die Nachtschicht jedoch am Montag ab 0 Uhr noch arbeiten, weil die Schulung erst am Nachmittag beginnt, so kann es dafür die Freistellung von der Nachtschicht von Donnerstag auf Freitag ganz verlangen. Eine zusätzliche Freistellung, die über den Anspruch von § 16 hinausgeht, ist nicht möglich, weil dies nach § 18 Abs. 1 unzulässig ist. Gegebenenfalls müsste eine zusätzliche Freistellung auf das Freistellungskontingent angerechnet werden, wenn es noch nicht erschöpft ist.

Die **Freistellung** des gemäß § 15 Abs. 3 bereits **auf Dauer** teilweise **von der Arbeit freigestellten Mitgliedes der MAV** hindert nicht die besondere Freistellung von der Arbeitspflicht zur Teilnahme an Schulungsveranstaltungen. Das folgt aus der Gesetzessystematik, die zwischen Freistellung von der Arbeit und Freizeitausgleich wegen der Erledigung der Aufgaben der MAV einerseits (§ 15 Abs. 2 bis 4) und Arbeitsbefreiung zur Teilnahme an Schulungsveranstaltungen andererseits (§ 16) unterscheidet. Die Schulung ist nicht Tätigkeit der MAV, sie ist den Mitgliedern der MAV auch nicht zur Amtspflicht gemacht (Rz 52).

Ist ein Mitglied der MAV mit nur 50 v. H. des Beschäftigungsumfangs eines Vollbeschäftigten angestellt und als solches von der Arbeit gemäß § 15 Abs. 3 ganz freigestellt, so hat es die Teilnahme an den Schulungsveranstaltungen ganz auf Kosten seiner Zeiteinteilung zu planen, ohne zusätzlichen Ausgleich verlangen zu können. Dabei ist allerdings infolge der Rechtsprechung des *EuGH* zur mittelbaren Diskriminierung teilzeitbeschäftigter Mitarbeiter in Betriebsvertretungen (Rz 35 ff.) im Verhältnis zu vollzeitbeschäftigten sorgfältig zu prüfen, ob die über die wöchentliche Arbeitszeit hinausgehende Schulungszeit zu vergüten ist, weil zusätzlicher Freizeitausgleich nicht möglich ist. Die Lösung kann darin bestehen, die Anwesenheitspflicht in der Einrichtung entsprechend zu reduzieren, um auf diese Weise einen Ausgleich für das teilzeitbeschäftigte MAV Mitglied herbeizuführen.

§ 16

d. Dienstliches Hindernis

47 Der Dienstgeber hat das betreffende MAV-Mitglied zur Teilnahme an der Schulung freizustellen. Ohne einen entsprechenden Freistellungsbescheid seitens der Dienststellenleitung ist eine Teilnahme an einer Schulung nicht zulässig, weil sie als ein unerlaubtes Fernbleiben vom Dienst zu werten wäre (*Grabendorff/Ilbertz/Widmaier*, § 46 Rz 40). Das folgt aus der Vorschrift des § 16 Abs. 1 S. 1. Denn im Einzelfall kann die Teilnahme an der Schulung verweigert werden, wenn dringende dienstliche oder betriebliche Erfordernisse einer Teilnahme entgegenstehen.

6. Die Gesamtdauer der Schulungen

48 Die Vorschrift regelt, dass die Gesamtdauer der Schulungen für jedes Mitglied der MAV bis zu insgesamt drei Wochen, also 21 Tage einschließlich der Samstage und Sonntage, mit Arbeitsbefreiung unter Fortzahlung der Bezüge innerhalb der Amtszeit betragen darf. Im Endeffekt handelt es sich um drei Arbeitswochen. Diese Regelung entspricht bei gleicher Dauer den §§ 37 Abs. 7 BetrVG und 46 Abs. 7 BPersVG; diese erweitern allerdings den Schulungsanspruch des Betriebsrats und der Personalvertretung zugunsten des einzelnen Mitglieds dieser Gremien individuell.

49 Auf die tatsächliche Dauer der Amtszeit der MAV kommt es für das Schulungskontingent nicht an; sie kann auch kürzer (§ 13 Abs. 3, § 13 c) oder länger (§ 13 a) als die regelmäßige Amtszeit (§ 13 Abs. 2) ausfallen. Ausschlaggebend ist die Wahlperiode und die persönliche Amtszeit innerhalb der Wahlperiode. Wer also früh sein Schulungskontingent ausschöpft, hat dies auch zu Recht erhalten, wenn durch besondere Umstände die Amtszeit der MAV kürzer als vier Jahre ausfällt. In die MAV nachrückende Ersatzmitglieder (§ 13 b Abs. 1) erhalten anteilig zur Restamtszeit der MAV ein Schulungskontingent. Mit der Neuwahl entsteht der Anspruch erneut. Nicht ausgeschöpfte Schulungstage verfallen mit Ablauf der Amtszeit.

50 Wer mehrfach beschäftigt und mehrfach Mitglied einer MAV einschließlich einer Sondervertretung, Gesamtvertretung oder Sprecher der Jugendlichen und der Auszubildenden ist, der kann das Freistellungskontingent zur Teilnahme an Schulungsveranstaltungen nur einmal ausschöpfen (§ 16 Abs. 1 S. 2). Dabei werden die Teilnahmetage aus mehreren Vertretungen auf das Gesamtkontingent für die Freistellung angerechnet.

51 Viele Mitarbeiter haben dienstplanmäßig die Fünf-Tage-Woche bei voller Beschäftigung. Deshalb ist bei der Ermittlung des Freistellungskontingents von der Arbeit für den Besuch von Schulungsveranstaltungen bei dreiwöchiger Dauer von den Arbeitstagen pro Woche auszugehen. Wer z. B. nur vier Tage in der Woche zu arbeiten hat, hat Anspruch auf 12, wer fünf Tage pro Woche zu arbeiten hat, hat Anspruch auf 15, wer sechs Arbeitstage pro Woche arbeiten muss, hat Anspruch auf 18 Arbeitstage Arbeitsbefreiung pro Wahlperiode (*ErfK-Eisemann*, § 37 BetrVG Rz 23). Würde der Anspruch auf Arbeitsbefreiung lediglich nach Kalendertagen berechnet, würden die Mitarbeitervertreter mit den wenigsten Arbeitstagen pro Woche am meisten begünstigt. Denn wer z. B. nur an drei Tagen in der Woche mit dienstplanmäßig nur jeweils acht Stunden täglich zu arbeiten hat, käme innerhalb von drei Arbeitswochen gar nicht zur Ausschöpfung des 21-tägigen Freistellungsanspruchs. Denn in drei Wochen fallen in diesem Fall erst 9 Arbeitstage an. Finden Schulungen an arbeitsfreien Tagen statt, so wird bei Teilnahme an solchen Veranstaltungen die Arbeitsfreistellung nicht erforderlich. Freizeitausgleich findet nicht statt; die Schulung ist auf das gesetzliche Kontingent gleichwohl schon wegen der Kosten (Rz 61 ff.) anzurechnen. Hat das einzelne Mitglied der MAV sein Schulungskontingent erschöpft, kann es mit der Maßgabe des landesrechtlich geregelten Arbeitnehmerweiterbildungsurlaubs an weiteren Veranstaltungen, die gemäß den Vorschriften über den Weiterbildungsurlaub anerkannt sind, teilnehmen (Rz 64 ff.).

7. Kein Freizeitausgleich

Das Mitglied der MAV hat wegen der Dauer der **Schulungsveranstaltungen** 52 und den dazu gehörenden Reisezeiten, die ganz oder teilweise **außerhalb** seiner **Arbeitszeit** liegen, keinen Anspruch auf Freizeitausgleich i. S. von § 15 Abs. 4, weil die zeitliche Lage der Veranstaltung vom Schulungsträger festgelegt wird, so dass Schulungen außerhalb der vorgenannten Arbeitszeiten nicht auf betriebsbedingte Gründe zurückzuführen sind (*BAG*, 5. 3. 1997 –7 AZR 581/92, DB 1998, 373; *BAG*, 27. 6. 1990 – 7 AZR 292/89, DB 1991, 49 = NZA 1991, 200). Denn die Teilnahme an einer Schulungsmaßnahme ist nicht Tätigkeit der MAV. § 16 regelt ausdrücklich die Arbeitsbefreiung, nicht dagegen den Freizeitausgleich. Eine § 15 Abs. 4 entsprechende Regelung gibt es wegen der Teilnahme an Schulungen – anders als nach § 37 Abs. 6 S. 1 und 2 BetrVG – außerhalb der Arbeitszeit nicht. Erfolgt die Anreise eines MAV-Mitglieds zu einer Schulungsveranstaltung an einem Sonntag oder gesetzlichen Feiertag, so besteht für den Anreisetag kein Anspruch auf die sonst arbeitsvertraglich womögliche Reiseentschädigung (*LAG München*, 30. 12. 1991 – 6 Sa 366/90, rkr., ZTR 1994, 298).

Infolgedessen ist die Rechtslage auch bei **Teilzeitbeschäftigung** (z. B. Halb- 53 tagsbeschäftigung) nicht anders. Das gilt auch in gleicher Weise für die Vertrauensperson der schwerbehinderten Menschen, die außerhalb der Arbeitszeit an einer Schulungsveranstaltung teilnimmt, weil die Vorschrift des früheren § 26 Abs. 6 SchwbG – jetzt § 96 Abs. 6 SGB IX – im Falle der Schulungsveranstaltung nicht anwendbar ist (*BAG*, 14. 3. 1990 – 7 AZR 147/89, BB 1990, 1413 = NZA 1990, 698). Teilzeitbeschäftigten Mitgliedern der MAV, die an ganztätigen Schulungen, und solchen MAV-Mitgliedern, die an arbeitsfreien Tagen an Schulungen teilnehmen, wird ein **besonderes Freizeitopfer** – ohne Lohnansprüche – auferlegt (so auch: *LAG Berlin*, 30. 1. 1990 – 8 Sa 86/89, ZTR 1990, 303 = DB 1991, 49), für das es keine materielle Entschädigung gibt (*LAG Köln*, 11. 1. 1990 – 8 Sa 1020/89, rkr., DB 1990, 1291). Der *EuGH* hatte am 6. 2. 1996 entschieden, dass der Ausschluss des Freizeitausgleiches für teilzeitbeschäftigte weibliche Betriebsratsmitglieder eine gegen Art. 119 EWG-Vertrag (jetzt: Art. 141 EG-V) verstoßende mittelbare Frauendiskriminierung ist, wenn die für die Betriebsarbeit erforderlichen Schulungsveranstaltungen während der betrieblichen Vollarbeitszeit, aber im Falle der teilzeitbeschäftigten Frauen außerhalb ihrer individuellen Arbeitszeit durchgeführt werden, falls der Ausschluss des Freizeitausgleichs nicht durch ein legitimes sozialpolitisches Ziel gerechtfertigt werden kann. Daraufhin hat das *BAG* noch unter Geltung des § 37 Abs. 6 BetrVG a. F. in seiner Entscheidung vom 5. 3. 1997 (7 AZR 581/92, DB 1998, 373) erkannt, mit der Ausgestaltung des Betriebsratsamtes als **unentgeltliches Ehrenamt** und der damit bezweckten Unabhängig-

§ 16

keit der Amtsführung wird eine legitime sozialpolitische Zielsetzung verfolgt, die in keinem Zusammenhang mit einer Geschlechtsdiskriminierung steht. Dies ist auch jetzt noch für den Geltungsbereich der MAVO anzunehmen (§ 112 BPersVG). Es ist Sache der MAV dafür zu sorgen, dass die spezifischen Bedürfnisse teilzeitbeschäftigter Mitarbeiter in der Mitarbeitervertretungsarbeit und bei Schulungen angemessen berücksichtigt werden. Eine solche Rücksichtnahme erfolgt nicht, wenn ein teilzeitbeschäftigtes weibliches Mitglied der MAV in wöchentlichem Wechsel eine Woche voll arbeitet und in der folgenden Woche dienstplanmäßig von der Arbeit freigestellt ist, wegen einer Schulung seine dienstplanmäßige Arbeitszeit aber verlegt wird, damit die Schulung folglich in die arbeitsfrei gemachte Woche fällt.

8. Verfahren zur Freistellung

a. Beschlussfassung der MAV

54 Gemäß § 16 Abs. 1 unterliegt die Arbeitsbefreiung zu Schulungsveranstaltungen einer Vorentscheidung der MAV. Denn es geht um den Anspruch der MAV als Kollektivorgan, nicht um einen persönlichen Anspruch des freizustellenden Mitglieds der MAV. Daher trifft die MAV die Auswahl der für die Freistellung vorzuschlagenden Mitglieder nach pflichtgemäßem Ermessen durch ordnungsgemäßen Beschluss in ihrer Sitzung. **Die MAV beschließt darüber, ob und wer wann an welcher Schulungsveranstaltung teilnehmen soll.** Die Gesamtmitarbeitervertretung ist für die Beschlussfassung ebenfalls zuständig (Rz 4), weil auch Probleme aus dem Aufgabengebiet der Gesamtmitarbeitervertretung (§ 24) zu behandeln sein können.

55 Ohne einen ordnungsgemäßen Beschluss der MAV ist ein Mitglied der MAV nicht berechtigt, während der Arbeitszeit an einer Schulungsveranstaltung teilzunehmen (*BAG*, 8. 3. 2000 – 7 ABR 11/98, DB 2000, 1335). Zur ordnungsgemäßen Beschlussfassung der MAV ist die dazu erforderliche Ankündigung in der den Mitgliedern der MAV übersandten Tagesordnung zur beabsichtigten Entsendung zur Schulung zu beachten. Unterbleibt dies, so kann dieser Mangel nur durch den einstimmigen Beschluss der vollzählig versammelten Mitglieder der MAV geheilt werden, dass sie mit der Behandlung des vorher nicht mitgeteilten Tagesordnungspunktes einverstanden sind.

56 Die MAV hat über die Teilnahmeentscheidung einen Ermessensspielraum wegen der Erforderlichkeit der Schulung und den **Grundsatz der Verhältnismäßigkeit** zu beachten, insbesondere wegen der Kostenbelastung des Dienstgebers. Dabei ist auf die betrieblichen Notwendigkeiten Rücksicht zu nehmen. Die MAV und jedes einzelne Mitglied der MAV sind gehalten, bei der Planung des Besuchs einer Schulungsveranstaltung auf die dienstlichen Belange der Einrichtung oder Dienststelle, insbesondere bei vorübergehender Personalknappheit, Rücksicht zu nehmen. Hier gelten die Grundsätze, die auch gemäß § 14 Abs. 4 S. 3 von der MAV zu beachten sind. Der Betriebsablauf darf unter Berücksichtigung des Grundsatzes der Verhältnismäßigkeit und der vertrauensvollen Zusammenarbeit (§ 26 Abs. 1 S. 1) nicht beeinträchtigt werden (*Wiese/Weber*, GK-BetrVG § 37 Rz 182 ff.). Deshalb ist stets zu prüfen, ob die betrieblichen Gegebenheiten den zwingenden Vorrang gegenüber dem Interesse der MAV für Schulungszwecke haben (*Wiese/Weber*, a. a. O.). Zwingende Gründe zur Verschiebung der Teilnahme eines Mitgliedes an der Schulung

liegen vor, wenn das zur Schulung von der MAV ausgewählte Mitglied durch sein Fehlen in der Dienststelle den reibungslosen Betriebsablauf in Frage stellt, wenn also z. B. für unaufschiebbare Arbeiten keine eingearbeitete Vertretung zur Verfügung steht (*Hess/Schlochauer/Worzalla/Glock*, BetrVG § 37 Rz 135 m. N.). Eine Selbstbeurlaubung zur Teilnahme an der Schulung ist unzulässig und bei schuldhaftem Verhalten eine Verletzung des Arbeitsvertrages. Eine Arbeitsbefreiung zur Teilnahme erfolgt nicht, wenn die Schulungsveranstaltung nicht anerkannt ist (Rz 70 ff.).

b. Antragstellung beim Dienstgeber

Die MAV hat die Arbeitsbefreiung beim Dienstgeber rechtzeitig unter Angabe der Namen der von ihr bestimmten Teilnehmer, der Veranstaltung nach Thema, Ort und Dauer zu beantragen, damit der Dienstgeber die Arbeitsbefreiung gewährt (*OVG Nordrhein-Westfalen*, 4. 3. 1993 – CL 33/89, ZTR 1993, 436). So können die betrieblichen Belange, die durch die Freistellung berührt werden, auch vom Dienstgeber berücksichtigt werden. Rechtzeitig ist die Antragstellung der MAV beim Dienstgeber nur, wenn dieser die wegen der Arbeitsbefreiung des MAV-Mitglieds notwendigen Maßnahmen (z. B. Sicherstellung einer Vertretung) angemessene Zeit vorher treffen und für den Fall von Einwendungen gegen die zeitliche Lage der Veranstaltung auch noch die Schlichtungsstelle vor Beginn der Veranstaltung von der MAV angerufen werden kann. **57**

Der Dienstgeber ist nicht berechtigt, mehreren Mitgliedern derselben MAV den gleichzeitigen Besuch einer Schulungsveranstaltung zu versagen, insbesondere dann nicht, wenn er auch bei anderen Gelegenheiten dieselben Mitarbeiter gleichzeitig beurlaubt. Der Dienstgeber muss jedenfalls dafür sorgen, dass die Mitglieder der MAV während ihrer Amtszeit das ihnen zustehende Quantum an Schulungsveranstaltungen während ihrer Amtsperiode besuchen können. **58**

Dienen Schulungen der **Vermittlung von Grundkenntnissen der MAVO**, bedarf es im Regelfall keiner näheren Darlegung für ein erstmals gewähltes MAV-Mitglied, dass der Erwerb derartiger Kenntnisse für die Arbeit in der MAV notwendig ist. Anders kann der Fall liegen, wenn die **Schulung erst kurz vor dem Ende der Amtszeit der MAV** stattfindet. In diesem Fall muss dargelegt werden, wenn das MAV-Mitglied für den Rest der Amtszeit noch einer Schulung bedarf. Schließlich hat es durch seine bisherige praktische Mitarbeit in der MAV Kenntnisse erworben, so dass der für die Schulung in Frage kommende Themenkatalog im Hinblick auf die konkrete Situation der Einrichtung und die auf die MAV für den Rest der Amtszeit zukommenden Aufgaben wichtig sein muss. Liegen Ende der Schulung und Termin der Neuwahl zur MAV etwa acht Wochen auseinander, so dürfte eine Schulung über Grundwissen nicht mehr ihren Zweck erfüllen, wenn dazu nicht besondere Gründe vorgetragen werden, die die Freistellung und die Teilnahme an der Schulung rechtfertigen (*BAG*, 7. 6. 1989 – 7 AZR 26/88, BB 1990, 137 f. = NZA 1990, 1491 f.). **59**

c. Geltendmachung des Anspruchs vor der Schlichtungsstelle

Besteht zwischen Dienstgeber und MAV bzw. einem einzelnen Mitglied der MAV Streit darüber, ob die Schulung erforderlich ist, kann die MAV eine **60**

§ 16

einstweilige Anordnung der Schlichtungsstelle beantragen, durch die dem Dienstgeber die Arbeitsbefreiung zu der Schulung aufgegeben wird (*Schlichtungsstelle Würzburg*, 31. 1. 1995 – MA 2/94, ZMV 1995, 233; Rz 122).

9. Kostentragung

61 Der Dienstgeber kann die Teilnahme an der Schulung nicht mit dem Hinweis auf knappe Kassen oder fehlenden Haushaltsansatz der Einrichtung verweigern (§ 17 Rz 18). Denn durch **§ 17 Abs. 1 S. 2 i. V. m. § 16** ist bestimmt, dass der Dienstgeber die Kosten für Teilnahme an der erforderlichen Schulungsveranstaltung i. S. des § 16 trägt. Das bedeutet entweder Erstattung der vom MAV Mitglied verauslagten Kosten oder aber, dass ein Anspruch auf Freistellung von den Kosten der Schulung gegen den Dienstgeber besteht (*LAG Schleswig-Holstein*, 3. 9. 1987 – 4 Ta BV 25/87, BB 1988, 348). Zu den Kosten gehören die für die Fahrt zum Veranstaltungsort. Diese werden nach der für den Dienstgeber geltenden Reisekostenregelung erstattet (§ 17 Abs. 1 S. 1). Ferner sind die Kosten für Unterkunft, Verpflegung und die Kursusgebühren zu erstatten (§ 17 Rz 6 ff). Wegen Streitigkeiten über die Kostenerstattung wird auf § 17 Rz 69 ff. verwiesen. Eine Kostenerstattung für Gesetzessammlungen, die an die Teilnehmer ausgegeben werden, findet nicht statt, wenn das Material auch leihweise hätte überlassen werden können. Denn eine solche Ausgabe zum Verbleib beim jeweiligen Schulungsteilnehmer war dann nicht erforderlich (*LAG Berlin*, 10. 10. 1988 – 9 TaBV 6/88, DB 1989, 683). Der Dienstgeber muss aber z. B. die Kosten für die Schulung über den Einsatz eines PC für die Erledigung von Mitarbeitervertretungsaufgaben nach § 16 tragen, wenn aktuelle oder absehbare einrichtungsbezogene Anlässe die Schulung des entsandten MAV-Mitglieds erfordert haben (*BAG*, 19. 7. 1995 – 7 ABR 49/94, NZA 1996, 442). Die Pflicht des Dienstgebers, Schulungskosten zu tragen, gilt allerdings nicht unbegrenzt, sondern wird durch die **Grundsätze der Erforderlichkeit und Verhältnismäßigkeit** eingeschränkt. Die Kosten sind möglichst niedrig zu halten (*BAG*, 15. 5. 1986 – 6 AB R 74/83, BAGE 52, 78 = EzA Nr. 85 zu § 37 BetrVG 1972). Bei mehreren gleichwertigen Veranstaltungen hat die MAV ihr Mitglied an derjenigen teilnehmen zu lassen, die für den Dienstgeber geringere Kosten verursacht; andernfalls ist dieser nicht verpflichtet, die höheren Kosten zu tragen (*LAG Schleswig-Holstein*, 23. 9. 1987 – 5 Sa 409/87, NZA 1988, 590 = BB 1988, 1389).

62 Daraus folgt auch, dass der **Schulungsort in der Nähe** sein sollte. Das ist anders zu beurteilen, wenn dort keine Schulungen zur Vermittlung der erforderlichen Kenntnisse geboten werden (*BAG*, 29. 1. 1974, DB 1974, 293). Die Fahrtkosten sind niedrig zu halten, Fahrgemeinschaften sind zu bilden (*LAG Hamm*, 13. 11. 1991 – 3 Ta BV 110/91, BB 1992, 781 Ls.; *Berger-Delhey*, ZTR 1995, 545, 547). Die Rechnungsbeträge sind für den Dienstgeber erkennbar aufzuschlüsseln (*BAG*, 30. 3. 1994 – 7 ABR 45/93, NZA 1995, 382). Private Veranstalter dürfen keine Gewinne aus den Schulungsveranstaltungen erzielen. Das gilt gerade für Berufsverbände (*BAG*, 30. 3. 1994 a. a. O.). Ohne Spezifikation der Rechnungsposten ist der Dienstgeber berechtigt, die Kostenübernahme zu verweigern, falls er nicht zuvor bereits bezifferte Kosten anerkannt hat.

63 Die **Kostentragung entfällt für den Dienstgeber**, wenn die Teilnahme des MAV-Mitgliedes an der Schulungsveranstaltung unter Berücksichtigung der

§ 16

aktuellen konkreten Situation in der MAV und der Aufgabenzuweisung nicht erforderlich war (*BAG*, 14. 9. 1994 – 7 ABR 27/94, NZA 1995, 381). Das kann z. B. auch für den nur teilweise besuchten Kurs gelten (*BAG*, 21. 5. 1974 – 1 ABR 279/73, DB 1974, 2015).

10. Abgrenzung zum Bildungsurlaub

a. Landesrecht

Die Vorschrift über die Schulung der MAV und der Mitglieder des Wahlaus- 64
schusses ist unabhängig von den gesetzlichen Vorschriften über den bezahlten Bildungsurlaub für Arbeitnehmer, der nach Landesrecht verlangt werden kann. Zu nennen sind
– Berliner Bildungsurlaubsgesetz vom 24. 10. 1990 (GVBl. S. 2209),
– Brandenburgisches Weiterbildungsgesetz vom 15. 12. 1993 (Bbg WBG – GVBl. I S. 498),
– Bremisches Bildungsurlaubsgesetz vom 18. 12. 1974 – Brem. GBl. S. 348; Verordnung über die Anerkennung von Bildungsveranstaltungen nach dem Bremischen Bildungsurlaubsgesetz vom 24. 1. 1983 – Brem. GBl. S. 3; Verordnung über die Gewährung von Zuschüssen nach dem Bremischen Bildungsurlaubsgesetz vom 25. 3. 1975 – Brem. GBl. S. 176 – geändert durch Änderungsverordnung vom 4. 4. 1977 – Brem. GBl. S. 197,
– Hamburgisches Bildungsurlaubsgesetz vom 21. 1. 1974 – GVBl. S. 6; Verordnung über die Anerkennung von Bildungsveranstaltungen v. 9. 4. 1974 – GVBl. S. 133,
– Hessisches Gesetz über den Anspruch auf Bildungsurlaub vom 16. 10. 1984 – GVBl. I S. 261,
– Niedersächsisches Gesetz über die Freistellung von der Arbeit für Maßnahmen der Weiterbildung in der Fassung vom 25. 1. 1991 – Nds. GVBl. S. 30 i. d. F. vom 16. 12. 1992; Verordnung zur Durchführung des NBildUG v. 26. 3. 1991 (Nds. GVBl. S. 167) in der Fassung vom 4. 12. 1992,
– Arbeitnehmerweiterbildungsgesetz des Landes Nordrhein-Westfalen (AWbG) vom 6. 11. 1984 – GVBl. NW S. 678 mit Änderungen vom 28. 3. 2000 (GVBl. NW S. 361; dazu: *Schiefer*, DB Beilage Nr. 7/00 zu Heft Nr. 25 vom 23. 6. 2000),
– Landesgesetz über die Freistellung von Arbeitnehmerinnen und Arbeitnehmern für Zwecke der Weiterbildung des Landes Rheinland-Pfalz (Bildungsfreistellungsgesetz – BFG vom 30. 3. 1993 – GVBl. S. 157),
– Saarländisches Weiterbildungs- und Bildungsurlaubsgesetz (SWBG) vom 17. 1. 1990 – Gesetz Nr. 1260 – Amtsblatt des Saarlandes S. 234 ff.,
– Bildungsfreistellungs- und Qualifizierungsgesetz (BFQG) für das Land Schleswig-Holstein vom 7. 6. 1990 – GVOBl. Schl.-H. S. 364.

Zum AWbG NW hat die Frage der Verfassungsmäßigkeit das *Bundesverfas-* 65
sungsgericht am 15. 12. 1987 (1 BvR 563/85 u. a., DB 1988, 709 ff.) entschieden. Das nordrhein-westfälische AWbG hat es für verfassungsgemäß erklärt (vgl. dazu *Stege/Sowka*, DB 1988, Beilage Nr. 14/88 zu Heft Nr. 33). Am hessischen Gesetz über den Anspruch auf Bildungsurlaub (HBUG) hat es lediglich § 3 Abs. 1 HBUG mit Art. 12 Abs. 1 S. 2 GG insoweit für unvereinbar erklärt, als dieses Gesetz den Arbeitgeber verpflichtet, für den Zusatzurlaub pädagogischer Mitarbeiter das Entgelt fortzuzahlen, ohne Ausgleichsmöglichkeiten

§ 16

vorzusehen. Nach den vorstehenden Gesetzen ist es daher Mitarbeitern, die Mitglieder der MAV sind, möglich, an Maßnahmen der Schulung nach Maßgabe der MAVO einerseits und der Weiterbildung nach Maßgabe des Landesrechts andererseits teilzunehmen. Die Weiterbildung muss allerdings arbeitnehmerbezogen (*LAG Köln*, 28. 4. 1989 – 6 Sa 101/89, NZA 1989, 848) und jedermann – also auch Arbeitnehmern – zugänglich sein (*BAG*, 3. 8. 1989 – 8 AZR 249/87, DB 1990, 227 = NZA 1990, 317; *BAG*, 16. 8. 1990- 8 AZR 654/88, DB 1990, 2325 = NZA 1991, 109). Der Bildungsträger darf den Zugang zu einer Bildungsveranstaltung weder rechtlich noch faktisch beschränken (*Schlömp-Röder*, Ausgrenzung der gewerkschaftlichen Bildungsveranstaltungen aus der Arbeitnehmerweiterbildung? DB 1989, 276, 278). Soweit ein arbeitsvertraglicher Anspruch auf Bildungsurlaub oder auf Teilnahme an fachlichen Fortbildungsveranstaltungen besteht, ist zu prüfen, ob in der Regelung eine Anrechnungsvorschrift zum gesetzlichen Anspruch auf Bildungsurlaub besteht (vgl. § 10 Abs. 3 Unterabsatz 2 AVR). Für die Teilnahme an gewerkschaftlichen Funktionsträgerschulungen besteht kein Anspruch auf bezahlte Freistellung nach dem AWbG/NW (*Friauf*, Arbeitnehmerweiterbildung und gewerkschaftliche Schulung, DB Beilage Nr. 2/89 S. 6 Buchst. dd m. N. zur Rechtsprechung der Landesarbeitsgerichte – u. a. *Hamm*, 12. 11. 1987 – 4 (9) Sa 1169/86, DB 1988, 711). Dasselbe gilt bei der Teilnahme an gewerkschaftlichen Bildungsveranstaltungen, wenn sie nicht von anerkannten Einrichtungen der Weiterbildung durchgeführt werden (§ 9 S. 1 Buchst. a AWbG/NW; *BAG*, 23. 2. 1989 – 8 AZR 185/86, NZA 1989, 751; 8 AZR 133/87, NZA 1989, 753 = DB 1989, 1674; 8 AZR 185/88, BB 1989, 1758, *BAG*, 16. 8. 1990 – 8 AZR 220/88, DB 1990, 2326 = NZA 1991, 108; *Klevemann*, Das Arbeitnehmerweiterbildungsgesetz, DB 1989, 209) oder wenn es das Ziel des Lehrgangs ist, Referenten für eine künftige Schulungsarbeit der Gewerkschaften auszubilden (*BAG*, 3. 8. 1989 – 8 AZR 335/87, DB 1990, 229). Wesentlich für die bezahlte Freistellung ist nach dem AWbG NW berufliche oder politische Weiterbildung (*LAG Hamm*, 13. 2. 1991 – 3 Sa 553/90; rkr. DB 1991, 1178; 3 (4) Sa 376/90, DB 1991, 1178; *LAG Düsseldorf*, 21. 3. 1991 –12 (3) Sa 1600/90, rkr., DB 1991, 1578). Nicht alle Kenntnisse, Fähigkeiten, Fertigkeiten, Einsichten, Informationen, Techniken und Verhaltensweisen, die für die Ausübung einer beruflichen Tätigkeit von Nutzen sind und diese einfacher gestalten, gehören zur beruflichen Bildung, weil auf das Berufsbild des betreffenden Mitarbeiters abzustellen ist (*LAG Hamm*, 1. 2. 1990 – 4 Sa 1014/89, BB 1990, 1975 m. Anm. *Mauer*, BB 1990, 1976; vgl. aber: Vereinbarung über die Anwendung des Arbeitnehmerweiterbildungsgesetzes NW wegen Schlüsselqualifikationen, in: NZA 1991, 219). Eine inhaltliche Überprüfung der Veranstaltung durch die Arbeitsgerichte kommt auch in Betracht, wenn die Anerkennung von Bildungsveranstaltungen durch die zuständige Behörde erfolgt ist (*BAG,* 9. 2. 1993 – 9 AZR 203/90, DB 1993, 380; 9 AZR 648/90, DB 1993, 1573).

b. Arbeitsvertragliche Regelungen

66 In Arbeitsvertragsregelungen ist teilweise bestimmt, dass Mitarbeiter jährlich zur Teilnahme an Fortbildungsmaßnahmen bzw. zur Wahrnehmung von Bildungsurlaub bezahlte Dienstbefreiung erhalten (vgl. § 10 Abs. 6 AVR; Bestimmungen über Fort- und Weiterbildung, Anlage 25 zur KAVO der Diözesen in Nordrhein-Westfalen). Eine Anrechnung auf gesetzlichen Bildungsurlaub se-

§ 16

hen die AVR und § 3 Abs. 4 Anlage 25 zur KAVO der Diözesen in NRW vor. Eine Anrechnung auf die Dienstbefreiung zur Teilnahme an der Schulung im Sinne von § 16 dieser Rahmenordnung ist nicht geregelt. Insoweit ist eine Kumulierung der Ansprüche möglich (§ 3 Abs. 5 Anlage 25 zu KAVO; Rz 67). Die Mitglieder der AK haben Dienstbefreiungsanspruch gemäß § 10 Abs. 7 AVR.

e. Kirchengesetzliche Bestimmungen

Die Mitglieder der Bistums- oder Regional-KODA können je nach diözesaner 67 Ordnung u. U. auch wegen ihrer Aufgaben in der KODA (Kommission zur Ordnung des diözesanen Arbeitsvertragsrechts) Anspruch auf Freistellung von der dienstlichen Tätigkeit haben, um innerhalb der Amtszeit Schulungsveranstaltungen, die für die Arbeit in der KODA erforderliche Kenntnisse vermitteln, besuchen zu können (vgl. § 10 Regional-KODA-Ordnung Nord-Ost). Eine etwa bestehende Anrechnungsvorschrift im Verhältnis zu anderen Schulungsveranstaltungen ist zu prüfen.

Gemäß Art. 9 GrO haben die Mitarbeiterinnen und Mitarbeiter Anspruch auf 68 berufliche Fort- und Weiterbildung. Diese umfassen die fachlichen Erfordernisse, aber genauso die ethischen und religiösen Aspekte des Dienstes. Hierbei müssen auch Fragen des Glaubens und der Wertorientierung sowie die Bewältigung der spezifischen Belastungen der einzelnen Dienste angemessen berücksichtigt werden.

11. Aus- und Fortbildung gemäß SGB VII

Die Unfallversicherungsträger haben zu eigenen Kosten für die Aus- und Fort- 69 bildung der Personen in Einrichtungen und Dienststellen zu sorgen, die mit der Durchführung der Maßnahmen zur Verhütung von Arbeitsunfällen, Berufskrankheiten und arbeitsbedingten Gesundheitsgefahren sowie mit der Ersten Hilfe betraut sind (§ 23 Abs. 1 und 2 SGB VII). Für die Arbeitszeit, die wegen der Teilnahme an einem Lehrgang ausgefallen ist, besteht gegen den Dienstgeber ein Anspruch auf Fortzahlung des Arbeitsentgelts (§ 23 Abs. 3 SGB VII). Ist ein Mitglied der MAV dem genannten Personenkreis zuzuordnen, hat es deshalb zusätzlichen Anspruch auf Arbeitsbefreiung außerhalb der Vorschriften der MAVO. Werden besondere Veranstaltungen für Mitarbeitervertreter zu Themen wie Einsatz der MAV zur Durchführung der Vorschriften über den Arbeitsschutz, die Unfallverhütung und die Gesundheitsförderung in der Einrichtung (vgl. § 26 Abs. 3 Nr. 7 MAVO) und Maßnahmen des Dienstgehers zur Verhütung von Dienst- und Arbeitsunfällen und sonstigen Gesundheitsschädigungen (§ 36 Abs. 1 Nr. 10, § 37 Abs. 1 Nr. 10, § 38 Abs. 1 Nr. 10 MAVO) angeboten, die von der Diözese anerkannt sind, gehören sie zu Schulungsmaßnahmen i. S. von § 16 Abs. 1 MAVO (vgl. auch § 1 Abs. 4 ArbSchG).

III. Anerkennung der Schulungsveranstaltung als geeignet

1. Anerkennung

Der Anspruch auf Schulung setzt weiter voraus, dass die Schulungsveranstal- 70 tung von dem Bistum oder dem Diözesancaritasverband **als geeignet** aner-

§ 16

kannt ist (§ 16 Abs. 1 S. 1). Zu klären ist, welches Bistum oder welcher Diözesancaritasverband für die Anerkennung zuständig ist. Das kann die für die Belegenheit der Dienststelle zuständige Körperschaft oder die für den Ort der Veranstaltung zuständige Körperschaft sein.

71 Denkbar ist auch, dass ein Träger der Schulungsveranstaltung wegen seiner Belegenheit (z. B. in Wiesbaden) das Bistum Limburg und wegen des Veranstaltungsortes (z. B. Königswinter) das Erzbistum Köln um Anerkennung der Veranstaltung als geeignet bittet. Es ist möglich, dass die Teilnehmer der Schulungsveranstaltung aus verschiedenen Diözesen anreisen. **Grundsätzlich ist davon auszugehen, dass die Kriterien für die Anerkennung von der für den Bereich der Dienststelle zuständigen Anerkennungskörperschaft festgelegt werden.** Das folgt aus der diözesanen Mitarbeitervertretungsordnung. Finden Schulungsveranstaltungen in einer anderen Diözese statt, so wird aus der Anerkennung durch die andere Diözese oder deren Caritasverband zu schließen sein, dass die Anerkennung durch das nach der diözesanen MAVO zuständige Bistum oder seines Caritasverbandes als erteilt gilt, falls nicht ausdrücklich die Teilnahme an Schulungsveranstaltungen im Bistum angeordnet ist. Hat bereits ein Bistum die Veranstaltung anerkannt, obwohl sie von dem dort belegenen Träger in einer anderen Diözese durchgeführt wird, ist eine neue Entscheidung des Bistums des Ortes der Veranstaltung erforderlich. Dieses Bistum des Veranstaltungsortes kann auf die bereits getroffene Anerkennung des anderen Bistums Bezug nehmen. Denn eine gegensätzliche Entscheidung müsste praktisch die Inhalte der Veranstaltung anders bewerten. In solchen Fällen ist eine vorherige Absprache zumindest der beteiligten Bistümer sinnvoll (für die Diözesen in Bayern vgl. Amtsbl. München und Freising 1997 Nr. 45 S. 105). Mitarbeiter-Vertreter aus dritten Bistümern sollten nicht noch zusätzlich eine Anerkennung ihres Bistums benötigen. Es müsste ausreichen, wenn das Belegenheitsbistum des Veranstalters und das Belegenheitsbistum des Veranstaltungsortes eingeschaltet wurden und zur Anerkennung eine Entscheidung getroffen und sie dem Veranstalter mitgeteilt haben. Hierzu sollten das gemäß § 16 für die Mitarbeitervertretung zuständige Bistum oder der zuständige Diözesancaritasverband den Dienstgebern und ihren Mitarbeitervertretungen hilfreiche Erklärungen abgeben, insbesondere dann, wenn der Veranstalter um Anerkennung nachgesucht hat. Die Teilnehmer an Schulungsveranstaltungen müssen sich vom Veranstalter der Schulung nachweisen lassen, dass die Veranstaltung im Sinne von § 16 als geeignet anerkannt ist.

72 Nicht auszuschließen ist, dass eine MAV mit Zustimmung ihres Dienstgebers eine interne – auch mehrtägige – Schulung haben will, wozu sie gegebenenfalls ihr geeignet erscheinende Dozenten einlädt. Die Schulung ist keine Sitzung der MAV mit Gast im Sinne von § 14; sie wird auf das Schulungskontingent der Mitglieder der MAV gemäß § 16 Abs. 1 angerechnet. Die **interne Schulung** ermöglicht die Aufarbeitung der besonderen Angelegenheiten einer Einrichtung, weshalb diese Maßnahme auch die Teilnahme des Dienstgebers einschließen kann (vgl. § 26 Abs. 1 S. 1). Auch Rollenspiele können Gegenstand der Schulung sein, um das Verständnis für unterschiedliche Standpunkte bei der Ausgangslage zu Verhandlungen der Betriebspartner zu wecken und Verständigungswege einzuüben. Solche Schulungen, die der Dienstgeber für seine MAV gutheißt und für sie die Kosten trägt, bedürfen keiner Anerkennung von außen i. S. des § 16 Abs. 1. Andererseits dürfen solche Schulungen nicht die Teilnahme an anerkannten außerbetrieblichen Schulungen verbauen.

§ 16

a. Antrag auf Anerkennung

Bestimmungen über das Anerkennungsverfahren enthält die Ordnung nicht. Dennoch ist von Folgendem auszugehen. Die Anerkennung setzt einen Antrag des Veranstaltungsträgers an das Bistum oder den Diözesancaritasverband voraus, falls nicht der eine oder andere der beiden Rechtsträger selbst Veranstalter ist. Der Veranstalter trägt das Risiko inhaltlich und wirtschaftlich. Um über die Anerkennung entscheiden zu können, müssen die für die Anerkennung erforderlichen Unterlagen dem Antrag beigefügt werden. Deshalb wird der Antragsteller stets das Programm und den vorgesehenen Personenkreis anzugeben haben, der geschult werden soll. Aus dem Programm haben Ort und Zeit sowie Dauer der Veranstaltung, der Lehrstoff, die Dozenten und die Leitung der Schulung ersichtlich zu sein. Ob auch die Mitarbeitervertreter die Anerkennung beantragen können, ist nicht geregelt. Das ist denkbar (vgl. *Frey/Coutelle/Beyer*, § 16 Rz 29), doch in der Praxis umständlich, weil eigentlich die Publizität der Anerkennung im Mittelpunkt stehen muss, die der Veranstalter eher zu bewerkstelligen vermag, weil er mit der Anerkennung werben darf. 73

b. Allgemeine Anerkennung

An die Stelle der Einzelentscheidung kann eine Globalentscheidung über die Anerkennung der Veranstaltungen eines Veranstalters als geeignet erfolgen, wenn die Veranstaltungen dem vom Bistum oder Diözesancaritasverband vorgegebenen Kriterienkatalog (Rz 10 ff.) generell entsprechen. Das kann zu dem Zweck geschehen, dass der Veranstalter sein Jahresprogramm rechtzeitig herausbringen kann und die möglichen Teilnehmer rechtzeitig planen können (*Jankowski*, Schulungsveranstaltungen, Caritas 82 S. 285 ff.). Die Anerkennung kann aber auch für die Fälle erfolgen, in denen gerade einzelne Mitarbeitervertretungen mit Rücksicht auf ihre konkrete Situation Schulungen erbitten. Denn es ist für die anerkennende Stelle (Rz 70 ff.) nicht immer einfach zu prüfen, was eine MAV konkret an Schulung nötig hat, während die anerkannte Schulungsstätte durch ihre Dozenten sehr gut beurteilen kann, was erforderlich ist. Deshalb ist davon auszugehen, dass gerade Veranstalter anregen, welche aktuellen Themen die Schulung behandeln soll. Somit kann die Anerkennung auch mit Blick auf das für die Schulung Erforderliche, welches die Schulungsstätte gewährleistet, erfolgen. 74

2. Kriterien für die Anerkennung als geeignet

Der Begriff der Geeignetheit ist ebenso wie der der Erforderlichkeit ein unbestimmter Rechtsbegriff (*Schiefer*, Schulungs- und Bildungsveranstaltungen, DB 1991, 1453, 1456; *BAG*, 11. 8.1993 – 7 ABR 52/92, NZA 1994, 517, 519). Deshalb ist er auszufüllen (vgl. Rz 10 ff.). Anerkennungskriterium kann die **Organisation** der Schulungsveranstaltung sein. Aus dem Programm muss hervorgehen, dass Kenntnisse vermittelt werden sollen, die für die Aufgabe und Tätigkeit in der MAV erforderlich sind. Deshalb sind Gebiete des staatlichen Personalvertretungs- und Betriebsverfassungsrechts oder anderer vergleichbarer Ordnungen außerhalb des Geltungsbereichs der MAVO als absoluter Lehrstoff ungeeignet. Die Tendenz der Schulungsveranstaltung muss der kirchlichen Ordnung entsprechen, die Mitarbeitervertreter zum Umgang mit 75

§ 16

der MAVO einladen und innerlich überzeugen (Richtlinien für die MAV-Fortbildung in den bayerischen (Erz-)Diözesen, Amtsblatt München und Freising 1997 Nr. 45, S. 105).

76 Die **Dauer der Tagung** muss so angelegt sein, dass eine Schulung ermöglicht wird, die einen Erfolg sichert (Rz 12 ff.). Deshalb sind **Grundkurse** grundsätzlich mehrtägig durchzuführen (*Jankowski*, Schulungsveranstaltungen Caritas 82 S. 286). Das Haus der Veranstaltung und der Träger müssen die Gewähr für die im Programm ausgewiesene Veranstaltung, die Begegnung, die geeignete Referentenauswahl, den Tagungsleiter und die bestmögliche Methode der Schulung übernehmen. Der Träger der Schulungsveranstaltung muss kirchliches Arbeits- und Dienstrecht uneingeschränkt anerkennen.

77 Weiteres Anerkennungskriterium ist die **Struktur** der Veranstaltung. Grundsätzlich empfiehlt sich eine Unterscheidung nach **Grund- und Aufbauseminaren** (*Jankowski*, a. a. O.), damit der Adressatenkreis über die Ziele der Veranstaltung informiert wird. Die Programminhalte sind nicht standardisierbar, weil der Themenkatalog der zu behandelnden Materien nicht in wenigen Veranstaltungen unterzubringen ist. Die Themen der Veranstaltung sind dem Ziel der Vermittlung von Kenntnissen und Fähigkeiten unterzuordnen, die speziell die Mitarbeitervertretung in ihren Aufgaben unterstützen.

78 Zu prüfen ist, ob es im Sinne von § 16 Abs. 1 S. 1 um eine Schulungsveranstaltung gehen soll, die von der Erforderlichkeit der vermittelten Kenntnisse für Mitglieder der MAV oder anderer Gremien i. S. der MAVO (vgl. §§ 16 Abs. 2, 23, 45, 46) getragen ist (Rz 11 ff.). Es muss ein **für alle Schulungsteilnehmer passender Themenplan** erstellt sein. **Dann ist zu prüfen, ob und inwieweit die geplante Veranstaltung den gesetzlichen Anforderungen entspricht.** Die Schulung ist nach ihrem Inhalt auch deshalb zu überprüfen, um dafür zu sorgen, dass der Veranstalter die Grenzen des § 16 Abs. 1 S. 1 nicht überschreitet und der Dienstgeber nicht mit Arbeitsbefreiungen für nicht erforderliche Schulungen belastet wird. Hierbei gilt es zu unterscheiden. Die Diözese oder der Diözesancaritasverband können nur über die Geeignetheit der Veranstaltung entscheiden, wenn sie objektiv feststellen, dass die Thematik schlechthin erforderlich ist. Inwieweit die Thematik aber gerade für ganz bestimmte Teilnehmer erforderlich ist, können sie nicht entscheiden, weil im Einzelfall der Wissensstand und die konkrete Betriebsbezogenheit der Thematik nicht bekannt sein dürfte. Hier gilt also **die abstrakt festgestellte Geeignetheit für das Anerkennungsverfahren**, wie dies gemäß § 37 Abs. 7 oder § 46 Abs. 7 BPersVG für den staatlichen Bereich geregelt ist. Danach müssen die Schulungsthemen einen hinreichenden Bezug zu den gesetzlichen Aufgaben z. B. des Betriebsrats aufweisen (*BAG*, 11. 8. 1993 – 7 ABR 52/92, NZA 1994, 517, 519). Neben der Eignung des Veranstaltungsträgers kommt es vor allem auf die jeweiligen Themen und die Ausgestaltung der Veranstaltung an (vgl. BAGE 25, 452, 467). Der mit der Anerkennung zu erreichende Anspruch auf die Arbeitsbefreiung bezweckt, die spezifische Wahrnehmung mitarbeitervertretungsrechtlicher Aufgaben zu fördern. Dafür reicht ein ausreichender Zusammenhang zwischen dem Inhalt der zu besuchenden Veranstaltung und der ordnungsgemäßen Erfüllung der mitarbeitervertretungsrechtlichen Aufgaben aus, der aber auch bestehen muss. Eine allgemeine Bildungsmaßnahme ohne hinreichenden Zusammenhang mit der Mitarbeitervertretungstätigkeit würde zudem eine mit § 18 Abs. 1 nicht zu vereinbarende Begünstigung darstellen; sie wäre gegebenenfalls der Arbeitnehmerweiterbildung i. S. der landesrecht-

§ 16

lichen Gesetze über die Weiterbildung von Arbeitnehmern (Rz 64) zuzuordnen und vom Mitglied der MAV selbst zu finanzieren.
Die Frage der »**Eignung**« ist auf Grund einer generalisierenden Betrachtung einheitlich für den gesamten Geltungsbereich der MAVO zu beantworten. Das gilt insbesondere der Vermittlung erforderlicher Grundkenntnisse. Dazu gehören die Grundordnung des kirchlichen Dienstes im Rahmen kirchlicher Arbeitsverhältnisse unter Berücksichtigung des kirchlichen Selbstverständnisses, des Staatskirchenrechts, staatlicher und kirchlicher Rechtskontrolle, die Mitarbeitervertretungsordnung mit Rechten und Pflichten der Beteiligten einschließlich der Verfahrensvorschriften bei Streitigkeiten, staatliches Arbeitsrecht und kirchliche Arbeitsvertragsordnungen einschließlich Öffnungsklauseln i. S. von § 38 Abs. 2 und angewendeter Tarifverträge (z. B. BAT), technischer und sozialer Arbeitsschutz, die KODA-Ordnungen und die Verfahren zur Arbeitsvertragsregelung, methodische Hilfen für die Tätigkeit der MAV wie Geschäftsführung, MAV-Wahlen, Informations- und Öffentlichkeitsarbeit, Initiativrechte und Reaktionsrechte bei den Beteiligungsformen, Zusammenarbeit mit anderen Vertretungen i. S. der MAVO (§§ 24, 45, 46), mit der DiAG MAV (§ 25 Abs. 2) und der Bundesarbeitsgemeinschaft der Mitarbeitervertretungen (§ 25 Abs. 5). Spezialkenntnisse sind erforderlich z. B. zu Dienstvereinbarungen, zum kirchlichen Vermögensverwaltungsrecht, kirchlichen Rechtsschutz und für Mitglieder der Mitarbeitervertretungen, die in besonderen Ausschüssen (§ 14 Abs. 10) mitarbeiten. 79

3. Versagung der Anerkennung

Die Anerkennung der Schulung als geeignet **muss versagt werden**, wenn das Schulungsprogramm den spezifischen Anforderungen des § 16 Abs. 1 S. 1 an Schulungsveranstaltungen nicht entspricht. Zuständig für die Entscheidung ist nicht der Dienstgeber, sondern das Bistum oder der Diözesancaritasverband. Folge der Ablehnung der Anerkennung ist, dass die Veranstaltung für Mitglieder von Mitarbeitervertretungen nicht ausgeschrieben werden darf. Der Veranstalter kann die geplante Maßnahme je nach Inhalt möglicherweise noch als Arbeitnehmerweiterbildung im Rahmen landesrechtlicher Bildungsurlaubsvorschriften durchführen, wenn er in diesem Sinne anerkannter Träger der Weiterbildung ist und gemäß Landesrecht die Veranstaltung offen für jedermann ist (vgl. z. B. § 1 AWbG NW; 3 BFG Rh.-Pf.). Ein Anspruch nach staatlichem Landesrecht besteht nur, wenn der Arbeitnehmer an einer anerkannten Bildungsveranstaltung teilnimmt, die von einem anerkannten Bildungsträger durchgeführt wird. Der anspruchsberechtigte Arbeitnehmer muss dem Arbeitgeber den Zeitpunkt der Inanspruchnahme rechtzeitig schriftlich mitteilen und das Vorliegen der anspruchsbegründenden Voraussetzungen nach dem jeweiligen Landesgesetz dartun. 80

Fehlt die Anerkennung der Schulung als für die Mitglieder der MAV geeignet, ist der Dienstgeber weder berechtigt noch verpflichtet, dem Antrag der MAV auf Arbeitsbefreiung zur Schulung zu entsprechen. Selbst im Falle einer Arbeitsbefreiung träfen ihn die Kosten der Veranstaltung nicht, allenfalls die Last der vergüteten Freistellung vom Dienst, falls nicht unbezahlter Sonderurlaub gewährt wurde. 81

Ob eine Anerkennung nur deshalb versagt werden kann, weil die Anreise weit und also teuer ist, ist deshalb fraglich, weil die Kostenfrage nicht das Bistum 82

Thiel 373

§ 16

oder der Diözesancaritasverband zu klären hat, sondern der Dienstgeber mit seiner MAV (§ 17 Abs. 1 S. 2, erster Spiegelstrich). Keineswegs kann die Anerkennung nur deshalb versagt werden, weil der Schulungsort im Gebiet einer anderen Diözese liegt, zumal ja gar nicht feststeht, ob die Entfernung von der Dienststelle des zu schulenden Mitgliedes der MAV zum Veranstaltungsort besonders groß ist (a. A. *Frey/Coutelle/Beyer*, § 16 Rz 30), selbst wenn die Belegenheitsdiözese der MAV sogar auch Schulungen durchführt. Finden in einer Diözese keine oder keine ausreichenden Schulungen statt, so bleibt den Mitgliedern der MAV praktisch keine andere Wahl, als in der anderen Diözese sich schulen zu lassen (so auch: *Frey/Coutelle/Beyer*, a. a. O.). Dasselbe gilt dann natürlich auch mit Blick auf andere, nichtkirchliche Veranstalter. Es lässt sich aus der Ordnung nicht ableiten, dass nichtkirchliche Einrichtungen und Veranstaltungen als Schulungsträger nicht anerkannt werden können. Auf die Kriterien kommt es an (Rz 10 ff., 75 ff.). Wegen Streitigkeiten vgl. Rz 84 ff., 110 ff.

4. Ersatzansprüche

83 Hat die Bildungsveranstaltung nicht den Schulungskriterien entsprochen oder ist sie nicht anerkannt gewesen (Rz 70 ff.), so entfällt der Entgeltfortzahlungsanspruch des teilnehmenden MAV-Mitgliedes, und der von der Arbeitspflicht freistellende Dienstgeber hat einen Anspruch auf Rückzahlung der gezahlten Dienstbezüge nach den Grundsätzen über die ungerechtfertigte Bereicherung gemäß §§ 812 ff. BGB (vgl. auch: *Klevemann*, Das Arbeitnehmerweiterbildungsgesetz, DB 1989, 209, 215). Beim nächsten Fälligkeitstermin für die Bezüge wird in der Praxis der Dienstgeber seine Schuld mit der Gegenforderung aufrechnen (§ 387 BGB), so dass er folglich die Bezüge kürzen wird. Für daraus resultierende Zahlungsstreitigkeiten sind die staatlichen Gerichte zuständig (§ 17 Rz 76). Das MAV-Mitglied hat dann Ersatzansprüche gegen den Veranstalter der Bildungsmaßnahme, die es an den Dienstgeber abtreten kann, wenn jener die Kosten für die Teilnahme übernommen hat (vgl. § 17 Abs. 1 S. 2). Für daraus resultierende Rechtsstreitigkeiten sind die staatlichen ordentlichen Gerichte zuständig.

5. Streitigkeiten

a. Der Veranstalter

84 Durch die Ablehnung der Anerkennung der Schulung als geeignet sind Streitigkeiten infolge von Interessen zugunsten der Anerkennung möglich. Betroffener ist der Veranstalter unmittelbar. Die Versagung der Anerkennung ist durch ihn nicht anfechtbar. Denn weder der Veranstalter noch das Bistum oder der Diözesancaritasverband sind Beteiligte im Sinne der MAVO. Der Veranstalter ist folglich nicht zur Anfechtung der Entscheidung des Bistums oder des Diözesancaritasverbandes legitimiert. Das folgt aus der Vorschrift des § 41 Abs. 1 und 2, in der die Aktivlegitimation geregelt ist. Gegenstand des Streitverfahrens ist dagegen die ablehnende Entscheidung des Dienstgebers zur Arbeitsbefreiung und Teilnahme an der Schulung. Denn der Dienstgeber ist Beteiligter gemäß § 41 Abs. 1 Nr. 4 i. V. m. § 16 Abs. 1 S. 1. Die ablehnende Entscheidung über die Anerkennung der Schulung als geeignet ist keine mitarbeitervertretungsrechtliche Angelegenheit. Die Zuständig-

§ 16

keit der Schlichtungsstelle oder einer anderen Streitentscheidungsinstanz ist nur gegeben, wenn geltend gemacht werden kann, dass der Antragsteller (Veranstalter) in seinen mitarbeitervertretungsrechtlichen Rechten verletzt sei (*Schlichtungsstelle Limburg*, 8. 1. 1996 – 17/95; 13. – 16/95). Die gegenüber dem Veranstalter entscheidende Diözese oder der Diözesancaritasverband sind nicht dessen Partner im Sinne der MAVO.

b. Die Diözesane Arbeitsgemeinschaft der Mitarbeitervertretungen

Die DiAG-MAV trägt gemäß § 25 Abs. 2 Nr. 4 die Sorge um die Schulung der 85
Mitarbeitervertreterinnen und Mitarbeitervertreter, führt die Schulung aber nicht durch. Andererseits nimmt die DiAG-MAV keine Aufgaben einer MAV wahr, sondern ist im Wesentlichen Beratungs- und Informationsorgan (*Schlichtungsstelle Limburg*, 13. 5. 1996 – 16/95) im Sinne von § 25 Abs. 1 Nrn. 1 bis 4. Dies gilt insbesondere für die Schulung der Mitglieder der MAV. Die DiAG-MAV hat die Aufgabe, darauf hinzuwirken, dass Schulungsveranstaltungen stattfinden, Mitglieder der Mitarbeitervertretungen zur Teilnahme zu bewegen und auf den Inhalt Einfluss zu nehmen (*Schlichtungsstelle Limburg*, wie vor). Die Versagung der Anerkennung der Schlichtungsveranstaltung liegt dagegen außerhalb der MAVO.

Sofern jedoch die DiAG-MAV geltend machen kann, die Versagung der An- 86
erkennung verletze sie in ihren Rechten als Veranstalter, handelt es sich gleichwohl nicht um eine mitarbeitervertretungsrechtliche Streitigkeit, so dass die Schlichtungsstelle gemäß § 41 Abs. 2 nicht zur Entscheidung berufen ist (*Schlichtungsstelle Limburg*, 8. 1. 1996 – 17/95; 13. 5. 1996 – 16/95).

Anders ist die Rechtslage dann, wenn der DiAG-MAV ein besonderes Ver- 87
anstaltungsrecht eingeräumt und für den Fall der ablehnenden Entscheidung über die Anerkennung der Schulung durch Bistum oder Diözesancaritasverband ein besonderes Antragsrecht durch diözesane Ordnung eingeräumt ist (*MAVO-Schlichtungsstelle der Diözese Rottenburg-Stuttgart*, 15. 11. 1991 – SV 9/91). In diesem Fall kommt es aber für die Beteiligtenfähigkeit darauf an, dass die DiAG-MAV selbst als Veranstalter von Schulungsveranstaltungen auftreten kann und die Anerkennung der Veranstaltung als Veranstalterin beantragt hat (*MAVO-Schlichtungsstelle der Diözese Rottenburg-Stuttgart*, 29. 3. 1996 – SV 02/1996, ZMV 1996, 243). Dann ist sie im Falle der Ablehnung der Anerkennung in der Lage zu behaupten, in ihren Rechten aus der MAVO verletzt zu sein und kann folglich im Schlichtungsverfahren als Antragsteller (Beteiligter) antreten mit dem Antrag, die fehlende Anerkennung der Schulungsveranstaltung durch die Schlichtungsstelle als geeignet zu ersetzen (*MAVO-Schlichtungsstelle der Diözese Rottenburg-Stuttgart*, wie vor). Ist die DiAG-MAV dagegen nicht Veranstalter einer geplanten Schulungsveranstaltung, hat sie kein Antragsrecht vor der Schlichtungsstelle (*MAVO-Schlichtungsstelle Rottenburg-Stuttgart*, wie vor; vgl. z. B. § 41 Abs. 1 Nr. 4, 2. Alternative MAVO Rottenburg-Stuttgart, Amtsblatt 1991 S. 383). Ist die DiAG-MAV auf Grund diözesaner Ordnung antragsbefugt, dann wird sie durch ihren Vorstand vertreten (§ 25 Abs. 3; § 41 Abs. 2 Nr. 3).

Eine nicht anerkannte Schulung darf den Mitgliedern der MAV nicht angebo- 88
ten werden. Der Dienstgeber ist zur diesbezüglichen Arbeitsbefreiung nicht berechtigt (§ 16 Abs. 1). Die Durchführung der Veranstaltung unter den Voraussetzungen der Arbeitnehmerweiterbildung bleibt davon unberührt.

§ 16

89 Die MAV, deren Antrag auf Arbeitsbefreiung zur Teilnahme eines MAV-Mitgliedes an der Veranstaltung gemäß § 16 Abs. 1 beim Dienstgeber scheitert, kann zwar die Schlichtungsstelle anrufen (§ 41 Abs. 1 Nr. 4 i. V mit § 16 Abs. 1 S. 1), hätte aber materiell keinen Erfolg, weil der Dienstgeber die Tatsache fehlender Anerkennung der Schulung als geeignet selbst zur Grundlage seiner Entscheidung zur Ablehnung der Teilnahme des MAV-Mitgliedes machen muss.

90 Das die Anerkennung ablehnende Bistum oder der ablehnende Diözesancaritasverband sind nicht Beteiligte des Streitverfahrens, da die Frage der Anerkennung der Schulung außerhalb der MAVO zu beantworten ist, so dass auch die Schlichtungsstelle nicht entscheidungskompetent ist.

c. Anfechtung der Anerkennung

91 Fraglich ist, ob es gemäß § 41 zulässig ist, gegen den positiven Anerkennungsbescheid das Schlichtungsverfahren in Gang zu bringen und wer dazu ein Rechtsschutzinteresse mit dem Ziel der Aufhebung des Bescheides geltend machen kann. Für den Bereich des BetrVG hat das *BAG* (11. 8.1993 – 7 ABR 52/92, DB 1994, 535 = NZA 1994, 517) entschieden, die Anerkennung einer Schulungs- und Bildungsveranstaltung für Betriebsratsmitglieder sei nach § 37 Abs. 7 BetrVG eine Angelegenheit aus dem BetrVG i. S. des § 2 a Abs. 1 Nr. 1 ArbGG. Daraus folge, dass die Landesvereinigung der Arbeitgeberverbände NW beteiligungs- und antragsberechtigt sei, einen nach ihrer Auffassung unrichtigen Anerkennungsbescheid des zuständigen Landesministeriums anzufechten, weil der Bescheid für die Arbeitgeber Kostenfolgen bei Teilnahme von Betriebsratsmitgliedern auslöse, solange er nicht durch gerichtliche Entscheidung aufgehoben sei. Im Gegensatz zu § 37 Abs. 7 S. 1 BetrVG nennt § 16 Abs. 1 S. 1 nicht die Beteiligten für das Anerkennungsverfahren, also z. B. weder die DiAG-MAV für die Vertretung der Interessen der Mitarbeiter noch irgendwelche Interessenvertreter der Dienstgeber. Insofern gibt es für das Anerkennungsverfahren i. S. des § 16 Abs. 1 S. 1 keine vergleichbaren Beteiligten mit der Folge, dass die Anfechtung einer positiven Anerkennungsentscheidung durch Bistum oder Diözesancaritasverband nicht auf § 41 gestützt werden kann.

92 Der Dienstgeber hat die Frage der Arbeitsbefreiung selbst zu entscheiden, nämlich danach, ob sämtliche Voraussetzungen zur Teilnahme an der Schulungsveranstaltung im konkreten Fall vorliegen. Dazu hat er ein selbständiges Prüfungsrecht, selbst wenn die Anerkennung als geeignet vorliegt. Es kommt auf die Vermittlung erforderlicher Kenntnisse für die Arbeit in der MAV und auf die Klärung der Betriebsverträglichkeit unter Berücksichtigung der konkreten Situation in der Einrichtung an. Im Streitfall gemäß § 41 Abs. 1 Nr. 4 hat die Schlichtungsstelle die Gründe zu überprüfen, die der Dienstgeber gegen die Arbeitsbefreiung zur Schulung vorbringt. Dabei ist die Schlichtungsstelle an die positive Entscheidung über die Anerkennung nicht gebunden, weil sie das Kriterium der Erforderlichkeit der Schulung im Einzelfall (*BAG*, 29. 4. 1992 – 7 ABR 61/91, NZA 1993, 375) und nicht generell zu prüfen hat. Nur die Ablehnung der Anerkennung und folglich ihr Fehlen bindet die Schlichtungsstelle (*MAVO-Schlichtungsstelle der Diözese Rottenburg-Stuttgart*, 20. 11. 1991 – SV 9/91).

IV. Die Mitglieder des Wahlausschusses

1. Arbeitsbefreiung für die Tätigkeit im Wahlausschuss

Den Mitgliedern des Wahlausschusses werden Ansprüche auf Arbeitsbefreiung in zweierlei Hinsicht gewährt, nämlich zur **Durchführung der Aufgaben des Wahlausschusses (§§ 9, 11, 12)** und zur **Teilnahme an Schulungsmaßnahmen (§ 16 Abs. 2)**. Beide Ansprüche bestehen nebeneinander, aber nicht in Abhängigkeit voneinander. Die Erforderlichkeit der Arbeitsbefreiung ist unter den jeweiligen Aspekten einzeln zu prüfen. Der Anspruch auf Arbeitsbefreiung steht dem Wahlausschuss als mehrgliedrigem Gremium (§ 9 Abs. 2 S. 2) als ganzem zu, nicht jedem einzelnen Mitglied allein. Denn der Wahlausschuss trifft seine Entscheidungen durch Beschluss. Arbeitsbefreiung entfällt für dasjenige Mitglied des Wahlausschusses, welches nicht Mitarbeiter i. S. der Ordnung ist (§ 9 Abs. 2 S. 2 i. V. m. § 7 und § 3 Abs. 1). Die Mitglieder des Wahlausschusses können entscheiden, für wen aus ihrer Mitte sie die Arbeitsbefreiung beim Dienstgeber beantragen wollen, wenn eine Aufgabe nicht von der Gesamtheit des Wahlausschusses zu erledigen ist. 93

Mitglieder haben für ihre erforderliche Tätigkeit im Wahlausschuss, die aus betrieblichen Gründen außerhalb ihrer Arbeitszeit zu leisten war, Ausgleichsansprüche in entsprechender Anwendung des § 15 Abs. 4 (in diesem Sinne für das BetrVG: *BAG*, 26. 4. 1995 -7 AZR 874/94, NZA 1996, 160). 94

2. Arbeitsbefreiung zur Schulung

Der Anspruch auf Arbeitsbefreiung zur Teilnahme an Schulungen wird unter der Voraussetzung der Vermittlung von Kenntnissen für die Tätigkeit im Wahlausschuss auf seine Mitglieder gemäß § 16 Abs. 2 ausgedehnt. Bei Mitgliedschaft in mehreren Wahlausschüssen kann der Anspruch auf Arbeitsbefreiung zur Schulung nur einmal geltend gemacht werden (§ 16 Abs. 2 S. 2 i. V. m. Abs. 1 S. 2). 95

Die Vorschrift knüpft den Anspruch auf Arbeitsbefreiung an folgende **Voraussetzungen** 96
– Mitgliedschaft im Wahlausschuss,
– Teilnahme an einer Schulungsmaßnahme mit
– Vermittlung von Kenntnissen für die Tätigkeit im Wahlausschuss zur
– ordnungsgemäßen Durchführung der Aufgaben des Wahlausschusses,
– Erforderlichkeit der Schulung zur Durchführung der Aufgaben des Wahlausschusses.

Der **Anspruch gilt** nach seinem Wortlaut **nicht dem Wahlleiter oder der Wahlleiterin im vereinfachten Wahlverfahren** (§ 11 c Abs. 1), u. a. weil diese Personen erst in der Wahlversammlung gewählt werden, die anschließend bereits die MAV wählt (§ 11 c Abs. 2, 3 und 4). 97

Das Ziel der Arbeitsbefreiung ist die ungestörte Arbeit des Wahlausschusses schlechthin und außerdem die Ermöglichung des Erwerbs spezifischer Kenntnisse über das Wahlverfahren einschließlich der Bestimmungen über das Wahlrecht bis hin zur Entscheidung über Wahlanfechtungen (§§ 6 bis 9, 11 und 12). Die Schulung umfasst daher inhaltlich nicht die für die Schulung einer MAV erforderlichen Themen, sondern ist thematisch eingegrenzt auf die Erfordernisse der MAV-Wahl vor Ort. 98

§ 16

99 Für die außerhalb der Arbeitszeit des Mitgliedes des Wahlausschusses liegende Schulungsmaßnahme steht dem jeweils betroffenen Mitglied **kein Anspruch auf Freizeitausgleich** zu, weil das Mitglied des Wahlausschusses bei Schulungsveranstaltungen keine Besserstellung gegenüber den Mitgliedern der MAV erfahren darf, die ebenfalls in vergleichbaren Fällen keinen Anspruch auf Freizeitausgleich haben (BAG, 26. 4. 1995 – 7 AZR 874/94, NZA 1995, 160 f.). Ehrenamtliche unentgeltliche Tätigkeit beinhaltet regelmäßig auch nicht ausgleichspflichtige Freizeitopfer. Ein Freizeitopfer ist nur dann ausgleichspflichtig, soweit aus betriebsbedingten Gründen während der Freizeit geleistete Amtstätigkeit zu der normalen Arbeitsleistung hinzukommt (§ 15 Abs. 4). Wegen des Ausgleichs für Teilzeitbeschäftigte vgl. Rz 35 ff.

3. Antrag auf Arbeitsbefreiung

100 Beim Vorliegen der Voraussetzungen des § 16 Abs. 2 S. 1 erhalten die Mitglieder des Wahlausschusses Arbeitsbefreiung. Darauf haben sie einen gesetzlichen Anspruch. Begrifflich ist die Zustimmung des Arbeitgebers zur Arbeitsbefreiung erforderlich. Deshalb empfiehlt sich folgendes Vorgehen. Die MAV teilt dem Dienstgeber mit, dass sie den Wahlausschuss bestellt hat (§ 9 Abs. 2) und wer ihm angehört. Im Falle des § 10 Abs. 1 erfährt das der Dienstgeber infolge der von ihm oder seinem Vertreter geleiteten Mitarbeiterversammlung zur Wahl des Wahlausschusses. Bei Nachbestellung eines Mitgliedes des Wahlausschusses zeigt die MAV die Ergänzung an (§ 9 Abs. 3 S. 1), im Falle der §§ 9 Abs. 3 S. 2 und 10 Abs. 1 S. 4 der Wahlausschuss. Er muss sich konstituieren. Dieser Vorgang macht bereits Arbeitsbefreiung nötig. Den erforderlichen Antrag kann die MAV stellen, wenn sie den Wahlausschuss bestellt hat, in den anderen Fällen stellen die Mitglieder des Wahlausschusses den Antrag. In allen Fällen sollte der Antrag so abgefasst sein, dass mit dem erstmaligen Antrag auf Arbeitsbefreiung dieser auch für alle späteren Fälle notwendiger Arbeitsbefreiung gestellt wird, um nicht vor jeder Terminierung erst wieder den Arbeitsbefreiungsantrag neu stellen zu müssen. Zustimmendenfalls wird der Dienstgeber dann die Freistellung von der Arbeit für die Tätigkeit des Wahlausschusses gewähren mit der Folge, dass sich die Mitglieder des Wahlausschusses, wenn sie Mitarbeiter sind, zur Wahrnehmung ihrer Aufgaben vorher abzumelden haben. Im Übrigen wird auf die Ausführungen zu § 15 Abs. 2 verwiesen (§ 15 Rz 22).

101 Lehrkräfte werden auf die unterrichtsfreie Zeit verwiesen. Zur Teilnahme an einer Schulung ist gesonderter Antrag erforderlich. Ist ein Mitglied des Wahlausschusses auch noch Mitglied eines anderen Wahlausschusses, was nach dem Wortlaut von § 16 Abs. 2 S. 2 nicht ausgeschlossen ist, so hat dieses Mitglied wegen seiner Tätigkeit in dem zweiten Wahlausschuss ebenfalls im Zusammenwirken mit dem Wahlausschuss Anspruch auf Arbeitsbefreiung zur Erfüllung der zusätzlichen Aufgabe. Die Vorschrift des § 16 Abs. 2 S. 2 kann nur im Kontext zu § 16 Abs. 1 S. 2 ausgedeutet werden, der auf die Arbeitsbefreiung zu Schulungen verweist. Diese darf dem mehrfach eingesetzten Mitglied des Wahlausschusses nur einmal für alle Fälle seines Einsatzes gewährt werden.

102 Die Teilnahme an einer Schulungsveranstaltung für Mitglieder von Wahlausschüssen ist nur zulässig, wenn der Dienstgeber dem Antrag zur Arbeitsbefreiung stattgegeben hat.

4. Vergütungsansprüche

Vergütungsansprüche von Mitgliedern des Wahlausschusses bestehen für die **103**
Dauer ihrer infolge Dienstbefreiung ausgefallenen Arbeitszeit und Arbeitsleistung. Zur Betätigung im Wahlausschuss zählt nicht nur die eigentliche Wahlvorbereitung und Durchführung der Wahl, sondern regelmäßig auch die Unterweisung in den Tätigkeiten des Wahlausschusses. Beweispflichtig für die Tätigkeit und das dadurch bedingte Arbeitsversäumnis sind die Mitglieder des Wahlausschusses (*BAG*, 5. 3. 1974 – 1 AZR 50/73, AR-Blattei ES 530. 8. 1 Nr. 16).

5. Schulung anderer Gremienmitglieder?

a. Mitglieder der DiAG-MAV

Die Mitglieder der Diözesanen Arbeitsgemeinschaft der Mitarbeitervertre- **104**
tungen sind nach Maßgabe von diözesanen Bestimmungen (§ 25 Abs. 3 S. 2) Mitglieder von Mitarbeitervertretungen. Wird für diesen Personenkreis Schulung angeboten, so hat sich die Schulung an den Kriterien des § 16 Abs. 1 S. 1 auszurichten. Die Veranstaltung muss daher für die Arbeit in der MAV erforderliche Kenntnisse vermitteln. Ferner muss die Veranstaltung wie jede andere Schulung von der Diözese oder dem Diözesancaritasverband als geeignet anerkannt sein. Die Anerkennung darf nur ausgesprochen werden, wenn die Eignung hinsichtlich der Schulungserfordernisse zu bejahen ist. Ungeeignet sind Themen, die überhaupt keine Bedeutung für die Arbeit einer MAV haben.
Ungeeignet sind Rhetorik-Kurse (*BAG*, 20. 10. 1993 – 7 ABR 14/93, NZA **105**
1994, 190 m. N.), Seminare über Vermögensbildung, zum Sozialversicherungsrecht und politische Veranstaltungen, weil solche Themen nicht zu dem gehören, was für die Arbeit der MAV erforderlich ist. Denn die MAVO sieht im Unterschied zum staatlichen Personalvertretungs- und Betriebsverfassungsrecht keine Bildungsmaßnahmen im Sinne von § 37 Abs. 7 BetrVG oder § 46 Abs. 7 BPersVG vor, nämlich weder nützliche noch für die Tätigkeit förderliche Themen. Die Schulung der Mitglieder der DiAG-MAV kann Themen für die vor Ort erforderlichen betrieblichen Belange mit Blick auf § 38 Abs. 2 S. 2 behandeln, sonst hat sie sich dem Themenkreis des § 25 Abs. 2 zu widmen.

b. KODA-Mitglieder

Eine Schulung für Mitglieder anderer Gremien, wie etwa einer KODA oder **106**
der Arbeitsrechtlichen Kommission zusammen mit Mitgliedern der MAV, kann aus dem Blickwinkel der Schulungsfunktion des § 16 MAVO nicht dem Ziel der Vermittlung erforderlicher Kenntnisse für die Tätigkeit als Mitarbeitervertreter dienen. Aus diesem Grunde sind Schulungen i. S. des § 16 Abs. 1 S. 1 nur dann als geeignet anzuerkennen, wenn sie der Schulung von Mitgliedern der MAV gerecht werden.
Schulungen für andere Gremienmitglieder müssen sich thematisch je nach zu- **107**
grunde liegender Ordnung über Schulungsveranstaltungen an die Vorgaben für die zielorientierte Schulung dieser Personenkreise halten. Das verdeutlichen diözesane Ordnungen zur KODA (auch Regional-KODA) im Zusammenhang mit Ordnungen zur Rechtsstellung der Mitglieder der KODA (vgl. z. B. Rechtsstellungs- und Kostenordnung § 4 Abs. 1, Amtsblatt des Erzbis-

§ 16

tums Köln 1992 Nr. 125 S. 189 f.). Ist das Mitglied der KODA zugleich Mitglied einer MAV, hat es zweifach Anspruch auf Schulung, nämlich als MAV-Mitglied und zusätzlich als KODA-Mitglied.

V. Unfallschutz

108 Erleidet ein Mitglied der MAV bei der Teilnahme an einer Schulungsveranstaltung oder auf dem Wege zu und von der Schulung einen Unfall, so unterliegt es den gesetzlichen Leistungen der Unfallversicherung, wenn es Arbeitnehmer ist und deshalb in der gesetzlichen Unfallversicherung versichert ist (§ 17 Rz 12). Wegen der Geistlichen und Beamten, die nicht in der gesetzlichen Unfallversicherung versichert sind, wird auf § 18 Rz 37 ff. und § 21 Rz 44 ff. verwiesen. Wegen der Ordensleute gelten im Gestellungsverhältnis die ordensrechtlichen Regelungen (§ 21 Rz 47).
Die vorstehenden Bemerkungen gelten auch für die Mitglieder des Wahlausschusses.

VI. Folgen unberechtigter Teilnahme an einer Schulungsveranstaltung

109 Der Teilnehmer an einer nicht erforderlichen oder nicht als geeignet anerkannten Schulungsveranstaltung kann mit arbeitsrechtlichen Sanktionen belegt werden (*BAG*, 10. 11. 1993 – 7 AZR 682/92, NZA 1994, 500 = DB 1994, 2554). Der Dienstgeber ist nicht verpflichtet, die Schulungskosten zu tragen, weil er auf eine Mitteilung der MAV, ein bestimmtes Mitglied zu der Schulung entsenden zu wollen, geschwiegen hat (*BAG*, 24. 5. 1995 – 7 ABR 54/94, DB 1996, 145). Erweist sich eine Schulungsveranstaltung als nicht erforderlich, kann der Dienstgeber entsprechende Freistellungen ablehnen. Nimmt ein Mitglied der MAV dennoch an einer solchen Veranstaltung teil, so ist die unberechtigte Teilnahme Säumnis der Arbeitszeit und damit arbeitsvertragliche Leistungspflichtverletzung. In diesem Falle können daher Abmahnung und gegebenenfalls Kündigung gerechtfertigt sein (*BAG*, 10. 11. 1993 – 7 ABR 682/92, DB 1994, 2554 = NZA 1994, 500 = BB 1994, 1290).

VII. Streitigkeiten

1. Streitigkeiten zwischen MAV-Mitglied und Dienstgeber

110 Streitigkeiten über Grund und Höhe des gemäß § 6 Abs. 1 S. 1 fortzuzahlenden Arbeitsentgelts bei Arbeitsbefreiung zur Teilnahme an Schulungen sind bürgerlich-rechtliche Rechtsstreitigkeiten, da sie ihre Grundlage im Arbeitsverhältnis haben; sie werden von den staatlichen Arbeitsgerichten gemäß § 2 Abs. 1 Nr. 3 a ArbGG entschieden (vgl. Art. 10 Abs. 1 GrO; *Schlichtungsstelle Köln*, 15. 2. 1995 – MAVO 17/94). Die Rechtskraft einer im Verfahren vor der kirchlichen Streitinstanz ergangenen Entscheidung über die mitarbeitervertretungsrechtliche Vorfrage hat für das Verfahren vor dem staatlichen Arbeitsgericht präjudizielle Wirkung. Ist sowohl ein arbeitsgerichtliches Urteilsverfahren und ein mitarbeitervertretungsrechtliches Verfahren gleichzeitig eingeleitet worden, etwa um Auslagen und Entgeltansprüche anlässlich der

§ 16

Schulungsveranstaltung geltend zu machen, kann das staatliche Verfahren bis zum rechtskräftigen Abschluss des mitarbeitervertretungsrechtlichen Verfahrens ausgesetzt werden, um unterschiedliche Entscheidungen zu vermeiden (vgl. *Hess/Schlochauer/Worzalla/Glock*, BetrVG § 37 Rz 105).
Hat ein MAV-Mitglied an einer nicht erforderlichen Schulung teilgenommen, 111 obwohl der Dienstgeber Bedenken vorgebracht hatte, ist nur dann wegen Arbeitsverweigerung eine Abmahnung möglich, wenn er der Entsendung des Mitglieds der MAV durch Verweigerung der Arbeitsbefreiung widersprochen hat (vgl. *BAG*, 10. 11. 1993 – 7 AZR 682/92, DB 1994, 2554), so dass bei einem Rechtsstreit über die Berechtigung der Abmahnung der Weg zum staatlichen Arbeitsgericht zulässig ist (Art. 10 Abs. 1 GrO).

2. Streitigkeiten zwischen Dienstgeber und MAV

Streitigkeiten zwischen der MAV und dem Dienstgeber wegen Ablehnung der 112 Arbeitsbefreiung zum Besuch einer Schulungsveranstaltung werden auf Antrag der MAV von der Schlichtungsstelle entschieden (§ 41 Abs. 1 Nr. 4 i. V. m. § 16 Abs. 1). Wird ein kirchliches Arbeitsgericht geschaffen, so wird dieses gemäß Art. 10 Abs. 2 GrO und der spezifischen Gerichtsordnung anzurufen sein. Der Antrag der MAV ist zulässig, solange die Veranstaltung noch nicht stattgefunden hat (*Schlichtungsstelle Würzburg*, 31. 1. 1995 – MA 2/94, ZMV 1995, 233).
Wegen der Streitigkeiten über die Kostentragung aus Anlass der Schulungs- 113 veranstaltung wird auf die Ausführungen zu § 17 Rz 8 ff. verwiesen.

3. Streitigkeiten zwischen MAV und MAV-Mitglied

Die Schlichtungsstelle kann zur Entscheidung in Streitigkeiten zwischen der 114 MAV und seinen Mitgliedern angerufen werden. Denn durch die gemäß § 41 Abs. 1 und 2 Unterabsatz 2 Nrn. 1, 2 und 3 gewährte Antragsbefugnis ist aufgezählt, wer aktiv für ein Streitverfahren legitimiert ist. Das MAV-Mitglied ist es bei Entscheidungen der MAV über die Nichtteilnahme des betreffenden MAV-Mitgliedes an der Schulungsmaßnahme. Das dient dem Rechtsschutz des einzelnen Mitglieds der MAV.

4. Streitigkeiten zwischen dem Wahlausschuss und dem Dienstgeber

a. Mögliche Streitfälle

Zwischen dem Wahlausschuss und dem Dienstgeber kann es zu Streitigkeiten 115 außerhalb des Wahlverfahrens kommen. Streitfälle können sein
– verweigerte Arbeitsbefreiung zur Durchführung von Aufgaben als Mitglied des Wahlausschusses,
– verweigerte Arbeitsbefreiung zur Teilnahme an der Schulung für Mitglieder des Wahlausschusses,
– Kosten der Schulung,
– Vergütung für außerhalb der Arbeitszeit geleistete Wahlausschussarbeit bzw. Freizeitausgleich (*BAG*, 26. 4. 1995 – 7 AZR 874/94, DB 1996, 283 = NZA 1996, 160).
Gemäß § 41 Abs. 2 Unterabsatz 2 Nr. 1 sind die Mitglieder des Wahlausschus- 116 ses bei Rechtsstreitigkeiten zur Schlichtungsstelle antragsberechtigt.

§ 16

117 **Vergütungsansprüche** des einzelnen Mitglieds des Wahlausschusses sind als individualrechtliche Streitigkeiten aus dem Arbeitsvertrag vor dem staatlichen Arbeitsgericht geltend zu machen (Art. 10 Abs. 1 GrO, Rz 120).

b. Arbeitsbefreiung

118 Bei Streitigkeiten zur erforderlichen Arbeitsbefreiung von Mitgliedern des Wahlausschusses für ihre Teilnahme an der Schulung und für ihre Tätigkeit im Wahlausschuss empfiehlt sich der Antrag auf einstweilige Anordnung. Denn die Zeit der Tätigkeit des Wahlausschusses ist an Fristen gebunden, so dass nicht viel Zeit besteht, um erst ein ordentliches Streitverfahren durchzuziehen. Das gilt insbesondere für die Teilnahme an einer zweckgerichteten Schulung.

c. Kostenerstattungsansprüche

119 Soweit dem Wahlausschuss zur Durchführung seiner Tätigkeit Kosten entstanden sind, müssen diese im Falle der Nichtanerkennung des Dienstgebers bei der Schlichtungsstelle im Rechtsstreitverfahren geltend gemacht werden. Dasselbe gilt für Kostenerstattungsansprüche infolge von Schulungsmaßnahmen. Weil die Kosten aber auch im Rahmen der für die Dienststelle erbrachten Leistungen entstanden sind, bestehen keine Bedenken, den Anspruch durch die Mitglieder des Wahlausschusses gemäß § 670 BGB vor dem staatlichen Arbeitsgericht geltend zu machen, wenn der Rechtsweg zur kirchlichen Streitentscheidungsinstanz versagt ist.

5. Streitigkeiten zwischen einem Mitglied des Wahlausschusses und dem Dienstgeber

120 Die Mitglieder des Wahlausschusses haben jeweils für die durch ihre Inanspruchnahme für Tätigkeiten im Wahlausschuss und die Teilnahme an Schulungen ausgefallene Arbeitszeit (§ 16 Abs. 2) Anspruch auf Vergütung nach dem Lohnausfallprinzip. Streitigkeiten über Grund und Höhe des fortzuzahlenden Arbeitsentgelts sind bürgerlich-rechtliche Rechtsstreitigkeiten aus dem Arbeitsvertrag, so dass sie vor dem staatlichen Arbeitsgericht auszutragen sind (Rz 110).

6. Streitigkeiten der Sprecher der Jugendlichen und der Auszubildenden und der Vertrauensperson der schwerbehinderten Menschen

121 Die Vorschriften des § 16 Abs. 1 gelten gemäß §§ 45 Abs. 2 und 46 Abs. 2 auch für die Sprecher der Jugendlichen und der Auszubildenden sowie die Vertrauensperson der Schwerbehinderten entsprechend. Infolgedessen gelten die Ausführungen zu Streitigkeiten und Konfliktlösung unter Rz 110 bis 113, 116 ff. entsprechend.

7. Einstweilige Anordnung

122 Es gibt Fälle, in denen eine rasche Entscheidung zur Frage der Teilnahme an einer Schulung erforderlich wird, um die Veranstaltung nicht zu versäumen. Unter solchen Umständen ist je nach konkreter Verfahrensregelung in der Diözese bei der Streitentscheidungsinstanz (vorläufig noch Schlichtungsstelle) eine einstweilige Anordnung zur Ermöglichung der Teilnahme an der Schu-

lung zulässig (vgl. *Schlichtungsstelle Würzburg*, 31. 1. 1995 – MA 2/94, ZMV 1995, 233). Aus dem Schweigen des Dienstgebers auf den Antrag zur Arbeitsbefreiung wegen Teilnahme an einer Schulungsveranstaltung darf nicht seine Zustimmung gefolgert werden. Den Antrag zur Streitentscheidung bzw. auf Erlass der einstweiligen Anordnung stellt die MAV, Antragsgegner ist der Dienstgeber. Im Gegensatz zum BetrVG (§ 37 Abs. 2 und Abs. 6 BetrVG), wonach die Arbeitsbefreiung zur Schulung nicht die Zustimmung des Arbeitgebers voraussetzt und daher das Bestreiten der »Erforderlichkeit« der Maßnahme keine Teilnahmesperre auslöst (*LAG Düsseldorf*, 6. 9. 1995 – 12 Ta BV 69/95, LAGE § 37 BetrVG 1972 Nr. 44), ist nach der MAVO beim Dienstgeber Antrag auf Arbeitsbefreiung zu stellen (§ 16 Abs. 1 S. 1; vgl. auch LPVG NW § 42 Abs. 5, *OVG NW*, 4. 3. 1993 – CL 33/89, rkr., ZTR 1993, 436). Deshalb ist im Unterschied zum BetrVG der MAV ein Antragsrecht zur Durchsetzung des Anspruchs auf Arbeitsbefreiung zum Zwecke der Teilnahme an der Schulungsmaßnahme zuzuerkennen, wenn eine diözesane Verfahrensordnung die Maßnahme zulässt (vgl. Schlichtungsverfahrensordnung des Erzbistums Köln, § 9, Amtsblatt des Erzbistums Köln 1996 Nr. 270 S. 331).

Ist sich der Dienstgeber nicht gewiss, ob er ein Mitglied der MAV zu einer erforderlichen Schulung schickt, sollte er nicht bedingungslos Dienstbefreiung erteilen, sondern sich vorbehalten, die Abwesenheit auf den Jahresurlaubsanspruch anzurechnen, wenn die Veranstaltung nicht die Voraussetzungen des § 16 erfüllt hat (vgl. z. B. die Rechtsprechung zum AWbG NW, *BAG*, 21. 9. 1993 – 9 AZR 335/91, BB 1993, 2531; *BAG*, 11. 5. 1993 – 9 AZR 231/89). Im Übrigen trägt das Mitglied der MAV das Risiko des Besuchs einer nicht geeigneten Schulungsveranstaltung, auch wenn es mit Hilfe von Arbeitsbefreiung oder gar einer einstweiligen Anordnung den Besuch der Veranstaltung durchgesetzt hat.

§ 17 Kosten der Mitarbeitervertretung[1]

(1) Der Dienstgeber trägt die für die Wahrnehmung der Aufgaben der Mitarbeitervertretung notwendigen Kosten einschließlich der Reisekosten im Rahmen der für den Dienstgeber geltenden Reisekostenregelung. Zu den notwendigen Kosten gehören auch
- **die Kosten für die Teilnahme an Schulungsveranstaltungen im Sinne des § 16;**
- **die Kosten, die durch die Beiziehung sachkundiger Personen entstehen, soweit diese zur ordnungsgemäßen Erfüllung der Aufgaben erforderlich ist und der Dienstgeber der Kostenübernahme vorher zugestimmt hat;**
- **die Kosten der Beauftragung eines Bevollmächtigten in Verfahren vor der Schlichtungsstelle, soweit der Vorsitzende der Schlichtungsstelle feststellt, dass die Bevollmächtigung zur Wahrung der Rechte des Bevollmächtigenden notwendig oder zweckmäßig erscheint.**

(2) Der Dienstgeber stellt unter Berücksichtigung der bei ihm vorhandenen Gegebenheiten die sachlichen und personellen Hilfen zur Verfügung.

---

1 Abs. 3 ist Muster für eine diözesane Fassung

§ 17

(3) Abs. 1 und 2 gelten entsprechend für gemeinsame Mitarbeitervertretungen (§ 1 b) und erweiterte Gesamtmitarbeitervertretungen (§ 24 Abs. 2) mit der Maßgabe, dass die Kosten von den beteiligten Dienstgebern entsprechend dem Verhältnis der Zahl der Mitarbeiterinnen und Mitarbeiter im Zeitpunkt der Bildung getragen werden. Die beteiligten Dienstgeber haften als Gesamtschuldner.

Inhaltsübersicht

	Rz
I. Vorbemerkung	1–4
II. Veranschlagung im Haushalt	5
III. Voraussetzung für die Kostentragungspflicht	6–7
IV. Umfang der Kostenerstattung	8–33
1. Sachlicher Umfang	8
2. Vertretbarkeit kostenträchtiger Maßnahmen	9
3. Reisekosten	10–11
4. Unfälle von MAV-Mitgliedern	12–16
a. Personenschäden	12–13
b. Haftung des Dienstgebers für Eigenschäden der Mitglieder der MAV	14–16
5. Kostenpauschale	17
6. Schulungsveranstaltungen	18
7. Kostenübernahme für die Beiziehung sachkundiger Personen	19–22
8. Bevollmächtigte für das Schlichtungsverfahren	23–29
9. Haftung für nicht erstattungsfähige Kosten	30
10. Verzinsung aufgewendeter MAV-Kosten	31
11. Ersatzansprüche des Dienstgebers	32–33
V. Sachliche und personelle Hilfen	34–66
1. Sächliche Hilfen	35–53
a. Raum	35–36
b. Standardausstattung	37–42
c. Gesetzestexte und Literatur	43–45
d. Personalcomputer	46–47
e. Internet, Intranet	48–50
f. Informationsblatt für Mitarbeiterinnen und Mitarbeiter	51–53
2. Eigentum an überlassenen Gegenständen	54–55
3. Die Akten der MAV	56–62
4. Personelle Hilfen	63–66
VI. Aufteilung der Kosten unter mehreren Dienstgebern (§ 17 Abs. 3)	67–68
VII. Streitigkeiten	69–80
1. Schlichtungsstelle	69–73
a. Antragsberechtigte MAV – Mitglieder der MAV	69–70
b. Andere Antragsberechtigte	71–73
2. Staatliche Gerichte	74–80
a. Kirchenrecht	74
b. Staatliches Recht	75–77
c. Antragsberechtigung des einzelnen Mitglieds der MAV	78–80
VIII. Kosten der MAV bei Insolvenz	81
IX. Abwicklung von Ansprüchen auf Kostenfreistellung der MAV nach Ende ihrer Amtszeit	82–83

I. Vorbemerkung

1 Die MAVO verpflichtet den Dienstgeber in mehreren Bestimmungen, die durch die Tätigkeit der MAV und anderer Gremien notwendigerweise entstandenen Kosten zu tragen. Eine generelle Regelung, wann welche Kosten notwendig sind, enthält die Ordnung nicht. Deshalb hat die MAV wie jedes andere Gremium i. S. der MAVO die **Notwendigkeit Kosten auslösender Maßnahmen** vor ihrer Entstehung sorgfältig zu prüfen. Das ist gerade für die

§ 17

gemeinsame Mitarbeitervertretung und die erweiterte Gesamtmitarbeitervertretung von Bedeutung, weil gemäß § 17 Abs. 3 die Kosten von den beteiligten Dienstgebern anteilig getragen werden. Gemäß § 17 Abs. 2 hat der Dienstgeber sachliche und personelle Hilfen zur Verfügung zu stellen. Allerdings besteht ein Anspruch auf Überlassung unter **Berücksichtigung der bei dem Dienstgeber bzw. den Dienstgebern vorhandenen Gegebenheiten.** Deshalb kann die MAV Materialien nicht ohne Einwilligung des Dienstgebers anschaffen. Zu den Kosten, die dem Dienstgeber durch die MAVO zu tragen auferlegt sind, gehören die
– der Wahl der Mitarbeitervertretung (§ 11 Abs. 8 S. 2, § 11 c Abs. 4) und der gemeinsamen Mitarbeitervertretung (§ 1 b),
– der Geschäftsführung der Mitarbeitervertretung, der gemeinsamen Mitarbeitervertretung (§ 17) einschließlich der Kosten wegen Freistellung von der Arbeitspflicht (§ 15 Abs. 2 und 3; § 14 Abs. 4 S. 2),
– des Freizeitausgleichs (§ 15 Abs. 4),
– der Schulung (§ 16 i. V. m. § 17 Abs. 1 S. 2, erster Spiegelstrich),
– der als erforderlich anerkannten Kostenübernahme für die Beiziehung sachkundiger Personen (§ 17 Abs. 1 S. 2, zweiter Spiegelstrich),
– der Beauftragung eines Bevollmächtigten in Verfahren vor der Schlichtungsstelle gemäß § 17 Abs. 1 S. 2, dritter Spiegelstrich,
– Reisekosten,
– der sachlichen und personellen Hilfen (§ 17 Abs. 2),
– der notwendigen Fahrkosten von Mitarbeitern und Mitarbeiterinnen zur Teilnahme an der Mitarbeiterversammlung (§ 21 Abs. 4, § 22 a Abs. 4),
– der Sondervertretung (§ 23),
– der Gesamtmitarbeitervertretung (§ 24 Abs. 6 i. V. m. § 17) und der Erweiterten Gesamtmitarbeitervertretung (§ 24 Abs. 2 i. V. m. § 17),
– der Diözesanen Arbeitsgemeinschaft der Mitarbeitervertretungen im Rahmen der im Bistumshaushalt zur Verfügung gestellten Mittel (§ 25 Abs. 4 S. 1; Kostenträger ist das Bistum; die Kosten der Freistellung werden gemäß § 25 Abs. 4 S. 4 zwischen Dienstgeber und Bistum hälftig aufgeteilt),
– für die Durchführung des Schlichtungsverfahrens entstehenden notwendigen Kosten (§ 42 Abs. 3) einschließlich der Bestellung von Bevollmächtigten (§ 41 Abs. 2 a i. V. m. § 17 Abs. 1 S. 2, dritter Spiegelstrich),
– der Wahl der Sprecher der Jugendlichen und der Auszubildenden und für deren Geschäftsführung und Schulung (§ 45 Abs. 2 S. 1 i. V. m. § 11 Abs. 8 S. 2, § 11 c Abs. 4, §§ 17 und 16, § 43 a Abs. 2 i. V. m. § 21 Abs. 4),
– der Amtsführung und Schulung der Vertrauensperson der schwerbehinderten Menschen (§ 46 Abs. 2 i. V. m. §§ 17 und 16; § 96 Abs. 4, 8 u. 9 SGB IX).

Die Kosten der Wahl der Schwerbehindertenvertretung sind nicht in der MAVO geregelt, weil die Wahl und die Pflicht zur Kostentragung durch das Sozialgesetzbuch (SGB) Neuntes Buch (IX) geregelt sind (§ 94 SGB IX). Die Kosten der Wahl des Vertrauensmannes der Zivildienstleistenden trägt der Dienstgeber ebenfalls nach staatlichem Recht.

Der Kostenerstattungspflicht des Dienstgebers steht nicht entgegen, dass im Wege der Anfechtung die Nichtigkeit der Wahl festgestellt wird, wie z. B. in dem Fall einer nicht offenkundigen Verkennung des Geltungsbereichs einer Mitarbeitervertretungsordnung oder des Betriebsverfassungsgesetzes (*BAG*, 29. 4. 1998 – 7 ABR 42/97, NZA 1998, 1133 = ZMV 1998, 243). Im Falle der Kenntnis der Nichtigkeit der Wahl können die Mitglieder der MAV keine Kos-

§ 17

tenerstattung verlangen. Kommt der Dienstgeber seiner Kostentragungspflicht nicht nach, so kann damit auch eine Behinderung der Amtsträger der MAVO bei ihrer Amtsausübung einhergehen, die gemäß § 18 Abs. 1 verboten ist. Die Amtsausübung ist geschützt. Das gilt auch im Zusammenhang mit der Vorbereitung und Durchführung der MAV-Wahl (§§ 9, 11, 12).

4 Gemäß § 17 Abs. 3 haften mehrere beteiligte Dienstgeber als Gesamtschuldner (§ 421 BGB).

II. Veranschlagung im Haushalt

5 Der Dienstgeber ist infolge der Vorschrift des § 17 verpflichtet, in seinem Haushaltsplan Ausgaben für die Kosten der MAV und die anderen Gremien der MAVO vorzusehen. Diese Maßnahme ist schon deshalb erforderlich, damit ein Beschluss der Schlichtungsstelle, wonach der Dienstgeber Kosten i. S. des § 17 zu tragen hat, nicht ins Leere geht. Daher hat der Dienstgeber für die Maßnahmen finanzielle Deckung in seinen Haushalts-, Wirtschafts- und Finanzierungsplänen auszuweisen (§ 42 Abs. 2 und 3; vgl. Amtsblatt des Erzbistums Köln 1992 Nr. 118 S. 186). Mit dem Haushaltsansatz können berechtigte Ausgaben der MAV, insbesondere die Kosten für die Teilnahme an Schulungen nicht verweigert werden, wenn sie über die Kostenkalkulation hinausgehen. Der Dienstgeber hat nicht die Pflicht, in der Mitarbeiterversammlung über die Kosten der MAV zu sprechen (§ 21 Abs. 3 S. 2 bis 4). Hat er ein berechtigtes Interesse daran, darf er durch die Art und Weise seiner Informationsgestaltung und Informationsvermittlung die MAV nicht in ihrer Amtsführung beeinträchtigen (§ 18 Abs. 1). Gegebenenfalls könnte die MAV anlassbezogen die Unterlassung bei der Schlichtungsstelle beantragen (§ 41 Abs. 2). Wenn der Dienstgeber über die wirtschaftliche Lage berichtet, so ist es ihm in diesem Zusammenhang nicht verwehrt, auch die Kosten der MAV zu nennen (*BAG*, 19. 1. 1995 – 7 ABR 60/94, DB 1996, 431).

III. Voraussetzung für die Kostentragungspflicht

6 Der Dienstgeber hat die **durch die Tätigkeit der MAV** und einzelner ihrer Mitglieder **tatsächlich entstandenen Kosten** zu tragen, wenn sie objektiv den Aufgaben der MAV nach der MAVO dienten, im konkreten Fall erforderlich und verhältnismäßig, also **notwendig** waren und nachgewiesen werden (*Schlichtungsstelle Köln*, MAVO 10/1989; *Wiese/Weber*, BetrVG § 40 Rz 20 m. N.). Dazu gehören sowohl die Kosten der gesamten MAV als auch die ihrer einzelnen Mitglieder, soweit sie zur ordnungsgemäßen Durchführung ihrer Aufgaben erforderlich sind, einschließlich der Kosten zur Durchführung der Mitarbeiterversammlung (§ 21). Aufgabenwahrnehmung in Bereichen, die der MAV nicht ausdrücklich zugewiesen sind, löst keine Kostenerstattungspflicht des Dienstgebers aus (*Bietmann*, Kurzkommentar, § 13 Anm. 11). Es ist eine Frage, inwieweit Kosten für eine Aufmerksamkeit aus Anlass eines verstorbenen Mitarbeiters, des Besuchs eines erkrankten Mitarbeiters oder eines Dienstjubiläums erstattungsfähige Auslagen sind. Die von der Rechtsprechung entschiedenen Fälle beziehen sich auf den Bereich des staatlichen Rechts, nicht den der kirchlichen Ordnung. In der Praxis stehen der MAV

§ 17

auch für Ausgaben vorstehender Art Mittel des Dienstgebers zur Verfügung (in diesem Sinne: *Damköhler*, MAVO § 13 Anm. 7). Auch Krankenbesuche sind je nach Dauer der Krankheit im Programm der MAV anzutreffen. Notwendig im Sinne der Vorschrift sind die daraus entstehenden Kosten jedoch nicht. Es empfiehlt sich, zur Vermeidung von Streitigkeiten über die Kostentragung zwischen Dienstgeber und MAV **Absprachen** über die Voraussetzungen zur Kostentragung zu treffen (*Frey/Coutelle/Beyer*, § 17 Rz 6). Hierin ist keine Gefahr für Entscheidungen der MAV zu erblicken (a. A. *Bietmann*, Betriebliche Mitbestimmung S. 102). Denn die MAV ist berechtigt, ihre pflichtmäßigen Aufgaben durchzuführen, so dass der Dienstgeber die damit verbundenen notwendigen Kosten zu tragen hat. Anders ist es bei Maßnahmen der MAV, die nicht zu ihren Aufgaben im engeren Sinn gehören, aber als ihr officium nobile zu bewerten sind. Dazu ist die Rückversicherung beim Dienstgeber ratsam.

Will die MAV Kostenerstattung für eine von ihr getroffene Maßnahme geltend machen, muss es sich um einen Gegenstand der Geschäftsführung i. S. des § 17 handeln. Zu unterscheiden ist allerdings zwischen einer Schulung i. S. des § 16 Abs. 1 S. 1 und einer Maßnahme im Rahmen der Geschäftsführung i. S. von § 17 im Übrigen. Schulungsveranstaltungen sind nicht Ausfluss unmittelbarer Mitarbeitervertretungstätigkeit, selbst wenn es bei der Schulung auch um die Möglichkeit des Gedankenaustausches und des Erfahrungsaustausches zum Mitarbeitervertretungsrecht geht. Ist eine Veranstaltung in den Rahmen des § 16 einzuordnen, so kann bei fehlender Anerkennung der Schulung als geeignet nicht ersatzweise ein Anspruch aus Geschäftsführung der MAV i. S. von § 17 Abs. 1 S. 1 geltend gemacht werden (*Schlichtungsstelle Trier*, 25. 11. 1994 – 7/94 MAVO). 7

IV. Umfang der Kostenerstattung

1. Sachlicher Umfang

Die MAV muss bei ihren Ausgaben so sparsam sein, wie es bei ordnungsgemä- 8
ßer Durchführung ihrer Aufgaben möglich ist. Dies gilt besonders für die gemeinsame MAV (§ 1 b), die Sondervertretung (§ 23) und die Gesamtmitarbeitervertretungen i. S. von § 24, weil die Kommunikationswege länger sind als bei der MAV in einer einzigen Dienststelle (Rz 11). Bei Fahrten ist das preiswerteste Verkehrsmittel zu wählen, falls nicht der Zeitaufwand wesentlich höher ist. Abzuwägen ist, ob für eine bestimmte Angelegenheit die persönliche Anwesenheit erforderlich ist oder ob ein Telefongespräch ausreicht und dadurch Fahrtkosten gespart werden können. Zwischen Ferngespräch und schriftlicher Erledigung einer Angelegenheit ist die Kostenfrage abzuwägen. Statt Rundgängen durch große Dienststellen kann die Abhaltung von Sprechstunden weniger zeitraubend sein (*BAG*, 1. 3. 1963, AP Nr. 8 zu § 37 BetrVG 1952). Trotz des Grundsatzes der Sparsamkeit darf die Tätigkeit der MAV nicht beeinträchtigt werden (§§ 18 Abs. 1, 26 Abs. 1). Die Teilnahme an arbeitsrechtlichen Tagungen gehört nicht zu den Aufgaben der MAV i. S. des § 17 Abs. 1 i. V. m. §§ 26 ff., um für ihre Arbeit erforderliche Kenntnisse zu erhalten. Das ist eine Angelegenheit nach § 16 Abs. 1 (*Schlichtungsstelle Trier*, 25. 11. 1994 – 7/94 MAVO).

§ 17

2. Vertretbarkeit kostenträchtiger Maßnahmen

9 Die MAV wird bei ihrer Entscheidung über Kosten verursachende Maßnahmen stets auch die Vertretbarkeit der Maßnahme prüfen und berücksichtigen müssen, dass die Erstattung der Kosten aus Mitteln erfolgt, die der Dienstgeber mehr oder minder von Dritten (z. B. Kirchensteuer, Pflegekosten, Beiträge) erhalten hat. Ein grober **Ermessensfehlgebrauch** kann ein Pflichtenverstoß sein, der nach § 13 c Nr. 5 zum Ausschluss aus der MAV führen kann. Die MAV unterliegt dem **Grundsatz wirtschaftlicher und sparsamer Verwaltung von Haushaltsmitteln** und ist daher verpflichtet, die Kosten (z. B. einer Reise) im Rahmen der MAV-Tätigkeit möglichst niedrig zu halten. Nimmt ein MAV-Mitglied die Möglichkeit, ein unentgeltlich zur Verfügung gestelltes Beförderungsmittel zu benutzen nicht wahr, hat es wie jeder andere Mitarbeiter keinen Anspruch auf Wegstreckenentschädigung oder Fahrtkostenersatz (vgl. *OVG* Münster, 15. 3. 1989 – CB 4/88, ZTR 1989, 455). Selbst wenn der Amtsbereich der MAV sich über ein weites Gebiet erstreckt (z. B. MAV für die Lehrer einer Diözese), darf der Sitzungsort der MAV aus Kostengründen nicht an einen extrem entfernten Ort gelegt werden, wenn dadurch im Verhältnis zu einem zentral gelegenen Sitzungsort höhere Reisekosten – womöglich auch längere Reisezeiten – entstehen. Reisen von sieben Mitgliedern der MAV vier zu einer Schlichtungsverhandlung ohne Aufforderung durch die Schlichtungsstelle an, ist der Grund für das Erscheinen zu prüfen. War für eines oder gar mehrere Mitglieder der MAV die Anwesenheit nicht erforderlich, braucht der Dienstgeber insoweit die Fahrtkosten nicht zu tragen bzw. zu erstatten. Die MAV muss die Mitglieder zu ihrer Vertretung bei der Schlichtungsstelle auswählen und dann denjenigen beauftragen, der nach ihrer Auffassung ihre Interessen am besten vertreten kann (*Schlichtungsstelle Köln*, MAVO 10/1989). Der Dienstgeber hat die Kosten für die Ausleihe von Videofilmen, die in einer Mitarbeiterversammlung aufgeführt werden sollen, zu tragen, wenn in den Filmen Themen behandelt werden, die die Einrichtung oder ihre Mitarbeiter unmittelbar betreffen und der Grundsatz der sparsamen Verwendung öffentlicher Mittel beachtet worden ist (*OVG Münster*, 9. 8. 1989 – CB 12/88, NJW 1990, 852). Die Problematik der elektronischen Datenverarbeitung ist durchaus ein Thema, wenn davon Mitarbeiter, wenn auch nicht in gleicher Weise, betroffen sind und die Angelegenheit in der Einrichtung steigende Bedeutung gewinnt.

3. Reisekosten

10 Zu den notwendigen Kosten zählen die Reisekosten, die zur Wahrnehmung von Aufgaben der MAV erforderlich sind. Sie umfassen die Fahrtkosten und die erforderlichen Kosten für Unterbringung und Verpflegung. Während das Reisekostenrecht den Kostenerstattungsanspruch von der Anordnung oder Genehmigung einer Dienstreise durch den Dienstgeber abhängig macht (vgl. z. B. § 2 Verordnung über Reisekosten zu § 33 b KAVO – Anlage 15 zur KAVO der Bistümer in NW; § 2 Ordnung der Reisekostenvergütung für die Angestellten und Arbeiter im Bistum Mainz, in: *Frey/Bahles*, Dienst- und Arbeitsrecht in der kath. Kirche), bestimmt die MAVO, dass die MAV selbst regelt, wann eine Reise notwendig ist, was jedoch der Nachprüfung durch die Schlichtungsstelle unterliegt (§ 41 Abs. 1 Nr. 5). **Maßstab** für die Kostenerstattung ist das für den Dienstgeber geltende **Reisekostenrecht** (vgl. auch Anlage 13 a zu

§ 17

den AVR), auch soweit es nach Vergütungsgruppen differenziert. Besteht keine Reisekostenregelung, ist der Dienstgeber gehalten, eine solche zu schaffen, um seinen Pflichten zur Kostenerstattung einen Maßstab für die MAV an die Hand zu geben. Fahrten zwischen Wohnung und Dienststelle sind in der Regel nicht erstattungspflichtig (vgl. *BVerwG*, 14. 2. 1990 – 6 P 13, 88, ZTR 1990, 296; *LAG Düsseldorf*, BB 1990, 1977 Ls.; BAG, 28. 8. 1991 – 7 ABR 46/90, NZA 1992/72). Den Aufwand eines freigestellten Mitgliedes der MAV für seine regelmäßigen Fahrten von seiner Wohnung in die Dienststelle trägt der Dienstgeber nicht als Kosten aus der Tätigkeit der MAV nach § 17 Abs. 1 S. 1. Als gesetzliche Folge der Freistellung nach § 15 Abs. 3 ergibt sich, dass sich das freigestellte MAV-Mitglied am Sitz der MAV für MAV-Tätigkeit bereithalten muss. Davon ist es nur entbunden, soweit es zur Erfüllung konkreter MAV-Aufgaben erforderlich ist (*BAG*, 28. 8. 1991 – 7 ABR 46/90, AR-Blattei ES 530.10 Nr. 69). Musste dagegen das MAV-Mitglied eigens zur Wahrnehmung einer Aufgabe in der MAV fahren (vgl. z. B. §§ 21, 23, 24), besteht Anspruch auf Fahrtkostenerstattung (*BAG*, 18. 1. 1989 – 7 ABR 89/87, AR-Blattei ES 530.10 Nr. 58).

Fahrten zur Einholung von Informationen und Beratung bei der diözesanen **11** Arbeitsgemeinschaft der Mitarbeitervertretungen oder bei Koalitionen (vgl. § 38 Abs. 2 S. 2) gehören zur Tätigkeit der MAV. Fahrten zu gewerkschaftlichen oder zur Einholung von Informationen bei Verbänden oder Organisationen sowie Arbeitsgemeinschaften, die nicht durch die MAVO geregelt sind, gehören nicht zur bestimmungsmäßigen Tätigkeit der MAV oder eines einzelnen Mitglieds (*Schlichtungsstelle Trier*, 25. 11. 1994 – 7/94 MAVO; für den Bereich der Personalvertretung: *Grabendorff/Windscheid/Ilbertz/Widmaier*, BPersVG § 44 Anm. 8–11). Reisen von MAV-Mitgliedern bedürfen keiner Genehmigung des Dienstgebers. Mitarbeitervertretungen sind unabhängig und dem Dienstgeber nicht unterstellte Organe, auf deren Amtsführung er keinen Einfluss hat, solange die MAV und ihre einzelnen Mitglieder aufgabengetreu ihre Arbeit durchführen. Es ist daher allein Sache der MAV, über die Durchführung von Reisen zu befinden. Gleiches gilt für alle übrigen mit Kosten verbundenen Maßnahmen, die sich aus der Tätigkeit der MAV ergeben (*Grabendorff/Windscheid/Ilbertz/Widmaier*, a. a. O. Rz 14 ff. mit Nachweisen zur entsprechenden Rechtsprechung zum BPersVG). Die Mitglieder von gemeinsamen Mitarbeitervertretungen (§ 1 b), von Sonder- bzw. Bereichsvertretungen (§ 23), Gesamtmitarbeitervertretungen (§ 24 Abs. 1) und erweiterten Gesamtmitarbeitervertretungen (§ 24 Abs. 2) müssen bei ihrer Tätigkeit in einem weiten Gebiet (z. B. mehrere Pfarreien, Dekanat, Diözese) stets prüfen, ob sie eine Reise – Mitarbeitervertretungstätigkeit stets vorausgesetzt – selbst antreten müssen oder die ihnen zugeordneten Mitarbeiter – zum Beispiel zu Sprechstunden – anreisen lassen sollen, weil nicht jede Reise dem Mitarbeitervertreter aufgebürdet werden kann (Rz 9). Denn Reisezeit führt zu Arbeitszeitverlusten. Reisekosten entstehen den Mitgliedern der MAV insbesondere, wenn sie wegen ihrer an verschiedenen Orten gelegenen Arbeitsplätze (z. B. mehrere Schulen haben nur eine MAV – § 1 a Abs. 2 –; § 23, Mitglieder der Sondervertretung) zur Sitzung der MAV gemäß § 14 Abs. 4 oder zu einer Schlichtungsverhandlung vor der Schlichtungsstelle (§§ 40 ff.; *Schlichtungsstelle Köln*, MAVO 10/1989; § 17 Abs. 1 S. 1) anreisen müssen oder wenn ein Mitglied der MAV außerhalb der üblichen Arbeitszeit der meisten MAV-Mitglieder zur Sitzung der MAV in die Dienststelle fahren muss. In diesen Fällen sind

§ 17

den betroffenen MAV-Mitgliedern die Fahrtkosten zu erstatten (vgl. *BAG*, 18. 1. 1989 – 7 ABR 89/87, NZA 1989, 641 f.; *BAG*, 10. 8.1994 – 7 ABR 35/93, BB 1995, 1034). Dasselbe gilt für die Mitglieder der Gremien gemäß §§ 23 bis 25 und 45, 46. Ob Fahrten mit öffentlichen Verkehrsmitteln oder mit dem eigenen Fahrzeug auszuführen sind, ergibt sich aus dem Reisekostenrecht des Dienstgebers. Wird für die Reise in MAV-Angelegenheiten ein Dienstkraftwagen unentgeltlich zur Benutzung durch Mitglieder der MAV oder anderer Vertretungen zur Verfügung gestellt, hat dasjenige Mitglied keinen Anspruch auf Fahrtkostenerstattung, welches die Reise mit seinem eigenen Kraftfahrzeug durchgeführt hat. Es kann dann nicht Zahlung des Betrages verlangen, welcher der Dienststelle bei Inanspruchnahme eines Dienstkraftwagens an Kosten entstanden wäre (vgl. *BVerwG*, 27. 8. 1990 – 6 P 26.87, ZTR 1991, 39).

4. Unfälle von MAV-Mitgliedern

a. Personenschäden

12 Der Unfall eines Mitgliedes der MAV ist in Ausführung seiner Tätigkeit, z. B. anlässlich einer durch die MAV-Tätigkeit erforderlichen Reise, ein Dienstunfall. Denn die aufgabengetreu verrichtete Tätigkeit der MAV-Mitglieder ist betriebsbezogene Tätigkeit, für die Unfallversicherungsschutz gemäß § 8 SGB VII besteht. Deshalb gelten für Arbeiter und Angestellte (Arbeitnehmer) die Vorschriften über die gesetzliche Unfallversicherung (*Lauterbach-Schwerdtfeger*, UV – SGB VII § 8 Rz 180).

13 Für Priester und Beamte, für die infolge besonderer Regelungen beamtenrechtliche Unfallfürsorgevorschriften oder entsprechende Grundsätze gelten und die infolgedessen von der gesetzlichen Unfallversicherung frei sind (§ 4 Abs. 1 Nr. 1 SGB VII), trägt der Dienstgeber für die in Ausübung der Tätigkeit eines MAV-Mitgliedes entstehenden Kosten der Unfallfürsorge (§ 18 Abs. 3; vgl. z. B. § 24 Ordnung der Dienst- und Versorgungsbezüge der Priester des Erzbistums Köln, Amtsblatt des Erzbistums Köln 1993 Nr. 94 S. 99). Bei satzungsmäßigen Mitgliedern geistlicher Genossenschaften (Ordensleute), die versicherungsfrei sind (§ 4 Abs. 1 Nr. 3 SGB VII), gelten die ordensrechtlichen Regelungen, im Falle eines Gestellungsverhältnisses gegebenenfalls in Verbindung mit dem Gestellungsvertrag.

b. Haftung des Dienstgebers für Eigenschäden der Mitglieder der MAV

14 Ob die Grundsätze über die beschränkte Schadenshaftung von Arbeitnehmern und über ihre Erstattungsansprüche bei Eigenschäden der Mitglieder der MAV in Betracht kommen, ist fraglich. Die Beschädigung des eigenen Kraftfahrzeugs eines Mitglieds der MAV auf der Fahrt zu einem Sitzungstermin der MAV erfolgt nicht anlässlich der Verrichtung der Arbeitsleistung für den Dienstgeber, sondern bei mitarbeitervertretungsrechtlichen Anlässen (vgl. dazu: *Mayer-Maly*, Risikohaftung des Arbeitgebers, NZA Beilage Nr. 3/91 zu Heft 23/91 S. 5, 7). § 17 regelt ebenso wenig wie § 9 für Mitglieder des Wahlausschusses Ansprüche bei Eigenschäden; ein Anspruch aus § 670 BGB kommt wegen fehlenden Auftrags des Dienstgebers nicht in Betracht. Anders ist das Resultat, wenn der Dienstgeber auf der Verwendung des Kraftfahrzeugs durch das MAV-Mitglied bestanden hat (*BAG*, 3. 3. 1983, NJW 1984, 198) oder das MAV-Mitglied zum Transport von MAV-Gegenständen seinen

§ 17

eigenen Pkw eingesetzt und dies für erforderlich halten durfte (*BAG*, AP Nr. 8 zu § 20 BetrVG 1972 = NJW 1984, 198 = DB 1983, 1366).
Erleidet das MAV-Mitglied bei der **Benutzung seines Pkw** einen Unfall, setzt 15 eine Haftung des Dienstgebers für entstandene Sachschäden (z. B. Blechschäden) voraus, dass der Dienstgeber die Benutzung des Pkw ausdrücklich gewünscht hat oder diese erforderlich war, damit das MAV-Mitglied seine gesetzlichen Aufgaben ordnungsgemäß wahrnehmen konnte. Das kann der Fall sein, wenn die Mitglieder der MAV sich aus mehreren Teildienststellen (z. B. mehrere Schulen an verschiedenen Orten) rekrutieren und bei unzureichenden Verkehrsverbindungen mit öffentlichen Verkehrsmitteln oder in dringenden Angelegenheiten auf ihr eigenes Kraftfahrzeug zur Erledigung ihrer Aufgaben angewiesen sind (*Etzel*, Betriebsverfassungsrecht, HzA Gruppe 19 Rz 419 mit Nachweisen). Bei einem von dem MAV-Mitglied grob fahrlässig (*LAG Hamm*, 16. 4. 1997 – 3 TaBV 112/96 BB 1997, 2007) oder vorsätzlich verschuldeten Unfall entfällt eine Haftung des Dienstgebers. Diese Grundsätze der Haftung gelten auch für den Einsatz von anderen Beförderungsmitteln des MAV-Mitgliedes (z. B. Fahrrad, Kraftrad).
Sieht eine kirchliche Reisekostenordnung jedoch Ansprüche auf Regulierung 16 von Eigenschäden der Mitarbeiter vor, so haftet der Dienstgeber auch den Mitgliedern der MAV, wenn die Mitglieder der MAV von Einschränkungen durch die Reisekostenordnung nicht betroffen sind (§ 17 Abs. 1 S. 1). Besteht keine Regulierungspflicht nach der Reisekostenregelung und kommt ein Ersatzanspruch für Eigenschäden nicht in Betracht, so gelten die allgemeinen Haftungsgrundsätze.

5. Kostenpauschale

Es empfiehlt sich, dass der Dienstgeber wegen regelmäßig wiederkehrender 17 Kosten der MAV und aufgrund gewonnener Erfahrung über die Ausgaben der MAV dieser einen festen **Pauschalbetrag** gewährt. Den bewirtschaftet die MAV. Der Dienstgeber kann den Betrag jährlich festsetzen und lässt sich von der MAV am Ende des Gewährungszeitraumes Rechnung legen. Die Gewährung des Pauschalbetrages ist **als Vorschuss** auf anstehende Ausgaben anzusehen (*LAG Köln*, DB 1985, 394). Keineswegs darf die Pauschale lediglich zum Ausgleich für MAV-Tätigkeit gewährt werden, damit keine verbotene Begünstigung (§ 18 Abs. 1) eintritt (*Kreutz*, GK-BetrVG § 78 Rz 65).

6. Schulungsveranstaltungen

Gemäß **§ 17 Abs. 1 S. 2, erster Spiegelstrich** hat der Dienstgeber die Kosten 18 der Schulungsveranstaltungen für Mitarbeitervertretungen i. S. vom § 16 Abs. 1 S. 1 zu tragen. Dasselbe gilt für die Mitglieder des Wahlausschusses (§ 16 Abs. 2), die Mitglieder der Sondervertretung (§ 23), die Vertrauensperson der schwerbehinderten Menschen (§ 46 Abs. 2 i. V. m. §§ 16 und 17) sowie den Sprecher bzw. die Sprecherin der Jugendlichen und Auszubildenden (§ 45 Abs. 2 S. 1 i. V. m. §§ 16 und 17) und die Mitglieder der gemeinsamen Mitarbeitervertretung (§ 1 b) sowie die Mitglieder der Gesamtmitarbeitervertretungen (§ 24) im Rahmen ihrer Aufgabenstellungen (§ 24 Abs. 6 i. V. m. § 16 Abs. 1 S. 2). Der Dienstgeber hat zwar das Recht, der zeitlichen Lage der Schulung aus dienstlichen oder betrieblichen Gründen zu widersprechen (§ 16 Abs. 1 S. 1), er kann aber die Kostentragungspflicht nicht mit dem Hinweis auf seine

§ 17

schwierige Finanzlage ablehnen, insbesondere dann nicht, wenn der Schulungsbedarf (Grundschulung) die Vermittlung erforderlicher Kenntnisse für die MAV-Tätigkeit unaufschiebbar ist (*BVerwG*, 26. 2. 2003 – 6 P 9.02, ZTR 2003, 414). Unaufschiebbar ist z. B. die Teilnahme des MAV-Mitgliedes an einer Spezialschulung nur dann, wenn es die dort vermittelten Kenntnisse benötigt, um einem akuten Handlungsbedarf auf Seiten der MAV zu genügen (*BVerwG*, 26. 2. 2003 – 6 P 10.02, ZTR 2003, 415). Im konkreten Einzelfall ist die Verhältnismäßigkeit der Kosten, insbesondere wegen der Entfernung des Schulungsortes von der Dienststelle, zu beurteilen, wenn auch eine näher gelegene Schulungsstätte mit vergleichbaren Angeboten aufwartet und diese anerkannt sind. Dem Dienstgeber steht auch das Recht zu, sich über die Kosten für Unterricht, Unterkunft und Verpflegung am Schulungsort aufgeschlüsselt zu erkundigen (*LAG Düsseldorf*, 7. 7. 1993 – 4 TaBV 45/93, Ls. BB 1993, 2236). Voraussetzung für die **Pflicht zur Übernahme der Kosten** ist, dass die MAV vor der Veranstaltung einen **Beschluss** (§ 14 Abs. 5) zur Teilnahme an der vom Mitglied oder von den Mitgliedern der MAV besuchten Veranstaltung ordnungsgemäß und nachweisbar **(Sitzungsprotokoll der MAV)** gefasst hat. Ein vorangehender Beschluss über die Teilnahme an einem anderen Seminar (das aber bereits ausgebucht war) genügt nicht, ebenso wenig ein nach dem Besuch der Schulung gefasster genehmigender Beschluss der MAV (*BAG*, 8. 3. 2000 – 7 ABR 11/98, BB 2000, 1626 = NZA 2000, 838). Die Teilnahme an Schulungsveranstaltungen kurz vor Ablauf der Amtsperiode der MAV ist in der Regel nicht mehr erforderlich, so dass der Dienstgeber die Arbeitsbefreiung und die Kostentragung ablehnen darf. Wegen der Berechtigung zur Teilnahme an Schulungen wird auf die Ausführungen zu § 16 verwiesen.

7. Kostenübernahme für die Beiziehung sachkundiger Personen

19 Gemäß § 17 Abs. 1 S. 2, zweiter Spiegelstrich gehören zu den notwendigen Kosten zur Wahrnehmung der Aufgaben der MAV solche, die durch die Beiziehung sachkundiger Personen – z. B. **Rechtsanwälte** – entstehen, soweit deren Beiziehung zur ordnungsgemäßen Erfüllung der Aufgaben erforderlich ist und die MAV dazu ordnungsgemäß Beschluss gefasst hat (§ 14 Abs. 5; *BAG*, 13. 5. 1998 – 7 ABR 65/96, DB 1998, 1670). Weitere Voraussetzung ist der Antrag der MAV an den Dienstgeber auf Zusage der Kostenübernahme des Dienstgebers. Erst nach positivem Bescheid des Dienstgebers ist die Kosten gedeckte Beiziehung der sachkundigen Person zulässig. Wegen der Kosten ist zu prüfen, ob die Beauftragung einer sachkundigen Person erforderlich ist oder eine kostengünstigere Losung möglich ist. Unter Berücksichtigung der Verhältnismäßigkeit, der Schwierigkeit der materiellen Sach- und Rechtsfragen ist abzuwägen, was wirklich notwendig ist (*BAG*, 21. 6. 1989 – 7 ABR 78/87, DB 1989, 2436).

20 Im Einzelfall ist stets zu prüfen, welche Qualität die Angelegenheit hat, deretwegen die MAV sich beraten lassen will. In Betracht kommen die jeweils geeigneten Sachverständigen (vgl. § 80 Abs. 3 BetrVG). Die Einschaltung eines Sachverständigen (sachkundige Person) muss für die Erledigung von MAV-Aufgaben erforderlich sein. Der Sachverständige muss kein Angehöriger der Einrichtung sein. **Sachverständige** sind Personen, die der MAV oder sonstigen Gremien i. S. der MAVO die ihnen fehlenden fachlichen oder rechtlichen Kenntnisse (mündlich oder schriftlich) vermitteln, damit sie ihre Aufgaben in

Zusammenarbeit mit dem Dienstgeber sachgemäß erfüllen können (*BAG*, 13. 5. 1998 AP Nr. 55 zu § 80 BetrVG 1972). Sachverständige vermitteln Rechts- und Erfahrungssätze, sie können auf Grund ihrer besonderen Sachkunde Tatsachen feststellen oder aus einem feststehenden Sachverhalt Schlussfolgerungen ziehen. Der Sachverständige braucht nicht neutral zu sein. Er kann der MAV seine Sachkunde zur Wahrnehmung ihrer Interessen zur Verfügung stellen, sie gegebenenfalls auf dienstgeberseitige Informationsmängel hinweisen (vgl. § 27 a).

Die Sachverständigentätigkeit ist nicht auf die Unterstützung der MAV in einer einzelnen Frage beschränkt; sie kann sich auch auf die Einführung eines Projekts beziehen, das längerfristiger Beratung bedarf, wie etwa bei der Einführung neuer Technologien in der Einrichtung (vgl. §§ 36, 37, 38 jeweils Abs. 1 Nr. 9). Die **Beiziehung des Sachverständigen ist erforderlich,** wenn der MAV die erforderliche Sachkunde fehlt, wie etwa bei Fragen der EDV, arbeitswissenschaftlichen Fragen, Analyse der Geschäftsberichte, Vorbereitung eines Interessenausgleichs und Sozialplan (§§ 36, 37, 38 jeweils Abs. 1 Nr. 11; *BAG*, 13. 5. 1998 AP Nr. 55 zu § 80 BetrVG 1972), sonstigen schwierigen Rechtsfragen z. B. im Zusammenhang mit wichtigen neuen Vorschriften, die für die Einrichtung von Bedeutung sind (*ErfK-Hanau/Kania*, § 80 BetrVG Rz 34). Eine allgemeine Vermittlung von Kenntnissen, losgelöst von konkreten Fragen der Einrichtung, ist Schulungen i. S. von § 16 Abs. 1 S. 1 vorbehalten (*BAG*, 17. 3. 1987 AP Nr. 29 zu § 80 BetrVG 1972). 21

Über die Erforderlichkeit der Beiziehung Sachverständiger besteht häufig Streit. Die MAV hat insoweit einen Beurteilungsspielraum, der nur einer eingeschränkten Prüfung durch die Schlichtungsstelle zugänglich ist. Liegt Erforderlichkeit vor, besteht ein Anspruch auf Hinzuziehung der sachkundigen Person. Die Ausübung dieses Rechts bedarf aber wegen der Kostenübernahme der Zustimmung des Dienstgebers. Er darf seine Zustimmung nicht missbräuchlich verweigern und dadurch die MAV-Arbeit erschweren (§ 26 Abs. 1 S. 1). Mit der Zustimmung entsteht keine Dienstvereinbarung i. S. von § 38. Mit der Zustimmung erwirbt die MAV einen Kostenerstattungsanspruch. Stimmt der Dienstgeber der Kostenübernahme für die Hinzuziehung einer sachkundigen Person nicht zu, muss seine Zustimmung durch die Schlichtungsstelle auf Antrag der MAV ersetzt werden (§ 41 Abs. 1 Nr. 5 i. V. m. § 17). Für den Fall eines fehlerhaften Sachverständigengutachtens wird auf die werkvertraglichen Regelungen der §§ 633 ff. BGB i. V. m. §§ 280 ff. BGB hingewiesen. Die MAV kann ihre Ansprüche gegen den Gutachter an den ihr verpflichteten Dienstgeber abtreten. 22

8. Bevollmächtigte für das Schlichtungsverfahren

Gemäß § 17 Abs. 1 S. 2, dritter Spiegelstrich trägt der Dienstgeber die Kosten zur **Beauftragung eines Bevollmächtigten** in Verfahren vor der Schlichtungsstelle, soweit der Vorsitzende der Schlichtungsstelle feststellt, dass die Bevollmächtigung, in der Regel eines ortsansässigen **Rechtsanwalts** (*BAG*, 15. 11. 2000 – 7 ABR 24/00, EzA BetrVG 1972 § 40 Nr. 92) zur Wahrung der Rechte des Bevollmächtigenden (z. B. MAV, Gesamtmitarbeitervertretung, Vertrauensperson der schwerbehinderten Menschen) **notwendig oder zweckmäßig** erscheint, um die MAV von den Kosten freistellen zu lassen. 23

§ 17

24 Unter Berücksichtigung der Verhältnismäßigkeit, der Rechtsaussicht, der Schwierigkeit der materiellen Rechtsfragen (*BAG*, 19. 3. 2003 – 7 ABR 15/02, NZA 2003, 871) ist abzuwägen, was wirklich notwendig ist (*BAG*, 21. 6. 1989 – 7 ABR 78/87, DB 1989, 2436; *BayVerwGH*, 15. 11. 1990 – 17 P 89.02366, ZTR 1991, 132; *BVerwG*, 9. 3. 1992 – 6 P 11.90, ZTR 1992,433). Bei Parallelstreitigkeiten oder Streitigkeiten mehrerer Mitarbeitervertretungen ist eine Streitigkeit mit anwaltlicher Unterstützung ausreichend, wenn dadurch zu erkennen ist, wie die übrigen Streitigkeiten zu entscheiden oder beizulegen sind. Wenn also die Kostenerstattung hinsichtlich der Tätigkeit von Anwälten bei gleichem Regelungsinhalt von staatlicher und kirchlicher Ordnung nach staatlichem Recht sehr restriktiv zu entscheiden ist, kann die kirchliche Ordnung, die hier in Anlehnung an staatliches Recht ergangen ist (vgl. § 40 BetrVG), nicht günstiger interpretiert werden.

25 Allerdings lässt die Vorschrift auch eine **Zweckmäßigkeitsentscheidung** zur Beauftragung eines Verfahrensbevollmächtigten zu. Das wird regelmäßig der Fall sein, wenn auch der andere Beteiligte, des Verfahrens (in der Regel der Dienstgeber) sich eines Beistandes oder Rechtsanwalts bedient. Zweckmäßig ist jedenfalls die Vertretung der MAV durch einen in der Geschäftsstelle der Diözesanen Arbeitsgemeinschaft der Mitarbeitervertretungen (§ 25) beschäftigten Geschäftsführer.

26 Die Entscheidung über die Notwendigkeit oder Zweckmäßigkeit kann nicht davon abhängig gemacht werden, dass den Anträgen der MAV durch die Schlichtungsstelle stattgegeben wird. Das gerade ist mit Blick auf Amtsenthebungsverfahren gegen die MAV (§ 13 Abs. 3 Nr. 6, § 41 Abs. 1 Nr. 3) oder das Ausschlussverfahren gegen ein Mitglied der MAV (§ 13 c Nr. 5, § 41 Abs. 1 Nr. 3) zu beachten. Denn zu bedenken ist, dass zu Beginn der jeweiligen Streitverfahren nicht feststeht, ob den Anträgen stattgegeben wird, ob also im Falle eines Amtsenthebungsverfahrens eines Mitgliedes der MAV schuldhaftes Verhalten des Mitgliedes festgestellt wird (§ 13 c Nr. 5). Die Erforderlichkeit der Hinzuziehung eines Rechtsanwalts ist nicht danach zu beurteilen, ob das MAV-Mitglied in dem Ausschlussverfahren schließlich obsiegt oder, wenn in dem Ausschlussverfahren keine rechtskräftige Sachentscheidung ergangen ist, ob es bei hypothetischer Betrachtung obsiegt hätte. Vielmehr kommt es darauf an, ob für das MAV-Mitglied eine anwaltliche Verteidigung in dem Ausschlussverfahren nach Beurteilung des Vorsitzenden der Schlichtungsstelle als erforderlich angesehen wurde. Nicht erforderlich ist die Zulassung und Beauftragung eines Rechtsanwalts, wenn eine Verteidigung gegen den Ausschlussantrag von vornherein als offensichtlich aussichtslos erscheinen muss. Das ist der Fall, wenn das dem MAV-Mitglied vorgeworfene Verhalten von ihm ernsthaft nicht bestritten werden kann und die rechtliche Würdigung des Verhaltens unzweifelhaft eine zum Ausschluss aus der MAV führende grobe Pflichtverletzung im Sinne von § 13 c Nr. 5 ergibt (vgl. *BAG*, 19. 4. 1989 – 7 ABR 6/88, AR-Blattei ES 530.10 Nr. 61).

27 Ein **einzelnes Mitglied der MAV** kann vom Dienstgeber nicht die Erstattung von Prozesskosten, also auch **nicht** die **Anwaltskosten** verlangen, wenn es in einem **Rechtsstreit für versäumte Arbeitszeit** wegen angeblicher Tätigkeit in der MAV die Lohnfortzahlung verlangt (*BAG*, 30. 6. 1993 – 7 ABR 45/92, BB 1993, 2449). Der Vergütungsanspruch ist arbeitsvertraglicher Natur, bei dessen Geltendmachung das Mitglied der MAV demselben Kostenrisiko unterworfen ist wie ein sonstiger Mitarbeiter bei der Geltendmachung von

§ 17

Vergütungsansprüchen. Keinen Anspruch auf Erstattung von Rechtsanwaltskosten hat ein Mitglied der MAV, wenn es sich in dem Schlichtungsstellenverfahren auf Ersetzung der Zustimmung der MAV zu seiner vom Dienstgeber beabsichtigten Versetzung in eine andere Dienststelle (§ 18 Abs. 2, § 33 Abs. 1 und 4, § 41 Abs. 1 Nr. 6) durch einen Rechtsanwalt vertreten lässt. Denn seine Beteiligung am Schlichtungsverfahren ist keine Tätigkeit als Mitglied der MAV (wegen ähnl. Problematik zum BetrVG: *BAG*, 31. 1. 1990 – 7 ABR 39/89, DB 1991, 495; *Etzel*, HzA Gruppe 19 Rz 420 mit Hinweis auf *BAG*, 3. 4. 1979, EzA § 40 BetrVG 1972 Nr. 43). In dem Schlichtungsverfahren sind Parteien der Dienstgeber als Antragsteller (§ 41 Abs. 1 Nr. 6 i. V. m. § 33 Abs. 4 und § 18 Abs. 2) und die MAV als Antragsgegnerin.

Durch die Entscheidung des Vorsitzenden der Schlichtungsstelle über die Zulässigkeit der Beauftragung eines Bevollmächtigten im Verfahren vor der Schlichtungsstelle wird der Dienstgeber zur Kostentragung verpflichtet. Hierbei handelt es sich nicht um eine Entscheidung der Schlichtungsstelle (vgl. § 40 Abs. 5) sondern eher um eine den Prozess leitende Verfügung mit Bindungswirkung für die Beteiligten. Der Bevollmächtigte braucht nicht Mitglied einer bestimmten Kirche zu sein. **28**

Die MAV, die in einer Streitigkeit gemäß § 41 Abs. 1 u. 2 von einem Rechtsanwalt vertreten worden ist, kann mangels Rechtsfähigkeit (§ 5 Rz 31) nicht als Kollegialorgan auf Zahlung der Anwaltskosten in Anspruch genommen werden (vgl. *LAG Hamm*, 19. 10. 1989 – 8 Ta BV 46/89 rkr. – fehlende Rechtsfähigkeit des Betriebsrats). In Anlehnung an eine verbreitete Auffassung zur Rechtslage nach dem BetrVG kann der beauftragte Rechtsanwalt seine Vergütungsansprüche allerdings gegen die Mitglieder der MAV richten, die den Vertretungsauftrag erteilt haben (vgl. *LAG Hamm*, a. a. O. m. N. zum BetrVG; *LAG Düsseldorf*, 13. 5. 1998 – 7 Ta BV 10/98, NZA 1998, 1080). Die MAV hat die Beauftragung eines Rechtsanwalts, ihn in einem mitarbeitervertretungsrechtlichen Verfahren zu vertreten, auf der Grundlage der gesetzlichen Vergütung vorzunehmen, die sich nach § 10 BRAGO berechnet. Eine Honorarzusage, die zu einer höheren Vergütung führt, darf die MAV regelmäßig nicht für erforderlich halten (*BAG*, 20. 10. 1999 – 7 ABR 25/98, NZA 2000, 556). **29**

9. Haftung für nicht erstattungsfähige Kosten

Es gilt der Grundsatz, dass der Besteller von Lieferungen und Leistungen diese zu bezahlen hat (§ 311 Abs. 1 BGB). Macht die MAV infolge von Rechtsgeschäften mit Dritten Aufwendungen, so haftet dem Dritten gegenüber dasjenige Mitglied der MAV für die Kosten, welches das Rechtsgeschäft abgeschlossen hat. Die MAV ist nicht rechtsfähig, weil sie keine Rechtspersönlichkeit besitzt, und kann auch nicht durch ein Mitglied der MAV verpflichtet werden. Der Dienstgeber haftet nicht für die Folgen von Rechtsgeschäften der Mitglieder der MAV, wenn nicht er gemäß § 17 die MAV von den Kosten freizustellen hat. Im Verhältnis der MAV-Mitglieder untereinander sind die entstandenen Aufwendungen nur dann auszugleichen, wenn das handelnde MAV-Mitglied zu bestimmten Rechtsgeschäften von den übrigen Mitgliedern der MAV ermächtigt bzw. beauftragt worden war (§ 670 BGB). War dem MAV-Mitglied von den anderen oder einigen anderen Mitgliedern der MAV durch Beschluss zum Abschluss eines Rechtsgeschäfts Vollmacht erteilt worden (§ 167 BGB), dann sind jene wegen der aus dem Rechtsgeschäft sich erge- **30**

§ 17

benden Folgen berechtigt und verpflichtet (§ 164 BGB; hinsichtlich des Betriebsrats vgl. *Kraft*, GKBetrVG § 1 Rz 74 ff.).

10. Verzinsung aufgewendeter MAV-Kosten

31 Hat ein Mitglied der MAV Kosten im Sinne von § 17 Abs. 1 bereits aufgewendet (z. B. Reisekosten oder Bezahlung einer von ihm eingegangenen Verbindlichkeit), so ist die Erstattungsforderung bei Verzug oder nach Eintritt der Rechtshängigkeit zu verzinsen (*BAG*, 18. 1. 1989 – 7 ABR 98/87 NZA 1989, 641 f. = BB 1989, 1618 = DB 1989, 1829 zu B III). Denn anspruchsberechtigt wegen der Kostenerstattung ist das einzelne Mitglied der MAV, wenn ihm aufgrund seiner MAV-Tätigkeit Kosten entstehen. Der Erstattungsanspruch im Sinne von § 17 Abs. 1 ist ein Zahlungsanspruch i. S. der §§ 291, 288 BGB.

11. Ersatzansprüche des Dienstgebers

32 Hat der Dienstgeber den Kostenvorschuss oder die Kostenpauschale für die Kosten der Geschäftsführung der MAV oder ihre Mitglieder zu hoch bemessen, so hat er einen Anspruch auf Rückzahlung des übersteigenden Betrages nach den Vorschriften über die ungerechtfertigte Bereicherung (§ 812 ff. BGB; vgl. § 16 Rz 83). Dieser Anspruch kann gegenüber dem einzelnen Mitglied der MAV gegen den ihm zustehenden Vergütungsanspruch (z. B. § 611 BGB) aufgerechnet (§ 387 BGB) werden. Im Streitfall ist wegen der Berechtigung der Aufrechnung das staatliche Gericht anzurufen. Im Falle eines arbeitsvertraglichen Vergütungsanspruchs ist das staatliche Arbeitsgericht gemäß § 2 Abs. 1 Nr. 3 Buchstabe a ArbGG zuständig. In dem Rechtsstreit wird wegen der Lohnforderung der Aufrechnungsanspruch des Dienstgebers geprüft. Die Klage auf volle Vergütung ist also bei dem staatlichen Gericht geltend zu machen.

33 Die Schlichtungsstelle ist nicht zuständig, weil sie für bürgerlich-rechtliche Streitigkeiten nicht zuständig ist. Das folgt aus § 41 und Art. 10 Abs. 1 GrO. Dasselbe gilt für Streitigkeiten der Kirchenbeamten und der Geistlichen wegen ihrer Gehaltsansprüche. Kirchenbeamte wenden sich an das staatliche Verwaltungsgericht (dazu: *Weber, Hermann*, NJW 1989, 2217 ff.), Kleriker im Rahmen ihres dienstrechtlichen Verhältnisses im Sinne des Kirchenrechts zunächst an den Generalvikar.

V. Sachliche und personelle Hilfen

34 Der Dienstgeber hat gemäß **§ 17 Abs. 2** der MAV und anderen berechtigten Gremien (vgl. z. B. § 17 Abs. 3), die durch Verweisung auf § 17 berechtigt sind, sachliche und personelle Hilfen für die laufende Geschäftsführung zur Verfügung zu stellen und infolgedessen auch die daraus resultierenden Kosten bzw. Lasten zu tragen. Allerdings steht der Umfang der Pflichten des Dienstgebers unter dem gesetzlichen Vorbehalt seiner bei ihm vorhandenen Gegebenheiten. Deshalb kann es von Einrichtung zu Einrichtung und von Dienstgeber zu Dienstgeber unterschiedliche Ausstattungen für die MAV geben. Die Ursachen sind der Umfang der Geschäftsführung der MAV, die Größe der Einrichtung und die personelle Zusammensetzung der MAV. Der Dienstgeber hat die Hilfen zur Verfügung zu stellen, so dass die MAV einen Überlassungs-

§ 17

anspruch hat; sie darf keine eigenmächtigen Beschaffungen vornehmen (*BAG*, AP Nr. 20 zu § 40 BetrVG 1972).

1. Sachliche Hilfen

a. Raum

Zu den sachlichen Hilfen für die MAV gehören die Räume, die für die Sitzun- 35
gen, Sprechstunden und die laufende Geschäftsführung der MAV zur Verfügung zu stellen sind. Damit verbunden sind auch die Folgeleistungen des Dienstgebers mit dem erforderlichen Inventar, Heizung, Licht, Reinigung. Der Raum muss so beschaffen sein, dass er für die Sitzungen der MAV und ihre Sprechstunden die geeignete Größe und Lage hat. Der Raum kann daher nicht im Keller liegen, wenn dieser im Wesentlichen nicht für den gewöhnlichen Aufenthalt von Personen hergerichtet ist oder neben Lagerräumen liegt. Der einmal zugewiesene Raum kann allerdings wieder entzogen werden, wenn die MAV in einem anderen als Ersatz zugewiesenen Raum ihre Aufgaben erfüllen kann. Gleichwertigkeit mit dem früher zugewiesenen Raum ist nicht erforderlich (*ArbG Hamburg*, 11. 6. 1987 – 8 Ga BV 4/87, DB 1987. 2658). Soweit die Beschäftigten einer Dienststelle in einem Großraumbüro untergebracht sind, hat die MAV, sofern sie die Möglichkeit der Mitbenutzung von Sitzungssälen und Besprechungsräumen hat, grundsätzlich ebenfalls nur Anspruch darauf, dass ihr für die Durchführung der laufenden Geschäfte eine Teilfläche im Großraumbüro zur Verfügung gestellt wird (*OVG Nordrhein-Westfalen*, 4. 3. 1994 – 1 A 2443/91, PVL, rkr., ZTR 1994. 349). Aus der Verpflichtung des Dienstgebers bzw. Dienststellenleiters, die Vertraulichkeit der MAV-Tätigkeit zu sichern, ergibt sich die Pflicht, der MAV ein eigenes Zimmer für die Schreibkraft der MAV zur Verfügung zu stellen, wenn die räumliche Situation der Dienststelle dies zulässt und auch die sonstigen Mitarbeiter in ähnlich großzügigen Verhältnissen arbeiten können. Sind die räumlichen Verhältnisse in der Dienststelle beengt, ist es der MAV zumutbar zu dulden, dass in dem Dienstzimmer der für die MAV tätigen Schreibkraft zusätzlich der Arbeitsplatz einer Schreibkraft des allgemeinen Schreibdienstes eingerichtet wird (*Hess. Verwaltungsgerichtshof*, 17. 2. 1995 – HPV TL 2143/92, rkr., ZTR 1994, 349).

Der MAV steht ein **Hausrecht** an den ihr zur Verfügung gestellten Räumen 36
insoweit zu, als die Räume zur Erfüllung ihrer Aufgaben erforderlich sind. Die MAV kann vom Dienstgeber verlangen, dass dieser ohne vorherige Genehmigung oder gegen ihren Willen das MAV-Büro nicht betritt. Sie kann ein abschließbares Büro verlangen (*LAG Nürnberg*, 1. 4. 1999 6 Ta 6/99, NZA 2000, 335). Im Einzelfall hat der Dienstgeber den Zutritt eines Rechtsanwalts zum Büro der MAV zu dulden (*LAG Schleswig-Holstein*, 23. 6. 1998 – 1 Ta BV 15/98, DB 1999, 392).

b. Standardausstattung

Mobiliar, technische Ausrüstung (z. B. Fotokopiergerät, Schreibmaschine, 37
Diktiergerät), Schreibmaterial in der erforderlichen Menge, Porto, Stempel, verschließbare Schränke (§ 14 Abs. 7) gehören zu den sachlichen Hilfen ebenso wie die nachstehend genannten Hilfsmittel unter Berücksichtigung der beim Dienstgeber vorhandenen Gegebenheiten.

§ 17

38 Zur Erleichterung der Verständigung der Mitglieder der Mitarbeitervertretung, Sondervertretung und Gesamtmitarbeitervertretung sowie der Diözesanen Arbeitsgemeinschaft in einem weit ausgedehnten Gebiet (Diözese) ist der **Gebrauch des Telefons** unerlässlich. Deshalb ist es möglich, für die MAV oder ein anderes Gremium im Sinne der MAVO einen zentralen Dienstanschluss zu installieren, der z. B. dem Vorsitzenden zum Kontakt mit den Mitgliedern der MAV, den angeschlossenen Teildienststellen und ihren Mitarbeitern sowie mit dem Dienstgeber zu dienen bestimmt ist.

39 Die MAV kann nach § 17 Abs. 2 auch verlangen, eine an den Arbeitsplätzen der Mitarbeiterinnen und Mitarbeiter vorhandene Telefonanlage durch eine vom Dienstgeber zu veranlassende gesonderte fernsprechtechnische Schaltung für den innerbetrieblichen Dialog mit der Mitarbeiterschaft nutzbar machen zu lassen. Denn die Nutzung des Telefons zur **Kontaktaufnahme mit den von der MAV vertretenen Mitarbeitern** betrifft die Erfüllung gesetzlicher Aufgaben der MAV besonders dann, wenn die Mitarbeiter vom Büro der MAV weit entfernte Arbeitsplätze haben (*BAG,* 9. 6. 1999 – 7 ABR 66/97, MDR 1999, 1511), wie etwa im Gebiet einer gemeinsamen MAV (§ 1 b) oder einer Sondervertretung (§ 23). Umgekehrt kann die MAV auch verlangen, eine an den Arbeitsplätzen der einzelnen Mitglieder der MAV vorhandene **Telefonanlage** fernsprechtechnisch so einzurichten, dass die Mitarbeiter der Einrichtung bei dem MAV-Mitglied ihres Vertrauens anrufen können, wenn z. B. eine gemeinsame Mitarbeitervertretung (§ 1 b) oder Sondervertretung (§ 23) gebildet ist, deren Mitglieder wegen der Gebietsstruktur mit räumlich weit auseinander liegenden Dienststellen zur Erfüllung ihrer gesetzlichen Aufgaben erreichbar sein müssen (*BAG,* 27. 11. 2002 – 7 ABR 36/01, NZA 2003, 803). Die MAV hat jedoch keinen Anspruch darauf, dass die Telefone in den Betriebsstätten, in denen keine MAV-Mitglieder beschäftigt sind, telefontechnisch so eingerichtet werden, das die Mitarbeiter von dort aus sämtliche Mitglieder der MAV anrufen können. Die den Mitarbeitern zur Verfügung stehenden Telefone sind keine Sachmittel der MAV im Sinne von § 17 Abs. 2 (*BAG,* 27. 11. 2002 – 7 ABR 33/01, NZA 2003, 991 Ls.).

40 Eine aus mehreren Mitgliedern bestehende MAV kann ohne Darlegung der Erforderlichkeit verlangen, dass ihr der Dienstgeber ein **Telefaxgerät** zur Verfügung stellt, wenn der MAV die Mitbenutzung der Geräte des Dienstgebers nicht zumutbar ist (*LAG Hamm,* 14. 5. 1997 – 3 Ta BV 2/97 – Ls., BB 1997, 2052).

41 Zum Geschäftsbedarf der MAV gehört auch der für den Aushang bestimmte Kasten oder das **Schwarze Brett**, wo die MAV Mitteilungen für die Mitarbeiter der Dienststelle veröffentlichen kann. Die Aushänge dürfen allerdings nur das zum Gegenstand haben, was zum Aufgabenbereich der MAV gehört. Auseinandersetzungen zwischen Dienstgeber und MAV oder der MAV mit anderen Personen oder Gruppen gehören grundsätzlich nicht ans Schwarze Brett. Unzulässig sind deshalb Angriffe auf den Dienstgeber und die von ihm Beauftragten. Gegen strafrechtliche Bestimmungen verstoßende Veröffentlichungen sind gegebenenfalls vom Dienstgeber zu entfernen, auch gegen den Willen der MAV. Im Rahmen sachlicher Kritik ist es aber zulässig, dass die MAV ihre vom Dienstgeber abweichende Meinung bekannt gibt. Der Dienstgeber hat kein Zensurrecht (§ 18 Rz 2). Die MAV hat den Aushang politischer Flugblätter zu unterlassen, insbesondere solcher mit parteipolitischer Thematik. Parteipolitische Betätigung gehört nicht zum Aufgabenbereich der MAV. Dasel-

§ 17

be gilt für den Dienstgeber. Zwar besteht in der MAVO keine dem § 74 Abs. 2 S. 3 BetrVG entsprechende Norm, wonach sich Arbeitgeber und Betriebsrat jeder parteipolitischen Betätigung im Betrieb zu enthalten haben (vgl. dazu: *BAG*, 12. 6. 1986 – 6 ABR 67/84, DB 1987, 1898); doch kann durch solcherlei Parteinahme von den Aufgaben der MAV abgelenkt werden, zumal die MAV die Vertretung aller Mitarbeiter ist und deshalb zu politischer Zurückhaltung angehalten ist (§ 26 Abs. 1 S. 3).

Der Dienstgeber kann der MAV auch ein **Postfach** einrichten, damit die MAV **42** sich dort Nachrichten abholen kann. Um aber wegen des Zeitpunktes des Zugangs von Mitteilungen des Dienstgebers an die MAV bei Fristensachen keinen Streit entstehen zu lassen, sollten MAV und Dienstgeber eine Vereinbarung darüber treffen, wie die MAV von der Einlage in das Postfach ohne Verzögerung erfährt. Denn legt der Dienstgeber etwa an Sylvester (31. Dezember) eine Nachricht in den Kasten und die MAV-Mitglieder sind nicht mehr in der Einrichtung, können sie in Eilfällen überhaupt nicht reagieren. Deshalb sind für **Eilfälle** in jedem Falle Absprachen über die Benachrichtigung in solchen Fällen zu treffen. Dasselbe Problem kann auch während der Urlaubsabwesenheit der MAV-Mitglieder von Bedeutung werden. In Fällen dieser Art dürfte die Hinterlegung im Postfach unzureichend sein, um die MAV pflichtgemäß an ihren Mitwirkungsrechten zu beteiligen.

c. Gesetzestexte und Literatur

Gesetzestexte und einschlägige Literatur (*Bietmann*, Kurzkommentar, § 13 **43** Anm. 11; *Frey/Coutelle/Beyer*, § 17 Rz 22; *Mösenfechtel/Perwitz-Passan/ Wiertz*, § 17 S. 2), wie **Kommentare zur MAVO** und **Fachzeitschriften**, gehören ebenfalls zur Ausstattung der MAV (*BAG*, 21. 4. 1983 – 6 ABR 70/32 EzA § 40 BetrVG 1972 Nr. 53 = NJW 1984, 2309; *LAG Düsseldorf*, 12. 4. 1988 – 11 Ta BV 147/87, BB 1988, 912 = DB 1988, 1072; *LAG Hamm*, BB 1981, 2005; *BVerfG*, 10. 2. 1985 – 1 BvR 1724/83, NJW 1986, 1923; *BVerwG*, 29. 6. 1988 – 6 P 18/86, NJW 1989, 848), nicht aber Wirtschaftszeitungen (*BAG*, 29. 11. 1989 – 7 ABR 42/89, BB 1990, 623). Der auch im kirchlichen Bereich gültige haushaltsrechtliche **Grundsatz der Sparsamkeit** kann nur die Art und Weise beeinflussen, in der die Zeitschrift der MAV zur Verfügung zu stellen ist, z. B. durch Umlaufverfahren (*BVerwG*, 12.9.1989 – 6 P 15.87, ZTR 1990.34; *OVG NW*, 7. 6. 1990 – CL 56/88, rkr., ZTR 1991, 41 Ls.). Ist noch keine Fachzeitschrift vorhanden, so besteht unter mehreren geeigneten Fachzeitschriften ein Auswahlrecht (*BVerwG*, 5. 10. 1988, ZTR 1990, 121 Ls). Dasselbe gilt auch für andere Kommentare zu anderen Rechtsgebieten.

Die MAV kann nicht in jedem Falle für jedes Mitglied der MAV ein bestimm- **44** tes Buch mit **Fachliteratur** verlangen. Auf eine bestehende Handbibliothek ist zurückzugreifen (*Schlichtungsstelle München und Freising*, 15. 3. 1996 – Az 13 AR 95; *Hess VerwGH*, 17. 6. 1993 – BPVTK 1 122/92, rkr., ZTR 1994, 173; *LAG Berlin*, 5.10.1992 – 9 Ta BV 3/92 und 5/92, AR-Blattei ES 530.10 Nr. 72). Es ist für die MAV ausreichend, wenn eine **Grundausstattung mit den aktuellen Texten der in der betroffenen Einrichtung regelmäßig anzuwendenden Rechtsvorschriften, die erforderlichen Kommentare** dazu sowie eine einschlägige Arbeits- und Sozialrechts-Fachzeitschrift vorhanden sind und in Umlauf gebracht werden (*Schlichtungsstelle Paderborn*, 27. 1. 1993 – V/92, ZMV 1994, 251). **Die MAV darf** aber **eine von ihr ausdrücklich bestimmte Fachzeitschrift**

§ 17

verlangen (*Schlichtungsstelle Paderborn*, wie vor). Die MAV hat ein Auswahlrecht (*LAG Schleswig-Holstein*, 11. 4. 1995 – 1 Ta BV 4/95 rkr., BB 1995, 1 188; *BAG*, 15. 4. 1983 – 6 ABR 70/82, AR-Blattei ES 530.10 Nr. 54). Die der MAV im Rahmen des betrieblichen Arbeits- und Gesundheitsschutzes zugewiesenen Aufgaben begründen ein besonderes Informationsbedürfnis. Steht der MAV bereits eine arbeitsrechtliche **Fachzeitschrift** zur Verfügung, die sich regelmäßig mit arbeits- und gesundheitswissenschaftlichen Themenstellungen befasst, hat die MAV darzulegen, welche betrieblichen oder mitarbeitervertretungsbezogenen Gründe die Anschaffung einer weiteren Fachzeitschrift erfordern (*BAG*, 25. 1. 1995 – 7 ABR 37/94, BB 1995, 1087 = DB 1995, 1339 = NZA 1995, 591; zu einer weiteren Zeitschrift mit Bezug zur Computertechnik vgl. *LAG Düsseldorf*, 30. 9. 1997 – 8 TaBV 44/97 rkr., BB 1998, 2002).

45 Die vom Dienstgeber zur Verfügung zu stellenden **Kommentare** müssen sich mit Rücksicht auf die gesetzliche Aufgabenstellung der MAV **jeweils auf dem neuesten Stand** befinden und beim Wechsel der Auflage auch neu beschafft werden (*BAG*, 26. 10. 1994 – 7 ABR 15/94, BB 1995, 464 = ZMV 1995, 139). Dazu steht der MAV ein Auswahlrecht zu. Dabei braucht sich die MAV nicht ausschließlich vom Interesse des Dienstgebers an einer möglichst geringen Kostenbelastung leiten zu lassen (*BAG*, 24. 1. 1996 – 7 ABR 22/95, DB 1996, 2034). Die MAV hat jedoch keinen Rechtsanspruch auf solche **Textausgabensammlungen** für Arbeitsvertragsregelungen, die nicht mehr auf dem neuesten Stande der Beschlussfassung in der KODA sind. Ausgaben dieser Art müssen, um für den Anwender nützlich zu sein, das aktuell geltende Recht wiedergeben (*Schlichtungsstelle München und Freising*, 27. 9. 1996 – 26 AR 96).

d. Personalcomputer

46 Die Überlassung eines Personalcomputers (PC) nebst Monitor und Drucker sowie Software zur Text- und Zahlenverarbeitung an die MAV kann erforderlich im Sinne von § 17 Abs. 2 i. V. m. Abs. 1 S. 1 sein. Der Anspruch darauf oder auf Mitbenutzung der Datenverarbeitungseinrichtungen des Dienstgebers ist nicht stets zu verneinen (*LAG Baden-Württemberg*, 19. 9. 1995 – 7 Ta BV 4/95, ZMV 1996, 308), insbesondere dann nicht, wenn die MAV nicht in der Lage ist, ohne derartige technische Hilfe nach Gesetz, Kirchenordnung, Dienstvereinbarung anfallende Aufgaben ordnungsgemäß wahrzunehmen (*Krichel*, Zur EDV-Nutzung, NZA 1989, 668 f.). Ist wegen der Größe der Einrichtung das Speichern von personenbezogenen Daten der Mitarbeiter zu empfehlen, damit die MAV im Rahmen ihrer Unterrichtung durch den Dienstgeber aus Anlass von konkreten beteiligungspflichtigen Angelegenheiten erfährt, ist der **Datenschutz** zu beachten. Obwohl die MAV oder eines ihrer Mitglieder Daten speichern könnten, um bei passender Gelegenheit auf diese Daten zurückgreifen zu können, ist das Speichern von Daten ohne Einwilligung des betroffenen Mitarbeiters nicht zulässig (*BVerwG*, 4. 9. 1990 – 6 P 28.87, ZTR 1991, 80).

47 Ein PC ist nicht ohne weitere Darlegungen zur konkreten Erforderlichkeit jeder MAV als Grundausstattung zur Verfügung zu stellen (*BAG*, 11. 3. 1998 – 7 ABR 59/96, DB 1998, 1821 = DB 1998, 1690 = NZA 1998, 953). Die MAV beurteilt, welche Hilfsmittel zur Erledigung ihrer Aufgaben erforderlich und deshalb vom Arbeitgeber zur Verfügung zu stellen sind, wobei sie auch zu prüfen hat, was in der Gegenwart ausreicht, aber künftig zur Ausstattung erforderlich sein wird. Dazu ist die MAV darlegungspflichtig (*BAG*, 11. 11. 1998 – 7

ABR 57/97, DB 2000, 150). Bei der Erforderlichkeitsprüfung hat die MAV bei ihrer Entscheidung berechtigten Interessen des Dienstgebers und der Mitarbeiterschaft Rechnung zu tragen (*BAG*, 12. 5. 1999 – 7 ABR 36/97, NZA 1999, 1290). Ausgehend von der Rechtsprechung zur Nutzung von Telefonanlagen durch die MAV (Rz 39) hat zu gelten, dass bei der Prüfung der Erforderlichkeit eines Sachmittels im Sinne von § 17 Abs. 2 der MAV ein Beurteilungsspielraum zusteht. Im Streitfall kommt es darauf an, ob das Sachmittel der Erledigung der gesetzlichen Aufgaben der MAV dient und ob die Interessen des Dienstgebers angemessen berücksichtigt wurden (*BAG*, 27. 11. 2002 – 7 ABR 36/01, NZA 2003, 803). Die Weiterentwicklung der Informations- und Kommunikationstechnik führt zu stets neuen Standards der normalen Ausstattung eines Büros. Ein Disketten- und ein CD-Rom-Laufwerk kann daher ebenfalls zur notwendigen Ausstattung der MAV werden. Letzteres schon deshalb, weil in zunehmendem Maße auch für die Arbeit der MAV erforderliche arbeitsrechtliche Gesetze, Gerichtsentscheidungen und Fachliteratur auf CD-Rom zur Verfügung gestellt werden. Dabei ist allerdings vom einrichtungsüblichen Standard in den Tätigkeitsbereichen auszugehen, die mit MAV-Arbeit vergleichbar sind (vgl. zu § 40 Abs. 2 BetrVG: *Fitting*, § 40 Rz 131). Es kommt auf die Verhältnisse beim Dienstgeber selbst an.

e. Internet, Intranet

Benutzt der Dienstgeber ein elektronisches Kommunikationssystem mit Mailbox unter Benutzung eines sonst gesperrten Schlüssels »an alle«, folgt daraus nicht, dass es i. S. des § 17 Abs. 2 erforderlich ist, der MAV dasselbe Informationssystem mit demselben Schlüssel zur Verfügung zu stellen (*BAG*, 17. 2. 1993 – 7 ABR 19/92, NZA 1993, 854 = BB 1993, 1515 = DB 1993, 1426 mit Anmerkung von *Klebe/Wedde*, DB 1993, 1418). Der Dienstgeber kann bestimmen, welche von mehreren sachgerechten Mitteln oder Möglichkeiten zur Information er in erforderlichem Umfang zur Verfügung stellt. Abzustellen ist auf die Dringlichkeit der Unterrichtung der Mitarbeiterschaft und die etwaige Unzulänglichkeit anderer der MAV zur Verfügung stehender Informationsmittel; auf die Erleichterung der Arbeit der MAV kommt es nicht an (*BAG*. a. a. O.). **48**

Das Internet (Amtsblatt des Erzbistums Köln 1999 Nr. 306 S. 328; Nr. 307 S. 330) hat sich inzwischen zu einem selbstverständlichen Arbeitsmittel für diejenigen entwickelt, die auf Informationen angewiesen sind. Das gilt auch für eine MAV. Entstehen dem Dienstgeber durch den Anschluss der bereits vorhandenen MAV-PC an das Internet keinerlei Kosten, kann der MAV dieses Arbeitsmittel nicht verweigert werden (*LAG Schleswig-Holstein*, 31. 10. 2002 – 1 Ta BV 16/02, DB 2003, 670). Allerdings bestimmt sich die Erforderlichkeit der Nutzung nicht nach dem technischen Ausstattungsniveau des Dienstgebers. Anderes gilt, wenn der Dienstgeber mit der MAV seinerseits die Möglichkeit der elektronischen Datenverarbeitung nutzt. Dann kann es zur sachgerechten Wahrnehmung von MAV-Aufgaben geboten sein, dass die MAV ebenfalls über entsprechende Sachmittel verfügt. **49**

Die MAV verstößt aber durch die Einrichtung einer eigenen Homepage im Internet gegen das Gebot der vertrauensvollen Zusammenarbeit (§ 26 Abs. 1 S. 1), da es nicht zu ihren Aufgaben gehört, ohne Veranlassung durch den Dienstgeber die Öffentlichkeit über betriebsinterne Vorgänge zu unterrich- **50**

§ 17

ten. Unterhält ein Dienstgeber aber ein Intranet, so ist er verpflichtet, der MAV eine eigene Homepage in diesem Netzwerk zur Verfügung zu stellen (*ArbG Paderborn*, 29.1.1998 – 1 BV 35/97, DB 1998, 678). Wird ein Großteil des Schriftverkehrs elektronisch abgewickelt, ist das E-Mail-System in der Dienststelle stark verbreitet, dann ist die Schaffung des Intranets Beweis dafür, dass die Kommunikation zwischen den Mitarbeitern und dem Dienstgeber unter Zuhilfenahme der modernsten elektronischen Medien abgewickelt wird. Von dieser Entwicklung darf die MAV dann nicht abgekoppelt und auf die Nutzung eines »Schwarzen Bretts« sowie die Verfassung von Rundschreiben und Informationsbriefen verwiesen werden. Werden Telearbeiter beschäftigt, ist die moderne Technik gerade deshalb zu nutzen, weil die Telearbeiter wohl nur selten auf das »Schwarze Brett« stoßen werden (*ArbG Paderborn*, a. a. O.; dazu: *Mühlhausen*, NZA 1999,136; *Klebe/Wedde*, DB 1999, 1954). Auf die Beteiligungsrechte der MAV bei der Einführung von Internet und Intranet (§ 29 Abs. 1 Nr. 14, § 36 Abs. 1 Nr. 9) wird hingewiesen (dazu: *Fey*, ZMV 2000, 17).

f. Informationsblatt für Mitarbeiterinnen und Mitarbeiter

51 Die MAV ist grundsätzlich nicht darauf beschränkt, die Mitarbeiter auf Mitarbeiterversammlungen und durch Anschläge im Aushangkasten zu unterrichten. Ob die Informationspflicht durch **Herausgabe schriftlicher**, zur Verteilung an die Mitarbeiter bestimmter **Informationen** erfüllt werden kann, ist nach den konkreten Verhältnissen der einzelnen Einrichtung zu beurteilen. Abzuwägen ist die Dringlichkeit der Unterrichtung vor der nächsten ordentlichen Mitarbeiterversammlung und etwaige Unzulänglichkeit anderer Informationsmittel (Schwarzes Brett, mündliche Unterrichtung) einerseits sowie die Kostenbelastung des Dienstgebers andererseits (*BAG*, 21. 11. 1978 – 6 ABR 85/76, AR-Blattei ES 530.10 Nr. 42). Gerade in größeren Dienststellen ist es üblich, ein **Informationsblatt der MAV** für die Mitarbeiter herauszugeben. Die Kosten hierfür trägt der Dienstgeber, wobei Art der Aufmachung, Papier und Druck als Kostenfaktoren mit dem Dienstgeber besprochen werden müssen. Denn wie § 44 BPersVG keine Aussage darüber enthält, ob der Personalvertretung das Recht zusteht, die Bediensteten durch Informationsblätter, Flugblätter u. a. zu unterrichten, fehlt ein klärender Hinweis auch in § 17 MAVO. Dabei ist an die Möglichkeiten der Information in der Mitarbeiterversammlung (§§ 21, 22) und den Aushang am Schwarzen Brett (Rz 41) zu denken (*Leuze*, Anmerkungen zum Recht des Personalrats auf Herausgabe eines Informationsblatts, ZTR 1989,468).

52 Sowohl **Zeitungen der MAV** als auch Werkszeitungen **des Dienstgebers** genießen den Schutz der **Pressefreiheit** (Art. 5 Abs. 1 S. 2 GG; *BVerfG*, 8. 10. 1996 – 1 BvR 1183/90, NZA 1997, 158). Zu unterscheiden davon ist das Grundrecht der Meinungsfreiheit (Art. 5 Abs. 1 S. 1 GG). Zur Presse gehören auch Werkszeitungen. Ihnen gebührt der Schutz eines Kommunikationsmediums. Der Schutz der Pressefreiheit umfasst die Grundentscheidung über Ausrichtung und Gestaltung des Publikationsorgans insgesamt. Darin ist auch die Entscheidung eingeschlossen, ob Zuschriften von Dritten in die Publikation aufgenommen werden. Geschützt sind nicht nur eigene Beiträge der Herausgeber oder redaktionellen Mitarbeiter, sondern auch die Wiedergabe von Beiträgen Außenstehender, die sich nicht beruflich im Pressewesen betätigen. Die Pres-

§ 17

sefreiheit schützt schließlich auch die Entscheidung, Zuschriften Dritter anonym zu veröffentlichen (*BVerfG*, a. a. O.). Grenzen ergeben sich aus der Schweigepflicht der MAV (§ 20). Einem von der MAVO geschützten Interesse der MAV, den Dienstgeber als betrieblichen Gegenspieler aus der Kommunikation zwischen den Mitarbeitern und der MAV herauszuhalten, kommt kein solches Gewicht zu, dass die Pressefreiheit zurücktreten muss, wenn der Dienstgeber sich in der Werkszeitung öffentlich über die Betriebsvertretung in der Werkszeitung mit einem Beitrag verärgert äußert (*BVerfG*, 8. 10. 1996 – 1 BvR 1183/90, NZA 1997, 158). Umgekehrt ist es der MAV dann nicht verwehrt, über schon Bekanntes Kritik zu äußern. Das Verbot der Beeinträchtigung des Betriebsfriedens und das Gebot der vertrauensvollen Zusammenarbeit von Dienstgeber und MAV (§ 26 Abs. 1 S. 1) sind grundsätzlich auch für Abhandlungen, Darstellungen, Zeitungsinterviews und sonstige Veröffentlichungen in Werkszeitungen zu beachten. Aber der Pressefreiheit ist Rechnung zu tragen. Eine Zensur der Beiträge ist unzulässig. Auch die gemäß Art. 5 Abs. 1 S. 1 GG verfassungsrechtlich gewährleistete **Meinungsfreiheit** genießt bei der Bewertung der Störung des Betriebsfriedens ihren besonderen Schutz (*Fitting*, § 74 Rz 33 m. N.). Streitigkeiten über das Presserecht gehören vor die staatlichen Gerichte.

Die Informations- und Werbetätigkeit von **Gewerkschaften** hat in kirchlichen Einrichtungen unter näherer Differenzierung Platz. Keinen Raum für Werbung haben die Gewerkschaften durch externe Beauftragte in kirchlichen Einrichtungen. Sie haben **kein Zutrittsrecht** wegen fehlender gesetzlicher Grundlage (*BVerfGE* 57, 220, 242–245; *Jurina*, Kirchenfreiheit und Arbeitsrecht S. 797, 817 m. N.; *Mayer-Maly*, Gewerkschaftliche Zutrittsrechte, BB Beilage 4/1979; *BAG*, 14. 8. 1986 – 6 ABR 40/84, ZevKR 1989, 80). Sind in der kirchlichen Einrichtung Mitarbeiter **Angehörige einer Gewerkschaft,** so beruht ihre Werbung für die Gewerkschaft im Betrieb auf ihrem grundrechtlich geschützten Recht der **Koalitionsfreiheit** gemäß Art. 9 Abs. 3 GG (*Richardi*, Arbeitsrecht in der Kirche, § 11 Rz 19 f. unter Hinweis auf BVerfGE 57, 220 ff.). Ein Zutrittsrecht für Betriebsfremde hat das BVerfG verneint. Es hat erkannt, dass ein Zutrittsrecht dort, wo die Gewerkschaft bereits in Betrieben und Anstalten durch Mitglieder vertreten ist, das Zutrittsrecht auszuschließen sei (*BVerfGE* 57, 220 ff.). Die Werbung betriebsfremder Gewerkschaftsbeauftragter falle nicht in den Kernbereich der Betätigung der Koalition. Nach Aufgabe der These von der Unerlässlichkeit als Primärerfordernis des gewerkschaftlichen Betätigungsrechts (*BVerfGE* 93, 353 ff.) taucht die Frage der Betätigung betriebsfremder Gewerkschaftsbeauftragter in Einrichtungen auf, die keine gewerkschaftsangehörigen Mitarbeiter haben. Es muss dann Sache der Gewerkschaft sein, mit Hilfe solcher Mitarbeiter, die in der Einrichtung beschäftigt sind, außerhalb der Einrichtung Kontakt aufzunehmen, sie als Mitglied zu werben und dann dieses Mitglied in der Einrichtung werbend für die Gewerkschaft tätig werden zu lassen, solange es an einer gesetzlichen Grundlage für das gewerkschaftliche Zutrittsrecht fehlt (*Richardi*, a. a. O. § 11 Rz 22 f.). Auf diesen Grundlagen beruht gemäß § 38 Abs. 2 S. 2 im Falle der Verhandlungen zum **Abschluss einer Dienstvereinbarung** gemäß § 38 Abs. 2 S. 1 die der MAV eingeräumte Möglichkeit, eine **in der Einrichtung vertretene Koalition** zu Rate zu ziehen. Das heißt, dass dann auch betriebsfremde Beauftragte der **Koalition Zutritt zur Einrichtung** haben (§ 38 Rz 54 ff.). Allerdings braucht der Dienstgeber das Fotokopieren einer gewerkschaftlichen 53

§ 17

Druckschrift auf einem der MAV allgemein zur Verfügung gestellten Fotokopiergerät dann nicht zu dulden, wenn die Druckschrift eine eindeutige gewerkschaftspolitische Zielsetzung hat (*LAG Frankfurt/M.*, 20. 8. 1987 – 12 Ta BV 56/87, BB 1987.2452 im Anschluss an *BAG,* AP Nr. 5 zu § 40 BetrVG).

2. Eigentum an überlassenen Gegenständen

54 Stellt der Dienstgeber der MAV sachliche Hilfen, die in seinem Eigentum stehen, zur Verfügung (Möbel, Bücher, Schreibmaschine) so bleibt er Eigentümer.
55 Andererseits aber gibt es Gegenstände, die verbrauchbar sind, wie Schreibmaterialien und Fotokopien. Hierbei handelt es sich um zum Verbrauch bestimmten Sachaufwand. Das Eigentum erlischt infolge Verbrauches. Die MAV ist nämlich ermächtigt (§ 185 BGB), über die verbrauchbaren Sachen im Rahmen einer ordnungsgemäßen Geschäftsführung zu verfügen. Die Eigentümerbefugnisse des Dienstgebers sind durch die Zweckbestimmung der überlassenen Sachen beschränkt. Noch wieder anders ist es mit dem Papier, das durch Beschriftung der MAV zu Akten der MAV gestaltet wird. Weil die MAV nicht rechts- und deshalb eigentumsunfähig ist (§ 5 Rz 31; *Hess/Schlochhauer/Worzalla/Glock*, BetrVG § 40 Rz 100 a; *LAG Hamm*, AR-Blattei 530.10 Nr. 6 a; *ArbG Paderborn*, SAE 1955, 108 f.; *Wiese/Weber*, GK-BetrVG § 40 Rz 175), besteht das Eigentum an diesen Sachen beim Dienstgeber weiter. Er hat aber kein Verfügungs- bzw. Einsichtsrecht.

3. Die Akten der MAV

56 Die MAV hat die Akten an die nachfolgende neue MAV weiterzugeben. Das gilt für Akten mit Gegenwarts- und Zukunftsbezug und für solche mit Vergangenheitsbezug. Verantwortlich für die Weitergabe sind die Mitglieder der alten MAV gegenüber der neuen MAV. Folgt der alten MAV nicht unmittelbar nach ihrem Amtsablauf eine neue MAV, so sind die Akten dem Dienstgeber zur sorgfältigen Aufbewahrung zu überantworten, damit er sie einer später ins Amt getretenen MAV übergibt. Der Grundsatz der vertrauensvollen Zusammenarbeit zwischen MAV und Dienstgeber hat sich hier zu bewähren (vgl. § 26 Abs. 1 S. 1). Verwahrt der Dienstgeber Akten der MAV, hat er sie auf Verlangen der MAV an diese herauszugeben (§ 26 Abs. 2 S. 1), nicht nur vorzulegen, weil er gemäß § 17 Abs. 2 MAVO die sachlichen Hilfen der MAV zur Verfügung stellen muss. Dazu gehören auch die MAV-Akten, die gemäß § 14 Abs. 7 MAVO von der MAV zu verwahren sind, wozu der Dienstgeber die erforderlichen Hilfen zu bieten hat (§ 17 Abs. 2 MAVO).
57 Zu den Akten der MAV gehören insbesondere die Sitzungsniederschriften der MAV, die Wahlunterlagen der letzen MAV-Wahl (§ 11 Abs. 8 S. 1 MAVO), natürlich auch Protokolle über Mitarbeiterversammlungen (§ 22 Abs. 4) und Dienstvereinbarungen (§ 38 Abs. 4).
58 Die Frage, ob Akten vernichtet werden können, hängt davon ab, wer über die Akten verfügungsberechtigt ist. Die Akten der MAV sind nicht Akten einzelner Mitglieder der MAV, also auch nicht des Vorsitzenden, sondern der MAV insgesamt, dienen aber nicht nur der MAV, sondern der jeweiligen amtierenden MAV und damit dem Funktionieren der MAVO als kirchliche Betriebsverfassung. Daher wird es als angemessen angesehen, die Akten eigentumsmäßig dem Dienstgeber zuzuordnen, der durch die Zweckbindung der Akten

§ 17

in seinen Befugnissen beschränkt und außerdem aufgrund des zwischen ihm und der MAV bestehenden gesetzlichen Schuldverhältnisses verpflichtet ist, die Zweckbindung zu erhalten.
Durch diese auch für das Betriebsverfassungsrecht anerkannte Konstruktion 59 werden die Schwierigkeiten vermieden, die sich sonst bei der Ablösung der bisherigen durch die neue MAV oder beim Wegfall der MAV ergeben würden (Rz 55).
Wird nach Beendigung der Amtszeit der alten MAV keine neue MAV ge- 60 wählt, so sind die Akten vom Dienstgeber vorläufig unter Verschluss zu nehmen und einer später gewählten MAV zur Verfügung zu stellen. Die MAV ist ihrerseits, wie auch jedes MAV-Mitglied, in der Verfügung über die Akten nach den Grundsätzen einer ordnungsgemäßen Geschäftsführung beschränkt. Sie kann sie daher nicht nach Belieben vernichten, sondern muss sie der neuen MAV übergeben. Die Übergabe ist nicht notwendig, soweit die Akten schlechthin erledigt und für die Arbeit der neuen MAV ohne jegliches Interesse sind (vgl. *Wiese/Weber*, a. a. O. § 40 Rz 178). Dem gemäß kann die alte MAV also solche Akten vernichten, die für die MAV keinen Arbeitswert mehr haben. Bestehen Zweifel zur Frage der Vernichtbarkeit von Akten, so soll die alte MAV die Akten der neuen übergeben, weil diese selbst feststellen kann, was für ihre Arbeit nicht mehr benötigt wird. Dazu gehören sicherlich solche Schriftwechsel mit dem Dienstgeber, die ihren Abschluss gefunden haben und deren Ergebnisse keine Bedeutung mehr für die MAV haben. Das gilt für Äußerungen der MAV zu Einstellungen, Eingruppierungen, Höhergruppierungen, Beförderungen usw. gegenüber der Geschäftsleitung. Für jede MAV ist aber von Interesse, wann der Dienstgeber Entscheidungen darüber getroffen hat, wer in seiner Einrichtung Mitarbeiter in leitender Stellung oder Mitarbeiter ist, der zur selbständigen Entscheidung über Einstellungen, Anstellungen oder Kündigungen befugt ist (§ 3 Abs. 2 MAVO). Solche Akten haben Vergangenheits- und Zukunftsbezug.
Dienstvereinbarungen und Akten über laufende Verhandlungen sind der 61 nächsten MAV zu übergeben. Über Rechtsstreitigkeiten hierüber entscheidet die MAVO-Schlichtungsstelle (§ 41 Abs. 2).
Scheidet ein Mitglied aus der MAV aus, hat es die bei ihm befindlichen Akten 62 (auch Fotokopien) an die MAV herauszugeben. Den Anspruch kann auch der Dienstgeber zugunsten der Herausgabe an die MAV geltend machen, bei fehlender MAV an sich.

4. Personelle Hilfen

Zu den personellen Hilfen, welche der MAV zu leisten sind, gehört **Personal** 63 (§ 17 Abs. 2) für die Erledigung bürotechnischer Arbeiten. Das ist z. B. eine **Schreibkraft**, wenn der MAV eine entsprechende Kraft nicht als Mitglied angehört. Im Einzelfall ist auf die betrieblichen Gegebenheiten der Dienststelle oder Einrichtung Rücksicht zu nehmen, auch bei der zeitlichen Inanspruchnahme des Personals des Dienstgebers. Er stellt es der MAV zur Verfügung, indem er dienstliche Weisung zur Arbeitsleistung bei der MAV erteilt. Die Einzelheiten für die Arbeit bestimmt dagegen die MAV im Rahmen ihrer Aufgabenstellung. Eigenständige Aufgaben und Befugnisse hat das zur Verfügung gestellte Personal nicht, weil es durch die MAVO nicht mit Rechten ausgestat-

§ 17

tet ist, nach denen ihm Aufgaben oder Befugnisse zugewiesen sind (so sinngemäß: *Meurer*, Bundespersonalvertretungsrecht S. 152).

64 Nach Lage des Einzelfalles hat die MAV die Hilfskraft auf die **Schweigepflicht** hinzuweisen. Dasselbe gilt für den Dienstgeber aufgrund seines Direktionsrechts. Da der Dienstgeber der Mitarbeiterversammlung den entsprechenden Raum zur Verfügung stellen muss, hat er auch durch seine Kräfte für die Aufstellung von Tischen und Stühlen zu sorgen. Infolgedessen kann die MAV auch die Hilfe des **Hausmeisters** erbitten, der auch für die richtige Beheizung, die Bedienung der Lautsprecheranlage und andere technische Bedürfnisse und technisches Gerät zuständig ist.

65 Ob eine Schreibkraft zur Sitzung der MAV hinzugezogen werden darf, wird unter Beachtung von § 14 Abs. 4 S. 1 davon abhängen, ob ihr unmittelbar für die Reinschrift diktiert werden muss. Sie ist nicht für die Niederschrift verantwortlich, weil diese vom Vorsitzenden bzw. vom Schriftführer anzufertigen ist. Das Diktat kann am Ende der Sitzung erfolgen, falls kein Diktiergerät zur Verfügung steht. Im Falle gemeinsamer Sitzung mit dem Dienstgeber (§ 39) kann dieser einen Mitarbeiter oder eine Mitarbeiterin mit der Protokollführung beauftragen. In diesem Fall wirkt der Protokollführer für den Dienstgeber in der Sitzung mit.

66 Gegen den Willen der MAV besteht keine Pflicht zur Beschäftigung einer Schreibkraft, die das Vertrauen der MAV nicht (mehr) genießt (*BAG*, 5. 3. 1997 – 7 ABR 3/96, NZA 1997, 844 = DB 1997, 2083).

VI. Aufteilung der Kosten unter mehreren Dienstgebern (§ 17 Abs. 3)

67 Die gemäß § 17 Abs. 1 und 2 für die gemeinsame Mitarbeitervertretung (§ 1 b) und die erweiterte Gesamtmitarbeitervertretung (§ 24 Abs. 2) zu tragenden Kosten werden von den beteiligten Dienstgebern im Innenverhältnis anteilig getragen. Maßstab für die verhältnisgerechten Kostenanteile ist die jeweilige Zahl der Mitarbeiterinnen und Mitarbeiter bei den jeweils beteiligten Dienstgebern. Die Einbeziehung in die anteilige Kostenlast erfolgt ab der Bildung des Mitarbeitervertretungsgremiums. Verschieben sich später die Zahlen-Verhältnisse bei den beteiligten Dienstgebern, ist die Quote der Kostenanteile unter den Dienstgebern neu zu bestimmen. In der diesbezüglichen Dienstvereinbarung ist eine klarstellende Regelung zu empfehlen (vgl. § 1 b Abs. 1 S. 1, § 24 Abs. 2 S. 1).

68 Nach § 17 Abs. 3 S. 1 gilt zwar der Grundsatz, dass bei einer Mehrheit von Schuldnern einer teilbaren Leistung jeder Schuldner (hier Dienstgeber) nur zu einem bestimmten Anteil verpflichtet ist. Aber gemäß § 17 Abs. 3 S. 2 ist zusätzlich bestimmt, dass die beteiligten Dienstgeber als Gesamtschuldner gemäß § 421 BGB gegenüber dem jeweils in Betracht kommenden Mitarbeitervertretungsgremium haften. Damit ist festgelegt, dass jeder beteiligte Dienstgeber gegenüber dem Mitarbeitervertretungsgremium die ganze Kostenlast zu tragen hat, so dass das Mitarbeitervertretungsgremium die Leistung einmal nach ihrem Belieben von jedem der beteiligten Dienstgeber ganz oder zu einem Teile fordern darf. Bis zur Bewirkung der ganzen Leistung bleiben sämtliche beteiligte Dienstgeber verpflichtet. Zur Ausgleichspflicht der Gesamtschuldner wird auf § 426 BGB verwiesen.

§ 17

VII. Streitigkeiten

1. Schlichtungsstelle

a. Antragsberechtigte MAV-Mitglieder der MAV

Verstößt der Dienstgeber gegen eine Bestimmung des § 17, kann die MAV die **69** Schlichtungsstelle anrufen (§ 41 Abs. 1 Nr. 5) Zu unterscheiden ist zwischen den Ansprüchen aus § 17 Abs. 1 wegen finanzieller Leistungen und den Ansprüchen aus § 17 Abs. 2 wegen sachlicher und persönlicher Hilfen. Antragsberechtigt ist je nach Gegenstand das einzelne Mitglied der MAV oder die MAV insgesamt (§ 41 Abs. 1 Nr. 5). Hatte ein einzelnes Mitglied der MAV Auslagen im Rahmen der Geschäftsführung oder einer anerkannten Schulung, deren Erstattung verlangt wird (z. B. Reisekosten), dann hat es den Antrag auf Leistung an den Dienstgeber zu stellen und zu begründen (§ 41 Abs. 2 S. 2 Nr. 1).

Ist der Kostenerstattungsanspruch durch ein Mitglied der MAV entstanden, **70** das auf Grund eines Gestellungsvertrages tätig ist, so ist die Schlichtungsstelle im Streitfall ebenfalls zuständig, weil entsprechende Antragsbefugnis besteht (§ 41 Abs. 2 S. 2 Nr. 1).

b. Andere Antragsberechtigte

Sind dem **Sprecher der Jugendlichen und Auszubildenden**, der **Vertrauensper-** **71** **son der schwerbehinderten Menschen** Auslagen zu ersetzen, so ist deren Antragsberechtigung aus ihren Ansprüchen gemäß § 45 Abs. 2 i. V. m. § 17 für Sprecher der Jugendlichen und Auszubildenden und gemäß § 46 Abs. 2 i. V. m. § 17 für die Vertrauensperson der schwerbehinderten Menschen abzuleiten. Die Antragsbefugnis an die Schlichtungsstelle ist aus § 41 Abs. 2 S. 5 Nr. 1 abzuleiten. Denn der Dienstgeber hat auch die Kosten zu tragen, die den vorstehend genannten Amtsinhabern entstehen.

Kostenerstattungsberechtigt ist auch die **Gesamtmitarbeitervertretung bzw.** **72** **erweiterte Gesamtmitarbeitervertretung (§ 24)**, weil auch für sie der Dienstgeber die gemäß § 17 genannten Kosten zu tragen und ihr die sachlichen und personellen Hilfen zur Verfügung zu stellen hat. Dasselbe gilt auch für die **Sondervertretung** i. S. v. § 23. Diözesane Sondervorschriften sind zu beachten. Aus der Kostentragungspflicht des Dienstgebers zugunsten der Tätigkeit der genannten Gremien ergibt sich ihre Antragsbefugnis bei Schlichtungsstelle in analoger Anwendung von § 41 Abs. 1 Nr. 5.

Zu den notwendigen Kosten, die der Dienstgeber zu tragen hat, gehören auch **73** die Kosten für Schulungsveranstaltungen für Mitglieder des Wahlausschusses (§ 16 Abs. 2 S. 1, § 17 Abs. 1 S. 2). Infolgedessen ist dem **Wahlausschuss** ein eigenständiges Antragsrecht auf Kostenerstattung gemäß § 41 Abs. 2 S. 2 Nr. 1 eingeräumt. Die MAV hat den Anspruch mangels eigener Berechtigung nicht; überdies ist der Wahlausschuss ein von der MAV unabhängiges Gremium (§ 9 Abs. 3 S. 2). Ein Rechtsanspruch auf Grund der MAVO, der nicht nach dieser Ordnung verfolgt werden kann, ist ein Widerspruch in sich, wenn dem Berechtigten das Rechtsschutzinteresse zur Durchsetzung seines Anspruchs aberkannt bliebe.

§ 17

2. Staatliche Gerichte

a. Kirchenrecht

74 Die Bestimmungen über die Kostentragung des Dienstgebers gemäß § 17 sind kollektives Mitarbeitervertretungsrecht der Kirche, also nicht staatliches Recht. Ansprüche aus § 17 sind daher nicht beim staatlichen (Arbeits-)Gericht geltend zu machen. Nach der Rechtsprechung des *BAG* (9. 9. 1992 – 5 AZR 456/91, NZA 1993, 597 = ZevKR 1993, 474 ff. = AR-Blattei ES 960 Kirchenbedienstete Nr. 47 S. 1 mit zustimmender Anmerkung von *Richardi*, S. 3) sind für Rechtsstreitigkeiten zwischen dem Mitglied einer MAV nach kirchlichem Mitarbeitervertretungsrecht und dem Dienstgeber über die Erstattung von Kosten, die dem Mitglied beim Handeln für die MAV entstanden sind, nicht die Gerichte für Arbeitssachen zuständig, sondern die kirchlichen Schlichtungsstellen, wenn diese den rechtsstaatlichen Mindestanforderungen an ein Gericht genügen (Bestätigung von *BAG*, 25. 4. 1989 – 1 ABR 88/87, BAGE 61, 376 = AR-Blattei ES 960 Kirchenbedienstete Nr. 35 = EzA § 611 BGB Nr. 28 Kirchliche Arbeitnehmer). Erweist sich ein Anspruch als dem Mitarbeitervertretungsrecht zugehörig, so ist die Schlichtungsstelle zuständig (vgl. *Verwaltungsgericht f. mitarbeitervertretungsrechtl. Streitigkeiten der EKD*, 30. 1. 1997 – AZO 124/A.13–96, ZMV 1997, 138). Das ist dann der Fall, wenn die Stellung als Mitglied der MAV nicht hinweggedacht werden kann, ohne dass der Anspruch in seiner konkreten Gestalt entfiele. Das gilt z. B. für die Erstattung von Anwaltskosten, die dem MAV-Mitglied durch Inanspruchnahme eines Rechtsanwalts zur Beantragung einer einstweiligen Anordnung zum Zwecke der Freistellung für eine Fortbildungsveranstaltung entstanden sind. Das Selbstordnungsrecht und Selbstverwaltungsrecht der Religionsgesellschaften umfasst auch die Befugnis zur selbständigen Kontrolle des selbst gesetzten Rechts durch kircheneigene Gerichte. Wenn von dieser Befugnis eine Mitarbeitervertretungsordnung der Kirche Gebrauch macht, hat die von ihr eingerichtete Schlichtungsstelle als kirchliches Gericht zu entscheiden.

b. Staatliches Recht

75 Für die Vertretung der schwerbehinderten Menschen gelten die besonderen Vorschriften des staatlichen Rechts (§ 96 Abs. 8 u. 9 SGB IX) zusätzlich zu den Bestimmungen der MAVO (§ 46 Abs. 2). Infolgedessen ist für Streitigkeiten aus dem SBG IX die staatliche Gerichtsbarkeit zuständig. Macht die MAV Aufwendungen, kann sie oder ein einzelnes Mitglied ihre Ansprüche nicht auf Geschäftsbesorgung i. S. der 670, 677 ff. BGB stützten, weil die MAV und ihre einzelnen Mitglieder nicht das Geschäft eines anderen, also des Dienstgebers etwa, sondern ihr eigenes betreiben, wenn sie dazu Aufwendungen machen.

76 Zu unterscheiden ist ferner zwischen der Streitigkeit aus dem kirchlichen Mitarbeitervertretungsrecht und der Streitigkeit aus dem Arbeitsverhältnis. Für die letztere ist der Rechtsweg zu den staatlichen Arbeitsgerichten gegeben (Art. 10 Abs. 1 GrO). Da die Kirche sich der Privatautonomie bedient, wenn sie Personen auf Grund eines Arbeitsverhältnisses beschäftigt, ist sie schon aus diesem Grund bei Streitigkeiten der staatlichen Gerichtsbarkeit unterworfen, soweit Arbeitnehmer Ansprüche aus ihrem Arbeitsverhältnis geltend machen (*BVerfGE* 70, 138, 165; *BAG*, 10. 12. 1992 – 2 AZR 271/92, NZA 1998, 593). Da für die Rechtsposition der Arbeitnehmer kircheneigene Regelungen

§ 17

maßgebend sein können, insbesondere auch eine Beteiligung der nach kirchlichem Recht gebildeten MAV, kann eine Meinungsverschiedenheit über die Anwendung kircheneigenen Rechts als Vorfrage in einer Streitigkeit aus dem Arbeitsverhältnis von Bedeutung sein. Die Arbeitsgerichte haben insoweit die Kompetenz zur Inzidentkontrolle, soweit die Kirche die Beantwortung derartiger Vorfragen keiner vorherigen abschließenden Klärung durch kirchliche Gerichte unterstellt (*Dütz*, in: Essener Gespräche zum Thema Staat und Kirche, Bd. 18, 1984 S. 105 f., *BAG*, 11. 3. 1986 – 1 ABR 26/84, BAGE 51, 238).

Die Erstattungsansprüche gemäß § 17 Abs. 1 sind kollektivrechtlich geregelt. **77** Soweit das einzelne Mitglied der MAV persönlich vermögensmäßig betroffen ist, weil ihm Kosten durch Auslage entstanden sind (z. B. Reisekosten, Schulungsgebühren), muss der Rechtsanspruch nach staatlichem Recht entstanden sein, um vor dem staatlichen Gericht geltend gemacht werden zu können (*BAG*, 9. 9. 1992 – 5 AZR 456/91, NZA 1993, 597). Zumindest muss der Anspruch in den staatlichen Rechtskreis hineinragen. Es ist offenkundig, dass die MAVO mit einzelnen Bestimmungen in den staatlichen Rechtskreis hineinragt, wenn es darum geht, Wirkungen im staatlichen Bereich zu erzeugen. So werden Mitarbeiter durch die §§ 30, 31 im Falle der dienstgeberseitigen Kündigung unter besonderen Schutz gestellt, weil die Kündigung ohne Anhörung der MAV nicht wirksam ist (§ 30 Abs. 5, § 31 Abs. 3; *BAG*, 10. 12. 1992 – 2 AZR 271/92, NZA 1993, 593; *BAG*, 7. 10. 1993 – 2 AZR 226/93, AP Nr. 114 zu § 626 BGB; *BAG*, 26. 7. 1995 – 2 AZR 578/94; *LAG München*, 14. 8. 1986 – 5 Sa 1006/85, rkr., Beilage zum AMBl. Nr. 39/1987 Bayern – C 39; *ArbG Koblenz*, 25. 11. 1988 – 8 Ca 1245/88 n. v.). Die **Ausgleichsansprüche** der an einer gemeinsamen Mitarbeitervertretung (§ 1 b) und einer erweiterten Gesamtmitarbeitervertretung (§ 24 Abs. 2) beteiligten Dienstgeber gegeneinander **wegen anteiliger Kostenlast (§ 17 Abs. 3)** berühren die Rechte der genannten Mitarbeitervertretungsgremien nicht; sie beruhen auf §§ 421, 426 BGB. Das folgt aus der zwischen ihnen bestehenden freiwilligen Dienstvereinbarung und der Bestimmung des § 17 Abs. 3 S. 2 MAVO, wonach die Dienstgeber als Gesamtschuldner haften. Für die Entscheidung über zivilrechtliche Ansprüche sind im Streitfall die ordentlichen Gerichte zuständig. Liegen wegen eines Ausgleichsanspruchs **Kirchengemeinden** im Streit, ist wegen ihrer Rechtspersönlichkeit nach staatlichem Recht als Körperschaften des öffentlichen Rechts Parteifähigkeit und Prozessfähigkeit gegeben (§§ 50 Abs. 1, 52 ZPO). Aber wenn die Möglichkeit besteht, innerkirchliche Streitigkeiten durch die Anrufung kircheneigener Gerichte oder Schlichtungsgremien beizulegen, besteht für die Anrufung staatlicher Gerichte vor Erschöpfung des kirchlichen Rechtswegs kein Rechtsschutzbedürfnis (*BGH*, 28. 3. 2003 – V ZR 261/02, NJW 2003, 2097). Deshalb ist der Rechtsweg zur Schlichtungsstelle gemäß § 41 Abs. 2 S. 2 Nr. 1 zu gehen.

c. Antragsberechtigung des einzelnen Mitgliedes der MAV

Grundlage für die Antragsberechtigung bei Streitigkeiten aus der MAVO ist **78** § 41 Abs. 1 und 2. Die Vorschrift spricht dem einzelnen Mitglied der MAV i. V. m. §§ 17 und 16 Abs. 1 ein Antragsrecht zu, weil dem einzelnen Mitglied Aufwendungen entstehen können, für die der Dienstgeber die notwendigen Kosten zu tragen hat. Für Streitigkeiten sind folgende Parteiungen denkbar, nämlich Streitverfahren zwischen

§ 17

- MAV und Dienstgeber,
- Mitglied der MAV und Dienstgeber,
- MAV und einem anderen mitarbeitervertretungsrechtlichen Organ (z. B. Gesamtarbeitervertretung),
- Wahlausschuss und Dienstgeber (§§ 16 Abs. 2 und 17 Abs. 1 S. 2, erster Spiegelstrich),
- MAV und einem Mitglied der MAV oder
- MAV und DiAG-MAV,
- die gemäß § 1 b und § 24 Abs. 2 beteiligten Dienstgeber untereinander (§ 17 Abs. 3 S. 1)

79 Aus der MAVO folgt nicht, dass der Dienstgeber nur verpflichtet sei, der MAV entstandene Kosten zu erstatten. Persönliche Aufwendungen eines MAV-Mitgliedes sind der Sache nach ebenfalls zu erstatten, wenn sie z. B. durch Fahrten für die MAV oder wegen Teilnahme an Schulungen entstanden sind. Die Antragsberechtigung ist dem einzelnen Mitglied der MAV gerade auch mit Rücksicht auf § 18 Abs. 1 zuzubilligen. Schließlich könnte die MAV als ausdrücklich antragsberechtigt gerade der Auffassung ihres Mitgliedes widersprechen, so dass aus diesem Grunde ein Rechtsschutzinteresse des MAV-Mitgliedes an einer Entscheidung der Schlichtungsstelle besteht. **Geht es um vermögensrechtliche Streitigkeiten, ist der Weg zum staatlichen Gericht offen, wenn sonst Rechtsschutzverweigerung die Folge wäre** (*BAG*, 25. 4. 1989 – 1 ABR 88/87, EzA § 611 BGB Nr. 28 Kirchliche Arbeitnehmer).

80 Für die katholische Kirche bestimmt die von der Deutschen Bischofskonferenz am 22. 9. 1993 verabschiedete und diözesan als Kirchengesetz in Kraft gesetzte Grundordnung des kirchlichen Dienstes im Rahmen kirchlicher Arbeitsverhältnisse (NZA 1994, 112 ff.) in ihrem Artikel 10 Abs. 2, dass für Rechtsstreitigkeiten auf den Gebieten der kirchlichen Ordnungen für ein Arbeitsvertragsrecht und des Mitarbeitervertretungsrechts unabhängige kirchliche Gerichte gebildet werden (vgl. *Richardi*, NZA 1994, 19, 23).

VIII. Kosten der MAV bei Insolvenz

81 Nicht jeder Dienstgeber, der die MAVO anwendet, ist Körperschaft des öffentlichen Rechts, wie dies auf die verfasste Kirche zutrifft (Art. 140 GG i. V. m. Art. 137 Abs. 5 WRV). Soweit der Dienstgeber z. B. als GmbH tätig wird, ist die Insolvenz (früher Konkurs) zulässig (*BVerfGE* 66, 1). Im Falle der Insolvenz des Dienstgebers ist die Insolvenzordnung zu beachten. Sie kennt keine bevorrechtigten Konkursforderungen i. S. der früheren Konkursordnung, mehr, sondern nur noch Massegläubiger (§ 53 InsO) und Insolvenzgläubiger (§ 38 InsO). Für den Rang der Kostenerstattungsansprüche nach § 17 MAVO gegen den Dienstgeber ist im Falle seiner Insolvenz wie folgt zu unterscheiden: Vor Eröffnung des Insolvenzverfahrens begründete Kostenerstattungsansprüche sind einfache Insolvenzverbindlichkeiten. Für diese haftet ein Dienstgeber (Arbeitgeber), der die Einrichtung nach Insolvenzeröffnung gemäß § 613 a BGB übernommen hat, nicht (vgl. *BAG*, 13. 7. 1994 – 7 ABR 50/93, MDR 1995, 73). Bei der Geltendmachung ist das Mitglied der MAV an das Verfahrensrecht der InsO gebunden; es muss also die behauptete Forderung innerhalb einer vom Insolvenzgericht bestimmten Frist beim Insolvenzverwalter schriftlich zur Tabelle angemeldet werden (vgl. §§ 28, 174 f. InsO). Nach Eröffnung des

Insolvenzverfahrens begründete Kostenerstattungsansprüche sind Masseschulden i. S. von § 55 InsO und aus der Masse vorab zu befriedigen. Weil bei Insolvenz des Dienstgebers bestehende Forderungen vielfach nicht und fast nie in voller Höhe befriedigt werden, sollten sich MAV und ihre Mitglieder durch eine rechtzeitige Vorschusszahlung absichern (*Fitting,* § 40 Rz 103). Die Haftung eines Betriebserwerbers ist gemäß § 613 a BGB nicht beschränkt, wenn der Erwerber den Betrieb vor Eröffnung des Insolvenzverfahrens übernommen hat (*BAG,* 20. 6. 2002 – 8 AZR 459/01, NZA 2003, 318).

IX. Abwicklung von Ansprüchen auf Kostenfreistellung der MAV nach Ende ihrer Amtszeit

Vermögensrechtliche, vom Dienstgeber noch nicht erfüllte Ansprüche der MAV gehen mit dem Ende der Amtszeit der MAV nicht ersatzlos unter. Schließt sich an die Amtszeit einer MAV unmittelbar die Amtszeit der neu gewählten MAV an, wird die neu gewählte MAV auch hinsichtlich der vermögensrechtlichen Rechtspositionen Funktionsnachfolgerin ihrer Vorgängerin. Bestehen z. B. noch Gebührenansprüche eines Rechtsanwalts wegen Wahrnehmung eines Mandats für die Vorgänger-MAV (§ 17 Abs. 1 S. 2, 2. und 3. Spiegelstrich), so richten sich diese gegen die neu gewählte MAV. Die MAV ist nach der MAVO als vermögensfähig insoweit anzusehen, als ihr nach der Ordnung vermögensrechtliche Ansprüche zustehen, nämlich dann, wenn der Dienstgeber für die MAV Kosten zu tragen hat (in Anlehnung an: *BAG,* 24. 10. 2001 – 7 ABR 20/00 zu § 40 Abs. 1, 22 BetrVG, NZA 2003, 53). Tritt nach dem Ende der Amtszeit der MAV (vgl. § 13) ein mitarbeitervertretungsloser Zustand ein, bleibt die bisherige MAV in bestimmten Fällen noch befristet geschäftsführend im Amt (§ 13 Abs. 3 Nrn. 1 bis 3, § 13 a). Die MAV kann dann ihre vermögensrechtlichen Ansprüche gegen den Dienstgeber verfolgen und an den Gläubiger abtreten mit der Folge, dass sich die Kostenfreistellungsansprüche in Zahlungsansprüche des Gläubigers gegen den Dienstgeber umwandeln (*BAG,* a. a. O.).
Soweit die MAV aber z. B. wegen eines Amtsenthebungsverfahrens (§ 13 Abs. 3 Nr. 6) oder einer erfolgreichen Wahlanfechtung (§ 13 Abs. 3 Nr. 4) nicht mehr im Amt ist, also auch von der Weiterführung der Geschäfte ausgeschlossen ist (§ 13 a S. 2 i. V. m. S. 1), ist eine Lösung nur möglich, wenn der MAV dennoch in Analogie zu § 13 a die Rechtsverfolgung vermögensrechtlicher Ansprüche zugestanden wird, weil eine Funktionsnachfolge nicht präsent ist.

§ 18 Schutz der Mitglieder der Mitarbeitervertretung

(1) Die Mitglieder der Mitarbeitervertretung dürfen in der Ausübung ihres Amtes nicht behindert und auf Grund ihrer Tätigkeit weder benachteiligt noch begünstigt werden.

(1 a) Das Arbeitsentgelt von Mitgliedern der Mitarbeitervertretung darf einschließlich eines Zeitraums von einem Jahr nach Beendigung der Mitglied-

§ 18

schaft nicht geringer bemessen werden als das Arbeitsentgelt vergleichbarer Mitarbeiterinnen und Mitarbeiter mit einrichtungsüblicher Entwicklung.

(2) Mitglieder der Mitarbeitervertretung können gegen ihren Willen in eine andere Einrichtung nur versetzt oder abgeordnet werden, wenn dies auch unter Berücksichtigung dieser Mitgliedschaft aus wichtigen dienstlichen Gründen unvermeidbar ist und die Mitarbeitervertretung gemäß § 33 zugestimmt hat.

(3) Erleidet eine Mitarbeiterin oder ein Mitarbeiter, die oder der Anspruch auf Unfallfürsorge nach beamtenrechtlichen Grundsätzen hat, anlässlich der Wahrnehmung von Rechten oder in Erfüllung von Pflichten nach dieser Ordnung einen Unfall, der im Sinne der beamtenrechtlichen Unfallfürsorgevorschriften ein Dienstunfall wäre, so sind diese Vorschriften entsprechend anzuwenden.

(4) Beantragt eine in einem Berufsausbildungsverhältnis stehende Mitarbeiterin oder ein in einem Berufsausbildungsverhältnis stehender Mitarbeiter, die oder der Mitglied der Mitarbeitervertretung oder Sprecherin oder Sprecher der Jugendlichen und der Auszubildenden ist, spätestens einen Monat vor Beendigung des Ausbildungsverhältnisses für den Fall des erfolgreichen Abschlusses ihrer oder seiner Ausbildung schriftlich die Weiterbeschäftigung, so bedarf die Ablehnung des Antrages durch den Dienstgeber der Zustimmung der Mitarbeitervertretung gemäß § 33, wenn der Dienstgeber gleichzeitig andere Auszubildende weiterbeschäftigt. Die Zustimmung kann nur verweigert werden, wenn der durch Tatsachen begründete Verdacht besteht, dass die Ablehnung der Weiterbeschäftigung wegen der Tätigkeit als Mitarbeitervertreterin oder Mitarbeitervertreter erfolgt. Verweigert die Mitarbeitervertretung die vom Dienstgeber beantragte Zustimmung, so kann dieser gemäß § 33 Abs. 4 die Schlichtungsstelle anrufen. In diesem Schlichtungsverfahren ist das Mitglied Beteiligter.

Inhaltsübersicht

		Rz
I.	Vorbemerkung	1
II.	Freiheit der Amtsausübung	2–14
	1. Behinderungsverbot	2–5
	2. Benachteiligungsverbot	6–10
	3. Abmahnung	11
	4. Schutzgesetz	12
	5. Begünstigungsverbot	13
	6. Erwähnung der MAV-Tätigkeit in Beurteilungen	14
III.	Schutz des Arbeitsentgelts, § 18 Abs. 1 a	15–22
IV.	Versetzung und Abordnung von MAV-Mitgliedern	15–36
	1. Direktionsrecht	23–24
	2. Begriff	25
	3. Zustimmung des MAV-Mitglieds	26
	4. Dienstliche Gründe	27–30
	5. Zustimmung der MAV	31–36
	a. Laien	31–34
	b. Verhältnis zu § 35 Abs. 1 Nr. 5	35
	c. Geistliche, Ordensleute	36
V.	Unfallfürsorge für Mitarbeiter nach beamtenrechtlichen Grundsätzen	37–46
	1. Gesetzliche Unfallversicherung	37
	2. Unfallfürsorge	38–45
	3. Ordensleute	46

§ 18

VI. Weiterbeschäftigung von MAV-Mitgliedern nach Abschluss
    der Berufsausbildung (§ 18 Abs. 4)   47–64
  1. Zweck der Vorschrift   47
  2. Voraussetzungen   48–59
    a. Berufsausbildungsverhältnis eines Mitgliedes der MAV u. a.   48–52
    b. Schriftlicher Antrag   53–56
    c. Weiterbeschäftigung anderer Auszubildender   57–58
    d. Befristete Übernahme des Auszubildenden   59
  3. Mitwirkung der MAV bei Ablehnung des Weiterbeschäftigungsantrages   60–61
    a. Zustimmung der MAV   60
    b. Zustimmungsverweigerung   61
  3. Streitigkeiten über die Zustimmungsverweigerung   62–64

I. Vorbemerkung

Die Gewährung umfassenden Schutzes der Mitglieder der MAV, die an der   **1**
Erfüllung der ihnen durch die MAVO übertragenen Aufgaben mitwirken,
vor äußerem Druck und ihre Sicherung vor beruflicher Benachteiligung ist
notwendige Voraussetzung für eine freie und unabhängige Arbeit in der
MAV. Die Schutzbestimmungen sind in den §§ 18, 19 sowie §§ 45 Abs. 2 S. 1
und 46 Abs. 2 i. V. m. §§ 18 und 19 enthalten. Die Vorschriften dienen der Sicherung der Tätigkeit der MAV und ihrer Mitglieder überhaupt und darüber
hinaus der Unabhängigkeit der Entscheidungen der Sprecher der Jugendlichen und Auszubildenden (§ 43) und der Vertrauensperson der schwerbehinderten Menschen (§ 46). Der umfassende Schutz gilt für Beamte in den vorgenannten Funktionen nicht, wenn Disziplinarmaßnahmen angewendet
werden. Geistliche und Ordensleute unterfallen den Schutzvorschriften des
§ 18 Abs. 2 und 4 praktisch nicht, weil ihre besondere Stellung gegenüber
dem Diözesanbischof bzw. gegenüber den Ordensoberen durch die MAVO
nicht berührt wird und eine Mitwirkung der MAV in den persönlichen Angelegenheiten dieses Personenkreises als MAV-Mitglied nicht stattfindet (§ 3
Abs. 3). Die Mitglieder der Sondervertretung (§ 23) und der – auch erweiterten – Gesamtmitarbeitervertretung (§ 24 Abs. 1 u. 2) unterstehen unter den
genannten personenbezogenen Vorbehalten dem Schutz der Vorschriften des
§ 18, weil sie MAV-Mitglieder sind. Geschützt sind auch die Ersatzmitglieder,
wenn sie anstelle der ordentlichen Mitglieder Funktionen ausüben. Die Mitglieder des Wahlausschusses werden nach dem Wortlaut der MAVO nicht unter den Schutz des § 18 Abs. 1, 2, 4 gestellt. Das erscheint mit Rücksicht auf die
Aufgabe und die Amtszeit des Wahlausschusses, die im Falle einer erfolgreich
angefochtenen MAV Wahl sogar verlängert wird (§ 12 Abs. 5), unbillig. Deshalb liegt eine Gesetzeslücke vor (*Frey/Coutelle/Beyer*, § 18 Rz 1). Die Lücke
betrifft wahlberechtigte Wahlbewerber, Teilnehmer an der Mitarbeiterversammlung, Hilfskräfte i. S. von § 17 Abs. 2. Da auch dem Wahlausschuss infolge seiner Amtsführung Kosten entstehen können, ist eine Lösung zu seinen
Gunsten erforderlich. Diese ist in der Aktivlegitimation zugunsten des Wahlausschusses zu erkennen (§ 41 Abs. 2. S. 2 Nr. 1). Der Schutz der MAV erstreckt sich auch auf das allgemeine Persönlichkeitsrecht ihrer Mitglieder.
Das gilt hinsichtlich der Kontrolle der Nutzung des Telefons und des Internets
(*Kopp*, Datenklau durch den Arbeitgeber, A & K 2004, 4).

§ 18

II. Freiheit der Amtsausübung

1. Behinderungsverbot

2 § 18 Abs. 1 verbietet jede unmittelbare Behinderung derjenigen, die nach der Ordnung eine Aufgabe als Mitarbeitervertreter, Sprecher der Jugendlichen und Auszubildenden und Vertrauensperson der schwerbehinderten Menschen wahrzunehmen haben. Untersagt sind gegenüber den Amtsträgern nicht nur solche Maßnahmen und Handlungen, die ursächlich mit ihrer Amtstätigkeit zusammenhängen (vgl. zu Mitgliedern der AK des DCV: *Schlichtungsstelle Freiburg*, 29. 9. 1997 – 4/97, ZMV 1998, 84). Bei § 18 Abs. 1 handelt es sich um eine allgemeine Schutznorm, die für einzelne Funktionsträger konkretisiert wird. Die Vorschrift schützt Mitglieder der MAV auch vor anderen Mitgliedern der MAV, so dass auch das Plenum der MAV ein einzelnes seiner Mitglieder im Rahmen ordnungs- und pflichtgemäßer Betätigung nicht behindern darf. Der Schutz gilt insgesamt aber nur im Rahmen einer ordnungsgemäßen Aufgabenwahrnehmung. Der **Begriff der Behinderung ist umfassend auszulegen** (*Grabendorff/Windscheid/Ilbertz/Widmaier*, BPersVG § 8 Rz 4). Daher ist sowohl eine Erschwerung, Störung oder Verhinderung als Behinderung anzusehen (*BVerwG*, 28. 7. 1989, PersV 1989, 488). Die Fernhaltung eines Mitgliedes der MAV von einer Sitzung durch einen nicht dringenden dienstlichen Auftrag, grundloses Verbot einer MAV-Sitzung oder einer Mitarbeiterversammlung innerhalb der Dienststelle oder der Dienststunden, unbegründete Verweigerung der Übernahme von Kosten (§ 17); Verweigerung der Zusammenarbeit mit der MAV (§ 26 Abs. 1), der Beteiligung in den gesetzlich vorgeschriebenen Fällen; fehlende Zurverfügungstellung der erforderlichen Unterlagen (§ 26 Abs. 2); Weigerung die von der MAV benötigten Räume, Gerät, Geschäftsbedarf, Telefon bereitzustellen, sind geeignet, der MAV die von ihr gesetzlich zu verrichtenden Aufgaben zu erschweren. Denn die MAV hat mit ihrer Stellung als einem kollektiven Vertretungsorgan auf der Grundlage interner Willensbildung selbstständig und eigenverantwortlich, ohne den Weisungen oder der Aufsicht des Dienstgebers zu unterliegen, selbst darüber zu befinden, wie sie ihre Geschäfte führen und die ihr obliegenden Aufgaben erfüllen will. So sind z. B. Veröffentlichungen der MAV am Schwarzen Brett auch ohne Genehmigung des Dienstgebers zulässig (§ 17 Rz 41). Jede Maßnahme hat daher zu unterbleiben, welche in der MAVO vorgeschriebene Arbeit der MAV erschwert. Auf Verlangen des Dienstgebers ist die MAV allerdings verpflichtet, sich vor Ausübung ihres Zugangsrechts zu den Dienstabteilungen anzumelden und den Grund grob anzugeben (*LAG Nürnberg*, 18. 10. 1993 – 7 Ta BV 13/93, NZA 1994, 378).

3 Eine grobe Behinderung der MAV liegt vor, wenn der Dienstgeber in einer Mitarbeiterversammlung die Streichung von Fahrtkostenzuschüssen mit den Kosten der MAV-Tätigkeit begründet (*ArbG Rosenheim*, 22. 6. 1988 – 3 BV 4/88, BB 1989, 147) oder von den Mitgliedern der MAV erwartet, dass sie während ihrer MAV-Tätigkeit (z. B. regelmäßige Sitzung) zu dienstlichen Einsätzen abrufbar sind (§ 15 Abs. 2). Keine Behinderung liegt dagegen vor, wenn der Dienstgeber Forderungen ablehnt, die nicht der ordnungsgemäßen Aufgabenerfüllung der MAV dienen. Wird ein Antrag der MAV im Sinne der Beteiligungsrechte der MAV abgelehnt, so ist dies noch keine Behinderung. Die MAV hat in diesen Fällen das Recht, die Schlichtungsstelle anzurufen (§ 37

§ 18

Abs. 3). Das Behinderungsverbot richtet sich gegen jedermann, also nicht nur an Dienstgeber und Mitarbeiter. Mitarbeiter dürfen die MAV oder einzelne ihrer Mitglieder in der ordnungsgemäßen Erfüllung ihrer Aufgaben nicht behindern (*Mösenfechtel/Perwitz-Passan/Wiertz*, § 18 Anm. 2).

Für die Erfüllung des Tatbestandes der Behinderung reicht die objektive Behinderung aus, weil Vorsatz oder Fahrlässigkeit (Verschulden) nicht dargetan zu werden braucht. Selbst eine unbeabsichtigte Behinderung ist unverzüglich zu beheben. Dabei kann auch im Wege einer Dienstaufsichtsbeschwerde die Angelegenheit verfolgt werden. 4

Eine Behinderung der Tätigkeit der MAV liegt nicht vor, wenn der Dienstgeber in einer Mitarbeiterversammlung oder bei anderer Gelegenheit kampfbetonte Ausführungen gegen die MAV macht, der Arbeitsablauf in der Einrichtung dadurch aber nicht gestört wird (*LAG Köln* 21. 3. 1995 – 9 Ta BV 68/94, LAGE § 23 BetrVG Nr. 37). Die MAVO hindert streitige und offen ausgetragene Auseinandersetzungen auch heftigerer Art zwischen Dienstgeber und MAV nicht. Der Dienstgeber kann im Schutz seiner grundgesetzlich gesicherten **Meinungsfreiheit (Art. 5 Abs. 1 GG)** seine Unzufriedenheit mit der MAV offen zum Ausdruck bringen und sogar auch deutlich den Wunsch nach einer anderen Zusammensetzung der MAV äußern. Dennoch ist das Gebot der vertrauensvollen Zusammenarbeit gemäß § 26 Abs. 1 zu beachten. Wenn ein an die MAV gerichtetes Schreiben in Kopie allen Mitarbeitern übergeben wird oder der Dienstgeber einzelne Mitarbeiter wegen seiner Meinungsverschiedenheiten mit der MAV anspricht, dürfte dies über den Rahmen der Zulässigkeit hinausgehen. Geschützt ist vor allem auch die **Pressefreiheit (Art. 5 Abs. 1 S. 2 GG)**. **Werkszeitungen** genießen den Schutz der Pressefreiheit, auch wenn der Dienstgeber in seinem Presseorgan ätzende Kritik an der MAV von Beitragseinsendern ohne Namensnennung veröffentlicht. Die Pressefreiheit steht als Grundrecht nicht nur Presseunternehmen zu; sie gilt auch für eine Zeitung im Rahmen eines andersartigen Unternehmenszwecks. Das Grundrecht schützt den gesamten Inhalt eines Presseorgans. Geschützt sind nicht nur eigene Beiträge der Herausgeber oder redaktionellen Mitarbeiter. Der Schutz der Pressefreiheit umfasst auch die Wiedergabe von Beiträgen Außenstehender, die sich nicht beruflich im Pressewesen betätigen. Geschützt ist die Entscheidung, Zuschriften Dritter anonym zu veröffentlichen (*BVerfG*, 8. 10. 1996 – 1 BvR 1183/90, NZA 1997, 158). 5

2. Benachteiligungsverbot

Benachteiligung ist jede **objektive Schlechterstellung einer Person**, die Aufgaben oder Befugnisse als Mitglied der MAV oder der anderen vergleichbaren Gremien i. S. der MAVO wahrnimmt, **im Verhältnis zu vergleichbaren anderen Beschäftigten** (*Schlichtungsstelle Paderborn*, 9. 5. 1996 – Ia/Ib/96). Vergleichbar sind die Mitarbeiter, die im Zeitpunkt der Übernahme des Amtes als MAV-Mitglied eine im Wesentlichen gleich qualifizierte Tätigkeit wie das MAV-Mitglied ausgeübt haben. Für Ersatzmitglieder kommt es auf den Zeitpunkt des Nachrückens in die MAV an (vgl. *BAG*, 15. 1. 1992 – 7 ABR 194/91, DB 1993, 1379). Vergleichbar ist ein Mitarbeiter, der in etwa das gleiche Dienstalter aufzuweisen hat und hinsichtlich Eignung, Befähigung und fachlicher Leistung im Wesentlichen gleich beurteilt ist. Es muss sich um eine im Wesentlichen gleich qualifizierte Tätigkeit handeln (*LAG Düsseldorf* 21. 4. 6

§ 18

1994 – 8 Sa 367/94). Benachteiligung kann aber auch die Umsetzung auf einen Arbeitsplatz mit nach vielen Berufsjahren ungewohnter Arbeit sein, wenn dies zur **Maßregelung** des Mitglieds der MAV erfolgt, selbst wenn sonst keine Änderungen von Arbeitszeit, Beschäftigungsumfang und Vergütungsmerkmalen erfolgen (*Schlichtungsstelle Osnabrück*, 11. 2. 1999 – 01/1998 n. v.).

7 Das Benachteiligungsverbot gilt dem Problem der beruflichen Entwicklung des einzelnen Mitgliedes in der MAV. Wie jeder Mitarbeiter, dessen Beförderung oder Höhergruppierung ansteht, hat auch das Mitglied der MAV einen Anspruch, wegen seiner Zugehörigkeit zur MAV nicht bei den Entscheidungen des Dienstgebers übergangen zu werden. Eine betriebsübliche berufliche Entwicklung besteht aus einem gleichförmigen Verhalten des Dienstgebers und einer bestimmten Regel. Beförderungen müssen so typisch sein, dass auf Grund der betrieblichen Gegebenheiten und Gesetzmäßigkeiten grundsätzlich, nämlich wenigstens in der überwiegenden Mehrzahl der vergleichbaren Fälle damit gerechnet werden kann (*BAG*, 15. 1. 1992 – 7 AZR 194/91, ZTR 1993, 174 = DB 1993, 1379). Berührt das Benachteiligungsverbot den Arbeitsvertrag, so ist entsprechend den Bestimmungen des Rechts das Arbeitsgericht anrufbar (*LAG Baden-Württemberg*, 24. 7. 2002 – 2 Sa 20/02, ZMV 2003, 199), in Fällen kollektivrechtlicher Art die Schlichtungsstelle durch die MAV gemäß § 41 Abs. 2 Unterabsatz 2 Nr. 1 (*BAG*, 9. 9. 1992 – 5 AZR 456/91, KirchE 30, 340 = MDR 1993, 1214 = NZA 1993, 597).

8 Das Problem könnte sich verschärft für solche Mitglieder der MAV stellen, die gemäß § 15 Abs. 3 ganz oder teilweise von ihrer regelmäßigen Arbeitszeit freigestellt sind. Durch die Freistellung wird der Beurteilungsspielraum der Vorgesetzten im Verhältnis zu anderen Mitarbeitern, die nicht freigestellt und daher in ihrer Stelle voll eingesetzt sind, eingeengt. Dennoch darf dies nicht dazu führen, dass für solche MAV-Mitglieder, insbesondere, wenn sie öfter wiedergewählt werden, die höherwertigen Stellen verschlossen bleiben (*Meurer*, a. a. O.). Bewerben sich neben dem Mitglied der MAV andere Mitarbeiter der Dienststelle um einen höher bewerteten Arbeitsplatz, so ist ein Anspruch auf das höhere Arbeitsentgelt gegebenenfalls im Wege einer Schadensersatzforderung (Rz 12) geltend zu machen, wenn eine personelle Auswahl im Rahmen der in der Einrichtung üblichen beruflichen Entwicklung zu dem Ergebnis geführt hätte, dass nur das MAV-Mitglied nach den betriebsüblichen Auswahlkriterien hätte befördert werden müssen (vgl. dazu: *BAG*, 13. 11. 1987 – 7 AZR 550/86, zu § 37 Abs. 4 BetrVG, DB 1988/812; *BAG*, 26. 9. 1990 – 7 AZR 208/89, NZA 1991, 694).

9 Will ein Mitglied der MAV geltend machen, dass sein **beruflicher Werdegang durch die Freistellung von der dienstlichen Tätigkeit** dahingehend **beeinträchtigt** worden ist, dass es nicht wie vergleichbare Mitarbeiter eingruppiert und vergütet wird, muss es nachweisen, dass es die Voraussetzungen für die angestrebte Vergütungsgruppe erfüllt (*LAG Baden-Württemberg*, 24. 7. 2002 a. a. O.) und sich gegebenenfalls bewährt hat (*LAG Düsseldorf*, 21. 6. 1994 – 8 Sa 367/94). Hat ein Mitglied der MAV nur infolge seiner MAV-Tätigkeit nicht eine Position mit höherer Vergütung erreicht, kann es infolge der Vorschrift den Dienstgeber unmittelbar auf Zahlung dieser Vergütung in Anspruch nehmen. Der Anspruch setzt allerdings voraus, dass dem MAV-Mitglied der Nachweis gelingt, dass es – wenn man seine Tätigkeit als MAV-Mitglied hinwegdenkt – inzwischen mit einer Aufgabe betraut worden wäre, die ihm den Anspruch auf das begehrte Arbeitsentgelt geben würde. Die bloße Möglichkeit oder konkrete Chance einer derartigen beruflichen Entwicklung genügt nicht (*BAG*, 11. 12. 1991 – 7 AZR 75/91, NZA 1993, 909). Nach dem Sinn und Zweck des Verbots der Benachteiligung kann diese vor- 10 liegen, wenn in zeitlichem und sachlichem Zusammenhang mit der Einstellung eines Bewerbers oder der Beförderung oder Höhergruppierung eines Beschäftigten z. B. der befristete Arbeitsvertrag eines Mitgliedes der MAV nicht verlängert wird (*BVerwG*, 13. 5. 1987, PersV 1988, 401). Wird ein Mitarbeiter während der Laufzeit eines befristeten Arbeitsvertrages in die MAV gewählt, kann die zweite Befristung im Anschluss an die Erstbefristung als Umgehung des Kündigungsschutzes (§ 19) angesehen werden, wenn die zweite Befristung dem Grunde nach sachlichen strengen Anforderungen nicht gerecht wird (*BAG*, 17. 2. 1983 – 2 AZR 481/81, BB 1983, 1218 = NJW 1983, 1927). Eine Benachteiligung kann vorliegen, wenn einem Mitarbeiter anstelle des MAV-Mitgliedes eine Beförderung zuteil werden soll, um das MAV-Mitglied schlechter als den anderen Mitarbeiter zu stellen. Dann wäre die Beförderung des Mitarbeiters zugleich ein Verstoß gegen § 35 Abs. 2 Nr. 1 und wegen dessen unrechtmäßiger Bevorzugung ein solcher gegen § 35 Abs. 2 Nr. 2 mit der Folge, dass die MAV der beabsichtigten Maßnahme der Beförderung des anderen Mitarbeiters zum Nachteil des MAV-Mitgliedes die Zustimmung verweigern dürfte (*Schlichtungsstelle Paderborn*, 9. 5. 1996 – Ia/Ib/96). Zum Entgeltschutz siehe Rz 15.

3. Abmahnung

Begeht ein Mitglied der MAV eine Pflichtverletzung, kann die Reaktion des 11 Dienstgebers eine Abmahnung sein, wenn das Mitglied zumindest auch seine **arbeitsvertraglichen Pflichten** verletzt hat. Wenn das Verhalten eines Mitarbeiters zugleich auch eine Verletzung seiner Pflicht als MAV-Mitglied ist, so ist eine Abmahnung wegen der Verletzung seiner arbeitsvertraglichen Pflichten nicht ausgeschlossen (*BAG*, 15. 7. 1992 – 7 AZR 466/91, BB 1992, 2512 = DB 1993, 438 = NZA 1993, 220). Ein Mitglied der MAV ist, abgesehen von der Arbeitsbefreiung wegen Tätigkeit in der MAV, ebenso zur Arbeitsleistung verpflichtet wie jeder andere Arbeitnehmer. Es besteht damit kein Unterschied hinsichtlich der Zulässigkeit einer Abmahnung zu Mitarbeitern, die kein Mitglied der MAV sind (*BAG*, 10. 11. 1993 – 7 AZR 682/92, BB 1994, 1290 f. = NZA 1994, 500 = DB 1994, 2554). Ist aber ein MAV-Mitglied der objektiv fehlerhaften Ansicht, eine MAV-Aufgabe wahrzunehmen, kommt eine Abmahnung des Dienstgebers wegen einer dadurch bedingten Versäumnis der Arbeitszeit dann nicht in Betracht, wenn es sich um die Verkennung schwieriger oder ungeklärter Rechtsfragen handelt (*BAG*, 31. 8. 1994 – 7 AZR 893/93, EzA § 611 BGB Abmahnung Nr. 33 = DB 1995, 1235). Bei der Frage, ob ein Mitglied der MAV seine arbeitsvertraglichen Pflichten verletzt, wenn es während der Arbeitszeit gewerkschaftliches Werbematerial an Mitarbeiter verteilt, ist einerseits zwischen dem Recht der Koalitionsfreiheit des Mitarbeiters (Art. 9 Abs. 3 GG) und andererseits dem Recht des Dienstgebers auf wirtschaftliche Betätigungsfreiheit (Art. 2 Abs. 1 GG) zu unterscheiden (Art. 6 Abs. 1 S. 2 und 3 GrO). In diesem Zusammenhang ist auch dienstgeberseitig die Berechtigung einer Abmahnung wegen Verteilung von Werbematerial während der Arbeitszeit zu prüfen (*BVerfG*, 14. 11. 1995 – 1 BvR 601/92, EzA Art. 9 GG Nr. 60 zu *BAG*, 13. 11. 1991 – 5 AZR 74/91, DB 1992, 843), weil

§ 18

das Recht der Koalitionsfreiheit nicht verletzt werden darf. Die Verletzung mitarbeitervertretungsrechtlicher Amtspflichten allein kann nicht durch eine individualrechtliche Abmahnung sanktioniert werden. Zu prüfen ist die Möglichkeit des Amtenthebungsverfahrens (§ 13 c Nr. 5 oder § 13 Abs. 3 Nr. 6.).

4. Schutzgesetz

12 Fraglich ist, ob **§ 18 Abs. 1 ein Schutzgesetz i. S. von § 823 Abs. 2 BGB ist.** Schutzgesetze sind nach ständiger Rechtsprechung diejenigen Rechtsnormen, die dazu bestimmt sind, den einzelnen oder einzelne Personenkreise gegen die Verletzung von Rechtsgütern zu schützen. Dabei ist es nicht erforderlich, dass dies die einzige Aufgabe des Gesetzes ist. Es genügt, dass sie zu einem anderen Normzweck, so etwa zu dem des Schutzes der Allgemeinheit, hinzutritt (*Soergel-Siebert*, Bürgerliches Gesetzbuch, § 823 Rz 334 m. N.). Dagegen reicht es nicht aus, wenn sich eine Norm zwar zum Vorteil bestimmter Personen oder Personengruppen auswirkt, hierauf aber nach ihrer Ordnungsfunktion nicht abzielt. Jede Rechtsnorm, welche die genannten Voraussetzungen erfüllt, hat der Charakter eines Schutzgesetzes, ohne dass es darauf ankommt, ob es sich um ein Gesetz im formellen Sinne, um eine Rechtsverordnung oder um eine sonstige Rechtsnorm i. S. des Art. 2 EGBGB handelt. Es genügt, wenn ein bestimmtes Gebot oder Verbot ausgesprochen wird (*Soergel-Siebert*, a. a. O.). So sind die §§ 78, 78 a BetrVG (*BAG*, 12. 2. 1975 – 5 AZR 79/74, DB 1975, 1226; *Benöhr*, NJW 1973, 1780 m. N. Fn 25), § 119 Abs. 1 Nr. 2 BetrVG (*Herschel*, Schadensersatz bei Behinderung und Störung von Betriebsversammlungen, DB 1975, 690) und § 107 BPersVG (*BAG*, 9. 6. 1982 – 4 AZR 766/79, DB 1982, 2711) als Schutzgesetze i. S. des § 823 Abs. 2 BGB bezeichnet worden (*Schäfer*, in: Staudinger, Kommentar zum Bürgerlichen Gesetzbuch, § 823 Rz 603). Keine Schutzgesetze sind Vereinssatzungen (*Palandt*, BGB § 823 Rz 140). Die Bestimmung des § 18 Abs. 1 MAVO zielt auf den Schutz jedes einzelnen Mitgliedes der MAV ab. Die MAVO ist als vom Diözesanbischof erlassene Norm Kirchengesetz (Präambel Rz 5, 47). Weil der durch § 18 Abs. 1 gewählte kirchliche Rechtsschutz wegen seiner arbeitsrechtlichen Qualität in den staatlichen Bereich hineinragt und deshalb staatlicher Rechtskontrolle unterliegt, ist die gerannte Rechtsnorm Schutzgesetz i. S. von § 823 Abs. 2 BGB mit der Folge, dass bei rechtswidriger und schuldhafter Verletzung der Vorschrift dem Benachteiligten Schadenersatzansprüche entstehen können (*Meurer*, a. a. O.). Folglich wird über die Schadensersatzansprüche von staatlichen Gerichten entschieden. Das sind bei Arbeitsverhältnissen die Arbeitsgerichte (§ 2 Abs. 1 Nr. 3 d ArbGG), in anderen Fällen die ordentlichen Gerichte. Die Vorschrift des **§ 41 Abs. 1 Nr. 5** gibt nur der MAV insgesamt ein Antragsrecht im Falle des Verstoßes des Dienstgebers gegen die Vorschrift des § 18 Abs. 1 gegen den Dienstgeber bei der Schlichtungsstelle. Das einzelne Mitglied der MAV hat ein Antragsrecht gemäß § 41 Abs. 2 S. 2 Nr. 1.

5. Begünstigungsverbot

13 So wie die Benachteiligung ist auch die Begünstigung der Mitglieder der MAV verboten. Begünstigung ist jede sachlich nicht gerechtfertigte Bevorzugung vor vergleichbaren Dienstkräften (*Grabendorff/Windscheid/Ilbertz/Widmaier*, BPersVG § 8 Rz 15). So sind sachlich nicht begründete Zuwendungen (z. B. Aufwandsentschädigungen), voreilige Beförderungszusagen, Bevor-

zugungen bei der Vergabe von Dienstwohnungen nach § 18 Abs. 1 untersagt (vgl. in diesem Sinne auch *Meurer*, a. a. O. S. 152). Erfolgen sie dennoch, sind sie rechtswidrig. Rechtsgeschäfte, die gegen § 18 Abs. 1 – also gegen Kirchengesetz – verstoßen, sind gemäß § 134 BGB nichtig (so im Ergebnis: *Frey/Coutelle/Beyer*, § 18 Rz 3). Ist eine verbotene Begünstigung bereits gewährt, so kommt § 817 S. 2 BGB zur Anwendung mit der Folge, dass die Rückforderung ausgeschlossen ist. Das Begünstigungsverbot gilt auch im Zusammenhang mit **Sozialplänen** (§ 38 Abs. 1 Nr. 11). Würden gleichmäßige Bedingungen für alle Angehörigen einer bestimmten Altersgruppe als Mitarbeiter zur Aufgabe des Arbeitsplatzes vereinbart, so könnten in dieser Altersgruppe befindliche Mitarbeitervertreter nicht ausgenommen werden. Würden sie umgekehrt von der Bundesanstalt für Arbeit nicht mit einer Sperrzeit (§ 144 SGB III) infolge des Aufhebungsvertrages belegt werden, weil ein wichtiger Grund für das Verhalten des betroffenen Mitgliedes der MAV bestünde (*SG Mannheim*, 30. 3. 1990 – 2 Ar 1965/88, rkr., BB 1990, 2496). Eine MAV darf auch nicht von Mitarbeitern oder Dritten Zuwendungen – nicht einmal für die Durchführung ihrer Aufgaben – entgegennehmen, um ihre Unabhängigkeit nicht zu beeinträchtigen (vgl. *BVerwG*, 10. 10. 1990 – 6 P 22.88, ZTR 1991, 38). Die MAV bleibt auf Freistellung von Kosten bzw. Kostenerstattungen verwiesen (§ 17) und auf die Unentgeltlichkeit ihrer Tätigkeit (§ 15 Abs. 1; § 15 Rz 3, 5).

6. Erwähnung der MAV-Tätigkeit in Beurteilungen

Eine ehrenamtliche Tätigkeit nach der MAVO darf im Regelfall in einer **dienstlichen Beurteilung** und in **Dienstzeugnissen** nicht erwähnt werden (vgl. *BAG*, 19. 8. 1992 – 7 AZR 262/91, DB 1993 S. 1525 = NZA 1993, 222). Der betroffene Mitarbeiter hat einen Anspruch auf Entfernung der Ausführungen, u. U. auf völlige Entfernung einer dienstlichen Beurteilung, gemäß § 1004 BGB analog, weil § 18 Abs. 1 MAVO ein Schutzgesetz i. S. des § 823 Abs. 2 BGB ist. Der Betroffene kann also auf **Entfernung der Ausführungen aus den Personalakten** bestehen und eine Beurteilung verlangen, die die beanstandeten Ausführungen nicht enthält. Arbeitszeugnisse sind gemäß § 109 GewO zu berichtigen. Die Tätigkeit als Mitglied der MAV hat mit der geschuldeten Arbeitsleistung in der Einrichtung nichts zu tun und ist deshalb in einem qualifizierten Dienst- bzw. Arbeitszeugnis weder zu erwähnen noch zu beurteilen. § 18 Abs. 1 verbietet sowohl die Benachteiligung als auch die Begünstigung eines MAV-Mitgliedes, so dass es fraglich ist, ob die Erwähnung von MAV-Tätigkeit auch auf ausdrücklichen Wunsch des Mitarbeiters zulässig ist. Das *BAG* (a. a. O.) unterscheidet. In der Regel können aus der Erwähnung der MAV-Tätigkeit Vorteile und Nachteile erwachsen, insbesondere wenn der Mitarbeiter weiter in der Einrichtung bleibt und infolge seiner ehrenamtlichen Tätigkeit nicht voll der dienstlichen Aufgabe zur Verfügung steht. Deshalb lässt das *BAG* (a. a. O.) die Erwähnung der ehrenamtlichen Tätigkeit als Personalrat in einer dienstlichen Regelbeurteilung als geboten zu, wenn ansonsten eine dienstliche Beurteilung überhaupt nicht mehr erstellt werden kann, weil die Freistellung von der dienstlichen Tätigkeit in sehr hohem Maße oder völlig erfolgt ist. Nach einer Entscheidung des *LAG Hessen* (19. 11. 1993 – 9 Sa 111/93, DB 1994, 1044, Ls.) hat der Arbeitnehmer in der Regel einen An-

§ 18

spruch darauf, dass eine Freistellung als Personalratsmitglied in einem Zwischenzeugnis nicht gegen seinen Willen erwähnt wird.

III. Schutz des Arbeitsentgelts, § 18 Abs. 1 a

15 Die Vorschrift des § 18 Abs. 1 a MAVO ist derjenigen des § 37 Abs. 4 S. 1 BetrVG nachgebildet. Sie gilt sowohl den freigestellten als auch den nicht freigestellten Mitgliedern der MAV. Die Vorschrift ergänzt und konkretisiert das **Benachteiligungsverbot** des § 18 Abs. 1. Ausgehend von § 15 Abs. 3 kann es zu einer völligen Freistellung eines Mitgliedes der MAV von seiner Arbeitspflicht kommen. In diesem Falle ergeben sich naturgemäß Abkoppelungen von der beruflichen Tätigkeit und Gefahren für die berufliche Entwicklung in der Einrichtung. Dem freigestellten Mitglied der MAV sind daher auch diejenigen Bezügebestandteile zu gewähren, die es vor der Freistellung etwa wegen Bereitschaftsdiensten oder Rufbereitschaften erhalten hat (*LAG Köln*, 21. 2. 2000 – 8 (13) Sa 907/98, ZMV 2000, 234). Das gilt auch, wenn etwa Dienste zu ungünstigen Zeiten wegen der Freistellung oder Zuschläge wegen Wegfalls von Schichtdiensten zur Debatte stehen, die wegen der Tätigkeit als MAV-Mitglied entfallen und ebenso Überstunden. Hier ist die dadurch bedingte Entgeltänderung auszugleichen (*BAG*, 7. 6. 1989, Die EkA Vergütung (3). Die Höhe des Nachteilsausgleichs bemisst sich nach der Entgeltminderung gegenüber vergleichbaren Mitarbeitern, sodass also auch Schwankungen bei vergleichbaren Mitarbeitern zu berücksichtigen sind (*BAG*, 17. 5. 1977, AP Nr. 28 zu § 37 BetrVG 1972). Allerdings kann ein freigestelltes Mitglied der MAV vom Dienstgeber nicht verlangen, dass er ihm während der Freistellung zusätzlich zum Bruttoarbeitsentgelt die Nettolohndifferenz zahlt, die sich daraus ergibt, dass Zulagen, die im Falle der Arbeitsleistung steuer- und sozialversicherungsfrei sind, abgabenpflichtig sind (*BAG*, 15. 1. 1997 – 7 AZR 873/95, EzA BetrVG 1972 § 37 Nr. 134). Das dem freigestellten MAV-Mitglied auch zu privaten Zwecken gestellte Dienstfahrzeug ist Vergütungsbestandteil, wenn keine gegenteilige Abmachung für den Fall der Freistellung besteht (*LAG Köln*, 4. 7. 2003 – 11 Sa 190/03, ZTR 2004, 108 Ls.).

16 Bei **Bewerbungen freigestellter Mitglieder der MAV** auf eine Beförderungsstelle bzw. höher vergütete Tätigkeit ist ihre Bewerbung so zu berücksichtigen als wären sie nicht freigestellt. Denn die einrichtungsübliche Entwicklung vergleichbarer anderer Mitarbeiter ist mit Blick auf das betroffene MAV-Mitglied zu honorieren. Das freigestellte MAV-Mitglied muss sich allerdings bei Stellenausschreibungen bewerben. Der Ausschluss vom Bewährungsaufstieg ist daher ebenfalls unzulässig (*BAG*, 15. 5. 1968 AP Nr. 1 zu § 23 a BAT). Nicht jede Veränderung der materiellen und formellen Arbeitsbedingungen des einen oder anderen Mitglieds der MAV stellt eine Begünstigung oder Benachteiligung dar. Es ist immer darauf abzustellen, ob eine Besser- oder Schlechterstellung im Vergleich zu anderen Mitarbeitern eine Rolle spielt und diese Besser- oder Schlechterstellung aus sachlichen oder in der Person des MAV-Mitglieds liegenden Gründen erfolgt. Auf eine Benachteiligungsabsicht kommt es nicht an. Wenn also ein Mitglied der MAV eine höherwertige Tätigkeit wegen häufiger Abwesenheiten durch Mitarbeitervertretungstätigkeit nicht erbringen kann, ist Anspruch auf einen Nachteilsausgleich gegeben (*BAG*, 13. 11. 1987 – 7 AZR 550/86, DB 1988, 812 Ls.). Denn das Mitglied der

§ 18

MAV ist so zu stellen (Fiktion), wie ein vergleichbarer Mitarbeiter ohne Tätigkeit in der MAV gestellt wäre. Damit ist einem Mitglied der MAV die Vergütung für eine höherwertige Tätigkeit zu zahlen, obwohl ihm die Tätigkeit nicht übertragen werden kann (*BAG*, 29. 10. 1998 –7 AZR 676/96, DB 2000, 151).

Wird der Anspruch auf höhere Vergütung wegen einer Benachteiligung darauf gestützt, dass das Mitglied der MAV ohne seine Freistellung eine Tätigkeit ausüben würde, die die Merkmale der angestrebten Vergütungsgruppe erfüllt, so ist der berufliche Werdegang des Mitgliedes der MAV fiktiv nachzuzeichnen (*BAG*, 29. 10. 1998 – 7 AZR 202/97, ZTR 1999, 235; 27. 6. 2001 – 7 AZR 496/99, NZA 2002, 106). Das gilt auch für weitgehend freigestellte MAV-Mitglieder, wie z. B. Lehrer (*BAG*, 19. 3. 2003 – 7 AZR 334/02, ZTR 2004, 50). 17

Der nachwirkende Schutz von einem Jahr nach Beendigung der Mitgliedschaft in der MAV steht in engem Zusammenhang mit dem nachwirkenden Kündigungsschutz (§ 19 Abs. 1 S. 3) der Mitglieder der MAV gegen die ordentliche Kündigung, der ebenfalls ein Jahr nach Beendigung der Amtszeit der MAV fortdauert und innerhalb dessen die Mitglieder der MAV in aller Regel eine verzögerte berufliche Entwicklung nachholen können. 18

Maßgebender Zeitpunkt für die Vergleichbarkeit ist zunächst der Zeitpunkt der Wahl zum Mitglied der MAV, also der Zeitpunkt der Berufsausübung ohne Mandat (*Fitting*, § 37 Rz 119 m. N.). Bei Ersatzmitgliedern ist der Zeitpunkt des Nachrückens in die MAV entscheidend (*BAG*, 15. 1. 1992 – 7 AZR 194/91 AP Nr. 84 zu § 37 BetrVG 1972 = DB 1993, 1379 = ZTR 1993, 174). Das Arbeitsentgelt des Mitgliedes der MAV ist in diesem Zeitpunkt mit dem anderer Mitarbeiter zu vergleichen, die unter Berücksichtigung der Qualifikation und der Persönlichkeit dieselbe oder eine im Wesentlichen gleichqualifizierte Arbeit verrichtet haben (*BAG*, 17. 5. 1977, 21. 4. 1983, 15. 1. 1992 AP Nrn. 28, 43, 84 zu § 37 BetrVG 1972; *ErfK-Eisemann*, § 37 BetrVG Rz 13). Wird das MAV-Mitglied wegen seiner MAV-Tätigkeit auf einen anderen Arbeitsplatz versetzt, ist für den Vergleich dennoch der bisherige Arbeitsplatz maßgebend (*Fitting*, § 37 Rz 119). 19

Bei der Bemessung der an das MAV-Mitglied zu zahlenden Vergütung ist die **einrichtungsübliche Entwicklung** der vergleichbaren oder auch nur eines einzigen vergleichbaren Mitarbeiters zu berücksichtigen. Einrichtungsüblichkeit ist die Entwicklung, die andere nach Qualifikation und Persönlichkeit vergleichbare Mitarbeiter unter Berücksichtigung der Gegebenheiten in der Einrichtung bzw. Dienststelle genommen haben (*BAG*, 15. 1. 1992 AP Nr. 84 zu § 37 BetrVG 1972 Nr. 69; *ErfK-Eisemann*, § 37 BetrVG Rz 13; *LAG Baden-Württemberg*, 24. 7. 2002 – 2 Sa 20/02, ZMV 2003, 199). Hierbei sind zugunsten der Mitglieder der MAV auch Maßnahmen der Einrichtung für die berufliche Fortbildung zu berücksichtigen, an denen vergleichbare Mitarbeiter teilgenommen haben, die aber das betreffende MAV-Mitglied wegen seiner Amtstätigkeit nicht besuchen konnte (*ErfK-Eisemann*, § 37 BetrVG Rz 13; *LAG Köln*, 21. 8. 2002 – 8 Sa 404/02, ZTR 2003, 359 Ls.). 20

Das Arbeitsentgelt des MAV-Mitgliedes ist demjenigen vergleichbarer Mitarbeiter laufend anzupassen. Hierbei umfasst die durch die Bestimmung des § 18 Abs. 1 a geforderte Entgeltsicherung zum einen den Ausgleich etwaiger Entgeltminderungen, die dadurch eintreten, dass ein MAV-Mitglied wegen seiner MAV-Tätigkeit von der Wechselschicht auf die einfache Tagesschicht 21

§ 18

umgesetzt wird (*Richardi*, BetrVG § 37 Rz 67). Darüber hinaus sind die späteren Steigerungen der Vergütung vergleichbarer Mitarbeiter auf Grund ihrer einrichtungsüblichen Entwicklung zu berücksichtigen (*Fitting*, § 37 Rz 124). Der Arbeitsentgeltschutz besteht bis zur Dauer eines Jahres nach Beendigung der Mitgliedschaft in der MAV.

22 **Streitigkeiten** aus Anlass einer behaupteten unzutreffenden Entgeltentwicklung bzw. unzutreffenden Eingruppierung als Mitglied der Mitarbeitervertretung werden, wenn das Mitglied der MAV Arbeitnehmer ist, von den staatlichen Arbeitsgerichten entschieden (*LAG Baden-Württemberg*, 24. 7. 2002 – 2 Sa 20/02, ZMV 2003, 199). Die Schlichtungsstelle (§ 40) ist zur Entscheidung über einzelarbeitsvertragliche Ansprüche nicht zuständig sondern das staatliche Arbeitsgericht (*Schlichtungsstelle Münster*, 6. 10. 1997 – SchliV – MAVO 9/97, ZMV 1997, 290; vgl. Art. 10 Abs. 1 GrO).

IV. Versetzung und Abordnung von MAV-Mitgliedern (§ 18 Abs. 2)

1. Direktionsrecht

23 Gemäß **§ 18 Abs. 2** können Mitarbeitervertreter unter bestimmten Voraussetzungen gegen ihren Willen versetzt oder abgeordnet werden. Dazu gehört, dass der **Dienstgeber zu einer Versetzung oder Abordnung durch die Ausgestaltung des zugrundeliegenden Arbeitsvertrages berechtigt** ist. Soweit danach der Dienstgeber über die Konkretisierung der eigentlichen Tätigkeit hinaus dem Mitarbeiter (Arbeitnehmer) einen neuen Tätigkeitsbereich zuweisen kann (§ 9 AVR, § 11 KAVO, § 12 BAT, § 12 ABD), ist es ihm möglich, die Versetzung und die Abordnung einseitig durch Ausübung des Direktionsrechts anzuordnen (*BAG*, 6. 2. 1985, AP Nr. 3 zu § 1 TVG Tarifverträge: Textilindustrie mit Anm. *Gaul*).

24 Kraft gesetzlicher Verweisung gilt § 18 Abs. 2 auch für die Sprecher der Jugendlichen und Auszubildenden (§ 45 Abs. 2), die Vertrauensperson der schwerbehinderten Menschen (§ 46 Abs. 2) und die Mitglieder der Gesamtmitarbeitervertretung und der erweiterten Gesamtmitarbeitervertretung (§ 24). Die Mitglieder des Wahlausschusses werden durch die Vorschrift des § 18 Abs. 2 nicht geschützt, weil es an einer entsprechenden Vorschrift fehlt (vgl. Rz 1) Die Vorschrift gilt für Ersatzmitglieder der MAV, wenn sie in die Position nachgerückt sind.

2. Begriff

25 Die **Versetzung** ist eine Maßnahme des Dienstgebers, wodurch der Mitarbeiter in eine andere Tätigkeit bei demselben Dienstgeber in einer anderen Dienststelle oder zur Dienststelle eines anderen Dienstgebers befohlen wird (vgl. § 7 Rz 47 f.). Die Versetzung ist auf Dauer gerichtet. Die **Abordnung** dagegen ist vorübergehender Natur. Sie kann entweder zu einer Dienststelle desselben Dienstgebers oder zu einer Dienststelle eines anderen Dienstgebers erfolgen (vgl. § 35 Abs. 1 Nr. 5). Von der Vorschrift wird die **Umsetzung** innerhalb der Einrichtung oder Dienststelle an einen anderen Arbeitsplatz (vgl. zur Definition: VG für mitarbeitervertretungsrechtliche Streitigkeiten der EKD, 19. 2. 1998 – 0124/B 27–29, Rspr. Beilage zum Amtsblatt der EKD 1998, 36) nicht erfasst. Unzulässig ist allerdings die Umsetzung, wenn sie auf einen ge-

ringerwertigen Arbeitsplatz führt. Dann handelt es sich um eine Änderungskündigung, die gemäß § 19 Abs. 1 S. 2 unzulässig ist. Führt die Umsetzung zu einem höherwertigen Arbeitsplatz, handelt es sich um eine Beförderung, zu der die MAV ebenso wie bei der Herabgruppierung und der nicht nur vorübergehenden Übertragung einer höher oder niedriger zu bewertenden Tätigkeit ein Zustimmungsrecht hat (§ 35 Abs. 1 Nr. 2–4). Eine Versetzung wird nicht angenommen, wenn der Dienstgeber geregelt hat, dass mehrere Dienststellen eine Einrichtung im Sinne von § 1 a Abs. 2 bilden und der Dienstgeber von einer Stelle zu einer anderen Stelle einen Mitarbeiter dirigiert, selbst wenn der dabei von einer Region zu einer anderen Region (*Schlichtungsstelle Paderborn*, 20. 3. 1996 – III/96, ZMV 1996, 306) umziehen muss.

3. Zustimmung des MAV-Mitgliedes

Hat sich der Dienstgeber ein **Recht zur Versetzung und Abordnung arbeitsvertraglich nicht vorbehalten**, können die beiden Maßnahmen nur im Wege der einvernehmlichen Vertragsänderung oder der Änderungskündigung erfolgen. Ist ein Mitglied der MAV von den genannten Maßnahmen betroffen, ist zu unterscheiden. Der Versetzung und der Abordnung eines MAV-Mitgliedes auf Grund einer Änderungskündigung steht grundsätzlich der Kündigungsschutz des § 19 entgegen. Denn das Verbot der ordentlichen Kündigung von MAV-Mitgliedern bezieht sich nicht nur auf die Beendigungskündigung, sondern auch auf die Änderungskündigung (*Boemke-Albrecht*, BB 1991, 541 m. N.). Eine vom Dienstgeber gegenüber einem MAV-Mitglied zum Zwecke der Versetzung oder Abordnung ausgesprochene Änderungskündigung ist unwirksam und macht die bezweckten Maßnahmen unzulässig. Etwas anderes gilt nur für die außerordentliche Änderungskündigung (§ 19 Abs. 1 S. 1) sowie in Fällen der Betriebsstilllegung oder der Stilllegung eines Teils der Einrichtung (§ 19 Abs. 3). Im letztgenannten Fall hat das MAV-Mitglied grundsätzlich einen Anspruch, auf einen gleichwertigen Arbeitsplatz in einen anderen Teil der Einrichtung übernommen zu werden (§ 19 Abs. 3 S. 2). Der Dienstgeber kann hierzu das Mittel der Änderungskündigung anwenden (§ 19 Rz 102 ff.). Wenn aber **bei arbeitsvertraglich eingeräumter Berechtigung zur Versetzung und zur Abordnung** der Dienstgeber eine dieser Maßnahmen gegenüber einem MAV-Mitglied durchführen will, so würde die Versetzung und unter Umständen auch die Abordnung zum Ausscheiden aus der Dienststelle (§ 1 Abs. 1) führen mit der Folge, dass die Mitgliedschaft in der MAV erlischt (§ 13 c Nr. 4). Da durch diese Maßnahmen das MAV-Mitglied in seinen Rechten aus der MAVO betroffen ist, könnten gegen seinen Willen weder Versetzung noch Abordnung erfolgen. Voraussetzung für die Maßnahme ist in jedem Fall die Zustimmung des MAV-Mitgliedes.

4. Dienstliche Gründe

Vom Erfordernis der Zustimmung kann jedoch abgesehen werden, wenn die Versetzung oder Abordnung auch unter Berücksichtigung der MAV-Mitgliedschaft aus wichtigen dienstlichen Gründen unvermeidbar ist. Bei der Versetzung oder Abordnung ist aber zu prüfen, ob die dienstlichen Belange so sehr im Vordergrund stehen, dass demgegenüber eine Änderung der **Zusammensetzung der MAV** eine **geringere Rolle** spielt. Es geht nicht um die Zulässigkeit der Versetzung oder Abordnung, sondern um die aus dienstlichen Gründen

§ 18

und Interessen erforderliche Versetzung oder Abordnung, wobei eben unter keinen Umständen eine andere Lösung des Problems möglich ist. Nur unter dieser Voraussetzung gehen bei einem Konflikt zwischen der Zusammensetzung der MAV und den dienstlichen Interessen die dienstlichen Belange vor. Daraus folgt hier auch, dass z. B. die Abordnung nicht länger dauern darf als dies im dienstlichen Interesse unabweisbar notwendig ist. Eine länger als drei Monate dauernde Abordnung führt durch Erlöschen des aktiven und passiven Wahlrechts zum Erlöschen der Mitgliedschaft in der MAV (§ 7 Abs. 2, § 8 Abs. 1, § 13 c Nr. 4) und hat insofern dieselbe Wirkung wie eine Versetzung.

28 Die Zuweisung eines anderen Arbeitsplatzes kann also sowohl durch Versetzung, Abordnung als auch Umsetzung erfolgen. Vom Schutz des § 18 Abs. 2 wird die Zuweisung eines anderen Arbeitsplatzes nur erfasst, wenn mit ihr zugleich ein Wechsel der Dienststelle – evtl. mit anderem Dienstort – verbunden ist. Das mit dem Dienststellenwechsel verbundene Ausscheiden aus der bisherigen Dienststelle führt für das betroffene Mitglied der MAV zum nachwirkenden Kündigungsschutz (§ 19 Abs. 1 S. 3 i. V. m. § 13 c Nr. 4), wenn der Dienstgeber der Gleiche bleibt.

29 In diesem Zusammenhang ist der Unterschied zwischen einer Dienststelle im Sinne von § 1 a Abs. 2 und derjenigen im Sinne von § 23 zu verdeutlichen. Hat der Dienstgeber gemäß § 1 a Abs. 2 mehrere Teildienststellen zu einer Dienststelle erklärt, so ist die Versetzung des MAV-Mitgliedes von einer Teilstelle zur anderen innerhalb derselben Dienststelle keine unter den Schutz des § 18 Abs. 2 fallendes Maßnahme. Denn das Mitglied der MAV bleibt in der »Dienststelle«. Es verliert nicht sein Amt als MAV-Mitglied (vgl. auch § 22 a Abs. 2). Dennoch kann es sich um eine Versetzung i. S. von § 35 Abs. 1 Nr. 5 handeln (vgl. dort). Besteht eine Sondervertretung (vgl. § 23), so ist zu prüfen, welchem Personenkreis die Sondervertretung zuzurechnen ist. Wird ein MAV-Mitglied innerhalb des Bereiches der Sondervertretung versetzt, ohne aus der Zuständigkeit der Sondervertretung auszuscheiden, so liegt ebenfalls keine unter den Schutz des § 18 Abs. 2 fallende Maßnahme vor, weil das MAV-Mitglied zur Sondervertretung wahlberechtigt und wählbar, also MAV-Mitglied bleibt.

30 Ist mit der Versetzung oder Abordnung die Ausgliederung aus der Zuständigkeit der Sondervertretung verbunden, so handelt es sich um eine Maßnahme im Sinne des Schutzes des § 18 Abs. 2. Im Falle des § 23 kommt es also nicht auf das Ausscheiden aus einer Dienststelle, sondern auf das Ausscheiden aus der räumlichen Zuständigkeit der MAV im Sinne von § 23 an.

5. Zustimmung der MAV

a. Laien

31 Wenn **Versetzung oder Abordnung gegen den Willen des MAV-Mitgliedes** erfolgen sollen, bedarf jede der beiden Maßnahmen der Zustimmung der beteiligten MAV. Denn es geht um ihre personelle Zusammensetzung, die durch Versetzung oder Abordnung verändert wird (Rz 25). Das folgt aus dem Wortlaut des § 18 Abs. 2, wonach es um das Verhältnis des Mitgliedes der MAV zu seiner MAV geht. Die Maßnahme muss unter Berücksichtigung der Mitgliedschaft in der MAV unvermeidbar sein. Die Zustimmung ist nicht Sache der Gesamtmitarbeitervertretung. Das wäre der Fall, wenn es sich zugleich um

ihr Mitglied handelte, das durch die Maßnahme aus der Gesamtmitarbeitervertretung ausscheiden müsste. Die Gesamtmitarbeitervertretung wäre eingeschaltet, wenn der Dienstgeber in einer sogenannten Personalrunde eine Reihe von Versetzungen zusammenfasst und zugleich mehrere Mitarbeitervertretungen ihres Zuständigkeitsbereichs betroffen wären (§ 24 Abs. 4). Ist z. B. ein **Mitarbeiter im pastoralen Dienst Mitglied der MAV** einer Kirchengemeinde (§ 1 a), der Sondervertretung (§ 23) und zugleich auch noch der Gesamtmitarbeitervertretung (§ 24 Abs. 1), so richtet sich das Zustimmungsrecht allein danach, inwieweit eines der drei Gremien den Verlust des Mitgliedes durch Versetzung oder Abordnung erleidet. Die **Ordnung des Bistums Münster** sieht für pastorale Dienste, auch im Falle ihrer Mitgliedschaft in der MAV, **kein Mitbestimmungsrecht** irgendeiner MAV vor (Ziffer III. S. 2 der Anordnung zur Bildung einer MAV für Pastoralreferenten und Pastoralassistenten vom 30. 12. 1996, Amtsblatt Münster 1996 Art. 230 S. 205).

Die MAV hat die Entscheidung über die Zustimmung oder Versagung der Zustimmung **nach pflichtgemäßer Prüfung** zu treffen. Das Verfahren über die Zustimmung richtet sich nach § 33. An der Beschlussfassung der MAV über die Zustimmung kann das betroffene Mitglied nicht mitwirken. Da es aus Rechtsgründen an der Entscheidung in der MAV verhindert ist, ist das nächstberechtigte Ersatzmitglied zur Entscheidung in der MAV berufen (§ 13 b Abs. 2). Auf diese Weise ist auch die Entscheidung einer eingliedrigen MAV überhaupt nur denkbar. Die **Beschlussfassung** der MAV erfolgt **gemäß § 14 Abs. 5**. Wird die Zustimmung nicht innerhalb der vorgesehenen **Frist von einer Woche** verweigert, so gilt die Maßnahme als gebilligt (§ 33 Abs. 2 S. 2). Die MAV kann jedoch beim Dienstgeber beantragen, die Frist um eine weitere Woche zu verlängern (§ 33 Abs. 2 S. 3). 32

Die Beendigung der Abordnung ist keine der Zustimmung unterliegende Maßnahme, weil die Abordnung von vornherein eine vorübergehende Dienststellenzugehörigkeit begründet. 33

Das betroffene MAV-Mitglied kann unabhängig von der erteilten Zustimmung der MAV die Rechtmäßigkeit der Versetzung oder Abordnung gerichtlich prüfen lassen. Für Mitarbeiter mit Arbeitsvertrag ist das Arbeitsgericht zuständig (*ArbG Siegburg*, 15. 4. 2002 – 2 Ca 214/01, ZMV 2002, 202). Hat die MAV der Versetzung oder Abordnung nicht zugestimmt, ist die Maßnahme nicht rechtswirksam. Der Dienstgeber muss bei Verweigerung der Zustimmung der MAV die Schlichtungsstelle zur Entscheidung anrufen (§ 18 Abs. 2 i. V. m. § 33 Abs. 1 bis 3, § 33 Abs. 4 i. V. m. § 41 Abs. 1 Nr. 6). Die Schlichtungsstelle entscheidet mit bindender Wirkung (§ 42 Abs. 2 S. 1). Die MAV der aufnehmenden Einrichtung ist ebenfalls beteiligungsberechtigt, weil die Versetzung sich für die aufnehmende Einrichtung als Einstellung im Sinne von § 34 darstellt (*ArbG Siegburg*, a. a. O.). 34

b. Verhältnis zu § 35 Abs. 1 Nr. 5

Die Zustimmung gemäß § 18 Abs. 2 ist zu unterscheiden von der Zustimmung im Falle des § 35 Abs. 1 Nr. 5. Beide Verfahren sind in § 33 geregelt (§ 33 Abs. 1). Der Gegenstand des Verfahrens ist verschieden. § 18 Abs. 2 hat Bedeutung für den Fall der Weigerung des zu versetzenden oder abzuordnenden Mitgliedes der MAV. § 35 Abs. 1 Nr. 5 hat Bedeutung für den Fall der mit Einverständnis des MAV-Mitgliedes erfolgenden Abordnung oder Versetzung. 35

§ 18

Denn in letzterem Fall geht es, weil das MAV-Mitglied Mitarbeiter (§ 3 Abs. 1) ist, um eine zustimmungspflichtige Maßnahme im Sinne der allgemeinen Beteiligungsrechte der MAV. Das Einverständnis des MAV-Mitgliedes zu einer zustimmungspflichtigen Maßnahme des Dienstgebers macht das Zustimmungsverfahren und das Zustimmungserfordernis der MAV i. S. von § 35 Abs. 1 Nr. 5 nicht hinfällig (*Schlichtungsstelle Köln*, 2. 12. 1991 – MAVO 9/91, ZMV 1993, 31), ausgenommen Mitarbeiter für pastorale Dienste oder religiöse Unterweisung, die zu ihrer Tätigkeit der ausdrücklichen bischöflichen Sendung oder Beauftragung bedürfen (§ 29 Abs. 1 Nr. 10). In allen Fällen der Versetzung oder Abordnung bleibt für das betroffene Mitglied der MAV der nachwirkende Kündigungsschutz (§ 19 Abs. 1 S. 3) erhalten.

c. Geistliche, Ordensleute

36 Bei Geistlichen und Ordensangehörigen ist allerdings zu beachten, dass nach § 3 Abs. 3 ihre besondere Stellung gegenüber dem Diözesanbischof bzw. Ordensoberen durch die MAVO nicht berührt wird. Die MAV wirkt bei Versetzung und Abordnung nicht mit (§ 3 Abs. 3 S. 2). Der Versetzungs- und Abordnungsschutz vermag sie von der **Gehorsamspflicht nicht zu entbinden** (*Bietmann*, Betriebliche Mitbestimmung im kirchlichen Dienst S. 103; *Frey/Coutelle/Beyer*, § 3 Rz 41). Wenn auch durch besondere kirchenrechtliche Bestimmungen die Versetzbarkeit von Mitgliedern der MAV, die Geistliche und Ordensleute sind, wegen der Vorschrift des § 3 Abs. 3 leichter möglich ist, so ist davon ihre Unabhängigkeit in der MAV nicht berührt (a. A. *Bietmann*, a. a. O.). Denn den kirchlichen Oberen stehen wegen des besonderen kirchenrechtlichen Status von Geistlichen und Ordensleuten keine Weisungsbefugnisse für das Abstimmungsverfahren und die Arbeitsweise in der MAV zu (*Dütz*, Kollektivrechtliche Fragen des kirchlichen Dienstes, Essener Gespräche Bd. 18 S. 108 f.). Auch eine entsprechende Kompetenz des Dienstgebers besteht nicht (*Richardi*, Arbeitsrecht in der Kirche, § 18 Fußn. 55 S. 290 f.).

V. Unfallfürsorge für Mitarbeiter nach beamtenrechtlichen Grundsätzen

1. Gesetzliche Unfallversicherung

37 Mitarbeiter, die Aufgaben nach der MAVO wahrnehmen, stehen als Arbeitnehmer unter dem Schutz der gesetzlichen Unfallversicherung (§ 2 Abs. 1 Nr. 1 SGB VII). Die Mitglieder der MAV werden aus dem Kreis der Angehörigen der Dienststelle oder Einrichtung gewählt. Der für diese bestehende Versicherungsschutz erfasst auch ihre Tätigkeit als Mitglied der MAV, soweit es sich um dienststellenbezogene Tätigkeit handelt (dazu wegen der Betriebsräte: *Lauterbach/Schwerdtfeger*, UV – SGB VII § 8 = Rz 179 ff.) Aufgabe der MAV ist es, zum Wohle der Mitarbeiter der Einrichtung tätig zu sein, mit dem Dienstgeber über strittige Fragen zu verhandeln und an Maßnahmen des Dienstgebers mitzuwirken (§ 36 Abs. 1 Nr. 10 MAVO; § 1 Abs. 4 ArbSchG). Deshalb steht die Tätigkeit der MAV wie diejenige eines Betriebsrates in gesamten innerbetrieblichen Bereich unter dem Versicherungsschutz. Dazu gehört z. B. die Teilnahme an den Sitzungen der MAV, Sitzungen der Gesamtmitarbeitervertretung, der Diözesanen Arbeitsgemeinschaft, Schulungen von Mitgliedern der MAV, wenn diese Schulungen den Zweck verfolgen, Kennt-

§ 18

nisse zu vermitteln, die auf die Tätigkeit der MAV Bezug haben (§ 16 Abs. 1). Die Teilnahme der Mitarbeiter an MAV-Wahlen ist in vollem Umfang, also bei Vorbereitung und Durchführung der Wahl, bei einer Tätigkeit als Kandidat oder als Mitglied des Wahlausschusses versichert (*Lauterbach/Schwerdtfeger*, a. a. O.).

2. Die Unfallfürsorge

§ 18 Abs. 3 gilt für diejenigen Mitarbeiter und Mitarbeiterinnen, die infolge besonderer Regelung im Rahmen ihres Dienstverhältnisses Anspruch auf Unfallfürsorge nach beamtenrechtlichen Grundsätzen haben und deshalb von dein Versicherungsschutz nach SGB VII ausgenommen sind (§ 4 Abs. 1 Nr. 1 SGB VII). Die Vorschrift ist Ergänzungsvorschrift zu den gesetzlichen Unfallfürsorgebestimmungen, seien es kirchliche oder staatliche Bestimmungen. 38

§ 18 Abs. 3 hat nicht nur den Schutz von Mitgliedern der MAV zum Ziel, sondern auch den Schutz aller Mitarbeiter, die Anspruch auf Unfallfürsorge nach beamtenrechtlichen Grundsätzen haben. Der Schutz erstreckt sich auf einen Unfall anlässlich der Wahrnehmung von Rechten oder in Erfüllung von Pflichten nach dieser Ordnung. Insofern werden nach dieser Vorschrift Mitarbeiter und MAV-Mitglieder geschützt, denen ein Anspruch auf Unfallfürsorge nach beamtenrechtlichen Grundsätzen aus ihrem Dienstverhältnis zusteht. 39

Voraussetzung ist für den Unfallschutz jedoch ferner, dass der Unfall im Sinne der beamtenrechtlichen Unfallfürsorgevorschriften ein **Dienstunfall** wäre. Es kommt nicht darauf an, dass der Mitarbeiter Beamter ist. Es kann sich also auch um einen Arbeitnehmer handeln, dem Unfallfürsorge nach beamtenrechtlichen Grundsätzen zugesagt ist. Wegen des Unfalls ist der Mitarbeiter auf die Vorschriften über die Unfallfürsorge für Beamte verwiesen. Diese sind durch den Dienstgeber entsprechend anzuwenden. Dasselbe gilt je nach diözesaner Regelung auch für die Priester (vgl. z. B. § 24 Ordnung der Dienst- und Versorgungsbezüge der Priester des Erzbistums Köln, Amtsbl. 1993, S. 99). 40

Im Falle von Streitigkeiten entscheiden bei Beamten die Verwaltungsgerichte, bei Arbeitnehmern die Arbeitsgerichte. 41

Der Umfang der Unfallfürsorge ist in den §§ 30 ff. Beamtenversorgungsgesetz geregelt. Danach werden Körper- und Gesundheitsschäden (§ 31 BeamtVG) und Sachschäden (§ 32 BeamtVG) berücksichtigt. Wegen Dauerschäden wird auf § 35 BeamtVG i. V. m. § 31 BVG zum Zweck einer womöglichen Schadensausgleichsrente für Gesundheitsschäden verwiesen. 42

Die Unfallfürsorge ist ausgeschlossen, wenn der Verletzte den Unfall vorsätzlich herbeigeführt hat (§ 44 Abs. 1 BeamtenVG). 43

Unfälle, aus denen Unfallfürsorgeansprüche nach dem BeamtVG entstehen können, sind innerhalb einer **Ausschlussfrist von zwei Jahren nach dem Eintritt** des Unfalls bei dem Dienstgeber des Verletzten (Dienstvorgesetzter) zu melden (§ 45 Abs. 1 S. 1 BeamtenVG). 44

Für **Priester** bestehen besondere diözesane Regelungen zur Unfallfürsorge (vgl. z. B. Ordnung der Dienst- und Versorgungsbezüge der Priester des Erzbistums Köln, Amtsblatt Köln, 1993 Nr. 94, S. 99, § 24 PrBVO). Die Unfallfürsorge umfasst Erstattung von Sachschäden und besonderen Aufwendungen, Heilverfahren, Unfallausgleich, Unfallruhegehalt oder Unterhaltsbeitrag. Auf die Unfallfürsorge findet Abschnitt V des Gesetzes über die Versorgung 45

§ 18

der Beamten und Richter in Bund, Ländern, ausgenommen die §§ 30, 39 bis einschließlich § 43, in der jeweils geltenden Fassung entsprechend Anwendung. Ein Dienstunfall ist dem Besoldungsträger und dem Generalvikar unverzüglich zu melden. Priester, die nicht die Versorgungszusage haben und folglich rentenversicherungspflichtig beschäftigt werden, unterliegen der gesetzlichen Unfallversicherung; der Dienstunfall ist der zuständigen Berufsgenossenschaft als gesetzlichem Träger der Unfallversicherung zu melden.

3. Ordensleute

46 In der gesetzlichen Unfallversicherung sind versicherungsfrei satzungsmäßige Mitglieder geistlicher Genossenschaften, wenn ihnen nach den Regeln der Gemeinschaft Anwartschaft auf die in der Gemeinschaft übliche Versorgung gewährleistet und die Erfüllung der Gewährleistung gesichert ist. (§ 4 Abs. 1 Nr. 3 SGB VII). Bei Schadenszufügung aus unerlaubter Handlung haftet dem Ordensmitglied der Schädiger nach den allgemeinen gesetzlichen Vorschriften.

VI. Weiterbeschäftigung von MAV-Mitgliedern im Anschluss an ihre Berufsausbildung (§ 18 Abs. 4)

1. Zweck der Vorschrift

47 Das in § 18 Abs. 1 geregelte Benachteiligungsverbot wird durch § 18 Abs. 4 erweitert, um der Gefahr zu begegnen, dass der Dienstgeber Auszubildende, die ein Ehrenamt im Sinne der MAVO haben, gegebenenfalls wegen ihrer Tätigkeit
– in der MAV, gemeinsamen MAV oder Sondervertretung,
– als Sprecher der Jugendlichen und Auszubildenden oder
– in der Vertretung schwerbehinderter Menschen (§ 46 Abs. 2 i. V. m. § 18 Abs. 4
nicht in ein unbefristetes Arbeitsverhältnis übernimmt, obwohl er gleichzeitig andere Auszubildende nach erfolgreichem Abschluss der Berufsausbildung weiterbeschäftigt. Die Vorschrift entspricht nicht der des § 78 a BetrVG.

2. Voraussetzungen

a. Berufsausbildungsverhältnis eines Mitgliedes der MAV u. a.

48 § 18 Abs. 4 gilt allen Mitarbeitern, die MAV-Mitglieder, Sprecher der Jugendlichen und der Auszubildenden (18 Abs. 4) oder Vertrauenspersonen der schwerbehinderten Menschen (§ 46 Abs. 2 i. V. m. § 18 Abs. 4) oder Mitglieder von Sondervertretungen (§ 23) sind und ohne Rücksicht auf ihr Lebensalter in einem befristeten Berufsausbildungsverhältnis stehen (§§ 3 ff. BBiG) oder bei Umschulungsverhältnissen für einen anerkannten Ausbildungsberuf (§ 47 Abs. 3 BBiG).

49 Durch den Ablauf des Ausbildungsvertrages scheidet der Auszubildende aus der Dienststelle bzw. Einrichtung aus, wenn sich keine Weiterbeschäftigung anschließt. Volontäre und Praktikanten sind keine Auszubildenden i. S. des BBiG (*Weigand*, KR § 78 a BetrVG Rz 11). Der in § 18 Abs. 4 genannte Personenkreis ist nicht identisch mit den in § 3 Abs. 1 Genannten, die zur Ausbil-

§ 18

dung tätig sind (§ 3 Rz 24), sondern enger. Das wird deutlich durch die Bezeichnung »Auszubildende«. Diese Bezeichnung wird in § 9 BPersVG und in § 78 a BetrVG verwendet und gilt nach diesen Bestimmungen für Auszubildende im Sinne des Berufsbildungsgesetzes (*Grabendorff/Windscheid/Ilbertz/ Widmaier*, BPersVG § 9 Rz 4; *Hess/Schlochauer/Worzalla/Glock*, BetrVG § 78 a Rz 6; *Weigand*, a. a. O. Rz 8). Dabei kommt es auf staatlich anerkannte Ausbildungsberufe nicht an (*BAG*, 23. 6. 1983 – 6 AZR 595/80, DB 1984 1786; *Becker-Schaffner*, Die Rechtsprechung zu § 78 a BetrVG, DB 1987, 2647). Gerade für den kirchlichen Dienst sind solche Ausbildungsverhältnisse gemeint, die vertraglich oder kirchenrechtlich geregelt sind und eine geordnete Ausbildung von wenigstens zwei Jahren Dauer vorsehen (vgl. auch § 25 Abs. 2 Nr. 2 BBiG). Ob dasselbe auch für Gemeindeassistenten und Pastoralassistenten entsprechend gilt, deren Berufseinführung nach der Fachhochschul- bzw. Hochschulausbildung auf zwei Jahre befristet ist (vgl. z. B. Rahmenstatuten und Ordnungen für Gemeinde- und Pastoral-Referenten/Referentinnen vom 10. 3. 1987, Heftreihe: Die deutschen Bischöfe, in: Heft 41 S. 29 ff. und S. 47 f.), ist fraglich. Zu berücksichtigen ist aber, dass am Ende der Berufseinführung die Zweite Dienstprüfung steht, deren erfolgreicher Abschluss für eine unbefristete Anstellung Voraussetzung ist, aber keinen Anspruch auf Einstellung begründet, selbst wenn die befristete Berufseinführung erfolgreich beendet ist. Dazu ist auf § 34 Abs. 1 hinzuweisen, nach dessen Wortlaut die Einstellung von Mitarbeitern für pastorale Dienste oder religiöse Unterweisung nicht dem Mitbestimmungsrecht der MAV unterliegt. Völlig ausgenommen aus dem Bereich der Vorschrift des Absatzes 4 sind Geistliche und Ordensleute (§ 3 Abs. 3).

Jedenfalls sind auch kirchlich anerkannte Ausbildungsberufe zu berücksichtigen, wenn der betreffende Mitarbeiter nach Maßgabe des BBiG in einem Berufsausbildungsverhältnis i. S. des § 3 BBiG steht. Nicht in den Geltungsbereich des BBiG fällt grundsätzlich die schulisch geprägte Berufsausbildung in Heil- und Heilhilfsberufen (Hebammenberuf, Krankenschwester, -pfleger, Krankenpflegehelfer, Kinderkrankenschwester, medizinisch- und pharmazeutisch-technische Assistentin, Masseur, Krankengymnasten). Wenn dagegen das Ausbildungsverhältnis in der Krankenpflege überwiegend arbeitsrechtlich betrieblich gestaltet ist, finden die Vorschriften des BBiG Anwendung, also auch das Auslaufen des Ausbildungsverhältnisses mit bestandener Prüfung (*Weigand*, KR §§ 14, 15 BBiG Rz 18 m. N.). **50**

Der Schutz zugunsten des Auszubildenden beginnt, wenn nach der Stimmenauszählung zur Wahl der MAV, des Sprechers der Jugendlichen und Auszubildenden oder zur Vertrauensperson der schwerbehinderten Menschen feststeht, dass der Auszubildende die für seine Wahl ausreichende Stimmenzahl erreicht hat (§ 11 Abs. 6). Die Bekanntgabe des Wahlergebnisses nach § 11 Abs. 7 ist nicht Voraussetzung für den Eintritt des Schutzes des § 18 Abs. 4 (vgl. *BAG*, 22. 9. 1983 – 6 AZR 323/81, DB 1984, 936). **51**

Nicht unter § 18 Abs. 4 fallen in Ausbildung befindliche Mitglieder des Wahlausschusses und Wahlbewerber, die nicht zum Zuge gekommen sind. Die Vorschrift gilt ebenfalls nicht für befristete Arbeitsverhältnisse. Wird ein Mitarbeiter in einem zulässigerweise befristet abgeschlossenen Arbeitsverhältnis (§§ 14, 15 TzBfG) beschäftigt, und in dieser Zeit in ein Amt der MAVO gewählt, so endet sein Arbeitsverhältnis und damit sein Amt mit dem vereinbarten Zeitablauf des Arbeitsvertrages (§ 15 Abs. 1 TzBfG). Einen Rechts- **52**

§ 18

anspruch auf Fortsetzung seines Arbeitsverhältnisses über den vereinbarten Zeitablauf hinaus wegen seiner Wahl in ein Amt der MAVO hat dieser Mitarbeiter nicht.

b. Schriftlicher Antrag

53 Will der Auszubildende in der Dienststelle weiterbeschäftigt werden, **wenn er die Berufsausbildung erfolgreich abgeschlossen hat**, so muss er **spätestens einen Monat vor Beendigung des Ausbildungsverhältnisses** einen schriftlichen Antrag auf Weiterbeschäftigung stellen. Gemäß § 14 Abs. 1 BBiG endet das Ausbildungsverhältnis mit dem Ablauf der Ausbildungszeit. Gemäß § 14 Abs. 2 BBiG endet das Berufsausbildungsverhältnis jedoch schon mit dem Bestehen der Abschlussprüfung, also vor Ablauf der Ausbildungszeit. Deshalb muss der Auszubildende hiernach die Frist für den Weiterbeschäftigungsantrag berechnen (*BAG*, 31. 10. 1985 – 6 AZR 557/84, BB 1986, 1223). Begründet wird der Antrag nur sein, wenn auch die Beendigung der Ausbildung erfolgreich ist.

54 Der Auszubildende hat die Abschlussprüfung grundsätzlich erst dann bestanden im Sinne von § 14 Abs. 2 BBiG, wenn das Prüfungsverfahren abgeschlossen und das Ergebnis der Prüfung mitgeteilt worden ist. Besteht die Prüfung aus mehreren Abschnitten, so ist der Tag der Feststellung des Gesamtergebnisses der Prüfung maßgeblich (*BAG*, 16. 2. 1994 – 5 AZR 251/93, ZTR 1994, 341, Ls.). Besteht der Auszubildende die Abschlussprüfung nicht, so verlängert sich das Berufsausbildungsverhältnis auf sein Verlangen hin bis zur nächstmöglichen Wiederholungsprüfung, höchstens um ein Jahr (§ 14 Abs. 3 BBiG).

55 Durch den Antrag wird die Weiterbeschäftigung noch nicht begründet. Ist der Auszubildende noch minderjährig (unter 18 Jahre alt), so bedarf das Weiterbeschäftigungsverlangen der Zustimmung seines gesetzlichen Vertreters.

56 Wird der Auszubildende im Anschluss an das Berufsausbildungsverhältnis beschäftigt, ohne dass hierüber ausdrücklich etwas vereinbart worden ist, so gilt ein Arbeitsverhältnis auf unbestimmte Zeit als begründet (§ 17 BBiG). Eine zu Ungunsten des Auszubildenden davon abweichende Vereinbarung ist nichtig (§ 18 BBiG).

c. Weiterbeschäftigung anderer Auszubildender

57 Weil der Dienstgeber nicht gehalten ist, den Auszubildenden nach der abgeschossenen Ausbildung in ein Arbeitsverhältnis zu übernehmen, wird es darauf ankommen, wie sich der Dienstgeber hinsichtlich eines oder mehrerer anderer Auszubildender nach deren erfolgreicher Berufsausbildung verhält. Wenn er auch nur einen anderen Auszubildenden weiterbeschäftigt, kann er den Auszubildenden, der MAV-Mitglied, Sprecher der Jugendlichen und Auszubildenden oder Vertrauensperson der schwerbehinderten Menschen ist, jedenfalls nicht ohne Einschaltung der MAV übergehen. In § 18 Abs. 4 ist nicht der Fall geregelt, dass der Dienstgeber bei Einstellung eines fremden Mitarbeiters anstelle des Auszubildenden bzw. Ausgebildeten die MAV einzuschalten hat, wenn er die Weiterbeschäftigung des Ausgebildeten nach der Ausbildung ablehnt. Deshalb ist in einem solchen Fall der Schutz des Auszubildenden zu verneinen (a. A. *Mösenfechtel/Perwitz-Passan/Wiertz*, § 18 Anm. 5 S. 5).

§ 18

Ein **Ersatzmitglied** der MAV, des Sprechers der Jugendlichen und Auszubil- 58
denden oder der Vertretung der schwerbehinderten Menschen, das nur an wenigen, zeitlich weit auseinanderfallenden Sitzungen stellvertretend in der MAV oder den anderen Vertretungen mitgewirkt hat, kann nicht verlangen, nach Beendigung seiner Berufsausbildung in der Dienststelle gemäß § 18 Abs. 4 in einem Dauerarbeitsverhältnis weiterbeschäftigt zu werden (vgl. *BVerwG*, 25. 6. 1986 – 6 P 27/84 zu §§ 9, 107 BPersVG, NJW 1987, 669; anders: *BAG*, 15. 1. 1980 – 6 AZR 726/79 – zu § 78 a BetrVG, wenn das Ersatzmitglied der Jugendvertretung zum Zeitpunkt des Begehrens nach Weiterbeschäftigung Mitglied der Jugendvertretung ist, DB 1980, 1649 – oder innerhalb der Amtsperiode war – *BAG*, 13. 3. 1986 – 6 AZR 207/87, DB 1986, 2235).

d. Befristete Übernahme von Auszubildenden

Wegen des Grundgedankens der Dienstgemeinschaft (Art. 1 S. 1 GrO) und 59
mit Rücksicht auf das weitere berufliche Fortkommen des Auszubildenden ist zu prüfen, ob ihn der Dienstgeber für kurze Zeit befristet weiterbeschäftigen kann. § 14 Abs. 1 Nr. 2 TzBfG gibt dazu eine Möglichkeit. Wenn z. B. kein Arbeitsplatz für einen unbefristet einzustellenden Arbeitnehmer zur Verfügung steht, kann auch eine befristete Beschäftigung hilfreich für das berufliche Weiterkommen sein. Daraus folgt aber mit Rücksicht auf § 17 BBiG, dass der Dienstgeber Auszubildende erst dann befristet weiterbeschäftigt, wenn ein wirksam befristeter Arbeitsvertrag zustande gekommen ist (§§ 14, 15 TzBfG). Denn die ohne Befristungsabrede erfolgte Weiterbeschäftigung führt zur Weiterbeschäftigung auf unbestimmte Zeit (§ 16 TzBfG). Will der Mitarbeiter geltend machen, dass die Befristung seines Arbeitsvertrages rechtsunwirksam ist, muss er innerhalb von drei Wochen nach dem vereinbarten Ende des befristeten Arbeitsvertrages Klage beim Arbeitsgericht auf Feststellung erheben, dass das Arbeitsverhältnis auf Grund der Befristung nicht beendet ist (§ 17 S. 1 TzBfG).

3. Mitwirkung der MAV bei Ablehnung des Weiterbeschäftigungsantrages

a. Zustimmung der MAV

Lehnt der Dienstgeber den Antrag des Auszubildenden ab, so ist die Entschei- 60
dung des Dienstgebers vor der Mitteilung an den Auszubildenden der MAV zur Zustimmung mitzuteilen (§ 33), wenn der Dienstgeber gleichzeitig einen anderen Auszubildenden weiterbeschäftigt. Allerdings ist das Zustimmungsrecht der MAV nicht in ihr Ermessen gestellt sondern gebunden.

b. Zustimmungsverweigerung

Die Zustimmung zur Entscheidung des Dienstgebers kann nämlich nur ver- 61
weigert werden, wenn der Verdacht besteht, dass die Ablehnung der Weiterbeschäftigung wegen der Tätigkeit als MAV-Mitglied, Sprecher der Jugendlichen und Auszubildenden oder Vertrauensperson der schwerbehinderten Menschen erfolgt. Die MAV muss deshalb die **Verdachtsgründe** nennen. Reagiert die MAV nicht innerhalb der für die Zustimmung vorgesehenen Frist von einer Woche auf die Mitteilung des Dienstgebers über die der Zustimmung unterliegende Ablehnung der Weiterbeschäftigung, so gilt die Zustimmung

dazu als erteilt (§ 33 Abs. 2 S. 2). Will die MAV die Zustimmung zur Ablehnung der Weiterbeschäftigung verweigern, so muss sie innerhalb der Frist Einwendungen beim Dienstgeber erheben. Sie kann dazu Fristverlängerung von einer Woche beantragen (§ 33 Abs. 2 S. 3). In Fällen von Einwendungen der MAV müssen Dienstgeber und MAV mit dem Ziel der Einigung verhandeln (§ 33 Abs. 3).

4. Streitkeilen über die Zustimmungsverweigerung

62 Hat die MAV die Zustimmung verweigert, so kann der Dienstgeber die Schlichtungsstelle anrufen (§ 33 Abs. 4 i. V. m. § 41 Abs. 1 Nr. 6). Die Anrufung der Schlichtungsstelle ist nicht in das Belieben des Dienstgebers gestellt, wenn er bei seiner Ablehnung der Weiterbeschäftigung verbleiben will. Er ist dazu auf die Anrufung und die Entscheidung der Schlichtungsstelle angewiesen. Denn diese hat über die Berechtigung der Zustimmungsverweigerung der MAV mit bindender Wirkung zu befinden.

63 Unterlässt der Dienstgeber die Anrufung der Schlichtungsstelle, so ist der Auszubildende gemäß § 18 Abs. 4 S. 4 i. V. m. § 33 Abs. 4 und § 41 Abs. 2 S. 2 Nr. 1 in seiner Eigenschaft als MAV-Mitglied berechtigt, ebenfalls die Schlichtungsstelle mit dem Antrag auf Durchführung der mündlichen Verhandlung anzurufen (Bietmann, Kurzkommentar § 14 Anm. 5), weil er gemäß § 18 Abs. 4 S. 4 Beteiligter ist. Dasselbe gilt für die Vertrauensperson der schwerbehinderten Menschen (§ 46 Abs. 2) und für den Sprecher der Jugendlichen und Auszubildenden (§ 18 Abs. 4 S. 4).

64 Das MAV-Mitglied, der Sprecher der Jugendlichen und Auszubildenden und die Vertrauensperson der schwerbehinderten Menschen können unter diesen Umständen mit Rücksicht auf den in die Rechtsbeziehungen zwischen dem Dienstgeber und ihnen als Auszubildende eingreifenden besonderen Schutz der MAVO den Rechtsstreit über die Weiterbeschäftigung vor das Arbeitsgericht tragen. Das gilt insbesondere, wenn die Schlichtungsstelle festgestellt hat, dass der Dienstgeber die Weiterbeschäftigung wegen Tätigkeit in den genannten Wahlehrenämtern zu Unrecht abgelehnt hat. Die Weiterbeschäftigung gilt nur dann als fingiert (§ 17 BBiG), wenn sie tatsächlich erfolgt ist, nicht wenn sie wegen des Rechtsstreits und der Ablehnung unterblieben ist.

§ 19 Kündigungsschutz

(1) Einem Mitglied der Mitarbeitervertretung kann nur gekündigt werden, wenn ein Grund für eine außerordentliche Kündigung vorliegt. Abweichend von Satz 1 kann in den Fällen des Artikels 5 Abs. 3 bis 5 der Grundordnung des kirchlichen Dienstes im Rahmen kirchlicher Arbeitsverhältnisse auch eine ordentliche Kündigung ausgesprochen werden. Die Sätze 1 und 2 gelten ebenfalls innerhalb eines Jahres nach Beendigung der Amtszeit, es sei denn, die Mitgliedschaft ist nach § 13 c Nrn. 2, 3 oder 5 erloschen.

(2) Nach Ablauf der Probezeit darf einem Mitglied des Wahlausschusses vom Zeitpunkt seiner Bestellung an, einer Wahlbewerberin oder einem Wahlbewerber vom Zeitpunkt der Aufstellung des Wahlvorschlages an, jeweils bis sechs Monate nach Bekanntgabe des Wahlergebnisses nur gekündigt werden,

wenn ein Grund für eine außerordentliche Kündigung vorliegt. Für die ordentliche Kündigung gilt Abs. 1 Satz 2 entsprechend.

(3) Die ordentliche Kündigung eines Mitglieds der Mitarbeitervertretung, eines Mitglieds des Wahlausschusses oder einer Wahlbewerberin oder eines Wahlbewerbers ist auch zulässig, wenn eine Einrichtung geschlossen wird, frühestens jedoch zum Zeitpunkt der Schließung der Einrichtung, es sei denn, dass die Kündigung zu einem früheren Zeitpunkt durch zwingende betriebliche Erfordernisse bedingt ist. Wird nur ein Teil der Einrichtung geschlossen, so sind die in Satz 1 genannten Mitarbeiterinnen und Mitarbeiter in einen anderen Teil der Einrichtung zu übernehmen. Ist dies aus betrieblichen Gründen nicht möglich, gilt Satz 1.

Inhaltsübersicht

	Rz
I. Einleitung	1–9
1. Geschichtlicher Überblick	1
2. Zweck der Vorschrift	2–3
3. Reichweite des Kündigungsschutzes	4–7
4. Entzug der Missio canonica	8
5. Berufsausübungs- und Beschäftigungsverbote, Tätigkeitsuntersagung	9
II. Geschützter Personenkreis	10–23
1. Mitglieder von Gremien i. S. d. MAVO	10–11
2. Ersatzmitglieder	12
3. Mitglieder des Wahlausschusses	13–19
a. Probezeit	14–16
b. Dauer des Kündigungsschutzes	17–18
c. Kündigung in einer MAV-losen Dienststelle	19
4. Wahlbewerber	20–21
5. Sprecher der Jugendlichen und Auszubildenden	22
6. Schwerbehindertenvertretung	23
III. Nachwirkender Kündigungsschutz	24–31
1. Zeitraum für Mitglieder der MAV	24
2. Ersatzmitglieder	25–26
3. Ausschluss der Nachwirkung	27
4. Nachwirkung für zurückgetretene Wahlausschussmitglieder und Wahlbewerber	28–29
5. Nachwirkung und Anfechtung	30
6. Änderung der Schutzzeit bei vorzeitiger Neuwahl der MAV	31
IV. Die außerordentliche Kündigung	32–42
1. Voraussetzung	32–34
2. Anhörung der MAV	35–37
3. Rechtsschutz	38–42
a. Schutzklage	39–41
b. Feststellungsklage	42
V. Zulässigkeit der ordentlichen Kündigung in besonderen Fällen	43–111
1. Vorbemerkung	43–48
2. Anhörung der MAV	49–50
3. Staatlicher Kündigungsschutz	51–54
4. Verfassungsrechtlich garantiertes Selbstbestimmungsrecht	55–60
5. Europäisches Recht	61–63
6. Die Grundordnung	64–90
a. Katholische Mitarbeiter	65–71
b. Kündigungsfälle	72–86
aa. Entzug der kirchlichen Lehrerlaubnis	73
bb. Kirchenaustritt	74–78
aaa. Erklärung	74–75
bbb. Der Übertritt	76
ccc. Kündigung	77
ddd. Wiederaufnahme in die katholische Kirche	78
cc. Standesamtliche Heirat trotz kirchlichem Ehehindernis	79–80
dd. Werbung für eine andere Glaubensgemeinschaft	81

§ 19

	ee. Aktive Mitgliedschaft in einer kirchenfeindlichen Partei	82
	ff. Homosexualität, Transsexualität	83
	gg. Schwangerschaftsabbruch	84–85
	hh. Sonstige Verstöße gegen die Glaubens- und Sittenlehre der katholischen Kirche	86
	c. Gerichtliche Überprüfung der Kündigungsgründe	87–90
	aa. Kirchliches Selbstbestimmungsrecht	87
	bb. Arbeitsgerichtliche Entscheidung	88
	cc. Abstufungstheorie	89–90
7.	Nichtkatholische getaufte Mitarbeiter	91–96
8.	Nichtchristliche Mitarbeiter	97
9.	Verhältnis von § 19 und § 13 c	98–100
10.	Folgen bei Arbeitslosigkeit	101
11.	Betriebsbedingte Kündigung	102–115
	a. Schließung der Einrichtung	103–111
	aa. Zum Begriff der Schließung	104
	bb. Weiterbeschäftigungsmöglichkeit in einer anderen Einrichtung	105
	cc. Anhörung der MAV	106
	dd. Ausspruch der Kündigung	107–110
	aaa. Zum Zeitpunkt der Schließung	108
	bbb. Zu einem früheren Zeitpunkt	109–110
	ee. Wirksamkeit der Kündigung	111
	b. Kündigungsschutz bei teilweiser Schließung der Einrichtung	112–115
	aa. Begriff der Schließung eines Teils der Einrichtung	113
	bb. Übernahme in einen anderen Teil der Einrichtung	114
	cc. Zulässigkeit der Kündigung	115
VI.	Verhältnis zu anderen Kündigungsschutzvorschriften	116–118
VII.	Streitigkeiten über die Kündigung	119–121
VIII.	Amtsausübung nach der Kündigung	122

I. Einleitung

1. Geschichtlicher Überblick

1 Der besondere Kündigungsschutz für die Mitglieder in Gremien der MAVO ist seit der MAVO 1971 (vgl. Kirchlicher Anzeiger Köln 1971 Nr. 266 S. 277; § 14 Abs. 3) über die Novelle von 1977 (vgl. Kirchlicher Anzeiger Köln 1977 Nr. 211 S. 233; § 9 Abs. 9, § 14 Abs. 3) bis zur Novelle 1985 (§ 19, Amtsblatt des Erzbistums Köln 1986 Nr. 238 S. 321) differenzierter weiterentwickelt worden. Vorbild ist nur zum Teil § 15 KSchG. Die Novelle der Rahmenordnung von 1985 regelte erstmals den nachwirkenden Kündigungsschutz (§ 19 Abs. 1 S. 3, Abs. 2 S. 1 a. F.). Vom besonderen Kündigungsschutz werden die Beendigungskündigung und die Änderungskündigung des Dienstgebers (Arbeitgebers) erfasst. Die Novelle der Rahmenverordnung von 1995 (vgl. Amtsblatt des Erzbistums Köln 1996 Nr. 270 S. 331) berücksichtigt in der Fassung des § 19 die Bestimmungen des Art. 5 Abs. 3 bis 5 GrO zur Frage der Weiterbeschäftigung im Arbeitsverhältnis von Mitarbeitern bei schwerwiegendem Loyalitätsverstoß i. S. v. Art. 5 Abs. 2 GrO nach Maßgabe näherer Abstufung nach den dort genannten Kriterien, welche die Neufassung im Jahre 1995 notwendig machten (*Thiel*, ZMV 1994, 110 ff.). Die §§ 15, 16 KSchG finden auf die Amtsträger i. S. der MAVO keine Anwendung (*Richardi*, Arbeitsrecht in der Kirche, § 18 Rz 83).

2. Zweck der Vorschrift

2 Der Zweck des besonderen Kündigungsschutzes des § 19 besteht darin, Mitarbeiter mit Aufgaben i. S. der MAVO in der ungestörten Wahrnehmung ihrer

§ 19

Aufgaben zu stärken. Sie sollen nicht aus Furcht vor Entlassung davor zurückschrecken, ihre bisweilen nicht einfache und manchmal naturgemäß konfliktbehaftete Aufgabe durchzustehen. Wahlbewerber sollen sich um die Aufgaben i. S. der MAVO bemühen. Der nachwirkende Kündigungsschutz soll den Schutz ausbauen und zu einer Phase der Beruhigung führen. Weiterer Zweck ist, die MAV in ihrer Zusammensetzung nach der Wahl zu bewahren und dadurch die Stetigkeit ihrer Arbeit zu sichern.

In § 15 KSchG ist der besondere Kündigungsschutz im Rahmen des Betriebs- 3 verfassungs- und des Personalvertretungsrechts geregelt. Dieser findet jedoch auf die Personen keine Anwendung, die im Rahmen der MAVO ein Amt oder eine Funktion (Mitglied des Wahlausschusses der MAV, Sprecher der Jugendlichen und Ausbildenden, Schwerbehindertenvertretung) ausüben. Der besondere staatliche Kündigungsschutz gilt ferner nicht für Wahlbewerber und ehemalige Amts- und Funktionsträger im Sinne der MAVO (*Richardi*, Arbeitsrecht in der Kirche, § 18 Rz 72; *Jurina*, Das Dienst- und Arbeitsrecht S. 130). Dafür bietet § 19 eine kirchengesetzliche Grundlage für den Kündigungsschutz, der in den staatlichen Bereich hineinragt. Jede Kündigung ist jedoch überhaupt erst zulässig, wenn die MAV – ohne Mitwirkung des betroffenen Mitglieds – zuvor gemäß §§ 30–31 beteiligt worden ist (siehe weiter Rz 10). Zu Versetzung und Abordnung von Mitgliedern der MAV wird auf § 18 Abs. 2 verwiesen.

3. Reichweite des Kündigungsschutzes

Geschützt wird vor der dienstgeberseitigen (arbeitgeberseitigen) ordentlichen 4 Kündigung im Grundsatz (§ 19 Abs. 1 S. 2 und 3), nicht aber vor der außerordentlichen (fristlosen) Kündigung des Arbeitgebers (Dienstgebers) gemäß § 19 Abs. 1 S. 1). Bei letzterer besteht womöglich ein Anspruch auf vertragsgemäße Weiterbeschäftigung bis zum rechtskräftigen Abschluss des Kündigungsschutzprozesses (*BAG*, 2. 4. 1987 – 2 AZR 418/86, BB 1988, 1120), jedenfalls bei offensichtlichem Verstoß des Dienstgebers gegen zwingende gesetzliche Vorschriften (*KR-Etzel*, § 103 BetrVG Rz 147 a). Dann ist auch uneingeschränkte Amtsausübung als MAV-Mitglied zulässig. Der besondere gesetzliche Kündigungsschutz nach staatlichem Recht bleibt unberührt (vgl. § 9 MuSchG, § 18 BErzGG, §§ 85, 91 SGB IX).

Die **Kündigung** ist eine einseitige, empfangsbedürftige, rechtsgeschäftliche 5 Willenserklärung, durch die der Wille, das Arbeitsverhältnis für die Zukunft aufzulösen, gemäß § 623 BGB schriftlich zum Ausdruck gebracht wird (*KR-Etzel*, § 1 KSchG Rz 151). Wird das Arbeitsverhältnis auf andere Weise als durch Kündigung des Dienstgebers beendet, etwa durch Zeitablauf eines wirksam befristeten Arbeitsvertrages, durch Aufhebungsvertrag, Eintritt in die Freistellungsphase eines nach dem Blockmodell vereinbarten Altersteilzeitarbeitsverhältnisses (§ 13 c Nr. 4), Eigenkündigung des Arbeitnehmers (Mitarbeiters) oder erfolgreiche Anfechtung des Arbeitsvertrages, greift der Schutz des § 19 nicht ein. Das gilt auch, wenn das Arbeitsverhältnis auf Grund vertraglicher Regelung oder wegen Inbezugnahme tariflicher Vorschriften (z. B. BAT) oder Arbeitsvertragsordnungen (ABD, AVR, KAVO, DVO) mit Erreichung des 65. Lebensjahres des Mitarbeiters automatisch enden soll. Ist nach Vollendung des 65. Lebensjahres die Möglichkeit einer Fortsetzung des Arbeitsverhältnisses mit Zustimmung der MAV vorgesehen, entspricht dies

§ 19

einer Neueinstellung (§ 34 Rz 13). Der unmittelbare Anschluss der Beschäftigung hindert die Fortführung des Mandats als MAV-Mitglied nicht, weil ein Ausscheiden aus der Einrichtung (§ 13 c Nr. 4) nicht vorliegt.

6 Die ordentliche Kündigung ist nur unter den in § 19 genannten Voraussetzungen zulässig. Der in der MAVO geregelte besondere Kündigungsschutz ist Kirchenrecht, das im weltlichen Bereich unmittelbare Rechtswirkung erzeugt (*Richardi*, Arbeitsrecht in der Kirche, § 18 Rz 76). Das gilt zumindest in den Fällen, in denen die MAVO als Kirchengesetz wirksam erlassen worden ist. Denn dann ist die MAVO Kirchenrecht (zur Gesetzgebungsbefugnis in der katholischen Kirche vgl. *Listl*, Die Rechtsnormen, Hdb. kath. KR § 8 S. 102, 104). Dann wirkt sie als zwingendes Recht normativ auf das Arbeitsverhältnis ein. Ist die MAVO jedoch nicht als Kirchengesetz erlassen, das gilt für die Rahmenordnung der MAVO nach Beschlusslage in der Vollversammlung des Verbandes der Diözesen, sondern ist sie von einem Dienstgeber im Rahmen seiner Autonomierechte in seinem Bereich als innerbetriebliche Ordnung erlassen, so wird durch diese Maßnahme nicht Arbeitsrecht geschaffen. Denn die rechtlichen Grundlagen des Arbeitsrechts sind nicht Satzungen oder Vereinsgesetze des Dienstgebers (vgl. *Schaub*, Arbeitsrechts-Handbuch, § 31). Sie binden die Mitglieder des Satzungsgebers, nicht aber Dritte, also Arbeitnehmer. Die Satzung ist nämlich nicht Rechtsnorm, sondern Ergebnis einer privatrechtlichen Willensbildung (*BayObLG*, 77, 10). Erst durch die arbeitsvertragliche Inbezugnahme der MAVO-Rahmenordnung ist sie Arbeitsrecht nach Maßgabe des Grundsatzes der Vertragsfreiheit. Erst dann wird die Ordnung Vertragsinhalt der Arbeitsverhältnisse. Wirkt aber die MAVO in das Arbeitsverhältnis ein, so kann sich der Mitarbeiter auf die Schutzvorschrift des § 19 arbeitsvertraglich berufen. Die Schutzvorschrift gilt jedoch nicht für Geistliche (Priester, Diakone), Ordensleute und Mitarbeiter auf Grund von Gestellungsverträgen, sowie Beamte, weil mit ihnen kein Arbeitsverhältnis besteht. Infolgedessen ist eine Kündigung nicht möglich. Der Mitarbeiter, der ohne arbeitsvertragliche oder gesetzliche Grundlage Amt und Funktion im Sinne der MAVO ausübt, weil der Dienstgeber die Bildung einer MAV initiiert oder zumindest durch Zusammenarbeit mit den Funktionsträgern die Geltung der MAVO für verbindlich erachtet, kann sich auf die Schutzvorschrift des § 19 gemäß § 242 BGB nach Treu und Glauben berufen.

7 Der **Schutz** des § 19 erstreckt sich auf Beendigungskündigungen und Änderungskündigungen, wenn sie als ordentliche ausgesprochen werden. Das **gilt auch für Massen- oder Gruppenänderungskündigungen**, durch die die Arbeitsbedingungen aller Mitarbeiter der Einrichtung oder derjenigen Mitarbeitergruppe geändert werden sollen, welcher der durch § 19 geschützte Mitarbeitervertreter angehört. Denn § 19 enthält insofern keine Einschränkung des Kündigungsschutzes. Die Arbeit in der MAV muss nach Möglichkeit von Streitigkeiten um die Arbeitsbedingungen eines MAV-Mitgliedes freigehalten werden, damit dessen Aufgaben unbelastet von eigenen Sorgen fehlerfrei erfüllt werden können. Allerdings gibt Abs. 3 die Grenzen des Kündigungsschutzes an (Rz 98 ff.).

4. Missio canonica

8 Mit dem Schutz vor der Kündigung darf nicht der Schutz vor dem **Entzug der missio canonica** verwechselt werden; davor schützt die MAVO nämlich nicht.

§ 19

Der Entzug der missio canonica ist eine innerkirchliche Maßnahme, die nicht von den staatlichen Verwaltungsgerichten (*VG Aachen*, 27. 6. 1972, DVBl. 1974, 57 mit Anm. Listl; *Friesenhan*, Kirchen als Körperschaften des öffentlichen Rechts S. 380) oder Arbeitsgerichten überprüft wird (*BAG*, 26. 5. 1988 – 7 AZR 506/87, EzA § 611 BGB Kirchl. Arbeitnehmer Nr. 27 mit Anm. *Dütz;* näher dazu: *Marré*, Loyalität im Dienst der Kirche, in: ThGl 1988 S. 397, 410 ff.). Der Begriff missio canonica besagt, dass auch Laien durch besonderen kirchlichen Auftrag an einzelnen Aufgaben des kirchlichen Amts mitwirken. Hierzulande bedeutet er die Übertragung des Auftrages zur Erteilung von Religionsunterricht im Sinne einer missio catechetica (*Heinemann*, Die Mitarbeiter des Pfarrers, Hdb. kath. KR, S. 515 m. N.; näher: *Rees*, Der Religionsunterricht, Hdb. kath. KR, § 70, S. 734, 736; Rahmenstatuten Gemeinde- und Pastoralreferenten S. 14, 40) und das »Nihil obstat« für die Ausübung des Lehramtes an einer theologischen Fakultät an staatlichen Hochschulen (*May*, Die Hochschulen, Hdb. kath. KR, § 71, S. 749, 761, 770, 772 ff.) und kirchlichen Universitäten und Fakultäten (Amtsblatt des Erzbistums Köln 1979, Nr. 223 S. 190 ff. Art. 19; siehe auch Rz 70, 84).

5. Berufsausübungs- und Beschäftigungsverbote, Tätigkeitsuntersagung

Unter verschiedenen Voraussetzungen kann dem Mitarbeiter die Berufsausübung untersagt werden. So bedürfen Ärzte z. B. einer besonderen Erlaubnis (§§ 2, 10 Bundesärzteordnung), ohne die ein gesetzliches Beschäftigungsverbot besteht. Durch Erlöschen der Arbeitserlaubnis eines Ausländers entsteht ein Beschäftigungsverbot nach § 284 ff. SGB III. Durch Strafurteil kann ein Berufsausübungsverbot (§§ 70–70 b StGB) verhängt werden. Auch behördliche Tätigkeitsuntersagung kann z. B. gemäß § 48 SGB VIII in Betracht kommen, indem die zuständige Behörde dem Träger einer erlaubnispflichtigen Einrichtung die weitere Beschäftigung des Leiters, eines Beschäftigten oder sonstigen Mitarbeiters ganz oder für bestimmte Funktionen oder Tätigkeiten untersagt, wenn nämlich Tatsachen die Annahme rechtfertigen, dass sie die für ihre Tätigkeit erforderliche Eignung nicht besitzen. Wird ein Mitarbeiter (§ 611 BGB) von einer der vorstehenden Maßnahmen betroffen, so kann das einen personenbedingten Kündigungsgrund darstellen (*Etzel*, KR § 1 KSchG Rz 292 ff.), auf Grund dessen das Arbeitsverhältnis gekündigt werden kann. Beruht das Beschäftigungsverhältnis auf anderen Rechtsverhältnissen, so sind diese Verhältnisse betroffen, wovon allerdings die Schutzvorschriften des § 19 nicht berührt werden, weil sie nur Arbeitnehmer schützen (Rz 4 ff. Rz 11). Ist im Falle eines Arbeitsverhältnisses die außerordentliche Kündigung des **MAV-Mitgliedes** unzulässig, kommt eine **ordentliche Kündigung nur in Betracht, wenn der Untersagungsgrund für die Tätigkeit zugleich auch ein Grund zur ordentlichen Kündigung im Sinne des § 19 Abs. 1 S. 2 und Abs. 2 S. 2 ist** (vgl. Rz 62 ff.). Da durch die Untersagung der Tätigkeit für den Arbeitgeber (Dienstgeber) ein Beschäftigungsverbot besteht, kommt er wegen Verweigerung der Annahme der Arbeitsleistung nicht in Annahmeverzug (*BAG*, 6. 3. 1974, AP Nr. 29 zu § 615 BGB). Er braucht dann keine Vergütung zu zahlen. Das gilt auch im Falle einer **Straftat** oder **Untersuchungshaft**. Ob eine außerordentliche Kündigung (§ 626 BGB) zulässig ist, hängt von Art und Ausmaß der betrieblichen Auswirkungen ab (*BAG*, 15. 11. 1984 – EzA § 626 n. F. Nr. 95).

9

§ 19

II. Geschützter Personenkreis

1. Mitglieder von Gremien i. S. d. MAVO

10 Durch § 19 werden folgende Personen unter besonderen Kündigungsschutz gestellt: Mitarbeitervertreter im Sinne von § 1 a und § 1 b (§ 19 Abs. 1 und 3) sowie die gemäß §§ 23 und 24 genannten Mandatsträger, Sprecher der Jugendlichen und Auszubildenden (§ 45 Abs. 2 S. 1 i. V. m. § 19 Abs. 1 und 3), die Schwerbehindertenvertretung (§ 46 Abs. 2 i. V. m. § 19 Abs. 1 und 3). Die Vorschriften zum besonderen Kündigungsschutz gelten gemäß § 19 Abs. 2 auch für die Mitarbeiter in der Funktion als
– Mitglied des Wahlausschusses vom Zeitpunkt seiner Bestellung (§ 9 Abs. 2 S. 1 und 2, Abs. 3 S. 1 oder § 10 Abs. 1 S. 3 und 4) und
– wählbare Wahlbewerber (*BAG*, 26. 9. 1996 – 2 AZR 528/95) vom Zeitpunkt der Aufstellung des Wahlvorschlages (§ 9 Abs. 5 S. 1 und 2, Abs. 7; § 11 c Abs. 2 S. 2, Abs. 3 S. 2),
wenn sie als Arbeitnehmer die – möglicherweise vereinbarte – Probezeit beendet haben. Vor der außerordentlichen Kündigung besteht kein besonderer Kündigungsschutz (§ 19 Abs. 1 S. 1, Abs. 2 S. 1), während die ordentliche Kündigung nur dann zulässig ist, wenn eine der geschützten Personen eine Loyalitätsobliegenheit verletzt hat (§ 19 Abs. 1 S. 2, Abs. 2 S. 2), oder wenn die Schließung der Einrichtung oder eines Teils derselben die ordentliche Kündigung notwendig macht (§ 19 Abs. 3).

11 Weil die Vorschrift für Mitarbeiter in einem Beamten- oder Gestellungsverhältnis, Ordens- oder Klerikerverhältnis gar nicht von Bedeutung ist und ebenso nicht für solche Mitarbeiter, bei denen arbeitsvertraglich die ordentliche Kündigung ausgeschlossen ist, gelten hier die besonderen Bestimmungen des Dienst- oder Ordensrechtes. Gegebenenfalls ist den besonderen Bestimmungen über Versetzung oder Abordnung (§ 18 Abs. 2), über den Verlust der Wählbarkeit (§ 13 c Nr. 2) und des Gestellungsvertrages und des kirchlichen Disziplinarrechts (vgl. Disziplinarordnung für Kirchenbeamte und Ruhestandsbeamte Kirchl. Amtsblatt Rottenburg-Stuttgart 1988 S. 105 ff.) Beachtung zu schenken. Die Vorschrift des § 19 setzt die ordentliche Kündbarkeit des Mitarbeiters voraus, schafft aber als Schutzvorschrift keinen das Grundverhältnis ändernden Rechtszustand. Werden **Kirchenbeamte** z. B. gemäß Disziplinarordnung aus dem Dienst entfernt (vgl. § 11 DiszO Rottenburg-Stuttgart), geschieht das bei Mitarbeitervertretern ohne den Schutz der MAVO (vgl. § 19 MAVO Rottenburg-Stuttgart), weil die Maßnahme keine Kündigung ist und von den Vorschriften der MAVO nicht erfasst wird. Wer z. B. als beamtenmäßig angestellter Lehrer, also mit Inbezugnahme beamtenrechtlicher Bestimmungen im Arbeitsvertrag, wegen Dienstunfähigkeit in den Ruhestand versetzt worden ist, ohne dass es einer Beendigungskündigung bedurfte (vgl. *LAG Düsseldorf*, 19. 9. 1997 – 11 Sa 479/97) hat gleichzeitig sein Amt als Mitglied der MAV verloren (§ 13 c Nr. 4).

2. Ersatzmitglieder

12 Die Ersatzmitglieder der MAV rekrutieren sich aus den Wahlbewerbern, die bei der MAV-Wahl gegenüber den Mitgliedern der MAV nicht die für ihre Wahl erforderlichen Stimmen erhalten haben (§ 11 Abs. 6 S. 2). Sie haben deshalb den **für Wahlbewerber geltenden Kündigungsschutz**. Treten die Ersatz-

§ 19

mitglieder aber in Funktion, so nehmen sie die Aufgaben eines MAV-Mitgliedes wahr. Das Amt kann für die restliche Dauer der Amtszeit für ein ausgeschiedenes Mitglied der MAV (§ 13 b Abs. 1 i. V. m. § 11 Abs. 6 S. 2) ausgeübt werden oder in Fällen, in denen ein Mitglied der MAV vorübergehend (zeitweilig) an seiner Amtsführung verhindert ist (§ 13 b Abs. 2) oder die Mitgliedschaft eines Mitarbeitervertreters in der MAV infolge der Untersagung seines Dienstes ruht (§ 13 b Abs. 3). Dann besteht auch der besondere Kündigungsschutz des § **19 Abs. 1 S. 2 für Ersatzmitglieder** der MAV, auch für solche, die nur zeitweilig die Aufgaben eines Mitgliedes wahrnehmen, indem sie ein ordentliches MAV-Mitglied vertreten (vgl. *BAG*, 9. 11. 1977 – 5 AZR 175/76, EzA § 15 KSchG n. F. Nr. 13 wegen der gleichen Rechtsproblematik zu § 15 Abs. 1 S. 1 KSchG, BB 1978, 359; *BAG*, 17. 1. 1979 – 5 AZR 891/77, EzA § 15 KSchG n. F. Nr. 21 = BB 1979, 888; *BAG*, 5. 9. 1986 – 7 AZR 175/85, BB 1987, 1319; vgl. Rz 26 ff.). Ziel der Rechtsprechung ist die Verbesserung der Rechtsstellung des amtierenden Ersatzmitgliedes zur Sicherung seines Arbeitsplatzes. Dies folgt aber auch aus § 13 b Abs. 2 S. 1.

3. Mitglieder des Wahlausschusses

Dem besonderen Schutz vor einer ordentlichen Kündigung unterstehen auch die Mitglieder des Wahlausschusses (§ 19 Abs. 2 S. 1). 13

a. Probezeit

Voraussetzung ist allerdings, dass die so genannte – wirksam vereinbarte – Probezeit abgelaufen ist. Damit wird zum Ausdruck gebracht, dass der besondere Kündigungsschutz vor Ablauf der Probezeit nicht eintritt. Dazu ist zu bemerken, dass zu Mitgliedern des Wahlausschusses, wenn sie Mitarbeiter sind, nur diejenigen bestellt werden können, die aktiv wahlberechtigt sind (§ 9 Abs. 2 S. 2), also mit Ausnahme des Falles der Wahl in einer neuen Einrichtung (§ 10 Abs. 3 i. V. m. § 7 Abs. 1) seit mindestens sechs Monaten ohne Unterbrechung (§ 7 Rz 19 ff.) in einer Einrichtung desselben Dienstgebers tätig sind (§ 7 Abs. 1). Probezeiten ergeben sich aus Gesetz (§ 13 BBiG: mindestens ein Monat, höchstens drei Monate) und aus Vertrag (vgl. *Moritz*, Aktuelle Fragen zum Probearbeitsverhältnis, BB 1978, 866 f.; *Berger-Delhey*, BB 1989, 977; *Besgen*, Das Probearbeitsverhältnis, in: b + p 1995, 116 ff.; vgl. § 27 Rz 11; kirchliche Arbeitsvertragsordnungen: § 7 Abs. 4 AVR). Während der Probezeit des Berufsausbildungsverhältnisses kann dieses jederzeit ohne Einhaltung einer Kündigungsfrist gekündigt werden (§ 15 Abs. 1 i. V. m. § 13 BBiG). In Arbeitsverträgen werden in der Regel vorgeschaltete Probezeiten vereinbart, falls nicht sogar befristete Probearbeitsverhältnisse abgeschlossen. Gemäß § 1 Abs. 1 KSchG erstarkt der allgemeine gesetzliche Kündigungsschutz nach Ablauf von sechs Monaten des Bestandes des länger befristeten oder des unbefristeten Arbeitsverhältnisses zugunsten des Arbeitnehmers. Deshalb wird die vertragliche Probezeit in der Regel auf den Zeitraum von bis zu sechs Monaten begrenzt. Eine Probezeit kann kürzer (§ 622 Abs. 3 BGB) vereinbart werden, wie § 7 Abs. 4 AVR und § 5 BAT zeigen (vgl. auch § 5 ABD und § 4 KAVO). Innerhalb der ersten sechs Monate seines Bestandes kann das Arbeitsverhältnis ordentlich gekündigt werden, ohne dass im Wege kündigungsschutzrechtlicher Kontrolle die soziale Rechtfertigung der Kündigung nachgeprüft werden kann (§ 1 Abs. 1 KSchG). Der allgemeine Kündigungsschutz 14

§ 19

besteht dann noch nicht. Der besondere Kündigungsschutz gilt, wenn keine Probezeit vereinbart ist oder die Probezeit abgelaufen ist (§ 19 Abs. 2). Bei einer länger als sechs Monate vereinbarten Probezeit schließt die im Arbeitsvertrag genannte Dauer der Probezeit den besonderen Kündigungsschutz entsprechend länger aus. Es gilt dann aber schon der allgemeine Kündigungsschutz nach Ablauf der ersten sechs Monate des Arbeitsverhältnisses (*KR-Etzel* § 1 KSchG Rz 155). Nach Ablauf der Probezeit tritt der besondere Kündigungsschutz hinzu. Siehe ferner §§ 30, 31.

15 Die **Befristungsmöglichkeit von Arbeitsverträgen** ist durch § 14 TzBfG geregelt. Grundsätzlich ist die Befristung von einem Sachgrund abhängig (§ 14 Abs. 1 TzBfG) falls nicht wegen höheren Lebensalters des Arbeitnehmers gemäß § 14 Abs. 2 TzBfG eine Ausnahme zulässig ist. Der Abschluss befristeter Arbeitsverträge ist auch mit schwangeren Arbeitnehmerinnen und schwerbehinderten Arbeitnehmern zulässig; ein Verstoß gegen Art. 3 Abs. 3 S. 2 oder Art. 6 Abs. 4 liegt nicht vor; *KR-Lipke*, Anhang II zu § 620 BGB, § 14 TzBfG Rz 5 m. N.). Klassischer Fall eines zulässigen Zeitvertrages ist der befristet abgeschlossene Probearbeitsvertrag (§ 14 Abs. 1 Nr. 5 TzBfG), während die befristete Erprobung im bestehenden Arbeitsverhältnis nicht zu dessen Beendigung sondern zur Weiterbeschäftigung führt, falls es nicht gekündigt wird (vgl. dazu: § 5 ABD, § 7 Abs. 4 AVR, § 4 KAVO mit Höchstfrist.

16 Zur grundlosen Befristung des Arbeitsvertrages siehe § 14 Abs. 2 TzBfG.

b. Dauer des Kündigungsschutzes

17 Der besondere Kündigungsschutz beginnt, abgesehen von der Beendigung der Probezeit, in dem Zeitpunkt der wirksamen Bestellung zum Mitglied des Wahlausschusses. Das geschieht mit der Annahme des Amtes durch den Bestellten (§ 9 Abs. 2 S. 1) oder den Gewählten (§ 10 Abs. 1 S. 3). Der besondere Kündigungsschutz endet mit Ablauf von sechs Monaten nach der Bekanntgabe des Wahlergebnisses der MAV-Wahl (vgl. *BAG*, DB 2002, 2000). Der besondere Schutz vor der ordentlichen Kündigung gemäß § 19 ist jedoch ausgeschlossen, wenn die in § 19 Abs. 2 i. V. m. Abs. 1 S. 2 oder Abs. 3 genannten Gründe vorliegen (vgl. auch § 9 Rz 24, 25). Die vor Eintritt des Kündigungsschutzes ausgesprochene Kündigung, deren Frist aber erst nach Eintritt des Kündigungsschutzes abläuft, ist von § 19 nicht erfasst.

18 Will der Arbeitgeber einem Mitglied des Wahlausschusses wirksam kündigen, so ist grundsätzlich die **Anhörung der MAV**, bei außerordentlicher Kündigung gemäß § 31, bei ausnahmsweise zulässiger ordentlicher Kündigung gemäß § 30 erforderlich. Ist jedoch noch keine MAV im Amt, so ist das Anhörungsverfahren nicht möglich. Das ändert sich, sobald das Wahlergebnis bekannt gegeben worden ist. Von diesem Zeitpunkt hat der Dienstgeber die neu gewählte MAV einzuschalten und ihr die Kündigungsabsicht mitzuteilen. Andernfalls ist die Kündigung unwirksam.

c. Kündigung in einer MAV-losen Dienststelle

19 Die in einer nichtigen Wahl (§ 41 Abs. 1 S. 2) gewählten Mitglieder des Wahlausschusses genießen nicht den besonderen Kündigungsschutz des § 19 Abs. 2 S. 1. Die Wahl des Wahlausschusses in einer Mitarbeiterversammlung (§ 10 Abs. 1) ist nichtig, wenn die Einladung zu dieser Versammlung nicht so bekannt gemacht worden ist, dass alle Mitarbeiter der Einrichtung hiervon

§ 19

Kenntnis nehmen konnten oder auch auf andere Weise tatsächlich nicht davon erfahren haben und durch das Fernbleiben der nicht unterrichteten Mitarbeiter das Wahlergebnis beeinflusst werden konnte (*BAG*, 7.5.1986 – 2 AZR 349/85, DB 1986, 1883; vgl. § 10 Rz 10).

4. Wahlbewerber

Für Wahlbewerber gelten die besonderen Kündigungsschutzbestimmungen des § 19 Abs. 2 vor der ordentlichen Kündigung ebenfalls. Die ordentliche **Kündigung** bedarf der vorherigen **Anhörung der MAV** (§ 30). Der besondere Kündigungsschutz wird jedoch erst nach Ablauf der Probezeit wirksam; in der Regel vom Zeitpunkt der Aufstellung des Wahlvorschlages an (§ 9 Abs. 7). Die Probezeit wird besonders in neuen Einrichtungen bedeutsam, wenn nämlich die Wahlbewerber noch keine längeren Vordienstzeiten aufweisen und noch in der Probezeit stehen (vgl. § 10 Abs. 3). Das ist in der Regel bei solchen Wahlbewerbern der Fall, die erst am Wahltag die dienstzeitlichen Voraussetzungen für ihre Wählbarkeit (§ 8 Abs. 1) erfüllen. (Wegen der Probezeit vgl. § 7 Abs. 4 AVR, § 4 KAVO, § 5 BAT, § 5 ABD). Die außerordentliche Kündigung bedarf zu ihrer Wirksamkeit der Anhörung (§ 31), wenn eine MAV besteht. 20

Ist ein Wahlbewerber bis zum Ablauf von sechs Monaten nach Bekanntgabe des Wahlergebnisses der MAV-Wahl **als Ersatzmitglied nicht zum Zuge gekommen**, ist der für ihn nachwirkende Kündigungsschutz beendet. Danach kann der Dienstgeber dem erfolglosen Wahlbewerber wieder wie jedem anderen Mitarbeiter kündigen. Der Dienstgeber ist insbesondere nicht gehindert, die Kündigung auf Pflichtverletzungen des Mitarbeiters zu stützen, die dieser während der Schutzfrist begangen hat und die erkennbar nicht im Zusammenhang mit der Wahlbewerbung stehen (*BAG*, 13.6.1996 – 2 AZR 431/95, NZA 1996, 1032). Allerdings dürfen die Kündigungsgründe nicht bereits verwirkt sein (*LAG Frankfurt a. M.*, AuR 1989, 352). 21

5. Sprecher der Jugendlichen und der Auszubildenden

Sprecher der Jugendlichen und der Auszubildenden unterliegen demselben Kündigungsschutz wie Mitarbeitervertreter (§ 45 Abs. 2 S. 1 i. V. m. § 19 Abs. 1 und 3). Die **Wahlbewerber** für das Amt des Sprechers und die **Mitglieder des Wahlausschusses für die Sprecherwahl** unterstehen nach Ablauf der Probezeit dem gleichen Kündigungsschutz wie die Wahlbewerber und Wahlausschussmitglieder zur Mitarbeitervertreterwahl (§ 45 Abs. 2 S. 1 i. V. m. § 9 Abs. 2 S. 1, § 10 Abs. 1 S. 3, § 19 Abs. 2 und 3). Zwar wird in § 45 Abs. 2 S. 1 nur für die Sprecher die Inbezugnahme der §§ 7 bis 20 erwähnt. Die sehr wörtliche Interpretation hält aber dem Anliegen der Vorschriften über die Sprecher nicht stand, weil schließlich auch die Wahlen der Sprecher mit Hilfe eines Wahlleiters und von Wahlbewerbern durchgeführt werden. Das folgt eindeutig aus der Verweisungsvorschrift des § 45 Abs. 2 S. 1 i. V. m. §§ 7–20). Denn für die Sprecherwahl besteht keine eigenständige Wahlordnung, wenn man von § 43 absieht. 22

6. Schwerbehindertenvertretung

Die Vertrauensperson der schwerbehinderten Menschen genießt wegen ihres Amtes besonderen Kündigungsschutz (§ 46 Abs. 2 i. V. m. § 19 Abs. 1 und 3). 23

§ 19

Sie ist damit ebenso geschützt wie ein Mitglied der MAV. Der Kündigungsschutz beginnt mit dem Zeitpunkt der Annahme der Wahl zur Schwerbehindertenvertretung. Das folgt aus der Besonderheit der für die Vertrauenspersonen geltenden Bestimmungen staatlichen und kirchlichen Rechts. Die Wahl der Vertrauensperson, ihre Aufgaben, persönliche Rechte und Pflichten sind durch §§ 94 ff. SGB IX und die dazu erlassene Wahlordnung geregelt. Für den kirchlichen Bereich sind jedoch nur Aufgaben und Rechte der Vertrauenspersonen der schwerbehinderten Menschen geregelt (§ 28 a, 46), auch in Ansehung der Zusammenarbeit mit der MAV. Den staatlichen Bestimmungen zugunsten der Vertrauenspersonen (§ 96 SGB IX) sind in der MAVO solche für den innerkirchlichen Bereich nachgebildet worden (§ 28 a, 46 Abs. 2 i. V. m. §§ 15–20).

III. Nachwirkender Kündigungsschutz

1. Zeitraum für Mitglieder der MAV

24 Der besondere Kündigungsschutz zeitigt auch Nachwirkungen für die in § 19 Abs. 1 S. 3 und Abs. 2 S. 1 näher geregelten Zeitspannen. Für Mitglieder der MAV gilt ein **Zeitraum von einem Jahr** seit Beendigung der Amtszeit (§ 19 Abs. 1 S. 3). Für Mitglieder des Wahlausschusses gilt die Nachwirkung ebenso wie für die Wahlbewerber bis **sechs Monate** nach der Bekanntgabe des Wahlergebnisses der MAV-Wahl (§ 19 Abs. 2 S. 1). Entsprechend gelten die Bestimmungen über die abgestufte Nachwirkung des Kündigungsschutzes für die Sprecher der Jugendlichen und Auszubildenden (§ 45 Abs. 2 S. 1 i. V. m. § 19 Abs. 1 S. 3) sowie für die Vertrauensperson der schwerbehinderten Menschen (§ 46 Abs. 2 i. V. m. § 19 Abs. 1 S. 3) einerseits und die Mitglieder des Wahlausschusses und die Wahlbewerber für die Wahl der Jugendlichen und Auszubildenden (§ 45 Abs. 2 S. 1 i. V. m. § 19 Abs. 2) andererseits. Erklärt der Dienstgeber im Nachwirkungszeitraum gegenüber dem früheren MAV-Mitglied eine ordentliche Kündigung, so ist diese auch dann nichtig, wenn ein wichtiger Grund zur fristlosen Kündigung vorgelegen, der Dienstgeber aber die außerordentliche Kündigung nicht ausgesprochen hat. War die MAV-Wahl nichtig, so behält ein gewähltes MAV-Mitglied den nachwirkenden Kündigungsschutz für Wahlbewerber (Rz 30). Der Nachwirkungszeitraum gilt auch in den Fällen des § 13 Abs. 3, vgl. auch § 13 a S. 2.

2. Ersatzmitglieder

25 Der nachwirkende Kündigungsschutz gilt auch für Ersatzmitglieder der MAV (Wahlbewerber Rz 20). Treten die Ersatzmitglieder in Funktion, so sind sie wie MAV-Mitglieder dem besonderen Kündigungsschutz unterstellt (Rz 12). Das ist unzweifelhaft bei den für den Rest der Amtszeit in die MAV eintretenden Ersatzmitgliedern. Für sie gilt auch der nachwirkende Kündigungsschutz wie für MAV-Mitglieder gemäß § 19 Abs. 1 S. 3 (*BAG*, 18. 11. 1999 – 2 AZR 77/99, NZA 2000, 484).

26 Ersatzmitgliedern, die stellvertretend für ein zeitweilig verhindertes ordentliches MAV-Mitglied der MAV angehört und Aufgaben eines Mitgliedes der MAV wahrgenommen haben, wird man auch nach Beendigung des Vertretungsfalls, der sich während der Amtszeit der MAV wiederholen kann, grund-

§ 19

sätzlich den **nachwirkenden Kündigungsschutz des** § 19 Abs. 1 S. 3 zubilligen müssen. Die dem entsprechende Rechtsprechung des BAG zum nachwirkenden betriebsverfassungsrechtlichen Kündigungsschutz (*BAG*, 6. 9. 1979 – 2 AZR 548/77, BB 1980, 317 = DB 1980, 451) ist auf Grund gleichlautender Kündigungsschutzbestimmungen in § 15 Abs. 1 S. 2 KSchG und § 19 Abs. 1 S. 3 MAVO von Bedeutung. Die zeitweilig in Aktion tretenden Ersatzmitglieder der MAV durchlaufen weder eine volle noch eine Restamtszeit der MAV. Aber sie werden zur Aufrechterhaltung der Funktionsfähigkeit der MAV mit Ersatzfunktionen für den Fall von Verhinderungen während der gesamten Amtszeit der MAV zu rechnen haben, wenn sie bereits als Ersatzmitglied in Funktion getreten sind. In § 19 Abs. 1 S. 3 ist der Beginn der Nachwirkung des Kündigungsschutzes wie in § 15 Abs. 1 S. 2 KSchG mit dem Schluss der Amtszeit verknüpft. Das *BAG* hat dargelegt, dass auch die Beendigung der befristeten Mitgliedschaft des Ersatzmitgliedes den Tatbestand der Beendigung der Amtszeit im Sinne des § 15 Abs. 1 S. 2 KSchG erfülle. Der Schutzgedanke gelte ganz ungeteilt den aus dem Betriebsrat ausgeschiedenen Mitgliedern (mit Nachweisen). Soweit »berufene« Ersatzmitglieder während der Amtszeit nicht tätig geworden seien, gelte der nachwirkende Kündigungsschutz nicht. In gleicher Weise ist auch kurzzeitig tätig gewordenen stellvertretenden Sprechern der Jugendlichen und Auszubildenden der nachwirkende Kündigungsschutz zuzuerkennen (§ 43, § 45 Abs. 2 i. V. m. § 11 Abs. 6, S. 2, § 19 Abs. 1).

3. Ausschluss der Nachwirkung

Während Betriebsratsmitglieder, die ihr Betriebsratsamt niedergelegt haben, **27** grundsätzlich den nachwirkenden Kündigungsschutz des § 15 Abs. 1 S. 2 KSchG genießen (*BAG, S.* 7.1979 – 2 AZR 521/77, DB 1979, 2327), tritt nach der MAVO der nachwirkende Kündigungsschutz nicht ein, wenn die Mitgliedschaft in der MAV **in den Fällen des § 13 c Nrn. 2, 3 oder 5** erloschen ist, nämlich infolge des von der Schlichtungsstelle festgestellten Verlustes der Wählbarkeit, der Niederlegung des Mitarbeitervertretungsamtes oder des Beschlusses der Schlichtungsstelle im Falle grober Vernachlässigung oder Verletzung der Befugnisse und Pflichten als MAV-Mitglied (§ 19 Abs. 1 S. 3). In den Fällen der Versetzung oder Abordnung (Ausscheiden) bleibt der nachwirkende **Kündigungsschutz** aufrecht (§ 13 c Rz 10), ebenso in den Fällen des Rücktritts der MAV (§ 13 Abs. 3 Nr. 3), des Misstrauensvotums der Mitarbeiterversammlung (§ 22 Abs. 2) wie überhaupt in den Fällen gemäß § 13 Abs. 3 Nr. 1–6. Der Zeitraum des nachwirkenden Kündigungsschutzes beginnt, wenn er besteht, am Tage nach dem Ereignis, das für den Verlust der Mitgliedschaft in der MAV maßgeblich ist.

4. Nachwirkung für zurückgetretene Wahlausschussmitglieder und Wahlbewerber

Die unter Rz 27 behandelte eingeschränkte Nachwirkung des Kündigungs- **28** schutzes gilt nicht für vor Ablauf der Durchführung der Wahl zurückgetretene Mitglieder des Wahlausschusses und für Wahlbewerber, deren Wahlvorschlag durch spätere Streichung von Stützungsunterschriften (§ 9 Abs. 5 S. 1) ungültig wird. Das folgt aus § 19 Abs. 2, der nicht auf die den nachwirkenden Kündigungsschutz einschränkende Verweisungsvorschrift des § 19 Abs. 1 S. 3 Bezug nimmt. Zur Problematik sei auf das Urteil des *BAG* (9. 10. 1986 – 2 AZR 650/

§ 19

85, BB 1987, 613) verwiesen. Das *BAG* hat den **nachwirkenden Kündigungsschutz für ein zurückgetretenes Wahlvorstandsmitglied** zur Durchführung der Betriebsratswahl gemäß § 15 Abs. 3 S. 2 KSchG bestätigt und ausgeführt, dass für zurückgetretene Wahlvorstandsmitglieder der nachwirkende Kündigungsschutz bereits vom Zeitpunkt des Rücktritts an und nicht erst mit der Bekanntgabe des Wahlergebnisses einsetze. Es begründete die Entscheidung u. a. mit dem Urteil des *BAG* (5. 12. 1980 – 7 AZR 781/78, EzA § 15 KSchG n. F. Nr. 25). Dort ging es um den Kündigungsschutz für einen Wahlbewerber, dem nachträglich die erforderliche Anzahl von Stützungsunterschriften für den gültigen Wahlvorschlag entzogen worden war. Das BAG hat auf den individuellen Schutzzweck des § 15 Abs. 3 S. 2 KSchG abgestellt und auch in diesem Falle den nachwirkenden Kündigungsschutz zuerkannt (a. A. *Löwisch*, Anm. zu EzA § 15 KSchG n. F Nr. 25).

29 Der nachwirkende Kündigungsschutz schließt die **außerordentliche Kündigung** aus wichtigem Grund (§ 626 BGB) nicht aus. Der Dienstgeber hat im Falle seiner Kündigung jedoch die Pflicht zur Anhörung der MAV gemäß § 31. Im Falle des § 19 Abs. 3 besteht kein nachwirkender Kündigungsschutz, so dass also die ordentliche Kündigung nach Anhörung der MAV (§ 30) zulässig ist.

5. Nachwirkung bei Anfechtung und Nichtigkeit der Wahl

30 Ist die MAV-Wahl angefochten und für ungültig erklärt worden, so bleiben die von der MAV getroffenen Entscheidungen gültig (§ 12 Abs. 4). Infolgedessen ist die bis zur Feststellung der Ungültigkeit der Wahl im Amt befindliche MAV legal. Deshalb genießen die Mitglieder der MAV auch den Kündigungsschutz durch § 19. Verlieren sie infolge der Feststellung der Ungültigkeit der Wahl ihr Amt, geht auch ihre Amtszeit zu Ende. Sie sind deswegen zumindest genauso vom nachwirkenden Kündigungsschutz erfasst wie Ersatzmitglieder der MAV, die vorübergehend in der MAV tätig geworden sind. Für sie wirkt also der **Kündigungsschutz** noch **innerhalb eines Jahres** seit Feststellung der Ungültigkeit der Wahl nach. War die Wahl von vornherein nichtig, so dass eine Nichtwahl (§ 12 Rz 6) vorliegt, so ist ein nachwirkender Kündigungsschutz für MAV-Mitglieder nicht möglich, weil die »Wahl« gar nicht stattgefunden hat. Infolgedessen haben alle Kandidaten zur MAV-Wahl nur den Status von Wahlbewerbern mit dem für sie geltenden nachwirkenden Kündigungsschutz von sechs Monaten (§ 19 Abs. 2). Dies gilt nicht für solche **Wahlbewerber**, die bei ihrer Kandidatur kein passives Wahlrecht hatten (§ 8 Rz 6ff.) und es auch bei der Wahl nicht oder nicht mehr hatten, und solche, die nach ihrer Wahl die Annahme der Wahl abgelehnt haben. Der nachwirkende Kündigungsschutz gilt im Falle der nichtigen Wahl jedoch für die **Mitglieder des Wahlausschusses** (vgl. *LAG Düsseldorf* 24. 8. 1978, BB 1979, 575).

6. Änderung der Schutzzeit bei vorzeitiger Neuwahl der MAV

31 Wird durch Gesetzesänderung oder vorzeitiges Ende der Amtszeit der MAV (§ 13 Abs. 3) die Amtszeit und damit die Zeit des Kündigungsschutzes vor der ordentlichen Kündigung einschließlich des Nachwirkungszeitraumes verkürzt, so ist dies für die davon betroffenen Mitglieder der MAV zwar nachteilig, aber gesetzliche Folge, die von den Betroffenen hinzunehmen ist. Demgegenüber verlängert sich der Schutzzeitraum in den Fällen, in denen durch

§ 19

Gesetz die Verlängerung der Amtszeit der MAV eintritt (vgl. § 13 Abs. 5 S. 2). Der nachwirkende Kündigungsschutz verlängert sich nicht als Kompensation für eine verkürzte Amtszeit der MAV.

IV. Die außerordentliche Kündigung

1. Voraussetzung

Die außerordentliche Kündigung eines nach § 19 geschützten Mitarbeiters ist 32 grundsätzlich zulässig. Soll sie ausgesprochen werden, so ist sie zu begründen. Dazu bedarf es eines wichtigen Grundes im Sinne von § 626 BGB. Die außerordentliche Kündigung kann ohne Einhaltung einer Frist ausgesprochen werden. Sie ist zulässig, wenn dem Dienstgeber »unter Berücksichtigung aller Umstände des Einzelfalles und unter Abwägung der Interessen beider Vertragsteile die Fortsetzung des Dienstverhältnisses bis zum Ablauf der Kündigungsfrist oder bis zu der vereinbarten Beendigung des Dienstverhältnisses nicht zugemutet werden kann« (§ 626 Abs. 1 BGB; vgl. *BAG*, 24. 4. 1997 – 2 AZR 268/97, DB 1997, 1878; *LAG Rheinland-Pfalz*, 9. 1. 1997 – 11 Sa 428/96, MDR 1997, 949). Nach der ständigen Rechtsprechung des *BAG* (16. 10. 1986 – 2 – ABR 71/85, BB 1987, 1952 m. N.) ist bei beabsichtigter Kündigung eines Betriebsratsmitgliedes zunächst danach zu differenzieren, ob diesem eine reine Verletzung einer Pflicht aus dem Arbeitsverhältnis vorgeworfen wird oder ob die Arbeitspflichtverletzung im Zusammenhang mit seiner Tätigkeit als Betriebsratsmitglied steht.

Nach der herrschenden Simultantheorie kann ein Betriebsratsmitglied durch 33 eine und dieselbe Handlung sowohl grob seine Amtspflicht als auch seine Pflichten aus dem Arbeitsvertrag verletzen (vgl. *Leuze*, Die Anforderungen an arbeitsrechtliche Maßnahmen gegen Betriebsrats- und Personalratsmitglieder, DB 1993, 2590; *Wiese/Oetker*, GK-BetrVG § 23 Rz 21; *Bieback*, RdA 1978, 82, 85). Diese Grundsätze sind auch bei Mitgliedern der MAV zu beachten. Daraus folgt, dass im Falle einer groben Verletzung der Amtspflicht als MAV-Mitglied die Kündigung unzulässig ist und daher nur ein Ausschlussverfahren nach § 13 c Nr. 5 MAVO möglich ist. Eine außerordentliche Kündigung kommt nur dann in Betracht, wenn zugleich eine schwere Verletzung der Pflichten aus dem Arbeitsverhältnis vorliegt, wobei an die Berechtigung der fristlosen Entlassung ein strengerer Maßstab anzulegen ist als bei einem Mitarbeiter, der der MAV nicht angehört (*BAG*, 16. 10. 1986 a. a. O. m. N.; vgl. auch Rz 87 ff.). Das *BAG* (18. 11. 1986 – 7 AZR 274/85, EzA § 611 BGB Kirchliche Arbeitnehmer Nr. 26 mit Anm. *Dütz*) und zuvor das *LAG Köln* (6. 3. 1985 – 2 Sa 1148/84) haben übereinstimmend festgestellt, dass eine fristlose Kündigung rechtmäßig ist, wenn im Fall der Einhaltung der ordentlichen Kündigungsfrist das Beschäftigungsverhältnis für die Dauer eines Schuljahres fortzusetzen gewesen wäre. Anlassfall war die Heirat einer katholischen Lehrerin an einer katholischen Privatschule (Ersatzschule) mit einem geschiedenen Katholiken, woraufhin der Schulträger fristlos gekündigt hatte (anders *BAG* Rz 79). Ähnlich hat das *LAG Düsseldorf* (5. 5. 1982 – 6 Sa 143/82 n. v.) im Falle einer fristlosen Kündigung eines Lehrers entschieden, der im dringenden Verdacht eines Diebstahls zum Nachteil einer Kollegin stand. Ein MAV-Mitglied kann auch fristlos entlassen werden, wenn es zum Nachteil des Dienstgebers

§ 19

vor Gericht als Zeuge eine Falschaussage gemacht hat (vgl. *LAG Berlin*, 29. 8. 1988 – 9 Ta BV 4/88, DB 1989, 52). Bei ehrkränkenden Äußerungen über den Dienstgeber in einem Anwaltsschriftsatz ist eine fristlose Kündigung nicht statthaft (*LAG Saarland*, 9. 12. 1987 – 1 Sa 199/87, NJW 1989, 420).

34 Das Arbeitsverhältnis eines MAV-Mitgliedes kann in aller Regel nicht wegen **häufiger krankheitsbedingter Fehlzeiten** außerordentlich fristlos gekündigt werden. In § 19 Abs. 1 S. 1 ist ohne eigenständige Definition der Hinweis auf eine fristlose außerordentliche Kündigung aus wichtigem Grund i. S. v. § 626 Abs. 1 BGB enthalten. Deshalb sind die in § 626 BGB enthaltenen und daraus abgeleiteten Regeln zur Zulässigkeit einer außerordentlichen Kündigung auch im Rahmen des § 19 Abs. 1 S. 1 anzuwenden (vgl. *BAG*, 18. 2. 1993 – 2 AZR 526/92, NZA 1994, 74 f. = BB 1993, 2381). Nach § 19 Abs. 1 ist die ordentliche Kündigung des Arbeitsverhältnisses eines MAV-Mitgliedes grundsätzlich unzulässig und auf Ausnahmen beschränkt. Soweit nur eine ordentliche Kündigung möglich wäre, darf dem MAV-Mitglied abgesehen von den in § 19 genannten Ausnahmefällen von dem Schutz vor der ordentlichen Kündigung nicht gekündigt werden. Zur außerordentlichen betriebsbedingten Kündigung siehe unter Rz 113.

2. Anhörung der MAV

35 Der Dienstgeber ist gemäß § 31 Abs. 1 gehalten, der MAV die Absicht der Kündigung und die Gründe (§ 31 Rz 9) mitzuteilen (Anhörung). Gehört der Mitarbeitervertreter mehreren Mitarbeitervertretungen (§§ 5, 23) an, so bedarf es **vor einer außerordentlichen Kündigung** der Anhörung dieser Vertretungen, wenn jede Vertretung bei demselben Dienstgeber besteht (§ 23 Rz 18; § 31; vgl. *BVerwG*, 8. 12. 1986 – 6 P 208, NJW 1987, 2601). Gemäß § 626 Abs. 2 S. 1 und 2 BGB kann die Kündigung nur innerhalb von zwei Wochen seit Kenntnis der für die Kündigung maßgebenden Gründe erfolgen (dazu: *Becker-Schaffner*, Die Rechtsprechung zur Ausschlussfrist des § 626 Abs. 2 BGB, DB 1987, 2147). Die zeitliche Begrenzung wird an die Kenntnis von den für die Kündigung maßgebenden Tatsachen gebunden. Die Frist läuft erst, wenn der Kündigungsberechtigte den Sachverhalt so weit kennt, dass er eine Gesamtwürdigung nach Zumutbarkeitsgesichtspunkten vornehmen kann (*BAG*, 6. 7. 1972 – 2 AZR 386/71, DB 1972, 2119). Hat aber der Fristenlauf begonnen, muss das Anhörungsverfahren beschleunigt durchgeführt werden. Will die MAV gegen die Kündigung Einwendungen geltend machen, so hat sie ihrerseits unter Angabe der Gründe dem Dienstgeber innerhalb von drei Arbeitstagen ihre Einwendungen gegen die außerordentliche Kündigung geltend zu machen (§ 31 Abs. 2 S. 1). Der Dienstgeber kann die Frist sogar auf 48 Stunden verkürzen (§ 31 Abs. 2 S. 2). Erhebt die MAV innerhalb der gesetzten Frist keine Einwendungen, so gilt die beabsichtigte Kündigung als nicht beanstandet (§ 31 Abs. 2 S. 3). Der Dienstgeber ist jedoch nicht gehalten, die Einwendungen bei seiner Entscheidung zu berücksichtigen. Er entscheidet in jedem Fall über den Ausspruch der außerordentlichen Kündigung (§ 31 Abs. 2 S. 4). Die Anhörung ist bei der außerordentlichen Kündigung gegenüber derjenigen vor der ordentlichen Kündigung erheblich vereinfacht, weil eine gemeinsame Sitzung der MAV mit dem Dienstgeber zur Beratung der Einwendungen gegen die Kündigung nicht stattfindet (vgl. §§ 30 Abs. 2, 31 Abs. 2). Eine ohne Einhaltung des Anhörungsverfahrens ausgesprochene Kündigung

ist unwirksam (§ 31 Abs. 3; *LAG Düsseldorf* 15. 1. 1991 – 16 Sa 1416/90, NZA 1991, 600 Ls.; *BAG*, 16. 10. 1991 – 2 AZR 156/91, ZMV 1992, 247).
Besteht **die MAV nur aus einem einzigen Mitglied** und soll ihm gekündigt wer- 36
den, so ist dennoch vor der Kündigung das **Anhörungsverfahren** einzuleiten. Die Ordnung schweigt, ob das betroffene MAV-Mitglied selbst oder das Ersatzmitglied anzuhören ist. Gemäß § 21 Abs. 2 S. 2 MVG.EKD ist das Ersatzmitglied zu beteiligen, weil gemäß § 26 Abs. 3 Buchst. a MVG.EKD Mitglieder der MAV an der Beratung und Beschlussfassung nicht teilnehmen dürfen, wenn der Beschluss ihnen selbst einen Vor- oder Nachteil bringen kann. Wegen **Befangenheit des MAV-Mitgliedes** ist das Ersatzmitglied zu beteiligen (*ArbG Bonn*, 29. 5. 1996 – 5 Ca 3380/95 n. v.; *Thiel*, ZMV, 1998, 9 ff.). Denn es entspricht allgemeinen Grundsätzen, dass ein MAV-Mitglied und der Sprecher der Jugendlichen und Auszubildenden in eigenen, die Person selbst unmittelbar betreffenden Angelegenheiten sich nicht selbst an der Beratung und Beschlussfassung beteiligen dürfen (*Wiese/Raab*, GK-BetrVG § 33 Rz 23 f.), es hat aber gegenüber der MAV Anspruch auf rechtliches Gehör. Ist kein Ersatzmitglied vorhanden, entfällt das Anhörungsverfahren (*ArbG Bonn*, 2. 7. 1997 – 2 Ca 39/96 n. v.). In diesem Fall sollte der Dienstgeber das Mitglied der MAV oder den Sprecher der Jugendlichen und Auszubildenden vor dem Ausspruch der Kündigung (Zustellung) förmlich wegen seines Anspruchs auf rechtliches Gehör über die beabsichtigte Kündigung hören, dies sogar, wenn ein Ersatzmitglied vorhanden ist (*Wiese/Raab*, a. a. O. Rz 25).
Bei jeder Anhörung vor der dienstgeberseitigen Kündigung ist dienstgebersei- 37
tig darauf zu achten, dass das **Anhörungsverfahren mit Beteiligung der MAV durch eine diesbezüglich wirksam beauftragte Person** erfolgt. Dazu muss die Beauftragung in eindeutiger Weise erfolgt sein. Es genügt nicht ein Mitarbeiter oder eine Mitarbeiterin in bestimmter Funktion (etwa Justitiar/in), der die MAV anhört. Es muss sich um einen Mitarbeiter oder eine Mitarbeiterin in leitender Stellung mit entsprechender Vollmacht handeln (*LAG Niedersachsen*, 8. 11. 1989 – 7 (14) Sa 195/89, KirchE 27, 314).

3. Rechtsschutz

Der bzw. die Gekündigte kann die Wirksamkeit der nach § 626 BGB aus- 38
gesprochenen Kündigung durch das Arbeitsgericht im Klagewege überprüfen lassen.

a. Schutzklage

Die Kündigungsschutzklage ist dem Arbeitnehmer eröffnet, der bereits nach 39
§ 1 KSchG den allgemeinen Kündigungsschutz erworben hat (*Etzel*, KR § 1 KSchG Rz 64, 90 ff.). Er muss nach § 13 Abs. 1 S. 2 KSchG die Rechtsunwirksamkeit der Kündigung gemäß § 4 KSchG innerhalb von drei Wochen nach Zugang der Kündigung durch Klage auf Feststellung geltend machen, dass das Arbeitsverhältnis durch die Kündigung nicht aufgelöst worden ist.
Die **fristlose Kündigung** kann im Falle ihrer Unwirksamkeit dann **in eine or-** 40
dentliche Kündigung gemäß § 140 BGB umgedeutet werden, wenn sie gemäß § 19 überhaupt zulässig ist und der Kündigende Tatsachen vorgetragen hat, die darauf hindeuten, dass die Umdeutung in eine ordentliche Kündigung seinem mutmaßlichen Willen entsprach und dieser Wille dem Gekündigten auch erkennbar geworden ist (*BAG*, 13. 8. 1987 – 2 AZR 599/86, NJW 1988, 581 = DB

§ 19

1988, 813 zu II 2 a) aa) der Gründe; AP § 256 ZPO Nr. 50 zu II 2 a m. N.). Bei der Ermittlung des hypothetischen Willens des Kündigenden ist auf die wirtschaftlichen Folgen abzustellen, die mit der nichtigen Erklärung bezweckt waren. Die Umdeutung einer unwirksamen außerordentlichen Kündigung in eine ordentliche Kündigung kommt also in Betracht, wenn sich aus der Erklärung des Kündigenden als wirtschaftlich gewollte Folge ergibt, das Arbeitsverhältnis auf jeden Fall zu beenden und wenn dies dem Gekündigten erkennbar war (dazu: *Schmidt, Klaus,* Die Umdeutung, NZA 1989, 651, 664). Nach § 30 ist die MAV vor jeder ordentlichen Kündigung zu hören. Will sich der Dienstgeber im Prozess also auf eine ordentliche Kündigungserklärung (Rz 43 ff.) berufen, so müssen auch bei diesem (umgedeuteten) Rechtsgeschäft die mitarbeitervertretungsrechtlichen Voraussetzungen, also die **vorherige Anhörung der MAV nach § 30 und § 31** vorliegen. Hat der Dienstgeber im Falle der außerordentlichen Kündigung versäumt, die MAV vorsorglich auch zu einer eventuell durch Umdeutung rechtlich relevant werdenden ordentlichen Kündigung nach § 30 Abs. 1 MAVO zu hören, so ist die ordentliche Kündigung gemäß § 30 Abs. 5 unwirksam.

41 Diese **doppelte Anhörung der MAV** hat für die Frage des mutmaßlichen Willens des Dienstgebers die Folge, dass damit auch sein Wille feststeht, notfalls später zivilrechtlich eine Umdeutung gemäß § 140 BGB zu erreichen. Im Kündigungsschutzprozess hat der Dienstgeber auf die von ihm durchgeführte zusätzliche vorsorgliche und für den gekündigten Mitarbeiter erkennbare Anhörung der MAV in irgendeiner Form hinzuweisen (*Schmidt, Klaus,* a. a. O.). Deshalb hat der Gekündigte Anlass, sehr sorgfältig darauf zu achten, ob auch die für die bei der – wenn überhaupt gemäß § 19 zulässigen – ordentlichen Kündigung längere Anhörungsfrist der MAV beachtet worden ist (§ 30 Abs. 2 S. 1).

b. Feststellungsklage

42 Untersteht das Arbeitsverhältnis noch nicht oder überhaupt nicht dem allgemeinen Kündigungsschutz, ist eine Kündigungsschutzklage nach § 4 KSchG möglich. Im Wege der Feststellungsklage kann der Gekündigte begehren, festzustellen, dass das Arbeitsverhältnis durch die Kündigung nicht aufgelöst ist.

V. Zulässigkeit der ordentlichen Kündigung in besonderen Fällen

1. Vorbemerkung

43 Die Vorschriften der §§ 8, 13 c und 19 Abs. 1 und 2 stehen in einem engeren Zusammenhang. Sie regeln, wer Mitarbeitervertreter werden, dieses Amt vorzeitig verlieren und aus ihm sogar bei Verlust des Arbeitsplatzes entfernt werden kann.

44 § 8 regelt den Ausschluss von der Kandidatur, § 13 c Nr. 2 i. V. m. § 8 Abs. 2 das Erlöschen des Amtes als Mitarbeitervertreter infolge des Verlustes der Wählbarkeit.

45 **§ 19 Abs. 1 S. 2** schließlich regelt die ordentliche Kündbarkeit des Mitarbeitervertreters wegen der Verletzung von Loyalitätsobliegenheiten. **§ 19 Abs. 2 S. 2** weitet die Kündigungsberechtigung aus diesem Grunde gegenüber Wahlausschussmitgliedern und Wahlbewerbern aus.

§ 19

In § 19 Abs. 3 wird ein Spezialfall für die Zulässigkeit der ordentlichen Kündi- 46
gung geregelt, nämlich bei Schließung der Einrichtung oder von Teilen derselben.
Die Bestimmungen der §§ 8 und 13 c entfalten innerkirchliche Wirkung wegen 47
des Zugangs zum Amt des Mitarbeitervertreters und des Verlustes dieses Amtes (*BAG*, 11. 3.1986 – 1 ABR 26/84, NJW 1986, 2591 = AfkKR 1986, 541).
Die Kündigung des Arbeitsvertrages hat dagegen Außenwirkung. Sowohl die 48
außerordentliche als auch die ordentliche Kündigung ragen in den staatlichen,
nämlich arbeitsrechtlichen Rechtskreis hinein, so dass die staatliche Rechtskontrolle eingeschaltet werden kann. Dabei geht der Schutz vor der ordentlichen Kündigung gemäß § 19 Abs. 1 S. 2 dem allgemeinen Kündigungsschutz
i. S. des § 1 KSchG vor, insbesondere in dem seltenen Fall, in dem ein Mitglied
der MAV sich noch in der regelmäßig sechs Monate dauernden Probezeit in
einer neuen Einrichtung (§ 10 Abs. 3) zu bewähren hat. Dagegen können
Wahlbewerber und Mitglieder des Wahlausschusses innerhalb der Probezeit
den besonderen Kündigungsschutz gemäß § 19 noch nicht für sich buchen
(§ 19 Abs. 2 S. 1). Sollte das Mitglied der MAV fehlerhaft gewählt worden sein,
so bleibt der Kündigungsschutz mangels Wahlanfechtung innerhalb der Anfechtungsfrist des § 12 bestehen.

2. Anhörung der MAV

Vor der ordentlichen Kündigung ist die MAV anzuhören (§ 30). Eine ohne 49
Anhörung der MAV ausgesprochene Kündigung ist unwirksam (§ 30 Abs. 5;
BAG, 16. 10. 1991 – 2 AZR 156/91, ZMV 1992, 247; *BAG*, 4. 7. 1991 – 2 AZR
16/ 91, ZMV 1992, 69; *LAG Niedersachsen*, 8. 11. 1989 – 7 (14) Sa 195/89, KirchE 27, 314; *LAG München*, 14. 8. 1986 – 5 Sa 1006/85, Beilage zum AMBl.
Nr. 20/ 1987 C 39, Bayerisches Staatsministerium für Arbeit und Sozialordnung). Damit wird verhindert, dass durch eine willkürliche Kündigung ein
Mitglied der MAV aus der Dienststelle ausgeschlossen wird.
Kündigt der Dienstgeber mit ordentlicher Frist, ohne den Grund für eine ge- 50
mäß § 19 zulässige ordentliche oder für eine außerordentliche Kündigung zu
nennen, ist die Kündigung unwirksam. Die Unwirksamkeit der Kündigung
kann beim staatlichen Arbeitsgericht geltend gemacht werden. Zur Eine-Person-MAV und zum Anhörungsverfahren siehe Rz 36.

3. Staatlicher Kündigungsschutz

Die ordentliche Kündigung gemäß § 19 Abs. 1 S. 2, Abs. 3 unterliegt dem all- 51
gemeinen Kündigungsschutz des § 1 KSchG und dem besonderen staatlichen
Kündigungsschutz (*VGH Baden-Württemberg*, 26. 5. 2003 – 9 S 1077/02, ZMV
2003, 305). Der Gekündigte kann die Kündigung auf ihre soziale Rechtfertigung überprüfen lassen (*BVerfGE*, 70, 138; *Jurina*, Das Dienst- und Arbeitsrecht S. 131). Sozial ungerechtfertigt ist die Kündigung, wenn sie nicht durch
Gründe, die in der Person oder im Verhalten des Arbeitnehmers liegen, oder
durch dringende betriebliche Erfordernisse, die einer Weiterbeschäftigung
des Arbeitnehmers in seiner Dienststelle entgegenstehen, bedingt ist (§ 1
Abs. 2 S. 1 KSchG).
Die Vorschrift des § 19 Abs. 1 ist geprägt durch die restriktive Rechtsprechung 52
zur außerordentlichen Kündigung einerseits (vgl. *BAG*, 14. 10. 1980 – 1 AZR
1274/79, B II. 3, EzA § 1 KSchG Tendenzbetrieb Nr. 10; *LAG Köln*, 6. 3. 1985 –

§ 19

2 Sa 1148/84; *BAG*, 18. 11. 1986 – 7 AZR 274/85, über die Frage fristloser Kündigung in besonderem Fall, Rz 33; *LAG Niedersachsen*, 6. 7. 1983 – 7 Sa 35/83; *BAG*, 25. 5. 1988 – 7 AZR 506/87) und dem früheren gemäß § 14 Abs. 3 MAVO 1977 geregelten absoluten Schutz vor ordentlicher Kündigung andererseits. Ist nämlich eine außerordentliche Kündigung bei einem Verstoß gegen Loyalitätspflichten nicht zulässig und daher unwirksam, so wäre mangels ordentlicher Kündigungsberechtigung gegenüber Mitarbeitervertretern wegen Verstoßes gegen Loyalitätsobliegenheiten die Kündigung nicht möglich, während sie gegenüber anderen Mitarbeitern derselben Einrichtung ausgesprochen werden würde (vgl. *BAG*, 12. 12. 1984 – AZR 418/83, NZA, Beilage 1/1986, 32). In diesem Zusammenhang sei auf § 41 Abs. 3 KAVO der Bistümer in NW hingewiesen, wonach der grundsätzliche Ausschluss der ordentlichen Kündigung gegenüber dem Mitarbeiter nach einer Beschäftigungszeit von 15 Jahren nach vollendetem 40. Lebensjahr nicht gilt, wenn der Mitarbeiter gegen kirchliche Grundsätze grob nach außen verstoßen hat oder aus der Kirche ausgetreten ist (Amtsblatt des Erzbistums Köln 1989 Nr. 79 zu Ziff. 13 S. 125, 127; vgl. Anmerkung von: *Dütz*, Kirchliche Festlegung, NJW 1990, 2025, 2031 mit Fußnote 82 für sämtliche Ordnungen; näher: Anm. *zu BAG* EzA § 611 BGB Kirchl. Arbeitnehmer Nr. 27; Art. 5 Abs. 2 und 5 GrO).

53 Soweit Geistliche und Ordensleute beschäftigt werden, sind sie nicht auf Grund von Arbeitsverträgen tätig. Wegen fehlender Arbeitsverhältnisse findet das KSchG keine Anwendung (*Etzel*, KR § 1 KSchG Rz 90; *Müller*, Das Recht der Freien Schule S. 69; vgl. Rz 11).

54 **Gegen die Durchbrechung** des Schutzes vor der ordentlichen Kündigung bestehen **keine Bedenken**, weil hierdurch dem Sinn und Zweck des besonderen Kündigungsschutzes nicht Abbruch geschieht. Denn es steht nicht die Arbeitsweise des Amts- oder Funktionsträgers im Sinne der MAVO in Erfüllung seiner Aufgaben im Blickpunkt, sondern seine Person als Mitarbeiter mit seinen arbeitsvertraglichen Loyalitätsobliegenheiten. Diese hat er auch als Amts- und Funktionsträger i. S. der MAVO zu achten. Vor der Kündigung ist zu prüfen, ob eine Abmahnung zu einer Verhaltensänderung führen kann (Art. 5 Abs. 1 GrO). Die aus betrieblichen Gründen erfolgende Kündigung gemäß § 19 Abs. 3 richtet sich ebenfalls nicht gegen die Arbeitsweise des Amts- und Funktionsträgers.

4. Verfassungsrechtlich garantiertes kirchliches Selbstbestimmungsrecht

55 Gemäß Art. 140 GG i. V. m. Art. 137 Abs. 3 WRV ordnet und verwaltet jede Religionsgesellschaft ihre Angelegenheiten selbstständig innerhalb der Schranken des für alle geltenden Gesetzes. Sie verleiht ihre Ämter ohne Mitwirkung des Staates oder der bürgerlichen Gemeinde. Innerhalb des Selbstbestimmungsrechts, das auch der katholischen Kirche verfassungsrechtlich garantiert wird, ist die Auswahl des Personals für den kirchlichen Dienst wesentliches Kriterium für dieses Selbstbestimmungsrecht, auch wenn die Kirche sich des weltlichen Arbeitsrechts bedient (*BVerfGE* 70, 138; *Rüfner*, Das kirchlich rezipierte und adaptierte Dienst- und Arbeitsrecht, Hdb. StKR 2. Bd. S. 877, 883). Denn die Garantie autonomer Selbstbestimmung beschränkt sich nicht nur auf Glaubensfragen, sondern erfasst auch die in ihren Einrichtungen bestehenden Dienstverhältnisse einschließlich der karitativen und erzieherischen Einrichtungen, mit deren Hilfe sich die Kirche aktiv bei

§ 19

der Erziehung und der sozialen Hilfe in ihrem Sinne beteiligt (*BAG*, 25. 4. 1978 – 1 AZR 70/76, AP Nr. 2 zu Art. [40 GG; *Rüthers*, NJW 1976, 1918), indem diese ihr zugeordneten Einrichtungen nach kirchlichem Selbstverständnis ihrem Zweck und ihrer Aufgabe entsprechend dazu berufen sind, ein Stück des Auftrags der Kirche wahrzunehmen und zu erfüllen (BVerfGE 46, 73 = NJW 1978, 581). Die Kirchen können sich zur Erfüllung ihres Auftrages auch der Organisationsformen des staatlichen Rechts bedienen und ihre Aufgaben z. B. durch Vereine, Stiftungen des privaten Rechts oder Gesellschaften mit beschränkter Haftung (GmbH) durchführen, die dann ebenfalls unter den Schutz des Art. 140 GG zugunsten des kirchlichen Selbstbestimmungsrechts fallen (BVerfGE 57, 220 = NJW 1981. 1829). Vertragsfreiheit und Selbstbestimmungsrecht zusammen ermöglichen es den Kirchen, den kirchlichen Dienst nach ihrem Selbstverständnis zu ordnen (*Rüfner*, Individualrechtliche Aspekte des kirchlichen Dienst- und Arbeitsrechts, in: Hdb. StKR 2. Bd. S. 901, 902). Soweit die Kirchen zur Erfüllung ihrer Aufgaben Arbeitsverhältnisse eingehen, sind sie grundsätzlich an die allgemeinen Vorschriften des Arbeitsrechts gebunden (*BVerfG*, 4. 6. 1985 in BVerfGE 70, 138 = BB 1985, 1600 = DB 1985, 2103 = Caritas NW 5/85, Rechtsinformationsdienst B II = KirchE 23, 105, 111 f.; *Rüthers*, NJW 1976, 1918 f. m. N.; *Dütz*, Kirchliche Festlegung, NJW 1990, 2025; *Richardi*, Arbeitsrecht in der Kirche § 2 Rz 18 ff.; § 5 Rz 3 ff.), ohne damit die Befugnis zu verlieren, den Arbeitsverträgen infolge der Verfassungsgarantie des kirchlichen Selbstbestimmungsrechts einen religiös geprägten Inhalt zu geben (*Richardi*, a. a. O. § 5 Rz 4). Soweit die kirchlichen Regelungen als Inhalte des Arbeitsvertrages den anerkannten Maßstäben der verfassten Kirchen Rechnung tragen, sind sie für die Arbeitsgerichte verbindlich (*Rüfner*, Hdb. StKR 2. Bd. S. 903), aber auch für staatliche Verwaltungsbehörden, z. B. Integrationsämter, die über die Zustimmung zur arbeitgeberseitigen Kündigung schwerbehinderter Mitarbeiter zu befinden haben (*VGH Baden-Württemberg*, 26. 5. 2003 –9 S 1077/02, ZMV 2003, 305). Die Bindung an das staatliche Arbeitsrecht folgt für die katholische Kirche auch aus can. 1286, 1290 CIC. Dennoch muss zusätzlich die Verfolgung religiöser Aufgaben möglich bleiben und deshalb bei der Ausgestaltung des einzelnen Arbeitsverhältnisses Berücksichtigung finden (*Jurina*, Kirchenfreiheit, S. 806). Problematisch sind daher die bei Betriebsübergang fortgeltenden arbeitsvertraglichen Folgen (§ 613 a Abs. 1 S. 1 BGB) aus dem nicht kirchlichen in den kirchlichen Bereich (*Richardi*, a. a. O. § 5 Rz 10 ff.).

Spezifische Obliegenheiten kirchlicher Mitarbeiter können die Kirchen in **56** den Schranken des für alle geltenden Gesetzes nach ihrem Selbstverständnis regeln und verbindlich machen (BVerfGE 70, 138, 166; *Rüthers*, Kirchenautonomie, NJW 1976, 1918, 1920; *Spengler*, Rechtsprechung zum Arbeitsrecht in kirchl. Angelegenheiten, NZA 1987, 833, 837; *Dütz*, NJW 1990, 2025; *Jurina*, Kirchenfreiheit S. 811; *ders.*, Das Dienst- und Arbeitsrecht S. 66 f., 125 f.; a. A. *Wieland*, Die verfassungsrechtliche Stellung der Kirche als Arbeitgeber, DB 1987, 1633, 1635 f.). Im Falle eines Loyalitätsverstoßes hat der kirchliche Dienstgeber allerdings gemäß Art. 5 Abs. 1 GrO vor Ausspruch einer Kündigung mit dem kirchlichen Mitarbeiter ein Beratungsgespräch bzw. ein klärendes Gespräch zu führen, um dann die Entscheidung zur **Ermahnung, Abmahnung** und erst als letztes Mittel zur Änderungs- oder sogar Beendigungskündigung zu treffen (*BAG*, 16. 9. 1999 – 2 AZR 712/98, EzA

§ 19

§ 611 Kirchliche Arbeitnehmer Nr. 45 mit Anmerkung *Dütz;* NZA 2000, 208).

57 Grenzen für die kirchliche Festlegung von Loyalitätsobliegenheiten regeln sich gemäß BVerfGE 70, 138, 168 aus den Grundprinzipien der Rechtsordnung, wie dem allgemeinen Willkürverbot (Art. 3 Abs. 1 GG), den guten Sitten (§ 138 Abs. 1 BGB) und dem ordre public (Art. 6 EGBGB). Diese Formel des Bundesverfassungsgerichts macht es möglich, die Einwirkung der Grundrechte auf das Arbeitsrecht infolge der Drittwirkung der Grundrechte in kirchlichen Arbeitsverhältnissen zur Geltung zu bringen (*Rüfner,* a. a. O. S. 904).

58 Welche kirchlichen Grundverpflichtungen als Gegenstand des Arbeitsverhältnisses bedeutsam sein können, richtet sich nach den von der verfassten Kirche anerkannten Maßstäben (*BVerfG,* 4. 6. 1985 a. a. O.; *LAG Hamm,* 1. 3. 1990 – 17 Sa 1326/89, BB 1990, 1422; *Krüger, Hartmut,* ZTR 1991, 11, 15). Im Streitfall haben die Arbeitsgerichte die vorgegebenen kirchlichen Maßstäbe für die Bewertung vertraglicher Loyalitätspflichten zugrunde zu legen, soweit die Verfassung das Recht der Kirche anerkennt, hierüber selbst zu befinden. Es bleibt den verfassten Kirchen überlassen, verbindlich zu bestimmen, was die Glaubens- und Sittenlehre aussagt (*BVerfG,* 4. 6. 1985 a. a. O.). Auch die Entscheidung darüber, ob und wie innerhalb der im kirchlichen Dienst tätigen Mitarbeiter eine »Abstufung« der Loyalitätspflichten eingreifen soll, ist grundsätzlich eine dem kirchlichen Selbstbestimmungsrecht unterliegende Angelegenheit (*Spengler,* Rechtsprechung zum Arbeitsrecht in kirchlichen Angelegenheiten, NZA 1987, 833, 838). Damit hat das *BVerfG* im Streit darüber, ob bei der Frage der Verletzung der Loyalitätspflicht über die »Nähe« des Mitarbeiters zu »spezifisch kirchlichen Aufgaben« außerhalb der Kirche entschieden werden könne, eine klare Antwort gegeben. Die seit dem Urteil des *BAG* vom 31. 1. 1956 (AP Nr. 15 zu § 1 KSchG – Wiederverheiratung eines in einem katholischen Krankenhaus beschäftigten Handwerkers, BAGE 2, 279) geführte Diskussion, wer die besonderen Loyalitätsobliegenheiten zu erfüllen habe und wer nicht (vgl. *Etzel,* KR § 1 KSchG Rz 77 ff. mit Nachweisen zu Rechtsprechung und Literatur; *Richardi,* Arbeitsrecht in der Kirche, § 6 Rz 28 ff.; *Ruland,* Sonderstellung NJW 1980, 89 [95]; *Rüthers,* Kirchenautonomie NJW 1976, 1918 [1923]; *Jurina,* Das Dienst- und Arbeitsrecht S. 120 f.; *ders.,* Kirchenfreiheit, Festschrift Joh. Broermann S. 797 [804 f.]; *Mayer-Maly,* Dienst- und Arbeitsrecht, Essener Gespräche Bd. 10 S. 127, 135 f.; *ders.,* Die arbeitsrechtl. Tragweite d. kirchl. Selbstbestimmungsrechts, BB, Beilage 3/1977 S. 10), ist zugunsten der Bestimmung durch die Kirchen entschieden worden (*Richardi,* a. a. O. § 7 Rz 22 f., *Rüfner,* Individualrechtl. Aspekte, Hdb. StKR II. Band, 2. Aufl. S. 901, 917). Wer in den kirchlichen Dienst tritt, wird Glied der Gemeinschaft, die sich als Dienstgemeinschaft der Kirche versteht (*Listl,* Diskussionsbeitrag in Essener Gespräche, Bd. 18 S. 119 ff.). Er nimmt teil am Proprium des kirchlichen Dienstes, weil er ein Stück Auftrag der Kirche in der Welt verwirklicht. So verstanden wird also von jedem Mitarbeiter erwartet, dass er beim Abschluss des Arbeitsvertrages dieses weiß. Dann kann es bezüglich der Loyalität der Mitarbeiter gegenüber Grundlagen der kirchlichen Glaubens- und Sittenlehre und ihrer Respektierung **keine abgestufte Loyalität** in dem Sinne geben, dass auf irgendeiner Stufe der Mitarbeiter diese Loyalität nicht einmal mehr gegenüber fundamentalen Anforderungen des katholischen Glaubens und der Sittenlehre als unverzichtbar

gefordert werden könnte (Art. 5 Abs. 2, 1. Spiegelstrich GrO; *Marré*, Loyalität, in: Th GI 1988, S. 397.406 m. w. N.; andererseits differenzierend: *Dütz*, NJW 1990, 2025, 2028 ff. i. S. von Art. 5 Abs. 2, 2. Spiegelstrich GrO i. V. m. Art. 5 Abs. 3 und Abs. 4 GrO).

Es;geht hierbei also letztendlich darum, dass im Mitarbeiterkreis der Kirche nicht als unbeachtlich zugelassen werden kann, was von der Gesamtheit der Gläubigen zu beachten ist (*Listl*, wie vor; *BVerfG*, 4. 6. 1985 – 2 BvR 1703/83 u. a, BVerfGE 70, 138, 166). Es geht um eine personale Entscheidung des einzelnen Mitarbeiters (Art. 3 und 4 GrO). Das entspricht dem Wesen der religiösen Dimension des kirchlichen Dienstes. **59**

Die christliche Dienstgemeinschaft prägt alle kirchlichen Dienste und fordert von allen Mitarbeitern Loyalität, gleich ob sie im Verkündigungsdienst oder an anderer Stelle stehen. Die Kirche stellt an ihre Mitarbeiter Anforderungen, die gewährleisten, dass sie ihren besonderen Auftrag glaubwürdig erfüllen. Dazu gehören fachliche Tüchtigkeit, gewissenhafte Erfüllung der übertragenen Aufgaben (can. 231 § 1 CIC) und die Zustimmung zu den Zielen der kirchlichen Einrichtung (Erklärung der deutschen Bischöfe zum kirchlichen Dienst Abschnitt III Nr. 1). Die elementaren Grundsätze der Glaubens- und Sittenlehre können folglich für alle katholischen Mitarbeiter verbindlich gemacht werden, so dass Loyalitätsabstufungen prinzipiell dem Gedanken der Dienstgemeinschaft nicht entsprechen, während sie aus anderen Gründen sinnvoll sein können (*Rüfner*, Individualrechtliche Aspekte, Hdb. StKR 2. Bd. S. 907 ff m. N.), wie dies Art. 4 GrO in Bezug auf Funktion und Religionsverschiedenheil der Mitarbeiter zeigt (*Dütz*, Begründung zu Art. 4 GrO unter Bezugnahme auf BVerfGE 70, 138, 167 f., in: Die deutschen Bischöfe, Heft 51, S. 28, Herausg. Deutsche Bischofskonferenz Bonn, 22. 9. 1993). **60**

5. Europäisches Recht

Gemäß Art. 13 EG-Vertrag kann der Rat auf Vorschlag der Kommission und nach Anhörung des EU-Parlaments einstimmig geeignete Vorkehrungen treffen, um Diskriminierungen aus Gründen des Geschlechts, der Rasse, der ethnischen Herkunft, der Religion oder der Weltanschauung, einer Behinderung, des Alters oder der sexuellen Ausrichtung bekämpfen. In der Richtlinie 2000/78/EG des Rates vom 27. November 2000 zur Festlegung eines allgemeinen Rahmens zur Verwirklichung der Gleichbehandlung in Beschäftigung und Beruf ist in Art. 4 Abs. 2 bestimmt, dass die Mitgliedstaaten der EU in Bezug auf berufliche Tätigkeiten innerhalb von Kirchen und anderen öffentlichen oder privaten Organisationen, deren Ethos auf religiösen Grundsätzen oder Weltanschauungen beruht, Bestimmungen vorsehen können, dass keine Diskriminierung einer Person vorliegt, wenn die Religion oder Weltanschauung dieser Person nach der Art dieser Tätigkeiten oder der Umstände ihrer Ausübung eine wesentliche und gerechtfertigte berufliche Anforderung angesichts des Ethos der Organisation darstellt. Die **Kirchen** können im Einklang mit den einzelstaatlichen verfassungsrechtlichen Bestimmungen und Rechtsvorschriften von den für sie arbeitenden Personen verlangen, dass sie sich loyal und aufrichtig im Sinne des Ethos der Organisation verhalten. Das gilt auch für andere öffentliche oder private Organisationen deren Ethos auf religiösen oder Weltanschauungen beruht. **61**

§ 19

62 In diesem Zusammenhang ist auf die **Personalauswahl** bei Einstellungen zu achten, um einforderbare Loyalitätspflichten effektiv werden zu lassen (*Schliemann*, NZA 2003, 407, 412 f.). Das deutsche Recht ist europarechtskonform auszulegen, auch wenn die eine oder andere Richtlinie der EG noch nicht in nationales Recht umgesetzt worden ist (vgl. *BAG*, 5. 3. 1996, NZA 1996, 751).

63 Der **Anwendungsvorrang des EG-Rechts** vor dem mitgliedstaatlichen Recht besteht allgemein (Art. 23 GG). Im Falle der Umsetzung der Richtlinien der EG in nationales, deutsches Recht sind auch arbeitsrechtliche Normen des staatlichen Gesetzgebers für alle geltendes Gesetz, das auch von den Kirchen gemäß Art. 140 GG i. V. m. Art. 137 Abs. 3 WRV zu beachten ist (*Reichold*, NZA 2001, 1054, 1057 ff.). Geht es um die Festlegung von Loyalitätsobliegenheiten, werden die materiellen Inhalte dem »Ethos der Organisation« überlassen. Der kirchliche Arbeitgeber hat sie konsequent umzusetzen (*Reichold*, a. a. O. S. 1059). Gerichtlich wird nicht geprüft, ob eine Loyalitätsanforderung berechtigt war, sondern nur, ob darauf basierende arbeitsrechtlich getroffene Maßnahmen – nach der Art der Tätigkeit oder den Umständen ihrer Ausübung« geeignet waren. Die Grundordnung des kirchlichen Dienstes im Rahmen kirchlicher Arbeitsverhältnisse regelt abgestufte Loyalitätsanforderungen (Art. 4 GrO), indem nichtkatholische Mitarbeiter schwächere Loyalitätsobliegenheiten als katholische Mitarbeiter und vor allem Mitarbeiter mit besonders genannten Aufgaben (Art. 3 Abs. 2 GrO) haben und dass deshalb bei der Einstellung die Frage nach der Religionszugehörigkeit erlaubt sein muss (Art. 3 Abs. 5 GrO). Das ist neben der richterrechtlichen Lage (*BVerfG*, 70, 138) auch mit Art. 4 Abs. 2 S. 3 RL 2000/78/EG vereinbar (*Reichold*, a. a. O. S. 1060).

6. Die Grundordnung

64 Durch § 19 Abs. 1 S. 2 MAVO wird der Kündigungsschutz der Mitglieder der MAV vor der ordentlichen Kündigung relativiert. Ist nach Art. 5 Abs. 3 bis 5 GrO die Weiterbeschäftigung eines Mitarbeiters nicht möglich, ist davon auch das Mitglied der MAV betroffen. Der Dienstgeber hat abgesehen von den Fällen des § 626 BGB die ordentliche Kündigung auszusprechen, falls das Arbeitsverhältnis nicht auf andere Weise (z. B. Auflösungsvertrag, Zeitablauf) endet. Die Sanktionen von Verstößen gegen Loyalitätsobliegenheiten (Art. 5 GrO) sind abgestuft normiert (Art. 5 Abs. 1 GrO). Nur als letzte Maßnahme kommt eine Kündigung in Betracht (Art. 5 Abs. 1 S. 3 GrO), wenn nämlich klärendes Gespräch, Abmahnung, formeller Verweis, Versetzung oder Änderungskündigung nicht geeignet sind, dem Obliegenheitsverstoß zu begegnen (Art. 5 Abs. 1 S. 2 GrO). Dabei ist zwischen verhaltens- und personenbedingten Gründen zu unterschieden. Die Kündigung wegen eines Verstoßes gegen Loyalitätsobliegenheiten wird stets auf einem Verhalten des Mitarbeiters gründen und in vielen Fällen zu einem **Dauerzustand** führen, der die Eignung des Mitarbeiters für die von ihm ausgeübte Tätigkeit im kirchlichen Dienst entfallen lässt und damit zugleich einen in der Person des Mitarbeiters liegenden Grund schafft, wie etwa der Kirchenaustritt, die Eingehung einer nach Kirchenrecht ungültigen Ehe und der auf Fehlverhalten gründende Entzug der Missio canonica. Nur verhaltensbedingte Kündigung kommt in Betracht, wenn ein **Verhalten**, welches gegen Loyalitätsobliegenheiten verstößt, **been-**

§ 19

det werden kann, wie z. B. außereheliches oder gar ehebrecherisches Zusammenleben (*ArbG Köln*, 11. 3. 1994 – 18 Ca 2118/93 n. rkr.; n. v.) oder praktizierte Homosexualität (*BAG*, 30. 6. 1983 – 2 AZR 524/81, NJW 1984, 1917 = KirchE 21, 162). In **Verhaltensfällen** ist eine Kündigung nur bei schwerer Obliegenheitsverletzung gebilligt worden, wie z. B. die Stellungnahme gegen das von der katholischen Kirche vertretene absolute Verbot des Schwangerschaftsabbruchs (*BVerfGE* 70, 138, 170 f.). Die praktizierte Homosexualität sei nach *BAG* (a. a. O.) **abzumahnen** gewesen. Ebenso wurde die Abmahnung im Falle einer homologen Insemination und nicht die Kündigung als geeignete Maßnahme angesehen (*BAG*, 7. 10. 1993 – 2 AZR 226/93, NZA 1994, 443).

a. Katholische Mitarbeiter

Die Grundordnung lässt die Beschäftigung von **65**
- katholischen,
- nichtkatholischen christlichen und
- nichtchristlichen

Mitarbeiterinnen und Mitarbeitern zu (Art. 4 Abs. 1 bis 3 GrO). Dabei unterscheidet sie allerdings nach **Funktionen der Mitarbeiter** (Art. 3 Abs. 2 GrO). Denn pastorale, katechetische sowie in der Regel erzieherische und leitende Aufgaben können nur einer Person übertragen werden, die der katholischen Kirche angehört. Von den katholischen Mitarbeitern wird erwartet, dass sie die Grundsätze der katholischen Glaubensund Sittenlehre anerkennen und beachten, während im pastoralen, katechetischen und erzieherischen Dienst sowie Mitarbeitern, die auf Grund der Missio canonica tätig sind, **das persönliche Lebenszeugnis** im Sinne der Grundsätze der katholischen Glaubens- und Sittenlehre erforderlich ist; dasselbe gilt für leitende Mitarbeiter im Sinne der Grundordnung (Art. 4 Abs. 1 GrO). Ausdrücklich fügt die **Grundordnung für katholische Krankenhäuser** in Nordrhein-Westfalen (Diözesen Aachen, Essen, Köln, Münster und Paderborn, Amtsblatt des Erzbistums Köln 1996 Nr. 256 S. 231, GrOKr) hinzu, dass leitende Mitarbeiter in der Regel der katholischen Kirche angehören müssen (Abschnitt A Nr. 3 Abs. 2 GrOKr). Dazu zählen die Mitglieder der Krankenhausbetriebsleitung, wie Leitender Arzt, Leiter des Pflegedienstes, Leiter des Wirtschafts- und Verwaltungsdienstes (Abschnitt B II Nr. 1 Buchstaben a, b und c; Abschnitt A Nr. 5 S. 2 GrOKr) und die Abteilungsärzte (Abschnitt A Nr. 5 S. 2 GrOKr), welche auch Chefärzte genannt werden. Von dieser Gruppe wird besondere Loyalität im Sinne der Grundordnung des kirchlichen Dienstes im Rahmen kirchlicher Arbeitsverhältnisse erwartet; denn es gilt die GrO auch für den Bereich der GrOKr (Abschnitt A Nr. 5 S. 1 GrOKr).

Nach der Lehre (*Mosiek*, Verfassungsrecht 1, S. 73 ff. mit Hinweisen auf die **66** Konzilaussagen: Lumen Gentium Nr. 11, bei *Rahner/Vorgrimler* S. 135; Lumen Gentium Nr. 31 bei *Rahner/Vorgrimler* S. 161, Unitatis Redintegratio Nr. 22, bei *Rahner/Vorgrimler* S. 248) und dem Recht der katholischen Kirche (CIC) wird der Mensch **durch die Taufe** der Kirche Christi **eingegliedert** und in ihr zur Person mit den Pflichten und Rechten, die den Christen unter Beachtung ihrer jeweiligen Stellung eigen sind, soweit sie sich in der katholischen Gemeinschaft befinden und wenn nicht eine rechtmäßig verhängte Strafe entgegensteht (can. 96). Die Kirche Christi ist gemäß can. 204 § 2 in der katholischen Kirche verwirklicht. Von der im sakramentalen Taufgeschehen grund-

§ 19

gelegten Zugehörigkeit zur Kirche Christi ist schließlich nach can. 205 die Entfaltung der Kirchenangehörigkeit in der katholischen Kirche zu unterscheiden. Denn »voll in der Gemeinschaft der katholischen Kirche stehen die Getauften, die in ihrem sichtbaren Verband mit Christus verbunden sind, und zwar durch die Bande des Glaubensbekenntnisses, der Sakramente und der kirchlichen Leitung« (can. 205; vgl. hierzu *Krämer*, Die Zugehörigkeit zur Kirche, Hdb. Kath. KR S. 162; *Lehmann*, Zur Frage »Wer ist Glied der Kirche?«, in: Das Problem der Kirchengliedschaft heute S. 274; *Ratzinger*, Taufe, Glaube und Zugehörigkeit zur Kirche, in: wie vor S. 305; *Kaiser*, Zugehörigkeit zur Kirche, in: wie vor S. 292; *Congar* Veränderung des Begriffs »Zugehörigkeit zur Kirche«, in: wie vor S. 279; *Mosiek*, Verfassungsrecht I S. 75; Lumen Gentium Nr. 14, bei *Rahner/Vorgrimler*, S. 139; *Aymans*, Kirchengliedschaft, AfkKR 1973, 397, 407 ff.).

67 Wer **aus der katholischen Kirche ausgetreten** ist, darf nicht eingestellt werden (Art. 3 Abs. 3 GrO) und als Mitarbeiter nicht weiterbeschäftigt werden (Art. 5 Abs. 5 Unterabsatz 1 GrO). Dabei kommt es auf die im kirchlichen Dienst wahrzunehmende Funktion nicht an, so dass von einem absoluten Kündigungsgrund gesprochen werden darf. Einem Mitglied der MAV müsste also aus einem solchen Grunde gemäß § 19 Abs. 1 S. 2 MAVO gekündigt werden.

68 Für eine **Kündigung aus kirchenspezifischen Gründen** sieht die Kirche insbesondere folgende Loyalitätsverstöße als schwerwiegend an:
 – Verletzungen der gemäß Art. 3 und 4 GrO von einem Mitarbeiter zu erfüllenden Obliegenheiten, insbesondere Kirchenaustritt, öffentliches Eintreten gegen tragende Grundsätze der katholischen Kirche (z. B. hinsichtlich der Abtreibung) und schwerwiegende sittliche Verfehlungen,
 – Abschluss einer nach dem Glaubensverständnis und der Rechtsordnung der Kirche ungültigen Ehe,
 – Handlungen, die kirchenrechtlich als eindeutige Distanzierung von der katholischen Kirche anzusehen sind, vor allem Abfall vom Glauben (Apostasie oder Häresie gemäß c. 1364 § 1 i. V. m. can. 751 CIC), Verunehrung der heiligen Eucharistie (can. 1367 CIC), öffentliche Gotteslästerung und Hervorrufen von Hass und Verachtung gegen Religion und Kirche (can. 1369 CIC), Straftaten gegen die kirchlichen Autoritäten und die Freiheit der Kirche (insbesondere gemäß den cc. 1373, 1374 CIC, Art. 5 Abs. 2 GrO),
 – eingetragene Lebenspartnerschaft (Amtsblatt des Bistums Limburg 2002 Nr. 92 S. 71 als authentische Interpretation der Grundordnung des Bischofs von Limburg, Amtsblatt 1993 S. 74 ff.; Amtsblatt des Erzbistums Köln 2002 Nr. 215 S. 179; *Deutsche Bischofskonferenz*, Amtsblatt Osnabrück 2000, 131 f.).

Auf die Erwägungen zu den Entwürfen einer rechtlichen Anerkennung der Lebensgemeinschaften zwischen homosexuellen Personen der Kongregation für die Glaubenslehre wird hingewiesen (Amtsblatt des Erzbistums Köln 2003 Nr. 194 S. 205). Nach der Lehre der katholischen Kirche kann die Achtung gegenüber homosexuellen Personen in keiner Weise zur Billigung des homosexuellen Verhaltens oder zur rechtlichen Anerkennung führen, weil das Gemeinwohl verlangt, dass die Gesetze die eheliche Gemeinschaft als Fundament der Familie, der Grundzelle der Gesellschaft, anerkennen, fördern und schützen.

69 **Allerdings wird wegen der in Betracht kommenden Frage der Weiterbeschäftigung nach arbeitsvertraglichen Funktionen der Mitarbeiter und also auch**

der Mitglieder der MAV abgestuft (vgl. Art. 5 Abs. 3 im Verhältnis zu Art. 5 Abs. 4 GrO; *Zilles*, Loyalität in Stufen, KuR 350, 47 = 1999, 103). Denn ein nach den vorstehend genannten Gründen erkanntes Verhalten schließt die Möglichkeit der Weiterbeschäftigung aus, wenn es begangen wird von pastoral, katechetisch oder leitend tätigen Mitarbeitern oder Mitarbeitern, die auf Grund einer Missio canonica tätig sind (Art. 5 Abs. 3 S. 1 GrO). Zu leitenden Mitarbeiterinnen zählen auch Leiterinnen von Tageseinrichtungen für Kinder (*ArbG Bonn*, 29. 5. 1996 – 5 Ca 3380/95 n. v.). Sie unterliegen nicht dem Begriff der Mitarbeiterin in leitender Stellung i. S. von § 3 Abs. 2 Nr. 4 MAVO, zumal sie zur MAV passiv wahlberechtigt sind (§ 3 Rz 56 ff., § 8 Rz 45).

Wird eine Weiterbeschäftigung nicht bereits wie bei Funktionsträgern i. S. von Art. 5 Abs. 3 GrO ausgeschlossen, so hängt gemäß Art. 5 Abs. 4 GrO die **Möglichkeit einer Weiterbeschäftigung von den Einzelfallumständen** ab, insbesondere vom Ausmaß einer Gefährdung der Glaubwürdigkeit von Kirche und kirchlicher Einrichtung, von der Belastung der kirchlichen Dienstgemeinschaft, der Art der Einrichtung, dem Charakter der übertragenen Aufgabe, deren Nähe zum kirchlichen Verkündigungsauftrag, von der Stellung der Mitarbeiterin oder des Mitarbeiters in der Einrichtung sowie von der Art und dem Gewicht der Obliegenheitsverletzung. Dabei ist auch zu berücksichtigen, ob eine Mitarbeiterin oder ein Mitarbeiter die Lehre der Kirche bekämpft oder sie anerkennt, aber im konkreten Fall versagt. 70

Im Falle des Abschlusses einer nach dem Glaubensverständnis und der Rechtsordnung der Kirche ungültigen Ehe scheidet eine Weiterbeschäftigung jedenfalls dann aus, wenn sie unter öffentliches Ärgernis erregenden oder die Glaubwürdigkeit der Kirche beeinträchtigenden Umständen geschlossen wird, z. B. nach böswilligem Verlassen von Ehepartner und Kindern (Art. 5 Abs. 5 Unterabsatz 2 GrO). 71

b. Kündigungsfälle

Soweit es zu dienstgeberseitigen Kündigungen wegen Verstößen gegen Loyalitätsobliegenheiten gekommen ist oder kommen kann, wird auf die nachstehenden Ausführungen hingewiesen. 72

aa. Entzug der kirchlichen Lehrerlaubnis

Ist dem Mitarbeiter z. B. zur Erteilung katholischen Religionsunterrichts die kirchliche Lehrerlaubnis (missio canonica) erteilt worden, so ist ihr Entzug infolge eines dauernden Verstoßes gegen die katholische Glaubens- und Sittenlehre eine innerkirchliche Maßnahme (can. 805), die vor den staatlichen Gerichten nicht justiziabel ist (*BAG*, 25. 5. 1988 – 7 AZR 506/87), aber zur Kündigung des Arbeitsverhältnisses führen kann (*Listl*, Der Religionsunterricht, Hdb. kath. KR, S. 590, 604 f.; Rz 84. Vgl. auch Rz 8, 9). Die Rechtmäßigkeit einer Versagung der missio canonica kann grundsätzlich bei der Frage der Anstellungsfähigkeit eines Lehrers z. B. nicht incidenter im staatlichen Verwaltungsrechtsweg überprüft werden (*VG Münster*, 10. 8. 1977 – 4 K 1639/76, KirchE 16, 160). 73

§ 19

bb. Kirchenaustritt

aaa. Erklärung

74 Der Kirchenaustritt erfolgt mit bürgerlicher Wirkung (vgl. z. B. Preuß. Staatsgesetz betr. den Austritt aus Religionsgemeinschaften des öffentlichen Rechts vom 30. 11. 1920 – GS. 1921 S. 119 –; Übersicht über das Landesrecht bei: *von Campenhausen,* Hdb. StKR § 27 S. 783 ff.) d. h. nur mit Wirkung für den staatlichen Rechtsbereich, lässt aber die kraft Kirchenrechts bestehenden Bindungen wegen seiner Faktizität nicht unberührt (*Mörsdorf,* Die Kirchengliedschaft, in: Das Problem der Kirchengliedschaft heute S. 95, 104 f.). Denn der vor einer staatlichen Behörde erklärte und durch staatliches Recht geregelte Kirchenaustritt führt zu einer **Beeinträchtigung der vollen Kirchenzugehörigkeit.** Darauf haben die Diözesanbischöfe der Bundesrepublik Deutschland in einer Erklärung vom 2. Dezember 1969 nachdrücklich hingewiesen.»Der Austritt hat nicht nur Wirkungen im staatlichen Bereich, sondern auch in der Kirche. Die Ausübung der Grundrechte eines katholischen Christen ist untrennbar von der Erfüllung seiner Grundpflichten. Wenn also ein Katholik seinen Austritt aus der Kirche erklärt – aus welchen Gründen auch immer –, so stellt dies eine schwere Verfehlung gegenüber der kirchlichen Gemeinschaft dar. Er kann daher am sakramentalen Leben erst wieder teilnehmen, wenn er bereit ist, seine Austrittserklärung rückgängig zu machen« (Kirchlicher Anzeiger Köln 1970 S. 10 f.). Der Kirchenaustritt hat auch Wirkungen hinsichtlich der Wählbarkeit zum Kirchenvorstand (§ 5 Abs. 1 KVG). Wenn der Ausgetretene durch kirchenbehördliche Entscheidung von den allen Kirchengliedern zusehenden Rechten ausgeschlossen ist, ist er z. B. zum Kirchenverwaltungsrat nicht wählbar (vgl. § 6 Abs. 1 Buchst. e Gesetz über die Verwaltung und Vertretung des Kirchenvermögens im Bistum Trier, Kirchl. Amtsblatt Trier 1978, Nr. 271). Gemäß § 4 Abs. 3 S. 1 der Satzung für die Pfarrgemeinderäte im Erzbistum Köln ist jemand nicht zum Pfarrgemeinderat wählbar, wenn er in der Ausübung seiner allgemeinen kirchlichen Gliedschaftsrechte behindert ist (Kirchl. Anzeiger Köln 1997 Nr. 132 S. 127). Für die Aufnahme in den **Kirchenchor** ist Zugehörigkeit zur katholischen Kirche erforderlich (Ordnung für die kirchenmusikalischen Gruppen im Erzbistum Köln, Kirchl. Amtsbl. Köln 1996, Nr. 134 S. 156). Aus can. 1364 § 1 i. V. m. can. 751 ist zu folgern, dass der Kirchenaustritt die von selbst eintretende Strafe der **Exkommunikation** (hierzu ausführlich: *Kotzula,* Zur Exkommunikation im CIC/ 1983, in: AfkKR 1987, 432 458 f., *Gerosa,* Ist die Exkommunikation eine Strafe?, in: AfkKR 1985, 83, 113 ff.) nach sich zieht, wenn er einen Verstoß gegen den Glauben und ein Lossagen von der Kirche bedeutet (*Krämer,* Die Zugehörigkeit zur Kirche, in: Hdb. Kath. KR S. 162, 169). Auch wenn wegen anderer Beweggründe, die zum Kirchenaustritt geführt haben, die von selbst eintretende Exkommunikation nicht gegeben ist – sie ist in den einzelnen Diözesen als Tatstrafe für den angesprochenen Fall eigens angedroht worden (vgl. Kölner Diözesansynode 1954, S. 230 Nr. 610 § 2; Synodalstatuten des Bistums Trier 1959, S. 139 Art. 271 Abs. 2) –, ist die Teilnahme am sakramentalen Leben der Kirche wegen des faktischen Zustands der Trennung nicht möglich, also auf Grund einer Sperre (*Krämer* a. a. O.). Der CIC von 1983 spricht das Problem des Kirchenaustritts an und zieht aus der Tatsache, dass sich ein katholischer Christ »in einem formalen Akt« von der katholischen Kirche lossagt (»actu formali ab ea defecerit ...«, vgl. z. B. can. 1086 § 1, 1117, 1124), die Fol-

gerung, dass er dann nicht mehr an bestimmte Rechtsvorschriften (z. B. die kanonische Eheschließungsform) gebunden ist (*Krämer*, a. a. O.; *Lüdicke*, Münsterischer Kommentar zum CIC, can. 1086 Rz 3; differenzierend nach Erklärungsinhalt: *Lenherr*, Abfall von der katholischen Kirche durch einen formalen Akt, AfkKR 1983, 107, 122 ff.; nach Erklärungsmotiv: *Prader*, Probleme im Eherecht des neuen CIC, AfkKR 1983 S. 408, 453; wirkl. Wille: *Roca*, AfkKR 1990, 427 440).

Von dem Kirchenaustritt zu unterscheiden ist der **Rituswechsel** (can. 112 § 1   **75** n. 1 und 2). Darunter wird verstanden, dass jemand nach dem Empfang der Taufe in der lateinischen Kirche (can. 111 § 1) in eine andere Rituskirche eigenen Rechts aufgenommen wird. Grundsätzlich bedarf es dazu der Erlaubnis des Apostolischen Stuhls. Es gibt aber auch den Fall, dass ein Ehegatte bei Eingehung der Ehe oder während des Bestehens der Ehe erklärt, dass er zur Rituskirche eigenen Rechts des anderen Ehegatten übertritt (dazu: *Krämer*, Die Zugehörigkeit zur Kirche, Hdb. Kath. KR S. 162, 162, 167 Fußnote 20). Die **Rituskirche** ist wie auch die lateinische Kirche innerhalb der katholischen Gesamtkirche ein Teilkirchenverband (*Aymans*, Gliederungs- und Organisationsprinzipien, Hdb. kath. KR, S. 239, 242 f.). Damit stehen die katholischen orientalischen Rituskirchen gleichberechtigt neben der lateinischen Kirche des Westens (vgl. Vat II, Dekret über die katholischen Ostkirchen, Art. 3. in: *Rahner/Vorgrimler*, Kleines Konzilskompendium S. 205 f.).

bbb. Der Übertritt
Der Katholik, der zu einer anderen christlichen Kirche oder Religionsgemein- **76** schaft übertritt, ist in aller Regel gemäß can. 751 CIC Schismatiker, weil der Übertritt die Verweigerung der Unterordnung unter den Papst oder der Gemeinschaft mit den diesen untergebenen Gliedern der Kirche darstellt, und Häretiker, weil der Übertretende bestimmte Inhalte katholischen Glaubens leugnet. Ihn trifft nach can. 1364 § 1 CIC die als Tatstrafe eintretende Exkommunikation. Dennoch bleibt seine Kirchengliedschaft trotz des Übertritts in eine andere, nichtkatholische christliche Kirche oder kirchliche Gemeinschaft zur katholischen Kirche bestehen, allerdings nicht mehr in der vollen Gemeinschaft zu ihr (*Schwendenwein*, Das neue Kirchenrecht S. 544 Anm. 11; *von Campenhausen*, Entwicklungstendenzen, ZevKR 1996, 129, 141; *ders*., Der Austritt, Hdb. StKR § 27 S. 777, 782).

ccc. Kündigung
Die Verschweigung des Kirchenaustritts einer Lehrerin bei ihrer Einstellung   **77** an einer katholischen Schule (*BAG*, 4. 3. 1980 – 1 AZR 1151/78, EzA § 1 KSchG Tendenzbetrieb Nr. 9; a. A. *ArbG Köln*, 14. 7. 1976 – 7 Ca 1783/76 zum Kirchenaustritt einer Krankenhausärztin, EzA § 1 KSchG Tendenzbetrieb Nr. 2), der Kirchenaustritt eines in einem katholischen Jugendheim beschäftigten Buchhalters (*BAG*, 23. 3. 1984 – 7 AZR 249/81, NJW 1984 = EzA § 1 KSchG Tendenzbetrieb Nr. 15 m. Anm. von *Herschel; BVerfG*, 4. 6. 1985 – 2 BvR 1703/83, 1718/83 und 856/84 – BVerfGE 70, 138 = NZA Beilage 1/1986 S. 28 = AfkKR 1985, 253 = NJW 1986, 367 = BB 1985, 1600 = DB 1985, 2103 = Caritas in Nordrhein-Westfalen 5/85, Recht-Informationsdienst B II, Literatur: *Wenzel*, Kündigung und Kündigungsschutz Rz 215; vgl. ferner *Becker*, KR KSchG Rz 202; *Wolf*, KR Grunds. Rz 404 f.; *Rüthers*, Wie kirchentreu müssen kirchliche Arbeitnehmer sein? NJW 1986, 356; *Weber*, Anm. zu

§ 19

BVerfG, 4. 6. 1985, NJW 1986, 370; *BAG*, 15. 1. 1986 – 7 AZR 545/85; ZevKR 1986, 461464; AfkKR 1986, 537 ff.), der Kirchenaustritt eines in einem katholischen Krankenhaus beschäftigten Assistenzarztes (*BAG*, 12. 12. 1984 – AZR 418/ 837; EzA § 1 KSchG Tendenzbetrieb Nr. 17 = NZA Beilage 1/1986, 32) sind als Kündigungsgründe anerkannt worden (vgl. auch *Ollmann*, ZfSH/SGB 1990, 571, 574 f.; *Dütz*, Kirchl. Festlegung, NJW 1990, 2025, 2027; a. A. *Struck*, der unter Hinweis auf Art. 4 GG eine arbeitsvertragliche Pflicht zum religiösen Bekenntnis, auch gegenüber der beschäftigenden Kirche gleichen Bekenntnisses, verneint, NZA 1991, 249, 252). Die Frage, ob ein Kirchenaustritt der Kindergärtnerin eines kirchlichen Kindergartens eine fristlose Kündigung (§ 626 BGB) rechtfertigt, hat das *ArbG Krefeld* (26. 11. 1975 – 4 Ca 962/75, KirchE 15, 120) verneint und ihre Zulässigkeit von den Einzelfallumständen abhängig gemacht. Die ordentliche Kündigung wurde dagegen als zulässig erachtet (so auch *LAG Düsseldorf*, 11. 10. 1978 – 15 Sa 1114/78, KirchE 17, 83).

ddd. Wiederaufnahme in die katholische Kirche

78 Tritt ein ausgetretener **Katholik wieder in die katholische Kirche ein**, so kann er nach Auferlegung einer Buße die Absolution von der Strafe der Exkommunikation erhalten, wenn er den katholischen Glauben bekennt und verspricht, die öffentliche Zugehörigkeit zur katholischen Kirche zu bekunden. Er muss bereit sein, die Kirchenaustrittserklärung zu widerrufen und seinen Pfarrer außerhalb der Beichte von der erhaltenen Absolution in Kenntnis setzen, damit dieser die Meldung an die kirchliche Meldestelle vollziehen kann (Amtsblatt der Erzdiözese Freiburg 1985 S. 149 vgl. can. 1358 § 1; *Robbers*, Fragen des Kirchenübertritts, ZevKR 1987, 19, 42). Zur Feier der Wiederaufnahme in die volle Gemeinschaft der katholischen Kirche wird auf das Kirchl. Amtsblatt für die Diözese Rottenburg-Stuttgart 1995 S. 469 hingewiesen.

cc. Standesamtliche Heirat trotz kirchlichem Ehehindernis

79 Fälle für die Kündigung waren ferner die Heirat mit einer Person, die in einer nach kanonischem Recht gültigen Ehe gelebt hat (*ArbG Köln*, 18. 2. 1976 – 7 Ca 9433/75, EzA § 1 KSchG Tendenzbetrieb Nr. 1), die standesamtliche Heirat einer Kindergartenleiterin mit einem geschiedenen Mann (*BAG*, 25. 4. 1978 – 1 A ZR 70/76, NJW 1978, 2116 = EzA § 1 KSchG Tendenzbetrieb Nr. 4 mit dem Hinweis, dass die Grundrechte der Gekündigten gemäß Art. 4 GG, Art. 6 Abs. 2 GG, Art. 2 Abs. 1 GG nicht verletzt seien mit Anm. von *Dütz*), die Heirat einer Lehrerin an einem katholischen Gymnasium mit einem geschiedenen Mann (*BAG*, 31. 10. 1984 – 7 AZR 232/83, EzA § 1 KSchG Tendenzbetrieb Nr. 16 = NJW 1985, 1855), die neue standesamtliche Heirat einer kirchlich getrauten Angestellten in einer Caritas-Geschäftsstelle nach Scheidung ihrer ersten Ehe (*BAG*, 14. 10. 1980 – 1 AZR 1274/79, NJW 1981, 1228 = EZA § 1 KSchG Tendenzbetrieb Nr. 10 mit Anm. von *Herschel;* zuvor *LAG München*, 5. 11. 1979 – 8 Sa 739/78, EzA § 1 KSchG Tendenzbetrieb Nr. 6; die gegen das Urteil des BAG eingelegte Verfassungsbeschwerde der Mitarbeiterin ist nicht zur Entscheidung durch das *BVerfG* angenommen worden, EzA § 1 KSchG Nr. 10, NJW 1983, 2570), die standesamtliche Eheschließung mit einem nicht laisierten katholischen Priester (*BAG*, 4. 3. 1980 – 1 AZR 125/78, EzA § 1 KSchG Tendenzbetrieb Nr. 8). Wegen der vorstehenden Entscheidungen siehe auch can. 1055, 1056, 1085, 1087, 1088, 1134, 1141 CIC (vgl. auch Rz 87 sowie: Gaudium et Spes Nr. 47 ff. in: *Rahner/Vorgrimler*, Kleines

§ 19

Konzilskompendium S. 497 ff.). Anlass zur Kündigung können bei kirchlichen Einrichtungen **außereheliche Beziehungen** des Mitarbeiters oder der Mitarbeiterin zu einer verheirateten Person sein (*LAG Hamm*, 1. 3. 1990 – 17 Sa 1326/89, BB 1990, 1422) und ebenso der **Ehebruch** (*BAG*, 24. 4. 1997 – 2 AZR 268/97, DB 1997, 1878). Dem Arbeitgeber ist es in der Regel nicht gestattet, **bei gleichem Fehlverhalten** mehrerer Arbeitnehmer an einzelnen ein Exempel zu statuieren oder einzelnen zu verzeihen mit der Folge, dass eine ausgesprochene einzelne Kündigung unwirksam ist (*ArbG Regensburg*, 23. 4. 1990 – 6 Ca 271/89, rkr., BB 1990, 1418; *Krüger, Hartmut*, ZTR 1991, 11, 16). Der Gleichbehandlungsgrundsatz ist bei der Kündigung nur insoweit unanwendbar, als trotz gleichen Fehlverhaltens im Rahmen der Zumutbarkeit weiterer Beschäftigung die Vergangenheit des einzelnen im Arbeitsverhältnis unterschiedlich zu gewichten ist. Insbesondere bei einem im kirchlichen Verkündigungsdienst tätigen Arbeitnehmer kann eine gegen Glaubensgrundsätze verstoßende Eheschließung mit einem geschiedenen, aber noch in kanonisch-rechtlich gültiger Ehe lebenden Partner eine ordentliche Kündigung sozial rechtfertigen (*BAG*, 25. 5. 1988 – 7 AZR 506/87, KirchE 26, 142 = AP Nr. 36 zu Art. 140 GG). In diesem Sinne erging auch die Entscheidung des *ArbG Bonn* vom 29. 5. 1996 gegenüber einer Kindergartenleiterin, die einen Geschiedenen standesamtlich geheiratet hatte (5 Ca 3380/95).

Die **Grundordnung** vom 22. 9. 1993 nennt den Abschluss einer nach dem Glaubensverständnis und der Rechtsordnung der Kirche ungültigen Ehe einen schwerwiegenden Loyalitätsverstoß (Art. 5 Abs. 2 GrO), verlangt aber vom Dienstgeber die Prüfung, ob die Weiterbeschäftigung in jedem einzelnen Fall unzumutbar ist. Das ist der Fall, wenn der Verstoß von pastoral, katechetisch oder leitend tätigen Mitarbeitern begangen wird und von Mitarbeitern, die auf Grund einer Missio canonica tätig sind (Art. 5 Abs. 3 S. 1 GrO). Damit wird nicht mehr in allen Fällen mitarbeiterseitigen Loyalitätsverstoßes infolge ungültiger Eheschließung die Kündigung verlangt, insbesondere wenn ein Mitarbeiter die Lehre der Kirche anerkennt, aber im konkreten Fall versagt (Art. 5 Abs. 4 GrO). Die Frage des Kommunionempfanges von wiederverheirateten geschiedenen Gläubigen wird vom kirchlichen Lehramt nicht unterschiedlich behandelt (Amtsblatt des Erzbistums Köln 1994 Nr. 242 S. 235), sondern unter Hinweis auf das Schreiben Familiaris consortio werden die Hirten ermahnt, die wiederverheirateten Geschiedenen zu ermutigen, an verschiedenen Lebensvollzügen der Kirche teilzunehmen. Zugleich bekräftigt es die beständige und allgemeine »auf die Heilige Schrift gestützte Praxis, wiederverheiratete Geschiedene nicht zur eucharistischen Kommunion zuzulassen«. Arbeitsvertraglich wird jedoch bei der Frage der Kündigung differenziert. Das zeigen insbesondere die von der Bischofskonferenz am 28. 9. 1995 in Fulda verabschiedeten **Richtlinien über persönliche Anforderungen an Diakone und Laien im pastoralen Dienst im Hinblick auf Ehe und Familie** (Amtsblatt des Erzbistums Köln 1995, Nr. 297 S. 331 ff., Kirchl. Amtsbl. Trier 1996 Nr. 16 S. 22). »Danach stellt der pastorale Dienst an die persönliche Lebensführung Anforderungen, die über das für einen jeden Christen geltende Maß hinausgehen. Wer einen pastoralen Dienst übernimmt, ist verpflichtet, sich grundsätzlich mit der Kirche und ihrer Lehre zu identifizieren. Geistlich und praktisch können Ehe und Familie dessen, der einen kirchlichen Dienst ausübt, von der Tätigkeit für die Kirche nicht unberührt bleiben.« Von Personen, die in den pastoralen Dienst aufgenommen werden wollen oder in ihm

80

§ 19

tätig sind, wird gefordert, dass sie ihre personal-partnerschaftliche Gemeinschaft in einer kirchenrechtlich gültigen Ehe leben (Erläuterungen zu den Richtlinien, Amtsblatt Köln 1995 S. 332).

dd. Werbung für eine andere Glaubensgemeinschaft

81 Sind arbeitsvertraglich Loyalitätsobliegenheiten zur Mitarbeit als Erzieher in einer Tageseinrichtung für Kinder in Trägerschaft einer christlichen Kirchengemeinde vereinbart, dann ist das öffentliche und werbende Auftreten des Mitarbeiters für eine nicht christliche Glaubensgemeinschaft geeignet, das Arbeitsverhältnis dienstgeberseitig außerordentlich zu kündigen. Das ist der Fall, wenn von den Glaubenssätzen einer Kirche erheblich abweichende Lehren verbreitet werden und der Mitarbeiter keine hinreichende Gewähr dafür bietet, in einem konfessionellen Kindergarten der Verpflichtung zur Loyalität nachzukommen, wenn er nämlich öffentlich für Lehrveranstaltungen der Glaubensgemeinschaft wirbt und solche Veranstaltungen auch selbst durchführt. Ein derartiges Verhalten ist tendenzschädlich aus der Sicht des Arbeitgebers. Ist im Kündigungszeitpunkt davon auszugehen, dass in der Zukunft weitere derartige Verstöße vorkommen, ist die außerordentliche Kündigung nach vergeblichen Versuchen, einen Sinneswandel herbeizuführen, berechtigt (*BAG*, 21. 2. 2001 – 2 AZR 139/00, NZA 2001, 1136; die Verfassungsbeschwerde ist nicht zur Entscheidung angenommen worden – *BVerfG*, 7. 3. 2002 – 1 BvR 1962/01, EzA § 611 Kirchl. Arbeitnehmer Nr. 47 a).

ee. Aktive Mitgliedschaft in einer kirchenfeindlichen Partei

82 Das *LAG Hamm* (26. 11. 1985 – 7 Sa 1571/85, NJW 1987, 973) hat erkannt, dass die Kündigung gegenüber einem Erzieher in einem kirchlichen Kinderheim, der entgegen kirchlichen Bestimmungen (can. 1374 CIC) Mitglied einer kommunistisch/marxistischen/leninistischen Partei ist und sich aktiv für diese Partei einsetzt, dann sozial gerechtfertigt ist, wenn ein klarer Beschluss über die Unvereinbarkeit einer solchen Mitgliedschaft und Mitarbeit in der Kirche vorliegt und allgemein bekannt gemacht ist. Gegenüber dem Selbstbestimmungsrecht der Kirche kann sich der Gekündigte nicht auf seine Grundrechte aus Art. 12 Abs. 1 S. 1 (Berufswahlrecht, freie Arbeitsplatzwahl) und Art. 4 Abs. 1 GG (Glaubens- und Gewissensfreiheit) und auch nicht darauf berufen, dass eine Entscheidung des *Bundesverfassungsgerichts* über die Verfassungswidrigkeit der Partei gemäß Art. 21 Abs. 2 GG nicht vorliegt. (Dazu *Fischermeier*, KR § 626 BGB Rz 118; *Ollmann*, ZfSH/SGB 1990, 571, 578). Die Funktionärstätigkeit in der DKP ist mit der Treuepflicht einer im kirchlichen Dienst stehenden Erzieherin nicht zu vereinbaren (*ArbG Herne*, 11. 12. 1987 – 5 Ca 589/87, KirchE 25, 390).

ff. Homosexualität/Transsexualität

83 Zur Kündigung führten ferner die homosexuelle Praxis eines Heimleiters für Behinderte, der in seiner Dienstwohnung am Arbeitsplatz wohnte und trotz Abmahnung (dazu: *Hunold*, Abmahnung, BB 1986, 2050) sein Verhalten nicht änderte (*ArbG Gießen*, 6. 3. 1984 – 2 Ca 438/83; vgl. auch *BAG*, 30. 6. 1983 – 2 AZR 524/81, NJW 1984, 1917 = KirchE 21, 162; *Keßler*, Die Kirchen und das Arbeitsrecht S. 193 ff.; *Ollmann*, ZfSH/SGB 1990, 571, 577) und das öffentliche und praktizierte Bekenntnis eines Kantors zur Homosexualität (*ArbG Düsseldorf* 16. 3. 1987 – 9 Ca 524/87; vgl. auch: Amtsblatt des Erzbistums

Köln 1986 Nr. 253 S. 34 f.). Eine transsexuelle Person kann aus einem mit der Umwandlung ihres Geschlechts zusammenhängenden Grund aus dem Arbeitsverhältnis nicht entlassen werden, weil Art. 5 Abs. 1 Richtlinie 76/207 EWG dieser Maßnahme entgegensteht (*EuGH*, 30. 4. 1996 – Rs. C – 13/94, NZA 1996, 695).

gg. Schwangerschaftsabbruch
Die öffentliche Stellungnahme eines in einem katholischen Krankenhaus beschäftigten Arztes für den legalen Schwangerschaftsabbruch (*BAG*, 21. 10. 1982 – 2 AZR 591/80, EzA 1 KSchG Tendenzbetrieb Nr. 12, wobei das Grundrecht auf Freiheit der Meinungsäußerung aus Art. 5 Abs. 1 GG bei Verletzung der Loyalitätspflicht nicht verletzt wird; *BAG*, 21. 10. 1982 – 2 AZR 628/80, EzA § 1 KSchG Tendenzbetrieb Nr. 13 mit Anm. von *Rüthers*, dazu grundlegend *BVerfG*, 4. 6. 1985 – 2 BvR 1703/83, 1718/83 und 856/84, BVerfGE 70, 138) wurde als Verletzung der Loyalitätsobliegenheit und als Kündigungsgrund bewertet (siehe auch: Sekretariat der Deutschen Bischofskonferenz, Für das Leben, in: Die deutschen Bischöfe, Heft 38). 84

Gemäß den Bischöflichen Richtlinien für katholische Schwangerschaftsberatungsstellen, die keine Beratungsscheine als Voraussetzung für straffreie Abtreibungen ausstellen (Amtsblatt des Erzbistums Köln 2001, Nr. 2 S. 6), haben sich alle in den katholischen Beratungsstellen tätigen Mitarbeiterinnen und Mitarbeiter auf die Einhaltung der Richtlinien schriftlich zu verpflichten; die Nichteinhaltung der Richtlinien hat arbeitsrechtliche Konsequenzen (§ 13 der Richtlinie). Die kirchliche Anerkennung der Beratungsstelle wird widerrufen, wenn gegen die Zielsetzung der Beratung für das Leben des Kindes und gegen die Richtlinien verstoßen wird (§ 14 der Richtlinie). Es geht um den Schutz des ungeborenen Kindes § 1 der Richtlinie) und Hilfen für Schwangere, Mütter und Kinder zu vermitteln (§ 3 der Richtlinie; vgl. auch: Menschenwürde und Menschenrechte, Hirtenwort der deutschen Bischöfe, Amtsblatt des Erzbistums Köln 1996, Nr. 228 S. 259; Apostolisches Schreiben zu den Schwangerschaftsberatungsstellen (Amtsblatt des Erzbistums Köln 1998 Nr. 31 S. 35; 1999 Nr. 167 S. 163). 85

hh. Sonstige Verstöße gegen die Glaubens- und Sittenlehre der katholischen Kirche
Es stellt einen die fristlose Kündigung des Arbeitsverhältnisses rechtfertigenden Grund dar, wenn ein kirchlicher Mitarbeiter für eine von ihm aufgenommene Korrespondenz über sexuelle Praktiken das Pfarrhaus als Kontaktadresse angibt (*LAG Rheinland-Pfalz*, 16. 6. 1988 – 4 Sa 174/88, KirchE 26, 168). Es kann einen wichtigen Grund zur fristlosen Kündigung eines Chefarztes in einem katholischen Krankenhaus darstellen, wenn dieser mit seinen Behandlungsmethoden (homologe Insemination) gegen tragende Grundsätze des geltenden Kirchenrechts verstößt. Im Einzelfall kann eine **Abmahnung** erforderlich sein, wenn der Arzt eine bestimmte Behandlungsmethode bereits vor der endgültigen Klärung ihrer kirchenrechtlichen Zulässigkeit anwendet (*BAG*, 7. 10. 1993 – 2 AZR 226/93, NZA 1994, 443 = NJW 1994, 3032). Eine Lehrerin an einer katholischen Privatschule, die im Rahmen einer von ihr anberaumten Pressekonferenz ihre intimen Beziehungen zu einem an der selben Schule tätigen Priester offen legt, macht sich schon durch dieses Vorgehen einer die Kündigung des Dienstverhältnisses rechtfertigenden Verletzung der arbeits- 86

§ 19

vertraglichen Loyalitätspflicht schuldig (*BVerfG*, 31. 1. 2001 – 1 BvR 619/92, NZA 2001, 717). Dies ergibt sich auch aus der arbeitsvertraglichen Treuepflicht gemäß §§ 611, 242 BGB (*LAG München*, 8. 4. 1991 – 9 Sa 72/90, KirchE 29, 85). Die Aufnahme einer ehebrecherischen Beziehung und deren Aufrechterhaltung ist gravierender Verstoß gegen die Loyalitätsobliegenheiten, der zur ordentlichen Kündigung durch den Dienstgeber berechtigt (*ArbG Köln*, 11. 3. 1994 – 18 Ca 2118/93; *ArbG Oberhausen*, 24. 5. 1994 – 3 Ca 356/94, KirchE 32, 169). Bei **sexuellen Belästigungen** hat der Dienstgeber die zum Schutz der Mitarbeiter vorgesehenen gesetzlichen Maßnahmen zu ergreifen und dabei den Grundsatz der Verhältnismäßigkeit zu beachten (§§ 2, 3, 4 BeschSchuG). Reicht eine Abmahnung nicht aus, um die Fortsetzung sexueller Belästigungen mit der gebotenen Sicherheit zu unterbinden und kommt eine Umsetzung oder Versetzung des Störers nicht in Betracht, kann der Dienstgeber mit einer Kündigung auf die sittlichen Verfehlungen reagieren (*LAG Hamm*, 22. 10. 1996 – 6 Sa 730/96, rkr., DB 1997, 482).

c. Gerichtliche Überprüfung der Kündigungsgründe

aa. Kirchliches Selbstbestimmungsrecht

87 Weil gesichert ist, dass es im Hinblick auf das verfassungsrechtlich gewährleistete kirchliche Selbstbestimmungsrecht **allein Sache der verfassten Kirchen** ist, über Bestehen, Umfang und Abstufung kirchlicher **Loyalitätspflichten zu bestimmen**, ist im Konfliktfall grundsätzlich zu prüfen, ob nach dem Selbstbestimmungsrecht der verfassten Kirche im konkreten Fall eine arbeitsrechtlich abgesicherte Loyalitätspflichtverletzung durch einen Mitarbeiter im kirchlichen Dienst vorliegt (vgl. *Dütz*, NZA Beilage 1/1986, 11, 13) und wie schwer diese Pflichtverletzung zu bewerten ist. Darüber entscheidet der Dienstgeber in Ansehung der kirchlichen Bestimmungen, an die der Mitarbeiter und der Dienstgeber gebunden ist. Als nächstes tritt das arbeitsgerichtliche Prüfungsrecht hinzu, um festzustellen, ob die kirchlichen Grundsätze zur Ausübung ihres Selbstbestimmungsrechts »in Widerspruch zu Grundprinzipien der Rechtsordnung« stehen. Sind diese Prinzipien nicht verletzt (**Willkürverbot:** Art. 3 Abs. 1 GG; **Begriff der guten Sitten:** § 138 Abs. 1 BGB; **Ordre public:** Art. 6 EGBGB), dann sind die Arbeitsgerichte uneingeschränkt an das kirchliche Selbstbestimmungsrecht gebunden. Sie müssen den Sachverhalt feststellen und unter die kirchlicherseits vorgegebenen, arbeitsrechtlich abgesicherten Loyalitätsobliegenheiten subsumieren (*Weber*, NJW 1986, 370 f.). Die Kirchen haben die ausdrückliche Befugnis, in den Schranken des für alle geltenden Gesetzes den kirchlichen Dienst nach ihrem Selbstverständnis zu regeln und verbindlich zu bestimmen. Die Kirchen können also mit ihren Mitarbeitern im Arbeitsvertrag besondere Loyalitätsobliegenheiten vereinbaren. Aufgrund des Vertragsabschlusses tritt eine Verschränkungslage von staatlichem und kirchlichem Recht ein, wonach das Dienstverhältnis als Rechtsverhältnis des staatlichen Rechts zugleich in die kirchliche Rechtsordnung eingebettet ist (can. 1290; *Pahlke*, Der Dritte Weg, NJW 1986, 350, 352). Das *BVerfG* geht insoweit von dem Sonderarbeitsvertragsrecht der Kirchen aus (*Rüthers*, NJW 1986, 356, 357). Nicht maßgeblich sind Auffassungen der einzelnen betroffenen kirchlichen Dienststellen oder Anschauungen breiter Kreise unter den Kirchenmitgliedern, einzelner bestimmten Tendenzen verbundener Mitarbeiter oder von der kirchlichen Lehre abweichende Diskussi-

§ 19

onsbeiträge einzelner (*BVerfGE*, 70, 138). Die Kirchen legen verbindlich fest, was die Glaubwürdigkeit der Kirche und ihrer Verkündung erfordert und welches die »wesentlichen Grundsätze der Glaubens- und Sittenlehre« sind und was als schwerer Verstoß dagegen anzusehen ist, (*BVerfG*, wie vor; *Dütz*, Besonderes Verhältnis S. 127, 134 f.). In diesem Zusammenhang sei auf den Inhalt der Strafe der Exkommunikation verwiesen, wonach diese Kirchenstrafe keinen Dienst in der Kirche erlaubt, wenn die Exkommunikation verhängt oder festgestellt worden ist (can. 1331 § 2 n. F.). Dasselbe gilt für den Entzug der missio canonica, welche Voraussetzung für den Dienst in der Glaubensverkündigung und Glaubenslehre ist (z. B. Religionslehrer, Theologieprofessoren: vgl. Rz 8).

bb. Arbeitsgerichtliche Entscheidung
Mit der Subsumtion des Sachverhalts unter die arbeitsrechtlich abgesicherten 88
Loyalitätsobliegenheiten ist die Prüfung der Rechtmäßigkeit einer Kündigung nach Auffassung des *BVerfG* allerdings noch nicht abgeschlossen. Denn trotz Verletzung einer Loyalitätsobliegenheit des Arbeitnehmers ist noch die Prüfung erforderlich, ob diese Verletzung eine Kündigung des kirchlichen Arbeitsverhältnisses sachlich rechtfertigt (vgl. *Berchtenbreiter*, Kündigungsschutzprobleme S. 97 ff.; *Dütz*, wie vor, S. 135). Dies ist nach den kündigungsschutzrechtlichen Bestimmungen der §§ 1 KSchG, 626 BGB zu entscheiden (*BAG* 15. 1. 1986 – 7 AZR 545/85, ZevKR 1986, 461= AfkKR 1986, 537, 540). Hierin liegt ein Spannungsverhältnis, das weiterer Klärung bedarf (*Rüthers*, NJW 1986, 336, 359). Das *ArbG Regensburg* (18. 7. 1986 – 5 Ca 968/86, n. rkr.) hat die Klarstellung des *BVerfG* anerkannt, aber die Kündigung der Kirchenbehörde gegenüber einem Bibliothekar, der eine zuvor gültig verheiratete, aber geschiedene Katholikin mit einem aus ihrer ersten Ehe zu versorgenden Kind und einem von dem Bibliothekar gezeugten zu erwartenden Kind geheiratet hatte, für sozial ungerechtfertigt (§ 1 Abs. 2 S. 1 KSchG) erklärt, weil u. a. ein anderer Mitarbeiter, der auch geschieden war, nach seiner standesamtlichen Wiederverheiratung lediglich versetzt wurde (vgl. jetzt: Art. 5 Abs. 1 GrO). Das *ArbG Münster* hatte darüber zu entscheiden, ob die standesamtliche Heirat einer Fachlehrerin für geistig Behinderte mit einem Geschiedenen ein die Kündigung ihres Arbeitsverhältnisses rechtfertigender Grund sei, nachdem aus der Ehe zwei Kinder hervorgegangen waren (3. 9. 1986 – 4 Ca 194/86, BB 1987, 128). Das Gericht hat die Ansicht vertreten, dass die Auffassung der katholischen Kirche über den Verstoß gegen die Lehre über die Unauflöslichkeit der Ehe und damit gegen den Arbeitsvertrag gegen den ordre public (jetzt Art. 6 EGBGB) verstoße, weil diese Auffassung sowohl die in Art. 6 Abs. 1 GG und Art. 12 der Europäischen Menschenrechtskonvention geschützte Eheschließungsfreiheit als auch die Gewissensfreiheit der gekündigten Arbeitnehmerin aus Art. 4 Abs. 1 GG sowie die in Art. 1 Abs. 1 GG geschützte Menschenwürde des ersten Kindes der Arbeitnehmerin, das durch die Eheschließung ehelich geboren wurde, verletze und deshalb in untragbarem Widerspruch zu grundlegenden am staatlichen Recht orientierten Gerechtigkeitsvorstellungen stehen würde. Die Kündigung würde im Falle der Zulassung die Eheschließung mit einer Sanktion belegen. Das *LAG Hamm* (27. 1. 1987 – 7 Sa 2049/86, BB 1987, 1322) hat die Kündigungsschutzklage der gekündigten Lehrerin jedoch abgewiesen, weil beim Widerstreit von Verfassungsgrundsätzen das verfassungsrechtlich garantierte Selbstbestimmungs-

§ 19

recht der Kirchen nicht unzumutbar beeinträchtigt werden dürfe, damit die Glaubwürdigkeit der Kirche nicht auf dem Spiel steht. Die Nichtzulassungsbeschwerde gegen das Urteil des *LAG Hamm* ist vom *BAG* (30. 10. 1987 – 7 AZR 278/87) verworfen worden (BB 1987, 2369). In einem anderen Fall hat das *BAG* (25. 5. 1988 – 7 AZR 506/87, EzA § 611 Kirchl. Arbeitnehmer Nr. 27 mit Anm. *Dütz*) die Entlassung einer Religionslehrerin im Wege der Kündigung als gerechtfertigt angesehen, weil die Frau standesamtlich einen geschiedenen Mann geheiratet hatte, mit dem sie inzwischen ein Kind hatte. Das *BAG* erklärte, dass die Frau als Religionslehrerin nicht die katholische Glaubenslehre glaubwürdig verkünde, nachdem sie selbst dagegen verstoßen habe und persönlich nicht danach lebe. Es hat hervorgehoben, dass der Grundsatz der Unauflöslichkeit der Ehe nach wie vor zu den wesentlichen Grundsätzen der katholischen Glaubens- und Sittenlehre gehört (can. 1055, 1134, 1141 CIC 1983). Die Frau hatte gegen die Kündigung geltend gemacht, dass sie durch die Schwangerschaft in den Konflikt geraten sei, entweder den geschiedenen Kindesvater zu heiraten oder das Kind möglicherweise nicht auszutragen, was beides gegen die katholischen Glaubensgrundsätze verstoßen hätte. Die katholische Kirche entzog der Frau nach der Eheschließung mit dem geschiedenen Mann wegen des Verstoßes gegen die katholische Glaubens- und Sittenlehre die Befähigung zur Erteilung des katholischen Religionsunterrichts (missio canonica; Rz 8). Die fristlose Kündigung gegenüber der Frau wurde aufgehoben, dagegen wurde die vorinstanzliche Umwandlung in eine ordentliche Kündigung (vgl. dazu *Hager*, Die Umdeutung der außerordentlichen in eine ordentliche Kündigung, BB 1989, 693; Rz 40) bestätigt. Zur sozialen Rechtfertigung der Kündigung des Arbeitsverhältnisses einer katholischen Mitarbeiterin einer katholischen Kirchengemeinde wegen erneuter standesamtlicher Eheschließung zu Lebzeiten des früheren Ehegatten hat das *LAG Niedersachsen* (9. 3. 1989 – 14 Sa 1608/88, NJW 1990, 534 f.) folgendes ausgeführt: Durch die wiederholte Aufforderung des Pfarrers der Kirchengemeinde, den Vater des inzwischen geborenen Kindes zu heiraten, also eine zweite Ehe standesamtlich einzugehen, habe die anstellende Kirchengemeinde selbst das Entstehen des Kündigungsgrundes wesentlich mit veranlasst, während sie gegen das jahrelange Zusammenleben der Mitarbeiterin mit dem späteren Ehegatten nichts eingewandt hatte. Kirchliches Anliegen und faktische Verwirklichung werden von den Gerichten beurteilt. Differieren kirchliche Grundsätze und anzutreffende Praxis voneinander, so wird ein Schwachpunkt offenbar (*v. Tiling*, Zur Rechtsstellung, ZevKR 1977, 322, 339), der bei mehr Achtsamkeit hätte vermieden werden können; bei der Frage der sozialen Rechtfertigung der Kündigung bleibt er nicht unberücksichtigt.

cc. Abstufungstheorie

89 Die vom *BAG* (14. 10. 1980, EzA § 1 KSchG Tendenzbetrieb Nr. 10) entwickelte Abstufungstheorie, wonach das ArbG über die Inhalte und Abstufung der besonderen Loyalitätspflichten der Mitarbeiter im kirchlichen Dienst entscheide (*BAG*, 23. 3. 1984, – 7 AZR 249/81, NJW 1984, 2596 = KirchE 22, 53) ist vom *BVerfG* korrigiert worden (BVerfGE 70, 138). Die Kirchen entscheiden (*Mayer-Maly*, Tragweite in: BB, Beilage 3/77 zu Heft 24/1977 S. 10). Der Versuch von *Dütz* (Kirchliche Festlegung, NJW 1990, 2025, 2027 ff.), zwischen Grundpflichten (bzw. Mindestloyalität, so: *Mummenhoff*, Loyalität im Kirchlichen Arbeitsverhältnis, NZA 1990, 590) aller Mitarbeiter und gestei-

§ 19

gerten Loyalitätspflichten besonderer Mitarbeitergruppen (Funktionsabstufung. *so: Mummenhoff*, NZA 1990, 592; *Etzel*, KR § 1 KSchG Rz 81: Bei Handwerkern sei der Verstoß gegen kirchliche Eheverbote kein Kündigungsgrund.) zu unterscheiden, birgt für die Praxis von der Sache her Schwierigkeiten (Rz 59), weil die Eigenschaft als Mitarbeiter in der Kirche dessen Stellung in der Kirche nicht verändert (*Eder*, Dissertation S. 136). Die **Mitarbeitervertreter** jedenfalls stehen wegen ihrer besonderen Funktion ohne Ansehung ihrer beruflichen Stellung in einem besonderen Dienst, der durch die MAVO, nicht allein durch den Arbeitsvertrag geregelt ist. Ausschlaggebend ist außerdem die Zugehörigkeit oder Nichtzugehörigkeit zur katholischen Kirche (*Mummenhoff*, NZA 1990, 585, 587; Art. 4, 5 Abs. 5 GrO). Darauf ist am besten bei den Einstellungsgesprächen informativ hinzuweisen (*Mummenhoff*, NZA 1990, 589; Art. 3 Abs. 5 GrO). Es muss davon ausgegangen werden, dass die Identifikation mit der Kirche nicht teilbar ist, so dass nicht zwischen totaler und partieller Identifikation unterschieden werden kann, weil grundsätzlich für alle Christen das Erfordernis der Identifikation gilt (*Eder*, S. 109). Allerdings können entsprechend den drei Hauptgruppen der kirchlichen Dienstverhältnisse Unterscheidungen vorgenommen werden. Gemäß can. 209 § 1 CIC sind die Gläubigen verpflichtet, auch in ihrem eigenen Verhalten immer die Gemeinschaft mit der Kirche zu wahren. Die Kirche verlangt einen gemeinsamen Standard christlicher Lebensführung von ihren Gläubigen, so dass es in diesem Bereich keine Abstufung geben kann. Das Kriterium für dieses generell geforderte Verhalten ist an der »communio cum ecclesia« zu messen. Allerdings ist das Handeln von Klerikern von größerer Bedeutung für das kirchliche Selbstverständnis als das Handeln von Laien, die wiederum in unterschiedlicher Weise, nämlich im besonderen und im allgemeinen kirchlichen Dienst stehen (*Eder*, S. 109 m. N.). Denn can. 96 und can. 204 § 1 CIC ordnen den Gläubigen unterschiedliche Rechte und Pflichten zu und gehen davon aus, dass je nach Stellung in der Kirche unterschiedliche Pflichten und damit korrespondierende Rechte bestehen (Art. 4 Abs. 1 GrO). Es geht unter Berücksichtigung der can. 225 § 2, 229 § 1 und 231 § 2 um die jeweilige Stellung, die eine Person in der Kirche innehat. Die jeweilige Nähe zum kirchlichen Auftrag bringt besondere Rechte und eben auch Pflichten mit sich (vgl. auch can. 209 § 2 und 223 § 1 CIC). Für katholische Laienmitarbeiter im allgemeinen kirchlichen Dienst gilt, dass sie keine äußerlich feststellbaren Verstöße gegen Grundprinzipien der christlichen Lebensordnung begehen, die auch bei anderen Katholiken zu einer rechtlichen Beeinträchtigung ihrer Stellung in der Kirche führen (*Eder*, S. 111 m. N.).

Folge der Abstufungstheorie (*LAG Rheinland-Pfalz*, 12. 9. 1991 – 4 Sa 72/91, **90** NZA 1992, 648) und der schon zuvor erfolgten Korrektur durch das Bundesverfassungsgericht ist die durch die Grundordnung ergangene Weisung an die Dienstgeber und deren ausführende Organe oder bestellte Leitungen, nach den durch die Grundordnung vorgegebenen Kriterien die Frage der Weiterbeschäftigung zu stellen und zu entscheiden. Dabei stehen im Mittelpunkt die Mitarbeiter i. S. von Art. 5 Abs. 3 S. 1 GrO, insbesondere also Mitarbeiter im Verkündigungsdienst, wie Pastoralassistenten, Pastoralreferenten, Gemeindeassistenten, Gemeindereferenten, Religionslehrer, Katecheten und Mitarbeiter mit leitenden Aufgaben. Bei den »Leitenden« ist zu unterscheiden, ob sie diese Funktion im Sinne von § 2 Abs. 2 S. 1 und § 3 Abs. 2 Nrn. 1, 2, 3 und 4 MAVO ausüben und infolgedessen ohnehin nicht Mitarbeitervertreter

§ 19

sein können, wie z. B. Kirchenvorstandsmitglieder, GmbH-Geschäftsführer, Mitglieder der Krankenhausbetriebsleitung, Schulleiter und deren ständige Stellvertreter, Hauptabteilungsleiter in den Ordinariaten, Direktoren der Diözesancaritasverbände und Ortscaritasverbände, einstellungs- und entlassungsbefugte Mitarbeiter, oder ob sie Mitarbeiter mit leitenden Aufgaben i. S. der Grundordnung sind, aber nicht schon deshalb aus dem Mitarbeiterbegriff der MAVO ausgegrenzt sind und infolgedessen Mitarbeitervertreter sein können, wie z. B. Leiter und Leiterinnen von Pfarrkindergärten, Leiter von Bildungseinrichtungen, Chefärzte, falls sie nicht eigens gemäß § 3 Abs. 2 S. 2 i. V. m. Satz 1 Nr. 3 und 4 unter Beteiligung der MAV gemäß § 29 Abs. 1 Nr. 18 MAVO aus dem Mitarbeiterbegriff ausgegrenzt worden sind, wozu bei den in § 1 Abs. 1 MAVO genannten Rechtsträgern die Genehmigung des Ordinarius erfolgt sein muss (§ 3 Abs. 2 S. 3 MAVO). Die GrOKr bezeichnet die Abteilungsärzte als leitende Mitarbeiter (Abschnitt B II Nr. 2 Buchstabe f). Da die GrOKr jedoch keine Ausführungsvorschriften zur MAVO enthält, sondern eine die GrO ergänzende Spezialordnung ist, ist zur Ausgrenzung der Chefärzte aus dem Mitarbeiterbegriff des § 3 Abs. 1 MAVO zusätzlich nach § 3 Abs. 2 die Beteiligung der MAV zur Ausgrenzung erforderlich (§ 29 Abs. 1 Nr. 18).

7. Nichtkatholische, getaufte Mitarbeiter

91 Durch die MAVO werden auch Nichtkatholiken, seien sie getauft oder ungetauft, der Gesetzgebung der katholischen Kirche unterstellt. Diese Maßnahme erfolgt aber nicht entgegen der Bestimmung von can. 11 CIC, sondern mit Rücksicht auf ihre Stellung als Mitarbeiter in einer Einrichtung der katholischen Kirche. Wer auf Grund eines Arbeitsvertrages (§ 611 BGB) in Dienste getreten ist, unterliegt in der Durchführung des Arbeitsvertrages den Weisungen des Arbeitgebers, also auch den kollektivrechtlichen Normen, die sich auf seinen Status als Mitarbeiter der kirchlichen Einrichtung oder Dienststelle beziehen. Folglich sind auch **Ausschlussgründe vom Amt als Mitarbeitervertreter für Nichtkatholiken verbindlich** (Art. 140 GG i. V. m. Art. 137 Abs. 3 WRV; *Bischöfliche Schlichtungsstelle Berlin*, NJW 1985, 1857 f., 1. Sp.).

92 Die Zugehörigkeit zu einer anderen Kirche (als der katholischen) oder kirchlichen Gemeinschaft (dazu: *Heinemann*, Kirchen und kirchliche Gemeinschaften, ZevKR 1987, 378) wird durch die *Taufe* erworben (*Brunotte*, Taufe und Kirchenmitgliedschaft, in: Das Problem der Kirchengliedschaft heute S. 173; *Allmen*, Die Zugehörigkeit zur Kirche in reformierter Sicht, in: wie vor S. 142; *Sykes*, Anglikanische Perspektiven zur Mitgliedschaft in der Kirche, in: wie vor S. 391; *Nissiotis*, Die Zugehörigkeit zur Kirche nach orthodoxem Verständnis, in: wie vor S. 366; *Meinhold*, Das Problem der Kirchengliedschaft aus lutherischer Sicht, in: wie vor S. 344; *Mosiek*, Verfassungsrecht I S. 75; Lumen Gentium Nr. 15, bei: *Rahner/Vorgrimler* S. 140; Unitatis Redintegratio Art. 22 f., bei: *Rahner/Vorgrimler* S. 248).

93 Innerhalb der **Evangelischen Kirche in Deutschland** (EKD) wird nach herkömmlichem evangelischen Kirchenrecht die Kirchenmitgliedschaft durch die Taufe, durch evangelischen Bekenntnisstand und durch Wohnsitz in der Gliedschaft der EKD begründet. Die Kirchenmitgliedschaft besteht zur Kirchengemeinde und zur Gliedkirche des Wohnsitzes. (*Engelhardt*, Kirchenmitgliedschaft, ZevKR 1996, 142, 151 ff.). Durch die Kirchenmitgliedschaft in ei-

§ 19

ner Gliedkirche der EKD gehört das Kirchenmitglied der bestehenden **Gemeinschaft der deutschen evangelischen Christenheit** an. Die sich daraus für das Kirchenmitglied ergebenden Rechte und Pflichten gelten im gesamten Bereich der EKD. Innerhalb der EKD setzt sich bei einem Wohnsitzwechsel in den Bereich einer anderen Gliedkirche die Kirchenmitgliedschaft in der Gliedkirche des neuen Wohnsitzes fort (Vereinbarung über die Kirchenmitgliedschaft der Gliedkirchen in der EKD, Amtsblatt der EKD 1970 S. 2; siehe auch Kirchengesetz der Evgl. Kirche im Rheinland zur Vereinbarung vom 13. 1. 1970, KABl. S. 33, in: *Becker* (Hrsg.), Evangelisches Kirchenrecht im Rheinland, Die Kirchenordnung und andere Organisationsgesetze, Heft 3 S. 1 ff. = Das Problem der Kirchengliedschaft heute S. 231; dazu *Wendt*, Bemerkungen zur gliedkirchlichen Vereinbarung über das Mitgliedschaftsrecht in der EKD, in: wie vor S. 221; *Nuyken*, Die Kirchenmitgliedschaft im Kirchengesetz über die Kirchenmitgliedschaft vom 10. November 1976, in: wie vor S. 325).

Die in der Vereinbarung der Gliedkirchen der EKD offen gebliebenen Einzelregelungen des Erwerbs, der Veränderung und der Beendigung der Kirchenmitgliedschaft sind in dem **Kirchengesetz** über die Kirchenmitgliedschaft, das kirchliche Meldewesen und den Schutz der Daten der Kirchenmitglieder **vom 10. November 1976** (Abl. EKD S. 389) geregelt worden. Das Kirchengesetz wurde **am 8. November 2001** u. a. zu § 7 **geändert.** Demzufolge erwerben Geraufte ohne Kirchenmitgliedschaft die Kirchenmitgliedschaft durch **Aufnahme** (nach Kirchenaustritt aus einer anderen christlichen Kirche mit bürgerlicher Wirkung), **Wiederaufnahme** (nach Austritt aus einer Gliedkirche der Evangelischen Kirche in Deutschland), **Übertritt** (Erwerb der Kirchenmitgliedschaft durch Aufgabe der Mitgliedschaft in einer anderen christlichen Kirche oder Religionsgemeinschaft ohne vorherigen Austritt mit bürgerlicher Wirkung, sofern nicht das staatliche Recht einen vorherigen Austritt erfordert). 94

Die durch die Taufe erworbene Zugehörigkeit zur Kirche wird verlebendigt durch die Gliedschaft in einer Gemeinde, weil über sie die Rechte und Pflichten der Kirchengliedschaft praktiziert werden können (*Meinhold*, in: wie vor S. 344 f.; *Frost*, Die Gliedschaft in der Kirchengemeinde, in: Das Problem der Kirchengliedschaft heute S. 237). 95

Von nichtkatholischen christlichen Mitarbeitern wird erwartet, dass sie die Wahrheiten und Werte des Evangeliums achten und dazu beitragen, sie in der Einrichtung zur Geltung zu bringen (Art. 4 Abs. 2 GrO). Denn alle Mitarbeiter müssen die Eigenart des kirchlichen Dienstes bejahen, sie müssen geeignet und fähig sein, die katholische Grundrichtung der Einrichtung mitzutragen (Abschnitt A Nr. 3 GrOKr). Sie haben kirchenfeindliches Verhalten zu unterlassen und dürfen in ihrer persönlichen Lebensführung und in ihrem dienstlichen Verhalten die Glaubwürdigkeit der Kirche und der Einrichtung, in der sie beschäftigt sind, nicht gefährden (Art. 4 Abs. 4 GrOKr). Das gilt auch für Mitglieder der MAV. Infolgedessen kann u. a. der Austritt aus der christlichen Kirche, wenn kein Übertritt in eine andere christliche Kirche erfolgt (*Robbers*, ZevKR 1987, 19, 22 ff.), Grund für eine Kündigung im Sinne von § 19 Abs. 1 S. 2 MAVO (Art. 5 Abs. 2 i. V. m. Art. 5 Abs. 3 und 4) sein (*LAG* Niedersachsen, 18. 11. 1983 – 10 Sa 120/83, KirchE 21, 294), falls der Dienstgeber sich in der Vergangenheit bei Kirchenaustritten nicht entgegengesetzt verhalten hat (*LAG* Hamm, 16. 8. 1988 – 7 Sa 536/88, KirchE 26, 194). 96

§ 19

Zu beachten ist, dass es zwingende staatliche Vorschriften über den Kirchenaustritt, aber nicht solche über den Eintritt in die Kirche gibt (*von Campenhausen*, Kircheneintritt-Kirchenaustritt – Kirchenmitgliedschaft, in: Das Problem der Kirchenmitgliedschaft heute, S. 257; *OVG Lüneburg*, 26. 9. 1989 – 13 L 56/89, KirchE 27, 265 f.), wenn man von den vereinsrechtlich dispositiven Bestimmungen des BGB für privatrechtlich organisierte Religionsgemeinschaften einmal absieht. Durch § 19 Abs. 1 S. 2 MAVO i. V. m. Art. 5 Abs. 3 bis 5 GrO wird zum Ausdruck gebracht, dass nichtkatholische christliche Mitarbeitervertreter als Mitarbeiter einerseits entsprechend den Bestimmungen ihrer Kirchen und christlichen Gemeinschaften ihre Lebensführung einrichten. Andererseits sollen sie aber als Mitarbeiter in einer katholischen Einrichtung alles unterlassen, was der Eigenart des Dienstes in der Einrichtung und der Lehre der katholischen Kirche widersprechen könnte (Art. 4 Abs. 4 GrO; *Dütz*, Das Bundesverfassungsgericht, NZA Beilage 1/1986, 11, 15). Über den Kündigungsgrund des Kirchenaustritts (*SG Münster*, 13. 6. 1989 – S 12 Ar 128/88, NZA 1990, 1000) hinaus sind deshalb Angriffe von Mitarbeitern auf zentrale Glaubensfragen und sittliche Wertpositionen der Kirche und die Unterstützung kirchenfeindlicher Organisationen als Kündigungsgrund wegen Loyalitätspflichtverletzung denkbar und durchsetzbar (*Spengler*, Rechtsprechung zum Arbeitsrecht in kirchlichen Angelegenheiten, NZA 1987, 833, 837). Der CIC erkennt das Recht der Nichtkatholiken an. Wenn aber ein nichtkatholischer Christ in den kirchlichen Dienst übernommen wird, kann er vertraglich verpflichtet werden, kirchengemäßes Verhalten zu befolgen, zumal dies auf Grund der Taufe möglich ist, die alle Christen auf Grundpflichten verpflichtet, wenn auch in differenzierter Weise (can. 209 CIC; *Eder*, Dissertation S. 111). Nichtkatholiken sind verpflichtet, in der Öffentlichkeit nicht gegen kirchliche Normen aufzutreten. Ein nichtkatholischer Mitarbeiter kann trotz seiner Indienstnahme in den kirchlichen Dienst nicht auf die katholische Glaubens- und Sittenlehre verpflichtet werden, weil dies einen Gewissenszwang bedeuten würde. Allerdings kann vertraglich von ihm verlangt werden, dass er dem Anstaltszweck nicht zuwiderhandelt (Art. 4 Abs. 2 und 3 GrO).

8. Nichtchristliche Mitarbeiter

97 Von ungetauften Mitarbeitern ist es nicht möglich, eine Identifikation mit der Kirche zu fordern. Dies wäre Gewissenszwang. Es kann nur gefordert werden, dass sie keine äußerlich feststellbaren Verstöße gegen Grundprinzipien der christlichen Lehre begehen, was einzelvertraglich zu vereinbaren ist (*Eder*, S. 112 f. m. N.). Deshalb verlangt Art. 4 Abs. 3 GrO, dass diese Mitarbeiter bereit sein müssen, die ihnen in einer kirchlichen Einrichtung übertragenen Aufgaben im Sinne der Kirche zu erfüllen. Öffentliche Gotteslästerung und Hervorrufen von Hass und Verachtung gegen Religion und Kirche sind daher als Kündigungsgrund i. S. von Art. 5 Abs. 2 i. V. m. Art. 5 Abs. 3 und 4 GrO denkbar, falls nicht eine mildere Maßnahme, wie etwa die Abmahnung (Art. 5 Abs. 1 GrO) in Betracht zu ziehen ist. Kirchenfeindliches Verhalten ist zu unterlassen, persönliche Lebensführung und dienstliches Verhalten darf die Glaubwürdigkeit der Kirche und der Einrichtung, in der sie beschäftigt sind, nicht gefährden (Art. 4 Abs. 4 GrO).

9. Verhältnis von § 19 und § 13 c

Während § 13 c Bestimmungen über das Ende bzw. den Verlust der Mitgliedschaft in der MAV enthält, die innerkirchliche Wirkung entfalten, schränkt § 19 die Kündbarkeit des Arbeitsvertrages mit einem Arbeitnehmer (Mitarbeiter), der Mitglied der MAV ist oder es noch vor Ablauf der Jahresfrist war, ohne das Amt gemäß § 13 c Nr. 2, 3 und 5 verloren zu haben (§ 19 Abs. 1 S. 3), ein. Die für Streitigkeiten gemäß § 13 c Nr. 2 und 5 i. V. m. § 41 Abs. 1 Nr. 3 zuständige Schlichtungsstelle hat über das Erlöschen der Mitgliedschaft in der MAV zu entscheiden, das Arbeitsgericht (§ 4 KSchG) über die soziale Rechtfertigung der Kündigung (§ 1 KSchG). Beide Entscheidungsinstanzen sind unabhängig voneinander; aber das Arbeitsgericht hat die Entscheidung über den Verlust des Amts als MAV-Mitglied bei der Prüfung des Kündigungsschutzes gemäß § 19 zu berücksichtigen. Will der Dienstgeber den besonderen Kündigungsschutz des § 19 auslöschen, muss er allerdings zunächst das Amtsenthebungsverfahren vor der Schlichtungsstelle austragen (§ 13 c Rz 3 ff. und 18 ff.). Gegebenenfalls ist dann die ordentliche Kündigung auch unter anderen Gesichtspunkten begründbar, nicht mehr nur unter denen des § 19 Abs. 1 oder Abs. 3. 98

Es entspricht aber nicht dem Sinn der MAVO, wegen der Kündigungsabsicht den Verlust der MAV-Mitgliedschaft feststellen zu lassen; denn die jeweiligen Gründe können voneinander verschieden sein. So beruht z. B. der Verlust der Wählbarkeit auf den Gründen des § 13 c Nr. 2 i. V. m. § 8 Abs. 2 oder auf der Entscheidung des Dienstgebers, wer Mitarbeiter in leitender Stellung (§ 3 Abs. 2) ist, nachdem das Mitglied der MAV in diese Position befördert und die MAV beteiligt worden ist (vgl. § 29 Abs. 1 Nr. 18, § 35 Abs. 1 Nr. 4). Der Verlust der Mitgliedschaft in der MAV kann auch die Verletzung einer Amtspflicht als Ursache haben (§ 13 c Nr. 5), wobei die Amtspflichtverletzung (vgl. z. B. § 13 c Rz 18 ff.) kein Verstoß gegen Loyalitätsobliegenheiten i. S. von § 19 Abs. 1 S. 2 MAVO i. V. m. Art. 5 Abs. 2 GrO zu sein braucht. Der Verstoß gegen Loyalitätsobliegenheiten ist unter dem Gesichtspunkt der Kündigung gemäß § 19 Abs. 1 S. 2 zu würdigen, wobei auch gemäß Art. 5 Abs. 1 GrO die Abmahnung zu prüfen ist, während gemäß § 13 c ganz andere Gesichtspunkte zu berücksichtigen sind. Selbst wenn im Falle der Verletzung einer Loyalitätsobliegenheit die Kündigung unwirksam ist, kann dennoch die Prüfung des Ausschlusses aus der MAV erfolgen (§ 13 c Nr. 5). Umgekehrt kann bei wirksamer Kündigung zusätzlich ein Interesse an der Feststellung des Ausschlusses aus der MAV bestehen, weil bei fristgemäßer ordentlicher Kündigung die Fortsetzung des Arbeitsverhältnisses bis zum Ablauf der Kündigungsfrist oder im Falle des Weiterbeschäftigungsanspruchs die Weiterbeschäftigung bis zum Ende des Arbeitsrechtsstreits wegen der Kündigung möglich ist (§ 30 Rz 97 ff.). 99

Die ordentliche Kündigung aus anderen Gründen als den in § 19 genannten ist gegenüber dem MAV-Mitglied nicht wirksam. Das Verfahren zwecks Ausschlusses aus der MAV (§ 13 c Nr. 5 i. V. m. § 41 Abs. 1 Nr. 3) kann das nicht ändern. Denn es geht beim Ausschlussverfahren lediglich um Sanktionen im Falle grober Vernachlässigung oder Verletzung von Befugnissen als Mitarbeitervertreter, nicht von Pflichten aus dem Arbeitsvertrag (Rz 98; § 13 c Rz 18 ff.). 100

§ 19

10. Folgen bei Arbeitslosigkeit

101 Ist dem MAV-Mitglied infolge der Verletzung einer Loyalitätsobliegenheit ordentlich und wirksam gekündigt worden, so kann der Gekündigte im Falle der Arbeitslosigkeit ohne Sperrzeit Arbeitslosenunterstützung verlangen. Allerdings ist dabei abzuwägen, ob Verfassungsgrundrechte (z. B. Art. 1, 4, 6 GG) gegenüber der Versichertengemeinschaft höher zu bewerten sind. Kann der (Gekündigte wichtige Gründe zu seinen Gunsten bei der Beendigung des Arbeitsverhältnisses im Sinne von § 144 SGB III geltend machen, tritt die Sperrfrist bei der Arbeitslosenunterstützung nicht ein. Das gilt sogar dann, wenn der Mitarbeiter von sich aus durch eigene Kündigung oder Vertragsauflösung die Arbeitslosigkeit herbeigeführt hat, um einer Kündigung des Arbeitgebers (Dienstgeber) zuvorzukommen (*SG Münster*, 10. 5. 1989 – S 12 Ar 187/86 n. rkr., NJW 1989, 2839 – im Falle der Heirat einer bei einer katholischen Pfarrgemeinde angestellten Erzieherin mit einem geschiedenen, katholisch-kirchlich verheirateten Mann; *SG Münster*, 13. 6. 1989 – S 12 Ar 128/88, NZA 1990, 100 – im Falle des Kirchenaustritts einer an einem kath. Krankenhaus beschäftigten Krankenschwester ev. Konfession und deshalb arbeitgeberseitig erfolgter Kündigung).

11. Betriebsbedingte Kündigung

102 Die Vorschrift des § 19 Abs. 3 enthält eine Ausnahme vom Verbot der ordentlichen Kündigung in den dort genannten Fällen. Dennoch regelt sie nicht alle Fälle einer ordentlichen betriebsbedingten Kündigung. Die Änderung der Arbeitsbedingungen von Mitarbeitern, in die Mitglieder der MAV einbezogen werden müssen, ist von Absatz 3 nicht erfasst, so dass aus diesem Grunde eine ordentliche Kündigung gegenüber einem Mitglied der MAV auszuscheiden hat. Allerdings kann eine außerordentliche Änderungskündigung (§ 626 Abs. 1 BGB) aus betriebsbedingten Gründen gerechtfertigt sein, wenn ein wichtiger Grund für eine außerordentliche Änderungskündigung vorliegt. Der setzt auf Seiten des Dienstgebers voraus, dass für ihn die Fortsetzung derjenigen bisherigen Bedingungen, deren Änderung er erstrebt, jeweils unzumutbar geworden ist, d. h. dass die vorgesehenen Änderungen für ihn unabweisbar sind. Darüber hinaus müssen zugleich die neuen Bedingungen dem Gekündigten zumutbar sein (*BAG*, 6. 3. 1986 – 2 ABR 15/85, DB 1986, 2605 ff.). Nach Abs. 1 S. 1 ist die außerordentliche Änderungskündigung zulässig. Umstände, die in die Sphäre des Betriebsrisikos des Dienstgebers fallen, sind allerdings – wie bei anderen Mitarbeitern – insbesondere bei einem durch § 19 geschützten Mitglied der MAV in der Regel nicht als wichtige Gründe geeignet. Will der Dienstgeber die Arbeitsbedingungen aller Mitarbeiter oder einer Gruppe von ihnen aus betrieblichen Gründen ändern, ohne dass einer der Schließungsfälle des Abs. 3 vorliegt, so kann er dies gegenüber Mitgliedern der MAV nur durch eine Änderungskündigung aus wichtigen Grund durchsetzen (*BAG*, 6. 3. 1986 – 2 ABR 15/85, DB 1986, 2606 zu B II, 3 m. N.). Die Einführung von Kurzarbeit spricht zunächst indiziell dafür, dass der Dienstgeber nur von einem vorübergehenden Arbeitsmangel ausgegangen ist, der eine betriebsbedingte Kündigung nicht rechtfertigen kann (*BAG*, 26. 6. 1997 – 2 AZR 494/94, DB 1997, 2079).

a. Schließung der Einrichtung

§ 19 Abs. 3 S. 1 regelt die Zulässigkeit der ordentlichen Kündigung in einem **103** speziellen Fall betrieblicher Notwendigkeit, nämlich nur bei oder aus Anlass der Schließung der Dienststelle oder Einrichtung (dazu: *BAG*, 19. 6. 1991 – 2 AZR 127/91, DB 1991, 2442). Die Bestimmung entspricht § 15 Abs. 4 KSchG. Da dem Dienstgeber eine Kündigung aus wichtigem Grunde ohne Einhaltung einer Kündigungsfrist im Falle einer Stilllegung der Einrichtung in aller Regel verschlossen ist, wäre ohne die Zulässigkeit der ordentlichen Kündigung gemäß § 19 Abs. 3 S. 1 die Stilllegung praktisch nicht durchführbar. Wenn aber alle Mitarbeiter anlässlich der Stilllegung der Einrichtung die Kündigung erhalten, verliert auch der Sonderkündigungsschutz für Mitglieder der MAV in § 19 Abs. 1 S. 2 seinen Sinn. Eine weitere Ausnahme regelt **§ 19 Abs. 3 S. 3**, der eine ordentliche Kündigung von Mitgliedern der MAV zulässt, wenn ein Teil der Einrichtung geschlossen wird und das MAV-Mitglied in diesem Teil beschäftigt wird, aber nicht in einen anderen Einrichtungsteil übernommen werden kann. In diesem Fall bleibt die Einrichtung selbst erhalten, was den Gesetzgeber der MAVO mit Blick auf die Funktionsfähigkeit der MAV und der Kontinuität ihrer Arbeit veranlasst hat, den Sonderkündigungsschutz für MAV-Mitglieder zu relativieren. Der Dienstgeber darf seine Absicht, eine Abteilung seiner Einrichtung zu schließen, verwirklichen, muss aber das in dieser Abteilung beschäftigte MAV-Mitglied vorrangig in eine andere Abteilung übernehmen (**§ 19 Abs. 3 S. 2**). Nur wenn dies aus betrieblichen Gründen nicht möglich ist, gestattet § 19 Abs. 3 S. 3 die Kündigung, die allerdings der Kontrolle des staatlichen Arbeitsgerichts unterliegt (§ 1 Abs. 2 S. 1 KSchG; siehe auch *BAG*, 26. 9. 2002 – 2 AZR 636/01, ZTR 2003, 356).

aa. Zum Begriff der Schließung

Für den Begriff der Schließung der Einrichtung ist entscheidend, dass diese **104** auf einem ernstlichen Willen des Dienstgebers beruht und für eine zeitlich erhebliche oder unbestimmte Dauer geplant ist (*BAG*, 21. 6. 2001 – 2 AZR 137/00, NZA 2002, 212). Die Schließung kann durch Aufgabe des Betriebszwecks oder durch eine nicht ganz unerhebliche räumliche Verlegung der Einrichtung mit Auflösung der alten und Aufbau einer neuen Dienstgemeinschaft vom Dienstgeber herbeigeführt werden (*KR-Etzel*, § 15 KSchG Rz 79 m. N.; *BAG*, 12. 2. 1987 – 2 AZR 247/86, DB 1988, 126 ff.). Es muss sich um eine völlige Aufgabe des Zwecks der Einrichtung handeln. So kann man von Schließung noch nicht sprechen, wenn die zu pflegenden Menschen eines Altenheims entlassen werden, während die so genannten Abwicklungsmaßnahmen noch weiter betrieben werden (*Schlichtungsstelle Hildesheim*, 30. 8. 2002, ZMV 2002, 293). Bei einer nur teilweisen Stilllegung der Einrichtung gilt § 19 Abs. 3 S. 1 nicht. Werden zwei Betriebe miteinander vereinigt, so dass jeder seine Selbstständigkeit verliert, ist darin auch eine Stilllegung zu sehen, die aber nicht zur Kündigung berechtigt (vgl. *KR-Etzel*, § 15 KSchG Rz 83–85; § 1 a Rz 17). Veräußerung oder Verpachtung sind jedoch keine Betriebsstilllegung, da der Erwerber gemäß § 613 a BGB in die Arbeitsverhältnisse des bisherigen Dienstgebers eintritt und die Identität der Einrichtung damit gewahrt bleibt und folglich auch die Inhaber von Ämtern und Funktionen im Sinne der MAVO ihr Amt behalten. Letzteres ist jedoch nicht der Fall, wenn die Einrichtung von einem kirchlichen Träger auf einen Träger im Sinne des

§ 19

BetrVG oder des Personalvertretungsrechts übergeht. Dann gilt die MAVO nicht mehr. Die Schließung von Einrichtungen oder wesentlichen Teilen von ihnen ist gemäß § 29 Abs. 1 Nr. 17 von der MAV mitzuberaten. Dennoch steht dem Dienstgeber das alleinige Entscheidungsrecht über die Schließung oder Teilschließung zu. Auf den Grund für die Schließung der Einrichtung kommt es nicht an.

bb. Weiterbeschäftigungsmöglichkeit in einer anderen Einrichtung

105 Man wird davon auszugehen haben, dass die Kündigung dann nicht zulässig ist, wenn die Beschäftigung in einer anderen Dienststelle oder Einrichtung des Dienstgebers möglich ist (*BAG*, 13. 8. 1992 – 2 AZR 22/92, NZA 1993, 224; § 30 Abs. 3 Nr. 3 MAVO). Das hängt damit zusammen, dass die Vorschrift des § 19 Abs. 3 S. 1 den § 1 KSchG nicht verdrängt, während dies durch § 15 Abs. 4 KSchG geschieht (*KR-Etzel*, § 15 KSchG Rz 93). Erfolgt eine Weiterbeschäftigung, so ist wegen der damit verbundenen Versetzung die Zustimmung der MAV (§ 18 Abs. 2, § 33 oder § 35 Abs. 1 Nr. 5) erforderlich. Unerheblich ist, dass im Falle der Weiterbeschäftigung in einer anderen Einrichtung das Amt als MAV-Mitglied endet (§ 13 c Nr. 4), weil die Kündigungsschutzvorschrift des staatlichen Gesetzes der Erhaltung des Arbeitsplatzes, nicht der des Amtes als MAV-Mitglied dient.

cc. Anhörung der MAV

106 Die MAV ist vor der Kündigung gemäß § 30 zu hören. Ohne das Verfahren nach den Absätzen 1 und 2 jener Vorschrift ist die Kündigung unwirksam (§ 30 Abs. 5). Hier wird insbesondere das Recht der MAV zu Einwendungen gemäß § 30 Abs. 3 Nr. 3 bedeutungsvoll. Es ist nämlich darüber zu befinden, ob der zu Kündigende an einem anderen Arbeitsplatz in einer Einrichtung desselben Dienstgebers weiter beschäftigt werden kann. Über die Einwendungen der MAV ist der Gekündigte gemäß § 30 Abs. 4 durch den kündigenden Dienstgeber bei der Kündigung zu unterrichten.

dd. Ausspruch der Kündigung

107 Sind die Voraussetzungen des § 19 Abs. 3 S. 1 oder 3 erfüllt, kann der Dienstgeber jederzeit nach ordnungsgemäßer Anhörung der MAV unter Einhaltung der maßgeblichen Frist für die ordentliche Kündigung zu dem zulässigen Kündigungstermin die Kündigung aussprechen. Die Kündigung muss deshalb bereits vor der Schließung der Einrichtung erfolgen, damit sie fristgerecht zum Zeitpunkt der Schließung wirksam werden kann.

aaa. Zum Zeitpunkt der Schließung

108 Der Zeitpunkt der geplanten Schließung der Einrichtung ist in der Regel der früheste Termin, zu dem der Dienstgeber das Arbeitsverhältnis kündigen kann. Ist zu diesem Zeitpunkt eine Kündigung (z. B. wegen der einzuhaltenden Frist) rechtlich unzulässig, darf der Dienstgeber erst zum **nächstmöglichen** (späteren) Termin nach der Schließung der Einrichtung kündigen. Wird eine Belegschaft in Etappen abgebaut, so dürfen die durch § 19 Abs. 3 S. 1 geschützten Mitarbeiter erst mit der letzten Gruppe entlassen werden (*BAG*, 26. 10. 1967 – 2 AZR 422/66, AP Nr. 17 zu § 13 KSchG; *KR-Etzel*, § 15 KSchG Rz 102 m. N.). Kann hierbei von mehreren MAV-Mitgliedern nur ein Teil noch einige Zeit weiterbeschäftigt werden, hat der Dienstgeber bei der Auswahl der zu

Kündigenden die Grundsätze über die soziale Auswahl nach § 1 Abs. 3 KSchG zu beachten.

bbb. Zu einem früheren Zeitpunkt

Zu einem früheren Zeitpunkt dürfen durch § 19 Abs. 3 S. 1 geschützte Personen dann entlassen werden, wenn die Entlassung zu dem früheren Zeitpunkt durch **zwingende betriebliche Erfordernisse** bedingt ist. An den Begriff sind strenge Anforderungen zu stellen, damit die Kontinuität der Arbeit der MAV, die gerade zum Zeitpunkt der Schließung der Einrichtung sehr rege sein wird, nicht vor der Schließung zum Erliegen gebracht wird. Ein zwingendes betriebliches Erfordernis liegt für die vorzeitige Entlassung vor, wenn der zu Kündigende nicht mehr weiterbeschäftigt werden kann, weil die entsprechende Beschäftigung weggefallen ist und er auch mangels Eignung nicht auf einer anderen Stelle weiterbeschäftigt werden kann (*KR-Etzel*, § 15 KSchG Rz 103 m. N.). 109

Kann ein nach § 19 geschützter Mitarbeiter nach dem Wegfall seines Arbeitsplatzes nach seinen Fähigkeiten auf einem anderen Arbeitsplatz eingesetzt werden, ist dieser Arbeitsplatz aber durch einen anderen Mitarbeiter besetzt, so muss der Dienstgeber in Ansehung des § 19 den anderen Mitarbeiter vor dem besonders geschützten Mitarbeiter kündigen (freikündigen), weil letzterer Vorrang bei der Weiterbeschäftigung hat (Rz 117). 110

ee. Wirksamkeit der Kündigung

Ist die Kündigung vorsorglich erfolgt, ist es aber überhaupt nicht zur Schließung der Einrichtung gekommen, so ist die Kündigung wirkungslos, das Arbeitsverhältnis dauert weiter fort. Erfolgt die Schließung erst später als ursprünglich mit der Kündigung beabsichtigt, so wirkt die Kündigung erst zum nächstzulässigen Kündigungstermin, in dem die Schließung der Einrichtung oder der Wegfall der Beschäftigungsmöglichkeit eingetreten ist (*BAG*, 23. 4. 1980 – 5 AZR 49/78, EzA § 15 n. F. KSchG Nr. 24). Das entspricht dem Grundsatz, dass eine nicht fristgerechte Kündigung zum nächstzulässigen Kündigungstermin wirkt (KR-Etzel, § 15 KSchG Rz 109 m. N.). 111

b. Kündigungsschutz bei teilweiser Schließung der Einrichtung

§ **19 Abs. 3 S. 2** regelt den Fall, in dem nicht die gesamte Dienststelle oder Einrichtung geschlossen wird, sondern nur ein Teil derselben. Dann ist die ordentliche Kündigung grundsätzlich ausgeschlossen. Die durch § 19 geschützten Mitarbeiter sind in einem anderen Teil der Einrichtung weiterzubeschäftigen. Diese Vorschrift entspricht § 15 Abs. 5 S. 1 KSchG. 112

aa. Begriff der Schließung eines Teils der Einrichtung

Ein Teil der Einrichtung liegt vor, wenn in einem organisatorisch abgegrenzten Teil der Einrichtung eine personelle Identität, eigene technische Betriebsmittel sowie ein eigener Teilbetriebszweck, der auch in einem Hilfszweck bestehen kann, vorhanden sind. Unerheblich ist die Zahl der beschäftigten Mitarbeiter. Teil der Einrichtung können eine Abteilung, eine Gruppe oder eine Einrichtung, die Teil einer Gesamteinrichtung ist, sein. Soweit für eine Teileinrichtung eine eigene MAV besteht, ist sie nicht Teileinrichtung im Sinne dieser Vorschrift. Es gilt dann für den Fall ihrer Schließung § **19 Abs. 3 S. 1**. Es 113

§ 19

geht darum, dass trotz des Wegfalls des Arbeitsplatzes für eine gemäß § 19 geschützte Person durch die Teilschließung die Fortsetzung des Arbeitsverhältnisses durch Übernahme auf eine andere Stelle in den vor der Schließung bewahrten Teilen der Einrichtung gesichert ist. Die Beurteilung der Teilschließung als solche richtet sich nach den Kriterien für die einer Einrichtung. Der Dienstgeber trifft die Entscheidung und schränkt seine Tätigkeit ein.

bb. Übernahme in einen anderen Teil der Einrichtung

114 Der Dienstgeber muss bei der Schließung einer Teileinrichtung oder eines Teils der Einrichtung nach § 19 geschützte Mitarbeiter in andere Teile der Einrichtung übernehmen. Dabei muss ein **gleichwertiger Arbeitsplatz** zur Verfügung gestellt werden. Fraglich ist, ob der Dienstgeber, wenn ein gleichwertiger Arbeitsplatz besetzt ist, zugunsten des durch § 19 geschützten Mitarbeiters einen anderen Mitarbeiter entlassen kann. Die damit verbundene **Freikündigung** wird im Grundsatz als zulässig erachtet (*BAG*, 18. 10. 2000 – 2 AZR 494/99, NZA 2001, 321 = NJW 2001, 2420). Denn die Einrichtung bleibt und insoweit auch der Arbeitsplatz, während es bei der Schließung der ganzen Einrichtung lediglich um die zeitliche Reihenfolge der Entlassung geht. Man wird daher die sozialen Belange des weniger stark geschützten und des durch § 19 besonders geschützten Mitarbeiters mit Blick auf das Interesse an einer Weiterbeschäftigung abzuwägen haben. Dabei können erhebliche Schwierigkeiten auftreten, wenn z. B. besondere Kündigungsschutzbestimmungen des staatlichen Rechtsbereichs (z. B. § 85 SGB IX) relevant werden, auf die sich der durch § 19 nicht geschützte Mitarbeiter berufen kann (vgl. *KR-Etzel*, § 15 KSchG Rz 126). Ein Anspruch auf Zuweisung eines höherwertigen Arbeitsplatzes besteht nicht (*LAG Köln*, 31. 5. 1989 – 2 Sa 1076/88, DB 1989, 2234).

cc. Zulässigkeit der Kündigung

115 Ist eine Weiterbeschäftigung durch Übernahme in einen anderen Teil der Einrichtung aus betrieblichen Gründen nicht möglich, so ist die Kündigung des geschützten Mitarbeiters so durchzuführen, als würde die ganze Einrichtung geschlossen (**§ 19 Abs. 3 S. 3**). Der Dienstgeber hat die MAV vor Ausspruch der Kündigung zu hören (§ 30) und sie über die geplante Einschränkung der Einrichtung zu unterrichten, anzuhören und zur Mitberatung einzuschalten (§ 29 Abs. 1 Nr. 17). Bei der Überprüfung einer betriebsbedingten Kündigung, die auf den Wegfall des bisherigen Arbeitsplatzes gestützt wird, ist nicht nur der Zeitpunkt der Kündigung maßgeblich. Denn war zum Zeitpunkt der Kündigung ein anderer Arbeitsplatz frei, der bis zum Zugang der Kündigung vom Dienstgeber neu besetzt worden ist, dann ist die Kündigung sozialwidrig (*LAG Berlin*, 29. 8. 1988 – 12 Sa 40/88 und 59/88, DB 1988, 2264; Abweichung von *BAG*, 6. 6. 1984 – 7 AZR 451/82, DB 1984, 2704). Fallen bei einer betriebsbedingten Kündigung die betrieblichen Erfordernisse, die einer Weiterbeschäftigung des Mitarbeiters entgegenstanden, noch während des Laufs der Kündigungsfrist nachträglich weg, so kann der zunächst wirksam gekündigte Mitarbeiter einen Anspruch auf **Wiedereinstellung** haben (*BAG*, 27. 2. 1997 – 2 AZR 160/96, NZA 1997, 757). Eine ohne Einhaltung des nach § 30 Abs. 1 und 2 vorgeschriebenen Anhörungsverfahrens ausgesprochene Kündigung ist unwirksam (§ 30 Abs. 5). Im Falle der Wiedereinstellung ist das Beteiligungsverfahren nach § 34 einzuhalten, weil wegen der vorangegangenen Kündigung ein

§ 19

neuer Arbeitsvertrag, gegebenenfalls mit veränderten Bedingungen, abzuschließen ist (§ 13 c Rz 16).

VI. Verhältnis zu anderen Kündigungsschutzvorschriften

Kündigt der Dienstgeber gemäß § 19 einem Mitarbeiter, so hat er die sonstigen kündigungsschutzrechtlichen Vorschriften außerhalb der MAVO, nämlich § 1 KSchG, §§ 85 ff. SGB IX, § 9 MuSchG, § 2 ArbPlSchG, § 18 BErzGG zu beachten. Er muss daher gegebenenfalls behördliche Zustimmungen (Integrationsamt bei schwerbehinderten Menschen, Amt für Arbeitsschutz bei Frauen mit Mutterschutz) beantragen und abwarten. **116**

Bestimmen **Arbeitsverträge** auf Grund von **Arbeitsvertragsordnungen** oder in Bezug genommenem BAT, dass eine ordentliche Kündigung ab einer bestimmten Beschäftigungszeit oder Betriebszugehörigkeit und nach Erreichen eines näher genannten Lebensalters ausgeschlossen ist (so genannte ordentliche **Unkündbarkeit**, vgl. § 53 Abs. 3 ABD, § 14 Abs. 5 AVR, § 53 Abs. 3 BAT, § 41 Abs. 3 S. 1 KAVO), so ist das auch im Falle des § 19 Abs. 3 MAVO zu berücksichtigen. Eine außerordentliche betriebsbedingte Kündigung mit sozialer Auslauffrist gegen einen nach Arbeitsvertrag ordentlich nicht mehr kündbaren Arbeitnehmer kommt als Alternative nur in Frage, wenn der Arbeitgeber alle zumutbaren Mittel ausgeschöpft hat, um den Arbeitnehmer, dessen bisheriger Arbeitsplatz weggefallen ist, anderweitig zu beschäftigen. Dazu gehört dann auch eine Umorganisation und notfalls das »**Freikündigen**« von Arbeitsplätzen, auf denen Arbeitnehmer beschäftigt sind, die ihrerseits den Status der »Unkündbarkeit« noch nicht erreicht haben. Nur wenn der der Arbeitgeber darlegt, dass trotz dieser verschärften Anforderungen eine Weiterbeschäftigung nicht möglich oder nicht zumutbar ist, weil der weiter gezahlten Arbeitsvergütung keine angemessene Arbeitsleistung gegenübergestellt werden kann, kann die Kündigung nach § 626 Abs. 1 BGB gerechtfertigt werden (*LAG Berlin*, 14. 11. 2002 – 16 Sa 1541/01, ZTR 2003, 249 unter Hinweis auf: *BAG*, 12. 8. 1999 – 2 AZR 748/98, NZA 1999, 1267; 17. 9. 1998 – 2 AZR 419/97, NZA 1999, 258; 5. 2. 1998 – 2 AZR 227/97, NZA 1998, 771). **117**

Gemäß § 613 a Abs. 4 S. 1 BGB ist die Kündigung des Arbeitsverhältnisses durch den bisherigen Arbeitgeber oder durch den neuen Inhaber wegen **Betriebsübergangs** (§ 613 a Abs. 1 BGB) eines Betriebs oder Betriebsteils unwirksam. Allerdings kann der Arbeitnehmer, also auch das Mitglied der MAV, dem Übergang des Arbeitsverhältnisses **widersprechen** (§ 613 a Abs. 6 BGB). In diesem Fall bleibt der Mitarbeiter vertraglich Mitarbeiter seines bisherigen Dienstgebers. Hat aber der bisherige Dienstgeber wegen Wegfalls des Arbeitsplatzes oder eines ähnlichen Arbeitsplatzes für das MAV-Mitglied keine Beschäftigungsmöglichkeit mehr, so kann die Fortsetzung des Arbeitsverhältnisses für ihn unzumutbar sein mit der Folge, dass er unter Einhaltung der ordentlichen Kündigungsfrist außerordentlich aus wichtigem Grund kündigen kann (§ 19 Abs. 1 S. 1 MAVO, § 626 Abs. 1 BGB; vgl. VG für mitarbeitervertretungsrechtliche Streitigkeiten der EKD, 28. 1. 1999 – 0124/C 13–98, RsprBeilage Amtsblatt der EKD 1999 S. 30). Liegt lediglich ein Betriebsteilübergang vor, taucht die Frage der Freikündigung (Rz 117) auf, falls kein sonst freier Arbeitsplatz zur Verfügung steht. **118**

§ 19

VII. Streitigkeiten über die Kündigung

119 Streitigkeiten über Kündigungen gemäß § 19 fallen unter die Zuständigkeit der staatlichen Arbeitsgerichte (§ 4 S. 1 i. V. m. § 1 KSchG; § 13 Abs. 1 S. 2 i. V. m. § 4 S. 1 KSchG). Klageberechtigt ist der gekündigte Mitarbeiter. Der gemäß § 19 normierte Kündigungsschutz wirkt in den staatlichen Rechtskreis hinein.

120 Die MAVO regelt nicht, dass und unter welchen Voraussetzungen der Dienstgeber berechtigt ist, die **Auflösung des Arbeitsverhältnisses von Funktionsträgern im Sinne der MAVO** (Rz 10) **gemäß § 9 Abs. 1 S. 2 KSchG durch das Arbeitsgericht** zu beantragen. Dem Sinn und Zweck des § 19 würde der Auflösungsantrag des Dienstgebers widersprechen, weil der Kündigungsschutz der MAVO umgangen werden könnte. Andererseits lässt § 19 die außerordentliche Kündigung aus wichtigem Grund und die ordentliche Kündigung in Fällen der **Verletzung von Loyalitätsobliegenheiten** und Schließung der Einrichtung zu. Stellt das Arbeitsgericht die Unwirksamkeit der außerordentlichen Kündigung fest, kann gemäß § 13 Abs. 1 S. 3 KSchG nur der betroffene Mitarbeiter die Auflösung des Arbeitsverhältnisses gegen Zahlung einer Abfindung beantragen. Stellt das Arbeitsgericht fest, dass die **vom Dienstgeber ausgesprochene ordentliche verhaltensbedingte Kündigung sozialwidrig** war, kann der Dienstgeber gemäß § 9 Abs. 1 S. 2 KSchG die Auflösung des Arbeitsverhältnisses durch das Gericht beantragen (KR-*Spilger*, § 9 KSchG Rz 13). Voraussetzung für den Erfolg des Antrages des Dienstgebers ist, dass Gründe vorliegen, welche die **Glaubwürdigkeit des kirchlichen Dienstgebers**, auf die er von seiner Zielsetzung her angewiesen ist, einbüßen lassen (vgl. *BVerfG*, 9. 2. 1990 – 1 BvR 717/87, NJW 1990, 2053; *LAG Niedersachsen*, 9. 3. 1989 – 14 Sa 1608/88, NJW 1990, 534, 535 zum Auflösungsantrag).

121 Soweit eine Streitigkeit darüber besteht, ob die Probezeit wegen ihrer Dauer wirksam vereinbart ist, weil sie einerseits als unangemessen lang festgelegt empfunden, andererseits infolgedessen der Kündigungsschutz vor der ordentlichen Kündigung gemäß § 19 Abs. 2 als noch nicht existent erachtet wird, kann dies im Falle dienstgeberseitiger Kündigung mit einer Kündigungsschutzklage durch den betroffenen Mitarbeiter vor dem Arbeitsgericht geltend gemacht werden, damit dort festgestellt wird, dass der besondere Kündigungsschutz im Falle ordentlicher Kündigung bereits eingetreten war, als die arbeitgeberseitige Kündigung ausgesprochen wurde.

VIII. Amtsausübung nach der Kündigung

122 Solange ein Mitglied nach einer außerordentlichen oder ordentlichen Kündigung weiterbeschäftigt wird, ist es Mitarbeiter im Sinne der MAVO (§ 3 Abs. 1) und kann daher sein Amt als MAV-Mitglied wahrnehmen (§ 8 Rz 9 ff.). Die Zulässigkeit seiner Amtsführung unterliegt nicht staatlicher Rechtskontrolle (§ 8 Rz 62). Der Dienstgeber kann aber gemäß § 13 b Abs. 3 die Amtsausübung untersagen (§ 13 b Rz 10). Im Streitfall entscheidet darüber die Schlichtungsstelle auf Antrag (§ 41 Abs. 2 S. 2 Nr. 1).

§ 20

§ 20 Schweigepflicht

Die Mitglieder der Mitarbeitervertretung haben über dienstliche Angelegenheiten oder Tatsachen, die ihnen auf Grund ihrer Zugehörigkeit zur Mitarbeitervertretung bekannt geworden sind und Verschwiegenheit erfordern, Stillschweigen zu bewahren. Das gilt auch für die Zeit nach Ausscheiden aus der Mitarbeitervertretung. Eine Verletzung der Schweigepflicht stellt in der Regel eine grobe Pflichtverletzung im Sinne des § 13 c Nr. 5 dar.

Inhaltsübersicht

	Rz
I. Vorbemerkung	1–6
II. Sinn des Schweigegebots	7
III. Adressatenkreis des Schweigegebots	8–22
1. Mitglieder und Ersatzmitglieder der MAV	8–9
2. Mitglieder der Sondervertretung	10
3. Mitglieder der Gesamtmitarbeitervertretung	11
4. Mitglieder der diözesanen Arbeitsgemeinschaft	12
5. Sprecher der Jugendlichen und Auszubildenden	13
6. Die Schwerbehindertenvertretung	14
7. Der Vertrauensmann der Zivildienstleistenden	15
8. Mitglieder des Wahlausschusses, Schreibhilfen der MAV	16–18
9. Mitglieder der Schlichtungsstelle	19
10. Dienstgeber und dessen Beauftragte	20
11. Ehemalige Amtsträger	21
12. Teilnehmer einer Mitarbeiterversammlung	22
IV. Umfang des Schweigegebots	23–25
V. Ausnahmen von der Schweigepflicht	26–31
1. Zeugen	26
2. MAV-Mitglieder untereinander	27
3. Sprecher der Jugendlichen und der Auszubildenden, Schwerbehindertenvertretung	28
4. Mitglieder der Gesamtmitarbeitervertretung	29
5. Die Mitglieder der diözesanen Arbeitsgemeinschaft	30
6. Offenkundige Tatsachen	31
VI. Folgen der Verletzung der Schweigepflicht	32–35
VII. Datengeheimnis	36–38

I. Vorbemerkung

Die Vorschrift ist auf Grund staatlicher Vorbilder in die Ordnung aufgenommen worden. Sie ist in ihrem Wortlaut seit der MAVO-Rahmenordnung von 1971 (§ 15 Kirchl. Anzeiger Köln 1971 Nr. 266 S. 277) fast unverändert geblieben. In der Novelle 1977 (Kirchlicher Anzeiger Köln 1977 Nr. 211 S. 233) wurde in § 15 eine Ergänzung vorgenommen, wonach dienstliche Angelegenheiten oder Tatsachen der Schweigepflicht unterliegen, die »Verschwiegenheit erfordern«. 1

Das Betriebsverfassungsgesetz regelt die **Verschwiegenheitspflicht** an verschiedenen Stellen. § 79 BetrVG i. V. m. § 120 BetrVG regelt die Geheimhaltungspflicht, die auf echte Betriebs- oder Geschäftsgeheimnisse beschränkt ist *Hess/Schlochauer/Worzalla/Glock*, BetrVG § 79 Rz 1; *Richardi/Thüsing*, BetrVG § 79 Rz 2). Unter den Begriff fällt jede im Zusammenhang mit einem Betrieb stehende Tatsache, die nicht offenkundig, sondern nur einem eng begrenzten Personenkreis bekannt ist und nach dem Willen des Betriebsinha- 2

§ 20

bers auf Grund eines berechtigten wirtschaftlichen Interesses geheim gehalten werden soll (*BAG*, 23. 6. 1987 – 6 ABR 46/84 m. N., BB 1987, 2448).

3 Die **Geheimhaltungspflicht** gilt nicht zwischen den einzelnen Institutionen des BetrVG. Allerdings gilt die Verschwiegenheit der Betriebsratsmitglieder gegenüber der Jugend- und Auszubildendenvertretung, nicht aber umgekehrt. Ist die Weitergabe von Betriebs- oder Geschäftsgeheimnissen innerhalb der verschiedenen Institutionen der Betriebsverfassung zulässig, darf diese Weitergabe nur unter ausdrücklichem Hinweis auf die Geheimhaltung erfolgen (*Hess/Schlochauer/Worzalla/Glock*, BetrVG § 79 Rz 11, 12).

4 Neben der Wahrung der Geheimhaltung der Betriebs- und Geschäftsgeheimnisse (§ 79 BetrVG) sind weitere Verschwiegenheitspflichten geregelt, die sich insbesondere auch auf die persönlichen Verhältnisse einzelner Arbeitnehmer beziehen. Dazu gehört die Schweigepflicht des Betriebsratsmitgliedes, das von einem Arbeitnehmer bei der Erörterung seines Arbeitsentgelts, seiner Leistungen sowie seiner beruflichen Entwicklung im Betrieb hinzugezogen wird (§ 82 Abs. 2 BetrVG). Eine Schweigepflicht besteht für das von einem Arbeitnehmer zur Einsicht in seine Personalakten hinzugezogene Betriebsratsmitglied (§ 83 Abs. 1 BetrVG). Auch im Falle von personellen Einzelmaßnahmen (§ 99 Abs. 1 BetrVG) wie Einstellung, Eingruppierung, Umgruppierung und Versetzung besteht wegen der im Rahmen der personellen Maßnahmen bekannt gewordenen persönlichen Verhältnisse und Angelegenheiten Schweigepflicht, wenn wegen ihrer Bedeutung oder ihres Inhalts vertrauliche Behandlung erforderlich ist. Dasselbe gilt im Falle von Kündigungen von Arbeitnehmern, wenn der Betriebsrat im Rahmen des Anhörungsverfahrens Kenntnisse über Verhältnisse und Angelegenheiten des Arbeitnehmers erhält, die mit der Kündigung in Zusammenhang stehen (§ 102 Abs. 2 BetrVG).

5 Das Bundespersonalvertretungsgesetz regelt in §§ 10, 101 Abs. 2 BPersVG die Schweigepflicht aktiver und ehemaliger Amtsträger im Sinne des Gesetzes. Die Schweigepflicht erstreckt sich umfassend auf alle Angelegenheiten und Tatsachen, welche den Personen bekannt geworden sind, die Aufgaben und Befugnisse nach dem BPersVG wahrnehmen oder wahrgenommen haben, so u. a., auch Vertrauensleute der schwerbehinderten Menschen, Teilnehmer an Personalversammlungen (*Grabendorff/Windscheid/Ilbertz/Widmaier*, BPersVG § 10 Rz 4).

6 Die Schweigepflicht gemäß § 20 MAVO ist sehr umfassend geregelt, erstreckt sich allerdings im Gegensatz zum unmittelbaren Vorbild des § 10 BPersVG nur auf »dienstliche« Angelegenheiten und Tatsachen. Sie erstreckt sich auch auf Vorgänge innerhalb der MAV (*Richardi*, Arbeitsrecht in der Kirche § 18 Rz 80). Auf die Ausführungen zu Rz 8 ff. wird hingewiesen.

II. Sinn des Schweigegebots

7 Die MAVO hat in § 26 Abs. 1 Dienstgeber und Mitarbeitervertretung die vertrauensvolle Zusammenarbeit und gegenseitige Unterstützung bei der Erfüllung der Aufgaben zur Pflicht gemacht. Eine solche Zusammenarbeit und gegenseitige Unterstützung lassen sich nur verwirklichen, wenn zwischen allen Beteiligten ein **Vertrauensverhältnis** dadurch erworben wird, dass jeder vom anderen mit guten Gründen erwarten kann, dass er seine Aufgaben mit guter Sorgfalt wahrnimmt und über alles, was ihm im Rahmen seiner Tätigkeit zur

§ 20

Kenntnis gebracht worden ist, Unberechtigten gegenüber schweigt. Das fördert wiederum den für die gegenseitige Information notwendigen Austausch von Tatsachen, die für die Entscheidungsfindung der gemäß MAVO mit Aufgaben und Befugnissen ausgestatteten Personen erheblich sind. Nur dann kann der Dienstgeber die Unterlagen vorlegen, die andererseits die MAV, die Vertrauensperson der schwerbehinderten Menschen oder der Sprecher der Jugendlichen und Auszubildenden zur Erfüllung ihrer Aufgaben benötigen. Zum Stillschweigen sind deshalb auch die verpflichtet, die in der Vergangenheit Aufgaben in der MAV wahrgenommen haben (§ 20 S. 2).

III. Adressatenkreis des Schweigegebots

1. Mitglieder und Ersatzmitglieder der MAV

Zu den Personen, die der Schweigepflicht unterliegen, gehören neben den Mitgliedern der MAV die Ersatzmitglieder, soweit sie mit Aufgaben der MAV oder eines einzelnen Mitgliedes der MAV befasst waren. Tatsachen, die sie in einem anderen Zusammenhang als dem ihrer Zugehörigkeit zur MAV erfahren, fallen nicht unter die Schweigepflicht. 8

Der Schweigepflicht unterliegen ebenfalls die Mitglieder der gemeinsamen MAV (§ 1 b). Weil verschiedene Dienstgeber Partner der gemeinsamen MAV sind, müssen sie jeder für sich in besonderer Weise klar stellen, was die gemeinsame MAV gegebenenfalls nicht im Verhältnis zum anderen beteiligten Dienstgeber verwerten darf (vgl. dazu auch § 22 a Abs. 1 S. 3). Interna der MAV unterliegen ebenfalls der Schweigepflicht. 9

2. Mitglieder der Sondervertretung

Die Mitglieder der Sondervertretung gemäß § 23 Abs. 1 unterliegen der Schweigepflicht. Denn sie sind Mitglieder einer MAV (§ 23 Abs. 2 S. 1). 10

3. Mitglieder der Gesamtmitarbeitervertretung

Die Mitglieder der Gesamtmitarbeitervertretung sind gemäß § 24 Abs. 6 i. V. m. § 20 der Schweigepflicht unterworfen. Denn sie wirken gemäß § 24 Abs. 4 bei den Angelegenheiten im Sinne der §§ 26 bis 38 mit, bei denen Mitarbeiter aus dem Zuständigkeitsbereich mehrerer Mitarbeitervertretungen betroffen sind. Die **Mitglieder der erweiterten Gesamtmitarbeitervertretung** (§ 24 Abs. 2) haben eine besondere Verantwortung, weil sie aus verschiedenen Unternehmungen stammen, die möglicherweise nicht miteinander abgesprochene Ziele verfolgen. Aus diesem Grunde müssen die beteiligten Rechtsträger, die auf dem Markt womöglich als Konkurrenten auftreten, ihre Grundposition zur Bildung einer erweiterten Gesamtmitarbeitervertretung bedenken, ehe sie die Bildung einer erweiterten Gesamtmitarbeitervertretung vereinbaren (vgl. dazu: § 24 Abs. 2, 4 und 5). 11

4. Mitglieder der diözesanen Arbeitsgemeinschaft

Sind die Mitglieder der diözesanen Arbeitsgemeinschaft zugleich Mitglieder einer MAV oder Gesamt-MAV, so sind sie als solche den Geboten des § 20 unterworfen. Als Mitglieder der diözesanen Arbeitsgemeinschaft haben sie 12

§ 20

die Aufgaben im Sinne des § 25 Abs. 2 zu erfüllen. Diese Tätigkeit unterliegt nicht betrieblicher Vertraulichkeit, zumal ja gerade Erfahrungsaustausch stattfinden soll (§ 25 Abs. 2 Nr. 1).

5. Sprecher der Jugendlichen und Auszubildenden

13 Für die Sprecher der Jugendlichen und Auszubildenden gilt die Schweigepflicht gemäß § 45 Abs. 2 S. 1. Die Verletzung der Schweigepflicht kann zur Amtsenthebung führen (§ 20 S. 3).

6. Die Schwerbehindertenvertretung

14 Gemäß § 46 Abs. 2 gilt für die Vertrauensperson der schwerbehinderten Menschen die Schweigepflicht (§ 20). Sie erlangt Wissen durch ihr Amt und die Teilnahme an den Sitzungen der MAV. Die der MAV geltende Schweigepflicht erstreckt sich daher mit Recht auf die Schwerbehindertenvertretung. Im Falle der Verletzung der Schweigepflicht wäre als Sanktion der Ausschluss von der Teilnahme an den Sitzungen der MAV zu erwägen, zumal es ein Amtsenthebungsverfahren gemäß § 13 c Nr. 5 nicht gibt (vgl. aber § 94 Abs. 7 S. 5 SGB IX und § 155 SGB IX i. V. m. § 96 Abs. 7 SGB IX).

7. Der Vertrauensmann der Zivilleistenden

15 Die Schweigepflicht ist dem Vertrauensmann der Zivilleistenden durch die MAVO nicht auferlegt. Aus dem Kontext der MAVO hat wegen des Rechts zur Teilnahme an Sitzungen der MAV auch der Vertrauensmann der Zivildienstleistenden sich an die Grundsätze der Vertraulichkeit zu halten, so dass auch für ihn das Schweigegebot verbindlich ist (vgl. auch § 28 Abs. 1 ZDG).

8. Mitglieder des Wahlausschusses, Schreibhilfen der MAV

16 Weder die Mitglieder des Wahlausschusses (§ 9) noch die anforderbaren Schreibhilfen (§ 17 Abs. 2) werden zur Schweigepflicht erwähnt.

17 Eine Schweigepflicht kann sich für die Mitglieder des Wahlausschusses aus § 9 Abs. 7, für den Wahlversammlungsleiter und Wahlhelfer aus § 11 c Abs. 4 ergeben, zumal wenn der Umgang mit sensiblen Daten die Schweigepflicht von der Sache her gebietet.

18 Schreibhilfen mit Aufgabenerledigung für die MAV sind von der MAV mit Rücksicht auf die Schweigepflicht der Mitglieder der MAV (§ 20) zur Geheimhaltung zu verpflichten.

9. Mitglieder der Schlichtungsstelle

19 Die Mitglieder der Schlichtungsstelle (§ 40) werden von § 20 nicht erfasst. Es liegt aber in der Natur der von ihnen wahrzunehmenden Aufgaben, dass sie einer Schweigepflicht – schon wegen des Beratungsgeheimnisses – unterliegen (vgl. § 2 Schlichtungsverfahrensordnung, Amtsblatt des Erzbistums Köln 1996 Nr. 275 S. 349).

10. Dienstgeber und dessen Beauftragte

20 Wenn es auch nicht in der Ordnung selbst steht, so untersteht doch auch der Dienstgeber und jeder von ihm in Angelegenheiten der MAVO Beauftragte

der Schweigepflicht im gleichen Umfang wie die Mitglieder der MAV. Das folgt aus dem Grundsatzgebot der vertrauensvollen Zusammenarbeit zwischen Dienstgeber und MAV gemäß § 26 Abs. 1. Auf die Ausführungen zu § 26 Rz 2 bis 10 wird verwiesen.

11. Ehemalige Amtsträger

An die Schweigepflicht sind auch die ehemaligen Amtsträger gebunden (§ 20 S. 2). Die Schweigepflicht endet nicht mit dem Ausscheiden oder der Versetzung in eine andere Dienststelle. Sie gilt ohne Einschränkung für alle weiter, die irgendwann einmal »über dienstliche Angelegenheiten oder Tatsachen« im Rahmen ihrer »Befugnisse und Pflichten« Kenntnisse erlangt haben. Die ausgeschiedenen Mitglieder der MAV sind **auch gegenüber** ihren **Nachfolgern** zur Verschwiegenheit verpflichtet. Das folgt aus der bereits erwähnten Ermöglichung vertrauensvoller Zusammenarbeit und dem Gebot der gegenseitigen Unterstützung bei der Erfüllung der Aufgaben nach dieser Ordnung. Die wichtigen und zur Weitergabe an die Nachfolger geeigneten Unterlagen und Niederschriften über Verhandlungen geben ausreichend Auskunft und vermögen zur Kontinuität der Arbeit der MAV beizutragen. Das könnte bei einer eingliedrigen MAV auf Schwierigkeiten stoßen, weshalb in der Kommentierung zu § 10 BPersVG (*Grabendorff/Windscheid/Ilbertz/Widmaier*, BPersVG § 10 Rz 8) eine Unterrichtung der Nachfolger durch die Amtsvorgänger als zulässig angesehen wird, wenn ein vollständiger Wechsel der Personen stattgefunden hat oder eine Angelegenheit noch nicht abgeschlossen ist. Die Unterrichtung in diesen Fällen wird dann nicht als Verletzung der Schweigepflicht bewertet. 21

12. Teilnehmer einer Mitarbeiterversammlung

Teilnehmer einer Mitarbeiterversammlung unterliegen nicht der Schweigepflicht, solange sie nicht besonders darauf hingewiesen werden, was als vertraulich zu behandeln ist (*Baumann-Czichon/Germer*, MVG-EKD § 31 Rz 25). Im Falle des Bruchs der Vertraulichkeit gelten die arbeitsrechtlichen Bestimmungen unter Einbeziehung der Arbeitsvertragsordnung (vgl. z. B. § 5 Abs. 1 AVR-Caritas). 22

IV. Umfang des Schweigegebots

Die Schweigepflicht bezieht sich auf **alle Angelegenheiten und Tatsachen dienstlicher Art**, die im Rahmen der Wahrnehmung von Aufgaben oder Befugnissen nach der MAVO bekannt geworden sind. Es kommt nicht darauf an, wo eine bestimmte Angelegenheit oder Tatsache in Ausübung des Amtes als MAV-Mitglied oder in anderer nach dieser Ordnung geregelten Eigenschaft bekannt geworden ist. Es kommen auch gelegentlich einer Akteneinsicht bekannt gewordene Tatsachen in Betracht, die z. B. mit Themen einer Sitzung der MAV nicht in Zusammenhang stehen. Zu den Tatsachen dienstlicher Art gehören allerdings auch solche, die im außerdienstlichen Bereich angesiedelt sind, aber auf Grund des besonderen kirchlichen Dienst- und Arbeitsrechts dienstlich bzw. arbeitsrechtlich relevant sind und deshalb in den Aufgaben- 23

§ 20

kreis der Amtsträger im Sinne der MAVO im Wege ihrer Mitwirkungsrechte nach MAVO hineinragen.

24 Die. Schweigepflicht gilt **gegenüber jedermann**, nämlich Außenstehenden und Angehörigen der Dienststelle. Auch gegenüber dem Dienstgeber besteht grundsätzlich eine Pflicht zur Verschwiegenheit, dies besonders dann, wenn in einer Sitzung der MAV ohne Beteiligung des Dienstgebers oder seines Beauftragten Angelegenheiten behandelt worden sind. Darüber hinaus gehören zur Verschwiegenheitspflicht auch Angelegenheiten, die zur **Privatsphäre eines Mitarbeiters** zählen. Deshalb handelt die MAV pflichtwidrig, wenn sie durch Aushang am Schwarzen Brett Sitzungsprotokolle veröffentlicht, in denen die Vergütungsgruppen mit Fallgruppen bzw. die Lohnhöhe der von einer personellen Maßnahme (z. B. Einstellung, Umgruppierung) betroffenen Mitarbeiter aufgeführt sind. Angaben dieser Art sind der Intimsphäre des Mitarbeiters zuzuordnen und deshalb nicht für die Allgemeinheit bestimmt. Die Daten über Einkommen und Vermögen sind als personenbezogen gemäß § 3 Abs. 1 BDSG geschützt. Sie dürfen vom Empfänger (MAV) weder bekannt gegeben (§ 5 BDSG) noch weitergegeben (§ 28 BDSG) werden (*LAG Berlin*, 26. 6. 1986 – 7 Ta BV 2/86, ZTR 1988, 473). **Auf die einschlägigen Bestimmungen der KDO wird hingewiesen.**

25 Die Schweigepflicht gilt gegenüber dem Dienstgeber nicht in Verhandlungen und Besprechungen, soweit dabei die Vertraulichkeit der Beratungen der MAV nicht verletzt wird. Dasselbe gilt in Fällen beabsichtigter Kündigung durch den Dienstgeber, wenn die MAV Rücksprache mit dem betroffenen Mitarbeiter nehmen will. Würde der Dienstgeber der MAV über die beabsichtigte Kündigung gegenüber dem zu kündigenden Mitarbeiter eine Schwegepflicht auferlegen, so wäre die MAV in der Durchführung ihrer Mitwirkungsrechte behindert (§ 18 Abs. 1). Denn die MAV muss sich vergewissern dürfen, wie bei der außerordentlichen Kündigungsabsicht des Dienstgebers der betroffene Mitarbeiter überhaupt reagiert.

V. Ausnahmen von der Schweigepflicht

1. Zeugen

26 In Fällen, in denen der zur Verschwiegenheit verpflichtete Personenkreis von einer Stelle als Zeuge vernommen wird (z. B. von der Schlichtungsstelle oder vor dem Arbeitsgericht), wird eine **Aussagepflicht** zu bejahen sein. Das folgt z. B. aus den Vorgängen im Zusammenhang mit einer Kündigung, wenn es darum geht, ob und in welcher Weise die MAV gehört worden ist und mitberaten hat. Hierbei handelt es sich um dienstliche Angelegenheiten, die dem Schutz des Gekündigten zu dienen bestimmt sind. Infolgedessen ergibt sich aus der Natur der Sache keine Schweigepflicht im Zeugenstande (*Frey/Coutelle/Beyer*, § 20 Rz 28).

2. MAV-Mitglieder untereinander

27 Eine Schweigepflicht besteht ferner nicht für die MAV-Mitglieder gegenüber den übrigen Mitarbeitervertretern. Denn die gegenseitige Information ist Voraussetzung für die Meinungsbildung der MAV. Dasselbe gilt naturgemäß zugunsten der Ersatzmitglieder, wenn diese ein ordentliches Mitglied vertreten.

§ 20

Anders ist es, wenn ein einzelnes Mitglied der MAV zusammen mit einem Mitarbeiter Einsicht in die Personalakten genommen hat und nur dem einzelnen Mitglied Akteneinsicht gewährt worden ist. Hier besteht eine Schweigepflicht, falls der betroffene Mitarbeiter wegen späterer Beratungen nicht ausdrücklich von der Schweigepflicht entbindet.

3. Sprecher der Jugendlichen und der Auszubildenden, Schwerbehindertenvertretung

Für die Sprecher der Jugendlichen und Auszubildenden untereinander und die Schwerbehindertenvertretung gilt, was zu Nr. 2 (Rz 27) gesagt worden ist, in entsprechender Weise. 28

4. Mitglieder der Gesamtmitarbeitervertretung

Mitglieder der Gesamtmitarbeitervertretung sind von der Schweigepflicht ausgenommen, wenn sie sich untereinander über die Angelegenheiten aus ihren Dienststellen informieren, die Mitarbeiter aus dem Zuständigkeitsbereich mehrerer Mitarbeitervertretungen betreffen (§ 24 Abs. 4 S. 1). 29

5. Die Mitglieder der diözesanen Arbeitsgemeinschaft

Mitglieder der diözesanen Arbeitsgemeinschaft (§ 25) unterliegen in der Eigenschaft als Mitarbeitervertreter der Schweigepflicht im Grundsatz. Durch § 25 Abs. 2 ist aber ein Informationsaustausch der Mitglieder der diözesanen Arbeitsgemeinschaft besonderes Anliegen. 30

6. Offenkundige Tatsachen

Nicht unter die Schweigepflicht fallen solche Angelegenheiten und Tatsachen, die jedermann bekannt und daher offenkundig sind. Dasselbe gilt für solche Angelegenheiten oder Tatsachen, die nach Inhalt oder Gewicht der Geheimhaltung nicht bedürfen. Dabei wird nach dienstlichen und individuellen Interessen gegebenenfalls zu unterscheiden sein, weil dem Persönlichkeitsschutz besondere Bedeutung zukommt. Personalangelegenheiten werden daher stets besonderer Vertraulichkeit zuzuordnen sein. 31

VI. Folgen der Verletzung des Schweigegebots

Zwischen Pflichtverletzung als Mitglied der MAV und der Verletzung der Pflichten aus dem Arbeits- oder Dienstvertrag ist zu unterscheiden. Gemäß § 13 c Nr. 5 berechtigt eine grobe Verletzung der Pflichten als Mitglied der MAV den Dienstgeber, die Amtsenthebung des Mitglieds der MAV bei der Schlichtungsstelle zu beantragen (§ 41 Abs. 1 Nr. 3), gegebenenfalls sogar die Auflösung der MAV (§ 13 Abs. 3 Nr. 6), wenn ein Beschluss der MAV im Wege seiner Bekanntmachung unmittelbar und gröblich gegen die Schweigepflicht verstößt (*Richardi/Thüsing*, BetrVG § 79 Rz 36; *Fitting*, § 79 Rz 41; *Oetker*, GK-BetrVG § 79 Rz 42 m. N.). 32

Gemäß § 20 S. 3 stellt die Verletzung der Schweigepflicht in der Regel eine grobe Pflichtverletzung im Sinne des § 13 c Nr. 5 dar. Wegen der Formulierung, dass die Verletzung der Schweigepflicht »regelmäßig« ein grober Ver- 33

§ 20

stoß ist, hat die zur Entscheidung angerufene Schlichtungsstelle allerdings zu prüfen, ob der erhobene Vorwurf der Verletzung der Schweigepflicht im Einzelfalle tatsächlich als schuldhafter grober Verstoß einzustufen ist. Damit ist die Verletzung der Schweigepflicht kein absoluter Amtsenthebungsgrund. Im Falle der Entscheidung der Schlichtungsstelle über die Amtsenthebung bleibt das Arbeitsverhältnis, Dienst- oder Gestellungsverhältnis bestehen. Folge des Verlustes der Mitgliedschaft in der MAV wegen der Amtsenthebung ist für das Arbeitsverhältnis der Verlust des Schutzes vor der ordentlichen Kündigung (§ 19 Abs. 1 S. 3 i. V. m. § 13 c Nr. 5; § 13 Rz 26)).

34 Im Einzelfall kann wegen Verletzung der Schweigepflicht auch eine außerordentliche Kündigung (§ 19 Abs. 1 S. 1 MAVO, § 626 BGB) in Betracht kommen, wenn gleichzeitig Pflichten aus dem Arbeitsvertrag derart verletzt wurden, dass eine Fortführung des Arbeitsverhältnisses unzumutbar geworden ist (*ErfK-Hanau/Kania*, § 79 BetrVG Rz 20 m. N.). Im Falle vorausgegangener Amtsenthebung ist auch die ordentliche Kündigung des Arbeitsverhältnisses mit dem betroffenen Rechtsbrecher zulässig (§ 19 Abs. 1 S. 3). Im Streitfall entscheidet im Kündigungsschutzverfahren das staatliche Arbeitsgericht.

35 Strafrechtlich hat die Verletzung der in § 20 normierten Schweigepflicht keine Folgen, weil eine spezielle Strafnorm im Gegensatz zu § 353 b Abs. 1 Nr. 3 StGB oder § 203 Abs. 2 Nr. 3 StGB mit Blick auf das Personalvertretungsrecht hinsichtlich der MAVO nicht besteht. Gegebenenfalls ist Strafbarkeit gegeben, wenn ein Tatbestand des Strafrechts erfüllt ist, also z. B. gegen die Bestimmungen der §§ 201, 202, 202 a, 203 oder 204 StGB verstoßen worden ist. Die **berufliche Schweigepflicht** besteht nach Maßgabe gesetzlicher Bestimmungen unabhängig von der Vorschrift der MAVO (dazu: *Brenner*, Rechtskunde für das Krankenpflegepersonal S. 74 ff.).

VII. Datengeheimnis

36 Verlangt die MAV vom Dienstgeber Auskünfte im Rahmen der Bestimmungen der §§ 26 ff., wie z. B. den Stellenplan mit Angabe der Eingruppierung der Stelleninhaber, unterliegen diese Mitteilungen gegenüber der MAV nicht dem Datenschutz. Die MAV ist im Verhältnis zum Dienstgeber datenschutzrechtlich Teil der speichernden Stelle und nicht Dritter im Sinne des Datenschutzrechts (*Schlichtungsstelle München und Freising*, 23. 5. 1996 – 6 AR 96). Datenschutzrechtliche Fragen entstehen nur insoweit, als es um den Umgang (Erhebung, Verarbeitung oder Nutzung) mit personenbezogenen Daten geht (vgl. § 1 Abs. 1 und 2 Anordnung über den kirchlichen Datenschutz für das Erzbistum Paderborn – KDO, Amtsblatt für das Erzbistum Paderborn 2003 Nr. 194 S. 168). Soweit es also z. B. abstrakt um den Stellenplan oder abstrakt um die vorhandenen Stellenbeschreibungen geht, ist der Datenschutz nicht tangiert, da hiermit keine personenbezogenen Daten, wie etwa Name des Stelleninhabers, verbunden sind. Sollten personenbezogene Angaben hinzugefügt sein, müssen diese bei Vorlage an die MAV entfernt (geschwärzt) werden. Es geht um die Unterscheidung zwischen Datenschutz einerseits und die vom Arbeitsrecht andererseits her zu beantwortende Frage des Informationsanspruchs der MAV gegenüber dem Dienstgeber im Rahmen des Grundsatzes der vertrauensvollen Zusammenarbeit zwischen Dienstgeber und MAV (§ 26 Abs. 1 S. 1). Aus diesem Grunde stehen die der MAV zustehenden Informati-

§ 20

onsansprüche im Rahmen ihrer Informations- und Beteiligungsrechte (z. B. §§ 30, 30 a, 31, 34, 35) nicht im Widerspruch zu den datenschutzrechtlichen Pflichten des Dienstgebers. Stellt der Dienstgeber der MAV datengeschützte Personalakten zur Erfüllung ihrer Aufgaben zur Verfügung, so unterliegt die MAV dem Datengeheimnis, weil die MAV und damit jedes MAV-Mitglied auf Grund seines Amtes die Daten zur Kenntnis bekommt. Das gilt insbesondere für den Fall der Personalakteneinsicht (§ 26 Abs. 2 S. 2). Der Datenschutzbeauftragte hat darüber zu wachen, dass nicht unberechtigt Daten erhoben, verarbeitet oder genutzt werden (vgl. § 17 Abs. 1 KDO). In arbeitsvertraglichen Regelungen ist bestimmt, dass der Mitarbeiter ein Recht auf Einsicht in seine vollständigen Personalakten hat (vgl. z. B. § 6 Abs. 2 S. 1 AVR-Caritas). Mit schriftlicher Zustimmung des Mitarbeiters dürfen Personalakten durch die MAV eingesehen werden (§ 26 Abs. 2 S. 2). Daraus folgt für die MAV die Pflicht zur Wahrung des Datengeheimnisses. Denn der Datenschutz schützt den Mitarbeiter als Träger der Daten. Diesen Schutz unterstützt die Schweigepflicht der MAV.

Die Bestimmungen des staatlichen Datenschutzrechts sind kraft kirchlichen 37 Gesetzes vom Dienstgeber zu beachten, weil die Bestimmungen des kirchlichen Datenschutzrechts u. U. als subsidiär einzustufen sind (§ 1 Abs. 3 KDO; *Fachet*, Datenschutz in der katholischen Kirche S. 60 Rz 8.1; siehe auch Amtsblatt für die Diözese Augsburg 2003 Nr. 44 S. 496: Anordnung über den Sozialdatenschutz in der freien Jugendhilfe gemäß SGB I § 35 Abs. 1, 3 und 4; SGB VIII §§ 62–68; SGB X §§ 67–80, 83, 84; Amtsblatt des Erzbistums Köln 2004 Nr. 92, 93 S. 96). Das hat zur Folge, dass auch die MAV gemäß § 26 Abs. 1 S. 2 ein Recht hat, auf die mitbestimmungsfreie Personaldatenverarbeitung des Dienstgebers Einfluss auszuüben. Dabei hat sie die besondere Funktion des **diözesanen Datenschutzbeauftragten** (§§ 15, 16, 17, 18 KDO) voll zu berücksichtigen und darf ihn konsultieren. Ferner ist zu unterscheiden zwischen dem Diözesandatenschutzbeauftragten (§ 16 KDO) und dem betrieblichen Beauftragten für den Datenschutz (§§ 18 a, 18 b KDO). Der **betriebliche Datenschutzbeauftragte** wirkt auf die Einhaltung der KDO und anderer Vorschriften über den Datenschutz hin. Zu diesem Zweck kann er sich in Zweifelsfällen an den Diözesandatenschutzbeauftragten wenden. Sind kirchlicherseits bereichsspezifische Regelungen erlassen, gehen sie der kirchlichen Datenschutzanordnung vor (§ 1 Abs. 3 KDO). Der Träger der Einrichtung ist zur Bestellung des Betriebsbeauftragten für den Patienten-Datenschutz verpflichtet (z. B. § 8 Abs. 2 der Ordnung zum Schutz von Patientendaten in katholischen Krankenhäusern und Einrichtungen im Bistum Essen, Kirchliches ABl. für das Bistum Essen 1995 S. 46). Weder der Diözesandatenschutzbeauftragte noch der betriebliche Beauftragte für den Datenschutz verlieren dadurch an Bedeutung, weil sie weiter reichende Aufgaben als nur den Schutz der Patientendaten wahrnehmen. In diesem Zusammenhang ist nicht klar, in welcher Weise die MAV von den Beauftragten für Datenschutz kontrollierbar ist. Der Wortlaut der §§ 17 und 18 b KDO schließt die Kontrolle nicht aus. Die MAV ist neben den Vorschriften über die Schweigepflicht auch den Vorschriften über den Datenschutz unterworfen. Die KDO schützt alle personenbezogenen Daten. Die Geltung der KDO auch für Mitglieder der MAV führt aber nicht zu einer Einschränkung der MAV-Arbeit. Denn § 4 S. 1 KDO untersagt nur eine unbefugte Nutzung von personenbezogenen Daten. Ihre Nutzung zur Erfüllung und im Rahmen der umfassenden MAV-Aufgaben ist jedoch nicht

§ 20

unbefugt. Allerdings findet die in § 4 S. 2 KDO vorgesehene Verpflichtung auf das Datengeheimnis durch den Dienstgeber auf MAV-Mitglieder keine Anwendung. Dem steht die organisatorische Unabhängigkeit der MAV vom Dienstgeber entgegen. Deshalb kann der betriebliche Datenschutzbeauftragte, den der Dienstgeber bestellt, die MAV nicht überwachen (vgl. *BAG*, 11. 11. 1997 – 1 ABR 21/97, AR-Blattei ES 110 Arbeitnehmer Nr. 53). Eine Überprüfung im Einzelfall kann durch den Diözesandatenschutzbeauftragten erfolgen, wenn ein Betroffener geltend macht, in seinen Rechten verletzt worden zu sein (§ 15 KDO).

38 Soweit eine mitbestimmungspflichtige Datenverarbeitung in Frage steht, gilt § 36 Abs. 1 Nr. 9, der in seinem Wortlaut § 87 Abs. 1 Nr. 6 BetrVG wortgleich ist.

III. Mitarbeiterversammlung

§ 21 Einberufung der Mitarbeiterversammlung

(1) Die Mitarbeiterversammlung (§ 4) ist nicht öffentlich. Sie wird von der oder dem Vorsitzenden der Mitarbeitervertretung einberufen und geleitet. Die Einladung hat unter Angabe der Tagesordnung mindestens eine Woche vor dem Termin durch Aushang oder in sonst geeigneter Weise, die den Mitarbeiterinnen und Mitarbeitern die Möglichkeit der Kenntnisnahme gibt, zu erfolgen.

(2) Die Mitarbeiterversammlung hat mindestens einmal im Jahr stattzufinden. Auf ihr hat die oder der Vorsitzende der Mitarbeitervertretung einen Tätigkeitsbericht zu erstatten.

(3) Auf Verlangen von einem Drittel der wahlberechtigten Mitarbeiterinnen und Mitarbeiter hat die oder der Vorsitzende der Mitarbeitervertretung die Mitarbeiterversammlung unter Angabe der Tagesordnung innerhalb von zwei Wochen einzuberufen. Das gleiche gilt, wenn der Dienstgeber aus besonderem Grunde die Einberufung verlangt. In diesem Fall ist in der Tagesordnung der Grund anzugeben. An dieser Versammlung nimmt der Dienstgeber teil.

(4) Notwendige Fahrtkosten für jährlich höchstens zwei Mitarbeiterversammlungen sowie für die auf Verlangen des Dienstgebers einberufene Mitarbeiterversammlung (Abs. 3) werden von dem Dienstgeber nach den bei ihm geltenden Regelungen erstattet.

Inhaltsübersicht

	Rz
I. Einleitung	1–2
II. Nichtöffentlichkeit	3–5
1. Grundsatz	3–4
2. Gäste	5
III. Die ordentliche pflichtgemäße Mitarbeiterversammlung	6–18
1. Einberufung/Leitung	7–10
a. Einladungsfrist	8–9
b. Form	10
2. Tagesordnung	11–17
3. Anzahl der Versammlungen	18
IV. Die außerordentliche Mitarbeiterversammlung	19–28
1. Initiativrecht	19–22
2. Einberufung/Leitung	23
a. Einladungsfrist	24
b. Tagesordnung	25–27
3. Vom Dienstgeber einberufene Versammlung	28
V. Fahrtkosten	29–31
1. Anspruchsgrundlagen	29–30
2. Streitigkeiten	31
VI. Verständigung mit dem Dienstgeber	32–47
1. Zeitliche Lage der Mitarbeiterversammlung	33–42
a. Während der Dienststunden	34–35
b. Außerhalb der Dienststunden	36–42
2. Vergütung	43
3. Dienstliche Veranstaltung	44–47
VII. Streitigkeiten	48–49

§ 21

I. Einleitung

1 Die Mitarbeiterversammlung (vgl. näher zu § 4), nicht zu verwechseln mit der Wahlversammlung gemäß §§ 11 b und 11 c, ist die Versammlung aller Mitarbeiter im Sinne von § 3 Abs. 1 S. 1 unter Ausschluss der gemäß § 3 Abs. 1 S. 2 und Abs. 2 vom Mitarbeiterbegriff ausgeklammerten Personen. Betriebsfremde Personen haben keinen Zutritt, die vom Mitarbeiterbegriff ausgeklammerten Personen nur dann, wenn sie eingeladen sind. Der Dienstgeber kann selbst die Einberufung einer Mitarbeiterversammlung im Falle des § 10 Abs. 1 vornehmen. Dann leitet er sie. Er kann auch eine Mitarbeiterversammlung verlangen (§ 21 Abs. 3 S. 2). Dann nimmt er an der Versammlung teil (§ 21 Abs. 3 S. 4; vgl. auch Rz 26).

2 Nach wie vor ist die Anwesenheit des Dienstgebers in der Mitarbeiterversammlung nicht der Normalfall, sondern die Ausnahme, obwohl bei der Betonung der Dienstgemeinschaft durch die Grundordnung des kirchlichen Dienstes im Rahmen kirchlicher Arbeitsverhältnisse (Art. 1 S. 1 GrO) und durch die Präambel der MAVO andere Erwartungen geweckt werden (vgl. Art. 8 S. 1 GrO) und 26 Abs. 1 S. 1 die vertrauensvolle Zusammenarbeit zwischen Dienstgeber und MAV hervorhebt (*Leser*, ZMV 1994, 281). Offenbar tun sich Mitarbeiter bei Abwesenheit des Dienstgebers leichter, wenn sie kritische Anfragen stellen oder Aussagen machen möchten (vgl. *Ruhe*, ZMV 1994, 278, 280 Nr. 28).

II. Nichtöffentlichkeit

1. Grundsatz

3 Keine Mitarbeiterversammlung ist öffentlich (**§ 21 Abs. 1 S. 1**). Damit ist zwingend geregelt, dass dienststellenfremde Personen zur Versammlung kein Zutrittsrecht haben (vgl. § 4 Rz 15 f.), auch wenn die Versammlung außerhalb der Dienststelle in gemieteten Räumen stattfindet. Der Versammlungsleiter hat **Außenstehenden** die Teilnahme zu versagen. Dasselbe Recht hat der Dienstgeber. Beiden steht deshalb das **Hausrecht** zu (*Frey/Coutelle/Beyer*, MAVO § 21 Rz 10).

4 Außenstehende sind im Bereich der Kirchengemeinden und Kirchenstiftungen z. B. die Pfarrgemeinderäte, weil diese den Dienstgeber nicht repräsentieren. Auf der Pfarrebene sind also Partner im mitarbeitervertretungsrechtlichen Beziehungsgefüge die MAV auf der einen und der Kirchenvorstand, der Verwaltungsrat oder Kirchenverwaltungsrat als Vertreter der Dienststelle oder ein Beauftragter des Dienstgebers (z. B. der Pfarrer) auf der anderen Seite. Dem gemäß schließt das Gebot der vertrauensvollen Zusammenarbeit eine unmittelbare Kontaktaufnahme zwischen MAV und dem Pfarrgemeinderat in mitarbeitervertretungsrechtlichen Angelegenheiten aus. In Bezug auf die Mitarbeiterversammlung der Kirchengemeinde oder der Kirchenstiftung folgt daraus das Verbot, Mitglieder von Pfarrgemeinderäten zu der Mitarbeiterversammlung einzuladen. Dasselbe gilt hinsichtlich von Elternräten, Schulpflegschaften, Kuratoriumsmitgliedern, Kirchensteuerräten, die ebenfalls keine Dienstgeberstellung einnehmen (vgl. auch *OVG Nordrhein-Westfalen*, 24. 2. 1994 – 1 A 35/91 PVL, ZTR 1994, 349; 4. 11. 1992, ZTR 1993, 137 hinsichtlich der Kreistags- bzw. Gemeinderatsmitglieder; *BVerwG*, 10. 3. 1995 –6 P 15/93, NVwZ 1997, 78 Landtagsabgeordnete).

2. Gäste

Die Teilnahme einrichtungsfremder Personen an der Mitarbeiterversammlung ist zulässig, wenn im Rahmen der Zuständigkeit der Mitarbeiterversammlung aus konkretem Anlass auf Einladung des Dienstgebers oder der MAV sachkundige Information erforderlich ist, zu der aus der Einrichtung selbst nicht ausreichend Auskunft gegeben werden kann. Dann ist aber – auch aus Kostengründen – mit dem Dienstgeber eine Absprache erforderlich (§ 17 Abs. 1; *Leuze*, Betriebsversammlung und Personalversammlung, ZTR 2000, 247, 251) und die Anwesenheit des Referenten auf die Behandlung eines bestimmten Fragenkomplexes in der Mitarbeiterversammlung zu beschränken (z. B. Fragen der Zusatzversorgung, Vorstellung und Auskünfte des Betriebsarztes). 5

III. Die ordentliche pflichtgemäße Mitarbeiterversammlung

Die Ordnung unterscheidet zwischen der jährlich abzuhaltenden Mitarbeiterversammlung gemäß **§ 21 Abs.** 2, der außerordentlichen Mitarbeiterversammlung gemäß **§ 21 Abs. 3** und der besonderen gemäß § 10 Abs. 1, 1 a und 2. 6

1. Einberufung/Leitung

Die ordentliche Mitarbeiterversammlung beruft der Vorsitzende der MAV nach Beschluss der MAV ein und leitet sie (§ 21 Abs. 1 S. 2). Einmal jährlich ist eine Mitarbeiterversammlung einzuberufen, damit die Versammlung den Tätigkeitsbericht der MAV entgegennehmen kann (§ 21 Abs. 2). Die Unterlassung der Einberufung der ordentlichen Mitarbeiterversammlung ist ein Pflichtverstoß (Rz 18). 7

a. Einladungsfrist

Die Einladung hat mit einer Frist von mindestens einer Woche zu erfolgen (§ 21 Abs. 1 S. 3). Eine längere Frist empfiehlt sich, damit für Mitarbeiter im Außendienst eine rechtzeitige Disposition zur Teilnahme möglich wird. 8
Da die Einladung nicht nur in der Form des Aushanges (Rz 10) zu ergehen braucht, ist in jedem Falle für die Fristwahrung zu bedenken, wer möglicherweise später als erwartet von der Einladung Kenntnis erhalten könnte. Denn der Fristenlauf rechnet ab Bekanntgabe der Einladung. Die ordnungsgemäße Einladung ist nur erfolgt, wenn sie fristgerecht allen Mitarbeitern und Mitarbeiterinnen bekannt gegeben worden ist. 9

b. Form der Einladung

Die Form der Einberufung der Mitarbeiterversammlung ist in § 21 Abs. 1 S. 3 geregelt. Die Einladung erfolgt entweder durch **Aushang** am Schwarzen Brett oder im Aushangkasten oder aber in sonst geeigneter Weise, etwa durch vervielfältigte schriftliche Einladung oder per E-Mail an die Mitarbeiter i. S. von § 3 Abs. 1 S. 1. Vom Zeitpunkt der Veröffentlichung der Einladung, am besten 10

§ 21

vom Zeitpunkt des Aushanges, wenn zusätzliche schriftliche Einladung ergeht, läuft die Einladungsfrist. Deshalb ist der rechtzeitige Zugang der Einladung sicherzustellen, wenn der Zeitpunkt des Aushangs der Einladung nicht maßgeblich sein soll. Andernfalls ist sicherzustellen, dass der Aushang von jedem zur Kenntnis genommen werden kann. Die Einladung hat Angaben zu enthalten über **Ort, Zeit**, gegebenenfalls bei Teilversammlungen (§ 4 S. 2) den jeweiligen Ort und die jeweilige Zeit der Teilversammlung, und die **Tagesordnung** (§ 21 Abs. 1 S. 3).

2. Tagesordnung

11 Die Tagesordnung für die jährlich abzuhaltende Mitarbeiterversammlung muss den Tätigkeitsbericht der MAV nennen (§ 21 Abs. 2). Weil aber die Mitarbeiterversammlung sich mit allen Angelegenheiten zu befassen hat, die zur Zuständigkeit der MAV gehören (§ 22 Abs. 1 S. 1), muss die Tagesordnung auch Fragen der Mitarbeiter und ihre Beantwortung durch die MAV vorsehen. **Die MAV ist berichtspflichtig** (§ 22 Abs. 1 S. 2).

12 Den in jedem Falle zu erstattenden Tätigkeitsbericht hat die MAV zumindest vor dem Vortrag durch den Vorsitzenden oder seinen Stellvertreter abzustimmen. Die Art und Weise der Herstellung des Einvernehmens bestimmt die MAV. Es darf dennoch als ausreichend angesehen werden, wenn mangels besonderen Beschlusses der MAV die Grundzüge des Berichtes beraten werden, um den Inhalt des Berichts durch Beschluss zu billigen. Es ist aber auch vorstellbar, dass wegen einer wichtigen Berichtsangelegenheit die Einzelheiten des Berichts gemeinsam formuliert werden.

13 Der **Tätigkeitsbericht** muss sich auf diejenigen Themen erstrecken, die im Berichtsjahr der MAV im Rahmen ihrer Aufgaben gestellt waren. Die Mitarbeiterversammlung soll einen umfassenden Überblick über die Tätigkeit erhalten. Hierzu wird auch die Tätigkeit in der Gesamtmitarbeitervertretung/erweiterten Gesamtmitarbeitervertretung (§ 24) und die Arbeit der Diözesanen Arbeitsgemeinschaft der Mitarbeitervertretungen (§ 25) zu zählen sein. Denn die vorgenannten Gremien setzen sich aus Repräsentanten der einzelnen Mitarbeitervertretungen zusammen. Das ist gemäß § 24 Abs. 3 S. 1 geregelt und im Falle der Arbeitsgemeinschaft den jeweiligen diözesanen Ordnungen zu § 25 Abs. 3 S. 2 zu entnehmen.

14 Der Bericht über die Tätigkeit der Bundesarbeitsgemeinschaft der Mitarbeitervertretungen (§ 25 Abs. 5) ist nicht Sache der MAV, da sie nicht unmittelbar, sondern allenfalls mittelbar über die Diözesane Arbeitsgemeinschaft der Mitarbeitervertretungen DiAG-MAV (§ 25 Abs. 1 bis 4) repräsentiert ist. Es mag Zufall sein, wenn ein Mitglied der MAV auch in die Bundesarbeitsgemeinschaft delegiert ist (§ 1 Richtlinien für die Bundesarbeitsgemeinschaft der Mitarbeitervertretungen vom 21. 6. 1993; § 25 Rz 37).

15 Der Tätigkeitsbericht muss eine Darstellung mindestens der bedeutsamen Geschäftsvorgänge in solcher Ausführlichkeit enthalten, dass die Teilnehmer der Mitarbeiterversammlung ein zutreffendes Bild von der Tätigkeit der MAV erhalten. Dazu zählen u. a. Anzahl, Art und Umfang von Beteiligungsfällen einschließlich der Dienstvereinbarungen (§ 38). Der Bericht kann außer der Darstellung von Tatsachen die Mitteilung über Erwägungen und Beurteilungen der MAV enthalten. Der Tätigkeitsbericht darf alle Angelegenheiten be-

§ 21

rühren, die die Einrichtung oder Dienststelle und ihre Beschäftigten unmittelbar betreffen und zur Zuständigkeit der MAV gehören (§ 22 Abs. 1 S. 1).
Tatsachen oder Angelegenheiten, die Verschwiegenheit erfordern, unterliegen der Schweigepflicht, so dass hierüber vor der Mitarbeiterversammlung nicht berichtet werden darf (vgl. zu § 20). 16

Über den Bericht kann auch eine **Aussprache** stattfinden. Das folgt aus § 22 Abs. 1 S. 3, wonach die Mitarbeiterversammlung der MAV Anträge unterbreiten und zu den Beschlüssen der MAV Stellung nehmen kann. Dabei wird die MAV sich nur insoweit äußern, wie es die Sachlage erlaubt. Eine Billigung des Tätigkeitsberichts durch die Mitarbeiterversammlung ist nicht vorgeschrieben. Zur jährlichen Berichtspflicht des Dienstgebers siehe § 27 a. 17

3. Anzahl der Versammlungen

Die MAV hat gemäß § 21 Abs. 2 S. 1 das Recht und auch die – keineswegs in ihr Belieben gelegte – **Pflicht**, wenigstens **einmal im Kalenderjahr** die Mitarbeiterversammlung stattfinden zu lassen und folglich durch den Vorsitzenden der MAV dazu einzuladen. Gerade die Mitarbeiter benötigen als Wähler in ihrer Gesamtheit den Meinungsaustausch mit der MAV. Schließlich ist die Mitarbeiterversammlung Ort zur Entgegennahme der Berichterstattung über die Arbeit der MAV (§ 21 Abs. 2 S. 2). Die Berichtspflicht der MAV entspricht dem Recht auf Berichterstattung seitens der Mitarbeiterversammlung (vgl. auch § 22 Abs. 1 S. 2). **Deshalb darf die MAV die jährliche ordentliche Mitarbeiterversammlung nicht grundlos ausfallen lassen.** Denn durch die fehlende Information der Mitarbeiter seitens der MAV in der Mitarbeiterversammlung verliert die MAV durch entsprechende fehlende Rückäußerung aus der Mitarbeiterversammlung den Kontakt zu den wirklichen Wünschen und Meinungen der Mitarbeiter. Unterlässt die MAV die Mitarbeiterversammlung, begeht sie eine **Pflichtverletzung** (*Oxenknecht*, Freistellungen, ZMV 1991, 3, 4). Auch über mit dem Dienstgeber laufende Verhandlungen besteht Berichtspflicht im Rahmen der Zulässigkeit und unter Beachtung möglichen Schweigegebots. Es ist nicht richtig, Mitarbeiter mit fix und fertigen Verhandlungsergebnissen zu konfrontieren, wenn Meinungen noch hätten abgefragt werden können (§ 22 Rz 14, 15). Eine ganz andere Sache ist es, ob die Meinungen durchdringen (§ 22 Rz 16 ff.). Mehrere ordentliche Mitarbeiterversammlungen im Jahr sind durchaus zulässig, weil das aus § 21 Abs. 2 S. 1 folgt. Denn mindestens eine (= wenigstens eine) Mitarbeiterversammlung ist vorgeschrieben und hat stattzufinden. Dennoch hat die MAV zu prüfen, ob eine zusätzliche Versammlung nötig ist. 18

IV. Die außerordentliche Mitarbeiterversammlung

1. Initiativrecht

§ 21 Abs. 3 regelt das Initiativrecht zur Einberufung außerordentlicher Mitarbeiterversammlungen. Das Initiativrecht steht sowohl einem Drittel der aktiv wahlberechtigten Mitarbeiter (§ 21 Abs. 3 S. 1) als auch dem Dienstgeber (§ 21 Abs. 3 S. 2) zu. Der Dienstgeber muss den Grund für die Einberufung der Mitarbeiterversammlung angeben. Der Antrag zur Einberufung der Versammlung ist an den Vorsitzenden der MAV zu richten. 19

§ 21

20 Ob mindestens ein Drittel der aktiv wahlberechtigten Mitarbeiter die Einberufung gefordert hat, ist am **Quorum der Wahlberechtigten** gemäß § 7 (vgl. dort) zu ermitteln. Stichtag für die Ermittlung ist der Zeitpunkt des Antrages auf Einberufung der Mitarbeiterversammlung. Der Antrag des Mitarbeiterdrittels ist an keine Form gebunden. Es muss aber sicher gestellt sein, dass er von der erforderlichen Zahl der Mitarbeiter gestellt worden ist

21 Überhaupt nicht geregelt ist, ob die Werbung für die außerordentliche Mitarbeiterversammlung während der Dienststunden abgehalten werden darf. Im Rahmen der Grundsätze einer Dienstgemeinschaft ist es nicht anders denkbar, als dass innerhalb der Dienststunden die erforderlichen Stimmen gesammelt werden.

22 Die MAV wird in jedem Falle prüfen, ob die Mitarbeiterversammlung zur Erörterung und Behandlung des beantragten Gegenstandes zuständig ist. Würde das Mitarbeiterdrittel den Beratungsgegenstand nicht nennen, könnte davon abhängen, dass der MAV-Vorsitzende die außerordentliche Mitarbeiterversammlung nicht einberuft. Denn er muss die Gebotenheit der Versammlung beurteilen und verantworten können (vgl. zur gleichen Problematik *Hess/ Schlochauer/Worzalla/Glock*, BetrVG § 43 Rz 30) und die Tagesordnung angeben.

2. Einberufung/Leitung

23 Der Vorsitzende der MAV muss die außerordentliche Mitarbeiterversammlung alsbald einberufen (§ 21 Abs. 3 S. 1). Er muss dem Ersuchen der Initiativberechtigten stattgeben und die Versammlung leiten.

a. Einladungsfrist

24 Auf einen Antrag nach Absatz 3 ist der Vorsitzende der MAV verpflichtet, die beantragte Mitarbeiterversammlung innerhalb von zwei Wochen einzuberufen, aber nicht schon durchzuführen. Mit dem Zeitraum von zwei Wochen wird den Beteiligten die erforderliche Zeit zur Vorbereitung der Mitarbeiterversammlung eingeräumt (*Frey/Coutelle/Beyer*, § 21 Rz 13). Der Tag des Eingangs des Antrages wird nicht mitgerechnet (§ 187 BGB). Die Durchführung der Mitarbeiterversammlung muss dann ohne schuldhaftes Zögern erfolgen. Bei der innerhalb von zwei Wochen einzuberufenden Mitarbeiterversammlung ist die Einladungsfrist von wenigstens einer Woche unter Beachtung von Abs. 1 S. 3 zulässig und erforderlich.

b. Tagesordnung

25 Antragsteller, die die Anberaumung einer außerordentlichen Mitarbeiterversammlung beantragen, müssen den Gegenstand, der beraten werden soll, eindeutig bezeichnen, um dem Vorsitzenden der MAV und der MAV zunächst die Prüfung zu ermöglichen, ob die Mitarbeiterversammlung anberaumt werden darf und wie sie vorzubereiten ist. Wegen der Besonderheit der Versammlung ist in der Einladung der Grund anzugeben und wer die Einberufung verlangt hat, weil davon die Tagesordnung bestimmt wird.

26 Hat der **Dienstgeber** die Einberufung der **Mitarbeiterversammlung veranlasst,** so ist der besondere Grund der Einberufung in jedem Falle in der Tagesordnung zu nennen (§ 21 Abs. 3 S. 3). Der Dienstgeber hat dann auch an der Mit-

§ 21

arbeiterversammlung teilzunehmen. Dabei ist es selbstverständlich, dass er solche Mitarbeiter in die Versammlung mitnimmt, die ihn bei seinem Vortrag unterstützen oder diesen sogar in seiner Gegenwart zur anstehenden Thematik halten. Deshalb sind auch solche Mitarbeiter zur Versammlung zugelassen, die sonst von ihr ausgeschlossen sind, weil sie vom Mitarbeiterbegriff gemäß § 3 Abs. 2 ausgeklammert sind und deshalb nicht zur Mitarbeiterversammlung gemäß § 4 S. 1 gehören.

Aus der Vorschrift des § 21 Abs. 3 über die Angabe der Tagesordnung zum Zeitpunkt der Einberufung der außerordentlichen Mitarbeiterversammlung geht hervor, dass eine Ergänzung der Tagesordnung in der Versammlung selbst nicht möglich ist. Es ist sogar eine Ergänzung der Tagesordnung durch Aushang nur noch möglich, wenn die einzuhaltende Mindestfrist für die Einladung noch beachtet wird. Denn auch die Tagesordnung ist Motiv zur Befolgung der Einladung. 27

3. Vom Dienstgeber einberufene Versammlung

Die MAVO regelt die Einberufung der Mitarbeiterversammlung durch den Dienstgeber nur in den in § 10 Abs. 1, 1 a und 2, § 22 a Abs. 1 genannten Fällen (§ 10 Rz 8, 22 ff., 28 ff.). Andererseits ist der Dienstgeber aber berechtigt, eine Versammlung aller Tätigen, also auch der vom Mitarbeiterbegriff ausgeklammerten Beschäftigten (§ 3 Abs. 2) als Belegschaftsversammlung einzuberufen, um über Belange der Dienststelle bzw. der Einrichtung zu informieren, auch wenn Fragen berührt werden, die zur Zuständigkeit der MAV gehören. Das ist aus dem Direktions- und Informationsrecht des Dienstgebers abzuleiten (*BAG*, 13. 3. 2001 – 1 ABR 33/00, NZA 2001, 976). Er hat das Recht, mit sämtlichen Beschäftigten in direkten Kontakt zu treten, ohne dies über den formalen und beschränkten Weg der Mitarbeiterversammlung tun zu müssen. Unzulässig könnte die Maßnahme dann sein, wenn die Versammlung eine missbräuchliche Gegenveranstaltung zur Mitarbeiterversammlung wird (vgl. zum BetrVG: *BAG*, 27. 6. 1989 – 1 ABR 28/88, NZA 1990, 113). Das wäre ein Verstoß gegen § 48, der Abweichungen von der Ordnung der MAVO verbietet. Zur besonderen Informationspflicht des Dienstgebers siehe zu § 27 a Abs. 5. 28

V. Fahrtkosten

1. Anspruchsgrundlagen

Der Dienstgeber hat die notwendigen Fahrtkosten, die zur Teilnahme an der Mitarbeiterversammlung entstehen, zu erstatten (**§ 21 Abs. 4**). Allerdings werden jährlich höchstens zwei Mitarbeiterversammlungen unterstützt. Hat der Dienstgeber jedoch selbst die Einberufung der Mitarbeiterversammlung verlangt, so ist auch Fahrtkostenerstattung für die Teilnahme an dieser Versammlung fällig. Für die Höhe der Fahrtkostenerstattung gelten die beim Dienstgeber geltenden Regelungen. Fahrtkostenerstattungen können entstehen in den Fällen, in denen Mitarbeiterversammlungen außerhalb der Dienstzeit von Mitarbeitern liegen und diese deshalb eigens zur Mitarbeiterversammlung anreisen müssen. Das kann z. B. bei Teilzeitbeschäftigten der Fall sein oder bei Mitarbeitern im Schichtdienst, wenn keine Teilversammlungen statt- 29

§ 21

finden. Hat der Mitarbeiter dagegen eine **Zeitkarte**, mit der er öfter am Tage eine Fahrt antreten kann, so entstehen keine zusätzlichen Fahrtkosten, so dass auch eine Fahrtkostenerstattung entfällt. Anders ist es, wenn die Veranstaltung in einem angemieteten Raume abseits von der Dienststelle stattfindet und deswegen zusätzliche Fahrtkosten entstehen. Diese sind zu erstatten. Dasselbe gilt auch für Mitarbeiterversammlungen von Mitarbeitern im Sinne von § 23 Abs. 1 oder solchen aus Teildienststellen, die gemäß § 1 a Abs. 2 zu einer Dienststelle zusammengefügt worden sind, so dass die Mitarbeiter zum Versammlungsort fahren müssen. Auch Mitarbeiter, die **urlaubsbedingt** oder wegen der Elternzeit **abwesend** sind, können an Mitarbeiterversammlungen teilnehmen und haben in Höhe der Kosten, die bei Arbeitspflicht anfallen würden, Fahrtkostenerstattungsansprüche. Denn die Beurlaubung lässt das Arbeitsverhältnis bestehen. Wenn auch bei der Elternzeit oder sonstigen unbezahlten Sonderurlaub die Hauptpflichten aus dem Arbeitsvertrag ruhen, so bleiben die kollektiven Rechte bestehen, soweit sie nicht eigens ausgeschlossen sind (vgl. *LAG Hamm*, 19. 8. 1988 – 16 Sa 788/88, DB 1988, 2570). Vergütungsansprüche bestehen nicht (vgl. Rz 43).

30 Anders als die Mitglieder der MAV, die eigene Geschäfte der MAV erledigen, erfüllen die Mitarbeiter bei der Teilnahme an der Mitarbeiterversammlung allgemeine Pflichten der Dienstgemeinschaft. Die Pflichten der Dienstgemeinschaft liegen im Interesse des Dienstgebers ebenso wie der Mitarbeiterschaft. Wenn also Mitarbeiter die Mitarbeiterversammlung besuchen, liegt das auch im Interesse des Dienstgebers. Denn der Tätigkeitsbericht der MAV, der Bericht des Dienstgebers, die Aussprache in der Mitarbeiterversammlung über die Angelegenheiten der Dienststelle eröffnen die Möglichkeit zu innerbetrieblicher Mitwirkung. Die Mitarbeiterversammlung dient deshalb dem kollektiven Ausgleich der Interessen der Mitarbeiter und des Dienstgebers. Die Teilnahme an der Mitarbeiterversammlung ist daher die Wahrnehmung von Angelegenheiten im Interesse der Dienststelle und folglich des Dienstgebers. Daher sind Reisekosten aus Anlass der Teilnahme an der Mitarbeiterversammlung Auslagen im Sinne der **Geschäftsbesorgung gemäß § 670 BGB** (vgl. *Palandt*, § 611 Rz 125) und infolgedessen im Rahmen des Reisekostenrechts beim Dienstgeber von diesem zu erstatten. Fehlt eine Reisekostenerstattungsregelung, so sind die allgemeinen Regeln des Arbeitsrechts für den Aufwendungsersatz des Arbeitnehmers anzuwenden. Allerdings kommen nur solche Aufwendungen in Betracht, die bei Arbeitspflicht entstanden wären, nicht solche, die unvertretbar sind (z. B. Anreise aus dem Urlaubsort). Gemäß § 21 Abs. 4 hat der Dienstgeber das Recht zur Regelung der Einzelheiten der Fahrtkostenerstattung. Das gilt für Fahrten, die aus Anlass der Mitarbeiterversammlungen eines Bereiches (gemeinsame MAV, § 1 b) oder der Zuständigkeit einer Sondervertretung i. S. von § 23 unternommen werden, ebenfalls. Je nach Reisekostenrecht können dann sogar Ansprüche auf Spesen oder Tagegelder neben den Fahrtkosten entstehen.

2. Streitigkeiten wegen Fahrtkostenerstattung

31 Obwohl der Rechtsanspruch auf Erstattung der Fahrtkosten zur Teilnahme an der Mitarbeiterversammlung durch § 21 Abs. 4 geregelt ist, ist fraglich, wo er im Streitfall geltend gemacht werden kann. Zweifellos handelt es sich bei einer Streitigkeit über Fahrtkosten aus Anlass der Teilnahme an einer Mitarbeiter-

§ 21

versammlung um eine **Rechtsstreitigkeit im Sinne der MAVO**. Inhaber des **Anspruchs** ist der Teilnehmer an der Mitarbeiterversammlung, also der **Mitarbeiter**. Denn die Vergütung von Reisekosten erfolgt an den, der die Fahrt unternommen hat und dem die dafür aufgewendeten Kosten entstanden sind. Das Schlichtungsverfahren findet nach § 41 Abs. 1 in den dort aufgeführten Fällen statt. Die Streitigkeit über den Anspruch aus § 21 Abs. 4 ist im Zuständigkeitskatalog des § 41 Abs. 1 jedoch für die Schlichtungsstelle nicht enthalten. Gemäß § 41 Abs. 2 Unterabsatz 1 kann die Schlichtungsstelle in allen sonstigen Rechtsstreitigkeiten mitarbeitervertretungsrechtlicher Art angerufen werden. Darum handelt es sich bei Streitigkeiten über die Fahrtkostenerstattung. Allerdings kommt es nach § 41 Abs. 2 Unterabsatz 2 auf die Antragsberechtigung an. Gemäß § 41 Abs. 2 Unterabsatz 2 Nr. 1 sind antragsberechtigt in Angelegenheiten der MAVO einschließlich des Schlichtungsverfahrensrechts die MAV und der Dienstgeber und ein einzelner Mitarbeiter im Sinne der MAVO.

VI. Verständigung mit dem Dienstgeber

Die MAVO regelt im Unterschied zum staatlichen Recht (vgl. §§ 43, 44 BetrVG, § 50 BPersVG) weder die zeitliche Lage der **Mitarbeiterversammlung**, die Vergütung für die Dauer der Teilnahme an der Mitarbeiterversammlung noch macht sie einen Unterschied zwischen Mitarbeiterversammlungen innerhalb und außerhalb der dienstplanmäßigen Arbeitszeit der Mitarbeiter. Auch das organisatorische Zusammenspiel zwischen Dienstgeber und MAV wegen des Versammlungsraumes und allgemeine Kostenfragen werden nicht eigens erwähnt, ebenso nicht die **Einladung des Dienstgebers zur Teilnahme**. Aber gerade wegen der offenen Fragen ist die Verständigung mit dem Dienstgeber ein gangbarer Weg für die Abwicklung der Mitarbeiterversammlung (§ 26 Abs. 1 S. 1). Denn Information und Absprache sind zur Organisation und Durchführung der Mitarbeiterversammlung erforderlich, weil die entstehenden Kosten vom Dienstgeber zu tragen bzw. zu erstatten sind (§ 21 Abs. 4, § 17 Abs. 1 S. 1); er hat den erforderlichen Versammlungsraum zu besorgen (§ 17 Abs. 2). Lädt die MAV einen Sachverständigen zur Mitarbeiterversammlung zum Vortrag ein, so sind dessen Kosten nur zu erstatten, wenn dies mit dem Dienstgeber vorher abgesprochen war (§ 17 Abs. 1 S. 2 zweiter Spiegelstrich; vgl. *BAG*, 19. 4. 1989 – 7 ABR 87/87, DB 1989, 1774 = BB 1989, 1696). 32

1. Zeitliche Lage der Mitarbeiterversammlung

Das staatliche Recht macht die zeitliche Lage der Betriebsversammlung (§ 44 BetrVG; dazu: *Kappes/Rath*, Betriebsversammlung während der Arbeitszeit, DB 1987, 2645; *Bischof*, Die Arten der Betriebsversammlungen und ihre zeitliche Lage, BB 1993, 1937) bzw. der Personalversammlung (§ 50 BPersVG) von unterschiedlichen Kriterien abhängig. Es unterscheidet zwischen den Jahresversammlungen und den auf Wunsch des Arbeitgebers bzw. des Dienststellenleiters einberufenen Versammlungen einerseits und der auf Wunsch der Arbeitnehmer bzw. Bediensteten zustande gekommenen Versammlung andererseits. Diese Unterscheidung nach Jahresversammlung (§ 21 Abs. 2 S. 1), auf Verlangen des Dienstgebers einberufener Versammlung (§ 21 Abs. 3 S. 2, § 10 33

§ 21

Abs. 1, 1a und 2) und auf Verlangen von einem Drittel der wahlberechtigten Mitarbeiter verlangten Mitarbeiterversammlung (§ 21 Abs. 3 S. 1) kann für die MAVO Maßstab für die Regelung der zeitlichen Lage der Mitarbeiterversammlung sein.

a. Während der Dienststunden

34 Die Mitarbeiterversammlung gemäß § 21 Abs. 2 S. 1 und die auf Verlangen des Dienstgebers einberufene (§ 21 Abs. 3 S. 2, § 10 Abs. 1, 1a und 2) gehören in die Zeit der Dienststunden (vgl. *Damköhler*, MAVO § 16 Anm. 8; andeutungsweise *Mösenfechtel/Perwitz-Passan/Wiertz*, § 21 Anm. 9, wenn der Dienstgeber einverstanden ist). Hat der Dienstgeber zugestimmt, dass die Mitarbeiterversammlung in die Arbeitszeit fällt, so bleibt er zur Zahlung der Dienstbezüge für die an der Mitarbeiterversammlung teilnehmenden Mitarbeiter verpflichtet (*Bietmann*, Kurzkommentar, § 16 Anm. 6; *Frey/Coutelle/Beyer*, MAVO § 21 Rz 6). Der Mitarbeiter wird von seiner Arbeitspflicht bei Teilnahme an der Mitarbeiterversammlung freigestellt.

35 Wer nicht an der Versammlung teilnimmt, ist während seiner dienstplanmäßigen Arbeitszeit zur Dienstleistung verpflichtet. Umstritten ist, ob die Teilnahme an einer innerhalb der Arbeitszeit stattfindenden Mitarbeiterversammlung ohne Arbeitspflicht eine Vergütungspflicht auslöst (Rz 43). Fällt **bei gleitender Arbeitszeit** die Teilnahme an der Mitarbeiterversammlung in die **Kernzeit** oder auch in den **Gleitzeitrahmen**, ist die Teilnahme an der Mitarbeiterversammlung wie Arbeitszeit zu behandeln.

b. Außerhalb der betriebsüblichen Arbeitszeit

36 Die Mitarbeiterversammlung muss zeitlich eine andere Lage erfahren, wenn die dienstlichen Verhältnisse das erfordern. Hierauf nimmt z. B. § 50 Abs. 1 S. 1 BPersVG Rücksicht. In § 50 Abs. 1 S. 3 BPersVG wird aber hinzugefügt, dass im Falle einer Personalversammlung außerhalb der Arbeitszeit den Teilnehmern Freizeitausgleich in entsprechendem Umfang zu gewähren ist. Das ist in der MAVO nicht geregelt. Infolgedessen ist Freizeitausgleich für außerhalb der Dienststunden liegende Mitarbeiterversammlungen nicht zulässig.

37 Will der Dienstgeber eine Mitarbeiterversammlung im Rahmen seines Direktionsrechts außerhalb der betriebsüblichen Arbeitszeit abhalten, unterliegt die Maßnahme der Information der MAV gemäß § 27 Abs. 1 wegen vorübergehender Verlängerung der betriebsüblichen Arbeitszeit, wenn der Dienstgeber die Teilnahme kraft seines Direktionsrechts anordnen kann oder die Mitarbeiter sich dem Dienstgeber zur Teilnahme an der Mitarbeiterversammlung rechtswirksam verpflichtet haben. Dies gilt unabhängig davon, ob die Teilnahme an der Mitarbeiterversammlung in einem solchen Fall vergütungspflichtige Arbeitszeit ist oder nicht. Greift das Direktionsrecht des Dienstgebers insoweit nicht, haben sich auch die Mitarbeiter nicht zur Teilnahme rechtswirksam verpflichtet und ist in diesen Fällen die Teilnahme vom Dienstgeber ausdrücklich freigestellt, so ist die betriebsübliche Arbeitszeit nicht tangiert (*BAG*, 13. 3. 2001 – 1 ABR 33/00, NZA 2001, 976).

38 In Schulen und Tageseinrichtungen für Kinder sind Mitarbeiterversammlungen außerhalb der Unterrichtszeit bzw. der Betreuungszeit der Kinder anzusetzen (vgl. z. B. wegen der Sitzungen der MAV der Schulen: Ausführungsbestimmungen zur MAVO Köln – Amtsblatt 1996 Nr. 3 S. 5 zu § 15 Abs. 4

MAVO Köln). Gegen den Willen des Dienstgebers dürfen Mitarbeiterversammlungen nicht terminiert werden (*Bietmann*, Kurzkommentar, § 16 Anm. 5).
Deshalb ist im Falle des Kompromisses zwischen MAV und Dienstgeber eine 39
den dienstlichen Belangen aller Beteiligten und der Dienststelle gerecht werdende zeitliche Lage der Mitarbeiterversammlung unter Berücksichtigung der Teilzeitbeschäftigten (*Lipke*, NZA 1990, 758 ff.) anzustreben (*BAG*, 27. 11. 1987 – 7 AZR 29/87, EzA § 44 BetrVG 1972 Nr. 8 = DB 1988, 810).
Außerordentliche Mitarbeiterversammlungen, die auf Verlangen des Mit- 40
arbeiterdrittels (§ 21 Abs. 3 S. 1) einberufen wurden, sind in die Zeit außerhalb der Arbeitszeit zu legen. Das ist berechtigt, weil diese Versammlungen gesetzlich nicht verpflichtend vorgeschrieben sind, sondern von einer qualifizierten Minderheit der Mitarbeiter verlangt werden können. Diese Art der Versammlungen soll aber nicht dazu führen, dass der Dienstgeber mit der Zahlung von Bezügen belastet wird, während die Teilnehmer der Versammlung nicht arbeiten.
In Einrichtungen mit **Schichtarbeit** ist eine Mitarbeiterversammlung, ins- 41
besondere wenn keine Teilversammlungen abgehalten werden, eigentlich nur während der Arbeitszeit (z. B. in Krankenhäusern) denkbar. Haben die Mitarbeiter bei laufender Schicht zu arbeiten, so können allenfalls nur die nicht von der Schicht Betroffenen an der Versammlung teilnehmen. In diesem Fall muss eine weitere Teilversammlung (§ 4 S. 2) organisiert werden, um die Gleichbehandlung der Mitarbeiter zu ermöglichen.
Daraus folgt auch, dass der Dienstgeber nicht verpflichtet werden kann, we- 42
gen einer bevorstehenden Mitarbeiterversammlung die Einrichtung bzw. Dienststelle zu schließen; denn Teilversammlungen sind möglich (§ 4 Rz 20 ff.; vgl. auch: *LAG Köln*, 19. 4. 1988 – 11 Ta BV 24/88, BB 1988, 1326). Die Mitarbeiterversammlung kann auch auf der Schnittstelle zwischen zwei Schichten anberaumt werden (*LAG Schleswig-Holstein*, 30. 5. 1991 – 4 Ta BV 12/91, NZA 1991, 947).

2. Vergütung

Findet eine Mitarbeiterversammlung außerhalb der Dienststunden der teil- 43
nehmenden Mitarbeiter statt, so steht ihnen weder ein (zusätzlicher) Entgeltanspruch noch ein Freizeitausgleich zu. Dasselbe gilt auch gegenüber Mitarbeitern, die aus dem Erholungsurlaub oder aus anderem Urlaub (z. B. Elternzeit, Zusatzurlaub) an der Mitarbeiterversammlung teilnehmen, weil die MAVO die Vergütungsfrage gar nicht regelt (zur Diskussion wegen des staatlichen Rechts vgl. *Fabricius/Weber*, GK-BetrVG § 44 Rz 30 ff.; *LAG Niedersachsen*, 25. 10. 2000 – 4 Sa 229/00, ZTR 2001, 140). Würde ihnen Vergütung zuteil, würden sie sogar gegenüber den nicht Beurlaubten bevorzugt. Insofern besteht auf Grund des § 44 Abs. 1 S. 2 BetrVG für den Bereich des staatlichen Rechts eine andere Rechtslage (vgl. *BAG*, 5. 5. 1987 – 1 AZR 665/85, DB 1987, 1945; 1 AZR 666/85, DB 1987, 1947; *BAG*, 31. 5. 1989 – 7 AZR 574/88, DB 1990, 793-, *BAG*, 5. 5. 1987 – 1 AZR 292/85, DB 1988, 343; *LAG Hamm*, 19. 8. 1988 – 16 Sa 788/88, DB 1988, 2570). Werden Themen in der Mitarbeiterversammlung behandelt, die gemäß § 22 Abs. 1 S. 1 nicht zu ihrer Zuständigkeit gehören, kann dies zur Ablehnung von Entgeltansprüchen der Teilnehmer führen. Darauf hat der Dienstgeber allerdings vor der

§ 21

Veranstaltung hinzuweisen (*LAG Baden-Württemberg*, 17. 12. 1987 – 8(14) Sa 106/86, DB 1987, 1441).

3. Dienstliche Veranstaltung

44 Jede Mitarbeiterversammlung ist eine **dienstliche Veranstaltung**, so dass **Unfälle** aus Anlass des Besuchs der Veranstaltung unter den **Unfallversicherungsschutz** fallen (vgl. zu § 17 Rz 12, § 18 Rz 37 ff.). Mitarbeiter, die Arbeiter oder Angestellte sind, fallen in der Regel unter den gesetzlichen Unfallversicherungsschutz. Andere Mitarbeiter, die Beamte sind oder denen Versorgungszusagen nach Beamtenrecht gegeben worden sind, haben Ansprüche gegen ihren Dienstherrn. Durch Gestellungsvertrag Beschäftigte haben die Ansprüche, die der gestellende Teil zu befriedigen hat, gegebenenfalls unter Mitwirkung des Gestellungsempfängers (Dienstgebers), soweit nicht gesetzlicher Unfallversicherungsschutz besteht.

45 Priester haben in der Regel entsprechend den für die staatlichen Beamten bestehenden gesetzlichen Bestimmungen Anspruch auf Unfallfürsorge (vgl. § 18 Rz 37), während für die **Ständigen Diakone** dann gesetzlicher Unfallversicherungsschutz anzunehmen ist, wenn Rentenversicherungspflicht in der gesetzlichen Rentenversicherung besteht und beamtenrechtliche Unfallfürsorgevorschriften oder entsprechende Grundsätze nicht gelten (vgl. § 25 Abs. 3 Dienstordnung für Ständige Diakone im Erzbistum Köln, Amtsblatt 1996 Nr. 16 S. 11 ff.).

46 Denn für die Versicherungsfreiheit in der gesetzlichen Unfallversicherung ist bei Beschäftigten wesentlich, dass hinsichtlich der Unfälle im Rahmen eines Dienst- oder Arbeitsverhältnisses beamtenrechtliche Unfallfürsorgevorschriften oder entsprechende Grundsätze gelten (§ 4 Abs. 1 Nr. 1 SGB VII). Die beamtenrechtlichen Unfallfürsorgevorschriften sind in den §§ 30 ff. des Beamtenversorgungsgesetzes vom 24. 8. 1976 (BGBl. 1 S. 2485) enthalten (Abkürzung: BeamtVG). Als entsprechende Grundsätze im Sinne von § 4 Abs. 1 Nr. 1 SGB VII können nur solche Regelungen angesehen werden, die in ihrer Gesamtheit einen Schutz gewähren, der dem Schutz nach beamtenrechtlichen Unfallfürsorgevorschriften in etwa gleichkommt. Es müssen wie bei den Beamten zwingende gesetzliche Vorschriften oder sonstige Rechtsnormen (autonome Satzungen) die Gewährung der Unfallfürsorge vorschreiben und die Voraussetzungen dafür regeln; es muss die Sicherheit bestehen, dass die Leistungen beim Eintritt des Unfalls tatsächlich gewährt werden.

47 Satzungsmäßige Mitglieder geistlicher Genossenschaften, Diakonissen und Angehörige ähnlicher Gemeinschaften sind versicherungsfrei, wenn ihnen nach den Regeln der Gemeinschaft Anwartschaft auf die in der Gemeinschaft übliche Versorgung gewährleistet und die Erfüllung der Gewährleistung gesichert ist (§ 4 Abs. 1 Nr. 3 SGB VII).

VII. Streitigkeiten

48 Streitigkeiten aus Anlass von Meinungsverschiedenheiten zwischen Dienstgeber und MAV über die **zeitliche Lage der Mitarbeiterversammlung** oder gar über ihre Durchführbarkeit einschließlich der Frage von Teilversammlungen werden gemäß § 41 Abs. 2 Unterabsatz 2 Nr. 1 auf Antrag des Dienstgebers oder der MAV von der Schlichtungsstelle (§§ 40 ff.) entschieden. Es handelt sich dabei um den Fall einer Rechtsstreitigkeit, weil es um den Anspruch auf ein Recht geht, also nicht um eine Regelungsstreitigkeit.

Streitigkeiten wegen **Vergütung** aus Anlass der Teilnahme an der Mitarbeiterversammlung zwischen Mitarbeitern oder MAV-Mitgliedern und dem Dienstgeber werden als vermögensrechtliche Streitigkeiten aus dem Dienst-, Arbeits- oder Gestellungsverhältnis vor die zuständigen staatlichen Gerichte getragen. 49

§ 22 Aufgaben und Verfahren der Mitarbeiterversammlung

(1) Die Mitarbeiterversammlung befaßt sich mit allen Angelegenheiten, die zur Zuständigkeit der Mitarbeitervertretung gehören. In diesem Rahmen ist die Mitarbeitervertretung der Mitarbeiterversammlung berichtspflichtig. Sie kann der Mitarbeitervertretung Anträge unterbreiten und zu den Beschlüssen der Mitarbeitervertretung Stellung nehmen.

(2) Spricht mindestens die Hälfte der wahlberechtigten Mitarbeiterinnen und Mitarbeiter in einer Mitarbeiterversammlung der Mitarbeitervertretung das Misstrauen aus, so findet eine Neuwahl statt (§ 13 Abs. 3 Nr. 5).

(3) Jede ordnungsgemäß einberufene Mitarbeiterversammlung ist ohne Rücksicht auf die Zahl der erschienenen Mitglieder beschlussfähig. Die Beschlüsse bedürfen der einfachen Mehrheit aller anwesenden Mitarbeiterinnen und Mitarbeiter. Anträge der Mitarbeiterversammlung gelten bei Stimmengleichheit als abgelehnt.

(4) Anträge und Beschlüsse sind in einer Niederschrift festzuhalten und von der oder dem Vorsitzenden und der Schriftführerin oder dem Schriftführer der Mitarbeitervertretung zu unterzeichnen. Der Niederschrift soll eine Anwesenheitsliste beigefügt werden. Bei Teilversammlungen (§ 4 Satz 2) und im Falle des Abs. 2 ist eine Anwesenheitsliste beizufügen.

Inhaltsübersicht

		Rz
I.	Zweck der Vorschrift	1–3
II.	Zulässige Beratungsgegenstände	4–21
	1. Angelegenheiten der MAV	4–13
	2. Berichtspflicht der MAV	14–15
	3. Anträge der Mitarbeiterversammlung und Stellungnahme zu den Beschlüssen der MAV	16–21
III.	Misstrauensvotum gegenüber der MAV	22–26
IV.	Beschlussfähigkeit der Mitarbeiterversammlung	27–34
	1. Grundsatz	27–32
	2. Misstrauensantrag	33
	3. Antrag zur Amtsenthebung der MAV	34
V.	Niederschrift über die Mitarbeiterversammlung	35–40
VI.	Streitigkeiten	41

§ 22

I. Zweck der Vorschrift

1 Die Vorschrift umfasst Regelungen zur inhaltlichen (vgl. auch § 21 Abs. 2 S. 1) und geschäftsmäßigen Durchführung der Mitarbeiterversammlung, insbesondere zu den Themen im Zusammenhang mit der Berichtspflicht der MAV (Abs. 1), zum Misstrauensvotum gegen die MAV (Abs. 2), zur Beschlussfähigkeit der Mitarbeiterversammlung (Abs. 3) sowie zur Protokollierung der Versammlung (Abs. 4). Die Ordnung sieht eine besondere Versammlung der Jugendlichen und Auszubildenden vor (§ 43 a). Dennoch gehören die Jugendlichen und Auszubildenden als Mitarbeiter i. S. von § 3 Abs. 1 zur Mitarbeiterversammlung. Denn die Sprecherinnen und Sprecher der Jugendlichen und Auszubildenden können vor oder nach einer Mitarbeiterversammlung im Einvernehmen mit der MAV eine Versammlung der Jugendlichen und Auszubildenden einberufen. Die Versammlung kann sogar im Einvernehmen mit der MAV und dem Dienstgeber zu einem anderen Zeitpunkt stattfinden.

2 Die Mitarbeiterversammlung hat darauf Bedacht zu nehmen, dass der Grundsatz der vertrauensvollen Zusammenarbeit, der insbesondere die MAV und den Dienstgeber bindet (§ 26 Abs. 1 S. 1; § 26 Rz 1–10), auch von ihren Teilnehmern beachtet wird. Denn der Grundsatz gilt in der Mitarbeiterversammlung für jeden Mitarbeiter als deren Mitglied (§ 22 Abs. 3 S. 1).

3 Der Leiter der Mitarbeiterversammlung hat dafür zu sorgen, dass die von der MAVO aufgestellten Regeln für die Zuständigkeit und Durchführung der Versammlung eingehalten werden. Tut er dies nicht, so kann hierin eine grobe Pflichtverletzung liegen, die nach § 13 c Nr. 5 zu seiner Abberufung aus der Mitarbeitervertretung durch die Schlichtungsstelle führen kann (§ 41 Abs. 1 Nr. 3).

II. Zulässige Beratungsgegenstände

1. Angelegenheiten der MAV

4 Die Mitarbeiterversammlung kann nur diejenigen Themen behandeln, die zur Zuständigkeit der MAV gehören. Der Themenkreis deckt sich daher mit dem von der MAVO abgesteckten Aufgabenbereich der MAV. Anders als nach § 51 BPersVG können die Teilnehmer einer Mitarbeiterversammlung nicht über Besoldungs- und Vergütungsangelegenheiten diskutieren. Diese Themen gehören nach den Bestimmungen über die KODA (vgl. z. B. § 2 Abs. 1 KODA-Ordnung) der Diözesen in NRW zum Zuständigkeitsbereich dieses diözesanen oder regionalen Gremiums. Der **Zuständigkeitsbereich** der MAV und damit der von der Mitarbeiterversammlung diskutierbare Themenbereich **ergibt sich aus §§ 26–27 a, 28 a**, aus Beteiligungsrechten (§§ 29 bis 37) und den durch die Dienstvereinbarung (§ 38) regelbaren Fällen. Wesentlicher Ansatzpunkt für die Beratung der Mitarbeiterversammlung ist der Tätigkeitsbericht der MAV, worauf die Mitarbeiterversammlung Anspruch hat (*Bietmann*, Betriebliche Mitbestimmung S. 123).

5 Zu den Themen der Mitarbeiterversammlung gehören neben dem Tätigkeitsbericht auch Angelegenheiten der Wahlvorbereitung. Die MAV ist damit befasst gemäß § 9 Abs. 1 S. 1 wegen der Bestimmung des Wahltages, gemäß § 9 Abs. 2 S. 1 wegen der Bestellung des Wahlausschusses, gemäß § 9 Abs. 3 S. 1

§ 22

wegen der Nachbestellung eines neuen Mitgliedes des Wahlausschusses. Gemäß § 11 a Abs. 2 hat die Mitarbeiterversammlung sich mit der Art der Durchführung der Wahl zu befassen, wenn es sich um eine Einrichtung im Sinne von § 11 a Abs. 1 handelt.
In diesem Falle findet gemäß § 11 b die Versammlung der Wahlberechtigten 6
zur Wahlversammlung statt, wenn die Mitarbeiterversammlung nicht gemäß § 11 a Abs. 2 für die Durchführung der Wahl nach den §§ 9 bis 11 Beschluss gefasst hat. Auf die Ausführungen zu §§ 10, 11 a, 11 b und 11 c wird hingewiesen.
Nicht zur Zuständigkeit der MAV gehört die Wahl der Mitarbeitervertreter. 7
Diese ist Sache der Mitarbeiter selbst und des Wahlausschusses (§ 11 Abs. 1). Deshalb gehört die Vorstellung von Wahlbewerbern für das Amt des Mitarbeitervertreters nicht in die Mitarbeiterversammlung, sondern gegebenenfalls in eine Wahlversammlung i. S. von § 11 b.
Bei der Erörterung der Themen wird die Vorschrift des **§ 26 Abs. 1 S. 2** nicht 8
übersehen werden dürfen, wonach nämlich Dienstgeber und MAV darauf zu achten haben, dass alle Mitarbeiter nach Recht und Billigkeit behandelt werden (vgl. auch zu § 26; Rz 11 ff.). Damit sind insoweit auch Angelegenheiten zu besprechen, welche die Mitarbeiter unmittelbar berühren.
Bei der Abgrenzung der Zuständigkeit der Mitarbeiterversammlung ist zu bedenken, dass die MAV-Zuständigkeit der Maßstab ist. Die MAV hingegen ist 9
nicht an allen Aufgaben beteiligt, die gegebenenfalls dem Dienstgeber obliegen. Deshalb ist die Erörterung von Fragen aus dem gewerkschaftlichen, parteipolitischen und allgemeinen wirtschaftlichen Bereich unzulässig (*BVerwG*, 25. 5. 1962, *BVerwGE* 14, 206; *BAG*, 4. 5. 1955, *JZ* 1955, 459; vgl. § 4 Rz 16). Infolgedessen ist es nicht zulässig, über Elemente von Tarifverhandlungen der Gewerkschaften und der Arbeitgeber zu diskutieren oder gar deshalb eine Mitarbeiterversammlung durchzuführen; denn diese hat dazu keinerlei Entscheidungskompetenz (Art. 7 Abs. 1 GrO). Andererseits kann die Mitarbeiterversammlung Angelegenheiten arbeitsvertragsrechtlicher Art behandeln, welche die Einrichtung oder ihre Mitarbeiter unmittelbar betreffen. Dazu gehört auch die Unterrichtung über den Stand laufender oder abgeschlossener Verhandlungen in der KODA oder in der Arbeitsrechtlichen Kommission des Deutschen Caritasverbandes und umgekehrt die Erörterung von Forderungen oder Anregungen an die genannten Gremien zur Weiterentwicklung der Arbeitsvertragsregelungen oder zu Einzelfragen der Arbeitsverträge und zu den ihnen zugrundeliegenden Rechtsnormen (z. B. BAT, AVR, KAVO, BVO, AVVO, beamtenrechtliche Bestimmungen). Erörterungen über die Lage der Dienststunden, die gleitende Arbeitszeit, den Dienstplan, über Mehrarbeit und Überstunden, besondere Arbeitsbefreiungen, Urlaubsplanrichtlinien u. s. w. (vgl. §§ 29 Abs. 1, 32 Abs. 1, 36, 37 Abs. 1, 38 Abs. 1) sind selbstverständlich im Rahmen der Tagesordnung möglich. Denn gerade arbeitsrechtliche Fragen können zu Beschlüssen der Mitarbeiterversammlung führen, wenn dazu in der Praxis ein konkretes kollektives Regelungsbedürfnis offenkundig besteht. Die Beschlüsse hat die MAV dem Dienstgeber, gegebenenfalls der Gesamt-MAV und der diözesanen Arbeitsgemeinschaft der Mitarbeitervertretungen, vorzutragen (§ 27 Abs. 1).
Zu den spezifischen Themen gehören unter Berücksichtigung von **§ 26 Abs. 1** 10
S. 3 natürlich Fragen zum Verständnis für den Auftrag der Kirche und die Stärkung des Sendungsauftrages innerhalb der Dienstgemeinschaft (vgl. § 26

§ 22

Rz 24 ff.). Die MAV ist verpflichtet, darauf zu achten, dass aus der Tagesordnung für die Mitarbeiterversammlung unzulässige Erörterungsgegenstände herausgehalten werden. Deshalb muss der Versammlungsleiter eine außerhalb der Tagesordnung entstehende **Erörterung unzulässiger Themen verhindern**, damit er keinen Pflichtverstoß im Sinne des § 13 c Nr. 5 begeht. Sollte der Versammlungsleiter gegen seine Pflicht verstoßen, so kann jeder Teilnehmer gegen solch einen Verstoß opponieren. Gegebenenfalls kann der Dienstgeber auf Grund seines Hausrechts dafür sorgen, dass unzulässige Themen nicht erörtert werden; er kann aber nicht die Aufhebung der Mitarbeiterversammlung durchsetzen (*Grabendorff/Windscheid/Ilbertz/Widmaier*, BPersVG § 51 Rz 9).

11 Zu bedenken ist außerdem, dass der Dienstgeber die Kosten der Veranstaltungen trägt, insbesondere auch die Fahrtkosten zur Teilnahme der Mitarbeiter an der Versammlung. Aus der Überschreitung der Zulässigkeitsgrenzen können sich negative Folgen für die Ansprüche der Teilnehmer ergeben. Begehen Mitarbeiter in der Mitarbeiterversammlung Gesetzesverstöße, indem sie z. B. die Ehre anderer Teilnehmer der Versammlung verletzen oder den Betriebsfrieden stören, kann das Auswirkungen auf das Beschäftigungsverhältnis haben, bei Mitarbeitern mit Arbeitsvertrag wäre Kündigung denkbar (*Hess/Schlochauer/Worzalla/Glock*, BetrVG § 45 Rz 19; *BAG*, 22. 10. 64 – 2 AZR 479/63, EzA § 44 BetrVG 1952 Nr. 1).

12 Kritik wegen Missständen in der Dienststelle darf geübt werden an Personen, die dafür verantwortlich sind, auch wenn die Kritik vorher gegenüber dem Dienstgeber oder dem zuständigen Vorgesetzten gegenüber geäußert worden ist (*Hess/Schlochauer/Worzalla/Glock*, BetrVG § 45 Rz 20). Die Kritik darf aber nicht beleidigend sein (§ 185 StGB).

13 Schließlich sind in der Mitarbeiterversammlung die Regeln über die Treuepflicht aus dem Beschäftigungs-, Dienst- oder Arbeitsverhältnis einzuhalten. Deshalb haben die Teilnehmer alles zu unterlassen, was der Dienststelle Schaden zufügt (*Hess/Schlochauer/Worzalla/Glock*, BetrVG § 45 Rz 20 mit Nachweisen).

2. Berichtspflicht der MAV

14 Während das Echo auf den gemäß § 21 Abs. 2 S. 2 zu haltenden **Tätigkeitsbericht** die Diskussion der Mitarbeiterversammlung ist, so ist die MAV auf die aus der Mitarbeiterversammlung zulässigerweise gestellten Fragen **zur Auskunft verpflichtet (§ 22 Abs. 1 S. 2)**. Die Vorschrift enthält praktisch den Hinweis, dass der Tätigkeitsbericht der MAV auf Fragen aus der Mitarbeiterversammlung zu ergänzen ist. Darüber hinaus besteht aber ein grundsätzliches Fragerecht der Teilnehmer im Rahmen der Zuständigkeit der MAV, auf das die MAV mit Auskünften und Berichten zu reagieren hat. Zur Vorbereitung der MAV empfehlen sich bereits vor der Mitarbeiterversammlung schriftliche Anfragen aus der Mitarbeiterschaft an die MAV. In der Einberufung der Mitarbeiterversammlung sollte dazu ein entsprechender Hinweis erfolgen.

15 Der Berichtspflicht steht die Schweigepflicht des § 20 gegenüber. Allerdings unterliegen nur solche dienstlichen Angelegenheiten oder Tatsachen der Schweigepflicht der MAV, die Verschwiegenheit erfordern (vgl. zu § 20). Dazu gehören solche Angelegenheiten, die in der MAV vorgetragen, einem Mitarbeitervertreter anvertraut oder auf Grund seiner Tätigkeit bekannt ge-

worden sind oder worüber die MAV Geheimhaltung beschlossen bzw. der Dienstgeber um Verschwiegenheit gebeten hat. Zur Informationspflicht des Dienstgebers siehe zu § 27 a Abs. 5.

3. Anträge der Mitarbeiterversammlung und Stellungnahme zu Beschlüssen der MAV

Eine besondere Ausformung des Reaktionsrechts der Mitarbeiterversamm- 16
lung auf den Tätigkeitsbereich der MAV ist das **Antragsrecht gemäß § 22 Abs. 1 S. 3.**
Die Anträge der Mitarbeiterversammlung an die MAV müssen von der Ver- 17
sammlung beschlossen werden. Die Abstimmung über Anträge an die MAV wird regelmäßig durch den Antrag eines oder mehrerer Teilnehmer eingeleitet. Über den Antrag wird nach den üblichen parlamentarischen Regeln abgestimmt. Mangels abweichender Vorschriften ist die Mehrheit der abgegebenen Stimmen entscheidend. Dasselbe gilt auch für die Beschlüsse der MAV, zu denen die Mitarbeiterversammlung **Stellungnahmen** abgeben kann. Die Stellungnahme der Versammlung muss in der Form des Beschlusses erfolgen. Dabei ist es unerheblich, ob die Beschlüsse der MAV der Versammlung durch den Tätigkeitsbericht oder auf beliebige andere Weise bekannt geworden sind. Entscheidend ist, dass die mit einer Stellungnahme zu versehenden Beschlüsse der Versammlung oder einzelnen ihrer Mitglieder bekannt geworden sind (vgl. zum gleichen Wortlaut des § 51 S. 1 BPersVG: *Grabendorff/Windscheid/Ilbertz/Widmaier*, § 51 Rz 10–12, 14).
Nicht zu verwechseln mit dem Recht zum Antrag und zur Stellungnahme ist 18
das Recht auf Weisungen oder Richtlinien. Letzteres steht der Versammlung gegenüber der MAV nicht zu.
Anträge und Stellungnahmen müssen sich auf den Aufgabenbereich der MAV 19
beziehen. Dazu gehören z. B. die Initiativrechte der MAV gemäß §§ 32, 37 und solche Mitwirkungsbereiche, zu denen die MAV bei Anhörung oder erbetener Zustimmung präzise und differenziert mitwirken soll, z. B. bei Einstellung einerseits und Eingruppierung andererseits. Beschlüsse, die über diesen Bereich hinausgehen, sind unzulässig. Denn die Mitarbeiterversammlung hat ihre Willensbildung streng auf den Aufgabenbereich der MAV zu beschränken. Das ergibt sich aus **§ 22 Abs. 1 S. 3**, der eine Willensbildung der Mitarbeiterversammlung nur für Anträge an die MAV und für Stellungnahmen zu ihren Beschlüssen vorsieht. Die Bezugnahme auf die MAVO bedeutet eben eine Bindung der Willensbildung der Mitarbeiterversammlung an den Aufgabenbereich der MAV.
Fraglich ist, ob Beschlüsse der **Mitarbeiterversammlung** die MAV binden. Die 20
Mitarbeiterversammlung hat **keine Stellung** neben der Mitarbeitervertretung **zum Dienstgeber.** Sie hat keine Vertretungsbefugnis und kann auch zwischen Dienstgeber und MAV abgeschlossene Dienstvereinbarungen nicht aufheben. Sie kann auch keine rechtswirksamen Willenserklärungen abgeben. Mit der Wahl der MAV erst haben die Mitarbeiter ein Gremium zur Mitwirkung gebildet. Dieses Gremium vertritt die Mitarbeiterschaft. Fasst die Mitarbeiterversammlung an die Adresse der MAV Beschlüsse, an die sich die MAV nicht hält, hat die Mitarbeiterversammlung keinen Rechtsbehelf. Wäre die Missachtung des Beschlusses ein Verstoß im Sinne von § 13 Abs. 3 Nr. 6, so könnte ein Viertel der wahlberechtigten Mitarbeiter gemäß § 41 Abs. 1 Nr. 3 an die

§ 22

Schlichtungsstelle den Antrag auf Auflösung der MAV richten. Voraussetzung aber wäre ein grober Verstoß oder Verletzung der Befugnisse und Verpflichtungen als MAV (§ 13 Abs. 3 Nr. 6).

21 Andernfalls könnte ein Antrag auf Ausspruch des Misstrauens gestellt werden. Der Misstrauensantrag ist aber nicht an bestimmte materiell-rechtliche Tatbestände geknüpft, sondern ohne Begründung einbringbar. Insofern ist also bei Nichtbeachtung eines Beschlusses der Mitarbeiterversammlung durch die MAV ein Konfliktfall denkbar. Weil der jedoch nicht der Rechtskontrolle unterliegt, ist die **MAV praktisch und rechtlich an die Beschlüsse der Mitarbeiterversammlung nicht gebunden.** Daran vermag auch die Möglichkeit des Misstrauensvotums (Rz 22–26) nichts zu ändern.

III. Misstrauensvotum gegenüber der MAV

22 Im Gegensatz zum Betriebsverfassungsgesetz und zum Personalvertretungsrecht ist in § 22 Abs. 2 geregelt, dass die Mitarbeiterversammlung der MAV das Misstrauen aussprechen kann. Voraussetzung ist, dass mindestens die **Hälfte aller wahlberechtigten Mitarbeiter der Dienststelle** dem Antrag aus der Versammlung, der MAV das Misstrauen auszusprechen, zustimmt (Beschluss).

23 Damit hat die Mitarbeiterversammlung im Vergleich mit der Betriebsversammlung nach BetrVG oder der Personalversammlung nach Personalvertretungsrecht weitergehende Befugnisse.

24 Dennoch wird man nicht von einem Weisungsrecht der Versammlung gegenüber der MAV auszugehen haben. Doch kann die Versammlung im Falle der Nichtbeachtung ihrer Beschlüsse mit der Abberufung der MAV durch das **Misstrauensvotum** reagieren. Die Folge des Misstrauensvotums ist, dass ohne Verzögerung die Neuwahl der MAV einzuleiten ist (§ 22 Abs. 2; § 13 Abs. 3 Nr. 5; § 10 Abs. 1 und 2).

25 Durch diese Regelung ist die **Mitarbeiterversammlung der MAV übergeordnet.** Das ist auf Bedenken gestoßen (*Bietmann*, Betriebliche Mitbestimmung S. 137 f.). Dem Wähler der MAV wird in der MAVO das Recht zugestanden, an der Arbeitsweise der MAV Kritik zu üben und diese Kritik auch im Ernstfall durch Abwahl noch vor Ablauf der Amtszeit zu verdeutlichen. Das Misstrauensvotum ist allerdings an eine **qualifizierte Mehrheit** gebunden. Würde das Misstrauensvotum nicht auf der Tagesordnung stehen, damit sich die Teilnehmer der Versammlung auf diese Angelegenheit einstellen und ihren Besuch der Mitarbeiterversammlung danach einrichten, dürfte es praktisch scheitern. Erscheint nämlich weniger als die Hälfte der wahlberechtigten Mitarbeiter, ist schon der Antrag zum Misstrauensvotum wegen Beschlussunfähigkeit der Versammlung unzulässig. Erscheint wenigstens die Hälfte der wahlberechtigten Mitarbeiter, so bedarf es der Einstimmigkeit bei der Abstimmung über den Misstrauensantrag unter Einschluss der Mitglieder der betroffenen MAV, die ebenfalls Stimmrecht haben.

26 Ist die MAV durch das Misstrauensvotum abberufen worden, so endet ihre Amtszeit mit der Feststellung des Abstimmungsergebnisses. Das folgt aus § 13 a, dessen Wortlaut die Weiterführung der Geschäfte der MAV nicht auf die Fälle des § 13 Abs. 3 Nrn. 4 bis 6 erstreckt (§ 13 a S. 2). Das bedeutet, dass im Falle des erfolgreichen Misstrauensvotums die Dienststelle oder Einrich-

§ 22

tung sofort ohne MAV ist und folglich die vorgeschriebene Neuwahl gemäß § 10 Abs. 1 durch den Dienstgeber einzuleiten ist. Gegen ein einzelnes Mitglied der MAV ist das Misstrauensvotum unzulässig.

IV. Beschlussfähigkeit der Mitarbeiterversammlung

1. Grundsatz

Im Grundsatz ist **jede Mitarbeiterversammlung** ohne Rücksicht auf die Zahl der Teilnehmer **beschlussfähig (§ 22 Abs. 3 S. 1)**. Voraussetzung ist allerdings, dass sie ordnungsgemäß einberufen worden ist (vgl. § 21 Abs. 1 S. 2 und 3, § 21 Abs. 3 S. 1 bis 3). 27

In der Mitarbeiterversammlung sind alle Mitarbeiter (§ 3 Abs. 1) ohne Rücksicht auf ihre aktive Wahlberechtigung stimmberechtigt (*Frey/Coutelle/Beyer*, § 22 Rz 8). 28

Mit Ausnahme der Abstimmung über den Misstrauensantrag (§ 22 Abs. 2) bedürfen die Beschlüsse der Mitarbeiterversammlung der **einfachen Mehrheit** aller anwesenden abstimmungsberechtigten Mitarbeiter (§ 22 Abs. 3 S. 2). Nicht stimmberechtigt ist der Dienstgeber oder der von ihm Beauftragte, der aus dem Mitarbeiterbegriff gemäß § 3 Abs. 2 ausgeklammert ist. 29

Bei Stimmengleichheit gelten Anträge der Mitarbeiterversammlung als **abgelehnt (§ 22 Abs. 3 S. 3)**. Damit ist zugleich zum Ausdruck gebracht, dass jeder Antrag, gleich von wem berechtigterweise gestellt, bei Stimmengleichheit abgelehnt ist. Dasselbe gilt auch für die Stellungnahme zu den Beschlüssen der MAV. 30

Der Dienstgeber oder sein Beauftragter können in der Mitarbeiterversammlung keine Anträge stellen. Das ergibt sich aus § 22 Abs. 1 S. 1. Etwas anderes gilt, wenn sich einer der antragsberechtigten Mitarbeiter das Anliegen des Dienstgebers zu eigen macht und die Zuständigkeit der Mitarbeiterversammlung zur Beschlussfassung gegeben ist. Dann kann über den vom Mitarbeiter gestellten Antrag abgestimmt werden. 31

Der Versammlungsleiter soll wegen des möglichen Antrages auf **geheime Abstimmung** Stimmzettel vorbereitet halten. Das gilt insbesondere, wenn über den Misstrauensantrag abgestimmt wird. Zwar ist über das Abstimmungsverfahren keine Regelung getroffen, doch entspricht es demokratischen Gepflogenheiten, bei mehrheitlichem Wunsch nach geheimer Abstimmung diesem Begehren stattzugeben. 32

2. Misstrauensantrag

Bei der Abstimmung über den **Misstrauensantrag** haben alle diejenigen kein Stimmrecht, die gemäß § 7 vom aktiven Wahlrecht ausgeschlossen sind. Das sind Mitarbeiter unter 18 Jahren (§ 7 Abs. 1), solche, die noch nicht seit mindestens sechs Monaten in einer Einrichtung des Dienstgebers tätig sind, für länger als drei Monate zu einer anderen selbständig geführten Dienststelle Abgeordnete (§ 7 Abs. 2), Mitarbeiter in einem Ausbildungsverhältnis, wenn sie in einer anderen Dienststelle wahlberechtigt sind (§ 7 Abs. 3), und alle gemäß § 7 Abs. 4 vom aktiven Wahlrecht Ausgeschlossenen, nämlich Mitarbeiter, für die zur Besorgung aller ihrer Angelegenheiten ein Betreuer nicht nur vorübergehend bestellt ist, die am Wahltag für mindestens noch sechs Monate 33

Thiel

§ 22

unter Wegfall der Bezüge beurlaubt sind. Wegen der besonderen Erfordernisse bei der **Abstimmung über den Misstrauensantrag** (§ 22 Abs. 2) ist sogar erst festzustellen, wie viele wahlberechtigte Mitarbeiter zum Zeitpunkt der Abstimmung über den Misstrauensantrag in der Dienststelle überhaupt beschäftigt sind und wer von den Anwesenden aktiv wahlberechtigt ist. Erst dann kann die Beschlussfähigkeit festgestellt werden (Rz 25). Dabei wird der Versammlungsleiter gar nicht ohne die Liste der am Tage der Abstimmung über den Misstrauensantrag wahlberechtigten Mitarbeiter auskommen können. Denn mit dieser Liste wird zu vergleichen sein, wer als Wahlberechtigter anwesend ist. Dazu ist eine diesbezügliche Anwesenheitsliste zu führen. Daraus wird deutlich, dass ein Misstrauensantrag ohne Vorbereitungen gar nicht abstimmungsfähig ist.

3. Antrag zur Amtsenthebung der MAV

34 Denkbar ist, dass in der Mitarbeiterversammlung durch Mitarbeiter die Frage des Auflösungsantrages gemäß § 41 Abs. 1 Nr. 3 i. V. m. § 13 Abs. 3 Nr. 6 gegen die MAV diskutiert wird. Allerdings kann ein Antrag auf Auflösung der MAV nicht in der Mitarbeiterversammlung und zur Abstimmung gestellt werden, weil der Antrag allein von den Interessierten und Berechtigten in zahlenmäßig ausreichender Stärke an die Schlichtungsstelle zu richten ist. Ein Auflösungsantrag gegen die MAV ist in der Mitarbeiterversammlung also nicht abstimmungsfähig, kann deshalb als Antrag nicht zugelassen werden. Dasselbe gilt zur Amtsenthebung eines einzelnen Mitglieds der MAV (§ 13 c Nr. 5).

V. Niederschrift über die Mitarbeiterversammlung

35 Gemäß § 22 Abs. 4 S. 1 sind in einer Niederschrift **Anträge und die dazu ergangenen Beschlüsse** zu notieren. Zu den Beschlüssen zählt auch die Abstimmung über den Misstrauensantrag. Im Protokoll ist das Abstimmungsergebnis darüber festzuhalten. Zur Klarheit des Abstimmungsergebnisses ist außerdem die Zahl der am Abstimmungstage wahlberechtigten Mitarbeiter der Einrichtung, die Zahl der anwesenden wahlberechtigten Mitarbeiter, die Zahl der abgegebenen Stimmen und die Zahl der für den Antrag abgegebenen gültigen Stimmen anzugeben. Erst aus dieser Zahl lässt sich das Abstimmungsergebnis feststellen.

36 In die Niederschrift gehört aber auch der gemäß § 13 Abs. 3 Nr. 3 von der Mehrheit der Mitglieder der MAV der Mitarbeiterversammlung gegenüber erklärte **Rücktritt der MAV**. Denn ihren Rücktritt kann die MAV in einer Mitarbeiterversammlung erklären. Dazu ist auch festzustellen, aus wie vielen Mitgliedern die MAV besteht und wer von diesen den Rücktritt erklärt hat, damit feststellbar ist, ob die absolute Mehrheit der Mitglieder der MAV den Rücktritt erklärt hat (§ 13 Rz 31 ff.).

37 Die Niederschrift ist in jedem Falle vom Leiter der Versammlung zu unterschreiben. Das ist entweder der Vorsitzende der MAV (§ 21 Abs. 1 S. 2) oder sein Stellvertreter, wenn der Vorsitzende verhindert war, die Mitarbeiterversammlung zu leiten. Die Niederschrift muss auch der Schriftführer unterzeichnen.

§ 22

Ein zusätzliches Erfordernis für die Niederschrift ist die **Anwesenheitsliste.** 38
Hierzu besteht nur im Grundsatz keine zwingende Vorschrift (§ 22 Abs. 4 S. 2).
Die **Anwesenheitsliste ist aber zwingend** vorgeschrieben bei **Teilversammlungen** (§ 22 Abs. 4 S. 3 i. V. m. § 4 S. 2) und im Falle einer Abstimmung über den **Misstrauensantrag** (§ 22 Abs. 4 S. 3 i. V. m. Abs. 2). Denn bei Teilversammlungen ist die Richtigkeit der Abstimmungen sicherzustellen und zu garantieren, dass jeder Mitarbeiter nur einmal abstimmt. Der Leiter der Teilversammlung hat also nur in einer Teilversammlung Stimmrecht.
Es wird bei Teilversammlungen (§ 4 S. 2) in der Niederschrift festgehalten werden 39 müssen, wie die Zahlen der Stimmen bei Abstimmungen verteilt waren, damit aus den Einzelangaben in den Niederschriften über die Teilversammlungen das Gesamtabstimmungsergebnis festgestellt werden kann.
Außerdem werden die wesentlichen Argumente der Diskussion über die zur 40 Abstimmung gestellten Anträge festzuhalten sein, um sie für die weitere Teilversammlung verwerten zu können (Zur Teilversammlung siehe unter § 4 Rz 20–28).

VI. Streitigkeiten

Die Schlichtungsstelle (§ 40) ist für Regelungs- und Rechtsstreitigkeiten der in 41 § 41 genannten Art zuständig. Zu den sonstigen Rechtsstreitigkeiten gehören auch solche Rechtsstreitigkeiten mitarbeitervertretungsrechtlicher Art über die Wirksamkeit der Beschlüsse der Mitarbeiterversammlung (§ 41 Abs. 2) in formeller und materieller Hinsicht. Dabei kommt es u. a. auf die ordnungsgemäße Einladung, die Tagesordnung, die Art und Weise der Durchführung der Mitarbeiterversammlung – auch der Teilversammlung (§ 4 Satz 2) – und der Abstimmung zur Beschlussfassung, namentlich zu Fragen der beantragten geheimen Stimmabgabe und der Stimmenauszählung an.

§ 22 a

III a. Sonderregelungen für gemeinsame Mitarbeitervertretungen

§ 22 a Sonderregelungen für gemeinsame Mitarbeitervertretungen nach § 1 b

(1) Die dem Dienstgeber gegenüber der Mitarbeitervertretung nach dieser Ordnung obliegenden Pflichten obliegen bei der gemeinsamen Mitarbeitervertretung den betroffenen Dienstgebern gemeinschaftlich. Dies gilt auch für die Einberufung der Mitarbeiterversammlung zur Vorbereitung der Wahl einer gemeinsamen Mitarbeitervertretung (§ 10) sowie die Führung des gemeinsamen Gesprächs nach § 39 Absatz 1 Satz 1. Die Informationspflicht des Dienstgebers nach § 27 Abs. 1, § 27 a und die Verpflichtungen aus den Beteiligungsrechten nach §§ 29 bis 37 sind auf die jeweils eigenen Mitarbeiterinnen und Mitarbeiter beschränkt. Die betroffenen Dienstgeber können sich gegenseitig ermächtigen, die Aufgaben füreinander wahrzunehmen.

(2) Die §§ 7 Absätze 1 und 2, 8 Absatz 1 und 13 c Ziffer 4 finden mit der Maßgabe Anwendung, dass der Wechsel einer Mitarbeiterin oder eines Mitarbeiters zu einem kirchlichen Dienstgeber innerhalb des Zuständigkeitsbereichs der Mitarbeitervertretung nicht den Verlust des Wahlrechts oder der Mitgliedschaft in der Mitarbeitervertretung zur Folge hat.

(3) Für die Wahl der gemeinsamen Mitarbeitervertretung gelten die §§ 9 bis 11 c, soweit das Wahlverfahren nicht durch besondere diözesane Verordnung geregelt wird.

(4) Die Mitarbeiterversammlung ist die Versammlung aller Mitarbeiterinnen und Mitarbeiter der Einrichtungen, für die eine gemeinsame Mitarbeitervertretung gemäß § 1 b gebildet ist.

Inhaltsübersicht

	Rz
I. Zweck der Vorschrift	1
II. Einzelheiten	2–9
1. Gemeinschaftliches Handeln der Dienstgeber, Abs. 1	2–4
2. Getrenntes Handeln der Dienstgeber	5
3. Rechte der Mitarbeiterinnen und Mitarbeiter, Abs. 2	6
4. Wahlverfahren für die gemeinsame MAV, Abs. 3	7
5. Die Mitarbeiterversammlung, Abs. 4	8–10
6. Geschäftsführung der gemeinsamen Mitarbeitervertretung	11

I. Zweck der Vorschrift

1 Die Vorschrift ergänzt Regelungen über die Zusammenarbeit zwischen Dienstgebern und ihrer gemeinsamen Mitarbeitervertretung (§ 1 b). Andererseits unterscheidet sie zwischen gemeinsamen Angelegenheiten und solchen Maßnahmen, die für einen Dienstgeber spezifisch und deshalb nur mit diesem zu verhandeln sind. Die Dienstgeber haben die gemeinschaftliche Aufgabe, mit der gemeinsamen MAV in die Gespräche zu ziehen (§ 22 a Abs. 1 S. 1). Den Weg der vereinfachten Gesprächsführung dazu eröffnet § 22 a Abs. 1 S. 4. Denn die beteiligten Dienstgeber können sich gegenseitig ermächtigen, die Aufgaben füreinander gegenüber der gemeinsamen Mitarbeitervertretung

§ 22 a

wahrzunehmen. Das hat besondere Bedeutung für die vertrauensvolle Zusammenarbeit gemäß § 26 (§ 22 a Abs. 1 S. 3). Das Wahlrecht der Mitarbeiterinnen und Mitarbeiter im Zuständigkeitsbereich der gemeinsamen Mitarbeitervertretung wird von einem Arbeitsplatzwechsel innerhalb des Bereichs einer gemeinsamen Mitarbeitervertretung nicht angetastet. Das gilt auch für ein bestehendes Mandat (§ 22 a Abs. 2).

II. Einzelheiten

1. Gemeinschaftliches Handeln der Dienstgeber, Abs. 1 S. 1 und 2

Bei der Überlegung zur Bildung einer gemeinsamen MAV im Zuständigkeits- 2
bereich mehrerer Dienstgeber sind die Folgen bereits zu bedenken. Es geht um verschiedene Vorgehensweisen, bei denen stets auf Gemeinsamkeit Bedacht zu nehmen ist in Angelegenheiten, die für alle von der gemeinsamen MAV repräsentierten Mitarbeiterinnen und Mitarbeiter von Bedeutung sind. Zusätzlich ist festzulegen wer von der Dienstgeberseite die Gespräche mit der gemeinsamen MAV führen soll, wenn nicht alle beteiligten Dienstgeber – vertreten durch ihre Organe – an den Gesprächen teilnehmen. Es muss mit einer Stimme gesprochen werden.

Die Einberufung der Mitarbeiterversammlung im Geltungsbereich für die ge- 3
meinsame MAV gemäß § 10 durch die Dienstgeber gehört zum gemeinschaftlichen Handeln (§ 22 a Abs. 1 S. 2). Ebenso haben die Dienstgeber das jährliche Gespräch mit der MAV gemäß § 39 Abs. 1 S. 1 gemeinschaftlich zu führen (§ 22 a Abs. 1 S. 2).

Es ist Sache der im Zuständigkeitsbereich der gemeinsamen MAV handeln- 4
den Dienstgeber, ob und wie sie sich gegenseitig ermächtigen, die Aufgaben des Zusammenwirkens mit der gemeinsamen MAV für einander wahrzunehmen. Dabei sollte der gemeinsamen MAV eine ständige Person gegenüber stehen, damit durch eine gewisse Beständigkeit in den Gesprächsabläufen sichergestellt ist. Der Umfang der Ermächtigung ist der gemeinsamen MAV bekannt zu geben.

2. Getrenntes Handeln der Dienstgeber, Abs. 1 S. 3

Wenn es um Informationspflichten gemäß §§ 27 und 27 a geht, lädt der betrof- 5
fene Dienstgeber bzw. Unternehmer die gemeinsame MAV zum Gespräch oder wendet sich nachrichtlich an die gemeinsame MAV in eigener Sache. Denn es geht um Angelegenheiten seiner Einrichtungen oder Dienststellen, die er verantwortlich leitet. Das gilt auch in Angelegenheiten der Beteiligungsrechte der gemeinsamen MAV gemäß §§ 29 bis 37 (§ 22 a Abs. 1 S. 3). Denn die Organisationshoheit hat der Rechtsträger der Dienststelle bzw. Einrichtung. Er entscheidet allein, auch über Personalangelegenheiten, zu denen die gemeinsame MAV ein Beteiligungsrecht hat. Er ist deshalb der geborene Verhandlungspartner der gemeinsamen MAV, was durch § 22 a Abs. 1 S. 3 geregelt ist. Das bedeutet, dass z. B. bei Versetzungen und Abordnungen in eine Einrichtung des anderen Dienstgebers der abgebende und der aufnehmende Dienstgeber mit der gemeinsamen MAV Kontakt aufnehmen, um die Beteiligung der gemeinsamen MAV zu gewährleisten. Das gilt ebenso im Falle der dienstgeberseitigen Kündigung. Zuvor ist die gemeinsame MAV vom zustän-

§ 22 a

digen Dienstgeber zu informieren und im Wege der Anhörung und Mitberatung zu beteiligen, damit die Kündigung wirksam werden kann, wenn sie nach dem Beteiligungsverfahren ausgesprochen wird (§§ 30 Abs. 5, 31 Abs. 3).

3. Rechte der Mitarbeiterinnen und Mitarbeiter, Abs. 2

6 Innerhalb des Repräsentationsgebiets der gemeinsamen MAV hat der Wechsel einer Mitarbeiterin oder eines Mitarbeiters von einem Dienstgeber zu einem anderen kein Einfluss auf deren Rechtsstellung nach der MAVO. Das gilt auch hinsichtlich der Stellung eines Mitglieds der gemeinsamen MAV. Gemäß § 22 a Abs. 2 geht das aktive Wahlrecht im Falle einer Versetzung oder Abordnung an eine andere Einrichtung desselben oder eines anderen beteiligten Dienstgebers im Zuständigkeitsbereich der gemeinsamen MAV nicht verloren, d. h. der Dienststellen- bzw. Arbeitgeberwechsel (§ 7 Abs. 1 und 2) wirken sich insoweit nicht nachteilig für den Mitarbeiter oder die Mitarbeiterin aus. Dasselbe gilt auch für das passive Wahlrecht (§ 8 Abs. 1). Der Wechsel innerhalb des Zuständigkeitsbereichs der gemeinsamen MAV führt auch nicht zum Verlust des Amtes als Mitglied der gemeinsamen MAV. In diesen Fällen sind die Vorschriften des § 7 Abs. 1 und 2, des § 8 Abs. 1 und des § 13 c Nr. 4 suspendiert.

4. Wahlverfahren für die gemeinsame MAV, Abs. 3

7 Die Vorschrift des § 22 a Abs. 3 Unterscheidet sich von der des § 22 a Abs. 1 S. 2 hinsichtlich der Einleitung des Wahlverfahrens. Grundsätzlich gilt der Organisationsablauf nach § 22 a Abs. 3 in Verbindung mit den besonderen Vorschriften für das Wahlverfahren gemäß §§ 9 bis 11 c. Zu unterscheiden ist jedoch zwischen einem **Wahlverfahren mit** (§ 9) und einem vereinfachten Wahlverfahren **ohne Wahlausschuss** (§§ 11 a – 11 c). Zur ersten Wahl einer gemeinsamen MAV geht es um die von den beteiligten Dienstgebern gemeinschaftlich vorzunehmende Initiative durch Einberufung der Mitarbeiterversammlung aller beteiligten Mitarbeiterinnen und Mitarbeiter unter Einschluss der betroffenen Mitarbeitervertretungen gemäß § 10 (§ 22 a Abs. 1 S. 2). Die Initiative ist gerade mit Blick auf die Bildung einer gemeinsamen MAV bei Fehlen einer MAV (§ 1 b Abs. 1 S. 4) geboten; allerdings dann nicht nötig, wenn die beteiligten Dienstgeber unter den Voraussetzungen des § 11 a und des § 6 Abs. 1, das vereinfachte Wahlverfahren durchführen lassen können (§ 11 b Abs. 2). Die Vorschrift der Musterordnung (Rahmen-MAVO) steht unter dem Vorbehalt, dass für das Wahlverfahren zu einer gemeinsamen MAV keine besondere diözesane Regelung getroffen worden ist (§ 22 a Abs. 3).

5. Die Mitarbeiterversammlung, Abs. 4

8 Die Mitarbeiterversammlung ist nach der Vorschrift des § 22 a Abs. 4 die Versammlung aller Mitarbeiterinnen und Mitarbeiter der Dienstgeber und deren Einrichtungen mit gemeinsamer MAV i. S. von § 1 b. Zu unterscheiden ist zwischen den zeitlichen Abläufen zur Bildung der gemeinsamen MAV.

9 Gemäß § 22 a Abs. 1 S. 2 ist bereits eine Mitarbeiterversammlung handlungsfähig, wenn erst eine gemeinsame MAV gewählt werden soll. Das folgt aus der Bezugnahme auf § 10 in § 22 a Abs. 1 S. 2 und Abs. 3. Deshalb ist die Definiti-

§ 22 a

onsnorm des Abs. 4 auch dahingehend zu interpretieren, dass die Mitarbeiterversammlung schon im Falle einer noch zu wählenden gemeinsamen MAV handeln kann, wenn die Notwendige (Dienst-) Vereinbarung zur Bildung einer gemeinsamen MAV wirksam ist. Ist eine gemeinsame MAV im Amt, beruft sie die Mitarbeiterversammlung gemäß § 21 Abs. 1 bis 3 ein, die sich entsprechend § 22 mit den ihr zustehenden Themen befasst.

Für die **Fahrtkosten** zur Mitarbeiterversammlung im Bereich der gemeinsamen Mitarbeitervertretung gilt § 21 Abs. 4 entsprechend. Im Übrigen wird wegen der Kosten auf § **17** hingewiesen. **10**

6. Geschäftsführung der gemeinsamen Mitarbeitervertretung

Die gemeinsame Mitarbeitervertretung gemäß § 1 b ist wie die MAV nach § 1 a berechtigt, sich zu konstituieren, Sitzungen abzuhalten, Beschlüsse zu fassen und Ausschüsse gemäß § 14 zu bilden und für ihre Amtstätigkeit Freistellung gemäß § 15 zu beanspruchen. Ihre Mitglieder haben Anspruch auf die Teilnahme an Schulungen unter Freistellung von der Arbeitspflicht (§ 16), sie haben die Rechte aus § 17 wegen der Kosten, welche die Dienstgeber anteilig zu tragen haben, und den Schutz gemäß § 18 und 19; sie unterliegen der Schweigepflicht gemäß § 20 und den Geboten vertrauensvoller Zusammenarbeit mit den sie betreffenden Dienstgebern zusammen (§ 26, § 27 Abs. 2,, § 28 a, § 39 Abs. 1 S. 1) und einzeln (§ 22 a Abs. 1 S. 3 i. V. m. § 27 Abs. 1, § 27 a und §§ 29 bis 37, § 39 Abs. 1 S. 2 und Abs. 2). **11**

§ 23

IV. **Besondere Formen der Vertretung von Mitarbeiterinnen und Mitarbeitern**

§ 23 Sondervertretung[1]

(1) Mitarbeiterinnen und Mitarbeiter, die von ihrem Dienstgeber einer Einrichtung eines anderen kirchlichen oder nichtkirchlichen Rechtsträgers zugeordnet worden sind, bilden eine Sondervertretung.

(2) Die Sondervertretung wirkt mit bei Maßnahmen, die vom Dienstgeber getroffen werden. Bei Zuordnung zu einem kirchlichen Rechtsträger ist im Übrigen die Mitarbeitervertretung der Einrichtung zuständig.

(3) Das Nähere, einschließlich der Einzelheiten des Wahlverfahrens, wird in Sonderbestimmungen geregelt.

Inhaltsübersicht

	Rz
I. Vorbemerkung	1
II. Zweck der Vorschrift	2–8
III. Mehrfaches Wahlrecht und Doppelmandat	9–12
1. Aktives Wahlrecht	9–11
2. Doppelmandat	12
IV. Wahlberechtigung zur Sondervertretung	13
V. Wahlverfahren	14
VI. Geschäftsführung und Rechtsstellung	15–16
VII. Beteiligungsrechte der Sondervertretung	17–20
VIII. Vertrauensperson der schwerbehinderten Menschen	21
IX. Diözesane Ordnungen	22–29
1. Sondervertretungen	22–26
2. Mitarbeitervertretung für mehrere Bereiche	27
3. Wahlverfahren	28
4. Fehlende diözesane Regelungen	29
X. Das Rechtsverhältnis der Zuordnung	30–33

I. Vorbemerkung

1 Wie schon in der Rahmen-MAVO von 1985 die §§ 23 bis 25 lediglich als Muster für diözesane Mitarbeitervertretungsordnungen ausgestaltet waren (Arbeitshilfen 47, zu §§ 23 bis 25, S. 12), wiederholte und erweiterte die Novelle der Rahmen-MAVO vom 20. 11. 1995 diesen Weg, damit diözesanen Besonderheiten Rechnung getragen werde. Deshalb ist das in der jeweiligen Diözese geltende Recht in seinen Einzelheiten zu beachten (vgl. z. B. MAVO Osnabrück, Kirchl. Amtsblatt für die Diözese Osnabrück 2003 Art. 295, S. 329, 338 und MAVO Hamburg, Kirchl. Amtsblatt für die Erzdiözese Hamburg 1996 Art. 33 S. 33). Die Idee der Sondervertretung fand ihren Boden unter den Mitarbeitern und Mitarbeiterinnen im pastoralen Dienst (Gemeinde- und Pastoralreferenten), die entsprechend den Rahmenstatuten für diese Berufsgruppen beim Bistum zwar angestellt sind, dann aber ihre Aufgaben in anderen Dienststellen, z. B. Pfarreien, Gemeindeverbänden oder auf Dekanatsebene, auf Grund einer besonderen Zuordnung (häufig Abordnung und Versetzung)

---

1 Muster für eine diözesane Fassung

§ 23

verrichten. Diese Mitarbeiterinnen und Mitarbeiter hatten ursprünglich keine Mitarbeitervertretung für die Vertretung ihrer Interessen gegenüber ihrem rechtlichen Dienstgeber (Arbeitgeber), aus dessen Dienststelle sie ausgegliedert waren. Diese vom Gesetz ursprünglich nicht gesehene Tatsache führte dazu, dass für die genannten Berufsgruppen die Bildung einer Sondervertretung im Wege der Ausfüllung einer Gesetzeslücke ermöglicht wurde, also eine personengruppenbezogene Mitarbeitervertretung (§ 1 Abs. 1 S. 2 MAVO Limburg, Amtsblatt vom 30. 6. 1978 S. 37; Amtsblatt des Erzbistums Köln 1985 Nr. 29 S. 38; § 23 MAVO Mainz, Amtsblatt 1995 Nr. 2 S. 1 f.; § 23 MAVO München und Freising, Amtsblatt 2001 Nr. 49 S. 152). Damit sollte diesen Mitarbeiterinnen und Mitarbeitern die Mitwirkung an Maßnahmen ihres rechtlichen Dienstgebers durch eine eigene MAV ermöglicht werden. Die MAVO Münster lässt die Bildung einer MAV für Pastoralreferenten und Pastoralassistenten durch den Bischof von Münster in Anwendung von § 1 a Abs. 2 MAVO Münster (vgl. Rz 21) zu.

II. Zweck der Vorschrift

Mit der Vorschrift des § 23 wird eine Regelung zugunsten solcher Mitarbeiter **2** getroffen, die einerseits bei einem kirchlichen Rechtsträger angestellt sind, andererseits aber bei einem anderen Rechtsträger – etwa auf der Grundlage eines Gestellungsvertrages – dienstlich eingesetzt sind. Dabei kann es sich um einen kirchlichen, staatlichen, kommunalen oder auch sonstigen privaten (z. B. Krankenhaus) Rechtsträger handeln (Abs. 1).
Wesentlich für den genannten Personenkreis ist seine Zuordnung durch den **3** Dienstgeber zur Einrichtung eines anderen Rechtsträgers. Durch die Regelung wird vom Grundsatz der §§ 1 und 1 a abgewichen, wonach grundsätzlich einrichtungsbezogene Mitarbeitervertretungen zu bilden sind. Die Vorschrift gilt nicht nur zugunsten von Berufsgruppen, etwa aller Pastoral- oder Gemeindereferenten, sondern stellt ab auf die besondere Situation des Mitarbeiters, der einer anderen Einrichtung in anderer Trägerschaft zugewiesen (zugeordnet) ist.
Als Beispiele seien genannt bei dem Bistum angestellte **4**
– Gemeinde- oder Pastoralreferenten mit Tätigkeit in einer Kirchengemeinde oder Kirchenstiftung (Seelsorgebereich, Dekanat) oder in einem Gemeindeverband oder bei einem Krankenhausträger,
– pastorale Dienste in der Seelsorge an Inhaftierten in staatlichen Justizvollzugsanstalten,
– katechetische Lehrkräfte zur Erteilung des Religionsunterrichts an öffentlichen Schulen,
– Sozialarbeiter und Sozialpädagogen in den katholischen Jugendämtern in Stadt- und Kreisdekanaten,
– Mitarbeiter in Einrichtungen des öffentlichen oder privaten Rundfunks.
Dabei kommt es nicht darauf an, ob die Zuordnung unmittelbar durch dienst- **5** liche Weisung oder auf Grund eines Gestellungsvertrages zwischen dem Bistum als Dienstgeber und dem Träger der (in der Regel staatlichen) Einrichtung erfolgt, ob die Personalkosten also erstattet werden oder nicht. Ziel und Zweck ist, dass die für diese Mitarbeiter von ihrem Dienstgeber zu treffenden Maßnahmen der Beteiligung einer besonderen personenkreisbezogenen

§ 23

MAV i. S. der MAVO (Sondervertretung) zugeordnet sind (Abs. 2 S. 1). Dabei kommt es nicht mehr darauf an, ob die betroffenen Mitarbeiter an die erwähnten Einrichtungen in anderer Trägerschaft abgeordnet oder versetzt worden sind (so noch § 23 Rahmen-MAVO 1985), sondern dass sie der Einrichtung »zugeordnet« sind. Der Begriff der Zuordnung wird gegenüber Abordnung und Versetzung als umfassender angesehen. Nach § 23 kann also eine vom Dienststellenprinzip der §§ 1 und 1 a losgelöste MAV als Sondervertretung gebildet werden.

6 Zur Unterscheidung zwischen den nach § 1 a Abs. 2 S. 1 und nach § 23 zu treffenden Maßnahmen gilt folgendes. Gemäß § 1 a Abs. 2 S. 1 wie auch §§ 1 Abs. 1 und 1 a Abs. 1 geht es um eine Dienststelle bzw. Einrichtung, in der die Mitarbeiter eine MAV bilden sollen. Gemäß § 23 geht es um die Ermöglichung der Bildung einer MAV für Mitarbeiter an verschiedenen Dienststellen oder Einrichtungen außerhalb der Dienststelle oder Einrichtung des Dienstgebers. In der Praxis wird die Unterscheidung nicht immer deutlich. Der Dienstgeber regelt gemäß § 1 a Abs. 2 S. 1, was als Einrichtung oder Dienststelle gilt. In diesem Falle geht es um die Klarstellung, in welchem Einrichtungsgebilde eine MAV gebildet werden soll. Dazu werden verschiedene Betriebs- oder Einrichtungsteile oder auch ganze Einrichtungen (z. B. Kindergärten und Schulen) zu einer einzigen Einrichtung oder Dienststelle i. S. der MAVO durch den Dienstgeber als deren Träger zusammengefügt (§ 1 a Rz 12 ff.). Das setzt voraus, dass der Dienstgeber die Organisationsgewalt über die Einrichtungen hat, die seiner Leitung als Träger unterstehen. Dort wird dann eine einrichtungsbezogene MAV gebildet (*Schlichtungsstelle Köln*, 18. 6. 1996 – MAVO 10/96). Geht es aber um Dienststellen und Einrichtungen, die der Dienstgeber selbst nicht leitet, beherrscht und trägt, also um Einrichtungen oder Dienststellen in anderer Trägerschaft, kann es nur noch um die vom Dienstgeber angestellten, aber den anderen Trägern zugeordneten Mitarbeiter des Dienstgebers gehen. Diese Mitarbeiter befinden sich außerhalb ihrer Stammdienststelle und sollen gemäß § 23 Abs. 1 die Möglichkeit zur Bildung einer Sondervertretung haben mit der Konsequenz des Doppelmandats (Rz 12 ff.), wenn sie an einer Dienststelle eines anderen Trägers tätig sind, in der eine MAV gebildet werden kann oder gebildet ist (§ 7 Abs. 2).

7 So wie für Gemeinde- und Pastoralreferenten eine Sondervertretung gemäß § 23 gebildet werden kann (vgl. Sonderbestimmungen zur MAVO für den Bereich der Erzdiözese Köln, Amtsblatt 1996 Nr. 273 S. 347), so kann das auch für andere Mitarbeitergruppen möglich sein, insbesondere etwa für bei Jugendverbänden Beschäftigte, die bei einem Bistum als Arbeitnehmer unter Vertrag stehen, dort aber nicht wahlberechtigt sind, weil sie nicht in dessen Dienststellen eingegliedert sind (*Schlichtungsstelle Köln*, 18. 6. 1996 – MAVO 10/96). Dazu ist eine Sonderregelung erforderlich (§ 23 Abs. 3).

8 Offen ist, ob nur eine einzige Sondervertretung (vgl. § 23 Abs. 1 MAVO Osnabrück 1996) oder mehrere Sondervertretungen unter Berücksichtigung der jeweiligen Funktion der Mitarbeiter (vgl. z. B. § 23 MAVO Mainz, Kirchl. Amtsblatt 1995 Nr. 2 S. 1) zu bilden sind. Die Rahmenordnung überlässt die nähere Regelung der diözesanen MAVO (§ 23 Abs. 3).

§ 23

III. Mehrfaches Wahlrecht und Doppelmandat

1. Aktives Wahlrecht

Die Regelungen der MAVO lassen es zu, dass ein Mitarbeiter je nach seiner 9
Zuordnung zu Dienststellen bzw. Einrichtungen wegen seiner Beschäftigung
mehrfach aktives Wahlrecht erlangen kann.

Beispiel: Eine Gemeindereferentin ist beim Bistum angestellt und zur Erfül- 10
lung ihrer Aufgabe einer Pfarrei zur Hälfte ihres Beschäftigungsumfanges mit
19, 25 Wochenstunden zugeordnet. Zur anderen Hälfte arbeitet sie in der Verwaltung ihres Dienstgebers in der Abteilung für Seelsorgepersonal im Ordinariat bzw. Generalvikariat.

Da sie in zwei Dienststellen beschäftigt ist, ist sie gemäß § 7 in jeder aktiv zur 11
MAV wahlberechtigt. Das Ergebnis ist überraschend. Aber eine diesbezügliche Wahlrechtsbegrenzung besteht nach der Rahmenordnung nicht. Ein Recht oder gar eine Pflicht zur Entscheidung zugunsten einer Selbstbeschränkung in der Ausübung des aktiven Wahlrechts ist nicht vorgesehen (anders MAVO Bamberg § 23 Abs. 3, Amtsbl. 1996 S. 325 ff. bei Einsatz in verschiedenen Dienststellen in die Trägerschaft der Erzdiözese).

2. Doppelmandat

Nach der Ordnung ist für die in Betracht kommenden Mitarbeiter das Doppel- 12
mandat möglich. Sie unterliegen nämlich gemäß Abs. 2 S. 2 bei Zuordnung zu einem kirchlichen Rechtsträger der Zuständigkeit der dortigen örtlichen MAV. Das bedeutet im Ergebnis aber auch Wahlberechtigung nach Maßgabe der §§ 7 und 8, wenn sie nicht eine Position als Mitarbeiter in leitender Stellung innehaben (vgl. § 3 Abs. 2). Auf eine Tätigkeit infolge »Abordnung« (§ 7 Abs. 2) kommt es wegen des umfassenden Begriffs der »Zuordnung« nicht an. Der betroffene Mitarbeiter kann sowohl zur MAV der anderen Einrichtung als auch zur Sondervertretung kandidieren und gewählt werden. Darauf nimmt z. B. die Vorschrift des § 16 Abs. 1 S. 2 Rücksicht, wonach bei Mitgliedschaft in mehreren Mitarbeitervertretungen der Anspruch auf Arbeitsbefreiung unter Fortzahlung der Bezüge zur Teilnahme an Schulungen nur einmal geltend gemacht werden kann. Die MAV-Ordnungen Eichstätt, Mainz und Münster schließen das Doppelmandat aus, indem die Bestimmung des § 23 Abs. 2 S. 2 nicht zur Anwendung gelangt.

IV. Wahlberechtigung zur Sondervertretung

Die gemäß § 23 Abs. 1 vorgeschriebene Bildung einer Sondervertretung ist 13
nur möglich, wenn aktives und passives Wahlrecht ausgeübt werden kann. Dazu ist zu regeln, ab welcher Mitarbeiterzahl die Bildung der Sondervertretung unter Berücksichtigung ihrer Größe und Zusammensetzung möglich ist. Zu regeln ist auch, unter welchen Voraussetzungen aktives und passives Wahlrecht zur Sondervertretung erworben werden kann (vgl. § 23 Abs. 3). Besteht eine grundsätzliche Regelung zugunsten der Bildung einer Sondervertretung, so ist davon auszugehen, dass die Adressaten der Norm in ausreichend großer Zahl vorhanden sind und folglich die Kandidatur und Wahl zur Sondervertretung möglich ist (vgl. z. B. § 6).

§ 23

V. Wahlverfahren

14 Die Einzelheiten des Wahlverfahrens sind durch diözesane Ordnung zu bestimmen (§ 23 Abs. 3).

VI. Geschäftsführung und Rechtsstellung

15 Sowohl die Amtszeit, die Geschäftsführung der Sondervertretung als auch ihre Rechtsstellung ergeben sich aus den allgemeinen Bestimmungen der MAVO, die auch für andere Mitarbeitervertretungen gelten. Die §§ 13 bis 20 gelten für die Sondervertretung und ihre Mitglieder in gleicher Weise wie für jede andere MAV. Ebenso gelten § 21 (Einberufung der Mitarbeiterversammlung) und § 22 (Aufgaben und Verfahren der Mitarbeiterversammlung). Auf die Kommentierung der Vorschriften wird verwiesen. Vgl. auch §§ 4, 5. Auf besondere diözesane Vorschriften ist zu achten.

16 Zur Mitarbeiterversammlung gehören die Mitarbeiterinnen und Mitarbeiter, für die die Sondervertretung nach Maßgabe der ihr Zugewiesenen zuständig ist. Die zur Mitarbeiterversammlung Anreisenden haben Anspruch auf Fahrtkostenerstattung (§ 21 Abs. 4).

VII. Beteiligungsrechte der Sondervertretung

17 Gemäß § 23 Abs. 2 S. 1 wirkt die Sondervertretung mit bei Maßnahmen, die vom Dienstgeber getroffen werden. Damit haben die Mitwirkungsmöglichkeiten der Sondervertretung gegenüber dem Text der Rahmenordnung von 1985 keine materiellen Änderungen erfahren (vgl. § 23 Abs. 3 alte Fassung). Auf diözesane Vorschriften zu den Aufgaben der Sondervertretung wird zu achten sein (vgl. z. B. § 23 a MAVO Osnabrück, Amtsblatt 1996 Art. 20 S. 19 ff. und § 23 a MAVO Hamburg, Kirchl. Amtsblatt für die Erzdiözese Hamburg 1996 Art. 33 S. 33 ff.).

18 Gesprächspartner der Sondervertretung ist der Dienstgeber der von der Sondervertretung repräsentierten Mitarbeiter. Deshalb hat der Dienstgeber mit der Sondervertretung nach den Vorschriften der §§ 26 bis 39 zusammenzuarbeiten, soweit die Vorschriften auf die Sondervertretung anwendbar sind. Das gilt gerade mit Rücksicht auf die Beteiligungsrechte i. S. von §§ 28 ff. In Fällen von Streitigkeiten ist die Schlichtungsstelle gemäß § 41 zuständig. Die Sondervertretung wirkt bei folgenden Maßnahmen mit:
- § 29 Abs. 1 Nrn. 1, 4 bis 16, 18, 19,
- §§ 30 und 31,
- § 32 Abs. 1 Nrn. 1, 4 bis 12,
- §§ 33, 34 Abs. 1, 35 Abs. 1 Nrn. 1–4, 6–9 und 36 Abs. 1 Nrn. 2 bis 11,
- § 37 Abs. 1 Nrn. 2 bis 11,
- § 38 Abs. 1 Nrn. 2 bis 11 (vgl. mit leichten Abweichungen MAVO Erfurt, § 23).

19 Für die Zusammenarbeit zwischen Dienstgeber und Sondervertretung gelten die Bestimmungen der §§ 26, 27, 27 a, 28, 28 a, 38 Abs. 2 bis 5 und § 39 ebenfalls.

20 Von den Zuständigkeiten der örtlichen MAV der kirchlichen Dienststellen am Ort der Zuordnung sind die Beteiligungsrechte bei beabsichtigter dienstgeberseitiger Kündigung (§§ 30–31), bei der Einstellung und Anstellung (§ 34) und die Zustimmung zu Maßnahmen i. S. des § 35 Abs. 1 zu unterscheiden. Hierzu ist die Zuständigkeit der Sondervertretung gegeben, soweit diese ihrerseits nicht von Beteiligungsrechten ausgeschlossen ist (vgl. z. B. § 34 Abs. 1, § 35 Abs. 1 Nr. 5). Der Ausschluss der Mitbestimmung gilt in den Fällen, in denen es sich um die Einstellung, Versetzung oder Abordnung von **Mitarbeitern für pastorale Dienste oder religiöse Unterweisung** handelt, die zu ihrer Tätigkeit der ausdrücklichen bischöflichen Sendung bedürfen. Die Rahmenstatuten für Gemeinde- und Pastoralreferenten sehen vor, dass der Diözesanbischof die Sendung und damit nicht nur die Einstellung oder Anstellung, sondern auch die Versetzung und Abordnung dieser Mitarbeitergruppe bestimmt. Er kann als Gesetzgeber daher auch festlegen, dass diese Maßnahmen mitbestimmungsfrei bleiben.

VIII. Vertrauensperson der Schwerbehinderten

Weil die Sondervertretung nicht einer bestimmten Dienststelle zuzuordnen ist 21 und vom Dienststellenprinzip losgelöst ist, ist in dem von der Sondervertretung repräsentierten Personenkreis die Wahl einer Vertretung der Schwerbehinderten nach staatlichem Recht nicht möglich. Die Wahl der Vertrauensperson der schwerbehinderten Menschen ist in § 94 SGB IX, nicht in der MAVO geregelt. § 46 MAVO gewährt der Vertretung der Schwerbehinderten von Einrichtungen bzw. Dienststellen ein Mitwirkungsrecht in den Sitzungen der MAV einer bestimmten Dienststelle. Deshalb müssen Schwerbehinderte unter den geltenden staatlichen gesetzlichen Bestimmungen ihre Vertretung wählen und mit der Vertretung ihrer Dienststelle Kontakt aufnehmen, die beim zuständigen Arbeitgeber aktiv wird. Zur Vertrauensperson der Schwerbehinderten vgl. Erläuterungen zu § 46.

IX. Diözesane Ordnungen

1. Sondervertretungen

Diözesane Ordnungen unterscheiden sich hinsichtlich der Gruppierungen, die 22 zu einer Sondervertretung gehören. Je nach Geltungsbereich für den Kreis der Mitarbeiter werden diese besonderen Mitarbeitervertretungen auch Bereichsvertretung genannt. Im Bistum Münster wird die Personengruppe der Pastoralreferenten und Pastoralreferenten zu einer Dienststelle im Sinne von § 1 a Abs. 1 zusammengefasst (Amtsbl. Münster 1996 Art. 230 S. 205), je eine MAV ist zu bilden im nordrhein-westfälischen Anteil und im oldenburgischen Anteil des Bistums Münster. § 18 Abs. 2 MAVO findet auf die Mitglieder der genannten Mitarbeitervertretungen keine Anwendung. In die Anordnung einbezogen sind Mitarbeiter im pastoralen Dienst, die während der Absolvierung des Zweitstudiums als Teilzeitbeschäftigte angestellt sind, und Praktikanten im Anerkennungsjahr in Vorbereitung auf die Ausbildung zum Pastoralreferenten.
Die MAVO Augsburg (Amtsblatt 1996 S. 319 ff.) sieht die Bildung einer Son- 23 dervertretung für die bei der Diözese Augsburg beschäftigten Mitarbeiter vor,

§ 23

die zur Ausübung ihres Dienstes einer Einrichtung eines anderen kirchlichen oder nichtkirchlichen Rechtsträgers zugeordnet sind (§ 23 MAVO Augsburg).

24 Das sind
– Ständige Diakone,
– Pastoralassistenten und Pastoralreferenten,
– Gemeindeassistenten und Gemeindereferenten,
– Pfarrhelferinnen und Pfarrhelfer,
– Religionslehrerinnen und Religionslehrer,
– Pfarrsekretärinnen und Pfarrsekretäre,
– Mitarbeiterinnen und Mitarbeiter der katholischen Fachhochschul- und Hochschulseelsorge,
– Mitarbeiterinnen und Mitarbeiter der katholischen Krankenhausseelsorge,
– Mitarbeiterinnen und Mitarbeiter der katholischen Missionen für die fremdsprachigen Gläubigen.

25 Für jede in der Sondervertretung vertretene Berufsgruppe ist in den Grenzen des § 6 Abs. 2 wenigstens ein Mitglied zu wählen. Eine besondere Regelung enthält § 23 MAVO Regensburg (Amtsblatt 1996 S. 57 ff.) für die Bildung von **Bereichsvertretungen** zugunsten je verschiedener beim Bistum beschäftigter Berufsgruppen. Im Prinzip entspricht die Regelung denen über die Sondervertretungen der MAVO von Bamberg, Eichstätt, Mainz und Passau, während die Ordnungen von Erfurt, Hamburg und Osnabrück keine Berufsgruppen nennen, aber die Beteiligungsrechte der Sondervertretung und das Wahlverfahren regeln (§§ 23 a und 23 b MAVO Erfurt, Hamburg, Osnabrück).

26 In anderen Diözesen bestehen Sondervertretungen nur für Pastoralassistenten, Pastoralreferenten, Gemeindeassistenten und Gemeindereferenten gemeinsam wie in Berlin (Amtsblatt 1996 Nr. 187 S. 96), Köln (Amtsblatt 1996 Nr. 273 S. 347), Limburg (Amtsblatt 1997 Nr. 165 S. 85) und Fulda (Amtsblatt 1997 Nr. 33 S. 23).

2. Mitarbeitervertretung für mehrere Bereiche

27 Die MAVO München und Freising statuiert in ihrem § 23 a die Bildung einer MAV im Erzbischöflichen Ordinariat mit Vertretern aus den Bereichen oder Berufsgruppen
– allgemeine Verwaltung,
– Religionslehrer im Kirchendienst,
– Pastoralassistenten und Pastoralreferenten,
– Gemeindeassistenten, Gemeindereferenten und Seelsorgehelfer,
– Erzbischöfliches Jugendamt
mit besonderen Wahlverfahrensvorschriften. Das Wahlrecht der Mitarbeiter eines Bereichs oder einer Berufsgruppe ist beschränkt auf Kandidaten ihres jeweiligen Bereichs oder ihrer jeweiligen Berufsgruppe mit festgelegter Mitgliederzahl in der MAV. Die MAV besteht insgesamt aus 15 Mitgliedern aus den voneinander getrennt gewählten Gruppierungen (Amtsblatt 1996 Nr. 103 S. 218).

3. Wahlverfahren

28 Wegen der sehr weit auseinander liegenden Einsatzorte der Mitarbeiter regen die diözesanen Ordnungen ausdrücklich Briefwahl an. Den Wahlberechtigten werden die Listen der wahlberechtigten und wählbaren Mitarbeiter, die Be-

§ 23

kanntgabe der zur Wahl der Sondervertretung vorgeschlagenen Mitarbeiter sowie die Bekanntgabe des Wahlergebnisses durch einfachen Brief zugesandt (§ 23 Nr. 8 MAVO Erfurt, Hamburg, Osnabrück).

4. Fehlende diözesane Regelungen

Die Mitarbeitervertretungsordnungen der Diözesen Aachen, Dresden-Meißen, Paderborn (Stand 1.1. 2004) enthalten keine dem § 23 entsprechenden Bestimmungen. 29

X. Das Rechtsverhältnis der Zuordnung

Die MAVO definiert nicht das Verhältnis zwischen dem Dienstgeber und dem anderen Rechtsträger, dem der Mitarbeiter zugeordnet ist. Die MAVO geht davon aus, dass der Mitarbeiter zum Dienstgeber in einem Arbeitsverhältnis steht, auch wenn er bei einem anderen Rechtsträger beschäftigt wird. Durch die »Zuordnung« des Mitarbeiters zu einem anderen Träger bleibt das daraus sich ergebende Rechtsverhältnis offen. Es kann öffentlich-rechtlicher Natur oder privatrechtlicher Natur sein. Das liegt an der Ausgestaltung der Rechtsbeziehungen zwischen den Beteiligten des Dreiecksverhältnisses Dienstgeber – Mitarbeiter – Dritter. Es kann sich bei der Zuordnung nicht um vermutete Arbeitsvermittlung i. S. des Art. 1 § 1 Abs. 2 AÜG handeln, weil bei der Ausgestaltung der Rechtsbeziehungen die Voraussetzungen beim kirchlichen Arbeitgeber nicht vorliegen. Gewerbsmäßige Arbeitnehmerüberlassung i. S. von Art. 1 § 1 Abs. 1 AÜG scheidet deshalb aus, weil die zu erbringenden Dienstleistungen im Sendungsauftrag der Kirche begründet sind und nicht auf erwerbswirtschaftlichen Erwägungen der Kirche als Dienstgeberin beruhen. Es geht um den Verkündigungsdienst der Mitarbeiter im pastoralen Dienst, der Religionslehrer im öffentlichen Schuldienst (vgl. z. B. Dienst- und Vergütungsordnung für kirchlich angestellte Religionslehrerinnen und Religionslehrer an Volks- und Sonder(volks)schulen in den bayerischen (Erz-)Diözesen, Amtsblatt München und Freising 1988 S. 482, 1989 S. 431) und anderer im kirchlichen Dienst stehender Funktionsträger, wie z. B. Priester und Diakone, die gerade Mitarbeiter ihres kirchlichen Dienstherrn bleiben und nur infolgedessen Beauftragungen erhalten, bei anderen Trägern tätig zu werden, ohne deren Arbeitnehmer zu werden (vgl. § 3 Rz 55). 30

Das Bundesarbeitsgericht hatte in einem Fall das Rechtsverhältnis zu beurteilen. Das Land Schleswig-Holstein hatte eine Verwaltungsvereinbarung über die Erteilung des evangelischen Religionsunterrichts in öffentlichen Schulen durch kirchliche Lehrkräfte zur Durchführung des Kirchenvertrages zwischen dem Land und den evangelischen Landeskirchen in Schleswig-Holstein abgeschlossen. Die Vereinbarung galt der Sicherstellung der Erteilung des Religionsunterrichts an öffentlichen Schulen mit Lehrern im kirchlichen Dienst. In der Verwaltungsvereinbarung waren die persönlichen Voraussetzungen für die Erteilung des Lehrauftrages durch die zuständige staatliche Schulaufsichtsbehörde genannt. Die kirchlichen Lehrkräfte unterstanden der kirchlichen Dienstaufsicht im allgemeinen, im Rahmen ihres Lehrauftrages jedoch der staatlichen Schulaufsicht. Der Personalrat der Schule war nicht zuständig. Die Schulaufsichtsbehörde konnte im Benehmen mit den kirchlichen Auf- 31 sichtsorganen einer kirchlichen Lehrkraft den Lehrauftrag entziehen, wenn sich gegen die Person oder gegen die Unterrichtstätigkeit Einwendungen ergaben. Das Land trug im Rahmen des Landeshaushalts die persönlichen Kosten der kirchlichen Lehrkräfte.

32 Das *BAG* (14. 2. 1991 – 2 AZR 363/90) verneinte ein Arbeitsverhältnis zwischen dem Land und dem Lehrer. Es stellte ein Arbeitsverhältnis zwischen Kirche und Lehrer fest. Die Kirchenverwaltung hatte die Erteilung des Lehrauftrags beim Land beantragt. Ein Behördenbediensteter des Landes hatte dann den Lehrauftrag erteilt. Die Art und Weise, wie das Rechtsverhältnis zwischen dem Lehrer und dem Land angebahnt wurde, sprächen gegen die Annahme eines Arbeitsverhältnisses mit dem Land, weil die gewählte Gestaltungsform sich nicht als Vertrag darstellen lasse, weder als Vertrag zugunsten Dritter noch als nicht gewerbsmäßige Arbeitnehmerüberlassung, sondern als Rechtsverhältnis eigener Art zum Land mit Rechtsgrundlage in Art. 140 GG, Art. 137 Abs. 3 WRV i. V. m. Art. 7 Abs. 3 GG, nämlich infolge der Erteilung des Lehrauftrages als ein Rechtsverhältnis öffentlich-rechtlicher Art auf der Grundlage des Kirchenvertrages, der nach überwiegender Auffassung dem öffentlichen Recht zuzuordnen ist (*Hollerbach*, Hdb. StKR § 6 II S. 282 ff.).

33 Eine Arbeitnehmerüberlassung setzt voraus, dass die Person des Arbeitnehmers voll in die Einrichtung der entleihenden Stelle eingegliedert wird und die zu erfüllenden Aufgaben nach den Weisungen des Entleihers ausführt. Das ist anders, wenn das Bistum den Dienst in der Einrichtung bei dem anderen Träger nach seinen eigenen Grundsätzen inhaltlich festlegt und überwacht, wie das bei Mitarbeitern in pastoralen Diensten der Fall ist. Gemeinde- und Pastoralreferenten stehen unter dem Sendungsauftrag des Diözesanbischofs (can. 228 § 1, 759 CIC), dem der Abschluss des Arbeitsvertrages folgt. In diesem Rechtsverhältnis ist jeder Gemeinde- und Pastoralreferent gehalten, der bischöflichen Sendung zu folgen und den Auftrag am Einsatzort zu erfüllen. Dabei hat die Kirche grundgesetzlich garantiert das Recht, zur Ausübung der Seelsorge zugelassen zu werden, wo bei Gläubigen in Heer, Krankenhäusern, Justizvollzugsanstalten oder sonstigen öffentlichen Anstalten das Bedürfnis nach Gottesdienst und Seelsorge besteht (Art. 140 GG i. V. m. Art. 141 WRV). Auch im Falle des Abschlusses von Gestellungsverträgen zur Refinanzierung der Personalkosten der Kirche bleibt der Schwerpunkt der arbeitsvertraglichen Pflichten zum vertraglichen kirchlichen Arbeitgeber (Dienstgeber) erhalten, so dass eine Aufspaltung der Arbeitgeberfunktionen zwischen dem Vertragsarbeitgeber und dem anderen Träger einer Einrichtung nicht vorliegt.

§ 24 Gesamtmitarbeitervertretung und erweiterte Gesamtmitarbeitervertretung[1]

(1) Bestehen bei einem Dienstgeber (§ 2) mehrere Mitarbeitervertretungen, so kann im Einvernehmen zwischen Dienstgeber und allen Mitarbeitervertretungen eine Gesamtmitarbeitervertretung gebildet werden.

---

1 Muster für eine diözesane Fassung

§ 24

(2) Die Mitarbeitervertretungen oder, soweit vorhanden, die Gesamtmitarbeitervertretungen mehrerer Einrichtungen mehrerer Rechtsträger können durch eine gemeinsame Dienstvereinbarung mit allen betroffenen Dienstgebern die Bildung einer erweiterten Gesamtmitarbeitervertretung vereinbaren, soweit dies der wirksamen und zweckmäßigen Interessenvertretung der Mitarbeiterinnen und Mitarbeiter dient. Diese tritt an die Stelle bestehender Gesamtmitarbeitervereinbarungen.

(3) Jede Mitarbeitervertretung entsendet in die Gesamtmitarbeitervertretung oder erweiterte Gesamtmitarbeitervertretung ein Mitglied. Außerdem wählen die Sprecherinnen oder Sprecher der Jugendlichen und Auszubildenden und die Vertrauensperson der schwerbehinderten Mitarbeiterinnen und Mitarbeiter der beteiligten Mitarbeitervertretungen aus ihrer Mitte je eine Vertreterin oder einen Vertreter und je eine Ersatzvertreterin oder einen Ersatzvertreter in die Gesamtmitarbeitervertretung oder erweiterte Gesamtmitarbeitervertretung. Durch Dienstvereinbarung kann die Mitgliederzahl und Zusammensetzung abweichend geregelt werden.

(4) Die Gesamtmitarbeitervertretung oder erweiterte Gesamtmitarbeitervertretung wirkt bei den Angelegenheiten im Sinne der §§ 26 bis 38 mit, die Mitarbeiterinnen und Mitarbeiter aus dem Zuständigkeitsbereich mehrerer Mitarbeitervertretungen betreffen. In allen übrigen Angelegenheiten wirkt die Mitarbeitervertretung der Einrichtung mit, unabhängig davon, wer für den Dienstgeber handelt.

(5) Soll eine einmal eingerichtete Gesamtmitarbeitervertretung oder erweiterte Gesamtmitarbeitervertretung aufgelöst werden, so bedarf es dafür der Zustimmung aller betroffenen Mitarbeitervertretungen und Dienstgeber. Für die Gesamtmitarbeitervertretung kann anlässlich des Einvernehmens nach Abs. 1 und für die erweiterte Gesamtmitarbeitervertretung kann durch die zugrunde liegende Dienstvereinbarung eine abweichende Regelung getroffen werden.

(6) Für die Gesamtmitarbeitervertretung gelten im Übrigen die Bestimmungen dieser Ordnung sinngemäß mit Ausnahme des § 15 Abs. 3.

Inhaltsübersicht

	Rz
I. Zweck der Vorschrift	1–6
II. Voraussetzungen für die Bildung einer Gesamtmitarbeitervertretung (Abs. 1)	7–12
1. Mehrere Dienststellen eines Dienstgebers	7–10
2. Einvernehmen über die Bildung einer Gesamtmitarbeitervertretung	11–12
III. Zusammensetzung der Gesamtmitarbeitervertretung	13–21
1. Mitglieder der Mitarbeitervertretungen	13–15
2. Vertreter der Jugendlichen und Auszubildenden und der Vertreter der Vertrauensleute der schwerbehinderten Menschen	16
3. Vorstand	17–21
a. Einberufung zur konstituierenden Sitzung	18
b. Leitung der Wahlen für den Vorstand	19–21
IV. Die Rechtsstellung der Gesamtmitarbeitervertretung	22–27
V. Aufgaben der Gesamtmitarbeitervertretung	28–33
1. Zuständigkeit mehrerer Mitarbeitervertretungen	31
2. Ausschluss der Zuständigkeit der Gesamtmitarbeitervertretung	32–33
VI. Anwendbarkeit der allgemeinen Vorschriften der MAVO	34–37
1. Rechte und Pflichten	34

2. Amtszeit	35
3. Ausschluss von Bestimmungen	36–37
VII. Die erweiterte Gesamtmitarbeitervertretung (Abs. 2)	38–41
VIII. Auflösung der Gesamtmitarbeitervertretung und der erweiterten Gesamtmitarbeitervertretung (Abs. 5)	42–49
IX. Streitigkeiten	50–53

I. Zweck der Vorschrift

1 Zu unterscheiden ist zwischen
 – der einrichtungsbezogenen MAV (§ 1 a),
 – der gemeinsamen MAV mehrerer Dienstgeber für deren Mitarbeiterinnen und Mitarbeiter (§ 1 b),
 – der Sondervertretung (§ 23),
 – der Gesamtmitarbeitervertretung im Sinne des § 24 Abs. 1 als Repräsentationsgremium für das gesamte Unternehmen des Dienstgebers mit den verschiedenen Einrichtungen, in denen eine MAV besteht,
 – der erweiterten Gesamtmitarbeitervertretung i. S. des § 24 Abs. 2 als Repräsentationsgremium von mehreren Mitarbeitervertretungen oder mehreren Gesamtmitarbeitervertretungen mehrerer verschiedener Dienstgeber.

2 Die Vorschrift ist nicht zwingenden Rechts. Sie soll es jedoch den Betriebspartnern ermöglichen, einen zweistufigen Aufbau der Repräsentationsgremien bei einem Dienstgeber (Abs. 1) oder sogar mehreren verschiedenen Dienstgebern gemeinsam zu verwirklichen (Abs. 2). Die Bildung einer Gesamtmitarbeitervertretung und einer erweiterten Gesamtmitarbeitervertretung ist in die Entscheidungsfreiheit der Mitarbeitervertretungen und des Dienstgebers (Abs. 1) oder mehrerer verschiedener Dienstgeber (Abs. 2) gestellt. Wird kein Einvernehmen zu ihrer Bildung erzielt, ist die Schlichtungsstelle allenfalls für den Fall einer Rechtsstreitigkeit (§ 41 Abs. 2) zuständig, nicht aber für den Fall einer Streitigkeit zur Regelung der Bildung einer Gesamtmitarbeitervertretung oder einer erweiterten Gesamtmitarbeitervertretung (*Bernards*, Die Schlichtungsstelle S. 54).

3 **Im staatlichen Recht** ist gemäß § 6 Abs. 3 S. 1 BPersVG geregelt, dass Nebenstellen und Teile einer Dienststelle, die weit voneinander entfernt liegen, als selbstständige Dienststellen gelten, wenn die Mehrheit ihrer wahlberechtigten Beschäftigten dies in geheimer Abstimmung beschließt. In diesen Fällen ist durch § 55 BPersVG bestimmt, dass dann neben den einzelnen Personalräten ein Gesamtpersonalrat gebildet werden muss. § 47 BetrVG schreibt die Bildung eines Gesamtbetriebsrats vor, wenn in einem Unternehmen mehrere Betriebsräte bestehen.

4 Ist eine Gesamtmitarbeitervertretung gebildet, ist damit jedenfalls die Möglichkeit eröffnet, dass wichtige die Mitarbeiter betreffende Entscheidungen nicht mehr auf der Ebene einer Dienststelle, sondern auf der Ebene aller Dienststellen des Dienstgebers getroffen werden. Die **Gesamtmitarbeitervertretung** ist dann **das für alle – jedenfalls mehrere – Dienststellen des Dienstgebers** zuständige **Vertretungsorgan** aller Mitarbeiter des Dienstgebers. Entsprechendes gilt für die erweiterte Gesamtmitarbeitervertretung mit Blick auf die Angelegenheiten im Sinne der §§ 26 bis 38 bei mehreren Dienstgebern.

5 Die **Gesamtmitarbeitervertretung** wirkt nach § 24 Abs. 4 S. 1 in Angelegenheiten, die Mitarbeiter aus dem Zuständigkeitsbereich mehrerer Mitarbeiterver-

tretungen betreffen, gemäß den §§ **26 bis 38** mit. Damit soll erreicht werden, dass eine für die Mitarbeiter verschiedener oder aller Dienststellen eines und desselben Dienstgebers erforderliche Maßnahme einheitlich geregelt wird. Denn mehrere Mitarbeitervertretungen können unterschiedliche Interessen verfolgen, so dass auch je nach Lage des Falles unterschiedliche Regelungen in den Dienststellen des Dienstgebers denkbar und möglich sind. **Die Einrichtung einer Gesamtmitarbeitervertretung dient also dem Ausgleich gegenläufiger Interessen in den einzelnen Dienststellen.** Die Gesamtmitarbeitervertretung hat die Aufgabe, die Mitwirkungsrechte der Mitarbeitervertretung in eigener Zuständigkeit gebündelt und einheitlich wahrzunehmen. Das gilt entsprechend auf der Zuständigkeitsebene der erweiterten Gesamtmitarbeitervertretung und für die Dienstgeber.

Wichtigste Trägerin der Mitwirkungsrechte bleibt allerdings die MAV der einzelnen Dienststelle. Die Gesamtmitarbeitervertretung aber soll eine organisatorische Einheit zwischen den einzelnen Mitarbeitern verschiedener Dienststellen des Dienstgebers herstellen und eine geschlossene Interessenvertretung gegenüber dem für die einzelnen Dienststellen zuständigen Dienstgeber sicherstellen (vgl. *Grabendorff/Windscheid/Ilbertz/Widmaier*, BPersVG § 55 Rz 3).

6

II. Voraussetzungen für die Bildung einer Gesamtmitarbeitervertretung (Abs. 1)

1. Mehrere Dienststellen eines Dienstgebers

Nach § 24 Abs. 1 darf eine Gesamtmitarbeitervertretung errichtet werden, wenn bei einem und demselben Dienstgeber (§ 2) mehrere Mitarbeitervertretungen bestehen. Die Errichtung der Gesamtmitarbeitervertretung setzt demnach voraus, dass der Rechtsträger der Dienststellen, Einrichtungen oder sonstigen selbstständig geführten Stellen (Dienststellen) eine rechtliche Einheit bildet. Für mehrere rechtlich voneinander verschiedene Dienstgeber kann es eine erweiterte Gesamtmitarbeitervertretung geben. (Abs. 2, Rz 38 ff.).

7

Eine Gesamtmitarbeitervertretung darf nur dann gebildet werden, wenn in mindestens zwei selbstständigen Dienststellen des Dienstgebers je eine Mitarbeitervertretung besteht. Dabei spielt die Größe der MAV keine Rolle. Es kommt jedoch darauf an, dass tatsächlich mehrere Mitarbeitervertretungen gewählt und noch vorhanden sind.

8

Bestehen beim Dienstgeber mehr als zwei Dienststellen, von denen nur in einer keine MAV besteht, so kann jedenfalls wegen der beiden Dienststellen, die je eine MAV haben, eine Gesamtmitarbeitervertretung gebildet werden. Die mitarbeitervertretungslose Dienststelle ist allerdings in der Gesamtmitarbeitervertretung nicht vertreten (Abs. 3 S. 1).

9

In einer **anderen Diözese** desselben Dienstgebers gelegene Dienststellen bleiben für die Einrichtung einer Gesamtmitarbeitervertretung **nicht außer Betracht**, weil sie vom Geltungsbereich des diözesanen Rechts erfasst werden und die Gesamtmitarbeitervertretung dort Amtshandlungen vornehmen kann (§ 1 Abs. 3). Das betrifft mehrdiözesane und überdiözesane Dienstgeber mit Dienststellen in mehreren Diözesen (§ 1 Abs. 2).

10

§ 24

2. Einvernehmen über die Bildung einer Gesamtmitarbeitervertretung

11 Zur Bildung einer Gesamtmitarbeitervertretung ist außerdem das **Einvernehmen zwischen dem Dienstgeber und allen Mitarbeitervertretungen** seiner Dienststellen einschließlich der Sondervertretungen gemäß § 23 erforderlich (§ 24 Abs. 1). Das Einvernehmen ist nicht erzwingbar. Die Willensbildung erfolgt in jeder MAV. Die Initiative zur Bildung einer Gesamtmitarbeitervertretung kann sowohl vom Dienstgeber als auch von einer einzelnen MAV ausgehen. Wesentlich ist, dass in der diözesanen Ordnung die Bildung einer Gesamtmitarbeitervertretung überhaupt geregelt ist.

12 Nach den Vorschriften des § 24 Abs. 1 ist die Bildung einer Gesamtmitarbeitervertretung nicht eine Frage der Mehrheitsentscheidung, sondern der vollen Einvernehmlichkeit. Die gegenteilige Haltung des Dienstgebers oder nur einer MAV macht den Versuch der Bildung einer Gesamtmitarbeitervertretung hinfällig. Besteht ein gleichlautender Wille zur Bildung einer Gesamtmitarbeitervertretung aller gemäß § 24 Abs. 1 Beteiligten, so bedarf es der Konstituierung der Gesamtmitarbeitervertretung (Rz 17 ff.).

III. Zusammensetzung der Gesamtmitarbeitervertretung

1. Mitglieder der Mitarbeitervertretungen

13 Gemäß § 24 Abs. 3 S. 1 hat **jede MAV** einer Dienststelle des Dienstgebers einen **Vertreter**, der Mitglied der MAV ist, in die Gesamtmitarbeitervertretung zu entsenden. Dazu fasst die MAV mehrheitlich über die zu entsendende Person Beschluss. Sie kann sich dabei der Wahl bedienen. Das Verfahren ist ihr überlassen.

14 Es ist die **diözesane Ordnung** darüber zu befragen, ob die Vorschrift des § 24 Abs. 3 S. 1 der Rahmenordnung unverändert übernommen worden ist oder ob statt nur eines Mitgliedes aus jeder MAV gegebenenfalls und unter welchen Voraussetzungen mehrere Mitglieder einer MAV zur Gesamtmitarbeitervertretung zu entsenden sind; eine diesbezügliche Dienstvereinbarung ist zulässig (§ 24 Abs. 3 S. 3).

15 Es empfiehlt sich, dass in entsprechender Anwendung von § 24 Abs. 3 S. 2 jede an der Gesamtmitarbeitervertretung beteiligte MAV auch ein **Ersatzmitglied** für das von ihr in die Gesamtmitarbeitervertretung entsandte Mitglied bestellt, um ihre Präsenz bei Verhinderung des ordentlichen Mitgliedes durch das Ersatzmitglied sicherzustellen.

2. Vertreter der Sprecher der Jugendlichen und Auszubildenden und der Vertrauensleute der schwerbehinderten Menschen

16 Gemäß § 24 Abs. 3 S. 2 haben die **Sprecher der Jugendlichen und Auszubildenden und die Vertrauensleute** der **schwerbehinderten Menschen** der an der Gesamtmitarbeitervertretung beteiligten Dienststellen aus ihrer Mitte je einen **Vertreter** und einen Ersatzvertreter für die Gesamtmitarbeitervertretung zu wählen. Aus diesem Grunde empfiehlt es sich, dass der Dienstgeber die Sprecher der Jugendlichen und Auszubildenden seiner Dienststellen einerseits und die Vertrauensleute der schwerbehinderten Menschen andererseits zur Wahl einberuft und die jeweils erforderlichen Wahlen leitet. Das Wahlergebnis teilt

§ 24

er dem Vorsitzenden der Gesamtmitarbeitervertretung (Rz 20 f.) mit. Dieser lädt dann die Repräsentanten der Sprecher der Jugendlichen und Auszubildenden und der Vertrauensleute der schwerbehinderten Menschen zu den Sitzungen der Gesamtmitarbeitervertretung in entsprechender Anwendung von § 45 Abs. 1 ein. Ist nur an einer der an der Gesamt-MAV beteiligten Dienststellen oder Einrichtungen ein Sprecher der Jugendlichen und Auszubildenden gewählt, so bedarf es keiner Wahl; denn er gehört der Gesamt-MAV gesetzlich an. Dasselbe gilt für die Vertrauensperson der schwerbehinderten Menschen, wenn nur eine gewählt ist.

3. Vorstand

In § 24 Abs. 6 ist geregelt, dass für die Gesamtmitarbeitervertretung im Übrigen die Bestimmungen der **MAVO** gelten. Infolgedessen ist in entsprechender Anwendung von **§ 14 Abs. 1** ein **Vorsitzender**, sein **Stellvertreter** und ein **Schriftführer** zu wählen (Vorstand). 17

a. Einberufung zur konstituierenden Sitzung

Dies setzt voraus, dass die Gesamtmitarbeitervertretung zu einer konstituierenden Sitzung einberufen wird. Die Einberufung der Gesamtmitarbeitervertretung zu dieser Sitzung hat in der MAVO kein Vorbild. Deshalb wird der Dienstgeber oder ein von ihm Beauftragter nach Feststellung des Einvernehmens über die Bildung einer Gesamtmitarbeitervertretung die Mitarbeitervertretungen seiner Dienststellen auffordern, zu der von ihm einzuberufenden konstituierenden Sitzung je einen Vertreter oder mehr nach Maßgabe der diözesanen Ordnung zu entsenden. 18

b. Leitung der Wahlen für den Vorstand

Es wird sich empfehlen, dass der Dienstgeber die konstituierende Sitzung der Gesamtmitarbeitervertretung in entsprechender Anwendung des § 10 Abs. 1 auch leitet. Unter seiner oder seines Beauftragten **Leitung** ist dann in entsprechender Anwendung des **§ 14 Abs. 1 S. 1 die Wahl des Vorsitzenden der Gesamtmitarbeitervertretung** durchzuführen. 19
Nach der Wahl und der Erklärung über die Annahme der Wahl finden unter Leitung des gewählten Vorsitzenden der Gesamtmitarbeitervertretung die Wahlen des **stellvertretenden Vorsitzenden** und des **Schriftführers** in entsprechender Anwendung des **§ 14 Abs. 1 S. 2** statt. 20
Zu den späteren Sitzungen der Gesamtmitarbeitervertretung sind die Vertreter der Sprecher der Jugendlichen und Auszubildenden und der Vertrauensleute der schwerbehinderten Menschen (§ 24 Abs. 3 S. 2) einzuladen (§§ 45 Abs. 1; 46 Abs. 1 i. V. m. § 24 Abs. 6). 21

IV. Die Rechtsstellung der Gesamtmitarbeitervertretung

Die **Gesamtmitarbeitervertretung** ist nach ihrer Errichtung eine **Dauereinrichtung mit wechselnder Mitgliedschaft.** Sie hat **keine Amtszeit.** Das folgt aus dem Entsendungsprinzip des § 24 Abs. 3 S. 1. Demgemäß ist die Gesamtmitarbeitervertretung eine Versammlung von Beauftragten der einzelnen 22

§ 24

Mitarbeitervertretungen und Organ im Sinne der MAVO zur Wahrnehmung der Interessen der Mitarbeiter in den Dienststellen bzw. Einrichtungen des Dienstgebers. Die Mitgliedschaft in der Gesamtmitarbeitervertretung ist an die Mitgliedschaft in einer MAV gebunden. Auch innerhalb einer Wahlperiode kann die MAV ihr entsandtes Mitglied durch ein anderes ersetzen. Jedenfalls ergeben sich aus der Rahmen-MAVO keine anders lautenden Bestimmungen. Andererseits steht es einer neu gewählten MAV frei, darüber zu entscheiden, wer in Zukunft die Vertretung in der Gesamtmitarbeitervertretung übernehmen soll.

23 Die Gesamtmitarbeitervertretung **erlischt**, wenn die Voraussetzungen für ihre Errichtung fortgefallen sind, weil z. B. die Zahl der Dienststellen auf eine zurückgegangen ist oder nur noch eine MAV besteht. Funktionsunfähig ist die Gesamtmitarbeitervertretung, wenn ihre Mitglieder ersatzlos abberufen worden sind.

24 Dazu stellt sich die Frage der groben Verletzung der Verpflichtungen der jeweiligen Mitarbeitervertretungen (§ 13 Abs. 3 Nr. 6). Denn gemäß § 24 Abs. 5 kann die Auflösung der Gesamtmitarbeitervertretung nur einvernehmlich erfolgen (Rz 42 ff.). Der Dienstgeber kann seine positive Erklärung zur Bildung einer Gesamtmitarbeitervertretung nicht einseitig zurücknehmen. Er kann aber mit Hilfe des Beschlusses der Schlichtungsstelle gemäß § 13 Abs. 3 Nr. 6 i. V. m. § 24 Abs. 6 die Auflösung der Gesamtmitarbeitervertretung herbeiführen, wenn jene ihre Pflichten oder Befugnisse grob vernachlässigt oder verletzt hat (§ 41 Abs. 1 Nr. 3).

25 Will der Dienstgeber mit der Gesamtmitarbeitervertretung nicht mehr zusammenarbeiten, so führt dies auf Antrag der Gesamtmitarbeitervertretung gegebenenfalls zur **Schlichtung** (§ 24 Abs. 6 i. V. m. § 41 Abs. 2).

26 Eine MAV darf die Durchführung von Maßnahmen der Gesamtmitarbeitervertretung nicht verhindern (§ 24 Abs. 6 i. V. m. § 18 Abs. 1). Andererseits ist die **Gesamtmitarbeitervertretung** den **Einzelmitarbeitervertretungen nicht übergeordnet** (§ 24 Abs. 4 S. 2). Sie hat somit kein Recht, einzelnen Mitarbeitervertretungen Weisungen zu erteilen und kann ohnehin eine einheitliche Ordnung und Gestaltung der Dienststellen nicht erzwingen. Andererseits ist es vorstellbar, dass die Gesamtmitarbeitervertretung in den Fragen, in denen sie keine Zuständigkeit hat, als Koordinierungsstelle zwischen den einzelnen Mitarbeitervertretungen tätig wird. Dabei muss natürlich von allen auch die Schweigepflicht (§ 20 i. V. m. § 24 Abs. 6) beachtet werden, wenn Verschwiegenheit erforderlich ist.

27 Die Mitglieder der Gesamtmitarbeitervertretung haben die Rechte des § 15 mit Ausnahme von Abs. 3, also Freistellungsansprüche gemäß § 15 Abs. 2 und Ansprüche auf individuellen Freizeitausgleich gemäß § 15 Abs. 4 (§ 24 Abs. 6). Die Gesamtmitarbeitervertretung ist nicht berechtigt, stellvertretend für eine MAV ihres Zuständigkeitsbereichs Aufgaben zu übernehmen. Dafür ist die örtliche MAV zuständig und verantwortlich und zur Wahrnehmung der Aufgaben verpflichtet. Sie darf ihre MAV-Pflichten nicht verletzen. Die Gesamtmitarbeitervertretung darf infolgedessen auch eventuelle Mandate von einer MAV nicht annehmen. Denn sie ist auf den ihr zugewiesenen Aufgabenkatalog beschränkt und hat ihre Aufgaben selbst wahrzunehmen. Das ist anders im Falle der Bestellung eines Beistandes oder Rechtsanwalts in Fällen von Streitigkeiten aus dem Mitarbeitervertretungsrecht (§ 17 Abs. 1 S. 2).

§ 24

V. Aufgaben der Gesamtmitarbeitervertretung

1. Zuständigkeit mehrerer Mitarbeitervertretungen

§ 24 Abs. 4 regelt die **Zuständigkeit der Gesamtmitarbeitervertretung** und damit das Verhältnis zwischen ihr und den einzelnen Mitarbeitervertretungen der einzelnen Dienststellen desselben Dienstgebers. Die Gesamtmitarbeitervertretung ist schon wegen ihrer fakultativen Existenz aber auch wegen des engen Zuständigkeitsbereichs kein den einzelnen Mitarbeitervertretungen übergeordnetes Organ. Jede MAV bleibt für diejenigen Angelegenheiten zuständig, die sie von Rechts wegen selbst wahrzunehmen hat. Denn dazu ist sie von den Mitarbeitern gewählt und dem Dienstgeber für die betreffende Dienststelle oder Einrichtung zugeordnet (§ 24 Abs. 4 S. 2). Die Gesamtmitarbeitervertretung ist nur **im Rahmen des** ihr von der MAVO **zugewiesenen Bereichs zuständig**. Sie gewinnt ihre Zuständigkeit nicht durch Beauftragungen der einzelnen Mitarbeitervertretungen. Nach § 24 Abs. 4 S. 1 wirkt die Gesamtmitarbeitervertretung bei den **Angelegenheiten mit, die Mitarbeiter aus dem Zuständigkeitsbereich mehrerer Mitarbeitervertretungen betreffen** und in den §§ 26 bis 38 geregelt sind. Dienstvereinbarungen (§ 38) sind nicht aus der Zuständigkeit der Gesamtmitarbeitervertretung herausgenommen. Gegenstände, die in einer Dienststelle bereits durch Dienstvereinbarung geregelt sind, können für andere Dienststellen noch einheitlich geregelt werden. Durch die Zuständigkeit der Gesamtmitarbeitervertretung für Angelegenheiten mehrerer Mitarbeitervertretungen wird eine einheitliche Entscheidung in gleichen Angelegenheiten beim selben Dienstgeber in mehreren Dienststellen möglich.

Fälle für die Beteiligung der Gesamtmitarbeitervertretung (§ 28) können sein:
– Maßnahmen i. S. von § 29 Abs. 1 Nrn. 1, 2, 5, 6, 7, 8, 9, 13, 14, 15, 16, 17;
– Maßnahmen i. S. von § 36 Abs. 1 Nrn. 3, 4, 5, 6, 7, 8, 9, 10, 11.

Entsprechend den Reaktionsrechten der Gesamtmitarbeitervertretung zu den vorstehend genannten Maßnahmen hat diese ein Initiativrecht zu folgenden Maßnahmen:
– Maßnahmen i. S. von § 32 Abs. 1 Nrn. 1, 4, 5, 6, 7, 8, 9, 10, 12;
– Maßnahmen i. S. von § 37 Nrn. 3, 4, 5, 6, 7, 8, 9, 10, 11.

Zum Abschluss von Dienstvereinbarungen im Sinne von § 38 ist anstelle der MAV der Dienststelle, **wenn Mitarbeiterinnen und Mitarbeiter aus dem Zuständigkeitsbereich mehrerer Mitarbeitervertretungen aus Einrichtungen des Dienstgebers gleichermaßen betroffen sind** (§ 24 Abs. 4 S. 1), auch die Gesamtmitarbeitervertretung auf folgenden Gebieten befugt:
– Planung und Durchführung von Veranstaltungen für die Mitarbeiterinnen und Mitarbeiter (§ 38 Abs. 1 Nr. 3),
– Errichtung, Verwaltung und Auflösung sozialer Einrichtungen (§ 38 Abs. 1 Nr. 4),
– Inhalt von Personalfragebogen für Mitarbeiterinnen und Mitarbeiter (§ 38 Abs. 1 Nr. 5),
– Beurteilungsrichtlinien für Mitarbeiterinnen und Mitarbeiter (§ 38 Abs. 1 Nr. 6),
– Richtlinien für die Gewährung von Unterstützungen, Vorschüssen, Darlehen und entsprechenden sozialen Zuwendungen (§ 38 Abs. 1 Nr. 7),

§ 24

- Durchführung der Ausbildung, soweit sie nicht durch Rechtsvorschriften oder durch Ausbildungsvertrag geregelt ist (§ 38 Abs. 1 Nr. 8),
- Einführung und Anwendung technischer Einrichtungen, die dazu bestimmt sind, das Verhalten oder die Leistung der Mitarbeiterinnen und Mitarbeiter zu überwachen,
- Maßnahmen zur Verhütung von Dienst- und Arbeitsunfällen und sonstigen
- Gesundheitsschädigungen (§ 38 Abs. 1 Nr. 10),
- Maßnahmen zum Ausgleich und zur Milderung von wesentlichen wirtschaftlichen Nachteilen für die Mitarbeiterinnen und Mitarbeiter wegen Schließung, Einschränkung, Verlegung oder Zusammenlegung von Einrichtungen oder wesentlichen Teilen von ihnen (§ 38 Abs. 1 Nr. 11).
- Dienstvereinbarung gemäß § 38 Abs. 1 Nr. 12 i. V. m. § 24 Abs. 2 und 3.

31 Hat die Gesamtmitarbeitervertretung eine Dienstvereinbarung bei fehlender Zuständigkeit abgeschlossen, ist die Dienstvereinbarung unwirksam.

2. Ausschluss der Zuständigkeit der Gesamtmitarbeitervertretung

32 Die **Mitwirkungsmöglichkeit** der Gesamtmitarbeitervertretung ist jedoch **gemäß § 24 Abs. 4 S. 2 ausgeschlossen**, wenn Angelegenheiten nur einer Dienststelle zu behandeln sind. Deshalb ist die Mitwirkung bei personellen Einzelmaßnahmen in aller Regel von der zuständigen MAV auszuüben (vgl. §§ 30, 30 a, 31, 34, 35). Denn Einstellungen, Eingruppierungen, Höhergruppierungen und Kündigungen betreffen Mitarbeiter einer einzelnen Dienststelle. Dasselbe gilt auch für Versetzungen oder Abordnungen eines Mitarbeiters von einer Dienststelle in die andere.

33 Die Zuständigkeit ist aber zu bejahen, wenn bei einer besonderen Ausbildung bestimmter Mitarbeiter auf der Ebene mehrerer Dienststellen desselben Dienstgebers sich die Durchführung der Ausbildung von vornherein auf mehrere Ausbildungsstellen erstreckt und nur so sachgerecht erfolgen kann (§ 36 Nr. 8).

VI. Anwendbarkeit der allgemeinen Vorschriften der MAVO

1. Rechte und Pflichten

34 Durch § 24 Abs. 6 ist bestimmt, dass die Gesamtmitarbeitervertretung die Rechte und Pflichten einer Mitarbeitervertretung hat. Es gelten nämlich die übrigen Bestimmungen der MAVO sinngemäß mit Ausnahme der Vorschrift des § 15 Abs. 3 über die Dauerfreistellung von Mitgliedern der MAV für eine Amtsperiode. Infolgedessen sind §§ 13 b und 13 c, §§ 14, 15 (ohne Absatz 3), 17, 18, 20 für die Gesamtmitarbeitervertretung in gleicher Weise wie für die Mitarbeitervertretungen und ihre Mitglieder anwendbar. Scheidet ein Mitglied der Gesamtmitarbeitervertretung aus dem Amt als MAV-Mitglied aus (§ 13 c), verliert es auch zum selben Zeitpunkt seine Mitgliedschaft in der Gesamtmitarbeitervertretung (§ 24 Abs. 3 S. 1). Da sich die Gesamtmitarbeitervertretung aus Vertretern mehrerer Mitarbeitervertretungen zusammensetzt, übt auch die Amtszeit der jeweiligen MAV Einfluss auf die Zusammensetzung der Gesamtmitarbeitervertretung aus (§ 12 Abs. 5, § 13 Abs. 2 bis 5, § 22 Abs. 2; § 13 a). In den Fällen der erfolgreichen Wahlanfechtung einer MAV-Wahl (§ 13 Abs. 2 Nr. 4), des Misstrauensvotums der Mitarbeiterversammlung

§ 24

gegenüber der MAV (§ 13 Abs. 2 Nr. 5 i. V. m. § 22 Abs. 2) und des Beschlusses der Schlichtungsstelle über die Auflösung der MAV (§ 13 Abs. 2 Nr. 6) endet die Amtszeit der betroffenen MAV sofort, weil in diesen Fällen die Weiterführung der Geschäfte der MAV nicht vorgesehen ist (§ 13 a S. 2); sie ist in der Gesamtmitarbeitervertretung nicht mehr vertreten. Die Gesamtmitarbeitervertretung kann Ausschüsse bilden (§ 24 Abs. 6 i. V. m. § 14 Abs. 10).

2. Amtszeit

Eine Amtszeit besteht für die Gesamtmitarbeitervertretung nicht, weil sie sich 35 aus Mitgliedern der gewählten Mitarbeitervertretungen entsprechend deren Amtszeit zusammensetzt. Scheidet der Vorsitzende aus der Gesamtmitarbeitervertretung aus oder legt er sein Amt nieder, so ist ein Nachfolger durch die Gesamtmitarbeitervertretung in entsprechender Anwendung des § 14 Abs. 1 S. 1 zu wählen. Dasselbe gilt im Falle des Ausscheidens oder des Amtsverzichts des stellvertretenden Vorsitzenden und des Schriftführers. Außerdem ist die Mitgliedschaft in der Gesamt-MAV abhängig von der Amtszeit (§ 13 Abs. 2, 3; § 13 c Nr. 1; § 22 Abs. 2) und von der personellen Entscheidung der entsendenden MAV, von der persönlichen Amtsdauer des Entsandten in der MAV (§ 13 c) und vom Ruhen der Mitgliedschaft in der MAV gemäß § 13 b Abs. 3.

3. Ausschluss von Bestimmungen

Aus dem System der MAVO folgt der Ausschluss der Anwendbarkeit solcher 36 Bestimmungen für die Gesamtmitarbeitervertretung, die den Mitgliedern der MAV genuin zugedacht sind. So bestehen Ansprüche gemäß § 16 Abs. 1 und der Kündigungsschutz gemäß § 19 für Mitglieder der Gesamtmitarbeitervertretung bereits aus ihrer Eigenschaft als Mitglieder der MAV oder einer gemeinsamen MAV. § 46 a ist auf der Gesamtmitarbeitervertretung nicht anwendbar, weil der Vertrauensmann der Zivildienstleistenden in § 24 Abs. 3 nicht erwähnt ist. Die MAVO erwähnt eine Gesamtmitarbeiterversammlung nicht, so dass eine sinngemäße Anwendung der Vorschriften der §§ 21, 22 nicht in Betracht zu ziehen ist. Dasselbe gilt für rein einrichtungs- und personenbezogene Maßnahmen des Dienstgebers im Sinne der §§ 30, 30 a, 31, 34 und 35.

Die Gesamtmitarbeitervertretung ist nicht Mitglied der diözesanen Arbeits- 37 gemeinschaft der Mitarbeitervertretungen (DiAG; § 25), weil die in der Gesamtmitarbeitervertretung vertretenen Mitarbeitervertretungen bereits in der DiAG vertreten sind und die Gesamtmitarbeitervertretung der Zusammenschluss mehrerer Mitarbeitervertretungen ist. Näheres ergibt sich aus den diözesanen Vorschriften.

VII. Die erweiterte Gesamtmitarbeitervertretung (Abs. 2)

Die Vorschrift des § 24 Abs. 2 ist eine Ergänzung des § 24 Abs. 1 zur Regelung 38 des Zusammenwirkens
- mehrerer Mitarbeitervertretungen verschiedener Rechtsträger,
- mehrerer verschiedener Rechtsträger mit einen für sie gemeinsamen erweiterten Gesamtmitarbeitervertretung, welche an die Stelle einer oder mehrerer Gesamtmitarbeitervertretungen tritt (§ 24 Abs. 2 S. 2).

§ 24

39 **Durch freiwillige Dienstvereinbarung** (§ 38 Abs. 1 Nr. 12 i. V. mit § 24 Abs. 2 und 3) der beteiligten Dienstgeber (etwa im Bereich einer Holding-Gesellschaft) mit den beteiligten Repräsentanten der Mitarbeiter kann geregelt werden, eine erweiterte Gesamtmitarbeitervertretung zu bilden. Ausgeschlossen ist die Dienstvereinbarung dann, wenn bei einem Dienstgeber mehrere Mitarbeitervertretungen gebildet sind, die aber füreinander keine Gesamtmitarbeitervertretung gebildet haben, also dort kein diesbezügliches Einvernehmen untereinander herrscht.

40 Die Dienstvereinbarung kann nur getroffen werden, wenn die Bildung der erweiterten Gesamtmitarbeitervertretung der wirksamen und zweckmäßigen Interessenvertretung der Mitarbeiterinnen und Mitarbeiter dient (dazu: § 1 b Rz 8 ff.). Weitere Voraussetzung auf der Dienstgeberseite ist, dass deren Beschlussgremien entsprechende Beschlüsse gefasst haben, die Bildung einer erweiterten Gesamtmitarbeitervertretung zuzulassen, ehe die Dienstvereinbarung unterzeichnet werden kann.

41 Im Unterschied zu § 1 b (gemeinsame Mitarbeitervertretung) wird die erweiterte Gesamtmitarbeitervertretung aufbauend auf den bei verschiedenen Dienstgebern bestehenden Mitarbeitervertretungen gebildet, während die beteiligten Gesamtmitarbeitervertretungen verdrängt werden. In der Dienstvereinbarung über ihre Errichtung ist darauf zu achten, ob und unter welchen Voraussetzungen die Beteiligten aus der erweiterten Gesamtmitarbeitervertretung ausscheiden können, um andererseits den Bestand der erweiterten Gesamtmitarbeitervertretung mit den übrigen Beteiligten (Mitabeitervertretungen und Dienstgeber) zu erhalten (§ 24 Abs. 5 S. 2). Zur Zusammensetzung und Aufgaben der erweiterten Gesamtmitarbeitervertretung sowie zur Rechtsstellung wird auf die Ausführungen unter Rz 13 ff. hingewiesen.

VIII. Auflösung der Gesamtmitarbeitervertretung und der erweiterten Gesamtmitarbeitervertretung (Abs. 5)

42 Weil die Bildung der Gesamtmitarbeitervertretung und der erweiterten Gesamtmitarbeitervertretung nicht zwingend ist, kann das jeweilige Gremium gemäß § 24 Abs. 5 S. 1 aufgelöst werden, wenn dazu die einmütige Zustimmung aller Beteiligten erfolgt. Selbstauflösung ist also zulässig.

43 Die einmal errichtete Gesamtmitarbeitervertretung kann sich allerdings nur dann auflösen, wenn die bei dem Dienstgeber bestehenden Mitarbeitervertretungen und der Dienstgeber gemeinsam den einstimmigen Auflösungsbeschluss herbeiführen. Zuvor müssen die Beteiligten in ihren Gremien entsprechende Beschlüsse über die Auflösung herbeiführen (vgl. § 14 Abs. 5). Die Auflösung der Gesamtmitarbeitervertretung ist also – von § 13 Abs. 3 Nr. 6 abgesehen – im Grundsatz nicht erzwingbar, falls nicht eine Regelung gemäß § 24 Abs. 5 S. 2 besteht, die etwa die Kündigung durch einen Beteiligten zulässt.

44 Dasselbe gilt für die errichtete erweiterte Gesamtmitarbeitervertretung, solange die der Bildung der erweiterten Gesamtmitarbeitervertretung zu Grunde liegende Dienstvereinbarung keine § 24 Abs. 5 S. 2 entsprechende abweichende Regelung enthält.

45 Damit ist der Fortbestand der beiden Gremien von der Schließung einer einzelnen Einrichtung oder der Auflösung eines Dienstgebers als Rechtsträger

§ 24

bei der erweiterten Gesamtmitarbeitervertretung und dem damit verbundenen Amtsverlust der beteiligten MAV oder Gesamtmitarbeitervertretung unabhängig. Der einseitige Ausritt eines Beteiligten aus einem der Gremien ist unzulässig, im Falle der erweiterten Gesamtmitarbeitervertretung nur dann, wenn durch die zugrunde liegende Dienstvereinbarung gedeckt; im Falle der Gesamtmitarbeitervertretung, wenn das über Abkommen erzielte Einvernehmen gemäß § 24 Abs. 1 eine Abmachung enthält, wie sie nach § 24 Abs. 5 S. 2 möglich ist.

Überträgt ein Rechtsträger seine sämtlichen Einrichtungen, für die eine Gesamtmitarbeitervertretung besteht, auf einen anderen Rechtsträger im Geltungsbereich der MAVO, bleibt die Gesamtmitarbeitervertretung bestehen, weil der Erwerber die Identität der Einrichtungen wahrt, so dass auch die Mitarbeitervertretungen der einzelnen Einrichtungen Bestand haben und folglich auch die von ihnen getragene Gesamtmitarbeitervertretung. Der Erwerber ist Nachfolger der Vereinbarung über die Bildung einer Gesamtmitarbeitervertretung mit dem Veräußerer. 46

Werden aber sämtliche Einrichtungen eines Rechtsträgers auf zwei (mehrere) andere, bisher mitarbeitervertretungslose Rechtsträger übertragen, ist der Fortbestand der bei dem Veräußerer bestehenden Gesamtmitarbeitervertretung nicht möglich (vgl. *BAG*, 5. 6. 2002 – 7 ABR 17/01, NZA 2003, 336). Wird der Bestand der Einrichtungen auf einen Rechtsträger außerhalb des Geltungsbereichs der MAVO übertragen, gehen die jeweiligen Mitarbeitervertretungen und damit die Gesamtmitarbeitervertretung unter; die MAVO gilt nicht mehr. 47

Mit der Auflösung eines der genannten Gremien verlieren der Vertreter der Sprecher der Jugendlichen und Auszubildenden und der Vertreter der schwerbehinderten Menschen ihre in den Gremien wahrzunehmenden Funktionen. 48

Der Bestand der erweiterten Gesamtmitarbeitervertretung bleibt mit Rücksicht auf die gemäß Dienstvereinbarung verbleibenden Rechtsträger und Mitarbeitervertretungen – wenn auch vermindert – aufrecht. 49

IX. Streitigkeiten

Da für die Gesamtmitarbeitervertretung und die erweiterte Gesamtmitarbeitervertretung die Bestimmungen der MAVO mit Ausnahme von § 15 Abs. 3 im Übrigen sinngemäß gelten (§ 24 Abs. 6), ist im Streitfall zwischen Dienstgeber und dem jeweiligen Gremium die Schlichtungsstelle (§ 40) gemäß § 41 zuständig. In der Praxis sind die diözesanen Vorschriften maßgeblich. 50

Wo keine ausdrückliche Regelung besteht, hat die Schlichtungsstelle im Wege des Verfahrens angesichts des beantragten Schlichtungsbegehrens ihre Zuständigkeit zu prüfen und dann bei positivem Ergebnis (*Schlichtungsstelle Limburg*, 8. 1. 1996 – 17/95) in der Sache über den Antrag zu entscheiden. Dazu ist sie verpflichtet, wenn z. B. die diözesane Ordnung dem Wortlaut des Absatzes 6 dieser Ordnung entspricht (§ 41 Abs. 1 und 2). 51

Die Zuständigkeit der Schlichtungsstelle ergibt sich für die Gesamtmitarbeitervertretung und die erweiterte Gesamtmitarbeitervertretung nur, wenn es sich bei dem Streit (Regelungs- oder Rechtsstreitigkeit) um eine Streitigkeit im Sinne der MAVO handelt, die schlichtungsfähig ist (§ 41 Abs. 1 und 2). Aber § 41 Abs. 2 erstreckt den Rechtsschutz nicht auf alle sonstigen Rechts- 52

§ 25

streitigkeiten, sondern nur auf mitarbeitervertretungsrechtliche außerhalb des Kataloges des § 41 Abs. 1. Die Bestimmung gibt der Schlichtungsstelle keine Allzuständigkeit, sondern nach ihrem eindeutigen Wortlaut nur eine Zuständigkeit für Streitigkeiten, die nach dem Streitgegenstand eine mitarbeitervertretungsrechtliche Streitigkeit darstellen (*Richardi*, Die Bedeutung der Grundordnung für die Zuständigkeit der Schlichtungsstelle, ZMV 1995, 4; *Schlichtungsstelle Limburg*, 8. 1. 1996 – 17/95).

53 Die Gesamtmitarbeitervertretung ist z. B. nicht zur Antragstellung im Streit um die Anerkennung einer Schulungsveranstaltung für Mitarbeitervertreter als geeignet berechtigt, weil das Anerkennungsverfahren als solches nicht durch die MAVO geregelt ist und der Dienstgeber über die Anerkennung nicht entscheidet, sondern das Bistum oder der Diözesancaritasverband. Von der Versagung der Anerkennung ist die MAV oder auch die Gesamtmitarbeitervertretung nicht betroffen, sondern der Veranstalter der Schulung (*Schlichtungsstelle Limburg*, wie vor). Infolgedessen fehlt der Gesamtmitarbeitervertretung bzw. erweiterten Gesamtmitarbeitervertretung auch das Rechtsschutzbedürfnis als Voraussetzung des Verfahrens vor der Schlichtungsstelle.

§ 25 Arbeitsgemeinschaften der Mitarbeitervertretungen[1]

(1) Die Mitarbeitervertretungen im Anwendungsbereich dieser Ordnung bilden die »Diözesane Arbeitsgemeinschaft der Mitarbeitervertretungen im (Erz-)Bistum ...«.

(2) Zweck der Arbeitsgemeinschaft ist
1. **gegenseitige Information und Erfahrungsaustausch mit den vertretenen Mitarbeitervertretungen,**
2. **Beratung der Mitarbeitervertretungen in Angelegenheiten des Mitarbeitervertretungsrechtes,**
3. **Förderung der Anwendung der Mitarbeitervertretungsordnung,**
4. **Sorge um die Schulung der Mitarbeitervertreterinnen und Mitarbeitervertreter,**
5. **Erarbeitung von Vorschlägen zur Fortentwicklung der Mitarbeitervertretungsordnung.**

(3) Organe der Arbeitsgemeinschaft sind
– die Mitgliederversammlung
– der Vorstand.
Zusammensetzung der Mitgliederversammlung und Wahl des Vorstandes werden in Sonderbestimmungen geregelt.

(4) Das (Erz-)Bistum trägt im Rahmen der der Arbeitsgemeinschaft im (Erz-)Bistumshaushalt zur Wahrnehmung der Aufgaben zur Verfügung gestellten Mittel die notwendigen Kosten einschließlich der Reisekosten entsprechend der für das (Erz-)Bistum geltenden Reisekostenregelung. Für die Teilnahme an der Mitgliederversammlung und für die Tätigkeit des Vorstan-

---

[1] Absätze 1 bis 4 sind Muster für eine diözesane Fassung

§ 25

des besteht Anspruch auf Arbeitsbefreiung, soweit dies zur ordnungsgemäßen Durchführung der Aufgaben der Arbeitsgemeinschaft erforderlich ist und kein unabwendbares dienstliches oder betriebliches Interesse entgegensteht. § 15 Abs. 4 gilt entsprechend. Regelungen zur Erstattung der Kosten der Freistellung werden in Sonderbestimmungen geregelt.

(5) Die Arbeitsgemeinschaft kann sich mit Arbeitsgemeinschaften anderer (Erz-)Diözesen zu einer Bundesarbeitsgemeinschaft der Mitarbeitervertretungen zur Wahrung folgender Aufgaben zusammenschließen:
1. Förderung des Informations- und Erfahrungsaustausches unter ihren Mitgliedern,
2. Erarbeitung von Vorschlägen zur Anwendung des Mitarbeitervertretungsrechts,
3. Erarbeitung von Vorschlägen zur Entwicklung der Rahmenordnung für eine Mitarbeitervertretungsordnung,
4. Kontaktpflege mit der Kommission für Personalwesen des Verbandes der Diözesen Deutschlands.

Das Nähere bestimmt die Vollversammlung des Verbandes der Diözesen Deutschlands.

Inhaltsübersicht

	Rz
I. Vorbemerkung	1–3
II. Bildung der Diözesanen Arbeitsgemeinschaft der Mitarbeitervertretungen	4–8
1. Anwendungsbereich der MAVO	4–5
2. Zuständigkeitsgebiete der Diözesanen Arbeitsgemeinschaft	6
3. Keine regionale Arbeitsgemeinschaft	7–8
III. Zweck	9–18
1. Aufgabenkatalog	9–10
2. Einzelheiten	11–16
a. Informations- und Erfahrungsaustausch, Abs. 2 Nr. 1	11
b. Beratung der Mitarbeitervertretungen in Angelegenheiten des Mitarbeitervertretungsrechts, Abs. 2 Nr. 2	12
c. Förderung der Anwendung der Mitarbeitervertretungsordnung, Abs. 2 Nr. 3	13
d. Sorge um die Schulung der Mitglieder der MAV Abs. 2 Nr. 4	14
e. Erarbeitung von Vorschlägen zur Fortentwicklung der MAVO, Abs. 2 Nr. 5	15
f. Beratung bei dem Abschluss von Dienstvereinbarungen, § 38 Abs. 2	16
3. Partner der diözesanen Arbeitsgemeinschaft	17–18
IV. Organe der diözesanen Arbeitsgemeinschaft, Abs. 3 S. 1	19–23
1. Die Mitgliederversammlung	20
2. Der Vorstand	21
3. Konstituierte Sitzung der Mitgliederversammlung	22–23
a. Einberufung	22
b. Wahl des Vorstandes	23
V. Sitzungen	24
VI. Kostentragung	25–28
1. Bistumshaushalt	25
2. Arbeitsbefreiung	26
3. Freizeitausgleich	27
4. Entlastung des Dienstgebers	28
VII. Zusammenschluss zu einer Bundesarbeitsgemeinschaft (BAG-MAV)	29–37
1. Zusammenschluss	29
2. Aufgaben	30–34
a. Förderung des Informations- und Erfahrungsaustausches Abs. 5 Satz 1 Nr. 1	31

§ 25

	b. Erarbeitung von Vorschlägen zur Anwendung des Mitarbeitervertretungsrechts, Abs. 5 Satz 1 Nr. 2	32
	c. Erarbeitung von Vorschlägen zur Entwicklung der Rahmenordnung für eine MAVO, Abs. 5 Satz 1 Nr. 3	33
	d. Kontaktpflege mit der Kommission für Personalwesen des Verbandes der Diözesen Deutschlands, Abs. 5 Satz 1 Nr. 4	34
3.	Die Richtlinien für die Bundesarbeitsgemeinschaft	35–37
VIII.	Rechtsstreitigkeiten	38–42
1.	Aktivlegitimation der DiAG-MAV	38
2.	Aktivlegitimation des Dienstgebers	39
3.	Aktivlegitimation des Bischöflichen Generalvikars	40
4.	Aktivlegitimation der BAG-MAV	41–42

I. Vorbemerkung

1 Die Vorschrift des § 25 gilt zwei verschiedenen Gremien: zum einen der Diözesanen Arbeitsgemeinschaft der Mitarbeitervertretungen (DiAG-MAV) auf der Grundlage der Absätze 1 bis 4, zum anderen der Bundesarbeitsgemeinschaft der Mitarbeitervertretungen (BAG-MAV) auf der Grundlage von Absatz 5 in Verbindung mit Regelungen der Vollversammlung des Verbandes der Diözesen Deutschlands (VDD). § 25 Abs. 5 S. 1 schreibt der DiAG-MAV vor, zu welchen Zwecken sie sich überhaupt mit anderen DiAG-MAV zusammenschließen darf. Dadurch erfährt die BAG-MAV die ihr zugewiesene Kompetenz, die sie nicht erweitern darf (§ 48).

2 Arbeitsgemeinschaften der Mitarbeitervertretungen haben im staatlichen Betriebsverfassungsrecht und Personalvertretungsrecht keine Entsprechung. Die Entstehungsgeschichte der Arbeitsgemeinschaft ist ursprünglich auf die Idee von Mitarbeitervertretungen bischöflicher Ordinariate bzw. Generalvikariate zurückzuführen, wobei vor allem die Bildung einer Bundesarbeitsgemeinschaft der Mitarbeitervertretungen bei (erz)bischöflichen Ordinariaten und Generalvikariaten im Vordergrund stand. Es ging erst später um den korporativen Zusammenschluss der Arbeitsgemeinschaften der Mitarbeitervertretungen in den Diözesen im Bereich der Deutschen Bischofskonferenz, nachdem durch die MAVO-Novellen im Anschluss an die Novelle der Rahmenordnung von 1985 die Bildung von diözesanen Arbeitsgemeinschaften der Mitarbeitervertretungen gesetzlich ermöglicht wurde.

3 Die Idee des Zusammenschlusses zu Arbeitsgemeinschaften wurde getragen durch die Erklärung der Bischöfe zum kirchlichen Dienst vom 27. Juni 1983 (vgl. Amtsblatt des Erzbistums Köln 1983 Nr. 182 S. 155). Den Modellen des Tarifvertragsrechts im außerkirchlichen Bereich war eine Absage erteilt worden, die durch Art. 7 Abs. 2 Grundordnung des kirchlichen Dienstes im Rahmen kirchlicher Arbeitsverhältnisse vom 22. 9. 1993 wiederholt worden ist, so dass andere Formen zur Geltendmachung der Interessen der Mitarbeiter gesucht wurden, die in die MAVO und die KODA-Ordnungen Eingang fanden. Es handelte sich um die Bestimmung des § 38 MAVO über Dienstvereinbarungen und die Mitwirkung der Mitarbeiterinnen und Mitarbeiter an ihren Arbeitsvertragsbedingungen durch eine paritätisch besetzte Kommission aus Vertretern der Dienstgeber einerseits und der Mitarbeiterinnen und Mitarbeiter andererseits. Gerade zu Fragen der Arbeitsvertragsregelungen hatte bis zur Novelle des Jahres 2003 die diözesane Arbeitsgemeinschaft ein Anregungsrecht (§ 25 Abs. 2 Nr. 6 MAVO a. F.) erhalten, während die BAG-MAV auf dem Gebiete der Entwicklung des Arbeitsvertragsrechts durch Anregungen an die Zentral-KODA wirksam werden sollte (§ 25 Abs. 5 S. 2 MAVO a. F.). Die Novelle 2003 hat die Streichung von § 25 Abs. 2 Nr. 6 und Abs. 5 S. 2 MAVO a. F. gebracht. Das muss aber nicht dazu führen, dass arbeitsvertragsrechtliche Probleme der kollektiven Arbeitsvertragsordnungen in den Einrichtungen aus dem Informations- und Erfahrungsaustausch der Beteiligten (§ 25 Abs. 2 Nr. 1, Abs. 5 S. 1 Nr. 1) auszuklammern sind, zumal der Grundsatz des § 26 Abs. 1 S. 2 besteht, dass alle Mitarbeiterinnen und Mitarbeiter nach Recht und Billigkeit zu behandeln sind und das insbesondere unter dem Blickwinkel von Öffnungsklauseln in kirchlichen Arbeitsvertragsordnungen, welche gemäß § 38 Abs. 2 Dienstvereinbarungen zu arbeitsvertragsrechtlichen Gegenständen zulassen. Daran darf die DiAG-MAV im Wege der Hilfestellung für die betriebliche MAV beteiligt werden; sie ist jedenfalls über die Aufnahme von Verhandlungen mit dem Dienstgeber zu informieren, wenn nicht eine in der Einrichtung vertretene Koalition eingeschaltet wird (§ 38 Abs. 2 S. 3). Über sich ergebende Rechtsprobleme des Arbeitsvertragsrechts wird die DiAG-MAV durchaus die zuständigen Stellen beim Gesetzgeber unterrichten dürfen.

II. Bildung der Diözesanen Arbeitsgemeinschaft der Mitarbeitervertretungen

1. Anwendungsbereich der MAVO

Gemäß § 25 Abs. 1 bilden die Mitarbeitervertretungen im Anwendungsbereich der **MAVO der jeweiligen Diözese** die »Diözesane Arbeitsgemeinschaft der Mitarbeitervertretungen« auf diözesaner Ebene, allerdings unter Einschluss der Mitarbeitervertretungen, auf die sich die Arbeitsgemeinschaft auch außerdiözesan erstreckt (§ 1 Abs. 3 S. 1 i. V. m. Abs. 2). Nach der Rahmenordnung ist die Bildung einer diözesanen Arbeitsgemeinschaft vorgesehen. Weil es sich bei der Vorschrift des § 25 jedoch um eine Musterfassung handelt, sind diözesane Regelungen zu beachten. Denn es ist hier und da auch die Bildung zweier diözesaner Arbeitsgemeinschaften, nämlich die eine für den Bereich der verfassten Kirche, die andere für den Bereich der Caritas, vorgesehen worden (vgl. Amtsblatt Paderborn 1996 Nr. 144 S. 133).

Durch Absatz 1 ist geregelt, dass jede MAV im Gebiet einer und derselben Diözese zur Bildung der diözesanen Arbeitsgemeinschaft aufgerufen ist. Eine dem § 25 Abs. 1 der Rahmen-MAVO entsprechende Bestimmung in der diözesanen MAVO schreibt die Bildung der DiAG-MAV zwingend vor. Es ist nicht in das Belieben der Mitarbeitervertretungen gestellt, ob sie ein solches mitarbeitervertretungsrechtliches Gremium bilden wollen (Art. 8 GrO). Eine konstituierte DiAG-MAV ist für alle Mitarbeitervertretungen im Geltungsbereich der diözesanen MAVO zuständig, auch für solche, die an der Mitgliederversammlung nicht teilgenommen haben. Die jeweilige MAV hat die Initiative zur Bildung der diözesanen Arbeitsgemeinschaft zu ergreifen, wenn sie gemäß diözesaner Ordnung zu bilden ist, aber noch nicht besteht. Die DiAG-MAV ist auf Dauer angelegt, neu gebildete Mitarbeitervertretungen sind aufzunehmen. Die DiAG-MAV kann sich nicht selbst auflösen. Wie sich die DiAG-MAV zusammensetzt, ist in diözesanen Sonderbestimmungen zu regeln (§ 25 Abs. 3).

§ 25

2. Zuständigkeitsgebiete der Diözesanen Arbeitsgemeinschaft

6 Infolge des Anwendungsbereichs der diözesanen MAVO (§ 1 Abs. 3 S. 1) hat sich die DiAG-MAV auch jener Mitarbeitervertretungen anzunehmen, die außerhalb ihres Diözesangebiets liegen, aber die für den Dienstgeber an seinem Hauptsitz verbindliche MAVO anwenden müssen (Anwendungsbereich der MAVO). Denn als Norm gilt, dass in allen Einrichtungen eines mehrdiözesanen oder überdiözesanen Rechtsträgers die MAVO derjenigen Diözese anzuwenden ist, in der sich der Sitz der Hauptniederlassung (Hauptsitz) befindet. In diesem Falle sind alle bei dem Rechtsträger bestehenden Mitarbeitervertretungen an der DiAG-MAV der Diözese des Hauptsitzes beteiligt. Nach § 1 Abs. 3 S. 2 kann von der Norm abweichend auf Antrag eines mehrdiözesanen oder überdiözesan tätigen Rechtsträgers der Diözesanbischof des Hauptsitzes im Einvernehmen mit den anderen Diözesanbischöfen, in deren Diözese der Rechtsträger mit einer Einrichtung tätig ist, bestimmen, dass in den Einrichtungen des Rechtsträgers die jeweilige MAVO der Diözese angewandt wird in der die jeweilige Einrichtung ihren Sitz hat (Territorialprinzip), oder eine MAVO eigens für den Rechtsträger erlassen. Im Falle des Territorialprinzips ist die MAV der außerhalb der Diözese des Hauptsitzes gelegenen Einrichtung an der DiAG-MAV beteiligt, die in der Diözese ihres Einrichtungssitzes gebildet ist. Auf die Ausführungen zu § 1 Abs. 3 wird hingewiesen.

3. Keine regionale Arbeitsgemeinschaft

7 Im Gegensatz zur Ermöglichung der Bildung einer Bundesarbeitsgemeinschaft der Mitarbeitervertretungen (Absatz 5) ist die Zulässigkeit der Bildung von Arbeitsgemeinschaften auf regionaler (mehrdiözesaner) Ebene nicht gegeben. Die diözesanen Arbeitsgemeinschaften der Mitarbeitervertretungen können sich nicht zu regionalen Arbeitsgemeinschaften zusammenschließen. Es fehlt an der dazu erforderlichen Rechtsgrundlage, obwohl es andererseits Diözesen verbindende Regional-KODA-Ordnungen mit der daraus resultierenden Regional-KODA gibt, wie die z. Zt. vier bestehenden Regional-KODA-Ordnungen für die Region der Diözesen in Bayern, die Region der Diözesen in Nordrhein-Westfalen, die Region Osnabrück-Vechta und die Region Nord-Ost mit den (Erz-)Diözesen Berlin, Dresden-Meißen, Erfurt, Görlitz, Hamburg, Magdeburg.

8 Die *Schlichtungsstelle der Erzdiözese Köln* hatte in einem Rechtsstreit über eine Dienstreisegenehmigung zum Treffen der Diözesanen Arbeitsgemeinschaften der Mitarbeitervertretungen der fünf Diözesen in Nordrhein-Westfalen (Aachen, Essen, Köln, Münster, Paderborn) zu entscheiden (Beschluss v. 29. 9. 1994, MAVO 2/94). Wegen vorausgegangener Übung der Generalvikare der genannten Diözesen, verglichen mit einer betrieblichen Übung im Einzelarbeitsvertragsrecht, wurden trotz fehlender Rechtsgrundlage für den geltend gemachten Anspruch zu einem Treffen außerhalb des diözesanen Aufgabengebiets der DiAG-MAV zugleich für nur ein Mitglied der DiAG-MAV auch die mit der Reise verbundenen Kosten zuerkannt, weil Themen behandelt worden waren, die sachlich zum Aufgabenbereich des § 25 Abs. 2 MAVO gehörten und deren Lösung auch dienstgeberseitig auf der Ebene der Diözesen in NRW beraten wurde. Die Streichung der Bestimmung des § 25 Abs. 2 Nr. 6 MAVO a. F. belegt, dass überdiözesane, auf die Regional-KODA bezogene Themen nicht (mehr) von der DiAG-MAV zu behandeln sind, obwohl im

§ 25

Falle der betrieblichen Umsetzung von Öffnungsklauseln im Sinne von § 38 Abs. 2 gleichwohl ein Informations- und Erfahrungsaustausch stattfinden wird (§ 25 Abs. 2 Nr. 1; Rz 11).

III. Zweck

1. Aufgabenkatalog

In § 25 Abs. 2 werden die Aufgaben der diözesanen Arbeitsgemeinschaft genannt. Der Aufgabenkatalog, ergänzt durch § 40 Abs. 7 S. 2, zeigt, dass die Arbeitsgemeinschaft nicht die Aufgaben von Gesamtmitarbeitervertretungen (§ 24) hat. Sie ist Informations- und Beratungsorgan für die in ihr organisierten Mitarbeitervertretungen, für Dienstgeber und den kirchlichen Gesetzgeber auf dem Gebiet des kollektiven Arbeitsrechts im Gebiet einer Diözese. Diözesane Fassungen des Aufgabenkatalogs der diözesanen Arbeitsgemeinschaft der Mitarbeitervertretungen (DiAG-MAV) können Abweichungen von der Musterordnung enthalten. Ausführungsbestimmungen zur **MAVO-Münster** sehen zusätzlich die Bildung regionaler innerhalb der Diözese Arbeitsgemeinschaften vor (Amtsbl. Münster, 1996 Art. 227 S. 200), denen besondere Aufgaben im Rahmen der Mitwirkungsrechte im Bereich der Schulen zuerkannt sind (Amtsblatt Münster 1996 Art. 228 S. 201). Die neu in Kraft gesetzten Ordnungen haben einen mit § 25 Abs. 2 übereinstimmenden Wortlaut.

9

Die DiAG-MAV nimmt weder Aufgaben der Gesamtmitarbeitervertretung noch der MAV wahr. Sie unterstützt allerdings die jeweilige MAV bei der Durchführung ihrer Aufgaben (vgl. § 38 Abs. 2) und hat ein Interventionsrecht bei dem jeweiligen Dienstgeber im Sinn der MAVO. Die DiAG-MAV ist weder Gewerkschafts- noch Berufsverbandsersatz. Sie ist abhängig von der Bildung von Mitarbeitervertretungen und gewählten Mandatsträgern und daher Verband im soziologischen Sinn. Sie ist aber kein freier Zusammenschluss von Mitarbeitervertretungen bestimmter Dienststellen, die ihrerseits Vertreter in die DiAG-MAV (Mitarbeitervertretung) entsandt haben (Absatz 3). Die DiAG-MAV repräsentiert nicht die Mitarbeiter im Bereich der Diözese. Sie hat kein Mandat der Mitarbeiter und Mitarbeiterinnen, sondern nur das der in ihr vertretenen Mitarbeitervertretungen.

10

2. Einzelheiten

a. Informations- und Erfahrungsaustausch, Abs. 2 Nr. 1

Die DiAG-MAV ist ein Forum gegenseitiger Information und des Erfahrungsaustausches der in ihr vertretenen Mitarbeitervertretungen. Hierbei geht es vornehmlich um die Erörterung der Art und Weise der Zusammenarbeit mit dem jeweiligen Dienstgeber und das, was im Wege der Beteiligung erreicht werden konnte und wie Dienstgeber sich in Fällen der Anhörung und Mitberatung, insbesondere unter Berücksichtigung von Maßnahmen i. S. von Art. 5 GrO verhalten, wenn es um die Reaktion auf Verletzungen von Loyalitätsobliegenheiten geht. Die Mitbestimmung bei der Einstellung (§ 34) und die bei Maßnahmen i. S. des § 35 u. a. bei der Handhabung der Eingruppierung, Höhergruppierung und Rückgruppierung sowie die Abschlüsse von Dienstvereinbarungen (§ 38) sind Gegenstand des Erfahrungsaustausches

11

§ 25

ebenso wie z. B. die Beteiligung der Mitarbeiterinnen und Mitarbeiter an den Wahlen zur Mitarbeitervertretung, die Teilnahme an den Mitarbeiterversammlungen und die Zusammenarbeit mit den Vertrauensleuten der Schwerbehinderten, mit dem Vertrauensmann der Zivildienstleistenden und dem Sprecher der Jugendlichen und Auszubildenden. Dazu kommen Angelegenheiten der Freistellung, des Freizeitausgleichs der Mitarbeitervertreter und die Durchführung der allgemeinen Aufgaben der MAV i. S. von § 26 MAVO.

b. Beratung der Mitarbeitervertretungen in Angelegenheiten des Mitarbeitervertretungsrechts, Abs. 2 Nr. 2

12 Die DiAG-MAV ist in den meisten Diözesen personell so ausgestattet, dass ihr ein hauptamtlicher Geschäftsführer zur Verfügung steht, der den Rat suchenden Mitarbeitervertretungen Auskünfte gibt (vgl. Auflistung in ZMV 1996, 24 ff.). Die Unterstützung zeigt sich dann auch in der Vertretung der MAV bei Streitigkeiten vor der Schlichtungsstelle (§§ 40 ff.).

c. Förderung der Anwendung der Mitarbeitervertretungsordnung, Abs. 2 Nr. 3

13 Die DiAG-MAV hat zu prüfen, inwieweit da, wo es gesetzlich gemäß §§ 6, 7 und 8 möglich ist, Mitarbeitervertretungen zu bilden, sie gebildet werden. Hierbei kommt es auf die Anregung an den zuständigen Dienstgeber und die Mitarbeiter an, wobei die Mitarbeiterversammlung (§ 10 Abs. 1) das geeignete Forum sein kann. Ebenso kann die DiAG-MAV auch die Diözesanleitung einschalten, damit sie ihren Einfluss auf die betreffenden Dienstgeber geltend macht, dass eine MAV in den Einrichtungen gebildet wird. In Fällen von Streitigkeiten hat die DiAG-MAV die Befugnis zur Vertretung der MAV oder einzelner Mitarbeiter vor der Schlichtungsstelle.

d. Sorge um die Schulung der Mitglieder der MAV, Abs. 2 Nr. 4

14 Gemäß § 16 Abs. 1 haben die Mitglieder der MAV Anspruch auf Teilnahme an Schulungsveranstaltungen und Erstattung der Kosten für die Teilnahme (§ 17 Abs. 1 S. 2). Die Sorge um die Schulung erstreckt sich darauf, dass Schulungen überhaupt angeboten werden, ein Veranstalter und die notwendigen Dozenten gewonnen werden und die Veranstaltung die gemäß § 16 erforderliche Anerkennung der Diözese oder des Diözesancaritasverbandes als geeignet erfährt. Es ist nicht Aufgabe der DiAG-MAV, die Schulung selbst zu veranstalten, wie aus dem Wortlaut der Bestimmung des § 25 Abs. 2 Nr. 4 hervorgeht. Näheres ist der diözesanen Ordnung zu entnehmen.

e. Erarbeitung von Vorschlägen zur Fortentwicklung der MAVO, Abs. 2 Nr. 5

15 Gerade der gegenseitige Erfahrungsaustausch der in der DiAG-MAV vertretenen Mitarbeitervertretungen (Abs. 2 Nr. 1) ermöglicht es der DiAG-MAV, Vorschläge zur Fortentwicklung der MAVO zu erarbeiten. Andererseits ist die DiAG-MAV an der Fortentwicklung der MAVO in der Weise zu beteiligen, dass ihr Entwürfe zur Äußerung zugeleitet werden, damit sie durch die Gelegenheit zur Stellungnahme die Möglichkeit zu eigenen Vorschlägen erhält. Ein Mitwirkungsrecht am Erlass der MAVO, wie dies für die KODA gemäß

§ 25

KODA-Ordnungen bei der Abfassung von Arbeitsvertragsregelungen vorgesehen ist, hat die DiAG-MAV jedoch nicht. Infolgedessen können die nicht berücksichtigten Vorschläge der DiAG-MAV auch nicht zum Gegenstand des Schlichtungsverfahrens (§ 41) gemacht werden.

f. Beratung bei dem Abschluss von Dienstvereinbarungen, § 38 Abs. 2

Sollen Dienstvereinbarungen über Arbeitsentgelte und sonstige Arbeitsbedingungen geschlossen werden, wenn die dazu erforderlichen Voraussetzungen gemäß § 38 Abs. 2 S. 1 erfüllt sind, hat die DiAG-MAV auf Anforderung der beteiligten MAV die Aufgabe der Beratung zur Verhandlung der Dienstvereinbarung (§ 38 Abs. 2 S. 2). Besteht eine regionale Arbeitsvertragsordnung mit **Öffnungsklausel** so kann davon ausgegangen werden, dass eine DiAG-MAV in derselben Sache mit einer oder mehreren anderen DiAG-MAV Informationsaustausch pflegt (§ 25 Abs. 2 Nr. 1). 16

3. Partner der diözesanen Arbeitsgemeinschaft

Im Wesentlichen ist die DiAG-MAV Informationsort für die Mitarbeitervertretungen bzw. deren Delegierte. Aus der Information folgt dann möglicherweise eine Aktion im Sinne des Aufgabenkatalogs (§ 25 Abs. 2). Daraus können sich die Beschlüsse zu gemeinsamem Handeln, wie Anregungen und Vorschläge zur Verbesserung der Arbeitsweisen der Mitarbeitervertretungen, zu Schulungen und MAVO-Regelungen an die entsprechenden Gremien oder an die Diözesanleitung ergeben (vgl. § 3 Abs. 3 Buchstabe c der Satzung für die diözesane Arbeitsgemeinschaft der Mitarbeitervertretungen im Bistum Speyer – Oberhirtl. Verordnungsblatt 1989 Nr. 26 S. 358). Damit ist kein fester Gesprächspartner vorgesehen, wohl aber die Möglichkeit, die Beschlüsse an diejenigen zu adressieren, die zu einem bestimmten Verhalten veranlasst werden sollen. 17

Der **Generalvikar** ist u. a. Ansprechpartner der DiAG-MAV, weil er ihr über den Bistumshaushalt die notwendigen Mittel für die Erfüllung ihrer Aufgaben zur Verfügung stellt (Abs. 4 S. 1). Die DiAG-MAV hat nicht die Vollmacht, für eine MAV zu handeln, weil die einer MAV gesetzlich zuerkannten Aufgaben von dieser nicht delegiert werden können (vgl. § 48). 18

VI. Organe der diözesanen Arbeitsgemeinschaft, Abs. 3 S. 1

Gemäß § 25 Abs. 3 S. 1 hat die DiAG-MAV zwei Organe. 19

1. Die Mitgliederversammlung

Die Mitgliederversammlung setzt sich aus den Delegierten der Mitarbeitervertretungen zusammen, die der DiAG-MAV zugeordnet sind. Die Delegierten werden von den Mitarbeitervertretungen nach Maßgabe diözesaner Ordnung gewählt. 20

2. Der Vorstand

Der Vorstand kann je nach diözesaner Ordnung einköpfig oder mehrköpfig zusammengesetzt sein. Ihm kommt die Geschäftsführung der Arbeitsgemein- 21

§ 25

schaft zu, falls er nicht zusätzlich durch einen geschäftsführenden Ausschuss oder gar einen eigens vom Bistum angestellten Geschäftsführer unterstützt wird. Gemäß § 25 Abs. 3 S. 2 ist eine besondere Regelung erforderlich. Die Bestellung der zwei Beisitzer und derer beider Stellvertreter aus der Sphäre der DiAG-MAV für die Schlichtungsstelle i. S. von § 40 nimmt der Vorstand vor (§ 40 Abs. 7 S. 2). Die Beisitzer im Sinne von § 40 Abs. 7 S. 1 und S. 2 schlagen dem Diözesanbischof gemeinsam die Personen vor, die er zum Vorsitzenden und stellvertretenden Vorsitzenden der Schlichtungsstelle ernennt (§ 40 Abs. 6 S. 1). Kommt ein gemeinsamer Vorschlag der Beisitzer beider Sphären innerhalb einer vom Diözesanbischof gesetzten Frist nicht zustande, ernennt der Diözesanbischof den Vorsitzenden und dessen Stellvertreter nach vorheriger Anhörung des Vorstandes der DiAG-MAV (§ 40 Abs. 6 S. 2).

3. Konstituierende Sitzung der Mitgliederversammlung

a. Einberufung

22 In der Rahmen-MAVO ist nicht geregelt, wer die Mitgliederversammlung der DiAG-MAV einberuft. Im Falle der erstmaligen Mitgliederversammlung tut dies der Generalvikar oder eine von ihm mit der Sitzungsleitung beauftragte Person. Das kann auch der Diözesancaritasdirektor sein. Die Einladung kann über das Amtsblatt der Diözese oder in sonst geeigneter Weise erfolgen. In diözesanen Vorschriften ist zu regeln, wer die Einladung zur konstituierenden Sitzung vornimmt und die Sitzung leitet. Das kann im Falle einer bereits bestehenden DiAG-MAV auch der amtierende Vorstand der DiAG-MAV sein.

b. Wahl des Vorstands

23 Ziel der Einladung zur Mitgliederversammlung ist die Wahl des Vorstandes der DiAG-MAV, womit die DiAG-MAV sich konstituiert. Zur Wahl des Vorstandes bedarf es der Versammlungsleitung, unter deren Führung die Wahl des Vorstandes stattfindet.

V. Sitzungen

24 Die DiAG-MAV ist der gesetzliche Zusammenschluss der Mitarbeitervertretungen in der Diözese. Zur Einberufung und Häufigkeit der Sitzungen der DiAG-MAV, zur Konstituierung des Gremiums sagt die Muster-Ordnung (Rahmen-MAVO) nichts. Aus § 25 Abs. 3 folgt, dass diözesane Sonderbestimmungen zu erlassen sind, die Einzelheiten zur Zusammensetzung der Mitgliederversammlung und die Wahl und Amtszeit des Vorstandes regeln. Die Sonderbestimmungen regeln auch die Einberufung der Mitgliederversammlung und weiterer Gruppierungen der DiAG-MAV auf Grundlage der diözesanen Struktur der DiAG-MAV, die in den Diözesen unterschiedlich ist.

§ 25

VI. Kostentragung

1. Bistumshaushalt

Gemäß § 25 Abs. 4 S. 1 wird der Arbeitsgemeinschaft ein Ausgabenansatz im 25
Bistumshaushalt bewilligt, woraus die laufenden Ausgaben zur Wahrnehmung
der Aufgaben und die Reisekosten der Delegierten der Arbeitsgemeinschaft
zu bestreiten sind. Wesentlich ist der vorgegebene Haushaltsrahmen des Bistums. Deshalb muss die Arbeitsgemeinschaft rechtzeitig erfahren, welche
Möglichkeiten mit Blick auf die Kosten ihr offen stehen. Denn schon die Reisekosten sind ein besonderer Kostenfaktor. Der kann natürlich dazu beitragen, wie die Größe und Zusammensetzung der Arbeitsgemeinschaft geregelt
wird.

2. Arbeitsbefreiung

Gemäß § 25 Abs. 4 S. 2 haben die zur Arbeitsgemeinschaft Delegierten 26
Anspruch auf Arbeits- bzw. Dienstbefreiung. Daraus folgt, dass die Veranstaltungen der Arbeitsgemeinschaft in die Dienststunden der Delegierten fallen
dürfen. Dies darf allerdings nur im Rahmen des dienstlich Vertretbaren geschehen. Die Arbeitsbefreiung ist vom Dienstgeber nach Prüfung der dienstlichen Interessen zu gewähren oder zu versagen. Deshalb muss die Arbeitsgemeinschaft selbst darauf achten, dass die dienstlichen Pflichten ihrer
Delegierten gewahrt bleiben. Denn die Voraussetzungen des § 25 Abs. 4 S. 2
für eine Freistellung sind enger als die gemäß § 15 Abs. 2, weil die Erforderlichkeit der Aufgabenerfüllung und etwaige entgegen stehende unabweisbare
dienstliche oder betriebliche Interessen in jedem Einzelfall gegeneinander abzuwägen sind (*Schlichtungsstelle Köln*, 30. 1. 2002 – MAVO 26/2001, ZMV
2002, 79). Der Rahmenordnung ist zu entnehmen, dass die Veranstaltungen
der DiAG-MAV nach Möglichkeit in der dienstfreien Zeit stattfinden sollen.
Das wird allerdings wegen unterschiedlicher Arbeitszeiten nicht jedem Delegierten gleichzeitig möglich sein. Dann aber wird die Arbeitsbefreiung erforderlich, damit die DiAG-MAV insgesamt ihre Aufgaben auch durch Abhaltung von Mitarbeiterversammlungen erfüllen kann.

3. Freizeitausgleich

Nach § 25 Abs. 4 S. 3 ist Freizeitausgleich, aber keine (teilweise) Dauerfreistel- 27
lung für die Aufgabenerfüllung der Delegierten in der DiAG-MAV vorgesehen, wie dies gemäß § 15 Abs. 3 der Fall ist (vgl. *Schlichtungsstelle Köln*, 30. 1.
2002 – MAVO 26/2002, ZMV 2002, 79). Für regelmäßig außerhalb der Arbeitszeit anfallende Sitzungen und die Durchführung der sonstigen Aufgaben
ist dem Mitglied der DiAG-MAV auf Antrag Freizeitausgleich von seinem
Dienstgeber zu gewähren. § 15 Abs. 4 gilt entsprechend (vgl. die Ausführungen zu § 15 Abs. 4).

4. Entlastung des Dienstgebers

Gemäß § 25 Abs. 4 S. 4 ist zur **Erstattung von Kosten** der Freistellung von Mit- 28
gliedern bzw. Delegierten der DiAG-MAV als diözesanes Gremium auf besondere **diözesane Regelungen** zu achten. In der Rahmenordnung ist keine
Regelung enthalten, obwohl sie bei den Beratungen eine Rolle gespielt hat.

Thiel 543

§ 25

Es hat in der Vergangenheit Hinweise von Dienstgebern gegeben, die vom Bistum für die nicht dienststellenbezogenen Aufgaben ihrer in der DiAG-MAV tätigen Mitarbeiter Kostenersatz für bezahlte Freistellung verlangt haben. Es handelt sich in der Regel um die Kosten einer notwendigen Vertretung in den Fällen notwendiger Arbeitsbefreiung gemäß § 25 Abs. 4 S. 2 und des Freizeitausgleichs gemäß § 25 Abs. 4 S. 3 i. V. m. § 15 Abs. 4 zum Zwecke der Erfüllung von Aufgaben gemäß § 25 der jeweiligen diözesanen MAVO. Für die bei Arbeitsbefreiung mit Entgeltfortzahlung entstehenden Kosten erhält der betroffene Dienstgeber und dem Ordnungstext keine Gegenleistung. Die DiAG-MAV hat den Delegierten erforderliche Teilnahmenbescheinigungen auszustellen.

VII. Zusammenschluss zu einer Bundesarbeitsgemeinschaft (BAG-MAV)

1. Zusammenschluss

29 Gemäß § 25 Abs. 5 gestattet die MAVO der DiAG-MAV den Zusammenschluss mit Arbeitsgemeinschaften anderer Diözesen zur Bildung einer Bundesarbeitsgemeinschaft der Mitarbeitervertretungen (BAG-MAV). Diese Bestimmung ist erstmals in die Rahmenordnung der MAVO von 1995 aufgenommen worden. Dadurch wird einem diözesanen Gremium der MAVO auf überdiözesaner Ebene eine Organisationsbefugnis zweckgerichtet eingeräumt. Zu prüfen ist, ob die diözesane MAVO eine diesbezügliche Regelung überhaupt enthält und welchen Regelungsinhalt sie gegebenenfalls hat.

2. Aufgaben

30 Die Aufgaben der BAG-MAV sind in § 25 Abs. 5 S. 1 Nr. 1–4 gesetzlich abschließend geregelt. An die gesetzlichen Vorgaben ist BAG-MAV gebunden. Deshalb ist die BAG-MAV ein Gremium i. S. der MAVO und folglich an die Grundordnung des kirchlichen Dienstes im Rahmen kirchlicher Arbeitsverhältnisse gebunden (Art. 8 S. 3 GrO). Auf die jeweilige diözesane MAVO ist zu achten (vgl. § 8 Abs. 2 und § 14 Abs. 2 Ausführungsbestimmungen zu § 25, Amtsblatt für das Erzbistum München und Freising 2001 Nr. 156 S. 346).

a. Förderung des Informations- und Erfahrungsaustausches, Abs. 5 Satz 1 Nr. 1

31 Ähnlich der Bestimmung des Absatzes 2 Nr. 1 soll auch die BAG-MAV ihren Mitgliedern ein Forum für Informationen und Erfahrungen sein. In diesem Gremium werden deshalb auch die unter Nr. 2 bis 4 genannten Angelegenheiten Gegenstand des Informationsaustausches sein. Die weite Fassung der Regelung in der Nr. 1 gibt er BAG-MAV das Recht, die Art und Weise der Förderung des Informations- und Erfahrungsaustausches unter ihren Mitgliedern zu bestimmen; dazu gehören auch einmal jährliche Zusammenkünfte der Beteiligten, gegebenenfalls auch auf regionaler Ebene, wie etwa für den Bereich der Bistümer eines Bundeslandes oder den Bereich der Regional-KODA (*Schlichtungsstelle München und Freising*, 15. 5. 1997 – 12 AR 97, ZMV 1998, 36). Dazu wird die Entsendung eines delegierten Mitgliedes der beteiligten

§ 25

DiAG-MAV als ausreichend angesehen (*Schlichtungsstelle Köln*, 29. 9. 1994 – MAVO 2/94).

b. Erarbeitung von Vorschlägen zur Anwendung des Mitarbeitervertretungsrechts, Abs. 5 Satz 1 Nr. 2

Die Erarbeitung von Vorschlägen zur Anwendung des Mitarbeitervertretungsrechts beinhaltet auch die Kritik an der Anwendbarkeit. Denn weder die BAG-MAV noch die DiAG-MAV können selbstständig die Regelungen des Mitarbeitervertretungsrechts ändern (§ 48), sondern können dies nur durch Vorschläge an die Diözesanleitungen tun. Damit sind die Ordinarien auch Ansprechpartner der BAG-MAV. 32

c. Erarbeitung von Vorschlägen zur Entwicklung der Rahmenordnung für eine MAVO, Abs. 5 Satz 1, Nr. 3

Die Vorschläge zur Entwicklung der Rahmenordnung für eine MAVO geben der Mitarbeiterschaft im kirchlichen Dienst bundesweit ein indirektes Mitwirkungsrecht zur Entwicklung des Mitarbeitervertretungsrechts im Bereich der Deutschen Bischofskonferenz. Durch die Bestimmung wird es möglich, die Vorschläge der verschiedenen Arbeitsgemeinschaften zur Entwicklung der diözesanen Mitarbeitervertretungsordnungen zu koordinieren, um einer Rechtszersplitterung vorzubeugen und gleiche diözesane Mitarbeitervertretungsordnungen zu ermöglichen. 33

d. Kontaktpflege mit der Kommission für Personalwesen des Verbandes der Diözesen Deutschlands, Abs. 5 Satz 1 Nr. 4

Die Kommission für Personalwesen des Verbandes der Diözesen Deutschlands (PWK/VDD) erfährt in einer kollektivrechtlichen Vorschrift Erwähnung. Sie hat die Aufgabe, in allen Diözesen interessierende arbeits- und dienstrechtliche Fragen zu beraten und Vorschläge für die Diözesen zu erarbeiten, soweit nicht die jeweilige KODA zuständig ist. Die BAG-MAV ist berechtigt, mit der PWK/VDD Kontakte aufzunehmen, damit die von ihr erarbeiteten Vorschläge einen Adressaten haben und ihr die Vorschläge der PWK/VDD zur Mitberatung zur Verfügung stehen. Insbesondere die Vorschläge gemäß Abs. 5 Nr. 2 und 3 sind der PWK/VDD mitzuteilen, besonders bei Anhörungen zu Entwürfen auf Gebieten des Mitarbeitervertretungsrechts, sei es die Anwendung oder die Weiterentwicklung. Dazu gehört auch die Anhörung zu einer Arbeitsgerichtsordnung im Sinne von Art. 10 Abs. 2 GrO. 34

3. Die Richtlinien für die Bundesarbeitsgemeinschaft

Die MAVO regelt die Zusammensetzung und Arbeitsweise der BAG-MAV nicht. Dazu heißt es in **Abs. 5 Satz 2** lediglich, dass das Nähere die Vollversammlung des Verbandes der Diözesen Deutschlands regelt. Nach der Satzung des VDD besteht die Vollversammlung aus den Diözesanbischöfen der in der Bundesrepublik Deutschland zum VDD zusammengeschlossenen Diözesen. Die Vollversammlung ist nicht mit der Deutschen Bischofskonferenz zu verwechseln, die der gemäß can. 447 bis 459 CIC bestehende Zusammenschluss der Bischöfe der Teilkirchen in Deutschland zum Studium und zur För- 35

§ 25

derung gemeinsamer pastoraler Aufgaben, zu gegenseitiger Beratung, zur notwendigen Koordinierung der kirchlichen Arbeit und zum gemeinsamen Erlass von Entscheidungen sowie zur Pflege der Verbindung zu anderen Bischofskonferenzen ist (Art. 1 Statut der Deutschen Bischofskonferenz, Amtsblatt für die Diözese Mainz 1999 Nr. 109 S. 67).

36 Die Vollversammlung des VDD hat für die BAG-MAV **Richtlinien** erlassen, welche die Zusammensetzung der BAG-MAV, ihre Aufgaben und die Zusammensetzung ihres Vorstandes, die Aufgaben und Zusammensetzung ihrer Mitarbeiterversammlung und Fragen der Arbeitsbefreiung und der Kosten regelt. Der Wortlaut der Richtlinien für die BAG-MAV in der Fassung vom 21. 6. 1993 ist nachstehend abgedruckt.

Richtlinien für die Bundesarbeitsgemeinschaft der Mitarbeitervertretungen

37 Die Vollversammlung des Verbandes der Diözesen Deutschlands hat auf ihrer 65. Sitzung am 21. 06. 1993 die folgenden Richtlinien für die Bundesarbeitsgemeinschaft der Mitarbeitervertretungen beschlossen:

§ 1

Zusammensetzung

(1) 1. Die Bundesarbeitsgemeinschaft ist ein Zusammenschluss von diözesanen Arbeitsgemeinschaften der Mitarbeitervertretungen im Bereich der Deutschen Bischofskonferenz.
2. Solange keine Arbeitsgemeinschaften der Mitarbeitervertretungen bestehen, können die auf Diözesanebene gebildeten Gesamtmitarbeitervertretungen der Bundesarbeitsgemeinschaft beitreten.

(2) Die Mitgliedschaft in der BAG ist freiwillig und kann jederzeit beendet werden. Die Erklärungen über Beitritt und Beendigung der Mitgliedschaft sind an den Vorstand zu richten.

§ 2

Sitz

Die Bundesarbeitsgemeinschaft der Mitarbeitervertretungen (BAG-MAV) hat ihren Sitz am Dienstort des 1. Vorsitzenden.

§ 3

Organe

Die Bundesarbeitsgemeinschaft hat folgende Organe:
– Die Mitgliederversammlung,
– den Vorstand.

§ 4

Aufgaben

(1) Die Bundesarbeitsgemeinschaft der Mitarbeitervertretungen nimmt folgende Aufgaben wahr:
1. Förderung des Informations- und Erfahrungsaustausches unter ihren Mitgliedern,
2. Erarbeitung von Vorschlägen zur Anwendung des Mitarbeitervertretungsrechts,
3. Erarbeitung von Vorschlägen zur Fortentwicklung der Rahmenordnung für eine Mitarbeitervertretungsordnung,
4. Kontaktpflege mit der Kommission für Personalwesen des Verbandes der Diözesen Deutschlands.

(2) Die Bundesarbeitsgemeinschaft hat das Recht, an die Vertreter der Mitarbeiter in der Zentral-KODA Anregungen zu richten.

§ 5

Mitgliederversammlung

(1) Die Mitgliederversammlung ist das beschlussfassende Organ der Bundesarbeitsgemeinschaft. Die Arbeitsgemeinschaften bzw. Gesamtmitarbeitervertretungen können je (Erz-)Diözese zwei Delegierte aus ihrer Mitte entsenden.
(2) Einmal im Jahr findet eine maximal zweitägige Mitgliederversammlung statt, zu der vier Wochen vorher unter Mitteilung der Tagesordnung schriftlich durch den 1. Vorsitzenden einzuladen ist.
(3) Eine außerordentliche Mitgliederversammlung ist innerhalb von zwei Monaten einzuberufen, wenn 1/3 der Mitglieder es unter Angabe des Beratungsgegenstandes und der Gründe für die Eilbedürftigkeit schriftlich beantragen.
(4) Die Mitgliederversammlung ist beschlussfähig, wenn ordnungsgemäß eingeladen wurde und mindestens die Hälfte der Mitglieder vertreten ist. Beschlüsse werden mit einfacher Mehrheit der Anwesenden gefasst. Abstimmungen erfolgen durch Handzeichen, sofern nicht von einem Delegierten geheime Abstimmung beantragt worden ist.
(5) Das Stimmrecht kann nicht kumuliert oder übertragen werden, auch dann nicht, wenn ein Mitglied nur durch einen Delegierten vertreten ist.
(6) Über die Mitgliederversammlung ist ein Protokoll anzufertigen. Einwände gegen das Protokoll sind innerhalb von vier Wochen nach Versand beim Vorsitzenden schriftlich geltend zu machen.

§ 6

Aufgaben der Mitgliederversammlung

Der Mitgliederversammlung obliegt:
1. die Wahl und Abberufung der Vorstandsmitglieder;
2. die Entgegennahme des Tätigkeitsberichts des Vorstandes;

§ 25

3. die Entlastung des Vorstandes;
4. die Beratung und Beschlussfassung über die Durchführung der Aufgaben nach § 4.

§ 7

Vorstand

(1) Der Vorstand besteht aus dem 1. und 2. Vorsitzenden sowie drei weiteren Mitgliedern, die für eine Wahlperiode von vier Jahren aus dem Kreis der Delegierten gewählt werden. Der 1. Vorsitzende wird im Falle seiner Verhinderung durch den 2. Vorsitzenden vertreten.
(2) Bei Rücktritt oder Ausscheiden eines Vorstandsmitgliedes findet eine Nachwahl durch die Mitgliederversammlung für den Rest der Wahlperiode statt.
(3) Der Vorstand führt die Beschlüsse der Mitgliederversammlung durch und erstattet der Mitgliederversammlung jährlich einen Tätigkeitsbericht.
Dem Vorstand obliegen im Rahmen dieser Richtlinien alle Aufgaben, die nicht der Mitgliederversammlung vorbehalten sind.
(4) Vorstandssitzungen finden nach Bedarf statt; sie werden vom 1. Vorsitzenden einberufen. Eine Vorstandssitzung ist innerhalb eines Monats einzuberufen, wenn zwei Mitglieder des Vorstandes dies schriftlich unter Angabe des Grundes beantragen.
Der Vorstand ist beschlussfähig, wenn drei Vorstandsmitglieder anwesend sind.
(5) § 5 Absatz 4 gilt entsprechend.

§ 8

Arbeitsbefreiung/Kosten

(1) Für die Teilnahme an der Mitgliederversammlung und für die Tätigkeit des Vorstandes besteht Anspruch auf Arbeitsbefreiung, soweit dies zur ordnungsgemäßen Durchführung der Aufgaben der Bundesarbeitsgemeinschaft erforderlich ist und kein unabweisbares dienstliches oder betriebliches Interesse entgegensteht.
(2) Der Vorstand der Bundesarbeitsgemeinschaft erhält auf Antrag insgesamt ein Freistellungskontingent im Umfang der durchschnittlichen regelmäßigen Arbeitszeit eines Vollbeschäftigten. Hiervon entfällt bis zur Hälfte auf den 1. Vorsitzenden; das verbleibende Freistellungskontingent entfällt auf die übrigen Vorstandsmitglieder. Ein Anspruch auf eine darüber hinausgehende Freistellung zur Wahrnehmung von Aufgaben nach diesen Richtlinien besteht nicht.
(3) Diejenige (Erz-)Diözese, die den jeweiligen Vorsitzenden stellt, stellt für die Dauer der Amtszeit des Vorsitzenden die sachlichen und personellen Hilfen für die Wahrnehmung der laufenden Geschäfte der Bundesarbeitsgemeinschaft im notwendigen Umfang zur Verfügung.
(4) Auf die Mitgliederversammlung finden die diözesanen Regelungen über die Kosten der diözesanen Arbeitsgemeinschaft entsprechend Anwendung. Im Übrigen trägt der Verband der Diözesen Deutschlands im Rahmen der

§ 25

dem Vorstand der Bundesarbeitsgemeinschaft für Mitarbeitervertretungen im Verbandshaushalt zur Wahrnehmung seiner Aufgaben zur Verfügung gestellten Mittel die notwendigen Kosten. Die Reisekosten der Vorstandsmitglieder trägt die jeweilige (Erz-)Diözese gemäß der dort geltenden Reisekostenregelung.

(5) Der Verband der Diözesen erstattet jährlich über die jeweilige (Erz-) Diözese den Dienstgebern der Vorstandsmitglieder den anteiligen Brutto-Personalaufwand gemäß Abs. 2. Er erstattet ferner den Personal- und Sachaufwand gemäß Abs. 3 sowie die Reisekosten der Vorstandsmitglieder gemäß Abs. 4.

§ 9

Inkrafttreten

Diese Richtlinien treten am 01. 01. 1994 in Kraft.

VIII. Rechtsstreitigkeiten

1. Aktivlegitimation der DiAG-MAV

Die MAVO regelt in § 41 die Zuständigkeit der Schlichtungsstelle für Regelungs- und Rechtsstreitigkeiten (§ 41 Abs. 1 und 2). Im Falle von Rechtsstreitigkeiten ist die DiAG-MAV antragsberechtigt, wenn sie geltend macht, durch eine Handlung oder Unterlassung in ihren Rechten verletzt zu sein und die Angelegenheit § 25 zuzuordnen ist (§ 41 Abs. 2 Unterabsatz 2 Nr. 3 und Unterabsatz 3). Antragsberechtigt für die DiAG-MAV ist ihr Vorstand (*Schlichtungsstelle Köln*, 30. 1. 2002 – MAVO 26/2001, ZMV 2002, 79), aber auch die Mitgliederversammlung (§ 41 Abs. 2 Unterabsatz 2 Nr. 3 i. V. m. § 25 Abs. 3). Da Zusammensetzung der Mitgliederversammlung und Wahl des Vorstandes in Sonderbestimmungen geregelt werden (§ 25 Abs. 3 S. 2), ist die jeweilige diözesane MAVO zu Rate zu ziehen. Weil es sich bei den Organen der DiAG-MAV jeweils um mehrköpfige Gremien handelt, haben sie zur Willensbildung, die Schlichtungsstelle anzurufen, Beschluss zu fassen. Sowohl der Vorstand als auch die Mitgliederversammlung entscheiden, wer aus ihrer Mitte, bei der Schlichtungsstelle als bevollmächtigter Verhandlungsführer auftritt. Das einzelne Mitglied der DiAG-MAV ist nicht antragsberechtigt. Seine Interessen wegen Reisekosten und Arbeitsbefreiung werden von den genannten Organen der DiAG-MAV geltend gemacht, weil diese vor dem Antrag an die Schlichtungsstelle zu prüfen haben, ob der geltend gemachte Anspruch überhaupt besteht. Der Anspruch wird als Anspruch der DiAG-MAV behandelt und ist im Innenverhältnis zwischen der DiAG-MAV und dem betreffenden Mitglied auszugleichen (*Schlichtungsstelle Köln*, 29. 9. 1994 – MAVO 2/94). 38

2. Aktivlegitimation des Dienstgebers

Der Dienstgeber ist antragsbefugt, wenn er geltend macht, durch eine Handlung oder Unterlassung in seinen Rechten verletzt zu sein, nämlich in Angelegenheiten des § 25 (§ 41 Abs. 2). In diesem Zusammenhang ist ein Streit über 39

§ 25

einen Anspruch auf Kostenerstattung gemäß § 25 Abs. 4 S. 4 denkbar (§ 41 Abs. 2).

3. Aktivlegitimation des Bischöflichen Generalvikars

40 In Angelegenheiten des § 25 ist der Bischöfliche Generalvikar wegen der Kosten der DiAG-MAV beteiligt, weil das Bistum die im Rahmen der DiAG-MAV im Bistumshaushalt zur Wahrnehmung der Aufgaben zur Verfügung gestellten Mittel die notwendigen Kosten einschließlich der Reisekosten trägt (§ 25 Abs. 4 S. 1). Zu unterscheiden ist zwischen der einseitigen Festsetzung der Haushaltsmittel und der sich daraus ergebenden Bewirtschaftung der der DiAG-MAV zur Verfügung gestellten Mittel. Die DiAG-MAV ist auf die zur Verfügung gestellten Mittel verwiesen. In diesem Rahmen ist sie allerdings kontrollierbar, weil nur die notwendigen Kosten vom Bistum zu tragen sind. Kontrollierbar ist auch das Betätigungsfeld der DiAG-MAV im Rahmen des § 25 Abs. 5 in der BAG-MAV mit Konsequenzen für die Frage der Zulässigkeit des Zusammenschlusses der DiAG-MAV mit anderen DiAG-MAV in der BAG-MAV.

4. Aktivlegitimation der BAG-MAV

41 Die Aufgaben der BAG-MAV ergeben sich aus dem Katalog des § 25 Abs. 5. Die BAG-MAV ist antragsbefugt, wenn es um eine Rechtsstreitigkeit auf dem Gebiet des § 25 Abs. 5 geht (*Schlichtungsstelle München und Freising*, 15. 5. 1997 – 12 AR 97, ZMV 1998, 36). Gegebenenfalls muss die eine oder andere betroffene DiAG-MAV im Zusammenhang mit einer Rechtsverletzung i. S. von § 25 Abs. 5 bei einer Rechtsstreitigkeit Antrag an die Schlichtungsstelle stellen, wenn sie in ihren Rechten im Zusammenhang mit ihrer Beteiligung an der BAG-MAV verletzt worden ist (§ 41 Abs. 2).

42 Die Richtlinien über die Aufgaben und Rechte der BAG-MAV und ihre Finanzierung sind nicht Bestandteil der MAVO. Das folgt eindeutig aus § 25 Abs. 5 S. 2, wonach das Nähere nicht der diözesane Gesetzgeber, sondern qua Haushaltsrecht des VDD dieser, der keine Gesetzgebungskompetenz hat, für die BAG-MAV bestimmt. Die daraus resultierenden Streitigkeiten sind keine Streitigkeiten i. S. der diözesanen MAVO. Damit ist die Zuständigkeit der Schlichtungsstelle für die BAG-MAV insoweit zu verneinen (§ 41 Abs. 2).

§ 26

V. Zusammenarbeit zwischen Dienstgeber und Mitarbeitervertretung

§ 26 Allgemeine Aufgaben der Mitarbeitervertretung

(1) Der Dienst in der Kirche verpflichtet Dienstgeber und Mitarbeitervertretung in besonderer Weise, vertrauensvoll zusammenzuarbeiten und sich bei der Erfüllung der Aufgaben gegenseitig zu unterstützen. Dienstgeber und Mitarbeitervertretung haben darauf zu achten, daß alle Mitarbeiterinnen und Mitarbeiter nach Recht und Billigkeit behandelt werden. In ihrer Mitverantwortung für die Aufgabe der Einrichtung soll auch die Mitarbeitervertretung bei den Mitarbeiterinnen und Mitarbeitern das Verständnis für den Auftrag der Kirche stärken und für eine gute Zusammenarbeit innerhalb der Dienstgemeinschaft eintreten.

(2) Der Mitarbeitervertretung sind auf Verlangen die zur Durchführung ihrer Aufgaben erforderlichen Unterlagen vorzulegen. Personalakten dürfen nur mit schriftlicher Zustimmung der Mitarbeiterin oder des Mitarbeiters eingesehen werden.

(3) Die Mitarbeitervertretung hat folgende allgemeine Aufgaben:
1. Maßnahmen, die der Einrichtung und den Mitarbeiterinnen und Mitarbeitern dienen, anzuregen,
2. Anregungen und Beschwerden von Mitarbeiterinnen und Mitarbeitern entgegenzunehmen und, falls sie berechtigt erscheinen, vorzutragen und auf ihre Erledigung hinzuwirken,
3. die Eingliederung und berufliche Entwicklung schwerbehinderter und anderer schutzbedürftiger, insbesondere älterer Mitarbeiterinnen und Mitarbeiter zu fördern,
4. die Eingliederung ausländischer Mitarbeiterinnen und Mitarbeiter in die Einrichtung und das Verständnis zwischen ihnen und den anderen Mitarbeiterinnen und Mitarbeitern zu fördern,
5. Maßnahmen zur beruflichen Förderung schwerbehinderter Mitarbeiterinnen und Mitarbeiter anzuregen,
6. mit den Sprecherinnen oder Sprechern der Jugendlichen und der Auszubildenden zur Förderung der Belange der jugendlichen Mitarbeiterinnen und Mitarbeiter und der Auszubildenden eng zusammenzuarbeiten,
7. sich für die Durchführung der Vorschriften über den Arbeitsschutz, die Unfallverhütung und die Gesundheitsförderung in der Einrichtung einzusetzen,
8. auf frauen- und familienfreundliche Arbeitsbedingungen hinzuwirken.

Inhaltsübersicht

	Rz
I. Grundsatz der vertrauensvollen Zusammenarbeit (§ 26 Abs. 1 S. 1)	1–10
1. Die Sendung der Kirche	1
2. Vertrauensvolle Zusammenarbeit	2–8
3. Pflichtverletzung	9–10
II. Grundsätze für die Behandlung der Mitarbeiter (§ 26 Abs. 1 S. 2)	11–23
III. Mitverantwortung (§ 26 Abs. 1 S. 3)	24–26
IV. Vorlage von Unterlagen (§ 26 Abs. 2)	27–60
1. Der Begriff Vorlegen	29
2. Erforderliche Unterlagen	30–35

3. Der Stellenplan	36–47
4. Bruttolohn- und Gehaltslisten	48–50
5. Personalakten	51–53
6. Sonstige Unterlagen	54–55
7. Datenschutz	56–58
8. Streitigkeiten	59–60
V. Allgemeine Aufgaben der Mitarbeitervertretung (§ 26 Abs. 3)	61–99
1. Antragsrecht (§ 26 Abs. 3 Nr. 1)	62–63
2. Behandlung von Anregungen und Beschwerden von Mitarbeitern (§ 26 Abs. 3 Nr. 2)	64–70
3. Förderung der Eingliederung und der beruflichen Entwicklung schwerbehinderter und anderer schutzbedürftiger Mitarbeiterinnen undMitarbeiter (§ 26 Abs. 3 Nr. 3)	71–73
4. Eingliederung ausländischer Mitarbeiter und Mitarbeiterinnen in die Einrichtung (§ 26 Abs. 3 Nr. 4)	74
5. Berufliche Förderung schwerbehinderter Mitarbeiter und Mitarbeiterinnen (§ 26 Abs. 3 Nr. 5)	75–79
a. Freie Arbeitsplätze	75
b. Integrationsvereinbarung	76
c. Rechte schwerbehinderter Menschen	77–78
d. Teilzeitarbeitsplätze	79
6. Zusammenarbeit mit dem Sprecher der Jugendlichen und Auszubildenden (§ 26 Abs. 3 Nr. 6)	80–82
7. Einsatz auf den Gebieten Arbeitsschutz, Unfallverhütung und Gesundheitsförderung (§ 26 Abs. 3 Nr. 7)	83–88
a. Vorbemerkung	83
b. Die Rolle der MAV gemäß § 26 Abs. 3 Nr. 7	84
c. Geschützte Personen	85–87
d. Betriebsbeauftragte	88
8. Hinwirken auf frauen- und familienfreundliche Arbeitsbedingungen (§ 26 Abs. 3 Nr. 8)	89–99
a. Grundsätzliches	90
b. Einzelheiten	91–97
c. Kirchliche Regelungen	98–99
VI. Streitigkeiten	100

I. Grundsatz der vertrauensvollen Zusammenarbeit

1. Die Sendung der Kirche

1 Grundlage und Ausgangspunkt für die Gestaltung des kirchlichen Dienstes ist die Sendung der Kirche. Weil die Mitarbeiter an der Erfüllung dieser Sendung mitwirken, sie mitgestalten und entscheidend an ihrer religiösen Grundlage und an ihren Zielen teilhaben, verlangt **Abs. 1** in besonderer Weise eine vertrauensvolle Zusammenarbeit zwischen Dienstgeber und Mitarbeitervertretung (MAV). Diese Zusammenarbeit setzt eine Kooperation voraus, die sich auf alle Bereiche der Dienstgemeinschaft erstreckt (Art. 1 S. 1 GrO). Der ausdrückliche Hinweis, dass der Dienst in der Kirche in »besonderer Weise« diese Kooperation fordert, schließt es aus, dass Dienstgeber und MAV in bewusster Konfrontation die ihnen gemeinsam zugewiesenen Aufgaben angehen.

2. Vertrauensvolle Zusammenarbeit

2 Vertrauensvolle Zusammenarbeit ist der entscheidende Gesichtspunkt der Zusammenarbeit in kirchlichen Einrichtungen (§ 26 Abs. 1 S. 1). Dieser Grundsatz ist nicht nur programmatischer Natur ohne konkreten Bezug. Er wird aktueller Rechtssatz bei der Anwendung und Auslegung der MAVO in allen ihren Bestimmungen (Rz 5). Dabei bezieht er sich nicht nur auf die Beziehungen zwischen dem Dienstgeber und der Mitarbeitervertretung als Ge-

§ 26

samtheit. Diese Pflicht zur vertrauensvollen Zusammenarbeit richtet sich auch an die **einzelnen Mitglieder der Mitarbeitervertretung** (*BAG*, 21. 2. 1978 – 1 ABR 54/76, EzA § 74 BetrVG 1972 Nr. 4 = BB 1978, 1116). Auch das einzelne Mitglied der MAV muss sich bei seiner Tätigkeit innerhalb der Grenzen halten, die sich aus der allgemeinen Rechtsordnung ergeben und insbesondere sich aus den Vorschriften der MAVO entnehmen lassen.

Vertrauensvolle Zusammenarbeit bedeutet vor allem, dass im **Alltag der** 3 **Dienstgemeinschaft** Dienstgeber und Mitarbeitervertretung bei allen Erklärungen, Maßnahmen und Entscheidungen gegenseitige Ehrlichkeit und Offenheit walten lassen (*BAG*, 22. 5. 1959 – 1 ABR 2/59, AP Nr. 3 zu § 2 BetrVG 1952 = BB 1959, 848). Daher würde es auch dem Grundsatz vertrauensvoller Zusammenarbeit entschieden widersprechen, wenn eine MAV ein Informationsblatt an die Mitarbeiter herausgeben würde, dessen alleiniger Zweck die Darstellung bestehender Meinungsverschiedenheiten in der Einrichtung wäre (so *VGH Baden-Württemberg*, 6. 9. 1988 – 15 S 2018/87, PersV 1990, 133; *OVG Nordrhein-Westfalen*, 10. 2. 1993 – CL 1/90, PersV 1995, 461). Die hier vertretene Auffassung hat in besonderer Weise in einer Einrichtung Geltung, die sich auf den kirchlichen Sendungsauftrag stützt. Kein Partner in dieser Dienstgemeinschaft kann den anderen ablehnen und sein Begehren, auch wenn er ihm nicht zustimmen könnte, einfach abtun. Verständnis auch für eine abweichende Meinung aufzubringen und sich ernsthaft mit ihr auseinander zu setzen, ist eine unabweisbare Forderung vertrauensvoller Zusammenarbeit im kirchlichen Dienst.

Nicht zu vereinbaren mit dem Grundsatz »vertrauensvoller Zusammenarbeit« 4 ist auch eine **Unterschriftenaktion oder Flugblattaktion** (*VG Karlsruhe*, 6. 11. 1998 – 16 K 701/98, ZTR 1999, 286 rkr.) **gegen den Leiter der Einrichtung.** Dazu gibt es in der MAVO, auf die es allein für die Zulässigkeit einer solchen Aktion ankommt, keine Rechtsgrundlage. Diese Rechtsgrundlage kann auch nicht darin liegen, dass der Leiter einer Einrichtung Rechte der MAV oder den Grundsatz vertrauensvoller Zusammenarbeit verletzt hat. Für die Sanktion solcher Rechtsverstöße gibt es klare Verfahrensregeln, so dass rein plebizitäre Maßnahmen der MAV zu unterbleiben haben. Es gibt auch keine Rechtsgrundlage für das Aufsuchen von Mitarbeitern an ihrem Arbeitsplatz durch MAV-Mitglieder, um ihre Unterschriften für Aktionen der MAV gegen den Leiter der Einrichtung zu sammeln (*VGH Baden-Württemberg*, 8. 9. 1992 – PL 15 S 130/92, PersVG 1995, 122).

Insbesondere zeigt sich an den Bestimmungen der §§ 27–39, wie diese vertrau- 5 ensvolle Zusammenarbeit ausgeprägt ist. Sie ist aber auch immanent enthalten in § 15 Abs. 2 (Freistellung der Mitglieder der MAV im »notwendigen« Umfang), § 18 Abs. 1 (Benachteiligungsverbot) und Abs. 2 (Versetzungs- und Abordnungsverbot), § 19 (Kündigungsschutz), § 18 Abs. 1 a (Entgeltschutz) und § 20 (Schweigepflicht von MAV-Mitgliedern). Ebenso aber besteht Verhandlungspflicht zwischen Dienstgeber und MAV sowie absolute Friedenspflicht, also die Unterlassung von Arbeitskampf oder arbeitskampfähnlichen Maßnahmen innerhalb kirchlicher Einrichtungen durch die Initiative der MAV (Art. 7 Abs. 2 S. 2 GrO).

Die Bestimmung des § 26 Abs. 1 S. 1 schließt die »gegenseitige Unterstützung« 6 bei der Erfüllung der gemeinsamen Aufgaben in den Grundsatz vertrauensvoller Zusammenarbeit mit ein. Hierdurch wird nochmals verdeutlicht, dass § 26 Abs. 1 S. 1 eine **objektiv geltende Rechtsnorm** kirchlichen Rechts ist, die

§ 26

sich unmittelbar an Dienstgeber und Mitarbeitervertretung wendet und sie zur Einhaltung der vertrauensvollen Zusammenarbeit und gegenseitiger Unterstützung zwingt. Daneben ist aber bei der Auslegung aller Regelungen der MAVO – gleich ob es sich um formelle Vorschriften (z. B. aktives (§ 7) und passives (§ 8) Wahlrecht für die MAV-Wahl, Vorbereitung der Wahl (§ 9 Abs. 4) oder um Beteiligungsrechte der MAV (§ 28 Abs. 1) handelt – § 26 zu beachten. Diese »gegenseitige Unterstützung« kann auch neben § 17, der die Kostentragungspflicht des Dienstgebers für erforderliche Aufwendungen der MAV regelt, mit als Anspruchsgrundlage für die Übernahme von **Anwaltskosten** (§ 17 Rz 19 ff.) bei der Vertretung der MAV herangezogen werden. Die MAV kann zur Erfüllung ihrer Aufgaben einer sachkundigen Beratung und Vertretung bedürfen. Dann bedarf es ihrer »Unterstützung« im Sinne des § 26 Abs. 1 durch die Übernahme der Anwaltskosten. Die MAV hat keine eigene Rechtspersönlichkeit.

7 Ohne eine Kostenübernahme durch den Dienstgeber hafteten ihre Mitglieder persönlich und könnten auf Grund dieser persönlichen Kostentragungspflicht sich möglicherweise von der Geltendmachung von Rechten der MAV abhalten lassen (so auch *Schlichtungsstelle Limburg*, Beschluss 8/90 v. 20. 8. 1990, n. v.).

8 In allen Streitfragen muss demnach § 26 Abs. 1 S. 1 als die vom kirchlichen Gesetzgeber ausdrücklich gewollte und besonders hervorgehobene Richtschnur gegenseitigen Handelns beachtet werden.

3. Pflichtverletzungen

9 **Folge der Verletzung** der vertrauensvollen Zusammenarbeit ist **für Mitglieder der Mitarbeitervertretung** eine Amtspflichtverletzung, die nach § 13 Abs. 3 Nr. 6 bzw. § 13 c Nr. 5 zu einem Ausschlussverfahren vor der Schlichtungsstelle führen kann, wenn es sich um eine grobe Verletzung der Pflichten als Mitarbeitervertreter handelt. Für den **Dienstgeber** kann ein Verstoß gegen Rechte der MAV zu einem Schlichtungsverfahren nach § 41 Abs. 1 führen, wenn eines der Rechte der MAV nach § 41 Abs. 1 Nr. 5 verletzt ist.

10 Die MAV kann außerdem im Rahmen des § 41 Abs. 2 die Rechtsfrage überprüfen lassen, ob der Dienstgeber den »Grundsatz vertrauensvoller Zusammenarbeit« verletzt hat. Zur Überprüfung genügt aber nicht jede Verletzung dieses Grundsatzes – sondern wie bei einem MAV-Mitglied nach § 13 c Nr. 5 – nur eine **grobe Verletzung des Grundsatzes vertrauensvoller Zusammenarbeit** (so *Schlichtungsstelle Köln*, 21. 9. 1995 – MAVO 7/95, ZMV 1996, 95 und 5. 11. 1996 – MAVO 15/96, ZMV 1997, 309). Im Beschluss *Schlichtungsstelle Köln* 15/96 wird festgestellt, dass nur ein objektiv schwerwiegender Verstoß, eine objektiv schwerwiegende Verletzung dieses Grundsatzes, der zu einer erheblichen Belastung der Zusammenarbeit mit der MAV führt, diese Voraussetzung erfüllen kann. Ein schuldhaftes Verhalten des Dienstgebers wird nicht unbedingt gefordert (*BAG*, 14. 11. 1989 – 7 ABR 87/88, AP Nr. 76 zu § 99 BetrVG 1972 = DB 1990, 1093). Dem Grundsatz dieser Entscheidung des *BAG* ist auch für den Bereich des § 26 MAVO insoweit zuzustimmen, als ein grober Verstoß nicht vorliegt, wenn der Dienstgeber seine Rechtsposition in einer schwierigen und bisher ungeklärten Rechtsfrage verteidigt. Das ist in der Entscheidung MAVO 15/96 Köln deswegen bejaht worden, weil der Dienstgeber, um sich gegen irrige, öffentlich bekannt gemachte Auffassungen der

§ 26

MAV in der Frage der Einführung von Betriebsferien in einer Einrichtung zur Wehr setzte und sie zu korrigieren versuchte, indem er die nicht geheime Sitzungsniederschrift einer gemeinsamen Sitzung nach §§ 33 Abs. 2, 39 MAVO (§ 39 Rz 14) den Mitarbeitern bekannt gab. Im Übrigen genügt es für die Annahme eines schwerwiegenden Verstoßes gegen die vertrauensvolle Zusammenarbeit durch den Dienstgeber nicht, wenn vorgetragen und bewiesen wird, dass nur das persönliche Vertrauensverhältnis eines Mitarbeitervertreters zum Dienstgeber in einer speziellen, nur diese beiden Partner berührenden Frage (notwendige Arbeitsbefreiungen nach § 15 Abs. 2) gestört ist (MAV 7/95 Köln).

II. Grundsätze für die Behandlung der Mitarbeiter

§ 26 Abs. 1 S. 2 verpflichtet Dienstgeber und MAV zur Wahrung der unveräußerlichen Grundrechte aller Mitarbeiter in der kirchlichen Einrichtung. Mit Recht wird die gleichlautende Bestimmung des § 75 Abs. 1 S. 1 BetrVG 1972 und des § 67 Abs. 1 S. 1 BPersVG die »Magna Charta« der Betriebsbzw. Dienststellenverfassung (*Richardi*, BetrVG, § 75 Rz 1; *Dietz/Richardi*, BPersVG, § 67 Rz 1) genannt. Daher ist diese Bestimmung auch für die MAVO **entscheidende Richtlinie** bei der **Anwendung** und **Auslegung**. Sie hat nicht nur Einfluss bei der Schaffung kollektiver Regelungen (Dienstvereinbarungen = § 28 Abs. 2, § 38). Sie wirkt sich aber auch aus auf die Pflichten, die Dienstgeber und Mitarbeitervertretung im Verhältnis zu den einzelnen Mitarbeitern zu beachten haben. 11

Wenn verlangt wird, dass Dienstgeber und Mitarbeitervertretung darauf zu achten haben, dass alle Mitarbeiter nach **Recht und Billigkeit** behandelt werden, so müssen sie sich zunächst bei ihren eigenen Maßnahmen und Entscheidungen an diesen Grundsätzen messen lassen. Werden gemeinsame Maßnahmen veranlasst und durchgeführt, müssen sie § 26 Abs. 1 S. 2 entsprechen. Das gilt aber in gleicher Weise, wenn einer der Partner seine Befugnisse wahrnimmt. 12

Daraus folgt für die Auslegung des § 26 Abs. 1 Satz 2, dass der Dienstgeber und die M AV darauf achten müssen, alle in der Einrichtung tätigen Mitarbeiter nach Recht und Billigkeit zu behandeln. Der allgemeine Gleichbehandlungsgrundsatz ist dabei der wichtigste Unterfall von Recht und Billigkeit. Ob eine Regelung für den Mitarbeiter diesen Anforderungen entspricht, zeigt sich in erster Linie daran, wie er im Vergleich zu anderen Mitarbeitern behandelt wird (*BAG*, 15. 1. 1991 – 1 AZR 80/90, AP Nr. 57 zu § 112 BetrVG 1972 = DB 1991, 1526 – Abschnitt II der Gründe). Dabei gibt es eine »**Gleichbehandlung im Unrecht**« gemeint sind damit Leistungen an einen vergleichbaren Mitarbeiter, die dieser unter Verletzung bindender Rechts- oder Tarifvorschriften erhält – **nicht** (*BAG*, 15. 5. 1993 – 9 AZR 411/89, AP Nr. 5 zu § 1 AWbG NW = DB 1993, 2236). Die Vorschrift des § 26 Abs. 1 Satz 2 begründet demnach zunächst eine Bindung der Partner der Einrichtung an die Grundsätze von Recht und Billigkeit bei der korrekten Anwendung ihrer eigenen Regelungen. 13

Diese Bestimmungen des § 26 Abs. 1 S. 2 hat zunächst kollektivrechtlichen Charakter (Rz 11). Sie hat keine unmittelbar wirkenden, individualrechtlichen Folgen auf die in einer kirchlichen Einrichtung bestehenden Arbeitsverhältnisse. Jedoch enthält diese Bestimmung einen allgemein geltenden 14

Bleistein/Thiel 555

§ 26

Grundsatz, alle Mitarbeiter nach Recht und Billigkeit zu behandeln. Insoweit verstärkt diese kollektiv-rechtlich festgelegte Überwachungspflicht nur den schon vorhandenen individuellen Inhalt des jeweiligen Arbeitsvertrages (im Einzelnen dazu Rz 15 ff.). Über diese begrenzten individual-rechtlichen Auswirkungen hinaus ist jedoch § 26 Abs. 1 S. 2 ein Schutzgesetz zugunsten betroffener Mitarbeiter. Schuldhafte Verstöße der Dienstgeber wie eines einzelnen Mitgliedes der Mitarbeitervertretung verpflichten daher nach § 823 Abs. 2 BGB den Handelnden – nicht die nicht rechts- und vermögensfähige Mitarbeitervertretung in ihrer Gesamtheit – zum Schadensersatz und zur Unterlassung künftiger Beeinträchtigungen des Mitarbeiters. Ein **Schutzgesetz im Sinne des § 823 Abs. 2 BGB** ist diese Vorschrift deshalb, weil sie gerade den Schutz der Mitarbeiter vor unbilligen. das Gleichbehandlungsgebot missachtende Maßnahmen des Dienstgebers im Auge hat. Schadensersatz- und eventuelle Unterlassungsansprüche, die auf § 823 Abs. 2 BGB gestützt werden können, setzen Verschulden des Handelnden im Sinne des § 276 BGB, also Vorsatz oder Fahrlässigkeit, voraus.

15 Aus der Garantenstellung der Partner einer kirchlichen Einrichtung folgt, dass § 26 Abs. 1 S. 2 für einen in seinen Rechten verletzten Mitarbeiter noch **keinen unmittelbaren individual-rechtlichen Anspruch** abgibt. Vielmehr ist die Behandlung des einzelnen Mitarbeiters nach Recht und Billigkeit Inhalt seines Arbeitsvertrages. Insoweit ist die Behandlung nach Recht und Billigkeit ohnehin nur die sich unmittelbar aus dem Arbeitsverhältnis ergebende gesteigerte Treue- und Fürsorgepflicht (*BAG*, 5. 4. 1984 – 2 AZR 513/82, EzA § 17 BBiG Nr. 1; *BAG*, 3. 12. 1985 – 4 ABR 60/85, AP Nr. 2 zu § 74 BAT = DB 1986, 756). Ob dieser Grundsatz im Einzelfall schuldhaft verletzt ist und damit ein vertraglicher Anspruch des betroffenen Mitarbeiters auf Gleichbehandlung besteht, ist dem Begehren dieses Mitarbeiters überlassen. Allerdings ist es Pflicht der MAV, den Dienstgeber darauf hinzuweisen, dass nach ihrer zu begründenden Auffassung im konkreten Fall Recht und Billigkeit nicht beachtet wurden. Insoweit gehört es zu den nach § 26 Abs. 3 Nr. 2 von der MAV besonders zu wahrenden Aufgaben, den Beschwerden von Mitarbeitern über Verletzung des Gleichbehandlungsgebotes nachzugehen und auf die Beachtung dieses Grundsatzes beim Dienstgeber hinzuwirken.

16 Der **einzelne Mitarbeiter** hat einen vertraglichen Anspruch gegen den Dienstgeber, nach **Recht und Billigkeit** behandelt zu werden. Das Arbeitsverhältnis steht zwar unter dem Grundsatz der **Vertragsfreiheit**. Die Parteien könnten also festlegen, was in ihrem Arbeitsverhältnis gelten soll. Jedoch zwingt der Grundsatz von Recht und Billigkeit zu einer Korrektur, wenn dem Dienstgeber einseitig Bestimmungsrechte eingeräumt werden, die sich nicht mehr mit der Gleichstellung aller vor dem Gesetz vereinbaren lassen. Hier ist zu verweisen auf die **absoluten Differenzierungsverbote** des Art. 3 Abs. 2 GG (Gleichheit von Mann und Frau) und Art. 3 Abs. 3 GG (Unzulässige Differenzierungen des Arbeitnehmers nach Abstammung, Rasse, Sprache, Heimat und Herkunft, seinem Glauben, seiner religiösen und politischen Anschauung). Vor allem die Beachtung der Gleichheit von Mann und Frau hat durch die Regelung des § 611 a BGB (Benachteiligungsverbot) und des § 611 b BGB (geschlechtsneutrale Ausschreibung) eine nachhaltige gesetzliche Stütze gefunden. Sie wird auch von der Rechtsprechung strikt beachtet (so *BAG*, 14. 3. 1989, EzA § 611 a BGB Nr. 5 – Ablehnung wegen des Geschlechtes löst Schadensersatzanspruch aus – so auch *BVerfG*, Beschl. v. 16. 11. 1993 – 1 BvR

258/86, AP Nr. 9 zu § 611 a BGB = DB 1994, 1292). Diese absoluten Differenzierungsverbote gelten auch in den Bereichen des Glaubens, der religiösen und politischen Anschauung eines Mitarbeiters.

Allerdings ist gemäß Art. 4 der RL 2000/78 EG des Rates zur Festlegung eines allgemeinen Rahmens für die Verwirklichung der Gleichbehandlung in Beschäftigung und Beruf vom 27. 11. 2000 besonderen beruflichen Anforderungen Rechnung zu tragen. Eine Ungleichbehandlung wegen der Religion oder Weltanschauung stellt keine Diskriminierung dar, wenn die Religion oder Weltanschauung dieser Person nach der Art der beruflichen Tätigkeit oder wegen der Umstände ihrer Ausübung eine wesentliche, rechtmäßige und gerechtfertigte berufliche Anforderung darstellt. Die Kirchen und anderen öffentlichen oder privaten Organisationen, deren Ethos auf religiösen Grundsätzen oder Weltanschauungen beruht, können im Einklang mit den einzelstaatlichen verfassungsrechtlichen Bestimmungen (vgl. Art. 140 GG i. V. m. Art. 137 Abs. 3 WRV) und Rechtsvorschriften von den für sie arbeitenden Personen verlangen, dass sie sich loyal und aufrichtig im Sinne des Ethos der Organisation verhalten (Art. 4 Abs. 2 Unterabsatz 2 RL 2000/78; in diesem Sinne: *BVerfGE* 70/138; Art. 3 bis 5 GrO). **17**

Der Dienstgeber kann nicht zum Abschluss eines Arbeitsvertrages gezwungen werden. Entscheidet er sich jedoch zur Einstellung, muss er im Rahmen der »für alle geltenden Gesetze« auch die Einhaltung der grundgesetzlich garantierten Rechte des betroffenen Mitarbeiters nach Art. 3 GG beachten (*BVerfGE* 70/138, 4. 6. 1985 – 2 BvR 1703/83 = BB 1985, 1600). Es wird oft verkannt: Der arbeitsrechtliche Gleichbehandlungsgrundsatz beruht darauf, dass eine feste Rechtsbeziehung zwischen einem gemeinsamen Arbeitgeber und den jeweils betroffenen Mitarbeitern mit verschiedenen Gestaltungsmöglichkeiten des Arbeitgebers besteht, die erst durch die Begründung des Arbeitsverhältnisses zustande kommen. Soweit **relative Differenzierungsverbote** in Frage kommen, also Unterscheidungsmerkmale, die unter Umständen sachlich zu begründen und geboten sind, ist der Gleichheitsbegriff des **Gleichbehandlungsgrundsatzes** zu beachten. Dieser Gleichbehandlungsgrundsatz verbietet nicht jede unterschiedliche Behandlung von Arbeitnehmern. Er ist ein wesentlicher Grundsatz des individuellen Arbeitsrechts. Er verbietet nur eine unterschiedliche Behandlung aus willkürlichen oder sachfremden Gründen (ständige Rechtsprechung des *BAG*, 10. 4. 1984 – 3/AZR 57/82, EzA § 242 BGB Gleichbehandlung Nr. 41 = DB 1984, 2571). Der Gleichbehandlungsgrundsatz verlangt demnach vom Dienstgeber, dass er nur in sachgerechter Weise unter Berücksichtigung der vom Arbeitsrecht anerkannten Wertungen seine Differenzierungen vornimmt und sie sachgerecht begründet (so für die geschlechtsspezifische Ausschreibung: *LAG Köln*, LAGE § 611 b BGB Nr. 1). Auf dem Gebiete der Festsetzung der Vergütung hat, zumindest soweit der Dienstgeber sich im übertariflichen Raum bewegt, der Grundsatz der Vertragsfreiheit Vorrang vor dem arbeitsrechtlichen Gleichbehandlungsgrundsatz (*BAG*, 30. 5. 1984 – 4 AZR 146/ 82, EzA § 242 BGB Gleichbehandlung Nr. 37 = BB 1985, 590; *BAG*, 13. 2. 2002 – 5 AZR 713/00, DB 2002 S. 1381). Das gilt *auch* für besondere Zulagen (Erschwerniszulagen), die für eine bestimmte Tätigkeit gewährt werden. Der Gleichbehandlungsgrundsatz ist Anspruchsgrundlage vor allem im Bereich freiwilliger Sozialleistungen, der Ausübung des Weisungsrechtes für die Arbeitsleistung, nicht auch bei der Ausübung des Kündigungsrechts (*BAG*, 21. 10. 1969 – 1 AZR 93/68, AP Nr. 41 **18**

§ 26

zu Art. 9 GG Arbeitskampf – streitig –). Gegen die Heranziehung des Gleichbehandlungsgrundsatzes hat sich das *BAG* (20. 8. 1986 – 4 AZR 272/85, EzA § 242 BGB Gleichbehandlung Nr. 44 = DB 1987, 693) bei Einstellungsmodalitäten ausgesprochen, also z. B. bei der Frage, ob ein Mitarbeiter zunächst befristet, ein anderer dagegen unbefristet eingestellt werden soll. Insoweit hat die rechtliche zulässige vertragliche Gestaltungsfreiheit Vorrang.

19 Ein **Abschlusszwang** für ein Arbeitsverhältnis besteht generell im deutschen Privatrecht nicht. Das gilt auch für kirchliche Einrichtungen. Soweit der § 18 Abs. 4 den Dienstgeber zur Weiterbeschäftigung eines Auszubildenden – unter Beachtung der dort festgelegten Formalitäten – verpflichtet (dort Rz 47 ff.) handelt es sich nicht um einen Abschlusszwang für den Dienstgeber, sondern nach allgemeiner Auffassung um eine verfassungsrechtlich zulässige Beschränkung der Vertragsfreiheit, die sowohl durch das Sozialstaatsprinzip, aber auch durch den besonderen Kündigungsschutz für Funktionsträger der Mitarbeitervertretung nach § 18 Abs. 4 gerechtfertigt ist (zur gleichen Rechtsfrage in § 78 a BetrVG, § 9 BPersVG siehe *Fitting/Kaiser/Heither/Engels/Schmidt*, § 78 a Rz 2; *Grabendorff/Windscheid*, BPersVG, 8. Auflage, § 9 Rz 2; Hinweis auf *BVerwG*, 13. 3. 1989, ZBR 1989, 310 = PersVG 1989, 133).

20 Soweit der Dienstgeber aus **unsachlichen, gegen den Grundsatz von Treu und Glauben verstoßenden** Gründen oder aus **sittenwidrigen Gründen** einen Mitarbeiter **nicht weiterbeschäftigt**, wird auch insoweit ein Abschlusszwang verneint. Die Rechtsprechung prüft jedoch, ob die Beendigungsgründe einer gerichtlichen Überprüfung standhalten. Das ist beispielsweise für die Beendigung eines Arbeitsverhältnisses während der Probezeit verneint worden für einen Mitarbeiter, den der Arbeitgeber trotz entsprechender Arbeitsleistungen wegen seiner Homosexualität nicht weiterbeschäftigen wollte (*BAG*, 23. 6. 1994 – 2 AZR 617/93, AP Nr. 9 zu § 242 BGB Kündigung = DB 1994, 2190). Mit der Frage, ob die Kündigung eines HIV-infizierten Mitarbeiters, der noch nicht unter den allgemeinen Kündigungsschutz des § 1 KSchG fällt, sittenwidrig sein kann und daher das Arbeitsverhältnis fortgesetzt werden müsste, befasste sich das *BAG* in seiner Entscheidung 2 AZR 347/88 vom 16. 2. 1989 (AP Nr. 46 zu § 138 BGB = DB 1989, 2382). Konkret werden in solchen Fällen die Kündigungs- oder Beendigungsgründe einer gerichtlichen Überprüfung unterzogen, wobei dem Mitarbeiter die Beweislast dafür zufällt, ob die von ihm behaupteten Unwirksamkeitsgründe für die Kündigung vorliegen.

21 Das gilt im Übrigen auch für einen **Beförderungsanspruch.** Ein allgemeiner Anspruch auf Beförderung, auch auf Grund des Gleichbehandlungsgrundsatzes, besteht nicht. Es bedarf vielmehr einer ausdrücklichen vertraglichen Zusage. Eine den Beförderungsanspruch auslösende Anwartschaft kennt das Arbeitsrecht nicht (*BAG*, 4 AZR 276/82 – 20. 6. 1984, AP Nr. 58 zu § 611 BGB DO-Angestellte). Im Übrigen ist auch der Inhalt eines Stellenplanes keine Rechtsgrundlage für eine Eingruppierung oder Beförderung (*BAG*, 29. 9. 1982 – 4 AZR 1172/79, AP Nr. 67 zu §§ 22, 23 BAT 1975).

22 Die Verpflichtung des § 26 Abs. 1 S. 2 erstreckt sich auf »alle Mitarbeiter«. Sie erfasst damit alle in der kirchlichen Einrichtung tätigen Personen, ohne Rücksicht darauf, ob sie auf Grund eines Arbeitsvertrages, Gestellungsvertrages mit einem Orden oder einer anderen Schwesternschaft oder auf Grund eines freien Mitarbeiterverhältnisses tätig sind. Im Streitfall kann zur Klärung der Frage, welche Arbeitsvertragsordnung in der Einrichtung anzuwenden ist, die

Schlichtungsstelle gemäß § 41 Abs. 2 angerufen werden. Denn die Pflicht, alle Mitarbeiter nach Recht zu behandeln, erstreckt sich auf die Anwendung des zutreffenden Arbeitsvertragsrechts. Das folgt u. a. aus § 29 Abs. 1 Nr. 8, § 35 Abs. 1 Nr. 1, ist aber eine Grundsatzfrage des gerechten Lohnes, zu dessen Zahlung der Dienstgeber verpflichtet ist (can. 231 § 2; 1286 CIC). Zu § 35 Abs. 3 Buchstabe b MVG-EKD wird auf die Entscheidung des Verwaltungsgerichts für mitarbeitervertretungsrechtliche Streitigkeiten der EKD vom 7. 12. 2000 – 0124/E 4 – 00, Rspr. B. Abl. EKD 2002, S. 68 ff.) hingewiesen.
Nicht erfasst werden die in § 3 Abs. 2 Nr. 1, 2 und 5 genannten Personenkreise. 23
Mitglieder eines Organs, das zur gesetzlichen Vertretung berufen ist (§ 3 Abs. 2 Nr. 1) gehören ebenso wie Leiter von Einrichtungen im Sinne des § 1 (§ 3 Abs. 2 Nr. 2) zum Personenkreis der Dienstgeber nach § 2. Geistliche (einschließlich Ordensgeistlichen) im Bereich des § 1 Abs. 1 Nr. 2 (der Kirchengemeinden, Kirchenstiftungen und Kirchengemeindeverbänden) sind aus kirchenrechtlichen Gründen (§ 3 Rz 80) aus dem Kreis der Mitarbeiter ausdrücklich ausgenommen. Diese Herausnahme ist sachgerecht. Die Verpflichtung des § 26 Abs. 1 S. 2 ist auch nicht auf Mitarbeiter, die Personalentscheidungsbefugnisse haben **(§ 3 Abs. 2 Nr. 3)** sowie sonstige leitende Angestellte **(§ 3 Abs. 2 Nr. 4)**, ausgedehnt. Zwar kann nicht bestritten werden, dass Recht und Billigkeit auch auf diesen Personenkreis ebenso Anwendung findet wie der Gleichbehandlungsgrundsatz. Jedoch hat die Mitarbeitervertretung für diesen Personenkreis, der die Interessen des Dienstgebers an besonderer Stelle (Personalsektor) oder in besonderen Aufgaben wie der Dienstgeber selbst zu vertreten hat, kein Mandat. Es ist Sache dieses Mitarbeiterkreises, seine Interessen selbst dem Dienstgeber gegenüber unter Hinweis auf die allgemein geltenden Grundsätze des § 26 Abs. 1 S. 2 zu vertreten (siehe auch § 3 Abs. 1 S. 2 und Abs. 2 S. 1 Nr. 6).

III. Mitverantwortung

Der Grundsatz der »**Mitverantwortung**« für die Aufgabe der Einrichtung wird 24
schließlich in § 26 Abs. 1 S. 3 nochmals betont. Aufgrund dieser Mitverantwortung soll auch die MAV bei den Mitarbeitern das Verständnis für den Auftrag der Kirche stärken und für eine gute Zusammenarbeit innerhalb der Dienstgemeinschaft eintreten. Zwar richtet sich diese Forderung nur an die MAV. Es ist aber selbstverständlich, dass beide **Partner** in dieser Weise auf die Dienstgemeinschaft einwirken und damit zum Wohl der Einrichtung wie des Sendungsauftrages der Kirche wirken.
Diese programmatischen Feststellungen sind für die Zusammenarbeit inner- 25
halb der Dienstgemeinschaft von ausschlaggebender Bedeutung. Sie sind aber nicht nur eine programmatische Generalklausel und damit als Auslegungsregel für die in der MAVO festgelegten Rechte und Pflichten verwertbar. Sie konkretisieren unmittelbar Rechte und Pflichten von Dienstgeber, Mitarbeitervertretung als Gesamtheit und einzelnen Mitgliedern der Mitarbeitervertretung. Das zeigt sich u. a. in der Festlegung der Voraussetzungen für die Einstellung in den kirchlichen Dienst gemäß Art. 3 und 4 GrO, nämlich Befolgung der Loyalitätsobliegenheiten und Sanktionen bei deren Verletzung (Art. 5 GrO), die im Falle des Kirchenaustritts aus der katholischen Kirche in jedem Falle zur Kündigung des Arbeitsvertrages führen (Art. 5 Abs. 5 GrO, § 19

§ 26

Abs. 1 S. 2 MAVO) Wer als Mitglied der MAV innerhalb der Dienstgemeinschaft das Verständnis für den besonderen Auftrag der Kirche stärken soll, kann sich nicht von der Rechtsgemeinschaft der Kirche durch seinen Austritt lösen. Er muss bereit und als Glied seiner Kirche auch in der Lage sein, mit den Inhabern der geistlichen Ämter als vollwertiges Mitglied zusammenzuarbeiten.

26 Zum anderen verlangt diese Bestimmung ein Eintreten für **gute Zusammenarbeit** innerhalb der Dienstgemeinschaft. Dabei wird bewusst auf die Gemeinschaft zwischen Dienstgeber und Mitarbeitern abgestellt und nicht auf das Eintreten einseitig nur für eine gute Zusammenarbeit unter den Mitarbeitern abgestellt. »Eintreten« verlangt aktiven Einsatz, nicht nur passive Hinnahme und kritiklose Billigung der Maßnahmen des Dienstgebers oder von Wünschen und Forderungen der Mitarbeiter. Die Mitarbeitervertretung hat eigene Rechte und Pflichten, die unter diesem Gebot des »Eintretens für die Zusammenarbeit innerhalb der Dienstgemeinschaft« stehen und im Streitfall danach beurteilt werden müssen.

IV. Vorlage von Unterlagen (§ 26 Abs. 2)

27 Der MAV sind auf Verlangen die zur Durchführung ihrer Aufgaben erforderlichen Unterlagen vorzulegen (§ 26 Abs. 2 S. 1). Das gilt auch zugunsten der Gesamtmitarbeitervertretung (§ 24), die gemäß §§ 26 bis 38 in den Angelegenheiten mitwirkt, die Mitarbeiter aus dem Zuständigkeitsbereich mehrerer Mitarbeitervertretungen desselben Dienstgebers betreffen (*Schlichtungsstelle im Bistum Aachen*, 24. 3. 1998 – 06/1997 – MAVO, ZMV 1998 S. 234).

28 Der Dienstgeber hat **auf Verlangen** die Unterlagen vorzulegen, die die MAV benötigt, um ihre Pflichten nicht nur nach § 26 Abs. 1 S. 1 und 2 erfüllen zu können, sondern um alle ihr zugewiesenen Aufgaben nach der MAVO durchführen zu können. Dazu zählen die in § 26 Abs. 3 genannten allgemeinen Aufgaben ebenso wie in §§ 29–38 festgelegten besonderen Beteiligungsrechte der MAV (siehe auch zu § 27 a).

1. Der Begriff Vorlegen

29 »Vorlegen« bedeutet ein Weniger als »zur Verfügung stellen«, also keine Aushändigung (*Richardi/Thüsing*, BetrVG § 80 Rz 67; *BAG*, AP Nr. 17 zu § 80 BetrVG 1972 = DB 1982, 653). »Vorlegen« heißt Einblick in die Unterlagen gewähren (*BAG*, 16. 8. 1995 – ABR 63/94 – Presseinformation, DB 1995, 1771; *LAG Bremen*, 25. 10. 1994 – 1 Ta BV 27/93, DB 1995, 1771, wobei ein verständiger und kooperationsbereiter Dienstgeber die geforderten Unterlagen auch aushändigen wird, um für die MAV ein zuverlässiges Bild der Unterlagen und ihrer Konsequenzen für die Dienstgemeinschaft zu ermöglichen. Ein Rechtsanspruch auf Aushändigung der angeforderten Unterlagen besteht jedoch nicht.

2. Erforderliche Unterlagen

30 § 26 Abs. 2 gibt nur ein Recht der MAV zur **Vorlage der Unterlagen**, die für eine sachgerechte Arbeit der MAV unerlässlich, also **erforderlich** sind. »Erforderlich« in diesem Sinne ist die Vorlage solcher Unterlagen, deren Kenntnis

§ 26

im konkreten Fall eine Voraussetzung für die sinnvolle Ausübung eines Mitwirkungsrechtes darstellt und sich damit das Vorlagebegehren bereits aus der Mitwirkung selbst rechtfertigt (Entscheidung zum gleichlautenden § 68 Abs. 2 Satz 2 BPersVG: *BVerwG*, 21. 9. 1984 – 6 P 24/83, ZBR 1985, 85; *BVerwG*, 26. 1. 1994 – 6 P 21/92, AP Nr. 5 zu § 68 BPersVG = NVwZ 1995, 91). Ein **allgemeines Einsichtsrecht** in alle Unterlagen, die der Dienstgeber über seine Einrichtung führt, **gewährt § 26 Abs. 2 nicht** (*Schlichtungsstelle Limburg*, 9. 7. 1990 – 390, n. v.). Zu den vorzulegenden, erforderlichen Unterlagen gehört unter Umständen auch eine – vom Dienstgeber erstellte – Sammlung aller für die Einrichtung geltenden Regelungen, die für die MAV nicht nur nützlich, sondern bei der Gesamtbetrachtung dieser Unterlagen auch für ihre Arbeit »erforderlich« ist. Mit dieser Begründung lässt sich auf § 26 Abs. 2 ein Anspruch auf Vorlage einer solchen Sammlung stützen. § 26 Abs. 2 gibt der MAV jedoch keinen Anspruch darauf, dass der Dienstgeber diese Unterlagen mit einem bestimmten Inhalt vorlegt. Zu Recht hat die *Schlichtungsstelle Limburg* in ihrer Entscheidung 14/91 vom 5. 11. 1991 (n. v.) den Anspruch einer MAV zurückgewiesen, die nach der Herausnahme einer bestimmten Regelung (Reisekostenregelung) aus einer Vorschriftensammlung vom Dienstgeber auf Grund des § 26 Abs. 2 forderte, er müsse die aus der Sammlung herausgenommene Regelung wieder beifügen und die so wieder ergänzte Sammlung der MAV vorlegen. Es ist zutreffend, dass die Bestimmung des § 26 Abs. 2 der MAV nur einen Informations- und Unterrichtungsanspruch gibt, der durch die Vorlage der erforderlichen (gewünschten) vorhandenen Unterlagen erfüllt ist. Geschuldet ist also die Vorlage aller Unterlagen, seien sie inhaltlich richtig oder falsch. Über § 26 Abs. 2 kann nicht eine Berichtigung von – nach Auffassung der MAV – fehlerhaften oder ergänzungsbedürftigen Unterlagen erzwungen werden. Wie der Dienstgeber solche Sammlungen der in der Einrichtung geltenden Regelungen zusammenstellt, gehört zu einer Organisationsbefugnis. Eine Einflussmöglichkeit darauf gibt die MAVO nicht. Eine andere Frage ist es, ob die MAV ein Mitberatungs- oder Zustimmungsrecht in einer bestimmten Frage hat. Das muss sie im Rahmen des dafür vorgesehenen Rechtsweges durchzusetzen versuchen – für eine Reisekostenabrechnung beispielsweise über § 32 Abs. 1 Nr. 5 (§ 32 Rz 11).

Die Unterlagen sind der **Mitarbeitervertretung** vorzulegen. Da die Aufgaben 31 der MAV, insbesondere die in §§ 29–38 geregelten Beteiligungsrechte von der MAV als Gesamtgremium wahrgenommen werden müssen, muss jedes **Mitglied** der MAV die Möglichkeit haben, die vorgelegten Unterlagen einzusehen. Dieses Einblicksrecht für jedes Mitglied findet allenfalls seine Schranken im Rechtsmissbrauch und im Grundsatz vertrauensvoller Zusammenarbeit. Kein Mitglied der MAV kann ein Einblicksrecht in die vorzulegenden Unterlagen auf Kosten der Funktionsfähigkeit der Einrichtung durchsetzen. Die MAV kann das Einsichtsrecht in die vorgelegten Unterlagen auf ihren Vorsitzenden, seinen Stellvertreter oder ein besonders dazu beauftragtes Mitglied der MAV übertragen. Sie kann jedoch dazu nicht gezwungen werden.

»Vorlage« gibt der MAV das Recht, sich aus den vom Dienstgeber vorgelegten 32 Unterlagen **schriftliche Aufzeichnungen** zu machen (*BAG*, 15. 6. 1976 – 1 ABR 116/74, EzA § 80 BetrVG 1972 Nr. 14 = BB 1976, 1223). Das gilt vor allem bei besonders umfangreichen Unterlagen, bei denen objektiv mit der Durchsicht allein das Informationsbedürfnis nicht zufriedenstellend erfüllt werden kann. Das **Recht zu schriftlichen Aufzeichnungen** ist allenfalls dann nicht gegeben,

§ 26

wenn der Dienstgeber Geheimhaltungsinteressen hat und sich bei der Vorlage der Unterlagen zu Recht darauf beruft. Zwar sind nach § 20 (§ 20 Rz 8, 33) die Mitglieder der MAV zur Verschwiegenheit über alle dienstlichen Angelegenheiten und Tatsachen nach außen verpflichtet, die ihnen auf Grund ihrer Zugehörigkeit zur MAV bekannt geworden sind und Verschwiegenheit erfordern. Es kann jedoch im Einzelfall geboten sein, auch detaillierte schriftliche Aufzeichnungen über die vorgelegten Unterlagen deswegen zu untersagen, weil wichtige Interessen des Dienstgebers dazu Anlass geben. Zu denken wäre hier z. B. an beabsichtigte Änderungen des Stellenplanes, die – wenn sie vorzeitig bekannt würden – zur Unruhe unter den Mitarbeitern führen könnten. Der Dienstgeber könnte unter Berufung auf die Verletzung wichtiger Dienstgeheimnisse die Fertigung von schriftlichen Aufzeichnungen zwar untersagen. Er kann aber mit dieser Begründung die Vorlage erbetener und für die Arbeit der MAV auch erforderlicher Unterlagen nicht versagen.

33 Das Recht, sich schriftliche Aufzeichnungen machen zu dürfen, gibt keine Befugnisse zur **vollständigen Abschrift** oder zur **Anfertigung von Fotokopien** (*BAG*, 3. 12. 1981 – 6 ABR 8/80, AP Nr. 17 zu § 80 BetrVG 1972 = DB 1982, 653). Dabei kann die MAV nur die Vorlage der beim Dienstgeber vorhandenen, nicht die Anfertigung völlig neuer Unterlagen, die dann vorgelegt werden sollen, verlangen (*BAG*, 7. 8. 1986 – 6 ABR 77/83, AP Nr. 25 zu § 80 BetrVB 1972 = DB 1987, 101; Zentrale Gutachterstelle beim VDD, 16. 8. 2001, ZMV 2002, 186).

34 Die Vorlage der Unterlagen ist nur dann eine Pflicht des Dienstgebers, wenn die MAV die Vorlage verlangt. Dieser **Antrag** der MAV ist Voraussetzung der Vorlagepflicht. Die Vorlage kann **jederzeit** beantragt werden. Die Vorlagepflicht ist also nicht von einem bereits bestehenden, konkreten Streitfall abhängig; denn sie dient der erschöpfenden Unterrichtung der MAV, nicht der Offenlegung und Klärung bereits vorhandener Differenzen zwischen Dienstgeber und MAV.

35 Vorzulegen sind die **erforderlichen** Unterlagen, die Unterlagen also, ohne die bei objektiver Wertung die MAV ihre Aufgaben nach der MAVO nicht ordnungsgemäß erfüllen kann. Bei Kirchengemeindeverbänden und Kirchengemeinden wirken je nach diözesauer Ordnung die Rendanturen an der Vorlage mit (vgl. Ordnung für die Rendanturen im Erzbistum Köln, Amtsblatt 2004 Nrn. 24 und 25 S. 22 ff., 24 ff.).

3. Der Stellenplan

36 Dazu gehört zunächst der **Stellenplan** – und zwar der entscheidende Ist-Stellenplan. Der Stellenplan ist Teil der Personalplanung des Dienstgebers. Zum **Begriff »Personalplanung«:** § 27 Rz 12. Dabei muss unterschieden werden zwischen dem Soll-Stellenplan – eben den Stellen, die im Rahmen der Personalplanung für ein bestimmtes Haushaltsjahr erwartet werden und die Grundlage für den Ist-Stellenplan abgeben – und dem Ist-Stellenplan –, also den Stellen, die tatsächlich in der Einrichtung von den Kostenträgern zugestanden, damit vorhanden und besetzt sind.

37 Für den Soll-Stellenplan sind im refinanzierten Bereich (etwa: Schulen, Tageseinrichtungen für Kinder) staatliche – landesrechtliche – Vorgaben von Bedeutung, welche die Begründung für den Stellenplan einer Einrichtung geben und daher für Dienstgeber und MAV verbindlich sind.

§ 26

Die MAV hat ein legitimes Interesse daran, den Ist-Stellenplan vom Dienst- **38** geber vorgelegt zu erhalten. Sie muss für ihre Arbeit wissen, über welche bewilligten und auch tatsächlich besetzten Stellen die Einrichtung verfügt. Dass dieser Ist-Stellenplan Ausgangspunkt für die Vorlagepflicht ist, ergibt sich incidenter aus § 27 Abs. 2: Dort ist ausdrücklich festgelegt, dass die MAV einen Informationsanspruch über die »Änderungen und Ergänzungen des Stellenplanes« hat. Ein solcher Informationsanspruch über Änderungen und Ergänzungen eines Ist-Stellenplanes hat nur Sinn, wenn die MAV zunächst über den Soll-Stellenplan informiert ist (§ 27 Rz 11 ff.) und den Ist-Stellenplan in allen Einzelheiten kennt (*Schlichtungsstelle München und Freising*, 18. 1.1996 – 10 AR 95, ZMV 1997, 36). Auf der Vorlagepflicht des Ist-Stellenplanes nach § 26 Abs. 2 baut demnach die Informationspflicht des § 27 Abs. 2 auf. Die Regelung des § 27 Abs. 2 folgt demnach konsequenterweise der Vorlagepflicht für den Stellenplan nach § 26 Abs. 2 (a. A. *Schlichtungsstelle im Bistum Dresden-Meißen*, 21. 3. 1997 – Az.: 2003/96, wonach die im Krankenhaus verwendete so genannte Personalbewirtschaftungsliste ausreicht.

Es ist unrichtig, wenn von Dienstgeberseite teilweise vorgetragen wird, bei der **39** Informationspflicht nach § 27 Abs. 2 handele es sich um eine völlig selbstständige Pflicht ohne Zusammenhang mit der Vorlagepflicht des Ist-Stellenplanes nach § 26 Abs. 2 (so auch *Schlichtungsstelle Köln*, 7. 1. 1993 – MAVO 9/92, ZMV 1993, 174 und 22. 11. 1993 – MAVO 7/93, ZMV 1994, 34; *Schlichtungsstelle München*, 21. 8. 1996 – 14 AR 96, bisher n. v.).

Der vorzulegende Ist-Stellenplan **hat zu umfassen** **40**
- die Kostenstelle,
- die Einzelstellen in dieser Kostenstelle,
- die Vergütungsgruppen der Einzelstellen im Rahmen der Kostenstelle,
- die Bewertung als Vollzeit- und Teilzeitarbeitsverhältnis.
- freie Mitarbeiter (*BAG*, 15. 12. 1998 – 1 ABR 9/98, EzA § 80 BetrVG 1972 Nr. 43 = DB 1999, 910), damit die MAV ihre Beteiligungsrechte beurteilen kann.

Darüber hinaus ist dem Beschluss der Schlichtungsstelle München zu folgen, **41** dass die MAV auch einen Anspruch auf namentliche Besetzung der jeweiligen Planstelle im Ist-Stellenplan hat, wenn sie nur nach Offenlegung der jeweiligen Stelleninhaber eine ihr zugewiesene Aufgabe (z. B. im Rahmen der §§ 34, 35) beurteilen und entscheiden kann (*Schlichtungsstelle Limburg*, 14. 5. 2001 – 18/00).

Datenschutzrechtliche Bedenken dagegen können nicht erhoben werden, **42** wenn **nur** der Name, nicht aber weitere persönliche Angaben (Familienstand und genaue Gehaltsbezüge) im Stellenplan stehen. Allerdings setzt die Vorlage eines mit Namen versehenen Stellenplanes voraus, dass der Dienstgeber einen solchen Stellenplan aufgestellt hat. Er kann nicht verpflichtet werden, einen mit Namen versehenen Stellenplan erst zu erstellen.

Die MAV hat demnach nur einen Anspruch auf **Vorlage** des beim Dienstgeber **43** **vorhandenen Stellenplanes.**

Weitergehend hat die Schlichtungsstelle im Erzbistum Paderborn (1. 10. 1998 **44** – II/98) entschieden; sie folgte dem Beschluss des *Bundesverwaltungsgerichts* vom 4. 9. 1990 – 6 P 28.87, AP Nr. 1 zu § 68 BPersVG. Sie stellte ab auf Umfang und Ausgestaltung der Unterlagen, Erforderlichkeit und Häufigkeit der Befassung der MAV mit der Unterlage. Entsprechend reichen die Möglichkeiten

§ 26

der Gewährung von Einblick in die Unterlagen bis zu deren befristeter oder dauernder Überlassung bei der Größe der Einrichtung (ZMV 1999 S. 298).

45 Die MAV hat keinen Anspruch darauf, dass der Dienstgeber einen anderen Stellenplan für sie erst anfertigt oder inhaltlich mehr in diesen Stellenplan hineinschreibt, als er es bisher getan hat (*Schlichtungsausschuss Evang. Landeskirche Baden*, 10. 2. 1993 – 40/91, ZMV 1993, 176).

46 Die MAV hat auch keinen Anspruch auf Vorlage eines Prüfungsberichtes einer Wirtschaftsprüfungsgesellschaft, in dem die Effektivität der Verwaltung und des Stellenplanes untersucht wurde, um sich eigene Überprüfungsmöglichkeiten für den Stellenplan zu eröffnen (*Schlichtungsstelle Essen*, 18. 11. 1988 – 8/88, n. v.; siehe aber zu § 27 a).

47 Nicht zu den vorzulegenden Unterlagen gehören **Personalakten. Hierfür** gilt § 26 Abs. 2 Satz 2 als Sonderregelung (Rz 51).

4. Bruttolohn- und Gehaltslisten

48 Keine ausdrückliche Regelung in der MAVO gibt es für das Einblicksrecht in **die Bruttolohn- und Gehaltslisten.**

49 Ein allgemein bestehendes Einblicks- oder Vorlagerecht für die Bruttolohn- und Gehaltslisten gibt es nicht. (a. A. *Frey/Coutelle/Beyer*, § 26 Rz 22 ohne nähere Begründung). Jedoch ist aus dem allgemein festgelegten Überwachungsrecht von Dienstgeber und MAV (Rz 12 ff.) abzuleiten, dass die MAV bei Verletzung der Grundsätze von Recht und Billigkeit und des Gleichbehandlungsgebotes auch einen Anspruch auf **Einblick in die Bruttolohn- und Gehaltslisten** (so auch für den Unterrichtungs- und Vorlageanspruch nach § 68 Abs. 2 BPersVG, der wortgleich mit § 26 Abs. 2 MAVO ist: *BVerwG*, 27. 2. 1985 – 6 P 9.84, ZBR 1985, 173; *Schlichtungsstelle Essen*, 15. 1. 1993 – 5/92, ZMV 1993, 177), jedoch nicht auf **Aushändigung** der Listen hat. Das Einblicksrecht kann jedoch nur geltend gemacht werden, wenn glaubhaft gemacht wird, dass der Dienstgeber bei der Eingruppierung oder der Gehaltsfestsetzung von den Grundsätzen von Recht und Billigkeit abgewichen ist. Sinn und Zweck des so begrenzten Einblicksrechts (keine Abschriften oder Fotokopien) ist es, bei der Anwendung kollektiver Normen (Tarifnormen) oder kollektiv-ähnlicher Normen (AVR-Caritas) im Bereiche der durch Tätigkeitsmerkmale festgelegten Grundvergütung Verletzungen des Gleichbehandlungsgrundsatzes bei der Eingruppierung auszuschließen. In diesem Ausnahmefall ist der MAV ein beschränktes Einblicksrecht in die Bruttogehaltslisten auf Grund des § 26 Abs. 1 S. 2 zuzubilligen. Dieses Einblicksrecht muss vor allem dann gewährt werden, wenn sich ein Arbeitnehmer bei der MAV in einer nicht offenkundig unbegründeten Beschwerde über die Verletzung des Gleichbehandlungsgebotes bei der Festlegung seiner Grundvergütung, die in dieser kirchlichen Einrichtung nach kollektiv-rechtlichen Grundsätzen erfolgt, beschwert (§ 26 Abs. 3 Nr. 2; Rz 64 f.). Die MAV kann eine solche Beschwerde nur dann dem Dienstgeber vortragen, wenn sie über die Beschwerdegründe sachgerecht auch durch Einblick in die Bruttogehaltslisten unterrichtet ist. Der Dienstgeber kann sich in diesem Ausnahmefall auch nicht darauf berufen, dass in der MAVO ein allgemeines Einblicksrecht in die Bruttogehaltslisten nicht festgelegt sei und ein generelles Überwachungsgebot auch für die Beachtung gesetzlicher und kollektiver Normen (Dienstvereinbarungen) in § 26 Abs. 3 (etwa wie in § 68 Abs. 1 Nr. 2 BPersVG) nicht bestehe.

§ 26

Ist der MAV ein Einblicksrecht in die Entgeltlisten demnach zuzubilligen, so 50
kann der Dienstgeber den **Ort der Einsichtnahme** bestimmen. Er kann auch
selbst dabei anwesend sein oder die Einsichtnahme in einem mit anderen Mitarbeitern besetzten Raum (z. B. Büro des Leiters der Personalabteilung oder
der Rendantur) anordnen. Er kann aber nicht andere, auch Leitende Mitarbeiter mit der **Kontrolle der MAV-Mitglieder** bei der Einsichtnahme beauftragen (*BAG*, 16. 8. 1995 – 7 ABR 63/94, AP Nr. 53 zu § 80 BetrVG 1972 = DB
1996, 430).

5. Personalakten

Ein eigenes Einsichtsrecht in die Personalakten des Mitarbeiters besteht für 51
die MAV grundsätzlich nicht § 26 Abs. 2 S. 2). Nur nach vorheriger schriftlicher Zustimmung des betroffenen Mitarbeiters hat die MAV einen Anspruch
auf Einsicht in seine Personalakten (so auch *BAG*, 23. 2. 1984 – 6 ABR 22/81,
EzA § 82 BetrVG 1972 = AP Nr. 2 zu § 82 BetrVG 1972 = DB 1984, 2098). In
diesem Fall muss der Dienstgeber dem Antrag auf Einsicht in eine Personalakte ohne weitere Prüfungsmöglichkeit entsprechen, wenn die MAV durch
ihren Vorsitzenden oder ein dazu beauftragtes Mitglied unter Vorlage einer
schriftlichen Zustimmungserklärung des Mitarbeiters Einblick in dessen Personalakte fordert. Eines besonderen konkreten Anlasses bedarf es dazu nicht.
Auch der betroffene Mitarbeiter hat ein **jederzeitiges Einsichtsrecht** in alle
Personalakten, die über ihn geführt werden (*BAG*, 17. 3. 1970 – 5 AZR 263/69
– EzA § 611 BGB Fürsorgepflicht Nr. 9 = DB 1970, 886).»Geheime« Personalakten sind unzulässig (*BVerwG*, NJW 1963, 124). Dass dieses Recht auf jederzeitige Einsichtnahme in die Personalakten nicht rechtsmissbräuchlich
ausgeübt werden darf, ist selbstverständlich.
Der **Begriff »Personalakte«** ist dahingehend zu definieren, dass es sich dabei 52
und eine systematische Sammlung von Unterlagen über einen bestimmten
Mitarbeiter handelt – ohne Rücksicht auf die Stelle, an der dieses Material
gesammelt wird, auf ihre Form und das dazu verwandte Aufzeichnungsmaterial. Daher fallen auch die in nicht offenen, also insbesondere elektronischen
Datenbanken gespeicherten Personaldaten, auf die der Dienstgeber jederzeit
zurückgreifen und sie abfragen kann, unter den Begriff »Personalakte«. Dabei
dürfen solche Personalakten nur Angaben enthalten, an denen der Arbeitgeber ein sachliches Interesse hat (*BAG*, 28. 3. 1979 – 5 AZR 80/77, AP Nr. 3
zu § 75 BPersVG = DB 1979, 1703).
Zu den Bewerbungsunterlagen Einzustellender wird auf § 34 Abs. 3 verwie- 53
sen.

6. Sonstige Unterlagen

Außer den oben namentlich genannten Unterlagen hat der Dienstgeber mit 54
Rücksicht auf die Beteiligungsrechte der MAV nach §§ 29 ff. u. a. vorzulegen
– die bei ihm verwendeten Arbeitsvertragsordnungen – auch unter Berücksichtigung von Art. 7 Abs. 1 GrO- und Arbeitsvertragsmuster,
– Personalfragebögen,
– Gestellungsverträge,
– Verträge mit Verleihern von Arbeitnehmern,
– die Unterlagen über vom Dienstgeber betriebene Sozialeinrichtungen für
die Einrichtung,

§ 26

– die Verzeichnisse über an Mitarbeiter zu vergebende Wohnungen und Bewerberlisten.
55 Dazu kommen nach Maßgabe von § 27 erforderliche Informationen, z. B. über Betriebsübergänge, Aufteilung, Zusammenlegung, Verlegung, Schließung von Einrichtungen oder Teilen von ihnen; über Mitarbeiterbefragungen (*BAG*, 8. 6. 1999 – 1 ABR 28/97, NZA 1999 S. 1345).

7. Datenschutz

56 Der Anspruch der MAV auf Vorlage von Unterlagen ist weder durch die Anordnung über den kirchlichen Datenschutz (KDO) noch durch Bundesdatenschutzgesetz (BDSG) eingeschränkt, weil die MAV wegen fehlender Rechtspersönlichkeit nicht Dritter im Sinne der datenschutzrechtlichen Bestimmungen (vgl. § 1 Abs. 2 KDO) ist (*Fachet*, Datenschutz in der katholischen Kirche, S. 296). Umgekehrt hat die MAV ein Recht, gemäß § 26 Abs. 2 S. 1 auf die mitbestimmungsfreie Personaldatenverarbeitung gerade im Hinblick auf vorzulegende Unterlagen und vom Dienstgeber zu erteilende Informationen Einfluss zu nehmen. Insoweit ersetzt auf dem Gebiete der MAVO § 26 Abs. 2 S. 1 die Rechte, die sonst dem Betriebsrat nach § 80 Abs. 1 Nr. 1 BetrVG (*Richardi/Thüsing*, in: Richardi, BetrVG 8. Aufl. § 80 Rz 8) oder dem Personalrat nach § 68 Abs. 1 Nr. 2 BPersVG (*Grabendorff/Windscheid/Ilbertz/Widmaier*, BPersVG § 68 Rz 10) zustehen (siehe dazu ausdrücklich: § 26 Abs. 3 Nr. 9 MAVO Freiburg, Amtsblatt der Erzdiözese Freiburg 1997 S. 227 ff.; § 26 Abs. 3 Nr. 3 MAVO Rottenburg-Stuttgart, Kirchl. Amtsblatt Rottenburg-Stuttgart 1997, S. 562 ff.). Der Schutz personenbezogener Daten ergibt sich kirchlicherseits aus der KDO und dem CIC (can. 220, 983, 1388) und Art. 9 RK. Nicht zu verkennen ist die Regelungslücke des Verhältnisses des Datenschutzbeauftragen zur MAV (so auch im BDSG das ungeregelte Verhältnis des Datenschutzbeauftragten zum Betriebsrat: *BAG*, 11. 11. 1997 – 1 ABR 21/97, AR-Blattei ES 110 Nr. 53).
Der Anspruch der MAV nach § 26 Abs. 2 S. 1 ist spezialgesetzlich geregelt mit der Folge, dass diese Vorschrift den Bestimmungen von KDO (§ 1 Abs. 3 KDO) und staatlichen Rechtsvorschriften vorgeht. Die Vorschrift des § 26 Abs. 2 S. 1 stellt insoweit eine Datenübermittlung erlaubende Rechtsvorschrift im Sinne des § 3 Abs. 1 Nr. 1 KDO dar (vgl. auch § 4 Abs. 1 BDSG) ebenso für die Verpflichtung des Dienstgebers zur Offenlegung der Sozialdaten vergleichbarer Mitarbeiter nach § 1 Abs. 3 S. 1 KSchG (*BAG*, 24. 3. 1983 – 2 AZR 21/82, EzA § 1 KSchG Betriebsbedingte Kündigung Nr. 21 – DB 1983 S. 1822).

57 Allerdings ist ein **Anspruch der MAV, sich selbst personenbezogene Daten der Mitarbeiter in einer eigenen Datenbank zu speichern, abzulehnen** (*BVerwG*, 4. 9. 1990 – 6 P 28/87, PersV 1991 S. 375 = ZTR 1991 80, weil die KDO ebenso wie das BDSG auch zum **Schutz der Mitarbeiter** erlassen ist (vgl. *BAG*, 11. 11. 1997 – 1 ABR 21/97, AR-Blattei ES 110 Nr. 53). Das gilt sowohl für die Speicherung »allgemeiner« Personaldaten als auch »spezieller« Daten wie Funktion und Bewertung einer Stelle, um etwa Eingruppierungsentscheidungen des Dienstgebers überprüfen zu können. Es soll nicht bestritten werden, dass die Speicherung allgemeiner Personaldaten für eine MAV zweckmäßig sein kann. Auf die »Zweckmäßigkeit« der Speicherung solcher Daten kommt es aber für ihre Zulässigkeit nicht an, wenn die MAV vom Dienstgeber Einsicht

in die bei ihm gespeicherten Daten fordert und ihr diese Einsicht (oder ein Abdruck) der gespeicherten allgemeinen Daten gewährt wird.
Für die Erhebung spezieller Daten durch die MAV fehlt es an einer Rechts- **58** grundlage in der KDO, in der MAVO und letztlich mit Blick auf die auch gemäß § 1 Abs. 3 KDO zu beachtende staatliche Gesetzeslage (etwa BDSG und BetrVG) für den Betriebsrat; das BDSG gilt auch für die Datenverarbeitung durch die Betriebsräte. Allerdings besteht insoweit nicht die Kontrollbefugnis des betrieblichen Datenschutzbeauftragten (§§ 4 f und 4 g BDSG; *BAG*, a. a. O.). Besonders sensibler Schutzbereich sind (digitale) **Telefonanlagen** in den Verwaltungsbüros. Denn hier können extern (bei Anschluss an das öffentliche ISDN-Netz) und innerhalb der kirchlichen Stelle umfangreiche personenbezogene Dateien entstehen, die Hinweise auf das Kommunikationsverhalten der Gesprächsteilnehmer geben. Deshalb ist unter Beteiligung der MAV (§ 36 Abs. 1 Nr. 9) verbindlich festzulegen, welche Leistungsmerkmale aktiviert, welche Daten gespeichert und wie bzw. von wem sie ausgewertet werden. Die Mitarbeiter sollten über den Umfang dieser Datenverarbeitung unterrichtet werden.

8. Streitigkeiten

Die **Verletzung der Vorlagepflicht von Unterlagen** durch den Dienstgeber **59** kann nach § 41 Abs. 1 Nr. 5 auch schon bei einem einmaligen Verstoß Anlass zu einem Schlichtungsverfahren sein (vgl. § 41 Rz 27). In diesem Schlichtungsverfahren kann nur der schuldhafte Verstoß des Dienstgebers nachträglich festgestellt werden.
Auf diese Feststellung allein ist aber die MAV nicht mehr angewiesen. Sie kann nach § 41 Abs. 2 – bis zum Inkrafttreten eines kirchlichen Arbeitsgerichtsgesetzes – auch auf Leistung gegen den Dienstgeber klagen. Der Streit um die Vorlagepflicht ist eine »sonstige Rechtsstreitigkeit mitarbeitervertretungsrechtlicher Art« im Sinne des § 41 Abs. 2.
Die MAV könnte daher im Wege einer **Leistungsklage** z. B. gegen den Dienst- **60** geber die Vorlage eines Stellenplanes (§ 26 Rz 35) oder die Offenlegung von Verträgen mit Drittunternehmen bei Werkverträgen mit freien Mitarbeitern (§ 27 Rz 6) geltend machen. Die Erhebung einer Leistungsklage nach § 41 Abs. 2 ist deswegen der schnellere und effizientere Weg Vorlageansprüche gegen den Dienstgeber geltend zu machen.

V. Allgemeine Aufgaben der Mitarbeitervertretung (§ 26 Abs. 3)

Als Ergänzung und unabhängig von den in § 27ff. festgelegten Informations- **61** und Beteiligungsrechten der MAV gesteht § 26 Abs. 3 der MAV die in § 26 Abs. 3 Nr. 1–8 festgelegten **allgemeinen Aufgaben** zu. Diese allgemeinen Aufgaben hat die MAV unabhängig davon zu erfüllen, ob ihr ein besonderes Beteiligungsrecht eingeräumt worden ist. In diesen **abschließend formulierten allgemeinen Aufgaben** hat die MAV ein **Initiativrecht**. Sie kann im Rahmen der vertrauensvollen Zusammenarbeit von sich aus an den Dienstgeber herantreten, um Informationen und Vorlage der für die Klärung des Sachverhaltes erforderlichen Unterlagen bitten (§ 26 Rz 28) und Anregungen geben. Die MAV ist demnach nicht auf ein Tätigwerden des Dienstgebers angewiesen.

§ 26

1. Antragsrecht (§ 26 Abs. 3 Nr. 1)

62 Die MAV hat ein eigenes Antragsrecht für alle Maßnahmen, die der Einrichtung und ihren Mitarbeitern dienen. Damit wird nochmals das Initiativrecht der MAV im Rahmen der vertrauensvollen Zusammenarbeit mit dem Dienstgeber hervorgehoben. Die MAV kann damit alle Maßnahmen beantragen, die diesem Zweck dienen, auch wenn sie kein besonderes Beteiligungsrecht nach §§ 29 ff. hat.

63 Diesem Antragsrecht der MAV steht die **Pflicht des Dienstgebers** gegenüber, zu den Anträgen der MAV Stellung zu nehmen, sich mit den beantragten Maßnahmen auseinander zu setzen und sie mit der MAV zu erörtern, notfalls auf gemeinsamen Sitzungen und Gesprächen (§ 39). Allerdings ist diese Pflicht des Dienstgebers auf Angelegenheiten beschränkt, die überhaupt in die Zuständigkeit der MAV fallen. Der Dienstgeber kann ein Eingehen auf Anregungen der MAV verweigern, wenn sich ihr Begehren nicht in den Aufgaben- und Beteiligungsbereich der MAV einordnen lässt.

2. Behandlung von Anregungen und Beschwerden von Mitarbeitern (§ 26 Abs. 3 Nr. 2)

64 Diese Bestimmung spricht von der Behandlung nicht nur von Anregungen, sondern auch Beschwerden der Mitarbeiter. Der Begriff »Anregung« steht dabei für Vorschläge von Mitarbeitern. »Beschwerde« ist eine Rüge über eine individuelle Benachteiligung, eine ungerechte Behandlung oder eine sonstige, nachhaltige Benachteiligung eines Mitarbeiters durch den Dienstgeber. Dabei kommt es auf den subjektiven Standpunkt des Mitarbeiters an, der sich benachteiligt fühlt und sich deshalb bei der MAV beschwert. Umstritten ist dabei, ob ein Mitglied der MAV zur Klärung von Anregungen und Beschwerden der Mitarbeiter ein **Zugangsrecht zum Arbeitsplatz** des Mitarbeiters ohne Einvernehmen des Dienstgebers hat. Richtigerweise steht dem Dienstgeber zu, zu verlangen, dass ihn die MAV unterrichtet, an welchem Arbeitsplatz und zu welchem Zeitpunkt MAV-Mitglieder Gespräche mit Mitarbeitern führen. Daher räumt die Rechtsprechung des *BVerwG* (9. 3. 1990 – 6 P 15.88, PersVG 1990, 315) entgegen der Rechtsprechung des *BAG* (23. 6. 1983 – 6 ABR 65/80, AP Nr. 45 zu § 37 BetrVG 1972 = DB 1983, 2419) dem Dienstgeber gegen das Aufsuchen eines Mitarbeiters ein – eng begrenztes – Widerspruchsrecht ein. Nur wenn ernste Störungen des Arbeits- und Betriebsablaufes zu befürchten sind, kann der Dienstgeber dem Aufsuchen eines Mitarbeiters am Arbeitsplatz widersprechen.

65 Bei einem **Personalgespräch mit dem Mitarbeiter** besteht weder aus § 26 Abs. 1 noch aus § 26 Abs. 3 Nr. 2 ein originärer Rechtsanspruch eines MAV Mitgliedes auf Teilnahme (so auch *BAG,* 23. 2. 1984 – 6 ABR 22/81, AP Nr. 2 zu § 82 BetrVG 1972 = EzA § 82 BetrVG 1972 Nr. 2 = DB 1984, 2098, *Schlichtungsausschuss Evang. Landeskirche Baden,* 27. 11. 1990 – 18/90, ZMV 1991, 67).

66 Die MAV hat die Anregung bzw. die Beschwerde entgegenzunehmen und sich mit ihr zu befassen. Kommt sie nach ihrer sorgfältigen Prüfung zu der Überzeugung, dass sie berechtigt erscheinen, muss die MAV den Sachverhalt dem Dienstgeber vortragen und auf eine Erledigung hinwirken. Soweit dazu die Vorlage oder die Einsicht in Unterlagen notwendig ist, die dem Dienstgeber zur Verfügung stehen, gilt § 26 Abs. 2 S. 1 (Rz 27 ff.). Jedenfalls besteht inso-

§ 26

weit für die Behandlung von Anregungen und Beschwerden ein Initiativrecht der MAV, die verpflichtet ist, den Mitarbeiter über die von ihr eingeleiteten Maßnahmen zu unterrichten und ihm das Ergebnis ihrer Verhandlungen mit dem Dienstgeber mitzuteilen (§ 27 Abs. 2 3. Spiegelstrich).

Die Behandlung von Beschwerden und Streitigkeiten **unter Mitarbeitern** gehört nicht zu den gesetzlichen Aufgaben der MAV. Sie könnte zwar von den Beteiligten um Vermittlung gebeten werden. Sie kann jedoch weder von sich aus noch auf die Bitte eines Beteiligten zur Schlichtung tätig werden. Ein eigenes Entscheidungsrecht hat die MAV in solchen Auseinandersetzungen nicht. 67

Beschwert sich ein Mitarbeiter bei der MAV über gegen ihn gerichtetes **Mobbing** (dazu: *Lorenz*, Mobbing am Arbeitsplatz, ZMV 2001 S. 261 und ZMV 2002 S. 15), hat die MAV dem nachzugehen und beim Dienstgeber sich für Abhilfe einzusetzen. Denn Mobbing ist eine Beeinträchtigung erheblicher Art, durch »das die Mobbingopfer unter den **Psychoterror** von Vorgesetzten oder Kollegen gesetzt wird, indem »fortgesetzte, aufeinander aufbauende oder ineinander übergreifende, der Anfeindung, Schikane oder Diskriminierung dienende Verhaltensweisen« an den Tag gelegt werden, »die nach Art und Ablauf einer übergeordneten, von der Rechtsordnung nicht gedeckten Zielsetzung förderlich sind und jedenfalls in ihrer Gesamtheit das allgemeine **Persönlichkeitsrecht** oder andere ebenso geschützte Rechte wie die **Ehre** oder die **Gesundheit** des Betroffenen verletzen« (*LAG Thüringen*, 10. 4. 2001 – 5 Sa 403/2000, ZMV 2001, 150 = BB 2001, 1358; Anmerkung: *Aigner*, Rechtsschutz gegen Mobbing verstärkt, BB 2001, 1354; vgl. *LAG Schleswig-Holstein*, DB 2002, 1056). 68

Trotz des Beschwerderechts bei der MAV handelt es sich für das Mobbingopfer um ein Individualrecht aus dem zugrunde liegenden Arbeitsverhältnis (Kirchliches Amtsblatt Rottenburg-Stuttgart 2003 S. 621), so dass der Betroffene sich bei fehlender Abhilfe in der Einrichtung an das Arbeitsgericht zu wenden hat. Auf die Existenz einer MAV kommt es letztlich nicht an (*Richardi*, BetrVG, 8. Aufl. 2002 § 84 Rz 2, 6). Der **Kreis der beschwerdefähigen Angelegenheiten** ist umfassend. In Betracht kommen u. a. 69
– ausländerfeindliches Verhalten,
– sexuelle Belästigung am Arbeitsplatz,
– Nichterfüllung eines Rechtsanspruchs.

Keine Rolle spielt, ob die Beeinträchtigung vom Dienstgeber, seinen vorgesetzten Mitarbeitern oder von den Arbeitnehmerkollegen der Einrichtung ausgeht (*Richardi*, a. a. O. Rz 6 ff.). 70

3. Förderung der Eingliederung und der beruflichen Entwicklung schwerbehinderter und anderer schutzbedürftiger Mitarbeiterinnen und Mitarbeiter (§ 26 Abs. 3 Nr. 3)

Als besondere Pflicht der Mitarbeitervertretung ist in § 26 Abs. 3 Nr. 3 hervorgehoben die besondere Förderung für schwerbehinderte, andere schutzbedürftige und ältere Mitarbeiter. Zu dem Aufgabengebiet, welches die MAV aus eigenem Antrieb und mit eigenen Anregungen und Vorschlägen (vgl. § 32 Abs. 1 Nr. 4) aufgreifen und dem Dienstgeber vortragen kann, gehören 71

§ 26

- schwerbehinderte Menschen (§ 2 Abs. 2, §§ 68 ff., §§ 81 ff. SGB IX), insbesondere auch
- den schwerbehinderten Menschen Gleichgestellte (§ 2 Abs. 3 SGB IX),
- chronisch Kranke,
- Sozialhilfeempfänger (§§ 19, 20 BSHG),
- Schwangere (vgl. dazu: MuSchG),
- ehemalige Strafgefangene,
- Aussiedler,
- Flüchtlinge,
- Jugendliche (vgl. JArbSchG); siehe Rz 80 ff.

72 Die MAV hat bei der Wahrnehmung ihrer Beteiligungsrechte (z. B. § 29, §§ 30–31) ihre Vorstellungen konkret einzubringen, um ihrer Förderungspflicht gerecht zu werden; sie hat ein Recht dazu. Daraus folgt z. B. die Förderung der Einstellung von schwerbehinderten Menschen im Zusammenwirken mit der Schwerbehindertenvertretung (§§ 28 a, § 46, § 34 MAVO; § 27 Rz 22 f.; § 122 SGB IX). Gemäß § 99 SGB IX arbeiten Dienstgeber bzw. Arbeitgeber, Beauftragter des Arbeitgebers (§ 98 SGB IX), Vertrauensperson der schwerbehinderten Menschen und MAV (vgl. § 1 Abs. 4 ArbSchG) eng zusammen. Auf die Ausführungen zu § 26 Abs. 3 Nr. 5 wird hingewiesen (Rz 75 ff.).

73 Die Eingliederung und berufliche Entwicklung älterer Mitarbeiter und Mitarbeiterinnen gelingt nur, wenn diese Personen mit der Entwicklung in den Berufszweigen vertraut gemacht werden, insbesondere mit den technischen Entwicklungen, um Fuß zu fassen. Dazu gehört auch die Mitberatung bei der Auswahl der Teilnehmer an beruflichen Fort- und Weiterbildungsmaßnahmen (§ 29 Abs. 1 Nr. 6).

4. Eingliederung ausländischer Mitarbeiter in die Einrichtung (§ 26 Abs. 3 Nr. 4)

74 Die Eingliederung von Ausländern ist ebenso wie die gemäß § 26 Abs. 3 Nr. 3 Aufgabe des Dienstgebers. Die MAV wirkt jedoch mit. Es geht um ausländische Mitarbeiter (vgl. §§ 284 ff. SGB III; Verordnung über die Arbeitsgenehmigung für ausländische Arbeitnehmer; § 5 Arbeitsaufenthaltsverordnung) und ihre Eingliederung in die Einrichtung durch Förderung des Verständnisses zwischen ihnen und den anderen Mitarbeitern und Mitarbeiterinnen. Dazu gehören u. a. Asylanten (vgl. Asylverfahrensgesetz), wenn sie arbeiten dürfen. Nach EG-Recht ist zu unterscheiden zwischen EU-Bürgern (Art. 17, 39 EG-Vertrag Amsterdamer Fassung) und anderen Ausländern (vgl. VO – EWG-Nr. 1612/68 über die Freizügigkeit der Arbeitnehmer innerhalb der Gemeinschaft; § 2 Abs. 2 Ausländergesetz, Aufenthaltsgesetz/EWG.) Die Praxis zeigt, dass ausländische Mitarbeiter in den Einrichtungen kirchlicher Träger beschäftigt werden. Ihre Integration gelingt, wenn die sprachliche Verständigung möglich ist und die MAV sich dieser Mitarbeiter besonders annimmt. Dazu hat sie durch ihre Beteiligungsrechte nach MAVO konkrete Gelegenheit.

5. Berufliche Förderung schwerbehinderter Mitarbeiter und Mitarbeiterinnen (§ 26 Abs. 3 Nr. 5)

a. Freie Arbeitsplätze

Gemäß § 81 Abs. 1 SGB IX sind die Arbeitgeber verpflichtet zu prüfen, ob 75
freie Arbeitsplätze mit schwerbehinderten Menschen besetzt werden können. Dazu ist die Kontaktnahme mit dem Arbeitsamt (jetzt: Agentur für Arbeit) geboten. Über das Ergebnis wird die Schwerbehindertenvertretung und die MAV unterrichtet.

b. Integrationsvereinbarung

Der Dienstgeber /Arbeitgeber trifft mit der Schwerbehindertenvertretung 76
und der MAV in Zusammenarbeit mit seinem Beauftragten (§ 98 SGB IX) eine verbindliche Integrationsvereinbarung (§ 83 Abs. 1 SGB IX). Ist eine Schwerbehindertenvertretung nicht vorhanden, steht der MAV nach staatlichem Recht i. V. m. § 26 Abs. 1 S. 2 MAVO ein Antragsrecht auf Verhandlung zu. Dazu kann das Integrationsamt zur Beteiligung an der Integrationsvereinbarung eingeladen werden. Die Vereinbarung enthält Regelungen im Zusammenhang mit der Eingliederung schwerbehinderter Menschen, insbesondere zu
– Personalplanung unter Berücksichtigung von Frauen,
– Arbeitsplatzgestaltung,
– Gestaltung des Arbeitsumfeldes,
– Arbeitsorganisation,
– Arbeitszeit,
– Regelungen über die Durchführung in den Dienststellen und Einrichtungen (§ 83 Abs. 2 SGB IX).

c. Rechte schwerbehinderter Menschen

Werden schwerbehinderte Menschen beschäftigt, hat der Dienstgeber gemäß 77
§ 81 Abs. 2 SGB IX jegliche Benachteiligung dieser Personen zu vermeiden, soweit sachliche Gründe keine abweichende Behandlung zulassen. Die schwerbehinderten Menschen haben gemäß § 81 Abs. 4 SGB IX gegenüber ihren Arbeitgebern (Dienstgebern) Anspruch auf ihren Fähigkeiten entsprechende Tätigkeit, bei der sie ihre Fähigkeiten und Kenntnisse möglichst voll verwerten und weiter entwickeln können. Sie haben Anspruch auf bevorzugte Berücksichtigung bei innerbetrieblichen Maßnahmen der beruflichen Bildung zur Förderung ihres beruflichen Fortkommens und Erleichterung im zumutbaren Umfang zur Teilnahme an außerbetrieblichen Maßnahmen der beruflichen Bildung. Die Teilnahme an außerbetrieblichen Bildungsmaßnahmen muss ihnen vom Dienstgeber in zumutbarem Umfang ermöglicht werden, etwa durch Befreiung von der Arbeit mit oder ohne Fortzahlung der Vergütung, durch Übernahme von Lehrgangs- und Reisekosten. Verletzt der Dienstgeber schuldhaft seine gesetzliche Pflicht zu einer angemessenen Beschäftigung eines Schwerbehinderten, ist er zum Schadensersatz verpflichtet. Es gehört zu den allgemeinen Aufgaben der MAV, dem Dienstgeber sachgerechte Hinweise über den Einsatz und die berufliche Förderung schwerbehin-

§ 26

derter Mitarbeiter zu geben. Zur Zusammenarbeit mit der Vertrauensperson der schwerbehinderten Menschen siehe § 46.

78 Die schwerbehinderten Menschen haben Anspruch auf behinderungsgerechte Einrichtung und Unterhaltung der Arbeitsstätten, Betriebsanlagen, Maschinen und Geräte sowie die Gestaltung der Arbeitsplätze, des Arbeitsumfeldes, der Arbeitsorganisation und der Arbeitszeit, Ausstattung ihres Arbeitsplatzes mit den erforderlichen technischen Arbeitshilfen unter Berücksichtigung der Behinderung und ihrer Auswirkungen auf die Beschäftigung.

d. Teilzeitarbeitsplätze

79 Gemäß § 81 Abs. 5 SGB IX fördert der Dienstgeber die Einrichtung von Teilzeitarbeitsplätzen. Unterstützung erhält er dabei von den Integrationsämtern. Schwerbehinderte Menschen haben einen Anspruch auf Teilzeitbeschäftigung, wenn die kürzere Arbeitszeit wegen Art oder Schwere der Behinderung notwendig ist. Allerdings ist der Anspruch eingeschränkt, nämlich wenn für den Dienstgeber die Erfüllung nicht zumutbar ist oder mit unverhältnismäßigen Aufwendungen verbunden wäre oder soweit staatliche oder berufsgenossenschaftliche Arbeitsschutzvorschriften entgegenstehen.

6. Zusammenarbeit mit dem Sprecher der Jugendlichen und Auszubildenden (§ 26 Abs. 3 Nr. 6)

80 Der Sprecher der Jugendlichen und der Auszubildenden vertritt die
– Jugendlichen unter 18 Jahren und
– Auszubildenden unter 25 Jahren (§ 43).

81 Er hat im Rahmen des § 45 Abs. 1 Nrn. 1 bis 3 besondere Befugnisse der MAV gegenüber, wenn Angelegenheiten von solchen Mitarbeitern anstehen und von der MAV beraten werden. Insoweit wird auf § 45 Rz 2 ff. verwiesen.

82 Die Verpflichtung zur Zusammenarbeit zwingt die MAV, Angelegenheiten der Auszubildenden und Jugendlichen (vgl. § 7 Abs. 1 Nr. 2 SGB VIII) nicht ohne ihren Sprecher oder ihre Sprecherin zu beraten und zu entscheiden. Das gilt auch, wenn der Sprecher oder die Sprecherin nicht ausdrücklich von ihren Rechten aus § 45 Abs. 1 Nr. 1 Gebrauch machen. Die MAV hat also vom Sprecher aus eigenem Interesse und aus der ihr auferlegten Pflicht in diesen Angelegenheiten Vorschläge und Stellungnahmen anzufordern und ihm die Möglichkeit zur Mitberatung und Mitentscheidung (§ 45 Abs. 1 Nr. 2) einzuräumen. Das bewusste Übergehen des Sprechers in diesen Angelegenheiten ist eine grobe Verletzung der Befugnisse und Pflichten der MAV im Sinne des § 13 Abs. 3 Nr. 6). Sanktionen sind: der Ausschluss des verantwortlichen Mitgliedes der MAV (§ 13 c Nr. 5) oder Amtsenthebung der MAV im Wege einer Entscheidung im Schlichtungsverfahren (§ 13 Abs. 3 Nr. 6, § 13 c Nr. 5 i. V. m. § 41 Abs. 1 Nr. Nr. 3).

7. Einsatz auf den Gebieten Arbeitsschutz, Unfallverhütung und Gesundheitsförderung (§ 26 Abs. 3 Nr. 7)

a. Vorbemerkung

83 Zu unterscheiden ist zwischen der Vorschrift des § 26 Abs. 3 Nr. 7 und der Vorschrift des § 36 Abs. 1 Nr. 10 nebst § 37 Abs. 1 Nr. 10 und § 38 Abs. 1 Nr. 10. In

der letztgenannten Regelungsgruppe geht es um die Beteiligung der MAV an zur Verhütung von Dienst- und Arbeitsunfällen und sonstigen Gesundheitsschädigungen (siehe dort).

b. Die Rolle der MAV gemäß § 26 Abs. 3 Nr. 7

§ 26 Abs. 3 Nr. 7 weist der MAV den »Einsatz für die Durchführung« von Arbeitnehmerschutzvorschriften zu, ohne selbst mit der Durchführung dieser Aufgabe betraut zu sein. Der Einsatz für die Durchführung der Vorschriften macht aber nur Sinn, wenn die MAV sich vergewissert hat, ob und welche Arbeitnehmerschutzvorschriften vom Dienstgeber zu beachten sind und gegebenenfalls nicht beachtet wurden. Die MAV hat daher ein Recht auf Unterrichtung, was der Dienstgeber auf den Gebieten von Arbeitsschutz, Unfallverhütung und Gesundheitsförderung veranlasst hat; sie hat ein Recht zur Überprüfung, ob der Dienstgeber alle einschlägigen gesetzlichen Bestimmungen und Verordnungen (vgl. z. B. Betriebssicherheitsverordnung; dazu: *Wilrich*, DB 2002, 1553) – auch bezogen auf Einzelfälle – beachtet (z. B. Auslegung der Arbeitsschutzbestimmungen). Hilfreich ist dabei u. a. die Zusammenarbeit mit der Berufsgenossenschaft (vgl. *Thiel*, ZMV 1995, 106; ZMV 1996, 173). Durch die Wahrnehmung der Kontrollfunktion wird die MAV kein dem Dienstgeber übergeordnetes Kontrollorgan (*BAG*, 11. 7. 1972 – 1 ABR 2/72, EzA § 80 BetrVG 1972 Nr. 1 = DB 1972 S. 2020). Sie tritt nicht an die Stelle einer staatlichen Behörde, wie etwa das Amt für Arbeitsschutz. Die Überwachung und der Einsatz für Arbeitnehmerschutzvorschriften ist eine Aufgabe für Dienstgeber und MAV gemeinsam, die im Rahmen vertrauensvoller Zusammenarbeit zu vollziehen ist und den berechtigten Schutzbedürfnissen der Mitarbeiter und Mitarbeiterinnen dient. Einsatz ist also mehr als Überwachung; er setzt aktives Handeln zum Schutz der Mitarbeiter und Mitarbeiterinnen als unerlässlich voraus.

84

c. Geschützte Personen

Dieses aktive Handeln der MAV erfordert ihre sichere Kenntnis der gefährdeten oder schutzbedürftigen Mitarbeiter. Daher ist die Frage entscheidend, ob die MAV vom Dienstgeber eine **Unterrichtung über alle schutzbedürftigen Mitarbeiter** verlangen kann. Die MAV ist kein allgemeines Kontrollorgan des Dienstgebers. Ihr werden auch durch § 26 Abs. 3 Nr. 7 keine zusätzlichen Kontrollrechte auf dem dort genannten Gebiet des Arbeits- und Gesundheitsschutzes eingeräumt. Sie soll nur in die Lage versetzt werden, bei erkennbaren Gefahren für die Mitarbeiter sich aktiv für die Behebung gefährdender Zustände einzusetzen. Dazu ist sie auch berechtigt, den Betrieb zu begehen und die Mitarbeiter und Mitarbeiterinnen an ihrem Arbeitsplatz aufzusuchen. Das Bundesverwaltungsgericht hat in seinem Beschluss 6 P 30/70 vom 29. 8. 1990 (NJW 1991, 373 = PersV 1991, 78) ausdrücklich die Frage verneint, ob der Dienstgeber die **Schwangerschaft** einer Mitarbeiterin der Personalvertretung (MAV) auch dann mitteilen müsse, wenn diese ihre Einwilligung dazu nicht erteilt hat. Diese Entscheidung steht im Gegensatz zu dem Beschluss 1 ABR 6/67 des *BAG* vom 27. 2. 1968 (AP Nr. 1 zu § 58 BetrVG 1958 = DB 1968, 1224). Übereinstimmung besteht zwischen beiden Gerichten darüber, dass die Weitergabe persönlicher Daten und Lebenssachverhalte – wie z. B. das Bestehen einer Schwangerschaft ohne ausdrückliche Einwilligung der betroffenen Mit-

85

§ 26

arbeiterin – eine Beeinträchtigung des Persönlichkeitsrechts der Betroffenen darstellt. Während aber das *BAG* die Offenbarung auch ohne Einwilligung mit der Stellung des Betriebsrats als Organ der Betriebsverfassung bejaht, sieht das *BVerwG* Schwierigkeiten schon in der Tatsache, dass dem Personalrat (und auch der MAV) eben **kein allgemeines Kontrollrecht** des Dienstgebers zusteht. Zudem verdient nach seiner Auffassung das Persönlichkeitsrecht und das Selbstbestimmungsrecht der betroffenen Mitarbeiterin den Vorrang vor einer laufenden Unterrichtung des Personalrates (der MAV). Dieser zwischen den beiden obersten Bundesgerichten bestehende Gegensatz lässt sich nach § 26 MAVO nur auf dem Grundsatz vertrauensvoller Zusammenarbeit dadurch lösen, dass sich der Dienstgeber bei Kenntnis der Schwangerschaft einer Mitarbeiterin um ihre Einwilligung zur Weitergabe an die MAV bemüht. Bleibt die Mitarbeiterin bei ihrer Ablehnung, muss sich der Dienstgeber daran halten und kann die MAV nicht informieren (*Richardi/Thüsing*, BetrVG § 80 Rz 59). Diese vom *BVerwG* vertretene Auffassung ist für die Mitteilung einer bestehenden Schwangerschaft im Bereich der MAVO zutreffend.

86 Bei der Mitteilung der in der Einrichtung vorhandenen **schwerbehinderten Menschen** bestehen die gleichen Bedenken jedoch nicht. Das ist auch die Auffassung des *Schlichtungsausschusses Evangelische Landeskirche Baden* (4. 12. 1987 – 27/87, NZA 1988, 173) Rechtsgrundlage für diese Mitteilungspflicht ist aber hier auch nicht eine entsprechende Bestimmung der dort geltenden Mitarbeitervertretungsordnung. Denn § 80 Abs. 2 Satz 3 SGB IX legt ausdrücklich fest, dass der Arbeitgeber dem Betriebs- bzw. Personalrat, also auch der MAV, eine Abschrift der Anzeige an das Arbeitsamt (jetzt: Agentur für Arbeit) über die Beschäftigung von schwerbehinderten Menschen und das dazu gehörende Verzeichnis der schwerbehinderten Menschen auszuhändigen hat. Hier beruht die Aushändigungspflicht – im Gegensatz zum MuSchG – auf einer ausdrücklichen gesetzlichen Grundlage.

87 Im Übrigen gewähren die Rechte nach § 26 Abs. 3 Nr. 7 der MAV **keinen Rechtsanspruch** darauf, dass der Dienstgeber die nach Auffassung der MAV zweckmäßigen Maßnahmen auf dem Gebiete des Arbeitsschutzes, der Unfallverhütung und der Gesundheitsförderung so auch **durchzuführen** hat. Die MAV kann also nicht in einem Schlichtungsverfahren nach § 41 feststellen lassen, welche Ansprüche auf diesem Gebiete der einzelne Mitarbeiter hat und dass der Dienstgeber die Maßnahmen dann durchzuführen hat. Sie kann nur beim Dienstgeber die Nichtbeachtung der gesetzlichen Vorschriften rügen und auf Abhilfe drängen. Dabei geht § 26 Abs. 1 davon aus, dass der Dienstgeber bei berechtigten Beanstandungen auch für Abhilfe sorgt (*BAG*, 10. 6. 1986 – 1 ABR 59/84, EzA § 80 BetrVG 1972 Nr. 26 = AP Nr. 26 zu § 80 BetrVG 1972 = DB 1986, 2393, 2396).

d. Betriebsbeauftragte

88 Zu den Kontrollbefugnissen der MAV gehört auch, ob der Dienstgeber die gesetzlich geforderten Betriebsbeauftragten bestellt hat. Der Gesetzgeber ist mehr und mehr dazu übergegangen, die Einhaltung von gesetzlichen Schutzvorschriften nicht nur durch staatliche Überwachungstätigkeit sondern zusätzlich durch die Pflicht zur Bestellung von so genannten Betriebsbeauftragten zu erreichen, um die Arbeitnehmerinteressen über gleichsam innerbetriebliche Kontrollorgane wahrnehmen zu lassen, die sich auch gegen die

Interessen des Arbeitgebers richten können. Ähnlich wie die MAV nehmen die Betriebsbeauftragten grundsätzlich ein Amt wahr, dem ein schuldrechtlicher Vertrag zugrunde liegt. Ein besonderes Gesetz, das die Rechte und Pflichten aller Betriebsbeauftragten regelt, besteht nicht. Die einschlägigen Regelungen finden sich in verschiedenen Gesetzen, so u. a. für
– den Betriebsarzt in §§ 2 ff. ASiG,
– die Fachkraft für Arbeitssicherheit in §§ 5 ff. ASiG,
– den Arbeitsschutzausschuss in § 11 ASiG,
– den Sicherheitsbeauftragten in § 22 SGB VII,
– den betrieblichen Datenschutzbeauftragten gemäß kirchenrechtlichen Vorschriften gemäß Anordnung über den kirchlichen Datenschutz (KDO; dazu: *Fachet*, Datenschutz in der katholischen Kirche, S. 153 ff.),
– den Strahlenschutzbeauftragten in § 29 StrlSchV, § 13 Abs. 2 S. 1 RöV,
– den Beauftragten des Arbeitgebers für Angelegenheiten schwerbehinderter Menschen in § 98 SGB IX,
– den Bildungsbeauftragten in § 20 Abs. 4 BBiG.

8. Hinwirken auf frauen- und familienfreundliche Arbeitsbedingungen (§ 26 Abs. 3 Nr. 8)

Familie und Beruf der Mitarbeiterinnen und Mitarbeiter sollen durch familienfreundliche Arbeitsbedingungen zu ihrem Recht kommen. Auf besondere Belange für Frauen ist Rücksicht zu nehmen. Darauf hat die MAV beim Dienstgeber hinzuwirken. Hinwirken in diesem Sinne bedeutet, durch entsprechende Anregungen und Anträge an den Dienstgeber kann die MAV auf bestehende Defizite in diesen Fragen in der Einrichtung hinweisen und durch geeignete Vorschläge für die Beseitigung nachteiliger Arbeitsbedingungen für Frauen und Familien mitsorgen. 89

a. Grundsätzliches

Gemäß dem Gleichheitssatz des Art. 3 GG fördert der Staat die tatsächliche Durchsetzung der Gleichberechtigung von Frauen und Männern und wirkt auf die Beseitigung bestehender Nachteile hin (Art. 3 Abs. 2 S. 2 GG). Deshalb müssen Familientätigkeit und Erwerbstätigkeit aufeinander abgestimmt werden können, wozu rechtlicher Schutz bestehen muss (*BVerfGE* 88, 203 unter Hinweis auf Art. 3 Abs. 2 GG, Art. 6, 1, 2 GG). Gemäß Art. 141 EG-Vertrag hat jeder der EU-Staaten die Anwendung des Grundsatzes des gleichen Entgelts für Männer und Frauen sicher zu stellen. Eingeschärft wird dies durch die Richtlinien 75/117 EWG zur Angleichung der Rechtsvorschriften der Mitgliedstaaten über die Anwendung des Grundsatzes des gleichen Entgelts für Männer und Frauen vom 10. 2. 1975 und RL 76/207 EWG zur Verwirklichung des Grundsatzes der Gleichbehandlung von Männern und Frauen hinsichtlich des Zugangs zur Beschäftigung (*EuGH*, 4. 10. 2001 – Rs. C – 438/ 99, ZMV 2002, 35; *EuGH*, 4. 10. 2001 – Rs. C – 109/00, ZMV 2002, 39), zur Berufsbildung und zum beruflichen Aufstieg sowie in Bezug auf die Arbeitsbedingungen vom 9. 2. 1976. Die Umsetzung in das deutsche Recht erfolgte durch die §§ 611 a, 611 b und 612 Abs. 3 BGB. 90

§ 26

b. Einzelheiten

91 Nach § 611 a BGB darf ein Arbeitgeber einen Arbeitnehmer bei der Begründung eines Arbeitsverhältnisses, beim beruflichen Aufstieg, einer Weisung (Versetzung) oder einer Kündigung nicht wegen **seines Geschlechts benachteiligen.** Damit soll dem Grundrecht des Art. 3 Abs. 1II GG auch im Arbeitsvertragsrecht Geltung verschafft werden, dass niemand wegen seines Geschlechtes benachteiligt oder bevorzugt werden darf. Den Geschlechtern soll im Rahmen des Arbeitsvertragsrechtes Chancengleichheit eingeräumt werden. Die Rechtsfolgen wegen eines Verstoßes gegen das Diskriminierungsverbot sind durch das 2. GleiBG neu geregelt worden. § 611 a Abs. 2–5 BGB befassen sich mit den Schadensersatzansprüchen – auch der Höhe nach –, die auf einen schuldhaften (vorsätzlichen oder fahrlässigen) Verstoß des Arbeitgebers gegen dieses Diskriminierungsverbot gestützt werden können. Der Entschädigungsanspruch muss innerhalb einer Frist von zwei Monaten – in besonderen Fällen höchstens sechs Monaten – nach Zugang der Ablehnung geltend gemacht werden (§ 611 a Abs. 4 BGB). Machen mehrere Bewerber einen Anspruch wegen Benachteiligung nach § 611 a Abs. 2 BGB geltend, wird auf das Kappungsverfahren der Schadensersatzansprüche nach § 61 Abs. 2 ArbGG hingewiesen. Ein Anspruch auf Einstellung besteht nicht.

92 Für die Lohngleichheit von Mann und Frau gilt nach der ständigen Rechtsprechung des *BAG* (23. 9. 1992 – 4 AZR 30/92, AP Nr. 1 zu § 612 BGB Diskriminierung = DB 1993, 737), dass sowohl eine unmittelbare als auch eine mittelbare Diskriminierung der Frau nach Art. 119 EWG-Vertrag – jetzt: Art. 141 EG-Vertrag – verboten ist. Eine höhere Entlohnung von Männern ist nur dann zu rechtfertigen, wenn sie durch sachliche Gründe gerechtfertigt ist, die nicht auf das Geschlecht bezogen sind (*EuGH*, 21. 10. 1999 – Rs. C 333/97, DB 2000, 223).

93 Die Gesetzeslage ist vor allem für Frauen und ihre familienbezogenen Aufgaben durch das **Zweite Gleichberechtigungsgesetz (2. GleiBG) vom 24. 6. 1994** (BGBl. I, 1406) entscheidend verbessert worden. Art. 1 dieses Gesetzes enthält das Frauenförderungsgesetz (FFG), das zwar nur in den Bereichen der Bundesverwaltung und den Gerichten des Bundes gilt. Es gilt demnach nicht unmittelbar für die Einrichtungen der Kirchen. Es enthält jedoch wichtige Gesichtspunkte vor allem in seinem Abschnitt 2 (Förderungsmaßnahmen für Frauen), wie die Frauenförderung auch im kirchlichen Bereich gestaltet werden könnte. So ist alle drei Jahre ein Frauenförderplan zu erstellen (§ 4 FFG). Stellenausschreibungen für einen Arbeitsplatz dürfen nicht nur für Frauen oder Männer ausgeschrieben werden, es sei denn ein bestimmtes Geschlecht ist Voraussetzung für die Übernahme dieses Arbeitsplatzes (§ 6 FFG). § 611 b BGB, der auch im kirchlichen Bereich gilt, nimmt diese Ausschreibungsbestimmung in das allgemein geltende Arbeitsrecht auf. Im öffentlichen Dienst ist die Fortbildung von Frauen zu unterstützen (§ 8 FFG). Im Rahmen der gesetzlichen, tariflichen oder sonstigen Regelungen (KAVO, AVR) der Arbeitszeit und der dienstlichen Möglichkeiten sind im Einzelfall Beschäftigten mit Familienpflichten bei Bedarf geänderte tägliche oder wöchentliche Arbeitszeiten einzuräumen (§ 9 FFG). Dieser Grundsatz enthält eine allgemein gültige Regelung. Im Rahmen der dienstlichen Möglichkeiten und des Bedarfs hat der Dienstgeber für ein ausreichendes Angebot an Teilzeitarbeitsplätzen – auch bei Stellen mit Vorgesetzten- und Leitungsaufgaben –

§ 26

Sorge zu tragen (§ 10 FFG). Die Dienststelle hat durch geeignete Maßnahmen insbesondere den aus familiären Gründen beurlaubten Beschäftigten auf der einen Seite die Verbindung zum Beruf während der Beurlaubung, auf der anderen Seite aber auch den beruflichen Wiedereinstieg zu erleichtern (§ 11 FFG). Teilzeitbeschäftigung und familienbedingte Beurlaubung dürfen das berufliche Fortkommen nicht erschweren (§ 12 FFG). Auch die Bestellung einer Frauenbeauftragten in Dienststellen mit mindestens 200 Beschäftigten gehört zum Frauenprogramm nach §§ 15 ff. FFG.

Aus diesen Grundsätzen des FFG lassen sich auch für kirchliche Dienstgeber 94 und die MAV geeignete Anregungen und Anträge der MAV ableiten, die sie im Rahmen des § 26 Abs. 3 Nr. 8 dem Dienstgeber vorlegen und mit ihm darüber verhandeln kann.

Das Teilzeit- und Befristungsgesetz sowie Vorschriften über den Mutterschutz 95 und die Elternzeit (§§ 15 ff. BErzGG) räumen Rechtsansprüche im Sinne familienfreundlicher Arbeitsbedingungen ein.

Durch Art. 10 des 2. GleiBG ist das **Gesetz zum Schutz der Beschäftigten vor** 96 **sexueller Belästigung am Arbeitsplatz (BSchG)** v. 24. 6. 1994 (BGBl. 1, 1406) eingeführt worden. Es erfasst gleichermaßen Frauen und Männer. Es gilt auch in kirchlichen Einrichtungen. § 2 Abs. 1 BSchG ist ein Schutzgesetz zugunsten der Mitarbeiter im Sinne des § 823 Abs. 2 BGB. Nach § 2 Abs. 1 BSchG hat der Arbeitgeber/Dienstgeber dafür zu sorgen, dass seine Mitarbeiter vor sexuellen Belästigungen am Arbeitsplatz geschützt sind. Dieser Schutz umfasst auch vorbeugende Maßnahmen. Diese Schutzpflicht des Dienstgebers ist eine arbeitsvertragliche Nebenpflicht. Der Arbeitgeber hat im Einzelfall angemessene arbeitsrechtliche Maßnahmen – Abmahnung, Umsetzung, Versetzung oder Kündigung zu ergreifen (§ 4 Abs. 1 Nr. 1 BSchG). Ein erstes Beispiel aus der Rechtsprechung ist die fristlose Kündigung eines Mitarbeiters wegen sexueller Belästigung am Arbeitsplatz, den das *LAG Hamm* in seinem Urteil 6 Sa 730/96 vom 22. 10. 1996 (LAGE § 4 BSchG Nr. 1) entschieden hat.

§ 4 Abs. 1 Satz 1 Nr. 2 BSchG lässt alle Möglichkeiten zu einer Regelung nach 97 § 32 Abs. 1 Nr. 1 und Nr. 3 zu. Die Partner der Einrichtung können daher auf diesem Gebiet einrichtungsspezifische Regelungen über die Durchführung des BSchG treffen.

c. Kirchliche Regelungen

Der Bischof von Limburg hat mit Wirkung ab 1. Januar 2000 zunächst auf 98 sechs Jahre befristet die Ordnung zur Förderung der Gleichstellung von Männern und Frauen im Bischöflichen Ordinariat und seinen Dienststellen (Gleichstellungsordnung) erlassen, um verstärkt Frauen gemäß der Sendung der Kirche an der Gestaltung und Mitverantwortung teilhaben zu lassen gepaart mit der Verbesserung der Zugangs- und Aufstiegsbedingungen sowie der Arbeitsbedingungen für Frauen und die Förderung der Vereinbarkeit der Aufgaben in Familie und Beruf für Frauen und Männer (Amtsblatt des Bistums Limburg 2000 Nr. 191 S. 105). Vorangegangen waren im Jahr 1996 die Ordnung für die Beauftragte für Frauenförderung (Amtsblatt des Bistums Limburg 1996 S. 25, zuletzt geändert 1999, Amtsblatt des Bistums Limburg 2000 S. 107) und die Ordnung zur Wahrung der Würde von Frauen und Männern im Bistum Limburg durch besonderen Schutz vor sexueller Belästigung zur Ergänzung des staatlichen Beschäftigtenschutzgesetzes vom 25. 6. 1994 in

§ 27

seiner jeweils gültigen Fassung (Amtsblatt des Bistums Limburg 1996 Nr. 83 S. 43; siehe auch § 5 Rz 44 f.).

99 In verschiedenen Arbeitsvertragsordnungen ist der Rechtsanspruch auf Teilzeitarbeit mit Rücksicht auf die Kinder und die pflegebedürftigen sonstigen Angehörigen der Mitarbeiter eingeräumt. Aus denselben Gründen kann unentgeltlicher Sonderurlaub beantragt werden (vgl. etwa: §§ 14 b, 38 Abs. 2 KAVO; § 1 a der Anlage 5 und § 10 der Anlage 14 zu den AVR-Caritas; §§ 15 b, 50 ABD).

VI. Streitigkeiten

100 Gemäß § 41 Abs. 1 Nr. 5 i. V. m. § 26 Abs. 2 kann die MAV die Schlichtungsstelle bei einem Verstoß des Dienstgebers gegen seine Pflicht, der MAV die für ihre Arbeit erforderlichen Unterlagen vorzulegen, anrufen. Das gilt z. B. für die Beratungsergebnisse von Projektgruppen einer Dienststelle, in denen Einsparungen im Personalbereich behandelt worden sind (*Schlichtungsstelle Aachen*, 24. 3. 1993 – 06/1997 – MAVO, ZMV 1998 S. 235). Gemäß § 41 Abs. 2 kann die Schlichtungsstelle in allen sonstigen Rechtsstreitigkeiten mitarbeitervertretungsrechtlicher Art angerufen werden, wenn z. B. ein Verstoß gegen das Gebot der vertrauensvollen Zusammenarbeit zwischen Dienstgeber und MAV vorliegt (*Schlichtungsstelle Köln*, 21. 9. 1995 – MAVO 7/95, ZMV 1996 S. 95). Dabei ist aber zu beachten, dass nicht jeder einfache Verstoß gegen den Grundsatz der vertrauensvollen Zusammenarbeit der Nachprüfung durch die Schlichtungsstelle zugänglich ist; es muss sich um einen beachtlichen, die Zusammenarbeit stark belastenden, schuldhaften Verstoß eines Partners der MAVO handeln. Persönliche Streitigkeiten eines einzelnen Mitgliedes der MAV mit dem Dienstgeber, welche die Arbeit der MAV aber nicht tangieren, reichen für einen Antrag an die Schlichtungsstelle allerdings nicht aus (*Schlichtungsstelle Köln*, wie vor unter Hinweis auf § 23 BetrVG).

§ 27 Information

(1) Dienstgeber und Mitarbeitervertretung informieren sich gegenseitig über die Angelegenheiten, welche die Dienstgemeinschaft betreffen. Auf Wunsch findet eine Aussprache statt.

(2) Der Dienstgeber informiert die Mitarbeitervertretung insbesondere über
- **Stellenausschreibungen,**
- **Änderungen und Ergänzungen des Stellenplanes,**
- **Behandlung der von der Mitarbeitervertretung vorgetragenen Anregungen und Beschwerden,**
- **Bewerbungen von schwerbehinderten Menschen und Vermittlungsvorschläge nach § 81 Abs. 1 Satz 4 SGB IX.**

Inhaltsübersicht

	Rz
I. Gegenseitige Informationspflicht	1–23
1. Gegenseitigkeit (§ 27 Abs. 1)	1–3

2. Informationen mit näherem Inhalt (§ 27 Abs. 2)	4–23
a. Informationen über Stellenausschreibungen	6–10
b. Änderungen und Ergänzungen des Stellenplanes	11–20
c. Behandlung der von der MAV vorgetragenen Anregungen und Beschwerden	21
d. Informationen über Bewerbungen von schwerbehinderten Menschen und Vermittlungsvorschläge nach § 81 Abs. 1 S. 4 SGB IX	22–23
II. Erfüllung der Informationspflicht durch den Dienstgeber	24
III. Sanktionen gegen den Dienstgeber wegen Verstößen gegen § 27 Abs. 2	25–31
1. Feststellungsantrag	26
2. Leistungsantrag	27–28
3. Zustimmungsverweigerung	29
4. Geldbuße	30

I. Gegenseitige Informationspflicht

1. Gegenseitigkeit (§ 27 Abs. 1)

§ 27 Abs. 1 S. 1 legt eine »**gegenseitige**« **Informationspflicht** über alle Angelegenheiten, die die Dienstgemeinschaft betreffen, fest. Diese gegenseitige Pflicht bekräftigt nochmals den bereits in § 26 Abs. 1 S. 1 (Rz 1 ff.) herausgestellten Grundsatz der vertrauensvollen Zusammenarbeit zum Wohle der Einrichtung und ihrer Mitarbeiter. Es wird damit zum Ausdruck gebracht, dass diese vertrauensvolle Zusammenarbeit nur funktionieren kann, wenn beide Partner den gleichen Informationsstand haben. Deswegen ist auch ausdrücklich in § 27 Abs. 1 S. 2 verfügt, dass auf »**Wunsch**« – besser »Antrag« – eines Partners eine **Aussprache über konkrete Fragen** der Dienstgemeinschaft stattzufinden hat. Zur Information in wirtschaftlichen Angelegenheiten siehe § 27 a. **1**

Eine Informationspflicht besteht, wenn die Einrichtung selbst einen **Einstellungsstopp** verhängt oder dieser Einstellungsstopp von einer übergeordneten (vorgesetzten) Einrichtung angeordnet wird (*BVerwG*, 2. 11. 1994 – 6 P 6/93, PersV 1995, 333). Hier muss der MAV der betroffenen Einrichtung die Möglichkeit zur Information und zur Stellungnahme eröffnet werden. – Eine Informationspflicht besteht auch bei der Bestellung **freiberuflicher Betriebsärzte**. Diese Maßnahme des Dienstgebers fällt nicht unter das Zustimmungsrecht des § 36 Abs. 1 Nr. 10. – Schließlich ist eine Informationspflicht der MAV auch zu bejahen, wenn der Dienstgeber sich grundsätzlich entschließt, bisher in der Einrichtung mit eigenen Arbeitskräften ausgeführte Arbeiten zu »privatisieren« (»**Outsourcing**« – dazu auch *VGH Baden-Württemberg*, 17. 7. 1990 – 15 S 2711/89, rkr., PersV 1995, 118). Hier ist die Information schon deswegen geboten, um der MAV die Möglichkeit zu eröffnen, sozial begleitende Maßnahmen für einen Stellenabbau eigener Mitarbeiter (§ 37 Abs. 1 Nr. 11) in die Wege zu leiten und beim Dienstgeber zu beantragen. Gemäß § 613 a Abs. 5 BGB haben die Mitarbeiter einen individuellen Unterrichtungsanspruch in Textform (§ 126 BGB) über einen **Betriebsübergang**. Gibt es eine Mitarbeitervertretung, wird auch diese unterrichtet (vgl. Art. 7 Abs. 1 RL 2001/23/EG vom 12. 3. 2001). Der bisherige Arbeitgeber oder der neue Inhaber ist verpflichtet, die Arbeitnehmer (Mitarbeiter) vor dem Übertragungsvorgang (auch im Falle der Umwandlung gemäß § 34 UmwG) zu informieren über **2**
– den Zeitpunkt oder geplanten Zeitpunkt des Übergangs,
– den Grund für den Übergang,

§ 27

- die rechtlichen, wirtschaftlichen und sozialen Folgen des Übergangs für die Arbeitnehmer und
- die hinsichtlich der Arbeitnehmer in Aussicht genommenen Maßnahmen.

3 Weder der Dienstgeber noch die MAV kann sich dem Antrag des anderen Partners zu einer Aussprache entziehen, wenn konkrete, die Dienstgemeinschaft betreffende Fragen und Probleme als Aussprachepunkte gewünscht werden. Die grundlose Weigerung der MAV rechtfertigt ein Verfahren gegen ihre Mitglieder nach § 13 Nr. 5. Gegen den Dienstgeber ist zwar in § 41 Abs. 1 Nr. 5 eine Sanktion nicht vorgesehen. Dennoch können die Partner einer Einrichtung über die Rechtsfrage, ob eine aussprachepflichtige Angelegenheit nach § 27 Abs. 1 Satz 1 vorliegt, bis zum Erlass eines kirchlichen Arbeitsgerichtsgesetzes die Schlichtungsstelle nach § 41 Abs. 2 anrufen.

2. Informationspflichten mit näherem Inhalt (§ 27 Abs. 2)

4 § 27 Abs. 2 zwingt den Dienstgeber in den nachstehenden vier Fallbeispielen (Rz 6–23) zu einer sachgerechten Information. In den Fällen der ersten beiden Spiegelstriche ist eine Information nach Vollzug einer Maßnahme nicht vertretbar. Sinn und Zweck einer vorangehenden Information ist hier, dass noch Weichenstellungen mit der MAV besprochen werden können. Die MAV muss ihre Anregungen und Einwendungen vorbringen können, ehe es zu spät ist. Insgesamt ist die in § 27 festgelegte Informationspflicht des Dienstgebers wichtige Grundlage für die Erfüllung der der MAV obliegenden Aufgaben. Teilweise korrespondieren die besonderen Informationspflichten des Dienstgebers nach § 27 Abs. 2 mit den allgemeinen Aufgaben der MAV nach § 26 Abs. 3.

5 So sind Informationen über Stellenausschreibungen und Änderungen und Ergänzungen des Stellenplanes das korrespondierende Gegenstück zu § 26 Abs. 3 Nr. 1 (§ 26 Rz 62 f.), die Behandlung der von der MAV vorgetragenen Anregungen und Beschwerden gehören zu § 26 Abs. 3 Nr. 2 (§ 26 Rz 64), die Berichte über Bewerbungen von schwerbehinderten Menschen zu § 26 Abs. 3 Nr. 3 (§ 26 Rz 71 f.). In diesen Zusammenhang sind auch einzuordnen die Einstellungen solcher Personen, die mit Rücksicht auf den Wortlaut von § 34 Abs. 1 nicht unter das Mitbestimmungsrecht der MAV fallen, wie z. B.
- Leiharbeitnehmer (§ 3 Abs. 1 S. 2),
- Beschäftigte im Sinne von § 3 Abs. 2,
- kurzfristig Beschäftigte (§ 8 Abs. 1 Nr. 2 SGB IV),
- Mitarbeiter in pastoralen Diensten,
- Zivildienstleistende,
- sonstige zur Ausbildung in anderen Diensten Stehende, die zur praktischen Tätigkeit oder Ausbildung überwiesen werden (z. B. Referendare im staatlichen Dienst).

a. Information über Stellenausschreibungen

6 Die MAV hat einen Informationsanspruch über die vom Dienstgeber beabsichtigten Stellenausschreibungen. Zwar fehlt eine dem § 93 BetrVG, § 75 Abs. 3 Nr. 14 BPersVG vergleichbare Regelung in der MAVO. Nach § 93 BetrVG hat der Betriebsrat ein Initiativrecht, allgemein oder für einen bestimmten Arbeitsplatz, die Stellenausschreibung innerhalb des Betriebes zu fordern. § 75 Abs. 3 Nr. 14 BPersVG geht grundsätzlich davon aus, dass freie

Dienstposten auch für Angestellte und Arbeiter innerhalb einer Behörde auszuschreiben sind und das Absehen von einer Ausschreibung dem Mitbestimmungsrecht des Personalrats unterliegt.
Diese Information über die Stellenausschreibung umfasst auch die **Mitteilung** 7 **des Ausschreibungstextes** mit dem Stellenprofil und den Stellenanforderungen. Der Dienstgeber kann sich seiner Informationspflicht nicht dadurch entziehen, dass er einen **Personalberater (Personalberatungsunternehmen)** einschaltet. Hier umfasst dann die Information die vom Personalberater eingeleiteten Maßnahmen, seine Auswahlkriterien und die vorgeschlagenen Bewerber (vgl. dazu *BAG*, 18. 12. 1990 – 1 ABR 15/90, AP Nr. 85 zu § 99 BetrVG 1972 = EzA § 99 BetrVG 1972 Nr. 97 = DB 1991, 969).
§ 27 Abs. 2 spricht von einer Information der MAV über eine Stellenausschrei- 8 bung. Eine solche Information erscheint wenig sinnvoll, wenn sie einseitig vom Dienstgeber vorgenommen und erst danach – etwa auf Grund des in § 20 festgelegten Schweigegebotes für Mitglieder der MAV – nur innerhalb der MAV diskutiert und mit dem Dienstgeber besprochen werden könnte. Die Information kann überhaupt nur Sinn haben, wenn sie vor der Ausschreibung der MAV bekannt gegeben wird und dann entweder die MAV aus dem Kreis der Mitarbeiter geeignete Stellenbewerber nennt oder aber Mitarbeiter, die sie für geeignet hält, zur Bewerbung anregt. Darin liegt keine Verletzung der Schweigepflicht, weil die MAV nach § 26 Abs. 3 Nr. 1 generell die allgemeine Aufgabe zugewiesen erhielt, Maßnahmen, die der Einrichtung und den Mitarbeitern dienen, anzuregen (§ 26 Rz 62 f.).
Diese Informationspflicht gilt auch bei der **Einstellung freier Mitarbeiter**, 9 wenn es sich um eine Beschäftigung handelt, die an sich nach §§ 34, 35 dem Zustimmungsrecht des MAV unterliegen würde. Ein Beispiel hierfür wäre die Ablösung der in einem Krankenhaus im Rahmen eines Arbeitsverhältnisses fest angestellten Hygiene-Fachkräfte durch die Einstellung selbstständig arbeitender freier Arbeitskräfte auf Grund eines Werkvertrages. Hier liegt zwar keine »Einstellung« im Sinne des § 34 vor. Der Dienstgeber hat aber der MAV gegenüber über diese Beschäftigung auf Grund eines freien Werkvertrages tätigen Kräfte eine Informationspflicht (*BAG*, 9. 7. 1991 – 1 ABR 45/90, AP Nr. 94 zu § 99 BetrVG 1972 = DB 1992, 327).
Der MAV steht in diesem Falle auch ein Einsichtsrecht in die mit diesem Un- 10 ternehmer abgeschlossenen Verträge, die Grundlage der Beschäftigung bilden, zu (*BAG*, 31. 1. 1989 – 1 ABR 72/87, AP Nr. 33 zu § 80 BetrVG 1972 = DB 1989, 982).

b. Änderungen und Ergänzungen des Stellenplanes

Die Informationspflicht des Dienstgebers bezieht sich auf Änderungen und 11 Ergänzungen des vorhandenen Stellenplanes.
Der Begriff »**Stellenplan**« lässt sich nur auf dem Hintergrund einer in der Ein- 12 richtung bestehenden Personalplanung näher erläutern. Er ist nicht eindeutig, wie sich aus der Rechtsprechung vor allem des *BAG* zum § 92 BetrVG und zur inhaltlich gleichlautenden Bestimmung des § 78 Abs. 3 – vor allem Satz 3 – BPersVG ergibt (vgl. dazu *BAG*, 6. 11. 1990 – 1 ABR 60/89, AP Nr. 4 zu § 92 BetrVG 1972 = DB 1991, 654). Unter »**Personalplanung**« ist die Gesamtheit der Maßnahmen des Dienstgebers zu verstehen, die zur Ermittlung des künftigen Personalbedarfs entsprechend seinen jeweiligen Personalerfordernissen

§ 27

von ihm eingeleitet werden. Dabei geht es um den gegenwärtigen vorhandenen oder künftig erst entstehenden Personalbedarf in quantitativer und qualitativer Hinsicht. Zur Personalplanung gehört die Personalbedarfsplanung, der Personaldeckungsplan (Personalbeschaffung, Personalabbau), der Personalentwicklungsplan und der Personaleinsatzplan.

13 Auf Grund dieser Personalplanung entsteht der »genehmigte« Stellenplan.

14 Er lässt sich aufteilen in einen Soll-Stellenplan, der wiedergibt, was als »genehmigt« gilt, und einen Ist-Stellenplan, der die auf Grund des Soll-Stellenplanes tatsächlich besetzten Stellen festhält. Außerdem gibt es darüber hinaus den Stellenbesetzungsplan, der nun den Ist-Stellenplan – insoweit unterscheidet er sich von ihm – mit dem Namen und den Eingruppierungsmerkmalen des jeweils auf einer Stelle eingesetzten Mitarbeiters ausweist.

15 Für die MAV ist sowohl der Soll-Stellenplan als auch der Ist-Stellenplan von entscheidender Bedeutung. Sie geben wieder, wie viele in der Personalplanung vorgesehene Stellen tatsächlich »genehmigt« wurden und was dann konkret von den genehmigten Stellen tatsächlich besetzt wurde.

16 Die MAV hat zwar keine Mitwirkungs- bzw. Mitbestimmungsrechte bei der Erstellung des Soll-Stellenplanes. Sie hat aber nach § 27 Abs. 2 i. V. m. § 26 Abs. 2 S. 1 einen Informationsanspruch sowohl über den Soll- als auch über den Ist-Stellenplan in ihrer Einrichtung (*Schlichtungsstelle München*, 18. 1. 1996 – 10 AR 95, ZMV 1997, 36). Dabei ist richtigerweise dieser Informationsanspruch nicht abstrakt auf die in einer Einrichtung vorhandenen Stellen gerichtet, sondern der Anspruch der MAV geht auf die Stellenpläne – aufgegliedert nach den einzelnen Abteilungen, in denen die Mitarbeiter eingesetzt werden.

17 Um ein Beispiel zu nennen: Für die MAV eines Krankenhauses ist es zunächst ohne Interesse, einen unaufgegliederten Gesamtstellenplan dieses Krankenhauses zu erhalten, der nur die Anzahl der im Krankenhaus vorhandenen Stellen im gesamten Pflegebereich oder im ärztlichen Bereich nennt. Entscheidend für die MAV ist es zu wissen, wie der Soll-Stellenplan, der u. U. Grundlage für die Verhandlung mit den Kostenträgern war, sich in die einzelnen Abteilungen des Krankenhauses aufgliedert, welche Pflegestellen mit welcher Eingruppierungsbewertung welcher Abteilung zugeordnet sind, und wie tatsächlich der Ist-Stellenplan die bewilligten Stellen dann auf die einzelnen Abteilungen aufteilt.

18 Dagegen besteht – wenn die in § 26 Rz 36 ff. gemachten Angaben in dem vorgelegten Stellenplan enthalten sind – ein Anspruch auf die **namentliche Besetzung** der Stellen nur im konkret zu begründenden Bedarfsfall (*Schlichtungsstelle München*, 21. 8. 1996 – 14 AR 96, n. v.). Er besteht demnach nur, wenn eine der MAV zugewiesene Aufgabe nicht ohne Offenlegung der Namen bewältigt werden kann. Datenschutzrechtliche Bedenken bestehen dann nicht.

19 Der Dienstgeber genügt im Rahmen seiner Personalplanung demnach seiner Informationspflicht nicht, wenn er der MAV abstrakt die im Soll-Stellenplan vorgesehenen und von den Kostenträgern bewilligten Stellen der gesamten Einrichtung mitteilt. Unerlässlich ist die **Information über den Soll- und Ist-Stellenplan.**

20 Anhand dieser Pläne hat er die MAV über die von ihm vorgeschlagenen Änderungen und Ergänzungen der von ihm entwickelten Soll- und Ist-Stellenpläne zu unterrichten. Nur eine Unterrichtung über die Änderungen und Ergänzungen kann diesen Anforderungen nicht genügen. Sie sind für die MAV

§ 27

überhaupt nicht nachprüfbar, also eine Information ohne Informationswert
(§ 26 Rz 36 ff.).

c. Behandlung der von der MAV vorgetragenen Anregungen und Beschwerden

Die MAV hat die allgemeine Aufgabe, Anregungen und Beschwerden von 21
Mitarbeitern dem Dienstgeber vorzutragen (§ 26 Abs. 3 Nr. 2; § 26 Rz 64 ff.).
Es besteht eine ausdrückliche Informationspflicht durch den Dienstgeber
über die Behandlung dieser Beschwerden (§ 27 Abs. 2, 3. Spiegelstrich).

d. Information über Bewerbungen von schwerbehinderten Menschen und Vermittlungsvorschläge nach § 81 Abs. 1 S. 4 SGB IX

Gemäß §§ 71 ff. SGB IX haben private und öffentliche Arbeitgeber mit min- 22
destens 20 Arbeitsplätzen (§ 73 SGB IX) auf wenigstens 5 Prozent der Arbeitsplätze schwerbehinderte Menschen (§ 2 Abs. 2 SGB IX) zu beschäftigen,
wobei schwerbehinderte Frauen besonders zu berücksichtigen sind (§ 71
Abs. 1 SGB IX). Als öffentliche Arbeitgeber gelten u. a. »jede sonstige Körperschaft, Anstalt oder Stiftung des öffentlichen Rechts«, also auch die öffentlich-rechtlich verfassten Körperschaften der katholischen Kirche in Deutschland (Art. 140 GG i. V. m. Art. 137 Abs. 5 WRV). Deshalb haben diese
Arbeitgeber eine besondere Pflicht zu prüfen, ob freie Arbeitsplätze mit
schwerbehinderten Menschen besetzt werden können (§ 81 Abs. 1 S. 1 SGB
IX). Dazu haben sie mit dem Arbeitsamt (jetzt: Agentur für Arbeit) Kontakt
aufzunehmen. Diese Stelle oder ein von ihr beauftragter Integrationsfachdienst schlägt dann den Arbeitgebern geeignete schwerbehinderte Menschen
vor (§ 81 Abs. 1 S. 2 und 3 SGB IX). Über die Vermittlungsvorschläge und vorliegende Bewerbungen haben die Arbeitgeber die Schwerbehindertenvertretung (Vertrauensperson der schwerbehinderten Menschen; vgl. § 46 MAVO)
und die Betriebsvertretungen (§ 93 SGB IX) unmittelbar nach Eingang zu unterrichten (§ 81 Abs. 1 S. 4 SGB IX).
Betriebsvertretung im Sinne der MAVO ist die Mitarbeitervertretung (§ 5 23
i. V. m. § 46 MAVO). Die Information des Dienstgebers ist wichtig im Zusammenhang mit der Beteiligung der MAV zu geplanten Einstellungen (§ 34). Die
Dienststellen der öffentlichen Arbeitgeber melden den Agenturen für Arbeit
freie und neu zu besetzende Arbeitsplätze (§ 82 S. 1 SGB IX). Haben sich
schwerbehinderte Menschen um einen solchen Arbeitsplatz beworben oder
sind sie von der Agentur für Arbeit oder einem beauftragten Integrationsdienst vorgeschlagen worden, sind sie in der Regel zu einem Vorstellungsgespräch einzuladen (§ 82 S. 2 SGB IX).

II. Erfüllung der Informationspflicht durch den Dienstgeber

Die MAVO enthält keine ausdrückliche Regelung, wie der Dienstgeber seine 24
Informationspflicht zu erfüllen hat. Er kann daher sowohl schriftlich wie
mündlich die MAV über eine Angelegenheit des § 27 Abs. 2 informieren. Die
MAV hat keinen generellen Anspruch auf eine schriftliche Unterrichtung. Bei
jeder Unterrichtung durch den Dienstgeber wird eine vollständige, den Tatsachen objektiv entsprechende Unterrichtung vorausgesetzt. Das gebietet be-

§ 27

reits der in § 26 Abs. 1 S. 1 enthaltene Grundsatz vertrauensvoller Zusammenarbeit (§ 26 Rz 2 f.). Dabei kann es dem Dienstgeber obliegen, vor allem bei der Information über **Änderungen** und **Ergänzungen des Stellenplanes** der MAV die bisherigen Stellenpläne mit den vorgesehenen Änderungen bzw. Ergänzungen vorzulegen und diese Änderungen bzw. Ergänzungen zu erläutern. Im Zweifel hat der Dienstgeber auch zu prüfen, ob er zusätzlich durch weitere **Rechtsvorschriften außerhalb der MAVO** verpflichtet ist, die MAV zu informieren. Anhaltspunkte bieten etwa arbeitsvertragsrechtliche Informationspflichten wie etwa gemäß § 2 Abs. 1 der Anlage 23 zur KAVO der Diözesen in NRW im Falle von **Rationalisierungsmaßnahmen.** Danach ist der Dienstgeber verpflichtet, die MAV rechtzeitig und umfassend über eine vorgesehene Rationalisierungsmaßnahme zu unterrichten. Er hat die personellen und sozialen Auswirkungen mit der MAV zu beraten. Die Beteiligungsrechte der MAV gemäß MAVO werden durch die Vorschrift nicht angetastet (§ 2 Abs. 2 der Anlage 23 zur KAVO; § 2 Regelung über den Rationalisierungsschutz für Mitarbeiter gemäß Arbeitsvertragsrecht der Bayerischen (Erz-)Diözesen – ABD).

III. Sanktionen gegen den Dienstgeber wegen Verstößen gegen § 27 Abs. 2

25 Die MAV hat mehrere Möglichkeiten, gegen Verstöße des Dienstgebers gegen seine Pflichten aus § 27 Abs. 2 vorzugehen:

1. Feststellungsantrag

26 Sie kann nach § 41 Abs. 1 Nr. 5 auch schon bei einem einzigen Verstoß ein Schlichtungsverfahren einleiten, in dem sie die Feststellung begehrt, dass »der Dienstgeber durch sein Verhalten (nähere Tatsache mit Datum) gegen seine Informationspflicht nach § 27 Abs. 2 verstoßen hat«. Bei einer für die MAV positiven Entscheidung der Schlichtungsstelle steht dann bindend fest, dass ein für den konkreten Feststellungsantrag schuldhafter Verstoß des Dienstgebers gegen seine Informationspflicht vorliegt. Weitere Sanktionen gegen den Dienstgeber sind nicht damit verbunden, auch wenn nicht bestritten werden kann, dass eine solche Feststellung der Schlichtungsstelle den Dienstgeber zur Änderung seines künftigen Verhaltens veranlassen wird.

2. Leistungsantrag

27 Die MAV kann aber auch von vornherein gegen den Dienstgeber auf Leistung, also auf die Erteilung der unterlassenen Information im Rahmen des § 27 Abs. 2, vor der Schlichtungsstelle klagen.
28 Die Rechtsgrundlage dafür ist § 27 Abs. 2, denn es handelt sich bei der Unterlassung einer nach § 27 Abs. 2 notwendigen Information um eine »Rechtsstreitigkeit mitarbeitervertretungsrechtlicher Art« im Sinne dieser Bestimmung. Die Schlichtungsstelle hat bei diesem Leistungsantrag zu entscheiden, ob der Dienstgeber im konkreten Fall zur Erteilung einer Information verpflichtet ist. Die MAV kommt über den § 41 Abs. 2 schneller als über § 41 Abs. 1 zu einem endgültigen Ergebnis über einen streitigen Informationsanspruch nach § 27 Abs. 2.

3. Zustimmungsverweigerung

Bei einem Verstoß gegen die Prüfpflicht bezüglich der Besetzungsmöglichkeit 29
eines Arbeitsplatzes mit einem schwerbehinderten Bewerber besteht für die
MAV ein Zustimmungsverweigerungsrecht analog § 34 Abs. 2 Nr. 1 MAVO.
Die MAV kann also die Zustimmung zu einer vom Dienstgeber gewünschten
Einstellung verweigern, wenn diese auf einem Gesetzesverstoß beruht, indem
etwa über Bewerbungen oder Vermittlungsvorschläge nach § 81 Abs. 1 S. 3
SGB IX keinerlei Auskünfte erfolgen, obwohl die MAV auf diese Anspruch
hat (§ 81 Abs. 1 S. 4 SGB IX). Ein Gesetzesverstoß liegt jedenfalls vor, wenn
der Dienstgeber (Arbeitgeber) bei der Stellenbesetzung die Berücksichtigung
eines schwerbehinderten Menschen gar nicht in Erwägung gezogen hat (§ 81
Abs. 1 S. 7 SGB IX). Die MAV kann dann solange blockieren, bis die Schlichtungsstelle auf Antrag des Dienstgebers die verweigerte Zustimmung ersetzt
hat (§ 33 Abs. 4 MAVO; *Rolfs/Paschke*, BB 2002, 1260).

4. Geldbuße

Schuldhafte Verstöße gegen das Gebot der unmittelbaren Unterrichtung (§ 81 30
Abs. 1 S. 4 und S. 9 SGB IX) oder gegen die Erörterungspflicht (§ 81 Abs. 1 S. 7
SGB IX) können – im Gegensatz zu einem Verstoß gegen die Prüfpflicht –
auch als Ordnungswidrigkeiten geahndet werden (§ 156 Abs. 1 Nr. 7 und 8
SGB IX), zumindest wenn die Schwerbehindertenvertretung betroffen ist.
(Die MAV wird in den Tatbeständen der Vorschriften des SGB IX nicht genannt.)

§ 27 a Information in wirtschaftlichen Angelegenheiten

(1) Der Dienstgeber einer Einrichtung, in der in der Regel mehr als 50 Mitarbeiterinnen und Mitarbeiter ständig beschäftigt sind und deren Betrieb überwiegend durch Zuwendungen der öffentlichen Hand, aus Leistungs- und Vergütungsvereinbarungen mit Kostenträgern oder Zahlungen sonstiger nicht-kirchlicher Dritter finanziert wird, hat die Mitarbeitervertretung über die wirtschaftlichen Angelegenheiten der Einrichtung rechtzeitig, mindestens aber einmal im Kalenderjahr unter Vorlage der erforderlichen Unterlagen schriftlich zu unterrichten, sowie die sich daraus ergebenden Auswirkungen auf die Personalplanung darzustellen. Die Mitarbeitervertretung kann Anregungen geben. Besteht eine Gesamtmitarbeitervertretung oder erweiterte Gesamtmitarbeitervertretung, so ist diese anstelle der Mitarbeitervertretung zu informieren.

(2) Zu den wirtschaftlichen Angelegenheiten im Sinne dieser Vorschrift gehören insbesondere
1. der allgemeine Rahmen der wirtschaftlichen und finanziellen Lage der Einrichtung;
2. Rationalisierungsvorhaben;
3. die Änderung der Organisation oder des Zwecks einer Einrichtung sowie

§ 27 a

4. sonstige Veränderungen und Vorhaben, welche die Interessen der Mitarbeiterinnen und Mitarbeiter der Einrichtung wesentlich berühren können.

(3) Als erforderliche Unterlagen im Sinne des Abs. 1 sind diejenigen Unterlagen vorzulegen, die ein den tatsächlichen Verhältnissen entsprechendes Bild der Einrichtung vermitteln. Sofern für die Einrichtung nach den Vorschriften des Handels- oder Steuerrechts Rechnungs-, Buchführungs- und Aufzeichnungspflichten bestehen, sind dies der Jahresabschluss nach den jeweils maßgeblichen Gliederungsvorschriften sowie der Anhang und, sofern zu erstellen, der Lagebericht; für Einrichtungen einer Körperschaft des öffentlichen Rechts sind dies der auf die Einrichtung bezogene Teil des Verwaltungshaushalts und der Jahresrechnung.

(4) Die Mitarbeitervertretung oder an ihrer Stelle die Gesamtmitarbeitervertretung oder erweiterte Gesamtmitarbeitervertretung können die Bildung eines Ausschusses zur Wahrnehmung der Informationsrechte nach Abs. 1 beschließen. Soweit es zur ordnungsgemäßen Erfüllung der Aufgaben der Mitarbeitervertretung oder des Ausschusses erforderlich ist, hat der Dienstgeber sachkundige Mitarbeiterinnen und Mitarbeiter zur Verfügung zu stellen; er hat hierbei die Vorschläge des Ausschusses oder der Mitarbeitervertretung zu berücksichtigen, soweit einrichtungsbedingte Notwendigkeiten nicht entgegenstehen. Für diese Mitarbeiterinnen und Mitarbeiter gilt § 20 entsprechend.

(5) In Einrichtungen i. S. des Abs. 1 mit in der Regel nicht mehr als 50 ständig beschäftigten Mitarbeiterinnen und Mitarbeitern hat der Dienstgeber mindestens einmal in jedem Kalenderjahr in einer Mitarbeiterversammlung über das Personal- und Sozialwesen der Einrichtung und über die wirtschaftliche Lage und Entwicklung der Einrichtung zu berichten.

(6) Die Informationspflicht besteht nicht, soweit dadurch Betriebs- oder Geschäftsgeheimnisse gefährdet werden.

Inhaltsübersicht

	Rz
I. Vorbemerkungen	1–11
1. Adressatenkreis	2–7
2. Richtlinie zur Festlegung eines allgemeinen Rahmens für die Unterrichtung und Anhörung der Arbeitnehmer in der Europäischen Gemeinschaft (RL 2002/14/EG)	8–9
3. Fehlende Mitarbeitervertretung	10–11
II. Informationspflicht (Abs. 1)	12–23
1. Einrichtung mit mehr als 50 Mitarbeiterinnen und Mitarbeitern	12
2. Drittmittelfinanzierung	13–15
3. Rechtzeitige Information	16–20
4. Allgemeine Information	21
5. Von der Informationspflicht ausgenommene Rechtsträger	22–23
III. Wirtschaftliche Angelegenheiten (Abs. 2)	24–30
1. Der allgemeine Rahmen der wirtschaftlichen und finanziellen Lage der Einrichtung (§ 27 a Abs. 2 Nr. 1)	25–27
2. Rationalisierungsvorhaben (§ 27 a Abs. 2 Nr. 2)	28
3. Änderung der Organisation oder des Zwecks einer Einrichtung (§ 27 a Abs. 2 Nr. 3)	29

§ 27 a

4. Sonstige Veränderungen und Vorhaben, welche die Interessen der Mitarbeiter der Einrichtung wesentlich berühren können (§ 27 a Abs. 2 Nr. 4)	30
IV. Erforderliche Unterlagen (§ 27 a Abs. 3)	31
V. Dialogpartner des Dienstgebers (§ 27 a Abs. 4)	32–35
VI. Einrichtungen mit nicht mehr als 50 ständig beschäftigten Mitarbeitern (§ 27 a Abs. 5)	36–37
VII. Betriebs- und Geschäftsgeheimnisse (§ 27 a Abs. 6)	38–40
VIII. Streitigkeiten	41

I. Vorbemerkungen

Die Vorschrift ist in Abs. 1 und 2 zum Teil inhaltlich an § 106 BetrVG orientiert. Sie verstärkt die Zusammenarbeit zwischen Dienstgeber und MAV durch Beteiligung der MAV (§ 1 a oder 1 b) oder der Gesamtmitarbeitervertretung bzw. erweiterten Gesamtmitarbeitervertretung (Abs. 4) in wirtschaftlichen Angelegenheiten. Abs. 5 verpflichtet davon abweichend die Dienstgeber kleiner Einrichtungen mit bis zu 50 Mitarbeiterinnen und Mitarbeitern zur Unterrichtung im Allgemeinen, wobei § 43 Abs. 2 S. 3 und § 110 BetrVG in etwa als Paten gestanden haben. Es geht um die **Unterrichtung der MAV** und in Einrichtungen mit in der Regel nicht mehr als 50 beschäftigten Mitarbeiterinnen und Mitarbeitern um die **unmittelbare Unterrichtung der Beschäftigten** in wirtschaftlichen Angelegenheiten, wie sie in § 27 a Abs. 2 beispielhaft und im Abs. 5 aufgezählt sind. Ziel der Vorschrift ist es, der Dienstgemeinschaft insgesamt einen Informationsanspruch in wirtschaftlichen Angelegenheiten einzuräumen, um ihr so das Verständnis für die wirtschaftliche Planung des Dienstgebers zu ermöglichen. Die Zielsetzung des kirchlichen Dienstgebers mit seiner Einrichtung steht nicht zur Disposition im Wege einer Einigung zwischen Dienstgeber- und Mitarbeiterseite. Andererseits soll der Weg, auf dem das Ziel der Einrichtung erreicht werden soll, dem mitgestaltenden Dialog aller Beteiligten in der Einrichtung unterfallen. Der Dienstgeber hat also in der jährlichen Mitarbeiterversammlung (§§ 4, 21, 22) einen festen Platz in der Tagesordnung zur Unterrichtung der Mitarbeiterinnen und Mitarbeiter. Zur Informationspflicht gemäß § 613 a Abs. 5 BGB siehe § 27 Rz 2, § 27 a Rz 30.

1. Adressatenkreis

Die Vorschrift gilt nicht für alle Einrichtungen. Ganz ausgenommen, sind solche Einrichtungen, die weder durch
– Zuwendungen der öffentlichen Hand,
– Leistungen aus Leistungs- und Vergütungsvereinbarungen mit Kostenträgern (vgl. z. B. §§ 78 a ff. SGB VIII) noch
– Zahlungen sonstiger nichtkirchlicher Dritter
finanziert oder nicht überwiegend finanziert werden. Als Zuwendungen gelten nach der Vorschrift des § 27 a nicht: weitergeleitete Kirchensteuermittel oder sonstige Leistungen kirchlicher Stellen an Einrichtungen kirchlicher Rechtsträger.
Die Vorschrift unterscheidet ferner zwischen Einrichtungen, mit in der Regel mehr als 50 Mitarbeiterinnen und Mitarbeitern in ständiger Beschäftigung (Abs. 1) und solchen Einrichtungen mit in der Regel nicht mehr als 50 ständig

§ 27 a

beschäftigten Mitarbeiterinnen und Mitarbeitern ohne Rücksicht auf deren jeweiligen Beschäftigungsumfang (Abs. 5). Im Übrigen gilt die Vorschrift zur Information in wirtschaftlichen Angelegenheiten für alle Rechtsträger ohne Rücksicht auf ihre Rechtsform (§ 1), wenn und soweit sie Einrichtungen im Sinne von § 27 a Abs. 1 betreiben, deren Betrieb in den Anwendungsbereich der MAVO fällt und der überwiegend (mit mehr als 50 v. H.) durch Zuwendungen der öffentlichen Hand (z. B. Schule, Tageseinrichtung für Kinder) aus Leistungs- und Vergütungsvereinbarungen mit Kostenträgern (z. B. Krankenhäuser) oder Zahlungen sonstiger nicht kirchlicher Dritter Zuwendungen erhält.

4 Der Informationsgehalt ist jedoch unterschiedlich, weil zwischen Einrichtungen mit in der Regel mehr als 50 Mitarbeiterinnen und Mitarbeitern und Einrichtungen mit in der Regel nicht mehr als 50 ständig Beschäftigten (i. S. von § 3 Abs. 1 S. 1) unterschieden wird (§ 27 a Abs. 1, Abs. 5). Die Information erfolgt nicht über das Unternehmen des Dienstgebers sondern über die jeweilige Einrichtung, in der eine MAV besteht. Damit tritt die MAV demjenigen gegenüber, der die wirtschaftlichen Ziele als Unternehmer verfolgt, denen die arbeitstechnische Leistung der Einrichtung zu dienen bestimmt ist und der die Unternehmensziele, den finanziellen Rahmen und damit die Planungs- und Leistungsvorgaben der Einrichtung festsetzt. Aus diesem Grunde ist die Beteiligung der Gesamtmitarbeitervertretung sinnvoll (§ 27 a Abs. 1 S. 3).

5 Die MAV oder an ihrer Stelle die Gesamtmitarbeitervertretung oder sogar die erweiterte Gesamtmitarbeitervertretung kann die Bildung eines Ausschusses (vgl. § 14 Abs. 10) zur Wahrnehmung der Informationsrechte beschließen. In Einrichtungen mit in der Regel nicht mehr als 50 ständig Beschäftigten (§ 3 Abs. 1 S. 1, § 27 a Abs. 5) hat der Dienstgeber wenigstens einmal im Kalenderjahr in der Mitarbeiterversammlung (§§ 5, 21) über das Personal- und Sozialwesen der Einrichtung und ihre wirtschaftliche Lange und Entwicklung mündlich zu berichten.

6 Die Informationspflicht insgesamt steht unter dem Vorbehalt der Gefährdung von Betriebs- oder Geschäftsgeheimnissen (Abs. 6), so dass es fraglich ist, ob eine erweiterte Gesamtmitarbeitervertretung dann überhaupt als Partner der Information in Betracht kommen kann, wenn ohnehin nur über eine speziell betroffene Einrichtung eines einzigen Dienstgebers zu unterrichten ist. Das gilt entsprechend auch im Falle einer für verschiedene Rechtsträger gebildete gemeinsame Mitarbeitervertretung (§ 1 b).

7 Die Vorschrift des § 27 a orientiert sich in ihren Absätzen 1 und 2 an § 106 BetrVG und dient der verstärkten Zusammenarbeit zwischen Dienstgeber und MAV durch zusätzliche Beteiligungsrechte zu den §§ 29 bis 37; sie entspricht aber nicht § 106 BetrVG. Außerdem gilt § 106 BetrVG für Tendenzbetriebe nicht (§ 118 Abs. 1 BetrVG), auch nicht im Geltungsbereich des BPersVG (§ 130 BPersVG).

2. Richtlinie zur Festlegung eines allgemeinen Rahmens für die Unterrichtung und Anhörung der Arbeitnehmer in der Europäischen Gemeinschaft (RL 2002/14/EG)

8 Die Vorschrift des § 27 a MAVO empfiehlt sich mit Blick auf die Entwicklung europäischen Arbeitsrechts im Sinne einer Konkordanz im kirchlichem Bereich. Das zeigt ein Blick in die Richtlinie 2002/14/EG. Das Mitarbeitervertretungsrecht steht trotz der innerstaatlichen Rechtslage, wonach die Kirchen

§ 27 a

und ihre karitativen und erzieherischen Einrichtungen aus dem staatlichen Mitbestimmungsrecht ausgeklammert sind (§§ 118 Abs. 2, 130 BetrVG bzw. § 112 BPersVG), nicht außerhalb des Anwendungsvorrangs des EG-Rechtes, auch nicht mit Blick auf Art. 140 GG (*Reichold,* Europarechtliche Anforderungen an das Recht der Mitarbeitervertretung, in: Europa und das deutsche kirchliche Arbeitsrecht, S. 45, 49 f. unter Hinweis auf *BVerfGE* 73, 339, 375; 75, 223, 240). Allerdings kommt es auf die Umsetzung der hier interessierenden Richtlinie zur Festlegung eines allgemeinen Rahmens für die Unterrichtung und Anhörung der Arbeitnehmer in der Europäischen Gemeinschaft (RL 2002/14/EG) in nationales Recht durch den deutschen Gesetzgeber an (Art. 249 Abs. 3 EG). Denn gemäß Art. 137 Abs. 3 S. 1 WRV müssen die Kirchen die in nationales Recht umgesetzten EG-Richtlinien als »für alle geltendes Gesetz« beachten mit der Folge, dass die Bestimmungen der MAVO richtlinienkonform auszulegen sind, wobei es allerdings auf das staatliche Gesetz ankommt. Nach Art. 3 Abs. 2 RL 2002/14/EG können die Mitgliedstaaten der EG – allerdings unter Einhaltung der in dieser Richtlinie festgelegten Grundsätze und Ziele – spezifische Bestimmungen für Unternehmen oder Betriebe vorsehen, die unmittelbar und überwiegend politischen, koalitionspolitischen, konfessionellen, karitativen, erzieherischen, wissenschaftlichen oder künstlerischen Bestimmungen oder Zwecken der Berichterstattung oder Meinungsäußerung dienen, wenn das innerstaatliche Recht Bestimmungen dieser Art zum Zeitpunkt des Inkrafttretens dieser Richtlinie bereits enthält.

Von einer entsprechenden Tendenzschutzklausel ist mit Blick auf § 118 Abs. 1 BetrVG und erst recht § 118 Abs. 2 BetrVG auszugehen, wenn dabei auch eine Gleichstellung der Kirchen mit einem Tendenzträger bzw. Tendenzbetrieb erfolgt (*Reichold,* a. a. O. S. 53; NZA 2003, 289, 293) mit der Folge, dass dann im konkreten Fall staatliches Recht anzuwenden bzw. von den Kirchen im Rahmen ihrer eigenen Rechtsetzung einzuhalten ist (*Schliemann,* NZA 2003, 407, 414; *Reichold,* NZA 2003, 294). 9

3. Fehlende Mitarbeitervertretung

In diesem Zusammenhang ist auf den Fall fehlender Mitarbeitervertretung 10
hinzuweisen, wenn also der betriebliche Dialogpartner fehlt, der aber von den in Rede stehenden Regelungen (RL 2002/14/EG und § 27 a MAVO) vorausgesetzt wird. Ist der Dienstgeber wegen fehlender MAV nicht in der Lage, seine Pflicht gemäß § 27 a Abs. 1 und 2 zu erfüllen, muss er jedenfalls eine Mitarbeiterversammlung (§§ 4, 21) einberufen, um einerseits gemäß § 10 die Initiative zur Bildung einer MAV zu ergreifen, andererseits die Mitarbeiterinnen und Mitarbeiter von der nicht erzwingbaren, aber doch für seine Informationspflicht wichtigen Existenz einer MAV zu überzeugen. Jedenfalls hat er in der Mitarbeiterversammlung gemäß § 27 a Abs. 5 nach dem Mindeststandard seiner Informationspflicht zu verfahren, um nicht jeden einzelnen Mitarbeiter bzw. jede einzelne Mitarbeiterin gesondert zu informieren und anzuhören. Vorstellbar ist zur Rettung des Verfahrens nach § 27 a Abs. 1 und 2, dass die Mitarbeiterversammlung selbst wenigstens eine ad-hoc-Gruppe (*Reichold,* NZA 2003, 295 l. Sp.) von fünf Mitarbeiterinnen und Mitarbeitern wählt, die der Dienstgeber dann i. S. der Bestimmungen des § 27 a Abs. 1 und 2 unterrichtet und anhört. Der Dienstgeber darf die fehlende MAV nicht zum Vorwand überhaupt unterbleibender Unterrichtung nehmen.

§ 27 a

11 Das Problem ist nicht auf § 27 a begrenzt. Das EG-Recht sieht weder Regelungen geschweige denn Zwang zur Bildung von Arbeitnehmervertretungen auf nationaler Ebene vor, sondern setzt den Bestand solcher Arbeitnehmervertretungen bzw. Betriebsvertretungen voraus. Weil aber zunehmend europarechtliche Normen entstehen, die eine Beteiligung von Arbeitnehmervertretungen in näher bestimmten Angelegenheiten im Sinne des sozialen Dialogs fordern (vgl. Art. 2 Massenentlassungsrichtlinie, Art. 6 Betriebsübergangsrichtlinie, Art. 10 und 11 Arbeitsschutzrichtlinie und Richtlinie über den europäischen Betriebsrat), werden Arbeitgeber ihren Pflichten nur gerecht, wenn die Dialogpartnerin Arbeitnehmervertretung existiert. Zwar wenden sich die genannten Richtlinien nicht an die Kirchen, weil diese nicht zu den rechtlichen Adressaten der Umsetzung der Richtlinien in nationales Recht zählen. Politisch ist der Inhalt kirchlicher Regelungen jedoch insoweit betroffen, als sie selbst einen sozialen Dialog mit der MAV einfordern. Wenn also die Richtlinien in für alle geltendes Recht umgesetzt werden müssen, ist der staatliche Gesetzgeber frei, für Kirchen ausdrückliche Ausnahmen zuzulassen. Deshalb kommt auf die Kirchen praktisch ein Anpassungsmoment zu (*Reichold*, NZA 2001, 1054, 1058). In diesem Zusammenhang wird als Beispiel auf § 13 d, besonders § 13 d Abs. 4 als Folge von Art. 5 RL 77/187/EWG hingewiesen.

II. Informationspflicht (Abs. 1)

1. Einrichtung mit mehr als 50 Mitarbeiterinnen und Mitarbeitern

12 Der Dienstgeber hat seine Informationen danach einzurichten, welche seiner Einrichtungen unterrichtet werden soll. Dabei kommt es darauf an, ob in der Einrichtung mehr als 50 Mitarbeiterinnen und Mitarbeiter (vgl. Art. 3 Abs. 1 S. 1 Buchst. a) RL 2002/14/EG) regelmäßig beschäftigt sind, was dem Ist-Stellenplan (§ 26 Abs. 2) zu entnehmen ist. Weitere Voraussetzung ist, dass die Einrichtung »überwiegend durch Zuwendungen der öffentlichen Hand, aus Leistungs- und Vergütungsvereinbarungen mit Kostenträgern oder Zahlungen sonstiger nichtkirchlicher Dritter finanziert wird.«

2. Drittmittelfinanzierung

13 Die Finanzierung der Einrichtung spielt eine wesentliche Rolle für die Voraussetzung der Informationspflicht des Dienstgebers. Denn dort, wo Mitarbeiter durch ihre Arbeit wesentlich zur Erwirtschaftung von Zuwendungen Dritter beitragen und damit Grundlagen für ihre Vergütung schaffen, geht es um wirtschaftliche Fragen zur Führung der Einrichtung. Werden Einrichtungen überwiegend (mehr als 50 v. H.) oder ausschließlich durch
– Zuwendungen der öffentlichen Hand (z. B. Tageseinrichtungen für Kinder, Schulen)
– Leistungs- und Vergütungsvereinbarungen mit Kostenträgern (z. B. Pflegeheime, Krankenhäuser),
– Zahlungen sonstiger, nichtkirchlicher Dritter, also im Bildungsbereich, im Bereich der Kinder- und Jugendhilfe, der Kranken-, Alten- und Behindertenhilfe, finanziert, ist die Unterrichtung in wirtschaftlichen Angelegenheiten insgesamt geboten. Denn der Kreis der betroffenen Einrichtungen steht

im Wettbewerb mit anderen Anbietern außerhalb des Geltungsbereichs der MAVO, so dass die wirtschaftlichen Rahmenbedingungen, von denen der Dienst abhängt, ein Arbeitsplatzrisiko schaffen können.
Betreibt ein Institut des geweihten Lebens (Orden) eine erzieherische oder **14** karitative Einrichtung, kommt es darauf an, ob dort Mitarbeiter i. S. von § 3 Abs. 1 beschäftigt werden und aus diesem Grunde die MAVO Anwendung findet. Dann ist mit Blick auf den Betrieb dieser Einrichtung und der dort Beschäftigten das ausschließlich dazu verwendete Vermögen Gegenstand der Informationspflicht. Dann werden z. B. die Leistungen der Sozialhilfeträger oder der staatlichen Unterrichtsverwaltung beim Leistungserbringer auch den dort gegen Arbeitsentgelt Beschäftigten zugemessen. In diesen Fällen besteht die Informationspflicht über die wirtschaftlichen Angelegenheiten qua Einrichtung. In der Regel hat der Träger dafür einen besonderen Etat oder Nebenhaushalt.
Für die Körperschaften des öffentlichen Rechts (vgl. § 1 Abs. 1 Nrn. 1–3) gilt **15** die Informationspflicht in wirtschaftlichen Angelegenheiten unter den gleichen Voraussetzungen, dass sie nämlich Mittel Dritter für die Einrichtung einsetzen, um damit Leistungen z. B. im Ersatzschulwesen, im Bildungsbereich, in karitativen und sonstigen erzieherischen Einrichtungen zu erbringen.

3. Rechtzeitige Information

Der Dienstgeber hat die MAV vor möglichen Entscheidungen in wirtschaftli- **16** chen Angelegenheiten zu unterrichten, nämlich **»rechtzeitig«**. Der Zeitpunkt der Unterrichtung muss so gelegt sein, dass die Stellungnahme der MAV die Entscheidung des Dienstgebers noch beeinflussen kann (in diesem Sinne: *BAG,* 20. 11. 1984 AP Nr. 3 zu § 106 BetrVG 1972; *ErfK-Hanau/Kania,* § 106 Rz 4). Ein jährlicher Fixtermin für die Unterrichtung dürfte im Zweifel nicht ausreichen, um der Aktualität nicht zu schaden. Die rechtzeitige Information ist nur gewahrt, wenn der Dienstgeber die für die Unterrichtung der MAV erforderlichen Unterlagen (§ 26 Abs. 2) vorlegt. Schon der Entschluss zur Planung kann Unterrichtungspflichten auslösen, weil Ziele und Wege erörtert werden sollen (vgl. § 27 a Abs. 2).
Die Unterrichtung muss aber auch **umfassend** erfolgen. Das ist der Fall, wenn **17** die MAV alle Informationen erhält, die für eine sinnvolle Aussprache und Beratung der Angelegenheit erforderlich sind. Es geht um den gleichen Informationsstand. Gegenstand der Unterrichtung sind die Maßnahmen selbst, ihre Auswirkungen und ihre Gründe. Deshalb müssen die Informationen glaubwürdig und verständlich sein (*BAG,* 17. 3. 1987 AP Nr. 29 zu § 80 BetrVG 1972). Die MAV muss zu eigenen Anregungen (§ 27 a Abs. 1 S. 2) in der Lage sein. Deshalb hat die Information auch **schriftlich** zu erfolgen.
Bei der Unterrichtung sind insbesondere die **Auswirkungen** der unternehme- **18** rischen Planungen **»auf die Personalplanung«** (§ 27 a Abs. 1 S. 1) darzustellen. Die Personalplanung erfolgt in der Regel jedenfalls in ihren Zieldaten bereits im Zusammenhang mit der Aufstellung der für die Planung des Dienstgebers zu erarbeitenden Teilpläne für die anzubietenden Dienstleistungen, die Investition und Finanzpolitik.
Die Unterrichtung erfolgt **»unter Vorlage der erforderlichen Unterlagen«** **19** (Abs. 3), ohne dass es deshalb eines ausdrücklichen Verlangens der MAV – wie im Falle des § 26 Abs. 2 S. 1 – bedarf. Derartige Unterlagen sind z. B. der

§ 27 a

Jahresabschluss, der Wirtschaftsprüfungsbericht, sonstige Berichte (z. B. einer Unternehmensberatung oder eines Leistungsträgers), Pläne zur Verbesserung der Arbeitsmethoden, Bilanzen, Gewinn- und Verlustrechnungen, Erfolgsberechnungen, Statistiken, Marktanalysen. Nach Lage des Einzelfalles kommen auch Unterlagen über Lohn- und Leistungsbewertungen, Erfolgsabrechnungen, Betriebsabrechnungsbögen (*BAG,* 17. 9. 1991 AP Nr. 13 zu § 106 BetrVG 1972) in Betracht sowie Unterlagen, die dazu dienen, den Personalbedarf an Hand der Gegebenheiten und der Planziele der Einrichtung zu ermitteln. Vorzulegen sind Unterlagen, die dem Dienstgeber zur Verfügung stehen; dabei spielt es keine Rolle, ob er sie selbst oder Dritte sie angefertigt haben (*Hess.LAG* AiB 1996 S. 668).

20 Die Unterlagen müssen der MAV vorgelegt, aber nicht ausgehändigt werden. Die MAV hat Anspruch darauf, dass die Unterrichtung unter Hinweis auf die Unterlagen erfolgt. Der Dienstgeber hat in seinen Berichten die Unterlagen zu verwerten. Die MAV kann sich zur Gedächtnisstütze schriftliche Aufzeichnungen machen. Gegen den Willen des Dienstgebers sind Abschriften oder Fotokopien unzulässig (*BAG,* 20. 11. 1984 AP Nr. 3 zu § 106 BetrVG 1972). Vorlage der Unterlagen ist nicht gleichbedeutend mit Überlassen von Unterlagen. Wenn aber der Dienstgeber umfangreiche Aufstellungen, Listen u. a. angefertigt hat, ist es ratsam, schon vor der Sitzung mit der MAV ihr diese in Fotokopie zu übergeben oder die Originale kurzzeitig auszuhändigen, weil deren Auswertung und sofortige Beratung im zeitlichen Rahmen einer Sitzung in der Regel gar nicht möglich sein dürfte (*BAG,* wie vor). Nach der Einsichtnahme, spätestens bei Beendigung der Sitzung mit dem Dienstgeber, sind die Unterlagen wieder zurückzugeben (*BAG,* wie vor).

4. Allgemeine Informationen

21 Allgemeine Informationen, die nicht aus einem besonderen Anlass erforderlich sind, müssen mindestens einmal im Kalenderjahr erfolgen. Der Dienstgeber kann die Angelegenheiten mit der MAV beraten (vgl. § 29), ist dazu aber nicht verpflichtet. Die MAV kann ihrerseits im Zusammenhang mit der Information des Dienstgebers Anregungen geben und Vorschläge unterbreiten (vgl. § 32 Abs. 1 Nr. 12).

5. Von der Informationspflicht ausgenommene Rechtsträger

22 Gemäß § 27 a Abs. 1 S. 1 sind solche kirchlichen Rechtsträger von der Informationspflicht ausgenommen, soweit sie nicht oder nicht überwiegend die nach Abs. 1 S. 1 genannten Arten von Drittmitteln erhalten. Drittmittel sind nicht Zuwendungen aus dem Bistumshaushalt an Kirchengemeinden, Kirchenstiftungen oder Kirchengemeindeverbände. Dasselbe gilt für Leistungen an Ordensgemeinschaften. Was nicht zum Haushalt der Einrichtung eines Rechtsträgers (etwa nicht zum Teilhaushalt, in dem überwiegend Drittmittel im Sinne von § 27 a Abs. 1 S. 1 enthalten sein können) gehört, ist nicht Gegenstand der Unterrichtung und Informationspflicht in wirtschaftlichen Angelegenheiten. So trifft eine Kirchengemeinde hinsichtlich der von ihr betriebenen Tageseinrichtungen für Kinder, für die sie überwiegend Zuwendungen der öffentlichen Hand erhält (vgl. z. B. §§ 75 Abs. 3, 77 SGB VIII), die Informationspflicht, nicht aber darüber, was sie aus Kollekten und für liturgische Zwecke einnimmt. Die Bereiche Verkündigung, Liturgie, Sakramentenspendung und

§ 27 a

Verwaltung, die aus der Kirchensteuer oder aus Kirchenvermögen finanziert werden, fallen nicht unter die Berichtspflicht des § 27 a Abs. 1 S. 1. Die Ausnahme gilt nur, wenn die MAVO überhaupt Anwendung findet. Das ist z. B. dann nicht der Fall, wenn der Betrieb einer Ordensgemeinschaft reiner Wirtschaftsbetrieb ist, so dass er weder unter den Begriff einer erzieherischen noch einer karitativen Einrichtung (vgl. § 118 Abs. 2 BetrVG, § 112 BPersVG) fällt (dazu: § 1 Rz 62 ff.). Ist das Ordensinstitut Körperschaft des deutschen öffentlichen Rechts, so fällt sein unselbstständiger Wirtschaftsbetrieb nicht unter das Betriebsverfassungsgesetz (§ 130 BetrVG; *BAG*, 30. 7. 1987 – 6 ABR 78/85, NJW 1988, 933 = DB 1987, 2658), so dass deshalb die Information in wirtschaftlichen Angelegenheiten im Sinne von § 27 a MAVO völlig entfällt. Denn dem Personalvertretungsrecht ist die Beteiligung des Personalrats in wirtschaftlichen Angelegenheiten (bei Anwendung des Personalvertretungsrechts eines Landes oder des Bundes) unbekannt. Ist die im Beispiel erwähnte Ordensgemeinschaft nach staatlichem Recht privatrechtlich (etwa als e. V.) verfasst und betreibt sie einen Wirtschaftsbetrieb, ist dieser als Tendenzbetrieb gemäß § 118 Abs. 1 S. 1 Nr. 1 und S. 2 von der Anwendung der §§ 106 bis 110 BetrVG ausgenommen, nicht aber von § 43 Abs. 2 S. 3 BetrVG, während die MAVO wegen der Anwendung des BetrVG nicht gilt. Denn gemäß § 118 Abs. 2 BetrVG sind nur karitative und erzieherische Einrichtungen vom BetrVG ausgenommen, wenn sie einer Religionsgemeinschaft überhaupt zugeordnet sind. Außerdem ist das kirchlich bestimmte Selbstverwaltungsrecht der Ordensgemeinschaften durch den Diözesanbischof zu schützen, so dass ihm als Gesetzgeber auch insoweit Grenzen gezogen sind (can. 586 § 2, 634 ff. CIC).

23

III. Wirtschaftliche Angelegenheiten (Abs. 2)

In Abs. 2 Nrn. 1 bis 4 werden beispielhaft die nach der MAVO wichtigsten wirtschaftlichen Angelegenheiten aufgezählt. Der Katalog ist wegen der Verwendung des Wortes »insbesondere« nicht erschöpfend. Er zählt nur auf, welche Gegenstände in jedem Falle bei Unterrichtung der MAV über die wirtschaftlichen Angelegenheiten der Einrichtung des Dienstgebers zu behandeln sind. Nr. 4 ist eine beschränkte Generalklausel. Der Katalog gibt keinen Anhaltspunkt, dass zu den wirtschaftlichen Angelegenheiten auch die laufende Geschäftsführung zählt. Das ist nur dann anzunehmen, wenn die Maßnahmen in § 27 a Abs. 2 angesprochen sind, wie etwa Rationalisierungsmaßnahmen und Änderungen der Organisation oder des Zwecks der Einrichtung. In diesem Zusammenhang und die in § 29 Abs. 1 Nr. 14 (grundlegende Änderungen von Arbeitsmethoden) sowie § 29 Abs. 1 Nr. 17 (Schließung, Einschränkung oder Zusammenlegung von Einrichtungen oder Dienststellen oder wesentlichen Teilen von ihnen) genannten Angelegenheiten wirtschaftlicher Art zu nennen. Die in § 27 a Abs. 2 Nrn. 1 bis 4 aufgezählten Angelegenheiten sind als Beispiele benannt, also nicht erschöpfend aufgezählt.

24

1. Der Allgemeine Rahmen der wirtschaftlichen und finanziellen Lage der Einrichtung (§ 27 a Abs. 2 Nr. 1)

Die Informationspflicht des Dienstgebers über den allgemeinen Rahmen der wirtschaftlichen und finanziellen Lage erstreckt sich nur auf die jeweilige kon-

25

§ 27 a

krete Einrichtung, nicht dagegen auf das gesamte Unternehmen des Dienstgebers, der mehrere Einrichtungen, Dienststellen oder sonstige Betriebe führt. Besteht eine gemeinsame Mitarbeitervertretung (§ 1 b), so ist diese wegen der aktuell betroffenen Einrichtung des zuständigen Dienstgebers zu unterrichten (vgl. § 22 a Abs. 1 S. 3). Eine Information der Gesamtmitarbeitervertretung (§ 24 Abs. 1) bzw. erweiterten Gesamtmitarbeitervertretung (§ 24 Abs. 2) erfolgt gemäß § 27 a Abs. 4.

26 Der Informationspflicht ist unter den Voraussetzungen der in § 27 a Abs. 2 genannten Angelegenheiten aktuell nachzukommen, nötigenfalls öfter im Kalenderjahr.

27 Zur wirtschaftlichen und finanziellen Lage gehören alle auf die Einrichtung bzw. Einrichtungen des Dienstgebers einwirkenden Gegebenheiten, die für seine Planung von Bedeutung sind und betrifft insbesondere Verluste, Gewinne, Risikolage (z. B. Kreditschwierigkeiten, Belegung), Preisgestaltung und deren Kalkulationsgrundlage. Hierher gehört z. B. die wirtschaftliche Entwicklung einer bestimmten Branche und Liquidität. Vor allem gehört hierher die Absicht, die Eröffnung eines Insolvenzverfahrens zu beantragen (*Fitting*, § 106 Rz 38).

2. Rationalisierungsvorhaben (Abs. 2 Nr. 2)

28 Die Rationalisierung hat die zweckmäßigere anforderungsgerechte und kostengünstige Gestaltung der Arbeitsvorgänge einschließlich des Verwaltungsbereichs zum Ziel, um die Wirtschaftlichkeit der Einrichtung zu steigern, etwa durch Normung und Typisierung des Arbeitsablaufs. Das kann durch Rationalisierungsinvestitionen zur Einführung arbeitssparender oder qualitätsverbessernder Technologien oder durch betriebsorganisatorische Maßnahmen geschehen. Ziel ist neben der Erhöhung der Wirtschaftlichkeit gleichrangig die Erzielung menschengerechter Arbeitsbedingungen. Dazu gehören auch neue Arbeitsmethoden und damit u. U. einhergehend die Änderung der Organisation oder des Zwecks der Einrichtung. Soweit der Personalbedarf oder -einsatz sich infolge der angestrebten Rationalisierung ändern kann, hat der Dienstgeber hierauf gemäß Abs. 1 S. 1 hinzuweisen. In diesem Zusammenhang sind die Rationalisierungsfolgen für die Mitarbeiter von Interesse, zu deren Gunsten in kirchlichen Arbeitsvertragsordnungen Bestimmungen über den Rationalisierungsschutz bestehen (vgl. § 45 a KAVO mit Anlage 23 zur KAVO; ABD, Regelung über den Rationalisierungsschutz für Mitarbeiter – Teil C, 4).

3. Änderung der Organisation oder des Zwecks einer Einrichtung (Abs. 2 Nr. 3)

29 Unter Einrichtungsorganisation ist das bestehende Ordnungsgefüge für die Verbindung von Einrichtungszweck in der Einrichtung arbeitender Menschen und Einrichtungsanlagen mit dem Ziel der optimalen Erfüllung der Aufgaben der Einrichtung zu verstehen (*BAG*, 22. 5. 1979 AP Nr. 3, 4 zu § 111 BetrVG 1972). Der Zweck der Einrichtung wird vom Dienstgeber zur Erreichung der jeweiligen Ziele seiner Tätigkeit bestimmt. Der Zweck ist das Ergebnis seiner Planung, durch die der Einrichtung Aufgaben der Dienstleistung zugewiesen werden. Die Informationspflicht nach Abs. 2 Nr. 3 erfasst jede vom Dienstgeber in Betracht gezogene Änderung, nicht nur geplante grundlegende Änderungen.

§ 27 a

4. Sonstige Veränderungen und Vorhaben, welche die Interessen der Mitarbeiter der Einrichtung wesentlich berühren können (Abs. 2 Nr. 4)

Abs. 2 Nr. 4 enthält eine beschränkte Generalklausel, die alle nicht bereits in 30 den Nrn. 1 bis 3 aufgeführten Fragen erfasst, die das wirtschaftliche Leben der Einrichtung in entscheidenden Punkten betreffen. Voraussetzung für die Informationspflicht des Dienstgebers ist aber, dass die Interessen der Mitarbeiter der Einrichtung wesentlich berührt werden können (*BAG*, 11. 7. 2000 AP Nr. 2 zu § 109 BetrVG 1972). Das kann für Rechtsstreitigkeiten von grundlegender Bedeutung gelten, für Maßnahmen der staatlichen Energiepolitik, der Gesetzgebung im sozialen Bereich, Zusammenarbeit mit anderen Rechtsträgern; Pilotprojekte über neue Dienstleistungen, wenn die Ergebnisse Auswirkung auf die Beschäftigungsverhältnisse der Mitarbeiter haben können (*BAG*, wie vor); Ausgliederung von Dienstleistungen (*BAG*, wie vor), Zusammenschlüsse von Rechtsträgern (Fusionen), Konzentrationsvorgänge, Veräußerung von Geschäftsanteilen einer GmbH und deren mögliche Auswirkungen auf Geschäftspolitik und Geschäftsführung und der Übergang der Einrichtung oder eines Teils derselben auf einen anderen Rechtsträger (§ 613 a BGB). Auf die in § 29 Abs. 1 Nr. 14 und 17 genannten Maßnahmen und die damit verbundenen Beteiligungsrechte der MAV wird hingewiesen.

IV. Erforderliche Unterlagen (§ 27 a Abs. 3)

Der Wortlaut der Vorschrift definiert nicht einheitlich den Begriff erforderli- 31 che Unterlagen. Als ausreichend gelten solche Unterlagen, die ein den tatsächlichen Verhältnissen entsprechendes Bild der Einrichtung vermitteln. Das heißt im Wesentlichen, dass es auf die Art der Einrichtung ankommt, aus deren Geschäftsführung mit Blick auf Drittmittel und erforderliche Verwendungsnachweise die erforderlichen Unterlagen resultieren. Das folgt aus § 27 a Abs. 3 S. 2. Sofern nämlich für die Einrichtung nach den Vorschriften des Handels- oder Steuerrechts Rechnungs-, Buchführungs- und Aufzeichnungspflichten bestehen, sind dies der Jahresabschluss nach den jeweils maßgeblichen Gliederungsvorschriften sowie der Anhang und, falls zu erstellen, der Lagebericht (siehe dazu die einschlägigen Vorschriften des HGB §§ 252 ff.; §§ 264, 265, 266 ff.; §§ 275 ff.; 284 ff.). Für Einrichtungen einer Körperschaft des deutschen öffentlichen Rechts bzw. sinngemäß einer Anstalt oder Stiftung des öffentlichen Rechts sind dies der auf die konkrete Einrichtung bezogene Teil des Verwaltungshaushalts und die einrichtungsbezogene Jahresrechnung. Eine besondere Anfertigung von Unterlagen für das Informationsverfahren wird nicht gefordert. Entscheidend ist die aus den Unterlagen mögliche Analyse der Personalplanung und ihre Plausibilität (§ 27 a Abs. 1 S. 1).

V. Dialogpartner des Dienstgebers (§ 27 a Abs. 4)

Dialogpartner des Dienstgebers sind die Mitarbeitervertretungen der Einrich- 32 tungen oder die gemeinsame Mitarbeitervertretung mit Blick auf eine konkrete Einrichtung. Gesamtmitarbeitervertretung (§ 24 Abs. 1) bzw. erweiterte

§ 27 a

Gesamtmitarbeitervertretung verdrängen die Zuständigkeit der Mitarbeitervertretung bzw. gemeinsamen Mitarbeitervertretung (§ 27 a Abs. 1 S. 3).

33 Abgesehen von der für die Einrichtung zuständigen Mitarbeitervertretung oder Gesamtmitarbeitervertretung bzw. erweiterten Gesamtmitarbeitervertretung informiert der Dienstgeber an ihrer Stelle den **Ausschuss**, wenn ein solcher zur Wahrnehmung der Informationsrechte gemäß § 27 a Abs. 1 und Abs. 4 S. 1 besteht. Die Bildung des Ausschusses erfolgt gemäß § 14 Abs. 10.

34 Zulässig ist die Bildung des Ausschusses durch
– die Mitarbeitervertretung (§ 1 a) bzw. die gemeinsame Mitarbeitervertretung (§ 1 b),
– die Gesamtmitarbeitervertretung (§ 24 Abs. 1) oder
– die erweiterte Gesamtmitarbeitervertretung (§ 24 Abs. 2).

35 Die genannten Dialogpartner des Dienstgebers haben das Recht, sich zur ordnungsgemäßen Erfüllung ihrer Aufgaben (vgl. Abs. 1) sachkundiger Mitarbeiterinnen bzw. Mitarbeiter ihres Dienstgebers zu bedienen. Der Dienstgeber hat sie zur Verfügung zu stellen, wenn das erforderlich ist. Dabei hat er auf die personenbezogenen Vorschläge der MAV oder des Ausschusses Rücksicht zu nehmen. Davon darf er abweichen, wenn einrichtungsbezogene Notwendigkeiten entgegenstehen (Abs. 4 S. 2). Hat der Dienstgeber sachkundige Personen zum Dialog zur Verfügung gestellt, gilt für diese die gemäß § 20 MAVO normierte Schweigepflicht (Abs. 4 S. 3). Im Wesentlichen kann es nur darum gehen, den Schutz von Betriebs- und Geschäftsgeheimnissen zu wahren (§ 27 a Abs. 6). In Kirchengemeinden und Kirchengemeindeverbänden wird die Unterrichtung durch die – nach diözesanem Recht – bestehenden Rendanturen sachkundig zu erfolgen haben (vgl. Amtsblatt des Erzbistums Köln 2004 Nrn. 24 u. 25 S. 22 ff. u. 24 ff.).

VI. Einrichtungen mit nicht mehr als 50 ständig beschäftigten Mitarbeitern (§ 27 a Abs. 5)

36 Abs. 5 berücksichtigt kleinere Einrichtungen mit in der Regel nicht mehr als 50 ständig voll- oder teilzeitbeschäftigten Mitarbeiterinnen und Mitarbeitern. Mit der Bestimmung wird unterstellt, dass die direkte Information der Belegschaft durch den Dienstgeber ausreichend ist, wenn die Informationsveranstaltung wenigstens einmal in jedem Kalenderjahr in einer ordentlichen oder außerordentlichen Mitarbeiterversammlung erfolgt. Der Dienstgeber beantragt dazu bei der MAV die Einberufung der Mitarbeiterversammlung (§ 21 Abs. 3 S. 2 bis 4). In der Einladung durch die MAV ist bei der Angabe der Tagesordnung der Grund anzugeben. Der Dienstgeber nimmt an der Mitarbeiterversammlung teil, näherhin das zuständige Organ oder die bestellte Leitung (§ 2 Abs. 2), die berichtet (siehe auch zu Rz 35). Thema des mündlichen Berichts des Dienstgebers ist das Personal- und Sozialwesen der Einrichtung und die wirtschaftliche Lage und Entwicklung der Einrichtung und ihres Rechtsträgers. Darüber besteht Berichtspflicht. Auf die vergleichbare Vorschrift des § 43 Abs. 2 S. 3 BetrVG sei hingewiesen.

37 Der Lagebericht soll den Mitarbeitern in groben Zügen einen Überblick über die wirtschaftliche Lage beim Rechtsträger überhaupt und die der Einrichtung im Besonderen, die wirtschaftlichen Leistungen, die Schwierigkeiten, die Marktlage und die Entwicklung, die die Einrichtung und die anderen Einrich-

§ 27 a

tungen des Dienstgebers seit dem letzten Bericht genommen haben, sowie die Aussichten über die künftige Entwicklung gewähren. Dabei darf eine verallgemeinerte Gesamtschau entwickelt werden (*GK-Fabricius*, § 106 Rz 11). Mit Rücksicht auf das Interesse der Mitarbeiter an der Sicherheit der Arbeitsplätze ist im Bericht auf diesen Aspekt zu achten. Angaben, durch die Betriebs- oder Geschäftsgeheimnisse gefährdet werden könnten, braucht der Bericht nicht zu enthalten (Abs. 1 S. 2 analog).

VII. Betriebs- und Geschäftsgeheimnisse (§ 27 a Abs. 6)

Sowohl der Umfang der Unterrichtung und Beratung als auch die Heranziehung und Vorlage von Unterlagen wird beschränkt durch das Recht des Dienstgebers, Auskünfte dann zu verweigern, wenn und soweit Betriebs- und Geschäftsgeheimnisse objektiv gefährdet werden, auch unter Einschluss vertraglich übernommener Geheimhaltungspflicht gegenüber Geschäftspartnern (Abs. 6). 38

Geschäfts- oder Betriebsgeheimnisse sind Tatsachen, Erkenntnisse oder Unterlagen, die im Zusammenhang mit dem technischen Betrieb oder der wirtschaftlichen Betätigung der Einrichtung stehen, nur einem eng begrenzten Personenkreis bekannt, also nicht schon offenkundig oder auf andere Weise bekannt geworden sind. Nach dem bekundeten Willen des Dienstgebers sollen Angelegenheiten geheim gehalten werden, um u. a. mit Blick auf Konkurrenten auf dem Markt für die eigene Einrichtung keine Nachteile zu erleiden. Es geht um das materielle Geheimnis (*BAG*, 16. 3. 1982 AP Nr. 1 zu § 611 Betriebsgeheimnis; *BAG*, 26. 2. 1987 AP Nr. 2 zu § 79 BetrVG 1972; *ErfK-Hanau/ Kania* § 106 Rz 2). Ist keine Gefährdung gegeben, hat der Dienstgeber auch über Betriebs- und Geschäftsgeheimnisse zu informieren (*BAG*, 11. 7. 2000 AP Nr. 2 zu § 109 BetrVG 1972). Der **Bruch der Verschwiegenheitspflicht** ist regelmäßig eine grobe Pflichtverletzung im Sinne des § 13 c Nr. 5 (§ 20 S. 3), die durch Beschluss der Schlichtungsstelle (§ 41 Abs. 1 Nr. 3) zum Ausschluss aus der MAV führen kann. 39

Die Schweigepflicht ist nicht gegeben, wenn das Betriebs- oder Geschäftsgeheimnis ohne Zusammenhang mit der Amtsführung der MAV – z. B. im Rahmen ihrer Tätigkeit als Mitarbeiter – erfahren wurde. In einem solchen Falle wird sich allerdings in der Regel eine Schweigepflicht aus der allgemeinen Treuepflicht des Mitarbeiters ergeben (vgl. auch § 5 Abs. 1 AVR-Caritas Allg. Teil; § 9 ABD Teil A, 1; § 8 KAVO). 40

VIII. Streitigkeiten

Im Streitfall entscheidet die Schlichtungsstelle über das Ausmaß der Unterrichtungspflicht des Dienstgebers gegenüber dem jeweiligen Dialogpartner (§ 41 Abs. 1 Nr. 5; *BAG*, 8. 8. 1989 AP Nr. 6 zu § 106 BetrVG). 41

§ 28 Formen der Beteiligung, Dienstvereinbarung

(1) Die Beteiligung der Mitarbeitervertretung an Entscheidungen des Dienstgebers vollzieht sich im Rahmen der Zuständigkeit der Einrichtung nach den §§ 29 bis 37.
Formen der Beteiligung sind:
- Anhörung und Mitberatung,
- Vorschlagsrecht,
- Zustimmung,
- Antragsrecht.

(2) Dienstvereinbarungen sind im Rahmen des § 38 zulässig.

Inhaltsübersicht

	Rz
I. Beteiligung der MAV an Entscheidungen des Dienstgebers	1–6
II. Formen der Beteiligung	7–19
1. Anhörung und Mitberatung	8–10
2. Vorschlagsrecht	11
3. Vorschlagsrecht	12
4. Zustimmung	13–15
5. Antragsrecht	16
6. Dienstvereinbarungen	17–19
III. Arbeitsvertragsordnungen	20–24

I. Beteiligung der MAV an Entscheidungen des Dienstgebers

1 § 28 Abs. 1 S. 1 enthält zwei allgemein für die Beteiligungsrechte der MAV geltende Grundsätze, auf denen die Beteiligungsrechte aufbauen:
a) Eine Beteiligung der MAV ist nur im Rahmen der Zuständigkeit der Einrichtung zugelassen.
b) Die Beteiligung vollzieht sich in den in § 28 Abs. 1 S. 2 generell festgelegten Formen nach den abschließenden Vorschriften der §§ 29 bis 37 und des § 18 Abs. 2 und 4.

2 Die Beteiligung der MAV vollzieht sich im Rahmen der Zuständigkeit der kirchlichen Einrichtung. Das setzt voraus, dass der kirchlichen Einrichtung eine genau abgegrenzte Zuständigkeit von der sie errichtenden kirchlichen Autorität zugewiesen worden ist. Der kirchlichen Einrichtung ist eine genau abgegrenzte Zuständigkeit zugewiesen entweder durch
- die sie errichtende kirchliche Autorität (z. B. Pfarrei, öffentlicher Verein im Sinne des CIC) oder
- die kirchliche Anerkennung als kirchliche Einrichtung unter Berücksichtigung der Statuten ihres Rechtsträgers, wie etwa einer GmbH oder einer Stiftung.

3 Zu prüfen ist, ob der kirchlichen Einrichtung eine genau abgegrenzte Zuständigkeit von der sie errichtenden kirchlichen Autorität zugewiesen worden ist oder die vom Träger der Einrichtung bestimmte Zuständigkeit kirchlich anerkannt ist. Die kirchliche Einrichtung wendet die Grundordnung des kirchlichen Dienstes im Rahmen kirchlicher Arbeitsverhältnisse (GrO) an (Art. 2 Abs. 1 und 2 GrO). Die kirchliche Autorität bestimmt, welche Funktionen und welche Aufgaben die kirchliche Einrichtung wahrzunehmen hat. Dies entspricht auch der Rechtsprechung des *Bundesverfassungsgerichts*, wonach gemäß Art. 140 GG i. V. m. Art. 137 Abs. 3 WRV nicht nur die organisierte Kirche und die rechtlich selbstständigen Teile dieser Organisation sondern alle der Kirche in bestimmter Weise zugeordneten Einrichtungen ohne Rücksicht auf ihre Rechtsform Objekte sind, bei deren Ordnung und Verwaltung die Kirche grundsätzlich frei ist, wenn sie nach kirchlichem Selbstverständnis ihrem Zweck oder ihrer Aufgabe entsprechend berufen sind, ein Stück Auftrag der Kirche in dieser Welt wahrzunehmen und zu erfüllen (*BVerfGE* 46, 73 = NJW 1978 S. 581).

Legt also der Diözesanbischof, sein Generalvikar oder eine von ihm bevollmächtigte Stelle oder eine andere kirchliche anerkannte Autorität den Zuständigkeitsbereich der kirchlichen Einrichtung fest, ist dieser Bereich der Beteiligung für die MAV offen. Im Bereich der MAVO entspricht damit der Begriff »kirchliche Einrichtung« den gleichen Begriffen »Betrieb« aus dem Betriebsverfassungsgesetz bzw. »Dienststelle« aus dem Personalvertretungsrecht. Die **kirchliche Einrichtung** ist nach § 1 a Abs. 1 die **maßgebliche organisatorische Einheit**, in der sich die Beteiligung der MAV vollzieht. Gemäß § 1 a Abs. 2 regelt der Dienstgeber, was als Einrichtung gilt, wobei der MAV zuvor Gelegenheit zur Stellungnahme zu geben ist, wenn eine MAV besteht und die Neugliederung der Einrichtung in gegebenenfalls mehrere Aufgabenbereiche erfolgen soll. Die Regelung bedarf allerdings der Genehmigung des »Ordinarius«. Darunter ist in der Regel der Generalvikar zu verstehen (can. 391 § 2 CIC), der für den Ortsordinarius (Diözesanbischof) handelt (can. 134 §§ 1 und 2 CIC). Das hat zur Folge, dass eine weitergehende, die Zuständigkeitsgrenzen der Einrichtung überschreitende Beteiligung der MAV an anderen, organisatorisch und funktional selbstständigen Einrichtungen nicht möglich und folglich unzulässig ist. **4**

Eine weitere, aus § 28 Abs. 1 S. 1 abzuleitende Folge der Beschränkung der Beteiligung auf die kirchliche Einrichtung, in der die MAV gewählt wurde, ist: **Die Organisationsbefugnis** der zuständigen kirchlichen Autorität bei der Errichtung einer kirchlichen Einrichtung kann nicht beschnitten werden. Erst der Errichtungsakt schafft die Voraussetzungen für die Wahl einer MAV und damit für Beteiligungsrechte. **5**

Mit der Festlegung der Beteiligungsformen der MAV durch § 28 Abs. 1 S. 2 in ihrer Ausprägung in den Regelungen der §§ 29 bis 37 einschließlich § 18 Abs. 2 und 4 ist gleichzeitig festgestellt, dass die Beteiligung auf die dort geregelten Tatbestände – von der Dienstvereinbarung (§ 38) abgesehen – beschränkt ist. Dieser Hinweis ist geboten, um die MAV und den Dienstgeber vor einer freiwillig vereinbarten Erweiterung der Beteiligungsrechte – die z. B. nach §§ 88, 102 Abs. 6 BetrVG in der dem BetrVG unterliegenden privaten Wirtschaft zulässig ist – zu bewahren. Denn eine so erfolgte Erweiterung der Beteiligungsrechte der MAV verstößt gegen § 28 Abs. 1 MAVO und ist unwirksam. Im Übrigen darf von den Regelungen der MAVO ohnehin nicht abgewichen werden (§ 48). **6**

§ 28

II. Formen der Beteiligung der MAV

7 Die Beteiligung der MAV vollzieht sich qualitativ in folgenden Stufen:

1. Anhörung und Mitberatung

8 Die erste Stufe der Beteiligungsrechte der MAV ist als Doppelrecht ausgebildet. Sie besteht aus der **Anhörung und Mitberatung**. Sie ist im Einzelnen in § 29 näher festgelegt: Das Verfahren regelt sich nach § 29 Abs. 2–4. Generell gilt für dieses Beteiligungsrecht:

9 **Anhörung** zu einer Maßnahme bedeutet zunächst ordnungsgemäße, insbesondere vollständige Unterrichtung über die Absichten des Dienstgebers. Die MAV muss sich anhand der Unterrichtung ein Bild von der vorgesehenen Maßnahme machen, sie prüfen und sachgerechte Einwendungen erheben können.

10 Für den Fall, dass die MAV – nicht nur sachgerechte – Einwendungen erhebt, muss der Dienstgeber mit der MAV über die von ihr erhobenen Einwendungen beraten. Die **Beratung** ist Voraussetzung dafür, dass der Dienstgeber nach Abschluss der Beratung mit der MAV, auch gegen die Einwendung der MAV, selbstständig entscheiden kann (§ 29 Rz 105 f.)

2. Dienstgeberseitige Kündigungen

11 Einen in sich abgeschlossenen Teil zur Anhörung und Mitberatung bilden die Beteiligungsrechte vor der beabsichtigten ordentlichen (§ 30) und außerordentlichen (§ 31) Kündigung des Arbeitsvertrages durch den Dienstgeber. Im Falle von Einwendungen der MAV hat der Dienstgeber mit der MAV zu beraten, ehe er die ordentliche Kündigung aussprechen darf. Im Falle der beabsichtigten außerordentlichen Kündigung ist er nach fristgerechter Äußerung der MAV zur Kündigung berechtigt; einer besonderen Verhandlung mit der MAV wie im Falle des § 30 bedarf es nicht, weil der Dienstgeber trotz ordnungsgemäß erhobener Einwendungen der MAV im Ausspruch der außerordentlichen Kündigung frei ist. Siehe weiter zu § 30 a.

3. Vorschlagsrecht

12 Die MAV hat als Initiativrecht ein **Vorschlagsrecht** im Rahmen der abschließend aufgezählten Angelegenheiten des § 32. Dieses Vorschlagrecht soll den Dienstgeber veranlassen, sich mit den Vorstellungen der MAV auseinander zu setzen und sie bei seiner Entscheidung zu berücksichtigen. Die Vorschläge der MAV können schriftlich wie mündlich erfolgen. Im Rahmen der Behandlung des Vorschlages ist nach § 32 Abs. 2 der Dienstgeber zur Abhaltung einer gemeinsamen Sitzung mit der MAV verpflichtet, wenn er dem Vorschlag nicht oder in abgeänderter Form entsprechen will.

4. Zustimmung

13 **Zustimmung** zu einer Maßnahme des Dienstgebers bedeutet **Mitbestimmung bei einer Maßnahme**. Die Maßnahme oder Entscheidung kann nur mit Zustimmung der MAV wirksam erfolgen. Die Initiative zur Erlangung der Zustimmung liegt ausschließlich beim Dienstgeber, der um die Zustimmung der MAV nachsuchen (§ 33 Abs. 2 S. 1) oder das Schlichtungsverfahren einleiten

§ 28

muss (§ 33 Abs. 4). Es ist also keinesfalls Sache der MAV, bei Verweigerung der Zustimmung von sich aus die Schlichtungsstelle anzurufen, um die Begründetheit der Zustimmungsverweigerungsgründe feststellen zu lassen. Die Mitbestimmung durch Zustimmung ist in der Form eines positiven Konsensprinzips gestaltet: Der Dienstgeber bedarf zur Durchführung der zustimmungspflichtigen Maßnahme **positiv der Zustimmung der MAV** oder der **Entscheidung der Schlichtungsstelle** nach §§ 41 Abs. 3, 42, dass keine Gründe zur Zustimmungsverweigerung vorlagen.

Auch hier ist der Kreis der mitbestimmungspflichtigen Maßnahmen durch die MAVO abschließend und damit nicht erweiterungsfähig festgelegt (§ 48). Es handelt sich bei den zustimmungspflichtigen Maßnahmen um 14
– Zustimmung zur Versetzung oder Abordnung eines Mitgliedes der MAV gegen seinen Willen in eine andere Einrichtung (§ 18 Abs. 2)
– Zustimmung zur Ablehnung des Dienstgebers, ein in einem Berufsausbildungsverhältnis stehendes Mitglied der MAV nicht in einem Arbeitsverhältnis nach Beendigung seines Ausbildungsvertrages weiterzubeschäftigen (§ 18 Abs. 4)
– Zustimmung zur Einstellung und Anstellung (§ 34)
– Zustimmung bei sonstigen personellen Angelegenheiten von Mitarbeitern nach der Einstellung (§ 35)
– Zustimmung zu Angelegenheiten der Dienststelle (§ 36)

Nimmt der Dienstgeber eine dieser Maßnahmen ohne die vorherige Zustimmung der MAV vor, so ist sie fehlerhaft. Zu den daraus erwachsenden Rechtsfolgen ist bei den einzelnen Mitbestimmungstatbeständen Stellung genommen. 15

5. Antragsrecht

Als weitere Form der Beteiligung sieht § 28 das Antragsrecht vor. Es ist nach 16 § 37 auf die dort in Abs. 1 Nr. 1–11 genannten Tatbestände beschränkt. Diese sind nicht erweiterungsfähig (§ 48). Antragsrecht ist Initiativrecht der MAV. Es wirkt wie das Zustimmungsrecht als Mitbestimmungsrecht. Der Dienstgeber wird zu Verhandlungen mit der MAV über ihre Anträge veranlasst und kann zum Abschluss einer Dienstvereinbarung nach § 38 gezwungen werden, wenn die MAV nach gescheiterter Einigung die Schlichtungsstelle anruft. Die Schlichtungsstelle entscheidet bei Ablehnung des Antrages der MAV im Rahmen des Schlichtungsverfahrens, ob und in welchem Umfang dem Antrag der MAV zu entsprechen ist (§ 41 Abs. 4). Diese Entscheidung bindet MAV und Dienstgeber.

6. Dienstvereinbarungen

§ 28 Abs. 2 lässt den Abschluss von Dienstvereinbarungen im Rahmen des § 38 17 zu. Damit ist der Abschluss von Dienstvereinbarungen auf
– den Kreis der Angelegenheiten, die in § 38 Abs. 1 Nrn. 1 bis 13 genannt sind,
– ergänzende Regelungen für Arbeitsentgelte und sonstige Arbeitsbedingungen, die gemäß § 38 Abs. 2 durch Öffnungsklauseln der Arbeitsvertragsordnungen zum Gegenstand betrieblicher Regelung zugelassen sind (dazu: *Thiel*, Öffnungsklauseln für Dienstvereinbarungen, ZMV-Sonderheft 1998 S. 15),

§ 28

beschränkt. Davon liefern insbesondere Öffnungsklauseln der AVR-Caritas beredtes Zeugnis (vgl. AVR Anlage 1, früher: Abschnitt XVI, Öffnungsklausel für Notsituationen; Abschnitt XVII Härtefallklauseln zur Vergütung für näher benannte Zeiträume in bestimmten Einrichtungen; ab 1. 7. 2003: AVR Anlage 1 Abschnitt II b, Öffnungsklauseln zu Absenkung u. Erhöhung der Vergütung). Wichtig ist die Zulässigkeit einer Dienstvereinbarung nach § 38 Abs. 1 Nr. 11, die eine dem Sozialplan nach § 112 BetrVG ähnliche Regelung bei Schließung, Einschränkung, Verlegung oder Zusammenlegung von Einrichtungen (wesentlichen Teilen von ihnen) vorsieht. Über diese in § 38 Abs. 1 und 2 aufgezählten Tatbestände hinaus können Dienstvereinbarungen in kirchlichen Einrichtungen nicht wirksam abgeschlossen werden (§ 48).

18 **Die Dienstvereinbarung** ist demnach ein **Rechtsinstitut des kollektiven Arbeitsrechts**, das auf der durch die MAVO gestalteten Verfassung der kirchlichen Einrichtung beruht. Sie entspricht der Dienstvereinbarung des § 73 BPersVG bzw. der Betriebsvereinbarung des § 77 BetrVG. Sie hat normative Wirkung für die in der kirchlichen Einrichtung bestehenden Arbeitsverhältnisse, die unter ihren Geltungsbereich fallen. Ihre Regelungen wirken in ihrem nach § 38 Abs. 1 und 2 zulässigen Bereich unmittelbar und zwingend auf die von ihr erfassten Arbeitsverhältnisse ein (§ 38 Abs. 3 a). Voraussetzung für diese normative Wirkung ist neben der Regelungsbefugnis nach § 38 Abs. 1 und 2 der Abschluss in der Schriftform des § 38 Abs. 4.

19 **Dienstvereinbarung und Arbeitsvertragsordnung sind** Rechtsnormen des **kollektiven Arbeitsrechts im kirchlichen Bereich.** Normen einer Dienstvereinbarung sind gegenüber Normen einer Arbeitsvertragsordnung die schwächere Rechtsquelle. Das folgt aus § 38 Abs. 2 und 3. Die Dienstvereinbarung ist ohne positive Öffnungsklausel in einer Arbeitsvertragsnorm unzulässig, sie darf nicht im Widerspruch zu Rechtsnormen, insbesondere in kirchlichen Arbeitsvertragsordnungen stehen. Mit Inkrafttreten einer Rechtsnorm, welche Angelegenheiten von § 38 Abs. 1 oder Abs. 2 betrifft, wird die Rechtsnorm der Dienstvereinbarung unwirksam. Unzulässige Dienstvereinbarungen sind unwirksam. Zu den Konkurrenzproblemen zwischen Dienstvereinbarung und Arbeitsvertragsordnung im Einzelnen § 38 Rz 31 ff.

III. Arbeitsvertragsordnungen

20 Arbeitsvertragsordnungen kommen zustande durch mit qualifizierter Mehrheit gefasste Beschlüsse in mit Vertretern der Dienstgeber und der Mitarbeiter paritätisch besetzten Kommissionen zur Ordnung des diözesanen Arbeitsvertragsrechts (KODA), die Arbeitsrechtliche Kommission des Deutschen Caritasverbandes (AK) und nach Maßgabe näher geregelter Zuständigkeit durch die Zentral-KODA für das gesamte Gebiet der Deutschen Bischofskonferenz. Aufgabe der Kommission (auch als Regional-KODA mehrerer Diözesen gebildet) ist die Aufstellung von Normen, welche Inhalt, Abschluss und Beendigung von Arbeitsverhältnissen regeln, soweit nicht die AK oder die Zentral-KODA zuständig ist. Rechtsgrundlage sind die KODA-Ordnungen der Diözesen einschließlich der Zentral-KODA-Ordnung und die Ordnung der Arbeitsrechtlichen Kommission des Deutschen Caritasverbandes und die Grundordnung des kirchlichen Dienstes im Rahmen kirchlicher Arbeitsverhältnisse (GrO). Ihr Artikel 7 schreibt vor, dass das Verhandlungsleichgewicht

§ 28

der im kirchlichen Dienst beschäftigten Mitarbeiterinnen und Mitarbeiter (Arbeitnehmer) bei Abschluss und Gestaltung der Arbeitsverträge durch die katholische Kirche in der oben beschriebenen Weise durch Kommissionsbeschlüsse gesichert wird. Die Beschlüsse bedürfen der diözesanbischöflichen Inkraftsetzung für das jeweilige Bistum (Art. 7 Abs. 1 GrO). Diese Art des Zustandekommens von Arbeitsvertragsordnungen oder auch Arbeitsvertragsrichtlinien vollzieht sich im Rahmen des Dritten Weges der Kirche, die den Abschluss von Tarifverträgen nach dem Tarifvertragsgesetz (TVG) mit den Gewerkschaften ablehnt (Art. 7 Abs. 2 GrO).

Die Arbeitsvertragsordnung ist eine den Tarifverträgen angenäherte kollektive Regelung von Arbeitsbedingungen in den kirchlichen Einrichtungen. Umstritten ist, ob die Arbeitsvertragsordnungen wie Tarifverträge Rechtsnormcharakter haben oder nur kraft einzelarbeitsvertraglicher Vereinbarung zum Inhalt des Arbeitsverhältnisses werden (*BAG*, AP Nr. 9 zu § 72 a ArbGG Grundsatz, gegen *LAG Berlin*, AP Nr. 19 zu Art. 140 GG; *LAG Niedersachsen*, LAGE § 7 AZO Nr. 2; ausführlich: *Richardi*, Arbeitsrecht in der Kirche, § 15 Rz 1 ff.; *Hammer*, ZTR 2002 S. 302; *Hanau/Thüsing*, Änderungen der Arbeitsbedingungen in Kirche und Diakonie, KuR 350, 1999 S. 143). 21

Die Arbeitsvertragsordnungen sind keine Tarifverträge im Sinne des TVG (*BAG*, 6. 11. 1996 – 10 AZR 287/96, ZMV 1997 S. 90; *BAG*, 23. 2. 1995 – 6 AZN 1080/94, ZMV 1995 S. 138 unter Hinweis auf § 72 a Abs. 1 Nr. 2 ArbGG), weil sie nicht von den Tarifvertragsparteien ausgehandelt werden und nach Maßgabe des TVG zustande kommen (vgl. jetzt auch *BAG*, 6. 11. 1996 – 5 AZR 334/95, AP Nr. 1 zu § 10 a AVR *Caritasverband* = NZA 1997 S. 778; *BAG*, 11. 6. 1997 – 7 AZR 313/96, NZA 1997 S. 1288; *BAG*, 19. 2. 2003 – 4 AZR 11/02, NZA 2004, 54, 57). 22

Für die Rechtsgeltung der im kirchlichen Arbeitsrechtsregelungsverfahren erlassenen Arbeitsvertragsordnungen ist mit Rücksicht auf die Rechtsprechung zu unterscheiden zwischen den kirchlichen Adressaten der Arbeitsvertragsordnungen, welche die von der KODA bzw. AK beschlossenen und vom Diözesanbischof als kirchlichem Gesetzgeber (can. 391 CIC) erlassenen Bestimmungen als Arbeitgeber (Dienstgeber) mit Einschluss der GrO anzuwenden haben (vgl. § 3 Abs. 1 Bayerische Regional-KODA-Ordnung), und sei es auf der Grundlage des Satzungsrechts für den privatrechtlich verfassten Bereich des Deutschen Caritasverbandes (vgl. nur § 5 Abs. 1 S. 2 Buchst. c der Satzung des Diözesan-Caritasverbandes für das Erzbistum Köln e. V. vom 3. 2. 2000, Amtsblatt des Erzbistums Köln 2000 Nr. 138 S. 112), und andererseits den Mitarbeitern und Mitarbeiterinnen, mit denen die Arbeitsvertragsordnungen einzelarbeitsvertraglich zu kontrahieren sind (so *BAG*, 5. 3. 1997 – 4 AZR 392/95, KirchE 35. Bd. 2001 S. 86; 24. 9. 1997 – 4 AZR 452/96, AR-Blattei ES 960 Kirchenbedienstete Nr. 60). Es fehlt eine staatliche gesetzliche Bestimmung über die unmittelbare Wirkung der im dritten Weg zustande gekommenen Arbeitsvertragsordnungen. Der Staat geht aber davon aus, dass die Kirchen und öffentlich-rechtlichen Religionsgesellschaften auf den Gebieten ihnen zustehender Regelungsbefugnis zu Arbeitsvertragsbedingungen die Arbeitnehmer ihres Bereichs erreichen. Deshalb ist der Auffassung zuzustimmen, dass den Kirchen im Rahmen des ihnen zustehenden eigenen Regelungsauftrages für ihre eigenen Angelegenheiten (Art. 140 GG, 137 Abs. 3 WRV) auch die Schaffung arbeitsrechtlicher Einheitsregelungen mit Rechtsnorm-Charakter auf die in kirchlichen Einrichtungen begründeten Arbeitsverhältnisse zugebilligt 23

§ 28 a

werden muss (*Pahlke*, NJW 1986 S. 350, 356; *ders.* in der Anmerkung zu AP Nr. 19 zu Art. 140 GG; *ders.* Kirche und Koalitionsrecht S. 29 ff, S, 235 ff; *Müller-Vollbehr*, FS für Ernst Wolf, S. 535, 545; *Mayer-Maly*, Anmerkung zu BAG AP Nr. 1 zu § 7 AVR Caritasverband). Diese Auffassung entspricht der Gleichstellung von Arbeitsvertragsordnungen mit Tarifverträgen im staatlichen Recht (§ 7 Abs. 4; § 3 Abs. 1 Nr. 1 AltersteilzeitG; § 21 a Abs. 3 JarbSchG; *Dütz*, FS Joseph Listl, S. 573, 577 ff.; *Jurina*, FS Joseph Listl, S. 519, 540 ff.; a. A. *Hammer*, 24 ZTR 2002 S. 302, 309 ff.). Aus kirchenrechtlicher Sicht setzt can. 11 CIC allerdings eine Schranke, während über can. 290 CIC der Vertrag mit Blick auf § 611 BGB Handlungs- und Rechtsgrundlage ist.

24 Das *BAG* prüft bei der Frage der Inhaltskontrolle der kirchlichen Arbeitsvertragsordnungen, ob ihre jeweilige Bestimmung einem Tarifvertrag (etwa BAT) entspricht und zieht dann zutreffendenfalls die für Tarifverträge geltenden Maßstäbe heran, soweit in Arbeitsvertragsrichtlinien die entsprechenden Tarifvertragsnormen des öffentlichen Dienstes für gleich gelagerte Sachbereiche ganz oder mit im Wesentlichen gleichen Inhalten übernommen werden (*BAG*, 28. 1. 1998 – 4 AZR 491/96, ZevKR Bd. 44 – 1999 – S. 90 unter Hinweis auf *BAG*, 6. 11. 1996 – 5 AZR 334 –AP Nr. 1 zu § 10 a AVR Caritasverband = NZA 1997 S. 778; vgl. jetzt § 310 Abs. 4 BGB n. F.).

§ 28 a Aufgaben und Beteiligung der Mitarbeitervertretung zum Schutz schwerbehinderter Menschen

(1) Die Mitarbeitervertretung fördert die Eingliederung schwerbehinderter Menschen. Sie achtet darauf, dass die dem Dienstgeber nach §§ 71, 72, 81, 83 und 84 SGB IX obliegenden Verpflichtungen erfüllt werden und wirkt auf die Wahl einer Vertrauensperson der schwerbehinderten Mitarbeiterinnen und Mitarbeiter hin.

(2) Der Dienstgeber trifft mit der Vertrauensperson der schwerbehinderten Mitarbeiterinnen und Mitarbeiter und der Mitarbeitervertretung in Zusammenarbeit mit dem Beauftragten des Dienstgebers gemäß § 98 SGB IX eine verbindliche Integrationsvereinbarung. Auf Verlangen der Vertrauensperson der schwerbehinderten Mitarbeiterinnen und Mitarbeiter wird unter Beteiligung der Mitarbeitervertretung hierüber verhandelt. Ist eine Vertrauensperson der schwerbehinderten Mitarbeiterinnen und Mitarbeiter nicht vorhanden, so steht das Recht, die Aufnahme von Verhandlungen zu verlangen, der Mitarbeitervertretung zu. Der Dienstgeber oder die Vertrauensperson der schwerbehinderten Mitarbeiterinnen und Mitarbeiter können das Integrationsamt einladen, sich an den Verhandlungen über die Integrationsvereinbarung zu beteiligen. Dem Arbeitsamt und dem Integrationsamt, die für den Sitz des Dienstgebers zuständig sind, wird die Vereinbarung übermittelt. Der Inhalt der Integrationsvereinbarung richtet sich nach § 83 Abs. 2 SGB IX.

(3) Treten ernsthafte Schwierigkeiten in einem Beschäftigungsverhältnis einer schwerbehinderten Mitarbeiterin oder eines schwerbehinderten Mitarbeiters auf, die dieses Beschäftigungsverhältnis gefährden können, sind zunächst unter möglichst frühzeitiger Einschaltung des Beauftragten des Dienstgebers nach § 98 SGB IX, der Vertrauensperson der schwerbehinderten Mitarbeite-

§ 28 a

rinnen und Mitarbeiter und der Mitarbeitervertretung sowie des Integrationsamtes alle Möglichkeiten und alle zur Verfügung stehenden Hilfen zu erörtern, mit denen die Schwierigkeiten beseitigt werden können und das Beschäftigungsverhältnis möglichst dauerhaft fortgesetzt werden kann.

Inhaltsübersicht

	Rz
I. Vorbemerkung	1
II. Wahl der Schwerbehindertenvertretung	2–3
III. Förderung der Eingliederung schwerbehinderter Menschen	4–11
1. Pflichtenkatalog	4–5
2. Integrationsvereinbarung (§ 28 a Abs. 2).	6–9
3. Prävention bei ernsthaften Schwierigkeiten im Beschäftigungsverhältnis (§ 28 Abs. 3)	10–11
IV. Streitigkeiten	12

I. Vorbemerkung

Die Vorschrift ist adressiert an Dienstgeber, Mitarbeitervertretung und die Schwerbehindertenvertretung unter fallweiser Einbeziehung des Integrationsamtes. Die MAVO bestätigt, dass das Sozialgesetzbuch (SGB) Neuntes Buch (IX) ein für alle geltendes Gesetz im Sinne von Art. 137 Abs. 3 WRV ist. Denn gemäß § 28 a Abs. 1 hat die MAV auf die Wahl einer Schwerbehindertenvertretung nach Maßgabe des SGB IX hinzuwirken; die MAVO regelt die Wahl nicht. Gemäß § 46 geht die MAVO von der Wahl der Schwerbehindertenvertretung nach staatlichem Recht aus und regelt die Zusammenarbeit der Betriebsparteien unter Einschluss der Schwerbehindertenvertretung unter Bezugnahme auf das staatliche Recht. Da die staatlichen Bestimmungen die innerbetriebliche Mitwirkung der Schwerbehindertenvertretung für den kirchlichen Dienst nicht regeln, ist es richtig, dass die MAVO ergänzend eingreift. Das geschieht mit den Bestimmungen von § 26 Abs. 3 Nrn. 3 und 5, § 27 Abs. 2 vierter Spiegelstrich, §§ 28 a und 46. Mit den Bestimmungen in § 28 a wird deutlicher als nach § 46 auf eine Angleichung der Beteiligungsrechte der MAV an die Rechte der in § 93 SGB IX genannten jeweiligen Betriebsvertretung hingewirkt und die Rolle der Schwerbehindertenvertretung (Vertrauensperson der schwerbehinderten Menschen) durch kirchliches Recht bestätigt.

1

II. Wahl der Schwerbehindertenvertretung

Gemäß § 94 Abs. 1 S. 1 SGB IX sind in Dienststellen, Einrichtungen und Betrieben in denen wenigstens fünf schwerbehinderte Menschen nicht nur vorübergehend beschäftigt sind, eine Vertrauensperson und wenigstens ein stellvertretendes Mitglied zu wählen. Das stellvertretende Mitglied vertritt im Falle der Verhinderung die Vertrauensperson der schwerbehinderten Menschen. Das Gesetz ermöglicht da, wo die Zahl der schwerbehinderten Menschen zur Wahl der Schwerbehindertenvertretung nicht erreicht ist, eine Zusammenfassung mehrer räumlich naher Dienststellen, Einrichtungen und Betriebe eines und desselben Arbeitgebers, um die Wahl einer Schwerbehindertenvertretung zu ermöglichen (§ 94 Abs. 1 S. 4 SGB IX). Über die Zusam-

2

§ 28 a

menfassung entscheidet der Dienstgeber im Benehmen mit dem für den Sitz der Dienststellen, Einrichtungen und Betriebe zuständigen Integrationsamt (§ 94 Abs. 1 S. 5 SGB IX). In einem solchen Fall entsteht ein Zuordnungsproblem der Schwerbehindertenvertretung zu gegebenenfalls mehreren Mitarbeitervertretungen, wenn die betrieblichen Einheiten gemäß § 1 a oder 1 b MAVO mit denen nach § 94 Abs. 1 S. 4 SGB IX nicht deckungsgleich sind und deshalb eine Schwerbehindertenvertretung mit mehreren Mitarbeitervertretungen zusammenarbeiten muss.

3 In einem solchen Fall haben die jeweiligen Mitarbeitervertretungen bzw. gemeinsamen Mitarbeitervertretungen nach Maßgabe der Verhältnisse ihrer jeweiligen Einrichtung oder Dienststelle unter Einschluss des Dienstgebers und seines Beauftragten (§ 98 SGB IX) die Vertrauensperson der schwerbehinderten Menschen zu ihren Sitzungen einzuladen (§ 46 Abs. 1 MAVO), während umgekehrt die Vertrauensperson der schwerbehinderten Menschen sich wegen der Belange der von ihr repräsentierten schwerbehinderten Mitarbeiterinnen und Mitarbeiter der jeweils zuständigen MAV oder aber allen beteiligten Mitarbeitervertretungen ins Benehmen setzen muss, wie etwa im Falle der Verhandlung einer Integrationsvereinbarung (§ 83 SGB IX; § 28 a Abs. 2 MAVO).

III. Förderung der Eingliederung schwerbehinderter Menschen

1. Pflichtenkatalog

4 § 28 a Abs. 1 wiederholt die Bestimmungen des § 26 Abs. 3 Nrn. 3 und 5 und § 27 Abs. 2 vierter Spiegelstrich sinngemäß. Es geht um die Förderung der Arbeitsaufnahme und Arbeitsplatzerhaltung schwerbehinderter Menschen in der Einrichtung unter Einbeziehung der Vertrauensperson der schwerbehinderten Menschen. Maßstab sind dazu gemäß § 28 a Abs. 1 die Bestimmungen des SGB IX zu
– Erfüllung der Beschäftigungspflichtquote für schwerbehinderte Menschen durch den Dienstgeber (§ 71 SGB IX i. V. m. § 29 Abs. 1 Nr. 19 MAVO),
– Beschäftigung von nach Art und Schwere ihrer Behinderung im Arbeitsleben besonders Betroffenen (§ 72 SGB IX),
– Pflichten des Dienstgebers zur Erkundigung nach arbeitssuchenden schwerbehinderten Menschen und Vermeidung ihrer Benachteiligung bei Bewerbung, Eingehung und Durchführung ihres Beschäftigungsverhältnisses (§ 81 SGB IX),
– verbindliche Integrationsvereinbarungen zwischen Schwerbehindertenvertretung, Mitarbeitervertretung und Dienstgeber zusammen mit seinem nach § 98 SGB IX Beauftragten (§ 83 SGB IX),
– Verhütung von Arbeitsplatzverlust im Falle aufkommender personen-, verhaltens- oder betriebsbedingter Schwierigkeiten im Beschäftigungsverhältnis unter Einschaltung der Schwerbehindertenvertretung und der MAV (§ 84 SGB IX).

5 Die MAV wirkt auf die Wahl einer Vertrauensperson der schwerbehinderten Menschen und mindestens ein stellvertretendes Mitglied gemäß § 94 SGB IX (Schwerbehindertenvertretung § 94 Abs. 1 SGB IX) hin (§ 28 a Abs. 1 MAVO).

§ 28 a

2. Integrationsvereinbarung (§ 28 a Abs. 2)

Dienstgeber, Vertrauensperson der schwerbehinderten Mitarbeiterinnen und 6
Mitarbeiter und MAV treffen mit dem Beauftragten des Dienstgebers (§ 98
SGB IX) eine verbindliche Integrationsvereinbarung, wobei die Initiative jedem der Beteiligten offen steht. Dazu hat allerdings die Vertrauensperson der
schwerbehinderten Menschen das hervorgehobene Recht, Verhandlungen zur
Integrationsvereinbarung zu verlangen. Daran ist die MAV zu beteiligen.
Wenn in einer Einrichtung keine Vertrauensperson der schwerbehinderten
Menschen vorhanden ist, auf die Gründe kommt es nicht an, so steht der
MAV das Initiativrecht zur Aufnahme von Verhandlungen mit dem Dienstgeber über eine Integrationsvereinbarung zu.

Gemäß § 28 a Abs. 2 S. 4 können der Dienstgeber oder die Vertrauensperson 7
der schwerbehinderten Mitarbeiterinnen und Mitarbeiter das Integrationsamt
zu den Verhandlungen über eine Integrationsvereinbarung zwecks Beteiligung einladen. Weil die MAV aber ebenfalls Verhandlungspartner ist, muss
ihr das Einladungsrecht zugestanden werden, wenn keine Vertrauensperson
amtiert. Das folgt aus dem Grundsatz der vertrauensvollen Zusammenarbeit
zwischen Dienstgeber und MAV (§ 26 Abs. 1) und den besonders genannten
Aufgaben der MAV in § 26 Abs. 3 Nrn. 3 und 5 und § 27 Abs. 2 vierter Spiegelstrich, § 28 a Abs. 1 MAVO i. V. m. § 81 SGB IX).

Der **Inhalt der Integrationsvereinbarung** enthält Regelungen im Zusammen- 8
hang mit der Eingliederung schwerbehinderter Menschen. Näherhin geht es
um Regelungen zur Personalplanung, zur Arbeitsplatzgestaltung, Gestaltung
des Umfeldes, zur Arbeitsorganisation, Arbeitszeit sowie Regelungen über
die praktische Durchführung in den Einrichtungen und Dienststellen des
Dienstgebers (§§ 28 a Abs. 2 S. 6 MAVO in Verbindung mit § 83 Abs. 2 SGB
IX). Diese Beteiligungsform berührt mit Rücksicht auf ihre Vereinbarungsinhalte auch die nach der MAVO der MAV grundsätzlich zustehenden Beteiligungsrechte im Sinne von § 29 Abs. 1 Nrn. 4, 14, 15, 16; § 34; §§ 36 Abs. 1 Nr. 1
und 37 Abs. 1 Nr. 1.

Ist die Integrationsvereinbarung abgeschlossen, wird sie dem Arbeitsamt (ab 9
1. 1. 2004: Agentur für Arbeit) und dem Integrationsamt, die für den Sitz des
Dienstgebers zuständig sind, übermittelt (§ 28 a Abs. 2 S. 5). Ausfertigungen
der Integrationsvereinbarung erhalten die Beteiligten. Hilfen zur Abfassung
von Integrationsvereinbarungen bieten bei den Integrationsämtern erhältliche Musterfassungen.

3. Prävention bei ernsthaften Schwierigkeiten im Beschäftigungsverhältnis (§ 28 a Abs. 3)

So wie gemäß § 84 Abs. 1 SGB IX regelt § 28 a Abs. 3 MAVO Pflichten zum 10
Schutze des Bestandes des Beschäftigungsverhältnisses mit einem schwerbehinderten Mitarbeiter bzw. einer schwerbehinderten Mitarbeiterin im Falle
ernster Schwierigkeiten im Beschäftigungsverhältnis. Als Auslöser sind Personen-, Verhaltens- oder betriebsbedingte Schwierigkeiten im Arbeitsverhältnis oder sonstigen Beschäftigungsverhältnis genannt, die zur Gefährdung dieses Verhältnisses führen können, wie etwa eine Abmahnung des Dienstgebers
bei verhaltensbedingten Gründen, der Hinweis auf sich häufende Krankmeldungen, die beabsichtigte Streichung von Stellen, auf denen schwerbehinderte

§ 29

Menschen beschäftigt sind (vgl. auch § 1 Abs. 2 KSchG). Hier ist rasches Handeln unter Einschaltung
- des Beauftragten des Dienstgebers (§ 98 SGB IX),
- der Vertrauensperson der schwerbehinderten Menschen,
- der Mitarbeitervertretung bzw. gemeinsamen Mitarbeitervertretung sowie
- des Integrationsamtes

geboten, um alles zu erörtern, wie und mit welchen Möglichkeiten und Hilfen die Schwierigkeiten so behoben werden können, damit das Beschäftigungsverhältnis möglichst dauerhaft fortgesetzt werden kann.

11   Die Vorschrift des § 84 Abs. 2 SGB IX hat in der MAVO keine Entsprechung, ist aber ebenfalls anwendbar, wobei zuständige Interessenvertretung i. S. von § 93 SGB IX die Mitarbeitervertretung bzw. gemeinsame Mitarbeitervertretung ist.

IV. Streitigkeiten

12   Wegen Streitigkeiten, welche die Rechte der Vertrauensperson der schwerbehinderten Menschen und die der MAV nach dieser Vorschrift betreffen, kann die Schlichtungsstelle zur Entscheidung angerufen werden (§ 41 Abs. 2 S. 2 Nr. 1), soweit nicht die staatliche Arbeitsgerichtsbarkeit zuständig ist (vgl. § 46 Rz 29 f.).

§ 29 Anhörung und Mitberatung

(1) Das Recht der Anhörung und der Mitberatung ist bei folgenden Angelegenheiten gegeben:
1. **Maßnahmen innerbetrieblicher Information und Zusammenarbeit,**
2. **Änderung von Beginn und Ende der täglichen Arbeitszeit einschließlich der Pausen sowie der Verteilung der Arbeitszeit auf die einzelnen Wochentage für Mitarbeiterinnen und Mitarbeiter für pastorale Dienste oder religiöse Unterweisung, die zu ihrer Tätigkeit der ausdrücklichen bischöflichen Sendung oder Beauftragung bedürfen, sowie für Mitarbeiterinnen und Mitarbeiter im liturgischen Dienst,**
3. **Regelung der Ordnung in der Einrichtung (Haus- und Heimordnungen),**
4. **Festlegung von Richtlinien zur Durchführung des Stellenplans,**
5. **Verpflichtung zur Teilnahme oder Auswahl der Teilnehmerinnen oder Teilnehmer an beruflichen Fort- und Weiterbildungsmaßnahmen,**
6. **Durchführung beruflicher Fort- und Weiterbildungsmaßnahmen, die die Einrichtung für ihre Mitarbeiterinnen und Mitarbeiter anbietet,**
7. **Einführung von Unterstützungen, Vorschüssen, Darlehen und entsprechenden sozialen Zuwendungen sowie deren Einstellung,**
8. **Fassung von Musterdienst- und Musterarbeitsverträgen,**
9. **Regelung zur Erstattung dienstlicher Auslagen,**
10. **Abordnung von mehr als drei Monaten oder Versetzung an eine andere Einrichtung von Mitarbeiterinnen oder Mitarbeitern für pastorale Dienste oder religiöse Unterweisung, die zu ihrer Tätigkeit der ausdrücklichen bischöflichen Sendung oder Beauftragung bedürfen,**

§ 29

11. vorzeitige Versetzung in den Ruhestand, wenn die Mitarbeiterin oder der Mitarbeiter die Mitwirkung beantragt,
12. Entlassung aus einem Probe- oder Widerrufsverhältnis in Anwendung beamtenrechtlicher Bestimmungen, wenn die Mitarbeiterin oder der Mitarbeiter die Mitwirkung beantragt,
13. Überlassung von Wohnungen, die für Mitarbeiterinnen oder Mitarbeiter vorgesehen sind,
14. grundlegende Änderungen von Arbeitsmethoden,
15. Maßnahmen zur Hebung der Arbeitsleistung und zur Erleichterung des Arbeitsablaufes,
16. Festlegung von Grundsätzen für die Gestaltung von Arbeitsplätzen,
17. Schließung, Einschränkung, Verlegung oder Zusammenlegung von Einrichtungen oder wesentlichen Teilen von ihnen,
18. Bestellung zur Mitarbeiterin oder zum Mitarbeiter in leitender Stellung gemäß § 3 Abs. 2 Nrn. 3 und 4,
19. Zurückweisung von Bewerbungen schwerbehinderter Menschen um einen freien Arbeitsplatz, soweit die Beschäftigungspflicht des § 71 Abs. 1 SGB IX noch nicht erfüllt ist,
20. Regelung einer Einrichtung nach § 1 a Abs. 2.

(2) In den in Abs. 1 genannten Fällen wird die Mitarbeitervertretung zu der vom Dienstgeber beabsichtigten Maßnahme oder Entscheidung angehört. Diese ist der Mitarbeitervertretung rechtzeitig mitzuteilen.

(3) Erhebt die Mitarbeitervertretung binnen einer Frist von einer Woche keine Einwendungen, so gilt die vorbereitete Maßnahme oder Entscheidung als nicht beanstandet. Auf Antrag der Mitarbeitervertretung kann der Dienstgeber eine Fristverlängerung um eine weitere Woche bewilligen. Erhebt die Mitarbeitervertretung Einwendungen, so werden die Einwendungen in einer gemeinsamen Sitzung von Dienstgeber und Mitarbeitervertretung mit dem Ziel der Verständigung beraten.

(4) Hält die Mitarbeitervertretung auch danach ihre Einwendungen aufrecht und will der Dienstgeber den Einwendungen nicht Rechnung tragen, so teilt er dies der Mitarbeitervertretung schriftlich mit.

(5) Der Dienstgeber kann bei Maßnahmen oder Entscheidungen, die der Anhörung und Mitberatung der Mitarbeitervertretung bedürfen und der Natur der Sache nach keinen Aufschub dulden, bis zur endgültigen Entscheidung vorläufige Regelungen treffen. Die Mitarbeitervertretung ist über die getroffene Regelung unverzüglich zu verständigen.

Inhaltsübersicht

	Rz
I. Einleitung	1–2
II. Die Einzelfälle der Anhörung und Mitberatung gemäß § 29	3–90
1. Maßnahmen innerbetrieblicher Information und Zusammenarbeit (Nr. 1)	3–4
2. Änderung von Beginn und Ende der täglichen Arbeitszeit sowie der zeitlichen Lage von Ruhepausen (Nr. 2)	5–14
3. Regelung der Ordnung der Einrichtung (Haus- und Heimordnungen, Nr. 3)	15–20

4. Festlegung der Richtlinien zur Durchführung des Stellenplanes (Nr. 4)	21–24
5. Verpflichtung zur Teilnahme oder Auswahl der Teilnehmer an beruflichen Fort- und Weiterbildungsmaßnahmen (Nr. 5)	25–33
6. Durchführung beruflicher Fort- und Weiterbildungsmaßnahmen, die die Einrichtung für ihre Mitarbeiter anbietet (Nr. 6)	34–37
7. Einführung von Unterstützungen, Vorschüssen, Darlehen und entsprechenden sozialen Zuwendungen sowie deren Einstellung (Nr. 7)	38–43
8. Fassung von Musterdienst- und Musterarbeitsverträgen (Nr. 8)	44–45
9. Regelung zur Erstattung dienstlicher Auslagen (Nr. 9)	46–47
10. Abordnung von mehr als drei Monaten oder Versetzung an eine andere Einrichtung von Mitarbeitern für pastorale Dienste oder religiöse Unterweisung, die zu ihrer Tätigkeit der ausdrücklichen bischöflichen Sendung oder Beauftragung bedürfen (Nr. 10)	48–52
11. Vorzeitige Versetzung in den Ruhestand, wenn der Mitarbeiter die Mitwirkung beantragt (Nr. 11)	53–54
12. Entlassung aus einem Probe- oder Widerrufsverhältnis in Anwendung beamtenrechtlicher Bestimmungen, wenn der Mitarbeiter die Mitwirkung beantragt (Nr. 12)	55–57
13. Überlassung von Wohnungen, die für Mitarbeiter vorgesehen sind (Nr. 13)	58–60
14. Grundlegende Änderungen von Arbeitsmethoden (Nr. 14)	61–62
15. Maßnahmen zur Hebung der Arbeitsleistung und zur Erleichterung des Arbeitsablaufs (Nr. 15)	63–65
16. Festlegung von Grundsätzen zur Gestaltung von Arbeitsplätzen (Nr. 16)	66–68
17. Schließung, Einschränkung, Verlegung oder Zusammenlegung von Einrichtungen oder wesentlichen Teilen von ihnen (Nr. 17)	69–78
18. Bestellung zu Mitarbeitern in leitender Stellung gemäß § 3 Abs. 2 Nrn. 3 und 4 (Nr. 18)	79–83
19. Zurückweisung von Bewerbungen schwerbehinderter Menschen um einen freien Arbeitsplatz, soweit die Beschäftigungspflicht gemäß § 71 Abs. 1 SGB IX noch nicht erfüllt ist	84–89
20. Regelung einer Einrichtung nach § 1 a Abs. 2	90
III. Durchführung der Anhörung und Mitberatung	91–106
1. Stufe: Unterrichtung der MAV	92–96
2. Stufe: Einwendungen der MAV	97–102
3. Stufe: Gemeinsame Beratungen zwischen Dienstgeber und MAV über die erhobenen Einwendungen	103–104
4. Stufe: Letztentscheidung des Dienstgebers	105–106
IV. Vorläufige Eilentscheidungen des Dienstgebers	107–115
1. Eilfall	110
2. Notfall	111–115

I. Einleitung

1 Das Recht der Anhörung und Mitberatung der MAV zu vom Dienstgeber geplanten Maßnahmen gemäß § 29 Abs. 1 korrespondiert teilweise mit den entsprechenden Vorschlagsrechten der MAV gemäß § 32 Abs. 1. Weder das Recht der Anhörung und Mitberatung noch das Vorschlagsrecht der MAV zu Maßnahmen des Dienstgebers sind mit der Möglichkeit ausgestattet, mit Hilfe der Schlichtungsstelle regelnd einzugreifen, wie dies gemäß §§ 36 Abs. 1 und 37 Abs. 1 der Fall ist. Das Recht der Anhörung und Mitberatung besteht – abgesehen von den Sonderregelungen der §§ 30, 30 a, 31 – nur zu den unter § 29 Abs. 1 Nrn. 1–20 abschließend aufgezählten Maßnahmen, die der Dienstgeber herbeiführen will. Eine Ergänzung oder eine Änderung (Erweiterung) dieser Tatbestände durch eine formfreie Vereinbarung (Regelungsabrede) oder eine förmliche Dienstvereinbarung nach § 38 ist ausgeschlossen.

2 Allerdings ist der Dienstgeber gezwungen, jede anhörungspflichtige Angelegenheit der MAV vor seiner Entscheidung zu unterbreiten.

§ 29

Zum Begriff des Beteiligungsrechts »Anhörung und Mitberatung« siehe
§ 28 Rz 8 ff.

II. Die Einzelfälle der Anhörung und Mitberatung gemäß § 29

1. Maßnahmen innerbetrieblicher Information und Zusammenarbeit (Nr. 1)

Die Funktionsfähigkeit einer kirchlichen Einrichtung setzt Organisations- 3
und Verwaltungsentscheidungen des Dienstgebers voraus. Über seine Organisations- und Verwaltungsentscheidungen muss der Dienstgeber folglich die Mitarbeiter seiner Einrichtung bzw. Dienststelle informieren. § 29 Abs. 1 Nr. 1 zwingt nun den Dienstgeber zur Initiative gegenüber der MAV. Er muss die MAV über **Art und Umfang der beabsichtigten Informationen an die Mitarbeiter über die Organisations- und Verwaltungsmaßnahmen** anhören und mit ihr darüber beraten. Umgekehrt hat die MAV zu Inhalt und Methode der Information ein Vorschlagsrecht gemäß § 32 Abs. 1 Nr. 1. Damit soll durch die MAVO sicher gestellt werden, dass die Mitarbeiter über Organisationsentscheidungen des Dienstgebers **in einer mit der MAV abgestimmten Information** unterrichtet werden. Anhörungstatbestand ist nach Nr. 1 also nicht die konkrete Organisationsentscheidung selbst. Diese kann gemäß §§ 29–37 zwar einem Beteiligungsrecht der MAV unterliegen und ist dann aus einem solchen speziellen Grund mit der MAV zu diskutieren. § 29 Abs. 1 Nr. 1 ergreift jedoch lediglich die Art und Weise der Information der Mitarbeiter über getroffene Entscheidungen (z. B. Organisationsumstellung, Stellenplanänderungen, Personalabbau, Sparmaßnahmen). Die dazu beabsichtigte Information der Mitarbeiter unterliegt vorher dem Anhörungs- und Mitberatungsrecht der zuständigen MAV. Dazu kommt zusätzlich die Art und Weise der Zusammenarbeit der Mitarbeiter in der Einrichtung oder Dienststelle als innerbetriebliches Thema. Denn es geht um die Erfüllung der Aufgaben durch einzelne Mitarbeiter in ihrer Verflechtung mit den anderen Mitarbeitern, gegebenenfalls als Arbeitsgruppe. Über die Weitergabe der innerbetrieblichen Information kann zwischen Dienstgeber und MAV über eine Aufgabenteilung gesprochen werden. Das hat Bedeutung für den Anteil der Information der MAV in der jährlichen Mitarbeiterversammlung, falls nicht der Dienstgeber eine außerordentliche Mitarbeiterversammlung einberufen lässt (§ 21), für Publikationen des Dienstgebers innerhalb der Einrichtung mit Informationsschrift, E-Mail oder Fragebogenaktion.

Unter Nr. 1 fällt auch die Information der MAV und dann eine Anhörung und 4
Mitberatung über die Erhebung, Verarbeitung und Nutzung personenbezogener Daten von Mitarbeitern. Hier geht es um eine Maßnahme, die die Organisation der kirchlichen Einrichtung betrifft. Daher hat die MAV über die in der Einrichtung selbst oder außerhalb vorgenommenen Maßnahmen des Umgangs mit personenbezogenen Daten einen Unterrichtungsanspruch. Sie hat darüber hinaus – und zwar ohne Rücksicht, ob die Maßnahme des Umgangs mit personenbezogenen Daten den Bestimmungen des BDSG, anderen staatlichen oder kircheneigenen Datenschutzbestimmungen (z. B. KDO und Verordnung zur Durchführung der Anordnung über den kirchlichen Datenschutz (KDO-DVO) für das Erzbistum Paderborn, Kirchl. Amtsbl. 2003 Nr. 194 S. 168 und Nr. 195 S. 176; § 20 Rz 36 ff.) unterliegt – ein Anhörungs- und Mit-

§ 29

beratungsrecht (so *BAG,* 17. 3. 1987 – 1 ABR 59/85, EzA § 80 BetrVG 1972 Nr. 30 = AP Nr. 29 zu § 80 BetrVG 1972 = DB 1987, 1491). Das gilt auch bei einem Systemwechsel in der elektronischen Datenverarbeitung (*Hess. VGH,* 24. 8. 1988 – HPV – TL 23/81, PersV 1990, 37). Hier geht es um eine Maßnahme der »Zusammenarbeit« nach Nr. 1.

2. Änderung von Beginn und Ende der täglichen Arbeitszeit einschließlich der Pausen sowie der Verteilung der Arbeitszeit auf die einzelnen Wochentage für Mitarbeiter pastoraler Dienste und religiöser Unterweisung (Nr. 2)

5 Diese Regelung gilt **nur** für Mitarbeiter pastoraler Dienste und religiöser Unterweisung, die zu ihrer Tätigkeit der bischöflichen Sendung oder Beauftragung bedürfen, sowie für Mitarbeiter im liturgischen Dienst. Dazu gehören Gemeinde- und Pastoralreferenten, Kirchenmusiker, Küster und Mesner.

6 Für alle **anderen** Mitarbeiter gilt hinsichtlich der Arbeitszeitregelungen der Zustimmungstatbestand des § 36 Abs. 1 Nr. 1 und das Antragsrecht der MAV nach § 37 Abs. 1 Nr. 1. Für **pastorale und liturgische Dienste** gilt demnach nur ein Anhörungs- und Mitberatungsrecht nach § 29.

7 Dieses Recht erstreckt sich nur auf die Lage der Arbeitszeit, nicht ihre Dauer. Die Dauer der Arbeitszeit ist vorgegeben durch das Gesetz (ArbZG), durch kollektive Regelungen (KODA-Regelungen) oder durch den Arbeitsvertrag. Zweck des Anhörungs- und Mitberatungsrechtes ist das Interesse der erfassten Mitarbeiter an der Lage ihrer Arbeitszeit (und damit ihrer Freizeit).

8 Die Vorschrift gilt in gleicher Weise für Vollzeit- wie Teilzeitbeschäftigte. § 29 unterliegt:
– die Lage der regelmäßigen Arbeitszeit,
– die Lage von Mehrarbeit,
– auch eine einmalige Verlegung der Arbeitszeit (*BAG,* 13. 7. 1977 – AP Nr. 2 zu § 87 BetrVG 1972 Kurzarbeit = DB 1977, 2236).

9 Anhörungs- und beratungspflichtig ist die Lage der Arbeitszeit, also:
– täglicher Arbeitsbeginn und Arbeitsende,
– Lage der Pausen,
– Verteilung der Arbeitszeit auf die Arbeitstage bzw. Wochentage.

10 Bei **Pausen** ist nicht nur die zeitliche Lage, sondern auch die Dauer der Pausen dem § 29 unterworfen, immer unter der Voraussetzung, dass damit die Dauer der wöchentlichen Arbeitszeit unverändert bleibt. Dabei haben die Partner der Einrichtung die gesetzlich vorgeschriebenen Pausenzeiten (§ 4 ArbZG) und Ruhezeiten (§ 5 ArbZG) strikt zu beachten.

11 Von daher gesehen können die Einwirkungen der angeordneten Überstundenregelung auf die feststehende regelmäßige tägliche Arbeitszeit weder ignoriert noch nach § 29 vernachlässigt werden. Daher greift bei der **Verteilung der angeordneten Überstunden** auf die einzelnen Arbeitstage das Anhörungs- und Mitberatungsrecht der MAV nach § 29 Abs. 1 Nr. 2 ein (*Schlichtungsstelle Berlin,* 3. 8. 1988 – 7/88 – MAV – CV – n. v.). Diese Auffassung entspricht der vergleichbaren Regelung des § 75 Abs. 3 Nr. 1 BPersVG (*BVerwG,* 20. 7. 1984 – 6 P 16.83, PersV 1985, 71 = ZBR 1984, 379) als auch des § 87 Abs. 1 Nr. 3 BetrVG (*BAG,* 10. 6. 1986 – 1 ABR 61/84, AP Nr. 18 zu § 87 BetrVG 1972 Arbeitszeit = EzA § 87 BetrVG 1972 Arbeitszeit Nr. 18 = DB 1986, 2391).

§ 29

Soweit **gleitende oder variable Arbeitszeit** eingeführt werden soll, fällt die tatsächliche Gestaltung dieser Arbeitszeitsysteme unter das Anhörungs- und Mitberatungsrecht des § 29. Diese Arbeitszeitsysteme verschieben auf der einen Seite die Arbeitszeit innerhalb des Arbeitstages, auf der anderen Seite bewirken sie unterschiedlich lange Arbeitszeiten innerhalb der Arbeitswoche. Daher fallen unter § 29 alle notwendigen Systemeinzelheiten, also
– Kernspannen,
– Kernzeiten,
– der Ausgleichszeitraum für Zeitrückstände und Zeitguthaben.
Selbstverständlich haben Dienstgeber und MAV darauf zu achten, dass sich die von ihnen beratenen Arbeitszeitregelungen einschließlich der zeitlichen Lage der Ruhepausen an die **zahlreichen gesetzlichen Bestimmungen** über die Lage der Arbeitszeit und der Pausen zu halten haben. Einschlägige Vorschriften enthalten die Bestimmungen des Arbeitszeitgesetzes (ArbZG), § 8 MuSchG, §§ 8 ff. Jugendarbeitsschutzgesetz. Solche zwingenden öffentlich-rechtlichen Regelungen gelten auch für kirchliche Einrichtungen (*BVerfGE* 70, 198). Gemäß § 18 Abs. 1 Nr. 4 ArbZG ist sein Geltungsbereich nicht auf den liturgischen Bereich der Kirchen und der Religionsgemeinschaften bezogen.

3. Regelung der Ordnung der Einrichtung (Haus- und Heimordnungen, Nr. 3)

Zur Regelung der Ordnung der Einrichtung – zu Haus- und Heimordnungen vor allem insbesondere im karitativen Bereich – gehören alle Anordnungen des Dienstgebers, die sich auf das Verhalten der Mitarbeiter erstrecken, um die Ordnung innerhalb der Einrichtung in sachgerechter Weise aufrechtzuerhalten. Dazu gehören nicht Fragen, die sich auf die einzelnen, den Mitarbeitern zugewiesenen Arbeiten beziehen. Sie sind im Einzelarbeitsvertrag oder kraft Weisungsrecht des Dienstgebers geregelt. Dem Dienstgeber bleibt das Weisungsrecht gegenüber den Mitarbeitern uneingeschränkt trotz § 29 Abs. 1 Nr. 3 erhalten. Mit diesem Beteiligungstatbestand sind nur angesprochen solche Maßnahmen des Dienstgebers, die das Verhalten der Mitarbeiter regeln im Hinblick auf ihr Zusammenwirken zur Aufrechterhaltung der Ordnung in der Einrichtung. Es geht also um die innere Ordnung innerhalb der Einrichtung, die das Zusammenwirkung und das Verhalten der Mitarbeiter regelt (so *BAG*, 9. 12. 1980 – 1 ABR 1/78, EzA § 87 BetrVG 1972 Betriebliche Ordnung Nr. 5 = DB 1981, 1092).
Solche in einer Ordnung festgelegten **verbindlichen Verhaltensregeln** zur Sicherung des ungestörten Arbeitsablaufs und reibungslosen Zusammenlebens und Zusammenwirkens der Mitarbeiter können betreffen: An- und Abmeldungen der Mitarbeiter, Telefonkontrollen, Aufzeichnung von privaten Telefongesprächen, Kleiderordnungen – einschließlich der Einführung von Namensschildern auf der Dienstkleidung (*BAG*, 11. 6. 2002 – 1 ABR 46/01, NZA 2002, 1299) –, Rauch- und Alkoholverbote, Verbote von Warengeschäften in der Einrichtung, Benutzung von gesicherten Ablagemöglichkeiten für das Eigentum der Mitarbeiter, Anschluss privater Geräte an die Stromversorgung der Einrichtung. – Zur Freigabe bestimmter Zeiten für betriebsinterne Feiern aus privatem Anlass und Einführung eines absoluten Alkoholverbotes in diesem Rahmen: *Hess. VGH*, 19. 11. 1984 – HPV TL 11/83, ZBR 1985, 256.
Die **Abgrenzung** zwischen beteiligungsfreien **arbeitstechnischen Weisungen** des Dienstgebers und beteiligungspflichtigen Regelungen der **Ordnung inner-**

§ 29

halb der Einrichtung ist im Einzelfall oft schwierig. Die Rechtsprechung des *BAG* hat sich im Beschluss 1 ABR 22/94 vom 8. 11. 1994 (AP Nr. 24 zu § 87 BetrVG 1972 Ordnung des Betriebes = DB 1995, 1312 – unter Abschnitt II 1 der Gründe) in Fortsetzung seiner bisherigen Rechtsprechung dazu entschieden, dass reines Arbeitsverhalten alle Regeln und Weisungen des Dienstgebers betrifft, die bei der unmittelbaren Erbringung der Arbeitsleistung selbst vom Mitarbeiter zu beachten sind. Das Arbeitsverhalten des Mitarbeiters wird nur dann berührt, wenn der Dienstgeber kraft seiner Organisationsgewalt und Leitungsmacht bestimmt, welche Arbeiten in welcher Weise auszuführen sind. Solche Anordnungen sind nicht beteiligungspflichtig, weil damit die Arbeitspflicht konkretisiert wird. Dieser Auffassung ist auch für § 29 Abs. 1 Nr. 3 zuzustimmen. Sollen dagegen betriebliche Verhaltensregeln für das betriebliche Zusammenleben und Zusammenwirken der Mitarbeiter aufgestellt werden, ist das ein beteiligungspflichtiger Tatbestand (siehe dazu nachstehende Beispiele und Beispiel »formalisierte Krankengespräche«).

18 **Beispiel:** Die Arbeit einer Pflegekraft in einem Krankenhaus oder einem Altenheim kann ohne weiteres auch ohne Anlegung der Dienstkleidung verrichtet werden. Der Erlass einer »Kleiderordnung« für die Einrichtung ist **beteiligungspflichtig** und unterliegt dem Beteiligungsrecht der MAV (*BAG*, 8. 8. 1989 – 1 ABR 65/88, EzA § 87 BetrVG 1972 Betriebliche Ordnung Nr. 13 = NZA 1990, 320 = DB 1990, 893). Das gilt trotz der Regelung des § 21 AVR. Dienstkleidung i. S. von § 21 Abs. 2 AVR-Caritas sind solche Kleidungsstücke, die auf Anordnung des Dienstgebers zur besonderen Kenntlichmachung im dienstlichen Interesse während der Arbeitszeit zu tragen sind. Dieser Zweck kann durch eine Vorgabe hinsichtlich der Farbe und des Materials der während der Arbeit zu tragenden Kleidung erreicht werden (*BAG*, 13. 2. 2003 – 6 AZR 536/01, NZA 2003, 1196).

19 **Beteiligungsfrei** sind dagegen alle Anordnungen und Maßnahmen des Dienstgebers, die unmittelbar mit der zu erbringenden Arbeitsleistung in Zusammenhang zu bringen sind. Ordnet der Dienstgeber die Führung von **Abwesenheitslisten** an, in die von den Mitarbeitern vor Verlassen des Dienstgebäudes der Zeitraum, der Anlass (dienstlich oder privat) sowie bei Dienstgängen der entsprechende Aufenthaltsort einzutragen ist, ist diese Anordnung beteiligungsfrei (*BVerwG*, 19. 6. 1990 – 6 P 3.87, PersV 1990, 534 = NJW 1990, 3033). Das gleiche gilt, wenn der Dienstgeber die Kontrolle und Überwachung oder Arbeitsleistung durch die Führung so genannter »**Erledigungslisten**« verfügt (*OBG Bremen*, 24. 1. 1989 – OVG PV 3/88, PersV 1990, 267). Das gilt auch für **dienstliche Weisungen** an die personalverwaltende Stelle einer Einrichtung zum **Verhalten** gegenüber langzeiterkrankten oder häufig kurzzeit**erkrankten Mitarbeitern** (*VGH Baden-Württemberg*, 20. 4. 1993 – PB 15 S 879/92, rkr., PersV 1995, 131).

20 Dagegen unterliegen dem Anhörungs- und Mitberatungsrecht die Führung **formalisierter Krankengespräche** zur Aufklärung eines überdurchschnittlichen Krankenstandes. Hier geht es um eine Frage des Ordnungsverhaltens der Mitarbeiter in der Einrichtung und nicht um das reine Arbeitsverhalten, das nicht § 29 unterliegen würde. Arbeitsverhalten wird von einer Anordnung des Dienstgebers immer dann betroffen, wenn er Regeln und Weisungen für die unmittelbare Erbringung der Arbeitsleistung erteilt. Dagegen berühren formalisierte Krankengespräche nicht das »Krankheitsverhalten« des Mitarbeiters, sondern das Verhalten des Mitarbeiters bei diesen Gesprächen

selbst. Ziel solcher Krankengespräche ist die Aufklärung von krankheitsbedingten Fehlzeiten. Es geht letztlich um eine Aufklärungsaktion innerhalb der Einrichtung. Wenn dann Mitarbeiter zu solchen, nach strikten Regeln ablaufenden Krankengesprächen herangezogen werden und teilnehmen müssen, geht es um die Erfüllung einer arbeitsvertraglichen Nebenpflicht und letztlich damit um das Ordnungsverhalten der Mitarbeiter in der Einrichtung: Sie sind verpflichtet zu diesem Krankengespräch zu erscheinen und Rede und Antwort auf die gestellten Fragen zu geben. Daher können solche Krankengespräche nur nach Anhörung und Mitberatung der MAV wirksam eingeführt werden (*BAG*, 8. 11. 1994 – 1 ABR 22/94, AP Nr. 24 zu § 87 BetrVG 1972 Ordnung des Betriebes = DB 1995, 1132). Das gilt auch für ein vom Dienstgeber eingeführtes **Formular** zur Bescheinigung eines **Arztbesuches während der Arbeitszeit** (*BAG*, 21. 1. 1997 – 1 ABR 53/96, EZA § 87 BetrVG Betriebliche Ordnung Nr. 22).

4. Festlegung der Richtlinien zur Durchführung des Stellenplanes (Nr. 4)

Stellenpläne geben für einen bestimmten Zeitraum (= Kalender- oder Haushaltsjahr) die Personalvorgabe für die kirchliche Einrichtung wieder. Sie sind konkret gefasste, auf der Personalplanung und dem Personalbedarf beruhende Besetzungspläne für die in einer Einrichtung im Haushaltsplan eingestellten und finanzierten Arbeitsplätze. Zu den hier einschlägigen Begriffen bei der Personalplanung und der Stellenpläne wird auf § 27 Rz 11 ff. verwiesen.

§ 29 Abs. 1 Nr. 4 regelt ein Beteiligungsrecht bei der Festlegung allgemeiner Richtlinien zur Durchführung des Stellenplanes, ohne den Begriff »Richtlinie« näher zu definieren. Dieser Begriff wird in § 36 Abs. 1 Nr. 2 und 4 sowie in § 37 Abs. 1 Nr. 2 nochmals verwendet. Es kann sich demnach nur um allgemeine Gesichtspunkte handeln, die bei der Aufstellung und Abwicklung des Stellenplanes vom Dienstgeber beachtet werden müssen. Solche Richtlinien können betreffen: Ausbildungsvoraussetzungen für die ausgeworfenen Stellen, Ausschreibung der Stellen oder freihändige Vergabe, generelle Ausschreibung innerhalb der Einrichtung, Regelungen bezüglich Probezeiten, Besetzung von vorhandenen Stellen (in welchem Umfang) mit Aushilfskräften, Regelung des Auswahlverfahrens (Testverfahren, Arbeitsproben für die Feststellung der fachlichen Eignung).

Auch eine Regelung, die ein Verfahren zur **Wiederbesetzung freigewordener Planstellen** zum Gegenstand hat, ist eine Richtlinie zur Durchführung des Stellenplanes (*Schlichtungsstelle München*, 8. 1. 1996 – 1 AR 95, ZMV 1996, 99).

Die genannten Beispiele zeigen auf, dass Nr. 4 der MAV ein Beteiligungsrecht bei der Durchführung des Stellenplanes und damit bei der Besetzung der ausgewiesenen Stellen nur insoweit einräumt, als der Dienstgeber allgemeine Gesichtspunkte für die Stellenbesetzung aufstellen will. Dazu muss er die MAV vorher anhören und mit ihr darüber beraten. In der **Aufstellung** des Stellenplanes selbst ist er frei.

5. Verpflichtung zur Teilnahme oder Auswahl der Teilnehmer an beruflichen Fort- und Weiterbildungsmaßnahmen (Nr. 5)

Sowohl die Auswahl von Teilnehmern als auch die Verpflichtung bereits ausgewählter Mitarbeiter zur Teilnahme an beruflichen Fortbildungs- und Wei-

§ 29

terbildungsmaßnahmen unterliegt dem Beteiligungsrecht der MAV nach § 29 (*BVerwG*, 4. 9. 1985 = 6 P 12/95, ZBR 1986, 124; *BAG*, 4. 12. 1990 – 1 ABR 10/0, AP Nr. 1 zu § 97 BetrVG 1972 = DB 1991, 971; *LAG Frankfurt*, LAGE § 98 BetrVG Nr. 2).

26 Der Begriff »**Fort- und Weiterbildung**« ist vor allem in **Art. 9 Grundordnung vom 22. 9. 1993** enthalten. Dort heißt es, dass die Mitarbeiter einen Anspruch auf berufliche Fort- und Weiterbildung haben. Dieser Anspruch umfasst die fachlichen Erfordernisse zur Leistung der Arbeit, aber genauso die ethischen und religiösen Aspekte des Dienstes. Hierbei müssen auch Fragen des Glaubens und der Wertorientierung sowie die Bewältigung der spezifischen Belastungen der einzelnen Dienste angemessen berücksichtigt werden.

Die Begründung zu diesem Art. 9 GO lässt erkennen, dass berufliche Fort- und Weiterbildung für kirchliche Beschäftigte selbstverständlich ist. Es geht hierbei um eine fortdauernde Bildung insbesondere für die Besonderheiten des kirchlichen Arbeitsverhältnisses, so wie sie in der Erklärung zum kirchlichen Dienst und in der Grundordnung zum kirchlichen Dienst konkretisiert werden.

27 Daraus folgt für § 29 Abs. 1 Nr. 5 und 6, dass nicht nur die berufliche Fortbildung unter das Anhörungs- und Mitberatungsrecht der MAV fällt, sondern in noch weiterem Umfang Weiterbildungsmaßnahmen, die Kenntnisse vermitteln, die über das berufliche Umfeld des Mitarbeiters hinausgehen (Rz 29). Es ist zunächst Sache des Dienstgebers dazu geeignete Bildungsmaßnahmen aufzuzeigen und Anregungen sowohl der MAV als auch den betroffenen Mitarbeitern zu geben, in welcher Weise eine Teilnahme daran ermöglicht wird.

28 Zunächst geht es um die Teilnahme an **beruflichen Fortbildungsmaßnahmen**, also an allen Maßnahmen, die im Sinne des Berufsbildungsgesetzes der Berufsausbildung (§ 1 Abs. 2 BBiG), der beruflichen Fortbildung nach Abschluss der Ausbildungszeit (§ 1 Abs. 3 BBiG) und der beruflichen Umschulung (§ 1 Abs. 4 BBiG) dienen. Zu den Maßnahmen der betrieblichen Berufsbildung gehören auch Seminare, die den Mitarbeitern die für die Ausfüllung ihres Arbeitsplatzes und ihrer beruflichen Tätigkeit notwendigen Kenntnisse und Fähigkeiten vermitteln (*BAG*, 23. 4. 1991, AP Nr. 7 zu § 98 BetrVG 1972 = DB 1991, 2347). Bei solchen beruflichen Fortbildungsmaßnahmen geht es entscheidend um die Vermittlung solcher beruflichen Kenntnisse, die der Mitarbeiter für die Ausübung der von ihm übernommenen Tätigkeit an seinem Arbeitsplatz braucht.

29 Darüber hinaus erstreckt sich das Beteiligungsrecht aber auch auf **Weiterbildungsmaßnahmen**, solche Bildungsmaßnahmen also, die Kenntnisse vermitteln sollen, die über ihre unmittelbare berufliche Verwendbarkeit am Arbeitsplatz hinausgehen. Insoweit kann auf Art. 9 der Grundordnung verwiesen werden, der für die Mitarbeiter einen Anspruch nicht nur auf berufliche Fortbildung, sondern auch auf Weiterbildung festlegt. Die Grundordnung stellt dazu fest, dass zur Weiterbildung auch die ethischen und religiösen Aspekte des Dienstes ebenso gehören wie Fragen des Glaubens und der Wertorientierung und die Bewältigung spezifischer Belastungen des Dienstes. »Weiterbildung« in diesem Sinne wäre beispielsweise eine Seminarreihe über die Bewältigung des »bourn out« gerade bei dem Mitarbeiter auferlegten schwierigen Aufgaben in der Kranken- und Altenpflege oder bei der umfassenden Betreuung alter und kranker Menschen – auch auf seelischem und religiösem Hintergrund.

§ 29

Wichtig ist, dass es für solche Maßnahme der Fort- und Weiterbildung nicht 30
darauf ankommt, ob der Dienstgeber selbst Träger oder Veranstalter dieser
Maßnahme ist, die er ausschließlich für seine Mitarbeiter durchführt. In diesem Sinne Träger und Veranstalter ist der Dienstgeber auch, wenn er sie in
Zusammenarbeit mit einem Dritten durchführt und hierbei auf Inhalt und Organisation rechtlich oder tatsächlich einen beherrschenden Einfluss ausübt
(*BAG*, 12. 11. 1991 – 1 ABR 21/91, AP Nr. 8 zu § 98 BetrVG 1972 = DB 1992,
741; *Schlichtungsstelle Hildesheim*, 21. 12. 1994, ZMV 1995, 88).

Das Beteiligungsrecht der MAV betrifft sowohl die Auswahl der Teilnehmer 31
als auch die Verpflichtung der ausgewählten Mitarbeiter zur Teilnahme. Zur
Auswahl gehören auch Grundsätze bzw. Richtlinien, die für eine Mehrzahl
von Auswahlentscheidungen vorwegnehmend festlegen, welche Kriterien der
Entscheidung über die Auswahl zugrunde zu legen sind. Solche antizipierten
Festlegungen bezwecken, dass die auf ihnen beruhenden und durch Ermessens- und Beurteilungsspielräume gekennzeichneten ihrem Inhalt nach durch
Festlegung bestimmte Vorgaben im Interesse einer gerechten Entscheidung
vereinheitlicht werden. Sie entfalten in aller Regel eine Selbstbindung des
Dienstgebers. Die Aufstellung von Grundsätzen über die Kriterien der Auswahl für die Teilnahme an einer Fortbildungsveranstaltung ist für die Mitarbeiter dann besonders folgenreich, wenn sich die Auswahl im eigentlichen
Sinn auf eine Maßnahme bezieht, deren Absolvierung Voraussetzung für eine
spätere Beförderung ist. Aus diesem Grunde ist ein der Auswahl dienendes
Assessment-Center, das spätere Teilnehmer einer Fortbildung kritisch vorentscheidet, Gegenstand der Beteiligung der MAV. Verfahrensregelungen unterfallen jedenfalls insoweit der Anhörung und Mitberatung, als sie sich auf die
Auswahl im eigentlichen Sinn auswirken können (*BVerwG*, 29. 1. 2003 – 6 P
19.01, ZTR 2003, 252). Die Partner der Einrichtung müssen hierüber Einverständnis erzielen oder aber das Verfahren nach § 29 einhalten.

Dieser Beteiligungstatbestand erfasst demnach nicht die Frage, welche Fort- 32
und Weiterbildungsmaßnahmen überhaupt in der Einrichtung durchgeführt
werden. Siehe dazu unter Rz 34 ff.

Stellen einzelne Mitarbeiter den Antrag auf Teilnahme an einer beruflichen 33
Fort- oder Weiterbildungsmaßnahme, so ist es zunächst Sache des Dienstgebers zu entscheiden, ob er den Antrag in seine Förderung aufnehmen oder
ablehnen will. Entscheidet er sich für die Teilnahme des Antragstellenden, so
muss er korrekt das Beteiligungsverfahren nach § 29 durchführen. Der vom
Dienstgeber abgelehnte Mitarbeiter kann sich an die MAV wenden und diese
kann darauf drängen, dass der vom Dienstgeber abgelehnte Mitarbeiter im
Rahmen ihrer Einwendungen (Rz 97 ff.) doch noch in das Beteiligungsverfahren eingebracht und auch berücksichtigt wird.

6. Durchführung beruflicher Fort- und Weiterbildungsmaßnahmen, die die Einrichtung für ihre Mitarbeiter anbietet (Nr. 6)

Zu den Begriffen »berufliche Fortbildung« und »Weiterbildung« wird auf 34
Rz 28, 29 f. verwiesen. Diese Begriffe sind in Nr. 5 und 6 identisch.

Das Beteiligungsrecht erstreckt sich auf die konkrete Planung und Durchfüh- 35
rung solcher Maßnahmen, die vom Dienstgeber für seine Mitarbeiter eingerichtet und von ihm angeboten werden.

§ 29

36 Dabei erstreckt sich das Beteiligungsrecht – wie bei Nr. 5 – nicht nur auf Maßnahmen, die der Dienstgeber in seiner Einrichtung auf Grund seiner eigenen Planung und unter seiner eigenen Verantwortung durchführt. Es gilt auch für solche Bildungsmaßnahmen, die er finanziell und personell maßgebend beeinflusst (*BAG*, 12. 11. 1991, a. a. O.).

37 Erfasst werden hier nicht **externe Fortbildungs- und Weiterbildungsmaßnahmen**, die von Dritten als allgemein offene Bildungsveranstaltungen durchgeführt werden, also nicht von der Einrichtung ausgerichtet werden. Die Fragen, ob solche Bildungsveranstaltungen überhaupt in Erwägung gezogen werden, wer für solche freien Bildungsveranstaltungen (gegen Entgeltfortzahlung und Übernahme der Lehrgangskosten) freigestellt wird, fallen nicht unter Nr. 6. Hierfür ist aber in jedem Fall ein Informationsrecht der MAV nach § 27 Abs. 1 zu bejahen.

7. Einführung von Unterstützungen, Vorschüssen, Darlehen und entsprechenden sozialen Zuwendungen sowie deren Einstellung (Nr. 7)

38 Diese Regelung ist auf dem Hintergrund des Zustimmungs- und Antragsrechtes der MAV nach §§ 36 Abs. 1 Nr. 7, 37 Abs. 1 Nr. 7 zu beurteilen. Sie ergänzt diese Mitbestimmungsregelungen, die sich mit der Schaffung von »Richtlinien« für die genannten sozialen Zuwendungen befasst, also mit kollektiven Rechtsnormen für die Gewährung von solchen Zuwendungen.

39 Der Beteiligungstatbestand der Nr. 7 befasst sich demgegenüber generell mit der Einführung der genannten sozialen Zuwendungen und auch mit deren Einstellung.

40 Die Beteiligten haben im Rahmen des Verfahrens es zunächst in der Hand, sich über die Einführung solcher sozialer Zuwendungen schlüssig zu werden und eine generelle Entscheidung darüber herbeizuführen. Sie müssen diese Entscheidung nicht vorab im Rahmen des § 29 treffen, ob und welche soziale Zuwendung sie einführen wollen. Sie können sich auch sofort über die Grundfrage einig sein und dann nur im Rahmen der §§ 36, 37, 38 eine verbindliche Regelung über die vereinbarte soziale Zuwendung vereinbaren. Im Falle eines Betriebsausfluges ist zu unterscheiden. Ihm fehlt die Dauerhaftigkeit, falls sie der Dienstgeber nicht eigens festgelegt hat. Sollte Letzteres zutreffen, geht es um die Klärung, ob der Dienstgeber dazu einen finanziellen Zuschuss geben will. Trifft das zu, kann die MAV zur Höhe des Zuschusses als soziale Zuwendung im Rahmen des § 37 Abs. 1 Nr. 3 (Planung und Durchführung von Veranstaltungen für die Mitarbeiterinnen und Mitarbeiter) keinen diesbezüglichen Antrag an den Dienstgeber stellen (§ 36 Rz 46), wohl aber gemäß § 32 Abs. 1 Nr. 6 dem Dienstgeber einen Vorschlag unterbreiten. Die Teilnahme am **Betriebsausflug** kann jedoch nicht zur Pflicht gemacht werden, weil sie außerhalb der arbeitsvertraglichen Pflichten liegt (§ 611 BGB).

41 Dabei soll nicht in Abrede gestellt werden, dass eine grundsätzliche Einigung in einem ordnungsgemäß durchgeführten Verfahren nach § 29 eine ganz sichere Grundlage für die »Richtlinien« nach § 36 ff. darstellt.

42 Bei der **Einstellung** einer bereits durch eine Richtlinie festgelegten sozialen Zuwendung bedarf es jedoch zunächst der Durchführung des Beteiligungsverfahrens nach § 29. Der Dienstgeber kann nicht einfach seine Zuwendung einstellen, auch nicht unter Berufung auf fehlende finanzielle Mittel. § 42 Abs. 2 Satz 2 gilt **nur** für die Entscheidungen der Schlichtungsstelle. Wenn also der

§ 29

Dienstgeber eine einmal festgelegte soziale Zuwendung einstellen will, so muss er zunächst das Beteiligungsverfahren nach § 29 korrekt durchführen. Er bleibt an die »Richtlinien« im Sinne der §§ 36, 37, 38 solange jedenfalls gebunden, bis er das Verfahren nach § 29 ordnungsgemäß durchgeführt hat. Erst danach stellt sich die Frage, ob überhaupt und unter welchen Voraussetzungen er sich von den eingeführten Richtlinien lösen kann. Auch die Kündigung einer entsprechenden Dienstvereinbarung nach § 38 Abs. 3 Satz 3 setzt die ordnungsgemäße Durchführung des Verfahrens nach § 29 Abs. 2–4 voraus.
Gewährt die kirchliche Einrichtung zusätzlich zum Entgelt eine besondere **43** »**Behördenzulage**«, so ist diese Zulage keine »soziale Zuwendung«, die unter § 29 Abs. 1 Nr. 7 fällt. Sie ist wesentlicher Bestandteil der Vergütung. Ihre Einstellung oder ihr Wegfall kann daher unter Umständen, wenn sie nur durch eine Änderungskündigung vorgenommen werden kann, unter § 30 fallen. Ein Beteiligungs- und Mitberatungsrecht nach § 29 besteht hier für die MAV nicht (so auch *Schlichtungsstelle Evang. Landeskirche Baden*, 27. 11. 1995 – 1 Sch 21/95, ZMV 1996, 101).

8. Fassung von Musterdienst- und Musterarbeitsverträgen (Nr. 8)

Das Beteiligungsrecht der MAV betrifft nur die von der Einrichtung selbst **44** entwickelten und niedergelegten (gespeicherten) Musterverträge. Beteiligungspflichtig ist nicht ein vom Dienstgeber nach Dienstvorschrift anzuwendendes Muster eines Dienst- oder Arbeitsvertrages, wie es sich aus Arbeitsvertragsordnungen (KAVO) oder aus Anweisungen des Bischöflichen Ordinariats bzw. Generalvikariats als den Kirchengemeinden übergeordnete Behörde ergibt (vgl. z. B. Amtsblatt der Erzdiözese Freiburg 2002 Nr. 424 S. 377 ff.; *Schlichtungsstelle Freiburg*, 23. 9. 1994 –1994/3, ZMV 1995, 87).
Soweit der Dienstgeber neben der Anwendung von Arbeitsvertragsordnun- **45** gen noch die Notwendigkeit sieht, in Musterdienst- oder Musterarbeitsverträgen eine einheitliche Gestaltung der Bedingungen seiner eigenen Verträge vorzunehmen, ist die MAV zu beteiligen. Sie hat dabei darauf zu achten, dass die allgemein geltenden gesetzlichen Regelungen, z. B. für den Abschluss befristeter Verträge, sorgfältig beachtet werden und eine unterschiedliche Behandlung von Mitarbeitern aus sachlich nicht gerechtfertigten Gründen unterbleibt. Insoweit gelten die bereits aufgezeigten Grundsätze von Recht und Billigkeit (§ 26 Rz 12 ff.). Zum Zustimmungsrecht bei persönlichen Angaben der Mitarbeiter in solchen Musterarbeitsverträgen siehe § 36 Rz 64 ff.

9. Regelung zur Erstattung dienstlicher Auslagen (Nr. 9)

Zu denken ist bei diesem Beteiligungstatbestand an Reisekostenregelungen, **46** Festlegung von Reisekostenpauschalen, Abwesenheitsgelder, Kilometergelder. Die MAV ist vor einer generellen Festlegung solcher Regelung, die auf alle Mitarbeiter zur Anwendung gelangen soll, anzuhören, kann ihre eigenen Vorschläge unterbreiten und hat über die vom Dienstgeber vorgesehene Fassung mitzuberaten.
Allerdings scheitert die Anwendung des § 29 Abs. 1 Nr. 9 fast immer daran, **47** dass Reisekostenordnungen in allgemein-geltenden kircheneigenen Regelungen oder durch vertragliche Bezugnahme auf öffentliches Reisekostenrecht bereits festliegen.

§ 29

10. Abordnung von mehr als drei Monaten oder Versetzung an eine andere Einrichtung von Mitarbeitern für pastorale Dienste und religiöse Unterweisung (Nr. 10)

48 Das Beteiligungsverfahren nach § 29 ist einzuhalten, wenn der Dienstgeber Mitarbeiter für pastorale Dienste oder religiöse Unterweisung, die zu ihrer Tätigkeit der ausdrücklichen bischöflichen Sendung oder Beauftragung bedürfen, länger als drei Monate an eine andere Einrichtung abordnen oder versetzen will.
Begriffe:
49 »Abordnung« – beamtenrechtlicher Begriff: Vorübergehende Zuweisung eines Arbeitsbereiches in einer anderen Einrichtung desselben Dienstgebers unter Aufrechterhaltung des Beschäftigungsverhältnisses zur abordnenden Dienststelle.
50 »Versetzung« – arbeitsrechtlicher Begriff: Zuweisung eines anderen Arbeitsplatzes in einer anderen Einrichtung desselben Dienstgebers auf Grund des arbeitsvertraglichen Weisungsrechtes.
51 Während dieser Tatbestand an sich bei Mitarbeitern der Zustimmungspflicht nach § 35 Abs. 1 Nr. 5 unterliegt, sind dort die Mitarbeiter für pastorale Dienste und religiöse Unterweisung aus dieser Zustimmungspflicht herausgenommen.
52 Sie unterliegen bei einer Abordnung oder Versetzung, die drei Monate übersteigt, nur dem Beteiligungsverfahren nach § 29.

11. Vorzeitige Versetzung in den Ruhestand, wenn der Mitarbeiter die Mitwirkung beantragt (Nr. 11)

53 Dieser Beteiligungstatbestand betrifft nur Mitarbeiter, die in einem dem öffentlich-rechtlichen Beamtenverhältnis angenäherten Dienstverhältnis zur kirchlichen Einrichtung stehen (Kirchenbeamte).
54 Er betrifft die vorzeitige Versetzung dieses Kirchenbeamten in den Ruhestand, der nach beamtenrechtlichen Grundsätzen unter genau festgelegten Voraussetzungen zulässig ist. Die MAV ist an dieser vorzeitigen Versetzung des Mitarbeiters in den Ruhestand nur dann nach § 29 zu beteiligen, wenn der Mitarbeiter diese Beteiligung ausdrücklich beantragt.

12. Entlassung aus einem Probe- oder Widerrufsverhältnis in Anwendung beamtenrechtlicher Bestimmungen, wenn der Mitarbeiter die Mitwirkung beantragt (Nr. 12)

55 Dieser Beteiligungstatbestand betrifft nur Mitarbeiter, die in einem dem öffentlich-rechtlichen Beamtenverhältnis angenäherten Dienstverhältnis zur kirchlichen Einrichtung stehen (Kirchenbeamte). Hier kommt die Beteiligung in Frage, wenn der Kirchenbeamte zunächst **auf Probe** vor seiner Übernahme auf Lebenszeit eingestellt ist oder wenn er **auf Widerruf** (z. B. im Vorbereitungsdienst, für eine vorübergehende Aufgabe) beschäftigt wird. **Kirchenbeamte auf Probe** können oft in Anlehnung an einen der in § 31 Abs. 1 Nr. 2–4 Bundesbeamtengesetz genannten Gründe unter Einhaltung einer Frist entlassen werden. Auch **Beamte auf Widerruf** können unter Einhaltung der entsprechenden Frist ohne Angabe besonderer Gründe entlassen werden (§§ 32 i. V. m. § 21 Abs. 3 BBG).

§ 29

Ob ein **Grund zur Entlassung** aus dem Probeverhältnis vorliegt oder im Falle 56
des Widerrufs die kirchliche Einrichtung nach pflichtgemäßem Ermessen gehandelt hat, wird zwar von den staatlichen Gerichten entschieden. Der betroffene Mitarbeiter kann aber zuvor die MAV beteiligen und auf diesem Wege den Versuch unternehmen, Klarheit in die Willensbildung der kirchlichen Einrichtung zu bringen, bevor die Entscheidung fällt.
Die Regelung der Nr. 12 gilt **nur** für Mitarbeiter mit **Beamtenstatus**, nicht für 57
Angestellte. Für diese gibt es das Beteiligungsrecht der MAV bei einer Kündigung. Der Dienstgeber ist insoweit zu einer Beteiligung der MAV vor Kündigung verpflichtet (§ 30).

13. Überlassung von Wohnungen, die für Mitarbeiter vorgesehen sind (Nr. 13)

Unter diese Bestimmung fällt nur die **Überlassung von Wohnungen** und die 58
Festlegung allgemeiner Nutzungsbedingungen für diese Wohnungen, nicht die Kündigung von Wohnungen. Nicht unter Nr. 13 fällt die Festlegung der Miete für diese Wohnung im Einzelfall, allenfalls die Festlegung **allgemeiner Regeln für die Mietpreisgestaltung.** »Überlassung« bedeutet sowohl entgeltliche Vermietung als auch die Gestellung im Rahmen des Arbeitsverhältnisses auf Grund vertraglicher Verpflichtungen des Dienstgebers. Der Abschluss eines privatrechtlichen Mietvertrages ist demnach nicht Voraussetzung dieses Beteiligungsgegenstandes. Erfasst wird demnach auch die Zuweisung einer Wohnung, z. B. als Dienstwohnung (vgl. Anlage 11 zur KAVO).
Der Begriff »Überlassung« setzt weiter voraus, dass der Dienstgeber über die 59
Vergabe dieser Wohnungen verfügen kann (*BAG*, 18. 7. 1978 – 1 ABR 20/75, EzA § 87 BetrVG Werkwohnungen Nr. 6 = DB 1978, 2418). Es muss sein Recht sein, den Wohnberechtigten für die Wohnung bestimmen zu können. Sein Eigentum an der zu vergebenden Wohnung ist nicht ausschlaggebend. Es genügt für das Beteiligungsrecht der MAV, wenn der Dienstgeber auf die Zuweisung der Wohnung an einen Mitarbeiter den entscheidenden Einfluss Dritten gegenüber auszuüben in der Lage ist. Hier besteht dieses Beteiligungsrecht nur gegenüber der Dienststelle, nicht gegenüber dem Dritten, der Eigentümer der Wohnung ist.
Das Beteiligungsrecht setzt weiter voraus, dass die Wohnung für Mitarbeiter 60
der kirchlichen Einrichtung vorgesehen ist. Die Zugehörigkeit des Mitarbeiters zu der Einrichtung, die über die Wohnungen verfügen kann, gibt den Ausschlag: Nur dieser Mitarbeiter wird von der MAV repräsentiert.

14. Grundlegende Änderung von Arbeitsmethoden (Nr. 14)

»Arbeitsmethode« ist der Einsatz der menschlichen Arbeitskraft bei Abwick- 61
lung der Arbeit, also das »Wie« der Arbeitsleistung. Darunter fällt sowohl der Einsatz dieser menschlichen Arbeit bei Abwicklung der zu verrichtenden Arbeit (körperlicher Einsatz), Einsatz technischer Hilfsmittel, EDV-Anlagen, Bildschirmgeräte, Rechenanlagen), aber auch die vorgesehenen Arbeitsmethoden (Einzel- oder Gruppenarbeit). Erkennbar wird damit, dass das »Wie« der Arbeitsleistung sich nicht auf Fragen des Arbeitsentgeltes erstrecken kann.
Nur eine grundlegende Änderung einer in der kirchlichen Einrichtung vor- 62
handenen Arbeitsmethode löst das Beteiligungsrecht der MAV aus. Eine laufende Verbesserung der in der Einrichtung bereits vorhandenen Arbeits-

§ 29

methoden wird nicht von Nr. 14, allenfalls von Nr. 15 (Rz 63) erfasst. Beispiele für grundlegende Änderungen der Arbeitsmethode: Übergang von einer manuellen Bearbeitung von Zahlungsvorgängen auf Abwicklung über die EDV-Anlage, Schreibeinsatz von mechanischen/elektrischen Schreibmaschinen auf Bildschirmgeräte mit Speicherkapazitäten, Abwicklung des Pflegeeinsatzes in einem Krankenhaus von Stationen zu Pflege-/Versorgungszentren, Umstellung der Mittelzuweisung und des Mittelabrufes auf Datenverarbeitung.

15. Maßnahmen zur Hebung der Arbeitsleistung und zur Erleichterung des Arbeitsablaufes (Nr. 15)

a. Hebung der Arbeitsleistung

63 Die Begriffe »Hebung der Arbeitsleistung« wie auch »Erleichterung des Arbeitsablaufes« sind voneinander zu trennen. Deshalb werden unter Nr. 15 also zwei verschiedene Beteiligungstatbestände erfasst. Es genügt, wenn einer der Beteiligungstatbestände erfüllt ist (*VGH Baden-Württemberg*, 27. 11. 1984 – 15 S 3059/83, ZBR 1985, 175). Das Beteiligungsrecht der Anhörung und Mitberatung bei Maßnahmen zur »Hebung der Arbeitsleistung« bezieht sich auf Steuerungen des Dienstgebers, die das Verhältnis von Arbeitsaufwand und Arbeitsergebnis verbessern (*Hess.VGH*, 10. 1. 1990 PersR 1991, 60). Es geht um das Ziel, die Effektivität der Arbeit in der vorgegebenen Zeit qualitativ oder auch nur quantitativ zu fördern, d. h. die Güte und/oder die Menge der zu leistenden Arbeit zu steigern. Entscheidend ist damit, ob die beabsichtigte Maßnahme darauf angelegt ist, auf einem oder mehreren Arbeitsplätzen einen mengenmäßig höheren Arbeitsertrag zu erzielen oder die Qualität des Arbeitsproduktes zu verbessern. Dabei ist Hebung der Arbeitsleistung nicht die Steigerung der Menge und der Qualität des Arbeitsertrages, sondern vielmehr die erhöhte Inanspruchnahme des oder der betroffenen Mitarbeiter (*HessVGH* 22. 9. 1994 – TK 1845/93, DÖV 1995, 431), zu der solche Maßnahmen typischer Weise führen, wie etwa die Zusammenlegung zweier Stationen eines Krankenhauses, wenn für die früher in einer anderen Station Beschäftigten auf Grund der gestiegenen Anforderungen insbesondere im geistig-psychischen Bereich eine (weiter) erhöhte Inanspruchnahme hinzugetreten ist (*OVG Nordrhein-Westfalen*, 30. 1. 2003 – 1 A 5765/00. PVL, ZTR 2003, 322). Der Begriff der Arbeitsleistung in Nr. 15 bezeichnet also weder die Menge der während der festgelegten Arbeitszeit geleisteten Arbeit noch ihren sachlichen Ertrag, das Arbeitsprodukt. Er meint vielmehr den körperlichen Einsatz und den geistigen Aufwand, den der Mitarbeiter erbringen muss, um das ihm abverlangte Arbeitsergebnis in qualitativer und quantitativer Hinsicht zu erzielen (*BVerwG*, 30. 8. 1985 – 6 P 20.83, DVBl. 1986, 352). Der Zweck dieses Beteiligungstatbestandes »Hebung der Arbeitsleistung« besteht demnach darin, den/die Mitarbeiter vor einer unnötigen und unzumutbaren Belastung zu bewahren (*BVerwG* ständige Rechtsprechung, zuletzt 23. 1. 1996 – 6 P 53/93, PersV 1996, 457 (459). In dieser Entscheidung hat das *BVerwG* es abgelehnt, die Anordnung von Überstunden unter den Tatbestand »Hebung der Arbeitsleistung« zu subsumieren. Auch die Anhebung der Schülerzahl pro Klasse fällt nach der Entscheidung des *BVerwG* vom 17. 5. 1995 – 6 P 47.93, PersV 1996, 178 ebenso wenig unter diesen Begriff wie die Einschaltung von Führungskräften bei der Abarbeitung von zeitlichen Bearbeitungsrückständen

(*BVerwG*, 20. 7. 1995 – 6 P 8/94, PersV 1996, 188). Das *BVerwG* hat es *im* Urteil 6 P 18/93 vom 26. 9. 1995 (PersV 1996, 275) auch abgelehnt, den Wegfall von Entlastungs- und Ausgleichsstunden unter diesem Tatbestand zu erfassen. Die Heraufsetzung der Pflichtstundenzahl von 25 auf 26 für Realschullehrer ist auf eine als Hebung der Arbeitsleistung gerichtete Maßnahme abzielend (*BVerwG*, 28. 12. 1998 – 6 P 1.97, DVBl. 1999, 926 ff.). Die Unausweichlichkeit einer Mehrbelastung fehlt, wenn in einem Teilbereich der Beschäftigung zwar Mehrarbeit mit erhöhten Anforderungen an die Mitschüler anfällt, jedoch in anderen Aufgabenbereichen eine Entlastung möglich ist. Das ist der Fall, wenn Lehrer an Schulen im Hinblick auf ihnen eröffnete Gestaltungsmöglichkeiten ihrer außerunterrichtlichen Tätigkeiten andere Prioritäten setzen können (*Schlichtungsstelle Köln*, 27. 1. 2004 – MAVO 31/2003, ZMV 2004, 78 mit Anm. *Thiel*, ZMV 2004, 55).

b. Erleichterung des Arbeitsablaufs

Unter Arbeitsablauf ist die räumliche, organisatorische und zeitliche Gestaltung des Arbeitsprozesses im Zusammenwirken von Mensch, Arbeitsmittel, Stoff, Energie und Informationen in einem Arbeitssystem zu verstehen (*LAG Hamm*, EzA § 90 BetrVG 1972 Nr. 1; *ErfK-Hanau/Kania*, § 90 BetrVG Rz 4). Der jeweilige Arbeitsablauf steht im unmittelbaren Zusammenhang mit der Arbeitsmethode, weil diese die Gestaltung des Arbeitsprozesses mitbestimmt. Mit dem Arbeitsablauf verbunden ist die Erfüllung der Arbeitsaufgabe unter Berücksichtigung der sich dabei insgesamt ergebenden Beanspruchungen der Mitarbeiter. Dabei geht es im Einzelnen etwa um Gruppen- oder Einzelarbeit, Schichtarbeit, EDV-gestützte Arbeit, Projektmanagement, Maßnahmen zur Verwirklichung des kontinuierlichen Verbesserungsprozesses, alle Formen des Qualitätsmanagement und auch die Ausgliederung von Arbeitsbereichen (*Fitting*, § 90 BetrVG Rz 27). Auch Rationalisierungsmaßnahmen gehören hierher. Mit der Ausgliederung interner Arbeitsbereiche (outsourcing) sollen z. B. Dienstleistungen für die Einrichtung oder das Unternehmen erbracht werden, die umgekehrt für die Einrichtung oder das Unternehmen eine Entlastung bei der Arbeitsorganisation mit sich bringen. **64**

c. Qualitätsmanagement

In diesem Zusammenhang ist die Einführung und Anwendung von Qualitätsmanagement-Systemen zu nennen (*Baumann-Czichon/Germer*, MVG-EKD, § 40 Rz 65). Um in Arbeitsbereichen, in denen eine rein quantitative Bewertung der Arbeitsleistung unangemessen ist, um Leistungsstandards zu bestimmen, werden Arbeitsabläufe und Verfahren beschrieben. Auf diese Weise können Verwaltungsvorgänge, Beratungsvorgänge und auch therapeutische Aufgaben nach Leistungsdaten erfasst werden, indem die einzelnen Schritte des Bearbeitungs- oder Beratungsablaufs praktisch nach Maßgabe einer Checkliste abgearbeitet und dokumentiert werden. Diese Form der Standardisierung ist Teil des so genannten Qualitätsmanagements. Dieses QM oder TQM kann als Gesamtheit aller qualitätsbezogenen Tätigkeiten und Zielsetzungen verstanden werden. Hiernach ist der Begriff Qualität nicht mehr produktbezogen sondern bedeutet eine alle unternehmerischen Aktivitäten umfassende Darstellung und Festlegung der Qualitätsfähigkeit durch das Unternehmen in seinen Einrichtungen und Dienststellen. Qualität wird also von **65**

§ 29

vornherein planmäßig produziert (*Fitting*, § 90 Rz 28 m. N.). Wegen damit verbundener Verpflichtung zur Fortbildung siehe unter Rz 25 ff.; zu Personalentwicklungsgesprächen § 36 Abs. 1 Nr. 5.

16. Festlegung von Grundsätzen für die Gestaltung von Arbeitsplätzen (Nr. 16)

66 Die Gestaltung des einzelnen, konkreten Arbeitsplatzes ist nicht Gegenstand des Beteiligungsrechtes. Es geht hier ausschließlich um die Festlegung von allgemeinen Grundsätzen, die anhand gesicherter arbeitswissenschaftlicher Erkenntnisse über die menschengerechte Gestaltung der Arbeit bei der Gestaltung von Arbeitsplätzen ihren Ausdruck finden müssen. In der Festlegung solcher allgemeiner Grundsätze sollen die Arbeitsplätze mit ihrer menschengerechten Gestaltung der Leistungsfähigkeit der Mitarbeiter angepasst werden und Gefahren für Leben und Gesundheit der Mitarbeiter ausgeschlossen bleiben (§ 618 BGB). Die sachgerechte Festlegung der Grundsätze soll gewährleisten, dass sich jeder Mitarbeiter an seinem Arbeitsplatz wohlfühlt. Zu denken ist hier an eine generelle Regelung von Beleuchtung, Belüftung, Verhinderung von Belastungen und Hitze, Staub, Lärm, Gerüchen (Tabakrauch). Die Vorsorge vor solchen Belastungen am Arbeitsplatz durch geeignete Maßnahmen baulicher oder technischer Art (Klima- bzw. Belüftungsanlagen) gehört in diesen Beteiligungstatbestand.

67 Auch die Gestaltung von **Bildschirmarbeitsplätzen** unterliegt dem Beteiligungsrecht der MAV nach § 29 Abs. 1 Nr. 16. Zwar kann die MAV nicht jede denkbare Ausgestaltung, Vorbereitung und Kontrolle von Bildschirmarbeitsplätzen fordern (so auch für §§ 87, 91 BetrVG: *BAG*, ausführlich Beschl. 1 ABR 47/95 vom 2. 4. 1996, AP Nr. 5 zu §§ 87 BetrVG 1972 Gesundheitsschutz = DB 1996, 1725). Diese Entscheidung behandelt aber alle Fragen des Gesundheitsschutzes an Bildschirmarbeitsplätzen, nimmt zu Fragen der vorbeugenden Augenuntersuchungen und Unterbrechungspausen bei der Bildschirmarbeit Stellung und behandelt den Einfluss der EG-Bildschirmrichtlinie vom 25. Mai 1990 (RL 90/270/EG-Amtsblatt EG vom 25. 6. 1990 Nr. L 156/14) auf das deutsche Arbeitsschutzrecht. Diese EG-Richtlinie, die in nationales Recht umgesetzt ist (BildscharbV v. 4. 12. 1996 – BGBl. I S. 1841), sieht vor, dass eine Analyse des Bildschirmarbeitsplatzes zum Zwecke der Gesundheits- und Sicherheitsbedingungen zu erfolgen hat, wobei insbesondere eine mögliche Gefährdung des Sehvermögens und psychische Belastungen zu beachten sind (Art. 3), sie verlangt Einlegung regelmäßiger Pausen oder Unterbrechung durch andere Tätigkeiten (Art. 7), sie fordert regelmäßige Augenuntersuchungen und Überlassung von Sehhilfen, wobei den Mitarbeiter keine finanziellen Mehrbelastungen treffen dürfen.

68 Von der Möglichkeit, Regelungen für Bildschirmarbeitsplätze zu treffen, haben teilweise die Diözesen bereits Gebrauch gemacht, so z. B. die Diözese Limburg in ihrer »Verordnung zur Gestaltung von Bildschirmarbeitsplätzen und zur Tätigkeit an Bildschirmarbeitsplätzen« vom 19. 2. 1993.

17. Schließung, Einschränkung, Verlegung oder Zusammenlegung von Einrichtungen oder wesentlichen Teilen davon (Nr. 17)

69 Dem Beteiligungsrecht unterliegen alle **Maßnahmen des Dienstgebers**, die objektiv zu einer Beendigung oder Beschränkung der Tätigkeit der kirchli-

§ 29

chen Einrichtung oder wesentlicher Teile davon führen können. An eine bestimmte Mindestgröße der Einrichtung ist das Beteiligungsrecht der MAV nicht gebunden. Es besteht daher in jeder kirchlichen Einrichtung, in der **im Zeitpunkt der Durchführung der Maßnahme** ordnungsgemäß eine MAV gewählt worden ist. Keine Maßnahmen eines Dienstgebers sind die des Diözesanbischofs als Leiter seiner Diözese, wie etwa die Neugliederung seiner Diözese, die Neuordnung der Pfarreien (Kirchengemeinden), woraus neue Pfarreien entstehen, die Aufhebung oder Zusammenlegung von Pfarreien, die Zuordnung von Gebietsteilen einer Pfarrei zu einer anderen, die Errichtung von Pfarrverbänden und Kirchengemeindeverbänden (can. 374, 381 § 1, 515 CIC). Erst die sich aus den Veränderungen ergebenden Folgemaßnahmen auf der örtlichen Dienstgeberebene können Beteiligungsrechte der MAV auslösen.

»**Schließung**« ist die vollständige, planmäßige Einstellung der betreffenden 70 Arbeitseinrichtung für einen von vornherein nicht überschaubaren und jedenfalls erheblichen Zeitraum unter Aufgabe des Zweckes der Einrichtung und der Entlassung der Mitarbeiter (*BAG*, 17. 9. 1957 – 1 AZR 352/56, BB 1957, 1111). Entscheidend ist die **Auflösung** der zwischen Dienstgeber und Mitarbeitern bestehenden **Gemeinschaft** zur Erreichung der Schließung. Eine vorübergehende Unterbrechung der Tätigkeit der Einrichtung durch Naturkatastrophen, Verwaltungsanordnungen genügt nicht.

»**Einschränkung**« der Einrichtung ist die planmäßige, teilweise Einstellung 71 der Arbeit ebenfalls für einen unübersehbaren, jedoch erheblichen Zeitraum. Ob der Dienstgeber diese Einschränkung durch Verkleinerung seiner Einrichtung oder durch Herabsetzung der Zahl der Mitarbeiter (*BAG*, 22. 1. 1980 – 1 ABR 28/78, EzA § 111 BetrVG 1972 Nr. 11 = BB 1980, 1267) vornimmt, ist ohne Belang. Auch bloßer **Personalabbau** kann eine Einschränkung sein (siehe Rz 76 f.).

»**Verlegung**« der Einrichtung ist eine Standortveränderung der Einrichtung 72 ohne Änderung des Zweckes. Eine räumlich nur geringfügige Standortveränderung fällt nicht unter den Verlegungsbegriff des § 29, vor allem wenn sie keine nachteiligen Auswirkungen für die betroffenen Mitarbeiter hat.

»**Zusammenlegung**« von Einrichtungen kann in **zwei Formen** erfolgen: **Ein-** 73 **gliederung** einer Einrichtung in eine andere mit der Folge, dass nur letztere fortbesteht oder **Zusammenlegung mehrerer Einrichtungen** zu einer neuen Einrichtung.

Das Beteiligungsrecht besteht nicht nur, wenn die gesamte kirchliche Einrich- 74 tung durch eine solche Maßnahme berührt wird. Es genügt, wenn **wesentliche Teile** betroffen sind. Ob eine solche Maßnahme wesentliche Teile betrifft, entscheidet sich zunächst danach, ob es sich um solche Teile der Einrichtung handelt, die in einer objektiven Gesamtschau von erheblicher Bedeutung für die gesamte Einrichtung sind. Eine Änderung nur unbedeutender Teile (Betriebsmittel) der Einrichtung kann diese Voraussetzung nicht erfüllen.

Zum Begriff »wesentlicher Betriebsteil« einer kirchlichen Einrichtung (Kran- 75 kenhausapotheke im Krankenhaus): *Schlichtungsstelle Köln*, 14. 3. 1996 – MAVO 6/96, ZMV 1996, 304.

Bleibt bei einer solchen Beurteilung zweifelhaft, ob wesentliche Teile der Ein- 76 richtung betroffen sind, hat die Zahl der Mitarbeiter indizielle Bedeutung, die von der Maßnahme betroffen sind. Dabei kann auf die Rechtsprechung des BAG zu § 111 S. 2 Nr. 1 BetrVG verwiesen werden, dass bei Betriebsänderun-

§ 29

gen die Zahlen und Prozentsätze des § 17 KSchG heranzuziehen sind (*BAG*, 26. 10. 1982 – 1 ABR 11/81, EzA § 111 BetrVG 1972 Nr. 15 = DB 1983, 1766).
77 Das bedeutet konkret, dass wesentliche Teile der Einrichtung betroffen sind:
bei bis zu 59 Mitarbeitern – Entlassung von 6 Mitarbeitern
bei 60–499 Mitarbeitern – Entlassung von 10% oder 26 Mitarbeitern
bei 500 – 999 Mitarbeitern – Entlassung von 30 Mitarbeitern
über 1000 Mitarbeiter – Entlassung von mindestens 5% der Mitarbeiter.
78 Bei der Berechnung der Entlassungen ist nicht auf die Arbeitnehmerzahl des Betriebsteiles, sondern die Mitarbeiter der gesamten Einrichtung abzustellen (*BAG*, 22. 1. 1980 – 1 ABR 281/78, EzA § 111 BetrVG 1972 Nr. 11 = BB 1980, 1267; *Schlichtungsstelle Rottenburg-Stuttgart*, 10. 1. 2003 – SV 23/2002, ZMV 2004, 86).

18. Bestellung zu Mitarbeitern in leitender Stellung gemäß § 3 Abs. 2 Nr. 3 und 4 (Nr. 18)

79 Dem Beteiligungsrecht nach § 29 unterliegt auch die Bestellung zu leitenden Mitarbeitern nach § 3 Abs. 2 Nr. 3 (selbstständige Einstellungs-, Anstellungs- und Kündigungsbefugnis) und Nr. 4 (sonstige Mitarbeiter in leitender Stellung).
80 Zu diesen Voraussetzungen wird auf § 3 Rz 59 ff. verwiesen.
81 In § 3 Abs. 2 Satz 2 heißt es ausdrücklich, dass die Bestellung nach Nr. 3 und 4 der Beteiligung der MAV bedarf. Das Beteiligungsverfahren muss also ordnungsgemäß durchgeführt und notfalls auch die Entscheidung des Ordinarius herbeigeführt worden sein, bevor der betreffende Mitarbeiter wirksam zum »Leitenden« Mitarbeiter nach Nr. 3 und 4 bestellt ist (*LAG Niedersachsen*, 18. 2. 2001 – 12 Sa 694/01, ZMV 2002, 253).
82 Der Begriff des »sonstigen Mitarbeiters in leitender Stellung« (§ 3 Abs. 2 S. 1 Nr. 4) ist nicht definiert. Zu beachten sind folgende Verfahrensschritte (§ 3 Abs. 2 S. 2 i. V. m. § 29 Abs. 1 Nr. 18):
– Entscheidung eines Dienstgebers,
– als Grundlage für die Beteiligung der MAV (§ 29 Abs. 1 Nr. 18),
– gegebenenfalls die Genehmigung des Ordinarius (§ 3 Abs. 2 S. 3),
– Letztentscheidung des Dienstgebers (§ 3 Abs. 2 S. 4).
83 Die Beteiligung der MAV ist konstitutiv für die Exemtion aus dem Mitarbeiterbegriff (*LAG Niedersachsen*, wie vor; *LAG Hamm*, 23. 10. 1990 – 7 Sa 1040/90, KirchE Bd. 28, 258; *BAG*, 10. 12. 1992 – 2 AZR 271/92, NZA 1993, 593), soweit eine MAV zum fraglichen Zeitpunkt der Entscheidung des Dienstgebers besteht. Nicht zu übersehen ist, dass in diözesanen Regelungen festgelegt ist, welche Stelleninhaber zu Mitarbeitern in leitender Stellung zählen dürfen, wenn sie zu solchen bestellt werden (vgl. Kirchl. Anzeiger Köln 1972 Nr. 212, S. 234 f.; § 3 Rz 61 ff.). Die Schlichtungsstellen überprüfen im Streitfall die Einhaltung des ordnungsgemäßen Verfahrens unter Beachtung des § 3 Abs. 2 (*Schlichtungsstelle Köln*, 5. 11. 1996 – MAVO 11/96 n. v.). Im Falle des Missbrauchs (Rechtsstreitigkeit) kann die Schlichtungsstelle gemäß § 41 Abs. 2 sowohl von der MAV als auch vom betroffenen Mitarbeiter angerufen werden, insbesondere wenn er Mitglied der MAV ist und sein Mandat nicht verlieren will.

§ 29

19. Zurückweisung von Bewerbungen schwerbehinderter Menschen um einen freien Arbeitsplatz, soweit die Beschäftigungspflicht gemäß § 71 Abs. 1 SBG IX noch nicht erfüllt ist (Nr. 19)

Mit dieser Vorschrift wird klar gestellt, dass die Mitarbeitervertretungen i. S. **84** der MAVO den Betriebsvertretungen, wie sie im SGB IX erwähnt sind (vgl. § 93 SGB IX), funktional und rechtlich gleichgestellt sind, was gemäß § 46 MAVO mit Blick auf die Zusammenarbeit mit der Schwerbehindertenvertretung (= Vertrauensperson der schwerbehinderten Menschen) bestätigt wird.

a. Ermittlung eines freien Arbeitsplatzes

Gemäß § 71 Abs. 1 SGB IX haben die Arbeitgeber mit mindestens 20 Arbeits- **85** plätzen (§ 73 SGB IX) auf wenigstens 5 Prozent der Arbeitsplätze schwerbehinderte Menschen oder ihnen gleichgestellte behinderte Menschen (§ 68 SGB IX) zu beschäftigen. Dabei sind schwerbehinderte Frauen besonders zu berücksichtigen (siehe auch zu § 46). Die Berechnung der Mindestzahl von Arbeitsplätzen und der Pflichtarbeitsplatzzahl hat gemäß § 74 SGB IX zu erfolgen, die Anrechnung von Beschäftigten auf die Zahl der Pflichtarbeitsplätze für schwerbehinderte Menschen ist in §§ 75, 76 SGB IX geregelt.

Gemäß § 80 Abs. 1 SGB IX haben die Arbeitgeber (Dienstgeber) gesondert **86** für jeden Betrieb und jede Dienststelle bzw. Einrichtung ein Verzeichnis der bei ihnen beschäftigten schwerbehinderten, ihnen gleichgestellten behinderten Menschen und sonstigen anrechnungsfähigen Personen laufend zu führen und dieses den Vertretern oder Vertreterinnen des Arbeitsamtes (jetzt: Agentur für Arbeit) und des Integrationsamtes, die für den Sitz des Betriebes, der Dienststelle oder Einrichtung zuständig sind, auf Verlangen vorzulegen. Außerdem müssen die Arbeitgeber einmal jährlich dem zuständigen Arbeitsamt (Agentur für Arbeit) bis zum 31. März für das vorangegangene Kalenderjahr nach Monaten aufgegliedert die Daten anzeigen, die zur Berechnung des Umfangs der Beschäftigungspflicht, zur Überwachung ihrer Erfüllung und der Ausgleichsabgabe (§ 77 SGB IX) notwendig sind (§ 80 Abs. 2 S. 1 SGB IX). Der Betriebsvertretung, der Schwerbehindertenvertretung und dem Beauftragten des Arbeitgebers (§ 98 SGB IX) ist je eine Kopie der Anzeige und des Verzeichnisses zu übermitteln (§ 80 Abs. 2 S. 3 SGB IX).

b. Prüfpflicht und Entscheidung des Dienstgebers

Jeder Arbeitgeber muss gemäß § 81 Abs. 1 S. 1 SGB IX prüfen, ob freie Ar- **87** beitsplätze für schwerbehinderte Menschen zur Verfügung stehen. Daran hat der Arbeitgeber (Dienstgeber) die Schwerbehindertenvertretung (= Vertrauensperson der schwerbehinderten Menschen, § 96 SGB IX) nach § 95 Abs. 2 SGB IX zu beteiligen und die Betriebsvertretungen, hier also die MAV, anzuhören (§ 81 Abs. 1 S. 6 SGB IX). Erfüllt der Dienstgeber (Arbeitgeber) seine Beschäftigungspflicht nicht und ist die Schwerbehindertenvertretung oder die MAV mit der beabsichtigten Entscheidung des Dienstgebers nicht einverstanden, ist diese unter Darlegung der Gründe mit ihnen zu erörtern (§ 81 Abs. 1 S. 7 SGB IX). Dabei wird der betroffene schwerbehinderte Mensch angehört (§ 81 Abs. 1 S. 8 SGB IX) und die Integrationsvereinbarung beachtet (§ 83 Abs. 2 SGB IX). Über die dann vom Dienstgeber getroffene Entscheidung werden alle Beteiligten (vorbehaltlich des Falles des § 81 Abs. 1 S. 10 SGB

§ 29

IX) unter Darlegung der Gründe unverzüglich unterrichtet (§ 81 Abs. 1 S. 9 SGB IX; § 29 Abs. 4 MAVO). Auf die Ausführungen zur Durchführung der Anhörung und Mitberatung (Rz 91 ff.) wird hingewiesen.

c. Besondere Pflichten der öffentlichen Arbeitgeber

88 Gemäß § 82 SGB IX haben die öffentlichen Arbeitgeber besondere Pflichten zu erfüllen, damit schwerbehinderte Menschen vermittelt werden können; sie müssen dem Arbeitsamt (Agentur für Arbeit) frühzeitig frei werdende und neu zu besetzende sowie neue Arbeitsplätze (§ 73 SGB IX) melden. Zu den öffentlichen Arbeitgebern zählen auch die nach staatlichem Recht öffentlich-rechtlich verfassten Körperschaften der Kirche (§ 71 Abs. 3 Nr. 4 SGB IX i. V. m. Art. 140 GG, Art. 137 Abs. 5 WRV). Der Bewerber ist zu einem Vorstellungsgespräch einzuladen (§ 82 S. 2 SGB IX). Die Einladung ist nur entbehrlich, wenn die fachliche Eignung offensichtlich fehlt (§ 82 S. 3 SGB IX).

d. Integrationsvereinbarung

89 Gemäß § 83 SGB IX treffen die Arbeitgeber Integrationsvereinbarungen zu Regelungen im Zusammenhang mit der Eingliederung schwerbehinderter Menschen, insbesondere zur Personalplanung, Arbeitsplatzgestaltung, Gestaltung des Arbeitsumfeldes, Arbeitsorganisation, Arbeitszeit sowie Regelungen über die Durchführung in den Dienststellen und Einrichtungen. Bei der Personalplanung werden besondere Regelungen zur Beschäftigung eines angemessenen Anteils von schwerbehinderten Frauen vorgesehen (§ 83 Abs. 2 SGB IX). Antragsberechtigt sind
– die Schwerbehindertenvertretung, falls nicht vorhanden
– die Mitarbeitervertretung (MAV).
Dazu kann der Dienstgeber (Arbeitgeber) durch seinen Beauftragten (§ 98 SGB IX) oder die Schwerbehindertenvertretung das Integrationsamt einladen, sich an den Integrationsvereinbarungen zu beteiligen (§ 83 Abs. 1 SGB IX).

20. Regelung einer Einrichtung nach § 1 a Abs. 2

90 Bereits in § 1 a Abs. 2 ist das Anhörungsrecht der MAV geregelt. Im Rahmen der Beteiligungsrechte der MAV im Sinne des § 29 wird verdeutlicht, dass die beteiligte MAV ein Anhörungsrecht und Mitberatungsrecht hat, wenn der Dienstgeber eine Umorganisation vornimmt, die sich auf das Einrichtungsgefüge im Sinne der MAVO auswirkt. Bestehen eine oder mehrere Mitarbeitervertretungen bei dem Dienstgeber, der im Wege der Umorganisation die Einheiten für eine oder mehrere Einrichtungen verändern will, so dass davon auch die Bildung einer oder mehrerer Mitarbeitervertretungen abhängt, besteht für jede beteiligte MAV ein Anhörungs- und Mitberatungsrecht. Im Ergebnis ist der Dienstgeber in seiner Entscheidung frei, wenn er nach Darlegung seiner Gründe und nach Erörterung seiner Absicht zur Umorganisation mit der MAV seinen Plan verwirklichen will (§ 29 Abs. 4). Im **Streitfall** kann lediglich überprüft werden, ob durch die Veränderung der Einrichtungseinheiten ein Verstoß gegen die MAVO vorliegt. Das kann z. B. der Fall sein, wenn der Dienstgeber wegen der Zahl der Mitarbeiter kleinere Einheiten schaffen will, um z. B. der Freistellungsvorschrift des § 15 Abs. 3 zu entgehen (§ 48, § 41

Abs. 1 Nr. 9). Die Regelung bedarf der Genehmigung durch den Ordinarius (§ 1 a Abs. 2 S. 3).

III. Durchführung der Anhörung und Mitberatung

Die Anhörung und Mitberatung vollzieht sich in vier Stufen: 91
1. **Stufe:** Unterrichtung der MAV über die geplante Maßnahme durch den Dienstgeber (Rz 92 ff.).
2. **Stufe:** Möglichkeit der MAV, binnen einer Woche Einwendungen zu erheben (Rz 97 ff.).
3. **Stufe:** Gemeinsame Beratung zwischen Dienstgeber und MAV über die erhobenen Einwendungen (Rz 103 f.).
4. **Stufe:** Entscheidung des Dienstgebers bei fehlender Einigung über die erhobenen Einwendungen der MAV (Rz 105 f.).

1. Stufe: Unterrichtung der MAV

§ 29 Abs. 2 schreibt die Anhörung in den genannten Einzelfällen vor. Der 92 Dienstgeber ist verpflichtet, rechtzeitig (§ 29 Abs. 2 S. 2) die Mitarbeitervertretung von der geplanten Maßnahme bzw. Entscheidung zu unterrichten, ihr ein **vollständiges** Bild seiner Absichten zu geben und ihr damit die Möglichkeit zu eröffnen, innerhalb der Mitarbeitervertretung über die geplante Maßnahme zu beraten. Diese Anhörung hat rechtzeitig zu erfolgen. »**Rechtzeitig**« ist eine Unterrichtung in diesem Sinne auf keinen Fall, wenn der Dienstgeber seine Planungen abgeschlossen hat und vor dem Vollzug der Maßnahme nun auch noch, weil es in § 29 Abs. 2 vorgesehen ist, die MAV unterrichtet. Die MAV ist spätestens nach Abschluss der Planung der Maßnahme, aber vor den ersten Schritten zum Vollzug zu unterrichten. Sie muss nicht nur die Möglichkeit zur internen Beratung haben, sondern vor allem nach § 29 Abs. 3 und 4 Einwendungen und eigene Vorschläge gegenüber den Planungen des Dienstgebers erheben können. »Rechtzeitige Unterrichtung« setzt die Offenheit des Dienstgebers für solche Vorschläge und Einwendungen der MAV voraus. Daraus ergibt sich nach § 29 Abs. 3, dass die Unterrichtung der MAV in jedem Falle **mindestens 1 Woche** vor der Durchführung der geplanten Maßnahme zu erfolgen hat, um in die Beratung mit dem Dienstgeber einsteigen zu können.

Die Unterrichtung der MAV ist an **keine Form** gebunden. Sie kann **schriftlich** 93 oder **mündlich** erfolgen. Falls der Dienstgeber schriftliche Form wählt, kann er zu Zwecken des Fristnachweises eine Empfangsbestätigung für seine Unterrichtung fordern. Die Unterrichtung hat dem **Vorsitzenden der MAV** gegenüber zu erfolgen. Ist er verhindert, ist die Unterrichtung gegenüber dem **Stellvertreter** vorzunehmen.

Die Vertretungsbefugnis zur Entgegennahme von Erklärungen durch den 94 Vorsitzenden bzw. seinen Stellvertreter ist jetzt eindeutig durch § 14 Abs. 1 **S. 5** geregelt.

Die Unterrichtung **anderer MAV-Mitglieder** genügt also grundsätzlich **nicht** 95 (*BAG*, 28. 2. 1974 – 2 AZR 455/73, EzA § 102 BetrVG 1972 Nr. 8 = BB 1974, 836). Eine Ausnahme wird zugelassen, wenn die MAV für eine zusätzliche Vertretung gesorgt hat. Nur in diesem Fall wäre die Unterrichtung des bestell-

§ 29

ten MAV-Mitgliedes ordnungsgemäß und würde die Wochenfrist des § 29 Abs. 3 in Lauf setzen (*LAG Frankfurt*, 28. 11. 1989 – 4 Ta BV 98/88, DB 1990, 1728).

96 Die Unterrichtung muss vollständig sein. Der Dienstgeber muss alle Informationen erteilen, die objektiv für eine Behandlung seiner Maßnahme oder Entscheidung durch die MAV erforderlich sind. Dazu zwingt ihn die durch § 26 Abs. 1 (Rz 2) geforderte vertrauensvolle Zusammenarbeit mit der MAV. Auf Verlangen sind der MAV auch Unterlagen für die geplante Maßnahme/Entscheidung vorzulegen (§ 26 Abs. 2; Rz 27 ff.).

2. Stufe: Einwendungen der MAV

97 Ist die Unterrichtung rechtzeitig, vollständig und an einen richtigen Adressaten erfolgt (Rz 93 ff.), so beginnt damit die **Wochenfrist**, innerhalb der durch die MAV Einwendungen erhoben werden können.

98 Die Frist beginnt also erst zu laufen, wenn die MAV **ordnungsgemäß unterrichtet** wurde. Sie beginnt also überhaupt **nicht**, wenn keine Unterrichtung **durch den Dienstgeber** erfolgte. Das ist vor allem von Bedeutung, wenn die MAV auf andere, auch an sich sichere Art und Weise von beteiligungspflichtigen Maßnahmen/Entscheidungen des Dienstgebers Kenntnis erlangte. Sind die Informationen des Dienstgebers nicht ausreichend, muss die MAV auf die unvollständige Unterrichtung innerhalb der Wochenfrist ausdrücklich unter genauer Angabe der nach ihrer Meinung fehlenden Tatsachen hinweisen. In diesem Falle beginnt die Wochenfrist erst mit Zugang der vollständigen, ordnungsgemäßen Unterrichtung (*BAG*, 28. 1. 1986 – 1 ABR 10/84, AP Nr. 34 zu § 99 BetrVG 1972 = EZA § 99 BetrVG 1972 Nr. 48 = DB 1986, 1077).

99 **Für die Berechnung der Wochenfrist** gilt § 187 Abs. 1 BGB: Der Tag, an dem die ordnungsgemäße Unterrichtung erfolgt, wird bei der Berechnung der Frist nicht mitgezählt. Fällt das Ende der Frist auf einen Sonnabend, Sonntag oder gesetzlichen Feiertag, verlängert sich die Frist auf den nächstfolgenden Werktag (§ 193 BGB). Die Frist berechnet sich nach Kalendertagen, nicht nach Werk- oder Arbeitstagen. **Beispiel:** Ordnungsgemäße Unterrichtung der MAV:
Samstag, 3. Juli 2004
Beginn der Frist: Sonntag, 4. Juli 2004
Ablauf der Frist: Montag, 12. Juli 2004, da nach § 193 BGB die Frist weder am Samstag noch am Sonntag ablaufen kann.

100 Durch eine ausdrückliche Vereinbarung zwischen Dienstgeber und MAV kann auf Antrag der MAV diese Frist um eine weitere Kalenderwoche **verlängert** werden (§ 29 Abs. 3 S. 2) (*BAG*, 15. 4. 1986 – 1 ABR 55/84, AP Nr. 36 zu § 99 BetrVG 1972 = EzA § 99 BetrVG 1972 Nr. 49 = DB 1986, 1783). Eine Verlängerung darüber hinaus ist ausgeschlossen. Allerdings hat die MAV einen Anspruch auf die Verlängerung um diese weitere Woche auch ohne Angabe von Gründen. Nach Ablauf der ersten bzw. – bei Verlängerung – der zweiten Woche **fingiert** die MAVO in § 29 Abs. 3 S. 1, dass die Maßnahme des Dienstgeber; als »**nicht beanstandet**« gilt, wenn keine Einwendungen erfolgen.

101 Die MAV kann innerhalb der genannten Fristen Einwendungen erheben. Diese **Einwendungen** können wirksam **schriftlich** wie **mündlich** beim Dienstgeber vorgetragen werden. Sie müssen begründet werden. Die Formulierung »Ein-

§ 29

wendungen erheben« führt dazu, dass ein **nicht begründeter Einspruch** gegen eine Maßnahme des Dienstgebers **unzulässig** ist. Dann folgt, dass die Maßnahme des Dienstgebers als »nicht beanstandet« gilt.
Die MAV kann ihre **Einwendungen** mit allen **Gründen** erheben, die sich **sach-** 102 **bezogen** mit der Maßnahme des Dienstgebers auseinandersetzen. Sie ist nicht, wie in § 30 Abs. 3 (Rz 54 ff.) auf genau fixierte Gründe für ihre Einwendungen verwiesen. Allerdings ist die MAV nach Fristablauf nicht mehr in der Lage, ihre Einwendungen zu verändern. Die Bekanntgabe der Einwendungen gegenüber dem Dienstgeber präzisiert den Streitstoff über die Maßnahme auf diese rechtzeitig vorgebrachten Einwendungen. Eine Ergänzung ist zulässig. **Ein Nachschieben neuer Einwendungen** nach dem Ablauf der Frist ist ausgeschlossen (*BAG*, 15. 4. 1986 – 1 ABR 55/84, AP Nr. 36 zu § 99 BetrVG 1972 = EzA § 99 BetrVG 1972 Nr. 49 = DB 1986, 1783).

3. Stufe: Gemeinsame Beratungen zwischen Dienstgeber und MAV über die erhobenen Einwendungen

§ 29 Abs. 2 S. 2 zwingt den Dienstgeber und die MAV bei der Erhebung von 103 Einwendungen innerhalb der Frist, nur diese – nicht auch nachgeschobene (Rz 102) – Einwendungen zum Gegenstand einer **gemeinsamen Sitzung zwischen Dienstgeber und MAV** zu machen. Diese Sitzung wird vom Dienstgeber einberufen. Er leitet diese Sitzung. Zu ihr sind **alle Mitglieder der MAV**, nicht nur der Vorsitzende und sein Stellvertreter, **einzuladen.** Alle Mitglieder haben ein Teilnahmerecht, können auf dieser gemeinsamen Sitzung an den Dienstgeber Fragen stellen und Auskünfte fordern. Sie sind insoweit von der Arbeit freizustellen. Der Dienstgeber hat für die Dauer der gemeinsamen Sitzung nach § 15 Abs. 2 (§ 15 Rz 11) den Lohn fortzuzahlen.
Die **gemeinsame Beratung** hat mit dem Ziele einer **Verständigung** zu erfolgen. 104 Das bedeutet, dass weder die vorgeschlagene Maßnahme/Entscheidung des Dienstgebers noch die Einwendungen der MAV unverrückbare Maximalforderungen bleiben können. Beide Partner müssen mit dem Willen zur Verständigung bereit sein, eine Einigung zu erzielen. Diese **Verständigung** ist **allein** Sache der **Partner** der Einrichtung. Sie ist weder über die Schlichtungsstelle MAVO (§ 41) noch über die staatlichen Gerichte erzwingbar. Zweckmäßig ist eine schriftliche Niederlegung der gefundenen Verständigung.

4. Stufe: Letztentscheidung des Dienstgebers

Kommt eine **Verständigung** auf der gemeinsamen Sitzung **nicht** zustande, hält 105 die MAV ihre Einwendungen weiter aufrecht **und** will der Dienstgeber ihnen nicht Rechnung tragen, so **entscheidet** der **Dienstgeber**, dass er seine Maßnahme/Entscheidung in der von ihm, in der Unterrichtung vorgesehenen Form durchführt (§ 29 Abs. 3). Entscheidend dabei bleibt, dass der Dienstgeber die Maßnahme **nicht** in einer **anderen Form** durchführen kann, als die Unterrichtung der MAV erfolgte. Mit der Unterrichtung bindet sich der Dienstgeber für die Durchführung der von ihm vorgesehenen Maßnahme.
Diese **Letztentscheidung** des Dienstgebers ist **bindend.** Sie kann **nicht** über ein 106 Verfahren vor der **Schlichtungsstelle** nach § 41 überprüft werden. Soweit nach § 41 Abs. 1 Nr. 5 ein Schlichtungsverfahren wegen »Verstoßes gegen § 29« von der MAV eingeleitet werden kann, betrifft es nicht diese Letztentscheidung des Dienstgebers, sondern Verstöße des Dienstgebers gegen seine Unterrich-

§ 29

tungs-, Anhörungs- und Mitberatungsverpflichtung, wie sie hier in Rz 92–106 näher dargestellt wurde.

IV. Vorläufige Entscheidungen des Dienstgebers

107 § 29 Abs. 5 gibt dem Dienstgeber das Recht, vorläufige Notfallentscheidungen zu treffen. Solche vorläufigen Regelungen setzen voraus:
– Es muss sich um eine Maßnahme oder Entscheidung des Dienstgebers handeln, die unter den abschließenden Katalog der Maßnahmen des § 29 Abs. 1 Nr. 1–20 einzuordnen ist.
– Diese Maßnahme darf der Natur der Sache nach keinen Aufschub dulden.
108 Ob eine Maßnahme oder Entscheidung des Dienstgebers in diesem Sinne eilbedürftig ist, entscheidet sich nach objektiven Maßstäben, nicht nach der subjektiven Meinung des Dienstgebers.
109 Der Eilfall ist vom Notfall zu unterscheiden.

1. Eilfall

110 Ein Eilfall ist gegeben, wenn im Interesse des geordneten Betriebs- oder Verwaltungsablaufes in der kirchlichen Einrichtung die Anhörung und Mitberatung der MAV alsbald erfolgen muss, derzeit aber diese Anhörung und Mitberatung noch nicht vorliegt und auch nicht zu erreichen ist. Alle beteiligungspflichtigen Angelegenheiten des § 29 Abs. 1 kennt der Dienstgeber in angemessenem zeitlichen Rahmen vor der Beteiligung. Es ist zunächst seine Sache abzuschätzen, wann er die MAV anhört und beteiligt. Daher gehört es zu seinem Risiko, die MAV für eine von ihm vorgesehene Maßnahme rechtzeitig zu unterrichten. Die Initiative dafür liegt bei ihm. Die rechtzeitige Ausübung dieses Initiativrechts geht also zu seinen Lasten. Dennoch hat die MAV auch im Rahmen der vertrauensvollen Zusammenarbeit auf eine als eilig bezeichnete Maßnahme rasch zu reagieren, sich unverzüglich damit auseinander zu setzen, ihre etwaigen Einwendungen auch schon vor Ablauf der Wochenfrist dem Dienstgeber bekannt zu geben und mit ihm in einer gemeinsam Sitzung zu beraten. Sie muss ihre bei einer begründet als »eilig« bezeichneten Maßnahme die Möglichkeit zur beschleunigten und dennoch korrekten Abwicklung ihrer Beteiligungsrechte geben. Für solche Eilfälle gilt die Regelung des § 29 Abs. 5 nicht.

2. Notfall

111 Der Notfall dagegen ist eine Situation, in der der Dienstgeber auf Grund einer für ihn nicht vorhersehbar gewesenen Lage und zur Vermeidung nicht wieder gutzumachender Schäden für die Einrichtung zu sofortigen Maßnahmen gezwungen ist. Zu denken ist hier an plötzliche Notsituationen im Pflegedienst eines Krankenhauses oder Altenheimes, Ausbruch eines Brandes in der Einrichtung. Unglück in der Einrichtung mit Auswirkungen auf ihre weitere Funktionsfähigkeit.
112 In einem solchen Notfall, wenn also eine vom Dienstgeber vorgesehene Maßnahme der Natur der Sache nach keinem Aufschub duldet, kann der Dienstgeber zunächst einseitig Maßnahmen und Entscheidungen treffen. Nur für solche Notfälle gilt die Regelung des § 29 Abs. 5, die schon nach ihrem Wortlaut

absoluten Ausnahmecharakter hat und nicht für Eilfälle (Rz 110), auch nicht analog, herangezogen werden kann.
Liegt ein solcher, seiner Natur nach nicht vorhersehbarer Notfall vor, so kann 113 der Dienstgeber vorläufige Maßnahmen treffen, ohne sich vorher mit der MAV in Verbindung zu setzen und mit ihr zu beraten. Es ist allerdings verpflichtet, die MAV über die von ihm getroffenen vorläufigen Entscheidungen zu unterrichten und gleichzeitig ordnungsgemäß eine Anhörung und Mitberatung in den 4 Stufen (Rz 91 ff.) einzuleiten und abzuwickeln. Die Notfallentscheidung ist also keine endgültige Entscheidung. Sie wird erst zu einer endgültigen Maßnahme des Dienstgebers nach korrekter Abwicklung der Beteiligungsrechte der MAV.
Ein Verstoß gegen § 29 Abs. 5 kann im **Schlichtungsverfahren** nach § 41 Abs. 1 114 Nr. 5 überprüft werden bei einem einzigen Verstoß gegen den hier dargestellten Begriff der Sofortentscheidung in Notfällen (§ 41 Rz 27).
Die MAV kann nach § 41 Abs. 2 auch die Rechtsfrage zur Entscheidung stel- 115 len, ob ein Notfall im Sinne des § 29 Abs. 5 überhaupt vorlag.

§ 30 Anhörung und Mitberatung bei ordentlicher Kündigung

(1) Der Mitarbeitervertretung ist vor jeder ordentlichen Kündigung durch den Dienstgeber schriftlich die Absicht der Kündigung mitzuteilen. Bestand das Arbeitsverhältnis im Zeitpunkt der beabsichtigten Kündigung bereits mindestens sechs Monate, so hat er auch die Gründe der Kündigung darzulegen.

(2) Will die Mitarbeitervertretung gegen die Kündigung Einwendungen geltend machen, so hat sie diese unter Angabe der Gründe dem Dienstgeber spätestens innerhalb einer Woche schriftlich mitzuteilen. Erhebt die Mitarbeitervertretung innerhalb der Frist keine Einwendungen, so gilt die beabsichtigte Kündigung als nicht beanstandet. Erhebt die Mitarbeitervertretung Einwendungen und hält der Dienstgeber an der Kündigungsabsicht fest, so werden die Einwendungen in einer gemeinsamen Sitzung von Dienstgeber und Mitarbeitervertretung mit dem Ziel einer Verständigung beraten. Der Dienstgeber setzt den Termin der gemeinsamen Sitzung fest und lädt hierzu ein.

(3) Als Einwendung kann insbesondere geltend gemacht werden, dass nach Ansicht der Mitarbeitervertretung;
1. die Kündigung gegen ein Gesetz, eine Rechtsverordnung, kircheneigene Ordnung oder sonstiges geltendes Recht verstößt,
2. der Dienstgeber bei der Auswahl der zu kündigenden Mitarbeiterin oder des zu kündigenden Mitarbeiters soziale Gesichtspunkte nicht oder nicht ausreichend berücksichtigt hat,
3. die zu kündigende Mitarbeiterin oder der zu kündigende Mitarbeiter an einem anderen Arbeitsplatz in einer Einrichtung desselben Dienstgebers weiter beschäftigt werden kann,
4. die Weiterbeschäftigung der Mitarbeiterin oder des Mitarbeiters nach zumutbaren Umschulungs- oder Fortbildungsmaßnahmen möglich ist oder
5. eine Weiterbeschäftigung der Mitarbeiterin oder des Mitarbeiters unter geänderten Vertragsbedingungen möglich ist und die Mitarbeiterin oder der Mitarbeiter sein Einverständnis hiermit erklärt hat.

§ 30

Diese Einwendungen bedürfen der Schriftform und der Angabe der konkreten, auf den Einzelfall bezogenen Gründe.

(4) Kündigt der Dienstgeber, obwohl die Mitarbeitervertretung Einwendungen gemäß Abs. 3 Nrn. 1 bis 5 erhoben hat, so hat er der Mitarbeiterin oder dem Mitarbeiter mit der Kündigung eine Abschrift der Einwendungen der Mitarbeitervertretung zuzuleiten.

(5) Eine ohne Einhaltung des Verfahrens nach den Absätzen 1 und 2 ausgesprochene Kündigung ist unwirksam.

Inhaltsübersicht

	Rz
I. Zweck der Vorschrift; Rechtsfolge der Verletzung des § 30	1–5
II. Geltungsvoraussetzungen	6–16
1. Bestand einer Mitarbeitervertretung	6–12
2. Absicht einer ordentlichen Kündigung	13–16
III. Das Anhörungsverfahren (§ 30 Abs. 1)	17–44
1. Zeitpunkt der Anhörung	17–19
2. Adressat und Form der Anhörung	20–22
3. Mitteilung der Kündigungsabsicht und der Kündigungsgründe	23–39
a. Mitteilung der Kündigungsabsicht	23–25
b. Mitteilung der Kündigungsgründe	26–37
c. Nachschieben von Kündigungsgründen	38–41
d. Darlegungs- und Beweislast im Prozess	42–44
IV. Einwendungen der Mitarbeitervertretung (§ 30 Abs. 2 und 3)	45–83
1. Einwendungsverfahren: Form und Frist	45–50
2. Einwendungsbegründung, insbesondere die Gründe des § 30 Abs. 3 Nrn. 1 bis 5	51–73
a. § 30 Abs. 3 Nr. 1: Die Kündigung verstößt gegen Rechtsvorschriften	54–66
b. § 30 Abs. 3 Nr. 2: Nichtberücksichtigung sozialer Gesichtspunkte bei der Auswahl des zu Kündigenden	67–68
c. § 30 Abs. 3 Nr. 3: Weiterbeschäftigungsmöglichkeit an einem anderen Arbeitsplatz	69–71
d. § 30 Abs. 3 Nr. 4: Weiterbeschäftigung nach zumutbaren Umschulungs- oder Fortbildungsmaßnahmen	72
e. § 30 Abs. 3 Nr. 5: Weiterbeschäftigung unter geänderten Vertragsbedingungen mit Einverständnis des Mitarbeiters	73
3. Erörterung der Einwendungen auf einer gemeinsamen Sitzung zwischen Dienstgeber und MAV	74–77
4. Letztentscheidung des Dienstgebers – kein Zustimmungserfordernis zur ordentlichen Kündigung	78–79
5. Materiell-rechtliche Folgen der Zustimmung zur Kündigung und der Erhebung von Einwendungen	80–83
V. Abschluss und Mängel des Anhörungs- und Mitberatungsverfahrens	84–96
1. Abschluss des Anhörungsverfahrens	84–87
2. Mängel im Anhörungsverfahren im Verantwortungsbereich des Dienstgebers	88–92
3. Mängel im Vertrauensbereich der MAV	93–94
4. Mängel im Mitberatungsverfahren	95–96
VI. Weiterbeschäftigungsanspruch nach Ablauf der ordentlichen Kündigungsfrist	97–107
1. Bei offenkundig unwirksamer Kündigung	98–99
2. Allgemeiner, vorläufiger Weiterbeschäftigungsanspruch	100–107
VII. Streitigkeiten	108

I. Zweck der Vorschrift; Rechtsfolge der Verletzung des § 30

1 Die Vorschrift des § 30 MAVO ergänzt den allgemeinen Schutz vor arbeitgeberseitiger/dienstgeberseitiger Kündigung des Arbeitsvertrages gegenüber

§ 30

dem Arbeitnehmer, der im Kündigungsschutzgesetz (KSchG) geregelt ist. Denn vor jeder **ordentlichen Kündigung**, sei es eine **Änderungskündigung** oder eine **Beendigungskündigung, auch in der Probezeit**, ist der MAV ein Anhörungs- und Mitberatungsrecht (Beteiligungsrecht) eingeräumt. Der Sinn und Zweck des Beteiligungsverfahrens ist es, der MAV im Vorfeld des Ausspruchs einer Kündigung die Möglichkeit zu geben, auf den Willensbildungsprozess des Dienstgebers Einfluss zu nehmen und so zu erreichen, dass es überhaupt nicht zu einer Kündigung kommt. Damit soll zum einen das individuelle Interesse des Mitarbeiters am Erhalt seines Arbeitsplatzes geschützt werden, zum anderen soll der MAV die Möglichkeit gegeben werden, auf die Zusammensetzung der Mitarbeiterschaft Einfluss zu nehmen. Zweck der Vorschrift ist es nicht, den Dienstgeber beim Ausspruch der Kündigung an eine Zustimmung der MAV zu binden. Der Dienstgeber soll aber durch die vom kirchlichen Gesetzgeber vorgeschriebene Beteiligung der MAV veranlasst werden, seine Kündigungsabsicht noch einmal zu überdenken, sich mit den von der MAV vorgebrachten Einwendungen auseinander zu setzen und erst dann die ordentliche Kündigung zu erklären. Damit wird das Beteiligungsverfahren zum Bestandteil des Kündigungsschutzes zugunsten der Mitarbeiterinnen und Mitarbeiter in kirchlichen Einrichtungen.

Die Anhörung und Mitberatung der MAV ist eine Wirksamkeitsvoraussetzung für die Kündigung. Denn die Nichteinhaltung des Beteiligungsverfahrens führt zur materiellrechtlich absoluten Unwirksamkeit der ordentlichen Kündigung (§ 30 Abs. 5). Im Kontext mit Art. 5 der Grundordnung des kirchlichen Dienstes im Rahmen kirchlicher Arbeitsverhältnisse haben Dienstgeber und MAV im Anhörungsverfahren die Gelegenheit zu prüfen, ob die beabsichtigte Kündigung die zutreffende Maßnahme ist oder ob es mildere Mittel gibt, so dass von einer Kündigung abgesehen werden kann (Art. 5 Abs. 1 GrO), zumal wenn es um eine verhaltensbedingte Maßnahme geht (*BAG*, 16. 9. 1999 – 2 AZR 712/98, DB 2000 S. 147 = EzA § 611 BGB Kirchliche Arbeitnehmer Nr. 45 = NZA 2000 S. 208). Auf die besonders genannten Einwendungsgründe der MAV gemäß Abs. 3 sei hier schon hingewiesen. 2

Die Unwirksamkeit der Kündigung kann von jedem von ihr betroffenen Mitarbeiter einer die MAVO anwendenden kirchlichen Einrichtung in einem Kündigungsschutzverfahren vor dem staatlichen Arbeitsgericht geltend gemacht werden. Die Arbeitsgerichte müssen die kirchengesetzliche Regelung bei ihrer Entscheidung nach staatlichen Gesetzen beachten, auch wenn das Anhörungs- und Mitberatungsrecht kirchliches Recht darstellt (*LAG Baden-Württemberg*, 18. 1. 1989 – 2 Sa 98/88, LAGE § 611 BGB Kirchliche Arbeitnehmer Nr. 4; *LAG Düsseldorf*, 15. 1. 1991 – 16 Sa 1416/90; *BAG*, 4. 7. 1991 – 2 AZR 16/91, ZMV 1992 S. 69; *BAG*, 16. 10. 1991 – 2 AZR 156/91, EzA § 102 BetrVG 1972 Nr. 83 = ZMV 1992 S. 247 = KirchE 29 S. 345; *LAG Köln*, 28. 10. 1992 – 7 Sa 692/92, LAGE § 611 BGB Kirchliche Arbeitnehmer Nr. 7; *BAG*, 10. 12. 1992 – 2 AZR 271/92, EzA § 626 BGB Druckkündigung Nr. 3; *LAG Köln*, 25. 2. 1999 – 10 Sa 1652/97, Der Personalrat 2000 S. 39 = ZMV 2000 S. 32). 3

Die objektive Verletzung der Rechte der MAV aus § 30 führt zur absoluten Unwirksamkeit der ordentlichen Kündigung. Ein Verschulden des Dienstgebers, das ihm subjektiv anzulasten ist, wird nicht gefordert. Wichtige Folge ist neben dieser offensichtlichen Unwirksamkeit der Kündigung der Weiterbeschäftigungsanspruch des Mitarbeiters über den Zeitpunkt hinaus, zu dem die 4

§ 30

Kündigung fristgerecht wirksam sein soll. Zum besonderen Kündigungsschutz von Mandatsträgern wird auf § 19 hingewiesen.

5 Die **Auflösung eines Eingliederungsvertrages** kann gemäß § 232 Abs. 1 SGB III ohne Angabe von Gründen unter Hinweis auf sein Scheitern erfolgen. Die Auflösung stellt keine Kündigung dar, an der die MAV zu beteiligen ist (*LAG Köln*, 26. 1. 2000 – 3 Sa 1272/99).

II. Geltungsvoraussetzungen

1. Bestehen einer Mitarbeitervertretung

6 Die Anwendung des § 30 setzt das Bestehen einer ordnungsgemäß gewählten MAV voraus, die sich konstituiert hat, also zwingend einen Vorsitzenden und tunlichst auch einen Stellvertreter gewählt haben muss (*BAG*, 23. 8. 1984 – 6 AZR 520/82, EzA § 102 BetrVG 1972 Nr. 59 = AP Nr. 36 zu § 102 BetrVG 1972 = DB 1985, 1085).

7 Durch eine **nichtige Wahl** entsteht keine Mitarbeitervertretung. Eine solche nichtige Wahl liegt vor, wenn gegen allgemeine Grundsätze einer demokratischen, freien und geheimen Wahl verstoßen wurde, also auch der Anschein einer Wahl nicht vorliegt (z. B. Wahl der MAV in einer Mitarbeiterversammlung nach § 21 durch Abstimmung oder Handaufheben – *BAG*, 27. 4. 1976 – 1 AZR 482/75, EzA § 19 BetrVG 1972 Nr. 8 = AP Nr. 4 zu § 19 BetrVG 1972). Die MAVO kennt zwei unterschiedliche Wahlverfahren, nämlich das gemäß §§ 9 bis 11 und das gemäß §§ 11 a bis 11 c. In keinem dieser Wahlverfahren darf die Wahl der MAV etwa in einer Mitarbeiterversammlung gemäß § 21 durch Abstimmung mittels Handaufheben oder gar durch Zuruf erfolgen. Bei einer nichtigen MAV-Wahl kann sich der Dienstgeber in einem gegen ihn anhängigen Kündigungsschutzprozess auf diese Nichtigkeit berufen, auch wenn er vorher die Nichtigkeit kannte und mit der MAV in der Vergangenheit verhandelte. Ist die Wahl nur nach § 12 **angefochten**, besteht bis zu einer unanfechtbaren Entscheidung entweder des Wahlausschusses (§ 12 Abs. 2 S. 2) oder einer Entscheidung der Schlichtungsstelle (§ 12 Abs. 3) die MAV fort. Sie muss angehört werden. Bei der Anfechtung tritt also erst mit der bindenden Feststellung der Unwirksamkeit der Wahl der Verlust ihrer Rechte und Pflichten ein (§ 12 Abs. 5; § 13 Abs. 3 Nr. 4).

8 In kirchlichen Einrichtungen, in denen **keine MAV** gewählt wurde, ist eine Anhörung der MAV **nicht** möglich.

9 Die **Amtszeit der MAV** beträgt nach § 13 Abs. 2 **vier Jahre**. Sie beginnt mit dem Tage der Wahl oder, wenn zu diesem Zeitpunkt noch eine Mitarbeitervertretung besteht, mit dem Ablauf der Amtszeit dieser Mitarbeitervertretung. Sie endet – bei einem einheitlichen Wahlzeitraum in der Zeit vom 1. März bis 30. Juni (§ 13 Abs. 1) – spätestens am 30. 6. des Jahres, in dem nach § 13 Abs. 1 die regelmäßigen Mitarbeitervertretungswahlen stattfinden. Ausnahmeregelung: § 13 Abs. 5 – Wahl außerhalb des einheitlichen Wahlzeitraumes. Das bedeutet: Die Amtszeit einer ordnungsgemäß gewählten MAV endet, wird keine neue MAV im einheitlichen Wahlzeitraum gewählt, in jedem Fall mit **Ablauf des 30. 6. des Jahres**, in dem die regelmäßigen MAV-Wahlen stattfinden.

§ 30

Beispiel:
Wahl einer Mitarbeitervertretung: 15. April 2002
Ende der regelmäßigen Amtszeit
von vier Jahren: 15. April 2006
Es wird im Jahre 2006 keine neue Mitarbeitervertretung gewählt.
Ende der Amtszeit des bestehenden
Mitarbeitervertretung: 30. Juni 2006
Bis zu diesem Zeitpunkt muss die amtierende MAV zu Kündigungen im Rah- **10** men der §§ 30, 30 a, 31 angehört werden. Erst ab 1. 7. 2006 besteht keine MAV mehr, so dass die Anhörungspflicht entfällt. Die am 15. April 2002 gewählte MAV amtiert nicht über den 30. Juni 2006 hinaus. Allerdings regelt § **13 a** hierzu eine **Ausnahme.** Ist nämlich bei Ablauf der Amtszeit (§ 13 Abs. 2) noch keine neue MAV gewählt, führt die bisherige MAV die Geschäfte bis zur Übernahme durch die neu gewählte MAV fort, längstens für die Dauer von sechs Monaten seit dem Tag der Beendigung der Amtszeit. Das gilt auch in den Fällen des § 13 Abs. 3 Nrn. 1 bis 3.
Ist die MAV wegen des Ausscheidens von Mitgliedern **nicht mehr beschluss-** **11** **fähig** (§ 14 Abs. 5), so nimmt die Rest-MAV bis zur Neuwahl nach § 13 Abs. 3 die Anhörungs- und Beteiligungsrechte nach § 30 wahr (*BAG*, 18. 8. 1982 – 7 AZR 437, 80, EzA § 102 BetrVG 1972 Nr. 48 = BB 1983, 251). Ist nur noch ein einziges **Mitglied der MAV** vorhanden, das ordnungsgemäß gewählt wurde und die Geschäfte fortführen kann (§ 13 Abs. 3 S. 2; 13 Rz 38 ff. – ebenso auf dem Gebiete des BetrVG: *LAG Düsseldorf – Köln*, EzA § 22 BetrVG 1972 Nr. 1), so ist dieses einzige noch vorhandene Mitglied vor Ausspruch der ordentlichen Kündigung zu beteiligen. Nur wenn die MAV völlig funktionsunfähig ist, weil entweder alle Mitarbeitervertreter und ihre Ersatzmitglieder aus ihr ausgeschieden oder – wenn noch Mitglieder vorhanden sind – an der Amtsausübung verhindert sind (durch lange, schwere Krankheit z. B.), entfallen die Beteiligungsrechte der MAV (so *BAG*, 15. 11. 1984 – 2 AZR 341/83, EzA § 102 BetrVG 1972 Nr. 58 = DB 1985, 1028). Allerdings muss der Dienstgeber nach der letztgenannten Entscheidung auch ein erkranktes Mitglied der MAV anhören, wenn er dieses Mitglied bereits während dessen Krankheit in Personalangelegenheiten beteiligt hatte.
Die MAV fasst ihre Beschlüsse, die der Vorsitzende bzw. sein Stellvertreter **12** dem Dienstgeber mitzuteilen hat, auf Grund einer **Beschlussfassung** nach § 14 Abs. 5 (§ 14 Rz 51 ff.). Bei der Zustimmung zu einer ordentlichen Kündigung bzw. der Erhebung von Einwendungen gegen eine ordentliche Kündigung handelt es sich **nicht** um die Führung der laufenden Geschäfte, die zur Vorbereitung von MAV-Sitzungen und zur Durchführung gefasster Beschlüsse notwendig sind. Daher kann der MAV-Vorsitzende weder aus eigener Machtvollkommenheit Erklärungen im Anhörungsverfahren abgeben noch könnte er im Umlaufverfahren das Anhörungsverfahren nach § 30 abwickeln. Unerlässlich ist die Einberufung einer Sitzung der MAV mit einer entsprechenden Tagesordnung (§ 14 Abs. 3 S. 1 – Rz 36 f.) und eine Beschlussfassung, die § 14 Abs. 5 S. 1, 2 (§ 14 Rz 55) entspricht (*LAG München*, 8. 4. 1991 – 9 Sa 72/90, KirchE 29 S. 85).

§ 30

2. Absicht einer ordentlichen Kündigung

13 § 30 betrifft jede ordentliche Kündigung innerhalb und außerhalb einer sich aus dem Einzelarbeitsvertrag ergebenden Probezeit; innerhalb eines befristeten Arbeitsvertrages, wenn die Kündigungsmöglichkeit vereinbart worden ist (§ 15 Abs. 3 TzBfG). Die Tatsache, dass in den ersten sechs Monaten eines Beschäftigungsverhältnisses für den Dienstgeber freie Kündigungsmöglichkeit besteht, weil der allgemeine Kündigungsschutz mit gerichtlicher Überprüfung der Kündigung noch nicht Platz greift (§ 1 Abs. 1 KSchG, Wartezeit), ändert nichts daran, dass der Dienstgeber die MAV im Wege der Anhörung und Mitberatung zu beteiligen hat.

14 § 30 gilt also für **jede ordentliche Kündigung.** Er gilt für die ordentliche **Beendigungskündigung** ebenso wie für die **Änderungskündigung** (*BAG*, 10. 3. 1982 – 4 AZR 158/79, EzA § 2 KSchG Nr. 3 = DB 1982, 1520). Die Beteiligungspflicht gilt auch in so genannten »**Eilfällen**«; denn nicht einmal eine besondere Regelung unter Abkürzung der Einwendungsfrist von einer Woche (Rz 40), wie sie bei der außerordentlichen Kündigung vorgesehen ist (§ 31 Rz 6), ist in § 30 eingeführt.

Die Anhörungspflicht gilt auch für jede **erneute Kündigung.** Mit dem Ausspruch und dem Zugang einer Kündigung, zu der § 30 gewahrt ist, hat der Dienstgeber sein Gestaltungsrecht verbraucht. Vor jeder folgenden, weiteren Kündigung muss er das Anhörungsverfahren nach § 30 erneut durchführen (*BAG*, 16. 9. 1993 – 2 AZR 267/93, AP Nr. 62 zu § 102 BetrVG 1972 = DB 1994, 381). Davon wird als Ausnahme zugelassen, wenn die MAV der Kündigung ausdrücklich und vorbehaltlos zugestimmt hat, die erneute Kündigung wegen fehlenden Zuganges in engem zeitlichen Zusammenhang mit den gleichen Gründen erfolgt (*BAG*, 11. 10. 1989. – 2 AZR 88/89, AP Nr. 55 zu § 102 BetrVG 1972 = DB 1990, 1974). Im Falle einer beabsichtigten **Verdachtskündigung** hat zu interessieren, ob der Dienstgeber den betroffenen Mitarbeiter überhaupt zur Aufklärung des Sachverhalts angehört hat. Denn für eine Verdachtskündigung als Reaktion auf die Störung des für die Fortsetzung des Arbeitsverhältnisses notwendigen Vertrauens ist unverhältnismäßig, wenn der Dienstgeber nicht alle zumutbaren Anstrengungen zur Aufklärung des Sachverhalts unternommen hat. Die vorherige Anhörung des Mitarbeiters ist grundsätzlich formelle Wirksamkeitsvoraussetzung der Kündigung (*BAG*, 13. 9. 1995 – 2 AZR 587/94, DB 1996 S. 96). Die Verdachtskündigung liegt dann vor, wenn und soweit der Dienstgeber seine Kündigung damit begründet, gerade der Verdacht eines – nicht erwiesenen – strafbaren bzw. vertragswidrigen Verhaltens habe das für die Fortsetzung des Arbeitsverhältnisses erforderliche Vertrauen zerstört. Die Anhörung muss sich auf einen Sachverhalt beziehen, der jedenfalls soweit konkretisiert ist, dass sich der Mitarbeiter darauf substantiiert einlassen kann; der Dienstgeber darf grundsätzlich keine Erkenntnisse vorenthalten, die er im Anhörungsverfahren bereits gewonnen hat, um dem Mitarbeiter Verteidigungsmöglichkeiten nicht zu beschneiden. Im Falle der Zerstreuung der Verdachtsmomente durch den Mitarbeiter kommt es darauf an, ob weitere Ermittlungen des Dienstgebers zu einer Widerlegung des Entlastungsvorbringens des Mitarbeiters führen. Dann ist der Mitarbeiter allerdings erneut anzuhören.

15 Steht die **außerordentliche Kündigung** eines ordentlich nicht kündbaren Mitarbeiters an, so hat der Dienstgeber bei (z. B. betriebsbedingter) Kündigung

§ 30

bzw. Änderungskündigung zur Vermeidung eines Wertungswiderspruchs nicht die fristlose Kündigung sondern die Kündigung mit sozialer Auslauffrist – also mit der für einen ordentlich kündbaren Mitarbeiter geltenden Frist – auszusprechen (*BAG*, 5. 2. 1998 – 2 AZR 227/97, NZA 1998, 771 = EzA Bürgerliches Gesetzbuch § 626, 2 Unkündbarkeit), damit sich der Ausschluss der ordentlichen Kündigung nicht zu Ungunsten des Mitarbeiters auswirkt. Daraus folgt, dass der Dienstgeber die MAV neben dem außerordentlichen Kündigungsgrund (§ 31) auch über die beabsichtigte Auslauffrist zu informieren und anzuhören hat (*BAG*, 18. 10. 2000 – 2 AZR 627/99, NZA 2001, 219; 15. 11. 2001 – 2 AZR 605/00).

Keine **Anhörungspflicht** besteht bei anderweitigen Beendigungsgründen, also **16** bei **Zeitablauf** eines befristet abgeschlossenen Arbeitsverhältnisses, bei einem wirksam **auflösend bedingten Arbeitsverhältnis**, bei Abschluss eines **Aufhebungsvertrages** mit dem Mitarbeiter, bei wirksamer **Anfechtung** des Arbeitsvertrages oder Geltendmachung der **Nichtigkeit** des Arbeitsverhältnisses. Schließlich ist auch die **einverständlich** mit dem Mitarbeiter vereinbarte **Änderung der Arbeitsbedingungen** nicht anhörungspflichtig, möglicherweise aber gemäß § 35 unter den dort genannten Voraussetzungen zustimmungspflichtig.

III. Das Anhörungsverfahren (§ 30 Abs. 1)

1. Zeitpunkt der Anhörung

Die Anhörung der MAV hat vor der ordentlichen Kündigung zu erfolgen. Der **17** Dienstgeber muss seinen Kündigungsentschluss – bei Kirchengemeinden und Kirchengemeindeverbänden durch Beschluss des Kirchenvorstands bzw. des Verbandsausschusses – gefasst haben. Er kann nicht **präventiv** die Mitarbeitervertretung für ein erst zu erwartendes Verhalten des Mitarbeiters anhören (*BAG*, 19. 1. 1983 – 7 AZR 514/80, AP Nr. 28 zu § 102 BetrVG 1972 = EzA § 102 BetrVG 1972 Nr. 50 = DB 1983, 1153). Ebenso kommt eine **Anhörung auf »Vorrat«**, weil etwa die künftige Entwicklung der Einrichtung die Kündigung bedingen könnte, nicht in Betracht (*BAG*, 26. 5. 1977 – 2 AZR 201/76, EzA § 102 BetrVG 1972 Nr. 30 = BB 1978, 96).

Es ist für die Anhörung unschädlich, dass der Dienstgeber sich seinen **Kündi- 18 gungsentschluss** bei Einleitung des Anhörungsverfahrens schon **abschließend** gebildet hatte (*BAG*, 28. 9. 1978 – 2 AZR 2/77, EzA § 102 BetrVG 1972 Nr. 39 = BB 1979, 1094).

Für die MAV muss durch die Mitteilung des Dienstgebers der Kündigungsent- **19** schluss für eine aktuell anstehende ordentliche Kündigung deutlich erkennbar werden. Die Kündigung darf also weder vom Dienstgeber erklärt worden sein, also seinen Machtbereich verlassen haben, noch erst recht dem Mitarbeiter bereits zugegangen sein. In beiden Fällen liegt sonst eine Anhörung der MAV vor der Kündigung nicht mehr vor. § 30 Abs. 1 ist mit allen sich daraus ergebenden Folgen verletzt.

2. Adressat und Form der Anhörung

§ 30 Abs. 1 schreibt **Schriftform** für die Mitteilung der Kündigungsabsicht und **20** der Kündigungsgründe durch den Dienstgeber vor. Insoweit besteht für den

§ 30

Dienstgeber **gesetzlicher Formzwang** für die Anhörung der MAV. Anzuwenden ist insoweit § 126 BGB: Der Dienstgeber hat in einer schriftlichen Erklärung mit **eigenhändiger Unterschrift** des gesetzlichen Vertreters des Dienstgebers oder einer von ihm bevollmächtigten Person seine Kündigungsabsicht und die Kündigungsgründe **dem Vorsitzenden der MAV** (§ 14 Abs. 1) bekannt zu geben.

21 Eine- mündliche Mitteilung erfüllt ebenso wenig die Formvorschrift des § 30 Abs. 1 wie eine schriftliche Mitteilung der Kündigungsabsicht und mündliche Erläuterung der Kündigungsgründe (*BAG*, 16. 10. 1991 – 2 AZR 156/91, EzA § 102. BetrVG 1972 Nr. 83; *LAG Köln*, 28. 10. 1992 – 7 Sa 692/92).

22 Entspricht die Anhörung nicht der Schriftform, ist sie nach § 125 BGB **nichtig**. Eine mit der MAV vereinbarte Aufhebung des Schriftformerfordernisses ist unwirksam (§ 48 Rz 4). Fehler bei der Anhörung, insbesondere die Verletzung der Schriftform, gehen zu Lasten des Dienstgebers (s. auch Rz 88 ff.). Nur in Ausnahmefällen kann die Berufung der MAV auf die fehlende Schriftform der Anhörung als ein Verstoß gegen Treu und Glauben angesehen werden; denn Formvorschriften, die der Dienstgeber einzuhalten hat, dürfen im Interesse der Rechtssicherheit nicht ohne zwingenden Anlass unberücksichtigt bleiben (*BAG*, 15. 11. 1957 – 1 AZR 189/57, BB 1958, 157). Die Berufung auf fehlende Schriftform durch die MAV wäre dann ein Verstoß gegen Treu und Glauben, wenn sie sich auf eine mündliche Kündigungsmitteilung des Dienstgebers zunächst rügelos einlässt, um sich schließlich kurz vor Ablauf der Wochenfrist auf die fehlende Schriftform zu berufen, obwohl sie von vornherein erkennt, dass der Dienstgeber deswegen einen von ihm einzuhaltenden Kündigungstermin versäumen wird.

3. Mitteilung der Kündigungsabsicht und Kündigungsgründe

a. Mitteilung der Kündigungsabsicht (§ 30 Abs. 1 S. 1)

23 Der Dienstgeber muss vor Ausspruch einer ordentlichen Kündigung der zuständigen MAV während der Dienstzeit fehlerfrei mitteilen
- schriftlich
- die Absicht der ordentlichen Kündigung,
- den genauen Zeitpunkt, zu dem ordentlich gekündigt werden soll (*BAG*, 28. 2. 1974 – 2 AZR 455/73, EzA § 102 BetrVG 1972 = BB 1974, 836; *BAG*, 29. 3. 1990 – 2 AZR 420/89, AP Nr. 56 zu § 102 BetrVG = EzA § 102 BetrVG 1972 Nr. 79 = DB 1990, 2124);
- die konkreten – auch subjektiven – Kündigungsgründe, wenn der Mitarbeiter länger als sechs Monate bei dem Dienstgeber beschäftigt ist (Rz 26 ff.);
- die Sozialdaten der zu kündigenden Person (Rz 24);
- bei einer Auswahlentscheidung nach sozialen Gesichtspunkten (§ 1 Abs. 3 KSchG) die Sozialdaten der nicht von der beabsichtigten Kündigung betroffenen Mitarbeiter (*BAG*, 26. 10. 1995 – 2 AZR 1026/94, NZA 1996, 703 = DB 1996, 992; 24. 2. 2000 – 8 AZR 167/99, DB 2000, 1420).

24 Der Dienstgeber muss seine Kündigungsabsicht eindeutig zu erkennen geben und die **beabsichtigte Kündigung konkretisieren**. Es genügt nicht die allgemeine Angabe, bestimmte Mitarbeiter müssten entlassen werden, wenn die vorgesehene Rationalisierung innerhalb der kirchlichen Verwaltung zur Durchführung käme. Dazu gehört, dass er die Person des zu kündigenden Ar-

§ 30

beitnehmers mit den grundlegenden sozialen Daten (Alter, Beschäftigungsdauer, Familienstand, Kinderzahl, Schwerbehinderung) der MAV nennt. Der Nennung dieser Daten stehen Vorschriften des Datenschutzes nicht entgegen. Die MAV ist Teil der speichernden Stelle, kein Dritter (*BAG*, 17. 3. 1987, AP Nr. 219 zu § 80 BetrVG 1972 = EzA § 80 BetrVG 1972 Nr. 30 = DB 1987, 1491). Die Mitteilung der Sozialdaten ist dann entbehrlich, wenn die MAV sie bereits aus anderen Quellen kennt.

Kann der Dienstgeber den genauen oder ungefähren Kündigungstermin deswegen nicht nennen, weil er vorher die **Zustimmung einer anderen Behörde** (z. B. Integrationsamt nach § 85 SGB IX, Amt für Arbeitsschutz nach § 9 MuSchG, § 18 BErzGG) einholen muss, so genügt es, wenn er auf die noch einzuholende oder bereits beantragte Zustimmung hinweist. Der Dienstgeber kann unabhängig vom Verfahren nach § 30 das Verfahren auf behördliche Zustimmung zur Kündigung einleiten (*BAG*, 1. 4. 1981 – 7 AZR 1003/78, EzA § 102 BetrVG 1972 Nr. 45 = BB 1981, 2008). Er braucht also nicht mit dem Anhörungsverfahren bei der MAV abzuwarten, bis er die Zustimmung der Behörde zur Kündigung hat. Die MAV weiß in diesem Fall, dass der Dienstgeber zum nächstzulässigen Termin nach der behördlichen Zustimmung die ordentliche Kündigung aussprechen will. 25

b. Mitteilung der Kündigungsgründe (§ 30 Abs. 1 S. 2)

Der Dienstgeber hat der MAV die Gründe für seine ordentliche Kündigung mitzuteilen, die ihn zur Kündigung veranlassen und die nach seiner Ansicht die Kündigung rechtfertigen. Der Dienstgeber muss die **Gründe nicht nennen,** wenn er die **Kündigung in den ersten sechs Monaten des Arbeitsverhältnisses** aussprechen will (§ 30 Abs. 1 S. 2). Die MAVO will in den ersten sechs Monaten des Arbeitsverhältnisses des Mitarbeiters eine Ausnahme von der Pflicht zur Angabe der Kündigungsgründe deswegen zulassen, weil noch kein allgemeiner Kündigungsschutz besteht. Der Dienstgeber (Arbeitgeber) kann aber subjektive Motive für seine Kündigung (z. B. »mangelnde Bereitschaft, sich in die Dienstgemeinschaft einzufügen«) nennen, braucht sie aber nicht exakt mit konkreten Tatsachen zu belegen. Im Zusammenhang mit dem BetrVG hat sich das *BAG* im Urteil 2 AZR 920/93 vom 18. 5. 1994 (AP Nr. 64 zu § 102 BetrVG 1972 = DB 1994, 1984 = NZA 1995, 24) auf den Standpunkt gestellt, dass sich der Inhalt der Mitteilungspflicht nach den objektiven Merkmalen der Kündigungsgründe des noch nicht anwendbaren § 1 KSchG (also nachweisbare Gründe in der Person, dem Verhalten oder dringende betriebliche Erfordernisse), sondern nach den Umständen richtet, aus denen der Arbeitgeber (subjektiv) seinen Kündigungsentschluss herleitet (LAG Berlin, 22. 1. 1998 – 16 Sa 136/97, LAGE § 102 BetrVG Nr. 68). Allerdings darf der Dienstgeber bei dieser subjektiven Determination die MAV nicht durch das Verschweigen wesentlicher Umstände irreführen. Dann wäre auch diese Anhörung nicht ordnungsgemäß nach § 30 erfolgt (*BAG*, 22. 9. 1994 – 2 AZR 31/94, AP Nr. 68 zu § 102 BetrVG 1972 = DB 1995, 477). 26

Nach Ablauf der ersten sechs Monate des Arbeitsverhältnisses ist es für das Anhörungsverfahren unerheblich, ob der allgemeine Kündigungsschutz überhaupt gemäß § 1 KSchG besteht und deshalb die Kündigung auf ihre soziale Rechtfertigung überprüft werden kann (*BAG*, 13. 7. 1978 – 2 AZR 798/77, EzA § 102 BetrVG 1972 Nr. 36 = BB 1979, 323). Der **Fall fehlenden Kündi-** 27

§ 30

gungsschutzes kann im Falle des § 22 a Abs. 1 S. 3 eintreten, wenn nämlich ein Dienstgeber, der gemäß § 1 b mit anderen Dienstgebern eine **gemeinsame MAV** bilden ließ und er in seinem Dienstbereich als Arbeitgeber eine Kündigung aussprechen muss, während der **kündigungsschutzrechtliche Schwellenwert** bei ihm **nicht erreicht** ist.

28 Sind die Gründe für die Kündigung anzugeben, gilt: Eine nur pauschale Angabe der Gründe (z. B. »Arbeitsverweigerung« ohne weitere Tatsachen) oder Angabe nur eines Werturteils ohne Tatsachenvortrag (z. B. »ungenügende Arbeitsleistung«) reicht regelmäßig nicht aus (*BAG*, 13. 7. 1978 – 2 AZR 717/76, EzA § 102 BetrVG 1972 Nr. 36; 7. 11. 2002 – 2 AZR 493/01, ZTR 2003, 304).

29 Bei der Angabe der Kündigungsgründe sind bei Krankheit außerdem die Fehlzeiten, Zukunftsprognosen und wirtschaftliche Belastungen für die Einrichtung (*BAG*, 20. 1. 2000 – 2 AZR 378/99, NJW 2001, 912 = NZA 2000, 768); bei Alkoholmissbrauch, ob dieser auf Krankheit oder Fehlverhalten beruht, anzugeben. Die irrige Annahme des Dienstgebers, die MAV sei über den Kündigungssachverhalt bereits informiert (z. B. wegen allgemein geplanten Stellenabbaus), geht zu seinen Lasten mit der Folge, dass das Anhörungsverfahren nicht ordnungsgemäß eingeleitet ist (*BAG*, 27. 6. 1985, AP Nr. 37 zu § 102 BetrVG 1972). Dasselbe gilt, wenn der Dienstgeber ihm bekannte entlastende Umstände bei Pflichtwidrigkeiten von Mitarbeitern der MAV verschweigt (*BAG*, 2. 11. 1983, 31. 8. 1989, 22. 9. 1994 AP Nr. 29 zu § 102 BetrVG 1972, Nr. 1 zu § 77 LPVG Schl.-Holstein, AP Nr. 68 zu § 102 BetrVG 1972). Nutzt der Dienstgeber ein Personalinformationssystem über Verhalten und Leistung der Mitarbeiter und wertet er dies zur Vorbereitung einer Kündigung aus, hat er der MAV die anfallenden Daten vollständig zur Verfügung zu stellen. Bei einer betriebsbedingten Kündigung hat der Dienstgeber der MAV die betrieblichen Gründe und deren Folgen für die Beschäftigung im Zusammenhang mit der unternehmerischen Organisationsentscheidung mitzuteilen.

30 Hat die MAV Auskunft über Weiterbeschäftigungsmöglichkeiten verlangt muss der Dienstgeber im Falle eines freien Arbeitsplatzes darlegen, weshalb aus seiner Sicht eine Weiterbeschäftigung des Mitarbeiters auf diesem Arbeitsplatz nicht möglich ist.

31 Kündigt der Dienstgeber nach Anhörung der MAV mit Gründen, die er der MAV zuvor nicht mitgeteilt hat, ist das Anhörungsverfahren nicht ordnungsgemäß.durchgeführt worden, so dass die Kündigung unwirksam ist (§ 30 Abs. 5).

32 Im Falle der beabsichtigten **Änderungskündigung** ist die MAV über das Änderungsangebot des Dienstgebers umfassend zu informieren. Der MAV ist daher auch z. B. die Vergütung mitzuteilen, die der Mitarbeiter auf einem neuen Arbeitsplatz erhalten soll (*LAG Hamm*, 15. 7. 1997 – 6 Sa 403/97, DB 1997, 1722). Die Wirksamkeit einer Änderungskündigung mit Rückgruppierung hängt nicht von der Zustimmung der MAV zur Rückgruppierung ab (*LAG Köln*, 25. 2. 1999 –, 10 Sa 1652/97, Der Personalrat 2000, 39).

33 Unterrichtet der Dienstgeber die MAV nur über eine beabsichtigte Änderungskündigung, verschweigt er aber, dass im Falle der Ablehnung der vorgeschlagenen Änderungen eine Beendigungskündigung vorgesehen ist, ist die Anhörung zu der dann erklärten Beendigungskündigung nicht ordnungsgemäß im Sinne des § 30 (vgl. *BAG*, 30. 11. 1989 – 2 AZR 1979/89, AP Nr. 53 zu § 102 BetrVG 1972 = EzA § 102 BetrVG 1972 Nr. 77 = DB 1990, 993; *LAG Hamm*, a. a. O.). Zudem ist im Anhörungsverfahren zu einer Änderungskün-

§ 30

digung auch die Angabe der **finanziellen Auswirkungen** (Reduzierung z. B. des Weihnachtsgeldes) unerlässlich (*BAG*, 29. 3. 1990 – 2 AZR 420/89, AP Nr. 56 zu § 56 zu § 102 BetrVG 1972 = EzA § 102 BetrVG 1972 Nr. 79 = DB 1990, 2124). Eine fehlende Unterrichtung über **wesentliche Umstände** des Kündigungssachverhaltes z. B. der Tatsache, dass die einzige Tatzeugin den Vorwurf einer schweren Pflichtwidrigkeit gegenüber dem zu kündigenden Arbeitnehmer nur vom Hörensagen kennt, führt zur Unvollständigkeit der Anhörung (*BAG*, 2. 11. 1983 – 7 AZR 65/82, EzA § 102 BetrVG 1972 Nr. 53 = BB 1984, 1749). Bei einer mit **häufigen Kurzerkrankungen** begründeten ordentlichen Kündigung verlangt die Rechtsprechung nicht nur die Darlegung bisheriger Fehlzeiten und der Art der Erkrankungen, sondern auch die dadurch verursachten wirtschaftlichen und vor allem betrieblichen Belastungen insbesondere durch **hohe Lohnfortzahlungskosten** (*BAG*, 29. 7. 1993 – 2 AZR 155/93, AP Nr. 27 zu § 1 KSchG 1969 Krankheit = DB 1993, 2349) und der Interessenabwägung (*BAG*, 24. 11. 1983 – 2 AZR 347/82, EzA § 102 BetrVG 1972 Nr. 54 = BB 1984, 1045; 7. 11. 2002 – 2 AZR 493/01, ZTR 2003, 304). Bei Verdachtskündigungen hat der Dienstgeber der MAV die Umstände mitzuteilen, auf die sich sein Verdacht stützt und die Erklärungen des Mitarbeiters im Rahmen der unerlässlichen Anhörung (Rz 36) zu diesen Verdachtsmomenten. Wird eine verhaltensbedingte Kündigung mit Leistungsmängeln begründet, muss der Dienstgeber nicht nur die erteilte **Abmahnung**, sondern auch eine bereits vorliegende Gegendarstellung des Arbeitnehmers mitteilen (*BAG*, 31. 8. 1989 – 2 AZR 453/89, EzA § 102 BetrVG 1972 Nr. 75 = DB 1990, 1928). Bei **betriebsbedingten Kündigungen** hat der Dienstgeber im einzelnen mitzuteilen, aus welchen **dringenden betrieblichen Erfordernissen** gerade der Arbeitsplatz des zu kündigenden Mitarbeiters entfällt. Der Dienstgeber hat auch gleichzeitig der MAV ohne ein entsprechendes Verlangen, die Gründe zu eröffnen, die ihn zur **Auswahl** gerade dieses Arbeitnehmers veranlasst haben (*BAG*, 29. 3. 1984 – 2 AZR 429/83, EzA § 102 BetrVG 1972 Nr. 55 = BB 1984, 1426 = AP Nr. 31 zu § 102 BetrVG 1972).

Der Dienstgeber muss der MAV nur die **Gründe** im Anhörungsverfahren mitteilen, die für seinen Kündigungsentschluss **maßgebend** sind. Er muss also **nicht alle** ihm bekannten **Gründe** mitteilen, auf die er zwar seine Kündigung stutzen könnte, die er aber nicht zum Anlass für seine Kündigung nehmen will (*BAG*, 13. 7. 1978 – 2 AZR 798/77, BB 1979, 323; *BAG*, 18. 12. 1980 – 2 AZR 1006178, EzA § 102 BetrVG 1972 Nr. 44 = BB 1981, 1895). Allerdings kann dann der Dienstgeber diese von ihm **nicht mitgeteilten Kündigungsgründe** nicht in den Kündigungsschutzprozess einführen und darauf seine Kündigung stutzen. Die Kündigung scheiterte in diesem Falle an der fehlerhaften Anhörung der MAV, auch wenn diese auf Grund der ihr mitgeteilten Gründe der Kündigung zugestimmt hat (*BAG*, 1. 4. 1981 – 7 AZR 1003/78, EzA § 102 BetrVG 1972 Nr. 45 = BB 1981, 2008). 34

Die vom Dienstgeber genannten Kündigungsgründe müssen der MAV weder unter **Beweis gestellt** noch exakt **nachgewiesen** werden (*BAG*, 26. 1. 1995 – 2 AZR 386/94, AP Nr. 69 zu § 102 BetrVG 1972 = DB 1995, 1134). Die MAV kann nicht verlangen, dass ihr Zeugen und Beweismittel genannt werden. Für die Ordnungsmäßigkeit des Anhörungsverfahrens ist es ohne Belang, ob die mitgeteilten Kündigungsgründe die **beabsichtigte Kündigung rechtfertigen** können (*BAG*, 24. 3. 1972 – 2 AZR 289/76, EzA § 102 BetrVG 1972 Nr. 28 = BB 1977, 1249). Die MAV hat auch **kein eigenes Nachforschungs-** 35

§ 30

recht. Sie muss sich auf die Wahrheit der Angaben des Dienstgebers verlassen können. Allein daran muss sie ihre Reaktion auf die beabsichtigte Kündigung stützen (*BAG*, 8. 9. 1988 – 2 AZR 103/88, AP Nr. 49 zu § 102 BetrVG 1972 = EzA § 102 BetrVG Nr. 73 = DB 1989, 1575).

36 Die **Anhörung des Betroffenen** durch den Dienstgeber oder die MAV ist – bis auf die Verdachtskündigung – **keine Wirksamkeitsvoraussetzung** für das Anhörungsverfahren. Ihre Unterlassung hat auf die Wirksamkeit der nach ordnungsgemäßer Abwicklung des Anhörungsverfahrens im Rahmen des § 30 erklärten ordentlichen Kündigung keinen Einfluss (*BAG*, 10. 2. 1977 – 2 AZR 80/76, EzA § 102 BetrVG 1972 Nr. 18 = DB 1977, 1150). Eine **Ausnahme** von dieser Regel ist die Anhörung des Betroffenen bei einer **Verdachtskündigung**. Hier gilt, dass vor Ausspruch einer Verdachtskündigung **der Dienstgeber** im Rahmen der ihm obliegenden Aufklärungspflicht gehalten ist, den betroffenen Mitarbeiter zu den gegen ihn erhobenen Verdachtsmomenten zu hören. Die Erfüllung dieser Aufklärungspflicht ist bei einer Verdachtskündigung, auch wenn sie als ordentliche Kündigung erfolgt, **Wirksamkeitsvoraussetzung** dieser Kündigung (*BAG*, 13. 9. 1995 – 2 AZR 587/94, AP Nr. 25 zu § 626 BGB Verdacht strafbarer Handlung = DB 1996, 96). Der Dienstgeber, der die **Grundordnung** verbindlich anwendet, ist gehalten, bei bestimmten Verhaltensverstößen eines zu kündigenden Mitarbeiters vor Ausspruch der Kündigung mit dem betreffenden Mitarbeiter ein klärendes Gespräch zu führen. Andernfalls verstößt die Kündigung, die der Dienstgeber ausspricht, regelmäßig gegen den Verhältnismäßigkeitsgrundsatz und ist deshalb sozialwidrig (*BAG*, 16. 9. 1999 – 2 AZR 712/98, AR-Blattei ES 960 Kirchenbedienstete Nr. 64). **Art. 5 Abs. 1 GrO**, wonach bei Verstößen gegen Loyalitätsobliegenheiten vor Ausspruch einer Kündigung mit dem Mitarbeiter ein Beratungsgespräch bzw. ein klärendes Gespräch zu führen ist, enthält eine solche den Dienstgeber bindende Verfahrensnorm (*BAG*, wie vor).

37 Die **Suspendierung** ist vor Abschluss des Anhörungsverfahrens in besonders schwerwiegenden Fällen, allerdings bei Weiterzahlung der Vergütung, zulässig, wenn das Interesse des Dienstgebers an einer Freistellung des Mitarbeiters höher zu bewerten ist als das Interesse des Mitarbeiters an seiner Weiterbeschäftigung (*KR-Etzel*, 6. Aufl. § 102 Rz 119). Dasselbe gilt für die nach der Kündigung erfolgte Suspendierung bis zum Ablauf der Kündigungsfrist (*BAG*, 19. 8. 1976, EzA § 611 BGB Beschäftigungspflicht Nr. 1; *Sibben*, NZA 1998 S. 1266).

c. Nachschieben von Kündigungsgründen

38 Zu unterscheiden ist zwischen
– der materiell-rechtlichen Zulässigkeit des Nachschiebens von Kündigungsgründen und
– der Anhörung der Mitarbeitervertretung zu den nachgeschobenen Gründen.

39 **Materiell-rechtlich** zulässig ist das **Nachschieben von Kündigungsgründen** nur, wenn diese bei Ausspruch der Kündigung schon entstanden waren, dem Dienstgeber aber erst später bekannt geworden sind (*BAG*, 18. 1. 1980 – 7 AZR 260/78, BB 1980, 1160; ebenso *BAG*, 11. 4. 1985 – 2 AZR 239/84, BB 1986, 1726 = EzA § 102 BetrVG 1972 Nr. 62 = DB 1986, 1726). Das bedeutet, dass erst nach Ausspruch der Kündigung entstandene Gründe in einem Kün-

§ 30

digungsschutzprozess nie zur Stützung einer bereits erklärten Kündigung nachgeschoben, sondern allenfalls für eine erneute Kündigung verwendet werden können. Allerdings könnte der Dienstgeber im Kündigungsschutzprozess, auch ohne Verletzung des Anhörungsrechtes der MAV, Tatsachen nachschieben, die ohne wesentliche Veränderung des Kündigungssachverhaltes lediglich der Erläuterung oder Konkretisierung der der MAV bereits mitgeteilten Kündigungsgründe dienen (*BAG*, 18. 1. 1980 – 7 AZR 260/78; 11. 4. 1985 – 2 AZR 239/84, a. a. O.).

Beispiel: Der Dienstgeber hört die MAV zu einer beabsichtigten Kündigung, die mit einem zweimaligen unentschuldigten Fernbleiben von der Arbeit begründet werden soll. Hier kann der Dienstgeber im Prozess diese Tatsache mit genauer Zeitangabe und Dauer ergänzen und konkretisieren. Stellt er jetzt aber fest, dass der Mitarbeiter in den letzten 7 Wochen am Montag »blau« gemacht hat, so könnte er im Prozess darauf die Kündigung nicht stützen, auch wenn er diese Gründe materiell-rechtlich nachschieben könnte – es sei denn, er hat die MAV zu diesen ihm erst später bekannt gewordenen Gründen erneut angehört (Rz 42 ff.). **40**

Mitarbeitervertretungsrechtlich können Kündigungsgründe, die bei Ausspruch der Kündigung zwar bereits entstanden, aber dem Dienstgeber erst später bekannt geworden waren, nur dann im Kündigungsschutzprozess **nachgeschoben** werden, wenn der Dienstgeber zuvor dazu die MAV **erneut angehört** hat (*BAG* 11. 4. 1985 – 2 AZR 239/84, a. a. O.). Die Regelung des § 30 Abs. 1 wird also analog auf die später bekannt gewordenen Kündigungsgründe angewendet. Das vom Dienstgeber veranlasste, materiell-rechtlich zulässige Nachschieben von Kündigungsgründen steht insoweit dem Ausspruch einer Kündigung gleich und erfordert daher die Anhörung nach § 30, bevor der Dienstgeber im Prozess die ihm zunächst unbekannten Kündigungsgründe nachschiebt. **41**

d. Darlegungs- und Beweislast im Prozess

Nach § 30 Abs. 5 ist eine ohne Einhaltung des Verfahrens nach § 30 Abs. 1 und 2 (Rz 17–41, Rz 45–77) ausgesprochene ordentliche Kündigung des Dienstgebers unwirksam. Es handelt sich um eine Nichtigkeit wegen eines Verstoßes gegen ein gesetzliches Gebot (§ 134 BGB). **42**

Die objektive Verletzung der Regeln des § 30 Abs. 1 und 2 S. 3 und 4 führt zur Unwirksamkeit der ausgesprochenen Kündigung. Daraus hatte das *BAG* in seiner Entscheidung 1 AZR 613/74 vom 19. 8. 1975 (AP Nr. 5 zu § 102 BetrVG 1972 = EzA § 102 BetrVG 1972 Nr. 15 = DB 1975, 2138) für § 102 BetrVG zunächst abgeleitet, dass der Arbeitgeber stets auch ohne entsprechenden Einwand des Arbeitnehmers die Tatsachen darzulegen und auch zu beweisen habe, aus denen sich die ordnungsgemäße Einhaltung des Anhörungsverfahrens ergibt. Das *BAG* hat mit Urteil 7 AZR 495/85 vom 16. 1. 1987 (EzA § 1 KSchG Betriebsbedingte Kündigung Nr. 48) und dann erneut in seiner Entscheidung 2 AZR 682/87 vom 20. 5. 1988 (AP Nr. 9 zu § 1 KSchG Personenbedingte Kündigung = EzA § 1 KSchG Personenbedingte Kündigung Nr. 3 = DB 1989, 985) seine Meinung geändert: Es hat zwar auch in diesen Entscheidungen die Meinung vertreten, der Arbeitgeber trage die volle Darlegungs- und Beweislast für die ordnungsgemäße Anhörung des Betriebsvertretung. Es sei jedoch zunächst Sache des Arbeitnehmers, die ordnungsgemäße Anhörung **43**

§ 30

überhaupt zu bestreiten, damit eine entsprechende Darlegungs- und schließlich auch Beweislast des Arbeitgebers ausgelöst wird. Nur dann hat das Gericht Anlass, sich mit dieser Frage zu beschäftigen. Der Arbeitnehmer habe das Recht, die ordnungsgemäße Anhörung **mit Nichtwissen** (§ 138 Abs. 4 ZPO) zu **bestreiten;** denn die Durchführung der Anhörung sei regelmäßig nicht Gegenstand seiner eigenen Wahrnehmung. Das hat das *BAG* in seiner Entscheidung vom 16. 3. 2000 (EzA § 626 BGB n. F. Nr. 179 mit kritischer Anmerkung *Kraft*) bestätigt; ein pauschales Bestreiten des Arbeitnehmers ohne jede Begründung genügt dagegen nicht.

44 Damit ist die Frage der Darlegungs- und Beweislast im Rahmen des § 30 dahingehend zu entscheiden, dass das Gericht nicht von Amts wegen, sondern erst nach einem Bestreiten des Arbeitnehmers dieser Frage nachgehen kann. Der Arbeitgeber muss also von sich aus im Prozess **zunächst** keine Tatsachen vortragen, die auf eine ordnungsgemäße Anhörung der MAV schließen lassen.

IV. Einwendungen der Mitarbeitervertretung (§ 30 Abs. 2 und 3)

1. Einwendungsverfahren: Form und Frist

45 Gegen die Kündigung kann die MAV **Einwendungen** innerhalb einer Frist von einer Woche unter Einhaltung der **Schriftform** *und* **unter Angabe von Gründen** erheben (§ 30 Abs. 2 S. 1).

46 Erhebt die Mitarbeitervertretung innerhalb dieser Frist keine Einwendungen, so gilt das als Zustimmung zur Kündigung. Erhebt die MAV Einwendungen, ohne sie schriftlich zu begründen, so gilt das ebenso als Zustimmung wie die mündliche Erhebung von Einwendungen mit Gründen (§ 30 Abs. 2 S. 2). Einwendungen der MAV unterliegen also nicht nur dem gesetzlichen Formzwang (§ 126 BGB), sie unterliegen auch dem Begründungszwang. Ein Verstoß gegen den Form- und/ oder den Begründungszwang führt zur Unwirksamkeit der von der MAV erhobenen Einwendungen. Es tritt damit die Zustimmungsfiktion des § 30 Abs. 2 S. 2 ein: Die beabsichtigte Kündigung gilt als nicht beanstandet. Das Anhörungsverfahren ist beendet. Der Dienstgeber kann die Kündigung aussprechen (*BAG*, 8. 4. 2003 – 2 AZR 515/02, ZTR 2004, 52).

47 Die Frist zur Erhebung der Einwendungen beginnt mit der ordnungsgemäßen schriftlichen Unterrichtung des Dienstgeber gegenüber dem MAV-Vorsitzenden (Rz 20, 23 ff.). Der Tag der Unterrichtung wird bei der Berechnung der Frist nicht mitgerechnet (§ 187 Abs. 1 BGB). Die Frist beträgt eine Woche. Fällt der Ablauf der Wochenfrist auf einen Sonnabend, Sonntag oder gesetzlichen Feiertag (nicht kirchlichen Feiertag, der zugleich kein gesetzlicher Feiertag ist), so endet die Wochenfrist mit dem Ablauf des nächsten Werktages (§ 193 BGB). **Beispiel:** Die Kündigungsmitteilung geht der MAV am Montag, dem 2. Juni 2003 zu. Die Wochenfrist des § 30 würde damit ablaufen am Montag, dem 9. Juni 2003. Dieser Tag ist gesetzlicher Feiertag (Pfingstmontag). Daher endet die Frist erst mit Ablauf des Dienstag, 10. Juni 2003.

48 Die Wochenfrist kann vom Dienstgeber **nicht einseitig verkürzt** werden. Eine Abkürzungsmöglichkeit – wie etwa in § 33 Abs. 2 S. 4 – sieht § 30 Abs. 2 nicht vor. Daher muss auch in Eilfällen der Dienstgeber den Ablauf der Wochenfrist abwarten, wenn seine Kündigung nicht nach § 30 Abs. 5 unwirksam sein soll (*BAG*, 29. 3. 1977 – 1 AZR 46/75, EzA § 102 BetrVG 1972 Nr. 27 = BB 1977,

§ 30

947). Eine Ausnahme davon soll nach der Rechtsprechung des BAG allenfalls bei einer Kündigung aus »dringenden betrieblichen Gründen« gelten, wenn der sofortige Ausspruch der Kündigung wegen der wirtschaftlichen Lage sich als »unabweisbar notwendig« herausgestellt hat (*BAG*, 13. 11. 1975 – 2 AZR 610/74, EzA § 102 BetrVG 1972 Nr. 20 = BB 1976, 694). Ob allerdings die MAV in wirklich eilbedürftigen ordentlichen Kündigungen, deren Eilbedürftigkeit nicht auf einer verspäteten Entscheidung des Dienstgebers beruht, die Wochenfrist des § 30 Abs. 2 S. 1 voll ausschöpfen kann, ist nach den Grundsätzen der vertrauensvollen Zusammenarbeit (§ 26 Rz 2 ff.) zu beurteilen. Verstößt die MAV dagegen, so könnte unter Umständen die Zustimmung zur Kündigung in entsprechender Anwendung des Rechtsgedankens des § 162 BGB als erteilt gelten. Dennoch findet diese in der Literatur teilweise vertretene Ansicht nicht die Billigung des BAG, das eine Verkürzung gesetzlicher Anhörungsfristen generell ablehnt (so ausdrücklich *BAG*, 13. 11. 1975 – 2 AZR 610/74 a. a. O. – Abschnitt 5 b der Entscheidungsgründe). Der Dienstgeber muss daher den Ablauf der Wochenfrist abwarten, bevor er sich zur Erklärung der ordentlichen Kündigung entschließt. Die **Anhörungsfrist** kann durch eine Vereinbarung zwischen Dienstgeber und MAV **nicht verlängert** werden. Dem steht § 48 (Rz 4) entgegen. Die Rechtsprechung des BAG, die eine einverständliche Verlängerung zulässt, ist im Bereich der MAVO **nicht** anwendbar (*BAG*, 14. 8. 86 – 2 AZR 561/85, DB 1987, 1050).

Die Einwendungen sind nur wirksam erhoben unter **Angabe von Gründen** 49 (§ 30 Abs. 2 S. 1, Abs. 3 S. 2). Dabei betont § 30 Abs. 3 S. 2 ausdrücklich, dass es der Angabe der konkreten, **auf den Einzelfall bezogenen Gründe** bedarf. Dieser Begründungszwang der Einwendungen der MAV ist Wirksamkeitsvoraussetzung der erhobenen Einwendungen. Insoweit wird auf Rz 51 verwiesen. Ergänzend ist festzustellen, dass allgemein erhobene Einwendungen ohne Bezug auf den konkreten Kündigungsfall (Rz 51) nicht ausreichen (so für den gleichgelagerten Fall des § 99 Abs. 3 BetrVG: *BAG*, 18. 7. 1978 – 1 ABR 43/75, EzA § 99 BetrVG 1972 Nr. 33 = BB 1980, 157 = DB 1978, 2322). Der Dienstgeber könnte in diesem Fall die ordentliche Kündigung aussprechen, ohne das Verfahren nach § 30 Abs. 2 S. 3 einzuleiten (Anberaumung einer gemeinsamen Sitzung von Dienstgeber und MAV) und eine Verständigung mit der MAV zu versuchen.

Einwendungen und Einwendungsgründe müssen nicht im **gleichen Schrift-** 50 **stück** enthalten sein. Es genügt, wenn sie beide innerhalb der Wochenfrist beim Dienstgeber vorliegen (BAG, 24. 7. 1979 – 1 ABR 78/77, EzA § 99 BetrVG 1972 Nr. 26 = BB 1980, 104). Allerdings kann die MAV **keine** neuen **Gründe** nach Ablauf der Wochenfrist **nachschieben** (*BAG*, 3. 7. 1984 – 1 ABR 74/82, EzA § 99 BetrVG 1972 Nr. 37 = BB 1985, 199).

2. Einwendungsbegründung, insbesondere die Gründe des § 30 Abs. 3 Nr. 1–5

Die MAV kann zur Begründung ihrer Einwendungen gegen die vorgesehene 51 ordentliche Kündigung **jede Begründung**, die mit dem Arbeitsplatz und der Person des Mitarbeiters und der Lage der kirchlichen Einrichtung im Hinblick auf den vorgesehenen Arbeitsplatz in Verbindung zu bringen ist, vorbringen. Sie ist nicht auf die Einwendungsgründe des § 30 Abs. 3 Nr. 1–5 angewiesen. Einzige Voraussetzung für das weitere Verfahren mit dem Dienstgeber (§ 30 Abs. 2 S. 3) ist, dass die **Einwendungen einen konkreten Bezug** zu dem Kündi-

§ 30

gungsfall haben, den der Dienstgeber der MAV im Anhörungsverfahren unterbreitet hat. Daraus folgt, dass der Dienstgeber die Kündigung aussprechen kann, ohne die gemeinsame, auf Verständigung ausgerichtete Sitzung mit der MAV anzuberaumen, wenn die Einwendungsgründe sich offensichtlich – d. h. auf den ersten Blick erkennbar – nicht mit der konkreten Arbeitsplatzsituation des von der Kündigung betroffenen Mitarbeiters befassen. Eine Einwendung ohne eine Begründung, die auf den konkreten Kündigungsfall abgestellt ist, ist **unwirksam** (Rz 49).

52 Nach Ablauf der **Wochenfrist** kann die MAV den zunächst von ihr vorgetragenen Einwendungen keine *neuen Einwendungen* **nachschieben** (*BAG*, 3. 7. 1984 – 1 ABR 74/82, EzA § 99 BetrVG 1972 Nr. 37 = BB 1985, 199).

53 Als Einwendungen können gemäß § 30 Abs. 3 insbesondere geltend gemacht werden:

a. § 30 Abs. 3 Nr. 1: Die Kündigung verstößt gegen Rechtsvorschriften

54 Die MAV kann zunächst einwenden, die ordentliche Kündigung des Mitarbeiters verstoße gegen eine in Nr. 1 genannte Rechtsvorschrift. Gemeint sind damit Verstöße der Kündigung gegen **gesetzliche Verbote**. Eine Kündigung, die gegen ein bestehendes gesetzliches Verbot verstößt, ist nichtig (**§ 134 BGB**). Eine Kündigung kann nichtig sein wegen der Verletzung des Gebotes, Männer und Frauen nicht ungleich zu behandeln (**§ 611 a BGB Abs. 1**). Nichtig ist die ordentliche Kündigung eines Mitgliedes der MAV (**§ 19 Abs. 1; Rz 10**). Nichtig ist eine Kündigung einer Frau während der Schwangerschaft bis zum Ablauf von vier Monaten nach der Entbindung (**§ 9 MuSchG**). Nichtig ist eine Kündigung des Arbeitnehmers nach Antritt bis zum tatsächlichen Ende des Erziehungsurlaubs (§ 18 BErzGG). Die ordentliche Kündigung eines schwerbehinderten Menschen ohne vorherige Zustimmung des Integrationsamtes ist nach § 85 SGB IX unwirksam. Für die außerordentliche Kündigung eines schwerbehinderten Menschen nach § 91 SGB IX gilt das Gleiche. Die ordentliche Kündigung eines Mitarbeiters ohne ordnungsgemäße vorherige Anhörung der MAV ist nach § 30 Abs. 5 unwirksam. Eine Kündigung kann wegen Verletzung des § 2 ArPlSchG und des § 11 BVSG-NW unwirksam sein.

55 Nichtig ist schließlich eine Kündigung, die gegen **die guten Sitten** (**§ 138 BGB**) verstößt. Sittenwidrigkeit einer Kündigung nimmt die Rechtsprechung immer dann an, wenn in ihr ein dem Anstandsgefühl aller billig und gerecht Denkenden grob widersprechendes Verhalten zum Ausdruck gelangt, insbesondere wenn die Kündigung auf einem ausgesprochen verwerflichen Motiv beruht (*BAG*, ständige Rechtsprechung, 13. 7. 1978 – 2 AZR 798/77, EzA § 102 BetrVG 1972 Nr. 36 = AP Nr. 18 zu § 102 BetrVG 1972; *BAG*, 19. 7. 1973 – 2 AZR 464/72, EzA § 138 BGB Nr. 13 = BB 1973, 1534; *BAG*, 16. 2. 1989 – 2 AZR 347/88, AP Nr. 46 zu § 138 BGB = EzA § 138 BGB Nr. 23 = DB 1989, 2382 (Kündigung wegen AIDS).

56 Auch eine Kündigung, die gegen **Treu und Glauben** verstößt, kann unwirksam sein. Soweit allerdings der allgemeine Kündigungsschutz (§§ 23, 1 KSchG) eingreift, kann die Generalklausel von Treu und Glauben nicht auf eine ordentliche Kündigung ausgedehnt werden. Die durch das Kündigungsschutzgesetz geschützten Arbeitnehmer sind durch den Bestandsschutz des § 1 KSchG ausreichend vor treuwidrigen Kündigungen geschützt, müssen allerdings dann auch die Kündigung rechtzeitig nach § 4 KSchG im Wege der Kün-

§ 30

digungsschutzklage angreifen (*BAG*, 2. 11. 1983 – 6 AZR 65/82, EzA § 102 BetrVG 1972 Nr. 53 = BB 1984, 1165, dort Abschnitt II/2 a mit weiteren Nachweisen). Eine ordentliche Kündigung kann wegen Rechtsmissbrauchs im Sinne des § 242 BGB nichtig sein, wenn sie aus Gründen, die durch § 1 KSchG nicht erfasst sind, die Gebote von Treu und Glauben verletzt. Das wurde vom *BAG* a. a. O. bejaht für eine ordentliche Kündigung eines Krankenpflegers, dem auf Grund einer unbestätigten Aussage vom Hörensagen schwere Vorwürfe gemacht wurden, ohne ihm vorher Gelegenheit zur Stellungnahme zu geben. Auch eine ungehörige Kündigung kann als besonderer Fall des Verstoßes gegen Treu und Glauben unwirksam sein. Dazu wird die Ausübung des Kündigungsrechts in einer verletzenden oder ungehörigen Form gerechnet (Ausspruch vor versammelten Mitarbeitern, Kündigung zur Unzeit, unmittelbar am Weihnachtsabend, nicht jedoch während des 24. 12. – *BAG*, 14. 11. 1984 – 7 AZR 174/83, EzA § 242 BGB Nr. 38 = DB 1985, 2003).

Eine treuwidrige Kündigung in den ersten 6 Monaten des Bestandes des Arbeitsverhältnisses liegt auch vor, wenn ein Arbeitgeber unter Ausnutzung der Vertragsfreiheit einem Arbeitnehmer, der sich in der Probezeit bewährt hat, nur deswegen während der Probezeit ordentlich kündigt, weil er mit seinem **Sexualverhalten (Homosexualität)** nicht einverstanden ist (*BAG*, 23. 6. 1994 – 2 AZR 617/93, AP Nr. 9 zu § 242 BGB = DB 1994, 2190). 57

Im **kirchlichen Dienst** kann eine ordentliche Kündigung nicht schon deswegen als ein Verstoß **gegen Grundrechte** oder gegen **Treu und Glauben** angesehen werden, weil die Kirche die Verletzung für sie maßgeblicher Glaubens- und Sittengrundsätze oder den nach staatlichen Vorschriften vollzogenen Austritt aus der Kirche zum Anlass für eine ordentliche Kündigung nimmt. Kündigungs- und Kündigungsschutzrecht gehören zu dem »für alle geltenden« Recht, das auch die Kirche zu beachten hat. Dennoch steht nach den Entscheidungen 2 BvR 1703/83, 2 BvR 1718/83 und 2 BvR 856/84 des *Bundesverfassungsgerichts* vom 4. 6. 1985 (*BVerfGE* 70, 138 = BB 1985, 1600 = DB 1985, 2103) fest, dass im Rahmen dieses für alle geltenden Arbeitsrechts auch das verfassungsrechtlich garantierte kirchliche Selbstbestimmungsrecht zu beachten ist. Das bedeutet für die Rechtfertigung und gerichtliche Nachprüfung einer ordentlichen Kündigung eines Dienstgebers, die mit einem Verstoß gegen die Loyalitätspflichten begründet wird: Es bleibt der Kirche überlassen, verbindlich zu bestimmen, was »die **Glaubwürdigkeit der Kirche** und ihrer Verkündigung« erfordert, was »**spezifisch kirchliche Aufgaben**« sind und was als »**wesentliche Grundsätze der Glaubens- und Sittenlehre**« und als ein schwerer Verstoß gegen diese anzusehen ist. An solchen Feststellungen der Kirche, an die ihre Mitarbeiter und Mitarbeiterinnen im Rahmen ihrer Loyalitätsobliegenheiten gebunden sind (vgl. Art. 3 bis 5 GrO; § 19 Abs. 1 S. 2 GrO), müssen sich der Dienstgeber wie die Gerichte und Verwaltungsbehörden (*VGH Baden-Württemberg*, 26. 5. 2003 – 9 S 1077/02, ZMV 2003, 305) halten. Ob eine Verletzung solcher Loyalitätspflichten, die die Kirche rechtmäßig konstituiert hat, eine ordentliche oder außerordentliche Kündigung rechtfertigt, beantwortet sich nach den kündigungsschutzrechtlichen Vorschriften der §§ 1 KSchG, 626 OBGB. Die Anwendung dieser Vorschriften und der ihnen innewohnenden Interessenabwägung ist Sache der Arbeitsgerichte. Daraus folgt, dass eine Einwendung der MAV, die ordentliche Kündigung sei rechtswidrig und damit nichtig, weil sie gegen einseitig von der Kirche festgelegte **Loyalitätspflichten** verstoße, unbeachtlich wäre. 58

§ 30

59 Die Kirche hat in ihrer **Grundordnung vom 22. 9. 1993** in Artikel 4 die Loyalitätsobliegenheiten von Mitarbeitern in kirchlichen Einrichtungen festgeschrieben und in Artikel 5 der Grundordnung auch zu Verstößen gegen die Loyalitätspflichten im einzelnen Stellung genommen. Sie hat damit die genannten Entscheidungen des *BVerfG* ausgefüllt.

60 In Artikel 5 Abs. 2 sieht die Kirche für eine Kündigung aus kirchenspezifischen Gründen folgende Loyalitätsverstöße als schwerwiegend an:
– Verletzung der von einem Mitarbeiter nach Art. 3 und 4 Grundordnung zu erfüllenden Obliegenheiten, insbesondere Kirchenaustritt, öffentliches Eintreten gegen tragende Grundsätze der Katholischen Kirche (z. B. hinsichtlich der Abtreibung) und schwerwiegende persönliche sittliche Verfehlungen,
– Abschluss einer nach dem Glaubensverständnis und der Rechtsordnung der Kirche ungültigen Ehe,
– Handlungen, die kirchenrechtlich als eindeutige Distanzierung von der katholischen Kirche anzusehen sind (§ 19 Rz 68).

61 In § 5 Abs. 3 bis Abs. 5 Grundordnung wird festgelegt, unter welchen Voraussetzungen ein nach Abs. 2 gegebener Kündigungsgrund entweder generell oder nach Einzelfallabwägung für eine ordentliche Kündigung ausreichen könnte. Nach § 5 Abs. 5 Satz 1 Grundordnung scheidet eine Weiterbeschäftigung von Mitarbeitern, die aus der katholischen Kirche austreten, grundsätzlich aus, während im Falle des Abschlusses einer nach der Rechtsordnung der Kirche ungültigen Ehe eine Einzelfallabwägung zu erfolgen hat, für die in § 5 Abs. 5 Satz 2 Grundordnung Abwägungsgesichtspunkte festgelegt werden.

62 Zu den Loyalitätspflichten von Mitarbeitern in kirchlichen Einrichtungen und die Folgen von Loyalitätspflichtverletzungen muss hingewiesen werden auf die dazu vorhandene Literatur, z. B. *Richardi*, Arbeitsrecht in der Kirche, § 7 Rz 11 ff., mit zahlreichen weiteren Nachweisen.

63 Im Übrigen wird verwiesen auf die Rechtsprechung. Dazu § 19 Rz 64 ff.; ferner *Richardi*, Beilage 1/1986 der NZA S. 11 ff.; *Dütz*, Kirchliche Festlegung arbeitsvertraglicher Kündigungsgründe, NJW 1990, 2025 ff.

64 Unter einem Verstoß gegen kircheneigene Ordnungen ist vor allem ein solcher Verstoß gegen die von der Kirche festgelegten Loyalitätsobliegenheiten im Rahmen ihres verfassungsrechtlich garantierten Selbstbestimmungsrechts anzusehen (Art. 140 GG i. V. m. Art. 137 Abs. 3, Art. 4 und 5 GrO [Rz 58 ff.]).

65 Entscheidend für die Geltendmachung der Einwendung gemäß § 30 Abs. 2 Nr. 1 ist, dass die genannte Rechtsvorschrift der Kündigung entgegensteht und – ist die Berufung der MAV auf die Rechtsvorschrift zutreffend – zur Unwirksamkeit der Kündigung führen muss. Es genügt nicht, dass die Berufung auf die Rechtsvorschrift zur Unwirksamkeit führen könnte.

66 In diesem Zusammenhang hat die MAV auch zu prüfen, ob der Dienstgeber die Vorschrift des Art. 5 Abs. 1 GrO beachtet hat, wonach vor der ordentlichen Kündigung mildere Mittel anzuwenden sind, wie Beratung, klärendes Gespräch oder Abmahnung, formeller Verweis oder eine andere Maßnahme, etwa Versetzung oder Änderungskündigung, wenn es darum geht, einem Obliegenheitsverstoß zu begegnen. Denn die Kündigung kommt als letzte Maßnahme in Betracht (*BAG*, 16. 9. 1999 – 2 AZR 712/98, NZA 2000 S. 208).

b. § 30 Abs. 3 Nr. 2: Nichtberücksichtigung sozialer Gesichtspunkte bei der Auswahl des zu Kündigenden

Im Rahmen der ordnungsgemäßen Anhörung einer mit dringenden betrieblichen Erfordernissen begründeten Kündigung muss der Dienstgeber auch die Auswahlgesichtspunkte, die zur Kündigung gerade des Vorgeschlagenen führen, im einzelnen darlegen (Rz 23 ff.). Diese Einwendung hat die MAV demnach nur bei einer auf dringende betriebliche Erfordernisse gestützten ordentlichen Kündigung, da allein bei dieser eine Auswahlentscheidung des Dienstgebers nach sozialen Gesichtspunkten gesetzlich vorgesehen ist. 67

Die MAV muss **konkrete Einwendungen** geltend machen, inwieweit der Dienstgeber ausschlaggebende soziale Gesichtspunkte unberücksichtigt gelassen hat. Dazu zählen in erster Linie Betriebszugehörigkeit, Lebensalter, Unterhaltsverpflichtungen, Schwerbehinderung (§ 1 Abs. 3 KSchG), dann auch Chancen auf dem Arbeitsmarkt, Gesundheitszustand, Vorhandensein von Vermögen, Einkünfte von anderen Familienangehörigen. Zu einer ordnungsgemäß erhobenen Einwendung genügt es, dass die MAV auf einen oder mehrere Gesichtspunkte hinweist, die nicht ausreichend bei der sozialen Auswahl berücksichtigt wurden. Es kann von der MAV nicht verlangt werden, dass sie beweiskräftig darlegt, inwieweit gerade im konkreten Fall der betroffene Mitarbeiter gegenüber anderen, namentlich zu bezeichnenden Mitarbeitern sozial schlechter gestellt ist. Macht die MAV geltend, dass der Dienstgeber zu Unrecht Mitarbeiter nicht in die soziale Auswahl einbezogen habe, müssen diese Mitarbeiter nach dem Vertrag der MAV konkret bestimmbar sein (*BAG*, 9. 7. 2003 – 5 AZR 305/02, DB 2003, 2233). 68

c. § 30 Abs. 3 Nr. 3: Weiterbeschäftigungsmöglichkeit an einem anderen Arbeitsplatz der Einrichtung

Diese Einwendung liegt nur vor bei einer von der MAV näher dargelegten Weiterbeschäftigungsmöglichkeit an einem anderen Arbeitsplatz. Sie muss diesen anderen und auch freien Arbeitsplatz bezeichnen. Es genügt also nicht die bloße Behauptung, der Mitarbeiter könne in der kirchlichen Einrichtung an anderer Stelle weiterbeschäftigt werden (*LAG Düsseldorf – Köln*, DB 1980, 2043). Der **Arbeitsplatz muss** erst bei Ablauf der Kündigungsfrist, nicht schon bei der Erhebung der Einwendung, **frei sein**. Zu einer Austauschkündigung, um einen Arbeitsplatz erst frei zu machen, kann der Dienstgeber über diese Einwendung nicht gezwungen werden (*LAG Düsseldorf*, DB 1985, 1995). Nach herrschender Auffassung berechtigt der Wortlaut der Nr. 3 – der mit § 102 Abs. 3 Nr. 3 BetrVG insoweit wortgleich ist – **nicht**, die Einwendung auf die Tatsache zu stützen, der Mitarbeiter könne auf seinem **bisherigen** Arbeitsplatz weiterbeschäftigt werden (*BAG*, 12. 9. 1985 – 2 AZR 324/84, AP Nr. 7 zu § 102 BetrVG 1972 Weiterbeschäftigung = EzA § 102 BetrVG 1972 Nr. 61 = DB 1986, 752). 69

Hat die MAV bereits vor Einleitung des Anhörungsverfahrens Auskunft über die Weiterbeschäftigungsmöglichkeit für den zu kündigenden Mitarbeiter auf einem konkreten, kürzlich frei gewordenen Arbeitsplatz verlangt, so muss der Dienstgeber der MAV mitteilen, warum aus seiner Sicht eine Weiterbeschäftigung auf diesem Arbeitsplatz nicht möglich ist; ein lediglich pauschaler Hinweis auf fehlende Weiterbeschäftigungsmöglichkeit in der Einrichtung reicht dann nicht aus (*LAG Berlin*, 14. 11. 2002 – 16 Sa 1541/01, ZTR 2003, 249). Im 70

§ 30

Falle vorangegangener objektiv falscher Information kann die MAV dies innerhalb der Frist gemäß Abs. 2 rügen, worauf der Dienstgeber verpflichtet ist, der MAV ergänzend mitzuteilen, warum aus seiner Sicht eine Weiterbeschäftigung des Mitarbeiters auf dem von der MAV konkret benannten Arbeitsplatz nicht in Betracht kommt. Unterlässt der Dienstgeber das und kündigt er, so ist die Kündigung gemäß Abs. 5 unwirksam (*BAG*, 17. 2. 2000 – 2 AZR 913/98, NZA 2000 S. 761 = NJW 2000 S. 3801 = DB 2000 S. 1130 = BB 2000 S. 1407).

71 Diese Einwendung der MAV ist – im Gegensatz zu Nr. 5 – **nicht** davon abhängig, dass der Mitarbeiter sich mit der Weiterbeschäftigung an diesem anderen Arbeitsplatz **einverstanden** erklärt. Sie kommt vor allem bei betriebsbedingten, aber auch personenbedingten (krankheitsbedingten) Kündigungen, nicht jedoch bei verhaltensbedingten Kündigungen in Frage.

d. § 30 Abs. 3 Nr. 4: Weiterbeschäftigung nach zumutbaren Umschulungs- oder Fortbildungsmaßnahmen

72 Gegen eine personen- oder betriebsbedingte Kündigung kann die MAV Einwendungen erheben, wenn die Weiterbeschäftigung des Mitarbeiters nach zumutbaren Umschulungs- oder Fortbildungsmaßnahmen möglich ist. Es ist Sache der MAV darzulegen, welche für den Dienstgeber zumutbaren Umschulungs- oder Fortbildungsmaßnahmen in Frage kommen. Die »Zumutbarkeit« ist dabei nicht nur unter dem Kostengesichtspunkt für den Dienstgeber zu prüfen. Ebenso von Belang ist die Dauer der bisherigen Tätigkeit und des Lebensalters des Mitarbeiters. Schließlich spielt bei der vorzunehmenden Interessenabwägung auch die im Dienstvertrag zugesagte Arbeitsleistung eine entscheidende Rolle. Wenn bei der Anstellung bereits mit der Modernisierung oder Auswechslung der Arbeitsplätze zu rechnen war, kann die Umschulung eher verlangt werden, wie wenn sich eine Umschulung erst nach Jahren der Zugehörigkeit zur Dienststelle stellt. Zur Vornahme der Fortbildung und Umschulung ist stets die Zustimmung des Mitarbeiters erforderlich. Seine Arbeitsvertragsbedingungen werden geändert. Ohne Hinweis, dass der Mitarbeiter mit den von der MAV vorgeschlagenen Maßnahmen einverstanden ist, muss sich der Dienstgeber nicht mit den Anregungen und Einwendungen der MAV befassen und von seiner Kündigung deswegen absehen.

e. § 30 Abs. 3 Nr. 5: Weiterbeschäftigung unter geänderten Vertragsbedingungen mit Einverständnis des Mitarbeiters

73 Die MAV kann schließlich ihre Einwendungen auch darauf stützen, dass die Weiterbeschäftigung des Mitarbeiters an einem freien Arbeitsplatz in der Einrichtung zu veränderten Arbeitsbedingungen möglich ist und der Mitarbeiter damit einverstanden ist. Eine Weiterbeschäftigung zu **veränderten** Arbeitsbedingungen ist vor allem eine Verschlechterung der Arbeitsbedingungen, also die Umsetzung auf Teilzeitarbeit, die Kürzung der Vergütung, die Versetzung in einen anderen Bereich der Einrichtung. Die MAV muss hier das **Einverständnis des Mitarbeiters** mit der Änderung der Arbeitsbedingungen bei der Erhebung der Einwendung vorlegen, anderenfalls braucht der Dienstgeber darauf nicht einzugehen. Diese Einverständniserklärung des Mitarbeiters bezieht sich nur auf die Vorschläge der MAV. Sie setzt ein entsprechendes Änderungsangebot des Dienstgebers nicht voraus. Das bedeutet auch, dass

der Mitarbeiter sein Einverständnis unter der Bedingung erklären kann, die vorgeschlagene, von ihm akzeptierte Änderung seiner Arbeitsbedingungen müsse sozial gerechtfertigt sein. Die Möglichkeit der gerichtlichen Überprüfung der vollzogenen Änderungen im Rahmen des § 2 KSchG bleibt dem Mitarbeiter dann offen.

3. Erörterung der Einwendungen auf einer gemeinsamen Sitzung zwischen Dienstgeber und MAV

Der Dienstgeber hat nach Erhebung der Einwendungen die **gesamte MAV** zu 74 einer gemeinsamen Sitzung einzuladen und auf dieser Sitzung die von ihr form- und fristgerecht erhobenen Einwendungen zu erörtern. Hält er die Einwendungen für (teilweise) berechtigt, kann er ihnen folgen. Er kann die Kündigung (Änderungskündigung) unter den von der MAV mit der Einwendung verfolgten Zielen, vor allem bei den Einwendungen zu § 30 Abs. 2 Nr. 3–5 (Rz 69 ff.) aussprechen. Damit ist das Beteiligungsverfahren abgeschlossen. Einer weiteren Beratung mit der MAV bedarf es in diesem Falle nicht.

Hält jedoch der Dienstgeber unverändert trotz der erhobenen Einwendungen 75 an seiner Kündigungsabsicht fest, kann er die ordentliche Kündigung erst aussprechen, wenn er die Einwendungen auf einer gemeinsamen Sitzung mit der MAV **beraten** hat (§ 30 Abs. 2 S. 3). Zu dieser Sitzung hat der Dienstgeber einzuladen. Er setzt dafür den Termin fest (§ 30 Abs. 2 S. 4).

In dieser Beratung haben beide Partner mit dem Ziele der Verständigung die 76 Einwendungen der MAV zu behandeln. Kommt eine Verständigung nicht zustande, ist der Dienstgeber im Ausspruch der Kündigung frei. Er kann also nun nicht mehr gezwungen werden, seine vorgesehene Kündigung zurückzustellen. Da mit Ablauf der Wochenfrist des § 30 Abs. 2 S. 1 (Rz 52) keine neuen Einwendungen mehr vorgetragen werden können, hat die MAV auch keine Möglichkeit mehr, nach Abschluss der Beratungen und Beendigung der gemeinsamen Sitzung neue Einwendungen beim Dienstgeber vorzubringen und darüber eine erneute Beratung zu fordern.

Hat die MAV fristgerecht Einwendungen gegen die beabsichtigte (Ände- 77 rungs-)Kündigung erhoben, so ist diese in der Regel unwirksam, wenn der Dienstgeber die nach § 30 Abs. 2 S. 3 und 4 vorgeschriebene Erörterung mit der MAV unterlassen hat (*BAG*, 20. 1. 2000 – 2 AZR 65/99, NZA 2000 S. 367). Dabei ist zu beachten, dass für den Dienstgeber die dazu berufenen und befugten Personen handeln (§ 2 Abs. 2), nämlich entweder das vertretungsberechtigte Organ (§ 3 Abs. 2 S. 1 Nr. 1), bei Kirchengemeinden und Kirchengemeindeverbänden die von ihm bevollmächtigte Rendantur (Amtsblatt des Erzbistums Köln 2004 Nr. 25 S. 24); die vom Dienstgeber bestellte Leitung (§ 3 Abs. 2 S. 1 Nr. 2) oder ein Mitarbeiter bzw. eine Mitarbeiterin in leitender Stellung (§ 3 Abs. 2 S. 1 Nr. 3 und 4 i. V. m. § 3 Abs. 2 S. 2 bis 4) mit schriftlicher Vertretungsbefugnis (§ 2 Abs. 2 S. 2). Unter Übertragung der Grundsätze der Rechtsprechung des *BAG* im Bereich des öffentlichen Dienstes führt auch die Einleitung des Beteiligungsverfahrens durch einen mitarbeitervertretungsrechtlich nicht zuständigen Vertreter/Beauftragten des Dienstgebers nicht zur Unwirksamkeit der Kündigung, wenn die MAV den Fehler beim Beteiligungsverfahren nicht rügt, sondern zur beabsichtigten Kündigung Stellung nimmt (*LAG München*, 7. 2. 2002 – 4 Sa 218/01 unter Hinweis auf: *BAG*, 25. 2.

§ 30

1998 AP Nr. 2 zu § 72 a LPVG NW; 26. 10. 1995 und 29. 10. 1998, AP Nrn. 8 und 13 zu § 79 BPersVG).

4. Letztentscheidung des Dienstgebers – kein Zustimmungserfordernis zur ordentlichen Kündigung

78 Nach Beendigung der gemeinsamen Sitzung ist das Anhörungsverfahren abgeschlossen. Der Dienstgeber ist frei, ob er die Kündigung erklären will. Die Regelung des § 30 sieht kein Zustimmungserfordernis der MAV zu einer ordentlichen Kündigung des Dienstgebers vor.

79 Allerdings ist nach **§ 30 Abs. 4** der Dienstgeber im Falle der Kündigung verpflichtet, dem Mitarbeiter die **Einwendungen der MAV abschriftlich** mit seiner Kündigungserklärung zuzuleiten, die auf § 30 Abs. 3 Nr. 1–5 beruhen. Hat die MAV andere Einwendungen erhoben (Rz 51 ff.), besteht diese Mitteilungspflicht nicht. Kommt der Dienstgeber seiner Mitteilungspflicht nicht nach, so führt das nicht zur Unwirksamkeit der dennoch ausgesprochenen Kündigung (vgl. zu § 102 Abs. 4 BetrVG; *Kliemt*, NZA 1993, 921 m. N.). § 30 Abs. 5 sanktioniert nur einen Verstoß gegen das in § 30 Abs. 1 und 2 festgelegte Verfahren mit der Unwirksamkeit der Kündigung. Allerdings können bei einer Verletzung der Mitteilungspflicht des § 30 Abs. 4 Schadensersatzansprüche auf den Dienstgeber zukommen, etwa wenn der Mitarbeiter darlegen und beweisen kann, er hätte bei Kenntnis der Einwendungen der MAV den von ihm angestrengten Kündigungsschutzprozess nicht geführt (Rz 81).

5. Materiell-rechtliche Folgen der Zustimmung zur Kündigung und der Erhebung von Einwendungen

80 Hat die MAV der ordentlichen Kündigung ausdrücklich zugestimmt, so kann sie diese Zustimmung nicht mehr einseitig – auch nicht innerhalb der noch laufenden Wochenfrist des § 30 Abs. 2 S. 1 – zurücknehmen. Sie bleibt an ihre einmal erteilte Zustimmung gebunden. Abzulehnen ist die Auffassung, dass die Zustimmung von der MAV nach den Regeln der §§ 119 BGB (beachtlicher Irrtum der Abgabe ihrer Erklärung), 123 BGB (arglistige Täuschung durch den Dienstgeber) angefochten werden kann (wie hier zu § 102 BetrVG: *Etzel*, 6. Auflage, KR § 102 BetrVG Rz 127; *Stahlhacke/Preis*, Kündigung und Kündigungsschutz, 6. Auflage, Rz 297; a. A. *Galperin/Löwisch*, § 102 BetrVG Rz 85, der eine Anfechtung bis zum Ablauf der Wochenfrist, jedoch nicht nach ihrem Ablauf zulassen will). Hat der Dienstgeber den Zustimmungsbeschluss durch Irrtumserregung oder arglistige Täuschung herbeigeführt, so verdient er keinen Vertrauensschutz. In diesem Falle ist bereits das Anhörungsverfahren nicht ordnungsgemäß. Das führt zur Unwirksamkeit der Anhörung und der erteilten Zustimmung. Daraus folgt nach § 30 Abs. 5 die Unwirksamkeit der demnach ausgesprochenen ordentlichen Kündigung.

81 Aus den Einwendungen der MAV mag der Gekündigte Schlüsse ziehen, ob er eine Kündigungsschutzklage erheben oder nicht erheben will; gehindert ist er nicht. Die Anordnung zur Aushändigung der Abschrift der Einwendungen der MAV gegen die Kündigung erleichtert dem Mitarbeiter dank des besseren Überblicks der MAV die Darlegungs- und Beweislast im Kündigungsrechtsstreit. Denn bei Geltung des KSchG trägt der Mitarbeiter beim Verstoß des Dienstgebers (Arbeitgebers) gegen die soziale Auswahlpflicht die Beweislast (§ 1 Abs. 3 KSchG; *BAG*, 24. 2. 2000 – 8 AZR 167/99, DB 2000 S. 1420). Der

§ 30

Mitarbeiter hat darzulegen wie er sich eine andere Beschäftigung vorstellt (*Richardi*, NZA 1998 S. 113, 116).

Die Frage ist zu verneinen, ob die Erhebung von Einwendungen des 30 Abs. 3 Nr. 1–5 dem betroffenen Mitarbeiter die Möglichkeit gibt, sich auch auf diese Einwendungen der MAV zur fehlenden sozialen Rechtfertigung der Kündigung zu stützen. Eine analoge Anwendung des § 1 Abs. 2 S. 2 KSchG scheitert daran, dass § 1 Abs. 2 S. 2 und S. 3 KSchG eine lex specialis darstellen, die ausschließlich für die erfassten Betriebe und Verwaltungen des privaten und öffentlichen Rechts gelten, soweit sie unter den Geltungsbereich des BetrVG und der Personalvertretungsgesetze des Bundes und der Länder fallen. Dazu gehören aber kirchliche Einrichtungen nicht (§ 118 Abs. 2 BetrVG, § 112 BPersVG). Die Regelung des § 1 Abs. 2 S. 2 und 3 KSchG ist durch § 123 Abs. 1 des BetrVG 1972 (BGBl. 1 S. 17) und § 114 BPersVG vom 15. 3. 1974 (BGBl. 1 S. 693) erst eingeführt worden. Es bedürfte einer ausdrücklichen Ergänzung des KSchG, um die Einwendungstatbestände des § 30 Abs. 3 S. 1 unter die Regelung des § 1 Abs. 2 S. 2 und 3 einzuordnen; denn Absicht des Gesetzgebers des BetrVG und des BPersVG war es, mit der kündigungsschutzrechtlichen Funktion der dort genannten Widerspruchstatbestände eine Verbesserung der inhaltlichen Ausgestaltung des individuellen Kündigungsschutzes zu erreichen. Die im BetrVG und BPersVG genannten Tatbestände hatten eine Doppelfunktion: Sie lösten einerseits einen Weiterbeschäftigungsanspruch aus, andererseits führten sie zur absoluten Sozialwidrigkeit der Kündigung, wenn sich ihre Begründetheit im Kündigungsschutzprozess herausstellte. 82

Die MAVO lässt einen **Weiterbeschäftigungsanspruch** analog § 102 Abs. 5 BetrVG – nicht zu, wenn die MAV begründete Einwendungen nach § 30 Abs. 3 erhebt. Zum anderen ist darauf hinzuweisen, dass die mit der Einwendung der MAV vorgetragenen Gründe gegen die soziale Rechtfertigung einer ordentlichen Kündigung in einem Kündigungsschutzverfahren des Mitarbeiters gemäß KSchG ohnehin gerichtlich überprüft werden müssen, wenn sich der Mitarbeiter darauf beruft. Vor diesem Hintergrund hat einerseits die Verpflichtung des Dienstgebers zur Mitteilung von Einwendungen der MAV, soweit sie sich auf § 30 Abs. 3 beziehen, ihren Sinn, zum anderen wird bei der Berufung des Mitarbeiters auf die erhobenen Einwendungen seine Darlegungslast erleichtert und sich bei Begründetheit der Einwendungen die fehlende soziale Rechtfertigung der ordentlichen Kündigung zugunsten des Mitarbeiters bei der vorzunehmenden Interessenabwägung sicherer feststellen lassen. 83

V. Abschluss und Mängel des Anhörungs- und Mitberatungsverfahrens

1. Abschluss des Anhörungsverfahrens

Der Dienstgeber darf erst nach Abschluss des Anhörungsverfahrens die Kündigung des Arbeitsverhältnisses aussprechen. Ausspruch der Kündigung ist die mündliche Erklärung der Kündigung oder Absendung des Kündigungsschreibens (*BAG*, 13. 11. 1975 – 2 AZR 610/74, EzA § 102 BetrVG 1972 Nr. 20 = BB 1976, 288). 84

§ 30

85 Das Anhörungsverfahren ist in jedem Falle abgeschlossen, wenn die Äußerungsfrist von einer Woche (Rz 45) abgelaufen ist. Ob sich die MAV bis dahin geäußert hat oder nicht, ist ohne Belang.

86 Vor **Ablauf der Wochenfrist** ist das Anhörungsverfahren nur beendet, wenn die MAV eine Erklärung abgegeben hat, aus der der Dienstgeber in eindeutiger Weise entnehmen kann, dass eine weitere Erörterung des Kündigungsfalles von der MAV nicht mehr gewünscht wird. Erforderlich ist dazu also eine abschließende Erklärung der MAV (*BAG*, 1. 4. 1976 – 2 AZR 179/75, EzA § 102 BetrVG 1972 Nr. 23 = BB 1976, 884). Zur Abgabe einer Erklärung ist der Vorsitzende der MAV bzw. im Verhinderungsfall auch sein Stellvertreter berechtigt. Für eine Zustimmung der MAV zur ordentlichen Kündigung besteht keine Formvorschrift: Sie kann mündlich wie schriftlich erklärt werden. Der Dienstgeber kann auch dann vor Ablauf der Wochenfrist die **Kündigung** aussprechen, wenn die MAV – ohne sachlich zur Kündigung Stellung zu nehmen – lediglich erklärt hat, sie werde sich zur Kündigung **nicht äußern** und darin eine abschließende Stellungnahme liegt. Das ist notfalls durch Auslegung, insbesondere einer bisherigen Übung der MAV, zu ermitteln (*BAG*, 12. 3. 1987 – 2 AZR 176/86, EzA § 102 BetrVG 1972 Nr. 71 = AP Nr. 47 zu § 102 BetrVG 1972 = DB 1988, 658; *BAG*, 16. 1. 2003 – 2 AZR 707/01, NZA 2003, 927).

87 Eine Kündigung vor Abschluss des Anhörungsverfahrens ist unwirksam (*BAG*, 28. 2. 1974 – 2 AZR 455/73, EzA § 102 BetrVG 1972 Nr. 8 = BB 1974, 836). Eine nach Erklärung der Kündigung zugegangene Zustimmung der MAV oder eine nachträglich vom Dienstgeber eingeholte zustimmende Stellungnahme der MAV kann die Unwirksamkeit der ohne vorherige Anhörung der MAV erklärten Kündigung nicht verhindern. Die Kündigung bleibt unwirksam. Sie ist im Sinne des § 13 Abs. 3 KSchG unwirksam »aus anderen Gründen«; die Klagefrist des § 4 KSchG gilt.

2. Mängel im Anhörungsverfahren im Verantwortungsbereich des Dienstgebers

88 Mängel im Bereich des Anhörungsverfahrens, die die Einleitung betreffen, also vor allem die Mitteilung der Kündigungsabsicht und der Kündigungsgründe, gehen zu Lasten des Dienstgebers (*BAG*, 9. 3. 1995 –2 AZR 461/94, NJW 1995, 3005). Das gilt auch für einen falschen Adressaten. Die Mängel haben in jedem Falle die Unwirksamkeit der Kündigung zur Folge ohne Rücksicht darauf, ob der Dienstgeber ein Verschulden an der fehlerhaften Unterrichtung trägt.

89 Wird das Verfahren zur Beteiligung der MAV nicht durch den Dienststellenleiter selbst sondern durch einen mitarbeitervertretungsrechtlich nicht zuständigen Vertreter des Dienststellenleiters eingeleitet, so führt dies nicht zur Unwirksamkeit der Kündigung, wenn die MAV den Fehler nicht gerügt sondern zu der beabsichtigten Kündigung abschließend Stellung genommen hat (*BAG*, 27. 2. 1997 – 2 AZR 513/96, DB 1997 S. 1573 Ls.).

90 Fehlerhaft ist auch, wenn der Dienstgeber die ordentliche Kündigung nicht »demnächst« nach Abschluss des Anhörungs- und Mitberatungsverfahrens ausspricht. Der Dienstgeber muss bei der Anhörung den beabsichtigten Kündigungstermin angeben (Rz 23). Ist das Anhörungsverfahren abgeschlossen, muss er von seiner Kündigungsabsicht zu dem vorgesehenen Termin Ge-

§ 30

brauch machen. Dem Dienstgeber jedoch wird ein Zeitraum bis zu einem Monat nach Abschluss des Verfahrens nach § 30 eingeräumt werden müssen, bis zu dem er die Kündigung noch aussprechen kann, auch wenn dieser Termin nicht mit dem von ihm mitgeteilten übereinstimmt.

Benötigt der Dienstgeber zur Wirksamkeit der Kündigung die Zustimmung einer anderen behördlichen Stelle (z. B. Integrationsamt nach § 85 SGB IX, Amt für Arbeitsschutz nach § 9 MuSchG, § 18 BErzGG), so sollte er der MAV bei Einleitung des Anhörungsverfahrens mitteilen, dass er die Kündigung nach erteilter Zustimmung aussprechen werde. Hat sich der mitgeteilte Kündigungssachverhalt bis zur Zustimmung nicht wesentlich geändert, kann der Dienstgeber die Kündigung aussprechen. Anderenfalls muss das Anhörungsverfahren wiederholt werden. 91

Eine fehlerhafte Unterrichtung kann der Dienstgeber jederzeit beheben, indem er vollständige, zutreffende Angaben macht. Allerdings beginnt damit eine neue Wochenfrist nach § 30 Abs. 2 S. 1. 92

3. Mängel im Vertrauensbereich der MAV

Leidet dagegen das Verfahren an Mängeln, die die MAV zu vertreten hat, so wird dadurch das Anhörungsverfahren und damit die Wirksamkeit der erklärten Kündigung nicht berührt. 93

Hat die MAV keinen ordnungsgemäßen Beschluss gefasst (Rz 12), so geht das zu ihren Lasten, auch wenn der Dienstgeber weiß oder vermutet, dass die Beschlussfassung der MAV nicht ordnungsgemäß erfolgt sein kann (*BAG*, 2. 4. 1976 – 2 AZR 513/75, EzA § 102 BetrVG 1972 Nr. 21 = BB 1976, 1127; *BAG*, 16. 1. 2003 – 2 AZR 707/02, NZA 2003, 927). Davon kann es Ausnahmen geben: Hat ein einzelnes Mitglied der MAV (der MAV-Vorsitzende) spontan die Zustimmung zur Kündigung erklärt, kann der Dienstgeber erkennen, dass eine ordnungsgemäße Beschlussfassung der MAV noch gar nicht vorliegt. Diese »Anhörung« ist unwirksam, die darauf beruhende Kündigung nichtig (*BAG*, 28. 3. 1974 – 2 AZR 472/73, EzA § 102 BetrVG 1972 Nr. 9 = BB 1974, 980 – Abschnitt I 4 a der Gründe). Der Dienstgeber hat keine eigene Erkundigungspflicht, ob das Verfahren innerhalb der MAV ordnungsgemäß abgewickelt worden ist. Der Dienstgeber muss nicht allein auf Grund des Umstands, dass bereits kurz nach Übermittlung des Anhörungsschreibens per Telefax an die MAV eine Antwort gleichfalls per Telefax erfolgt, davon ausgehen, es liege nur eine persönliche Äußerung des Vorsitzenden der MAV vor (*BAG*, 16. 1. 2003 – 2 AZR 707/01, NZA 2003, 927). Etwas anderes gilt jedoch, wenn der Dienstgeber das fehlerhafte Anhörungsverfahren der MAV veranlasst hat, wenn er z. B. die MAV gedrängt hat, die Zustimmung zur Kündigung der Dringlichkeit wegen im Umlaufverfahren herbeizuführen (Rz 12) und der MAV-Vorsitzende diesem Verlangen nachkommt. 94

4. Mängel im Mitberatungsverfahren

Im Mitberatungsverfahren trägt der Dienstgeber die ausschließliche Verantwortung für die ordnungsgemäße Abwicklung. Er ist nach der Erhebung von Einwendungen für die Einberufung der gemeinsamen Sitzung verantwortlich, in der über die Einwendungen der MAV beraten werden muss (Rz 74 ff.). Vor Ablauf der Beratungen, also mit der Feststellung, dass die Beratungen gescheitert sind, kann der Dienstgeber die ordentliche Kündigung nicht erklären 95

§ 30

(Rz 84 ff.). Eine vor Abschluss des Mitberatungsverfahrens erklärte Kündigung ist nach § 30 Abs. 5 rechtsunwirksam (*Schlichtungsstelle Münster*, 2. 11. 1998).

96 Aus dem Wortlaut des § 30 Abs. 5 ergibt sich zudem, dass das Verfahren in der zweistufigen Ebene zuerst Anhörung, dann Mitberatung über Einwendungen der MAV unabdingbare Voraussetzungen für die Erklärung einer wirksamen ordentlichen Kündigung ist.

VI. Weiterbeschäftigungsanspruch nach Ablauf der ordentlichen Kündigungsfrist

97 Eine § 102 Abs. 5 BetrVG, § 79 Abs. 2 BPersVG entsprechende Regelung des Weiterbeschäftigungsanspruches nach einer ordentlichen Kündigung des Dienstgebers trotz Einwendungen der MAV fehlt. Nach allgemeinen arbeitsrechtlichen Grundsätzen, die auch für den kirchlichen Dienst gelten, hat der ordentlich gekündigte Mitarbeiter daher nur in zwei Fällen einen gerichtlich durchsetzbaren Anspruch auf Weiterbeschäftigung, nämlich
– im Falle der offenkundig unwirksamen Kündigung
– nach den Grundsätzen der Entscheidung des Großen Senats des *BAG* vom 27. 2. 1985.

1. Bei offenkundig unwirksamer Kündigung

98 Mit seinem Urteil 2 AZR 632/76 vom 26. 5. 1977 (EzA 611 BGB Beschäftigungspflicht Nr. 2 = BB 1977, 1504 = DB 1977, 2192) hat das *Bundesarbeitsgericht* festgestellt, dass ein Weiterbeschäftigungsanspruch über den Ablauf der ordentlichen Kündigungsfrist im Falle einer offenkundig unwirksamen Kündigung des Arbeitgebers geltend gemacht und im Klagewege gerichtlich durchgesetzt werden kann.»Offenkundig« unwirksam ist eine Kündigung, wenn für jeden Sachkundigen ohne jeden Beurteilungsspielraum und ohne Beweiserhebung die Unwirksamkeit dieser Kündigung feststeht. Beispiele dafür sind: die Kündigung einer Schwangeren ohne vorherige Zustimmung der Gewerbeaufsicht bzw. Amt für Arbeitsschutz (oberste Landesbehörde) nach § 9 MuSchuG, die Kündigung eines Schwerbehinderten ohne Zustimmung des Integrationsamtes (§§ 85, 91 SGB IX), die ordentliche Kündigung eines MAV-Mitgliedes (§ 19 Rz 10), die ordentliche Kündigung eines Mitarbeiters ohne ordnungsgemäße Anhörung und Mitberatung der MAV.

99 In diesen Fällen der offenkundigen Unwirksamkeit der Kündigung hat der Mitarbeiter einen gerichtlich mit der Kündigungsschutzklage geltend zu machenden Anspruch auf Weiterbeschäftigung über den Ablauf der ordentlichen Kündigungsfrist hinaus. Dieser Anspruch kann auch im Wege der einstweiligen Verfügung durchgesetzt werden (§ 935 ZPO). Für den Dienstgeber besteht keine Möglichkeit der Entbindung von der Weiterbeschäftigungspflicht.

2. Allgemeiner, vorläufiger Weiterbeschäftigungsanspruch

100 Nach der Entscheidung GS 1/84 des Großen Senats des *Bundesarbeitsgerichts* vom 27. 2. 1985 (EzA § 611 BGB Beschäftigungspflicht Nr. 9 = BB 1985, 463 = DB 1985, 2197) besteht auch in kirchlichen Einrichtungen ein vorläufiger Weiterbeschäftigungsanspruch nach einem für den Mitarbeiter erfolgreich in ers-

§ 30

ter Instanz abgeschlossenen Kündigungsschutzprozess. Rechtsgrundlage dieses richterrechtlich festgelegten Weiterbeschäftigungsanspruches nach einer ordentlichen wie auch fristlosen Kündigung ist allein das Obsiegen des Mitarbeiters in erster Instanz. Die Möglichkeit und die Einlegung der Berufung hindert diesen Weiterbeschäftigungsanspruch nicht. Eine rechtskräftige Entscheidung über die Kündigung ist also keine Voraussetzung für die Weiterbeschäftigung.

Dieser Anspruch auf vorläufige Weiterbeschäftigung ist zeitlich begrenzt bis zum rechtskräftigen Abschluss des Kündigungsschutzverfahrens. Er wird, auch wenn er gerichtlich festgestellt ist, bis zu diesem Zeitpunkt begrenzt. Danach muss der Mitarbeiter seinen gerichtlich festgestellten Anspruch auf Weiterbeschäftigung bei Unwirksamkeit der Kündigung gesondert durchsetzen. Er endet, wenn in einer folgenden Instanz (*LAG* oder *BAG*) die Klage abgewiesen wird. Bis zu diesem Zeitpunkt jedoch besteht ein faktisches Arbeitsverhältnis mit Beschäftigungspflicht zu unveränderten Arbeitsbedingungen (Gehalt, Gehaltsfortzahlung, Urlaub und allen anderen Leistungen, – streitig, aber *BAG*, 15. 1. 1986 – 5 AZR 237/84, AP Nr. 66 zu § 1 LohnFG = EzA § 1 LohnFG Nr. 79 = DB 1986, 1393; *BAG*, 4. 9. 1986 – 8 AZR 636/84, AP Nr. 22 zu § 611 BGB Beschäftigungspflicht = EzA § 611 BGB Beschäftigungspflicht Nr. 27 = DB 1987, 1154 [Anspruch auf anteilige Jahressonderzahlung für Weiterbeschäftigungszeitraum]); *BAG*, 10. 3. 1987 – 8 AZR 146/84, AP Nr. 1 zu § 611 BGB Weiterbeschäftigung = EzA § 611 BGB Beschäftigungspflicht Nr. 28 = DB 1987, 1045 (Anteilige Jahressonderzahlung, aber keine Urlaubsabgeltung für nicht genommenen Urlaub); *BAG*, 1. 3. 1990 – 6 AZR 649, 88, AP Nr. 7 zu § 611 BGB Weiterbeschäftigung = DB 1990, 1287 (Dreizehntes Monatseinkommen). **101**

Der Arbeitgeber kann eine Entbindung von der Weiterbeschäftigungspflicht erreichen, wenn er seine überwiegend schutzwürdigen Interessen nachweist. Er muss vortragen und beweisen im gerichtlichen Verfahren, in dem er auf Weiterbeschäftigung in Anspruch genommen wurde, dass die Weiterbeschäftigung ihm einen nicht zu ersetzenden Nachteil bringt. Dazu genügt nicht, dass er den gekündigten Arbeitnehmer weiterbeschäftigen muss. Vielmehr müssen ganz besonders berechtigte und schutzwerte Interessen des Arbeitgebers gegen das Recht des Arbeitnehmers sprechen. Die Entscheidung GS 1/84 vom 27. 2. 1985 nennt als Beispiele ein strafbares und schädigendes Verhalten des Arbeitnehmers oder den Verrat von Betriebsgeheimnissen. Diese Beispiele können ergänzt werden durch die Stellung des Mitarbeiters in der kirchlichen Einrichtung oder die Art seiner Arbeit, die besondere Loyalitätspflichten voraussetzt. Auch eine für den Dienstgeber unzumutbare wirtschaftliche Belastung, kann als besonders schutzwertes Interesse der vorläufigen Weiterbeschäftigung entgegenstehen. **102**

Stellt der Mitarbeiter oder der Dienstgeber im Kündigungsschutzprozess einen **zulässigen Auflösungsantrag nach § 9 KSchG**, so rechtfertigt die dadurch begründete Ungewissheit über den Ausgang des Kündigungsschutzverfahrens ein schutzwertes Interesse des Dienstgebers im Sinne der Entscheidung des Großen Senates GS 1/84 an der Nichtbeschäftigung des Mitarbeiters für die Dauer des Kündigungsschutzverfahrens (*BAG*, 16. 11. 1995 – 8 AZR 864193, AP Nr. 54 zu Einigungsvertrag Anl. I Kap XIX = DB 1996, 883). **103**

§ 30 a

104 Diese vorläufige Weiterbeschäftigungspflicht endet bei Ausspruch einer **erneuten** Kündigung mit **anderen** Kündigungsgründen (*BAG*, 19. 12. 1985 – 2 AZR 1980/85, AP Nr. 17 zu § 611 BGB Weiterbeschäftigung = DB 1986, 1679).

105 Der vorläufige Anspruch auf Weiterbeschäftigung kann nach der Verkündung des erstinstanzlichen Urteils auch durch eine einstweilige Verfügung nach § 935 ZPO durchgesetzt werden.

106 Er kann auch geltend gemacht werden bei einer für den Arbeitnehmer günstigen gerichtlichen Entscheidung über die Unzulässigkeit einer **Befristung** oder vereinbarten auflösenden Bedingung (*BAG*, 13. 6. 1985 – 2 AZR 410/84, AP Nr. 19 zu § 611 BGB Beschäftigungspflicht = EzA § 611 BGB Beschäftigungspflicht Nr. 16 = DB 1986, 1827).

107 Bei einer **Änderungskündigung** gilt: Streiten die Parteien im Rahmen einer Änderungsschutzklage nach § 4 S. 2 KSchG um die Wirksamkeit des vom Mitarbeiter nach § 2 KSchG erklärten Vorbehaltes, so ist der Dienstgeber nicht auf Grund des allgemeinen Beschäftigungsanspruches verpflichtet, den Mitarbeiter vorläufig zu den bisherigen Bedingungen weiterzubeschäftigen (*BAG*, 18. 1. 1990 – 2 AZR 183/89, AP Nr. 27 zu § 2 KSchG 1969 = DB 1990, 173; *BAG*, 28. 3. 1985 – 2 AZR 548/83, AP Nr. 4 zu § 767 ZPO = DB 1985, 2461.

VII. Streitigkeiten

108 Die MAV hat im Falle der Nichtbeachtung ihres Beteiligungsrechts zur Kündigung eines Mitarbeiters oder Mitarbeiterin das Recht zur Anrufung der Schlichtungsstelle (§ 41 Abs. 1 Nr. 5 i. V. m. § 30). Der Antrag ist auf die Feststellung gerichtet, dass das Anhörungsverfahren bezüglich der durch den Dienstgeber ausgesprochenen Kündigung nicht ordnungsgemäß durchgeführt und demgemäß die ausgesprochene Kündigung unwirksam ist (*Schlichtungsstelle Dresden-Meißen*, 21. 3. 1997 – 2001/96), wobei es nicht darauf ankommt, ob ein Verschulden oder gar ein Grad eines Verschuldens des Dienstgebers an der Fehlerhaftigkeit des Verfahrens vorliegt (*Schlichtungsstelle Münster*, 2. 11. 1998).

§ 30 a Anhörung und Mitberatung bei Massenentlassungen

Beabsichtigt der Dienstgeber, nach § 17 Abs. 1 des Kündigungsschutzgesetzes anzeigepflichtige Entlassungen vorzunehmen, hat er der Mitarbeitervertretung rechtzeitig die zweckdienlichen Auskünfte zu erteilen und sie schriftlich insbesondere zu unterrichten über
1. **die Gründe für die geplanten Entlassungen,**
2. **die Zahl und die Berufsgruppen der zu entlassenden Mitarbeiterinnen und Mitarbeiter,**
3. **die Zahl und die Berufsgruppen der in der Regel beschäftigten Mitarbeiterinnen und Mitarbeiter,**
4. **den Zeitraum, in dem die Entlassungen vorgenommen werden sollen,**
5. **die vorgesehenen Kriterien für die Auswahl der zu entlassenden Mitarbeiterinnen und Mitarbeiter,**
6. **die für die Berechnung etwaiger Abfindungen vorgesehen Kriterien.**

§ 30 a

Dienstgeber und Mitarbeitervertretung haben insbesondere die Möglichkeiten zu beraten, Entlassungen zu vermeiden oder einzuschränken und ihre Folgen zu mildern.

Inhaltsübersicht

	Rz
I. Zweck der Vorschrift	1–4
II. Voraussetzungen der Beteiligung der MAV	5–15
1. Anzeigepflicht des Dienstgebers	5–10
2. Beteiligung der Mitarbeitervertretung	11–15

I. Zweck der Vorschrift

Gemäß **§ 17 Abs. 1 KSchG** ist auch der kirchliche Arbeitgeber verpflichtet, **1** dem Arbeitsamt (ab 1.1.2004: Agentur für Arbeit) so genannte **Massenentlassungen** anzuzeigen, bevor er mehrere Arbeitnehmer gleichzeitig entlässt. Die Anzeigepflicht hängt ab von der Betriebsbelegschaft im Verhältnis zu den beabsichtigten Entlasszahlen (vgl. § 17 Abs. 1 S. 1 Nr. 1 bis 3 KSchG; Rz 10) innerhalb von 30 Kalendertagen. Den Entlassungen (Rz 8) stehen andere Beendigungen des Arbeitsverhältnisses gleich, die vom Arbeitgeber veranlasst werden (§ 17 Abs. 1 S. 2 KSchG). § 17 Abs. 2 KSchG konkretisiert die Unterrichtungspflicht gegenüber dem Betriebsrat. § 30 a MAVO greift diese betriebsverfassungsrechtliche Vorschrift auf, damit die MAV im gleichen Umfang wie ein Betriebsrat beteiligt wird. Durch § 17 Abs. 3 S. 1 KSchG wird klar gestellt, dass die Auskünfte auch bei fehlendem Betriebsrat an das Arbeitsamt bzw. die Agentur für Arbeit übermittelt werden. Entgegen der Überschrift »Anzeigepflicht« zu § 17 KSchG regelt diese Vorschrift nicht nur Anzeigepflichten. Die Zielsetzung des Gesetzes ist arbeitsmarktpolitischer Art, mit der sachliche Einschränkungen der Kündigungsmöglichkeiten verbunden sind. Es geht nicht um den Kündigungsschutz der einzelnen Mitarbeiters (*KR-Weigand*, § 17 KSchG Rz 12). Denn die Kündigungsbeschränkungen der §§ 17 ff. KSchG und diejenigen der §§ 1 ff. KSchG gelten unabhängig voneinander. Der gekündigte Mitarbeiter kann die Sozialwidrigkeit einer Kündigung gemäß § 1 KSchG auch bei einer Massenentlassung geltend machen. Dasselbe gilt für den besonderen Kündigungsschutz (Mutterschutz, Schwerbehindertenschutz, Kündigungsschutz nach MAVO).

Der **betriebliche Geltungsbereich** erstreckt sich auf Einrichtungen mit min- **2** destens 20 beschäftigten Arbeitnehmern.

Der **persönliche Geltungsbereich** der §§ 17 ff. KSchG erstreckt sich auf alle **3** (nicht leitenden) Arbeitnehmer, auf Auszubildende und Volontäre. Unerheblich ist das Lebensalter, die Dauer der Betriebszugehörigkeit, der Beschäftigungsumfang. Mitgezählt werden auch die Mitarbeiter mit Beschäftigungszeit von weniger als sechs Monaten. Ausgenommen sind die in § 17 Abs. 5 Nr. 1 bis 3 KSchG bezeichneten Personen.

Der **sachliche Geltungsbereich** des KSchG erfasst alle Entlassungen auf **4** Grund ordentlicher Kündigungen des Arbeitgebers. Er bezieht sich auf Änderungskündigungen, soweit diese zur Entlassung führen. Nach § 17 Abs. 4 S. 1 KSchG werden fristlose Kündigungen nicht erfasst; sie werden nach Abs. 4 S. 2

§ 30 a

bei der Berechnung der Mindestzahl der Entlassungen nach § 17 Abs. 1 KSchG nicht mitgerechnet.

II. Voraussetzungen der Beteiligung der MAV

1. Anzeigepflicht des Dienstgebers

5 Die in § 30 a MAVO zwingend vorgeschriebene Anhörung und Mitberatung der MAV ist abhängig von den Voraussetzungen der Anzeigepflicht gegenüber dem Arbeitsamt gemäß § 17 Abs. 1 KSchG. Danach beziehen sich die anzeigepflichtigen Entlassungen jeweils auf einen Betrieb. Dabei wird bisher vom Betriebsbegriff des BetrVG ausgegangen (*BAG*, 13. 6. 1985 AP KSchG 1969 § 1 Nr. 10). Der *EuGH* (7. 12. 1995 Rs. C – 449/93 – Rockfon – Slg. 1995 I – 4291, 4316) sieht als maßgebend an die wirtschaftliche Einheit der Organisation. Verschiedene Arbeitgeber (Rechtsträger) können auch einen gemeinsamen Betrieb i. S. von § 17 KSchG bilden, sofern sie mit ihren Arbeitnehmern arbeitstechnische Zwecke innerhalb einer organisatorischen Einheit verfolgen und eine entsprechende rechtliche Bindung besteht (*BAG*, 13. 6. 1985 AP KSchG 1969 § 1 Nr. 10, regelmäßig BGB-Gesellschaft). Zwischen einem einheitlichen Betrieb und mehreren selbstständigen Betrieben eines Rechtsträgers (Unternehmens) ist gemäß §§ 17 ff. KSchG zu unterscheiden. Entlassungen in verschiedenen selbstständigen Einrichtungen (Betrieben) eines Dienstgebers (Unternehmers) müssen gesondert behandelt werden (*ErfK-Ascheid*, § 17 KSchG Rz 8). Kein Betrieb i. S. von § 17 KSchG liegt vor, wenn in der Regel nicht mehr als 20 Arbeitnehmer beschäftigt werden.

6 Die Anzeigepflicht hängt ab von **der Anzahl der zu entlassenden Arbeitnehmer.** Dabei gilt der allgemeine Arbeitnehmerbegriff gemäß § 611 BGB, nicht der Mitarbeiterbegriff gemäß § 3 Abs. 1 MAVO. Arbeitnehmer i. S. von § 17 KSchG sind alle Arbeitnehmer i. S. von § 1 KSchG (*KR-Weigand*, § 17 KSchG Rz 29; siehe oben Rz 3).

7 Maßgebend für die **Ermittlung der Anzahl** der in der Regel beschäftigten Arbeitnehmer ist der Zeitpunkt der Entlassung, nicht der des Zugangs der Kündigung (*BAG*, 31. 7. 1986 AP KSchG 1969 § 17 Nr. 5; *BAG*, 8. 6. 1989 AP KSchG 1969 § 17 Nr. 6; *KR-Weigand* § 17 KSchG Rz 28 a).

8 Maßgebend für das **Auslösen der Anzeigepflicht** ist die Zahl der beabsichtigten Entlassungen. Die Entlassung ist von der Kündigung zu unterscheiden. Entlassung ist die vom Arbeitgeber durch einseitige Willenserklärung auf Grund ordentlicher Kündigung herbeigeführte, rechtliche Beendigung des Arbeitsverhältnisses, also das Ausscheiden aus dem Betrieb (*BAG*, 6. 12. 1973 AP KSchG 1969 § 17 Nr. 1; *BAG*, 31. 7. 1986 AP KSchG 1969 § 17 Nr. 5; *KR-Weigand*, § 17 KSchG Rz 32). Es kommt bei § 17 KSchG nicht darauf an, was Grund für die der Entlassung vorausgehende Kündigung im Einzelfall war. Nicht zu den Entlassungen gehören Vorruhestandsvereinbarungen, weil die Betroffenen nicht mehr dem Arbeitsmarkt zur Verfügung stehen (*ErfK-Ascheid*, § 17 KSchG Rz 12). Anzeigepflichtig sind die mit Aufhebungsverträgen bezweckten Massenentlassungen (§ 17 Abs. 1 S. 2 KSchG). Sie stehen als Beendigung den Entlassungen gleich (*BAG*, 11. 3. 1999 AP KSchG 1969 § 17 Nr. 12). Nicht zu den Entlassungen zählen Arbeitsvertragsbeendigungen auf

§ 30 a

Wunsch der Arbeitnehmer und der Zeitablauf befristeter Arbeitsverträge. Auf beabsichtigte Neueinstellungen kommt es nicht an.
Nach § 17 Abs. 1 KSchG ist weitere Voraussetzung für die Anzeigepflicht, dass 9
die **Entlassungen innerhalb eines Zeitraumes von 30 Kalendertagen wirksam werden** (*KR-Weigand*, § 17 KSchG Rz 53 ff.). Alle Entlassungen, die innerhalb dieses Zeitraumes liegen, sind zusammenzurechnen. Als Fristbeginn ist jeder der jeweiligen Entlassungstage anzusehen, die Frist für die Ermittlung der 30-Tage-Frist beginnt also immer neu mit dem Tag, an dem eine Entlassung durchgeführt wird (*ErfK-Ascheid*, § 17 KSchG Rz 17).
Die Anzeigepflicht wird nur ausgelöst bei einem Verhältnis der Anzahl der 10
Entlassungen zu der Zahl der Arbeitnehmer. Nach § 17 Abs. 1 Nr. 1 werden Betriebe zwischen 21 und 59, nach Nr. 2 solche zwischen 60 und 499, nach Nr. 3 solche Betriebe mit mindestens 500 Arbeitnehmern erfasst, wenn zu Nr. 1 mehr als 5, zu Nr. 2 10 v. H. oder aber mehr als 25, zu Nr. 3 mindestens 30 Arbeitnehmer entlassen werden.

2. Beteiligung der Mitarbeitervertretung

Will der Dienstgeber anzeigepflichtige Entlassungen vornehmen, hat er der 11
MAV rechtzeitig die zweckdienlichen **Auskünfte** zu erteilen und sie **schriftlich** zu unterrichten über (vgl. dazu die Ausführungen zu § 30 im Fall von Kündigungen Rz 14)
1. die Gründe für die geplanten Entlassungen,
2. die Zahl und die Berufsgruppen der zu entlassenden Mitarbeiterinnen und Mitarbeiter,
3. die Zahl und die Berufsgruppen der in der Regel beschäftigten Mitarbeiterinnen und Mitarbeiter,
4. den Zeitraum, in dem die Entlassungen vorgenommen werden sollen,
5. die vorgesehenen Kriterien für die Auswahl der zu entlassenden Mitarbeiterinnen und Mitarbeiter,
6. die für die Berechnung etwaiger Abfindungen vorgesehenen Kriterien.

Zu den Gründen der geplanten Entlassungen gehört die Angabe des Sachver- 12
halts, der den Dienstgeber (Arbeitgeber) zur Kündigung veranlasst hat. Die Unterrichtung sollte zwei Wochen vor der dem Arbeitsamt bzw. der Agentur für Arbeit zu erstattenden Anzeige erfolgen, um der MAV Zeit zu geben, mit dem Dienstgeber die Möglichkeiten zu beraten, Entlassungen zu vermeiden oder einzuschränken und ihre Folgen zu mildern (§ 30 a S. 2 MAVO). Es besteht deshalb also eine Beratungspflicht. Die Beratung hat mit der gesamten MAV (§ 14 Abs. 10 S. 2 MAVO) zu erfolgen. Dennoch ist die Beratung nach § 30 a S. 2 keine Wirksamkeitsvoraussetzung für die spätere Anzeige an das Arbeitsamt/Agentur für Arbeit.
Gibt die MAV keine Stellungnahme ab, kann der Dienstgeber dennoch unter 13
den Voraussetzungen des § 17 Abs. 3 S. 3 KSchG eine wirksame Anzeige von Massenentlassungen erstatten, wenn er nämlich glaubhaft macht, dass er die MAV zumindest zwei Wochen vor Erstattung der Anzeige nach § 30 a MAVO unterrichtet hat und den Stand der Beratungen darlegt.
Zu dem Ergebnis der Beratungen mit dem Dienstgeber hat die **MAV** eine **Stel-** 14
lungnahme abzugeben. Diese hat der Dienstgeber mit der Anzeige dem Arbeitsamt/Agentur für Arbeit vorzulegen. Für die MAV empfiehlt es sich nicht, die Entlassungen zustimmend oder ablehnend zur Kenntnis zu nehmen son-

Thiel

§ 31

dern sich so einzuschalten, dass sie detailliert auf die Folgen der Entlassung für die einzelnen Mitarbeiter eingeht. Das ist schon unter Berücksichtigung von §§ 30, 31 MAVO sinnvoll, weil das Recht der Anhörung und Mitberatung durch § 30 a nicht berührt wird. Die Vielzahl von Kündigungen verlängert nicht die Anhörungsfrist. Die Tatsache, dass unterschiedliche Beteiligungsrechte bestehen, verlangt nicht die Durchführung formell völlig getrennter Verfahren. Es kann ein **einheitliches Anhörungs- und Mitberatungsverfahren** stattfinden, wenn die MAV deutlich erkennbar mit den einzelnen Komplexen ihrer Zuständigkeit befasst wird und wenn ihr die jeweils dazu notwendigen Tatsachen mitgeteilt werden (*KR-Weigand*, § 17 KSchG Rz 59, 70, 71).

15 Entsprechend der Vorschrift des § 17 Abs. 3 S. 6 KSchG gibt der Dienstgeber der MAV eine Abschrift der Anzeige an das Arbeitsamt bzw. die Agentur für Arbeit, während die MAV gemäß § 17 Abs. 3 S. 7 KSchG dieser eine Stellungnahme abgeben kann, wovon der Dienstgeber dann eine Abschrift erhält (§ 17 Abs. 3 S. 8 KSchG). Die weiteren (späteren) Stellungnahmen der MAV ersetzen allerdings nicht die erste, welche der Dienstgeber der Anzeige an die Agentur für Arbeit beizufügen hat (*KR-Weigand*, § 17 KSchG Rz 91 a).

§ 31 Anhörung und Mitberatung bei außerordentlicher Kündigung

(1) Der Mitarbeitervertretung sind vor einer außerordentlichen Kündigung durch den Dienstgeber schriftlich die Absicht der Kündigung und die Gründe hierfür mitzuteilen.

(2) Will die Mitarbeitervertretung gegen die Kündigung Einwendungen geltend machen, so hat sie diese unter Angabe der Gründe dem Dienstgeber spätestens innerhalb von drei Tagen schriftlich mitzuteilen. Diese Frist kann vom Dienstgeber auf 48 Stunden verkürzt werden. Erhebt die Mitarbeitervertretung innerhalb der Frist keine Einwendungen, so gilt die beabsichtigte Kündigung als nicht beanstandet. Erhebt die Mitarbeitervertretung Einwendungen, so entscheidet der Dienstgeber über den Ausspruch der außerordentlichen Kündigung.

(3) Eine ohne Einhaltung des Verfahrens nach den Absätzen 1 und 2 ausgesprochene Kündigung ist unwirksam.

Inhaltsübersicht

	Rz
I. Zweck der Vorschrift	1–3
II. Geltungsvoraussetzungen	4
III. Das Anhörungsverfahren	5–10
1. Zeitpunkt der Anhörung	5–8
2. Mitteilung der Kündigungsabsicht und der Kündigungsgründe	9–10
IV. Einwendungen der MAV	11–23
1. Einwendungsverfahren: Form und Frist, Abs. 2	11–16
2. Einwendungen	17–20
3. Ablauf und Abschluss des Anhörungsverfahrens	21–23
V. Mängel des Anhörungsverfahrens	24–28
1. Nichtigkeit der Kündigung	24–27
2. Weiterbeschäftigungsanspruch	28
VI. Kündigung gewählter Amtsträger	29–30

§ 31

I. Zweck der Vorschrift

§ 31 MAVO verpflichtet den Dienstgeber, vor **jeder** Außerordentliche Kündi- 1
gung (fristlosen oder auch mit sozialer Auslauffrist bedachten Kündigung) aus
wichtigem Grund (§ 626 Abs. 1 BGB, § 16 AVR, § 42 KAVO) der MAV
– die Kündigungsabsicht und
– die Gründe für die außerordentliche Kündigung schriftlich mitzuteilen
  (Abs. 1).
Die MAV kann – wenn sie will – gegen die Kündigung Einwendungen geltend 2
machen. Will sie das tun, so muss sie dem Dienstgeber
– die Gründe ihrer Einwendungen schriftlich angeben und
– das Einwendungsschreiben spätestens innerhalb einer Frist von drei Tagen
  dem Dienstgeber zugeleitet haben (Abs. 2 S. 1).
Trotz ordnungsgemäß und zeitgerecht erhobener Einwendungen der MAV ist 3
der Dienstgeber im Ausspruch der außerordentlichen Kündigung frei (Abs. 2
S. 4). Zweck der Vorschrift des § 31 ist nicht, die Erklärung einer außerordentlichen Kündigung durch den Dienstgeber von der Zustimmung oder Berücksichtigung der Einwendungen der MAV abhängig zu machen. Die Regelung
zwingt allein den Dienstgeber zu einer korrekten Einhaltung des Anhörungsverfahrens gemäß § 31 Abs. 1 und Abs. 2. Ein Verstoß gegen dieses Anhörungsverfahren, der objektiv vorliegen muss und ein Verschulden des Dienstgeber nicht voraussetzt, führt zur Unwirksamkeit der ausgesprochenen
außerordentlichen Kündigung (§ 31 Abs. 3). Die Beachtung des § 31 ist demnach Wirksamkeitsvoraussetzung für die – auch in der Probezeit auszusprechende – außerordentliche Kündigung, die auch staatliche Gerichte zu beachten haben (*LAG Niedersachsen*, 18. 12. 2001 – 12 Sa 694/01 n. v.).

II. Geltungsvoraussetzungen

Die Anwendung des § 31 setzt das Bestehen einer funktionsfähigen Mitarbei- 4
tervertretung voraus. Insoweit kann auf die Ausführungen zu § 30 Rz 6–12 verwiesen werden. Besteht eine gemeinsame Mitarbeitervertretung oder eine
Sondervertretung, sind diese Gremien am Anhörungsverfahren zu beteiligen.
Dem Anhörungsverfahren ist nur eine außerordentliche Kündigung – auch
vor Ablauf der arbeitsvertraglichen Probezeit – unterworfen. Hierfür gelten
die Ausführungen zu § 30 Rz 13–16.

III. Das Anhörungsverfahren

1. Zeitpunkt der Anhörung

Die Anhörung hat **vor dem Ausspruch der außerordentlichen Kündigung** zu 5
erfolgen. Eine schriftliche Kündigung ist dann ausgesprochen, wenn das Kündigungsschreiben den Machtbereich des Arbeitgebers verlassen hat, also insbesondere zur Post gegeben wurde (*BAG*, 13. 11. 1975 – 2 AZR 610/74, AP
Nr. 7 zu § 102 BetrVG 1972 – EzA § 102 BetrVG 1972 Nr. 20 = BB 1976, 694).
Vom Ausspruch der Kündigung ist der Zugang der Kündigung beim Empfänger zu unterscheiden. Denn die ausgesprochene Kündigung ist zugegangen,

§ 31

wenn sie so in den Machtbereich des Empfängers gelangt ist, dass er von ihr Kenntnis nehmen kann (*BAG*, 16. 1. 1976 – 2 AZR 619/75, AP Nr. 7 zu § 130 BGB = EzA § 130 BGB Nr. 5 – BB 1976, 696; *BAG*, 7. 11. 2002 – 2 AZR 475/01, NZA 2003, 719: Kündigungszugang per Postzustellung während einer Kur). Weiß ein Arbeitnehmer, dass ihm eine fristlose Kündigung zugehen wird, kann er sich je nach den Umständen nach Treu und Glauben auf den verspäteten Zugang nicht berufen, wenn er das Kündigungsschreiben nicht oder nicht zeitnah bei der Postdienststelle abgeholt hat, obwohl ihm ein Benachrichtigungsschreiben der Post zugegangen ist. Der Dienstgeber hat vor Ausspruch der fristlosen Kündigung die Reaktionsfrist der MAV einzuhalten (§ 31 Abs. 2 S. 1), die er von drei Tagen in außergewöhnlichen Fällen (Rz 14) auf 48 Stunden verkürzen darf (§ 31 Abs. 2 S. 2).

6 Dem Dienstgeber steht in »**Eilfällen**« nicht das Recht zu, ohne vorherige Anhörung oder mit Verkürzung der Anhörungsfrist auf 48 Stunden die außerordentliche Kündigung auszusprechen (*BAG*, 14. 3. 1979 – 4 AZR 583/77, BB 1979, 1197). Auch in solchen so genannten Eilfällen ist die ohne Anhörung der MAV ausgesprochene außerordentliche Kündigung absolut unwirksam (*LAG Köln*, 2. 2. 2001 – 11 Sa 1292/00). Es ist zulässig, dass der Dienstgeber vor Ausspruch der außerordentlichen Kündigung den Mitarbeiter – unter Fortzahlung der Bezüge – vom Dienst suspendiert. Ein Wegfall der Entgeltfortzahlung ist bei Freistellung von der Weiterbeschäftigungspflicht ausnahmsweise gerechtfertigt, wenn dem Mitarbeiter das ordnungsgemäße Angebot seiner Arbeitsleistung unmöglich ist (z. B. wegen Untersuchungshaft, schweren strafbaren Handlungen gegen den Dienstgeber oder seine Interessen). Dann kommt der Dienstgeber nicht im Sinne des § 615 BGB in Annahmeverzug (*BAG*, 29. 10. 1987 – 2 AZR 144/87, AP Nr. 42 zu § 615 BGB = EzA § 615 BGB Nr. 54 = DB 1988, 866).

7 Die **Mitteilung des Dienstgebers** an die MAV über eine beabsichtigte außerordentliche Kündigung **unterliegt** dem betroffenen Mitarbeiter gegenüber **nicht der Schweigepflicht des** § 20. Die MAV muss die Möglichkeit haben, mit dem Mitarbeiter die Kündigung und ihre Gründe zu erörtern und mit ihm darüber zu beraten, ob sie Einwendungen dagegen erhebt oder nicht (Rz 11 ff.). Die unterlassene Anhörung des Mitarbeiters oder eine unterlassene Erörterung der Gründe der beabsichtigten außerordentlichen Kündigung mit dem Dienststellen- oder Einrichtungsleiter berührt die Wirksamkeit der Kündigung nicht. Unterlässt die MAV eine Kontaktnahme mit dem Mitarbeiter, hat dies keinen Einfluss auf die dem Dienstgeber gegen die außerordentliche Kündigung vorzutragenden Einwendungen. Die Unterlassung wirkt sich weder zu Lasten des Dienstgebers aus noch beeinflusst sie den Ablauf des Anhörungsverfahrens. Dieser Mangel fällt ausschließlich in den Zuständigkeits- und Verantwortungsbereich der MAV (*BAG*, 3. 2. 1982 – 7 AZR 907/79, AP Nr. 1 zu § 72 BPersVG = BB 1983, 1215).

8 Der Dienstgeber ist nach dem Grundsatz der vertrauensvollen Zusammenarbeit (§ 26 Rz 3) verpflichtet, das Anhörungsverfahren auch bei einer außerordentlichen Kündigung grundsätzlich während der regelmäßigen Arbeitszeit des MAV-Vorsitzenden bzw. bei dessen Verhinderung des Stellvertreters einzuleiten. Auch in Eilfällen ist daher der Vorsitzende der MAV bzw. sein Stellvertreter grundsätzlich nicht verpflichtet, wohl berechtigt, die Mitteilung über die Kündigungsabsicht außerhalb der Dienststunden entgegenzunehmen. Nimmt jedoch der Vorsitzende bzw. sein Stellvertreter die Mitteilung der Kündigungsabsicht außerhalb der Dienststunden und außerhalb der Diensträume widerspruchslos entgegen, so beginnt damit auch die Drei-Tage-Frist des § 31 Abs. 2 S. 1 oder gar die auf 48 Stunden verkürzte Frist des § 31 Abs. 2 S. 2 (*BAG*, 27. 8. 1982 – 7 AZR 30/80, AP Nr. 25 zu § 102 BetrVG = EzA § 102 BetrVG Nr. 49 = BB 1983, 377).

2. Mitteilung der Kündigungsabsicht und der Kündigungsgründe

§ 31 Abs. 1 verpflichtet den Dienstgeber, der MAV **seine Kündigungsabsicht** mitzuteilen. Diese Mitteilung an den Vorsitzenden der MAV (oder seinen Stellvertreter) bedarf der **Schriftform.** Daher gelten die gleichen Bedingungen wie für die Schriftform bei der ordentlichen Kündigung (§ 30 Rz 23–41), auf die verwiesen wird. Die Einhaltung der Schriftform ist zwingende Voraussetzung der Anhörung (§ 125 BGB). 9

Die Mitteilung der Kündigungsgründe ist wie bei der ordentlichen Kündigung 10 (§ 30 Rz 26 f.) in § 31 Abs. 1 ausdrücklich vorgeschrieben. Wenn § 31 Abs. 2 S. 1 der MAV das Recht einräumt, Einwendungen gegen die beabsichtigte Kündigung zu erheben, so muss die MAV die Gründe für diese Kündigung kennen. Sie kann nämlich erst dann überhaupt beurteilen, ob ihre Einwendungen berechtigt und sinnvoll sind oder ob der Dienstgeber tatsächlich wichtige Gründe für die außerordentliche Kündigung hat. Im letzten Fall verbietet der Grundsatz vertrauensvoller Zusammenarbeit der MAV die Geltendmachung von Einwendungen.

IV. Einwendungen der MAV

1. Einwendungsverfahren: Form und Frist, Abs. 2

Einwendungen der MAV gegen die außerordentliche Kündigung müssen gemäß § 31 Abs. 2 S. 1 schriftlich vorgetragen werden. Sie können nur vorgebracht werden, wenn die MAV vom Dienstgeber – subjektiv determiniert (*Schlichtungsstelle Freiburg*, 26. 11. 2001 – 25/2001 n. v.) – vollständig informiert worden ist. Auf das Einverständnis des betroffenen Mitarbeiters mit den Einwendungen der MAV kommt es nicht an. 11

Die **Frist** für den Vortrag der Einwendungen der MAV beginnt mit dem Zeitpunkt der schriftlichen Mitteilung der Kündigungsgründe an die MAV (*Schlichtungsstelle Freiburg*, wie vor), und betragt drei Tage (nicht Arbeitstage). Der Tag, an dem die schriftliche Mitteilung über die Absicht und die Gründe der Kündigung der MAV zugeht, wird dabei nicht mitgerechnet (§ 187 Abs. 1 BGB). Für den Ablauf der Frist von drei Tagen ist § 188 Abs. 1 BGB zu beachten. 1. Beispiel: Zugang der Mitteilung über die beabsichtigte Kündigung am Dienstag. Drei Tage Frist = Mittwoch, Donnerstag, Freitag. Freitag ist der letzte Tag für den Vortrag der Einwendungen. An diesem Tag muss der Dienstgeber von der MAV die schriftliche Stellungnahme erhalten haben. 2. Beispiel: Zugang der Mitteilung über die beabsichtigte Kündigung am Mittwoch. Die Drei-Tage-Frist läuft am folgenden Montag ab, weil der rechnerisch letzte Tag der Frist auf einen Samstag fällt und ein Sonntag folgt. Beide Tage werden nicht gezählt, so dass erst der nächste Werktag (Montag) maßgebendes Fristende ist (§ 193 BGB). Sollte der Montag beim Dienstgeber gesetzlicher Feiertag sein, läuft die Frist erst am folgenden Werktag (Dienstag) ab. 12

§ 31

13 Diese Frist von drei Tagen kann auf 48 Stunden verkürzt werden. Diese kürzere Frist beginnt dann mit der Tagesstunde nach der Mitteilung der Kündigungsabsicht an die MAV und endet 48 Zeitstunden nach der Mitteilung an die MAV. Zur Fristberechnung wird auf § 33 Rz 33 ff. verwiesen.

14 Diese **Verkürzung auf 48 Zeitstunden** (§ 31 Abs. 2 S. 2) kann der Dienstgeber nicht willkürlich vornehmen. Er muss dazu gewichtige und nachprüfbare Gründe haben, die seine einseitige Maßnahme rechtfertigen können. Hier kann es sich nur um ganz außergewöhnliche Fälle von fristloser Kündigung handeln, die einen Aufschub von drei Arbeitstagen nicht vertragen könnten. Schon die Zeitspanne zwischen der auf 48 Zeitstunden verkürzten Frist und drei Arbeitstage normaler Frist zeigt, dass nur eine außergewöhnliche Ausnahmesituation, die der Dienstgeber bei seiner Verkürzung eingehend zu begründen hat, eine Abkürzung der Frist rechtfertigt. Die MAVO schweigt sich über die Gründe der Verkürzung aus (etwa »besondere Eilbedürftigkeit« in § 33 Abs. 2 [vgl. § 33 Rz 31]). Daher verlangt der Grundsatz vertrauensvoller Zusammenarbeit auch die genaue Angabe der Gründe, die eine – an sich aus dem Text der MAVO nicht abzuleitende – Begründung für die Verkürzung der Frist rechtfertigen.

15 Zu beachten ist hier, dass das Anhörungsverfahren ohnehin innerhalb der **Ausschlussfrist des § 626 Abs. 2 BGB** – Zugang der außerordentlichen (fristlosen) Kündigung binnen zwei Wochen nach sicherer Kenntnis der Kündigungsgründe – abgeschlossen sein muss. Der Dienstgeber, dem diese Zwei-Wochen-Frist des § 626 Abs. 2 BGB voll zur Verfügung steht, könnte aber eine Abkürzung der Frist auf 48 Stunden nicht damit rechtfertigen, er müsse diese Ausschlussfrist einhalten.

16 Will der Dienstgeber die außerordentliche Kündigung **hilfsweise als ordentliche Kündigung** gelten lassen, so muss er die MAV deutlich auf diese zusätzliche Absicht hinweisen und dann aber auch die **Regeln für die Anhörung gemäß § 30** einhalten. Er muss nämlich der MAV die Kündigungsgründe mitteilen und dazu die Wochenfrist des § 30 Abs. 2 S. 1 (§ 30 Rz 43 f.) einhalten, innerhalb der von der MAV die in § 30 Abs. 3 aufgezählten Einwendungen erhoben werden können. Die **Umdeutung** einer unwirksamen außerordentlichen Kündigung im Arbeitsgerichtsverfahren in eine ordentliche Kündigung ist daher ohne die vorherige Anhörung der MAV zu der hilfsweise erklärten oder umgedeuteten fristgerechten Kündigung unwirksam (*LAG Köln*, 25. 2. 1999 – 10 Sa 1652/97, Der Personalrat 2000, 39). Eine Ausnahme lässt die Rechtsprechung in § 102 BetrVG zu, wobei diese Ausnahme auch für §§ 30, 31 MAVO Anwendung finden muss. Die MAV stimmt einer außerordentlichen Kündigung, bei der ihr die tragenden Kündigungsgründe mitgeteilt wurden, ausdrücklich und vorbehaltlos zu (*BAG*, 16. 3. 1978 – 2 AZR 424/87, AP Nr. 15 zu § 102 BetrVG 1972 = EzA § 102 BetrVG 1972 Nr. 32 = BB 1979, 371).

2. Einwendungen

17 Die MAV kann gegen die beabsichtigte außerordentliche Kündigung – auch ohne Einverständnis des Betroffenen – Einwendungen erheben. Sie ist hierbei nicht an einen bestimmten Katalog von Einwendungsgründen gebunden, also nicht etwa an den Katalog der Gründe, die in § 30 Abs. 3 für eine ordentliche

§ 31

Kündigung aufgezählt sind. Zu dem nicht abschließenden Inhalt dieses Kataloges siehe § 30 Rz 51 ff.
Es wird allerdings auch bei der außerordentlichen Kündigung erwartet werden müssen, dass sich die Grunde der Einwendungen auf das Arbeitsverhältnis, die Person und das soziale Umfeld des Betroffenen beziehen. Hinweise auf mildere Sanktionsmittel im Sinne des Art. 5 Abs. 1 GrO kommen wegen der außerordentlichen Kündigung nicht in Betracht, wenn die Gründe gemäß § 626 Abs. 1 BGB die weitere Zusammenarbeit mit dem Mitarbeiter unzumutbar erscheinen lassen (*BAG*, 10. 2. 1999 – 2 ABR 31/98, ZTR 1999, 277). **18**

Die MAV ist gut beraten, wenn sie ihre Einwendungen auf solche Gründe beschränkt und damit Bedenken gegen die außerordentliche Kündigung äußert, mit denen sich der Dienstgeber sachlich auseinandersetzen muss. **19**

Die außergewöhnlich beschränkte Eingriffsmöglichkeit der MAV bei der außerordentlichen (fristlosen) Kündigung (Rz 23) ist nur vertretbar, wenn der Dienstgeber die Rahmen des § 31 Abs. 2 geäußerten sachlichen Einwendungen der MAV bei seiner Entscheidung verwertet und ihnen abwägend Rechnung zu tragen versucht. **20**

3. Ablauf und Abschluss des Anhörungsverfahrens

Erhebt die MAV nach Mitteilung der schriftlich begründeten Kündigungsabsicht innerhalb der Frist (entweder drei Tage oder gegebenenfalls innerhalb der gesetzten verkürzten Frist) keine Einwendungen, gilt die beabsichtigte außerordentliche Kündigung als nicht beanstandet (§ 31 Abs. 2 S. 3). Der Dienstgeber kann sie nach Ablauf der Frist aussprechen. Spricht er sie noch während des Laufes der Frist aus, ist sie unwirksam (§ 31 Abs. 3). **21**

Die MAV kann schon während der laufenden Frist nach ordnungsgemäßer Beratung und Beschlussfassung (§ 14 Abs. 5) eine abschließende Stellungsnahme zur beabsichtigten außerordentlichen Kündigung abgeben. In diesem Fall ist der Dienstgeber vor Ablauf der Frist bereits zum Ausspruch der Kündigung berechtigt. Eine abschließende Erklärung der MAV liegt jedoch nur vor, wenn aus ihr erkennbar wird, dass die MAV eine weitere Erörterung des Falles nicht wünscht und keine weiteren Erklärungen mehr abzugeben beabsichtigt (*BAG*, 1. 4. 1976 – 2 AZR 179/75, AP Nr. 8 zu § 102 BetrVG 1972 = EzA § 102 BetrVG 1972 Nr. 23 = BB 1976, 884; *BAG*, 12. 3. 1987 – 2 AZR 176/86, DB 1988, 658). Voraussetzung ist, dass diese beabsichtigte Stellungnahme von der MAV als Gremium geäußert wurde. Die spontane Äußerung eines Vorsitzenden oder eines anderen Mitgliedes der MAV zur mitgeteilten Kündigungsabsicht des Dienstgebers erfüllt diese Voraussetzung nicht. **22**

Die MAV kann gegen die beabsichtigte außerordentliche Kündigung Einwendungen erheben. Darauf entscheidet der Dienstgeber allein und ohne nochmalige Beratung mit der MAV über den Ausspruch der außerordentlichen Kündigung (*Schlichtungsstelle Rottenburg-Stuttgart*, 18. 4. 1997 – SV 04/1997). Er ist auch im Rahmen des § 26 Abs. 1 nicht mehr zu einer weiteren Kontaktnahme oder Behandlung der von der MAV vorgetragenen Einwendungsgründe verpflichtet. Insoweit widerspricht die Formulierung »Anhörung und Mitberatung bei außerordentlicher Kündigung« nicht den im Normtext der MAV eingeräumten Möglichkeiten, die auf eine Anhörung beschränkt sind. Zudem hat der Dienstgeber die Letztentscheidung, mit der er sich über die Einwendungen der MAV hinwegsetzen kann. **23**

Bleistein/Thiel

§ 31

V. Mängel des Anhörungsverfahrens

1. Nichtigkeit der Kündigung

24 Der Dienstgeber kann erst nach ordnungsgemäßer Durchführung und Abschluss des Anhörungsverfahrens die außerordentliche Kündigung aussprechen. Eine ohne Einhaltung des Verfahrens nach den Absätzen 1 und 2 ausgesprochene außerordentliche Kündigung ist unwirksam (§ 31 Abs. 3). Die Einhaltung dieses Verfahrens ist demnach Wirksamkeitsvoraussetzung der außerordentlichen Kündigung. Eine mehrköpfige MAV muss in ihrer Gesamtheit über ihre Stellungnahme gegenüber dem Dienstgeber Beschluss fassen. Hält der Dienstgeber das Verfahren nicht ein, so macht sein Verstoß dagegen die Kündigung unheilbar nichtig (*LAG Düsseldorf*, 15. 1. 1991 – 16 Sa 1416/90, NZA 1991, 600 = ZMV 1991, 217 mit Anm. *Leser*). Das gilt auch, wenn der Dienstgeber nach Ausspruch der außerordentlichen Kündigung die ausdrückliche Zustimmung der MAV einholt oder die MAV von sich aus durch einen Beschluss die bereits ausgesprochene außerordentliche (fristlose) Kündigung ausdrücklich in einem ordnungsgemäßen Beschluss billigt (*BAG*, 28. 2. 1974 – 2 AZR 455/73, AP Nr. 2 zu § 102 BetrVG 1972 = EzA § 102 BetrVG 1972 Nr. 8 = BB 1972, 836). Die Kündigung bleibt auch dann unheilbar nichtig (*BAG*, 1. 4. 1976 – 2 AZR 179/75, AP Nr. 8 zu § 102 BetrVG 1972 = EzA § 102 BetrVG 1972 Nr. 23 = BB 1976, 884).

25 Der Mitarbeiter muss bei dieser unheilbar nichtigen außerordentlichen Kündigung die Vorschriften des § 13 Abs. 1 S. 2 KSchG einhalten.

26 Zu den Mängeln im Anhörungsverfahren gilt das zu § 30 bereits Festgestellte:
– Mängel im Verantwortungsbereich des Dienstgebers (§ 30 Rz 88) ff.) gehen zu Lasten des Dienstgebers,
– Mängel im Vertrauensbereich der MAV (§ 30 Rz 93 ff.) gehen zu Lasten der MAV (*Schlichtungsstelle Freiburg*, wie vor).

27 Der Dienstgeber trägt die Verantwortung für die ordnungsgemäße Einleitung des Anhörungsverfahrens nach § 31 (§ 31 Rz 5 ff.), die form- und fristgerechte Abwicklung und die Einhaltung der Anhörungsfrist (Rz 11 ff.). Werden diese formellen Voraussetzungen vom Dienstgeber objektiv verletzt, ist die dennoch ausgesprochene Kündigung nichtig, ohne dass es auf ein Verschulden des Dienstgebers ankommt.

2. Weiterbeschäftigungsanspruch

28 Der außerordentlich Gekündigte hat in zwei Fällen einen gerichtlich durchsetzbaren Anspruch auf Weiterbeschäftigung:
– Bei unheilbar nichtiger Kündigung wegen nicht ordnungsgemäßer Durchführung des Anhörungsverfahrens nach § 31 Abs. 1 und 2; Rechtsgrundlage bei dieser offenkundig unwirksamen außerordentlichen Kündigung ist die Entscheidung des *BAG*, vom 26. 5. 1977 – 2 AZR 632/76 – (dazu § 30 Rz 98 f.);
– auf Grund des allgemein vorläufigen Weiterbeschäftigungsanspruchs nach der Entscheidung GS 1/84 des *Großen Senats* des *BAG* vom 27. 2. 1985 (dazu § 30 Rz 100 ff.). Dieser allgemeine, vorläufige Weiterbeschäftigungsanspruch greift auch nach einem erstinstanzlichen Urteil Platz, in dem festgestellt wurde, dass die vom Dienstgeber ausgesprochene außerordentliche Kündigung rechtsunwirksam ist. Eine Entbindung des Dienstgebers von

dieser Weiterbeschäftigungspflicht bis zum rechtskräftigen Abschluss des Kündigungsschutzprozesses ist an besonders schutzwürdige Interessen des Dienstgebers gebunden. Dazu genügen in keinem Fall die Hinweise, gegen das erstinstanzliche Urteil sei noch keine Berufung eingelegt, es sei noch nicht rechtskräftig.

VI. Kündigung gewählter Amtsträger

In den Vorschriften für Mitglieder der KODA und des § 19 ist besonderer Kün- 29 digungsschutz vor ordentlicher Kündigung, nicht aber vor der außerordentlichen (fristlosen) Kündigung aus wichtigem Grunde (§ 626 BGB) geregelt. Allerdings gilt der Schutz vor der ordentlichen Kündigung nicht in Fällen eines schwerwiegenden Verstoßes gegen Loyalitätsobliegenheiten (Art. 5 Abs. 2 bis 5 GrO) oder im Falle von Betriebsschließungen (§ 19 MAVO, § 10 Bayerische Regional-KODA-Ordnung; § 6 Zentral-KODA-Ordnung). In diesen Fällen also hat der Dienstgeber vor Ausspruch einer außerordentlichen Kündigung zunächst zu prüfen, ob eine ordentliche Kündigung als Ausnahme vom grundsätzlichen Verbot der ordentlichen Kündigung zulässig ist. Denn stets ist die mildere Sanktion anzuwenden. Das ergibt sich für jeden Mitarbeiter und jede Mitarbeiterin auch aus den allgemeinen Bestimmungen in kirchlichen Arbeitsvertragsordnungen (vgl. etwa § 41 Abs. 3 KAVO der Diözesen in NRW, § 40 Abs. 3 KAVO Trier) und aus dem allgemeinen Gedanken des Kündigungsschutzes, wonach im Falle eines wichtigen Kündigungsgrundes zur Vermeidung eines Wertungswiderspruchs die Fristen für eine ordentliche Kündigung (Auslauffrist) zu beachten sind (*KR-Fischermeier*, § 626 Rz 304 ff. m. N.), wenn es darum geht, den ordentlich unkündbaren Mitarbeiter nicht schlechter zu stellen als den ordentlich kündbaren Mitarbeiter. Im Übrigen setzt eine auf Grund des Status als Mitglied einer MAV oder der KODA allein mögliche außerordentliche Kündigung das Vorhandensein eines wichtigen Grundes (§ 626 Abs. 1 BGB) voraus, weil nämlich auch danach zu unterscheiden ist, ob das Verhalten des Mitarbeiters seinen Grund in der Funktion als Mitglied einer MAV oder KODA hat oder in der Tätigkeit als Arbeitnehmer (*LAG München*, 7. 2. 2002 – 4 Sa 218/01, ZMV 2002 S. 145). Fristlos kann einem Mitglied der MAV nur gekündigt werden, wenn dem Dienstgeber (Arbeitgeber) bei einem vergleichbaren Mitarbeiter, der nicht Mitglied der MAV ist, dessen Weiterbeschäftigung bis zum Ablauf der einschlägigen ordentlichen Kündigungsfrist unzumutbar ist, weil nur so auch der Schutzbestimmung des § 18 Abs. 1 angemessen Rechnung getragen werden kann, wonach Mitglieder der MAV wegen ihrer MAV-Tätigkeit nicht benachteiligt werden dürfen (vgl. insofern *BAG*, 10. 2. 1999 – 2 ABR 31/98, NZA 1999 S. 708).

§ 32 Vorschlagsrecht

(1) Die Mitarbeitervertretung hat in folgenden Angelegenheiten ein Vorschlagsrecht:
1. Maßnahmen innerbetrieblicher Information und Zusammenarbeit,
2. Änderung von Beginn und Ende der täglichen Arbeitszeit einschließlich der Pausen sowie der Verteilung der Arbeitszeit auf die einzelnen Wochen-

§ 32

tage für Mitarbeiterinnen und Mitarbeiter für pastorale Dienste oder religiöse Unterweisung, die zu ihrer Tätigkeit der ausdrücklichen bischöflichen Sendung oder Beauftragung bedürfen, sowie für Mitarbeiterinnen und Mitarbeiter im liturgischen Dienst,
3. Regelung der Ordnung in der Einrichtung (Haus- und Heimordnungen),
4. Durchführung beruflicher Fort- und Weiterbildungsmaßnahmen, die die Einrichtung für ihre Mitarbeiterinnen und Mitarbeiter anbietet,
5. Regelung zur Erstattung dienstlicher Auslagen,
6. Einführung von Unterstützungen, Vorschüssen, Darlehen und entsprechenden sozialen Zuwendungen und deren Einstellung,
7. Überlassung von Wohnungen, die für Mitarbeiterinnen und Mitarbeiter vorgesehen sind,
8. grundlegende Änderungen von Arbeitsmethoden,
9. Maßnahmen zur Hebung der Arbeitsleistung und zur Erleichterung des Arbeitsablaufes,
10. Festlegung von Grundsätzen für die Gestaltung von Arbeitsplätzen,
11. Regelungen gemäß § 6 Abs. 3,
12. Sicherung der Beschäftigung, insbesondere eine flexible Gestaltung der Arbeitszeit, die Förderung von Teilzeitarbeit und Altersteilzeit, neue Formen der Arbeitsorganisation, Änderungen der Arbeitsverfahren und Arbeitsabläufe, die Qualifizierung der Mitarbeiterinnen und Mitarbeiter, Alternativen zur Ausgliederung von Arbeit oder ihrer Vergabe an andere Unternehmen.

(2) Will der Dienstgeber einem Vorschlag der Mitarbeitervertretung im Sinne des Abs. 1 nicht entsprechen, so ist die Angelegenheit in einer gemeinsamen Sitzung von Dienstgeber und Mitarbeitervertretung mit dem Ziel der Einigung zu beraten. Kommt es nicht zu einer Einigung, so teilt der Dienstgeber die Ablehnung des Vorschlages der Mitarbeitervertretung schriftlich mit.

Inhaltsübersicht

	Rz
I. Sinn und Zweck der Vorschrift	1–2
II. Abschließende Aufzählung der Beteiligungstatbestände, Anrufung der Schlichtungsstelle	3–6
III. Inhalt der einzelnen Vorschlagsrechte	7–24
– Nrn. 1–11	7–17
– Nr. 12	18–24
a. Flexible Gestaltung der Arbeitszeit	19
b. Förderung von Teilzeitarbeit	20–21
c. Neue Formen der Arbeitsorganisation	22
d. Qualifizierung der Mitarbeiterinnen und Mitarbeiter	23
e. Ausgliederung von Arbeit	24
IV. Verfahren bei Abwicklung des Vorschlagsrechts	25–28

I. Sinn und Zweck der Vorschrift

1 Die MAV ist nicht nur darauf angewiesen, Vorschläge des Dienstgebers entgegenzunehmen, mit ihm darüber zu beraten und zu entscheiden. § 32 räumt der MAV ein selbstständiges **Vorschlagsrecht** in den unter Nr. 1 bis 12 genannten Angelegenheiten ein. Vorschlagsrecht bedeutet **Initiativrecht der MAV:**

§ 32

Sie kann von sich aus tätig werden, um damit Anstoß zu geben, dass diese Angelegenheiten auch geregelt werden.
Das Vorschlagsrecht des § 32 ist zu unterscheiden vom Antragsrecht des § 37. **2**
Während der Dienstgeber im Rahmen des Vorschlagsrechtes allenfalls durch eine Einigung mit der MAV auf die vorgeschlagenen Regelungen eingehen und sie beim Scheitern der Einigung ablehnen kann, entscheidet in den Fällen des Antragsrechts des § 37 die Schlichtungsstelle über den Antrag der MAV (§§ 37 Abs. 3, 41 Abs. 1 Nr. 6 i. V. m. § 41 Abs. 3). Das Vorschlagsrecht des § 32 setzt demnach hohe Anforderungen an den Willen des Dienstgebers zur Zusammenarbeit mit der MAV voraus. Dabei fällt auf, dass die Neuregelungen der MAVO 1985, 1995 und 2003 im Gegensatz zur MAVO 1977 (§ 21 Abs. 3) einen Begründungszwang für die Ablehnung eines Vorschlages der MAV nicht vorsehen. Eine vergleichbare ausdrückliche Regelung fehlt jetzt. Das ist ein an sich schwer nachvollziehbarer Rückschritt, der auch nicht damit aufgehoben wird, dass ein Bescheid ohne Begründung »nicht angemessen« ist (*so Frey/Coutelle/Beyer*, § 32 Rz 7). Es ist mit dem Grundgedanken des § 26 Abs. 1, der vertrauensvollen Zusammenarbeit, einfach nicht zu vereinbaren, dass der Dienstgeber einen Vorschlag der MAV zurückweist, ohne sich die Mühe zu machen, seine Zurückweisung auch nur kurz zu begründen.

II. Abschließende Aufzählung, Anrufung der Schlichtungsstelle

§ 32 Abs. 1–12 enthält einen **abschließenden, nicht erweiterungsfähigen Kata-** **3**
log für das Vorschlagsrecht der MAV. Der Dienstgeber muss sich auf eine gemeinsame Sitzung – mit dem Ziele der Einigung – mit der MAV nur einlassen, wenn der von ihr gemachte Vorschlag sich unter eine der Fallgruppen Nr. 1–12 einordnen lässt.
Besteht Streit darüber, ob überhaupt eine Angelegenheit vorliegt, die unter **4**
den Katalog des § 32 Abs. 1 Nr. 1–12 fällt, so handelt es sich um eine »sonstige mitarbeitervertretungsrechtliche Rechtsfrage« im Sinne des § 41 Abs. 2. Die MAV kann deswegen die Schlichtungsstelle anrufen, wenn sie geltend macht, durch die Ablehnung der Einlassung auf ihr Vorschlagsrecht durch den Dienstgeber werde sie in ihren Rechten verletzt.
Die Schlichtungsstelle kann allerdings den Dienstgeber nicht veranlassen, ent- **5**
sprechend dem Vorschlag der MAV eine Dienstvereinbarung oder eine Regelungsabrede für einen der Bereiche abzuschließen, die in § 32 Abs. 1 erfasst sind. Die Regelung des § 32 geht nur von einem Vorschlagsrecht aus, das ein Verfahren nach § 32 Abs. 2 auslöst, wenn der Dienstgeber dem Vorschlag der MAV nicht entsprechen will. Das Verfahren nach § 32 Abs. 2 geht aber ins Leere, wenn der Dienstgeber keine Regelungsabsicht hat und dabei bleibt.
Der Dienstgeber kann einen Vorschlag bei gescheiterter Einigung ablehnen, **6**
ohne dass nun für die MAV die Möglichkeit zur Anrufung der Schlichtungsstelle eröffnet ist. Das Initiativrecht der MAV steht damit zwar in § 32, es ist aber nicht durchsetzbar. Das muss im Ergebnis aber als geltende Regelung hingenommen werden. De lege ferenda müsste zumindest bei Ablehnung des Vorschlages durch den Dienstgeber eine Anrufung der Schlichtungsstelle in Erwägung gezogen werden.

§ 32

III. Inhalt der einzelnen Vorschlagsrechte

1. Innerbetriebliche Information und Zusammenarbeit (Nr. 1)

7 Diese Angelegenheit stimmt mit dem Beteiligungsgegenstand in § 29 Abs. 1 Nr. 1 überein. Auf die Ausführungen zu § 29 Rz 3 f. wird verwiesen.

2. Änderung von Beginn und Ende der täglichen Arbeitszeit einschließlich der Pausen sowie der Verteilung der Arbeitszeit auf die einzelnen Wochentage für Mitarbeiterinnen und Mitarbeiter für pastorale Dienste und religiöse Unterweisung, die zu ihrer Tätigkeit der ausdrücklichen bischöflichen Sendung oder Beauftragung bedürfen, sowie für Mitarbeiter im liturgischen Dienst (Nr. 2)

8 Die Maßnahme stimmt im Wortlaut mit § 29 Abs. 1 Nr. 2 überein, weshalb auf § 29 Rz 5 ff. verwiesen wird.

3. Regelung der Ordnung in der Einrichtung (Haus- und Heimordnungen) (Nr. 3)

9 Wörtliche Übereinstimmung mit § 29 Abs. 1 Nr. 3. Deshalb wird auf § 29 Rz 15 ff. verwiesen.

4. Durchführung beruflicher Fort- und Weiterbildungsmaßnahmen, die die Einrichtung für ihre Mitarbeiterinnen und Mitarbeiter anbietet (Nr. 4)

10 Wörtliche Übereinstimmung mit § 29 Abs. 1 Nr. 6. Auf § 29 Rz 34 ff. wird verwiesen.

5. Regelung zur Erstattung dienstlicher Auslagen (Nr. 5)

11 Wörtliche Übereinstimmung mit § 29 Abs. 1 Nr. 9. Auf § 29 Rz 46 f. wird verwiesen.

6. Einführung von Unterstützungen, Vorschüssen, Darlehen und entsprechenden sozialen Zuwendungen (Nr. 6).

12 Wörtliche Übereinstimmung mit § 29 Abs. 1 Nr. 7. Auf § 29 Rz 38 ff. wird verwiesen.

7. Überlassung von Wohnungen, die für Mitarbeiterinnen und Mitarbeiter vorgesehen sind (Nr. 7)

13 Wörtliche Übereinstimmung mit § 29 Abs. 1 Nr. 13. Auf § 29 Rz 58 ff. wird verwiesen. Ergänzend wird angemerkt, dass sich sowohl das Mitberatungsrecht nach § 29 als auch das Vorschlagsrecht nach § 32 nicht auf die Festsetzung konkreter Nutzungsbedingungen für Dienst- oder Werkdienstwohnungen erstreckt sondern nur auf allgemein geltende Nutzungsbedingungen (*BVerwG*, 21. 3. 1985, 6 P 18/823, ZBR 1985, 281).

8. Grundlegende Änderung von Arbeitsmethoden (Nr. 8)

14 Wörtliche Übereinstimmung mit § 29 Abs. 1 Nr. 14. Auf § 29 Rz 61 f. wird verwiesen, ferner auf die Ausführungen zu Nr. 12.

§ 32

9. Maßnahmen zur Hebung der Arbeitsleistung und zur Erleichterung des Arbeitsablaufs (Nr. 9)

Wörtliche Übereinstimmung mit § 29 Abs. 1 Nr. 15. Auf § 29 Rz 63 ff. wird verwiesen. 15

10. Festlegung von Grundsätzen für die Gestaltung von Arbeitsplätzen (Nr. 10)

Wörtliche Übereinstimmung mit § 29 Abs. 1 Nr. 16. Auf § 29 Rz 66 ff. wird verwiesen. 16

11. Regelungen gemäß § 6 Abs. 3 (Nr. 11)

Es geht um die Gewährleistung der Repräsentanz der Mitarbeiter und Mitarbeiterinnen durch nur eine einzige MAV, die in einer Einrichtung mit einer oder mehreren nicht selbstständig geführten Dienststellen zu wählen ist (vgl. § 1 a) oder auch um die gemäß § 1 b zu bildende gemeinsame Mitarbeitervertretung für den Bereich mehrerer Dienstgeber. Hier kann der Dienstgeber (bzw. mehrere Dienstgeber) durch eine von § 11 Abs. 6 abweichende Regelung das Mehrheitswahlrecht in ein Verhältniswahlrecht abändern, damit die Mitarbeiter und Mitarbeiterinnen der verschiedenen betrieblichen Teilbereiche bzw. Einrichtungen (§ 1 b) nach einem bestimmten Proporz von der MAV repräsentiert werden. Die von § 11 Abs. 6 abweichende Regelung kann nur mit Zustimmung der amtierenden MAV wirksam getroffen werden. Auf § 6 Rz 25 ff. wird verwiesen. Die amtierende MAV hat zur abweichenden Regelung ein nicht erzwingbares, aber konstruktives Vorschlagsrecht (§ 6 Abs. 3 S. 2). 17

12. Sicherung der Beschäftigung, insbesondere eine flexible Gestaltung der Arbeitszeit, Förderung von Teilzeitarbeit und Altersteilzeit, neue Formen der Arbeitsorganisation, Änderungen der Arbeitsverfahren und Arbeitsabläufe, Qualifizierung der Mitarbeiterinnen und Mitarbeiter, Alternativen zur Ausgliederung von Arbeit oder ihrer Vergabe an andere Unternehmen

Die Vorschrift – angelehnt an § 92 a BetrVG – lenkt die Mitverantwortung der MAV auf Fragen der Beschäftigungssicherung im Rahmen der vertrauensvollen Zusammenarbeit mit dem Dienstgeber. Zur Sicherung der Beschäftigung kann die MAV nach dieser Vorschrift eine **Reihe themenbezogener Vorschläge** machen, die den Dienstgeber zur Erörterung mit der MAV veranlassen (§ 2 Abs. 1). Die MAV muss allerdings mit einem klaren Konzept aufwarten, wenn sie wegen einer oder mehrerer Methoden zur Erreichung des Ziels mit dem Dienstgeber in ein weiterführendes Gespräch kommen will. Die Vorschläge der MAV müssen substantiell präzisiert sein, weil der Dienstgeber nur dann in der Lage ist, die Angelegenheiten nach seinen Möglichkeiten, nach der Rechtslage im Arbeitsrecht, den betrieblichen Bedingungen und Erfordernissen, den Fähigkeiten der Mitarbeiterinnen und Mitarbeiter, den Betriebs- und Personalkosten zu beurteilen und zu entscheiden. Er kann Gegenvorschläge machen (vgl. § 29 Abs. 1 Nrn. 14–16). 18

§ 32

a. Flexible Gestaltung der Arbeitszeit

19 Die flexible Gestaltung der Arbeitszeit kann je nach arbeitsvertraglicher Regelung möglich sein, entweder durch die gleitende Arbeitszeit, die Mobilzeit mit verschiedenen Möglichkeiten des Einsatzes von Zeitguthaben (vgl. Anlage 5 b zu den AVR-Caritas) oder durch Langzeitkonten gemäß Anlage 5 c zu den AVR-Caritas. Gegebenenfalls sind dazu Dienstvereinbarungen gemäß § 38 Abs. 2 abzuschließen (vgl. Anlage 5 a zu den AVR-Caritas.)

b. Förderung von Teilzeitarbeit

20 Die Förderung von Teilzeitarbeit, hat der Gesetzgeber geregelt; es ist Sache der Mitarbeiter darüber zu befinden, ob sie Teilzeitarbeit nach Maßgabe der einzelarbeitsvertraglichen oder gesetzlichen Möglichkeiten in Anspruch nehmen wollen. Die MAV kann auf diesem Gebiet mit ihren Vorschlägen dazu beitragen, dass die betrieblichen Rahmenbedingungen flexibilisiert werden. In die Einzelarbeitsverträge darf sie nicht eingreifen.

21 Vergleichbares gilt bei der Frage der Inanspruchnahme der Möglichkeiten der Altersteilzeitarbeit.

c. Neue Formen der Arbeitsorganisation

22 Neue Formen der Arbeitsorganisation können auch dazu beitragen, die Zahl der Arbeitsplätze zu verringern, die Aufgaben neu zu definieren, um auf diese Weise Beschäftigung, wenn auch auf veränderter Basis, überhaupt zu sichern. In diesem Zusammenhang sind auch die Mitarbeiterjahresgespräche von Bedeutung, deren Durchführung von der Zustimmung der MAV gemäß § 36 Abs. 1 Nr. 9 abhängig sein kann. Das betrifft in gleicher Weise Änderungen der Arbeitsverfahren und Arbeitsabläufe, die Qualifizierung der Mitarbeiterinnen und Mitarbeiter.

d. Qualifizierung der Mitarbeiterinnen und Mitarbeiter

23 Zur Qualifizierung der Mitarbeiterinnen und Mitarbeiter gehören die Durchführung der Berufsbildung in der Einrichtung oder mit Hilfe des Dienstgebers außerhalb der Einrichtung (vgl. Nr. 4).

e. Ausgliederung von Arbeit

24 Die Ausgliederung von Arbeit, um auf diese Weise durch Neugründung von Unternehmen von den Vergütungsordnungen kirchlicher Arbeitsvertragsordnungen frei zu kommen, findet statt. Durch die Vorschrift der Nr. 12 bekommt die MAV die Möglichkeit, mit dem Dienstgeber eine beabsichtigte unternehmerische Maßnahme zu erörtern, wenn er die MAV gemäß § 27 Abs. 1 über die Absicht einer Ausgliederung unterrichtet hat. Siehe auch § 29 Abs. 1 Nr. 17. Die MAV darf Alternativen vorschlagen zu Ausgliederung von Arbeit oder Vergabe von Arbeit an andere Unternehmen.

IV. Verfahren bei Abwicklung des Vorschlagsrechtes: Verfahrensstufen

25 Der **Dienstgeber stimmt** dem Vorschlag der MAV **zu.** Dann gilt der Vorschlag als **verbindliche Abrede** zwischen Dienstgeber und MAV. Der Dienstgeber muss den von ihm angenommenen Vorschlag beachten – sowohl im Verhältnis zur MAV als auch den einzelnen, davon betroffenen Mitarbeitern.

Der Dienstgeber will dem Vorschlag der MAV **nicht entsprechen:** Dann muss der Dienstgeber zu einer **gemeinsamen Sitzung** mit der MAV einladen (§ 32 Abs. 2 S. 1). Als Tagesordnungspunkt ist vom Dienstgeber die Beratung über den Vorschlag der MAV festzulegen. In dieser gemeinsamen Sitzung ist über den Vorschlag der MAV mit dem **Ziele der Einigung** zu beraten. 26

Kommt eine Einigung **zustande**, so ist das Ergebnis in einer **Niederschrift** festzuhalten, die vom Dienstgeber und vom Vorsitzenden der MAV zu unterzeichnen ist (§ 39 Abs. 1 S. 4). Beide erhalten eine Ausfertigung der Niederschrift (§ 39 Abs. 1 S. 5). Auch hier bildet die **gefundene Einigung** die **Rechtsgrundlage** für das weitere Verhalten des Dienstgebers gegenüber der MAV und den betroffenen Mitarbeitern. 27

Kommt es auf der gemeinsamen Sitzung zu **keiner Einigung**, ist der Dienstgeber verpflichtet, seine **Ablehnung** des Vorschlages der MAV **schriftlich** mitzuteilen. Ohne diese schriftliche Mitteilung des Dienstgebers fehlt es an einer wirksamen Ablehnung des Vorschlages der MAV. Zur Begründungspflicht der Ablehnung siehe Rz 2. 28

§ 33 Zustimmung

(1) In den Angelegenheiten der §§ 34 bis 36 sowie des § 18 Absätze 2 und 4 kann der Dienstgeber die von ihm beabsichtigte Maßnahme oder Entscheidung nur mit Zustimmung der Mitarbeitervertretung treffen.

(2) Der Dienstgeber unterrichtet die Mitarbeitervertretung von der beabsichtigten Maßnahme oder Entscheidung und beantragt ihre Zustimmung. Die Zustimmung gilt als erteilt, wenn die Mitarbeitervertretung nicht binnen einer Woche nach Eingang des Antrages bei ihr Einwendungen erhebt. Auf Antrag der Mitarbeitervertretung kann der Dienstgeber die Frist um eine weitere Woche verlängern. Wenn Entscheidungen nach Ansicht des Dienstgebers eilbedürftig sind, so kann er die Frist auf drei Tage, bei Anstellungen und Einstellungen auch bis zu 24 Stunden unter Angabe der Gründe verkürzen.

(3) Erhebt die Mitarbeitervertretung Einwendungen, so haben Dienstgeber und Mitarbeitervertretung mit dem Ziel der Einigung zu verhandeln, falls nicht der Dienstgeber von der beabsichtigten Maßnahme oder Entscheidung Abstand nimmt. Der Dienstgeber setzt den Termin für die Verhandlung fest und lädt dazu ein. Die Mitarbeitervertretung erklärt innerhalb von drei Tagen nach Abschluss der Verhandlung, ob sie die Zustimmung erteilt oder verweigert. Äußert sie sich innerhalb dieser Frist nicht, gilt die Zustimmung als erteilt.

(4) Hat die Mitarbeitervertretung die Zustimmung verweigert, so kann der Dienstgeber gemäß § 41 Abs. 1 Nr. 6 die Schlichtungsstelle anrufen.

(5) Der Dienstgeber kann in Angelegenheiten der §§ 34 bis 36, die der Natur der Sache nach keinen Aufschub dulden, bis zur endgültigen Entscheidung vorläufige Regelungen treffen. Er hat unverzüglich der Mitarbeitervertretung

§ 33

die vorläufige Regelung mitzuteilen und zu begründen und das Verfahren nach den Absätzen 2 bis 4 einzuleiten oder fortzusetzen.

Inhaltsübersicht

	Rz
I. Zweck der Vorschrift	1–12
II. Mitbestimmungspflichtige Angelegenheiten	13–15
III. Phasen für den Ablauf des Zustimmungsverfahrens	16–19
IV. Einzelheiten zu den Phasen des Zustimmungsverfahrens	20–53
1. Phase: Unterrichtung der MAV – Antrag auf Zustimmung der MAV	20–22
2. Phase: Beginn der Wochenfrist für Erhebung von Einwendungen	23–34
a. Verlängerung der Frist	27–28
b. Verkürzung der Frist	29–35
3. Phase: Einwendungen der MAV	36–50
a. Keine Einwendungen	36–37
b. Fristgerecht erhobene Einwendungen	38–50
4. Phase: Einigungsverhandlung und ihr Abschluß	51–53
V. Verfahren in Eilfällen (§ 33 Abs. 5)	54–60
VI. Streitigkeiten	61–64
1. Antrag des Dienstgebers	61
2. Antrag der Mitarbeitervertretung	62–63
3. Fristen	64

I. Zweck der Vorschrift

1 Die Bestimmung des § 33 regelt das Verfahren in den der Mitbestimmung der MAV unterliegenden Angelegenheiten. Dabei ist die Mitbestimmung die stärkste Form der Beteiligung der MAV (§ 26 Rz 24 ff.). Das zeigt sich darin, dass bei einer Nichteinigung von Dienstgeber und MAV die Schlichtungsstelle verbindlich entscheidet (§ 33 Abs. 4 i. V. m. § 42 Abs. 2 S. 1).

2 Dem Dienstgeber steht in allen von der Mitbestimmung erfassten Angelegenheiten die MAV als **gleichberechtigter Partner** gegenüber. Ohne die Zustimmung oder eine sie ersetzende Entscheidung der Schlichtungsstelle kann der Dienstgeber eine von ihm beabsichtigte Maßnahme nicht treffen (»positives Konsensprinzip«). Das Mitbestimmungsrecht der MAV beschränkt die alleinige Entscheidungsbefugnis des Dienstgebers.

3 Die **Zustimmung** der MAV **muss vorliegen, bevor** die Maßnahme durch den Dienstgeber **durchgeführt** wird.

4 § 33 Abs. 5 sieht nun auch vor, dass der Dienstgeber ausnahmsweise unter den dort festgelegten, eng begrenzten Voraussetzungen eine **vorläufige Maßnahme** treffen kann. Voraussetzung ist, dass es sich bei der beabsichtigten Maßnahme um eine der **Natur der Sache unaufschiebbare Maßnahme** handelt, die einerseits einer vorläufigen Regelung überhaupt zugänglich ist, andererseits aber auch keine tatsächlich und rechtlich vollendete Tatsachen schafft (*BVerwG*, 20. 7. 1984, PersV 1985, 71 = ZBR 1984, 379). Die unerlässlichen, strengen Voraussetzungen für eine solche vorläufige Maßnahme sind in Rz 54 ff. näher dargestellt.

5 Der Dienstgeber verletzt seine Pflichten aus der MAVO, wenn er **ohne ordnungsgemäße Beteiligung** der MAV eine der Mitbestimmung unterliegende Maßnahme durchführt.

6 Die MAVO **regelt nicht**, wie sich diese Pflichtwidrigkeit auf die Maßnahme selbst **auswirkt**. § 33 Abs. 1 S. 1 legt zwar fest, dass der Dienstgeber eine dort genannte Maßnahme oder Entscheidung nur mit Zustimmung der MAV tref-

§ 33

fen kann. Daraus folgt, dass die Zustimmung der MAV eine **Wirksamkeitsvoraussetzung** ist. Das bedeutet, dass bei Nichtbeteiligung der MAV oder im Verfahrensgang abschließend verweigerter Zustimmung der MAV (dazu im einzelnen Rz 51 f.) die vom Dienstgeber getroffene Maßnahme grundsätzlich unwirksam ist (so auch *BAG*, 1. 7. 1970 – 4 AZR 351/69, AP Nr. 11 zu § 71 PersVG = DB 1970, 1984). Eine Heilung dieses Mangels ist auch durch eine nachträgliche korrekte Abwicklung des Zustimmungsverfahrens nicht möglich.

Dennoch ist zu unterscheiden: Handelt es sich um **Verwaltungsakte einer** 7 **kirchlichen Behörde**, dann kommt diesen – wie Verwaltungsakten allgemein – Bestandskraft und damit Wirksamkeit auch zu, wenn sie rechtswidrig zustande gekommen sind. Verletzt der Dienstgeber das Mitbestimmungsrecht, so ist der Verwaltungsakt fehlerhaft zustande gekommen. Er ist aber aus diesem Grunde nicht nichtig. Da der Weg zur staatlichen Verwaltungsgerichtsbarkeit nicht eröffnet ist, eine eigene kirchliche Verwaltungsgerichtsbarkeit (noch) nicht besteht, bleibt daher nur die Möglichkeit, sich an die kirchliche Aufsichtsbehörde zu wenden und um Überprüfung der getroffenen Entscheidung des Dienstgebers zu ersuchen.

Soweit es sich um **privatrechtliche Rechtsgeschäfte** handelt, hat das *BAG* (2. 7. 8 1980 – 5 AZR 1241/79, AP Nr. 9 zu Art. 33 Abs. 2 GG = EzA § 99 BetrVG 1972 Nr. 28 = BB 1981, 119, in Anlehnung an seine Rechtsprechung zu § 99 BetrVG) für den öffentlichen Dienst entschieden, dass ein ohne Beteiligung der Personalvertretung abgeschlossenes **Arbeitsverhältnis** nicht nichtig ist, sondern voll wirksam bleibt. Der Dienstherr darf nur den Arbeitnehmer nicht beschäftigen, solange die Personalvertretung ihre Zustimmung nicht erteilt hat. An dieser Auffassung ist auch für das Zustimmungsrecht der MAV festzuhalten. Das bedeutet, dass ein Arbeitsvertrag mit einem Mitarbeiter, der vom Dienstgeber unter Verletzung des Mitbestimmungsrechtes der MAV abgeschlossen wurde, vor allem mit der Lohnzahlungspflicht wirksam bleibt. Es ist – worauf *Richardi* (BPersVG § 69 Rz 102) mit Recht hinweist – für den betroffenen Mitarbeiter unzumutbar und unbillig, wenn sein Dienstgeber aus seiner Pflichtwidrigkeit bei der Einhaltung von Mitbestimmungsregeln für sich Rechtsvorteile im Rahmen eines einzelnen Arbeitsverhältnisses ziehen würde (etwa die einseitige Lösung aus einem dann bestehenden faktischen Arbeitsverhältnis, Verweigerung der Lohnzahlung unter Hinweis auf den nichtigen Vertrag [ebenso auch *Frey/Coutelle/Beyer*, § 33 Rz 21]). Auch *Grabendorff/Windscheid/Ilbertz/Widmaier*, stimmen in der 8. Auflage unter Aufgabe ihrer bisherigen Meinung dieser Auffassung zu (§ 69 Rz 40).

Im Übrigen gilt aber für **privatrechtliche Rechtsgeschäfte** – von der Einstel- 9 lung oder Anstellung abgesehen –, dass sie **ohne die Zustimmung der MAV** nichtig sind. Dabei ist es ohne Bedeutung, ob der Dienstgeber die Mitbestimmung der MAV überhaupt nicht beachtet hat, oder ob die Mitbestimmung in mangelhafter Form stattgefunden, also nicht den Regeln des § 33 entsprochen hat. In beiden Fällen tritt die Nichtigkeit der Maßnahme des Dienstgebers ein. Jedoch genießt der Mitarbeiter bei der dem Dienstgeber anzulastenden Pflichtwidrigkeit sozialen Bestandsschutz im Umfange der von ihm getroffenen personellen Maßnahme (so z. B. bei einer ohne Zustimmung der MAV erfolgten Höhergruppierung: § 35 Rz 33).

Für die **Eingruppierung, Umgruppierung, Höhergruppierung oder Rückgrup-** 10 **pierung**, die auf Grund einer **kollektiv-rechtlichen Ordnung** (Anwendung von

§ 33

BAT, AVR, ABD oder KAVO) zu erfolgen hat, besteht nur ein Mitbeurteilungsrecht der MAV. Der Anspruch des betroffenen Mitarbeiters ist durch diese Normen vorgegeben, die MAV und der Dienstgeber sind an die richtige Anwendung dieser Normen gebunden. Daher gibt die Rechtsprechung der MAV – wie allen anderen Betriebsgremien – nur ein **Mitbeurteilungsrecht**, das Gewähr für eine ordnungsgemäße Eingruppierung, die Sicherung der Lohngerechtigkeit und des innerbetrieblichen Lohngefüges gewährleisten soll (*BAG*, zuletzt 20. 12. 1988 und ständige Rechtsprechung ABR 68/87, AP Nr. 62 zu § 99 BetrVG 1972 = EzA § 99 BetrVG Nr. 70 = DB 1989, 1240). Wie zu verfahren ist, wenn die Schlichtungsstelle endgültig den Eingruppierungsvorschlag des Dienstgebers verwirft, ist unter § 35 Rz 5 ff. näher dargestellt.

11 Ist der Dienstgeber mit gewichtigen Gründen der Auffassung, dass eine von ihm vorgesehene Maßnahme **nicht der Zustimmung der MAV unterliegt**, könnte er dieser Überzeugung folgen, die er zu begründen hat. Er könnte die Maßnahme dann als zustimmungsfrei behandeln. Allerdings kann dann die MAV, da insoweit ein »sonstiger mitarbeitervertretungsrechtlicher Streit« im Sinne des § 41 Abs. 2 vorliegt, diese streitige Rechtsfrage durch die Schlichtungsstelle klären lassen (so für § 69 BPersVG: *BVerwG*, 25. 8. 1986, PersV 1987, 287 = ZBR 1987, 60).

12 Soweit die zustimmungspflichtige Maßnahme **ohne Beteiligung der MAV** durchgeführt worden ist, kann dieser – unter der Voraussetzung, dass die Maßnahme tatsächlich und rechtlich rücknehmbar oder abänderbar ist – vom Dienstgeber die nachträgliche Einleitung des Mitbestimmungsverfahrens und eine vollständige Unterrichtung verlangen. Soweit ein wirksamer Rechtsschutz nicht ausnahmsweise etwas anderes erfordert, vor allem die Durchsetzung einer entsprechenden gerichtlichen Entscheidung gewährleistet ist, kann dieser verfahrensrechtliche Anspruch in einem Schlichtungsverfahren nach § 41 Abs. 2 mit einem dann nach § 256 ZPO zulässigen Feststellungsantrag zur entsprechenden Verpflichtung des Dienstgebers gemacht werden (*BVerwG*, 15. 3. 1995 – 6 P 31/93, AP Nr. 1 zu § 76 LPersVG Baden-Württemberg = PersV 1996, 121).

II. Mitbestimmungspflichtige Angelegenheiten

13 § 33 Abs. 1 legt fest, welche Angelegenheiten zustimmungspflichtig sind:
– § 34: Zustimmung bei Einstellung oder Anstellung
– § 35: Zustimmung bei sonstigen persönlichen Angelegenheiten
– § 36: Zustimmung bei Angelegenheiten der Dienststelle
  Zustimmungspflichtig sind darüber hinaus:
– § 18 Abs. 2: Versetzung und Abordnung von Mitgliedern der MAV in eine andere Einrichtung (§ 18 Rz 23 ff.)
– § 18 Abs. 4: Ablehnung des Antrages eines Auszubildenden, der Mitglied der MAV ist, auf Weiterbeschäftigung nach Beendigung der Ausbildungszeit (§ 18 Rz 47 ff.)

14 Zu erwähnen ist nach § 6 Abs. 3 wegen spezifischer Regelung in Abweichung von § 11 Abs. 6 mit Zustimmung der MAV.
Unberührt von dieser Zustimmungspflicht der MAV bleibt der Personenkreis des § 3 Abs. 2 (Rz 56); siehe auch § 3 Abs. 1 S. 2. Im übrigen unterliegt nach der Musterordnung sowohl die Einstellung als auch die Anstellung von Mitarbei-

§ 33

tern, soweit die Tätigkeit »geringfügig« nach § 8 Abs. 1 Nr. 2 SGB IV ist und für pastorale Dienste und religiöse Unterweisung, nicht der Zustimmung. Für diese beiden Fälle von Maßnahmen, soweit sie die in § 34 Abs. 1 genannten pastoralen Dienste betreffen, verbleibt es bei der Anhörung und Mitberatung durch die MAV nach § 29.
Die in § 33 Abs. 1 genannten zustimmungspflichtigen Angelegenheiten sind **abschließend** festgelegt. Eine **Ergänzung** durch einen kirchlichen Dienstgeber-, eine **Erweiterung**, aber auch die **Streichung** eines Komplexes ist **unzulässig** (§ 48). Der MAV steht in jedem Falle ungeschmälert das Mitbestimmungsrecht in allen in § 33 Abs. 1 genannten Angelegenheiten zu. 15

III. Phasen für den Ablauf des Zustimmungsverfahrens

1. Phase: 16
Unterrichtung der MAV von der beabsichtigten mitbestimmungspflichtigen Maßnahme oder Entscheidung durch den Dienstgeber und Antrag an MAV auf Zustimmung (Rz 20).
2. Phase: 17
Damit beginnt eine **Frist für die MAV von 1 Woche** zur Erhebung von Einwendungen (Rz 23). **Fristverlängerung** um eine weitere Woche ist auf Antrag der MAV zu gewähren (Rz 27). **Fristverkürzungen** durch Dienstgeber auf 3 Tage sind zulässig, bei Anstellungen und Einstellungen bis zu 24 Stunden (Rz 29 f.).
3. Phase: 18
Erste Möglichkeit für die MAV: Sie erhebt **keine Einwendungen** innerhalb der Fristen der zweiten Phase. Dann gilt die Zustimmung als erteilt. Das Mitbestimmungsverfahren ist damit abgeschlossen (Rz 35).
Zweite Möglichkeit: Die MAV erhebt sachlich begründete, in der MAVO näher bestimmte **Einwendungen** innerhalb der Fristen der zweiten Phase. Dann muss der Dienstgeber die MAV zu einer **Einigungsverhandlung** einladen (Rz 48 ff.).
4. Phase: 19
Nach der Einigungsverhandlung hat die MAV noch eine Frist von drei Tagen zur Äußerung (Rz 51 ff.).
Erste Möglichkeit: Die MAV erteilt ausdrücklich ihre **Zustimmung** (Rz 51 ff.) oder äußert sich nicht mit der Rechtsfolge, dass die Zustimmung der MAV als erteilt gilt (Rz 53).
Zweite Möglichkeit: Die **MAV verweigert die Zustimmung.** Dann muss der Dienstgeber im Schlichtungsverfahren die Zustimmung ersetzen lassen (Rz 52).

IV. Einzelheiten zu den Phasen des Zustimmungsverfahrens

1. Phase: Unterrichtung der MAV von der beabsichtigten Maßnahme – Antrag des Dienstgebers auf Zustimmung der MAV (§ 33 Abs. 2 S. 1)

Die erste Phase beruht auf einer Initiative des Dienstgebers: Der Dienstgeber hat die MAV über die von ihm beabsichtigte Maßnahme oder Entscheidung, die er nur mit Zustimmung der MAV ausführen kann, zu **unterrichten.** Die 20

§ 33

MAVO legt nicht die **Form** der **Unterrichtung** fest. Sie kann **mündlich** oder **schriftlich** erfolgen. Sie hat gegenüber dem Vorsitzenden der MAV (im Verhinderungsfalle seinem Stellvertreter) zu erfolgen. Schriftform ist empfehlenswert, weil damit der Beginn der Wochenfrist mit Zugang des Unterrichtungsschreibens festgehalten wird. Die **Unterrichtung** hat **rechtzeitig** zu erfolgen. Die Rechtzeitigkeit wird in der MAVO dahin konkretisiert, dass die MAV eine **Frist von einer Woche** nach Eingang des Antrages als Zeit zur Beratung und Beschlussfassung hat. Die Unterrichtung hat **umfassend** zu erfolgen (*Schlichtungsstelle Köln*, 9. 5. 1995 – MAVO 3/95, ZMV 1995, 295; *Schlichtungsstelle Limburg*, 13. 11. 1995 – 9/95, ZMV 1996, 246). Der Dienstgeber muss seine Maßnahme daher **begründen**, auch wenn die Begründungspflicht nicht mehr ausdrücklich in § 33 Abs. 2 enthalten ist. Sie folgt aus § 26 Abs. 1 S. 1. Die MAV hat einen Anspruch auf Vorlage der für ihre Zustimmung erforderlichen Unterlagen (§ 26 Abs. 2 S. 1 – Rz 27 ff.).

21 Die Unterrichtung hat zu erfolgen, sobald der Dienstgeber die Maßnahme **»beabsichtigt«.** Sie ist beabsichtigt, wenn der Dienstgeber nach Abschluss seiner Planungen eine Veränderung des zustimmungspflichtigen Sachverhalts vornehmen will. Nur vorbereitende Maßnahmen, die nicht bereits eine zustimmungspflichtige Maßnahme oder Entscheidung des Dienstgebers endgültig festlegen, sind keine »Maßnahmen« im Sinne des § 33 Abs. 2. Allerdings dürften hier die Grenzen zwischen einer beteiligungsfreien Maßnahme und einem beteiligungspflichtigen Vorgang zweifelhaft werden, wenn sich aus der beteiligungsfreien Maßnahme bereits eine **»Vorentscheidung«** für den zustimmungspflichtigen Tatbestand ergeben hat. Hier ist die MAV bereits an dieser Vorentscheidung zu beteiligen (*BVerwG*, 12. 1. 1962 – P 1/60, ZBR 1962, 156). Eine zustimmungspflichtige Maßnahme ist auch gegeben, wenn die Maßnahme nur **versuchs- oder probeweise** durchgeführt werden soll (*BVerwG*, 15. 12. 1978, ZBR 1980, 59; *Schlichtungsstelle Münster*, 7. 11. 1994 – 6/94, ZMV 1995, 294).

22 Der Dienstgeber hat mit der Unterrichtung die **Zustimmung der MAV** zu der beabsichtigten Maßnahme einzuholen. Dieser Antrag ist vom Leiter der Dienststelle/kirchlichen Einrichtung oder seinem ständigen oder sonst bevollmächtigten Vertreter oder einem nach § 3 Abs. 2 beauftragten leitenden Mitarbeiter zu stellen. Andere Personen sind zur Stellung des Antrages nicht befugt. Auch dieser Antrag bedarf **keiner Form.** Er kann **stillschweigend** dadurch gestellt sein, dass der Dienstgeber die MAV über eine zustimmungspflichtige Maßnahme unterrichtet, wenn sich aus der Unterrichtung der Wille zur Durchführung dieser Maßnahme entnehmen lässt. In jedem Fall aber muss sich aus der Unterrichtung der MAV incident oder durch klare Äußerungen bei der Unterrichtung ergeben, dass der Dienstgeber eine Zustimmung der MAV begehrt. Nur in diesem Falle beginnt die Wochenfrist des § 33 Abs. 2 S. 2. Zweifelhaft kann werden, ob die MAV **im voraus ihre Zustimmung** zu mitbestimmungspflichtigen Maßnahmen bei gleichliegenden, immer wieder auftretenden Fällen erteilen kann (*BAG*, 2. 3. 1982 – 1 ABR 74/79, AP Nr. 6 zu § 87 BetrVG 1972 Arbeitszeit = EzA § 87 BetrVG 1972 Arbeitszeit Nr. 11 = DB 1982, 115; für den Bereich des öff. Dienstes: *Hess. VGH*, 29. 3. 1989 – BPV TK 3821/87, PersV 1990, 176). Die Rechtsprechung bejaht diese Möglichkeit, wenn der BR, PR oder die MAV über all diejenigen mitbestimmungspflichtigen Maßnahmen, die diese Vorauszustimmung betreffen, laufend unterrichtet

§ 33

wird und jederzeit nähere Aufklärung über die Entwicklung und den Stand dieser Angelegenheiten verlangen kann.

2. Phase: Beginn der Wochenfrist für die Erhebung von Einwendungen

Mit der Unterrichtung und dem Antrag auf Zustimmung beginnt die Wochenfrist für die MAV zur Erhebung von Einwendungen (§ 33 Abs. 2 S. 2). 23
Voraussetzung ist die ordnungsgemäße und vollständige Information (Rz 20) verbunden mit dem Antrag des Dienstgebers auf Zustimmung. Die Frist beginnt nicht, solange die Unterrichtung der MAV nicht abgeschlossen ist. Nur so kann die MAV die Wochenfrist zur Erhebung möglicher Einwendungen nutzen (*Schlichtungsstelle Köln*, 15. 2. 1995 – MAVO 17/94, ZMV 1995 S. 295). 24
Der Tag der ordnungsgemäßen Unterrichtung wird bei der Berechnung der Frist nicht mitgerechnet (§ 187 Abs. 1, § 188 Abs. 2 BGB). Beispiel: 25
1. Unterrichtung ist am Montag, 10. 11. 2003, erfolgt. Die Wochenfrist endet am Montag, 17. 11. 2003.
2. Unterrichtung ist erfolgt am Freitag, 26. 9. 2003. Die Wochenfrist endet nicht am Freitag, 3. 10. 2003, da der Freitag, 3. 10. 2003 gesetzlicher Feiertag ist; sie endet erst am Montag, 6. 10. 2003, weil ein gesetzlicher Feiertag, ein Sonnabend und Sonntag einen Fristaufschub bewirken mit der Folge, dass der Fristablauf erst am darauf folgenden Werktag eintritt (§ 193 BGB).
Hat der Dienstgeber die MAV nicht ordnungsgemäß unterrichtet oder fehlt sein Antrag auf Zustimmung, so beginnt die Wochenfrist erst mit dem Tag des Zugangs der vollständigen Information (*BAG*, 15. 4. 1986 – 1 ABR 55/84, AP Nr. 36 zu § 99 BetrVG = EzA § 99 BetrVG 1972 Nr. 49 = DB 1986, 1783; *LAG München*, DB 1982, 1679; *BVerwG*, 18. 8. 1987 – 6 P 22.84 = PersV 1988, 357). 26

a. Verlängerung der Frist

Die Wochenfrist kann auf Antrag der MAV nach § 33 Abs. 2 S. 3 um eine weitere Woche verlängert werden. Auf die Verlängerung hat die MAV einen Rechtsanspruch, wenn sie innerhalb der Wochenfrist § 33 Abs. 2 S. 1 einen Antrag an den Dienstgeber stellt. Der Antrag bedarf keiner Begründung. Die MAV sollte aber im Interesse einer vertrauensvollen Zusammenarbeit die Gründe nennen, weswegen die Verlängerung beantragt wird. 27
Eine weitere Verlängerung der Frist ist ausgeschlossen (§ 48). Die der MAV eingeräumte Höchstfrist zur Geltendmachung von Einwendungen beträgt demnach zwei Wochen nach ordnungsgemäßer Unterrichtung. 28

b. Verkürzung der Frist

Die Wochenfrist kann vom Dienstgeber **verkürzt** werden (§ 33 Abs. 2 Satz 4). Die Verkürzung erfolgt durch eine vom Dienstgeber zu begründende Mitteilung an die MAV. Sie kann nur mit besonderer **Eilbedürftigkeit** begründet werden. Ob eine solche Eilbedürftigkeit gegeben ist, entscheidet sich danach, ob außergewöhnliche Umstände vorliegen, die die Abkürzung der Beteiligungsfrist rechtfertigen. Das muss der Dienstgeber exakt vortragen. 29
Die Regelung des § 33 Abs. 2 S. 4 unterscheidet sich von der vorläufigen Vornahme einer mitbestimmungspflichtigen Maßnahme nach § 33 Abs. 5 dadurch, dass eine solche vorläufige Maßnahme überhaupt nur in Betracht kommen kann, wenn die in § 33 Abs. 2 Satz 4 vorgesehene Abkürzung der Be- 30

§ 33

teiligungsfrist unzureichend wäre oder wenn von vornherein nicht mit einer Zustimmung der MAV gerechnet werden kann. Ist der Dienstgeber der Auffassung, dass die MAV innerhalb der von ihm abgekürzten Frist beraten und einen Beschluss fassen könnte, dann muss er in erster Linie von der Möglichkeit der Abkürzung der Frist Gebrauch machen und kann nicht über § 33 Abs. 5 eine vorläufige Regelung treffen.

31 Die MAV kann der Fristverkürzung **widersprechen.** Ist ihr Widerspruch gegen die Verkürzung der Beteiligungsfristen objektiv berechtigt, liegt also keine Eilbedürftigkeit vor, so treten die Folgen einer nicht ordnungsgemäßen Beteiligungsfrist der MAV vor der zustimmungspflichtigen Maßnahme ein.

32 Das Beteiligungsverfahren ist nicht ordnungsgemäß durchgeführt. Der Dienstgeber kann die vorgesehene, zustimmungspflichtige Maßnahme wirksam in der abgekürzten Frist nicht durchführen.

33 Die **Abkürzung der Wochenfrist** des § 33 Abs. 2 S. 2 bei Eilbedürftigkeit ist zulässig auf
– 3 Kalendertage, beginnend am Tage nach der Unterrichtung,
– 24 Stunden ab Zugang der Unterrichtung bei Anstellungen und Einstellungen.

34 Der Dienstgeber hat nur die Möglichkeit diese in der MAVO genannten abgekürzten Fristen zu wählen. Er kann nicht andere, in diesem zeitlichen Rahmen liegende abgekürzte Fristen bestimmen.
Beispiel für die auf 24 Stunden abgekürzte Frist:
Unterrichtung mit Abkürzung der Frist: Montag, 8. 11. 2004, 9.30 Uhr.
Ende der 24-Stunden-Frist: Dienstag, 9. 11. 1997, 10.00 Uhr.

35 Nach § 187 BGB wird bei einer Fristberechnung nach Stunden eine Berechnung nach **vollen** Stunden vorgenommen. Das bedeutet, dass die MAV bis Dienstag, 9. 11. 2004, 10.00 Uhr die Zustimmung mit einer ausreichenden Begründung nach § 34 Abs. 2 verweigern kann. Sie kann sich innerhalb dieser Frist auch darauf berufen, dass ein Fall von Eilbedürftigkeit nicht vorgelegen habe und deswegen die vom Dienstgeber verlangte Anhörung innerhalb der abgekürzten Frist keine »ordnungsgemäße« Anhörung sei. Er könne die Maßnahme demnach ohne die Zustimmung der MAV, über die innerhalb der Regel-Wochenfrist des § 33 Abs. 2 Satz 2 eine Entscheidung erfolge, nicht vornehmen. Die Rechtsfrage, ob ein Fall von Eilbedürftigkeit nach § 33 Abs. 2 Satz 4 vorlag, kann von der Schlichtungsstelle auf Antrag der MAV nach § 41 Abs. 2 entschieden werden.

3. Phase: Einwendungen der MAV

a. Keine Einwendungen

36 **Die MAV erhebt ausdrücklich keine Einwendungen** und lässt die Wochenfrist, die verlängerte oder vom Dienstgeber abgekürzte Frist widerspruchslos verstreichen: § 33 Abs. 2 S. 2 fingiert die Zustimmung. Der Dienstgeber kann die Maßnahme in der beantragten **Form** ausführen.

37 Die MAV **versäumt die Frist:** Dagegen gibt es keine Wiedereinsetzung, auch wenn die Fristversäumnis von der MAV nicht schuldhaft herbeigeführt wurde. Die Frist ist eine Ausschlussfrist. Sie beseitigt das Recht zur Zustimmungsverweigerung mit ihrem Ablauf. Nur in den Fällen, in denen der Dienstgeber durch sein Verhalten den verspäteten Eingang der Zustimmungsverweigerung

§ 33

verursacht hat, wäre seine Berufung auf den Fristablauf ein Verstoß gegen die vertrauensvolle Zusammenarbeit und damit eine unzulässige Rechtsausübung. Also auch bei Versäumung der Frist durch die MAV: Zustimmungsfiktion des § 33 Abs. 2 S. 2.

b. Fristgerecht erhobene Einwendungen

Für die Einwendungen ist die Einhaltung der **Schriftform nicht** zwingend vorgeschrieben. 38

Sie können also auch **mündlich** unter Angabe der Gründe innerhalb der Frist beim Dienstgeber vorgebracht werden. 39

Das Erheben von Einwendungen setzt einen ordnungsgemäß nach § 14 Abs. 5 S. 2 (§ 14 Rz 53 ff.) gefassten **Beschluss der MAV** voraus, dessen Nachweis im Zweifelsfalle der Dienstgeber fordern kann. Der Vorsitzende der MAV, der kein gesetzlicher Vertreter der MAV ist, kann aus eigener Machtvollkommenheit Einwendungen wirksam nicht erheben (*BVerwG*, 11. 10. 1972, ZBR 1972, 381 = PersV 1973, 48; *BAG*, 19. 8. 1992 – 7 ABR 58/91, AP Nr. 3 zu § 76 BetrVG 1972 = DB 1993, 1196). 40

Werden die Einwendungen schriftlich erhoben, muss das Schreiben vom Vorsitzenden der MAV, seinem Stellvertreter oder einem dazu bevollmächtigten Mitglied der MAV unterzeichnet sein (*BAG*, 24. 7. 1979 – 1 ABR 78/77, AP Nr. 11 zu § 99 BetrVG 1972 = DB 1979, 2327). 41

aa. Die MAV erhebt fristgerecht Einwendungen, sie entsprechen jedoch nicht den festgelegten Zustimmungsverweigerungsgründen der §§ 34 Abs. 2 und 35 Abs. 2 oder geben nur formelhaft den Text der Gründe wieder; damit erfolgt eine Erklärung der Zustimmungsverweigerung durch die MAV ohne Angabe von Gründen, so dass die Zustimmungsverweigerung unwirksam ist (*BVerwG*, 4. 4. 1985, ZBR 1985, 283 = PersV 1987, 155; *BVerwG*, 20. 6. 1986, ZBR 1987, 28 = PersV 1987, 63. 42

Die Angabe von Gründen gehört zum notwendigen Inhalt einer Zustimmungsverweigerungserklärung. Nach Ablauf der Fristen für die Zustimmungsverweigerung ist eine Ergänzung ausgeschlossen. Rechtsfolge ist, dass die Zustimmung als erteilt gilt (§ 33 Abs. 2 S. 2). 43

bb. Die Zustimmungsverweigerung der MAV wiederholt floskelhaft nur den Text der Zustimmungsverweigerung, ohne konkret Tatsachen vorzutragen, wie die einzelnen Tatbestände ausgefüllt werden: Keine gesetzmäßige Zustimmungsverweigerung. Sie ist zu behandeln wie unter aa., nämlich als Zustimmungsverweigerung ohne Angabe von Gründen (*BVerwG*, 27. 7. 1979 – 6 P 38.78 ZBR 1980, 335 = PersV 1981, 162; *BAG*, 24. 7. 1979 – 1 ABR 78/77, AP Nr. 11 zu § 99 BetrVG 1972 = EzA § 99 BetrVG 1972 Nr. 26 = BB 1980, 104; *BAG*, 26. 1. 1988 – 1 AZR 531/86, AP Nr. 50 zu § 99 BetrVG 1972 = DB 1988, 1167; *Schlichtungsausschuss der Evang. Landeskirche Baden*, 27. 11. 1990 – 31/89, ZMV 1991, 65). 44

cc. Die Zustimmungsverweigerung der MAV wird mit Gründen versehen, die »offenkundig«, d. h. auf den ersten Blick erkennbar für jeden Kundigen, die Zustimmungsverweigerung nicht rechtfertigen können, weil sie sich überhaupt nicht unter den Katalog der Zustimmungsverweigerungsgründe der §§ 34 Abs. 2, 35 Abs. 2 einordnen lassen: 45

Die Zustimmung gilt hier als erteilt. 46

§ 33

47 Es besteht keine Verpflichtung des Dienstgebers zur Einleitung des Einigungsverfahrens nach § 33 Abs. 4 (*BVerwG*, 20. 6. 1986 – 6 P 9/81, PersV 1985, 248 = ZBR 1987, 28; *BVerwG*, 7. 12. 1994 – 6 P 35/92, AP Nr. 13 zu § 2 BAT SR 2 y; *BAG*, 18. 10. 1988 – 1 ABR 33/87, AP Nr. 57 zu § 99 BetrVG 1972 = DB 1989, 530, Abschnitt I/2 der Gründe; *Schlichtungsstelle Freiburg*, 29. 1. 1996 – 1995/5, ZMV 1996, 147, wonach der Einwand »allgemeiner arbeitsmarktpolitischer Gründe« unbeachtlich ist).

48 dd. Die Zustimmungsverweigerung ist fristgerecht und mit gesetzmäßigen Gründen beim Dienstgeber eingegangen, dann gilt Folgendes.

49 Der Dienstgeber hat die Pflicht zur Einleitung des Einigungsverfahrens. Die Einigungsverhandlung hat nach § 33 Abs. 3 S. 2 der Dienstgeber einzuleiten. Er setzt den Termin für die Verhandlung fest und lädt dazu ein. Eine bestimmte Frist zur Anberaumung der Einigungsverhandlung legt die MAVO nicht fest. Der Dienstgeber muss jedoch an einem alsbaldigen Termin deswegen Interesse haben, weil er die von ihm beabsichtigte Maßnahme ohne wirksame Zustimmung der MAV nicht vornehmen kann. Beide Beteiligte sollten das Einigungsverfahren damit beginnen, dass sie **Vorschläge für eine Einigung** vorlegen, die Grundlage für eine Verständigung sein könnten. Der Einigungsvorschlag des Dienstgebers ist dabei deswegen besonders wichtig, weil er im Rahmen des § 36 bei Versäumung der Drei-Tages-Frist durch die MAV oder bei Nichtäußerung innerhalb dieser Drei-Tages-Frist (Rz 53) die zustimmungspflichtige Maßnahme **nur** so durchführen kann, wie er sie im Einigungsverfahren zunächst vorgeschlagen hat. Abweichungen davon könnte er nur insoweit berücksichtigen, als darüber vollständige Einigung über Teilpunkte zwischen ihm und der MAV gegeben ist, die in der von ihm zu fertigenden Niederschrift dieser Verhandlung festgehalten und von beiden Beteiligten unterzeichnet sind (§ 36 Rz 132 ff.).

50 In dieser Verhandlung muss mit dem **Ziele der Einigung** verhandelt werden. Das gefundene Ergebnis hat der Dienstgeber in einer von ihm zu fertigenden Niederschrift festzuhalten (§ 39 Abs. 1 S. 4). Einigen sich die Partner auf die Zustimmung der MAV, so ist damit das Zustimmungsverfahren beendet: Der Dienstgeber kann die beabsichtigte Maßnahme durchführen.

4. Phase: Einigungsverhandlung und ihr Abschluss

51 Einigen sich die Parteien auf dieser gemeinsamen Sitzung **nicht**, beginnt mit ihrem Abschluss (nicht erst mit Zugang der Niederschrift des Dienstgebers an die MAV) eine Frist von 3 Kalendertagen. In diesen drei Kalendertagen muss die MAV erklären, ob
– sie die Zustimmung erteilt oder
– die Zustimmung weiter verweigert.

52 Nur wenn sie **ausdrücklich** dem Dienstgeber innerhalb der Drei-Tage-Frist erklärt, sie verweigere ihre Zustimmung, muss der Dienstgeber die Schlichtungsstelle nach § 41 Abs. 1 Nr. 6 anrufen, um sich die verweigerte Zustimmung ersetzen zu lassen.

53 Gibt die MAV innerhalb der **Drei-Tages-Frist** keine Erklärung ab oder versäumt sie diese Ausschlussfrist (Rz 36), so gilt die Zustimmung als erteilt (§ 33 Abs. 3 S. 4). Beispiel:
Abschluss der Einigungsverhandlungen: Dienstag, 30. 9. 2003.
Beginn der Drei-Tage-Frist: Mittwoch, 1. 10. 2003.

Ablauf der Frist: Montag, 6. 10. 2003.
Begründung: Am Freitag, 3. 10. 2003, kann die Frist nicht ablaufen, weil dieser Tag ein gesetzlicher Feiertag (Tag der Deutschen Einheit) ist, der Samstag, 4. 10. 2003 und der Sonntag, 5. 10. 2003, fallen ebenfalls nach § 193 BGB als Fristablauftage aus (Rz 25). Die Mitteilung, dass die Zustimmung weiter verweigert bleibt, muss demnach spätestens am 6. 10. 2003 dem Dienstgeber zugehen und wahrt dann die Drei-Tage-Frist des § 33 Abs. 3 S. 3. Geht die Mitteilung erst am 7. 10. 2003 dem Dienstgeber zu, gilt die Zustimmung als erteilt (§ 33 Abs. 3 S. 4).

V. Verfahren in Eilfällen (§ 33 Abs. 5)

§ 33 Abs. 5 enthält eine Sonderregelung für Eilfälle durch **vorläufige einseitige** 54
Maßnahmen des Dienstgebers.
Das bedeutet nicht, dass der Dienstgeber dadurch eigene Versäumnisse bei 55
der Einleitung und der Durchführung des Zustimmungsverfahrens ausgleichen kann. Es ist und bleibt trotz des § 33 Abs. 5 Pflicht des Dienstgebers, das Zustimmungsverfahren so rechtzeitig einzuleiten und es so zügig durchzuführen, dass es vor der tatsächlichen Umsetzung der zustimmungspflichtigen Maßnahme abgeschlossen ist. Wenn die Zustimmung Wirksamkeitsvoraussetzung für eine Maßnahme ist, dann muss **vor** der Durchführung der Maßnahme die Zustimmung auf dem gesetzmäßigen Weg und unter Beachtung der gesetzlichen Fristen eingeholt werden und vorliegen.
Daraus folgt aber, dass die Sonderregelung des § 33 Abs. 5 nur für **unauf-** 56
schiebbare Maßnahmen verwendet werden kann: Voraussetzung ist, dass es sich um eine Angelegenheit handelt,»die der Natur der Sache nach keinen Aufschub duldet«. Das bedeutet aber, dass eine vorläufige Regelung nach § 33 Abs. 5 überhaupt nur in Frage kommen kann, wenn wegen der fehlenden Zustimmung der MAV oder eines noch laufenden Zustimmungsverfahrens eine Regelung im Hinblick auf wichtige Belange der Einrichtung, auf die von Dienstgeber und MAV zu beachtenden Interessen der gesamten Einrichtung oder ein von der Allgemeinheit abhängiges, vorrangig zu bewertendes Interesse zwingend für eine vorläufige Regelung sprechen. Dass eine Angelegenheit nur eilbedürftig ist, genügt dazu nicht (so auch *BVerwG,* 25. 10. 1979, ZBR 1980, 161= PersV 1981, 203). Die Eingruppierungsentscheidung des Dienstgebers gegenüber einem zu befördernden Mitarbeiter kann regelmäßig keinen Grund für eine Eilsache bilden und damit eine vorläufige Regelung nicht rechtfertigen (*Schlichtungsstelle Limburg,* 29. 5. 2000 – 8/00 n. v.).
Die vorläufige Durchführung der zustimmungspflichtigen Maßnahme muss 57
bei einer allseitigen Abwägung der bereits genannten Interessen so sehr im Vordergrund stehen, dass die Maßnahme umgehend, wenn auch nur **vorläufig** durchgeführt werden **muss und** das Interesse der MAV am ordnungsgemäßen Vollzug ihres Zustimmungsrechtes zurücktreten muss. Vor allem darf die zustimmungspflichtige Maßnahme im vorläufigen Verfahren nicht endgültig vollzogen werden und damit das Zustimmungsrecht völlig außer Kraft setzen. Dabei kann es auch von Bedeutung sein, ob dem Dienstgeber bei der Beurteilung der zustimmungspflichtigen Tatbestandes und der rechtzeitigen Einleitung des Zustimmungsverfahrens Versäumnisse vorzuwerfen sind. Der Dienstgeber kann nicht in einer für ihn objektiv erkennbaren zustimmungs-

§ 33

pflichtigen Maßnahme mit der Einleitung eines Zustimmungsverfahrens so lange zuwarten, bis er keine andere Möglichkeit mehr sieht, als auf das vorläufige Verfahren nach § 33 Abs. 5 zurückzugreifen.

58 Liegen aber so dringliche und beachtenswerte Gründe vor, die die vorläufige Maßnahme nach § 33 Abs. 5 rechtfertigen, so kann die MAV nicht eine **einstweilige Verfügung** erwirken und dem Dienstgeber die vorläufige Maßnahme **untersagen** lassen. – Hat allerdings die MAV ihre Zustimmung zu einer mitbestimmungspflichtigen Maßnahme zu Recht endgültig verweigert, so darf der Dienstgeber die vorläufige Maßnahme nicht weiter aufrechterhalten. Er muss diese vorläufige Regelung aufheben. Denn nach dem ausdrücklichen Wortlaut des § 33 Abs. 5 darf die vorläufige Maßnahme nur »bis zur endgültigen Entscheidung« aufrechterhalten werden.

59 Der Dienstgeber ist bei der Vornahme einer vorläufigen Maßnahme an einen in § 33 Abs. 5 Satz 2 festgelegten **Verfahrensgang** gebunden und muss ihn strikt beachten:
- Er muss unverzüglich der MAV die von ihm getroffene vorläufige Regelung mitteilen,
- er muss sowohl die Dringlichkeit der vorläufigen Maßnahme als auch die von ihm zur Behebung des Notstandes durchgeführte Maßnahme darlegen und begründen,
- er muss unverzüglich das Zustimmungsverfahren nach § 33 Abs. 2–4 einleiten oder das bereits eingeleitete Verfahren weiterbetreiben.

60 Nach § 41 Abs. 1 Nr. 7 entscheidet die Schlichtungsstelle über die Zulässigkeit einer vorläufigen Regelung (§ 41 Rz 32 ff.).

VI. Streitigkeiten

1. Antrag des Dienstgebers (§ 33 Abs. 4)

61 Hat die MAV die Zustimmung zu der vom Dienstgeber beabsichtigten Maßnahme verweigert (Rz 51 ff.), kann der Dienstgeber gemäß § 41 Abs. 1 Nr. 6 die Schlichtungsstelle anrufen mit dem Antrag auf Ersetzung der Zustimmung zu der beabsichtigten Maßnahme. Der Antrag des Dienstgebers ist jedoch solange nicht zulässig, als die Verhandlungen mit der MAV noch nicht abgeschlossen sind, so wenn etwa noch ein neuer Besprechungstermin angesetzt ist, zwischenzeitlich aber die Schlichtungsstelle zur Beschleunigung des Zustimmungsverfahrens angerufen wird (*Schlichtungsstelle Limburg*, 13. 11. 1995 –9/95; *Thiel*, ZMV 1996, 64, 65).

2. Antrag der Mitarbeitervertretung

62 Gemäß § 41 Abs. 1 Nr. 5 i. V. m. § 33 Abs. 1, 2 und 3 entscheidet die Schlichtungsstelle auf Antrag der MAV bei Verletzung des Zustimmungsverfahrens durch den Dienstgeber. Auf Antrag des Dienstgebers entscheidet sie über die Ersetzung einer von der MAV verweigerten Zustimmung (§ 33 Abs. 4; vgl. VG für mitarbeitervertretungsrechtliche Streitigkeiten der EKD, 5. 11. 1998 – 0124/C 19–98, ZMV 1999 S. 41).

63 Steht eine vorläufige Entscheidung des Dienstgebers im Streit, so entscheidet die Schlichtungsstelle auf Antrag der MAV (§ 41 Abs. 1 Nr. 7 i. V. m. § 33 Abs. 5). Der MAV steht bei Verletzung ihrer Mitbestimmungsrechte ein Anspruch auf Unterlassung der mitbestimmungspflichtigen Maßnahme zu (*BAG*, 3. 5. 1994 – 1 ABR 24/93, NJW 1995 S. 1044; *Schlichtungsstelle Köln*, 16. 5. 1991 – MAVO 3/91). Ist eine mitbestimmungspflichtige Maßnahme ohne Beteiligung der MAV durchgeführt worden, so kann die MAV die nachträgliche Einleitung des Mitbestimmungsverfahrens und eine vollständige Unterrichtung verlangen, wenn die Maßnahme tatsächlich und rechtlich rücknehmbar oder abänderbar ist (*BVerwG*, 15. 3. 1995 – 6 P 31/93, NVwZ 1997 S. 80).

3. Fristen

Durch diözesane Schlichtungsverfahrensordnungen (§ 42 Abs. 1 S. 3) ist geregelt, innerhalb welcher Frist die Schlichtungsstelle anzurufen ist. Die Frist beginnt jedoch erst, wenn der Dienstgeber die MAV ordnungsgemäß und vollständig über die zustimmungspflichtige Maßnahme unterrichtet hat (*Schlichtungsstelle Köln*, 8. 5. 1995 – MAVO 3/95, ZMV 1995, 295) und im Falle des Widerspruchs der MAV zu der beabsichtigten Maßnahme eine klare Mitteilung seiner Entscheidung der MAV zukommen lässt (*Schlichtungsstelle Köln*, 10. 1. 1995 – MAVO 12/94).

64

§ 34 Zustimmung bei Einstellung und Anstellung

(1) Die Einstellung und Anstellung von Mitarbeiterinnen und Mitarbeitern bedarf der Zustimmung der Mitarbeitervertretung, es sei denn, daß die Tätigkeit geringfügig im Sinne von § 8 Abs. 1 Nr. 2 SGB IV ist oder es sich um Mitarbeiterinnen und Mitarbeiter für pastorale Dienste oder religiöse Unterweisung handelt, die zu ihrer Tätigkeit der ausdrücklichen bischöflichen Sendung oder Beauftragung bedürfen.

(2) Die Mitarbeitervertretung kann die Zustimmung nur verweigern, wenn
1. **die Maßnahme gegen ein Gesetz, eine Rechtsverordnung, kircheneigene Ordnungen oder sonstiges geltendes Recht verstößt oder**
2. **durch bestimmte Tatsachen der Verdacht begründet wird, daß die Bewerberin oder der Bewerber durch ihr oder sein Verhalten den Arbeitsfrieden in der Einrichtung in einer Weise stören wird, die insgesamt für die Einrichtung unzuträglich ist.**

(3) Bei Einstellungs- oder Anstellungsverfahren ist die Mitarbeitervertretung für ihre Mitwirkung über die Person der oder des Einzustellenden zu unterrichten. Der Mitarbeitervertretung ist auf Verlangen im Einzelfall Einsicht in die Bewerbungsunterlagen der oder des Einzustellenden zu gewähren.

Inhaltsübersicht

	Rz
I. Die Besonderheit des kirchlichen Dienstes	1–7
II. Begriffe »Einstellung« – »Anstellung«	8–39
1. Personenkreis	8–24
2. Einstellung	25–36
3. Anstellung	37–38
4. Freie Mitarbeit	39
III. Unterrichtspflicht des Dienstgebers	40–49

§ 34

IV. Zustimmungsverweigerungsgründe	50–62
1. Allgemeine Voraussetzungen	50–51
2. Zustimmungsverweigerungsgrund des § 34 Abs. 2 Nr. 1	52–60
3. Zustimmungsverweigerungsgrund des § 34 Abs. 2 Nr. 2	61–62
V. Streitigkeiten	63–64

I. Die Besonderheit des kirchlichen Dienstes

1 Gemäß Art. 1 GrO tragen alle in einer Einrichtung der katholischen Kirche Tätigen durch ihre Arbeit ohne Rücksicht auf die arbeitsrechtliche Stellung gemeinsam dazu bei, dass die Einrichtung ihren Teil am **Sendungsauftrag der Kirche** erfüllen kann. Diese Erfüllungsgemeinschaft ist Dienstgemeinschaft. Denn alle Beteiligten, seien sie Dienstgeber, leitende oder ausführende Mitarbeiterinnen und Mitarbeiter müssen das Proprium der kirchlichen Einrichtung anerkennen, weil sie sich bei ihrer Tätigkeit in der Einrichtung innerhalb der Glaubens- und Sittenlehre und der Rechtsordnung der katholischen Kirche bewegen und ihr Handeln danach auszurichten haben (dazu: *Pottmeyer*, Das kirchliche Krankenhaus, in: Essener Gespräche, Bd. 17 S. 62 ff.; *Pree*, Zur Frage nach dem Proprium kirchlicher Einrichtungen, in: Essener Gespräche, Bd. 34 S. 47 ff.). Damit geht einher die **Verfassungsgarantie des kirchlichen Selbstbestimmungsrechts (Art. 140 GG, 137 Abs. 3 WRV)**, wonach die Kirchen berechtigt sind, darüber zu befinden, welche Dienste es in ihren Einrichtungen geben soll, in welchen Rechtsformen sie wahrzunehmen sind, und die spezifischen Obliegenheiten der Mitarbeiter im kirchlichen Dienst verbindlich zu machen (*BVerfGE* 70, 138).

2 Jeden kirchlichen Dienstgeber trifft die Pflicht, bei der Einstellung von Mitarbeiterinnen und Mitarbeitern darauf zu achten, dass sie die Eigenart des kirchlichen Dienstes bejahen. Er hat zu prüfen, ob der Bewerber geeignet und befähigt ist, die zu übertragende Aufgabe so zu erfüllen, dass er der Stellung in der Einrichtung in der Kirche und der übertragenen Funktion gerecht wird; (Art. 3 Abs. 1 GrO). Dabei hat der Dienstgeber zu differenzieren. Denn pastorale, katechetische sowie in der Regel erzieherische und leitende Aufgaben kann er nur einer Person übertragen, die der katholischen Kirche angehört (Art. 3 Abs. 2: GrO). Der kirchliche Dienstgeber hat vor Abschluss des Arbeitsvertrages durch Befragung und Aufklärung der Bewerber und Bewerberinnen sicherzustellen, dass sie die für sie nach dem Arbeitsvertrag geltenden Loyalitätsobliegenheiten (Art. 4 GrO) erfüllen (Art. 3 Abs. 5 GrO). Für keinen Dienst ist geeignet, wer sich kirchenfeindlich betätigt oder aus der katholischen Kirche ausgetreten ist (Art. 3 Abs. 4, Art. 5 Abs. 2 und 5 GrO).

3 Die Kirche verkündet ihre Glaubens- und Sittenlehre an alle Gläubigen, macht sie nicht von der Funktion eines Mitarbeiters abhängig. Aber gemäß Art. 4 GrO erfolgt eine Abstufung in der Fähigkeit und Eignung für die Erfüllung der im Arbeitsvertrag übernommenen Aufgabe. Abstufungen ergeben sich auch aus der Tatsache unterschiedlicher Konfession der Mitarbeiter. Von katholischen Mitarbeitern wird erwartet, dass sie die Grundsätze der katholischen Glaubens- und Sittenlehre anerkennen und beachten (Art. 4 Abs. 1 S. 1 GrO). Dazu wird das persönliche Lebenszeugnis i. S. der Grundsätze von Mitarbeitern erwartet, die auf Grund einer Missio canonica tätig sind, von leitenden, im pastoralen und katechetischen (vgl. Richtlinien über persönliche Anforderungen an Diakone und Laien im pastoralen Dienst im Hinblick auf

§ 34

Ehe und Familie vom 28. 9. 1995, Amtsblatt des Erzbistums Köln 1995 Nr. 297 S. 331; dazu: *Weiß*, Die Richtlinien über persönliche Anforderungen an Diakone und Laien im pastoralen Dienst, FS *Listl*, S. 543 ff.) sowie im erzieherischen Dienst Stehenden (Art. 4 Abs. 1 S. 2 und 3, Art. 5 Abs. 2 und 3 GrO). Von nicht katholischen Mitarbeiterinnen und Mitarbeitern wird erwartet, dass sie die Wahrheiten und Werte des Evangeliums achten und dazu beitragen, sie in der Einrichtung zur Geltung zu bringen (Art. 4 Abs. 2 GrO). Nicht christliche Mitarbeiterinnen und Mitarbeiter müssen bereit sein, die ihnen in einer kirchlichen Einrichtung zu übertragenden Aufgaben im Sinne der Kirche zu erfüllen (Art. 4 Abs. 3 GrO).

Den Besonderheiten des kirchlichen Dienstes trägt auch **das Europäische Recht** Rechnung. Die Richtlinie (RL) 2000/78/EG zur Festlegung eines allgemeinen Rahmens für die Verwirklichung der Gleichbehandlung in Beschäftigung und Beruf vom 27. 11. 2000 (Art. 1 RL 2000/78/EG) lässt Ungleichbehandlung wegen eines Merkmals zu, wenn dieses auf Grund der Art einer bestimmten beruflichen Tätigkeit oder der Bedingungen ihrer Ausübung eine wesentliche und entscheidende berufliche Anforderung darstellt, sofern es sich um einen rechtmäßigen Zweck und eine angemessene Anforderung handelt. Unter Einhaltung der Bestimmungen der RL können die **Kirchen** und anderen öffentlichen oder privaten Organisationen, deren Ethos auf religiösen Grundsätzen oder Weltanschauungen beruht, im Einklang mit den einzelstaatlichen verfassungsrechtlichen Bestimmungen und Rechtsvorschriften von den für sie arbeitenden Personen verlangen, dass sie sich loyal und aufrichtig im Sinne des Ethos der Organisation verhalten (Art. 4 Abs. 2 Unterabsatz 2 RL 2000/78/EG).

4

Die Mitgliedstaaten der EG können in Bezug auf **berufliche Tätigkeiten innerhalb von Kirchen** und anderen öffentlichen oder privaten Organisationen, deren Ethos auf religiösen Grundsätzen oder Weltanschauungen beruht, Bestimmungen beibehalten oder künftig vorsehen, wonach eine Ungleichbehandlung wegen der Religion oder Weltanschauung einer Person keine Diskriminierung darstellt, wenn die Religion oder die Weltanschauung dieser Person nach Art dieser Tätigkeiten oder der Umstände ihrer Ausübung eine wesentliche, rechtmäßige und gerechtfertigte berufliche Anforderung angesichts des Ethos der Organisation darstellt (Art. 4 Abs. 2 Unterabsatz 1 RL 2000/78/EG). Daraus folgt im Kontext mit dem Erwägungsgrund Nr. 24 der genannten RL, der wiederum auf Nr. 11 der Schlussakte von Amsterdam hinweist, die Anerkennung eines kirchlichen Selbstbestimmungsrechts jedenfalls auf der Ebene des Sekundärrechts (*Weber, Hermann*, ZevKR 47. Bd. (2002) S. 221, 240) mit dem Recht zur Einforderung von Loyalitätsobliegenheiten von den Mitarbeiterinnen und Mitarbeitern im kirchlichen Dienst (*de Wall*, ZevKR, 47. Bd.(2002) S. 205, 211).

5

In das Geflecht der Beurteilung der Einstellungs- und Anstellungsvoraussetzungen ist die MAV unter den in § 34 genannten Voraussetzungen gemäß §§ 33 und 34 einbezogen. Allerdings unterliegt **nicht jede Einstellung und Anstellung** ihrem Zustimmungsrecht. Denn nur die Anstellung und die Einstellung von Mitarbeiterinnen und Mitarbeitern i. S. von § 3 Abs. 1 S. 1 ist von der Zustimmung der MAV abhängig und das auch nur dann, wenn nicht eine zusätzliche Ausnahmebestimmung das Mitbestimmungsrecht der MAV weiter einschränkt (vgl. § 3 Abs. 1 S. 2, Abs. 2, Abs. 3 S. 2; § 34 Abs. 1, 2. Halbsatz). Abgesehen von den genannten Ausnahmen können Einstellungen und An-

6

§ 34

stellungen nur mit Zustimmung der MAV erfolgen (*Schlichtungsstelle Köln*, 15. 2. 1995 – MAVO 18/94). Vom Mitbestimmungsrecht der MAV ausgenommen sind die Einstellungen von Leiharbeitnehmern (§ 3 Abs. 1 S. 2), Zivildienstleistenden (§ 46 a), kurzzeitig Beschäftigten (§ 34 Abs. 1 i. V. m. § 8 Abs. 1 Nr. 2 SGB IV) und Mitarbeiterinnen und Mitarbeitern für pastorale Dienste oder religiöse Unterweisung (Kleriker und Laien), die zu ihrer Tätigkeit der ausdrücklichen Sendung oder Beauftragung bedürfen (§ 34 Abs. 1), und eben Kleriker und Ordensleute (§ 3 Abs. 3). Auf die besonderen Ausnahmevorschriften des § 47 Abs. 2 und 3 wird hingewiesen.

7 Die Zustimmungsverweigerung kann nur auf die in § 34 Abs. 2 genannten, sehr eng begrenzten Zustimmungsverweigerungsgründe gestützt werden, wobei – nach den Erfahrungen der staatlichen Rechtsprechung mit einer sinngemäßen Regelung wie in § 34 Abs. 2 Nr. 2 – dieser letztere Zustimmungsverweigerungsgrund ohne jede praktische Auswirkung ist.

II. Begriffe »Einstellung« – »Anstellung«

1. Personenkreis

8 Das Zustimmungsrecht der MAV erfasst
– Mitarbeiter und Mitarbeiterinnen i. S. von § 3 Abs. 1 S. 1,
– solche Personen, die darüber hinaus in die Einrichtung zur Arbeitsleistung zum Zwecke der Erfüllung des Betriebszwecks integriert werden, ohne Arbeitnehmer des Dienstgebers zu sein, nicht aber Leiharbeitnehmer (§ 3 Abs. 1 S. 2),
– Beamte unter den Vorrausetzungen des § 3 Abs. 1 S. 1 als Beschäftigte der Diözesen als Körperschaften des öffentlichen Rechts oder anderer Körperschaften, Anstalten (z. B. KZVK/VDD) oder Stiftungen des öffentlichen Rechts.

9 Als Körperschaften des öffentlichen Rechts haben die Diözesen in der Bundesrepublik Deutschland Dienstherrenfähigkeit. Sie können, was vereinzelt geschieht, Dienstverhältnisse der bei ihnen Beschäftigten nach öffentlichrechtlichen Grundsätzen ordnen. Daraus folgt die Begründung von **Beamtenverhältnissen** (so z. B. in den Diözesen Freiburg, Fulda, Hildesheim, Limburg, Mainz, Osnabrück, Stuttgart, Speyer; Überblick bei: *Schlief*, Beamte in der katholischen Kirche, KuR 320 S. 1, 1999 S. 97). Macht die Kirche davon Gebrauch, wird das Dienstverhältnis nicht durch einen Arbeitsvertrag, sondern einseitig durch einen Hoheitsakt der Kirche begründet. Auf dieses so begründete Beamtenverhältnis der Kirche findet Arbeitsrecht keine Anwendung, sondern es gilt ausschließlich die kirchliche Ordnung für dieses Beamtenverhältnis. Für die Annahme, dass es sich um ein öffentlich-rechtliches Dienstverhältnis handelt, muss als Voraussetzung verlangt werden, dass die Kirche Besoldung und Versorgung nach allgemein geltenden beamtenrechtlichen Grundsätzen zusagt. (Zu den Problemen des öffentlichen Dienstrechtes im kirchlichen Raum: *BVerfG*. 21. 9. 1976, *BVerfGE* 42, 312, 339; *Jurina*, Dienst- und Arbeitsrecht im Bereich der Kirchen, 65; *von Campenhausen*, Essener Gespräche. Die Verantwortung der Kirche und des Staates für die Regelung von Arbeitsverhältnissen im kirchlichen Bereich, Bd. 18 S. 9, 32. Auch die ausdrückliche, gesetzliche Regelung des Landes NW im Gesetz v. 15. 7. 1976 über

§ 34

die Errichtung der »Kirchlichen Zusatzversorgungskasse des Verbandes der Diözesen Deutschlands« [GVBl. 1976, 264] – § 2 gibt der KZVK/VDD das Recht, Kirchenbeamte zu haben.) Das bedeutet, dass die »Einstellung« eines Kirchenbeamten unter Begründung eines Beamtenverhältnisses der Zustimmung unter dem Begriff der »Anstellung« (Rz 37 f.) unterliegt.

Erfasst werden durch § 34 die auf Grund von **Gestellungsverträgen** gem. § 3 Abs. 1 S. 1 Beschäftigten, seien es **Ordensleute** oder **DRK-Schwestern** (dazu: *Thiel*, ZMV 2000 S. 162). Tritt im Rahmen eines Gestellungsvertrages zwischen dem Dienstgeber und dem Gestellungsvertragspartner (Orden bzw. Schwesternschaft) z. B. eine neue Schwester ihren Dienst in einer die MAVO anwendenden Einrichtung an, so hat der Dienstgeber vor Antritt der Arbeitsaufnahme bei der MAV die Zustimmung zur Einstellung zu beantragen, weil es u. a. um die Schutzinteressen der beim Dienstgeber als Träger der Einrichtung angestellten Mitarbeiter geht. Ein Eingriff in die Rechte der Schwesternschaft erfolgt nicht, weil eine Beschäftigung einer von der Schwesternschaft gestellten Person, deren Einstellung die MAV begründet verweigern könnte (§ 34 Abs. 2), sich dann allerdings gleichzeitig als Verstoß gegen die vertraglichen Vereinbarungen zwischen dem Dienstgeber und der Schwesternschaft darstellen würde (*Schlichtungsstelle Köln*, 12. 1. 2000 – MAVO 8/99; ZMV 2000 S. 53, 58 f.; vgl. auch: *BVerwG*, 27. 8. 1997 – 6 P 7.95, ZTR 1998 S. 33). Damit steht fest, dass auf der Grundlage eines Gestellungsvertrages Beschäftigte in kirchlichen Einrichtungen, welche die MAVO anwenden, Mitarbeiter der Einrichtung sind und der MAV der Einrichtung zuzuordnen sind (vgl. *BAG*, 22. 4. 1997 – 1 ABR 74/96, NZA 1997 S. 1297). 10

Leiharbeitnehmer im Sinne des AÜG unterfallen nicht (mehr) der Vorschrift des § 34 MAVO, obwohl auf sie der Einstellungsbegriff anwendbar ist, wenn sie eine weisungsgebundene Tätigkeit zur Verwirklichung des arbeitstechnischen Zwecks der Einrichtung ausüben sollen (*Fitting*, § 99 Rz 34). Gemäß § 14 Abs. 3 S. 1 AÜG liegt bei Arbeitsaufnahme von Leiharbeitnehmern eine Einstellung vor. Die MAV ist jedoch vor der Übernahme eines Leiharbeitnehmers zur Arbeitsleistung nicht nach § 34 zu beteiligen. Das folgt aus § 3 Abs. 1 S. 2. Es besteht aber ein Informationsrecht der MAV gemäß § 27 Abs. 1. Die Auffassungen zugunsten eines Beteiligungsrechts der MAV gemäß § 34 Abs. 1 beruhen auf der Fassung des § 3 Abs. 1 vor der Novelle von 2003 (vgl. *Bleistein*, in: Bleistein/Thiel, Voraufl. § 34 Rz 5; *Richardi*, Arbeitsrecht in der Kirche, § 18 Rz 24; *Frey/Coutelle/Beyer*, MAVO § 34 Rz 22; so auch Verwaltungsgericht für mitarbeitervertretungsrechtliche Streitigkeiten der EKD, 5. 6. 1997 – B 11 – 97, ZMV 1998, 136), welche die Vorschrift des § 3 Abs. 1 S. 2 noch nicht enthielt, wonach nämlich Leiharbeitnehmer, die in kirchlichen Einrichtungen (Entleiher) beschäftigt werden, expressis verbis keine »Mitarbeiter« im Sinne der MAVO sind. Sie werden daher nicht zur Dienstgemeinschaft gerechnet, vom aktiven Wahlrecht ausgeschlossen und von der MAV nicht repräsentiert. 11

Die Aufnahme eines bei einer Drittfirma angestellten Arbeitnehmers in eine Einrichtung zur Arbeitsleistung kann – völlig unabhängig von der Bezeichnung des der Arbeitsaufnahme zugrunde liegenden Vertrages zwischen Einrichtung und der Drittfirma und der mit diesem Vertrag beabsichtigten Rechtsfolgen – als Arbeitnehmerüberlassung den Tatbestand der »Einstellung« erfüllen (*BVerwG*, 6. 9. 1995 – 6 P 9.93, PersV 1996, 258 NVwZ 1997, 82). § 34 Abs. 1 stellt im Unterschied zu § 99 BetrVG nicht auf die »Einstel- 12

§ 34

lung« als solche sondern auf die »Einstellung und Anstellung von Mitarbeiterinnen und Mitarbeitern« ab. Nach § 99 BetrVG kommt es nicht zusätzlich auf den Arbeitnehmerbegriff sondern lediglich auf die weisungsgebundene Tätigkeit an, die im Betrieb zu verrichten ist (*Fitting*, § 99 Rz 33, 36). Die MAVO kennt ebenfalls wie das BetrVG verschiedene Sonderformen des Beschäftigungsverhältnisses, wie dies durch § 34 Abs. 1 S. 1 zum Ausdruck kommt. Nur das Leiharbeitsverhältnis führt nicht zur Mitbestimmung bei der Einstellung (§ 34 Abs. 1 S. 2). Dabei ist zu bedenken, dass das Mitbestimmungsrecht bei der Einstellung den Schutz der bereits Beschäftigten in der Einrichtung bei der personellen Zusammensetzung der Dienstgemeinschaft zu gewährleisten hat (vgl. *BAG*, 20. 9. 1990 AP Nr. 84; 5. 3. 1991 AP 90 zu § 99 BetrVG 1972).

13 Sollte von vornherein die Beschäftigung eines Leiharbeitnehmers über 24 Monate hinaus beabsichtigt sein, so ist eine solche beabsichtigte Regelung inzwischen nicht mehr unzulässig. Eine zustimmungspflichtige Einstellung liegt aber ebenfalls nicht vor, wenn der Arbeitnehmer auf Grund eines zwischen der Einrichtung und der Drittfirma abgeschlossenen Werk- oder Dienstvertrages bei der Einrichtung tätig wird. Zu den Unterscheidungsmerkmalen zwischen einem freien Dienst- oder Werkvertrag und einer Arbeitnehmerüberlassung siehe *BVerwG*, 20. 5. 1992 – 6 P 4/90, Buchholz 251.8; *BAG*, 9. 11. 1994 – 7 AZR 217/94, AP Nr. 18 zu § 1 AÜG = DB 1995, 1566; *BAG*, 30. 1. 1991 – 7 AZR 497/89, AP Nr. 8 zu § 10 AÜG = DB 1991, 2342). Dabei stellt die Rechtsprechung, vor allem des *BAG,* für eine Arbeitnehmerüberlassung entscheidend darauf ab, ob der Arbeitnehmer in den Betrieb der Einrichtung des Entleihers eingegliedert ist und den Weisungen der Einrichtung unterliegt. Für den Dienst- oder Werkvertrag ist entscheidend, ob der Dienst- oder Werkunternehmer über die betrieblichen oder personellen Voraussetzungen verfügt, die Tätigkeiten der von ihm zur Erfüllung vertraglicher Pflichten im Betrieb eines Dritten (der Einrichtung) eingesetzten Arbeitnehmer vor Ort zu organisieren und ihnen Weisungen zu erteilen (*ErfK-Wank,* § 2 AÜG Rz 20 ff., 34 ff.).

14 Auch für Teilzeitbeschäftigte (§ 2 TzBfG) gilt § 34. Werden Arbeitnehmer auch nur eine Stunde pro Woche beschäftigt, so besteht das Zustimmungsrecht der MAV uneingeschränkt (*Schlichtungsstelle Freiburg*, 23. 9. 1994 – 1994/2, ZMV 1994, 297). Auch die Einstellung von **Studenten** die von einem Dienstgeber nur tageweise zur Aushilfe beschäftigt werden, ohne dass sie kurzfristig im Sinne des § 8 Abs. 1 Nr. 2 SGB IV eingestellt sind, unterliegt dem Zustimmungsrecht der MAV (*OVG Hamburg*, 20. 5. 1986 – Bs PB 8/85, ZBR 1987, 27). Jedoch kann die Zustimmungsverweigerung nicht auf die Tatsache gestützt werden, dass der Dienstgeber ein befristetes Teilzeitarbeitsverhältnis begründet hat (ständige Rechtsprechung, *BVerwG*, zuletzt 14. 11. 1989 – 6 P 4/87, PersVG 1990, 234; ebenso *BAG*, 16. 7. 1985 – 1 ABR 35/83, AP Nr. 21 zu § 99 BetrVG 1972 = DB 1986, 124). Etwas anderes könnte nur gelten, wenn der Dienstgeber fortlaufend über die Befristungsgrenze des § 14 Abs. 2 TzBfG hinaus, jeweils auf ein halbes Jahr befristete Einstellungen vornimmt, vor allem wenn er damit die Schaffung neuer Arbeitsplätze und die Anhebung vorhandener Planstellen absichtlich verhindern will (*BVerwG*, 3. 2. 1993 – 6 P 28/91 PersV 1994, 225).

15 Ausgenommen von der Zustimmungspflicht der MAV bei der Einstellung sind geringfügig (kurzzeitig) Beschäftigte im Sinne des § 8 Abs. 1 Nr. 2 SGB IV. Es

§ 34

ist also wichtig, die Bestimmungen des § 8 Abs. 1 Nr. 1 SGB IV von der Regelung des § 8 Abs. 1 Nr. 2 SGB IV strikt zu unterscheiden.

§ 8 Abs. 1 Nr. 1 SGB IV hat folgenden Wortlaut: »Eine geringfügige Beschäftigung liegt vor, wenn das Arbeitsentgelt aus dieser Beschäftigung regelmäßig im Monat 400 Euro nicht übersteigt.« 16

Dieser Personenkreis unterliegt der Zustimmungspflicht der MAV bei der Einstellung. 17

§ 8 Abs. 1 Nr. 2 SGB IV hat dagegen folgenden Wortlaut: »Eine geringfügige Beschäftigung liegt vor, wenn die Beschäftigung innerhalb eines Kalenderjahres auf längstens zwei Monate oder 50 Arbeitstage nach ihrer Eigenart begrenzt zu sein pflegt oder im voraus vertraglich begrenzt ist, es sei denn, dass die Beschäftigung berufsmäßig ausgeübt wird und ihr Entgelt 400 Euro im Monat übersteigt.« 18

Nur der unter Nr. 2 genannte Personenkreis wird aus dem Geltungsbereich des § 34 herausgenommen. 19

Systematisch betrachtet unterscheidet § 8 Abs. 1 SGB IV also zwei Beschäftigungsgruppen: 20
– Die Gruppe der geringfügig entlohnten Beschäftigten ohne Rücksicht auf den wöchentlichen Beschäftigungsumfang (§ 8 Abs. 1 Nr. 1 SGB IV),
– die Gruppe der kurzzeitig (auch kurzfristig) und nicht beruflich Beschäftigten (§ 8 Abs. 1 Nr. 2 SGB IV).

Bei der Tätigkeit der kurzzeitig Beschäftigten, die aus dem Zustimmungsrecht des § 34 herausgenommen sind, handelt es sich um eine Beschäftigung, die nicht berufsmäßig ausgeübt wird. Unbefristet nebenberuflich tätige Lehrer mit an einem Tag in der Woche zu erteilendem Unterricht erreichen zwar nicht 50 Arbeitstage im Jahr, üben ihre Tätigkeit beruflich aus und sind deshalb, wenn nicht von vornherein befristet, nicht geringfügig (kurzzeitig) beschäftigt. Denn das Gesetz regelt, dass eine kurzzeitige Beschäftigung nur vorliegt, wenn sie innerhalb eines Kalenderjahres auf längstens zwei Monate oder 50 Arbeitstage im Kalenderjahr beschränkt ist und diese Beschäftigungszeiten innerhalb eines Kalenderjahres eingehalten und auch die Nichtberuflichkeit gewahrt werden. Nur unter diesen beiden Voraussetzungen fallen diese Beschäftigten unter § 8 Abs. 1 Nr. 2 SGB IV und werden dann vom Geltungsbereich des § 34 nicht erfasst. Man wird zu § 34 die Auffassung vertreten können, dass bei diesem Personenkreis die Beschäftigung nicht zu einer echten Eingliederung in die Einrichtung führt. Die einrichtungsmäßige und soziale Bindung fehlt, die für die Eingliederung dieses Personenkreises in die Einrichtung entscheidend ist. Eine Eingliederung in die Einrichtung ist bei der Art der oft nur vorübergehenden Tätigkeit auch gar nicht beabsichtigt. Zu denken ist hier an kurzfristige Ferienbeschäftigungen von Studenten, an kurzfristige Urlaubs- und Krankheitsvertretungen (*BVerwG*, 27. 11. 1991 – 6 P 15/90, ZBR 1992, 251 = PersV 1992, 225; schon *BVerwG*, 11. 2. 1981, ZBR 1982, 156 = PersV 1982, 1 10). 21

Sobald bei einem Mitarbeiter – mag er auch nur geringfügig beschäftigt sein – eine regelmäßige und dauernde, nicht nur eine vorübergehende Beschäftigung festgestellt wird, gehört er nicht mehr zum Personenkreis des § 8 Abs. 1 Nr. 2 SGB IV. Hier handelt es sich nicht mehr um eine »unbedeutende« Tätigkeit, die aus dem Geltungsbereich des § 34 herauszunehmen wäre. 22

Ausgenommen sind auch Mitarbeiter für **pastorale Dienste** und religiöse Unterweisung, die zu ihrer Tätigkeit der ausdrücklichen bischöflichen Sendung 23

§ 34

bedürfen. Dieser Vorbehalt ist deswegen gemacht worden, um die besondere Verantwortung des jeweiligen Diözesanbischofs für die Auswahl im pastoralen Bereich hervorzuheben. Seine Zuständigkeit kann im Bereich der Glaubensverkündung nur gesichert bleiben, wenn er bei der Auswahl und Einstellung solcher Mitarbeiter nicht an die Mitbestimmung durch die MAV gebunden ist. Was der jeweilige Ortsbischof als pastorale Dienste oder religiöse Glaubensunterweisung ansieht und wieweit daher die Einschränkung des Rechtes der MAV nach § 34 diesem Personenkreis gegenüber geht, bestimmt der Bischof. Er kann die Dienste generell festlegen, für die sein Vorbehalt gilt. Er könnte aber auch in einem Einzelfall eines einzustellenden Mitarbeiters festlegen, dass dieser seine Aufgabe nur im Rahmen einer ausdrücklichen bischöflichen Sendung ausüben kann und darf.

24 Diese Ausnahme von § 34 gilt gemäß § 34 Abs. 1 Halbsatz 1 nur für die Anstellung und Einstellung von Mitarbeitern im pastoralen Dienst und Personen mit kurzzeitig befristeten Arbeitsverträgen i. S. von § 8 Abs. 1 Nr. 2 SGB IV. Im Rahmen des § 35 – also der Mitbestimmung an anderen persönlichen Angelegenheiten des Mitarbeiters tritt gemäß § 35 Abs. 1 Nr. 5 an die Stelle der Mitbestimmung die Beteiligung der MAV in Form der Anhörung und Mitberatung (§ 29 Abs. 1 Nr. 10); im Übrigen gilt die Mitbestimmung, allerdings nicht in den Fällen des § 36 Abs. 2 i. V. m. § 36 Abs. 1 Nr. 1; dazu § 29 Abs. 1 Nr. 2. Auf die Sonderregelung in § 47 Abs. 2 wird hingewiesen.

2. Einstellung

25 Einstellung ist die Begründung eines Beschäftigungsverhältnisses, sei es befristet oder unbefristet. Entscheidend ist bereits die tatsächliche Eingliederung in eine kirchliche Einrichtung, nicht erst der Abschluss des Arbeitsvertrages (*BVerwG,* 25. 8. 1988 – 6 P 36.85, ZBR 1989, 81 = PersV 1989, 271; *BVerwG,* 14. 11. 1989 – 6 P 4.87, ZBR 1990 S. 211 = PersV 1990 S. 234). Allerdings ist der Abschluss des Arbeitsvertrages maßgebender Zeitpunkt für die Mitbestimmung der MAV, wenn der Antritt des Dienstes zu einem späteren Termin arbeitsvertraglich vereinbart wird (*Schlichtungsstelle Köln,* 15. 2. 1995 – MAVO 18/94, ZMV 1998 S. 35 Ls.). Die Zustimmung der MAV ist also vor dem Abschluss des Arbeitsvertrages einzuholen (*BAG,* 28. 4. 1992 – 1 ABR 73/91, AR-Blattei ES 640 Einstellung Nr. 20 = NZA 1992, 1141). Grundlage für die Arbeitsaufnahme sind u. a. außerdem der Gestellungsvertrag (z. B. mit einer DRK-Schwesternschaft, *Schlichtungsstelle Köln,* 14. 3. 1986 – MAVO 1/85, NZA 1986, 690; 12. 4. 1988 – MAVO 8/87; 12. 1. 2000 – MAVO 8/99, ZMV 2000, 58 f.), das Beamtenverhältnis, das Praktikum, das Berufspraktikum, der Ausbildungsvertrag. Einstellung ist also gegeben, wenn Personen in die Einrichtung eingegliedert werden, um zusammen mit den in der Einrichtung schon beschäftigten Mitarbeitern den arbeitstechnischen Zweck der Einrichtung durch weisungsgebundene Tätigkeit, die vom Dienstgeber organisiert wird, zu verwirklichen (*BAG,* 1. 8. 1989 – 1 ABR 54/88, AR-Blattei ES 640 Einstellung Nr. 15; 22. 4. 1997– 1 ABR 74/96, NZA 1997 S. 1297). Eine zustimmungspflichtige Einstellung liegt auch vor, wenn Personen für eine in Aussicht genommene Beschäftigung eine Ausbildung (z. B. Training) erhalten, ohne die eine solche Beschäftigung nicht möglich wäre. Auf die Art der späteren Beschäftigung – Arbeitsverhältnis, Ausbildung – kommt es nicht an (*BAG,*

§ 34

20. 4. 1993– 1 ABR 59/92, AR-Blattei ES 640 Einstellung Nr. 22), wohl aber auf die Mitarbeitereigenschaft (§ 34 Abs. 1).

Die Überführung eines Arbeiters in ein Angestelltenverhältnis fällt unter den **26** Begriff Einstellung und löst die Mitbestimmungsrechte der MAV aus. Dasselbe gilt bei der Aufstockung der Teilzeitarbeit auf eine Vollbeschäftigung (*BAG*, 16. 7. 1991 – 1 ABR 69/90, DB 1991 S. 2492; *LAG Niedersachsen*, 12. 9. 2000 – 7 TaBV 84/99; *BVerwG*, 2. 6. 1993 – 6 P 3.92, ZTR 1993 S. 525) und die Verkürzung der Zeitdauer eines ursprünglich ohnehin befristeten Arbeitsvertrages (*BAG*, 8. 7. 1998 – 7 AZR 308/97, ZTR 1998 S. 525) und der infolge einer Versetzung in die aufnehmende Einrichtung zur dort aufzunehmenden Tätigkeit (*ArbG Siegburg*, 15. 4. 2002 – 2 Ca 2141, ZMV 2002 S. 202; vgl. *BVerwG*, 16. 9. 1994 – 6 P 32.92. DVBl. 1995, 199).

Der MAV steht mit **Ausnahme der kurzzeitigen Beschäftigung** (§ 8 Abs. 1 **27** Nr. 2 SGB IV) auch beim Abschluss befristeter Arbeitsverträge das Mitbestimmungsrecht gemäß § 34 zu (*BVerwG*, 5. 5. 1978 – 6 P 8.78, ZBR 1978 S. 374). Das gilt sowohl für sachlich gerechtfertigte Befristungen (zur Vertretung oder für einen vorübergehenden Arbeitskräftebedarf) wie für eine Befristung ohne Grund nach dem Teilzeit- und Befristungsgesetz (§ 14 Abs. 1 und 2 TzBfG). Ohne sachlichen Grund ist die Befristung von Arbeitsverhältnissen generell für die Dauer bis zu zwei Jahren zulässig. Es kommt auf eine Neueinstellung an. Innerhalb dieser Gesamtdauer von zwei Jahren kann ein befristeter Arbeitsvertrag bis zu dreimal für eine Höchstdauer von zwei Jahren ohne Grund verlängert werden. Nach Ablauf der grundlosen Befristung kann aus sachlichem Grund befristet weiterbeschäftigt werden (§ 14 Abs. 2 S. 2 TzBfG). Die Befristungsabrede bedarf zu ihrer Wirksamkeit der Schriftform (§ 14 Abs. 4 TzBfG). Keines sachlichen Grundes bedarf die Befristung des Arbeitsvertrages, wenn der Arbeitnehmer bei Beginn des befristeten Arbeitsverhältnisses das 58. Lebensjahr vollendet hat (§ 14 Abs. 3 TzBfG). Die Befristung ist jedoch nicht zulässig, wenn zu einem vorhergehenden unbefristeten Vertrag mit demselben Dienstgeber ein enger sachlicher Zusammenhang besteht; er wird angenommen, wenn zwischen den Arbeitsverträgen ein Zeitraum von weniger als sechs Monaten liegt (§ 14 Abs. 3 S. 2 und 3 TzBfG).

Die Mitbestimmung der MAV bei der Einstellung erstreckt sich weder auf die **28** Frage, ob der Arbeitsvertrag befristet oder unbefristet abzuschließen ist, noch auf eine dabei vorgesehene Teilzeitbeschäftigung (*BVerwG*, 17. 8. 1989 – 6 P 11.87, PersV 1990 S. 226 = ZBR 1990 S. 50; *BVerwG*, 15. 11. 1989 6 P 2.87, PersV 1990 S. 235 = ZBR 1990 S. 212). Der Arbeitgeber hat die »Arbeitnehmervertretung« über die Anzahl der befristet beschäftigten Arbeitnehmer und ihren Anteil an der Gesamtbelegschaft des Betriebes und des Unternehmens zu informieren (§ 20 TzBfG).

Die **Einstellung von ABM-Kräften** unterliegt dem Zustimmungsrecht der **29** MAV gemäß § 34 Abs. 1. Die Rechtsbeziehungen zwischen dem zugewiesenen Arbeitnehmer und dem Dienstgeber richten sich bei ABM-Kräften unbeschadet der vorherigen Zuweisung durch das Arbeitsamt (ab 1. 1. 2004: Agentur für Arbeit) allein nach den Vorschriften des Arbeitsrechts (§ 260 Abs. 1 SGB III). Damit bleibt auch für solche ABM-Kräfte die Zuordnung zu »Mitarbeitern« im Sinne des § 3 Abs. 1 uneingeschränkt möglich (*BVerwG*, 15. 3. 1994 – 6 P 24.92, AP Nr. 53 zu § 75 BPersVG = PersV 1995 S. 26). Dasselbe gilt bei **Beschäftigung von Sozialhilfeempfängern,** wenn sie zusätzliche und gemeinnützige Arbeit im Sinne von § 19 Abs. 2 BSHG leisten (*BVerwG*, 26. 1. 2000 6 P

§ 34

2.99, ZTR 2000 S. 479) und bei Zivildienstleistenden, wenn sie dem Dienstgeber zugewiesen werden. Zivildienstleistende werden zwar nicht Mitarbeiter im Sinne des § 3 Abs. 1 S. 1; sie werden aber in der Einrichtung, in der sie ihren Zivildienst ausüben, eingegliedert und weisungsgebunden beschäftigt, so dass zur Aufnahme ihrer Tätigkeit eigentlich die Zustimmung der MAV einzuholen wäre (*BAG*, 19. 6. 2001 – 1 ABR 25/00, BB 2002, 4), wenn sie Mitarbeiter i. S. der MAVO wären. Nach der MAVO kommt es aber nicht auf die Einstellung als solche, wie nach § 99 BetrVG (vgl. dazu: *Hess/Schlochauer* u. a. BetrVG § 99 Rz 15 ff.), sondern auf die »Einstellung von Mitarbeitern« an § 34 Abs. 1 i. V. m. § 3 Abs. 1 S. 2).

30 Für so genannte »**Abrufkräfte**« ist die Zustimmungspflicht nach § 34 dann zu bejahen, wenn sie zunächst in eine Abrufliste aufgenommen werden und dabei noch nicht endgültig der Zeitpunkt der Dienstaufnahme und die voraussichtliche Dauer der Beschäftigung feststeht. Zustimmungspflichtig ist der zusammengehörige Lebensvorgang, der mit der Aufnahme der Bewerber in die Liste beginnt und alle nachfolgenden Arbeitsverhältnisse umfasst, die auf der Grundlage der Liste für ein und dieselbe Person abgeschlossen werden. Es ist also für die Einstellung von Abrufkräften für dieselbe Person und denselben Arbeitsplatz nicht bei jeder neuen Abrufbeschäftigung ein neues Zustimmungsverfahren nach § 34 durchzuführen. Vielmehr handelt es sich um ein einheitliches Zustimmungsverfahren an dem Zeitpunkt der Aufnahme in die Abrufliste (*BVerwG*, 3. 2. 1993 – 6 P 28/91, AP Nr. 43 zu § 75 BPersVG) – Im Übrigen wird wegen der materiell-rechtlichen Problematik solcher Abrufarbeitsverhältnisse auf § 12 TzBfG hingewiesen.

31 Auch die **Einstellung zur Ausbildung** ist mitbestimmungspflichtig (*BAG*, 3. 10. 1989 – 1 ABR 68/88, AP Nr. 73 zu § 99 BetrVG 1972 = EzA § 99 BetrVG 1972 Nr. 79 = DB 1990 S. 1140). Zu diesem Kreis gehören **Auszubildende** im Sinne des Berufsbildungsgesetzes (§ 3 Abs. 1 MAVO), andere Personen im Rahmen einer Ausbildungsmaßnahme, wie **Praktikanten** und **Berufspraktikanten**, die zu ihrer Ausbildung in der Einrichtung beschäftigt werden. Eine berufliche Hinführung zu einer erst noch zu erfolgenden Berufsausbildung reicht aus (*LAG Rheinland-Pfalz*, 8. 6. 1984 – 6 Sa 51/84, NZA 1986 S. 293). Vom Arbeitsverhältnis unterscheidet sich das Praktikantenverhältnis durch die im Vordergrund der Vertragsbeziehungen stehende Ausbildung, während das Arbeitsverhältnis den reinen Austausch von Arbeitsleistungen gegen Arbeitsvergütung zum Gegenstand hat. Das Berufsausbildungsverhältnis unterscheidet sich vom Praktikantenverhältnis dadurch, dass im Berufsausbildungsverhältnis die Ausbildung nach einer Berufsausbildungsordnung für einen anerkannten Ausbildungsberuf bis zum Prüfungsabschluss erfolgt, was z. B. bei einem **Vorpraktikanten** nicht der Fall ist. Das Praktikantenverhältnis ist ein Arbeitsverhältnis besonderer Art (*Schlichtungsstelle Köln*, 22. 11. 1993 – MAVO 6/93, ZMV 1994 S. 36). Es gelten ebenso wie für den Berufsausbildungsvertrag (§ 3 BBiG) die für den Arbeitsvertrag geltenden Rechtsvorschriften und Rechtsgrundsätze (§ 19 i. V. m. § 3 BBiG; *BAG*, 19 6.1974 – 4 AZR 463/73 – AP Nr. 3 zu § 3 BAT; *Papenheim*, Arbeitsbedingungen, S. 31, 111 ff.). Das bezeugen die Ordnungen für Berufspraktikanten im kirchlichen Dienst nach abgelegtem Examen (z. B. AVR-Caritas, Anlage 7 D; Praktikantenordnung der (Erz-)Diözesen in NRW, wonach außer der Praktikantenvergütung wesentliche Vorschriften der KAVO der Diözesen in NRW Anwendung finden; vgl. auch Regelung der Arbeitsbedingungen für Praktikanten, ABD Teil D, 2.1). Dasselbe

§ 34

ist bei Aufnahme einer Beschäftigung Arbeitsloser anzunehmen, die gemäß §§ 229 ff. SGB III mit einer **Eingliederungsmaßnahme** des Arbeitsamtes gefördert werden und mit deren der Arbeitgeber einen Eingliederungsvertrag abschließt, an den sich nach einer Einarbeitungsphase von bis zu sechs Monaten (§ 230 SGB III) ein Arbeitsverhältnis anschließen kann (§ 231 SGB III). Wegen der Vorschrift des § 34 Abs. 1 zu den kurzzeitig Beschäftigten (§ 8 Abs. 1 Nr. 2 SGB IV) ist das Zustimmungsverfahren erst erforderlich, wenn die Maßnahme länger als zwei Monate dauern soll.

Als **zustimmungspflichtige Einstellung** ist anzusehen die Verlängerung eines 32 befristeten Arbeitsverhältnisses, ebenso die Umwandlung eines zunächst befristet abgeschlossenen Arbeitsverhältnisses in einen Dauerarbeitsvertrag (*BVerwG*, 13. 2. 1979 – 6 AP 48.78, ZBR 1979, 279; *BAG*, 28. 10. 1986 – 1 ABR 16/85, AP Nr. 32 zu § 118 BetrVG 1972 = EzA § 118 BetrVG 1972 = DB 1987, 847; *Schlichtungsstelle Münster*, 30. 8. 1993 – SchliV MAVO 8/93, ZMV 1994, 254; 10. 3. 1999 – SchliV MAVO 10/98, ZMV 1999, 186). Wird das Arbeitsverhältnis, das nach einer entsprechenden Vereinbarung oder nach § 19 Abs. 3 AVR-Caritas mit dem 65. Lebensjahr endet, fortgesetzt, besteht das Mitbestimmungsrecht der MAV. Aus § 19 Abs. 4 S. 1 AVR ergibt sich, dass in diesem Falle ein neuer Arbeitsvertrag abzuschließen ist (*BAG*, 12. 7. 1988 – 1 ABR 85/86, AP Nr. 54 zu § 99 BetrVG 1972 = EzA § 99 BetrVG 1972 Nr. 59 = DB 1988, 1556; vgl. dazu auch § 35 Abs. 1 Nr. 8 MAVO).

Keine Einstellung i. S. von § 34 liegt vor bei Umwandlung eines Vollzeit- 33 arbeitsverhältnisses in ein Teilzeitarbeitsverhältnis nach dem Altersteilzeitgesetz (BVerwG, 12. 6. 2001 – 6 P 11/00, NZA 2001, 1091) und bei der Wiederaufnahme eines ruhenden Arbeitsverhältnisses. Dabei macht es keinen rechtlichen Unterschied, ob das Arbeitsverhältnis kraft Gesetzes z. B. gemäß §§ 15, 16 BErzGG wegen der Elternzeit, § 1 ArbPlSchG während des Wehrdienstes oder auf Grund einer vertraglichen Vereinbarung wegen Studiums oder aus Gründen der Pflege von Kindern oder pflegebedürftigen Angehörigen im Wege eines unbezahlten Sonderurlaubs im Sinne von § 50 Abs. 1 BAT, § 50 Abs. 1 ABD, § 38 Abs. 2 KAVO oder § 10 der Anlage 14 zu den AVR-Caritas ruht. In den genannten Fällen besteht bereits ein Arbeitsverhältnis, wenn es – wenn auch zu veränderten Arbeits- und Entgeltbedingungen – wieder aufgenommen wird. Ändert sich die Eingruppierung, besteht u. U. ein Zustimmungsrecht nach § 35 Abs. 1 Nr. 1 bzw. Nr. 3. Eine Einstellung erfolgt aber dann, wenn ein Mitarbeiter oder eine Mitarbeiterin aus der Elternzeit zur Vertretung einer ausgefallenen oder eine Arbeitskraft teilzeitbeschäftigt eingesetzt wird (*BAG*, 28. 4. 1998– 1 ABR 63/97, AR-Blattei ES 640 Einstellung Nr. 25 = NZA 1998 S. 1352). Die Umwandlung eines unbefristeten in ein befristetes Arbeitsverhältnis ist eine Vereinbarung über die Auflösung eines Arbeitsverhältnisses zu einem bestimmten Zeitpunkt (*Schlichtungsstelle Paderborn*, 30. 6. 2000 – V/2000) und daher nicht mitbestimmungspflichtig.

Keine »Einstellung« im Sinne des § 34 liegt vor, wenn der Arbeitgeber eine 34 **Kündigung zurücknimmt.** Zwar kann der Dienstgeber seine Kündigung nur zurücknehmen, wenn der Arbeitnehmer dieser Rücknahme zustimmt, das Arbeitsverhältnis also ohne Unterbrechung fortgesetzt wird, oder wenn die ausgesprochene Kündigung absolut unwirksam ist (z. B. Kündigung einer Schwangeren, die nach § 9 MuSchG gesetzlich ausdrücklich verboten ist). Auch die **Weiterbeschäftigung eines Auszubildenden nach § 18 Abs. 4** (§ 18 Rz 47 ff.) fällt nicht unter den Begriff »Einstellung«. Der Auszubildende muss

§ 34

auf Grund einer gesetzlichen Bestimmung weiterbeschäftigt werden, wenn die Voraussetzungen für diese Weiterbeschäftigung gegeben sind. Dagegen ist die Weiterbeschäftigung eines Auszubildenden nach Beendigung seiner Ausbildungszeit auf Grund einer vertraglichen Vereinbarung mit dem Dienstgeber bzw. nach 17 BBiG (Weiterarbeit nach Beendigung der Ausbildung) eine Einstellung und unterliegt der Zustimmung nach § 34 (*LAG Hamm*, DB 1982, 2302). Keine Einstellung ist die Aufnahme von **Schülerpraktikanten**. Die von ihnen zu verrichtende Tätigkeit ist ihrer Art nach keine weisungsgebundene Tätigkeit, die der Verwirklichung des arbeitstechnischen Zwecks der Einrichtung des Trägers zu dienen bestimmt ist. Der Einsatz der Schülerpraktikanten dient in erster Linie der persönlichen Information über einen Teil der sozialen Wirklichkeit, um den Schülern ihre Ausbildungs- und Berufswahl zu erleichtern(*BAG*, 8. 5. 1990 – 1 ABR 7/89, DB 1990 S. 2124).

35 Das Mitbestimmungsrecht der MAV besteht erst, wenn der Dienstgeber sich für die Einstellung eines bestimmten Bewerbers entschlossen hat. Die **Entscheidung, welchen Bewerber er einstellt (Auswahlentscheidung)** und für wen er die Zustimmung der MAV einholt, ist ausschließlich **Sache des Dienstgebers**. Die MAV hat im Rahmen der Zustimmungsverweigerungsgründe die Möglichkeit, zu beanstandende beabsichtigte Einstellungen zu verhindern. Sie kann aber weder erreichen, dass ein abgelehnter Stellenbewerber gegen den Willen des Dienstgebers eingestellt wird, noch kann sie mit der Begründung, ein anderer Mitarbeiter oder Bewerber sei für die vorgesehene Position besser geeignet, seine Einstellung im Zustimmungsverfahren durchsetzen.

36 Eine ganz andere Frage ist es, ob der Dienstgeber seine Einstellungsentscheidung sachlich und umfassend zu begründen hat (§ 33 Abs. 2 S. 1 = § 33 Rz 20; § 34 Abs. 3 = Rz 40 f.). Aus Landesrecht und diözesanem Kirchenrecht kann sich ergeben, dass der Dienstgeber weitere Beteiligte zu geplanten Einstellungen – wie auch Entlassungen – anzuhören hat, wie dies z. B. bei den Gremien der Erziehungsberechtigten in den Tageseinrichtungen für Kinder vorgesehen ist (vgl. etwa § 6 Abs. 4 GTK NRW; § 3 Abs. 4 Statut für die katholischen Tageseinrichtungen für Kinder in den (Erz-)Diözesen Aachen, Essen, Köln, Münster und Paderborn (Amtblätter der Diözesen, vgl. Amtsblatt des Erzbistums Köln 1993 Nr. 4 S. 9).

3. Anstellung

37 Die MAV bestimmt auch mit bei der »Anstellung« von Mitarbeitern, die im Beamtenverhältnis eingestellt werden. Dass die Kirche als öffentlich-rechtliche Körperschaft auch in ihrem Bereich Beamtenverhältnisse begründen kann, folgt aus § 135 BRRG. »Anstellung« im beamtenrechtlichen Sinn bedeutet die Ernennung eines Mitarbeiters unter erster Verleihung eines Amtes, das in der Besoldungsordnung aufgeführt ist (§§ 2 und 5 BRRG). Dabei kann ein Beamtenverhältnis begründet werden als Beamtenverhältnis auf Zeit, auf Widerruf, zur Probe und auf Lebenszeit (§ 3 Abs. 1 BRRG).

38 Wird ein Mitarbeiter als Angestellter eingestellt und erhält er eine **beamtenähnliche vertragliche** Regelung zugesagt, so ist er kein Kirchenbeamter, sondern Angestellter (Arbeitnehmer) der kirchlichen Einrichtung. Seine Stellung bleibt die eines Angestellten (so auch für die vergleichbaren DO-Angestellten der öffentlich-rechtlichen Sozialversicherungsträger, zuletzt *BAG*, 25. 4. 1979 – 4 AZR 791/77, AP Nr. 49 zu § 611 BGB Dienstordnungsangestellte = BB

§ 34

1980, 314). Auf dieses Dienstverhältnis finden arbeitsvertragliche Grundsätze Anwendung. Mitbestimmungsrechtlich fällt dieses Dienstverhältnis unter den Begriff der »Einstellung«.

4. Freie Mitarbeit

Ob ein freier Mitarbeiter wegen seiner Arbeitsaufnahme vom Zustimmungsrecht der MAV erfasst wird, hängt von der Art seiner Tätigkeit in der Einrichtung ab. Nach der Rechtsprechung des *BAG* liegt eine mitbestimmungspflichtige Einstellung nicht vor, wenn weisungsfreie Tätigkeit verrichtet wird. Das ist nicht der Fall, wenn nach Art und Intensität der Beschäftigung eine Weisungsabhängigkeit in Betracht zu ziehen ist, die dann Mitbestimmungsrechte der MAV begründet (*BAG*, 15. 12. 1998 – 1 ABR 9/98, BB 1999 S. 1497). 39

III. Unterrichtungspflicht des Dienstgebers

Der Dienstgeber hat die MAV vor jeder beabsichtigten Einstellung oder Anstellung umfassend zu unterrichten (§ 33 Rz 20–22) und die Zustimmung der MAV zu diesen Maßnahmen zu beantragen. 40

Dabei hat er der MAV mitzuteilen: 41
– Angaben über die **Person** des Ein- bzw. Anzustellenden (§ 34 Abs. 3)
– den vorgesehenen **Einstellungstermin**
– den **Arbeitsplatz** (§ 73 SGB IX) sowie die Eingruppierung des Bewerbers (§ 35 Abs. 1 Nr. 1).

Anders als nach dem BetrVG und dem BPersVG, die eine Information des Betriebsrats bzw. Personalrats über alle, auch zur Einstellung nicht vorgesehenen Bewerber fordern (so *BAG* in ständiger Rechtsprechung, zuletzt 3. 12. 1985 – 1 ABR 72/83, DB 1986, 917; *BVerwG*, zuletzt 11. 2. 1981, ZBR 1981, 381), grenzt § 34 Abs. 3 die Informations- und Vorlagepflicht von Unterlagen auf die **Person des Einzustellenden** ein. Diese Begrenzung schränkt die Mitwirkung der MAV insofern beträchtlich ein, als ihr ein Prüfungsrecht, ob der Dienstgeber gegen den Zustimmungsverweigerungsgrund des § 34 Abs. 2 Nr. 1 verstoßen hat, nahezu unmöglich gemacht wird. Der Dienstgeber muss daher die Bewerbungsunterlagen aller anderen, von ihm vorher ausgeschiedenen – interner und externer – Bewerber der MAV nach der ausdrücklichen Regelung des § 34 Abs. 3, die als lex specialis dem § 26 Abs. 2 vorgeht, nicht vorlegen (Zentrale Gutachterstelle beim VDD, Gutachten vom 24. 8. 1996, n. v.; A. A. *Schlichtungsstelle München*, 21. 8. 1996 – 19 AR 96, n. v. für die Sozialdaten der Bewerber). Haben sich einer oder mehrere schwerbehinderte Menschen auf den Arbeitsplatz beworben, so hat der Dienstgeber gemäß § 27 Abs. 2, 4. Spiegelstrich die MAV zu informieren. Siehe auch § 29 Abs. 1 Nr. 19. 42

Soweit eine Mitteilungspflicht nach §§ 33, 34 Abs. 3 besteht, gilt: Mitzuteilen hat der Dienstgeber die genauen Personalien, alle Umstände über die persönliche und fachliche Eignung (gegebenenfalls nach Maßgabe gesetzlicher Ausbildungskriterien) für den vorgesehenen Arbeitsplatz, die betrieblichen Auswirkungen der vorgesehenen Ein- oder Anstellung. Dabei muss der Dienstgeber alle ihm vom Bewerber mitgeteilten, aber auch von ihm selbst ermittelten Angaben der MAV zugänglich machen – also auch das vom Bewerber vorgelegte Gesundheits- und polizeiliche Führungszeugnis (*VerwG* 43

§ 34

für MAV-Streitigkeiten der EKD, 30. 5. 1996 – 0124/A 1/96, ZMV 1996, 192).
Dazu gehören das Bestehen einer Schwangerschaft ebenso wie das Vorliegen der Schwerbehinderteneigenschaft (vgl. dazu buch § 26 Rz 84 – so auch *Schlichtungsstelle Köln*, 28. 10. 1991 – MAVO 7/91 n. v.; *Schlichtungsstelle München*, 21. 8. 1996 – 19 AR 96, n. v.).

44 Datenschutz steht der Mitteilung dieser Personaldaten an die MAV nicht entgegen, weil die MAV kein »Dritter« im Sinne des Datenschutzrechts ist. Die MAV ist vielmehr Teil der speichernden Stelle. Der Datenfluss zwischen Dienstgeber und MAV wird von den Vorschriften des Datenschutzrechts nicht erfasst (Allg. Auffassung: *Grabendorff/Windscheid/Ilbertz/Widmaier*, BPersVG, § 68 Rz 53; *Fitting/Kaiser/Heither/Engels/Schmidt*, BetrVG § 1 Rz 210 f.; *BAG*, 17. 3. 1983 – 6 ABR 33/80, AP Nr. 18 zu § 80 BetrVG 1972 = EzA § 80 BetrVG 1972 Nr. 24 = BB 1983, 1280: für Einblicksrecht des Betriebsrates in Gehaltslisten).

45 Darüber hinaus hat der Dienstgeber die MAV auch über **Vorstrafen** des Einzustellenden zu unterrichten, wenn sich daraus für die Eignung des Stellenbewerbers Schlüsse ziehen lassen (Zur Zulässigkeit dieser Frage: § 36 Rz 70) oder Schlüsse auf eine Störung des Arbeitsfriedens gezogen werden können (§ 34 Abs. 2 Nr. 2 – Rz 61).

46 Der **Bewerber** kann nicht um **vertrauliche Behandlung** seiner Angaben bei der Weitergabe an die MAV bitten. Er muss von vornherein damit rechnen, dass der Dienstgeber die MAV umfassend unterrichten muss. Dazu gehört auch die vollständige Weitergabe seiner Angaben. Verlangt der Bewerber von seinem Dienstgeber die Nichtweitergabe von Auskünften und Unterlagen an die MAV, so kann dieser solche, vom Bewerber als »vertraulich« bezeichnete Unterlagen und Tatsachen bei der Information der MAV nicht zurückhalten. Bleibt der Bewerber bei seiner Auffassung, muss der Dienstgeber von der Einstellung absehen.

47 Die Unterrichtung kann **mündlich** wie **schriftlich** wirksam erfolgen (§ 33 Rz 20–22).

48 Weder die **Vorlage des abzuschließenden Arbeitsvertrages** (*BAG*, 18. 10. 1988 – 1 ABR 33/87, AP Nr. 57 zu § 99 BetrVG 1972 = EzA § 99 BetrVG 1972 Nr. 69 = DB 1989, 350) noch die Angabe **der genauen Höhe des vereinbarten Entgeltes**, abgesehen von der vorgesehenen Eingruppierung (*Schlichtungsstelle Köln*, 7. 1. 1988 – MAVO 10/87; *BAG*, 3. 10. 1989 – 1 ABR 73/88, AP Nr. 74 zu § 99 BetrVG 1972 = EzA § 99 BetrVG 1972 Nr. 71 = DB 1990, 995) muss der Dienstgeber im Rahmen seiner Unterrichtungspflicht vornehmen.

49 Die Mitglieder der MAV sind verpflichtet, über die ihnen im Rahmen der Unterrichtung bekannt gewordenen persönlichen Verhältnisse und Angelegenheiten des Mitarbeiters absolutes Stillschweigen zu bewahren (§ 20). Diese Schweigepflicht ist zugunsten des betroffenen Mitarbeiters ein Schutzgesetz im Sinne des § 823 Abs. 2 BGB. Die schuldhafte – auch leicht fahrlässige – Verletzung dieser Schweigepflicht gegenüber dem Bewerber oder Mitarbeiter führt zu Schadensersatzpflichten des MAV-Mitgliedes, für das die Sonderregelungen der Arbeitnehmerhaftung wegen seiner außerarbeitsvertraglichen Stellung als MAV-Mitglied nicht gelten (*Richardi/Thüsing*, BetrVG, Vorbem. vor § 26 Rz 15). Da es sich auch um eine grobe Verletzung der Pflichten als Mitarbeitervertreter handelt, kann auf Beschluss der Schlichtungsstelle dieses MAV-Mitglied nach § 13 c Nr. 5 aus der MAV ausgeschlossen werden (§ 20 S. 3).

IV. Zustimmungsverweigerungsgründe

1. Allgemeine Voraussetzungen

Die Zustimmungsverweigerung durch die MAV setzt einen ordnungsgemäß 50
gefassten Beschluss der MAV voraus (§ 14 Abs. 5). Sie ist zunächst als Einwendung innerhalb der Fristen des § 33 Abs. 2 unter Angabe der Gründe zu erheben (2. Phase der Milbestimmung: siehe § 33 Rz 23 ff.). In dieser Phase kann die MAV Einwendungen jeder Art erheben.
Der Dienstgeber muss aber das weitere Einigungsverfahren (3. Phase der Mit- 51
bestimmung: § 33 Rz 38) nur durchführen, wenn die MAV einen der in Rz 52–62 genannten **ausschließlichen** Zustimmungsverweigerungsgründe des § 34 Abs. 2 Nr. 1 und/oder Nr. 2 vorträgt (vgl. *OVG NRW*, 6. 8. 2003 – 1A 1068/01. PVL, ZTR 2004, 103).

2. Zustimmungsverweigerungsgrund des § 34 Abs. 2 Nr. 1

Die MAV kann die Zustimmung zu einer Ein- bzw. Anstellung verweigern, 52
wenn die Maßnahme gegen ein Gesetz, eine Rechtsverordnung, kircheneigene Ordnungen oder sonstiges geltendes Recht verstößt. Die MAV hat kein Mitspracherecht bei der Auswahl der Bewerber.
Gegen ein Gesetz oder eine Rechtsverordnung wird verstoßen, wenn die Ein- 53
stellung zwingendes staatliches Recht verletzt. Dann ist der Abschluss des Arbeitsvertrages ohnehin nach § 134 BGB nichtig. Hierzu zählen: Verstöße gegen § 4 MuSchG, § 3 ArbZG, §§ 22 ff. JArbSchG, §§ 14–16 JArbSchG, § 284 SGB III (Beschäftigung von Ausländern außerhalb der EU ohne Arbeitserlaubnis), Nichterfüllung der Beschäftigungspflicht eines schwerbehinderten oder ihm gleichgestellten behinderten Menschen (§ 81 Abs. 1 S. 7 SGB IX; § 27 Rz 29) unter Bevorzugung eines nicht behinderten Bewerbers. Die Einstellung eines nicht schwerbehinderten Arbeitnehmers verstößt dann gegen eine gesetzliche Vorschrift i. S. d. § 34 Abs. 2 Nr. 1, wenn der Dienstgeber vor der Einstellung nicht nach §§ 81 ff. SGB IX geprüft hat, ob der freie Arbeitsplatz mit einem schwerbehinderten Menschen besetzt werden kann (*BAG*, 14. 11. 1989 – ABR 88/88, AP Nr. 77 zu § 99 BetrVG 1972 = EzA § 99 BetrVG 1972 Nr. 84 = DB 1990, 636). Womögliche Integrationsvereinbarungen (§ 83 SGB IX) sind einzuhalten (dazu: §§ 28 a, 29 Abs. 1 Nr. 19).
Die MAV kann die Zustimmung zur Einstellung nicht verweigern, wenn sie 54
der Ansicht ist, dass eine andere als vom Dienstgeber angewendete Arbeitsvertragsordnung anzuwenden sei (*Schlichtungsstelle Limburg*, 15. 6. 1998 – 4/98). Ebenso kann die MAV die Zustimmung zur Einstellung eines Bewerbers nicht deshalb verweigern, weil sie einen anderen – z. B. hausinternen – Bewerber gegenüber einem externen Bewerber bevorzugt oder für besser geeignet hält oder weil durch die Einstellung des vorgeschlagenen Bewerbers ein im Betrieb bereits tätiger Mitarbeiter Nachteile erleiden würde. Auf das Alleinentscheidungsrecht des Dienstgebers, welche Person eingestellt wird, kann die MAV im Rahmen des Zustimmungsverfahrens gemäß § 34 keinen Einfluss nehmen (*Schlichtungsstelle Freiburg*, 2. 11. 1993 – 1993/8). Die Einstellung eines Mitarbeiters über den Stellenplan hinaus ist kein Grund zur Verweigerung der Zustimmung, weil der Stellenplan weder Gesetz, Rechtsverordnung, kircheneigene Ordnung noch sonstiges geltendes Recht ist. Er ist Teil der Personalplanung der Einrichtung (*Schlichtungsstelle Osnabrück*,

§ 34

22. 2. 1999 – 2/99). Das kann jedoch dann anders sein, wenn z. B. für Tageseinrichtungen für Kinder durch besondere Vereinbarungen zwischen dem Land und den Spitzenverbänden der Freien Träger festgelegt ist, welche Personalstellen die Einrichtung hinsichtlich der Plätze oder Gruppen haben soll (Amtsblatt des Erzbistums Köln 1999 Nr. 202 S. 109 ff.).

55 Hat der Dienstgeber die Einstellung oder Anstellung – auch in einem Eilfall – ohne Beachtung des Mitbestimmungsrechts der MAV vorgenommen, so ist der entsprechende Rechtsakt (Arbeitsvertrag oder Ernennung) zwar wirksam (*BAG*, 5. 4. 2001 – 2 AZR 580/99, DB 2001 S. 2403), es liegt aber eine Verletzung der Vorschriften der §§ 33, 34 MAVO vor, die von der MAV zum Gegenstand des Schlichtungsverfahrens gemacht werden kann (*Schlichtungsstelle Rottenburg-Stuttgart*, 7. 3. 1997 – SV 2/1997).

56 **Kein Verstoß** gegen ein Gesetz oder eine Rechtsverordnung liegt in einer Tarif-(AVR-)Klausel oder einer, einzelvertraglichen Regelung, dass das Arbeitsverhältnis mit **Vollendung des 65. Lebensjahres** endet (*BAG*, 1. 12. 1993 – 7 AZR 428/93, AP Nr. 4 zu § 41 SGB VI; *BAG*, 26. 5. 1995 – 7 AZR 984/93, AP Nr. 6 zu § 41 SGB VI. – Neufassung des § 41 Abs. 4 S. 3 SGB VI ab 1. 8. 1994 (BGB I, 1797): *BAG*, 11. 6. 1997 – 7 AZR 186/96, NZA 1997, 1290).

57 Ebenso wenig liegt ein Gesetzesverstoß vor, wenn die MAV Bedenken gegen den **befristet abgeschlossenen Arbeitsvertrag** – etwa nach dem TzBfG – hat. Damit kann die MAV ihre Zustimmungsverweigerung nicht begründen (*BAG*, ständige Rechtsprechung, z. B. 16. 7. 1985 – 1 ABR 35/83, DB 1986, 124; *BVerwG*, ständige Rechtsprechung, z. B. 15. 11. 1989 – 6 P 2.87, PersV 1990, 235 = ZBR 1990, 212). Das Gleiche gilt, wenn die MAV Bedenken gegen die vereinbarte **Teilzeitarbeit** hat (*BVerwG*, zuletzt 14. 11. 1989 – 6 P 4.87, PersVG 1990, 234 = ZBR 1990, 211). Rechtsansprüche auf Teilzeitarbeit sind zu erfüllen (§§ 6 ff. TzBfG).

58 Die **Zustimmung zur Einstellung** kann nicht mit der Begründung verweigert werden, die **vorgesehene Einstufung sei unrichtig**, insoweit liege ein Verstoß gegen »sonstiges geltendes Recht« vor. Zum einen ist für die Eingruppierung ein eigenes Zustimmungsverfahren im Rahmen des § 35 Abs. 1 Nr. 1 vorgesehen (Rz 4), zum anderen entspricht es der ständigen Rechtsprechung des *BAG*, dass die Einstellung eines Mitarbeiters nicht über die Zustimmungsverweigerung bei seiner Eingruppierung blockiert werden kann (*BAG*, 10. 2. 1976 – 1 ABR 49/74, AP Nr. 4 zu § 99 BetrVG 1972 = EzA § 99 BetrVG 1972 Nr. 9 = DB 1976, 778). Das gilt auch für die von der MAV als »gesetzwidrig« angesehene Anwendung von Absenkungserlassen. Die Absenkung der Anfangsvergütung ist keine Lohngestaltung (*BVerwG*, 15. 3. 1988 – 6 P 23.87, ZBR 1988, 257 = PersV 1989, 163).

59 Jeder Dienstgeber hat bei Einstellungen **kirchliches Recht** zu beachten (Rz 1 ff.), das vom zuständigen kirchlichen Gesetzgeber erlassen worden ist. Verfassungsrechtlich gehört kirchliche Gesetzgebung zu den eigenen Angelegenheiten der Kirche im Rahmen ihres verfassungsrechtlich garantierten Selbstbestimmungsrechts (Art. 140 GG i. V. m. Art. 137 Abs. 3 WRV). Dazu zählen das allgemeine Kirchenrecht (z. B. CIC) und u. a. das diözesane Kirchenrecht des jeweiligen Diözesanbischofs als Gesetzgeber seiner Teilkirche (can. 391 CIC). Die MAVO spricht von kircheneigenen Ordnungen, womit u. a. der CIC, die MAVO selbst, die KODA-Ordnungen; die Arbeitsvertragsordnungen bzw. Arbeitsvertragsrichtlinien, wie AVR-Caritas, ABD, KAVO u. a.; die Grundordnung des kirchlichen Dienstes im Rahmen kirchlicher

§ 34

Arbeitsverhältnisse, weitere Grundordnungen für katholische Schulen und Krankenhäuser; Ordnungen für bestimmte Berufsgruppen; das Datenschutzrecht – KDO -und etwa auch Anordnungen zur Vermögensverwaltung in Kirchengemeinden, Kirchengemeindeverbänden und Kirchenstiftungen gehören. **Gegen kircheneigene Ordnungen wird verstoßen,** wenn der Dienstgeber gegen rechtmäßig erlassene arbeitsrechtlich bindende Anordnungen handelte, die mit den Grundrechten des GG in Einklang stehen. Verstöße sind bei Einstellungen auszumachen, wenn z. B. der Bewerber Einstellungsvoraussetzungen nicht erfüllt, obwohl sie kirchenrechtlich gefordert sind. Das ist z. B. der Fall, wenn ein Bewerber die Beschäftigungsvoraussetzungen aus den in Art. 3, 4 und 5 Abs. 2 bis 5 GrO genannten Gründen nicht erfüllt (*Thiel,* ZMV 1994, 4). Dazu zählt der Kirchenaustritt aus der katholischen Kirche (Art. 3 Abs. 4 GrO; gegenteilig noch die vor dem Erlass der GrO ergangene Entscheidung der *MAVO-Schlichtungsstelle Rottenburg-Stuttgart,* 1. 3. 1991 – SV 5/90, ZMV 1991, 220). Weiter zählen dazu z. B. außereheliche Beziehungen eines Bewerbers zu einer Mitarbeiterin, die zur Trennung der Ehegatten geführt haben (Schlichtungsstelle Limburg, 11. 1. 1993 – 6/92). Gemäß Art. 4 GrO sind Loyalitätsobliegenheiten tangiert. Dasselbe gilt im Falle der eingetragenen Lebenspartnerschaft (Amtsblatt des Bistums Limburg 2002 Nr. 92 S. 71).

Verstoß gegen **sonstiges geltendes Recht** bezieht sich auf gerichtliche Entscheidungen oder behördliche Anordnungen, die die Beschäftigung eines Mitarbeiters unmöglich machen. Zu denken ist hier z. B. an das Verbot der Beschäftigung von Jugendlichen (§ 27 Abs. 2 JArbSchG) oder die behördliche Untersagung der Ausbildung, weil die persönliche oder fachliche Eignung nicht (mehr) vorliegt (§§ 22, 24 BBiG, §§ 23, 24 HandwO). Hierzu gehören auch Verstöße gegen den **Gleichbehandlungsgrundsatz** (§ 611 a BGB; § 26 Abs. 1 S. 2 MAVO = Rz 16–21). Zu sonstigem Recht zählen u. a. auch Vereinbarungen zwischen staatlichen Behörden und den Trägern der freien Jugendhilfe über die Voraussetzungen der Eignung des zu beschäftigenden Personals in Einrichtungen für Kinder- und Jugendliche i. S. von § 45 Abs. 2 S. 3 SGB VIII. 60

3. Zustimmungsverweigerung des § 34 Abs. 2 Nr. 2

Die MAV kann die Zustimmung verweigern, wenn der durch Tatsachen begründete Verdacht gegen den Bewerber besteht, dass er durch sein Verhalten den Arbeitsfrieden in der Einrichtung in einer Weise stören wird, die insgesamt für die Einrichtung unzuträglich ist. 61

Die Anforderung bereits im Tatsächlichen – Vermutungen und Gerüchte genügen nicht – sind an diesen Zustimmungsverweigerungsgrund so hoch gestellt, dass er kaum mit Erfolg geltend gemacht werden kann. Das zeigt die Auswertung zur gleichlautenden Regelung des § 99 Abs. 2 Nr. 6 BetrVG und § 77 Abs. 2 Nr. 3 BPersVG, die nur von einer »Besorgnis« der Störung des Betriebsfriedens sprechen. Die Rechtsprechung hat sich mit diesem Zustimmungsverweigerungsgrund der »Besorgnis« – von einem Falle abgesehen – nicht befasst. Die MAVO verlangt aber hier ein »Mehr«, nämlich den durch konkrete Tatsachen begründeten **Verdacht** der Störung des Betriebsfriedens durch einen Bewerber. Damit wird von der MAV praktisch Unmögliches gefordert (siehe auch § 35 Rz 88 ff.). 62

§ 35

V. Streitigkeiten

63 Gemäß § 41 Abs. 1 Nr. 5 entscheidet die Schlichtungsstelle auf Antrag der MAV bei einem Verstoß des Dienstgebers gegen das vorgeschriebene Mitbestimmungsverfahren (§§ 33 Abs. 1, 2, 3; 34 Abs. 1 und 3; *Schlichtungsstelle Münster*, 7. 11. 1994 – 8/94 n. v.; 7. 11. 1994 – 6/94, ZMV 1995 S. 294). Dasselbe gilt bei falsch behandelten vorläufigen oder Eilentscheidungen § 33 Abs. 2 S. 3 oder Abs. 5 i. V. m. § 41 Abs. 1 Nr. 7; *Schlichtungsstelle Köln*, 19. 8. 1997 – MAVO 7/97, ZMV 1998 S. 83 Ls.). Das ist von besonderer Bedeutung in Fällen, in denen die MAV überhaupt nicht von der beabsichtigten Maßnahme informiert worden ist (§ 33 Abs. 2) oder der Dienstgeber trotz Zustimmungsverweigerung der MAV die Maßnahme ohne Anrufung der Schlichtungsstelle durchgezogen hat (§ 33 Abs. 1). Der Dienstgeber muss die Schlichtungsstelle anrufen, wenn die MAV die Zustimmung zur Einstellung verweigert hat (§ 33 Abs. 4 i. V. m. § 41 Abs. 1 Nr. 6). Sein Antrag ist auf Ersetzung der Zustimmung zur Einstellung zu stellen, welche die MAV verweigert hat.

64 Wegen der **Beschäftigungsansprüche schwerbehinderter Menschen** ist davon auszugehen, dass im Falle der von einem schwerbehinderten Menschen beantragten Beschäftigung in einer anderen Einrichtung des Dienstgebers die Zustimmung der MAV der aufnehmenden Einrichtung einzuholen ist. Unter den Voraussetzungen des § 259 ZPO kann der Dienstgeber zu dieser Beschäftigung unter dem Vorbehalt der Zustimmung der MAV vom staatlichen Arbeitsgericht verurteilt werden; der schwerbehindertenrechtliche Beschäftigungsanspruch nach § 81 Abs. 4 S. 1 Nr. 1 SGB IX lässt nämlich die Mitbestimmungsrechte der MAV nach § 34 MAVO unberührt (Art. 140 GG i. V. m. Art. 137 Abs. 3 WRV). Soweit für die Erfüllung des schwerbehindertenrechtlichen Beschäftigungsanspruchs eine Versetzung erforderlich ist, hat der schwerbehinderte Mensch einen Anspruch darauf, dass der Dienstgeber die Zustimmung nach § 34 bei der MAV der aufnehmenden Einrichtung einholt. Wird diese verweigert und steht nicht fest, dass der MAV objektiv Zustimmungsverweigerungsgründe nach § 34 Abs. 2 MAVO zustehen, hat der schwerbehinderte Mensch auch einen Anspruch auf Durchführung des mitarbeitervertretungsrechtlichen Zustimmungsersetzungsverfahrens nach § 41 Abs. 2 S. 2 Nr. 1. Führt der Dienstgeber das Zustimmungsersetzungsverfahren gemäß MAVO schuldhaft unzureichend durch, kann das einen Schadensersatzanspruch begründen (*BAG*, 3. 12. 2002 – 9 AZR 481/01, ZTR 2003, 359).

§ 35 Zustimmung bei sonstigen persönlichen Angelegenheiten

(1) Die Entscheidung des Dienstgebers bedarf in folgenden persönlichen Angelegenheiten von Mitarbeiterinnen und Mitarbeitern der Zustimmung der Mitarbeitervertretung:
1. **Eingruppierung von Mitarbeiterinnen und Mitarbeitern,**
2. **Höhergruppierung oder Beförderung von Mitarbeiterinnen und Mitarbeitern,**
3. **Rückgruppierung von Mitarbeiterinnen und Mitarbeitern,**

§ 35

4. nicht nur vorübergehende Übertragung einer höher oder niedriger zu bewertenden Tätigkeit,
5. Abordnung von mehr als drei Monaten oder Versetzung an eine andere Einrichtung, es sei denn, dass es sich um Mitarbeiterinnen oder Mitarbeiter für pastorale Dienste oder religiöse Unterweisung handelt, die zu ihrer Tätigkeit der ausdrücklichen bischöflichen Sendung oder Beauftragung bedürfen,
6. Versagen und Widerruf der Genehmigung einer Nebentätigkeit,
7. Weiterbeschäftigung über die Altersgrenze hinaus,
8. Hinausschiebung des Eintritts in den Ruhestand wegen Erreichens der Altersgrenze,
9. Anordnungen, welche die Freiheit in der Wahl der Wohnung beschränken mit Ausnahme der Dienstwohnung, die die Mitarbeiterin oder der Mitarbeiter kraft Amtes beziehen muss.

(2) Die Mitarbeitervertretung kann die Zustimmung nur verweigern, wenn
1. die Maßnahme gegen ein Gesetz, eine Rechtsverordnung, kircheneigene Ordnungen, eine Dienstvereinbarung oder sonstiges geltendes Recht verstößt,
2. der durch bestimmte Tatsachen begründete Verdacht besteht, dass durch die Maßnahme die Mitarbeiterin oder der Mitarbeiter ohne sachliche Gründe bevorzugt oder benachteiligt werden soll.

Inhaltsübersicht

	Rz
I. Zweck der Vorschrift	1–2
II. Die Zustimmungstatbestände	3–82
1. Allgemeine Feststellungen	3–4
2. Die einzelnen Zustimmungstatbestände	5–82
a. Eingruppierung von Mitarbeitern (Nr. 1)	5–22
aa. Ersteingruppierung	5–16
bb. Umgruppierung	17
cc. Zulagen	18–20
dd. Bewährung	21
ee. Stellenbewertung	22
b. Höhergruppierung oder Beförderung von Mitarbeitern (Nr. 2)	23–35
aa. Höhergruppierung	24–26
bb. Hineinwachsen in eine andere Vergütungsgruppe	27–29
cc. Kein Initiativrecht der MAV	30
dd. Beförderung	31
ee. Rechtsfolgen der Verletzung des Zustimmungsrechts	32–35
c. Rückgruppierung von Mitarbeitern (Nr. 3)	36–46
d. Nicht nur vorübergehende Übertragung einer höher oder niedriger zu bewertenden Tätigkeit (Nr. 4)	47–53
e. Abordnung von mehr als drei Monaten (Nr. 5, erste Alternative)	54–61
f. Versetzung an eine andere Einrichtung (Nr. 5, zweite Alternative)	62–67
g. Untersagung und Widerruf einer Nebentätigkeitsgenehmigung (Nr. 6)	68–71
h. Weiterbeschäftigung über die Altersgrenze hinaus (Nr. 7)	72
i. Hinausschieben des Eintritts des Ruhestandes wegen Erreichung der Altersgrenze (Nr. 8)	73–75
j. Anordnungen, welche die Freiheit der Wahl der Wohnung beschränken, mit Ausnahme der Dienstwohnung, welche der Mitarbeiter kraft Amtes beziehen muss (Nr. 9)	76–82
III. Zustimmungsverweigerung und ihre Gründe	83–91
1. Allgemeine Feststellungen	83–84
2. Zustimmungsverweigerungsgrund gemäß § 35 Abs. 2 Nr. 1	85–87
3. Zustimmungsverweigerungsgrund gemäß § 35 Abs. 2 Nr. 2	88–91

§ 35

    IV. Ausnahmen vom Geltungsbereich der Vorschrift   92
    V. Streitigkeiten   93–96
      1. Schlichtungsverfahren   93–95
      2. Staatliches Arbeitsgericht   96

I. Zweck der Vorschrift

1 Neben der Einstellung und Anstellung als Angelegenheiten der personellen Mitbestimmung bei der Begründung des Beschäftigungsverhältnisses (§ 34) will § 35 **alle wichtigen persönlichen Angelegenheiten**, die **nach der Einstellung** auftreten, der Zustimmungspflicht der MAV unterwerfen. Damit soll die MAV während des bestehenden Beschäftigungsverhältnisses eine Einflussnahme auf seine weitere Gestaltung erhalten. Es wird also anerkannt, dass die MAV mit dem Dienstgeber zusammen für die weitere Entwicklung der Arbeitsverhältnisse die Verantwortung trägt. Dass das gewollt ist, zeigt der Katalog der Zustimmungstatbestände des § 35 Abs. 1 Nr. 1–9, § 18 Abs. 2.

2 An dieser Grundaussage zu § 35 ändert sich nichts, wenn **die in § 3 Abs. 3 genannten Personen ganz aus der Vorschrift des § 35** und die Mitarbeiter und Mitarbeiterinnen für pastorale Dienste und religiöse Unterweisung hinsichtlich § 35 Abs. 1 Nr. 5 aus sachlich vertretbarem Anlass aus der vollen Mitbestimmung, nicht aber aus der Beteiligung schlechthin (§ 29 Abs. 1 Nr. 10), **herausgenommen** werden.

II. Die Zustimmungstatbestände

1. Allgemeine Feststellungen

3 Die Aufzählung der Mitbestimmungsfälle des § 35 Abs. 1 Nr. 1 bis 9 ist erschöpfend und abschließender Natur (so für den Katalog des § 75 BPersVG *BVerwG*, 28. 2. 1958 – VII P 19/57, ZBR 1958 S. 211). Die MAV muss in ihrer Gesamtheit diese Mitbestimmungsrechte wahrnehmen. Sie kann sie weder auf ihren Vorsitzenden noch auf ein Mitglied übertragen (§ 14 Abs. 10). Sie kann auch nicht für die Zukunft auf die Mitbestimmungsrechte oder bestimmte Teilbereiche verzichten (*BVerwG*, 16. 9. 1977 – VII P 1/75, BVerwGE 54, 323 = ZBR 1978 S. 207). Das wäre ein Verstoß gegen die Pflichten der MAV und ihre Befugnisse. Es bleibt ihr unbenommen, in einem konkreten, zustimmungspflichtigen Entscheidungstatbestand auf die Geltendmachung von Rechten durch Verstreichenlassen der Einwendungsfrist zu verzichten (§ 33 Rz 36). Andererseits darf **das von einer Maßnahme i. S. des § 35 Abs. 1 bis 9 betroffene Mitglied der MAV** bei der Beschlussfassung zur Frage der Zustimmung (§ 14 Abs. 5) nicht mitwirken. An seine Stelle tritt wegen eines klar erkennbaren Verhinderungsfalles, falls vorhanden, das nächstberechtigte Ersatzmitglied (§ 13 b Abs. 2; dazu: *Thiel*, Die Eine-Person-Mitarbeitervertretung, ZMV 1998, 9). Die Nichtbeachtung des Ausschlusses von der Beschlussfassung führt zur Unwirksamkeit des MAV-Beschlusses; die Stellungnahme der MAV gilt als nicht erfolgt mit der Folge, dass der Dienstgeber die beabsichtigte Maßnahme durchführen kann.

4 Auch für die Mitbestimmungsfälle des § 35 Nr. 1–9 gilt: Eine Maßnahme, die der Dienstgeber **ohne die vorliegende Zustimmung der** MAV oder – bei einer

§ 35

Zustimmungsverweigerung der MAV – ohne die ersetzte Zustimmung durch die Schlichtungsstelle durchführt, ist dem betroffenen Mitarbeiter gegenüber materiell-rechtlich unwirksam. Das bedeutet, dass eine Rückgruppierung, eine Versetzung (siehe auch § 34 Rz 26) oder Abordnung dem Mitarbeiter gegenüber erst wirksam wird, wenn die Zustimmung der MAV dazu vorliegt. Dabei kann das Mitbestimmungsrecht der MAV nicht dadurch unterlaufen werden, dass der Dienstgeber mit seinem Mitarbeiter eine **vertragliche Regelung** des streitigen Zustimmungstatbestandes trifft (*BAG*, 18. 2. 1986 – 1 ABR 27/84, AP Nr. 33 zu § 99 BetrVG 1972 = DB 1986, 1523 Abschnitt II 3 der Gründe; *BAG*, 26. 1. 1988 – 1 AZR 531/86, AP Nr. 50 zu § 99 BetrVG 1972 = DB 1988, 1167 Abschnitt II 4 a der Gründe; *BVerwG*, 4. 8. 1988, PersV 1989, 266; *Schlichtungsstelle Köln*, 2. 12. 1991 – MAVO 9/91, ZMV 1993, 31). Auch im Falle vertraglicher Regelung ist das Zustimmungsrecht der Mitarbeitervertretung gegeben.

2. Die einzelnen Zustimmungstatbestände

a. Eingruppierung von Mitarbeitern (Nr. 1)

aa. Ersteingruppierung
Zur Einstellung gehört mit Rücksicht auf die zu übertragende Arbeitsaufgabe die Eingruppierung des Mitarbeiters bzw. der Mitarbeiterin. Eingruppierung ist die Einordnung des einzelnen Mitarbeiters in ein vorgegebenes kollektives Entgeltschema (*BAG*, 12. 12. 2000 – 1 ABR 23/00, ZTR 2001, 435; 30. 10. 2001 – 1 ABR 8/01, DB 2002, 798). Bei der Eingruppierung geht es um die – erstmalige – Festsetzung der für den Mitarbeiter nach den Merkmalen seiner ab seiner Einstellung (Tätigkeitsaufnahme) auszuübenden Tätigkeit maßgebenden Vergütung durch Zuordnung zu einer Lohn-, Gehalts-, Vergütungs- oder Besoldungsgruppe durch den zur Vergütung arbeits- oder dienstrechtlich Verpflichteten. Die Festsetzung erfolgt bei Anwendung einer vorgegebenen tariflichen Regelung (etwa BAT) oder eines vorgegebenen Vergütungssystems einer kircheneigenen Vergütungsregelung, die durch KODA oder Arbeitsrechtliche Kommission des Deutschen Caritasverbandes auf dem Wege des vorgeschriebenen Arbeitsrechtsregelungsverfahrens (Art. 7 Abs. 1 GrO) als kirchliches Gesetz erlassen worden ist (*Schlichtungsstelle Rottenburg-Stuttgart*, 1. 8. 1997 – SV 3/1997 und SV 5/1997, ZMV 1997, 284). Als Beispiele kircheneigener Vergütungsregelung seien genannt: AVR-Caritas, ABD, AVVO, AVO, KAVO, DVO). Der Mitarbeiter wird in die in der für die Einrichtung gültigen Vergütungsordnung zutreffende Vergütungsgruppe eingruppiert. Es ist bei diesem Vorgang also zu klären, welchen Merkmalen der in der Einrichtung geltenden Vergütungsordnung die auszuübende Tätigkeit entspricht. Das verlangt die Subsumtion eines bestimmten Sachverhalts unter die vorgegebene Ordnung (*BAG*, 27. 7. 1993 – 1 ABR 11/93 – BAGE 74, 10; *BAG*, 30. 10. 2001 – 1 ABR 8/01, DB 2002, 798 = NZA 2002, 920). Dieser Vorgang erfolgt im Verhältnis der Arbeitsvertragsparteien zueinander (*BAG*, DB 2002, 798). An diesem Akt der Rechtsanwendung (Normvollzug des Dienstgebers) ist die MAV des eingruppierenden Dienstgebers gemäß § 35 Abs. 1 Nr. 1 zu beteiligen. Ihre Beteiligung soll sicherstellen, dass die Anwendung allgemeiner und interpretationsbedürftiger Vergütungsmerkmale auf den Einzelfall zutreffend erfolgt. Dazu gehört sowohl die Prüfung, ob der Mitarbeiter nach

5

§ 35

der von ihm konkret ausgeübten Tätigkeit der zutreffenden Vergütungsgruppe zugeordnet ist als auch, ob der Dienstgeber das zutreffende Entgeltschema anwendet. Insoweit hat die MAV mit ihrem Zustimmungsrecht das Recht der Richtigkeitskontrolle.

6 Die Eingruppierung eines Mitarbeiters in Anwendung der Vergütungsordnung ist kein Akt der rechtlichen Gestaltung von Arbeitsbedingungen (*BAG*, DB 2002, 798) sondern **Rechtsanwendung**. Das gilt auch bei der Festsetzung der Praktikanten- oder Ausbildungsvergütung nach Maßgabe diesbezüglicher Ordnungen (vgl. etwa AVR-Caritas Anlage 7 A bis E). Deshalb stellt sich das Mitbestimmungsrecht der MAV im Ergebnis als **Mitbeurteilungsrecht** dar (zu § 99 BetrVG: *BAG* in ständiger Rechtsprechung, 31. 5. 1983 – 1 ABR 57/80 AP Nr. 27 zu § 118 BetrVG 1972 = EzA § 118 BetrVG 1972 Nr. 36 = DB 1984 S. 995; *BAG*, 30. 10. 2001 – 1 ABR 8/01, ZTR 2002 S. 349; *BVerwG*, 13. 2. 1976 – VII P 9 /74, BVerwGE 50, 176 = ZBR 1976 S. 351). Deshalb kann die MAV einer beabsichtigten Eingruppierung z. B. mit der Begründung widersprechen, die höhere oder die niedrigere als die vorgesehene Vergütungsgruppe sei zutreffend (*BAG*, 28. 4. 1998 AP Nr. 18 zu § 99 BetrVG 1972 Eingruppierung = ZTR 1998 S. 521 ff.) oder die vom Dienstgeber verwendete Vergütungsordnung sei nicht diejenige, welche in der Einrichtung zur Anwendung gelangen müsse (*BAG*, 27. 6. 2000 – 1 ABR 367/99 – AP BetrVG 1972 § 99 Eingruppierung Nr. 23 = ZTR 2001 S. 238). Die MAV hat kein Recht auf Mitgestaltung des Arbeitsvertrages.

7 Im Falle der Fortsetzung des Arbeitsverhältnisses nach Ablauf des vorhergehenden Arbeitsvertrages handelt es sich um eine Einstellung i. S. von § 34 Abs. 1 (*Schlichtungsstelle Bistum Münster*, 10. 3. 1999 – SchliV-MAVO 10/98), womit die Eingruppierungsfrage verbunden ist; an der ist die MAV nicht zu beteiligen, wenn eine erneute Eingruppierung deshalb nicht erforderlich ist, weil sich weder die Tätigkeit des Mitarbeiters noch das maßgebliche Entgeltgruppenschema ändern (*BAG*, 11. 11. 1997 – 1 ABR 29/97, DB 1998 S. 1923).

8 Bei Eingruppierungen ist das Zustimmungsverfahren erst abgeschlossen, wenn es zu einer Eingruppierung geführt hat, für die eine von der MAV erteilte oder von der Schlichtungsstelle ersetzte Zustimmung vorliegt (*Schlichtungsstelle Köln*, 24. 8. 1993 – MAVO 2/93 m. v.; *BAG*, 3. 5. 1994 – 1 ABR 58/93, ZTR 1995 S. 42). Richtig ist, dass die MAV im Zustimmungsersetzungsverfahren nicht die Aufhebung einer nach ihrer Meinung unzutreffenden Eingruppierung verlangen kann, weil dies ein Akt der Rechtsanwendung, aber keine nach außen hin wirksame Maßnahme des Dienstgebers ist; sie kann vom staatlichen Gericht überprüft werden. Bei der Eingruppierung des Mitarbeiters geht es nicht um einen Vergleich mit anderen Mitarbeitern und deren Eingruppierung; es geht um seine Einordnung oder Einstufung in die zutreffende Lohn-, Gehalts-, Vergütungs- oder Besoldungsgruppe nach Maßgabe der anzuwendenden Arbeitsvertragsordnung (*Schlichtungsstelle Köln*, 24. 8. 1993 – MAVO 2/93). Der Mitarbeiter, der in eine kollektive Entgeltregelung eingruppiert wird, ist nach der Art seiner Tätigkeit, die von den Tätigkeitsmerkmalen einer bestimmten Vergütungsgruppe erfasst wird, »eingruppiert«. Dieser Tarifautomatismus führt mit der Aufnahme einer bestimmten Tätigkeit zur Eingruppierung in die zutreffende Vergütungsgruppe (*BAG*, 16. 2. 2000 – 4 AZR 62/99).

9 Dennoch kann die MAV im Verfahren vor der Schlichtungsstelle beantragen, dass der im Zustimmungsersetzungsverfahren vor der Schlichtungsstelle er-

folglos gebliebene Dienstgeber ein neues Zustimmungsverfahren einzuleiten hat, das die Eingruppierung in eine andere Vergütungsgruppe vorsieht (so für das gleichgelagerte Zustimmungsverfahren des § 99 BetrVG 1972: *BAG* 3. 5. 1994– 1 ABR 58/93, AP Nr. 2 zu § 99 BetrVG 1972 (Eingruppierung) = DB 1995, 228).

Zu einer ordnungsgemäßen Unterrichtung zur Eingruppierung kann für die **10** Entscheidung der MAV über die Zustimmung auch die Angabe einer **Fallgruppe dann** verlangt werden, wenn eine Vergütungsordnung (z. B. der BAT, KAVO, AVR) die Rechtsfolgewirkung einer Eingruppierung von einer zutreffenden Ersteingruppierung abhängig macht. Das könnte z. B. der Fall sein, wenn der Bewährungsaufstieg von einer bestimmten Ersteingruppierung in eine bestimmte Fallgruppe abhängig ist (*BAG*, 27. 7. 1993– 1 ABR 11/93, AP Nr. 110 zu § 99 BetrVG 1972 = NZA 1994, 952; *Bleistein*, ZMV 1994, 54) oder ein Fallgruppenwechsel erfolgen soll (*BVerwG*, 8. 10. 1997 – 6 P 5.95, ZTR 1998, 137).

Auch die nur strukturelle Änderung des Vergütungsgruppenschemas und die **11** Neu-Eingruppierung unterliegt der Zustimmungspflicht (*Schlichtungsstelle Freiburg*, 14. 6. 1995 – 4/95, ZMV 1995, 292; *Thiel*, ZMV 2002, 164).

Bei nicht tariflich entlohnten Mitarbeitern ist die Festlegung der betriebsübli- **12** chen Entlohnung der Zustimmungstatbestand. Sie muss Recht und Billigkeit entsprechen.

Die Mitteilung des Dienstgebers, ein bestimmter Mitarbeiter werde nicht in **13** das tarifliche Schema eingeordnet, sondern erhalte als **außertariflicher Angestellter eine** frei vereinbarte Vergütung, ist keine zustimmungspflichtige Eingruppierung (*BAG*, 31. 5. 1983 – 1 ABR 57/80, AP Nr. 27 zu § 118 BetrVG 1972 = EzA § 228 BetrVG 1972 Nr. 36 = DB 1984, 995). Hier besteht allenfalls eine Informationspflicht über das vereinbarte Gehalt im Rahmen der Einstellung, soweit nicht der Mitarbeiter nach § 3 Abs. 2 Ziffer 3 und 4 (Rz 56 ff.) aus dem Geltungsbereich der MAVO völlig herausgenommen ist.

Wenn Streit herrscht zwischen MAV und Dienstgeber über die richtige tarifli- **14** che Eingruppierung, kann die MAV nicht der Einstellung ihre Zustimmung verweigern. Sie muss ihre Zustimmungsverweigerung auf die Eingruppierung beschränken (*BAG*, 10. 2. 1976 – 1 ABR 49/74, AP Nr. 4 zu § 99 BetrVG 1972 = EzA § 99 BetrVG 1972 Nr. 9 = DB 1976, 778; *BVerwG*, 13. 2. 1976 – VII P 9.74, ZBR 1976, 351 = PersV 1977, 179).

Soweit die **Zustimmungsverweigerung** damit begründet wird, der Dienstgeber **15** habe den Mitarbeiter frei und ohne Bindung an eine beim Dienstgeber bestehende Ordnung (KAVO oder AVR) **eingruppiert**, ist sie mit § 35 Abs. 2 Nr. 1 nur zu begründen, wenn der arbeitsvertraglich geltende Gleichbehandlungsgrundsatz eklatant verletzt worden ist (*BAG*, 17. 5. 1978 – 5 AZR 132/77, EzA § 242 BGB Gleichbehandlung Nr. 14 = AP Nr. 42 zu § 242 BGB Gleichbehandlung; *Schlichtungsstelle Köln*, 18. 1. 1988 – MAVO 11/87. n. v.). Das gilt vor Allem, wenn der Dienstgeber mit der MAV eine innerbetriebliche Eingruppierungsregelung vereinbart und sich bislang auch daran gehalten hat, er nun aber mit sachlich nicht begründbaren Argumenten davon abweichen will.

Das Zustimmungsrecht umfasst nicht das Recht, auf die Aufstellung eines **16** neuen oder aber auf die Änderung eines vorhandenen Vergütungssystems hinzuwirken (*BVerwG*, 14. 6. 1995 – 6 P 43/93 PersV 1996, 182). Ebenso wenig kann die MAV einen rechtlichen Gestaltungsspielraum in Anspruch nehmen, wenn sie die vorgegebene Vergütungsordnung für nicht rechtmäßig hält

§ 35

(*Schlichtungsstelle Rottenburg-Stuttgart*, 7. 12. 2001 – SV 32/2001; *VerwG für mitarbeitervertretungsrechtliche Streitigkeiten der EKD*, 4. 5. 2000 – 0124/D 39/99, ZMV 2000 S. 183; 4. 5. 2000 – 0124/D 38/99, ZMV 2000, 180; *Schlichtungsstelle beim Diakonischen Werk in Kurhessen-Waldeck e. V.*, 14. 3. 2000 – S 1/00, ZMV 2000, 186; *Zentrale Gutachterstelle beim VDD*, 16. 8. 2001, ZMV 2002, 188).

bb. Umgruppierung

17 Ein Spezialfall der Eingruppierung ist die Umgruppierung. Es handelt sich um eine neue Eingruppierung in eine Lohn-, Gehalts-, Vergütungs- oder Besoldungsgruppe bedingt durch
- Änderung der Tätigkeitsmerkmale einer Vergütungsordnung (*BAG*, 20. 3. 1990 BAGE 64, 254),
- Änderung der übertragenen Aufgabe (*BVerwG*, 8. 12. 1999 – 6 P 3.98, ZTR 2000 S. 234),
- irrtümliche vorangegangene Eingruppierung,
- Änderung der Tätigkeit durch Hineinwachsen in ein anderes Tätigkeitsmerkmal,
- Tätigkeit in einer anderen als der bisherigen Fallgruppe in derselben Vergütungsgruppe (*BAG*, 27. 7. 1993 – 1 ABR 11/93 AP Nr. 110 zu § 99 BetrVG 1972 = ZMV 1994 S. 96; *Bleistein*, ZMV 1994 S. 54, 56; *Richardi/Thüsing*, BetrVG 8. Aufl. § 99 Rz 88),
- Änderung der Vergütungsordnung, wobei sich die arbeitsvertragliche Tätigkeit des Mitarbeiters nicht ändert (*Schlichtungsstelle Osnabrück*, 18. 3. 1996, ZMV 1996 S. 194; *BAG*, 27. 6. 2000 – 1 ABR 29/99, ZTR 2001, 188),
- Herausnahme des Mitarbeiters aus der Vergütungsordnung (z. B. gemäß § 3 Buchstabe g AVR-Caritas, Allgemeiner Teil).

cc. Zulagen

18 Zur Eingruppierung gehört auch die Prüfung und Festsetzung einer mit der Vergütungsgruppe verbundenen Zulage. Die Anlage 1 zu den AVR-Caritas enthält in ihrem Abschnitt VIII Bestimmungen über sonstige Zulagen. – Zulagen sind geregelt als
- Vergütungsgruppenzulagen (vgl. AVR-Caritas Anlage 2 d, Anmerkungen A bis F),
- Leistungszulagen (vgl. AVR-Caritas Anlage 1 Abschnitt VII a; bei vorübergehender Ausübung einer höherwertigen Tätigkeit, AVR-Caritas Anlage 1 Abschnitt I b),
- Stellenzulagen.

19 Grundlage der Berechnung ist bei Vergütungsgruppenzulagen die Grundvergütung (vgl. Abschnitt VIII Abs. c der Anlage 1 zu den AVR-Caritas), also die Bestimmung der Eingruppierung. Geht es um eingruppierungsgebundene Zulagen, hat die MAV auch dazu ein Mitbeurteilungsrecht i. S. von § 35 Abs. 1 Nr. 1.

20 Die *Schlichtungsstelle der Diözese Rotenburg-Stuttgart* (Beschluss vom 1. 3. 1991 – SV 7/90, ZMV 1992 S. 32) hat festgestellt, dass die Bewilligung der über die Vergütung nach AVR-Caritas freiwillig gezahlten Zulage von damals 180 DM monatlich eine Eingruppierungsmaßnahme sei. Gegenteilig entschied die *Schlichtungsstelle Paderborn* über die Gewährung einer widerruflichen Leistungszulage nach Anlage 1 zu den AVR-Caritas Abschnitt VIII

Abs. b. Sie räumte ein, dass ein in mehrere Gehaltsgruppen untergliedertes Vergütungssystem durch Zulagen, die jeweils einen Teil des zwischen zwei Vergütungsgruppen bestehenden Abstandes ausgleichen, faktisch um Zwischengruppen erweitert werden; die Feststellung, dass ein Arbeitnehmer Anspruch auf eine solche Zulage hat, sei dann nicht anders als eine Eingruppierung zu bewerten (*BAG*, 24. 6. 1986– 1 ABR 31/84, BB 1987 S. 60). Dies treffe jedoch nicht zu, wenn die Gewährung der Zulage nichts über die Stellung des Arbeitnehmers innerhalb der Vergütungsordnung aussage und die Zulage nicht in das Vergütungsgruppensystem eingebunden sei (*Schlichtungsstelle Paderborn*, 7. 4. 2000 – III 2000, ZMV 2000 S. 189). Wesensmerkmal eines Eingruppierungssystems sei die schematische Zuordnung von Tätigkeiten zu bestimmten Vergütungsstufen, zwischen denen mehr oder weniger große Abstände bestehen (*BAG*, 2. 4. 1996 – 1 ABR 50/95 AP Nr. 7 zu § 99 BetrVG 1972 Eingruppierung). Daran fehlt es, wenn in der Vergütungsordnung kein prozentualer Zuschlag benannt ist und außerdem auf die Zulage als Kann-Bestimmung kein Rechtsanspruch besteht, so dass ein Fall der Rechtsanwendung ausscheidet; es geht um eine rechtsgestaltende Ermessensentscheidung, die als solche nicht der Zustimmung der MAV bedarf (vgl. *BAG*, 24. 6. 1986 – 1 ABR 31/84, Ls. AR-Blattei ES 530 14.3 Nr. 109).

dd. Bewährung
Im Falle der Bewährung während der Dauer in der Tätigkeit in einer bestimm- 21
ten Vergütungsgruppe und Fallgruppe ist je nach der Vergütungsordnung entweder
– die Höhergruppierung (Rz 23 ff.) oder
– eine Vergütungsgruppenzulage (Rz 18 f.)
bestimmt. In beiden Fällen besteht ein Mitbeurteilungsrecht der MAV. Das Erfordernis der Bewährung ist erfüllt, wenn der Mitarbeiter bzw. die Mitarbeiterin während der nach der Vergütungsordnung vorgeschriebenen Bewährungszeit sich den in der übertragenen Tätigkeit auftretenden Anforderungen gewachsen gezeigt hat. Maßgebend ist die Tätigkeit, die der Vergütungsgruppe entspricht, in der die Mitarbeiterin bzw. der Mitarbeiter eingruppiert ist (vgl. etwa § 23 a Abschnitt A S. 2 Nr. 1 ABD; Anlage 1 zu den AVR-Caritas Abschnitt 1 a Abs. d; § 21 a KAVO; § 23 a BAT).

ee. Stellenbewertung
Für viele Einrichtungen bestehen Personal-Stellenpläne, in denen neben der 22
Anzahl der Stellen die verschiedenen Funktionen der einzelnen Stelleninhaber aufgelistet sind. Zusätzlich werden auch die für die jeweiligen Funktionen zu gewährenden Vergütungsgruppen angefügt (vgl. dazu: § 27 Rz 11 ff.). Häufig werden die Stellen im Wege einer Organisationsentscheidung des Dienstgebers, besonders in Verwaltungen, vergütungsgruppenmäßig abstrakt bewertet. Diese Bewertung ist keine Eingruppierung, weil nicht auf die konkrete Tätigkeit einer bestimmten Person abgestellt wird sondern eine abstrakte Beurteilung erfolgt. Diese Maßnahme fällt nicht unter das Zustimmungsrecht der MAV. In der Praxis empfiehlt sich die Teilnahme der MAV oder eines ihrer Mitglieder in der Arbeitsgruppe, in der Stellenbewertungen erarbeitet werden. Grundlage ist § 27 Abs. 1. Im konkreten Einzelfall kann es dazu kommen, dass ein Mitarbeiter bzw. eine Mitarbeiterin auf die Stelle gesetzt wird, für die die betreffende Person jedoch nicht die gedachten Eingruppierungskriterien

§ 35

wegen fehlender fachlicher Berufsausbildung erfüllt. Das ist zum Beispiel der Fall, wenn eine Kinderpflegerin auf der Stelle einer Gruppenleiterin in einer Tageseinrichtung für Kinder tätig werden soll. Dann mag die Stelle nach Vergütungsgruppe VI b, V c oder V c mit Zulage bewertet sein; auf die Kinderpflegerin sind die Eingruppierungsmerkmale für Erzieherinnen wegen fehlender Erzieherausbildung jedoch nicht anwendbar (so *BAG*, 8. 10. 1997 – 4 AZR 151/96, ZMV 1998 S. 86; *BAG*, 17. 1. 1996 – 4 AZR 602/94, ZTR 1996 S. 360; vgl. auch *BAG*, 16. 6. 1993 – 4 AZR 464/92, ZMV 1994 S. 90). Es bleibt dann bei dem durch die Vergütungsordnung vorgeschriebenen Tätigkeitsmerkmal für die fachlich nicht ausgebildete Gruppenleiterin (vgl. Anlage 1 zu KAVO Diözesen in NRW Vergütungsgruppe VII, Fallgruppe 5.1.3).

b. Höhergruppierung oder Beförderung von Mitarbeitern (Nr. 2)

23 Höhergruppierung und Beförderung von Mitarbeitern sind Maßnahmen von Dauer ab einem bestimmten Kalendertag.

aa. Höhergruppierung

24 Um eine Höhergruppierung kann es sich handeln, wenn ein Mitarbeiter entweder
– eine andere Tätigkeit mit Tätigkeitsmerkmalen einer höheren Vergütungsgruppe zugewiesen erhält,
– durch die Korrektur seiner bisherigen Eingruppierung (wegen falscher Eingruppierung) in eine zutreffende höhere Vergütungsgruppe eingereiht werden muss,
– wegen Änderung einer Vergütungsgruppeneinteilung in eine höhere Vergütungsgruppe eingruppiert werden muss (Umgruppierung Rz 17), etwa wegen struktureller Änderung der Vergütungsregelung,
– wegen des Bewährungsaufstiegs (Rz 21) oder Zeitaufstiegs eine höhere Vergütungsgruppe erreicht hat oder
– eine seiner Tätigkeit förderliche Ausbildung abgeschlossen hat (vgl. § 20 Abs. 2 Unterabsatz 6 KAVO der Diözesen in NRW; AVR-Caritas Anlage 1 Abschnitt I c).

25 Auch die **probeweise Übertragung** einer höher zu bewertenden Tätigkeit unterliegt dem Zustimmungsrecht nach § 35 (*BVerwG*, 14. 12. 1962 – VII P 3/62, AP Nr. 8 zu § 71 PersVG; *BAG*, 28. 1. 1992 – 1 ABR 56/90 (A), AP Nr. 44 zu § 75 BPersVG = PersV 1992, 898; *BAG*, 28. 1. 1992– 1 ABR 56/90 (B), AP Nr. 36 zu § 75 BPersVG = NZA 1992, 805). Diese probeweise Übertragung stellt regelmäßig die entscheidende Maßnahme für die Höhergruppierung dar. Sie wirkt sich durchgreifend auf den beruflichen Aufstieg des Mitarbeiters aus. Der Dienstgeber soll nämlich damit die Möglichkeit erhalten, im Falle der Nichtbewährung den Mitarbeiter innerhalb der Erprobungszeit wieder auf seinen alten Arbeitsplatz ohne eine Änderung des Arbeitsvertrages zurückzunehmen. Auch die nur **vorübergehende oder vertretungsweise Übertragung** einer höher oder niedriger zu bewertenden Tätigkeit in der Absicht, den Mitarbeiter zu erproben, unterliegt daher dem Zustimmungsrecht nach § 35. Sie fällt auch nicht unter § 35 Abs. 1 Nr. 4, der nur die »nicht nur vorübergehende« Übertragung einer höher oder niedriger zu bewertenden Tätigkeit erfassen will (Rz 48).

26 Zum »Widerruf« einer bereits ausgesprochenen Beförderung: Rz 46.

§ 35

bb. Hineinwachsen in eine andere Vergütungsgruppe
Auf den Tatbestand des Hineinwachsens in eine andere Vergütungsgruppe gehen u. a. § 23 Abs. 1 ABD, § 23 Abs. 1 BAT und § 21 Abs. 1 KAVO ein. Voraussetzung für die Höhergruppierung bei eingetretener höherwertiger Tätigkeit ist die ununterbrochene Tätigkeit von mindestens sechs Monaten, welche dazu führt, dass mit Beginn des darauf folgenden Kalendermonats der Mitarbeiter in die höhere Vergütungsgruppe eingruppiert ist. Für die zurückliegenden Zeiten wird eine der höherwertigen Tätigkeit entsprechende persönliche Zulage gezahlt (vgl. § 23 Abs. 1 S. 2 ABD, § 23 Abs. 1 S. 2 BAT, § 21 Abs. 1 S. 2 KAVO). **27**

Allerdings sind im Falle des Hineinwachsens in eine andere Vergütungsgruppe verschiedene Konstellationen denkbar, entweder das Hineinwachsen in eine höhere, eine niedrigere Vergütungsgruppe durch veränderte Aufgabenstellungen oder die Veränderung der Fallgruppe innerhalb der Vergütungsgruppe mit möglichem folgenden Bewährungsaufstieg. Das Ergebnis des Hineinwachsens muss der Dienstgeber feststellen, weil er danach die zutreffende Eingruppierung bzw. Höhergruppierung vorzunehmen hat. **28**

Im Falle des »Hineinwachsens« in eine andere Vergütungsgruppe gibt es unterschiedliche Auffassungen des *BAG* und des *BVerwG*. Das *BAG* (in der Entscheidung 4 AZR 301/79, AP Nr. 52 zu §§ 22, 23 BAT 1975) vertritt die Auffassung, ein Zustimmungsrecht des Personalrates bestehe deswegen nicht, weil keine mitbestimmungspflichtige Maßnahme vorliege. Vielmehr habe der Mitarbeiter im Rahmen der von ihm auszuübenden Tätigkeit, die ihm von vornherein wirksam zugewiesen worden sei, kraft Tarifautomatik einen Anspruch auf die höhere Mindestvergütung erworben. Dagegen meint das *BVerwG* in drei Beschlüssen vom 13. 2. 1976 (*BVerwG* VII P 9/74, P 4/75 und P 24/75), dass auch die Tarifautomatik bei normvollziehenden Maßnahmen der Zuordnung einer Tätigkeit zu einer anderen VergGr. das Zusammenwirken von Dienststelle und Personalvertretung als zusätzliche Kontrolle der Richtigkeit vorsehe. Der Auffassung des *BVerwG* ist der Vorzug zu geben, auch wenn das *BAG* in seinem Urteil 4 AZR 225/79 vom 4. 10. 1981 darauf hinweist, in diesem Falle liege eine rechtsgeschäftliche Erklärung des Dienstgebers nicht vor noch eine sonstige Maßnahme von seiner Seite, die zu einer höheren Bewertung der Tätigkeit des Mitarbeiters führe. Diese Höherbewertung trete unmittelbar aus Rechtsgründen (Tarifautomatik) ein. Diese Argumente können deswegen nicht überzeugen, weil auch die Eingruppierung unter den gleichen Prämissen erfolgt und dennoch hierfür das Zustimmungs-(Mitbeurteilungs-)recht der MAV unangefochten bejaht wird. Schließlich ist beim Hineinwachsen in die andere Tätigkeit auf die Auswirkungen im Ist-Stellenplan hinzuweisen. **29**

cc. Kein Initiativrecht der MAV
Ein **Initiativrecht der MAV** für eine »Höhergruppierung« besteht nach §§ 33, 35 Abs. 1 Nr. 2 **nicht**. Allenfalls hat die MAV die Möglichkeit, im Rahmen des § 26 Abs. 3 Nr. 2 auf Beschwerde des Mitarbeiters seine nicht ordnungsgemäße Eingruppierung beim Dienstgeber zu rügen und einer Nachprüfung unterziehen zu lassen (§ 26 Rz 54 ff.). Der Rechtsweg zu den Gerichten für Arbeitssachen zur gerichtlichen Überprüfung seiner Eingruppierung bleibt dem Mitarbeiter immer offen. **30**

§ 35

dd. Beförderung
31 Beförderung von Mitarbeitern bzw. Mitarbeiterinnen ist die Ernennung eines Beamten oder einer Beamtin kirchlichen oder staatlichen Rechts, durch die der betroffenen Person ein anderes Amt mit höherem Endgrundgehalt und anderer Amtsbezeichnung übertragen wird. Dazu bedarf es der Zustimmung der MAV in dem nach § 33 geregelten Verfahren. Die Verleihung eines anderen als des bisherigen Titels ist keine Beförderung, wenn damit kein höheres Endgrundgehalt zugebilligt wird.

ee. Rechtsfolgen der Verletzung des Zustimmungsrechts
32 Bei den **Rechtsfolgen** der Verletzung des Zustimmungsrechtes der MAV ist zu unterscheiden:
– Wird das Zustimmungsrecht der MAV bereits bei der **Übertragung der höherwertigen Tätigkeit** unbeachtet gelassen und verletzt, so muss geprüft werden, ob der Mitarbeiter aus seinem Arbeitsverhältnis einen Rechtsanspruch auf Höhergruppierung hat. Dann muss sie der Dienstgeber durchführen. Auf diesen Rechtsanspruch des Mitarbeiters (z. B. bei einer falschen Eingruppierung oder dem »Hineinwachsen« in eine höherwertige Tätigkeit) hat die Verletzung des auch hier bestehenden Zustimmungsrechts der MAV keinen Einfluss (so auch *BAG*, 19. 7. 1978 – 4 AZR 31/77, AP Nr. 8 zu §§ 22, 23 BAT = EzA §§ 22–23 BAT Nr. 18 = BB 1978, 1569).

33 – Hat der Mitarbeiter keinen Rechtsanspruch auf Übertragung der höherwertigen Tätigkeit, so ist diese Übertragung durch den Dienstgeber allein unwirksam, wenn die MAV nicht entsprechend dem Verfahrensgang des § 33 beteiligt wurde. Dennoch gibt diese Pflichtwidrigkeit dem Dienstgeber nicht das Recht, sich nun einseitig aus seiner Höhergruppierungszusage zu lösen. Der Mitarbeiter genießt insoweit sozialen Bestandschutz (siehe dazu im Einzelnen § 33 Rz 8).

34 – Wird das Zustimmungsrecht dagegen nur bei der **Höhergruppierung des Mitarbeiters** verletzt, so hat die MAV ohnehin nur eine »Richtigkeitskontrolle« (Rz 5) der vom Dienstgeber vorgenommenen Eingruppierung. Die Wirksamkeit der Höhergruppierung hängt also letztlich davon ab, ob sie richtig ist oder nicht. Auch bei einer Verletzung des Zustimmungsrechts der MAV bleibt dem Mitarbeiter in jedem Falle der Rechtsweg zu den Arbeitsgerichten offen, ob sein Dienstgeber verpflichtet ist, ihn in eine bestimmte Vergütungsgruppe einzustufen (so *BAG*, 30. 5. 1990 – 4 AZR 74/90, AP Nr. 31 zu § 75 BPersVG = DB 1991, 338; *BAG*, 26. 8. 1992 – 4 AZR 210/92, AP Nr. 37 zu § 75 BPersVG = DB 1993, 839).

35 – Sieht die auf das Arbeitsverhältnis anwendbare kollektiv-rechtliche Regelung eine Höhergruppierung im **Bewährungsaufstieg**, wie die tarifliche Regelung des BAT oder der AVR Anlage 1 Abschnitt 1 a vor, so besteht hier das Zustimmungsrecht der MAV nach Nr. 2 (*BVerwG*, 17. 4. 1970 – VII P 8/69, BVerwGE 35, 164 = ZBR 1970, 269). Hierbei handelt es sich um einen Wechsel in die nächsthöhere Vergütungsgruppe auf Grund der tariflich vorgesehenen und erfüllten Bewährungszeit, ohne dass sich die Tätigkeit ändert. Zur Frage der ins Gewicht fallenden Verfehlungen während der Bewährungszeit: *BAG*, Urt. v. 17. 2. 1993, 4 AZR 153/92 (AP Nr. 31 zu § 23 a BAT = DB 1993, 2601) und 4 AZR 196/92 (AP Nr. 2 zu § 23 a MTA = NZA 1994, 672).

c. Rückgruppierung von Mitarbeitern (Nr. 3)

Die Rückgruppierung eines Mitarbeiters ist die Herabsetzung der Vergütung von der gegenwärtigen in irgendeine niedrigere Vergütungsgruppe. Die Grundlagen für die Maßnahme sind unterschiedlich. In Betracht kommen
– Abänderung des Arbeitsvertrages mit Veränderung der Arbeitsleistung in einer niedrigeren Vergütungsgruppe durch Einvernehmen der Arbeitsvertragsparteien,
– dienstgeberseitige Änderungskündigung mit dem Angebot einer niedriger vergüteten Tätigkeit an einem anderen Arbeitsplatz,
– korrigierende Rückgruppierung wegen irrtümlich zu hoher Eingruppierung (*BAG*, 30. 5. 1990 – 4 AZR 74/90, DB 1991, 338; *BAG*, 18. 2. 1998 – 4 AZR 581/96, NZA 1998, 950 ff.; *BAG*, 16. 2. 2000 – 4 AZR 62/99; *LAG Köln*, 20. 4. 1994 – 2 Sa 1180/93, ZTR 1994 S. 374),
– Feststellung des Dienstgebers, dass sich die Tätigkeitsmerkmale der Tätigkeit des Mitarbeiters so geändert haben, dass sie einer niedrigeren Vergütungsgruppe entsprechen (*BAG*, 20. 3. 1990 – 1 ABR 20/89, BB 1990, 1271),
– nachfolgender verschlechternder Tarifvertrag mit der Folge der Eingruppierungskorrektur ohne Änderungskündigung (*BAG*, 9. 7. 1997 – 4 AZR 635/95, NZA 1998, 494),
– Absenkung der Vergütung durch Beschluss einer kirchlichen arbeitsrechtlichen Kommission, wenn sich der Arbeitnehmer der jeweiligen Beschlusslage der Kommission arbeitsvertraglich unterworfen hat (*BAG*, 15. 11. 2001 – 6 AZR 88/01; vgl. § 4 Abs. 1 ABD),
– betriebsbedingte Änderungskündigung auf der Grundlage kollektiver Regelung zum Zweck der Herabgruppierung um eine Vergütungsgruppe bei ordentlich unkündbaren Mitarbeitern (§ 55 Abs. 2 BAT, § 55 Abs. 2 ABD, § 43 Abs. 2 KAVO Diözesen NRW, § 15 AVR-Caritas Allg. Teil).

Kein Fall der Rückgruppierung ist die Absenkung der Vergütung in der Einarbeitungsphase oder Probezeit; sie ist unzulässig, mit Rücksicht auf kollektive Eingruppierungskriterien, die keine Probezeit kennen, unwirksam (*Schlichtungsstelle Aachen*, 25. 6. 1998 – 05/1998 – MAVO –). Es handelt sich um eine falsche Eingruppierung, die zu korrigieren ist (*Schlichtungsstelle Trier*, 14. 4. 1993, ZMV 1993, 171).

Eine einseitige Änderungsmöglichkeit auf Grund des Weisungsrechts des Dienstgebers ist regelmäßig ausgeschlossen. Neben einer wirksamen vertraglichen Grundlage für die Rückgruppierung, auch wenn sie auf einem Rückgruppierungsvertrag beruht, ist die Zustimmung der MAV als kollektiv-rechtlicher Teil dieser Maßnahme unerlässliche Wirksamkeitsvoraussetzung (*Schlichtungsstelle Köln*, 2. 12. 1991 – MAVO 9/91, ZMV 1993 S. 31).

Bei der Rückgruppierung fallen zusammen einerseits die **Versetzung auf einen anderen** – niedriger bewerteten – **Arbeitsplatz** und andererseits die gleichzeitig erfolgende **Herabgruppierung in eine niedrigere Vergütungsgruppe**. Während die Versetzung unter Umständen nach den arbeitsvertraglichen Vereinbarungen auf Grund des einseitig ausgeübten Weisungsrechtes des Dienstgebers erfolgen könnte, kann dagegen einseitig durch das Weisungsrecht die Vergütung des Mitarbeiters nicht herabgesetzt werden. Es bedarf dazu – wenn keine vertragliche Vereinbarung zustande kommt – der Zustimmung des Mitarbeiters. Aber auch wenn diese Rückgruppierung mit Zustim-

§ 35

mung des Mitarbeiters erfolgt, unterliegt sie als kollektiv-rechtliche Maßnahme der Zustimmung der MAV (Rz 15).

40 Wird die Versetzung und die Rückgruppierung durch eine Änderungskündigung des Dienstgebers durchgeführt, laufen zwei Mitwirkungsverfahren nebeneinander:
- für die Änderungskündigung muss das Anhörungsverfahren bei der Kündigung nach § 30 ordnungsgemäß durchgeführt werden,
- für die Rückgruppierung bedarf es der Zustimmung der MAV nach §§ 35, 33.

41 Beide Verfahren müssen korrekt abgewickelt werden, bevor die durch eine Änderungskündigung beabsichtigte Rückgruppierung und Beschäftigung auf dem vorgesehenen anderen Arbeitsplatz wirksam werden kann (*BAG*, 30. 9. 1993 – 2 AZR 283/93, AP Nr. 33 zu § 2 KSchG 1969 = DB 1994, 637).

42 Die Änderungskündigung kann wirksam erklärt werden und gerichtlich überprüft werden, sobald das Anhörungsverfahren nach § 30 ordnungsgemäß durchgeführt worden ist. Sie ist nicht schwebend unwirksam, bis die MAV im Rückgruppierungsverfahren nach §§ 35, 33 ihre Zustimmung erteilt hat oder die Zustimmung durch die Schlichtungsstelle ersetzt ist.

43 Die geänderten Arbeitsbedingungen kann aber der Dienstgeber erst umsetzen, wenn er das Zustimmungsverfahren wegen der Rückgruppierung ordnungsgemäß durchgeführt und positiv abgeschlossen hat. Solange die Zustimmung der MAV zur Rückgruppierung nicht vorliegt, muss er den Mitarbeiter auf seinem alten Arbeitsplatz weiterbeschäftigen, der ihm ohne die vorliegende Zustimmung der MAV nicht wirksam entzogen worden ist. Ob tragende Gründe für ein Eilverfahren nach § 33 Abs. 5 gegeben sind, beurteilt sich nach der Erfüllung der dort genannten zwingenden Voraussetzungen (§ 33 Rz 54 ff.).

44 Der Zustimmung unterliegt auch die **korrigierende Rückgruppierung.** Davon wird gesprochen, wenn die bei der Einstellung vorgenommene oder bisher geltende Eingruppierung in eine niedrige Vergütungsgruppe »korrigiert« werden muss (*BAG*, 26. 8. 1993 – 4 AZR 210/92, AP Nr. 37 zu § 75 BPersVG = DB 1993, 839). Der Beschäftigte rückt also nicht automatisch in eine niedrigere Vergütungsgruppe ein. Es wird zwar in diesen Fällen keine andere Tätigkeit zugewiesen. Der Arbeitsvertrag muss auch nicht geändert werden. Der Dienstgeber stellt nur fest, dass die vorgenommene Eingruppierung zurückgeführt werden muss (*Sächsisches LAG*, 7. 1. 2000 – 3 Sa 601/99, ZTR 2000, 370). Die korrigierende Rückgruppierung wirkt also nicht rechtsgestaltend, sondern stellt nur die zutreffende Eingruppierung fest. Dennoch besteht auch hier bei den Maßnahmen des Dienstgebers eine mitbeurteilende Richtigkeitskontrolle der MAV (*OVG Bremen*, 27. 11. 1990, PersV 1994, 22).

45 Ein Zustimmungsrecht der MAV besteht aber vor allem bei der **Korrektur einer fehlerhaften Eingruppierung.** Hier wird wegen der fehlerhaften Eingruppierung eine »Rückführung« auf die zutreffende Lohn- oder Gehaltsgruppe vorgenommen. Diese auf Grund einer irrigen Eingruppierung durchzuführende Rückgruppierung bedarf – unabhängig von der materiell-rechtlichen Zulässigkeit – der Zustimmung der MAV (*BAG*, 30. 5. 1990 – 4 AZR 74/ 90, AP Nr. 31 zu § 75 BPersVG = DB 1991, 338; *BAG*, 26. 8. 1992 – 4 AZR 210/ 92, AP Nr. 37 zu § 75 BPersVG = DB 1993, 839 mit dem Hinweis, dass eine höhere Vergütung nicht automatisch aus der Verletzung des Zustimmungsrechtes folgt).

Zu den Zustimmungspflichtigen Maßnahmen gehört auch der **Widerruf einer** 46
Beförderung eines im beamtengleichen Vertragsverhältnis angestellten Mitarbeiters, auch wenn dieser Widerruf mit schweren Pflichtwidrigkeiten des Mitarbeiters begründet werden kann.

d. Nicht nur vorübergehende Übertragung einer höher oder niedriger zu bewertenden Tätigkeit (Nr. 4)

Im Grundsatz ist zu unterscheiden zwischen der 47
– nur vorübergehenden Übertragung einer anderen – höher oder niedriger zu bewertenden – Tätigkeit und
– der auf Dauer, also nicht nur vorübergehend zu übertragenden höher oder niedriger zu bewertenden Tätigkeit.
Nur die zweite Alternative mit ihren beiden Bewertungsvarianten führt zur 48
Mitbestimmung gemäß Nr. 4. In diesen beiden Fällen ist nicht erforderlich, dass – im Gegensatz zu Nr. 2 oder Nr. 3 – mit der Übertragung einer höher oder niedriger zu bewertenden Tätigkeit zwangsläufig auch ein Wechsel der Vergütungsgruppe verbunden sein muss. Der Wechsel in eine andere Vergütungsgruppe oder der Zugewinn einer Vergütungsgruppenzulage ist jedenfalls nicht Voraussetzung des hier in Rede stehenden Zustimmungstatbestandes (*Schlichtungsstelle des Bistums Münster*, 11. 2. 1998 – SchliV – MAVO Nr. 12/97, ZMV 1998 S. 299; *Schlichtungsstelle Freiburg*, 16. 3. 1995 – 1994/6, ZMV 1997, 35). Beispiel: Die Erhebung zum Chefarzt einer Krankenhausabteilung ist gegenüber der bisherigen Tätigkeit als Chefarzt einer Subdisziplin in einer Abteilung eine höher zu bewertende Tätigkeit, wenn die Funktionen der allgemeinen Abteilung gegenüber der Spezialabteilung vielseitiger und umfassender sind. Die Übertragung einer höherwertigen Tätigkeit im Chefarztbereich kann dem Mitbestimmungsrecht unterliegen, wenn der Dienstgeber den betreffenden Chefarzt nicht zum leitenden Mitarbeiter im Sinne von § 3 Abs. 2 MAVO bestellt hat (*Schlichtungsstelle des Bistums Münster*, a. a. O.). Das gilt auch bei probeweiser Übertragung einer Stelle (*Schlichtungsstelle Osnabrück*, 8. 11. 2001 – 06/2001).
Für die Anwendung der Vorschrift Nr. 4 kommt es auf die Organisation des 49
Dienstgebers an und die richtige Einordnung des Mitarbeiters in diese Organisation durch eine andere Tätigkeit, die übertragen wird. Ist dagegen nur eine vorübergehende Übertragung einer höherwertigen Tätigkeit vorgesehen oder z. B. die zeitliche Vertretung der durch Krankheit verhinderten Kindergartenleiterin, ist wegen der damit verbundenen persönlichen Leistungszulage (vgl. § 24 BAT, § 24 ABD, § 22 KAVO, Abschnitt I b Anlage 1 zu den AVR-Caritas) der Mitbestimmungstatbestand gemäß Nr. 2 gegeben.
Eine **Übertragung auf Dauer** ohne die vorher vorliegende Zustimmung der 50
MAV ist unwirksam (*BAG*, 16. 1. 1991 – 4 AZR 301/90, AP Nr. 3 zu § 24 MTA = DB 1991, 1284). Der Dienstgeber handelt jedoch rechtsmissbräuchlich, wenn er bei einer vorliegenden Daueraufgabe eine höherwertige Tätigkeit nur vorübergehend überträgt. Er kann den Weg einer vorübergehenden Übertragung einer höherwertigen Tätigkeit überhaupt nur dann als arbeitsvertragliches Gestaltungsmittel wählen, wenn die wahrzunehmende Tätigkeit keine Daueraufgabe darstellt, wenn der bisherige Arbeitsplatzinhaber vorübergehend abwesend ist oder sonstige berechtigte Interessen der Übertragung der Tätigkeit auf Dauer entgegenstehen. Eine Daueraufgabe liegt auch dann

§ 35

vor, wenn ständiger Vertretungsbedarf besteht. Besteht eine Daueraufgabe und der Dienstgeber holt dazu irrigerweise die Zustimmung der MAV nicht ein, bleibt er zur Zahlung der damit verbundenen höheren Vergütungsgruppe auch dann verpflichtet, wenn er die MAV nicht beteiligt hat. Er muss dann das Zustimmungsverfahren nachholen (§ 33 Rz 12).

51 Die MAVO definiert nicht, was unter nicht nur vorübergehender Übertragung einer Tätigkeit zu verstehen ist. Als Übertragung auf Dauer ist auch die so genannte Abwesenheitsvertretung zu sehen. Bei kurz- oder langfristiger Abwesenheit einer Schulleiterin muss z. B. die bestellte Stellvertreterin die Funktion der Schulleiterin übernehmen, ohne dass es deswegen jedes Mal einer besonderen Bestellung bedarf. Eine vorübergehende Übertragung läge nur dann vor, wenn aus besonderem Anlass (z. B. Urlaub, längere Krankheit, Kur, Mutterschutzfrist usw.) für die jeweilige Abwesenheitszeit eine besondere Bestellung erfolgen würde. An der Übertragung einer höherwertigen Tätigkeit mit dem Posten der stellvertretenden Schulleiterin auf Dauer kann z. B. kein Zweifel bestehen. Die Funktion hebt sich aus der Funktion der übrigen Lehrkräfte einer Schule heraus, wird also höher bewertet. Auf den damit verbundenen Umfang der höherwertigen Tätigkeit (etwa wegen der Frage einer Höhergruppierung) kommt es nicht an (*Schlichtungsstelle Freiburg*, a. a. O.).

52 In § 42 Buchstaben d, e MVG-EKD wird die drei Monate überschreitende Dauer der Übertragung einer höher oder niedriger bewerteten Tätigkeit dem Mitbestimmungsrecht der MAV unterstellt. Nach der MAVO hat zu gelten, dass bei Nichtvorhersehbarkeit der erforderlichen Dauer der Übertragung der anderen Tätigkeit das Zustimmungsverfahren einzuleiten ist. Denn in diesem Falle geht es nicht mehr um eine klar »vorübergehende« Übertragung der neuen Tätigkeit. Zu einer probeweisen vorübergehenden Übertragung einer höher zu bewertenden Tätigkeit siehe Rz 25.

53 Geht es um eine höher oder niedriger bewertete Tätigkeit und ihre Übertragung auf Dauer, so ist im Falle des damit verbundenen Eingruppierungsaktes (Höhergruppierung, Herabgruppierung) das Zustimmungsverfahren auch auf die Mitbeurteilung der neuen Vergütungsgruppe auszudehnen (Nr. 2 oder Nr. 3). Ist zur Übertragung der niedriger bewerteten Tätigkeit eine Änderungskündigung erforderlich, so ist außerdem das Verfahren der Anhörung und Mitberatung (§ 30) durchzuführen, ehe die Maßnahme erfolgen darf.

e. Abordnung von mehr als drei Monaten (Nr. 5, erste Alternative)

54 Eine **Abordnung** ist (u. a. beamtenrechtlich) die **vorübergehende Übertragung einer Tätigkeit in einer anderen Dienststelle oder Einrichtung desselben oder eines anderen (öffentlich-rechtlichen) Dienstherrn bei Aufrechterhaltung des Arbeitsverhältnisses und der Zugehörigkeit zur bisherigen abordnenden Dienststelle** (*OVG Münster*, 3. 7. 1986, RiA 1987 S. 71). Die Abordnung ist immer zulässig, wenn sie im Arbeitsvertrag zugelassen ist (*BAG*, 20. 1. 1960 – BAGE 8, 338). Von der Versetzung unterscheidet sie sich dadurch, dass sie nur **vorübergehender Natur** ist. Abordnung und Versetzung ist jedoch gemeinsam, dass sie mit einem Wechsel der Dienststelle bzw. Einrichtung verbunden sind, während die **Umsetzung** (in dei MAVO nicht erwähnt) die Zuweisung eines anderen Dienstpostens innerhalb derselben Dienststelle bzw. Einrichtung bedeutet. Der Mitbestimmung der MAV unterliegt nicht nur die Abordnung in vollem Umfang sondern auch die **Teilabordnung**, d. h. die vorübergehende

§ 35

Übertragung eines Teils von Tätigkeiten in einer anderen Dienststelle (*OVG Münster*, 4. 11. 1980, RiA 1981 S. 79; 3. 7. 1986, RiA 1987 S. 71; *BVerwG*, 28. 5. 2002 – 6 P 9.01, ZTR 2002 S. 398). Die Teilabordnung eines an einer Gesamtschule beschäftigten Lehrers an eine Schule anderer Schulform (Gymnasium, Realschule, Hauptschule) unterliegt auch dann der Mitbestimmung der MAV, wenn sich beide Schulen in einem Gebäudekomplex befinden (*OVG Münster*, 3. 7. 1986, RiA 1987 S. 71). Keine Abordnung ist der Auftrag, in einer anderen Dienststelle Aufgaben zu erfüllen, für deren Ausführung die eigene Dienststelle des Mitarbeiters zuständig ist (z. B. Kontrollaufgaben seitens des Generalvikariats in einem Kirchengemeindeverband oder bei einer Kirchengemeinde, Revision).

Ein Fall der Abordnung ist gegeben, wenn z. B. ein Referendar aus dem staatlichen Dienst in den privaten Dienst einer kirchlichen Einrichtung überwiesen wird. 55

Der Unterschied zwischen Abordnung und Versetzung (Rz 62) besteht darin, dass die **Versetzung die dauernde Zuweisung eines anderen Arbeitsplatzes (bzw. Amtes) in einer anderen Einrichtung**, also der Wechsel der Dienststelle oder sogar des Dienstgebers ist. 56

Die **Umsetzung** ist lediglich die Versetzung auf einen anderen Arbeitsplatz innerhalb derselben Einrichtung bzw. Dienststelle, mit der u. U. die Höhergruppierung oder Herabgruppierung verbunden sein kann. Die Umsetzung als solche, etwa die Zuweisung aus der Position als Gruppenleiterin auf die Stelle als Erzieherin in einer Hortgruppe, wird von der MAV nicht erfasst, solange mit der Umsetzung weder Höher- noch Herabgruppierung oder Vergütungsgruppenzulage verbunden ist. 57

Die Mitbestimmung der MAV greift erst ein, wenn die Abordnung für einen Zeitraum von mehr als drei Monaten erfolgt. Stellt sich bei einer zunächst für eine kürzere Zeit erfolgten Abordnung heraus, dass sie über drei Monate verlängert werden muss, ist die MAV an dieser Verlängerung zu beteiligen (§ 33). Auf den Abordnungsschutz für Mitglieder der MAV und der Jugend- und Auszubildendenvertretung wird hingewiesen: § 18 Abs. 2; § 45 Abs. 2). 58

Unabhängig vom Zustimmungsverfahren, das fehlende rechtliche Grundlagen für eine Abordnung nicht ersetzen kann, bedarf es zur Zulässigkeit der Abordnung vertraglicher Vereinbarungen oder der Anwendung entsprechender kollektiver Normen (§ 12 BAT, § 9 AVR-Caritas Allg. Teil, § 12 ABD, § 11 KAVO der Diözesen in NRW). 59

Wird allerdings die MAV überhaupt **nicht** oder nicht ordnungsgemäß an der Abordnung eines Mitarbeiters **beteiligt**, ist die Abordnung **rechtsunwirksam**. Der Mitarbeiter begeht daher keine beharrliche Arbeitsverweigerung, wenn er dieser unwirksamen Anordnung der Abordnung keine Folge leistet. Zu beachten ist, dass das Zustimmungsrecht der MAV nicht deshalb entfällt, weil der Mitarbeiter der Abordnung zugestimmt hat und mit ihr einverstanden ist (*BAG*, 30. 4. 1981 – 6 ABR 59/78, AP Nr. 12 zu § 99 BetrVG 1972 = EzA § 95 BetrVG 1972 Nr. 4 = BB 1981, 1833). 60

Ausgenommen von der Zustimmungspflicht der MAV sind die Mitarbeiter und Mitarbeiterinnen im pastoralen Dienst oder zur religiösen Unterweisung Bestellten, die zu ihrer Tätigkeit der bischöflichen Sendung bedürfen. Im Falle ihrer Abordnung gilt § 29 Abs. 1 Nr. 10, also die Anhörung und Mitberatung der MAV. In diesem Zusammenhang sei auch auf § 34 Abs. 1 verwiesen. 61

Bleistein/Thiel

§ 35

f. Versetzung an eine andere Einrichtung (Nr. 5, zweite Alternative)

62 Die **Versetzung** ist Umsetzung zu einer anderen Dienststelle bzw. Einrichtung mit Übertragung einer Dauerbeschäftigung daselbst im Bereich desselben oder eines anderen (öffentlich-rechtlichen) Dienstherrn bei Aufrechterhaltung des Arbeitsverhältnisses. Die MAVO übernimmt den Versetzungsbegriff aus dem Beamtenrecht. Maßgebend für den Begriff der Versetzung ist allerdings die mitarbeitervertretungsrechtliche Abgrenzung, wie dies z. B. aus § 23 bzw. § 1 a Abs. 2 hervorgeht (vgl. *Schlichtungsstelle Paderborn*, 20. 3. 1996 – III/96, ZMV 1996, 306). Wenn nämlich eine Organisationseinheit mit einer einzigen Mitarbeitervertretung geschaffen ist, dann ist der Wechsel eines Mitarbeiters von der einen zur anderen Dienststelle derselben Einrichtung keine Versetzung im Sinne der MAVO, auch wenn die Einrichtung sieben Regionen umfasst (*Schlichtungsstelle Paderborn*, a. a. O.).

63 Die **Umsetzung** in derselben Einrichtung kann sein die Fortsetzung der Beschäftigung auf einem gleichwertigen, auf einem höher oder niedriger bewerteten Arbeitsplatz. Im ersten Fall besteht kein Mitbestimmungsrecht der MAV, in den beiden weiter genannten Fällen ist auf die Ausführungen zu Nrn. 2, 3 und 4 hinzuweisen.

64 Rechtsgrundlage für die Versetzung ist die vertragliche Vereinbarung der Arbeitsvertragsparteien, gegebenenfalls durch Inbezugnahme eines Tarifvertrages (z. B. BAT) oder einer kirchlichen Arbeitsvertragsordnung (z. B. § 9 Abs. 1 AVR-Caritas Allg. Teil, § 11 KAVO, § 12 ABD, wobei die kirchlichen Arbeitsvertragsordnungen die Versetzung in der Regel nur in eine andere Einrichtung oder innerhalb des Jurisdiktionsbereichs (wie z. B. bei Gemeindereferenten mit Versetzungsbereitschaft von Kirchengemeinde zu Kirchengemeindeverband u. ä.) desselben Dienstgebers (§ 4 Dienstordnung für Gemeindereferenten in den bayerischen (Erz-) Diözesen) zulassen.

65 Die Anordnung der Versetzung unterliegt dem Zustimmungsrecht der MAV. Dabei ist es grundsätzlich ohne Belang, ob der Mitarbeiter mit seiner Versetzung einverstanden ist, falls die Arbeitsvertragsordnung keinen entsprechenden Zustimmungsvorbehalt zugunsten des Mitarbeiters in bestimmten Fällen einräumt (z. B. § 12 Abs. 2 ABD, § 11 Abs. 2 KAVO, § 9 Abs. 2 und 3 AVR-Caritas Allg. Teil). Im Übrigen gilt hinsichtlich der Rechtsfolgen einer unterbliebenen oder nicht ordnungsgemäßen Beteiligung der MAV bei einer Versetzung das in Rz 60 Gesagte. Ausgenommen vom Zustimmungsrecht der MAV sind die zu Rz 61 genannten Personen. Im Falle ihrer Versetzung gilt § 29 Abs. 1 Nr. 10.

66 Von der Versetzung ist ebenso wie im Falle der Abordnung die **abgebende** wie die **aufnehmende Einrichtung** betroffen. Dasselbe ist je nach Sachlage auch bei der jeweiligen Mitarbeitervertretung der Fall. Zweifellos ist das Mitbestimmungsverfahren in der abgebenden Stelle einzuleiten (§ 33). Denn die abgebende Einrichtung bzw. Dienststelle verliert einen Mitarbeiter. Andererseits gewinnt dadurch eine andere, die aufnehmende Dienststelle bzw. Einrichtung einen Mitarbeiter. Wird er in die aufnehmende Stelle eingegliedert, handelt es sich um eine Einstellung; zu dieser Maßnahme hat die MAV der aufnehmenden Einrichtung bzw. Dienststelle ein Zustimmungsrecht gemäß § 34 (in diesem Sinne *ArbG Siegburg*, 15. 4. 2002 – 2 Ca 2141/01, ZMV 2002, 202; *BVerwG*, 16. 9. 1994 – 6 P 32/92, DVBl. 1995, 199). Besteht eine **Gesamtmitarbeitervertretung**, so ist diese gemäß § 24 Abs. 3 S. 1 das für die Mitbestimmung i. S. von § 35 Abs. 1 Nr. 5 und § 34 Abs. 1 zuständige Gremium. Denn die Gesamtmitarbeitervertretung wirkt bei den Angelegenheiten im Sinne der §§ 26 bis 38 mit, die Mitarbeiterinnen und Mitarbeiter aus dem **Zuständigkeitsbereich mehrerer Mitarbeitervertretungen** betreffen. Dazu gehören u. a. Abordnung und Versetzung eines oder mehrerer Mitarbeiter. Die Mitbestimmung der MAV der aufnehmenden Einrichtung bzw. Dienststelle ist geboten, wenn die Versetzung oder Abordnung in die Einrichtung oder Dienststelle eines anderen Dienstgebers (Rechtsträgers) erfolgt. Denn nur mit dessen Einverständnis ist die Versetzung (hier Einstellung bzw. Anstellung) möglich.

Befasst der Dienstgeber die jeweils beteiligte MAV oder die Gesamtmitarbei- 67 tervertretung nicht mit dem Zustimmungsverfahren, ist die Versetzung unwirksam mit der Folge, dass der von der Versetzung betroffene Mitarbeiter oder die betroffene Mitarbeiterin dem Versetzungsbefehl nicht zu folgen braucht.

g. Untersagung oder Widerruf einer Nebentätigkeitsgenehmigung (Nr. 6)

Arbeitsvertragsordnungen und Tarifverträge regeln die Frage der Nebentätig- 68 keiten der Mitarbeiter bei demselben oder einem anderen Arbeitgeber. Nebentätigkeit ist Wahrnehmung einer nach Arbeitszeit und Entgelt in der Regel untergeordneten Tätigkeit neben einem Hauptarbeitsverhältnis (vgl. § 10 Abs. 1 S. 1 KAVO der Diözesen in NRW). Die Ausübung einer Nebentätigkeit ist grundsätzlich zulässig (Art. 12 GG), allerdings ist der Dienstgeber über die Aufnahme der Nebentätigkeit zu unterrichten. Der Mitarbeiter hat Anzeigepflicht. Der Dienstgeber hat nämlich die Einhaltung der höchstzulässigen werktäglichen Arbeitszeit (§ 3 ArbZG) und die Ruhezeiten (§ 5 ArbZG) als Adressat des Arbeitsschutzes zu überwachen (*BAG*, 11. 12. 2001 – 9 AZR 464/00, DB 2002 S. 1507). Eine Nebentätigkeit ist unzulässig, wenn dadurch die Arbeitskraft des Mitarbeiters oder berechtigte Interessen des Dienstgebers erheblich beeinträchtigt werden. In diesem Fall kann der Dienstgeber eine Nebentätigkeit untersagen bzw. die Erlaubnis zur Nebentätigkeit einschränken (vgl. § 5 Abs. 2 AVR-Caritas; § 10 Abs. 2 und 3 KAVO; § 11 ABD). Interessen des Dienstgebers stehen auf dem Spiel, wenn der Mitarbeiter durch seine Nebentätigkeit unerlaubte Konkurrenz machen oder die ordnungsgemäße Erfüllung seiner dem Dienstgeber zugesagten Leistung in Frage stellen würde (*BAG*, 26. 8. 1976 – 2 AZR 377/75, AP Nr. 68 zu § 626 BGB= EzA § 626 n. F. Nr. 49 = DB 1977 S. 544). Nach § 5 Abs. 2 AVR-Caritas ist es einem in einem Krankenhaus beschäftigten Krankenpfleger nicht gestattet, eine Nebentätigkeit als Leichenbestatter auszuüben, weil dadurch berechtigte Interessen des Dienstgebers erheblich beeinträchtigt werden (*BAG*, 28. 2. 2002 – 6 AZR 357/01, DB 2002 S. 1560).

Beamte im Kirchendienst sind in diesem Zusammenhang auf das Beamten- 69 recht verwiesen. Hier obliegt die Entscheidung über die Genehmigung der Nebentätigkeit dem pflichtgemäßen Ermessen des Dienstherrn. Die Versagung kann nicht auf arbeitsmarktpolitische Gründe gestützt werden (*BVerwG*, 25. 1. 1990 – 2 C 10. 89, ZBR 1990 S. 321 = PersV 1990 S. 280 – Ls.).

Wörtlich geht die Vorschrift der Nr. 6 von der Genehmigung einer Nebentätig- 70 keit aus. Es kommt im Streitfall darauf an, ob überhaupt eine Nebentätigkeitsgenehmigung einzuholen ist oder lediglich Anzeigepflicht besteht. Gemäß § 11 BAT i. V. m. §§ 64 ff. BBG kann die Genehmigung zur Aufnahme der Ne-

§ 35

bentätigkeit erforderlich sein. Dann steht die Aufnahme einer Nebentätigkeit unter Erlaubnisvorbehalt (*BAG*, 11. 12. 2001, – DB 2002 S. 1507).

71 Wo arbeits- und dienstrechtliche Genehmigungen von Nebentätigkeiten nicht erforderlich sind, aber Anzeigepflicht vorgeschrieben ist, ist die Vorschrift der Nr. 6 dahin gehend auszulegen, dass der Dienstgeber auf der Grundlage jeweiliger arbeitsvertraglicher oder dienstrechtlicher Bestimmungen über die Unzulässigkeits- oder Versagungsgründe die MAV zu informieren hat und sie vor der Entscheidung gegenüber dem betroffenen Mitarbeiter zu ihrer Zustimmung auffordert. Im Ergebnis geht es in der Regel nur noch um die Untersagung einer unzulässigen Nebentätigkeit, wenn man von den Vorschriften für den öffentlichen Dienst einmal absieht. Die Nebentätigkeit ist aber auch dann unzulässig, wenn die MAV der beabsichtigten Untersagung durch den Dienstgeber widersprochen hat und die Untersagung mitarbeitervertretungsrechtlich deshalb rechtsunwirksam ist. Denn der Mitarbeiter darf eine unzulässige Nebentätigkeit nicht ausüben. Es kommt nicht darauf an, dass unter Beachtung des Mitbestimmungsrechts die Nebentätigkeit wirksam untersagt wird (*BAG*, DB 2002 S. 1560). Denn die einzelvertraglich unzulässige Nebentätigkeit wird durch unterlassene Untersagung nicht zulässig. Das hat zur Folge, dass der Mitarbeiter eine unzulässige Nebentätigkeit auch solange nicht ausüben darf, bis sie der Dienstgeber nach Durchführung des Zustimmungsverfahrens untersagt oder eingeschränkt erlaubt (*BAG*, DB 2002 S. 1560).

h. Weiterbeschäftigung über die Altersgrenze hinaus (Nr. 7)

72 Voraussetzung für die Weiterbeschäftigung des Mitarbeiters oder der Mitarbeiterin ist, dass vertraglich überhaupt eine Altersgrenze besteht, die zur Folge hat, dass der Mitarbeiter bzw. die Mitarbeiterin nach Erreichung der Altersgrenze aus dem Beschäftigungsverhältnis auszuscheiden hat. Mit Rücksicht auf das staatliche Rentenrecht liegt die arbeitsvertragliche Altersgrenze beim vollendeten 65. Lebensjahr (vgl. § 60 BAT, § 60 ABD, § 49 KAVO, § 19 Abs. 3 AVR-Caritas Allg. Teil). Der Tatbestand der Weiterbeschäftigung ist zugleich auch unter den Tatbestand der Einstellung gemäß § 34 zu subsumieren, weil zum Zwecke der Weiterbeschäftigung einer neuer Arbeitsvertrag abzuschließen ist. Insoweit kann auf die Ausführungen zu § 34 verwiesen werden. Demnach fällt die Weiterbeschäftigungsentscheidung bei pastoralen Diensten (§ 34 Abs. 1) nicht unter das Zustimmungsrecht der MAV sondern gemäß § 29 Abs. 1 Nr. 10 allenfalls bei der mit der Weiterbeschäftigung verbundenen Versetzung unter Anhörung und Mitberatung.

i. Hinausschieben des Eintritts des Ruhestandes wegen Erreichung der Altersgrenze (Nr. 8)

73 Die Vorschrift gilt – anders als die Vorschrift der Nr. 7 – für **Beamte im kirchlichen Dienst**. Für sie endet das Dienstverhältnis regelmäßig mit Ablauf des Monats, in dem der Beamte das 65. Lebensjahr vollendet.

74 Das staatliche Beamtenrecht lässt unter bestimmten Voraussetzungen das Hinausschieben des Eintritts in den Ruhestand zu (§ 41 Abs. 2 BBG). Die kirchlichen Rechtsvorschriften müssten eine vergleichbare generelle Regelung enthalten, damit das Zustimmungsrecht gemäß Nr. 8 überhaupt eingreift. Besteht eine solche Regelung und will der Dienstgeber mit Zustimmung des Beamten den Eintritt des Ruhestandes hinausschieben, kann er das rechtswirksam nur

mit Zustimmung der MAV. Auf den Vorbehalt des § 3 Abs. 3 wird hingewiesen.
Besteht eine generelle beamtenrechtliche Weiterbeschäftigungsregelung 75
nicht, endet das Beamtenverhältnis mit Erreichung der Altersgrenze. Eine Weiterbeschäftigung des Beamten ist allenfalls im Rahmen eines Arbeitsverhältnisses möglich, das wegen des Abschlusses des Arbeitsvertrages der Zustimmung der MAV nach § 34 bedarf.

j. Anordnungen, welche die Freiheit der Wahl der Wohnung beschränken, mit Ausnahme der Dienstwohnung, die der Mitarbeiter kraft Amtes beziehen muss (Nr. 9)

Zum Verständnis der Vorschrift ist zu unterscheiden zwischen 76
– der Pflicht zum Bezug der kraft Amtes zugewiesenen Dienstwohnung,
– der Pflicht, eine Wohnung am Arbeitsort oder in bestimmter Nähe zur Dienststelle zu nehmen (Residenzpflicht) und
– dem Bezug einer vom Dienstgeber angebotenen Werkswohnung (§ 29 Abs. 1 Nr. 13).

Klassischer Fall der Dienstwohnung kraft Amtes ist die Dienstwohnung für 77
Geistliche, die eine ihnen zugewiesene Dienstwohnung beziehen müssen, wobei die Dienstwohnung zugleich Bestandteil der Besoldung ist. Dieser Personenkreis fällt allerdings gemäß § 3 Abs. 3 nicht in den Bereich der Beteiligung der MAV.

Wegen besonderer Funktionen sind für bestimmte Mitarbeiterinnen und Mit- 78
arbeiter **Dienstwohnungen** bereit zu halten. Das betrifft grundsätzlich solche Personen, die arbeitsvertraglich verpflichtet sind, eine ihnen zugewiesene Dienstwohnung zu beziehen, wenn die dienstlichen Verhältnisse das erfordern (z. B. § 54 KAVO der Diözesen in NRW; Abschnitt IX a Abs. a der Anlage 1 zu den AVR-Caritas). Über das Erfordernis entscheidet der Dienstgeber nach seinem ihm durch die Arbeitsvertragsordnung eingeräumten Ermessen (*Schlichtungsstelle Köln*, 29. 4. 2002 – MAVO 30/2001 (KODA), ZMV 2002 S. 190, 193). Eine Beschränkung in der Freiheit der Wahl der Wohnung folgt auch aus der Residenzpflicht.

Für die Zuweisung von Dienstwohnungen und die Bemessung der Dienstwoh- 79
nungsvergütung gelten diözesane Regelungen. Nach der Definition in § 1 der Anlage 11 zur KAVO der Diözesen in NRW sind Dienstwohnungen solche, die dem Mitarbeiter unter ausdrücklicher Bezeichnung als Dienstwohnung und ohne Abschluss eines Mietvertrages aus dienstlichen Gründen zugewiesen werden (§ 576 b BGB). Da wo also Dienstwohnungen wegen des Amtes zugewiesen werden, besteht für die MAV kein Mitbestimmungsrecht.

Das Dienstwohnungsverhältnis spielt da eine Rolle, wo der Objektschutz Ge- 80
genstand der Arbeitspflicht ist (z. B. bei Küstern/Mesnern und Hausmeistern). Ferner erhalten die Mitarbeiter in pastoralen Diensten mit Rücksicht auf ihre Residenzpflicht Dienstwohnungen, um ihre Residenzpflicht erfüllen zu können (vgl. KAVO der Diözesen in NRW Anlage 20 Nr. 10). Besteht **Residenzpflicht**, wird aber keine Dienstwohnung zugewiesen, so besteht das Mitbestimmungsrecht der MAV. Dieser Fall kann z. B. im Zusammenhang mit einer **Versetzung** an einen anderen dienstlichen Wohnsitz erfolgen, wo die Wohnungsnahme erfolgen soll. Gemäß § 9 Abs. 1 S. 3 AVR – Caritas Allg. Teil ist allerdings die Zustimmung des Mitarbeiters zum Wohnortwechsel erforder-

§ 35

lich, ehe es überhaupt zum Zustimmungsverfahren nach § 33 i. V. m § 35 Abs. 1 Nr. 9 kommen kann.

81 Für **Kirchenbeamte** kann sich aus kirchenrechtlichen, generellen Regelungen ergeben, dass sie ihre Wohnung so zu nehmen haben, dass die ordnungsgemäße Wahrnehmung ihrer Dienstgeschäfte nicht beeinträchtigt wird (Regelung entsprechend § 74 Abs. 1 BBG). Dann müsste der Kirchenbeamte auf eine Anweisung seines Dienstgebers seine Wohnung innerhalb einer bestimmten Entfernung von der Dienststelle nehmen (Regelung wie § 74 Abs. 2 BBG). Diese Anordnung unterliegt der Zustimmung der MAV. Wird dem Kirchenbeamten dagegen eine Dienstwohnung zugewiesen, die er kraft Amtes beziehen muss, hat die MAV kein Beteiligungsrecht.

82 Zur Überlassung von Wohnungen aus dem Bestande des Dienstgebers (**Werkswohnungen**) an Mitarbeiterinnen und Mitarbeiter wird auf § 29 Abs. 1 Nr. 13 hingewiesen.

III. Zustimmungsverweigerung und ihre Gründe

1. Allgemeine Feststellungen

83 Die MAV kann, nachdem der Dienstgeber das Zustimmungsverfahren zu einer der in § 35 Abs. 1 genannten Maßnahmen durch Information und Antrag an die MAV eingeleitet hat, nach einem von ihr ordnungsgemäß gefassten Beschluss (§ 14 Abs. 5)
– die erforderliche Zustimmung erteilen,
– die Widerspruchsfrist ohne Reaktion gegenüber dem Dienstgeber verstreichen lassen, was als erteilte Zustimmung gilt, oder
– die Zustimmung durch einen förmlichen Widerspruch ablehnen.

84 Dazu wird auf § 34 Rz 50, 51 verwiesen. Das Zustimmungsverweigerungsrecht der MAV ist abschließend in § 35 Abs. 2 Nr. 1 und 2 geregelt.

2. Zustimmungsverweigerungsgrund gemäß § 35 Abs. 2 Nr. 1

85 Der Widerspruch muss, wenn er beachtlich sein soll, am **Katalog der Widerspruchsgründe** gemäß § 35 Abs. 2 Nr. 1 orientiert sein. Der Widerspruch muss weiterhin fristgerecht nach § 33 Abs. 3 S. 3 dem Dienstgeber mitgeteilt werden. Im Falle schriftlichen Widerspruchs muss die Urkunde unterschrieben sein. Der Katalog der Gründe für die Zustimmungsverweigerung stimmt mit dem Katalog des § 34 Abs. 2 Nr. 1 überein. Ergänzt wird er allerdings bezüglich eines Verstoßes gegen eine wirksam abgeschlossene Dienstvereinbarung im Sinne von § 38. Auf die Erläuterungen zu § 34 Rz 52 bis 60 wird hingewiesen. Bei Streitigkeiten über die Frage zutreffender Eingruppierung nach den Vorschriften kircheneigener Arbeitsvertragsordnungen (z. B. AVR-Caritas) entscheidet auf Antrag die Schlichtungsstelle, ob ein geltend gemachter Verstoß gegen kirchliches Vergütungsrecht vorliegt (*Schlichtungsstelle Freiburg*, 29. 1. 1996 – 1995/5, ZMV 1996 S. 147).

86 Die Stellungnahme der MAV kann nicht durch einen Alleingang ihres Vorsitzenden oder einzelne Mitglieder der MAV abgegeben werden; sie wäre wirkungslos und würde im Ergebnis als Verzicht auf die Stellungnahme gewertet, so dass der Dienstgeber die beabsichtigte Maßnahme nach Ablauf der Frist für

§ 35

die Rückäußerung der MAV durchführen könnte, weil die Zustimmung der MAV als erteilt gilt.
Um einen inhaltlich nicht ordnungsgemäß und deshalb unbeachtlichen Widerspruch der MAV handelt es sich beispielsweise, wenn der Widerspruch lediglich den im Gesetz (MAV) genannten Grund (z. B. Verstoß gegen kircheneigene Ordnung) oder gar nur die Gesetzesbezeichnung (z. B. ABD, KAVO, AVR-Caritas nennen würde (vgl. *BAG*, 24. 7. 1979 – 1 ABR 78/77, DB 1979 S. 2327). Es ist erforderlich, aber auch ausreichend, wenn die MAV mit der Begründung ihrer Zustimmungsverweigerung konkrete, einzelfallbezogene Widerspruchsgründe mit Tatsachen anführt und diese Begründung es als möglich erscheinen lässt, dass einer der in § 35 Abs. 2 Nr. 1 genannten Zustimmungsverweigerungsgründe geltend gemacht wird (*BAG*, 26. 1. 1988– 1 AZR 531/86, DB 1988 S. 1167); z. B. Eingruppierung gemäß Bewährungsaufstieg statt Ersteingruppierung (*Schlichtungsstelle Speyer*, 30. 10. 2003 – 6 I 2003, ZMV 2004, 36). Sollten beim Dienstgeber Zweifel an der inhaltlichen Substanz des Widerspruchs auftreten, dann sollte er zur Vermeidung von Risiken vor dem Vollzug der beabsichtigten Personalmaßnahme eher das Zustimmungsersetzungsverfahren bei der Schlichtungsstelle beantragen (§ 33 Abs. 4), falls er es mit Rücksicht auf das Gebot der vertrauensvollen Zusammenarbeit nicht sogar vorzieht, mit der MAV die Angelegenheit zum Zwecke abschließender Verständigung zu erörtern. Das ist gemäß § 33 Abs. 3 der sichere Weg (*Schlichtungsstelle Köln*, 23. 6. 1992 – MAVO 3/92, ZMV 1992, 193). 87

3. Zustimmungsverweigerungsgrund gemäß § 35 Abs. 2 Nr. 2

Hier muss zur Zustimmungsverweigerung der durch **Tatsachen** begründete Verdacht bestehen, dass durch eine der Maßnahmen des Abs. 1 der betroffene Mitarbeiter ohne sachliche Gründe bevorzugt oder benachteiligt werden soll. Es ist also zunächst Sache der MAV, solche **konkreten Tatsachen** mit ihren Einwendungen gegen die personelle Maßnahme vorzutragen (§ 33 Rz 23 ff.). Die Einwendungen sind unbeachtlich, wenn sie gegenständlich neben der Sache liegen und wenn sie nur formelhaft, nicht auf den Einzelfall abgestellt sind. Bloße Vermutungen für eine Bevorzugung oder Benachteiligung des **betroffenen** Mitarbeiters genügen nicht. Allerdings reicht die konkret erfassbare Möglichkeit einer Benachteiligung aus. 88

Der Begriff »ohne sachliche Gründe« erfasst sowohl dienstliche als auch persönliche Gründe, die konkret für eine Bevorzugung oder Benachteiligung des Betroffenen durch die Maßnahme sprechen. Es könnte von einer Benachteiligung nicht erst dann gesprochen werden, wenn der Mitarbeiter durch die Maßnahme eine Rechtsposition oder eine rechtserhebliche Anwartschaft einbüßt. Eine Benachteiligung liegt schon vor, wenn ein bestehender Zustand ohne sachliche Gründe zu Lasten des Mitarbeiters eine Veränderung erfahren soll. Schutzzweck dieses Zustimmungsverweigerungsgrundes ist, worauf *Richardi* (BPersVG § 77 Rz 61) zutreffend hinweist, die Erhaltung des Status quo des Mitarbeiters. 89

Es genügt für die Zustimmungsverweigerung **nicht** die **Besorgnis**, dass möglicherweise Nachteile für den Betroffenen entstehen können, oder er aus unsachlichen Gründen bevorzugt wird. Es muss der **Verdacht** durch Tatsachen erhärtet sein, der Dienstgeber habe für seine Maßnahme keine sachlichen 90

Bleistein/Thiel

§ 35

Gründe. Verdacht ist ein durch konkrete Tatsachen erhärtetes Wissen der MAV um ein unsachliches Verhalten des Dienstgebers, dem die letzte Gewissheit noch fehlt. Für die MAV ist es sehr schwer, wenn nicht fast unmöglich, dem Dienstgeber einen so schwerwiegenden Verdacht unsachlicher Maßnahmen gegen einen Mitarbeiter nachzuweisen (zu diesen Bedenken: *Schlichtungsstelle Köln*, 14. 3. 1996 – MAVO 2/96, ZMV 1996, 244; *Schlichtungsstelle Aachen*, 30. 10. 1996 – MAVO 7/96, n. v.).

91 Es gibt im Falle geplanter Übertragung einer auf Dauer angelegten höherwertigen Tätigkeit öfter mehrere Bewerber, von denen nur einer die besser dotierte Stelle erhalten kann. Es kann sogar vorkommen, dass ein interner und ein externer Bewerber konkurrieren. In diesem Falle kann die MAV in jedem Fall ihren Widerspruch gegen die Besetzung mit dem externen Konkurrenten anmelden, wenn sie weiß (vage Vermutung reicht nicht aus), dass der Dienstgeber die interne Stellenausschreibung nur zum Schein vorgenommen hat, weil er den potentiellen internen Bewerber trotz seiner zahlreichen Fortbildungen ohne sachliche Begründung nicht befördern will, was im Ergebnis auf eine gezielte Bevorzugung des externen Konkurrenten hinausläuft. Dagegen kann eine MAV die Zustimmung zu einer beabsichtigten Beförderung oder Höhergruppierung nicht deshalb verweigern, weil sie eine solche Maßnahme für einen anderen Mitarbeiter erreichen möchte. Denn der nicht Beförderte büßt seine bestehende Position nicht ein; er erleidet keine Verschlechterung (*Schlichtungsstelle Aachen*, 30. 10. 1996 – 7/1996 – MAVO; *BAG*, 18. 9. 2002 – 1 ABR 56/01, NZA 2003, 622).

IV. Ausnahmen vom Geltungsbereich der Vorschrift

92 Nach der Rahmenordnung (Musterordnung) gilt zweierlei. Ausgeschlossen ist das Zustimmungsrecht der MAV für die in § 35 Abs. 1 genannten personellen Einzelmaßnahmen hinsichtlich der in § 3 Abs. 2 und 3 bezeichneten Personen. Für Mitarbeiter in pastoralen Diensten und für religiöse Unterweisung (Laien) wird das Zustimmungsrecht der MAV für die in § 35 Abs. 1 genannten personellen Einzelmaßnahmen mit Ausnahme der Tatbestände der Nr. 5 (Rz 61, 65) nicht eingeschränkt; § 35 Abs. 1 Nr. 5 bringt eine Abweichung für diesen Personenkreis nur bei Abordnungen und Versetzungen, es gilt § 29 Abs. 1 Nr. 10.

V. Streitigkeiten

1. Schlichtungsverfahren

93 Hat die MAV die Zustimmung zu einer Maßnahme im Sinne des § 35 Abs. 1 Nrn. 1 bis 9 verweigert und für die Verweigerung sachliche Gründe im Sinne von § 35 Abs. 2 Nrn. 1 und 2 genannt, so muss der Dienstgeber gemäß § 33 Abs. 4 i. V. m. § 41 Abs. 1 Nr. 6 die Schlichtungsstelle mit dem Antrag anrufen, dass sie die von der MAV verweigerte Zustimmung ersetzt, wenn er die geplante Maßnahme herbeiführen will. Wird die Zustimmung einer einen Mitarbeiter betreffenden Maßnahme mit einer Begründung verweigert, die offenkundig nicht unter den Katalog der Zustimmungsverweigerungsgründe des § 35 Abs. 2 MAVO eingeordnet werden kann, gilt die Zustimmung zu dieser

personellen Maßnahme als erteilt (*Schlichtungsstelle Köln*, 30. 4. 1996 – MAVO 16/95 n. v.).

Hat der Dienstgeber eine Maßnahme ohne Beteiligung der MAV oder ohne ordnungsgemäßes Zustimmungsverfahren im Sinne von § 33 getroffen, kann die MAV den Rechtsverstoß bei der Schlichtungsstelle durch Feststellungsantrag rügen (§ 41 Abs. 1 Nr. 5 i. V. m. § 33 Abs. 1, 2 oder 3, § 35 Abs. 1 Nrn. 1 bis 9). Sie kann aber darüber hinaus die Unwirksamkeit der Maßnahme durch die Schlichtungsstelle feststellen lassen. 94

In allen Streitfällen haben die Antragsteller **Fristen** zur Anrufung der Schlichtungsstelle zu wahren, um ihre Rechte nicht zu verwirken. Maßgeblich sind die in den diözesanen Schlichtungsverfahrensordnungen enthaltenen Bestimmungen. In diesem Zusammenhang ist darauf zu achten, ob eine Maßnahme ohne Beteiligung der MAV oder im Zuge eines fehlerhaften Beteiligungsverfahrens getroffen wurde. In diesen Fällen gilt je nach Schlichtungsverfahrensordnung eine Ausschlussfrist (*Schlichtungsstelle der Erzdiözese München und Freising*, 21. 7. 1997 – 11 AR 97, ZMV 1997, 248; *Schlichtungsstelle Aachen*, 9. 11. 1999 – 07/99 – MAVO). Geht es um eine Zustimmungsersetzung, ist unverzügliche Antragstellung geboten, sobald die Verhandlung zwischen Dienstgeber und MAV ergebnislos abgeschlossen ist und nachdem die MAV sich innerhalb der Frist des § 33 Abs. 3 S. 3 ablehnend erklärt hat. 95

2. Staatliches Arbeitsgericht

Die in § 35 Abs. 1 genannten Maßnahmen betreffen neben dem von der MAV zu beurteilenden kollektivrechtlichen Aspekt auch das individualrechtliche Arbeitsverhältnis der Vertragsparteien, also das zwischen Dienstgeber und Mitarbeiter bzw. Mitarbeiterin. Streitigkeiten zwischen diesen beiden Partnern werden von staatlichen Arbeitsgerichten entschieden. Das kann z. B. zur Folge haben, dass die Entscheidung der Schlichtungsstelle zu einer Eingruppierungsfrage anders ausfällt als beim staatlichen Arbeitsgericht, weil die Entscheidung der Schlichtungsstelle die des Arbeitsgerichts nicht präjudiziert (*Schlichtungsstelle Freiburg*, 23. 2. 2000 – 18/1999; *Schlichtungsstelle Aachen*, 21. 5. 2001 – 11/00 – MAVO). 96

§ 36 Zustimmung bei Angelegenheiten der Dienststelle

(1) Die Entscheidung bei folgenden Angelegenheiten der Dienststelle bedarf der Zustimmung der Mitarbeitervertretung, soweit nicht eine kirchliche Arbeitsvertragsordnung oder sonstige Rechtsnorm Anwendung findet:
1. Änderung von Beginn und Ende der täglichen Arbeitszeit einschließlich der Pausen sowie der Verteilung der Arbeitszeit auf die einzelnen Wochentage,
2. Festlegung der Richtlinien zum Urlaubsplan und zur Urlaubsregelung,
3. Planung und Durchführung von Veranstaltungen für die Mitarbeiterinnen und Mitarbeiter,
4. Errichtung, Verwaltung und Auflösung sozialer Einrichtungen,
5. Inhalt von Personalfragebogen für Mitarbeiterinnen und Mitarbeiter,
6. Beurteilungsrichtlinien für Mitarbeiterinnen und Mitarbeiter,

§ 36

7. Richtlinien für die Gewährung von Unterstützungen, Vorschüssen, Darlehen und entsprechenden sozialen Zuwendungen,
8. Durchführung der Ausbildung, soweit nicht durch Rechtsnormen oder durch Ausbildungsvertrag geregelt,
9. Einführung und Anwendung technischer Einrichtungen, die dazu bestimmt sind, das Verhalten oder die Leistung der Mitarbeiterinnen und Mitarbeiter zu überwachen,
10. Maßnahmen zur Verhütung von Dienst- und Arbeitsunfällen und sonstigen Gesundheitsschädigungen,
11. Maßnahmen zum Ausgleich und zur Milderung von wesentlichen wirtschaftlichen Nachteilen für die Mitarbeiterinnen und Mitarbeiter wegen Schließung, Einschränkung, Verlegung oder Zusammenlegung von Einrichtungen oder wesentlichen Teilen von ihnen.

(2) Abs. 1 Nr. 1 findet keine Anwendung auf Mitarbeiterinnen und Mitarbeiter für pastorale Dienste oder religiöse Unterweisung, die zu ihrer Tätigkeit der ausdrücklichen bischöflichen Sendung oder Beauftragung bedürfen, sowie auf Mitarbeiterinnen und Mitarbeiter im liturgischen Dienst.

(3) Muss für eine Einrichtung oder für einen Teil der Einrichtung die tägliche Arbeitszeit gemäß Abs. 1 Nr. 1 nach Erfordernissen, die die Einrichtung nicht voraussehen kann, unregelmäßig oder kurzfristig festgesetzt werden, ist die Beteiligung der Mitarbeitervertretung auf die Grundsätze für die Aufstellung der Dienstpläne, insbesondere für die Anordnung von Arbeitsbereitschaft, Mehrarbeit und Überstunden beschränkt.

Inhaltsübersicht

	Rz
I. Zweck der Vorschrift – Allgemeine Hinweise	1–16
II. Die einzelnen Zustimmungstatbestände	17–126
1. Änderung von Beginn und Ende der täglichen Arbeitszeit einschließlich der Pausen sowie die Verteilung der Arbeitszeit auf die einzelnen Wochentage (Nr. 1)	17–40
a. Einzelfälle	28–31
b. Ausgenommener Mitarbeiterkreis nach § 36 Abs. 2	32–33
c. Ausnahmeregelung des § 36 Abs. 3	34–40
2. Festlegung von Richtlinien zum Urlaubsplan und Urlaubsregelungen (Nr. 2)	41–45
3. Planung und Durchführung von Veranstaltungen für Mitarbeiter (Nr. 3)	46–50
4. Errichtung, Verwaltung und Auflösung sozialer Einrichtungen (Nr. 4)	51–60
5. Inhalt von Personalfragebogen (Nr. 5)	61–84
a. Begriff	61–63
b. Zulässiger Inhalt von Personalfragebogen	64–66
c. Besondere Fragen	67–73
d. Unzulässige Fragen	74–77
e. Datenschutz	78
f. Mitbestimmung	79–83
g. Beurteilungen	84
6. Aufstellung von Beurteilungsrichtlinien (Nr. 6)	85–86
7. Richtlinien zur Gewährung von Unterstützungen, Vorschüssen, Darlehen und sonstigen sozialen Zuwendungen (Nr. 7)	87–91
8. Durchführung der Ausbildung, soweit sie nicht durch Rechtsnormen oder den Ausbildungsvertrag geregelt ist (Nr. 8)	92–93
9. Einführung und Anwendung technischer Einrichtungen, die dazu bestimmt sind, das Verhalten oder die Leistung der Mitarbeiter zu überwachen (Nr. 9)	94–108

10. Maßnahmen zur Verhütung von Dienst- und Arbeitsunfällen und sonstigen Gesundheitsschädigungen (Nr. 10)	109–114
11. Maßnahmen zum Ausgleich oder zur Milderung wesentlicher Nachteile für Mitarbeiter wegen Schließung, Einschränkung, Verlegung oder Zusammenlegung von Einrichtungen oder wesentlichen Teilen davon (Sozialplan, Nr. 11)	115–126
III. Mitbestimmungsverfahren – Zustimmungsverweigerungsgründe	127–134
IV. Streitigkeiten	135

I. Zweck der Vorschrift – Allgemeine Hinweise

Das Mitbestimmungsrecht in **Angelegenheiten der Dienststelle** sichert die Beteiligung der MAV an den in § 36 Abs. 1 genannten, abschließend aufgezählten Angelegenheiten. Ohne die Zustimmung der MAV bzw. ohne die nach §§ 33 Abs. 4, 42 Abs. 2 erfolgte Ersetzung der verweigerten Zustimmung durch die Schlichtungsstelle kann der Dienstgeber die Maßnahme nicht vornehmen (§ 33 Abs. 1; *Schlichtungsstelle Dresden-Meißen*, 4. 6. 1998 – Az.: 2–007/98). Dem Dienstgeber steht in den Angelegenheiten des § 36 die MAV als gleichberechtigte Partnerin gegenüber. Das hat zur Folge, dass zur Durchführung einer Maßnahme ihre positive Einigung mit dem Dienstgeber erforderlich ist. **1**

Die **Initiative** für eine zustimmungsbedürftige Maßnahme geht vom **Dienstgeber** aus. Jedoch hat die **MAV** nach § 37, der alle Bereiche aus § 36 abdeckt, ein **besonderes Antragsrecht**, das sie über die Schlichtungsstelle durchsetzen kann (§ 37 Abs. 3). **2**

Der Mitbestimmungskatalog des § 36 Abs. 1 Nr. 1–11 ist **abschließender** Natur. Er kann weder einseitig vom Dienstgeber gekürzt, noch kann die MAV veranlasst werden, ohne einen konkreten Anlass generell auf die Ausübung eines Mitbestimmungsrechtes zu verzichten. Auch eine Erweiterung des Kataloges durch eine Vereinbarung zwischen Dienstgeber und MAV ist ausgeschlossen (§ 48). Die **Durchführung der** im Zustimmungsverfahren gefassten **Beschlüsse** ist ausschließlich Sache des Dienstgebers. **3**

Die Beteiligten können jedoch im Einzelfall eine **abweichende Regelung** treffen, also auch die Durchführung einer Entscheidung **der MAV** überlassen. Dazu kann z. B. die **Verwaltung sozialer Einrichtungen** (§ 36 Abs. 1 Nr. 4) oder Planung und Durchführung von Veranstaltungen für Mitarbeiter (§ 36 Abs. 1 Nr. 3) gehören. **4**

Soweit solche abweichenden Regelungen nicht ausdrücklich vereinbart sind, kann die MAV **nicht eigenmächtig** in den laufenden **Dienstbetrieb eingreifen.** Das gilt auch, wenn sie der Ansicht ist, dass die Anordnungen des Dienstgebers rechtsunwirksam sind oder ein geltendes Gesetz verletzen. Die MAV kann weder Anordnungen des Dienstgebers abändern oder widerrufen, sie darf durch keine eigenmächtigen Handlungen in den Dienstbetrieb eingreifen, selbst wenn sie einen ordnungsgemäßen Beschluss darüber gefasst haben sollte. **5**

Die MAV hat als schwache Sanktion zunächst die Möglichkeit, die **Schlichtungsstelle anzurufen** (§ 41 Abs. 1 Ziffer 5), um einen Verstoß des Dienstgebers gegen seine Pflichten aus §§ 36, 33 feststellen zu lassen. Dazu genügt zwar ein einziger Verstoß des Dienstgebers gegen eine zustimmungspflichtige Angelegenheit nach § 36 Abs. 1 Nr. 1–11. In diesem Verfahren wird aber nur nachträglich festgestellt, dass ein Verstoß des Dienstgebers, der objektiv vorliegen muss, gegeben ist. Ob der Dienstgeber eine für ihn negative Entschei- **6**

§ 36

dung der Schlichtungsstelle in seinem zukünftigen Verhalten der MAV gegenüber beachtet und weitere Verstöße vermeidet, kann von ihm nicht erzwungen werden (dazu: *Leser*, ZMV 1996, 121). Die MAV ist auf die Einsicht und ein generöses Verhalten des Dienstgebers angewiesen. Sie hat dann zwar eine Entscheidung gegen den Dienstgeber. Diese bleibt aber, wenn es darauf ankommt, ohne Folgen.

7 Daher muss als strengere und auch angemessenere Sanktion der MAV zugestanden werden, dem Dienstgeber in einem allgemeinen **Unterlassungsantrag** aufzugeben, sein zustimmungswidriges Verhalten in Zukunft zu unterlassen. Dem Dienstgeber könnte demnach im Wege eines vorbeugenden **Unterlassungsantrages** z. B. aufgegeben werden, die Verwendung von Personalfragebogen in der von ihm verfassten Form zu unterlassen (Fall des § 36 Abs. 1 Nr. 5) oder es zu unterlassen, die von ihm eingeführten, auf Datenverarbeitung mit dem Programm X–Y beruhenden und von ihm gespeicherten Operationsprotokolle weiter aufzunehmen und zu verwerten (Fall des § 36 Abs. 1 Nr. 9).

8 Insoweit fällt dann dieses Begehren der MAV nicht mehr unter das Schlichtungsverfahren nach § 41 Abs. 1, sondern ist als »sonstige Rechtsstreitigkeit mitarbeitervertretungsrechtlicher Art« im Sinne des § 41 Abs. 2 anzusehen, über die nach dem derzeitigen Rechtsstand (Stand 30. 4. 2004) noch die Schlichtungsstelle zu entscheiden hat. Das kirchliche Arbeitsgerichtsgesetz ist zwar in Vorbereitung, aber noch nicht erlassen (siehe Art. 10 Abs. 2 Grundordnung).

9 Zwar ist der **allgemeine Unterlassungsanspruch** gegen den Arbeitgeber (= Dienstgeber), wie ihn das *BAG* in seinem Beschluss 1 ABR 24/92 vom 3. 5. 1994 (AP Nr. 23 zu § 23 BetrVG 1972 = DB 1994, 985) aufgestellt und in seinem Beschluss 1 ABR 13/96 vom 23. 7. 1996 (EzA § 87 BetrVG 1972 Nr. 56 = DB 1997, 378) gegen alle Angriffe aus der Rechtslehre verteidigt und bestätigt hat, nur für den Geltungsbereich des BetrVG als durchsetzungsfähig bei Verletzungen von **mitbestimmungspflichtigen** Tatbeständen des § 87 Abs. 1 BetrVG durch den Arbeitgeber anerkannt.

10 Dennoch besteht dieselbe rechtliche Situation hinsichtlich des Zustimmungsrechtes der MAV im Rahmen des § 36:

11 § 36 räumt der MAV – wie § 87 BetrVG dem Betriebsrat – ein Zustimmungsrecht bei allen Maßnahmen des Dienstgebers für die dort abschließend aufgezählten Fälle ein. Im Rahmen des § 36 bestehen zu einer ordnungsgemäßen Verwirklichung einer zustimmungspflichtigen Maßnahme enge Rechtsbeziehungen zwischen MAV und Dienstgeber, wie sie grundsätzlich in § 33 näher festgelegt sind. § 26 Abs. 1 Satz 1 enthält zudem das Gebot der vertrauensvollen Zusammenarbeit. Es verlangt damit von Dienstgeber und MAV eine partnerschaftliche Zusammenarbeit, die keiner der Beteiligten durch eigenmächtiges Handeln verletzen und stören darf. Daraus muss aber als Nebenpflicht für die Zustimmungstatbestände des § 36 auch das Gebot abgeleitet werden, dass der Dienstgeber alles zu unterlassen hat, was die Verwirklichung des Zustimmungsrechtes für die MAV erschwert, stört oder unmöglich macht. Daher muss der MAV im Bereich der zustimmungspflichtigen Maßnahmen – bei den Maßnahmen also, die der Dienstgeber **nur** mit Zustimmung der MAV durchführen darf und die materiell-rechtlich nur mit Zustimmung der MAV wirksam werden – ein Unterlassungsanspruch zugebilligt werden, wenn der Dienstgeber gegen diese partnerschaftliche vertrauensvolle Zusammenarbeit verstößt. Der Dienstgeber kann sich auch nicht mehr darauf berufen, eine

§ 36

Maßnahme sei besonders eilbedürftig. Soweit der kirchliche Gesetzgeber wegen **Eilbedürftigkeit** vorläufige Maßnahmen zugelassen hat, sind die Voraussetzungen dafür in § 33 Abs. 5 ausdrücklich geregelt.
Liegen die dort genannten Voraussetzungen nicht vor, kann der Dienstgeber 12 einseitig nicht in die Abwicklung eines Zustimmungstatbestandes eingreifen und seine Auffassung durchsetzen. Ohne einen **Unterlassungsanspruch**, der bis zum ordnungsgemäßen Abschluss des Zustimmungsverfahrens im konkreten Fall gilt, lässt sich die gesetzmäßige Durchführung der Maßnahme im Rahmen des § 36 zugunsten der MAV nicht sichern. Daher muss der MAV auf Grund des § 36 Abs. 1 i. V. m. § 26 Abs. 1 Satz 1 dieser Unterlassungsanspruch als ein selbstständiger Nebenleistungsanspruch aus einem zustimmungspflichtigen Tatbestand zugebilligt werden und zustehen. Er ist insoweit also vor kirchlichen Gerichten durchsetzbar.
Allerdings besteht nach § 36 Abs. 1 – Eingangssatz – ein Zustimmungsrecht 13 nur, soweit **nicht** eine kirchliche **Arbeitsvertragsordnung** oder sonstige **Rechtsnorm besteht**. In § 36 ist demnach ein allgemeiner Gesetzesvorbehalt für kirchliche Regelungen enthalten. Diese kirchlichen Regelungen müssen tatsächlich vorhanden sein und in das Zustimmungsrecht so eingreifen, dass kein weiterer Schutz der Mitarbeiter durch das Zustimmungsrecht mehr nötig ist (*BAG*, 24. 2. 1987 – 1 ABR 18/85, AP Nr. 21 zu § 77 BetrVG 1972 = DB 1987, 1435). Zu solchen vorgreiflichen **gesetzlichen Regelungen** gehören alle zwingenden Rechtsnormen nicht nur des kircheneigenen, sondern auch des staatlichen Rechts (*BAG*, 13. 3. 1973 – 1 ABR 16/72, AP Nr. 1 zu 87 BetrVG 1972 Werkmietwohnungen = DB 1973, 1458). Zu denken ist hier an die Vorschriften über die Berufsausbildung oder über arbeitszeitrechtliche Vorschriften zwingender Art (etwa die Regelung des § 4 ArbZG, dass in bestimmten Abständen während der Arbeitszeit Pausen eingehalten werden müssen). Das Zustimmungsrecht bleibt aber erhalten, soweit keine zwingenden, sondern nachgiebige Rechtsvorschriften einen bestimmten Komplex regeln.
Von besonderer Bedeutung sind die Eingriffe von kirchlichen Arbeitsver- 14 tragsordnungen oder Arbeitsvertragsrichtlinien in die Zustimmungsrechte der MAV. Die MAVO regelt die Zuständigkeiten der MAV zu Maßnahmen des Dienstgebers, während die KODA-Ordnungen und die Ordnung für die Arbeitsrechtliche Kommission des Deutschen Caritasverbandes die Zuständigkeiten der Kommission regeln. Das ist so durch Artikel 7 und 8 GrO vorgegeben, so dass es eigens einer Öffnungsklausel in den Arbeitsvertragsordnungen und Arbeitsvertragsrichtlinien bedarf, ob und mit welchem Inhalt betriebliche Regelungen z. B. durch Dienstvereinbarungen zulässig sind (vgl. § 38 Abs. 2 und Einleitungssätze in § 36 Abs. 1 und § 37 Abs. 1). Sobald in einer Arbeitsvertragsordnung z. B. die Frage der Arbeitszeit in Krankenhäusern geregelt ist (Anlage 5 zu den AVR – Caritasverband), ist dieser Komplex nicht mehr dem Zustimmungsrecht der MAV nach § 36 Abs. 1 Nr. 1 unterworfen. Allerdings muss diese Arbeitsvertragsordnung in Kraft sein, also tatsächlich vorhanden sein und für die betroffene Einrichtung auch gelten. Sie muss auch abschließend den Fragenkomplex regeln. Nur wenn die Arbeitsvertragsordnung noch ausfüllungsbedürftig ist, besteht das Zustimmungsrecht nach § 36. Das bedeutet, dass jede einigermaßen vollständige Regelung durch eine Arbeitsvertragsordnung das Zustimmungsrecht nach § 36 ausschließt (so für § 87 BetrVG: *BAG*, 8. 3. 1983 – 1 ABR 38/81, AP Nr. 14 zu § 87 BetrVG 1972 Lohngestaltung = DB 1983, 2040).

§ 36

15 Das Verhältnis zwischen § 36 Abs. 1 – Eingangssatz – und § 38 Abs. 2 geht von den gleichen Rechtsgrundsätzen aus. Das Zustimmungsrecht nach § 36 und das Recht zum Abschluss von Dienstvereinbarungen nach § 38 können nicht ausgeübt werden, wenn kirchengesetzliche Vorschriften tatsächlich vorhanden oder üblich sind (Wortlaut des § 38 Abs. 2 MAVO in Anlehnung an den § 77 Abs. 3 BetrVG). Für die Geltendmachung der Rechte aus §§ 36, 37 und 38 durch die MAV kommt es darauf an, dass ihr Zustimmungsrecht, ihr Antragsrecht und ihr Recht zum Abschluss von Dienstvereinbarungen wegen der Einheitlichkeit bei der Ausübung der Beteiligungsrechte durch die o. g. Öffnungsklausel geregelt ist. Sonst wäre die Zuständigkeit von KODA oder AK beeinträchtigt (vgl. § 2 KODA-Ordnungen, § 3 Zentral-KODA-Ordnung, § 1 Abs. 3 AK-Ordnung).

16 Ergänzende Dienstvereinbarungen zu kirchengesetzlichen Vorschriften werden also nur zugelassen, wenn die Bestimmungen eine Öffnungsklausel enthalten, also – wie § 38 Abs. 2 festlegt – in den kirchengesetzlichen Vorschriften »ausdrücklich zugelassen« sind.

II. Die einzelnen Zustimmungstatbestände

1. Änderung von Beginn und Ende der täglichen Arbeitszeit einschließlich der Pausen sowie die Verteilung der Arbeitszeit auf die einzelnen Wochentage (Nr. 1)

17 Gegenstand des Zustimmungsrechtes ist die **generelle kollektive Festlegung** der täglichen Arbeitszeit einschließlich der Pausen sowie die Verteilung der Arbeitszeit auf die einzelnen Wochentage in der Einrichtung oder in einem Arbeitsbereich (*Schlichtungsstelle Freiburg*, 18. 4. 2002 – 04/2002, ZMV 2002, 291). Die Einrichtung eines Rufbereitschaftsdienstes unterliegt nicht der Mitbestimmung der MAV (vgl. *VGH Mannheim*, 16. 9. 2003 – PL 15 S 1078/03, ZTR 2004, 100). Davon ist zu unterscheiden die individuell vereinbarte Arbeitszeit und ihre Verteilung auf die einzelnen Wochentage im Rahmen der kollektiven Regelung.

18 **Zweck** dieses Mitbestimmungsrechtes ist ein **doppelter:** Es soll sowohl die Interessen der Mitarbeiter vor allem an der Lage ihrer Arbeitszeit und damit auch ihrer Freizeit für die Gestaltung ihres privaten Bereiches zur Geltung bringen (*BAG*, ständige Rechtsprechung, 15. 12. 1992 – 1 ABR 34/92, AP Nr. 7 zu § 14 AÜG = DB 1993, 888 – Abschnitt II. 3 der Gründe), aber auch einen kollektiven Schutzauftrag für die MAV sichern, die Einhaltung der arbeitszeitrechtlichen Vorschriften für die Mitarbeiter zu gewährleisten (*BVerwG*, 23. 12. 1982, ZBR 1983, 307 = PersV 1983, 413). Mitbestimmungspflichtig sind generelle Regelungen der Arbeitszeit. Es muss sich eine Regelungsfrage stellen, die die Interessen der Mitarbeiter unabhängig von der Person und den individuellen Wünschen des Einzelnen berührt. Dabei ist die Zahl der Mitarbeiter nicht erheblich sondern allenfalls ein Indiz dafür, dass ein kollektiver Tatbestand vorliegt (*BVerwG*, 12. 8. 2002 – 6 P 17.01, ZfPR 2002, 299). Ausgeschlossen vom Mitbestimmungsrecht sind lediglich individuelle abgrenzbare Einzelanordnungen gegenüber bestimmten Mitarbeitern, wie z. B. die Umsetzung von der Nacht- in die Tagarbeit im Rahmen des Direktionsrechts des Dienstgebers (*LAG Köln*, 26. 7. 2002 – 11 Ta 224/02, ZTR 2003, 403 Ls.).

Der Wortlaut des § 36 Abs. 1 Nr. 1 ist **identisch** mit den Bestimmungen des § 87 Abs. 1 Nr. 2 **BetrVG** und § 75 Abs. 3 Nr. 1 **BPersVG**. Die Rechtsgrundsätze, die von der Rechtsprechung des *BAG* und des *BVerwG* zu den gleichen Rechtsfragen entwickelt worden sind, können daher entsprechend auch bei der Auslegung des § 36 Abs. 1 Nr. 1 herangezogen werden. **19**

Auch hier gilt es zunächst, den **Vorbehalt des § 36 Abs. 1 – Eingangssatz –** zu beachten. Soweit vor allem durch **Arbeitsvertragsrichtlinien** die Arbeitszeit, die Pausen und die Verteilung der festgelegten Wochenarbeitszeit auf die Arbeitstage geregelt sind, besteht das Zustimmungsrecht nicht bzw. nur in den Punkten, die durch eine Öffnungsklausel in den Arbeitsvertragsrichtlinien für die Partner der Einrichtung zugelassen worden sind. Zutreffende Beispiele dafür sind die Öffnungsklauseln in § 1 Abs. 1 und Abs. 7, § 5 der Anlage 5 zu den AVR-Caritas und die Anlagen 5 a und 5 b zu den AVR-Caritas zur Verteilung der Arbeitszeit; sie lassen den Abschluss von Dienstvereinbarungen in den dort näher genannten Fällen ausdrücklich zu. Im Übrigen wird hinsichtlich solcher Öffnungsklauseln in Arbeitsvertragsrichtlinien bzw. Arbeitsvertragsordnungen auf Rz 13 ff. verwiesen. **20**

Die Einrichtungspartner müssen bei der Ausübung des Zustimmungsrechtes zwingende Vorschriften des öffentlich-rechtlichen **Arbeitszeitrechtes** (ArbZG, MuSchG, JArbSchG, SGB IX) beachten. Das gilt mit Rücksicht auf die Rechtsprechung des *EuGH* (9. 9. 2003 – C – 151/02, NZA, 2003, 1019) auch für den **Bereitschaftsdienst** in Krankenhäusern, der arbeitsschutzrechtlich der Arbeitszeit i. S. des Art. 2 Nr. 1 RL 93/104/EG zuzuordnen ist (vgl. auch *BAG*, 18. 2. 2003 – 1 ABR 2/02, NZA 2003, 742 im Anschluss an *EuGH*, 3. 10. 2000, NZA 2000, 1227). Dem hat der deutsche Gesetzgeber per 1. 1. 2004 durch Änderung des ArbZG entsprochen (u. a. § 5 Abs. 3, § 7 Abs. 2 a, 4, 7, 8 und 9 ArbZG) und für tarifvertragliche und kirchliche Sonderregelungen eine Übergangsfrist bis zum 31. 12. 2005 eingeräumt (§ 25 ArbZG). **21**

Nicht der Zustimmungspflicht unterliegt die **Dauer der wöchentlichen Arbeitszeit.** Diese ist vorgegeben. Sie beruht entweder auf kollektiven Regelungen (Arbeitsvertragsordnungen auf Grund von KODA-Beschlüssen) oder auf einzelvertraglichen Vereinbarungen, die sich im Rahmen des ArbZG halten müssen. Der zeitliche Umfang der dem einzelnen Mitarbeiter wöchentlich obliegenden Verpflichtung zur Arbeitsleistung ist demnach zustimmungsfrei (*BAG*, 22. 6. 1993 – 1 ABR 62/92, DB 1994, 234; *BVerwG*, 4. 4. 1985, ZBR 1985, 283 = PersV 1987, 155). Das individuelle Interesse des Arbeitnehmers wird besonders geschützt, wenn er die werktägliche Arbeitszeit einschließlich Arbeitsbereitschaft und Bereitschaftsdienst über acht Stunden nicht akzeptieren will (§ 7 Abs. 7 ArbZG; vgl. auch ArbZRL 93/104/EG Art. 18 Abs. 1 Buchst. b). § 7 Abs. 8 ArbZG bestimmt, dass im Falle höherer werktäglicher Arbeitszeiten als acht Stunden (im Falle kirchlicher Regelung gemäß § 7 Abs. 4 ArbZG) die Arbeitszeit auf 48 Stunden wöchentlich im Durchschnitt auf 48 Stunden wöchentlich im Durchschnitt von 12 Kalendermonaten nicht überschreiten darf (§ 7 Abs. 8 S. 1 ArbZG). **22**

Zustimmungspflichtig ist die **Verteilung der vorgegebenen Arbeitszeit auf die einzelnen Wochentage** (*Schlichtungsstelle Limburg*, 13. 12. 1999 – 34/99). Bei dieser Verteilung ist also von der feststehenden Dauer der wöchentlichen Arbeitszeit auszugehen. Das Zustimmungsrecht erfasst zunächst, wenn keine **23**

§ 36

entsprechende kollektive Regelung besteht, die Verteilung dieser Arbeitszeit auf die einzelnen Wochentage und welche Arbeitsstunden an diesen Wochentagen konkret geleistet werden müssen (*Schlichtungsstelle Freiburg*, 18. 4. 2002 – 04/2002, ZMV 2002, 291). Auch die Frage, ob z. B. am Freitag einer Woche kürzer gearbeitet wird, unterliegt dem Zustimmungsrecht der MAV. Wird die werktägliche Arbeitszeit über zwölf Stunden hinaus verlängert, muss im unmittelbaren Anschluss an die Beendigung der Arbeitszeit eine Ruhezeit von mindestens elf Stunden gewährt werden (§ 7 Abs. 9 ArbZG).

24 Das Zustimmungsrecht erstreckt sich auch auf die Frage, ob die Arbeit zu festen Zeiten erbracht werden muss oder ob **gleitende Arbeitszeit** eingeführt wird. Die Modalitäten der Gleitzeitarbeit können nur mit Zustimmung der MAV geregelt werden, also z. B. die Festlegung der Kernarbeitszeit (Anwesenheitspflicht) und der Gleitzeitspanne (Dispositionsfreiheit des Mitarbeiters), der Aufbau eines Zeitkontos, die Verrechnung bzw. das Abfeiern der angesparten Zeiten. Soweit zur Zeiterfassung ein Zeiterfassungsgerät eingeführt wird, unterliegt dies der Zustimmung der MAV nach § 36 Abs. 1 Nr. 9.

25 Soll **Sonntagsarbeit** in gesetzlich zulässiger Weise (§§ 9–11 ArbZG) eingeführt werden, kann dies nur mit Zustimmung der MAV geschehen.

26 Beginn und Ende der täglichen Arbeitszeit sind zustimmungspflichtig (dazu exemplarisch: Kirchliches Amtsblatt Rottenburg-Stuttgart 2003 S. 362). Soweit in Schichten gearbeitet werden soll, erfasst das Zustimmungsrecht zunächst die Entscheidung, ob überhaupt in **Schicht** gearbeitet werden soll und wann jeweils die Schichten beginnen und enden sollen. Dann umfasst das Zustimmungsrecht sowohl die Aufstellung der einzelnen Schichtpläne wie eine Aufstellung allgemeiner Grundsätze für die Schichtarbeit. Bestehen solche allgemeinen Grundsätze, kann der Dienstgeber den einzelnen Schichtplan allein aufstellen (*BAG*, 18. 4. 1989 – 1 ABR 2/88, AP Nr. 34 zu § 87 BetrVG 1972 Arbeitszeit = DB 1989, 1926). Die Partner der Einrichtung sind demnach frei, ob sie jeden einzelnen Schichtplan zustimmungspflichtig halten oder nur eine generelle Regelung aller Fragen der Schichtarbeit einführen. Auf Schutzrechte schwerbehinderter Mitarbeiter ist Rücksicht zu nehmen (§ 124, § 81; § 81 Abs. 4 Nr. 4 SGB IX; *BAG*, 3. 12. 2002 – 9 AZR 462/01, ZTR 2003, 516). Wann die Arbeitszeit beginnt, wird zumeist in kollektiven Regelungen bestimmt, z. B. für Krankenhausdienste in § 15 BAT, Anlage 5 zu den AVR § 1 Abs. 9 = Beginn an der »Arbeitsstelle« – dazu *BAG*, 28. 7. 1994 – 6 AZR 220/94, AP Nr. 32 zu § 15 BAT = DB 1995, 434 (Beginn der Arbeitszeit einer in einem Krankenhaus beschäftigten Krankenschwester ist regelmäßig das Eintreffen auf der Krankenhausstation, auf der die Arbeitsleistung zu erbringen ist). Der **Ausfall von Schichten** bedarf der Zustimmung der MAV (*BAG*, 13. 7. 1977 – 1 AZR 336/75, AP Nr. 2 zu § 87 BetrVG 1972 Kurzarbeit = DB 1977, 2235; *BAG*, 18. 9. 2002 – 1 AZR 668/01, BB 2003, 740).

27 Das Zustimmungsrecht erstreckt sich auch auf die **Dauer und Lage der Pausen.** Pausen sind Unterbrechungen der Arbeitszeit, in denen der Mitarbeiter keine Arbeit leisten muss. Sie sind vom Dienstgeber zu verfügen, nachdem sie mit Zustimmung der MAV festgelegt sind. Der Dienstgeber kann nicht einer Gruppe von Arbeitnehmern überlassen, einvernehmlich die festgelegten Pausen abzunehmen. Für den Mitarbeiter muss im voraus feststehen, wann er die mit Zustimmung der MAV festgelegten Pausen abnehmen kann (*BAG*, 27. 2. 1992 – 6 AZR 78/90, AP Nr. 5 zu § 3 AZO Kr = DB 1992, 2247).

§ 36

a. Einzelfälle

Zustimmungspflichtig ist die Festlegung der Arbeitszeit von **Teilzeitbeschäf-** 28
tigten. Das Zustimmungsrecht umfasst hier die Lage der gegebenen wöchentlichen Arbeitszeit. Festlegung der Mindestdauer der täglichen Arbeitszeit, die Verteilung der Arbeitszeit auf die einzelnen Wochentage, Bestimmung arbeitsfreier Tage, die Entscheidung, ob die Teilzeitarbeit in Schichtarbeit geleistet werden kann (*BAG*, grundlegend 13. 10. 1987 – 1 ABR 10/86, AP Nr. 24 zu § 87 BewtrVG 1972 Arbeitszeit = DB 1988, 341), die vorübergehende Verlängerung der Arbeitszeit von Teilzeitbeschäftigten (*BAG*, 23. 7. 1996 – 1 ABR 13/96, AP Nr. 68 zu § 87 BetrVG 1972 Arbeitszeit = DB 1997, 378), die Festlegung, ob Teilzeitbeschäftigte zu festen Zeiten oder nach Bedarf (KAPOVAZ) arbeiten (*BAG*, 28. 9. 1988 – 1 ABR 41/87, AP Nr. 29 zu § 87 BetrVG 1972 Arbeitszeit = DB 1989, 1033).

Anordnung und Lage von **Mehrarbeit (Überstunden)**, auch wenn es sich um 29
eine einmalige Verlängerung der Arbeitszeit für eine Abteilung oder einzelne Mitarbeiter handelt (*OVG Nordrhein-Westfalen*, 29. 3. 1990 – CL 15/87), auch die Duldung von Überstunden und Entgegennahme der Bezahlung schließen das Zustimmungsrecht der MAV nicht aus (*BAG*, 27. 11. 1990 – 1 ABR 77/89, AP Nr. 41 zu § 87 BetrVG 1972 (Arbeitszeit) = DB 1991, 706; *Schlichtungsstelle Freiburg*, 18. 4. 2002 – 04/2002, ZMV 2002, 291).

Erfasst werden auch nur **vorübergehende Verkürzungen oder Verlängerungen** 30
der Arbeitszeit. Das Zustimmungsrecht bezieht sich dabei auf eine Verkürzung oder Verlängerung der regelmäßigen betriebsüblichen Arbeitszeit. Solche Regelungen sind unabdingbare Voraussetzungen für eine rechtmäßige kollektivrechtliche Verkürzung der Arbeitszeit bei einer beabsichtigten Einführung von Kurzarbeit. Der Dienstgeber kann ohne eine mit der MAV festgelegte Verkürzung der Arbeitszeit Kurzarbeit nicht wirksam einführen. Er bleibt dann aus Annahmeverzug (§ 615 BGB) zur Fortzahlung der vollen vereinbarten Vergütung verpflichtet (*BAG*, 12. 10. 1994 – 7 AZR 398/93, AP Nr. 66 zu § 87 BetrVG 1972 Arbeitszeit = DB 1995, 734).

Auch die Einführung und Modalitäten des so genannten »**Ansparmodells**« un- 31
terliegen der Zustimmung der MAV nach § 36 Abs. 1 Nr. 1: Hier geht es um die Problematik, was geschehen soll, wenn die Mitarbeiter einer Einrichtung in altem tariflichen Umfang zu den Arbeitszeiten weiterarbeiten, die jedoch durch eine neue kollektive Regelung verkürzt worden ist. Hier werden den Mitarbeitern Zeitguthaben gutgeschrieben, die bei einem dann festgelegten Umfang in einen Freizeitanspruch umgewandelt werden. Auch diese Modalitäten des Ansparmodells, vor allem die Gewährung der angesparten Freizeit, unterliegen der Zustimmungspflicht (ständige Entscheidung der *Schlichtungsstelle Köln*, 7. 5. 1990, MAVO 6/90, n. v.; *Schlichtungsstelle Paderborn*, 4. 7. 1990 – M AVO VI/89, n. v.; *Schlichtungsstelle Berlin*, 28. 6. 1989 – 5/89, n. v.).

b. Ausgenommener Mitarbeiterkreis nach § 36 Abs. 2

Nach § 36 Abs. 2 findet § 36 Abs. 1 **Nr. 1** keine Anwendung auf Mitarbeiter für 32
pastorale Dienste und religiöse Unterweisung, die zu ihrer Tätigkeit der ausdrücklichen bischöflichen Sendung oder Beauftragung bedürfen, sowie Mitarbeiter im liturgischen Dienst. Nur für **diesen Kreis** von Mitarbeitern ist das Zustimmungsrecht für die Regelung von Arbeitszeitfragen nach Nr. 1 ausgeschlossen. Der Ausschluss betrifft auch **nur** die Nr. 1, nicht die Nr. 2–11.

§ 36

33 Der Ausschluss der Nr. 1 für diese Mitarbeiter wird damit begründet, dass sie zum engeren bischöflichen Verantwortungskreis gehören, bei dem der Bischof wegen seiner Verantwortung für die Seelsorge in seiner Entscheidung nicht gebunden werden soll. Es gilt aber das Recht der Anhörung und Mitberatung gemäß § 29 Abs. 1 Nr. 2, § 32 Abs. 1 Nr. 2.

c. Ausnahmeregelung des § 36 Abs. 3

34 Muss für die ganze Einrichtung oder für einen Teil der Einrichtung die tägliche Arbeitszeit gemäß Abs. 1 Nr. 1 nach Erfordernissen, die die Einrichtung nicht voraussehen kann, unregelmäßig oder kurzfristig festgesetzt werden, ist die Beteiligung der MAV auf die Grundsätze für die Aufstellung von Dienstplänen, insbesondere die Anordnung von Arbeitsbereitschaft (und wohl auch Bereitschaftsdienst), Mehrarbeit und Überstunden beschränkt.

35 Diese Bestimmung entspricht in ihrem Wortlaut im wesentlichen § 75 Abs. 4 BPersVG, wobei die Regelung des § 36 Abs. 3 auf die ganze Einrichtung, nicht nur auf Teile von ihr ausgedehnt ist.

36 Sie hat zur Folge, dass das Zustimmungsrecht der MAV bei Beginn und Ende der Arbeitszeit beschränkt ist auf die Grundsätze für die Aufstellung von Dienstplänen, die insbesondere die Anordnung von Arbeitsbereitschaft, Bereitschaftsdienst, Mehrarbeit und Überstunden regeln.

37 Voraussetzung für diese Beschränkung ist:
– Die Einrichtung kann den Eintritt des Arbeitsanfalles nicht vorhersehen,
– die Arbeitsleistung muss entweder unregelmäßig anfallen oder
– die Arbeitsleistung muss kurzfristig festgesetzt werden.

38 Die Arbeiten müssen demnach so unregelmäßig anfallen, dass dies nicht vorauszusehen ist und eine kurzfristige Disposition für den Dienstgeber unerlässlich wird (*BVerwG*, 1. 6. 1987, ZBR 1987, 346 = PersV 1989, 255).

39 Liegen diese außergewöhnlichen Voraussetzungen vor, die der Dienstgeber vorzutragen und notfalls nachzuweisen hat, dann soll das dann noch bestehende, beschränkte Zustimmungsrecht der MAV sicherstellen, dass bei der konkret notwendigen Anordnung von Dienstbereitschaften, vorübergehender Mehrarbeit und Überstunden nach einheitlichen Gesichtspunkten verfahren wird. Dem Zustimmungsrecht der MAV unterliegt dann lediglich die zeitliche Lage, also die Bestimmung der Tage und der Tageszeiten, an denen Arbeitsbereitschaft, Bereitschaftsdienst, Mehrarbeit und Überstunden geleistet werden sollen, die vorher auf Grund der Ausnahmebestimmung des § 36 Abs. 3 vom Dienstgeber angeordnet worden sind. Dabei geht es nicht um Regelungen in Einzelfällen, sondern nur um generelle Regelungen dieser Fragen.

40 Ob die **Voraussetzungen** des § 36 Abs. 3 überhaupt **vorliegen**, kann die MAV als »sonstige mitarbeitervertretungsrechtliche Streitigkeit« nach § 41 Abs. 2 durch die Schlichtungsstelle überprüfen lassen.

2. Festlegung von Richtlinien zum Urlaubsplan und zur Urlaubsregelung (Nr. 2):

41 Zu unterscheiden ist zwischen dem individuellen Urlaubsanspruch der Mitarbeiter unter Berücksichtigung der gesetzlichen Bestimmungen für den **Jahresurlaub**, dem **Sonderurlaub** nach staatlichem und kirchlichem Recht und dem **Weiterbildungsurlaub** nach den Weiterbildungsgesetzen einiger Bundesländer (*BAG*, 28. 5. 2002 – 1 ABR 37/01, NZA 2003, 171) einerseits und der

§ 36

betrieblichen Umsetzung zur Erfüllung der Urlaubsansprüche andererseits; dazu gehört der **Urlaubsplan**. Nach der Vorschrift des § 36 Abs. 1 Nr. 2 geht es aber nicht um die Aufstellung eines Urlaubsplanes für die Einrichtung und auch nicht um die Entscheidung über die zeitliche Lage des Urlaubs eines Mitarbeiters, wenn zwischen ihm und dem Dienstgeber keine Einigung erzielt werden kann (so § 75 Abs. 3 Nr. 3 BPersVG, § 87 Abs. 1 Nr. 5 BetrVG).

§ 36 Abs. 1 Nr. 2 beschränkt das Zustimmungsrecht der MAV auf die Fest- 42 legung von Richtlinien zu Urlaubsplan und Urlaubsregelung; es geht um einen Ausgleich der Urlaubswünsche mit den betrieblichen Interessen an der Kontinuität des Betriebsablaufs. Solche Richtlinien können im Ergebnis nur die gesetzlichen Vorschriften über die Urlaubsgewährung nach dem BUrlG wiederholen, wenn sie nicht gegen gesetzliche Vorschriften verstoßen sollen. **Richtlinien für einen Urlaubsplan** können demnach nur das Verfahren betreffen, das der Gewährung von Urlaub durch den Dienstgeber vorgeschaltet ist. Dazu gehört die Auslegung der Urlaubsliste, die Dauer der Auslegung, der Zeitpunkt, bis zu dem Eintragungen zu erfolgen haben, Regelungen der Vertretung im Urlaub.

Richtlinien zur Urlaubsregelung können auf der Bestimmung des § 7 Abs. 1 43 und Abs. 2 BUrlG aufbauen, also auf dem Vorrang des Urlaubswunsches des Mitarbeiters, es sei denn, ihm stehen dringende betriebliche Belange oder Urlaubswünsche anderer Mitarbeiter entgegen, die aus sozialen Gründen den Vorzug verdienen (Urlaub in den Schulferien oder mit erholungsbedürftigen alten Eltern). Dass der Urlaub zusammenhängend zu gewähren ist, es sei denn dem widersprechen dringende betriebliche oder in der Person des Mitarbeiters liegende Gründe, ergibt sich aus § 7 Abs. 2 BUrlG. Bei der Teilung des Jahresurlaubes muss einer der Urlaubsteile mindestens 12 aufeinanderfolgende Werktage betragen (§ 7 Abs. 2 S. 2 BUrlG). Die MAV tut unter Umständen gut daran, für ihre Mitarbeiter keine von diesen bewährten gesetzlichen Urlaubsrichtlinien abweichende interne Richtlinien mit dem Dienstgeber zu vereinbaren. Das gilt auch für die Bestimmungen zur Gewährung des erwähnten Sonderurlaubs. Deshalb ist den Regelungen über den geteilten Urlaub Rechnung zu tragen und die Verteilung des Urlaubs innerhalb des Kalenderjahres, Regelungen über den Ausgleich paralleler Urlaubswünsche, über eine **Urlaubssperre** wegen erhöhten Arbeitsanfalls oder Regelungen der Urlaubsvertretung (*BAG*, 28. 5. 2002, a. a. O. m. N.) zu bestimmen.

Zu den zustimmungspflichtigen Angelegenheiten gehört hier auch die Einfüh- 44 rung von **Betriebsferien** in der Einrichtung (*Schlichtungsstelle Köln*, 12. 9. 1996 – MAVO 14/96, ZMV 1997, 37). Bei der Einführung von Betriebsferien, die rechtlich zulässig ist, hat der Dienstgeber eine umfassende Interessenabwägung vorzunehmen, die einerseits das durch die Art der Einrichtung bedingte Interesse des Dienstgebers gerade an der Einführung dieser Betriebsferien und andererseits die berechtigten Interessen der Mitarbeiter an der Gewährung des individuellen Urlaubs zum Gegenstand hat. Dabei ist davon auszugehen, dass die Betriebsferien nicht den gesamten Jahresurlaubsanspruch des Mitarbeiters erfassen dürfen. Ihm sollten noch 50% seines Urlaubs zur individuellen Abnahme bleiben. Die *Schlichtungsstelle Köln* hat entschieden, dass in einer Schwerbehinderteneinrichtung Betriebsferien während drei Wochen der Schulferien eine in diesem Sinne angemessene Lösung sind (siehe dazu auch *BAG*, 28. 7. 1981 – 1 ABR 79/79, AP Nr. 2 zu § 87 BetrVG 1972 Urlaub = DB 1981, 2621). Unter den Begriff der Betriebsferien fallen

§ 36

auch die für Tageseinrichtungen für Kinder verfügten so genannten **Schließzeiten**. Die Mitbestimmung der MAV erstreckt sich bei aufsichtsbehördlich verfügten Rahmenvorgaben (wie z. B. »sollen während der Sommerferien der Schulen mindestens drei Wochen und zwischen Heiligabend und Neujahr« erfolgen) auf die konkrete Umsetzung der Anordnung in der Einrichtung. Denn dem Dienstgeber ist ein zeitlicher Ermessensspielraum zur Festlegung der zeitlichen Lage der Schließungen, also die Möglichkeit zu einer Urlaubsregelung gegeben (*Schlichtungsstelle Limburg*, 13. 9. 1999 – 4/99). Ist aber in einer Arbeitsvertragsordnung bereits verfügt, bis wann die Schließzeiten festzulegen sind oder dass die Schließzeiten auf den Jahresurlaub anzurechnen sind, ist der Dienstgeber gebunden, so dass insoweit für die MAV kein Raum für ein Beteiligungsrecht besteht (*Schlichtungsstelle Limburg*, 13. 9. 1999 – 1/99). Entsprechendes gilt auch für den Bereich der **Schulen** auf Grund der für sie bestehenden **Ferienordnungen**, nach denen sich die Erfüllung der Urlaubsansprüche zu richten hat (vgl. z. B. § 12 Allg. Dienstordnung für Lehrer und Lehrerinnen, Schulleiter und Schulleiterinnen an öffentlichen Schulen – ADO – RdErl. d. Kultusministeriums NRW v. 20. 9. 1992, GABl. NW I S. 235 i. V. m. kirchlichen Dienstordnungen).

45 Umgekehrt kann der Dienstgeber auch eine dienstlich oder betrieblich bedingte **Urlaubssperre** anordnen. Die Anordnung fällt unter die Zustimmungspflicht der MAV, wobei es nicht darauf ankommt, ob die Urlaubssperre entweder unter den Begriff Richtlinie zur Urlaubsregelung oder Richtlinie zum Urlaubsplan fällt (*Schlichtungsstelle Limburg*, 10. 7. 1995 – 14/94). Die Urlaubssperre hat ihren Grund in dringenden betrieblichen Belangen, die unter sozialen Gesichtspunkten den Vorrang vor den Urlaubswünschen der Mitarbeiter verdienen (§ 7 Abs. 1 S. 1 BUrlG).

3. Planung und Durchführung von Veranstaltungen für Mitarbeiter (Nr. 3)

46 Veranstaltungen im Sinne der Vorschrift sind u. a. Betriebsausflüge, Betriebsfeste, Jubiläumsveranstaltungen, Vortragsveranstaltungen, Advent- oder Weihnachtsfeiern. Der Dienstgeber trifft selbst die Entscheidung, ob er überhaupt eine Veranstaltung zulassen und gegebenenfalls finanzieren will. Die MAV hat dazu kein Antragsrecht (*Schlichtungsstelle Freiburg*, 15. 1. 1993 – AZ 1991/7).

47 Der Dienstgeber bedarf aber der Zustimmung der MAV, wenn er Veranstaltungen jeglicher Art für Mitarbeiterinnen und Mitarbeiter zu planen und durchzuführen beabsichtigt. Die MAV hat dann ein Zustimmungsrecht zur Art und Weise, zum Zeitpunkt und Ort der Durchführung. Zur Planung der Veranstaltung gehört das Entwerfen, nämlich die konkrete Skizzierung von Maßnahmen oder ihre zeitliche Vorausbestimmung. Dabei kommt es dann auch noch auf die Durchführbarkeit an, insbesondere wenn ein **Betriebsausflug** während der Dienstzeit stattfinden soll. Sind die Bewohner eines Heimes für Behinderte betroffen, deren Versorgung voll zu gewährleisten ist, kann unter Umständen schon aus diesem Grund ein gemeinsamer Betriebsausflug undurchführbar werden. Wesentlich ist, welche Einzelheiten für oder gegen die Durchführbarkeit des Betriebsausfluges sprechen.

48 Zur Art und Weise der Veranstaltung gehört auch die Festlegung des Teilnehmerkreises, ob z. B. auch die in einer karitativen Einrichtung ehrenamtlichen Mitarbeiter an der Veranstaltung teilnehmen oder ehemalige Mitarbeiter, die

im Ruhestand leben. Die *Schlichtungsstelle Köln* hat nach dem Widerspruch der MAV gegen die Teilnahme der Ehrenamtlichen am Betriebsausflug auf Antrag des Dienstgebers die von der MAV verweigerte Zustimmung ersetzt (Beschluss vom 12. 9. 1996 – MAVO 12/96, ZMV 1997, 34).

Geht das Begehren der MAV auf volle Freistellung von der Arbeitspflicht am **49** Tage des Betriebsausfluges, so handelt es sich nicht um einen Anspruch mitarbeitervertretungsrechtlicher Art. Im Falle von Streitigkeiten zur Festlegung der Freistellung sind für den Fall bestehende Ansprüche Fragen des Individualarbeitsvertrages der Mitarbeiter berührt, so dass nicht die Schlichtungsstelle sondern das staatliche Arbeitsgericht für die Streitigkeit zuständig ist (*Schlichtungsstelle Köln*, 15. 2. 1995 – MAVO 17/94, ZMV 1995, 294).

Die Mitwirkungsrechte der Schwerbehindertenvertretung (§ 46) und der **50** Sprecher der Jugendlichen und Auszubildenden (§ 45) sowie des Vertrauensmannes der Zivildienstleistenden (§ 46 a) sind bei Planung und Durchführung von Veranstaltungen zu berücksichtigen.

4. Errichtung, Verwaltung und Auflösung sozialer Einrichtungen (Nr. 4)

Sozialeinrichtungen in diesem Sinne sind auf Dauer angelegte, institutionali- **51** sierte Einrichtungen, die der Dienstgeber entweder allein oder mit den Mitarbeitern der Einrichtung errichtet, um den Mitarbeitern in ihrer Gesamtheit oder einzelnen Gruppen soziale Vorteile zukommen zu lassen (*BAG*, zu der schwankenden Rechtsprechung zu diesem Begriff: 9. 12. 1980 – 1 ABR 80/77, AP Nr. 5 zu § 87 BetrVG 1972 Lohngestaltung = EzA § 87 BetrVG 1972 Betriebl. Lohngestaltung Nr. 1 = BB 1981, 7325; Klare Definition des Begriffes: *BVerwG*, 16. 9. 1977 – VII P 1/75, BVerwGE 54, 323 = ZBR 1978, 207).

Beispiele für Sozialeinrichtungen in diesem Sinne: Pensions- und Unterstüt- **52** zungskassen, Werksküchen, Kantinen (auch Cafeteria), Sportplätze, Erholungsheime, Büchereien, Kasse für Gewährung von zinsgünstigen Darlehen (so *BAG*, a. a. O.).

Keine Sozialeinrichtung: Betriebszeitungen, verbilligter Warenbezug, Essens- **53** geldzuschüsse, Abschluss günstiger Versicherungen. Soweit **Kostenzuschüsse** zu Kosten von **Essenmarken** gezahlt werden, hat die MAV kein Zustimmungsrecht, wenn der Dienstgeber ausschließlich die Höhe seines Zuschusses verringert (*BAG*, 15. 1. 1987 – 6 AZR 599/84, AP Nr. 21 zu § 75 BPersVG = EzA § 4 TVG Rundfunk Nr. 14 = DB 1987, 2315; vgl. dazu auch *OVG Nordrhein-Westfalen*, 31. 5. 1988 – CL 11/86, PersV 1991, 37 zur Frage der Erhöhung des Essenspreises in einer Kantine).

Unter dem Begriff »Sozialeinrichtung« fällt auch nicht die Gewährung eines **54** **freien** halben **Tages** anlässlich des Geburtstages (*Schlichtungsstelle Freiburg*, 9. 10. 1990 – MAVO 1990/5, n. v.) oder Namenstages.

Das Mitbestimmungsrecht der MAV – auch in Form eines Initiativrechtes **55** (§ 37 Abs. 1 Nr. 3, § 37 Rz 1) – besteht für die Errichtung, Verwaltung und Auflösung dieser sozialen Einrichtung.

Errichtung, die nach § 37 Abs. 2 (§ 37 Rz 14 f.) über die Schlichtungsstelle er- **56** reicht werden könnte, bedeutet den Errichtungsakt. Welche Rechtsform für die Sozialeinrichtung gewählt wird, unterliegt der Zustimmung der MAV.

Die MAV kann **nicht Träger** von Sozialeinrichtungen sein, auch nicht einer **57** Kantine, weil sie weder rechts- noch vermögensfähig ist (*BAG*, 24. 4. 1986 – 6 AZR 607/83, AP Nr. 7 zu § 87 BetrVG 1972 Sozialeinrichtung = DB 1986,

§ 36

2680). Die MAV kann allenfalls im Rahmen der ihr gesetzlich zugewiesenen Aufgaben berechtigt und verpflichtet werden, nicht aber als Rechtssubjekt außerhalb ihres gesetzlichen Wirkungskreises. Dazu gehört im Rahmen des § 36 Abs. 1 Nr. 4 **nicht** der selbstständige Betrieb einer Kantine durch die MAV mit allen Risiken.

58 Eine **bestimmte Dotierung** der errichteten sozialen Einrichtung kann im Wege des Zustimmungs- oder Antragsverfahrens nach § 37 nicht erzwungen werden. Der Dienstgeber ist bei der Entscheidung über Umfang und Zweck der für soziale Einrichtungen und ihre Leistungen zur Verfügung gestellten finanziellen Mittel frei (*BAG*, ständige Rechtsprechung, a. a. O., *BVerwG*, a. a. O.). Daran scheitert auch ein für die MAV günstiger Beschluss im Schlichtungsverfahren nach § 41 (siehe § 42 Rz 14 ff.). § 42 Abs. 2 S. 2 beschränkt nämlich die Bindung eines entsprechenden Beschlusses darauf, dass der Dienstgeber für die Maßnahme finanzielle Deckung in seinen Haushalts-, Wirtschafts- und Finanzierungsplänen ausgewiesen haben muss. Ein Errichtungsbeschluss der Schlichtungsstelle geht daher ins Leere, wenn der Dienstgeber nicht **vorher** den notwendigen Dotierungsrahmen zur Verfügung gestellt hat.

59 Die MAV kann aber bei der Errichtung generelle Grundsätze für die **Verwaltung** der Sozialeinrichtung durchsetzen. Sie kann zu erreichen versuchen, dass ein Mitglied der MAV in die Verwaltungsleitung der Sozialeinrichtung entsandt wird. Dabei ist unter **Verwaltung** eine ordnungsgemäße, ordnende oder gestaltende Tätigkeit innerhalb der Sozialeinrichtung zu verstehen. Die MAV wirkt aber auch bei einzelnen Verwaltungsmaßnahmen mit, also beispielsweise bei der Festsetzung von Essenspreisen in der Kantine, bei der Festsetzung der Öffnungszeiten einer Cafeteria zur ausreichend langen Zeit der Inanspruchnahme kostengünstiger Angebote (*Schlichtungsstelle Limburg*, 11. 11. 1999 – 25/97), bei der Aufstellung einer Hausordnung für ein Erholungsheim, eine Entleihordnung für eine Bücherei, Festlegung von Richtlinien für die Gewährung von Darlehen. Haben Dienstgeber und MAV eine allgemein geltende Regelung für die Verwaltung der Sozialeinrichtung geschaffen, entfällt die Mitbestimmung bei jeder Einzelmaßnahme. Die Verwaltungsspitze der Sozialeinrichtung entscheidet dann unter Zuhilfenahme der generell festgelegten Richtlinien die Einzelfälle. Aus dem Wort »Verwaltung« lässt sich aber nicht ableiten, dass die MAV bei Einzelmaßnahmen ihr Mitbestimmungsrecht verliert, wenn keine generelle Regelung mit dem Dienstgeber geschaffen worden ist.

60 Das Mitbestimmungsrecht erstreckt sich auch auf die **Auflösung** der Sozialeinrichtung. Sie kann damit ihre Auffassung in die Diskussion einbringen, ob die Sozialeinrichtung weiterbestehen soll oder nicht. Gibt sie ihre Zustimmung nicht, entscheidet die Schlichtungsstelle über die Auflösung der Sozialeinrichtung; (Entscheidung einer Rechtsfrage nach § 41 Abs. 2).

5. Inhalt von Personalfragebogen (Nr. 5)

a. Begriff

61 In jeder Einrichtung und Dienststelle eines Dienstgebers ist der Personalfragebogen unentbehrlich für die Personalwirtschaft. Zu den Personalfragebogen im Sinne der Vorschrift gehören

§ 36

- der zum Zwecke der Einstellung oder Anstellung verwendete Fragebogen des Dienstgebers zur Person des Bewerbers (auch Bewerberbogen genannt),
- der nach der Einstellung verwendete Ermittlungsbogen zur Feststellung erforderlicher Personaldaten für die Durchführung des Beschäftigungsverhältnisses, so etwa auch aus Mitarbeiterjahresgesprächen gewonnene und notierte Daten,
- der in Musterarbeitsverträgen befindliche Vorspann mit persönlichen Daten des Mitarbeiters, soweit das Vertragsformular nicht Bestandteil einer Arbeitsvertragsordnung (vgl. etwa Anlage 2 zur KAVO) ist,
- die formularmäßig zusammengefasste Zusammenstellung von Fragen, die der Dienstgeber mündlich durch seinen Personalbeauftragten nacheinander stellen und die Antworten des Bewerbers/Mitarbeiters jeweils selbst vermerken lässt,
- die Eingaben von Personalangaben über ein Datensichtgerät zur Datenverarbeitung in einem Datenträger (*Richardi/Thüsing*, BetrVG 8. Aufl. § 94 Rz 6).

Der Personalfragebogen ist also die **formularmäßige Zusammenfassung von** 62 **Fragen über die persönlichen Verhältnisse, Eignung, Kenntnisse und Fähigkeiten (Qualifikation) einer Person** (*BAG*, 21. 9. 1993 AP Nr. 4 zu § 94 BetrVG 1972 = NZA 1994 S. 375) nach einem vom Dienstgeber bestimmten und festgelegten Schema, um über sie als Mitarbeiter informiert zu werden (*BVerwG*, 26. 3. 1985 – 6 P 31/82, ZBR 1985 S. 174). Dabei spielt es keine Rolle, ob den Fragenkatalog eine Aufsichtsbehörde der kirchlichen Einrichtung oder eine Prüfungsbehörde zur Prüfung der Haushalts- und Wirtschaftsführung der Einrichtung zuleitet, um sie von den Mitarbeitern ausfüllen zu lassen (*BVerwG*, 2. 8. 1989 – 6 P S. 88, ZBR 1990 S. 52 = PersV 1990 S. 170).

Dem Mitbestimmungsrecht der MAV unterliegt der solchermaßen standardi- 63 sierte Fragenkatalog (**Checkliste**) gleichgültig, ob er zur Einstellung oder Anstellung oder von Mitarbeitern der Einrichtung wegen Änderungen in den persönlichen Verhältnissen oder aus anderen Gründen ausgefüllt werden soll. Das Mitbestimmungsrecht der MAV erstreckt sich also auch auf einzuführende oder zu verändernde Fragebogen zur Verwendung bei Mitarbeiterjahresgesprächen bzw. Personalentwicklungsgesprächen, in denen der Beschäftigte Angaben über sich und seine Arbeitsleistung und etwa erforderliche Fortbildung machen soll, ob er sich unter- oder überfordert fühlt (*LAG Köln*, 21. 4. 1997, NZA – RR 1997 S. 481).

b. Zulässiger Inhalt von Personalfragebogen

Die Betriebsvertretungsgesetze enthalten keinen Hinweis auf zulässige Fra- 64 gen. Es handelt sich um ein Problem, das nach individualrechtlichen Grundsätzen zu beurteilen ist (*Etzel*, NJW 1987 S. 2054, 2057). Bei der Entscheidung über die Zulässigkeit einer Frage ist einerseits das schutzwürdige Interesse des Mitarbeiters an seiner Individual- und Intimsphäre, andererseits das berechtigte Auskunftsbedürfnis des Dienstgebers hinsichtlich solcher Umstände zu berücksichtigen, die für die Tätigkeit der befragten Person in der Einrichtung von Bedeutung sind. Fragen folgenden Inhalts sind vor der Einstellung uneingeschränkt zulässig: Name, Vorname, Alter, Personenstand, Wohnort, Schulbildung, Berufsausbildung, Zeugnisse, bestandene Prüfungen, Staatsangehö-

§ 36

rigkeit, beruflicher Werdegang, letzte Arbeitsstelle, Konkurrentenklausel im letzten Arbeitsverhältnis, Religionszugehörigkeit (vgl. § 34 Rz 1 ff.; *Richardi*, Arbeitsrecht in der Kirche, § 6 Rz 9 f.).

65 Die Zulässigkeit der Frage nach der **Mitgliedschaft in einer Kirche** oder kirchlichen Gemeinschaft und dem **Austritt aus der Kirche** ergibt sich aus dem kirchlichen Selbstbestimmungsrecht (*BVerfGE* 70, 138; Art. 3 Abs. 4 GrO). Gefragt werden darf nach der Zugehörigkeit zur Scientologykirche (*LAG Berlin*, 11. 6. 1997 – 13 Sa 19/97, DB 1997 S. 2542). Daraus folgt dann auch das Recht zu Fragen mit Blick auf die Bereitschaft und Fähigkeit zur Einhaltung von **Loyalitätsobliegenheiten** (vgl. Art. 4 GrO), die für das eventuelle spätere Arbeitsverhältnis verbindlich gemacht werden dürfen (*BVerfGE* 70, 138; Art. 3 GrO). Dazu gehören aber auch Fragen zu Ehe, Familie, eingetragener Lebenspartnerschaft des Bewerbers oder Mitarbeiters (vgl. Richtlinien über persönliche Anforderungen an Diakone und Laien im pastoralen Dienst im Hinblick auf Ehe und Familie, in: Amtsblatt des Erzbistums Köln 1995 Nr. 297 S. 331; Authentische Interpretation des Bischofs von Limburg zur Grundordnung des kirchlichen Dienstes im Rahmen kirchlicher Arbeitsverhältnisse, Amtsblatt des Bistums Limburg 2002 Nr. 92 S. 71 aus Anlass der diesbezüglichen Erklärung des Ständigen Rates der Deutschen Bischofskonferenz vom 24. 6. 2002 in Würzburg; *Richardi*, Kirche und Arbeitsrecht, in: ZevKR 32. Bd. (1987) S. 628 ff.; *ders*.: Arbeitsrecht in der Kirche, § 6 Rz 4 ff.; Rz 20 ff.).

66 Nach Auffassung des *BAG* darf auf unzulässige Fragen wahrheitswidrig geantwortet werden (*BAG*, 15. 10. 1992 – 2 AZR 227/92, AR-Blattei ES 1220 Mutterschutz Nr. 98 mit Anmerkung von: Buchner). Zulässige Fragen sind wahrheitsgemäß zu beantworten (*BAG*, 2. 12. 1999 – 2 AZR 724/98, DB 2000, 1092). Die wahrheitswidrige Beantwortung einer zulässigerweise gestellten Frage rechtfertigt die Anfechtung eines – auch bereits in Vollzug befindlichen – Arbeitsvertrages wegen arglistiger Täuschung durch den Dienstgeber nach § 123 BGB. Die Anfechtung wirkt auflösend mit ihrem Zugang beim Mitarbeiter, steht aber einer Kündigung, die einen wirksam bestehenden Arbeitsvertrag voraussetzt, rechtlich nicht gleich, so dass eine Berufung auf Kündigungsschutzbestimmungen bei wirksamer Anfechtung nicht möglich ist.

c. Besondere Fragen

67 Interviews und **psychologische Tests** sind in den gesetzlichen Bestimmungen der Betriebsvertretung nicht berücksichtigt, obwohl sie vielfach an die Stelle einfacher Fragebogen treten. Deshalb ist das Interview ein vorgelesener Fragebogen, der Test ein nichtverbaler Fragebogen (*Hanau*, BB 1972 S. 451, 453). **Ärztliche Fragebogen** für Einstellungsuntersuchungen sind von den Personalfragebogen zu unterscheiden, weil die Formulierung dieser Fragebogen vom Weisungsrecht unabhängig ist und die darauf enthaltenen Antworten der ärztlichen Schweigepflicht unterliegen. Die Information ist auf die Auskunft über Geeignetheit oder Ungeeignetheit für den Arbeitsplatz beschränkt (*Kraft*, GK – BetrVG, Bd. II, 5. Aufl. § 94 Rz 12 m. N.).

68 Dasselbe gilt auch für psychologische Testverfahren, die nur von Fachpsychologen durchgeführt werden dürfen und die wie Ärzte der Schweigepflicht unterliegen und nur das wertende Ergebnis der Begutachtung dem Dienstgeber mitteilen dürfen (*Scholz*, NJW 1981 S. 1987).

§ 36

In vielen Fällen werden Bewerber um Angabe von **Referenzen**, also Veranlas- 69
sung von Auskünften Dritter zu ihrer Eignung gebeten. Es liegt an den Bewerbern, die Auskünfte zu ermöglichen.
Nach **Vorstrafen** darf gezielt nur gefragt werden, soweit sie für das Arbeitsver- 70
hältnis objektiv von Bedeutung sein können (*BAG*, 20. 5. 1999 – 2 AZR 320/98
EzA § 123 BGB Nr. 52), etwa bei Kassieren, Kraftfahrern, Jugendbetreuern,
wenn es um einschlägige Delikte geht, wie Vermögensdelikt, Verkehrsstraftat,
Sittlichkeitsdelikt usw. (*Fitting*, § 94 Rz 16). Der Bewerber darf sich als unbestraft bezeichnen (§ 51 BZRG), wenn, arbeitsplatzbezogene Vorstrafen im
Register nicht mehr (5 Jahre nach Verurteilung eingetragen oder in das Führungszeugnis nicht aufzunehmen sind (*LAG Berlin*, DB 1997, 101). Unter sehr
engen Voraussetzungen darf auch nach einem eingeleiteten Ermittlungsverfahren in einer Strafsache gefragt werden, wenn dies mit Rücksicht auf die
Art des zu besetzenden Arbeitsplatzes erforderlich ist (*BAG*, EzA § 123 BGB
Nr. 52).
Zulässig ist die Frage, ob **Lohn- oder Gehaltspfändungen** vorliegen, da mit 71
ihnen für den Arbeitgeber beträchtlicher Verwaltungsaufwand und haftungsrechtliche Risiken verbunden sind (*Richardi/Thüsing*, BetrVG, 8. Aufl., § 94
Rz 22; *Kraft*, a. a. O. § 94 Rz 24, sieht die Frage erst nach der Einstellung als
zulässig an). Die Frage nach dem Gesundheitszustand ist zulässig, sofern er
für den vorgesehenen Arbeitsplatz und die dort zu leistende Arbeit von Bedeutung ist. Dasselbe gilt für die Frage nach schweren oder chronischen
Krankheiten in jüngster Zeit, wenn diese Krankheiten noch Einfluss auf die
Erfüllung der Arbeitspflicht haben können (*Kraft*, a. a. O. § 94 Rz 20 m. N.).
Die **Schwerbehinderteneigenschaft** oder die Gleichstellung kann Bedeutung 72
für die Einstellungspflichtquote des Arbeitgebers in Betrieben ab 1. 1. 2001
zwanzig und mehr Arbeitnehmern (§ 71 SGB IX) haben. Deshalb ist sie wegen
des Rechtsstatus des Arbeitnehmers zulässig (*BAG*, 11. 11. 1993 – AP Nrn. 38,
40 zu § 123 BGB). Die unrichtige Beantwortung der Frage nach der Schwerbehinderteneigenschaft kann die Anfechtung des Arbeitsvertrages wegen arglistiger Täuschung nach § 123 BGB rechtfertigen (*BAG*, 3. 12. 1998 – 2 AZR
754/97, NZA 1999, 584). Dies setzt jedoch voraus, dass der Getäuschte sich auf
Grund der Täuschung in einem Irrtum befand. Von einem Irrtum kann aber
keine Rede sein, wenn die Behinderung offensichtlich war (*BAG*, 18. 10. 2000
– 2 AZR 380/99, Pressemitteilung, ZMV 2000, 285).
Eine Offenbarungspflicht des Bewerbers besteht vor Antritt einer verhängten 73
Freiheitsstrafe (*LAG Frankfurt/Main*, 7. 8. 1986 – 12 Sa 361/86, NZA 1987,
352).

d. Unzulässige Fragen

Die Frage nach bestehender **Schwangerschaft** ist nicht zulässig (*BAG*, 15. 10. 74
1992 – 2 AZR 227/92, AP Nr. 8 zu § 611 a BGB = DB 1993 S. 435), selbst wenn
die vorgesehene Tätigkeit im Falle der Schwangerschaft gar nicht ausgeübt
werden darf. Es geht nach der Rechtsprechung um die Vermeidung einer unzulässigen Benachteiligung wegen des Geschlechts; die Frage würde gegen das
Diskriminierungsverbot des § 611 a BGB verstoßen gleichgültig, ob sich nur
Frauen oder Frauen und Männer um den Arbeitsplatz bewerben (*EuGH*,
4. 10. 2001, DB 2001; 2451 mit Anmerkung *Thüsing/Lambrich*, BB 2002,
1146 ff.) Ein Verstoß gegen das Diskriminierungsverbot liegt nach Ansicht

des *EuGH* (3. 2. 2000 – Rs. C 207/98, DB 2000, 380) vor bei erklärter Nichtigkeit wegen Anfechtung eines unbefristeten Arbeitsvertrages, der während einer Schwangerschaft wegen eines Beschäftigungsverbotes nicht erfüllt werden kann (vgl. auch: *EuGH*, 5. 5. 1994, NZA 1994, 609 f.). Steht die Schwangere im Arbeitsverhältnis, soll sie dem Dienstgeber über ihre Schwangerschaft gemäß § 5 MuSchG Mitteilung machen, damit der Dienstgeber in der Lage ist, die Bestimmungen des Mutterschutzes einzuhalten.

75 Unzulässig sind Fragen nach **Partei- und Gewerkschaftszugehörigkeit**, u. a. weil der Dienstgeber nicht tarifgebunden ist (Art. 7 Abs. 2 GrO). Politische Aktivitäten fallen in den privaten Bereich, soweit sie nicht gegen Loyalitätsobliegenheiten gerichtet sind (Art. 4 Abs. 4 GrO).

76 Allgemeine **Intelligenztests**, die Erstellung von Persönlichkeitsprofilen, Stressinterviews sowie Genomanalysen sind generell unzulässig. Psychologische Tests müssen sich auf solche Eigenschaften beschränken, die für die in Aussicht genommene Tätigkeit von Bedeutung sind (*ErfK-Wank*, § 28 BDSG Rz 7).

77 Fragen nach der früheren Vergütung (Vergütungsgruppe) sind nur zulässig, wenn dies für das neue Arbeitsverhältnis mit Rücksicht auf Bewährungs- oder Zeitaufstiegszeiten von Bedeutung ist (vgl. § 21 a Abs. 5 KAVO).

e. Datenschutz

78 Die Erhebung der Personaldaten durch Ausfüllung des Personalbogens und andere Methoden fällt unter den Datenschutz ebenso wie Speicherung und Datenverarbeitung. Es dürfen keine Daten erhoben werden, die für die Erfüllung der Aufgaben der erhebenden Stelle nicht erforderlich sind (§ 9 Abs. 1 KDO). Die Erhebung der Daten ist beim Betroffenen durchzuführen (§ 9 Abs. 2.1 KDO; *Fachet*, Datenschutz in der katholischen Kirche, 3.1 – KDO § 9 Rz 2.4; 3.1).

f. Mitbestimmung

79 Die MAV hat kein Recht, die Einführung und Verwendung von Personalbogen zu beantragen oder zu verhindern. Ihr Mitbestimmungsrecht ist auf die Zustimmung zu den Inhalten des Fragebogens beschränkt, was die Einführung von Personalbogen voraussetzt. Die MAV kann aber gemäß § 37 Abs. 1 Nr. 5 Initiativen zur inhaltlichen Gestaltung ergreifen, also auch zu Änderungen aktiv werden. Personalfragebogen, die ausschließlich für **Mitarbeiter und Mitarbeiterinnen in leitender Stellung** i. S. des § 3 Abs. 2 bestimmt sind, unterliegen dem Mitbestimmungsrecht der MAV nicht, weil dieser Personenkreis aus dem Mitarbeiterbegriff im Sinne des § 3 Abs. 1 S. 1 ausgeklammert ist. Das Mitbestimmungsrecht der MAV hat den Sinn, unzulässige Fragen zu verhindern und zulässige Fragen zu fördern.

80 Die Zustimmung der MAV zu Fragen im Personalfragebogen begründet ihre Zulässigkeit nur im Rahmen der generellen Grenzen des Fragerechts des Dienstgebers. Das Mitbestimmungsrecht der MAV dient vornehmlich dem **Schutz der Persönlichkeitssphäre der Mitarbeiterinnen und Mitarbeiter** (*Richardi/Thüsing*, BetrVG 8. Aufl. § 94 Rz 32 m. N.).

81 Die MAV kann die Zustimmung zur Anwendung von bestimmten Testtypen und einzelnen Tests verweigern, wenn diese nicht der Ermittlung arbeitsplatzrelevanter Eigenschaften und Fähigkeiten der Testperson dienen oder massiv

§ 36

deren verfassungsrechtlich geschützte Privatsphäre verletzen. Das Mitbestimmungsrecht bezieht sich auch auf den **Verwendungszweck** der mittels Fragebogen ermittelten Angaben (*Jedzig*, DB 1996, 1337, 1340 unter Hinweis auf *BAG*, 21. 9. 1993 – 1 ABR 28/93, DB 1994, 480 ff. = NZA 1994, 375 ff.). Für die Anwendung der Vorschrift des § 36 Abs. 1 Nr. 5 ist es unerheblich, ob vorformulierte Fragen in Worten ausgedrückt oder in Testform gestellt werden (*Hanau*, BB 1972, 453).

Die Erhebung von Personaldaten ist unzulässig, wenn der Dienstgeber Mitbestimmungsrechte der MAV übergeht (siehe auch § 36 Abs. 1 Nr. 9). Denn die Beachtung von Beteiligungsrechten der MAV ist Wirksamkeits- und Rechtmäßigkeitsvoraussetzung der einzelnen Datenerhebungs- und Datenverarbeitungsmaßnahme. Allerdings ist die überdehnte – auch mit Billigung der MAV erfolgte – in die Intimsphäre tief eindringende Datenerhebung unzulässig. 82

Das Zustimmungsverfahren ist gemäß § 33 durchzuführen. Will die MAV einen Antrag zu Inhalten des Fragebogens einbringen, also Ergänzungen, Änderungen, Streichungen vornehmen lassen, hat sie dieses Recht gemäß § 37 Abs. 1 Nr. 5 i. V. m. Abs. 3. Kommt keine Einigung über den Inhalt des Personalfragebogens zustande, entscheidet auf Antrag eines der Beteiligten, der mit seinen Vorstellungen nicht durchgedrungen ist, die **Schlichtungsstelle**. (§ 41 Abs. 1 Nr. 6), deren Entscheidung die fehlende Einigung zwischen Dienstgeber und MAV ersetzt (§ 42 Abs. 2 S. 1). Hierbei kann es um Regelungs- und Rechtsfragen gehen. 83

g. Beurteilungen

Nicht zu den Personalfragebogen gehören schriftliche Beurteilungen der Mitarbeiter etwa zu Arbeitseinsatz, Sorgfalt und Qualität der Arbeitsleistung, Zusammenarbeit mit Vorgesetzten und Mitarbeitern durch den Dienstgeber. Durch die MAVO ist eine sachliche Abgrenzung erfolgt. Die Mitbestimmung bei der Aufstellung von Beurteilungsrichtlinien ist in § 36 Abs. 1 Nr. 6 geregelt, die Erhebung von Daten über Verhalten und Leistung des Mitarbeiters hat ihren Mitbestimmungstatbestand in § 36 Abs. 1 Nr. 9. 84

6. Aufstellung von Beurteilungsrichtlinien (Nr. 6)

Beurteilungsrichtlinien sind allgemeine Grundsätze, nach denen der Dienstgeber die Beurteilung seiner Mitarbeiter in persönlicher und fachlicher Hinsicht vornimmt. Sie beziehen sich sowohl auf die **materiellen Grundsätze der Beurteilung** (Beurteilung des Arbeitseinsatzes, der Sorgfalt, der Qualität der Arbeitsleistung, Zusammenarbeit mit Vorgesetzten und Mitarbeitern), aber auch das **Verfahren der Beurteilung** (wer beurteilt, wie wird die Beurteilung dem Mitarbeiter zur Kenntnis gebracht, welche Einspruchsmöglichkeiten hat er, wie sind die zeitlichen Abstände der Beurteilung). 85

Beteiligungsfähig ist nur die Aufstellung allgemeiner Grundsätze für die Beurteilung, nicht die Anwendung der Beurteilungsgrundsätze im konkreten Fall auf einen einzelnen Mitarbeiter (*BVerwG*, 15. 2. 1980 – 6 P 84.78, ZBR 1981, 71 = PersV 1980, 241). Allerdings unterliegt § 36 Abs. 1 Nr. 6 auch die Festsetzung von generellen Beurteilungsdurchschnittswerten in diesen Beurteilungsrichtlinien (*Hess. VGH*, 24. 5. 1989 – 1 UE 1270/84, PersV 1990, 491). Die Erstellung von **Beurteilungsrichtlinien** unterliegt auch der Anhörung und Mitbera- 86

§ 36

tung durch die MAV, wenn die betroffenen Mitarbeiter als **Gemeinde- und Pastoralreferenten** beschäftigt werden. Auch nach den Rahmenstatuten der Deutschen Bischofskonferenz für Gemeinde- und Pastoralreferenten sind diese Personen Mitarbeiter im Sinne des § 3 MAVO. Dieses Recht auf Anhörung und Mitberatung steht einer bestehenden eigenen MAV für Gemeinde- und Pastoralreferenten zu (vgl. § 23).

7. Richtlinien für die Gewährung von Unterstützungen, Vorschüssen, Darlehen und entsprechenden sozialen Zuwendungen (Nr. 7)

87 Die in Nr. 7 genannten Leistungen an Mitarbeiter werden ohne eine rechtliche Verpflichtung des Dienstgebers **aus sozialen Gründen** oder zur Erleichterung einer individuellen Notlage gewährt. Ein Rechtsanspruch darauf besteht nicht. Die MAV wird also an Ermessensentscheidungen des Dienstgebers beteiligt, denen sie ihre Zustimmung geben muss. Nicht erfasst werden Leistungen des Dienstgebers, zu denen er rechtlich verpflichtet ist (z. B. Beihilfen jeder Art). Positiv geht es um:

88 **Unterstützungen** = Zuwendungen des Dienstgebers zur Vermeidung/Erleichterung einer individuellen Notlage des Mitarbeiters.
Vorschüsse = Gewährung einer Geldleistung im Vorgriff auf das Arbeitsentgelt, um Ausgaben, die durch besondere Umstände (Heirat, Umzug, Todesfall usw.) entstanden sind, abzudecken, weil sie der Mitarbeiter aus seinen laufenden Einkünften nicht bestreiten kann.

89 **Darlehen** = Geldleistungen für einen genau bestimmten Zweck unter Vereinbarung der ratenweisen Rückzahlung (mit und ohne Zinsen) (z. B. Familienheimdarlehen).

90 **Zuschüsse** des Dienstgebers zu **Fahrtkosten zwischen Arbeitsort und Wohnung** fallen nicht unter § 36 Nr. 7. Sie sind keine »entsprechende soziale Zuwendung«. Als soziale Zuwendung sind nur anzusehen die Leistungen des Dienstgebers, die
– durch eine typische Beschränkung auf vorhandene Haushaltsmittel gekennzeichnet sind und
– ausschließlich sozialen Charakter haben (*BVerwG*, 12. 7. 1968 – VII P 10/67, ZBR 1968, 284).
Zuschüsse zu den Fahrtkosten sind Teil der materiellen Arbeitsbedingungen. Sie haben eine vertragliche Grundlage. Daher ist die Gewährung wie die Kürzung oder Entziehung von Fahrtkostenzuschüssen dem materiellen Arbeitsrecht zuzuordnen, also kein Mitbestimmungstatbestand des § 36 Nr. 7. Sie können daher auch nur durch eine vertragliche Vereinbarung oder eine Änderungskündigung gekürzt oder entzogen werden. Diese Maßnahmen des Dienstgebers sind – falls sie durch eine Änderungskündigung erfolgen – gerichtlich vor den Arbeitsgerichten nach §§ 2, 4 KSchG überprüfbar (so im Ergebnis auch *Schlichtungsstelle Limburg*, 10. 12. 1990 – MAVO 11/90, n. v.).

91 Entscheidend für die Einordnung einer der genannten Zuwendungen ist ihr **sozialer Charakter.** Das ist zweifelhaft bei **Anschaffungsdarlehen für Kraftfahrzeuge**, auch wenn es sich um anerkannt privateigene Fahrzeuge im Sinne der Reisekostenbestimmungen handelt (*Schlichtungsstelle Limburg*, 20. 8. 1990 – MAVO 2/90, n. v.). Aus Reisekostenbestimmungen (vgl. § 6 Abs. 3 der Anlage 15 zur KAVO) ergibt sich ein Anspruch des Mitarbeiters auf Gewährung eines Darlehens zur Anschaffung eines privateigenen PKW, wenn der

§ 36

Mitarbeiter mit dem PKW aus dienstlichen Gründen Fahrten zu erledigen hat, um seinen Dienstobliegenheiten gerecht zu werden. Durch die Arbeitsvertragsordnung, welche KODA-Materie ist, wird die MAV wegen der Sperrenregelung im Einleitungssatz des § 36 abs. 1 MAVO insoweit von der Mitbestimmung auch ausgeschlossen.

8. Durchführung der Ausbildung, soweit sie nicht durch Rechtsnormen oder den Ausbildungsvertrag geregelt ist (Nr. 8)

Zu unterscheiden ist zwischen betrieblicher Ausbildung einerseits und Rechts- 92 vorschriften sowie Ausbildungsvertrag andererseits. Beruhen Ausbildungsmaßnahmen auf staatlichen oder kirchlichen Rechtsvorschriften oder einem Ausbildungsvertrag, ist das Zustimmungsrecht der MAV nicht gegeben. Eine Berufsausbildung, die in systematischen Ausbildungsverträgen mit Mitarbeitern festgelegt ist (Erstausbildung) oder gesetzlich nach dem BBiG geregelt ist, ist keine Angelegenheit des Mitbestimmungsrechts. Folglich sind Ausbildungsmaßnahmen, die generell für einen bestimmten Kreis von Mitarbeitern und Mitarbeiterinnen über den Bereich des örtlichen Dienstgebers hinaus durchgeführt werden sollen, kein Gegenstand der Mitbestimmung der MAV. Das gilt u. a. für den Beruf der Gemeinde- und Pastoralreferenten bis zur Ablegung der zweiten Dienstprüfung nach Maßgabe des Rahmenstatuts und der Rahmenordnungen der Deutschen Bischofskonferenz und der diözesanen Ordnungen über den Dienst der Gemeinde- und Pastoralreferenten und die zweite Dienstprüfung für diese Personengruppe. Fortbildungsmaßnahmen nach der zweiten Dienstprüfung unterliegen der Mitbestimmung nicht, wenn sie kirchengesetzlich geregelt sind oder die Maßnahme nicht betrieblich durchgeführt wird. Insoweit besteht auch kein Antragsrecht der MAV gemäß § 37 Abs. 1 Nr. 8.

Das Zustimmungsrecht ist beschränkt auf Ausbildungsmaßnahmen bei der 93 Einrichtung, für die die MAV gewählt wurde. Damit geht es bei diesem Zustimmungstatbestand um die Vermittlung einer Grundbildung, gezielt für die in der kirchlichen Einrichtung beschäftigten Mitarbeiter. Entschließt sich der Dienstgeber, die bei ihm tätigen Mitarbeiter für ihre besonderen Aufgaben in seiner Einrichtung auszubilden, so bedarf er der Zustimmung der MAV über das angestrebte Ausbildungsziel und die Ausbildungsinhalte. Das Zustimmungsrecht erstreckt sich auch auf Regeln, wie die Ausbildung in der Einrichtung abgewickelt wird, also in welcher Reihenfolge die einzelnen Abteilungen ihre Ausbildung erfahren, wer mit der Ausbildung beauftragt wird, auch wie diese Ausbilder von ihrer beruflichen Tätigkeit freigestellt werden. Zu Vortragsveranstaltungen: § 36 Abs. 1 Nr. 3

9. Einführung und Anwendung technischer Einrichtungen, die dazu bestimmt sind, das Verhalten oder die Leistung der Mitarbeiter zu überwachen (Nr. 9)

Diese Vorschrift dient dem Persönlichkeitsschutz des einzelnen Mitarbeiters 94 gegen anonyme Kontrolleinrichtungen, die in den persönlichen Bereich des Mitarbeiters eingreifen. Das Mitbestimmungsrecht der MAV ist dabei in der Form eines **präventiven Schutzes** (bei der »Einführung«) ausgebaut, um von vornherein der MAV die Möglichkeit und die Macht zu geben, unzulässige Eingriffe in den Persönlichkeitsbereich der Mitarbeiter abzuwehren und zu

§ 36

verhindern. Soweit solche Eingriffe überhaupt rechtlich zulässig sind, sollen sie auf das **unbedingt Notwendige** beschränkt werden.

95 Vom Mitbestimmungsrecht werden **alle technischen Einrichtungen** erfasst, die geeignet und dazu bestimmt sind, das Verhalten oder/und die Leistung der Mitarbeiter zu überwachen. »**Überwachung**« und »**Kontrolle**« sind nach allgemeinem Sprachgebrauch **verwandte Begriffe.**

96 Die Überwachung muss sich auf die **Leistung** und/oder das **Verhalten** der Mitarbeiter beziehen.

97 Die maschinelle Erfassung von Personalstammdaten – z. B. Name, Anschrift, Personenstand, Kinderzahl, Steuerklasse, Tarifgruppe, Ausbildung, Vorbeschäftigung, Gesundheitsdaten, Schwerbehinderteneigenschaft – begründet kein Mitbestimmungsrecht nach Nr. 9.

98 Die Überwachung muss durch eine **technische Einrichtung** erfolgen. Die **Überwachung durch Personen** unterliegt nicht dem Mitbestimmungsrecht. Auch Anordnungen des Dienstgebers, Tätigkeitsberichte zu erstellen, Arbeitsbelege, Aufzeichnungen über geleistete Überstunden zu fertigen, sind nicht mitbestimmungspflichtig (*BAG*, ständige Rechtsprechung, 24. 11. 1981 – 1 ABR 108/79, AP Nr. 3 zu § 87 BetrVG 1972 Ordnung des Betriebes = EzA § 87 BetrVG 1972 Betriebliche Ordnung Nr. 7 = BB 1982, 1421). Es ist deshalb nicht zutreffend, wenn schon herkömmliche Schreibgeräte, mit deren Hilfe der Mitarbeiter bestimmte Daten auf Anordnung des Dienstgebers auf Papier festzuhalten hat, als »technische Einrichtungen« im Sinne der Ziffer 9 angesehen werden (*BAG*, 24. 11. 1981, a. a. O.). Wenn allerdings solche Daten in ein automatisiertes Personalinformationssystem eingegeben <u>und</u> ausgewertet werden, besteht ein Mitbestimmungsrecht (*BAG*, 11. 3. 1986 – 1 ABR 12/84, BB 1986, 1292). Entscheidend ist für das Mitbestimmungsrecht, ob der Dienstgeber die von ihm angeordneten Aufzeichnungen in einem solchen System speichert und als leistungs- und verhaltensbezogene Daten der Mitarbeiter auswerten kann.

99 Nicht erforderlich ist, dass die technische Einrichtung **ausschließlich** oder **überwiegend zur Überwachung** eingesetzt wird. Das könnte zwar aus der Wortfolge »bestimmt ist« gefolgert werden. Jedoch ist insoweit diese Formulierung die gleiche wie in § 87 Abs. 1 Ziffer 6 BetrVG 1972 und § 75 Abs. 3 Ziffer 17 BPersVG. Die zu diesen gesetzlichen Regelungen von staatlichen Gerichten ergangene Rechtsprechung kann daher auch zur Auslegung des § 36 Abs. 1 Nr. 9 herangezogen werden. Es entspricht aber der ständigen Rechtsprechung des Bundesarbeitsgerichtes als auch der ständigen Rechtsprechung des Bundesverwaltungsgerichtes zu den genannten gesetzlichen Bestimmungen, dass es für die Ausübung des Mitbestimmungsrechtes nicht darauf ankommt, ob der Arbeitgeber die Absicht hat, Verhaltens- oder Leistungskontrollen auszuüben, sondern entscheidend ist die **objektive Eignung** einer solchen Anlage zu solchen Kontrollen (*BAG*, 23. 4. 1985 – 1 ABR 2/82, AP Nr. 12 zu § 87 BetrVG 1972 Überwachung = EzA § 87 BetrVG 1972 Kontrolleinrichtung Nr. 13 = DB 1985, 1989; *BVerwG*, 31. 8. 1988 – 6 P 35.85, AP Nr. 25 zu § 75 BPersVG = ZBR 1989, 14 = PersV 1989, 216). Es besteht daher kein Anlass, von dieser auch in der Literatur gebilligten Auslegung der Wortfolge bestimmt ist« für die wortgleiche Fassung des § 36 Abs. 1 Nr. 9 abzuweichen (so *Schlichtungsstelle Köln*, 16. 5. 1991 – MAVO 3/91, ZMV 1992, 244). Sie findet ihre Begründung darin, dass das Mitbestimmungsrecht der MAV,

§ 36

folgte man dieser Auffassung nicht, allein von subjektiven Vorstellungen und Absichten des Dienstgehers abhängig wäre.
Es genügt die objektive und unmittelbare Eignung der technischen Einrich- 100
tung zur Überwachung auf Grund ihrer technischen Konstruktion. Die Zusicherung des Dienstgebers, einen bestimmten Teil des Programms nicht zu benutzen, hat keinen Einfluss auf das Mitbestimmungsrecht der MAV.
Solche **technischen Einrichtungen** können sein: Optische, akustische und 101
sonstige **Kontrollgeräte** (Film- und Videogeräte, Fernsehkameras, Monitoren), **Fahrtenschreiber** in Kraftfahrzeugen, Installierung von **Mikrophonen**, **Bandaufnahmen** von Gesprächen oder Ferngesprächen, **Stechuhren** und sonstige automatische **Zeiterfassungsgeräte**, automatische **Telefondaten-** und **Telefongebührengeräte**, **Bildschirmgeräte**, die mit einem Rechnersystem so verbunden sind, dass die Tätigkeiten der sie bedienenden Mitarbeiter festgehalten und ausgewertet werden können, **Videoaufzeichnungsanlagen** (dazu: *Tinnefeld/Viethen*, NZA 2003, 468, 471 f.).
Auch eine zur verdeckten Beobachtung von Mitarbeitern am Arbeitsplatz ein- 102
gesetzte **Betriebsfernsehanlage (Videoanlage)** ist dann eine zur Überwachung des Verhaltens und der Leistung der Mitarbeiter bestimmte technische Einrichtung, wenn ihr Einsatz nur der Aufklärung von Unregelmäßigkeiten dient und sie keine reproduzierbaren Aufzeichnungen herstellt (*BVerwG*, 31. 8. 1988 – 6 P 35.85, AP Nr. 25 zu § 75 BPersVG = ZBR 1989, 14 = PersV 1989, 216 = NJW 1989, 848). Auch ein **rechnergesteuertes Zugangssystem**, das bei jedem Zutritt Ort, Zeit und Nummer der benutzten Karte aufzeichnet, ist dazu bestimmt, das Verhalten der Mitarbeiter zu überwachen (*OVG Hamburg*, 4. 7. 1988 – Bs PB 11/87, PersV 1990, 269).
Zur **Telefonerfassung** hat das *BAG* (27. 5. 1986 – 1 ABR 48/84, AP Nr. 15 zu 103
§ 87 BetrVG 1972 Überwachung = EzA § 87 BetrVG Kontrolleinrichtung Nr. 16 = DB 1986, 1287) entschieden, dass der Dienstgeber in einer Dienstvereinbarung mit der MAV wirksam eine Telefondatenerfassung mit Zielnummer und Dauer der Gespräche vereinbaren kann bei **Dienstgesprächen** und **Privatgesprächen mit dienstlichem Anlass**. Die Dienstvereinbarung kann bei erlaubten Privatgesprächen eines Mitarbeiters jedoch nur die Erfassung des Zeitpunktes und der Dauer des Gespräches festlegen. Unzulässig ist eine Dienstvereinbarung auch für die Telefondatenerfassung für Dienstgespräche und Privatgespräche aus dienstlichem Anlass, wenn die Art der Arbeitsleistung des Mitarbeiters absolute Vertraulichkeit auch der von ihm geführten Telefongespräche voraussetzt (Bejaht für einen Diplompsychologen in einer Beratungsstelle für Erwachsene, Kinder und Jugendliche eines Landkreises; *BAG*, 13. 1. 1987 – 1 AZR 267/85, AP Nr. 3 zu § 23 BDSG = EzA § 87 BetrVG Kontrolleinrichtung Nr. 17 = DB 1987, 339).
Das Mitbestimmungsrecht besteht bei der **Einführung**, also bei der Gesamt- 104
heit aller Maßnahmen, die die geplante Anwendung schon vorbereiten. Einführung ist also nicht die erstmalige **Anwendung** einer bereits voll installierten technischen Einrichtung (*Schlichtungsstelle Limburg*, 13. 2. 2000 – 25/99).
Das Mitbestimmungsrecht erstreckt sich sodann auf die **Anwendung** der tech- 105
nischen Einrichtung, also die allgemeine Handhabung der Kontrolleinrichtung: Festlegung der Art und Weise ihrer Verwendung, Zeiten der Einschaltung, inhaltliche Gestaltung des Speicherungsprogramms und seiner Verwendung, Festlegung des Verwendungszweckes der gespeicherten Leistungs- und Verhaltensdaten. Die **Zielrichtung der Mitbestimmung der MAV**

muss sein, mögliche Gefahren der Persönlichkeitssphäre der Mitarbeiter durch Eingriffsmöglichkeiten anonymer technischer Einrichtungen einzudämmen oder doch zumindest auf das betrieblich unerlässliche Maß zu beschränken.

106 Führt der Dienstgeber technische Überwachungseinrichtungen **unter völliger Umgehung** des Zustimmungsrechtes der MAV oder unter **Nichtbeachtung des Zustimmungsverfahrens** des § 33 ein, so kann die MAV im Rahmen des von ihr einzuleitenden Schlichtungsverfahrens nach § 41 Abs. 1 Nr. 5 die Beseitigung der Anlage fordern. Sie kann nach § 41 Abs. 2 auf weitere Unterlassung der Verwendung klagen (§ 36 Rz 8 f.). Notfalls ist eine vorläufige Maßnahme nach der Schlichtungsverfahrensordnung (z. B. § 9 SchliVerfO Erzdiözese Köln) geboten, die die MAV beantragen kann.

107 Dieser Anspruch auf Beseitigung rechtswidriger Anlagen oder Aufzeichnungen mit diesen Anlagen beruht auf dem allgemeinen Rechtsgrundsatz der §§ 862 Abs. 1 Satz 2, 1004 Abs. 1 Satz 2 BGB (Störung des Besitzes und des Eigentums einer Person). Danach hat die in ihren absoluten Rechten verletzte Person einen Anspruch gegen den Verletzer (Störer) auf Beseitigung dieser Beeinträchtigung. Dieser in den beiden genannten gesetzlichen Bestimmungen enthaltene Grundgedanke wird längst generell auf die Verletzung anderer absoluter Rechte und bloßer Rechtsgüter ausgedehnt (dazu die Übersicht bei *Palandt-Bassenge*, BGB, 62. Auflage, § 1004 Rz 2). Es gibt keinen Grund, diesen Schutz nicht auch der MAV hinsichtlich der ihr eingeräumten Mitbestimmungsrechte zu gewähren (so *LAG Hamm* DB 1980, 1336; *LAG Berlin*, LAGE § 87 BetrVG Kontrolleinrichtung Nr. 8; *Schlichtungsstelle Köln*, 16. 5. 1991 – MAVO 3/91, ZMV 1992, 244).

108 Mitarbeiter können bei nicht ordnungsgemäßer, ohne Zustimmung der MAV erfolgter Einrichtung der technischen Kontrolleinrichtungen ihre Arbeitsleistung verweigern, ohne dass ihnen arbeitsvertragliche Konsequenzen drohen (keine Kündigungsmöglichkeit wegen beharrlicher Arbeitsverweigerung, keine Lohnkürzung). Die Arbeitsanordnung des Dienstgebers ist in diesem Falle nicht rechtmäßig.

10. Maßnahmen zur Verhütung von Dienst- und Arbeitsunfällen und sonstigen Gesundheitsschädigungen (Nr. 10)

109 Das Zustimmungsrecht der MAV bezieht sich auf alle Maßnahmen, die im Rahmen von zwingenden gesetzlichen **Arbeitsschutzvorschriften** und **Unfallverhütungsbestimmungen** vom Dienstgeber zu treffen sind. Entschließt sich der Dienstgeber über die zwingenden öffentlich-rechtlichen Regelungen hinaus zusätzlich für den Arbeitsschutz oder die Gesundheitsförderung Maßnahmen auf diesen Gebieten durchzuführen, muss er die MAV beteiligen. Soweit nach § 16 Arbeitssicherungsgesetz (ASiG) kirchliche Einrichtungen die Bestimmungen des ASiG zu beachten haben, indem ein den Grundsätzen des ASiG gleichwertiger arbeitsmedizinischer oder sicherheitstechnischer Schutz zu gewährleisten ist, hat die MAV bei jeder Maßnahme, die der Erfüllung dieser Verpflichtung dient, ein Zustimmungsrecht. Das gilt sowohl für die **Bestellung von Betriebsärzten** als auch von **Fachkräften für Arbeitssicherheit**, aber auch in Einrichtungen mit mehr als 20 Beschäftigten für die **Bestellung eines Sicherheitsbeauftragten** (§ 719 RVO = § 22 SGB VII). Die MAV ist demnach vor jeder personellen Entscheidung für einen Betriebsarzt oder einen Sicher-

§ 36

heitsbeauftragten zu hören und hat mitzubestimmen (*BAG*, 24. 3. 1988 – 2 AZR 368/87, AP Nr. 1 zu § 9 ASiG = DB 11 89, 227). Der staatliche Gesetzgeber bestimmt in § 1 Abs. 4 ArbSchG, dass bei öffentlich-rechtlichen Religionsgemeinschaften an die Stelle der Betriebs- und Personalräte die Mitarbeitervertretungen entsprechend dem kirchlichen Recht treten. Aus diesem Grunde hat die MAV auch ein Mitbestimmungsrecht bei der Bestellung der Person des **Hygienebeauftragten** und der **Hygienefachkräfte** (vgl. z. B. §§ 4 und 5 der Ordnung zur Sicherstellung der Hygiene in katholischen Krankenhäusern im Erzbistum Köln, Amtsblatt des Erzbistums Köln Nr. 51 S. 99).
Der MAV steht ein Zustimmungsrecht nicht zu, wenn die betreffende Maß- **110** nahme gesetzlich vorgeschrieben ist. Sie kann dann erst tätig werden, wenn die gesetzliche Vorschrift oder die Anordnung einen Rahmen setzt, innerhalb dessen eine Einzelmaßnahme getroffen werden kann (§ 22 Abs. 1 SGB VII; *BAG*, 16. 6. 1998 – 1 ABR 68/97 NZA 1999, 49, 51). Denn die MAV soll an betrieblichen Regelungen beteiligt werden, die der Dienstgeber zwar auf Grund einer öffentlich-rechtlichen Rahmenvorschrift zu treffen hat, bei deren Umsetzung ihm aber Handlungsspielräume verbleiben. Mitzubestimmen hat die MAV bei der Ausfüllung dieses Spielraums. Dadurch soll im Interesse der betroffenen Mitarbeiterinnen und Mitarbeiter eine möglichst effiziente Umsetzung des gesetzlichen Arbeitsschutzes in der Einrichtung erreicht werden. Das Mitbestimmungsrecht setzt danach ein, wenn eine gesetzliche Handlungspflicht objektiv besteht und wegen Fehlens einer zwingenden Vorgabe betriebliche Regelungen verlangt, um das vom Gesetz – auch von einem kirchlichen Gesetz – vorgegebene Ziel des Arbeits- und Gesundheitsschutzes zu erreichen. Ob diese Rahmenvorschrift dem Gesundheitsschutz mittelbar oder unmittelbar dient, ist unerheblich (*BAG*, 15. 1. 2002 – 1 ABR 13/01, DB 2002, 2278). Der nicht rauchende Mitarbeiter hat z. B. ein Recht auf Schutz vor dem Raucher am Arbeitsplatz, um sich vor Gesundheitsschäden zu schützen (§ 3 a ArbStättV). In Arbeitsräumen muss unter Berücksichtigung der angewandten Arbeitsverfahren und der körperlichen Beanspruchung der Arbeitnehmer während der Arbeitszeit ausreichend gesundheitlich zuträgliche Atemluft vorhanden sein (§ 5 Abs. 1 S. 1 ArbStättV). Gesetzlich Verpflichteter ist der Arbeitgeber (Dienstgeber). Die MAV hat bei der Umsetzung der zwingenden Vorschrift zugunsten des Nichtraucherschutzes über die Art und Weise des betrieblichen **Rauchverbots** mitzubestimmen, während der Dienstgeber von sich aus den **Nichtraucherschutz** überhaupt durchsetzen muss (*Klempt*, Rauchen am Arbeitsplatz, b + p 2002, 691, 693). Die Einrichtungspartner sind gemäß § 38 Abs. 1 Nr. 10 befugt, durch Dienstvereinbarung ein betriebliches Rauchverbot zu erlassen. Dabei sind die Belange der Einrichtung sowie der Raucher und Nichtraucher abzuwägen, wobei es einen weiten Spielraum gibt. Ein generelles Rauchverbot im Freien kann in der Regel nicht mit dem Gesundheitsschutz der Nichtraucher begründet werden (*BAG*, 19. 1. 1999 – 1 AZR 499/98, NJW 1999, 2203).
Das Zustimmungsrecht kann sich auf die **Gestaltung von Bildschirmarbeits- 111 plätzen** erstrecken (*BAG*, 6. 12. 1983 – 1 ABR 43/81, AP Nr. 7 zu § 87 BetrVG 1972 Überwachung = DB 1984, 775; *BAG*, 2. 4. 1996 – 1 ABR 47/95, AP Nr. 5 zu § 87 BetrVG Gesundheitsschutz = DB 1996, 1725; insbesondere zur EG-Richtlinie 90/270/EWG v. 29. 5. 1990 über die Mindestvorschriften bezüglich Sicherheit und Gesundheitsschutz bei der Arbeit an Bildschirmgeräten, Abl. EG 156 v. 21. 6. 1990 S. 14, *BVerwG*, 30. 8. 1985, ZBR 1986, 143 = PersV 1987,

§ 36

247). Der Antrag in der *BAG*-Entscheidung vom 2. 4. 1996 (a. a. O.) der Betriebsvertretung auf Befreiung schwangerer Frauen von der Bildschirmarbeit war ebenso erfolglos wie die Einrichtung von Musterbildschirmplätzen und der Antrag auf Überlassung eines EDV-Bestandsverzeichnisses. Dagegen billigte das *BAG* der Betriebsvertretung ein Mitbestimmungsrecht auf Unterbrechung der Bildschirmarbeit zu. Bei diesem Mitbestimmungstatbestand geht es um vorbeugenden Gesundheitsschutz und folglich um die Abwehr von Gefahren für Sicherheit und Gesundheit der Beschäftigten (*BVerwG*, 8. 1. 2001 6 P 6/00, NZA 2001, 570). Im Übrigen regelt jetzt die Verordnung über Sicherheit und Gesundheitsschutz bei der Arbeit an Bildschirmgeräten (BildscharbVO) vom 4. 12. 1996 (BGBl. I, 1841) die Anforderungen an die Gestaltung von solchen Arbeitsplätzen (§ 4), die Augenuntersuchungen und Sehhilfen (§ 6). Nach § 5 BildscharbV hat der Dienstgeber die Tätigkeit der Beschäftigten so zu organisieren, dass die tägliche Arbeit an Bildschirmgeräten regelmäßig durch andere Tätigkeiten oder durch Pausen unterbrochen wird, die jeweils die Belastung durch die Arbeit am Bildschirmgerät verringern. Diese normierte Verpflichtung des Dienstgebers dient dem Schutz der Gesundheit der Beschäftigten (BVerwG, a. a. O.).

112 Nicht unter Ziffer 10 fallen formalisierte **Krankengespräche.** Sie betreffen nämlich nicht das Verhalten des Mitarbeiters bei seiner Arbeitsleistung und dem ihm dabei zukommenden Gesundheitsschutz, sondern das Verhalten des Mitarbeiters in Bezug auf die betriebliche Ordnung. Sie unterfallen daher dem Anhörungs- und Mitberatungsrecht nach § 29 Abs. 1 Ziffer 3 (siehe dort Rz 17 ff.).

113 Da nur generelle, auf die gesamte Einrichtung anwendbare Regelungen hier betroffen sind, scheitert dieses Anhörungs- und Mitberatungsrecht an einzelvertraglich zulässigen Anordnungen einer **vertrauensärztlichen Untersuchung**, für die es jedoch eine besondere Rechtsgrundlage im Arbeitsvertrag geben muss (z. B. § 8 AVR; § 7 Abs. 2 BAT; § 7 Abs. 2 KAVO).

114 Das Beteiligungsrecht der MAV besteht auch bei **zusätzlichen Maßnahmen zur Gesundheitsförderung** in der Einrichtung, also etwa bei Erste-Hilfe-Kursen, bei der Einrichtung von Unfallzimmern, bei vorbeugenden Gesundheitsmaßnahmen (Vorträge zu gesunder Lebensweise oder zu Krankheiten, die der Dienstgeber für geboten hält).

11. Maßnahmen zum Ausgleich und zur Milderung von wesentlichen Nachteilen für Mitarbeiter wegen Schließung, Einschränkung, Verlegung oder Zusammenlegung von Einrichtungen oder wesentlichen Teilen davon (Nr. 11)

115 Der Wortlaut der Nr. 11 vermeidet zwar das Wort »Sozialplan«. Er verwendet aber die im § 112 Abs. 1 Satz 2 BetrVG geprägte gesetzliche Definition des Wortes »Sozialplan«. Als »Sozialplan« wird dort bezeichnet, eine Einigung über »den Ausgleich oder die Milderung der wirtschaftlichen Nachteile, die den Arbeitnehmern infolge der geplanten Betriebsänderung entstehen«. Dabei sind als Betriebsänderung in diesem Sinne nach § 111 Satz 2 BetrVG zu verstehen die Einschränkung und Stilllegung des ganzen Betriebes oder von wesentlichen Betriebsteilen (Nr. 1), die Verlegung des ganzen Betriebes oder von wesentlichen Betriebsteilen (Nr. 2), der Zusammenschluss mit anderen Betrieben oder die Spaltung von Betrieben (Nr. 3), die grundlegende Ände-

§ 36

rung der Betriebsorganisation, des Betriebszweckes oder der Betriebsanlagen (Nr. 4) und die Einführung grundlegend neuer Arbeitsmethoden oder Fertigungsverfahren (Nr. 5). Aus diesem Katalog der Betriebsänderungen des § 111 Satz 2 BetrVG übernimmt § 36 Abs. 1 Nr. 11 die Stilllegung und Einschränkung von Einrichtungen oder wesentlichen Teilen davon (Nr. 1), die Verlegung der Einrichtung oder wesentlichen Teilen davon (Nr. 2) und die Zusammenlegung von Einrichtungen oder wesentlichen Teilen von Einrichtungen (Nr. 3). Nur auf diese Einrichtungs- (Betriebs-)Änderungen bezieht sich demnach § 36 Nr. 11. Er bezieht sich **nicht** auf grundlegende Änderung der Betriebsorganisation, des Betriebszweckes oder der Betriebsanlagen sowie auf die Einführung grundlegend neuer Arbeitsmethoden und Fertigungsverfahren. Diese Beschränkung gilt es bei der Anwendung des § 36 Abs. 1 Nr. 11 zu beachten. Nicht jede denkbare Betriebsänderung wird vom Zustimmungsrecht des § 36 Abs. 1 Nr. 11 erfasst. Siehe dazu § 29 Abs. 1 Nr. 17.

Dennoch gibt es für die in § 36 Abs. 1 Nr. 11 festgelegten Fälle einer Einrichtungsänderung die rechtliche **Möglichkeit zum Abschluss eines Sozialplanes**. Entschließt sich der Dienstgeber, von sich aus einen solchen Sozialplan anzustreben, so bedarf er dazu der Zustimmung der MAV nach § 36 Abs. 1 Nr. 11. Die MAV hat ein eigenes Antragsrecht nach § 37 Abs. 1 Nr. 11 und beide Partner haben die Möglichkeit zum Abschluss einer Dienstvereinbarung nach § 38 Abs. 1 Nr. 11. **116**

Damit stellt sich die Frage, ob sich der Dienstgeber – wenn einer der Tatbestände für den Abschluss eines Sozialplanes gegeben ist – auf Verhandlungen mit der MAV einlassen muss oder ob er dem Hinweis auf § 42 Abs. 2 Satz 2, er habe dafür keine finanziellen Mittel, Verhandlungen zum Abschluss eines Sozialplanes ablehnen kann. Der Dienstgeber ist zur **Aufnahme von Verhandlungen** über den Abschluss eines Sozialplanes verpflichtet, wenn die von § 36 Abs. 1 Nr. 11 geforderten Voraussetzungen gegeben sind (Beschl. des *Evang. VerwG für MAV-Streitigkeiten* vom 16. 11. 1995, ZMV 1996, 142). Soweit sich der Dienstgeber auf § 42 Abs. 2 Satz 2 beruft, kann er damit schon deswegen keinen Erfolg haben, weil diese Bestimmung ihrem Wortlaut nach nur für Schlichtungssprüche gilt. Sie kann nicht dahin ausgedehnt werden, dass damit schon Verhandlungen über einen Sozialplan, dessen Inhalt nicht nur in der Festlegung von Abfindungen, sondern auch in anderen Maßnahmen bestehen kann, blockiert werden können. Denn § 37 Abs. 1 Nr. 11 gibt der MAV ein eigenes Antragsrecht für Verhandlungen über einen Sozialplan, der – wenn ihm der Dienstgeber nicht entsprechen will – zu einer gemeinsamen Sitzung und schließlich zu einem Verfahren vor der Schlichtungsstelle führen kann. **117**

Gegenstand eines Sozialplanes ist nicht die Entscheidung über die Einleitung oder Durchführung von anderen Maßnahmen oder die Durchführung von Rationalisierungsmaßnahmen zur Vermeidung von wirtschaftlichen Nachteilen für die Mitarbeiter. In der Entscheidung, ob er eine nach § 36 Abs. 1 Nr. 11 fallende Betriebsänderung durchführt, ist der Dienstgeber frei. Das ist seine ureigenste Entscheidung, in die die MAV nicht eingreifen kann. **Zweck des Sozialplanes** sind nur Maßnahmen, die **auf Grund der getroffenen Entscheidungen des Dienstgebers wirtschaftliche Nachteile** für die Mitarbeiter **ausgleichen oder mildern können**. **118**

Die MAV würde ihre Zuständigkeit überschreiten, wenn sie in die getroffenen Maßnahmen des Dienstgebers eingreifen wollte. **119**

§ 36

120 Der Sozialplan soll nur **wirtschaftliche** Nachteile der Mitarbeiter ausgleichen, keine sonstigen, vor allem nicht ideelle oder immaterielle Nachteile, die durch eine Betriebsänderung entstehen. Zu solchen nicht ausgleichspflichtigen Nachteilen gehören z. B. die Stellung eines Mitarbeiters im Betrieb und das Ansehen aus dieser Stellung, Qualifikationsverluste durch geringere Anforderungen an die Arbeit, in der neuen Einrichtung bestehende Kontrollen durch technische Einrichtungen, »unangenehme« Vorgesetzte.

121 Als die abschließend aufgeführten Fälle, die einen Sozialplan auslösen können, sind in § 36 Abs. 1 Nr. 11 genannt:
   – **Schließung der Einrichtung:**
   Schließung der Einrichtung bedeutet ihre Stilllegung unter Aufgabe des Einrichtungszweckes unter gleichzeitiger Auflösung ihrer Organisation – und zwar auf Grund des ernstlichen Willensentschlusses für unbestimmte, nicht nur für eine vorübergehende Zeit (*BAG*, 27. 2. 1987 – 7 AZR 652/85, AP Nr. 41 zu § 1 KSchG Betriebsbedingte Kündigung = DB 1987, 1986; *BAG*, 19. 6. 1991 – 2 AZR 127/91, AP Nr. 53 zu § 1 KSchG Betriebsbedingte Kündigung = DB 1991, 2442).
   – **Einschränkung der Einrichtung:**
   Einschränkung der Einrichtung heißt, dass ihr Zweck zwar weiterverfolgt wird, aber in seinem Umfang und in seiner Leistung herabgesetzt wird. Die Einschränkung muss ungewöhnlich sein, so dass typische Schwankungen unerheblich sind (*BAG*, 7. 8. 1990 – 1 AZR 445/89, AP Nr. 30 zu § 111 BetrVG 1972 = DB 1991, 761).
   – **Verlegung der Einrichtung:**
   Jede wesentliche – nicht nur geringfügige – Veränderung der örtlichen Lage des Betriebes.
   – **Zusammenlegung von Einrichtungen:**
   Verschmelzung einer Einrichtung mit einer anderen, wobei es keine Rolle spielt, ob aus den bisherigen Einrichtungen eine neue Einrichtung gebildet wird oder ob sie unter Aufgabe einer Einrichtung mit der anderen zusammengeschlossen wird. Die zusammenzuschließenden Einrichtungen können auch verschiedenen Trägern gehören, wenn sie nur nach dem Zusammenschluss eine einheitliche Leitung haben.

122 Die Bestimmung des § 36 Abs. 1 Nr. 11 gilt auch, wenn solche Betriebsänderungen **wesentliche Teile von Einrichtungen** betreffen. Um wesentliche Teile von Einrichtungen handelt es sich nach der insoweit anwendbaren Rechtsprechung des *BAG* (so *Schlichtungsstelle Köln*, 14. 3. 1996 – MAVO 6/96, ZMV 1996, 304), wenn der Personalabbau in einem von beiden nachstehenden Kriterien zutrifft:
   – Die Zahl von der Betriebsänderung im betroffenen Teil der Einrichtung beschäftigten Mitarbeiter wird in Anlehnung an die Bestimmung des § 17 KSchG bestimmt, also werden die Zahlenangaben des § 17 Abs. 1 Nr. 1–3 KSchG (Beschäftigtenzahlen und Zahlen der zu Entlassenden) zugrundegelegt. Es reicht aber für den Begriff »wesentlicher Einrichtungsteil« aus, wenn **mindestens 5% der Arbeitnehmer** im betroffenen Einrichtungsteil beschäftigt sind.
   – Auf die Anzahl der betroffenen Mitarbeiter trotz Nichterreichens der 5% kommt es nicht an, wenn der betroffene Einrichtungsteil wirtschaftlich oder aus sonstigen beachtlichen Gründen für die Gesamteinrichtung von **»großer**

§ 36

Bedeutung« ist (*BAG*, 7. 8. 1990 – 1 AZR 445/89, a. a. O. – Abschnitt III der Entscheidungsgründe).
Im Fall der Schlichtungsentscheidung – Erzdiözese Köln vom 14. 3. 1996 ist bei der Schließung einer Krankenhausapotheke mit 6 von ca. 500 Beschäftigten die Annahme eines »wesentlichen Einrichtungsteils« nach dem zweiten Kriterium (große Bedeutung für die Einrichtung) verneint worden.
Die Prüfung, ob über einen Sozialplan zu **verhandeln und dieser abzuschließen** ist, erfolgt in zwei Stufen: 123
1. Stufe: Liegt eine Einrichtungsänderung im Sinne des § 36 Abs. 1 Nr. 11 vor?
Wird also eine Einrichtung oder wesentliche Teile von ihr geschlossen, eingeschränkt, verlegt oder mit einer anderen Einrichtung zusammengelegt? Die Prüfung dieser ersten Stufe muss ergeben, dass einer dieser Tatbestände erfüllt ist.
2. Stufe: Dann gilt die Vermutung, dass durch eine solche Einrichtungsänderung stets wesentliche wirtschaftliche, für die Mitarbeiter nachteilige Folgen ausgelöst werden können.
Hinsichtlich dieser Vermutung kann für § 36 Abs. 1 Nr. 11, der den §§ 111, 112 124 BetrVG in seinem wesentlichen Inhalt nachgebildet ist, nichts anderes als für diese staatliche gesetzliche Regelung gelten (siehe dazu die ständige Rechtsprechung des *BAG* zu dieser Rechtsfrage, so vor allem *BAG*, 17.8.1982 – 1 ABR 40/80, AP Nr. 11 zu § 111 BetrVG 1972 = DB 1983, 344 – Abschnitt II 3 a der Gründe). Die Anwendung dieser Rechtsprechung des *BAG* lässt sich schon deswegen rechtfertigen, weil der Text des § 36 Abs. 1 Nr. 11 davon ausgeht. dass die dort genannten Änderungen der Einrichtung »Maßnahmen zum Ausgleich und zur Milderung wesentlicher wirtschaftlicher Nachteile«, die der Zustimmungspflicht der MAV unterliegen, auslösen können.
Ob tatsächlich wesentliche wirtschaftliche Nachteile entstehen, die auszugleichen sind, ist daher für den Anspruch der MAV auf Verhandlungen über einen Sozialplan nicht noch gesondert zu prüfen und festzustellen. Es wird vermutet, dass solche Nachteile für die Mitarbeiterschaft oder wesentliche Teile von ihr entstehen können. Zutreffend ist jedoch, dass ein Anspruch auf Abschluss eines Sozialplanes nur dann besteht, wenn wesentliche wirtschaftliche Nachteile offenkundig oder nachgewiesen sind. Erst dann kann über den Inhalt eines Sozialplanes verhandelt und er abgeschlossen werden. 125
Zu den **Gestaltungsprinzipien** eines Sozialplanes: § 38 Rz 41 ff. 126

III. Mitbestimmungsverfahren – Zustimmungsverweigerungsgründe

Die **Abwicklung des Mitbestimmungsverfahrens** richtet sich nach § 33. Davon 127 gibt es keine Ausnahme, auch nicht Ausnahmeregelungen, die die Beteiligten sich selbst schaffen oder vom Dienstgeber als die zweckmäßigere Form vorgeschlagen werden. Einer solchen abweichenden Regelung steht § 48 entgegen. Es bleibt also bei der Abwicklung des Zustimmungsverfahrens nach § 33. Auf die Erläuterungen zu § 33 Rz 1 ff. wird verwiesen.
In der **Geltendmachung von Einwendungen** gegen die Vorschläge und Maßnahmen des Dienstgebers ist die MAV nach § 36 nicht beschränkt. 128
Sie kann alle Einwendungen gegen die zustimmungspflichtige Maßnahme erheben, die ihr sachlich geboten erscheinen. Eine **Beschränkung** der Einwen- 129

§ 36

dungen bzw. der Zustimmungsverweigerungsgründe zu den Vorschlägen und Vorstellungen des Dienstgebers **besteht nicht**.

130 Die Einwendungen können mündlich erhoben werden. Sie setzen einen ordnungsgemäß gefassten Beschluss der MAV voraus (§ 33 Rz 37 ff.). Sie müssen innerhalb der Wochenfrist des § 33 Abs. 2 Satz 2 nach ordnungsgemäßer und vollständiger Unterrichtung beim Dienstgeber eingegangen sein (§ 33 Rz 23 ff.).

131 Der Dienstgeber muss **jede Einwendung** beachten und versuchen, sie im Verfahren nach § 33, vor allem im Einigungsverfahren nach § 33 Abs. 3 (§ 33 Rz 48 ff.) einer gemeinsamen Lösung zuzuführen.

132 Scheitert die Einigungsverhandlung, muss die MAV binnen drei Kalendertagen nach ihrer Beendigung dem Dienstgeber erklären, dass sie bei ihren Einwendungen verbleibt (Berechnungsweise: § 33 Rz 51 ff.).

133 Gibt sie diese Erklärung fristgerecht ab, so muss der Dienstgeber nun die Schlichtungsstelle anrufen (§ 33 Rz 52 f.). Diese – nicht mehr der Dienstgeber – entscheidet dann endgültig, wie die zustimmungspflichtige Angelegenheit eine Regelung findet.

134 Versäumt die MAV die Drei-Tages-Frist oder gibt sie keine Erklärung ab, gilt der Einigungsvorschlag, den der Dienstgeber in der Einigungsverhandlung vorgeschlagen hat, als gebilligt (§ 33 Rz 53). Der Dienstgeber kann dann die zustimmungspflichtige Angelegenheit so durchführen, wie sie in der Einigungsverhandlung von ihm vorgeschlagen wurde. Er kann zunächst **nur auf der Basis des Einigungsvorschlages** die zustimmungspflichtige Angelegenheit durchführen. Ausnahmsweise wird man ihm auch die Durchführung der Angelegenheit in der Form gestatten müssen, über die sich die Beteiligten in der Einigungsverhandlung eindeutig geeinigt haben **und** diese Einigung auch in der vom Dienstgeber verfassten Niederschrift enthalten und von beiden Beteiligten – Dienstgeber und MAV-Vorsitzenden – unterzeichnet ist.

IV. Streitigkeiten

135 Gemäß § 33 Abs. 4 i. V. m. § 41 Abs. 1 Nr. 6 kann der Dienstgeber im Falle der Zustimmungsverweigerung der MAV zu einer von ihm beabsichtigten Maßnahme die Schlichtungsstelle mit dem Ziel anrufen, dass die Schlichtungsstelle die verweigerte Zustimmung ersetzt, wenn die MAV keinen Grund zur Verweigerung der Zustimmung hat. Andererseits hat die MAV das Recht zur Anrufung der Schlichtungsstelle, wenn der Dienstgeber eine Maßnahme ohne Beteiligung der MAV getroffen hat, welche dem Mitbestimmungsrecht der MAV unterliegt (§ 41 Abs. 1 Nr. 5, § 36), wie etwa im Falle einer Dienstanweisung zur Änderung von Beginn und Ende der täglichen Arbeitszeit der Mitarbeiter in der Einrichtung oder in einem Arbeitsbereich (z. B. OP-Bereich; *Schlichtungsstelle Freiburg*, 18. 4. 2002 – 04/2002, ZMV 2002, 291).

§ 37 Antragsrecht

(1) Die Mitarbeitervertretung hat in folgenden Angelegenheiten ein Antragsrecht, soweit nicht eine kirchliche Arbeitsvertragsordnung oder sonstige Rechtsnorm Anwendung findet:
1. Änderung von Beginn und Ende der täglichen Arbeitszeit einschließlich der Pausen sowie der Verteilung der Arbeitszeit auf die einzelnen Wochentage,
2. Festlegung der Richtlinien zum Urlaubsplan und zur Urlaubsregelung,
3. Planung und Durchführung von Veranstaltungen für die Mitarbeiterinnen und Mitarbeiter,
4. Errichtung, Verwaltung und Auflösung sozialer Einrichtungen,
5. Inhalt von Personalfragebogen für Mitarbeiterinnen und Mitarbeiter,
6. Beurteilungsrichtlinien für Mitarbeiterinnen und Mitarbeiter,
7. Richtlinien für die Gewährung von Unterstützungen, Vorschüssen, Darlehen und entsprechenden sozialen Zuwendungen,
8. Durchführung der Ausbildung, soweit nicht durch Rechtsnormen oder durch Ausbildungsvertrag geregelt,
9. Einführung und Anwendung technischer Einrichtungen, die dazu bestimmt sind, das Verhalten oder die Leistung der Mitarbeiterinnen und Mitarbeiter zu überwachen,
10. Maßnahmen zur Verhütung von Dienst- und Arbeitsunfällen und sonstigen Gesundheitsschädigungen,
11. Maßnahmen zum Ausgleich und zur Milderung von wesentlichen wirtschaftlichen Nachteilen für die Mitarbeiterinnen und Mitarbeiter wegen Schließung, Einschränkung, Verlegung oder Zusammenlegung von Einrichtungen oder wesentlichen Teilen von ihnen.

(2) § 36 Absätze 2 und 3 gelten entsprechend.

(3) Will der Dienstgeber einem Antrag der Mitarbeitervertretung im Sinne des Abs. 1 nicht entsprechen, so teilt er ihr dies schriftlich mit. Die Angelegenheit ist danach in einer gemeinsamen Sitzung von Dienstgeber und Mitarbeitervertretung zu beraten. Kommt es nicht zu einer Einigung, so kann die Mitarbeitervertretung die Schlichtungsstelle anrufen.

Inhaltsübersicht

	Rz
I. Zweck der Vorschrift	1–3
II. Einzelfälle des Antragsrechts	4–7
III. Abwicklung des Antragsverfahrens	8–16
1. Phase: Antrag der MAV	9–10
2. Phase: Zurückweisung des Antrages	11–12
3. Phase: Gemeinsame Sitzung	13–15
4. Phase: Anrufung der Schlichtungsstelle	16

I. Zweck der Vorschrift

§ 37 räumt der MAV ein **erzwingbares Initiativrecht** in den dort abschließend genannten Angelegenheiten zu Maßnahmen der Dienststelle ein.   **1**

§ 37

Die MAV kann auch in allen anderen Angelegenheiten, die die Mitarbeiter und die Dienststelle betreffen, Einwendungen sowohl im Rahmen der vertrauensvollen Zusammenarbeit (§ 26 Abs. 1) und ihrer allgemeinen Aufgaben (§ 26 Abs. 3) dem Dienstgeber vortragen und Anregungen zur Lösung der vorgetragenen Fälle geben. Sie kann auch im Rahmen der Angelegenheiten des § 29 ihren Anspruch auf Anhörung und Mitberatung geltend machen. In diesen Fällen der §§ 26 und 29 hat aber der Dienstgeber die letzte Entscheidungsbefugnis. Er kann – wenn er vor allem das Verfahren nach § 29 (Rz 91 ff.) einhält – letztlich anordnen, was geschehen soll.

2 Davon unterscheidet sich § 37: Die MAV hat ein **durchsetzbares** Antragsrecht zunächst in dem Sinne, dass der Dienstgeber die von ihr genannten Angelegenheiten, die unter den Katalog des § 37 Abs. 1 fallen, mit ihr berät (§ 37 Abs. 3 Satz 2). Auf diese Beratung mit dem Dienstgeber hat sie nach § 37 Abs. 3 Satz 2 einen **Rechtsanspruch**, dem der Dienstgeber nicht ausweichen kann. Er muss sich einer Beratung in einer gemeinsamen Sitzung mit der MAV über den begehrten Gegenstand, der die Voraussetzungen des § 37 Abs. 1 erfüllen muss, stellen. Kommt es auf dieser gemeinsamen Sitzung zu keiner Einigung, kann die MAV durch die Anrufung der Schlichtungsstelle unter Umständen eine Dienstvereinbarung nach § 38 **erzwingen**, auch wenn der Dienstgeber in der gemeinsamen Sitzung die Regelung der streitigen zustimmungspflichtigen Angelegenheit durch eine Dienstvereinbarung zunächst ausdrücklich abgelehnt hat (*Schlichtungsstelle Essen*, 11. 11. 1997 – Az.: 6372 41–6/97).

3 Das Antragsrecht, das auf die in § 37 Abs. 1 Nr. 1–11 genannten Angelegenheiten beschränkt ist und durch eine **Vereinbarung zwischen Dienstgeber und MAV nicht erweitert** werden kann, gewährt demnach zunächst der MAV ein **Initiativrecht**. Sie kann also den Anstoß zur Regelung einer zustimmungspflichtigen Maßnahme geben. Darüber hinaus hat sie einen durchsetzbaren Anspruch auf Abschluss einer Dienstvereinbarung für die mit dem Initiativrecht geltend gemachte regelungsbedürftige Angelegenheit. Diese Regelung des § 37 geht also über Anhörungs- und Mitberatungsrechte nach §§ 26, 27 a, 28 a, 29, 32 hinaus.

II. Einzelfälle des Antragsrechtes

4 Zu allen Fällen des Zustimmungsrechtes des § 36 hat die MAV ein selbstständiges Antrags- und Initiativrecht gemäß § 37. Eine Ausnahme von dem Katalog des § 37 Abs. 1 gibt es nicht, soweit nicht über Arbeitsvertragsordnungen bzw. Arbeitsvertragsrichtlinien Öffnungsklauseln einzelne Gegenstände in Dienstvereinbarungen geregelt werden dürfen (vgl. § 36 Rz 13 ff.).

5 Auf die besondere Ausnahmeregelung des § 36 Abs. 2 und 3 (§ 36 Rz 32, 33 und 34–40) wird hingewiesen, weil sie auch für das Antragsrecht der MAV zu beachten ist (§ 37 Abs. 2). Das heißt, dass die Mitarbeiter der pastoralen Dienste und religiösen Unterweisung sowie im liturgischen Dienst bei der Regelung der Arbeitszeit und der Pausen sowie der Verteilung der Arbeitszeit auf die einzelnen Wochentage aus dem Antragsrecht der MAV herausgenommen bleiben (§ 36 Abs. 2). Die Herausnahme dieses Mitarbeiterkreises gilt nur für den Antragstatbestand der Nr. 1. Allerdings besteht für die MAV für den

§ 37

genannten Mitarbeiterkreis insoweit ein Vorschlagsrecht gemäß § 32 Abs. 1 Nr. 2.
Der Dienstgeber kann sich gegenüber einem Antrag der MAV aus § 37 Abs. 1 **6** Nr. 1 auch auf die Ausnahmeregelung des § 36 Abs. 3 berufen (§ 37 Abs. 2) und unter den dort genannten Voraussetzungen (siehe § 36 Rz 34 ff.) die Beteiligung der MAV auf die Grundsätze für die Aufstellung von Dienstplänen beschränken. Ob diese Voraussetzungen der Beschränkung nach § 36 Abs. 3 für das Antragsrecht bestehen, ist eine »sonstige mitarbeitervertretungsrechtliche Streitigkeit« im Sinne des § 41 Abs. 2, über die nach dem derzeitigen Rechtsstand die Schlichtungsstelle zu entscheiden hat. Die vorgesehene Regelung durch das kirchliche Arbeitsgerichtsgesetz kann andere Zuständigkeiten schaffen.
Wegen des **Inhaltes des Antragsrechtes** kann auf die Darstellung zu § 36 **7** Rz 20–126 verwiesen werden. Das Antragsrecht der MAV beschränkt in keiner Weise die Zustimmungsrechte nach § 36 Nr. 1–11.

III. Abwicklung des Antrags-(Initiativ-)Verfahrens

Die Abwicklung des Antragsverfahrens geschieht in vier Phasen (§ 37 Abs. 3). **8**

1. Phase: Antrag der MAV (§ 37 Abs. 3 S. 1):

Der Antrag bedarf keiner Form. Er kann von der MAV mündlich wie schrift- **9** lich beim Dienstgeber angebracht werden. Es wird schriftliche Form mit einer ausführlichen Begründung unter Berufung auf das Vorliegen eines Tatbestandes der Nrn. 1–11 angebracht sein. Da es sich um ein Initiativrecht der MAV handelt, muss im Antrag zumindest in groben Zügen angegeben werden, wie sich die MAV die von ihr beantragte Regelung im Einzelnen vorstellt. Es können auch keine Einwendungen gegen einen vollständig ausgearbeiteten Regelungsvorschlag der MAV (Dienstvereinbarung) erhoben werden.
Der Dienstgeber kann – wenn er mit dem Initiativvorschlag der MAV über- **10** einstimmt – entweder eine Regelungsabrede (§ 38 Rz 95 ff.) treffen oder, wenn die Angelegenheit eine Maßnahme nach § 38 Abs. 1 Nrn. 1–11 betrifft, auch eine Dienstvereinbarung nach § 38 Abs. 4 abschließen. Damit ist das Antragsrecht der MAV erfüllt. Das Verfahren ist damit abgeschlossen.

2. Phase: Zurückweisung des Antrages durch den Dienstgeber (§ 37 Abs. 3 S. 1)

Vertritt der Dienstgeber die Auffassung, dass für die beantragte Maßnahme **11** ein Initiativrecht der MAV nicht bestehe, oder will er bei bestehendem Initiativrecht dem Antrag oder den detailliert vorgeschlagenen Regelungen der MAV nicht entsprechen, so weist er den Antrag zurück. Die **Zurückweisung** hat **schriftlich** und – auch wenn das nicht ausdrücklich festgelegt ist – mit einer Begründung zu erfolgen. Eine **Begründung** zur **Zurückweisung** gebietet der Grundsatz vertrauensvoller Zusammenarbeit. Er entspricht im Übrigen einem rechtsstaatlichen Gebot, dass Anträge, die zurückgewiesen werden, zu begründen sind.
Eine Frist für die Zurückweisung ist nicht vorgesehen. Im Allgemeinen wird **12** eine **Frist von einem** Monat zur Prüfung des Antrages der MAV als ausrei-

§ 38

chend angesehen werden müssen. Sollte die Prüfung einen darüber hinausgehenden Zeitraum beanspruchen, kann die MAV einen Zwischenbescheid des Dienstgebers erwarten. Notfalls kann bei längeren Fristen die MAV unter Hinweis auf § 39 Abs. 1 S. 3 vom Dienstgeber die Einberufung der gemeinsamen Sitzung fordern. Diesem Antrag muss der Dienstgeber entsprechen (§ 39 Rz 5).

3. Phase: Gemeinsame Sitzung von Dienstgeber und MAV (§ 37 Abs. 3 S. 2)

13 Nach der schriftlichen Zurückweisung des Antrages der MAV besteht eine Pflicht des Dienstgebers zur unverzüglich (= ohne schuldhaftes Zögern) einzuberufenden gemeinsamen Sitzung von Dienstgeber und MAV. Darauf hat demnach die MAV einen Anspruch. Gegenstand dieser Sitzung ist die gemeinsame Beratung des Antrages der MAV mit dem Ziele der Einigung. Die Sitzung hat der **Dienstgeber unverzüglich** nach seiner schriftlichen Zurückweisung des Antrages anzuberaumen. »Unverzüglich« (§ 121 BGB) muss er das deswegen tun, weil er einerseits bei seiner schriftlichen Zurückweisung seine Gründe kennt, andererseits die von der MAV beantragte Maßnahme kein zeitliches Hinausschieben duldet. Sie ist – wie ihr Antrag erkennen lässt – für sie eine dringliche Angelegenheit geworden (§ 39 Rz 5).

14 Auf der gemeinsamen Sitzung haben beide Partner mit dem ernsthaften Ziel der Einigung (so schon beim Vorschlagsrecht § 32 Abs. 2 S. 1) zu beraten.

15 Erfolgt eine Einigung, ist diese entweder in Form einer Regelungsabrede (§ 38 Rz 95 ff.) oder – wenn es der Gegenstand der Maßnahme zulässt (§ 38 Abs. 1 Nrn. 1–11) – einer Dienstvereinbarung (§ 38 Rz 38) schriftlich festzulegen.

4. Phase: Anrufung der Schlichtungsstelle (§ 37 Abs. 3 S. 3)

16 Kommt es zu keiner Einigung, kann die MAV die Schlichtungsstelle (§ 37 Abs. 3 S. 3) anrufen, die auf einen entsprechenden Antrag der MAV dann verbindlich Art und Umfang der beantragten Maßnahme durch einen Beschluss (§ 42 Abs. 2) festlegt. Die MAV könnte im Rahmen dieses Verfahrens bei der Schlichtungsstelle auch beantragen, über eine von ihr ausformulierte, vom Dienstgeber aber abgelehnte Dienstvereinbarung zu entscheiden (§ 38 Rz 41 ff. – so auch *Schlichtungsstelle Köln,* 7. 5. 1990 – MAVO 6/90, n. v.; *Schlichtungsstelle Köln,* 6. 12. 1996 – MAVO 15/96, n. v. – für eine ausformulierte Dienstvereinbarung zum Betrieb einer EDV-Anlage; *Schlichtungsstelle Essen,* 11. 11. 1997 – Az.: 637241 – 6/97 – Sozialplan gemäß § 37 Abs. 1 Nr. 11, § 38 Abs. 1 Nr. 11).

§ 38 Dienstvereinbarungen

(1) Dienstvereinbarungen sind in folgenden Angelegenheiten zulässig:
1. **Änderung von Beginn und Ende der täglichen Arbeitszeit einschließlich der Pausen sowie der Verteilung der Arbeitszeit auf die einzelnen Wochentage; § 36 Abs. 2 gilt entsprechend,**
2. **Festlegung der Richtlinien zum Urlaubsplan und zur Urlaubsregelung,**

§ 38

3. Planung und Durchführung von Veranstaltungen für die Mitarbeiterinnen und Mitarbeiter,
4. Errichtung, Verwaltung und Auflösung sozialer Einrichtungen,
5. Inhalt von Personalfragebogen für Mitarbeiterinnen und Mitarbeiter,
6. Beurteilungsrichtlinien für Mitarbeiterinnen und Mitarbeiter,
7. Richtlinien für die Gewährung von Unterstützungen, Vorschüssen, Darlehen und entsprechenden sozialen Zuwendungen,
8. Durchführung der Ausbildung, soweit nicht durch Rechtsnormen oder durch Ausbildungsvertrag geregelt,
9. Einführung und Anwendung technischer Einrichtungen, die dazu bestimmt sind, das Verhalten oder die Leistung der Mitarbeiterinnen und Mitarbeiter zu überwachen,
10. Maßnahmen zur Verhütung von Dienst- und Arbeitsunfällen und sonstigen Gesundheitsschädigungen,
11. Maßnahmen zum Ausgleich und zur Milderung von wesentlichen wirtschaftlichen Nachteilen für die Mitarbeiterinnen und Mitarbeiter wegen Schließung, Einschränkung, Verlegung oder Zusammenlegung von Einrichtungen oder wesentlichen Teilen von ihnen.
12. Festsetzungen nach § 1 b und § 24 Abs. 2 und 3;
13. Verlängerungen des Übergangsmandats nach § 13 d Abs. 1 Satz 4.

(2) Dienstvereinbarungen können Arbeitsentgelte und sonstige Arbeitsbedingungen, die in Rechtsnormen, insbesondere in kirchlichen Arbeitsvertragsordnungen geregelt sind oder üblicherweise geregelt werden, zum Gegenstand haben, wenn eine Rechtsnorm den Abschluss ergänzender Dienstvereinbarungen ausdrücklich zulässt. Zum Abschluss und zur Verhandlung solcher Dienstvereinbarungen kann die Mitarbeitervertretung Vertreter der Diözesanen Arbeitsgemeinschaft der Mitarbeitervertretungen oder Vertreter einer in der Einrichtung vertretenen Koalition im Sinne des Art. 6 GrO beratend hinzuziehen. Die Aufnahme von Verhandlungen ist der Diözesanen Arbeitsgemeinschaft oder einer in der Einrichtung vertretenen Koalition durch die Mitarbeitervertretung anzuzeigen.

(3) Dienstvereinbarungen dürfen Rechtsnormen, insbesondere kirchlichen Arbeitsvertragsordnungen, nicht widersprechen. Bestehende Dienstvereinbarungen werden mit dem Inkrafttreten einer Rechtsnorm gemäß Satz 1 unwirksam.

(3 a) Dienstvereinbarungen gelten unmittelbar und zwingend. Werden Mitarbeiterinnen oder Mitarbeitern durch die Dienstvereinbarung Rechte eingeräumt, so ist ein Verzicht auf sie nur mit Zustimmung der Mitarbeitervertretung zulässig.

(4) Dienstvereinbarungen werden durch Dienstgeber und Mitarbeitervertretung gemeinsam beschlossen, sind schriftlich niederzulegen, von beiden Seiten zu unterzeichnen und in geeigneter Weise bekannt zu machen. Dienstvereinbarungen können von beiden Seiten mit einer Frist von 3 Monaten zum Monatsende schriftlich gekündigt werden.

(5) Im Falle der Kündigung wirkt die Dienstvereinbarung in den Angelegenheiten des Abs. 1 nach. In Dienstvereinbarungen nach Absatz 2 kann festgelegt werden, ob und in welchem Umfang darin begründete Rechte der Mit-

§ 38

arbeiterinnen und Mitarbeiter bei Außerkrafttreten der Dienstvereinbarung fortgelten sollen. Eine darüber hinausgehende Nachwirkung ist ausgeschlossen.

Inhaltsübersicht

	Rz
I. Einführung	1–2
II. Begriffe »Arbeitsvertragsordnung« – »Dienstvereinbarung«	3–37
1. Arbeitsvertragsordnung bzw. Arbeitsvertragsrichtlinien	3–18
2. Rechtsqualität der Arbeitsvertragsordnungen (Arbeitsvertragsrichtlinien)	19–30
3. Rechtsqualität von Dienstvereinbarungen	31–37
III. Einzelfälle der Zulässigkeit von Dienstvereinbarungen	38–49
1. Einzelfälle des § 38 Abs. 1 Nrn. 1–13	38–40
2. Gestaltungsbedingungen für eine Dienstvereinbarung über einen Sozialplan (§ 38 Abs. 1 Nr. 11)	41–43
3. Wichtige Grundregeln für die Aufstellung eines Sozialplanes	44–49
a. Formelle Regelungen	44
b. Materielle Regelungen	45
c. Generelle Grundsätze für Abfindungen in Sozialplänen	46
4. Praxisbewährte Berechnungsformeln (Grundsätze) für Abfindungen	47–48
5. Beispiel für einen Sozialplan nach der Punktwertmethode	49
IV. Ausschluss, Nachrang und Wirkung von Dienstvereinbarungen	50–68
1. Ausschluss von Dienstvereinbarungen	50–52
2. Öffnungsklausel	53
3. Externe Unterstützung der Mitarbeitervertretung bei freiwilligen Dienstvereinbarungen	54–56
4. Kein Widerspruch zu Arbeitsvertragsordnungen, Abs. 3	57–59
5. Zwingende Wirkung, Abs. 3 a	50–68
V. Abschluss der Dienstvereinbarung	69–71
1. Willenserklärungen der Parteien	69
2. Form	70
3. Bekanntmachung	71
VI. Ende der Dienstvereinbarung – Nachwirkung – Weitergeltung	72–90
1. Ende der Dienstvereinbarung	72–83
a. Zeitablauf	72–75
b. Kündigung	76–83
2. Nachwirkung	84–88
3. Weitergeltung	89–90
VII. Die Geltung von Dienstvereinbarungen nach einem Rechtsträgerwechsel	91–94
1. Einrichtungsbezogene Dienstvereinbarung	91
2. Gesamtdienstvereinbarung nach einer Umwandlung	92–93
a. Änderung der Organisation	92
b. Folgen für die Gesamtdienstvereinbarung	93
3. Dienstvereinbarung für den Bereich einer gemeinsamen Mitarbeitervertretung	94
VIII. Regelungsabreden	95–100
IX. Streitigkeiten	101–103

I. Einführung

1 Die MAVO unterscheidet zwischen freiwilligen Dienstvereinbarungen und erzwingbaren Regelungen. § 38 Abs. 1 und 2 regelt neben § 1 b Abs. 1 S. 1, § 24 Abs. 2 die zulässigen Gegenstände für eine Dienstvereinbarung. Der Katalog des § 38 Abs. 1 ist erschöpfend, entspricht den Katalogen der §§ 36 Abs. 1 und 37 Abs. 1 jeweils mit den Nrn. 1–11. Die dort genannten Regelungsgegenstände sind im begründeten Fall als Regelungen erzwingbar, für den Dienstgeber gemäß § 33 Abs. 4 i. V. m. § 41 Abs. 1 Nr. 6, für die MAV gemäß § 37 Abs. 3 S. 3. Die Kataloge von §§ 36 Abs. 1, 37 Abs. 1 und 38 Abs. 1 können

§ 38

nicht erweitert werden (§ 48). § 38 regelt in Abs. 4 das Verfahren zum Abschluss von Dienstvereinbarungen und in Abs. 5 die Kündbarkeit in den Fällen von Abs. 1 und 2. § 38 Abs. 2 regelt die Zulässigkeit von Dienstvereinbarungen über Arbeitsentgelte und sonstige Arbeitsbedingungen. Dazu sind aber näher geregelte Voraussetzungen zu beachten. Denn soweit in Rechtsnormen, insbesondere in kirchlichen Arbeitsvertragsordnungen oder Arbeitsvertragsrichtlinien Arbeitsentgelte bereits geregelt sind oder durch KODA- und AK-Beschlüsse üblicher Weise geregelt werden, sind dazu betriebliche Dienstvereinbarungen nicht zulässig. Hiervon besteht dann eine Ausnahme, wenn nämlich eine Rechtsnorm vorgenannter Rechtsquelle den Abschluss ergänzender Dienstvereinbarungen durch eine diesbezügliche, näher formulierte Öffnungsklausel ausdrücklich zulässt. Diese Einschränkung ergibt sich aus dem System betrieblicher und überbetrieblicher Regelungs- und Mitbestimmungskompetenz im kirchlichen Dienst (Art. 7 und 8 GrO). Denn gemäß Art. 7 GrO werden Arbeitsvertragsregelungen in mit Vertretern der Dienstgeber und der Mitarbeiter paritätisch besetzten Kommissionen auf der Grundlage von KODA-Ordnungen und der Ordnung für die Arbeitsrechtliche Kommission des Deutschen Caritasverbandes (AK) beschlossen und durch den zuständigen Diözesanbischof kirchenrechtlich als Gesetz in Kraft gesetzt (Dritter Weg), während Angelegenheiten innerbetrieblicher Organisation entsprechend kirchlicher betriebsverfassungsrechtlicher Ordnung von der MAV gemäß MAVO mitbestimmt werden. Die Dienstvereinbarung ist im Verhältnis zur Arbeitsvertragsordnung bzw. zu Arbeitsvertragsrichtlinien die schwächere Norm (§ 38 Abs. 3); sie bedarf zu ihrer Gültigkeit der in § 38 Abs. 4 S. 1 vorgeschriebenen Form; sie ist kündbar (§ 38 Abs. 4 S. 2) und wirkt gemäß § 38 Abs. 5 nach der Kündigung nach.
Die arbeitsrechtliche Regelungskompetenz wird nachstehend dargestellt. 2

II. Begriffe »Arbeitsvertragsordnung« – »Dienstvereinbarung«

1. Arbeitsvertragsordnung bzw. Arbeitsvertragsrichtlinien

In der katholischen wie auch in der evangelischen Kirche wurde über den einzuschlagenden Weg eines Systems der Arbeitsvertragsregelung diskutiert und nach Lösungen gesucht, die eine dem Wesen der kirchlichen Dienstgemeinschaft entsprechende normative Regelung aller dort bestehenden Arbeitsverhältnisse zulassen. Dabei standen folgende Lösungsvorschläge und letztlich auch Lösungsansätze zur Debatte: 3

»**Erster Weg**«: Einseitige Festlegung des Inhalts der Arbeitsverhältnisse in kirchlichen Einrichtungen durch den kirchlichen Gesetzgeber (Bischof) oder kirchliche Leitungsorgane. Dieses Modell entspricht nicht der Stellung der Mitarbeiter in kirchlichen Einrichtungen und verletzt die auch von der Kirche gesehenen und anerkannten Grundsätze der Partnerschaft, Parität und Mitbestimmung im Arbeitsrecht. Die Grundordnung des kirchlichen Dienstes im Rahmen kirchlicher Arbeitsverhältnisse (GrO) zeigt, dass über diesen »Ersten Weg« mit Ausnahme der Dienstrechtsverhältnisse der Kleriker und Beamten ernsthaft nicht mehr gesprochen wird. 4

»**Zweiter Weg**«: Hier wird eine tarifvertragliche Regelung der Arbeitsverhältnisse kirchlicher Mitarbeiter angesprochen, wobei sich nach den Regeln des 5

§ 38

TVG Kirchen und Gewerkschaften als freie Tarifpartner gegenüberstehen. Die dazu bisher von evangelischen Kirchen mit Gewerkschaften des DGB abgeschlossenen Tarifverträge lassen erkennen, dass die Partner dieser Tarifverträge im Hinblick auf die Besonderheiten des kirchlichen Dienstes für die Dauer der Tarifverträge absolute Friedenspflicht vereinbart haben.

6 Entscheidungen für die tarifvertragliche Lösung haben die Nordelbische Kirche und die Evangelische Kirche in Berlin-Brandenburg getroffen. Im Jahre 2002 haben Vertreter der Gewerkschaft Kirche und Diakonie (VKM-NE) sowie der Vereinten Dienstleistungsgewerkschaft Landesbezirke Hamburg und Nord einerseits und die Vertreter des Verbandes kirchlicher und diakonischer Anstellungsträger (VKDA) den kirchlichen Tarifvertrag der Diakonie abgeschlossen (*Schwarz-Seeberger*, ZMV 2002, 209). Dieser »KTD« ist der Versuch, den Deregulierungstendenzen in diakonischen Einrichtungen entgegenzuwirken (*Schuckart-Witsch*, Sonderheft ZMV 2003, 62 f.). Der KTD ist für Einrichtungen geschaffen, die nicht unter den Geltungsbereich des Kirchlichen Angestelltentarifvertrages (KAT) fallen. Die landeskirchlichen Tarifvertragsgesetze (Arbeitsrechtsregelungsgesetz der Nordelbisch-Evangelischen Kirche vom 9. 6. 1977, Amtsblatt der EKD 1979 S. 482; Kirchengesetz der Evangelischen Kirche in Berlin-Brandenburg vom 18. 11. 1979, Amtsblatt der EKD 1980 S. 89, abgelöst durch TVO vom 16. 11. 1981 – KABl. S. 162) weichen vom staatlichen Tarifvertragsgesetz ab mit der Folge, dass der »Zweite Weg« nicht – worauf *Richardi* (Arbeitsrecht in der Kirche, § 13 Rz 21) mit Recht hinweist – die Übernahme des Tarifvertragssystems des TVG durch die beiden Kirchen bedeutet, sondern nur eine besondere Form der Regelung für Arbeitsverhältnisse in kirchlichen Einrichtungen. Wenn aber schon im »Zweiten Weg« die Regeln des staatlichen Tarifvertragsrechts nicht übernommen werden können, weil die Kirchen und damit der kirchliche Dienst nicht im Spannungsverhältnis von »Kapital und Arbeit« leben, dann muss die Kirche die rechtliche Möglichkeit haben, ein eigenes Regelungssystem für die bei ihr bestehenden Arbeitsverhältnisse zu entwickeln, das dem Wesen der kirchlichen Dienstgemeinschaft entspricht.

7 In der katholischen Kirche wurde der »Zweite Weg« von vornherein nicht beschritten. Er ist durch Art. 7 Abs. 2 GrO ausgeschlossen.

8 **»Dritter Weg«:** Kirchlicher Dienst entfaltet sich im Rahmen der staatlich geordneten Gesellschaft (*Richardi*, a. a. O. § 1 Rz 1). Der Staat hat sein Verhältnis zu den Kirchen in den von Art. 140 GG übernommenen Kirchenartikeln der Weimarer Reichsverfassung festgelegt. Für den »Dritten Weg« ist Art. 137 Abs. 3 der Weimarer Reichsverfassung die Rechtsgrundlage. Dort ist festgelegt, dass »jede Religionsgesellschaft ihre Angelegenheiten selbstständig innerhalb der Schranken des für alle geltenden Gesetzes ordnet und verwaltet. Sie verleiht ihre Ämter ohne Mitwirkung des Staates oder der bürgerlichen Gemeinde«.

Daraus wird das Recht der Kirche abgeleitet, im Wege von Kirchengesetzen die Rechtsverhältnisse der Mitarbeiter im kirchlichen Dienst durch eigene, – wie angenommen wird – mit kollektiver Wirkung ausgestattete Rechtsnormen zu regeln. Dieser »Dritte Weg«, seine grundsätzlichen Probleme und seine Zulässigkeit sind teilweise heftig umstritten (*Dütz*, Essener Gespräche, Staat und Kirche Bd. 18 S. 85 ff.; *Zetl/Bauer*, Der Dritte Weg – die Kath. Kirche und die neue AVGO, ZTR 1991, 150 ff.; *Richardi* a. a. O. § 13 Rz 26).

§ 38

Die Kirche hat sich für diesen »Dritten Weg« entschieden. Das ist jedenfalls 9
der Tenor des Artikels 7 der Grundordnung (GrO) vom 22. 9. 1993. Dort ist in
Art. 7 Abs. 1 Satz 1 festgelegt, dass das Verhandlungsgleichgewicht der abhängig beschäftigten Mitarbeiter bei Abschluss und Gestaltung der Arbeitsverträge durch die Kirche gesichert wird durch das ihr verfassungsrechtlich gewährleistete Recht, ein eigenes Arbeitsrechts-Regelungssystem zu schaffen.
Rechtsnormen für den Inhalt von Arbeitsverhältnissen kommen danach zustande durch Beschlüsse der Kommissionen, die mit Vertretern der Dienstgeber und Vertretern der Mitarbeiter paritätisch besetzt sind. Sie bedürfen
der bischöflichen Inkraftsetzung. Die Kommissionen sind an die Grundordnung gebunden.

Wegen der Einheit des kirchlichen Dienstes und der Dienstgemeinschaft als 10
Strukturprinzip des kirchlichen Arbeitsrechtes schließen kirchliche Dienstgeber grundsätzlich keine Tarifverträge mit Gewerkschaften ab. Streik und
Aussperrung scheiden ebenfalls aus (Art. 7 Abs. 2 GrO).

Die einzelnen Diözesanbischöfe haben teilweise schon vor Erlass der Grund- 11
ordnung durch Kirchengesetze eigene KODA-Ordnungen (KODA = Kommission zur Ordnung des diözesanen Arbeitsvertragsrechtes) erlassen. Auf
diesem Gesetzgebungsakt des Diözesanbischofs beruht das kirchliche Arbeitsrecht.

Dazu gibt es regional unterschiedliche Strukturen. Kommissionen für jeweils 12
einzelne Diözesen bestehen in den (Erz-)Bistümern Freiburg, Fulda, Hildesheim, Limburg, Mainz, Rottenburg-Stuttgart, Speyer und Trier. Zu Regionen
mit dem Zweck einer Regional-KODA verbunden sind
– die (Erz-)Diözesen in Bayern mit Augsburg, Bamberg, Eichstätt, München
   und Freising, Passau, Regensburg, Würzburg;
– die (Erz-)Diözesen im Raum Region Nord-Ost mit Berlin, Dresden-Meißen, Erfurt, Görlitz, Hamburg und Magdeburg;
– die (Erz-)Diözesen in Nordrhein-Westfalen mit Aachen, Essen, Köln,
   Münster (nordrhein-westfälischer Teil) und Paderborn;
– die Diözese Osnabrück und der oldenburgische Teil der Diözese Münster.

Dazu kommen auf der Grundlage der KODA-Ordnung der (Erz-)Diözesen in 13
NRW noch besondere Kommissionen für bestimmte Rechtsträger und ihre
Einrichtungen, die weder die AVR-Caritas noch die KAVO anwenden. Beim
Verband der Diözesen Deutschlands ist eine besondere KODA gebildet. Der
Deutsche Caritasverband schließlich hat die Arbeitsrechtliche Kommission
gebildet, die für die Fortentwicklung der AVR-Caritas zuständig ist, so dass
für diesen Regelungsbereich keine Zuständigkeit der diözesanen Kommissionen gegeben ist (§ 1 Abs. 4 KODA-Ordnung).

Nach § 2 der Regional-KODA-Ordnung NRW ist es Aufgabe der Kommis- 14
sion, durch ihre Beschlüsse bei der Aufstellung von Normen mitzuwirken, welche Inhalt, Abschluss und Beendigung von Arbeitsverhältnissen ordnen. Die
Kommission ist nach § 4 aus der gleichen Anzahl von Vertretern der Dienstgeber und Mitarbeiter besetzt. Die von der Kommission mit einer mindestens
3/4-Mehrheit ihrer Mitglieder gefassten Beschlüsse werden dem jeweiligen
Diözesanbischof vorgelegt. Dieser muss den Beschluss der KODA in Kraft
setzen (§ 10). Damit existieren als kirchliches Recht »Arbeitsvertragsrichtlinien«. Der Begriff »**Arbeitsvertragsordnung**« (= KAVO) ist damit **identisch**.

Wie nicht anders zu erwarten, wenn partikulare Rechtsnormen entstehen, sind 15
die KODA-Ordnungen unterschiedlich gefasst; die von der Vollversammlung

§ 38

des Verbandes der Diözesen Deutschlands verabschiedeten Musterordnungen sahen sogar alternative Regelungen vor, so dass Abweichungen der einzelnen KODA-Ordnungen voneinander erklärbar, wegen der Einzelheiten hier aber nicht darzustellen sind. Nicht richtig ist aber die Behauptung (vgl. *Wiznewski*, in: Hammer, Kirchliches Arbeitsrecht, S. 365), dass die Vertreter der Mitarbeiterinnen und Mitarbeiter bei den KODA-Wahlen durchweg über Wahlmänner, also mittelbar gewählt werden. Zur Regional-KODA der Diözesen in NRW hat jeder wahlberechtigte Mitarbeiter und jede wahlberechtigte Mitarbeiterin das Recht zur Wahl des Kandidaten oder der Kandidatin für die Regional-KODA unmittelbar (§ 5 Abs. 2 KODA-Ordnung). Dasselbe gilt gemäß § 5 b BayRKO, § 5 Abs. 2, 4, 5 Regional-KODA-Ordnung Nord-Ost und § 5 Abs. 2, 4 Regional-KODA-Ordnung Osnabrück/Offizialatsbezirk Oldenburg. Das ist gemäß anderen diözesanen KODA-Ordnungen unterschiedlich. Die Wahlordnung für die Wahl der Vertreter der Mitarbeiter zur Arbeitsrechtlichen Kommission des Deutschen Caritasverbandes bestimmt, dass je ein Mitglied der Mitarbeitervertretungen den Vertreter der Mitarbeiter in je einer Wahlversammlung auf Diözesanebene in die AK wählt (§ 4 i. V. m. § 2 Wahlordnung der Vertreter der Mitarbeiter). In die Regional-KODA der (Erz-)Diözesen in NRW entsendet der ZKD zusätzliche Vertreter der Mitarbeiter, wirkt also unmittelbar bei der Besetzung der Sitze auf der Mitarbeiterseite in der Kommission und als Verband der Mitarbeiter mit (§ 5 Abs. 7 KODA-Ordnung der (Erz-)Diözesen in NRW). Gemäß § 5 b Abs. 4 BayRKO können Koalitionen i. S. von Art. 6 GrO Wahlvorschläge einreichen.

16 Im überdiözesanen Bereich haben die Bistümer für den Bereich der Deutschen Bischofskonferenz einschließlich des Deutschen Caritasverbandes eine Zentral-KODA installiert. Sie ist gemäß § 3 Abs. 1 Zentral-KODA-Ordnung zur Beschlussfassung über Rechtsnormen in den Angelegenheiten
– Ausfüllung von Öffnungsklauseln in staatlichen Gesetzen,
– Fassung von Einbeziehungsabreden für Arbeitsverträge hinsichtlich der Loyalitätsobliegenheiten und Nebenpflichten gemäß der Grundordnung (GrO),
– kirchenspezifischer Regelungen für die Befristung von Arbeitsverhältnissen, Regelungen für den kirchlichen Arbeitsschutz, insbesondere für den liturgischen Dienst, für Mehrfacharbeitsverhältnisse bei verschiedenen Dienstgebern, für die Rechtsfolgen des Wechsels von einem Dienstgeber zu einem anderen Dienstgeber zuständig.

17 Darüber hinaus kann die Zentral-KODA Empfehlungen für die Beschlussfassung über Rechtsnormen durch die anderen Kommissionen i. S. von Art. 7 Abs. 1 GrO geben (§ 3 Abs. 3 Zentral-KODA-Ordnung).

18 Nicht zu verwechseln mit der Zentral-KODA ist die **Arbeitsrechtliche Kommission (AK) des Deutschen Caritasverbandes**, die ein ständiger paritätisch besetzter Ausschuss des Zentralrates des Deutschen Caritasverbandes besonderer Art ist (§ 1 Abs. 1 S. 1, § 2 AK-Ordnung). Aufgabe der AK ist die Beschlussfassung von Rechtsnormen über Inhalt, Abschluss und Beendigung von Dienstverhältnissen im Bereich des Deutschen Caritasverbandes, solange und soweit die Zentral-KODA von ihrer Regelungsbefugnis gemäß § 3 Zentral-KODA-Ordnung keinen Gebrauch gemacht hat oder macht (§ 1 Abs. 3 AK-Ordnung). Auf die einschlägigen Ordnungen zur AK wird hingewiesen; sie sind in den jährlichen Textausgaben der AVR-Richtlinien für Arbeitsverträge in den Einrichtungen des Deutschen Caritasverbandes abgedruckt

§ 38

(Lambertus-Verlag Freiburg). Die Beschlüsse der AK werden als diözesanes Kirchenrecht von den Diözesanbischöfen in Kraft gesetzt und publiziert. Die Beschlüsse der AK bedürfen einer 3/4-Mehrheit (§ 12 AK-Ordnung). Als Kirchenrecht bedürfen die gemäß der Ordnung der AK zustande gekommenen Beschlüsse der AK zu ihrer Wirksamkeit der Inkraftsetzung durch die Diözesanbischöfe (Abschnitt 1 Nr. 1 Richtlinien für die Inkraftsetzung der Beschlüsse der Arbeitsrechtlichen Kommission des Deutschen Caritasverbandes durch die Diözesanbischöfe in der Bundesrepublik Deutschland, in: Amtsblatt des Erzbistums Köln 1997 Nr. 75 S. 100). Die Beschlüsse sind vom Vorsitzenden der AK zu unterzeichnen und nach Maßgabe der vorgenannten Richtlinien in der »Verbandszeitschrift neue Caritas« zu veröffentlichen. Mit ihrer Veröffentlichung treten die Beschlüsse in Kraft (§ 15 AK-Ordnung).

2. Rechtsqualität der Arbeitsvertragsordnungen (Arbeitsvertragsrichtlinien)

Weder Arbeitsvertragsordnungen noch Arbeitsvertragsrichtlinien im Sinne 19 des Dritten Weges sind Tarifverträge im Sinne des Tarifvertragsgesetzes (TVG), wie die Rechtsprechung zeigt (*BAG*, 23. 1. 2002 – AZN 760/01, ZMV 2002, 87; BAG, 15. 11. 2001 – 6 AZR 88/01, ZTR 2002, 537). Darüber besteht weitgehend Einigkeit (*Richardi*, Arbeitsrecht in der Kirche, § 15 Rz 3; *Schwerdtner*, Anmerkung zu *BAG*, 4. 2. 1976 – 5 AZR 83/75, AP Nr. 40 zu § 242 BGB Gleichbehandlung = EzA § 242 BGB Gleichbehandlung Nr. 10; *BAG*, 24. 9. 1980 – 4 AZN 289/80, AP Nr. 9 zu § 72 a ArbGG 1979 Grundsatz = EzA § 72 a ArbGG 1979 Nr. 17 = DM 1981, 1340; BAG, 7. 9. 1988 – 4 AZN 436/88, AP Nr. 36 zu § 72 a ArbGG 1978 Grundsatz = EzA § 72 a ArbGG 1979 Nr. 52 = BB 1988, 2392; BAG, 6. 12. 1990 – 6 AZR 259/89, AP Nr. 12 zu § 2 BeschFG, 1985 = DB 1991, 866 (Abschnitt III 2 b der Gründe); *Bietmann*, Betriebliche Mitbestimmung im kirchlichen Dienst S. 39; *Jurina*, Dienst- und Arbeitsrecht in der katholischen Kirche, Essener Gespräche Bd. 10 S. 88; *Müller-Volbehr*, Dritter Weg und Tarifvertrag – kollektives Arbeitsrecht im kirchlichen Bereich, in Festschrift für Ernst Wolf S. 542; Grunsky, Anm. zu AP Nr. 9 zu § 72 a ArbGG 1979 (Grundsatz); Hammer, ZTR 2002, 302). Kirchlicherseits werden Tarifverträge (§ 2 Abs. 1 TVG) nicht angestrebt (Art. 7 Abs. 2 GrO).

Umstritten ist noch, ob Arbeitsvertragsrichtlinien Mindestarbeitsbedingun- 20 gen als kirchliche Rechtsnormen setzen, ob sie also – wie Tarifnormen – kollektive Bedeutung haben und kollektives Arbeitsrecht im kirchlichen Bereich schaffen. Sind sie nämlich kollektive Normen, so wirken sie unmittelbar und zwingend auf die Arbeitsverhältnisse ein. Sie sind dann allgemeinverbindliche Normen für die Arbeitsverhältnisse, die unter ihren Geltungsbereich fallen. Dabei besteht Einigkeit, dass sie günstigere einzelvertragliche Regelungen nicht außer Kraft setzen können (*Grethlein*, in NZA-Sonderbeilage 1/1986 S. 18ff., insbesondere S. 23; *Pahlke*, NJW 1986, 350ff., 354, 355 – dort unter Fußnote 87 m. w. N.; *von Campenhausen*, Essener Gespräche Bd. 18 S. 34–39). Dazu ist Folgendes festzustellen:

Das *BAG* hat wiederholt entschieden (vgl. *BAG*, 25. 1. 1963, AP Nr. 77 zu 21 Art. 3 GG = BB 1963, 187; BAG, 4. 2. 1976 – 5 AZR 83/75, AP Nr. 40 zu § 242 BGB Gleichbehandlung = EzA § 242 BGB Gleichbehandlung Nr. 10; BAG, 6. 11. 1996 – 5 AZR 334/95, AP Nr. 28 zu § 611 BGB Kirchendienst; *BAG*, 5. 3. 1997 – 4 AZR 392/95, KirchE. 35. Bd. S. 86; BAG, 24. 9. 1997 – 4 AZR

§ 38

452/96, AR-Blattei ES 960 Kirchenbedienstete Nr. 60; BAG, 28. 1. 1998 – 4 AZR 491/96, ZevKR Bd. 44 (1999) S. 90), dass die dort für die Verfahren maßgebenden Arbeitsvertragsrichtlinien des Deutschen Caritasverbandes bzw. die KAVO der Diözesen in NRW kraft einzelarbeitsvertraglicher Inbezugnahme auf die Arbeitsverhältnisse einwirken (dazu: *Richardi,* a. a. O. § 15 Rz 3, 52). Nach ständiger Rechtsprechung des BAG kommt kirchlichen Arbeitsvertragsordnungen keine normative Wirkung für das Arbeitsverhältnis zu.

22 Soweit nach § 3 Abs. 1 Nr. 1 Altersteilzeitgesetz, § 21 a Abs. 3 JArbSchG, § 7 Abs. 4 ArbZG (früher noch Art. 1 § 6 Abs. 3 BeschFG 1985) die Subsidiarität arbeitsrechtlicher gesetzlicher Regelungen gegenüber Tarifverträgen, aber auch Regelungen der Kirchen und öffentlich-rechtlichen Religionsgesellschaften als gesetzlich ausdrücklich festgelegt beurteilt wird (vgl. z.B. *Dütz,* die »Tarif«Wirkung, FS Schaub S. 157–172), bestehen unterschiedliche Meinungen (vgl. *Hammer,* Neuere Entwicklungen, ZTR 2002, 302). Die staatliche Gesetzeslage ändert auch den Bestand von Öffnungsklauseln, wie das Beispiel des BeschFG 1985 mit Öffnungsklausel im Verhältnis zum TzBfG ohne Öffnungsklausel zeigt. Es gibt also keine Bestandsgarantie für Öffnungsklauseln. Darauf kann es also bei der Beurteilung der Rechtsqualität der kirchlichen Arbeitsvertragsordnungen nicht ankommen, weil sonst nur die auf den in staatlichen Gesetzen enthaltenen Öffnungsklauseln beruhenden Arbeitsvertragsregelungen besondere Qualität hätten, obwohl es dazu keine gesetzliche Bestimmung gibt.

23 Der verfassungsrechtliche Ansatz zum kirchlichen Selbstbestimmungsrecht einschließlich des kirchenrechtlichen Selbstbestimmungsrechts (vgl. u. a. *Richardi,* a. a. O. § 15 Rz 51, 53 m. N.; Rz 76 f.) ist jedenfalls für den innerkirchlichen Bereich relevant, als nämlich die Verbindlichkeit der Arbeitsvertragsordnung für die kirchlichen Arbeitgeber festzustellen ist, sodass diese die jeweilige Arbeitsvertragsordnung auf die Arbeitsverhältnisse anwenden (*Richardi,* a. a. O. § 15 Rz 75). Die Entscheidung BVerfGE 70, 138 zeigt auf, dass der Arbeitsvertrag der Schlüssel für den Inhalt des Arbeitsverhältnisses mit dem kirchlichen Arbeitgeber ist. Das ist insofern von Bedeutung, weil der Tarifvertrag gemäß § 4 TVG nur die beiderseits Tarifgebundenen normativ erreicht, also nicht die nicht tarifgebundenen Arbeitnehmer, die bei einem tarifgebundenen Arbeitgeber des öffentlichen Dienstes beschäftigt werden; für sie gilt z. B. der BAT nur auf Grund einzelarbeitsvertraglicher Inbezugnahme (*Richardi,* a. a. O. § 15 Rz 73). Das zeigt in ähnlicher Weise der Fall des Mitarbeiters der Diakonie im Bereich der Nordelbischen Kirche, dessen Arbeitsvertrag mit BAT den Tarifvertrag schließenden Parteien nicht unterfiel und der sich mit Hilfe seines arbeitsvertraglichen Status quo gegen die tarifvertragliche Schlechterstellung mit außerordentlicher Kündigung erfolgreich zur Wehr gesetzt hat (*BAG,* 25. 10. 2001 – 2 AZR 216/00, ZMV 2002, 198).

24 Die im kirchlichen Arbeitsrechtsregelungsverfahren erlassenen Bestimmungen über den Inhalt von Arbeitsverträgen binden den kirchlichen Arbeitgeber nach Maßgabe des darin bestimmten Geltungsbereichs (vgl. § 2 AVR-Caritas i. V. m. Nr. 9 der Richtlinien für die Inkraftsetzung der Beschlüsse der Arbeitsrechtlichen Kommission des Deutschen Caritasverbandes durch die Diözesanbischöfe in der Bundesrepublik Deutschland, in: Amtsblatt für das Erzbistum München und Freising 1997 S. 26 ff. = ZMV 1997, 76; § 1 KAVO; § 1 ABD; § 1 AVVO Freiburg). Der privatrechtlich verfasste Arbeitgeber im AVR-Bereich ist durch Satzung des zuständigen Diözesancaritasverbandes zur Anwendung

§ 38

der AVR verpflichtet (vgl. § 5 Satzung des Diözesancaritasverbandes für das Erzbistum Köln e. V., Amtsblatt des Erzbistums Köln 2000 Nr. 138 S. 112; § 6 Satzung des Caritasverbandes der Diözese Rottenburg-Stuttgart e.V., Kirchl. Amtsbl. für die Diözese Rottenburg-Stuttgart 1999 S. 423). Daraus wird gefolgert, dass der betroffene Arbeitnehmer seinerseits die Geltung der AVR-Caritas uneingeschränkt geltend machen kann (Richardi, a. a. O. § 15 Rz 77). Wie sonst sollten auch Mitarbeitervertretungen in Wahrnehmung ihrer Beteiligungsrechte gemäßt § 35 MAVO von ihrer Mitbeurteilungskompetenz zur Eingruppierung, Höhergruppierung oder Herabgruppierung Gebrauch machen. Dasselbe gilt für die Schlichtungsstellen, die bei Streitigkeiten feststellen müssen, welche Arbeitsvertragsordnung beim Dienstgeber gilt, um z.B. über die zutreffenden Vergütungsgruppe entscheiden können (§ 35 Rz 5 f.). Das Kirchenrecht statuiert in can. 1290 CIC mit Blick auf die Verträge, dass das Vertragsrecht des jeweiligen Staates gilt, in dem der Vertrag geschlossen ist und sich entfaltet. Infolge dessen gelten vom Diözesanbischof erlassene Arbeitsvertragsordnungen gegenüber den Arbeitnehmern nicht normativ sondern durch einzelarbeitsvertragliche Inbezugnahme, weil aus kirchenrechtlicher Sicht vom Kirchenrecht nur die Glieder der katholischen Kirche verpflichtet und berechtigt werden (ca. 11 CIC). Die Arbeitsvertragsmuster für die Abschlüsse von Arbeitsverträgen im kirchlichen Bereich setzen in Übereinstimmung mit can. 1290 CIC auf die einzelarbeitsvertragliche Inbezugnahme der jeweiligen Arbeitsvertragsordnungen (vgl. § 3 KAVO der Diözesen in Nordrhein-Westfalen, § 4 KAVO Trier, § 4 ABD; § 1 Abs. 3 AVVO Freiburg).

Ordnungsgemäß von den Kommisionen gemäß KODA-Ordnungen und von 25 der AK verabschiedete und von den Diözesanbischöfen in Kraft gesetzte Arbeitsvertragsordungungen bzw. Arbeitsvertragsrichtlinien sind im Ergebnis von den Dienstgebern durch kirchenrechtlichen bzw. satzungsrechtlichen Befehl arbeitsvertraglich umzusetzen mit der Folge, dass sich die betroffenen Mitarbeiter auf den Anwendungsbefehl berufen können. Damit steht fest, dass kirchliche Arbeitgeber bei Anwendung auf dem Dritten Weg entstandener Arbeitsvertragsordnungen bzw. Arbeitsvertragsrichtlinien die darin enthaltenen Arbeitsvertragsbedingungen nicht einseitig aufstellen.

Die Kirchen – wie die Tarifvertragsparteien – müssen bei der Schaffung ihrer 26 Rechtsnormen zwingendes staatliches Arbeitnehmerschutzrecht beachten, wollen sie nicht die Nichtigkeit ihrer Normen in Kauf nehmen. Staatliches Recht wird nicht verdrängt.

Umstritten ist, ob kirchliche Arbeitsvertragsordnungen der rechtlichen Kon- 27 trolle wie die Normen von Tarifverträgen oder auch der Billigkeitskontrolle durch die staatlichen Gerichte unterliegen. **Das BAG unterscheidet.** Stimmen kirchliche Regelungen des Arbeitsvertragsrechts mit denen von Tarifverträgen überein, erfolgt keine Billigkeitskontrolle (BAG, 4. 4. 2001 – 4 AZR 232/00, ZTR 2001 S. 512). Für die Inhaltskontrolle kirchlicher Arbeitsvertragsrichtlinien sind nach Auffassung des BAG die für **Tarifverträge** geltenden Maßstäbe heranzuziehen, soweit in die Arbeitsvertragsrichtlinien die entsprechenden Tarifvertragsregelungen des öffentlichen Dienstes für gleich gelagerte Sachbereiche ganz oder mit im Wesentlichen gleichen Inhalten übernommen werden (*BAG*, 6. 11. 1996 – 5 AZR 334/95, AP Nr. 1 zu § 10 a AVR Caritasverband = NZA 1997 S. 778; *BAG*, 28. 1. 1998 – 4 AZR 491/96, ZevKR Bd. 44 (1999) S. 90). Denn bei tarifvertraglichen Regelungen ist es nach BAG

§ 38

nicht Sache der Gerichte zu prüfen, ob jeweils die gerechteste oder zweckmäßigste Regelung gefunden wurde. Tarifverträge sind allein daraufhin zu untersuchen, ob sie gegen die Verfassung, gegen ein höherrangiges zwingendes Recht oder gegen die guten Sitten verstoßen (BAG, NZA 1996 S. 437; NZA 1997 S. 778). Im Falle der Gleichsetzung kirchlicher Arbeitsvertragsordnung mit dem Tarifvertrag bliebe die staatliche Kontrolle von Kirchenrecht also auch erhalten. Durch § 310 Abs. 4 S. 1 BGB sind Arbeitsvertragsordnung bzw. Arbeitsvertragsrichtlinien jetzt als allgemeine Geschäftsbedingungen zu qualifizieren, weil sie keine Tarifverträge sind. Allgemeine Geschäftsbedingungen sind gemäß § 305 Abs. 1 S. 1 BGB alle für eine Vielzahl von Verträgen vorformulierten Vertragsbedingungen, die eine Vertragspartei (Verwender) der anderen Vertragspartei bei Abschluss eines Vertrages stellt. Damit wird dem System des Dritten Weges allerdings nicht Rechnung getragen, weil die aus mit Vertretern der Dienstgeber und der Mitarbeiterinnen und Mitarbeiter paritätisch besetzten Kommissionen im Sinne der KODA-Ordnungen und der AK-Ordnung hervorgehenden Arbeitsvertragsordnungen bzw. Arbeitsvertragsrichtlinien beiderseits formulierte Vertragsbedingungen sind, die die Dienstgeber arbeitsvertraglich umzusetzen haben. Das hat der staatliche Gesetzgeber nicht berücksichtigt, obwohl auch im Bereich der Geltung eines Tarifvertrages die nicht tarifgebundenen Arbeitnehmer nur im Wege der arbeitsvertraglichen Inbezugnahme von dem Tarifvertrag erreicht werden (*Richardi*, ZMV 2002 S. 161). Die Rechtsprechung berücksichtigt die Struktur des Dritten Weges (*BAG*, 6. 11. 1996 – 5 AZR 334/95, NZA 1997 S. 778). Soweit das BAG eine Billigkeitskontrolle erörtert, orientiert es sich wegen der Struktur des Dritten Weges nicht an § 315 BGB sondern wendet § 317 BGB an, so dass für den Fall anerkannter Billigkeitskontrolle die streitige Bestimmung einer Arbeitsvertragsordnung für die Arbeitsvertragsparteien dann nicht verbindlich ist, wenn sie offenbar unbillig ist (§ 319 Abs. 1 S. 1 BGB; *BAG*, 17. 4. 1996 – 10 AZR 558/95, NZA 1997 S. 55; *BAG* 15. 11. 2001 – 6 AZR 88/01).

28 Nach Ansicht des BAG bedarf die Vertragsgestaltung der gerichtlichen Überprüfung, wenn kein Gleichgewicht der Vertragspartner einen angemessenen Vertragsinhalt gewährleistet, weil entweder die Vertragsparität gestört ist oder eine Vertragspartei aus anderen Gründen allein den Inhalt des Vertragsverhältnisses gestalten kann (BAGE 23, 160, 163). Die auf dem arbeitsrechtlichen Schutzprinzip beruhende Inhaltskontrolle wird gegenüber Tarifverträgen nicht ausgeübt, weil bei ihrem Zustandekommen von einer Gleichgewichtslage der Parteien ausgegangen wird und die im Tarifvertrag erreichten Ergebnisse einer materiellen Richtigkeitsgewähr entsprechen (BAGE 22, 252). Daher ergibt sich selbst aus zwingenden gesetzlichen Bestimmungen zur Sicherung von bestimmten Rechtspositionen für die Arbeitnehmer die tarifdispositive Gestaltungsmöglichkeit zwingenden Gesetzesrechts. Diese Disponibilität wird – allerdings nicht durchgehend – neben den Tarifvertragsparteien den Kirchen und öffentlich-rechtlichen Religionsgesellschaften eingeräumt (vgl. z. B. § 7 Abs. 4 ArbZG). Von Interesse ist in diesem Zusammenhang auch die in § 17 Abs. 3 BetrAVG enthaltene Klausel, wonach Tarifvertragsrecht, das von den zwingenden Bestimmungen des BetrAVG abweicht, auch zwischen nicht tarifgebundenen Arbeitgebern und Arbeitnehmern Geltung hat, wenn zwischen diesen die Anwendung der einschlägigen tariflichen Regelung vereinbart ist. Bekanntlich wenden die Kirchen auf dem Gebiet der betrieblichen Altersversorgung das Tarifrecht des öffentlichen

§ 38

Dienstes an. In diesem Fall wird aber nicht Kirchenrecht sondern Tarifvertragsrecht auf den Prüfstand gebracht. Soweit aber nur die Kirchen und öffentlich-rechtlichen Religionsgesellschaften von zwingendem Arbeitsgesetz abweichen können, kommt darin zum Ausdruck, dass die rechtlich verselbstständigten Einrichtungen der Caritas und Diakonie nicht selbst die maßgebliche Regelung treffen können sondern auf ein kirchengesetzlich legitimiertes Arbeitsrechtsregelungsverfahren angewiesen sind, dessen Ergebnis sie dann übernehmen (*Richardi*, a. a. O. § 8 Rz 20).

Einer gerichtlichen Billigkeitskontrolle steht nach Auffassung des BAG das **Selbstordnungsrecht und Selbstverwaltungsrecht der Kirchen** nach Art. 140 GG i. V. m. Art. 137 Abs. 3 WRV nicht entgegen, weil die Gestaltungsfreiheit des kirchlichen Arbeitgebers nach Art. 137 Abs. 3 WRV für die auf Vertragsebene begründeten Arbeitsverhältnisse unter dem Vorbehalt des für alle geltenden Gesetzes stehe. Dabei wird dem Selbstverständnis der Kirchen ein besonderes Gewicht beigemessen. Doch werde durch eine gerichtliche Billigkeitskontrolle, wie im Falle der Kürzung des Weihnachtsgeldes, die verfassungsrechtlich geschützte Eigenart des kirchlichen Dienstes, das spezifisch Kirchliche und das kirchliche Proprium nicht in Frage gestellt (*BAG*, 17. 4. 1996 – 10 AZR 558/95, NZA 1997 S. 55). 29

Die Folge davon, dass Arbeitsvertragsordnungen bzw. Arbeitsvertragsrichtlinien keine Tarifverträge sind, ist im Falle des Betriebsübergangs gemäß § 613 a BGB die Weitergeltung des bisherigen Arbeitsvertragsinhalts beim neuen Arbeitgeber. Beispiel: Wird eine pfarrliche Einrichtung, welche die KAVO oder das ABD anwendet auf einen AVR-Anwender rechtsgeschäftlich übertragen, gelten KAVO bzw. ABD weiter (vgl. *BAG*, 20. 3. 2002 – 4 AZR 101/01, NZA 2002, 1402). Dasselbe gilt auch im umgekehrten Fall, wenn eine Einrichtung aus dem AVR-Bereich auf einen Träger im KAVO- oder ABD-Bereich übergeht; die AVR gelten weiter. Die einvernehmliche Anpassung der Arbeitsvertragsbedingungen durch die Parteien des Arbeitsvertrages ist jedoch möglich. 30

3. Rechtsqualität von Dienstvereinbarungen

Das Recht der Dienstvereinbarung ist in § 38 ausdrücklich geregelt. Bei ihr geht es um einen privatrechtlichen Vertrag i. S. der §§ 145 ff. BGB (vgl. zur Vertragstheorie zur Betriebsvereinbarung; *Richardi*, BetrVG § 77 Rz 30; *Fitting/Kaiser/Heither/Engels/Schmidt*, § 77 Rz 13; Kreutz, GK-BetrVG, § 77 Rz 31 mit Nachweisen zu den Theorien, wie Satzungstheorie, Vertrags- und Vereinbarungstheorie; *Richardi*, a. a. O. § 77 Rz 23 ff.). Nach dem Ordnungstext der MAVO wird verlangt, dass Dienstvereinbarungen von Dienstgeber und MAV gemeinsam beschlossen werden. Damit erfüllt die Kirche einen ihr zukommenden Regelungsauftrag für den Bereich einer Einrichtung (vgl. Mater et magistra Nr. 91 f.). Die **Dienstvereinbarung gemäß MAVO ist ein kollektiver Normenvertrag**, den die Einrichtungspartner aufgrund der dazu erteilten besonderen kirchenrechtlichen Ermächtigung (vgl. auch Öffnungsklausel gemäß Abs. 2) abschließen können. Soweit die MAVO bzw. eine arbeitsvertragsordnungsrechtliche Öffnungsklausel dem Dienstgeber das Recht zum Abschluss von Dienstvereinbarungen zugestehen, haben die ordnungsgemäß und formgerecht festgelegten Dienstvereinbarungen **Rechtsnormcharakter** wie eine Betriebsvereinbarung nach § 77 Abs. 4 S. 1 BetrVG bzw. Dienstver- 31

§ 38

einbarung nach § 73 BPersVG. Sie wirken unmittelbar und zwingend auf die Arbeitsverhältnisse der Mitarbeiter, die persönlich, räumlich und zeitlich vom Geltungsbereich der Dienstvereinbarung erfasst werden. So jetzt ausdrücklich § 38 Abs. 3 a S. 1). Denn soll die Bestimmung des § 38 im System der Mitbestimmungsregelungen überhaupt einen Sinn haben, müssen diejenigen auch rechtsverbindlich durch die Dienstvereinbarung erfasst werden, für die sie abgeschlossen worden ist. Begrenzt wird die Dienstvereinbarung inhaltlich von den auch hier geltenden einschränkenden Normen zwingenden staatlichen und kirchlichen Rechts (§ 38 Abs. 3). Es gibt allerdings keine Dienstvereinbarungsautonomie, soweit die Gegenstände der Dienstvereinbarung (Abs. 1 Nrn. 1–11) auf die Mitbestimmungstatbestände des § 36 Abs. 1 abgestimmt sind. Die Bestimmung des § 38 Abs. 2 erweitert das Recht zum Abschluss von Dienstvereinbarungen zu Arbeitsentgelten und sonstigen Arbeitsbedingungen, die in Rechtsnormen, insbesondere kirchlichen Arbeitsvertragsordnungen, geregelt sind oder üblicherweise geregelt werden, unter dem ausdrücklichen Vorbehalt, dass eine Rechtsnorm den Abschluss ergänzender Dienstvereinbarungen überhaupt zulässt. Vorrang haben also die Rechtsnormen, die im Arbeitsrechtsregelungsverfahren nach den Ordnungen der KODA bzw. der AK des Deutschen Caritasverbandes zustande gekommen sind oder üblicherweise zustande kommen (*Richardi*, a. a. O. § 18 Rz 125); es geht um die Sicherung der Einheit des kirchlichen Dienstes.

32 Wegen des normativen Charakters der Dienstvereinbarungen setzen sie objektive Rechtsnormen für die einzelnen Arbeitsverhältnisse. Die Normen gelten allerdings für solche einzelarbeitsvertraglichen Regelungen nicht, die für die Mitarbeiter insgesamt günstiger sind (**Günstigkeitsprinzip**). Die Normen wirken unmittelbar auf die unter den Geltungsbereich fallenden Arbeitsverhältnisse ein. Unmittelbar in diesem Sinne bedeutet, dass die Normen der Dienstvereinbarung ohne Rücksicht auf das Wollen und die Kenntnis des davon betroffenen Mitarbeiters vor Bestehen oder dem Inhalt dieser Dienstvereinbarung auf sein Arbeitsverhältnis einwirken.

33 Der Beginn der unmittelbaren Wirkung der Dienstvereinbarung richtet sich nach ihrem Inkrafttreten. Nach diesem Zeitpunkt werden alle neu abgeschlossenen oder bereits bestehenden Arbeitsverhältnisse erfasst. Die unmittelbare Wirkung endet, wenn die vereinbarte Dauer ausläuft oder die in § 38 Abs. 4 S. 2 fristgebundene Kündigung ausgesprochen und die Kündigungsfrist abgelaufen ist.

34 Die Normen einer Dienstvereinbarung wirken zwingend (§ 38 Abs. 3 a). Arbeitsvertragliche Abreden, die ihnen widersprechen, sind nichtig (§ 134 BGB). Von ihrer zwingenden Natur besteht aber eine Ausnahme, wenn nämlich die einzelarbeitsvertragliche Regelung für den betroffenen Mitarbeiter oder die Gesamtheit der Mitarbeiter der Einrichtung, für die die Dienstvereinbarung gilt, insgesamt günstiger ist. Das muss aber im Einzelfall eindeutig festzustellen sein.

35 Nach der für Tarifvertragsnormen (§ 4 Abs. 4 S. 1 TVG) und für Betriebsvereinbarungen (§ 77 Abs. 4 S. 2 BetrVG) geltenden und anwendbaren Regelung kann der Mitarbeiter auf Rechte aus einer Betriebsvereinbarung nur mit ausdrücklicher Zustimmung des Betriebsrats verzichten. Diese Regelung ist in § 38 Abs. 3 a S. 2 MAVO mit Blick auf **Dienstvereinbarungen** normiert. Das **Recht zum Verzicht** gilt, gleich ob dieser Verzicht in einem Erlassvertrag (§ 397 Abs. 1 BGB), einem negativen Schuldanerkenntnis (§ 397 Abs. 2

§ 38

BGB) oder in einer Ausgleichsquittung enthalten ist. Nicht von diesem Verzichtsverbot ist ein Vergleich zwischen den Arbeitsvertragsparteien betroffen, der Meinungsverschiedenheiten über die tatsächlichen Voraussetzungen eines Anspruchs beseitigen soll.

Die **Verwirkung** von Rechten aus einer Dienstvereinbarung ist ausgeschlossen. **Ausschluss-** oder **Verfallsfristen** für Ansprüche aus einer Dienstvereinbarung müssen in ihr oder einer Arbeitsvertragsordnung enthalten sein. Sind also in einer auf das Arbeitsverhältnis anwendbaren Arbeitsvertragsordnung Verfallsfristen festgelegt, gelten diese auch für Ansprüche aus der Dienstvereinbarung. 36

Im Verhältnis der Dienstvereinbarung zu anderen auf das Arbeitsverhältnis anwendbaren Rechtsquellen gilt: 37
– Gegenüber **gesetzlichen Regelungen** ist die Dienstvereinbarung die schwächere Rechtsquelle. Sie ist nur zulässig, soweit Gesetze keine Regelung der Frage enthalten, abdingbar sind oder eine Öffnungsklausel für betriebliche Ergänzungen enthalten.
– Gegenüber **Arbeitsvertragsordnungen** enthält § 38 Abs. 2 eine eindeutige Abgrenzung (siehe Rz 50 ff.).
– Gegenüber dem **Einzelarbeitsvertrag** enthält § 38 Abs. 3 a eine ausdrückliche Regelung. Die MAV und der Dienstgeber haben generelle Regelungsmacht, in Form einer Dienstvereinbarung kollektive Arbeitsbedingungen zu gestalten oder zu ändern, soweit nicht die Schranken des § 38 Abs. 2 entgegenstehen. Die in § 38 Abs. 1 und 4 enthaltene Verpflichtungermächtigung gibt beiden Partnern dazu die Legitimation.

III. Einzelfälle der Zulässigkeit von Dienstvereinbarungen

1. Einzelfälle des § 38 Abs. 1 Nrn. 1 bis 13

§ 38 Abs. 1 Nrn. 1 bis 13 enthält einen abschließenden, nicht durch eine Vereinbarung zwischen Dienstgeber und MAV erweiterungsfähigen Katalog von Tatbeständen, in denen der Abschluss einer Dienstvereinbarung zulässig ist (§ 48). Diese Einzeltatbestände betreffen einerseits 38
a. den vollständigen Katalog des § 36 Abs. 1 Nrn. 1 bis 11 (§ 38 Abs. 1 Nrn. 1 bis 11) sowie andererseits
b. in Abs. 1 Nrn. 12 und 13 besondere nach § 1 b und § 24 Abs. 2 und 3 zu regelnde Angelegenheiten zur Bildung von gemeinsamen Mitarbeitervertretungen und erweiterten Gesamtmitarbeitervertretungen sowie zur Verlängerung des Übergangsmandats gemäß § 13 d Abs. 1 S. 4. Auf die Ausführungen zu den unter b. genannten Bestimmungen wird verwiesen.

Da sich die Fälle des Zustimmungsrechts nach § 36 Abs. 1 Nrn. l bis 11 wörtlich mit denen des § 38 Abs. 1 Nrn. 1 bis 11 decken, kann auf die Kommentierung zu § 36 Rz 13–81 verwiesen werden. Soweit in § 36 Abs. 2 (§ 36 Rz 26) der Personenkreis der in pastoralen Diensten und im liturgischen Dienst beschäftigten Mitarbeiter aus dem Anwendungsbereich des § 36 Abs. 1 Nr. 1 herausgenommen worden ist, ist für diesen Personenkreis keine Dienstvereinbarung im Sinne von § 38 Abs. 1 Nr. 1 zulässig, also auch nicht über § 37 Abs. 1 Nr. 1 erzwingbar. 39

Bleistein/Thiel

§ 38

40 Auf Beispiele für Dienstvereinbarungen wird hingewiesen:
– zu Abs. 1 Nr. 1: Arbeitszeitregelung, Würzburger Diözesanblatt 1999 S. 252;
– zu Abs. 1 Nr. 9: Verwendung einer EDV-Anlage auf der Grundlage eines Antrags der MAV für eine Dienstvereinbarung gemäß § 37 Abs. 1 Nr. 7 (jetzt Nr. 9), *Schlichtungsstelle Köln*, 3. 12. 1996 – MAVO 7/96: **1.** Im Rahmen einer Regelungsstreitigkeit ist die Schlichtungsstelle nach § 41 Abs. 1 Nr. 8 MAVO nicht nur darauf verwiesen, ständige Verstöße des Dienstgebers gegen § 36 MAVO festzustellen. Sie kann die Verstöße des Dienstgebers auch dadurch beenden, dass sie eine verbindliche Regelung zwischen den Beteiligten schafft. **2.** Bei der Schaffung einer Dienstvereinbarung im Rahmen des § 38 Abs. 1 Nr. 9 sind die berechtigten beiderseitigen Interessen – auf der einen Seite die Belange des Dienstgebers, auf der anderen Seite die berechtigten Belange der Mitarbeiter – angemessen zu berücksichtigen (*Schlichtungsstelle Köln*, MAVO 3/93: Dienstvereinbarung zum Einsatz eines computerunterstützten Kommunikations- und Datenverarbeitungssystems; *Besgen*, Privattelefonate des Arbeitnehmers (Privatnutzung von Kommunikationseinrichtungen des Arbeitgebers), in: b+p 2000 S. 112, 114);
– zu Abs. 1 Nr. 10: *Bleistein*, Betriebsvereinbarung über ein Alkoholverbot und den Umgang mit alkoholgefährdeten und -kranken Betriebsangehörigen, in: b+p 1998 S. 547; Dienstvereinbarung zur internen Suchtberatung, Amtsblatt des Erzbistums Köln 2002 Nr. 87 S. 85; ZMV 2002 S. 69;
– zu Abs. 1 Nr. 11 siehe Rz 41 ff.; Vorschlag des Vorsitzenden der Schlichtungsstelle Köln, 4. 7. 1990 – MAVO 2/90 als Vermittler gemäß § 38 Abs. 2 MAVO alte Fassung; Muster-Sozialplan, BB 2000 S. 1624.

2. Gestaltungsbedingungen für eine Dienstvereinbarung über einen Sozialplan (§ 38 Abs. 1 Nr. 11)

41 Die Gestaltung eines Sozialplans nach § 38 Abs. 1 Nr. 11 wird in Grundzügen, die keine Vollständigkeit beanspruchen, die aber auf Praxiserfahrung beruhen, nachstehend dargestellt. Zu den materiell-rechtlichen Voraussetzungen, die für einen Sozialplan vorliegen müssen, wird auf § 36 Rz 116–126 verwiesen. Nur wenn diese materiell-rechtlichen Voraussetzungen vorliegen, wenn vor allem wesentliche wirtschaftliche Nachteile ursächlich bedingt durch einen der Tatbestände des § 36 Abs. 1 Nr. 11 zu Lasten der Mitarbeiter entstehen und feststellbar sind, besteht ein Rechtsanspruch auf Abschluss eines Sozialplanes. Entstehen solche Härten durch die Maßnahmen des Dienstgebers nicht, ist kein Raum für einen Sozialplan (*BAG*, 17. 8. 1982 – 1 ABR 40/80, AP Nr. 11 zu § 111 BetrVG 1972 = DB 1983, 344 – Örtliche Verlegung eines Betriebs um 4,3 km ohne messbare wirtschaftliche Nachteile für die Arbeitnehmer).

42 Für die Gestaltung dieses Sozialplanes besteht weitgehend zwischen den Partnern der Einrichtung Gestaltungsfreiheit, soweit sie nicht in zwingende gesetzliche Regelungen (z. B. Sonderkündigungsschutz für Schwangere und Mütter nach §§ 9 MuSchG, 18 BErzGG, Sonderkündigungsschutz für Schwerbehinderte nach §§ 85, 91 SGB IX) eingreifen. Der Sozialplan soll demnach die Mitarbeiter auf sozialem und personellem Gebiet vor **wesentlichen** wirtschaftlichen **Nachteilen** schützen.

§ 38

Der Abschluss eines Sozialplanes kann nicht die **Kündigung** des Arbeitsverhältnisses durch den Dienstgeber ersetzen. Der Dienstgeber muss ordnungsgemäß eine Kündigung aussprechen, wenn er sich vom Mitarbeiter lösen will. Der Dienstgeber kann auch Leistungen aus dem Sozialplan nicht davon abhängig machen, dass der Mitarbeiter **keine Kündigungsschutzklage** erhebt (*BAG*, 20. 12. 1983 – 1 AZR 442/82, AP Nr. 17 zu § 112 BetrVG 1972 = DB 1984, 723). Allerdings können und sollten die Parteien des Sozialplanes festlegen, dass eine Kündigungsabfindung in einem vom Mitarbeiter angestrengten Kündigungsschutzprozess auf eine Abfindung nach dem Sozialplan zur Anrechnung gelangt. Der Verzicht des Arbeitnehmers auf Durchführung des Kündigungsschutzverfahrens ist zulässig (§ 1 a Abs. 1 KSchG). 43

3. Wichtige Grundregeln für die Aufstellung eines Sozialplanes

a. Formelle Regelungen

Für den formellen Regelungsteil des Sozialplanes empfiehlt sich folgender Katalog: 44
1) Festlegung des persönlichen Geltungsbereiches: Wer wird in den Geltungsbereich einbezogen? Auch die »Leitenden Mitarbeiter« nach § 3 Abs. 2 Nr. 3 und 4?
2) Vereinbarung eines Stichtages für
   - die Berechnung des Lebensalters,
   - die Berechnung von Beschäftigungsjahren,
   - die Höhe des Entgeltes (Gehaltes) für die Festlegung der Abfindungshöhe.
   Als Stichtag kann man wählen den Beginn eines Kalenderjahres oder den Abschlusstag der Dienstvereinbarung. Die genaue Festlegung vermeidet sonst unvermeidbare Auseinandersetzungen.
3) Festlegung von Fälligkeitsterminen für die Abfindung: Das ist wichtig für die Geltendmachung der Abfindung (z. B. bei Gericht).
4) Festlegung von Auszahlungsbedingungen für die Abfindung: Einmalige oder Ratenzahlung zu welchen Zeitpunkten?
5) Genauer Zeitpunkt für das Inkrafttreten des Sozialplanes: Wichtig für die Feststellung, wer unter den Sozialplan fällt.
6) Verfallsfristen für die zu gewährenden Leistungen: Sie sind rechtlich zulässig und entscheidend für die Frage, wie lange und unter welchen Voraussetzungen Leistungen aus dem Sozialplan noch gefordert werden können. Sonst verjähren nach § 195 BGB Ansprüche 3 Jahre nach ihrer Entstehung (§§ 194, 198, 199 BGB).

b. Materielle Regelungen

Beim materiellen Regelungsteil des Sozialplanes sind folgende Leistungen zu bedenken: 45
1) Arbeitsfreistellung bis zu einem bestimmten Zeitpunkt (Ablauf der ordentlichen Kündigungsfrist? – Anrechnung auf den Urlaub? – Anrechnung anderweitigen Verdienstes während der Zeit der Freistellung auf das weitergezahlte Entgelt)
2) Abfindungen für den Verlust des Arbeitsplatzes
3) Übernahme von Kosten für Umschulungs- und Fortbildungsmaßnahmen

§ 38

4) Finanzielle Zuschüsse für den Fall der Arbeitslosigkeit (wichtig für ältere Arbeitnehmer bis zum Bezug einer Altersrente)
5) Ausgleichszahlungen für Lohneinbußen (z. B. Schicht-, Nachtzuschläge)
6) Regelung für verfallbare Versorgungsanwartschaften (Unverfallbare Anwartschaften sind durch das Betriebsrentengesetz ohnehin geschützt; dennoch empfiehlt sich auch hier, Fortbestandserklärung dieser unverfallbaren Versorgungsanwartschaften (und ihre nähere Ausgestaltung beim Versorgungsträger (!) in den Sozialplan mit aufzunehmen)
7) Sicherung von Sonderzahlungen für das Jahr des Ausscheidens
8) Änderung (?) der Rückzahlungsbedingungen für Dienstgeberdarlehen
9) Regelung der Weiterbenutzung von Dienstwohnungen und sonstigen betrieblichen Sozialeinrichtungen (zu welchen Bedingungen?)
10) Gewährung von Trennungsentschädigungen und Aufwandsentschädigungen
11) Fahrtkostenzuschüsse
12) Mietbeihilfen bei notwendigen Versetzungen und Beteiligungen an Umzugskosten
13) Bildung eines Härtefonds und Verteilungsmodalitäten
14) Wiedereinstellungsanspruch

Dieser Katalog beansprucht keine Vollständigkeit. Er beruht auf praktischen Erfahrungen bei der Gestaltung von Sozialplänen und ist auf die jeweilige Einrichtung abzustellen und auf ihre besondere Lage und die besonderen Bedürfnisse der betroffenen Mitarbeiter. Beispiel: Amtsblatt des Erzbistums Berlin 2003 Nr. 118 S. 85.

c. Generelle Grundsätze für Abfindungen in Sozialplänen

46 Folgende generelle Grundsätze gelten für Abfindungen in Sozialplänen:
1) Keine Höchstgrenzen für die Bemessung der Sozialplanabfindung, auch nicht aus der gesetzlichen Regelung der Abfindungshöhe in § 10 KSchG. Sie gilt nur für die Festsetzung einer Abfindung in einem Kündigungsschutzprozess.
Die steuerrechtlichen und sozialversicherungsrechtlichen Bedingungen für Abfindungen gelten auch für Abfindungen nach einem Sozialplan! Legt die Schlichtungsstelle die Abfindungshöhe verbindlich fest, so ist diese Höhe nach § 41 Abs. 2 (solange eine andere Regelung durch ein kirchliches Arbeitsgerichtsgesetz nicht besteht) nur daraufhin überprüfbar, ob sie wirtschaftlich vertretbar ist, ob sie also die Interessen der Einrichtung und der Mitarbeiter angemessen (§ 315 BGB) berücksichtigt. Eine Überschreitung dieses Ermessens ist durch die Schlichtungsstelle überprüfbar. Dabei kann der Dienstgeber auch seine Einwendungen aus § 42 Abs. 2 (fehlende finanzielle Mittel) detailliert vortragen.
Es ist auch zulässig, so genannte **»Höchstbegrenzungsklauseln« für Abfindungen** – also Wertgrenzen, die auf keinen Fall mit der Abfindung überschritten werden dürfen – einzuführen (*BAG*, 23. 8. 1988 – 1 AZR 284/87, AP Nr. 46 zu § 112 BetrVG 1972 = DB 1988, 2465).
2) Es findet keine Billigkeitskontrolle in einem besonderen »Angemessenheitsprozess« statt, wenn ein einzelner Arbeitnehmer die von der MAV und dem Dienstgeber ausgehandelte, im Sozialplan festgelegte Abfindung einklagt. In diesem Rechtsstreit über die Gewährung der Abfindung kann

§ 38

demnach der Dienstgeber sich auch nicht auf fehlende finanzielle Mittel berufen (§ 42 Abs. 2 – siehe oben unter 1). Er muss dazu das Verfahren vor der Schlichtungsstelle nach § 42 Abs. 2 durchführen.
3) Die Abfindung soll nur **wesentliche wirtschaftliche Nachteile** ausgleichen. Ideelle Nachteile (§ 36 Rz 120) sind nicht zu berücksichtigen.

4. Praxisbewährte Berechnungsformeln (Grundsätze) für Abfindungen

Aus der Praxis sei auf drei Methoden für Abfindungen wegen Entlassungen **47** hingewiesen.
a. Berechnung nach einem bestimmten Prozentsatz des Monatsgehaltes, Zuschläge für Kinder und Schwerbehinderte – Festsetzung von Höchstgrenzen (**Formelmethode**; vgl. Amtsblatt des Erzbistums Berlin 2003 Nr. 118 S. 85):
Beispiele:
»Jeder Mitarbeiter erhält eine Abfindung. Die Abfindung beträgt pro Beschäftigungsjahr...... % des Bruttomonatsgehaltes«
»Die Abfindung erhöht sich für jedes zum Zeitpunkt des Inkrafttretens des Sozialplanes auf der Steuerkarte eingetragene unterhaltspflichtige Kind um ...... Euro.«
»Bei Schwerbehinderten und Gleichgestellten erhöht sich die Abfindung um ...... Euro.«
Beispiel für eine Berechnungsformel:
Bruttomonatsgehalt × (Lebensalter + Beschäftigungsjahre) = Abfindung
　　　　　　　　　　　Divisor
Entscheidend ist hier die Festsetzung des Divisors.
b. Jeder Mitarbeiter erhält einen individuell festgesetzten Abfindungsbetrag (**Individuelle Methode**):
Eine solche Regelung ist rechtlich nicht zu beanstanden (*BAG*, 23. 8. 1988 – 1 AZR 284/87, AP Nr. 46 zu § 112 BetrVG 1972 = DB 1988, 2465).
Aber: Eine solche Methode ist nur für kleine Einrichtungen praktikabel, in der jeder jeden – auch von seiten des Dienstgebers – kennt und abschätzen kann, welche Abfindung angemessen ist. Diese Methode kann kombiniert werden mit Grundbeträgen und Höchstbeträgen.
c. Punktwerttabelle (**Punktwertmethode**):
Wichtig ist die Festlegung, was überhaupt mit einer Punktzahl bewertet wird und welcher Punktwert (Geldbetrag) für jede Punktzahl unter Berücksichtigung der persönlichen, einrichtungsbedingten und wirtschaftlichen Daten ausgeworfen wird.
Diese Methode ist letztlich die gerechteste!
Eine empfehlenswerte Anweisung für eine Dienstvereinbarung nach § 38 zum **48** Abschluss von Sozialplänen enthält die »Rahmendienstvereinbarung«, die zwischen dem Caritasverband der Erzdiözese München und der Gesamtmitarbeitervertretung des Caritasverbandes abgeschlossen wurde (Veröffentlicht in der Beilage zu Heft 2/1994 ZMV). Hinweise gibt auch die Monographie von *Röder/Baeck*, Interessenausgleich und Sozialplan, 2. Auflage, München 1997.

§ 38

5. Beispiel für einen Sozialplan nach der Punktwertmethode

49 Folgender Text sei als Beispiel für einen Sozialplan nach der Punktwertmethode vorgestellt. Unterstellt wird in dem Beispiel die Schließung einer Einrichtung mit dadurch sich ergebenden Entlassungen der Beschäftigten:
Zwischen der X-Krankenhaus GmbH, vertreten durch ......, in ......, und der Mitarbeitervertretung des X-Krankenhauses in ...... wird folgende Dienstvereinbarung gemäß § 38 Abs. 1 Nr. 11 MAVO wegen folgender Maßnahme des Dienstgebers ...... (z. B. Schließung der Einrichtung) getroffen:
§ 1 Persönlicher Geltungsbereich
(1) Dem persönlichen Geltungsbereich dieser Dienstvereinbarung unterfallen alle Mitarbeiter/Mitarbeiterinnen i. S. von § 3 Abs. 1 S. 1 MAVO, die am ...... in einem Arbeitsverhältnis stehen und seit mehr als einem Jahr in der o. g. Einrichtung in ...... beschäftigt sind und infolge der o. g. Maßnahme in der Zeit vom ...... bis ...... aus der Einrichtung ausgeschieden sind oder noch ausscheiden werden.
(2) Anspruchsberechtigt nach dieser Dienstvereinbarung sind diejenigen Personen i. S. von Absatz 1, die
– von einer betriebsbedingten Kündigung des Dienstgebers betroffen sind,
– wegen der Schließung der Einrichtung einen Auflösungsvertrag geschlossen haben oder
– selbst wegen der Schließung gekündigt haben.
§ 2 Ausschluss
Nicht anspruchsberechtigt sind diejenigen Mitarbeiter/ Mitarbeiterinnen, die bis zum ...... vom Dienstgeber anderweitig eingestellt werden.
Die Beschäftigungszeit in der geschlossenen Einrichtung wird auf das neue Arbeitsverhältnis angerechnet.
Wird die Wiedereinstellung von einer Mitarbeiterin oder einem Mitarbeiter abgelehnt, so besteht für sie kein Anspruch aus dieser Dienstvereinbarung.
Nicht anspruchsberechtigt sind Personen, die wegen des Bezugs einer Rente aus der gesetzlichen Rentenversicherung aus dem Arbeitsverhältnis ausscheiden.
§ 3 Höhe der Abfindung
Die Anspruchsberechtigten werden nach der Punktwertmethode abgefunden. Dazu ist die Anlage 1 zu dieser Dienstvereinbarung mit den Spalten
– Name, Vorname
– Geburtsdatum
– Familienstand
– auf der Lohnsteuerkarte eingetragene Kinderzahl
– Beschäftigungszeit
– Punkte
verbindlich.
§ 4 Punktwerte
(1) Folgende Punktezahlen werden vergeben:
1. Beschäftigungsjahre
Für jedes volle Beschäftigungsjahr in der Einrichtung bis zu 10 Beschäftigungsjahren wird je ein Punkt angesetzt. Für jedes volle Beschäftigungsjahr ab dem 11. Beschäftigungsjahr werden je 2 Punkte angesetzt. Als Stichtag für die Berechnung der Beschäftigungsjahre gilt der ....

§ 38

2. Lebensalter
Für jedes volle Lebensjahr ab dem vollendeten 30. Lebensjahr wird ein Punkt angesetzt. Als Stichtag gilt für die Berechnung des Lebensalters auch hier der ...... (Datum).
3. Für jedes auf der Lohnsteuerkarte eingetragene Kind werden 4 Punkte in Ansatz gebracht.
4. Für verheiratete Mitarbeiterinnen/Mitarbeiter werden 6 Punkte, für Geschiedene und Verwitwete 4 Punkte angesetzt.
(2) Der Punktwert für die vorstehend zu errechnenden Punkte wird mit ...... Euro festgesetzt.
§ 5 Sonderbetrag für schwerbehinderte Menschen
§ 6 Anrechnung des Übergangsgeldes
Soweit der Arbeitsvertrag der Anspruchsberechtigten nach dieser Dienstvereinbarung einen Anspruch auf Zahlung eines Übergangsgeldes einräumt, ist der zu zahlende Betrag auf den Anspruch nach dieser Dienstvereinbarung voll anzurechnen. Dasselbe gilt im Falle einer gerichtlich festgesetzten Abfindung gemäß §§ 9 und 10 KSchG.
§ 7 Urlaub
§ 8 Urlaubsgeld und Weihnachtsgeld
§ 9 Vermögenswirksame Leistungen
§ 10 Fälligkeit der Abfindung
§ 11 Auszahlungsbedingungen
§ 12 Verfallfristen
§ 13 In-Kraft-Treten der Dienstvereinbarung

IV. Ausschluss, Nachrang und Wirkung von Dienstvereinbarungen

1. Ausschluss von Dienstvereinbarungen

Dienstvereinbarungen außerhalb des Katalogs des § 38 Abs. 1 sind gemäß § 38 Abs. 2 S. 1 nur eingeschränkt zulässig. Geht es um Arbeitsentgelte und sonstige Arbeitsbedingungen, kommt es darauf an, ob diesbezügliche Rechtsnormen, insbesondere kirchliche Arbeitsvertragsordnungen überhaupt darüber hinaus den Abschluss ergänzender Dienstvereinbarungen dazu ausdrücklich zulassen. Die Vorschrift geht davon aus, dass in der Einrichtung kirchliches Arbeitsvertragsrecht angewendet wird (vgl. Abschnitt II b der Anlage 1 an den AVR-Caritas) oder staatliche Rechtsnormen ihrerseits den Abschluss einer Dienstvereinbarung nach staatlicher gesetzlicher Vorgabe zulassen. Zum Vorrangsprinzip allgemein § 36 Rz 14, 15. 50

§ 38 Abs. 2 S. 1 legt eindeutig den Vorrang von wirksam zustande gekommenen, also bereits vorliegenden (nicht erst beabsichtigten) Arbeitsvertragsordnungen und sonstigen kirchengesetzlichen und staatlichen Normen fest, auch wenn sie – wie bei Arbeitsentgelten – üblicherweise durch die Kommissionen des Dritten Weges verabschiedet werden. 51

Besteht über eine Angelegenheit des § 38 Abs. 1 Nr. 1–11 bereits eine Regelung in einer Arbeitsvertragsordnung, hat diese eine Sperrwirkung gegenüber dem Abschluss einer Dienstvereinbarung über den gleichen Bereich. Insoweit gilt auch nicht das »Günstigkeitsprinzip« in der Weise, dass eine günstigere Regelung der Angelegenheit durch die Dienstvereinbarung einer schlechte- 52

§ 38

ren Regelung in einer Arbeitsvertragsordnung vorgeht. Die Arbeitsvertragsordnung geht in jedem Falle vor.

2. Öffnungsklausel

53 Enthält die Arbeitsvertragsordnung oder die kirchengesetzliche Regelung ausdrücklich die Zulässigkeit ergänzender Regelungen einer Dienstvereinbarung (»Öffnungsklausel«), so wird insoweit die Sperrwirkung der Arbeitsvertragsordnung aufgehoben, aber nur soweit die Öffnungsklausel geht. Unter Berücksichtigung von Recht und Billigkeit ist eine rückwirkende Öffnungsklausel zugunsten einer Dienstvereinbarung i. S. von § 38 Abs. 2 unzulässig, wenn dadurch in bestehende arbeitsvertragliche Besitzstände eingegriffen werden soll. Dasselbe gilt auch für den rückwirkenden Abschluss einer Dienstvereinbarung, wenn im Einzelarbeitsvertrag eine Klausel enthalten ist, wonach die in Bezug genommene Arbeitsvertragsordnung bzw. Arbeitsvertragsrichtlinien in ihrer jeweiligen Fassung Bestandteil des Arbeitsvertrages sind. Das ist anders, wenn bereits bei der Beschlussfassung in der KODA oder in der AK in der Öffnungsklausel ein Vorbehalt zugunsten einer – verschlechternden – Abweichung enthalten ist, so dass z. B. kein Vertrauensschutz hinsichtlich der allgemein erwarteten linearen Vergütungserhöhung entstehen kann (vgl. *BAG*, 20. 4. 1999 – 1 AZR 631/98, NZA 1999, 1059 = DB 1999, 1660). Beispielhaft sei auf Härtefallklauseln in Abschnitt II b der Anlage 1 zu den AVR-Caritas (Anlage zum Kirchlichen Amtsblatt Münster 2003 Nr. 22 vom 15. 11. 2003, S. 30 zu Art. 266 S. 252 des Amtsblatts; Kirchliches Amtsblatt Rottenburg-Stuttgart 2003 S. 798 ff.; Amtsbl. d, Erzbistums Köln 2003, Nr. 327 S. 307, 329). Wird das in der Öffnungsklausel vorgeschriebene formale Verfahren der Dienstvereinbarung nicht eingehalten, ist ihr materieller Gehalt unwirksam (vgl. *BAG*, 116 2002 – 1 AZR 390/01, DB 2002, 2725).

3. Externe Unterstützung der Mitarbeitervertretung bei freiwilligen Dienstvereinbarungen

54 Zur freiwilligen Dienstvereinbarung gemäß § 38 Abs. 2 S. 1 soll die MAV beratende Unterstützung bei den Verhandlungen und zum Abschluss in Anspruch nehmen. Beratungsfunktion haben je nach Wahl der MAV
– entweder **Vertreter der Diözesanen Arbeitsgemeinschaft der Mitarbeitervertretungen** (§ 25 Abs. 1–4)
– oder Vertreter einer in der Einrichtung vertretenen **Koalition** (Berufsverband, Gewerkschaft),
wie dies gemäß § 38 Abs. 2 S. 2 vorgesehen ist. Die MAV ist nicht verpflichtet, die beratende Hilfe in Anspruch zu nehmen, muss aber gemäß § 38 Abs. 2 S. 3 die Aufnahme von Verhandlungen zum Abschluss einer Dienstvereinbarung im Sinne von § 38 Abs. 2 der Diözesanen Arbeitsgemeinschaft der Mitarbeitervertretungen (DiAG-MAV) oder einer in der Einrichtung vertretenen Koalition anzeigen. Weder Koalition noch DiAG-MAV haben einen Rechtsanspruch auf ihren Einsatz, solange die MAV deren Beratung nicht verlangt. Durch die Pflicht zur Anzeige von Verhandlungen an DiAG-MAV oder Koalition soll erreicht werden, dass DiAG-MAV oder Koalition feststellen kann, ob Beratung wegen der zu verhandelnden Materie geboten ist. Dem Dienstgeber entstehen durch den Einsatz der Beratung auf der Seite der MAV keine Kosten (§ 25 Abs. 4 S. 1).

Art. 6 GrO bestätigt die gemäß Art. 9 Abs. 3 GG verfassungsrechtlich gewährleistete **Koalitionsfreiheit** der Mitarbeiterinnen und Mitarbeiter des kirchlichen Dienstes und gibt ihrer Entfaltung im kirchlichen Dienst das Gepräge. Das hat zur Folge, dass sich die Mitarbeiterinnen und Mitarbeiter zur Beeinflussung der Gestaltung ihrer Arbeits- und Wirtschaftsbedingungen in Vereinigungen (Koalitionen) zusammenschließen, diesen beitreten und sich in ihnen betätigen können. Sie sind berechtigt, innerhalb ihrer Einrichtung für den Beitritt zu diesen Koalitionen zu werben, über deren Aufgaben und Tätigkeiten zu informieren sowie Koalitionsmitglieder zu betreuen. Die Koalitionsfreiheit entbindet sie aber nicht von der Pflicht, ihre Arbeit als Beitrag zum Auftrag der Kirche zu leisten (Art. 6 Abs. 1 GrO). Die Koalitionsfreiheit umfasst die Unterstützung der Mitglieder der Koalition. Die Vorschrift des § 38 Abs. 2 S. 2 konkretisiert die Betätigung der Koalition in einer kirchlichen Einrichtung. Die Koalition hat damit **Zutrittsrecht zur Einrichtung** aus Anlass von Verhandlung und Abschluss freiwilliger Dienstvereinbarungen im Sinne von § 38 Abs. 2 S. 1 zur Unterstützung der MAV (§ 38 Abs. 2 S. 2), um nach maßgebender Entscheidung der MAV und **ohne Eigenberechtigung** für ihre in der Einrichtung tätigen Mitglieder aktiv zu werden (Art. 6 Abs. 2 GrO). Wegen der Zielsetzung des kirchlichen Dienstes hat die Koalition (Vereinigung) allerdings besonders genannte Kriterien zu erfüllen: Die Vereinigung muss die Eigenart des kirchlichen Dienstes und die sich daraus für die Mitarbeiterinnen und Mitarbeiter ergebenden Loyalitätsobliegenheiten anerkennen (Art. 6 Abs. 2 GrO). Bei zulässiger Koalitionsbetätigung haben Koalition und die ihr angehörenden Mitarbeiterinnen und Mitarbeiter darauf zu achten, dass die Arbeit einer kirchlichen Einrichtung unter einem geistig-religiösen Auftrag steht (Art. 6 Abs. 2 S. 3 GrO). Sie müssen das verfassungsmäßige Selbstbestimmungsrecht der Kirche zur Gestaltung der sozialen Ordnung ihres Dienstes respektieren (Art. 6 Abs. 2 S. 4 GrO). Die Zugehörigkeit von Mitgliedern der MAV zu einer Koalition kann also für die Entscheidung der MAV (§ 14 Abs. 5), mit wessen Hilfe sie in die Verhandlungen zu einer Dienstvereinbarung gehen will, ausschlaggebend sein.

Im Falle von **Streitigkeiten** über die Inanspruchnahme der Unterstützung für die MAV entscheidet die Schlichtungsstelle auf Antrag des Dienstgebers oder der MAV (§ 41 Abs. 2; Rechtsstreitigkeit).

4. Kein Widerspruch zu Arbeitsvertragsordnungen, Abs. 3

Dienstvereinbarungen dürfen Rechtsnormen, insbesondere in kirchlichen Arbeitsvertragsordnungen, nicht widersprechen (§ 38 Abs. 3 S. 1). Eine Öffnungsklausel in der Rechtsnorm kann allerdings eine von ihr abweichende Regelungsmöglichkeit zulassen.

§ 38 Abs. 3 S. 2 legt fest, dass bestehende Dienstvereinbarungen mit Inkrafttreten einer Arbeitsvertragsordnung oder kirchengesetzlichen Regelung, welche die in der Dienstvereinbarung umschriebenen Angelegenheiten regeln, unwirksam werden.

Auch eine dann günstigere Regelung durch die Dienstvereinbarung wird dann mit Inkrafttreten der nachfolgenden Arbeitsvertragsordnung verdrängt (*BAG*, 12. 12. 1962 – 5 AZR 221/61, AP Nr. 11 zu § 4 TVG Ordnungsprinzip = DB 1962, 485).

§ 38

5. Zwingende Wirkung, Abs. 3 a

60 Im Übrigen gilt: Die Regelungen einer Dienstvereinbarung wirken unmittelbar und zwingend in die Arbeitsverträge der von der Dienstvereinbarung betroffenen Mitarbeiterinnen und Mitarbeiter hinein (§ 38 Abs. 3 a S. 1; vgl. dazu auch: § 77 Abs. 4 BetrVG, § 36 Abs. 2 MVG-EKD). Die Regelungen einer Dienstvereinbarung sind unabdingbar (§ 38 Abs. 3 a S. 2). Das gilt uneingeschränkt für eine **ungünstigere** Regelung durch den Einzelarbeitsvertrag. Sie wird durch die günstigere Regelung der Dienstvereinbarung verdrängt und ersetzt. Die MAV hat das Recht der Kontrolle über die Einhaltung der Bestimmungen der Dienstvereinbarung (§ 41 Abs. 1 Nr. 8). Allerdings hat jeder betroffene Mitarbeiter das Recht, die Vereinbarkeit von Dienstvereinbarung und individuellem Arbeitsvertrag durch das staatliche Gericht überprüfen zu lassen (§ 2 Abs. 1 Nr. 3 a ArbGG). Andererseits ist gemäß § 38 Abs. 3 a S. 2 ein **Verzicht** des Mitarbeiters auf durch die Dienstvereinbarung eingeräumte Rechte nur mit Zustimmung der MAV zulässig. Damit wird zum Ausdruck gebracht, dass die unmittelbare und zwingende Geltung der Dienstvereinbarung nicht zur Disposition der Parteien des Arbeitsvertrages steht, weil sie sonst entgegen der Übereinkunft mit der MAV unterlaufen werden könnte. Der Dienstgeber bleibt gegenüber der MAV gemäß den Regeln über die Bestandskraft der Dienstvereinbarung, deren Inhalt von ihm nicht angetastet werden darf, verpflichtet, falls nicht zuvor ordnungsgemäße Kündigung der Dienstvereinbarung erfolgt ist. Der Verzicht – und sei es im Wege des Vergleichs oder gar des Prozessvergleichs – auf Rechte (vor allem künftige und bereits entstandene Ansprüche) der Mitarbeiter gegen den Dienstgeber in jedem Einzelfall ist **nur mit** – formloser – **Zustimmung der MAV** als Vertragspartei der Dienstvereinbarung zulässig. Die Vertragsfreiheit der Arbeitsvertragsparteien ist damit eingeschränkt, auch nach Ende des Arbeitsverhältnisses. Das Interventionsrecht der MAV unterstützt den Bestand der Dienstvereinbarung und vermeidet Verstöße gegen sie. Ohne die Zustimmung der MAV vereinbarte Verzichterklärungen sind unwirksam. Für die Zustimmung der MAV gelten §§ 182 ff. BGB. Sie kann vor der Verzichterklärung durch Einwilligung, aber auch nachträglich durch Genehmigung erteilt werden (*Fitting*, § 77 Rz 132).

61 Das **Verzichtsverbot** erfasst Rechte und Ansprüche im Sinne von Abs. 1 und Abs. 2. Das gilt uneingeschränkt für Angelegenheiten im Sinne des Abs. 1, auch im Nachwirkungszeitraum nach der Kündigung der Dienstvereinbarung. In Dienstvereinbarungen nach Abs. 2 kann festgelegt werden, ob im Falle vereinbarter Nachwirkung der Verzicht abdingbar sein darf (§ 38 Abs. 5 S. 2).

62 Ob eine **günstigere** Regelung durch den Einzelarbeitsvertrag durch den Abschluss einer Dienstvereinbarung verdrängt werden kann, ist jedenfalls für die Frage, wenn die betroffenen Ansprüche auf einer vom Arbeitgeber gesetzten Gesamtzusage oder einer Einheitsregelung (und damit auf einer vom Arbeitgeber gewollten generellen vertraglichen Ordnung beruhen) durch die Entscheidung des *Großen Senates des BAG* – GS 1/82 – vom 16. 9. 1986 – AP Nr. 17 zu § 77 BetrVG 1972 = DB 1987, 383) für die Betriebsvereinbarung, die den gleichen Rang wie eine Dienstvereinbarung nach § 38 hat, geklärt: Ist die Neuregelung durch die Betriebsvereinbarung, die vertragliche Ansprüche des Arbeitnehmers in den Grenzen von Recht und Billigkeit beschränkt, bei kollektiver Betrachtung insgesamt nicht ungünstiger, so ist eine Beschränkung der

§ 38

Rechte aus dem Einzelarbeitsvertrag mit Inkrafttreten der Betriebsvereinbarung wirksam.

Ist die Betriebsvereinbarung jedoch insgesamt ungünstiger, so ist sie nur zuläs- 63 sig, soweit der Arbeitgeber wegen eines vorbehaltenen Widerrufes oder wegen Wegfalls der Geschäftsgrundlage die Kürzung oder Streichung von Sozialleistungen verlangen kann. Die insgesamt ungünstigere Dienstvereinbarung kann demnach nicht schrankenlos in bestehende Besitzstände der Arbeitnehmer eingreifen. Alle Eingriffe müssen dem Grundsatz der Verhältnismäßigkeit (§ 315 BGB) entsprechen.

Auch wenn demnach eine Dienstvereinbarung durch eine andere Dienstver- 64 einbarung verdrängt wird oder eine Dienstvereinbarung in einzelvertragliche Regelungen eingreift, die den gleichen Regelungsgegenstand betreffen, wenn also letztlich die spätere Regelung die frühere Regelung ablöst oder die Regelung durch die Dienstvereinbarung in einzelvertraglich begründete Rechte des Mitarbeiters eingreift, bleiben die erworbenen Besitzstände der betroffenen Mitarbeiter nicht völlig schutzlos. Entschieden worden ist dieses wichtige Problem an der von einem Arbeitgeber durch eine vertragliche Einheitsregelung für alle Mitarbeiter aus Anlass des Dienstjubiläums eingeführten Jubiläumssonderzuwendung, die durch eine schlechtere Regelung im Rahmen einer Betriebsvereinbarung (die Regelung für zehnjährige Jubiläen sollte völlig entfallen) abgelöst wurde.

Dass sich mit der Zulässigkeit der Ablösung der einzelvertraglichen Regelung 65 durch eine ungünstigere Betriebsvereinbarung der Große Senat des BAG beschäftigte, zeigt die Bedeutung dieser Rechtsfrage. Sie kann nach dieser Entscheidung nicht generell für alle denkbaren Fälle beantwortet werden, sondern verlangt eine auf den Einzelfall abgestellte Abwägung, ob und inwieweit in bereits erworbene Besitzstände von Arbeitnehmern durch eine ungünstigere kollektive Regelung durch eine Betriebsvereinbarung eingegriffen werden kann und ob dieser Eingriff noch verhältnismäßig ist.

Diese von der arbeitsgerichtlichen Rechtsprechung entwickelten Grundsätze 66 gelten in gleicher Weise auch für eine Dienstvereinbarung nach § 38 und ihre Eingriffsmöglichkeiten in bestehende arbeitsvertragliche Vereinbarungen und in die Ablösung einer vorhandenen durch eine neue Dienstvereinbarung. Mit Blick auf § 310 Abs. 4 BGB stehen Dienstvereinbarungen im Sinne von 67 § 38 MAVO Betriebs- und Dienstvereinbarungen auf der Grundlage staatlicher Gesetze gleich. Denn durch § 112 BPersVG ist es den Religionsgemeinschaften überlassen worden, das Personalvertretungsrecht selbstständig zu ordnen. Dazu gehört entsprechend dem staatlichen Personalvertretungsrecht die Zulässigkeit Dienstvereinbarungen zu regeln mit der Folge, dass die jeweiligen Betriebspartner davon Gebrauch machen. Das hat zur Folge, dass Dienstvereinbarungen nicht unter den Begriff der »Allgemeinen Geschäftsbedingungen« fallen. Dies ist auch deshalb nicht der Fall, weil die Dienstvereinbarung begrifflich nicht unter die Legaldefinition des § 305 Abs. 1 S. 1 BGB für Allgemeine Geschäftsbedingungen fällt. Als Folge der Regelungskompetenz gemäß § 112 BPersVG ist es auch richtig, die Wirkungsweise der Dienstvereinbarung im Sinne der MAVO der Dienstvereinbarung im Sinne des staatlichen Rechts (vgl. § 73 BPersVG und § 77 Abs. 4 BetrVG) gleich zu stellen (Richardi, Arbeitsrecht in der Kirche, § 15 Rz 43).

§ 38

68 Deshalb unterliegen Dienstvereinbarungen keiner allgemeinen Billigkeitskontrolle im Sinne einer Angemessenheitskontrolle. Einer Rechtskontrolle steht auch § 310 Abs. 4 BGB nicht entgegen.

V. Abschluss der Dienstvereinbarung (§ 38 Abs. 4 S. 1)

1. Willenserklärungen der Parteien

69 Entgegen dem Wortlaut des § 38 Abs. 4 S. 1 kommen Dienstvereinbarungen nicht durch einen gemeinsamen Beschluss des Dienstgebers und der MAV zustande sondern als **privatrechtlicher Vertrag** durch inhaltlich übereinstimmende Willenserklärungen der Einrichtungspartner (*Kreutz*, GK-BetrVG § 77 Rz 31 f.; *Richardi*, BetrVG § 77 Rz 30; *Fitting* § 77 Rz 18). Gemeint ist nicht die gemeinsame Sitzung der Partner mit Abstimmung über die betreffenden Angelegenheiten; es gibt auch keine gleichen Beschlüsse jedes der beiden Partner. Getroffen werden Vereinbarungen zwischen Dienstgeber und MAV im Wege des Austausches zweier übereinstimmender bzw. sich ergänzender Willenserklärungen. Die Willenserklärung der MAV setzt einen vor ihr ordnungsgemäß gefassten Beschluss (§ 14 Abs. 5) über ihre Willensbildung voraus. Auf der Seite der Mitarbeiter kann auch der Gesamtmitarbeitervertretung der Abschluss einer Dienstvereinbarung obliegen, wenn die Gesamtmitarbeitervertretung gemäß § 24 Abs. 4 S. 1 zuständig ist. Ein Ausschuss im Sinne von § 14 Abs. 10 ist zum Abschluss einer Dienstvereinbarung nicht befugt (§ 14 Abs. 10 S. 2, 2. Halbsatz). Nicht zum Abschluss einer Dienstvereinbarung berechtigt sind der Sprecher der Jugendlichen und Auszubildenden (§ 45 Abs. 2), die Vertrauensperson der Schwerbehinderten (§ 46 Abs. 2) sowie der Vertrauensmann der Zivildienstleistenden (§ 46 a).

2. Form

70 Die Dienstvereinbarung bedarf zwingend der **Schriftform**. Eine nur **mündlich** beschlossene Dienstvereinbarung ist **nichtig**. Die Unterschrift des Dienstgebers und des Vorsitzenden der MAV muss auf der derselben Urkunde sein. Der Austausch einseitig vom jeweiligen Partner unterzeichneter Urkunden genügt nicht. Auch eine gemeinsame, von beiden Partern unterzeichnete Sitzungsniederschrift genügt den Anforderungen an die Schriftform nicht. Die Sitzungsniederschrift hat nur den Zweck der Protokollierung eines Sitzungsverlaufs. Für den Dienstgeber handelt entweder das ihn vertretende Organ oder sein bevollmächtigter Vertreter; für die MAV unterschreibt der Vorsitzende der MAV oder bei seiner Verhinderung sein Stellvertreter.

3. Bekanntmachung

71 Der Dienstgeber hat die **Pflicht**, die Dienstvereinbarung in geeigneter Weise **bekannt zu geben**. Dazu genügt, ist aber auch erforderlich, dass er sie in einer oder mehreren Abschriften so auslegt, dass alle Mitarbeiter in der Lage sind, ihren Inhalt zur Kenntnis zu nehmen. Bei einer entsprechenden Infrastruktur kann die Bekanntgabe auch in elektronischer Form erfolgen, wenn jedem Mitarbeiter die Einsichtnahme über Bildschirm möglich ist. Nicht erforderlich ist die Aushändigung des Textes an jeden einzelnen Mitarbeiter. Die Bekannt-

§ 38

machung der Dienstvereinbarung hat keine konstitutive Wirkung, weil die Bestimmung über die Bekanntmachungspflicht des Dienstgebers nur als Ordnungsvorschrift zu bewerten ist. Andernfalls hätte es der Dienstgeber in der Hand, die Wirksamkeit der Dienstvereinbarung auf diese Weise zu verhindern (vgl. *Fitting*, § 77 Rz 25; *Richardi*, BetrVG § 77 Rz 40). Bekanntgabe ist nicht damit erfüllt, dass der Dienstgeber die Dienstvereinbarung auf eine entsprechende Aufforderung des Mitarbeiters zur Verfügung stellt. Notfalls kann die MAV durch Anschlag an ihrem Schwarzen Brett die Mitarbeiter über den Inhalt der Dienstvereinbarung unterrichten.

VI. Ende der Dienstvereinbarung – Nachwirkung – Weitergeltung

1. Ende der Dienstvereinbarung

Die Dienstvereinbarung endet mit Ablauf der vereinbarten Geltungszeit oder 72 der **Erreichung des festgelegten Zwecks** oder mit Ablauf der Kündigungsfrist nach § 38 Abs. 4 S. 2. Sie endet auch mit Abschluss einer die Regelung erfassenden Arbeitsvertragsordnung (§ 38 Abs. 3 S. 2 = Rz 58).

a. Zeitablauf

Gemäß § 1 b Abs. 1 zustande gekommene Dienstvereinbarungen (§ 38 Abs. 1 73 Nr. 12) über die Bildung einer gemeinsamen Mitarbeitervertretung unterliegen gemäß § 1 b Abs. 2 S. 2 dem Zeitablauf der Amtszeit dieser MAV. Diese Regelung geht der Regelung in § 38 Abs. 4 S. 2 als Spezialnorm vor, so dass die Kündbarkeit der Dienstvereinbarung im Sinne von § 1 b Abs. 1 gedanklich ausscheidet. Die Regelung nach § 1 b Abs. 1 S. 4, wonach die beteiligten Rechtsträger die Bildung einer für sie gemeinsamen Mitarbeitervertretung vereinbaren können, ist mit Rücksicht auf den Zweck der Bildung einer gemeinsamen Mitarbeitervertretung für eine volle Amtszeit von vier Jahren ebenfalls nicht gemäß § 38 Abs. 4 S. 2 kündbar.

In den Fällen des § 24 Abs. 2 und 3 sind die dort genannten Festsetzungen (vgl. 74 § 38 Abs. 1 Nr. 12), seien sie Dienstvereinbarungen gemäß § 24 Abs. 2 S. 1 oder gemäß § 24 Abs. 3 S. 3 nicht gemäß § 38 Abs. 4 S. 2 kündbar, weil gemäß § 24 Abs. 5 bestimmt ist, dass eine einmal errichtete Gesamtmitarbeitervertretung oder erweiterte Gesamtmitarbeitervertretung nur im Wege der Zustimmung aller betroffenen Mitarbeitervertretungen und aller betroffenen Dienstgeber zulässig ist. Diese Regelung erfasst auch die gemäß § 24 Abs. 1 gebildete Gesamtmitarbeitervertretung. Soll die Auflösung einer Gesamtmitarbeitervertretung (§ 24 Abs. 1) oder einer erweiterten Gesamtmitarbeitervertretung (§ 24 Abs. 2) ohne volles Einvernehmen aufgelöst werden können, müssen dazu besondere Regelungen bei Einvernehmen gemäß § 24 Abs. 1 und Dienstvereinbarung gemäß § 24 Abs. 2 S. 1 oder § 24 Abs. 2 S. 3 getroffen werden. Insoweit wäre die Kündigung zulässig, wenn dies ausdrücklich in den Abmachungen unter Angabe der einzuhaltenden Kündigungsfrist geregelt ist.

Dienstvereinbarungen zur Verlängerung des Übergangsmandats (§ 13 d 75 Abs. 1 S. 4 i. V. m. § 38 Abs. 1 Nr. 13) sind ebenfalls wegen der vereinbarten verlängerten Dauer des Übergangsmandats nicht gemäß § 38 Abs. 4 S. 2 kündbar. Es gilt die einmal getroffene Dienstvereinbarung zur Sicherstellung der

§ 38

Dauer des verlängerten Übergangsmandats. Die Sonderregelung des § 13 Abs. 3 Nr. 6 bleibt davon unberührt.

b. Kündigung

76 Das **Kündigungsrecht**, das mit einer **Frist** von drei Monaten zum Monatsende wirkt, kann von beiden Vertragspartnern ausgeübt werden. Für die Kündigung ist **Schriftform** Wirksamkeitsvoraussetzung (§ 125 BGB). Die Kündigung muss schriftlich und eigenhändig von einem Kündigungsberechtigten unterzeichnet sein.

77 Die Kündigung bedarf **keines sachlichen Grundes**, es sei denn in der Dienstvereinbarung sind bestimmte Kündigungsgründe, die ausschließlich für eine Kündigung maßgebend sein sollen, ausdrücklich festgelegt. Einen »Kündigungsschutz« für Dienstvereinbarungen gibt es nicht (*BAG*, 17. 1. 1995 – 1 ABR 29/94, AP Nr. 7 zu § 77 BetrVG 1972 Nachwirkung = DB 1995, 1410 – Abschnitt 1 c der Gründe). Es besteht damit für jede Dienstvereinbarung durch beide Partner eine freie Kündigungsmöglichkeit. Eine andere Frage, die von der freien Zulässigkeit der Kündigung einer Dienstvereinbarung getrennt werden muss, ist es, wie es mit den Rechtsfolgen der Kündigung steht. Hier ist zu unterscheiden, ob es sich um eine Betriebsvereinbarung mit zukünftigen Rechtsfolgen für die Mitarbeiter (insbesondere auf dem Gebiete der Altersversorgung) oder ob es sich um freiwillige Leistungen des Dienstgebers handelt. Im ersten Fall können bereits entstandene Leistungen des Dienstgebers, die auf einer Gegenleistung des Mitarbeiters beruhen (wie z. B. die Arbeitsleistung für die Altersversorgung) nicht einfach mit der Kündigung entfallen. Für den Wegfall solcher Leistungen müssten billigenswerte Gründe vorliegen (*BAG*, 10. 3. 1992 – 3 ABR 54/91, AP Nr. 5 zu § 1 BetrAVG Betriebsvereinbarung = DB 1992, 1735 Abschnitt 2 a der Gründe).

78 Eine Dienstvereinbarung kann bei **Vorliegen eines wichtigen Grundes** stets **fristlos** gekündigt werden. Dazu muss ein Grund vorhanden sein, der unter Berücksichtigung aller Umstände und unter Abwägung der Interessen beider Beteiligten ein Festhalten an der Dienstvereinbarung bis zum Ablauf der ordentlichen Kündigungsfrist nicht mehr zumutbar erscheinen lässt (*BAG*, 29. 5. 1964 – AP Nr. 24 zu § 59 BetrVG 1952 = DB 1964, 1342). Dieses Recht zur außerordentlichen Kündigung ist nicht abdingbar, kann also in der Dienstvereinbarung nicht ausgeschlossen werden. An die Gründe für eine fristlose Kündigung einer Dienstvereinbarung sind strenge Anforderungen zu stellen. Der Kündigende muss sie vortragen und beweisen.

79 Die **Änderungskündigung** ist zulässig, hat aber wegen des zu ändernden Wortlauts der Dienstvereinbarung schriftlich zu erfolgen. Eine **Teilkündigung** ist ausgeschlossen, aber zulässig, wenn sie in der Dienstvereinbarung ermöglicht ist.

80 Die Dienstvereinbarung kann außer auf rechtsgeschäftlichem Wege auch durch Veränderung der tatsächlichen Umstände ihr Ende finden, etwa wegen eingetretener Gegenstandslosigkeit z. B. infolge einer Stilllegung der Einrichtung. Das gilt aber z. B. nicht für aus diesem Anlass vereinbarte Sozialplanregelungen.

81 Keinen Einfluss auf den Bestand einer Dienstvereinbarung haben
– der Wechsel der Trägerschaft einer Einrichtung,

§ 38

– der Zusammenschluss des Dienstgebers mit einem anderen Einrichtungsträger bei Aufrechterhaltung der Einrichtung,
– Spaltung der Einrichtung mit Übergang und Fortführung eines Einrichtungsteils bei einem anderen Rechtsträger (§ 613 a Abs. 1 S. 2 bis 4 BGB).
Der Bestand der Dienstvereinbarung ist unabhängig von 82
– Wechsel der MAV, da die MAV die Mitarbeiterschaft repräsentiert, der die Dienstvereinbarung gilt;
– anderer Zusammensetzung des Personals der Einrichtung bei Aufrechterhaltung der Identität der Einrichtung;
– Wegfall der MAV durch Amtsverlust, Amtsablauf und noch nicht erfolgte Neuwahl einer MAV (vgl. *Kreutz*, GK-BetrVG § 77 Rz 324; *Richardi*, BetrVG § 77 Rz 213; *Fitting*, § 77 Rz 175).
Bei Wegfall der Mitarbeitervertretungsfähigkeit der Einrichtung ist der Bestand der ohnehin auf fehlender Dienstvereinbarungsautonomie beruhenden Dienstvereinbarung ebenso anzuerkennen wie im Falle der unterbliebenen Neuwahl einer MAV. Die Neuwahl kann jederzeit erfolgen, weil sie vom Dienstgeber oder aus dem Kreis der Mitarbeiterschaft initiiert werden kann (§ 10). Die Kündigung der Dienstvereinbarung ist aber gegenüber den Mitarbeitern möglich, wenn die Dienstvereinbarung auf ihr Arbeitsverhältnis einwirkt. 83

2. Nachwirkung

§ 38 Abs. 5 S. 1 enthält eine Bestimmung über die Nachwirkung einer **Dienst-** 84
vereinbarung. Im Falle einer Kündigung – also nicht im Falle der Beendigung durch Fristablauf oder Aufhebungsvertrag – wirkt die Dienstvereinbarung in **Angelegenheiten des Abs. 1 Nr. 1–11** nach. Nachwirkung ist die Zeit der Überbrückung der bisherigen Dienstvereinbarung mit **erzwingbarem Regelungsinhalt** bis zu einer neuen Abmachung, sei es eine neue Dienstvereinbarung oder ein Aufhebungsvertrag nach Ablauf der Kündigungsfrist. Zu den Besonderheiten des § 38 Abs. 1 Nrn. 12 und 13 siehe Rz 73–75.
Nicht von der Nachwirkung wird demnach eine Dienstvereinbarung betroffen, die beide Partner durch einen jederzeit zulässigen **Aufhebungsvertrag** außer Kraft gesetzt haben. Dieser Aufhebungsvertrag für eine in Kraft befindliche Dienstvereinbarung, bedarf jedoch der **Schriftform** wie ihr formgerechter Abschluss. Das folgt aus dem Rechtsnormcharakter der Dienstvereinbarung. Die Rechtswirkungen einer Dienstvereinbarung können also nicht durch eine formlose Regelungsabrede (Rz 95) beseitigt werden (*BAG*, 20. 11. 1990 – 1 AZR 643/89, EzA Nr. 37 zu § 77 BetrVG 1972 = DB 1991, 1229). 85
Das bedeutet, dass die abgeschlossene Dienstvereinbarung über eine Angelegenheit des § 38 Abs 1 Nr. 1–11 solange in Kraft bleibt, bis sie durch eine neue Dienstvereinbarung abgelöst wird oder die Beteiligten ihre Beendigung durch übereinstimmende Erklärungen (Aufhebungsvertrag – so auch *BAG*, 17. 1. 1995, AP Nr. 7 zu § 77 BetrVG 1972 Nachwirkung = DB 1995, 1918 Abschnitt B 2 a der Gründe) festgestellt haben. 86
Im Zeitraum der Nachwirkung haben die Rechtsnormen der Dienstvereinbarung **keine zwingende Wirkung** mehr. Von ihnen kann deshalb auch zuungunsten der Mitarbeiter abgewichen werden. Jede im Nachwirkungszeitraum getroffene andere Abmachung beendet die Nachwirkung – gleichgültig ob es sich um eine Regelung durch eine Arbeitsvertragsordnung, eine andere Rege- 87

§ 38

lung durch eine Dienstvereinbarung oder eine einzelvertragliche Abrede mit dem Mitarbeiter handelt (*BAG*, 22. 3. 1995 – 5 AZR 934/93, AP Nr. 8 zu § 611 BGB Arbeitszeit = DB 1995, 2073).

88 Die Dienstvereinbarung wirkt im Nachwirkungszeitraum nur noch mittelbar. Das bedeutet, dass sie im Rahmen ihres persönlichen und sachlichen Geltungsbereiches für alle Arbeitsverhältnisse der Einrichtung maßgebend ist und anzuwenden ist, soweit sie nicht abgeändert worden ist. Sie gilt aber auch für neu eintretende Mitarbeiter.

3. Weitergeltung

89 Die **freiwillige Dienstvereinbarung im Sinne des § 38 Abs. 2.** kann eine Fortgeltung (= Weitergeltung) entfalten, wenn in ihr festgelegt ist, ob und in welchem Umfang darin begründete Rechte der Mitarbeiterinnen und Mitarbeiter bei Außerkrafttreten – nicht nur im Falle der Kündigung – der Dienstvereinbarung fortgelten sollen (§ 38 Abs. 5 S. 2). Ohne die **Fortgeltungsregelung** sind Dienstvereinbarungen im Sinne von § 38 Abs. 2 mit Ablauf ihrer Geltungsdauer einschließlich des Kündigungsfalles nicht mehr wirksam, während bei gewollter Fortgeltung eine differenzierte Fallregelung möglich ist, also auch hinsichtlich der Weitergeltung bis zum Abschluss einer neuen Dienstvereinbarung; das kann allerdings sehr riskant sein (*Loritz*, DB 1997 S. 2074). Gegen den Willen der Einrichtungspartner ist eine Weitergeltung der freiwilligen Dienstvereinbarung ausgeschlossen.

90 Die Begriffe **Nachwirkung** und **Fortgeltung** im Sprachgebrauch der MAVO sind sachlich von einander zu **trennen**. Denn bei freiwilligen Dienstvereinbarungen besteht keine Erzwingbarkeit wie bei Angelegenheiten des § 38 Abs. 1 Nrn. 1–11, deren Regelung gemäß §§ 36 und 37 erzwingbar ist. Die Fortgeltung ist zu regeln, während die Nachwirkung gemäß § 38 Abs. 5 S. 3 bei freiwilligen Dienstvereinbarungen jedenfalls ausgeschlossen ist (vgl. auch § 38 Abs. 1 Nrn. 12 und 13).

VII. Die Geltung von Dienstvereinbarungen nach einem Rechtsträgerwechsel

1. Einrichtungsbezogene Dienstvereinbarung

91 Wird ein Rechtsträgerwechsel durch Untergang des bisherigen Rechtsträgers und Übernahme seiner Einrichtungen auf den neuen Rechtsträger rechtsgeschäftlich oder im Wege der Gesamtrechtsnachfolge herbeigeführt, so behalten die Dienstvereinbarungen ihre Gültigkeit für die von ihnen vor dem Übergang betroffenen Mitarbeiter (§ 613 a BGB), so etwa die Dienstvereinbarung über Beginn und Ende der täglichen Arbeitszeit (§ 38 Abs. 1 Nr. 1). Das gilt unabhängig vom Fortbestand der MAV, welche Vertragspartei der Dienstvereinbarung war, wenn nur die betroffene Einrichtung fortbesteht (*Röder/Haußmann*, DB 1999, 1754 m. N.). Wird dagegen in Vollzug einer Unternehmensumwandlung die Betriebsorganisation insgesamt aufgelöst, so geht die bisherige Einrichtung unter, verliert ihre Identität, so dass eine kollektivrechtliche Weitergeltung der Dienstvereinbarung ohne Fortbestand der Einrichtung nicht eintreten kann. In diesem Falle kommt nur eine individual-

rechtliche Weitergeltung der Dienstvereinbarung in Betracht (§ 613 a Abs. 1 S. 2–4 BGB). Das gilt auch im Falle einer Einrichtungsspaltung.

2. Gesamtdienstvereinbarung nach einer Umwandlung

a. Änderung der Organisation

Hat die Gesamtmitarbeitervertretung (§ 24 Abs. 1) eine Gesamtdienstvereinbarung mit dem Dienstgeber abgeschlossen, also keine einrichtungsbezogene sondern eine unternehmensbezogene Dienstvereinbarung (Gesamtdienstvereinbarung), so kommt es darauf an, welches Schicksal das Unternehmen nach einer Neuorganisation (etwa Umwandlung) erfährt. Für die Gesamtmitarbeitervertretung kommt es auf den Fortbestand des Unternehmens an. Gehen die an einer Verschmelzung zur Neugründung beteiligten Unternehmen (Rechtsträger) unter, verlieren die Gesamtmitarbeitervertretungen ihre Existenz. Dann kann bei dem neu gegründeten Unternehmen (Rechtsträger) eine Gesamtmitarbeitervertretung errichtet werden. Im Falle der Verschmelzung zur Aufnahme des übertragenden Unternehmens in das aufnehmende Unternehmen geht die Gesamtmitarbeitervertretung des aufgenommenen Unternehmens unter. Allerdings bleibt eine im aufnehmenden Unternehmen bestehende Gesamtmitarbeitervertretung im Amt. Bei einer Abspaltung bleibt die Gesamtmitarbeitervertretung für das abgebende Unternehmen im Amt, soweit dort wenigstens zwei Einrichtungen mit je einer MAV vorhanden sind. 92

b. Folgen für die Gesamtdienstvereinbarung

Auch wenn die Gesamtmitarbeitervertretung untergeht, kommt die Weitergeltung von Gesamtdienstvereinbarungen in Betracht, wenn nämlich die jeweilige betriebliche Einheit, für die sie geschaffen wurde, weiter besteht. Denn die Zuständigkeit der Gesamtmitarbeitervertretung für die Gesamtdienstvereinbarung bestimmt deren Geltungsbereich. Man wird deshalb zu unterscheiden haben, für welchen Bereich konkret die Gesamtdienstvereinbarung abgeschlossen wurde, etwa für das gesamte Unternehmen in seiner Gesamtheit oder für mehrere Einrichtungen innerhalb des Unternehmens. Hätte die Gesamtdienstvereinbarung inhaltlich auch auf Einrichtungsebene abgeschlossen werden können, kann sie auch auf dieser Ebene fortgelten, wenn keine Gesamtmitarbeitervertretung mehr besteht, wenn nur die Identität der betroffenen Einrichtung gewahrt bleibt. Nach § 24 Abs. 4 S. 1 besteht zwar eine originäre Zuständigkeit der Gesamtmitarbeitervertretung, was aber die Weitergeltung der Gesamtdienstvereinbarung im Grundsatz nicht tangiert, wenn die Gesamtmitarbeitervertretung nicht mehr besteht. Wenn wegen einer mehrere Einrichtungen betreffenden Angelegenheit eine Gesamtdienstvereinbarung getroffen wurde (§ 24 Abs. 4 S. 1), gilt diese weiter, solange die betroffenen Einrichtungen identisch weiter bestehen. 93

3. Dienstvereinbarung für den Bereich einer gemeinsamen Mitarbeitervertretung

Solange der Bereich für die gemeinsame MAV besteht, weil die ihm zugrunde liegende Dienstvereinbarung gemäß § 1 b Bestand hat, bleibt eine gemäß § 38 geschlossene Dienstvereinbarung in Kraft, falls sie nicht gekündigt wird. Wird 94

§ 38

innerhalb des Bereichs der gemeinsamen Mitarbeitervertretung ein Rechtsträger aufgelöst, hat das für die nicht aufgelösten Rechtsträger keine Folgen. Wird innerhalb des Bereichs nach Auflösung eines oder mehrerer Rechtsträger ein neuer Rechtsträger gebildet, der als Gesamtrechtsnachfolger in die Rechte und Pflichten der aufgelösten Rechtsträger eintritt, gilt diese Rechtsfolge auch mit Blick auf die Dienstvereinbarung gemäß § 1 b und § 38.

VIII. Regelungsabreden

95 Neben dem Abschluss von Dienstvereinbarungen mit Rechtsnormcharakter haben die Partner einer Einrichtung die Möglichkeit zu so genannten Regelungsabreden. Solche Regelungsabreden, die z. B. eine Absprache zwischen den Partnern über die Klärung eines aktuellen Falles herbeiführen oder vorübergehende mit der MAV abgesprochene Maßnahmen des Dienstgebers, die nicht in die Arbeitsverträge der Mitarbeiter eingreifen, sind zulässig.

96 Sie dürfen nur nicht mit einer abschließenden Regelung solcher Angelegenheiten befasst sein, in denen ein Mitbestimmungsrecht der MAV besteht (§ 48). Die MAVO lässt zu unterschiedlichen Angelegenheiten Einigungen zwischen Dienstgeber und MAV zu. Hierbei geht es z. B. um die Einigung über die Freistellung eines Mitglieds der MAV gemäß § 15 Abs. 3 S. 2, über die erforderliche Teilnahme von Mitgliedern der MAV an einer Schulung (§ 16 Abs. 1), die Art der sachlichen und personellen Hilfen des Dienstgebers für die MAV (§ 17 Abs. 2), die Bildung einer Gesamtmitarbeitervertretung (§ 24 Abs. 1). Hierfür eignet sich der aus dem Betriebsverfassungsrecht entwickelte Begriff der Regelungsabrede, die keine Normwirkung hat. Sie hat ihre Berechtigung auf Gebieten, auf denen Dienstvereinbarungen nicht zulässig sind.

97 Die Regelungsabrede ist an keine bestimmte Foren gebunden; Schriftform ist zweckmäßig. Die MAV muss vor der Regelungsabrede intern einen förmlichen Beschluss zu ihrem Inhalt fassen.

98 Hierher gehören deshalb die Angelegenheiten der Anhörung und Mitberatung (§§ 29, 30–31, 32), aber auch Fragen von Zeit und Ort der Sprechstunden, Art und Zeitpunkt der Mitarbeiterversammlung, Zeitpunkt und Ort der Sitzungen der MAV, Absprachen zur Behandlung der Angelegenheiten gemäß § 26 Abs. 3.

99 Regelungsabreden mit einem schuldrechtlichen Inhalt gewähren dem Berechtigten einen Rechtsanspruch darauf, dass sich der Verpflichtete entsprechend der getroffenen Absprache verhält. Die Regelungsabrede endet in vielen Fällen durch Zweckerreichung oder mit Ablauf der Zeit, für die sie getroffen wurde. Sie kann einvernehmlich aufgehoben oder durch eine andere Regelung ersetzt werden. Die Kündigung der Regelungsabrede ist jedenfalls dann in entsprechender Anwendung von § 38 Abs. 4 S. 2 zulässig, wenn die Regelungsabrede auf längere Dauer angelegt ist (Vgl. *BAG*, 10. 3. 1992, AP Nr. 1 zu § 77 BetrVG 1972 Regelungsabrede).

100 Meinungsverschiedenheiten darüber, ob der Dienstgeber eine mit der MAV getroffene Vereinbarung richtig durchführt oder einer der Betriebspartner die Vereinbarung nicht beachtet, können gemäß § 41 Abs. 2 von der Schlichtungsstelle auf Antrag eines Beteiligten entschieden werden.

§ 39

X. Streitigkeiten

Bei wiederholten Verstößen gegen Inhalte einer Dienstvereinbarung gemäß **101**
§ 38 findet auf Antrag des Dienstgebers oder der MAV das Schlichtungsverfahren vor der Schlichtungsstelle statt (§ 41 Abs. 1 Nr. 8).
Streitigkeiten über die Frage der Zulässigkeit des Abschlusses einer Dienst- **102**
vereinbarung wie auch über die Unwirksamkeit einer bereits bestehenden Dienstvereinbarung, wegen Verstoßes gegen eine bestehende Arbeitsvertragsordnung (vgl. § 38 Abs. 2) werden von der Schlichtungsstelle auf Antrag gemäß § 41 Abs. 2 entschieden.
Über **arbeitsvertragsrechtliche Streitigkeiten**, die auf einer Dienstverein- **103**
barung im Sinne von § 38 Abs. 2 beruhen, und die Parteien des Arbeitsverhältnisses betreffen, entscheiden die staatlichen Arbeitsgerichte. Je nach Arbeitsvertragsordnung ist die diözesane Schlichtung für Individualstreitigkeiten einzuschalten. Gemäß § 22 AVR Allg. Teil ist die Schlichtungsstelle beim Diözesancaritasverband mit der Angelegenheit zu befassen. Die Zuständigkeit des staatlichen Arbeitsgerichts ist deshalb nicht ausgeschlossen.

§ 39 Gemeinsame Sitzungen und Gespräche

(1) Dienstgeber und Mitarbeitervertretung kommen mindestens einmal jährlich zu einer gemeinsamen Sitzung zusammen. Eine gemeinsame Sitzung findet ferner dann statt, wenn Dienstgeber oder Mitarbeitervertretung dies aus besonderem Grund wünschen. Zur gemeinsamen Sitzung lädt der Dienstgeber unter Angabe des Grundes und nach vorheriger einvernehmlicher Terminabstimmung mit der Mitarbeitervertretung ein. Die Tagesordnung und das Besprechungsergebnis sind in einer Niederschrift festzuhalten, die vom Dienstgeber und von der oder dem Vorsitzenden der Mitarbeitervertretung zu unterzeichnen ist. Dienstgeber und Mitarbeitervertretung erhalten eine Ausfertigung der Niederschrift.

(2) Außer zu den gemeinsamen Sitzungen sollen Dienstgeber und Mitarbeitervertretung regelmäßig zu Gesprächen über allgemeine Fragen des Dienstbetriebes und der Dienstgemeinschaft sowie zum Austausch von Anregungen und Erfahrungen zusammentreffen.

Inhaltsübersicht

	Rz
I. Zweck der Vorschrift	1–3
II. Gemeinsame Sitzung (Abs. 1)	4–5
III. Verfahren	6–14
IV. Gemeinsame Gespräche (Abs. 2)	15–19
V. Streitigkeiten	20

I. Zweck der Vorschrift

Die Bestimmung enthält allgemeine Regelungen über die Zusammenarbeit **1**
zwischen Dienstgeber und MAV. Damit wird der Grundsatz vertrauensvoller

§ 39

Zusammenarbeit zwischen den Einrichtungspartnern (§ 26 Abs. 1) ergänzt und verdeutlicht.

2 Zum Zwecke der Zusammenarbeit sind
– gemeinsame Sitzungen mindestens einmal im Kalenderjahr (§ 39 Abs. 1 S. 1; § 22 a Abs. 1 S. 2),
– weitere gemeinsame Sitzung(en) auf Wunsch einer der beiden Einrichtungspartner aus besonderem Grund (§ 39 Abs. 1 S. 2),
– regelmäßige Gespräche (§ 39 Abs. 2)
vorgesehen. Verantwortlich für das Zustandekommen der Begegnungen sind beide Einrichtungspartner.

3 Die Bedeutung der Regelung des § 39 besteht nicht in den Ergebnissen, die auf gemeinsamen Sitzungen und Gesprächen erzielt werden, sondern in der Tatsache, dass die Partner kirchlicher Einrichtungen in einer Runde zusammenkommen, dort ihre Probleme und möglichen Streitfragen diskutieren und Lösungen zu finden versuchen. Gegenstand des jährlichen Treffens können alle Angelegenheiten sein, die die Einrichtung bzw. Dienststelle und die Mitarbeiterinnen und Mitarbeiter betreffen und überhaupt in den Zuständigkeitsbereich der MAV fallen, also nicht nur die Angelegenheiten der förmlichen Beteiligung der MAV, wie etwa gemäß §§ 27 a Abs. 1, 28 a Abs. 2, 29 Abs. 3 S. 3, 30 Abs. 2 S. 3, 30 a S. 2, 32 Abs. 2 S. 1, 33 Abs. 3, 37 Abs. 3 S. 2, 38 Abs. 4.

II. Gemeinsame Sitzung (Abs. 1)

4 Eine gemeinsame Sitzung zwischen Dienstgeber und MAV bzw. gemeinsamer MAV ist zwingend einmal jährlich vorgeschrieben (Satz 1). Den Partnern der Einrichtung bleibt es überlassen, die gemeinsame Sitzung in kürzeren Zeitabständen stattfinden zu lassen; z. B. § 27 a Abs. 1.

5 Eine gemeinsame Sitzung muss ferner dann stattfinden, wenn Dienstgeber oder MAV dies aus »besonderem Grund« wünschen (Satz 2). Die MAV hat einen Anspruch auf Anberaumung einer solchen gemeinsamen Sitzung, und sei es wegen ihrer Initiativrechte gemäß § 32 und § 37. Diese gemeinsame Sitzung hat der Dienstgeber unverzüglich (= ohne schuldhaftes Zögern – § 121 BGB) einzuberufen.

III. Verfahren

6 Zu der gemeinsamen Sitzung lädt der Dienstgeber unter Angabe von Grund und Tagesordnung ein (Abs. 1 S. 3). Die MAV hat dieses Recht nicht, kann aber wegen der Vorschrift des Abs. 1 S. 1 den Dienstgeber auf die erforderliche Sitzung hinweisen. Die Sitzung wird zwischen den beiden Einrichtungspartnern terminlich abgestimmt (Abs. 1 S. 3). Diese Vereinbarung ist Merkmal für die Parität der Gesprächspartner. Die MAV meldet bei der Vorbereitung der gemeinsamen Sitzung ihre Wünsche zur Tagesordnung an. Im Falle der gemeinsamen Sitzung auf besonderen Wunsch ist das sachnotwendig (Abs. 1 S. 2). An der gemeinsamen Sitzung nimmt die gesamte MAV teil.

7 Dienstgeber ist gemäß § 2 Abs. 1 der Rechtsträger der Einrichtung bzw. Dienststelle. Gesprächspartner der MAV ist daher gemäß § 2 Abs. 2 S. 1 das für den Dienstgeber vertretungsberechtigte Organ oder die von ihm bestellte

§ 39

Leitung, so dass für den Dienstgeber ein Gremium auftreten kann (Kirchenvorstand, Kuratorium, Krankenhausbetriebsleitung etc). Sowohl das mehrköpfige Organ als auch die mehrköpfige bestellte Leitung können (vorbehaltlich Rz 17 ff.) aus ihrer Mitte bestimmen, wer mit der MAV das gemeinsame Gespräch führt. Das ergibt sich praktisch auch aus § 2 Abs. 2 S. 2, weil der Dienstgeber sogar eine Mitarbeiterin oder einen Mitarbeiter in leitender Stellung – schriftlich – beauftragen kann, ihn zu vertreten. Das gilt auch für die Jahressitzung (*Frey/Coutelle/Beyer*, MAVO, Stand August 2001, § 39 Rz 1). Im Rahmen der Vereinbarung der gemeinsamen Sitzung ist folglich für die Klärung der Repräsentanz des Dienstgebers zu sorgen. Das ist u. a. dann geboten, wenn die MAV auch die Zusammenarbeit mit dem für die MAV sonst zuständigen dienstgeberseitigen Beauftragten und etwaige Schlichtungsverfahrensanlässe und ihre Ergebnisse zur Sprache bringen will.

Zur Durchführung der gemeinsamen Jahressitzung (§ 39 Abs. 1 S. 1) lädt der **8** Dienstgeber zur **Aussprache** unter Angabe des Grundes und nach vorheriger einvernehmlicher Terminabstimmung mit der MAV ein (§ 39 Abs. 1 S. 3). Diese gemeinsame Sitzung leitet der Dienstgeber (vgl. insoweit § 74 Abs. 1 BetrVG im Verhältnis zu § 29 Abs. 4 BetrVG und § 66 Abs. 1 BPersVG zu § 34 Abs. 4 BPersVG). Die Leitung der gemeinsamen Sitzung obliegt jedoch dem Vorsitzenden der MAV in den **förmlichen Sitzungen der MAV**, an denen der Dienstgeber zur **Verhandlung** mit der MAV i. S. der Beteiligungsrechte der MAV teilnimmt und dazu gemäß §§ 30, 33, 38 einlädt. In den Fällen des § 29 Abs. 3 und § 37 Abs. 3 lädt der Dienstgeber gemäß § 39 Abs. 1 S. 2 ein. Dabei handelt es sich aber um förmliche Sitzungen der MAV mit dem Dienstgeber, so dass diese Sitzungen vom Vorsitzenden der MAV, im Verhinderungsfall von seinem Stellvertreter geleitet werden (vgl. *Fitting*, § 29 Rz 61). Denn in diesen Sitzungen hat der Dienstgeber kein Stimmrecht. Deshalb hat die MAV auch das Recht, ihre Beschlussfassung erst bei Abwesenheit des Dienstgebers herbeizuführen (*Fitting*, § 29 Rz 59).

Die gemeinsamen Sitzungen sind nicht öffentlich. Dienstgeber und MAV treffen **9** im Rahmen der Terminvereinbarung Absprache, wer aus dem Anlass dazu eingeladen wird. Das können je nach Anlass die Vertretung der Schwerbehinderten (§ 46 Abs. 1 Nr. 3) und auch der Sprecher bzw. die Sprecherin der Jugendlichen und Auszubildenden sein (§ 45 Abs. 1 Nr. 3).

Besteht eine **Gesamtmitarbeitervertretung** bzw. erweiterte Gesamtmitarbei- **10** tervertretung, so gilt auch für sie § 39. Das folgt aus § 24 Abs. 6. Da jede **Sondervertretung** im Sinne von § 23 eine Mitarbeitervertretung ist, gilt auch für sie § 39.

Über die gemeinsamen Sitzungen ist eine Niederschrift zu fertigen, in der u. a. **11** die Tagesordnung und das Besprechungsergebnis festgehalten ist. Die Niederschrift ist vom Dienstgeber bzw. dessen Beauftragten und vom Vorsitzenden der MAV zu unterschreiben (Abs. 1 S. 4). Beide Partner erhalten eine Ausfertigung der Niederschrift (Abs. 1 S. 5).

Haben die Partner in der gemeinsamen Sitzung eine **Dienstvereinbarung** mit **12** zulässigem Inhalt (§ 38 Abs. 1 und Abs. 2) vereinbart, bedarf es der Errichtung einer besonderen, von beiden Partnern unterzeichneten Urkunde; die Niederschrift über die gemeinsame Sitzung genügt nicht, auch wenn sie von beiden Partnern unterzeichnet ist (§ 38 Abs. 4 S. 1).

Bleistein/Thiel

§ 39

13 In jedem Falle aber ist der Inhalt der von beiden Partnern unterzeichneten Sitzungsniederschrift als Regelungsabrede anzusehen (§ 38 Rz 95), wenn sie einen regelungsfähigen Inhalt betrifft.
14 Die Sitzungsniederschrift über die gemeinsame Sitzung ist **nicht geheim zu halten**. Sowohl der Dienstgeber als auch die MAV können sie im Rahmen von Mitarbeiterversammlungen oder zur Unterrichtung der Mitarbeiter und Mitarbeiterinnen über das Ergebnis einer gemeinsamen Verhandlung verwerten, ohne dass der MAV oder dem Dienstgeber der Vorwurf einer groben Verletzung der vertrauensvollen Zusammenarbeit gemacht werden könnte (*Schlichtungsstelle Köln*, 5. 11. 1996 – MAVO 15/96). Etwas anderes gilt nur, wenn der Dienstgeber oder die MAV fordert, dass die Sitzungsniederschrift geheim zu halten ist. Dann müssen aber geheimhaltungspflichtige Tatsachen im Sinne des § 20 vorliegen.

IV. Gemeinsame Gespräche (Abs. 2)

15 Außer den gemeinsamen Sitzungen sollen die Partner regelmäßig zu gemeinsamen und allgemeinen Gesprächen zusammentreffen, die
 – allgemeine Fragen des Dienstbetriebes (§ 26 Abs. 2 S. 1, § 27 Abs. 2),
 – allgemeine Fragen der Dienstgemeinschaft (§ 27 Abs. 1 MAVO; Art. 1 GrO),
 – Austausch von Anregungen und Erfahrungen (§ 26 Abs. 3)
 zum Gegenstand haben können.
16 Auch zu diesen gemeinsamen Gesprächen lädt der Dienstgeber ein. Er muss einladen, wenn die MAV dieses gemeinsame Gespräch unter Angabe eines in ihren Bereich fallenden Tagesordnungspunktes beantragt.
17 Die Diözesanbischöfe in Nordrhein-Westfalen haben eine »Grundordnung für katholische Krankenhäuser in Nordrhein-Westfalen« erlassen (Amtsblatt des Erzbistums Köln 1996 Nr. 256 S. 321). Gemäß Abschnitt IV Absatz 3 der Grundordnung gilt, dass **Krankenhausbetriebsleitung und MAV** in regelmäßigen Zeitabständen, mindestens zweimal im Jahr, zu Besprechungen allgemeiner Fragen des Krankenhauses und der Dienstgemeinschaft und zum Austausch von Vorschlägen und Anregungen zusammenkommen.
18 Hier wirkt sich die Bildung einer MAV in einer kirchlichen Einrichtung unmittelbar auf dem Krankenhaussektor auf die Gestaltung der Beziehungen zwischen Dienstgeber und den durch die MAV repräsentierten Mitarbeitern aus. Die Regeln des § 39 gelten auch für diese gemeinsame Sitzung zwischen Krankenhausbetriebsleitung und MAV.
19 Der Krankenhausbetriebsleitung gehören an der Leitende Arzt des Krankenhauses, der Leiter des Pflegedienstes sowie der Leiter des Wirtschafts- und Verwaltungsdienstes, soweit nicht noch zusätzliche Personen in die Krankenhausbetriebsleitung berufen worden sind (Abschnitt II Nr. 1 Grundordnung für katholische Krankenhäuser).

V. Streitigkeiten

20 Bestehen zwischen Dienstgeber und MAV Meinungsverschiedenheiten über die Pflicht zur gemeinsamen Sitzung gemäß § 39 Abs. 1 oder die gemeinsame

Besprechung gemäß Grundordnung für katholische Krankenhäuser (Rz 17), so kann jeder der Einrichtungspartner die Schlichtungsstelle gemäß § 41 Abs. 1 Nr. 5 anrufen, um die Sitzung durchzuführen. Die Nichtbeachtung der Pflicht ist eine Verletzung der MAVO bzw. der vorgenannten Grundordnung. Das kann im Falle der Weigerung der MAV zur Abhaltung der Sitzung bei grobem Verstoß gegen die Pflicht auf Antrag des Dienstgebers zum Amtsenthebungsverfahren gemäß § 13 Abs. 3 Nr. 6 bei der Schlichtungsstelle führen.

§ 40

VI. Schlichtungsverfahren

§ 40 Schlichtungsstelle

(1) Für den Bereich der (Erz-)Diözese besteht eine Schlichtungsstelle.

(2) Die Schlichtungsstelle besteht aus der oder dem Vorsitzenden und der oder dem stellvertretenden Vorsitzenden sowie vier Beisitzerinnen oder Beisitzern und vier stellvertretenden Beisitzerinnen oder Beisitzern.

(3) Die oder der Vorsitzende und die oder der stellvertretende Vorsitzende
1. müssen die Befähigung zum Richteramt haben,
2. dürfen nicht im kirchlichen Dienst stehen,
3. müssen der katholischen Kirche angehören und
4. dürfen in der Ausübung ihrer allgemeinen Gliedschaftsrechte nicht gehindert sein.

(4) Die Beisitzerinnen oder Beisitzer und die stellvertretenden Beisitzerinnen oder Beisitzer
1. müssen im kirchlichen Dienst in der (Erz-)Diözese stehen,
2. müssen der katholischen Kirche angehören,
3. dürfen in der Ausübung ihrer allgemeinen Gliedschaftsrechte nicht gehindert sein.

(5) Die Schlichtungsstelle tritt zusammen und entscheidet in der Besetzung mit der oder dem Vorsitzenden und den vier Beisitzerinnen oder Beisitzern. Im Falle der Verhinderung treten an ihre Stelle die Stellvertreterinnen oder Stellvertreter.

(6) Die oder der Vorsitzende und die oder der stellvertretende Vorsitzende werden aufgrund eines gemeinsamen Vorschlags der Beisitzerinnen und Beisitzer vom Diözesanbischof ernannt. Kommt ein gemeinsamer Vorschlag innerhalb einer vom Diözesanbischof gesetzten Frist nicht zustande, ernennt der Diözesanbischof die Vorsitzende oder den Vorsitzenden und die stellvertretende Vorsitzende oder den stellvertretenden Vorsitzenden nach vorheriger Anhörung des Vorstandes der diözesanen Arbeitsgemeinschaft der Mitarbeitervertretungen.

(7) Zwei Beisitzerinnen oder Beisitzer und deren Stellvertreterinnen oder Stellvertreter werden vom Generalvikar bestellt. Die weiteren Beisitzerinnen oder Beisitzer und deren Stellvertreterinnen oder Stellvertreter bestellt der Vorstand der diözesanen Arbeitsgemeinschaft der Mitarbeitervertretungen. Besteht keine diözesane Arbeitsgemeinschaft, so wählt die beim Generalvikariat/Ordinariat bestehende Mitarbeitervertretung und die beim Diözesancaritasverband bestehende Mitarbeitervertretung je eine Beisitzerin oder einen Beisitzer.

(8) Die Amtszeit der Mitglieder der Schlichtungsstelle beträgt vier Jahre. Sie beginnt, wenn die Beisitzerinnen oder Beisitzer bestellt und die oder der Vorsitzende und deren Stellvertreterin oder Stellvertreter vom Diözesanbischof ernannt worden sind. Bei vorzeitigem Ausscheiden eines Mitglieds findet für die restliche Dauer der Amtszeit eine Nachernennung bzw. Nachbestellung

§ 40

statt. Die Mitglieder der Schlichtungsstelle bleiben nach Ablauf der Amtszeit bis zur Ernennung bzw. Bestellung der Nachfolgerinnen oder Nachfolger im Amt.

Inhaltsübersicht

	Rz
I. Vorbemerkungen	1–13
1. Kirchliches Gericht	1–2
2. Disziplinargerichte	3–4
3. Die Schlichtungsstelle	5–7
4. Streitigkeiten auf dem Gebiete der KODA-Ordnungen	8
5. Die Zentrale Gutachterstelle	9–12
6. Individualstreitigkeiten	13
II. Aufgaben und Stellung der Schlichtungsstelle – Kein Rechtsweg zu den staatlichen Gerichten	14–25
III. Begriffe »Rechtsfragen« – »Regelungsfragen«	26–33
IV. Errichtung und Besetzung der Schlichtungsstelle	34–69
1. Errichtung der Schlichtungsstelle (Abs. 1)	34–37
a. Bereich einer Diözese	34
b. Mehrdiözesan, überdiözesan agierende Rechtsträger	35–36
c. Besondere MAVO für einen bestimmten Rechtsträger	37
2. Besetzung der Schlichtungsstelle (Abs. 2)	38
3. Bestellungsvoraussetzungen für Vorsitzenden und Beisitzer	39–56
a. Angehörigkeit in der katholischen Kirche	40–42
b. Hinderung an der Ausübung der allgemeinen Gliedschaftsrechte	43–50
c. Zusätzliche Bestellungsvoraussetzungen beim Vorsitzenden	51–52
aa. Befähigung zum Richteramt nach staatlichem Recht	51
bb. Keine Stellung im kirchlichen Dienst	52
d. Zusätzliche Voraussetzungen bei den Beisitzern	53
e. Abberufungsvoraussetzungen – Mängel im Bestellungsverfahren	54–55
f. Weisungsfreiheit des Vorsitzenden und der Beisitzer	56
4. Bestellungsverfahren für den Vorsitzenden und seinen Stellvertreter	57–63
5. Bestellungsverfahren für die Beisitzer	64–69
V. Amtszeit der Mitglieder der Schlichtungsstelle – Ausscheiden von Mitgliedern während der Amtszeit	70–77
1. Amtszeit der Mitglieder der Schlichtungsstelle	70–73
2. Ausscheiden von Mitgliedern während der Amtszeit – Fortdauer des Amtes nach Ablauf der Amtszeit	74–77
VI. Streitigkeiten	78–81
1. Fehlerhafte Bestellung der Beisitzer	78
2. Fehlerhafte Ernennung des Vorsitzenden oder seines Stellvertreters	79
3. Wegfall der Voraussetzungen für die Bestellung zum Mitglied der Schlichtungsstelle	80
4. Amtspflichtverletzung eines Mitglieds der Schlichtungsstelle	81
VII. Keine Zuständigkeit staatlicher Gerichte	82

I. Vorbemerkungen

1. Kirchliches Gericht

Der Papst ist der oberste Richter für den gesamten katholischen Erdkreis. Er 1 spricht Recht entweder persönlich oder durch von ihm delegierte Richter (can. 1442 CIC). In jedem Bistum und für alle vom Recht nicht ausdrücklich ausgenommenen Gerichtssachen ist der Diözesanbischof Richter erster Instanz; er kann seine richterliche Gewalt persönlich oder durch andere ausüben (can. 1419 § 1 CIC).Jeder Diözesanbischof ist gehalten, einen Gerichtsvikar, d. h. einen Offizial mit ordentlicher richterlicher Gewalt zu bestellen (can. 1420 § 1 CIC). Sowohl der Gerichtsvikar als auch die beigeordneten Gerichtsvikare müssen Priester sein (can. 1420 § 4 CIC). Auch die vom Diözesan-

§ 40

bischof zu bestellenden Diözesanrichter müssen Kleriker sein (§ 1421 § 1 CIC); aber auch Laien können dieses Amt in einem Kollegialgericht ausüben (can. 1421 § 2 CIC). Die Ernennung der Amtsträger erfolgt auf bestimmte Zeit; sie können nur aus einem rechtmäßigen und schwerwiegenden Grund ihres Amtes enthoben werden (can.1422 CIC).

2 Jeder, ob getauft oder ungetauft, kann vor Gericht als Kläger auftreten; die rechtmäßig beklagte Partei ist verpflichtet, sich zu verantworten (can. 1476 CIC).

2. Disziplinargerichte

3 Einige Diözesen in Deutschland haben besondere Vorschriften zum Dienst- und Disziplinarrecht für ihre Beamten erlassen (vgl. Kirchlicher Anzeiger für das Bistum Hildesheim 2001 S. 77; dazu: *Thiel*, ZMV 2002 S. 12). Der CIC enthält im Unterschied zu den Klerikern für Laien kein ausformuliertes Dienstrecht. Für den Fall eines Dienstvergehens sind Disziplinarmaßnahmen angedroht, die im Falle der Verwirklichung eines Dienstvergehens verhängt werden, wie Gehaltskürzung, Entfernung aus dem Dienst, Aberkennung und Kürzung des Ruhegehalts, und zwar aufgrund eines förmlichen Disziplinarverfahrens – in Hildesheim – vor der Disziplinarkammer. Die Disziplinarkammer entscheidet in der Besetzung mit dem Vorsitzenden oder dessen Stellvertreter und vier weiteren Mitgliedern, von denen einer Kleriker, ein anderer Beamter sein muss (§ 33 Abs. 3 und § 39 Abs. 4 der Ordnung). Der Vorsitzende und sein Stellvertreter werden auf Vorschlag der Mehrheit der Mitglieder der Disziplinarkammer im gegenseitigen Einvernehmen durch die für den Zuständigkeitsbereich der Disziplinarkammer verantwortlichen Diözesanbischöfe (Hildesheim, Osnabrück, Offizial in Vechta) bestellt; sie müssen die Befähigung zum Richteramt nach dem Deutschen Richtergesetz erlangt haben (§ 33 Abs. 4 der Ordnung). Gegen die Urteile der Disziplinarkammer ist die Berufung an den Disziplinarhof binnen eines Monats nach der Zustellung zulässig (§ 38 Abs. 1 S. 1 der Ordnung). Im Bistum Limburg ist Vorsitzender der Disziplinarkammer der Offizial des Bistums Limburg, ein Beisitzer ist der Justitiar des Bistums, der die Befähigung zum Richteramt haben muss. Ein weiterer Beisitzer wird auf vier Jahre befristet berufen (Amtsbl. Limburg 1992 S. 171). Eine zweite Instanz besteht in Limburg nicht. Die bestehenden Ordnungen zeigen, dass die Disziplinargerichte außerhalb des CIC durch die Diözesanbischöfe eingerichtet sind. Die Ordnungen der Erzdiözese Freiburg und der Diözese Rottenburg-Stuttgart haben je ein Disziplinargericht mit einem Vorsitzenden und zwei Beisitzern eingerichtet. Das jeweils andere Disziplinargericht der beiden Diözesen ist Gericht zweiter Instanz (Amtsblatt der Erzdiözese Freiburg 1992 S. 517; Kirchliches Amtsblatt für die Diözese Rottenburg-Stuttgart 1988 S. 111).

3. Die Schlichtungsstelle

5 Die Schlichtungsstellen im Sinne der Mitarbeitervertretungsordnungen sind nicht gemäß CIC gebildet (*Korte*, ZMV-Sonderheft 2002, 56). Sie sind aus staatlicher Sicht wegen der Unabhängigkeit der Spruchkörper als kirchliche Gerichte anerkannt, sie sind innerkirchlich diözesane Einrichtungen auf der Grundlage der jeweils diözesanen MAVO nach Maßgabe der Beschlüsse der Vollversammlung des Verbandes der Diözesen Deutschlands, deren Mitglie-

§ 40

der die Diözesanbischöfe sind. Sinn der Schlichtungsstellen ist die Vermeidung gerichtlicher Streitigkeiten durch gütliche Beilegung; der Rechtsstreit kann auch einem oder mehreren Schiedsrichtern übertragen werden (can. 1713 CIC). Die deutsche Bischofskonferenz hat hierzu allerdings keine Gesetze erlassen. Aber die Diözesanbischöfe haben einvernehmlich gehandelt, indem sie die »Rahmen-MAVO« als diözesane MAVO in ihren jeweiligen Diözesen erlassen und die erforderlichen Schlichtungsstellen errichtet haben (§ 40 MAVO), um im Falle von Streitigkeiten auf dem Gebiet der MAVO den Rechtsuchenden zur Wiederherstellung des Rechtsfriedens zu verhelfen.

Grundsätzlich ist zwar der Staat gemäß dem Rechtsstaatsgebot verpflichtet, **6** umfassenden Rechtsschutz zu gewährleisten (Art. 19 Abs. 4, Art. 20 GG, § 92 *BVerfGG*). Doch im System der staatlichen Gerichtsverfassung gibt es keine Regelung, die Streitigkeiten aus der Anwendung der MAVO einem Gerichtszweig zuweist. Wegen des von der Kirche selbst gesetzten Rechts ist das Mitarbeitervertretungsrecht eigene Angelegenheit der Kirche und steht als Teil ihres Selbstbestimmungsrechts außerhalb des für alle geltenden Rechts. Der Befugnis zur Rechtsetzung in diesem Bereich folgt auch die Kompetenz zur Rechtskontrolle des selbst gesetzten Rechts mit der Folge der Begrenzung der Zuständigkeit staatlicher Gerichtsbarkeit (*May*, Hdb. kath. KR S. 953 ff.; *Richardi*, NZA 2000, 1305, 1306 f. unter Hinweis auf: *BAG*, 11. 3. 1986, NZA 1986, 685; *BAG*, 25. 4. 1989, NJW 1989, 2284; *BAG*, 9. 9. 1992, NZA 1993, 597; *BGH*, 11. 2. 2000, NJW 2000, 1555, 1556 f.). Eine Ausnahme davon besteht dann, wenn eine kirchliche Streitigkeit in den Bereich des für alle geltenden Gesetzes hinein wirkt, wenn also der Streit auf dem Gebiete des kirchlichen Mitarbeitervertretungsrechts unmittelbar in das Gebiet des weltlichen Arbeitsrechts hinein wirkt und die individualrechtliche Stellung des Mitarbeiters im kirchlichen Dienst betrifft (*BAG*, NZA 1993, 593; NZA 1995, 1197; *LAG* Niedersachsen, 18. 12. 2001 – 12 Sa 694/01, ZMV 2002, 253; *Dütz*, Staatskirchenrechtliche Gerichtsschutzfragen im Arbeitsrecht, FS Henckel S. 145, 147 f.).

Mit dem Bundesverfassungsgericht ist davon auszugehen, dass die Frage, ob **7** und in welcher Weise betriebliche Mitbestimmung in einer kirchlichen Einrichtung Gestalt anzunehmen hat, die Kirche allein bestimmt, weil das Mitarbeitervertretungsrecht ihre Angelegenheit im Sinne des verfassungsrechtlich garantierten Selbstbestimmungsrechts (Art. 140 GG i. V. m. Art. 137 Abs. 3 WRV) ist (*BVerfGE* 46, 73, 94; *Bernards*, Die Schlichtungsstelle im Mitarbeitervertretungsrecht der katholischen Kirche, S. 9). Durch die Grundordnung des kirchlichen Dienstes im Rahmen kirchlicher Arbeitsverhältnisse (GrO) ist klar gestellt, dass die Diözesanbischöfe für die Streitentscheidungen auf dem Gebiete der MAVO die Zuständigkeit des kirchlichen Arbeitsgerichts wollen (Art. 10 Abs. 2 und 3 GrO), deren Aufgabe von der jeweiligen Schlichtungsstelle im Sinn der §§ 41, 42 MAVO jetzt erfüllt wird (dazu: *Bleistein*, RdA 1998 S. 37 ff.). Solange die durch die Grundordnung so genannten kirchlichen Arbeitsgerichte nicht gebildet sind, übernehmen deren Aufgaben die Schlichtungsstellen i. S. der MAVO; sie entscheiden zu Regelungs- und Rechtsstreitigkeiten.

§ 40

4. Streitigkeiten auf dem Gebiete der KODA-Ordnungen

8 Solange kein kirchliches Arbeitsgericht gebildet ist, sind näher bestimmte Schlichtungsstellen oder besonders bestimmte Gremien (vgl. § 18 Ordnung zur Gestaltung des Arbeitsvertragsrechts durch eine Kommission für den Bereich der bayerischen (Erz-)Diözesen – Bay RKO –) auch für Streitigkeiten auf dem Gebiete der KODA-Ordnungen zuständig. Für die Zentral-KODA ist dies ebenso wie für die Regional-KODA der Diözesen in NRW die Schlichtungsstelle für den Bereich des Erzbistums Köln (§ 19 a Ordnung für die Zentrale Kommission zur Ordnung des Arbeitsvertragsrechts im kirchlichen Dienst, Amtsblatt des Erzbistums Köln 1998 Nr. 307, S. 325; § 17 KODA-Ordnung für die (Erz-)Diözesen Aachen, Essen, Köln, Münster (nordrhein-westfälischer Teil) und Paderborn, vgl. Amtsblatt des Erzbistums Köln 1997 Nr. 224 S. 194). Eine Kompetenz zur Zwangsschlichtung besteht nicht.

5. Die Zentrale Gutachterstelle

9 Kein Gericht ist die Zentrale Gutachterstelle (Kirchliches Amtsblatt für das Bistum Trier 1995 Nr. 133 S. 271). Sie ist auch keine Schlichtungsstelle i. S. der MAVO. Sie ist beim Verband der Diözesen Deutschlands (VDD) errichtet. Sie hat die Aufgabe, auf Antrag einer Schlichtungsstelle i. S. der MAVO – nicht etwa eines Beteiligten eines Schlichtungsverfahrens – über die Auslegung der MAVO schriftliche Gutachten zu erstellen, wenn
– eine Schlichtungsstelle in ihrer Entscheidung von der Entscheidung einer anderen Schlichtungsstelle abweichen will oder
– es sich um einen Fall von grundsätzlicher Bedeutung handelt (§ 1 Abs. 1 und 2 Ordnung für die Zentrale Gutachterstelle).

10 In Rechtsstreitigkeiten auf dem Gebiet der KODA-Ordnung zur Mitwirkung bei der Gestaltung des Arbeitsvertragsrechtes einschließlich des Wahl- und Vermittlungsverfahrensrechts erstellt die Zentrale Gutachterstelle auf Antrag der Bistums- bzw. Regional-KODA oder aufgrund anderer Rechtsvorschrift zuständigen Schlichtungsstelle schriftliche Gutachten über die Auslegung der KODA-Ordnungen, wenn
– eine Schlichtungsstelle in ihrer Entscheidung von der Entscheidung einer anderen Schlichtungsstelle abweichen will oder
– es sich um einen Fall von grundsätzlicher Bedeutung handelt und die Rechtsfrage für den vorgelegten Fall Bedeutung hat (§ 1 Abs. 2 a der Ordnung für die Zentrale Gutachterstelle).

11 Die Zentrale Gutachterstelle hat die von ihr angefertigten Gutachten allen Schlichtungsstellen zu übermitteln (§ 1 Abs. 3 der Ordnung für die Zentrale Gutachterstelle).

12 Die Gutachterstelle setzt sich aus drei Personen (Vorsitzender, stellvertretender Vorsitzender, weiteres Mitglied) zusammen, die der katholischen Kirche angehören und dort in der Ausübung der allgemeinen Gliedschaftsrechte nicht behindert sind. Sie müssen die Befähigung zum Richteramt haben oder Rechtslehrer an einer wissenschaftlichen Hochschule sein. Sie dürfen keiner Schlichtungsstelle angehören (§ 2 Abs. 1 Ordnung für die Zentrale Gutachterstelle). Die Kosten für den Betrieb der Zentralen Gutachterstelle trägt der Verband der Diözesen Deutschlands.

§ 40

6. Individualstreitigkeiten

Die Diözesen haben in ihren Arbeitsvertragsordnungen bzw. in den AVR-Ca- 13
ritas festgelegt, dass bei Meinungsverschiedenheiten aus dem Arbeitsverhältnis vor Anrufung der staatlichen Gerichte der Schlichtungsausschuss, die Schiedsstelle oder die Schlichtungsstelle anzurufen ist, um eine gütliche Beilegung zur Vermeidung einer arbeitsgerichtlichen Auseinandersetzung zu erreichen (vgl. u. a. § 22 AVR-Caritas Allg. Teil; § 47 KAVO der Diözesen in NRW; § 8 Abs. 3 ABD). Die Zuständigkeit der staatlichen Arbeitsgerichte bleibt gewahrt (Art. 10 Abs. 1 GrO). Denn diese ergibt sich aus der Rechtswahl des kirchlichen Dienstgebers, mit dem Mitarbeiter ein Arbeitsverhältnis begründet zu haben (*BVerfGE* 70, 138, 165). Die Verpflichtung zur Anrufung der Schlichtungsstelle oder des Schlichtungsausschusses begründet kein Prozesshindernis für den Zugang zur staatlichen Gerichtsbarkeit (vgl. § 22 Abs. 4 AVR-Caritas Allg. Teil; vgl. auch: Ordnung für ein Schlichtungsverfahren nach § 22 Abs. 1 AVR für den Bereich des Diözesan-Caritasverbandes für das Erzbistum Köln e. V., Amtsblatt des Erzbistums Köln 1994 Nr. 204 S. 210; *BAG*, 18. 5. 1999 – 9 AZR 682/98, EzA § 611 Kirchliche Arbeitnehmer Nr. 45).

II. Aufgaben und Stellung der Schlichtungsstelle – Kein Rechtsweg zu den staatlichen Gerichten

Im staatlichen Gerichtsverfassungsrecht fehlt es an einer gesetzlichen Grund- 14
lage, die Streitigkeiten aus der Anwendung der MAVO einem bestimmten Gerichtszweig zuweist. Die Zuständigkeit der **Gerichte für Arbeitssachen** wird durch § 2 a Abs. 1 Nr. 1 ArbGG **nicht** eröffnet. Sie betrifft nur Streitigkeiten aus dem Betriebsverfassungsrecht. Der **Rechtsweg** zu den **Verwaltungsgerichten** scheitert an §§ 83, 106 BPersVG. Dieser Rechtsweg ist allein für Streitigkeiten aus dem Personalvertretungsgesetz gegeben.

Die Kirchen haben daher mit Recht die bestehende Lücke im arbeitsgericht- 15
lichen Beschlussverfahren/verwaltungsgerichtlichen Verfahren durch die Errichtung eigener Schlichtungsstellen in Mitarbeitervertretungsstreitigkeiten geschlossen.
Dem hat auch das *BAG* mit seinem Beschluss 1 ABR 88/87 vom 25. 4. 1989 (AP Nr. 34 zu Art. 140 GG = EzA § 611 BGB Kirchliche Arbeitnehmer Nr. 28 = ZTR 1989, 409) Rechnung getragen für den Fall, dass die gebildete Schlichtungsstelle den Mindestanforderungen an ein Gericht entspricht. Dazu zählt das *BAG*, dass die Mitglieder der Schlichtungsstelle nicht an Weisungen gebunden sind, dass sie institutionell von den übrigen kirchlichen Organen getrennt und ihre Mitglieder persönlich und sachlich unabhängig sind. Die Tatsache, dass die Mitglieder der Schlichtungsstelle nur auf eine bestimmte Zeit – vier Jahre – berufen werden, sieht das BAG nicht für geeignet an, Bedenken gegen ihre sachliche Unabhängigkeit zu erheben.

Offensichtlich will diese Entscheidung dann den Rechtsweg zu den staatlichen 16
Gerichten öffnen, wenn eine kirchliche Schlichtungsstelle diese Mindestanforderungen an ein Gericht nicht (mehr) erfüllt oder eine Schlichtungsstelle nicht errichtet ist. Dabei sieht das *BAG* das Fehlen einer ausdrücklichen gesetzlichen Bestimmung über die Rechtswegzuweisung an einen bestimmten Gerichtszweig (Rz 14) für nicht bedeutsam an. Insoweit sind die § 2 a ArbGG,

§ 40

§§ 83, 106 BPersVG mit ihren Zuständigkeitszuweisungen lediglich Spezialvorschriften gegenüber den Generalklauseln des §§ 13 GVG, 40 VerwGO, die die Zuständigkeit der staatlichen Gerichtsbarkeit auch für kirchliche Mitarbeitervertretungsstreitigkeiten nicht generell ausschließen (*Dütz*, Essener Gespräche, Band 18 S. 102 ff.; *Richardi*, Arbeitsrecht in der Kirche § 22 Rz 3).

17 Aus der Kompetenzzuweisung des § 41 ergibt sich, dass die Schlichtungsstelle sowohl Rechts- als auch Regelungsstreitigkeiten (Rz 26 ff.) zu entscheiden hat. Dem steht ihre Anerkennung – worauf *Dütz*, a. a. O. S. 104 f. hinweist – als ordnungsgemäße Gerichte deswegen nicht entgegen, weil auch die staatlichen Arbeitsgerichte bis heute als Schlichtungsinstanzen tätig werden (§ 101 ArbGG).

18 Das gilt jedenfalls solange, bis das in § 10 Abs. 2 GrO vorgesehene unabhängige **kirchliche Arbeitsgericht** errichtet worden ist (*Richardi*, Staatlicher und kirchlicher Gerichtsschutz, NZA 2000, 1305, 1309). Dieses kirchliche Arbeitsgerichtsgesetz (im Entwurf: Kirchliche Arbeitsgerichtsordnung – KAGO – genannt) ist noch nicht erlassen (Stand: 30. 4. 2004). Bis zu seinem In-Kraft-Treten gelten daher die in §§ 40, 41, 42 und in den diözesanen Schlichtungsverfahrensordnungen enthaltenen Regelungen für den gerichtlichen Rechtsschutz in Regelungs- und Rechtsstreitigkeiten auf den Gebieten der kirchlichen Ordnungen für ein Arbeitsvertrags- und Mitarbeitervertragsrecht, die sich seit In-Kraft-Treten der ersten MAVO im Jahre 1972 auch bewährt haben.

19 Nach den bisher vorliegenden Entwürfen für ein kirchliches Arbeitsgerichtsgesetz wird unterschieden werden zwischen Rechtsstreitigkeiten und Regelungsstreitigkeiten. Die Rechtsstreitigkeiten sind einem kirchlichen Gericht, das die Voraussetzungen des Art. 10 Abs. 3 GO erfüllt, zugewiesen, die Regelungsstreitigkeiten (vor allem auf dem Gebiete der §§ 26–39) einer Einigungsstelle. Es bleibt noch weiter abzuwarten, wie die kirchengesetzliche Regelung endgültig aussehen wird, welche Instanzen sie schafft und welche Verfahrensregelungen sie vorsieht.

20 Die **bisherige Besetzung der Schlichtungsstellen**, ihre persönliche und sachliche Unabhängigkeit des Vorsitzenden und der Beisitzer vom jeweiligen Ortsbischof bei der Ausübung ihres Amtes (§ 40 Abs. 2–8) sowie die in § 41 Abs. 3, 42 Abs. 1 enthaltenen **Grundregeln des Schlichtungsverfahrens** genügen **den rechtsstaatlichen Anforderungen**, die an unabhängige Gerichte zu stellen sind (*BAG*, 25. 4. 1989, a. a. O.).

21 Die **Schlichtungsstelle** ist daher als **besonderes kirchliches Gericht** auf dem Gebiete der Mitarbeitervertretungsstreitigkeit anzusehen (so auch *Dütz*, a. a. O., S. 105; *Richardi*, a. a. O., § 22 Rz 10; *ders.*, Anm. zur Entscheidung des LAG Düsseldorf, 8. 9. 1975 – 4 Sa 1024/75, AR-Blattei Kirchenbedienstete Nr. 6; *Bietmann*, a. a. O., S. 89 f., 92; *ders.*, Kurzkommentar S. 38).

22 Streitigkeiten über Rechtsfragen aus der Mitarbeitervertretungsordnung können aber auch als Vorfragen im arbeitsgerichtlichen Urteilsverfahren auftreten. Dann haben die Gerichte für Arbeitssachen die **Kompetenz zur Inzidentkontrolle** (*Richardi*, a. a. O., § 21 Rz 2; *Dütz*, a. a. O., S. 105; *Richardi*, Die Bedeutung der GrO für die Zuständigkeit der Schlichtungsstelle, ZMV 1995, 3 ff.; *Fink* (Erwiderung auf den Beitrag *Richardi*), ZMV 1995, 111; *Dütz*, Staatskirchenrechtliche Gerichtsschutzfragen im Arbeitsrecht in »Festschrift für Wolfram Henckel«, 1995, S. 145 ff., 149).

§ 40

Die Kirchen benutzen in großem Umfang für die Gestaltung der Dienstver- 23
hältnisse ihrer Mitarbeiter die Regeln des weltlichen Privatrechtes, die – wie
§§ 15 Abs. 2; 17 Abs. 1; 18 Abs. 2; 18 Abs. 4; 19; 30 Abs. 5, 31 Abs. 3; 35; 36
zeigen – eine enge Verknüpfung mit dem Mitarbeitervertretungsrecht aufweisen. Wenn aber in dieser Weise das Mitarbeitervertretungsrecht als der Kirche
vorbehaltenes, durch die MAVO ausgefülltes Rechtsgebiet in den allgemeinen Rechtsbereich eingreift, muss sich die Kirche in diesem von ihr selbst geordneten Umfang einer staatlichen Nachprüfung unterziehen. Wenn z. B. eine
ordentliche oder außerordentliche Kündigung ohne das in §§ 30, 30 a, 31 geregelte Verfahren ausgesprochen wird und die MAVO ausdrücklich die ordnungsgemäße Abwicklung der genannten Verfahren zur Wirksamkeitsvoraussetzung für die Kündigung erhebt, müssen die staatlichen Gerichte die
volle Nachprüfungskompetenz haben, ob die Kündigung nach diesen Regeln
der MAVO wirksam erklärt worden ist. Insofern ist der von den Landesarbeitsgerichten und vom *BAG* in ständiger Rechtsprechung (§ 30 Rz 2; § 31
Rz 3, 10) vertretenen Auffassung zu folgen, dass ein Verstoß gegen die Regeln
der MAVO, der vom staatlichen Gericht festgestellt wird, als ein Verstoß gegen ein Gesetz im Sinne des § 134 BGB anzusehen ist; denn die MAVO als
kirchliches Gesetz ist »Gesetz« im Sinne des Art. 2 EGBGB, § 134 BGB (so
eindeutig: *BAG*, 26. 7. 1995 – 2 AZR 578/94, AP Nr. 20 zu § 611 BGB Kirchendienst – Abschnitt II/1 der Gründe) = BB 1995, 2380 = NZA 1995, 1197; *LAG Köln*, 28. 10. 1992 – 7 Sa 692/92, LAGE § 611 BGB Kirchliche Arbeitnehmer
Nr. 7).

Diese Inzidentkontrolle durch die staatlichen Gerichte **entfällt**, wenn die ab- 24
schließende Zuständigkeit für die zu entscheidende Rechtsfrage der Schlichtungsstelle zugewiesen ist. Hier ist dann diese Entscheidung der Schlichtungsstelle für die staatlichen Gerichte bindend für die Beantwortung der Vorfrage.
Beispiel: In § 41 Abs. 1 Nr. 3 entscheidet die Schlichtungsstelle die Rechtsfra- 25
ge, ob bei einem Mitglied der MAV infolge grober Verletzung oder Vernachlässigung seiner Befugnisse und Pflichten die Mitgliedschaft in der MAV erlischt (§ 13 c Nr. 5). Bejaht die Schlichtungsstelle die grobe Vernachlässigung
oder Verletzung und schließt das MAV-Mitglied aus der MAV aus, so entfällt
mit Verkündung dieses Beschlusses der Schutz dieses Mitarbeiters nach § 18
und der besondere Kündigungsschutz nach § 19. Dieser Beschluss der Schlichtungsstelle bindet die Gerichte für Arbeitssachen, wenn es um die ordentliche
Kündigung des ehemaligen MAV-Vertreters geht (§ 19 Abs. 1, vor allem S. 3 –
§ 19 Rz 27). Insoweit hat die Schlichtungsstelle die Vorfragekompetenz über
das Erlöschen des Amtes als MAV-Mitglied. Die staatlichen Arbeitsgerichte
können nur nachprüfen, ob die vom Dienstgeber in wirksamer Weise ausgesprochene ordentliche Kündigung sozial gerechtfertigt oder nicht aus anderen Gründen, die nicht von dem besonderen Kündigungsschutz des § 19 abhängen, unwirksam ist (§§ 138, 242 BGB). Daraus folgt aber auch, dass ohne
diese Vorfragenentscheidung der Schlichtungsstelle die Arbeitsgerichte davon auszugehen haben, dass der Mitarbeiter ordnungsgemäß amtierendes
Mitglied der MAV mit allen Rechten und Pflichten ist. Eine ordentliche Kündigung dieses MAV-Mitgliedes wäre demnach unzulässig.

§ 40

III. Begriffe »Rechtsfragen« – »Regelungsfragen«

26 Die Schlichtungsstelle hat nach dem ihr in § 41 zugewiesenen Zuständigkeitskatalog zu entscheiden über
 – Rechtsfragen
 – Rechtsfragen in Verbindung mit Regelungsfragen
 – Regelungsfragen.

27 Sobald die Schlichtungsstelle über **Rechtsfragen** zu entscheiden hat, wird sie als ein Gericht (Rz 21) darüber zu befinden haben, ob dem Antragsteller der erhobene Anspruch und im geltend gemachten Umfang nach der MAVO zusteht. Die Schlichtungsstelle hat demnach bei Rechtsfragen die Rechtskontrolle.

28 **Beispiel:** Über die Rechtsfrage, ob Kosten, die für die Wahrnehmung der Aufgaben der MAV angefallen sind, als »notwendige Kosten« im Sinne des § 17 (§ 17 Rz 8 ff.) anzusehen und vom Dienstgeber zu tragen sind, entscheidet die Schlichtungsstelle endgültig (§ 41 Abs. 1 Nr. 5 – BAG, 9. 9. 1992 – 5 AZR 456/91, AP Nr. 40 zu Art. 140 GG = NZA 1993, 597).

29 Die Zuständigkeit für »**Rechtsfragen mitarbeitervertretungsrechtlicher Art**« ist nun auch ausdrücklich und allgemein außerhalb des Zuständigkeitskataloges des § 41 Abs. 1 Nr. 1–10 in § 41 Abs. 2 Satz 1 festgelegt (§ 41 Rz 48 ff.). Die Schlichtungsstelle kann bis zum Inkrafttreten eines kirchlichen Arbeitsgerichtsgesetzes, das voraussichtlich Zuständigkeiten anders regeln wird (Rz 19), nur von den dort genannten antragsberechtigten Personen (§ 41 Abs. 2 Satz 2) und nur unter Beachtung der Zulässigkeitsregelung in § 41 Abs. 2 Satz 3 angerufen werden (§ 41 Rz 67 f.).

30 Die Schlichtungsstelle entscheidet über **Rechtsfragen in Verbindung mit Regelungsfragen**. Hier steht die Rechtsfrage im Vordergrund: Es geht hier zumeist nur um die Frage, ob eine in § 28 genannte Form der Beteiligung vorliegt und von den Betriebspartnern ordnungsgemäß ausgefüllt wurde.

31 **Beispiel:** Die MAV beantragt die Beteiligung an der Verwaltung einer sozialen Einrichtung mit einem detaillierten Vorschlag, wie sie sich die Verwaltung vorstellt (§ 37 Abs. 1 Nr. 4). Der Dienstgeber lehnt sowohl das Antragsrecht als auch die von der MAV vorgeschlagene Regelung ab. Hier entscheidet die Schlichtungsstelle nach § 41 Abs. 1 Nr. 5 sowohl über die Rechtsfrage, ob der MAV überhaupt ein Antragsrecht zusteht, aber auch über die Regelungsfrage, wie dieses Mitbestimmungsrecht im konkreten Fall ausgefüllt wird.

32 Die Schlichtungsstelle entscheidet über reine **Regelungsangelegenheiten**, also über die Ausfüllung und Ausübung eines der MAV zustehenden Beteiligungsrechtes im Rahmen des § 28.

33 **Beispiel:** Es ist zwischen den Partnern außer Streit, dass die MAV ein Mitbestimmungsrecht bei der Aufstellung von Richtlinien für Darlehen hat (§ 36 Abs. 1 Nr. 7). Die Meinungen, wie diese Richtlinien konkret zu gestalten sind, gehen auseinander. Hier entscheidet nach § 33 Abs. 4 die Schlichtungsstelle endgültig durch Beschluss über den Inhalt der Richtlinien. Diese Entscheidung beruht nicht auf Rechtsgründen. Diese sind außer Streit. Sie beruht auf Zweckmäßigkeits- und Billigkeitserwägungen. Hier handelt es sich um eine Schlichtung, nicht um eine streitige Entscheidung über Rechtsansprüche.

§ 40

IV. Errichtung und Besetzung der Schlichtungsstelle

1. Errichtung der Schlichtungsstelle (Abs. 1)

a. Bereich eines Diözese

Der Diözesanbischof setzt die MAVO für seine Diözese in Kraft und verfügt damit die Errichtung der Schlichtungsstelle als Gesetzgeber. Damit ist die örtliche Zuständigkeit einer bestimmten Schlichtungsstelle festgelegt. Sie wird für alle Einrichtungen i. S. des § 1 Abs. 1 zuständig, deren Träger ihren Sitz im Bereich der jeweiligen Diözese haben und die MAVO anwenden bzw. anzuwenden haben (Territorialprinzip). 34

b. Mehrdiözesan, überdiözesan agierende Rechtsträger

Soweit Rechtsträger (Dienstgeber) in mehreren Diözesen tätig werden und Einrichtungen mit Mitarbeitern betreiben, ist § 1 Abs. 3 erheblich. Danach spielt eine Rolle, welche MAVO der Rechtsträger anwendet. Er muss die MAVO der Diözese anwenden, in der er seinen Sitz mit Hauptniederlassung (Hauptsitz) hat (§ 1 Abs. 3 S. 1) Davon darf er abweichen. Voraussetzung ist sein Antrag an den Diözesanbischof der Belegenheitsdiözese des Hauptsitzes mit dem Ziel, die jeweilige MAVO derjenigen Diözese außerdem anwenden zu dürfen, wo er seine jeweilige Einrichtung außerhalb der Diözese des Hauptsitzes betreibt. Er verschafft damit der jeweiligen Einrichtung die Ortsnähe zur Schlichtungsstelle der jeweiligen Diözese und erspart der MAV größere Reisen zur Schlichtungsstelle der Diözese, in welcher der Hauptsitz gelegen ist. Damit wird dem Territorialprinzip Rechnung getragen, wenn der jeweilige Diözesanbischof im Einvernehmen mit dem Diözesanbischof des Hauptsitzes dem Antrag des Dienstgebers entspricht. 35

Die Anwendung der MAVO einer bestimmten Diözese bestimmt die Zuständigkeit der Schlichtungsstelle dieser Diözese. 36

c. Besondere MAVO für einen bestimmten Rechtsträger

Anstelle der oben genannten unterschiedlichen Möglichkeiten der Anwendung nur einer oder verschiedener diözesaner Mitarbeitervertretungsordnungen bei einem mehr- oder überdiözesan tätigen Rechtsträger kann der Diözesanbischof des Hauptsitzes eine besondere Mitarbeitervertretungsordnung für den Antrag stellenden Rechtsträger erlassen (§ 1 Abs. 3 S. 2, zweite Alternative). Ein Beispiel dafür ist die MAVO für KNA (Amtsblatt des Erzbistums Köln 1992 Nr. 279 S. 344; 1993 Nr. 157 S. 156). Wegen der Einzelheiten zu § 1 Abs. 3 wird auf die Ausführungen zu § 1 verwiesen (Rz 9 f.). 37

2. Besetzung der Schlichtungsstelle (Abs. 2)

Die Schlichtungsstelle besteht aus dem **Vorsitzenden** und **vier Beisitzern**. In dieser Besetzung ist die Schlichtungsstelle der **vollständige Spruchkörper**. Fehlt bei der mündlichen Verhandlung, Beratung und Entscheidung ein Mitglied der Schlichtungsstelle, ist sie **nicht ordnungsgemäß** besetzt. Sie kann dann nicht entscheiden und muss sich vertagen. Fällt sie dennoch eine Entscheidung – gleich ob in Rechts- oder Regelungsfragen –, ist ihre Entscheidung nicht bindend. Die Verfahrensordnung muss nach rechtsstaatlichen 38

§ 40

Grundsätzen für diesen Fall eine Wiederaufnahme des Verfahrens vorsehen (so auch § 23 Schlichtungsverfahrensordnung Erzdiözese Köln unter Verweisung auf § 579 Abs. 1 Nr. 1 ZPO).

3. Bestellungsvoraussetzungen für Vorsitzenden und Beisitzer

39 Die Bestellungsvoraussetzungen für den Vorsitzenden und seinen Stellvertreter sind in § 40 Abs. 3, die für die Beisitzer und ihre Stellvertreter in § 40 Abs. 4 festgelegt. Von ihnen kann nicht abgewichen werden. Andernfalls ist die Schlichtungsstelle nicht ordnungsgemäß besetzt – und damit ein Grund zur Wiederaufnahme des Verfahrens nach § 579 Abs. 1 Nr. 1 ZPO gegeben. Die Bestellungsvoraussetzungen sind identisch für beide Gruppen – Vorsitzender wie Beisitzer – hinsichtlich folgender Merkmale:

a. »Angehörigkeit in der Katholischen Kirche«

40 Die grundlegenden Rechte und Pflichten eines Katholiken innerhalb der kirchlichen Gemeinschaft werden nach can. 96 CIC durch die Taufe erworben. Er wird damit in die Kirche eingegliedert und unterliegt damit allen Pflichten und erwirbt damit alle Rechte, die den Christen unter Beachtung ihrer jeweiligen Stellung eigen sind. Diese Gliedschaftsrechte behält der Getaufte, solange er sich in der kirchlichen Gemeinschaft befindet. Er kann sie verlieren, wenn er aus der Kirche ausscheidet, wenn gegen ihn eine rechtmäßige Kirchenstrafe verhängt wird (can. 96 CIC – letzter Halbsatz –) oder wenn er gegen elementare Grundsätze des Glaubens verstößt.

41 Das bedeutet zunächst, dass der Katholik, der aufgrund entsprechender staatlicher Gesetze mit bürgerlicher Wirkung aus der Kirche **austritt**, seine kirchlichen Gliedschaftsrechte verliert. Ein Kirchenaustritt nach staatlichem Recht lässt erkennen, dass der austretende Katholik – aus welchen Gründen auch immer – sich von seiner Kirche trennt: Er verzichtet damit aufgrund seiner eigenen Entscheidung auf die Gliedschaftsrechte, die sich auf seine Mitgliedschaft in der Kirche stützen, also auf seine Pflichten und Rechte in dieser Kirche.

42 Das Gleiche gilt, wenn ein Katholik zu einer anderen Kirche oder Religionsgemeinschaft **übertritt** (can. 751 CIC). Auch damit gibt der Übertretende zu erkennen, dass er nicht mehr Mitglied der Katholischen Kirche sein will. Das genügt für den Wegfall seiner Rechte – ohne Rücksicht darauf, dass kirchenrechtlich damit unter Umständen im Bereich der Gliedschaftsrechte nicht eine radikale Trennung vollzogen wird (siehe dazu *Schwendenwein*, Das neue Kirchenrecht S. 544 Anm. 11).

b. »Hinderung an der Ausübung der allgemeinen Gliedschaftsrechte«

43 Zur Erfüllung der Bestellungsvoraussetzungen muss zunächst der Tatbestand »Angehörigkeit in der Katholischen Kirche« (Rz 40 ff.) erfüllt sein. Das ist nach objektiven Kriterien zu entscheiden. Fehlt es an dieser Voraussetzung, kommt es auf die weitere Voraussetzung »Volle Ausübung der allgemeinen Gliedschaftsrechte« nicht mehr an. **Beide** Voraussetzungen müssen **kumulativ** vorliegen.

44 Die kirchlichen Gliedschaftsrechte können zunächst nicht ausgeübt werden, wenn sie durch eine rechtmäßig verhängte **Kirchenstrafe** suspendiert worden

§ 40

sind. Solche, die allgemeinen Gliedschaftsrechte beeinträchtigenden Kirchenstrafen können sein die Exkommunikation, das Interdikt und die Suspension (nur für Kleriker) – can. 1131 ff. CIC.
Die Exkommunikation führt nach can. 1331 § 1 Nr. 3 dazu, dass dem Exkommunizierten untersagt ist, jedwede kirchlichen Ämter, Dienste und Aufgaben auszuüben oder Akte der Leitungsgewalt zu setzen. Wenn die Exkommunikation festgestellt worden ist (vgl. Amtsblatt des Erzbistums Berlin 2002 Nr. 149 S. 95), kann der Betroffene gültig keine Würde, kein Amt und keinen anderen Dienst in der Kirche erlangen (can. 1331 § 2 Nr. 4 CIC). Zu diesen Aufgaben bzw. Diensten gehört auch die Übernahme des Vorsitzenden- oder Beisitzeramtes in der Schlichtungsstelle. 45

Soweit ein Interdikt verhängt wird, wird die Untersagung der Ausübung kirchlicher Ämter, Dienste und Aufgaben davon nicht erfasst; denn nach can. 1332 CIC betrifft das Interdikt nicht das Verbot der Nr. 3 can. 1331 § 1. Die Suspension, die nur gegen Kleriker verhängt werden kann, kann auch die Ausübung »aller oder einiger mit dem Amt verbundenen Rechte und Aufgaben« verbieten. Ob dazu auch das Amt eines Beisitzers einer Schlichtungsstelle gehört, erscheint zweifelhaft. Jedenfalls bedürfte es ohnehin nach dem Wortlaut des can. 1131 § 1 im Interdikt einer genauen Bezeichnung des Amts, das verboten werden soll. 46

Außer Kirchenstrafen, die Einfluss auf die Gliedschaftsrechte eines Kirchenmitgliedes haben können, besteht auch die Möglichkeit, durch ein rein tatsächliches, nicht einmal schuldhaftes Verhalten, das mit der Mitgliedschaft in der Kirche objektiv im Gegensatz steht, die allgemeinen kirchlichen Gliedschaftsrechte zu verlieren. Entscheidend wird darauf abzustellen sein, ob der betroffene Katholik vom Sakramentempfang, vor allem vom Empfang der hl. Kommunion, ausgeschlossen ist. Das ist vor allem der Fall, wenn er hartnäckig in einer offenkundig schweren Sünde verharrt (can. 915 CIC; Enzyklika Ecclesia de Eucharistia Nr. 37, Amtsblatt des Erzbistums Köln 2003 Nr. 133 S. 113, 121 f.). 47

Es muss also – da sich dieser Bereich regelmäßig mangels Kenntnis des Sachverhaltes der Beurteilung bei der Bestellung zum Vorsitzenden oder einem Beisitzer der Schlichtungsstelle entzieht – entscheidend auf die Offenkundigkeit eines derartigen Sachverhaltes und seiner Beurteilung als schweren Verstoß gegen die Gliedschaftsrechte in der Kirche ankommen. 48

Beispiele: Zu denken wäre hier an den Entzug der missio canonica (Erlaubnis zur Erteilung des katholischen Religionsunterrichtes in Schulen) infolge eines dauernden Verstoßes gegen katholische Glaubens- und Sittenlehre, standesamtliche Heirat trotz eines kirchlichen Ehehindernisses (noch bestehende, nach kanonischem Recht gültige Ehe), außereheliche Beziehungen eines Mitarbeiters zu einer verheirateten Person, Mitgliedschaft oder Förderung einer politischen Partei, die sich gegen die Interessen der Kirche stellt (can. 1374 CIC), öffentliche Stellungnahme zur Rechtfertigung des Schwangerschaftsabbruches. 49

Es wäre Sache des jeweiligen Ortsbischofes, der für die Bestellung des Vorsitzenden, seines Stellvertreters und der Beisitzer und ihrer Stellvertreter die Verantwortung trägt, sich vor der Bestellung zu vergewissern, ob ein solcher Hinderungsgrund vorliegt. 50

Bleistein/Thiel

§ 40

c. Zusätzliche Bestellungsvoraussetzungen beim Vorsitzenden

aa. Befähigung zum Richteramt nach staatlichem Recht
51 Um die Unabhängigkeit des **Vorsitzenden** von Einflüssen der kirchlichen Verwaltung sicherzustellen, ist als unabdingbare Berufungsvoraussetzung festgelegt, dass der Vorsitzende die **Befähigung zum Richteramt** nach § 5 DRiG haben muss und **nicht** im **kirchlichen Dienst** stehen darf. Die Ausbildung zum »Canonisten« oder die Promotion zum Dr. iuris utriusque an einer deutschen oder ausländischen Universität erfüllen diese Voraussetzungen nicht. Bei dem hohen Rang, der der Schlichtungsstelle als kirchliches Gericht zugebilligt wird (Rz 15), sollte an diesen Bestellungsvoraussetzungen nicht gerüttelt werden. Erfüllt der Vorsitzende diese beiden zusätzlichen Berufungsvoraussetzungen des § 40 Abs. 2 S. 3 nicht, ist die Schlichtungsstelle nicht »ordnungsgemäß« im Sinne des § 579 Abs. 1 Nr. 1 ZPO besetzt. Im Übrigen bestehen dann im Sinne der Rechtsprechung des *BAG* (Rz 16) erhebliche Bedenken, ob eine so besetzte Schlichtungsstelle den Mindestanforderungen an ein »Gericht« genügt.

bb. Keine Stellung im kirchlichen Dienst
52 Der Vorsitzende und sein Stellvertreter dürfen keine abhängige Stellung im kirchlichen Dienst einnehmen. Sie dürfen also weder in einem Anstellungsverhältnis, noch in einem beamtenähnlichen Verhältnis zur Kirche oder einer kirchlichen Einrichtung im Sinne des § 1 stehen. Der Übernahme des Vorsitzendenamtes/stellvertretenden Vorsitzendenamtes stehen nicht die Übernahme von ehrenamtlichen Tätigkeiten innerhalb der Kirche entgegen. So kann der Vorsitzende in ein Amt als Kirchenvorstandsmitglied oder Pfarrgemeinderatsmitglied gewählt werden, ohne dass dies der Übernahme des Vorsitzendenamtes entgegensteht. Er könnte auch z. B. als Mitglied eines Vorstandes einer caritativen kirchlichen Einrichtung, z. B. eines Caritasverbandes e. V. oder des Sozialdienstes Kath. Frauen/Männer, gewählt werden. Ein Ehrenamt, das der Vorsitzende im kirchlichen Bereich einnimmt, tangiert nicht seine Unabhängigkeit in seiner Stellung als Vorsitzender der Schlichtungsstelle. Die Wortwahl »im kirchlichen Dienst stehen« bedeutet, dass es im Interesse der Unabhängigkeit des Vorsitzenden (seines Stellvertreters) vermieden werden muss, dass er von der Kirche »abhängig« ist. Er darf also weder ihren Anordnungen und Weisungen, die auch auf sein Amt als Vorsitzender (stellvertretender Vorsitzender) durchschlagen können, Folge leisten müssen noch von ihr in seinem Lebensunterhalt in Form von ständigen, regelmäßigen Bezügen entscheidend abhängig sein.

d. Zusätzliche Voraussetzung bei den Beisitzern

53 Sie müssen im kirchlichen Dienst der **bestellenden** Diözese sein. Sie müssen – wie es der Eigenart der Mitarbeiterbesitzer entspricht – in einem abhängigen, der Weisungsbefugnis eines Dienstgebers unterstehenden Arbeitsverhältnis zu einer kirchlichen Einrichtung in dieser bestellenden Diözese gehören. Dabei ist unter »Einrichtung« in diesem Sinne jede kirchliche Einrichtung nach § 1 Abs. 1, insbesondere auch eine Einrichtung nach § 1 Abs. 2, zu verstehen. Ob dazu auch überdiözesane Einrichtungen nach § 1 Abs. 3 gehören, ist Tatfrage und hängt letztlich entscheidend davon ab, wer der zuständige Diözesanbischof für die betroffene Einrichtung ist (Rz 34 ff.).

§ 40

e. Abberufungsvoraussetzungen – Mängel im Bestellungsverfahren

Das Fehlen einer Bestellungsvoraussetzung führt nicht dazu, dass die Schlichtungsstelle nicht ordnungsgemäß besetzt ist. Es liegen dann zwar Mängel im Bestellungsverfahren vor. Es dürfte jedoch die Regelung des § 79 ArbGG zur Anwendung zu bringen sein, dass Mängel bei der Berufung der Beisitzer (Mängel im Bestellungsverfahren) nicht zu einem Nichtigkeitsgrund im Sinne des § 579 Abs. 1 Nr. 1 ZPO führen. Die Möglichkeit einer Abberufung während der laufenden Amtszeit des Vorsitzenden oder eines Beisitzers wegen Wegfalles der Bestellungsvoraussetzungen besteht nach der Regelung des § 40 nicht. Sie kann jedoch in einer Schlichtungsverfahrensordnung vorgesehen werden. Der Vorbehalt für den Erlass einer solchen Schlichtungsverfahrensordnung befindet sich in § 42 Abs. 1 S. 4. 54

In der Schlichtungsverfahrensordnung für das Erzbistum Köln ist in § 5 verfügt, dass das Amt eines Mitgliedes endet, wenn das Fehlen oder der Wegfall der Voraussetzungen für seine Berufung bekannt wird. Das gilt für jedes Mitglied der Schlichtungsstelle, wie die Regelung des § 5 Abs. 4 S. 2 Schlichtungsverfahrensordnung Erzdiözese Köln zeigt, also auch für den Vorsitzenden. Über die Beendigung des Amtes bei Fehlen und Wegfall der Berufungsvoraussetzungen entscheidet die Schlichtungsstelle von Amts wegen, nachdem ihr der Grund dafür bekannt geworden ist, unter Ausschluss des Betroffenen, aber mit seinem Vertreter, nach dessen Anhörung. Das Amt endet also nicht mit Wegfall der Berufungsvoraussetzungen, sondern – in entsprechender Anwendung des § 22 Abs. 5 ArbGG – erst mit Verkündung des entsprechenden Beschlusses der Schlichtungsstelle. 55

f. Weisungsfreiheit des Vorsitzenden und der Beisitzer

In der Ausübung ihres Amtes sind der Vorsitzende und die Beisitzer bei **allen** Entscheidungen der Schlichtungsstelle – auch bei Entscheidungen während des Verfahrens (Beweiserhebung, Sachverständigenauftrag) – nur dem **Recht** und ihrem **Gewissen** unterworfen. Sie sind an die **Bestimmungen der MAVO**, an die allgemein geltenden Gesetze und damit zu vereinbarende **kirchenrechtliche Regelungen** gebunden. **Weisungen** von kirchlichen Stellen sind für ihre Amtsausübung **unbeachtlich**. 56

4. Bestellungsverfahren für den Vorsitzenden und seinen Stellvertreter

§ 40 Abs. 6 regelt das Bestellungsverfahren für den Vorsitzenden und seinen Stellvertreter. Sie werden nicht mehr gewählt und dann vom Ortsbischof ernannt. Vielmehr schlagen die ordnungsgemäß bestellten bzw. gewählten Beisitzer (Dienstgeber und Mitarbeitervertretung) dem Diözesanbischof **gemeinsam** den Vorsitzenden und seinen Stellvertreter vor (§ 40 Abs. 6 S. 1). Wie sie zu diesem gemeinsamen Vorschlag kommen, ist ihnen überlassen. Nur muss es sich um **einen** gemeinsamen Vorschlag handeln. Es können also nicht Alternativvorschläge eingebracht werden. 57

Liegt ein solcher gemeinsamer Vorschlag vor, und sind die Bestellungsvoraussetzungen für den Vorsitzenden und seinen Stellvertreter erfüllt, so **muss** der Diözesanbischof die Ernennungen aussprechen. 58

Er kann also einen gemeinsamen Vorschlag nur dann **zurückweisen**, wenn die Bestellungsvoraussetzungen für die Vorsitzenden, die er in eigener Zuständig- 59

§ 40

keit zu prüfen hat, nicht vorliegen. Die Zurückweisung muss begründet erfolgen mit einer Aufforderung, entweder die Mängel – soweit sie behebbar sind – zu beseitigen oder innerhalb einer bestimmten Frist einen neuen, den Bestellungsvorschriften entsprechenden Vorschlag vorzulegen.

60 Dabei ist zu unterscheiden, ob der Bischof den vorgeschlagenen Vorsitzenden oder seinen Stellvertreter zurückweist. Da die Schlichtungsstelle in jedem Fall einen Vorsitzenden haben muss, führt die Zurückweisung der vorgeschlagenen Vorsitzenden dazu, dass der Vorschlag insgesamt neu vorgelegt werden muss. Der Bischof kann nicht nur einen Stellvertreter bestellen und das Vorsitzendenamt offen lassen. Die Ernennung eines Vorsitzenden ist für die Funktionsfähigkeit der Schlichtungsstelle entscheidend. Erfüllt nur der Stellvertreter nicht die Bestellungsvoraussetzungen, kann der Bischof den Vorsitzenden ernennen und auf einem neuen gemeinsamen Vorschlag für einen Stellvertreter bestehen.

61 Eine Fristsetzung für einen neuen Vorschlag ist deswegen angebracht, weil nur auf diese Weise die Regelung des § 40 Abs. 6 Satz 2 in Kraft treten kann.

62 Danach ist der Bischof bei der Bestellung eines Vorsitzenden und seines Stellvertreters frei, wenn ein gemeinsamer Vorschlag nicht zustande kommt und dem Bischof nicht innerhalb der von ihm gesetzten Frist vorgelegt wird.

63 Der Bischof kann dann nach seinem Gutdünken nach Anhörung des Vorstandes der Diözesanen Arbeitsgemeinschaft einen Vorsitzenden und seinen Stellvertreter ernennen.

5. Bestellungsverfahren für die Beisitzer

64 § 40 Abs. 7 regelt das Bestellungsverfahren für die Beisitzer.

65 Zwei Beisitzer und deren Stellvertreter werden vom Generalvikar der Diözese bestellt (§ 40 Abs. 7 S. 1).

66 Zwei Beisitzer und ihre Stellvertreter werden vom Vorstand der diözesanen Arbeitsgemeinschaft der Mitarbeitervertretungen durch einen Beschluss gewählt und damit bestellt (§ 40 Abs. 7 S. 2, § 25 Abs. 4 i. V. m. § 14 Abs. 5).
In der Auswahl der zu bestellenden Beisitzer sind unter Beachtung der Bestellungsvoraussetzungen (Rz 39 ff.) beide Besteller frei.

67 Kein Beteiligter kann die von der Gegenseitige bestellten Beisitzer und ihre Stellvertreter zurückweisen. Er kann allenfalls darauf hinweisen, dass die Bestellungsvoraussetzungen nicht vorliegen.

68 Besteht keine Diözesane Arbeitsgemeinschaft, so wählt je einen Mitarbeitervertreter und seinen Stellvertreter die Mitarbeitervertretung des Generalvikariats/Ordinariats und die Mitarbeitervertretung des Diözesancaritasverbandes (§ 40 Abs. 7 S. 3).

69 Die Stellvertreter sind nach der Regelung des § 40 Abs. 7 nicht für einen genau bestimmten Beisitzer ihrer Seite bestellt. Sie vertreten nach der Reihenfolge in ihrer Bestellung den ausgefallenen Beisitzer der **bestellenden** Seite.

§ 40

V. Amtszeit der Mitglieder der Schlichtungsstelle – Ausscheiden von Mitgliedern während der Amtszeit

1. Amtszeit der Mitglieder der Schlichtungsstelle:

Die Amtszeit der Mitglieder der Schlichtungsstelle beträgt nach § 40 Abs. 8 Satz 1 **vier Jahre**. 70

Diese Amtszeit beginnt beim **Vorsitzenden und seinem Stellvertreter** mit der Ernennung durch den Diözesanbischof. Der Bischof verfügt in einer Ernennungsurkunde die Bestellung und setzt in der Bestellungsurkunde den Beginn der Amtszeit fest oder stellt in der Ernennungsurkunde fest, dass die Amtszeit mit der Aushändigung der Ernennungsurkunde beginnt. 71

Die Amtszeit der **Beisitzer und ihrer Stellvertreter** beginnt mit der Bestellung durch das zuständige Bestellungsgremium – Generalvikar/Beschluss des Vorstandes der Diözesanen Arbeitsgemeinschaft der Mitarbeitervertretungen –, jedoch **nicht** vor Ablauf der Amtszeit der im Amt befindlichen Schlichtungsstelle. 72

Vor ihrer ersten Amtstätigkeit sind die Beisitzer durch den Vorsitzenden über ihre Verpflichtungen, wie sie in § 2 Abs. 1 (unabhängige Wahrnehmung des Amtes und Bindung nur an das Recht und ihr Gewissen) und Abs. 2 (Schweigepflicht vor allem über das Beratungsgeheimnis) der Schlichtungsverfahrensordnung Köln festgelegt sind. 73

2. Ausscheiden von Mitgliedern während der Amtszeit – Fortdauer des Amtes nach Ablauf der Amtszeit

Eine **Abberufung** eines Vorsitzenden oder eines Beisitzers während seiner Amtszeit ist nicht vorgesehen. Weder der Bischof noch der Generalvikar können ihre Ernennung »einseitig« zurücknehmen mit der Folge, dass damit das Amt erlischt. Denn damit wäre eine wesentliche Grundlage für die Anerkennung der Schlichtungsstelle als Gericht – Unabhängigkeit der Mitglieder der Schlichtungsstelle während ihrer Amtszeit – weggefallen (siehe auch Rz 57 ff.). 74

Bei einem vorzeitigen Ausscheiden eines Mitgliedes der Schlichtungsstelle bestimmt § 40 Abs. 8 S. 3, dass für die restliche Dauer der Amtszeit eine Nachernennung bzw. Nachbestellung nach den Regeln stattfindet, die für die Ernennung bzw. Bestellung gelten (Rz 57 ff.). 75

Das ist vor allem für den Vorsitzenden und seinen Stellvertreter von Bedeutung, weil sie ohne Angabe von Gründen ihr Amt jederzeit niederlegen können. Das ergibt sich aus der Natur dieses Ehrenamtes. Ihr Amt könnte auch wegen Todes, Verlust der Bestellungsvoraussetzungen oder der Geschäftsfähigkeit enden. In diesem Falle ist nach § 40 Abs. 8 S. 3 zu verfahren. Es hat unverzüglich (§ 121 BGB – ohne schuldhaftes Zögern) im Interesse der Funktionsfähigkeit der Schlichtungsstelle die Einleitung eines Ernennungsverfahrens (Rz 57 ff.) zu erfolgen. 76

Ist nach **Ablauf der Amtszeit** noch keine im Anschluss daran amtierende Schlichtungsstelle gebildet, so bleibt nach Ablauf ihrer Amtszeit die bestehende Schlichtungsstelle mit ihren Vorsitzenden und Beisitzern/Stellvertretern bis zur Ernennung/Bestellung der Nachfolger im Amt (§ 40 Abs. 8 Satz 4). 77

§ 40

VI. Streitigkeiten

1. Fehlerhafte Bestellung der Beisitzer

78 Die gemäß § 40 Abs. 7 bestellten Beisitzer haben dem Diözesanbischof gemäß § 40 Abs. 6 S. 1 gegenüber das Vorschlagsrecht zur Ernennung des Vorsitzenden der Schlichtungsstelle und seines Stellvertreters. Deshalb kommt es auf die ordnungsgemäße Bestellung der Beisitzer an, weil diese für die ordentliche Zusammensetzung der Schlichtungsstelle mitverantwortlich sind (§ 40 Abs. 2, 5 und 6). Die falsche Bestellung führt zur falschen Besetzung der Schlichtungsstelle und damit zum Verlust des gesetzlichen Richters. Voraussetzung für die richtige Bestellung ist die Beachtung von § 40 Abs. 4 und Abs. 7. Gemäß § 41 Abs. 2 S. 2 Nr. 1 sind zur Antragstellung bei der Schlichtungsstelle berechtigt jeder Dienstgeber, jede MAV. Der Generalvikar ist selbst Dienstgebervertreter (can. 479 § 1 CIC).

2. Fehlerhafte Ernennung des Vorsitzenden oder seines Stellvertreters

79 Der Vorsitzende der MAV und ebenso sein Stellvertreter bedürfen zur Ernennung durch den Diözesanbischof des gemeinsamen Vorschlags der Beisitzerinnen und Beisitzer (§ 40 Abs. 6 S. 1). Diese entscheiden über die Berufung. Ihr Vorschlag ist nur gültig, wenn sie eine Person vorschlagen, welche die Voraussetzungen erfüllt, die in § 40 Abs. 3 genannt sind. Der Diözesanbischof übt daher vor der Ernennung ein ihm zustehendes Prüfungsrecht aus, ob die vorgeschlagenen Personen die persönlichen Anforderungen gemäß § 40 Abs. 3 erfüllen. Verneinendenfalls muss er die Vorschläge der Beisitzer zurückweisen. Die Zurückweisung ist mit einem unterlassenen Vorschlag der Beisitzer gleich zu setzen. Kommt ein gemeinsamer Vorschlag der Beisitzer innerhalb einer vom Diözesanbischof gesetzten Frist nicht zustande, fällt das alleinige Ernennungsrecht an den Diözesanbischof nach vorheriger Anhörung des Vorstandes der diözesanen Arbeitsgemeinschaft der Mitarbeitervertretungen (§ 40 Abs. 6 S. 2).

3. Wegfall der Voraussetzungen für die Bestellung zum Mitglied der Schlichtungsstelle

80 Ob die Voraussetzungen zur Bestellung als Mitglied der Schlichtungsstelle vorliegen, hat der Diözesanbischof zu prüfen, weil er die Schlichtungsstelle als Gesetzgeber errichtet (§ 40 Abs. 1). Sowohl der Vorsitzende, sein Stellvertreter als auch die Beisitzer und ihre Stellvertreter müssen während der Amtszeit die Bestellungsvoraussetzungen (§ 40 Abs. 3 und 4) erfüllen. Bei Streitigkeiten über die Voraussetzungen zur Amtsführung ist u. a. der Generalvikar als Dienstgeber zum Antrag an die Schlichtungsstelle berechtigt (§ 41 Abs. 2 Nr. 1). Bei Amtsverlust findet für die restliche Dauer der Amtszeit eine Nachernennung bzw. Nachbestellung statt (§ 40 Abs. 8 S. 3).

4. Amtspflichtverletzung eines Mitglieds der Schlichtungsstelle

81 Die MAVO schweigt zum Problem der Amtspflichtverletzung eines Mitglieds oder der Mitglieder der Schlichtungsstelle (*Thiel*, ZMV 1999 S. 59). Nach staatlichem Recht ist die Amtsenthebung von Richtern geregelt (§ 30 Deutsches Richtergesetz). Nach kirchlichem Recht ist z. B. die Amtsenthebung

§ 41

des Gerichtsvikars (Offizials) möglich, wenn ein rechtmäßiger und schwerwiegender Grund dazu vorliegt (can. 1422 CIC). Die MAVO muss in der Weise ausgelegt werden, dass im Falle der Amtspflichtverletzung eines Mitgliedes der Schlichtungsstelle derjenige für die Amtsenthebung zuständig ist, der ein konstitutives Recht der Berufung in das Amt hat. Das ist mit Blick auf den Vorsitzenden der Schlichtungsstelle und seinen Stellvertreter der ernennende Diözesanbischof, hinsichtlich der vom Generalvikar bestellten Beisitzer der Generalvikar und hinsichtlich der von der DiAG-MAV oder der MAV des Generalvikariats bestellten Beisitzer eines dieser Gremien (§ 40 Abs. 7).

VII. Keine Zuständigkeit staatlicher Gerichte

Staatliche Gerichte sind für Streitigkeiten mitarbeitervertretungsrechtlicher **82** Art nicht zuständig (Art. 10 Abs. 2 GrO). Die Besetzung der Schlichtungsstelle ist eine innerkirchliche Maßnahme ebenso wie die vorausgehende Errichtung der Schlichtungsstelle und der Erlass einer Mitarbeitervertretungsordnung überhaupt (*BVerfGE* 46, 73) im Rahmen des verfassungsrechtlich garantierten Selbstbestimmungsrechts der Kirche (Art. 140 GG i. V. m. Art. 137 Abs. 3 WRV). Durch Art. 10 Abs. 2 GrO ist auch kirchlicherseits die Verpflichtung zur Errichtung kirchlicher Arbeitsgerichte zu Streitigkeiten auf den Gebieten der KODA-Ordnungen und des Mitarbeitervertretungsrechts festgeschrieben. Als solche Gerichte fungieren gegenwärtig die diözesanen Schlichtungsstellen, die aus staatskirchenrechtlicher Sicht als kirchliche Gerichte anzusehen sind und rechtsstaatlichen Anforderungen genügen, weil insbesondere für eine sachliche und persönliche Unabhängigkeit der Mitglieder des jeweiligen Entscheidungsgremiums gesorgt ist (*Dütz*, Essener Gespräche, Bd. 18 – 1984 – S. 105; *Richardi*, Arbeitsrecht in der Kirche, § 22 Rz 1 ff., 8 ff.; *Dütz*, Anm. zu BAG, 11. 3. 1986 – 1 ABR 26/84, AP Nr. 25 zu Art. 140 GG = AR-Blattei, Kirchenbedienstete ES Nr. 32 mit zustimmender Anm. von Richardi).

§ 41 Schlichtungsverfahren[1]

(1) Das Schlichtungsverfahren findet statt:
1. **bei einem Verstoß des Dienstgebers gegen § 10 Abs. 1, 1 a und 2 auf Antrag mindestens eines Zehntels der wahlberechtigten Mitarbeiterinnen und Mitarbeiter,**
2. **im Falle des § 12 Abs. 3 bei Anrufung durch eine wahlberechtigte Mitarbeiterin oder einen wahlberechtigten Mitarbeiter oder den Dienstgeber gegen Entscheidungen des Wahlausschusses oder der Wahlleiterin oder des Wahlleiters (§ 11 c Abs. 4),**
3. **im Falle des § 13 Abs. 3 Nr. 6 auf Antrag des Dienstgebers oder eines Viertels der wahlberechtigten Mitarbeiterinnen und Mitarbeiter, in den Fällen des § 13 c Nrn. 2 und 5 auf Antrag des Dienstgebers, der Mitarbeitervertre-**

---

1 Diese Regelung ist vorläufig und gilt bis zum Inkrafttreten der Regelungen über eine umfassende kirchliche Gerichtsbarkeit nach Artikel 10 Abs. 2 Grundordnung.

§ 41

tung oder eines Viertels der wahlberechtigten Mitarbeiterinnen und Mitarbeiter,
4. gemäß § 15 Abs. 5 und im Falle des § 16 auf Antrag der Mitarbeitervertretung bei ablehnender Entscheidung des Dienstgebers über die Teilnahme,
5. auf Antrag der Mitarbeitervertretung bei einem Verstoß des Dienstgebers gegen die §§ 3 Abs. 2 Satz 2, 11 Abs. 8 Satz 2, 17, 18 Abs. 1, 26 Abs. 2, 27 Abs. 2, 27 a, 29 bis 32, 33 Abs. 1, 2 oder 3, 34 Abs. 1 oder 3, 35 Abs. 1, 36 oder 37 Abs. 3 Satz 1 und 2 und 39 Abs. 1,
6. gemäß § 33 Abs. 4 und § 37 Abs. 3 Satz 3,
7. auf Antrag der Mitarbeitervertretung über die Zulässigkeit einer vorläufigen Regelung gemäß § 33 Abs. 5,
8. auf Antrag des Dienstgebers oder der Mitarbeitervertretung bei wiederholten Verstößen gegen Inhalte einer Dienstvereinbarung gemäß § 38,
9. auf Antrag der Mitarbeitervertretung bei fehlerhafter Anhörung oder missbräuchlicher Festlegung der Einrichtung durch den Rechtsträger nach § 1a Abs. 2,
10. auf Antrag der Mitarbeitervertretung bei missbräuchlicher Verweigerung der Zustimmung nach § 17 Abs. 1 Satz 2 2. Spiegelstrich.

Die Schlichtungsstelle entscheidet ferner über Anträge auf Feststellung der Nichtigkeit einer Wahl der Mitarbeitervertretung.

(2) Darüber hinaus kann die Schlichtungsstelle in allen sonstigen Rechtsstreitigkeiten mitarbeitervertretungsrechtlicher Art einschließlich solcher des Wahl- und Schlichtungsverfahrensrechts angerufen werden.
Antragsberechtigt sind
1. in Angelegenheiten der Mitarbeitervertretungsordnung einschließlich des Schlichtungsverfahrensrechts die Mitarbeitervertretung und der Dienstgeber, sowie das einzelne Mitglied der Mitarbeitervertretung, die einzelne Mitarbeiterin und der einzelne Mitarbeiter, die Sprecherin oder der Sprecher der Jugendlichen und Auszubildenden, die Vertrauensperson der schwerbehinderten Mitarbeiterinnen und Mitarbeiter, der Vertrauensmann der Zivildienstleistenden und die Mitglieder des Wahlausschusses,
2. in Angelegenheiten des Wahlverfahrensrechts die Mitarbeitervertretung, der Dienstgeber und jede Mitarbeiterin oder jeder Mitarbeiter,
3. in Angelegenheiten des § 25 die Organe der Arbeitsgemeinschaften, jeder Dienstgeber und das (Erz-)Bischöfliche Ordinariat.
Der Antrag ist nur zulässig, wenn die Antragstellerin oder der Antragsteller geltend macht, durch eine Handlung oder Unterlassung in ihren oder seinen Rechten verletzt zu sein.

(2 a) Die oder der Vorsitzende der Schlichtungsstelle entscheidet allein über die Notwendigkeit oder Zweckmäßigkeit einer Bevollmächtigung nach § 17 Abs. 1 Satz 2 3. Spiegelstrich.

(3) Die Schlichtungsstelle verhandelt nicht öffentlich. Dem Dienstgeber und der zuständigen Mitarbeitervertretung ist Gelegenheit zur Stellungnahme zu geben. Auf Antrag eines Beteiligten soll eine mündliche Verhandlung stattfinden. Es können Zeugen und sachkundige Dritte herangezogen werden.

(4) Die Schlichtungsstelle hat in jedem Fall eine Einigung anzustreben und soll deshalb den Parteien einen Einigungsvorschlag unterbreiten.

§ 41

Kommt eine Einigung nicht zustande, so entscheidet die Schlichtungsstelle. Sie gibt dem Antrag statt oder lehnt ihn ab. In den Fällen der §§ 34 Abs. 2 und 35 Abs. 2 stellt sie fest, ob ein Grund zur Verweigerung der Zustimmung vorliegt.

Inhaltsübersicht

	Rz
I. Zweck der Vorschrift	1
II. Zuständigkeit der Schlichtungsstelle	2–4
1. Örtliche Zuständigkeit	2
2. Aktivlegitimation	3–4
III. Zuständigkeitskatalog des § 41 Abs. 1 Nr. 1–10 und § 41 Abs. 1 Satz 2	5–47
1. Errichtung einer Mitarbeitervertretung, Nr. 1	6–7
2. Anfechtung einer Mitarbeitervertretungswahl (§ 12 Abs. 3), Nr. 2	8–11
3. Auflösung der Mitarbeitervertretung (§ 13 Abs. 3 Nr. 6), Nr. 3	12–15
4. Erlöschen der Mitgliedschaft eines MAV-Mitgliedes in der MAV (§ 13 c Nr. 2 und Nr. 5), Nr. 3	16–19
5. Freistellung von Mitarbeitern von der Arbeit (§ 15 Abs. 5), Freistellung zur Teilnahme an einer Schulungsveranstaltung (§ 16), Nr. 4	20–26
6. Verstöße des Dienstgebers gegen Vorschriften der MAVO, Nr. 5	27–29
7. Anrufung der Schlichtungsstelle in den Fällen der Zustimmungsverweigerung (§ 33 Abs. 4) und bei Ablehnung eines Antrages der MAV (§ 37 Abs. 3 S. 3), Nr. 6	30–31
8. Zulässigkeit von vorläufigen Regelungen (§ 33 Abs. 5), Nr. 7	32–35
9. Wiederholte Verstöße gegen eine Dienstvereinbarung (§ 38), Nr. 8	36–39
10. Fehlerhafte Rechtsausübung bei der Festlegung der Einrichtung (§ 1 a Abs. 2), Nr. 9	40–41
11. Verweigerung der Kostenübernahme für die Tätigkeit sachkundiger Personen (§ 17 Abs. 1 S. 2, 2. Spiegelstrich), Nr. 10	42–47
12. Nichtigkeit einer Mitarbeitervertretungswahl (§ 41 Abs. 1 Satz 2)	44–47
IV. Erweiterte Zuständigkeit der Schlichtungsstelle nach § 41 Abs. 2	48–68
1. Zuständigkeit nur für Rechtsstreitigkeiten mitarbeitervertretungsrechtlicher Art	48–57
2. Beteiligtenfähigkeit, Beteiligungs- und Antragsbefugnis im Rahmen des § 41 Abs. 2	58–68
V. Die Kosten eines Bevollmächtigten der MAV (§ 41 Abs. 2 a)	69–75
VI. Allgemeine Verfahrensvorschriften (§ 41 Abs. 3 und 4)	76–85
1. Nichtöffentlichkeit der Verhandlung (§ 41 Abs. 3 S. 1)	77
2. Schriftliches Verfahren – Mündliche Verhandlung (§ 41 Abs. 3 S. 2 und 3)	78–79
3. Anhörung von Antragsteller, Antragsgegner und Beteiligten	80
4. Anhörung von Zeugen und sachkundigen Dritten (§ 41 Abs. 3 S. 4)	81–82
5. Einigungsvorschlag der Schlichtungsstelle (§ 41 Abs. 4)	83–85
VII. Einstweilige Anordnung	86–93

I. Zweck der Vorschrift

Die Bestimmung des § 41 regelt Grundsätze für die Durchführung des Schlichtungsverfahrens. **1**
1. Die Schlichtungsstelle wird nur auf Antrag tätig (Antragsprinzip), der in der Regel unverzüglich erfolgen muss, nachdem der Grund vorliegt.
2. Die Antragsberechtigung muss bestehen.
3. § 41 Absatz 1 legt die Zuständigkeit der Schlichtungsstelle für Schlichtungsverfahren enumerativ fest.
4. § 41 Absatz 2 erweitert die Zuständigkeit der Schlichtungsstelle für alle sonstigen Rechtsstreitigkeiten mitarbeitervertretungsrechtlicher Art ein-

§ 41

schließlich solcher des Wahl- und Schlichtungsverfahrensrechts unter Benennung der Antragsberechtigten.
5. § 41 Absatz 2 a räumt dem Vorsitzenden der Schlichtungsstelle das Alleinentscheidungsrecht über die Zulässigkeit der Bevollmächtigung von Beiständen durch die Beteiligten für das Schlichtungsverfahren ein (§ 17 Abs. 1 S. 2 dritter Spiegelstrich).
6. § 41 Absatz 3 schafft grundsätzlich zu beachtende Verfahrensgrundsätze für das Schlichtungsverfahren.
7. § 41 Absatz 4 regelt schließlich die Art der Beendigung des Schlichtungsverfahrens durch Einigung der Beteiligten oder Entscheidung der Schlichtungsstelle.

II. Zuständigkeit der Schlichtungsstelle

1. Örtliche Zuständigkeit

2 Nach der MAVO des jeweiligen Diözesanbischofs ist seine Schlichtungsstelle für die Streitigkeiten auf dem Gebiet der von ihm erlassenen MAVO zuständig. Das hat besondere Bedeutung für mehr- oder überdiözesan agierende Dienstgeber und ihre jeweiligen Mitarbeitervertretungen (§ 1 Abs. 3). Die örtliche Zuständigkeit der Schlichtungsstelle ist ausschließlich, d. h. nicht zwischen den Beteiligten einer Streitigkeit verhandelbar. Die örtliche Zuständigkeit ist ebenso wie die sachliche Zuständigkeit Voraussetzung für die Durchführung des Schlichtungsverfahrens. Ihre Zuständigkeit zur Entscheidung einer Streitfrage hat die Schlichtungsstelle stets von Amts wegen zu prüfen. Die sachliche Zuständigkeit ist durch § 41 geregelt (Rz 5 ff.).

2. Aktivlegitimation

3 Die Schlichtungsstelle hat im Falle eines Antrages stets zu prüfen, ob die Antrag stellende Partei (Beteiligte) die Befugnis zur Antragstellung hat und der vorgetragene Streitfall (Sachverhalt) auf dem Gebiet der MAVO (oder je nach diözesaner Regelung auch auf dem Gebiete der KODA-Ordnung) angesiedelt ist. Die Frage der Zuständigkeit der Schlichtungsstelle steht oben an, weil es Antragsteller geben kann, für die die MAVO gar nicht gilt, obwohl eine Mitarbeitervertretung gebildet ist, die MAVO also angewendet wird, nicht aber die Grundordnung des kirchlichen Dienstes im Rahmen kirchlicher Arbeitsverhältnisse (GrO), entweder unvollständig oder gar nicht (vgl. *Schlichtungsstelle Köln*, 18. 10. 2000 – MAVO 8/2000, ZMV 2001, 38), wenn also z. B. das staatliche Betriebsverfassungsgesetz für den Träger und dessen Betrieb gilt (*ArbG Mönchengladbach*, 12. 7. 2001 – 4 BV 34/01, ZMV 2001, 244). Es geht dann um die Entscheidung über die Zulässigkeit des Antrages.

4 Die Antragsbefugnis liegt vor, wenn eine – auch unrechtmäßig – gebildete MAV Rechte aus der MAVO geltend macht. Dann ist die Schlichtungsstelle zuständig, weil sie gemäß § 41 Abs. 1 S. 2 auch für die Feststellung der Nichtigkeit einer Wahl zur MAV zuständig ist. In diesem Falle wird im Zusammenhang mit der jederzeit geltend zu machenden Nichtigkeit der Wahl der MAV ihre mangelnde Antragsbefugnis festgestellt. Denn wenn für eine Einrichtung die Grundordnung nicht gilt, so gilt auch nicht die MAVO (Art. 8 S. 2 GrO; Schlichtungsstelle Köln, wie vor). Dann ist die MAV-Wahl nichtig mit der Fol-

§ 41

ge, dass die MAV rechtlich nie bestanden hat. Sie ist dann auch nicht Trägerin der von ihr behaupteten Rechte.

III. Zuständigkeitskatalog des § 41 Abs. 1 Nr. 1 – 10 und § 41 Abs. 1 Satz 2

Die Regelung des § 41 Abs. 1 enthält einen **nicht abschließenden** Zuständigkeitskatalog für das Schlichtungsverfahren. In § 41 Abs. 1 werden nur die wichtigsten Fälle erfasst, in denen ein Schlichtungsverfahren – **bis zum Inkrafttreten eines kirchlichen Arbeitsgerichtsgesetzes** (vgl. Art. 10 GrO) – zulässig ist. Siehe auch § 40 CWMO; § 46 Rz. 34.
In diesen in § 41 Abs. 1 genannten Fallen muss nicht noch gesondert – wie im Rahmen des § 41 Abs. 2 – geprüft werden, ob eine Rechtsstreitigkeit »mitarbeitervertretungsrechtlicher Art« vorliegt. In Schlichtungsverfahren sind abhängig vom Streitgegenstand Leistungs-(Verpflichtungs-), Feststellungs- und Gestaltungsanträge – also nicht nur Feststellungsanträge – zulässig (*Bernards*, S. 64), nicht aber Anträge zur Erstellung von Rechtsgutachten (nicht konsequent: *Schlichtungsstelle München und Freising*, 10. 4. 2002 – 1 AR 02, ZMV 2003, 31). Beispiel für einen **Verpflichtungsantrag**: Einberufung einer Mitarbeiterversammlung zur Wahl eines Wahlausschusses durch den Dienstgeber gemäß § 41 Abs. 1 Nr. 1, Zahlung einer bestimmten Geldsumme wegen Kosten der MAV (§ 41 Abs. 1 Nr. 5); Beispiel für einen **Feststellungsantrag**: im Falle der Wahlanfechtung richtet sich der Antrag auf die Feststellung der Unwirksamkeit der Wahl (§ 41 Abs. 1 Nr. 2), im Falle des § 41 Abs. 1 Nr. 3 auf Feststellung des Verlustes der Wählbarkeit; Beispiel für einen **Gestaltungsantrag**: Antrag auf Amtsenthebung der MAV oder eines Mitgliedes der MAV (§ 41 Abs. 1 Nr. 3 i. V. m. § 13 Abs. 3 Nr. 6 oder § 13 c Nr. 5). Trägt ein Antragsteller schlüssig vor, dass es sich um einen unter § 41 Abs. 1 oder 2 einzuordnenden Streitfall handelt, ist die **sachliche Zuständigkeit** der Schlichtungsstelle eröffnet, ohne dass es weiterer Nachprüfungen über die Zulässigkeit des Antrages bedarf. Stellt sich im Verfahren heraus, dass der behauptete Streitfall nach § 41 Abs. 1 nicht vorliegt und auch kein Fall des § 41 Abs. 2 gegeben ist, muss der Antrag als unzulässig abgewiesen werden.
Die **Einzelfälle des § 41 Abs. 1** sind:

1. Errichtung einer Mitarbeitervertretung, Nr. 1

Hier werden jene Fälle erfasst, in denen es durch ein Untätigbleiben des Dienstgebers (nicht der MAV oder des Wahlausschusses) zu einer Verzögerung der Bildung einer MAV kommt.
– Verstoß des Dienstgebers gegen **§ 10 Abs. 1**= Einberufung einer Mitarbeiterversammlung zur Bildung eines Wahlausschusses
– Verstoß des Dienstgebers gegen **§ 10 Abs. 1 a** = Einberufung einer Mitarbeiterversammlung zur Bildung eines Wahlausschusses, weil die amtierende MAV keinen Wahlausschuss fristgerecht nach § 9 Abs. 1 und § 9 Abs. 2 gebildet hat. Die MAV kann trotz des Tätigwerdens des Dienstgebers bis zur Entscheidung in der Mitarbeiterversammlung einen Wahlausschuss bestellen, auch wenn die ihr gesetzten Fristen des § 9 Abs. 1 und 2 abgelaufen sind (*LAG Hamm*, 29. 9. 1954 – 3 a Ta 87/54, AP Nr. 1 zu § 15 BetrVG 1952 – zum gleich gelagerten § 16 BetrVG 1972).

Bleistein/Thiel 819

§ 41

– Verstoß des Dienstgebers gegen § 10 Abs. 2 = Bleibt eine vom Dienstgeber einberufene Mitarbeiterversammlung – ohne Bildung eines Wahlausschusses – erfolglos, so muss der Dienstgeber entweder **innerhalb eines Jahres** – vom Zeitpunkt der erfolglosen Mitarbeiterversammlung an gerechnet – auf Antrag von einem Zehntel der wahlberechtigten Mitarbeiter oder **nach Ablauf eines Jahres** aufgrund eigener Entscheidung eine Mitarbeiterversammlung zur Bildung eines Wahlausschusses einberufen.

Antragsrecht: Ein Zehntel der wahlberechtigten Mitarbeiter

7 **Antragsformulierung:** Dem Dienstgeber wird aufgegeben, binnen zwei Wochen nach der Entscheidung der Schlichtungsstelle eine Mitarbeiterversammlung zur Wahl eines Wahlausschusses einzuberufen.

Entscheidung einer Rechtsfrage (§ 40 Rz 27 ff.).

2. Anfechtung einer Mitarbeitervertreterwahl (§ 12 Abs. 3), Nr. 2

8 Gegen die Entscheidungen des Wahlausschusses oder beim vereinfachten Wahlverfahren nach §§ 11 a ff. gegen eine Entscheidung des Wahlleiters (§ 11 c Abs. 4), die die Anfechtung einer MAV-Wahl zurückgewiesen haben, ist binnen einer Ausschlussfrist von zwei Wochen nach Zugang der Entscheidung des Wahlausschusses/Wahlleiters die Anrufung der Schlichtungsstelle (§ 12 Abs. 3) zulässig. Zur Nichtigkeit der Mitarbeitervertretungswahl siehe § 41 Abs. 1 Satz 2 = Rz 44 ff.

9 **Antragsrecht:** Jeder wahlberechtigte Mitarbeiter oder/und der Dienstgeber
10 **Antragsformulierung:** Es wird festgestellt, dass die Mitarbeitervertretungswahl vom . . . . . . unwirksam ist.
11 *Entscheidung einer Rechtsfrage (§ 40 Rz 27 ff.).*

3. Auflösung der Mitarbeitervertretung (§ 13 Abs. 3 Nr. 6), Nr. 3

12 Der Dienstgeber und/oder ein Viertel der wahlberechtigten Mitarbeiter kann die Auflösung der MAV bei der Schlichtungsstelle beantragen, wenn ihr eine grobe Vernachlässigung oder Verletzung ihrer Befugnisse oder Verpflichtungen als Mitarbeitervertretung nachgewiesen ist.

13 **Antragsrecht:** Der Dienstgeber oder ein Viertel der wahlberechtigten Mitarbeiter
14 **Antragsformulierung:** Es wird festgestellt, dass die am . . . . . . gewählte Mitarbeitervertretung wegen grober Vernachlässigung/Verletzung ihrer Befugnisse mit Wirkung vom . . . . . . aufgelöst ist.
15 *Entscheidung einer Rechtsfrage (§ 40 Rz 27 ff.).*

4. Erlöschen der Mitgliedschaft eines MAV-Mitgliedes in der MAV (§ 13 c Nr. 2 und Nr. 5), Nr. 3

16 Die Mitgliedschaft in der MAV erlischt bei Verlust der Wählbarkeit (§ 13 c Nr. 2) und bei **grober** Vernachlässigung oder Verletzung der Befugnisse und Pflichten eines Mitarbeitervertreters (Nr. 5) durch Beschluss der Schlichtungsstelle.

17 **Antragsrecht:** Der Dienstgeber, die Mitarbeitervertretung oder ein Viertel der wahlberechtigten Mitarbeiter

§ 41

Antragsformulierung: Es wird festgestellt, dass die Mitgliedschaft des MAV- 18
Mitgliedes ...... in der Mitarbeitervertretung mit Wirkung ab ...... erloschen
ist.
Entscheidung einer Rechtsfrage (§ 40 Rz 27 ff.). 19

5. Freistellung von Mitarbeitern von der Arbeit (§ 15 Abs. 5) – Freistellung zur Teilnahme an einer Schulungsveranstaltung (§ 16), Nr. 4

Die Freistellung von Mitgliedern einer MAV von der Arbeit (§ 15 Abs. 2 und 20
4), die auf einem ordnungsgemäß gefassten Beschluss der MAV beruhen muss,
bedarf nach § 15 Abs. 5 der Einigung zwischen Dienstgeber und MAV. Es bedarf auch der Zustimmung des Dienstgebers zur Arbeitsfreistellung, wenn
nach § 16 Abs. 1 Mitarbeitervertreter an Schulungsveranstaltungen teilnehmen wollen.
Im Streitfalle entscheidet die Schlichtungsstelle. 21
Antragsberechtigt: Die Mitarbeitervertretung 22
Antragsformulierung: 23
a) für Freistellung:
Es wird festgestellt, dass das MAV-Mitglied ...... von seiner Arbeitsleistung 24
am ...... freigestellt wird bzw. Freizeitausgleich am ...... gewährt wird.
b) für Teilnahme an Schulungsveranstaltung:
Es wird festgestellt, dass das MAV-Mitglied ...... berechtigt ist, an der Schu- 25
lungsveranstaltung der ...... (Einrichtung) am ...... teilzunehmen.
Entscheidung einer Rechtsfrage (§ 40 Rz 27 ff.). 26

6. Verstöße des Dienstgebers gegen Vorschriften der MAVO, Nr. 5

Das Schlichtungsverfahren gegen den Dienstgeber findet bei nachstehenden 27
Verstößen gegen die Bestimmungen der MAVO statt, wenn auch nur ein **einmaliger Verstoß** vorliegt:
a) Verstoß gegen § 3 Abs. 2 Satz 2: Verstoß gegen das Beteiligungsverfahren
 der MAV bei der Bestellung von »Leitenden Mitarbeitern« nach Nr. 3 (Befugnis zur selbständigen Einstellung, Anstellung oder Kündigung) oder
 Nr. 4 (»sonstige« Mitarbeiter in leitender Stellung)
b) Verstoß gegen § 11 Abs. 8 Satz 2: Kostentragungspflicht des Dienstgebers
 für die MAV-Wahl.
c) Verstoß gegen § 17: Verstoß des Dienstgebers gegen die Kostentragungspflicht für die MAV (siehe auch zu Nr. 10, Rz 42).
d) Verstoß gegen § 18 Abs. 1: Verstoß des Dienstgebers gegen die Pflicht, die
 MAV-Mitglieder bei der Ausübung ihrer Tätigkeit nicht zu behindern und
 zu benachteiligen.
e) Verstoß gegen § 26 Abs. 2: Verstoß des Dienstgebers gegen die Vorlagepflicht von erforderlichen Unterlagen.
f) Verstoß gegen § 27 Abs. 2: Verstoß des Dienstgebers gegen die Informationspflicht in den besonderen Fällen des § 27 Abs. 2.
g) Verstoß gegen § 27 a: Verstoß des Dienstgebers gegen die Informationspflicht in wirtschaftlichen Angelegenheiten gemäß § 27 a.
h) Verstoß gegen §§ 29–32: Verstöße des Dienstgebers gegen die Anhörung
 und Mitberatung in den Fällen des § 29, bei der ordentlichen Kündigung
 (§ 30), der Massenentlassung (§ 30 a), der außerordentlichen Kündigung
 (§ 31) und dem Vorschlagsrecht der MAV (§ 32).

§ 41

i) Verstöße gegen § 33 Abs. 1, 2 und 3: Verstöße des Dienstgebers gegen die ordnungsgemäße Abwicklung des Zustimmungsverfahrens.
j) Verstöße gegen § 34 Abs. 1 oder 3: Verstöße des Dienstgebers beim Einstellungsverfahren (Abs. 1) und bei der Unterrichtungspflicht und Vorlage von Unterlagen im Einstellungsverfahren (Abs. 3).
k) Verstoß gegen § 35 Abs. 1: Verstöße des Dienstgebers gegen die Zustimmungspflicht bei sonstigen persönlichen Angelegenheiten.
l) Verstöße gegen §§ 36/37 Abs. 3 Satz 1 und 2: Überprüfung der Entscheidung des Dienstgebers beim Zustimmungsverfahren bei Angelegenheiten der Dienststelle (§ 36) und beim Antragsrecht der MAV, wenn der Dienstgeber einen Antrag der MAV ablehnt, aber das Einigungsverfahren (§ 37 Abs. 3 Satz 1 und 2) nicht durchführt. Das Antragsrecht der MAV gemäß § 37 Abs. 1 Nr. 10 setzt eine Handlungspflicht des Dienstgebers voraus, die aus Vorschriften des Arbeits- und Gesundheitsschutzes folgt und die wegen Fehlens einer zwingenden Vorgabe einer konkreten Regelung bedarf. Der Antrag auf Feststellung eines Mitbestimmungsrechts muss erkennen lassen, welche konkreten betrieblichen Regelungen zur Umsetzung dieser Handlungspflicht mitbestimmt werden sollen (*BAG*, 15. 1. 2002 – 1 ABR 13/01, ZTR 2002, 504).
m) Verstoß gegen § 39 Abs. 1: Verstoß des Dienstgebers gegen das Recht der MAV, gemeinsame Sitzungen zu verlangen.

28 **Antragsrecht: MAV nach einem ordnungsgemäß gefassten Beschluss**
29 *Entscheidung von Rechtsfragen (§ 40 Rz 27 ff.).*

7. Anrufung der Schlichtungsstelle in den Fällen der Zustimmungsverweigerung (§ 33 Abs. 4) und bei Ablehnung eines Antrages der MAV (§ 37 Abs. 3 S. 3), Nr. 6

30 Die Schlichtungsstelle kann vom Dienstgeber angerufen werden, wenn die MAV ihre Zustimmung zu der von ihm geplanten Maßnahme verweigert. Die MAV kann die Schlichtungsstelle anrufen, wenn der Dienstgeber einen Antrag der MAV im Rahmen des § 37 ablehnt. Dabei kann es sich um Rechts- und Regelungsfragen handeln. Rechtsfragen stehen im Zusammenhang mit Maßnahmen gemäß §§ 34, 35, 18 Abs. 2 und 4; Regelungsfragen im Zusammenhang mit Maßnahmen gemäß §§ 36 Abs. 1 und 37 Abs. 1.
31 Im Falle verweigerter Zustimmung der MAV beantragt der Dienstgeber die Ersetzung der Zustimmung zu der begehrten Maßnahme durch die Schlichtungsstelle (*Schlichtungsstelle Köln*, 12. 9. 1996 – MAVO 14/96, ZMV 1997, 37). Im Falle der Ablehnung eines Antrages der MAV durch den Dienstgeber beantragt die MAV unter Formulierung der begehrten Regelung deren Erlass durch die Schlichtungsstelle (*Schlichtungsstelle Köln*, 9. 8. 1989 – MAVO 5/89; 13. 11. 1990 – MAVO 15/90).

8. Zulässigkeit von vorläufigen Regelungen (§ 33 Abs. 5), Nr. 7

32 Die MAV kann die Schlichtungsstelle anrufen, um feststellen zu lassen, dass die Voraussetzungen für die Eilbedürftigkeit einer Maßnahme nach § 33 Abs. 5 nicht gegeben waren.
33 **Antragsberechtigt:** Die MAV nach ordnungsgemäßem Beschluss

§ 41

Antragsformulierung: Es wird festgestellt, dass die Voraussetzungen für die 34
Eilbedürftigkeit der ...... (Maßnahme nennen) nach § 33 Abs. 5 nicht vorlagen.
Entscheidung einer Rechtsfrage (§ 40 Rz 27 ff.). 35

9. Wiederholte Verstöße gegen eine Dienstvereinbarung (§ 38), Nr. 8

Als Rechtsnormen des kollektiven Rechtes müssen Dienstgeber wie Mitarbei- 36
tervertretung eine ordnungsgemäß abgeschlossene Dienstvereinbarung korrekt beachten und in der Einrichtung auch vereinbarungsgemäß ausführen.
§ 41 Abs. 1 Nr. 8 sichert diese Ausführungspflicht für eine Dienstvereinbarung.
Ein einmaliger Verstoß dagegen genügt nicht. Es muss sich um **wiederholte (also mindestens zweimalige)**, objektive (nicht auch schuldhafte) Verstöße eines Partners der Dienstvereinbarung handeln.
Antragsberechtigt: Dienstgeber oder Mitarbeitervertretung 37
Wiederholte Verstöße des Dienstgebers bzw. der MAV gegen die Pflichten aus 38
einer Dienstvereinbarung können
– einen Feststellungsantrag der MAV bzw. des Dienstgebers auslösen, dass der Antragsgegner gegen die Dienstvereinbarung vom ...... wiederholt verstoßen hat, oder weiterführend
– einen Unterlassungsanspruch der MAV bzw. des Dienstgebers begründen (vgl. LAG Baden-Württemberg, 11. 7. 2002 – 2 Ta BV 2/01, BB 2002, 1751).
Verantwortlich für die Beachtung und Durchführung der Dienstvereinbarung ist der Dienstgeber.
Entscheidung von Rechtsfragen (§ 40 Rz 27 ff.). 39

10. Fehlerhafte Rechtsausübung bei der Festlegung der Einrichtung (§ 1 a Abs. 2), Nr. 9

Die Schlichtungsstelle kann von der MAV angerufen werden, wenn der 40
Dienstgeber die Bildung einer oder mehrerer betrieblicher Einheiten (Dienststellen, Einrichtungen) oder die (ordnungsgemäße) Anhörung der MAV und ohne Gelegenheit zu ihrer Stellungnahme oder ohne Genehmigung des Ordinarius vorgenommen hat. Dasselbe gilt auch im Falle der Aufteilung einer großen Betriebseinheit, wenn z. B. durch die Gewinnung kleinerer Mitarbeiterzahlen die Freistellung von Mitgliedern der MAV gemäß § 15 Abs. 3 rechtsmissbräuchlich verhindert werden soll, auch wenn die Genehmigung des Ordinarius erfolgt ist (*Schlichtungsstelle Köln*, 29. 1. 1997 – MAVO 17/69, ZMV 1997, 85).
Antragsberechtigt: Mitarbeitervertretung nach ordnungsgemäß gefasstem Be- 41
schluss. Antragsformulierung: Es wird festgestellt, dass der Beschluss des Antragsgegners vom ......, die Einrichtung ...... in mehrere selbstständige Einrichtungen im Sinne des § 1 a Abs. 2 MAVO aufzuteilen, rechtsunwirksam ist.
Entscheidung einer Rechtsfrage (§ 40 Rz 27 ff.).

11. Verweigerung der Kostenübernahme für die Tätigkeit sachkundiger Personen (§ 17 Abs. 1 S. 2, 2. Spiegelstrich), Nr. 10

Der Dienstgeber ist Kostenträger für die Geschäftsführung der MAV. Das gilt 42
auch für die Schulungskosten von MAV-Mitgliedern. Hinzu kommt die Pflicht zur Kostentragung des Dienstgebers für die Kosten eines beauftragten und

§ 41

von der Schlichtungsstelle bewilligten Bevollmächtigten der MAV im Schlichtungsverfahren (siehe oben zu Nr. 5, Rz 27 zu Buchstabe c). Besonders geregelt ist das Antragsrecht der MAV auf Übernahme der Kosten durch den Dienstgeber, die durch die erforderliche Beiziehung sachkundiger Personen bei der Aufgabenerfüllung der MAV entstehen, während der Dienstgeber die Kostenlast missbräuchlich ablehnt.

43 **Antragsberechtigt:** Mitarbeitervertretung nach ordnungsgemäß gefasstem Beschluss.

Antragsformulierung: Es wird festgestellt, dass der Antragsgegner (Dienstgeber) verpflichtet ist, die Antragstellerin (MAV) für die Beiziehung des Herrn / der Frau ...... als sachkundige Person in der Angelegenheit ...... von den erforderlichen Kosten bis zur Höhe von ...... Euro freizustellen.
Entscheidung einer Rechtsfrage (§ 40 Rz 27 ff.)

12. Nichtigkeit einer Mitarbeitervertretungswahl (§ 41 Abs. 1 Satz 2)

44 Die Schlichtungsstelle entscheidet nach § 41 Abs. 1 Satz 2 auch über die Frage, ob eine durchgeführte Mitarbeitervertretungswahl absolut nichtig ist (siehe dazu § 12 Rz 5 ff.).

45 **Antragsberechtigt:** Dienstgeber, ein einzelner Mitarbeiter

46 **Antragsformulierung:** Es wird festgestellt, dass die MAV-Wahl vom ...... nichtig ist.

47 *Einscheidung einer Rechtsfrage (§ 40 Rz 27 ff.).*

IV. Erweiterte Zuständigkeit der Schlichtungsstelle nach § 41 Abs. 2

1. Zuständigkeit nur für Rechtsstreitigkeiten mitarbeitervertretungsrechtlicher Art

48 Der Zuständigkeitskatalog des § 41 Abs. 1 ist nicht abschließender Natur. Er wird vielmehr durch die Generalklausel des § 41 Abs. 2 erweitert.

49 Diese Erweiterung erfasst »alle sonstigen **Rechts**streitigkeiten mitarbeitervertretungsrechtlicher Art einschließlich solcher des Wahl- oder Schlichtungsverfahrensrechtes«.

50 **Ausgeschlossen von dieser Erweiterung sind demnach nur reine Regelungsstreitigkeiten (§ 40 Rz 32 f.).**

51 Die Vorschrift des § 41 Abs. 2 schafft demnach keine Allzuständigkeit der Schlichtungsstelle für alle denkbaren Streitfälle aus der MAVO. Sie begründet vor allem keine Zuständigkeit für Rechtsstreitigkeiten, die überhaupt nicht in einem Schlichtungsverfahren verfolgt werden können (*Schlichtungsstelle Augsburg, 14. 11. 1994 – 2 A 94, n. v.*). Diese Entscheidung der Schlichtungsstelle Augsburg betraf einen vermeintlichen Individualanspruch einer Mitarbeiterin auf Aushändigung der Beratungsunterlagen der MAV, welche der MAV aus Anlass der vorgesehenen Kündigung ihres Arbeitsverhältnisses durch den Dienstgeber überlassen worden waren. Ihre Zuständigkeit hat die Schlichtungsstelle für diesen – gar nicht bestehenden – Individualanspruch zu Recht verneint.

52 Die Schlichtungsstelle kann vielmehr nur angerufen werden in den Fällen des § 41 Abs. 1 und ergänzend, wenn eine »sonstige Rechtsstreitigkeit mitarbeitervertretungsrechtlicher Art« vorliegt.

§ 41

Daraus folgt, dass § 41 Abs. 2 die sachliche Zuständigkeit der Schlichtungsstelle nur hinsichtlich **Rechtsstreitigkeiten** der in § 41 Abs. 2 genannten Art erweitert (*Schlichtungsstelle Köln*, 23. 3.1995 – MAVO 1/95, ZMV 1995, 134). Nur die Erfüllung des Begriffes »Rechtsstreitigkeit« eröffnet damit eine Zuständigkeit in mitarbeitervertretungsrechtlichen Rechtsfragen (siehe dazu auch *Thiel*, ZMV 1996, 64, 66). Streitgegenstand eines beantragten Schlichtungsverfahrens, das unter § 41 Abs. 2 fällt, muss demnach ein dem Dienstgeber oder der MAV in der Mitarbeitervertretungsordnung eingeräumter **Rechtsanspruch** sein. Es kann beispielsweise ein Anspruch sein, der sich unter die in § 28 Abs. 1 genannten Beteiligungsrechte einordnen lässt, der zwischen den Partnern der Einrichtung streitig ist und deswegen von einer unabhängigen Instanz geklärt werden muss. Es kann auch ein Streit über nachstehende Rechtsfragen sein:
– ob es sich um eine selbständige Einrichtung im Sinne des § 1 a Satz 2 handelt,
– ob ein Mitarbeiter zu Recht zum leitenden Mitarbeiter nach § 3 Abs. 2 Nr. 2–4 berufen worden ist (*Schlichtungsstelle Köln*, 5. 11. 1996 – MAVO 11/96, n. V.),
– ob die MAV berechtigt ist, Teilmitarbeiterversammlungen abzuhalten (§§ 4, 21),
– ob die MAV in einer dienstlichen Erfordernissen entsprechenden Weise ihre Sitzungen angesetzt hat (§ 14 Abs. 4 Satz 3),
– ob ein Mitarbeiter Anspruch auf Erstattung der Fahrtkosten für die Teilnahme an einer erforderlichen Mitarbeiterversammlung hat, die über die höchstens zweimalige Mitarbeiterversammlung des § 21 Abs. 4 Satz 1 hinausgehen.

Diese Aufzählung ist nicht vollständig und kann das auch nicht sein. Sie soll nur beispielhaft zeigen, wann eine **Rechtsstreitigkeit** vorliegt, die unter die erweiterte Zuständigkeit des § 41 Abs. 2 fällt.

Die erweiterte Zuständigkeit besteht auch, wenn es sich um **Rechtsfragen in Verbindung mit Regelungsfragen** handelt (*Schlichtungsstelle Köln*, 15. 2. 1995 – MAVO 9/94, ZMV 1996, 135).

Damit sind z. B. auch die Regelungsfragen aus § 29, die nur einer Anhörung und Mitberatung durch die MAV unterliegen, wenn Streit um die Auslegung und Anwendung eines Tatbestandes des § 29 zwischen den Beteiligten herrscht, der erweiterten Zuständigkeit des § 41 Abs. 2 unterworfen.

Dagegen ist es eine reine Regelungsstreitigkeit, wie die wöchentliche Arbeitszeit nach § 29 Abs. 1 Nr. 2 auf die einzelnen Wochentage verteilt wird. Diese Regelungsstreitigkeit ist aber untrennbar mit einer mitarbeitervertretungsrechtlichen Rechtsstreitigkeit verbunden, wenn der Dienstgeber der MAV überhaupt ein Anhörungs- und Mitberatungsrecht aus § 29 Abs. 1 Nr. 2 bestreiten würde. Dann könnte der Bestand und der Umfang dieser Rechte der MAV nach § 29 im Rahmen der erweiterten Zuständigkeit nach § 41 Abs. 2 geklärt werden.

In einem solchen Streitfall ist die MAV nicht allein auf § 41 Abs. 1 Nr. 5 verwiesen und könnte damit nur einen Verstoß des Dienstgebers gegen § 29 feststellen lassen. Eine solche Feststellung klärt nicht abschließend die rechtliche Situation zwischen den Beteiligten. Sie ist beschränkt auf einen konkreten Verstoß gegen § 29 und stellt ihn fest, ohne eine Bindung für die Zukunft zu schaffen, wie das mit einem entsprechenden Feststellungsantrag, der nach

§ 41

§ 256 ZPO zulässig ist, geschehen würde. Nur ein Verfahren, das abschließend das Anhörungs- und Mitberatungsrecht der MAV klärt und im Tenor des Beschlusses der Einigungsstelle bindende Wirkung zwischen den Beteiligten schafft, führt zum Rechtsfrieden zwischen den Beteiligten.

2. Beteiligtenfähigkeit, Beteiligungs- und Antragsbefugnis im Rahmen des § 41 Abs. 2

58 Die Beteiligtenfähigkeit, Beteiligungsbefugnis und die Antragsbefugnis fallen im Schlichtungsverfahren nicht notwendigerweise zusammen.

59 **Beteiligtenfähigkeit** ist die Fähigkeit, in einem Schlichtungsverfahren – wie eine Partei – wirksam aufzutreten und an ihm teilnehmen zu können. Sie kommt nicht nur natürlichen Personen zu, wie § 42 Abs. 2 Satz 2 zeigt. Danach ist auch die Mitarbeitervertretung, die nicht rechtsfähig ist, beteiligungsfähig. Rechtsfähigkeit ist also keine Voraussetzung für die Beteiligtenfähigkeit. Die MAV kann sich demnach mit eigenen Anträgen an einem Schlichtungsverfahren beteiligen. Beteiligtenfähigkeit ist also – kurz gesagt – die »Parteifähigkeit« im Schlichtungsverfahren.

60 Davon zu unterscheiden ist die **Beteiligungsbefugnis**. Beteiligungsbefugt im Sinne des § 41 Abs. 2 ist jeder, der durch das konkrete Schlichtungsverfahren in seiner mitarbeitervertretungsrechtlichen Stellung beeinflusst wird. Der Beteiligte muss in seiner mitarbeitervertretungsrechtlichen Stellung unmittelbar berührt sein. Die Beteiligungsbefugnis ist die Fähigkeit, als Partei – als Antragsteller oder Antragsgegner oder als beteiligungsfähiger Dritter – im Schlichtungsverfahren auftreten zu können. Einem Beteiligungsbefugten kann demnach die Antragsbefugnis fehlen (so für das arbeitsgerichtliche Beschlussverfahren: *BAG*, 31. 10. 1986 – 6 ABR 52/83, AP Nr. 6 zu § 47 BetrVG 1972 = DB 1987, 1642).

61 Nach § 42 Abs. 2 sind für ein Schlichtungsverfahren **antragsbefugt**:
    – in Angelegenheiten der MAVO einschließlich des Schlichtungsverfahrensrechtes:
    – die Mitarbeitervertretung und der Dienstgeber (Nr. 1),
    – in Angelegenheiten des Wahlverfahrensrechtes:
    – die Mitarbeitervertretung, der Dienstgeber und jeder Mitarbeiter (Nr. 2),
    – in Angelegenheiten des § 25:
    – die Organe der Arbeitsgemeinschaften, jeder Dienstgeber und das (Erz-) Bischöfliche Ordinariat (Nr. 3)

62 Ein Antrag ist nach § 41 Abs. 2 Satz 3 zunächst nur zulässig, wenn der Antragsteller geltend macht, durch eine Handlung oder Unterlassung in seinen Rechten verletzt zu sein.

63 Das bedeutet aber, dass ein Antrag immer dann unzulässig ist, wenn die Handlungen oder Unterlassungen des Dienstgebers sich nicht in der Amtsperiode der MAV, sondern in bereits abgelaufenen Amtsperioden vorhergehender MAV ereigneten (*Schlichtungsstelle Köln*, 21. 11. 1995 – MAVO 11/95, ZMV 1996, 39). Hierzu fehlt der amtierenden MAV die **Antragsbefugnis**.

64 Gemäß der in § 41 Abs. 2 Nr. 1 festgelegten Antragsbefugnis der Mitarbeitervertretung (MAV) gilt diese auch für
    – die gemeinsame MAV (§ 1 b),
    – die Gesamtmitarbeitervertretung (§ 24 Abs. 1),

§ 41

– die erweiterte Gesamtmitarbeitervertretung (§ 24 Abs. 2),
– die Sondervertretung (§ 23),
weil für sie die Bestimmungen der MAVO im Übrigen gelten.

Mit der weiteren **Aufzählung der Antragsbefugten** in § 41 Abs. 2 Nrn. 1 bis 3 zeigt der Gesetzgeber an, dass alle mitarbeitervertretungsrechtlichen Rechtsstreitigkeiten, soweit sie nicht schon in der enumerativen Aufzählung der Streitfälle des § 41 Abs. 1 S. 1 Nrn. 1 bis 10 und Satz 2 enthalten sind, einer Überprüfung durch die Schlichtungsstellen unterworfen sein sollen. Dieses wichtige gesetzliche Postulat, auf dem Gebiete des Mitarbeitervertretungsrechts umfassenden Rechtsschutz zu gewähren, kann nur durch eine uneingeschränkte Antragsbefugnis der Beteiligten bewerkstelligt werden. Die Gewährung umfassenden Rechtsschutzes darf nicht durch die Beschränkung der Antragsbefugnis auf einige Beteiligte (vgl. § 41 Abs. 2 alte Fassung) beschnitten werden. Die Regelung der Antragsbefugnis in § 41 Abs. 2 lässt Ergänzungen zu, wenn sicher feststeht, dass der Antragsteller ein eigenes schutzwürdiges Interesse an der Klärung von ihm aufgeworfener mitarbeitervertretungsrechtlicher Rechtsfragen hat (so für die Antragsbefugnis im arbeitsgerichtlichen Beschlussverfahren: *BAG*, 30. 10. 1986 – 6 ABR 52/83, AP Nr. 6 zu § 47 BetrVG 1972 = DB 1987, 1642 ff. unter Abschnitt II 2 a und b der Gründe). 65

Für die Antragsbefugnis ist stets zu verlangen, dass der **Antragsteller tatsächlich Träger des von ihm behaupteten Streit befangenen Rechts aus der MAVO** ist. Er muss also schlüssig darlegen können, auf welcher Rechtsgrundlage aus der MAVO seine Antragsbefugnis beruht. Andererseits kann die Antragsbefugnis nicht dazu dienen, allgemeine mitarbeitervertretungsrechtliche Erwägungen zur Entscheidung der Schlichtungsstelle – etwa in Form einer unzulässigen Popularklage – zu stellen. 66

Zwei Voraussetzungen müssen für die Antragsbefugnis der Antragsberechtigten i. S. des § 41 Abs. 2 S. 2 gegeben sein: 67
– Der Antragsteller muss unmittelbar in dem konkreten Fall durch die begehrte Entscheidung der Schlichtungsstelle betroffen sein.
– Sein Antrag muss eine auf Bestimmungen der MAVO beruhende Begründung haben, die seine eigene Rechtsposition betrifft.

Diese Auffassung lässt sich auch aus § 41 Abs. 2 S. 3 ableiten, wonach ein Antrag an die Schlichtungsstelle nur zulässig ist, wenn der Antragsteller geltend macht, durch eine Handlung oder Unterlassung in seinen Rechten nach der MAVO verletzt zu sein. 68

V. Die Kosten eines Bevollmächtigten der MAV (§ 41 Abs. 2 a)

Zu unterscheiden ist zwischen den **Geschäftskosten der MAV** für die Beratung durch einen Rechtsanwalt oder anderen sachkundigen Berater außerhalb eines Schlichtungsverfahrens (vgl. § 17 Abs. 1 S. 2, 2. Spiegelstrich) und den **Verfahrenskosten im Zusammenhang mit einem Schlichtungsverfahren** vor der Schlichtungsstelle. Im ersten Fall hat der Dienstgeber über die Zusage der Kostentragung zugunsten der MAV zu entscheiden. Versagt er seine Zustimmung, so entscheidet auf Antrag darüber die Schlichtungsstelle (§ 41 Abs. 1 Nr. 5 i. V. m. § 17 Abs. 1 S. 2, 2. Spiegelstrich). 69

Bleistein/Thiel

§ 41

70 Gemäß § 17 Abs. 1 S. 2, 3. Spiegelstrich wird die Frage der Kostenlast eines Bevollmächtigten in Verfahren vor der Schlichtungsstelle von ihrem Vorsitzenden, der die Befähigung zum Richteramt hat, vorab durch Beschluss entschieden. Zu entscheiden ist gleichzeitig über die Zulassung eines von den Beteiligten beauftragten Beistandes im Schlichtungsverfahren. Die Entscheidung konzentriert sich deshalb auf die Frage, ob die Bevollmächtigung zur Wahrung der **Rechte des Bevollmächtigenden** notwendig oder zweckmäßig erscheint. Auf die Erfolgsaussichten des Antragstellers in dem Schlichtungsverfahren kommt es primär nicht an, falls man von der Mutwilligkeit eines Schlichtungsantrages einmal absieht. Die Notwendigkeit oder Zweckmäßigkeit des Bevollmächtigten sind dem Prinzip der Wahrung der Rechte des Antragstellers zugeordnet, also auch derjenigen im Schlichtungsverfahren selbst, auch unter Berücksichtigung weiter erforderlich werdender Anträge.

71 So muss z. B. der Antrag auf Feststellung eines Mitbestimmungsrechts nach § 37 Abs. 1 erkennen lassen, welche konkreten betrieblichen Regelungen zur Umsetzung einer bestimmten Handlungspflicht (z. B. auf dem Gebiet des Arbeits- und Gesundheitsschutzes) mitbestimmt werden sollen (*BAG*, 15. 1. 2002 – 1 ABR 13/01, ZTR 2002 S. 504).

72 Die Ordnung schreibt nicht vor, dass der zu bevollmächtigende **Beistand** Rechtsanwalt sein muss. Unter dem Gesichtspunkt von Notwendigkeit und Zweckmäßigkeit wird auch darüber zu befinden sein. Die Bestellung des Beistandes bzw. Rechtsanwalts ist nicht von dessen Zugehörigkeit zu einer Kirche abhängig (anders z. B. § 61 Abs. 4 S. 1 MVG-EKD). Die Hinzuziehung eines Beistandes bzw. Rechtsanwalts hängt weder vom Einverständnis der Gegenseite noch von dem des Vorsitzenden der Schlichtungsstelle ab.

73 Als Beistand kommt jeder in Betracht, der die MAV oder den Dienstgeber im Verfahren sachkundig unterstützen kann, also etwa Mitglieder anderer Mitarbeitervertretungen (*Schlichtungsstelle für die Erzdiözese München und Freising*, ZMV 2000 S. 55), anderer Dienststellenleitungen oder Dienstgeber oder der Diözesanen Arbeitsgemeinschaft der Mitarbeitervertretungen. Die Verhandlungsvollmacht ist vorzulegen. Allerdings hat die Schlichtungsstelle für die Erzdiözese München und Freising angemerkt, dass es nicht gesetzliche Aufgabe von MAV-Mitgliedern ist, Mitarbeiter vor der Schlichtungsstelle zu vertreten (ZMV 2000 S. 55). Nicht ausgeschlossen sind Vertreter von Gewerkschaften. Allerdings ist die geschäftsmäßige Vertretung oder Hinzuziehung als Beistand nur solchen Personen gestattet, die gemäß Art. 1 § 1 RBG als Vertreter oder Beistände zugelassen sind. Das sind in erster Linie Rechtsanwälte. Geschäftsmäßig handelt ein Beistand, der nicht nur in einem besonderen Fall sondern in selbstständiger, sich wiederholender und über den aus besonderen Gründen ausgeübten Gelegenheitsfall hinausgehender Tätigkeit vor der Schlichtungsstelle auftritt. Zulässig ist aber das wiederholte Auftreten von Gewerkschaften (*BGH*, NJW 1981, 1553; VG Münster, NJW 1967, 1341). Entstehen durch die Mandatsübernahme keine Kosten, wie etwa durch den Geschäftsführer der Diözesanen Arbeitsgemeinschaft der Mitarbeitervertretungen, hat die Schlichtungsstelle zur Bevollmächtigung keine Entscheidung zu treffen. Zu prüfen ist aber stets, ob ein Fall unzulässiger Rechtsberatung vorliegt, weil das Rechtsberatungsgesetz zu beachten ist (*Schlichtungsstelle der Erzdiözese München und Freising*, 4. 2. 1999 – 26 AR 98).

74 **Erforderlich** ist die Beiziehung von Beistand oder Rechtsanwalt dann, wenn die MAV davon ausgehen darf, dass das Verfahren vor der Schlichtungsstelle

§ 41

Schwierigkeiten in tatsächlicher und rechtlicher Hinsicht bieten kann (Schiedsstelle DW Hannover, 15. 2. 1995, Die EkA Anwaltskosten (2); 27. 4. 1995, Die EkA Anwaltskosten (3)). Dies ist z. B. dann der Fall, wenn auch die Gegenseite sich eines juristischen Beistandes bedient (*Baumann-Czichon/ Germer*, MVG-EKD, § 61 Rz 8). Kriterien für die Schwierigkeit können sein
- kaum juristische Kenntnisse der Mitglieder der MAV und deren eingeschränkte Fähigkeiten zu vorausschauender Beurteilung der Sach- und Rechtslage,
- Inanspruchnahme anwaltlicher Beratung des Dienstgebers (*Schlichtungsstelle Essen*, 8. 1. 1998 – 637241 – 12/97, ZMV 1998, 216).

Der Höhe nach sind die **Kosten des Rechtsanwalts** erstattungsfähig, soweit sie sich nach den Regeln der Bundesrechtsanwaltsgebührenordnung (BRAGO) richten (vgl. *Schiedsstelle DW Hannover*, 6. 4. 1993, Die EkA Anwaltskosten (1)). Der Vorsitzende der Schlichtungsstelle hat deshalb den Gegenstandswert in entsprechender Anwendung des staatliches Gesetzes durch Beschluss festzusetzen (§ 8 Abs. 2 BRAGO), wenn keine vermögensrechtliche Streitigkeit bestand. 75

VI. Allgemeine Verfahrensvorschriften (§ 41 Abs. 3 und 4)

Eine grobe Verletzung der allgemeinen Verfahrensvorschriften führt unter Umständen zur Nichtigkeit der Entscheidung der Schlichtungsstelle (*LAG Hamm*, 15. 10. 1991 – 7 Sa 1052/91, LAGE § 611 BGB Kirchliche Arbeitnehmer Nr. 5). 76

1. Nichtöffentlichkeit der Verhandlung (§ 41 Abs. 3 S. 1)

Die Verhandlung vor der Schlichtungsstelle ist nicht öffentlich. Das ist vertretbar, weil am Verfahren nur die vom Antrag betroffene Einrichtung beteiligt ist, und zudem Angelegenheiten der Einrichtung erörtert werden, die vertraulich zu behandeln sind. Die Nichtöffentlichkeit des Verfahrens entspricht dem Verfahren vor der Einigungsstelle nach dem BetrVG wie dem BPersVG. 77

2. Schriftliches Verfahren – Mündliche Verhandlung (§ 41 Abs. 3 S. 2 und 3)

Nach § 41 Abs. 3 S. 3 ist die mündliche Verhandlung nur auf Antrag eines Beteiligten vorgesehen, ansonsten entscheidet nach dieser Regelung die Schlichtungsstelle im schriftlichen Verfahren. 78

Die mündliche Verhandlung ist jedoch sowohl für die Schlichtungsstelle als auch die Beteiligten eine entscheidende Grundlage für den zu fällenden Beschluss. Nur von mündlichen Verhandlungen wird der Grundsatz des **rechtlichen Gehörs** erschöpfend erfüllt. Die Schlichtungsstelle hat in der mündlichen Verhandlung einen abschließenden Eindruck über das Begehren des Antragstellers, die Einwendungen des Antragsgegners und die Stellungnahme der Beteiligten. Daher machen die nach § 42 Abs. 1 S. 4 zu erlassenden Verfahrensordnungen von der obligatorisch mündlichen Verhandlung häufig Gebrauch (so z. B. § 12 Schlichtungsverfahrensordnung Erzdiözese Köln). Auch nach § 42 Abs. 3 S. 3 muss auf Antrag eines Beteiligten mündliche Verhandlung angeordnet werden, es sei denn, sein Antragsbegehren erweist sich als unzulässig. 79

Bleistein/Thiel

§ 41

3. Anhörung von Antragsteller, Antragsgegner und Beteiligten

80 Der Grundsatz des **rechtlichen Gehörs** zwingt die Schlichtungsstelle zur Anhörung der Partner der Einrichtung und etwaiger Beteiligter (z. B. des Mitgliedes der MAV bei einem Verfahren nach § 13 c Nr. 2 oder 5, Verfahren nach § 18 Abs. 4). Soweit personelle Einzelmaßnahmen der Zustimmung der MAV unterliegen (§ 34, § 35), ist der davon betroffene Mitarbeiter bei Verweigerung der Zustimmung im Verfahren nach § 41 Abs. 1 Nr. 6 (Rz 30, 31) **nicht Beteiligter**, er hat insbesondere kein eigenes Antragsrecht (so für § 99 BetrVG in ständiger Rechtsprechung das *BAG*, 27. 5. 1982 – 6 ABR 105/79, AP Nr. 3 zu § 80 ArbGG 1979 = EzA § 83 ArbGG 1979 Nr. 1 = BB 1983, 442).

4. Anhörung von Zeugen und sachkundigen Dritten (§ 41 Abs. 3 S. 4)

81 Zeugen und Sachverständige können zur Klärung tatsächlicher Verhältnisse (Begutachtung) herangezogen werden. Dabei ist die Schlichtungsstelle an Anträge der Partner der Einrichtung und der Beteiligten bei der Hinzuziehung von Sachverständigen nicht gebunden (analog § 144 Abs. 1 ZPO). Die Anhörung der Zeugen setzt eine mündliche Verhandlung vor der vollständig besetzten Schlichtungsstelle voraus. Die Schlichtungsverfahrensordnung kann von diesem elementaren Grundsatz der mündlichen Verhandlung Ausnahmen zulassen (z. B. § 15 Abs. 1 S. 3 Schlichtungsverfahrensordnung Erzdiözese Köln). Ein Zeugniszwang besteht nicht. Die Zeugen sind zur wahrheitsgemäßen Aussage verpflichtet, können aber nicht wegen Verletzung der Wahrheitspflicht strafrechtlich belangt werden. Die Straftatbestände der §§ 153 ff. StGB sind nicht auf die Verfahren vor Schlichtungsstellen anwendbar. Sie erfassen nur staatliche Gerichte oder staatliche Instanzen, die zur Vernehmung von Zeugen und Sachverständigen befugt sind (so auch *Schwarz-Dreher*, StGB, § 153 Rz 1, § 154 Anm. D).

82 Eine Beeidigung von Zeugen und Sachverständigen ist ausgeschlossen.

5. Einigungsvorschlag der Schlichtungsstelle (§ 41 Abs. 4)

83 Die Schlichtungsstelle soll vor der Verkündung eines Beschlusses einen Einigungsvorschlag zu unterbreiten. Dieser Vorschlag kann in der mündlichen Verhandlung erfolgen und zur Sitzungsniederschrift genommen werden. Er kann auch schriftlich nach Beendigung der mündlichen Verhandlung oder bei schriftlichen Verfahren den Verfahrensbeteiligten unterbreitet werden.

84 Die Schlichtungsstelle entscheidet, welche Verfahrensweise gewählt wird, ob sich die Verfahrensbeteiligten in der mündlichen Verhandlung sofort zu entscheiden haben oder eine Erklärungsfrist erhalten.

85 Haben die Parteien eine Erklärungsfrist und geben sie keine oder eine negative Erklärung ab, kann für die Verkündung des Beschlusses ein besonderer Verkündungstermin angesetzt werden.

VII. Einstweilige Anordnung

86 Das Gebot des effektiven Rechtsschutzes führt zur Frage der Zulässigkeit von einstweiligen Anordnungen durch die Schlichtungsstelle bei Streitigkeiten. Es geht um die **Vermeidung einer Rechtsvereitelung**. In diözesanen Ordnungen

§ 41

für das Schlichtungsverfahren ist vorgesehen, dass der Vorsitzende der Schlichtungsstelle aus wichtigem Grund in Eilfällen sachdienliche einstweilige Anordnungen treffen kann. Die Einstweilige Anordnung ergeht durch Beschluss ohne mündliche Verhandlung (vgl. § 9 SchliVerfO der Diözesen in NRW). Dazu bedarf es eines Anordnungsgrundes und eines Anordnungsanspruchs (§ 920 Abs. 2 ZPO; *Schlichtungsstelle nach dem MVG-EKD der Nordelbischen Ev.-Luth. Kirche*, 26. 5. 2000 – 13/2000, ZMV 2001, 135).

Die einstweilige Anordnung kann nur auf **Antrag eines Beteiligten** ergehen, allerdings auch bevor ein Schlichtungsverfahren in der Hauptsache eingeleitet wurde; der Antrag kann auch noch nach Antragstellung in der Hauptsache gestellt werden. Der Vorsitzende kann gegebenenfalls auch andere geeignete Regelungen treffen, sofern sich diese im Rahmen des Rechtsschutzbegehrens des Antragstellers bewegen. Dies folgt aus der hilfsweise heranzuziehenden Vorschrift des § 938 Abs. 1 ZPO. 87

An den Erlass einer einstweiligen Anordnung sind besondere **Anforderungen** zu stellen. Denn im Falle einer Entscheidung ohne mündliche Verhandlung wird das Recht des Antragsgegners auf rechtliches Gehör beeinträchtigt. Außerdem hat die Schlichtungsstelle im Rahmen des Eilverfahrens nicht die Möglichkeit, die Gegenseite zu hören. Sie ist auf den schriftlichen Vortrag des Antragstellers, insbesondere auf seine Richtigkeit und Vollständigkeit angewiesen. Dazu hat der Antragsteller seine Angaben glaubhaft zu machen. Dazu gehört die Vorlage von Urkunden, aber auch die Abgabe einer eidesstattlichen Versicherung. An der **Zulässigkeit des Antrages** fehlt es, wenn z. B. ein vorbeugendes Unterlassungsbegehren beantragt wird (*Schlichtungsstelle Essen*, 2. 9. 1997 – 637241 – 17/97). An der **Begründetheit** fehlt es, wenn die Unzulässigkeit einer außerordentlichen Kündigung festgestellt werden soll, obwohl der Dienstgeber alle erforderlichen Schritte des Anhörungsverfahrens gemäß § 31 MAVO gegenüber der MAV vollzogen hat, während er die MAV zur vorhergehenden Abmahnung nicht gehört hat; die Abmahnung ist nämlich keine mitwirkungsbedürftige Maßnahme für die MAV. 88

Unbegründet ist ein Antrag auf einstweilige Anordnung auch, wenn zur Teilnahme an einer Schulungsveranstaltung gemäß § 16 Abs. 1 MAVO ein Eilantrag gestellt wird, wenn der Dienstgeber die Teilnahme eines Mitgliedes der MAV abgelehnt hat, die MAV eine volle Amtszeit noch vor sich hat und vergleichbare Schulungsangebote zu wenig späteren Terminen bei demselben Veranstalter bestehen (*Schlichtungsstelle Köln*, 3. 2. 2000 – MAVO 3/2000, ZMV 2000, 54). 89

Stehen Zweck und Eilbedürftigkeit der begehrten einstweiligen Anordnung nicht entgegen, ist dem Antragsgegner **Gelegenheit zur Stellungnahme** zu geben. Ist das ausnahmsweise nicht möglich, so ist die einstweilige Anordnung zunächst auf die unmittelbar notwendigen Maßnahmen zu beschränken. Einstweilige Anordnungen dürfen nur vorläufige Maßahmen zum Gegenstand haben, die eilbedürftig sind, weil es rechtlich nicht vertretbar ist, eine im ordentlichen Schlichtungsverfahren zu treffende Entscheidung in der Hauptsache durch einstweilige Anordnung vorweg zu nehmen (*Schlichtungsstelle der Evangel. Landeskirche in Baden*, 11. 8. 1999 – 2 Sch 57/99), wenn eine anderweitige Entscheidung in der Hauptsache möglich ist, während die durch die Eilentscheidung geschaffenen Fakten nicht mehr rückgängig gemacht werden können (*Schaub*, ZTR 2001 S. 97, 102 m. N.; *Schlichtungsstelle Rottenburg-Stuttgart*, 8. 8. 1997 – SV 12/1997). 90

Bleistein/Thiel

§ 42

91 Die einstweilige Anordnung ergeht durch **Beschluss**, der den Beteiligten zuzustellen ist; er ist zu begründen.

92 Der Erlass einer einstweiligen Anordnung kann ergehen
- in Bezug auf den Streitgegenstand, wenn sonst Gefahr besteht, dass die Verwirklichung eines Rechtes des Antragstellers vereitelt oder wesentlich erschwert werden könnte (§ 935 ZPO); das kann bei einem Informationsanspruch der MAV der Fall sein, wenn die MAV auf die Unterrichtung dringend angewiesen ist, um nicht vor vollendete Tatsachen gestellt zu werden (*LAG Hamm*, 2. 10. 2001 – 13 TaBV 106/01, AiB 2002, 114).
- zur Regelung eines vorläufigen Zustandes in Bezug auf ein streitiges Rechtsverhältnis; sie ist zulässig, wenn der Erlass zur Abwendung wesentlicher Nachteile notwendig erscheint (§ 940 ZPO). Das kann der Fall sein, wenn ein Mitbestimmungsrecht der MAV konkret gefährdet ist und eine hohe Wahrscheinlichkeit dafür besteht, dass ein Bestehen dieses Rechtes im Hauptsacheverfahren festgestellt werden wird und ohne Gewährung des vorläufigen Rechtsschutzes der MAV unzumutbare Nachteile drohen. Das ist z. B. der Fall, wenn der Dienstgeber eine Dienstvereinbarung hinsichtlich der Arbeitszeitregelung kündigt und er dann allein eine vorläufige Regelung trifft (*Schlichtungsstelle nach dem MVG-EKD der Nordelbischen Ev.-Luth. Kirche*, 26. 5. 2000 – 13/2000, ZMV 2001, 135).

93 Solange die Hauptsache noch nicht anhängig ist, kann der Antragsgegner oder ein sonstiger Beteiligter beantragen, dem Antragsteller aufzugeben, den Schlichtungsantrag in der Hauptsache zu erheben. Kommt der Antragsteller dieser Aufforderung nicht nach, ist nach Ablauf der gesetzten Frist die einstweilige Anordnung aufzuheben (§ 926 ZPO).

§ 42 Entscheidung der Schlichtungsstelle

(1) Die Schlichtungsstelle entscheidet durch Beschluss. Der Beschluss wird mit Stimmenmehrheit gefasst. Er ist den Beteiligten zuzustellen und hat den zugrunde liegenden Sachverhalt und die Begründung zu enthalten. Im Übrigen wird das Verfahren in einer besonderen vom Bischof zu erlassenden Verfahrensordnung geregelt.

(2) Der Beschluss bindet die Beteiligten. Der Dienstgeber kann durch den Beschluss nur insoweit gebunden werden, als für die Maßnahmen finanzielle Deckung in seinen Haushalts-, Wirtschafts- und Finanzierungsplänen ausgewiesen ist.

(3) Die für die Durchführung des Schlichtungsverfahrens entstehenden notwendigen Kosten trägt der Dienstgeber nach Maßgabe der Verfahrensordnung.

Inhaltsübersicht

	Rz
I. Entscheidung der Schlichtungsstelle (§ 42 Abs. 1)	1–6
1. Beschluss der Schlichtungsstelle	1
2. Entscheidungsformel des Beschlusses (§ 41 Abs. 4)	2–4
3. Verkündung des Beschlusses (§ 42 Abs. 1 S. 3)	5

4. Begründung des Beschlusses (§ 42 Abs. 1 S. 3)	6
II. Wirkungen des Beschlusses (§ 42 Abs. 2)	7–25
1. Bindung der Beteiligten	7–13
a. Grundsätze	7–9
b. Keine Befugnis zur Normenkontrolle	10
c. Fehlende Entscheidungsgründe	11–13
2. Berufung auf fehlende finanzielle Deckungslücken	14–19
3. Mangelnde Vollstreckungsfähigkeit der Beschlüsse	20–23
4. Keine Rechtsmittel	24–25
III. Hinweis auf eine Verfahrensordnung	26
IV. Verfahrenskosten	27–29
V. Zentrale Gutachterstelle	30–33

I. Entscheidung der Schlichtungsstelle (§ 42 Abs. 1)

1. Beschluss der Schlichtungsstelle

Erst bei abgelehntem Einigungsvorschlag (§ 41 Rz 83 ff.) kann die Schlich- **1**
tungsstelle ihre Entscheidung verkünden. Sie ergeht durch Beschluss. Der Beschluss bedarf der Stimmenmehrheit der 5 Mitglieder der Schlichtungsstelle, die alle an der Beratung und Beschlussfassung teilnehmen müssen. Eine Stimmenthaltung bei der Beschlussfassung ist ausgeschlossen (so auch § 195 GVG). An der Beratung und Beschlussfassung dürfen grundsätzlich nur die Mitglieder der Schlichtungsstelle in der durch § 40 Abs. 2 S. 1 festgelegten Zahl teilnehmen. Die Anwesenheit Dritter ist unzulässig (§§ 192, 193 GVG). Es entscheidet die absolute Mehrheit der Stimmen (3 von 5 Stimmen). Die Mitglieder der Schlichtungsstelle stimmen in der Weise ab, dass zunächst die Beisitzer nach ihrem Lebensalter, zuletzt der Vorsitzende seine Stimme abgibt (§ 197 GVG).

2. Entscheidungsformel des Beschlusses (§ 41 Abs. 4 S. 2)

Der Beschluss hat eine Entscheidungsformel zu enthalten. Bei der Entschei- **2**
dung ist die Schlichtungsstelle an die gestellten Anträge gebunden, sie darf nicht darüber hinausgehen (allgemeine Rechtsauffassung, so auch § 308 ZPO).
Die Schlichtungsstelle gibt dem Antrag statt (auch teilweise) oder weist ihn **3**
zurück.
In den Fällen der §§ 34 Abs. 2, 35 Abs. 2 (§ 41 Abs. 4 S. 3) hat sie festzustellen, **4**
ob (dass) ein Grund zur Verweigerung der Zustimmung vorliegt.

3. Verkündung des Beschlusses (§ 42 Abs. 1 S. 3)

Die Beschlussformel ist zu verkünden – entweder im Anschluss an die münd- **5**
liche Verhandlung oder durch Zustellung der Beschlussformel an die Beteiligten. Damit keine Unklarheiten über die verkündete Beschlussformel aufkommen können, ist sie nach allgemeiner Regel (so § 311 Abs. 2 S. 1 ZPO) schriftlich niederzulegen und zweckmäßigerweise von allen Mitgliedern der Schlichtungsstelle zu unterzeichnen. Nach der Verkündung ist sie nicht mehr abänderbar, von offensichtlichen Unrichtigkeiten (analog § 319 ZPO) abgesehen.

§ 42

4. Begründung des Beschlusses (§ 42 Abs. 1 S. 3)

6 Der den Beteiligten zuzustellende Beschluss hat zu enthalten
– das Rubrum, also die Angabe der Beteiligten des Schlichtungsverfahrens und ihrer Vertreter sowie der eventuell tätig gewordenen Verfahrensbevollmächtigten,
– die Bezeichnung der Schlichtungsstelle mit den Namen der an der Entscheidung mitwirkenden Mitglieder der Schlichtungsstelle,
– die Entscheidungsformel (Tenor, Rz 2),
– die Entscheidungsgründe mit dem ihnen zu Grunde liegenden Sachverhalt (§ 42 Abs. 1 S. 3),
– die Kostenfestsetzung,
– die erforderlichen Unterschriften,
– den Tag, an dem die mündliche Verhandlung geschlossen worden ist.

II. Wirkungen des Beschlusses (§ 42 Abs. 2)

1. Bindung der Beteiligten

a. Grundsätze

7 Der mit den Entscheidungsgründen versehene Beschluss schafft im Rahmen der gestellten Anträge, über die entschieden worden ist, Recht zwischen den Beteiligten. Er bindet sie (§ 42 Abs. 2 S. 1).
8 Das bedeutet:
– Das gleiche Verfahren mit gleichen Anträgen kann nicht noch einmal zum Gegenstand eines Schlichtungsverfahrens gemacht werden (äußere Rechtskraft des Beschlusses). Wenn der eine oder andere Beteiligte des Verfahrens zu einem Tun oder Unterlassen verpflichtet worden ist, hat er der Entscheidung der Schlichtungsstelle nachzukommen. Tut er das nicht, kann deshalb die Schlichtungsstelle nicht erneut angerufen werden, um auf diese Weise die Entscheidung der Schlichtungsstelle durch eine Wiederholung des Spruchs zu bestärken. Ein wiederholter Antrag in derselben Sache an die Schlichtungsstelle ist deshalb unzulässig (*Zentrale Gutachterstelle beim Verband der Diözesen Deutschlands*; 28. 8. 2002, ZMV 2003).
– Die Schlichtungsstelle ist an ihre einmal verkündete Entscheidung gebunden, soweit die Beschlussformel geht. Selbst im Falle eines von der Schlichtungsstelle nachträglich eingeholten Rechtsgutachtens bei der Zentralen Gutachterstelle beim Verband der Diözesen Deutschlands, die keine Revisionsinstanz ist (Zentrale Gutachterstelle, wie vor), bleibt es bei der ursprünglichen rechtlichen Beurteilung in der von der Schlichtungsstelle ergangenen Entscheidung. Der Beschluss gestaltet zudem die Beziehungen der beteiligten Partner des Schlichtungsverfahrens (innere Rechtskraft des Beschlusses).
9 Daraus folgt, dass die Beteiligten sich an die getroffene Entscheidung – in Regelungs- und Rechtsfragen – zu halten und diese zu befolgen haben. Eine Regelungsentscheidung hat der Dienstgeber durchzuführen.

§ 42

b. Keine Befugnis zur Normenkontrolle

Der Schlichtungsstelle fehlt die Befugnis zur inzidenten Normenkontrolle. 10
Denn die Funktionstrennung zwischen dem Diözesanbischof als Gesetzgeber und der Schlichtungsstelle als kirchlichem Rechtsprechungsorgan, das an die kirchlichen Gesetze gebunden ist, muss beachtet werden. Die gesetzgeberische Entscheidung muss respektiert und in die Tat umgesetzt werden zumindest dann, wenn sie nicht offensichtlich ungerecht oder willkürlich ist (*Hoeren*, Normenkontrolle im kirchlichen Arbeitsrecht, NZA 1992, 1116, 1113). Die Schlichtungsstelle ist dem Diözesanbischof nicht übergeordnet. Andererseits ist die Stellung der Schlichtungsstelle unabhängig, um in Streitigkeiten auf dem Gebiete des Mitarbeitervertretungsrechts zwischen den streitenden Beteiligten eine Einigung herbeizuführen oder nach Maßgabe des Gesetzes im Sinne einer Rechtskontrolle zu entscheiden und das Gesetzesrecht zur Entfaltung zu bringen (*Richardi*, Staatlicher und kirchlicher Gerichtsschutz für das Mitarbeitervertretungsrecht der Kirchen, NZA 2000, 1305, 1303).

c. Fehlende Entscheidungsgründe

Gemäß § 42 Abs. 1 S. 3 bedarf die Entscheidung der Schlichtungsstelle neben 11
der zum Ausdruck gebrachten Entscheidungsformel zu ihrer Wirksamkeit der sie tragenden Entscheidungsgründe (Sachverhalt und Begründung). Die fehlende Begründung des Beschlusses der Schlichtungsstelle lässt das Schlichtungsverfahren ins Leere gehen (Thiel, ZMV 1999, 59). Die Begründungspflicht ist ein unverzichtbares Erfordernis. Die Begründung ist notwendige Folge der Bindung der Schlichtungsstelle an Gesetz und Recht. Sie ist wesentliche Voraussetzung für die Akzeptanz der Entscheidung, weil erkennbar sein muss, dass die Schlichtungsstelle das anzuwendende Recht nach anerkannten Grundsätzen festgestellt und ausgelegt hat, den ermittelten Tatsachenstoff wertend gesichtet und in konkreten Bezug zu den angewandten Rechtsnormen gesetzt hat. Damit das gelingt, muss die Begründung zeitnah erfolgen (vgl. can. 1610 § 3 CIC). Nach bestehenden Schlichtungsverfahrensordnungen (vgl. § 42 Abs. 1 S. 4) beträgt die Begründungsfrist einen Monat seit Verkündung der Entscheidung (§ 20 SchliVerfO Köln).

Der Gemeinsame Senat der obersten Gerichtshöfe des Bundes hat mit Be- 12
schluss vom 27. 4. 1993 – GmS – OGB 1/92 – (NZA 1993, 1147 = NJW 1993, 2603) erkannt, dass ein bei Verkündung noch nicht vollständig abgefasstes Urteil als nicht mit Gründen versehen anzusehen ist, wenn Tatbestand und Entscheidungsgründe nicht binnen fünf Monaten nach Verkündung schriftlich niedergelegt und von den Richtern unterschrieben und der Geschäftsstelle übergeben worden sind. Die Gefahr abnehmenden richterlichen Erinnerungsvermögens ist zu bedenken; sie wird größer in dem Maße, in dem der Zeitabstand zwischen mündlicher Verhandlung und Urteilsberatung auf der einen und der Abfassung der Urteilsgründe auf der anderen Seite zunimmt (*BAG*, 17. 2. 2000 – 2 AZR 350/99, NJW 2000, 2835 = NZA 2000, 611).Der Rückgriff auf die Fünf-Monats-Frist dient der Sicherung der Beurkundungsfunktion, die ihrerseits voraussetzt, dass das Urteil auf dem Ergebnis der mündlichen Verhandlung und gleichermaßen auf dem Beratungsergebnis beruht (*BVerfG*, 2. Kammer des Ersten Senats, 26. 3. 2001 – 1 BvR 383/00, NZA 2001, 982). Die Gerichte haben deswegen – freilich nur auf eine entsprechende Rüge hin – im Falle der Überschreitung der Fünf-Monats-Frist ein Urteil, das wegen dieser

§ 42

Fristüberschreitung die Beurkundungsfunktion nicht mehr erfüllt und deswegen als nicht mit Gründen versehen gilt, aufzuheben (*GmS* a. a. O.; *BVerfG*, 2. Kammer des Ersten Senats, 12. 8. 2002 – 1 BvR 1012/02, NZA 2003, 59). Für die Praxis der Schlichtungsstellen ergibt sich daraus, dass der Rechtspflege nicht gedient ist, wenn Entscheidungen nicht alsbald (vgl. § 315 Abs. 2 S. 3 ZPO) nach Verkündung der Entscheidung mit Gründen versehen sind. Danach darf ihre Verbindlichkeit entgegen § 42 Abs. 2 S. 1 in Zweifel gezogen werden, insbesondere dann, wenn kirchliche Verfahrensvorschriften die Anwendbarkeit staatlichen Prozessrechts nicht ausschließen. Wegen fehlender zweiter Instanz für Entscheidungen von Schlichtungsstellen muss zu Gunsten des zu gewährenden Rechtsschutzes auf Grund neuen Antrages ein erneutes Verfahren vor der Schlichtungsstelle in anderer Besetzung als zulässig erachtet werden, wenn die Entscheidung nicht hinnen fünf Monaten nach der Verkündung schriftlich mit den Entscheidungsgründen abgesetzt und den Beteiligten des Verfahrens zugestellt worden ist. Voraussetzung ist, dass das Rechtsschutzinteresse noch besteht (§ 256 ZPO).

2. Berufung auf fehlende finanzielle Deckungsmöglichkeiten

14 § 42 Abs. 2 S. 2 enthält zugunsten des Dienstgebers für Entscheidungen der Schlichtungsstelle eine – in etwa mit § 71 Abs. 3 S. 4 BPersVG vergleichbare – »salvatorische Klausel«. Der Dienstgeber ist an die von der Schlichtungsstelle getroffene Entscheidung nur insoweit gebunden, als für die Maßnahmen finanzielle Deckung in seinen Haushalt-, Wirtschafts- und Finanzierungsplänen vorgesehen ist.

15 Diese Bestimmung gilt zunächst **nur für Entscheidungen der Schlichtungsstelle**, nicht für vergleichsweise Regelungen im Schlichtungsverfahren, die auf einem Vorschlag der Schlichtungsstelle im Rahmen des § 41 Abs. 4 Satz 1 beruhen und von den am Schlichtungsverfahren Beteiligten angenommen worden sind. Hier kann davon ausgegangen werden, dass der Dienstgeber vor der Zustimmung zu einem Einigungsvorschlag auch seine haushaltsmäßige und finanzielle Situation selbst geprüft hat.

16 Die Regelung des § 42 Abs. 2 Satz 2 gibt dem Dienstgeber auch kein Recht, unter Berufung auf fehlende finanzielle Deckung eine Einlassung in die Anträge der MAV im Rahmen des § 37 oder in Verhandlungen über den Abschluss von Regelungen nach § 36 – insbesondere bei der Aufstellung eines Sozialplanes (§ 36 Abs. 1 Nr. 11) – zu verweigern (Beschl. des *Evang. VerwG für MAV-Streitigkeiten* vom 16. 11. 1996, ZMV 1996, 142).

17 Die Vorschrift will nur verhindern, dass die Schlichtungsstelle – als eine für die Haushaltführung nicht verantwortliche Instanz – haushaltswirksame Beschlüsse fassen kann. Für die Aufstellung des Haushaltes einer kirchlichen Einrichtung ist diese mit ihren Beschlussgremien ausschließlich zuständig. Eine außerhalb dieser Beschlussgremien stehende Stelle – wie auch die Schlichtungsstelle – kann in dieses autonome Haushaltsrecht des Dienstgebers nicht eingreifen. Das bedeutet letztlich, dass die Schlichtungsstelle – wenn sie haushaltswirksame Entscheidungen beabsichtigt, die in die Finanzierungs- und Wirtschaftspläne der Einrichtung eingreifen – sich vor ihrer Entscheidung vergewissern muss, ob für diese Entscheidung und in welcher Höhe Haushalts- und Finanzierungsmittel zur Verfügung stehen.

18 Richtig ist zwar, dass die Verwaltung einer kirchlichen Einrichtung nicht dadurch in Entscheidungen der Schlichtungsstelle eingreifen kann, dass sie gene-

§ 42

rell die Bereitstellung von Haushalts- und Finanzierungsmitteln in Zusammenhang mit Entscheidungen der Schlichtungsstelle ablehnt. Das wäre eine unzulässige Beschränkung der Entscheidungsbefugnis der Schlichtungsstelle. Die Entscheidungen der Schlichtungsstelle können nur durch bindende kirchengesetzliche Vorschriften beschränkt werden. Dazu gehört § 42 Abs. 2 Satz 2 nicht, so dass die betroffene kirchliche Einrichtung nicht allein über eine Berufung auf fehlende Haushalts- und Finanzierungsmittel die Entscheidungen der Schlichtungsstelle in ihrem Sinne beeinflussen kann.

Das gilt insbesondere bei der Aufstellung von Sozialplänen nach §§ 36, 37, 38 Abs. 1 Nr. 11. Hier hat sich der kirchliche Gesetzgeber entschlossen und der Schlichtungsstelle den ausdrücklichen Auftrag erteilt, zum Ausgleich und zur Milderung von wesentlichen wirtschaftlichen Nachteilen der MAV im Falle von Betriebsänderungen auch ein Zustimmungs- und Antragsrecht der MAV – notfalls über eine entsprechende Dienstvereinbarung – zuzulassen. Diese rechtliche Möglichkeit kann nicht dadurch vereitelt werden, dass der betroffene Dienstgeber unter Berufung auf § 42 Abs. 2 Satz 2 nicht nur Verhandlungen, sondern auch den Abschluss von solchen Regelungen/Dienstvereinbarungen verhindert. Der Dienstgeber muss dazu in Aufbietung aller seiner finanziellen Möglichkeiten bereit sein, wenn die Bestimmungen der §§ 36 ff. überhaupt in der kirchengesetzlichen Regelung Geltung beanspruchen wollen. Es ist Sache der Schlichtungsstelle, sich vor einer entsprechenden Entscheidung zu vergewissern, welche finanziellen Mittel für einen Sozialplan zur Verfügung stehen. 19

3. Mangelnde Vollstreckungsfähigkeit der Beschlüsse

Der Beschluss der Schlichtungsstelle ist nach staatlichem Recht nicht gegen den Dienstgeber vollstreckungsfähig. Was als Vollstreckungstitel im Sinne des staatlichen Zwangsvollstreckungsrechtes (§§ 704 ff. ZPO) geeignet ist, regelt § 704 und § 794 ZPO. Dazu zählen zwar auch Entscheidungen von Schiedsgerichten nach den Regeln der ZPO (§ 794 Abs. 1 Nr. 4 a ZPO). Die Schlichtungsstelle ist jedoch kein Schiedsgericht im Sinne der §§ 1025 ff. ZPO. Die Beschlüsse der Schlichtungsstelle sind daher zur Zwangsvollstreckung nach staatlichem Recht ungeeignet. 20

Trotz Einwänden der **staatlichen Rechtsprechung**, für eine Durchsetzungsfähigkeit von Entscheidungen kirchlicher Schlichtungsstellen Sorge zu tragen, die teilweise von der staatlichen Rechtsprechung (*so LAG Hamm*, 9. 8. 1994 – 7 Ta Bv 82/94, ZMV 1994, 301) in recht rigider Form formuliert wurden, hat sich der kirchliche Gesetzgeber bisher nicht veranlasst gesehen, kirchenintern für eine Durchsetzungsfähigkeit der Beschlüsse seiner Schlichtungsstellen zu sorgen (vgl. Kritik bei: *Korta*, Effektivierung des Rechtsschutzes im Mitarbeitervertretungsrecht? – Verfahren und Vollstreckung, in: ZMV Sonderheft 2002, 56, 59 ff., allerdings ohne Angabe eines Beispiels, wie eine Vollstreckungsmaßnahme – unter Anwendung von Zwangsmitteln – aussehen könnte). Der staatliche Arm kann nicht tätig werden, wenn es dazu keine staatliche gesetzliche Grundlage gibt. Das Selbstbestimmungsrecht der Kirche zur Verwaltung ihrer eigenen Angelegenheiten (Art. 137 Abs. 3 S. 1 WRV) setzt dem Staat Grenzen. Umgekehrt gilt der Einwand, dass wer den begründeten Beschluss der Schlichtungsstelle missachtet, im Ergebnis die Geltung des Mitarbeitervertretungsrechts in Frage stellt. 21

§ 42

22 Im **kollektiven Bereich** – etwa bei einem Unterlassungsbeschluss der Schlichtungsstelle über die weitere Anwendung einer technischen, zur Überwachung von Leistung und Verhalten geeigneten Anlage (§ 36 Abs. 1 Nr. 9) – hat weder die Schlichtungsstelle noch die MAV eine rechtliche Möglichkeit, diesen Beschluss gegen den Dienstgeber durchzusetzen.

23 Eine andere rechtliche Situation besteht bei Abfindungen, die zugunsten eines Mitarbeiters in einer Dienstvereinbarung nach § 38 Abs. 1 Nr. 11 festgesetzt worden sind. Hier könnte der Mitarbeiter seinen Anspruch auf die festgesetzte Abfindung als einen ihm zustehenden **Individualanspruch vor staatlichen Arbeitsgerichten** aus seinem Arbeitsverhältnis (§ 2 Abs. 1 Nr. 3 a ArbGG 1979) einklagen, einen vollstreckungsfähigen Titel nach § 794 ZPO erstreiten und ihn dann im Wege der Zwangsvollstreckung durchsetzen.

4. Keine Rechtsmittel

24 Gegen die Beschlüsse der Schlichtungsstelle gibt es kein Rechtsmittel. Mit ihrer Verkündung werden sie wirksam, wenn die Entscheidung eine Begründung enthält (Rz 5).

25 Die Schlichtungsverfahrensordnung sollte und kann vorsehen, dass unter bestimmten, eng begrenzten Voraussetzungen das Verfahren wieder aufgenommen werden kann. (Die Schlichtungsverfahrensordnung Erzdiözese Köln hat sich in ihren §§ 23 ff. zur Anwendung der Wiederaufnahmeregelung der §§ 578–583 ZPO entschlossen).

III. Hinweis auf eine Verfahrensordnung

26 § 42 Abs. 1 S. 4 enthält einen Hinweis des jeweiligen Diözesanbischofs, für das Verfahren vor der Schlichtungsstelle eine eigene Verfahrensordnung zu erlassen. Diese Verfahrensordnung muss die Grundsätze der §§ 41 Abs. 2 und 3 und § 42 beachten und darf nicht gegen sie verstoßen. Eine Verschlechterung der in der MAVO enthaltenen Grundregeln für das Verfahren vor der Schlichtungsstelle durch eine Verfahrensordnung bindet die Schlichtungsstelle nicht. Das kirchliche Gesetz (MAVO) geht insoweit einer Ergänzungsverordnung zur MAVO vor. Ein Beispiel einer Schlichtungsverfahrensordnung ist abgedruckt auf Seite 872.

IV. Verfahrenskosten

27 Nach der Grundregel des § 42 Abs. 3 trägt der in Anspruch genommene Dienstgeber die Verfahrenskosten nach Maßgabe der Verfahrensordnung. Eine Kostenübernahme durch die Diözesanverwaltung für alle Verfahrenskosten ist nicht vorgesehen. Unterliegt eine **MAV** in einem Verfahren, ist sie schon deswegen zur Kostentragung **nicht** in der Lage, weil sie nicht rechts- und vermögensfähig ist.

28 In den Verfahrensordnungen (z. B. Schlichtungsverfahrensordnung Erzdiözese Köln § 28 Abs. 1) ist regelmäßig vorgesehen, dass Gebühren und Auslagen für das Verfahren vor der Schlichtungsstelle nicht erhoben werden.

29 Dagegen werden andere anfallende Kosten – Reisekosten der Beteiligten, Kosten für Zeugen und Sachverständige, Vertretungskosten für Rechtsbei-

§ 42

stände – vom **jeweiligen Dienstgeber** zu tragen sein, soweit sie zur sachgerechten Verfolgung von Rechten aus der MAVO notwendig geworden sind. Bei diesem Begriff der »**notwendigen Kosten**« kann von den Regeln ausgegangen werden, die zu § 91 ZPO entwickelt wurden. Notwendig sind danach nur solche Kosten, die zur zweckentsprechenden Rechtsverfolgung erforderlich gewesen sind. Daraus folgt, dass ungewöhnliche oder gar zwecklose Maßnahmen Erstattungsansprüche für Kosten im Schlichtungsverfahren nicht auslösen können.

V. Zentrale Gutachterstelle

Weil gegen den Beschluss der Schlichtungsstelle noch kein Rechtsmittel gegeben ist, auch soweit es um Rechtsfragen geht, ist zur Sicherung der Rechtseinheit und Heranbildung einheitlicher Rechtsgrundsätze für das kircheneigene Mitarbeitervertretungsrecht beim Verband der Diözesen Deutschlands (VDD) eine Zentrale Gutachterstelle eingerichtet (vgl. Kirchl. Amtsbl. Trier 1995 Nr. 188 S. 271). Die Kosten für die Errichtung und die laufenden Kosten der Zentralen Gutachterstelle trägt der VDD (§ 4 Abs. 1 der Ordnung für die Zentrale Gutachterstelle). Sie setzt sich aus einem Vorsitzenden, dem stellvertretenden Vorsitzenden und einem weiteren Mitglied zusammen, die der katholischen Kirche angehören müssen und in der Ausübung der allgemeinen kirchlichen Gliedschaftsrechte nicht behindert sein dürfen. Sie müssen die Befähigung zum Richteramt haben oder Rechtslehrer an einer wissenschaftlichen Hochschule sein und dürfen keiner Schlichtungsstelle angehören (§ 2 Abs. 1 der Ordnung). Die Berufung in das Ehrenamt erfolgt durch die Vollversammlung des VDD auf Vorschlag der Diözesen, des Deutschen Caritasverbandes und der diözesanen Arbeitsgemeinschaften der Mitarbeitervertretungen (§ 2 Abs. 2 der Ordnung). 30

Nach § 1 Abs. 2 der Ordnung hat die Zentrale Gutachterstelle »die Aufgabe, auf Antrag einer Schlichtungsstelle schriftliche Gutachten für die Auslegung der Mitarbeitervertretungsordnung zu erstellen, 31
1. wenn eine Schlichtungsstelle in ihrer Entscheidung von der Entscheidung einer anderen Schlichtungsstelle abweichen will
oder
2. wenn es sich um einen Fall von grundsätzlicher Bedeutung handelt«.

Nur unter diesen Voraussetzungen darf die Gutachterstelle für die Antrag stellende Schlichtungsstelle überhaupt tätig werden. Sie hat nicht die Funktion einer Revisionsinstanz. Sie kann daher regelmäßig nur während eines Verfahrens vor der betroffenen Schlichtungsstelle tätig werden, ehe das Verfahren zum Abschluss gebracht ist, damit die Ergebnisse des Gutachtens für die Entscheidung der Schlichtungsstelle verwertet werden können. Eine Entscheidungskompetenz hat die Gutachterstelle nicht. Deshalb ist zu ihr auch nur eine Schlichtungsstelle antragsberechtigt, nicht also die Beteiligten des Schlichtungsverfahrens (*Richardi*, Staatlicher und kirchlicher Gerichtsschutz für das Mitarbeitervertretungsrecht der Kirchen, NZA 2000, 1305, 1309 f.). 32

Die Schlichtungsstelle ist im Übrigen frei in ihrer Entscheidung, wenn sie im Rahmen einer Rechtsstreitigkeit mit einem Gutachten zu einer spezifischen Rechtsfrage beauftragen will. 33

§ 43

VII. Sprecherinnen und Sprecher der Jugendlichen und der Auszubildenden, Vertrauensperson der schwerbehinderten Mitarbeiterinnen und Mitarbeiter, Vertrauensmann der Zivildienstleistenden

§ 43 Wahl und Anzahl der Sprecherinnen und Sprecher der Jugendlichen und der Auszubildenden

In Einrichtungen, bei denen Mitarbeitervertretungen gebildet sind und denen in der Regel mindestens fünf Mitarbeiterinnen oder Mitarbeiter
– unter 18 Jahren (Jugendliche) oder
– zu ihrer Berufsausbildung Beschäftigte und die das 25. Lebensjahr noch nicht vollendet haben (Auszubildende),
angehören, werden von diesen Sprecherinnen und Sprecher der Jugendlichen und der Auszubildenden gewählt. Als Sprecherinnen und Sprecher können Mitarbeiterinnen und Mitarbeiter vom vollendeten 16. Lebensjahr bis zum vollendeten 26. Lebensjahr gewählt werden. Es werden gewählt
– eine Sprecherin oder ein Sprecher bei 5 bis 10 Jugendlichen und Auszubildenden
sowie
– drei Sprecherinnen oder Sprecher bei mehr als 10 Jugendlichen und Auszubildenden.

Inhaltsübersicht

	Rz
I. Zweck der Vorschrift	1
II. Voraussetzungen für die Wahl	2–15
1. Bestehen einer MAV am Wahltag	2–6
2. Mindestens 5 Mitarbeiter unter 18 Jahren oder zu ihrer Berufsausbildung Beschäftigte unter 25 Jahre	7–11
3. Begriff »Zu ihrer Berufsausbildung Beschäftigte (Auszubildende)	12–15
III. Wahlberechtigung – Wählbarkeit	16–23
1. Wahlberechtigung	16–21
2. Wählbarkeit	22–23
IV. Zahl der zu wählenden Sprecher (§ 43 Satz 3)	24–25
V. Durchführung der Wahl	26–36
1. Vereinfachtes Wahlverfahren	26–29
2. Wahlausschuss	30–35

I. Zweck der Vorschrift

1 Die §§ 43 bis 45 sehen – im Gegensatz zum BetrVG und BPersVG – nicht die Wahl einer Jugend- und Auszubildendenvertretung vor sondern nur die Wahl von Sprechern der Jugendlichen und der Auszubildenden. Damit wird noch deutlicher als in den staatlichen Gesetzen, dass die MAVO für diese Gruppe von Mitarbeitern einer kirchlichen Einrichtung keine eigenen, selbstständig neben der Mitarbeitervertretung bestehenden Organe kirchlicher Betriebsverfassung für die Jugendlichen und Auszubildenden schaffen will. Es ist und bleibt Aufgabe der MAV, die Belange der Mitarbeiter und Mitarbeiterinnen in ihrer Gesamtheit wahrzunehmen. Keines ihrer Rechte geht auf die Sprecherinnen und Sprecher der Jugendlichen und Auszubildenden über oder kann auf sie übertragen werden (so aber gemäß § 57 BPersVG, *BVerwG*, 8. 7. 1977 – VII P 19.75, ZBR 1978, 178; gemäß § 60 BetrVG: BAG, 15. 8. 1978 – 6 ABR 10/76,

§ 43

AP Nr. 1 zu § 23 BetrVG 1972 = EzA § 23 BetrVG 1972 Nr. 7 = BB 1979, 522).
Es gilt der Grundsatz: Ohne Mitarbeitervertretung kein Sprecher der Jugendlichen und Auszubildenden. Dennoch zeigen die Vorschriften der §§ 43 ff. auf, dass die nicht zur MAV Wahlberechtigten motiviert werden sollen, ihre Angelegenheiten zusammen mit den Auszubildenden im Zusammenwirken mit der MAV zur Sprache zu bringen und sie in die Einrichtung bzw. Dienststelle einzugliedern.

II. Voraussetzungen für die Wahl des Sprechers der Jugendlichen und Auszubildenden

1. Voraussetzung: Bestehen einer Mitarbeitervertretung am Wahltag

§ 43 stellt ausdrücklich fest, dass ein Sprecher der Jugendlichen und Auszubildenden (Sprecher bzw. Sprecherin) grundsätzlich nur gewählt werden kann, wenn in der betreffenden Einrichtung eine Mitarbeitervertretung (MAV) gebildet ist. 2

Voraussetzung für diese Wahl ist demnach das Bestehen einer MAV am **Wahltag**. Die Wahl von Sprechern in einer Einrichtung, in der eine MAV nicht ordnungsgemäß besteht, **ist unzulässig und nichtig**. Die Nichtigkeit kann in einem Verfahren vor der Schlichtungsstelle nach § 41 Abs. 1 Satz 2 festgestellt werden. 3

Unschädlich wäre, wenn die Wahl einer MAV stattgefunden hat, die Wahl **angefochten** worden ist und eine Neuwahl erfolgt. Das Gleiche hat zu gelten, wenn die Wahl einer MAV **nichtig** wäre und unverzüglich nach der Feststellung der Nichtigkeit eine Neuwahl angesetzt wird und erfolgt. Ein nur **kurzfristiger Wegfall einer Mitarbeitervertretung** führt demnach nicht zum Wegfall von ordnungsgemäß gewählten Sprechern während ihrer Amtszeit (§ 44 Abs. 1 Satz 1 = Rz 2). 4

Wenn allerdings nach Ablauf der Amtszeit einer MAV (§ 13 Abs. 2 S. 2) keine Neuwahl mehr zustande kommt, vor allem nicht innerhalb des Zeitraumes von 6 Monaten nach Ablauf der Amtszeit (§ 13 a S. 1), endet auch die Amtszeit der Sprecher. 5

Für den/die Sprecher ist demnach das Bestehen einer ordnungsgemäß gewählten MAV Voraussetzung für ihr Tätigwerden: Ihre Aufgabe besteht für Jugendlichen- und Auszubildendenangelegenheiten in einem besonderen Antragsrecht gegenüber der MAV (§ 45 Abs. 1 Nr. 1 = Rz 6), in einem Stimmrecht in MAV-Sitzungen (§ 45 Abs. 1 Nr. 2 = Rz 9) und einem Anspruch, zu Besprechungen mit dem Dienstgeber einen Sprecher zu entsenden (§ 45 Abs. 1 Nr. 3 = Rz 13). 6

2. Voraussetzung: Mindestens 5 Mitarbeiter unter 18 Jahren oder zu ihrer Berufsausbildung Beschäftigte unter 25 Jahren

Weitere Voraussetzung für die Wahl von Sprechern für Jugendliche und Auszubildende ist die Angehörigkeit von in der Regel mindestens 5 Mitarbeitern entweder 7
– unter 18 Jahren (Jugendliche); § 7 Abs. 1 Nr. 2 SGB VIII oder
– zu ihrer Berufsausbildung Beschäftigten, die das 25. Lebensjahr noch nicht vollendet haben (Auszubildende).

§ 43

8 Die Mindestzahl von 5 Mitarbeitern, die entweder Jugendliche oder Auszubildende sind, muss kumulativ erreicht sein. Es würde also genügen, wenn in einer Einrichtung 4 Jugendliche und 1 Auszubildender oder 1 Jugendlicher und 4 Auszubildende in der Regel tätig sind.

9 Diese Anzahl von 5 Mitarbeitern, die diese Voraussetzungen erfüllen, muss »in der Regel« erfüllt sein, also nicht exakt im Zeitpunkt der »Einleitung« der Wahl – des Erlasses des Wahlausschreibens durch den Wahlvorstand (§ 9 Abs. 5 = Rz 36) – vorliegen. Es reicht aus, wenn mindestens 5 Mitarbeiter, die die Voraussetzungen des § 43 Abs. 1 S. 1 erfüllen, durch die diesbezügliche Mitarbeiterzahl der Einrichtung bei »normalem« Zustand (regelmäßiger Besetzung) vorhanden ist. Dabei kommt es auf einen Rückblick auf die bisherige Mitarbeiterzahl, aber auch auf einen Ausblick (Prognose) auf die voraussichtliche mitarbeitermäßige Entwicklung der Einrichtung an (*BAG*, 31. 1. 1991–2 AZR 356/ 90. AP Nr. 11 zu § 23 KSchG 1969 = DB 1992, 48).

10 Ein Ersatz für einen erkrankten Mitarbeiter ist deshalb unberücksichtigt zu lassen. Nur zur Deckung eines vorübergehend angefallenen Arbeitskräftebedarfes eingestellte Mitarbeiter sind nicht mitzurechnen. Dagegen sind vorübergehend ruhende Arbeitsverhältnisse (durch Wehr- oder Zivildienst oder wegen Elternzeit) mitzurechnen, nicht aber die für diese Arbeitnehmer eingestellten Ersatzkräfte (*BAG*, 31. 1. 1991 – 2 AZR 356/90, a. a. O. – für eine Arbeitnehmerin, die in Erziehungsurlaub war und für die eine Ersatzkraft eingestellt worden war).

11 Teilzeitbeschäftigte Jugendliche sind wie Vollzeitkräfte zu bewerten. Entscheidend ist nicht die mit diesen Teilzeitkräften vereinbarte wöchentliche Arbeitszeit. Sie dürfen nicht benachteiligt werden

3. Begriff »Zu ihrer Berufsausbildung Beschäftigte (Auszubildende)«

12 Der Begriff der »Berufsausbildung« ist in § 1 Abs. 2 Berufsbildungsgesetz enthalten. Dort ist festgelegt, dass die Berufsausbildung eine breit angelegte berufliche Grundbildung und die für die Ausübung einer qualifizierten beruflichen Tätigkeit notwendigen fachlichen Fertigkeiten und Kenntnisse in einem geordneten Ausbildungsgang vermittelt. Der zweite Teil des BBiG »Berufsausbildungsverhältnis« regelt in §§ 3–19 alle rechtlichen Fragen dieses Berufsausbildungsverhältnisses. Nur wer nach § 3 mit einem Ausbildenden einen in § 4 BBiG inhaltlich festgelegten Berufsausbildungsvertrag abschließt, ist »Auszubildender«.

14 Nur dieser **Auszubildende nach § 3 BBiG (mit einem ordnungsgemäßen Ausbildungsvertrag)**, der die Voraussetzungen der §§ 4, 6 BBiG erfüllt, fällt unter den Begriff des »zu ihrer Berufsausbildung Beschäftigten« nach § 43 Abs. 1, 2 Alternative. Nicht erfasst von § 43 werden die anderen Zweige der Berufsbildung nach § 1 Satz 1 BBiG, also die berufliche Fortbildung (§ 1 Abs. 3) und die berufliche Umschulung (§ 1 Abs. 4). Dazu gehören auch nicht Praktikanten und Volontäre.

15 Sinkt die Zahl der wählbaren Jugendlichen/Auszubildenden während der Amtszeit auf die Dauer unter 5 Mitarbeiter, endet das Amt der gewählten Jugendsprecher. Eine der Voraussetzungen für ihre Wahl liegt dann nicht mehr vor.

§ 43

III. Wahlberechtigung – Wählbarkeit

1. Wahlberechtigung

Wahlberechtigt (aktives Wahlrecht) sind zunächst alle jugendlichen Arbeitnehmer **unter 18 Jahren.** Das sind alle jugendlichen Mitarbeiter einer Einrichtung, die wegen fehlender Volljährigkeit am Wahltag (bei der Wahl an mehreren Tagen am letzten Wahltag) nicht zur MAV-Wahl wahlberechtigt sind (siehe dort: § 7 Abs. 1). Weitere Voraussetzungen für die Wahlberechtigung ergeben sich aus § 45 Abs. 2 i. V. m. § 7. Für Minderjährige bedarf es einer Ermächtigung zur Ausübung des Wahlrechtes durch den Erziehungsberechtigten nicht. 16

Wahlberechtigt sind auch die **zu ihrer Berufsausbildung Beschäftigten**, die am Wahltag das 25. Lebensjahr noch nicht vollendet haben. 17

Maßgebend für beide Voraussetzungen ist der **Wahltag** – also sowohl für das Lebensalter als auch die bestehende Berufsausbildung. Nur solche Mitarbeiter, die am Wahltag das 25. Lebensjahr noch nicht erreicht haben **und** sich noch in Berufsausbildung befinden, sind wahlberechtigt. 18

Das aktive Wahlrecht zur MAV für diesen Mitarbeiterkreis wird durch die Wahlberechtigung zum Jugend-/Auszubildendensprecher nicht berührt. 19

Sie können das Wahlrecht allerdings nur ausüben, wenn sie in das Wählerverzeichnis eingetragen sind (§ 9 Abs. 4 = Rz 30 = formelle Voraussetzung des Wahlrechtes). 20

§ 7 Abs. 3 bestimmt, dass das Wahlrecht für Mitarbeiter, die in einem Ausbildungsverhältnis stehen, **nur** bei der Einrichtung ausgeübt werden kann, von der sie eingestellt worden sind (§ 7 Rz 27). 21

2. Wählbarkeit

Wählbarkeit (passives Wahlrecht) haben alle Mitarbeiterinnen und Mitarbeiter vom vollendeten 16. Lebensjahr bis zum vollendeten 26. Lebensjahr. Wählbarkeitsvoraussetzung ist zunächst ein **Lebensalter** zwischen dem vollendeten 16. und dem vollendeten 26. Lebensjahr. **Maßgebender Zeitpunkt** für diese Abgrenzungen ist der **Tag der Wahl zum Sprecher** der Jugendlichen und Auszubildenden (siehe aber § 44 Rz 3). Wer bereits das 25. Lebensjahr vollendet hat, ist zwar aktiv nicht wahlberechtigt aber passiv wahlberechtigt, wenn er das 26. Lebensjahr am Wahltag noch nicht vollendet hat. 22

Eine bestimmte Dauer der Zugehörigkeit zur Einrichtung oder im kirchlichen Dienst (§ 8 Abs. 1) wird verlangt, weil durch die Verweisungsvorschrift des § 45 Abs. 2 auch für die Wahl zum Sprecher bzw. zur Sprecherin fehlende Wählbarkeitsvoraussetzungen erheblich sind (*Frey/Coutelle/Beyer*, MAVO § 43 Rz 3). Dagegen scheidet die Anwendung des § 8 Abs. 2 nach der Natur dieser Bestimmung aus. 23

IV. Zahl der zu wählenden Sprecher (§ 43 Satz 3)

§ 43 Satz 3 legt die Zahl der zu wählenden Sprecher fest: 24
– von 5–10 Jugendlichen und Auszubildenden: ein Sprecher;
– bei mehr als 10 Jugendlichen und Auszubildenden: drei Sprecher.
Eine Abweichung davon ist unzulässig (§ 48). 25

§ 43

V. Durchführung der Wahl

1. Vereinfachtes Wahlverfahren (§§ 11 a – 11 c)

26 Die Durchführung der Wahl der Sprecherinnen und Sprecher der Jugendlichen und der Auszubildenden (Sprecherwahl) ist nur durch die Verweisung in § 45 Abs. 2 auf die entsprechende Anwendung der Bestimmungen der §§ 7 bis 20 geregelt. Das bedeutet die Anwendung der §§ 9 bis 11 c für das Wahlverfahren.

27 Ein Wahlausschuss ist nur zu bestimmen, wenn ein vereinfachtes Wahlverfahren i. S. von §§ 11 a bis 11 c nicht in Betracht kommt (§ 11 a Abs. 1 und 2). Die Vorbereitung der Wahl liegt in der Verantwortung der MAV. Sie lädt spätestens drei Wochen vor Ablauf der Amtszeit der Sprecher die wahlberechtigten Jugendlichen und Auszubildenden (§ 43 Abs. 1) durch Aushang oder in sonst geeigneter Weise zur Wahlversammlung ein und legt gleichzeitig die Liste der wahlberechtigten Jugendlichen und Auszubildenden aus (§ 11 b Abs. 1).

28 Ist in einer Einrichtung eine MAV nicht im Amt, kann keine Sprecherwahl stattfinden (Rz 2 und 3).

29 Die Durchführung der Wahl im vereinfachten Wahlverfahren gemäß § 11 c erfolgt unter Leitung eines Mitglieds der MAV als Wahlleiter, dessen Amtsführung die Wahl zum Wahlleiter vorauszugehen hat. Auf die Kommentierung zu § 11 c wird verwiesen.

2. Wahlausschuss

30 Ist gemäß § 11 a Abs. 2 die Durchführung der Wahl der Sprecher nach den §§ 9 bis 11 beschlossen worden, dann ist wie folgt zu verfahren.

31 Der Wahlausschuss für diese Wahl wird von der MAV bestimmt, und zwar spätestens acht Wochen vor Ablauf der Amtszeit des Sprechers bzw. der Sprecher. Die Größe des Wahlausschusses muss mindestens drei Mitglieder betragen, also aus einer ungeraden Zahl von Mitgliedern bestehen. In der Bestellung der Mitglieder ist die MAV frei. Mitglieder, die Mitarbeiter sind, müssen für das Amt als Mitglied des Wahlausschusses das passive Wahlrecht zur MAV besitzen (§ 9 Abs. 2 S. 1–2).

32 Die MAV kann auch jugendliche Mitarbeiter und Mitarbeiterinnen in der Ausbildung zu Wahlausschussmitgliedern bestellen. Ein Mitglied des Wahlausschusses ist zum Wahlausschussvorsitzenden zu wählen (§ 9 Abs. 2 S. 3).

33 Kommt die MAV ihrer Pflicht zur Bestellung eines Wahlausschusses nicht nach, muss der Dienstgeber die Wahlversammlung der Jugendlichen und Auszubildenden einberufen, auf der ein Wahlausschuss gewählt wird (§ 10 Abs. 1 Nr. 1).

34 Es ist Sache des Wahlausschusses, die Wahl ordnungsgemäß in Gang zu bringen, wie es nach § 9 für die Wahl einer MAV vorgeschrieben ist, und sie gemäß § 11 durchzuführen. Auf die Kommentierung dieser Bestimmungen wird verwiesen.

35 Das passive Wahlrecht kann von einem Wahlberechtigten allerdings nur wahlweise beansprucht werden, entweder für die MAV-Wahl oder für die Wahl zum Sprecher. Denn eine gleichzeitige Kandidatur für beide Ämter ist nach § 45 Abs. 2 S. 2 ausgeschlossen. Ein Mitglied der MAV kann also bei der Sprecherwahl nicht kandidieren.

§ 43 a

§ 43 a Versammlung der Jugendlichen und Auszubildenden

(1) Die Sprecherinnen und Sprecher der Jugendlichen und Auszubildenden können vor oder nach einer Mitarbeiterversammlung im Einvernehmen mit der Mitarbeitervertretung eine Versammlung der Jugendlichen und Auszubildenden einberufen. Im Einvernehmen mit der Mitarbeitervertretung und dem Dienstgeber kann die Versammlung der Jugendlichen und Auszubildenden auch zu einem anderen Zeitpunkt einberufen werden. Der Dienstgeber ist zu diesen Versammlungen unter Mitteilung der Tagesordnung einzuladen. Er ist berechtigt, in der Versammlung zu sprechen. § 2 Abs. 2 Satz 2 findet Anwendung. An den Versammlungen kann die oder der Vorsitzende der Mitarbeitervertretung oder ein beauftragtes Mitglied der Mitarbeitervertretung teilnehmen. Die Versammlung der Jugendlichen und Auszubildenden befasst sich mit Angelegenheiten, die zur Zuständigkeit der Mitarbeitervertretung gehören, soweit sie Jugendliche und Auszubildende betreffen.

(2) § 21 Abs. 4 gilt entsprechend.

Inhaltsübersicht

	Rz
I. Zweck der Vorschrift	1–2
II. Voraussetzungen für die Einberufung der Versammlung	3–5
III. Anzahl und Zeitpunkt – Einberufung und Leitung der Versammlung	6–17
1. Anzahl und Zeitpunkt	6–11
2. Einberufung und Leitung	12–17
IV. Themen der Versammlung	18–21
V. Fahrtkosten	22

I. Zweck der Vorschrift

Die Versammlung der Jugendlichen und der Auszubildenden (Versammlung) bietet den Jugendlichen und Auszubildenden – wie die Mitarbeiterversammlung – die Möglichkeit, die sie betreffenden Angelegenheiten und Probleme untereinander zu besprechen und nach Lösungen zu suchen (§ 43 a Abs. 1 S. 7). § 43 a Abs. 1 legt fest, dass diese Versammlung vor oder nach der Mitarbeiterversammlung stattfindet. Sie kann nur im Einvernehmen mit der MAV und dem Dienstgeber außerhalb der zeitlichen Festlegung des § 43 a Abs. 1 S. 1 angesetzt werden (§ 43 a Abs. 1 S. 2). 1

Grundlage für die Themen der Versammlung sind dieselben, die zur Zuständigkeit der MAV gehören, allerdings zugeschnitten auf die Belange der Jugendlichen und der Auszubildenden. Für die Versammlung gelten die Grundsätze für die Mitarbeiterversammlung entsprechend, was indirekt aus § 21 Abs. 4 hinsichtlich der Übernahme eventuell notwendiger Fahrtkosten zu den Versammlungen hervorgeht (§ 43 a Abs. 2). 2

II. Voraussetzungen für die Einberufung der Versammlung der Jugendlichen und der Auszubildenden

Die Einberufung der Versammlung erfordert eine Entscheidung bzw. einen Beschluss des Sprechers bzw. der Sprecher und das Einvernehmen mit der 3

§ 43a

MAV. »Einvernehmen mit der MAV« bedeutet Zustimmung der MAV. Dieses »Einvernehmen« trifft die MAV nach pflichtgemäßem Ermessen durch einen mit einfacher Mehrheit gefassten Beschluss, zu dem der Sprecher bzw. die Sprecher der Jugendlichen und Auszubildenden stimmberechtigt sind (§ 45 Abs. 1 S. 2 Nr. 2).

4 Die Zustimmung der MAV erstreckt sich sowohl auf die Durchführung als auch auf die zeitliche Lage und auf die Tagesordnung der Versammlung.

5 Der Sprecher bzw. die Sprecher müssen daher – um eine sachgerechte Entscheidung der MAV herbeizuführen – nicht nur den Zeitpunkt, sondern auch ihre vorgesehene Tagesordnung der MAV zur Beschlussfassung mitteilen. Das gilt auch für eine nachträgliche Änderung der Tagesordnung, die nach der Beschlussfassung der MAV vom Sprecher bzw. den Sprechern der Zustimmung der MAV bedarf.

III. Anzahl und Zeitpunkt – Einberufung und Leitung der Versammlung der Jugendlichen und Auszubildenden

1. Anzahl und Zeitpunkt

6 Eine Versammlung der Jugendlichen und Auszubildenden kann vor oder nach jeder Mitarbeiterversammlung angesetzt werden. Dabei ist es ohne Bedeutung, ob es sich um eine regelmäßige Mitarbeiterversammlung (§ 21 Abs. 2) oder eine außerordentliche Mitarbeiterversammlung auf Antrag eines Drittels der wahlberechtigten Mitarbeiterinnen und Mitarbeiter (§ 21 Abs. 3 S. 1) oder des Dienstgebers (§ 21 Abs. 3 S. 2) handelt.

7 Die Anberaumung einer Versammlung der Jugendlichen und Auszubildenden scheidet nur aus, wenn diese Mitarbeiterversammlung aus einem besonderen gesetzlichen Grund angeordnet wird, wie die Mitarbeiterversammlung auf Einberufung des Dienstgebers aus Anlass der Bildung eines Wahlausschusses (§ 10 Abs. 1).

8 Die Versammlung der Jugendlichen und Auszubildenden darf nach § 43a Abs. 1 S. 1 ohne Einverständnis des Dienstgebers grundsätzlich **nur vor oder nach jeder Mitarbeiterversammlung** stattfinden. Sie ist demnach grundsätzlich in zeitlichem Zusammenhang mit der Mitarbeiterversammlung am gleichen Tag abzuhalten (*BAG*, 15. 8. 1978–6 ABR 10/76, AP Nr. 1 zu § 23 BetrVG 1972 = DB 1978, 2275). In diesem Beschluss stellt das BAG für das staatliche Recht (§ 71 BetrVG 1972) überzeugend fest, dass die Jugendversammlung für den Tag einzuberufen ist, an dem die Betriebsversammlung stattfindet, soweit dies möglich und zumutbar ist. Würde die Jugendversammlung ohne besonderen Grund an einem anderen Tag stattfinden – etwa 2, 3 oder mehr Tage vor oder nach der Betriebsversammlung, so würde dies zu einer zusätzlichen Belastung des Betriebsablaufes führen. Dazu kommt, dass Jugend- und Betriebsversammlung, insbesondere hinsichtlich der erörterten Themen, vielfach in einer Wechselbeziehung zueinander stehen.

9 Nur ausnahmsweise ist eine Versammlung der Jugendlichen und Auszubildenden auch an einem Tag vor oder nach einer Mitarbeiterversammlung dann zulässig, wenn entweder besondere betriebliche Umstände oder die persönlichen Verhältnisse der teilnehmenden Jugendlichen/Auszubildenden ihre Teilnahme am Tage der Mitarbeiterversammlung unmöglich machen oder doch

§ 43 a

zumindest erheblich erschweren würden. Dafür lassen sich abstrakte Maßstäbe nicht aufstellen. Es kommt auf die konkrete dienstliche Situation an.
Der Besuch zweier Versammlungen ist demnach für Jugendliche nicht unzumutbar, vor allem wenn beide Versammlungen durch eine Pause getrennt liegen. Im Einverständnis mit dem Sprecher/den Sprechern der Jugendlichen und Auszubildenden, dem Dienstgeber und der MAV kann die Versammlung der Jugendlichen und Auszubildenden auch zu einem **anderen Zeitpunkt** stattfinden.
Sie findet grundsätzlich – wie die Mitarbeiterversammlung – während der Arbeitszeit statt, so dass damit die Frage der **Entgeltfortzahlung** geklärt ist. Das gilt selbstverständlich nicht nur für die ordentliche, sondern im Einverständnis mit dem Dienstgeber auch für die durchgeführte außerordentliche Versammlung.

10

11

2. Einberufung und Leitung

Die Einberufung der Versammlung der Jugendlichen und Auszubildenden obliegt dem Sprecher/den Sprechern der Jugendlichen und Auszubildenden. Sie sind dabei an die Zustimmung der MAV gebunden. Bei der Einberufung muss die von der MAV gebilligte Tagesordnung bekannt gegeben werden.
Der Dienstgeber ist zu dieser Versammlung unter Mitteilung der Tagesordnung einzuladen (§ 43 a Abs. 1 S. 3).
Die Leitung der Versammlung der Jugendlichen und Auszubildenden obliegt dem Sprecher der Jugendlichen und Auszubildenden. An den Versammlungen kann der Vorsitzende der MAV oder von ein von ihr beauftragtes Mitglied der MAV teilnehmen. Sowohl der Dienstgeber als auch das MAV-Mitglied können auf der Versammlung das Wort ergreifen und zu den einzelnen Tagesordnungspunkten Stellung nehmen (§ 43 a Abs. 1 S. 4 für Dienstgeber, § 43 a Abs. 1 S. 5 für MAV-Mitglied).
Die **Versammlung** der Jugendlichen und Auszubildenden ist **nicht öffentlich** (entsprechend § 21 Abs. 1 S. 1). Es ist auch nicht zulässig, unberechtigten Dritten – etwa Journalisten – durch einen Mehrheitsbeschluss der Teilnehmer der Versammlung den Zutritt und die Teilnahme zu gestatten.
Das **Hausrecht** auf dieser Versammlung der Jugendlichen und Auszubildenden hat der Sprecher der Jugendlichen und Auszubildenden. Er hat das Wort zu erteilen und den ordnungsgemäßen Ablauf der Versammlung sicherzustellen. Er darf vor allem keine unzulässigen Themen, vor allem solche außerhalb der von der MAV genehmigten Tagesordnung, zulassen.
Kommt der Sprecher der Jugendlichen und Auszubildenden dieser Pflicht nicht nach, so kann der Dienstgeber wie auch ein MAV-Mitglied darauf hinwirken, dass die Versammlung ordnungsgemäß im gesetzmäßigen Rahmen abläuft. Haben diese Versuche keinen Erfolg, kann der Dienstgeber bei groben Verstößen von seinem Hausrecht wieder Gebrauch machen und letztendlich die Versammlung beenden.

12

13

14

15

16

17

IV. Themen der Versammlung der Jugendlichen und Auszubildenden

Entsprechend § 22 Abs. 1 S. 2 hat der Sprecher der Jugendlichen und Auszubildenden zunächst einen Bericht über seine Arbeit zu erstatten.

18

Bleistein/Thiel

§ 44

19 Nach § 43 a Abs. 1 S. 7 ist es Aufgabe der Versammlung, sich mit Angelegenheiten der Jugendlichen und Auszubildenden zu befassen, die zur Zuständigkeit der MAV gehören, soweit sie Jugendliche und Auszubildende betreffen (siehe auch § 45).

20 Hierunter fallen neben besonderen tarifpolitischen Themen (Regelung für die Umsetzung von Ausbildungsordnungen, Ausbildungsvergütungen, besondere Arbeitszeitregelungen für Auszubildende, Gestaltung und Teilnahme am Berufsschulunterricht, Ausbildung außerhalb der Einrichtung) auch sozialpolitische Fragen (vor allem Fragen des Jugendarbeitsschutzes im Betrieb). Es kann nicht verlangt werden, daß diese Fragen ausschließlich die Jugendlichen und Auszubildenden betreffen. Es reicht aus, wenn sie diese Fragen »auch« angehen.

21 Über die diskutierten zulässigen Themen kann die Versammlung der Jugendlichen und Auszubildenden **Beschlüsse** fassen, die protokolliert werden, und der MAV **Vorschläge** unterbreiten oder zu bereits ergangenen Beschlüssen der MAV, die die Interessen der Jugendlichen und Auszubildenden berühren, Stellung nehmen (§ 22 Abs. 1 S. 3 analog).

V. Fahrtkosten

22 Die Fahrtkostenregelung des § 21 Abs. 4 gilt gemäß § 43 a entsprechend auch für die Teilnehmer an der Versammlung der Jugendlichen und Auszubildenden (siehe § 21 Rz 29).

§ 44 Amtszeit der Sprecherinnen und Sprecher der Jugendlichen und Auszubildenden

Die Amtszeit der Sprecherinnen und Sprecher der Jugendlichen und der Auszubildenden beträgt zwei Jahre. Die Sprecherinnen und Sprecher der Jugendlichen und der Auszubildenden bleiben im Amt, auch wenn sie während der Amtszeit das 26. Lebensjahr vollendet haben.

Inhaltsübersicht

	Rz
I. Amtszeit	1–4
II. Weiterführung der Geschäfte	5–6
III. Der Bestand der MAV	7–8

I. Amtszeit

1 Die regelmäßige Amtszeit der Sprecherinnen und Sprecher der Jugendlichen und der Auszubildenden (Sprecher) beträgt gemäß der besonderen Vorschrift in § 44 S. 1 zwei Jahre. Soweit § 45 Abs. 2 S. 1 die §§ 7–20 unter den Voraussetzungen ihrer Anwendbarkeit überhaupt sinngemäße Anwendung finden lässt, gehen die speziellen Bestimmungen der §§ 43–45 ausdrücklich vor. Demge-

§ 44

mäß gelten z. B. die Bestimmungen des § 13 Abs. 1, 2 S. 2 u. 3 und Abs. 5 über die Amtszeit und die Wahlzeiträume der MAV nicht. Einzelheiten zu § 45 Abs. 2.
Aus der Verweisungsvorschrift des § 45 Abs. 2 S. 1 ergibt sich positiv: **2**
– Die Amtszeit der Sprecher beginnt mit der Wahl, oder wenn die Sprecher zu diesem Zeitpunkt noch im Amt sind, mit Ablauf von deren Amtszeit (§ 45 Abs. 2 S. 1 i. V. m. § 13 Abs. 2 S. 1); sie endet zwei Jahre nach Amtsbeginn (§ 44 S. 1).
– Neuwahlen zur MAV haben keinen Einfluss auf die Amtszeit der Sprecher.
– Im Falle des Rücktritts eines Sprechers ist das Nachrücken des Ersatzmitgliedes die Regel (§ 45 Abs. 2 S. 1 i. V. m. § 13 b Abs. 1).
– Im Falle des Rücktritts der Sprecher insgesamt, also bei einer mehrköpfigen Sprecherschaft, ist die Neuwahl durch die MAV anzusetzen (vgl. § 13 Abs. 3 Nr. 3)
– Ist die Sprecherwahl erfolgreich angefochten worden (§ 13 Abs. 3 Nr. 4), ist unverzüglich eine Neuwahl einzuleiten; dasselbe gilt im Falle des Beschlusses der Schlichtungsstelle wegen festgestellter grober Vernachlässigung oder Verletzung der Befugnisse und Verpflichtungen als Sprecher der Jugendlichen und der Auszubildenden (§ 45 Abs. 2 S. 1 i. V. m. § 13 Abs. 3 Nr. 6).
Die Möglichkeit des Misstrauensvotums hat die Versammlung der Jugend- **3** lichen und der Auszubildenden nicht, weil § 45 Abs. 2 S. 1 nicht auf § 22 verweist (a. A. *Frey/Coutelle/Beyer*, MAVO § 44 Rz 2). Denn es gelten eben nur die Grundsätze der Mitarbeiterversammlung (§ 43 a Rz 2).
Das Mandat der Sprecher erlischt individuell unter den Voraussetzungen des **4** § 13 c.

II. Weiterführung der Geschäfte

Keine Bedenken bestehen gegen die entsprechende Anwendung des § 13 a **5** (vgl. § 45 Abs. 2 S. 1) wegen der Weiterführung der Geschäfte der Sprecher der Jugendlichen und Auszubildenden, nämlich wenn nach Ablauf der regulären Amtszeit noch kein neuer Sprecher bzw. keine neuen Sprecher gewählt sind, obwohl die Voraussetzungen dazu vorliegen. In diesem Fall führen die bisherigen Amtsträger die Geschäfte fort bis zur Übernahme durch die neu gewählten Sprecher, längstens jedoch bis zur Dauer von sechs Monaten vom Tag der Beendigung der Amtszeit gerechnet.
Im Interesse der **Kontinuität** der Arbeit der Jugendsprecher bestimmt § 44 **6** S. 2, dass mit Überschreitung des 26. Lebensjahres während der Amtszeit eines Jugendsprechers sein Amt nicht endet. Durch den Verlust der Wählbarkeit während der Amtszeit verliert der betroffene Jugendsprecher nicht sein Amt. Er behält es bis zum Ablauf der zweijährigen Amtszeit, für die er gewählt wurde. Diese Sonderregelung gilt nur, wenn der Jugendsprecher nach Beginn der Amtszeit (Rz 1) das 26. Lebensjahr vollendet. Hat er sein 26. Lebensjahr vor Beginn der Amtszeit, aber nach seiner Wahl vollendet, war er nicht wählbar nach § 43 S. 2 (Rz 18 ff.). Dieser Fall kann nur eintreten, wenn der Jugendsprecher am Tage der Wahl das 26. Lebensjahr noch nicht vollendet hat, in diesem Zeitpunkt also seine Wählbarkeit vorliegt, am Tage des Beginns der Amtszeit, der zeitlich hinter dem Wahltag liegt, jedoch 26 Jahre alt war.

§ 45

Dieser Fall kann insbesondere eintreten, wenn ein Ersatzmitglied nach der Wahl, aber vor seinem Amtsbeginn die Altersgrenze erreicht hat; es kann nicht nachrücken. Gegebenenfalls ist Neuwahl anzusetzen (*LAG Düsseldorf,* 13. 10. 1992 – 8 Ta BV 119/92, NZA 1993, 474).

III. Der Bestand der MAV

7 Gemäß § 43 ist die bestehende MAV Voraussetzung für die Wahl der Sprecher der Jugendlichen und Auszubildenden. Die Amtszeit der Sprecher endet folglich, wenn eine MAV nicht mehr besteht, wenn sie also keine Amtsgeschäfte mehr führt und eine unverzügliche Neuwahl der MAV nicht eingeleitet worden ist.

8 Kommen Dienstgeber und MAV überein, für ein erweitertes Gebiet eine gemeinsame MAV i. S. von § 1 b zu bilden, richtet sich die Amtszeit der Sprecher der Jugendlichen und Auszubildenden nach der Amtszeit ihrer MAV, falls die reguläre Amtszeit der Sprecher noch andauert.

§ 45 Mitwirkung der Sprecherinnen und Sprecher der Jugendlichen und Auszubildenden

(1) Die Sprecherinnen und Sprecher der Jugendlichen und der Auszubildenden nehmen an den Sitzungen der Mitarbeitervertretung teil. Sie haben, soweit Angelegenheiten der Jugendlichen und Auszubildenden beraten werden,
1. das Recht, vor und während der Sitzungen der Mitarbeitervertretung Anträge zu stellen. Auf ihren Antrag hat die oder der Vorsitzende der Mitarbeitervertretung eine Sitzung in angemessener Frist einzuberufen und den Gegenstand, dessen Beratung beantragt wird, auf die Tagesordnung zu setzen,
2. Stimmrecht,
3. das Recht, zu Besprechungen mit dem Dienstgeber eine Sprecherin oder einen Sprecher der Jugendlichen und Auszubildenden zu entsenden.

(2) Für eine Sprecherin oder einen Sprecher der Jugendlichen und der Auszubildenden gelten im Übrigen die anwendbaren Bestimmungen der §§ 7 bis 20 sinngemäß. Die gleichzeitige Kandidatur für das Amt einer Sprecherin oder eines Sprechers der Jugendlichen und Auszubildenden und das Amt der Mitarbeitervertreterin oder des Mitarbeitervertreters ist ausgeschlossen.

Inhaltsübersicht

	Rz
I. Zweck der Vorschrift	1
II. Allgemeines Teilnahmerecht an MAV-Sitzungen (§ 45 Abs. 1 S. 1)	2–5
III. Mitberatungs-, Antrags- und Stimmrecht der Jugendsprecher (§ 45 Abs. 1 S. 2 Nr. 1 und 2)	6–12
IV. Teilnahmerecht an Besprechungen der MAV mit dem Dienstgeber (§ 45 Abs. 1 S. 2 Nr. 3)	13
V. Sinngemäße Anwendung der Bestimmungen der §§ 7–20	14–22

§ 45

I. Zweck der Vorschrift

§ 45 Abs. 1 legt die Mitwirkungsrechte der Sprecher der Jugendlichen und 1
Auszubildenden (Sprecher) fest. Die Sprecher sind nicht Mitglieder der
MAV. Sie haben aber nach § 45 Abs. 1 S. 1 einen Anspruch, an allen Sitzungen
der MAV teilzunehmen ohne Rücksicht darauf, ob Angelegenheiten beraten
werden, die Jugendliche und Auszubildende betreffen. Schließlich räumt § 45
Abs. 1 S. 2 den Sprechern besondere Rechte ein, soweit Angelegenheiten der
Jugendlichen und Auszubildenden beraten werden.

II. Allgemeines Teilnahmerecht an MAV-Sitzungen (§ 45 Abs. 1 S. 1)

Alle gewählten Sprecher haben einen Anspruch, an den **Plenarsitzungen der** 2
MAV teilzunehmen. Eine Beschränkung der Einladung und des Teilnahmerechts auf bestimmte Tagesordnungspunkte ist unzulässig. Hat die MAV besondere Ausschüsse gebildet, die bestimmte Fragen vorbereiten und vorberaten sollen, so besteht kein Anspruch der Sprecher zur Teilnahme an den Sitzungen dieser Ausschüsse, die in der MAVO gemäß § 14 Abs. 10 installiert sind. Das ist anders, wenn in einem gemäß § 14 Abs. 10 gebildeten **Ausschuss** abschließende Beratungen erfolgen mit der Maßgabe, dass die Angelegenheit nicht mehr im Plenum der MAV zu behandeln ist, weil dem Ausschuss die selbstständige Erledigung von Aufgaben übertragen ist (§ 14 Abs. 10 S. 3). In diesem Falle besteht für die Sprecher ein Anspruch auf Teilnahme an den Sitzungen des Ausschusses.
Verantwortlich für die Einladungen zu den Sitzungen des Plenums der MAV 3
ist der Vorsitzende der MAV, für die Einladungen zu den Sitzungen eines entscheidungsbefugten Ausschusses der MAV der Vorsitzende des betreffenden Ausschusses. Die Einladung hat zu enthalten die Angabe von Ort, Zeitpunkt und allen Tagesordnungspunkten und ist den Sprechern bekannt zu geben. Eine Einladungsfrist und eine bestimmte Einladungsform ist nicht vorgeschrieben. Gegebenenfalls gibt die Geschäftsordnung der MAV Auskunft (§ 14 Abs. 8). Die Einladungsfrist ist angemessen, wenn die Sprecher sich auf die Sitzungen der MAV oder ihrer Ausschüsse vorbereiten, Informationen noch einholen und sich – wenn drei Sprecher gewählt wurden – gemeinsam vorberaten können. Die Einladung kann auch mündlich erfolgen, wenn dringende Umstände eine unverzügliche Anberaumung einer MAV-Sitzung ausgelöst haben.
Eine Verpflichtung der Sprecher zur Teilnahme an der MAV-Sitzung besteht 4
nicht. Von dem allgemeinen Teilnahmerecht der Sprecher an den Sitzungen der MAV oder einem entscheidungsbefugten Ausschuss der MAV wird eine **Ausnahme** zu machen sein, wenn interne Probleme zwischen MAV und Sprechern (oder ein bestimmtes Verhalten des Sprechers oder der Sprecher) in der Sitzung der MAV oder einem ihrer Ausschüsse zunächst vorberaten werden sollen. Die Sprecher haben dann aber einen Anspruch auf Unterrichtung, weshalb ohne ihre Anwesenheit verhandelt wurde und welches Ergebnis die Beratung hatte.
Der wiederholte **Verstoß** des Vorsitzenden der MAV oder eines Vorsitzenden 5
eines Ausschusses der MAV gegen die Pflicht, die Sprecher zu den Sitzungen einzuladen oder die unzulässige Beschränkung der Teilnahme der Sprecher

§ 45

auf bestimmte Tagesordnungspunkte ist eine grobe Verletzung der betreffenden Mitglieder der MAV hinsichtlich ihrer Befugnisse und Pflichten, der zum Ausschluss aus der MAV und damit nach § 13 c Nr. 5 zum Erlöschen der Mitgliedschaft in der MAV führen kann. Antragsberechtigt sind abgesehen von den unter § 41 Abs. 1 Nr. 3 Genannten der bzw. die Sprecher der Jugendlichen und Auszubildenden gemäß § 41 Abs. 2 S. 2 Nr. 1.

III. Mitberatungs-, Antrags- und Stimmrecht der Sprecher der Jugendlichen und Auszubildenden (§ 45 Abs. 1 S. 2 Nr. 1 und 2)

6 Zunächst haben die Sprecher der Jugendlichen und Auszubildenden ein reines **Mitberatungsrecht**. Soweit aber Angelegenheiten beraten werden, die überwiegend (so die zutreffende Formulierung des § 67 Abs. 2 BetrVG, die im Wort »soweit« enthalten ist) jugendliche und auszubildende Mitarbeiter und Mitarbeiterinnen betreffen, steht den Sprechern neben dem Mitberatungsrecht ein eigenes **Antragsrecht** zu. Der Begriff »überwiegend« ist quantitativ gemeint. Angelegenheiten, die »überwiegend« die jugendlichen und auszubildenden Mitarbeiter und Mitarbeiterinnen betreffen, liegen dann vor, wenn der Beratungsgegenstand und der zu fassende Beschluss zahlenmäßig mehr Jugendliche und Auszubildende betrifft als die anderen Mitarbeiterinnen und Mitarbeiter. Das kann aber auch der Fall sein, wenn eine personelle Einzelmaßnahme beraten und über sie beschlossen wird, die Jugendliche und Auszubildende besonders betrifft. Dazu zählt etwa die Einstellung eines Ausbilders nach § 34 Abs. 1, die Versetzung eines Ausbilders nach § 35 Abs. 1 an eine andere Einrichtung, die Durchführung der Ausbildung nach § 36 Abs. 1 Nr. 8, § 37 Abs. 1 Nr. 8, die fristlose oder ordentliche Kündigung eines Sprechers der Jugendlichen und Auszubildenden nach § 19, die Übernahme eines Sprechers vom Ausbildungs- in ein Beschäftigungsverhältnis nach § 18 Abs. 4. In diesen überwiegend die Jugendlichen und Auszubildenden betreffenden Angelegenheiten können die Sprecher vor und während den Sitzungen der MAV Anträge stellen (§ 45 Abs. 1 S. 2 Nr. 1).

7 Die Sprecher haben in diesen Angelegenheiten darüber hinaus einen eigenen Anspruch auf Anberaumung einer besonderen MAV-Sitzung, zu der auf entsprechenden Antrag der Sprecherseite der Vorsitzende der MAV in angemessener Frist einzuladen und den beantragten Beratungsgegenstand auf die Tagesordnung zu setzen hat. Schließlich haben die Sprecher nach § 45 Abs. 1 S. 2 Nr. 2 in diesen überwiegend die Jugendlichen und Auszubildenden betreffenden Angelegenheiten auch ein eigenes Stimmrecht. Die ordnungsgemäß eingeladenen und anwesenden Sprecher nehmen mit den MAV-Mitgliedern an der Abstimmung teil.

8 Für die **Beschlussfähigkeit der MAV** kommt es allein auf die Bestimmung des § 14 Abs. 5 an. Mehr als die Hälfte der MAV-Mitglieder muss anwesend sein. Für die Ermittlung der Beschlussfähigkeit zählen die Stimmen der Sprecher der Jugendlichen und Auszubildenden nicht.

9 Bei der Abstimmung werden sie allerdings wegen des Stimmrechts hinzugezählt, so dass ihre Stimmen bei der Feststellung, ob der Antrag die nach § 14 Abs. 5 S. 2 erforderliche einfache Mehrheit gefunden hat, mitgezählt werden.

§ 45

Beispiel: 11 Mitglieder der MAV, drei Sprecher der Jugendlichen und Aus- 10
zubildenden; in der Sitzung anwesend: 6 Mitglieder der MAV und 3 Sprecher
der Jugendlichen und Auszubildenden. Beschlussfähigkeit der MAV liegt vor.
Beschluss über eine Angelegenheit nach § 45 Abs. 1 S. 2: Stimmberechtigt sind
6 MAV-Mitglieder und die drei Sprecher der Jugendlichen und Auszubildenden. Das Stimmverhältnis ergibt 5 gegen den Antrag, 4 für den Antrag mit
dem Ergebnis, dass der Antrag abgelehnt ist (§ 14 Abs. 5 S. 2).

Nach einer Mehrheitsentscheidung der MAV, die eine Angelegenheit, die 11
überwiegend Jugendliche und Auszubildende betrifft oder von den Sprechern
beantragt war, können die Sprecher keine Aussetzung dieses Beschlusses und
eine neue Beratung – wie etwa in §§ 66 BetrVG, 74 BPersVG – verlangen. Die
Entscheidung der MAV unter ordnungsgemäßer Beteiligung der Sprecher der
Jugendlichen und Auszubildenden ist endgültig.

Hat die MAV dagegen einen **Beschluss ohne Beteiligung der Sprecher der Ju-** 12
gendlichen und Auszubildenden gefasst, obwohl eine Angelegenheit vorlag,
die überwiegend Jugendliche und Auszubildende betraf, ist dieser Beschluss
nicht wirksam zustande gekommen. Dieser Beschluss ist unwirksam. Die Beschlussfassung muss wiederholt werden unter Beteiligung der Sprecher der
Jugendlichen und Auszubildenden. Unter Umständen kann jedoch unter Berücksichtigung einer Entscheidung des *BAG* (6. 5. 1975 – 1 ABR 135/73, AP
Nr. 5 zu § 65 BetrVG 1972 = EzA § 65 BetrVG 1972 Nr. 5 = BB 1975, 1112)
eine erneute Beschlussfassung dann unterbleiben, wenn dem Antrag der Sprecher entsprochen wurde oder aber die Entscheidung der MAV so eindeutig ist,
dass die Teilnahme der Sprecher das Stimmenergebnis nicht hätte ändern können.

IV. Teilnahmerecht an Besprechungen der MAV mit dem Dienstgeber (§ 45 Abs. 1 S. 2 Nr. 3)

Die Sprecher der Jugendlichen und Auszubildenden haben einen Anspruch 13
auf Entsendung eines ihrer Sprecher (des Sprechers) zu gemeinsamen Besprechungen der MAV und des Dienstgebers. Voraussetzung ist, dass Angelegenheiten besprochen werden, die überwiegend Jugendliche und Auszubildende
betreffen (Rz 6). Teilnahmeberechtigt ist nur ein Sprecher, auch wenn drei gewählt sind. Es ist Sache des Vorsitzenden der MAV, den Sprecher von der gemeinsamen Besprechung zu verständigen und ihn einzuladen.

V. Sinngemäße Anwendbarkeit der Bestimmungen der §§ 7–20

Für die Wahl der Sprecher der Jugendlichen und der Auszubildenden und ihre 14
Rechte und Pflichten sind sinngemäß die Bestimmungen der §§ 7–20 anwendbar, soweit sie überhaupt anwendbar sind (§ 45 Abs. 2 S. 1). Die Anwendbarkeit der §§ 7 und 8 (aktives und passives Wahlrecht zur Sprecherwahl) ist bereits in § 43 Rz 7 ff. behandelt.

§ 9 (Vorbereitung der Wahl) gilt ebenso wie § 11 bzw. §§ 11 a – 11 c und § 12 15
(Durchführung und Anfechtung der Wahl).

In der Regel unanwendbar ist § 10, weil die Wahl von Sprechern der Jugend- 16
lichen und Auszubildenden eine ordnungsgemäß gewählte, amtierende MAV

§ 46

voraussetzt (§ 43 Rz 2). Im Falle der Voraussetzungen für die Bildung einer Vertretung der Jugendlichen und Auszubildenden kann bei Untätigkeit der MAV der Dienstgeber zur Vorbereitung der Wahl des Sprechers der Jugendlichen und Auszubildenden gemäß § 10 tätig werden (so auch: *Frey/Coutelle/Beyer*, MAVO § 44 Rz 3).

17 Wichtig ist eine sinngemäße Anwendung des § 9 Abs. 6 (doppelt so viele Wahlkandidaten wie zu wählende Sprecher) im Hinblick auf § 11 Abs. 6 (Ersatz für einen ausgeschiedenen Sprecher).

18 § 13 Abs. 1 (Amtszeit der MAV) ist durch § 44 als lex specialis ersetzt. Im Übrigen sind aber die Vorschriften der Absätze 2 S. 1 bis 4 des § 13 sinngemäß anwendbar. Das gilt auch für §§ 13 a bis 13 c.

19 Die Bestimmungen der §§ 13 d und 13 e gelten dem Übergangs- und dem Restmandat der MAV. Solange die MAV noch eines der Mandate ausübt, ist die Zusammenarbeit mit dem Sprecher bzw. den Sprechern der Jugendlichen und Auszubildenden möglich, wenn auch die Voraussetzungen für die Bildung einer Vertretung der Jugendlichen und Auszubildenden erfüllt sind, also die notwendige Anzahl Jugendlicher und Auszubildender überhaupt noch besteht.

20 Im Falle des § 13 d Abs. 4 bleibt auch eine nicht nach der MAVO gebildete Jugend- und Auszubildendenvertretung im Amt, solange die übernommene Arbeitnehmervertretung noch im Amt ist.

21 § 14 ist in seinem Absatz 4 (Sitzungen der Sprecher) und seinen Absätzen 5 bis 7 anwendbar.

22 § 15 ist mit Abs. 1, 2, 4 und 5 auf die Sprecher entsprechend anwendbar. Die §§ 16, 17, 18 (hier insbesondere § 18 Abs. 4), 19 und 20 finden auch auf die Sprecher der Jugendlichen und Auszubildenden Anwendung, also die Regelungen über Schulung Kostenersatz, Schutz der Sprecher, Kündigungsschutz und Schweigepflicht der Sprecher.

§ 46 Mitwirkung der Vertrauensperson der schwerbehinderten Mitarbeiterinnen und Mitarbeiter

(1) Die entsprechend den Vorschriften des Sozialgesetzbuches IX gewählte Vertrauensperson der schwerbehinderten Mitarbeiterinnen und Mitarbeiter nimmt an den Sitzungen der Mitarbeitervertretung teil. Die Vertrauensperson hat, soweit Angelegenheiten der schwerbehinderten Menschen beraten werden,
1. **das Recht, vor und während der Sitzungen der Mitarbeitervertretung Anträge zu stellen. Auf ihren Antrag hat die oder der Vorsitzende der Mitarbeitervertretung eine Sitzung in angemessener Frist einzuberufen und den Gegenstand, dessen Beratung beantragt wird, auf die Tagesordnung zu setzen,**
2. **Stimmrecht,**
3. **das Recht, an Besprechungen bei dem Dienstgeber teilzunehmen.**

(2) Der Dienstgeber hat die Vertrauensperson der schwerbehinderten Mitarbeiterinnen und Mitarbeiter in allen Angelegenheiten, die einen einzelnen oder die schwerbehinderten Menschen als Gruppe berühren, unverzüglich

und umfassend zu unterrichten und vor einer Entscheidung anzuhören; er hat ihr die getroffene Entscheidung unverzüglich mitzuteilen. Ist dies bei einem Beschluss der Mitarbeitervertretung nicht geschehen oder erachtet die Vertrauensperson der schwerbehinderten Mitarbeiterinnen und Mitarbeiter einen Beschluss der Mitarbeitervertretung als eine erhebliche Beeinträchtigung wichtiger Interessen schwerbehinderter Menschen, wird auf ihren Antrag der Beschluss für die Dauer von einer Woche vom Zeitpunkt der Beschlussfassung ausgesetzt. Durch die Aussetzung wird eine Frist nicht verlängert.

(3) Die Vertrauensperson der schwerbehinderten Mitarbeiterinnen und Mitarbeiter hat das Recht, mindestens einmal im Jahr eine Versammlung der schwerbehinderten Mitarbeiter und Mitarbeiterinnen in der Dienststelle durchzuführen. Die für die Mitarbeiterversammlung geltenden Vorschriften der §§ 21, 22 gelten entsprechend.

(4) Die Räume und der Geschäftsbedarf, die der Dienstgeber der Mitarbeitervertretung für deren Sitzungen, Sprechstunden und laufenden Geschäftsbedarf zur Verfügung stellt, stehen für die gleichen Zwecke auch der Vertrauensperson der schwerbehinderten Mitarbeiterinnen und Mitarbeiter zur Verfügung, soweit hierfür nicht eigene Räume und sachliche Mittel zur Verfügung gestellt werden.

(5) Für die Vertrauensperson der schwerbehinderten Mitarbeiterinnen und Mitarbeiter gelten die §§ 15 bis 20 entsprechend.

Inhaltsübersicht

	Rz
I. Zweck der Vorschrift	1–2
II. Die Vertrauensperson der schwerbehinderten Menschen	3–19
1. Wahl	3–9
2. Aufgaben	10–19
III. Regelungen des § 46 im Überblick	20–26
1. Rechtsnatur der §§ 94 bis 99 SGB IX	20
2. Einzelvorschriften des § 46	21–26
IV. Rechtsstellung der Vertrauensperson der schwerbehinderten Menschen	27–28
V. Streitigkeiten	29–30
VI. Der Werkstattrat	31–34

I. Zweck der Vorschrift

Die im Sozialgesetzbuch (SGB) Neuntes Buch (IX) – Rehabilitation und Teilhabe behinderter Menschen – vom 19. 6. 2001 (BGBl. I S. 1046 mit späteren Änderungen) in den §§ 94 bis 97 festgelegte Wahl und die persönlichen Rechte und Pflichten der Vertrauensperson für schwerbehinderte Menschen (§ 2 Abs. 2 SGB IX) finden ihre Übertragung in die MAVO im Rahmen ihrer §§ 46 und 28 a. **Wahl und Amtszeit der Vertrauensperson der schwerbehinderten Menschen** richten sich nach § 94 SGB IX (*ArbG Trier*, 7. 5. 2003 1 BV 35/02, ZMV 2003, 314) ihre Aufgaben nach § 95 SGB IX unter Einschluss der schwerbehinderten beruflichen Rehabilitanden (§ 3 Rz 84). Ihre persönlichen Rechte und Pflichten sind in § 96 SGB IX geregelt; sie werden durch die MAVO ergänzt, um innerhalb der kirchlichen Betriebsverfassung (Art. 8

§ 46

GrO) die Zusammenarbeit mit den Gremien der MAVO zu regeln (vgl. § 26 Abs. 3 Nr. 3 und Nr. 5, § 28 a MAVO).

2 Die Regelung der Rechte der Vertrauensperson durch § 46 MAVO ist deswegen geboten, weil das SGB IX selbst mit seinen betriebsverfassungsrechtlichen Bestimmungen auf kirchliche Einrichtungen im Geltungsbereich der MAVO nur eingeschränkte Möglichkeiten eröffnet und die MAV gar nicht erwähnt (vgl. § 93 SGB IX). Daher ergänzen die in § 46 MAVO enthaltenen Bestimmungen – in Anlehnung an die gleichgelagerten Bestimmungen des staatlichen Rechts (§ 32 BetrVG, § 40 Abs. 1 BPersVG) – auch im Rahmen des kirchlichen Mitarbeitervertretungsrechts die besonderen Aufgaben und die Stellung der Vertrauensperson der schwerbehinderten Menschen in einer Einrichtung bzw. Dienststelle. Die MAV wirkt auf die Wahl der Schwerbehindertenvertretung hin (§ 28 a Abs. 1 S. 2; vgl. § 93 SGB IX).

II. Die Vertrauensperson der schwerbehinderten Menschen

1. Wahl

3 Ausgehend von § 46 Abs. 1 S. 1 MAVO ist in **kirchlichen Einrichtungen**, deren Träger entweder privatrechtlich oder öffentlich-rechtlich verfasst sind (§ 71 SGB IX), eine Vertrauensperson der schwerbehinderten Menschen und wenigstens ein Stellvertreter (= Schwerbehindertenvertretung) zu wählen, wenn dort wenigstens fünf schwerbehinderte Menschen nicht nur vorübergehend beschäftigt sind (§ 94 Abs. 1 S. 1 SGB IX). Mitzuzählen sind den schwerbehinderten Menschen gleichgestellte behinderte Menschen (§ 2 Abs. 3, §§ 68, 69 SGB IX). Es ist kein Kollegialorgan vorgesehen, auch nicht durch die Bestellung von Stellvertretern. Die Wahl, das Wahlrecht und die Amtsführung richten sich nach dem SGB IX und nach der MAVO. Die MAVO knüpft an die Wahl nach SGB IX an, regelt sie aber nicht. Deshalb ist nach staatlichem Recht zu bestimmen, wo örtlich die Wahl der Schwerbehindertenvertretung stattfindet, gegebenenfalls in räumlich nahe liegenden Betrieben bzw. Dienststellen, nicht aber auf der Grundlage von § 1 a MAVO sondern nach den Vorgaben von § 94 Abs. 1 S. 4 SGB IX, wozu gemäß § 94 Abs. 1 S. 5 SGB IX das Benehmen des kirchlichen Rechtsträgers mit dem zuständigen Integrationsamt herzustellen ist (*ArbG Trier*, 7. 5. 2003 – 1 BV 35/02, MV 2003, 314).

4 Zur Wahl der Vertrauensperson der schwerbehinderten Menschen **aktiv wahlberechtigt** sind nach § 94 Abs. 2 SGB IX alle in der Einrichtung oder Dienststelle beschäftigten schwerbehinderten Menschen und die ihnen Gleichgestellten, auch schwerbehinderte Rehabilitanden (*BAG*, 27. 6. 2001 – 7 ABR 50/99). Unmaßgeblich ist die Dauer der Beschäftigung (Befristung) ebenso wie der Zeitpunkt des Eintritts in die Einrichtung. Das Wahlrecht gilt auch dann, wenn der Beschäftigungsumfang unter den Grenzen des § 73 Abs. 3 SGB IX liegt.

5 Wählbar sind alle in der Einrichtung oder Dienststelle nicht nur vorübergehend Beschäftigten, die am Wahltage das 18. Lebensjahr vollendet haben und der Dienststelle bzw. Einrichtung seit sechs Monaten angehören. Zu den wählbaren Mitarbeitern, die nicht schwerbehindert sein müssen, gehören auch Mitglieder der MAV sowie der Sprecher der Jugendlichen und Auszubildenden, die die Wählbarkeitsvoraussetzungen erfüllen (§ 94 Abs. 3 S. 1 SGB IX).

§ 46

Nicht wählbar ist in Analogie zu § 94 Abs. 3 S. 2 SGB IX, wer Mitarbeiter in 6
leitender Stellung im Sinne des § 3 Abs. 2 Nrn. 3 und 4 MAVO ist, also gemäß
dieser Vorschrift nicht der MAV angehören kann.
Die Wahl erfolgt geheim und unmittelbar nach den Grundsätzen der **Mehr-** 7
heitswahl (§ 94 Abs. 6 SGB IX). Sie findet regelmäßig alle vier Jahre in der
Zeit vom 1. Oktober bis 30. November statt (§ 94 Abs. 5 SGB IX). Die Vorschriften über das Wahlverfahren, den Wahlschutz und die Wahlanfechtung
sowie die Wahlkosten nach der MAVO finden entsprechende Anwendung.
Die **Einleitung der Wahl** obliegt der gewählten Vertrauensperson der schwer- 8
behinderten Menschen während ihrer Amtszeit. Ist in einer kirchlichen Einrichtung bzw. Dienststelle eine Vertrauensperson der schwerbehinderten
Menschen nicht gewählt, obwohl die Voraussetzungen vorliegen, kann das zuständige Integrationsamt zu einer Versammlung schwerbehinderter Menschen zum Zwecke der Wahl eines Wahlvorstandes einladen (§ 94 Abs. 6 S. 4
SGB IX).
Die **Amtszeit** der Vertrauensperson der schwerbehinderten Menschen beträgt 9
vier Jahre (§ 94 Abs. 7 S. 1 SGB IX). Ihr Amt erlischt vorzeitig aus den in § 94
Abs. 7 S. 3 und 5 SGB IX genannten Gründen.

2. Aufgaben und Rechte

Die Aufgaben der Vertrauensperson der schwerbehinderten Menschen sind 10
geregelt
- nach staatlichem Gesetz in § 95 Abs. 1 bis 3 SGB IX und im Zusammenhang
  mit den Mitwirkungsrechten in §§ 81, 83, 84, 95 Abs. 4 und 6 SGB IX,
- nach kirchlichem Recht in §§ 46 und 28 a MAVO.

Die Vertrauensperson der schwerbehinderten Menschen hat darüber zu wa- 11
chen, dass die zugunsten der schwerbehinderten Menschen geltenden Schutzvorschriften beachtet werden (§ 95 Abs. 1 S. 2 Nr. 1 SGB IX), sie kann Maßnahmen zugunsten der schwerbehinderten Menschen bei den zuständigen
Stellen beantragen (§ 95 Abs. 1 S. 2 Nr. 2 SGB IX) und Anregungen und Beschwerden entgegennehmen (§ 95 Abs. 1 S. 2 Nr. 3 SGB IX). Sie ist in allen
Angelegenheiten, die einen einzelnen schwerbehinderten Menschen oder diese als Gruppe betreffen, rechtzeitig und umfassend zu unterrichten und vor
einer Entscheidung des Dienstgebers zu hören (§ 95 Abs. 2 S. 1 SGB IX, § 46
Abs. 2 S. 1 MAVO).
Dazu gehört auch die Unterrichtung und Anhörung der Vertrauensperson der 12
schwerbehinderten Menschen (unbeschadet der Beteiligung der MAV) vor
einer Kündigung eines schwerbehinderten Menschen. Jedoch ist hier die Verletzung der Anhörungspflicht der Vertrauensperson ohne rechtliche Konsequenzen (*BAG*, 28. 7. 1983 – 2 AZR 122/83 AP Nr. 1 zu § 22 SchwbG = EzA
§ 22 SchwbG Nr. 1 = DB 1984, 133). Sie ist also ebenso wie eine Unterrichtung
und Anhörung der Vertrauensperson durchgeführte Einstellung, Versetzung
oder Eingruppierung des schwerbehinderten Menschen nicht unwirksam. Auf
den Kündigungsschutz gemäß §§ 85 ff. SGB IX wird hingewiesen.
Die Vertrauensperson der schwerbehinderten Menschen kann vom schwer- 13
hinderten Menschen hinzugezogen werden, wenn er Einsicht in seine **Perso-**
nalakten nimmt (§ 95 Abs. 3 SGB IX). Die Vertrauensperson hat absolutes
Stillschweigen über den Inhalt der Akten zu bewahren, es sei denn, der

§ 46

schwerbehinderte Mensch hat sie von der Schweigepflicht befreit (§ 95 Abs. 3 S. 2 SGB IX).

14 § 46 Abs. 1 S. 1 MAVO gibt der Vertrauensperson der schwerbehinderten Menschen das Recht, an allen **Sitzungen der MAV** beratend teilzunehmen. Sie kann beantragen, Angelegenheiten einzelner schwerbehinderter Menschen oder der Gruppe auf die Tagesordnung der nächsten Sitzung der MAV zu setzen (§ 95 Abs. 4 S. 1 SGB IX; § 46 Abs. 1 S. 2 Nr. 1 MAVO). Die Berechtigungen beruhen auf der Wahl gemäß SGB IX.

15 Hat die MAV für die Regelung bestimmter Fragen besondere Arbeitsgruppen gebildet, z. B. für die Aufstellung eines Sozialplans und Vorbereitung einer entsprechenden Dienstvereinbarung (§ 37 Abs. 1 Nr. 11), so besteht ein Teilnahmerecht der Vertrauensperson der schwerbehinderten Menschen (*BAG*, 21. 4. 1993 – 7 ABR 44/92 AP Nr. 4 zu § 25 SchwbG 1986 = DB 1993, 2388).

16 Erachtet die Vertrauensperson der schwerbehinderten Menschen einen Beschluss der MAV als eine erhebliche Beeinträchtigung wichtiger Interessen der schwerbehinderten Menschen oder ist sie bei der Beschlussfassung nicht unterrichtet und angehört worden, ist auf ihren Antrag der Beschluss auf die Dauer von einer Woche vom Zeitpunkt der Beschlussfassung auszusetzen (§ 46 Abs. 2 S. 2; vgl. § 95 Abs. 4 S. 2 SGB IX). Dazu kann die Vertrauensperson der schwerbehinderten Menschen einen Antrag auf Einberufung einer gesonderten Sitzung der MAV stellen, dem der Vorsitzende der MAV in angemessener Frist zu entsprechen hat. Er muss den beantragten Gegenstand auf die Tagesordnung dieser Sondersitzung setzen (§ 46 Abs. 1 S. 2 Nr. 1), bei der die Vertrauensperson Stimmrecht hat (§ 46 Abs. 1 S. 2 Nr. 2).

17 Die Vertrauensperson der schwerbehinderten Menschen ist zu den Besprechungen zwischen der MAV und dem Dienstgeber hinzuzuziehen (§ 95 Abs. 5 SGB IX; § 46 Abs. 1 S. 2 Nr. 3 MAVO).

18 Mindestens einmal im Kalenderjahr findet eine **Versammlung der schwerbehinderten Menschen** und der ihnen gleichgestellten behinderten Menschen in der Einrichtung bzw. Dienststelle statt, für die die Vorschriften über die Mitarbeiterversammlung (§§ 21 f. MAVO) entsprechende Anwendung finden (§ 46 Abs. 3).

19 Die persönliche Rechtsstellung der Vertrauensperson der schwerbehinderten Menschen hat der eines Mitgliedes der MAV zu entsprechen (§ 96 SGB IX). Die sachlichen Kosten für die Tätigkeit der Vertrauensperson der schwerbehinderten Menschen trägt der Dienstgeber (§ 96 Abs. 9 SGB IX; § 46 Abs. 4 MAVO).

III. Regelungen des § 46 im Überblick

1. Rechtsnatur der §§ 94 bis 99 SGB IX

20 Die Bestimmungen der **§§ 94 bis 99 SGB IX sind zwingende arbeitsrechtliche Vorschriften,** die von der kirchlichen Mitarbeitervertretungsordnung nicht verdrängt werden. Sie haben nach der Installierung einer Mitarbeitervertretung nach der MAVO Vorrang vor kirchengesetzlichen Regelungen, die den Bestimmungen der §§ 94 bis 99 SGB IX entgegenstehen. Etwaige im Vergleich zu §§ 94 bis 99 SGB IX geltende günstigere Regelungen in § 46 MAVO gelten

in kirchlichen Einrichtungen bzw. Dienststellen, die unter den Geltungsbereich der MAVO fallen.

2. Einzelvorschriften des § 46

Die Vertrauensperson der schwerbehinderten Menschen nimmt an allen **Sitzungen der MAV** beratend teil (§ 46 Abs. 1 S. 1). 21

Sie hat das Recht, soweit Angelegenheiten der schwerbehinderten Menschen beraten werden, vor und während der Sitzungen, **Anträge** zu stellen (§ 46 Abs. 1 S. 2 Nr. 1). Der Vorsitzende der MAV muss auf einen entsprechenden Antrag der Vertrauensperson in angemessener Frist eine MAV-Sitzung einberufen und den beantragten Gegenstand auf die Tagesordnung setzen (§ 46 Abs. 1 S. 2 Nr. 1). 22

Die Vertrauensperson der schwerbehinderten Menschen hat bei Angelegenheiten der schwerbehinderten Menschen, welche die MAV berät und beschließt, ein eigenes **Stimmrecht**. Sie nimmt also bei Beschlussfähigkeit der MAV an der Stimmabgabe teil (§ 46 Abs. 1 S. 2 Nr. 2). 23

Die Vertrauensperson der schwerbehinderten Menschen hat ein Teilnahmerecht an **Besprechungen mit dem Dienstgeber**, in denen Angelegenheiten der schwerbehinderten Menschen beraten werden (§ 46 Abs. 1 S. 2 Nr. 3). 24

Die Vertrauensperson der schwerbehinderten Menschen hat Anspruch, mindestens einmal im Kalenderjahr eine Versammlung der schwerbehinderten Menschen und der ihnen gleichgestellten behinderten Menschen durchzuführen (§ 46 Abs. 3). 25

Klar geregelt ist das Recht der Vertrauensperson der schwerbehinderten Menschen, die Aussetzung von Beschlüssen der MAV nach § 46 Abs. 2 S. 2 zu verlangen. Die Vertrauensperson der schwerbehinderten Menschen kann bei der MAV unter den Voraussetzungen, dass sie in einer Angelegenheit, die einen einzelnen oder die schwerbehinderten Menschen als Gruppe nicht unverzüglich oder nicht umfassend unterrichtet und angehört worden ist, die Aussetzung des gefassten Beschlusses für eine Woche seit der Beschlussfassung verlangen. Danach hat die MAV erneut zu beschließen. Sie kann ihren zunächst gefassten Beschluss bestätigen oder ändern. Im Übrigen gelten die zu § 39 BPersVG, § 35 BetrVG entwickelten Grundsätze. Allerdings wird durch die Aussetzung eines Beschlusses der MAV eine nach MAVO einzuhaltende Frist nicht verlängert (§ 46 Abs. 2 S. 3). 26

IV. Rechtsstellung der Vertrauensperson der schwerbehinderten Menschen

§ 46 Abs. 5 legt fest, dass die Schutzbestimmungen für die Mitglieder der MAV entsprechend auch für die Vertrauensperson der schwerbehinderten Menschen gelten, also die Bestimmungen der §§ 15 bis 20 MAVO. Zu diesem Problem: *BAG*, 14. 8. 1986 – 6 AZR 622/85 = EzA § 23 SchwbG Nr. 4 = DB 1986, 2682). 27

Das bedeutet im Wesentlichen: 28
– Das Amt einer Vertrauensperson der schwerbehinderten Menschen ist ein Ehrenamt (§ 15 Abs. 1 MAVO; vgl. § 96 Abs. 1 SGB IX);
– wer in dieses Amt gewählt worden ist, darf weder behindert, benachteiligt noch begünstigt werden; dies gilt auch für die berufliche (§ 18 Abs. 1) und

§ 46

die vergütungsmäßige (§ 18 Abs. 1 a) Entwicklung der Vertrauensperson (vgl. § 96 Abs. 2 SGB IX);
- die Vertrauensperson genießt Schutz vor der ordentlichen Kündigung (§ 19 MAVO; vgl. § 96 Abs. 3 SGB IX), vor Versetzung und Abordnung (§ 18 Abs. 2 MAVO);
- die Regeln über die Arbeitsbefreiung zur Wahrnehmung der Aufgaben als Vertrauensperson und zur Teilnahme an Schulungen gelten auch für sie (§ 15 Abs. 2 MAVO; vgl. § 96 Abs. 4 SGB IX; § 16 Abs. 1 MAVO);
- für die Zeiten der Tätigkeit der Vertrauensperson in Angelegenheiten ihres Amtes außerhalb der persönlichen Arbeitszeit hat sie einen Anspruch auf bezahlten Freizeitausgleich (§ 96 Abs. 6 SGB IX, § 15 Abs. 4 MAVO);
- die Vertrauensperson unterliegt der Schweigepflicht (§ 20 MAVO, § 96 Abs. 7 SGB IX);
- der Dienstgeber muss die notwendigen Kosten für die Tätigkeit der Vertrauensperson der schwerbehinderten Menschen tragen (§ 96 Abs. 8 und 9 SGB IX), wozu auch die Kosten für eine Schulung (§ 17 Abs. 1 S. 2 erster Spiegelstrich) gehören (§ 46 Abs. 5 i. V. m. § 16 Abs. 1).

V. Streitigkeiten

29 Streitigkeiten auf dem Gebiete der MAVO zwischen Dienstgeber und Vertrauensperson der schwerbehinderten Menschen, aber auch mit der MAV werden auf Antrag von der Schlichtungsstelle entschieden (§ 41 Abs. 2 S. 2 Nr. 1).
30 Weil die Vertrauenspersonen der schwerbehinderten Menschen aber gemäß §§ 94, 95 SGB IX gewählt sind und Aufgaben wahrnehmen, ist bei Streitigkeiten auf dem Gebiete des SGB IX das staatliche Arbeitsgericht im Beschlussverfahren zuständig (§ 2 a Abs. 1 Nr. 3 a ArbGG). Dasselbe gilt bei Rechtsstreitigkeiten über persönliche Rechte und Pflichten der Vertrauensperson der schwerbehinderten Menschen nach § 96 SGB IX, wobei das Beschlussverfahren gilt (*OVG Nordrhein-Westfalen*, 6. 8. 2002 – 1 E 141/02.PVL, ZTR 2003, 103).

VI. Der Werkstattrat

31 Gemäß § 139 SGB IX ist in Werkstätten für behinderte Menschen ein Werkstattrat zu wählen. Es geht um Menschen im Arbeitsbereich anerkannter Werkstätten, die nicht Arbeitnehmer sind, aber zu den Werkstätten in einem arbeitnehmerähnlichen Rechtsverhältnis stehen. Auf der Grundlage von § 144 Abs. 2 SGB IX hat das Bundesministerium für Arbeit und Sozialordnung durch Rechtsverordnung die Einrichtung, Zusammensetzung und Aufgaben des Werkstattrats durch die Werkstätten-Mitwirkungsverordnung vom 25. 6. 2001 bestimmt. Diese Verordnung findet auch Anwendung auf Religionsgemeinschaften und ihre Einrichtungen (vgl. dazu: *Thiel*, ZMV 2001, 219). Das gilt dann nicht, soweit sie eigene gleichwertige Regelungen getroffen haben (§ 144 Abs. 2 S. 2 SGB IX und § 1 Abs. 2 Werkstätten-Mitwirkungsverordnung). Solange keine eigenen gleichwertigen kirchlichen Regelungen erlassen sind, sind in den betroffenen Einrichtungen – in der Regel von Trägern, die

dem Deutschen Caritasverband angeschlossen sind – Werkstatträte gemäß § 139 SGB IX zu bilden.
Die Vollversammlung des Verbandes der Diözesen Deutschlands hat auf ihrer Sitzung am 23. Juni 2003 die In-Kraft-Setzung der **Caritas-Werkstätten-Mitwirkungsordnung** empfohlen. Infolgedessen haben inzwischen die meisten Diözesanbischöfe die Ordnung (CWMO) als partikulares Kirchengesetz in Kraft gesetzt und in ihren diözesanen Amtsblättern veröffentlicht (vgl. Amtsblatt der Erzdiözese Freiburg 2003 Nr. 139 S. 131; Kirchlicher Anzeiger für die Diözese Aachen 2003 Nr. 144 S. 206; Amtsblatt für die Diözese Augsburg 2003 S. 394; Amtsblatt für das Erzbistum Bamberg 2003 S. 425; Amtsblatt des Erzbistums Berlin 2003 Nr. 185 S. 136; Amtsblatt für das Bistum Dresden-Meißen 2003 Nr. 94 S. 165; Amtsblatt für das Bistum Erfurt 2003 Nr. 84 S. 30; Kirchl. Amtsblatt für das Bistum Essen 2003 Nr. 94 S. 87; Amtsblatt des Bistums Görlitz 2003 Nr. 96; Kirchl. Amtsblatt Erzbistum Hamburg 2003 Art. 128 S. 140; Kirchl. Anzeiger für das Bistum Hildesheim 2003 S. 196; Amtsblatt des Erzbistums Köln 2003 Nr. 196 S. 209; Kirchliches Amtsblatt Münster 2003 Art. 155 S. 139; Amtsblatt für die Diözese Osnabrück 2003 Art. 235 S. 266; Kirchliches Amtsblatt Mainz 2003 Nr. 87 S. 92 ff.; Kirchliches Amtsblatt für die Erzdiözese Paderborn 2003 Nr. 171 S. 139; Amtsblatt für die Diözese Regensburg 2003 S. 111; Oberhirtliches Verordnungsblatt für das Bistum Speyer 2003 Nr. 172 S. 406; Kirchliches Amtsblatt für das Bistum Trier Nr. 168 S. 212). Die In-Kraft-Setzung ist ab 1. August 2001 erfolgt, in Würzburg ab 1. 8. 2003.
Der Werkstattrat repräsentiert die in der Werkstatt tätigen behinderten Menschen. Gemäß § 7 CWMO arbeiten die Werkstatt, ihre Mitarbeitervertretung, sonstige Gremien und der Werkstattrat im Interesse der Beschäftigten vertrauensvoll zusammen; Werkstattrat und Werkstatt treten regelmäßig, mindestens vierteljährlich zu einer Besprechung zusammen. Sie haben über strittige Fragen mit dem ernsten Willen zur Einigung zu verhandeln und Vorschläge für die Beilegung von Meinungsverschiedenheiten zu machen. Die Werkstatt hat dem Werkstattrat auf dessen Wunsch aus dem Fachpersonal eine Person seines Vertrauens zur Verfügung zu stellen, die ihn bei seiner Tätigkeit unterstützt. Der Werkstattrat hat ein Vorschlagsrecht. Die Vertrauensperson nimmt ihre Aufgaben unabhängig von Weisungen der Werkstatt wahr (§ 39 Abs. 3 CWMO).
Im Falle von **Streitigkeiten** zwischen dem Werkstattrat und der Werkstatt (§§ 5–8 CWMO) kann jede Seite die Vermittlungsstelle anrufen (§ 9 Abs. 1 CWMO). Darüber hinaus kann das Schlichtungsverfahren gemäß MAVO in Gang gesetzt werden (§ 40 CWMO).

§ 46 a Rechte des Vertrauensmannes der Zivildienstleistenden

(1) Der Vertrauensmann der Zivildienstleistenden kann an den Sitzungen der Mitarbeitervertretung beratend teilnehmen, wenn Angelegenheiten behandelt werden, die auch die Zivildienstleistenden betreffen.

(2) Ist ein Vertrauensmann nicht gewählt, so können sich die Zivildienstleistenden an die Mitarbeitervertretung wenden. Sie hat auf die Berücksichtigung der Anliegen, falls sie berechtigt erscheinen, beim Dienstgeber hinzuwirken.

§ 46 a

Inhaltsübersicht

	Rz
I. Zweck der Vorschrift	1–2
II. Inhalt der Regelung des § 46 a	3–13
1. Wahl eines Vertrauensmannes der Zivildienstleistenden	3–6
2. Aufgaben des gewählten Vertrauensmannes	7–10
3. Verfahren, wenn kein Vertrauensmann gewählt ist	11–13

I. Zweck der Vorschrift

1 Vor allem in caritativen kirchlichen Einrichtungen arbeiten zahlreiche Zivildienstleistende. Diese Zivildienstleistenden werden zwar keine Mitarbeiter im Sinne des § 3 MAVO. Sie können aber durch die Einordnung in eine anerkannte Beschäftigungsstelle (§§ 3, 4 Zivildienstgesetz) ihre Zivildienstpflicht ableisten. Sie sind dann nach § 30 ZDG verpflichtet, den dienstlichen Anordnungen des Einrichtungsleiters, der mit den Aufgaben der Leitung und Aufsicht über den Zivildienstleistenden beauftragt worden ist, Folge zu leisten. Sie müssen nach § 32 ZDG die Arbeitszeit an dem ihnen zugewiesenen Arbeitsplatz wie die vergleichbaren, in einem Arbeitsverhältnis befindlichen Mitarbeiter einhalten und die dort vorgesehenen Dienste nach ihrer Zuweisung bis zur Beendigung des Zivildienstes in der Beschäftigungsstelle leisten (§ 43 Abs. 1 Nr. 1 ZDG).
Sie werden daher von den Maßnahmen der Einrichtung (Arbeitszeitregelungen, Pausenregelungen, Arbeitssicherheit, Gesundheitsschutz) ebenso wie angestellte Mitarbeiter betroffen.

2 Daher hat der kirchliche Gesetzgeber das »**Gesetz über den Vertrauensmann der Zivildienstleistenden**« vom 16. 1. 1991 (BGBL. I S. 47) mit den späteren Fassungen in die Regelung des § 46 a umgesetzt.

II. Inhalt der Regelung des § 46 a

1. Wahl eines Vertrauensmannes der Zivildienstleistenden (§ 46 a Abs. 1)

3 Nach § 2 des Zivildienstvertrauensmanngesetzes wählen die Dienstleistenden in geheimer und unmittelbarer Wahl unabhängig von der Existenz einer MAV
– in Dienststellen mit 5 bis zu 20 Dienstleistenden
  je einen Vertrauensmann und je einen Stellvertreter,
– in Dienststellen mit 21 und mehr Dienstleistenden
  je einen Vertrauensmann und zwei Stellvertreter.

4 Wahlberechtigt dazu sind alle Dienstleistenden, die dem Wahlbereich angehören, für den der Vertrauensmann zu wählen ist (§ 2 Abs. 3).
Wählbar (§ 2 Abs. 4) ist jeder Wahlberechtigte mit Ausnahme
– der Dienstleistenden, die infolge Richterspruches die Fähigkeit, Rechte aus öffentlichen Wahlen zu erlangen, nicht besitzen und
– der Dienstleistende, der innerhalb der letzten zwölf Monate vor dem Tage der Stimmabgabe durch das Verwaltungsgericht als Vertrauensmann abberufen worden ist.

5 Die Wahl wird nach den Grundsätzen durchgeführt, die für die Wahl eines Vertrauensmannes von Mannschaften in militärischen Einheiten gelten (§ 2 Abs. 5).

§ 46 a

Die Wahl ist **nicht Sache des Trägers** der kirchlichen Einrichtung oder des **Lei-** 6
ters der kirchlichen Einrichtung.

2. Aufgaben des gewählten Vertrauensmannes (§ 46 a Abs. 1)

§ 3 des Zivildienstvertrauensmanngesetzes vom 16. 1. 1991 bestimmt nun, dass 7
der gewählte Vertrauensmann an den Sitzungen des Betriebs- oder Personalrates der Dienststelle beratend teilnehmen darf, wenn Angelegenheiten behandelt werden, die auch Dienstleistende betreffen.
Diese gesetzliche Regelung übernimmt nun § 46 a Abs. 1 wörtlich. 8
Es besteht daher das Recht des gewählten Vertrauensmannes der Zivildienst- 9
leistenden, an den Sitzungen der MAV teilzunehmen, wenn Angelegenheiten behandelt werden, die auch Zivildienstleistende betreffen können. Das kann z. B. bei der Festlegung der Dauer der täglichen Arbeitszeit und der Pausen (§ 36 Abs. 1 Nr. 1) der Fall sein.
Der MAV-Vorsitzende ist demnach verpflichtet, in Fällen dieser Art auch den 10
Vertrauensmann der Zivildienstleistenden unter Mitteilung der Tagesordnung zur Sitzung einzuladen. Auf dieser Sitzung hat der Vertrauensmann kein Stimmrecht. Er kann sich nur an den Beratungen über den Zivildienstleistende betreffenden Tagesordnungspunkt beteiligen. Er hat keinen Anspruch, an der ganzen MAV-Sitzung teilzunehmen. Der **Zivildienstbeauftragte** hat **kein eigenes Amt**, kraft dessen er eine besondere rechtliche Stellung dem Einrichtungsleiter gegenüber einnimmt. Er bleibt ihm gegenüber weisungsgebunden. Er handelt als Vertreter des Leiters der Einrichtung. Daher können ihm die Aufgaben eines Zivildienstbeauftragten nach billigem Ermessen **entzogen werden** (§ 315 BGB), soweit der Arbeitsvertrag hierüber keine Bestimmungen enthält (*BAG*, 5 AZR 30/95 – 12. 9. 1996, DB 1997, 484).

3. Verfahren, wenn kein Vertrauensmann der Zivildienstleistenden gewählt ist (§ 46 a Abs. 2)

§ 46 a Abs. 2 stimmt in seinem Inhalt mit den Vorschriften des § 3 Abs. 2 des 11
Zivildienstvertrauensmanngesetzes überein.
Ist kein Vertrauensmann gewählt worden, so kann sich **jeder Zivildienstleis-** 12
tende unmittelbar an die Mitarbeitervertretung wenden.
Hält sie das von ihm vorgetragene Anliegen für berechtigt, hat sie auf eine 13
Berücksichtigung und Behebung des Anliegens beim Dienstgeber **hinzuwirken**. Möglichkeiten zur Durchsetzung dieses Anliegens hat sie nicht.

§ 47

VIII. Schulen, Hochschulen

§ 47

(1) Die Ordnung gilt auch für die Schulen und Hochschulen im Anwendungsbereich des § 1.[1]

(2) Bei Hochschulen finden die für die Einstellung und Anstellung sowie die Eingruppierung geltenden Vorschriften keine Anwendung, soweit es sich um hauptberuflich Lehrende handelt, die in einem förmlichen Berufungsverfahren berufen werden.

(3) Lehrbeauftragte an Hochschulen sind keine Mitarbeiterinnen oder Mitarbeiter im Sinne dieser Ordnung.

Inhaltsübersicht

	Rz
I. Zweck der Vorschrift	1
II. Eingeschränkte Geltung der MAVO	2–4
1. Hauptberuflich Lehrende an Hochschulen (Abs. 2)	2–3
2. Ausnahme der Lehrbeauftragten aus dem Kreis der Mitarbeiter (Abs. 3)	4
III. Landesbedienstete	5
IV. Besondere Rechtsträger	6–7

I. Zweck der Vorschrift

1 Die Vorschrift des § 47 Abs. 1 stellt in Übereinstimmung mit § 118 Abs. 2 BetrVG und § 112 BPersVG klar, dass die MAVO auch für
– allgemeinbildende Schulen, wie Grund-, Haupt- und Gesamtschulen sowie die weiterführenden Schulen der Sekundarstufe I und II (Realschulen und Gymnasien)
– Fachschulen,
– Fachhochschulen,
– wissenschaftlichen Hochschulen
Geltung beansprucht, die von einem der in § 1 genannten Rechtsträger betrieben werden. Das ist bei Einrichtungen, die der Jurisdiktion des Diözesanbischofs unterliegen, nicht zweifelhaft. Hier hat der Diözesanbischof eine unmittelbare Rechtsetzungsbefugnis. Aber auch Schulen und Hochschulen in Ordensträgerschaft oder in Trägerschaften ähnlicher kirchlicher Träger werden von der jeweiligen diözesanen MAVO erfasst. Dagegen werden unter Berufung auf das Motu proprio »Ecclesiae Sanctae« vom 6. 8. 1966 (29 § 1; 39 § 1) teilweise Bedenken erhoben. Es ist jedoch der Auffassung zuzustimmen, dass der Diözesanbischof auch gegenüber kirchlichen Rechtsträgern, die unter § 1 Abs. 1 Nr. 5 und Abs. 2 fallen, ein Anordnungsrecht hinsichtlich der Einführung und Anwendung der MAVO hat. Die MAVO ist generell gedacht als Rahmenordnung für eine kircheneigene Mitarbeitervertretung in solchen Einrichtungen, die Aufgaben des Apostolats gewidmet sind und dafür eine Mindestzahl von Mitarbeitern beschäftigen, die nicht Ordensleute sind. Mit

---

[1] Für Mitarbeiterinnen und Mitarbeiter an Schulen, die im Dienste eines Bundeslandes stehen, können Sonderregelungen getroffen werden.

§ 47

der MAVO wird ein Doppelzweck verfolgt. Auf der einen Seite strebt sie im Rahmen des der Kirche eingeräumten Selbstbestimmungsrechts (Art. 140 GG i. V. m. Art. 137 Abs. 3 WRV) eine ihr entsprechende Mitarbeitervertretung an, auf der anderen Seite stellt sie sich als ein geeignetes Instrument für die geordnete, von außerkirchlichen Einflüssen freie Durchführung des Apostolats dar (so auch Gutachten Aymans vom 19. 11. 1982 über das Recht des Diözesanbischofs zum Erlass einer MAVO aufgrund der nachkonziliaren Rechtslage – n. v.).

II. Eingeschränkte Geltung der MAVO

1. Hauptberuflich Lehrende an Hochschulen (Abs. 2)

Die Einstellung, Anstellung und Eingruppierung von hauptberuflich Lehrenden an Hochschulen ist nach der Rahmenvorschrift des § 47 Abs. 2 aus den Mitbestimmungs- und Mitwirkungsregelungen herausgenommen, soweit diese personellen Maßnahmen in einem förmlichen Berufungsverfahren, das anderen Grundsätzen als die herkömmliche Art der Einstellung und Anstellung unterliegt, durchgeführt wird. 2

Diese Einschränkung ist auch für die in Berufungsverfahren der hauptberuflich Lehrenden an Fachhochschulen anzunehmen (*Frey/Coutelle/Beyer*, MAVO § 47 Rz 3). Die von solchen Berufungsverfahren betroffenen Mitarbeiter werden von den besonderen Vertretungsgremien der Fachhochschulen und Hochschulen berufen, die eine Interessenvertretung der jeweiligen Einrichtung wahrnehmen, so dass eine zusätzliche Beteiligung einer Mitarbeitervertretung bedeutungslos wäre. 3

2. Ausnahme der Lehrbeauftragten aus dem Kreis der Mitarbeiter (Abs. 3)

Lehrbeauftragte an Fachhochschulen und Hochschulen sind keine Mitarbeiterinnen bzw. Mitarbeiter im Sinne des § 3 Abs. 1 S. 1, weil sie gemäß § 47 Abs. 3 aus dem Mitarbeiterbegriff ausgenommen sind. Soweit diese Personen im kirchlichen Dienst anderweitig beschäftigt sind, bestimmt sich ihre Stellung als Mitarbeiter nach § 3 MAVO. Der Lehrbeauftragte unterscheidet sich vom hauptberuflichen Dozenten durch seine nebenberufliche Tätigkeit, seinen zeitlich und funktional begrenzten Lehrauftrag. Er ist in der Regel nicht voll in den Lehrbetrieb eingegliedert und nimmt seine Aufgaben nach Maßgabe seines Lehrauftrages selbstständig wahr. 4

III. Landesbedienstete

Entsprechend der Anmerkung zu § 47 Abs. 1 gilt: Mitarbeiterinnen und Mitarbeiter an Schulen, die im Dienste eines Bundeslandes stehen und vorübergehend an eine Schule, die von einem der in § 1 genannten Rechtsträger betrieben wird, abgeordnet oder dafür freigestellt sind, behalten ihr Grundverhältnis zu ihrem staatlichen Dienstherrn aufrecht. Das gilt auch im Grundsatz für ihre Berechtigungen nach dem staatlichen Personalvertretungsgesetz des Landes, während die Bestimmungen für die Folgen von Abordnungen und Freistellungen Bedeutung erlangen. Man wird davon auszugehen haben, dass 5

§ 47

bei Zahlung der Vergütung durch den kirchlichen Schulträger der abgeordnete oder freigestellte Lehrer beim kirchlichen Schulträger nach Maßgabe der MAVO Mitarbeiter wird (§ 3 Abs. 1 S. 1).

IV. Besondere Rechtsträger

6 Die **Katholische Universität Eichstätt-Ingolstadt** ist eine durch Dekret der Kongregation für das katholische Bildungswesen vom 1. April 1980 errichtete Universitas Catholica im Sinne der Canones 807 bis 814 des Codex Juris Canonici und gleichzeitig eine vom Freistaat Bayern gewährleistete und anerkannte nicht-staatliche Hochschule im Sinne der Artikel 108 bis 112 des Bayerischen Hochschulgesetzes (§ 2 Grundordnung der Katholischen Universität Eichstätt-Ingolstadt vom 21. September 2001). Träger ist die Stiftung Katholische Universität Eichstätt. Kirchliche Stiftung öffentlichen Rechts (§ 3 der vorgenannten Grundordnung). Infolge der Rechtsform des Trägers wendet die Universität das bayerische Personalvertretungsrecht, nicht aber die MAVO an (Pastoralblatt des Bistums Eichstätt 1999 Nr. 196 S. 253). Dennoch bestehen Einschränkungen im Rahmen des Dekretes zur Anwendung der Grundordnung des kirchlichen Dienstes im Rahmen kirchlicher Arbeitsverhältnisse (GrO) an der Katholischen Universität Eichstätt-Ingolstadt in Folge der Ausführungsbestimmungen zu Art. 17 Abs. 2 der Stiftung Katholische Universität Eichstätt vom 10. 2. 1988 in der Fassung der Bekanntmachung vom 25. 11. 1991. Hinsichtlich Art. 8 GrO gelten auch im Bereich des Personalvertretungsrechts die einschlägigen staatlichen Rechtsvorschriften entsprechend, soweit dies dem kirchlichen Charakter der Katholischen Universität Eichstätt-Ingolstadt nicht widerspricht. Wegen der Eigenart des kirchlichen Dienstes finden insbesondere die die Gewerkschaften betreffenden Bestimmungen keine Anwendung (§ 2 der Ausführungsbestimmungen, Pastoralblatt des Bistums Eichstätt 2001 Nr. 153 S. 251 f.; zur katholischen Universität: *Krämer*, in: AfkKR 1991, 25, 37 ff.).

7 Ist der Träger einer **Fachhochschule** eine **Gesellschaft mit beschränkter Haftung** (GmbH) im Sinne des staatlichen GmbH-Gesetzes, kommt es für die Einordnung der GmbH auf ihre Zuordnung zur Kirche an, selbst wenn die Gesellschafter Diözesen sind. Die durch die Gesellschaft entstehende Rechtsperson im staatlichen Rechtskreis bedarf einer im **Gesellschaftsvertrag** klar geregelten Zuordnung zur verfassten Kirche, der als solcher das staatlich garantierte Selbstbestimmungsrecht zusteht (*BVerfGE* 46, 73). Die GmbH ist kein Gebilde des Kirchenrechts, so dass schon deshalb die Zuordnung zur Kirche sicherzustellen ist, um die Teilhabe am staatlich garantierten Selbstbestimmungsrecht der Kirche auf die GmbH zu erstrecken und damit die Ausnahme vom staatlichen Personal- und Betriebsverfassungsrecht folgen zu lassen (§ 118 Abs. 2 BetrVG, § 112 BPersVG). Maßgeblich ist dabei, dass die materiellen Kriterien, nämlich die Erfüllung einer kirchlichen Grundfunktion im Einklang mit dem Bekenntnis der Kirche und in Verbindung mit den Amtsträgern gewahrt bleiben. Die für die Einrichtung gewählte Rechtsform kann dabei Schranken setzen, weil das verfassungsrechtlich gewährleistete Selbstbestimmungsrecht der Kirche nicht gestattet, eine vom staatlichen Recht verschiedene Kapitalgesellschaft (AG oder GmbH) zu gründen. Wenn der Zweck der GmbH aber den Betrieb einer Einrichtung zum Gegenstand hat, der kirch-

§ 47

liche Aufgaben erfüllen soll, wie sie vom Selbstbestimmungsrecht der Kirche vorgegeben sind (vgl. can. 794 § 1; 800 ff., 807 ff.), ist gerade mit Blick auf die Rechtsform des Trägers dessen Zuordnung zur Kirche zu manifestieren, dass die Einrichtung teilhat »an der Verwirklichung eines Stücks Auftrag der Kirche im Geist katholischer Religiosität, im Einklang mit dem Bekenntnis der katholischen Kirche und in Verbindung mit den Amtsträgern der katholischen Kirche« (*BVerfGE* 46, 73, 87; *VG Trier,* 27. 6. 2002 – 1 K 183/01.TR).

§ 48

IX. Schlussbestimmungen

§ 48

Durch anderweitige Regelungen oder Vereinbarung kann das Mitarbeitervertretungsrecht nicht abweichend von dieser Ordnung geregelt werden.

Inhaltsübersicht

	Rz
I. Zwingende Regelung	1–2
II. § 48 als Verbotsgesetz	3–12
III. Ordenseigene MAVO	13

I. Zwingende Regelung

1 § 48 stellt ausdrücklich heraus, dass die MAVO zwingendes kirchliches Recht ist. Sie kann weder in ihrem formellen Teil (der Wahl der MAV und deren Voraussetzungen) noch in ihren Mitbestimmungs- und Mitwirkungsregelungen geändert werden. Dabei ist es ohne Belang, ob diese Änderungen eine für die MAV günstigere Regelung enthalten. Auch durch eine einzelvertragliche Vereinbarung mit einem Mitarbeiter wie durch eine Dienstvereinbarung oder Regelungsabrede kann das Mitarbeitervertretungsrecht nicht, auch nicht zugunsten eines Mitarbeiters, geändert werden.

2 Der kirchliche Gesetzgeber hat die Befugnis, seine Vorschriften über die Mitbestimmung und Mitwirkung der Mitarbeitervertretung in der in § 48 geschehenen Form für abschließend und nicht mehr erweiterungsfähig zu erklären (ebenso für die Regelung des BayPersVG und des BPersVG; *BAG*, 15. 7. 1986 – 1 AZR 654/84, AP Nr. 1 zu Art. 31 LPVG Bayern = DB 1987, 283).

II. § 48 als »Verbotsgesetz« und die Folgen eines Verstoßes

3 § 48 ist ein so genanntes »Verbotsgesetz«: Alle Handlungen und Maßnahmen, vor allem auch rechtsgeschäftliche Handlungen, die gegen das gesetzliche Verbot des § 48 verstoßen, sind nach § 134 BGB nichtig. § 48 lässt in seinem Wortlaut keine Ausnahmen von diesem Verbot zu.

4 Für das Vorliegen eines Verstoßes gegen § 48 ist es ohne Bedeutung, ob eine Handlung oder ein Rechtsgeschäft unmittelbar verboten ist oder ob deren Inhalte mit dem Gesetz in Widerspruch stehen. Entscheidend ist, ob sich das gesetzliche Verbot gegen den Erfolg der verbotenen Abweichung von der gesetzlichen Regelung wendet. Das aber ist der Inhalt des § 48. Auf die **Kenntnis** des Verbotsgesetzes **kommt es nicht an.**

5 Die Nichtigkeit nach § 134 BGB setzt kein schuldhaftes, also vorwerfbares Verhalten voraus.

6 Es genügt **ein objektiv festgestellter Verstoß gegen die Verbotsnorm zur Nichtigkeit.**

7 Auch eine zur **Umgehung** des Verbotsgesetzes vorgenommene Maßnahme ist ohne Rücksicht auf eine Umgehungsabsicht oder ein Umgehungsbewusstsein nichtig, wenn das Verbot nach dem Willen des Gesetzgebers und nach dem

§ 48

Zweck des Gesetzes gerade die Verwirklichung des damit beabsichtigten Erfolges verhindern wollte.
Diese Auffassung gilt auch für § 48: Der Wille des kirchlichen Gesetzgebers war, **jede Abweichung** von seinen Regeln über die Mitarbeitervertretung durch die Verbotsnorm zu **unterbinden**. 8
Das hat auch zu gelten, wenn eingewandt wird, die beabsichtigte Maßnahme bzw. das beabsichtigte Rechtsgeschäft sei nach den Regeln der MAVO zulässig. Wenn damit ein Erfolg eintrete, der sich als eine Abweichung von Vorschriften der MAVO darstelle, müsse das hingenommen werden. 9
Beispiel: In einer Einrichtung sind 590 Mitarbeiter und Mitarbeiterinnen beschäftigt. Nach § 15 Abs. 3 müssen dafür zwei Mitglieder der MAV jeweils zur Hälfte der regelmäßigen Arbeitszeit eines Vollbeschäftigten von der Arbeit freigestellt werden. Der Dienstgeber teilt nun die bisher als eine einzige Einrichtung konzipierte Dienststelle in zwei Einrichtungen zu je 295 Mitarbeiterinnen und Mitarbeitern auf. Das hat für die zwei neu gebildeten Einrichtungen i. S. von § 1 a Abs. 2 die Folge, dass dann nach § 15 Abs. 3 – da die Zahl von 300 wahlberechtigten Mitarbeitern und Mitarbeiterinnen in keiner der beiden neu gebildeten Einrichtungen mehr erreicht wird – kein Mitglied der MAV mehr freizustellen ist. Der Dienstgeber ist der Ansicht, er habe mit der Aufteilung in zwei Einrichtungen nur getan, wozu er nach § 1 a Abs. 2 rechtlich befugt war. Dass damit unter dem Blickwinkel des § 15 Abs. 3 nachteilige Folgen hinsichtlich der Freistellung von Mitgliedern der MAV eingetreten sind, müsse hingenommen werden. 10
Dieser aus dem Schuldrecht stammende Einwand des »rechtmäßigen Alternativverhaltens« (BGHZ 96, 173; BAG, 23. 8. 1984 – 7 AZR 37/81, AP Nr. 8 zu § 276 BGB Vertragsbruch = DB 1984, 1731 Abschnitt II 2 der Gründe) kann allenfalls im Schadensersatzrecht – und auch hier nicht ohne Bedenken – jedenfalls nicht angewandt werden, wenn damit der Schutzzweck der verletzten Norm (§ 15 Abs. 3) nach dem Willen des Dienstgebers unterlaufen werden soll und objektiv unterlaufen wird (*Schlichtungsstelle Köln*, 14. 1. 1997 – MAVO 17/96, ZMV 1997, 85). 11
Die Verbotsnorm des § 48 enthält daher einen umfassenden Schutz gegen jede beabsichtigte und auch unbeabsichtigte Änderung der Bestimmungen der MAVO. Ein solches striktes Verbot enthält der Wortlaut des § 48, der nicht nur die Unwirksamkeit von »Vereinbarungen« feststellt, sondern diese Nichtigkeit auch auf »anderweitige Regelungen« ausdehnt. 12

III. Ordenseigene MAVO

Durch § 1 Abs. 3 S. 2 letzte Alternative ist geregelt, dass der Diözesanbischof eine Mitarbeitervertretungsordnung eigens für einen Rechtsträger erlassen kann, der mehrdiözesan oder überdiözesan tätig ist (vgl. etwa MAVO für KNA, Amtsblatt des Erzbistums Köln 1992 Nr. 279 S. 344; 1993 Nr. 157 S. 156). Das hat jedoch hier und da einige Orden (Provinzobere) nicht davon abgehalten, für ihren Tätigkeitsbereich (z. B. Schulen) selbst eine MAVO zu erlassen, die nicht mit dem zuständigen Diözesanbischof abgestimmt wurde. Das führte – je nach ordenseigener MAVO – bei Schlichtungsverfahren zur Frage der Zuständigkeit der diözesanen Schlichtungsstelle i. S. von § 40. Die MAVO berücksichtigt im Kontext mit der Grundordnung des kirchlichen Dienstes im 13

§ 49

Rahmen kirchlicher Arbeitsverhältnisse (GrO) die Tatsache, dass die Kirche ihren Sendungsauftrag weitgehend mit Arbeitnehmern im Sinne des staatlichen Arbeitsrechts erfüllt, nicht etwa nur mit satzungsmäßigen Mitgliedern von Ordensgemeinschaften oder Klerikern im besonderen Inkardinationsverhältnis. Um aber in Einrichtungen mit dort beschäftigten Arbeitnehmern im Sinne des staatlichen Rechts die Mitglieder von Ordensgemeinschaften in derselben Einrichtung nicht aus dem Mitarbeiterbegriff und der Dienstgemeinschaft begrifflich zu verdrängen, sieht die MAVO in § 3 Abs. 1 S. 1 vor, dass nicht allein ein Arbeitsverhältnis zum Begriff des Mitarbeiters führt sondern auch andere anders geartete Beschäftigungsverhältnisse (Art. 1 GrO und § 3 Abs. 1 S. 1 MAVO). Das hat Bedeutung für jene Orden, die entsprechend Auftrag Werke des Apostolats betreiben und dazu auch Personen beschäftigen, die nicht satzungsmäßige Mitglieder des Ordens sind (*Haering, Bischof*, Ordensschulen und Arbeitsrecht, S. 363, 366), also vom Selbstordnungsrecht der Orden nicht unmittelbar berührt werden.

§ 49

(1) Vorstehende Ordnung gilt ab ......

(2) Beim Inkrafttreten bestehende Mitarbeitervertretungen bleiben für die Dauer ihrer Amtszeit bestehen. Sie führen ihre Tätigkeit weiter nach Maßgabe der Bestimmungen in den Abschnitten III, IV, V und VI.

I. Zu Absatz 1

1 Aus der Vorschrift des § 49 Abs. 1, die naturgemäß unvollständig ist, geht hervor, dass die Rahmenordnung zur MAVO selbst kein Gesetz ist sondern die Musterordnung, nach der die Beschluss fassenden Diözesanbischöfe in der Vollversammlung des Verbandes der Diözesen Deutschlands sich darauf verständigt haben, jeweils für ihren Jurisdiktionsbereich ein entsprechendes partikulares Kirchengesetz zu erlassen. Das jeweilige diözesane Gesetz legt das In-Kraft-Treten der diözesanen MAVO fest.

II. Zu Absatz 2

2 § 49 Abs. 2 bestimmt für **bestehende MAV**, dass sie für die Dauer der Amtszeit, für die sie nach der aufgehobenen MAVO gewählt wurden, im Amt bleiben. Erst mit dem Ablauf ihrer Amtszeit wird eine neue MAV nach den neuen Regeln der MAVO gewählt. Diese Ausführungen über den Fortbestand der MAV gelten in entsprechender Weise auch für im Zeitpunkt des Inkrafttretens der neuen MAVO ordnungsgemäß gewählte Sprecher der Jugendlichen und Auszubildenden nach § 43. Die Rechte und Pflichten der beim In-Kraft-Treten der neuen Fassung bestehenden MAV und Sprecher der Jugendlichen und Auszubildenden richten sich ab diesem Zeitpunkt bereits nach den Abschnitten III, IV, V und VI der neuen Fassung. Das bedeutet, dass vor allem die Mitwir-

§ 49

kung und Mitbestimmung der MAV und die Rechte der Sprecher der Jugendlichen und Auszubildenden ab In-Kraft-Treten der neuen Fassung sich danach zu richten haben. Dasselbe gilt entsprechend für die Schwerbehindertenvertretung.
Ob und inwieweit diözesane Schlichtungsverfahrensordnungen bestehen oder geändert werden (vgl. § 42 Abs. 1 S. 3), ist dem diözesanen Recht zu entnehmen (vgl. Seite 872 in diesem Kommentar). 3

SchliVerfO Köln

Ordnung für das Schlichtungsverfahren (SchliVerfO) nach der Mitarbeitervertretungsordnung für den Bereich der Erzdiözese Köln – MAVO – vom 7. 11. 1996
(Amtsblatt des Erzbistums Köln 1996, Nr. 275, S. 349 ff.)[1]

Für die nach § 40 Abs. 1 der Mitarbeitervertretungsordnung (MAVO) zu errichtende Schlichtungsstelle wird gemäß § 42 Abs. 1 Satz 4 MAVO folgende Ordnung erlassen:

§ 1

Die Schlichtungsstelle führt die Bezeichnung »Schlichtungsstelle für Angelegenheiten der Mitarbeitervertretungen im Erzbistum Köln«.
Sie hat Sitz und Geschäftsstelle in 50668 Köln, Marzellenstraße 32.

§ 2

(1) Die Mitglieder der Schlichtungsstelle sind unabhängig und nur an das Recht und ihr Gewissen gebunden.
(2) Sie unterliegen der Schweigepflicht.
(3) Der Vorsitzende belehrt die Mitglieder der Schlichtungsstelle vor Beginn ihrer ersten Amtsleistung über ihre Verpflichtungen nach Absatz 1 und 2.

§ 3

(unbesetzt)

§ 4

(1) Die Kosten für die Einrichtung und die laufenden Kosten der Schlichtungsstelle werden vom Erzbischöflichen Generalvikariat getragen.
(2) Der Vorsitzende und die weiteren Mitglieder der Schlichtungsstelle werden ehrenamtlich tätig. Dem Vorsitzenden kann eine Aufwandsentschädigung gewährt werden.
(3) Reisekosten werden gemäß der Verordnung über Reisekosten – Anlage 15 zur KAVO – erstattet.

§ 5

(1) Ein Mitglied kann jederzeit sein Amt niederlegen.
(2) Das Amt eines Mitgliedes endet,
   1. wenn das Fehlen oder der Wegfall einer Voraussetzung für seine Berufung bekannt wird,
   2. wenn Gründe vorliegen, die zur Kündigung eines Arbeitsverhältnisses im Anwendungsbereich nach § 1 und § 1 a MAYO aus einem wichtigen Grund berechtigen,
   3. bei Verlust der Geschäftsfähigkeit.

---

1 vgl. gleichlautend auch Diözesen Aachen, Essen, Münster, Paderborn

(3) Hinsichtlich des Ausschlusses oder der Ablehnung von Mitgliedern der Schlichtungsstelle gelten die §§ 41 bis 48 ZPO entsprechend.
(4) Über die Beendigung nach Absatz 2 und den Ausschluss sowie die Ablehnung nach Absatz 3 befindet die Schlichtungsstelle unter Ausschluss des Betroffenen nach dessen Anhörung. Ist der Vorsitzende der Schlichtungsstelle oder sein Stellvertreter Betroffener, so befindet die Schlichtungsstelle unter Vorsitz des jeweils nicht betroffenen Vorsitzenden.

§ 6

(1) Die Schlichtungsstelle wird auf Antrag tätig. Er ist schriftlich an den Vorsitzenden der Schlichtungsstelle zu richten. Die Antragstellung hat unverzüglich, jedoch im Falle des § 41 Abs. 1 Nr. 5 MAVO bei einem Verstoß des Dienstgebers gegen die §§ 33 Abs. 1, 2 oder 3, 34 Abs. 1 oder 3, 35 Abs. 1 oder 36 MAVO und im Falle des § 41 Abs. 1 Nr. 6 MAVO innerhalb eines Monats zu erfolgen, nachdem der Antragsteller die seine Beschwer bildenden Tatsachen erfahren hat.
(2) Der Antrag muss den Antragsteller, den Antragsgegner, die sonstigen Beteiligten und den Streitgegenstand bezeichnen und soll ein bestimmtes Begehren enthalten. Zur Begründung dienende Tatsachen und Beweismittel sollen angegeben werden. Entspricht der Antrag diesen Anforderungen nicht, so hat der Vorsitzende den Antragsteller zu der erforderlichen Ergänzung innerhalb einer von ihm zu bestimmenden Frist aufzufordern. Sachdienliche Ergänzungen und Änderungen, auch des Antragsgegners, können nur bis zur Entscheidung vorgebracht werden.

§ 7

(1) Der Antragsteller kann seinen Antrag jederzeit zurücknehmen. Die Antragsrücknahme erfolgt durch schriftliche Erklärung gegenüber dem Vorsitzenden der Schlichtungsstelle.
(2) Eine Änderung des Antrags durch den Antragsteller ist zulässig, wenn der Antragsgegner einwilligt oder die Schlichtungsstelle die Änderung für sachdienlich hält.

§ 8

Erweist sich ein Antrag als unzulässig oder als offensichtlich unbegründet, so kann die Schlichtungsstelle den Antrag ohne mündliche Verhandlung, auch wenn diese beantragt ist, durch einen mit Gründen versehenen Beschluss abweisen.

§ 9

Der Vorsitzende der Schlichtungsstelle kann aus wichtigem Grunde in Eilfällen sachdienliche einstweilige Anordnungen treffen. Die einstweilige Anordnung ergeht durch Beschluss ohne mündliche Verhandlung.

SchliVerfO Köln

§ 10

Der Vorsitzende verfügt die Zustellung des Antrags an den Antragsgegner. Zugleich mit der Zustellung ist der Antragsgegner aufzufordern, sich schriftlich zu äußern. Hierfür kann eine Frist gesetzt werden.

§ 11

Der Vorsitzende hat bereits vor der mündlichen Verhandlung alle Anordnungen zu treffen, die notwendig sind, um das Schlichtungsverfahren möglichst in einer Verhandlung zu erledigen. Er kann zu diesem Zweck insbesondere einen Termin zur Erörterung des Sach- und Streitstandes mit den Beteiligten anberaumen und in dem Termin versuchen, eine Einigung unter den Beteiligten herbeizuführen.

§ 12

(1) Der Vorsitzende bestimmt den Termin zur mündlichen Verhandlung und lädt Antragsteller, Antragsgegner und sonstige Beteiligte mit einer Frist von zwei Wochen. Die Frist kann im Eilfalle auf eine Woche verkürzt werden.
(2) In der Ladung ist darauf hinzuweisen, dass beim Ausbleiben eines Beteiligten auch ohne ihn verhandelt und entschieden werden kann.

§ 13[1]

Vor der Schlichtungsstelle sind Rechtsanwälte oder Beistände nur zugelassen, wenn die Wahrung der Rechte des Antragstellers, des Antragsgegners oder eines sonstigen Beteiligten dieses notwendig erscheinen lassen. Über die Zulassung entscheidet der Vorsitzende.

§ 14

(1) Der Vorsitzende leitet die Verhandlung. Er oder ein von ihm beauftragtes Mitglied der Schlichtungsstelle trägt den wesentlichen Inhalt der Akten vor.
(2) Der Vorsitzende hat darauf hinzuweisen, dass unklare Anträge erläutert, sachdienliche Anträge gestellt, ungenügende tatsächliche Angaben ergänzt, ferner alle für die Feststellung und Beurteilung des Sachverhaltes wesentlichen Erklärungen abgegeben werden.
(3) Die Streitsache ist in tatsächlicher und rechtlicher Hinsicht zu erörtern.

§ 15

(1) Soweit es für die Entscheidung erforderlich ist, nimmt die Schlichtungsstelle Augenschein, hört Zeugen, Sachverständige und sonstige durch den Streitgegenstand Betroffene und sieht vorgelegte Urkunden ein. Die Beweisaufnahme hat in der mündlichen Verhandlung zu erfolgen. Ausnahmsweise können Beweisaufnahmen auf Anordnung des Vorsitzenden durch ihn vor

---

1 Auf § 17 Abs. 1 S. 2, dritter Spiegelstrich und § 41 Abs. 2 a MAVO wird hingewiesen.

der mündlichen Verhandlung durchgeführt werden. Die Beteiligten sind von dem dazu anberaumten Termin zu benachrichtigen und können der Beweisaufnahme beiwohnen.
(2) Antragsteller, Antragsgegner und sonstige Beteiligte können die der Schlichtungsstelle vorgelegten Urkunden einsehen.

§ 16

Der Einigungsvorschlag gemäß § 41 Abs. 4 S. 1 MAVO wird entweder innerhalb der mündlichen Verhandlung unterbreitet oder schriftlich mit einer Äußerungsfrist von zwei Wochen.

§ 17

Über die mündliche Verhandlung einschließlich der Maßnahmen gemäß § 15 ist ein Protokoll zu führen, das den Gang der Verhandlung wiedergibt.

§ 18

Die Schlichtungsstelle entscheidet über die von den Beteiligten gestellten Anträge. Sie darf über das Antragsbegehren nicht hinausgehen. Stimmenthaltung ist nicht zulässig.

§ 19

(1) Die Entscheidungsformel kann den Beteiligten bei mündlicher Verhandlung unmittelbar eröffnet werden.
(2) Ist die sofortige Verkündung nicht möglich, ist die Entscheidungsformel innerhalb von vier Wochen nach Schluss der mündlichen Verhandlung den Beteiligten zuzustellen.

§ 20

(1) Die Entscheidung ist schriftlich abzufassen und von dem Vorsitzenden und mindestens von zwei Mitgliedern, die daran mitgewirkt haben, zu unterschreiben und soll innerhalb eines Monats den Beteiligten zugestellt werden.
(2) Die Entscheidung enthält:
 1. Die Bezeichnung der Beteiligten,
 2. die Entscheidungsformel, den Sachverhalt und die Begründung,
 3. die Kostenfestsetzung gemäß § 28 Abs. 2 und 3.

§ 21

(1) Schreibfehler, Rechenfehler und ähnliche offenbare Unrichtigkeiten in der Entscheidung sind jederzeit vom Vorsitzenden ohne mündliche Verhandlung zu berichtigen.
(2) Gibt die Entscheidung den Sachverhalt nicht richtig wieder, so kann binnen zwei Wochen nach der Zustellung der Entscheidung eine Berichtigung beantragt werden. Die Schlichtungsstelle entscheidet ohne mündliche Ver-

SchliVerfO Köln

handlung, wobei nur diejenigen Mitglieder mitwirken, die an der Entscheidung beteiligt waren.
(3) Die Berichtigung wird auf der Entscheidung und den Ausfertigungen vermerkt.

§ 22

(1) Wird ein nach dem Sachverhalt vom Antragsteller, Antragsgegner oder von einem sonstigen Beteiligten gestellter Antrag oder die Kostenfolge bei der Entscheidung ganz oder zum Teil übergangen, so ist auf Antrag die Entscheidung durch nachträgliche Entscheidung zu ergänzen.
(2) Die Ergänzung ist binnen zwei Wochen nach der Zustellung der Entscheidung zu beantragen.
Die Entscheidung darüber, die ohne mündliche Verhandlung erfolgen kann, hat nur den nicht erledigten Teil zum Gegenstand.

§ 23

Für die Wiederaufnahme des Verfahrens gelten die §§ 578 bis 583 ZPO entsprechend.

§ 24

Für die Wiederaufnahme gelten die allgemeinen Vorschriften des Antragsverfahrens, wobei die Bezeichnung des Wiederaufnahmegrundes und die Angabe der Beweismittel für die Tatsachen, die den Wiederaufnahmegrund und die Einhaltung der Antragsfrist ergeben, erforderlich sind.

§ 25

(1) Der Wiederaufnahmeantrag ist innerhalb einer Ausschlussfrist von zwei Monaten zu erheben.
(2) Die Frist beginnt mit dem Tage, an dem der Beteiligte von dem Wiederaufnahmegrund sichere Kenntnis erhalten hat. Nach drei Jahren seit Zustellung der Entscheidung ist ein Wiederaufnahmeantrag unstatthaft.

§ 26

Im Wiederaufnahmeverfahren sind die Mitglieder der Schlichtungsstelle ausgeschlossen, deren frühere Beteiligung als Wiederaufnahmegrund vorgebracht ist.

§ 27

(1) Die Hauptsache wird, soweit sie von dem Wiederaufnahmegrund betroffen ist, von neuem verhandelt.
(2) Nach dem Ergebnis der Verhandlung wird die frühere Entscheidung bestätigt oder unter anderweitiger Entscheidung aufgehoben.

SchliVerfO Köln

§ 28

(1) Verfahrenskosten (Gebühren und Auslagen) werden nicht erhoben.
(2) Zu den Kosten, die der am Verfahren beteiligte Dienstgeber gemäß § 42 Abs. 3 MAVO zu tragen hat, gehören:
1. Reisekosten der Beteiligten,
2. Entschädigung von Zeugen,
3. Entschädigung von Sachverständigen,
4. Kosten des Rechtsberaters.
Die Höhe dieser Kosten ergibt sich sinngemäß aus den Bestimmungen für das Verfahren vor den staatlichen Arbeitsgerichten.
(3) Die Kosten der Vertretung der Mitarbeitervertretung werden nur dann vom Dienstgeber getragen, wenn der Vorsitzende gemäß § 13 die Vertretung zugelassen hat.[1]

§ 29

Diese Ordnung tritt am 1. Januar 1997 in Kraft.
Die Ordnung vom 1. Januar 1987 (Amtsblatt des Erzbistums Köln vom 20. Oktober 1986 Nr. 241, S. 333 ff.) tritt gleichzeitig außer Kraft.

Köln, den 7. 11. 1996

† Joachim Card. Meisner
Erzbischof von Köln

---

1 Siehe jetzt: § 17 Abs. 1 S. 2, dritter Spiegelstrich und § 41 Abs. 2 a MAVO.

Stichwortverzeichnis

Abmahnung § 13 c 32, § 15 18, § 18 11
– Mitglied der MAV § 15 19, § 18 11
– Pflichtverletzung § 18 11
Abmeldung § 15 22
– Mitglied der MAV § 15 22
Abordnung § 29 49, § 35 54
– Teilabordnung § 35 54
Akten der MAV § 17 57
– Protokolle über Mitarbeiterversammlungen § 17 57
– Sitzungsniederschriften § 17 57
– Wahlunterlagen § 17 57
Allgemeine Aufgaben der Mitarbeitervertretung § 26 64
– Arbeitsschutz § 26 83
– Behandlung von Anregungen und Beschwerden von Mitarbeitern § 26 64
– Berufliche Förderung schwerbehinderter Mitarbeiter § 26 75
– Eingliederung von Ausländern § 26 74
– Förderung für schwerbehinderte, andere schutzbedürftige und ältere Mitarbeiter § 26 71
– Gesundheitsförderung § 26 83
– Hinwirken auf frauen- und familienfreundliche Arbeitsbedingungen § 26 89
– Initiativrecht § 26 61
– Unfallverhütung § 26 83
– Zugangsrecht zum Arbeitsplatz § 26 64
– Zusammenarbeit mit dem Sprecher der Jugendlichen und Auszubildenden § 26 80
Altersteilzeit § 3 19
– Freistellungsphase § 3 19
– Mitarbeiter § 3 19
Altersteilzeiter § 7 39
Amtszeit der MAV § 13 12
– Altersteilzeit in der Freistellungsphase § 13 b 12
– Beginn § 13 16
– Ende § 13 18

– reguläre Amtszeit § 13 12
– Rücktritt § 13 31
Angelegenheiten der Dienststelle § 36 1
– Mitbestimmungskatalog § 36 3
– Zustimmungsrecht der MAV § 36 1
Anhörung und Mitberatung § 29 91
– Durchführung § 29 91
– Eilfall § 29 110
– Einwendungen der MAV § 29 97
– Gemeinsame Beratungen zwischen Dienstgeber und MAV § 29 103
– Letztentscheidung des Dienstgebers § 29 105
– Notfall § 29 111
– Unterrichtung der MAV § 29 92
– Vorläufige Entscheidungen des Dienstgebers § 29 107
– Wochenfrist § 29 97
Anhörung und Mitberatung der MAV § 29 1, § 30 2
– Abordnung von mehr als drei Monaten oder Versetzung an eine andere Einrichtung von Mitarbeitern für pastorale Dienste und religiöse Unterweisung § 29 48
– Änderung von Arbeitsmethoden § 29 61
– Änderung von Beginn und Ende der täglichen Arbeitszeit § 29 5
– Änderungskündigung § 30 1
– außerordentliche Kündigung § 31 1
– Bestellung zu Mitarbeitern in leitender Stellung § 29 79
– Durchführung beruflicher Fort- und Weiterbildungsmaßnahmen § 29 34
– Einführung von Unterstützungen, Vorschüssen, Darlehen und entsprechenden sozialen Zuwendungen sowie deren Einstellung § 29 38
– Einschränkung der Einrichtung § 29 71

879

Stichwortverzeichnis

- Entlassung aus einem Probe- oder Widerrufsverhältnis in Anwendung beamtenrechtlicher Bestimmungen § 29 55
- Erleichterung des Arbeitsablaufs § 29 64
- Fassung von Musterdienst- und Musterarbeitsverträgen § 29 44
- Festlegung der Richtlinien zur Durchführung des Stellenplanes § 29 21
- Festlegung von Grundsätzen für die Gestaltung von Arbeitsplätzen § 29 66
- Hebung der Arbeitsleistung § 29 63
- Maßnahmen innerbetrieblicher Information und Zusammenarbeit § 29 3
- Maßnahmen zur Erleichterung des Arbeitsablaufes § 29 63
- ordentliche Kündigung § 30 1
- Qualitätsmanagement § 29 65
- Regelung der Ordnung der Einrichtung § 29 15
- Regelung einer Einrichtung nach § 1 a Abs. 2 § 29 90
- Regelung zur Erstattung dienstlicher Auslagen § 29 46
- Schließung, Einschränkung, Verlegung oder Zusammenlegung von Einrichtungen oder wesentlichen Teilen davon § 29 69
- Überlassung von Wohnungen § 29 58
- Verlegung der Einrichtung § 29 72
- Verpflichtung zur Teilnahme oder Auswahl der Teilnehmer an beruflichen Fort- und Weiterbildungsmaßnahmen § 29 25
- Vorzeitige Versetzung in den Ruhestand § 29 53
- Zurückweisung von Bewerbungen schwerbehinderter Menschen § 29 84
- Zusammenlegung von Einrichtungen § 29 73

Anordnung über den kirchlichen Datenschutz § 20 36

Anstellung § 34 37
Antragsrecht § 37 2
- Einzelfälle § 37 4
- MAV § 37 2

Antragsverfahren § 37 8
- Anrufung der Schlichtungsstelle § 37 16
- Antrag der MAV § 37 9
- Gemeinsame Sitzung von Dienstgeber und MAV § 37 13
- Zurückweisung des Antrages durch den Dienstgeber § 37 11

Anwaltskosten § 17 27
Arbeitnehmer § 3 9
- Mitarbeiter § 3 9

Arbeitsbefreiung § 15 73
- Lehrer § 15 74
- Reduzierung der übertragenen Aufgaben § 15 73

Arbeitsgemeinschaft der Mitarbeitervertretungen § 25 1
Arbeitsrechtsregelungsverfahren § 38 24
Arbeitsschutz § 5 41
Arbeitsschutzausschuss § 26 88
Arbeitssicherheit § 5 41
Arbeitsvertrag Prä. 33
Arbeitsvertragsordnung § 38 24
- Anwendungsbefehl § 38 25
- Arbeitsrechtliche Kommission des Deutschen Caritasverbandes § 28 20
- Billigkeitskontrolle § 38 27
- einzelarbeitsvertragliche Inbezugnahme § 38 24
- Inkraftsetzung § 28 20
- KODA § 28 20
- Zentral-KODA § 28 20

Arbeitsvertragsregelung § 38 3
- Dritter Weg § 38 0
- Erster Weg § 38 4
- Zweiter Weg § 38 5

Arbeitsvertragsrichtlinien § 38 14
- Arbeitsrechtliche Kommission (AK) des Deutschen Caritasverbandes § 38 18
- Arbeitsvertragsordnung § 38 14
- Rechtsqualität § 38 19

Arbeitszeit § 36 18
- Arbeitsvertragsrichtlinien § 36 20

Stichwortverzeichnis

- Bereitschaftsdienst § 36 21
- Lage § 36 18
- Schicht § 36 26
- Verkürzungen § 36 30
- Verlängerungen § 36 30
- Verteilung § 36 23
- Wochentage § 36 23

außerordentliche Kündigung § 19 32, § 31 1
- Anhörungsverfahren § 31 5
- Einwendungen der MAV § 31 11
- gewählter Amtsträger § 31 29
- Mängel des Anhörungsverfahrens § 31 24
- Mitteilung der Kündigungsabsicht und der Kündigungsgründe § 31 9
- Weiterbeschäftigungsanspruch § 31 28

Ausgliederung § 1 41
Auszubildende nach § 3 BBiG § 43 14

B

Beamtenverhältnis § 3 25
Begünstigung der Mitglieder der MAV § 18 13
Berufsausbildung § 3 30
Beschwerden § 26 64
- Mitarbeiter § 26 64

Bestellung des Wahlausschusses § 9 1
Beteiligung der MAV § 28 2
- Anhörung und Mitberatung § 28 0
- Antragsrecht § 28 16
- Dienstvereinbarungen § 28 17
- Formen § 28 1
- Mitbestimmung § 28 13
- Vorschlagsrecht § 28 12
- Zuständigkeit der Einrichtung § 28 1

Betriebsarzt § 26 88
Betriebsausflug § 36 47
Betriebsbeauftragte § 26 88
Betriebsferien § 36 44
Bewährung § 35 21
Bildschirmarbeitsplätze § 29 67
Bildungsurlaub für Arbeitnehmer § 16 64

Bischofsvikar § 2 11
Briefwahl § 11 7
Bruttolohn- und Gehaltslisten § 26 48
Bundesarbeitsgemeinschaft der Mitarbeitervertretungen § 25 1
- Aufgaben § 25 30
- Richtlinien § 25 36
- Zusammensetzung § 25 36

C

Caritas § 1 33
Chefärzte § 3 61

D

Datenschutz § 5 43, § 20 36
- KDO § 20 36
- Telefonanlagen § 26 58

Deutscher Caritasverband § 1 31
Diakone § 3 27
Dienst der Kirche Prä. 9
- Heilsdienst Prä. 9
- Sendungsauftrag Prä. 11

Dienst- und Werkvertrag § 3 45
Dienstgeber § 2 2, § 10 8
- Mitarbeiterversammlung § 10 8
- Rechtsträger § 2 4

Dienstgemeinschaft Prä. 21
- can. 207 § 2; 672 CIC Prä. 21
- Dienstgeber Prä. 21
- Kleriker Prä. 21
- Laien Prä. 21
- Mitarbeiter Prä. 21
- Ordensleute Prä. 21
- Untergebene Prä. 36
- Vertretungsorgane Prä. 36
- Vorgesetzte Prä. 36
- Wesen Prä. 22

Dienststellen Prä. 24, § 1 3
Dienstvereinbarung § 38 1
- Bekanntmachung § 38 71
- Einzelfälle des § 38 Abs. 1 Nrn. 1 bis 13 § 38 38
- Ende § 38 72
- Externe Unterstützung der Mitarbeitervertretung bei freiwilligen Dienstvereinbarungen § 38 54

881

Stichwortverzeichnis

- Günstigkeitsprinzip § 38 32
- Katalog des § 38 Abs. 1 § 38 1
- Koalition § 38 54
- Kündigung § 38 76
- Nachwirkung § 38 84
- privatrechtlicher Vertrag § 38 69
- Recht zum Verzicht § 38 35
- Rechtsqualität § 38 31
- Rechtsträgerwechsel § 38 90
- Regelungsgegenstände § 38 1
- Schriftform § 38 70
- Streitigkeiten § 38 101
- Vertreter der Diözesanen Arbeitsgemeinschaft der Mitarbeitervertretungen § 38 54
- Verzicht § 38 60
- Weitergeltung § 38 89
- Zeitablauf § 38 73
- Zulässigkeit von Dienstvereinbarungen § 38 38
- Zwingende Wirkung § 38 60

Dienstwohnungen § 35 78
Diözesanbischof § 2 8
Diözesane Arbeitsgemeinschaft der Mitarbeitervertretungen § 25 4
- Arbeitsbefreiung § 25 26
- Aufgaben § 25 9
- Bildung § 25 5
- Bistumshaushalt § 25 25
- DiAG-MAV § 25 28
- diözesane Regelungen § 25 28
- Entlastung des Dienstgebers § 25 28
- Freizeitausgleich § 25 27
- Kostentragung § 25 25
- Mitgliederversammlung § 25 20
- Organe § 25 19
- Sitzungen § 25 24
- Vorstand § 25 21

Diözesen Prä. 5
Disziplinargerichte § 40 3
Dritter Weg der Kirche § 28 20
DRK-Schwesternschaft § 3 42

E

Ehrenamtsträger § 3 96
Eigenart des kirchlichen Dienstes Prä. 16
- Evangelium **Prä.** 16
- Glaubens- und Sittenlehre der Kirche **Prä.** 16
- religiöse Dimension **Prä.** 16

Eigenschäden der Mitglieder der MAV § 17 14
Eigentum § 17 54
- Akten § 17 56
- sachliche Hilfen § 17 54

Eingruppierung § 35 5
- Mitbeurteilungsrecht § 35 6
- Rechtsanwendung § 35 6
- Zulage § 35 18

Einrichtung § 1 a 2
- Anhörung und Mitberatung der MAV § 1 a 14
- Begriff § 1 a 2
- Dienstgeber § 1 a 12
- Dienststelle § 1 a 2
- Genehmigung des Ordinarius § 1 a 15
- Stilllegung § 1 a 21
- Trennung § 1 a 21
- Übernahme § 1 a 21
- Zusammenlegung § 1 a 21

Einstellung § 34 25
Einstellung oder Anstellung § 34 1
- Beschäftigungsansprüche schwerbehinderter Menschen § 34 64
- Besonderheit des kirchlichen Dienstes § 34 1
- Streitigkeiten § 34 63
- Unterrichtungspflicht des Dienstgebers § 34 40
- Zustimmungsverweigerungsgründe § 34 50

Einstweilige Anordnung § 41 86, § 42 1
- Beschluss § 41 91
- Schlichtungsverfahren § 41 86

elektronisches Kommunikationssystem § 17 48
Elternzeit § 7 57
Entgeltschutz § 15 54, § 18 15
Entscheidung der Schlichtungsstelle § 42 1
- Berufung auf fehlende finanzielle Deckungsmöglichkeiten § 42 14
- Beschluss der Schlichtungsstelle § 42 1

Stichwortverzeichnis

- Entscheidungsformel des Beschlusses § 42 2
- Fehlende Entscheidungsgründe § 42 11
- Mangelnde Vollstreckungsfähigkeit der Beschlüsse § 42 20
- Verkündung des Beschlusses § 42 5

Ersatzmitglieder § 13 b 1
- MAV § 13 b 1
- Nachrücken von Ersatzmitgliedern § 13 b 1
- Rechtsstellung § 13 b 13
- Verhinderung eines Mitgliedes der MAV § 13 b 4

Europäische Union Prä. 59
- Kirche Prä. 58
- Staat Prä. 58
- Status der Kirchen Prä. 59

Europäisches Recht Prä. 56
- Kirchenartikel Prä. 56
- Status der Kirchen Prä. 58
- Union Prä. 56

F

Fachhochschule § 47 7
Fachkraft für Arbeitssicherheit § 26 88
Fahrtkosten § 21 29
- Erstattung § 21 31
- Mitarbeiterversammlung § 21 29

Finanzdirektor § 2 12
Frauenförderung § 5 45
Freigestellte Mitglieder der MAV § 15 50
- Rechtsstellung § 15 48

Freistellung § 15 9
- Dauerfreistellungsanspruch § 15 24
- Freistellungsstaffel § 15 30
- für die Dauer einer Amtsperiode § 15 24
- Umfang § 15 32
- Verfahren zur Freistellung § 15 39

Freizeitausgleich § 15 75
- Abgeltung § 15 82
- Abgeltungsanspruch § 15 75

Fremdfirmenarbeitnehmer § 3 45

G

Gehaltslisten § 26 49
Geistliche § 3 27
Gemeindereferenten, Mitarbeiter § 3 25
Gemeinsame Gespräche § 39 15
Gemeinsame Mitarbeitervertretung § 1 b 1, § 22 a 1
- Mitarbeiterversammlung § 22 a 3
- Wahlverfahren § 22 a 7

Gemeinsame Sitzungen § 39 2
- Dienstgeber und MAV § 39 4
- Einrichtungspartner § 39 2
- Gesamtmitarbeitervertretung § 39 10
- Sitzungsniederschrift § 39 14
- Sondervertretung § 39 10
- Verfahren § 39 6

Generalvikar § 2 10
Geringfügig Beschäftigte § 7 40
Gesamtdienstvereinbarung § 38 92
- Umwandlung § 38 92

Gesamtmitarbeitervertretung § 24 2
- Amtszeit § 24 35
- Bildung § 24 0
- Pflichten § 24 34
- Rechte § 24 34
- Rechtsstellung § 24 22
- Zusammensetzung § 24 13
- Zuständigkeit § 24 28

Gesamtmitarbeitervertretung, erweiterte § 24 39
Geschäftsführung der MAV § 14 2; § 17 34
- Sachliche und personelle Hilfen § 17 34
- Sitzungen § 14 31

Geschäftsordnung der MAV § 14 77
- Zweck § 14 77

Gesellschaften mit beschränkter Haftung § 1 40
Gesetzestexte § 17 43
Gestellungsvertrag Prä. 34; § 3 42
Gewerkschaften § 17 53
Grundordnung Prä. 1
Grundordnung für katholische Krankenhäuser Prä. 32, § 19 65

883

Stichwortverzeichnis

H
Haftung § 17 14
Hausrecht § 21 3
– Mitarbeiterversammlung § 21 3
Hilfsmittel § 17 37
Hineinwachsen in eine andere Vergütungsgruppe § 35 27
Hochschulen § 47 1
– Eingeschränkte Geltung der MAVO § 47 2
– Hauptberuflich Lehrende § 47 2
– Lehrbeauftragte § 47 4
Höhergruppierung § 35 24

I
Informationsanspruch in wirtschaftlichen Angelegenheiten § 27 a 1
– unmittelbare Unterrichtung der Beschäftigten § 27 a 1
– Unterrichtung der MAV § 27 a 1
Informationsblatt der MAV § 17 51
Informationspflicht § 27 1
– Änderungen und Ergänzungen des Stellenplanes § 27 11
– Behandlung der von der MAV vorgetragenen Anregungen und Beschwerden § 27 21
– Betriebsübergang § 27 2
– Bewerbungen von schwerbehinderten Menschen und Vermittlungsvorschläge § 27 22
– Dienstgemeinschaft § 27 1
– Erfüllung der Informationspflicht durch den Dienstgeber § 27 24
– gegenseitige Pflicht § 27 1
– Outsourcing § 27 2
– Personalplanung § 27 12
– Rationalisierungsmaßnahmen § 27 24
– Sanktionen gegen den Dienstgeber wegen Verstößen § 27 25
– Soll- und Ist-Stellenplan § 27 19
– Stellenausschreibungen § 27 6
– Stellenplan § 27 12
– Unterrichtungsanspruch § 27 2
Insolvenz § 17 81
Integrationsamt § 28 a 7
– Integrationsvereinbarung § 28 a 7

Integrationsvereinbarung § 26 76, § 28 a 6
– Dienstgeber § 28 a 6
– Inhalt § 28 a 8
– MAV § 28 a 6
– Verhandlungen § 28 a 6
– Vertrauensperson der schwerbehinderten Mitarbeiterinnen und Mitarbeiter § 28 a 6
Internet § 17 49
– Homepage § 17 50
Intranet § 17 50

J
Jahresurlaub § 36 41
Jugendliche § 43 1

K
Katholische Nachrichtenagentur § 1 72
Katholische Universität Eichstätt-Ingolstadt § 47 6
Kirche Prä. 31, § 1 39
– Arbeitsverhältnisse Prä. 31
– Dienstgemeinschaft Prä. 31
– Kloster § 1 80
– Zuordnung § 1 77
– Zuordnung einer Einrichtung § 1 39
Kirchenaustritt § 19 74
Kirchenrecht Prä. 45
– Bischofskonferenzen Prä. 49
– Diözesanbischöfe Prä. 47
– Konzil Prä. 46
– Militärbischof Prä. 47
– Papst Prä. 45
Kirchliche Zusatzversorgungskasse § 1 72
Kirchliches Gericht § 40 1
kirchliches Selbstbestimmungsrecht § 19 55
– Grundordnung § 19 64
– Kündigungsschutz § 19 64
– Loyalitätsobliegenheiten § 19 57
– Personalauswahl § 19 62
Kleriker § 3 27
Klosterbrauerei § 1 75

Stichwortverzeichnis

Koalition § 38 54
– Dienstvereinbarung § 38 54
Koalitionsfreiheit § 17 53
Kosten § 17 1
– Aufteilung der Kosten unter mehreren Dienstgebern § 17 67
– Beiziehung sachkundiger Personen § 17 19
– Bevollmächtigte für das Schlichtungsverfahren § 17 23
– Ersatzansprüche des Dienstgebers § 17 32
– Haftung § 17 30
– Kostenpauschale § 17 17
– Mitarbeitervertretung § 17 1
– Notwendigkeit § 17 1
– Rechtsanwälte § 17 19
– Reisekosten § 17 10
– Sachverständige § 17 20
– Schulungsveranstaltungen § 17 18
– Streitigkeiten § 17 69
– Veranschlagung im Haushalt § 17 5
– Verzinsung § 17 31
– Voraussetzung für die Kostentragungspflicht § 17 6
Kostenerstattung § 17 8
Krankenhäuser Prä. 26
Kündigung § 30 2
– Abschluss des Anhörungsverfahrens § 30 84
– Anhörung der MAV § 30 17
– Darlegungs- und Beweislast im Prozess § 30 42
– Einwendungen der Mitarbeitervertretung § 30 45
– Einwendungsverfahren § 30 45
– Erörterung der Einwendungen zwischen Dienstgeber und MAV § 30 74
– gesetzliche Verbote § 30 54
– Grundordnung § 30 59
– Letztentscheidung des Dienstgebers § 30 78
– Mängel des Anhörungsverfahrens § 30 88
– Mitteilung der Kündigungsabsicht und Kündigungsgründe § 30 23
– Nachschieben von Kündigungsgründen § 30 38

– soziale Gesichtspunkte § 30 67
– Umschulungs- oder Fortbildungsmaßnahmen § 30 72
– Umschulungs- oder Weiterbeschäftigung unter geänderten Vertragsbedingungen § 30 73
– Weiterbeschäftigungsanspruch § 30 83
– Weiterbeschäftigungsmöglichkeit § 30 69
Kündigung aus kirchenspezifischen Gründen § 19 68
– Abtreibung § 19 68
– Distanzierung von der katholischen Kirche § 19 68
– eingetragene Lebenspartnerschaft § 19 68
– Kirchenaustritt § 19 68
– Kündigungsfälle § 19 72
– ungültige Ehe § 19 68
Kündigungsgründe § 19 87
– Abstufungstheorie § 19 89
– Gerichtliche Überprüfung § 19 87
Kündigungsschutz § 19 1, § 19 10, § 19 24
– Betriebsbedingte Kündigung § 19 102
– Geschützter Personenkreis § 19 10
– Mitglieder des Wahlausschusses § 19 13
– Mitglieder in Gremien der MAVO § 19 1
– Nachwirkender Kündigungsschutz § 19 24
– ordentliche Kündigung § 19 43
– Sprecher der Jugendlichen und der Auszubildenden § 19 22
– Streitigkeiten über die Kündigung § 19 119
– Verhältnis zu anderen Kündigungsschutzvorschriften § 19 116
– Vertrauensperson der schwerbehinderten Menschen § 19 23
– Wahlbewerber § 19 20

L
Laien Prä. 17
– Mitarbeit **Prä.** 17

885

Stichwortverzeichnis

- Stellung der Laien **Prä. 18**
- Zeugen des Evangeliums **Prä. 17**
Leiharbeitnehmer § 3 52
Literatur § 17 43
- Fachzeitschriften § 17 43
- Kommentare § 17 43
Loyalitätsobliegenheiten § 19 57
- Europäisches Recht § 19 61
- kirchliches Selbstbestimmungsrecht § 19 57

M
Massenentlassungen § 30 a 1
- Anzeigepflicht des Dienstgebers § 30 a 5
- Beteiligung der Mitarbeitervertretung § 30 a 11
MAVO § 1 1
- Fachhochschulen § 1 68
- Forschungsinstitut § 1 67
- Geltungsbereich § 1 1
- GmbH § 1 65
- Sozial-caritative und erzieherische Einrichtungen § 1 65
- staatliche Rechtsprechung § 1 64
- Stiftung § 1 65
- Wirtschaftsbetriebe § 1 69
- Wohnungsbau-GmbH § 1 66
Mehrarbeit § 36 29
Mehrheitswahlprinzip § 6 24
- Abweichung § 6 24
- Regelung des Dienstgebers § 6 25
Meinungsfreiheit § 17 52
Militärbischof Prä. 6
Militärbischofsamt Prä. 6
Misstrauensantrag § 22 33
Misstrauensvotum § 13 36
Mitarbeiter § 3 1, § 19 91, § 26 64
- Angestellte § 3 9
- Anlernlinge § 3 29
- Arbeit auf Abruf § 3 17
- Arbeiter § 3 9
- Arbeitnehmer § 3 8
- Arbeitsbeschaffung § 3 12
- Ausbildung § 3 29
- Aushilfskräfte § 3 39
- Auszubildende § 3 30
- Auszubildenden § 3 29
- Beamte § 3 25

- Begriff § 3 5
- Berufspraktikanten § 3 29
- Beschwerden § 26 64
- freie Mitarbeiter § 3 49
- freiwilliger Dienst im Rahmen eines freiwilligen ökologischen Jahres § 3 41
- Freiwillige im Sinne des Gesetzes zur Förderung eines freiwilligen sozialen Jahres § 3 40
- Geistliche § 3 27
- Gemeindereferenten § 3 26
- Gestellungsverträge § 3 42
- Heimarbeiter § 3 24
- Kleriker § 3 27
- Krankenpflegeschüler § 3 29
- Maßnahmen der Sozialhilfe § 3 15
- nichtchristliche Mitarbeiter § 19 97
- nichtkatholische, getaufte § 19 91
- Ordensleute § 3 28
- Pastoralreferenten § 3 26
- Praktikanten § 3 29
- Referendare § 3 37
- Studentische Hilfskräfte § 3 18
- Stufenweise Wiedereingliederung § 3 14
- Telearbeit § 3 24
- Volontäre § 3 29
- Vorpraktikanten § 3 29
- Wehr- oder Zivildienst § 3 48
Mitarbeiter in leitender Stellung § 2 23, § 3 61
- Exemtionsentscheidung § 3 61
Mitarbeiterbegriff § 3 56
- Ausklammerung § 3 56
Mitarbeiterversammlung § 4 1, § 10 8, § 21 1
- Antragsrecht § 22 16
- Anwesenheitsliste § 22 38
- Anzahl der Versammlungen § 21 18
- außerordentliche § 21 19
- Befugnisse § 4 6
- Begriff § 4 2
- Beschlussfähigkeit § 22 27
- Dienstgeber § 21 28
- dienstliche Veranstaltung § 21 44
- Durchführung § 22 1
- Einberufung/Leitung § 21 0

886

Stichwortverzeichnis

- Einladung § 10 10
- Einladung des Dienstgebers § 21 32
- Gäste § 21 0
- Misstrauensvotum § 22 24
- Nichtöffentlichkeit § 4 13, § 21 3
- Niederschrift § 22 35
- ordentliche Mitarbeiterversammlung § 21 0
- Schichtarbeit § 21 41
- Tagesordnung § 21 11
- Tätigkeitsbericht § 21 13
- teilnahmeberechtigt § 4 7
- Teilversammlung § 4 21
- Vergütung § 21 43
- zeitliche Lage § 21 32

Mitarbeitervertreter § 19 43
- ordentliche Kündigung § 19 43

Mitarbeitervertretung § 5 17, § 6 1
- Amtsenthebungsverfahren § 13 38
- Amtszeit § 13 0
- Arten § 5 17
- Aufbewahrung der Unterlagen § 14 70
- Ausschluss eines MAV-Mitgliedes § 13c 18
- Ausschüsse § 14 84
- Begriff § 5 1
- Beschlussfähigkeit § 14 54
- Beschlussfassung § 14 57
- Bildung § 1 a 1
- Dienstbereiche § 6 40
- Einberufung § 14 2
- Einrichtung § 1 a 2
- Ende der Mitgliedschaft in der MAV § 13c 1
- Ersatzmitglieder § 6 45
- Frauen § 6 43
- Gruppen § 6 41
- Haftung § 5 32
- konstituierende Sitzung § 14 2
- Männer § 6 43
- Niederschrift § 14 65
- Partei- und Handlungsfähigkeit § 5 31
- personelle Hilfen § 17 63
- Rechtsstellung § 5 25, § 15 3
- reguläre Amtszeit § 13 12
- Religion § 6 44

- Ruhen der Mitgliedschaft in der MAV § 13 b 10
- sachliche Hilfen § 17 35
- Schriftführer § 14 11
- Sitzungen § 14 31
- Standardausstattung § 17 37
- stellvertretender Vorsitzender § 14 11
- Vorsitzender § 14 1
- Weiterführung der Geschäfte § 13 a 1
- Weltanschauung § 6 44
- Zahl der Mitglieder der MAV § 6 8

Mitarbeitervertretung, gemeinsame § 1 b 1

Mitarbeitervertretungsordnung Prä. 60
- arbeitsrechtliche Bestimmungen Prä. 60
- Bildung von Mitarbeitervertretungen Prä. 60
- Mitwirkung Prä. 60

Mitarbeitervertretungsrecht § 5 2
- Grundordnung § 5 2
- kirchliche Betriebsverfassung Prä. 1

Mitbestimmung § 33 1
- s. a. Zustimmungsrecht der MAV § 33 1
- Mitbestimmungspflichtige Angelegenheiten § 33 13
- Verfahren § 33 1

Mitwirkung der Mitarbeiter Prä. 39

Mitwirkungsrechte der Sprecher der Jugendlichen und Auszubildenden § 45 1
- Teilnahmerecht an MAV-Sitzungen § 45 2

Mobbing § 26 68

N
Nachwirkender Kündigungsschutz § 19 24
- Kündigungsschutz § 19 24

Natürliche Personen § 1 63
- Kirchenrecht § 1 63
- MAVO § 1 63

887

Stichwortverzeichnis

Nichtraucherschutz § 36 110
- Zustimmungsrecht § 36 111

Niederschrift § 14 24

O

Offizial § 2 13
Öffnungsklausel § 38 53
- Arbeitsvertragsordnung § 38 53
- Dienstvereinbarung § 38 53

Ökumenisch § 1 82
- Kirchen § 1 a 25
- kirchliche Verbände § 1 a 25
- Zusammenarbeit § 1 a 25

Orden § 1 22
- Apostolatstätigkeit § 1 26
- Autonomie § 1 25

Ordensleute § 3 91
ordentliche Kündigung § 19 43
- Mitarbeitervertreter § 19 43

P

Pastoralreferenten § 3 26
- Mitarbeiter § 3 25

Pausen § 36 27
- Dauer und Lage § 36 27

Personalakten § 18 14, § 26 51
- Begriff § 26 52
- dienstliche Beurteilung § 18 14
- Dienstzeugnisse § 18 14
- Einsichtsrecht § 26 51
- Erwähnung der MAV-Tätigkeit in Beurteilungen § 18 14

Personalauswahl Prä. 38
Personalcomputer § 17 46
Personalfragebogen § 36 61
- Mitbestimmungsrecht § 36 79
- schriftliche Beurteilungen § 36 84
- Unzulässige Fragen § 36 74
- zulässige Fragen § 36 64

Personalführung Prä. 38
Personalgespräch § 26 65
Personalprälatur § 1 35
Personelle Hilfen § 17 63
- Schreibkraft § 17 63

Persönliche Angelegenheiten § 35 1
- Mitbestimmungsfälle § 35 3
- Streitigkeiten § 35 93
- Zustimmungsverweigerung und ihre Gründe § 35 83

Persönlichkeitsrecht § 26 68
Praktikanten § 3 31
Pressefreiheit § 17 52
Priesteramtskandidaten § 3 34
Proprium einer kirchlichen Einrichtung Prä. 38

R

Rahmenordnung Prä. 2
- Muster für eine diözesane MAVO Prä. 2
- Novelle Prä. 2

Rechtsanwalt § 41 72
Rechtsetzungsrecht Prä. 43
Rechtsfragen § 40 26
Rechtsstellung der Funktionsträger § 15 4
Rechtsträger
- bestellte Leitung § 2 19
- Organe § 2 14

Referendare § 3 99
Regelungsabreden § 38 95
Regelungsfragen § 40 26
Rehabilitation § 3 81
Rendanten § 3 24
Residenzpflicht § 35 80
Resozialisierung § 3 81
Restmandat § 13e 2
Rituswechsel § 19 75
Rote-Kreuz-Schwestern § 3 42
Rücktritt der MAV § 22 36

S

Sachliche Hilfen § 17 35
- Diktiergerät § 17 37
- Fotokopiergerät § 17 37
- Gesetzestexte § 17 43
- Literatur § 17 43
- Mobiliar § 17 37
- Porto § 17 37
- Schränke § 17 37
- Schreibmaschine § 17 37
- Schreibmaterial § 17 37
- technische Ausrüstung § 17 37

Säkularinstitute § 1 22
Schlichtungsstelle § 40 5, § 41 2, § 42 1
- Abberufungsvoraussetzungen § 40 54

Stichwortverzeichnis

- Amtspflichtverletzung eines Mitglieds § 40 81
- Angehörigkeit in der Katholischen Kirche § 40 40
- Aufgaben § 40 14
- Ausscheiden von Mitgliedern § 40 74
- Begründung des Beschlusses § 42 6
- Beschluss § 42 1
- Besetzung § 40 38
- besonderes kirchliches Gericht § 40 21
- Bestellungsverfahren für den Vorsitzenden und seinen Stellvertreter § 40 57
- Bestellungsverfahren für die Beisitzer § 40 64
- Bestellungsvoraussetzungen § 40 39
- Bestellungsvoraussetzungen beim Vorsitzenden § 40 51
- Bindung der Beteiligten § 42 7
- Entscheidung § 42 1
- Errichtung § 40 34
- Erweiterte Zuständigkeit § 41 48
- Fehlerhafte Bestellung der Beisitzer § 40 78
- Fehlerhafte Ernennung des Vorsitzenden oder seines Stellvertreters § 40 79
- Hinderung an der Ausübung der allgemeinen Gliedschaftsrechte § 40 43
- Rechtsstreitigkeiten § 41 49
- Stellung § 40 14
- Streitigkeiten auf dem Gebiete der KODA-Ordnungen § 40 0
- Voraussetzung bei den Beisitzern § 40 53
- Wegfall der Voraussetzungen für die Bestellung zum Mitglied § 40 80
- Wirkungen des Beschlusses § 42 7
- Zuständigkeit § 41 2

Schlichtungsverfahren § 41 1
- Aktivlegitimation § 41 3
- Allgemeine Verfahrensvorschriften § 41 76
- Anforderungen § 41 88
- Anhörung von Antragsteller, Antragsgegner und Beteiligten § 41 80
- Anhörung von Zeugen und sachkundigen Dritten § 41 81
- Antrag eines Beteiligten § 41 87
- Antragsbefugnis § 41 58
- Beistand § 41 72
- Beteiligtenfähigkeit § 41 58
- Beteiligungsbefugnis § 41 60
- Einigungsvorschlag der Schlichtungsstelle § 41 83
- Einstweilige Anordnung § 41 86
- Grundsätze für die Durchführung § 41 1
- Kosten eines Bevollmächtigten der MAV § 41 69
- Nichtöffentlichkeit der Verhandlung § 41 77
- Ordnungen Prä. 7
- Rechte des Bevollmächtigenden § 41 70
- Rechtsanwalt § 41 72
- Schriftliches Verfahren – Mündliche Verhandlung § 41 78
- Verfahrenskosten § 42 27
- Verfahrensordnung § 42 26; S. 872
- Zuständigkeitskatalog § 41 5

Schriftführer § 14 22
Schulen § 47 1
Schulleiter § 3 61
Schulungsveranstaltungen § 16 1
- Anerkennung § 16 70
- Arbeitsbefreiung § 16 8, § 16 29
- Dienstliches Hindernis § 16 47
- Diözesane Arbeitsgemeinschaft der Mitarbeitervertretungen § 16 85
- Erforderlichkeit der vermittelten Kenntnisse § 16 11
- Ersatzansprüche § 16 83
- Ersatzmitglieder der MAV § 16 7
- Fortzahlung der Bezüge § 16 31
- Freizeitausgleich § 16 52
- geeignet § 16 70
- Gesamtdauer der Schulungen § 16 48
- Grundkenntnisse § 16 15
- Kostentragung § 16 61

889

Stichwortverzeichnis

- Mitglieder des Wahlausschusses § 16 93
- Mitglieder der MAV § 16 4
- Spezialkenntnisse § 16 23
- Sprecher der Jugendlichen und Auszubildenden § 16 4
- Streitigkeiten § 16 84, § 16 110
- Teilzeitbeschäftigung § 16 53
- Thematik § 16 12
- Veranstalter § 16 9
- Verfahren zur Freistellung § 16 54
- Versagung der Anerkennung § 16 80
- Vertrauensperson der schwerbehinderten Menschen § 16 4
- Zeitliche Lage der Arbeitsbefreiung § 16 44

Schutzbestimmungen § 18 1
- Abordnung § 18 25
- Begünstigungsverbot § 18 13
- Behinderung § 18 2
- Behinderung der MAV § 18 3
- Behinderungsverbot § 18 2
- Benachteiligung § 18 6
- Benachteiligungsverbot § 18 6
- Schutz des Arbeitsentgelts § 18 15
- Schutzgesetz § 18 12
- Umsetzung § 18 25
- Unfallfürsorge für Mitarbeiter nach beamtenrechtlichen Grundsätzen § 18 37
- Versetzung und Abordnung von MAV-Mitgliedern § 18 23
- Weiterbeschäftigung von MAV-Mitgliedern im Anschluss an ihre Berufsausbildung § 18 47

Schweigepflicht § 20 1
- Adressatenkreis des Schweigegebots § 20 0
- Ausnahmen von der Schweigepflicht § 20 26
- Datenschutz § 20 36
- Folgen der Verletzung des Schweigegebots § 20 32
- Sinn des Schweigegebots § 20 0
- Umfang des Schweigegebots § 20 23

Schwerbehinderte Menschen § 28 a 2, § 29 85

- Arbeitsaufnahme § 28 a 4
- Arbeitsplatzerhaltung § 28 a 4
- Beschäftigungspflicht § 29 86
- Ermittlung eines freien Arbeitsplatzes § 29 85
- Förderung § 28 a 4
- Pflichtarbeitsplätze § 29 85
- Pflichten zum Schutze des Bestandes des Beschäftigungsverhältnisses § 28 a 10
- Prävention bei ernsthaften Schwierigkeiten im Beschäftigungsverhältnis § 28 a 10

Schwerbehindertenvertretung § 28 a 1
- Dienstgeber § 28 a 2
- Dienststellen § 28 a 2
- Einrichtungen § 28 a 2
- Integrationsamt § 28 a 2
- Mitarbeitervertretungen § 28 a 3
- Vertrauensperson der schwerbehinderten Menschen § 28 a 2
- Wahl § 28 a 2

Selbstbestimmungsrecht Prä. 52
- Ämter Prä. 52
- Kirchen Prä. 52
- Kirchengesetze Prä. 52
- Religionsgemeinschaften Prä. 52
- Staatskirchenrecht Prä. 52

Sicherheitsbeauftragter § 26 88
Sonderurlaub § 36 41
Sondervertretung § 23 1
- Beteiligungsrechte § 23 17
- Doppelmandat § 23 12
- Mitarbeitervertretung § 23 1
- Wahlrecht § 23 13
- Zweck § 23 2

Sonntagsarbeit § 36 25
Sonstige selbständig geführte Stellen § 1 4
Sozialplan § 36 115, § 38 41
- Abfindungen § 38 47
- Einschränkung der Einrichtung § 36 121
- Formelmethode § 38 47
- Gestaltungsbedingungen für eine Dienstvereinbarung § 38 41
- Grundregeln für die Aufstellung eines Sozialplanes § 38 44

Stichwortverzeichnis

- Grundsätze für Abfindungen in Sozialplänen § 38 46
- Individuelle Methode § 38 47
- Punktwertmethode § 38 49
- Schließung der Einrichtung § 36 121
- Verlegung der Einrichtung § 36 121
- Zusammenlegung von Einrichtungen § 36 121

Sprecher der Jugendlichen und Auszubildenden § 43 1
- Amtszeit § 44 1
- Antragsrecht § 45 6
- Bestehen einer Mitarbeitervertretung am Wahltag § 43 2
- Durchführung der Wahl § 43 26
- Mitberatungsrecht § 45 6
- sinngemäße Anwendbarkeit der Bestimmungen der §§ 7–20 § 45 14
- Teilnahmerecht an Besprechungen der MAV mit dem Dienstgeber § 45 13
- Vereinfachtes Wahlverfahren (§§ 11 a – 11 c) § 43 26
- Voraussetzungen für die Wahl § 43 2
- Wahlausschuss § 43 30
- Wählbarkeit § 43 22
- Wahlberechtigung § 43 16
- Weiterführung der Geschäfte § 44 5

Sprechstunden § 14 74
Stellenbewertung § 35 22
Stellenplan § 26 36
- Ist-Stellenplan § 26 36
- Soll-Stellenplan § 26 37

Stellvertreter des MAV-Vorsitzenden § 14 20
Stiftungen § 1 58
Studenten § 3 31
Suspendierung § 30 37

T
Tätigkeitsschutz § 15 60
Technische Einrichtungen § 36 95
- Kontrolle § 36 95
- Leistung § 36 96

- Überwachung § 36 95
- Verhalten der Mitarbeiter § 36 96

U
Übergangsmandat der MAV § 13d 1
Übertritt § 19 76
Umgruppierung § 35 17
- Eingruppierung § 35 17

Umsetzung § 35 54
Unentgeltlich Beschäftigte § 3 97
Unfälle von MAV-Mitgliedern § 17 12
- Haftung des Dienstgebers § 17 14
- Personenschäden § 17 12

Universitäten Prä. 25
Unterlagen § 26 27
- Abschrift § 26 33
- Anfertigung von Fotokopien § 26 33
- Begriff Vorlegen § 26 29
- Beteiligungsrechte der MAV § 26 54
- Datenschutz § 26 56
- Erforderliche Unterlagen § 26 30
- Mitarbeitervertretung § 26 31
- Stellenplan § 26 36
- Verletzung der Vorlagepflicht § 26 59
- Vorlage § 26 27

Urlaubsplan § 36 42
- Richtlinien § 36 42

Urlaubsregelung § 36 43
- Richtlinien § 36 43

Urlaubssperre § 36 43

V
Verband der Diözesen Deutschlands Prä. 50, § 1 30
Verbände Prä. 65
Vereine § 1 42
- Verhältnis zur kirchlichen Autorität § 1 51
- Verhältnis zur MAVO § 1 53

Vereinfachtes Wahlverfahren § 11 28
- Wahlversammlung § 11 28

Stichwortverzeichnis

Vereinstypen des kanonischen Rechts § 1 44
Verlag mit angeschlossener Druckerei § 1 73
Versammlung der Jugendlichen und der Auszubildenden § 43 a 1
– Anzahl und Zeitpunkt § 43 a 6
– Beschlüsse § 43 a 21
– Einberufung der Versammlung § 43 a 3
– Hausrecht § 43 a 16
– Themen § 43 a 18
– Vorschläge § 43 a 21
Versammlung der schwerbehinderten Menschen § 46 18
Versetzung § 29 50, § 35 62
– aufnehmende Einrichtung § 35 66
Versetzung und Abordnung von MAV-Mitgliedern § 18 23
Vertrauensmann der Zivildienstleistenden § 46 a 2
– Aufgaben § 46 a 7
– Wahl § 46 a 3
Vertrauensperson der schwerbehinderten Menschen § 46 10
– Anträge § 46 22
– Aufgaben und Rechte § 46 10
– Aussetzung von Beschlüssen der MAV § 46 26
– Besprechungen mit dem Dienstgeber § 46 24
– Rechtsstellung § 46 27
– Sitzungen der MAV § 46 14
– Stimmrecht § 46 23
Vertrauensvolle Zusammenarbeit § 26 1
– Dienstgeber § 26 1
– Gleichbehandlung § 26 13
– Grundsätze für die Behandlung der Mitarbeiter § 26 11
– Mitarbeitervertretung § 26 1
– Recht und Billigkeit § 26 12
– Verletzung des Grundsatzes § 26 10
Vollversammlung des Verbandes der Diözesen Deutschlands Prä. 50
Vorschlagsrecht der MAV § 32 1
– Altersteilzeitarbeit § 32 21
– Ausgliederung von Arbeit § 32 24

– Flexible Gestaltung der Arbeitszeit § 32 19
– Förderung von Teilzeitarbeit § 32 20
– Inhalt § 32 7
– Initiativrecht der MAV § 32 1
– Katalog § 32 3
– Neue Formen der Arbeitsorganisation § 32 22
– Qualifizierung der Mitarbeiterinnen und Mitarbeiter § 32 23
– Regelungen gemäß § 6 Abs. 3 § 32 17
– Sicherung der Beschäftigung § 32 18
– Verfahren § 32 25
Vorsitzender der MAV § 14 16

W

Wahl § 46 3
– Vertrauensperson der schwerbehinderten Menschen § 46 3
Wahl der MAV § 9 1
– Abbruch der Wahl § 11 1
– Anfechtung § 12 1
– Anfechtungsberechtigt § 12 21
– Anfechtungsverfahren § 12 23
– Annahme der Wahl § 11 17
– Aufbewahrung der Wahlunterlagen § 11 20
– Aushang des Wahlergebnisses § 11 18
– Briefwahl § 11 4
– Durchführung der Wahl § 11 1
– Einheitlicher Wahltermin § 9 7
– Feststellung des Wahlergebnisses § 11 11
– Formulare § 9 56
– Kandidatenliste § 9 43
– Kosten § 9 54, § 11 21
– Nichtigkeit § 12 5
– vereinfachtes Wahlverfahren § 11 a 1
– Wahlanfechtungsfrist § 11 18
– Wahlausschreiben § 9 36
– Wahlausschuss § 9 1, § 11 1
– Wahlergebnis § 11 16
– Wahlkabinen § 11 3
– Wahlniederschrift § 11 13

Stichwortverzeichnis

- Wahltag § 9 5
- Wahlvorschläge § 9 36
- Wahlzeitraum § 13 7
Wahl des Wahlausschusses § 10 14
- Mitarbeiterversammlung § 10 14
Wahlausschuss § 9 8, § 11 22
- Amtszeit § 11 24
- Aufgaben § 9 29
- Beginn und Ende des Amtes § 9 22
- Bestellung § 9 9
- Ehrenamt § 9 27
- Ersatzmitglieder § 9 20
- Kündigungsschutz § 9 24
- Mitglieder § 9 15
- Rechtsstellung § 9 22
- Rücktritt § 9 22
- Vorsitzender § 9 19
- Wahlanfechtungen § 11 24
Wählbarkeit § 8 1
Wahlberechtigung § 7 2
Wahlunterlagen § 11 25
Wahlversammlung § 11 28, § 11 b 1, § 11 c 1
- Durchführung der MAV-Wahl § 11 c 4
- Einladung § 11 b 2
- Form der Einladung § 11 b 4
- Frist zur Einladung § 11 b 2
- Wählerverzeichnis § 11 b 5
Wahlvorschläge § 9 37
Weiterbeschäftigungsanspruch § 30 97
Weltgeistliche § 3 90
Werkstattrat § 46 31
Werkstudenten § 3 35
Werkszeitungen des Dienstgebers § 17 52
Wiederaufnahme in die katholische Kirche § 19 78
Wirtschaftliche Angelegenheiten § 27 a 24
- Allgemeine Informationen § 27 a 21
- Änderung der Organisation oder des Zwecks einer Einrichtung § 27 a 29
- Ausschuss § 27 a 33
- Betriebs- und Geschäftsgeheimnisse § 27 a 38

- Dialogpartner des Dienstgebers § 27 a 32
- Dienstgeber § 27 a 12
- Einrichtungen mit in der Regel nicht mehr als 50 ständig voll- oder teilzeitbeschäftigten Mitarbeiterinnen und Mitarbeitern § 27 a 36
- erforderliche Unterlagen § 27 a 31
- fehlende Mitarbeitervertretung § 27 a 10
- Finanzierung der Einrichtung § 27 a 13
- Informationsgehalt § 27 a 4
- Informationspflicht § 27 a 12
- Informationsveranstaltung § 27 a 36
- Katalog § 27 a 24
- Lagebericht § 27 a 37
- Rahmen der wirtschaftlichen und finanziellen Lage der Einrichtung § 27 a 25
- Rationalisierungsvorhaben § 27 a 28
- Rechtzeitige Information § 27 a 16
- Richtlinie 2002/14/EG § 27 a 8
- unmittelbare Unterrichtung der Beschäftigten § 27 a 1
- Unterrichtung der MAV § 27 a 1, § 27 a 16
- Veränderungen und Vorhaben, welche die Interessen der Mitarbeiter der Einrichtung wesentlich berühren können § 27 a 30
- Von der Informationspflicht ausgenommene Rechtsträger § 27 a 22
- Vorlage der erforderlichen Unterlagen § 27 a 19
Wirtschaftsbetriebe, Klösterliche Eigenbetriebe § 1 73

Z
Zeitausgleich § 15 64
- Mitglied der MAV § 15 65
Zeitungen der MAV § 17 52
Zentrale Gutachterstelle § 40 9

Stichwortverzeichnis

Zeugnis über die Tätigkeit als MAV-Mitglied § 15 89
Zivildienstleistende § 3 100, § 7 54
Zustimmungsrecht der MAV § 34 8
– Abordnung von mehr als drei Monaten § 35 54
– Änderung von Beginn und Ende der täglichen Arbeitszeit § 36 17
– Anordnungen, welche die Freiheit der Wahl der Wohnung beschränken § 35 76
– Aufstellung von Beurteilungsrichtlinien § 36 85
– Beförderung § 35 31
– Durchführung der Ausbildung § 36 92
– Einführung und Anwendung technischer Einrichtungen zur Leistungsüberwachung § 36 94
– Eingruppierung von Mitarbeitern § 35 5
– Einstellung – Anstellung § 34 8
– Errichtung, Verwaltung und Auflösung sozialer Einrichtungen § 36 51
– Gestaltung von Bildschirmarbeitsplätzen § 36 111
– Hinausschieben des Eintritts des Ruhestandes wegen Erreichung der Altersgrenze § 35 73
– Höhergruppierung § 35 23
– Inhalt von Personalfragebogen § 36 61
– Maßnahmen zum Ausgleich und zur Milderung von wesentlichen Nachteilen für Mitarbeiter wegen Schließung, Einschränkung, Verlegung oder Zusammenlegung von Einrichtungen oder wesentlichen Teilen davon § 36 115
– Maßnahmen zur Verhütung von Dienst- und Arbeitsunfällen und sonstigen Gesundheitsschädigungen § 36 109
– Nebentätigkeiten § 35 68
– persönliche Angelegenheiten § 35 1
– Planung und Durchführung von Veranstaltungen für Mitarbeiter § 36 46
– Richtlinien für die Gewährung von Unterstützungen, Vorschüssen, Darlehen und entsprechenden sozialen Zuwendungen § 36 87
– Rückgruppierung § 35 36
– Sozialplan § 36 115
– Übertragung einer höher oder niedriger zu bewertenden Tätigkeit § 35 47
– Untersagung oder Widerruf einer Nebentätigkeitsgenehmigung § 35 68
– Urlaubsplan § 36 41
– Urlaubssperre § 36 45
– Versetzung § 35 62
– Weiterbeschäftigung über die Altersgrenze hinaus § 35 72
Zustimmungsverfahren § 33 16
– Eilbedürftigkeit § 33 29
– Einigungsverhandlung und ihr Abschluss § 33 51
– Einwendungen der MAV § 33 36
– Streitigkeiten § 33 61
– Unterrichtung der MAV von der beabsichtigten Maßnahme – Antrag des Dienstgebers auf Zustimmung der MAV § 33 20
– Verfahren in Eilfällen § 33 54
– Wochenfrist für die Erhebung von Einwendungen § 33 23
Zustimmungsverweigerungsgründe § 34 50, § 35 83